한국회계문화사

- 그 기원과 진화의 과정 -

A History of Accounting Culture in Korea

고승희
(단국대 경영학부 명예교수)

박이정

고 승 희(高 承 禧)

1941년 제주도 애월리에서 父 高仁斗, 母 趙仁生 사이에 三男으로 출생.
학력 : 1964년 제주대학 상학부 졸업
　　　 1968년 고려대학교 대학원 경영학 연구과 석사과정 2년 수료(경영학 석사)
　　　 1976~1979 일본국립Osaka대학 대학원 경제학연구과 박사과정 3년 수료
　　　 1987년 6월 11일　경제학 박사 수득 (일본 국립Osaka(大阪)대학 대학원)
경력 : 1970년~1980년　제주대학 경영학과 전임강사·조교수·부교수 역임
　　　 1981년~2006년단국대학교 경영학부 부교수·교수역임(2006년8월 정년퇴임)
　　　 단국대학교 명예교수(현재)
　　 단국대학교 2부학부 교학처장(1975) : 단국대학교 상경대학장 역임(1997),
　　 단국대학교 경영대학원 원장 역임(2000~2003),
　　 한국경영사학회 회장, 한국윤리경영학회 회장 ,한일경상학회 회장 역임
수상 : 단국대학교 연구업적상 수상 : 한국경영사학회 학술상 수상 :
　　　 한국기업경영학회 학술상수상
저서 : 현대부기원리(1981, 수서원), 회계적 정보와 의사결정 (1981. 한국어번역판), 회계원칙의 이론(1982, 수서원), 회계원리(1985), 재무회계론(1984), 韓國會計原則의 展開(1986, 일본어판), 회계학개론(1992), 현대회계입문(1997), 중급재무회계(1997, 삼영사), 우리나라 기업회계제도의 개선방향(1999), 세효과회계론(2001),기업연금의 회계와 세무(2002), 한국회계기준변천사(2007)한국형 기업문화의 조명(2006), 회계사·회계사상사 연구서설(2006),
　　 : 그외 공저 9권 및 100 여 편의 논문 발표.

한국회계문화사

초판 인쇄　2023년 12월 20일
초판 발행　2023년 12월 30일

지은이　고승희
펴낸이　박찬익
편　집　권상수

펴낸곳 **박이정** | 주소 경기도 하남시 조정대로45 미사센텀비즈 8층 827호
전　화　031) 792-1195
홈페이지　www.pijbook.com | 이메일　pijbook@naver.com
등　　록　2014년 8월 22일 제2020-000029호

ISBN 979-11-5848-936-6　93320

* 값 100,000 원

상업 장부와 어음

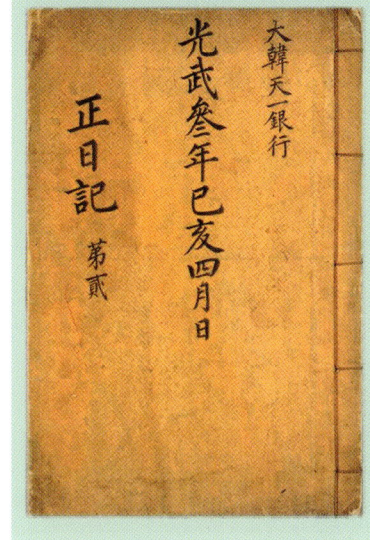
정일기(正日記) 제2권 표지

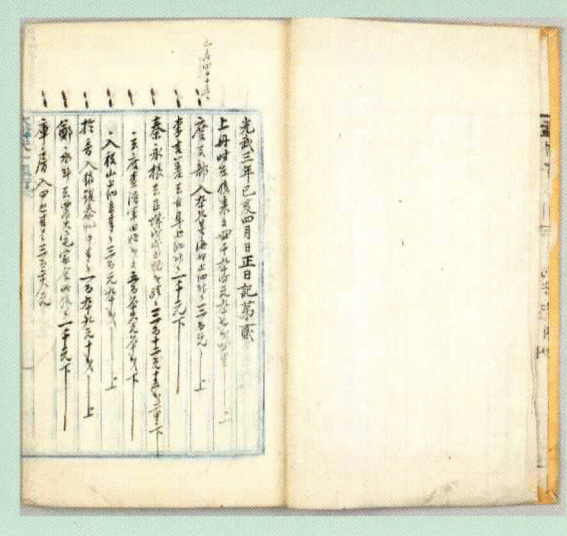
정일기 제2권 기장 내용

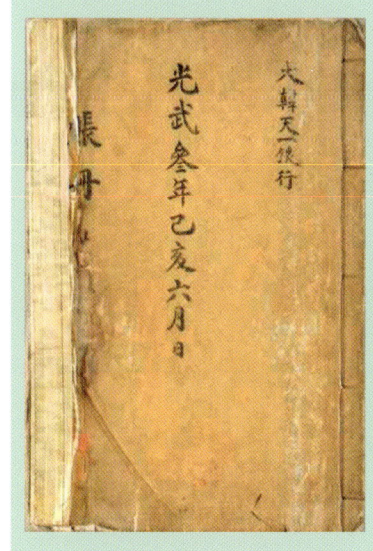
장책(賬冊) 제2권 표지

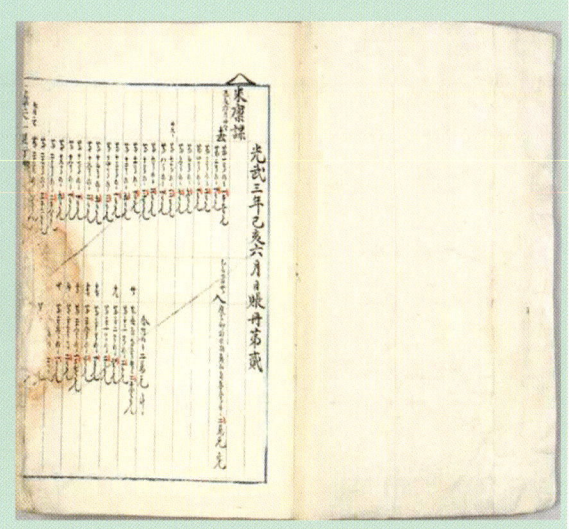
장책 제2권 기장 내용

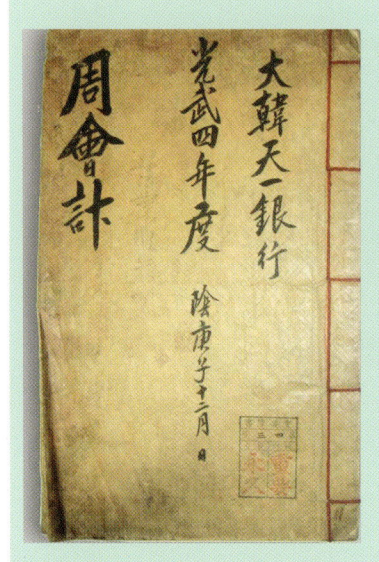 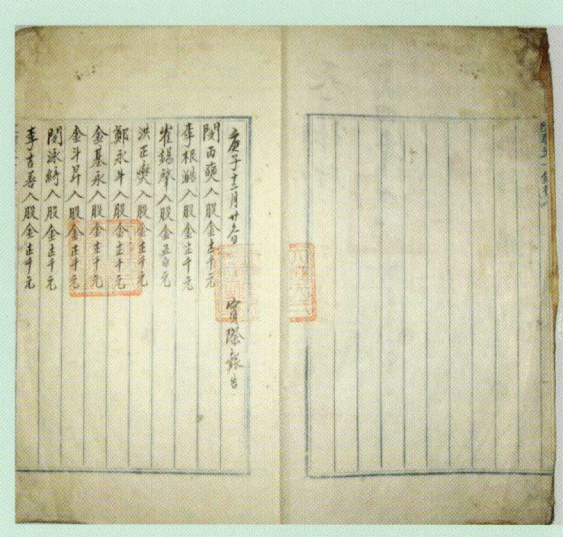

주회계(周會計) 표지   주회계 기장 내용

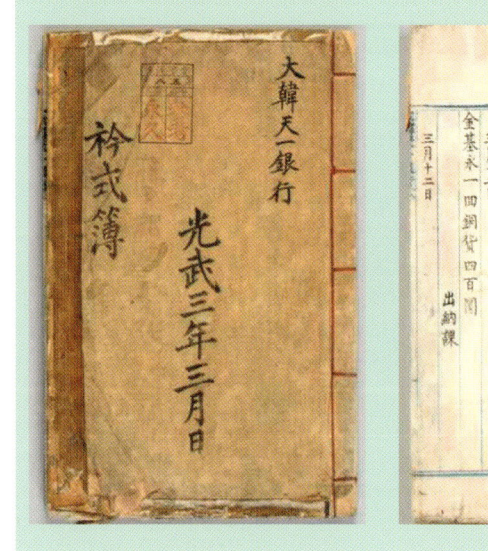 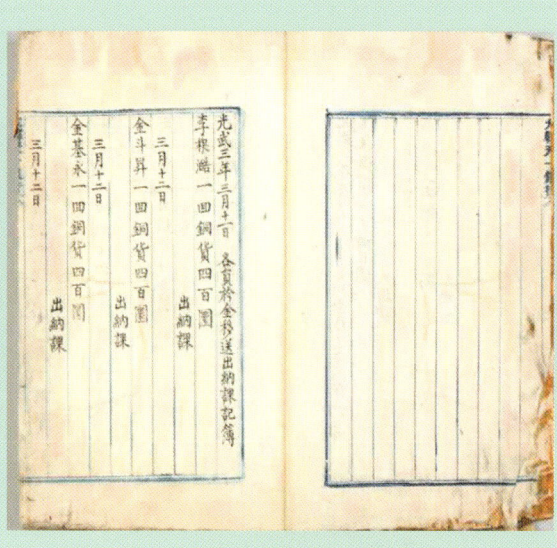

금식부(衿式簿) 표지   금식부 기장 내용

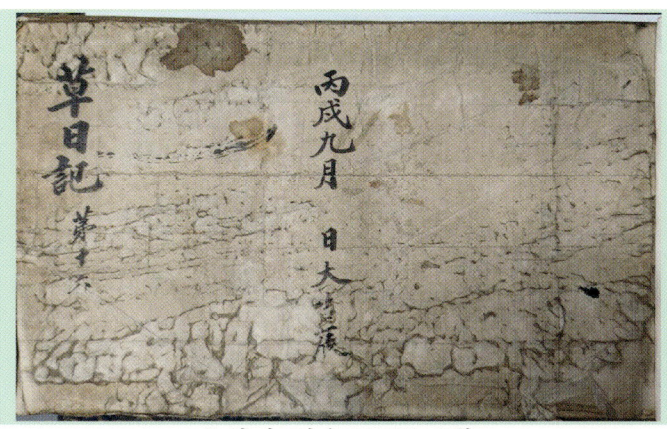

초일기 병술(丙戌) 9월

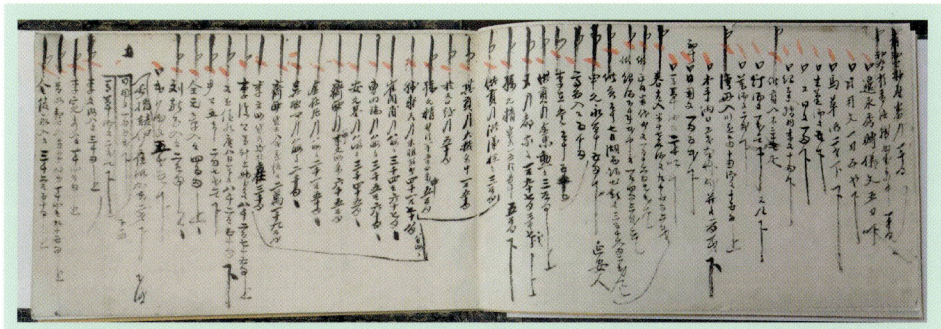

초일기 기장 내용

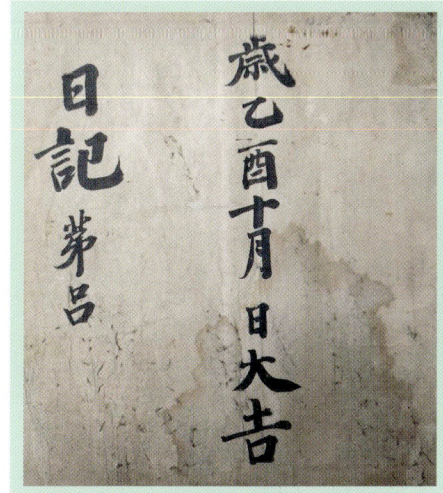 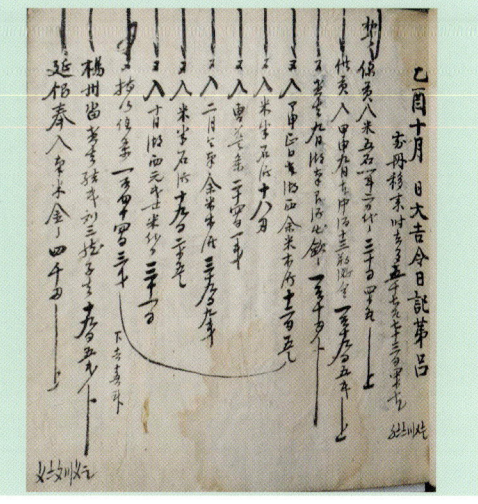

일기 기유(己酉) 10월   일기 기장 내용

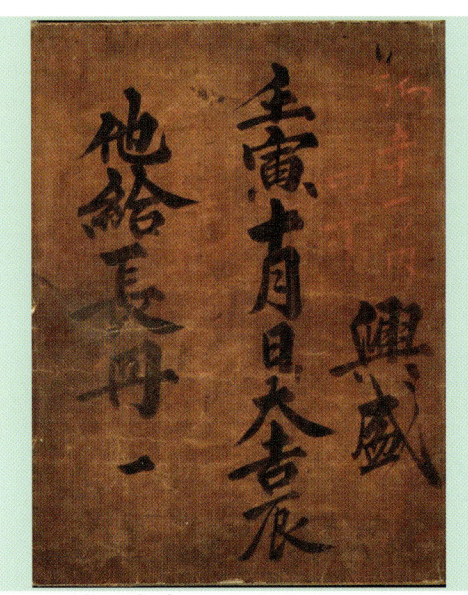

타급장책 壬寅十月(1902년)
규장각 소장

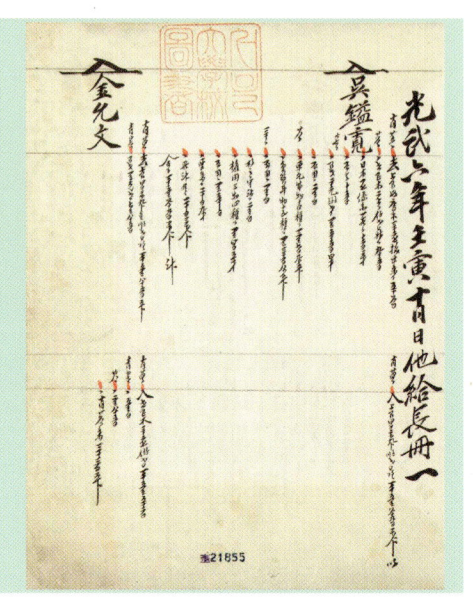

타급장책의 기장 내용

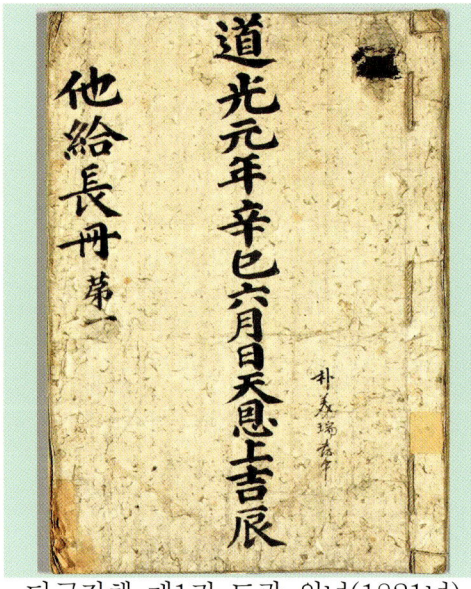

타급장책 제1권 도광 원년(1821년)
국립중앙박물관에 소장되어 있다.

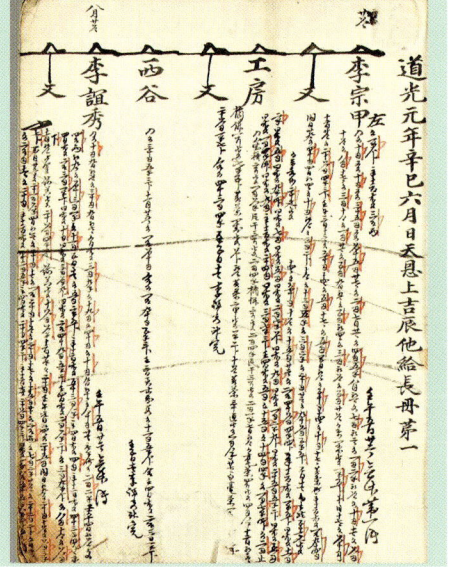

타급장책 기장 내용

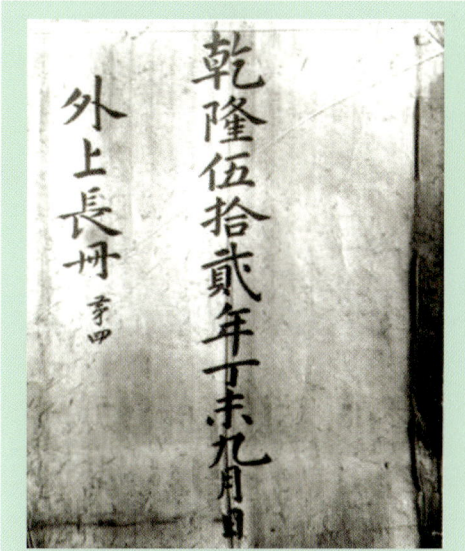 

외상장책(건융52, 1787), 타급장책(건융51, 1786) 장부는 실물은 없고
유리 도판으로 국립중앙박물관에 소장되어 있다.

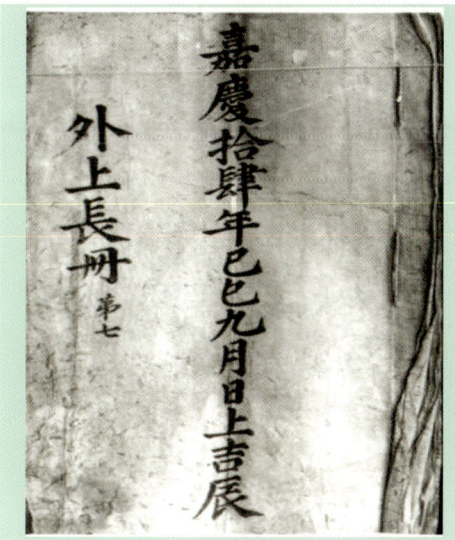 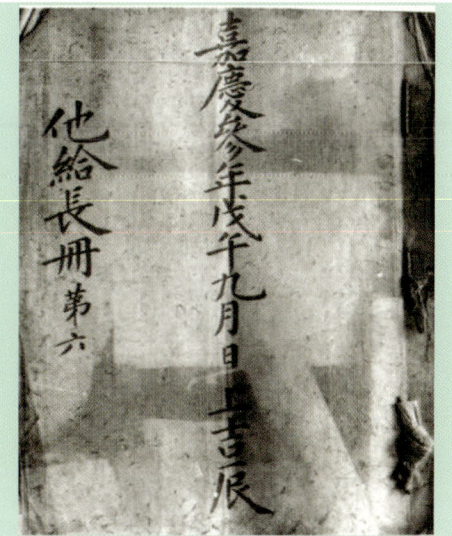

외상장책(가경4년, 1795), 타급장책(가경3년, 1798) 장부는 실물은 없고
유리 도판으로 국립중앙박물관에 소장되어 있다.

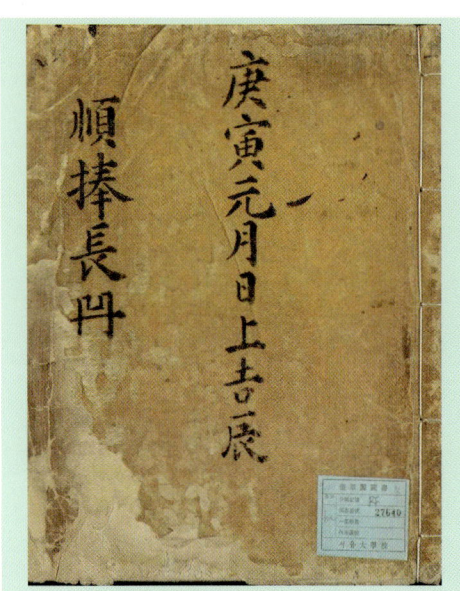
순봉장책(1890년)
규장각에 소장되어 있다.

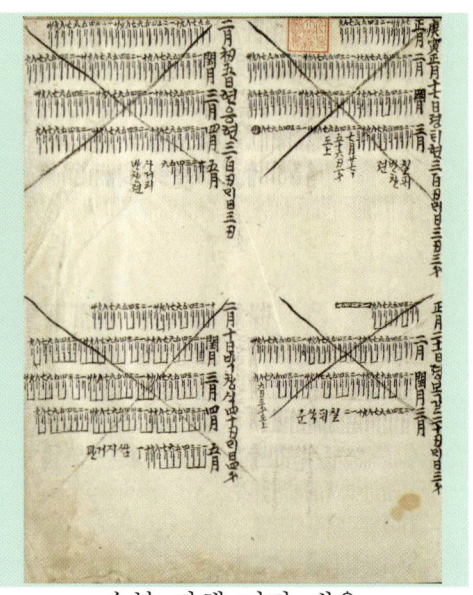
순봉 장책 기장 내용
(칠피반찬전, 사거리반찬전
칠피반찬전 칠피삭군 쌈지거관 등)

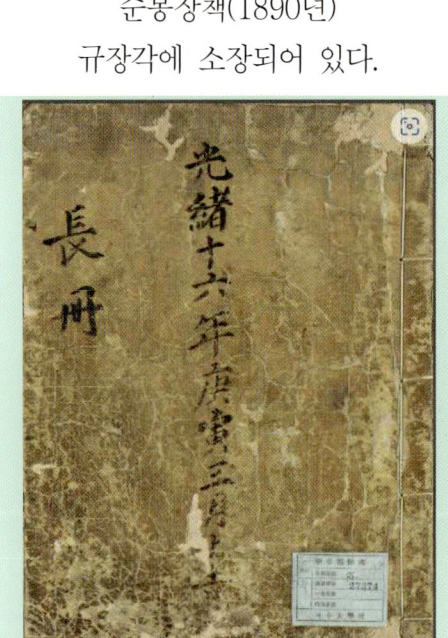
장책 광서16년(1892)
규장각에 소장되어 있다.

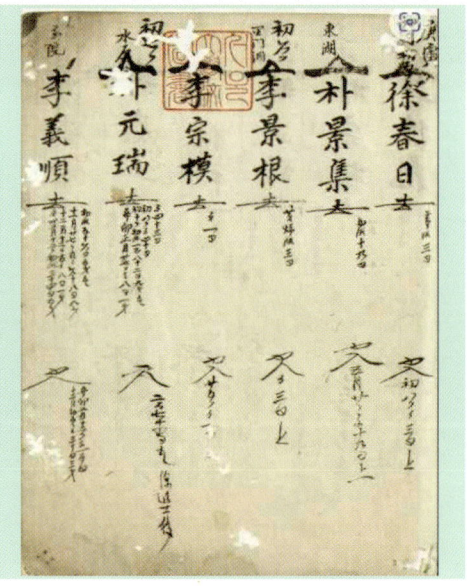
장책 기장 내용 118장

어음책 을사(乙巳 1905) 표지
규장각에 소장되어 있다

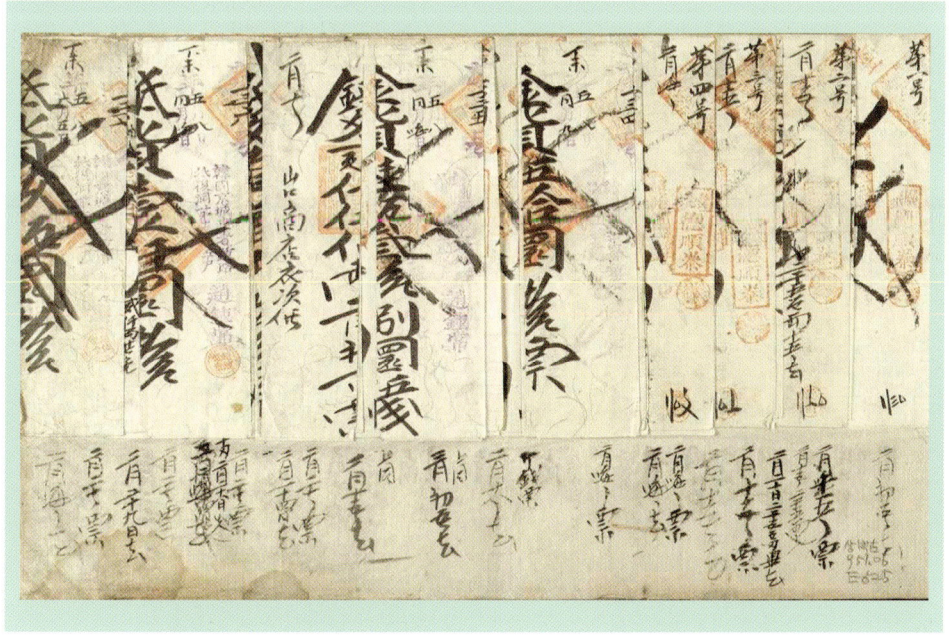

발행한 어음과 회수된 어음을 같이 붙여 놓았다.

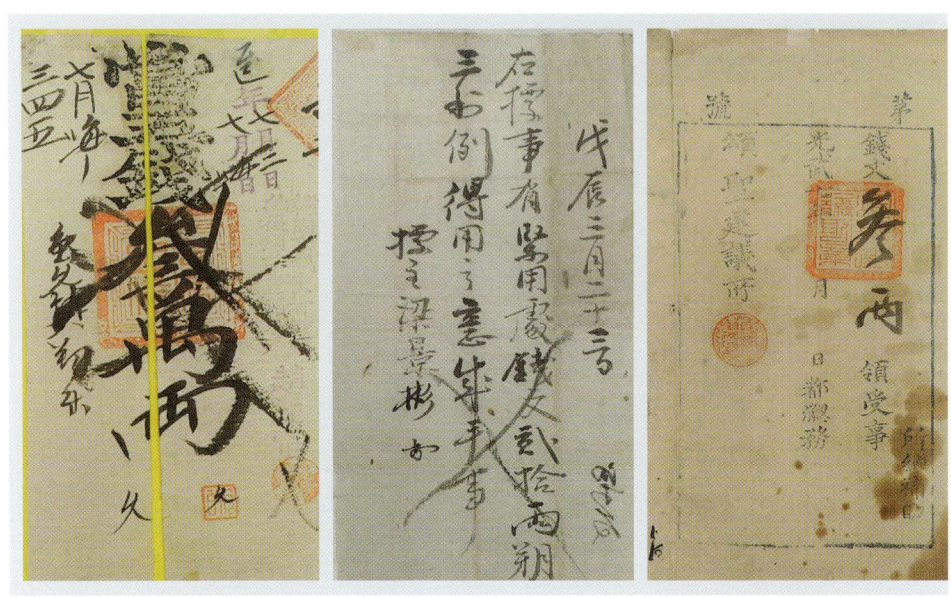

어음 수표 영수증

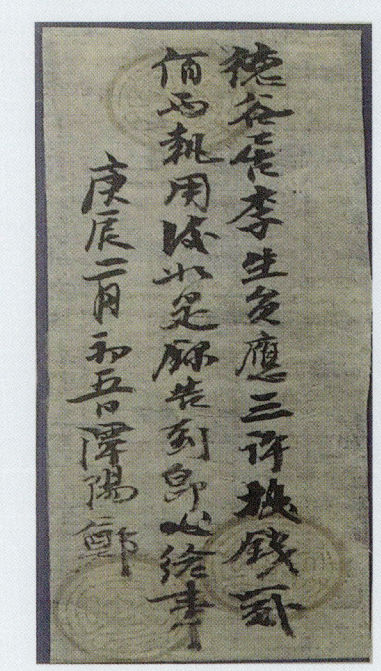 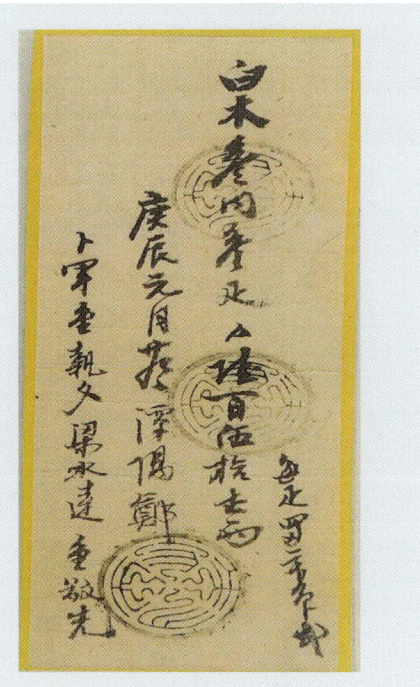

환간

서양부기 교과서

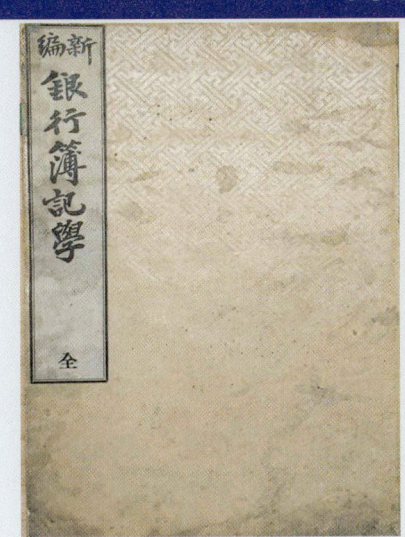

최초의 은행부기 교과서

신편은행부기학 임경재 편술
융희(隆熙)2년(1908) 2. 5. 휘문관

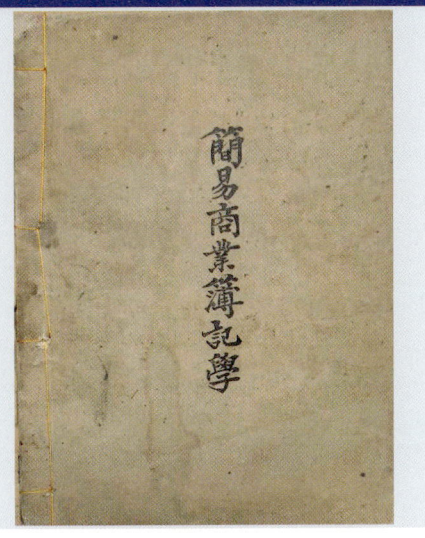

최초의 상업부기 교과서

간이상업부기학 임경재 편술
융희(隆熙)2년(1908) 2. 20. 휘문관

최초의 가계부기 교과서

실용 가계부기 민천식 역술
융희(隆熙)2년(1908). 4. 30. 휘문관 발행

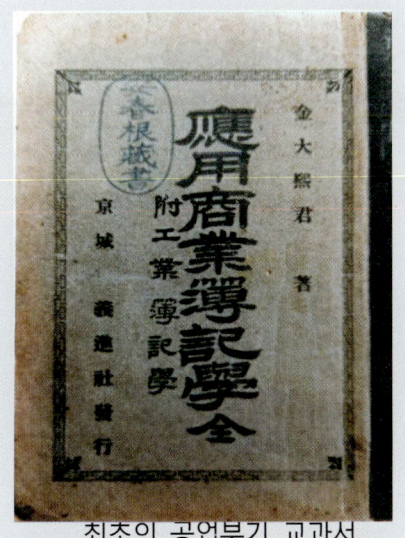

최초의 공업부기 교과서

응용상업부기학전, 부 공업부기학 김대희 저
융희(隆熙)3년(1909). 3. 5. 의진사 발행

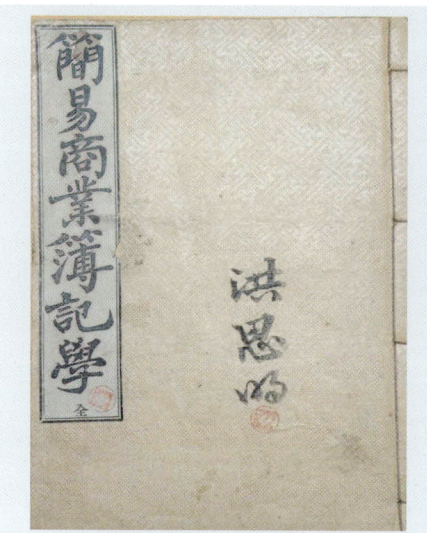
간이상업부기학 임경재 편술
융희(隆熙)4년(1910) 1. 20. 휘문관 재판

간이 팔종부기 제일편 상업 곽한탁 저
명치(明治)44년(1911) 5. 10. 보급서관발행

최근상업부기 임경재 저작
대정(大正)2년(1913)3. 29. 휘문관 발행

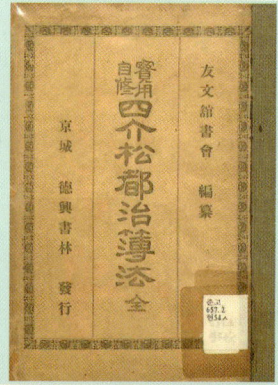
실용자수
사개송도치부법
대정(大正)5년
(1916) 12. 15
덕흥서림 발행

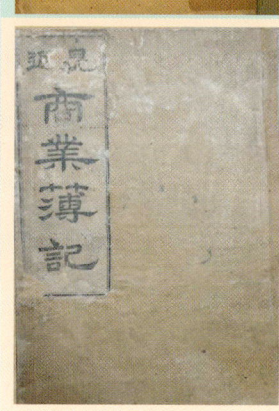
최근상업부기
임경재 저작
대정(大正)10년
10. 25. 재판
박문서관 발행

머 리 말

「어제를 지우는 자는 내일이 없다. 왜냐하면, 어제를 지우는 오늘의 모습을 보고 자란 우리의 후대가 어제를 지우는 오늘의 우리 모습을 지워버릴 것이기 때문이다.」 이 책을 쓰게 된 동기가 여기에 있다. 어제를 지워 오늘에 안주하는 오늘 우리의 모습을 후대가 본받지 않도록 오늘을 사는 우리가 어제를 찾아 밝히는 지혜와 노력이 필요한 시점이다. 지나간 어제의 발자취를 밝혀서 내일을 가늠할 수 있게 하는 것은 오늘을 사는 우리에게 주어진 하나의 사명임을 인식할 필요가 있다.

여기서 우리는 과거에 대한 인식이 없으면 현재를 바르게 이해하고 그에 대응할 수 없을 것이며, 또한 미래의 올바른 전망을 할 수 없다는 교훈을 터득하게 된다. 즉, 역사적 방법을 원용함으로써, 새로운 사실과 질서에 접근할 수 있는 길을 모색할 수 있게 된다는 의미이다.

역사(歷史)는 과거의 일을 흥미롭게 해줄 뿐만 아니라, 미래에 대한 전망을 가능하게 해준다. 과거를 통하여 미래를 전망한다는 것은 현재를 올바르게 사는 관찰력을 갖게 해주는 것이라고 할 수 있다. 현재의 당면한 문제나 사건을 관찰하는데, 혹시 그 관찰 방법이 과거의 인식에서 미래 전망을 하게 하지 않고, 단지 현재만을 직시하는데 그치는 것이라고 한다면, 그것만으로는 결코 사물을 현명하게 처리하는 과학적 방법이라고는 할 수 없을 것이다.

이러한 사고방식은 회계의 역사에게 적용될 수 있다. 회계도 역시 역사적인 과정을 통하여 진화되어 온 것이 사실이다. 그것은 회계의 현재를 과거에 비추어 보고, 회계의 미래를 가늠할 수 있게 하는 진화의 과정이라고 할 수 있기 때문이다. (Edward Ca: What is History?) 그러므로 회계에 관심을 두고 있는 사람들이라면 누구나 현실적으로 분주한 일에 쫓기면서도 부기와 회계의 과거에 대하여 상당한 지식을 습득함으로써, 올바른 회계관(觀)을 확립하지 않으면 안 된다.

따라서 회계사(史)에 관한 연구는 회계, 특히 복식부기를 생성·발전하게 한 근본적인 동기를 사회경제적 발달사 속에서 찾음과 동시에, 그에 의해 발생한 계산구조도 명백히 밝힐 수 있어야 한다. 그렇게 함으로써, 회계의 발전과정은 현재의 회계제도로 이어지고, 나아가서는 장래의 회계적 발달을 예측할 수도 있게 되는 것이다. 그러므로 회계사(史)의 연구는 회계연구자들뿐만 아니라, 모든 회계 관계인들에게 있어서도 중요한 것이라고 할 수 있고, 인류문화의 발전에 관심을 가진 사람들에게 있어서도 아주 흥미로운 역사적 정리작업이라고 할 수 있다. 그래서 회계제도의 발생사적 연구는 학자들에 의하여 산발적으로 진행됐으며, 특히 1973년에 미국회계사학회(American Academy of Accounting Historians)가 창설되면서부터는 본질에서 회계의 과거에 관한 연구가 활발하게 이루어지기 시작하였다.

이러한 시대사적 조류에 부응하여 회계발달사에 관한 지엽적인 연구를 시도해보는 것도 하나의 의미 있는 일이라 할 수 있다.

그런 의미에서 본서는 우리나라 회계문화의 역사에 대하여, 특히 원시 문명기에서부터 셈법이 태동하였고 고대국가 형성기에 관부회계를 중심으로 기록계산제도가 이루어졌음은 물론, 상인들의 상거래 활동에서 비롯된 단식부기가 복식부기 시스템으로 진화되어 오늘날의 기업회계제도로 발전되기까지 회계문화에 대한 역사적 발자취를 정리한 회계통사(會計通史)이다. 본서의 지향점은 인류의 생존을 위한 지혜로운 문화의 창조에서 비롯된 공동체문화와 시장사회문화의 발달에 편승하여 필연적으로 생성되었고 인류의 경제생활에 필수 불가결한 요소로 활용되어온 회계문화의 단면을 탐색하는 것이다.

영국의 회계사학자인 「아더 울프」가, 『회계의 역사는 문명의 역사이고…. 회계는 문명의 발전과 더불어 발달해왔고, 그 시대의 거울이다.』(Arther Woolf, "A Short History oc Accountants and Accountancy," 1912, reprinted 1974)라고 표기한 것은 회계가 인류 문명사에 수반하는 시대사적 자화상을 나타낸 것이다. 그러므로 회계역사의 연구는 기록계산의 기술적인 지식을 습득해온 회계인에게 필요한 것임은 물론, 인류의 역사적 발달과정에 관심을 갖는 사람들에게도 흥미를 느끼게 하는 중요한 영역이라고 할 수 있을 것이다. (저자, 『회계사·회계사상사 연구 서설』, 2006. P. 3)

따라서 회계는 문화의 소산이다. 회계는 언어요, 의사소통의 수단이기 때문이다. 언어는 인류가 이 지구상에 등장하면서부터 맨 처음에 사용했던 상호 간 의사소통의 수단이었을 뿐만 아니라, 인류문화 창조의 시발점이었다. 『태초에 말씀이 있었다.』라는 성서의 기록이 이를 방증한다. 따라서 인류는 언어를 통한 집단생활을 영위하면서 인류문화를 창조해나갔다. 그 과정에서 인류사회의 문화적 유산이 나타났다. 회계도 이러한 인류사회의 문화적 유산으로 창안되어 경제공동체의 의사소통에 필요한 언어적 수단이 되었으며, 인류문화의 발전에 지대한 공헌을 해왔다.

그러므로 인류사회의 경제활동을 통하여 비롯된 회계문화는 인류의 경제공동체를 유지하는 필수 불가결한 존재라고 해야 할 것이다. 인류의 경제적 활동 내용을 일목요연하게 정리하여 진정성 있게 보고함과 동시에, 그 결과를 공정하고 투명하게 밝히는 역할을 회계가 수행해왔음은 분명한 사실(史實)이다. 여기에 회계가 인류사회의 발전에 이바지한 문화적 소산이라는 이유가 있다.

「잭 구디」의 회계문화 논의의 요체는 회계가 문자학(graphonomy)과 고문서학(old manuscript)의 기원이며, 인류문명의 기초라는 것이다. 인류가 문자와 기록을 발달시킨 이유는 회계기술을 발전시키기 위해서라고 하였다. (Jack Goody, the East in the West, Cambridge University, 1996, PP. 11~12). 의사이면서 고고학자인 「제럴드 다이아몬드」도 수메르 문명의 쐐기문자를 회계사의 시각에서 조명하고 인류가 문자를 창안한 이유를 회계에 두었으며, 인류문명이 전파된 이유도 경제적 거래와 회계행위 때문이라는 주장을 하고 있다. (Gered Diamond, Gunss, Germs and Steel ; the Fates of Human Societies, W. W. Morton Company, 1997, P. 231.)

　이처럼 인류의 문명사와 더불어 생성되고 진화의 과정을 거치면서 오랜 역사적 연륜(年輪)을 쌓아온 회계는 산업사회가 진행된 19세기부터 20세기에 이르는 동안 회계학(會計學)이라는 사회과학의 분과 된 하나의 학문으로 꽃을 피워 경제사회의 정보제공 기능을 담당하는 중요한 위치를 점유하였다. 이러한 회계학의 학문적 바탕이 되는 역사적 연구의 필요성이 인구(人口)에 회자(膾炙)되고 있다. 최근 외국에서는 회계사학자 국제회의(The International Congress of Accounting Historians)가 조직되어 활발한 연구 활동이 이루어지고 있으며, 그 하부조직에 해당하는 미국과 영국, 그리고 일본의 회계사학회가 회계역사에 관한 연구를 착실히 진행하고 있음을 볼 수 있다. (저자, Ibid. P. 3~4).

　이러한 인식이 저자를 회계역사 쪽으로 이끌어서 본서를 기획하게 된 것이다. 그동안 우리나라의 회계사에 관한 연구는 개성부기를 중심으로 하여 이루어져 온 것이 사실이다. 그 기원설이나 개성부기의 복식 부기적 구조에 관한 연구를 기본으로 한 것들이었다. 그것을 문화사적 관점에서 접근한 연구는 찾아볼 수가 없다. 그래서 저자가 용기를 내어 문화사적인 관점에서 우리나라의 회계문화에 대한 역사적 접근을 시도하게 되었다. 한국회계문화의 기원과 진화의 과정을 문화사적 흐름에 따라 생성되고 발달하여온 발자취를 찾아보았다. 단순한 기록계산에서부터 비롯된 회계구조가 관부회계제도를 구심점으로 하여 진행되었고 상인의 상거래를 기반으로 하는 기장 기법은 상업문화의 진전과 함께 단순하지만 단식부기 시스템으로 진화되었음을 볼 수 있었다. 고대사회와 중세시대의 회계적 사료(史料)의 빈약한 때문에, 자료정리에 어려움이 많았다. 옛 선인(先人)이 남긴 글귀(穿雪野中去. 不須胡亂行, 今日我行蹟, 遂作後人程, <쌓인 눈 헤치며 들판을 가지만, 분간할 수 없는 길을 찾아 쉬지 않고 가노니, 오늘 아침, 내가 지난 흔적, 뒤에 오는 이의 이정표가 되리라>)로 위안을 삼으며, 노력과 인고(忍苦)의 세월을 보내었다. 그런 와중에서도 통일신라 시대의 장적(帳籍)과 불국사 탑 중수문서를 얻을 수 있어서 그나마 다행스러운 일이었다.

　본서의 연구 핵심은 『장부(帳簿)가 말하는 역사(歷史)의 진실』에 역점을 두어 자료의 수집을 진행하였다. 그러나 회계사료(會計史料)의 수집은 힘든 일이었다. 조선시대에 개성상인이 남긴 장부 기록에 접하고 용기를 낼 수 있었다. 그러나 그것도 1800년대 후반기의 사료가 가장 오래된 것이었다. 개성부기의 복식부기 구조를 통해서 단식부기에서 복식부기로의 진화된 사실에 접할 수 있었음을 다행스러운 일이었다. 개성 상인의 치부법과 상인 정신 그리고 회계 사상이야말로 한국 회계문화사에서 한국인의 긍지를 나타내는 금자탑이라고 할 수 있을 것이다.

이러한 관점에서 한국회계문화의 기원과 진화의 과정을 찾아 아득한 고대사회의 상황을 더듬어 올라가 그 시대의 환경과 시대상에 접근함으로써, 문제해결의 단서를 심도 있게 추적하였다. 인류의 원초적 경제생활에서 비롯되는 기록계산의 원시적 형태인 단식부기의 형태에서 비롯된 회계문화의 원시적 모습을 더듬어볼 수 있었고, 오랜 세월에 걸쳐 복식부기의 모습으로 점차적인 진화가 이루어져 간 사실에 접할 수가 있었다. 여기서 「장부가 말하는 역시의 진실」에 기초하여 연구의 초점을 흐리지 않고 진화의 과정에 접근해나갔다. 근세 조선시대의 개성 상인들의 상업활동을 통하여 거래 사실을 기록하여 장부 기록으로 남겨놓은 사개송도치부법을 입수함으로써, 복식부기로 진화된 사실을 발견할 수 있었다. 그에 따라 개성상인이 지녔던 상인 정신과 회계 사상에도 접근할 기회가 되었다.

본서의 간행에 즈음하여 상업고등학교 회계 원리를 40여 년간 가르치고, 한국고서연구회의 회장을 지낸 권상수(權相洙) 선생의 헌신적인 도움을 받았다. 출판사의 섭외와 더불어 원고의 편집은 물론, 교정에 이르기까지 헌신적인 도움으로 본서가 햇빛을 보게 되었다. 진심으로 감사의 말씀을 드린다. 권 선생님의 앞날에 건강과 행운이 깃들기를 기원하는 바이다. 그리고 출판 사정이 어려운 환경임에도 불구하고 본서의 출판을 쾌히 수락해 주신 (주)박이정출판사의 박찬익 사장과 편집부 여러분에게 깊은 감사의 뜻을 표한다.

끝으로 오늘에 이르기까지 저자 가까이에서 학문연구에 용기에 불어 넣어주고 보듬어주면서 학자의 길을 순조롭게 걸어올 수 있도록 내조를 해준 사랑하는 아내 현혜경(玄惠景)의 따스한 손길에 항상 고마운 마음을 느낀다. 그리고 저자의 인생에 있어서 사는 보람을 갖게 해주고 씩씩하게 자라 저마다의 자리에서 사회의 일꾼으로 진력하고 있는 사랑하는 아들 고봉현과 딸 고의정, 그리고 자부 이세라와 사위 송재은, 손자와 손녀인 윤지, 지후, 윤하, 지민에게는 이 책의 출판으로 그동안의 따스한 가족 사랑에 대신하고자 한다. 더욱이 저자의 오늘이 있기까지 든든한 버팀목이 되어주셨던 부모님의 천상 영생을 기원하며, 이 책을 부모님 영전에 바쳐 드린다.

2023년 12월 1일 고양시 화정동 서재에서
신재(愼齋) 고 승 희 (高 承 禧)

목 차

머리말 ··· 1

서론장 한국회계 문화사의 접근 시각

1. 프롤로그 ·· 15
2. 회계 문화사적 접근성 ·· 17
  1. 역사와 사학 ··· 17
  2. 회계문화사의 사학적 접근성 ·· 18
3. 문화의 일반적 의의 ·· 22
  1. 문화와 문명의 의미 ··· 22
  2. 인간사회와 문화 ··· 26
  3. 문화의 구성요소 ··· 29
4. 회계의 문화성 ··· 36
  1. 회계와 문화의 만남 ··· 37
  2. 회계문화의 생성요인 ··· 41
  3. 회계문화의 역할 ··· 49
5. 한국회계문화의 역사성과 시대구분 ·· 55
  1. 한국회계문화의 역사성 ·· 55
  2. 한국 회계문화사의 접근을 위한 시대구분 ·································· 60
6. 에필로그 ··· 65

제1부 한국회계문화의 생성과 진화

제1장 한국 민족의 기원과 기록계산행위의 태동

1. 프롤로그 ·· 69
2. 한민족의 기원과 원시적 기록계산행위의 문화사적 접근 ·············· 71
  1. 인류의 도구 사용과 한국 선사시대의 문화환경 ·························· 71
  2. 신석기시대의 문화와 한민족의 선사 문명 ·································· 78
  3. 원시적 기록계산행위의 근원 ·· 90
3. 원시적 기록계산행위의 초보적 행태 ·· 93
  1. 신석기시대의 사회경제적 발전상황 ··· 93

2. 신석기시대 기록계산행위의 생성 동기 ·················· 97
　3. 신석기시대 기록계산행위의 표현 방법 ·················· 100
４ 문명사회 이전 시기의 원시적 기록계산행위의 진화 ·················· 104
　1. 원시적 기록계산행위 진화의 배경 ·················· 104
　2. 원시적 회계의 기록계산법 진화 ·················· 115
５ 에필로그 ·················· 120

제2장 고대 문명국가의 출현과 치부회계문화의 생성

１ 프롤로그 ·················· 125
２ 고대 한국회계문화의 생성사적 배경 ·················· 127
　1. 한만(韓滿)지역 고대 문명국가의 출현과 사회문화적 토양 ·················· 128
　2. 고대국가의 사회경제적 배경 ·················· 144
　3. 고대 한국회계문화의 환경적 임팩트 ·················· 162
３ 고대 한국회계문화의 생성 ·················· 165
　1. 「회계」라는 용어의 기원 ·················· 165
　2. 고대 우리나라 회계문화의 생성 ·················· 179
４ 고대 한국회계문화의 특징 ·················· 200
　1. 고대 문명제국의 회계문화사 개요 및 특징 ·················· 201
　2. 고대 한국회계문화의 특색 ·················· 206
５ 에필로그 ·················· 210

제3장 중세 고려 시대의 치부 회계문화

１ 프롤로그 ·················· 213
２ 고려 시대 치부회계문화의 사회경제적 배경 ·················· 214
　1. 고려 시대의 정치·사회구조 ·················· 214
　2. 고려 시대의 사회문화적 토양 ·················· 217
　3. 고려 시대의 회계 문화적 환경요인 ·················· 227
３ 고려 시대의 부기 회계문화 ·················· 236
　1. 고려 시대 회계문화의 환경적 임팩트 ·················· 236
　2. 고대 치부회계문화의 전승 ·················· 240
　3. 고려 시대의 치부 회계문화 개요 ·················· 241
４ 기록계산을 위한 회계장부(治簿冊)의 등장 ·················· 249
　1. 회계장부의 기원과 발전 ·················· 249

2. 회계기록 방법의 전개 과정 ································· 260
　3. 단식기장문화의 변천사 ···································· 286
5 중세시대 유라시아대륙의 기장 문화사 ······················· 292
　1. 유럽 중세사회의 기장 문화사 ······························ 292
　2. 중세시대 중국사회의 기장 문화사 ························· 300
6 에필로그 ··· 306
　1. 중세한국회계문화의 특색 ·································· 306
　2. 맺음말 ·· 309

제4장 조선 시대의 치부 회계문화

1 프롤로그 ··· 311
2 조선 시대의 회계문화사적 환경요인 ·························· 312
　1. 조선 시대 치부회계문화의 사회적 토양 ··················· 313
　2. 조선 시대 회계문화의 경제적 환경요인 ··················· 322
　3. 조선 시대 치부회계문화의 형성모형 ······················ 341
　4. 조선 시대 부기 회계문화의 진화 ·························· 343
3 조선 시대의 관부회계 문화 ···································· 346
　1. 관부회계의 법적 근거 ······································ 346
　2. 조선 관부회계의 기장원칙 ································· 353
　3. 조선 시대 관부회계 장부의 사례 ·························· 356
4 조선시대의 상인회계문화 ······································ 364
　1. 조선시대의 사상(私商) ····································· 364
　2. 사상(私商)에 의한 상인회계문화 ·························· 369
　3. 상인회계문화의 근간이 되는 사개송도치부법 ············ 379
　4. 사개송도치부문서의 기장 사례 ···························· 395
　5. 사개송도치부법의 복식 부기적 속성 ······················ 406
5 서민사회의 치부 회계문화 ···································· 412
　1. 현존하는 사개송도치부법 이외의 치부 문서들 ··········· 412
　2. 서민사회공동체의 치부 회계 사례 ························ 414
6 에필로그 ··· 427
　1. 조선 시대 치부 제도의 회계문화사적 의의 ··············· 427
　2. 사개송도치부법 고려 시대 기원설의 허구성 ············· 431
　3. 맺음말 ·· 435

제5장 근대화여명기의 진화된 사개 송도 치부 문화

1. 프롤로그 ··· 439
2. 근대화여명기의 시대사적 상황 ··· 440
   1. 조선왕조 말기의 시대 상황 ··· 440
   2. 근대화여명기의 상황변화 ·· 451
3. 근대화여명기의 진화된 사개송도치부법 사례 ·· 464
   1. 대한제국 시기의 사개송도치부법 현존장부 ·· 464
   2. 조선총독부 시기의 사개송도치부문화 ··· 489
4. 사개송도치부법의 고유성 및 이론 구조적 취약성 ······································ 508
   1. 사개송도치부법의 고유성 ·· 508
   2. 사개송도치부법의 이론 구조적 취약성 ··· 514
5. 에필로그 ··· 520

제6장 사개송도치부문화에 투영된 상인 정신과 회계 사상

1. 프롤로그 ··· 523
2. 한국형 상도(商道)의 경영 사상적 기반 ·· 524
   1. 우리나라 상도의 형성과 발달 ·· 524
   2. 개성 상인의 상도 ··· 527
3. 개성상인에 의한 사개송도치부법의 회계구조 ·· 530
   1. 개성상인 치부 문서의 존재성 ·· 530
   2. 개성상인 김기호의 「송도치부법사개문서의 개요」 ······························· 533
4. 한국 고유의 치부문화에 투영된 상인 정신과 회계 사상 ·························· 566
   1. 사개송도치부법의 동양 사상적 근거 ··· 566
   2. 사개송도치부법에 투영된 상인 정신과 회계 사상 ······························· 579
5. 전통적 상인 정신과 회계 사상의 특성 ·· 587
   1. 개성상인 정신의 상업 문화적 특성 ··· 587
   2. 전통적 회계 사상의 회계문화사적 특성 ··· 589
6. 에필로그 ··· 593

제 2 부 한국 부기 회계문화의 현대화 과정

제7장 서양식 복식부기 문화의 도입사

1. 프롤로그 ··· 599
2. 서양식 복식부기 문화 도입의 시대사적 배경 ············· 600
   1. 개항과 자본주의 문화의 유입 ································· 600
   2. 근대화의 서광 ··· 603
   3. 서양식 복식부기 시스템의 도입 ····························· 608
3. 개화기의 서양식 복식부기 문화 ······································ 612
   1. 개요 ·· 612
   2. 윤정하의 『상업부기』 ·· 614
   3. 임경재의 『간이상업부기학』 및 『신편은행부기학』 ····· 615
   4. 김대희의 『응용 상업부기학』 및 『공업 부기학』 ····· 638
   5. 민천식의 『실용 가계부기』 ······································ 656
4. 조선총독부 시기의 서양식 복식부기 문화 ··················· 660
   1. 개요 ·· 660
   2. 곽한탁의 저서, 「간이팔종부기 제1편 상업」 ········· 662
   3. 임경재의 저서 『최근 상업부기』 ···························· 667
   4. 일본어판 부기 교과서에 의한 교육 ······················· 669
   5. 일본 상법 규정에 따라 공표된 재무제표의 존재 ··· 672
5. 근대화 시기의 서양식 복식부기 문화의 특성 ············· 676
   1. 서양식 복식부기 교과서와 샨드 시스템의 영향 ··· 676
   2. 서양식 부기 교과서의 특색 ···································· 678
6. 에필로그 ··· 688
   1. 부기 교과서의 회계문화사적 의의 ························· 688
   2. 맺음말 ·· 690

제8장 한국 현대사회의 「원칙」 지향적 기업회계문화(1)
(일본형 기업회계원칙의 시대 : 1948-1981)

1. 프롤로그 ··· 693
2. 한국 현대사회의 회계 문화적 환경요인 ······················· 695
   1. 대한민국 정부 수립 전후의 회계관행 ··················· 695
   2. 기업회계 문화적 환경요인 ······································ 697

3 「기업회계원칙」의 형성과 구조적 체계 ·· 718
 1. 「기업회계원칙」(AD1958)의 형성과정 ·· 718
 2. 「기업회계원칙」(AD1,958)의 구조적 체계 ······································ 719
 3. 「재무제표규칙」의 체계 ·· 738
4 회계 규범의 다원화 ·· 739
 1. 회계 규범(GAAP)의 다원화 과정 ·· 739
 2. 「기업회계원칙」의 제1차 개정(1976)과 체계 ·································· 742
 3. 「기업회계원칙」의 제2차 개정과 체계 ·· 761
5 한국회계 규범의 구조적 특성 ·· 769
 1. 초기 「기업회계원칙」(AD1958)의 구조적 특성 ······························· 769
 2. 발전기 「기업회계원칙」(AD1976)의 구조적 특성 ·························· 773
 3. 조정기 「기업회계원칙」(AD1981)의 구조적 특징 ·························· 776
6 에필로그 ·· 783
 1. 「원칙」 지향적 기업회계문화의 형성기반 문제 ······························· 783
 2. 맺음말 ·· 787

제9장 한국 현대사회의 「기준」 지향적 기업회계문화(Ⅱ)
(구미형 기업회계기준의 시대 : 1981~2020)

1 프롤로그 ··· 789
2 「기준」 지향적 기업회계문화 시대의 회계환경 ··································· 791
 1. 회계 규범 통합기의 회계환경 ··· 791
 2. 회계 규범 성숙기의 회계환경 ··· 795
 3. 회계 규범 변혁기의 회계환경 ··· 805
 4. 회계의 빅뱅 ··· 813
 5. 회계 관련 법규의 개정 환경 ·· 817
3 다원적 회계 규범의 일원화과정 ·· 821
 1. 다원적 회계 규범의 통합에 의한 일원화 ······································ 821
 2. 「기업회계기준」의 체계와 구성내용 ·· 824
4 「기준」 지향적 회계 규범의 성숙·발전 ··· 843
 1. 「기업회계기준」의 개정과 발전 ··· 843
 2. 회계 준칙의 설정보완 ··· 854
 3. 「기업회계기준」의 체계와 성격 ··· 861
5 「기준」 지향적 회계 규범의 글로벌화 ··· 866
 1. 회계 규범설 정주체의 변화 ··· 866

2. 국제회계기준을 수용한 K-IFRS로의 진화 …………………………… 872
  3. 진화된 한국회계 규범(K-IFRS 포함)의 성격과 체계 ……………… 876
 6 「기준」 지향적 회계 규범의 구조적 특성 ……………………………… 891
  1. 「기업회계기준」의 특성 ……………………………………………… 891
  2. 「기업회계기준서」의 구조적 특성 …………………………………… 896
  3. 재무회계의 이론 구조적 특성 ………………………………………… 899
 7 에필로그 ………………………………………………………………… 907
  1. 「기준」 지향적 기업회계문화의 글로벌화 …………………………… 907
  2. 맺음말 ………………………………………………………………… 911

제10장 한국 회계감사 문화의 역사적 지평

 1 프롤로그 ………………………………………………………………… 915
 2 한국형 회계감사 문화의 기원 ………………………………………… 916
  1. 고대국가의 관부회계에서 비롯된 감사문화의 기원(起源) ………… 916
  2. 근대화 과정에서 전래된 서양 회계감사 문화 ……………………… 925
 3 한국 정부 수립과 회계감사 문화의 형성 …………………………… 936
  1. 한국 정부 수립 전후의 회계감사 문화 ……………………………… 936
  2. 회계감사 문화의 제도적 기반구축 …………………………………… 938
 4 한국 회계감사 문화의 글로벌화 ……………………………………… 960
  1. 외국 회계전문가의 국내 진출과 외부감사인제도의 전개 ………… 960
  2. 회계감사 기준의 국제화 ……………………………………………… 969
  3. 한국공인회계사회의 국제적 활동 …………………………………… 972
 5 정부 회계감사 문화의 지평 …………………………………………… 975
  1. 우리나라 정부 회계감사 문화의 기원 ……………………………… 975
  2. 한국 정부 회계감사 문화의 전개 …………………………………… 979
 6 에필로그 ………………………………………………………………… 987
  1. CPA 감사에 대한 사회적 인식 ……………………………………… 987
  2. K-IFRS 시대의 재무제표감사와 글로벌감사판단 ………………… 989
  3. 맺음말 ………………………………………………………………… 992

제11장 한국형 법 회계문화의 형성사
- 상법 회계 및 법인세법 회계를 중심으로 -

 1 프롤로그 ………………………………………………………………… 997

② 한국 상법 회계문화의 형성과 발달 ·· 998
　1. 상법 회계문화의 기원 ·· 999
　2. 근대 상법 회계의 제도적 형성 ·· 999
　3. 한국 상법 회계의 제도적 도입과정 ·· 1005
　4. 한국 상법 회계문화의 형성과 전개 과정 ···································· 1009
③ 한국형 법인세법 회계문화의 형성과 전개 ······································ 1034
　1. 법인세법 회계문화의 생성사적 접근 ·· 1034
　2. 한국 법인세법 회계문화의 전개 과정 ·· 1046
　3. 한국 법인세법회계의 제도적 지향점 ·· 1069
④ 한국 법 회계문화의 현상 및 과제 ·· 1074
　1. 상법 회계문화의 현상과 과제 ·· 1074
　2. 세법 회계문화의 현상과 과제 ·· 1083
⑤ 에필로그 ·· 1088
　1. 회계 규제의 논점 ··· 1088
　2. 맺음말 ·· 1091

제12장 한국의 원가·관리회계시스템 도입 형성사

① 프롤로그 ·· 1095
② 원가·관리회계문화의 생성사적 접근 ·· 1097
　1. 원가계산기법의 생성 ·· 1097
　2. 과학적 관리법의 형성과 관리회계적 연원(淵源) ························ 1108
　3. 1930년대 이후 원가·관리회계제도의 전개 ································ 1114
③ 한국의 원가·관리회계 여명기(黎明期) ·· 1119
　1. 조선총독부 시기의 공업발달과 일본형 원가계산기법의 수용 ······· 1119
　2. 미군정 시기의 경제 상황과 회계 규제 ······································ 1126
④ 한국의 원가·관리회계 시스템 도입·형성기 ································· 1129
　1. 한국 정부 수립 이후 일본형 원가계산 제도의 답습 ··················· 1129
　2. 환경변화와 전통적 원가관리 제도의 변혁 ································· 1133
　3. 컴퓨터 기법에 따른 새로운 원가·관리회계시스템의 등장 ··········· 1138
⑤ 에필로그 ·· 1162

결론장 한국회계 문화사의 진화론적 특성과 이문화 대응 과제

① 프롤로그 ·· 1167

② 회계의 제도성 구축에 대한 문화적 영향 ································· 1168
  1. 언어와 회계 그리고 문화의 상관성 ································· 1168
③ 한국회계 문화사의 진화론적 특성 ····································· 1178
  1. 문화의 진화원리 ··· 1178
  2. 진화론적 접근 ·· 1178
  3. 한국회계 문화사의 진화론적 특성 ································· 1183
④ 사개 송도 치부 문화에 내재한 회계 사상적 특성 ··············· 1197
  1. 사개송도치부법의 회계 사상적 접근 ···························· 1197
  2. 사개송도치부법 회계 사상의 한국회계 문화사적 특성 ···· 1200
⑤ 에필로그 ··· 1204
  1. 총괄 및 이문화 대응 과제 ··· 1204
  2. 맺음말 ·· 1209

참고문헌 ·· 1213

서론장
한국회계 문화사의 접근 시각

1 프롤로그

　이 지구상의 동물들은 계절의 변화에 따라 그에 적응할 수 있는 환경을 찾아 이동한다. 더우면 가고 추우면 날아오는 새가 있는가 하면, 더우면 오고 추우면 날아가는 새도 있다. 열대지방의 사바나 지역에서는 우기와 건기를 번갈아 가면서 초원의 서식지를 찾아 이동한다. 그에 따라 맹수들도 생존에 적합한 환경을 찾아 이동하는 것이다. 그뿐만 아니라, 더우나 추우나 떠나지 않는 새가 있는가 하면, 주어진 환경의 변화에 따라 몸의 색깔을 바꾸는 보호색을 통해 자신을 외부의 적으로부터 보호하거나, 먹이를 구할 수 없는 겨울철에 동면을 통하여 월동하는 파충류와 같은 동물도 있다. 그리고 동물은 태어나자마자 걸을 수 있는 능력도 있다. 이처럼 동물들은 주어진 환경에 적응하며 생존할 수 있는 능력을 선천적으로 갖고 태어난다는 것이다.
　이와는 대조적으로 인간은 모체에서 태어나면서부터 주위에 있는 사람들에게 의존하지 않고서는 생존할 수 없을 만큼 무력하다. 그러나 인간이 동물들처럼 주어진 환경에 적응할 수 있는 특성을 갖추지 않고서도 자연의 제약을 극복하고 외부의 적을 물리치며 제한된 환경 속에서도 살아갈 수 있는 것은 그들이 만들어낸 문화(文化)가 존재하기 때문이다. 인간은 그에게 주어진 제약적인 환경에 적응하는 방법으로 문화를 창조하여 생존의 길을 스스로 열어 놓았다. 따라서 인간은 문화 없이는 잠시라도 살아갈 수 없는 존재이다.
　이상에서 본 바와 같이 자신이 처한 주위 환경에 동물들은 체온 또는 체형을 변화시키거나 계절 따라 단순히 서식지를 옮겨 생존에 대처하면서 살아가지만, 인간은 살기 위한 집을 짓고 추위와 더위를 조절하는 냉·난방 장치를 설치하거나 옷을 지어 입음으로써, 생존에 대처하는 지혜를 갖추었다. 그리고 인간은 동물들과는 다르게 기본 욕구인 성욕도 결혼을 통하여 해결하는 문화를 창조하였다. 그리고 가족 사회를 이루어 특유의 가족문화를 만들며 살아간다. 가족공동체가 모여 사회공동체를 이루고 사회문화를 창조하고 그 바탕 위에서 국가사회가 형성되고 독특한 민족문화의 행태를 조성하게 되는 것이다.

따라서 인간은 일상생활을 영위하면서 문화의 규제를 받지 않은 것이 없을 정도로 다양해졌다. 인간이 오랜 세월에 걸친 생활환경 속에서 그에 적합한 문화를 창조해왔기 때문이다. 동서고금을 통하여 문화가 달라지면, 그 모습이나 표현 방법도 달라진다. 각종 소리의 표현이나 자연을 구사하는 빛깔뿐만 아니라, 사람의 아픈 감정을 호소하는 어휘나 일상생활의 용어까지도 문화권(文化圈)이 다르면, 자연히 달라지게 마련이다. 이러한 현상은 때와 장소에 따라 다양한 문화의 패턴을 만들어내는 작용을 한다. 동서고금의 문화행태가 다른 것도 이러한 이유에서다. 그래서 인간은 자신이 처한 환경에 적응하기 위한 고유문화를 창조하여 그 나름의 독특한 문화권을 형성시켜 나간다. 이는 인류가 이 지구상에서 집단생활을 영위하는 과정에서 비롯되었었다. 특히 인류가 농사짓는 방법을 발견하고 일정한 장소에 정착하기 시작하면서 농경사회가 형성되고 농경문화를 꽃피워 비로소 인간다운 삶의 질을 추구할 수 있게 되었다. 그 후 인류는 농경사회의 생산물을 자급자족하는 것뿐만 아니라, 그것을 기본으로 하여 장시(場市)를 조성하고 교환거래를 통하여 자기가 필요로 하는 물자를 조달하는 상업문화도 조성하기에 이르렀다. 그리고 상업문화 속에서 파생되어 나타나는 거래 사실의 기록·계산에 뿌리를 둔 회계문화도 사회공동체를 통하여 형성되었음을 이해하게 된다.

이렇듯 인류의 역사는 사회공동체를 구성하는 일원으로서의 인간이 주어진 환경에 적응하며 만들어낸 문화의 발달사라고 할 수 있다. 선천적인 본능에 의하여 모든 행위가 결정되는 다른 동물들과는 달리 인간은 그들이 만들어낸 문화를 통하여 주어진 환경에 어떻게 적응해야 하는가를 배우고 익힌다. 생존하기 위해서이다. 그러므로 인간사회공동체의 생활환경에서 비롯되는 이념과 규범으로서의 문화를 습득하고 변화하는 환경적 여건에 그 문화를 적응시키는 일은 인간의 생존에 있어서 매우 중요한 것임을 인식할 필요가 있다. 그러한 인간사회공동체의 문화적 발자취를 찾아 그 단면을 밝히고 정리하는 것이야말로 오늘을 사는 우리에게 주어진 하나의 사명이라 할 수 있다.

본서에서 다루어지는 내용은 이러한 취지에서 비롯되었다. 그것은 인류사회의 문화적 개시와 더불어 생성되고 인류의 경제생활과 밀착된 회계문화, 특히 한반도와 만주 일대를 중심으로 발흥한 한민족(韓民族)의 국가사회에서 그 효시를 이루었다고 생각하는 한국회계문화의 기원과 역사적 전개 과정의 연구 결과이다. 옛 고대사회에서부터 현대사회에 이르는 한국회계문화의 진화론적 발자취를 찾아 문헌사적으로 정리하게 된다. 우선 문화에 대한 일반적인 고찰과 함께 회계문화의 개념성을 살핀 다음, 본서가 지향하는 한국 회계문화사의 시대구분과 접근방법에 대한 견해를 밝혀두기로 한다.

② 회계 문화사적 접근성

1. 역사와 사학

「역사(歷史: history·Geschichte)」라 함은 『인류사회의 발전과 관련된 의미 있는 과거의 사실들에 대한 인식이나 그 기록』[1]을 일컫는다. 이 지구상에 인류가 출현한 이후, 그들이 속하는 자연의 모든 현상에서 나타난 여러 가지 과거 사실을 인식하거나 그 사실의 기록을 일컬어 역사라고 부르는 것이다. 따라서 역사라는 용어는 인류의 과거를 형성하는 행위의 사실과 사건을 총칭하는 의미로 사용하게 되며, 그리고 인간이 행한 과거 사실에 대한 설명과 탐구영역에 해당하는 것으로 접근하게 된다.

영국의 사학자인 카(Edward H. Carr)의 저서, 『역사란 무엇인가(What Is History?)』에 의하면, 『역사란 역사가와 사실과의 사이에 나타나는 상호작용의 과정이며, 현재와 과거 사이의 지나간 사실을 인식하고, 과거의 시간과 점진적으로 나타나는 미래와의 대화이다.』[2]라고 기술되어 있다. 그리고 그는 『과거는 현재의 빛으로 조명하여 비로소 우리에게 이해할 수 있게 해주고, 과거의 빛으로 비추어 비로소 우리가 현재를 이해할 수 있게 한다. 인간에게 과거의 사실을 이해시키고, 현재 사회에 대한 인간의 지배력을 증대시키는 것은 이러한 역사의 이중기능에 해당한다.』[3]라고 언급하였다. 그뿐만 아니라, 그는 『역사가는 과거를 상상하고 미래를 상기(想起)한다.』[4]는 내미어(Lewis B. Namier)의 말을 인용하여, 『미래만이 과거를 해석하는 열쇠를 마련해 줄 수 있다. 이러한 의미에서 우리는 역사의 객관성을 말할 수 있다. 과거가 미래를 조명하고 미래가 과거를 조명하는 것은 역사의 정당화인 동시에 역사의 설명이나.』[5]라고 설파하였다.

요컨대, 카(E.H. Carr)가 강조하고 있는 것은 역사가 과거와 현재와의 대화를 통하여 과거와 현재를 배운다는 것, 즉 『과거와 현재와의 상호관계를 통하여 양자를 더욱 깊이 이해』[6]할 수 있다는 점이다. 따라서 과거를 배운다는 것은 현재를 배운다는 것이다. 환언하면, 현재를 배우려고 하면, 과거를 배워야 한다는 것이다. 과거와 현재는

---

[1] http://dic.daum.net/word/view.do?wordid=kkw000179843&supid=kku000225716
[2] Edward H. Carr, "What is History:" (University of Cambridge, 1961 & 1987) ; 淸水幾太 訳、『歴史とは何か』(東京、岩波書店, 1962)、P. 40.
[3] 상게서, P.78.
[4] Lewis. B. Namer, "Conflicts"(1942), <淸水幾太 訳、『歴史とは何か』(東京、岩波書店, 1962); 姜駿遠 역、『歷史란 무엇인가?』(서울, 春秋閣; 1982), P. 139.>
[5] 淸水幾太 訳、전게서, P. 182.
[6] 상게서, P. 97.

끊으려고 해도 끊어지지 않는 관계에 있다는 주장이다.

그러므로 역사는 인간과 문화, 그리고 사회의 속성을 정확히 이해하기 위하여 필수적으로 알아야 함은 물론, 자신이 속한 국가, 사회와 문화의 정체성을 정립하기 위해서도 이해하지 않으면 안 되는 것이다. 역사를 인식하기 위한 역사의 자료로는 문자로 기록된 모든 자료와 생활의 도구로 사용된 유물, 생활의 근거로 남겨진 유적, 전해 오는 설화, 그리고 인간의 기억을 회생한 구술자료 등이 있다. 그리고 역사의 기록으로 메울 수 없는 공백이나 자료의 해석에는 인류의 보편적 사실 양상을 비교 연구하는 문화인류학적·고고학적 연구 성과의 도움을 받아 이해하게 된다.

이러한 역사를 탐구하는 역사학(歷史學: 史學)은 현재의 사회와 사람들이 아니라 지난날의 사회와 사람들을 이해하는 학문이며, 나와는 다른 문화 속에 있는 사회와 사람들을 이해하는 학문이다. 환언하면, 사학(史學)은 인류사회의 발생과 그 발전과정을 연구하고 시대에 따라 단계적으로 체계화하여 서술하는 학문의 한 분야라고 할 수 있다. 그러므로 현재와 과거가 단절된 것이 아니고, 현재는 과거로부터 나오고, 현재의 모습은 과거라는 거울 위에 그려지는 것이다. 역사학이라는 학문이 없다면 과거를 알지 못하게 되는 것은 물론, 현재의 사회도 이해하지 못하게 되며, 결국에는 나를 모르게 되어버린다. 과거를 이해하는 것은 최종적으로 나를 이해하기 위해서 이루어지는 것이라고 할 수 있다. 그래서 과거와 현재와 미래를 연결하는 사학은 오늘을 사는 우리에게 필요한 학문임을 인식할 필요가 있다.[7]

2. 회계 문화사의 사학적 접근성

상술한 바와 같이 역사의 중요성을 인식한다면, 회계사나 회계문화사에 접근할 때도 카(E.H. Carr)의 견해를 유념하지 않을 수 없다. 현재 회계의 발자취를 올바르게 이해하기 위해서는 회계문화의 과거를 확실하게 학습할 필요가 있기 때문이다. 이것을 일컬어 회계사(會計史) 또는 회계문화사(會計文化史)의 연구라고 부른다.

이러한 회계의 사적(史的) 접근은 회계의 과거를 학습함으로써, 현재의 회계를 명확히 이해하도록 연계시키게 되는 것이다. 현재의 회계나 회계이론의 본질과 그 원점을 이해하려고 한다면, 그 회계의 시원(始原)에까지 거슬러 올라가서 그 원초적 형태를 확인해야 한다. 그것은 바로 회계의 과거를 조명하여 현재의 회계를 밝히려는 것이다. 이는 논어(論語)의 온고이지신(溫故而知新)과 일맥상통하는 개념적 접근을 의미한다. 그렇다면, 회계의 과거를 연구함으로써, 우리는 어떠한 효과를 기대할 수 있는가? 결국 회계의 역사적 접근은 회계의 지나간 사실을 인식하게 해주고, 그것을 통하여 회

---

7) http://blog.naver.com/PostView.nhn?blogId=tkhr4748&logNo=220957648049

계의 미래를 전망할 수 있을 뿐만 아니라, 회계의 역사의식을 심화시키는 시너지효과를 거둘 수 있다는 것이다.

1) 과거 사실의 인식

회계사나 회계문화사를 연구하는 이유를 묻는다면, 그것은 회계의 과거 사실을 알려고 하는 데 있다고 간단히 대답할 것이다. 이러한 유형의 답변은 지금 회계가 안고 있는 문제를 해결하기 위하여 회계의 역사를 알고, 거기에서 회계가 나아갈 방도를 탐색하려는데 있다는 의미라고 할 수 있다. 이는 회계의 역사에서 배우고, 그 역사를 통하여 교훈을 얻는다는 표현이다.

이러한 관점에서 볼 때, 회계사나 회계문화사의 연구는 현재의 회계가 당면한 여러 가지 문제를 해명하고 하나의 해결책을 제시하려고 할 경우, 과거의 회계 사실에 유사한 문제가 있었는가, 있었다면 그때 어떻게 대처하여 문제해결에 접근했는지를 찾아내는 것이다. 바로 말한다면, 선행연구를 학습하여 거기에서 논점을 찾고 앞으로의 방향을 모색한다는 의미이다. 그래서 회계사 또는 회계문화사의 연구를 통하여 문제의 핵심을 찾아내게 된다면, 그 결과를 충분히 인식하고 미래지향적인 연구가 진행될 수 있을 뿐만 아니라, 좋은 성과를 올리게 되는 것이다. 그런 의미에서 회계사나 회계문화사의 연구가 다양하게 이루어지고 많은 연구업적이 발표된다는 것은 여러 가지 회계문제를 해결하는 데 크게 이바지할 수 있음을 의미한다.

회계의 역사적 연구를 수행하면서 회계의 과거를 안다고 하는 것은 다음과 같은 내용으로 정리할 수 있다. 즉, 『사물의 본질 규명은 그 완성된 자태(姿態)의 관찰보다도 오히려 단순하고 소박한 본원적 형태로 거슬러 올라가서 그 생성과 발전과정에 대한 역사적 분석을 통하여 기본핵심에 이를 수 있게 한다.』[8] 이러한 본원적 형태에서 역사적 분석을 통하여 사물의 생성과 발전과정을 규명할 경우, 각각 사회경제적인 배경 분석이 필요하게 된다. 따라서 회계문화사의 연구에도 정치·경제·사회·문화적인 환경 분석이 반드시 이뤄져야 한다. 이것이 저자가 회계문화사라는 표제를 붙인 이유이다.

회계문화의 사실적 접근은 회계의 과거와 현재를 연속적으로 파악하여 점차적인 진화의 귀결점으로서의 현재가 있다고 하는, 이른바 소행적 방법론(溯行的: 遡及的) 방법론을 활용하게 된다.[9] 그러나 여기에는 회계문화의 과거와 현재를 대비하면서 과거를 현재와 다른 이문화(異文化)로서 재발견하려고 하는 일도 있을 수 있다. 그러한 재

---
[8] 辻 厚生, 『管理會計發達史論』 (東京, 有斐閣, 1971), 序文 P. 1.
[9] 平林喜博, 『近代會計成立史』 (東京, 同文館出版, 2013), PP. 12.

발견을 통하여 회계 문화적 사실의 본질을 더 선명하게 밝혀낼 수 있다는 것을 고려하지 않으면 안 된다. 소급적 방법론에 의하는 접근과정은 결국 문헌사적 연구 방법과 결부하여 회계문화의 사실을 규명함으로써, 회계의 과거와 현재를 연속적으로 결부시켜 파악하게 하는 절차이다.[10]

그러므로 회계문화사의 연구는 회계의 과거를 현재와 연관 지어 인식하려는 의도가 그 바탕에 내포되어 있다. 회계 문화적 사실의 본원적 행태를 파악하고 현재에도 그것이 근저(根底)에 존재하고 있음을 논증함으로써, 회계학적인 이론 전개를 시도하게 된다. 한편, 회계문화의 본원적인 행태는 현재의 본질적인 핵심과제로 보지 않고, 전혀 다른 이질적인 견해를 내세워 현재의 본질론을 재검토함으로써, 새로운 이론형성에 촉진제의 역할을 하는 계기를 마련하는 예도 있다. 이처럼 회계문화사의 접근과정은 양면성이 있음을 인식해야 할 것이다.

2) 미래 전망 가능성

회계의 역사를 연구하는 또 하나의 의미는 앞으로 회계의 나아갈 바를 상정하는 것이다. 현재의 회계 형태가 미래에 어떻게 진화되어갈 것인가는 회계학도나 회계인 모두가 갖는 지대한 관심의 대상이다. 회계사 또는 회계문화사를 연구하는 또 하나의 이유가 여기에 있음을 확인하게 되는 것이다.

최근에 이르러 「회계 빅뱅」이라고 하여 회계가 크게 변혁되려는 상황에 부닥쳐있음을 우리는 보고 있다. 그 성과는 앞으로의 과제로서 현실화하여 나타날 것이다. 그것은 회계사(史)나 회계문화사적 연구를 통하여 이루어진다. 회계의 역사를 잠깐 들여다보면, 과거에 수없이 회계적 변혁이 있었다. 부기 문화에서 회계문화로, 정태론에서 동태론으로 진화하던 시대, 회계 원칙론에 접근하던 시대, 그리고 회계 정보론이 제창되어 ASOBAT(1966)가 논의되던 시대 등, 그 당시 회계연구자들은 어떻게 대처하여 이론을 구축하고 실무에 적응시켰을 것인가에 대한 접근도 가능하다. 이러한 상황접근이 회계 문화사를 연구해야 하는 이유이다.[11]

회계사나 회계 문화사는 회계의 과거에 접근함으로써, 미래를 전망할 수 있는 영역의 학문이다. 그에 부응하기 위해서는 회계 문화사의 연구에 충실하고, 회계 문화사 연구의 존재가치가 높이 평가되어야 할 것이다. 따라서 회계의 사적 연구 성과를 충분히 비교 분석하여 회계가 나아가야 할 풍향계(風向計)를 제시해주어야 한다. 그런 의미에서 회계 문화사는 불가결한 연구영역으로써 평가되어야 할 것이다. 역사를 배우는

---

10) 상게서, PP. 12~13.
11) 상게서, PP. 13~14.

것은 미래를 전망하는 데 필요한 분야이기 때문이다.

3) 역사의식의 심화

회계문화의 역사적 사실을 찾아 문헌사적으로 정리한다는 것은 우리의 역사의식을 함양시켜주고, 역사에 대한 이해도를 한층 더 심화시켜주는 작용을 한다. 이는 회계 문화사가 학문으로서의 존립 근거를 찾는 역사적 인식론상의 사유에 해당한다. 개개의 회계 문화적 사실을 어떻게 찾아 정리하고 평가할 것인가의 인식론이 문제이다.

이러한 문제의식은 회계사학적 인식에 깊은 관심을 불러일으킨다. 일반적으로 회계의 문제를 고찰하면서 회계문화사적 문제가 어떻게 논의됐는가를 살펴볼 필요가 있다. 예컨대 유형고정자산의 평가를 역사적으로 살펴보면, 그 문제의식을 확실히 이해하게 된다. 즉, 유형고정자산을 원가로 평가할 것인가, 아니면 시가로 평가할 것인가의 문제의식이 그것이다. 원가로 평가하면 취득원가주의 회계이고, 시가로 평가하면 시가주의 회계가 형성된다. 이러한 문제의식은 회계의 역사를 학습함으로써, 비로소 이해하게 되는 것이다. 회계는 인류사회의 문화적 전개 과정을 통하여 생성·발전되어온 것이기 때문이다.[12]

회계문화의 역사적 이해도를 함양(涵養)시키는 일은 문헌사적 선행연구를 중시하는 데서 비롯되었다. 회계역사의 선달자(先達者)들이 이루어놓은 연구 결과를 토대로 하여 새로운 회계 문화사의 지평(地平)을 열어가는 것이야말로 신진 회계사학도들에게 있어서는 소중한 이정표라고 할 수 있다. 이는 회계 사료의 중요성과 더불어 회계사학 연구의 풍향계 역할을 하는 것이다.

그뿐만 아니라, 회계의 역사에 접근하기 위해서는 그 회계의 역사적 사실이 존재했던 시대의 사회경제적 환경을 자세히 검토·분석해야 함은 물론, 회계 사실의 생성요인과 배경을 섭렵하여 부연(敷衍)할 필요가 있다. 이러한 회계 문화사의 접근방식은 이를테면, 경영문화의 명암(明暗)을 찾아내는 것도 내포되어 있다. 그것을 통하여 그 당시의 사회나 경제·경영, 더 나아가서는 정치에 어떻게 영향을 끼쳤는가를 밝혀내게 된다. 그리고 이러한 실상을 확인함으로써, 회계의 역사적 기능이나 회계의 역할을 인식할 수 있게 된다.[13]

회계 문화사는 단순한 회계의 과거 사실에 접근하는 것뿐만 아니라, 각 시대의 정치·경제·사회·문화의 바탕 위에 형성된 회계의 진상을 찾아 분석·해석·판단·확인함으로써, 회계의 미래를 예측하는 것이 무엇보다 중요하다.[14] 그러므로 회계 문화

---

12) 상게서, PP. 14~15.
13) 상게서, PP. 15

사는 오늘을 살아가는 회계인(人)들의 얼굴이다. 회계 문화사적 접근은 회계학도들의 생활 속에서 직면하는 다양한 회계 문제들을 해결하기 위한 단서를 찾아내려는 효시가 되기 때문이다. 따라서 회계 문화사가 회계의 과거 사실을 바탕으로 하여 회계의 미래를 지향하는 지침이 되는 것임은 분명하다.

③ 문화의 일반적 의의

1. 문화와 문명의 의미

인간은 주어진 환경에 적응하며 살아가기 위하여 사회공동체의 문화를 배우고 익힘으로써, 문화적 동물이 되었고 만물의 영장이라는 자리를 차지하였다. 그래서 문화는 인간 생활에 있어서 필수 불가결한 요소라고 할 수 있는 것이다. 문화는 사회구성원으로서의 인간이 공동체 생활을 영위하면서 당면하는 상황에 대응하기 위한 문제해결의 도구로서 작용한다. 그리고 문화는 인간이 일상생활에서 당면하게 되는 다양한 환경에 대응하기 위하여 다른 사회구성원들과 어떻게 상호작용해야 하는가에 대한 청사진을 제공하기도 한다. 여기서 우리는 이렇게 인간 생활에서 중요한 요소로 작용하는 문화의 의미와 그에서 파생되어 나온 문명의 뜻이 무엇인가에 대하여 살펴볼 필요가 있다.

1) 문화

문화(文化: culture)라는 용어는 인류학의 선구자인 「에드워드 테일러」(Edward B. Taylor)에 의하여 인류학계에 처음으로 소개된 이후 전문적인 용어로 사용되기 시작하였다고 한다.15) 그래서 일반적으로 문화란 한 사회의 주요한 행동양식이나 상징체계를 일컫는다. 인류는 그들에게 주어진 자연환경을 변화시키고 본능을 적절히 조절하면서 만들어낸 생활 의식과 그에 따른 산출물들을 일컬어 모두 문화라는 개념으로 표현하게 되었다. 인류의 문화는 가치관과 행동양식 그리고 사회사상 등의 차이가 있으면, 다양한 관점에서 그에 대한 이론적 기반에 따라 여러 가지 정의가 내려진다.

인류학자들은 정형화할 수 있고 기호로서 의사소통할 수 있는 모든 인간의 능력을

---

14) 上村忠男 外 編著, 『歷史を問う』 全六卷, (東京, 岩波書店, 2001~2004), 序Ⅴ面 參照.
15) Edward Taylor, "Primitive Culture," 7th ed., (New York, Brentanos, 1924), P. 1;
    윤덕중, 『현대사회학』, (서울, 형설출판사, 1994), PP. 60~61.

문화라는 이름으로 표현한다. 사회인류학에서는 사회제도와 인간의 상호관계라는 관점에서, 그리고 문화인류학에서는 규범과 가치로서 문화를 다루고 있다. 이렇게 보면, 문화의 정의는 사상, 의상, 언어, 종교, 의례, 법이나 도덕 등의 규범 및 가치관과 같은 것들을 포괄하는 사회 전반에 이르는 생활양식이라고 할 수 있을 것이다. 그래서 문화란 「사회를 결합하는 공동가치 및 행위」16)로 정의되기도 하며, 일반적으로는 그 사회를 구성하고 있는 모든 사람이 공동으로 소유하고 있는 가치관과 신념(信念), 이념(理念)과 관습, 그리고 지식과 기술을 모두 포함한 종합적인 개념으로서 사회구성원의 행동에 영향을 주는 요소17)라는 의미가 통용되고 있다. 그러므로 문화는 사회구성원의 행동과 사회체계를 형성하고 이들을 연결·조정하는 종합체로서 사회의 유지 및 발달에 필요한 요소라고 할 수 있다. 문화는 오직 인간에게서만 볼 수 있는 것이다. 문화는 인간의 정신적 욕구를 충족시켜주는 활동과 현상 및 표현을 뜻하며, 인간으로서의 자기완성을 가능하게 하는 여건의 총화를 의미한다고 할 수 있다.18)

따라서 사회와 문화와의 관계를 살펴보면 사회가 그 구성요소인 사회구성원으로 이루어진 집단이라고 한다면, 문화는 그 집단 내에서 사회구성원 간의 행동양식을 규정함으로써, 사회의 존속을 뒷받침하는 규범이다. 문화는 인간이 사회공동체 생활을 영위함에 있어서 그 사회공동체에 속하는 사람들이 필요로 하는 이념과 물질의 복합체라고 볼 수 있다. 그것은 인간사회가 존재하는 곳이면 어디든지 존재하게 되며 인간의 기본욕구를 충족시키는 과정에서 나타나는 기술과 방법 및 사회구성원 간의 반목을 최소화하고 협동을 극대화함으로써, 공존할 수 있는 수단을 제시하게 된다.19)

문화는 세상을 유용한 것으로 만들고 세상사를 해석하는 데 활용되는 것임은 물론, 사회구성원들 사이에 공존하는 일련의 행동양식이라 할 수 있다. 이렇게 문화를 인간이 생존하고 있는 생활 양상의 바탕이 되고 사회공동체의 구성원들이 공유하는 가치관의 개념적 체계라고 한다면, 그것은 인간이 사회공동체의 구성원이 되는 과정에서 배우지 않으면 안 되는 것이다. 문화로부터 무엇을 배우느냐 하는 것이 인간의 사회적 행위에 대한 한계를 갖게 한다. 이러한 관점에서 사회공동체의 모든 구성원은 가족의 행복을 위하여 부모에게 효도한다거나, 신념을 지닌 투철한 기업가로서 기업경영을 한다던가, 또는 충성된 마음으로 국가와 민족을 위하여 헌신하던가, 자신을 위한 독서삼

---

16) Meryl Reis Louis, "Sourcing Workplace Culture : Why, When and How", (Kilmannetal, Ceds Gaining ; Control of the Corporate Culture Sanfrancisco' ; Jossey-Bass, 1985), p. 127.
17) Talcott Parsons, "Culture and Social System, revised in L. Schneider(ed.)", The Idea of Culture in the Social Science(London, Cambridge University Press, 1973), pp. 33~46.
18) 삼성미술문화재단, 『文化의 香氣 30年』, 1995, p. 69.
19) 윤덕중, 전게서, 1994), p. 60 : (Caroline Hodges Persell, "Understanding Society" ; An Introduction to Sociology, New York, Harper & Row, 1984).

매경에 몰두하여 자기의 인격을 형성해 가는 것과 같은 광범한 행동양식을 습득하게 된다. 그러나 무엇을 배우고 익혀야 하는지는 그 구성원이 속하는 문화에 달려있다. 문화는 사회화과정을 통하여 학습하게 되며, 그 사회의 가치관과 신념, 그리고 이념과 규범 등이 사람의 인격을 형성하고 행동양식을 구성하게 되는 것이다.

따라서 문화는 다음과 같은 가치 속성을 지닌다. ① 문화는 공유된다. ② 문화는 학습된다. ③ 문화는 축적의 산물이다. ④ 문화는 하나 전체를 이루고 있다. ⑤ 문화는 항상 변화한다는 것이다. 그것은 다음과 같은 요소를 포함하는 개념으로 파악하게 된다. 즉, 첫째, 문화는 자연과 관련된 것으로서 의식주에 필요한 모든 것과 자연을 이용하는 방법, 도구, 기술 및 자연의 여러 조건 등을 포함하는 개념이다. 둘째, 그것은 인간과 인간과의 관계, 즉 사회 조직적 영역으로서 가족과 소속 단체 등의 사회 집단적 조직에 관한 것이다. 개인과 개인과의 관계, 정치 경제 종교 등의 사회집단과의 관계 등도 포함된다. 셋째, 그것은 주관적인 개념의 분류로서 지식, 감정 등의 행위에 포함되는 모든 것과 가치관, 윤리 도덕, 종교 등에 의해 판단과 행동을 하게 되는 것도 포함되는 개념이라고 할 수 있다.[20]

글로벌 세계 대백과사전에 의하면, 인간을 제외한 자연은 필연적으로 발생하지만, 이러한 자연을 소재로 하여 목적의식을 지닌 인간의 활동으로 실현되는 과정을 '문화'라고 하였다. 그리고 '문화와 문명'을 대비시켜 쓰는 일도 있다. 문화는 비교적 내부적이고, 문명은 비교적 외부적인 것을 가리키지만, 그 구별은 명확하지 않다고 한다. 다음에 문명에 대해서 살펴보기로 한다.

2) 문명

이상에서 언급한 문화(culture)의 개념은 문명(civilization)과 구분되어야 한다. 일반적으로 문화인과 문명인은 같은 개념으로 사용되는 경우가 있으나, 이는 분명히 구분되어야 함을 인식할 필요가 있다. 예컨대, 문명인과 미개인을 구분하는 것은 문명의 관점에서 보는 것이지 문화의 관점에서 설명될 수 있는 개념이 아니다. 왜냐하면, 문명인에게만 문화가 있는 것이 아니라, 미개인에게도 나름대로 문화는 있기 때문이다. 「교육을 받은 사람」이나 「교양 있는 분」 또는 「품위 있는 신사」라는 표현은 문명인을 뜻하면서도 문화인의 의미로 사용되는 경우가 흔하다. 그러나 엄밀하게 말하면 문화인과 문명인은 비슷하지만 다른 개념으로서 혼동해서는 안 되는 개념이다. 문화는 문명의 상위개념이다. 문화의 범주에는 미개인과 문명인이 모두 포함되지만, 문명의 범주에는 개명(開明)된 사회의 사람들만을 포함하는 개념으로 인식하게 된다.

---

20) 편의상, 『기업과 나, 그리고 기업문화』 (서울, 도서 출판 옴마니, 1992), PP. 20~21.

그렇다면, 문화의 뜻과 문명의 뜻을 명확히 할 필요가 있다. 국어사전에 의하면, 문화(culture)의 뜻은 『인간이 자연 상태에서 벗어나 일정한 목적 또는 이상을 실현하려는 활동의 과정 및 서서히 형성되는 생활방식과 내용』21)으로 정의되어 있다. 그런데 문명(civilization)의 뜻은 『인간의 지혜가 깨어서 자연을 정복하여 물질적으로 생활이 편리하여지고 또는 정신적으로 발달한 세상이 열리어 진보한 상태』22)로서 이는 문화와 같은 뜻으로 사용하는 학자와 이를 구별하여 사용하는 학자도 있으며, 일반적으로 혼용하는 경우가 많지만, 『문화는 종교, 학문, 예술, 도덕 등, 정신적인 움직임인 데 대하여 문명은 더욱더 실용적인 의식주를 비롯하여 법률, 경제, 산업, 공업, 기술 등, 물질적인 움직임이라 할 수 있다. 전자를 정신문명, 후자를 물질문명』23)이라 한다.

따라서 문화란 자연 상태에서 벗어나 삶을 풍요롭고 편리하고 아름답게 만들어 가려고 사회구성원에 의해 습득, 공유되고 전승이 이루어지는 행동이나 생활양식이며, 그 과정에서 이룩해 낸 물질적, 정신적 산물을 통틀어 일컫는 말이다. 높은 교양과 깊은 지식 또는 세련된 아름다움이나 우아함, 예술품의 요소와 관계된 모든 생활양식과 현대적 편리성을 갖춘 생활양식도 문화라는 범주에 속하는 것으로 보고 있다. 예컨대, 의식주를 비롯하여 언어, 풍습, 도덕, 종교, 학문, 예술 및 각종 제도는 물론, 신도시에 설립될 미술관과 전시장, 박물관 등은 국민을 위한 공간이라는 관점에서 문화라고 표현할 수 있다는 것이다.

이에 대하여 문명이란 사회의 발전으로 인하여 인간 생활이 개선된 상태 또는 사회의 여러 가지 기술적, 물질적 측면의 발전으로 이루어진 결과물을 의미한다. 예컨대, 「찬란한 고대 문명을 꽃피운 곳, 로마에서 일류문명사의 단면을 본다.」라는 말은 문명의 관점에서 이루어진 표현이라고 생각된다.

상술한 바와 같이 문화와 문명은 인류사회의 필연적인 요소로서 생성되고 발전되어온 것으로서 사회적 생활 수준을 가늠하는 척도임은 틀림없는 사실이다. 따라서 이 양자의 의미를 구분하여 알기 쉽게 정리하면, <그림 서-1>과 같다.

이러한 맥락에서 볼 때, 본서에서 지향하는 문화의 의미는 전통적 한국사회의 구성원들이 생활을 영위하면서 여러 가지 문제에 대처할 수 있도록 사회구성원 간에 습득, 공유하고 있음은 물론, 사회적으로 전승(傳承)된 사물과 지식 그리고 언어와 가치관 및 규범 등을 일컫는 개념이다. 환언하면, 여기서 말하는 문화란 한국 민족이 전통적 사회화과정을 통하여 생존해온 양상(樣相)의 기조(基調)가 되고 우리나라 사회의 구성원 간에 공유되고 있는 개념과 규범의 체계라고 할 수 있다.

---

21) 이희승, 『국어대사전』(서울, 민중서관, 1971), P. 1,044.
22) 이희승, Ibid. P. 1,037.
23) 이희승, Ibid. P. 1,037.

<그림 서-1> 문화와 문명의 구분

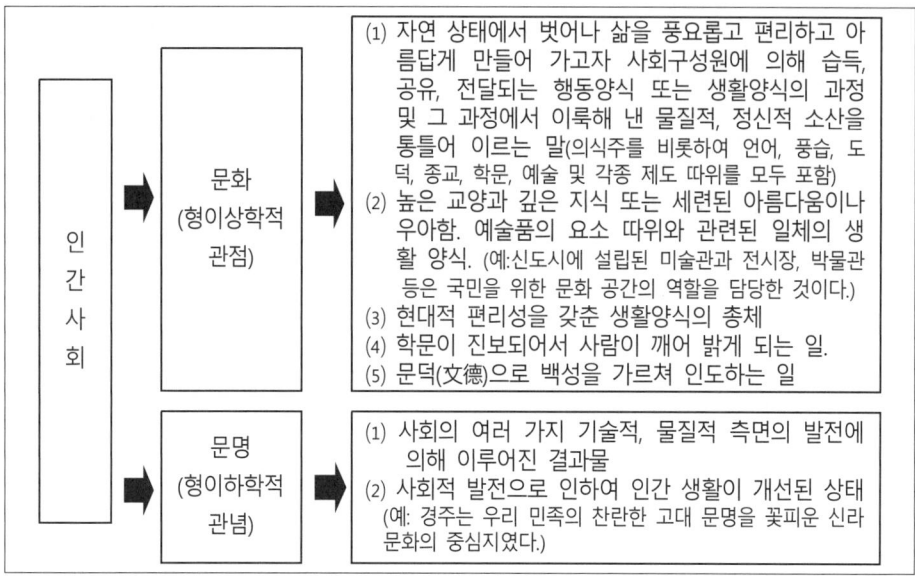

<자료 : 辭典的 의미를 발췌하여 저자가 작성.>

환언하면, 여기서 말하는 문화란 한국 민족이 전통적 사회화과정을 통하여 생존해 온 양상(樣相)의 기조(基調)가 되고 우리나라 사회의 구성원 간에 공유되고 있는 개념과 규범의 체계라고 할 수 있다.

2. 인간사회와 문화

사람이 생활하고 있는 사회에는 그 나름의 특성과 분위기가 있는데 이것을 사회문화라고 부른다. 따라서 사회를 이해하려면 그 사회의 문화를 알아야 한다. 인간은 사회공동체를 이루어 생활하면서 사회가 필요로 하는 재화와 용역을 생산하여 제공하고 또한 사회로부터 그들이 필요로 하는 것을 얻는다. 이렇게 인간과 사회는 불가분의 관계 속에서 상호작용을 하며 발전해 왔다. 그러므로 문화적 인식이 없는 인간사회는 존재할 수 없는 것이다.

인간의 물질적인 욕망을 채우기 위한 경제적 활동은 어디까지나 인간의 정신적인 충족을 위한 수단에 불과하며 사회가 발전될수록 인간화에 대한 욕구도 강해진다. 그러므로 사회적인 관점에서 볼 때, 문화는 사회공동체의 구성원들이 공유하고 있는 가치관과 신념, 이념과 관습, 규범과 전통, 그리고 지식과 기술 등을 모두 포함한 개념으로서 그들의 행동에 영향을 주는 기본요소임이 분명하다. 즉, 사회문화는 사회공동체의 구성원들이 공유하는 가치관이나 행동규범의 체계를 일컫는다.

인간사회의 문화는 넓은 의미로 보면 국가사회와 그 구성원들이 공유해 온 일련의 유형화된 행동과 사회관계라고 할 수 있다. 반면에 좁은 의미로 볼 때는 개개의 사회공동체 구성원들이 공유하고 있는 가치관이나 행동규범의 체계라 할 수 있다. 환언하면, 사회문화란 어느 한 사회만이 고유하게 지닌 특성이나 그러한 특성에서부터 연유되어 형성된 그 사회의 정체성임을 의미한다.

인간사회의 문화는 인류가 사회공동체를 구성하여 생활하면서부터 오랜 세월에 걸쳐 형성되고 발전되어왔다. 인간의 체질이 유인원(類人猿: Hominoid)에서 원인류(猿人類: Hominidea)를 거쳐 근대인(近代人: Homo sapiens)으로 진화함에 따라 인간은 상징적 행위를 할 수 있는 능력과 지능도 높아졌다고 한다. 이러한 변화는 석기류(石器類)의 개발과 의사소통 수단은 물론, 인간의 집단과 사회공동체의 조직화를 이루게 하는 과정이었음을 시사(示唆)하는 것이다. 이러한 조직적 행위와 의사소통 및 사회구성원 간에 공유하는 것은 곧바로 인류문화의 요체로서 작용하고 있음을 의미하는 것이다.[24]

인류 진화의 역사는 인간의 생존을 위한 인간사회의 문화적 발달사이다. 문화는 과거로부터 현재로, 그리고 현재에서 미래로 자자손손 전승되며, 그 과정을 통하여 변형되고 발전되어 간다. 그렇다면, 『문화란 사회공동체의 구성원들이 공유하고 있는 사회적 유산』[25]이라고 할 수 있다. 과거에 이루어진 전통으로서의 문화는 인류의 선조들이 일상생활에서 되풀이되어온 경험의 집합체임을 인정해야 한다. 그래서 인간은 세대가 바뀌었다고 해도 새로운 상황에 부닥칠 때마다 개개인의 예지에 의존할 필요 없이 문화를 통하여 이에 슬기롭게 대처해나갈 수 있게 되었다.

인간사회의 문화는 선조들에 의하여 창조되었으나, 시대의 흐름과 더불어 계속된 변화의 수레바퀴에 편승하여 일류문화사를 이루어왔다. 그것이 현대에 이르러서는 상당한 변혁의 물결을 타고 있으며 계속하여 우리의 후세에도 더욱더 큰 변화를 일으킬 것이다. 도도하게 흐르는 인류사의 흐름 속에서 문화는 사회화과정을 통하여 이루어지고 학습하여 익히면서 사회문화사의 행적을 형성해 갈 것으로 생각한다.

그러므로 사회화의 과정이 인간사회 공동체의 문화를 조성하는 가장 중요한 기초과정임을 인식하지 않으면 안 된다. 사회화란 인간으로서 갖춰야 할 특성을 개발하고 사회의 규범과 가치관을 배우고 익히면서 평생 이루어가는 인간사회의 학습 과정을 의미한다. 다시 말해서 사회화란 인간이 소속된 공동체의 문화를 익힘으로써, 그 사회의

---

[24] 윤덕중, 전게서, P. 64.
[25] 윤덕중, 전게서, P. 66; Ralph Linton, "The Study of Man", New York Appleton Century, 1936, P. 32.

구성원으로서 주어진 역할을 수행할 수 있도록 하는 것을 의미한다. 이러한 사회화 때문에 개인은 비로소 하나의 독립된 사회구성원으로서의 정체성(正體性)을 인식하고 주어진 역할에 충실하고 사회가 추구하는 목표를 향하여 매진함으로써, 질서정연한 사회생활이 유지되도록 한다. 사회화과정이 잘 이루어지면 그 사회에 태어난 사회공동체의 구성원들은 그 사회의 규범과 가치관을 학습하여 내면화하게 되고 변화하는 문화생활에 잘 적응해나가게 된다.26)

이상에서 언급한 사회화의 개념 속에는 사회공동체의 구성원 각자가 하나의 독립된 경제인(homo economics)으로서 생존을 가능하게 하는 다양한 직업상의 기능을 학습하는 과정이라는 의미도 내포되어 있다. 인간이 다양한 경제생활을 영위하면서 사회구성원으로서의 역할수행을 가능하게 하는 사회경제적 규범과 가치관을 배우고 익히는 하나의 과정이라는 것이다.

이처럼 문화가 사회생활을 영위하는 과정에서 자연발생적인 요소로서 형성되었다고 함은 인간이 사회화를 통하여 문화에 대한 적응 능력을 길러간다고 할 수 있으므로, 문화와 인간과의 관계를 그림으로 표시하면 앞면의 <그림 서-2>와 같이 나타낼 수 있다.

<그림 서-2> 사회화의 과정에서 형성되는 문화와 인간과의 관계

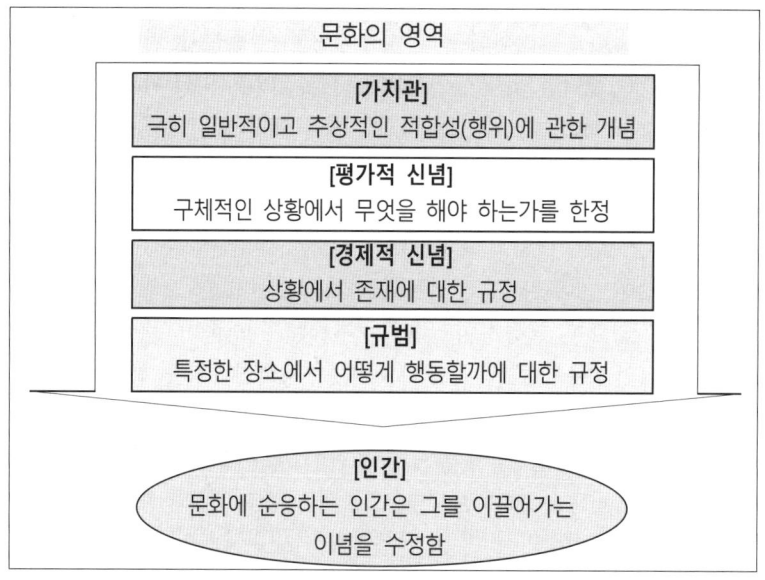

<자료 : Jonathan Turner, Sociology, p. 81 ; 윤덕중, 현대사회학, p. 78.>

---

26) 윤덕중, 전게서, PP. 87~88.

3. 문화의 구성요소

일정한 사회공동체의 구성원들이 지니는 문화는 다음과 같은 구성요소에 의하여 이루어진다. 즉, 사회문화의 구성요소는 언어, 지식, 신념, 기술, 규범 및 가치관 그리고 문화 주체로서의 사회공동체 구성원(인간) 등으로 요약된다. 이는 문화의 구성에 없어서는 안 될 기본적인 요소이다. 이하에서 그 구체적 내용을 살펴보기로 한다.

1) 언어

사회공동체의 구성원 사이에 공유하는 가치를 문화라고 한다면, 그 가치를 공유하면서 가장 기본이 되는 것은 언어(言語: language)이다. 언어는 목소리를 통한 구술(口述)과 문자(文字)나 숫자(數字)를 이용한 기록(記錄)의 방법으로 사회공동체의 구성원 간에 의사소통할 수 있는 능력을 의미한다. 예컨대, 소리를 내어 사람의 이름을 부르거나 문자로 그 사람의 이름을 기록하여 전달하면, 당사자가 응답하는 것은 상호 간에 의사소통이 이루어지고 있음을 뜻한다. 따라서 인간사회의 모든 의사소통은 이러한 언어를 통하여 이루어진다. 언어는 문화를 구성하는 가장 중요한 요소이며 문화의 운반수단으로서 작용한다.

이러한 언어와 문화의 관계를 보면 ① 문화의 구현 수단으로서의 언어, ② 문화적 기반으로서의 언어 ③ 문화적 상징으로서의 언어로 분류된다.27)

첫째의 문화의 구현 수단으로서의 언어에 따르면, 언어는 문화를 표출하는 역할을 하며 문화라는 이름을 통하여 그 사회의 가치관과 의식 및 신념 등을 구체화한다. 특히 특정한 사회의 설화나 종교적 기도문 같은 것도 인간의 구전으로 구체화하여 나타나는 것이다. 그러므로 문화가 구현되기 위해서는 언어가 구사될 수 있어야 한다. 즉, 언어가 없으면 문화가 구현될 수 없다는 것이다. 우리가 외국어를 학습하는 것은 그 나라의 문화에 접하고 이해할 수 있도록 하기 위해서이다. 예컨대 한국문화를 이해하기 위해서는 한국어에 대한 완벽한 구사 능력이 필요하다는 것이다.

둘째로 문화적 기반으로서의 언어라는 의미는 인간사회의 상호 간 의사소통을 원활하게 해주는 매체가 언어이고 문화를 형성시키는 기틀이 된다는 것이다. 인간의 생각을 하나의 문장으로 만들어내고 전달하는 기능을 언어가 지니고 있을 뿐만 아니라, 언어는 그 생각을 한 특정한 형태 속에 집어넣어 의사소통의 기틀을 만들어낸다. 인간의 사유(思惟)와 관찰은 언어에 따라 그 틀이 잡힌다.

언어의 문법이나 문장구조 등은 그 언어를 사용하는 사람들이 현실을 관찰하는 데

---
27) 상게서, PP. 79~81.

영향을 주기 때문에, 똑같은 현상도 서로 다른 언어를 사용하는 사람들에게는 다르게 비쳐질 수밖에 없다. 언어는 사람들의 생각에 영향을 주어 인간의 언어가 다르면 같은 현상도 다르게 보이게 한다. 능동적인 문장표현을 하는 민족의 경우와 수동적인 문장을 쓰는 민족이 경우가 그것이다. 예컨대, 한국어로는 「어린이가 익사했다.」라고 표현하는 것도 인간을 피동적인 객체로 파악하는 나라에서는 「물이 어린이를 삼켜버렸다.」라는 표현으로 나타난다. 이는 인간을 능동적 주체로 보느냐, 아니면 자연을 주체로 보고 인간을 수동적 객체로 보느냐가 문화적 차이를 보여준다는 의미이다. 즉, 나라와 민족에 따라 문화에 큰 차이를 가져오게 된다는 것이다.

언어는 문화의 기틀이 되어 다른 사회공동체마다 그 나름대로 독특한 문화를 창조해내게 한다. 언어는 문화를 형성하는 기본 틀이다. 인간사회에 언어가 존재하지 않는다면, 문화도 상실되고 만다. 문화의 기틀을 구성하는 기본 틀로서의 언어는 필수 불가결한 것임을 인식할 필요가 있다.

그리고 세 번째로 언어는 문화의 상징으로서 작용한다. 인간사회의 모든 의사소통은 상징성 있는 표현을 통하여 이루어진다. 손짓이나 몸짓, 눈치 등으로 의사소통할 수 있기도 하지만 가장 합리적인 의사소통의 수단은 언어적 표현이다. 그러한 언어는 문자와 숫자에 의한 표현을 통해서도 이루어진다. 그것은 언어가 인간의 목소리가 아닌 다른 방법으로 의사소통을 가능하게 한다는 것을 의미한다.

따라서 문자나 숫자의 해독력은 상호 간 안면접촉이 없어도 자기 의사를 전달할 수 있게 하며 또한 그것은 인간이 경험할 수 없는 상상의 세계까지도 이해할 수 있도록 해준다. 즉, 언어가 인간의 사유형태에 영향을 미치고 있는 상황을 문자나 숫자의 개발 속에서 찾을 수 있게 한다는 것이다.

문자나 숫자는 같은 문화를 공유하고 있는 사실을 외부에 표출하는 상징적 수단이다. 그것은 문화를 보존하고 후대에 전수하는 역할도 한다. 특정한 인간사회 공동체의 고유 언어는 그 사회공동체가 다른 사회집단과 구별되는 유일한 특징을 외부로 표출시키는 수단이 되며, 내부적으로는 같은 언어를 사용하는 공동체 내부의 구성원들 사이에 긴밀한 유대관계를 갖게 하는 매개체의 역할을 한다.[28]

2) 지식

지식(知識: knowledge)의 일반적인 뜻은 「알고 있는 내용이나 어떤 사물에 대한 명료한 의식」으로 이해된다. 사전적 의미는 『인식으로 얻어진 성과, 광의로는 사물에 대한 개개의 단편적인 사실적, 경험적 인식을 말하고 엄밀한 뜻으로는 원리적, 통

---

[28] 상게서, P. 81.

일적으로 조직되어 객관적 타당성을 요구할 수 있는 판단의 체계』29)라고 명기되어 있다.

따라서 지식이란 사회공동체의 구성원들이 주어진 환경에 잘 적응하고 사회공동체 내부에서도 질서정연한 생활을 할 수 있도록 자연계와 사회생활에 대한 인식의 체계라고 정의할 수 있다. 인간이 사회의 공동체 생활을 영위하기 위해서는 주어진 자연환경에 대한 적응 방법을 알아야 하고 사회공동체 내부의 생활환경에도 원만하게 대응해나갈 수 있는 능력을 갖추고 있어야 한다. 지식의 기능이 이 경우에 필요한 것이다.

지식은 인간의 환경적 경험이나 교육과정을 통하여 터득되는 것이다. 인간은 자연계의 사물에 부딪힘으로써, 사물에 대한 의식적 판단으로 그 내용을 인식하게 되며 그 것을 바탕으로 자기 생활의 경험적인 인식의 세계를 넓혀나가게 된다. 또한 인간이 만들어 놓은 사회공동체의 교육과정에서 모르는 사실을 알게 하고 합리적인 인식의 세계로 끌어내는 작용을 하게 함으로써, 사회생활의 지식체계를 갖추어 나가게 할 수 있다. 전자를 경험적 지식의 체계라고 한다면, 후자는 교육에 의한 합리적 인식의 지식체계이다.

그래서 지식은 확인된 경험 세계에 대한 정보라고 일컬어진다. 이러한 지식은 인간의 사회생활을 원만하게 영위할 수 있는 환경을 조성하는 기본요소로서 작용하게 된다. 그러한 환경적 여건을 우리는 문화라는 이름으로 부르며, 문화적 환경 속에서 인간은 생활하면서 지식체계를 확대하고 새로운 하위문화가 창조되는 것이다. 지식은 문화를 구성하는 기본적인 요소라고 해야 한다.

3) 신념

신념(信念: belief; conviction)이란 굳게 믿어 의심치 않는 마음을 의미하며, 사회공동체의 구성원이 사회생활을 영위하면서 확신하고 대응할 수 있는 결정적 인식체계를 일컫는다. 따라서 신념은 확실한 판단 의지의 표출이며 공동체 생활에 임했을 때 확고한 자기 의사를 표시하는 방편이 되며, 흔들리지 않는 마음의 자세로서의 판단력의 기조가 되는 것이다.

전술한 지식을 확인된 경험 세계에 관한 정보라고 한다면, 신념은 주위 환경의 사물과 사실을 확인하고 사회공동체의 생활 주변에서 일어나는 상황에 관한 해석을 내림에 있어서 판단의 기조라고 할 수 있다. 특정한 상황에 관한 이념의 상징적 체계인 신념은 경험적 신념과 평가적 신념으로 구분된다. 전자를 특정한 상황의 실제 사실(what actually is; Sein)을 의미한다면, 후자는 그 상황이 그렇게 되어야만 하는 보편적 당

---
29) 이희승, 전게서, P. 2,696

위성(what should be; Sollen)을 의미한다.

경험적 신념은 사회공동체의 구성원들이 굳게 믿는 마음이 진실이라는 것을 확신하게 할 뿐만 아니라, 그들의 지각을 형성하게 한다. 환원하면, 그들이 진실이라고 믿는 것은 실제로 진실하거나 그렇지 않거나 상관없이 진실이라고 믿는 그 자체에 의하여 모두 좌우된다는 것이다. 따라서 경험적 신념은 경험 세계와 가치관을 연결하는 작용을 하고 있다고 할 수 있다.

이에 비하여 평가적 신념은 특정한 상황이나 사물을 해석하고 평가하는 데 있어서 신념이 차지하는 지적(知的), 감정적 도구로서의 측면을 의미하는 것이다. 전통적인 대가족주의 문화가 사회의 근간이라고 믿는 사회구성원들은 현대사회에서 발생하는 청소년 비행과 사회적 무질서가 가족제도의 붕괴와 어른에 대한 공경심의 결여 등을 그 원인이라고 믿는 풍조가 평가적 신념의 한가지 적용 예이다.

따라서 무엇이 존재하고 있는가를 확인하고 싶고 주어진 상황에 무엇이 존재할 것이라고 믿는 바에 따라 사회구성원들의 사고방식과 행동에 상당한 영향을 받고 신념은 형성된다는 것을 인식할 필요가 있다. 이러한 사회구성원의 신념이야말로 사회문화의 구성요소로서 작용하게 되는 것이다.

4) 기술

기술(技術: technique)이란 인간이 지닌 재주를 뜻하며, 「인류가 자연을 인간 생활에 유용하도록 바꾸어 가공하고 실지로 응용하는 기능(技能)」을 의미한다. 즉, 기술은 위에서 언급한 지식과 신념을 경험 세계에서 활용되도록 하는 수단을 일컫는 말이다. 환언하면, 기술이라는 말은 우리가 흔히 생각하는 지식과 신념을 적용하는 기계나 기계장치뿐만 아니라, 그 이상의 자료와 도구, 숙련된 솜씨 및 생산 절차 등의 상호작용과 이를 이용하여 인간의 생활 수준을 향상하게 하는 사회구조의 복합체로써 표현되는 개념이다. 그러므로 인간이 존재하는 사회에서는 주어진 환경을 통제하고 관리하기 위하여 실용적인 기술의 사용을 제도화하지 않으면 안 된다.

이러한 기술을 통하여 인간이 지닌 지식과 신념은 경험적 세계에서 표출되는 것이다. 예컨대, 오늘날 전 세계적으로 널리 퍼져있는 전산 통신망은 현대적 기술의 한 단면을 나타낸 것이라고 할 수 있으며, 매일매일 이루어지는 수많은 사람 간의 사회관계에 있어서 전자공학에 관한 지식과 신념이 제도화됨으로써, 복잡한 인간사회의 구조적 특성이 생성된 것을 일컬어 전신 체계라고 하는 것이다.

따라서 기술은 경험적 지식의 산물로서 주어진 자연환경에 대응하여 인류의 생활환경을 개선하고 활용할 수 있는 작용을 하며 사회적 적응 능력을 길러주는 문화적 환경을 만들어 준다. 즉, 인간이 지닌 지식과 신념이 기술을 바탕으로 인간 생활에 유용한 문화를 창조하는 기본요인으로서 작용한다는 것이다. 결국 기술은 인류문화를 조성하는 구성요소의 하나임을 인식해야 할 것이다.

5) 규범

규범(規範: norm)이란 「일정한 이상이나 목적을 이루기 위하여 마땅히 따라야 할 법칙 또는 원칙」을 의미한다. 그것은 주어진 환경에서 사회구성원들이 무엇을 어떻게 수행해야 하는가에 관한 특수한 기준으로 이해된다. 그것은 법규의 형태로 성문화(成文化)된 것도 있지만, 명문화되지 않은 묵시적인 형태로 된 다양한 사회 환경에서 사회공동체의 구성원에게 어떻게 행동해야 하는가에 관한 일련의 규칙을 지칭한다.

인간의 행위는 다양한 사회적 환경 속에서 그 사회공동체의 구성원이 받아들이고 지키는 규범에 따라 이루어진다. 예컨대, 사람이 일할 때나 차를 마시며 쉴 때, 자동차를 운전할 때나 기계를 다룰 때, 그리고 가족과 함께 식사할 때나 친구와 같이 술을 마실 때와 같은 상황에서 준수하고 지켜야 할 도리가 있는데, 이것을 규범이라 한다.

따라서 규범은 사회공동체의 구성원들에 의하여 지켜져야 한다. 그렇지만, 그 규범의 해석상의 차이나 불완전한 사회화에 따라 사회구성원들이 모두 그것을 지키지 않은 경우가 발생하기 때문에, 사회학적인 관점에서 보는 규범이란 인간사회의 구성원들에 의하여 준수되어야 할 상황에 알맞은 행위를 규제하는 규칙이라고 할 수 있다.[30]

일반적으로 인류사회의 규범은 도덕적인 윤리 규범에서 비롯되었다고 한다. 특히 원시사회 공동체의 경우, 사람과 사람 사이에 서로 지켜야 할 약속을 정하고 그것을 준수함으로써, 구성원 간의 사회질서가 유지되도록 하였을 것이다. 문자가 존재하지 않던 시대의 사회생활은 묵시적인 형태로 규범을 만들어 지키게 하고 그것을 사회규범으로 관례화시키는 과정에서 신선한 사회문화가 조성되었을 것으로 생각할 수 있다. 도덕적 윤리 규범은 그 대표적이다. 이는 사회구성원들이 사회생활을 영위하는 과정에서 발생한 민속(民俗: folkways: folk custom)으로서의 관습적인 규범을 일컫는다. 즉, 사회구성원들의 공유하고 있는 묵시적인 도덕 규범을 일컫는다. 비공식적으로 형성된 규범을 통칭하는 개념이다.

그런데 사람이 사회생활을 영위하면서 도덕성만으로는 사회의 질서유지가 이루어질 수 없는 경우가 종종 발생하게 되었고 그 대안으로 등장한 것이 성문화(成文化)에 의한 규범이 등장하기에 이르렀다. 물론 문자의 발명이 있은 다음부터의 일이다. 인류가 의사소통을 위한 방편으로 언어의 문자적 표현이 이루어지게 되면서부터 사회질서를

---
30) 윤덕중, 전게서, P. 76.

규제하기 위한 명문규범(明文規範)을 만들어 사회공동체의 구성원 모두가 지키도록 홍보하고 이를 준수하지 않았을 때는 그에 상응하는 제재를 했다. 법률규범이 그 대표적이다. 법적으로 규정된 규범은 위반하는 사람이 있으면, 벌칙을 부여하여 사회의 질서를 유지한다. 그 외에도 정치, 경제, 사회문화의 모든 분야에 걸쳐서 다양한 규범이 성문화되어 인류사회의 문명발달에 크게 기여하고 있음을 본다. 현대사회의 문화형성은 대부분이 성문화된 규범에 따라 이루어지고 있다고 해도 과언이 아니다. 이러한 규범을 일컬어 공식적(형식적)인 규범이라고 한다.

따라서 사회규범은 도덕적인 규범으로 형식을 갖추지 않은 것이든 법규범과 같은 형식을 갖추고 성문화되어 공식적으로 인정되는 것이든 간에 모두가 인간사회 공동체의 유형·무형의 문화를 구성하는 기본요소임을 인식하지 않으면 안 된다.

6) 가치관

가치관(價値觀)이란 어떤 대상에 대한 인간 주체와의 관계에서 가치가 지니는 객관적 의미에 관한 일련의 관점(觀點)을 지칭하는 것으로서 어떤 특정한 문화에서 무엇이 바람직한가를 정하는 기준이라고 할 수 있다. 즉, 그것은 사회공동체의 구성원들이 일상생활에서 접하게 되는 선과 악, 아름다움과 추함, 유쾌함과 불쾌함, 적합함과 부적합함 등을 판단하는 표준이 되는 것을 일컫는다.

가치관은 오랜 기간에 걸쳐 이루어져 온 추상적인 것으로서 어느 특정한 행위를 선택하면서 판단의 기준을 의미하는 개념이다. 그런데 그것은 중립적인 성격을 띠고 있지 않아서 가치관의 소지자가 긍정적이거나 부정적 방향에 감정적으로 몰입하게 한다. 따라서 가치관은 위에서 언급한 규범보다는 더 일반적이어서 특정한 경험적 상황에 적용되는 것이 아니다. 그것은 어느 한 특정 상황과 관계없이 일반적이고 추상적이며 의미함축적인 성격을 띠고 있다. 그것은 일반적으로는 사회구성원들 사이에서 사회 가치관에 관한 객관적 합의를 보인다. 그러나 특수한 수준에 적용하면 불협화음을 나타내기도 한다. 예컨대, 효율성을 강조하는 가치관의 경우, 경영의 효율화라는 차원에서 자동화(automation)의 도입을 통한 근로자의 감축을 지지하고 있지만, 인도주의적 가치와 근로자 개인의 가치를 지지하는 가치적 측면에서는 기계시설의 자동화에 반대하게 된다는 것이다. 인간사회에서는 서로 상충하는 가치관으로 인하여 긴장과 갈등을 빚는 일이 다양하게 나타난다. 가치 있는 전통문화를 보존할 것인가, 아니면 개발을 추진할 것인가를 둘러싼 가치관 간의 갈등이 그 좋은 예라고 할 수 있다.

어느 사회에서나 발생하는 다양한 갈등적 가치관 중에서도 근본적인 문제해결을 위한 중심적 가치관이 존재한다. 모든 사회에는 그 구성원들이 지닌 가치관을 통하여 근본적으로 문제를 해결하는 자정기능(自淨機能)이 있다. 이러한 문제해결을 위한 중심적인 가치관은 인생관, 인간과 자연과의 관계에 대한 견해, 시간관, 인간 관계관 및 인간 행동관 등의 가치 지향적 판단기준으로 구성되어 있다는 것이다.[31]

따라서 가치관은 사회구성원들의 문제해결을 위한 중요한 가치판단의 기준으로서 작용하게 된다. 그리고 그것은 사회구성원들 간 의사소통의 객관적 가치표준의 기능을 수행하게 되며, 인간사회의 모든 문화를 형성시키는 기본적인 구성요소로서 작용하는 것이라고 할 수 있다.

7) 사회구성원

일반적으로 사회란 서로 협력하여 공동생활을 하는 인간의 집단으로서, 공통된 가치관과 신념으로 끊임없이 상호작용하는 사람들 사이에 이루어지는 관계를 바탕으로 하여 형성된 자족적이고 항구적인 인류공동체를 지칭하는 개념이다. 사회는 볼 수도 만질 수도 없으나 그 사회를 구성하는 개인과 개인 사이의 상호관계와 이러한 관계를 지속하게 하는 규범 및 사회관계가 사회구성원에게 직접적, 간접적으로 미치는 영향력을 통하여 사회의 실제를 감지할 수 있는 것이다.[32]

따라서 사회는 구성원의 외부에 존재하며 그 구성원을 둘러싸고 구성원들의 생활과 모든 면을 포함하고 있다. 사회공동체의 구성원은 사회 안에 있으며 사회체계의 특수한 한 부분에 놓여 있다. 인류사회에서 구성원의 위치가 말씨로부터 예의범절과 교육이나 종교적 신앙에 이르기까지 그들이 행하는 모든 것은 미리 결정하게 된다. 그래서 사회공동체의 구성원들은 객관적이고 외적인 사실로서 사회의 통제에 대응하게 된다.

그리고 사회는 시간상으로 사회구성원 개인의 일생을 초월하는 역시적인 실체로시 인류가 존재하기 시작한 때부터 비롯되었으며 현재도 존재하고 있을 뿐만 아니라, 앞으로도 계속하여 존재할 것이다. 그러므로 사회구성원들의 일상생활에서 이루어지는 행위는 다른 사회구성원들과의 상호작용이라는 관계를 통하여 이루어진다. 그들은 태어나면서부터 소속되는 가족이나 이웃, 지역사회와 학교 및 직장 등의 소속 공동체 내에서 구성원 상호 간에 이루어지는 상호작용을 통하여 각각 주어진 역할을 수행하여 상대방의 기대에 부응할 수 있도록 체계적으로 익히는 사회화의 과정을 거치게 된다.[33]

이러한 사회가 이루어놓은 제도는 사회구성원들의 행동을 양식화하고 그 구성원들

---

31) Florence Kluckhone, "Variations in Value Orientation," (Westport, Conn. Greenwood Press, 1961), P. 12; 윤덕중, 전게서, PP. 72~75.
32) 윤덕중, 전게서, PP. 12~13.
33) 윤덕중, 전게서, PP. 12~13.

의 기대를 일정한 방법으로 형성시킨다. 사회제도는 사회공동체의 구성원들이 그들에게 주어진 역할을 성실히 수행하는 한, 그들에게 유용한 혜택을 부여하게 된다.

　이것이 사회를 통하여 이루어지는 문화의 모습이다. 즉, 사회문화가 그것이다. 따라서 사회는 문화를 형성시키는 장(場)의 기능을 제공한다. 그리고 사회구성원은 문화생성의 주역으로서 역할을 수행하게 된다. 따라서 사회의 구성원은 그들이 사용하는 언어와 지식, 신념과 기술 및 규범과 가치관 등과 상호작용을 통하여 일련의 문화를 형성시키는 기본요소로써 작용한다는 것이다.

　이상에서 언급한 문화생성에 작용하는 기본요소의 상호관계를 정리하여 그림으로 표시하면 <그림서-3>과 같다.

<그림 서-3> 문화의 기본적 구성요소와 인류문화의 형성

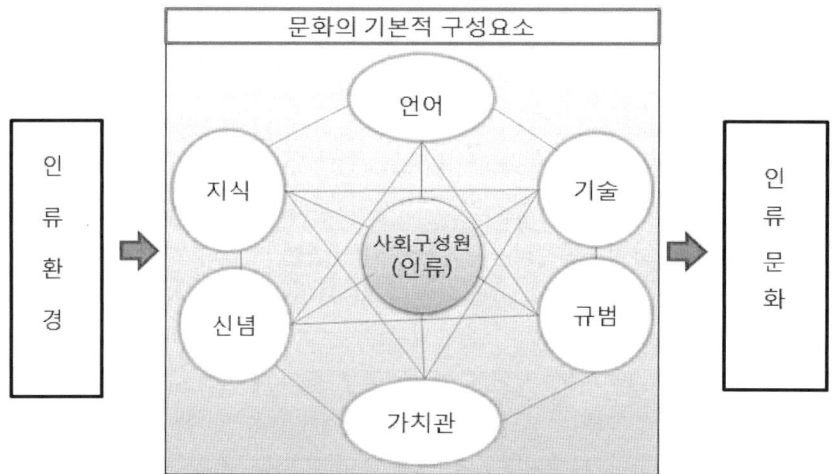

<자료 : 문화 요소의 연관성 분석에 의거 저자 작성>

4 회계의 문화성

　인류사회의 구성원이 가치관을 지닌 신념과 규범으로서의 문화를 습득하고 변화하는 환경적 여건에 문화를 활용하는 것은 인류의 생존을 위해 필수 불가결한 기본요소임이 분명하다. 따라서 사회문화는 경제사회공동체의 경제활동에서 비롯되는 문물거래의 기록과 계산을 관장하는 회계행위를 하나의 하위문화로써 거느리게 된다. 이는 회계와 문화의 만남에서 비롯되는 개념을 의미한다. 즉, 인간의 사회생활을 수행하는 과정에서 이루어지는 회계행위에 대한 사회구성원의 공유가치가 바로 회계문화인 것이다. 이하 회계문화의 개념성에 대하여 살펴보고자 한다.

1. 회계와 문화의 만남

1) 회계

회계행위는 사회구성원들의 경제생활에서 필연적으로 발생하는 경제활동의 하나이다. 왜냐하면, 모든 인간은 경제적인 문제에 직면하는 일이 많고, 개인의 일상생활은 경제적인 행위를 수반하게 되며, 그것은 의·식·주에서 교육·문화에 이르기까지 금전의 계산에 의한 계획이나 행동의 제한은 물론, 그것에 의한 만족감을 무시할 수가 없기 때문이다. 회계는 경제생활의 사실을 재화(財貨)의 가치적 계산에 따라 나타냄으로써, 그 내용을 구체적으로 설명하는 수단이다. 그뿐만 아니라, 오늘날의 수많은 사회적 문제, 즉 경기변동, 노사관계, 국가의 재정과 세금, 그리고 국제무역 등에 관한 여러 가지 문제는 모두가 그 사실을 재화의 가치적 계산에 따라 표현하는 회계를 무시하고 논의할 수 없다.

사회공동체의 가장 기본적인 것은 가정이며, 가정에서는 그 구성원인 개인이 최대의 만족감을 느끼고 생활할 수 있도록 경제행위가 이루어진다. 그러므로 가정에서도 회계를 빼놓을 수 없는바, 일반적으로 가계부에 의하여 기록·계산이 이루어지며 이것을 통하여 그들의 경제적 목적이 합리적으로 추구된다.

가족공동체의 구성원들은 일상생활을 수행하는 과정에서 수입과 지출이라는 셈(계산)을 하고 있으며, 이러한 셈의 원리가 회계의 기본이 된다. 예컨대, 가계부를 통하여 집안의 살림을 계획하고 집행하면서 관리하는 것이 회계처리를 하고 있음을 의미한다. 이러한 회계행위는 개인의 경우에도 일상적으로 이루어지고 있다. 이처럼 우리의 생활 주변에서 이루어지는 재화의 수입과 지출에 대한 기록·계산은 단순하게 행해지는 것이 아니고 일정한 법칙과 근거에 의하여 이뤄지게 된다.

그뿐만 아니라, 인류사회의 이익공동체(Gesellschaft)로 구성된 기업은 재화의 획득과 창출에 해당하는 생산적인 측면을 독립시켜, 이것을 효율적으로 운영하기 위하여 생긴 경영체이다. 다시 말해서 기업은 인간의 욕구와 필요한 것을 충족시켜주는 생활자원을 생산하는 생산경제로서의 개별경제주체에 해당하는 것이다. 그래서 기업은 생산된 생활자원을 이용할 수 있도록 분배하고 교환(유통)하는 활동을 수행하게 된다.

이처럼 재화나 용역의 생산과 판매를 수행하는 기업 활동은 우리들의 사회생활에 없어서는 안 될 경제활동이다. 따라서 기업이란 인간 생활에 필요한 재화나 용역을 생산하고 유통하는 경영체로서 인간사회 속에 존재하는 것이다.

이러한 기업이 유지될 수 있도록 관리하기 위하여 그리고 그 구성원이나 이해관계자 상호 간의 관계를 명확히 하고, 개개인의 생활 향상을 도모하기 위하여 회계가 필요하다. 이 회계는 기업 내외의 요구에 맞추어 다양하게 이루어지고 있으며, 기업의 장부를 기초로 하여 여러 가지 회계적 보고가 행해진다. 따라서 개인, 가정 및 기업과 같은 경제주체는 수없이 존재하지만, 이들의 상호관계를 조정하고 사회 전체의 안정을 유지하기 위하여 회계가 필요한 것이다. 예산에 맞추어 실적을 평가할 수 있도록 장부에 의한 기록·계산이 이루어지고 그 결과를 정리하여 이해관계자들에게 보고함으로써, 그 목적을 달성하게 된다.

인류사회에는 이상에서 언급한 개인이나 가정 및 기업과 같은 경제주체뿐만 아니라, 이들의 존재를 인정하고 그 상호관계를 조정함과 동시에, 사회 전체의 안녕과 질서를 유지하고 국민 생활의 편의를 제공하기 위하여 정부라는 경제주체도 존재하고 있다. 따라서 국민경제의 3대 요소라고 하면, 가계, 기업이나 정부를 일컫는다.

정부는 국민과 기업들이 낸 세금을 기본으로 하여 운영되는 경제주체이다. 정부가 하는 일은 국민의 안녕과 사회의 질서를 유지하는 것이다. 그래서 정부는 ① 공공재화와 용역의 공급(각종의 예산집행 등), ② 공공재화와 용역을 생산·공급하기 위한 재원의 마련(조세, 국공채의 발행 등), ③ 법률 집행 등의 일을 수행한다. 정부는 이러한 정부의 일을 수행하는 데 필요한 자금을 세금이라는 형태로 징수하게 된다. 국가재정이나 지방재정의 관점에서 그러한 활동이 합리적으로 이루어지기 위해서는 여기에서도 규범으로서의 회계가 필요하게 된다. 즉, 국가기관이나 지방관청도 경제행위를 수행하면서 회계 정보를 이용한다. 다만, 정부 기관이나 지방관청에서는 수입을 세입이라 하고 지출을 세출이라고 하며, 1년을 단위로 하여 예산을 세우고 집행하는 것이 다를 뿐이다. 정부도 기업과 마찬가지로 거의 모든 서비스 활동 분야에서 회계행위가 이루어지고 있다.

이처럼 회계는 경제주체의 활동을 화폐가치로 표시하여 필요한 생활 정보를 제공하는 하나의 수단이다. 그러나 회계(會計: accounting)는 인류사회의 발전과 더불어, 그 역할을 확대하면서 발전해 온 것이기 때문에, 회계도 그 형식이나 내용이 다양하여 회계의 뜻을 간단하게 설명하기란 그리 쉬운 일이 아니다.

회계가 하나의 사회현상으로 인식되고, 그 존재가 확인된 것을 관찰하고 파악하여 설명하는 데는 여러 가지 관점에서 이루어질 수 있다. 그러나 여기에서는 그러한 회계의 구조를 다음과 같은 두 가지 측면에서 고찰하기로 한다. 즉, 하나는 「계산 시스템」으로서의 회계이며, 다른 하나는 「정보 시스템」으로서의 회계이다. 전자는 경제주체가 행하는 경영활동의 내용과 결과를 화폐 액으로 인식·측정하여, 그 측정 수치에 의한 계산가능성을 추구하는 계산 시스템이라는 관점에서 보는 것이며, 후자는 그 경제주체와 관계있는 모든 이해관계자의 의사결정에 필요한 회계 정보를 제공하는 과정이라는 관점에서 보는 견해이다. 전자가 측정 지향적인 회계라고 한다면, 후자는 정보 지향적(이용자 지향적)인 회계라고 할 수 있다.

이상의 두 가지 관점에서 살펴본 회계의 뜻을 종합하여 정리하면, 회계란 개인이나 경영공동체의 경제적인 활동에 관심을 두는 사람들에게 유용하고 적정한 정보를 제공하기 위하여 그 경제주체의 활동을 기록계산하고 정리하여 재무적인 보고를 하는 일련의 과정이다. 그러므로 회계는 경제주체의 활동 내용을 화폐가치로 측정하여 필요한 생활 정보를 제공하는 하나의 수단이라고 할 수 있다. 이는 경제주체의 의사소통을 합리적으로 수행할 수 있게 하는 언어적인 기능을 회계가 갖고 있다는 것이다.

따라서 회계는 경영공동체의 경제적 활동을 인식·측정하여 정보를 산출한 다음, 그것을 유용하게 이용할 수 있도록 적정하게 보고·처리한다. 이러한 회계 정보는 재무제표와 같은 회계보고서로서 이해관계자들에게 제공된다. 그리고 이해관계자들은 받은 회계 정보를 자기의 목적에 맞도록 활용하게 되는 것이다.

2) 회계문화

인류 사회문화의 하위개념으로서 회계문화가 지니는 의미에 대하여 아직 정의를 내린 문헌은 없다. 그러나 본서가 지향하는 한국회계 문화사의 논리 전개를 위하여 회계문화의 확실한 정의를 내릴 필요가 있다고 생각한다.

일반적인 문화의 개념에 따라 유추해보면, 회계문화는 사회공동체의 구성원들이 경제활동을 영위하는 과정에서 필연적으로 나타나는 회계행위에 대한 공통된 생활양식을 의미하는 것으로 이해할 수 있다. 또한 그것은 인류의 경제생활을 통하여 후천적으로 습득된 사회구성원들의 집단적인 회계의 가치관이라고 할 수 있다. 따라서 일반적으로 회계문화란 경제사회를 구성하고 있는 모든 공동체의 구성원들이 공통으로 소유하고 있는 회계행위에 대한 가치관과 신념, 이념과 관습, 그리고 지식과 기술을 모두 포함한 종합적인 개념으로서 사회공동체 구성원들의 회계행위에 영향을 주는 요소라고 정의할 수 있을 것이다. 그러므로 회계문화는 사회공동체 구성원들의 회계 행동과 경제사회의 질서유지를 위한 사회적 체계를 형성하고 사회구성원 간의 이해관계를 연결·조정하는 의사소통의 종합체로서 경제사회의 유지와 발달에 필요한 개념이다. 여기서 우리는 회계문화가 사회구성원들의 경제적 욕구를 충족시키는 활동과 현상을 규범화한 것으로서의 의미가 있으며, 경제공동체의 구성원으로서의 자기완성을 가능하게 하는 최대공약수를 의미하는 것으로 인식하게 된다.

그러므로 회계문화는 인류의 경제생활에 없어서는 안 될 필수적인 요소이며, 경제사회공동체의 구성원들이 경제활동을 수행하는 과정에서 직면하게 되는 상황에 대한 문제해결의 도구라고 할 수 있다. 그리고 회계문화는 경제사회공동체의 구성원들이 일상생활에서 당면하는 다양한 상황에서 다른 사회공동체 구성원들과 어떻게 상호 작용을 해야 하는가의 의사소통을 위한 회계 정보의 청사진을 제공한다. 여기서 경제사회와 회계문화와의 관계를 살펴보면, 회계문화는 경제사회공동체 구성원 간의 회계행위에 대한 생활양식을 규정함으로써, 경제사회를 존속할 수 있게 하는 사회규범임을 확인하게 되는 것이다.

따라서 회계문화는 인류가 경제생활을 영위하면서 그 경제사회공동체에 속하는 구성원들이 필요로 하는 신념과 가치관의 복합체라고 볼 수 있다. 그것은 인류의 경제사회가 존재하는 곳이면 어디든지 존재하는 것이다. 그리고 회계문화는 인간의 기본적 정보 욕구를 충족시키는 과정에서 나타나는 기술과 방법 및 경제사회공동체 구성원 간의 반목을 극소화하고 상호 간 협동을 극대화함으로써, 서로 공생할 수 있는 수단과 방법을 제공하게 된다.34) 그래서 회계문화는 경제사회공동체의 구성원들 사이에 공유되는 일련의 회계적 행동양식이라 할 수 있는 것이다.

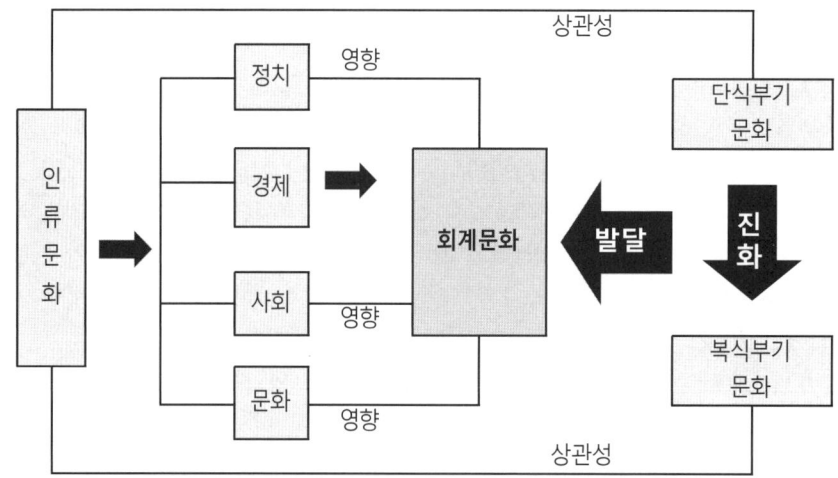

<그림 서-4> 인류의 문명사회와 회계문화의 진화 및 상관관계

<자료 : 회계문화의 접근분석에 따라 저자 작성>

---

34) 윤덕중, 『現代社會學』(서울, 형설출판사, 1994), p. 60; (Caroline Hodges Persell, Understanding Society, An Introduction to Sociology, New York, Harper & Row, 1984).

그래서 회계문화에는 다시 하위개념으로서의 부기 문화가 존재한다는 것을 간과해서는 안 된다. 기록・계산에서부터 비롯되는 부기 문화를 포용하고 있는 것이 회계문화라고 할 수 있기 때문이다. 인류의 경제생활은 선사시대부터 기록과 계산을 근간으로 하여 이루어져 왔다. 그 기록・계산・보고의 기술적 요체가 부기이다. 그 부기 문화를 바탕으로 하여 진화한 것이 회계문화이다. 그러므로 회계문화는 부기 기법의 결과를 토대로 하여 정보의 전달을 실천함으로써, 경제적 의사소통의 목적을 수행하는 개념이라고 할 수 있는 것이다.

이러한 회계문화가 인류의 문명사회와 어떠한 관계에 있으며, 어떠한 진화의 단계를 밟아 발달하였는가를 그림으로 나타내면 앞면의 <그림 서-4>와 같다.

2. 회계문화의 생성요인

인류사회의 경제적 공동체는 경제활동을 수행하는 과정에서 주어진 문화적 환경에 적응하고, 그 공동체의 목적을 달성하는 데 적합한 관리이념과 전략을 구사하며 그 자체의 회계행위를 수행하기 위한 독특한 합리적 회계문화를 구축한다. 이러한 사회공동체의 회계문화를 조성하는 데 결정적인 역할을 하는 것은 그 사회의 정치와 경제, 사회적 전통과 규범, 그리고 교육과 종교 등의 문화적 환경요소이다. 이러한 여러 가지 환경 속에서 그 사회공동체의 지도자가 운영방침과 관리목적을 정하고 경제적 계수화(計數化)를 통한 조직 관리를 주도함으로써, 그 공동체 특유의 회계문화를 구성하게 된다.

따라서 회계문화를 이해하려면 그것이 어떠한 사회문화적 환경요인에 의하여 생성되었고 어떤 요소로 구성되어 있는지를 파악하지 않으면 안 된다. 일반적으로 그 사회의 문화적 환경에 따라 형성된 회계문화가 구성되기 위해서는 인류사회공동체 구성원들의 경제생활에서 비롯된 회계행위가 가능한 사회경제적 환경조성이 선행되어야 한다. 인류 사회문화의 형성과 발달은 사회공동체의 구성원들이 일상생활에 필요한 경제적 재화를 취득하고 교환하는 환경 여건이 조성됨으로써, 회계행위는 자연히 생겨난다. 처음에는 원시적인 회계행위에 불과했을지라도 그것이 오랜 세월을 거치는 동안 인류 사회문화의 한 축을 이루는 회계행위의 문화적 구성요소가 점차 생겨났을 것으로 추정할 수 있다. 그것은 인류사회의 오랜 역사적 과정을 통하여 인류 사회문화의 발달과 더불어 이루어진 것으로 보지 않으면 안 된다.

미국의 회계사학자인 리틀톤(A.C. Littleton)교수에 의하면 회계적 기록계산의 기법은 『어느 한 사람의 발명 결과도 아니고, 어떤 한 세대의 소산도 아니며, 인류문화의 장기간에 걸쳐 발전되어온 결과』[35)]라고 하면서 다음과 같은 회계기법의 발생 7요소를 제시한 바 있다. 즉, 그에 의하면, 회계문화가 구성될 수 있는 기본요소는 ① 서법(書法) ② 산술(算術) ③ 사유재산(私有財産) ④ 상업(商業) ⑤ 신용(信用) ⑥ 화폐(貨幣) ⑦ 자본(資本) 등 일곱 가지가 언급되어 있다.[36].

이들 회계문화의 구성 7요소는 현대적 회계문화의 초석을 이루는 복식부기 문화가 생성되는데 필요한 기본요소라고 할 수 있다. 그러나 복식부기 문화의 전 단계로서 단식부기 문화가 인류사회의 초기에 자연발생으로 이루어져 있었음을 상기할 필요가 있다. 즉, 인류사회구성원들의 경제생활에 필요한 회계행위가 이루어지는 과정에서 초기 단계의 단순한 단식부기 문화가 발생하였고 그것이 오랜 기간에 걸친 발전단계를 거쳐 복식부기 문화로 진화되었다는 것이다. 이는 회계행위의 문화적 구성요소가 역사적 발전과정에서 점차 생성되고 진화되면서 회계문화의 기본적 구성요소로 정착되었음을 의미한다.

1) 단식부기 문화의 생성요인

회계문화의 근원은 인류사회의 경제생활이 이루어지던 초기 단계에서부터 비롯된 것으로 볼 수 있다. 다만 그것이 장부를 비치하고 기록계산이 처음부터 행해졌는가에 대해서는 의문의 여지가 있겠으나, 인간의 지혜로 사회생활을 영위하는 과정에서 경제적 교환거래의 발생은 부정할 수 없으므로 회계행위의 문화성만은 싹트고 있었음을 인정할 수 있을 것이다. 불완전한 상태이면서도 소유하는 재화의 양도와 필요한 재화의 획득이 경제적 거래의 형태로 이루어지는 과정에서 셈에 대한 인간 행동이 나타나게 된다. 경제적 사회공동체의 공유가치로서 교환되는 재화 가치에 대한 계산적 행위는 자연발생적인 문화의 소산이다.

따라서 상술한 회계문화의 생성요인 중에는 인류 사회문화의 초기 단계에서 나타난 것들이 상당한 부분 존재한다고 할 수 있다. 사유재산권은 원시 공동사회에서부터 비롯된 것으로 볼 수 있으며, 서법(書法)도 기호나 상형문자와 같은 형태로 기록하여 기억할 수 있는 장치를 마련했음을 볼 수 있다. 그뿐만 아니라, 산술(算術)도 가산(加算)과 감산(減算)의 정도라고는 하겠지만, 선사시대에 해당하는 요하 문명의 발상 시기에 벌써 결승기법에 따른 수치의 표현이 이뤄졌다고 한다. 이는 중국의 고대사회나

---

35) Littleton, A. C., "Accounting Evolution to 1900," (Russell & Russell, New York, Revised, 1966), P. 22; 片野一郎 訳, 『リトルトン会計発達史』(東京, 同文舘, 1973), P. 37 : 조익순・정석우, 『조선 시대의 회계문서에 나타난 사개송도치부법의 발자취』(서울, 박영사, 2006), P. 33.

36) A. C. Littleton, Op. Cit., PP. 12~21; 片野一郎 訳, 前揭書, PP. 23~24 ; 조익순・정석우, 전게서, PP. 33~34.

서양의 고대 그리스의 문헌과 바빌로니아의 함무라비 법전을 통해서 확인되고 있다. 이 시기부터 물품의 교환행위도 필요로 하는 사람들끼리 이뤄졌음은 물론, 사람의 기억력으로 해결될 수 있는 소규모의 형태로 제한된 지역 내에서 행해졌을 것으로 추정되는 상행위의 행적도 요하 문명의 유적지에서 출토되었다고 한다. 그러나 재화 교환 가치의 인식 수단인 화폐의 등장은 고대 문명국가가 형성된 이후의 일이다.

이러한 경제 환경적 요소들은 결국 회계행위를 활성화시키는 촉매작용을 했을 것이고 초기 단계의 단식부기 문화의 형성을 가져오게 하였다. 오늘날에도 비공식적으로 존재하고 있는 단식부기와 같은 일정한 형식을 갖추지 않은 부기 형태가 발생할 수 있는 요인이 갖추어 상호의존적으로 작용했을 것으로 생각한다.

<표 서-1>에서 보는 바와 같이 고려대학교의 조익순 교수에 의하면, 단식부기 문화가 발생할 수 있는 최소의 기본요소로서 사유재산과 서법 및 산술의 세 가지를 언급하고 있다. 그리고 거기에 화폐와 상업 및 신용이라는 기본요소가 더불어 갖추어지면 단식부기 문화가 발전하고 복식부기 문화의 생성을 촉진하는 기본요소로서 작용한다고 하였다. 여기에 인류문명의 이기(利器)로서의 회계문화의 맹아(萌芽)기 있음을 인식하게 되는 것이다.

2) 복식부기 문화의 생성요인

이상에서 언급한 바와 같이 단식부기 문화의 생성과 발전적 요소가 갖추어지고 복식부기 문화의 생성 요소가 형성되기는 했지만, 복식부기 문화의 발전적 여건은 아직 조성되지 않았다. 다시 말해서 상술한 서법, 산술, 사유재산제도가 이루어져서 단식부기 문화의 발생 여건이 갖추어지게 되고, 여기에 신용, 화폐, 상업 등의 추가적 요인이 합류하게 되면 비로소 단식부기 문화는 완성되어 발전할 수 있는 환경이 조성된다. 그와 동시에, 복식부기 문화의 싹이 돋아나기 시작하는 단계에 들어섰음을 확인하게 된다. 그렇지만, 그것이 복식부기 문화의 생성과 발전으로 이어지기 위해서는 또 다른 기본요인이 가미되지 않으면 안 된다. 즉, 위에서 언급한 6요소는 단식부기 문화의 생성·발전을 일으킬 수 있는 요소로서는 충분하다고 할 수 있으나, 복식부기가 생성·발전되기에는 불충분하다는 것이다. 다시 말하면, 복식부기 문화를 생성시킴과 동시에 발전하게 하는 기본요소로서의 위임과 자본이 여기에 합류됨으로써, 비로소 복식부기 문화의 발생뿐만 아니라, 정상적인 회계문화로서 성장할 수 있는 환경요소가 갖추어진다는 것이다.

벨기의 회계사학자인 루버(R. de Roover)가 복식부기의 발생 요인에 대하여 밝힌 바에 의하면, 그는 『신용·상사회사·위임은 부기의 기원에 존재했던 3가지 요소』[37]

라고 했다. 여기서 신용은 외상거래가 성립하기 위한 기본요소이고, 상사회사는 자본을 밑천으로 설립된 이익공동체(Gemeinschaft)를 의미하며 위임은 「주인과 노예와의 관계」에서 비롯된 것이다. 타인의 재산을 제3자가 관리하고 그 책임을 명백히 밝힌다는 것은 복식부기의 탄생으로 유도하는 요인이 된다. 예컨대, 로마 시대에 「노예와 주인과의 관계」를 나타낸 「주인 계정」의 기장사실(記帳史實)은 당시의 로마 귀족이 상업상의 모든 것을 노예에게 위임했음을 의미하는 증거라고 할 수 있다. 리틀톤 교수는 이러한 사실을 일컬어 대리인 부기가 자본주 부기의 성립을 촉진한 촉매작용을 했다고 강조하였다.38)

<표 서-1> 부기회계문화의 생성요인

A.C Littletons 분류	R. De Roover의 분류	조익순의 분류	종합 재분류
1. 자료(부기에서 정리해야 할것) ① 사유재산(소유관계를 변경하는 힘) ② 자본(생산에 이용되는 부) ③ 상업(재화의 교환) ④ 신용(미래재화의 현재 사용)	① 신용 ② 상사회사 ③ 위임(타인의 재산을 제3자가 관리의 책임을 짐)	1. 단식부기를 생성하는 요인 ① 서법 ② 산술 ③ 사유재산	1. 제1단계 요인 ① 서법 ② 산술 ③ 사유재산
2. 표현 수단 ① 서법((연구기록의 수단) ② 화폐(교환가치의 척도) ③ 산술(계산수단)		2. 단식부기를 발전시키고 복식부기를 생성하는 요인 ① 화폐 ② 상업 ③ 신용	2. 제2단계 요인 ① 화폐 ② 상업 ③ 신용
3. 방법(자료를 체계적으로 표현하는 방법이 부기이다.)		3. 복식부기를 생성시키고 발전시키는 요인 ① 자본	3. 제3단계 요인 ① 위임 ② 자본

㈜ 관련 자료를 참고하여 저자가 종합적으로 정리함.
<자료: A.C Littleton, op. cit. p. 13 (片野一郎 訳, 『リトルトン會計發達史』) (1973), pp. 23~24: 岡本愛次, 「複式簿記の形成こ就いて」(『經濟論叢』 48の 3, p. 132): 조익순·정석우, 전게서, p.34.>

---

37) Raymond de Roover: Jun Ympyn,; "Essai Historque it Technique sur le Premier Traite Flamand de Comptabilite(1543)," Antwerpen 1928; 岡本愛次, 「複式簿記法の形成に就いて」 (『經濟論叢』, 48の3, P. 132.
38) A. C. Littleton, "Accounting Evolution to 1900," (1966); 片野一郎 訳, 전게서, P. 24.

조익순 교수에 의하면, 『이들 제 요소는 복식부기의 생성에 불가결한 것이다. 만약, 재산이나 자본이 없었다면, 기록할 대상이 없었을 것이고, 화폐가 없었다면 모든 교역은 물물교환에 지나지 않았을 것이며, 신용이 없었다면 거래는 그 현장에서 모두 다 완결되었을 뿐만 아니라, 상업이 없었다면 재산기록의 필요성은 정부의 과세 목적에서 벗어날 수 없었을 것이다. 만약 서법이나 산술 중 어느 하나가 없었다면 기록할 수단이 없었기 때문에 복식부기는 성립할 수 없게 된다. 이익을 얻기 위하여 재산을 교환하고, 또 신용거래를 하는 것 자체는 부기로 정리해야 할 자료적 요소이고, 그 자료들을 표현하는 수단이 되는 것이 화폐, 산술, 서법이기 때문이다.』[39]라고 하면서 단식부기 문화와 복식부기 문화가 생성될 수 있는 환경적 구성요소의 구분을 명확히 제시하였다. 이는 리틀톤 교수의 복식부기 발생 요인에 근거하면서도 단식부기 문화와 복식부기 문화의 발생 요인을 명확히 재분류했다는 점에서 주의를 환기하는 대목이다.

이러한 복식부기 문화의 구성요소들을 모아서 재분류하고 종합적으로 정리하면, 앞면의 <표 서-1>과 같이 나타낼 수 있다.

3) 부기·회계문화의 형성모형

회계문화의 생성과 발전을 가져오게 하는 기본적 환경요소에 대하여 구체적으로 살펴보기로 하자. 회계문화의 첫째 구성요소는 인류사회의 구성원들이 공동으로 인식하고 있는 사실을 기록하는 방법이다. 이것을 서법(書法)이라고 한다. 회계행위가 보존되기 위해서는 기록 방법이 우선하여 존재하지 않으면 안 된다. 두 번째의 구성요소는 사회구성원들이 재화를 소유하고 처분할 수 있는 사유재산제도의 확립이다. 사회구성원이 가진 재산을 마음대로 처분하게 하는 재산권이 주어진 사회적 환경이 필요하다는 것이다. 부기(簿記)는 소유하고 있는 재산이나 재산권에 관한 사실을 기록하는 것에서부터 출발한다.

또한 산술도 회계문화를 구성하는 요소 중의 하나로서 재산 가치를 헤아릴 수 있어야 하고 재산을 양도하거나 양수할 때도 그 내용을 숫자로 감지할 수 있어야 한다. 부기는 단순한 계산이 연속으로 이루어짐으로써, 기록계산이 가능하게 되는 시스템이다. 네 번째는 화폐(貨幣)를 들 수 있다. 사회구성원들이 소유하고 있는 재산을 처분하거나 취득할 경우, 그 재산 가치를 측정할 수 있는 수단이 있어야 한다. 즉, 재산의 교환가치에 대한 측정척도가 필요하다는 것이다. 재산권 교환가치의 측정척도가 화폐이다. 모든 재화의 거래는 화폐라고 하는 공통적인 계산단위로 표현함으로써, 계산이 순조롭게 이루어진다.

---

39) 조익순·정석우, 전게서, P. 34.

회계문화를 구성하는 다섯 번째의 요소는 상업(商業)이다. 상업은 물품의 교환거래가 상행위를 통하여 이루어지는 상인의 상거래 활동을 제도화한 직업적 표현이다. 물품거래량이 많지 않을 때는 기억력에 의존하여 기록계산의 필요성을 느끼지 않겠지만, 상거래의 양이 증가하고 그 범위가 지역을 넘어 확대되면 조직적인 기록계산을 할 수 있는 방안을 모색하게 되는 것은 당연하다. 조직적이고 체계적인 기록계산의 필요성을 자극하게 된 것은 아마도 독립적인 직업으로서의 상업 발달에 따른 상거래의 양적 증대가 가져온 결과라고 할 수 있다. 여섯 번째는 신용(信用)이다. 상거래를 행함에 있어서 인적, 장소적, 시간적인 문제의 해결은 사회구성원들 간의 사회적 신뢰성이 확립되어 있을 때 가능하다. 상거래 당사자들 간에 서로 믿는 신용 제도가 확립되어 있으면, 장소와 시간을 초월한 상거래가 활발하게 이루어지고 채권과 채무를 나타내는 장부 기록의 필요성을 느끼게 된다는 것이다. 끝으로 회계문화의 일곱 번째 생성요인은 자본(資本)개념이다. 단순한 상거래는 자본개념 없이도 장부 기록이 가능하지만, 사업규모가 커지고 신용거래의 등장으로 다양한 상업 활동이 이루어지면 조직적이고 체계적인 장부 기록이 필요하게 된다. 따라서 자본개념의 등장은 복잡한 상거래의 기록계산을 진일보시키고 새로운 차원의 진화된 회계문화를 탄생시켰다.

그다음에 고려해야 할 부문이 부(富)의 관리를 담당하는 서사(書士: 대리인제도)의 등장에서 비롯된 위임(委任)이라는 기본요소이다. 복식부기는 위임개념과 자본개념의 등장함으로써, 완성되었고 발전할 수 있는 기틀이 마련되었다. 위임과 자본개념은 다른 구성요소에 지배적인 영향을 주기 때문에 중요한 것이다. 그것은 복식부기 문화의 형성과 발전에 촉진제 역할을 하였다.

이처럼 자본개념의 등장은 복식 부기적 회계문화를 완성했을 뿐만 아니라, 자본주의 경제체제를 확립시키는 초석이 되었다. 독일의 경제사학자인 좀바르트(W. Sombart)는 복식부기 문화의 성립이 자본주의적 기업의 형성에 지대한 영향을 주었다고 말한 바 있다. 즉, 그에 의하면, 『복식부기는 경제적 현상을 하나의 조직적인 기법으로 정리하는 것이며 이에 따라 비로소 기계적인 사고(思考) 위에 구성된 질서(Kosmos)로서 경제 현상을 표시할 수 있다. 그리고 복식부기는 모든 경제 현상을 화폐 수량으로만 파악한다는 합리적인 사고(思考)에 따른 것이며 체계적이고 조직적인 사고는 인간의 역사 속에서 처음으로 형성된 것이다.』[40]라고 하면서 체계화된 복식부기에 대하여 높이 평가하였다.

따라서 자본주의에 내재하는 정신, 즉 영리정신(營利精神)과 경제적 합리주의 정신을 완전하게 전개할 수 있게 하는 가능성이 복식부기 문화에 의하여 이루어지고, 자본

---

40) W. Sombart, "Der Moderne Kapitalismus", (Zweite Band, Unveränderte Aufl. München,1919), S. 119.

개념이 비로소 형성되었다는 것이다. 복식부기 문화의 생성 이전에는 자본개념이 이 세상에 존재하지 않았으며 복식부기 없이는 자본개념도 출현할 수 없었을 것으로 생각된다. 이렇게 볼 때, 자본개념은 마치 복식부기에 의하여 파악된 재산 속에 있는 가치의 표현이라고 할 수 있으며 동시에 복식부기는 일정한 자본의 증식을 목적으로 하는 경제조직으로서의 자본주의적 기업개념을 창출 할 수 있다.

회계문화의 초석이 되는 부기법의 생성요인을 구성하는 이들 8가지 요소의 진화단계를 그림으로 나타내면 <그림 서-5>와 같다.

<그림 서-5> 회계문화 생성요인의 진화단계

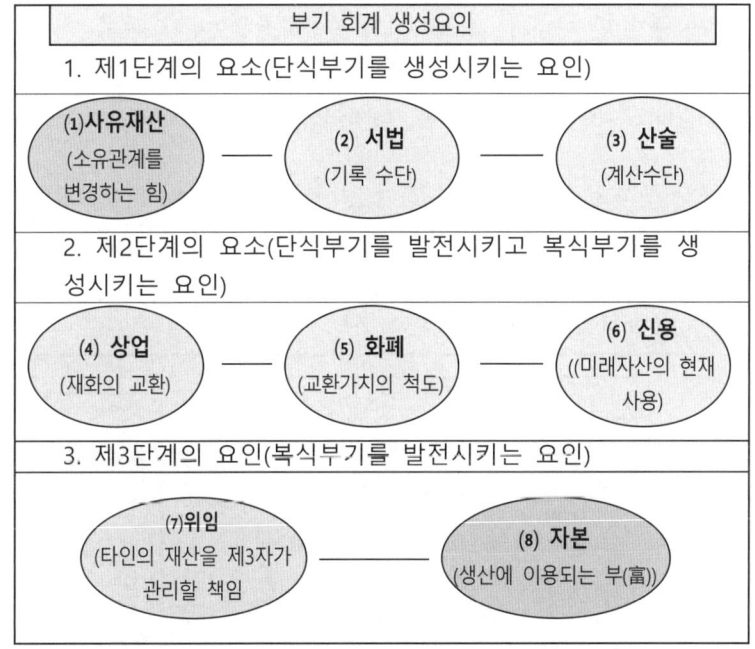

<자료 : 문헌자료에 근거하여 저자 작성>

복식부기 문화의 형성은 개인의 영업활동과 그 기록계산을 그 인격(人格)으로부터 분리하여 완전히 물적인 입장에서 할 수 있게 했으며, 객관화된 계산체계가 갖추어지는 과정을 거치게 되었다. 즉, 개인적인 영업활동 체제에서 기업적인 영업활동 체제로 경제 환경이 변화됨에 따라, 복식부기 문화의 구조도 개인의 영업활동을 지원하는 상업부기 문화로부터 기업의 경영활동을 지원하는 기업 부기 문화의 형태로 변형하면서 자본주의제도의 발달에 유용한 하나의 도구로서 작용하게 되었다. 그러므로 자본주의

는 복식부기 문화를 떠나서 존재할 수 없다. 자본주의가 그 힘을 발휘하여야 할 도구를 복식부기 문화 속에서 발견한 것인지, 아니면 복식부기 문화가 자본주의 정신 속에서 비롯되어 생성한 것인지는 확실하게 판단할 수 없지만, 복식부기 문화가 자본주의적 기업의 발달에 이바지한 효과는 인정해야 한다고 좀바르트는 강조하였다.41)

상술한 회계문화의 생성요인은 상호보완적으로 밀접하게 연결됨으로써, 그 사회공동체의 독특한 특성을 나타내는 회계문화를 구성하게 된다. 이들 제 요소 간의 상호의존성과 연결성이 높아질수록 활력 있고 독특한 회계문화가 이루어진다. 바람직한 회계문화의 형성은 상술한 요소들이 바람직한 방향으로 진화할 때 순조롭게 이루어진다. 또한 회계문화를 이해하는 데도 이 기본요소들을 중심으로 하여 접근해야 할 것으로 본다. 이처럼 회계문화는 사회구성원들이 갖는 회계행위의 공유가치로서 그들의 사고방식과 행동에 영향을 줄 뿐만 아니라, 경제사회의 관리시스템으로서 경제사회의 발전에 영향을 끼치게 된다. 과거 수천 년 동안 경제사회가 발전되어오는 과정에서 회계문화의 형성과 발전은 인류 사회문화의 발전과 그 과정을 함께하면서 일류문명사의 한 축을 장식해 왔다.

이상의 부기 회계의 생성요인을 기반으로 하여 형성된 회계문화의 기본모형을 그림으로 요약 표시하면, <그림 서-6>과 같이 나타낼 수 있다.

<그림 서-6> 회계문화의 기본적 형성모형

<자료 : 회계문화의 관련 자료 분석에 의거 저자 작성>

---

41) W. Sombart. a. a. O., S. 118.

3. 회계문화의 역할

1) 부기 문화의 역할

 회계문화의 원초적 형태는 특정한 경제주체의 경제활동이나 거래 사실을 화폐 액으로 파악하여 회계장부에 기록계산을 하고 그 변동내용과 결과를 밝히는 기술적 체계를 사회구성원이 공유하는 가치 의식에서 비롯되었다. 이는 사회공동체의 구성원이 경제생활을 수행하는 과정에서 이루어지는 회계행위의 사실을 기록 계산하는 방법을 고안함으로써 가능했을 것으로 여겨진다. 이처럼 사회구성원들이 공유하는 가치 의식으로서의 장부 기록 방법을 일컬어 부기(簿記)라고 부르며, 회계문화의 시원(始原)을 이루는 원초적 형태였다고 할 수 있는 것이다.
 그것은 단순한 장부 기록뿐만 아니라, 장부에 기입하는 행위를 가능하게 하는 특정의 기술적 체계를 통틀어 표현하는 회계용어이다. 즉, 그것은 [그림 서-7]과 같이 사회구성원들의 경제행위를 부기라는 회계문화 시스템을 통하여 화폐 액으로 계수화(計數化)하여 처리한 결과를 보고서에 정리하는 기장기술이다.

[그림 서-7] 원초적 부기 회계문화 시스템

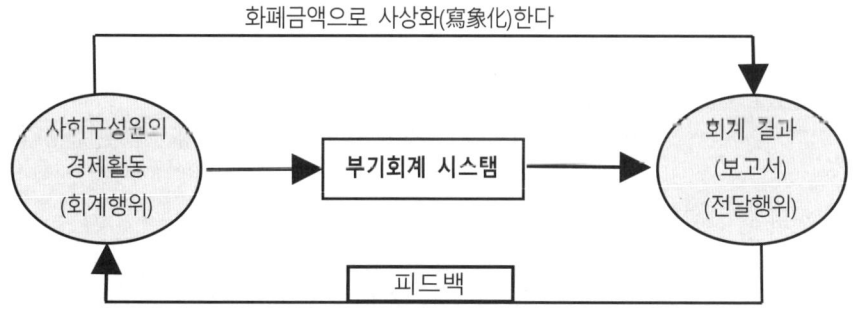

<자료 : 고승희, 『회계학 개론』, (서울, 삼영사, 1995), P. 95.>

 부기를 사용하는 회계행위의 주체에는 가계·정부·기업·사설 단체·개인 등 여러 가지가 있으나, 어떠한 경제주체라도 그들에게 유용한 부기 방법을 이용하게 된다. 어떠한 경제주체든 간에 소유하고 있는 재화 가치의 변동내용과 결과를 명확히 파악하려고 할 때, 혹은 그 사회구성원에게 보고해야 할 때는 일정한 부기 방법을 활용해야 한다. 이때 사회구성원들이 지니는 공유가치로서 부기 문화가 형성되는 것이다. 단식부기 문화와 복식부기 문화가 모두 이에 해당한다. 그러므로 부기 문화와 회계문화는 불

가분의 관계에 있다고 볼 수 있다. 왜냐하면, 회계의 수단이 부기이며, 부기에 따라 이루어지는 기능이 회계이기 때문이다.

경제주체인 사회공동체가 구성되면 일정한 경제가치(자산과 자본)를 소유하게 되며, 그 공동체가 경제활동을 수행하게 되면 소유하고 있는 재화의 가치는 끊임없이 증감변화를 일으키게 된다. 이 재화 가치(자산과 자본)의 증감변화를 일으키는 형태는 상품매매를 주로 하는 상업의 경우와 제품의 생산 판매를 하는 제조업의 경우가 각각 다르다고 할 수 있다.

우선 상업의 경우를 보면 화폐자본을 가지고 구매 활동을 통하여 상품자산으로 전환하고 판매과정을 통하여 이를 다시 화폐자본으로 회수하는 절차를 거치게 된다. 따라서 상업의 경제활동은 다음과 같은 순서로 자금회전이 이루어진다. 즉, 그것은 $G-W-G$ 라는 경제가치의 순환 관계로 집약시켜 나타낼 수 있는 것이다.

이에 대하여 제조업의 경우는 상품매매업의 경제활동처럼 그렇게 단순하지 않다. 제조업의 경제활동은 구매 활동과 판매 활동뿐만 아니라, 그 중간과정으로서 제조 활동(생산)이 포함되어 있다. 제조업을 운영하기 위해서는 화폐자본으로 건물이나 기계 등을 설치하고 원재료를 매입하고 거기에 노동력을 투입하여 일정한 생산공정을 거친 후 생산된 제품을 판매함으로써, 원래 투자되었던 화폐자본을 회수함과 동시에 이윤을 획득하게 된다. 이와 같은 제조업의 경제활동은 다음과 같은 순서로 자금회전이 이루어진다. 즉, 그것은,

$$G-W-<{A \atop Pm} \cdots\cdots P_r \cdots\cdots W'-G''$$

라는 경제가치의 순환과정으로 집약시켜 나타낼 수 있다. 이를 부연하면, 원래의 화폐자본을 G, 상품을 W, 노동력을 A, 생산수단(기계설비나 원재료 등)을 Pm, 생산공정을 Pr, 생산된 제품을 W', 그리고 회수된 화폐자본을 G'' 로 표현하여 생산기업의 경제가치가 순환하는 관계를 나타낸 것이다.

제조업은 이처럼 구매과정과 판매과정을 포함한 경제주체의 외부활동뿐만 아니라, 생산과정을 통한 경제주체의 내부활동까지도 함께 하고 있어서 상품의 매매를 주로 하는 상업에 비하면, 기업 내부의 제조 활동을 수행한다는 것이 다른 점이라 할 수 있다. 이러한 자금의 흐름을 그 순환 절차에 따라 기록하고 계산하기 위해서는 부기적 방법에 따라 수행하게 된다.

그런데 경제주체의 경제적인 활동을 통하여 나타나는 자금의 흐름에 따른 경제가치(자산과 자본)의 증감변화에 대한 기록·계산은 상업의 경우나 제조업의 경우를 막론하고, 부기 시스템을 통하여 이루어지게 된다. 그러므로 부기는 경제주체가 소유하는 경제가치의 증감변화를 역사적으로 기록·계산·정리하여 그 결과를 명백히 밝히는 부기 문화의 역할을 한다. 부기 문화는 사회공동체의 경제활동을 역사적으로 기록하여 보고

하는 사회구성원의 공유가치이다. 그것을 경제가치의 조달과 운용에 대한 계수적인 측정 수단으로서 채용하는 이유는 그것이 경제활동을 합리적으로 수행하는 역할을 담당하기 때문이다. 그러므로 경제주체(사회공동체)의 경제활동을 수행함에 있어서는 그 과정과 결과는 부기 방법에 따라 이루어진다. 그렇지만 사회공동체가 각자 이용하게 되는 부기 방법은 그 규모와 형태에 따라 그 종류가 다양하다는 것을 인식해야 한다.

2) 회계문화의 역할

인류사회의 공동체는 운명공동체(Gemeinschaft)와 이익공동체(Gesellschaft)로 구분된다. 운명공동체는 인간이 생존하기 위한 사회집단으로서 이해관계를 넘어선 상황에서 이루어진 사회공동체이다. 이익공동체는 이익을 전제로 하여 모인 사회집단으로서 경제활동의 주목적이 이윤획득에 있는 조직체를 말한다. 전자는 부락공동체나 학교 등의 공익성을 지닌 사회공동체이고, 후자는 수익성을 전제로 하여 설립된 회사와 같은 조직체이며 기업체가 그 대표적이다.

기업이라는 사회공동체는 사회가 필요로 하는 재화와 용역을 생산하여 제공하며 또한 사회로부터 기업 활동에 필요한 생산요소를 조달한다. 이렇게 기업과 사회는 불가분의 관계 속에서 상호작용을 하며 발전해 왔다. 특히 이익공동체인 기업의 경제활동은 그 자금의 조달과 운용, 제품의 생산과 판매, 이윤의 가득과 분배 및 재투자라는 하나의 경영과정이다. 따라서 기업공동체의 회계는 이러한 자금의 순환과정을 체계적인 방법으로 기록하고 측정하여 보고하는 시스템이라고 할 수 있다. 이러한 회계시스템은 원래 사회공동체의 경영자나 그것을 둘러싸고 있는 여러 이해관계자에 유용한 정보를 제공하기 위한 인공적인 시스템이기 때문에, 그 정보를 어떠한 목적에 이용하는가에 따라 기록하고 측정하여 보고하는 내용에는 다양성이 존재하게 된다.

이러한 회계시스템을 현대적인 감각에서 본다면, 기업회계는 그 목적에 따라 기업 내부의 정보이용자를 위한 회계와 기업 외부의 정보이용자를 위한 회계로 나누어진다.

(1) 내부의 정보이용자를 위한 회계역할

기업이라는 사회공동체의 회계는 경영자나 관리자가 필요로 하는 정보를 제공하기 위하여 이루어진다. 그런데 개인 경영을 하는 중소기업일 경우에는 회계기록이나 그 분석이 경영자 자신이나 그 보조자에 의하여 이루어지기 때문에, 일부러 내부의 이용자를 위한 회계(내부보고회계)라고 과장하여 표현할 필요는 없다. 그러나 기업회계가 가장 많이 활용되는 분야는 대규모의 기업이므로 회계 정보의 제공 부문이 기업 내의 각 부문에 종사하는 경영자나 관리자에게 보고한다고 하는 형태를 취하는 경우가 많은 것이다.

(2) 외부의 정보이용자를 위한 회계역할

경제사회 속에서 기업의 영향력이 커지게 됨에 따라, 기업은 자본의 조달과 운용, 그리고 분배 등의 내용을 경영자 자신을 위해서 뿐만 아니라, 외부의 이해관계자에게도 보고하도록 사회적으로 요청받는다. 특히 주식회사 제도가 발전함에 따라, 그 이해관계의 범위가 넓어졌기 때문에, 법률적으로도 외부 보고가 의무화되어 있다.

① 주주를 위한 회계역할

주식회사는 산업의 근대화에 대처하기 위하여 유한책임을 가진 다수의 주주를 모집하여 거액의 자본을 조달하는 기업공동체이다. 주주와 경영자는 분리되며, 전자는 자기 자금의 운용을 경영자에게 위탁한다. 주주를 위하여 경영자에게 요구하는 회계는 경영자의 수탁책임(受託責任 : accountability)을 이행하는 상황과 그 결과인 배당가능이익을 표시하게 된다. 이러한 회계의 내용을 주주가 주주총회에서 승인함으로써, 그 사업 연도의 수탁책임이 해제되는 것이다. 따라서 회계는 이와 같은 주주의 승인을 통하여 경영자의 행위를 견제하며, 나아가서는 자기의 이익을 확인함과 동시에, 앞으로 투자에 관한 의사결정을 위한 수단이다. 주주를 위한 회계는 이러한 수단으로서 적합한 내용을 갖추지 않으면 안 된다.

② 일반투자가를 위한 회계역할

경제사회에 있어서 주주 층이 넓어지고 증권시장을 통하여 기업에 투자하는 것이 자유롭게 이루어지는 상황에서는 주주의 생각도 변화하게 된다. 즉, 그들은 높은 배당률과 주식가격의 상승을 기대하며 회계에 관한 관심도 그것을 통하여 기업의 성장력을 판단하는 정보에 쏠리게 된다. 기업공동체의 성장력은 자산의 상황이나 지급 능력에 의하여 판단되는 것이 아니고, 수익력을 나타내는 여러 가지 수치에 의하여 이루어진다. 수익력은 매기 기업의 업적에 표시되며, 그 동향은 여러 시간의 업적 비교에 따라 판단되기 때문에 그들이 요구하는 정보는 재무제표를 통하여 표시하게 된다. 이러한 요청은 일반적인 주주뿐만 아니라 증권시장을 통하여 새로이 주주가 되려고 하는 잠재주주나 사채를 구입한 사람들은 물론, 앞으로 사채를 매입하려고 하는 미래의 채권자에게도 있게 마련이다. 장기에 걸친 대출을 하는 은행 등도 같은 요구를 하게 된다. 이들이 일반투자가로 총칭되는 정보이용자들이다. 오늘날 가장 앞선 외부 보고용의 회계는 이러한 일반투자가의 요청을 배경으로 하여 이루어진 것이라 하겠다. 그것은 단순히 투자가에 대한 커뮤니케이션의 용구로서 이루어지고 있을 뿐만 아니라, 다양한 투자가의 존재를 전제로 하여 신중하게 투자의사 결정을 하려고 하면서도, 정보의 수집 능력 면에 있어서는 상대적으로 열세에 있는 일반투자가에게 유용한 정보를 제공하여 공평을 기하려고 하는 데서 비롯된 것이다.

이처럼 투자가를 위한 회계는 필요한 의사결정에 유용하게 작용하는 기간 손익의 계산과 표시를 목표로 하여 이루어진다. 이것은 앞서 말한 주주를 위한 회계와 같은 기능을 하고 있다. 그러므로 회계를 통하여 경영자의 성실성을 확인하고, 배당 가능 이익과 그 계산과정을 확인하는 것은 투자가를 위한 회계에서도 가능하다고 할 수 있다. 우리나라의 회계기준은 이러한 회계의 실천규범으로서 제도화되어 있다.

③ 채권자를 위한 회계역할

기업공동체는 주주에 의한 주식자본의 조달뿐만 아니라 은행 등의 금융기관으로부터 자금을 차입하거나, 사채를 발행하여 거액의 자금을 조달한다. 기업에 자금을 제공한 채권자는 그 기업의 경영상태나 지급 능력이 어떠한가에 관심을 두게 된다. 채권이 안전하고 회수 가능하며, 이자도 확실히 받을 수 있을 것인가를 알려고 한다. 그래서 채권자는 기업의 담보력이나 지급 능력을 공개하도록 요구하게 되는 것이다. 여기에 채권자의 요청에 따르는 회계가 필요하게 된다. 그것이 채권자를 위한 외부 보고용의 회계인 것이다. 채권자 보호 사상은 일찍이 상법에 따른 회계제도에서 비롯되었다고 한다.

④ 행정당국을 위한 회계역할

국가나 지방자치단체는 재정을 유지하기 위하여 여러 가지 세금을 징수하지 않으면 안 된다. 개인이나 기업은 이러한 세금을 납부해야 할 의무를 지는 것이다. 따라서 국가기관은 기업에 있어서 외부의 정보이용자이며 과세를 위한 자료를 요구하게 된다. 기업은 그에 따라 납세를 위한 회계를 이용하게 되며, 회계에 따라 측정된 기업의 기간이익은 법인세, 부가가치세, 주민세 등을 계산하는 기초자료로써 이용된다. 회계는 이러한 경우의 정보 원천으로서 역할을 하며, 과세소득을 결정하기 위한 조정계산도 함께 이루어진다.

⑤ 기타의 회계역할

　기업의 종업원과 그 가족도 기업에 있어서는 중대한 정보이용자이며, 성과분배 문제에 있어서 회계의 역할은 없어서는 안 될 중요한 것이다. 소비자에게 있어서도 적정한 가격결정을 위한 정보로써 회계가 중요한 기능을 담당하고 있다. 그리고 최근에는 기업의 사회적 책임이 증대함에 따라, 기업에서는 의사결정을 함에 있어서 사회적, 경제적으로 미치는 여러 가지 문제를 회계에 따라 측정하려고 한다. 특히 공해 등의 환경문제에 대응하기 위한 회계적 측정과 전달이 요청되고 있다. 또한 신용거래를 통하여 이루어지는 거래처와의 사이에는 거액의 채권·채무가 발생하는바, 그 거래처의 신용 상태를 알기 위해서는 기업의 회계내용을 분석함으로써 얻을 수 있다.

　이상에서 살펴본 회계문화의 역할은 넓은 의미로 보면 한 나라의 사회공동체와 그 구성원들이 공유해 온 일련의 유형화된 행동과 사회관계에서 이루어지는 것이라고 할 수 있다. 그리고 좁은 의미로 볼 때는 개개의 사회구성원들이 공유하고 있는 가치관이나 행동규범을 통하여 이루어지는 것이다. 그러므로 회계문화란 어느 한 사회공동체만이 고유하게 지닌 행동적인 특성이나 이러한 특성에서부터 연유되어 형성된 그 사회공동체의 회계적 정체성임을 의미하는 것이다.

　이러한 회계의 기능성을 통해서 보면 사회공동체의 회계문화는 단순히 투자가나 채권자에 대하여 정보를 제공해주는 것뿐만 아니라, 광범위하게 한 나라의 산업발전이나 경제사회의 번영을 위하여 지대한 역할을 수행하고 있음을 인식하게 된다.

　따라서 회계문화의 역할을 수행하기 위한 영역을 분류해 보면, <그림 서-8>과 같다.

<그림 서-8> 회계문화의 역할영역

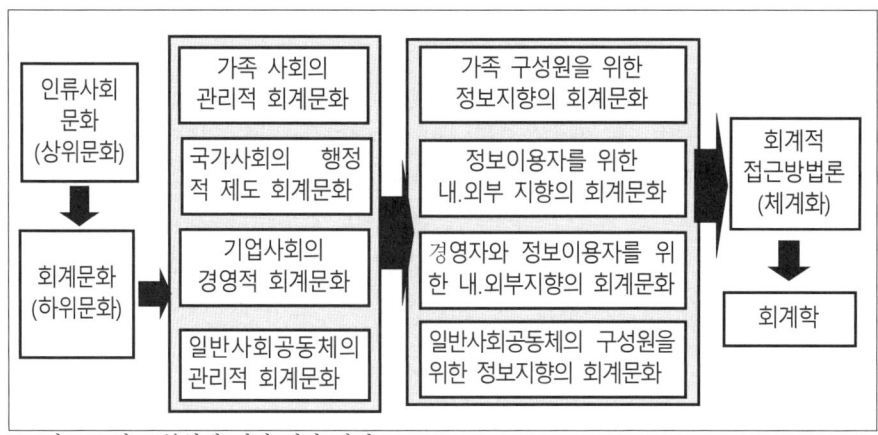

<자료 : 자료 분석에 의거 저자 작성>

미국의 경영학자인 「딜」과 「케네디」(T.E. Deal and A.A. Kennedy)가 「문화적 인식이 없는 기업은 30년 이내에 자취도 없이 사라질 것」[42]이라고 경고한 바 있듯이, 이제 기업공동체는 이윤 만족의 원리로부터 전체만족의 원리로 변화된 오늘날의 경제 환경 속에서 회계문화와 기업문화에 대해 인식을 하지 않고는 살아남을 수 없게 되었다. 그러므로 사회문화적인 관점에서 볼 때 회계문화는 사회공동체의 구성원들이 공유하고 있는 가치관과 신념, 이념과 관습, 규범과 전통, 그리고 지식과 기술 등을 포함한 개념이라고 할 수 있다. 또한 회계문화는 사회구성원들이 공유하는 가치관이나 행동규범의 체계로서 인류 사회문화의 공존과 번영을 위해 필수 불가결한 것이다.

5 한국회계문화의 역사성과 시대구분

인간사회의 회계문화는 사회적 전통문화와 더불어 사회변동에 따른 사회구성원의 회계행위에 대한 공유가치로서의 경제적 문화 의식을 반영한 것이다. 이러한 인간사회의 문화적 특성은 오랜 역사를 지닌 사회문화적 가치와 밀접한 관계를 맺고 있다. 오랜 세월에 걸친 인류 문화사의 질곡 속에서 다양한 사회경제적 환경 여건을 극복하면서 인간사회는 회계인의 공유가치인 독특한 회계문화를 조성해 내었다. 정착 생활의 기본이 되는 농경문화를 구축하여 경제사회를 조성함으로써, 교환경제의 싹을 틔웠다. 이를 계기로 하여 이루어진 상업문화는 비망적 기록계산의 전제가 되는 부기 회계의 문화석 풍토를 만들어내는 족매작용을 하였다고 보인다. 따라서 부기 회계의 문화적 환경은 오랜 역사성을 지니고 있다. 이에 인간의 경제사회문화 속에서 발아되어 성장한 부기 회계문화의 역사성에 대하여 살펴본다. 동시에 본서가 지향하고 있는 한국 회계문화사에 접근하기 위한 시대구분과 접근방법을 제시하고자 한다.

1. 한국회계문화의 역사성

1) 건국 신화와 문명국가로의 발전

삼국유사에 의하면, 우리나라가 국가체제를 갖추게 된 것은 단군왕검이 백두산 신

---

[42] Terrence E. Deal and Allan A. Kennedy, Corporate Culture : The Rite and Rituals of corporate life(Feading, Mass : Addison-Wesley publishing Co., 1982).

단수 아래서 무리 삼천을 거느리고 신시를 베풀고 단군조선을 세워 백성을 다스리기 시작하면서부터라고 한다.43) 이때가 BC2,333년이며 단군기원 1년이다. 그 후 오늘에 이르기까지 4,356년 동안 한국 사회는 수없이 반복된 흥망성쇠의 질곡 속에서 민족문화의 정통성을 확립하고 문명사회의 맥을 면면히 이어왔다. 단군조선의 건국이념은 홍익인간(弘益人間)이었다.

고조선44)을 구심점으로 하여 형성된 고대 부족국가의 시대를 거쳐 삼국45)이 정립되는 시기에 이르러서는 어느 정도 안정된 고대 국가체제가 확립되었고 주변국과의 외교관계도 수립되어 한민족(韓民族)의 문화가 정착되는 계기를 마련하였다. 신라가 삼국을 통일하고 단일국가체제를 수립하였으나, 만주 지역에 발해국이 성립되어 남북조 시대를 가져왔으며, 비교적 안정된 고대국가로서의 체제를 구축하게 되었다.

이 시기에 단군의 후예들은 한민족이라는 이름으로 단일국가를 형성하여 새로운 문명사회를 지향하는 민족정기를 확립해 나갔다. 석기(石器)를 연마하여 사용하던 시대에서 토기를 만들어 사용하는 문화 패턴으로 전환하였으며, 농경 기술을 발명하여 정착 생활을 하면서부터는 필요한 여러 가지 농기구 등을 개발하여 농경사회의 문화생활을 조성하였다. 정착 생활에 필요한 주거용 건축기술을 창출하였음은 물론, 가축을 기르는 기술도 개발하였고, 금속정련법(金屬精練法)을 발명하여 초기의 금석병용시대(金石倂用時代)를 개척하였다. 샤머니즘의 종교적 제도를 통하여 민속 생활의 구심점을 확립하였고, 씨족사회에서 부족사회로 생활공간이 확대되면서 민족문화로 발전하게 되는 사상과 사회적 기반을 갖추어서 홍익인간의 건국이념을 기반으로 하는 문명국가의 형태를 갖추어 나갔다.

삼국시대에 전래한 불교문화가 서민사회의 신앙으로 정착되고 국가적 종교로 공인됨으로써, 중앙집권적 고대국가를 형성하는 기틀로 작용했다고 한다. 그것은 통일신라시대를 거쳐 고려 시대에 이르기까지 호국 종교로서 국가의 강력한 보호 아래 널리 보급되었다. 특히 고려 시대에는 정치, 경제, 사회, 문화에 대한 불교의 영향이 지대하였다. 그뿐만 아니라, 고대사회에서는 중국으로부터 들어온 유교와 음양오행 사상이 정부와 민간의 행동을 규제하기도 했다. 이러한 외래사상의 영향으로 우수한 승려와 지식인들이 배출되었고 이 시대의 사회문화를 발전시키는 원동력이 되었던 것이다.46)

---

43) 삼국유사 紀異第一 古朝鮮(王儉朝鮮); 이태수, 『한국·한민족의 역사』(서울, 신세림출판사, 2013), 83~86.
44) 고조선은 우리나라 건국 초기의 단군조선뿐만 아니라, 그 후의 기자조선과 위만조선, 그리고 마한, 진한, 변한의 삼한시대까지도 포함된 개념으로 일컬어지는 말이다.
45) 여기서 삼국이란 고구려, 신라, 백제를 일컫는 표현이지만, 이 시기에는 한사군(漢四郡)을 비롯한 만주 지역의 부여국과 한반도 끝단의 가야국이라는 나라가 존재하고 있었음을 상기할 필요가 있다.
46) 김병하, 『한국 경제사상사』(서울, 일조각, 1977), PP. 2~6.

고려 시대에 이르면, 단일국가로서의 면모를 갖추어 정치, 경제, 사회, 문화의 모든 면에서 불교를 치국의 기본으로 하는 중앙집권체제를 확립하게 되었다. 이웃 송나라와 일본을 위시한 대식국(아라비아)과의 선린외교를 통하여 상업 무역이 번성하는 봉건 문명국으로서의 면모를 갖추었으며, 농본사회였으면서도 경시(京市)와 향시를 설정하여 시장상업을 장려함으로써, 수도인 송도(개성)를 중심으로 하는 상인 활동이 활발하게 이루어져 서민 생활에 활력소를 불어넣는 사회문화의 풍토가 조성되었다.

조선 시대에도 고려사회의 문화가 그대로 전승되어 서민 생활에는 큰 변화가 없었으나, 억불숭유(抑佛崇儒)의 정책적 기반 위에서 전통적 유교문화가 형성되어 인의예지신(仁義禮智信)의 오행사상에 근거하는 사회풍토가 조성되기에 이르렀다. 사찰문화(寺刹文化)가 서원문화(書院文化)로 탈바꿈하였고, 심한 당쟁으로 정치적 혼란을 가져왔으며, 사농공상(士農工商)의 사회적 신분제도는 서민 생활의 불평등성을 초래하였다. 고려 시대의 선비들이 조선조에서 벼슬하지 않고 상업에 종사함으로써, 송상(松商)이라는 거대 상인집단을 형성시켰으며 사개송도치부법이라는 복식부기 문화를 창안하는 구심점이 되었다.

근대사회로 접어들던 19세기 말에 이르러서는 서양의 새로운 문물에 접하게 되면서 조선 사회가 심한 개화기의 진통을 겪게 된다. 오랜 쇄국정책의 폐쇄적인 전통사회 문화는 1876년의 개항으로 서양의 선진제도를 받아들이는 격랑 속에서 심한 도전에 직면하게 되었고 실사구시(實事求是)에 바탕을 둔 기독교 문명권의 영향을 받기 시작하였다. 공리공론에 집착하던 사회구조는 서구식 합리주의 사상에 근거하는 실사구시의 사회로 변화되기 시작하였다. 서양의 기업 제도가 도입되었고 서양식 복식부기 문화가 유입되어 전통적 상업문화에도 변화를 가져오게 하였다. 이 시대에 일본의 지배를 받으면서 일본을 통한 서양 문물을 받아들여야 했던 아이러니를 경험하기도 했음을 알고 있다. 그리고 제2차 세계대전이 끝나고 일본의 지배체제에서 벗어났으나, 미군정시대가 이어지면서 사회적 혼란을 겪기도 했으며, 미국의 질서가 보편성을 띠기 시작했고 새로운 물질문명이 유입되어 사회적 가치관이 정립되지 않은 상황에서 민족 전도(前途)의 암담한 과도기를 경험해야 했다.

과도기를 지나 현대사회로 진입하면서 우리나라는 새로운 건국의 산고를 겪은 후, 대한민국이라는 국호의 기치 아래 현대 문명국가의 건설을 위하여 모두가 힘을 모아나갔다. 이제 한국의 모든 국민은 6·25전쟁을 통한 분단의 아픔을 딛고 일어서서 확고한 자유민주주의적 신념을 지닌 국가건설에 진력했을 뿐만 아니라, 경제개발을 통한 조국 근대화에 박차를 가하고 세계화의 대열에 동참하면서 문화 대국의 길을 향하여 힘차게 질주하고 있다.

2) 한국회계문화의 역사성

회계문화의 기초를 이루는 부기적인 기록계산이나 단순한 회계행위의 기록 사실이 인류문명의 생성발전과 함께 이루어져 왔음을 의심하는 사람은 아마 없을 것이다. 영국의 회계사학자인 아더 울프(Arthur H. Woolf)는 이러한 현상을 다음과 같이 언급한 바 있다. 『회계의 역사는 문명의 역사이고……. 회계는 문명의 발전과 더불어 발달해 온 것이다. 상업은 문명의 시녀라고 하지만, 마찬가지로 회계는 양자(兩者)의 시녀라고 해도 지나친 말이 아니다. 환언하면, 문명은 상업의 아버지이고, 회계는 상업의 아들이라고 할 수 있으므로 회계는 문명의 손자에 해당되며 그 시대의 거울이다.』[47]

따라서 회계문화는 인류문명의 형성 발달과 더불어 인류사회의 필수 불가결한 도구의 하나로서 일류문명사의 한 축을 장식해온 것이다. 회계의 생성과 발달을 인류 문명사적 관점에서 연구한 아더 울프는 회계문화야말로 BC5,000년 전까지 거슬러 올라가야 그 싹을 찾을 수 있다고 하였다. 더욱이 그에 의하면, 회계문화는 이집트, 바빌로니아, 아시리아, 히브라이, 그리스 및 로마의 고대사회는 물론, 고대의 중국에서 동시다발적으로 비롯되었으며, 15세기에 이르러 복식부기가 창안되고 오늘에 이르는 수천 년 동안 인류 사회문화의 발달과 더불어 오랜 진화의 과정을 거쳐 왔다는 것이다.

회계의 문화사적 관점에서 보면, 부기 회계는 인류가 발명한 문자(書法)와 숫자(算術), 그리고 신용거래의 전제가 되는 경제적 자원 가치의 화폐적 표현을 통해 기록계산을 실천함으로써, 경제주체에 귀속되는 재산권의 변동사항을 질서정연하게 나타내는 정보체계라 할 수 있다. 고대사회에서부터 국가의 발전과 경제생활을 원만하게 유지하기 위해서는 각종 정보의 관리체제가 필요했으며, 그러한 정보 체제의 활용을 위한 중심에 항상 부기 회계가 위치하고 있었다.

부기 회계의 체계화를 구심점으로 하는 인류의 문명사를 살펴보면, 동양과 서양은 인적, 시간적, 그리고 공간적 차이가 존재하지만 각각의 부기 회계의 용어 사용이나 그 진화론적 의미에 있어서는 서로 유사성이 있는 회계문화를 조성해왔다고 할 수 있다. 그러나 서양에서의 회계문화가 정립된 위상에 비해 동양, 특히 한국에서의 회계문화가 지니는 위상은 그 우수한 역사성에도 불구하고 아직까지 제대로 정립되지 못한 상황이라고 지적하지 않을 수 없다.

그렇지만, 한국은 단군 건국 이후 수천 년 동안 한반도의 지리적 여건을 극복하면서 독특한 한국문화의 체질을 형성하였다. 부족국가의 형태를 벗어나지 못했던 환경이었으나, 통치자의 강력한 지도력으로 국가경영의 기본체제를 확립하였고 국가사회의

---

[47] Artur H. Woolf, "A Short History of Accountants and Accountancy", (London, 1912), P. ix. ; 고승희, 『회계사・회계사상사연구서설』, (서울, 수서원, 2006), P. 1.

기본질서를 유지하기 위한 사회문화의 모습을 조성해 내었을 뿐만 아니라, 농경문화를 조성함으로써, 만백성의 생활 터전도 만들었다. 더욱이 시장을 통한 문물거래의 활성화를 도모함으로써, 상업문화의 형성과 더불어 물적 유통관리를 위한 기록계산의 기법을 마련하여 회계행위의 문화적 풍토를 마련하였다. 한국회계문화의 효시가 여기에 있음을 보게 된다.

고조선 시대와 삼국시대에는 국가공동체 중심이 국고회계뿐만 아니라, 서민사회 공동체를 주축으로 하는 농경사회 속에서 필요한 물자를 조달하기 위한 문물 교환이 상업으로 발전하여 경제적 기틀을 조성하는데 기여했던 것이다. 그 과정에서 서민경제를 중심으로 하는 회계행위는 자연히 생겨났고, 그 회계행위의 기록계산을 통한 회계 방법이 고안되었으며 서로가 공유하는 문화가치로 진화되었을 것으로 보인다. 통일신라 시대에도 나라의 재정을 담당하는 국고회계가 죽간(竹簡)에 기록하는 형태로 이루어졌다고 한다. 특히 이 시대에 해상무역의 선구자인 장보고(張保皐)가 청해진을 근거지로 하여 중국과의 무역 거래 활동을 펼친 것은 대표적인 상인사회의 출현을 의미한다.

고려 시대와 조선 시대에도 국고회계 제도는 전승되었으며, 시장제도가 정착하게 되면서 상인계급이 출현하여 조직적인 상행위가 이루어지게 되었다. 그로 인하여 상행위에 의한 거래 사실을 기록 계산하기 위한 체계적인 기장 방법을 고안하기에 이른다. 고려의 수도인 송도(松都: 開城)의 상인들이 상업 경영의 묘안으로 창안한 송도사개치부법(松都四介治簿法)은 독특한 한국회계문화를 조성하는 계기가 되었다. 그것은 조선의 근대사회로 이어져 상인 정신에 근거하는 상업 경영문화가 발달하는 촉매작용을 했다고 한다. 조선 시대의 상인사회는 사개치부법에 따른 회계문화가 정착되어 있었다. 개성상인을 중심으로 하는 상인사회에서는 사개치부법이라는 회계시스템에 의하여 기장 처리함으로써, 합리적 경영체제를 갖추게 되었다는 것이다.

그러나 한국 사회가 현대식 회계문화를 구축하게 된 것은 조선왕조 말의 개화기를 거치면서 서양식 기업회계제도를 도입하여 새로운 회계 규범을 제정한 이후부터이다. 특히 대한민국 정부가 수립된 이후에 상법이 정비되고 기업회계원칙이 제정되어 기업경영의 합리화를 기하고 조세제도와 금융거래의 공정화가 이루어지게 되면서부터는 적극적으로 선진제국의 회계제도를 도입하여 새로운 회계문화의 정착에 진력해왔다.

이렇듯 우리나라의 회계문화는 고조선 시대부터 그 효시를 이루었고 근대사회에 이르러 사개치부법의 창안을 통한 복식부기 문화의 신기원을 이루었음은 물론, 현대사회로 이행되는 과정에서 서양식 회계시스템을 도입하여 규범적 회계문화를 정립함으로써, 오늘의 모습으로 제자리를 찾게 되었다. 한국의 회계문화는 오랜 역사의 수레바퀴를 굴리면서 한국사회의 발전에 중요한 역할을 해왔다. 여기서 우리는 한국 회계문화사의 행적의 발자취를 찾아 탐구해야 할 목적의식을 갖게 되는 것이다.

2. 한국 회계문화사의 접근을 위한 시대구분

1) 시대구분

회계문화사의 시대구분에 대해서는 지금까지 논술한 사례가 별로 없었다. 그러나 이탈리아의 회계사가(會計史家)인 바리올라(Plinio Bariola)는 그의 저서[48]에서 전형적인 시대구분을 제시한 선구자이다. 그 후 영국의 회계사학자인 울프(A. Woolf)[49]와 미국의 회계사학자인 리틀톤(A.C. Littleton)[50]이 문헌사적 관점에서 회계사의 주제에 대하여 합목적적(zweckmässigkeit)인 시대구분을 제시하고 그들의 논지에 정당성을 부여한 바가 있다. 그렇지만 이러한 유형의 시대구분은 완벽하다고 볼 수 없다고 생각한다. 왜냐하면, 시대구분에 관한 문제는 회계사나 회계문화사뿐만 아니라, 모든 과학 분야의 역사적 연구에서 아직 통일적인 시대구분이 존재하지 않는다는 것을 시사하고 있기 때문이다.

회계사나 회계 문화사뿐만 아니라, 사회과학에 관한 연구를 수행하면서 시대구분의 설정은 연구대상의 기간을 한정하는 데 매우 중요한 작업이다. 더구나 시대구분은 그 연구대상과 연구영역을 어떻게 한정할 것인가에 따라, 여러 가지로 시대구분이 이루어진다. 따라서 회계사나 회계문화사를 연구하기 위한 시대구분의 문제는 역사적으로 부기 회계나 회계학의 구조와 관련된 것으로서 회계사 연구자가 어떤 면을 대상으로 하는가에 따라 달라진다는 것에 유념해야 할 것이다.

그리고 회계사나 회계 문화사에 접근하기 위한 연구대상은 전체를 연구대상으로 할 것인가, 아니면 국부적이면서도 특수한 측면만을 한정적으로 선택하여 다룰 것인가에 따라 결정되기 때문에 일률적이라고 할 수는 없다. 여기서 본서가 의도하는 한국 회계문화사의 시대구분은 한국사의 시대적 흐름 속에서 우리나라 부기 회계문화의 생성발달과 연관된 부분을 접근대상별로 분류하여 결정하려고 한다. 이 경우에는 부기 회계의 문화사적 접근을 시도하는 것이므로 회계사선구자들의 문헌에서 언급한 바 있는 시대구분 방법을 기본적으로 참고함은 물론, 일반화된 한국사의 시대사적 구분을 벗어나지 않은 범위 내에서 한국 회계문화사의 시대구분을 시도한다.

위에서 언급한 바와 같이 우리나라는 단군 건국 후 40수 세기를 헤아리는 역사가 있다. 이 기간에 부기 회계문화의 기원을 찾아 연대기적 시대구분을 함으로써 본서가

---

48) Plinio Bariola, "Storia Della Ragioneria Italiana," Milano, 1,897. (濱田弘作, 『会計史研究序說-近代英国会計発達の黎明-』, 多賀出版, 1986, PP. 22~23.)
49) Artur H. Woolf, "A Short History of Accountants and Accountancy", (London, 1912).
50) A. C. Littleton, "Accounting Evolution to 1900", (New York, 1933).

지향하는 목적에 도달할 수 있을 것이다. 회계문화의 유형을 단식부기 문화와 복식부기 문화로 구분하고 그 맹아(萌芽)를 더듬어 올라갈 수 있게 하려면 한국사 전체를 회계 문화사의 시대구분 대상으로 삼았다.

한국 회계문화사는 오랜 한국사의 전개 과정에서 정치, 경제, 사회의 모든 영역을 배경으로 하고 있다. 영국의 회계사학자인 울프는 『문명, 상업 및 회계는 서로 어우러져 삼위일체의 발달을 한다.』51)고 언급한 바와 같이 회계문화사의 시대구분은 문명사와 상업사 그리고 사회 사상사 등과 연관된 역사적 사실에서 찾아야 할 것이다.

따라서 본서가 의도하는 한국 회계문화사의 시대구분은 <표 서-2>에서 보이는 바와 같이 ① 고대사회(BC2,333~AD917)의 시대, ② 중세사회(AD918~1,391)의 시대, ③ 근세사회(AD1,392~1,875)의 시대 및 근대사회(AD1,76~1947) 그리고 ④ 현대사회(1,876~2,023 현재)의 시대 등, 5단계로 분류하였다. 이는 울프와 리틀톤의 시대구분 방법을 충분히 참조하여 이루어진 것임을 밝혀둔다.

첫째로 고대사회는 단군 건국(BC2,333)부터 삼국시대를 거쳐 통일신라 시대의 말기(AD917년)까지이다. 이 시기에는 국가제정을 관장하는 국고회계가 중심축을 이룬다. 단식부기 문화의 효시를 이룬 시기이다. 둘째로 중세사회는 고려 시대(AD918~1,391)에 해당하는 시기이다. 이 시대에는 고대사회의 국고회계가 그대로 전승되었고 불교의 전래로 사찰을 중심으로 하는 사원회계도 이루어졌을 것으로 보인다. 역시 단식부기 문화의 범위를 넘어서지 못한 시기이다. 셋째로 근세 사회는 조선왕조의 건국(AD1,392)부터 개항 전년도(AD1,875)까지의 시기를 일컫는다. 이 시기에는 전통적인 국고회계를 주축으로 하는 단식부기 문화와 사개치부법이라는 복식부기 문화가 병존하던 시기라고 할 수 있다. 넷째의 근대사회는 우리나라가 문호를 개방한 해(AD1876)부터 미군정(1947)까지 근대화 시기이다. 다섯째의 현대사회는 대한민국 정부가 수립(1948)되어 규범적 회계문화를 확립하게 된 현재까지의 시기를 일컫는다. 이 시기의 회계문화는 서양의 복식부기 제도를 도입하고 서구적 가치관에 바탕을 둔 회계 규범을 계수(繼受)하여 발전시키면서 규범적 회계문화의 신기원을 이룩한 시기를 말한다.

이러한 한국의 정치, 경제, 사회, 문화 및 상업의 역사적 전개 과정에서 이루어진 회계문화의 시대구분을 정리하면, <표 서-2>와 같다.

2) 접근방법

회계학자 헨드릭센(E. S. Hendriksen)은 회계이론의 전개를 위한 다양한 연구방법론을 제시한 바가 있다.

---

51) Arthur Woolf, Op. Cit., P. ixx.

<표 서-2> 한국 회계문화사의 시대구분

시대 구분	회계문화사구분	회계의 유형	문명제국과의 대비
① 선사시대 (BC8000~2334)	원시 회계문화	원시공동체 회계 (인류회계행위의 싹)	석기시대(신석기 인류 문명사회)
古代 : BC 2333~AD917 (고조선·삼국시대)	고대 회계문화	① 국고회계 ② 상거래회계	바빌로니아, 아시리아, 이집트, 중국, 그리스, 로마, 인도 등.
中世 : AD918 ~AD1391 (고려 시대)	중세 회계문화	① 국고회계 ② 사원회계 ③ 상인회계	中世 유럽제국, 이탈리아, 독일, 프랑스, 스페인, 네덜란드, 영국 등.
近世 : AD1392~AD1875 (조선 시대)	근세 회계문화	① 관부회계 ② 상업회계 ③ 서민공동체 회계	근세국가, 프랑스, 독일, 영국
近代 : AD1876~ 1947 (개화기·일제시대·미군정기)	근대 회계문화	① 상업회계 ② 공업회계 ③ 은행회계	근대제국주의 시대의 국가 서양식 복식부기의 한국에 도입
現代 : AD1948~AD2023 (대한민국 시대)	현대 회계문화	① 기업회계 ② 국제회계 ③ 비영리회계 등	미국, 영국, 독일, 프랑스, 일본 등의 선진제국·IASB, 기타. (한국의 규범적 회계문화 형성과 발달,)

<자료 : 한국 회계문화사의 관련 자료를 참조하여 저자 작성>

 그가 지적한 접근방법은 연역적, 귀납적, 윤리적, 전달론적, 행동과학적, 사회학적, 거시경제학적 및 실용주의적인 방법 등이다.[52] 그런데 이러한 접근방법들은 논리적 일관성을 지닌 것이라고 할 수 있으나, 이들 방법론 모두가 회계의 전 영역에 준용될 수 있는 것은 아니라고 생각한다. 왜냐하면, 모든 회계영역 중에서 회계사(史)나 회계 문화사를 연구하는 방법으로서 어떤 접근법이 최적이라고 그는 전혀 교시(敎示)하지 않았기 때문이다.
 물론, 회계발달사를 연구한다고 하더라도 그 방법론은 다양하다고 생각한다. 그것은 회계발달사의 연구자가 접근대상을 어디에 두고 범위를 어디까지 한정하는가에 따라 차이가 발생하기 때문이다. 그리고 회계사학자가 어떠한 의도와 동기 및 목적에서 회계발달사 연구에 착수하는가의 근본 문제와도 관련이 있다고 본다. 따라서 회계발달사의 연구는 연구자 자신의 인생관, 사회관, 세계관 등, 각자에게 내재한 철학이 회계

---

[52] Eldon S. Hendriksen, "Accounting Theory," (Homewood, Illinois, Richard D. Irwin, Inc., 3rd edition, 1977), PP. 1~32.

사관(會計史觀)으로 작용하여 발현하는 것이며 연구대상과 그 범위를 한정시키는 것이라고 보기 때문에 접근법의 다양성을 지니게 된다.

회계문화가 어째서 사회문화의 중심적 위치를 점유하기에 이르렀는지는 경제사회의 역사적 변천 과정에서 그 해답을 찾아야 할 것이다. 회계문화가 작용해온 경제적, 사회적, 문화적인 역할과 밀접한 관계가 있으므로, 회계학 연구에 있어서 회계문화사적 접근은 필요한 것이다.

회계 문화사의 연구를 위한 가장 중요한 방법론 문제는 주제의 역사적 전망(historical prospect)을 확증하는 방법, 즉 연구주제에 대하여 연대기적(chronological)인 접근을 시도하는 데 있다. 다시 말해서 회계문화사의 역사적 관찰을 위한 중요한 접근방법은 가장 유효한 연대기적 기간을 한정시킨 이론 전개가 이루어져야 한다. 왜냐하면, 수십 세기의 장기간에 걸친 회계문화의 역사적 사실을 고찰하면서 단기적인 관찰만으로는 정확한 접근하기가 어렵기 때문이다. 회계 문화사의 연구는 그 대상과 범위를 한정시킴으로써, 비로소 유효한 논리 전개가 가능하게 된다. 그렇지만, 주제에 대하여 연대기적인 시대구분을 하면, 그것은 회계 문화사 연구자 자신의 주제에 대한 관점이나 대처방식에 인식 상의 차이가 나타난다. 이는 연대기적인 시대구분을 설정하면서 인식의 차이가 발생할 수 있다는 것을 의미한다.

리틀톤과 짐머맨(Zimmerman)에 의하면, 회계의 역사적 관찰은 과거의 역사적 사실을 인식함으로써, 미래를 전망하려는 것이라고 역설하였다.[53] 따라서 회계 문화사의 연구에는 부기 회계의 어떤 영역을 대상으로 할 것인가의 문제가 내재되어 있다. 회계학은 회계행위의 사실 모두를 대상으로 하는 학문이므로 회계 문화사도 회계사실(會計史實)을 역사적으로 연구하기 위한 대상으로 보게 된다. 그러므로 여기서 회계 문화사를 구성하는 접근대상을 명확히 밝혀둘 필요가 있다. 그것은 회계문화의 발달사적 연구가 가능하게 하기 위한 대상과 범위를 쉽게 결정할 수 있기 때문이다. 회계 문화사의 접근대상을 분야별로 정리하면, <그림 서-9>와 같다.

<그림 서-9>에서 보이는 바와 같이 회계문화사의 연구는 각각 생성사적 연구와 발달사적 연구로 나누어 접근할 수 있는 것이다. 그리고 이러한 회계문화사의 영역을 종합화하거나 특수화, 또는 세분화하여 역사적 사실을 명확히 밝혀냄으로써, 회계문화의 새로운 이정표를 가늠할 수 있도록 접근해야 할 것이다.

그러므로 회계 문화사의 연구는 연구자 스스로가 어떠한 주제를 선택하고 어느 범위까지를, 어떠한 관점에서 접근할 것인가의 방법론을 선정하는 것이 가장 중요하다고

---

53) A. C. Littleton and V. K. Zimmerman, "Accounting Theory: Continuity and Change," Prentice Hall, 1962. (上田雅通 訳、『会計理論—連続と変化—』、税務経理協会、1976、PP. 3~21.)

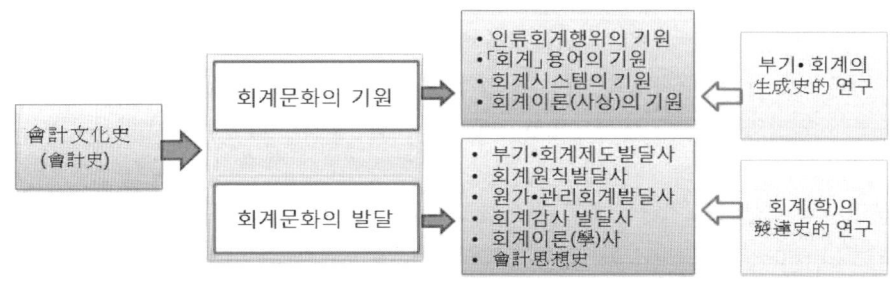

<그림 서-9> 회계문화사의 접근대상

<자료 : 회계문화사의 접근을 위한 자료 분석에 의거 저자 작성>

할 수 있다. 그래서 회계문화의 역사적인 접근을 위해서는 리틀톤이 주장하는 진화론적 접근법과 울프가 주장하는 문헌사적인 자료의 분석 방법을 통하여 연대기(年代記)적으로 그 기원과 전개 과정을 명확히 밝혀내는 접근법이 일반적으로 많이 준용된다. 본서가 지향하는 접근방법은 이러한 회계사 선구자들의 방법론에 근거하여 40수 세기에 걸친 한국 역사의 수레바퀴를 사회경제사적·문화사적인 관점에서 연대기적 시대구분을 함으로써, 한국 회계문화사의 문헌사적인 분석을 통한 한국회계문화의 생성과 발달 과정을 탐색하려는데 두고 있다. 물론, 여기에는 선사시대 회계행위의 태동(胎動) 과정도 포함된다.

그렇지만 일반적으로 회계 문화사의 연대기적인 접근은 회계사가(會計史家)들이 연구대상을 어떻게 인식하는가에 따라 결정되는 것이다. 이는 회계 문화사 연구자들의 사상이나 철학을 배경으로 하는 역사관을 기본으로 하여 각각 연구대상이 되는 객체에 대하여 서로 다른 인식을 하게 되며 각각 개성 있는 접근이 이루어질 수 있음을 의미한다. 본서의 지향점은 역시 저자의 역사적 상식과 회계관에 근거하여 한국 사회경제사의 전개 과정에서 형성된 상업문화의 배경을 검토함과 동시에, 봉건국가의 성립과정에서부터 비롯된 국고회계의 맹아를 탐색하고 상인회계로서의 복식부기 문화로 진화한 사실을 수렴론(收斂論)적 관점에 따라 논리 전개를 수행하려고 하는 것이다. 그리고 한국현대사회의 개화기 이후 서양의 회계문화를 도입하여 전개된 회계문화사에 대한 접근은 계수론(繼受論)적인 관점에서 이루어질 것이다. 왜냐하면, 회계 문화사 연구의 방법론은 사회경제의 세계화를 지향하고 있는 현대사회에서 학제적(學際的), 비교문화론적 접근과정을 통하여 문제해결의 실마리를 찾아야 한다고 보기 때문이다. 여기에 본서의 방법론적 지향점이 내재 되어 있음을 밝혀둔다.

6 에필로그

이상에서 살펴본 바와 같이 인류의 역사는 인간이 주어진 환경에 적응하며 만들어낸 문화의 발달사(史)라고 할 수 있다. 인간은 생존하기 위해서 만들어낸 문화와 문명을 통하여 사회적 환경에 적용하는 방법을 배우게 된다. 그러므로 인간은 사회공동체의 생활환경에서 이루어진 각종 문화를 습득하고, 변화하는 환경에 그 문화를 적응시키는 일을 하게 되는 것이다. 그러한 인간사회의 문화적 발자취를 찾아 그 기원과 발전과정을 밝히고 정리하는 것이 오늘을 사는 우리가 해야 할 사명이라는 점은 앞에서도 밝힌 바 있다.

따라서 일류문명사의 흐름 속에서 회계는 문화와의 만남을 통하여 경제사회의 필수적인 하나의 도구로서 회계문화의 역할을 담당해왔다 부기 회계의 생성과 발달을 인류문명사적 관점에서 연구한 아더 울프는 회계문화야말로 BC5,000년까지 인류 역사를 거슬러 올라가야 그 기원을 찾을 수 있다고 하였다. 이러한 관점에서 볼 때 회계문화는 고대사회에서 발원하여 도도한 인류 역사의 물줄기를 따라 진화의 과정을 거쳐 왔으며, 15세기에 이르러 복식부기 문화가 조성되어 현대사회의 규범적 회계문화가 이루어지기까지는 상당한 세월이 흘러야 했다. 그것은 수천 년 동안 인류 사회문화의 발달과 더불어 오랜 진화의 과정을 거쳐 왔다는 것이다.

회계문화사적 관점에서 보면, 부기 회계는 문자와 숫자, 사유재산제도와 상업, 그리고 화폐와 신용거래 및 자본이라는 기본적 발생 요소가 서로 결합하여 태어난 것으로서 사회공동체의 구성원들에게 귀속되는 재산권의 변동사항을 질서정연하게 나타내는 정보체계이다. 고대사회에서부터 국가의 발전과 경제생활을 원만하게 유지하기 위해서는 각종 정보의 관리체제가 필요했으며, 그러한 정보 체제의 활용을 위한 중심에 항상 부기 회계가 있던 것을 인식하지 않으면 안 된다. 일류문명사의 물결 위에서 동양과 서양은 교류 관계의 인적, 시간적, 그리고 공간적 차이가 존재하지만 회계문화의 진화론적 의미에 있어서는 서로 유사성을 견지하고 있다고 보인다. 그러나 서구사회의 합리주의적 회계문화가 개화(開花)되어 기업문화의 발달에 기여한 점에 비해 동양, 특히 한국에서의 회계문화가 지니는 위상은 그 우수한 역사성에도 불구하고 근대화의 물결에 편승하지 못한 것은 실로 유감스러운 일이라 하지 않을 수 없다.

이하의 본론을 통하여 탐색 되는 내용은 시들어버린 한국회계문화의 위상을 추적함으로써, 그 이유가 어디에 있는가를 밝혀보려는 사명 의식에서 비롯된 결과이다. 그것은 우리나라 사회문화의 형성과 더불어 사회경제적 발전과정에 편승하여 지대한 역할을 수행해온 한국회계문화의 기원을 탐색하여 정리한다는 것은 그렇게 쉬운 일이 아니다. 기나긴 한국 역사의 흐름 속에서 도도하게 진화의 과정을 거쳐 온 한국 회계 문화사의 발자취를 정리한 문헌이 별로 없는 현실에서 연구에 돌입한다는 것은 어렵고 힘든 작업임을 잘 알고 있다. 그러나 그것은 누가 해도 반드시 이루어져야 하는 일이라고 보았기 때문에 과감히 용기를 내어본 것이다.

회계문화는 사회문화뿐만 아니라, 정치·경제적환경으로부터 많은 영향을 받는다는 점에 착안하여 우리나라 회계문화에 영향을 주어왔던 여러 가지 환경요소를 감안하여 한국사와 한국 사회경제사의 시대구분을 참조하면서 고대사회, 중세사회, 근대사회 및 현대사회의 4단계로 한국 회계문화사의 시대구분을 하고 연구하였다. 이렇듯 한국의 회계문화는 역사적인 전개 과정에서 전통문화와 더불어 경제사회의 변동에 따른 새로운 가치관과 근로 의식이 반영되어 진화의 과정을 거치면서 이루어진 것이므로, 한국 회계문화의 특징은 오랜 역사를 지닌 사회문화적 가치와 밀접한 관계를 맺고 있음을 인식해야 한다. 역사적으로 볼 때 우리나라 사회의 문화적 풍토는 아직도 유교 사상에 바탕을 두고 있으며, 그것은 오늘에 이르기까지 사회구성원들의 경제생활을 영위하는 데 상당한 영향을 끼쳐왔고 한국회계문화의 형성에도 큰 역할을 했다.

그렇지만 우리나라는 현대사회로 접어들기 시작한 개화기 이후부터 서양의 복식부기 시스템을 도입하여 새로운 회계문화의 환경을 조성하였다. 특히 대한민국 정부가 수립되면서부터는 본격적으로 한국의 정치, 경제 등 사회 전반에 많은 변화를 가져오게 되면서 회계문화에도 많은 영향을 주었다. 자유민주주의체제의 확립을 통한 사회의식의 변화는 사회 전반에 대한 국민 의식을 높여주었으며, 그것은 경영공동체 구성원들의 가치관에도 반영되어 회계문화의 형성에 많은 영향을 주었다. 더욱이 세계화의 물결 속에서 우리 사회는 새로운 변화와 개혁을 촉진하면서, 정치문화와 경제체제뿐만 아니라, 기업문화와 회계문화의 중요한 변화 요소로 작용하게 되었다. 이러한 틈바구니에서 한국회계문화의 위상은 변화의 파도에 편승할 수밖에 없었다고 여겨진다. 이러한 한국 회계문화사의 도도한 흐름을 탐색하는 작업이 험난한 일인 줄 알면서도 그 탐색작업에 첫발을 내딛은 용기를 내어보았다. 여기에는 훗날 이 분야에 연구를 시도하는 학도들에게 하나의 이정표가 될 수 있다는 생각도 내포되어 있다.

제1부
한국회계문화의 생성과 진화

제1장 한국 민족의 기원과 기록계산행위의 태동
제2장 고대 문명국가의 출현과 치부회계문화의 생성
제3장 고려 시대의 치부회계문화
제4장 조선 시대의 치부회계문화
제5장 근대사회의 진화된 사개송도치부문화
제6장 사개송도치부문화에 투영된 상인정신과 회계사상

제1장 한국 민족의 기원과 기록계산행위의 태동

1 프롤로그

인류는 수렵, 유목 및 농경 등의 생산활동을 통하여 의식주를 해결하고 생존을 위한 교환과 분배를 전개하는 과정에서 물품의 생산과 그 관리를 원활하게 수행할 수 있도록 필연적으로 기록과 계산 방법을 창안하여 활용하였다. 그것은 기본적으로 문자와 산술을 발명해야 가능한 것이었는데, 그런 환경이 이루어지기까지는 인류가 지구상에 등장한 이후 상당한 시간이 흘러야 했다.

그리고 원시사회의 틀을 벗어나 사회구성원이 생산한 물품에 대한 소유권이 인정되는 사유재산제도의 확립은 이러한 기록계산행위의 발전을 더욱 가속화시켰다. 소유하는 토지의 면적을 측량하거나 생산행위의 결과물을 분배하고 월동 식품의 비축 준비 및 물품 교환에도 기록계산 방법은 필수적이었다. 그것은 세계 4대 문명권이 형성되기 훨씬 이전에 이미 생활수단으로서 기록계산을 전제로 하는 회계행위가 이루어지고 있었음을 의미한다. 문명사회의 탄생 이전 시기에 인류가 생산행위를 전개하는 과정에서 원시적 기록계산을 통한 회계행위가 발생하였다는 것이다. 이는 인류의 생산행위가 없었다면, 인류 회계행위의 발생은 불가능했다는 것이 된다.

그렇다면, 인류문명 사회가 탄생하기 이전 시대에 인류의 회계행위는 언제, 어디서, 어떠한 경로를 거쳐 생성되었는지 확인해볼 필요가 있다. 이 문제에 대해서는 다음과 같은 두 가지 관점[1])에서 생각해볼 수 있을 것이다.

하나는 인류의 생산행위가 이루어지면서 기록계산행위가 있었다는 견해이다. 그리고 또 다른 하나는 인류의 사회적 생산행위가 일정한 단계에 이르렀을 때, 기록계산에 의한 회계행위가 형성되었다는 것이다. 전자에 의하면, 인류 회계행위의 기원은 상당한 시간을 거슬러 올라가야 함은 물론, 구석기시대에 인류의 기록계산행위가 있었다고 추산하기도 한다. 그런데 후자에 의하면, 인류의 회계행위는 사회적 생산행위가 발전하여 일정한 단계에 도달했을 시기의 산물이라는 것으로 인식할 수 있게 된다. 전자와

---
1) 郭道揚 著; 津谷原弘 譯, 『中國會計發展史綱(上)』(東京, 文眞堂, 1988), PP. 2~3.

후자 중에서 어느 쪽이 더 설득력이 있는가는 고고학적인 관점에서 접근해야 할 것으로 생각한다.

고고학적 고찰에 의하면, 인류가 자연에 의한 원생식물(原生食物: 나무 열매, 풀뿌리 등)을 채취하여 생존하던 시기를 벗어나, 돌(石)을 가공한 석기를 이용할 수 있게 되면서 능동적으로 먹이를 채취하는 범위를 넓혀갔다고 한다. 이러한 석기의 출현은 인류의 생산활동을 적극적으로 행하게 하였다. 이러한 생산행위의 시작은 단순한 동물적인 본능 상태를 탈피하여 인간의 지혜를 이용하는 인간다운 모습으로 탈바꿈하게 되었다. 이처럼 뗀석기(打製石器: chipped stone implement)를 사용하게 된 시기를 일컬어 구석기시대라고 한다. 인류의 역사를 약 400만 년 정도로 추산[2]한다면, 그중 구석기시대에 해당하는 역사가 약 399만 년을 차지한다는 것이다. 한반도와 그 주변 지역에는 약 70만 년 전부터 사람이 살기 시작하였으며, 초기에는 돌을 그대로 사용하다가 약 30만 년 전경부터 여러 가지 뗀석기를 만들어 활용하였다고 한다.

기원전 1만2천 년 경부터 간석기(磨製石器: polished stone implement)를 이용하던 신석기시대가 시작되었다. 신석기시대의 유적은 한반도 전 지역에 고루 퍼져있으며, 주로 큰 강 유역이나 해안 지역에서 발견된다. 이 지역 일대의 신석기시대 유적에서 발굴된 유물에는 간석기와 낚시, 바늘 등의 뼈 도구도 있다. 그리고 빗살무늬토기가 널리 사용되었다고 전해지고 있다.

이상과 같은 구석기시대와 신석기시대를 거치면서 인류는 원시적 기록계산 행위의 싹을 틔웠고 기원전 4천 년경부터 선사(先史) 문명사회로의 진입을 실현하게 된다. 선사 문명사회가 탄생하기까지 인류의 생활상은 석기 등을 이용한 생산행위를 수행하는 것에서부터 진화를 거듭하였다고 볼 수 있으며, 이러한 생산행위를 통하여 인류문화를 창조하였고 다양한 사회문화가 형성되는 과정에서 인류의 기록계산 행위는 이루어졌을 것으로 판단된다.

이러한 고고학적 관점에서 볼 때, 한국 민족의 기원은 어느 시대에 해당하며, 그들의 생활양식과 기록계산행위의 시원(始原)은 어떤 행태로 이루어졌으며, 어떻게 이루어졌는가에 대한 접근이 필요하다고 여겨진다. 따라서 아득한 선사시대에 이루어진 우리 민족의 기록계산행위에 대한 근원적 접근을 통하여 그들이 실생활에 사용되었다고 여겨지는 기록계산 행위에 대한 발생사적 접근을 시도하고, 치부회계문화의 원초적(原初的) 단계의 기록계산행위를 탐색하는 과정은 실제로 어려운 일이다. 그렇기는 하지만, 본 연구의 수행과정에서 거쳐야 하는 심오한 복원의 의미를 지닌 것임을 인식하지 않으면 안 된다.

---

2) 한상복・이문웅・김광억, 『문화인류학』(서울, 서울대학교 출판문화원, 2014), P. 106.

② 한민족의 기원과 원시적 기록계산행위의 문화사적 접근

1. 인류의 도구 사용과 한국 선사시대의 문화환경

1) 인류의 출현과 도구 사용

　인류가 이 지구상에 나타난 것은 약 7백만 년 전이라고 하지만, 현재까지 출토된 가장 오래된 석기(石器)는 약 250만 년 전의 것으로 알려져 있다. 석기시대는 250만 년 전에 비롯되어 홍적세(洪績世)에 정착 생활이 시작되는 1만 2천 년 전까지를 포함한다. 한반도를 포함한 동아시아 지역에는 적어도 150만 년 전에는 호모 에렉투스가 출현하였다고 하며, 석기 유적들이 만주 지역을 비롯한 한반도 전체에 널리 퍼져있어서 홍적세의 이른 시기에 고인류가 유입된 것으로 고고학계는 고증하고 있다.
　인류 생활의 석기시대는 구석기시대와 신석기시대로 구분되는데, 그 대부분이 구석기 인류사의 시대라고 한다. 이 시기의 인류는 채집과 사냥을 하고 살았으며 이동성 생활을 하였다고 한다. 그러므로 인류는 선사시대부터 사회공동체를 이루어 집단생활을 영유하면서 원시적 인류문화의 창조를 전개하였다고 볼 수 있다. 이들은 아프리카나 유럽 그리고 아시아의 여러 지역에서 돌(石)로 주먹도끼를 만들어 사용했으며, 그 모양은 자갈 석기보다 많이 세련된 것이었다. 더욱이 조잡한 양면 절단 석기와 불을 발명하여 사용했음은 물론, 언어를 사용하면서 원시적 문화를 창조하기에 이르렀다. 이렇듯 인류의 뗀석기(打製石器)와 불을 사용하고 언어를 구사하여 최초의 인류문화를 구사하기 시작한 시기를 일컬어 '아베 빌린 안(Abbevillian) 문화' 또는 '셸 리 안(Chellean) 문화'라고 한다. 그리고 주먹도끼와 석핵(石核)으로 만든 도구들을 가리켜 "아슐리안(acheulean)문화"라고 한다. 이러한 문화의 유형을 모두 일컬어 구석기시대 초기의 문화 행태라고 하는데, 특히 그중에서도 전기 구석기문화(lower paleolithic culture)의 시대로 분류하고 있다.3)
　이 시기의 인류는 상당한 기간 진화에 진화를 거듭하면서 초기의 간석기(磨製石器) 문화를 지속해 나갔다. 이러한 와중에서 등장한 '호모 사피엔스'(homo sapiens)는 인류 진화의 제3단계에 해당하며, 이에 속하는 화석인(化石人)과 현생인류를 통틀어 일컫는 인종이다. 여기에는 '네안델타르인'도 포함되며, 35만 년 전부터 4만 년 전까지 서부 유럽을 중심으로 존재했던 화석인류를 통틀어 말한다. 1905년에 프랑스의 '도르도뉴'에 있는 '르무스티에' 동굴에서 제4 빙하기의 인류화석으로 추정되는 유골이

---
3) 상게서, PP. 108~109.

전형적인 '무스테리안'(Mousterian) 문화의 유물들과 함께 발견된 바 있다. 그리고 1935년에는 영국의 템스강(江) 하류에서 '스완스콤'(swans combe) 유골이 돌도끼와 숯 조각들과 함께 출토되었다.

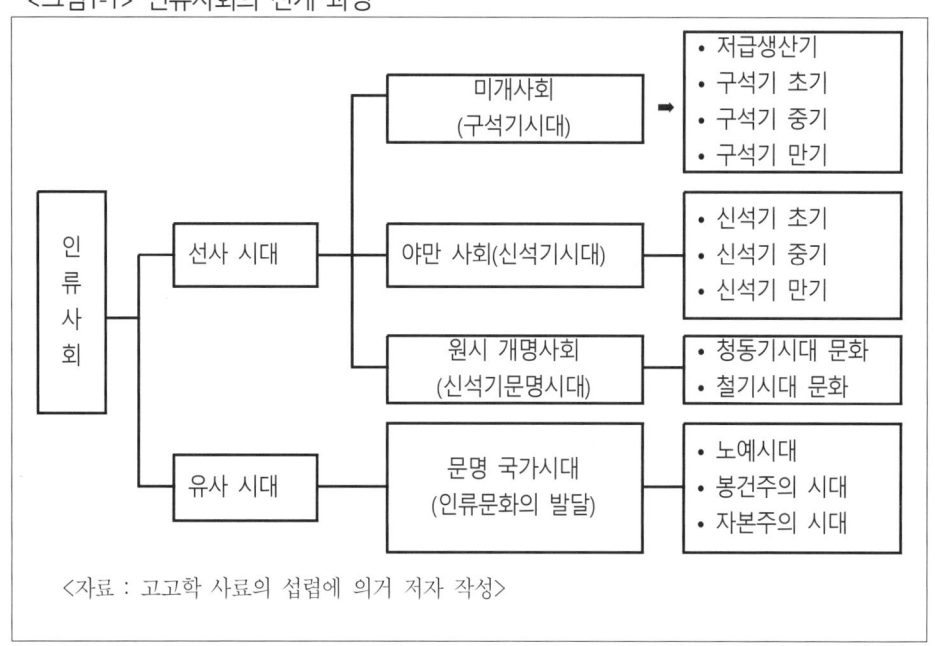

<그림1-1> 인류사회의 전개 과정

<자료 : 고고학 사료의 섭렵에 의거 저자 작성>

　이들은 몇 가지 점에서 현생인류와 비슷한 면을 지니고 있으며, 이 무렵 동쪽에서 이동해 온 것으로 보이는 인류에게 그 바통을 이어주고 현생인류로 진화하면서 새로운 석기 제작기술을 고안해냄으로써, '무스테리안' 문화에서 후기의 구석기시대로 이행되어가는 가교역할을 하였다고 보는 것이다. 이 시기에 진일보한 도구의 제작 방법을 고안해내었고, 여러 가지 장식품을 지닌 '오르냐 시안' 문화가 형성되어 있었다고 한다. 그뿐만 아니라, '네안델타르인'이 주먹도끼보다는 훨씬 기술적으로 진일보한 여러 가지 박편석기(剝片石器)를 남긴 인류임을 인정하고 있는 것도 사실이다. 그들은 석기를 만드는데 압력을 가하는 가압법과 이차적인 가공법으로 다듬는 리터치법을 사용했으며, 동굴에 살았고 시체에 붉은 황토 칠을 하여 매장하는 등, 원시적 종교 관념을 가지고 있었다고도 한다. 이러한 '네안델타르인의 '무스테리안' 문화를 일컬어 중기 구석기문화(middle paleolithic culture)라고 한다.4)

---

4) 상게서, PP. 109~112.

약 4만 년 전부터 살았던 것으로 추정되는 '호모 사피엔스'의 화석은 유럽과 아프리카 그리고 아시아 전역에 걸쳐 널리 분포되어 있으며 오늘날의 현생인류와 같은 인종으로 보고 있다. 두뇌의 용량도 현대인과 비슷하다고 한다. 이들은 정교한 목기·골각기를 만들어 사용하였고, 반 지하식 가옥에서 주거생활을 하며 짐승의 가죽으로 의복을 만들어 입고 동굴벽화와 조각을 남기는 등, 비교적 예술적 감각도 표현할 줄 알았다. 특히 3만 5천 년에서 2만 2천 년 전에 이르는 사이에 나무나 짐승의 뼈와 뿔, 그리고 상아로 제작한 장식조각과 돌칼, 끌과 정 등의 유물들은 '오리냐시안(aurignasian)'문화에서 비롯된 것이다. 또한 1만 8천 년에서 1만 5천 년 전까지의 사이에 나타난 월계수 잎 칼날과 집단수렵 생활을 일컬어 '솔루투레안(Solutrean)' 문화라 하고, 또 1만5천 년에서 1만 년 전까지에 이르는 동안에 세석기(細石器), 동굴벽화, 골침, 송곳, 가죽옷, 반 지하식 가옥 등을 남긴 문화를 막달레니안(Magdalenian) 문화라고 일컫는다. 따라서 이들 문화를 아울러 후기 구석기문화(upper paleolithic culture)라고 부른다.[5]

1868년 프랑스의 도르도뉴에 있는 '크로마뇽'에서 출토된 후기 구석기시대의 인류인 '크로마뇽' 인(人)의 유골은 거의 현생인류와 다름없다고 한다. 인류가 신체적으로 진화하고 문화를 발달시킴에 따라 식물(食物) 채취의 방법도 진화해갔다. 그중에서 가장 원시적인 방법은 초기 구석기시대에서부터 중기 구석기시대에 이르는 오랜 기간에 이루어진 자연물 채취와 수렵 및 어로 등의 생활이었다. 당시의 인류는 야생동물을 사냥하거나 물가에서 조개, 물고기 등을 잡아먹었음은 물론, 야생식물이나 산과(山果) 등을 채집하여 생활하였다. 그러므로 구석기시대 인류의 경제는 자연에만 의존하는 자원의 약탈경제였으며, 그에 사용되는 생활 도구도 단순한 석기와 목기 및 골각기 등이었다. 이는 구석기시대의 유적이나 패총 등에서 출토된 유물이나 동굴 속에 남겨진 그림과 조각 등을 통하여 증명된 바가 있다.[6]

2) 한민족의 기원과 구석기시대의 문화

(1) 한민족의 기원

원래 민족이란 일반적으로 『인간이 객관적으로 언어의 공동, 지역의 공동, 혈연의 공동, 문화의 공동, 사회경제 생활의 공동, 역사의 공동 등으로 공고히 결합하고, 그 기초 위에서 주관적으로 민족의식이 형성됨으로써, 더욱 공고하게 결합한 역사적 범주

---

5) 상게서. PP. 112~113.
6) 상게서, P. 115.

의 인간 공동체』7)라고 정의된다. 따라서 인간의 집단생활이 무리를 지어 생활하면서 가족공동체를 구성하게 되고, 그것은 씨족(clans)으로 진화한 후에 부족(tribes)의 형태로 발전하여 민족(nation)이라는 인간 공동체를 형성함으로써, 고대국가를 이루어 문명단계로 진입하게 된다는 것이다.8)

따라서 한민족은 선사시대부터 부족 결합에 의한 단일민족단위를 형성하고 농경 생활을 바탕으로 가축을 사육하면서 독자적 문화를 형성하였던 것으로 볼 수 있다. 인종상으로는 황인종(Mongoloid)이며 한·예·맥(韓·濊·貊)의 퉁구스에 속하고, 언어학상으로는 알타이어 계통에 속하는 민족이다. 한민족은 만주와 연해주를 포함하는 동북아시아에 분포하여 세력권을 형성하였다. 이 지역은 지금의 중국 요하 동쪽의 만주 일대와 동북아시아의 연해주를 비롯한 한반도 전역을 포함하는 지역이다. 우리 민족은 이 지역에 70만 년 전 구석기시대부터 정착하여 주로 수렵하며 생활을 영위하였다. 최후의 빙하기가 끝나는 기원전 1만 년을 전후한 시기에 이르러서는 신석기시대의 농경문화를 개척했음은 물론, 청동기시대 그리고 철기시대를 거쳐 오면서 한국 민족의 구심점을 형성하였고, 독특한 선사(先史) 문명을 창조함으로써, 고대 문명국가를 형성시키는 원동력으로 작용했다.9)

이러한 관점에서 한국 민족의 기원에 대한 학자들의 견해는 서북방으로부터 한반도로 이동해 들어왔다는 일반론이 주류를 이루고 있었다. 그뿐만 아니라, 한국 민족을 형성한 「부족」으로서는 예족(濊族)과 맥족(貊族)이 존재하며, 이들의 결합으로 한민족이 이루어졌다는 학설이 일반적으로 보급되어있다.10) 그런데 신용하 교수는 한국 민족의 기원과 형성은 상고시대의 만주 지역과 한반도 전역에서 한(漢)·맥(貊)·예(濊)의 3 부족 결합으로 이루어졌다고 언급하였다. 즉, ① 상고시대의 한반도에 정착하여 형성된 한(韓) 부족이 한반도를 중심으로 하는 한강문화를 일으켰다. 그리고 ② 서북방 요서 지역에 이동·정착하여 형성된 맥(貊) 부족이 북위 40도 이북의 서북방지역, 즉 지금의 요하와 내몽골의 동부지역 일대에 정착하였는바, 그들은 홍산문화를 일으킨 동이족을 일컫는다. 또한 ③ 동북방 지역으로 이동·정착하여 형성된 예(濊)부 쪽은 목단강·송화강·두만강 하류 일대를 중심으로 널리 분산하여 정착하였다. 이들 3부 족이 결합하여 신석기 문명을 일으킨 한국 민족의 바탕을 이룬다는 주장이다.11)

---

7) 신용하, 『한국 민족의 기원과 형성 연구』(서울, 서울대학교출판문화원, 2017), P. 4
8) Herbert Spencer, "The Principle of Sociology," (London, 1893) ; 신용하, 상게서, PP. 3~4.
9) 최몽룡, 『한국 선사시대의 문화와 국가의 형성』(서울, 주류성출판사, 2016), PP. 47~49.
10) 이지린, 『고조선 연구』(서울, 과학출판사, 1964 & 백산자료원, 1997), P. 147 & PP. 164~168 ; 이병도, 「단군 설화의 해석과 아사달 문제」(『한국고대사연구』, 박영사, 1976) 및 김상기, 「한·예·맥 이동고」(『동방사 논총』, 서울대 출판부, 1974)에서 참조·발췌하였음.
11) 신용하, 전게서, PP. 17~23 & 신용하, 『고조선 문명의 사회사』(서울, 지식산업사, 2018), PP. 55~61.

결국, 한국 민족은 기원전 약 3천 년경에 한·맥·예의 3부족이 하나의 민족공동체로 결합하여 고조선이라는 고대 문명국가를 건국함으로써, 최초의 한국 민족이 형성되었다. 즉, 선사 문명의 연장선상에서 부족간의 활발한 교류와 언어의 통합, 족외혼(族外婚), 공동의 경제생활과 사회문화의 통합을 통하여 한·맥·예의 3부족은 물론, 기타의 소수 부족을 결합함으로써, 한국 민족(古朝鮮 民族)이 형성되었다는 것이다.

이러한 한국 민족의 형성에 관한 기록은 중국의 고문헌에서도 3 부족 결합의 편린(片鱗)들을 찾아볼 수가 있다. 만주 요녕성 평강지구의 유적지에서 출토된 유물은 큰 새(鳥)의 발아래 곰(熊)과 범(虎)이 순종하는 모습과 그 옆에 이리(狼)가 그려져 있는 조각 유물이다.[12] 서울대학교 신용하 교수의 해석에 의하면, 이 유물 도안 속의 동물은 동이족의 토템(totem)을 상징한 것으로서, 독수리 같은 새는 한족(韓族)의 토템이고 곰은 맥족(貊族), 범은 예족(濊族)의 토템이며, 이리(狼)는 후에 고조선 후국족(侯國族)이 된 실위(室韋)·산융(山戎) 등, 유목민족의 토템이라는 것이다. 따라서 이 유물은 고조선이 한·맥·예 3부족이 연맹하여 형성되고, 훗날 이리(狼) 토템 쪽(室韋山戎)이 한족(韓族)에서 제왕을 낸 거대문명국(古朝鮮)의 치하에 후속 국으로 편입되었음을 상징적으로 표현한 것으로 인식하게 된다는 것이다.[13]

그뿐만 아니라, 중국 고문헌에 한·맥·예의 3부족 결합에 의한 고대 문명국가(古朝鮮)의 형성을 들여다볼 수 있는 사료(史料)가 있어 소개한다. 시경(詩經) 한혁편(韓奕篇)에게 보면 다음과 같은 구절이 있다.

『커다란 저 한(韓)의 성(城)은 연(燕)나라 백성들이 완성한 것일세. 선조가 받으신 명(命)을 받들어 많은 오랑캐를 다스리셨네. 왕(王)께서 한 후(韓候)에서 추(追)와 맥(貊)을 하사하셨네. 북국(北國)들도 모두 받아서 그들의 백(伯)이 되셨네. (溥彼韓城 燕師所完 以先祖受命 因時百蠻 王賜韓候 其追其貊 奄受北國 因以其伯)』《詩經》「韓奕篇」)[14]

이 시경(詩經) 기록의 내용을 통하여 우리는 고대 문명국가(古朝鮮)의 한(韓·馯·寒·汗·桓)족이 중심이 되어 추(追:濊)와 맥(貊)을 통합하고 북쪽의 여러 나라를 모두 통치하는 종주국(伯)이었음을 시사(示唆)하는 고문헌 사료(史料)임을 인식하게 된

---

12) 徐秉琨·孫守道, 『中國地域文化大系』(上海遠東出版社, 1998), P. 129 (그림119) & 朴仙姬, 『古朝鮮 服飾 文化의 發見』(서울, 지식산업사, 2011), P. 362 & 신용하, 『고조선 문명의 사회사』(서울, 지식산업사, 2018), P. 157의 (그림 4-1)
13) 신용하, 『한국 민족의 기원과 형성 연구』(서울, 서울대학교출판문화원, 2017), PP. 154~159. & 신용하, 『고조선 문명의 사회사』(서울, 지식산업사, 2018), PP. 157~158.
14) 신용하, 『고조선 문명의 사회사』(2018), P.159에 인용된 《詩經》「韓奕篇」 句節을 재인용한 내용이다.

다. 그리고 한서(漢書)의 식화지(食貨志)에서도 예(濊)와 맥(貊)의 결합 또는 예와 맥과 조선의 결합을 시사하는 문구가 기록되어 있다.15)

　이처럼 중국의 고문헌에서는 동이족의 부족 결합에 의한 고대 문명국가의 형성을 언급하고 있다. 따라서 선사시대의 한국 민족은 구체적으로 한(韓) 부족에서 왕을 내고 맥(貊) 부족에서 왕비를 내며 예(濊)부족은 일정의 자치권을 가진 후국(侯國)의 지위를 갖게 하는 한·맥·예 3부족의 족외혼(族外婚) 연맹결합에 따라 만주 일대와 한반도지역에서 최초의 거대문명국가(古朝鮮)가 건국되었다.16)

　그러므로 한국 민족 형성의 혈연적 공통성은 선사시대에 발원한 동일계통의 신석기인이 한·맥·예의 3부족으로 분화되었다가 거대 문명국가(古朝鮮)의 형성을 계기로 통합되었으므로, 동일 인종으로 구성된 혈연의 공동체라고 할 수 있다. 또한 이 3부족의 언어는 고대 문명국가의 형성으로 하나의 민족 언어로서 고조선어가 형성되었으며, 그 외 여러 소 부족의 언어들은 지방 방언(方言)이라 할 수 있다. 그 후 삼한(三韓)과 삼국시대에 이르러서도 같은 고조선 언어를 공유했으므로, 하나의 민족어를 공동으로 사용하여 의사소통에 불편을 느끼지 않았다고 한다. 이렇듯 고대 문명국가의 형성기에 공동성을 지니게 된 고조선어가 한국 민족의 공동언어로서 그 원형을 이루었다고 보게 된다.17) 한글학자인 주시경 선생도 고조선 시기에 조선어가 자연스럽게 형성되었다는 견해를 밝힌 바 있다.18)

　이로써, 한국 민족의 형성은 혈연의 공동성과 언어의 공동성을 지닌 알타이어 계통의 퉁구스 인종으로서 한반도와 만주 일대를 무대로 고대 문명국가를 세워 유구한 세월 동안 단일민족국가로서 면면히 이어져 오고 있음을 확인할 수 있는 것이다.

(2) 구석기시대의 문화

　구석기시대는 인류가 도구를 만들고 불을 이용하기 시작하면서 이루어 낸 최초의 문화 단계라고 할 수 있다. 충청북도 단양 도담리 금굴유적은 BC70만 년 전의 유적으로, 한반도 구석기시대 최고(最古)의 유적으로 알려져 있다. 초기에 구석기인들은 사냥과 채집 생활을 하였으며, 식량이 풍부한 곳을 찾아 옮겨 다니면서 동굴이나 강가에서 살

---

15) 『漢書』卷二十四, 「食貨志」第四下의 기록(彭吳穿 濊貊朝鮮 置滄海郡 則燕齊之間 靡然發動)을 참조함.
16) 신용하, 전게서, P.161.
17) 신용하, 전게서, PP. 161~165, Passim.
18) 주시경, 「必尙自國文言」(아시아문화 사관, 『주시경 전집』상권, 1976), P. 29 & 「국문 연구」(『주시경 전집』하권, 1976), PP. 254~255. & 신용하, 『한국 근대사회 사상사』(서울, 일지사, 1987), PP. 401~403 & 신용하, 『한국 민족의 기원 연구』(서울, 서울대학교출판문화원, 2017), P. 161, 참조.

았다. 돌을 그대로 사용하던 그들은 약 30만 년 전부터 여러 가지 뗀석기를 만들어 활용하였다고 한다.[19)]

현재까지 한반도 전역에서 수백 곳의 구석기 유적이 발견되고 있다. 강가나 바위 그늘 유적에서는 뗀석기가, 동굴유적에서는 사람과 동물의 화석, 뼛조각 등이 발견되었다. 구석기시대 중기까지는 지역적으로 석기 제작기술이나 특색이 두드러지지 않지만, 후기부터는 지역별로 특징이 나타나기 시작했다. 이 시대 사람들은 돌, 나무, 동물의 뼈와 뿔 등을 이용하여 생활에 필요한 도구를 만들었다. 그러나 현재 우리가 볼 수 있는 구석기시대 도구의 대부분은 돌을 가공하여 만든 뗀석기이다. 나무나 뼈는 땅 속에서 오랫동안 보존되기 어렵기 때문이다. 작은 돌날 석기문화는 동아시아 지역의 특성이라고 한다. 작은 돌날몸돌은 북중국과 시베리아 등을 포함해 동아시아 전 지역에서 발견된다. 이 석기들은 제작 기법과 형태가 서로 비슷한데, 당시 사람들이 이동이나 접촉이 있었음을 보여주는 것이다.

한반도에서 중요한 구석기 유적으로는 공주 석장리, 연천 전곡리, 제천 수양개, 파주 금파리 등 전국에 걸쳐서 큰 강을 중심으로 분포하고 있어서 강을 중심으로 수렵과 채집 생활을 했던 것으로 보인다. 또한 일본이나 백두산 부근에서 나타나는 흑요석을 사용했던 점으로 미루어 보아 다양한 지역 간의 교류도 있었음을 알 수 있다. 울산 대곡리 반구대 바위 그림(國寶 285號)이 이를 방증한다. 태화강 변의 바위 절벽을 쪼아서 만든 것으로 사람을 비롯해 사냥대상이던 고래, 거북이, 사슴, 호랑이, 멧돼지 등이 등장한다. 사람이 짐승을 사냥하거나 배를 탄 모습, 그리고 춤을 추는 형태로 나타나 있다. 짐승은 그물이나 우리에 갇히거나, 새끼를 배고 있는 모습이 보인다. 이 바위 그림은 시베리아 일대의 선사시대 바위 그림들과 비교되며 사냥 및 고기잡이의 성공을 빌기 위한 것으로 생각된다.[20)]

초기의 대형 석기들은 시간이 지날수록 크기가 작아지고 정교하게 다듬어졌다. 또한 전문적인 기능을 지닌 다양한 종류의 석기가 등장하였다. 흑요석 등, 고운 입자의 새로운 돌감(石材)을 사용하여 약 4만 년 전부터는 돌날을, 기원전 약 2만5천 년 전부터는 작은 돌날을 만들었다고 한다. 강원도 양구의 상무룡리(里), 부산시 중동, 경상남도 거창의 임불리(里), 강원도 홍천의 화계리(里), 충청북도의 단양, 전라남도의 곡성, 충청남도 공주 석장리 등에서 출토된 약 5㎝ 이하의 작은 돌날을 만드는 기술은 기원전 약 3만 년 전을 전후하여 나타나 신석기시대 초반까지 이어졌다고 한다. 작은 돌날은 뼈나 뿔의 홈에 끼워져 창이나 칼로 사용되었다. 이러한 구석기시대가 끝나갈 무렵, 한반도에서는 새로운 시대의 등장을 알리는 변화들이 나타나기 시작했다. 매우

---

19) 국립중앙박물관 소장자료.
20) 국립중앙박물관 소장자료.

드물지만, 신석기시대의 특징으로만 여겨졌던 간석기와 화살촉이 구석기시대 유적에서도 발견되었다. 이를 통해 환경의 변화와 기술의 발전이 서서히 이루어지고 있었음을 알 수 있다.[21]

2. 신석기시대의 문화와 한민족의 선사 문명

1) 신석기시대의 문화

신석기문화(新石器文化)란 석기시대 후기의 문화로서 식량 생산 단계에 이른 시대를 일컫는다. 인류사회는 구석기시대의 채집경제로부터 신석기시대의 생산경제로 발전하게 되는데, 이러한 생산경제로의 전환은 일류문화사에 새로운 장을 열어놓는 계기가 되었다.

빙하기를 거친 구석기시대가 지나가고, 기후의 변화를 통해 자연환경이 달라졌으며 동식물의 서식 환경도 상당한 변화를 가져왔다. 이 무렵부터 인류는 강가와 호수 주변, 그리고 해안가에 정착 생활을 하는 신석기시대로 진입하게 되었다. 이러한 지구환경은 기원전 1만2천 년 경부터 형성되었다고 한다. 신석기시대로 전환하게 되면서 인류의 생활은 새로운 환경에 적응하기 시작했다. 여기서 특기할 만한 사건은 신석기시대의 혁명이라 일컬어지는 농경 생활이었다. 농경 생활을 통해 신석기시대의 사람들은 더욱 빠르게 정착 생활을 할 수 있었으며, 돌괭이, 돌삽, 돌보습, 돌낫 등 정교하게 만든 새로운 농기구와 흙(土)을 구워서 만든 토기를 사용하기 시작했다. 이들은 간단한 농경뿐만 아니라 뼈바늘과 가락바퀴를 이용해 옷을 지어 입는 등 간단한 수공업을 발전시키기도 했다. 특히 토기의 제작은 신석기시대의 사람들이 흙에 대한 지식과 흙을 다루는 기술, 그리고 불에 대한 지식을 터득했음을 볼 수 있다. 그들은 우선 인류 생활에 적합한 지역을 중심으로 야생식물을 재배하거나 야생동물을 길들여 가금(家禽)과 가축으로 사육하려는 움직임도 나타났다. 이러한 시도는 시간이 지남에 따라 농경과 목축의 형태로 진화되었다. 인류 생활에서 이러한 농경과 목축으로의 진화는, 구석기시대에 있었던 자원의 약탈경제를 생산경제로 변화시키는 계기가 되었다.

그럴 뿐만 아니라, 신석기시대의 사람들은 만물에 영혼이 있다고 믿었으며, 조상을 숭배하는 의식을 거행하기도 했다. 더욱이 특정한 동식물을 숭배하는 토테미즘과 신과 인간의 중계자인 샤먼을 중심으로 한 샤머니즘 등이 이들의 의식 속에 깃들여졌다.

---

21) 국립중앙박물관 소장자료.

<표 1-1> 한국선사문화 연표 요약

한 국	외 국
· 선사시대 · (한민족의 출현) · BC70만 년 전 : 전기 구석기문화의 형성 　<단양 금굴 유적 제1 문화층, 공주 석장리 　유적 제1 문화층> · BC50만 년:<상원 검은모루동굴 유적 형성> · BC30만 년:<단양 도담리 유적 형성>> · BC20만 년 : 중기 구석기문화 　<주먹도끼, 톱니날석기 등, 뗀석기 사용 : 　공주 석장리유적 제2, 제3, 제4 문화층> · BC10만 년 : 중기 구석기문화 　<응기 굴포리유적 제1 문화층 형성> · BC4만 년 :<제주 빌레못동굴 유적 형성> · BC3만 년 : 후기 구석기문화 　<공주 석장리 제6 문화층, 서울 면목동 유적, 　연천 전곡리유적, 단양 상사리 바위 그늘 유적> · BC1만 년 : 전기 신석기문화 형성 　<활과 화살 발명, 공주석장리유적 제1 문화층, 　제3 문화층, 통영 상노 대동 조개더미 유적,> · BC6천 년 : 빗살무늬토기, 석창, 석두 등, 　간석기 사용, 움집 생활, <부산 동삼동 유적> · BC5천 년 : <서울 암사동유적 형성> · BC3,500년 : 중기 신석기문화 헌선 　<부산 동삼동 유적, 광주 미사리유적, 서포항 　유적 제4, 제5기 문화층, 평양금탄리유적> · BC2,333년 : 단군왕검 고조선 건국 · BC2,000년 : 후기 신석기문화 형성 　<양양 오산리 선사유적 상층, 평양 청호리 　유적, 춘천 교동 혈거 유적, 부산 다대포 유적, ; 　만주 지역 청동기문화 시작. (갑골문자 사용) · BC1,222년 : 기자조선 성립 (8조 금 법) · BC450년 : 송화강 상류 일대 夫餘 성립 · BC400년 : 辰韓 성립; 철기문화의 형성 · BC194년 : 위만조선 성립. · BC57년 : 신라 건국 · BC37년 : 고구려 건국 · BC18년 : 백제 건국	· 인류의 등장(BC400만 년) · 전기 구석기문화의 시작(BC200만 년 전) · 중기 구석기문화의 시작(BC20만 년 전) · 후기 구석기문화의 시작(BC3만 년) · 전기 신석기문화의 시작(BC1만 년) · 메소포타미아 최초의 농경·목축문화(BC8000) · 중기 신석기문화의 형성(BC7,000년) · 신석기 요하 문명권 형성(BC8000~BC4500) ·;BC5,000년(중국 협서성 신석기문화의 형성) · BC4,500년(이집트 농경·목축문화. 타사문화) · BD4,300년(남부 메소포타미아 우바이드 문화) · BC4,000년(중국 황하의 앙소문화, 농경문화) 　청동기문화 시작 · BC3,900년(메소포타미아의 후기 우바이드 문화 　촌락 발달) · BC3,300년(수메르 도시 문명 성립. 그림문자) 　신전의 발달. *한국의 빗살무늬토기의 영향 　을 받아 일본 메밀 다식(曾畑式) 토기 형성됨. · BC3,100년(이집트 통일국가 형성, 에게해의 　청동기문화. 인더스강 유역 청동기문화. 황하유 　역에 龍山文化의 신석기 문명 형성) · BC3,000~BC1,500(청동기시대의 홍산문화) · BC2,600년(그리스 헬라딕 시대의 시작) · BC2,200~BC1,750(중국의 夏王朝) · BC1,792(바빌로니아 제1왕조, 함무라비 법전) · BC1,700(그리스 미케네 시대의 시작) · BC1,750~BC1,100(중국 殷(商)왕조, 청동기 　문화 및 갑골문자 사용) · BC1,100~BC221(중국 周왕조: 周禮의 완성) · BC722(春秋의 기록 개시) ·;BC683(그리스 아테네의 귀족제 성립) · BC600(로마의 성립) · BC451(로마 최초의 성문법<12동관 법> 제정) · BC403(중국 전국시대의 시작; 아테네 민주정) · BC221(중국 秦始皇이 통일국가 완성) · BC202(중국 漢 왕조 성립) · BC108(중국 한나라 고조선 정벌, 漢四郡 설치)

<자료 : 한국정신문화연구원, 『한국사 연표』(2004), PP. 11~22> (저자 발췌정리)

뒤에 언급할 홍산 문화권(圈)의 유적지에서 출토된 거대한 여신의 묘(墓)와 사당(祠堂), 돌(石)을 쌓아 만든 대형 무덤, 그리고 성벽 등은 이 시기에 이미 종교적 지도자를 중심으로 한 공동체 사회가 형성되어 있었음을 인식하게 해준다.

신석기시대의 초기에 이루어진 농경은 극히 원시적이어서 쟁기를 사용하는 단계에 이르지는 못했으며, 괭이나 따비와 같은 농기구를 사용하였다. 야생동물의 사육에 성공하였으나, 가축의 힘을 이용하여 짐을 옮기거나 쟁기를 끌게 하는 정도까지는 이르지 못했다. 초기의 원시적 농경사회에서는 생산력이 높지 않은 상태였다.

그러나 짐승의 힘을 이용하여 물건을 옮기거나 밭갈이를 하는 집약 농경사회로 진입하면서 농업생산력은 높아졌고, 식량의 나머지 생산도 가능한 시대가 되었다. 이러한 영농기술의 진화 상황을 일컬어 고고학자 '비어고든차일드'(Vere Gordon Childe, 1892~1957)는 "신석기시대의 혁명"(neolithic revolution)이라고 하였다. 그는 그렇게 부르는 이유를 신석기시대의 문화가 이전에는 없었던 새로운 생활양식으로 진입하는 변화의 실마리를 제공해주었기 때문이라고 밝힌 바 있다.[22] 이처럼 영농방법의 개선으로 인류는 일정한 지역에 정착하여 농경사회의 문화를 만들어 내었고, 토기를 사용하면서 촌락공동체를 구성하여 독특한 신석기시대의 문화(neolithic culture)를 구축하였다.

토지가 비옥한 지역에서는 농경 혁명(agricultural revolution)을 일으킬 수 있었으나, 농사를 짓기 어려운 건조한 지역에서는 사육하는 가축을 모아 목축을 통한 생존방법을 모색하게 되었다. 이러한 지역의 인류는 목축에 필요한 목초지와 물(水)을 찾아 이동해야 했기 때문에, 농경사회와 같은 정착 생활은 불가능했다. 따라서 농경사회와는 다르게 인구밀도가 적고 소규모의 씨족사회를 구성하고 있어서 생산력이 낮은 것이 특징이었다. 그래서 그들은 자급자족이 어려웠으므로, 농경사회에 의존하면서 교역관계를 맺을 수밖에 없었다. 그뿐만 아니라, 목축은 계절적으로 이동하는 유목 생활이었기 때문에, 기동력이 강하고 단결력으로 주어진 환경을 극복하는 사회적 특성을 보이게 되었다.

신석기시대의 농경 혁명으로 인하여 식량의 잉여생산이 가능해지고 부(富)의 축적이 가능한 사회구조로 진화했으며 분업과 전문화는 물론, 교환경제가 발생하기에 이르렀다. 이러한 신석기시대의 인류 생활에 변화를 가져오게 한 사회환경은 계급분화를 가져오게 하였고 계급사회가 형성되었다. 마을공동체를 구심점으로 하는 사회적인 계급분화가 진행되면서 농경이나 목축이 아닌 분야(共同體組織管理)에 종사하는 사람들이 생겨났고, 그들은 농경이나 목축에 의존하지 않고도 생활할 수 있도록 비교적 교역이

---

22) Childe, V. Gordon, "Man Makes Himsilf," (London, Watts and Co. 1936) ; <강기철 역, 『인류사의 전개』, (서울, 정음사, 1959)>; 한상복 외2인, 『문화인류학』(서울, 서울대학교 출판문화원, 2014), P. 116.

편리한 지역에 모여 살았다. 이들이 모여 사는 곳을 중심으로 장시(場市)가 생겨났고 교환경제의 싹을 틔워 마을공동체의 도시적 기능을 수행하게 하였다.
　이러한 생활환경의 변화는 인구의 증가를 가져오게 하였고 공동체 중심의 사회조직은 복잡성을 띠었으며, 혈연 중심의 씨족공동체를 이루어 특유한 원시적 씨족문화를 조성하는 결과를 가져왔다. 따라서 씨족공동체 중심의 특유한 지역사회문화는 부족국가로 성장할 수 있는 환경을 조성해 주었으며, 부족과 부족 간의 세력과 지배종속 관계로 부족연맹조직을 구축하기에 이르렀고, 결국은 고대국가의 형성을 가져오게 하였다. 고대국가의 형성으로 집약적인 농경문화가 더욱 발달하게 되었으며, 대규모의 인력을 동원하여 수리(水理)와 관개사업(灌漑事業)을 추진하는 과정에서 전제군주정치 제도가 이루어지게 되었다고 한다.[23]

2) 한반도의 신석기문화와 그 유적

　고고학적인 시대구분에 의하면, 한반도의 가장 오래된 신석기문화는 기원전 8천 년부터 BC1500년까지 해안이나 하천 유역에 나타나는 빗살무늬 토기시대(櫛文土器; Jeulmun pottery period)의 문화유적에서 볼 수 있다. 한강 유역 암사동(岩寺洞)에서 발견된 빗살무늬토기 문화는 BC5천 년 경의 것으로 알려져 있다.
　한국에는 두 개로 분류되는 신석기문화가 존재한다. 그것은 기하학적 무늬가 있는 빗살무늬토기 문화와 외부에 무늬가 없는 민무늬 토기 문화'(無文土器文化)이다. 빗살무늬토기는 한반도에서만 발견되는 것이 아니고, 시베리아 일대의 하천 유역에서도 발견된다. 한반도의 빗살무늬토기 문화는 사람들이 한반도에 정착한 후, 자체적으로 특수한 방향으로 발전하고 한반도 내의 초기 신석기문화라는 독특한 문화 형태를 형성했던 것으로 볼 수 있다. 빗살무늬토기 문화는 대체로 어로·수렵이 주요 생산수단이 되며 약간 원초적인 농경도 하였다고 믿어지는 문화이다. 이 문화는 한반도의 해안 지대와 하천 유역 및 도서지방에 분포되어 있다. 이들은 대개 해안이나 하천 유역의 일정한 장소에 상당한 규모를 가진 마을을 형성하고 있었던 것으로 보인다.
　이러한 빗살무늬토기 문화가 형성되었던 가장 대표적인 지역으로 알려진 것은 서해안 지구에서는 평안북도 의주의 미송리, 정주의 당산리, 평안남도 온천군 궁산리와 승호군의 금탄리, 황해도 봉산군의 지탑리, 장영군의 몽금포, 경기도 부천시의 시도(矢島)와 옥귀도(玉貴島), 광주군의 미사리, 양주군의 양수리 그리고 서울 암사동 등이며, 남해안에서는 부산시 다대포와 동삼동, 울산시 서생포 등이고, 동해안에는 웅기의 송평동, 청진의 농포리 등, 전국적으로 약 70개소 정도의 유적이 발굴 보고되어 있다. 이들

---
23) 한상복 외2인, 전게서, PP. 116~117.

빗살무늬토기 문화를 대표하는 유물로는 그들의 토기를 들 수가 있다. 이들이 사용했던 토기는 진흙과 고운 사질(砂質)의 개흙을 혼합하여 만든 비교적 발달한 제작 형식을 가지고 있다.[24]

이 빗살무늬토기 문화인은 대개 하천변 평야 지대에 자리 잡고 생활을 하였으며, 보통 원형(圓形)과 방형(方形)의 움집을 짓고 살았다. 이들 유적에서 발견되는 석기는 오래된 빗살무늬토기 문화일수록 마제(磨製)가 전혀 없는 특수한 모양의 자갈돌 박편 석기(剝片石器)를 사용하였으며, 이 석기들은 비교적 조잡한 형식을 갖추고 있으나 충분히 사용 목적을 충족시킬 수 있는 석기들이다. 빗살무늬토기나 주거지에서 발견되는 석기는 대부분 긁개이며 납작한 돌도끼도 상당량 발견되었다. 후기에 와서는 이들 주거지에서 슬레이트 석재(石材)를 사용한 약간의 마제 석촉(石鏃)도 발견되었다.

이와 같은 간석기(磨製石器)는 빗살무늬토기 문화의 후기에 와서 농경문화를 가지고 들어온 민무늬 토기 문화와의 접촉에서 얻어진 석기 제작기술이다. 이 밖에 맷돌 등이 이 유적에서 상당히 발견된다. 그러나 이 맷돌은 곡류나 야생의 도토리나 호두 같은 것을 제분하는 데 사용하였다고 보인다. 결국 이러한 식량 생산 방식을 가진 빗살무늬토기 인(人)들이 낮은 경제성을 가진 사회를 구성하는 것은 당연한 현상이었을 것이다.

신석기시대의 사람들은 부족과 씨족으로 구성된 150명에서 2,000명 정도 되는 작은 공동체를 이루며 살았다. 대부분의 신석기 사회에서는 계층화가 진행된 과학적 근거는 거의 찾아볼 수 없다. 사회 계층화는 청동기시대와 더 밀접하게 연관되어 있다. 후기 신석기의 어떤 사회에서는 계층화된 지도계층을 형성하지만, 대부분의 신석기 사회는 상대적으로 단순하면서 평등하였다. 그러나 신석기 사회는 보통 수렵과 채집 생활을 했기 때문에, 구석기시대보다는 더 계층적인 사회였다고 한다. BC8천 년 경부터 이루어진 동물의 가축화는 급격한 사회적인 불평등을 초래하였다. 농경사회로 전환하는 과정에서 가축을 소유한다는 것은 부(富)를 상징하는 것이며 개인의 사유재산을 축적하는 기회가 되었다. 농경지와 가축의 사유화는 구성원들 사이에 심한 경쟁력을 유발하여 부의 전승(傳承)을 초래하게 되었다. 신석기시대의 초기에 이루어진 농경지 소유자뿐만 아니라, 대규모의 가축을 소유하게 된 목자(牧者)들은 부의 축적을 위해 점차적으로 많은 농지와 가축을 소유하게 되었고, 이것이 신석기시대의 경제적인 불평등을 더욱더 심화시키게 되어 공동체 내에서의 일정한 규범을 두어 사회질서의 유지를 제도화하는 지혜를 모으게 되었다. 이러한 인류의 지혜는 환경변화에 직면하게 되면, 비로소 미개사회에서 벗어나 개명된 사회로 전환하기 위한 단계별 예지를 발휘했을 것으로 생각한다.

---

24) 국립중앙박물관 소장자료.

이렇듯 만주 일대를 비롯한 한반도지역에 알타이어 계통의 언어를 사용하는 한·예·맥으로 구성된 동이족이 넓게 분포되어 있었다. 한족(韓族)은 한반도를 중심으로, 맥족(貊族)은 요하 지역을 중심으로, 그리고 예족(穢族)은 만주 동쪽 지역에 정주하여 문화영역을 형성했다. 이들은 동방 문화권에 속하며, 혈통의 계승에 따른 종족 구분이 한·예·맥으로 나타났고, 우리 민족의 모태를 이루어 만주 일대와 한반도 전 지역에 걸쳐 신석기 문명을 창조하고 고대 문명국가의 토대를 조성했던 것이다.25)

3) 고대문명의 태동과 한민족의 선사 문명

(1) 신석기 문명의 태동

인류는 지구상의 빙하기가 끝나는 기원전 1만여 년 전부터 경제생활의 변화를 가져오게 하였다. 그때까지의 수렵채집을 통한 원시적 생활구조는 점차 유목과 농경사회로 변화되어갔다. 신석기시대의 농경문화를 기반으로 하는 인류 생활의 향상은 모든 면에서 인류문화의 혁신적인 변화를 가져왔고 문명사회의 태동을 예고하는 것이었다. 기원전 5~6천 년 전경에 이르러서는 청동기문화가 등장하여 새롭고 편리한 도구와 용기(容器)를 제작할 수 있는 야금 기술을 갖추게 되었다. 그리고 바퀴를 발명하여 운송 수단을 변화시켰으며 교통의 발달을 촉진시켰다.

따라서 교역의 범위가 확대되기에 이르렀고 지역 간 접촉이 빈번하게 이루어져 멀리 있는 사람 사이의 문화교류가 증가하는 추세를 보여주었다. 그럴 뿐만 아니라, 문자의 발명과 수학적 계산 방법이 개발되어 인간의 지식축적이 가능하게 되었으며, 인류의 생활과 관련된 여러 가지 발명과 기술혁신이 연달아 이루어지면서 도시가 형성되고 고대문명의 기틀이 조성되었다. 이를 일컬어 오늘날 신석기 문명이라고 한다.

고대도시의 형성은 신석기시대에서 고대 문명국가로 진입하는 약 5~6천 년 전경부터 이루어졌다고 하며, 기후가 비교적 따뜻하고 토질이 비옥한 강 유역을 중심으로 인류문명의 출현을 촉진했다. 그것이 일반적으로 역사학계에서 알려진 세계 4대강 유역 고대문명의 발상이다. 그 후에 잉카 문명과 마야문명 그리고 아즈텍문명이 고대문명의 중심지로 등장하였다. 이러한 고대문명의 출현은 인류가 약 1만 년 전부터 구축해놓은 신석기시대의 농경문화를 바탕으로 하여 따뜻한 기후와 비옥한 농토 그리고 물(水)이라는 자연환경 조건에서 비롯되었다고 할 수 있다. 더욱이 관개기술(灌漑技術)과 수리시설의 발달은 고대 문명국가의 형성을 촉진하는 중요한 원동력으로 작용하였다.26)

---

25) 신용하, 『한국 민족의 기원과 형성 연구』(서울, 서울대학교 출판문화원, 1917), PP. 8~23, Passim.

<사진 1-1> 한반도와 만주 일대의 신석기문화 요약도

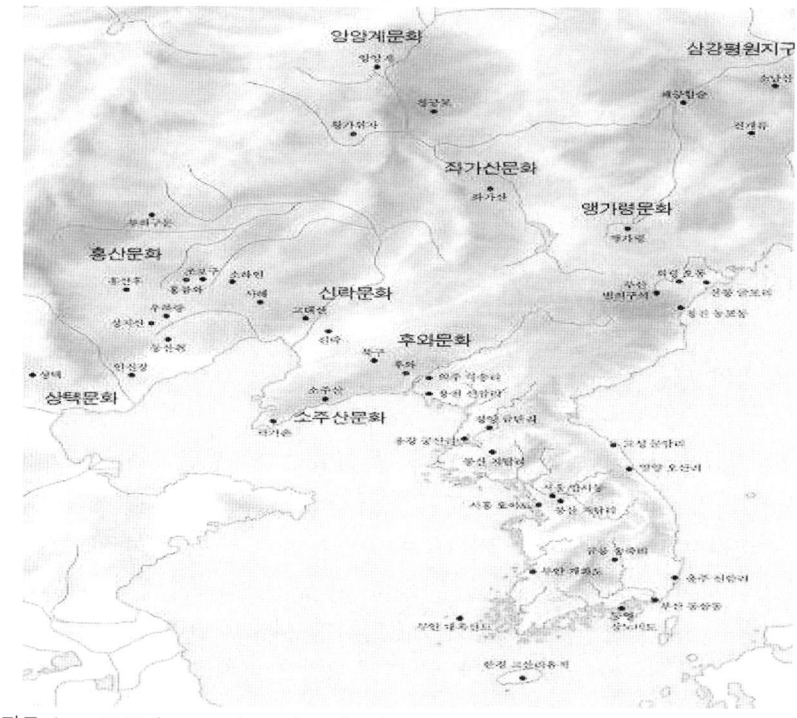

<자료 :http://100.daum.net/encyclopedia/view/135XX43300004>

여기서 주목해야 할 것은 동아시아 지역 신석기 문명이 존재한다는 사실이다. 한국 민족의 원류인 동이족이 이 무렵 유목과 농경을 할 수 있는 한반도 주변의 한강 유역과 만주 요동 지역의 요하 유역을 비롯한 여러 지역을 선점하여 경제력을 축적하고 문명의 싹을 키워나갔다는 것이다.

동북아지역의 만주 일대를 비롯한 한반도지역에서는 대개 기원전 1만 년에서 8천 년 무렵부터 다양한 신석기 문화권이 형성되었다. 요서 북부지방을 중심으로 번영한 홍산문화는 우리 민족의 뿌리와도 깊은 관련성을 갖는다고 보아야 할 것이다. 고고학적 연구에 의하면 기원전 약 7~8천 년 전에 이미 옥기와 다양한 토기가 사용되었음이 출토유적을 통해 고증되었다. 만주 지역에는 심양 지역의 신락문화, 요동반도 남부의 소주산문화, 압록강 하구의 후와문화, 송화강 유역의 좌가산문화, 눈강 지역의 앙앙계문화, 삼강 평원의 소남산, 신개류 문화, 목단강 유역의 앵가령 문화 등, 곳곳에 신석기문화가 꽃을 피웠다고 고고학적으로 고증되었음을 본다. 한반도지역에서도 원형과

---

26) 한상복 외2인, 전게서, P. 117.

방형의 움집 유적, 어로 생활과 식생활의 결과인 조개무덤(貝塚) 등, 많은 유적이 강가와 바닷가를 중심으로 발견되고 있음은 신석기문화의 단면을 보여주는 증거이다.27)

고고학자들이 밝힌 바에 의하면, 동북아시아의 요하(遙河) 유역을 중심으로 그 일대에 신석기 문명이 발상하였고, 위에서 언급한 세계 4대강 유역 등의 고대문명 발상보다 훨씬 앞선 선사시대의 유적이라고 한다. 한족(韓族)이 일으킨 한강문화뿐만 아니라, 맥족(貊族)이 조성한 홍산문화(紅山文化)를 비롯한 주변 일대의 신석기문화 유적을 토대로 밝혀진 요하문명(遙河文明)이 그 대표적이다.28)

(2) 신석기시대 한민족의 선사 문명

① 신석기 농경 혁명과 한강문화

한국 민족이 형성되기 이전 상고시대의 한반도는 말기 구석기인과 초기 신석기인이 밀집해 살았던 지역이다. 출토된 유적들이 이를 증명해준다. 기원전 1만여 년 경부터 기온이 온난화되면서 구석기인들은 강변과 해안가에서 어로와 수렵을 통한 식료품 채집을 하면서 신석기인으로 진화되었고 새로운 신석기시대를 열었다.

그런데 이 지역이 인구 밀집 지역으로 부상하면서 상대적 과잉인구로 인한 음식 재료 부족 현상이 나타났다. 종래의 수렵과 어로에 의한 채집만으로는 음식 재료 문제의 해결에 한계가 있었다. 이러한 음식 재료 부족 문제의 해결 방법은 두 가지다. 하나는 인구를 분산하여 다른 지역으로 이동해가는 것이고, 다른 하나는 야생식물 종자와 뿌리를 채취하여 식량 생산을 위한 농지경작의 순환재배를 하는 것이었다.

온난화된 신석기시대의 한반도 중부지역인 한강과 금강 유역은 온대의 농지경작에 아주 적합한 지역이었다. 발굴보고서에 의하면, 충청북도 청주의 소로리에서 1만여 년 전의 「소로리 볍씨」발굴29)과 남한강 유역의 충주 동량면 조동리에서 6천여 년 전의 볍씨 출토에 이어 탄화 미가 벼 껍질·밀·보리·기장·수수와 함께 출토된 것30)이 이를 증명해준다.

이러한 사실에 근거해서 볼 때, 상고시대 한반도의 중부지역에서는 기원전 1만 년

---

27) http://100.daum.net/encyclopedia/view/135XX43300004
28) 우실하, 「요하 문명론」, (소나무, 2007); 문안식, 『요하문명과 예맥』(혜안, 2008); 한창균, 『요하문명과 고조선』(지식산업사, 1915).
29) 이융조·우종윤, 「世界最高의 소로리 볍씨의 발굴과 의미」(충북대 박물관 제1회 국제학술회의, 『아시아 선사 농경과 소로리 볍씨』, 충북대 박물관·청원군, 2003), PP. 27~46. & 박태식·이융조, 「소로리 볍씨 발굴로 살펴본 한국 벼의 기원」(『농업사 연구』 제3권 제2호, 2004. & 신용하, 전게서, P. 14.
30) 이융조, 『충북의 선사 문화』(충청북도 충북학연구소, 2006), P. 156.

에서 BC5500년 전에 이르는 사이에 단립벼와 밀·보리·기장·수수·콩 등의 농작물을 재배하는 신석기시대 농경 혁명이 시작되었음을 확인할 수 있다.31) 따라서 이 지역의 신석기인들은 농경(農耕)이야말로 음식 재료의 부족 문제를 해결할 수 있는 최고의 방법임을 터득하고 농경에 대한 신념을 갖기에 이르렀다. 이들은 농경과 수렵·어로 등을 통하여 음식 재료를 해결하고 오랜 공동체 생활과 상호교류를 수행함으로써, 공통된 문화 패턴을 형성하였다.

상고시대의 한강과 금강 유역을 근거지로 하여 정착한 한족의 신석기인들은 농경을 주요 생산 방식으로 채택하고 농지경작에 필요한 기술개발을 통하여 선진적 농법으로 생산성을 높여갔다. 농경에 영향을 주는 자연현상을 경외하면서 부족장을 정점으로 부족민들 간의 신뢰를 돈독히 하고 단결된 공동체의 힘으로 농경사회의 세력권을 확장함으로써, 명실상부한 농경사회의 문화영역을 만들어냈다. 이것이 한족(韓族)에 의한 한강문화의 형성이다.

한강 유역을 터전으로 삼아 작물 재배의 농경 혁명을 토대로 한강문화를 일으킨 한족(韓族)은 고인돌 문화와 함께 선돌(立石) 문화를 창조해내었다. 선돌은 농업생산의 풍요와 부족공동체의 수호와 안녕을 기원하는 수호신임은 물론, 다산(多産)의 상징으로 세워졌다고 한다. 충청북도 옥천 동이면 남곡리의 1호 농경 기념 선돌과 경기도 화성 쌀 정리 선돌이 이를 잘 말해주고 있다.

그뿐만 아니라, 한족은 의사소통의 수단인 한족 언어를 발전시켰으며, 생활 용구인 빗살무늬토기와 농경 도구로서의 석재용구를 제작하면서 십진법을 활용한 자(尺)를 개발함으로써, 농경문화의 질을 향상시켰다. 이러한 사실은 최근 문화재청과 한국선사문화연구원이 합동으로 발굴한 유물에서 증명되었다. 남한강 유역의 충청북도 단양군 적성면 하진리의 단양 수중보 건설지역에서 진행된 석기시대 유물발굴작업 중에 3개의 층으로 구성된 석기시대 유적이 최하층에서 「눈금」을 새긴 돌 제품을 비롯한 상당수 분량의 유물이 출토된 것이다. 출토된 1만5천여 점의 유물 중, 「눈금들」은 길이가 20.6㎝이고 넓이가 8.1㎝이며 두께가 4.2㎝인 규질사암 자갈돌에 0.41㎝의 간격으로 눈금 21개를 새긴 것이다. 그것은 기원전 1만8천 년 무렵의 말기구석기시대에 제작한 것으로서, <사진 1-2>와 같이 수(數)의 기호화를 보여주는 한강문화의 귀중한 고고학적 유물이라고 할 수 있다.32)

이 「눈금들」은 한강 유역의 한족들이 농경과 수렵용 용구를 제작하면서 길이·넓이·높이 등의 크기와 용적을 측정하는 척도로 사용되었던 것으로 볼 수 있다. 이는

---

31) 신용하, 전게서, PP. 14~15
32) 동아일보, 2014년 6월 17 일자 A16면 기사 & 조선일보, 2014년 6월 17일 자 S20면 기사의 내용 신용하, 『한국 민족의 기원과 형성 연구』(서울, 서울대학교출판문화원, 2017), P. 65. & http://www.seoul.co.kr/news/newsView.php?id=20140617017003>

한족(韓族)에 의해 조성된 한강문화의 발전과정에서 수(數)의 개발과 기호화를 통한 보편적 계산법으로서의 십진법을 응용하여 실제로 활용되었음을 보여주는 물증이라고 할 수 있다.

<사진 1-2> 한족이 일으킨 한강문화의 유물인 「눈금돌」의 실예(實例)

<자료 : 충북 단양군 적성면 하진리 남한강에 가의 '수양개 6지구' 발굴조사에서 출토된 유물 (문화재청 제공); 신용하, 전게서, P. 66. &

http://www.seoul.co.kr/news/newsView.php?id=20140617017003>

그뿐만 아니라, 한강문화를 일으킨 한족은 일찍이 개척한 농지경작과 관련하여 농사에 영향을 주는 기후와 기온 그리고 강우량 등에 깊은 관심을 가졌으며, 하늘의 태양과 달·별에 대한 천체의 변화를 관심 있게 관찰하여 고인돌에 홈을 파서 해와 달 그리고 북두칠성 등의 별자리를 새겨 넣었다. (충북 옥천 교평리 2호 고인돌). 이러한 천체 관찰의 별자리 음각(陰刻) 사실은 신식기시대의 한족이 농경문화와 관련된 기상변화에 대한 천체관측의 결과인 것으로 보인다.[33]

② 신석기 요하문명

신석기시대의 요하문명이란 현재 중국 영토 내의 요하(遼河) 지역을 중심으로 발굴된 신석기 문명을 일컫는다. 이는 동북아 문명이라고도 하는데 세계 4대 문명의 하나로 알려진 중국의 황하문명과는 분명하게 구별되는 것이다. 이 지역에서 발굴된 유물들은 만주와 한반도에서만 발견되는 것들이다. 따라서 중국의 황하 문화권에서는 없는 다양한 문화적 요소들이 요하 일대와 만주 및 한반도지역에서 찾아볼 수 있음에 유의해야 한다. 예컨대, 세석기·석관묘·빗살무늬토기·치(雉)를 갖춘 석성(石城)·비파

---

[33] 신용하, 전게서, PP. 71~73.

형 동검·고인돌 등이 대량으로 발견되었다는 것이 특징이다. 이는 한반도 신석기인 맥족(貊族)이 서북방 요하유역으로 이동하여 일궈낸 문화유물이라고 할 수 있다.

신석기시대 요하 문명론의 발단은 1905년 일본의 고고학자인 도리이류죠(鳥居龍藏)가 요하 지역 적 봉·홍산후(赤峰·紅山後) 일대의 지표조사를 하던 중, 우연히 발견된 신석기 유적과 적석묘 등에서 비롯되었다. 그 후 중국학자들에 의하여 홍산지역 유물이 대거 발견되면서 내몽골 자치구인 적봉시(赤峰市) 홍산후(紅山後)를 기념하여 홍산문화(紅山文化)라 부르게 되었다.34) 1980년대 이후 본격적으로 요하 지역의 발굴을 전개했는데 중국에서는 세계 최초의 문명이라는 BC3,500년경의 수메르 문명보다 훨씬 앞서는 소하서(小河西)·흥융와(興隆洼)·사해(查海)·조보구(趙寶溝)·소하연(小河沿)·홍산(紅山) 등의 요하 지역 일대의 신석기문화가 발굴되자 이를 하나로 묶어서 요하문명으로 명명하여 세계학계에 내놓았다.35) 이들 신석기시대 요하문명의 시대별 문화행태를 정리하여 표시하면, <표 1-2>와 같다.

<표 1-2> 신석기시대 요하 문명권의 연대별 문화행태

역사 구분	시대 명칭	문화 행태	연대	유적지
先史時代 (BC8,000~2,334)	신석기시대	新樂文化	BC8,000~7,000	요령성 심양시 북쪽
		小河西文化	BC7,000~6,500	내몽고 적봉시 오한기
		興隆洼文化	BC6,200~5,200	내몽고 적봉시 오한기
		查海文化	BC6,000~5,200	요령성 부신시
		富河文化	BC5,200~5,000	부하(富河) 유적
		趙宝溝文化	BC5,000~4,500	내몽고 정봉시 오한기
	신석기·청동기 병용시대	紅山文化	BC4,700~2,700	내몽고 적봉시 일대
		小河沿文化	BC3,000~2,000	내몽고 적봉시 오한기
古朝鮮時代 (BC2,333~BC108)	청동기시대 철기시대	夏家店 下層 文化	BC2,000~1,500	내몽고 적봉시 일대
		夏家店 上層 文化	BC1,000~400	내몽고 적봉시 일대

<자료 : http://blog.naver.com/PostView.nhn?blogId=gnbone&logNo=220434104709>(일부 첨삭 수정)

---

34) 1935년 중국 내몽고 자치구인 적봉시(赤峰市)의 홍산(紅山)에서 BC5천 년경의 유물과 유적이 발굴된 것을 토대로 1955년 출판의 『중국신석기시대』에 수록된 「赤峰·紅山後의 신석기시대 유적에 대하여」라는 논문에서 '紅山文化'라고 표현한 것이 최초이다.
35) http://blog.naver.com/PostView.nhn?blogId=gnbone&logNo=220434104709. (중국은 요하 부근 유적지가 고대국가의 모습으로 투영되기에 이르자, 1996년 6월에 요령성박물관에서 「요하문명전」을 개최하고, 이 지역에서 밝혀진 고대문화를 통칭하여 '요하문명(遙河文明)'이라 명명하고 중국 문명의 새로운 기원으로 발표한 바 있다.)

그리고 요하문명의 발상지를 나타낸 약도는 <사진 1-3>과 같다. 이는 분명 동이족으로 불리는 맥족(貊族)이 조성한 신석기 문명 지역으로서, 한국 민족이 일궈낸 신석기 문명의 참모습이라고 할 수 있을 것이다.

중국의 고고학자인 유국상(劉國祥)은 AD 2,006년에 요하 지역 신석기시대에서 초기 청동기시대까지의 「고고학 문화개론」이라는 논문을 통하여 소하서(小河西)문화의 연대를 BC7,000년쯤부터라고 논증하였다. 그는 요하 지역 고고학에 정통한 학자로서 흥륭와문화(興隆洼文化: BC 6,200~5,200)의 유적지를 직접 발굴하여 요하문명의 고증에 지대한 공헌을 했다고 한다.[36]

<사진 1-3> 신석기 요하문명의 발상지 요약도

<자료: http://blog.naver.com/PostView.nhn?blogId=gnbone&logNo=220434104709>

동북아시아 지역인 만주 일대를 터전으로 잡고 생활했던 우리 민족의 조상인 동이족(東夷族: 濊貊)은 유목과 농경을 병행하는 사회구조를 이루고 있었다. 그들은 생활의 패턴인 유목과 농경을 문화적 환경으로 변화시켰고 비로소 신석기 문명을 창조해내었다. BC 7,000년경부터 이뤄진 요하문명은 바로 동이족의 일파인 예맥(濊貊)의 선조들이 일궈낸 것이다.[37] 발해만을 끼고 있는 요하 지역은 우리 민족의 조상인 동이족(貊族)의

---

36) http://blog.naver.com/PostList.nhn?blogId=gnbone&categoryNo=15&from=postList
37) 문안식, 『요하문명과 예맥』(혜안, 2008).

근거지로 정착촌을 이루어 생활하던 터전이다. 그리고 요하문명, 특히 그중에서도 홍산문화의 유물이 만주 일대와 한반도에서도 출토되는 것으로 보아 그 주맥(主脈)은 옛 고조선지역과 삼한(三韓)의 한반도로 이어져 한국문화의 원류(源流)를 이루었다고 할 수 있다. 그러나 앞으로 고고학계를 비롯한 역사학계에서 연구가 진행되어 한민족의 시원문화(始原文化)로 확정되기까지는 시간이 더 필요할 것으로 보인다. 왜냐하면, 요하문명이 요하 지역을 중심으로 하는 문화권으로서 그 후 우리 민족 최초로 고대 문명국가의 형태를 갖추어 형성된 고조선 문화와의 연속성이 논증되어야 할 것이기 때문이다. 여기에 요하문명이 우리나라 학계에 던지는 하나의 과제가 있음을 감지하게 된다.

3. 원시적 기록계산행위의 근원

1) 원시사회의 인류 생활

일반적으로 석기시대를 인류의 미개사회로 지칭하는데, 이 시대 초기에 자연의 원생식물(原生食物)로 취식(取食)하던 인류의 생활상은 수십만 년 동안 계속되었다. 이 기간에 인류 경제생활의 발생은 불가능했을 것이다. 미개 시대가 계속되는 사이에 인류는 자연계와의 투쟁 과정에서 학습하게 되고 돌을 이용한 도구를 사용하기에 이른다. 이러한 석기 도구의 등장은 인류의 생활에 변화를 가져왔고 생산활동을 시작하는 전환점이 되었다. 이러한 생산활동의 시작하는 인류가 단순한 본능적 동물상태에서 벗어나 인간 본연의 모습을 보여주는 것이며 인류문화의 효시임을 의미하는 것이다.

앞에서 살펴본 바와 같이 인류 최초의 석기는 타제석기였고 이 시대를 구석기시대라고 하였다. 그리고 구석기시대는 인류가 생활한 석기시대의 대부분을 차지하고 있는 것도 확인하였다. 구석기시대 초기의 인류는 지극히 간단한 생산활동이었지만, 비교적 다량의 식물(食物)을 채취하여 생활하였다. 그러나 당시의 생산수준은 여전히 낮은 편이었고 자연을 정복하고 개조하는 역량도 지극히 미약했다. 생산 잉여물이나 식품 비축이 없는 상황에서는 기아(飢餓)가 항상 인류의 생존을 위협하는 것이었고 식품취득을 위해 노력하지 않으면 안 되었다. 우선 먹을 것을 얻기 위한 인류의 노력이 계속되는 동안 인류는 도구의 개량생산을 모색하게 되고 그들의 생산활동과 생활개선을 통하여 구석기시대를 거치게 된다.

구석기시대의 후기로 들어오면서 인류는 자연물의 채취나 수렵 중심의 생활이기는 해도 도구의 개량이나 생산기술의 개혁을 통하여 사회적 생산능력을 지속해서 발전시키고 자연계를 정복하는 역량을 증강하게 된다. 따라서 인류의 생활 수준은 개선되는 과정을 거치게 된다. 이 시기에 인류는 생활 수준이 향상되었다.

첫째로 인류는 석기 타제기술의 개량과 연마(硏磨)와 천공 기술의 개발을 통하여 성숙한 도구를 사용할 수 있었다. 둘째로 새로운 수렵 공구인 석구(石球)와 궁시(弓矢)를 발명함으로써, 사냥에 유리하도록 이용하였고 다수의 야생마와 녹양(鹿羊)들을 포획할 수 있었다. 셋째로 포획한 동물의 뿔이나 뼈를 이용한 각기(角器)와 골기(骨器), 목기(木器) 등의 생활 용구를 제작함으로써, 진일보한 생활의 향상을 가져왔고, 특히 골제(骨製)의 송곳이나 바늘 등을 개발함으로써, 의복 문제를 해결하는 데 크게 활용하였다. 다음으로 특기할 사항은 구석기시대 후기에 이르러 마찰을 이용한 불(火)의 발명이다. 구석기시대 후기의 인류는 불을 발명함으로써, 생산활동의 새로운 방법과 인류의 생활개선에 지대한 공헌을 하였다. 즉, 불의 발명은 생산범위를 확대했고 인류의 식생활에 혁신적인 변화를 가져오게 하였다. 이렇듯 구석기시대 후기의 생산수단이 향상됨에 따라, 인류의 생활 수준도 점차 개선되어 인류 진화의 속도를 빠르게 하였다.

이러한 조건이 갖춰지자 인류의 수렵과 어렵은 점점 발전하게 되었고 그에 따른 생산물도 비교적 많이 얻을 수 있었으며 의식주 생활에서 남아도는 잉여물이 생기게 되었다. 식량에 여유가 생기고 아울러 식품의 비축도 가능해지면서 인류의 번식도 정상화되고 월동(越冬) 등, 식품생산이 어려운 시기에 대비하여 식품의 저장 방법을 고안내기도 하였다. 소금생산을 통한 염장 방법의 개발, 햇빛을 이용한 건조 방법의 발견, 짐승 가죽으로 만든 용기에 담아 넣는 방법의 개발 등은 인류의 식생활에 상당한 변화를 일으켰다.

그뿐만 아니라, 동물의 뼈를 이용한 송곳과 바늘의 발명으로 수렵경제가 빛을 보게 되었고 야수의 모피를 이용한 봉제 가공을 가능하게 하였다. 이는 인류의 의복 착용을 크게 개선하는 결과를 가져왔다. 그리고 음막 등의 가옥축조 방법을 모색하여 주거환경을 개선함으로써, 구석기시대 후기의 인류는 비교적 안정된 생활이 가능해졌다.

이상과 같은 의식주의 생활환경에 변화를 일으켜 생산과 생활 수준이 향상됨에 따라 여유 있는 생활 속에서 장식(裝飾) 행위가 나타났다. 장식품의 제작과 사용은 인류의 생활 수준을 향상했음은 물론, 생활의 여유를 반영한 결과로써 미를 추구하는 예술적 감각이 본능적으로 외부에 표출한 것이라고 여겨진다. 석재와 골재의 장식품은 동굴 등에서 발견된 석기시대의 유물이나 벽화를 통해서도 확인된 사실이다.[38]

2) 원시적 기록・계산행위의 근거

상술한 바와 같이 석기시대에 인류의 생활환경은 의식주의 해결을 위한 사회적 생산활동을 중심으로 하여 이루어졌다. 식품채취를 위한 도구의 제작을 비롯하여 맹수의

---
38) 郭道揚 著; 津谷原弘 譯, 前揭書, PP. 6~10.

공격을 방어하고 주변 환경에서 일어나는 여러 가지 생활문제를 해결하기 위해 인류가 지닌 지혜를 활용하였다. 즉, 인류의 생존과 성장을 위해 직접적인 관계가 있는 식품, 의복, 주거 및 생활 용구 등을 얻기 위한 행위는 인류만이 가진 지혜의 산물이었다. 상술한 바와 같이 돌을 이용한 여러 가지 도구를 제작하고 움막 등의 주거환경을 마련함은 물론, 맹수의 공격에 대응하려는 무기의 제작 등은 모두 석기시대의 인류가 창안한 생활자료가 되었다. 이러한 생활자료의 제작 생산은 인류의 생명 유지와 생존·번영에 필수 불가결한 것이었으며, 인류가 주어진 환경을 극복해가는 초보적 생산행위였다.

인류의 생산활동은 먹을 것, 입을 것, 살 곳 그리고 그 외의 필요한 공구 등을 제작하거나 생산하여 생존하고 번식하고 번영하는 일련의 필수 과정이었다. 이는 인류의 생명 유지를 위하여 의식주 등의 기본적인 생활자료를 얻으려는 생산행위이며, 그것들을 확보함으로써 생존을 유지하고 미래를 위한 잔여분의 비축을 통하여 생활에 여유를 가지게 되었을 것이다.

그래서 인류는 「먹는 것뿐인 인생」의 늪에서 벗어나 인간다운 삶의 모습을 갖추는 생활을 하게 되었다. 이러한 인류의 생존 문제를 해결하고 번영의 길을 열었다는 사실만으로 인류의 기록과 계산행위에 관한 환경에까지는 이르지 못했을 것으로 보인다.

원시적 회계행위가 발생하기 위해서는 인류의 생활자원을 얻기 위한 노력과 성과를 통하여 인류의 생활 수준이 향상되는 것뿐만 아니라, 인류사회의 생산수준이 일정한 단계에 이르렀을 때 가능하게 된다.

즉, 인류가 생활하기 위한 물질자료의 생산활동이 진전되고 제작과 생산에 의한 수확물이 인류의 생존과 번영에 필요한 양을 충족시키고 원시사회의 안정적 발전을 기할 수 있는 환경에 이르렀을 때, 인류는 그들의 생산적인 노력과 성과에 관한 관심을 가지고 인류를 위한 사회적 생산을 관리하고 계량화에 착수하여 기록 계산하는 시대로 진입하게 되는 것이다.

따라서 이러한 생활자원의 생산과 비축 그리고 분배가 합리적으로 이루어질 수 있는 원시사회의 발전단계에 진입하게 되면, 인류는 사회적으로 생산과 분배의 계량적 흐름을 파악할 필요를 감지하게 된다. 원시적 생활자원의 생산과 분배행위에 대한 관리의 문제는 인류사회의 생산수준이 향상되고 생활에 여유를 가지게 되는 발전단계에 이르렀을 때, 생활자원의 생산과 소비, 그리고 잉여물의 비축과정에서 발생하는 문제의 해결을 위한 사회적 관리·통제의 기법을 고려하게 된다는 것은 당연한 이치이다. 이처럼 석기시대 사회구성원들의 관심은 생활자료의 제작 생산과 분배를 위한 그들의 노력과 성과를 계량화하여 철저하게 관리하는 방법을 모색하는 것이었다. 그래서 비망적(備忘的)인 기록과 계산행위는 자연발생적으로 나타나게 되었을 것이다.

결국, 구석기시대의 후기에 이르러 대대적인 생활자료(의복, 식량, 주거나 그 채취에 필요한 용구)의 생산능력이 향상되었음은 물론, 질적 수준도 고도화되었다. 따라서 생활자료의 생산이 가능해졌고 인류의 정상적인 생활의 수요를 보증하는 것뿐만 아니라 인류의 정상적인 번영도 보증할 수 있는 단계에 이르렀다.

이 시대에는 원시적인 모계씨족사회가 중심이었고 생산능력이 향상됨에 따라 단순한 분업 형태도 출현하였다. 여러 가지 사무적인 일은 연장자(年長者)가 처리하고 잉여물의 처리와 비축은 정해진 장소에 보관함과 동시에, 생활의 준비에 대해서는 나이 든 부인이 요리를 지도하고 식품과 의복 등의 분배를 관장하여 분업적 작업이 이루어졌다. 이는 모계씨족사회의 경제적 진행 상황을 시사(示唆)하는 것이라고 할 수 있다.

정상적으로 생산이 진행되고 분배와 잉여물품의 비축이 이루어지면, 간단히 기억과 암산(暗算)으로 처리하는 일이 일어나기 시작한다. 따라서 원시공동체의 구성원들은 사회적 생산과 생활 과정에서 나타나는 경제적 사실을 기억함과 동시에 계산하고 기록 표시하는 방법을 모색하게 되었다.

고고학자들에 의하면, 출토문물을 통하여 사슴의 뿔이나 암석(巖石) 등에 문양(紋樣)을 새기는 방법으로 표시했다고 추정하고 있다. 이러한 문양이 일종의 계산적 기록 계산을 태동시킨 증거가 된다고 보고 있다.[39]

③ 원시적 기록계산행위의 초보적 행태

1. 신석기시대의 사회경제적 발전상황

인류는 신석기시대(BC 1만 년 전)로 진입한 이후 경제변혁의 과정을 거치게 된다. 의식주 자원의 생산 분야에 큰 발전을 가져오게 되어 원시적 모계씨족사회의 경제적 발전에 의한 번영을 구가하기에 이르렀다. 신석기시대의 사람들은 숫자와 문자의 출현으로 공동체 구성원 간의 의사소통이 원활하게 이루어지고 경제생활에 활력소를 불어넣어 신석기 혁명(neolithic revolution)의 실마리를 제공했으며, 농경사회 문화의 정착과 더불어 신석기문화((neolithic culture)의 꽃을 피워놓았다.

이러한 신석기시대의 경제변혁에 대하여 다음과 같은 관점에서 살펴보고자 한다. 그것은 첫째, 생산성 있는 농·축산사회의 생성, 둘째로 어렵 기술의 진보와 어렵 수확물의 증가, 셋째로 피력가공기술의 발전과 원시적 방직 수공 기술의 출현, 넷째로 도자기 제조기술의 생성과 발전, 다섯째로는 원시 교환경제의 형성 등이다.[40]

---

39) 郭道揚 著; 津谷原弘 譯, 前揭書, PP. 11~13.
40) 상게서, PP. 15~17.

1) 생산성 있는 농·축산사회의 등장

구석기시대의 사람들은 의식주의 생활자원 획득을 채취와 어렵에 의존하는 생활이었으나, 원시적 모계씨족사회의 경제발전과 더불어 인류의 분포지역이 점차 확대되었고 인구가 늘어남에 따라 채취와 어렵만으로 인류의 실제적인 수요를 충족시키기엔 역부족일 수밖에 없었다.

이처럼 장기적인 자연물의 채취와 수렵·어렵 생산활동 속에서 그들은 곡식을 재배하고 목축을 사육하여 비교적 대량을 비축할 수 있게 하였다. 따라서 안정된 식품의 수확을 어느 정도 기대할 수 있게 되었고 생존과 번영을 기대할 수도 있게 되었으므로, 인류는 정주 생활을 희구하기에 이르렀을 뿐만 아니라, 의식주의 비축 물품도 일정한 장소에 대량으로 보관하려는 생각에서 결국 비옥한 지역에 정착하여 농경사회를 구성하고 가축을 사육하는 목축을 통하여 일정한 장소에서 의식주를 해결하고 안정된 경제생활을 영유할 수 있도록 하였다.

2) 수렵·어렵 기술의 진보와 수확물의 증산

구석기시대에서는 궁시(弓矢)가 수렵 도구로써 빈번히 사용되었으나, 그 궁시의 개량으로 목표물에의 명중률이 상당히 높아졌다. 이 시기에는 골재의 창(矛)도 도구로 사용되었으며, 돌창(石矛), 죽창(竹槍) 등도 모두 포획을 위한 도구로 사용되었다. 그래서 포획물의 증산이 이루어질 수 있었다. 그뿐만 아니라, 어렵용 도구도 상당히 개량되어 어류(魚類)의 수확량도 점증하였다. 이에 해당하는 시기의 것으로 추정되는 유물 중에서 물고기의 부대(浮袋), 골재의 낚싯바늘(骨製魚釣鉤)과 돌 그물(石網) 등은 당시의 고기 잡는 기술이 상당한 수준에 이르고 있었다는 증거가 된다.41) 이처럼 수렵이나 어렵을 통해 얻은 수확물은 일상생활의 식품으로 제공되었을 뿐만 아니라, 잉여물은 소금에 절이거나 햇빛에 건조해 저장식품으로 비축하고 월동기나 춘궁기에 대비하는 관습이 발생했다고 할 수 있다.

3) 피혁 가공기술의 향상과 원시적 방직 수공기술의 출현

신석기시대의 인류는 포획한 짐승 가죽의 가공처리를 매우 중요시했음을 찾아볼 수 있다. 그 시대의 문화유적으로부터 출토된 유물 중에는 도제지석(陶製砥石), 석봉(石棒), 삼각석도(三角石刀), 포문도편(布紋陶片) 등은 수피가공기술(獸皮加工技術)이 발

---

41) 상게서, PP. 14~15.

달하였음을 증명한다. 또한 방직용 고리(輪) 및 방적용이기 등은 원시 방적·방직 수공기술(手工技術)이 이미 개발되어 있었음을 보여주는 것이다. 그리고 신석기시대의 후기에는 양잠 기술도 상당한 수준에 도달해 있었다고 한다. 이러한 원시적 수공업의 출현과 발전은 인류의 생활에 큰 역할을 했음은 물론, 생활 수준의 향상과 신석기시대의 경제 관계의 발전에 크게 이바지했다고 보인다.

4) 토기 제조기술의 발전

신석기시대 농경문화의 생성발전은 토기 제조를 위한 수공업의 출현과 발전을 가져오게 하였다. 신석기시대의 토기는 1만 년 전 인류가 진흙을 구우면 단단해진다는 화학적 변화를 깨닫고 흙과 불을 이용하여 만든 인류 최초의 발명품이다. 토기 발명 이전에는 나무와 갈대, 가죽 등으로 그릇을 만들어 식량을 담거나 운반하는 데 이용하였다. 새로이 토기를 사용하게 되면서 음식물 가공법이 발달하였고, 음식물의 종류도 많아졌다. 토기는 흙으로 빚은 그릇 그 이상의 의미를 지닌다. 끓이고 데치고 삶는 등, 다양한 조리 방법이 가능해져 먹을 수 있는 재료가 많아지고 보관, 운반도 이전보다 손쉬워졌기 때문이다. 이처럼 식생활이 안정적으로 유지되면서 사람들은 한곳에 비교적 오래 머물며 생활할 수 있게 되었다. 이러한 토기는 기본적으로 음식을 조리하고 담는 실생활 도구였지만 신석기인의 예술작품이자 정신세계를 엿볼 수 있는 상징물이기도 하다.[42]

한반도와 그 주변에서 출토된 상당한 수의 도편(陶片) 가운데 신석기시대의 것으로 확인된 토기들이 있을 뿐만 아니라, 그것들을 통하여 초보적 단계의 토기 제조를 위한 제도수공업(製陶手工業)이 진행되고 있었다는 것이다. 지금까지 우리나라 최초의 토기는 기원전 6,000년 무렵의 덧무늬 토기로 알려져 왔다. 덧무늬 토기는 겉면에 진흙 띠를 붙여 무늬를 만든 것으로, 주로 동해안과 남해안의 여러 유적에서 출토되었다. 그러나 최근에 제주도 고산리 유적에서 기원전 8,000년 무렵의 새로운 토기가 발굴됨에 따라 우리나라 신석기시대의 시작 연대가 달라졌다.[43] 이처럼 신석기시대의 사람들은 진흙을 이용하여 가느다란 봉이나 큰 그릇 등을 만드는 도기 제조법을 개발하고 다양한 유형의 토기(土器), 도기(陶器)와 자기(瓷器) 등을 제작하여 시장에서 다른 물품과 교환하기 위해 출품하였다고 한다. 이러한 토기 제조기술의 생성과 발전은 인류의 생활 수준을 향상시켰을 뿐만 아니라, 원시 교환경제의 생성과 발전에 지대한 영향을 끼쳤다고 할 수 있는 것이다.

---

42) 국립중앙박물관 소장자료.
43) 국립중앙박물관 소장자료.

5) 원시 교환경제의 태동

원시 모계씨족사회의 경제는 일종의 자급자족경제였지만, 부락공동체 간의 생산 중점은 그렇지 않았으며, 필요한 물품의 수요가 발생하게 되면 물물교환이 부락공동체 사이에서도 이루어졌다. 이렇듯 이웃부락 간의 물물교환은 이방인에 대한 배척이 심했던 당시의 상황으로서는 불가능한 일이었으나, 우연히 이루어지는 데서 비롯되었다. 즉, 목부(牧夫)와 사냥꾼(狩人)과의 우연한 접촉이나 의례적(儀禮的)인 방문 그리고 다른 부락으로부터 마누라를 얻는 일(族外婚) 등은 일련의 무 규칙적인 상거래를 일으키게 하는 원인이 되었다. 이러한 일이 반복되는 과정에서 부락과 부락간의 물품 이동은 자연스럽게 이루어지기 시작했고 멀리 떨어진 지방에까지 유통되었다. 문화인류학에서 밝혀진 바에 의하면, 유럽 지중해의 조개껍질(貝殼)이 내륙의 보헤미아 지방이나 독일 남부의 신석기시대 분묘(墳墓)에서 출토된 사실이 지역 간에 이뤄진 상거래의 결과라고 인식하고 있다.44)

이러한 원시적 물물교환 관계는 씨족부락 간의 접촉이 빈번해지자 경제적 교류를 촉진하는 촉매작용을 하였다. 결국 부락 내의 분업이 발생하였으며 부락 간의 생산 전문화를 가져오게 하였다. 따라서 부락공동체 내에서는 타 부락과의 물물교환 사실을 기억하기 위한 원시적 기록·계산행위가 발생하고 발전하는 계기가 되었다.

이상에서 살펴본 인류 신석기시대의 다섯 가지 경제적 상황인식은 원시사회의 신속한 생산행태를 변화시키는 촉매작용을 했던 것으로 볼 수 있다. 특히 식량과 축산물 그리고 수공업 제품의 양적 증가는 결국 인류의 생활 수준을 향상하는 바탕이 되었다.

우선 노력한 만큼의 수확이 비교적 안정되었고, 생산력 향상으로 비축 물품이 늘어나서 공동체 구성원들의 생활에 비교적 안정화를 가져왔다. 신석기시대의 유물 중에서 도자기 항아리에 저장된 곡물이 출토된 사실은 당시의 사람들이 충분한 식량을 비축했음을 입증한다. 그뿐만 아니라, 신석기시대의 모계씨족사회에서는 씨족 구성원의 사후에 식품과 식기 및 도자기 등의 부장품과 함께 매장하는 풍습이 있었다고 한다. 이러한 사실은 당시에 생산물이 비교적 풍부했고 의식주에 걱정이 없어 안거생활(安居生活)이었음을 보여주는 것이다.

그리고 정미(精米) 가공 방법의 개발로 식품의 양적, 질적인 향상을 가져왔다. 불을 이용한 조리 방법도 다양하게 이루어져 진일보된 식생활의 변화를 가져왔다. 이는 식품의 영양 가치가 높아지고 사람의 대뇌발달을 촉진하는데도 큰 영향을 주었다는 의미를 내포하고 있다.

더욱이 의복과 주거생활도 크게 개선되었음을 확인하게 된다. 신석기시대의 인류는

---

44) ねず・まさし 訳、『文明の起源』(東京、岩波新書), 114頁、

계절의 변화에 따라 의복을 달리 입었던 것으로 보인다. 여름에는 마포(麻布)를, 겨울에는 수피(獸皮)로 만든 옷을 입었다. 주거생활에도 변화를 가져왔다. 과거의 혈거(穴居) 생활에서 벗어나 집을 짓는 방법을 고안하고 식품저장을 위한 시설이나 부락공동체가 활용할 수 있는 공간도 마련하는 지혜를 발휘했다. 이러한 지혜의 계발로 신석기시대의 인류 생활은 상당히 진보했으며 모계씨족 중심의 공동체 생활이 주류를 이루었다. 아울러 그들은 생산시설을 잘 관리하여 생산 활동이 계속될 수 있도록 주의를 기울였으며 생산과 분배를 적절히 조정하고 각종 잉여물의 비축관리에도 상당한 노력을 하였던 것으로 보인다.45)

2. 신석기시대 기록계산행위의 생성 동기

구석기시대에서 신석기시대로 전환하던 시기의 사회경제적 상황은 수(數)의 이용이 인류의 생활에 변혁을 일으키는 작용을 했던 것으로 보인다. 인류학자들에 의하면, 수에 대한 어느 정도의 의식이 없는 문화는 그것이 아무리 원시적인 문화일지라도 거의 존재하지 않았다고 주장한다.46) 그러나 그 당시의 수에 대한 인류의 의식구조는 하나와 둘을 구별하는 정도의 아주 초보적일 수밖에 없었을 것이다. 생활에 필요한 수(數)의 셈법이나 기록부호는 순서와 질서가 정해져 있지 않고 지극히 간단하며 불규칙한 것이었지만, 인류 지혜의 필연적 소산이었다.

이처럼 미개 시대의 원시인은 지극히 단순한 셈법에 따라 생활했다는 사실을 감지하게 된다. 그러나 타제석기의 구석기시대에서 마제석기의 신석기시대로 넘어가는 과도기에 수반된 원시인의 셈법은 의식주의 자료를 얻기 위한 지혜를 모으는 과정에서 획득 물품의 숫자를 세(算)기나 그것을 그림·부호·문양 등을 통하여 표시하는 산술방법이 생활공동체의 단위별로 모색되었다는 것이다.47) 그 과정에서 점차 진화하여 숫자와 문자의 형태로 나타났다고 할 수 있다.

따라서 인류의 원시적 회계행위, 즉 기록과 계산행위의 발생 동기는 인류가 경제생활을 하기 시작하면서부터 비롯되었다고 할 수 있다. 다시 말해서 인류의 기록·계산행위는 수확 물품의 분배와 저장관리를 수행하는 경제행위의 객관적인 필요에서 나타났다는 것이다. 이는 인간의 경제적 관리에서 비롯된 것으로서 사회적 생산과 분배의 진화과정에서 이루어졌음을 어렵지 않게 파악할 수 있다. 인류의 생산 활동이 원활하

---

45) 郭道揚 著; 津谷原弘 譯, 전게서, PP. 16~17.
46) David M. Bur don, "The History of Mathematics : An Introduction," 7th Edition, McGraw-Hill Education, Inc. 2011; <허민 옮김, 『수학의 역사 : 입문(상)』(서울, 敎友社), 2013, P.2.>
47) 郭道揚 著; 津谷原弘 譯, 前揭書, P. 13.

게 이루어지고 분배가 원만하게 진행되어 경제활동 단계로 발전하게 되었을 때 기록·계산행위는 그에 수반하여 자연스럽게 나타나게 된다는 것이다. 그러므로 우리는 신석기시대의 사회경제적 발전 사실과 결부시켜 그 시대의 인류가 기록·계산한 근본적인 동기를 구체적으로 살펴보기로 한다.

1) 원시 생산관리의 동기

신석기시대에 있어서 인류의 생산활동은 다양하게 이루어졌으며, 그 생산 수량은 나날이 늘어났고 품종도 나날이 확대되어갔다. 그리고 생산품의 잉여분도 증대하는 결과를 가져왔다. 원시사회 공동체의 각종 생산 품목에 대하여 씨족의 장(長)은 사전에 사람을 배치하여 장악했을 뿐만 아니라, 사후(事後)에 생산상황과 수확 성과의 검사를 거치게 했다. 예컨대 개인이 물품을 포획하거나 수확했을 경우 반드시 장(長)에게 수확물의 수량을 보고하고, 보고받은 공동체의 장은 그것을 확인하였다는 것이다.

문화인류학자인 차일드(Childe)가 지적한 바와 같이, 『…. 주어진 상황 하에서 인류는 실제로 취득한 것을 셈하였으며, 신석기시대의 수렵 자나 목자(牧者)는 간단히 그 수를 꼭 기억하고 하나의 죽간(竹竿)에 새겨 넣었다.』[48] 다양한 물품을 수확하여 축적했을 때, 그들은 어떻게 배분하고, 어떻게 저장할 것인가의 문제를 스스로 생각하게 되었다. 이러한 문제를 해결하는데 구체적인 계산이 필요하게 되었다는 것이다. 환언하면, 그것은 현실적으로 계산하고 구체적인 계량과 기록을 해야 하는 분위기가 조성되었음을 의미한다.

각종 식량의 수요와 다소의 종자 확보는 필연적으로 계산과 기록을 촉진하는 계기가 되었으며, 각종 식품의 장기간 유지를 위해서도 계산하고 기록하는 행위가 이루어지기에 이르렀다. 그뿐만 아니라, 다소의 식량과 다른 물품의 교환을 위한 반출에도 계산과 기록은 필요했을 것이다. 이처럼 원시사회 공동체의 생존과 발전을 보증하고 식량 생산의 목적을 달성하여 결국 생산관리의 과정이 이뤄지게 되면, 그 관리 물품의 계산과 기록은 자연적으로 요청되기에 이른다는 것이다.

요컨대 물품관리를 위한 계산과 기록의 원시적 사유(思惟))가 발생하였으며, 물품의 생산과 관리를 위하여 인류의 원시적 회계행위는 표출되어 나타났다는 것이다. 결국 인류의 생존과 번영을 위한 각종 생산관리의 실천이 원시사회의 회계행위를 생성시키는 근본적인 동기가 되었음을 인식하지 않으면 안 된다.[49]

---

48) Childe, V. Gordon, "Man Makes Himself," (London, Watts & Co. 1936), Chap. 8; <강기철 역, 『人類史의 展開』(서울, 정음사, 1959)>; ねず・まさし 訳, 『文明の起源』(東京、岩波新書), (下), 145頁.
49) 郭道揚 著; 津谷原弘 譯, 前揭書, PP. 17~18.

2) 인류 생활 관리의 동기

신석기시대의 모계씨족 공동체에서 생산 자료와 생산수확물은 그 사회공동체에 귀속되며 모든 구성원의 노동에 의한 것이고 그들 공유의 것이 된다. 수확한 식량 등의 물품은 공동창고에 저장하여 공동체의 장이 분배를 관장하였다. 당시에는 간단한 평균적 분배방식이었으나, 지분분배(持分分配)의 근거가 되는 셈법, 인원수의 계산, 매회마다 분배한 물품의 수량 및 품목계산 등이 활용되었다. 그러나 분배계산에는 편법이 허용되지 않았다. 모계씨족 공동체의 수장은 전면적으로 생산품의 관리개요와 공동체 모든 구성원의 생활을 관리할 위치에 있었다. 생활자료의 분배 이외에도 공동체의 수장은 각종 물품의 비축과 창고 내의 재고품 관리나 식품의 가공은 물론, 씨족공동체와 관련된 구성원의 생육사무(生育事務)나 장의(葬儀)와 부장품(副葬品)의 준비 등을 모두 계획・관장하였다.

이처럼 복잡한 일상적인 생산과 분배 및 생활 관리의 과정에서 발생하는 사무적인 여러 가지 사항을 모두 공동체의 책임자 한 사람의 머리(頭腦)에 의존하여 기억하고 계산하도록 한다는 것은 근본적으로 불가능한 일이다. 그러므로 씨족공동체의 수장은 씨족 내의 담당자를 지정하여 그들이 생산과 분배 및 생활과 관련된 관리사항을 죽간(竹竿)에 새겨 넣도록 하는 관리체제를 구성하여 실행하였다. 그렇게 하여 각종 물품의 목록과 숫자 등의 내역을 파악할 수 있게 되었으며, 분배 수량의 계산도 가능하게 되었다.

따라서 사실상 생활자료의 분배와 복잡한 일상적 생활의 사무관리를 수행하면서 일정한 기록과 계산이 이뤄지지 않는다면, 근본적인 사무를 이행할 수 없는 것임은 분명하다. 씨족공동체의 생활 관리를 위한 사무를 원만히 이행하기 위해서는 생활 관리에 필요한 기록계산행위가 이뤄져야 한다는 지혜가 작용한 것이다. 이는 신석기시대의 사람들이 원시적인 회계사유(會計思惟)와 회계행위를 불러일으키는 하나의 동기가 되었다.

3) 물물교환 관리의 동기

앞에서도 언급한 바와 같이 신석기시대에는 한 씨족공동체와 다른 씨족공동체와의 사이에 생산되는 물품은 대부분 같지 않기 때문에, 필요한 물품도 서로 달라서 근거리에 있는 부락공동체 간에 우연한 물물교환이 이루어지는 경우가 있었을 것이다. 교환물품은 각 부락의 특산품에 한정된 것이었다. 이는 교환행위의 맹아(萌芽)라고 할 수 있으며 당시의 사람들에게는 필요한 물품을 다른 곳에서 조달할 수 있다는 새로운 생각을 하도록 해주는 계기가 되었다. 불충분한 상태의 거래이기는 했어도 인류에게 경제적 사유를 일깨워준 하나의 사건이었다고 할 수 있다.

　부락공동체 간의 물물교환이 이뤄질 때, 양쪽은 교환하려는 물품에 대한 소유권을 고려하여 인도하는 물품과 인수하려는 물품의 양을 비교·확인하는 일이 우선 검토의 대상이었다. 이 경우, 교환되는 물품의 개량을 통하여 각 물품의 가치를 비교하게 되고 물품의 질을 고려하여 교환 여부가 결정된다. 그리고 교환 당사자는 물품의 수량계산의 문제뿐만 아니라, 교환이 끝난 다음에도 기억하는 방법을 생각하게 되었을 것이다. 왜냐하면, 물물교환의 사실을 씨족의 장이나 재정담당 책임자에게 보고할 필요가 있었기 때문이다. 따라서 보고받은 책임자는 상황을 검토하고 교환을 결정함과 동시에, 관련 담당자들에게 교환으로 취득한 물품의 수량과 질을 파악하도록 하고, 부호나 기호 등의 방법을 이용하여 기록하게 함으로써, 사전 사후의 관리에 관여하였을 것이다. 이러한 상황 전개로 미루어 볼 때, 물품의 대외 교환관리는 불규칙한 것이었다고는 해도 신석기시대의 인류가 물품거래의 계산과 기록을 통한 원시적 회계의 사유와 회계행위의 발생 동기를 찾아볼 수 있는 것이다.50)

　요컨대 신석기시대에는 아직 숫자가 발명되기 이전의 인류 생활이었기 때문에, 그 시대의 인류는 사회적 재생산과정의 생산·분배·교환·소비라는 4단계의 관리를 행할 필요성에서 숫자의 개념을 인식하였을 뿐만 아니라, 숫자의 표현 방법도 고심하였을 것으로 보인다. 그리하여 그들은 부호를 이용한 숫자를 고안하게 되었을 것이고, 표시 방법도 함께 창안하였을 것으로 생각한다. 이러한 원시 형태의 부호에 의한 숫자를 이용하여 생산·분배·교환·소비의 관리가 강화되었음은 필연적이었다. 이러한 신석기시대 인류의 경제적 실천 활동은 결국 그들의 계산과 기록을 통한 회계행위에 불씨를 지폈으며, 그러한 회계행위는 원시사회 공동체의 경제적 발전을 가져오게 하는 풍향계의 역할을 했다고 할 수 있다.

3. 신석기시대 기록계산행위의 표현 방법

　인류사 이전 시대의 원시 회계행위에 대한 접근을 시도한다는 것은 매우 어려운 일이다. 그것은 그 시대의 경제기록이 보존되어 있지 않기 때문이다. 그동안 발굴된 부호(符號)를 이용하여 막연히 추측하고 있는 정도에 불과하다. 일반적으로 고고학자들은 인류문명 이전 시대의 원시 문자나 원시 숫자에 관한 연구를 해왔을 뿐만 아니라, 원시적 회계행위를 이해하려고 노력해왔던 것도 사실이다. 그러나 결승기사(結繩記事)나 각계기사(刻契記事)에 표출된 원시 회계행위를 해독하기 어려운 경우가 많았다고 한다. 그래서 이들 옛 기사(古記事)나 음각화(陰刻畵) 등을 결합해 분석·연구하는 고고학적

---

50) 郭道揚 著; 津谷原弘 訳, 前揭書, PP. 19~20.

접근작업이 지지부진한 상태라고 할 수 있다. 고고학자들은 인류사(史) 이전 시기의 원시 회계행위에 대해 고증(考證)을 하려고 하지 않는다. 사실상 이들 원시적 부호는 상당한 부분이 인류의 원시적 경제행위와 연관되어 있을 뿐만 아니라, 원시 회계행위와 관계가 있음을 인식하지 않으면 안 된다.

1) 암벽화(岩壁畵) 및 토기(土器)의 기록 사실

암벽 그림에 의한 기록 사실은 인류가 가장 이른 시기에 채용한 일종의 기록 방법이라고 할 수 있다. 고고학적 발견에 따르면, 암벽화에 의한 기록 방법은 구석기시대의 중·후기부터 신석기시대에까지 이어지고 있다.

그림(繪畵)은 사물의 형상을 직접 반영하는 것이며 태고(太古)의 인류가 그들의 생각이나 사실을 나타내기 위한 편리한 방법이었다. 이를 일컬어 고고학자는 그림문자라고 한다. 이러한 그림문자는 고고학자들이 인정한 일련의 예술적 동기뿐만 아니라, 경제적 기록 사실로서의 동기가 된다고도 할 수 있다.

수렵 사실을 그려놓은 바위 그림의 사슴 9마리 형상은 포획한 사슴을 9개로 표시한 것이며, 바위 그림의 4마리 산양(山羊)은 산양의 형상 4개의 표시로 볼 수 있다. 고고학자는 이러한 바위 그림을 통하여 인류 상형문자의 전신이라고 보았고, 사회적 생산활동의 발전상황을 바위에 그림으로 표시하였던 것이라고 인정하였다. 이는 신석기시대에 와서 한층 더 뚜렷하게 표출되어 나타났다고 한다. 이렇듯 간단한 바위 그림에 의하여 인류의 문명 이전 시대의 모습을 찾아볼 수 있고 이것은 결국 시간이 흐름에 따라 개선되어 상형문자로 이어지는 계기가 되었다.

고대의 바빌로니아와 중국에서 발견된 암벽화가 원시사회의 생활상을 엿볼 수 있는 기록 사실로 간주하고 있다. 특히 중국의 경우, 운남성(雲南省)의 와족(佤族) 부락내에서 발견된 암화(巖畵)에 원시생활의 모습이 표출되어 있다. 사천성(四川省) 대량산(大凉山)의 의려인(耳荔人)은 도화(圖畵)의 역사적 과정을 거쳐 문자의 단계로 진화하였다고 한다. 고고학자들에 의하면, 문자의 전(前) 단계에 해당하는 암벽화의 표시는 윈난성 여강(麗江), 위구르(Uighur)의 서부지방 및 나시족(Nahsi族) 동부지방에도 도화에 의한 문자적 표현이 신석기시대부터 있었다는 것이다. 이것들은 상형문자의 범주에 속하는 것으로 인식되는 부분이다. 특히 나시족은 지금도 진화된 형태의 상형문자를 사용하고 있다.[51]

더욱이 신석기시대 초기의 것으로 추정되는 중국 일대와 한반도 북부지방의 신석기인 거주지에서는 연석(軟石)을 이용하여 새겨 넣은 도장(圖章)이 출토되었다. 이들 도

---

51) 상게서 PP. 20-21.

장의 윗부분에는 몇 종류의 화문(花紋)이 각인(刻印)되어 있다. 고고학자에 의하면, 이 도장은 물품을 저장실에 보관했을 때의 것으로 보고 있다. 저장실에는 도기 항아리(陶器製壺)와 점토(粘土)로 만든 항아리(壺)가 보관되었으며, 항아리로 이용된 점토판(粘土板) 위에는 도장의 인적(印跡)이 있다. 이것은 일련의 보관 물품의 관리 방법으로서 물품 입출고의 증거로 인증할 수 있다.[52]

한반도 신석기시대의 토기 겉면에는 점토 띠를 붙이거나 새기는 등 다양한 방법으로 기하학적 무늬가 표현되어 있다. 둥근 면을 따라 일정한 크기와 형태로 아름답게 배치한 모습은 신석기인의 뛰어난 미적 감각과 공간 구성력을 보여준다. 빗살무늬토기(櫛文土器)는 한반도 중서부 지역을 중심으로 출현된 토기로 발굴지역이 전국적으로 고루 분포되어 있어 한반도를 대표하는 신석기시대 토기라 할 수 있다. 가장 잘 알려진 빗살무늬토기로는 길쭉한 포탄 모양에 기하학적 무늬로 장식한 한강 유역인 서울 암사동 출토의 빗살무늬토기가 있으며, 지역적으로 약간씩 다른 형태와 무늬를 가지는 지역성을 보여주고 있다.[53]

이상과 같은 토기 문화는 원시 씨족의 유지와 경제적 사회생활의 발전을 가져오게 하였음은 물론, 더 나아가서는 물품저장 능력을 향상시켰고 점토판에 새겨진 인장(印章) 모양의 표시나 즐문토기에 표시된 독특한 문양 중에는 물품을 저장하고 관리하는 사실은 물론, 관리인의 물품 보관 책임을 표시한 것으로 보게 된다. 이러한 즐문토기의 이용과 그림에 의한 기록 방법은 점차 새롭게 진화되어 갔다. 이러한 기록 사실은 신석기시대의 인류가 원시적 기록과 계산행위 일부를 반영한 것으로 인식할 수 있는 부분이다.

2) 음각에 의한 기록 사실

음각에 의한 기록은 부호로 된 기록 사실을 의미한다. 이것은 일종의 간편한 기사를 기록하는 방법이다. 음각기사의 착안점은 사물의 형상을 표현함으로써, 사물의 내용이나 사물의 수량을 나타내기 위한 것이다. 구석기시대의 중기 또는 후기에 음각기사로 이용된 부호는 아주 간단한 것이었다. 그 당시의 사람들이 골편(骨片)이나 녹각(鹿角)에 새겨 넣은 조흔(條痕)이 있으나, 이것은 짧은 직선이 간단히 중복되어 있어서 비교적 복잡한 부호는 사용되지 않았다. 신석기시대에 이르러서도 이러한 음각기사의 방법은 대동소이했다. 이 시대의 사람들은 비교적 상세한 경제 사항을 반영시키기

---

52) 상게서, P. 21.
53) 국립중앙박물관 소장자료.

위하여 순차적으로 하나하나 음각 부호를 만들었다. 이 음각 부호는 지역에 따라 동일하지 않았고, 그 각인(刻印)의 원인과 과정이 달랐음은 물론, 지역별로 차이가 있었다. 어떤 씨족부락이 사용하는 부호가 인근 부락이 사용하는 부호와 맞는 것이 있는가 하면, 다른 점이 더 많았다. 이처럼 한 부락이 사용한 음각 부호는 한 번만 사용된 것도 있으나, 그 부호는 유사하고 다양한 점이 많았음을 발견하게 된다. 동일한 부락 내에서는 사용부호의 통일화를 기하려고 했으며, 약정(約定)을 통하여 기록 문자와 계량 숫자의 역할을 수행하게 하였다. 부호는 후대인(後代人)들에게 전승되어 후세의 문자와 숫자의 전신이 되었다.

이들 음각기사는 인류의 회계 발전사상 중요한 작용을 했다는 것이 중국이나 한반도와 동북아지역에서 출토된 유적을 통하여 입증되고 있다. 특히 고대 중국의 관중지구(關中地區)의 앙소(仰韶)문화유적에서 수많은 음각 부호가 출토되었다. 서안반파촌(西安半坡村), 그리고 장안오루(長安五樓) 등지에서 출토된 음각 부호는 수천여 종에 이른다고 한다. 그 외의 여러 곳에서 출토된 유적에서도 수백 종에 이르는 음각 부호가 확인된 바 있다고 한다. 이들 부호의 대부분은 토기 그릇의 테두리에 있으며, 그릇을 굽기 전에 새겨 넣어서 구운 것이 있는가 하면, 굽고 난 후에 새긴 것도 있다. 이러한 부호는 넓은 지역에 분포되어 있으며 상호 간 밀접한 관계가 있었던 것으로 보이고, 서로 영향을 주어 기술적 교류가 있었음은 물론, 규범화되어 발전적 진화의 과정을 밟았음이 입증되고 있다.[54]

특히 주목할 만한 것은 이들 음각 부호 중에 경제적 계량기록에 이용한 원시 숫자로 보이는 "一, 二, 三, ∥, ×, +, I, II, III" 등의 부호가 당시의 사람들 사이에 물품의 수를 표시했던 것으로 보인다. 이 숫자부호와 갑골문 속의 숫자를 비교하면, 이들 사이에 존재하는 전승 관계가 있음을 알 수 있다. 왜냐하면, 이러한 모양의 숫자 부호는 오늘날까지도 이어져 왔다고 볼 수 있기 때문이다.[55]

신석기시대의 충청북도 옥천의 안 터 1호 「선돌(立石)」에 그려진 해(太陽)를 임신한 여성 족장 복부(腹部)의 해 모양의 원(圓)은 컴퍼스를 이용하여 그린 듯 정확한 원을 쪼아서 새긴 것이다. 한족이 행한 기하학적 도안의 전통은 청동기시대에 이르러 더욱 발전하였고, 특히 한족 일파가 세운 진한(辰韓)에서는 원형 도안을 활용한 청동기들이 제작한 것으로 알려져 있다. 이처럼 한강문화에서는 매우 일찍부터 원(○)·네모꼴(□)·세모꼴(△)·마름모꼴(◇)·사다리꼴 등의 변형과 조합이 활용된 추상적 도안이 실생활에 사용되었던 것으로 보인다.[56]

---

54) 郭道揚 著; 津谷原弘 訳, 前揭書, PP. 21~22.
55) 상게서, P. 23.
56) 이융조, 『충북의 선사 문화』(충청북도 충북학 연구소, 2006), PP. 169~171 & 신용하, 전게서, PP. 68~69.

신석기시대에 출현한 이들 각기부호(刻記符號)는 생각의 표시, 소식의 전달, 사실 기재 및 비교적 단순한 경제적 사항을 계량하고 기록할 수 있도록 창안한 것이라고 할 수 있다. 그 당시의 사람들은 자급자족의 생활 형태이기는 했지만, 식품을 비롯한 여러 가지 물품의 저장과 유통을 관리하는 시스템은 어느 정도 형성되어 있었기 때문에, 그에 수반하는 물품의 계량과 기억하기 위한 기록 수단은 자연스럽게 창안되었을 것으로 보인다. 그렇게 시작된 원초적 형태의 숫자와 문자는 점차적으로 개량되어 그 당시 사람들의 경제적 사항을 반영하는 필수 불가결한 도구가 되었다. 따라서 원시적 회계행위의 표현 방법은 이러한 원시 형태의 숫자와 문자가 등장함으로써, 가능하게 되었다. 여기서 우리는 석기시대에 이루어진 원시적 기록계산 방법이 원시 회계행위의 싹을 틔워, 유치하다고는 할 수 있지만, 선사시대 회계문화의 꽃을 피우는 촉매작용을 했다고 보아야 할 것이다.

4 문명사회 이전 시기의 원시적 기록계산행위의 진화

선사시대의 끝 무렵에 인류는 석기시대에서 청동기시대로 이행하게 된다. 신석기시대의 후기에 이르러 인류는 야금술(冶金術)을 터득하고 금속을 다루기 시작했으며 청동기문화의 꽃을 피워 인류 문명사의 전야를 장식하였다. 이때의 청동기시대라는 용어는 문자를 사용하기 이전 시대, 즉 선사시대의 후기에 적용되는 시대구분이다. 토기문화와 더불어 형성된 청동기시대는 사회생산력이 향상되었고 사유재산제도의 출현으로 인류의 경제생활에 상당한 변화를 가져오게 하였다. 이는 선사시대의 최후단계를 의미한다. 원시사회의 조직구조와 원시 사회경제 및 원시사회의 생산구조는 상당한 수준의 진화와 발전을 이룩하게 되었으며 결국 한국 민족은 문명시대의 전야로 진입하기에 이른다.

1. 원시적 기록계산행위 진화의 배경

1) 원시사회의 경제발전이 원시적 기록계산행위의 진화에 끼친 영향

앞에서도 언급한 바와 같이 선사시대에서 고대 문명사회로 넘어가는 전야(前夜)의 시대 상황을 일컬어 신석기시대의 혁명기라고 한다. 이 시기에는 농업생산 도구의 현저한 개량을 거쳐 농경 기술의 현저한 향상을 가져왔고, 양축(養畜)·목축(牧畜)은 물론, 수공기술의 개발에 의한 토기 제조가 비교적 높은 수준에 이르렀다. 아시아·아프리카의 동북부 및 유럽 각 지역에서는 사람들이 금·은·동·석(錫)·연(鉛) 등의 금속을 발견하여 활용하기 시작하였고, 그중에서도 동(銅)은 인류의 경제생활에 극히 중요한 의미를 지닌 것이었다. 야금 기술을 습득함으로써, 인류는 금속을 장악하여 노동공구 제작을 위한 재료로 활용하게 되었다. 이는 인류의 물질문명에 관한 중대한 변화를 의미하는 것이다.

청동기시대는 청동기가 생산되어 도구로 사용하기 시작한 때로부터 철기를 처음 사용하기 시작한 때까지를 일컫는다. 한반도에서 청동기는 생산이 어렵고 양이 적었기 때문에 청동기시대 전 기간 마제석기를 병용해서 사용할 수밖에 없었고, 철기가 일반화되기 이전인 철기시대 초기에도 청동기를 병용했다는 것이다. 그런데 한반도의 경우 청동기시대를 청동단검의 출현 시기와 그 이전 시기로 구분하기도 한다. 예를 들면, 의주 신암리(義州 新岩里) 토층에서 청동손칼(靑銅小刀), 청동단추[靑銅泡] 등의 출토는 이를 입증하는 것으로 볼 수 있다.

청동기시대의 경제활동은 어로(漁撈)나 수렵 및 채집과 같은 초보적 단계를 벗어나 최소한 식량을 자급자족하는 단계에 들어가 있었다. 이미 살펴본 바와 같이 반달 돌칼의 존재는 농경의 가능성을 증명하는 것이고, 거대한 고인돌을 조영(造營)하는 힘도 충분한 식량이 충족되었을 때 가능한 일이다. 그뿐만 아니라 청동기라는 이기(利器)를 만든다는 것 자체가 벌써 신분제의 초기적 성립을 보여주기 때문에 자유로운 식량 생산이 가능한 사회에서 청동기가 만들어졌다. 이런 청동기를 만들 수 있는 사회적 바탕은 고대국가를 세우는 힘과 조직의 근원이 되었다. 여기서 우리는 고대 문명사회의 전야인 청동기시대에 이미 정착 생활을 통한 농경문화가 태동하고 있었으며, 진일보한 사회경제적 발전상황뿐만 아니라, 원시적 계산과 기록행위의 진화된 환경이 조성되어 있었음을 엿볼 수 있는 것이다.57)

이 시기에 남자들은 농경사회의 중요한 노동력을 구축하였고 생산 활동의 중심이 되어 사회적 발전을 직접적으로 추진하였다. 경작기술의 개량과 생산도구를 끊임없이 개량하여 경작지 면적을 확대함으로써, 농작물의 품종도 증가했으며 농산물의 생산량은 비약적으로 증대되었다. 이처럼 농경 생산의 증대는 사육축수(飼育畜數)의 증가와 수공기술에 의한 토기생산량의 증가와 더불어 괄목할만한 발전을 이룩하였다. 그 결과, 인류의 생활환경이 향상되었음은 물론, 농경 분야와 축산분야 및 수공업 분야로 각각 독립된 생산 부문으로 분리되어 업무 분담이 이루어졌다. 그와 동시에 넓은 해안가의 수역을 어로구역(漁撈區域)으로 나누어 씨족촌락별로 관할케 약정함으로써, 공동체의 생활환경에 큰 변화를 가져왔다.

---

57) 상게서, P. 24.

이 시기의 가장 괄목할만한 것은 농업과 공업의 분업화이다. 이 두 가지의 분리는 직접적인 교환목적의 상품을 생산하는 것이었다. 종래의 교환 형태는 씨족공동체 간에 간헐적으로 이루어지는 정도에 불과했으나, 생산량의 증가로 인한 잉여물품이 늘어나게 되어 씨족 간에 교환거래가 서서히 이루어지기 시작하였다.

여기서 원시사회 말기의 경제적 계산과 기록 방법의 진화가 이루어지고 상품 교환이 점점 빈번하게 형성되고 그 규모와 범위도 점차 확대되었다는 것이다. 그리고 이러한 교환은 사유재산제와 사회적 분업의 결과로 원시 사회경제의 발전이 일정한 단계에 이르렀음을 의미한다. 이를 다른 측면에서 보면, 교환관계의 출현은 원시사회의 생산과 분업에 대한 반작용이며, 결국 사회적 생산과 분업의 발전을 더욱 촉진하게 되어 점점 많은 사람을 교환영역으로 불러들여 거래 활동에 종사하게 하였다. 그 결과는 그들이 경제적 계산과 기록하는 방법을 모색하는 지혜를 발휘하게 하였다. 이는 사유재산을 인정하고 유지하도록 하는 원시사회의 묵약(黙約)이 가져온 결과이다. 원시적 회계행위의 진화와 상품 교환관계의 발전은 이러한 관계에서 비롯되었다고 할 수 있을 것이다.

2) 사유재산제도의 출현이 원시 기록계산행위의 진화에 끼친 영향

석기시대의 원시 공산사회는 청동기시대에 이르러 생산력이 더욱 발전함에 따라 원시 공산사회가 붕괴하기 시작했다. 그리고 한 사람, 한 가정, 한 부락의 생산품은 증대하였고 정상적인 생활 유지에 필요한 품목을 제외한 잉여분도 그전 시대보다 더욱 많은 양을 확보할 수 있게 되었다. 이 시기에 중국을 비롯한 동북아지역에서는 씨족공동체의 생산 잉여물품은 표면상으로는 공공(公共)의 비축으로 부락구성원 전체의 소유에 속하는 것이었지만, 그것은 수령(首領)과 부락의 권세 있는 가장(家長)이 직권과 각종 수단을 이용하여 공공 재산화를 표방하면서도 자기 개인을 위한 사유재산으로 착복했다. 이러한 사실은 메소포타미아의 수메르인들도 잉여산물을 신(神)의 이름으로 표방하여 사제(司祭)의 공동관리 하에 두었다고 한다. 사실상 이는 일종의 변형된 공유 산품의 사유화 수단이었다.[58]

이 무렵부터 가족별로 토지와 기타 생산자원의 분배가 이루어졌다. 점차 가족의 사유재산제로 이행해갔다. 이에 따라 사유재산제도가 생성될 수 있는 기반이 더 견실하게 다져졌다. 재산 사유제의 출현은 사회 각 분야에 상당한 영향을 끼쳤으며 정치·경제·사회·문화의 각 분야에 큰 변화를 가져다주었다. 이러한 변화는 문명시대의 도래를 향한 길을 개척하는 역할을 하였다. 그리고 사람들은 더욱더 재산의 유지와 안전에

---

58) 상게서, P. 25.

관심을 끌게 되었고 다른 사람의 재산에도 관심을 가졌을 뿐만 아니라, 항상 사유재산의 증식을 위해 주의를 기울였음은 분명하다.

그들은 이들 재산에 자기의 소유권을 나타내는 특별부호를 각기표시(刻記表示)하고 이들 재산이 자기의 것임을 명백히 기록하려고 노력하였다. 그것은 자기관리가 편리하게 하기 위한 것이었다.

그리고 사람들은 대외적으로 교환할 때의 소유권 이전을 위해서도 계산과 기록 방법의 이용에 민감한 반응을 나타내었다. 물품 교환을 위한 상호교류 속에서 여러 가지 경험을 누적하는 과정을 거쳤다. 그 과정에서 그들은 계산과 기록 방법의 창안과 개량의 필요성을 감지하게 되었음은 물론, 이를 구체적으로 촉진하게 되었다. 그래서 인류의 지혜는 이러한 사실을 경험적 관점에서 표출되어 최종적으로는 원시적 계산·기록 방법의 진화를 가져오게 하였다.[59]

3) 산술기법 생성이 원시 기록계산행위의 진화에 끼친 영향

인류의 과학을 발전시킨 수학의 출발점이 되는 산술은 인류 생활의 필요성에서 생성된 기초적 셈법이다. 생산물의 수와 무게를 계산한다거나 이용하는 토지면적의 측정, 도자기 그릇의 제조에 걸린 시간을 계산하는 등, 인류 생활에 직접 관련된 사항에 대하여 산술적 이용 방법과 계산단위를 창안함으로써, 인류는 생활문화의 혁신과 경제활동의 발전에 크게 이바지했다.

이러한 수학적 산술기법의 생성은 생산물의 증산에서 비롯되는 잉여물품의 저장은 물론, 교환과 유통을 원활하게 추진할 수 있게 하였다. 그뿐만 아니라, 그때까지 이루어지던 원시적 회계행위의 계산과 기록 방법도 수학적 산술기법의 영향을 받아 상당한 진화의 바람을 일으켰다. 왜냐하면, 수학적 산술기법은 수학적 계산뿐만 아니라, 물품 유통의 원시적 회계행위에 대한 기록계산에도 필수적인 계산척도로서 작용했기 때문이다.

인류사에 의하면, 메소포타미아 지역의 어느 신전에서 발견된 계산판(計算板)이 확인해준 장표는 인류 최고의 수학적 산술기록의 하나라고 한다. 그런데 그 기록의 내용은 실제로 양(羊)의 수와 대맥(大麥)의 분량, 그리고 맥주 항아리의 수량이었다. 이 장표는 당시의 원시 산술과 원시 회계 분야의 기념비적 성과였다고 할 수 있다. 원시 산술과 원시 회계는 사유재산제의 출현 이후의 산물이라고 한다. 인류사에서의 수학적 산술과 회계는 쌍생아의 형제와 같고 양자는 아주 긴밀한 관계에 있음을 부인할 수 없다. 그 후 이들 두 분야의 발달과정에서 시종일관으로 상호 간 영향을 끼치며 오늘에 이르렀다는 것이다.[60] 수학적 산술은 광범위한 응용성을 갖추고 있으며, 기술적 진보

---
59) 상게서, PP. 25~26.

가 이루어져서 회계를 훨씬 초월해갔다. 기술적 진보와 능력이 발달하여 회계에 대한 주도적 지위를 점유하고 상당한 영향을 주었던 것이 사실이다. 오늘에 이르러서도 수학은 현대회계의 지주(支柱)가 되어 있다. 이하에서 우리는 2가지 분야로 나누어 원시사회 말기에서의 원시 수학적 산술기법과 원시 회계의 밀접한 관계 및 상호의 영향을 구체적으로 탐색해보고자 한다.

(1) 원시적 산술기법의 생성·진화

수학적 산술기법은 수를 세고 기록하는 실용적인 관계에서 비롯되었음은 누구나 인정한다. 수 개념의 생성이 헤아릴 수 없을 만큼 아득한 시간의 장막 뒤에 가려져 있으므로, 초기 인류의 수적(數的) 감각이 남아있는 흔적에 대해 탐색하는 것은 간단한 일이 아니다. 약 1만 년 전 우리의 먼 조상들도 우리만큼 영리했을 텐데, 가축을 낱낱이 세거나 물물 교환할 물품을 기록하거나 지나간 날짜들을 표시할 필요성을 느꼈을 것이다. 이러한 사물의 셈(算)은 말로 하는 수의 이름(數詞)과 써서 나타내는 수의 기호(數字)와 함께 서서히 진화했다고 보지만, 그 진화의 단계에 대한 정확한 연대를 추정하기란 그리 쉽지 않다고 한다.[61]

문화인류학에서 밝힌 바에 의하면, 전혀 교육을 받지 않은 원시적 자연 상태에서는 동물이나 원시인이나 숫자에 대한 셈법은 아주 단순했다고 한다. 즉, 새(鳥)의 경우, 둥지에 낳은 두 개의 알(卵) 중에서 하나의 알을 꺼내버리자 침입자가 있음을 감지하고 새 둥지를 옮겨버렸다. 그러나 그 알이 두 개를 넘어 세 개 이상이 되었을 때, 두 개만을 남겨놓고 모두 꺼내버리더라도 그냥 그 둥지를 지키며 부화를 했다는 것이다. 이는 새가 알을 두 개까지는 세고 그 이상이 되면 인식 못 한다는 증거이다. 그리고 원시인의 경우는 아프리카의 전혀 교육을 받지 않은 상태의 원주민을 상대로 실험을 한 결과, 둘까지만 세고 그 이상의 수는 단순히 '많다' 라는 반응을 보였다고 한다. 그리고 남아메리카의 원주민들도 수의 개념이 빈약하고, 아프리카의 원주민들은 숫자의 여섯까지는 세었지만, 그 이상이 되면 너무 '많다' 라는 반응을 보였다고 한다. 이는 인간도 교육을 받지 않은 상태에서의 숫자 인식은 최대한 자연수의 여섯까지밖에 셀 수 없음을 의미한다. 그래서 석기시대의 사람들은 열까지 세려면 한두 개의 수사(數詞)로 누적하여 세었다는 것이다. 즉, 열까지 세기 위해서는 둘을 먼저 세고 다시 둘을 세고, 또다시 둘을 세어 또 되풀이하면서 열(10=2+2+2+2+2)까지 세었다고

---

60) 상게서, PP. 26~27.
61) David M. Burdon, "The History of Mathematics : An Introduction," 7th Edition, McGraw-Hill Education, Inc. 2011; <허민 옮김, 『수학의 역사 : 입문(상)』 (서울, 교우사), 2013, P. 2.>

한다. 예를 들면, 소 두 마리와 돼지 네 마리의 거래는 동시에 이루어지는 것이 아니라, 소 한 마리와 돼지 두 마리를 바꾼 다음에 다시 소 한 마리와 돼지 두 마리를 바꾸어 거래를 완료시킨다는 것이다. 수의 개념이 빈약했던 당시의 거래 방법이었음에 주목할 필요가 있다.62)

수의 개념을 가시적으로 표현하는 최초의 그리고 가장 즉각적인 기법은 '부신하기'(符信 : tallying)63)이다. 이런 행위의 발상은 세려는 물건들을 모두 이용 가능한 대상의 모음(集)과 짝을 맞추어 수를 세어 확인하는 데서 비롯되었다. 원시시대에는 그런 대상이 손가락이나 조개껍질 또는 조약돌 등이었다. 예컨대, 양들을 한 마리씩 좁은 통로로 지나가게 하면서 그에 맞춰 조약돌을 한 개씩 떨어뜨려 수를 세는 행위가 그것이다. 말로 표현한 숫자는 오래 보존이 안 되지만, 위에 언급한 바와 같이 부신 행위를 하거나 어떤 재료 위에 나타낸 일련의 표시는 오래 보존할 수 있게 된다. 이렇듯 물질적인 대상을 모아서 세는 단계에서 하나의 대상에 나타낸 표시를 모아서 셈하는 단계로 진화되기까지는 오랜 세월이 걸렸을 것이다. 이러한 발전은 추상적인 수의 개념뿐만 아니라, 문자에 의한 의사소통을 향한 인간 지혜의 소산이었다고 할 수 있다.

물건 세기의 결과는 돌에 긁어서 자국을 남기거나 나뭇가지 또는 뼛조각에 눈금을 새겨서 보존하였다. 석기시대의 사람들은 부신(符信)표시의 개수가 많아지거나 시각화하기가 어려워지면, 그것들을 쉽게 알아볼 수 있도록 무리를 지어 배열하였다. 예컨대, 한쪽 손가락의 숫자에 맞는 다섯 개를 한 무리로 만들어 계속 배열하였다는 것이다. 이처럼 조직적으로 군집화(群集化)하여 셈하는 것은 하나씩 세는 것에 비해 주목할 만한 진화의 모습이었다. 이는 분명 세려고 하는 물품들로부터 수들을 분리하는 긴 여정의 작고 미약한 발전의 단계였음을 보여주는 것이다.64)

이는 오늘날 우리 주변에서도 흔히 찾아볼 수 있는 지수산법(指數算法)과 비슷한 개념으로서, 인류가 공동체 생활에서 수확한 물품을 세거나, 교환을 위한 거래의 숫자를 나타내는 가장 손쉬운 방법으로 등장했을 것이다. 이것은 손가락을 이용하여 마디별로 수를 정하고 그에 따라 차례로 숫자를 세어가는 방법을 의미한다. 그 한 예를 표시하면, 다음 면의 <사진 1-4>에서 보이는 바와 같다.

어떤 표시가 새겨진 동물 뼈의 유물은 구석기시대의 사람들이 기원전 3만 년에 이미 무리를 지어 부신하는 체계를 고안했음을 보여주고 있다. 1937년에 체코에서 발굴

---

62) 상게서, PP. 2~3.
63) 나무 조각이나 종잇조각에 금을 새겨 글자나 금액을 표시하고 그것을 두 개로 쪼개어 후일의 증거품으로 쌍방이 하나씩 보관하였다가 훗날 서로 맞추어 증거로 삼는 것으로 계수(計數)를 나타내거나 영수증으로 사용했다고 한다. 부목(符木) 또는 계부(契符)라고도 일컫는다. (한국 민족대백과사전).
64) David M. Bur don, Ibid. 허만 옮김, 전게서, P. 3.>

된 늑대의 뼈(길이 7인치)에는 깊게 새겨진 55개의 눈금이 있는데 그 길이는 어느 정도 같지만, 다섯 개씩 무리를 지어 배열되어 있다고 한다. 그리고 BC 17,500년 것으로 보이는 나일강 상류 지역에서 발굴된 뼛조각에서도 눈금들이 일정한 무리를 지어 배열되어 있음이 확인되었다. 부신표시를 사용해서 셈한 것을 기록하는 방식은 선사시대의 근동 지방에서도 발견되었다. 이는 찰흙으로 만들어진 원판이나 원뿔 모양의 점토판에 새겨진 원시적인 셈(算) 도구라고 한다. 여기에는 포획한 짐승의 수를 표시하거나 곡물의 양을 나타내어 측정한 내용이 표시되어 있다는 것이다.65)

<사진 1-4> 지수산법의 예시

왼손	오른손
각각의 손가락이 12를 의미하는 손가락 셈 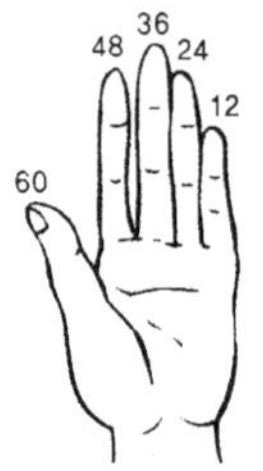	엄지손가락으로 새끼손가락부터 시작하여 손가락마디를 하나씩 짚으며 12까지 수를 센다 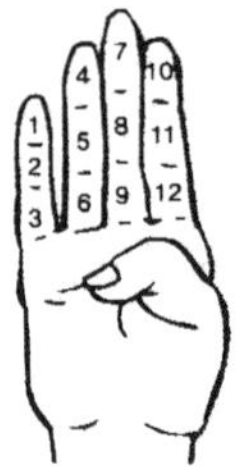

<자료 : 김용운・이소라, 『청소년을 위한 한국 수학사』(2015), P. 71.>

이러한 부신표시는 선사시대의 산술적 거래표시의 방법으로 시작된 것이지만, 원시시대에만 한정되지 않는다는 것이다. 영국 재무부가 기록을 위해 부신 막대를 약속어음이나 환어음으로 채택했던 것으로 밝혀져 시선을 끈다. 이것은 12세기부터 영국 정부의 기록에서 필수적인 부분을 형성했다고 한다. 이 부신 막대는 길이가 6~9인치이고 두께가 1인치인 납작한 개암나무 조각이다. 각종의 크기와 모양의 눈금이 부신 막대에 새겨져 있는데 각 눈금은 지정된 액수의 돈을 나타낸다. 새긴 눈금의 너비가 그 값을 결정했다고 한다. 예컨대, 100파운드의 눈금은 엄지손가락의 굵기와 같고, 20파운드는 새끼손가락의 굵기와 같다. 돈을 빌리면, 적절한 눈금을 새기고 각 부분에 눈금이 나타나도록 그 막대를 두 조각으로 나누었다. 빚을 진 사람이 한 조각을 보관하고 발행관청이 다른 한 조각을 보관했다. 그래서 그 거래는 쉽게 확인할 수 있는데,

---
65) 상게서, PP. 4~5.

두 조각을 서로 붙여서 눈금이 일치하는지를 확인하면 된다. 여기에 "Our accounts tallied. (우리의 계정이 들어맞았다)"라는 회계적 표현이 있다. 전통을 완고하게 고수하여 나무 조각을 이용한 회계체계는 중세기에 은행제도와 복식 부기법이 보급되면서 이러한 관행이 한물간 구식으로 되어버린 다음에도 영국 정부는 공식적으로 오랫동안 사용하였다. 이 관행은 영국 의회가 이를 폐지하는 법령을 1826년에 제정하기까지 계속되었다고 한다.66)

그 외의 유럽 여러 나라에서도 부신 막대를 이용한 채권·채무 관계의 기록은 흔하게 이루어져 왔으며 최근에 이르기까지 계속되었다고 한다. 예컨대, 20세기 초까지도 스위스의 깊은 산속에서는 '우유 막대'가 소를 소유한 농민들 사이에서 거래의 증거로 이용되었다는 것이다.

<사진 1-5> 늑대의 뼈를 이용한 부신표시

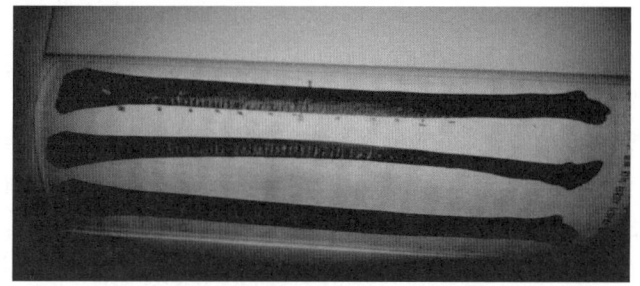

<자료: Davit burton, "The History of Mathematics: An Introduction, 7th Edition, 2011."
(허민 옮김, 「수학의 역사입문, 상, 교우사, 2013, P. 4.」)>

매일 우두머리 목동은 나무 막대를 깎아서 새긴 선이 선명하게 드러나도록 했다. 각 농부를 나타내는 기호로 목동은 각 농부의 소에서 나오는 우유와 버터 및 치즈의 수량을 표시했다. 주일예배가 끝난 다음에 모든 당사자들이 모여서 셈을 마쳤다는 것이다. 그런데 부신을 만드는 방법이 다양하므로 여기서 세세한 설명은 어렵지만, 줄을

---

66) 상게서, PP. 5~6. (이와 관련하여 이중 부신 막대의 특이한 속성에 주목할 필요가 있다. 즉, 예전에 어떤 사람이 잉글랜드 은행에 돈을 맡기면, 금액을 부신 막대에 새기고 그것을 쪼갰다. 은행이 보관한 조각은 'foil(박편)'이라 불렸고, 'stock(줄기; 주식)'이라 부르는 다른 한쪽은 입금에 대한 영수증으로 그 돈을 맡긴 사람에게 주었다. 그래서 맡긴 사람은 'stockholder (줄기 소유자: 주주)'가 되고 'bank stock(은행 주식)'을 소유했는데, 영국 정부가 발행한 종이돈과 같은 가치를 지녔다. 줄기(stock)의 소유주가 줄기를 반납하면, 그 줄기는 세심하게 조회되어 은행이 소유한 박편(foil)과 비교되었다. 그들이 서로 동의하면, 그 소유자의 줄기는 통화로 정산되었다. 그리고 송금액을 표시하고 그 보안을 위해 확인된 글로 쓴 증명서는 나중에 'check(수표)'로 부르게 되었다는 것이다.)

묶어서 매듭을 짓는 방법으로 날짜와 물품의 수량을 세는 과정은 선사시대부터 오랜 전통을 지녔다는 것을 인식할 필요가 있다.67)

한편, 중국을 위시한 동북아지역에서는 신석기시대 초기에 숫자의 창조와 각기(刻記)표시방법이 고안되었다고 한다. 고고학자에 의하면, 이 시기에 명확한 수의 개량이 있었으며 1에서 9까지의 기본적인 숫자의 창조가 있었다는 것이다. 최초의 계수(計數)는 손가락(指)에 의지하였다. 이는 인류의 숫자 개념이 사람들의 열 손가락을 이용한데서 비롯되었음을 의미한다. 중국 사서(史書)에 '유수십등(有數十等)'이라는 표현이 있는데, 이것은 선사시대 사람들의 오랜 생산 활동 속에서 양 손가락 열 개를 이용하여 계량했음을 나타낸 표현이다. 상술한 각기(刻記) 방법과 앞으로 언급할 결승기사(結繩記事)의 방법은 기수(記數)·기사(記事)를 위한 것이었다. 당시의 각기기사(刻記記事)와 결승계산(結繩計算)의 실행은 우선적으로 열 손가락에 의지했다는 것이다. 선사시대에 결승기사(結繩記事)를 행함에 있어서 당시의 사람들은 최초에는 '많다(多)'와 '적다(少)'라는 개념만을 지니고 있었다. 새끼줄을 크게 묶으면 큰 사실을 표시하는 것이며, 매듭이 많은 것은 수량이 많음을 나타내는 것이다. 특히 수량의 다소를 비교함에 있어서는 열 손가락에 의하여 계산하는 것이 관례였다. 손가락을 꾸부려 가장 적은 단위인 1에서부터 점차 많은 단위인 10까지 세었다. 그리고 2를 표시할 때는 양손(兩手)이나 두 다리(兩足), 때에 따라서는 두 귀(兩耳) 또는 두 눈(兩目)을 그려서 표현하였다고 한다. 2개를 넘을 때의 3개라는 수사적(數詞的) 표현이 관건이었다. 당시의 사람들은 상당한 시간 동안 경험을 통하여 3개라는 수사를 인식하였고 점차 양손의 손가락을 이용하여 가법적(加法的) 계산을 익히고 10개까지 셀 수 있게 되었다. 그래서 손가락을 이용한 가산과 감산을 터득하기에 이르렀다.

따라서 당시의 사람들은 양손과 열 손가락에 의존하여 숫자의 표현과 가감 계산을 습득하여 생활에 활용하기 시작하였다. 이처럼 선사시대의 인류는 양손의 손가락을 이용하여 산술적 기초가 되는 수의 개념과 가감산의 산술기법을 터득하였고 원시 회계행위의 진화에 상당한 영향을 끼쳤다고 할 수 있다. 사가(史家)인 사마천(司馬遷)은 그의 저서에서 수 시간일, 종간십, 성간삼(數始干一, 終干十, 成干三)이라고 하였다. 그래서 결승기사의 시대에 숫자 창시의 과정에서 사람들이 물품 수량을 계산할 때 우선하여 열 손가락을 이용한 1에서 10까지 표현하는 것에서 비롯되었음을 보여주었다.68) 1930년대 초에 중국의 고고학자인 곽말약(郭沫若)은 『갑골문자 연구』에서 갑골서계(甲骨書契)의 숫자적 고증을 통하여 '수생간수(數生干手: 숫자는 손가락에서 나왔다)'고 하여 손가락에 의한 계산법의 출현을 고증했다.69) 이러한 사실에서 원시적

---

67) 상게서, P. 7.
68) 司馬遷, 『史記·律書』. (수는 하나로 시작하여 열 개로 끝나며, 3개를 이룬다.); 여기서 간(干)은 수사(數詞)에 붙이는 어조사이며, 물건의 개수를 뜻한다.)

숫자와 가감산의 의미는 극히 초보적인 수준이기는 하지만, 당시 사람들 나름대로 손가락 표현을 통하여 의사소통에 임했음을 보여주고 있다.

(2) 원시적 실물 계산단위의 사용

상술한 바와 같이 일련의 사회관습에 의한 계량기록이 이루어졌기 때문에, 원시적 교환거래에서 비롯되는 가치계산을 위하여 셈법과 회계행위는 불가분의 관계가 형성되었고 숫자와 계산단위의 결합이 이루어졌다. 고고학적 발굴이 증명하고 있듯이 신석기 사회 말기에 이르러 인류는 숫자와 셈법을 고안함과 동시에, 실물 계산단위를 사용하기 시작한 것이다.

실물 계산단위는 원시사회의 생산 활동과 인류 생활에서 비롯되어 오랜 기간 사용되는 과정에서 교환경제의 필요한 수단으로 사용되기에 이르렀다. 신석기 문명사회가 도래하면서 사유재산제도가 형성되었고 곡물 생산의 토대가 되는 토지의 소유를 위해 토지측량이 필요하게 되었으며 측량셈법의 부호를 만들어 표준치를 정하고 토지의 길이나 면적 등을 표현할 수 있도록 했다는 것이다. 그리고 당시의 인류는 용기(容器)의 제조와 사용과정에서 그 용기의 수납 수량을 나타낼 수 있도록 특별한 부호를 사용하여 표현했다고 한다. 메소포타미아 지역에서 출토된 유물에 의하면, 토지측량과 물품 중량을 사정(査定)하는데 일정한 측량단위가 사용되었다는 증거가 발견되었다고 한다. 선사시대 말기의 고대 그리스 분묘에서 발굴된 간칭(竿秤: 장대 저울)의 분동(分銅)[70]이 발견되었으며, 인도와 메소포타미아 지역에서도 원기도량형 단위를 이용한 흔적이 발견되었다고 한다.[71]

중국을 비롯한 동북아지역의 경우, 신석기시대 초기 사람들은 죽간(竹竿)이나 새끼줄을 이용하여 방(房)과 방(房) 사이를 측량하였다고 한다. 청동기시대로 들어온 후에 사람들은 정방형(正方形), 구형(矩形:長方形), 삼각형 및 원형(圓形)의 개념에 대한 초보적 인식을 했다. 당시의 사람들은 면적·체적(體積)에 대해서도 초보적 개념인식을 했었다. 이 시기에 실물 계산단위가 사용되었음이 분명하다는 것이다. 중국 사서(史書)에 의하면, 「황종거서(黃鐘秬黍)」의 전설이 있다. 이는 고대 중국의 실물 계산단위의 기원을 설명하는 것으로 해석되고 있다. 그 전설 중의 '황종(黃鐘)'은 대나무를 이용한 일종의 취주악기(吹奏樂器)로서 길이가 0.9척(尺) 정도이며 오늘날의

---

69) 郭道揚 著; 津谷原弘 訳, 前揭書, PP. 28~30.
70) 천평칭(天平秤)으로 물건의 중량을 측정할 때, 한쪽 저울판에 올려놓는 표준이 되는 금속제의 추(錘)이며, 운주형, 사각형, 육각형 등으로 올려놓기 편리하게 되어있음. (이희승, 『국어대사전』, 1971, P. 1,313).
71) 郭道揚 著; 津谷原弘 訳, 前揭書, P. 30.

피리(笛)에 해당한다. 최초에는 음률적 악기로 사용했으나 그 뒤에 사물의 도량형으로 사용했다는 것이다. 그리고 '거서(秬黍:古代 栽培의 黑稗)'를 이용하여 형량(衡量)의 기준으로 삼았고 '황종'과 '거서'의 사이에는 서로 도량형 관계가 있었다. 사람들은 이러한 도량형 관계에서 점차 길이, 용적과 중량의 표준을 확정하여 각 실물 계산단위에 특정 명칭을 붙였다. 여기에서 척촌(尺寸)·두승(斗升)·근량(斤兩) 등의 실물 계산단위가 파생되었다는 것이다.[72]

이 시기의 계산·기록 방법은 매우 불충분한 것이었으나, 당시의 경제 상황에는 적용할 수 있는 것이었다. 사람들은 특별한 기호로 계산단위와 수량에 일정한 부호를 붙여서 표시하였다. 그러나 그들의 일상생활이나 생산활동 등에서 많은 모순점이 노출되어 상호 간에 이해충돌이 일어날 때도 있었다. 문제의 초점은 간단한 각기(刻記)와 결승기사(結繩記事) 등을 포괄하는 것이었기 때문에, 당시의 경제 사항을 정태적으로 반영하는데 지나지 않았고 경제 사항의 동태적 반영에는 미치지 못했다. 다시 말하면, 그것은 간단한 경제 사항을 표현하는 것이었을 뿐, 복잡한 경제 사항을 표현할 수 없었다는 것이다. 간단한 각기(刻記)는 사람들의 기억을 도와주는 단조로운 부호이다. 이 부호는 간단한 경제 사항을 계산하고 기록하는데 적합한 것이다. 그런데 일단 사회경제가 발전하게 되면, 이러한 원시적 계산과 기록 방법은 자연히 새로운 경제적 계산 방법으로 진화하게 되는 것이라는 점을 확인하게 된다.[73]

선사시대에도 죽목(竹木)은 무성했으며 당시의 사람들은 죽관(竹管:대나무 통)을 용기로 사용하여 곡식을 담아 넣었다. 그래서 자연히 하나의 도량형 관계가 이루어졌다. 즉, 오랜 세월 동안 사람들은 대나무 통에 곡물을 넣어두는 관습을 통하여 대나무 통의 도량형 도구로 인식하기에 이르렀다는 것이다. 대나무 통으로 흑패(黑稗: 검은 패)의 양을, 또는 흑패로 대나무 통 속의 양을 확인하게 되었음은 당연한 일이었다. 대나무 통은 다른 수목(樹木)보다 가볍고 곧(直)으며 속(內)이 비어 있어서 곡물을 담고 계량하는데 편리했다. 「황종거서(黃鐘秬黍)」의 전설은 중국 도량형의 근본을 이뤘으며, 당시의 인류가 생활을 위한 생산활동을 전개하는 과정에서 만들어 낸 것으로서 당시의 사회경제적 진화의 산물이다. 그뿐만 아니라, 실물 계산단위로서의 도량형의 인식은 산술기법과 회계행위의 진화에 지대한 영향을 주었고 인류문명의 개막을 가져오게 한 원동력이 되었다고 할 수 있을 것이다.[74]

선사시대에서 고대 문명시대로 이행되어갈 무렵 산술과 회계행위의 관계는 서로 결합하여 당시 사회경제의 발전에 기여했음이 분명하다. 그 시기에 산술과 회계행위는 상호관계를 유지하면서 사회발전을 촉진시켰다. 산술기법이 등장하면서 회계기록이 점

---

72) 상게서, PP. 30~31.
73) 상게서, P. 32.
74) 상게서, PP. 31.

차 이루어지게 되었고 원시적 계산 기록 방법은 더욱 진화할 수 있었다. 환언하면, 원시시대 말기의 사회경제와 문화의 변화는 필연적으로 계산 기록의 현저한 변혁을 불러일으켰다는 것이다. 따라서 원시사회 각 부문의 경제적 발전, 잉여상품의 증가, 교환거래의 복잡화 등의 문제는 경제적 계산과 기록을 필요불가결한 것으로 인식하게 하였다. 이러한 원시사회 말기의 생산, 분배, 교환 및 소비의 합리적 관계 정립은 경제 사항의 계산과 기록에 대한 비교적 높은 수준의 진화를 가져오게 하였다.

2. 원시적 회계의 기록계산법 진화

1) 결승기수

결승기수(結繩記數)는 선사시대의 사람들이 경제 사항을 나타내는 일종의 표현 방법으로서 물품 교환 내용을 계산하고 기록한 것이다. 이는 당시의 인류가 이용한 방법이며 오랜 기간에 걸쳐 사용했다. 사서(史書)에도 이 방법은 유구한 역사의 산물이라고 기록되어 있다. 결승기수의 방법은 최초에는 간단한 계산과 기록으로 남기는 정도에 불과했으나, 모계씨족사회에서 부계씨족사회로 전환된 이후에는 이러한 계량·기록 방법이 경제적 진화의 과정에서 필요한 것으로 작용했으며 지속적인 개선이 이루어졌다는 것이다.

중국 사서(史書)에 전설상의 복희씨(伏羲氏)에 관한 기록이 있다. 이에 의하면 그는 5,600여 년 전 중국 준하(准河) 지역 일대의 부락 수장(首長)으로서 초경 농사(鍬耕農事), 양목축(養牧畜)뿐만 아니라, 제도(製陶)의 수공기술과 어로법(漁撈法)을 보급하였다는 전설적 인물이다. 이 시기에 사람들의 생산활동과 결승 기수법과는 밀접한 관계가 있다는 것이다. 이 설화에 따르면, 결승(結繩)은 그물(網)로 물고기를 잡는 방법의 하나로 고안된 것이다. 새끼줄(繩)을 묶어서 만든 그물을 이용하는 어로법(漁撈法)은 그 당시로서는 최고의 방법이었을 것이다. 이것은 당시 최대의 어망(漁網)이었고 결승결망(結繩結網)이 고기잡이에 가장 편리하다는 것을 깨달았을 것으로 생각한다. 당시의 사람들은 매일 반복되는 어로(漁撈) 생활 속에서 새끼줄 그물(結繩)을 짜는 일과가 지속되었다. 새끼줄 그물의 매듭은 크고 작은 것이 만들어지는 시행착오도 겪어야 했다. 이러한 작업은 항상 되풀이되어 사람들의 뇌리(腦裏)에 각인되어 훗날 경제와 관련된 일에 활용되는 결과를 가져왔다. 결국 새끼줄을 매듭지어 숫자를 표시하는 훌륭한 개발을 한 것이다. 새끼줄(繩)은 운반하기 쉽고 한 곳에 비치 가능하며 실내에 나누어 보관할 수 있는 것이다. 그래서 이러한 유형의 기수(記數)는 동굴의 벽이나 나무 기둥, 그리고 그릇 등에 보관했으며, 이용하기에도 편리했기 때문에 널리 전파되어 일반화되었을 것으로 추정하고 있다.75) 그 하나의 예로서 새끼줄을 이용하여 수확한 곡물의 양을 나타내는 방법으로 <사진 1-6>과 같은 것이 있고, 또한 모임에 참석한 인원수를 표시하는 <사진 1-7>과 같은 결승기수의 방법도 있다.

<사진 1-6> 곡물의 양을 나타내는 결승기법의 예

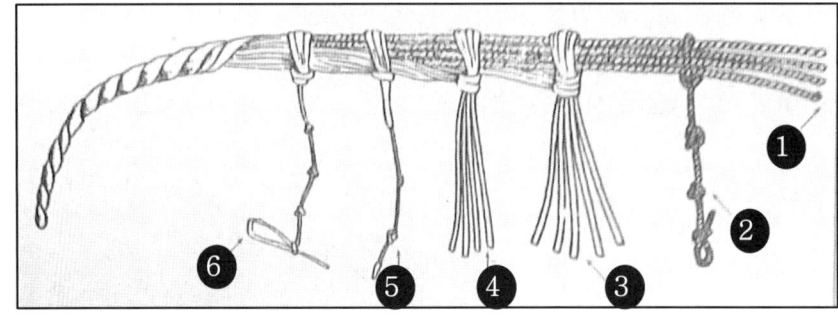

① 끈 한 줄이 한 가마(두말 다섯 되), 네 줄이니까 네 가마(한 섬)
② 끈의 큰 매듭은 다섯말, 작은 매듭 하나에 한 말, 따라서 일곱 말.
③ 한 줄이 한량, 따라서 다섯 냥.
④ 한 줄이 한 홉, 따라서 네 홉
⑤ 한줄이 한 작, 따라서 한작
⑥ 끈의 매듭은 다섯 재, 작은 매듭하나에 한재 따라서 여덟 재 모두 한 섬 일곱 말 다섯 량 네 홉 한작 여덟 재

<자료 : 김용운·이소라, 「청소년을 위한 한국 수학사」(2,015), P. 31>

<사진 1-7> 회의 참석 인원수를 표시하는 결승기수의 일례

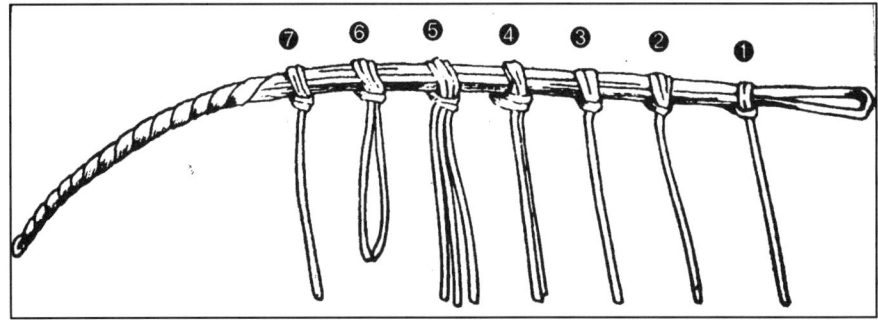

<자료 : 김용운·이소라, 전게서, P. 31>

---

75) 상게서, PP. 33~35.

미주대륙의 잉카 문명 속에서 나타난 키푸(quipu)라는 매듭 끈을 이용한 숫자 표시법도 결승기수(結繩記數)의 하나로 꼽힌다. 이것은 스페인 정복군이 들어오기까지 수천 년 동안 사용되어왔던 숫자표시 방법이라고 한다. '키푸'는 끈으로 구성되었는데 여러 가지 색으로 이루어진 매듭과 고리를 이용한 회계방식을 유지하고 있었다. 즉, 키푸는 주요한 굵은 끈 또는 가로대로 구성되어 있는데 이것에 길이와 색이 서로 다른 더 가는 끈들이 붙어있다. 이런 끈들은 베틀의 올들처럼 늘어뜨려 있다. 드리운 각 줄은 부신(符信)하는 특정한 항목을 표현했다. 예컨대, 한 줄은 양(羊)의 마릿수를 나타내고, 다른 한 줄은 염소, 또 다른 한 줄은 어린 말(馬)의 수를 나타낼 수 있다는 것이다. 매듭 자체는 수를 표시하는 데 사용된 매듭 형태와 그 줄에서의 특정한 위치에 따라 다른 값을 나타낸다. 십진법이 사용됐는데 바닥 쪽에 가장 가까운 매듭이 일(1)의 자리, 그 바로 위에 십(10)의 자리, 또 그 위에 백(100) 자리의 숫자를 나타내는 매듭으로 표현되었다. 매듭이 없으면 영(0)을 나타낸다. 한 다발의 줄은 단 한 개의 주된 가닥인 합계하는 줄로 묶는데, 이 매듭들은 그 다발에 있는 총수를 알려준다.

따라서 키푸롤 다양한 범위의 수치를 나타낼 수 있었기 때문에, 잉카 문명의 경우는 글로 써서 표현하는 방법은 없었지만, 믿을 수 없을 만큼 상세한 거래나 행정적인 기록을 유지할 수 있었다고 한다.[76]

이러한 잉카 문명이 발달하던 시기에 사용하던 기푸에 의한 결승기수의 예를 표시하면, <사진 1-8>과 같다.

<사진 1-8> 잉카 문명 속의 기푸에 의한 결승기법의 일례

잉카인은 카푸를 이용해서 수를 표시했는데 길고 굵은 노끈에 가늘고 다양한 색의 노끈을 연결하는 방법이다. 끈의 색은 특정한 물건이나 개념에 따라 결정된다.

잉카의 결승문자   결승문자를 조작하는 잉카인   3643

<자료 : 김용운·이소라, 전게서, P. 30.>

---

76) David M. Bur don, Ibid. 허만 옮김, 전게서, PP. 7~8.>

그뿐만 아니라, 북미대륙에서 발달한 고대의 마야문명에서도 숫자의 표현 방법은 발견된다. 2천 년 이상이나 존속했던 마야문명에서는 상형문자를 사용하여 정교하게 글을 쓰는 방법을 발달시켰다고 한다.

여기에서의 숫자표시는 두 가지 유형으로 나타내었다고 한다. 첫째, 사제(司祭)계급은 신(神)들의 얼굴을 나타내는 정교한 상형문자를 이용하여 1에서 19까지의 숫자를 돌에 새겨 표시했다. 둘째로 일반 사람들은 점과 선으로 기록했는데, 수평적 짧은 선분(線分)은 다섯(5)을, 점(點)은 하나(1)를 나타내는 표시이다.

특별한 모양으로 양식화(樣式化)된 조가비(貝殼)가 있는데 이는 영(0)을 나타내는 표시이다. 이것은 최초로 수의 영(0)을 나타내는 데 사용했다고 알려진 기호이다.[77]

미주대륙의 선사시대 말기부터 창안·사용되었고 신석기 문명 이후의 인디언 사회에서도 계속 행정관리뿐만 아니라, 상거래에서도 이용되었다는 매듭 숫자의 표현 방법을 소개하면, <그림 1-2>와 같다.

<그림 1-2> 미주대륙의 선사시대에 이용된 매듭 숫자의 표현 방법

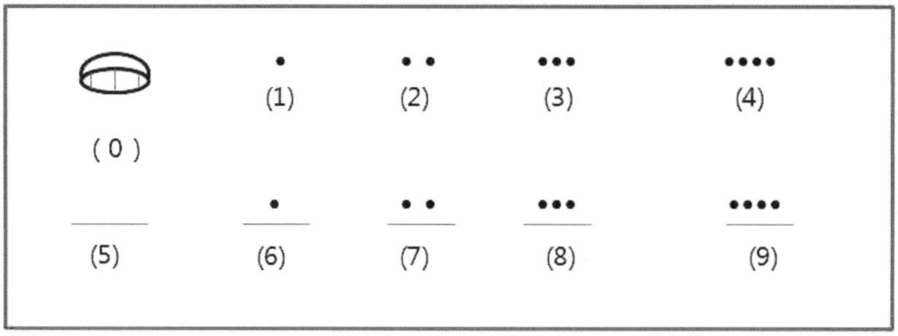

㈜: 0(零)을 나타내는 것은 조가비이며, 점(點)은 매듭이고, 선(線)은 새끼줄을 의미한다.
<자료: David M. Burdon, "The History of Mathematics: An Introduction," 7th Edition, McGraw-Hill Educationm, Inc, 2011;<허민 옮김, 「수학의 역사: 입문(상)」, (교학사, 2013). P. 9>

2) 각계기수

각계기수(刻契記數)의 방법이 나타난 것은 인류의 문명시대 전야(前夜)의 원시적 회계행위의 싹을 틔우고 진화를 가져오게 한 주요 지표의 하나이다. 이것은 원시시대 기록계산행위의 진화과정에서 질적인 비약(飛躍)을 보여주었다. 중국과 동북아지역에서 출현한 서계(書契)와 서구지역에서 나타난 원시계산판(原始計算板) 및 장표(帳票)

---

77) David M. Bur don, Ibid. 허만 옮김, 전게서, P. 9.

로 호칭하는 기록들은 맹아(萌芽) 상태였으나, 이 시기에 이루어진 진화(進化)의 결과였다.

'서계' 기록의 맹아시대(萌芽時代)는 중국 전설상의 삼황오제(三皇五帝)에 해당하는 시기라고 일컬어진다. 경제적 사실의 계량과 기록에 '서계'를 이용했다는 것이다. 간단한 '각계기수'(刻契記數)와 상술한 '결승기수'(結繩記數)는 질적으로 다르다. 맹아 단계의 '서계'에 상당하는 것은 다음78)과 같은 세 가지 조건이 갖춰져 있어야 한다.

<사진 1-9> 숫자와 문자가 새겨진 점토판

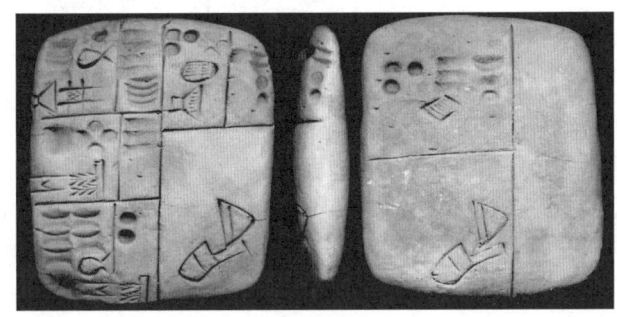

<자료 : 한국민족문화대백과사전>

첫째, 반드시 문자의 형식으로 기록되어 있으며, 원시 문자와 숫자가 유기적으로 결합한 표현이다. 초기 단계의 문자라는 것은 '회의 문자'(會意文字)·'도화 문자'(圖畵文字)·'상형문자'(象形文字) 등을 포괄하는 개념이다. 둘째, 각기(刻記)가 주요한 특징으로 꼽힌다. 즉, 각도(刻刀)나 견고한 금속제품을 이용하여 숫자의 표현을 죽목(竹木)·구갑(龜甲)·수골(獸骨) 또는 석판(石板)·점토판(粘土板)에 새겨서 쓴 것이다. 셋째로 '서계' 기록에는 일정한 규칙이 있다. 즉, 맹아(萌芽) 상태의 '서계(書契)'에는 기록하는 일정한 방법이 있었다는 것이다. 물론 회계행위의 기록도 그와 같은 방법에 따라 이루어졌을 것이라는 관측이 지배적이다.79)

신석기시대 중국 서안의 반파촌(半坡村)과 협서(峽西)의 동강(潼姜城寨)에서 발굴된 각계부호(刻契符號)가 있다. 이들 지방의 원시 문화는 거의 같은 시기에 이루어진 연원(淵源) 관계를 지니고 있으며 서계부호(書契符號) 속에서 이미 규범화되어 있었음을 엿볼 수 있다. 이러한 상황은 당시의 원시 문자가 정형화되는 방향으로 성숙하고

---

78) 郭道揚 著; 津谷原弘 訳, 前揭書, P, 35.
79) 郭道揚 著; 津谷原弘 訳, 前揭書, PP, 35~36.

있었음을 보여주는 대목이다. 고고학적인 관점에서 보면, 이들 문자는 일종의 갑골문자에 해당하는 것이라고 할 수 있으나, 어떤 것은 회의 문자, 또 어떤 것은 상형문자의 형태를 띠고 있다고 한다. 여기서 중국의 원시 문자는 '각계부호'(刻契符號)와 '결승 부신'(結繩符信)이 진화하여 '도화문자'(圖畵文字)가 되었으며, 그 후 도화문자의 기초 위에 진화를 거듭하면서 통용되는 상형문자로 발전하였다는 것이다. 중국 삼황오제 시대에 이루어졌다는 여수작산수(隸首作算數), 황종구서(黃鐘秬黍)의 전설과 연관시켜서 신석기시대 말기에 이미 경제적 기록의 장표(帳票)로서의 서계(書契)가 만들어졌다는 것을 유추해 볼 수 있는 것이다.[80]

서계는 그 당시 숫자와 실물 계량 단위의 결합으로 이루어진 것이다. 이것은 그 후에 고대국가인 하(夏)·은(殷) 시대에 나타난 문자 서술식의 회계기록과 비교적 유사한 것이며, 신석기시대의 회계행위가 원시적인 계산 기록 시대에서 고대문명 국가 시대의 기록계산 방법으로 진화해간 하나의 과도기적 상황이었다고 할 수 있다.

그리고 원시사회 말기의 각계기수(刻契記數) 방법은 서양의 메소포타미아 및 나일강 유역에서도 활용되었던 흔적이 발견되었다. 지금의 이라크(Iraq)지역에서 발굴된 세계 최초의 원시계산판(原始計算板)이 보여주는 바와 같이, 인류는 야만 시대의 말기 단계를 거쳐 문명시대로 전환되는 시기에 진화한 기록 방법을 이용했다는 것이 입증되었다. 그들은 이러한 유형의 장표 기록에서 점토나 석고(石膏)의 성질을 지닌 계산판을 이용하고 그것들을 소장(所藏)함으로써, 인류 생활에 편의를 제공하고 편리한 경제적 도구로서 개선해나갔던 것이다. 그뿐만 아니라, 나일강 유역의 이집트에서 발견된 최고(最古)의 장표(帳票)도 같은 방법에 따라 기록되었음이 증명되었다.[81]

결국 원시사회 말기에 이루어진 기록계산행위의 진화를 살펴보면서, 태고(太古)의 원시적 계산·기록 방법을 고안하고 활용하는 데서 비롯된 원시 회계행위는 신석기 혁신기를 거치는 과정에서 인류의 경제생활에 이바지함과 동시에, 고대 문명사회를 개막하는데 중요한 경제 도구로서 일조(一助)했음을 지적하지 않을 수 없다.

5 에필로그

이상에서 살펴본 바와 같이 인류의 숫자적 정보를 기록하여 전달하는 효율적인 방법을 고안해낸 것은 신석기시대의 사람들이 농경법을 터득하여 정착 생활을 하게 되면

---

80) 郭道揚 著; 津谷原弘 訳, 前揭書, P, 36.
81) 郭道揚 著; 津谷原弘 訳, 前揭書, PP, 36~37.

서부터라고 할 수 있다. 인류가 사냥하고 채집할 때는 뼈(骨)나 돌에 새겨 기록으로 남기는데 적절했지만, 농경 생활에 의한 식량을 생산하게 되면서부터는 새로운 형태의 숫자적 표현이 필요했을 것이다.

자연환경이 주는 범위 안에서 한국 민족은 수확물과 가축의 수를 세고 땅을 측량하며 곡물을 재배하기에 적절한 시기를 가르쳐주는 달력을 고안할 필요를 느꼈을 것이다. 초기 단계에서 고안된 부신(符信) 기법은 느리고 번거롭기는 했지만, 여전히 일상적인 셈(算)이나 간단한 거래에 이용되었다. 그런데 환경조건이 맞아 인구가 늘어나고 생활환경이 개선되어 필요한 물건을 조달하기 위한 경제활동이 점차 진화하게 되었으므로, 인류는 더욱 안전한 식량 공급과 생활용품의 공급을 요구하게 되었고 생산되는 다양한 물건들을 헤아려야 하는 단계에 이르렀다. 따라서 일정한 유형의 기본적 계산과 기록을 반복해서 부신(符信)으로 나타내는 방법은 불편한 수량적 표현이 됐으며, 그것은 쓰기에 지루하고 해석하기도 어려웠다. 특히 부락공동체의 임원들은 공동체 경제구조의 기록계산 결과를 영속적인 형태로 표현하려는 좀 더 세련된 방법을 찾으려는 의욕을 갖게 되었다.82)

세계 문명의 발상지인 큰 강 유역에서 인류는 BC 8,000년부터 BC 3,000년경에 이르기까지 신석기 문명사회를 이룩하여 인간다운 삶의 영역을 개척하기 시작하였다. 특히 최근에 이르러 한족이 조성한 한강문화권과 맥족의 근거지였던 요하 유역을 중심으로 전개된 요하 문명권은 우리 조상들이 삶의 터전을 이뤘던 신석기 문명의 요람지로 주목받고 있음에 유의할 필요가 있다. 그중에서도 홍산문화의 유적들은 만주 일대와 한반도에서 출토된 유적들과 같은 것들이 대부분이어서 고조선 이전의 선사 문명으로 간주할 수 있다는 것이다.

따라서 원시적 인류회계행위의 태동은 이 시기에 비롯되었다고 볼 수 있다. 원시사회의 진화된 경제구조가 결국 기록계산행위를 하도록 유도했으며, 인류의 원시적 회계행위의 진화를 촉진했음은 물론, 점차 복잡화되는 경제 관계를 반영할 수 있는 제도화도 하나의 과정을 거쳤다. 구석기시대의 중·후기에 간단한 계량·기록의 부호 사용, 신석기시대에 이르러 회도기사(繪圖記事)와 각계기사(刻契記事) 등, 비교적 진화한 표현 방법이 출현하였다. 더욱이 신석기시대의 만기(晚期)에는 각계기사(刻契記事) 방법의 진전이 있었고, 청동기문화 시대에는 결승기사(結繩記事)의 방법이 이용되었다는 것도 특이한 점이다. 특히 원시사회 말기의 경제적 서계(書契: 이는 원시계산판·원시 帳票라고 지칭되는 것임) 방법이야말로 이 시대의 독특한 회계행위를 진화시킨 서막이었다.

인류 최초의 회계행위는 문자의 생성 이전부터 비롯되었다고 할 수 있다. 그러나 회계다운 특성을 보여주게 된 것은 문자 생성 이후이며, 그것은 인류의 원시 산술행위 발

---

82) David M. Bur don, Ibid. 허만 옮김, 前揭書, PP. 10~11.

생과 과정을 같이하고 있다. 인류 최초의 계산 기록행위는 일종의 원시적 산술행위라고 할 수 있다. 원래 인류 최초의 산술행위는 원시사회 공동체의 경제 관계를 위한 것이었다. 따라서 인류 최초의 회계행위와 원시적 산술행위와도 밀접한 관계가 있었다. 이는 인류의 원시 회계행위와 원시적 문자·숫자·산술행위와 밀접하게 연관되어 있다고 할 수 있는 것이다. 그뿐만 아니라, 회계행위는 인류의 물질 문명사에서 지극히 유구한 역사의 한 페이지를 장식하고 있음을 보여주는 것이다.

인류의 원시적 회계행위(기록계산행위)는 일종의 종합적 성질을 가진 행위이다. 위에서도 언급한 바와 같이 회계행위는 문자와 숫자 및 산술행위와 밀접한 상관관계를 갖고 있음은 물론, 간단한 각기(刻記)·결승기사(結繩記事)와 비교적 진보한 각계기사(刻契記事), 그리고 원시사회 말기에 출현한 경제적 서계(書契) 기록 방법의 싹(萌芽)은 원시 회계 태동단계의 형태와 진화의 모습을 나타내고 있다. 엄밀하게 말한다면, 원시 회계행위가 지닌 특성이 형성된 것은 신석기시대의 말기 또는 문명사회 초기에 이루어졌다고 할 수 있다. 그러므로 여기서 우리는 선사시대의 회계행위라고 부르고, 그것을 원시적 기록계산 시대라고 명명하였을 뿐만 아니라, 이 시대의 회계행위야말로 인류회계 문화사에서 하나의 단계, 즉 회계행위의 태동단계라고 보았다.[83]

<그림 1-3> 선사시대 회계문화의 모형

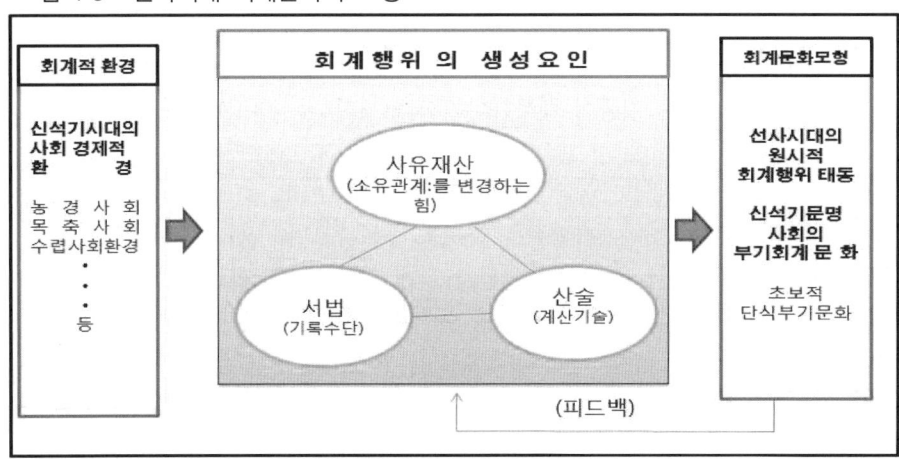

<자료 : 관련 문헌의 분석에 의거 필자 작성>

원시적 기록계산 시대의 경제적 회계행위의 태동 동기는 과연 어디에 있었을까? 최초에는 사적(私的) 점유 재산권이 아직 형성되기 전이었기 때문에, 당시 사람들의 계산

---

83) 郭道揚 著; 津谷原弘 訳, 前揭書, PP. 37~38.

기록과 수지계산의 목적은 첫째는 실제의 생산상황을 파악하고 유지하기 위한 것이었고, 둘째로 합리적인 분배를 위한 것이었을 뿐만 아니라, 공동의 생존을 위한 것이었다고 할 수 있다. 원시사회 공동체의 생활 수준이 향상되면서 사적 점유 재산권이 형성된 이후에는 부락공동체의 공유부분은 계량기록에 의한 수지계산을 행하였으며, 경제적 생산·분배·교환과 재물의 비축 관계를 파악하여 부락공동체의 경제적 발전을 추구했다. 그리고 가족공동체의 경우는 기록계산에 따라 사유재산 점유의 수량과 그 재산소유권의 보호는 물론, 사유재산의 확대 증식을 위해 노력했던 것으로 볼 수 있다.

이러한 원시 문명권에서 이뤄진 회계행위의 태동에서 비롯된 회계기록문화의 기본 모형을 그림으로 요약하여 나타내 보이면, <그림 1-3>과 같다.

이렇듯 선사시대의 회계행위는 원시사회 공동체의 경제구조가 형성되면서부터 태동하여 문명사회로 진입하는 단계에서 진화의 과정을 거치면서 문자·숫자·사유재산권의 확립으로 유용한 도구로 승화되었음을 확인할 수 있었다. 그리고 그것은 원시문명 사회 이후 고대의 국가형태가 정립되어 질서 있는 통치구조가 이루어지게 되면서부터는 인류의 경제생활에서 필수 불가결한 의사소통의 기술적 수단으로 활용됐으며, 나름대로 진화를 통하여 원시 회계문화의 기원을 이루었다고 할 수 있는 것이다.

제 2 장 고대 문명국가의 출현과 치부회계문화의 생성

1 프롤로그

　회계문화의 역사적 사실(史實)을 더듬어 찾아내고 정리하는 일은 고궁의 옛터에 흩어진 기왓장이나 도자기 조각을 주어서 맞추어내는 인내력으로 역사적 자료를 수집하고 해석하는 작업과 같다. 왜냐하면, 회계의 역사는 곧 인류사회의 문명사와 그 궤를 같이하고 있기 때문이다. 누가 회계를 발명하거나 창안했는지는 지금까지 명확하게 밝혀져 있지 않다. 역사학자들에 의하면, 고대 문명사회의 회계는 BC5,000년경으로 거슬러 올라가야 그 효시를 찾을 수 있고[1], 루카 파치올리의 저서[2]가 출판된 것을 계기로 하여 그 이전을 단식부기 문화의 시대, 그 이후를 복식부기 문화의 시대로 양분하여 접근하고 있는 정도에 불과하다. 선현들이 남겨놓은 문헌이나 고서들을 수집하여 거기에 쓰여 있는 회계에 관한 내용을 섭렵하고 민가에 흩어져 있는 회계문서들을 찾아내어 기록계산 기법을 탐색 정리하는 일이야말로 회계사학도에게 주어진 사명이라고 할 수 있다.

　앞 장에서 우리는 선사시대의 인류가 생활을 영위하기 위하여 원시사회의 경제구조를 진화시켜 가는 과정에서 회계행위의 싹이 트였음을 살펴보았다. 원시적 인류회계행위의 태동과 진화는 짐차 복잡해지는 경세생활을 반영할 수 있는 하나의 제도로 정착하여 일류문명사의 한 축을 담당해 온 것은 필연적인 사실이다. 그러나 인류가 회계다운 모습을 보여주게 된 것은 문자와 숫자의 생성 이후라고 보아야 한다. 인류의 문자와 숫자의 발명은 원시사회 공동체의 경제적 활성화를 가져오게 하였다. 이는 인류의 원시적 회계행위와 밀접한 관계를 지니고 있다. 따라서 회계행위의 태동은 인류의 물질문명 하에서 유구한 역사의 물줄기를 장식하고 있는 것으로 이해해야 할 것이다.

　인류의 원시적 기록계산행위는 일종의 종합적 성질을 가진 행위이다. 즉, 인류의

---

[1] Richard Brown, "A History of Accounting and Accountants," (Frank Cass and Co. Ltd., London, 1968), P. 16.
[2] Lucas Pacioli, "Summa de Arithmetica, Geometria, Proportioni et Proportionalita," (Venecia, 1494).

회계행위는 문자와 숫자 및 산술행위와 밀접한 상관관계를 갖고 있다는 것이다. 원시사회 말기에 출현한 경제적 '서계(書契)' 기록 방법의 출현은 원시 회계 태동단계의 형태와 진화의 모습을 보여주는 하나의 단서이다.

신석기시대의 말기 또는 고대 문명국가의 초기에 이루어진 회계행위의 태동이야말로 원시사회 공동체의 경제구조가 형성되면서부터 태동하였음을 의미한다. 그리고 그것은 원시문명 사회 이후, 고대의 국가형태가 정립되면서부터 경제공동체의 의사소통에 필요한 기술적 수단으로 활용했음은 물론, 진화의 과정을 통하여 국고 회계문화의 기원을 이루었다고 할 수 있다.

최초의 인류문명은 황하 유역의 중국, 인더스강·갠지스강 유역의 인도, 나일강 유역의 이집트 그리고 티그리스강·유프라테스강 유역의 메소포타미아·바빌로니아 (수메르) 등의 4대강 유역에서 동시에 발생하였다고 전한다. 이들 문명제국은 최초의 정부형태와 가장 오래된 문자뿐만 아니라, 가장 오래된 회계기록을 남겨놓았다. 최고(最古)의 원시적 회계기록은 이들 문명제국이 번성하던 시대부터 비롯되었다고 하며, 꽃병이나 그릇의 편린(片鱗)과 점토판에 상품의 형태와 수량, 그리고 각종 거래의 모습을 그림으로 나타낸 것이라고 한다. 이러한 원시적 회계기록들은 처음에는 그림 형태로 이루어졌지만, 사회문화가 발달함에 따라 문자나 숫자 등의 부호를 사용하여 표기하는 형태로 점차 진화되었다.

따라서 회계는 고대 문명제국의 다양한 사회공동체를 통하여 형성된 공통의 산물임을 알 수 있다. 고대사회의 회계사(史)는 인류의 국가공동체가 형성되어 발전과정을 거치면서 필요한 문명 도구의 하나로서 생성되고 발달해온 기록계산기법의 발자취라고 할 수 있다. 그렇지만 고대사회의 회계기록은 그 형태와 내용 모두가 현대사회의 회계기록과는 전혀 다른 것이다. 그것은 회계기록이라기보다는 거래를 통하여 나타나는 사회구성원의 권리와 의무를 기록함과 동시에, 남아있는 재화의 기록을 비망적으로 표시해두는 데 초점을 두고 있었다. 그래도 이러한 기록계산법의 사실은 회계사학자들이 수집하는 중요한 자료이므로 여러 가지 면에서 기록·계산된 사실 자체가 회계 문화사의 단면임을 말해준다.

한국 민족의 고대문명은 한강문화와 요하 문명에 바탕을 둔 단군 건국으로 고조선 문명권을 형성했다. 그 후 삼한(三韓)·삼국(三國)의 열국 시대를 거쳐 통일신라 시대에 이르기까지 다양한 영고성쇠(榮枯盛衰)의 질곡 속에서 한국 민족의 독특한 문화영역을 만들어내었다. 부족국가의 형태를 벗어나지 못했던 환경이었으나, 통치자의 강력한 지도력으로 국가경영의 기본체제를 확립하였고 국가사회의 기본질서를 유지하기 위한 사회문화의 모습을 조성했을 뿐만 아니라, 농경문화를 창출함으로써, 한민족의 경제적 생활 터전도 만들어내었다. 시장을 통한 문물거래의 활성화를 도모함으로써, 상업문화의 형성과 더불어 물적 유통관리를 위한 비망적 기록계산의 기법을 마련하여 치부 회계문화도 생성되었다.

한국회계문화의 효시가 여기에 있음을 보게 된다. 이하 본 장에서는 고대 한국회계문화의 효시가 된 생성사적 배경과 사회문화의 발달과정에서 형성된 회계문화의 기원에 대한 접근을 시도한다. 그것은 한국 고대 회계문화의 생성에 머물지 않고 인류문명의 발상지라고 알려진 중국, 인도, 이집트 및 메소포타미아의 바빌로니아 지역에서 발원한 회계문화의 기원에 대한 탐색도 함께 이루어질 것이다. 왜냐하면, 울프(Arthur H. Woolf)가 언급한 『회계의 역사는 문명의 역사이고……. 회계는 문명의 발전과 더불어 발달해 온 것』3)이라는 문구를 상기해보더라도 회계는 인류문명사와 더불어 발원한 기원의 근원임을 엿볼 수 있기 때문이다.

② 고대 한국회계문화의 생성사적 배경

고대 한국회계문화의 생성사적 배경은 우리나라의 전통 사회문화와 상업문화를 바탕으로 하여 조성된 것이다. 농경사회를 주축으로 하던 상고시대부터 사회공동체의 질서유지를 위한 사회문화가 구축되었음은 물론이다. 그러한 전통적 사회문화를 바탕으로 하여 농경사회의 생산물이 유통되는 시장경제가 형성되었고, 물물교환이었지만, 상인에 의한 상업문화도 형성되었다.

원래 사회문화는 사회구성원들이 가지고 있는 가치관이며, 인간관계, 가족관계, 정치・경제・상업・회계・경영・법률・교육・종교 및 여가 활용 등, 여러 가지 하위문화(下位文化: subculture)를 포함하는 개념이라 할 수 있다4). 그러므로 사회문화는 인류가 사회공동체를 형성하여 집단생활을 영위하면서 비롯된 것이며, 상위문화의 위치에서 하위문화를 구성하는 작용을 한다. 상위문화인 사회문화로부터 파생되는 상업문화나 회계문화와 같은 하위문화는 사회문화의 환경적 요소에 포함되는 것이며, 그 영향 아래서 독특한 문화적 행태를 이루어낸다. 한국의 전통적 사회문화와 하위문화인 경제사회의 회계문화도 이러한 관계 속에서 형성된 것이다.

따라서 상인의 비망 기록의 수단으로 필요한 회계기법도 상위개념으로서의 사회문화와 하위개념으로서의 상업문화를 배경으로 하여 개발되어 활용되었을 것으로 보인다. 이하에서 한국회계문화를 조성한 사회경제적 배경으로서의 전통 사회문화와 상업

---

3) Artur H. Woolf, "A Short History of Accountants and Accountancy", (London, 1912), P. ix.
 ; 고승희, 『회계사・회계사상사 연구 서설』, (서울, 수서원, 2006), P. 1.
4) 이학종, 『한국기업의 문화적 특성과 새 기업문화 개발』(서울, 박영사, 1997), PP. 49~53.

문화의 근원에 접근함으로써, 고대 한국회계문화의 생성환경 및 시대상을 유추(類推)할 수 있을 것이다.

1. 한만(韓滿)지역 고대 문명국가의 출현과 사회문화적 토양

1) 고대 문명국가의 출현

한국의 전통적 사회문화는 고대문명 국가사회의 모습을 갖추기 시작한 고조선 상고시대에서부터라고 할 수 있다. 물론, 그 이전 석기시대의 원시사회 공동체에서 비롯된 원시사회 문화가 형성되어 유형, 무형의 행태로 문화적 모습을 띠고 있었을 것으로 유추할 수도 있다. 그러나 백의민족(白衣民族)을 상징하는 우리나라의 민족문화가 명실공히 전통적 사회문화로서 자리를 굳히게 된 것은 단군조선이 건국(BC 2,333)되면서부터이다. 삼국유사(三國遺事)에 의하면, 단군왕검(檀君王儉)이 백두산 신단수(神檀樹) 아래서 나라를 세운 건국 신화가 기록되어 있다.5) 그것이 바로 고조선(古朝鮮)의 건국이요, 한민족의 전통적 사회문화가 이루어진 시발점이다.

여기서 단군신화는 단순한 토테미즘의 흔적을 표시한 전설이 아니라, 한민족의 슬기와 문화가 형성되는 과정을 반영하고 있음을 인식하게 한다. 따라서 단군신화에서 비롯되는 고조선을 건국한 한민족은 우랄·알타이어족이다. 지리상으로 볼 때 우랄산맥과 알타이산맥은 유라시아대륙 북방의 추운 지방에 있어서, 그곳에는 북방을 상징하는 동물인 곰(熊)과 범(虎)이 있다. 한민족의 선조들은 곰(熊)과 범(虎)의 생활권역에서 같은 사회환경을 만들어 살아왔을 것이다. 그래서 곰을 상징하는 곰토템족(熊 totem 族)으로서의 맥(貊) 부족과 범(虎)을 상징하는 범토템족(虎 totem 族)으로서의 예(濊)부족이 자웅(雌雄)을 겨루던 관계를 나타낸 것으로 볼 수 있다. 그리고 큰 새(三足烏)로 상징되는 한(韓:桓)부족이 주도권을 잡아 족외혼(族外婚)을 통해 단군왕검이 탄생하였음을 암시하는 신화의 단면이라고 할 수 있다.

이에 대한 서울대학교 신용하 교수의 사회학적 해석이 있다. 『한족의 남군장 환웅과 곰 토템부족인 맥 족의 여군장(熊女)은 혼인동맹으로 결합하여 그 사이에서 후에 단군(檀君·壇君)이라고 호칭한 아들을 낳았는데, 환웅과 웅녀의 아들 단군이 후에

---

5) 『삼국유사』권일, 고조선 단군 고기, 『환인(桓因)의 서자인 환웅(桓雄)이 홍익인간을 목적으로 아버지로부터 천부인(天符印) 3개를 받아 무리 3천을 이끌고 태백산정 신단수(神檀樹) 아래 내려와 신시(神市)를 베풀고 풍백(風伯)·우사(雨師)·운사(雲師)를 거느리고, 곡(穀)·명(命)·병(病)·현(刑) 등, 인간 360여 사(餘事)를 맡아 교화시켰다. 이때 곰(熊)·호랑이(虎)가 한 굴에 살면서 사람 되기를 원하니, 환웅이 쑥·마늘을 주어 백일 간 햇빛을 보지 못 하게 하였다. 곰은 그렇게 한지 3·7일 만에 여자가 되어 환웅과 결혼하고 단군(檀君)을 낳았다.』

'아사달'에 도읍을 정하고 조선(朝鮮·古朝鮮)이라는 이름의 고대국가를 건국한 것이었다.」6) 이를 부연하면, 한(韓) 부족에서 왕이 나오고 맥(貊) 부족에서는 왕비가 나와 부족 외의 혼인을 맺어 단군이라는 왕자를 낳게 되며, 한편 예(濊)부족은 자치권을 가진 후국(侯國)의 지위를 확보하게 됨으로써, 3 부족 연맹결합에 의한 고대 문명국가의 출현이 이루어졌음을 인지할 수 있다는 것이다.

따라서 단군신화는 한·맥·예의 3 부족의 동맹 결합으로 이루어진 고대 문명국가(古朝鮮)의 건국 일화를 신화로 담아낸 것으로 유추해볼 수 있다. 이는 앞 장에서 한국 민족의 기원에 관한 접근과정에서 언급한 신용하 교수의 학설과 연관되는 것이다. 그러므로 한·맥·예의 3 부족 연합에 의한 고대 문명국가(古朝鮮)의 출범은 민족의 위대성을 강조하고 전통과 문화의 정신적 지주로서의 홍익인간을 지향하는 민족의식을 표현한 것이라고 수용되는 것이다.

고조선(古朝鮮)은 우리나라 최초의 고대 문명국가로서 여러 가지 법속(法俗)과 정치적 전통을 갖추었던 나라였다. 처음에는 청동기문화를 바탕으로 하였지만, 철기의 수용으로 사회가 크게 발전하였고, 농경문화와 교역의 발달로 사회계층의 분화가 이루어져 계층 및 국가의 유지를 위한 법속을 개발하였다. 더욱이 고조선은 한반도 각처에 철기문화를 보급함으로써, 고대 초기국가의 문화 수준을 높이는 데 이바지한 바가 크다고 여겨진다. 즉, 한서(漢書 地理誌)에 의하면, 고조선 사회에는 일찍이 법속이 발달하였다고 전해지고 있다.7)

또한 한민족 최초의 문명국가인 고조선은 철기문화의 수용 이후, 한반도의 정치·경제와 사회적인 변동을 가져오게 하였다. 즉, 철기문화의 보급으로 혈연 중심의 부족 공동체 지배 단위에서 지연(地緣)중심의 국가조직으로 확산하여 갔으며, 한반도의 각 지역에 다수의 국가형태가 성립되었다. 환언 하면, 군장(群長) 사회의 단계에 있던 여러 지역의 공동체 집단은 족장(族長) 세력이 강화되면서 지역적으로 통합된 초기국가로 성장했다는 것이다. 그래서 그들은 중앙의 왕을 정점으로 하는 원시적 국가체제를 형성하고, 기존의 부족장 세력을 유지하는 한편, 새로운 철기문화에 기반을 둔 사회질서를 이룩하게 되었다.8)

그러나 고조선이 중국의 정치적 변동에 영향을 받아, 많은 유이민(流移民)이 남하하면서 삼한(三韓)이 점차 변화의 물결을 타게 되었다. 비록 삼한은 정치적으로 후진성을 띠고는 있었으나, 기후와 토양조건이 유리한 위치에 있었으며 일찍부터 사회발전의 토대를 갖추고 있었다. 특히 마한(馬韓)·진한(辰韓)·변한(弁韓) 등의 삼한은 진화된 토기 문화와 도작(稻作)에 따른 농경문화를 토대로 생산력의 혁신을 통한 독자적

---

6) 신용하, 『고조선 문명의 사회사』(서울, 지식산업사, 2018), P. 152.
7) 漢書 地理誌, 古朝鮮八條法禁.
8) 김경태·신형식·이배용, 『한국문화사』(서울, 이화여자대학교 출판부, 1986), PP. 34~35.

문화권(圈)을 형성함으로써, 백제·신라·가야(伽倻) 건국의 배경이 되었다.

한반도의 각처에 산재한 초기의 고대 문명국가(古朝鮮)는 점차 왕권이 강화되면서 지역적 통합이 이루어졌다. 강력한 왕권을 기반으로 발달한 관료제도와 확장된 영토를 바탕으로 하나의 통치 질서를 행사하는 국가로 성장한 것이다. "삼국사기"와 "삼국유사"에 나타난 삼국(高句麗·百濟·新羅)이 우리나라의 대표적 고대 문명국가로서 한국 전통사회의 원형이 나타난 시대였다고 할 수 있다.

고구려(高句麗)는 BC 1세기경에 고주몽(高朱蒙)을 시조로 하여 출현한 고대 문명국가의 하나이다. 고구려는 기마민족의 호전성과 지리적 불리함을 배경으로 성립하였으며 부여·옥저 등, 북방 민족과의 투쟁 속에서 성장하였다. 고구려의 팽창은 중국 민족과의 충돌을 초래하게 되어 자연히 진취적이고 용맹한 민족 기질을 바탕으로 하는 사회적 발전은 보여주었으나, 문화적 세련미는 적은 편이었다. 그러나 북방 민족의 침입으로부터 한반도를 보호하는 역할을 하기도 했다.

백제(百濟)는 BC 1세기경 부여와 고구려의 유이민 집단이 한강 일대의 위례성(慰禮城)에서 온조(溫祚)를 시조로 하여 토착 세력을 흡수하고 형성된 고대 문명국가이다. 백제의 발전은 온화한 기후와 평야 지대의 유리한 조건으로 석기시대 이래 한민족이 생활 터전을 마련해온 한강 유역의 사회적, 문화적 기반이 있었기 때문에 가능한 일이었다. 백제의 옛터전에서 무문토기와 즐문토기가 집중적으로 출토되었고 공열토기(孔列土器)와 각형토기(角形土器)가 발견되고 있는 바와 같이 북방문화와 남방문화의 접속지역이었다고 볼 수 있으므로 고대국가 발생의 환경조건은 충분했다고 할 수 있다. 이러한 환경에서 형성된 백제는 고구려와 신라의 틈바구니에서 약체국가로 존재했지만, 고이왕(古爾王, AD234~286) 때에 이르러 율령제(律令制)를 마련하여 국가 기틀을 확립했으며, 근초고왕(AD346~376) 때에는 마한지역을 완전히 장악함으로써, 고대국가의 터전을 이룩했다. 특히 백제는 중국의 산동·화북 일대는 물론, 일본열도에까지 상업권을 확대한 해상왕국이었다.[9]

신라(新羅)는 한반도 동남쪽의 경주를 중심으로 박혁거세(朴赫居世)를 시조로 하여 발흥한 나라이다. 초기에는 후진적 사회문화를 유지하고 있었으나, 청동기시대부터 낙동강 유역을 중심으로 발달한 문화를 바탕으로 철기문화를 개발하였고, 6촌장을 구심점으로 하는 민주적 정치사회를 이룩했던 고대 문명국가로 일컬어진다.

그런데 신라는 내물왕(奈勿王, AD356~402) 때부터 강력한 왕권을 확립하고 외교력을 발휘하여 당(唐)나라와 군사동맹을 맺어 백제와 고구려를 멸망시킴으로써, 삼국통일의 대업을 완수하게 된다. 그러나 신라의 삼국통일은 독자적인 국력에 의한 것이 아니고 외부세력을 등에 업고 이룩한 것이었으므로, 많은 영토와 인구를 잃게 되는 결과를 가져

---

9) 상게서, PP. 41~44.

왔다. 그래도 하나의 국가로 통일된 정부 밑에서 정치·경제·사회·문화를 건설할 수 있게 된 것은 큰 의미를 지닌다고 할 수 있다. 그렇지만, 고구려의 옛 터전에 발해국(渤海國)의 출현하면서 남북조시대를 맞게 되었고 상당한 기간 그 상태가 지속되었다.

한편 가야(伽倻)는 역시 BC1세기 경에 김수로왕(金首露王)을 시조로 하여 낙동강 하류 지역에서 발흥한 고대국가의 하나이다. 가야는 청동기시대부터 문화가 발달하여 있었고, 독자적인 철기문화를 개발하여 백제·신라와는 다른 정치사회를 형성하고 있었다. 특히 가야는 북쪽 고령(高靈)의 대가야(大伽倻)와 남쪽 김해(金海)의 금관가야(金官伽倻)가 존재하고 있었으며, 대가야는 농경문화가 발달하였고, 금관가야는 농경문화뿐만 아니라, 해안선을 따라 어로(漁撈) 문화가 발달하였다. 특히 금관가야는 일찍부터 왜(倭)와 교역함으로써, 성숙한 사회문화를 이룩할 수 있었다. 그런데 가야는 신라와 백제 사이에서 정치적, 군사적 압박을 받았기 때문에, 국토의 확장과 성장에 상당한 장애가 되었다고 한다.[10]

2) 고대국가의 사회문화적 토양

(1) 농경사회의 문화적 토양

고고학적 측면에서 한민족의 역사는 유목 생활에서 비롯되었다고 한다. 기원전 50세기에서부터 기원전 27세기까지 전개되었다는 신석기시대의 홍산문화(紅山文化: 遙河文明)의 시기에도 유목 생활이 기반이었다. 요하문명권의 시대를 거치면서 유목과 농경이 자리를 잡아 혼합형 농경사회가 형성되고 점차 농경사회로 정착된 공동체 생활 단계로 진입하였다. 그 후 기원전 2~3세기경 국가공동체를 형성시킨 단군 시대의 초기에 이르러서도 혼합형 농경사회가 지속되었으나, 점차 농경사회를 주류로 하는 농경문화의 토양을 형성하게 되었다.

온대성 기후를 가진 동북아시아의 고대 문명국가는 벼농사를 중심으로 하는 농경문화에 기반을 둔 나라가 되었다. 농경문화는 고조선 이래 수천 년간 이어져 내려오면서 한민족 고유의 생활양식과 민족문화의 형성에 상당한 영향을 끼쳐온 환경요소이다. 논농사와 밭농사를 중심으로 하는 정착 생활에서 비롯된 농경문화는 농사를 짓기 위한 기후의 변화에 민감하게 작용하기 때문에 자연의 섭리에 순응하는 민족성을 형성시켰으며, 파종과 수확의 결과를 바라는 농민의 근면·성실함과 공동체적(共生을 위한) 집단생활을 통하여 영농의 시한적 작업 과정을 해결하는 풍토를 조성하였다. 이러한 토양은 오랜 기간 농경 생활을 통하여 형성되었고 우리 민족의 의식구조 속에 깊이 뿌리

---

10) 상게서, PP. 40~49.

내려 전통적인 생활문화로 자리 잡게 되었다.[11]

부지런히 일하는 근면성은 뚜렷한 사계절의 변화에 따라 절기마다 때를 놓치지 않고 작업을 마쳐야 하는 영농법의 특징, 즉 우리 민족의 농경문화에서 비롯된 것이다. 사계절의 기후조건으로 인하여 이루어진 벼농사와 밭농사는 한민족이 끊임없는 근면성을 요구하기에 이르렀다. 한민족은 춘하추동의 계절변화에 적응하기 위하여 부지런하지 않을 수 없었으며, 봄과 여름에 부지런히 일하면 가을에는 반드시 풍요한 결실을 보게 하며 그것으로 겨울을 따뜻하게 지낸다는 자연의 섭리를 터득하여 건실한 작업 노동관이 생겨난 것으로 볼 수 있다.[12]

그리고 농경문화는 유목문화와 대립하는 개념이다. 유목문화는 목축의 먹이를 따라 함께 이동하는 습성, 살아남기 위한 살생의 일상화는 물론, 이동하기 때문에 지역 간의 물품을 조달해주는 상업과 그에 따른 계약 중시의 풍습 등이 문화의 원형을 향한다. 한민족의 건국 초기 즉, 고조선 시대에는 원시공동체에서 비롯된 유목 생활을 통한 이동하는 습성이 남아있었다. 삼한(三韓)시대에 들어오면서 한반도를 중심으로 한 영농법의 개발로 논농사와 밭농사를 하는 정착 생활이 뿌리내렸다고 한다. 따라서 농경문화는 논과 밭을 중심으로 하는 농사가 생활수단이기 때문에, 언제나 한곳에 머물러 사는 정착 생활이 기본이다. 그러므로 토지에 대한 애착심이 강할 뿐만 아니라, 외세의 침입에 대한 집단적 방어가 의식화되었고, 함께 살아간다는 평등의식과 공생주의 개념이 뿌리내렸다. 그러나 고대사회는 집단적 방어의식이 강했기 때문에 매우 배타적이었다고 할 수 있다.[13]

이러한 농경문화의 특성으로서는 공생주의적 공동체 의식과 순응 성향, 그리고 근면 성실성을 들 수 있다. 따라서 고대국가의 농경사회는 전통적으로 마을공동체를 이루어 집단생활을 하면서 부락단위별로 영농을 위한 공동작업을 수행하였고, 「두레」나 계(契)를 결성하여 운명공동체(Gemeinschaft)의 조직을 발달시켰다. 이러한 공동체 의식은 한민족의 전통적인 생활양식으로 정착되었으며, 대표적인 의식구조의 하나가 되었다. 「우리」라는 언어습관이 한민족의 일상생활 속에 뿌리내린 것은 농경사회의 집단의식이 가져다준 결과이다. 이것은 개인보다는 집단의 내부 결속이 농경사회의 생존을 위한 중요한 수단이었음을 의미한다.

고대 문명국가의 사회문화에는 서로 돕고 의지하여 난관을 극복하려는 의리(義理)와 동료애가 사회구성원들의 공유가치로 승화되었다. 이것이야말로 고대 문명국가의 발전을 가져오게 하는 농경문화의 요소라고 할 수 있다. 농업을 천직으로 여기며 살아온 한민족은 자연의 변화에 매우 민감하게 반응하며, 사태의 변화에 순응하는 성향을

---

11) 고승희, 『한국형 기업문화의 조명』(서울, 도서출판 수서원, 2006), P. 54.
12) 삼일회계법인, 『한국기업의 성공조건』(서울, 매일경제신문사, 1995), PP. 168~177.
13) 고승희, 전게서, PP. 54~55.

지니게 되었다. 이는 기후의 변화에 따라 작황(作況)이 좋아지기도 하고 나빠지기도 하는 농업환경에 순응하며 살아왔던 농경민족의 오랜 전통으로 정착된 생활 특성이다. 자기 주변에서 일어나는 모든 일이 운명이고 팔자소관이며 자연재해처럼 인간의 의지로는 극복할 수 없는 것으로 체념해버리는 의식이 바로 한민족의 의식 속에 있다. 그렇지만, 주어진 환경에 은근과 끈기로 적응하며 헤쳐나가려는 의지력이 강하게 작용하는 성향도 함께 지닌 것이 농경문화가 빚어낸 특성의 하나라고 할 수 있다.14)

그러므로 환경에 대한 인간의 적응 의지는 2가지가 있음을 알 수 있다. 하나는 환경변화에 적극적으로 도전하여 이를 극복하고 창조적 변혁을 가져오게 하는 것이다. 또 다른 하나는 환경변화에 순응·타협하고 동화작용을 하는 것이다. 한민족의 순응성향은 전자와 후자의 양면성을 내포하고 있지만, 타협하고 동화하는 후자가 더 강한 편이다. 그 이유는 역시 농경문화의 영향 때문이다. 치산치수의 환경조성이 안 되었던 봉건시대에는 가뭄이나 홍수 등, 천재지변을 불가항력적으로 받아들여야 하는 상황이었고, 그 결과에 영향을 받아왔기 때문이라고 여겨진다.15)

(2) 종교사회의 문화적 토양

고조선 시대의 사회사상(社會思想)은 원시종교에서 찾을 수 있다. 이 시대에는 문화 수준이 낮은 상태였기 때문에, 넋의 존재를 인정하여 그것이 자연이나 인간에 붙어 다니며 영향력을 가진다는 애니미즘(animism)이 인정되고, 주술(呪術)이나 금기(禁忌: taboo) 등이 행해졌다고 하는바, 한민족의 신화(神話)중에는 이러한 흔적이 남아있음을 본다. 이러한 원시종교는 단군조선이 건국되고 원시사회가 해체된 이후에도 사회사상의 주축을 이루어 천신(天神)과 토속신 숭배는 일상생활의 중요한 행사로 이루어지고 있었다.

단군왕검(檀君王儉)은 고조선의 건국 시조이다. 「단군」은 하늘에 제사를 지내는 신시(神市) 제사장(祭司長)의 의미를 지니며, 「왕검」은 국가권력의 수장인 임금을 뜻하는 것이다. 고대국가의 경우는 종교와 정치가 분리되지 않은 제정일치(祭政一致)의 시대적 상황이었기 때문에, 신시의 제사장이 곧바로 정치의 수장인 권력자로서의 국가원수(國家元首)였다. 그뿐만 아니라, 동일한 종교적 신앙을 공유하는 여러 지역은 정치적인 영지(領地)가 되어 그의 지배를 받는 거수국(渠帥國; 諸侯國)으로서의 역할을 하였다.16) 고조선은 매년 5월과 10월이 되면, 하늘에 제사를 올렸다고 한다.17) 고조선 시

---

14) 삼일회계법인, 전게서, P. 178.
15) 상게서, PP. 177-178.
16) 신채호 지음, 박기봉 옮김, 「조선상고사」(서울, 비봉출판사, 2006), P. 104.
17) 공창석, 「위대한 한국 상인」(서울, 박영사, 2015), P. 25.

대에는 하늘에 올리는 제사가 나라의 중요한 행사로서 임금의 관장 하에 거행되었다는 것이다.

이러한 고조선 시대의 종교적 고유사상은 사회의 발달과 외래문화의 영향을 받아 변화의 과정을 거치게 된다. 이 시대에 고대 중국으로부터 전해진 외래종교는 유교와 불교 및 도교 등이다. 이러한 영향 아래 민족정기를 상징하는 풍류 사상이 싹트기 시작하였다. 화랑도 정신의 생성은 그 좋은 예라고 할 수 있을 것이다. 그런데 중국으로부터 음양오행 사상이 전래하여 고조선 이후의 여러 왕조에 정치·경제는 물론, 서민의 사회생활에까지 영향을 주었던 것도 사실이다.[18]

유교가 한자(漢字)와 더불어 전래한 것은 고조선 시대로 추정되는바, 이것이 지배층의 통치이념으로 정해진 것은 삼국의 정립 이후부터라고 한다. 나라에서 국학을 세워 사서오경 등의 경전을 가르쳤고 그 과정에서 인재를 등용시키는 제도가 확립되었다고 한다. 한문자(漢文字)의 보급은 지배계층을 중심으로 널리 보급되어 문자를 통한 의사소통과 물품거래의 기록계산 수단으로 활용되었을 뿐만 아니라, 문자가 있어야 하는 상인 계층 등에 전수되어 사회문화의 창달에 크게 이바지했다.

불교가 전해진 것은 삼국시대였다. 고구려에서는 일찍부터 불교가 전해졌으나, 국가가 정식으로 인정하게 된 것은 소수림왕 2년(AD372)이었다. 고구려는 중국의 승려를 초빙하여 사찰을 짓고 불교의 보급에 힘을 기울였다. 원래 중국의 불교계는 중국 고유의 노장사상(老莊思想)을 매개로 하는 이른바 선인선과(善因善果)의 인과적 교리가 중심을 이루고 있었으므로, 고구려에서 받아들인 불교는 인과적 교리로서의 불교 내지는 구복(求福)으로서의 불교였다. 그러나 그것은 종래의 토속신앙과도 일맥상통하는 것이며, 신불(神佛)이 혼합된 불교 신앙이 주류를 이루어 새로운 관념형태를 형성함으로써, 삼국 중에서 먼저 중앙집권적인 고대문명 국가 형성의 기틀을 잡게 되었다고 한다.[19]

백제에 불교가 전해진 것은 고구려보다 12년 뒤인 침류왕 원년(AD384)이다. 백제는 진(晉)나라로부터 인도 승 마라난타(摩羅難陀)를 초빙하여 불교의 교리를 전수받은 것이 그 효시이다. 백제도 종래의 토속신앙과 혼합되어 특색 있게 발달하였다.

신라는 5세기경에 고구려를 통하여 불교를 전수받았다. 극히 씨족적인 기반이 강하고 토속신을 섬기던 신라 사회에서 외래종교가 토착화한다는 것은 용이한 일이 아니었다. 그러나 중앙집권체제가 강화된 6세기 이후부터 지배계층에 불교를 신봉하는 수가 많아지고, 특히 이차돈(異次頓)이 불교 신앙을 위한 순교로 불교 신자가 급격히 늘어났다. 드디어 법흥왕 5년(AD518)에 이르러 불교를 치국이념으로 하는 국가적 종교로 공인하게 되었다. 이러한 불교문화는 고려 시대로 이어져 강력한 국가의 보호를 받으

---

18) 김병하, 『한국 경제사상사』(서울, 일조각, 1977), P. 2.
19) 안계현, 『한국 불교사』(한국문화사 대계, 종교 철학사 편), P. 181; 김병하, 전게서, PP. 4~5.

며 호국 종교로서 우리나라의 사회문화 속에 정착하기에 이른다.20)

오늘날의 전통적 유교 사상은 충(忠), 효(孝)에 근거하는 가족주의 사상과 국가관을 근본으로 하고 있다. 이는 한국의 상업문화와 기업문화의 형성에 많은 영향을 주었던 것으로 생각되며, 상하 간의 위계질서, 상의하달식 의사소통 및 권위주의적인 리더십 등이 우리의 사회문화 속에 많이 반영되어 있음을 보게 된다.

3) 고대사회의 회계문화적 토양

(1) 문자의 출현

인간의 창조 행위 중에서 가장 위대한 것은 바로 문자의 발명이다. 인간이 문명 생활을 개발하고 유지하는 것은 오로지 문자가 존재하기 때문이다. 인간의 경험과 지식은 문자를 통하여 다른 사람에게 전달되고 공유되며 확대되어 가는 것이다. 그것은 다음 세대에 전달되고 쌓여서 문명 생활 내지는 문화생활을 영위하게 된다. 이는 인류가 지구상에 출현한 이래 진화를 거듭하면서 문명을 발달시키는 과정에서 비롯된 것으로 볼 수 있다.

인류문명의 발상지인 큰 강 유역의 비옥한 토지에 정착한 부족은 치수(治水)와 관계(灌漑)를 위해 많은 노동력이 필요하게 되고, 또한 관개와 도구의 발달로 인해 생산력이 높아지게 되었다. 대내적으로는 권력과 부(富)의 격차가 생겨나고, 대외적으로는 수레나 배 등의 교통수단이 발달하면서 교역이 활발하게 이루어지게 되었다. 결과적으로 사찰(寺刹)이나 권력자에게 바치는 공납의 양이나 교역 관계를 기록하기 위한 수단이 필요하게 되어 문자를 만들게 된 것도 사실이다. 문자를 만들어 사용하게 되면서 선사(先史)시대를 벗어나 역사시대로 접어들게 되었고, 인간은 개명(開明)된 사회문화의 단계에 들어서게 되었다고 한다.

인류문명의 발상(發祥)은 크게 네 지역에서 이루어지게 되는데, 메소포타미아 문명은 티그리스강과 유프라테스강 유역에서, 중국 문명은 황하 유역에서, 이집트 문명은 나일강 유역에서 그리고 인도 문명은 인더스강과 갠지스강 유역에서 나타났다. 각각의 문명에서는 독자적인 문자를 발명하게 되는데, 메소포타미아 문명에서 발명된 문자를 설형문자(楔形文字: 쐐기 문자)21)라하고, 이집트 문명에서 발명된 문자를 이집트 문

---

20) 김병하, 전게서, PP. 5~6.
21) 설형문자(楔形文字)는 BC 5000년경부터 약 3,000년간 메소포타미아를 중심으로 고대 오리엔트에서 광범하게 사용된 문자로서 설형(楔形)이 쐐기를 뜻하는 한자(漢字)이다. 한자(漢字)와 마찬가지로 회화문자(그림문자)에서 생긴 문자이다. 점토 위에 갈대나 금속으로 만든 펜으로 새겨 썼기 때문에 문자의 선이 쐐기 모양으로 되어 설형문자라고 한다. 설형문자를 발명한 것은 수메르인

자, 인도 문명에서 발명한 문자를 인도 문자라 한다. 그리고 중국에서는 갑골문자(甲骨文字)22)를 만들었는데 이것이 한자(漢字)의 기원이다.23)

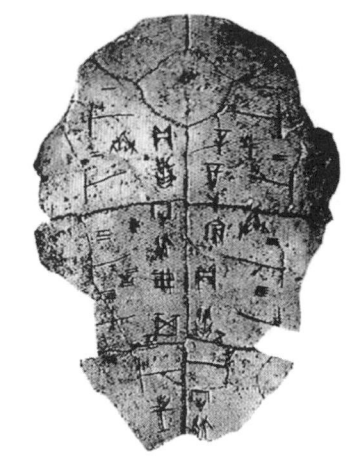

<사진 2-1> 갑골문자의 예시

<자료 :http://100.daum.net/encyclopedia/
view/24XXXXX75407>

이렇게 발생한 문자는 민족의 부흥과 더불어 문화의 전파자로서 인근 지역에 파급되고 새로운 문자로 탈바꿈하면서 새로운 문화를 담기에 이른다. 따라서 문자의 역사는 인류문명의 변천사와 결부되어 있다. 문자의 기원과 관련된 문자사(史)의 이야기는 인류의 역사를 밝힘과 동시에, 인류의 모든 면을 밝히는 인간사(史)와 관련된 것이다. 상고시대의 역사를 살펴보면 최초의 문자는 기원전 3000년경 또는 그보다 앞선 기원전 5천 년경부터 사용되었다고 한다. 초기에는 그림이나 매듭을 이용하여 어떤 사실을 표시하게 되었는데, 이것이 사람들 사이에서 일정한 약속이 되면서 문자가 탄생하게 되었다는 것이다.

황하 유역의 문명발상지를 중심으로 살펴보더라도 요(堯)·순(舜) 시대에 사용된 문자로는 새 발자국(鳥跡)이나 결승문자(結繩文字)24)가 있었으며, 하(夏)왕조시대에 이르러 회화문자(繪畵文字)가 발달하였다고 한다. 은(殷)나라 초기에는 과두문자(蝌蚪文字)25)의 과정을 거쳐 점차적으로 갑골문자로 진화되어 갔다고 한다. 그 후 주(周)

(人)이며, 수메르에서 가장 오래된 문자는 우루크의 에안나 신역(神域)의 제4층(우루크 후기)에서 발견된 회화문자이다. 발견된 문자의 수도 많은데, 현재 알려진 문자의 수는 약 1,000자 정도라고 한다.

22) 갑골문자(甲骨文字)는 중국에서 발굴된 고대 문자로서 거북이의 등껍질[龜甲]과 짐승의 견갑골[獸骨]에 새겨진 상형문자로서, 배딱지[龜腹甲]를 나타내는 갑(甲) 자와 짐승의 견갑골을 표현한 골(骨)자를 합하여 갑골문(甲骨文)이라고 명명하였다. 발견된 지역의 명칭을 따라 **은허 문자**라고 부르기도 한다. 갑골문자는 상형문자이고 한자의 초기 문자 형태에 해당한다. 발굴된 뼈의 연대는 대부분 기원전 1700년에서 기원전 1500년 사이의 것으로 은(殷 : 商)나라 말기라고 알려져 있다.

23) http://www.hangeulmuseum.org/sub/historial/cHistory/world01.jsp

24) 결승문자(結繩文字)는 예전에 노끈이나 새끼 따위의 매듭을 통해 그 매듭의 수효나 간격에 따라서 약속, 수량, 역사적 사실 따위를 기록하는 문자를 일컫는다. 끈이나 띠를 가지고 매듭을 만들어 기록 및 의사전달 수단으로 사용하는 원시적 문자 형태인 바, 매듭의 수·간격·모양·색 등이 각각 고유한 개념이나 숫자를 나타낸다. 어떤 의미를 매듭으로 표현하는 방식은 부족 혹은 지역에 따라 다양하게 발달하였다. 고대 중국의 결승이나 잉카 제국의 퀴푸 등이 대표적인 예로 전해지며, 그밖에도 티베트, 아프리카, 아메리카 인디언 등의 미개사회에서 결승문자를 사용한 흔적이 발견 된다. 이것은 신석기문명시기에서부터 비롯된 것이다.

나라 시대에 이르러 수메르인(人)26)들이 가지고 온 설형문자(楔形文字)가 은나라 시대에 사용되던 고유 문자들과 결합하여 새로운 형태의 상형문자(象形文字)27)로 진화한 것으로 보인다. 이 상형문자는 춘추시대에 대전(大篆)으로 발전하고 진(秦)나라 때에는 소전(小篆)으로, 한(漢)나라 시대에 와서 예서(隷書)로 되었으며, 당(唐)나라 시대에 이르러 완성된 해서(楷書)로, 그리고 그 후에 행서(行書)와 초서(草書)로 진화하면서 문자혁명이 이어져 온 것을 찾아볼 수 있다.28)

이러한 한자가 우리나라에 전해진 것은 고조선 시대라고 한다. 그때부터 우리 선조들은 음(音)과 훈(訓)을 빌어 말을 적기도 하고 직접 문자로 뜻을 나타내기도 하였다. 고조선 시대에 한자를 사용했다고 볼 수 있는 증거로는 BC 2,049년에 고조선의 6세 단군이신 달문(達門) 왕검께서 신지(神誌)인 발리(發理)에서 명하여 지었다는 "서효사(誓効詞)"29)가 단군세기에 기록되어 있다.

그리고 여옥(麗玉)이 지었다는 "공무도하가(公無渡河歌)"30)와 BC17년에 고구려 유리명왕(瑠璃明王)이 지었다는 "황조가(黃鳥歌)"31) 등이 전해지고 있어 이미 고조선 시

---

25) 과두문자(蝌蚪文字)는 중국의 옛 글자의 하나. 황제(黃帝) 때 창힐(蒼頡)이 새의 발자국에서 암시를 얻어 만들었다고 한다. 과두조전(蝌蚪鳥篆)이라고도 한다. 붓과 먹이 없었을 때여서 죽간(竹簡)에 옻[漆]을 묻혀서 글자를 썼으며, 그 글자 모양이 머리는 굵고 꼬리 부분은 가늘게 되어서 과두(蝌蚪;올챙이)를 닮았다고 하여 이 이름이 붙었다고 한다. 전한시대(前漢時代)의 고문경서(古文經書)나 서진시대(西晉時代)에 출토된 급총서(汲塚書)가 모두 이 자체(字體)로 쓰이어 있다고 한다.
26) 수메르인은 BC5,000경부터 메소포타미아 지역에 살던 농경민족이며 설형문자로 수메르 문명을 일으켰다.
27) 상형문자(象形文字)는 그림으로 이루어진 문자이며, 초기의 한자와 고대 이집트 문자를 일컫는다. 고대의 4대강 문명은 상형문자를 발전시켰으며, 가장 오래된 것은 메소포타미아지방의 수메르 人의 문자라고 알려져 있다. 처음에는 농신물이나 물품 등의 기록을 위해 사용되던 상형문자는 선형문자(線形文字)를 거쳐 설형문자(楔形文字)를 탄생시켰다. 이는 수메르인, 앗시리아인, 바빌로니아인에 의해 널리 활용되었다고 한다. 기원전 약 5,000년 전부터 유래된 역사적 문자이다. 상형문자는 문장과 언어를 분석하면서 그 언어와 문자가 대응을 이루는 표어 문자의 하나이다.
28) 이태수, 『한국·한민족의 역사』(서울, 신세림출판사, 2013), P. 81 & P. 145~146.
29) 서효사(誓効詞)는 환단고기(桓檀古記)에 기록된 신지비사(神誌秘詞)인바, 고려 말의 행촌(杏村) 이암(李嵒)이 편찬한 책, 단군세기(檀君世紀)에도 실려 있는 신지(神誌) 발리(發理)가 왕명을 받들어 지은 서사시(敍事詩)이다. 단군세기는 아사달(阿斯達)에 도읍하여 조선(朝鮮)이라는 나라 이름을 사용한 단군님들의 이야기를 싣고 있다 1세 단군왕검(檀君王儉)으로부터 47세 단군 고열가(高列加=古列加)까지 2096년 동안 각 단군의 재위 기간에 있었던 주요 사건들을 편년체(編年體)로 기록한 단군조선사(檀君朝鮮史)이다.
30) 공무도하가(公無渡河歌)는 한국 詩歌史上 가장 오래된 것으로, 고조선 시대 곽리자고(藿里子高)의 아내 여옥(麗玉)이 지은 노래이다. 공후인(箜篌引)이라고도 부른다. 중국 진(晋)나라 때 최표(崔豹)가 쓴 "고금주(古今注)에도 기록되어 있다. <이병기·백철, 『國文學前史』(서울, 1957), P. 41.>
31) 황조가(黃鳥歌)는 기원전 17년에 고구려의 유리명왕(瑠璃明王)이 지었다고 전해지는 노래이다. 삼국사기(三國史記)에 4언 4구의 漢詩로 기록되어 전하고 있다. (金富軾, 『三國史記』高句麗本記, 第1卷, 瑠璃明王篇).

대에 한문자(漢文字)가 널리 보급되어있었음을 알 수 있게 하는 대목이다.

그런데 환단고기(桓檀古記)에 의하면, 고조선 시대의 고유문자가 그보다 훨씬 소급되는 것으로 기록되어 있어서 한민족은 이미 문자 생활을 영위했던 것으로 볼 수 있다. 고조선 3세 가륵단군(嘉勒檀君)이 새로운 글자를 만들기 전, 고조선 시대에 있었다고 하는 진서(眞書)라는 상형문자가 바로 녹도문(鹿圖文)이다. BC 2,181년에 가륵단군은 그 진서(眞書)가 "해독하지 못할 정도로 어려웠다"라고 하며, 삼랑(三郞) 을보륵(乙普勒)에게 명하여 정음 38자를 만들게 하였다. 이로써 고조선의 새로운 문자, 가림토(加臨土: 加臨多)가 탄생하였다. 그런데 이 글자의 모습은 조선 세종 때 만든 한글과 그 형태가 같거나 흡사하다고 한다. 특히 모음 11자는 똑같이 생겼다는 것이다.[32] 앞으로 고증되어야 할 부분이다. 환단고기에 기록되어 있는 고조선 시대의 가림토 문자를 예시하면, <사진 2-2>에서 표시한 바와 같다.

<사진 2-2> 고조선 시대의 가림토 문자

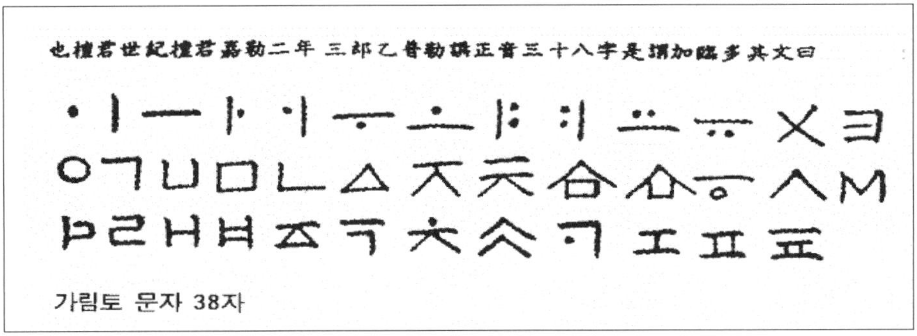

<자료 : 『桓檀古記』(http://blog.daum.net/promise044/3 백과사전)>
임승국 역주, 『桓檀古記』「太白逸史」 蘇塗經典本訓, 244 ~ 246쪽

이렇듯 가림토 문자가 있었음에도, 한자를 도입한 뒤 한동안은 정규 한문만 사용했으나, 사용하기에 불편을 느끼게 되어 한국어의 어순(語順)에 맞춰 글을 쓴 '서기체

---

32) 『환단고기』;『단군세기』;『태백일사』「소도경전본훈」; 이기성, 「단군조선 시대의 고한자와 고한글」(『동국대학교 대학원신문』, 제177호, 2013년 4월 15일자),
http://blog.daum.net/promise044/3
최근 중국 곳곳에서 은나라 갑골문 이전의 문자로 추정되는 상고금문이 발견되고 있는 바, 이것을 연구한 중국 학자 뤄빈지駱賓基는 자신의 저서『금문신고金文新攷』에서 '상고금문은 韓民族의 언어를 바탕으로 만들어진 문자'라고 밝히면서, 그 문자를 만들어 사용한 주체를 동방 조선족이라고 단언하였다(김대성 지음, 『금문의 비밀』).
(www.hwandangogi.or.kr/hwan/hwandangogi.php?mid=73)

(誓記體)'33)와 같은 의사한문(擬似漢文)이 나타났다. 이두문자(吏讀文字)가 그것이다. 이두문자는 우리말 어순으로 쓰인 의사한문(擬似漢文)에 문법적 요소가 더 보완되어 성립된 것이라고 한다. 즉, 이두문자는 삼국시대부터 시작하여 19세기 말까지 사용되었던 한자에 의한 우리 말 표기법의 일종이다.

태백일사(太白逸史)에 의하면, "병신(丙申:BC 865)년에 한수인(漢水人) 왕문(王文)이 이두법(吏讀法)을 만들어 올리니 임금께서 기뻐하고 삼한(三韓)에 명하여 시행케 하였다."라는 기록이 있다(古朝鮮三韓管境本記). 이두법은 신라 말의 대학자 설총(薛聰)이 만든 것으로 되어 있으나, 이 보다 약 1,600년(BC865) 전 고조선 때 만들어졌다는 것이다. 설총은 왕문이 창안한 이두문자를 더욱 발전시키고 체계화한 사람이라고 한다. 신라 진흥왕 29년(BC568년) 북한산에 세운 진흥왕순수비에도 이두문자가 나오는데 이것은 설총 이전에 이미 이두문자가 쓰였다는 증거이다.

이두문자는 구결(寺利文字), 향찰(鄕札) 등을 포함하여 한자를 빌려 이뤄진 한국어 표기법 전체를 가리킨다. 이두문은 이서(吏胥)들이 행정 문서를 작성할 때 사용한 한자 표기의 산문을 이르는데 같은 문체로 쓰인 민간의 글도 이두문이라 부른다. 이두는 한자의 음(音)과 훈(訓)을 이용하여 한국어를 표기하는 것이다. 고대사회에서 만들어져 사용했던 이두문자의 예를 소개하면 <표 2-1>과 같다.

<표 2-1> 이두문자의 예시와 현대어 해석

한 문	蠶陽物大惡水故食而不飲
이두문	蠶段陽物是乎等用良水氣乙厭却桑葉叱分喫破爲遣飲水不冬
훈민정음 표기	蠶는 陽物이온들쓰아 水氣을 厭却 桑葉뿐 喫破ᄒ고 飲水안들
현대 한글 해석	누에는 양물이므로 물기를 싫어해 뽕잎만 먹고 물을 마시지 않는다.

(주 : 양잠경험촬요(養蠶經驗撮要, 1415년)에 나타나는 이두의 예이다.(밑줄이 이두 부분))

<자료:http://ko.wikipedia.org/wiki/%EC%9D%B4%EB%91%90>

이처럼 우리나라의 고대사회에서는 중국에서 들어온 한자뿐만 아니라, 고조선 시대부터 개발된 진서(眞書)라는 상형문자를 거쳐 우리말 어법에 맞추어 만들어진 '이두법'과 '가림다'라는 문자를 사용하여 표기하였음을 확인할 수 있다.

---

33) 서기체는 이두, 향찰의 원형으로 원삼국시대 때 쓰였으며 한문의 어순을 우리말식으로 바꾼 것이다. 서기체로 쓰인 대표적인 문헌으로 임신서기석이 있다. **임신서기석**(壬申誓記石)은 1934년 경상북도 경주시 현곡면 금장리의 언덕에서 발견된 자연석이다. 현재 국립경주박물관에 소장되어 있다. 2004년 6월 26일 대한민국의 보물 제1411호로 지정되었다

(2) 산술(算術)의 기원

「주비산경」(周髀算經)에 『임금이 천하를 다스릴 수 있었던 것은 수(數)가 창안되었기 때문이다.』라는 구절이 있다. 이렇듯 숫자(數字)는 문자와 마찬가지로 인류의 역사와 더불어 시작되었다고 할 만큼 오래된 것이다. 그래서 숫자의 역사는 선사시대에서 오늘에 이르는 인류의 모습을 엿볼 수 있는 역사이기도 하다. 선사시대의 유적 중에는 문자가 없던 이 시기에 이미 별을 이용하여 측량하는 산술적인 지식이 있었음을 보여주는 그림이 남아있다고 한다. 즉, 2002년에 생물학자들은 남아프리카의 동굴에서 암석을 연구하다가 약 7만 년 전에 기하학적인 무늬를 새긴 돌을 발견하였다고 하며, 또한 2006년에는 아프리카에서 3만 5천 년 전에 제작된 것으로 추정되는 기초적인 셈법(算法)이 표기된 유물을 발굴하였다[34]

고대의 중국에서도 기원전 3~4천 년 경 신석기시대의 유적에서 발굴된 도기에 원을 포함하는 도형이 그려진 것을 보면 기하에 대한 지식이 있었던 것으로 보인다. 같은 시기에 수(數)에 대한 것도 결승(結繩), 각목(刻木) 등의 방법을 사용하여 표시하였고 숫자를 나타내는 기호도 이미 나타났다는 것이다.

동양 최고(最古)의 산술서적에 해당하는 '구장산술'(九章算術)[35]은 중국 고대국가에서 한문자와 더불어 비롯된 것으로서 주(周)나라와 진한(秦漢)시대를 거쳐 후한(後漢) 시대에 이르러 비로소 본 모습을 갖추게 된 산술서(算術書)를 일컫는다. 이 책의 정확한 원저자와 기원은 확실하게 알려지지 않았지만, 서기 263년 위(魏)나라의 유휘(劉徽)가 뛰어난 주석을 붙여 펴낸 것이 전해지고 있다. 한국과학문화재단은 1998년에 과학 고전 시리즈 사업의 일환으로 이 책의 번역본을 출간한 바가 있다.[36]

당(唐)나라 시대에 이르러 산술교육이 제도화됐고, '구장산술'을 비롯한 산경십서(算經十書)[37]를 교재로 사용했다고 한다. 이 중에서도 '구장산술'은 그 내용이

---

34) Henahan, Seanm, "Art Prehistory". Science Updates. The National Health Museum, 2002. Dirk Huylebroudk, Mathematics in (central) Africa before colonization, 2006.
35) 구장산술은 당시 중국에서 필요했던 산술방법을 9가지로 나눠 각각에 대해 한 장씩 서술하고 있다. 이 책에는 농업, 상업, 공업, 측량, 방정식이나 직각삼각형의 성질 등에 관한 총 2백46개의 문제가 포함돼 있다. 또 다양하고 실질적인 예제 풀이를 통해 계산법의 효과적인 전달을 꾀하고 있다. 여기에 계산식과 해법이 주어져 있긴 하지만, 그러한 식들이 어떻게 도출됐는가에 대한 설명은 나타나 있지 않다. (백과사전)
36) 오늘날 전해지고 있는 「구장산술」의 판본은 위나라의 유휘(劉徽)가 AD263년에 편찬하고 주를 붙인 것이며 제목 자체가 시사하듯 9개의 장으로 나뉘어 모두 246개의 문제가 등장하는데, 본문은 기본적으로 문, 답, 풀이의 3중구조로 되어 있다. (유휘 엮음; 김혜경・윤주영 옮김, 『구장산술』 한국과학문화재단 편, 도서출판 서해문집, 1998).
37) 산경십서(算經十書)는 중국 한나라 때부터 당나라 때에 걸쳐 완성된 열 종류의 수학책을 일컫는 말이다. 즉, 주비산경(周髀山經), 구장산술(九章算術), 손자산경(孫子算經), 해도산경(海島算經),

풍부하고 수준도 높아서 당나라 시대 이전의 가장 대표적인 산술서적이라 할 수 있다. 특히 '구장산술'은 조세 및 부역 징발이나 관개수로사업 등을 담당했던 관리들의 필독서로서 실무적인 일을 처리할 때 부딪히는 다양한 문제들과 산법(算法)을 집대성해서 정리한 것이다. 따라서 '구장산술'은 동양의 고대사회가 당면한 국가행정, 산업, 교통, 토목 및 건축 등, 여러 분야의 문제들을 다룰 수 있도록 그것들에 대한 수리적(數理的) 해법을 제시했다는 점에서 높은 평가를 받는다. 그뿐만 아니라, 이 책은 단순한 산술교재로서의 차원을 넘어서 고대 동양의 전통사회에 관한 훌륭한 정치 경제학서로 손꼽을 수 있다는 것이다.[38]

「구장산술」이 우리나라에 전해진 것은 고조선 시대의 후기에 이르러서이며 삼국시대와 통일신라 시대에는 상당히 보급되어 일상적인 산술서로써 활용되었고 교육용 교재로도 사용되었다고 한다. 「삼국사기」(三國史記)에 의하면, 신라의 국립대학인 「국학」에서 『산학박사(算學博士) 또는 산사(算士) 1인을 두어 철경, 삼개, 구장, 육장을 교재로 삼아 그들을 가르쳤다.』 (『算學博士若助敎一人, 以綴經三開九章六章敎授之.』)[39]고 기록되어 있으며, 아울러 성덕왕 16년에 행정관서에 산박사(算博士)를 임명하였다는 기록도 있다(『聖德王……十六年春二月, 置醫博士, 算博士各一員..』).[40] 이러한 기록으로 보아 삼국시대에는 이미 「구장산술」이라는 계산기법이 국가제정을 관장하는 관부회계의 기록계산 수단으로 활용되고 있었음을 볼 수 있다. 구장산술 9개 장의 내용과 예제의 수는 <표 2-2>에서 보는 바와 같다.

고조선 시대에는 수리(數理)에 관한 지혜가 상당한 수준에 이르고 있었을 뿐만 아니라, 책력(冊曆)과 도량형 제도를 시행하고 있었다고 한다. 즉, 3세 단군 부루(扶婁: BC2,240~BC2,182) 시대인 기원전 2,238년 9월에……말(斗)과 저울 등, 모든 기구를 관('官)에서 표준을 정하여 사용토록 하였고, 베와 모시의 시장가격이 서로 다른 곳이 없도록 하여 백성들이 서로 속이지 아니하고 어디서나 두루 편하게 하였다고 한다. (癸卯三年九月 下詔使民……斗衡諸器悉準於官布苧市價無處有二民不自欺遠近便之.) 그리고 경술 10년(BC2,231) 4월에는 구정(邱井)을 나누어 전결(田結)로 삼아 백성들이 임의로 사사로운 이익을 취하지 않도록 하였다. 또한 임자(壬子) 12년(BC2,229)에는 신지(神誌) 귀기(貴己)가 칠회력(七回歷)과 구정도(邱井圖)를 만들도록 하였다. (庚戌十年四月劃邱井爲田結使民自無私利, 壬子十二年神誌貴己製獻七回歷邱井圖.) 더욱이 5세 단군 구을(丘乙: BC2,100~BC2,085)시대인 을축(乙丑) 4년(BC2,096)에 처음으로 60

오조산경(五曹算經), 하후양산경(夏侯陽算經), 장구건산경(張邱建算經), 오경산술(五經算術), 집고산경(緝古算經), 철술(綴術) 등이다
38) http://blog.naver.com/pilest/100008317159
39) 김부식, 『三國史記』卷三十八, 雜志 第七(職官上)
40) 김부식, 『三國史記』卷 第八, 「新羅本紀」第八,

갑자를 이용해 책력을 만들어 사용케 하였다. (乙丑四年始用甲子作曆).41)

<표 2-2> 「구장산술」의 각 장(章)에 수록된 문제의 수와 내용

순서	각 장의 제목	문제수	제목 뜻	내용
1	방전(方田)	38	네모꼴의 논과 밭	다양한 도형의 넓이
2	속미(粟米)	46	조와 쌀	환율과 경제학
3	쇠분(衰分)	20	비율에 따른 분배	비율에 대한 각종 문제
4	소광(少廣)	24	적은 너비	분수, 제곱근, 세제곱근, 원과 구의 넓이, 부피
5	상공(商功)	28	상업에서의 공력	다양한 입체와 부피
6	균수(均輸)	28	균등한 조세	쇠분장보다 더 복잡한 비율에 대한 문제
7	영부족(盈不足)	20	넘침과 부족함	일차방정식의 해
8	방정(方程)	18	연립 일차방정식	연립 일차방정식의 해
9	구고(勾股)	24	직각삼각형	피타고라스의 정리

<자료: http://ko.wikipedia.org/wiki/%EA%B5%AC%EC%9E%A5%EC%82%B0%EC%88%A0>

환단고기(桓檀古記) 「태백일사」(太白逸史)에도 우리나라 고대 문자와 숫자에 관한 간략한 내용이 기록되어 있다. "신시(神市)에는 산(算)가지가 있고 치우(蚩尤)에게는 투전목(鬪佃目)이 있으며 부여에는 서산(書算)이 있었다. 단군세기에 의하면, 단군 가륵(嘉勒) 2년(BC2181년)에 삼랑(三郞) 을보륵(乙普勒)이 가림다(加臨多)라는 정음 38자를 지을 때, 산가지(算木: 산대)42) 모양의 산술도구도 만들어졌다고 한다."43) 여기서 산가지 또는 산대(算木)라는 것에 주목할 필요가 있다. 즉, 산가지는 나뭇가지나 대나무로 만든 막대로, 수를 나타내고 계산하는 데 이용한 도구이다. 오늘날 열(10)이 될 때마다 한 자리를 올리는 자릿값의 개념을 이용하여 수를 나타내는 것과 같은 원리를 따르지만, 다만 아라비아 숫자가 아닌 산대(算木)를 배열하여 수를 나타낸 다음 계산 법칙에 따라 산대 배열을 변형시켜 계산 결과를 얻었다. 다시 말하면, 숫자의 표현 방법은 자릿수를 번갈아 가며 가로놓기와 새로 놓기로 구분하여 숫자를 표기하였다. 즉, 새로 놓기로는 일·백·만 등의 자릿수의 숫자를 나타내었고, 가로놓기로는 십·천·십만 등의 자릿수의 수치를 나타내었다<그림 2-2 참조>. 때에 따라 가로놓기와 새로 놓기의 자릿수를 서로 바꾸어놓기도 하였다. 동양 수학에서 일찍부터 발견되어 사용된

---

41) 환단고기, 단군세기, 권2, 권3, 권4, 권5.
42) 수(數)를 나타내고 계산하기 위한 도구를 말하며, 산가지, 산대, 산책(算策: 算柵) 또는 산목(算木: 算目)이라고도 한다. 중국에서는 산(算)·주(籌)라고 표현한다.
43) 임승국 역주, 『환단고기』 「태백일사」 소도경전본훈, PP. 244~246.

음수를 표기하기 위해 양수는 붉은색, 음수는 검은색으로 구분하였다. 때에 따라서는 음수의 경우 마지막 산목을 비뚤어지게 놓아 구분하기도 하였다.44)

중국의 고대사회인 춘추전국시대의 화폐에 산목(算木) 숫자가 표시되었고, 노자의 '도덕경'에 "수를 잘하는 사람은 산목을 사용하지 않는다(善數不用籌策)." 라는 기록이 있는 것으로 보아 그 사용연대가 가히 고대사회로 거슬러 올라갈 수 있음을 시사하고 있다.45) 산가지를 이용하여 간단한 사칙계산은 물론이거니와 방정식의 풀이까지 다룰 수 있었다고

<사진 2-3> 산술에 이용된 산가지의 모양

<자료 : 국립민속박물관 소장품번호 005251>

한다. 고조선 시대에서부터 19세기 말까지 주로 관(官)을 중심으로 사용되었다. 그러나 근세 시대에 민간 상업이 발달하면서 일반 대중들도 이를 널리 사용하였다. 이처럼 산가지에 의한 셈법이 19세기 말까지도 서민들의 생활 속에 깃든 계산 도구였다는 것은 우리 조상들이 수(數)를 이용하면서 얼마나 지혜로웠는지를 보여주는 단면이라고 하지 않을 수 없다. 거래의 셈을 하기 위한 산가지(算木)의 모양은 <사진 2-3>과 같고, 그것을 이용한 숫자의 표현법을 소개하면, <그림 2-1>과 같다.

이상에서 살펴본 바와 같이 우리나라 고대사회의 산학(算學)에 관한 정보는 고조선 시대로 거슬러 올라가지만, 산학교육에 관한 문헌상의 기록은 『삼국사기』 잡지(雜志) 7권의 국학 항목에서 찾을 수 있다. 신라 시대의 교육기관인 국학은 당나라 국자감의 제도를 본받아 AD651년(眞德王五年)에 도입하여 설치되었다. 국학에서 유교 경전의 교수법과 함께 산학박사(算學博士)나 산사(算士)를 뽑아 철경(綴經), 삼개(三開), 구장산술을 가르치게 하였다는 것이 산학교육에 관한 최초의 문헌 기록이라고 전해진다.46)

---

44) http://100.daum.net/encyclopedia/view/14XXE0026179 (다음 넷 백과사전)
45) 老子의 도덕경 ; 김용운·김용국, 『(한국 수학사)』(서울, 과학과 인간사, 1977)
46) 신라는 국학 제도 속에 산학박사(算學博士)를 두어 산사(算士)를 양성하였는데, 그 교과 내용은 『철경(綴經)』·『삼개(三開)』·『구장(九章)』·『육장(六章)』의 네 가지였다. 삼개는 『철경』에 들어있는 2, 3차 방정식의 풀이와 개원(開圓)을 뜻하고, 『구장산술』 육장은 『구장산술』 중의 6개의 장을 뜻하는 것으로 보인다(김용운·김용국, 『한국 수학사』, 1982).

<그림2-1> 산가지를 이용한 숫자의 표현 방법

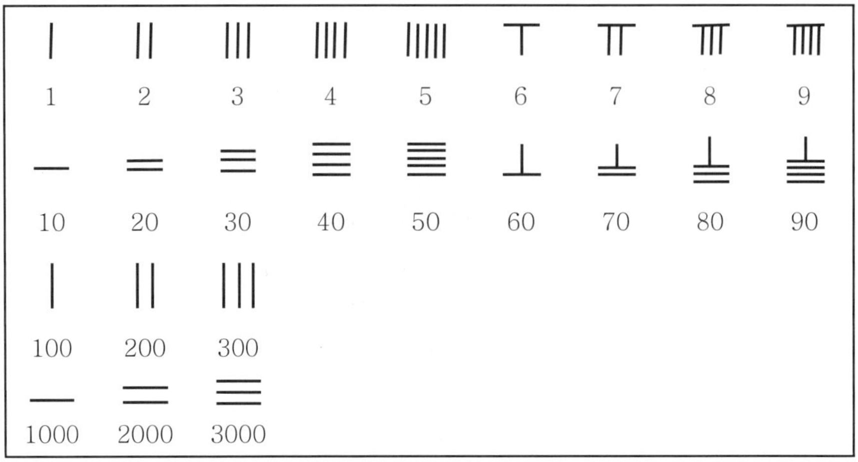

１	２	３	４	５	６	７	８	９
10	20	30	40	50	60	70	80	90
100	200	300						
1000	2000	3000						

<자료 : 김용운·김용국, 『한국 수학사』(1977) ; Daum.net 백과사전.>

산사는 산원(算員)이라고도 하는데 고대국가의 재정출납과 관리를 담당하는 회계관(會計官)을 의미하며, 오늘날의 회계사(會計士)와 같은 것이다. 그러므로 문자와 숫자의 출현은 회계를 생성시키는 기본요소로 작용했으며, 국가공동체가 형성되면서 국고출납을 기록하고 재정적 계산·관리를 관장하는 국고회계(사단 회계)가 우리나라 고대회계의 효시를 이룬다고 할 수 있을 것이다.

2. 고대국가의 사회경제적 배경

1) 시장경제와 신용 제도의 기원

고대사회에서 시장이 언제 생성되었는지 문헌상에 명확히 밝혀져 있지 않다. 역사학자들에 의하면, 인류가 사회공동체 생활을 시작하면서부터 필요한 물품의 조달을 위하여 물물교환이 이루어지기 시작했고 물품거래가 이루어지는 장소를 중심으로 시장이 발생하였다고 한다. 선시장후화폐(先市場後貨幣)의 학설47)에 따르면 시장은 화폐가 등장하기 훨씬 이전부터 이루어지고 있었음을 유추할 수 있다. 따라서 우리나라 시장의 기원은 화폐가 등장하기 이전의 물물교환을 하던 고대 문명국가의 초기에서부터 비

---

47) 文定昌, 『朝鮮の市場』(東京、日本評論社, 1941), P. 1.

롯되었다고 할 수 있을 것이다.

고대사회의 시(市)와 정(井)은 제단(祭壇)을 의미하기 때문에, 제단은 바로 시장을 의미한다. 환언하면, 시와 정에서 제사가 이루어질 때 사회공동체의 구성원들이 모이고 거기서 자연히 의사소통과 생활 정보의 교환은 물론, 물물교환이 이루어지는 시장의 기능이 시·정(市·井)의 제단에서 형성되었다는 것이다.48) 이는 단군신화에서도 찾아볼 수 있다. 즉, 단군 건국 신화에 의하면, 태백산 신단수 아래 "신시(神市)"를 베풀었다는 기록이 나오는데, 이 신시는 제단으로 해석된다. 따라서 고조선 시대에 사회공동체의 구성원들이 왕의 주관으로 합동 제례를 지내던 제단 부근에서 제사가 끝난 후 물물교환 형태의 시장(즉, 祭典市)이 형성되었다는 것이다.49)

신시(神市)는 제단 또는 제장(祭場)을 뜻하는 것으로서 이미 고조선 시대부터 시장이 형성되어 있었음을 의미한다. 이는 우리나라 회계발달사를 근거로 접근하더라도 고조선(단군조선) 시대의 시장은 상당히 발전되어 있었던 것으로 볼 수 있다. 고대사회의 시장기원설과 더불어 교환경제가 상당한 수준에 이른 근거로서 고조선의 팔조법금(八條法禁)50)을 들 수 있다.

팔조금법은 고조선 사회가 원시적인 씨족 사회를 벗어나서 발달한 생산력을 기초로 사유재산제도와 화폐제도가 성립된 사회로 발전하고 있었음을 말해주는 것이며, 신용을 근간으로 하는 거래제도가 확립되어 있었음은 물론, 응보주의(應報主義)에 따른 형법을 지녔던 당시의 사회상을 반영하고 있다. 시장이 형성되고 물품거래가 활발하게 이루어지게 되면, 자연히 신용을 전제로 하는 사회제도가 뿌리를 내리게 된다. 시장에서 필요한 물품을 사고 싶지만, 대가를 치를 재화를 소지하고 있지 못하면 신용을 담보로 하여 그 물품을 취득하게 된다. 고대사회는 물물교환이 대부분이었기 때문에, 파는 사람이 원하는 물품을 훗날 제공한다는 조건으로 거래가 이루어지게 마련이다. 신용을 매개로 하는 물물거래의 모습이다. 이처럼 시장에서 이루어지는 거래의 대부분은

---

48) 김영경, 『한국고대의 시(市)와 정(井)에 관한 연구-시장의 기원과 관련하여-』(숙명여자대학교 원우회, 『원우논총』 제2집, 1984), PP. 93~115.
49) 『삼국유사』 권1, 고조선 단군 고 기조에 나오는 「...太白山神檀樹下謂之神市...」라는 기록 참조. 김영경, 전게서, P. 94 ; 이재하, 『한국의 정기시장 변화과정』(경북대학교 박사학위논문, 1988), P. 46; 김병하 외 6인, 『한국의 시장 상업사』(서울, 주식회사 신세계백화점, 1992), PP. 23~24.
50) 문정창, 전게서, PP. 14~33 ; 조병찬, 『한국시장경제사』(서울, 동국대학교 출판부, 1992); 김병하 外, 전게서, P. 24. (八條法禁은 八條之敎라고도 하며 우리나라 고대사회에서 시행되었던 여덟 가지의 禁法을 의미하는 것으로서 고대사회의 공통되는 만민 교화의 법적 표본이라 할 수 있다. 단군조선 시대의 팔조법금은 BC1282년경에 단군조선 전역에 시행되었으며, 법 8조 금의 전문은 전하지 않고 3개 조만이 『한서』 지리지에 전한다. 즉, ① 사람을 죽인 자는 사형에 처한다. ② 남에게 상해를 입힌 자는 곡물로써 배상한다. ③ 남의 물건을 훔친 자는 데리다 노비로 삼으며, 속죄하고자 하는 자는 1인당 50만 전(錢)을 내야 한다는 것 등이다. ①은 생명에 관한 것, ②는 신체에 관한 것, ③은 재산에 관한 것이다.)

신용을 전제로 한 교환경제의 양상을 띨 수밖에 없었을 것으로 보인다. 신용에 의한 거래가 성립되었을 때, 당사자는 거래내용을 외상거래라는 이름으로 비망적인 기록을 하게 된다. 여기에 신용거래의 기록을 기초로 하는 나름대로 회계 기록법이 생겨났다고 여겨진다. 이러한 상황을 바탕으로 하는 시장제도의 확립과 신용 제도에 의한 상업의 발달은 고대사회 구성원들이 경제적 생활을 영위할 수 있는 토대를 마련해 주었음은 물론, 원시적 회계기법이 발생하는 계기가 되었다.

고대사회의 시장에서는 예컨대, 쌀을 팔려고 나온 사람이 그 대가로 원하는 것은 소금인데 그 쌀을 사려는 사람은 생선을 가지고 있어서 거래가 이루어질 수 없는 때도 있었을 것이다. 이때 나중에 원하는 소금을 제공한다는 조건으로 거래를 성립시키게 된다. 그러면 소금을 받아야 할 사람(債權者)과 그것으로 빚을 갚아야 할 사람(債務者)과의 관계가 발생한다. 이처럼 사는 사람(買者)과 파는 사람(賣者)이 있으면, 살 물건(買物)과 팔 물건(賣物)이 존재하게 되며, 파는 사람이 물품을 사는 사람에게 건네주면 그에 대한 받을 권리(債權)가 생기고, 사는 사람은 물건을 받으면 갚아야 할 의무(債務)가 생기게 된다. 그러한 권리와 의무는 거래당사자 간에 서로 믿는 마음으로 이루어지기 때문에, 훗날 그 약속이 실행됨으로써, 받을 권리(債權)와 갚을 의무(債務)는 해소되는 것이다. 물품의 교환거래를 통하여 이루어지는 채권과 채무는 사후 결제로 해소되는 외상거래라는 이름이 생겨났다. 외상거래는 회계원장의 밖(外部)에 있는 채권 채무를 관리하는 보조장부에 비망적으로 올린(計上)다는 표현이다. 고대사회에서의 외상거래는 바로 거래당사자 사이에 신용을 바탕으로 하여 형성된 시장경제의 단면을 보여주는 것이다.

시장이라는 표현은 삼한(三韓)시대에 관한 문헌에서도 찾아볼 수 있다. 삼한시대에는 기장(黍), 조(粟), 보리(麥), 콩(豆), 벼(稻) 등의 오곡(五穀)이 생산되었으며, 누에고치와 삼(麻)을 원재료로 하는 방적이 널리 시행되어 삼한 일대에 다수의 시장이 존재했을 뿐만 아니라, 이들 시장에서는 철(鐵)을 화폐로 하여 상거래가 성행했다고 한다.51) 삼한시대의 시장은 국내에만 국한된 것이 아니라, 당시에는 다른 나라였던 주호국(州胡國)52)과 왜(倭: 日本) 등지의 상인까지 들어와 시장에서 상품교역을 했을 만큼 매우 발달한 상태였다.53) 당시의 시장은 입지 조건에 따라 가로시(街路市), 경계시(境界市), 성읍시(城邑市), 제전시(祭典市) 등의 이름으로 개설되었다고 한다.54)

---

51) 문정창, 전게서, P. 2 ; 김병하 외, 전게서, P. 25.
52) 중국 진수(陳壽,AD233~297)가 쓴 3세기의 삼국지 위지 동이전에 기록된 제주도(탐라국)의 옛 이름이다. (有州胡在馬韓之西海中大島上~: 주호가 있는데, '마한' 서쪽 바다 가운데의 큰 섬이다.)
53) 김부식, 『삼국지』(마한조)의 기록참조; 김병하 외, 전게서, P. 25.
54) 문정창, 전게서, PP. 2~3 ; 이재하, 전게서, P. 46; 김병하 외, 전게서, P. 25; 백남운, 『조선사회 경제사』(개조사, 1933), PP. 298~300.

2) 화폐와 사유재산제도의 기원

돈을 지칭하는 '전(錢)'이라는 글자는 『한한대사전(漢韓大辭典)』에 의하면, 화폐 이외에 '농기구의 하나인 가래'로 표기되어 있다. 여기서 우리는 화폐의 초기 형태를 엿볼 수 있다. 즉, 농경사회에서 실제 생활에 사용되던 물건이 화폐의 기능을 수행했다고 보는 것이다. 곡식(穀), 가죽(皮), 조개껍질(貝殼), 옥(玉), 베(布帛), 소금(鹽) 및 철(鐵) 등의 실물화폐는 농경사회에서 물품 가치가 있는 것이며 유통의 매개 수단도 될 수 있었다. 이것들은 주조화폐가 등장한 후 그 기능이 퇴화했고, 베와 소금의 경우는 법정화폐가 등장한 이후까지 화폐로써 사용되었다고 한다.[55] 고조선 4세 단군 오사구(烏斯丘: BC2,137~BC2,100) 시대인 무오(戊午) 5년(BC2,133)에 원공패전(圓孔貝錢: 둥근 구멍이 뚫린 조개 모양의 돈)을 만들어 사용했다는 기록도 있다. (戊午五年鑄圓孔貝錢秋八月夏人來獻方物求神書而去十月朝野別記書于石以公于民.)[56]

고대사회에서 화폐가 발생한 것은 고조선 시대라고 전해진다. 그러나 초기의 화폐에 관한 자료는 전해지는 것이 많지 않다. 고조선 건국 신화가 서려 있는 신시(神市) 시대의 물품 교환을 통한 초기의 생활은 무상 교환이거나 호의적 증여와 같은 형태로 이루어졌을 것이다. 그러나 교환의 빈도가 높아지고 물품 조달이 어려워지게 되면서 유가(有價)교환으로 진일보하였고 직접 교환을 통한 자연경제 시대가 형성되었다. 고조선 시대의 교환경제가 그러한 환경에서 비롯되었다고 본다. 이 시대의 직접 교환은 물품의 품질과 수량 그리고 시기와 장소가 상대적으로 일치해야만 이루어지는 교환경제의 형태이다. 이러한 교환조건이 충족되지 않으면 교환은 성사될 수 없고 불편한 점이 많았을 것이다. 그래서 교환될 물품에 대한 가치측정의 표준, 즉 가치의 척도가 요청되는 계기가 되었다. 이러한 가치척도가 물품거래의 매개물인 화폐이다. 화폐를 통하여 물품 가격이 정해지고 매매가 이루어지게 되니 이것이 화폐경제의 시초이다.

고조선 초기의 화폐는 수렵과 농경 생활에서 얻은 피혁(皮革)이나 곡물(穀物)을 기본으로 하는 피폐(皮幣)와 곡폐(穀幣)가 사용되었다고 한다. 그뿐만 아니라, 『동국문헌비고(東國文獻備考)』에 의하면, 단군 기원 129년(BC2,205)에 하우씨(夏禹氏)가 도

---

55) 박선미, 『고조선과 동북아의 고대 화폐』(서울, 학연 문화사, 2009), PP. 62~63; 정경희, 「선 삼국시대 사회와 경제-정치 권력의 성격과 유통경제의 발전을 중심으로-」(『동방학회지』 제41호, 연세대학교 국학연구원, 1984), PP. 34~36 (이들 문헌에 의하면, 삼국지 한전에 인용된 위략의 염 사치(廉斯鯔)에 관한 대목에서 AD1세기 초 '진한(辰韓)의 죽은 한인(漢人) 500명의 몸값으로 5천 명의 노예와 다량의 베를 한나라에 지급했다'라는 기록이 있는데, 이는 삼베가 어느 정도의 화폐 기능을 했는지는 확인할 수 없지만, 적어도 가치척도로서의 지급수단으로 사용했다는 것에 주목할 필요가 있으며, 노예의 경우는 지급수단으로 쓸 만큼 당시에 사유재산제도가 인정되고 있었음을 방증하는 자료라고 할 수 있다.)
56) 환단고기, 단군세기, 권6.

산(塗山)에서 각국을 초청하는 회의에 단군께서 태자부처(太子夫妻)를 보내어 참석케 했는데, 그때 중국에서 통용되던 천화(泉貨)와 전폐(錢幣)를 보고 큰 관심을 갖고 돌아와 금은 등의 원시 화폐를 피폐, 곡폐와 더불어 사용하도록 했다고 한다.57) 이것은 우리나라에서 전폐(錢幣)의 시초라고 할 수 있다.

기자조선의 문성왕 6년(BC1128)에 곡폐(穀幣)와 피폐(皮幣)가 사용되었으며, 기자조선 9대 왕이었던 흥평왕(興平王) 때(BC975)에는 자모전(子母錢)이라는 주화(鑄貨)가 사용되었다고 한다.58) 이러한 화폐의 생성발달과 연관하여 유추해보면, 우리나라에서의 시장경제와 상업문화는 이미 고조선 시대에 상당히 발달했음을 알 수 있다.

고대사회의 화폐에 관한 기록에서 다음과 같은 내용도 찾아볼 수 있다. 앞에서 언급한 바 있는 고조선의 '팔조법금'에 의하면, "남에게 상처를 입힌 자는 곡식으로 갚고, 도둑질한 자가 남자면 그 집의 노예로 삼으며, 여자면 노비로 삼는다. 속죄하고자 하는 자는 50만 전을 낸다."(相傷者以穀償, 相盜者男沒入爲其家奴, 女子爲婢, 欲自贖者人五十萬錢)59)는 법 조항을 두고 있었다. 여기서 '도둑질한 자'는 노비가 되고 이를 면죄하고자 하는 자는 5십만 전을 내어야 한다는 내용은 고조선에서 화폐를 거래용으로 사용한 증거이다. 그리고 상처를 입힌 대가로 곡식을 지급하고 도둑질한 자는 노비가 된다는 대목에서 고조선 시대에 이미 사유재산권이 제도화되어있었음을 확인할 수 있다. 곡식을 지급수단으로 사용하는 것도 곡폐(穀幣)의 기능을 수행한다고 볼 수 있고 노비에 대한 사유재산권을 인정하고 있는 내용이다.

또한 『진한에는 철이 나며, 예(濊)와 왜(倭) 그리고 마한이 모두 와서 사 간다. 모든 무역에 모두 철을 화폐로 삼는다(國出鐵, 濊・倭・馬韓並從市之, 凡諸貿易, 皆以鐵爲貨)』60)라고도 기록되어 있다. 이는 고조선이 예(濊) 나라와 일본 그리고 마한과 무역 거래를 하고 있었다는 것이며 생산되는 철로 주화를 만들어 지급수단으로 사용하였음을 인식하게 하는 부분이다. 그리고 발해국의 화폐에 관한 기록도 보인다. 즉, 발해국 무왕이 일본과 교역하면서 AD727에 일본 성무천왕(聖武天王)에게 보낸 서신에 표기된 내용 일부이다. 『땅이 비록 천박하나 정성으로 바치는 것이니, 피폐가 진귀하지 않아 부끄럽지만 책망하지 마옵소서(土宜雖賤, 用表獻芹之誠, 皮幣非珍, 還慚掩口之誚)』61)라는 내용이다. 그뿐만 아니라, 발해지역에서 발견된 관영통보(寬永通寶)는

---

57) 동국문헌비고』제159권; 장지연, 『만사물기원 역사화폐조; 유자후, 『조선 화폐고』(서울, 이문당, 1974), PP. 14~16.
58) 유자후, 『조선 화폐고』(서울, 이문당, 1974), PP. 17~19 & PP. 21~23 ; 김병하, 전게서, PP. 23~25.
59) 고조선 8조금법 중의 일부(후한서, 권85; 동이열전 75세); 박선미, 『고조선과 동북아의 고대화폐』(서울, 학연문화사, 2009), PP. 70.
60) 후한서 권85; 동이열전 75한; 박선미, 상게서, P. 70.
61) 한규철, 「발해의 대외관계」(『한국사』 10, 국사편찬위원회, 1996), PP. 99~133.

발해국 화폐일 가능성이 있으며, 당시에 화폐를 통한 상업활동과 대외무역도 활발하게 진행되었다고 한다.62)

고구려·백제·신라의 삼국시대 초기에는 곡폐와 피폐 등이 사용되었고 안정된 사회질서와 왕권이 강화되는 중기 이후에는 철전을 비롯한 금은 등의 주화도 사용되었다. 고대사회에서 사용되었던 화폐의 유형을 정리하면, <표 2-3>과 같다.

<표 2-3> 고대사회의 화폐

화폐명	주조 시기	연대	비 고
穀幣, 皮幣	환웅천왕 시대	연대 미상-	추정
穀幣, 皮幣	단군시대	연대 미상	추정
錢幣	2세 단군 (扶婁) 시대	BC2,205	
圓孔貝幣	4세 단군 (烏斯丘) 시대	BC2,133	
穀幣, 皮幣	기자조선 시대(태조 문성왕 원년)	BC1,122	
子母錢	기자조선 시대 (흥평왕 원년)	BC957	
銅錢	마한 시대 (安王 21년)	BC169	
鐵錢	진한시대	연대 미상	마한의 동전과 같은 시대
金銀無紋錢	동옥저 시대	연대 미상	
布幣	신라 시대	연대 미상	
金銀無紋錢	신라 시대 (성덕왕 20년)	AD722	
稗米幣	신라 시대	연대 미상	
穀幣, 皮幣	고구려 시대	연대 미상	
穀幣, 絲幣	백제 시대	연대 미상	
皮幣, 鑄貨	발해 시대	AD727	
半兩錢, 五銖錢	고조선 시대		중국에서 수입 사용 화폐

<자료 : 유자후, 『조선화폐고』(서울, 이문사, 1974), P. 9 >

이상과 같이 화폐의 기원사(史)를 통해 살펴보면, 화폐는 대체로 물물교환, 실물화폐, 청량 화폐(사용 시 중량을 달고 순도를 감정하는 화폐), 그리고 금속주화의 4단계를 거쳐 발전되었음을 알 수 있다. 실물화폐는 인류가 일찍이 개발한 화폐 형태로서 그 자체가 물품으로서의 사용가치가 있을 뿐만 아니라, 동시에 유통수단도 되는 것이다. 실물화폐는 서로 다른 경제발전 수준과 서로 다른 경제 조건으로 다른 형태로 등장하였다. 화폐의 모양은 해당 지역에서 발전된 생업 유형에 필수적인 재화로 이어진다. 농업이 발달한 지역에서는 농기구가, 수렵과 유목이 발달한 지역에서는 손칼(手刀)이,

---

62) 방학봉, 『발해경제연구』(흑룡강 조선 민족출판사, 2001), PP. 344~358; 박선미, 전게서, PP. 73~74.

각각 실물화폐로 이용되었다. 우리나라 중원지역에서 발견된 포전(布錢)이나 도폐(刀幣)는 실물에서 유래된 화폐의 대표적인 예이다.[63]

그에 후속(後續)된 금속화폐는 일정한 모양이나 중량, 색, 액면가치가 없었으며, 사용할 때마다 중량을 달고 순도를 감정하는 청량 화폐였다고 한다. 이때까지만 해도 각 지역의 전통과 습관 및 문화적 배경에 따라 서로 다른 모양의 화폐를 주조하여 사용했었다. 형태가 고정되기 전의 주조화폐는 생업 형태에 따라 조개껍질, 삽, 손칼, 원반 등의 모양으로 나타났다. 각기 모양은 달랐지만, 모두 교환과 지급수단이 되었다. 금속주조 화폐가 등장한 이후의 화폐는 액면가치가 표기되고 국가에서 통제하는 법정화폐로 진화하게 된다. 이 무렵부터 고조선 사회에서는 일부 고대 중국에서 주조된 외래화폐를 사용하기도 했는데, 요하 동부와 한반도 서북부에서 발견된 포전, 명도전(明刀錢), 오수전(五銖錢) 등이 이를 고증한다. 한반도의 삼한 사회에서는 고조선이 멸망한 후에 한나라의 화폐를 받아들였다고 한다.[64] 고조선지역에서 출토된 화폐의 수량과 한반도 남해안 지역의 고대 화폐 출토현황은 <표 2-4> 및 <표 2-5>와 같다.

<표2-4> 고조선 지역의 출토 화폐량 지역별 비교

화폐의 종류 출토지역	포전	명도전	일화전	반량전	오수전	기타 화폐
내몽골 자치구 동남부	400 (4)	218 (7)	2,327 (3)	2,518 (5)	50 (1)	白人刀幣 1 明四刀
대릉하 유역	85 (3)	684 (5)	287 (2)	26 (3)	68 (3)	尖首刀943,　　針首刀3 明化錢 39, 直背刀 13
요하 유역 - 천산산맥 서북부	6,615 (3)	2,601 (9)	13,106 (2)	138 (2)	18 (1)	齊刀幣, 爼刀幣
요동반도	123 (3)	857 (6)	2,440 (4)	57 (3)	9 (2)	齊刀幣, 白人刀幣, 明化錢
압록강 유역, 한반도 서북부	322 (2)	21,730 (14)	758 (4)	23 (3)	1 (1)	明化錢
합　　계	7,545 (15)	26,090 (42)	18,918 (15)	2,762 (16)	146 (8)	

(주1: 단위는 1매 ; 주2: 괄호 안의 숫자는 유적 수)
<자료 : 박선미, 「고조선과 동북아의 고대 화폐」,(학연 문화사, 2009, P. 162)>.

고대사회에서 화폐의 생성과 발달은 물품의 가치척도로서 중요한 기능을 수행했을

---

63) 박선미, 전게서, PP. 74~75.
64) 최몽룡, 「고조선의 문화와 사회경제」(『한국사』 4, 국사편찬위원회, 1997), PP. 136~146; 박선미, 전게서, PP. 75~77.

뿐만 아니라, 교환경제를 상거래의 유형으로 진화시켰으며 생활문화의 변화를 가져오게 하였다. 아울러 화폐의 등장으로 개인의 사유재산권에 대한 제도화가 이루어졌으며 부(富)의 개념이 정립되었다. 따라서 의식주의 범위를 초월한 개인의 부(富)에 관한 관심이 높아지게 되었음은 물론, 부의 축적을 통한 신분 상승의 기회도 바라는 사회적 풍토가 조성되기에 이르렀다. 따라서 고대사회의 화폐와 사유재산제도는 상업문화의 발달에 박차를 가하는 요소로 작용하였다. 그러나 상업의 발달은 부(富)의 축적에 크게 기여했지만, 부의 개념에 머물렀고 자본개념으로 승화하기까지는 상당한 세월이 흘러야 했다.

<표2-5> 한반도 남해안 지역의 고대 화폐 출토현황

유 적	품목 (수량)	출토상황	시 기	동반유물
경남 마산시 외동, 성산 조개더미	오수전(1)	표토층 아래 조개껍질 중의 맨 아래층	BC 1세기	적갈색 연질토기 회청색 경질토기
경남 창원시 다호리 널무덤	오수전(3)	널 밑 구덩이의 부장품 상자	BC 1세기 후반	동검, 칠검, 창, 도끼, 銅鏡, 띠고리, 銅鐸,
제주도 제주시 건입동 산지항	오수전(1) 화천(11) 대천오십(2) 화포(1)	암벽 폭파 중 우연히 발견	AD 1세기 후반	銅鏡, 鏢金具 등
전남 여천군 삼산면 서도리	오수전(980)	바닷모래 채취 중 수습 주변에서 목선 부재 추정 나뭇조각 발견	AD 1, 2세기(?)	
경남 김해시 봉황동 회현리 조개더미	화천(1)	시표하 45cm 소개 껍질층	AD 1세기 후반	
전남 해남군 군곡리, 조개더미	화천(1)	조개층의 최하층에서 출토	AD 1세기 후반	

<자료 : 김창석, 「삼국 및 통일신라의 현물 화폐유통과 재정」(『역사와 현실』 42호., (2001), P. 42; 공창석, 「위대한 한국 상인」, (박영사, 2015), P. 94.>

3) 상업문화의 기원

(1) 고조선 시대 상업문화의 효시

우리나라의 고대사회에서 시장경제와 화폐경제가 이루어진 시대 상황은 신석기 문명시대를 거쳐 고조선 시대에 들어온 이후에 이뤄졌음이 앞에서 확인되었다. 따라서 그 시대의 상업문화도 고조선 시대에 형성되었다는 결론에 이르게 된다. 우리나라에서는 선사시대의 한강문화와 요하 문명권이 이뤄진 이후, 단군왕검이 고조선을 건국하면서부터 권역별로 한·맥·예 등, 부족국가의 형태가 형성되었는데, 이를 거수국(渠帥國 또는 :諸侯國)이라고 하였다. 고조선은 거수국을 연맹으로 묶어 여러 부족을 통솔했다고 한다.65)

고대사회의 부족국가가 연맹을 하는 경우는 혈통과 신앙 등의 정치적·종교적 요인에 의하여 대부분 이뤄지게 된다. 그뿐만 아니라, 경제적 요인에 의하는 경우도 있다. 요컨대, 고조선은 종교와 경제를 연결고리로 하여 광범위한 경제권역을 형성함으로써, 광활한 영토를 지배할 수 있었다. 고조선은 우월한 국력과 문물을 바탕으로 하여 부족들 간의 교역을 조장하거나 조정함으로써, 경제권역에 활력을 불어넣고 교역을 통한 중개무역을 활성화시켰던 것이다. 한·맥·예를 비롯한 거수국들도 교역이 늘어나는 만큼, 부가적인 수입을 증대시키고 윤택한 경제생활을 영위할 수 있었다. 이러한 환경 속에서 교역의 주역이었던 고조선 상인들은 활발한 상거래 활동을 전개해나갔으며, 진취적인 상거래환경을 조성하는 데 지대한 역할을 했다. 이렇듯 고조선은 거수국 연맹을 통한 경제권역을 형성함으로써, 상거래가 용이하게 이뤄질 수 있는 시장이 마련되었고, 그것을 통하여 원초적 상업 형태가 조성되었음은 물론, 상인사회의 상거래환경이 형성되고 공동체적 사회생활을 영위하면서 2천 년이라는 장구한 세월을 지탱해낼 수 있었다고 생각한다.66)

예로부터 사람이 모여 사는 곳에는 공동체 사회가 형성되고 공동체 사회가 있는 곳에는 반드시 시장이 조성되며 시장이 조성되면 물품거래가 이루어지는 사회구조로 발전하게 된다. 우리나라 최초의 국가형태를 갖춘 고조선 시대는 사회공동체적 기초 위에서 가족 노동에 의한 생계 수단으로서의 유목과 농업이 가장 중요한 산업이었다. 그것은 자급자족적이고 생계유지를 위한 것이었다. 그러한 사회경제적 구조 속에서 생산물을 거래하는 시장을 매개로 하여 상거래 활동이 활발하게 이루어질 수 있는 사회적 환경이 조성되었음은 앞에서 살펴본 바와 같다. 그렇다면 우리나라에서 상거래는 언제부터 시작되었으며 상인의 상거래 활동으로 조성된 상업문화의 기원은 언제부터라고 할 수 있는지를 살펴볼 필요가 있다.

사마천(司馬遷)의 「사기(史記)」에 의하면, 고대사회의 사회경제를 심도 있게 다룬 대목이 나온다. 그 내용을 소개하면 다음과 같다.

---

65) 환단고기(단군세기)에 의하면, 고조선은 한반도를 비롯한 만주와 요동은 물론, 요하문명권을 아우르는 지역에 크고 작은 40여 개의 거수국(제후국)으로 구성된 큰 나라였다고 한다. 거수국은 중국의 제후국처럼 일정 지역을 관할하는 자치권을 가졌는데, 그 수장을 거수(渠帥)라고 불렀다.
66) 공창석, 전게서, PP. 23~24.

『농부가 농사로 곡식을 재배하고 산하(山河)를 개척하는 자가 자연 자원을 이용하며, 수공 기술을 가진 자가 물품을 만들어내고 상인이 물품 유통을 실행하였다. 이러한 일들(농부와 수공 기술자나 상인의 분업)은 국가에서 명령하고 시켜서 이뤄지는 것이 아니라, 공동체 구성원들이 그 능력에 따라 필요한 것을 얻으려는 의지가 있었기 때문에 가능한 것이었다. 따라서 상인은 값이 내려가면 다시 오르기를 기다리고, 값이 비싸지면 다시 싸지기를 기다리게 되며, 싼 물품은 그 값을 더 많이 받을 수 있는 곳(市場)으로 옮겨서 물품거래를 성사시켰다.』67)

이 내용은 오늘날의 시장경제원리에 비춰보더라도 손색이 없는 식견을 피력한 것이라고 할 수 있다. 고조선은 당시의 중국과 국경을 마주하고 있는 나라였으므로, 이러한 시대상황이 유사하게 전개되었을 것으로 추정된다. 즉, 사마천(司馬遷)이 기술한 법과 제도, 생산과 소비, 시장경제의 유통(商業), 부(富)의 축적과 분배 등, 다양한 경제적 양상이 고조선 사회에서도 비슷하게 이뤄졌다고 볼 수 있다. 따라서 동서고금을 막론하고 인류는 사회경제적 진화과정을 통하여 부와 추적을 지향함으로써, 시장경제의 발전을 도모하고 상업문화를 조성하여 사회발전에 크게 이바지했다는 사실을 인식하게 된다.

고대 문명국가의 상업은 고조선 시대에 형성된 시장을 통하여 일정한 수준까지 발달시켰으며, 사회적 생산력과 사유재산제도의 발달에 편승하여 상품의 유통과 더불어 전업적 상인이 출현을 가져오게 하였다. 그 과정에서 철을 물품화폐로 사용하고 신용제도가 등장하였다는 것도 확인할 수 있었다. 이러한 기록을 통하여 고조선 시대에 이미 물물교환 형태에서 진일보한 상거래 활동뿐만 아니라, 시장경제 및 화폐제도의 발전과 더불어 상거래제도의 성립이 이루어짐으로써, 원초적 상업문화가 전개되었음을 추정하게 된다. 여기서 고조선 시대 상업문화의 효시가 되는 단서를 찾아볼 수 있는 것이다.

이러한 시대적 배경을 통하여 형성된 고대 문명사회의 시장과 상업은 고조선 건국 후 2천 년 넘게 전승되며 발전을 이루었고, 그 주역인 상인은 고대사회의 유통 질서를 확립하는 매개체의 역할을 충분히 수행하면서 고조선의 상업문화를 조성했다. 중국의 춘추시대(BC770~476)에 관중(管仲)이 지은 「관자(管子)」에 의하면, 고조선 상인에 대한 기록이 나온다. 그에 의하면, 당시에는 고조선을 '발조선'(發朝鮮)이라고도 불렀다고 하며, 고조선 상인들은 표범 가죽(文皮)과 가죽옷 등을 제(齊)나라에 수출했음은 물론, 연(燕)나라와도 교역했는데 주요 상품은 소금이었다고 한다.68) 그리고 후한서(後漢書)의 동이전(東夷傳)과 삼국지(三國志)의 위서동이전(魏書東夷傳)에는 부여·읍루·옥저·예(濊)·한(韓)·맥(貊)에 관한 기록이 있을 뿐만 아니라, 특히 이들 나

---

67) 司馬遷, 「史記」, (貨殖列傳). <공창석, 「위대한 한국 상인」(박영사, 2015), P. 44.>
68) 管仲, 「管子」 卷二十三(揆度) 第七十八條, 卷二十四(輕重甲篇) 第 八十條.

라는 고조선의 거수국(渠帥國 : 諸侯國)으로 중국의 한(漢)나라에 표범 가죽과 바다표 범 가죽, 조랑말(果下馬), 단궁(檀弓) 등의 상품을 수출했다고도 한다.69) 이 기록은 고조선 상인이 고조선 국경 인접 지역의 중국 고대국가와 상거래 활동을 전개하여 국내상업뿐만 아니라, 국제무역에도 진출했음을 보여주는 것이다.

고조선은 한반도까지도 세력을 확장하여 거수국(渠帥國:諸侯國)으로서의 마한·진한·변한의 삼한(三韓)도 거느리고 있었다. 고조선 상인들은 삼한(三韓) 지역에서도 어느 정도의 면모를 갖춘 상거래의 형태로 발전되어 있었다.70) 그러나 그 당시의 낮은 생산력과 부락공동체의 봉쇄성으로 인하여 상업문화의 발달에는 어느 정도 한계가 있었다. 삼한에서도 국내상업뿐만 아니라, 외국과의 교역, 특히 일본과의 무역거래가 이루어졌다. 예컨대 변한(弁韓)에서는 철이 많이 생산되어 멀리 예(濊)나 왜(倭) 등과 교역했음은 물론, 시장에서 철을 물품화폐로 사용하였다고 한다. 그런데도 상업의 규모가 커지고 체계가 잡힌 상업문화의 형성은 중앙집권적 전제왕권이 확립된 삼국시대 이후부터라고 해야 할 것이다.

고조선 후기 한반도에는 마한, 진한, 변한의 삼한(三韓)이 정립되어 있었다. 고고학적 자료에 의하면, 삼한은 BC3세기경부터 존재했던 나라들로 추정된다. 문헌에 의하면, 삼한은 청동기문화를 가지고 있었고 사회경제적 수준은 부족국가의 단계를 넘어선 상태였다고 한다.71) 삼한은 마한 54개국, 진한 12개국, 그리고 변한 12개국 등, 모두 78개국의 부족 연합체를 구성하고 있었으며, 청동기문화를 꽃피웠고, 아울러 상업을 일으켜 물자의 집산과 분배의 구조를 형성하였을 뿐만 아니라, 시장에서 물건을 사고, 팔 때, 철을 화폐로 사용했다고 한다.72) 이에 따르면, 삼한은 철을 매개로 하는 화폐경제가 형성된 부족국가였다고 할 수 있다.

(2) 삼국시대의 시장과 상업문화

위에서 살펴본 고조선은 기원전 108년에 붕괴된다. 고조선이 멸망하자 얼마 동안은 여러 부족 국가들로 이루어진 열국시대를 거쳐 고구려·신라·백제·가야가 건국되었고 삼국 정립의 시대를 맞이하게 된다. 고구려·백제·신라로 구성된 중앙집권적 지배체제의 삼국(三國)이 정립된 이후의 상업은 점차 그 형태를 갖추어가기 시작하였다. 삼국의 정립 초기에는 농업과 상공업이 분화되지 않았고, 전업적 상인 활동은 저조한 편이었다. 고조선 시대에 활발하게 이뤄졌던 거수국 간의 교역도 위축되었고, 부락공

---

69) 홍희유, 「조선 상업사」(백산자료원, 1989), P. 17 ; 공창석, 전게서, P. 35.
70) 이재하, 전게논문, p. 46.
71) 「三國志」(魏書, 東夷傳)
72) 「後漢書」卷八十五(東夷列傳, 韓); 「三國志」卷三十(魏書, 東夷傳, 弁辰)

동체 간의 소통 부재로 인하여 초기에는 자급 자족적 경제를 주류(主流)로 하게 되었다. 따라서 상업은 필요에 따라 간헐적으로 이루어지는 데 불과하였다. 그런데 점차 중앙집권적 왕정 체제가 갖추어지고 사회의 안정과 생산력이 증강되는 과정에서 국토의 확대에 따른 상품의 유통은 활기를 띠게 되었다. 특히 이 시기에는 규모가 보잘것 없었지만, 지방에 향시(鄕市)가 생겨났으며 수도지역에 경시(京市)가 상업 기능을 수행하고 서로 어우르며 상통하는 보편적 상업 사회가 형성되었다. 이는 삼국시대의 벽화나 남겨진 유물들을 통하여 가히 유추 가능한 것이다.[73]

향시는 지방의 시장이라는 뜻이며, 일정한 장소와 시기를 정하여 생산자인 농민이나 수공업자나 어민 등이 생산물을 교환하는 장소로서 형성되었다. 그리고 경시는 수도권에 있는 시장으로서 일반적으로 시전(市廛)이라고 부르는 것이다. 향시는 부정기 시장이었기 때문에 행상(行商)의 활동무대였고, 경시는 상설시장이었으므로 좌상(坐商)이 일정한 장소에 점포를 가지고 상업 활동을 전개하는 곳이었다. 백제 지방에서 유행했던 「정읍사(井邑詞)」의 내용에서도 행상하는 남편을 기다리는 아내의 심정을 엿볼 수 있는 것처럼, 그 당시 행상에 의한 상업 활동이 성행하고 있었음을 유추할 수 있다.

중앙집권체제가 확립된 삼국시대에는 중국과 일본을 대상으로 하여 대외무역도 이루어졌다. 그 형태는 국가 간에 토산물을 교환하는 공무역(公貿易)이었다. 동아시아권 봉건국가 간의 질서유지 차원에서 예물을 증정하고 반대급부로서 회사품(回賜品)을 받는 예물교환 형식의 무역이 이루어지고 있었다. 동아시아 국제질서란 중화사상(中華思想)을 축으로 하는 질서를 의미한다. 중국은 주변 국가의 침입을 방지하고 평화를 유지하기 위하여 조공할 때 후하게 답례하는 전통이 있었고 주변의 약소국가는 조공함으로써, 주권을 인정받고 중국의 고급 특산물과 서적·약제 등을 수입할 수 있었으므로 조공무역 체제가 형성되었다.[74]

고구려는 주몽(東明聖王)에 의해 건국(BC37)된 나라로서 요동 지방과 만주 일대를 무대로 하여 세력을 확장하고 주변의 부족 국가들을 정복하여 육상과 해상의 교역로를 장악함으로써, 명실공히 강대국으로서의 면모를 갖추고 광개토대왕과 장수왕의 전성기를 맞이하게 된다. 고구려는 4세기에 이르러 낙랑군과 대방군을 공격하여 중국의 변방 세력을 몰아내어 상거래 지역을 넓혔으며, 5세기에는 연나라를 공격하여 그 세력을 꺾어 교역을 시작했음은 물론, 위(魏)나라와 수교를 맺고 공무역을 개시하였다. 그때의 주요 교역 품목은 귀금속과 주옥, 인삼이나 직물 등이었고 수입 품목은 견직물과 의복, 무기나 서적 등이었다.

「삼국사기」와 「환단고기」에 상인 연타발(延陀渤)에 관한 기록이 나온다. 이에

---

73) 김병하 외, 『한국의 시장 상업사』(서울, 신세계백화점, 1992), pp. 29~30
74) 상게서, pp. 32~33.

따르면, 연타발은 졸본(卒本)의 토착 세력인 계루부(桂樓部)의 부족장이고 대부호 상인이었다고 한다. 그는 상업을 천직으로 여겼으며 평생을 상인으로 살아간 고구려 초기의 대상인이었음을 다음과 같은 기록으로 확인할 수 있다.

『연타발은 졸본 사람으로 남북의 갈사(曷思)를 왕래하며 장사로 재물을 모아 거부가 되었다. 주몽을 도와 나라의 기틀을 일으키는 데 공을 세웠다. 그 후에도 연타발은 무리를 이끌고 구려하(九黎河: 지금의 遙河)로 옮겨 고기잡이와 소금 장사를 하면서 모은 돈으로 고주몽성재(高朱蒙聖宰)가 북옥저를 칠 때, 양곡 1천 석을 바쳤다. 수도를 눌현(訥見: 지금의 상춘)으로 천도할 때는 백성들을 모아 위로했다. 국사에 헌신하고 공을 세웠으므로, 좌원(坐原)에 봉해졌고, 다물(多勿) 34년(丙寅年: BC25) 3월에 졸하니 그의 나이 80세였다.』75)

고대국가의 상업 발전은 왕권을 강화하는 것과 그 과정을 같이한다. 왕권 강화를 위한 수도 및 도시의 설치, 교통로의 개설은 물론, 화폐의 주조와 도량형의 통일 등이 상업문화의 인프라를 확충해주기 때문이다. 또한 상업의 발전은 왕을 비롯한 귀족들이 상거래와 교역을 통한 이익에 관심을 두기 때문이다. 따라서 고대 문명국가의 정부는 수도권과 각 지방 도시에 상설시장을 설치하여 상인들로부터 세금을 징수하였다.

백제는 수도에 관설 시장을 설치함과 동시에, 도시부(都市部)라는 시장감독관청을 두어 관리토록 했다. 그리고 지방에도 시전거리가 설치되어 있었다. 문헌에 의하면, 고을 안은 정전법에 따라 9개로 도시가 구획되어 있었고, 그곳에 시전이 배치되어 있었다고 한다. 시장의 개폐(開閉)와 세금의 징수, 그리고 상거래의 질서를 유지토록 하며 불법 거래를 단속했음은 물론, 관용 물품을 조달하였다고 한다.76)

특히 백제의 경우는 근초고왕 27년(AD372)에 진(晉)나라에 사신을 파견하여 교역을 시작한 이후 송(宋), 양(梁) 및 당(唐)나라 등과 교역하며 견포(絹布), 말(馬) 및 해산물 등을 수출하고 불교 경전과 불화(佛畵) 및 고급비단(彩帛) 등을 수입하였다. 그뿐만 아니라, 왜(倭)와도 통상하여 문물교류가 활발하게 이루어졌다고 한다. 그뿐만 아니라, 근초고왕은 영토영역을 넓혀 한강 유역에서부터 남해 연안까지 해양 지배권을 확보함과 동시에, 한반도와 산둥반도를 오가는 서해횡단항로와 남중국에 이르는 무역항로를 개척하여 해양 교역의 길을 열어놓음으로써, 진취적인 해양 왕국 백제의 위상을 정립했다. 그리하여 백제 상인은 해상항로를 통하여 중국과 일본, 그리고 동남아시

---

75) 환단고기(고구려 본기); 공창석, 「위대한 한국 상인」 (서울, 박영사, 2015), P. 88.
76) 「동국여지승람」 권39(남원고적조); 김신, 「한국 고대 무역형태에 관한 연구」, (경희대학교 사회과학대학, 『사회과학논총』 제7호, 1989), PP. 173-195; 조병찬, 『한국시장경제사』 (동국대학교 출판부, 1993), P. 42.

아와 인도 및 아라비아반도까지 진출하여 국제무역을 활발하게 펼쳐 나갔다.77)

그리고 신라의 경우는 경주에 상설시장을 개설함과 동시에, 그 시장을 관리·감독하기 위한 관청, 즉 시전(市典)을 두었다고 한다. 시전에는 감(監) 2인, 대사(大舍) 2인, 서생(書生) 2인, 사(史) 4인 등, 모두 10명의 관원이 봉직했음은 물론, 별도로 다수의 관노(官奴)가 배속되어 상설시장의 원활한 운영을 하도록 했다. 시전의 관원들은 시장 문을 여닫는 일에서부터 장세의 징수, 부정 도량형의 단속, 도난사건 등의 방지와 시장 질서의 유지를 기본임무로 하였다. 더욱이 그들은 왕실과 정부에서 사용할 물품을 조달하고, 왕실과 정부의 잉여물품을 매각 처리하는 일에도 종사했다고 한다.78)

그뿐만 아니라, 신라는 중국과의 조공무역을 통한 교역도 활발하게 진행하였다. 법흥왕 8년(AD521)이 양(梁)나라에 사신을 보내어 수교를 개시하였고 수(隋), 당(唐)과도 통상을 맺어 교류하였다. 이 나라들에 수출한 품목으로는 귀금속, 인삼, 우황, 견직물, 바늘, 해산물 및 말(馬) 등이었고, 수입 품목은 고급비단, 서적, 금은 세공품 등이었다. 왜국(倭)과도 교역을 시작하였다. 수출품은 불상, 견직물, 말, 호표피(虎豹皮), 금은 세공품, 철, 약재, 그리고 수입 품목은 곡물, 선박, 해산물 등이었다.79)

이상과 같이 삼국시대에 이르러 고대사회의 상업은 사회분업의 형태가 이루어지기 시작했다. 즉, 고구려·백제·신라가 고대국가로서의 위상을 정립하고 발전함에 따라, 고대사회의 상업은 국가와 정부 관료의 적극적인 지원과 보호를 받으면서 성장하게 되었으며, 그에 따라 상인들은 국가를 위해 진충보국의 자세로 상거래 활동을 전개하면서 국가 경제의 발전에 기여하고 건전한 상업문화의 형성에 진력했을 것이다. 그러나 고조선 시대부터 존재했던 왕실·관용 물품 조달의 어용상인과 더불어, 귀족과 부호들의 비호로 등장한 상인 노예들에 의해 삼국시대의 상업은 발달하였던 것으로 보아야 할 것이다.

(3) 통일신라 시대의 상업문화

신라는 삼국 중에서 중국의 선진문화를 수용하는데 입지적으로 불리한 위치에 있었으나, 농업과 수공업을 기반으로 하여 급속히 발전하였고 7세기에 이르러 삼국을 통일하는 데 성공하였다. 신라의 삼국통일은 북쪽의 광활한 영토를 흡수하지 못한 채, 한반도에 국한하는 국토에 불과했지만, 민족의 동질성 회복과 시장 확대를 통한 상업 발전의 계기가 되었음은 분명한 사실이다. 오랜 전쟁으로부터 평화를 얻게 되자, 신라의

---

77) 공창석, 전게서, PP. 113~121.
78) 「삼국사기」 권3(신라본기 3)·권4(신나본기 4)·권38(직관상).
79) 김병하 외, 전게서, P. 33.

백성들은 마음 놓고 생업에 종사할 수 있었을 뿐만 아니라, 원격지와의 상거래 활동도 활발하게 이루어질 수 있었다.

하나의 국가적 틀 안에서 행상(行商)의 행동반경은 자연적으로 넓어졌다. 새로운 상품유통이 활발히 이루어졌고, 지역 간 특산물의 유통량도 행상에 의하여 늘어나게 되었다. 이 시기에도 향시(鄕市)가 지방민들에게 중요한 물품 교환의 장소로 되어 있었다. 수도인 경주의 인구가 증가함에 따라, 경시(京市)를 동시전(東市典), 남(南)시전, 서(西)시전으로 분할·설치하였다고 한다. 이들 시장에 대한 질서를 유지하기 위하여 관서(官署)를 설치하여 관장하는 시장관리시스템이었다.[80]

신라의 삼국통일은 상인들에게 활발한 상거래 활동의 기회가 되었다. 시장규모가 확대되고 상품의 매집과 보관 및 운송에 다양화를 가져다주었다. 그뿐만 아니라, 삼국통일은 신라의 전통적 수공업에도 변화의 물결이 일었다. 산업 체제가 근본적으로 탈바꿈해야 하는 환경이 조성되었다. 평화의 시대가 되었으므로, 군수 물품을 만들던 신라의 수공업은 통일왕국의 어용·관용 물품과 귀족들의 용품을 생산하는 구조로 전환되었다. 고구려와 백제의 장인(匠人)들은 신라의 수공업에 편입되어 귀족이나 사원 등에 종사하였고, 일부는 독립된 민간수공업자가 되어 농업 용구와 서민의 생활용품을 생산하였다. 호미·낫·괭이·도끼 등, 농기구의 대량 생산·공급은 농업생산력의 증대를 가져왔으며, 농민이 소유한 토지도 증가하는 추세였다. 그래서 통일신라 시대에는 서민의 사유재산권이 신장되는 결과를 가져왔다.[81]

통일신라의 지방, 상업은 주·군·현의 성읍과 오소경(五小京)이라 부르는 지역, 즉 지금의 충주·원주·청주·김해·남원 등의 다섯 도시를 거점으로 하여 이루어졌다. 이처럼 수도인 경주와 5소경을 거점으로 하는 통일신라의 도시상업문화가 창달되었으며, 설령 상인들이 국가권력으로부터 통제를 받는다고 하더라도 상거래가 발전할 수 있는 동력의 지속적인 성장 결과는 장보고와 같은 대상인(大商人)이 출현 가능한 서민상업문화를 조성하는 환경도 이뤄진 시대였다고 볼 수 있다.

신라는 통일하기 위하여 동맹을 맺었던 당나라와의 문화교류와 상품교역에 적극성을 보였다. 일 년에 한두 차례 조공무역을 함으로써, 신라는 실리를 얻는 한편, 다수의 유학생을 파견하였고, 산둥반도의 등주에 신라인의 보호를 위한 신라관을 두어 물품 교역과 문화교류에 편의를 제공하였다고 한다. 이때의 중국무역은 공무역 이외에 민간무역도 활발하게 이루어졌다. 따라서 신라 상인은 당나라와의 무역뿐만 아니라, 남중국의 오·월 등과도 물품 교역을 수행하였다. 그리고 신라는 일본과의 무역을 진

---

80) 김병하 외, 전게서, pp. 34~35.
81) 이인철, 「신라 통일기 사적 토지 소유관계의 전개」(역사학회, 『역사학보』 165호, 2000, PP. 10~11; 이인철, 『정치경제사연구』(일지사, 2003), PP. 300~301 ; 공창석, 전게서, PP. 154~155.

행하면서, 문화교류도 병행하였다. 이 시기에는 발해도 당나라와 일본과의 무역을 적극적으로 행하였으나, 대외무역의 성격은 신라의 경우와 대동소이했다고 한다.82)

『속일본기』83)에 의하면, 신라 경덕왕 11년(AD752)에 왕자 김태렴(金泰廉)이 700여 명에 이르는 대규모 상단을 조성하여 일본과의 통상교역을 수행했던 사실(史實)을 찾아볼 수 있다. 이때의 교역상품은 당시에 작성된 「매신라물해(買新羅物解)」에 기록되어 있다. 도오노 하루유끼(東野治之)가 「매신라물해」 26건의 문건을 정리하여 그 전래와 내용 및 성격 등을 연구한 바 있다.84) 당시 일본 관료들의 신라상품구매신청서인 「매신라물해」에는 각종의 직물류, 금은 동 철 및 기물과 향약류(香藥類) 등을 비롯한 122개 품명목록이 기록되어 있다. 그중에서 일부를 발췌하여 문건별로 그 품목·수량·구매자·구매가격을 정리여 <표 2-6>에 소개한다. 이에 의하면, 당시의 국제무역 품목은 물론, 교역량과 구매가격을 알 수 있으며, 면사 등이 물품화폐를 사용한 것으로 판단된다. 그런데 면사(綿絲)가 화폐의 대용으로 활용된 것이지만, 물물교환의 형태로 국제교역이 이루어지고 있었음은 분명하다. 그뿐만 아니라, 이들 교역상품 중에는 신라의 생산물이 아닌 서남아시아지역 생산물인 향약(香藥) 등의 사치품이 혼재되어있는 것으로 보아, 당시의 신라 상인들이 동지나해를 무대로 하는 무역 활동을 했던 것으로 추정할 수 있다.

고대 한일 교역사에서 신라의 김태렴 상단의 대일교역이 갖는 의미는 매우 크다. 「매신라물해」에 나타난 김태렴 상단의 교역규모는 일본의 신호경운(神護景雲: 日本 48代 稱德天皇의 年號) 2년(AD768) 10월 24일에 좌우대신들에게 신라상품을 구매하도록 하사한 면(綿) 7만屯(17,500근)을 상회하는 것이었다. 이로 인해 신라 상인들의 대일교역을 촉발시켰으며, 신라 흥덕왕 3년(AD828)에 장보고(張保皐)가 청해진을 설치함으로써,85) 신라·당(唐)·일본을 잇는 해상무역의 새로운 교역망이 형성되었다. 이는 신라 전성기의 신라 상인들이 주도하는 교역망을 확보하는 전환점이 되었다고 평가하게 되는 것이다.86)

---

82) 김병하 외, 전게서, pp. 35~36.
83) 續日本紀는 일본 헤이안(平安)시대 초기에 편찬된 칙찬사서(勅撰史書)로, 『日本書紀』에 이어 일본 六國史의 2번째로 쓰인 역사서이다. 스가노 마미치(菅野眞道) 등이 엔랴쿠16년(AD797년)에 완성하였다. 몬무 천황 원년(AD697)부터 간무 천황 치세인 엔랴쿠 10년(AD791)까지 95년간의 역사를 서술하고, 전 40권에 달하는 방대한 역사서로 꼽힌다. 일본 나라(奈良) 시대의 연구에 필요한 史料이며, 현재 일본 正倉院에 소장되어 있다.
84) 東野治之,「鳥毛立女屛風下帖文書の硏究-買新羅物解の基礎的考察」(『史林』, 1974), PP. 57~61 & 東野治之,『正倉院文書と木簡の硏究』(塙書房, 1977), PP. 323~328. & 李成市,「新羅の毛氈生産とその社會的背景」(『東アジア王權と交易』, 靑木書店, 1997), PP. 79~80 ; PP. 112~113.
85) 김부식,『삼국사기』 권10,「신라본기」10, 흥덕왕 3년(AD828) 夏 四月.
86) 박남수,『한국 고대의 동아시아 교역사』(서울, 주류성출판사, 2011), PP. 215~216.

<표 2-6> 『속일본기』의 「매신라물해」에 기록된 물품명 및 구매가격 명세표(일부)

문건	구매신청자	수량	구 매 물 품 목 록	구매가격
東1	知家事資人 等	3	金, 蘇芳, 小鏡	綿 600斤
東2	右大舍人, 大初位上中臣 伊勢連老人	16	屛風(1具), 鏡(2面), 金鋺(2具), 麝香(1齊), 朱沙, 香爐(2국), 密拔, 衣香 阿莉勒, 薰陸, 丁字, 枕香, 桂心, 靑木香, 人蔘	綿180斤 黑綿20斤
東4		9	丁香(7斤), 薰衣香(直7斤), 靑木香(直3斤), 薰陸香(直)6斤, 牛黃(直2斤), 蘇芳(直50斤), 五六寸鏡(直20斤), 牙梳(直3斤), 牙笄子(直2斤)	綿100斤
東5	從四位下, 小槻山君虫	9	鉢(2口), 大盤(2口), 小□?, 鋺, 金筋(4枚), □?, □?, □?, □?	綿300斤 絲100斤 絹絁30匹
東7		10	五六寸鏡, 丁香, □?, 華撥, 木槵子 □?, □?, 如意, 蘇芳, 紫根	綿200屯
東8	左大舍人 等	21	鹿射香, 枕香(5斤), 薰陸(5斤), 丁香(?), 靑木香(5斤), 薰香(5斤), 蘇芳(20斤), 靴氈(?), □鋺(12具), 白銅火爐(1口小), 髮刺(1具), 阿莉勒(40), 太黃(2斤), 人蔘(10斤), 甘草(4斤), 石(2斤), 蜜汁(5升), 桂心(1斤), 多良(4), 遠志(1斤), □從容	綿510斤 絲100斤 東絁2匹
東9		23	鏡(3面), 迊羅五重鋺(3帖), 白銅五重鋺(2帖), 白銅盤(15口), □羅盤(5□), 白銅匙箸(2具), 白銅香爐(1具), 白銅錫杖(1箇), 黃金(5兩), 麝香(3臍), 朱沙(1斤), 同黃(1斤), 薰陸(15斤), 人蔘(4斤), 阿莉勒(200顆), 松子(1斛5斗), 木槵子(1296顆), 蜜汁(2斗), 牙鏤梳(10箇), 牙鏤筤子(20箇), □脂(1箇 長1尺), 鐵精(1斤), 蘇芳(240斤)	綿500근 絲30斤
東10	文奉飯高嶋□	14	鋺(5疊, 5重), 鍮石香爐(□2具), 鏡(?), □(?), 麝香, 蘇芳, 阿黎□(勒?), 丁字香, 帶(2條), 烟子, 朱沙, 銅黃, 匙箸(2具), 雜香.	綿1□0斤
東11	事業從八位上 日置酒持	41□	牙笏, 沈香, 丁香, 靑木香, 薰陸香, □□□, 零陵香, 甘松香, 藿香, 安息香 龍腦香, □衣香, 薰衣香, 甘草, 桂心, 大黃, 人蔘, 呵梨勒, 蜜汁, 朱沙, 胡粉, 黃丹, 同黃, 烟子, 雌黃, 畢拔, 蠟蜜, 松子, 緋氈, 花氈, □裁氈, 黑作鞍具, 轡面, 勒靯, 白銅香爐, 五重鋺大, 箸七, 五四寸鏡, 燭臺. 蘇芳, 宿抱	綿650斤 絁□□ 匹
東12	正六位上 家令大田臣廣人	1	黃金 (□?)	綿□□0斤

문건	구매신청자	수량	구매물품목록	구매가격
東13	散位僚□□	8	□朱沙, 同黃, 烟子, 沈香(?), 太黃, □□, 八寸鏡, 蘇芳	綿 ? 絲20斤, 絁10匹
東14	鼓吹司正,外從五位下大石	8	鏡(5面), 麝香, 烟子, 金靑, 雜香, 朱沙, 同黃, 蘇芳	綿400斤

(註: □?는 물품이름이나 수량 및 구매가격이 결락되어 불명확한 부분을 표기한 것임.)
<자료 : 東野治之, 「鳥毛立女屛風下帖文書の硏究－買新羅物解の基礎的考察」(『史林』, 1974), PP. 57~61 & 東野治之, 『正倉院文書と木簡の硏究』(東京, 槁書房, 1977), PP. 323~328. & 李成市, 「新羅の毛氈生産とその社會的背景」(『東アジア王權と交易』, (東京, 靑木書店, 1997), PP. 79~80), ; PP. 112~113. & 朴南守, 『한국고대의 동아시아교역사』(서울, 주류성출판사, 2011), PP. 179~181>(參照).

    신라가 삼국을 통일하고 대외관계, 특히 일본과의 관계를 개선하기 위하여 조공무역을 개시했는데, 신라의 대일교역품은 『속일본기』에 기록된 일본 관료들의 구매 품목인 「매신라물해」에서 확인할 수 있었다(<표 2-6> 참조). 이는 신라의 사신을 따라간 상인들에 의해 일본 귀족들과의 교환으로 이루어진 교역의 사례이다. 고대 상업사 연구에 소중한 자료이다.
    8세기의 신라전성기에 진골 귀족들의 국제무역에 종사했던 역할은 일반상인들에 의해 계승되었으며, 신라조정이 장보고가 청해진을 설치하게 한 것도 산발적으로 이루어지던 신라 상인들의 무역 활동을 하나로 결집시키려는 신라의 정책적 결정이었다고 볼 수 있다. 흥덕왕(興德王) 3년(AD828)에 장보고를 청해진 대사로 임명한 것은 종래에 이루어지던 사신들에 의한 국제교역을 포괄적으로 민간 상인들이 관여케 함과 동시에, 사무역(私貿易)을 효과적으로 관리 조정하여 국제교역의 관리시스템을 확립하려는 정책적 일환이었다고 할 수 있을 것이다.[87]
    특히 이 시기에는 거상(巨商) 장보고의 무역 활동이 청해진을 발판으로 활발하게 이루어졌다고 한다. 그는 귀족이 아닌 서민에 불과했으나, 어린 나이에 중국으로 건너가 군인 생활을 하여 소장이 되었다. 그래서 그는 신라 흥덕왕 3년(AD 828년)에 귀국하여 청해진(淸海鎭) 대사가 되었다. 그 후 그는 황해와 대한해협, 그리고 동지나해를 무대로 하여 해적진압과 상업에 주력하였으며 막대한 부(富)를 축적하였다. 그는 국내 상업에도 종사하였지만, 특히 해외무역에서 두각을 나타내었다. 장보고가 청해진 대사로서 완도에 본거지를 두어 활동한 것은 14년에 불과했으나, 이때에는 신라 상인이 당나라와 일본 등, 여러 나라를 상대로 하여 상업 활동을 활발하게 전개하였으며 신라상

---

[87] 박남수, 전게서, P. 265.

업 전성기에 해당하는 시기였다고 할 수 있다.[88]

장보고의 청해진은 중국 산둥반도의 등주(登州) 적산촌(赤山村)과 일본의 하카타(博多)를 연결하는 중간거점이었음은 물론, 중국 강남의 양주(楊洲)와 서남아시아를 잇는 교역망을 하나로 묶을 수 있는 구심점의 기능을 수행했다. 그로 인하여 신라의 서남해안에서는 해적이 사라지게 되었으며, 신라의 당은포(唐恩浦)로부터 중국 최초의 기항지인 산둥반도 등주 적산포를 비롯하여, 중국 하남도의 밀주(密州)·해주(海州)를 거쳐 회남도의 초주(楚州)·사주(四州)·연수(漣水)·양주(楊州) 등지에 분산되어 있던 신라 교역상들을 하나로 결집함으로써, 신라와 당나라 및 일본과의 교역망을 관리 통제할 수 있게 되었다.[89]

또한 청해진 수장(首長)으로서의 장보고는 법화원(法花院)에 500석의 소출을 바치는 장전(莊田)이었다고 한다. 당시 논(畓) 1결(結)의 생산량은 벼(稻) 10석(石:苫)으로서, 장보고가 바치는 법화원의 연간 수입 500석은 논 50결에서의 소출에 해당한다. 따라서 신라 성덕왕 시대의 1인당 하루 최소의 식량을 3되(升)[90]로 계산하면, 승(僧) 46명분의 1년 식량에 해당하는 것이다. 따라서 장보고의 법화원 장전은 법화원의 승려와 제반 경비를 위한 것으로 볼 수 있다. 당시의 신라에서는 사찰의 창건과 함께 그 운영을 위한 전지시납(田地施納)은 관례화되어 있었고, 강수(强首)가 사찬으로서 세조(稅租) 200석을 수령했던 사실에 비교해보면, 무령군 군중 소장직을 그만두고 상인으로 변신한 장보고의 경제력을 추정할 수 있다.[91]

3. 고대 한국회계문화의 환경적 임팩트

1) 고대 한국회계문화의 생성환경

고대 한국의 부기 회계문화가 생성될 수 있는 환경적 요소를 살펴보면, 고대국가의 경제사회는 극히 초보 단계의 단식부기적 회계문화의 발생 요소를 거의 충족하고 있었던 것으로 볼 수 있다. 전술한 바와 같이 3세 가륵단군이 가림토라는 고조선 고유문자

---

88) 김병하 외, 전게서, pp. 37~88.
89) 이영택,「장보고 해상세력에 관한 考察」(『한국해양대학 논문집』第14號, 1979), P.14. & 이기동,「장보고와 그의 해상왕국」(『장보고의 신연구』, 1997) 및 『신라 사회사 연구』(서울, 일조각, 1997), P. 215. & 박남수, 전게서, P. 276.
90) 일연, 『삼국유사』권2, 기이2, (성덕왕편).
91) 박남수,「사원 성전과 불사의 조영 체계」(『신라 수공업사』, 신서원, 1996), PP. 192~196. & 박남수,「김대성의 불국사 조영과 그 경제적 배경」(『신라학술발표회논문집』제18호, 1997), PP. 66~68 & 박남수, 『한국 고대의 동아시아 교역사』(서울, 주류성출판사, 2011), P. 290.

를 만들어 사용한 기록이 있음은 물론, 이두문자와 향찰이라는 고유문자도 삼국시대에 이미 만들어 사용했다는 기록을 확인하였다. 이 무렵에 산가지(算木)를 이용한 산술계산을 하였다는 것을 보면, 그 당시에 기록과 계산을 통한 문화수준이 상당히 발달되어 있었음을 알 수 있다. 중국으로부터 유교가 전해지는 과정에서 한자가 들어왔고 아울러 구장산술과 같은 계산기법도 함께 전해진 것으로 확인되었다. 사회공동체 생활을 통하여 구성원 간의 신뢰성은 시장을 통한 교환경제가 이루어지면서 사유재산제도와 신용경제의 개념이 등장하였다고 한다. 특히 물물교환으로 빚어지는 불편함을 해소하기 위하여 초보 수준의 화폐제도가 나타났으며 시장경제의 생성과 발달은 결국 상인의 등장과 더불어 상업이 융성할 수 있는 환경이 조성되기에 충분하였다.

조익순 교수에 의하면, 리틀톤(Littleton)의 부기 발생 7요소 중에서 문자와 산수 및 사유재산제도의 존재만으로도 단식부기가 발생할 수 있는 요건은 갖추어진다고 하였다. 그리고 시장을 통한 신용경제와 더불어 상업이 발달하고 화폐제도가 등장하게 되면 단식부기의 발전을 촉진시키고 복식부기가 발생할 수 있는 환경이 조성된다고 주장하고 있다(서론장의 <표 서-1> 참조).

이러한 사실로 미루어볼 때 우리나라 고대국가 초기의 경제구조는 신석기 문명의 연장선상에서 초보 단계의 단식부기적인 회계문화를 생성시킬 수 있는 환경이었다고 할 수 있다. 남아있는 회계기록이나 장부가 존재하지 않기 때문에, 고증할 수 없지만, 고조선이 건국되어 사회구조가 조직적인 통치기구를 통하여 부락공동체의 조직적인 통제가 가능하게 되었고, 국가재정을 관장하는 부서가 설치되어 담당관에게 조세의 징수와 저장관리는 물론, 나라 살림에 대한 지출의 관장업무가 필연적으로 회계의 개념을 도출시켰을 것으로 어렵지 않게 유추할 수가 있다. 고대사회의 단식부기적인 회계문화는 국가가 성립되고 재정업무가 시작되면서부터 그 기원을 이루었다고 보는 것이 타당하다.

그뿐만 아니라, 원시공동체 사회에서 이루어지던 수확 물품이 공동체의 공유로 인정되던 제도가 국가사회의 등장으로 일정한 질서를 유지하게 되었고 그로 인하여 원시공동체 사회의 물품에 대한 공유개념은 시장경제가 등장하면서 사회공동체의 구성원이 취득한 물품에 소유권이 부여되고 사유재산제도가 확립되는 결과를 가져왔다. 시장에서 교환되는 물품에 대해서도 소유자의 소유권이 이동하는 거래의 형태로 발전하였다. 그리고 거래되는 물품은 상거래 과정을 통하여 상품으로 그 명칭이 바뀌었으며 상거래의 주관자가 상인이라는 이름으로 활동하게 되어 명실공히 상업의 생성과 발전을 가져오게 한 원동력으로 작용하였다. 사회공동체 생활에서 시장경제의 등장은 신용을 담보로 하는 상거래가 이루어지게 되고 상업은 더욱더 발전에 박차를 가하게 되었다. 그에 덩달아 상거래의 원활한 유통을 위하여 화폐제도가 창안되고 도량형제도가 등장하면서부터는 상품의 가치척도가 화폐를 통하여 이루어지게 되었고 편리한 경제생활이 이루어지는 좋은 결과를 가져오게 되었다.

2) 고대 한국회계문화의 생성요인 구비

　이상과 같은 치부 회계문화의 생성과 발달에 필요한 기본요소의 등장은 고대사회의 공동체 생활에 경제적 활력소를 마련해준 것으로서 고대 사회문화의 발달에 크게 기여했던 것이다. 치부(治簿) 회계문화의 생성요인으로 인식되는 신석기시대의 서법, 산술, 사유재산제도에서 진일보된 신용, 화폐, 상업 등의 생성 요소가 조성됨으로써, 고대사회의 경제구조는 단식부기적인 회계문화의 생성과 발전을 촉진할 수 있는 환경이 되었다. 다만, 생산에 이용되는 부(富)로서의 가장 중요한 자본개념이 성숙하지 못한 사회구조였으므로, 단식부기를 기반으로 하는 회계문화의 생성·발전을 유도했다고 볼 수 있다. 그러나 오늘날과 같은 복식부기 문화의 등장은 불가능한 경제 규모였다는 것이다. 그렇다고는 해도 위에서 언급한 단식부기의 발전을 촉진한다는 상업·신용·화폐의 세 가지 요소는 복식부기를 생성시키는 기본요인으로 작용한다는 점에 유의할 필요가 있다.

　고대사회의 상업은 소규모의 제한된 지역에서 이뤄졌고 자급자족의 생활영역을 중심으로 상거래가 이뤄졌음은 물론, 거래상품의 종류도 다양하지 못했을 뿐만 아니라, 운반수단도 유치한 수준에 머물러 있었다. 그 때문에, 이 시대의 상업으로는 복식부기 문화의 생성을 기대할 수 없었다는 것이다. 특히 경제적 자원 가치로서의 자본개념이 존재하지 않은 고대사회에서는 부(富)의 개념만이 존재할 뿐이었고 부를 생산하는 생산성은 전제되지 않았기 때문에, 가장 초보적이고 단순한 수준의 단식부기에 의한 상거래의 기록계산과 정부 차원에서 이뤄지는 과세 목적의 국고회계 범위를 벗어나지 못했을 것으로 생각한다.

　고대사회의 단식부기적인 회계문화의 생성·발전 요인이 충족됨으로써, 형성된 고대 한국회계문화의 형성모델을 도식화하면, <그림 2-2>와 같다.

　고대사회에서 자본개념은 등장하지 않았다고 하더라도 사회구성원에게 부여된 소유권의 인정으로 사유재산의 증식을 위한 부(富)의 개념이 존재한다고 볼 수 있으므로, 상인에게 있어서의 부의 증식은 의식주의 차원을 넘어선 경제개념이 존재했을 것으로 보인다. 이것은 원시적인 형태의 생산적인 부의 개념으로 볼 수 있다. 여기서 우리는 고대사회에서도 자본개념의 미성숙함을 감안한다면, 단식부기 문화가 생성되어 발전할 수 있는 기본요소는 어느 정도 갖추어진 것으로 볼 수는 있다. 그러나 이러한 수준의 불완전한 방법과 체계만으로 단식부기적인 회계문화를 충분히 충족시킬 수 있는 단계에 이르지는 못했다고 해야 할 것이다. 따라서 고대사회의 사회경제적 환경을 토대로 하여 형성된 극히 단순하고 불완전한 단식부기 수준의 고대 한국회계문화에 대한 기원을 탐색하려고 한다.

<그림 2-2> 고대사회 회계문화의 형성모델

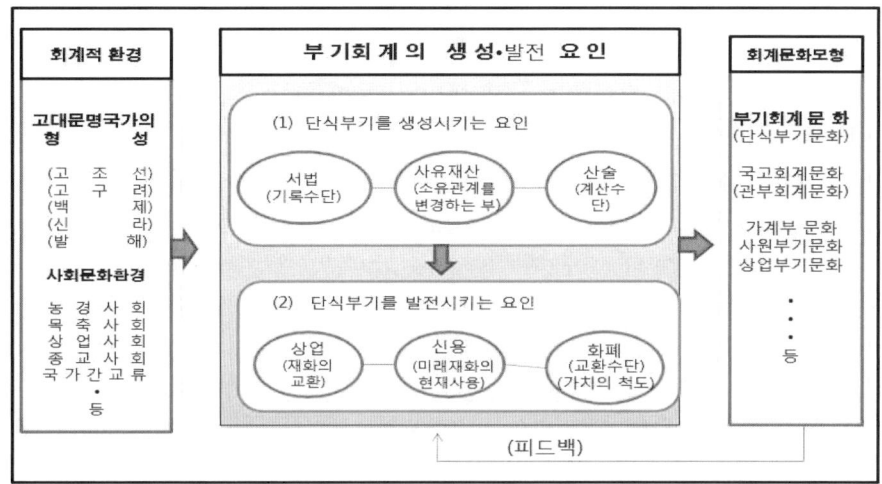

<자료 : 역사적 문헌자료의 분석에 의거 필자 작성>

③ 고대 한국회계문화의 생성

1. 「회계」라는 용어의 기원

  신석기시대에서부터 이루어진 기록계산행위가 치부(治簿) 회계의 단계로 진화된 것은 고대 문명사회에 들어와서의 일이다. 고대 문명국가의 형성과 더불어 공동체의 경제생활을 영위하는 과정에서 기록 계산하는 기장 방법이 자연발생적으로 나타났으나, 그것은 체계화되지 않은 산발적인 기록계산의 단순한 「치부 기록」에 지나지 않았다. 치부 회계라는 용어로 사용하기까지는 상당한 세월이 흘러야 했다.
  부서기회(簿書期會)라는 기록이 있는 것으로 보아 치부(治簿)와 회계(會計)의 개념이 동시에 존재했다고 할 수 있다. 그러한 고대사회의 공동체에서 산발적으로 이루어지던 기록계산 방법이 상인들뿐만 아니라, 국가기관에서 치부법(治簿法)이라는 통일된 기장 방법으로 사용했다. 부서기회(簿書期會)란 1년 동안 출납 거래한 사실을 장부에 기록·종합하여 그 결과를 기일(歲末)까지 조정(啓聞: 임금에게 보고하는 일)에 보고하는 일을 의미한다. 부서(簿書)는 장부에 기록하는 것이고, 기회(期會)는 기말에 회계 보고하는 것을 일컫는 말이다.
  동양에서 가장 오래된 회계용어는 고조선과 같은 시대에 존재했던 고대 중국의 하

(夏)・은(殷)・주(周)의 고전문헌에서 처음으로 등장했다. 4천여 년 전의 하(夏)나라 시대에 회계가 있었으며, 우(禹)임금이 국고 관리를 위하여 회계라는 용어를 사용했다는 고사(古事) 기록이 있다. 그리고 주(周) 시대에는 국가경영을 위한 규범으로서의 주례(周禮)에서 회계에 대한 기록이 있다. 이것이 지금까지 확인된 최초의 고전문헌이다(後述함). 이러한 회계용어가 고조선 시대의 문헌에서는 발견되지 않고, 『삼국사기』와 『삼국유사』에 산(算)・계(計)・산목(算目: 算木) 또는 서산(書算)과 산학(算學)이라는 관련 용어가 있을 뿐이다. 『발해국지(渤海國志)』(卷四)에 처음으로 「회계(會計)」라는 용어가 등장한다. 『政獨明會計嚴...出納.』(재정관리(政)는 회계(會計)를 명백히 밝히는 데 있나니). 이로써, 한국 고대사회에서도 회계용어가 사용되었음을 확인하게 된다.

특히 신라 시대에는 산학박사를 두어 천문・지리・역학(曆學)뿐만 아니라, 국가재정을 관장하는 관부회계를 관장하도록 했음을 발견하게 된다. 이것은 훗날 관부회계를 비롯한 상인회계로 진화되었으며, 드디어는 사개치부법(四介治簿法)이라는 복식부기의 형태로 발전하게 되었다. 재화의 출납에 관한 기록계산행위의 회계기록은 고대 문명국가에서부터 비롯된 역사적 소산이라 할 수 있다. 이 외에도 다른 고전문헌에 기록되어 있을 것으로 생각하지만, 저자가 섭렵한 문헌 사료에서는 상술한 문헌이 최고(最古)의 것으로 고증되었음을 밝혀둔다.

이처럼 고대 문명국가의 고전문헌을 통하여 회계용어의 기원을 고증함으로써, 회계는 동양 고유의 회계용어임이 확인되었다. 그리고 근대화과정에서 서양의 회계제도가 도입되어 결국 서양식 회계가 수용되었고 회계학이라는 학문적 용어로 정착하여 오늘에 이르고 있다. 따라서 서양식 부기 회계용어의 기원에 관해 일화를 소개한다.

서양에서는 처음부터 부기(簿記: bookkeeping)와 회계(會計: accounting)가 구별되었다. 「부기」는 회계 속의 계산 분야를 나누어 어떻게 계정을 설정하여 계산할 것인가를 문제의 초점으로 삼는 기장 기술이다. 「회계」는 부기의 모든 내용을 포괄함과 동시에, 그에 관한 이론 문제의 연구나 부기 방법론의 개선은 물론, 회계제도의 설정과 회계원칙(基準)의 제정, 더 나아가서는 경제예측과 정책 결정에 관한 영역까지도 광범위하게 다루어야 하는 분야이다.

우리나라에는 고대국가에서부터 부기(簿記)라는 용어는 존재하지 않았다. 개성부기(開城簿記)라는 용어는 사개송도치부법의 현대적 표현이고, 서양의 부기(簿記: bookkeeping)라는 기장 방법과 유사한 체계를 지닌 것으로 인식되고 있다. 19세기 말 개항과 더불어 갑오경장(甲午更張)이 이루어지던 무렵, 서양의 부기・회계에 관한 서적을 번역하는 과정에서 부기(簿記) 및 회계(會計)라는 용어가 사용되었다. 부기(簿記)라는 단어는 한자의 표현을 빌려 만들어졌지만, 이것은 영어 본래의 뜻을 발음 그대로 나타내어 번역한 것이다. 즉, 영어의 'bookkeeping'을 나누어 'boo'(簿)와

'kkee'(記)로 표현하고 「장부기입」(帳簿記入)을 의미하는 용어로서의 부기(簿記)로 번역되어 부기의 개념을 나타냄과 동시에, 누구나 수용할 수 있는 용어로 정착되었다. 그래서 우리 선조들이 지혜를 모아 창안되어 오랫동안 사용됐던 사개치부법(四介治簿法)이라는 고유의 기장용어는 근대화 과정에서 사라지고 말았다.

한편 'accounting'이라는 용어는 우리나라의 근대화과정에서 처음에는 '계리(計理)'라고 번역하고 계리학(計理學), 계리사(計理士), 계리사법(計理士法) 등의 표현을 일반적으로 사용해 왔었다. 그 후 'accounting'을 회계(會計)라고 번역하고 회계학(會計學), 회계사(會計士), 회계사법(會計士法) 등의 표현으로 개칭하게 되었다.[92] 그런데 그것은 상술한 바와 같이 동양의 고전을 통하여 아득한 고대사회에서부터 회계(會計)라는 용어가 사용되었던 사실이 고증되었음을 상기할 필요가 있다.

따라서 서양의 'accounting'과 동양의 '회계(會計)'라는 용어는 각각 독립된 경제 환경 속에서 발아(發芽)되어 그 환경에 알맞은 사회문화적 제도로서 진화하고 발달해왔다는 것이다. 다만, 서세동점(西勢東占)의 시대적 상황 속에서 세로쓰기 문자와 한자식 숫자의 표현방식의 불편함을 대신한 체계화된 서양의 복식 부기법이 아라비아 숫자와 가로쓰기의 편리한 문자 표현법에 밀려서 우리 조상들이 창안한 사개치부(四介治簿)의 회계기법은 역사의 뒤안길로 사라지고 말았다.

그렇지만, 시대적 상황에 맞지 않은 회계 방법이었다고는 해도 우리 선조들의 삶과 사상이 깃들어 있는 회계에 대한 역사적 생성과 진화의 과정을 살펴보는 것은 하나의 의미 깊은 작업이라고 할 수 있다. 그 때문에, 고대사회의 회계사(史)에 대한 흔적을

---

[92] 서양식 부기·회계의 도입 시기에 회계용어의 논쟁에 대한 일본에서의 재미있는 일화가 있다. 즉, 일본의 동경상과대학(現在의 一橋大學)에서 있었던 일이다. 1906년에 영국 유학에서 귀국한 시카노(鹿野清次郎)교수는 'accountancy'를 '계리학'(計理學)으로 번역하고 동경상과대학에 계리학(計理學) 강좌를 개설함과 동시에, 『계리학제요(計理學提要)』(上下卷)를 저술하였다. 그뿐만 아니라, 1908년에 센슈(專修)대학에 출강하면서 동 대학에 일본 최초의 계리학과(計理學科)를 창설하기도 하였다. 그에 따라 일본 정부에서도 계리사법(計理士法)을 제정하여 시행했다. 그는 부기적 방법을 다루는 실무의 경우에 '경리'(經理: けいり)라고 표현하고, 그것을 기초로 하여 다루어지는 논리구조나 체계적 방법의 개선을 연구할 때는 '계리'(計利: けいり)라고 표현하였다. 그 하나의 예로 은행에서 실무를 다루는 경리과와 결산과 회계관리를 다루는 계리부가 있는 것도 여기서 연유되었다고 한다. 그는 다른 학자들이 회계학이라 부르는 것을 좋아하지 않았으며, 계리학이라는 명칭을 고집하였다. 그래서 나카무라(中村茂男) 교수와의 사이에 계리학인가, 회계학인가의 문제로 「國民經濟雜誌」를 통하여 지상 논쟁을 벌였던 사실은 유명하다. 그뿐만 아니라, 1916년 3월에 나카무라 교수는 시모노(下野直太郎)·히가시(東奭五郎)교수 등과 더불어 일본회계학회를 창설하고 「회계」라는 기관지를 발행하였다. 시카노(鹿野)교수는 이에 반대하여 오미야마(小宮山敬保)등과 함께 계리학연구회를 설립하여 「計理學 硏究」라는 잡지를 발행하고 대응하였다. 그러나 전자가 중국 고대 주(周)나라의 古典에서 『會計基政, 謂歲終進會計文書受之』(周禮天官小宰)라는 고증을 함으로써, 회계는 동양 고유의 회계용어임이 확인되었고 결국 회계가 수용되어서 회계학이라는 학문적 용어로 정착하여 오늘에 이르고 있다는 것이다(신호대학회계학연구실 편、『회계학사전』, 1976).

문화사적인 관점에서 탐구할 필요가 있다고 보는 것이다.

1) 고조선 시대의 회계 관련 용어

우리나라에서는 회계개념이 언제 어디서 누구의 손에 의하여 만들어졌을까? 이러한 의문에 대한 해답은 지금도 밝혀지고 있지 않으며, 그것을 밝힐 수 있는 문헌이나 연구 결과도 거의 없는 상태이다. 이에 대한 해답을 고고학과 문화인류학, 그리고 한국 문화사의 문헌들을 두루 섭렵하여 원시시대부터 이어져 온 인류의 생활상을 더듬어보아야 했다. 그때의 인류가 남긴 여러 가지 유적들을 통하여 경제생활과 관련된 사실들을 찾아내어 계산과 기록에 관한 내용을 해석해보는 과정을 거쳐야 했다. 옛 궁궐터에서 흩어진 기왓장이나 도자기 조각들을 주어서 퍼즐 맞추며 원형을 복원해가는 고고학자의 심정으로 회계와 관련된 회계용어를 발견하려는 작업을 계속해왔다.

앞의 제1장에서 언급한 바와 같이, 인류의 원시회계행위는 아주 간단한 계량・기록행위였다. 원시적인 비정형(非定型)이며 정리되지 않은 기록계산의 부호와 기호를 사용하기 시작했고, 발전과정을 거치면서 상형숫자를 채용하기에 이르렀다. 비교적 집약된 기록계산의 방향으로 진보하여 문자와 숫자의 조합을 통한 기록계산의 모습이 형성되었다. 그 시기에 사람들의 사고능력은 극히 낮은 편이었다. 간단한 기록계산법을 고안하여 생산과 생활에 관한 사무에 대처하고 사물의 동향에 대하여 근본적으로 대응할 수 있는 수준에는 이르렀으나, 경제적 계량과 기록 활동, 그리고 경제 부문의 내부 분담에 대하여 명확히 표현할 수 있는 단계까지는 이르지 못한 상태였다.

그런데 인류는 원시사회의 여명기를 거쳐 신석기 문명사회가 도래하면서 의사소통의 수단이 되는 문자와 숫자를 이용하여 사회공동체의 관리에 활용하였음은 물론, 그들의 경제활동에 필요한 기록과 계산의 기법을 마련하기에 이르렀다. 그 과정에서 사회공동체의 구성원들은 채집한 물품의 소유권을 인정하게 되었으며 교환거래의 질서를 유지하면서 부의 축적을 가능하게 되었다. 여기서 교환거래를 축으로 하는 상거래가 자연히 이루어지게 되어 외상거래라는 신용 제도의 확립을 가져오게 하였다. 그뿐만 아니라, 화폐의 발명으로 활발한 상거래를 통하여 물품 유통이 순조롭게 이루어질 수 있는 환경이 조성되었다. 이러한 경제적환경은 기록계산법을 기초로 하는 회계의 생성요인으로 작용하였고, 결국 회계문화를 마련해 주었다. 따라서 회계문화의 싹은 회계와 관련된 용어의 작명(作名)에서부터 기원을 이루고 서산(書算)의 기원이 되었다.

우리나라 최초의 고대 문명국가인 고조선 시대에 있어서 회계문화의 기원은 고대국가의 경영과정에서 싹이 트고 국고회계로 발달하였다는 것이 유력한 단서이다. 고대국가의 형성은 부서세회를 통한 국고회계의 시발점이다. 국가를 운영하고 관리하는 과정에서 재정적 수지 관계를 다루는 부서에 따라 국고 관리를 위한 서산으로서의 부서세회, 즉 회계적 용어와 기장 방법이 고안되었을 것이다.

회계와 관련된 회계용어의 기원을 살펴보면, 단군왕검에 의하여 건국(BC2,333)된 고조선 시대에 이미 신시(神市)를 통한 물물교환 형태의 거래가 존재했으며, 신시(神市)의 재정적 관리를 위한 출납의 기록(書契)은 기록계산의 기법을 나타내는 회계용어와 회계개념의 출현을 시사(示唆)한다. 조선 숙종 조(AD1,675)에 쓰인 「규원사화」(揆園史話 太始記)에 의하면, 회계와 관련된 일화가 기록되어 있다.[93]

『신시 씨는 신지로 하여금 서계(書契)를 만들게 하였다. 신지 씨는 대대로 두 명을 받는 직에서 출납헌체의 일을 전적으로 관장하였으나, 오직 말(喉舌)로만 할 뿐, 문자로 기록·보존하는 법이 없었다. 하루는 사냥을 나갔다가... 돌아와서 생각을 가다듬어 만사를 살펴... 문자를 만들었으니 이것이 바로 태고의 문자 시작이니라.』
(神市氏...又使神誌氏 作書契 蓋神誌氏 世掌主命主職 專參出納獻替之務 而只憑喉舌 曾武文字記存之法 一日出行狩獵...罷獵卽歸 反覆審思 光察萬象不多日 是爲太古文字之始矣)

여기서 신시(神市) 씨는 통치자를 지칭하며, 신지(神誌) 씨는 신하(출납담당자)를 의미한다. 구술(口述)에 의존하여 출납 관계의 보고가 행해지던 고대국가에서 문자와 숫자의 창안에 관한 내용을 설명하는 대목이다. 서계(書契)는 글자나 숫자를 대나무 등에 파거나 새겨서 기록한 것(簿書)을 의미하며, 출납헌체는 재물의 출납과 진상(進上) 및 교체(交替 또는 交換)를 뜻한다. 여기서 서계와 출납 교환 등은 문자가 없던 고대사회 초기에 사용했을 것으로 보이는 회계행위와 관련된 용어이며 그것을 기록하기 위해 만들어 낸 것이 최초의 문자였다는 뜻이다.

본 장 제2절의 고대 한국회계문화의 생성사적 배경 접근에서 문자와 숫자의 기원을 언급한 바와 같이, 고조선 단군 시대에 고문자(古文字)인 상형문자 이외의 가림토(加臨土)라는 정음 38자가 만들어져 있었음을 탐색했었다. 그러나 회계행위는 문자가 등장하기 훨씬 이전부터 이루어졌고 입(喉舌)에 의존하여 그 보고가 행해져 왔던 사실을 위의 문맥을 통하여 확인할 수가 있다. 따라서 제1장에서 살펴본 바와 같이 인류의 회계행위는 경제생활이 진행되기 시작한 선사시대부터 출현한 사실을 확인하게 된다. 그리고 태백일사(太白逸史)에 의하면, 다음과 같은 문구도 기록되어 있다.[94]

---

93) 北崖 著, 申學均 譯, 『揆園史話』(서울, 大東文化社, 1968), PP. 33~34.
94) 『태백일사』, 蘇塗經典 本訓 第五.

『신시에 산목이 있고, 치우에게 투전목이 있으며, 부여에 서산이 있다. 그것을 산목이라 하는 1 2 3 4 5 6 7 8 9 10을 이르니라.』(神市有算木, 蚩尤有鬪佃目95), 夫餘有書算 其曰算木 ㅡ ㅡ ㅡ ㅡ ㅡ ㅣ 丅 ㅠ ㅠ ㅠ 乂 也)

이 경우에도 산목과 투전목(鬪佃目), 그리고 서산(書算)은 모두 기록계산을 기초로 하는 회계와 관련된 용어라고 할 수 있다. 이것들은 수(數)를 나타내고 계산하기 위한 도구를 말하며, 산가지, 산대, 산책(算策: 算柵)이라고도 한다. 중국의 고대사회에서 산(算)·주(籌)라고 표현했던 것과 유사한 개념이다. 위의 문맥 속에 표시된 숫자는 산가지(算木)로 1에서 10까지 표현하고 있다. 이러한 표현들은 물품의 유통과 교환에서 비롯되는 거래를 문자와 숫자로 조합하여 기록 계산하기 위한 초기 단계의 셈법(算法)을 의미한다. 회계라는 용어를 사용하기 전 단계의 회계 관련 용어라고 보면 될 것이다.

현존하는 고전문헌에서는 우리나라의 고대 문명국가인 고조선 시대에 회계라는 용어를 사용했다는 고증은 되어 있지 않다. 그러나 우리의 고대 문자인 가림토(加臨土)를 창제했던 3세 단군 가륵(嘉勒: BC2,182~BC2,138) 시대의 기록을 더듬어보면, 『삼칠일(21일)에 계회(計會)하여 모든 사람이 이를 규범(戒)으로 지키게 한다(三七計日會全人執戒)』96)라는 문구가 발견된다. 이는 삼칠일의 계산은 모아서 함께 셈하는 회계(簿書歲會)임을 나타낸 내용이다. 이로써 추정하면, 고조선 초기부터 회계가 사회문화 속에 자리 잡고 있었음을 인식하게 된다. 그렇지만 그 이상의 회계에 대한 기록이 없어서 자세한 언급을 할 수 없다.

---

95) 鬪佃目은 한 벌로 되어 있는 투전을 일컫는다. 여기서 투전(鬪佃, 鬪牋, 投錢)은 두꺼운 종이로 손가락 넓이만 하고 다섯 치쯤 되게 하여 그 위에 인물이나 鳥獸, 蟲魚 또는 문자나 詩句 등을 그려 넣고 끝수를 표시한 계산 도구의 하나로 활용하였는데, 이것은 훗날 노름 도구의 하나로 변질하였다고 한다.

96) 환단고기, 단군세기, 권6.
여기서 3·7일(소위 21일)이란 겨울철이 지나 대지에서 새 생명이 움트는 봄에 새롭게 태어나고 시작되는 시기를 일컫는다. 따라서 중요한 일이 발생한 날로부터 7일을 세 번 지낼 때까지 금기(禁忌)를 지키거나 특별한 의미를 두어 대응하는 기간을 의미한다. 이 시대는 3·7일을 기준으로 셈이 이루어졌던 것으로 보인다.
우리나라에서 삼칠일에 대한 언급은 단군신화(檀君神話)에서 처음 등장한다. 단군신화에서 곰과 호랑이가 사람으로 변신하기 위해 격리되었던 동굴과 삼칠일이 각각 전이를 위한 공간과 시간이었듯이, 외부세계와 격리된 산가(産家)와 삼칠일이라는 기간은 새로운 세계로 진입하는 데 필요한 종교적 시공간에 해당한다. 이에 따라서 삼칠일은 중요한 변화의 과도기를 맞아 3과 7이라는 길수이자 신성수를 대입한 상징적 시간으로서 대상을 보호하고 무사히 다음 단계로 진입시키기 위한 기제라 하겠다. (「三國遺事, 동학에 함유된 고유사상의 탐구」,김대훈, 경상대학교 석사학위논문, 2010); 사십구재 (구미래, 민족사, 2010)

이와 비슷한 시대의 고대 인접 국가인 하(夏)·은(殷)·주(周)에 관한 문헌에서 역시 회계라는 용어의 기록은 분명히 존재한다는 것을 위에서 언급한 바 있다. 그것은 단순한 치부(置簿)의 수준에 머무는 것이었다고는 해도 그 당시의 관리 수단으로서는 훌륭한 창안이었다고 본다. 그리고 그 시대의 기록계산을 위한 문서는 국가재정의 수입과 지출을 중심으로 하는 국고회계가 최초였을 것이다. 이해를 돕기 위하여 고대 중국의 고전문헌에 기록된 회계라는 명칭의 기원에 대하여 탐색하고자 한다.

2) 동양 고전문헌에 의한 회계 명칭의 기원

(1) 하·은 시대의 회계 명칭 기원설

고전문헌에 의하면, 회계의 기원은 4천여 년 전에 수립된 중국 최초의 고대국가 하(夏: BC2,206~BC1,766)나라가 사용한 서계(書契)와 회계(會稽: 會計)라는 용어에서 찾는다. 이러한 관점의 근거는 사마천(司馬遷)의 『사기(史記)』에 있다. 이에 의하면, 『하나라 때, 공물을 거두고 세금을 부과하여 재정을 비축하였고, 우(禹)임금이 강남에 제후들을 불러 모아 공을 헤아릴 때, 가라사대 회계(會稽:사람을 모아 공을 헤아림), 회계자(會稽者:공을 헤아리는 사람), 회계(會計:함께 모아 헤아리는 셈법)라고 하였느니라.』 (夏時, 貢賦備矣. 或言禹會諸侯江南, 計功面崩...命曰會稽, 會稽者, 會計也.)[97]

통치자인 우 임금이 회계산(會稽山)[98]에서 제후들을 모아놓고 공물과 부세(賦稅) 등의 재정문제를 논하고 헤아리는 자리에서 회계(會稽·會計)라는 표현으로 국고 관리의 모습을 보여주었다는 것이다. 고대국가의 공동체 운영에는 무엇보다 재정관리가 중요했고, 필연적으로 회계가 관리 수단으로 활용되었다는 것을 보여주는 대목이다. 중앙집권적 왕권에 의하여 경상적으로 공물의 수납과 부세의 징수상황이 청취·관장되고, 제후들의 공적을 관찰하여 논공행상하는 회의가 집행되었음은 봉건국가에서 흔히 있던 일이다. 이러한 사실로 보아 하(夏)시대의 회계가 국고회계를 중심으로 선사시대보다 상당한 수준으로 진화되어 있었다고 할 수 있다.

그렇지만, 사마천(司馬遷)의 저서에 기록된 사실만으로 하(夏)나라에서 회계 명칭

---

97) 司馬遷, 『史記·夏本紀』; 郭道揚 著, 津谷原弘 訳, 前揭書, P. 41.
98) 중국 절강성(折江省) 소흥시(紹興市)에 있는 산이며, 하나라 우왕의 고사와 더불어, 오월동주의 와신상담 고사가 서려 있다. 고대의 하나라 우(禹)왕이 치산치수(治山治水)를 하고 천하를 평정한 후, 회계산(會稽山)에 제후들을 모아 백성을 안무하고 치국을 위한 공물과 賦稅에 관한 논의를 하며 국가운영과 관리에 대한 문제를 관장했던 고사에서 훗날 회계의 기원이 비롯되었다고 전한다. 여기서 회계(會稽)는 모아서 상고하여 헤아린다는 뜻이 있으며, 결국 국고 재정문제를 관리하는 일 년간의 기록계산을 정리하는 會計(歲會:歲計)라는 용어가 사용되기에 이르렀다는 것이다.

의 기원설을 그대로 받아들이기에는 약간의 의문점이 있음을 지적하지 않을 수 없다. 그 이유는 다음과 같은 역사적 사실 때문이다.

하(夏) 왕조가 성립(BC2,206)된 이후에도 원시사회 문화의 틀을 완전히 벗어나지 못한 상태였고 생산과 교환 및 문화의 발전에도 한계가 있었음은 물론, 여러 분야가 미성숙한 상황이었던 것도 사실이다. 사마천(司馬遷)이 언급한 위의 문장 속에서 "혹언(或言)"이라는 표현은 '혹시나 이르건대'로의 의미를 두게 되면, 확실하지 않은 내용을 제시하는 것으로 보게 되기 때문에 사실에 입각한 서술이라고 수용하기 어려운 점이 있다. 이러한 상황들을 종합적으로 검토해 보면, 하(夏)나라 시대에 '회계'라는 명칭이 출현했다는 기원설에 부정적인 견해를 피력하지 않을 수 없다. 다만, 국가 재정의 관리를 위한 제도적 방법으로서 「서계(書契: 書算)」의 수준에서 국고회계 책임을 나타내는 회계(會稽)로 진화되는 상황이었을 것으로 추정하게 된다.

따라서 고대국가인 하(夏)·은(殷:BC1,760~BC1,122) 시대에는 여러 가지 경제 사정을 책(書契: 書算)의 형태로 기록하고 계산하게 되었고 회계의 기능을 인식하여 그것을 체계화하려는 움직임도 보여주었다. 그것은 국고의 재정을 기록 계산하는 기능을 지닌 것이라고는 해도 종합성이 결여되어 있어서 독립된 회계의 의미가 부여되기까지는 또 얼마간의 세월이 흘러야 했다. 왜냐하면, 하·은 시대에는 간단한 계량과 기록에서 체계화된 회계에 이르는 과도기적 시기라는 견해가 지배적이기 때문이다.

(2) 주(周) 시대의 회계 명칭 기원설

하·은 시대를 거쳐 세 번째 고대 문명국가인 주(周) 시대(BC1,122~BC256)가 되자 상황은 달라졌다. 이 시대는 노예경제의 요체를 이루는 사유재산제의 전성기였고, 농업·수공업·상업도 하·은 시대에 비하여 현저한 발전을 가져왔다. 특히 서주(西周) 시대에는 농산물 생산도구의 개발은 물론, 배수시설을 통한 영농기술이 발달하였고, 농산물 종류도 증가하여 생산량도 하·은 시대보다 훨씬 향상되었다고 한다. 더욱이 주나라 시대의 상업은 사회경제 중에서 상품교역의 범위가 폭넓게 확대되었을 뿐만 아니라, 신용거래가 시장경제의 축을 이루었고 국가가 시장관리를 위하여 관원을 파견할 정도로 그 범위가 넓어졌다. 상품교역에서 화폐(貝幣·穀幣)가 넓은 지역에 걸쳐 사용되었다고 한다. 이러한 사실을 종합해보면, 주나라 시대에 이미 농경문화를 주축으로 하는 사회 경제체제가 기본적으로 구축되어 있었음을 엿볼 수가 있다. 이들 사회문화적 환경 여건은 경제적 관리에 필요한 치부(治簿) 기술의 생성을 촉진하는 요인으로 작용하였다.[99]

---

99) 郭道揚 著; 津谷原弘 訳, 『中國會計發展史綱』 (東京, 文眞堂, 1988), P. 45.

국가의 입장에서도 왕조를 유지하기 위하여 경제적 통합관리를 진행하였고 공부납입(貢賦納入)을 실행하여 국가경영비용을 조달하였음은 물론, 재정회계 분야의 구축에 중점을 두었다고 한다. 노예제도의 발달로 통치계급의 귀족들은 노예들의 노동을 통하여 재화를 축적하였고 그것을 관리하기 위한 경제계산 제도를 구축하여 원시적 계량·기록의 수준을 넘어선 차원에서 회계의 체계화가 이루어지기 시작했다. 그 시대의 사회경제적 관리를 위한 용구로서의 회계의 중요성은 사회경제적 유통구조의 발달이 진행되는 과정에서 점차적으로 고조되었다. 그렇다면 고대사회의 경제적 배경 속에서 맹아(萌芽)의 싹을 틔운 '회계(會計)'의 문자적 기원부터 살펴보는 것이 순서이다.

① 회(會) 문자의 기원

서기 1976년 12월에 중국 협서성 부풍현 법문지구(陝西省扶風縣法門地區)에서 출토된 서주(西周)시대 초기의 동판(銅版)을 보고, 고고학자는 역사를 기록한 벽상(壁狀)의 판(板), 즉 명문(銘文)으로 단정한 바가 있다. 이 동제명문(銅製銘文) 속에는 "흡수만방(洽受萬邦)"이라는 문구가 있는바, '흡(洽)'자는 합하여 모은다는 '회(會)'자의 전신이므로, 고고학자는 "회수만방(會受萬邦)"이라고 해석하였다. 그리고 그 동판명문 속에는 계(計)자가 있는 것으로 보아, 여러 나라를 모아 합방(合邦)하고 하나로 통일했음을 나타낸 내용이라고 하였다.100) 이러한 사실을 근거로 하여 추정하면, 주나라 시대에 회계에 관련된 문자가 일반화되어 있었음을 고증할 수 있게 된다.

「회(會)」자와 「계(計)」자의 생성과 그 구체적인 사용이 경제계산 용어로 정착하기까지는 장기간에 이르는 진화의 과정이 있었다고 본다. 이하 그 과정을 탐색한다.

회(會)자의 기원은 고문자에서는 흡(洽)으로 표시되었지만, 결국 합한다는 '합(合)'과 더하다는 '증(曾)' 두 글자의 합성어에서 찾는다. 합(合)자의 입구(口)를 제거하고 증(曾)자 위쪽의 여덟 팔(八)을 제거하여 잔여 부분을 조합·구성하여 회(會)자가 형성되었다는 것이다. 하(夏)·은(殷) 시대에는 갑골문자 중에 흡(洽)연자가 많이 발견되며, 회(會)의 의미로 사용되었다고 한다. 그 당시에는 집회(集會)·개회(開會) 등의 회(會)가 들어가는 낱말에도 흡(洽)이나 합(合)자가 사용되었고 계산의 합계도 합(合:洽)을 사용하여 표기했다. 이는 오랜 진화과정을 거쳐 주나라 시대에 이르러 흡(洽)자가 합성 문자인 회(會)자로 변형·사용하게 되었다는 것이다.101) 상술한 서주(西周) 유물의 동판 명문에 새겨진 "흡수만방(洽受萬邦)"을 "회수만방(會受萬放)"으로 인식하는 고고학자들의 견해가 이를 뒷받침해주고 있다.

---

100) 상게서, P. 47.
101) 상게서, PP. 47~50.

회(會)라는 낱말이 지니는 의미는 원래의 합(合:모은다)과 증(曾:더하다)은 뜻이 합성되어 회(會:모아서 더한다)의 셈(算)을 나타내는 문자로 새로 생성되었다. 환언하면, 낱개로 된 것을 모아서(合), 더하여(曾·增) 수(數)로 나타내고 헤아린다(計·算)는 뜻을 지니게 되었다. 그래서 회(會)는 날마다 일어나는 거래(去來)를 1년 동안 모아서 그 결과를 셈한다(月計要歲計會)는 연말계산(歲計)의 기원으로 보는 것이다.

<그림 2-3> 회(會)의 생성과 이용

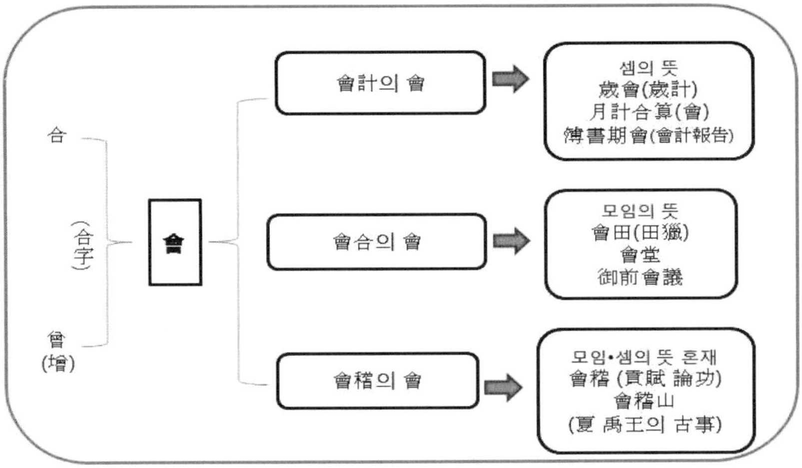

```
合 ┐
   ├ (合字) ─ 會 ─┬─ 會計의 會 ─→ 셈의 뜻
曾 ┘                │                  歲會(歲計)
(增)                │                  月計合算(會)
                    │                  簿書期會(會計報告)
                    │
                    ├─ 會合의 會 ─→ 모임의 뜻
                    │                  會田(田獵)
                    │                  會堂
                    │                  御前會議
                    │
                    └─ 會稽의 會 ─→ 모임·셈의 뜻 혼재
                                       會稽(貢賦 論功)
                                       會稽山
                                       (夏 禹王의 古事)
```

<자료: 사료의 조사·분석에 의거 저자 작성>

② 계(計) 문자의 기원

사마천(司馬遷)의 사기(史記)에 의하면, 계(計)라는 문자가 하(夏) 시대에 이미 사용되었음이 기록되고 있다. 상술한 회(會)의 문자보다는 일찍 등장했던 것으로 볼 수 있다. 그러나 그 시대의 출토유물에서 고증된 기록은 아직 발견되지 않고 있다. 그런데도 계(計) 문자의 기원에 대하여 접근하려고 한다.

주나라 시대의 출토유물에서 볼 수 있는 계(計)라는 문자는 말씀언(言)과 열십(十)의 합성어로 만들어진 낱말이다. 「언(言)」이라는 낱말은 「말하다·아뢰다」라는 뜻 외에 '헤아리다'의 뜻도 지니고 있다. 계(計)의 오른쪽에 첨부된 '十'에도 합산한다는 뜻이 내포되어 있다.

우선 '十'의 의미부터 살펴보기로 하자. 고대사회는 원시시대에서 이어져 온 수렵(狩獵)과 어렵(漁獵)도 생산수단의 하나로 자리 잡고 있었다. 이것은 회전(會田: 여럿이 모여서 사냥함)이라고도 부르는데, 여기에서 「전(田)」은 「사냥」의 뜻이 있으며 전렵(田獵)을 나타내는 문자이다. 전(田)이라는 문자를 풀어보면, 나라의 경계를 나타내는 구(口)자와 사방을 나타내는 십(十)자의 합성으로 구성되어 있다. 십(十)은 중앙과 4방위(東西南北)를 나타내는 형상이다. 'ㅣ(곤)'은 남북(南北)의 두 방향을, '一(건)'은 동서(東西)의 두 방향을 나타내며, 종횡(縱橫)의 교차점은 중앙을 나타낸다. 고대의 사람들은 거주지가 있는 중앙의 교차점을 중심으로 방향을 식별할 수 있도록 '十'의 문자를 표시하였다.

그들은 이러한 방향감각으로 수렵 등의 생산 활동을 전개했다. 부락을 중심으로 동서남북의 방향으로 출렵(出獵)하여 생산 활동한 다음 그 방위에 따라 거주지의 부락으로 돌아올 수 있게 하였다. 그들은 언제나 이러한 방향감각으로 같은 길을 따라 귀환하였다는 것이다. 이때 출렵으로 얻은 수확물은 부락의 책임자에 의하여 모두 수량 검수를 거치게 된다. 각 방향별로 포획물의 수량을 명확히 헤아리고 합산하는 절차를 거친다. 네 방향별로 합산한 수확물은 다시 합산하여 총합계 수량을 산출하게 된다. 고대인들은 오랜 세월에 걸친 전렵(田獵)을 통하여 동서남북 네방향(四方)의 모형을 '十'으로 창안하여 독특한 계산·검수의 방식을 사용하였다는 것이다. 따라서 네 방위를 나타내는 '十'의 문자는 분산된 소수의 물품을 종합한다고 하는 의미를 지닌 것으로 볼 수 있다.102)

또한 계(計) 문자의 '言'은 무엇을 의미하는지 살펴볼 필요가 있다. 고대의 문자 발생 이전에는 수화(手話)로 의사소통을 했었지만, 점차적으로 인지가 발달함에 따라 간단한 언어를 사용하여 의사표시를 하게 되었을 것이다. 그래서 인류 최초의 회계행위도 언어의 사용을 통하여 표현하게 되었다고 생각한다. 동서남북의 사방에 사냥 나갔던 사람은 부락에 돌아오면, 공동체의 책임자에게 수확물의 수량을 말(言)로 보고했다. 그 책임자는 각 방위 별 수렵자(狩獵者)로부터의 구두보고를 기초로 합산한 후 종합수치를 계산하였다.

훗날 문자의 생성이 이루어지면서 사람들은 점차적으로 구두보고에서 서면보고로 진화해 갔다. 그러나 초기에는 상형문자·표의문자·표음문자여서 기록과 전달용 언어의 서사부호(書寫符號)에 불과했다. 이러한 문자 보고는 서면보고의 형식을 취했을 뿐, 여전히 언어적 보고(廳出入以要會)가 주류를 이루고 있었다.

이처럼 전렵(田獵)에 의한 생산 활동에 참여한 사람들은 수확물 수량을 공동체의 책임자에게 진실 정확한 구두(言)로 보고해야 했다. 보고를 누락시키는 것은 허용되지 않았다. 이는 부락공동체의 구성원들의 생존을 위한 최소의 요구 조건이었다. 사냥꾼(獵師)들의 보고물량이 진실하고 정확하면, 부락공동체 책임자의 수량계산도 진실하고 정확하게 이루어질 수 있게 되는 것이다.

---

102) 상게서, P. 51.

<그림 2-4> 계(計)의 생성과 이용과정

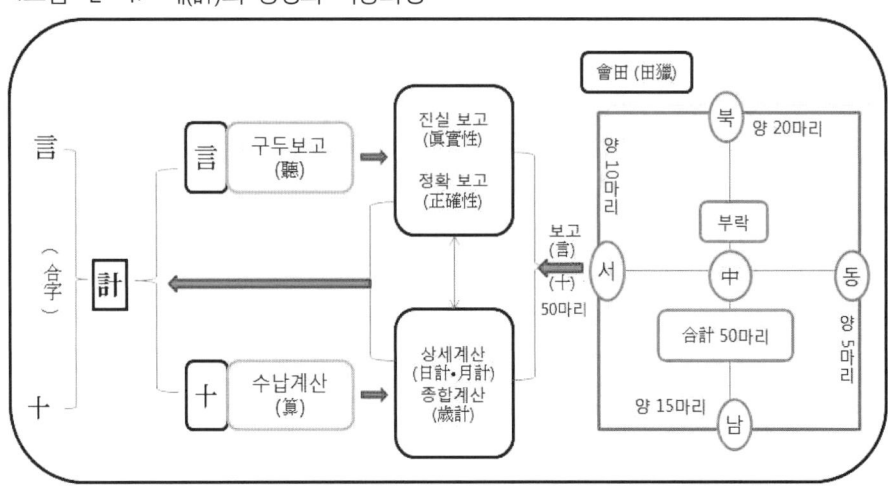

<자료 : 史料의 분석에 의거 저자 작성>

언어(言)의 진실·정확성은 인류가 반드시 지켜야 하는 공동의 준칙이었고, 인류 최초의 도덕 규범으로 작용하게 되었다. 후대에 이르러 학자는 언어(言: 헤아려 아뢰는 말)의 인식에 대하여 다음과 같은 정의와 해석을 내렸다. 서한(西漢) 시대의 언어학자인 양웅(揚雄)은 『법언(法言)』이라는 저서에서 '말(言)'은 심성(心聲: 진심을 토로하는 말)이라고 기술하였다. 그리고 동한(東漢)의 학자인 허신(許愼)은 『설문해자(說文解字)』라는 책 속에서 '진언왈언(眞言曰言: 생각한 대로 진실을 말함)'이라고 아주 간명하게 그 의미를 언급했다고 한다.[103]

이상에서 살펴본 내용을 종합해보면, 모두 '말(言)'이라는 것은 반드시 진실하고 정확한 내용을 표현하는 것이며, 어떠한 허위나 작위(作爲)도 있어서는 안 된다는 뜻을 지니고 있다. 한 글자·한 구절은 일언(一言)이라고 하며, 수량에 대해서도 바르게 말하면 계산 관계에 진실이 나타난다는 의미이다. 계산 관계의 진실성·정확성은 인류가 지녀야 할 중요한 의미를 내포하고 있는 개념이다. 이러한 관점에서 보게 되면, '언(言)'과 '십(十)'의 합성 문자인 '계(計)'의 문자 형체를 구성하여 각각 그 속에 내재하고 있는 의미가 융합되어 독자적인 '계(計: 진실·정확한 수치를 헤아려 아뢰다)의 기본적 의미를 구성하게 되었다. 즉, '계(計)'라는 문자에는 상세한 셈을 하고 '계(計)' 자체가 지니고 있는 세부적 분산 물량을 종합적으로 진실·정확하게 산정·보고한다는 의미가 함유되어 있다.

---

103) 상게서, PP. 51~52.

③ 회계(會計)의 두 글자 연음 구성의 의미

하·은 왕조를 거쳐 주 시대에 이르러 회(會)와 계(計)의 두 글자를 연음·구성함으로써, 회계(會計)라는 용어가 생성되었다. 그것은 일별계산(日計)과 월별 계산(月計)을 모두 합산한 연차계간(歲計)으로서의 회계가 지닌 기본적 의미를 나타내기 위하여 합성된 것이다. 원래 회(會)와 계(計)가 지닌 의미를 결합하여 하나의 낱말로 만들고, 회계개념의 기본적 인식을 표출시켰다. 마치 동한(東漢)의 허신(許愼)이 그의 책에서 기술한 「회계야(會·計也)」에서 볼 수 있는 바와 같이, 회(會)와 계(計)의 두 글자가 지닌 의미는 동일하다. 이것은 하나의 과학적 범주에 속하는 것으로서의 연말결산(歲計)을 종합적으로 표시하기 위한 개념적 용어의 창안이라고 할 수 있다.

회계의 두 글자를 연결해 사용한 예는 주나라 시대의 관부회계에서 찾아볼 수 있다. 그 시대의 상황을 보면, 일상적인 계산은 이루어지고 있었고 연말의 종합적인 계산도 진행되었음을 엿볼 수 있다. 하루하루의 기록을 통하여 이루어진 계산은 월말에 누계함은 물론, 연말이 되면 월별 누계를 모아 종합적 결산행위인 세회(歲會: 歲計)로 마감하게 된다. 이것은 고대국가 왕조의 재정 경제적 수입 지출을 정확히 기록 계산함으로써, 건전한 국가경영체제를 갖출 수 있게 하였다. 청(淸) 시대의 학자인 초순(焦循)은 그의 저서 『맹자정의(孟子定義)』에서 서주 시대의 회계에 관하여 다음과 같이 서술한 바가 있다. 즉, 그것은 "영성산지위계, 종합산지위회"(零星算之爲計, 綜合算之爲會: 얼마 안 되는 적은 셈은 計이며, 종합하는 큰 셈은 會이다.)104)라는 내용으로 기본적인 회계의 개념과 사상을 개괄적으로 표현한 것이다.

일반적으로 하루, 한 달 및 한 해의 계산은 일상적으로 상세하게 이루어져야 하는 회계 계산이며 진실·정확하지 않으면 안 되는 것이다. 이는 주나라 시대에 이르러 일상화된 회계 관습으로 정착되었음을 알 수 있다. 그래서 세회(歲會)는 주 왕조의 일년 동안 행해진 재정 경제적 상황을 종합계산하고 그 결과를 심사하는 것을 의미한다. 따라서 세회(歲會)는 월별 계산의 상세한 누적 계산이며 연도 말의 종합결산을 위한 것이다. 그리고 월별 계산(月計)은 매일 기록 계산한 내용(日計)을 매월 말에 누적 계산하기 위한 절차이다.

이처럼 주 왕조시대에 이르러 회계의 개념이 확실하게 정의되고 용어 명칭도 확정되었다. 그러나 그 과정에서 명칭부여에 대한 논쟁도 있었다고 한다. 논점의 하나는 1년을 단위로 하여 이루어지는 세회(歲會)가 종합계산의 기능을 하고 주도적 지위를 점한다는 의미에서 '회(會)'가 앞이고, 상세한 기초계산을 이루는 '계(計)'가 뒤에 오게 하는 '회계(會計)' 명칭이 타당하다는 설이다. 다른 하나의 논점은 매일 계산

---

104) 焦循, 『孟子定義』; 郭道揚 著, 津谷原弘 訳, 전게서, P. 53.

과 월별 계산이 모든 계산의 출발점이며 연도결산의 기초자료를 제공한다는 인식에서 '계(計)'를 앞에 놓고, '회(會)'를 뒤에 두어 '계회(計會)'로 결정해야 한다는 주장이다. 결국은 회계 주장설이 우세했고, 다음과 같은 주례(周禮)의 기록에 의하여 설득력을 얻고 '회계(會計)'라는 명칭으로 확정되어 일반적으로 널리 사용되기에 이르렀다는 것이다.

『聽出入以要會, 月計曰要歲計曰會, 又歲終則會計基政, 政用穀元多少以官府之六敍正群使, 五曰以敍受, 謂歲終進會計文書受之.』[105]

(수입과 지출을 요(要)와 회(會)로서 보고받아 듣느니라. 월차 계산은 요(要)이며 연말 계산은 회(會)이니라. 해가 차면 회계는 다스림(政)의 기본이 되니. 다스림(政)은 곡폐를 단위로 이용하여 많고 적음을 관부(官府)의 육서(六敍)인 정군사(회계 담당 부서)에서 관장하며 다섯 부서의 이름으로 배정받으니. 한 해가 지나면 회계문서를 받느니라.)

이 내용을 보면, 회계의 개념 정의가 내려져 있는바, 월별예산과 연말 계산이 구분되어있을 뿐만 아니라, 그것은 구두보고로 이루어지며, 회계기간이 1년 단위로 행해진다고 되어있다. 그리고 회계는 보고기능(聽)뿐만 아니라, 관리기능(政)도 갖추고 있다. 국가 예산을 관장하는 곳과 그 예산을 배정받는 정부의 부서가 제시되어 있으며, 1년이 지나면 회계보고서를 제출받는다는 내용도 있다. 이것은 오늘날의 회계에서 다루고 있는 회계 기능과 절차가 고대사회에서부터 고안된 것임을 실감하게 하는 대목이다. 고대사회에서부터 회계가 국가를 다스리는 통치자의 필수 덕목 중의 하나였음을 증명하고 있으며, 회계는 국가경영이나 조직을 관장하는 자가 갖춰야 할 덕목으로 요청되었음을 엿볼 수 있다. 예로부터 회계는 경제행위의 보고(計)와 경영관리의 수단(會)으로서 필수 불가결한 도구였다. 환언하면, 당시의 회계는 계산적 의의가 있었을 뿐만 아니라, 관리적 의의도 갖추고 있어서 관리와 계산을 결합해 하나의 회계라는 이름으로 표출시킨 것이다. 그러므로 회계의 계산 기능과 회계의 관리기능은 분리할 수 없는 것으로서 회계의 계산 기능은 시종일관 관리적 기능을 유지하면서 관리와 계산을 통합한 회계의 기능이 동서고금을 통하여 인류의 경제적 발전을 유발시키는 촉진제가 되었음을 실감할 수 있는 것이다. 회계라는 용어의 기원은 오랜 역사를 거슬러 올라갈 수 있는바, 지금까지 문헌에 의해 발견된 것은 고조선 시대를 비롯한 중국의 옛 문헌이 최초라고 하며 그것을 문헌별로 정리하면 <표 2-7>에서 보이는 바와 같다.

---

105) 『周禮, 天官小宰』.

<표 2-7> 회계(會計)'라는 용어의 기원

古 文 書	명 칭	시 대
*「桓檀古記, 檀君世記」	計, 會. 算目, 書算	고조선 시대 (BC2,333~BC108)
*「揆圓史話」, 太始記	書契, 出納, 算目, 計	고조선 시대 (〃 〃)
*「太白逸史」 蘇塗經典	書算, 算本, 算木, 計	고조선 시대 (〃 〃)
「史記 夏本紀」	書契, 會稽(計)	夏·殷時代 (BC2,206~BC1,121)
「周禮 天官大宰, 天官小宰」	會計	周時代 (BC1,122~BC256)
「六韜 卷三, 龍韜」	會計	周時代 (〃 〃)
「左傳·昭公二十五年」	計	春秋時代 (BC770~BC403)
「管子·四時」	會計	春秋時代 (〃 〃)
「孟子·萬障」	會計	戰國時代 (BC475~BC221)
「戰國策·齋策」	計會'	戰國時代 (〃 〃)
「韓非子·外儲說左」	計	戰國時代 (〃 〃)
「商君書·禁使」	計	戰國時代 (〃 〃)
「呂氏春秋·務本」	會計	戰國時代 (〃 〃)
「史記朝鮮列傳·漢書朝鮮傳·東夷傳」	算, 計, 會	漢魏晉,隨唐時代(BC206~AD 960)
*「三國遺事·三國史記」	算, 計, 算學	삼국시대(BC57~AD917)
*渤海國志·新編渤海國志長篇	算, 計, 會計	남북국시대(AD698~926)
* 高麗史·高麗史節要	算, 會, 計, 計定, 經理	고려 시대(AD918~1391)
* 尙州淨土寺五層石塔造成形止記	計會	고려 현종 22年(AD1031)
宣和奉使 高麗圖經 (宋使 徐兢)	算, 計	고려 인종 1年(AD1123)
* 櫟翁稗說 (李齊賢)	會	고려 충혜왕 3년(AD1342),
*「太祖實錄」·朝鮮徑國典(鄭道傳)	算, 計, 會計	조선 시대(AD1392~1,910)

(주: +표시는 우리나라의 時代史 文獻을 의미함.)
<자료 : 역사학 고전문헌 및 회계사 문헌자료를 섭렵히여 저자 작성>

회(會)와 계(計)의 문자적 표현은 고조선 단군 시대가 자장 오래된 것으로 보이지만, 관련 사료의 부족으로 중국 문헌에 의존할 수밖에 없었음은 매우 유감스러운 점이다. 한국회계 문화사와 관련된 각종 사료(史料)의 발굴해야 하는 이유가 여기에 있다.

2. 고대 우리나라 회계문화의 생성

1) 고대국가의 회계 부문 생성지표

<그림 2-2>에서 확인된 바와 같이, 우리나라의 고대사회에서는 이미 회계문화가 생성될 수 있는 기본적 요인이 갖춰져 있었다. 즉, 고조선 시대에 벌써 ① 서법 ② 산술

③ 사유재산제 ④ 신용 ⑤ 화폐 ⑥ 상업 등 6개 요소가 조성되었다는 것이다. 다만, 오늘날과 같은 진화된 복식부기 문화가 형성될 수 있는 자본개념이 갖춰져 있지 않다는 점이 다를 뿐이다.

그러나 경제구조가 미성숙한 고대사회에서도 사회구성원에게 부여된 소유권의 인정으로 사유재산의 증식을 위한 부(富)의 개념은 존재했다. 그러므로 지배계급을 중심으로 하는 사람들에게 있어서의 부의 증식은 필연적이었다. 그들은 가능한 한, 부의 증식을 시도하게 되었고 그 과정에서 비롯되는 부의 관리가 순조롭게 이루어질 수 있게 하기 위하여 회계기법을 강화하기에 이르렀다. 그것은 지배계급뿐만 아니라 상인사회에서도 필수적인 수단이 되었으며, 심지어는 승려들이 사찰관리를 위한 재정적 기록계산의 수단으로 활용되었음을 엿볼 수도 있다.[106]

이러한 현상은 고대사회의 부문별 회계문화를 조성하는 계기가 되었다. 이는 고대사회에서도 직능부문별 회계문화가 생성되었음을 의미한다. 따라서 국가의 재정을 위한 회계 부문뿐만 아니라, 상인사회를 위시한 민간부문의 회계제도가 생성될 수 있는 환경조건은 충분히 갖춰져 있었다고 볼 수 있다.

고조선 이후의 고대사회에서 단식부기적 회계문화의 생성요인이 충족됨으로써, 고대 한국회계문화의 행태는 국고회계, 사찰회계, 상인회계 등, 직능부문별 회계문화가 주축을 이루어 생성되었다고 할 수 있다. 그것은 사회경제적 수준의 향상과 정치제도의 안정성이 갖춰져야만 가능하다. 고대사회의 부문별 회계문화는 그 사회의 경제구조와 정치적 환경조건이 갖춰져 있어야 생성될 수 있다는 것이다.

직능부문별 회계문화는 사회생산과 교환거래의 발전이 일정한 단계에 도달한 시기의 산물이다. 서산(書算)의 초기는 생산기능의 한 가지 부수적 업무로 이루어졌다. 사회경제의 발전에 따른 관계가 복잡해지면서 그것은 하나의 전문적인 직능업무가 되었다. 이 업무는 역시 조직의 결합에 수반하여 전문적인 직능부문으로 정착하게 되었다. 여기서 중요한 것은 사회경제의 발전이 고대사회의 생산과 교환거래의 발전 시기가 아니라, 노예경제의 발전을 기초로 하여 비교적 높은 생산력을 일으켰던 시기에 성립했다는 점이다. 이러한 경제발전이 국가재정 수지 관계와 경제적 복잡화를 가져왔다. 그래서 경제 관계가 복잡해지고, 회계업무도 나날이 다양해졌다. 그 결과, 과거에는 회계가 부수적 업무로 이루어졌으나, 회계 책임이 수반되고 기록계산이 복잡해짐에 따라 회계 전문기능이 형성되기에 이르렀다.

따라서 이러한 회계의 직능부문이 없으면, 국가 경제와 사경제(私經濟)는 재정적 관리에 혼란을 초래하게 되고, 큰 손실을 면할 수 없다. 회계 전문 직능부문의 출현은 국

---

106) 불국사 석가탑 유물보고서 간행위원회, 『불국사 석가탑 유물2-중수문서』 (서울, 국립중앙박물관·대한불교조계종, 2009), 참조.

가 경제와 서민경제의 관리에 필수 불가결한 것이 되었다. 회계 부문은 고대사회의 경제적 관리를 이행하기 위한 중요한 위치를 점하게 되었다. 그뿐만 아니라, 회계 직능부문은 봉건주의 사회의 산물이며, 국가재정의 관리조직을 구성하는 중요한 위치를 점하고 있었다. 고대국가의 통치계급이 국가 경제와 서민경제를 장악하고 회계를 하나의 관리 용구로 활용하였다. 하나의 직능부문은 사유재산제도의 출현과 더불어 등장했다. 그것은 결국 지배계급의 재산을 완전히 유지하고 관리하기 위한 것으로 작용하였다. 환언하면, 회계 직능부문은 지배계급이 피지배계급을 강압하는 용구로 활용되었다.

따라서 고대국가의 사회생산과 교환거래의 발전, 사유재산제의 인정, 계급사회의 형성과 국가의 성립 등이 회계 직능부문 생성의 기본적인 전제가 되었다. 회계 부문은 고대국가의 재정적 관리를 위한 직능부문이며, 고대사회 상부구조의 필요한 조직 부문이다. 그것은 고대국가의 계급사회에서는 경제적 재정관리의 용구일 뿐만 아니라, 재산증식을 위한 지배계급의 용구로 이용되었다는 것에 주목할 필요가 있다.

2) 고대 국고 회계문화의 생성

(1) 개념적 접근

한국 고대사회의 국고회계는 국가의 형성과 함께 비롯되었다. 그것은 역사적 사실이다. 국고회계의 명칭은 오늘날 영어의 Governmental accounting(政府會計)과 유사한 개념이다. 그러나 정부 회계는 예산회계를 포함한 개념이므로, 고대의 국고회계와는 뉘앙스 면에서 차이가 있다. 우리나라의 고대 국고회계는 왕령출납(王令出納)의 국가재정 관리를 위한 관부회계(官府會計)라는 표현이 적절하다. 그것은 국가회계사무기관(官府)과 국가회계사무(官簿)의 두 가지 의미를 포괄하는 개념이기 때문이다. 이하에서는 주로 국고회계라는 표현을 하되, 관부회계라는 용어가 사용될 경우도 있을 것이다.

관부와 민간이라는 어휘는 지배계급과 피지배계급을 지칭하는 상대적 표현이다. 관부와 민간의 두 단어에 각각 회계라는 말이 붙으면, 서로 다른 개념적 표현이 이루어진다. 관부회계에는 역사적인 의미가 내포되어 있다. 회계의 기원을 기록하고 있는 『주례(周禮)』에는 『팔법으로 관부를 관장하고…. 여덟 번째를 관계(官計)라 하며, 이로써 나라를 다스린다.』(以八法107) 治官府……八曰官計, 以弊邦治)는 기록이 있다. 여기에서 관계(官計)는 관부회계의 업무를 주관하는 부서이다. 국가재정을 관리하고 기록 계산하는 절차가 이루어진다. 그리고 한서(漢書)에 의하면, 『대신이 장부(簿

---

107) 주(周) 시대에 관부를 다스리던 여덟까지의 법(法)을 일컫는다. 즉, 관속(官屬), 관직(官職), 관련(官聯), 관상(官常), 관성(官成), 관법(官法), 관형(官刑), 관계(官計)이다. (『周禮・天官大宰』)

書)로 기말결산(期會:歲會)을 보고하지 않음은 대죄를 짓는 일이다.』(大臣特以簿書不報期會之閒, 以爲大故.)라는 기록도 있는데, 이는 부서기회(簿書歲會)의 관부회계가 중요함을 언급한 내용이다. 관부회계를 줄여서 관계(官計)라고도 하는데, 그것은 장부기록과 연말 결산(歲會·歲計) 업무를 관장하는 관부회계 부문(部署)의 두 가지 의미를 지닌 개념이다. 이처럼 국고의 재정관리를 관장하는 관부회계 부문이 설정된 이유를 살펴보면 다음과 같은 세 가지가 있다.

첫째로 회계는 이미 국가의 사무 중에 하나의 전문적인 업무가 되었고, 그 업무는 나라의 재정경제를 관리하기 위한 관부조직의 하나로 편성되었다는 사실이다. 둘째로 국가체제 속에 회계부문을 설치하기 위한 절차를 거쳐 회계관리(會計官吏)를 배치했다. 셋째로 고대국가의 성립 초기에 재정경제의 특성에 대응하는 회계 사항을 처리하기 위한 규율을 정하여 그에 따른 회계 방법이 적용되었다. 이 세 가지 조건을 모두 갖췄을 때 관부회계(國庫會計部門)가 생성되는 것이다.

(2) 국고회계 부문의 설정

원시부락 공동체 중심의 지도체제가 해체되고 고대국가가 형성되는 과정에서 국가경영을 위한 부락의 대표자들로 구성된 협의체제의 출현은 필연적이었다. 그들에 의한 협의를 통해 고대국가 초기의 운영체제가 이루어졌다. 국가 최고의 권력기관과 조직 형태는 그들에 의해 구성된 협의기구였다. 최고 권력기관이 국방력을 장악하고 행정 수장과 사제(司祭)는 씨족촌락 공동체의 귀족이나 상층부의 지배자 중에서 선출되었다. 고대국가의 군사·행정·국고 관리의 사무는 협의기구인 부락연맹회의(촌장 회의)에서 결정되었다고 한다. 이러한 협의기구의 형성은 국가 재정적 관리기구의 출발점이었다.

이 시대에는 생산 활동 이외에 다른 국가공동체를 침략하는 전쟁이 재물약탈의 수단이었다. 군사와 행정을 담당한 국가수장과 귀족은 전쟁을 통하여 재물을 얻었기 때문에, 국가를 구성하고 있는 부락공동체 사이에 분열을 일으키기도 했다. 그러나 사유재산제와 천민 계급으로부터의 착취가 인정되는 초기의 사회제도였으므로, 그들의 재물은 점점 늘어나게 되었다. 따라서 경제 관계의 장악은 사유재산의 유지와 소유권의 확보를 필요하게 만들었다.

이러한 환경 속에서 공동체의 공용재물 유지와 확보를 위해 회계가 필요하게 되었다. 사유재산의 소유자도 회계가 필요했다. 재물을 유지하고 증식하려는 추세는 그들로 하여금 회계의 필요성을 절박하게 느끼도록 했다. 그 절박성은 원시적인 기록계산 방법을 개선하게 했고 회계 전문직을 탄생시키는 결과를 가져왔다. 결국 회계조직 부문을 설정하게 되었다.

회계사 문헌에 의하면, 『고대 인도의 부락 중에는 이미 농업기장원(農業記帳員)이 있었다. 거기에는 일찍부터 치부(置簿)가 부락공동체 관원의 전문적 직능으로 정착되어 있었다.』108)고 한다. 이처럼 부락공동체가 회계 전문직을 설정한 것은 동시에 관부회계 부문과 민간회계 부문을 생성시키는 밑거름이 되었다. 이것은 관부회계 부문이 설정되는 중요한 계기로 작용하였다.

(3) 고대국가의 관부회계 부문의 진화

① 고조선 시대의 국고회계 부문

우리나라 상고시대는 원시사회의 말기에 혈연에 의한 씨족부락에서 지역의 부락연맹으로 발전하는 과정에서 그들 간의 계급분화와 계급대립이 형성되었고 결국 국가를 탄생시키는 결과를 가져왔다. 고대사회에서 이러한 과정을 거치게 된 것은 무릇 전설 속의 단군조선 시대(BC2,333~BC1,122)부터 비롯되었으며, 기자조선(BC1,122~BC194; ~위만조선BC108) 초기까지 지속되었다고 한다. 이 무렵의 최고 조직 형태는 부락연맹협의기구였으며, 여기서 주요 사항이 결정되고 새로운 지역의 부락도 가입·유화·합류되어 고조선인이 되었다. 여기서 주목해야 할 사실은 기원전 12세기경에 서주(西周)로부터 기자(箕子) 일족이 건너와서 단군조선의 거수국(渠帥國: 제후국))으로 발전한 것이 기자조선이라는 점이다. 고조선 시대에는 이미 주나라와의 깊은 인연 속에서 문물 교류를 통한 제도 유입이 쉽게 이루어졌을 것이다.

국가를 구성하는 중추 기관이었던 부락연맹협의회는 체제 정비를 통한 관직을 설정하고 국가의 기본 틀을 구축하는 역할을 수행하였다. 특히 여기서는 토지, 산림, 인민, 교육, 형벌 및 제사 등을 관장하는 관직을 장악하여 국가의 재정관리에도 관여하였고, 기록계산을 위한 관원도 임명하였다. 이는 국고 관리를 위한 관부회계 부서(府署)의 효시가 되었다고 할 수 있다.

그뿐만 아니라, 고대국가의 통치자는 부락연맹협의체의 수장으로서 국가경영을 관장하고 재정경제와 관련된 사항의 보고 사심을 청취하여 파악하고 제반 사항을 지시함으로써, 국세(國勢) 확장에 진력하였다. 그것은 국가재정수지(收支)를 파악하는 일이 국가통치를 위한 하나의 주요 사항이었기 때문이다. 그래서 관부회계 부문은 왕조의 궁중을 구심점으로 하여 비롯되었다고 보는 것이다.

고대국가 시대에는 공부(貢賦) 징수가 초기부터 제도화되어 있었다. 고조선의 통치자는 재정수지의 관리를 위한 관원을 두어 부세(賦稅)의 징수와 계량기록을 하도록 하

---

108) 郭道揚 著, 津谷原弘 訳, 前掲書, P. 59.

였다. 상술한 바와 같이, 『신시(神市者) 씨는 신지(出納擔當者) 씨를 시켜 서계를 만들게 하니, 대대로 임금이 내린 직을 맡은 신지 씨는 출납 헌체의 일을 전담하였으나, 말로만 아뢰더라...』 (神市氏...又使神誌氏作書契, 蓋神誌氏, 世掌主命之職, 專參出納獻替之務, 而只憑喉舌...)의 서산(書算)에 관한 기록을 보더라도 통치자가 출납담당자로 하여금 보고하도록 했던 관부회계 부문의 실행 사실을 찾아볼 수가 있다.

이러한 사실에 근거하여 관찰하면, 고대국가가 성립한 이후 국가재정과 관부회계는 서로 밀접한 관계가 형성되어 있었음을 확인하게 된다. 관부회계는 국가의 재정수지를 반영하여 감독하는 용구로서 국가재정조직 중 가장 중요한 수단이다. 따라서 국가의 재정 경제적 활동은 관부회계 부서와 분리할 수 없는 것이며, 관부회계 부문의 업무는 시종일관 국가의 재정수지를 기록계산으로 반영하고 그것을 감독하는데 기여하게 된다.

갑골문자의 출현으로 정치와 경제에 관한 법률을 공포하고 관료조직을 정비하여 국가의 질서유지와 재정적 관리를 확고히 다져나갔다. 고조선 8조금법이 그것을 고증한다. 갑골서계(甲骨書契)나 각계기록(刻契記錄)은 당시에 비교적 많이 사용되었던 듯하다. 죽간(竹簡)을 이용한 정사(政事)의 기록은 산술기법이 활용되기 시작하면서 관부회계 부서의 역할에도 진화를 가져오게 하였다. 즉, 문자와 산술의 발명이 고대국가의 회계시스템에 새로운 변화를 일으키는 촉매제의 역할을 했다는 것이다.

가림토(加臨土) 문자를 제정한 3세 단군 가륵(嘉勒: BC2,182~BC2,137) 시대에 계(計)·회(會)에 관련된 기록을 발견할 수 있다. 그것은 임금이 셋째 왕자 을보륵(乙普勒)을 불러 신왕종전지도(神王倧佺之道)를 논하는 언중(言中)에 나타나 있다. 즉, 『신시 개천의 도는 신의 가르침을 베풀고 나를 앎으로써, 나를 비우고 사물의 존재를 홀로 구하여 능히 복을 세상에 미치게 함이라. 임금이 되어 도를 넓히고 백성을 이롭게 하고…. 백성들이 망령됨을 고쳐 참됨을 알게 하고, 3·7셈(計)은 모두 모아 헤아리는 셈(會)을 이르노니, 모든 사람이 이를 규범(戒)으로 지킬지니라….』(神市開天之道, 亦以神施教知我求獨空我存物能爲福於人世而己代天神而王天下弘道益衆.......知改妄卽眞而三七計曰會全人執戒...)109) 이는 고조선 시대에 최초로 등장하는 회(會)와 계(計)의 문자 기록이다.

고조선 시대의 왕은 국가의 최고통치자로서 그 산하에 국왕을 보좌하는 6개의 관직이 있었는바, 팽우(彭虞), 성조(成造), 신지(神誌), 고시(高矢), 풍백(風伯) 및 우사(雨師)가 그것이다. 이 중에서 신지는 재정경제와 문화 부문을 담당하는 행정관료로서 관부회계 부문의 수장이었다. 신지의 휘하에 행정사무를 관장하는 관원을 두어 보좌하도록 하였다. 관부회계 부서도 여기에 소속되어 있었다. 신지는 공부(貢賦) 등의 재정수입

---

109) 환단고기, 단군세기 권5. (여기서 三七의 의미가 확실치 않으나, 봉건시대에 7이 3번 되풀이된 숫자 21을 吉日로 보던 관습에서 비롯된 의미의 숫자일 것으로 추정해 본다.)

에 의한 재물을 보관·관리하는 부문과 계량 기록하는 회계 부문을 관장하였다. 신지는 그 밑에 사서(司書)라는 관직을 두어 관부회계의 종합계산을 1년마다 행하는 것으로 하였다. 월별 계산을 토대로 일 년에 한 번, 종합적인 마감 결산(歲會歲計)을 했다. 왕조의 재정경제 전반에 관하여, 『매일매일 검사하고, 월말 합산한 후, 1년 총계를 연말에 행한다.』라는 연말 결산 회계(歲計)를 단행함으로써, 정확히 왕조의 세입세출상황을 확인했다는 것이다. 이러한 관부회계 부문의 서산(書算) 업무는 일성(日成)·월요(月要)·세회(歲會)의 3단계를 거쳐 이루어졌다. 이처럼 관부회계는 생성 초기부터 일계(成)·월계(要)·세계(會)의 절차를 거치는 회계단위가 기본이었다고 인식할 수 있다.

② 삼국시대의 국고회계 부문

장장 2,300여 년에 걸친 고조선·삼한시대가 지나고 고구려·백제·신라의 삼국이 정립되면서 우리나라는 봉건주의 국가의 단계에 돌입하게 된다. 이 시대의 군주는 봉건적 전제정권의 최고통치자로서 대권을 장악하고 봉건주의의 화신이 되었다. 중앙집권화를 강화하고 왕권을 확립하여 그 지위를 확고히 다져놓았다. 귀족 봉록제도를 폐지하고 새로운 관료제도를 정립하였다.

고구려 시대의 초기에는 고조선의 제도를 어느 정도 계승하고 한(漢) 시대의 관료제도를 일부 수용·개선하였다. 그리고 이 시대의 관료제도가 생성되는 과정에서 경제적 집권화가 필요했으므로, 중앙정부의 재정적 출납 관리를 위한 국고회계 부문의 설정과 담당 관료의 배치가 자연히 요구되었다.

고구려 시대의 봉건적 관료기구 중에서 재정관리를 위한 국고회계의 기구는 중앙정부의 중요한 위치를 점하고 있었다. 즉, 고구려의 초기 관료체제는 14관 등으로 구성되어 있었는데, 그중에서 관부회계 부문의 책임자인 주부(主簿)는 대대로(大對盧)·태대형(太大兄) 다음의 세 번째 순위에 속한 관직이었다.110) 주부는 국가의 재정관리를 위한 문서와 장부를 담당한 부서였으며, 왕명 출납을 맡은 재정 실무관직을 의미한다. 따라서 주부(主簿)는 강력한 왕권을 바탕으로 설치된 임금의 직속 관료였다고 할 수 있다. 주부(主簿)는 고구려 관부회계 부문의 수장으로서 예하에 국가재정과 왕실 재정을 담당하는 부서를 두고 각각 재화의 보관과 출납 담당 관원을 두어 관장케 했다.111)

---

110) 『삼국지 동이전』에 의하면, 고구려 시대에는 주부가 고구려의 10관등 중 제5위에 해당하는 것으로 기록되어 있지만, 7세기의 『한원(翰苑)』의 고려기(高麗記)에는 13관등 중 제3위에 올라 있다. 이는 고구려의 왕권 강화에 따라 왕의 측근자인 왕명 출납담당자인 주부의 지위가 향상되었음을 시사한다. 그런데 고구려의 재정출납 관직인 주부가 주서(周書)에는 의후사(意侯奢), 조의두대형(皂衣頭大兄)으로, 신당서(新唐書)에서는 대사자(大使者)로 기록하였다.
111) 임기환, 「고구려 초기 관계조직의 성립과 운영」(『경대사학』 19, 1995), PP. 62~70.

특히 국가재정에 관한 부문은 중앙정부뿐만 아니라, 지방 관서에 이르기까지 공부(貢賦)담당관을 두어 국가재정에 연관되는 관부회계 체제를 갖추었다. 이들은 각 부문별로 계(計)의 이름으로 일계(成)·월계(要)·세계(會)의 절차를 거쳐 보고하는 채널을 갖추어 실시토록 함으로써, 국력 신장의 기초를 구축했다.

이윽고 백제 시대의 관부회계 부문에 관하여 살펴본다. 백제의 지배계층은 왕족인 부여(夫餘氏)씨와 8성의 귀족으로 구성되었다. 이들은 한서(漢書)를 읽고 한문을 능숙하게 구사했으며, 관청 실무에도 밝았다. 백제는 관료제도를 삼국 중 제일 먼저 정비된 행정조직을 갖추었다. 고이왕 27년에 이루어진 6좌평 16관등의 정비가 그것이다. 백제는 일찍부터 해외로 진출하여 교역을 활발하게 전개하였다. 초기에는 고구려의 제도를 본받아 시행했으나, 중국과의 교류가 활발해짐에 따라 정치제도도 수용하여 선진적 행정조직을 갖추었다. 백제의 6좌평의 귀족 관등 중에서 재정관리를 담당하는 부서는 내신좌평(王名出納)과 내두좌평(財政擔當)의 두 관직이다. 이 중에서 내신좌평(內臣佐平)은 16관등 가운데 제1품 수석 좌평이다. 백제의 수상으로 좌평 회의에서 의장직을 수행하였고, 장선납사(掌宣納事: 왕명 출납)는 물론, 정령(政令)의 반포, 백성의 상소 등을 관장하였다. 그리고 내두좌평은 국가재정을 담당하는 관직으로 그 밑에 중앙재정 부문과 지방재정 부문으로 나누어 국고 관리를 관장하였다.

<표 2-8> 백제의 내관 12부와 외관 10부의 관료조직

내 관 (內官)		외 관 (外官)	
명 칭	직 능	명 칭	직 능
전내부(前內部)	왕명 출납	사군부(司軍部)	내외군사
곡 부(穀部)	곡물 조달	사도부(司徒部)	의례·교육
육부(肉部)	육류 조달	사공부(司空部)	토목·건축
내략부(內掠部)	궁중 내부 창고관리	사구부(司寇部)	형벌
외략부(外掠部)	궁중 외부 창고관리	점구부(點口部)	호구·토지조사 및 관장
마부(馬部)	어마 관리	객부(客部)	외교관계
도부(刀部)	무기 관리	외사부(外舍部)	인사관리
공덕부(功德部)	불교 관리	주부(綢部)	재무·공물 출납·회계
악부(樂部)	제약·의류 관리	일관부(日官部)	천문·점술
목부(木部)	토목·건축 관리	도시부(都市部·市廛部)	시장 교역
법부(法部)	규제·의례		
후궁부(後宮部)	후궁 관리업무		

<자료 : 신형식, 『한국의 고대사』, 삼영사, 1999, P. 368.>

그런데 백제는 성왕 시대에 이르러 사비성으로 천도(성왕 16년, AD538)하면서 정부의 관료조직을 개편하였다. 강력한 왕족 세력의 지배체제인 좌평 제도를 개선하여 왕족

에 대한 예우 수준에 머물게 하고 새로운 행정 체제를 출범시켰다. 그것은 내관12부와 외관10부의 관료조직으로 개편된 것이다. 이러한 변화는 관료제로의 진입을 의미하며 전제왕권을 수립하기 위한 시발점이 되었다. 이를 표로 정리하면 앞면의 <표 2-8>과 같다.

백제 성왕에 의한 관료 제도의 개편 이후에도 국가의 재정관리를 중앙재정 부문과 지방재정 부문으로 체제를 구분하여 운영하였다. 중앙재정은 국가재정과 왕실 재정으로 분리시켜 각각 담당 관원을 두고 재정출납업무를 관장토록 하였다. 왕실 출납은 전내부에서 관장하였으며 궁중 내부의 창고관리는 내략부에서 담당하였다. 국가재정 부문은 곡부·육부·외략부가 각각 업무 분담으로 관장함과 동시에, 외청의 주부(綢部) 수장이 관장함과 동시에, 지방 관서의 공부(貢賦)에 관한 담담 부서를 설정하여 업무를 관장토록 하였다.

이러한 행정조직에 의하여 백제의 국고 관리를 위한 관부회계 제도가 운용되었다고 전해진다. 그러나 전술한 고구려의 경우와 마찬가지로 관부회계 부문에서 실제로 사용되었던 장부는 전해지고 있지 않기 때문에, 구체적인 소개를 할 수 없는 것이 유감이다. 다만, 백제의 무령왕릉(武寧王陵)에서 출토된 왕의 토지매수권이 전해지고 있어 여기에 소개한다(<사진 2-4> 참조). 이는 백제 시대에 거래의 제도적 기록이 이뤄지고 있었음을 방증하는 자료이다.

<사진 2- 4> 백제 무령왕릉에서 출토된 토지매수권 사본

<자료: 하현강, 『한국의 역사』, 신구문화사, 1983, 안쪽표지>

이어서 신라의 관부회계 부문을 살펴보자. 신라는 비록 6개 부락으로 구성된 작은 부족국가였으나, 점점 세력을 키워 백제와 고구려를 제압하고 삼국통일의 위업을 달성하였다. 통일신라는 늘어난 영토와 인구를 효율적으로 통치하기 위하여 국가통치체제의 정비에 착수하게 된다. 중앙관부조직은 왕권을 중심으로 집권체제를 강화하였다. 왕권이 강화되고 귀족들의 합의기구였던 화백회의 기능을 축소하는 한편, 집사부의 기능을 강화하고 행정조직을 확대하여 위화부·창부·예부·병부·이방부·공장부 등, 당(唐) 6관등의 기능을 모방한 14관부의 행정체제가 완비되었다(<표 2-9> 참조). 그

리고 확대된 영토를 통치하기 위한 지방통치조직도 정비하여 지방을 9주로 개편하고 군·현을 설치하였음은 물론, 특수행정구역으로 6소경을 설정하였다.

<표 2-9> 통일신라 시대의 중앙행정 14관부와 관직 및 관원의 수

관 부	별 칭	직 능	관 직 별 관 원						계
			令	卿	大舍	舍知	史	小司兵	
병부(兵部)		내외병마사	3	3	2	1	17	1	27
사정부(司正部)	숙정대(肅正臺)	감찰(監察)	1	3	2	2	15		23
위화부(位和府)	사위부(司位府)	인사	3	3	2		8		16
조부(調俯)	대부(大府)	조세·공부(貢賦)	2	3	2	1	10		18
승부(乘府)	사어부(司馭府)	거마·교통	2	3	2	1	12		20
예부(禮部)		예의·교육	2	3	2	1	11		19
영객부(領客府)	사빈부(司賓府)	외교·통상	2	3	2	1	8		16
집사부(執事府)	집사성(執事省)	국가정무	1	2	2	2	20		27
창부(倉部)	품주(稟主: 租主)	재정·회계	2	3	2	1	30		38
좌이방부	의방부(議方府)	형사	2	3	2	2	15		24
우이방부		형사	2	2	2	2	10		18
선부(船府)	이제부(利濟府)	선박·수군	1	3	2	1	10	2	19
공장부(工匠賦)	전사서(典祀署)	공장·제사		1	2		4		7
예작부(例作府)	예작전(例作典)	토목·건설	1	2	6	2	8		19
합 계			24	37	32	17	178	3	291

(주 : 신명조체는 회계와 재무에 관련된 부서로 필자가 표시함.)
<자료 : 신형식, 『한국의 고대사』, 삼영사, 1999, P. 375.>

이처럼 통일신라는 중앙집권적 봉건주의 체제를 갖추고 국가재정에 대한 업무도 체계적으로 운영될 수 있는 시스템이 갖추어졌다. 그리고 신라의 삼국통일 이후는 봉건경제의 번영과 발전이 이루어지는 시기였기 때문에, 그러한 봉건 경제의 발전은 금전과 곡물의 통제가 필요하게 되었다. 그중에서도 재정관리를 위한 국고회계 부문의 건전한 관부조직체계를 완비하는 것이 당면과제였다. 신라왕조의 통치자는 우선적으로 조직구조의 개편작업에 착수하였다. 그 결과 통일신라의 정부 조직은 14관부로 개편되면서 중앙집권체제가 확립되었다.

<표 2-9>에서 보이는 바와 같이, 통일신라 시대의 국가재정을 담당한 부서는 창부(倉府)와 조부(調府)의 두 관직이다. 창부는 국가재정에 관한 사무를 맡아보던 중앙관

청을 말한다. 전세(田稅)와 그 외의 여러 가지 세목(稅目)으로 양곡을 비롯한 생산물들을 걷어드리고 보관하며 출납하는 업무를 주로 담당했다. 초기에는 집사성(執事省)112) 품주(稟主)에서 관할했으나, 그 후에 창부로 개편되었다. 소속된 관원은 직급별로 분포되어 있으며, 영(令)이 2명, 경(卿)이 3명, 대사(大舍)가 2명, 사지(舍知) 1명, 그리고 사(史)는 30명으로 모두 38명이 종사했다고 한다. 또한 조부는 대부(大府)라고도 부르며, 공부(貢賦)를 관장하던 중앙관청을 일컫는다.

주로 조세·공물·부역 등의 수납 관계를 맡아 보았다. 소속 관원은 영·경·대사·사지·사 등, 상하 6개 관직에 모두 18명이 소속되어 있었다고 한다. 수석인 영(令)이라는 관직에 대아찬에서 태대각간에 이르는 최고관등의 자가 임명되었던 것으로 보아 당시 관료체제에서 국가재정과 조세와 공부의 수납업무가 매우 중요한 지위에 있었음을 엿볼 수가 있다.113)

창부와 조부는 국고 재정관리를 위한 대권을 장악하고 있었다. 이 시대의 국고회계·감사조직은 중앙정부의 창부와 조부에 집중되었으며 국고 재정의 관리를 위한 관부회계 부문 내부에 형성되어 있었다. 그리고 사정부의 내부에는 관부회계를 감사하는 부서가 설치되어 있었다고 한다. 특히 조부는 부세 징수의 책임을 짐과 동시에, 징수된 금전과 곡물 등의 재물을 각각 국고에 납입하였음은 물론, 공(公)·사(私)의 전답과 택지 등을 관장하여 공부(貢賦)의 실행에 관여하고 있었으므로, 예하에 민간의 농·공·상업에 대한 부세(賦稅)의 재정수입을 다루는 부서기회(簿書期會)의 관부회계 부서가 설정되어 있었다는 것이다.

신라 시대의 국고 조직과 관리기구인 창부와 조부는 보관하고 있는 재화의 출납권을 행사하고 국고 조직 즉, 예하의 구체적인 저장사무를 주관하였다. 여기서 주의해야 할 사항은 창부와 조부를 위시한 중앙정부의 국고회계 부문뿐만 아니라, 지방관에서 9주의 관부회계 부문, 더 나아가서는 군·현에 이르기까지 관부회계 부서가 설치되어 운영되었다는 점이다. 물론, 이는 전국적인 호구조사와 부세 및 부역을 관할하고 국고 재정의 합리적인 관리를 일사불란하게 운용하기 위한 왕권이 강화되고 전제주의 봉건

---

112) 집사성은 중국의 문하성(門下省)과 같은 행정부로서, 품주(稟主) 혹은 조주(租主)라고 하였지만, 진덕여왕 5년(AD651)에 집사부(執事府)라 고치고 흥덕왕 4년(AD825)에 집사성이라 개칭했다. 이 집사성의 원명인 품주의 품(稟)은 품(禀)의 속자(俗字)로 품고(稟告)·품주(稟奏)·품부(稟賦) 또는 품미(稟米: 祿米)의 뜻도 있지만, 원래는 창름(倉廩)을 의미하는 품(稟)자 그것이다. 그러므로 품주는 창름, 즉 국가의 재정을 담당하는 역할을 했던 것으로 보인다. 삼국사기에 「예전에는 창부(倉部)의 일을 품주에서 겸해 보았는데, 진덕왕 5년에 이 사무를 분리하였다.(昔者, 倉部之事, 兼於稟主, 眞德王五年 分置此司.)」라 하여 창름(倉廩: 재정사무)가 품주(稟主)에 속해 있었음을 시사하고 있다. 따라서 품주의 직책은 국가재정의 가장 중요한 재정과 회계사무를 주로 관장하였던 것인데, 후에 다른 정무까지도 겸하게 되어 복잡하게 되었으므로 따로 분리하게 되었다고 한다.(三國史記 卷 三十八, 雜志『第七 職官上); 李丙燾, 譯註, 『金富軾 三國史記(下), P. 252.』
113) 한국사 사전편찬 회 편, 『한국 고·중세사 사전』(서울, 가람기획, 1995), PP. 132~133

경제가 확립되었기에 가능한 것이었다.

　또한「발해국지(渤海國志)」에 의하면, 국고회계가 행해졌음을 엿볼 수 있는 기록이 있다. 즉, 『재정관리(政)는 회계(會計)를 명백히 밝히는 데 있나니, 곳간에 산적한 금과 비단 등을 엄격히 관리하고, 그 출납을 소량의 손실도 없이 모아서 셈하여 밝히는 것이니라.』(政獨明會計嚴局鑰金帛山積而出納無錙銖之失.)114)는 내용으로 관부회계의 단면을 보여주고 있다는 점이다. 이러한 기록만으로 보더라도 고대국가에서 왕령 출납이나 다양한 국고 재정을 관리하기 위한 관부회계 문화가 조성되어 있었음을 충분히 인식하게 된다.

　삼국시대 후기에는 초기의 고대 문명사회와는 다른 수준의 국고 회계문화가 발달하였던 것으로 볼 수 있으나, 전해지는 회계문서가 멸실되어 그 진수(眞髓)를 알 길이 없다. 그러나「삼국사기」에 기록된 국고 출납의 일부를 소개함으로써, 당시의 재정적 기록계산에 관한 문헌사적 상황을 추정할 수 있게 하고자 한다.(<표 2-10> 참조)115).

　<표 2-10>을 통하여 고대국가의 관부회계의 모습을 어느 정도 추정해볼 수 있을 것으로 생각한다. 우선 기록 문자는 한문자를 사용하고 있으며, 기록내용은 재화의 이동 사실을 표시하고 있으면서도 당시의 물품 가치를 표시하는 화폐를 사용하지 않고 물품 단위별로 표시한 것이 특징이다. 물론 상거래가 아니기 때문에, 사는 물건과 파는 물건이 존재하지 않으며, 재화의 이동에 대한 결재행위가 없다.

　일방적인 기록으로 끝나는 경우가 대부분이고 급부에 대한 반대급부가 있어도 급부 물품의 가치에 대응하는 반대급부의 가치가 전혀 측정되지 않았다는 것이다. 조세수입으로 충당되는 국고 재정의 출납을 기록하는 행위, 그것도 왕명에 의하여 이루어지는 출납을 기록하는 행위이므로, 표시되는 물품의 수량을 기록할 수밖에 없었을 것으로 추정된다. 시장가치로 표현할 수 있는 상황이 아니었기 때문에, 물품 가치의 측정이 필요하지도 않았을 것이다.

　고대사회의 경우는 화폐가 발행되어 있었다고는 해도 그것은 상징적이었을 뿐, 물품 가치의 측정에 적용하는 경우도 드물었을 것으로 보인다. 물물교환이 거의 전부였던 사회였음으로, 급부 받은 물품에 대한 반대급부의 행위가 이루어진다고 해도 반대급부 하는 자의 의사에 따라 일방적으로 결정되었던 것으로 보인다. 예컨대, 신라에서 사신을 보내어 물품을 진공(進貢)했을 때, 그 화답으로 벼슬을 내리고 환대하며 하사하는 물품도 받은 자의 일방적인 결정에 의하여 이뤄졌음을 찾아볼 수 있다.

　그러나 물물교환이 중심이었던 고대사회의 상황을 감안하면, <표 2-10>에서 볼 수 있는 기록계산행위는 당연한 것으로 볼 수 있고 기록과 계산을 하는 기준이 있었던 것

---

114)「발해국지 권4」(구서재 刊), P. 143.
115) 김부식,「삼국사기」권 8,「신라본기」제6・제8・제9; 이병도 역주,「김부식 삼국사기」상, (서울, 을유문화사, 1990), PP. 119~130; PP. 163~174; PP. 178~186.

도 아니어서 기록하는 자의 임의적인 기록계산에 그쳤을 것으로 보인다. 문자와 숫자가 존재하여 기록계산은 가능했으나, 격식을 갖춘 기록계산을 할 수 있는 단계에까지는 이르지 못했다. 단순한 비망적 기록계산이 전부였던 시대적 상황이었음을 감안하면, 초기의 것으로서는 훌륭한 표현이었다고 생각한다. 이것이 격식을 갖추지 않은 채 임의로 이뤄지는 초기의 단식부기적 기록문화의 효시였을 것으로 보인다.

이것은 고대국가 초기 단계의 국고회계(관부회계)의 모습임을 인식하게 되는 소중한 사료(史料)라고 할 수 있다. 이러한 단계에 이르기까지는 선사시대의 원시공동체에 의한 회계행위의 태동으로부터 상당한 세월이 흘러야 했다. 고대국가의 형태를 갖추고 경제활동을 영위하게 되면서부터 이뤄진 것으로 보게 된다. 그렇지만, 국가공동체를 중심으로 하는 경제행위의 기록과 계산이 물량계산과 가격계산의 종합적 체계를 갖춘 단식부기 문화가 형성되기까지는 또다시 상당한 세월이 흘러야 했다.

<표 2-10> 통일신라 시대 관부회계 문화의 편린(片鱗)

【一】『聖德王十五年春三月, 出成貞王后, 賜彩段五百匹, 田二百結, 租一萬石, 宅一區, 宅買康申公舊居賜之.』(「三國史記」卷八, 新羅本紀 第八).

(성덕왕 15년 3월에 왕이 성정왕후를 宮)에서 내보낼 때, 그녀에게 彩段500필과 田200結, 벼 1만석, 그리고 집 1 區를 내렸다. 宅은 상신 공의 옛집을 사서 주었다).

【二】『聖德王三十三年春四月, 遣大臣金端竭丹入唐賀正, 帝宴見於內殿, 授衛尉少卿, 賜緋襴袍・平漫銀帶及絹六十匹, 先時遣王姪志廉謝恩, 獻小馬兩匹・狗三頭・金五百兩・銀二十兩・布六十匹・牛黃二十兩・人蔘二百斤・頭髮一百兩・海豹皮十六張, 及是, 授志廉鴻臚少卿員外置.』(「三國史記」卷八, 新羅本紀 第八).

(성덕왕 33년 춘 4월에 대신 金端竭丹이 당나라에 들어가 새해를 하례하니, 황제는 그를 내전에서 연회로 접견하여 衛尉少卿직을 내리고, 緋襴袍・평만은대 및 비단 60필을 하사하였다. 그에 앞서 왕의 조카인 志廉을 당나라에 보내어 사은할 때, 작은 말 2필, 개 3마리, 금 500량, 은 20량, 베 60필, 우황 20량, 인삼 2백 근, 가발머리 100량, 바다표범 가죽 16장을 전했더니, 황제는 志廉에게도 홍여소경이란 벼슬을 원외로 두어 하사하였다.)

【三】『孝成王三年正月善天宮成, 賜邢璹黃金三十兩・布五十匹・人蔘壹百斤.』 (「三國史記」卷八, 新羅本紀 第八).

(효성왕 3년 정월에, 선천 궁이 낙성되었다. 왕이 당나라 사신 형숙에게 황금 30량과 제50필 그리고 인삼 100근을 내리셨다.)

다음 면에

《四》『文武王二年六日, 庾信遣阿飡良圖大監仁仙等, 置軍粮, 贈定方以銀五千七百分, 細布三十疋, 頭髮三十兩, 牛黃九十兩, 定方得軍粮便罷還......八年冬十月二十二日, 賜庾信太大角干, 仁問大角干........黑嶽令宣極, 平壤城大門戰功第一, 並授位一吉飡, 賜租一千石, 誓幢幢主遁山, 平壤軍營戰功第一, 授位沙飡, 賜租七百石, 軍師南漢山北渠, 平壤城北門戰功第一, 授位述干, 賜粟一千石, 軍師斧壤仇杞, 平壤南橋戰功第一, 授位述干, 賜粟七百石, 假軍師比列忽世活, 平壤少城戰功第一, 授位高干. 賜粟五百石. 漢山州少監金相京, 蛇川戰死功第一, 贈位一吉飡, 賜租一千石......』(「三國史記」卷第六 新羅本紀 第六).

(문무왕 2년 2월 6일, 김유신이 하손, 양도와 대감 인선 등을 시켜 군량을 당 진영에 보내고, 소정방에게는 은 5,700분과 세포 30필, 두발 30량 및 우황 90량을 증정했다. 소정방은 군량을 받자마자 역을 파하고 돌아갔다...8년 10월 22일에 김유신에게 태대각간, 인문에게 대각간의 벼슬을 내리고, 흘악령인 선극에게 평양성대문전의 제일공로자로서 지위 일길속과 아울러 벼 1천 석을 하사했으며, 서당당 주인 김둔산에게 평양군영 전의 제1 공로자로 사손의 벼슬과 벼 700석을 내렸다. 군사인 남한산인 조거는 평양성 북문 전투의 제일 공로자로서 술간의 지위와 조 1,000석을, 군사인 부양(지금의 平康) 사람인 구기는 평양남교전투의 제일 공로자로 술간의 지위와 조 700석을 내렸고, 임시 군사인 비열 홀(지금의 安邊) 사람 세활은 평양소설전투의 제일 공로자로 고간의 지위와 조 500석을 내렸다. 한산주 소감인 김상경은 사천전투에서 전사한 제일 공로자로서 일 길손의 위를 증하고 벼1,000석을 하사하였다.)   다음면에 계속

《五》『聖德王二十九年春二月, 遣,王族(族, 冊府元龜作姪)志滿朝唐, 獻小馬五匹・狗一頭・金二千兩・頭髮八十兩・海豹皮十張・玄宗授志滿大僕卿, 賜絹一百匹・紫袍・錦細帶, 仍留宿衛,......』(「三國史記」卷第八, 新羅本紀 第八).

(성덕왕 29년 2월에 왕족 조카인 지만을 당나라에 보내어 말 5마리, 개 1마리, 금 2,000량, 장식용 머리 80량, 바다표범 가죽 10장을 바쳤다. 당나라 현종이 지만에게 대복경의 벼슬을 주고, 비단 100필과 자포와 허리띠를 하사 하고 이내 숙소에 머물게 하였다.)

상술한 관부회계의 형태는 아니지만, 그와 유사한 통일신라 시대의 장적(帳籍: 戶籍登記簿)의 영간(零簡: 殘本)116)이 발견되어서 여기에 참고로 소개하려고 한다. 이 고문서의 기록내용은 앞면의 <사진 2-5>와 <표 2-11>에서 보이는 바와 같다.

이 고문서는 지금까지 전해져온 신라 시대의 장적(帳籍: 計帳: 戶籍登記帳簿)의 잔본으로, 그 내용은 서원경(西原京: 淸州) 부근의 4개 촌에 대하여 부락 단위로 그 촌

---

116) 최남선 편, 『삼국유사』(서울, 민중서관, 1975), 附錄, PP. 79~85.
　　여기서 주목할 것은 이 자료가 현재 일본의 정창원중창붕하중붕에 소장되어 있다는 점이다. 이 고문서는 1933년 10월에 『華嚴經論秩』을 수보(修補)할 때, 그 秩 내부에 있는 布心에 배접(褙接)되어 발견된 것이다. 이 문서는 2장이며 해서(楷書)로 기재되어 있다. 일본 정창원에서는 이 秩을 수리할 때, 다시 원상태로 접어서 질 속에 넣어서 현재 일본에서도 이때 촬영한 사진만으로 이 문서를 볼 수 있으며 원본을 검토할 길은 없다고 한다. 그런데 일본 學界에서 이 計帳이 신라 시대의 것임을 인식하고 1953년 4월호의 사학잡지(史學雜誌)에 소개되었는바, 그것을 崔南善이 편찬한 삼국유사에 전제하였고, 그 내용을 여기에 인용하였다.

락의 주변, 호(戶), 호수(戶數), 구전답(口田沓: 官田, 口分田), 마전(麻田), 그리고 백자(柏子: 잣나무), 추자(楸子: 胡桃) 등, 과수(果樹)의 주수(株數) 및 소, 말 등의 가축 수효까지 3년간의 증감을 기록한 촌락의 총괄적 영세장부이다.

<사진 2-5> 전해지고 있는 신라 시대 장적(帳籍: 計帳)의 진본

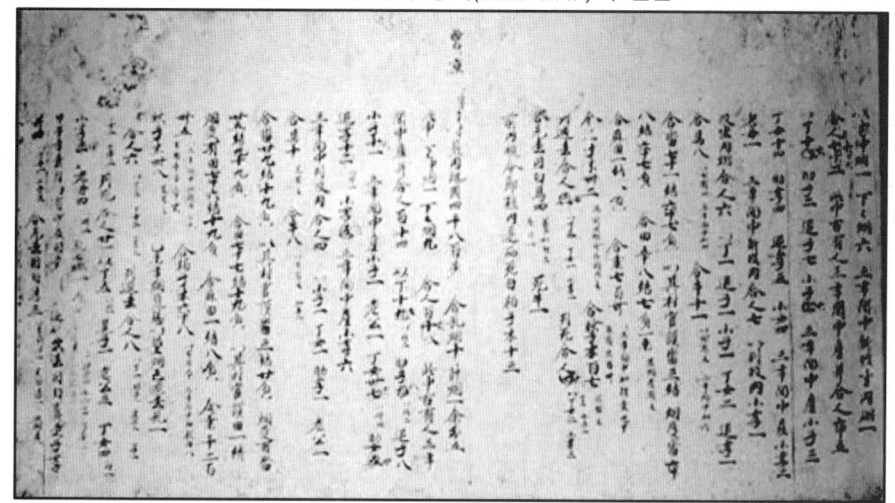

(주: 이 사진 속의 문서는 현재 日本 正倉院에 보관하고 있는 진본을 복사한 것이다.)
<자료: 崔南善 編, 『三國遺事』, 민중서관, 1975, 附錄>
동아일보, 전주영 기자 <백제 바둑판…. 신라장적. 1300년전 나라 문화의 타임캡슐> 2015. 09. 16.

이 고문서는 3년에 1번씩 작성된 것으로 보이며, 통일신라 시대의 것으로 확인된다. 그 증서로서 신라에서 서원소경(西原小京)이 설치된 것은 구주오경제(九州五京制)가 정비된 신문왕 5년(AD685)이며, 경덕왕 16년(AD757)에 서원경(西原京)으로 개명되었으므로, 이 문서의 제4에 표시된 지명이 동일한 서원경으로 되어있는 점으로 보아 통일신라 시대의 것이 분명하다.117) 이 계장(計帳: 戶籍登記帳簿)은 신라의 토지제도와 율령정치(律令政治)의 단면을 보여주는 것이다. 이처럼 고대국가에서는 국가재정의 기초가 되는 전제(田制)의 중요성을 인식하고 이에 대한 관리가 철저했던 것으로 볼 수 있다. 삼국유사나 삼국사기에서도 삼국시대의 전제관리(田制管理)에 대한 기록이 있음을 보면, 고대사회의 조세 징수를 위한 전제의 관리나 물품 유통에 필요한 도량형제도가 확립되어 있고, 그것을 기초로 하는 기록계산제도가 이뤄지고 있었음을 감안할 수 있는 것이다.

---

117) 상게서, PP. 79~80.

<표 2-11> 통일신라 시대의 서원경(淸州) 계장(計帳)의 잔본(殘本) 내용

新 羅 帳 籍 (計帳) 零 簡
《一》當縣沙害漸村見內山㮂地周五千七百卅五步, 合孔烟十一 計烟四余分三 　此中仲下烟四 下上烟二 下下烟 合人百冊(七)此中古有. 人三年間中産幷合人百冊五以丁卅九以奴 　一助子七以奴一 追子十一 小子九 三年間中産小子五 除公一 丁女冊 　以婢五 助女子十一以婢一 追女子九 小女子八 三年間中産小女子八以婢一 　除母一 老母一 三年間中列加合人二 以追子一 小子一 　合馬卄五以古有卄二加馬三 三年間中合牛卄二以古有十七 三年間中加牛五 　合畓百二結 二負四束 以其村官謨畓四結內視令畓四結 烟受(所)有 畓□□結二負四 　東以村主位畓十九結七十負 合田六十二結十負□□ 九烟九有之(並) 　合麻田一結九負 合桑千四 以三年間中加植內□十□, 合栢子木百卅 以三年間中加植內古有八十六 　乙未年烟見賜節公等田及白他郡中妻追移□數合人五 　　以丁一小子一丁女一小女子一除母一　 列廻去合七(三)楸子一小子一丁女一以丁一小女子一死合人十 　　九以丁一　小子三以奴一　丁女一　小女子一丁婢除母一老母三　賣如白貫甲一, 合无去回白馬二並死 　　之死白牛四. 《二》當縣薩下知村見內山㮂地周万二千八百卅步　 此中薩下知村古地周八 　千七百七十步　樞加利何木枕(村)古地周四千六十步, //合烟十五 計烟四余分二　此中仲下烟一余子 　下上烟二余子　下仲烟五並余子　下下烟六 以余子五法私一 三年間中收坐內烟一　合人百卅五此中 　古有人三年間中　産幷合人百十七 以丁卅(一)以奴四 助子五 追子二 小子二 三年間中小子三, 　老公一 丁女冊五 以婢三 助女子四 追女子十三 小女子六　 三年中小女子三 除母一 老母二 三 　年間中加收內合　人七 以列加人 以丁一追女子一小女子一　收坐內烟合人四 以助子一 老公一丁女 　二 　合馬十八 以古有馬十六三年間中加馬二 合牛十二 以古有十一加牛一□三結□ 　負九束　以其村官謨畓三結有六十六負七束烟受畓五十九結□, 九十八負二束合田百十九結五負八束 　並烟受□合麻　合桑十一 二百八十 以三年間中加植內百八十九古有千九十一 合栢子木六十□ 　以三年間中加結□古有五十九 合秋子木七十一並古之,　乙未年烟見賜以彼烟己廻去孔一 以合人三 　以丁一　□女二□ 《三》□□·■■■·□□□□ 　　以下仲烟一　下下烟六 三年間中新受坐內一烟, 合人六十九　此中古有人三年間中産幷合人六 十五 　　以丁十六　助子二追子七小子六 三年間中産小子三. 丁女十四 助女子四 追女子三 小女四 三年間 　　中産小女子二 老母一 三年間中新受內合人七 以列收內 小女子一.　收坐內烟合人六 以丁一 追 　　子一 小子一 丁女二 追女子一 合馬八以古有四 三年間中加四合牛十一以古有五 三年間中加六, 　合畓七十一結六十七負 以其村官謨畓三結 烟受畓六十,　八結六十七부 合田五十八結七負一束 並 　烟受有之 合麻田一結□負 合桑七百卅 以三年間中加植桑九十.　 合栢子木冊二　 並前內視令節植 　內之 合追子木百七並古之. 列廻去合人四 以丁二丁女一小女子一 列死合人六 丁一 小子一 以丁 　女二 小女子二 　合无去回白馬四 以賣如白三死白一 死牛一,　 前內視令節植內是而死白栢子木十三. 　　　　　　　　　　　　　　　　　　　　　　　　　　　　　　　　　　　다음면에 계속

〖四〗西原京□濟□村見內地周四千八百步　　　合孔烟十　　　　計烟一余分五
此中下仲烟一 下下烟九 合人百六 此中古有人 三年間中産并合人百十四 以丁十七以奴二 助子八 以奴二 追子八.
小子九 三年間中産小子一 老公一 丁女卅五 以婢四 助子四, 追女子十 以婢一 小女子三 三年間中産小女子六.
三年間中列收內合人四 以小子一 丁女一 助女子一 老公一, 合馬十並古之 合牛八 以古有七加牛一.
合沓卌九結十九負 以其官謨沓三結卌負 烟收有沓, 十五結九十九負 合田七十七結十九負 以其村謨官田一結 烟受有田七十六結十九負 合麻田一結八負 合桑千二百,
卅五 以三年間中加植內六十九古有千百六十六 合栢子木六十八 以古有六十 三年間中加植內八 秋子木卌八 並古之 乙未年烟見賜以彼上烟己廻去孔一,
以合人六 以丁二 小女子二 列廻去合人八 以丁一 助子一 追子一 小子一
丁女二 小女子二 列死合人卄一 以丁五以奴一 追子一 老公三 丁女四以婢一
小女子四老母四以婢一 孔亡廻一合□□□助子一追女子二 小子二 丁女二 小女子一
甲午年壹月□省中及白□追以出去回白妻是子女子,
并四 以丁一 小子三 合先去回白馬三 以賣如白一 死白馬一 廻烟馬一, □□以賣如白牛一廻去回 □一□.

(주 : □■·□의 표시는 훼손된 글자를 의미함.)
<자료: 崔南善, 『三國遺事』附錄 1975, PP. 79~85. >

그리고 남부여(南夫餘)·전백제(前百濟) 편에는 양전장적(量田帳籍)이라는 표현이 나오며, 담당관을 양전사(量田使)라고 했음을 볼 수 있다.118) 이는 기록과 계산을 기본으로 하는 업무이기 때문에, 장적 또는 장부라는 표현을 하는 것으로 여겨진다. 따라서 이 고문서는 진정한 회계석 상부는 아니라고 할지라도, 장적(帳籍) 또는 계장(計帳)이라는 표현을 사용한 것으로 볼 때, 당시의 기록계산 제도를 유추해 볼 수 있는 소중한 사료(史料)로서의 가치를 지니고 있다.

그뿐만 아니라, 이 계장(計帳)은 이두문(吏讀文)의 형식도 채용된 것으로 보아, 그 당시의 기록계산이 한문자뿐만 아니라, 일반적으로는 이두문자에 의존하여 이루어졌다는 것을 추정하게 된다. 그리고 숫자의 표현은 한문자의 숫자를 사용하고 있으나, 고조선에서 사용하던 산가지(算木)에 의한 표현도 발견할 수 있다. 예컨대, 20·30·40을 卄·卅·卌으로 기록한 것이 바로 산가지에 의한 숫자적 표현이다. 그리고 기록과 계산을 하여 합산한 합(合)과 계(計)라는 문자를 사용하고 있는 것도 이 시대에 회계적 기록계산이 상당한 수준에 이르고 있었음을 추정하게 하는 대목이다. 학술 가치가 있는 것으로서 향후 그 해독에 기대해볼 만하다는 생각이 든다.

---

118) 최남선 편, 전게서, P. 96; 일연 지음·이만수 옮김, 전게서, P. 193. 이민수 역, 『일연 삼국유사』(을유문화사, 1990), P. 179,

3) 고대국가 민간회계문화의 생성

(1) 시대 상황

원시사회가 끝나갈 무렵 사유제도가 인정되었고, 가정의 출현과 더불어 사유재산을 계산하기 위한 가계계산(家計計算)이 이루어지기 시작하였다. 그 후, 부유한 가정은 늘 노예들로부터의 강제노동을 통하여 목돈을 저축할 수 있었다. 이러한 가정의 계산은 점차 가계계산의 범위를 넘어서 장원(莊園)경영의 계산을 하기에 이르렀다. 그것은 가정이나 가족의 재산계산뿐만 아니라, 사유재산을 보호하고 그 규모를 넓혀가려는 경향이 강하게 나타났다. 재물의 수입과 지출을 기록 계산하는 것은 가정의 생산과 생활관리에 유용함은 물론, 가정 노예의 감독을 위해서도 효율적인 것으로 작용하였다.

원시적 교환관계가 형성된 이후, 각 가정, 특히 부유한 가정은 교환영역에 편입됨으로써, 가정경제의 계산을 명확히 할 필요성을 더욱 느끼게 되었다. 그러나 원시사회는 지극히 낮은 생산력의 기초 위에 형성되어 있었고, 특히 당시의 경제 상태는 단순한 상태를 벗어나지 못하고 있었다. 따라서 가정계산은 일반적으로 가장의 부수적인 업무로 이루어지고 있어서, 독자적 민간부문 회계시스템의 생성은 고대 문명사회가 형성된 이후의 일이라고 한다.[119]

따라서 우리나라 고대문명 국가 시대의 민간부문 회계에 초점을 맞춰 접근하는 것도 의미 있다고 생각된다. 이 시기에 우리나라 민간부문 회계시스템의 생성·진화는 그 발전과정에 따라 크게 2가지로 구분하여 살펴볼 수가 있다. 하나는 가장(家長)의 겸직에서 비롯되어 전문직으로 발전하던 시기, 그리고 또 다른 하나는 사적(私的)인 '회계담당자' 조직의 확립과 발전을 지향하던 시기이다. 전자는 회계가 이루어지고 진화의 과정을 밟아가던 시기의 단식부기 문화의 시대 상황이다. 그리고 후자는 단식부기 문화가 진화되어 회계책임을 명확히 할 수 있는 복식부기 문화로 발전한 시대 상황을 지칭하며, 현대회계문화를 일컫는 부문이다. 여기서는 고대 우리나라 회계문화의 기원에 관한 접근을 시도하고 있어서, 전자에 한정하여 언급할 것이다.

(2) 고조선 시대의 민간부문 회계

고조선의 단군조선 초기에 민간부문 회계의 상황은 역사적 자료의 미발견으로 정확한 고찰을 할 수가 없다. 단군신화에서 볼 수 있는 신시(神市)에 의한 교환경제는 단군조선 초기사회의 시장경제를 의미하는 것이었고, 신지(神誌)라는 공부(貢賦) 담당

---

[119] 郭道揚 著, 津谷原弘 訳, 前揭書, PP. 120~121.

관직에 의해 관부회계(官計)가 이루어졌다는 기록으로 보아, 당시의 민간사회에 있어서도 가정이나 상인들에 의하여 교환관계를 통한 민간부문 회계가 발생했을 것으로 간주하게 된다.

민간회계 부문이 형성되기 위해서는 우선 시장이 존재해야 한다. 사람들이 시장에 모여 필요한 물품을 사고파는 교환거래가 이루어지고 신용을 전제로 하는 외상거래의 관행이 이루어지게 되면, 자연발생적으로 이를 기억하기 위한 기록계산이 필요하게 된다. 그것은 신석기 문명사회가 형성된 선사시대부터 있었던 것으로 본서의 제1장에서 살펴본 바가 있다. 그 후 인류는 고대 문명국가를 세워 그 환경에 맞는 문명사회의 꽃을 피우고 질서 있는 경제생활을 영위하기에 이르렀다. 일찍이 단군왕검이 고조선을 세우고 홍익인간을 건국이념으로 내세워 경세제민(經世濟民)을 펼쳤다. 이 과정에서 신시(神市)를 베풀어 국가공동체의 구성원들이 임금(王)의 주관으로 열리는 제단(祭壇) 주위에 모여 합동 제례가 끝난 후, 상호 간의 교환거래를 했다고 함은 앞에서 살펴본 바와 같다. 교환거래가 이루어지는 장소를 시장(祭典市)이라고 부르게 되었고, 국가공동체의 구성원들이 의사소통과 정보를 교환하는 장소가 되고 필요한 물품을 구할 수 있는 시장으로서 작용하였다.

역사학자들은 선시장후화폐설(先市場後貨幣說)을 주장한다. 고조선 시대에 피폐(皮幣)·곡폐(穀幣)가 존재하고 기자조선 시대에 곡폐·피폐 및 자모전(子母錢)이 발행했었음을 감안하면, 고대사회의 초기부터 이미 시장이 형성되어 민간인들 사이에서 상업이 생성할 수 있는 토양이 조성되었음을 추정할 수 있다. 그뿐만 아니라, 민간인들로 구성된 행상이 나타났고, 심지어는 중국의 하·은·주와 바다 건너 주호국과의 교역이 이뤄졌다는 사실(史實)은 고조선·삼한시대에 행상이 활동했음을 의미한다. 행상은 먼 거리를 왕복하면서 상품을 운송하여 매매하기 때문에, 자연스레 이익을 헤아릴 수밖에 없었다. 그때 그들은 산목(算木: 산가지)을 이용하여 셈을 마치고 서산(書算: 書契)에 기록하여 수지계산을 하였다. 당시의 행상인은 상업을 경영함과 동시에, 기록계산을 함께 수반되는 업무를 겸임하는 상황이었다. 환언하면, 사업과 회계가 분리되지 않은 상태의 단독 경영활동이었다는 것이다.

고조선 8조금법에 따르면, 노예제도가 인정되고 노예를 거래할 수 있는 사유재산제도 역시 존재하고 있었던 사회였으므로, 귀족이나 부농(富農) 또는 호상(豪商)은 집사(執事: 家事管理人)를 두어 노예 관리와 상업 경영에 전담하도록 하였던 것으로 보인다. 집사가 가계를 정리하고 영업을 관리하도록 함으로써, 주인이 스스로 행하던 기록계산업무를 하부로 위탁하게 되었다. 집사는 내관인(內管人)과 외관인(外管人)의 두 가지 유형으로 나누어 운영되었다. 전자는 가정 내부의 재물보관 등의 책임을 지고 관리에 임했음은 물론, 가계의 기록계산업무도 겸임하였다. 후자는 외부업무, 즉 농경이나 상업 경영 등의 대외 관련 업무에 종사하였으며, 농산물 수확과 관련된 제반 업무나 상품 거래 활동에 책임을 지고 수지계산의 기록을 하였음은 물론, 우마(牛馬)와 우마차 그리고 선박 등의 업무 관련 재물의 보관에도 책임을 졌다. 이들 가사(家事) 관리인들은 모두 구두로 주인에게 관련 업무의 결과를 보고하였다. 주인은 보고를 듣고 의심나는 점이 있으면, 다시 보고토록 함과 동시에, 감수(監修)하는 예도 있었다. 고서(古書)에 나오는 "수입 지출을 요회로 듣는다"(聽出入以要會)는 표현이 이를 설명해 준다. 이것은 이제까지 발견된 최조최고(最早最古)의 회계업무 형태이다.

기자조선 이후부터 중앙정부는 증세를 목적으로 개인 경영의 수공업과 상업을 권장하는 정책을 폈다. 그래서 상공업은 점차 융성해졌다. 원래 수공업은 관영(官營)과 사영(私營)으로 병존하고 있었으며, 사영의 야철(冶鐵)·제염(製鹽)·양조(釀造)의 규모는 관영수공업에 뒤지지 않았다. 사상인(私商人)들은 종래의 운송 판매나 투기로 이득을 얻어 가계(家計)를 늘려나갔고 부(富)를 축적하여 귀족들과 견줄 만한 부호(富豪)가 되었다. 이들은 경영수완을 지니고 기록계산기법을 알고 있었으나, 개인경영의 규모가 다양해짐에 따라 기록계산 전문인을 채용하여 전담케 하는 상황이 나타났다. 예컨대 중국의 춘추시대에 공자(孔子)가 젊었을 시절 노(魯)나라 계씨(季氏)의 초빙을 받아 창고회계의 업무에 종사한 적이 있다는 기록은 고대국가의 귀족이나 부호들이 회계관리를 위한 집사(執事)를 두고 있었다는 방증이 된다.[120]

이 시대의 상인들은 식량과 면사·초목 등으로 만든 농업부산물을 경영함으로써, 상당한 이윤을 얻었고, 부를 축적했으며 이를 기록하고 계산함에도 익숙해 있었다. 그렇지만, 이 무렵 기록계산에 정통한 사람들은 그리 많지 않은 편이었고 관련 업무에 종사하거나 직접 관여하려고 하지 않은 한, 기록계산에 관한 기법을 터득하려는 사람들도 드문 편이었다. 가장(家長)은 가족 중의 한 사람을 지명하여 계산과 기록을 담당토록 했으며, 서계(書契: 簿書)에 기록한 물품 항목은 정확하게 설명할 수 있는 보고서의 형식을 갖추었다.

이러한 상황은 인류문명 발상지인 고대의 이집트·바빌로니아·중국·인도 등도 거의 같았을 것이다. 대영박물관에 지금까지 보존되어 있는 고대 이집트 가정의 기록판에는 이집트 어느 형제상회의 계정기록이 있다. 이 점포는 대강 BC1,000년에 바빌로니아에서 설립되었으며, 교역이 광범했기에 업무를 담당하는 회계인을 고용했었다는 것이다. 그뿐만 아니라, 바빌로니아를 연구한 고고학자는 BC2,700년경에 존재했던 상관(商館)의 유적을 발견했으며, 이 상관에서 업무겸직 회계인이 근무했다는 사실을 고증했다고 한다.[121]

고고학자에 의하면, 문자와 숫자의 출현은 상인뿐만 아니라, 가정의 물품거래를 기

---

120) 郭道揚 著, 津谷原弘 訳, 前揭書, PP. 122~123.
121) 상게서, PP. 123~124.

록한 계산서와 물품 명세서를 작성할 수 있는 최적의 환경을 만들어 주었다고 한다. 고조선 초기의 상형문자와 더불어 가림토 문자의 창제는 서민 생활의 편의를 제공해주었고, 특히 당시의 시장 상인이나 교역하는 상인들의 상거래 활동에 비망기록의 수단으로 충분히 활용할 수 있는 환경조성이 이루어졌음을 가히 미루어 짐작하게 된다.

(3) 삼국시대의 민간부문 회계

삼국이 정립된 이후의 상업은 민간부문을 중심으로 활성화되기 시작하였다. 초기에 상업은 필요에 따라 간헐적으로 이루어졌으나, 왕권이 확립되고 사회 안정과 생산력이 증강되어감에 따라 상인 활동도 활발하게 이루어지기 시작했다. 이 시기에 수도에는 경시(京市)가, 그리고 지방에는 향시(鄕市)가 설치되어서 좌상(坐商)의 활동무대가 되었고, 경시와 향시를 오가는 행상(行商)도 점차 늘어났다. 특히 인접국과의 교역을 통한 행상의 활동무대는 교역의 범위로 광범위하게 넓어지는 추세였다고 한다.

경시와 향시를 기반으로 하는 중소상인은 시장에서 떠들썩하게 호객행위를 하며 상품매매를 하였다. 그리고 시장관리관은 그 매출액의 많고 적음에 따라 장세를 징수했다. 상인들은 하나의 영업에 하나의 기록을 했으므로, 소매상의 경우는 역시 상인 스스로 회계처리를 행하였다. 삼국시대에는 상품·화폐경제가 어느 정도 발달하였기 때문에, 민간부문의 회계는 그들 나름대로 자연스럽게 이루어졌다. 중소상인은 부를 축적하여 거상(巨商)이 되어 외국과의 교역에도 진출하는 경우가 속출하였고, 염전을 경영하여 부를 축적한 거부(巨富)가 있었는가 하면, 귀족의 신분으로 많은 전답을 소유하여 부호의 지위를 누리는 사람들은 업무를 전담하는 집사를 두어 기록계산을 겸직하도록 하였다. 단독 계산이나 겸직 계산 모두 통일된 기법이 있었던 것이 아니며, 담당자 나름대로 편리한 방법을 이용하여 알아보기 쉽도록 기록계산을 하는 데 불과했다.

삼국시대는 봉건 경제가 상당한 수준에 이르렀던 시기로서 민간부문의 수공업과 상업은 어느 정도 번영을 누리고 있었으며, 그중에서도 중소행상인은 매물(賣物)을 손에 들거나 등에 지든가 머리에 이어서 돌아다니며 파는 행상 형태를 취하고 있었기 때문에, 물품이 팔리면 셈하고 기록(외상도 포함)하는 영업·회계를 겸할 수밖에 없는 상황이었다. 다음과 같은 어느 상인의 기록은 이를 상상하고도 남음이 있다. 『상인은 두드러지게 잘 살지는 못해도 몸이 있어 움직이니, 의식비를 벌게 되어 장삿길의 멀고 가까움은 개의치 않는다. 돈 많이 벌어 귀한 손님 되었으나, 밤마다 돈 꾸러미 세며 홀로 늦게 잠든다.((估客無住著, 有身則行, 通算衣食費, 不計遠近程, 金多聚中爲上客, 夜夜算繒眠獨遲).』. 그리고 이 시기의 농업·수공업·상업을 겸영하는 상인은 생산된 농산물(부산물 표함)이나 수공예품들을 시장에 내다 팔고 집사가 물품 종류별로 기록·

계산하게 했다고 한다.[122]

통일신라 시대에는 평화와 번영을 이루었고 백성들은 마음 놓고 생업에 종사할 수 있었음은 물론, 원격지와의 상업 활동을 전개해나갔다. 새로운 상품이 유통되면서 상인들의 외연 확대가 이루어졌고, 지역 간 특산물의 교류도 행상을 통하여 증가하였다. 이 시기에 경시와 향시의 기능은 중요한 변수로 작용하였다. 상행위의 질서를 유지하기 위한 관할부서의 설치도 이루어졌고 관(官)의 통제 아래 민간부문의 상거래 활동은 적극적으로 이루어지는 추세였다고 한다. 그뿐만 아니라, 동맹국이었던 당나라와의 문화교류와 상품교역은 전례 없는 호황을 누렸다. 남중국의 오(吳)·월(越)은 물론, 왜(倭)와의 교역도 활발하게 이루어졌다.

이 무렵 거상 장보고의 해상무역 활동은 활발하게 이루어졌고, 일반서민이 상거래 활동을 통한 부의 축적이 가능하다는 것을 보여주는 계기가 되었다. 활기를 띠게 된 상거래 활동은 부의 축적을 위한 회계기법을 향상하는 계기도 되었다. 상당한 수의 상인들은 상거래 활동을 전개하는 한편, 부의 축적을 가늠하기 위한 비교적 진전된 회계방법을 습득하고 스스로 기록계산을 진행하거나, 처자에게 회계기록을 하도록 위임하기도 했다. 그런 가운데 상거래의 규모가 늘어나고 분업적 사고(思考)가 이루어지면서 기록계산업무를 전담하는 사람을 고용하기에 이르렀다. 이른바 사무조직 관리를 위한 부서가 민간부문의 상업활동에 설정되어 상업 경영의 형태를 띠는 결과를 가져왔다. 지금까지 전해지는 당시의 회계장부가 발견되지 않아서 고증할 길은 없고, 상술한 신라 시대의 계장(計帳)이나 불국사 탑 중수문서에서 볼 수 있는 당시의 기록계산 정황을 중심으로 고대사회의 상거래 회계문화를 추정할 뿐이다.

4 고대 한국회계문화의 특징

고대 회계문화의 특징을 탐색하기 위해서는 한반도에서 고대국가가 형성되던 무렵의 유라시아대륙 문명제국의 흥망사와 관련된 고대 회계의 기원에 대한 회계사학자들의 연구 결과를 섭렵할 필요가 있다. 왜냐하면, 우리나라의 고대 회계문화에 관한 연구를 진행하는 애로점은 참고자료가 빈약하다는 데 있기 때문이다. 그래서 상술한 고대 한국회계문화의 방법론적 방향감각은 회계사학자들의 분석 결과를 토대로 문제해결의 실마리를 추적(追跡)했다. 이하에서 유라시아대륙의 주요 고대 문명제국의 회계 상황과 특징을 간추려 볼 것이다.

---

122) 상게서, P. 125

1. 고대 문명제국의 회계문화사 개요 및 특징

1) 유라시아대륙의 고대문명 제국 변천사

고대 회계문화를 언급하기 위해서는 고대문명 제국이 역사상 어떠한 시기에 흥망성쇠의 과정을 거쳤는가에 대한 비교론적 접근부터 이루어져야 한다.

<표 2-12> 유라시아(Eurasia)대륙 고대문명의 변천사(BC3,000~AD8세기)

연대 구분	유라시아대륙 고대 문명제국의 변천사 개요
BC5,000~2,000	고대문명 발생기 : 이집트・메소포타미아・인도에서 고도의 문명이 발생함. 중국은 夏시대, 한국은 檀君朝鮮의 발흥기. (선사시대에서 역사시대로 진입)
BC2,000~1,200	인도・유럽어족의 대이동기: 중국의 殷 시대의 발흥기. 檀君朝鮮 시기.
BC1,200~1,000	인도・유럽어족 재이동. 히타이트의 멸망. 페니키아・아시리아의 전성기 중국은 周의 통일 시기. 한국은 箕子朝鮮의 발흥기.
BC900~700	그리스: 폴리스가 성립(귀족제 형성, 식민활동기). 로마제국의 발흥기. 아시리아 통일제국의 성립. 중국 周의 봉건제도 붕괴(춘추전국시대), 箕子朝鮮期
BC600~400	그리스 민주정・고전문화 성립・발전. 로마 공화제 초기의 귀족・평민의 항쟁. 오리엔트 페르시아의 대통일. 인도 파라몬 지배에 대한 반항. 신종교의 성립(佛敎). 중국은 춘추・전국의 혼란(제자백가의 쟁맹). 箕子朝鮮期.
BC300~200	그리스 알렉산더 대왕의 원정에 의한 헬레니즘 문화의 성립(헬레니즘 3국의 분립기). 로마의 지중해 진출 시기. 중국은 秦・漢 대제국 성립(군현제의 발달). 북・중앙아시아 기마민족의 활동기. 한국은 箕子朝鮮期.
BC200~BC100	로마 대통일 완성. 인도의 쇠퇴. 중국의 前漢 쇠퇴(지방 토호 세력의 진출). 한국・일본은 漢의 정치・문화적 영향을 받아 발전함. 한국은 고구려・백제・신라의 3국 정립(중앙집권적 봉건국가의 성립).
AD1세기 ~3세기	동서양 대제국 강성, 서로마제국의 전성기. 중앙아시아・인도의 제 민족 흥망(일시적 안정), 헬레니즘 문화의 인도 파급. 세계종교의 발전: 그리스도교는 로마에, 그리고 불교는 중앙아시아・중국 등에 전파. 삼국시대의 정립
AD4세기 ~5세기	동서 대제국의 분열:로마의 군인황제기. 전제군주제를 거쳐 분열함. 중국은 後漢의 멸망. 세계적 민족대이동기: 서방의 게르만 민족의 대이동, 동방의 五胡 침입기. 종교 사정: 로마에서 그리스도교 국교화. 인도에서 힌두교 발흥. 일본은 국가 형성기. 한국은 삼국의 통일 전쟁 시기.
AD6세기 ~9세기	서방에서는 게르만 제 왕국의 분립. 중국에서는 남북조의 분립. 동서 교통의 발달(실크로드, 스파이스 로드). 동로마를 중심으로 동서교통의 활성화. 한국에 불교문화 전파(승려의 왕래 빈번). 신라의 삼국통일(고구려・백제의 멸망) 통일신라와 발해의 남북조시대. 장보고의 해상무역 활동 전개,

<자료: 세계사 및 회계사(會計史)를 섭렵하여 저자가 정리함.>

그것은 고대 회계문화의 이해와 인식을 용이하게 해 준다. 그러므로 여기서는 일반 세계사에서 회자(膾炙)되는 고대문명 제국의 변천사를 기원전 5천 년경부터 기원후 8세기까지를 기본으로 살펴보면 앞면의 <표 2-12>와 같다.

유라시아대륙을 중심으로 하는 고대의 문명제국은 오리엔트 지역의 이집트 문명, 메소포타미아 문명, 로마 문명 및 남아시아의 인도 문명, 그리고 동아시아의 중국 문명을 이룩한 여러 나라를 일컫는다. 이들 나라는 그 나름의 독특한 국가사회를 이루어 오랜 역사를 창조하고 가까운 인접 국가에 많은 영향을 끼쳤으며, 고대국가로서의 경제구조를 형성시키고 비교적 윤택한 경제생활과 더불어 문화적 생활방식을 조성하여 인류문화의 꽃을 피워놓았다.

특히 그중에서도 회계문화의 기원을 이루고 경제적 관리 도구의 기능을 수행할 수 있도록 한 점은 높이 평가해야 할 것이다.

고대국가 재정(財政)의 중추적 위치를 차지하는 국고회계는 고대 문명제국의 흥망성쇠를 가져오게 할 만큼 중요한 국가경영의 관리 용구였다. 이렇듯 거대회계문화의 성립은 고대국가의 형성에 필수적인 조세에 관한 국고회계의 기능을 유감없이 발휘하게 하였다. 따라서 회계사학 연구자들은 국고회계에서 회계의 기원을 언급하고 있다. 고대 문명제국의 국고회계를 중심으로 하는 회계의 구조적 특징에 대하여 살펴볼 필요가 있다.

2) 고대 문명제국 회계의 기원

브라운, 울프, 그린 및 채트필드 등, 저명한 회계 사학 선구자들은 회계의 기원을 고대문명 제국에서 군주의 지배국가형성에 필수적인 조세의 징수 및 인류의 공동체 생활에 소용되는 기수지식(記數知識)의 하나인 감부계산(勘簿計算)의 필요성에서 찾고 있다.[123] 그들의 학설에 따라, 회계의 기원을 그림으로 나타내면, <그림 2-5>와 같다.[124]

이 그림에서 볼 수 있는 (1)과 (2)는 회계의 기원을 어디서 찾을까에 대하여 서로 다른 접근방식을 취하고 있다. 전자는 고대국가의 성립과 조세에서 국고회계의 기원을 모색함과 동시에, 공부(貢賦)의 감부계산(勘簿計算)을 통하여 기록계산의 원천을 모색하고 있다. 후자는 고대 인류문명의 개화(開花)가 고대 왕국의 재정을 통한 국고회계의 기원을 이루었음은 물론, 사회공동체의 상거래 활동이 고대 회계문화의 발달을 촉진했

---

123) R. Brown, "A History of Accounting and Accountants," (Edinburgh and London, 1905, 1908). W. L. Green, "History and Survey of Accountancy," (New York, 1930).
    A. H. Woolf, "A Short History of Accountants and Accountancy," (London, 1912, 1974).
    M. Chatfield, "A History of Accounting Thought," (Illinois, 1974).
124) 부라운・그린 ; 울프 ; 채트필드 등 회계 사학 선구자의 주요저서를 섭렵하여 공통되는 학설을 추출하고 그 내용을 비교할 수 있도록 그림으로 요약・정리한 것이다.

다는 접근방식을 취하고 있다. 양자의 공통점은 고대 회계의 중심에 고대국가의 재정 수입과 지출을 기록 계산해야 할 회계(勘簿計算)가 제시된 것을 들 수 있다. 환언하면, 국고회계는 고대 문명제국의 정부·행정조직에 밀착된 조세·공부(貢賦)의 감부(勘簿)회계와 깊은 관계가 있음을 보여주고 있다는 것이다.

<그림 2-5> 고대문명 제국회계의 기원

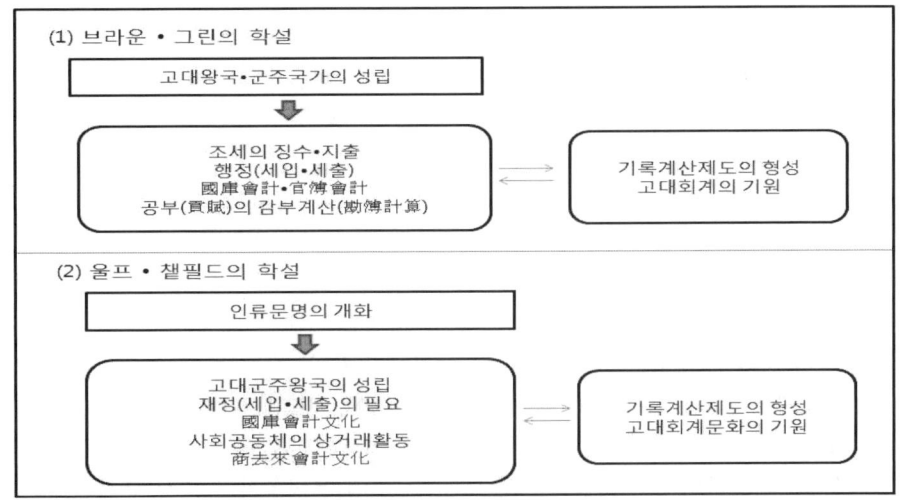

<자료 : 브라운·그린·울프·채트필드의 회계사 문헌을 섭렵하여 저자 작성>

<표 2-13> 유라시아(Eurasia)대륙 문명권의 숫자 비교

아라비아 숫자	1	2	3	4	5	6	10	50	100	500	1000
바빌로니아 숫자	▼	▼▼	▼▼▼	▼▼▼▼	▼▼▼▼▼	▼▼▼▼▼▼	◁	◁◁◁	▼	▼▼▼	◁▼
이집트 숫자	l	ll	lll	llll	lllll	llllll	∩	∩∩∩	℮	℮℮℮	✿
로마 숫자	I	II	III	IV	V	VI	X	L	C	D	M
한자 숫자	一	二	三	四	五	六	十	五十	百	五百	千

<자료:http://news.khan.co.kr/kh_news/khan_art_view.html?artid=200801150930381&code=900314>

따라서 고대 회계는 한 나라의 재정적 수입·지출을 다루는 국고회계의 업무를 수행했던 담당기록관(scrivener), 이를테면 고대 회계사(士)와의 상관관계를 숙찰(熟察)할 필요가 있다. 회계 담당기록관은 아직 화폐가 사용되지 않았던 고대국가의 경제 상태 아래에서 공부(貢賦), 공물(公物), 및 물납(物納)의 형태로 수납된 다양한 물재(物

財)의 수입과 지출의 기록계산 업무에 종사하고 있었다. 따라서 고대의 회계 담당기록관(古代 會計士)은 현대적 관점에서 보면, 측정·전달에 해당하는 저장품 회계나 물량회계의 기능을 수행하는 중요한 위치에서 회계업무를 수행하는 자들이었다.

3) 고대 문명제국 회계문화의 구조적 특징

회계사학자들의 고대문명 제국회계의 기원에 대한 견해를 토대로 하여 이들 회계문화의 구조적 특징을 살펴보면 <표 2-14>와 같이 정리할 수 있다. 이는 고대 회계를 구성하는 여러 가지 요소들을 발췌하여 정리한 것이다. 이것은 회계사학의 선구자인 브라운·그린·울프·채트필드 등의 고대 회계에 관한 견해를 토대로 하여 구조적 분석을 통한 고대 회계의 특징을 비교회계사적 관점에서 분석·정리했다는 점이 돋보인다. 특히, 이들 회계 사학 선구자들이 어디에 방점(傍點)을 두고, 어떠한 관점에서 어떻게 결론을 도출해내었는가를 이해할 수 있을 것이다.

<표 2-14>에 의하면, 회계 사학 선구자들의 고대 회계에 대한 견해를 ① 고대 회계의 기원 ② 고대 회계의 시대구분 ③ 고대 문명제국의 개요 ④ 경제 실체 ⑤ 산사(算士·會計士) ⑥ 회계 생성의 기본요소(7항목)로 나누어 접근하였다.

이 중에서 회계의 기원과 관련지어 시대구분이 중요한 문제로 드러나는 것은 필연적이다. 신석기 말기에서부터 인류문명이 꽃을 피우고 고대 문명국가의 형성기에 고대 회계의 싹은 돋아났다. 그리고 국가적 차원에서 경제구조가 이루어지고 공동체 생활을 통한 사회경제의 발달은 회계의 발전을 촉진하는 계기가 되었다. 회계사학 선구자들은 고대 왕국의 성립과 고대 문명사회의 형성이 고대회계의 기원으로 작용했다고 주장한다. 그것이 BC5,000~BC2,000년 사이에 고대 회계의 기원이 있었음을 주장하는 근거가 되었다. 우리나라 고대 회계의 맹아(萌芽)도 이 무렵에 해당한다고 간주하여 회계 문화사적 관점에서 접근 가능하다고 판단했다.

고대 회계를 생성·발전시킨 경제 실체는 국가재정과 사회공동체의 상거래 활동을 주축으로 하여 형성된 것으로 볼 수 있다. 그중 국가재정을 중심으로 하는 국고회계(官府會計)가 중추적 역할을 했다는 것이 특징으로 드러난다. 오늘날의 영리를 기본으로 하는 기업회계와 다른 점이 여기서 엿보인다. 그뿐만 아니라, 회계 사학 선구자 중에서 채트필드 만큼은 독특하게 고대 중국의 회계문화를 곁들여 동양 문화권에 대해 접근을 했다는 점이 특이하게 보인다. 고대 회계의 문화적 패턴은 생산경제회계라기보다는 소비경제회계에 초점이 맞춰져 있는 것도 돋보인다. 국고회계와 사원회계 및 가계는 모두가 소비경제를 위주로 하는 회계문화의 패턴이다. 상거래를 위주로 하는 영리경제의 회계시스템은 시간상으로 훨씬 뒤에 이루어진 것으로 볼 수 있다. <표 2-14>

에서 회계 사학 선구자들은 하나 같이 고대국가에서 산사(算士會計士) 제도가 존재했음을 주장하고 있다.

<표 2-14> 유라시아(Eurasia)대륙 고대문명제국 회계의 학설사적 구조와 특징

고대 회계 관련 사항		회계사학 연구의 선구자			
		R. 브라운	W.L 그린	A.H. 울프	M채트필드
1. 고대 회계의 기원 (국고회계)		고대왕국 및 군주제 성립과 조세제도	고대왕국과 귀족제의 성립 및 조세제도	고대 문명사회의 도래와 공동체 상 거래 활동의 회계	문명사회의 발전.경제구조·회계
2. 고대 회계의 시대구분		BC5,000~AD814	BC6,000~AD499	BC3,500~AD476	BC4,000~AD476
3. 고대문명 제국		1. 바빌로니아 수메르 아시리아 2. 이집트 3. 유대(고대 이스라엘 왕국) 4. 그리스 5. 로마제국	1. 바빌로니아 수메르 아시리아 2. 이집트 3. 유대(고대 이스라엘 왕국) 4. 그리스 5. 로마제국	1. 이집트 2. 바빌로니아 수메르 아시리아 3. 히브리(고대 이스라엘 왕국) 4. 그리스 5. 로마제국	1. 바빌로니아 수메르 아시리아 2. 이집트 3. 중국 4. 그리스 5. 로마제국
4. 경제 실체	국고·재정	(1st)	(1st)	(1st)	(1st)
	사원·신전, 교회, 사찰	(3rd)	(3rd)	(3rd)	(3rd)
	사회공동체(농업·상업 수공업·금융업·家計)	(2nd)	(2nd)	(2nd)	(2nd)
5. 회계전문가 (算士·會計士)		있었음(○)	있었음(○)	있었음(○)	있었음(○)
6. 회계 생성 요소	(1) 서법 점토판(粘土板)기록 상형문자(바빌로냐)	○	○	○	○
	파피루스 풀(草) 상형문자(이집트)	○	○	○	○
	竹簡 漢字語(중국)	△	△	△	○
	파피루스 풀(草), 그리스문자(그리스)	○	○	○	○
	羊皮紙 라틴어(로마)	○	○	○	○
	(2) 산 술	(1st)	(1st)	(1st)	(1st)
	(3) 사유재산제도	(3rd)	(3rd)	(3rd)	(3rd)
	(4) 화 폐	(4th)	(4th)	(4th)	(4th)
	(5) 신 용	(3rd)	(3rd)	(3rd)	(3rd)
	(6) 상 업	(2nd)	(2nd)	(2nd)	(2nd)
	(7) 자 본	(5th)	(5th)	(5th)	(5th)

<자료: 회계사학자 브라운·그린·울프·채트필드의 저서에 나타난 고대회계를 저자가 요약정리>

그러나 그것은 오늘날의 회계사제도와는 다르게 회계기록과 관리를 담당하는 자를 일컫는 산관(算官·算員)에 해당한다. 이를테면, 회계 담당기록관(scrivener)을 의미하는 것이다.

그뿐만 아니라, 고대 회계의 기록계산(측정·전달)기능은 회계가 성립하기 위한 기본요소에 대해서도 회계사학 선구자들은 언급하였다. 이에 대해서는 리틀튼이 제시한 회계의 생성 요소에 근거를 두어 그 중요도를 기준으로 접근했음이 나타나 있다. 즉, 서법·산술·사유재산·화폐·신용·상업·자본을 회계 생성의 기본요소로 보아 분석적으로 그 중요도를 서술한 것이다. 이들 기본요소가 고대사회에서 존재했는가에 대한 의문의 여지는 있으나, 회계사학 선구자들은 모두가 화폐와 자본의 존재를 거의 인정하려고 하지 않고 있다. 그러나 그들은 대부분이 회계 요소의 존재를 인정하고 있는 것으로 보고 있음을 알 수 있다. 그들이 고대사회에서 화폐와 자본의 존재를 인정하지 않으려고 한 것은 고대회계가 단순한 감부계산(勘簿計算)의 국고회계를 주축으로 이뤄지고 있다는 데서 이윤개념의 전제가 되는 자본주의경제의 기본요소인 화폐와 자본의 기능을 고려했기 때문이라고 할 수 있을 것이다.

2. 고대 한국회계문화의 특색

1) 고대 한국회계문화의 일반적 특색

우리나라 고대사회의 회계 문화적 특징은 국가재정 부문의 국고 회계문화에 표출된 특징과 민간공동체 부문의 회계문화에서 나타난 특징으로 구분할 수가 있다. 전자의 경우는 한문 형식으로 표기되어 있다. 이는 고대 문명국가의 형성 이후 인접국, 특히 황하 유역에서 발흥한 중국의 고대국가와 교류하는 과정에서 한문자를 도입하여 기록하게 되면서부터 중국의 문물을 받아들이고 국가의 행정사무에 대한 기록이 한문 형식으로 쓰인 데서 기인하지 않았을까 하는 추정을 하게 된다. 지금까지 전해지고 있는 <표 2-11>에서 볼 수 있는 「신라장적 연간」(新羅帳籍零簡)이 이를 고증해주고 있다. 그런데 이 계장(計帳)도 이두문으로 표현된 부분이 있는 것으로 보아 고대사회의 기록문화의 대부분이 이두문을 통하여 표현되었던 것으로 추정된다. 그뿐만 아니라, 후자의 경우는 한문자의 사용을 하고는 있으나, 우리나라 고유의 이두문자와 함께 혼용하고 있는 것이 특징이다. 이는 고대 사회문화의 발달로 다양한 민간부문의 공동체가 출현함으로써, 그 나름의 공동체별 기록계산을 고안하여 사용하는 과정에서 비롯되었던 것으로 추정할 수 있다.

2) 고대 한국 국고 회계문화의 제도적 특이성

우리나라 고대사회에서 국고회계의 대권(大權)은 봉건 통치자의 중앙집권을 실행하는데 중요한 권한 사항이다. 각 왕조의 재정관리를 위한 관부회계의 관직 설정과 실행은 경제적 집권을 전제로 한 조직기구의 하나였다. 각 왕조가 창출한 관부회계 제도는 각 왕조의 전성기에 이르러 견고하게 갖추어졌다. 이는 우리나라 고대 봉건주의 시대의 관부회계 부문 형성의 초보적 단계에서 왕조별로 발전과정을 거쳐 국력신장의 기본 시스템으로 정착되었음을 의미한다. 환언하면, 각 왕조의 군주는 전국의 경제를 자신의 지배하에 두기 위하여 국고회계의 관리시스템을 설치하였으며, 중앙정부에서 지방관서에 이르기까지 재정관리에 필요한 초보 단계의 회계적 통치기구를 장착시켰다.

그뿐만 아니라, 고대국가의 각 왕조는 국가재정과 왕실재정의 분할관리와 분할 계산제도를 형성함으로써, 국정운영에 투명한 국고관리가 이루어질 수 있도록 했다는 점이 하나의 특징으로 꼽힌다. 이것은 우리나라 고대 봉건주의사회 초기의 국고재정체제의 중요성을 통치자가 인식하고 있었다는 증거이다. 그리고 이것은 후대의 국고회계 부문 관료조직 형성에 지대한 영향을 주었을 것으로 생각한다.

국고회계 부문의 조직기구는 중앙정부의 각 부처에서 지방관서의 군(郡)·현(縣)·향(鄕)·리(里)에 이르기까지 엄격하게 '계(計)'의 이름으로 실행할 수 있는 관료조직의 하나였다고 한다. 봉건국가에서는 전면적인 규제가 재정경제의 기본적인 조건이 되는 것이다. 관부회계의 계통적 조직기구를 통하여 순차적으로 상부에 보고하는 '상계(上計)' 시스템을 갖추어 전국적인 기록계산을 가능하게 했으며, 국가경제의 규제목표를 '무(無)'로 하지 않도록 하는 관리체제를 갖추었다.

특히 여기서 주의 깊게 보아야 할 사항은 고대국가 각 왕조가 '어사(御史)' 제도를 만들어 국가의 민생과 재정 및 회계검찰권을 부여함으로써, 고대 봉건국가의 재정회계 감찰과 감사·감독을 실행하여 민생안정과 국가재정의 건전한 운영을 시도했다는 점이다. 이는 우리나라 고대 봉건시대의 국고회계 감찰과 감사조직 형성을 발전시키는 시발점이 되었다는 점에서 주시해야 할 부분이다. 물론, 고대국가에서 설정한 국고 회계조직은 고대 봉건사회의 건전한 발전을 통하여 국고재정 관리를 합리적으로 수행하기 위한 통치자의 의지에서 비롯된 것이다. 이는 원만한 통치행사는 물론, 군신 간의 내부 견제의 필요성에서, 그리고 부서별 업무분장이 진실하고 명확하게 이루어질 수 있는 관리조직의 필요성을 감지한 데서 이루어진 통치조직의 수단이었다고 할 수 있다.

통일 신라 시대 중앙정부의 국고 회계조직은 각 부문 간의 업무분장이 명확하여 관원 상호 간의 책임 범위도 분명하였음은 물론, 그 책임분담도 일원화되어 일사불란하게 창부(倉府)와 조부(調府)의 집행업무가 순조롭게 이뤄졌다는 특징이 있다. 그뿐만 아니라, 통일 신라 시대에는 조부에서 작성한 호구조사대장(帳籍·計帳)에 의하여 부세(賦稅)의 징수가 이루어졌고 예산을 근거로 한 전국의 재정수지를 통제함과 동시에, 전국의 세회(年末決算)를 총괄하고 회계 보고를 통합·관리했다는 점이 하나의 특징이다. 특히 사정부(司正部)에 회계감찰부를 두어 부서기회(簿書期會)의 진실·명확함을 감사하고 담당 관원의 부정을 감시하는 기능을 두어 관부회계의 감사제도가 실시되고 있었다는 점에 또 하나의 특성이 있음을 발견하게 된다. 중앙 관료조직의 분권화, 즉 창부와 조부 그리고 사정부로 분화된 국고회계의 관리체제를 갖추어 관부회계 부문 내부의 견제 관계를 비롯한 감사제도의 구축 등, 봉건 통치자의 국가재정 출납 통제에 시너지 효과를 내게 하는 능력을 완비함으로써, 통일 신라시대의 경제적 집권을 가능하게 했다는 점은 선진적 발상이었음을 보여주는 독특한 시스템이다.

리틀톤의 회계 발생 요소에 근거를 두어 조익훈 교수가 비판적으로 재분류한 바에 의하면, ① 서법 ② 산술 ③ 사유재산제도만 조성되어 있으면 단식부기 문화를 생성시키는 요인은 충족시킬 수 있다고 했다. 그리고 ④ 화폐 ⑤ 상업 ⑥ 신용이 추가로 갖춰지게 되면, 단식부기를 발전시킴과 동시에, 복식부기를 생성시키는 요인으로 작용한다고 하였다. 한국 고대사회의 회계문화에는 이상의 여섯 가지 요소가 모두 갖춰져 있는 것으로 고증되었다. 다만, 자본개념이 미성숙 단계에서 사유재산적 부(富)의 개념에 머물고 있어서 민간부문의 상거래 활동은 활발하게 이뤄지고 있었지만, 진일보한 회계문화가 생성될 수 있는 단계에는 아직 이르지 못한 환경이었음을 감지하게 된다. 결국 고대 회계문화는 단순한 감부회계(勘簿會計)의 범위 안에서 형성된 단식부기 문화가 그 전부였음을 부인할 수 없다. 고대 회계문화의 특징을 정리하여 나타내면, <표 2-15>에서 보이는 바와 같다.

따라서 우리나라 고대 회계문화의 기원은 국고회계에서 비롯되어 민간부문의 사업회계문화와 사찰회계문화의 순서로 그 영역이 넓혀졌다. 또한 회계는 기록계산과 분석을 기본으로 하는 전문성을 지닌 기술이라 할 수 있으므로, 이 시기의 회계에서도 그 전문성을 갖춘 산관(算官)제도가 존재하고 있었음은 필연적이었다고 해야 할 것이다. 그뿐만 아니라, 고대사회에서 쓰인 여러 가지 문자 중에서 이두문자가 회계용 문자였음도 확인하였다. 이러한 환경에서 생성하고 진화의 길을 거치면서 고대 회계의 계산시스템은 상술한 바와 같이 일계(日計·成)와 월계(月計·要)의 과정을 거쳐 세계(歲計·會)로 마무리 짓는 감부회계(勘簿會計)의 특성이 있는 회계문화였음을 인식하게 된다. 오늘날의 현대회계가 지닌 1년 단위의 회계기간을 전제로 하는 회계시스템과 전혀 손색이 없는 제도였다는 점에서 고대 회계문화가 가진 또 하나의 특성으로 지적할 수 있는 부분이다.

<표 2-15> 고대 한국회계문화의 구조적 특징

고대사회의 회계 관련 사항		고대 국가별 구조적 특징			
		고조선 (삼한)	고구려 (부여)	백제	신라
1. 한국의 고대문명 국가					
2. 시대구분		BC2,333~ BC180	BC37~ AD668	BC18~ AD660	BC57~ AD935
3. 고대 한국회계문화의 효시		고대 왕국 및 군주제의 성립·조세제도 확립·경제 구조의 형성(국고회계의 생성)			
4. 경제 실체	국가재정(조세)·국고회계 (비영리)	1	1	1	1
	사회공동체Ⅰ (농·상·수공업), 상거래회계 (영리성)	2	2	2	2
	사회공동체Ⅱ : (寺刹, 家計) 사원회계·가계 회계(비영리)	3	3	3	3
5. 회계전문가 제도 (算學博士·算官·算員·算士·計士)		有	有	有	有
6. 회계의 생성 요소	(1) 서법 ① 갑골문자	○ (록도문자)			
	② 상형문자	○ (진서)			
	③ 가림토 정음 38자	○			
	④ 한문자	○	○	○	○
	⑤ 이두문자	○ (이두)	○	○ (향서)	○(향찰)
	(2) 산 술 (구장산술 등)	○	○	○	○
	(3) 사유재산제도	○	○	○	○
	(4) 화 폐	○	○	○	○
	(5) 신 용	○	○	○	○
	(6) 상 업	○	○	○	○
	(7) 자 본	△	△	△	△
7. 고대 한국회계문화의 구조 (회계의 기장형태)		단식부기	단식부기	단식부기	단식부기

<자료: 韓·中 古書 및 史料의 섭렵·고찰에 의거 저자 요약정리>

5 에필로그

회계문화의 역사적 접근을 수행하면서 고대회계를 주제로 하는 연구 결과는 인류가 고대 문명국가를 형성한 이래, 그렇게 많지 않다. 특히 한국 고대의 회계문화에 대한 접근은 거의 이루어지지 않고 있다. 이는 회계사료(會計史料)가 전승되지 않은 데도 원인이 있으며, 고고학적 발굴 자료에도 회계사와 관련된 자료는 거의 외면되거나 관심을 두지 않았던 데서 그 이유를 찾을 수 있을 것이다. 가까운 중국의 예만 보더라도 회계사(史)의 자료가 고고학적 발굴 자료를 통해서 고증되는 일이 빈번히 있었다.

불모지나 다름없는 한국 고대사회의 회계문화에 대한 접근을 시도한다는 것은 무모한 일이기도 하다. 그러나 인류가 선사시대를 거쳐 고대 문명사회로 전환하는 과정에서 필연적으로 발생하게 된 기록계산은 필수적인 것으로, 독자적인 구상과 방법으로 접근을 시도하여 빈약한 자료의 수집을 통한 분석을 감행하고 논점을 정리하였다. 접근대상은 단군왕검이 건국한 고조선 시대를 기점으로 고구려, 백제, 신라로 이어지는 삼국시대에 이르기까지 고대문명 국가 발흥 시기의 고대 회계문화를 중심으로 접근하였다. 실증자료의 빈약함 때문에, 고대 문헌을 토대로 하는 접근이 주류를 이루었다. 고조선의 3세 단군 가륵(嘉勒) 시대에 회(會)와 계(計)의 문자 기록을 처음 발견할 수 있었다. 특히 회계용어의 기원에 대해서 인접국인 중국의 고전(古典)에 크게 의존했을 뿐만 아니라, 중국의 고고학적 자료도 다분 참조하였다. 고조선 시대와 중국의 하·은·주 시대는 동일한 시기에 해당하기 때문에, 인접 지역과의 교역을 통하여 문물교류가 이루어진 사실을 문헌사적으로 고증했음은 물론, 국가적 차원에서의 정치·경제·사회·문화적 교류가 주류를 이루어 전승된 제도적 수용도 다양했다는 것을 확인할 수 있었다. 국가 간의 교류 과정에서 고대 회계문화의 계수(繼受)도 있었을 것이며, 그에 따른 회계문화의 수렴과 확산도 이뤄졌을 것으로 판단된다. 예컨대, '회계'라는 용어가 한문자에서 비롯된 것이기 때문에, 같은 시대의 중국사(史)에 대한 고전을 섭렵하여 그 기원을 고증하였으며, 고대사회의 경제적 생산 활동에서 비롯된 회계행위의 근간을 발굴하려고 노심초사하였다.

전승되는 고대 회계문화의 사료(史料)가 빈약하여 확실한 고증은 어려웠지만, 문헌사적 접근과정에서 회계문화의 기원이 고증되었다. 고조선과 삼국시대의 국가별 관부조직(官府組織)을 통하여 회계관장부서(會計管掌府署)의 존재를 확인하여 국고회계가 고대사회의 회계문화적 기원을 이루었다는 논증도 하였다. 그나마 입수한 통일 신라시대의 장적(帳籍計帳)을 통하여 그 시대의 기록계산에 대한 상황을 유추해 볼 수 있었음은 다행스러운 일이었다.

고대 왕국이 정립되고 조세제도의 확립으로 국고회계의 효시가 이루어진 사실도 확인하였다. 또한 사회문화적 발전과 경제구조의 진화를 통한 농·상·수공업의 발달로 민간부문의 회계문화의 토양도 다져짐으로써, 상업 회계문화의 맹아(萌芽)를 볼 수 있었다. 그리고 고대 회계문화의 생성 요소 중에서 자본개념을 제외한 6요소가 모두 갖춰진 사회구조였음도 확인할 수 있었다. 특히 국고회계를 주축으로 하는 산관(算官) 제도가 존재하고 있었음은 물론, 갑골문자와 설형문자, 그리고 결승문자의 존재를 통하여 고대 회계행위의 서막을 엿볼 수 있었다. 중국으로부터 한자 문화가 전래하였으나 그것을 기본으로 하는 이두문자가 고조선 중기 이후부터 회계기록에 사용되었다는 점은 고대 한국회계문화의 특징이라 할 수 있다.

그러나, 동서고금을 통하여 고대 회계문화는 블랙홀(時間의 歷史)을 방불케 한다. 그만큼 접근하기가 쉽지 않은 분야라는 뜻이다. 고대사회의 회계문화는 다른 학문영역의 지식을 기초로 하여 접근하고, 보다 정밀한 체계화가 이루어져야 함을 암시하는 의미이다. 종래의 역사적 학문연구는 서구적(西歐的) 사고방식, 즉 서양사관(西洋史觀)에 입각한 논리 전개가 주축이었다. 서양사 중심의 토대 위에서 모든 학문영역이 접근되었고, 그 종속적 위치에서 관찰이 이루어져 왔던 것이 사실이다. 동양사관(東洋史觀)에 근거한 접근시도가 필요하다는 것이다. 다시 말해서 역사를 수직적으로 고찰하는 것이 일반적이었던 데서 그것을 수평적·입체적으로 관찰할 필요가 있다고 본다. 왜냐하면, 그것은 4대강 유역의 문명 중에서 지리적으로 격리된 상태의 고대 문명사는 서양사관에서 보는 것과는 다른 논리 전개가 가능하다고 보기 때문이다. 이를 고려한 고대 회계문화사의 연구는 당연히 아시아권 회계문화사와 더불어 한국의 고대 회계 문화사가 어떠한 상황에서 이뤄졌는가의 문제를 제기할 수 있을 것이다. 비교문화론적 관점에서도 수직적·수평적 접근방법(cross approach)을 원용한 고대 회계 문화사 정립이 필요한 단계이다. 따라서 우리나라의 고대 회계문화에 대한 접근을 한국사적 관점에서 문제를 제기하여 접근하는 것도 회계 문화사관 확립을 위해 필요하다고 보게 되었다.

제 3 장 중세 고려 시대의 치부 회계문화

1 프롤로그

앞 장에서 살펴본 고대 회계문화의 역사는 선사시대에 태동한 원시사회의 회계행위를 토대로 하여 고대 문명사회의 경제생활을 반영할 수 있는 제도적 회계문화에 탐구의 초점을 맞췄다. 그것은 고대 문명국가의 왕권을 구심점으로 하는 국고회계에서 발원되어 민간부문의 사회문화적 축을 이루는 상업 분야에 이르기까지 그 물줄기의 파급되는 과정도 찾아보았다.

고조선에 이어 삼국시대로 이어지는 고대국가의 장구한 역사적 물줄기의 흐름 속에서 꽃피워진 회계문화의 기원은 다시 중세사회에 해당하는 고려 시대로 이어져 흘렀다. 따라서 한국회계 문화사는 고대와 중세로 이어지는 한국 문명사에서 유구한 역사의 물줄기를 조성해 흐르면서 진화의 과정을 지나왔을 뿐만 아니라, 한민족의 정치·경제·사회·문화의 한 축을 장식했다.

고려 시대의 정치·경제·사회가 고대 문명국가로부터 이어져 온 통치이념이나 관습 등을 기반으로 하여 형성된 것만은 확실하다. 백제 시대의 해상을 석권했던 항해술은 통일신라 시대의 장보고에 의한 해상무역의 진로를 개척하는 계기를 만들어주었고, 고려 시대에 이르러 예성강을 기점으로 하는 대송무역(對宋貿易)은 물론, 대식국(大食國: 아라비아) 상인들과의 교역을 통하여 향료길(spice road)을 개척했던 개성 상인의 독특한 상술을 촉발시켰다는 것이다. 그리고 사학자들에 의하여 통치 사상이나 사회철학과 생활과학 등이 고대사회에서 크게 공헌하고 중세의 고려사회로 전승되었음을 밝혀내었으나, 상업 활동이나 거래상황에 대해서 확실하게 정리되지 않은 것이 흠이다.

회계 사료가 거의 전승되지 않은 상황에서 한국회계문화의 진면목을 탐색하기란 극히 어려운 일이다. 그러나 희소(稀少)하게나마 전해지고 있는 고전문헌을 통하여 고대 회계문화에 관한 힌트를 얻을 수 있었다. 고대사회보다는 비교적 문헌적으로 정리된 것으로 알려진 고려 시대에도 회계문화에 대한 자료의 빈곤함은 마찬가지다. 사학자나 고고학자들에 의하여 발굴된 자료를 통하여 고려 시대의 경제 상황과 상업 활동 그리고 회계기록에 대하여 유추하는 정도에 불과했음을 밝혀둔다. 고려 상인의 활발했던 상거래 활동보다 그 시대의 회계기록은 전승되는 것이 없는 편이지만, 고대사회의 그 것보다는 약간 구체적인 양상을 띠고 있어서 그에 대한 접근이나 해석이 비교적 가능한 편이었다.

역사가들에 의하여 정리된 시대구분에 따르면, 고려 시대는 왕건이 세운 AD918년부터 마지막 임금인 34대 공양왕 말년(AD1392)에 이르는 475년간을 일컫는다. 비록 고대국가의 하나인 고구려의 광활한 영토였던 만주 지역을 상실한 채 한반도에 국한되는 국가이기는 했어도, 강력한 민족의식을 바탕으로 정치·경제·사회·문화의 기강을 바로잡아 독립국으로서의 면모를 갖추고 번영을 구가하였다. 그러나 고려 후기에 이르러 몽골 세력의 침탈로 인한 암흑시대를 거치면서 민족의 주체사상이 변질하여갔다.

고려 시대는 중앙집권적 봉건사회가 정착된 시기에 안정을 가져오게 되고 고대사회로부터 전승된 농경문화는 순조로운 정착단계에 이르렀다. 그에 따른 농업생산력이 늘어나 잉여의 농산물을 처리하기 위한 시장이 활성화되었으며 도시를 중심으로 상거래가 성행했다. 국가 차원에서 불교가 장려되었으며 호국불교의 신념으로 민간에 뿌리를 내려 신앙생활의 주류를 이루었다. 고대사회로부터 이어져 온 유교 사상은 사대부의 정신적 지주가 되었다. 이 시기에 역사의 무대는 수도인 송도를 중심으로 전개되었다. 정치·경제·사회·문화의 발원지가 되었으며, 상거래문화의 꽃을 피워 무역의 활로가 열렸고 새로운 사회경제적 환경 속에 주변국과 융화하면서 새로운 문화행태를 이루어 나갔다. 이 시대가 우리나라의 중세라고 부르는 고려왕국의 봉건주의 사회인 것이다.

따라서 이 시대의 사회경제적 제도의 하나였던 회계문화는 고대국가의 제도를 전승받아 봉건 경제를 중심으로 하는 고려왕국의 국고회계가 주축으로 장식되었다. 그리고 상인들을 중심으로 하여 형성된 민간부문의 회계문화가 구성되어 있었으나 모두 단편적인 것에 지나지 않았다. 이러한 회계문화의 양상은 고려 후기 이후에 송도치부법이 성립될 때까지 지속되었다. 본 장에서는 이러한 고려 시대의 치부회계문화가 어떻게 형성되고 전개되었는가에 대하여 문헌사적 접근을 통하여 검토하려고 하는 것이다.

2 고려 시대 치부회계문화의 사회경제적 배경

1. 고려 시대의 정치·사회 구조

우리나라의 중세는 왕건이 건국하여 475년간 한반도를 통치했던 고려 시대를 일컫는다. 고려의 태조 왕건은 신라 말기의 어지러운 틈을 타서 궐기한 후삼국을 제압하여 강력한 고려왕국을 이룩함으로써, 독립국으로서의 위상을 확립하고 새로운 정치·경제·사회·문화의 기풍을 확고히 다져놓았다. 그래서 고려는 전반기에 조세제도의 정비와 안정된 경제기반을 구축하여 부국강병의 국가체제를 이룩하였다. 이러한 고려 시대의 사회문화적 기반 위에서 새로운 회계문화가 수립될 수 있는 환경이 조성되었다. 고대회계문화를 이어받아 고려 시대의 국고회계뿐만 아니라, 서민경제를 기반으로 하는 상업문화의 발달로 회계문화가 진화의 과정을 거치게 된다. 따라서 고려 시대의 회계문화의 배경이 되는 정치경제 및 사회문화적 환경을 우선 정리할 필요가 있다.

1) 고려 시대의 정치체제

고려왕조가 건국(AD918)된 이후, 새로운 정치체제가 확립된 것은 제6대 성종(AD982~997) 때에 이르러서였다. 그 후 제11대 문종(AD1047~1083) 때에 부분적인 개편이 이루어짐으로써, 제도적으로 확고히 다져진 정치체제를 갖추게 되었다.[1]

고려왕조의 가장 중요한 정치체제는 2성(二省)을 중심으로 하는 중앙행정기구이다. 즉, 그것은 중서문하성(中書門下省)·상서성(尙書省)의 2성을 지칭한다. 문하성과 중서성은 국가의 최고정책을 심의 결정하는 기관이며, 상서성은 결정된 정책을 집행하던 기관이다. 그리고 상서성 예하에는 이부(吏部)·호부(戶部)·예부(禮部)·병부(兵部)·형부(刑部)·공부(工部)의 6부를 두어 각각 정무를 분담하여 집행토록 하였다. 이 중에서 호부가 조세와 국고 관리의 정점에서 각 부서의 관부회계를 관장하였다. 행정 최고 수반을 시중(侍中)이라 했으며, 각 부의 장을 상서(尙書)라고 호칭하였다. 이들은 정책 결정과 집행에 참여함으로써, 고려왕조의 권력구조를 구성하는 핵심이었다.

이와 함께 주요 기관으로 중추원(中樞院)이 있었다. 중추원은 왕명의 출납과 궁중의 숙위(宿衛) 및 군기(軍機)를 맡아보던 기관이며, 추부(樞府)라고도 하였다. 국가의 중요한 국방과 외교 업무에 대해서는 재부(宰府)와 추부(樞府)의 고관들이 모여서 심의·결정하게 되어 있었다. 그 외에 어사대(御史臺: 후에 司憲府)와 문하성에 소속된 낭사(郎舍)가 있었다. 어사대는 정치의 잘잘못을 논하고 관원들의 비행을 규찰(糾察)하였으며, 낭사는 간관(諫官)으로서 국왕의 잘못을 간(諫)하는 업무를 담당하였다.

그리고 고려의 지방행정조직은 성종 2년(AD983)에 전국의 주요 지역에 목(牧)을 두어 지방관을 파견한 것이 그 시초이다. 그전에는 지방호족이 지방 세력을 잡고 있어서 중앙의 행정력이 미치지 못했으나, 제6대 성종 때에 중앙집권적 왕권이 강화되면서 지방행정조직의 정비가 이루어졌다. 고려왕조의 후기에 이르러 지방행정조직이 정비되기는 했으나, 지방의 최고 행정구획으로서의 구실은 잘하지 못했던 것으로 보인다.[2]

---

1) 하현강, 『한국의 역사』(서울, 신구문화사, 1983), P. 119.

고려 시대의 정치체제는 고대국가 시대와는 달리 여러 가지로 발전적인 변화를 보여주었다. 첫째로 건국 초기에는 유교가 정치의 근본이념으로 채택되었다. 그래서 관리 등용의 기준을 과거제도에 두게 되었고, 유능한 인재를 발탁할 수 있는 시스템이 확립되었다. 둘째는 고려왕조가 황제체제를 갖추고, 국왕을 중심으로 하는 중앙집권적인 정치체제를 마련했다는 것이다.[3] 셋째로는 고려 시대에 비로소 문무양반 제도가 등장했다.[4]

끝으로, 고려왕조의 정치제도는 초기에는 중국의 제도를 받아들였으나, 구체적인 시행과정에서 시행착오를 거듭하여 대체로 변모하게 되었다. 이러한 시행착오의 경험을 바탕으로 하여 점차 개선되었고, 사회적 실정을 반영한 제도적 정비는 결국 후대의 조선왕조에 이르기까지 계속되었다.

2) 고려 시대의 사회구조

고려 시대 사회구조가 고대국가에 비하여 달라진 점이 있다고 하면, 그것은 귀족적인 신분 계층이 확대되었다는 것이다. 고려 시대에는 지배계급의 반열에 오를 수 있는 길이 고대국가와는 달리 다양하게 확대되었다. 고려의 지배계층은 국가로부터 모든 영예와 함께 경제적인 혜택을 보장받았다. 이들은 관직에 따라 일정한 토지와 녹봉(祿俸)을 받는 것 이외에도 고려왕조에 대한 공로에 비례하여 영작(榮爵)의 혜택을 받을 수 있는 선택된 계층이었다. 그것은 시대가 흐름에 따라 부귀와 권세를 늘려가게 하였다. 수도인 개경(開京)은 국왕을 비롯하여 새로운 지배계층이 거주하는 지역이었으므로, 그들은 개경을 중심으로 호화로운 생활을 누렸다. 상업의 발달과 외국과의 교역이 활발하게 이루어짐으로써, 지배계층의 부는 편중되는 양상을 보여주었다.[5]

반면에 일반 민중들의 생활은 여전히 곤궁한 상황이었다. 송나라의 사신으로 왔던 서긍(徐兢)이 저술한 『고려도경(高麗圖經)』에 의하면, 당시 민가의 모습을 묘사한 구절이 있는바, 「초가지붕으로 되어 있으며 근근이 비바람을 가릴만하다.」라고 했다. 이는 초라한 삶의 모습을 묘사한 것이다. 고려 시대의 민중이 어려운 처지에서 자급자족의 경제생활을 할 수밖에 없었고, 시장이 열리면, 각각 자기가 생산한 물품을 가지고 나와 다른 물품과 서로 교환하는 물물 거래를 했을 것으로 상상할 수 있다.[6]

---

2) 상게서, PP. 119~120.
3) 상게서, P. 122(이를테면, 고려의 제4대 광종은 스스로 황제라 칭하고 수도인 개경(開京))을 황경(皇京), 서경(西京)을 서도(西都)라고 부르는 한편, 광덕(光德), 준풍(峻豊) 등의 황제연호를 사용했다고 한다.)
4) 상게서, PP. 221~222.
5) 상게서, PP. 122~123.

따라서 고려 시대의 다양한 지배계층의 신분적 변화가 곧 고려사회 전체의 변화와 발전을 의미하는 것은 결코 아니었음을 알 수 있다. 그러나, 고려사회가 이루어낸 다양한 지배계층의 변화와 더불어 채용한 유교적 정치이념은 민중에 대한 계몽적 관점을 새롭게 하여 국가 윤리관을 정립했다는 점에서 큰 의미를 부여할 수 있다. 태조 왕건이 그의 후계자를 훈계하기 위하여 남긴 훈요십조(訓要十條)를 보면, 「백성을 부리되 때를 가려서 하고, 요역(徭役)을 가볍게 하고, 부세(賦稅)를 가볍게 하며, 농사의 어려움을 알면 저절로 민심을 얻어, 나라는 부강하고 백성은 편안해질 것이다.」라는 내용이 이에 합당하는 예이다. 이러한 통치이념은 고려사회의 새로운 시책을 마련하게 하였다. 제위보(濟危寶)·동서대비원(東西大悲院)·혜민국(惠民局) 등, 일반 민중의 빈곤과 질병을 구제하기 위한 국가기관의 설치는 고려 시대에 비로소 이루어진 제도이다. 이러한 제도가 민중의 빈곤과 질병을 근본적으로 해결해 주지는 못했지만, 관련 기관의 설치를 통하여 고대사회와는 다른 사회의 모습을 보여주었다. 이런 점에서 고려왕조의 사회구조는 전체적인 면에서 고대국가 사회의 성격을 띠고 있으면서도 부분적인 면에서는 새로운 사회 발전적 요소를 내포하고 있었다는 점이 고대사회와는 다른 점이라고 할 수 있다.[7]

2. 고려 시대의 사회문화적 토양

1) 불교문화와 사원경제

(1) 불교문화의 융성

고려 시대의 문화적 토양은 불교문화와 유교문화 그리고 과학기술의 발달이었다. 이 중에서 가장 존중된 것은 호국불교의 문화 바탕이었다. 부처(佛)가 나라를 지켜주고 만백성의 행복을 보장해 준다고 믿었기 때문이다. 고려의 태조 왕건은 훈요십조 중 제1조에서 『우리 국가의 대업은 반드시 제불(諸佛)이 호위하는 힘을 입는 것이다.』라고 강조하면서 불교에 대한 신앙을 돈독히 할 것을 훈몽(訓蒙)하였다. 그에 따라 수많은 사찰이 건립되었고, 불교 왕국의 초석을 다져놓았다. 통일신라 시대에 배출된 고승들이 고려의 불교를 진흥시키는 데 큰 역할을 했다. 두 차례에 걸친 대장경의 간행은 모두 호국불교의 소산이었다.

더욱이 고려 시대의 불교는 귀족사회의 발전과 보조를 같이하면서 번영해 나갔다.

---

6) 상게서, P. 124.
7) 상게서, PP. 124~126.

왕족과 귀족들의 적극적인 후원을 받았기 때문이다. 이들은 사찰에 많은 재산을 기부하거나 절을 짓는데 시납(施納)했다. 불교가 성행함에 따라 승려의 수도 급격히 늘어났으며, 심지어는 왕자 중에서 승려가 되는 경우가 속출하였다. 대각국사 의천(義天:AD1,055~1,101)은 문종(文宗)의 넷째 왕자로서 송나라에 건너가 불법을 닦고 고승이 되었으며, 귀국하여 많은 업적을 남겼다. 그는 흥왕사에 교장도감(敎藏都監)을 설치하여 요(遼)·송(宋)으로부터 불경을 수집하고 고서(古書)를 모아 속장경(續藏經: 4,740권)을 간행하였고, 천태종(天台宗)의 시조가 되었다.8)

그뿐만 아니라, 고려불교는 호국 사상을 고취하고 국민사상을 통일하였음은 물론, 불교미술을 발전시키는 등의 공이 컸다고 하겠으나, 반면에 국가의 지나친 보호와 권장으로 화(禍)도 많았음을 간과해서는 안 된다. 막대한 비용이 드는 연등회와 팔관회를 비롯한 불교 행사가 너무 많아 국가재정을 낭비하는 지경에 이르렀다는 것이다. 고승(高僧)을 왕사·국사로 국정에 참여시킴으로써, 승려를 세속화시키고 정신적으로 타락시키는 결과를 초래하였다. 그리고 승려와 승병은 면역(免役)의 특권을 가지고 있었기 때문에, 국역을 피하려고 중이 되는 자가 속출하였으며, 사원전은 면세의 특권이 있었으므로 농민들이 토지를 투탁(投託)하는 일도 일어났다. 결국, 승려와 사원전의 증가는 국가의 인적·물적 자원을 감소시키는 결과로 작용하여 불교의 폐단을 자아내게 하였다.9)

(2) 고려 시대의 사원경제

국가의 비호하에 형성된 고려 시대의 불교문화는 번성하였고 민간신앙으로서의 기본 축을 이루었을 뿐만 아니라, 사원경제의 발달을 가져오게 하였다. 그래서 그 많은 사찰이 다수의 승려와 노비를 거느리고 많은 토지를 소유함으로써, 사원경제의 기반이 되었다. 사찰 소유의 토지에 대해서는 국가가 조세를 감면해주었으므로, 왕실이나 귀족, 그리고 신도들로부터 시주받은 토지를 독립적으로 운영함으로써, 그에 따라 발생하는 식리(殖利)를 바탕으로 하여 부(富)의 축적이 가능했으며, 그것을 토대로 하여 사원경제를 일으키는 원동력이 되었다.

고려 시대의 사찰은 국왕이 사여(賜與)한 토지나 귀족과 서민의 시주를 기본으로 하여 막대한 사원전을 소유하고 자급자족하는 독자적인 경영체를 이루고 있었다. 고려말에 이르러 사원전(寺院田)은 10만여 결(結)로 그 당시 전국 토지의 8분의 1에 해당하는 광대한 토지를 소유하고 있었고, 8만 명 이상의 노비를 사역하는 상당한 규모였다고 한

---

8) 하현강, 전게서, PP. 127~129.
9) 조좌호, 『한국사 통론』(서울, 박영사, 1978), PP. 141~145.

다. 그것은 사찰의 경제력을 보더라도 능히 그 규모를 알 수가 있다. 예컨대, 통도사의 경우, 사찰 경내에 3천여 명의 승려가 있었고, 농지 소유의 규모가 4만 7천여 보(步: 56.4㎢)에 이르렀다고 한다. 그리고 경상북도 청도에 있는 운문사(雲門寺)의 경우는 500결(結) 이상의 농지와 5백 명 이상의 사원 노비를 거느리고 있었다고 한다.10)

고려 시대에는 사찰이 직접 상거래 활동을 하여 운영 재원을 마련하는 사례가 많았다고 한다. 예컨대, 금강산에 있는 장안사(長安寺)는 850결(結)이나 되는 토지와 통천 등지에 염분(鹽盆: 製鹽場에서 소금 굽던 솥(鹽釜)을 소유하고 있었고, 또한 송도(松都)의 시전(市廛)에 30칸 정도의 점포를 가지고 영업을 했다.11)

그리고 고려 시대의 사찰은 막대한 토지를 소유하여 농경과 목축 등의 경영활동도 했으며, 수공업품의 생산과 판매는 물론, 염분(鹽盆)의 관리를 통한 소금판매 등, 다양한 상거래 활동을 하였다. 또한 동물대납사업으로 막대한 이익률을 높였음은 물론, 보(寶)를 통한 고리대금업(高利貸金業)의 경영, 더 나아가서는 술(酒)을 양조하여 판매하기도 했다. 그뿐만 아니라, 고려 시대의 사찰은 대외무역에도 참여하여 활발한 상거래 활동을 전개했던 것으로 보인다. 주로 불경을 비롯한 서적과 차(茶) 및 경전인쇄나 불당의 단청(丹靑)에 필요한 염료 등을 수입하였고, 종이와 붓, 먹 등의 문방구를 수출했다.12) 전북 익산 미륵사지에서 출토된 송(宋)나라 동전과 고려 동전은 고려 시대의 사찰이 대내외 상거래 활동을 활발하게 전개했다는 증거이다.13)

우리나라에 들어온 불교는 삼국시대부터 대승불교의 맥을 이어왔다. 그래서 한국불교는 재화의 축적을 이해하고 상거래와 금·은 등의 재화를 이용한 이식(利殖)행위도 중생을 위한 정당한 행위로 수용하였다.14) 따라서 사찰의 상거래 활동과 이식(利殖) 행위는 대승불교의 복전사상(福田思想)15)에 기인한다. 복전사상은 대승불교의 소득재분배와 사회사업의 이념으로 작용하였다. 고려 시대의 불교 종단에서는 복전 사상을 실천하는 방편으로 빈자(貧者)를 구제하고 중생을 안심시키기 위한 사회사업을 전개했

---

10) 한기문, 「고려 시대 사원 내의 관리조직과 소속 승의 구성」(한국중세사학회, 『한국중세사연구』 제2호, 1995), P. 215; 배상현, 「고려 시대 운문사의 사원전 경영」(한국 중세사학회, 『한국 중세사 연구』 제4호, 1997), PP. 91~100; 공창석, 전게서, PP. 554~558.
11) 이행·윤은보·신공제·홍언필·이사균, 『신증동국여지승람』(중종25년:AD1,530), 권 47 ; 이곡, 「금강산 장안사 중흥비」, 『가정문집』 권6, 『고려명현집』 三, PP. 44~45 ; 공창석, 『위대한 한국상인』(박영사, 2015), PP. 558~559.
12) 정용법, 「고려 시대 사원의 상업활동」(부산대 사학회, 『역사와 세계』 제30집, 2006), PP. 542~550; 이이화, 『역사 속의 한국불교』(역사비평사, 2002), P. 155.
13) 공창석, 전게서, P. 559.
14) 이병희, 「고려 후기 사원경제의 연구」(서울대학교 박사학위 논문, 1992), P. 84.
15) 대승불교의 복전사상이란 보시(布施)하는 이타적(利他的) 행위를 행한 대가로 복을 받는다는 것을 의미한다. 이를테면, 복(福)을 가져오게 하는 밭(田)에 보시의 씨앗을 뿌려 장래에 복의 열매를 맺게 한다고 믿고 행한다는 대승불교의 사상적 기반이라고 할 수 있다.

음은 물론, 험지에 사찰을 세우거나 원(院)16)을 세우고 숙박시설로 운영한 것은 대승불교의 복전사상을 구현한 것으로 볼 수 있다. 결국 대승불교의 복전사상에 바탕을 둔 복전사업의 구체적 실천의 일환으로 시행된 고려사찰의 원(院) 경영활동은 고려 시대의 상업 발전에 크게 기여했음을 보여주는 사례의 하나이다. 이처럼 고려 시대의 상거래 활동은 사원경제의 영향을 받아 발전했다고 할 수 있다. 대승불교의 복전사상에 입각한 사찰의 광범위한 경제활동은 일반 백성들의 상거래 활동에 대한 인식을 일깨워주는 역할도 했던 것으로 보인다.

고려 시대의 사원경제는 각종 수공업 상품의 생산과 판매와도 관련되어 있었다. 당시의 사찰들은 수공예 기술을 가진 승려와 노비들을 이용하여 여러 가지 수공업품을 생산하고 자급자족한 뒤, 남는 것은 상품화하여 시장에 내다 팔았다. 수공예 기술을 가진 승려의 대표적인 예를 보면, 강화도에서 중국의 유리기와(瓦)의 제품을 만들어낸 승려 육연(六然)이 있다.17) 그리고 사찰 노비의 예로는 우수한 금박기술을 가졌던 재석원의 노비 전영보(全英甫)가 있다.18) 사찰의 기와(瓦) 제조와 모시 생산은 자급자족뿐만 아니라, 시장을 향한 상품생산이었음을 쉽게 알 수 있다. 그리고 고려 시대의 주요 수출품이었던 종이(紙)와 먹(墨)도 그 생산기술이 우수하여 사찰의 수요에 충당하였고, 국내외의 판매를 위하여 대량으로 생산하는 사찰도 늘어났다고 한다.19) 이렇게 고려사찰의 수공예품이 상품화를 가져오게 되면서 각 사찰은 수공예 기술자를 우대하게 되었고 다수의 수공예 장인(匠人)들이 절(寺)에 투탁(投託)하여 승장(僧匠)이 되었다. 일반 수공예 장인들이 승장으로 변신함으로써, 수공예의 기술은 더욱 발전할 수 있었다. 그래서 승장을 구심점으로 하는 사찰 내의 수공예 기술교육은 물론, 기술개발 등의 제도적 장치가 이루어지고 지속적으로 전승되었다고 한다.20)

그리고 고려 시대에는 사원경제의 한 축을 이루는 보(寶)가 있었다. 이것은 전술한 대승불교의 복전사상에 바탕을 두고 있는 것으로서, 중생이 시납(施納)한 재화나 곡물을 기본재산으로 하여 이를 대여하고 이식(利息)을 늘려가는 금융제도를 의미한다.21) 고려 시대의 보(寶)는 일반적으로 사찰에서 운영하는 경우가 대부분이었으나, 왕실과 국가기관에서도 설치·운영하였다. 이러한 보는 불교가 전래된 삼국시대부터 고려 시대를 거쳐 조선 시대에 이르기까지 전승되면서 하나의 금융제도로써 활용되었다.22)

---

16) 원(院)이란 역참(驛站)과 역참 사이, 나루터와 험준한 고갯길 등, 인적이 드문 곳에 관원이나 상인 및 나그네의 휴식과 숙박에 도움 주려고 설치된 것을 일컫는다. (권근, 『양촌집』 권12).
17) 『고려사』 권28, (충렬왕 3년 임진.)
18) 『고려사』 권124, 열전37(全英甫傳).
19) 공창석, 전게서, P. 572.
20) 공창석, 전게서, P. 574.
21) 「고려사」 권87(식화3)
22) 한국정신문화연구원, 『역주 고려사 식화지』 (1996), P. 363.

농경문화가 주축이었던 고려 시대에 사찰 보의 고객은 농민이었다. 그러나 송도 등의 도시에서는 상인들에 대한 보의 대여가 많이 이뤄졌다고 한다. 일반 상인에 대한 사찰 보의 대여시스템은 대여자본의 상업 자본화하는 것을 의미한다. 따라서 고려 시대의 사찰 보는 상거래 활동과 대외무역의 발전에 크게 이바지했으며, 또한 사찰의 경우는 사찰 보의 운영을 통해 상업금융과 무역금융의 기능과 역할을 함께 수행했다고 할 수 있을 것이다.23)

2) 유교문화와 한문학의 발달

(1) 유교문화의 사상적 기반

고려의 불교가 국리민복과 관련된 신앙에 영향을 주었다고 하면, 유교는 정치적인 현실 문제에 영향을 끼쳤다고 할 수 있다. 물론, 불교도 정치적인 현실 문제에 영향을 주었다고 할 수는 있으나, 그것은 정치적 사상체계로서의 영향은 아니었다. 다만, 신앙으로서의 영향력을 매개로 한 간접적인 영향이었다고 해야 할 것이다. 여기서 고려 시대의 불교와 유교의 두드러진 차이점이 있음을 인식하지 않으면 안 된다.

원래 유교문화는 고대국가 시대에 중국으로부터 도입되어 교육이념으로 자리를 잡고 교육기관이 설치되었음은 물론, 유교적 교양을 쌓은 지식인이 대거 배출되었고 국가에 이바지하는 인재로서 해야 할 역할도 했다. 고려왕국이 건국된 이후에는 유교적 정치이념이 국가경영에 직접 영향을 끼치게 되었다. 태조 왕건의 행적을 통하여 유교적인 정치이념을 찾아볼 수 있다. 그는 후삼국을 통일(AD936)한 직후, 「정계(政戒)」 1권과 「계백료서(誡百僚書)」 8편을 친히 지어서 국내에 반포한 바가 있다. 그것은 고려왕조의 신민(臣民)에게 유교적 정치도의를 훈계하기 위한 목적에서였다. 그와 더불어 「훈요십조」24)에는 국왕으로서 지켜야 할 유교적인 정치이념이 잘 표현되어 있다.

제4대의 광종이 문치주의를 표방하고 과거제를 실시하여 유교 사상과 한문학의 교양을 지닌 자를 관리(官吏)로 등용하였으며, 모든 의식(儀式)을 유교의 예에 따르도록 하는 한편, 국자감을 설치하여 유교 경전과목을 가르치게 한 후, 고대국가와는 비교도 안 될 만큼 발전하였다. 제6대 성종 때에 유교적인 정치이념에 바탕을 둔 새로운 정치체제가 확립된 뒤에 유교적 지식은 관리들이 갖춰야 할 필수조건이 되었다.25)

---

23) 공창석, 전게서, P. 577.
24) 훈요십조는 고려왕조의 태조 왕건이 후예의 제왕이 지켜야 할 본보기로 남긴 통치지침서이다. 그 내용은 ① 불교의 숭상 ② 풍수지리설의 존중 ③ 적자적손에 의한 왕위계승 ④ 거란의 배척 ⑤ 서경의 중시 ⑥ 연등회·팔관회 행사의 강조 ⑦ 간언의 경청 ⑧ 차령 이남 금강 밖의 인사 등용을 제한 ⑨ 녹봉의 균등 ⑩ 경사의 창조 등 10가지 조목이다.

고려 시대의 유교문화에는 시대적인 특색이 있었다. 즉, 유교(儒學)를 공부하는 목적이 유교 경전에 관한 학구적인 연구보다는 유교적인 교양을 갖추는 데 그쳤다는 사실이다. 고려 시대 선비들이 쏟은 것은 한문학, 그중에서도 특히 한시(漢詩)를 암송하는 것이었다. 특히 고려 시대의 문신 귀족들은 삼국시대나 통일신라 시대의 문무 귀족과는 달리 중국 고전의 문구나 시구(詩句)를 암송하는 것이 자랑이며 낙이었으므로, 한문학이 발전할 수 있는 좋은 토양이 되었다.

따라서 고려 전기에 배출된 인물 중에서 한시에 특출한 시인은 많았으나, 창의적인 유학자는 그리 많지 않은 편이다. 예컨대, 문종 때의 최충(崔沖: AD984~1068)은 해동공자라고 일컬을 만큼, 학문에 출중했으며, 문하시중을 그만둔 후에 구재학당(九齋學堂)이라는 사숙(私塾)을 개설하여 후학양성에도 크게 기여했다고 한다. 그 외에도 과거 시험관을 지낸 학자들이 이를 본받아 사학을 일으켜 이른바 사학 12도(私學十二徒)가 생겨나기도 했다.

고려 후기에 들어와서 중국으로부터 성리학(性理學: 朱子學)이 전래되어 인생과 우주의 근원을 밝히려는 철학적 유학으로서 군신간의 의(義)를 중시하는 학문으로 자리매김하였다. 불교나 훈고학(訓詁學)적 유교에 만족할 수 없었던 신진 학자들은 성리학을 새로운 정치적 지도이념으로 하여 고려 말기의 사회개혁의 근본으로 삼았다. 당시의 걸출한 학자로는 안향(安珦)·이재현(李齊賢)·이숭인(李崇仁)·이색(李穡)·정몽주(鄭夢周)·정도전(鄭道傳)·권근(權近) 등이 있다. 그들은 배불론(排佛論)을 주장하였다. 따라서 성리학(주자학)은 불교에 대신하는 정치적·사회적 이념이 되어 고려 말 사회개조의 바탕이 되었다. 그런데 성리학이 학문으로서의 창의적인 발전은 조선왕조에 이르러서부터라고 한다.26)

(2) 한문학의 발달과 이두 문자 보급

고려 태조가 유학의 정치적 이념화를 천명함으로써, 유학은 이 시대의 한문학을 발전시키는 데 큰 공헌을 하였다. 유학의 보급은 중국의 고전에 대한 이해를 촉진하는 작용을 하였다. 그리고 한문학의 발달은 고려 시대의 과거제도와도 밀접한 관련이 있다. 고려의 과거시험 중에서 문관을 등용하기 위한 시험은 제술업(製述業)과 명경업(明經業)의 두 가지였다. 그 중시(詩)·부(賦)·송(頌)·책(策) 등, 문장으로 선발하는 제술업이 압도적으로 많았다. 그것은 과거시험 합격자의 수를 비교하더라도 가히 알 수 있다. 고려 시대를 통틀어 시경(詩經)·서경(書經)·역경(易經)·춘추(春秋) 등

---
25) 하현강, 전게서, PP. 131~132: 조좌호, 전게서, PP. 146~147.
26) 하현강, 전게서, PP. 133 ; 조좌호, 전게서, PP. 179~180.

에 의하여 선발하던 명경업의 합격자는 450명 정도였으나, 제술업에 의한 합격자는 무려 6천여 명이었음을 보더라도 한문학에 대한 당시의 수준을 알 수 있는 것이다. 이렇듯 한문학에 대한 수련과 교육은 고려 시대 한문학의 수준을 높이는 계기가 되었다.[27]

동문선(東文選)에 의하면, 고려 시대에 걸쳐 모두 300여 명에 달하는 유학 수련자의 작품이 실려 있다. 한문학에 기반을 둔 선비들의 작품활동이 활발했던 사실을 통하여 고려사회의 문화적 기반이 상당한 수준에까지 성장하였음을 발견할 수 있다.

3) 기록문화와 산학의 발전

(1) 인쇄술과 기록문화

고려 시대의 문화발달사 중에서 주목해야 할 점은 인쇄기술의 발달에 의한 기록문화이다. 1966년 10월 불국사 석가탑에서 발견된 무구정광다라니경(無垢淨光陀羅尼經)은 세계에서 가장 오래된 목판 인쇄물이라고 한다. 이러한 목판인쇄는 고려 시대에 들어와서 상당한 발전을 이루었다. 현재 합천 해인사에 소중히 보관된 팔만대장경의 방대한 분량과 정교한 조판기술은 고려 시대 목판인쇄의 우수성을 증명해준다.

그뿐만 아니라, 고려문화의 다양한 발달은 수많은 종류의 책을 인쇄해야 할 필요성을 느끼게 했을 것이다. 그 결과는 금속활자의 발명을 가져오게 하였다. 기록에 의하면, 고종 21년(AD1231)에 '상정고금예문(詳定古今禮文)'이라는 책을 금속활자로써 인쇄한 사실을 확인할 수 있다. 그 후 활판인쇄는 성행하고 발전하였다. 이렇듯 인쇄기술의 발전은 문화의 발달과 더불어 상당한 수준에 이르렀다고 한다.[28]

인류문화의 진화과정에서 인쇄술의 발명은 새로운 기록문화의 혁명적 전환점을 반영하는 것이다. 필사본에 의한 서적은 양적으로 한계가 있었지만, 인쇄기술에 의한 다량의 서적출판은 다양한 독자층을 형성하게 되고 인류문화의 발달을 촉진하는 촉매작용을 하였다. 그중에서도 회계문화의 진화는 인쇄기술의 개발로 단순한 기록계산의 문화적 수준에서 복식 기록의 장부 체계를 갖춘 회계적 진화를 가져오게 하였고, 자본주의적 가치관에 입각한 상업 경영의 체계화를 실현시켰던 것이다. 인쇄기술의 발전이 회계문화의 진화를 가져오게 할 수 있는 수준에 이르렀음을 의미한다. 예컨대, 독일 구텐베르크(Gutenberg)의 활자발명은 서양의 인쇄문화 발전에 기여했음은 물론, 회계문화의 진화를 가져오게 하고 중세 이후의 서구적 가치관을 변화시킨 요인으로 작용하였다. 구텐베르크가 활자를 발명(AD1,450)한 지 44년 만에 루카 파치올리(Lucas

---

27) 하현강, 전게서, PP. 133~134: 조좌호, 전게서, PP. 147~148.
28) 하현강, 전게서, PP. 179~180 ; 조좌호, 전게서, PP. 184.

Pacioli)에 의한 복식부기 서적29)이 출판(AD1494)된 것을 보더라도 인쇄술이 회계문화의 진화에 작용할 수 있었음을 알 수 있다.

고려 시대의 인쇄술 발명은 구텐베르크의 활자발명보다 200년 앞서는 것(AD1,231)으로 알려져 있다. 이러한 인쇄술의 발달은 고려 시대에 복식부기 기록문화가 생성될 수 있는 환경이 조성되었을 것으로 보이지만, 이를 증명할 수 있는 복식부기 문서가 발견되지 않은 것이 사실이다. 이는 당시의 사농공상이라는 상업 천시 사상이 상거래의 기록문화로 발전하는데 큰 저해 요인으로 작용했을 가능성이 있음을 의미한다. 고려 시대의 인쇄술이 정부의 통치행위 및 불교 관련 문서의 출판에는 크게 이바지했으나, 상민에 속하는 상인의 치부(置簿) 문서를 출판할 수 있는 환경조성은 되지 못했던 것으로 보인다. 실제로 전해지는 회계문서가 발견되지 않은 것은 이러한 환경적 소산이라 할 수 있다. 그러므로 고려 시대의 활자발명이 서양의 구텐베르크 활자(AD1450)보다 200년 앞선다는 사실(AD1,231)에 근거하여 복식부기 회계기법 창안도 서양보다 200년 앞섰다고 하는 일부 무책임한 자들의 주장은 고려 시대의 회계문서가 발견되지 않은 한, 논리의 비약과 허구성을 면할 수 없을 것이다. 그러나 고려 시대의 활자발명은 우리나라의 기록문화를 발전시키는 데 지대한 공헌을 했던 것만은 분명하다.

(2) 산학의 계승과 발전

고려 시대의 산학(算學: 算法)은 통일신라 산학의 전통을 이어받은 것이다. 「고려사」에 의하면, 고려 광종 때부터 실시된 과거시험에 산학과 관련된 명산과(明算科)가 설치되었는데, 이것은 당송(唐宋)의 것과는 달리 통일신라의 산학제도를 기반으로 하였으므로, 고대국가의 전통적 산학제도를 이어받은 것으로 이해할 수 있다.

고려 초기에는 산학을 최고의 교육기관인 「국자감」에 소속시켜 학문적인 성격을 인정하고 유학(儒學)을 배우는 선비가 갖춰야 할 육례(六禮)30)의 하나로서 중요시하였다. 광종 9년(AD958) 4월에 실시된 과거시험에서 산사(算士)를 뽑아 산학에 관련된 인재의 등용문이 열림으로써, 산학에 관한 관심이 높아졌다. 특히 송나라로부터 구장산술·상명산법(詳明算法)·산학계몽(算學啓蒙) 등의 산서(算書)가 도입되어 고려의 산학 발전에 크게 이바지했다. 따라서 산학을 배우는 사람들은 다양한 유형의 산서(算

---

29) 세계 최초의 복식부기 서적이 출판된 것은 AD1494년의 "Summa de Arithmetic, Geometria, Proportioni et Proportionalita,"라고 전해지고 있다. 이 서적의 출판(AD1494)보다 앞서는 고려 시대의 회계문서가 인쇄된 실물의 발굴 없이는 서양보다 200년 앞섰다는 복식 기장의 회계기법 창안설은 어불성설이 되는 것이다.
30) 육례(六禮)란 공자의 가르침에 따라 선비들의 기본 소양이 되는 예(禮)·악(樂)·사(射)·어(御)·서(書)·수(數)의 여섯까지 기예(技藝)로서 문무(文武)를 겸비하기 위해 수련하는 것을 일컫는다.

書)를 통해 산학지식을 습득할 수 있었다. 과거시험을 통하여 산사를 등용하는 관서(官署)로서는 조세와 물가, 그리고 국가재정의 출납 회계를 관장하는 삼사(三司)와 천문관서(天文官署)인 태사국(太史局)이 있어서 산사의 등용문이 비교적 넓은 편이었다.

제2장에서 언급한 바와 같이 「구장산술」은 고대 중국 주나라의 산학서로서 우리나라에서는 고대사회에서 도입되어 활용되었고, 고려 시대로 전승되어 사회문화의 발전에 이바지했음은 물론, 2,000년 가까이 우리 곁에 있었던 수학책이라 할 수 있다. 특히 고려 시대에는 오늘날의 수학 교과서로 불릴 만큼 중요한 책이었다고 한다. 그 당시 산사(算士: 算官)를 뽑는 과거시험에서도 「구장산술」의 내용이 출제되었으므로 이를 경전처럼 외우고 습득해야 했다고 한다. 왜냐하면, 그것은 토지측량, 조세, 곡물 교환, 토목공사, 배분, 물가, 이자, 공예품 생산, 수송문제 등과 관련하여 중요한 지침이 되었기 때문이다. 고려 시대에는 세금을 부과할 때와 성곽을 쌓고 집을 지을 때 그리고, 농지를 개량·측량할 때는 모두 산사(算士: 算官)들이 관여했다. 이처럼 「구장산술」을 기본으로 하는 산술기법은 고려 시대의 사회생활과 함께 존재했음을 감지할 수 있다. 실제로 고려 시대의 「구장산술」은 그 당시의 토지측량, 조세, 곡물 교환, 토목공사, 배분, 물가, 이자, 수공예품의 생산, 물자의 수송문제 등에 연관되는 중요한 지침서로써 활용되었음을 알 수 있다.

그리고 고대사회에서 사용된 산목에 의한 산술기법도 고려 시대로 전승되어 관가(官街)는 물론, 민간 백성들에게까지 널리 보급되어 사용되었다. 그것은 나뭇가지나 대나무로 만든 열(10) 안팎의 막대로, 수를 나타내고 계산하는 것이다. 산가지를 배열하여 수를 나타낸 다음 계산 법칙에 따라 산가지 배열을 변형시키면서 계산 결과를 나타내는 산법의 일종이다. 환언하면, 숫자의 표현 방법은 자릿수를 번갈아 가며 가로놓기와 새로 놓기로 구분하여 숫자를 표시하되, 새로 놓기로 일·백·만 등의 자릿수의 숫자를 표시하고, 가로놓기로는 십·천·십만 등의 자릿수의 수치를 나타내는 방식으로 계산하였다. 산가지를 이용하여 간단한 사칙계산은 물론이거니와 방정식의 풀이까지 다룰 수 있었다고 한다. 이처럼 산가지에 의한 셈법은 고려 시대 서민들의 생활 속에 깃들어져 상거래에 이르기까지 지혜로운 계산기법으로 자리매김했음을 엿볼 수 있다.[31]

송나라의 사신으로 고려에 다녀간 서긍(徐兢)은 고려 시대의 상거래 기록의 풍속도를 추정할 수 있는 대목을 다음과 같이 언급한 바 있다.

『고려에서는 주산(籌算)[32]으로 셈하지 않더라. 관리가 황금과 포목을 출납하면, 계

---

31) 김용운·김용국, 『한국 수학사』 (1977);
   http://100.daum.net/encyclopedia/view/14XXE0026179 (다음넷 백과사전)
32) 문헌에 의하면 수판의 기원은 BC3천 년경에 바빌로니아인들이 발명한 것으로 알려져 있다. 그

리(計吏)가 나뭇조각(片木)에 칼로 금을 그어 새겨 넣는데, 물품마다 하나씩 금을 긋더라. 셈하는 일이 끝나면, 편목을 버리고 다시 사용하지 않고, 훗날 참고를 위한 보존도 하지 않더라. 그 셈하는 방식(政)은 아주 간단하며 옛 결승문자의 유물인 것처럼 보이더라.』(麗俗無籌算 官吏出納金帛 計吏以片木持刀面刻之 每記一物 卽刻一痕 已事 則棄面不用 不復留以待稽考 其政甚簡 亦古結乘之遺意也).[33]

여기서 서긍(徐兢)이 보았던 고려의 상거래풍속도는 주산(珠算:數板)을 사용하지 않던 사회였고 고대부터 전승되어온 산목(算木)에 의한 기록·계산이 전부였음을 시사하고 있다. 그 당시 중국의 송나라에서는 BC500년 경 주나라에서 고안된 주산(籌算)이 전승되어 사용되었던 것으로 보인다. 그래서 송나라 사신 서긍은 고려에는 수판이 없다고 했을 것이다. 그러나 우리나라에는 수판이 전해지기 전부터 사용되었던 죽산(竹算)[34]이라는 셈법 도구가 있었다고 한다. 고려 시대에 실제로 수판이 사용되었다는 기록이 없어서 아쉬운 감은 있으나, 그 당시에 고대로부터 전승된 중국의 구장산술과 같은 산학서가 보급되었고, 특히 역사적으로 문물이 발달하였음은 물론, 중국과의 교역이 빈번했던 점으로 미루어 보아, 그 당시 송나라에서 사용되고 있던 수판이 전래하였을 것으로 추정할 수도 있다. 그리고 고려 시대의 관청에서 수납 회계를 담당하는 부서와 산사(算士) 제도가 국고회계의 기본 축을 이루고 있어서 전통적으로 사용하던 죽산뿐만 아니라, 주산을 도입·사용할 환경이 조성되었다고 볼 수 있지만, 역시 수판을 도입했다는 기록은 근세의 조선 시대에 가서야 찾을 수 있다.

고려 시대의 산학은 천문역학에도 관련되어서 그 역할이 매우 지대했음을 감지할 수

것이 BC600년경 그리스와 로마로 전해져 선수판(線數板)이라는 것으로 진화했다. 그런데 동양의 중국에서는 BC500년경 주나라에서부터 사용되었다고 하며, 주판을 상하(上下)로 구분하여 윗부분을 하늘(天), 아랫부분을 땅(地)이라고 하여 윗부분에는 주판알이 두 개, 아랫부분에 주판알이 다섯 개가 되도록 배치하였다. 윗부분은 5의 수를 나타내고, 아랫부분은 각각 1의 숫자를 나타내게 되어 있다. (http://blog.daum.net/pointone/8002446)

33) 서긍, 『선화봉사 고려도경』 권23(雜俗 刻記)
34) 우리나라에서 사용되었다는 죽산(竹算)에 의한 셈법이 언제부터였는지는 확실하지 않으나, 지름이 약 0.3cm이고 길이가 약 20cm의 대나무(竹木) 토막을 이용하여 거래계산에 사용했다는 것이다. 그리고 중국의 수판이 언제 전해졌는지도 확실하지 않다. 다만 수판 계산법이 상세하게 저술된 정대위(程大位)의 「산법통종(算法通宗)(AD1,593)」이 조선 시대에 수입되어 보급되었다고 하지만, 수판을 널리 사용했다는 기록이나 증거는 없다. 확실한 것은 1,920년 조선총독부 내에 「조선 주산보급회」가 설치되면서부터 윗알이 한 개, 아래알이 다섯 개를 이용한 수판셈이 보급되었다는 점이다. 그리고 1,932년부터는 일본에서 개량된 윗알 한 개, 아래알 네 개인 수판이 보급되어 우리나라의 상거래에 기여한 바가 컸다. 그런데 1,990년대 초까지 상업고등학교 등에서 교육용으로 사용되고 은행과 회사 등은 물론, 일반 상거래 활동에 없어서는 안 될 계산 도구였으나, 오늘날에 와서는 전자계산기가 널리 보급되면서 거의 사라졌다.
(http://blog.daum.net/pointone/8002446)

있다. 「고려사」에 의하면, 충선왕이 원나라에 머무를 때, 최성지(崔誠之)에게 돈을 주어 역산(曆算)에 능한 태사원(太史院)에서 수시력(授時曆)을 익히게 한 후 귀국하여 그 방법을 전하도록 했다고 한다. 수시력은 천문현상의 계산에 필요한 것으로서 4차 방정식이 사용되고 있었다. 충목왕 2년(AD1346)에는 강보(姜保)가 수시력에 관한 해설서인 「수시력첩법입성(授時曆捷法立成)」을 펴내었다고 한다.35)

이에 따르면, 고려 시대에는 ① 원(圓)의 중심각이 365도(정확히는 플러스 허분, 즉 2,153분)였다. ② 아주 복잡한 분식 계산에도 오직 자연수만 사용했다. ③곱셈은 일정한 수를 누적해나가는 방식으로, 나눗셈은 일정한 수를 계속 빼 나가는 방식으로 계산했다. 그 근거는 「고려사」(고려사 천문지)에서 찾아볼 수 있다.36)

3. 고려 시대의 회계 문화적 환경요인

고려 시대에 진입하면서 정치·경제·사회·문화 등에 두드러진 발전을 가져왔다. 따라서 회계문화의 환경적 변화를 경험하게 된다. 물론, 고대국가에서 생성된 회계환경이 전승된 점이 많지만, 고려 시대에 조성된 회계환경도 있다. 이두 문자의 전승으로 회계 기록문화에는 변함이 없었다고 볼 수 있으나, 목판각(木板刻)에 의한 인쇄술을 비롯하여 금속활자의 발명은 회계기법의 진화를 가져오게 하는 사회경제적 환경이 조성되도록 작용을 한다. 다양한 기록문화의 발전을 가져오게 함과 동시에, 농경문화의 발달은 토지제도의 정비로 국고 수입을 늘게 하였고, 고려 시대의 부(富)를 조성하는 기반으로 작용하였다. 그뿐만 아니라, 상업문화와 금융제도의 발달로 상거래의 기록·계산에 혁신적인 변화가 이뤄질 수 있는 시장경제의 기반이 확립되었으며, 화폐제도와 도량형세도는 고려 시대의 사회문화를 더욱 발전시키는 촉매작용을 하였다.

1) 사회경제적 기반

(1) 농경문화와 사유재산제

고려 시대의 농업은 지력 희생적인 조방적(粗放的)37) 경영에 의존하고 있었다. 이 시기에 부분적으로 이앙법(移秧法: 모내기)에 따른 영농이 이루어지고는 있었으나, 논

---

35) 「고려사」 권21(열전).
36) 「고려사」(천문지); <Daum 백과사전> : (고려 시대에는 일월식(日月蝕) 예보에 선명력법(宣明曆法)을 사용했는데, 이 역법에서는 원의 중심각 또는 원둘레를 365.2564로 정의했다.)
37) 조방적 경영이란 자본과 노동력을 적게 들이고 주로 토지 희생적인 자연력에 의존하여 짓는 영농방법임.

농사보다는 밭농사가 많았으므로, 조방적 영농이 널리 행해졌다. 고려 시대에는 부유한 농가라도 2마리 이내의 농우(農牛)를 소유했을 정도이고 소농(小農)의 경우는 흔히 따비(耒)로 경운(耕耘)하였으며, 간혹 부농(富農)의 소를 삯 내어 이용하는 정도에 불과했다. 당시에는 우경(牛耕)이 전국적으로 보급되어 있기는 했으나, 무축농가(無畜農家)가 많았고 비록 유축농가(有畜農家)라 하더라도 가축 수가 적었기 때문에, 퇴비의 자급자족이 안 되었을 뿐만 아니라, 퇴비의 운반도 인력에 의존할 수밖에 없어서 결국 자연에 의한 지력의 회복을 기다려야 하는 상황이었다.[38]

농업은 고려 시대의 가장 중요한 산업이었다. 농자천하지대본(農者天下之大本)이라고 불리는 중농 사상은 고대국가에서도 있었지만, 고려 시대에 이르러 더욱 구체적으로 표면화되었다고 한다. 농잠(農蠶)은 의식의 근본이요, 국고 수입의 기반이 되는 국정의 우선적 과업이라는 사상적 흐름이 고려 시대에 일관되고 있었다. 농민이 농사를 짓지 않고 뽕나무를 심어 누에를 치지 않으면, 생활의 중요한 요소인 의식 문제가 해결되지 않을뿐더러, 그러한 의식 해결이 이루어지지 않으면, 민심이 흉흉해지고 국가재원이 고갈되어 위기에 처하기 때문에, 위정자들은 중농정책을 시행하였고, 농업 및 잠업의 중요성을 강조했다.

이처럼 고려 시대 농업의 비중은 사농공상의 직업 중에서 중요한 위치를 점하고 있었다. 고려의 태조 왕건은 호국불교의 사상에 근거하여 신앙생활을 하는 한편, 유교주의에 의한 치국의 기조를 마련하였다는 것은 전술한 바와 같다. 그 결과 유교의 보급과 유학자 사대부(士大夫)의 등장으로 사농공상(士農工商)이라는 직업의 우선순위가 뚜렷하게 나타났다. 그렇지만 사족(士族)과 농공상인(農工商人)은 신분적 차원이 달랐다. 사족(士族)은 지배계층이요, 농공상인은 피지배에 속하는 평민이었다. 농업과 상공업은 평민 이하의 생업이었다. 그래도 농업은 가장 중요한 생산적인 산업으로 보았다. 사대부가 벼슬을 그만둔 후에 토지를 소유하여 영농의 길로 들어선 경우가 많았다는 것이 일반적인 견해이다.

고려의 수도인 송도의 상업은 사유재산제의 바탕 위에서 수도권 인구의 증가와 민간생산력에 수반하는 구매력의 신장을 기반으로 하여 성장할 수 있었다. 그것을 방증하는 예로 고려사에는 「태조 원년(AD918)에…. 백성들이 자기 몸을 팔아 노비로 전락하는 자가 많아, 조정에서는 이를 조사하여 국고에 있는 포백(布帛)으로 그들의 몸값을 치르고 귀가시켰다.」라는 기록이 있다.[39]

이 기록에서 볼 수 있는 바와 같이 고려 시대에는 돈을 주고 노비를 사고파는 사례가 많았음을 알 수 있다. 이는 돈으로 노비를 산 자는 노비의 사유재산권을 인정받았

---

38) 김병하, 『한국 경제사상사』(서울, 일조각, 1977), P. 10. (세종조의 고려사 기록 참조).
39) 『고려사』권1(세가, 태조 원년 8월)

을 뿐만 아니라, 나라에서도 노비를 풀어주기 위해서는 노비 소유자에게 그 대가를 지급해야 했다. 고려사회의 가치 기준이 사유재산제를 근간으로 하는 부(富)였음을 의미한다. 아무리 고관대작이라도 부자가 아니면 행세하기 어려웠고, 미천한 신분의 지위에 있는 자도 재력이 있으면, 호의호식하고 큰 저택에서 생활할 수 있었다. 심지어는 승려들도 경제력이 허락하면, 주택과 사찰을 건립하여 개인 소유로 할 수 있었다. 따라서 사유재산제도와 상거래로부터 형성되는 부(富)를 기반으로 하는 고려사회의 역동성이 엿보이는 부분이기도 하다.

(2) 상업문화와 화폐제도

① 고려의 상업문화

중세시대의 고려는 중앙집권적 체제가 갖추어진 10세기 이후부터 적극적인 유통정책을 전개함으로써, 상업문화의 전성기를 가져오게 하였다. 농업과 수공업이 발달함에 따라 상인들이 취급하는 상품의 종류가 다양해졌고, 수도 개경에는 시전(市廛)이라는 상가가 형성되어 상품유통이 활발하게 이루어졌다. 시장적 유통교환의 주체는 행상(行商)이 차지하고 있었고, 그들은 가가호호를 방문하면서 최종소비자와 가장 가까운 위치에서 비자급적(非自給的) 물품을 공급하였고, 수도의 시전과 지방의 향시(鄕市)를 편력하였을 뿐만 아니라, 외국사절과의 무역에도 참여하여 상품유통의 역할을 담당했다.

이와 같은 행상의 역할은 당시의 농경사회의 자급자족경제에서 비롯된 것이다. 자급자족적 농경사회에서 생산자의 잉여농산물은 그 지방의 향시에 내다 팔아 비자급품(非自給品)을 구매하거나 물물교환하기도 했지만, 가가호호를 방문하는 행상에 의하여 가장 쉽게 필요한 물품을 조달하는 경우가 비일비재했다. 원하는 상품을 문전까지 배달하거나 가장 가까운 위치에서 구입할 수 있는 장점이 있었기 때문에, 당시 농경사회 구성원들의 일상적 구매 활동은 행상에 의존하는 경우가 많았다. 교통의 요충지와 인구가 많은 마을의 빈터에서 가끔 열리는 향시의 경우에도 행상이 편력하는 거점이 되었으므로, 소금・독・질그릇・솥・가재도구 등의 비자급적 상품은 전국적으로 유통이 가능해졌고, 농경사회의 잉여농산물과 교환될 수 있는 구조적 유통이 가능했다. 따라서 향시에서의 교환거래는 물물교환이 주를 이루었고, 가끔 물품화폐가 사용되었으며 동전과 같은 화폐는 정부의 강행 의지에도 불구하고 교환수단의 기능을 수행하지는 못했던 것으로 보인다. 은병(銀甁)은 반(半) 물품 화폐적 성격을 지니고 있어서 당시의 부유층에서 통용되었다고 한다. 희종(熙宗) 때에 개경의 쌀값은 은병 1개에 백미 15섬(石)이었다고 하며, 은병이 물품화폐의 유통기능은 그리 큰 편이 아니었다고 한다.[40]

개경의 시전은 수도권의 상품유통을 위한 상설상가이며 공사간에 애호를 받으며 발전하였다. 시전을 통하여 관가의 잉여물을 처분하거나, 관에서 필요로 하는 물자의 조달도 이루어졌다. 그래서 시전의 감독관청인 경시서(京市署)가 설치되어 있었다. 개경에는 시전 이외에 여러 개의 상설적 노천시장이 있었다고 한다. 시전에서는 각종의 직물과 농수산물・약제・공예품・고가의 수입품 등이 거래되었음과 비교해, 노천시장에서는 주로 식료품과 연료 등, 대중적인 물품거래가 주종을 이루었다. 그뿐만 아니라, 상설시장은 아니었지만, 이 시기에는 사원도 유통경제의 중요한 부분을 담당하였다. 고려 시대의 사원은 호국의 전당으로서 국가의 보호를 받았고 토지를 소유했을 뿐만 아니라, 수공업 장(場)도 경영하였다. 토지 수입 중에서 잉여물은 고리대금의 자본으로 이용되었고 사원은 이것으로 상행위를 하여 많은 부(富)를 축적하였다고 한다.[41]

고려 시대에 정부가 역점을 두어 조성한 시장은 개경의 시전이었지만, 초기에는 일정한 장소를 정하여 낮에만 열리는 노천시장이 있었을 정도였다. 그 시장에서는 관원과 수공업자는 물론, 도시의 모든 남녀노소가 모여 물물교환을 했다고 한다. 거기에서는 기본적으로 미・포(米布)가 교환수단으로 이용되었으나, 포(布)는 가치가 큰 재화를 교환할 때 필(匹) 단위로 유통되었으므로, 부녀자들이 사소한 생활필수품을 구입할 때에는 패곡(稗穀)이나 쌀을 이용하였다. 부녀자들은 고리 상자(柳箱)를 지니고 노천시장에 가서 되(升) 단위로 패미(稗米)를 주고 물건을 구입하였다고 한다.[42]

그뿐만 아니라, 시전은 일반인들을 위한 상설시장임과 동시에 어용 시장이었다. 관가의 잉여물이 시전을 통하여 처분되기도 하고 관청에서 필요로 하는 물자를 공급하는 기능을 수행하기도 하였다. 따라서 시전은 필연적으로 고려 정부의 지원을 받았다. 국가의 지원을 받는 시전의 규모는 좌우측에 장랑(長廊)이 1,008간(間)이나 되었고 중심가에 있는 창고는 73간이나 되었다고 한다.[43] 이른바 시전에 입주해 있던 상점에는 영통(永通)・광덕(光德)・흥선(興善)・통상(通商)・존신(尊信)・자양(資養)・효의(孝義)・행손(行遜)이라는 간판이 달려있었다.[44] 그 외에도 공설주점(公設酒店)이 설치되어 주화의 유통과 행상의 편의를 도모하였음은 물론, 공납청부제(貢納請負制)[45]를 실시하여 상품유통을 촉진시켰다. 그리고 고려 시대에는 주화의 발행에 적극적이었으

---

40) 김병하, 『한국 경영이념사』(대구, 계명대학교 출판부, 1994), pp. 42~43.
41) 상게서, pp. 43~45.
42) 『고려사』 권33, 식화2,(김병하, 한국경영이념사, PP. 43~44.)
43) 『고려사절요』 권 14(희종 4년 7월조 참조); 김병하, 전게서, P. 44.
44) 김병하, 『한국경제 사상사』(서울, 일조각, 1977), P. 19; 김병하,『한국경영이념사』(대구, 계명대학교 출판부, 1994), pp. 42~43.
45) 상게서, pp. 42~43. (공납 청부제라 함은 납세의 의무자가 토산품을 직접 납부하던 것을 상인이 시전 등에서 구매하여 상납하고, 그 후에 납세 의무자로부터 징수하게 하는 제도를 일컫는다. 폐단이 있기는 하였으나, 상품유통 면에 있어서는 긍정적으로 작용하였다고 한다.)

며, 주전관(鑄錢官)을 설치하여 화폐로서의 은병(銀甁)을 비롯한 해동통보(海東通宝)·해동중보(海東重宝)·삼한통보·동국통보 등을 주조·발행하여 유통함으로써, 상업발달의 촉진제가 되게 하였다.46)

고려는 문화 수준이 높은 송나라와 무역함으로써, 실리를 취하고 국제적 친선관계를 맺으려고 하였다. 두 나라 사이에는 사신이 왕래하고 예물로 토산품을 보내면 그 나라의 특산품을 회사(回賜)하는 사송무역(賜送貿易)이 성행하였다. 외교통상 사절의 일행 중에는 상인들이 끼어 있어서 사무역(私貿易)도 함께 이루어졌다. 이처럼 여송(麗宋)의 물품 교역은 사신 일행이 객관에서 조정의 허가를 받아 물품거래를 하는 형식으로 이루어지는데, 사신 일행이 도래하면 큰 시장이 형성되고 상황을 이루었다. 규모는 작았으나, 이 시기에 거란·여진·몽골·일본·대식국(아라비아)과도 무역거래가 이루어졌다.47)

② 고려 화폐제도

고려 시대의 상거래에 일반적으로 사용된 화폐적 유통수단은 곡물과 마포(麻布)였다. 그래서 한 필(疋) 이하의 간단한 일용품 거래일 경우는 패(稗)·쌀(米) 등, 곡물은 되(升)·말(斗) 단위로 사용했으며, 한 필(疋) 이상의 거래일 경우는 주로 저마포(苧麻布)가 유통수단으로 사용되었다. 곡물과 마포는 시장성이 높은 물품이었으나, 운반성, 저장성 및 가치의 안전성 때문에, 점차 마포가 곡물을 압도하게 되었다. 곡물은 풍년과 흉년에 따라 가치의 변동 폭이 심했으므로, 유통화폐의 본원적 기능, 즉 가치 척도와 교환수단의 기능은 마포에 비해 크지 못한 편이었다. 그래도 세분성(細分性)만은 곡물이 우수했으므로, 소규모 거래의 교환수단으로서는 곡물(穀幣)을 사용하는 경우가 많았다고 한다.48) 한편, 사대부를 비롯한 부유층이나 국제무역 등의 대규모 거래에서는 은(銀)이 사용되었다. 주기(酒器)·물병(水甁)등의 기명(器皿)과 장신구로 고려의 상류층에서 많이 사용되었기 때문에, 중요한 유통수단으로 활용되었다고 한다. 숙종 6년(AD1,101)부터 은병이 법화(法貨)로 지정되었다. 은병화(銀甁貨)는 1근(斤)의 은으로 만든 병 모양의 주화로서 속칭 활구(濶口)라고 하는 은전이다. 은병화는 매우 고가였으므로, 미포(米布)가 보조화폐의 기능을 대신하였다. 충렬왕 때의 기록에 의하면, 은병화의 가치가 송도에서는 쌀 15섬(石)이고, 지방에서는 쌀 19섬(石)으로 정하여 경시서(京市署)가 계절의 흉풍(凶豊)에 따라 조절할 수 있게 하였다고 한다. 그런데 동(銅)을 혼합한 위조 은병화가 유통되었기 때문에, 은병화의 가치가 하락하게 되어 경제 질서를 어지럽게 만들었고 결국 고려 말에는 거의 유통되지 않게 되었다.

---

46) 김병하, 『한국경영 이념사』(대구, 계명대학교 출판부, 1994), PP. 41~42.
47) 상게서, pp. 46~49.
48) 김병하, 『한국경제 사상사』(서울, 일조각, 1977), P. 27.

고려 초기에는 중국전(中國錢)이 유입되어 무역 거래에 이용된 적도 있었지만, 성종 15년(AD996)에 최초의 관전(官錢)인 철전(鐵錢)이 주조·발행되었다. 이것은 지속적으로 유통되지 못했는데, 숙종 2년(AD1,097)에 이르러 대각국사 의천(義天)이 주전(鑄錢)을 건의함에 따라 정부가 주전 사업을 펼치게 되었다. 숙종 7년(AD1,102)에는 해동통보(海東通寶) 1만 5천 관(貫)을 주조하여 유통시켰으며, 동전 유통촉진책의 하나로 개경 시내에 점포를 개설하였다. 그것은 전국적인 유통량으로서는 매우 부족한 편이었으나, 법화(法貨)로서의 주화 발행은 고려 시대의 상공업 발달에 촉매제 역할을 했다고 한다.[49] 고려 시대에 주화가 처음으로 발행되었다는 것은 한국 화폐사(貨幣史)에 획기적인 전기를 마련해준 것이라고 하지 않을 수 없다.

「고려사(高麗史)」의 식화지(食貨志)에 의하면, 화폐제도는 나라를 위하여 필요불가결한 것이므로, 화폐가 국용(國用)과 민력(民力)을 풍요하게 한다고 하였다. 성종 15년(AD996)에 철전(鐵錢)을 주조할 때 이러한 취지를 분명히 하였고, 숙종 2년(AD1,097)과 동 7년(AD1,102)에 철전인 해동통보(海東通寶)를 발행할 때 왕(王)이 『흥민간대리(興民間大利)』라고 하면서 부민이국(富民利國)하에는 전화(錢貨)보다 중요한 것은 없다.』[50]고 하였다. 화폐가 국가의 재난을 구하고 이롭게 하며 백성에게 부(富)를 가져다준다고 강조한 것은 유통수단인 화폐의 기능 때문이다. 주화(鑄貨)는 운반성, 균일성, 저장성, 매개성 및 내구성 면에서 곡폐(穀幣)나 포폐(布幣)보다 우수한 특성이 있다고 보았기 때문이다.

고전과 출토품에 의하면, 고려 시대에 주조·발행된 주화(鑄貨)는 사각공전(四角孔錢)을 일컫는데, 해동통보(海東通寶)·해동중보(海東重寶)·동국중보(東國重寶)·삼한중보(三韓重寶)·삼한통보(三韓通寶)·해동원보(海東元寶)·건원중보(乾元重寶) 등이 있다.[51] <표 3-1>에서 보는 바와 같이 고려 시대의 정부가 주화 계획을 세우고 주화를 주조하여 발행하게 된 것은, 당시에 일정한 수준의 상품유통과 시장경제가 발달하였기 때문이다.

일반 백성의 중요한 교환수단은 미포(米布)였다고 한다. 정부의 적극적인 노력에도 불구하고 동전은 잘 유통되지 않았으며, 결국 미포(米布)가 주요한 유통수단으로 되었다. 미(米)보다는 포(布)의 비중이 컸으며, 마포는 필(疋) 단위로 광범위하게 수용되었다. 원래 마포(麻布)는 의복 재료로서의 사용가치를 지니고 있었지만, 화폐로 대용됨에 따라 점차 반물품화폐(半物品貨幣)의 기능을 수행하였다. 그런데 양질의 정포(正布)는 구축(驅逐)되어 자취를 감추었고, 그 대신에 녹포(鹿布)가 지배적 유통수단이 되었다. 녹포는 의복 재료로서의 가치가 거의 없거나 반감된 물품화폐였다. 이른바 악화가 양화

---

49) 상게서, PP. 28~30.
50) 『고려사』, 「식화지」 2. (富民利國 莫重錢貨 西北兩朝 行之已久 吾東方 獨未行之 今始鼓鑄之法).
51) 『고려사』·『동국사략』·『증보문헌비고』·『고려분묘출토품』등에서 고증된 것이다.

를 구축한 것이다. 따라서 반 물품화폐인 녹포의 유통이 동전의 유통을 저해하는 원인으로 작용했다.52)

<표 3-1> 고려 시대의 화폐 발행 내역

화폐명	주조된 시기	서력 연대	비 고
布幣, 銀主子, 銀鉢幣	고려 정종 3년	AD948	
건원중보(乾元重寶)	고려 성종 15년	AD996	고려 최초의 官錢
무문전(無紋錢鐵)	고려 성종 15년	AD996	
동국중보(東國重寶)	고려 목종 원년	AD998	점포겸용 공인
동국통보(東國通寶)	고려 목종 5년	AD1,002	
해동원보(海東元寶)	고려 숙종 2년	AD1,097	鑄錢官 설치
은병(銀甁)	고려 숙종 6년	AD1,101	布貨 倂用
해동통보(海東通寶)	고려 숙종 7년	AD1,102	고주법 제정 해동통보 1만5천관 주조
삼한통보(三韓通寶)	〃	〃	
해동중보(海東重寶)	고려 숙종 8년	AD1,103	
삼한중보(三韓重寶)	〃	〃	
패미폐(稗米幣)	〃	〃	
쇄은(碎銀)	고려 충렬왕 13년	AD1,287	元의 寶鈔 사용
소은병(小銀甁)	고려 충혜왕 원년	AD1,331	은병 사용금지
은전(銀錢)	고려 공민왕 5년	AD1,356	五升布 병용
금정폐(今錠幣)	고려 공민왕 11년	AD1,362	
저화(楮貨: 楮幣)	고려 공양왕 원양	AD1,390	지심저회고 설치

<자료 : 柳子厚, 『朝鮮貨幣考』(1974), PP. 9~11 ; 공장석, 전게서, P. 510>(일부 자구 수정)

③ 고려 금융제도

고려 시대의 금융 사정은 특이한 것이었다. 당시에는 고리 대금업이 성행했는데, 그것은 개인적인 대부와 집단적인 대부로 양분되어 있었다. 개인적인 대부가 주류를 이루었으나, 집단적인 대부도 무시할 수 없을 만큼 성행했었다. 집단적 대부의 대표적 기관은 보(寶)53)였다. 보는 주로 공공사업을 운영하기 위하여 일종의 재단을 설치하

---

52) 김병하, 전게서, PP. 33~35.
53) 보(寶)는 포(鋪)라고도 일컬어지는 것으로서, 전곡(錢穀)을 시납(施納)하여 그것을 본전(本錢)으로 삼고 이식(利息)을 취하여 지속적으로 이익을 얻으려는 목적에서 형성된 고려 시대의 금융제도이다. (寶者方言 以錢穀施納 存本取息 利於久遠 故謂之寶<『高麗史』, 食貨志 3.>; <『高麗史節

고 기본자금에 의한 이자 수입으로 사업에 필요한 경비를 충당하던 금융기관이었다. 이 보는 어떤 사업을 지속적으로 경영하는데 필요한 전곡(錢穀)과 같은 가치를 공급하는 기관이었으므로, 일반적으로는 사찰경영에 이용되었다. 고려 정부가 호국불교관에 따라 불교 보급에 진력하였으므로, 그 재정적 기초를 확립하기 위하여 보(寶)를 활용하도록 권장하여 발전할 수 있는 환경도 조성되었다.[54]

보(寶)라는 금융제도는 신라 시대부터 존재했다고 하지만, 고려 시대에 이르러 보에 의한 고리 대부업이 더욱 성행했다. 고려를 건국한 태조는 그 13년(AD930)에 서경(西京)에 학교를 창설하고 곡물 100섬(石)을 하사하여 학보(學寶)를 설립함으로써, 보의 성장에 기틀을 놓았다. 그뿐만 아니라, 정종 1년(AD946)에는 곡물 7만 석을 여러 사찰에 시납(施納)하여 불명경보(佛名經寶)와 광학보(廣學寶)를 설립하도록 하여 불법학습자(佛法學習者)의 장학기금으로 활용케 하였다. 더욱이 현종 12년(AD1,021)에는 국왕이 현화사(玄化寺)를 창건하고 곡물 2천 석을 시납하는 한편, 사대부들에게 시납을 권고하여 금종보(金鐘寶)를 설치하여 운영토록 하였다. 그리고 현종은 다시 공인(工人)에게 특명으로 대반야경(大般若經) 600권과 화엄경(華嚴經)·금광명경(金光明經)·묘법연화경(妙法蓮華經) 등의 인판(印版)을 만들어 자신이 창건한 현화사에 비치토록 함과 동시에, 반야경보(般若經寶)를 설립하여 불경인행(佛經印行)의 기금(基金)에 활용케 했다고 한다.[55]

고려 시대의 보를 중심으로 한 금융제도는 국가기관에서 운영되는 경우가 많았다. 이른바 팔관회(八關會)와 제위보(濟危寶)가 그 대표적이었다. 팔관보는 매년 11월 15일에 개최되는 국가적 축제인 팔관회의 경비를 조달하기 위하여 설립된 것이었다. 문종(12代) 때의 직제에 의하면, 보의 최고 관리자로서 4품 이상의 사(使) 1명과 부사(副使) 2명, 판관(判官) 4명, 기사(記事) 2명, 기관(記官) 1명, 그리고 산사(算士) 1명으로 구성하게 되어 있었다. 또한 제위보는 광종 14년(AD963)에 설치된 빈민구제기관으로서 공양왕 때에 이르기까지 지속되었다.[56]

그뿐만 아니라, 민간에서의 사설보(私設寶)가 운영되기도 했으며, 보의 설립목적에 따라 다양하게 이뤄졌다. 교육사업과 종교사업 및 구제사업 등을 목적으로 하였는가 하면, 국가의 공공적 행사는 물론, 개인적 의식(儀式)에 충당하기 위한 목적에서 설립되는 일도 있었다. 특히, 호국불교의 종교적 바탕을 이루고 있던 고려 시대의 보(寶)는 사찰경제의 유지 수단으로써 활용되었고 매우 편리한 금융제도의 하나였다.

要』, 太祖 13.>).
54) 김병하, 『한국경제사상사』(서울, 일조각, 1977), PP. 21~22.
55) 조선총독부 편, 『조선금석총람』(上), 1919, P. 249; 아세아문화사 편, 『조선금석총람』(1976); 김병하, 전게서, P. 22.
56) 김병하, 전게서, P. 22.

이와는 다르게 일반 서민들 사이에서 자생적으로 이루어진 계(契)라는 상부상조의 금융조직도 있었다. 위에서 언급한 보(寶)는 이익공동체적(Gesellschaft)이었음과 비교해 계(契)는 운명공동체적이며 협동 사회적(Gemeinschaft)이라고 할 수 있다. 고려 시대의 계(契)는 상부상조의 조직에 중점을 둔 표현이다. 이에 비하여 상술한 보(寶)는 고리 대부자본의 형성에 초점을 맞춘 의미이다. 또한 계(契)가 서민들 사이에서 자생적으로 이뤄진 상부상조의 민간적 금융단체였다면, 보(寶)는 공공성을 띤 고리대부의 금융단체였다고 할 수 있을 것이다.

고려 시대의 대차 관계는 생계를 위하여 이루어지는 경우가 많았기 때문에, 근대사회에서 이윤율이 이자율을 지배하는 것과는 다른 각도에서 관찰하지 않으면 안 된다. 고려 시대에는 이자율이 높을 수밖에 없었고 대차 관계에 의한 수탈은 결국 영세민의 몰락을 가져오게 하는 요소로 작용했다. 당시에 재물을 빌린 채무자는 빌려준 채권자에게 당연히 이자를 지급하는 사회였다. 여기서 문제가 되는 것은 이자율이었다. 고리대부를 전업으로 하는 관민(官民)이 있었기 때문에, 높은 이자율이 크게 문제가 되었다. 어려운 백성이 한번 고리 대부자본의 수렁에 빠지면, 헤어나기 어려웠고 부채가 누적되면 전답을 뺏기게 되고 심지어는 처자를 팔아야 하는 지경에 이르기도 했다.[57]

이처럼 부채로 인하여 백성이 도탄에 빠지는 것은 국가의 초석을 흔드는 일이었으므로, 고려 정부도 좌시하지 않았다. 그래서 등장한 것이 적정이자율의 문제였다. 경종 5년(AD980)에 공사(公私)의 모든 대차 관계의 이자(利子)를 백미 15말(斗)에 대하여 5말(斗), 마포는 15필(疋)에 대하여 5필(疋)로 하도록 율령을 반포하였는데, 이는 이자율이 연간 3분의 1로 한다는 것을 의미한다.[58] 이것은 문종 1년(AD1,047)의 자모정식법(子母停息法)에서도 적용되었다. 즉, 춘궁기에 백미 1섬(15斗)을 빌리면, 가을에 1섬(石) 5말(斗)을, 2년이 되면 1섬(石) 10말(斗)을, 3년째는 2섬(石)을, 5년째는 백미 3섬(石), 그리고 6년 이후에는 이자를 면제토록 했다는 것이다.[59], 당시의 소득 수준이 극히 낮은 백성들에게 3분의 1의 이자율은 매우 높은 편이었다. 이자를 부담해야 하는 백성의 처지에서는 채무불이행이 다반사가 되었다. 성종조(成宗朝)에 이자가 원금과 같으면 그 이상 이자를 징수하지 못하도록 하였고, 현종조(顯宗朝)에서는 이자면제령을 내려 연체한 자를 구제하려고 하였으나, 이는 잘 지켜지지 않았다고 한다.

당시에는 대차 관계가 성립되면, 복리법으로 이자를 지급해야 하는 것이었지만, 이에 대한 부정적인 견해가 강력하게 대두되었으므로, 복리법으로 인하여 백성들이 몰락하고 인신매매가 속출하는 상황이었다. 그래서 국가에서는 도덕적으로 용납할 수 없는 사건으로 보기에 이르렀다.[60]

---

57) 김병하, 전게서, P. 24.
58) 『고려사절요』, 제2권 참조.
59) 『고려사』, 식화지 2, 借貸, 참조.

③ 고려 시대의 부기 회계문화

1. 고려 시대 회계문화의 환경적 임팩트

1) 회계문화의 환경성

고려 시대의 사회경제적 환경은 단식부기 문화의 구성요소를 모두 갖추고 있었다. 그것은 통일신라 시대의 회계 문화적 유산을 그대로 전승받아 조성된 고려 시대의 정치・경제・사회・문화적 기반 위에서 조성된 치부회계문화였다. 한문자와 더불어 이두문자가 전승되어 기록문화의 중심을 이루었음은 물론, 산목(算木:산가지)을 이용한 숫자의 표현 방법이 교환경제의 중요한 기본요소로 그 기능을 수행했다. 그리고 중국으로부터 전수받아 고대사회의 계산법으로 활용되었던 구장산술도 고려 시대에 널리 사용되어 사회경제적 발전에 크게 이바지했음도 확인되었다. 그러나 고조선 시대에 창제되어 사용되었다는 가림토 문자가 고려 시대에 활용되었다는 기록은 찾아볼 수 없었다. 그것이 무슨 이유로 전승되지 않았는지도 확인할 수 없었다.

고대국가에서부터 이어져 온 봉건사회의 공동체 생활은 서민의 토지 소유가 인정됨에 따라, 토지소유권에 수반하는 사유재산제도의 정착과 신용경제의 발달도 동시에 이뤄졌다. 사유재산제도의 정착과 신용경제의 발달은 시장거래를 통한 교환경제의 발달을 촉진했다. 물물교환으로 빚어지는 불편함을 해소하기 위하여 가치척도의 기본이 되는 화폐가 여러 번 발행・통용되었다. 결국, 시장경제의 생성・발달은 상인의 등장과 더불어 상업이 융성할 수 있는 환경이 조성되기에 충분했다.

고려 시대의 회계환경은 단식부기에 의한 사회문화적 패턴이 형성되어 뿌리를 내릴 수 있는 요소가 갖춰져 있었다. 조익순 교수는 ① 기록 수단인 문자와 산술기법 및 사유재산제도가 갖춰진 환경에서는 단식부기가 자연발생적으로 생성될 수 있으며, ② 화폐와 상업 및 신용 제도가 가미된 사회 원경이 조성되면, 단식부기를 발전시키고 복식부기를 생성시킬 수 있는 조건이 갖춰졌다고 보아야 한다고 주장하면서, ③ 복식부기가 생성・발전할 수 있는 가장 기본적인 요소는 자본이라는 점을 강조하였다.61)

중세고려의 사회경제적 환경하에서는 이러한 기본요소가 모두 완비되었다고 보기는 어렵다. 이들 기본요소 중에서 자본개념을 제외한 나머지 6가지 요소는 고대사회에서

---

60) 김병하, 전게서, PP. 25~26.
61) 조익순・정석우, 『사개송도치부법의 발자취』(서울, 박영사, 2006), PP. 33~35. (이에 대해서는 서장의 <표 서-1>을 통하여 A.C. Littleton교수의 부기 발생 요인을 재분류한 것을 참조하기를 바란다.)

부터 존재하고 있었고 중세의 고려 시대로 전승되어 진화의 과정을 거치면서 발전했다. 다만, 고대사회에서의 이들 기본요소가 극히 단순하고 초보적인 수준의 것이었다고 하면, 중세의 고려사회에서는 불완전하면서도 어느 정도 진일보된 단식부기의 갖춰지는 과정에 있었다고 할 수 있다. 환언하면, 고려 시대의 사회경제적 환경은 단식부기 문화의 완성단계에까지 성숙되어 있었다는 것이다. 그렇다고 하더라도 이러한 기본요소만으로는 단식부기 수준 이상의 회계문화, 즉 복식부기 문화가 꽃피울 단계는 아니었음을 인식해야 한다. 왜냐하면, 중세의 고려사회에서도 경제적 자원으로서의 자본개념이 미성숙한 단계에 머물고 있었기 때문이다. 다시 말해서 고대국가의 경우와 마찬가지로 중세의 고려 시대에서도 부(富)를 상징하는 재산개념만이 존재할 뿐, 생산성을 상징하는 자본개념은 등장하지 않았다는 점 때문이다. 복식부기가 생성할 수 있는 기본요소가 있었다고 하더라도 그것이 발전하기 위해서는 생산에 이용되는 부(富)로서의 자본개념이 갖춰져야 한다. 따라서 중세의 고려 시대에 자본개념이 미성숙 상태였다는 점 때문에, 복식부기 문화는 형성되지 않았다고 해야 할 것이다.

고대 문명국가에서 생성된 단식부기 문화의 구성요소가 중세의 고려 시대에 이르러 어느 정도 복잡하고 다양한 장부 기록의 수준으로 진화하기는 했으나, 여전히 단식부기 문화의 수준을 벗어나지 못했던 것으로 보인다. 그 이유는 부(富)의 축적을 상징하는 자본개념의 미성숙뿐만 아니라, 리틀톤 교수의 논점에서도 볼 수 있기 때문이다. 즉, 단식부기 문화가 형성되어 있었지만, 그것이 복식부기 문화의 탄생으로 연결되지 못하는 이유는 『그 시대의 사회경제적 환경변화의 과정에서 사회구성원들의 다양한 사고방식이나 이해관계, 그리고 그들이 원하는 물품의 양과 사상의 질적 차이가 진화를 끌어내지 못한 시대사적 특성』62)때문이라는 것이다. 위에서 언급한 복식부기의 7가지 생성 요소 외에 위임(委任: 代理人制度)도 복식부기 발생 요소의 하나라는 깃도 감안할 필요가 있다. 즉, 다른 사람의 재산을 제3자가 관리하고 그 책임을 명백히 밝히는 것은 복식부기를 탄생·발전하게 하는 하나의 중요한 요소가 된다. 노예경제 시대에 「주인계정」의 설정으로 책임소재를 명백히 밝혀 대리인과 주인과의 관계를 나타내는 「자본주계정」으로 진화하면서 자본주 부기로 발전했음을 고려하면, 「위임」도 복식부기의 생성·발전을 가져오게 하는 요소라고 할 수 있다.63)

과연 고려 시대에 상행위의 「위임」에 의한 대리인제도가 존재했을까? 그리고

---

62) Littleton, A. C., "Acchounting Evolution to 1900," (New York, Russell & Russell, Reissued 1966), P. 16; 片野一郎 訳, 『リトルトン会計発達史』 (東京, 同文舘, 1973), PP. 28.
63) 片野一郎 訳, 전게서, P. 24; 조익순·정석우, 전게서, PP. 34~35; 고승희, 『재무회계론』, 단대출판부, 1984, PP. 25~26. (일본의 오까모토 교수도 R. de Roover의 학설을 인용하여 「신용·상사회사·위임은 복식부기의 기원에서 존재했던 3요소」라고 언급한 바 있다.<岡本愛次, 「複式簿記法の形成に就いて」, 『經濟論叢』第48卷 第3号, P. 132.>)

「주인계정」의 설정을 통한 출자자의 지분(持分)계산이 이뤄질 수 있는 환경이었을까? 이러한 의문에 대한 답은 부정적일 수밖에 없다. 농경사회의 바탕 위에 형성된 중세 고려 시대의 사회경제적 환경은 고대사회보다는 진일보된 발전 면모를 띄고는 있었으나, 대리인제도가 등장할 만큼 상관습이 발달한 사회 구조였다고는 보기 어렵다. 이를테면, 유럽의 중세 지중해 연안을 중심으로 상업이 번성하던 당시에 「주인과 노예와의 관계」를 통하여 상업상의 모든 것을 노예에게 위임함으로써, 노예가 주인으로부터 받은 자본을 「주인 계정」에 기록하는 모험대차 수탁 책임회계의 기본모델이 복식부기 탄생의 단초를 제공했다는 사실을 고려하면, 이와 비슷한 시기의 고려사회에서 이러한 대리인시스템이 형성될 만큼 성숙한 상업환경은 아니었다. 중세시대의 고려사회에서는 생산성 있는 자본개념이나 대리인제도가 존재하지 않았으므로, 복식부기 문화의 기원을 장식하지 못했다고 보아야 한다.

고려사회의 사회경제적 기반구조는 고대국가에서 사용되었던 단순하고 미흡한 초기 형태의 단식부기 수준을 넘어선 상태의 다소 복잡하고 다양한 단식부기 문화적 환경요소가 조성되어 있었다는 것이다. 서계(書契)나 죽간(竹簡) 형태의 불완전한 부서(簿書) 수준에서 벗어나 지필묵(紙筆墨)에 의한 단식부기의 체계를 어느 정도 갖춘 수준의 발전단계에 있었다. 불완전한 형태의 장표조직(帳票組織)도 갖추고 있었다고 할 수 있다. 그러나 그것도 완전한 부기로서의 기장 방법과 체계를 충족시킬 수 있는 수준에는 이르지 못했다. 당시의 완벽한 회계장부가 존재하지 않기 때문에, 확실한 고증은 어렵다.

경주의 불국사 석가탑에서 나온 중수문서(重修文書)[64]에 수록된 것을 통하여 부분적이나마 그 당시의 물품 유통의 단순한 기록상황을 엿볼 수는 있다. 여기서 고려 시대의 물품 계산과 기록상황을 유추해볼 수 있으며, 그 무렵의 단식부기 문화에 대한 추정도 가능하다고 여겨진다. 이 기록은 고려 시대 사원회계의 단면을 부분적으로 추정해볼 수 있는 귀중한 자료로서의 가치를 지닌 것이다.

고려 시대(AD918~1,393)은 475년간 강력한 중앙집권적 통치기구를 통하여 국가공동체의 조직적인 통제가 가능하게 되었고, 국가재정을 관장하는 부서에 의하여 조세의 징수와 저장관리뿐만 아니라, 재정적 수입 지출에 대한 관장업무가 필연적으로 부기회계문화를 진일보시키는 촉매작용을 하였다. 고려 시대의 단식부기적 회계문화는 국

---

64) 국립중앙박물관, 『불국사 석가탑유물 2 중수문서』(2009). <이 중수문서는 고려 정종 4년 (AD1038)에 지진으로 훼손된 불국사 석가탑을 중수(重修)하는 과정에서 있었던 사실을 상세히 기록한 문서와 묵서지편을 일컫는다. 그것이 석가탑 내에 보존되어 1,000여 년의 세월이 흐른 1966년 9월 도굴단에 의해 훼손되어 그해 10월에 석가탑을 해체·수리하는 과정에서 발견되었다. 발견된 지 30년 후인 1997년에 묵서지편(墨書紙片)의 덩어리를 분해·복원하여 그 내용을 이해할 수 있게 되었다. 그 묵서지편은 ① 보협인다라니경 일부와 불국사무구정광탑중수문서, ② 불국사서석탑중수형지기, ③ 불국사탑중수보시명공중승소명기 등의 문서이다.>

가재정업무를 관장하는 국고회계를 비롯하여 민간부문의 상거래회계와 사원회계 등으로 형성되어 복잡하고 다양한 진화의 단계를 거쳤다고 해야 한다.

2) 고려 시대 회계문화의 형성모델

고려 시대에 이르러서도 부기 회계문화의 기본요소는 고려의 정치·경제·사회·문화의 성장·발전에 지대한 활력소를 제공해주었다. 비록 그것이 단식부기의 기본요소이기는 했지만, 고대국가의 그것과는 차이가 있는 진일보된 고급수준으로 진화된 것이었다.

환경요인을 검토하는 과정에서 밝혀진 바와 같이 고려 시대 단식부기 문화의 형성모델이 되는 기본요소는 서법, 산술, 사유재산제도, 신용, 화폐, 상업 등의 6개 요소이다. 이는 고려 시대의 사회경제적 발전을 촉진하는 촉매제의 역할을 했다. 다만, 가장 중요한 「위임」에 의한 대리인제도의 미등장과 생산성을 상징하는 자본개념의 미성숙 사회였으므로, 단식부기를 기반으로 하는 치부 회계문화가 지속될 수밖에 없었던 시대였다. 그러므로, 복식 부기적인 회계문화로의 진화는 시기상조의 사회경제적 환경이었다고 할 수 있다.

고려 시대에도 복식 부기 문화의 형성모델이 되는 자본개념과 대리인제도가 등장하지 않은 시대사적 상황에서 주인 계정이나 자본주계정과 같은 형식의 회계처리 과정을 근간으로 하는 복식부기 문화의 형성을 기대하는 것은 연목구어(緣木求魚)라고 하지 않을 수 없다. 그렇지만, 고려 시대의 사회구성원에게 부여된 사유재산권은 인정되고 있었으므로, 그들의 사유재산을 증식시키기 위한 부의 개념은 여전히 존재하고 있었다. 이 점을 고려하면, 고려 시대의 상인에게 있어서 부의 증식은 의식주의 차원을 넘어선 경제 개념적 차원에서 볼 수도 있다. 부의 개념은 봉건주의 시대의 원시적 자본개념을 잉태할 수 있는 시발점이라는 점에서 중요한 의미를 지닌 것이다. 단순하면서도 진일보된 장표조직에 의한 기록계산이 이뤄지고 있었고, 그 기록계산을 담당하는 서사(書士)가 맡은 바 책임을 완수하는 과정에서 그와 주인과의 관계를 계정형식으로 표현할 수 있는 상황 전개는 가능한 환경이었음이 분명하다. 이는 위임에 의한 재산관리를 하던 봉건주의 시대의 「청지기」제도를 등장시키는 전 단계의 시대적 상황이었음을 방증하는 것이다. 전술한 서양의 노예경제 시대의 산물인 주인 계정에서 비롯된 대리인제도와 유사하다고 볼 수 있다.

상업과 신용 및 화폐제도가 단식부기를 발전시키고 복식부기를 생성시킨다는 전제에서 보면, 이 시대에 복식부기의 싹은 어느 정도 움트고 있었을 것으로 추정할 수 있다. 그러나 고려 시대의 서사와 상인과의 관계는 그 서막이었을 뿐이며 그것이 재산관리의 청지기제도로 승화하는 환경이 조성되기까지는 상당한 세월이 흘러야 했다. 상인과 서사와의 관계가 독립된 재산관리인으로서의 청지기제도가 이뤄진 것은 조선 시대에 이르러서의 일이다. 즉, 우리나라의 경우, 복식 부기적인 회계문화의 맹아(萌芽)는 조선시대의 후기에 가서야 그 싹을 보여주었다는 것이다. 고려 시대의 단식부기적인 회계문화의 형성모델을 종합·정리하면, <그림 3-1>과 같다.

<그림 3-1> 고려사회의 단식부기 문화 형성모델

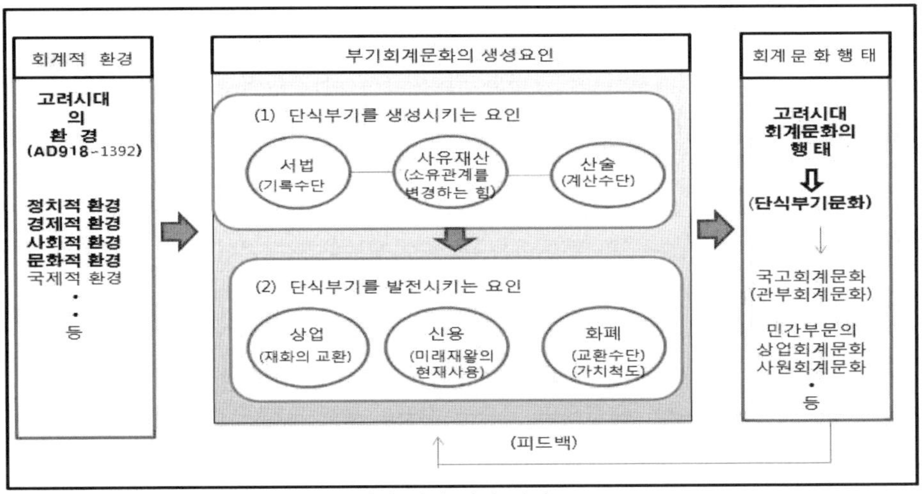

회계적 환경	부기회계문화의 생성요인	회계문화행태
고려시대의 환경 (AD918-1392) 정치적 환경 경제적 환경 사회적 환경 문화적 환경 국제적 환경 · · 등	(1) 단식부기를 생성시키는 요인 서법(기록수단) — 사유재산(소유관계를 변경하는 힘) — 산술(계산수단) (2) 단식부기를 발전시키는 요인 상업(재화의 교환) 신용(미래재화의 현재사용) 화폐(교환수단/가치척도) (피드백)	고려시대 회계문화의 행태 ⇩ (단식부기문화) 국고회계문화 (관부회계문화) 민간부문의 상업회계문화 사원회계문화 등

<자료 : 고려사회의 회계환경자료 분석에 의거 저자 작성>

2. 고대 치부회계문화의 전승

고려 시대의 회계문화는 고조선 시대에 비롯되어 삼국시대 및 통일신라 시대로 이어져 온 고대 회계문화를 이어받아 중세의 정치사회 및 상업문화와 더불어 전개되어왔음은 분명하다. 특히 통일신라 시대의 국고 관리를 위한 관부회계 제도와 일반서민에 의한 상업문화에 토대를 두었던 단식부기적인 회계시스템은 고려 시대에 들어와서도 그대로 전승되었다.

이 시대의 국가를 구성하는 중추 기관이었던 중앙관서는 국왕을 정점으로 하는 국가의 기본 틀을 구축하는 구심점이었다. 국고의 기본 원천이 되는 토지와 산림 및 상공업을 관장하고 조세와 공부(貢賦)의 징수를 위한 관직을 설정하여 국가의 재정관리에 관여함으로써, 그로부터 파생되는 기록계산을 위한 회계담당관원도 임명하여 체계화시켰다. 이는 고대사회에서부터 이어져 온 관부회계 문화의 기본 틀을 벗어나지 못한 단순한 기록계산의 행태였다고 보아야 한다.

　고대국가와 마찬가지로 고려 시대에서도 국가재정과 관부회계는 불가분의 관계가 형성되어 있었다 한 나라의 국고 관리를 위한 관부회계는 국가의 재정수지를 관장하여 국가경영에 반영함으로써, 부국 위민의 기초를 다져주는 기록·계산·관리의 기본 용구로서 국가재정조직 중 가장 중요한 수단이다. 그러므로 국가의 재정 경제적 활동은 전곡(錢穀)의 출납과 회계를 담당하는 부서와 밀접하게 연관되어 있었으며, 관부회계의 담당 부서는 시종일관 국가의 재정수지를 기록계산으로 반영하고 그것을 관리·감독하는 중요한 역할을 수행하였다.

　고구려 시대에는 관부회계의 책임부서가 주부(主簿)였고, 백제 시대에는 주부(綢部)였으며, 신라 시대에는 창부(倉府)와 조부(調府)라는 관직이 전곡 출납과 회계업무를 관장했으나, 고려 시대에 들어와서 관부회계의 중앙행정부서 명칭이 호부(戶部)와 삼사(三司)로 바뀌었을 뿐, 관부회계 문화의 행태는 고대사회의 그것과 별반 다른 점이 없었다. 봉건주의적 국가체제를 갖추고 있었던 고려의 국고 재정을 관장하던 관부회계 문화는 분명히 고대사회의 치부 회계문화가 전승되어 이뤄진 것이다.

　고려 시대 시장경제의 기본인 상인의 상거래 내역을 기록 계산하는 회계의 경우도 역시 고대사회에서 형성된 사업회계문화가 고려 시대로 전승되어 전개되었다고 볼 수 있다. 고려 시대의 치부 회계문화는 고대 회계에서 전승된 치부 계산기법에 근거하여 부문별로 '계(計)라는 이름 아래 '일계(日計:成)·월계(月計:要)·세계(歲計:會)의 절차를 거쳐 이뤄지는 체계를 갖추어 실시함으로써, 국리민복의 기초를 구축하였다.

　이러한 재정 경제적 여건에서 국고와 관련되는 전곡(錢穀) 출납의 기록계산을 기본으로 하여 국가경영의 관리 수단으로 형성된 관부회계 문화였음에도 불구하고, 그것이 현재에 전해지는 것은 없다. 옛 문헌에 여기저기 산재해 있는 편린(片鱗)들을 모아보는 것도 궁색한 상황이다. 다만, 통일신라 시대에 건립된 불국사 석가탑이 고려 초기에 중수(重修)되는 과정에서 발견된 유물 속의 기록문서에 나타난 자료를 통해 그 시대 치부(置簿) 문화의 전개 상황을 추정해볼 수 있음은 그나마 다행스러운 일이다.

3. 고려 시대의 치부회계문화 개요

1) 관부회계 문화

　고려 시대의 국고 관리를 구심점으로 하는 관부회계 문화는 고대사회의 그것을 전승받아 발전단계를 거쳤다. 태조 왕건은 후삼국을 통일한 후 국가의 행정조직체계를 정비하고 국가경영의 틀을 확립하였다. 3성 6부의 중앙관직을 중심으로 한 행정조직과 그 예하의 관직을 정립함과 동시에, 관련된 지방관직도 정립함으로써, 부국위민(富國爲民)의 국가체제가 이루어졌다. 이 중에서 6부의 하나인 호부(戶部)가 백성의 호구조사와 조세・공부(貢賦)・전량(錢糧) 등을 관장하여 재정적 관리의 중심이 되었다. 그 외에도 전곡의 출납과 회계를 담당하는 삼사(三司)와 왕령(王令)의 출납 회계와 숙위군기(宿衛軍機)를 담당하는 밀직사(密直司, 초기에는 中樞院樞密院) 등이 중앙관직에 소속되어 있었다. 이는 고려의 국가경영을 순조롭게 하기 위한 재정관리뿐만 아니라, 그로 인하여 파생되는 기록계산을 위한 관부회계 관직의 중앙부서를 의미한다(그림3-2 참조). 중앙관서의 명칭은 고대사회의 그것과 다르지만, 국고 관리를 위한 관부회계의 구조는 단순한 치부(置簿)에 의한 단식부기적인 기록계산을 하는 수준에 머물러 있었다.

<그림 3-2> 고려 시대 중앙정부의 행정조직과 회계 담당 부서

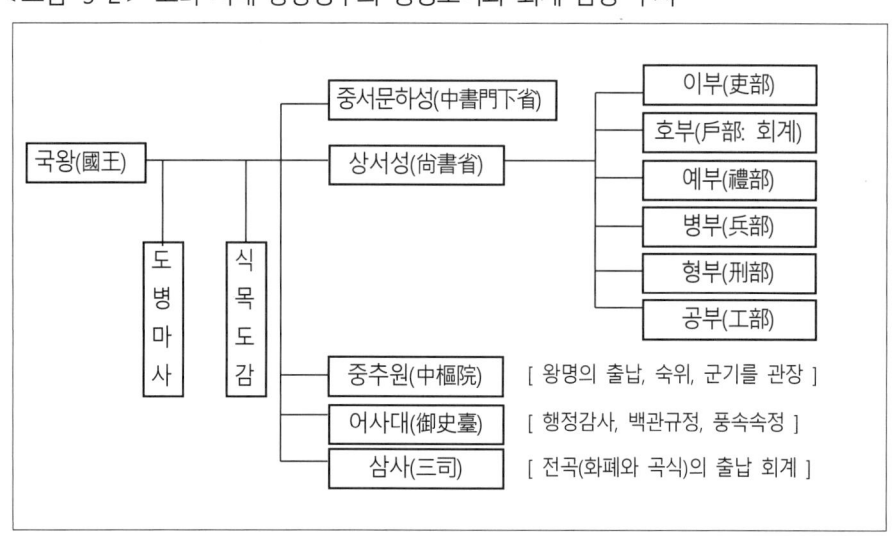

<자료 : 『高麗史節要』(民族文化推進會)를 참조하여 저자 작성>

이 시대에는 역시 고대사회에서 사용하던 한자와 이두 문자가 그대로 전승되어 사용되었고, 산가지(算木)와 죽산(竹算)을 이용한 숫자의 표현 방법과 구장산술이라는 계산제도가 전승되어 여전히 고려사회의 변함없는 회계문화를 유지・발전시키는 중심축으로 작용하였다. 그뿐만 아니라, 고려 시대의 토지제도는 국가의 경제적 생산구조를 형성하는 기반으로서 조세와 공부(貢賦)의 원천이었지만, 고려왕조의 개선 의지에도 불구하고 봉건적 체제에서 통일신라 시대의 제도적인 답습에서 벗어나지 못하고 있었다. 조세와 공부(貢賦)에 의한 정부 수입은 지방관청을 거쳐 중앙정부로 이송되는 체제였으므로, 관원들의 횡포가 극심하여 제대로 관부(官簿)에 기록・계산되는 경우가

드물었다. 높은 벼슬아치들도 녹봉으로 토지를 부여받고 있었으므로, 조세와 공부의 기록계산문화는 정비되지 못한 채 오류와 부정의 온상이었다고 해도 과언이 아니다.

고려 시대의 국고회계에 대한 행정감사는 중앙정부의 어사대(御史臺)에 집중되어 있었으며 왕령 출납에 관한 국고 재정의 관장은 중추원(中樞院)에서 이뤄졌다. 호부(戶部)를 비롯한 그 예하의 관부 내부뿐만 아니라, 각 지방 관서도 조세·공부·전량(錢糧)에 대한 관부회계를 감사하는 부서가 설치되어 있었다. 호부는 부세 징수의 기획과 책임을 짐과 동시에, 징수된 금전과 곡물 등의 재물을 각각 국고에 납입하였을 뿐만 아니라, 공(公)·사(私)의 전답과 택지 등을 관장하여 부세(賦稅)의 실행에 관여하고 있었다. 그 예하의 농·공·상업에 대한 부세의 재정수입을 다루는 부서기회(簿書期會)의 사정부서(司正部署)가 설치되어 있었다. 이러한 관부회계의 행정조직은 전국적인 호구조사와 부세 및 부역을 관할하고 국고 재정의 합리적인 관리를 위한 봉건경제가 확립되었기에 가능한 것이었다.

2) 민간부문의 회계문화

고려 시대의 상인들은 경시(京市)와 향시를 거점으로 하여 좌상과 행상의 형태로 상업활동을 하였다. 왕권이 확립되고 사회적 안정과 생산력이 증강되어감에 따라 상인들의 상행위는 점차 활발하게 전개되었다. 그러나 시장이 형성되어 있지 않은 지역에서는 간헐적으로 열리는 부정기적인 시장을 통하여 상거래가 이뤄졌고, 물물교환 형태의 거래가 주류를 이루었다.

경시와 향시를 기반으로 하는 상인들은 시장사용료를 시장관리관에게 납부해야 했다. 그것은 매출액의 많고 적음에 따라 징수하는 것이 아니라, 시장에 참가한 상인에게 일률적으로 부과하는 징세 방법이었다. 상인들은 좌상이나 행상을 막론하고 하나의 영업에 하나의 기록을 했기 때문에, 역시 회계도 상인 스스로 하나로 아울러 기록계산을 하였다. 고려 시대에는 화폐경제가 어느 정도 발달해 있었으므로, 상인들의 상행위에 의한 회계도 비정형화된 형태로 각양각색으로 자연스럽게 이루어졌다. 중소상인의 경우는 부를 축적하여 거상이 되어 외국과의 교역에도 진출했고, 귀족도 많은 전답을 소유하여 부호의 지위를 누리면서 상거래업무를 전담하는 집사를 두어 상거래 결과를 기록 계산하도록 했다. 이렇듯 상인의 단독 계산이나 집사의 기록계산은 모두가 그들 나름의 비정형화된 편리한 방법을 이용하여 이해하기 쉽게 장부를 비치하여 기록 계산하였다. 공동경영으로 영업하는 경우는 공동경영자가 지정하는 겸직 회계담당자에 의한 회계행위가 이루어지기도 했다. 이러한 겸직 회계담당자는 각각 조직의 업무와 기록계산 업무를 겸직하여 처리하는 위치에 있었다.

고려 시대는 호국불교의 사회였기 때문에, 왕실과 국가기관은 물론, 일반 서민에 이르기까지 사찰을 중심으로 하는 내세 지향의 생활반경이 형성되어 있었다. 따라서 그들이 시주하는 물품은 다양하고 양적으로도 많았으므로, 시주물품의 관리를 위한 기록계산이 필요했다. 시주물품을 수납하여 관리·보관하기 위해서는 기록을 통한 계산을 전문적으로 담당하는 자가 있어야 했다. 거기에는 사찰의 주지나 승려가 중심이 되었을 것이다. 사찰의 규모가 커지고 신도들의 수가 증가함에 따라 산학에 능한 자를 임명하여 전담토록 하는 시스템으로 발전했을 것이다. 그들에 의하여 작성된 기록계산서는 사찰의 경제적 관리기록이 되었고, 사찰 운영에 필요한 재무 자료로 이용되었다. 호국 종교로서 불교의 위상이 높아지게 되면서 사원경제도 상당한 수준에 이르렀고, 이를 관장하는 전담부서가 장표(帳票)에 의한 나름대로 장부 기록법을 강구했다. 비정형화된 기장 방법이었다고는 해도 날짜별로 기록하고, 월별로 모아 정리한 다음, 연말이 되면 세계(歲計)라는 정산 절차를 거쳤다. 이를 감히 사원회계(寺院會計)라고 할 수 있을 것이다.

<사진 3-1> 불국사 탑 중수문서에 나타난 보시 기록(AD742~1,024)의 묵서지편 일부

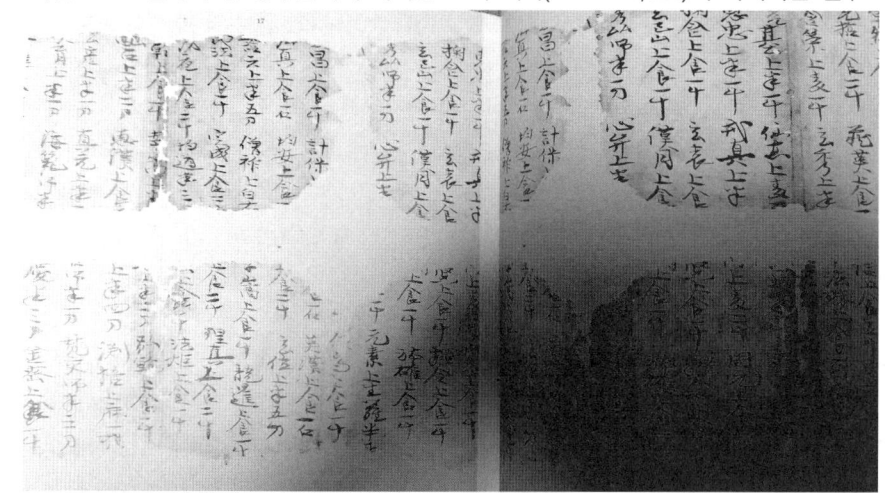

<자료: 국립중앙박물관, 『불국사 석가탑유물 2=중수문서』, 2009(영인본), PP. 42~43. >

고려 정종 4년(AD1038)의 석가탑중수보시명공중승소명기(佛國寺塔重修布施名公衆僧小名記)에 의하면, 그 당시의 사원회계문서가 존재했음을 알 수 있다. <사진 3-1>에서 보이는 바와 같이, 중수 문서의 기록은 불국사의 중수를 위한 보시(布施)의 내용을 기록한 것으로서 실물을 그대로 표시하였다는 점이 특이하다. 당시에 화폐가 어떤 형태로든 유통하고는 있었지만, 화폐가치로 표시되지 않고 물품의 내용을 그대로 기록해

놓은 점은 실물경제를 위주로 하는 사회 구조였음을 인식하게 한다.<표 3-2 참조>.

<표 3-2> 불국사 탑 중수 보시 문서(AD742~1,024)의 일부 내용 발췌

佛國寺塔重修記(AD742~1,024)의 일부 내용 발췌

- 天寶元年壬午元高麗太祖神聖大王元第八代顯宗元文大王己只至乎太平四甲子己只引乎二百八十五 年.
- 寺依止大德正均納乳香一封寺衣止■□僧納骨香一封.
- 上爲白於爲出納爲敎在等仍于午時丨良中大行︔乙以安爲白遣三迊行道爲
- 　大德處逆米五斗小豆一石荳一斗生鐵二斤大德行安食一石大德孝元木麥一石.
- 菓子十物十九日赤粥大豆寺依止丨大德釋雄酒二旬菓子七物二十日雜食大豆.
- 仇知莊別敎使酒一旬菓子■丨物月面村所巴枝村酒一旬菓五物.
- 賓者村遊宅村等酒一旬菓子□物二十八日二十九日山神說經初向齋.
- 三月一日功德天齋二日寶料三日山神丨說經大半日齋四日寶料.
- 智際僧酒二旬菓子十物五日寶料六日寶料七日山神說經廻向齋.
- 南石村百姓酒二旬菓子六物十三日寶條料寺慶日僧酒二旬菓子十六物.
- 計仙上食十斗□計張上食□□□丨□□□■卅尺_融業上米二斗麥□□
- 單然上食二斗_純宏上食◉□丨〔_〕□□上食五斗米一斗宏岳上食十斗
- 光哲上食二斗_藏英上食■□丨〔_〕□(信)上食五斗_宏業上米三刀
- 含榮上麥一斗_玄秀上米■□丨_法珠上食一斗_智高上食一斗
- 惠忠上米一斗晃基上米一斗忠元上麥一斗周元上食一斗元素上生羅半疋
- ■昌上食一斗□計保上□□□丨□□□□英漢上食一石□眞上食一石
- 眞賢上米一斗慶日上麥一斗■眞上食一斗占上麥一斗弘漢上食一斗
- 證修上麥一斗胱均上小豆□□□丨□◉■上麥一斗元上麥一斗
- 釋元納祿羅繡袂服子一사의지(僧)□丨■納錦帒一骨香一封小石塔十二寺
- 依止大德正均納乳香一封寺依止■□丨(僧)納骨香一封明表僧納下梨勒二個
- (骨香一封石塔二木塔一)眞賢僧納下梨勒一个石塔一崇英僧納骨香一封■
- (大德)競旻大豆一石小豆一石生鐵三斤(大德)丨致英斧一(大德業賢食)■■(大德)
- 木麥一石大德元英乓一疋木麥一石丨大德惠日布十五尺_惠宗和尙食一石
- 乂宗僧米一石小豆五斗布一卷布■□丨油七合_伐貞僧米一斗彦雄僧馬一疋
- 崇英僧食一石長刀一生鐵一斤寺■廉僧小豆三斗務哲僧食一石貞均僧
- 食一石_範良僧食一石_居雄僧木麥丨三斗保賢僧太一石小豆五斗務雄僧
- 食一石_範良僧食一石_居雄僧木麥丨三斗保賢僧太一石小豆五斗務雄僧
- 小豆一石_智際僧小豆一石食四石_務■丨僧小豆十斗金一片_範英僧木麥五斗
- 菓子十物十九日赤粥大豆寺依止丨大德釋雄酒二旬菓子七物二十日雜食
- 融石上米二刀_惠漢上食■□丨〔_〕□□上米四刀_淵悟上麻一把

(주: ■□_〔_〕의 부호는 부문이 훼손되어 알 수 없는 글자를 표시한 것임.)

<자료: 국립중앙박물관, 『불국사석가탑유물 2 중수문서』 (2,009), PP. 50~88, Passim.>

앞면의 <표 3-2>의 내용은 통일신라 말기에서 고려 초기에 이루어진 불사(佛事)에 시주했던 상황을 기록한 문서가 불국사의 석가탑에 봉안되어 있던 것 중의 일부이다.65) 이것은 한자와 이두 문자 및 구결자(口訣字)66)로 혼용·기록되어 있는 사료(史料)이다. 그 일부의 보시 내용을 일부 발췌한 예시(例示)가 <사진 3-1>와 <표 3-2>이다.

사찰(寺刹)을 중심으로 하는 시주물품(施主物品)의 증가와 다양성은 결국 기록사무와 경제적 관리를 위한 동기가 되었다. 시주물품을 수납하여 관리·보관하기 위해서는 기록을 통한 계산이 필요했으며, 기록담당자는 사찰의 주지(住持)나 승려였을 것이다. 그리고 사찰의 규모가 커지고 신도들의 수가 늘어남에 따라 사원경제의 규모도 상당한 수준에 이르렀음은 물론, 사원경제를 관장하는 전담부서(主簿)를 두어 기록계산에 능숙한 자(僧侶)로 하여금 전담토록 했다. 사원경제의 수입 지출을 회계하는 장부가 존재했다는 것이다.67) 그들에 의하여 작성된 기록계산서는 사찰의 재정적 기록이 되었고, 사찰 운영에 필요한 자료가 되었을 것이다. 이러한 사원 관리경제의 단면을 보여주는 <표3-3>과 같은 기록도 있다.68)

---

65) <사진3-2>와 <표3-2>의 내용은 천여 년 간의 세월을 견디며 석가탑 속에 응고되어 있던 묵서지편(墨書紙片)이 1966년 10월에 석가탑 중수(重修)를 위한 탑 해체과정에서 발견된 것 중의 일부이다. 이것은 그 동안 국립중앙박물관이 보관해오다가 1997년부터 분리·해체하고 해석하는 작업 과정을 거쳐 2009년에 중간보고서의 형식으로 발간된 『불국사 석가탑 유물 2 중수문서』에 기록된 것 중에서 일부를 발췌하여 정리한 일부 내용이다.
66) 구결자(口訣字)라 함은 한자의 음(音)과 훈(訓)을 이용하여 우리말의 문법적인 부분을 표현하기 위한 글자를 의미한다. 즉, 구결자는 한문의 단어나 구절 사이에 붙이는 한국어 토씨를 표시할 때 사용되었던 문자로서, 한문을 쉽게 읽기 위해서, 또는 올바른 해석의 문법 구조를 나타내기 위하여 각 구절마다 한국어 토를 다는데 사용하는 글자를 일컫는 것이다. 그리고 그것을 기록하기 위하여 한자나 한자의 약자체를 빌려서 사용했으며, 한자의 획을 일부 줄여서 쓰기도 하고, 간단한 한자는 그대로 썼으며, 주조 한자어의 관계사나 동사 등, 한문구정의 단락을 짓는데 사용되었다. 예컨대, 隱(-는·-은), 伊(-이), 五(-오), 尼(-니), 爲弥(-하며), 是面(-이면), 是羅(-이라), 里羅(-리라) 등을 들 수 있다. 구결문은 향찰(鄕札)과 서로 상승 작용을 하여 함께 발달하였으며, 이두문자(吏讀文字)의 발달 과정에서 다시 한문의 원전을 읽을 때 문장의 뜻을 돕기 위하여 한자의 이두문자식 용법으로 발달한 것이라고 한다. 이는 한문으로 문자생활을 영위했던 고려시대의 한학자들에 의해 창안, 이용되었으리라고 추측하고 있다.(https://ko.wikipedia.org/wiki/%EA%B5%AC%EA%B2%2B0). 이를테면, 고려 정종4년(AD1038)의 「불국사서석탑중수형지기」에 의하면, 「西邊石塔亦傾墮如加賜乙 ■■□」(서쪽 석탑이 크게 기울어 무너질 듯 여기셨음을...)의 「如加賜乙...」은 이두문자요 구결자에 해당한다.(국립중앙박물관, 『불국사석가탑2-중수문서』, 2009, P. 68; 여기에는 「같으셨거늘...」로 해석되어 있다.)
67) 이병희 『고려 시기 사원경제의 연구』(서울, 경인문화사, 2009), PP. 141~177.
68) <표3-3>의 내용은 『조계산송광사사고』에 보관된 사원 문서로서 「보조국사 당시 단월과 유지비」의 기록이며 이두문자로 되어 있다. 여기서 단월은 사원경제의 기본 축을 이루는 布施 또는

<표3-3> 고려시대「普照國師 당시 檀越(시주납)과 維持費(유지비)」의 기장내용(1)

```
福田數 濟席時在道衆四十七 三寶堂衆九十六 上行法席齋 前誦金剛般若齋 後中夜禪堂別法席
本定法席 並只無 本傳諸忌日寶及雜寶納租四千石 社主法塔私財條 及諸檀那施納祝
聖鎭兵長年寶租六百石 丙子年分入內侍文正 奉 宣鎭兵條 以施納油香寶一百石 例食布施並只無
田畓柴 參知政事崔祝 聖油香寶以施納 宣給文付昇平郡葦長伊村鐵谷村新谷村木吒庫 幷十結五
十卜
國大夫人宋氏 忌日寶以納同郡任內加音部曲四十結三十卜 進禮部曲一結 赤良部曲二結
富有縣地田畓幷二結四十九卜 同生妹氏忌日寶以同郡地田畓幷八十結三十卜
上將軍盧仁綏祝 聖條以施納 宣給公文付光州田畓幷十五結陵城郡田畓幷二十八結五十卜
和順縣田幷七結十卜 鐵冶縣田一結三十卜 上將軍金仲龜父母忌晨寶以納富有縣田畓幷十七校
檢校軍器監徐敦敬父母忌晨寶以施納利川郡田幷二十五結乙用良
遠近廻換以將軍宋緖長興部任內拂音部曲幷五結以荳阜縣田畓幷三十結六十三卜
柴地段山谷是你良結卜數不知審檢不得參政事崔祝
聖油香寶以施納寶城郡任內南陽縣地鹽田七庫山田三庫幷三結七十卜. 昇平地吐叱村鹽田六庫 節
席肆座
奴婢 檢校軍器監徐敦敬納奴婢幷十口利川郡在京前唐主下典申公俊敎
賣奴三口同人亦髮削爲道者玄海名以納奴婢四口
     唱權知司辰尹 手決·准司歷承仕郞沈 手決
```

<자료: 許興植, 『韓國中世社會史資料集』(서울, 아세아문화사, 1976), p. 57.>

<표3-2>와 <표3-3>에서 보이는 바와 같이, 그 내용은 화폐가치로 표현하지 않고 모두가 현물 중심으로 기록되어 있다. 예컨대, 「大德處迸米五斗小豆一石荳一斗生鐵二斤 大德行安食一石大德孝元木麥一石.」(대덕이 쌀 5말과 팥 1섬, 소두콩 1말, 생철 2근을 올렸으며, 또한 대덕은 인식 1섬, 효행으로 메밀 1섬을 올렸다) 와 같이 모두가 현물로 표기되어 있다. 이는 당시에 물물교환이 보편적으로 행해지고 있었음을 의미하는 것이다.

그리고 당시에는 화폐가 일반적으로 흔하게 통용되지 않았던 듯하다. 이러한 기록은 사찰에서 시주할 때 사용되던 계장(計帳)의 하나이며, 일반적으로는 일기장에 해당한다고 생각한다. 이것을 통하여 고려 초기의 사원경제에 대한 사정을 추정해볼 수 있을 뿐만 아니라, 물품관리를 위한 기록 방법의 일부를 엿볼 수 있는 소중한 자료이다.

비록 그것이 화폐가치로 평가되지 않은 비정형화된 기록이었다고 해도 그들 나름대로 장부 기록 방법으로 터득하여 이뤄진 장표(帳票)의 일부라고 추정된다. 그것은 장표기록에 근거하는 사찰의 재정 규모뿐만 아니라, 사찰 스스로 재고관리를 위한 계장(計帳)의 기능도 충분히 이행할 수 있는 것으로서 부기 회계사의 연구뿐만 아니라, 다른 역사학 분야의 고증자료로도 충분히 활용할 수 있을 것으로 생각된다.

施主를 의미한다.

특히 고려 시대 후기 사원경제의 단면을 들여다볼 수 있는 <표3-3>은 일종의 시주(施主)에 대한 기장문서로서 화폐가치로 환산하지 않은 현물가지 중심의 기록이다. 이 두 문자로 표기되어 있으며, 시주에는 곡물뿐만 아니라, 전답이나 염전, 그리고 노비까지도 거래의 대상이 되어 있는 것이다. 이를 이해할 수 있도록 <표 3-4>에서 내용을 분류하여 정리하였다.

<표 3-4> 고려시대『普照國師 당시 檀越(시주납)과 유지비』의 내용 분류(Ⅱ)

區分	摘要	施主內容
福田數 福田數 法席齋	· 法席時에 있던 道衆 · 三寶堂에 있던 道衆 · 常行法席齋·前誦金剛般若齋·後中夜禪堂別法席·本定法席에 있던 道衆	47人 96人 無
施納租 本傳 (傳來租)	· 諸忌日寶 및 雜寶 · 社主法塔私財租와 諸檀那가 施納하여 王이 亂을 진압하고 長壽하도록 기원하는 寶 · 丙子年(高宗 3년AD1,216)分으로 內侍인 文正이 王命을 받들어 外軍을 물리치도록 기원하는 油香寶로 施納한 것.	4,000石 6,000石 100石
施納田 畓·柴 (田畓)	· 參知政事 崔怡가 油香寶에, 昇平郡葦長伊村, 鐵谷村, 新谷村 木 叱庫 · 國大夫人 宋氏의 忌日寶로 同郡 (昇平郡) 任內 加音部曲·進禮部曲, 赤良部曲, 富有縣地 (田·畓) · 同生妹氏 (國大夫人의 同腹妹)의 忌日寶에 同郡 (昇平郡) 田·畓 · 上將軍 盧仁綏가 王의 祝壽로 (付 宣給文) 光州(田·畓), 陵城郡(田·畓) 和順縣 (田·畓), 鐵冶縣(田) · 上將軍 金仲龜의 父母忌晨寶로 富有縣 (田·畓) · 檢校軍器監 徐敦敬의 父母忌日寶에 利川郡(田畓)二十結을 가까운 將軍 宋緖 (所有)의 長興府任內에 있는 拂音部曲의 五結로 荳原縣의 전답30結 63卜과 바꿈. 山谷이라서 結卜數를 헤아리지 못하여 알지 못함.	(合)10結50卜 40結 30卜 (合)5結 49卜 80結 30卜 (合)58結90卜 30結 63卜
其他	· 參知政事 崔怡가 油香寶로 寶城郡任內 南陽縣地에 있는 것. · 昇平郡地 吐叱村	염전7庫,山田 3庫3結 70卜 염전6庫,절전 4座
奴婢	· 檢校軍器監 徐敦敬이 施納한 奴婢 · 利川郡奴. 로 在京인 前唐柱 下典申公俊이 사들였던 奴. · 同人(申公俊)이 僧이 되어 玄海라는 僧名으로 施納한 奴婢	10口 3口 4口

(주: 원문은 右列縱書이지만, 저자가 上下橫書로 고쳐 쓰고 한자 숫자를 아라비아숫자로 고침.)
<자료: 許興植, 『韓國中世社會史資料集』(서울, 아세아문화사, 1976), PP. 58~59.>

여기서 단순하게 일기장에 기록한 것은 확인할 수 있으나, 그 내용을 장책에 전기하였는지는 알 길이 없다. 그러나 시주한 물품이 관리와 지출을 위한 후속적인 기장 처리가 이뤄졌을 것으로 추정할 수는 있다. 그뿐만 아니라, 사원은 시주자원을 이용하여 여러 가지 명칭의 보(寶)를 통한 고리대(高利貸)가 이루어지고, 각종의 종교의식을 주관하여 사원경제가 확대되는 계기도 되었을 것이다.

따라서 이러한 자료들을 통해 추정해보면, 물품수지가 지속해서 이뤄지는 과정에서 날마다 진행되는 물품 수수의 사실을 차례대로 질서 있게 기장 정리한 것은 월별로 구분하여 정리하고 해가 바뀔 때마다, 일 년 동안 기록된 장표를 모아서 세회(歲會: 연말 결산보고)의 절차를 밟았을 것이다. 이러한 일련의 행위가 사원회계의 흐름을 주도하는 계기가 되었음은 물론이다. 위에서 언급한 자료 이외에 지금까지 전해지는 당시의 회계장부가 발견되지 않은 현실에서 확실한 고증은 어렵다고 하겠으나, 단순한 일기장과 같은 서술방식에 머물렀다고는 해도, 고려 시대 계장(計帳)으로서 당시의 기록계산 정황을 어느 정도 추정해 볼 수 있다는 점에서 소중한 사료인 것만은 분명하다.

4 기록계산을 위한 회계장부(治簿冊)의 등장

1. 회계장부의 기원과 발전

1) 회계행위에 대한 기록 장부의 필요성

회계문화, 특히 단식부기 문화에 있어서 회계행위가 태동 단계에서부터 회계장표를 갖추고 출발한 것은 아니었다. 원시사회의 경우를 보면, 사람들의 기억에 의지하여 물품의 교환에 대한 셈(算)을 치르는 간단한 회계행위가 고작이었을 것이다. 인지가 발달하고 원시문명 사회로 진입하면서부터는 그들 나름대로 비망적인 기록과 계산 방법을 이용하여 회계행위에 대응했을 것이다. 예컨대, 주거지의 담벼락에 숯이나 돌조각으로 표시하거나, 결승법에 따라 표시해둠으로써, 훗날 그 결과를 기억하고 합산하여 자기의 몫을 확인하는 방법 같은 것 등을 들 수 있다. 인간의 기억에는 한계가 있어서, 손쉽게 활용할 수 있는 방법을 통하여 기장효과를 노렸을 것으로 판단된다.

인류의 경제생활에서 비롯되는 회계행위는 오래 보존하고 그 결과를 확인할 수 있게 하는 비망적인 기록계산 방법을 창안함으로써, 점차 회계장부의 기능이 이루어지도록 지혜를 모으게 했다. 비정형화된 단식부기 문화가 형성되던 초기의 회계장부는 이렇게 출발했을 것으로 추정된다. 그렇게 하여 인류는 경제생활에서 비롯되는 거래행위를 시종일관 회계장부에 의하여 기록 계산할 수 있는 회계 방법을 가장 기본적인 수단으로 활용하기에 이르렀다. 어떠한 형태였든 인류의 회계행위에 대한 출발점은 회계장부를 갖추는 것에서부터였다.

고대 문명국가의 형성 이후에는 통치자를 중심으로 국가재정을 위한 조세와 공부(貢賦)를 징수하고 관리하게 되면서부터 창고에 보관한 재화에 대한 관리를 중요시하게 되었을 뿐만 아니라, 동시에 재화의 체계적인 기록계산이 필요하게 되었다. 국고 관리를 위한 회계장부의 필요성은 필연적이었다. 그것이 관부회계(官簿會計)의 발단이다. 귀족을 비롯한 일반서민들도 사유재산의 제도화에 따른 부(富)의 관리와 운용을 위하여 회계장표의 중요성을 인지하게 되었다. 특히 고대사회의 봉건적 경제구조 속에서는 이러한 부의 관리를 위한 회계장부가 중요시되었으며, 전통적인 기록계산법에 따른 회계장부의 비치가 이루어졌을 것이다. 그러한 회계장부의 설치풍토는 고대사회에서부터 전승되어 국가재정을 관리하는 중요한 정보 자료의 기능을 수행했고 서민경제의 활성화를 가져오게 하는 경영지표의 역할을 했다. 그러므로 회계행위의 집약체인 회계장부는 아득한 고대의 경제사회에서부터 필요한 존재로 작용했다고 보게 되는 것이다.

2) 장부 명칭의 기원과 변화

(1) 제1단계 : 원시적 기록계산 도구의 기원

우리나라에서 회계장부의 형태가 등장한 것은 선사시대부터였다. 물론, 그때의 장부가 전해지고 있는 것은 없으나, 사료(史料)에 의하면 시대사적 경제 사정을 기술한 부분에서 회계행위에 대한 기록이 있음을 발견할 수 있다. 선사시대의 인류는 물품거래가 이루어지면, 동물들의 모양을 암벽에 그려서 물품거래의 양을 나타냈다. 처음에는 물품 교환을 통한 거래의 양을 그림으로 나타냈으나, 후에는 부호나 문자로 변천되었다. 이처럼 벽에 거래 사실을 그림으로 표시하거나, 새끼줄로 매듭을 지어 표시해두는 등, 편리하고 손쉬운 방법에 의지해 셈하였을 것이다.

인류는 원시문명 사회로 진입하면서 더욱더 진전된 기록계산의 수단으로서 「부신(符信)」을 이용하였다. 부락공동체의 사람들이 식품을 얻기 위하여 조별로 나누어 마을의 동서남북으로 나아가 사냥을 한 후, 사냥물을 가지고 마을로 돌아와 촌장에게 보고할 때는 구두(口頭)로 정직하게 보고한다는 뜻의 「계(計)」를 부신으로 나타내었다. 이러한 회계행위는 기억의 한계를 벗어나는 물품 교환일 경우에 더욱 필요로 했을 것이다. 거래량이 많아지거나, 외상으로 물품 교환이 이뤄졌을 때는 부신을 발행하여 상호보관함으로써, 훗날 거래의 사실을 확인할 수 있도록 했다. 이렇게 시작된 거래 사실의 기록계산 방법은 시간과 공간을 초월하여 회계장부를 창안하는 수준까지 진화한 것으로 보인다.

고조선 초기에는 숫자와 도량형 용구가 발명됨에 따라 실물을 계량하는 단위가 고안되어 「서계(書契)」의 단계에 이르렀다. 서계는 고조선 시대에 회계 윤곽을 나타내는 장표(帳票)의 시초였다. 환단고기(桓檀古記) 등의 고서(古書)에 의하면 그것은 국고회계의 재정적인 기록계산뿐만 아니라, 일반 행정조직 기록문서의 기능도 수행하였다. 당시의 서계에는 간단한 계량기록이 수골(獸骨, 짐승 뼈)·죽편(竹片, 대나무)·목판(木板)에 새겨 넣는 방식으로 표시되었다. 서계는 그 당시의 사람들이 부르던 명칭이고 우리나라 회계장부의 원시적 맹아(萌芽)라고 할 수 있다.

회계사학자인 「채트필드」에 의하면, 고대의 기록유지는 국가의 필요와 국민의 사업상 필요를 충족시키기 위하여 장부의 형태로 개발되었다고 하였다. 바빌로니아 함무라비 왕조(BC2285~2242)시대의 「함무라비법전」(the Code of Hammurabi)에 의하면, 상인의 대리인은 거래내역을 표시한 증서를 그 위임자에게 제출해야 한다. 그렇게 하지 않고 분쟁이 일게 되면, 그것은 법적 효력을 잃게 된다. 사소한 물품거래의 경우에도 계약당사자와 증인이 거래내역을 표시한 증서를 작성하여 서명하는 것이 관례였다. 공인기록관(고대사회의 회계사)이 계약서와 거래명세서를 작성하여 법률적 사항을 준수하고 있는지를 확인하였다. 또한 기록관은 나무막대를 필기도구로 사용하여 작은 점토판(粘土板)에 그 내용을 기록하였다. 대중이 거의 문맹이었기 때문에, 그로 인하여 발생하는 불편을 해소하기 위하여 돌로 만든 신분 증표인 호부(護符)를 목에 걸고 다녔다. 거래 당사자는 각각 호부를 점토판에 눌러서 서명하고, 기록관은 그들의 이름을 그대로 기록함으로써, 그것을 증거로 보관하였다. 중요한 상거래의 회계장표라 할 수 있는 점토판은 햇빛이나 불에 말려서 만들었다고 한다.[69]

(2) 제2단계 : 간책(簡冊)·서산(書算)의 출현

서계(書契)에서 비롯된 고대사회의 중요한 장표는 주로 공세(貢稅)의 세입·세출을 기록하는 국고회계의 기능을 수행했으며, 점차적으로 죽편(竹片)을 이용한 기장 방법이 고안되었다. 고대사회에서는 대쪽(簡)에 글자나 숫자를 새겨 넣고 그것들을 엮어서 두루마리 모양으로 책(冊)을 만들어 사용했는데, 관청의 문서로도 이용했고, 부세(賦稅)에 관한 기록을 하는 등, 국가재정의 주요 사항을 기록·관리하는 문서의 역할

---

69) Michael Chatfield, "A History of Accounting Thought," (New York, Robert E. Krieger Publishing, 1977), P. 5; Douglas Garbutt, "The Significance of Ancient Mesopotamia in Accounting History," (the Accounting Historians Journal, Spring, 1984~87).

을 했던 것인데, 이것을 일컬어 간책(簡冊)이라고 하였다.

고대 문명국가에서 시작된 서계 형식의 장표는 간책이라는 회계장표의 형태로 진화하게 되었다. 이러한 간책을 산책(算柵) 또는 서산(書算)이라는 이름으로 부르기도 했다. 이것은 종이가 발명되기까지 상당한 기간 국가의 중앙정부와 지방 관서의 재정관리를 위한 중요한 기록계산 수단으로서 작용하였다. 그뿐만 아니라, 귀족들의 부(富)를 관리하고 부의 증감 결과를 기록 유지하기 위하여 서산(書算)을 두어 활용했다. 일반서민의 경우는 대부분 문맹(文盲)이었지만, 사찰의 승려나 상업에 종사하는 상인계급에서는 기록계산의 수단으로서 서산(書算: 算柵)을 사용했을 것으로 추정된다.

고조선 시대에는 이러한 간책 또는 서산이 국고의 재정관리는 물론, 사찰의 재정관리, 더 나아가서는 일반서민의 상업 활동에도 기록계산을 위한 장표(帳票)로 활용되었다. 이 시대에는 간책·서산이 등장함으로써, 진일보한 수준의 기록계산 절차가 이뤄지게 되었다. 그것은 기록보존이라는 비망록의 차원을 넘어서 기록계산의 결과를 들여다볼 수 있는 수준으로 진화하였음을 보여준다. 기록 계산하여 그 결과를 파악하고 앞으로의 방향을 가늠하는 산책(算柵)의 역할이 가능해졌다. 결국, 이러한 산책은 날마다 기록계산이 가능하고 월별로 기록보존이 가능하게 되었음은 물론, 연말에 가서 월별로 기록보존된 것을 모아 1년 동안의 기록계산 결과를 정리하는 절차를 가능하게 하였다. 이는 날마다의 기록계산(日計)과 월별의 기록계산(月計)을 모두 합산하여 그 결과를 확인하는 세계(歲計)로까지 진화했음을 의미한다.

중국의 고전문헌에 「성요회(成要會)」라는 기록이 있는데, 이것은 일종의 회계장표를 지칭하는 표현이라고 한다. 성(成)은 일계표(日計表)이고, 요(要)는 일계표를 모아 작성한 월계표(月計表)를 뜻하며, 회(會)는 월계표를 종합한 최종결산서를 의미한다. 여기서 회(會)는 연말에 모두 모아서 합산·정리한다는 의미로 세회(歲會)라 했으며 연말에 일괄 계산한다고 하여 세계(歲計)라고 표현하기도 했다. 이는 1년 동안 기록 계산한 경제적 거래의 사실을 종합적으로 합산하고 요약·정리하여 그 결과를 산출하는 과정을 의미한다. 세회(歲會)와 세계(歲計)의 합성어가 회계(會計)이다. 그리고 회계는 모든 경제활동의 관리수단(政)의 기능을 담당하는 기본이라는 심오한 의미가 내포되어 있다(月計曰要歲計曰會又歲終則會計基政).[70]

(3) 제3단계 : 적서(籍書)·부서(簿書)의 등장

고조선 시대의 후기부터 삼국이 정립되기까지의 시기에는 봉건적 국가체제가 확립되고 농경문화를 중심으로 하는 토지제도가 어느 정도 정비되고 부세(賦稅) 시스템도

---

70) 周禮, (天官大宰·天官小宰).

구축되어 안정적인 국가재정 운영이 가능하게 되었다. 민간부문의 상업문화가 정착단계에 이르게 되면서 회계장표의 명칭도 한층 세련미를 보였다. 이 시대의 장부도 대쪽을 이용한 죽간(竹簡)이 여전히 작성되어 국가의 규칙에 의한 수장물(收藏物)의 하나가 되었다. 그러나 수장물로 쌓아놓는 죽간에 대한 표현이 달라졌다. 즉, 적(籍)이라는 문자를 사용하게 되었고, 적(籍) 또는 적서(籍書)가 간책(簡冊)을 대신하는 장부 명칭으로 바뀌었다는 것이다. 이는 회계장부의 명칭에 전용 명칭이 생성되는 단계에 들어섰다는 것을 의미한다.

고고학적 고서(古書)에 의하면, 고조선 후기에 이르러서는 부서기회(簿書基會:장부기록은 회계의 근본이다)의 문구에서 볼 수 있듯이 부서(簿書)라는 기록계산서의 명칭도 사용되기 시작하였다고 한다. 국가재정의 기초가 되는 공세(貢稅)의 징수에 의한 세입·세출의 기록계산은 물론, 물품의 재고관리나 물품의 교환거래에서 비롯되는 회계 사항의 기록계산은 「부서(簿書)」를 통하여 정리되었다. 당시의 재정회계 부문은 장표의 명칭을 표시하면서 일반적으로 「부(簿)」라는 문자를 이용하여 조세·곡물·재물·금전 등에 첨부하여 기록부의 명칭이 만들어졌다. 예컨대, 공부입출부(貢賦入出簿)·곡물부·재물입출부 등의 명칭으로 작성되었다는 것이다.

따라서 이 시기의 회계장부는 적서(籍書)와 부서(簿書)가 병용되고 있었음을 확인하게 된다. 간책과 부서라는 명칭을 사용하던 시기와는 달리 기록계산서의 내용을 구분해서 사용하기 시작했다는 것도 적서와 부서의 명칭 사용에서부터 비롯되었음을 찾아볼 수 있다. 적서에 기록계산하는 내용과 부서에 기록계산하는 내용이 분명하게 구분되었다. 호구조사 같은 경우에는 적서라는 명칭을 사용했고, 물품유통이나 교환거래의 경우에는 부서라는 명칭을 사용함으로써, 양자의 구분된 기장구조를 갖추기 시작했다는 것이다. 이것은 그 기원에 불과했고 구체적인 구분체계는 다음에 언급하는 진화단계에 이르러서야 명확하게 구축되었다고 할 수 있다.

(4) 제4단계 : 계부(計簿)·장적(帳籍)으로의 진화

삼국시대가 정립되면서부터는 강력한 왕권 체제의 확립과 더불어 부국강병의 정책을 구사하게 되었고, 국가재정기반을 구축하기 위한 국고회계는 필수 불가결한 수단으로 작용하였다. 그에 따라 국고회계의 장부 명칭에도 변화를 가져왔다. 계부(計簿)와 장적(帳籍)으로의 진화가 그것이다.

계부나 장적은 모두 산학(算學)의 범주에 속하는 것으로 되어 있었다. 신라 성덕왕 16(AD717)년에 산학박사(算學博士)와 산사(算士)를 두어 국가재정 관리에 종사토록 한 것을 보면, 계부와 장적인 회계장부의 역할을 하기도 했지만, 왕명출납이나 국고회계는 물론, 호구조사와 전적(田籍)에 관한 통계관리에도 사용되었던 것으로 보인다. 성덕왕 21년(AD722)에 전국적인 호구조사와 토지조사를 통해 작성된 장적(帳籍)에 근거하여 백성들에게 정전(丁田)을 하사했으며, 기존에 소유하고 있던 백성들의 사유지에 대한 소유권을 법제화하여 토지가 없는 백성들에게 국유지를 지급도록 하는 조치도 있었다고 한다.71)

통일신라 시대에 들어와서는 호구조사와 전적 관리에서 비롯된「장적(帳籍)」이 회계장부의 기능을 대신하는 것으로 이용되기도 했다. 삼국유사에 의하면, 호구조사와 같은 통계적 기록계산뿐만 아니라, 국고회계의 장부로서 장적이라는 명칭이 사용되었음을 찾아볼 수 있다. 지금까지 전해지고 있는 장적의 편린(片鱗)이 삼국유사(최남선 역주)의 뒤에 소개되어 있다.

이 시대에는 장적이라는 회계장표의 명칭 이외에도 계부(計簿)라는 명칭이 사용되고 있었음에 유의할 필요가 있다. 이것은 이전 시대에 사용하던 부서(簿書)가 진화된 것이다. 일반적으로 기록부의 성격을 지녔던 부서라는 장표의 명칭이 고대의 서산에서 진일보한 것이었다고 한다면, 계부(計簿)는 거기에서 더 나아가 순수한 회계사실 기록계산하는 기장 명칭으로 진화했음을 의미한다.

이러한 상황을 감안하면, 통일신라시대부터 회계장표의 명칭은 점차 기능적인 전용화의 과정에 진입하여 있었음을 보게 된다. 따라서 이 시대에 사용되었던 계부와 장적에 붙여진 부(簿)와 적(籍)은 그 용도에 따라 명확히 분화되었다. 즉, 부(簿)를 사용하여 회계적인 기록계산을 표시하는 계부(計簿)라고 하였다. 적(籍)은 호적·전적 등의 통계적 기능을 나타내는 기록계산에 사용되었는데, 이를 통틀어 장적(帳籍)이라는 명칭으로 총괄했다. 그러므로 이 시대의 회계적인 기록계산과 통계적 기록계산은 명칭상으로 전용화되어 명확히 구분되는 진화의 단계였다고 할 수 있다.

(5) 제5단계 : 치부(治簿)·장부(帳簿)로의 발전

중세의 고려시대를 거쳐 근세의 조선 시대로 이어지는 봉건주의적 질곡의 시대상황 속에서도 상거래의 발달과 더불어 회계장표의 명칭은 새로운 발전단계를 맞이하게 된다. 계부(計簿)라고 이르던 회계장표의 명칭은 치부(置簿 또는 治簿)라고 부르는 단계로 발전하였고, 장적(帳籍)이라 이르던 장표의 명칭은 장책(帳冊 또는 賑冊)이라고 부르게 되었다. 전자는 국고회계에 한정되다시피 했던 고대사회의 기장 명칭의 단계에서 벗어나 민간부문의 상거래 활동에서 비롯되는 다양한 기장 절차를 포용하는 장표명칭으로 발전한 표현이라고 할 수 있다. 후자는 통계적 기록계산 절차를 의미하던 한정된 표현

---

71) 김부식, 『삼국사기』, 권8(신라본기 제8).

단계를 탈피하여 상거래에서 비롯되는 기장절차의 다양성을 포괄하는 단계의 장표 이름으로 발전했다.

여기서 기록계산에 장(帳)이라는 문자를 사용하게 된 기원을 살펴볼 필요가 있다. 고서(古書)에 의하면, 고대국가에서 비롯된 것으로서 임금이나 고위 관리가 외부순방·시찰·사냥 등을 나갈 경우, 휴식과 숙박을 위하여 필요한 물품을 지참하게 되는데, 그때 가져간 물품들을 휘장과 장막으로 가려서 보관하였다. 그 소요 물품들은 공공의 재화였으며, 조달 비용도 고액이었으므로, 관리책임자가 수행하여 수지 관계를 기록계산하였다. 장막 속의 물품관리 책임자는 기록계산을 편리하게 하려면 청탁사항(請託事項)을 차(借)라는 문자를 사용하여 철저하게 장막 안의 재물을 기록계산하고 수지(收支)를 검사하였다. 이러한 회계행위를 기장(記帳)이라고 했으며, 그 관리사항을 기록한 서류를 「장부(帳簿)」라고 호칭하게 되었다. 그래서 기장이라는 표현과 장부라는 명칭이 이뤄졌다는 것이다.

한편, 민간부문의 경우, 점포를 차려서 장사하는 상인은 상점 앞에서 상품매매를 하고 점포 안에서 책임자가 기록계산을 하였다. 점포의 안과 밖을 구별하는 보수적 경영에서는 회계행위를 비밀로 해서, 점포 내외를 포장(布帳)으로 구분해놓았다. 이것을 장렴(帳簾)이라고 불렀으며, 후에 장방(帳房)72)라는 호칭으로 통했다고 한다. 그곳에서 이뤄지는 회계 사항의 기록계산을 기장(記帳)이라고 표현하게 되었음은 물론, 기록계산된 모든 서류를 「장부(帳簿)」라고 하였다. 상인은 재물을 의미하는 「패(貝)」문자를 변으로 쓴 「장(賬)」문자를 사용한 「장책(賬冊)」이라 표현하기도 했다.73) 타급장책(他給賬冊)·외상장책(外上賬冊) 등은 상인들이 흔히 쓰던 장표 명칭의 하나였음을 보면 가히 그 연유를 이해할 수 있을 것이다.

이상에서 살펴본 바와 같이, 다양한 장표 명칭이 발전단계를 거치는 사이에 통계적 의미를 지녔던 장적(帳籍)인 단순한 전적(田籍)·호적(戶籍) 등의 의미로 머물게 되었다. 회계행위의 범위가 국고회계를 벗어나 민간부문의 다양한 상거래 활동 결과를 나타내는 장표 명칭이 필요했다. 통계적 의미를 제외한 순수한 회계행위의 기장 절차를 표현하는 장표의 이름으로 귀착하게 되었다. 결국, 치부(致富)의 의미를 지닌 치부(治簿)와 장책(帳冊)으로 양분되었던 장표 명칭은 회계행위의 종합적 기장절차를 나타내는 장부(帳簿)라는 이름으로 통일되기에 이르렀다.

따라서 장(帳)의 문자를 빌려 회계행위를 나타내는 장부(帳簿)라는 명칭은 오랜 세월이 지나는 동안 사람들의 관습적 회계용어로 정착되기에 이르렀다. 인류의 언어와 문자의 발전사를 통하여 이러한 상황은 수용될 수 있다. 예컨대, 호구조사에서 비롯된

---

72) 장방(帳房)은 회계행위의 장장(帳場)과 같은 뜻이며, 이른바 금전을 출납하는 장소 또는 사무실을 의미한다.
73) 郭道揚 原著·津谷原弘 譯, 『中國會計發展史綱』(上), 文眞堂, 1988, PP. 140~141.

기록부를 호적장(戶籍帳), 그리고 회계적인 기록계산의 종합서류를 「계산장(計算帳)」이라고 부르는 것도 이러한 연유에서 비롯되었다고 할 수 있다. 동서 문화의 다양한 교류가 시작된 근대화의 과정을 거치면서도 장부라는 명칭은 계속 사용되었고, 현대적 회계문화의 지속적인 발전이 이뤄지는 오늘날에 이르러서도 회계장부(會計帳簿)의 명칭은 관습적으로 변함없이 사용되고 있음을 보게 된다.

3) 장부조직문화의 변천

경제적 거래 사실을 파악하여 기록하고 분류 정리하기 위한 가장 합리적인 방법은 회계장부를 설치하는 것이다. 회계장부는 모든 경제활동에서 비롯되는 수지관계를 담아 넣는 장소이며, 그것을 관리하는 회계자료의 저장소이다. 그러므로 장부의 관리담당자는 각종의 경제적 거래사항을 장부에 기록하고 그에 관련되는 필요한 자료를 얻어서 경제적 계산목적을 달성하게 된다.

회계장부를 설치하고 분류하는 수준은 그 사회의 경제적 발전 수준과 사람들의 인식 수준, 즉 경제적 관리 수준에 따라 결정된다. 인류의 문명사회가 개시되던 초기부터 장부의 이용은 비롯되었다고 볼 수 있으나, 그 후 점차 경제적 발전단계를 거치면서 단일장부의 설치과정을 지나 분화되는 절차를 밟아가게 된다. 그 후 회계장부는 다양하게 분류되면서 비교적 완전한 회계장부의 조직체계를 갖추게 되는 단계에까지 진화를 거듭하였다. 인류의 회계 발전사상 단식부기의 장부조직과 구조적 분류가 이뤄지고 발전되는 과정은 고대 문명국가의 경우, 시공을 초월하여 유사한 행태로 나타났다고 할 수 있다.

우리나라의 고대 문명국가에서부터 비롯되었다고 하는 장부의 기원과 진화는 상술한 장표의 명칭 변화와 더불어 이뤄졌다고 본다. 그것은 단일장부의 시기를 지나 장표의 구조적 분화의 단계를 거친 후, 한국식 장부조직의 체계를 갖추게 되었다. 그 후 서양식 장부조직의 도입과정을 거치면서 근대적 장부조직의 개량이 이뤄졌다고 보는 것이다. 그러나 고대사회에서부터 고려 시대에 이르기까지 사용되었을 것으로 추정되는 회계장부는 발견되지 않고 있다. 다만 그와 관련된 징빙서류의 편린(片鱗)이 전해지고 있을 뿐, 회계장부의 전반적 상황은 가늠해볼 길이 없다. 고서(古書)에서 간헐적으로 발견되는 회계장부의 명칭에 대한 접근은 가능했으나, 회계장부의 실물은 역사의 질곡 속에서 없어져 전승되는 것을 발견할 수 없었다. 물론, 장부조직에 관해서도 고려사회까지의 것은 전혀 접근이 불가능했다. 그래서 궁여지책으로 같은 시대의 이웃나라 중국의 고전문헌을 섭렵하여 우리나라의 고대사회와 중세사회의 시대 상황에 맞추어 유추해보는 방법을 이용하기로 하였다. 왜냐하면, 중국과 한국은 역사적으로 밀접한 교류 관계를 유지해 왔으며, 국제적 교류를 통한 회계기법의 계수(繼受)도 반드시 있었을 것으로 볼 수 있기 때문이다. 예컨대, 고조선 시대의 중엽, 기자동래설(箕子東來說)에 근거하는 기자조선의 형성은 중국문물의 전례(傳來)가 있었음을 의미하는 근거이다. 삼국시대 초기의 한사군(漢四郡) 설치는 역시 한(漢))의 문화가 이식되었다고 볼 수 있는 사실(史實)이다. 그뿐만 아니라, 당(唐)의 군사력을 빌려 삼국통일을 이룬 신라는 당문화(唐文化)의 유입이 빈번하였으며, 송원(宋元)과 교류했던 고려 시대는 물론, 명청(明淸)시대의 조공국(朝貢國) 위치에 있었던 조선이 중국문물을 계수(繼受)할 수밖에 없었던 점을 감안하면, 회계문화도 예외일 수 없다는 것이다. 따라서 현존하는 중국의 고서(古書)에 의한 회계장부의 기원과 진화과정을 섭렵함으로써, 징빙자료가 빈약한 우리나라 장부조직의 역사적 전개 과정을 중국의 그것과 시대사적으로 유추해보기로 한다.

(1) 단일장부의 시대

우리나라의 원시사회 말기부터 고조선 시대에 이르기까지는 생산과 교환과정이 간단하였으므로, 그 당시의 사람들은 물적 유통을 통한 경제적 기록사항을 단일유형의 장부를 이용하여 기록하였다. 그 장부에는 항목을 구분함이 없이 기록했으며, 총괄하거나 명세적인 기록 구분도 없었다. 오직 유일한 기장수칙은 경제적 거래 사실을 발생 순서별로 일일이 기록했다는 것이다. 이러한 회계적인 기록을 후세의 사람들이 「유수기록(流水記錄)」이라고 불렀다. 물적 유통이 마치 밀물과 썰물처럼 흘러들어왔다(流入)가 흘러나가(流出)는 것과 같다고 하여 붙여진 것이라고 한다.74) 그래서 재물의 흐름을 기록한 부서(簿書)를 일컬어 서계(書契)라고 하다가 유수서산(流水書算) 또는 유수간책(流水簡冊)이라고 하였다. 재물을 보관하는 장막(帳幕)으로의 유입 유출을 뜻하는 유수장책(流水帳冊)이라고도 하며, 치부(致富=治簿)를 뜻하는 표현이다.

이 시기의 부서(簿書)는 초록(草綠)의 단계였다. 그 특징은 ① 초일기(草日記)로서 물적 유통의 발생 사실에 따라 순차적인 기록을 하는 것이며, 순서를 바꾸는 것이 허용되지 않았다. ② 비망기록으로서 유입 유출의 구분이 없으며 항목별 분류도 없을 뿐만 아니라, 일정한 기입 형식도 갖춰지지 않았으며 명확한 기록을 나타내지도 못했다. ③

---

74) 古書의 기록에 의하면, 『時光宛如奔流之水, 源源長流不斷』에서 찾아볼 수 있다. 옛날 상인이 재산의 확대를 이룩하고 三江四海에 유수(流水)처럼 흘러가도 다 사용 못 할 만큼 수익획득을 기원하면서 장부(帳簿)상에 주필(朱筆)로 「流水」라는 문구를 묘사하여 행운을 기원했다는 고사(古事)에서 비롯되었다고 한다. 老子의 道德經에도 君子如水 上善若水라는 구절이 있다. 이것은 군자가 물과 같은 성품을 지녀야 하고 선행을 함에 있어서도 물의 속성을 따라 행하라는 뜻이다. 고대국가에서부터 상행위의 근본도 물의 속성에 근거하여 이뤄져야 한다는 의미에서 장부를 설치할 때 流水書算 또는 流水帳冊(帳籍)이라고 표현했던 것에서 유래한다.

무증거(無證據)의 기록이며, 일정한 수장(收藏)·재고기록도 없을뿐더러 결산도 이뤄지지 않았다.75)

이와 유사한 상황은 서양에도 존재했음을 발견할 수 있다. BC3,000년경의 바빌로니아에서는 사제(司祭)에 의한 기록계산서가 공물과 비용기록이 초일기의 형식과 유사하며, BC2,000년경의 고대 그리스인이 작성했다는 물품명세서도 분명하게 부서(簿書)의 특징을 띄고 있다고 한다. 그리고 BC15세기 전후의 페니키아인들이 조성한 노예제 도시(현재의 레바논과 시리아 연안 일대)의 상인들 기록에서도 초일기와 유사한 기장사실을 발견할 수 있다고 한다.76)

이처럼 인류가 최초에 사용했던 장부는 미숙하기 짝이 없었고, 장부조직에 있어서도 유치한 초기 단계의 것이었다. 그러나 산업경제의 발달이 이뤄지는 과정에서 물품거래에서 비롯되는 회계장부의 설치도 단일장부만으로는 한계가 있음을 인식하고, 드디어 장부를 분할하여 복수 장부의 설치를 모색하기에 이르렀다.

(2) 장부조직의 분화 및 진화

고대국가의 전개 과정에서는 원시공동체의 사회구조를 탈피하여 청동기문화의 꽃을 피워 경제적 진화의 과정에서 회계문화의 향상을 기하게 된다. 이 때의 회계는 국고회계가 주류를 이루고 있었으므로, 공부관리(貢賦管理)는 상술한 단일장부만으로는 불충분할 수밖에 없었다. 국고회계의 담당관은 기록계산을 위한 장부의 분화(分化)를 통하여 단일장부에서 비롯되는 결함을 개선하려 했던 것으로 볼 수 있다.

고구려·백제·신라의 삼국이 정립된 시기는 진·한(秦·漢)시대에 해당하며 사회문화의 수준 향상과 경제구조의 발달이 상당한 수준에 이르렀으나, 한사군(漢四郡)의 설치로 한(漢)의 문화이식(文化利殖)이 이뤄지던 시기였다. 그런 상황에서도 삼국은 왕권 중심의 강력한 정치체제가 확립되어 조세체계의 확립과 전제(田制) 정비에서 비롯되는 국고회계의 중요성을 인식하게 되었다. 국고 회계담당관은 중앙정부의 시책에 따라 다양해지는 재화의 유통결과를 단일장부에 기록하기보다는 그것을 세분화함으로써, 복수의 회계장부 시스템을 통한 기록계산의 문제점을 해결하려 했다.

따라서 회계적인 기록계산의 수준은 향상되고 또한 복잡 다양해짐으로써, 회계적인 장부조직은 점차 세분되는 과정을 밟아가게 되었다. 회계장부 간의 독립적인 관계가

---

75) 郭道揚 著·津谷原弘 譯, 前揭書, PP. 144~145.
76) Arthur H. Woolf, "A Short History of Accountants and Accountancy," (London, 1912, 1974).; Brown, R. "A History of Accounting and Accountants," (Edinburgh and London, 1905 ; Green, W. L. "History and Survey of Accountancy," (New York, 1930) ; Littleton, A. C., "Accounting Evolution to 1900,"(1933)

유지되고는 있었으나, 장부 상호 간의 유기적 관계가 형성되는 경향이 있었다. 예컨대, 총괄분류와 명세분류의 구분은 물론, 비용계산 부문의 장부가 출현한 것이다.

이 시기에 사용되었던 단일장부는 개괄적 잠정기록부로서의 초일기(草日記: 훗날의 일기장)로서 일기책(훗날의 분개장)과 총장적(總帳籍: 훗날의 원장)의 3장부 체계의 장부 시스템이 진화되는 과정을 거친다. 이는 치부 회계의 기본적 기장시스템인 3장부의 근간이 형성되어가는 과정이었음을 의미하는 것이다. 이러한 장부 시스템은 단식부기를 바탕으로 하는 단계의 것이었지만, 비교적 그 이전 시대보다는 기록계산의 선명성을 띠게 되었고, 재화의 속성에 따라 유형별 총괄계산과 명세분류계산을 할 수 있을 만큼 진화되었다. 국고회계의 주관부처는 일반적으로 총괄분류 정책을 설정하여 재화의 유입·유출·잔여 총액을 분류·표시하였다. 그와 동시에 관련부서(部署)에서는 명세분류 정책을 설치하고 각종 재화의 입출(入出)·잔여 금액을 기록 표시했다. 담당 부서는 정기적으로 상부에 보고함과 동시에, 품목별로 점검하는 절차를 거치도록 하였다.

통일신라 시대를 거쳐 고려 시대로 들어오면서 관부회계의 발달과 더불어 민간부문 회계도 눈에 띄게 발달하였다. 그것은 국내 상업의 발달뿐만 아니라, 송(宋)·원(元)·대식국(大食國: 지금의 아라비아) 등, 외국과의 교역을 통한 상거래 활동이 활발하게 이뤄졌기 때문이다. 이 과정에서 외국 상인들과의 교류를 통한 새로운 회계시스템이 전수되어 장부조직의 개선에 더욱 박차를 가했던 것으로 보인다.

중국의 고전문헌에 의하면, 통일신라 말기에서 고려 시대에 이르는 송·원(宋·元) 시기에 민간 상인들의 3장부 설치가 궤방(櫃坊 또는 金櫃)과 연관되어 있다는 사실에 주목할 필요가 있다. 궤방이라 함은 사람을 대신하여 금전·재물을 보관하는 점포(所藏空間)를 의미한다. 그 운영은 복잡하여 수지관계 이외에도 경상적으로 발생하는 채권·채무의 관계가 있으며 그에 수반하는 「왕래부서」(往來簿書)77)의 설정이 필요하다. 매일 발생하는 외상거래의 대체관계(對替關係)를, 궤방주(櫃坊主: 金櫃主)가 분별하여 외상거래장적(外上去來帳籍)과 금전입출장적(金錢入出帳籍)으로 기록했다. 예컨대, 고객의 예금계좌는 낮(日中)에는 영업이 다망(多忙)하기 때문에, 초록장(草綠帳: 日記帳)에 기록해두었다가, 일과 종료 후에 그것에 근거하여 분류·기록했다는 것이다. 궤방(櫃坊 또는 金櫃)을 이용한 기장절차는 당시의 상인들이 고안한 독특한 기장 방법이며, 이 궤방을 금전과 물품을 맡아두는 하나의 인격체로 간주했다는 점에서 비교적 진일보한 장부 시스템이라고 할 수 있다.78)

---

77) 왕래부서(往來簿書)는 인명계정을 기록해두는 장부를 일컬으며, 인명을 사용한 1인 계정에 채권과 채무를 병합하여 기록하는바, 훗날 송도치부법(松都治簿法: 開城 簿記)에서 금궤(金櫃)가 등장하고 봉차장(捧次帳)·급차장(給次帳) 또는 외상 정책(外上賬冊)·타급 장책(他給賬冊) 등의 명칭과 유사한 개념이다. 여기서 왕래부서(往來簿書) 또는 왕래장적(往來帳籍)은 오늘날의 외상거래를 기록 계산하는 매출처원장·매입처원장을 종합한 장부라고 할 수 있다.

그 후 민간 상업 회계에서 활용되었던 장부조직은 종래의 3장부를 근간으로 하는 주요부와 그에 수반되는 보충 자료를 정리한 보조부로 분할·진화되었다. 그런데 우리 나라의 상인사회에서는 ① 초일기(草日記)·② 정일기(正日記)·③ 정책(賑冊)으로 기본적인 장부조직이 이루어져 있다.79)

그것은 초일기를 기점으로 하여 원시 증거로서의 기록이 일일이 이뤄지고, 초일기에 잠정적으로 기록한 내용을 정일기(正日記)에서 금전거래·매입·매출·외상거래·기타 등등으로 분할하여 장책에 전기하게 된다. 전기(轉記)가 이루어진 총괄 장책에서는 이들을 모아 각 장간(各帳間)의 계좌별(計座別: 計定別) 전기와 결산 정리를 하게 된다. 이처럼 3장부의 순차적인 기록계산이 이뤄진 다음, 그 결과를 결산이라는 이름으로 보고하게 된다. 이 과정에서 필요한 자료를 저장해 둔 기능별 장부가 보조장부이다.

이러한 3장(帳) 구조의 장부조직체계는 고대사회로부터 발원하여 오랜 세월을 거치는 동안, 상업 문화적 환경변화에 대응하면서 진화에 진화를 거듭하여 이루어진 결과이다. 그리고 그것은 상품·화폐경제의 발전에 따라 점차 개량되고 과학적 방향으로 변화됐다. 따라서 회계의 3장부 구조는 징빙서(傳票)·장부·보고서의 결합 관계를 지향하는 과정에서 진화한 단식부기의 결정체(結晶體)라고 할 수 있다. 이러한 단식부기적 회계장부의 발전은 우리나라를 비롯한 동서양의 상업 사회에서 유사한 진화의 과정이었다고 할 수 있을 것이다.

2. 회계기록 방법의 전개 과정

1) 회계장부상 기록계산항목의 등장

고대의 노예 시대와 봉건시대에는 사회경제적 상황이 비교적 낮고 후진적이었기 때문에, 물적 유통과정에서 나타나는 경제 사항을 내용별로 분류·정리하여 계통적인 기록·계산항목(會計科目·計定科目)을 설정하는 것은 요원한 일이었다. 그런데 고전문헌에 의하면, 노예 시대와 봉건시대의 관부회계에서는 재정수지항목에 따라 분류·분항(分項: 계산항목별로 나눔) 계산이 이뤄지고 있었다고 한다. 당시의 민간부문 회계의 경우에는 사회경제적 활동에서 나타나는 물적(物的) 유통의 기본적 규율(規律)을 깊이

---

78) 郭道揚 著·津谷原弘 訳, 前揭書, PP. 149. <여기서, 현병주의 四介松都治簿法에 기술된 금궤(金櫃)와 견주어 봄으로써, 그 연원에 대한 관계를 음미해 볼 필요가 있다고 생각한다.>

79) 비교론적 관점에서 보면, 장부 명칭은 다르지만, 초류장(草流帳)이 초일기(草日記)로, 세류장(細流帳)이 정일기(正日記)로, 그리고 총류장(總流帳)이 정책(賑冊: 帳冊)으로 주요장부의 명칭이 확인된다. 이러한 봉건사회의 장부구조는 오늘날의 복식부기에서 말하는 일기장·분개장·총계정원장을 의미하는 것으로 보면 된다.

인식할 수 있는 단계가 아니었으므로, 관부회계와는 다르게 민간부문의 상거래를 기록・계산하는 과정에서 체계적인 계산항목의 분류가 이뤄지고 있지는 않았다. 그렇다고 하더라도, 관부회계를 중심으로 하는 계산항목의 분류 방법이 등장했다는 것은 회계과목(計定科目) 설치의 기원을 암시하는 것이라고 할 수 있다.

이처럼 고대국가의 관부회계를 중심으로 하는 기록・계산항목의 간단한 분류 방법의 맹아(萌芽)를 기초로 하여 항목별 계산이 이뤄지면서, 물적 유통의 규율을 정리하게 되고, 질서 있는 기록・계산항목(會計科目)으로 진화되어 갔다. 이러한 계산항목의 진화과정은 단순하던 단식부기가 복잡하고 질서정연하게 체계화되는 계기를 마련해주었으며, 결국 복식부기의 「계정과목」으로 분류되어 진화・발전하는 초석이 되었다.

고대사회의 관부회계에서 비롯된 기록・계산항목(계정과목)의 생성・발전은 3단계를 거쳐 진화되어왔다. 제1단계는 고대사회의 단순한 기록・계산항목 분류의 시기이며, 제2단계는 중세사회의 비교적 진화된 항목분류의 이용 시기이다. 그리고 제3단계는 근세사회의 개량된 계정과목이 설치・사용된 시기로서 단식부기에서 복식부기(四介松都治簿法)로 진화하는 과정에서 이루어진 것을 일컫는다.

(1) 제1단계의 기록・계산항목

고대국가의 관부회계에서 처음으로 항목별 계산이 이뤄진 것은 국가재정의 수지항목(收支項目)에 관한 규정을 설정하면서부터라고 한다. 이러한 국가재정 수지항목의 규정에 따라, 회계장부를 설치하고 기록계산을 위한 항목별로 계산한 것이 기록・계산항목(계정과목)의 기원라고 할 수 있다.

이를 부연(敷衍)하면, 우리나라 고대 문명국가(古朝鮮時代)의 국고회계에서 사용한 기록・계산항목은 국가가 규정한 「재정수지항목(財政收支項目)」에서 비롯되었다. 이 수지항목의 계좌(計座)는 각각의 수지항목을 회계장부에 독립하여 기장하는 장소를 일컫는다.

고전문헌에 의하면, 우리나라 최초의 고대 문명국가인 고조선 시대부터 부세(賦稅)의 징수에 따라 국가재정 수입을 조달했다는 기록에 접할 수 있다. 『태백일사(太白逸史)』에는 『桓雄天王, 又復命神誌赫德, 作書契, 蓋神誌氏 世掌主命之職. 專掌出納獻替之務・

(환웅천왕이 거듭 신지에서 명하여 덕을 베풀어 장부를 만들게 하니, 신지시가 하는 일은 임금의 명을 관장하는 직책이요, 재물의 출납과 헌체를 관장하는 직무이니)』[80]라는 기록이 있다. 이는 고대사회에서부터 장부를 비치하여 재정수지를 관장하

---

80) 李陌, 『太白逸史』, 神市本紀 第三;

도록 하는 관부회계의 부서가 있었음을 의미한다. 이러한 기록은 그 당시 관부회계의 존재 여부를 기록한 개괄적인 것에 불과할 뿐, 그 당시의 재정수지에 대한 장부의 내용이나 구체적인 관련 기록이 전승되지 않아 실증적인 고찰은 불가능한 상태이다.

그런데도, 고대사회의 장부상에 기록 계산하는 항목(계정과목)의 존재 여부를 고증하기 위하여 같은 시대에 해당하는 중국 고대국가의 전승 고문서를 섭렵하여 유추하는 방법을 이용하였다.

그 이유는 그 당시의 국가 간 교류가 밀접하게 이뤄졌던 것으로 볼 수 있기 때문이다. 예컨대, 기자동래설(箕子東來說)에 의한 기자조선81)이라든지, 위만조선과 한사군의 사실, 그리고 통일신라 시대에 당문화(唐文化)와의 밀접한 교류 등은 고대국가 관부회계 문화의 교류에 대한 개연성을 유추할 수 있게 한다. 그 당시 한자 문화의 동질성은 통치자에 의해 이뤄지는 관부회계에서 기록·계산항목의 대동소이함을 연출할 가능성이 매우 크다고 할 수 있다.

기자조선과 비슷한 시대에 건국된 주(周)나라의 제도와 문물을 들여다볼 수 있는 「주례(周禮)」82)에 의하면, 관부회계에서 사용되던 기록계산항목(計定科目)이 존재하고 있었음을 살펴볼 수 있다. 이를 근거로 삼아, 그 당시 고대사회의 관부회계에서 사용되던 회계과목의 개연성을 추정해볼 수 있다.

---

81) 기자조선(箕子朝鮮)은 한국 고대사회의 기원을 이루는 고조선의 하나로서, BC1,122년부터 BC195년(衛滿에게 멸망될 때)까지 900여 연간 존속했던 나라이다. 『상서대전(尙書大傳)』은 전(殷傳)과 『사기(史記)』 송미자세가(宋微子世家) 및 『한서(漢書)』 지리지(地理志) 등에 의하면, 기자는 은(殷)나라의 충신으로서 은나라의 멸망을 전후해 조선으로 망명해 백성을 교화시켰으며, 이에 주(周)나라는 기자를 조선의 제후에 봉했다고 한다. 따라서 기자동래설(箕子東來說)은 여기에서 비롯되었다고 볼 수 있다. 한국사에서의 기자조선에 대한 인식은 고려 시대의 『삼국유사(三國遺事)』에서 단군조선과 구분하지 않고 고조선이라는 표현 속에 포함시켰으며, 『제왕운기(帝王韻紀)』에서는 후조선(後朝鮮)으로 표현하고 있다. 그러므로 기자와 같은 중국의 현인이 고조선에 와서 백성을 교화한 사실은 기자동래설을 긍정적으로 수용할 수 있는 역사적 근거가 되어있는 것이다.

82) 주(周)나라는 BC1,046년부터 BC256년까지 은(殷: 商) 이후에 중국에 존재했던 고대 문명국가이다. BC 771년 이전의 주를 보통 **서주**(西周)라고 하며 BC 770년부터는 **동주**(東周)라고 한다.
　주나라의 여러 제도에 대해 주공 단이 엮었다고 하는 『주례(周禮)』에 주나라의 관제에 대한 매우 상세한 기술이 있다. 주나라의 신분제도는 국왕 아래에 대부(大夫)로 불리는 일종의 귀족층이 있었으며, 그 아래에 사(士)로 불리는 선비 층이 있고 그 아래가 서민이었다. 우리나라의 관제에 국왕 밑에 사대부(士大夫) 계급이 있었음을 감안하면, 이 시대의 관제가 전수된 것으로 그 개연성을 가능하게 한다. 그리고 중화 문명은 주나라 시대 때 많은 발전이 이루어졌다. 대표적으로 소가 끄는 쟁기와 철기, 석궁(石弓)과 기마술이 모두 주나라 시대 때 도입되었다. 또한 처음으로 대규모 관개와 수리 시설의 설치도 이루어져서 농업생산량이 크게 향상되었다. 도량형제도가 새로 설치되었고 교통체계도 크게 개선되었다. 따라서 상업이 발전되었고 인구와 도시가 늘어났으며, 화폐의 필요성이 증대되었다. 은나라 시대 때 원시적인 형태로 시작된 문자는 주대에 들어서면서 보다 체계적인 문법을 갖추게 되었다. 금문(金文)은 주나라의 상형문자이다. 그래서 철학도 크게 번성하여 제자 오가가 이 시기에 출현하여 중화 문명의 꽃을 피웠다.

「주례(周禮)」에 의하면, 주나라의 통치자는 부세(賦稅)를 기본으로 하는 국가의 재정수지에 따른 통제원칙을 수립하고, 각종 수지항목의 명칭을 확정하였으며 각종 수입의 기준을 명확히 함과 동시에, 주요 지출항목의 용도를 규정하고 있었음을 엿볼 수 있다. 그에 따르면, 국가의 재정적 수지항목은 『구부(九賦)·구공(九貢)·구직(九職)·구식(九式)』으로 구분되었으며, 통치자는 천관(天官大宰 및 天官小宰)을 통하여 계리(計吏)가 국가재정 부문의 수지항목을 기록 계산함은 물론, 재물보관 부문의 기록계산과 결산보고서의 제출도 아울러 행하도록 하였다.[83]

이해를 돕기 위하여 한국 관부 회계문화에 영향을 주었다고 하는 중국 주례(周禮)의 국가재정 수지계산 항목을 정리하면 다음 면의 <표 3-5>와 같다.

<표 3-5>에서 보는 바와 같이, 국고회계의 주요 재정 수입은 공부(貢賦)였고, 그에 따라 재정지출이 이뤄졌다는 것을 엿볼 수 있다. 이를테면, 9부(賦)는 조세(租稅)의 기본이 되는 것으로서 9종류로 세분하여 경상적 수입 항목(歲入)의 으뜸으로 삼고 있다. 그에 대응하는 지출은 9식(式)이라 하여 경상적 지출항목(歲出)으로서 9가지로 세분하고 있다. 하나의 부(賦)에 의한 수입이 그에 대응하는 식(式)의 지출에 사용하도록 하고 있음은 현대의 정부회계에서 예산상의 관(款)·항(項)·목(目)을 유용(流用)하지 않도록 하는 것과 유사하다고 할 수 있다.

그뿐만 아니라, 재무적 관리의 중점은 계리(計吏: 會計官)의 기록계산에 있었다. 즉, 그것은 9부·9식의 각 수지에 따라 회계가 9항목으로 나누어 기록·계산한다는 것이다. 따라서 회계를 위한 장부의 설치는 반드시 그에 따라 이뤄져야 했다. 기록계산은 각각의 재정수지에 대응하여 행해졌으며, 그때마다 검산도 함께 이뤄졌다고 한다 (周禮, 天官大宰).

그리고 각종의 부세 수입과 지출에 대한 관리통제와 더불어 9공(貢) 수입의 경우도 예외는 아니었다. 9공은 보국(報國)을 위한 공물(貢物)이며, 각 지방의 제후(諸侯)가 국왕에게 헌상하는 공물을 일컫는다. 9가지 부문으로 나누어 각각 기록 계산하였다. 또한 9직(職)은 일반 국민으로부터의 공물을 뜻하며, 9공과 함께 비경상적 수입이다. 국고에 충실하기 위하여 이용되며, 불의의 사태가 발생했을 때 사용하기 위하여 보존해두는 특별예비비 등에 해당한다. 회계장부에서는 항목별로 나누어 기록·계산하게 되어 있었다.[84]

이렇듯 고대 문명국가의 관부회계 시스템은 가장 중요한 국고 관리의 요체(要諦)를 이루는 것으로서 국가경영의 초석을 형성하는 통치 철학이 반영되어 있음을 엿볼 수 있다.

---

83) 「周禮」, 天官大宰 及 天官小宰.
84) 郭道揚 著·津谷原弘 訳, 前揭書, PP. 171~176.

<표 3-5> 주례(周禮)에 표기된 국가재정의 수지계산 항목(計定科目)

국가재정 수지 기록・계산항목 (관부 회계적 계정과목)

유형	수입 항목 (수입 계정)	수지관계	지출항목 (지출계정)	유형
九賦 (경 상 수 입)	①邦中之賦-(전 국민에 대한 토지세) ②四郊之賦-(수도에서 100리 내의 주민에 대한 토지세) ③邦甸之賦-(수도에서 100~200리 내의 주민에 대한 토지세) ④家削之賦-(수도에서 200~300리 내의 주민에 대한 토지세) ⑤邦縣之賦-(수도에서 300~400리 내의 주민에 대한 토지세) ⑥邦都之賦-(수도에서 400~500리 내의 주민에 대한 토지세) ⑦關市之賦-(각 지방 도시・촌락이 징수한 세금) ⑧山澤之賦-(산림・江・澤의 토지세) ⑨幣餘之賦-(전년도 각 공용 지출 잉여액)	←→ ←→ ←→ ←→ ←→ ←→ ←→ ←→ ←→	① 賓客之式-(외교비) ② 芻林之式-(軍馬飼育費) ③ 工事之式-(건축비) ④ 匪頒之式-(罹災者救濟費) ⑤ 幣帛之式-(鑄造비) ⑥ 祭祀之式-(神・祖先祭禮費) ⑦ 羞服之式-(왕실 비용) ⑧ 喪荒之式-(왕실・大臣葬儀費) ⑨ 好用之式-(褒賞費 등)	九式 (경 상 지 출)
九貢 (비 경 상 수 입)	① 祀貢-(供物用家畜・나무 열매 등) ② 嬪貢-(皮革・綿布 등) ③ 器貢-(종교상의 諸用具) ④ 幣貢-(絹布・綿布刺繡品 등) ⑤ 材貢-(목재 등) ⑥ 貨貢-(眞珠등의 진귀한 貝<通貨>) ⑦ 服貢-(祭禮등의 복장 등) ⑧ 遊貢-(羽毛 등) ⑨ 物貢-(기타의 공물)	←→ ←→ ←→ ←→ ←→ ←→ ←→ ←→ ←→	① 非常時 支出用으로 保存 ② 비상시 지출용으로 보존 ③ 비상시 지출용으로 보존 ④ 비상시 지출용으로 보존 ⑤ 비상시 지출용으로 보존 ⑥ 비상시 지출용으로 보존 ⑦ 비상시 지출용으로 보존 ⑧ 비상시 지출용으로 보존 ⑨ 비상시 지출용으로 보존	(비 경 상 지 출)
九 職	(특별 수입 항목으로 9가지 정도의 수입 있으나, 생략)	←→	예측 못 한 사태에 대비(豫備費)	

<자료:「周禮」, 天官大宰; 文碩 著,「文明古國的會計」經濟科學出版社, 1986, P. 22; 郭道揚 著・津谷原弘 訳,「中國会計発展史綱」(上), 文眞堂, P. 173.> (註: 괄호 내 및 일부문구 저자 첨삭수정.)

(2) 제2단계의 진전된 기록·계산항목

    삼국 정립 시기에 이르러서도 초기 국가재정수지의 기록계산은 고조선 시대의 회계부서(簿書)와 유사한 상태에서 이뤄졌다. 점차 국가의 기강이 잡히고 봉건 경제의 발전이 진행되면서 국가재정수지는 다양해지기 시작했고, 이재(理財)의 번거로움이 점증(漸增)되는 상황에서 회계의 계산항목에도 변화가 일어났다. 그것은 봉건 체제의 확립에서 비롯된 지방경제의 활성화가 이뤄지고 농축사회의 정착과 더불어 멀리 있는 사람 사이의 상거래 활동이 가급적 원활하게 이뤄짐으로써, 서민경제가 구조적으로 향상되어 조세수입이 증가하면서 국가재정이 윤택해진 결과였다.
    이 무렵의 회계장부가 존재하지 않아 가늠할 길이 없지만, 여러 사서(史書)의 식화지(食貨志)에 산기(散記)되어 있는 아주 사소한 자료에 근거하여 국가재정의 수지계산 항목을 발췌하는 방법을 이용할 수밖에 없었다. 단편적인 용어로서 연계성은 희박하지만, 발췌된 자료들을 모아 다음 면의 <표 3-6>에서 정리하였다.
    여기에 정리된 계산항목들이 그 당시의 관부회계에 모두 사용되었던 것인지는 확인할 길이 없으나, 역사서에 기록된 점으로 보아 개연성은 있다고 해야 할 것이다.
    추측건대, 고대국가의 부세(賦稅) 징수 부문은 국가의 일정한 규정에 따라 재정수지항목을 회계장부에 기록했을 것이다. 이 회계부서를 통하여 각종 조세 징수와 동물 헌납상황을 파악하기 쉽도록 기록하여 계통적으로 반영함으로써, 국가재정수지의 명확하고 진실한 파악이 가능하게 했던 것으로 보인다. 예컨대, 전화출납부(錢貨出納簿)·곡물출납부(穀物出納簿)·재물출납부 등은 그 시대의 대표적인 회계장부의 유형이었다고 추정해볼 수 있다. 통일신라 시대를 거쳐 중세의 고려 시대로 이어지면서 관부 회계의 기록계산은 간책(簡冊)의 장부 형태에서 벗어나 전용 장부(專用賬冊)의 모습으로 탈바꿈해갔으며, 재정수지의 계산항목도 진일보한 양상을 띠게 되었던 것으로 보인다.
회계 장책 속에서 계산항목별(計定別)로 기록계산이 이뤄지고, 그것은 일계(日計)·월계(月計)·연계(年計)의 단계적 회계로 이어져갔다. 연차 계산이 이뤄진 다음의 회계보고서도 계정과목별 계산에 근거하여 작성되었다. 이러한 분류계산은 단순한 계산대상의 항목분류이기는 하지만, 현대적 의미의 계정과목으로 진화하는 초기과정의 행태라고 할 수 있다.
    <표 3-6>에 표기된 국가재정수지 항목은 하나의 표본이라 할 수 있다. 이들 항목은 구체화하여 다르게 표기될 수 있는 것이다. 예컨대, 전세(田稅)는 백성들로부터 받아들이는 토지세라고 할 수 있는데, 이는 토지수확물에 대한 현물세와 유사하며 토지의 수확물이 무엇이냐에 따라 기록항목이 달라진다. 환언하면, 곡물(米·麥·粟·豆 등)의 종류별로 이름을 붙여 수입 계산항목으로 표기할 수 있다는 것이다.

<표 3-6> 여러 고서(古書)에 산재된 국가재정수지의 기록·계산항목
국가재정수지 기록·계산항목 (관부회계적 계정과목)

공안(貢案 : 수입 항목)
· 田租(田稅:田賦) -(백성에게 부과하던 토지세 수입)
· 戶賦(戶稅) -(가구마다 부과하던 세금: 호별세 수입)
· 算賦 -(壯丁에게 부과하던 군역 조세수입)
· 園稅 -(果木·茶木·채소 등에 부과하던 세금 수입)
· 更賦 -(번갈아 수자리를 가는 대신 내는 賦役 수입)
· 口算(口賦) -(사람 수 가축 수에 부과하던 세금 수입)
· 市租 -(시장자용 및·상품에 부과하던 시장세 수입)
· 商稅·關津商稅 -(상언에게 부과하던 세금 및 관세)
· 山海川澤稅 -(산·바다·강·못에 대한 세금 수입)
· 官田收入 -(관청 소유의 田地 대여 수입)
· 鹽·鐵收入 -(소금·철의 전매수입)
· 酒稅收入 -(술 등에 대한 貢賦수입)
· 貢物獻上收入 -(朝貢 및 각종 헌상품 수입)
· 他物貢-(일반백성의 貢物)
· 其他收入
· 前計餘物之越 -(전년도잉여분의 이월수입)
횡간(橫看 : 지출 항목)
· 俸秩(俸祿: 俸廩) -(벼슬아치에 대한 봉급지출)
· 政事費 -(관청의 행정사무비 등)
· 工事費 -(토목공사 및 건축비용 지출)
· 兵事費 -(군사비 및 :軍馬飼育費 지출)
· 王室諸費 -(왕실 소요의 여러 가지 비용지출)
· 祭祀費 및 葬儀費 -(天祭·제례·장의비용)
· 賜賞·褒賞·祝儀 비용지출
· 官用器物費
·官用服裝費
· 食膳費 -(식료품비용)
· 罹災者救恤費 -(재난자에 대한 구제물품비용)
· 行事娛樂費 -(각종 국가행사에 소요되는 비용)
· 御駕 및 御馬諸費 -(국왕용 가마와 말 유지비)
· 外交諸費用 -(사신파견 및 외국사신접대비 등)
· 其他費用支出
· 不測事態豫備保存 -(예비비 지출)

<자료: 『桓檀古記』·「三國史記」·『三國遺事』·『中國正史朝鮮傳』·『高麗史節要』등에 散記된 것을 拔萃取捨選擇하여 작성함(註: 괄호 내 및 일부 문구 저자 첨삭 수정.)

그리고 「상세(商稅)」와 「관진상세(關津商稅)」라는 재정수입원도 표기되어 있다. 전자는 상인에게 부과하는 세금 수입이고, 후자는 국경 요소의 상인들에게 부과하는 관세수입의 일종이다. 이러한 계산항목이 존재하는 것으로 보아, 그 당시의 상인 활동이 활발했음을 알 수 있다. 따라서 고려 시대의 민간 상인들에 의해 이루어지는 상거래 활동 또한 활발히 전개되었던 것으로 보이며, 빈번한 상업 활동에서 비롯되는 상거래의 사실을 회계장부에 기록·계산했을 것이다. 전해지는 장부가 존재하지 않아 실증할 수는 없는 것이 아쉬울 뿐이다.

그러나, 같은 시대의 당송사서(唐宋史書)의 민간부문 회계에 관한 기록에 의하면, 계산항목(계정과목)을 유형별로 분류·설치하여 기록 계산하였음을 발견할 수 있다. 상인들은 상거래 활동 중 상호 간 대차거래(貸借去來)의 관계가 빈번히 발생하였으므로, 매일 이러한 기록계산을 중시하여 인명별 계산항목(人名計定)과 물품별 계산항목(物品計定)을 설정하여 항목별 기록계산을 했다고 한다. 그뿐만 아니라, 상인들은 손익계산을 위한 상품의 매입과 매출, 그리고 제비용(諸費用) 등으로 나누어 기록 계산하였다.

당송(唐宋)을 거쳐 원(元)에 이르는 그 시대의 회계적 계산항목을 살펴보면, 관부회계의 경우, 금전거래와 물품수지 거래로 구분하여 계산항목을 설정하였으며, 기장형식은 입출기록법(入出記錄法)을 이용하여 수입을 범입(凡入), 지출을 범출(凡出), 그리고 잔액을 잔여(殘餘)라는 명칭으로 기록하였다(凡入-凡出=殘餘). 또한 그 당시의 민간부문의 상거래에서는 수지기록법(收支記錄法)을 사용하여 수입을 수(收), 지출을 지(支), 잔액을 여(餘)라는 명칭으로 발생순서별로 기록했다고 한다(收-支=餘).

고려 시대의 사원경제에 관한 연구서에 의하면, 사원을 관리하기 위한 재정 수입은 다양한 재원을 통하여 조달하고 그것을 필요한 항목에 지출하였다고 한다. 사원재정의 합리적 운영을 위해서는 수입·지출에 대한 문건작성이 반드시 필요하다. 수입을 관장하는 장부는 물론, 지출 내역을 기록한 장부가 필요하다. 고려시대의 사원의 경우, 상당한 규모의 수입과 지출이 있었다고 보기 때문에, 장부 없이 기록계산은 불가능하다.

각 사원의 출납상황은 문권(文劵)[85]·계권(契劵)[86]에 의해 기록·계산되었음이 확인되었다. 따라서 사원경제의 재정수입과 비용지출에 관한 장부상의 계산항목도 대체로 이용하고 있었다.[87] 사원전의 생산물 거래뿐만 아니라, 신도들의 보시(布施)수입과 사원운영비에 대한 기장처리도 철저히 이루어졌다고 한다. 전해지고 있는 문헌에서 찾아볼 수 있는 사원회계의 수지계산 항목을 간추려 정리하면, <표3-7>에서 보이는 바와 같다.

---

85) 『고려사절요』 권16(고종 34년 6월). 429~430면
86) 『고려사』 권129 (열전42 반역3, 최이), 하책, 809면.
87) 이병희, 전게서, PP. 141~177.

<표3-7> 고려 시대 사원회계의 수입·지출 계산항목 개요

사원 재정수입 항목	사원재정지출항목
•國王賜與寶(土地·穀·金·銀·寶貨等)	•供養之需(支)
•將相貴施納財資(收)	•香祀用(支)
•官府賜給田租資(收)	•香火之費(支)
•寶殖利地(穀)資(收)	•僧侶衣食住用(支)
•長年寶資(收)	•寺刹新築保守維持用(支)
•大藏寶資(收)	•祖師畫像裝飾用(支)
•寺院所有地資(收)	•供佛祝需用(支)
•寺院收租地資(收)	•供佛養僧需(支)
•常定財施資(收)	•檀越(聖會用(支)
•信徒施納物(錢·田·布 等..)資(收)	•忌晨寶用(支)
•息利(息錢)資(收)	•太后忌晨祭祀用(支)
•息利穀資(收)	•將相貴族施納者忌晨祭用(支)
•地代資(收)	•法會救恤用(支)
•僧侶緣化施納資(收)	•祈雨祭用(支)
•僧侶贈資(收)	•常住用(일반관리비)
•商事利資(收)	•丹靑用(支)
•法會施主物資(收)	•舍利石鐘鑄造用(支)
•寺院奴婢身貢資(收)	•行旅者宿食費用(支)

<자료 : 이병희, 『고려시기 사원경제의 연구』(2009), PP. 141~177.>, (괄호내 저자 첨주)

시대사적 관점에서 보면, 같은 시대의 통일신라와 고려가 밀접한 당송관계(唐宋關係)를 유지하면서 문화교류와 민간무역이 활발히 진행된 역사적 사실(史實)[88]은 고려 시대의 우리나라 상인들도 유사한 계산항목을 설정하여 회계장부에 의한 기록계산을 했을 것으로 추정하게 된다. 특히 유념해야 할 것은 대차거래에 의한 인명별 계산항목(인명계정 과목)과 품목별 계산항목(상품 계정과목)으로 분류된 기록계산이 이뤄졌다는 사실이다. 전자는 대차거래에 의한 채권·채무를 관리하는 계산항목(계정)으로서 금전의 임대차(채권채무)와 상품의 대차거래(외상채권채무)에서 비롯되는 인명별 기록계산이 기본대상이었다. 이것은 현대회계에서 대차관계를 처리하는 인명계정의 기원을

---

[88] 통일신라 시대에 당나라와의 문화교류가 빈번했고, 상당수의 견당유학생 들이 신라문화의 발전에 크게 기여했음은 물론, 특히 장보고에 의한 당나라와의 무역 활동은 신라의 상업 발전에 지대한 공헌을 했다. 그리고 고려 시대에는 송나라와의 문화교류가 성행했으며, 송도의 벽란정을 거점으로 하는 송나라 상인들과의 무역 거래 활동이 성행했다는 역사적 사실을 감안해볼 때, 당나라 문화가 우리나라에 끼친 영향은 매우 큰 것이었다.

이루는 것이라고 할 수 있다. 그리고 후자는 실질적인 상품거래를 상품별로 계산항목(계정과목)을 설정하여 기록 계산하는 일반적인 상거래 행태이다. 인명(人名)과 상품의 조합(照合)에 의한 기장 처리의 바탕을 이루는 것이, 그 시대의 회계적 계산항목(계정과목) 설정의 특징이었다고 할 수 있을 것이다.

(3) 제3단계의 진화된 기록·계산항목

조선에 이르러서도 건국 초기에는 중세 고려의 관부회계제도를 그대로 계승했다. 태조실록에 『모든 공용문서는 고려조의 고사(古事)에 따르며, 전곡 경비도 나라의 법에 따르되, 삼사(三司)[89]의 지휘를 받아 회계 출납을 산하의 관부에서 관장하고 사헌부(司憲府)의 감찰을 받는다.』[90]는 기록이 이를 말해준다.

이처럼 조선 초기에는 고려의 제도를 답습하고, 단식부기에 의한 기장 처리가 주류를 이루고 있었다. 경국대전(經國大典) 호전(戶典)에 의하면, 『모든 경비는 횡간과 공안을 이용한다(凡經費用橫看及貢案)』라고 명기되어 있다. 따라서 조선 초기의 재정수지는 횡간(橫看)과 공안(貢案)에 의하여 세곡(稅穀)을 징수하고 지출하게 하였다. 관부에서 징수할 공부(貢賦)의 품목과 수량을 기재한 장부를 공안이라 하였고, 필요경비의 품목과 수량을 가로줄을 친 부책(簿冊)인 횡간에 기록함으로써, 중기(重記)에 의한 재정수지의 기록계산을 관장토록 했다는 것이다. 이러한 기록에 의할 경우, 고려 시대의 관부회계 제도가 이상과 같은 기장 구조로 이뤄졌다고 생각해볼 수 있을 것이다.

조선조 후기에 이르러 관부회계의 진일보된 기장체계가 갖추어진 것을 발견할 수 있으며, 고려 시대의 문헌에서는 찾아볼 수 없었던 「회계(會計)」라는 용어가 발견되며, 민간부문의 송상(松商)들에 의한 상업 회계도 상당한 수준에 도달할 만큼 토양이 조성되었던 것으로 보인다. 종래의 단식부기 수준에서 탈바꿈하여 복식부기로 진화하고 있었다는 자료도 발견되는 시기이다.

물론, 조선시대의 회계문화에 대해서는 다음의 제4장에서 자세히 언급할 예정이다. 다만, 여기서는 그 시대의 기장형식을 이루는 계산항목이 제3단계의 수준으로 진화된 부분에 대해서만 언급하려고 한다.

제3단계의 기록·계산항목은 단식부기에서 복식부기의 형태로 진화하는 과도기적 과정에서 사용된 것이다. 그 시기가 언제인가는 확실하지 않지만, 조선시대의 후기라는 견해가 지배적이다. 왜냐하면, 복식부기의 생성요인 중에서 가장 핵심이 되는 상업

---

[89] 三司는 고려 시대의 국가재정수지를 관장하던 중앙관부이다. 조선조의 초기에도 三司라 하였으나, 태종 원년에는 司平府라 했다가, 동 5년에 이르러 戶曹로 개칭되었다.
[90] 朝鮮朝의 太祖實錄 卷一, 元年七月丁未, 『---儀章法則一依前朝故事---錢穀經費有國之常法 義成·德泉等諸倉庫官司仰三司會計出納之數憲司監察如豊儲·廣興倉例』

자본의 축적은 조선 후기에 사상(私商: 특히 개성상인)들의 활동에서 비롯되었다고 볼 수 있기 때문이다.

　우선 조선시대의 관부회계를 살펴보면, 의정부 산하의 6조 중 호조(戶曹)가 국가재정수지를 총괄하고 그 예하에 8도의 주(州)·군(郡)·현(縣) 단위로 회계문서를 작성하게 되어 있었다. 이 시대의 관부회계에서 이용된 장부구조는 봉상책(捧上冊: 收入帳)·상하책(上下冊: 支出帳)·회계책(會計冊: 收入支出元帳)으로 구분되었으며, 이들 장부 내에 각종의 계산항목을 설정하여 계좌별(計座別)로 기록 계산하는 것이다.

　예컨대, 봉상책은 수입을 기록 계산하는 장책(帳冊)이므로 각종 조세수입과 공부 수입을 유형별로 나누어 계산과목을 설정했다. 일별(日別) 기록을 초일기(草日記)에, 월별(月別) 기록은 중일기(重日記)에, 그리고 이들을 봉상책과 상하책에 각각 기록한 후, 이들을 6개월 단위로 회계책에 모아 수지결산을 했다. 그 기장 원리는 「전가용(前加用: 前在)+봉상-상하=가용(加用: 時在)」의 형식으로 정산하게 되어 있었다.

　상인회계문서에 나타난 계산항목은 질(秩)이라는 명칭으로 계정과목의 형태가 탈바꿈하였다. 외상거래는 상대편의 인명을 사용하여 채권과 채무를 표시하였고, 금전의 대차거래도 역시 인명을 표시함으로써, 각각 채권·채무를 나타내는 질(秩 : 計定)임을 인식할 수 있게 하였다.

　따라서 채권은 자산을 의미하고, 채무는 부채를 의미하는 형태의 계정과목으로 분류할 수 있게 되었다. 그뿐만 아니라, 송상 등의 민간 상인에 의한 상업활동이 빈번하게 이루어짐에 따라, 손익계산을 위한 수익비용의 계정과목도 등장하였다. 상품·화폐경제의 발전과 상인자본 축적으로 자본주의경제의 토양이 조성되어감에 따라, 이 땅의 상공업자들은 대차거래의 중요성을 인식하기 시작하였다. 그에 수반하여 질(秩: 計定)에 의한 계정계산의 세분화를 시도하고 기장처리의 체계화를 수용함으로써, 장부조직의 진화를 가져오게 하였고, 회계의 계산구조가 진일보한 수준으로 향상되었다.

　이처럼 우리나라 고유의 관부·민간 회계구조는 계산항목(계정과목)의 설치·운용을 통하여 끊임없이 진화했다. 물론, 서양의 그것에 비하면, 상당히 늦은 것임은 틀림없다. 계산항목(계정과목)의 분류는 각 항목의 성질에 따라 비롯되었다고 할 수 있으나, 그 체계는 조직적이지 못했다. 그러나 시대적 환경이 발전함에 따라, 계정과목의 설치는 점차 진화하게 되었다. 이 무렵의 계정과목 설치와 운영은 단순한 분류에 의한 난잡한 상황을 거치면서 일정하게 개량되었고, 국가 경제와 사경제(私經濟)의 활성화에 편승하여 계정계산이 진화하는 과정을 거치게 되었다. 그렇지만, 각 계정과목에 내재하는 연관성은 결여되어 있었다.

<표 3-8> 상인회계기록에 의한 계산항목(계정과목)의 일예(一例)

會 計 冊

(一) 給次秩 (부채계정)		(二) 捧次秩 (자산계정)	
信成號(신성호) 給 借金	14,600圓	· 第一銀行當座預金殘額	7,150圓
方仁準(방인준) 給次金	9,000圓	公用秩(공용질) 捧次金	4圓50錢
債給利子秩給次(채급이자질급차)	13圓50錢	家舍秩(가사질) 去文	180圓
皮物利文(피물이문)	19圓	申義植(신의식) 去文	50圓
		見樣紙(견양지) 去文	705圓
		布屬秩(포속질) 去文	2,568圓 75錢
		白木秩(백목질) 去文	1,353圓
		白蔘秩(백삼질) 去文	90圓
		紬物秩(주물질) 去文	2,507圓
		於音秩(어음질) 去文	1,900圓
		機張藿(기장곽) 去文	276圓
		生苧秩(생저질) 去文	147圓
		雜貨秩(잡화질) 去文	245圓
		宋庚守(송경수) 去文	180圓
		劉辛雄(유신웅) 去文	207圓 50錢
		洪癸化(홍계화) 去文	237圓 50錢
		笠子秩(입자질) 去文	80圓
		網巾秩(말건秩) 去文	38圓 75錢
		時在現金(시재현금)	5,712圓 50錢
(급차합계)	23,632圓 50錢	(봉차합계)	23,632圓 50錢

<자료: 玄丙周, 『實用自修 四介松都治簿法全』(京城, 德興書林, 1916), PP. 89~91>.(괄호내 저자추가).

　　근세조선 후기의 사회경제적 발전은 경제적 관리의 목적에 부합하는 회계를 위한 완전한 계정과목의 체계화가 필요한 시기였다. 이 무렵의 우리나라 고유의 단식부기에 있어서 계정계산의 방법은 종래의 방법을 개량하면서 과도기적 진화의 과정을 거치게 되지만, 서양 문물의 도입과 더불어 전수된 선진적인 분류 방법에 따라 근대적인 계정과목의 체계화가 형성되기에 이른다. 특히 종래의 분류 방법을 지양하여 새로운 회계 방법으로서 자산(捧次秩)・부채(給次秩)・수익(利益秩)・비용(消費秩)의 4대 유형으로 계정과목을 분류함으로써, 계정과목별 계산과 장부조직의 체계화가 이루어져 회계보고서 내의 과목체계와 연계성을 갖게 되었다. 이는 한국의 전통적인 회계문화가 단식부기의

수준을 벗어나 새로운 차원의 복식부기 방식으로 진화되어 갔다는 것을 방증한다. 그러나 근대화 시대에 서양부기가 도입되면서 계정과목의 명칭도 개량되고 새로운 문화환경에 맞추어 변화하였다(<표 3-8> 및 제4장 참조).

2) 회계장부상 기록 측정 단위의 발전

인류의 역사상 회계행위가 이루어지면서부터 기록계산을 위한 측정 단위는 필요했다. 최초에는 실물(實物)에 의한 측정을 주요 단위로 했으며, 그것이 경제적 발전과정에서 화폐가치에 의한 측정 단위로 진화되었다. 화폐를 중요한 계량 단위로 하여 측정하는 것은 회계기록 방법의 중요한 발전을 가져오게 하는 동인(動因)의 하나이다. 어느 한 시대의 측정 방법은 바로 그 시대의 회계 측정 수준을 나타내는 것이다. 따라서 회계기록계산을 위한 계량 단위의 발전은 실물에 의한 계산단위에서 화폐적 측정 단위로 진화해가는 과정의 시대사적 산물이라고 해야 할 것이다.

우리나라에서 비롯된 회계 측정 단위의 사용은 관부회계가 효시이다. 고대사회에서부터 측정 단위의 사용은 관부회계에서 비롯되었다는 것이다. 회계 측정 단위의 진화과정은 3단계로 구분된다.

(1) 제1단계 : 실물 계량 단위가 주요 지표였던 시기

화폐가 출현하기 이전의 인류는 회계기록계산을 위하여 실물을 측정 단위로 사용하였다. 원시문명 사회에서는 물론이고, 고대사회 초기에는 수(數)의 개념이 명확히 정립되지 않았기 때문에, 실물 단위에 의한 측정이 최고의 방법이었다. 사물의 수량을 계산단위로 나타내었으므로, 회계의 의미를 지닌 기록계산 단위로서는 불완전한 것이었다. 회계의 기록계산은 명확한 수의 개념과 정확한 수의 개념을 근거로 하는 기록계산이 이루어져야 하기 때문이다. 수의 개념을 이탈하여 사물의 다소를 계량척도로 기록·계산한다는 것은 정확한 회계적 측정척도로서는 미흡할 수밖에 없다. 회계의 기록계산에는 반드시 수의 개념을 근거로 하는 측정 단위가 요구된다.

우리나라의 실물 측정 단위의 기원은 도량형제도의 등장과 깊은 연관성을 갖고 있다. 사학자들의 연구에 의하면, 만물의 측정표준은 「황종거서(黃鐘秬黍)」가 그 시원(始原)이며, 거기에서 파생되어 나온 것이 「척촌(尺寸: 길이)」·「근량(斤兩: 무게)」·「승합(升合: 부피)」의 도량형이다. 「황종」은 중국의 삼황오제 시대의 것으로서 도량(度量)을 위한 물체로서의 표준기(標準器)이다. 「황종」으로 「거서(秬黍: 검정 기장)」를 계량하고 상호 간에 객관적인 측정 단위를 부여했다.[91] 이 제도가 우리나라로 전수되어 도량형제도의 발전은 물론, 회계 계량 단위의 발전에 크게 기여하였다.

고대사회의 사람들은 가벼운 죽관(竹管)을 용기(容器)로 하여 곡식 등을 담아 넣었으므로, 죽관을 이용하여 거서(秬黍: 검정 기장)의 양을 헤아리고 죽관의 길이를 가늠하는 관례는 결국 실물 계량 단위의 생성을 초래한 근원이라고 할 수 있다. 이는 오랜 세월에 걸쳐 인류의 경제생활에 유용한 방법으로 작용했음은 분명한 사실이다. 상술한 「황종」과 「거서」의 관계에서 비롯된 도량형제도가 그것을 증명해주고 있다.

그런데 고대사회의 생산양식과 교환관계가 발전함에 따라, 계산단위로서의 조개껍질로 만든 돈(貝幣)이 나타났고 교역에 이용되었다고 한다. 갑골기록(甲骨記錄)에 의하면, 「200貝」라는 표현이 있으며, 조개껍질 2개 이상을 묶은 모양의 붕(朋) 자를 이용하여 조개껍질 10개(十貝)를 1붕(朋)으로 계량 단위를 표현했다. 단군조선 초기에는 조개 돈(貝幣)뿐만 아니라, 곡식과 짐승의 가죽을 교환수단으로 하는 곡폐(穀幣)와 피폐(皮幣)가 물물교환의 측정척도로 활용되기도 했다. 또한 옥(玉)·베(布)·소금(鹽)·철(鐵) 등도 실물화폐로서 통용되기도 했다.

기자조선 문성왕 원년(BC1,122)에도 곡폐와 피폐가 사용되었다는 기록이 있고, 흥평왕 원년(BC957)에 자모전(子母錢)이 주조되었다는 기록은 화폐에 의한 측정 단위의 이용사실을 보여준다. 이 시기의 화폐는 곡폐·피폐·포폐(布幣)가 주류를 이루고 있었으며, 전폐(錢幣)와 자모전 등은 화폐로 통용되기보다는 사상(賜賞)·증여·부(富)의 상징적 소유 등으로 사장(死藏)되는 경우가 많았기 때문에, 교환수단으로 사용되는 일은 드물었다. 고구려·신라·백제의 삼국시대에 이르러서도 여전히 곡폐·피폐·포폐·염폐(鹽幣) 등의 실물화폐가 통용되었으므로, 기본적으로는 실물 계량 단위를 이용하여 회계기록이 이루어졌다고 할수 있다. 따라서 회계적 기록계산이 이루어지던 고대사회 초기의 과정은 화폐가 출현하기는 했지만, 실물에 의한 계량 단위가 주요 지표로 작용했다고 보아야 할 것이다.

(2) 제2단계 : 실물 측정과 화폐측정이 겸용되던 시기

통일신라와 발해 시대에 철전(鐵錢)·금은무문전(金銀無紋錢: AD722) 등의 주화(鑄

---

91) 「한서」의 기록에 의하면, 黃鐘의 度(길이)는 分·寸·尺·丈 등, 秬黍의 길이 측정했다. 즉, 黃鐘의 길이는 秬黍 90粒(알)의 길이에 해당한다. 秬黍1粒의 길이를 1분으로 하고, 10分이 1寸이며 90粒의 길이가 黃鐘의 길이를 나타낸다. 10寸은 1尺이고, 10尺은 1丈이다. 그리고 黃鐘의 量(부피)은 龠(약:勺)·合·升·斛(石) 등, 秬黍 알곡의 수로 측정한다. 황종의 容積은 秬黍 1,200알의 무게이며 1약(龠)에 해당한다. 그 2배(10勺)이 1合이고 10合이 1升이며, 10升이 1斗이고 10斗가 1곡(斛: 石)이다. 황종의 衡(무게)은 황종에 담은 秬黍의 重量으로 나타내며, 銖·兩·斤·鈞·石 등으로 측정한다. 즉, 秬黍1,200알의 무게가 12銖이므로, 秬黍100알이 1銖가 된다. 따라서 24銖가 1兩이고, 16兩이 1斤이며, 30근이 1鈞, 그리고 4鈞이 1石으로 계량된다는 것이다.

貨)가 등장하였다. 물론, 곡폐·피폐·포폐 등의 실물화폐도 통용되고 있었다. 신라가 삼국을 통일한 이후에는 통화제도가 통일되었다. 통일신라 시대의 국가재정 수입은 전조(田租) 모두를 실물로 징수하였기 때문에, 관부회계에서 섬(石)·말(斗)·되(升) 등의 실물 측정 단위로 기록 계산하였지만, 공부(貢賦) 일부와 염철수입(鹽鐵收入)과 상거래 수입은 화폐를 측정 단위로 하여 기록 계산하였다. 동시에 관청의 비용지출도 부분적으로 화폐측정 단위를 이용하였다. 당시의 금전 출납은 전부(錢簿)에 20돈(錢=100푼)을 1량(兩), 20량(兩)을 1일(鎰)로 하는 화폐적 측정 단위로 기록 계산하였다.

그러나 일반적으로는 물물교환이 주류를 이루고 있었으므로, 실물에 의한 측정 단위가 대세를 이루었으며, 화폐가 이용되는 경우는 곡폐·포폐(布幣) 등의 실물화폐 측정 단위를 적용했다. 따라서 통일신라 시대의 장부 기록에는 실물을 이용한 도량(度量) 단위와 화폐 단위로 환산되는 측정 단위가 병용되었음은 분명하다.

고려 시대의 국가재정 수입은 역시 조세공부(租稅貢賦)가 기본적인 세입원이었다. 고려사(高麗史) 식화지(食貨志)에 의하면, 고려 정부는 건국 초기부터 국가재정 수입을 조세공부에서 충당했음을 기록하고 있다. 그리고 국가재정 수입의 부족을 메꾸려고 고려 성종(成宗) 11년(AD992)에 조세율을 올려 조세액을 정했다고 한다.[92] 이 규정에 따라 실제로 수전(水田)과 한전(旱田)으로 구하고 토질에 따라 3등급으로 나누어 세금을 정했는데, 조세율은 공전(公田)·사전(私田)의 구별 없이 일률적이었다고 명기되어 있다. 그 측정 단위의 실례를 들면 앞면 <표 3-9>에서 보이는 바와 같다.[93]

고려 시대에는 <표 3-1>에서 보이는 바와 같이 동국통보(東國通寶)·해동통보(海東通寶)·삼한통보(三韓通寶) 등의 다양한 화폐가 주조(鑄造)되었다. 따라서 화폐경제의 발달로 상거래 활동에도 활성화되는 계기가 되었다. 이 시대에는 철전(鐵錢)과 동전(銅錢), 그리고 은화(銀貨)가 함께 병용되었으며, 관(貫)·량(兩)을 기본적인 계량 단위로 사용하였다. 이러한 주화(鑄貨)의 발행에도 불구하고 고려 시대 초기의 일반적인 교환수단으로 널리 사용된 것은 포화(布貨)나 곡폐(穀幣)·미폐(米幣) 등이었다. 그것들은 국가재정 수입에서 중요한 비중을 차지하고 있었으므로, 장부상의 기록계산에도 중요하게 작용하였다. 그러나 철전과 동전이 널리 보급되어 통화의 기능을 갖게 되면서부터 점차 치부 회계의 기록계산에 실물 측정뿐만 아니라, 화폐측정도 더불어 사용하는 환경으로 바뀌었다. 이 시기에는 봉건주의 경제가 어느 정도 활성화되어 관부회계는 물론, 활발한 상인 활동으로 인하여 민간부문의 상거래회계도 발달할 수 있는 환경이 조성되어 있었으므로, 회계기록계산에 종래의 실물 측정과 함께 화폐에 의한 측정 단위를 사용하게 되었다. 이른바, 실물 측정 단위와 화폐측정 단위가 겸용되

---

92) 고려사, 식화지, 전제 조세조
93) 고려사, 식화지, 전제 조세조; 조기준, 『한국경제사신강』(서울, 일신사, 1994), PP. 125~1229

었던 시기라고 할 수 있다.

<표 3-9> 고려 시대의 조세 규정 사례

토질 구분	水田 (—結租)	旱田 (—結租)
上田	2石11斗2升5合5勺 (또는 4石7斗5升)	1石11斗1升2合5勺 (또는 2石3斗7升5合)
中田	2石11斗2升5合 (또는 3石7斗5升)	1石10斗6升2合5勺 (또는 1石11斗2升5合)
下田	1石11斗2升5合 (또는 2石7斗5升)	缺 (또는 1石3斗7升5合)

<자료: 고려사, 식화지, 전제 조세조。 조기준, 『한국경제사신강』 (1994), P. 125.>

고려 말의 공양왕 때(AD1,390)에 저화(楮貨)라는 종이돈이 발행되어서 우리나라 최초의 지폐가 생성된 것으로 기록되어 있다. 종이돈은 주화(鑄貨)보다는 휴대하기 쉽고 간편해서 모든 실물화폐에 대신할 수 있고, 궁극적으로는 모든 재화를 통일 환산하는 기본적인 측정 단위로 작용하기에 충분한 것이었다. 고려 말에 이러한 종이돈(楮貨)의 등장은 사회경제적 발전을 촉진하고 상거래의 활성화를 기할 수 있을 뿐만 아니라, 나아가서는 통화의 통일된 측정 단위를 사용하여 기장 처리가 일관성 있게 이뤄질 수 있는 혁신적 변화를 예고하는 것이었다. 그러나 그 당시에 저화(楮貨)의 발행은 상징적인 것에 지나지 않았다. 그것이 기능을 발휘하기까지는 상당한 세월이 흘러야 했다.

(3) 제3단계 : 화폐에 의한 측정 단위가 사용된 시기

조선 시대에 이르러서도 고려 시대의 사회경제적 제도는 그대로 답습되었다. 그것은 조선을 개국한 태조 이성계가 고려의 제도를 계승하도록 했기 때문이다.<태조실록 참조>. 그래서 관부회계에서는 회계기록을 함에 있어서 화폐 측정단위를 사용하게 되었지만, 민간부문 상거래회계의 기록계산에는 고려 시대에 사용하던 실물 측정단위가 보편화되어 있었다. 역시 조선시대의 초기에는 실물 단위와 화폐 단위가 회계기록의 측정 단위로 병용되는 상황이었다. 그것은 임진왜란이 끝난 이후까지도 계속되었다.

그러나 조선조 후기에 이르면, 점차 사회가 안정되고 경제적 발전이 진행되면서 상거래 활동에도 변화의 조짐이 나타났다. 인조 때에 이르러 동국통보(東國通寶: 인조 3년 · AD1,625)와 십전통보(十錢通寶)의 주화 발행을 계기로 하여 상평통보(常平通寶: 인조 11년 · AD1,633) 등의 철전이 발행됨으로써, 사회경제 활성화가 새롭게 전개되기 시작

했다. 특히, 개성 상인들의 활발한 활동으로 인하여 국내의 상업뿐만 아니라, 명·청·일본 등과의 교역도 활발하게 이루어졌다. 이러한 과정에서 개성 상인들은 상업 경영의 새로운 기법을 창안하고 상업자본을 축적하는 경영자의 모습을 보여주었다. 상업 자본주의 경제의 싹(萌芽)이 움트기 시작했다.

이러한 경제구조로 발전하기 시작한 조선 후기부터는 저폐(楮幣: 현종 8년·AD1,667)가 발행되는 등, 철전과 동전이 번갈아 주조·발행되었으며, 화폐를 위주로 하는 상거래 활동이 활발하게 진행되었다. 관부회계에서는 화폐측정단위가 보편화되었다. 이를테면, 전조(田租)의 경우는 실물로 기록한 후에 화폐단위로 환산·기록했으며, 공부(貢賦)의 경우는 처음부터 화폐단위로 측정하여 기록했다. 더욱이 관급물자의 구입과 판매에서도 원금·운임·관원 급여 등의 항목으로 구분하여 측정·기록하기에 이르렀다. 그리고 개성 상인들은 삼포(蔘圃)의 경영을 통한 영업활동을 하는 경우가 빈번했으므로, 도매업을 겸한 형태로 운영하게 되어서 인삼의 재배 원가·경영상의 제 비용·인건비·도매 수입 등으로 나누어 화폐 단위에 의한 기장 처리가 이루어지고, 최후에 종합 계산하여 손익을 산출했다. 차인경영(差人經營)이 개성 상인의 기본적인 경영방침이었기 때문에, 수지 기록의 환산과 결산은 철저하게 이뤄지지 않으면 안 되었다. 다음 장에서 언급할 사개송도치부법(四介松都治簿法)의 생성은 그러한 과정에서 비롯된 것이다.

이 시기에 실물화폐는 점차적으로 유통 무대에서 퇴출당하는 운명을 맞았으며, 실물에 의한 계량 단위는 부차적인 지위에 불과하게 되었다. 필요에 따라 이용되는 정도에 지나지 않았다. 예컨대 식량 곡물에 대하여 상주보고(上奏報告)라는 경우에는 상세한 내용을 기록하기 위하여 관량(貫兩)이나 석두승홉작(石斗升合勺)까지의 단위로 하여 기록·계산했다고 한다.

따라서 화폐를 회계기록계산의 측정 단위로 한다는 것은 복잡한 경제활동을 쉽게 반영할 수 있어서, 모든 경제적 사실을 정확하게 표시하고 관리할 수 있는 계수적(計數的) 내용을 일목요연하게 제공하는 효과가 있다. 또한 회계기록계산에서 화폐가치에 의한 측정 단위를 단일화시키는 것은 종합계산에 유리하고 편리하다는 장점이 있다. 그럴 뿐만 아니라, 서로 다른 실물의 측정 단위를 일률적으로 환산할 수 있고 어려운 경제 사항을 비교 검토할 수 있게 되는 것이다. 이러한 화폐측정 단위는 지폐(紙幣)가 통화단위로 통용되기 시작하면서 더욱 그 진가를 나타내었다. 그것은 자본주의경제가 발달할 수 있는 토대를 마련해주었으며, 종래의 단식부기적 기록계산 방법에서 복식부기적 기록계산 방법으로 진화하는 데 일조했다고 할 수 있다. 환언하면, 일정한 화폐단위로 통일된 회계 측정을 한다는 것은 국가 경제뿐만 아니라, 사회경제적 사실을 합리적으로 반영하고 인류회계의 발전사상 고대 회계와 근대회계를 구별하는 하나의 주요 지표라고 할 수 있다.

3) 회계장부상 기장부호의 생성과 진화

(1) 기장부호의 생성・진화

① 제1단계 : 기장부호의 맹아시기

인류 최초의 기장 행위는 경제적 사실을 회계기록으로 표현하기 위한 기장부호(記帳符號)의 이용에서 비롯되었다. 이는 숫자나 문자가 없던 시기에 기둥이나 암벽 또는 땅바닥에 자기만 아는 암호로 경제적 거래 사실을 표시해두고 훗날 기억할 수 있도록 했던 것이 관례화되어, 결국은 기장부호로 진화했다고 보기 때문이다. 예컨대 노루 한 마리를 잡은 사냥꾼이 한 농부의 보리 한 포와 교환하기로 하고 그 사실을 자기 집 기둥에 노루 한 마리와 보리 한 포의 교환을 그림으로 그려 넣었다면, 이 그림은 사냥꾼과 농부와의 사이에 이루어진 거래 사실을 기억할 수 있게 하는 기장부호를 의미한다. 이처럼 그림이나 자기만 아는 부호를 사용하여 경제적 거래 사실을 표시하는 방법은 문자와 숫자가 없던 시대의 관행이었을 것이다.

이 경우에 어떤 부호를 경제적 사실 기록의 표현 방법으로 이용할 것인가를 확정하는 일은 한편으로는 정(正:+), 다른 한편으로는 부(負:-)라는 행위동사(行爲動詞)를 어떻게 선택할 것인가의 문제가 중요한 관건이다. 그래서 어떠한 행위동사가 기장부호로 이용됐을 것인가에 대한 의문이 제기된다. 그동안 회계사학자들이 밝힌 바에 의하면, 기장부호의 자성에는 다음과 같은 3가지 기본조건이 갖추어지면 가능하게 된다고 하였다. 첫째, 이 행위동사는 개괄적 사실 표현이 유지되어야 한다는 점, 둘째 이 행위동사는 경제적 발전변화를 반영할 수 있어야 한다는 점, 셋째로 이 행위동사는 상호 통일성이 구비되어야 한다는 점이다.94)

인류의 원시 문명사회에서부터 경제적 사실을 기록하기 위하여 이루어진 기장부호의 사용은 오랜 역사적 발전과정을 통하여 진화에 진화를 거듭하면서 장부조직문화의 형성을 가져오게 했다. 우리나라의 경우, 고대국가의 형성 이전부터 부호를 사용한 기장 행위가 분명 이뤄져 왔다. 갑골서계(甲骨書契)에 의하면, 수렵으로 얻은 수확물에 관한 기록 중에 「그물로 사슴 50마리 잡다」(捕畢鹿五十)・「창으로 여우 25마리 사냥하다」(狩伐狐二十五)・「화살로 이리 10마리 사냥하다」(狩𤝞狼十)라는 표현이 있는바, 이는 사실상 「잡다(捕)」・「사냥하다(狩)」라는 행위동사를 이용한 기장부호로 인식할 수 있다. 이러한 상황은 단군조선이 건국된 이후에도 상당한 기간 계속되었

---
94) 郭道揚 著・津谷原弘 訳, 前揭書, P. 189.

던 것으로 볼 수 있다.

　여기서 우리는 경제적 사실 기록이 그림에 의한 부호의 표현단계에서 행위동사를 이용한 문자 서술식의 기록으로 진일보했음을 알 수 있다. 환언하면, 경제적 사실 기록은 행위동사를 사용하여 경제활동의 성질과 기록내용을 서술적으로 표현하였다는 것이다. 이를 정리하면, 최초의 기장기록은 불완전한 것이기는 하지만, 부호를 이용한 기장기록의 맹아(萌芽) 상태였음을 확인하게 된다. 따라서 기장기록은 문자 서술식으로 기록하는 시기였다고 보게 된다. 그러나 일련의 고정적인 행위동사를 기장기록의 부호로 창출하는 것은 불가능했으며, 그 당시 사람들의 생산 활동이나 사회생활 속에서 일정한 동작을 근거로 하여 유사한 동사적 의미를 가진 언어 문자로 표시하는 정도에 불과했다.

　② 제2단계 : 기장부호의 확립 시기

　단군조선 시대를 거쳐 기자조선에 이르러서도 죽간(竹簡)에 아직 문자 서술형 기록에서 벗어나지 못한 상태였다. 그러나 내용 면에서는 간소화되는 경향을 보여주기 시작했다. 그것은 경제적 사실을 기록하면서 경제적 사항별로 행위동사를 고정하는 방법으로 기록하려고 했다는 점이다. 고조선 시대의 사람들은 경제사항의 성질과 기록 방향을 행위동사에 따라 나타내는 한 쌍의 동사 부호를 이용하여 기록했다. 즉, 「입(入)·출(出)」이라는 한 쌍의 행위동사가 고정적으로 이용되기 시작했다는 것이다. 「입(入)」은 「들이다」의 뜻이고, 「출(出)」은 「나가다」의 뜻을 지닌 것이다. 이는 고정적인 기장부호에 의한 단식부기적 기록계산을 위한 방법적 구성을 의미한다.

　기자조선에서 삼국시대에 이르는 사이에 「입(入)·출(出)」의 행위동사에 의한 기장부호의 이용은 국가재정의 수지 사항을 관장하는 국고회계가 그 효시이다. 특히 고구려·신라·백제의 삼국이 정립되었던 동안에는 봉건국가의 체제가 정립되었으므로, 국가재정을 관장하는 관부회계는 산사(算士)를 두어 운영하게 되어 있었다. 따라서 산관(算官)이 근무하는 곳에는 반드시 부서(簿書)가 비치되어 있었고 기장부호에 의한 기장문화도 발달할 수 있는 환경이 조성되어 있었다. 그런데 초기의 문자 서술형 기록에서 이용된 「입(入)」과 「출(出)」의 기록 위치는 고정되어 있지 않고 각 경제 사항의 맨 앞이나 맨 뒤에서 수지 관계를 나타내는 정도였다. 이처럼 고조선 시대에서 삼국시대에 이르는 동안에 형성된「입(入)·출(出)」이라는 한 쌍의 고정적 동사 부호에 의한 「기장부호(記帳符號)」의 확립은 단식부기적인 한국회계문화의 시원(始原)이라고 할 수 있을 것이다.

　그 당시 상인회계에서는 「수(受)·용(用)」이라는 한 쌍의 동사 부호가 거래사항의 기록에 이용되었다. 「수(受)」는 「받다」라는 뜻의 동사 부호였으나, 훗날

「收」(거두어들이다)라는 동사 부호로 바뀌었다. 그리고 「용(用)」(쓰다)이라는 동사 부호는 다양한 의미를 지니고 있어서 「지(支)」(치르다)라는 동사 부호로 대치(代置)되었다.

원래, 「收·入」과 「支·出」은 일반서민들이 사용하던 경제적 사실을 표현하는 방법이었으며, 관용적인 하나의 속어(俗語)이기도 했다. 「收」는 금전이나 재물을 받았을 때, 나타내는 표현이다. 즉, 「收」는 「들어온 것(入)」을 의미한다. 그리고 「支」는 금전이나 재물의 불출(拂出)을 나타내는 것이다. 즉, 그것은 「치르다(支)·내치다(出)」는 뜻이다. 그래서 이것을 지출(支出)이라고 표현하기도 했다. 이것들은 원래 숙어적 표현의 동사 부호를 이용하여 회계의 기장부호로 활용했다. 다시 말하면, 이는 사람들이 오랜 세월에 걸친 사회생활 속에서 진화되어온 일련의 행위동사이며, 사회적 관습에 비추어 상반하는 한 쌍의 행위동사로서 회계기록계산을 위한 기장부호로 전용되었다.

고조선 시대 이래 관부회계에서는 사람들이 관습으로 사용하던 「수입(收入)」과 「지출(支出)」을 선택하여 그 행위동사의 끝 글자 하나를 떼어내어 「入」과 「出」을 회계기록을 위한 기장부호로 전용하였다. 또한 민간부문 회계에서는 위에서 언급한 「수입」과 「지출」의 앞 글자를 떼어내어 「收(受)」와 「支」를 회계기록을 위한 기장부호로 정착시켰다.

여기서 기장부호에 대한 선택 상의 차이를 음미해볼 필요가 있다. 관부회계가 이용하는 「入」과 「出」은 국가재정수지의 특성과 관계가 있는 것이며, 민간부문의 회계에서 사용된 「收(受)」와 「支」는 서민경제의 특성과 관계가 있다고 볼 수 있다. 경제적 관점에서 보면, 전자는 후자보다 그 범위가 방대하다. 그러나 전자의 경제적 수지 사항은 비교적 단순한 것이다. 그런데 후자의 경제 범위는 전자에 비하면 협소하다고 할 수 있으나, 경제적 수지 사항은 복잡한 것이다. 비록 회계적 기장부호의 선택에 관한 문제였다고는 하지만, 그 당시의 사람들은 어떻게 객관적 사실을 기장부호로 할 것인가, 아니면 어떻게 적용해 이용할 것인가에 대한 고민이 있었을 것이다. 그렇다고는 해도 세상 만물의 운동 과정을 절대적 진실로 표현할 수는 없다. 회계적 기장부호의 형성과 변화도 마찬가지이다. 그래서, 「入·出」과 「收(受)·支」는 관부회계와 민간회계와의 사이에 상호작용으로 사용했던 시기의 산물이라고 할 수 있다.

이처럼 「入·出」의 기장부호는 고조선의 관부회계에서 사용된 것을 그 기원으로 하고 있지만, 그 영향은 오늘날에 이르기까지 우리나라 관부회계 속에서 승계되어 오랫동안 사용되어왔음을 확인할 수 있다. 그것은 단식부기적인 관부회계에 적합한 기장부호로 작용했기 때문이다. 그와 동시에 고조선을 비롯한 삼국시대의 민간부문 회계에서는 「收·支」가 기장부호로 작용하면서 제3단계의 단식부기적인 한국회계문화 발전에 크게 작용했다고 해야 할 것이다.

③ 제3단계 : 기장부호의 성장 시기

　이 시기는 통일신라와 발해, 그리고 고려 시대에 이르는 기간을 일컫는다. 이때의 「入·出」에 의한 기장부호의 사용은 회계장책에 기록할 경우, 그 위치를 고정하여 표시하도록 발전되었다. 통일된 국가 체제하에서 사회경제적 발전이 오랫동안 지속되면서 국가의 재정적 안정이 이루어지고 일반서민들의 경제생활에도 어느 정도 안정세를 유지하게 되었다. 불교가 국교로 정해지고 전국적으로 사찰이 건립되어 서민들은 불교 중심의 생활상으로 변모해갔으며, 사원경제가 상당한 수준에 이르렀다. 따라서 국가재정수지를 관장하는 관부회계와 일반서민의 상업경제와 사원경제에서 형성된 민간부문 회계도 발전할 수 있는 환경이 조성되었다. 특히 통일신라 시대에 관부회계를 관장하는 부서의 책임자는 반드시 산학박사로 보임(補任)했고, 그 산하에 산원(算員)을 다수 채용하여 장책 관리와 기장 처리를 수행하도록 함으로써, 진일보한 관부회계의 문화환경은 상당히 발전된 양상이었다.

　이러한 환경에 편승하여 진일보한 기장부호의 사용행태가 나타났다. 관부회계의 경우는 일반적으로 「入·出」을 많이 사용하였고, 민간부문의 회계에서는 「收·支」가 많이 사용되었다. 이러한 상황은 고려 시대에 이르러 더욱 발전하게 되었다. 고려시대의 관부회계에서 사용된 「入·出」의 기장부호는 모든 경제사항의 기록 첫머리에 표시하였을 뿐만 아니라, 회계기록부호와 병용하여 회계장책의 명칭으로 이용하는 쪽으로 진화되었다. 예컨대 「곡물입출부(穀物入出簿)」·「금전입출부(金錢入出簿)」 등이 그것을 의미한다. 그 당시의 민간부문 회계에서는 「收·支」의 기장부호를 이용했으나, 관부회계와 거의 유사했다고 한다.

　고려 시대로 들어와서는 개성 상인들이 활동하기 시작했고, 특히 송나라와의 교역뿐만 아니라, 일본·대식국(아라비아) 등, 주변국과도 교역하는 환경이었으므로, 상인회계에서는 기장부호를 자유로이 사용하는 경향이 나타났다. 관부회계와 민간회계에서 사용하는 기장부호의 규칙이 사라지고, 양자 모두 「入·出」과 「收·支」의 기장부호를 교호사용(交互使用)하게 되었다는 것이다. 따라서 이 시기에 민간회계는 상인뿐만 아니라, 귀족과 사찰관리자 등, 다양했다. 그래서 어떤 사람은 기장부호를 장부의 기록 첫머리에 적어 넣거나, 어떤 사람은 장부의 기록 중간에 적어 넣기도 하고, 또 어떤 사람은 기록 문구의 제일 뒤에 적어 넣는 경우가 속출했다. 결국 기장부호의 발전과정에서 무질서를 초래하게 되어 기장부호의 사용에 일대 전환기를 맞이하게 되었고 새로운 차원의 기장부호가 등장하였다.

　고려 원종 3년(AD 1,262)에 발급된 상서도관첩(尙書都官帖)에 의하면, 이두 문자를 이용한 회계적 기장부호가 표기되어 있다. 여기서 상서도관(尙書都官)은 고려시대에 노비의 부적(簿籍)과 결송(決訟)을 관장하던 관청[95]이며, 첩(帖)은 문서를 의미하는 이두

문자이다. 여기에서 기장부호에 관련된 이두 문자가 표기된 곳을 인용한다.

『向前權臣崔忠獻乙 全委飾立爲有如乎 翊聖寶叱殷 同寶上 米麵銀物貸下爲在 人員岐如爲去乙, 子孫良中 至亦 生徵 捧上爲臥 乎等用良, 艱苦亦 望白如乎 事是去有等以, 甲寅年己上乙良 邊長 幷以 放除敎是遣 同年己來乙沙 身故衿乙良 除敎是遣 生存人耳亦 邊長除良初亦 貸下爲乎 本色以 本項耳亦 捧上爲除, 寶爲 排置爲有如乎 家幷以 國賑色 題給爲良於爲敎矣.』(전에 권신 최충헌을 위해 만든 익성보가 받아들인(上) 쌀과 보릿가루 및 은을 빌려주었는데(貸下), 빌린 사람들이 갈라서(岐如) 자손들에게 갚도록(去) 대물림(生徵) 하였는바, 그것을 받아들이는데(捧上) 어려움과 원망이 있더라. 그것을 덜어주려고(去) 갑인년 이전 것은 촌장이 모두 면제해주고, 그해 이후에는 죽은 사람의 몫을 촌장이 면제해주게 하다. 생존 인에게는 처음으로 빌려준(貸下) 부서(本色)에서 본전(本項)만 받아(捧上) 면제해주고 보(寶)에 들어있던 집과 함께 국진색(國賑色: 國家救恤機關)에서 나누어 주(給)라고 했느니라.)96)

이 문서를 보면, 회계에서 사용하는 동사 부호가 발견된다. 「上」·「貸下」·「捧上」·「去」·「給」 등, 이두문자로 표기된 동사부호가 그것이다. 즉, 「上」과 「捧上」은 「받다」·「받아 들이다」의 이두 문자이며, 「下」는 「주다」·「치러주다」의 뜻이고, 「貸下」는 「빌려주다」의 뜻을 갖고 있다. 「上下」는 원래 받아준다는 뜻이었으나, 점차 「치러주다」·「대주다」의 의미로 진화된 것으로 보인다.97)

④ 제4단계 : 기장부호의 발전 시기

기장부호의 제4단계 발전 시기는 조선 시대 이후의 일이다. 이 시기의 기장문화에 대해서는 장을 달리하여 자세히 서술하게 될 것이다. 다만 여기서는 기장부호의 발전 단계에 해당하는 것에 관한 설명에만 한정한다.

조선이 건국된 이후에도 고려 시대의 관부회계를 그대로 답습하여 사용하였다(太祖實錄參照). 적어도 조선조 초기에는 고려시대의 제도가 전승되었다. 관부회계의 회계

---

95) 고려사 권76, 백관지 도관, 「掌奴隷簿籍決訟」
96) 허흥식, 「1262년 상서도관첩의 분석(上)」(『한국학보』 제27권, 1982), P. 22(원문은 문화류씨 가정보). 이 구절은 당시의 최충헌 일가에 의한 고리대부업이 가혹했음을 말해주고 있다. 『고려사절요』 권16에 의하면, 고려 고종 27년(AD1,240) 12월조의 『崔瑀孼子僧萬宗萬全…唯以殖貨爲業金銀穀帛 以鉅萬…慶尙周道所蓄米穀五十餘萬石 貸民牧息…催徵甚酷民盡輸所存租稅屢闕.』로 보아, 翊聖寶 소유의 재산이 전국에 있었음을 알 수 있다.
97) 장지영·정세경, 『이두사전』(정음사, 1976), P. 170. 조정환, 『회계의 이해--사적 접근-』(삼영사, 1995), PP. 390~392.

기록에도 고려 시대의 기장부호가 여전히 사용되고 있었다.

『증보문헌비고(增補文獻備考)』(卷154, 財用考, 恭讓王3年)에 의하면, 「모든 전곡 출납은 먼저 도평의사에 보고하고 백성의 구제는 삼사가 수입(入)을 헤아려 지출(出)하도록 정확하게 회계하라.」(凡中外錢穀出納 先報都評議使司 移民三司使精核會計量入爲出…)는 기록이 있다. 그리고 조선 개국공신 정도전의 『조선경국전(朝鮮徑國典·三峰集卷七)』에 의하면, 『국가는 삼사가 전곡의 들어온 것(入)을 헤아려 그 지출(出)을 관장토록 한다.』(國家以三司 掌錢穀所入之數而其出也…)라고 기록되어 있다. 이는 조선조의 건국 초기에는 고려 시대의 회계부서이던 삼사(三司)의 명칭이 계속 사용했었음을 의미한다. 훗날 그것은 호조(戶曹)로 개편되었다. 이에 따르면, 고려 시대의 전곡(田穀) 관리를 위한 회계제도가 조선조 건국 이후에도 계속하여 이어지고 있었음을 알 수 있다. 여기서 고려 시대의 기장부호로써 사용된 「入·出」의 표기가 역시 조선조 초기에 이르러서도 「入·出」로 표기되고 있었다는 것을 확인하게 된다.

관부회계뿐만 아니라, 민간부문의 회계기록에 있어서는 역시 고려 시대에 이어 조선 시대에도 이두 문자에 의한 회계기록이 전승되었으며, 기장부호의 사용도 역시 이두 문자에 의한 표기가 진화된 상태에서 활용되었음을 발견할 수 있다. 지금까지 전해지고 있는 조선 시대의 관부회계 장부와 민간부문의 회계장부를 통하여 다양하게 발전되어 있는 기장부호를 찾아볼 수 있기 때문이다.

우선 관부회계 장부에 속하는 『명례궁회계책(明禮宮會計冊)』98)에 의하면, 명례궁의 수입과 지출을 이두식 표기문자인 「捧上(받자)」과 「上下(치르다)」로 나누어 기록되어 있다. 이 회계문서는 날마다 기록한 초일기(草日記)와 월별로 합산한 중일기(重日記)뿐만 아니라, 「받자책」(捧上冊)과 「치를책」(上下冊), 그리고 이 두 책을 하나로 종합한 회계책(會計冊)으로 구성되어있다. 그 기록 중에서 원문 하나를 들어 기장부호의 예를 소개하면, 다음의 <표 3-10>과 같다.99)

<표 3-10>에 보면, 「捧上」과 「上下」라는 이두 문자를 볼 수 있다. 「捧上」은 「받자」로 읽으며 뜻은 「받아들이다·수입하다」이다. 그리고 「上下」는 「처러」로 읽고 「처러주다·지급하다」의 뜻이 있다. 이것들은 회계적 동사 부호로서의 기장부호를 의미한다. 이때 「捧上」은 줄여서 「上」으로 표기하는 경우가 있으며, 또한 「上下」는 역시 줄여서 「下」로 표기하는 경우가 있다. 이상은 조선 시대의 관부회

---

98) 『明禮宮會計冊』은 왕실회계문서의 하나로서, 명례궁은 왕실의 私庫를 의미하며 황후의 관장하에 재화의 출납을 기록한 회계문서이다. 이 문서는 AD1,792년부터 AD1,906년까지 115년간의 회계기록으로 총 106 冊이며, 현재 奎章閣에 소장되어 있다. 이것 외에도 『明禮宮捧上冊』(120책)과 『明禮宮上下冊』(101책)이 역시 奎章閣에 소장되어 있다.

99) 明禮宮會計冊(奎章閣 所藏) ; 趙益淳, 『四介松都治簿法前史--우리나라 固有簿記의 발자취』(서울, 도서출판 해남, 2,000), P. 100에 소개된 부분의 일부를 인용함.

계에서 사용된 금전 출납 기장부호의 대표적인 것이다.

<표 3-10> 치부문화 발전 시기의 관부회계에 표기된 기장부호

『明禮宮會計冊』의 원문 일부	한글 새김
『錢文 前在 捌伯玖拾陸兩貳錢陸分	돈 전기재고 890냥 2전 6푼
捧上 陸仟伍佰貳拾柒兩伍錢玖分	수입　　6,527냥 5전 9푼
上下 伍仟玖佰柒拾伍兩肆錢肆分	지출　　5,975냥 4전 4푼
時在 壹仟肆佰肆拾捌兩肆錢壹分』	당기재고 1,448냥 4전 1푼

<자료 : 『明禮宮會計冊』 (규장각 소장)>

이 시기의 민간부문 회계는 회계주체에 따라 다양하게 나누어져 있다. 개인용 회계 기록과 상인용 회계기록, 그리고 공동사업용 회계기록 등이 전해지고 있다. 기장부호의 표기에는 약간 차이가 있으나, 대체로 대동소이하다고 할 수 있다. 따라서 여기서는 이 시기의 민간회계에서 사용된 대표적인 기장부호에 대해서만 언급하려고 한다. 현재 전해지고 있는 민간부문의 회계기록은 다수 있으나, 그 대표적인 것으로는 『대한천일은행회계문서』가 있다. 이 회계문서의 정일기(正日記)에 기록된 기장부호를 살펴보고자 한다. 즉, 정일기에도 <표 3-11>과 같은 거래가 기록되어 있다.

<표 3-11> 부기문화 발전시기의 상인회계에 표기된 기장부호

거래유형	『正日記』의 원문 일부	한글 새김
입금거래	『洪正燮人股本二回文三百元上, 於音入 權錫永音一片文八百元上』	홍정섭이 납입한 자본금 2회분 300원 받다. 권영석의 어음 1매 800원을 받다.
출금거래	『家舍去買得文八百四十元下, 公用使童四名正月條月給文八元下』	건물을 매입하고 대금 840원을 지급하다. 급사 4명분 정월달 월급 8원 지급하다.
대체거래	『李吉善入家舍價來文六百八拾元 於音去營床龜鄭音一片文六百八拾元』	이길선으로부터 건물값 680원을 영상구 거주의정씨 어음으로 받다.

<자료 : 『대한천일은행회계문서 정일기』(우리은행 은행사박물관 소장)>

<표 3-11>에서 보이는 바와 같이, 「入」·「上」·「去」·「下」가 거래내용에 기록되어 있다. 이것들은 모두 이두 문자로 된 기장부호를 의미한다. 여기서 「入」과 「上」은 「받다·받아들이다·수입하다」의 뜻을 지니고 있으며, 「去」·「下」는 「주다·치르다·지급하다」의 의미가 있다. 이 외에도 회계문서 중에는 유사한 표현의 동사 부호가 거래의 성격에 따라 기록되어 있다. 예컨대 「捧次」(받자)·「給次」(주자)「還上」(돌려받다·회수하다)·「內」 등의 표기가 그것이다. 이처럼 발전 시기

의 기장부호는 종래 단식부기의 기록 형태에서 복식부기의 기록 형태(四介治簿法)로 진화하는 과정을 거치면서 회계주체인 계사(計士)에 의해 다양하게 표기했던 것으로 볼 수 있다. 이러한 과정에서 사개송도치부법이 창안되어 나타났다는 인식을 하게 되는 것이다. 이에 관해서는 장을 달리하여 언급할 기회가 있으므로 여기서는 그 설명을 생략하기로 한다.

이러한 기장부호도 시대의 흐름을 외면할 수는 없었던 것 같다. 개화기 이후 도입된 서양 복식부기 때문에 새로운 기장부호로 변화의 물결에 휩쓸려 가는 운명을 맞아야 했다. 서양 문화의 전래로 인한 시대의 변화는 기장부호의 새로운 도약기를 경험하며, 한국회계문화의 현대화를 가져오게 하는 전환기의 과정을 거치게 된다.

⑤ 제5단계 : 기장부호의 도약 시기

오랜 역사적 발전과정을 거치면서 자리를 잡아 오던 우리 고유의 치부문화에서 형성된 기장부호는 개화기 이후 서양식 회계제도의 도입으로 변화의 단계를 거치게 된다. 정치·경제·사회·문화의 다방면에 걸친 개화의 물결에 편승하여 새로운 회계문화의 변화는 물론, 기장부호의 표기에도 변화를 가져오게 하였다. 기장부호의 새로운 도약 시기가 도래한 것이다.

이 시기의 관부회계뿐만 아니라, 민간부문의 회계에도 기장부호의 변화가 일어났다. 「收·支」로 표기하던 관부회계의 기장부호는 「수입·지출」과 「세입(歲入)·세출(歲出)」로 표기하게 되었다. 그리고 민간회계의 기장부호는 「수입·지출」 및 「收益·費用」으로 표기되기에 이르렀다.

그뿐만 아니라, 「借·貸」의 표기에 의한 「借邊·貸邊」이라는 기장부호가 사용되었다. 따라서 종래의 상하로 기록하던 기장문화가 좌우로 구분·기록하는 것으로 변화되었다. 「차변·대변」의 기장부호는 서양식 복식부기 문화의 소산이다. 원래 「借(debit)·貸(credit)」라는 동사 부호의 기원은 「바빌로니아」의 『함무라비법전(法典)』에 규정된 채권과 채무의 처리에 관한 조문(條文)에서 찾아볼 수 있다.

그것은 차주(借主: debitor)와 대주(貸主: creditor) 사이에 발생한 금전의 청산관계를 명확히 규정한 것이다. 그러므로 「貸·借」의 동사 부호는 서양의 복식부기 발생 이전의 단식부기 시대에 생성된 것임을 알 수 있다. 그것이 오랜 역사의 흐름 속에서 복식부기의 발생과 더불어 회계의 기장부호로 확정되었다고 해야 할 것이다.

이상에서 살펴본 우리나라 회계문화사 기장부호의 전개 과정을 종합적으로 정리하면, <표 3-12>의 내용과 같다.

<표 3-12> 기장부호의 전개 과정 종합

발전 단계	형성 시기	사용시대	기장부호		비고
			관부회계	민간회계	
제1단계	맹아기	신석기 문명시대 단군조선시대	불확실 (狩, 出納)	불확실 (狩・岩壁畫)	불확실
제2단계	확립기	기자조선, 위만조선 삼국시대(漢四郡)	入・出	受・支	초보적 동사 부호 (周・漢의 영향)
제3단계	성장기	남북조시대 (唐) 고려 시대(宋・元)	入・出; 收・支 上・下; 捧上・貸下	入・出; 收・支 上・下; 捧上・貸下	고정적 동사 부호 (唐宋元의 영향)
제4단계	발전기	조선 시대(明・靑)	入・出・收・支 捧上・上下	入・去・內・上・ 下捧・次・給次	다양한 기장 부호 (四介송도치부법)
제5단계	도약기	근대화(도입시기) 일제시대 대한민국 시대	收入・支出 歲入・歲出 借・貸	收入・支出, 貸・借 (貸邊・借邊)	貸借의 고정적 기장 부호 (서양식 부기법)

<자료 : 韓・中 고전문헌 및 史料의 섭렵・고찰에 의거 저자 정리>

(2) 기장부호의 발전사적 의의

<표 3-12>에서 정리된 바와 같이, 우리나라 기장부호의 발전과정은 다섯 단계이다. 그것은 자연발생적인 맹아(萌芽)의 시기를 비롯하여 초보적 행위 동사를 사용한 확립시기와 고정적인 행위 동사의 부호를 사용했던 성장기, 그리고 다양한 동사 부호를 사용함으로써, 우리나라 고유의 복식부기 형태인 사개치부법을 탄생시킨 발전기와 서양의 회계문화가 전래된 이후의 대차(貸借) 기장부호를 사용하게 된 도약기의 단계를 거치며 진화됐다. 회계행위가 이뤄지기 시작한 초기에는 불규칙한 행위동사를 이용하여 경제적 사실 내용을 반영하는 정도였으나, 점차 인지가 발달함에 따라 고정된 행위동사를 기장부호로 사용하게 되었다.

이를 분석적으로 고찰해보면, 우리 고유의 기장부호는 「入・出」과 「收・支」에서 「入・去」와 「上・下」로 진화했음을 엿볼 수 있고, 서양의 회계문화가 도입되면서 정부 회계에서는 「세입(歲入)」・「세출(歲出)」로, 상업회계에서는 「借・貸」의 기장부호로 변화되었다. 이들 기장부호는 단계별 사용 시기마다 독특한 작용을 했으며, 우리나라 회계문화의 중요한 발전사적 의미를 지니고 있다. 이러한 기장부호의 발전사적 기능을 요약하면, 다음과 같다.[100]

첫째, 기장부호는 각 단계별로 회계기록의 눈과 귀가 되어 작용했다.

둘째, 기장부호는 기장(記帳) 방향을 명확히 밝혀주는 이정표의 역할을 했다. 기장부

---
100) 郭道揚 著・津谷原弘 訳, 前揭書, PP. 197~199.

호의 명확한 표기는 회계기록의 유용성을 높여주게 된다.

 셋째, 기장부호는 경제적 사항의 내용을 식별하는 표지(標識)로서 작용해왔다. 이것은 수입이고 이것이 지출이라고 표기하거나, 이것은 채권이고 이것이 채무라고 표기하는 것 등은 이를 이용하는 자가 기장부호를 통하여 식별할 수 있게 된다.

 넷째, 기장부호는 동류항의 경제적 사항을 총괄적으로 표기하는 기능을 수행해왔다. 동일한 장부 내에서 경제적 사실을 총괄적으로 기록하고 장부 간의 전기·분류를 통하여 회계보고서를 작성할 때 기장부호가 중요한 작용을 하기 때문이다.

 다섯째, 기장부호는 과학적 기장 방법의 하나로서 필수 불가결한 기본요소임이 분명하다. 따라서 기장 방법의 개선에는 기장부호의 문제가 필수적인 요건으로 작용한다.

3. 단식기장문화의 변천사

 상술한 바와 같이 중세 이전의 기장문화는 시대적 경제 환경에 적응할 수 있는 단식부기적인 기장 방법에 따라 진화의 과정을 거치면서 변천해왔다. 그것은 문자와 숫자가 출현하기 이전인 원시공동체 사회에서부터 재화의 획득과 교환을 나타내는 기록 방법의 고안(考案)이 그 효시이다. 환언하면, 인류의 경제생활에서 비롯된 재화의 취득과 양도에 의한 회계행위의 비망적 수단으로 등장한 것이 기장문화의 기원으로 보게 된다는 것이다.

 초기에는 문자와 숫자가 발명되지 않았던 원시사회였으므로, 비망적인 간단한 기록 수단에 의지할 수밖에 없었다. 그러나 인지가 발달함에 따라 경제 규모가 달라지고 거래의 형태로 발달하면서 점차 회계행위에 대한 장부의 필요성을 인식하게 되었을 것이다. 원시적 기록계산 도구로서의 기장 방법이 출현하였고, 간책(簡冊)·서산(書算)으로 표현되는 장부의 명칭이 처음으로 등장하였다. 그 후 그것은 문자와 숫자의 발명에 편승하여 다양한 회계장부의 명칭으로 진화했고, 결국 그것은 치부법(治簿法)이라는 이름으로 복식부기 문화를 잉태하는 결과를 가져왔으며, 결국은 회계장부라는 현재의 명칭으로 진화하게 되었다.

 회계장부에 의한 기장문화는 초기의 단일장부 시대를 거쳐 분화와 진화의 과정을 통하여 다양한 장부조직문화로 발전했다. 이러한 회계장부의 시대사적 발전과정 속에서 기장 방법에도 진화의 과정을 거듭하게 되었다. 그래서 장부 기록을 위한 계산항목(계정과목)이 등장하였고 3단계로 진화하는 과정을 거쳤다. 더욱 중요한 것은 이러한 회계장부에 기록을 위한 측정 단위가 활용되었다는 사실이다.

초기의 실물에 의한 계량 단위를 이용하던 시기를 지나 화폐에 의한 측정 단위를 이용하는 시대로 발전하였다. 간결·명료한 기장문화의 정착은 기장부호를 사용함으로써,

회계장부의 기록방법에 과학적 근거를 마련해 주었다.

이상과 같은 우리나라의 단식부기 기장문화의 변천과정은 회계행위의 기록방법을 발전시키고, 근대의 복식부기 장부조직의 구조를 생성시키는 도정(道程)이었다. <표 3-13>은 이러한 한국의 전통적 단식기장문화의 전개과정을 요약·정리한 것이다.

<표 3-13> 한국의 단식기장문화 변천사

단식부기의 기장문화	원시적 계량기록 방법 (원시문명 사회)	① 간단한 각기(刻記)
		② 결승기수(結繩記數)
		③ 서계(書契) 방법의 맹아(萌芽)
	문자 서술형 장부기록 방법 (고조선 시대·삼국시대)	① 단군조선 시대는 번잡한 문자 서술
		② 기자조선 시대는 간소한 문자 서술
		③ 삼국시대는 과도기적 진화과정
	간결한 고정식 장부기록 방법 (남북조시대, 고려, 조선)	① 기장법의 점차 고정화(上下·收支·入去)
		② 기록내용의 순차적 완비(어림셈 항목의 進化)
		③ 기장 순서의 간결화 (기장부호의 사용)
		④ 기장 방법의 표준화 과정 (日記冊·帳冊·會計冊)
		⑤ 日計·月計 歲計 別로 기록의 명료화 과정

<자료 : 古典 史料의 섭렵·고찰에 의거 저자 정리>

1) 원시문명 사회의 기장문화

인류는 신석기시대의 문명사회가 형성되면서부터 회계행위의 비망 기록을 위한 수단을 생각하게 되었다. 그것은 회계의 추형(雛形)에 해당하며, 이른바 회계의 싹이 돋아나는 상태였다. 그것은 경제적 사항의 정태적 부호에 불과하며, 기록자만이 알고 있었다. 그런데 원시문명 사회의 말기에 나타난 「서계(書契)」는 조잡한 형태의 계산방식에서 진일보한 기장 방법이고 계량적 기장문화의 과도기적 상태였다.

2) 고대국가의 문자 서술형 단식기장문화

위에서 언급한 방식은 서술형 회계 기록법 또는 서사식(敍事式) 기장방법이라고도 일컫는다. 출토된 「갑골서계(甲骨書契)」에 의하면, 고대국가의 기장 방법은 다음과 같은 특징을 지닌 것으로 확인되어 있다.

첫째, 모든 경제적 거래 사실은 문자 서술형으로 기록되어 있다.

둘째, 각각의 수지 사항은 시간적인 발생순서에 따라 간책(簡冊)에 기록했다. 기록 사항에 따라 유형별로 분류하고 경제활동과는 다르게 간책의 기록 위치가 결정되었다.

셋째 기록은 경제 사항을 일방적으로 반영하는 것뿐이며, 이와 관련되어 발생하는 것을 동시에 반영하지 않는다. 이는 단식부기의 기본적인 특징이다.

이러한 문자 서술형 기록은 단식 기장법의 원초적 형태이다. 고대국가 초기부터 비롯된 문자 서술형 기장방식은 점차 간소화하는 방향으로 진화해갔다. 즉, 문자 서술형 기장방식의 복잡함을 인식하여, 더 간명하게 기록계산이 이뤄지는 방안을 모색하게 되었다는 것이다. 고대국가의 후기에 이르러 문자 서술형 기록계산 방식에서 탈피하려는 움직임은 결국 기장방식의 진화를 가져오게 하였다. 이 무렵 문자의 개혁과 산학(算學)이 발전되고 산가지(計算棒)를 이용한 회계 조건이 갖춰졌다. 간소화된 문자가 사용되기 시작했으며, 근본적으로 원시 문자인 상형자체(象形自體)에서 탈피하여 문자에 의한 기장방식으로 전환하게 되었다.

<사진 3-2> 간독(簡牘 : 대쪽 묶음)의 형태 예시

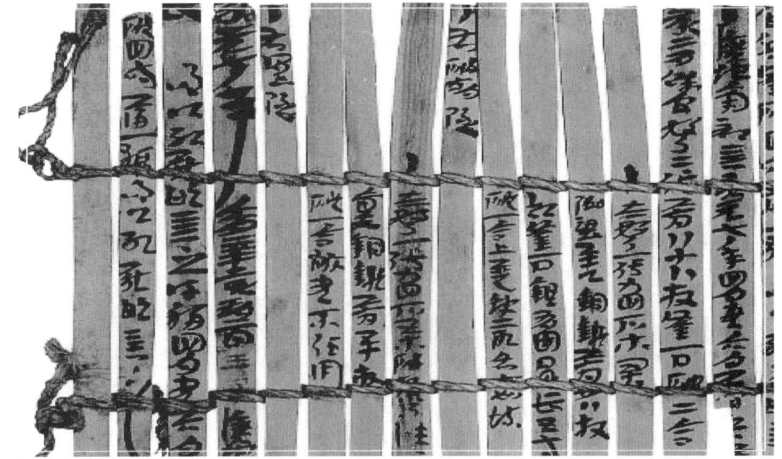

<자료 : http://blog.naver.com/PostView.nhn?blogId=leech2080&logNo=50153791524>

문자표기의 간소화, 기록방식의 간편화 등은 경제적 수지 기록의 번잡스러움에서 벗어날 기회를 제공하였다. 상술한 바와 같이, 이 시기의 진화행태는 경제 사항을 유형별로 분류하여 표기하는 행위 동사를 사용하는 것이었다. 행위동사를 이용한 기장 방법은 결국 경제적 사항의 수지 기록을 간소하게 정리할 수 있도록 진화의 단계를 한

층 높여주었다. 예컨대, 일련의 기장방식은 경제 사항(去來)의 발생 시에 회계기록의 부호·회계대상의 명칭·수량(또는 금액)과 계산단위를 순차적으로 표기하는 진일보된 형태로 나타났다.

3) 중세 이후의 진화된 단식기장문화

원시 문명사회에서부터 시작된 기장 행위는 오랜 세월 동안 진화에 진화를 거듭하면서 그 시대에 적합한 장부조직문화로 발전되어왔다. 남북조시대를 거쳐 고려 시대로 이어지는 과정에서 기장 방법의 발전은 제3시기로 접어들게 된다. 이 시기에는 종래의 문자 서술형의 번잡하고 일관성 없는 기록방식(入出會計記錄法)에서 탈피하여 회계행위의 고정화된 동사부호를 이용하는 방식으로 진화되었다. 비교적 간명한 기록계산방식은 당시의 국고 재정을 관리하기 위한 규범에 따라 형성된 것이었다.

그것은 계리(計吏)가 기록한 부서(簿書)에 회계행위의 동사부호·거래내용·회계기록의 배열순서 등, 비교적 정형화를 기하려는 진전된 흔적을 발견할 수 있다. 예컨대, 중국의 요하(遼河) 지역(濊貊族의 發祥地)에서 출토된 간독(簡牘)101)에 의하면, 다음과 같은 곡물수납 사실이 기록되어 있다.

- 「入米二十五石始元二年六月庚午朔癸酉令史受」(6월 초하루 쌀 25섬이 수납 令史가 받다.)
- 「出米三十斗始元二年六月庚午朔以食校士六十人盡」(6월 1일 군관 60인분 녹봉 쌀 30말 지출하다.)
- 「入大麥三十石增粟二十五石合五十五石受城倉」(보리30석, 조25석, 합55석, 城倉이 받다.)
- 「出大麥二十石十二月朔以食支二十人」(12월 초하루 보리쌀 20석 녹봉으로 20인에게 지급하다.)

이상과 같은 회계기록은 경제적 사실을 반영하면서 회계행위의 동사부호를 사용하여 비교적 간단명료하게 표기되었음을 볼 수 있다. 수입부분은 경제적 사실의 원천을 설명하고, 지출부분은 그 용도를 반영하였다. 기록내용은 20자 내외의 문자와 숫자를 조합하여 간책(簡冊)에 표기되었다. 간책에 기록할 때 적당히 행(行)을 나누어 입출

---

101) 종이가 보급되기 이전의 고대국가에서 서사(書寫)를 위해 사용되었던 얇게 깎은 나무쪽이나 대쪽을 일컫는다. 죽간(竹簡)과 목독(木牘)을 합쳐서 부르는 명칭이다. 고고학계에 의하면 BC13세기경부터 사용되기 시작했다고 하며, 삼국시대에는 문서 기록용으로 일반화되었다고 한다. 지금까지 출토된 간독문서는 그 대부분이 기원전 5세기 이후의 것이라고 전해지고 있다. 그러나 중국의 후한(後漢) 시대에 채륜(蔡倫)이라는 사람에 의해 종이(紙)가 발명(AD105)된 이후, 제지기술(製紙技術)이 삼국시대에 전래되어, 닥나무 종이(楮紙)가 보급되면서 종이를 이용한 기록계산문화도 함께 발달했다.

(入出)을 혼동하지 않도록 했으며, 간단명료하게 표기하여 기록시간의 절약과 검산에도 편리하게 했음을 보여주고 있다.

특히 간독(簡牘: 대쪽묶음)에 의한 회계기록은 종서(縱書: 세로글씨)로 표기되어 있으며, 그것은 점차 진화하여 위쪽 줄(上行: 실제로는 右行)에는 입(入)·아래쪽 줄(下行: 실제로는 左行)은 출(出) 또는 위에는 수(收)·아래는 지(支)라는 회계행위의 부호를 사용했다는 것도 이 시기의 특징으로 지적할 수 있다. 이렇듯 위쪽 행과 아래쪽 행으로 나누어 기록하는 일은 순차적으로 진화의 과정을 거치면서 일상화(日常化)되어 회계기록의 관습으로 정착된 것으로 보여진다.

<사진 3-3> 진화된 간독(簡牘: 대쪽묶음)의 일예(一例)

<자료 : http://blog.daum.net/kiwhami/1156>

이러한 사실은 삼국시대에 중국으로부터 종이(紙) 제조기술이 전래하여 닥나무 껍질(楮白皮)로 만든 종이가 보급되면서 저책(楮冊)에 의한 기장문화가 발달하기 시작했다. 따라서 남북조(統一新羅와 渤海)시대를 거쳐 중세의 고려 시대에 이르는 기간에는 간책(簡冊)과 저책(楮冊)의 병용으로 이루어진 기장문화가 발달되었다. 그 후 중세의 고려 시대에서 조선 시대로 이행하는 기간에는 한지의 제조기술이 발달하였고, 종이의 보급량이 늘어나게 되면서 지필묵에 의한 본격적인 지식전달이 이뤄지고 기록문화의 비약적인 발전을 가져오게 되었다. 경제적인 거래 사실을 표기하는 기록계산법의 진화에도 박차를 가하게 되어 기장문화의 상당한 변화가 이루어졌다. 저책에 의한 기록계산이 일반화되었으며, 결국 저책을 사용하는 종서 기록계산이 우리나라 단식기장문화의 특성으로 자리매김하게 되었다.

이처럼 남북조시대 이후의 회계기록문화는 중세의 고려 시대를 거쳐 조선 시대에 이르는 동안에 비교적 진화된 형식의 간명하고 획일적인 기록 방법을 창출해 내었다. 이러한 회계기록의 표준화된 단식기장문화는 다음과 같은 특징이 있다.

<사진 3-4> 종이에 의한 기록문화의 一例

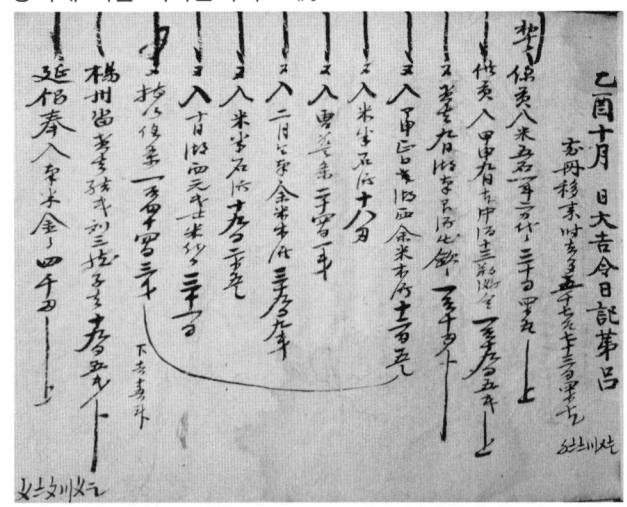

<자료 : 乙酉10월 일기 제 여(呂)천자문으로 권수 번호 매김. 일기는 30권째 장부임>

첫째, 이 기장 방법은 회계 사항의 내용을 이해하기 쉽도록 간명하게 표기하여 객관성을 반영하고 있는 점이 특이하다.

둘째, 이 기장 방법은 기장부호를 사용하여 하나의 경제적 사실을 표기하고, 그 다음에 다시 줄(行)을 바꾸어 기록하는 점이 특징이다. 이를테면, 일기장과 같이 경제적 사실의 발생순서별로 기록해가는 방식이라고 할 수 있다. 즉, 줄(行)을 위아래(上下) 또는 좌우(左右)로 나누어 기장하는 방식으로 윗줄(上行 또는 右行)에 수입을 표기하고, 아랫줄(下行 또는 左行)에 지출을 기록한다는 원칙이다.

셋째, 이것은 회계행위의 동사 부호를 입(入·收)·출(出·支)로 표기한 단식회계기록이라는 특성이 보인다. 상거래가 발생하면 반드시 상호관계가 성립하게 된다. 들어오고(入·收), 나가는(出·支) 관계가 발생한다는 것이다. 그런데 단식회계기록의 경우는 각각 상거래의 사항 한쪽만을 반영한다는 사실이다. 양자를 동시에 반영하지 않는다는 것이다. 환언하면, 장부에 기록되는 것은 주체적 위치에 있는 것이며, 객체적인 쪽은 동시에 기장되지 않는다. 이러한 사실에 비추어보면, 단식기장방법은 주체적 회계 기록법이라고 할 수 있다. 그렇다고 기장자가 객체적 경제 사실을 무시하는 것은 아니다. 다만 주체적 기록을 할 때, 그 사실을 부수적으로 표시해두는 정도에 불과하다. 입출 또는 수지로 나타내는 단식기장방법은 한 줄의 기록은 하나의 주체적 사실만을 기록한다는 것이 기본이라고 이해할 수 있다. 이것이 단식기장 법의 특성이며, 복식기장법과 다른 점이라고 할 수 있다.

5 중세시대 유라시아대륙의 기장문화사

1. 유럽 중세사회의 기장문화사

1) 유럽 중세사회의 시대사적 상황

유럽의 중세시대는 고대 문명사회의 관습이나 이념을 이어받은 사회구조적 기반 위에 형성된 1천 년 동안의 기간을 일컫는다. 즉, 유럽 중세시대는 5세기 말 서로마제국의 멸망(AD476)에서부터 15세기까지이다. 그중에서 3분의 2에 해당하는 기간은 암흑시대(dark age)[102]라고 할 수 있다. 그러나 한편 비잔틴 동로마 제국은 서로마제국의 멸망 후에도 지중해 동부를 중심으로 계속 번영하였고 정치·경제·사회·문화 그리고 동서 교역의 활성화 등, 여러 방면에서 독특한 세계를 형성하고 있었다.

중세 유럽 사회의 특징은 장원제(莊園制)를 근간으로 하여 형성된 봉건주의 체제였다고 할 수 있다. 그리고 11세기경부터의 상업 부활은 길드(guild)의 등장에서 비롯되었다. 상업이 발전함에 따라, 도시 형태가 나타났고, 도시민(상인·수공업자)은 봉건 영주의 구속을 벗어나려고 10세기 말부터 자유와 자활(自活)을 찾아 자유도시를 탄생시켰다. 또한 그리스도교회와 이슬람 세계의 항쟁은 결국 십자군 전쟁을 초래하였고, 그것이 유럽 사회에 끼친 영향은 대단한 것이었다. 환언하면, 도시를 중심으로 하는 화폐경제가 중세 유럽의 농업사회에 침투하여 지대(地代)의 금납화(金納化)를 촉진시켰음은 물론, 장원제를 붕괴시키고 농촌공업을 발달시킴으로써, 중세사회의 말기에 이르러서는 길드 제도를 붕괴시키는 결과를 가져오게 하였다.[103]

---

102) 중세 유럽의 암흑시대라 함은, 서유럽 대부분을 지배하고 있던 서로마제국이 멸망(AD476)한 이후, 중세 중반기(AD1050)에 이르는 기간에, 고토를 수복하려는 동로마 제국의 침공, 북아프리카의 해적과 이슬람 세력이 침공, 비잔티움을 밀어내며 치고 들어오는 노르만족의 침공 등으로 인하여, 비이성과 무지가 이성과 합리를 압도함으로써, 로마 문명은 단절되었고 역사적 기록이 거의 사라지고 부족한 시대라는 뜻에서 일컬어지는 말이다. 고고학적 발굴로 어느 정도의 그림을 그릴 수 있다고는 하지만 상세한 연대기가 없기 때문이다. (山中謙二, 『西洋史』, 1961).
103) 山中謙二, 상게서, PP. 30~48.

이러한 유럽 중세도시의 전형적인 모습은 상업을 부활시킨 12세기 이후에 나타났다. 여기서 고대도시와 중세도시의 차이를 보면, 전자가 군사와 행정의 거점을 도시에 두었던 것에 비하여, 후자는 시장의 소재지로서 상인과 수공업자들로 구성되는 경제중심지가 되었던 것이다. 따라서 중세도시는 사교도시(司敎都市)와 성새도시(城塞都市), 그리고 상업 도시로 나누어진다. 사교도시는 고대 로마제국의 여러 도시를 잇는 길을 따라 형성된 교회 행정의 거점인 사교구(司敎區) 소재지를 일컫는다. 성새도시는 봉건귀족이 외적의 침입을 방어하기 위하여 성벽을 쌓은 군사적 요새지이다. 그리고 상업 도시는 농산물이나 수공업 제품의 집산지, 정기시장의 개최지로서의 경제활동이 이뤄지는 도시라고 할 수 있다. 이 중에서 앞의 두 도시는 통치자를 중심으로 인구가 밀집하여 형성된 군사와 행정의 거점도시였다고 할 수 있다. 그러나 상업 도시는 암흑시대에 피폐하였던 상거래가 정상적으로 부활함에 따라, 기존의 도시 주변에 상인과 수공업자들이 정주하여 새로운 상업중심지를 건설함으로써, 옛 도시와 어우러져 전형적인 중세도시를 탄생시켰다.[104]

지중해 연안의 이탈리아는 동방무역을 잇는 중계무역으로 번영하였다. 베네치아, 제노아, 피자, 피렌체 및 밀라노 등의 여러 도시가 그 역할을 담당했다. 이 중에서도 피렌체는 모직물 공업, 견직물 공업 및 금융의 중심지로서 크게 번영했던 대표적인 중세도시의 하나이다. 이 무렵의 이탈리아 상인은 아라비아 상인이 수집한 동방의 물산(物産)을 알렉산드리아, 콘스탄티노플 등지에서 매집(買集)하여 본국에 적송(積送)했다. 이때 거래된 주요품목으로는 향신료·염료(染料)·과일·모직물 등, 다양한 사치품과 기호품이 주류를 이루었다고 한다. 이러한 수입품들은 이탈리아 상인의 손을 거쳐 유럽의 중북부 지역으로 중개되었다.

십자군 전쟁을 거치면서 이탈리아의 도시국가들은 지중해 무역을 독점하게 되었고 특히 동방물산을 매집하기 위해 전력투구하였다. 이 무렵 해상무역을 통하여 형성된 위탁(commend)은 조합기업의 형태(partnership)였으며, 당사자인 자본가는 화폐나 상품을 상대방인 업무담당자에게 위탁하여 해외 현지에서 매매 처분할 수 있는 권한을 부여하고, 다시 새로운 물산을 매집하여 본국에 돌아와 처분하고 이윤을 공동 분배하는 일항해일기업(一航海一企業)의 모험사업(venture)이 나타났다.

또한 중세시대의 북유럽 상업은 9세기 이후부터 게르만족에 의해 활성화되었다. 12세기 이후에는 독일 상인들이 북해와 발트해의 연안까지 진출하여 상인 조합을 결성하고 한자(Hansa)동맹으로 발전시키는 등, 14세기 후반까지 활발한 상업 활동을 전개하였으나, 15세기 이후 중앙집권 국가의 중상주의 정책으로 인하여 한자동맹이 해산되었던 것이다.[105]

---

104) 濱田弘作, 『會計史硏究序說』(東京, 多賀出版, 1986), PP. 89~91.

중세 유럽의 시대적 상황에서, 특히 서로마제국의 멸망으로 사회적 혼란기인 암흑시대를 거치면서 결국 회계사(史)적 자료는 11세기 이후의 문명사적 유산에 의존하여 조명하는 경우가 대부분이다. 때문에, 중세 유럽 사회의 부기 회계 문화사의 자료가 고대사회보다는 구체적인 양상을 띠고 있지만, 중세 후반기의 극히 제한된 단편적인 자료에 의존할 수밖에 없는 상황임을 인식하지 않으면 안 된다.

2) 유럽 중세사회의 기장문화사

유럽 중세시대의 기장문화사(記帳文化史)를 언급하려면, 그 이전 시대인 고대사회의 기장제도에 대한 접근에서부터 찾아야 한다. 기장문화의 주축이 되는 장부의 명칭이 고대사회에서 전승된 것이기 때문이다. 영어로는 장부를 'book'이라고 부른다. 이것은 서책이라는 뜻이지만, 상거래의 사실을 기록 계산하는 때에 사용된다. 장부의 기록·관리를 한다는 의미에서 'bookkeeping'이라고 표현한다. 이것을 「부기(簿記)」라고 번역해서 사용하고 있다. 우리나라의 근대화 과정에서 서양 문화가 들어올 때 전래되어, 그때까지 사용되던 치부(治簿)라는 말 대신으로 보급되었다. 그러므로 유럽 회계의 초석이 된 기장문화의 전개 과정을 살펴보지 않으면 안 된다.

(1) 유럽 사회 상업장부의 생성발달

고고학적 발굴에 의하면, BC4~5천 년 경 메소포타미아 지역을 비롯한 몇몇 원시문명 사회에서 문자의 도움 없이도 경제적 사실을 그림으로 남겼다고 한다. 예컨대 고대의 이집트 농부들이 경작지에 관개용수를 사용한 값으로 곡물을 지급했는데, 그것을 받은 토지감독관은 농부의 집 벽에 그림으로 영수증을 그려주었다는 사실(史實)이 이를 말해준다.[106] 그 후 고대 문명국가가 성립되고 문자와 숫자의 발명과 더불어 상거래가 형성되면서 유럽 고대사회의 기장문화는 그 기원을 이루었다.

BC15세기의 것으로 추정되는 이집트 고급관료의 묘비에서 조세 목록을 표기한 내용을 볼 수 있으며, 이 시기에 생산물기록부·가축 명세서·수입 목록서와 같은 장부에 기록하여 관리를 했다는 고고학 자료가 있다. 이 무렵 로마와 그리스의 도시국가에서 행해진 상업과 수공업의 발달은 장부의 체계를 갖추게 했으며, 일기장과 각종 품목별 기록장부가 설치되어 채무자명부와 수지계산서 등을 작성했다. 여기에는 비망록과 일기

---

105) 민석홍, 『서양사개론』(삼영사, 1995), PP. 248~269.
106) Bertil Nystromer, "Four Thousand Years," in the Office, National Office Management Association, (Stockholm, Sweden, 1940, Reprinted in the World of Business, vol. 1, Harvard Business School, New York; Simon & Schuter, 1962), P. 62.

장·원장 등이 갖추어졌다. 비망록에서 계산항목을 분류하는 일기장에 기록하고, 그 분류항목에 따라 원장으로 전기했다는 것이다. 회계사학자인 울프(A. Woolf)는 이들 원장에는 이미 계정별 차변 항목과 대변 항목이 구분되었다고 언급한 바 있다.[107]

상술한 바와 같이 AD5세기경에 로마제국의 명망으로 인해 유럽 대부분은 500년 동안 거의 유럽 문명의 암흑기에 해당한다. 이 시기에는 다른 분야와 마찬가지로 회계의 경우에도 장부 기록이 거의 전승되지 않아 정지된 상태였다. 그런 가운데서도 간헐적으로 전승되는 사료(史料)는 있다. 고고학 발굴 사료에 의하면, AD6세기 이후에도 거대한 영지를 소유하고 있던 로마교회의 영지 수입을 원천으로 하는 수입·지출을 기록한 기장 자료가 예외적으로 발견된 것이다. 그리고 신성로마제국의 황제였던 샤를마뉴(Charle-magne)는 AD812년 국가 소유의 토지에 대한 경작상황을 확인할 감독관을 임명함과 동시에, 회계장부를 비치하여 기록하도록 지시했다고 한다. 여기서 토지감독관은 2가지 장부를 이용하였다. 하나는 장적(帳籍)이라는 호적대장으로서 토지의 경계선과 토지세의 완납·미납을 기록하는 것이다. 이 장적에 각(戶)호의 사람 수를 적어 넣고 그들의 직업·경력·소득 등을 기록했다. 다른 하나는 공조부(貢租簿)로서 각종의 부세(賦稅) 징수와 상부에 납입·보고한 금액을 기록하는 것이다.[108]

회계사학자들은 유럽 사회의 고대 회계를 언급할 때 국고회계·신전 회계·교회회계와 초기의 상업회계 등을 회계 발전사의 서막으로 제시하였다. 그리고 유럽 중세봉건 사회의 회계를 언급할 때 장원회계·길드회계·상업회계·은행회계 등으로 분류하여 접근해왔다. 중세의 암흑기를 벗어나 상업이 부활하고 도시를 구심점으로 하는 상거래와 수공업이 활발하게 이루어지던 중세 말기까지는 단식기장문화에서 복식 기장문화로 진화하는 시기였다.

AD13세기 중세 독일 상인의 장부기록은 난잡하여 원칙이 없었으나, 장부는 비망록이나 일기장을 갖추고 있었다. 그런데 AD14세기 중엽에 이르러 독일 상인의 장부설치에 상당한 변화가 일어났다. 그것은 일기장·분개장·원장의 세 가지 장부 체계를 갖추었다는 것이다.

이러한 사실은 중세시대 프랑스도 예외는 아니었다. AD1,330년부터 AD1,332년까지 기록된 어느 상인의 분개 기록부에는 장부 체계가 분개장과 원장이 갖춰져 있다. 그리고 AD1,340년에 작성된 북부 이탈리아 도시국가의 하나인 제노아(Genoa)의 시정(市政) 기록은 호초(胡椒) 계정을 설정한 회계장부가 존재한다.[109] 그뿐만 아니라, 그보다 빠

---

107) Arthur Hl. Woolf, "A Short History of Accountants and Accountancy," (London, 1912: reprinted by Garland, New York, 1986). <片岡良義雄·片岡泰彦 訳, 『ウルフ会計史』(法政大学出版局, 1982), P. 44>
108) Ibid., P. 61
109) Raymond de Roover, "The Development of Accounting Prior to Lucas Pacioli according

른 AD1.211로 되어 있는 피렌체 은행가의 일기장이 있으며, AD1,299부터 AD1,300까지 기록된 피렌체의 상사(Giovanni Farolfi & Company)가 작성한 회계장부나 프랑스 상파뉴 지방의 정기시(定期市)에서 영업하던 휘니 형제상회(Rinieri Fini & Brothers)의 회계장부는 분개장을 비롯하여 원장 외에 거래처원장이 전해지고 있다.110)

회계장부에 관한 세계 최초의 인쇄물로는 AD1,494년에 발간된 루카 파치올리(Lucas Pacioli)의 「수학 개론」111)이 존재한다. 이 책은 수학에 관한 저술이었으나, 그 책의 뒷부분에 「계산과 기록에 관한 특론(Particularis de Computis et Scripturis)」이라는 제목으로 논술된 부분이 있다. 여기에는 일기장과 분개장 및 원장을 중심으로 하는 3장부 체계가 완전히 갖춰져 있고, 재산목록과 결산을 위한 시산표의 작성 방법 등의 기장 순서를 자세히 설명하고 있다. 그리고 회계기록의 절차를 차변과 대변으로 구분하여 계정을 설정하는 배경은 물론, 일기장에서 분개장에 전기하고, 다시 분개장에서 총계정 원장으로 전기 되는 과정, 결산을 위한 시산표의 작성과 결산보고서의 작성과정이 상세히 설명되어 있어서, 복식부기 시스템을 기반으로 하는 중세시대 기장문화의 완결판임을 확인할 수 있다.112)

이상과 같은 중세까지에 이르는 유럽 사회의 기장문화를 음미해보면, 우선 비망기록에 해당하는 초일기(草日記: 日記帳)는 인류가 가장 일찍 사용한 하나의 주요장부에 해당하며, 다른 장부들은 점차로 진화하는 과정에서 필요에 따라 발생했다는 것이다. 그 과정에서 계정과목과 계산단위의 창안으로 분개장과 총계정 원장이라는 주요장부가 출현하여 주요부의 3장부 체계가 형성되었다. 그것은 단식부기의 기본적 장부조직체계를 구축하는 전기를 마련해주었고, 복식부기로 발전하는 기장문화의 초석이 되었다. 그리고 노예 시대와 봉건주의 시대에 국고회계를 중심으로 이뤄진 기장문화는 점차 민간부문의 상업과 금융업, 그리고 가내수공업이 발달하게 됨에 따라, 상업부기와 은행부기, 공업부기가 각각 나름대로 장부조직을 체계화시키게 되었다. 상업부기의 장부조직체계는 가장 빠른 진화를 보여주었고, 결국 상업부기의 장부조직문화가 복식부기의 생성에 중요한 촉매작용을 하였다.

---

to the Account-Books of Medieval Merchants," Studies in the History of Accounting, edited by A. C. Littleton and B. C. Yamey, (Homewood, Illinois, Richard D. Irwin, 1956), P. 115.
110) Geoffrey Allan Lee, "The Coming of Age of Double Entry: The Giovanni Farolfi Ledger of 1,299~1,300," (The Accounting Historians Journal Vol. 4, No. 2, 1976),, PP. 79~96.
111) Lucas Pacioli, "Summa de Arithmetica, geometria, Proportioni et Proportionalita," (1,464).
112) Pietro Crievelli, "An Original Translation of the Trieatise on Double-Entry Bookkeeping by Lucas Pacioli for the Institute of Book-keepers," (New York, Harper & Raw, 1924), P. 100 ; 片崗義雄, 『パチョリ-簿記論の研究』(森山書店, 1974), PP. 51~261.

(2) 유럽 중세사회의 장부상 계산항목과 기장부호의 생성발달

① 계산항목(計定)의 생성발달

메소포타미아 평원에 자리 잡은 바빌로니아와 앗시리아에서는 점토판을 만들어서 기록했다고 하는데, BC626의 기록으로 보이는 사료에 의하면, 다음과 같은 세 가지가 발견되었다. 하나는 각종의 계정 명칭이 기록되어 있으며, 다른 하나는 각종의 곡물과 농산물에 관한 장부이고, 또 다른 하나는 양(羊)과 염소 등의 축산품 목록이다. 이 점토판은 고대 바빌로니아인(人)들이 비교적 고도의 문명화된 수준의 기록계산을 했던 것으로 볼 수 있는 자료이다.

특히 로마제국과 고대 그리스의 경우, 국고 담당 재무관과 산사(算士)는 경상 수입과 임시 수입을 나누어 기록하였으며, 각종 비용의 지출도 분별·기록했다. 국고회계의 담당관이 작성한 장부와 월계표(月計表)에는 각종의 수입과 지출이 상세히 기록되어 있음은 물론, 그 물품의 수취인과 지급인의 이름이 표기되어 있음을 찾아볼 수 있다. BC200년의 로마제국 정부 보존서류 중에는 더욱 진전된 계정계산 방법이 기록되어 있다. 그 무렵의 로마 사람은 현금이라는 하나의 항목에도 임차료·이자 등의 세부 항목으로 재분류·기록했고, 비용항목도 임금·연회지출·제사(祭祀) 지출 등의 세부 항목으로 구분하여 기록했다. 그리고 고대 로마제국 초기의 은행 업무 중에는 거래처원장이 설치되어 있었다. 총계정 원장에서는 거래처마다 한 면(面)씩 계정을 설정하고 정기적으로 거래처의 각 계정을 정산하였다. 국고회계의 산관(算官)이 작성한 보고서도 모든 수입과 지출이 구분되어 장부 기록과 일치하도록 작성되었다고 한다.[113]

그러나 이 시대의 기장계산은 하나의 장부에 재정수지의 항목을 혼재기록(混在記錄) 하는 형태였다. 그런데 고대사회의 말기에 이르러 은행업이 발달함에 따라 사람들은 「금전의 역량」을 인식하게 되었다. 그들은 금전거래에서 비롯되는 채권과 채무를 기록하는 거래처원장을 고안해내었다. 그 후 상인들은 외상거래로 인한 채권·채무를 나타내는 인명계정을 설정함과 동시에, 현금계정을 설정하여 현금출납장을 사용하는 단계에까지 진화했다.

유럽 사회는 이러한 상황을 거쳐 중세시대에 이르면, 기장문화의 변화를 모색하기에 이른다. 이 시대의 상인들은 은행가들의 기장 기술을 계승하여 인명계정의 설치에 중점을 두는 한편, 상품계정·현금계정·매출계정 등을 설정하고 금전적 통제를 비롯한 상품관리를 모색하면서 결국은 손익을 관리하는 방향으로 진화하게 되었다. 이는

---

113) Richard Brown, "A History of Accounting and Accountants," (London, Frank Cass & Co. Ltd., 1968), PP. 16~40, passim.

인류가 기장과정에서 고안된 계산항목(計定科目)의 설정에서 일대 변화를 나타낸 것이었다. 그리고 그것은 일찍부터 문명이 발달한 중세 유럽사회의 도시국가에서 상업 활동을 통하여 나타난 기장문화의 일반적인 진화 현상이었다.

이처럼 채권·채무를 나타내는 인명계정과 현금관리와 물품거래를 기록하는 비인명 계정의 설정은 상업장부의 바탕을 이루었고, 단식부기에서 복식부기의 계정체계를 형성시키는 도화선이 되었다. 이러한 현상은 항목별 계정계산이 과학적 계정과목의 설정 방향으로 진화하기 시작했음을 의미하는 것이다. 그렇지만, 그 결과가 실재적으로 나타난 것은 중세시대의 끝 무렵인 13~15세기에 이르러서였다.

② 기장부호의 생성발달

고대 유럽 사회의 초기에 사용되었다는 점토판 등의 상거래 사실 기록에 의하면, 고정적인 것은 아니지만 회계행위의 동사 부호를 사용하여 거래내용을 설명하고 있다. 예컨대, 납세자는 「공납(tributarius)」이나 「출납(expenso)」 등의 행위동사를 사용하여 지출을 표기했다. 그리고 관부(官府)에서는 「수납(accepti)」·「지급(depensi)」 등의 행위동사를 사용하여 조세의 수지를 표기하였다. 그것은 점차 관습화되어 「수입(acceptilatio)」·「지출(expensilatio)」과 같은 동사 부호로 재정수지를 표시한 것이다. 그래서 국고의 재정담당자를 회계관(會計官: rationalis)이라고 칭했으며, 이 회계관이 국고 재정을 관리하는 과정에서 발행하는 공적인 서류는 「수납명령서」·「출납명령서」라는 표제를 붙였고 월말이나 연말의 보고서는 「수지계산서(codex accepti et expensi)」라는 명칭으로 작성되었다.114) 이러한 기장부호는 고대사회의 동서양을 막론하고 어휘만 다를 뿐, 회계행위의 동사 부호를 이용하여 표기했다는 점에서 회계사(史) 연구자의 주의를 환기한다.

바빌로니아 법전에 의하면, 「빌리다(借)」·「빌려주다(貸)」라는 동사 부호를 사용하여 채권·채무를 처리하도록 하는 조항이 있다. 이것은 빌려준 사람(貸主)과 빌린 사람(借主) 사이에 정산을 규정한 것이다. 또한 이집트의 초지(草紙: papyrus) 기록과 중세의 양피지(羊皮紙) 문헌에는 사람들의 채권·채무를 표기하고 있는 어휘가 있다. 예컨대 보증채무의 경우, 채권자는 다음과 같이 묻는다. 「당신은 나에 대한 T의 채무액이 당신의 보증에 의한 것임을 동의하는가」(Centum quae T mihi debet, eadem fide tua esse judes?)라고. 그리고 보증인은, 「나는 그것이 나의 보증에 의한 것임을 인정한다.」(Fide mea esse jubeo.)라고 대답한다. 따라서 판 사람(賣主)은 「당신은 이

---

114) A. C. Littleton, "Accounting Evolution 1900," (New Your, Rusell & Rusell, 1933, 2nd edition 1966), PP. 30~31. 〈片野一郎 驛, 『リトルトン会計発達史』(同文館, 1973), PP. 50~53.〉

금액이 나에게 지급할 것에 동의하는가」(Spondesne mihi centum dare?)라고 했다. 그리고 산 사람(買主)은, 「나는 승인한다.」(Spondeo.)라고 답한다. 빚을 정산한 채무자는 「당신은 내가 약속한 금액을 받았는가」(Quod ego tibi promisi, habesne acceptum)라고 말했다. 이어서 채권자는 「받았다.」(Habeo.)라고 하였다.[115]

이 대화는 팔고 사는 사람, 그리고 보증인 간에 이루어진 것이다. 여기서 당사자는 장부에 「빌려주고(貸)·빌리는(借)」 것과 「팔고(賣)·사는(買)」 것의 양자관계를 기록하도록 하고 있으며, 기록할 때는 대차 관계가 반드시 표기되도록 하는 「대(貸)·차(借))」라는 기장부호가 있다. 시대사적으로 볼 때, 「대(貸)·차(借)」의 기장부호는 복식부기의 생성과 더불어 나타난 것이 아니라, 단식부기를 사용하던 시대에 이미 출현된 것이 검증되었음을 의미한다. 이 기장부호는 최초에는 금전과 물품의 외상거래를 표기하는 데서 비롯된 것이었으므로, 나라에 따라 표기되는 어휘도 각각 달랐다.

AD 1,211의 이탈리아 피렌체 은행 장부에 의하면, 현금출납장을 설정하여 금전의 대차 관계를 기록하는 한편, 고객장(顧客帳)을 따로 두어 구체적으로 기록하였다. 최초에는 「주어야 할 것」(shall give)·「받아야 할 것」(shall have)으로 구분하여 대차 관계를 표시하였다. 이처럼 피렌체의 은행 장부는 인명계정에 의하여 거래하는 고객마다 두 개의 기록장소를 설정했다. 당시의 장부는 좌우 대조의 것이 아니라, 상하순열(上下順列)로 되어 있어서 계정기록의 위치는 위쪽과 아래쪽으로 되어 있었다. 위쪽에는 「나에게 준 것」(the thing that you lend me.)으로서 「지급해야 할 것」(die dar)이라는 의미로 요약된다. 이는 은행에 대한 고객의 채권(creditor that lends.)을 나타내며 「차변(借邊; dover dare; DR.)」이라는 기장부호로 진화했다. 또한 아래쪽에는 「당신이 나에게서 빌린 것」(the thing that you owe form me.) 또는 「받은 사람」(the one who receives)으로서 「내가 받아야 할 것(die aver)」의 의미가 된다. 이는 은행에 대한 고객의 채무를 나타내며, 「대변(貸邊; dover avere; CR.)」이라는 기장부호로 변화하였다. 그렇지만, 이러한 현상은 12세기 말에서 15세기까지에 이르는 기간에 서서히 진화과정을 거쳐 「대변·차변」의 기장부호에 의하여 좌우 양측으로 나누어 기록하는 기장용어로 발전했으며, 결국은 복식부기의 단계로 도약하게 되었다고 한다.[116]

원래 이탈리아에서 사용한 차변·대변의 어원은 라틴어였으나, 파치올리의 복식부기서가 유럽 전역에 전파될 무렵에는 유럽 각국이 차변과 대변을 자국어로 번역하여 사용하기 시작했다. 동양의 일본은 영어의 기장부호를 번역하여 사용하였다. 우리나라가 개화기에 서양식 부기를 도입한 것은 일본을 통해서였기 때문에, 차변(Dr.)·대변

---

115) Ibid., PP. 29~30 ; 片野一郞 駅, 上揭書, P. 50.
116) Ibid., PP. 31~52, Psddim : <片野一郞 駅, 上揭書, PP. 50~83>. Richard Brown, Opcit., PP. 93~133.

(Cr.)이라는 기장부호의 근원은 일본이 번역·사용한 영어의 기장용어에서 비롯되었다고 보아야 한다. 세계적 관점에서 보면, 기장부호의 발전과정은 원시문명 시대의 자연발생적인 것에서부터 발원하여 고대국가에서 선택적으로 이용하는 과정을 거쳤고, 경제발전과 더불어 진화에 진화를 거듭한 결과이다. 라틴어에서 비롯된 차변·대변의 기장부호가 각국으로 전파되는 과정을 계정형식으로 나타내면, <그림 3-3>과 같다.

<그림 3-3> 유럽 사회에서 생성된 대(貸)·차(借) 기장부호의 전파경로

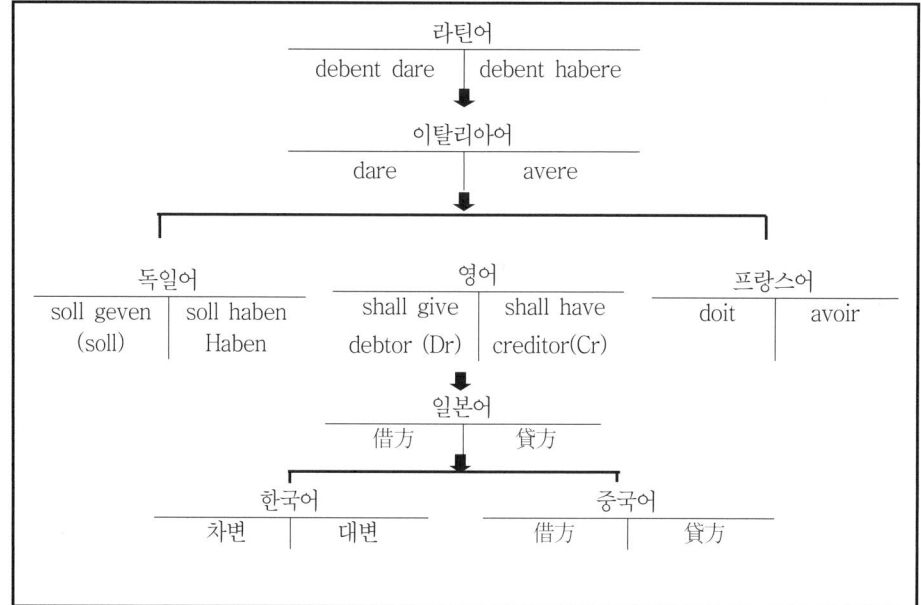

<자료: A.C. Littleton, "Accounting Evolution to 1900," (1966), P. 43. (저자 첨삭 수정)>

2. 중세시대 중국사회의 기장문화사

1) 전통적 중국사회의 회계 사정

황하문명의 탄생 이후 약 5천 년에 이르는 중국의 장구한 역사는 대체로 고대사회, 중세사회, 근세 사회 및 현대사회 등, 네 가지 시대로 크게 구분하여 접근할 수 있다. 이처럼 중국이 오랜 기간에 걸쳐 다양한 민족을 포용하여 단일성과 연속성을 유지할 수 있었던 것은 광활한 영토 안에서 한문자 문화권을 형성하고 이민족 간의 상호 보완관계를 유지하면서 항상 통일국가를 지향했다는 점에 있다.

중국의 중대한 변혁의 첫 번째 시기인 고대사회는 선사시대에서 문명시대로 넘어가는 하(夏: BD2,206~1,765) 나라의 건국에서부터 비롯되었다. 이 시기는 은(殷: BC1,766~1, 21) 왕조와 주(周: BC1,122~256) 왕조를 거쳐, 춘추전국·진·한·위진남북조시대로 이어지는 고대국가의 연속선상에서 형성되었다.

그중에서 주나라는 중국의 역사상 세 번째 발생한 나라이고 천년 가까이 존속했었다. 이 시기에 영토가 크게 확장되었고 사상적으로도 황금기를 이루어 노자·공자·맹자 등의 제자백가를 배출했다. 주나라는 하·은 두 왕조시대에 개시된 국가의 재정관리 및 회계 책임의 개념을 계승하여 제도적으로 정착시켰다. 당시에 주화(鑄貨)가 사용되었으며 상품시장의 안정을 도모하는 관청이 설치되어 있어서 국가재정의 내부통제와 예산관리 및 감사제도 등의 분야에서는 주나라가 고대사회 중에서 가장 발달했다고 한다. 그뿐만 아니라, 이 시기에 관부회계(官府會計)가 제도적으로 정비되고 최고도로 발달되어 있었다. 그것은 진·한의 새로운 왕조로 이어져도 재정적 관리의 기본 규범으로 지속되었다.[117]

중세사회로 일컬어지는 수·당·송·원의 시대에는 씨족제도가 붕괴되고 강력한 중앙집권적인 봉건국가가 형성되었으며, 정치적·경제적·사회적·문화적 발전 이외에도 상당한 사상적 수준을 구가하였음은 물론, 비단길(silk road)과 향로길(spice road)을 개척하여 동서양 문물교역의 장을 열어놓았다. 마르크 폴로(Marco Polo)의 동방견문록(Description of the World: Travel from AD1271 and AD1295)을 통하여 중국문화가 서양에 소개되기도 했으나, 그 당시의 유럽 사회에서 발달했던 부기회계문화가 중국에 전해졌다는 기록은 없다. 여전히 주나라의 관부회계 제도가 개선과정을 거치면서 민간부문 기장문화의 본보기로 통용되었던 것에 불과하다.

그리고 명·청 시대의 근세 사회는 귀족제가 무너지고 군주독재체제로 변화되는 과도기적 시기였을 뿐만 아니라, 서세동점의 시대적 상황에 진입하기 시작하던 시기였다. 19세기까지 이어지는 이 시기에도 주나라 시대에 발원되어 계속 사용되어온 전통적 기장문화가 전승되고 있었다. 그러나 그것은 어느 정도 진화의 과정을 거쳐 복식부기의 구조로 개선되어가는 단계에 진입한 상태의 기장문화를 갖추고 있었다. 완전한 복식부기는 아니라고 해도, 서양의 대차 복식부기에 이르는 중간단계의 복식 기장제도에 해당하는 것이라고 할 수 있다. 이것을 중국 고유의 전통적 복식부기 시스템이라고 해도 과언은 아닐 듯하다.

19세기 후반부터 20세기에 걸쳐 중국은 군주제가 무너지고 민주적 정치체제로 전환

---

[117] Phillip Fu, "Governmental Accounting in China during Chao Dynasty(BC1,122~BC256)," Journal of Accounting Research Vol. 9(Spring, 1971), PP. 40~51. M. Chatfield, "A History of Accounting Thought," (Robert E. Krieger Publlishing Co., New York, revised edition, 1977), PP. 7~9.

되는 시기에 서양의 선진문화를 도입하여 근대화를 모색하던 현대사회로 진입하였다. 이 무렵 중국 사회는 서구열강의 침입 때문에 큰 변화를 겪게 되었다. 그러나 중국 사회 내부의 변혁을 향한 중국인들의 강한 의지가 정치·경제·사회·문화의 전반에 걸쳐 새로운 변화를 가져오게 하는 원동력이 되었다. 19세기 말 비로소 서양식 복식부기 제도가 전래되어 중국의 경제적 근대화에 기여하게 되면서 중국 사회는 종래의 전통적 회계제도 대신에, 새로 도입된 서양식 기업회계에 바탕을 둔 경제구조로 전환되기 시작했다고 할 수 있을 것이다.

2) 중국의 전통적 기장문화사

(1) 중국형 기장문화의 효시

세계 4대 문명발상지의 하나인 중국도 원시문명 사회에서부터 장부 형태를 이용하여 회계기록을 했던 것으로 추정되고 있다. 그 시기에는 모든 인류가 짐승의 뼈나 대나무 등을 이용하여 서계(書契)의 형식으로 비망 기록을 했다는 것이 고고학적으로 입증되었다. 이러한 사실은 국가형태가 형성된 고대사회에서도 별로 다르지 않았다. 사람들이 지혜로워지면서 죽편이나 나무 조각을 새끼줄로 엮어서 만든 간책(簡冊)을 고안해내었고, 그것은 주나라 때부터 진·한 시대에 이르는 동안에 점차 적서(籍書)·부서(簿書)의 명칭으로 변화했다.

그 후 당나라 때에는 종이를 사용한 기장체계를 갖추게 되었으며, 송·원 시대의 중세기에는 장부(帳簿)라는 명칭으로 통용되기에 이르렀다. 그것은 명·청과 중화민국 시대에 장부(賬簿)라는 명칭을 사용하기도 했으나, 일상적으로는 원래의 장부(帳簿)라는 표현을 하는 것이 관례화되었다.[118]

중국에서 장부가 등장한 것은 원시문명 사회부터라고 할 수 있으나, 하·은·주 등, 고대국가의 경제적 발전과 밀접하게 연관되어 진화의 과정을 거치면서 기장문화가 형성되었다. 초기에는 유수장(流水帳)이라는 단일장부의 체제를 유지하고 있었다. 이것은 우리나라의 초일기(草日記)에 해당하는 비망 장부와 같은 것이다. 그 후 「초류(草流)」·「세류(細流)」·「총청(總淸)」[119]의 3장(三章 또는 三脚帳) 체제를 갖추게 되었다. 여기서 「풀」은 비망록(또는 일기장)이고, 「세류」는 분개장, 그리고 「총청」은 총계정 원장을 의미한다. 또한 「세류」와 「총청」에는 각각 보조부가 있어서 거래내

---

118) 이는 우리나라의 사개송도치부법에서 상용하던 장책(帳冊·賬冊·長冊_과 동일한 표현이다.
119) 「總淸」은 훗날 진화하는 과정에서 「總淸帳(簿)」 또는 「謄淸帳(簿)」으로 명칭이 바뀌었으며, 현대의 복식부기에서 사용되는 총계정 원장과 유사한 주요장부의 하나이다.

용을 자세히 기록 계산하였다. 그리고 「총청」에 기록된 계정들을 정리하여 결산으로 이어가는 「홍장(紅帳)」(會計報告書)을 작성하는 구조이다.120)

이러한 3장부 구조는 당(唐: AD618~907)·송(宋: AD960~1,279) 시대에 형성된 상업장부의 조직체계로서 민간 상업부문 단식부기의 기본이 되는 장부조직이며, 불완전한 복식부기의 장부조직문화로 진화하는 풍향계(風向計)였다. 그 후 중국에서는 원(元: AD1271~1368)·명(明: AD1368~1644)·청(青: AD1644~1911)의 중·근세 시대를 거치는 동안, 중국사회의 경제구조는 중소규모의 농업과 가내수공업에 의한 봉건주의적 바탕 위에서 부분적으로나마 선진 서양 문화를 유입함으로써, 분업이라는 소생산 방식이 발생하여 공장제수공업으로 발전하는 한편, 대상인(大商人)에 의한 상인자본이 생산경제를 통제하는 경제구조로 이행하기 시작했다.

이 무렵 중국의 기장문화는 삼각장(三脚帳) 체제에서 용문장(龍門帳)이라는 기장 구조로 진화했고, 이어서 18세기 중엽의 청나라 건륭(乾隆 :AD1,735~1,796)시대 이후부터는 사각장(四脚帳) 체제의 장부조직문화가 형성되었다. 변화하는 시대조류 속에서 중국은 자본주의적 경제구조의 맹아기(萌芽期)에 진입했다. 사각장의 장부조직체계는 이러한 시대 상황에 부응하여 이뤄졌다고 할 수 있다. 이것은 중국의 회계사(史)상 가장 진화된 장부조직이며 비교적 성숙한 중국형 복식기장문화의 단면을 보여주고 있다.121)

(2) 중국형 계산항목의 생성발달

고대 중국사회의 출발점이 되는 하·운·주 시대부터 기장(記帳)을 위한 계산항목은 존재했었다. 당시에는 관부회계를 구심점으로 하는 회계제도가 상당한 수준에 달한 시대사적 상황에서 계산항목(計定)의 설정은 조세와 공부(貢賦)에 의한 수입 항목과 국가경영에서 비롯되는 재정지출항목이 중심축을 이루고 있었다. 국가 관리를 위한 재정 수입·지출이 경상수지 항목과 비경상 수지항목으로 구분되어있다. 이것은 역시 주례(周禮)의 규정에 따라 분류된 것이다. 일일이 수입 항목마다 하나의 회계 간책(簡冊)을 설정·기록했으며, 지출항목은 비교적 상세하게 계좌(計座)를 설정하여 계산하였다.

당·송 시대의 계산항목은 민간회계에서 나타났다. 「대량장(貸糧帳)」이라는 장부를 비치하고 채권계정을 기록·관리하는 일종의 인명계정 계산을 의미한다. 이것은 일정한 시기에 대출액을 기초로 매출계정과 비용계정을 설정하여 이익산정을 했다고 한다. 특히 송나라 때에는 외상거래를 기록하는 「왕래장(往來帳)」을 두어 매출채권(또는 매입채무)에 대한 기록·계산하였다122)

---

120) 郭道揚 著·津谷原弘 訳, 전게서, PP. 137~143.
121) 郭道揚 著·津谷原弘 訳, 전게서,(下卷), PP. 310~337.

진・한 시대를 거쳐 명・청 시대에 이르자 회계의 계산항목(計定)은 진일보된 행태로 나타났다. 전통적 단식 기장문화에서 복식 기장문화로 진화하는 환경이 조성되어 계정과목의 표기에도 변화가 일어났다. 이 시기의 전장(錢庄: 오늘날의 은행)이 설정한 총청장(總淸帳)에는 계정분류가 존(存)・해(該)・장용(庄用)의 세 가지 계산항목으로 되어 있다. 여기서 존(存) 항목은 자산계정을 의미하고, 해(該) 항목은 부채계정과 자본계정을 지칭한다. 이들 항목은 홍장(紅帳)의 기록항목과 일치되어있다. 그리고 장용(庄用) 항목은 비용을 의미한다. 이들 대분류의 계산항목 밑에 세부 항목이 설정되어 그 합계기록이 이루어지게 되어 있다. 이러한 진화의 현상은 이 무렵의 중국 사회가 상업자본의 형성과 화폐경제의 발달에 수반하는 자본주의경제의 맹아기에 접어들었음을 방증하는 것이다. 청나라 시대의 어느 은행(錢庄)이 작성한 계산항목(計定科目)을 예시하면 <표 3-14>와 같다.

<표 3-14> 중국 청나라 은행의 원장에 표기된 계정과목의 예시

해(該) 항목 (부채・자본)	존(存) 항목 (자 산)
財源 (자본) 公積 (공공기금축적) 長存 (정기예금) 暫存 (단기예금) 同業者預金 (이하 생략)	長期 (장기채권) 押款 (담보채권) 信放 (신용채권) 定期 (정기채권) 合浦珠還 (불량채권) 現款 (소유현금) 庄用 (각종 비용) (이하 생략)

<자료: 文碩,「文明古國的會計」經濟科學出版社, 1986; 郭道揚 著・津谷原弘 訳,
「中国会計発展史綱」(上), 文眞堂, 1988, P. 182.> (괄호내 저자 첨삭 수정.)

상술한 바와 같이 중국의 전통적 기장문화상의 계산항목(계정과목)은 관부회계와 민간회계 모두 끊임없는 진화의 과정을 거치면서 발전했다. 시대사적으로 볼 때 중국의 기장문화는 서양의 기장문화와 비교해 상당히 지연되었음을 알 수 있다.

그러나 19세기 말에서 20세기 초기에 이르는 사이에 중국은 서양식 복식부기를 도입하여 기장문화의 혁신을 촉진하게 된다. 그 와중에서 중국의 회계학자들은 서양식 복식부기의 구조를 충분히 참작하여 전통적 계산항목(計定科目)을 개선함으로써, 새로운 근대적 계정과목의 체계화를 시도하였다. 결과적으로 중국식 계정형식은 재산(資産)계통의 계정과 부채・자본계통의 계정으로 분류함과 동시에, 수익・비용계정을 설

---

122) 상게서, PP. 170~179, passim..

정하여 각각 유형별로 계정과목이 설정될 수 있는 방향을 모색하게 되었다. 전자가 대차대조표(재무상태표)의 구성요소가 되는 계정과목이고, 후자는 손익계산서(경영성과표)를 구성하여 손익계산을 할 수 있도록 하는 계정과목이다. 이것은 중국이 서양식 복식 기장문화를 도입하는 과정에서 근대 중국의 상공기업에 적합한 장부조직 체계를 갖출 수 있도록 개량시킨 중국식 계정과목 분류의 표본이라고 할 수 있을 것이다.

(3) 중국형 기장부호의 생성발달

중국 기장문화의 대미를 장식하는 기장부호는 역시 고대사회에서부터 비롯되었다. 하·은·주 시대의 관부회계에서는 「입(入)·출(出)」이라는 행위 동사를 이용하여 거래내역을 장부에 기록했다. 그리고 당시 민간회계의 경우는 「수(受)·부(付)」의 동사 부호가 이용되었다고 한다. 이러한 현상은 진·한 시대를 거쳐 당·송·원·명·청 시대에 이르기까지도 지속되었다. 중국에서는 이들 기장부호에 의한 기장 방법을 수부기장법(收付記帳法)이라고 불렀다.[123]

그것은 청나라 말기·중화민국 시대 이후부터 변화의 조짐을 보여주었다. 이 시기에 단식부기의 장부 형태가 진화되어 삼각장(三脚帳)이 나타났다. 삼각장에서는 기존의 「입(入)·출(出)·수(收)·부(付)」 외에 「래(來)·거(去)」의 기장부호가 사용되었다. 「입(入)·출(出)」은 현금출납 경우의 기장부호이고, 「수(收)·부(付)」는 상품의 현금매매일 경우에 사용하는 기장부호이다. 그리고 「내(來)·거(去)」는 채권·채무의 거래기록을 의미한다. 삼각장에 이어 용문장(龍門帳)으로 진화했는데, 여기서는 장부의 지면을 위쪽과 아래쪽으로 나누어 기장부호를 나타내었다. 위쪽은 「수방(收方)」과 「내방(來方)」, 아래쪽에는 「부방(付方)」과 「거방(去方)」으로 표기하는 형식이었다. 용문장의 기장 방법은 내(來)가 있으면 거(去)가 있고 내(來)와 거(去)는 반드시 일치한다는 기장 규칙이 준수되었다고 한다.[124]

이상의 용문장에서 진화한 것이 중국형 복식 장부의 완결판인 사각장(四脚帳)이다. 중국의 회계사서(會計史書)에 의하면, 사각장은 천지합장(天地合帳)이라고 일컬어지기도 하며, 종래의 삼각장과 용문장의 영향을 받아서 형성된 비교적 성숙한 복식 기장법이라고 기술되어 있다. 사각장의 기장부호는 모든 항목을 「진(進)·격(繳)·존(存)·해(該)」로 대별하고 있으나, 실제적으로는 결산 과정에서 「수(收)·부(付)·존(存)·해(該)」의 항목별로 집계하여 손익과 자산·부채 등으로 구분하여 표기했다. 이러한 기장부호는 거의 용문장의 그것을 계승하고 있으며, 장부의 지면을 상란(上欄)과 하란

---

123) 上揭書(上), PP. 188~194, passim..
124) 上揭書(下), PP. 315~321, passim..

(下欄)으로 구분하고 있는 점도 용문장의 그것과 유사하다.125)

20세기 초에 서양식 복식부기 제도가 도입되면서, 기장부호에 또 한 차례의 변화가 일어났다. 즉, 서양식 복식부기에서 사용하는 「차(借)·대(貸)」의 외래부호가 도입되어 사용하기 시작했다는 것이다. 그것은 서양식 기장문화의 도입과 더불어 현대 중국회계의 기장부호로 정착되어 일반화되었다는 사실에 주목할 필요가 있다. 중국 기장부호의 전개 과정은 <표 3-15>와 같다.

<표 3-15> 중국 기장부호의 전개 과정 종합

발전 단계	형성 시기	사용 시대	기장 부호		비 고
			관청	민간	
1	萌芽段階	商代 이전	불확실	불확실	행위동사의 불확실
2	確立時期	西周·戰國時代	入·出	受·付	초보적 동사부호
3	發展時期	秦·漢 ~ 唐·宋	入·出	收·付(支)	고정적 동사부호
4	劃一時期	元·明 ~ 중화민국	收·付(支)	收·付(支)	관청·민간 동일
5	導入時期	중화민국	(日常)→ 收·支 (日常)→ 貸·借 (年末)→ 入·出	收·付(支), 收益·費用 貸(貸方)·借(借方)	중국식 개량부기 서양식 복식부기
기타기장부호		唐·宋 ~ 중화민국	來·去·進·出·加·減 增·減		龍門帳·四脚帳

<자료 : 郭道揚 著·津谷原弘 訳,「中国会計発展史綱」, 1988, P. 190: 조익순, 『사개송도치부법전사』,(해남, 2000), P. 45.> (일부 문구 저자 첨삭 수정.)>

6 에필로그

1. 중세 한국 회계문화의 특색

고려사회의 회계문화는 고대사회의 회계제도를 이어받아 국고회계를 중심으로 하는 사회경제적 풍토 속에서 민간부문의 회계제도가 꽃을 피워 형성된 것이었다. 통일신라

---
125) 상게서(하), PP. 335~340, passim..

시대의 문화적 유산을 이어받은 고려는 호국불교의 국정지표 위에 형성된 봉건국가였다. <표3-2>의 불국사 탑 중수 보시 문서(AD742~1,024)는 불교사회의 단면을 엿볼 수 있는 기록문서의 하나이다. 이 서류는 중국 한문의 바탕 위에 이두 문자의 표현을 가미한 기록계산서이다. 정확한 회계문서는 아니지만, 당시에 한자와 이두 문자를 겸용한 사원회계가 존재했다는 것을 추정할 수 있는 소중한 자료인 것만은 분명하다.

그리고 <표3-4>에 의하면, 공안(貢案: 수입 항목)과 횡간(橫看: 지출항목)을 설정하여 수지계산구조를 갖추었던 고려 시대 국고회계가 수준에 달해 있었음을 알 수 있다. 조세를 비롯한 각종 공부(貢賦)가 수입원으로 되어 있고 관원이나 병사의 급료와 각종 지출 비용으로 구성되어있는 관부회계는 국가기관인 호부(戶部)와 삼사(三司)에서 총체적으로 관장하는 구조적 특성이 있다. 관부회계 역시 한자와 이두 문자가 혼용된 기록계산구조로 이뤄져 있었다. 고려 원종 3년(AD1,262)의 상서도관첩에 이두 문자로 표기된 회계의 기장부호가 있다. 「上(받다)」・「捧上(받자)」・「下(주다)」・「貸下(대주다)」「去(치른다)」 등이 그것이다. 이처럼 고려 시대에 이두 문자가 기장부호로 활용되고 있었음은 물론, 서민들이 일상생활이나 상거래 내용을 기록 계산하기 위한 수단으로 활용하였다는 것은 특기할 만하다. 그것은 전통적인 기장부호와 더불어, 단식부기의 기장체계를 갖춘 기장부호로 정착되어 새로운 회계기법의 진화에 크게 이바지했다.

고려는 중앙집권체제를 갖춘 봉건주의 국가였으므로, 국왕을 정점으로 하는 관부 조직이 형성되어 있어서 왕명 출납이나 국가재정의 수입 지출이 체계적으로 관장되었다. 그뿐만 아니라, 어사대(御史臺)가 국가재정 및 회계 감찰권을 행사하여 회계감찰과 감사・감독을 실행함으로써, 국가재정의 건전한 운영을 시행토록 했다는 점이 돋보인다. 이처럼 어사대에 회계감찰부를 두어 관부회계의 진실공정을 감시하고 산관(算官)의 부정을 감시하는 기능을 갖춘 회계 감사제도가 있었다는 특색을 발견하게 된다. 특히 중앙 관료조직의 분권화(戶部와 御史臺)된 국고회계의 관리체제를 갖추어 회계부문 내부의 견제조직을 마련한 점은 봉건주의 국가재정의 출납 통제에 시너지 효과를 내게 했던 점은 고려의 집권체제를 유지하게 하는 독특한 관부회계 시스템이었음을 인식하게 되는 것이다.

리틀튼이 제시한 회계 생성 7요소에 근거를 두어 중세한국회계문화의 특색을 살펴보면, ① 서법 ② 산술 ③ 사유재산제도의 3요소는 인류의 회계행위를 기장문화로 승화시킬 수 있는 기본조건임이 틀림없다. 이것은 단식부기 문화를 생성시키는 최소한의 요인이다. ④ 화폐 ⑤ 상업 ⑥ 신용이 추가로 갖춰지게 되면, 단식부기를 발전시키고 복식부기를 생성시키는 요인으로 작용하게 된다. 따라서 중세 고려 시대의 치부 회계문화는 이상의 여섯 가지 요소가 구성된 것으로 고증되었다. 그런데 리틀튼이 언급한 제7요소인 자본개념은 아직 미성숙의 단계임이 확인되었다. 역시 그것은 고대사회에서와 같이 사유재산제도에 편승한 부의 개념에 머물고 있었다. 바꿔 말하면, 자본개념은 중세고려 시대 치부회계문화의 진화를 촉진할 수 있는 수준에는 이르지 못하고 있었다고 보인다. 결국 중세 고려의 치부 회계문화는 개량된 장부기록의 범위를 벗어나지 못한 단식부기 문화에 머물러 있었다는 것이다. 위의 <그림 3-1>은 자본개념이 미성숙한 상태에서 형성된 고려 시대의 단식부기 문화를 상징한다. 이는 복식부기로 진화하기 위한 중간단계의 기장행태라고 할 수 있을 것이다.*<표 3-16>참조).

<표 3-15> 중세 고려 시대 한국 회계문화의 특색

중세시대의 회계 관련 사항		중세시대 회계구조의 특색		
		남북조시대		고려 시대
		통일신라	발해	
1. 중세시대의 국가				
2. 시대구분		AD 676 ~ 935	AD698 ~ 926	AD 918~ 1,392
3. 중세사회의 회계구조		(1) 관부회계 (국고회계) (2) 민간회계(상인회계·사원회계·가계회계)		
4. 경제 실체 (회계 위상)	국가재정(조세) : 국고회계 (非營利)	1	1	1
	사회공동체Ⅰ (농·상·수공업) 상거래회계 (營利性)	2	2	2
	사회공동체Ⅱ : (寺院, 家計) 사원회계·가계회계(비영리)	3	3	3
5. 회계전문가제도(산학박사·算官·算士·計吏·計士)		有	有	有
6. 회계의 생성 요소	(1) 서법 ① 한 문자	○	○	○
	② 이두 문자	○ (鄕札)	△	○(吏讀)
	(2) 산 술 (九章算術 등)	○	○	○
	(3) 사유재산제도	○	○	○
	(4) 화 폐	○	○	○
	(5) 신 용	○	○	○
	(6) 상 업	○	○	○
	(7) 자 본	△	△	△
7. 중세한국회계문화의 구조 (회계의 기장형태)		단식부기	단식부기	단식부기

<자료: 韓·中 古書 및 史料의 섭렵 고찰에 의거 저자가 요약정리>

2. 맺음말

앞장에서 살펴본 고대사회의 회계문화와 마찬가지로 중세고려시대의 치부 회계문화도 예외 없이 회계사료(會計史料)의 부족한 상태에서 접근해야만 했다. 전승되는 중세시대의 장부 기록 문헌도 없이 한·중 고전문헌의 화식지(貨殖志)에 기록되어 있는 회계편린(會計片鱗)에 의존하여 접근하였다. 이에 대한 선행연구 결과도 전혀 없어서 난감했으나, 외국 회계사학자들의 회계사 문헌을 이정표로 삼아 중세고려시대의 치부 회계 문화사의 방향을 잡고 빈약한 자료의 수집을 통한 분석을 감행함과 동시에 논점을 정리해나갔다.

통일신라와 발해의 정립에 의한 남북조시대에서 고려로 이어진 중세시대에는 비교적 안정된 정치구조 속에서 사회문화의 발달이 이루어지고 서민들의 상거래도 활발하게 전개될 수 있었다. 그런데도 회계적인 실증자료의 빈약함 때문에, 고문서에 의한 이삭줍기식의 접근은 불가피했다. 신라가 당나라의 지원을 받아 삼국을 통일했으므로, 당나라 회계제도의 영향을 받았을 것으로 추정되어 당서(唐書)의 기장사료(記帳史料)도 참조하였다. 특히 고려 시대에는 소원(宋元)문화의 영향이 지대했기 때문에, 회계문화의 계수(繼受) 상황도 검토하였다. 기장문화상 장부명칭의 유사함이라든가, 계산항목(計定科目)과 기장부호 등이 거의 같은 한 문자 표현을 했다는 점에서 보면, 치부회계문화의 계수는 필연적이었을 것이다. 고려조의 관부조직을 보더라도 회계를 관장하는 호부(戶部)와 어사대(御史臺) 등이 송원(宋元)의 그것과 유사하다는 점에서 관부회계 문화의 계수를 추정해 볼 수 있다.

그뿐만 아니라, 호국불교가 중심을 이뤘던 중세의 고려 시대에는 내세 지향의 신앙사회가 형성되어, 그에 따른 보시(布施)의 사원회계문화가 발달하였음은 분명하다. 불국사등수문서에 나타난 보시 기록을 통하여 사원회계 일부를 확인할 수 있었기 때문이다. 불교문화의 번영을 이뤘던 고려 시대는 서민경제의 구조적 발전도 이와 관련되어 진행되었다. 농·상·수공업의 발전은 상인들의 상업 활동을 활성화했으며, 상거래회계의 발전을 가져오게 하는 기반이 되었다. 특히 송·원뿐만 아니라, 멀리는 대식국(아라비아)과의 교역이 활발하게 이뤄져 고려 시대의 상업이 상당한 수준에 이르렀음이 확인되었다. 그런데도 대상인의 출현은 거의 이뤄지지 않았고 상인자본이 조성된 근거도 발견되지 않았다.

비슷한 시기의 중세 이탈리아 도시국가에서는 지중해의 연안무역을 통하여 모험대차(冒險貸借:venture) 사업인 코멘다(commenda)형태의 조합기업(partnership)이 9세기에서 16세기까지 발달했었다. 이로 인하여 자본출자자와 사업담당자와의 관계가 성립되어 상인자본이 형성되었다. 이러한 상인자본의 출현은 결국 종래의 단식부기를 복식부기의 치부문화로 진화시키는 촉진제 역할을 했다. 즉, 상업 자본주의경제가 형성되었음을 의미하는 것이다.

　이 무렵의 중국이나 우리나라의 경우, 중세유럽과 유사한 상기업의 형태가 출현하지도 않았고 상인자본이라는 자본개념도 등장하지 않았음은 물론, 상업 자본주의경제의 형성 시기가 아니었다는 것이다. 따라서 중세시대의 중국과 한국은 복식부기 문화가 탄생할 수 있는 환경조건이 조성되지 않았다는 점을 고려해야 할 것이다. 시대사적으로는 리틀톤이 천명한 회계의 생성 7요소 중 자본개념이 갖춰지지 않았기 때문에, 중세고려의 치부 회계문화는 단식부기의 수준을 벗어나지 못하고 있었다고 보아야 한다. 다시 말하면, 부기의 생성 6요소는 확인되었으나, 자본개념이 미흡한 상태에서 복식부기 문화를 기대하는 것은 시기상조였다는 것이다. 아직 복식부기 문화로 진화할 수 있는 사회경제적 환경요소가 갖춰지지 못했음을 시사하는 부분이다. 복식 기장문화가 형성되기 위해서는 반드시 상인자본이 형성되고 상업자본주의 경제[126)]가 조성되어 있어야 한다. 그러므로 고려 시대에 활동했던 개성상인의 장부 실체가 발견되지 않은 한, 고려 시대의 복식부기 발생설을 주장하는 것은 허구(虛構: fiction)라고 하지 않을 수 없다.[127)] 회계사학적 규명은 사실(史實)에 근거한 문헌사적 논증이 필요한 이유가 여기에 있다.

---

126) 한국사회의 상업 자본주의경제가 움트기 시작한 것은 근세의 조선조 후기인 18세기부터라고 고려대학교 조기준 교수가 처음으로 언급하였다. (趙璣濬, 『韓國資本主義成立史論』, 대왕사, 1973)
127) 韓國會計史에 대한 연구를 수행했던 선구자 중에는 우리나라의 복식부기가 서양의 그것보다 200년이나 앞섰다고 주장하는 분들이 있으나, 이것은 실증적 논증을 거치지 않은 허구적 발상이다. 저자도 회계사 연구 초기에 이들의 주장에 매혹되었던 적이 있다. 그러나 회계 문화사의 심층적 문헌 연구를 수행하면서 그들의 주장이 검증되지 않은 것임을 확인하였다. 회계발생사의 비교문화론적 관점에서 보면, 중세고려시대는 복식부기의 생성환경이 조성되지 않은 사회구조였다는 것이다. 중세 이탈리아 도시국가의 사정은 복식부기가 발생할 수 있는 요인이 완벽하게 갖춰진 사회구조였다는 것과 시대사적으로 비교해볼 필요가 있다.

제4장 조선 시대의 치부 회계문화

1 프롤로그

아득한 고대사회에서 발원된 우리나라의 부기 회계문화는 중세시대를 거쳐 조선 시대로 이어지면서 진화된 모습으로 탈바꿈하였다. 고대 문명사회의 경제생활을 반영할 수 있었던 기록계산제도로서의 단식부기 문화는 조선 시대에 이르러 상업자본주의 경제구조가 조성되기 시작하면서 점차 복식부기 문화로 진화하게 되었다. 이처럼 우리나라 고대 문명사회의 국가재정을 기획하고 관리하는 수단이 되었던 국고회계는 조선 시대에 이르는 동안 점차 관부회계로 뿌리를 깊숙이 내리게 되었다. 그리고 민간회계의 구심점인 상거래회계는 상인회계로 발전하고, 그것은 다시 근세 조선시대의 상업 자본주의경제가 싹을 틔우고 발전하게 되면서 상업 회계의 면모를 갖추어 상업활동을 확실히 관리할 수 있는 복식부기 문화로 진화하였음을 인식하게 된다.

회계는 인류 문명사의 전개 과정에서 그 한 축을 담당하는 문화영역을 장식해 왔다. 이는 부기 회계 없이 경제사회가 발달할 수 없고, 회계문화가 없는 경제사회의 문화적 발달은 기대할 수 없음을 의미한다. 따라서 인류문명이 형성되는 과정에서 회계문화의 역할은 필수적이었음을 인식하게 되며, 인류문명 사회가 형성된 이래 사회문화의 발달에 지대한 기능을 담당해왔다고 인류 문화사는 고증해주고 있다.

특히 고대국가의 국고회계에서 발원되어 민간부문의 사회문화적 기본 축을 이루는 상업 회계에 이르기까지 부기 회계문화의 파급효과는 결국 단식부기 문화에서 복식부기 문화로 진화하는 단계적 과정에서 찾을 수 있을 것이다. 그 과정은 고조선에 이어 삼국시대를 거쳐 고려 시대와 조선 시대로 이어지는 장구한 역사적 흐름 속에서 꽃피워진 회계문화의 발달사였다.

그러나 그 장구한 한국문화사의 흐름 속에서 복식부기 문화로 진화의 열매를 맺게 된 것은 아쉽게도 조선 시대 후기에 이르러서였다. 왜냐하면, 우리나라의 상업 자본주의경제가 조선시대의 후반기에 형성되었다고 보기 때문이다. 고려대학교 조기준(趙璣濬) 교수의 저서[1]가 그것을 확인해주고 있다. 봉건주의 사회에서 상업자본의 등장은 상업 자본주의경제의 형성과 맥을 같이한다. 복식부기 문화가 형성되는 최종적인 단계는 자본개념의 등장이다. 리틀톤 교수가 말한 부기 회계문화의 발생 7요소 중에서 자본개념을 제외한 6요소가 형성된 단계에서도 진화의 조짐은 보이고 있었다고 해도 단식부기 문화의 범주를 벗어날 수 없다. 최종적으로 제7요소인 자본개념이 성립되었을 때 비로소 상업부기의 복식부기 시스템이 완성된다는 것이다.

우리나라의 부기 회계문화의 형성과정에서 상업자본의 등장은 조선 시대에 들어와서 상업 자본주의경제가 움트는 과정에서 이루어졌다. 한 나라의 경제구조가 발전하는 과정에서 상업자본이 등장했다는 것은 상업자본주의 경제구조가 형성되었음을 방증한다. 우리나라 상업자본은 한국 상업 자본주의경제의 맹아기(萌芽期)인 조선 시대 후기에 등장했다고 보는 견해가 지배적이기 때문에, 한국 복식부기 문화의 완성단계는 조선의 후반기에 해당한다고 보는 편이 합리적이다.

따라서 이 시대의 사회경제적 기록계산제도의 하나였던 부기 회계문화는 우리나라의 고유한 전통적 회계제도를 전승받아 봉건 경제를 중심으로 하는 관부회계가 정착되었고, 개성상인을 주축으로 하는 민간회계로서의 상업부기 시스템이 조성되는 결과를 가져왔다. 이러한 부기 회계시스템은 사개송도치부법(四介松都治簿法)이라는 복식부기 문화가 형성되었음을 의미하는 것이다. 전승되는 우리나라 부기 회계의 기장 자료도 다수 존재하기 때문에, 그 장부 기록을 토대로 복식부기 제도의 경위를 검토해볼 수 있는 것이다. 일부의 관부회계뿐만 아니라, 개성 상인들이 남긴 상업장부 일부를 통하여 단식부기 시스템의 구조와 복식부기 문화로 진화되는 과정의 절차적 관계를 입증할 수 있음은 다행한 일이다. 이러한 조선시대의 치부문화(置簿文化)가 어떻게 형성되고 전개되었는가에 대하여 문헌사적 접근을 통하여 검토하려고 한다. 우리나라의 고유한 전통적 부기 회계시스템이 관부회계는 물론, 상업 회계의 주축이 되는 개성부기 시스템이 복식부기로 진화되는 과정과 결과를 논증하는 것에 초점을 두어 회계 문화사적 관점에서 접근을 시도할 것이다.

② 조선 시대의 회계문화사적 환경요인

우리나라의 조선 시대는 이성계(李成桂)가 조선을 건국한 때(AD1,392)부터 개화의 물결이 일기 시작한 해(AD1,876)까지의 시기에 해당한다. 조선왕조는 고려 말의 문란해진 조세제도의 정비와 안정된 경제기반을 구축하였고, 배불숭유의 정책기반을 중심으로 안정된 사회풍토를 조성하여 문화적 향상을 가져오게 하였다. 고려 시대의 사회

---

1) 조기준, 『한국 자본주의 성립사론』 (서울, 대왕사, 1973), PP. 34~41.

문화적 기반 위에서 관부회계 문화의 정비는 물론, 서민경제를 기반으로 하는 상업문화의 발달로 조선시대의 회계문화가 진화되는 시기였다. 그래서 조선 시대의 사회문화적 환경을 섭렵함으로써, 조선시대의 회계 문화사적 환경요인에 접근해보기로 한다.

1. 조선 시대 치부회계문화의 사회적 토양

1) 조선왕조의 성립과 국가체제

조선의 태조 이성계는 고려 말의 장수(將帥)로서 조선왕조를 건국(AD1,392)하여 배불숭유(排佛崇儒)의 강력한 봉건국가 체제를 확립하였다. 건국 초기에는 고려왕조의 제도를 그대로 유지하면서, 점차 유교적 정책 기조를 다져나갔다. 유교 정치는 덕치(德治)와 인정(仁政)을 기본 바탕으로 하여 왕도정치를 펼치는 것을 일컫는다. 조선은 유교 교육을 받은 왕과 신하가 유교적 의례(儀禮)와 제도에 따라 통치함과 동시에, 지배층뿐만 아니라 일반 백성들에게까지 유교적 윤리관에 의해 교화되는 유교적 봉건국가의 체제하에 이루어진 봉건국가였다.

수도를 한양(漢陽)으로 옮긴 후, 세 번째의 왕위를 계승한 태종은 왕권을 강화하고 굳건한 유교적 국가체제의 구축에 진력하였다. 그는 우선 왕자나 공신들이 소유하고 있던 사병(私兵)을 혁파하여 병권(兵權)을 국가에 환원시켰다. 이어서 고려 시대의 최고 중앙관직이었던 도평의사사(都評議使司)를 의정부(議政府)로 개편했으며, 중추원의 군사 업무를 삼군부(三軍府)로 이관시키고, 승정원(承政院)을 신설하여 왕명의 출납관께 업무를 담당하게 하였다. 의정부와 삼군부의 문무 고관들이 합석하지 못하게 제도화함으로써, 정치와 군사(軍事)를 분리했다. 이리하여 고려 시대의 중앙관직은 모두 해체되고 육조(六曹)의 권한을 강화하여 문관의 인사행정은 이조(吏曹)에서, 무관의 인사행정은 병조(兵曹)에서 관장하도록 제도화하였다.[2]

태종은 유교를 존중하고 불교를 탄압하는 정책적 기조 위에 사원(寺院)의 토지와 노비 등을 법적으로 제한하였다. 그리고 유교 제도의 채택과 그 보급을 위하여 유교 경전을 많이 간행하였다. 그래서 조선왕조의 국가체제가 확립되고 국력이 신장되었다.

세조(世祖)와 성종(成宗) 때에 경국대전(經國大典)이 완성되었고, 조선왕조의 관료체제는 동반(東班: 文官職)과 서반(西班: 武官職)으로 나뉘었다.

<그림 4-1>에서 보는 바와 같이, 문관의 중앙관직은 의정부를 정점으로 하는 삼정승(領議政, 左議政, 右議政)이 국사를 의논·합의하고 국왕에게 품신하여 결재를 받은 후,

---

2) 하현강, 『한국의 역사』(서울, 신구문화사, 1983), PP, 189~191; 조좌호, 『한국사 통론』(서울 박영사, 1978), PP, 192~194.

이를 해당 부서인 6조에 하달하는 체제를 갖추었다.

<그림 4-1> 조선 시대의 문관 사단조직도

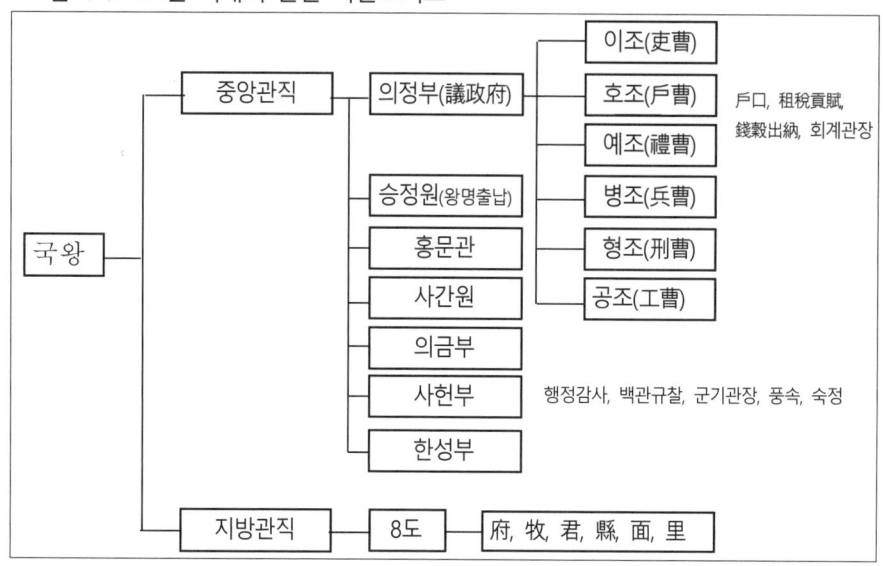

<자료 : 조좌호, 『한국사 통론』(박영사, 1978), P. 193>. (일부 저자 첨삭 수정).

이조(吏曹)는 문관의 인사·훈작·고과를 관장하고, 호조(戶曹)는 호구와 조세·공부(貢賦)·전곡(錢穀)의 출납 관리과 회계를 관장하였다. 이 호조 산하의 국고회계를 담당하는 관원은 산원(算員)이라 불리었으며, 직급에 따라 다양한 이름으로 분류되어 있었다. 예조(禮曹)는 예악(禮樂)·제사·의전·교육·과거(科擧) 등을, 병조(兵曹)는 무관의 인사·국방 등을, 형조(刑曹)는 법률·소송·노비 관리 등을 관장하며, 그리고 공조(工曹)는 토목·영선·도량형 등을 각각 관장하도록 하였다. 이 밖에도 왕명 출납을 관장하는 승정원(承政院)이 있고, 중죄인을 다스리는 의금부(義禁府), 국왕에게 간언하는 사간원(司諫院), 경전과 문필을 다루는 홍문관 그리고 행정감사·백관규찰·군기·풍속 숙정 등을 관장하는 사헌부(司憲府)가 있었다. 그리고 지방관직으로는 한성부를 비롯한 8도에 각각 부(府)·목(牧)·군(郡)·현(縣)·면(面)·리(里)로 행정조직이 분화되어 있었다. 이들 지방관직은 각각 행정업무별로 중앙관직과 연계되었다. 특히 호구조사와 조세 공부 등의 전곡 출납과 회계는 호조(戶曹)에 보고하는 체계로 분장되어 있었다.

이처럼 조선조의 국가체제가 확립되면서 국가재정의 기초가 되는 조세제도의 정비도 이루어졌다. 조선왕조의 조세제도는 조(租)·용(庸)·조(調)를 원칙으로 하는 것이었다. 그에 따라 국가재정의 기본구조가 확립되었다. 건국 초기에는 고려 시대의 재정 제도를 그대로 답습했으나, 경국대전이 완성된 후에는 그에 따라 국가재정의 제도적 관리가 이루어지게 되었다.

경국대전에 의하면, 관부(官府)의 모든 경비는 회계장부(橫看)와 공물 대장(貢案)에 따른다고 되어 있다.3) 재정세입표(財政歲入表)인 공안(貢案)을 이용하여 백성들로부터 조세와 공물을 세입원(歲入源)으로 하여 세출(歲出)을 정했다는 것이다. 이와 같은 재정제도는 세조 10년(AD1464)에 횡간(橫看)을 제정함으로써 재정비되었다. 환언하면, 이는 오늘날의 정부예산서와 같이 전년도에 국가가 필요로 하는 모든 세출 경비를 산출 책정하여 공안(貢案)을 정함으로써, 백성들로부터 조세와 공물을 거둬들일 수 있게 한 것이었다. 횡간과 공안은 연산군 시대를 제외하고는 조선왕조의 재정 운영을 위한 기본지침이 되었다.4)

2) 사회문화적 토양

(1) 조선의 사회구조

조선시대의 사회적 신분제도는 크게 나누어 지배계층과 피지배계층으로 양분된다. 지배계층은 양반(兩班) 또는 사대부(士大夫)라는 계층이었다. 이들은 유교 지식을 쌓으며 학자나 관료로 진출하기 위해 노력했다. 그들은 전세(田稅)·공납(貢納)·부역(賦役)에서 면제되었다. 지주(地主)로서의 특권적 지위도 누리는 계층이었다.

사대부 계층 밑에 특수한 기술을 익혀 정치체제의 보조적인 위치를 차지하는 신분계층이 있었다. 중인(中人)이 그것이다. 이들은 산사(算士:計士)·역관(譯官)·의관(醫官)·관상감원(觀象監員)·화원(畵員) 등의 기술관직에 등용될 수 있었다.

이에 반하여 피지배계층은 평민·상민(常民)·서민(庶民) 천인(賤人)이었다. 상민은 농업을 주업으로 하는 농민을 비롯하여 상공업에 종사하는 상인(商人)·장인(匠人) 등의 신분 계층을 의미한다. 이중 농민이 대부분이었고, 이들은 직업 선택이나 거주이전의 자유가 없으며, 거의 가난한 생활을 하였다. 이들은 국가에 대하여 모든 국역(國

---

3) 경국대전 권2 호전 : 횡간(橫看)은 명종실록 33권에 의하면, 국계항수지부(國計恒數之簿)라 기록되어 있는바, 이것은 오늘날의 경상비에 해당하는 말로서 국가 예산에 연간 정상적으로 지출하는 비용을 일컫는다. 이것을 횡간이라 부르는 이유는 장부가 가로 글로 기록되어 있기 때문이다. 횡간이라는 용어는 조선 세조 때 처음으로 만들어 이용됐다고 한다. *공안(貢案)이란 국가가 백성들로부터 받아들이는 국가 세입을 기록한 臺帳이다. 조선왕조의 재정수입 체계는 크게 3가지로 구분된다. 첫째, 토지에 대한 조세, 즉 田稅이며, 둘째로 개인에 대한 강제노동, 즉 賦役이며, 셋째로는 토산물에 대한 貢納, 즉 공물을 일컫는다.
4) 조좌호, 『한국사 통론』(서울, 박영사, 1978), PP. 204~205.

役)의 의무를 졌으며 국가 유지의 바탕이 되었다. 그리고 상인과 장인은 농민보다 수적으로 적고 천시받았다. 또한 이들 보다 하층의 신분을 지닌 각종 노비와 천민이 있었다. 광대(廣大)・무당・창기(娼妓)・백정(白丁) 등의 특수 직업에 종사하는 자들은 노예와 다름없는 천시(賤視)의 대상이었다.5)

(2) 조선의 사회적 변동

① 실학사상의 발흥과 민중 의식의 성장

17세기 이후 해외로부터 새로운 문물을 받아들이면서 조선왕조가 당면한 정치적・사회적 과제는 문화적인 자각을 통하여 새로운 학풍을 불러일으키게 하였다. 임진왜란과 병자호란으로 난파당한 조선 사회를 구해내는 방법을 모색하는 사회문화적 분위기가 조성되었다. 이른바 실학(實學)이라는 신흥 학문은 이러한 사회문화적 배경 속에서 등장하게 되었다. 실학은 정치・경제・사회・문화 등의 광범위한 분야에 이르는 것이었다. 그중에서도 가장 관심의 대상이 되었던 것은 사회경제적 제도의 개편에 관한 것이었다. 시원(始原)은 이수광(李睟光)의 저서인 『지봉유설(芝峯類說)』에서 찾을 수 있고, 유형원(柳馨遠)의 『반계수록(磻溪隧錄)』을 통하여 체계화되었다. 실학의 선각자인 유형원은 중농 사상에 근거하여 토지제도의 개혁을 주장하였다. 『반계수록』에는 국가가 부유해지려면, 자영농민(自營農民)을 육성해야 한다고 되어 있다. 이러한 학풍은 이익(李瀷)과 정약용(丁若鏞)으로 이어졌는바, 이들은 경자유전(耕者有田)의 원칙에 근거하여 토지를 경작하는 농민이 소유토록 함으로써, 자영농민이 근본이 되는 중농(重農) 사상에 입각한 토지제도와 국가체제의 개혁을 역설했던 것이다.6)

한편, 당시에는 특정 물품을 독점적으로 거래하는 도고(都賈) 상인이 그 물품을 생산하는 장인(匠人)까지 지배하는 지경에 이르렀으므로, 상공업분야 전반에 걸쳐 급격한 변화가 일고 있었다. 집권층이 이러한 상황을 타개할 수 있는 능력은 전혀 없었다. 그러나 청나라의 발전상을 목격하고 돌아온 학자들의 주장이 등장하였다. 그들은 우리도 서구문물을 적극적으로 받아들여 상공업을 발전시키고 부국안민(富國安民)의 경제정책을 펼쳐야 한다고 주장하였다. 이들의 학풍은 형이하자위지기(形而下者謂之器)에 근거하여 기물(器物)의 사용을 편리하게 하고 재물을 풍부하게 함으로써, 국리민복을 가져오게 하자는 것이었다.7)

---

5) 하현강, 『한국의 역사』(서울, 신구문화사, 1983), PP, 201~206.
6) 유형원, 『반계수록』: 하현강, 전게서, PP. 226~227.
7) 실용후생(實用厚生)의 학문을 주장한 학자로는 유수원(柳壽垣: AD1694~1755)・홍대용(洪大容: AD1731~1783)・이덕무(李德懋: AD1741~1793)・박지원(朴趾源: AD1737~1805)・박제가(朴

이러한 상공업 중심의 보국안민론은 다음과 같은 3가지로 요약할 수 있다. 하나는 화폐 유통론의 주장인바, 화폐가 원활히 유통되면 상공업이 진흥되어 국가 경제가 발전할 것이라는 실용적 사상이다. 다음 하나는 중국의 발달한 농기구뿐만 아니라, 비료의 생산과 같은 선진기술을 받아들여 농업생산력을 높여야 함은 물론, 운송 수단을 개발하여 상공업이 발달할 수 있는 여건을 조성해야 한다는 것이었다. 그리고 또 다른 하나는 신분의 고하를 막론하고 일을 해야 하며, 양반도 국부 생산에 노력해야 함은 물론, 경향 각지에 학교를 개설하여 교육을 통한 직업인 양성을 기하고 분업 환경을 조성해야 한다는 실사구시(實事求是)의 실용주의 사상이었다.[8]

그리고 조선 후기에 이르러서는 실학을 구심점으로 하는 사회변동과 함께 문화면에서도 변화가 일어나고 있었다. 그 이전에는 서민문화의 성장을 찾아볼 수 없었다. 지배계급인 귀족 중심의 문화가 있었을 뿐이었다. 그런데 실학에 의한 사회변동과 함께 서민문화는 민중 의식의 자각, 사회적 세력의 성장과 더불어 발전해나갔다.

② 조선 후기의 사회적 변동요인

조선왕조는 임진·병자의 양난(兩亂)을 겪으면서 사회적 변동을 가져왔다. 이 양대 변란은 국가재정의 중요한 수입원이었던 경작지 면적의 격감을 가져오게 하였다. 이러한 사실은 조선왕조의 국가재정이 파탄에 직면해있음을 나타내는 것이다. 그래서 당시의 집권층은 이러한 사회적 변동에 대응하는 새로운 제도개혁을 단행하였다. 대동법과 균역법의 실시가 그것이다.[9]

그런데도 재정적인 수요의 증가와 세원의 감소는 농민들의 부담을 가중하는 결과를 가져왔다. 이 시기의 조선 사회는 황구첨정(黃口簽丁)·백골징포(白骨徵布)·인징(隣徵)·족징(族徵) 등으로 농민들이 허덕일 수밖에 없었다.[10] 이러한 비정상적이고 불안정한

齊家:AD1750~1805) 등을 꼽을 수 있다. 특히 박제가는 『북학의』를 저술하여 당시의 사회문제를 일목요연하게 지적하고 개혁할 것을 주장하여 이른바, 북학이라 부르게 되었고 北學派라는 명칭도 생겨났다. 그리고 마테오리치(Matteo Ricci)가 한문으로 지은 『천주실의』는 천주 교리서로서 서양 문물을 알 수 있는 유일한 책이었다.

8) 노용필 외6인, 『한국문화사의 이해』(서울, 신구문화사, 2010), PP. 257~262, Passim.
9) * 대동법(大同法)은 지방의 특산물을 미곡으로 통일하여 바치게 한 공납제도이다. 광해군 때 최초로 경기도에서 실시되고, 인조 때에 강원도, 효종 때에 충청도와 전라도에 실시되었다. 숙종 때에 이르러 비로소 전국적으로 실시된 제도이다. 그 결과, 大同米라 하여 田 1結에 대하여 미곡 1斗씩 징수하였다.
  * 균역법(均役法)은 양민이 의무로 지는 兵役을 말한다. 그런데 16세기 이후 代役制가 실시되어 兵役者는 매년 布 2匹(米 2~6斗)을 軍布로 납부하고 현역에서 면제되었다. 이 제도는 양민들에게 부담이 가중되는 결과를 가져와서 영조 때에 布 1匹로 반감하고, 그 부족액을 어업세·염세·선박세, 그리고 토지 1結에 白米 2斗씩으로 보충하게 하였다.

사회상황은 조선조의 지배체계를 문란케 하였다. 그 결과, 양반 관료와 아전·서리 등의 부정행위가 속출하게 되어 암행어사에게 이를 적발하여 처벌토록 했다.11)

한편, 영농방법의 변화와 농업생산기술의 향상에 수반한 생산력의 향상은 사회적 신분상의 변화를 가져왔으며, 권세가(權勢家)에 의한 민전겸병(民田兼倂)이 심해지고 지주층이 확대되어 농지를 잃은 농민이 속출하여 농민층의 분해를 촉진시켰다. 그로 인하여 비농업 인구가 늘어났고 자급자족의 경제 질서가 와해하면서 상업적 농업과 영농방법의 개선을 통해 신흥 서민지주층이 생겨났으며, 반면에 농업노동자층도 나타났다. 그 결과, 양반층과 농민층 사이의 경제적 계층분화로 인하여 신분적 지배종속 관계는 더는 유지될 수 없는 상황에 이르렀다. 재부(財富)를 이용하여 노비와 서민이 각각 서민과 양반으로 신분 상승하는 현상이 비일비재하게 나타났다. 특히 임진왜란과 병자호란 이후에는 군공(軍功)과 납속(納粟)을 통한 면천(免賤)·수직(受職)의 행태가 정책적으로 실시되었다. 임진왜란 중의 납속사목(納粟事目)에 의하면, 백미 30석을 바쳐서 면역(免役)되어 참하영직(參下影職)을 받았고, 80석을 바쳐 동반(東班)의 실직(實職)을 받았다는 기록이 있다.12)

(3) 사회문화적 환경요인

① 농본주의 사회와 사유재산제도

조선왕조는 건국 초기부터 농본주의 정책을 표방하면서 고려 말의 문란해진 토지제도를 개혁하고 궁핍해진 민생안정을 도모해나갔다. 토지제도의 개혁으로 농경지를 확대하고 농업생산력을 증가시키면서 농민의 부세(賦稅)를 줄여주고 농민 생활의 안정을 가져오게 정책적 기조를 전개했다. 특히, 농업생산력을 향상하기 위하여 농업기술과 농기구의 개발·보급에도 진력하였다. 조선 사회는 사(士)·농(農)·공(工)·상(商)의 신분 계급으로 구성되어 있었다. 벼슬하는 양반 다음에 농자를 으뜸으로 하는 사회구조(農者天下之大本也)였다.

조선왕조는 농지개간을 장려하고 수리 시설을 보수·확충하면서 적극적인 권농정책과 사대부의 영농법 연구 결과가 농업생산력의 성장과 농민의 생활 안정 기반을 마련해주었다. 특히 17~18세기 이후 인삼·담배 등의 상업용 농작물 재배가 활발하게 이

---

10) *황구첨정은 병역연령에 미달한 자에게 軍布를 징수하는 것이며, *백골징포는 죽은 자에게 군포를 부과하는 제도이다. *인징은 이웃 사람에게 군포를 부담시키는 것이고, *족징은 친척으로부터 군포를 징수하는 것이다. <하현강, 『한국의 역사』(1983), P. 237.>
11) 하현강, 상게서, PP. 235~240.
12) 김경태 외2인 공저, 『한국문화사』(서울, 이화여자대학교 출판부, 1986), PP. 220~221.

루어져 자가 소비보다는 상품시장을 대상으로 한 농업생산력의 증대를 가져왔다. 당시 양전옥토(良田沃土)에 이러한 농작물 재배를 한 것을 보면, 그것이 오곡(五穀) 작물보다 훨씬 영리성이 있었다는 것을 말해준다. 그래서 인삼의 재배는 개성지방뿐만 아니라, 전국의 여러 곳에서 이뤄졌다.

그런데도 농민들의 생활은 나아지지 않았다. 사유재산제에 의한 지주제(地主制)가 확대되면서 농민들이 자연재해와 고리대(高利貸) 부담, 그리고 과중한 조세 등으로 인하여 자기 소유의 토지를 팔고 소작농이 되는 경우가 허다했다. 그래서 이들은 지주에게 소작료로 수확물의 반 이상을 바쳐야 하는 어려운 처지에 놓였다. 그래서 16세기 이후부터는 농지를 이탈하는 농민들에 대한 국가의 통제력이 약화되고, 그들에 의하여 상공업이 발전하게 되고 대외무역이 활발하게 전개되는 결과를 가져왔다고 한다.13)

② 한글 창제와 민족문화의 창달

조선왕조의 문화로서 특필할 만한 것은 민족의 문자인 훈민정음(訓民正音: 한글)의 창제이다. 우리 민족은 고조선 시대에 상형문자로서의 녹도문자(鹿圖文字)에 이어 가림토(加臨土: 加臨多) 문자가 있었다고 하지만 실제로 사용된 기록은 없다. 삼국시대에 중국으로부터 한문자가 들어와 사용되면서 한자를 모방한 우리말 표기의 이두(吏讀)와 구결(口訣) 문자가 사용되었다. 이것은 한자를 이용하여 우리말을 표기하는 문자였으므로, 사람마다 표기법이 달라 여간 불편한 것이 아니었다. 이두문자는 삼국시대 이후 조선 후기에 이르기까지 관부(官府)와 민간 모두가 한문자와 더불어 사용하던 문자이다. 특히 상거래를 나타내는 장부 기록에도 이두문자가 사용되었다. 세종대왕이 이러한 문자 생활의 불편함을 해소해주기 위하여 한글을 창제함으로써, 민족문화의 창달에 크게 이바지하였다.

세종대왕은 한문자 위주의 유교 사상에 젖어있던 양반 귀족들의 강한 반대에도 불구하고 용비어천가와 월인천강지곡(月印千江之曲) 등을 편찬하여, 한글사용의 가능성과 유용성을 증명한 다음, 세종 28년(AD1446)에 정식으로 반포하여 백성들이 사용토록 하였다.14) 한글은 누구나 쉽게 배우고 마음대로 자기 의사를 표현할 수 있는 과학적인 문자이다. 이처럼 우리 민족 고유의 한글 문자를 가지게 됨으로써, 한민족은 문화 민족으로서의 긍지와 자부심을 지니게 되었다. 그런데도, 관부의 출납이나 민간의 상거래 활동에서 비롯되는 회계장부의 기록에는 한글을 사용한 흔적을 찾아볼 수가 없다. 의사표시에 편리한 과학적 문자였지만, 한문자와 이두문자에 밀려 조선 시대 내내

---

13) 노용필 외6인, 『한국문화사의 이해』(2010), PP. 190~194.
14) 조좌호, 전게서, P. 217.

천시되었던 점이 아쉬울 뿐이다.

　그러나 조선 초기에는 민족적이면서도 실학과 같은 실용적인 학문이 발달하여 다른 어느 때보다 민족문화가 크게 발달하였다고 한다. 그리고 15~16세기의 민족문화를 주도한 학자들은 성리학을 지도이념으로 내세워 민생안정과 부국강병에 도움이 되는 학문과 사상을 받아들였다. 그로 인하여 민족적이고 자주적인 민족문화가 상당히 발달할 수 있었으며, 민족문화의 기반을 확고하게 다지고 발전할 수 있는 전기가 마련되었다.

　특히 유교적인 이상국과의 실현을 꿈꿨던 세종대왕은 집현전(集賢殿)을 설치(AD1420)하고 우수한 학자들을 모아 중국의 고제(古制)와 고전(古典)을 연구케 하였다. 그 연구 성과를 유교문화의 향상과 국가체제의 정비에 활용하였다. 그뿐만 아니라, 그는 농학과 의학 방면에도 깊은 관심을 기울여 학문적인 풍토를 조성하였고, 집현전 학사들의 연구를 통한 전세(田稅)제도를 개혁함과 동시에 과학기술의 발전과 국토의 개척에도 큰 업적을 남겼다.

　더욱이 조선조는 건국 초기부터 천문도(天文圖)를 만들어 천문학을 발달시킴과 동시에, 새로운 역법(曆法)을 만들었다. 세종 때에 만든 칠정산(七政算)은 중국의 수시력(授時曆)과 아라비아의 회회력(回回曆)을 참고하여 만든 역법서로서 한국 역사상 최초로 한양을 기준으로 천체운동을 정확하게 계산한 것이라고 한다.

　고려 시대의 인쇄문화를 계승하여 활자 인쇄술과 제지술(製紙術)의 발전을 가져오게 하였고, 각종 서적의 편찬도 활발하게 이루어졌다. 특히 활자 인쇄술과 더불어 제지술이 발달함으로써, 종이의 생산량이 증가하였다. 조지서(造紙署)를 설치하여 다양한 종이를 대량으로 생산하여 수많은 서적을 출판할 수 있도록 한 것은 민족문화의 창달기반이 확고하게 다져졌음을 의미한다.[15]

③ 서원의 발전과 향약의 보급

　조선시대의 서원(書院)은 중종 18년(AD1543)에 풍기군수 주세붕(周世鵬)이 고려 말의 명유(名儒)인 안향(安珦)을 봉향하기 위한 백운동서원(白雲洞書院)을 창건한 것에서 비롯되었다. 단순한 사학(私學)은 그 이전에도 있었으나, 유생들을 교육하는 강학(講學)과 선현을 봉향하는 사묘(祀廟)를 겸한 교육기관은 이것이 기원이다. 그 후 풍기군수로 부임한 퇴계 이황(李滉)이 조정에 건의하여 소수서원(紹修書院)이라는 액자와 서적·토지·노비를 하사받으니, 이것이 사액서원(賜額書院)의 시초였다. 낙향한 관료들이 서원을 건립하니 선조 때에 사액서원이 100여 개에 이르렀다고 한다.[16]

---

15) 노용필 외6인, 전게서, PP. 197~210.
16) 조좌호, 『한국사 통론』(서울, 박영사, 1978), P. 235.

그러나 사원은 낙향한 선비들에게 활로를 열어주고 재기(再起)를 위한 재충전의 기회가 되는 장소가 되었다. 낙향한 선비들은 사회에서 격리된 서원에서 사색과 독서에 몰두할 수 있었으므로, 서원에서 유학(儒學)의 철학적 연구가 이루어져 이른바 주자학(朱子學)이 발달하게 되었다. 그런데 서원은 당쟁이 심해지면서 심오한 학문의 전당이 아니라, 사제(師弟)·족벌(族閥) 관계에 근거하여 지방 유림의 집단적 세력을 만들어 붕당(朋黨)의 근거지가 되었다. 그뿐만 아니라, 서원은 양민이 서원의 노비가 됨으로써, 군역(軍役)을 회피하는 곳이었고 지방 양반들이 서민을 토색질하는 장소가 되었다. 이러한 모순 때문에, 흥선 대원군이 서원철폐를 단행했던 것이다.17)

향약 문화는 향교나 향청(鄕廳)을 중심으로 이뤄졌는데 도약정(都約正)·약정(約正)·직월(直月) 등의 임원을 두어 운영되었다. 그것은 덕업상권(德業相勸)·과실상규(過失相規)·예속상교(禮俗相交)·환난상휼(患難相恤) 등의 유교적 덕목을 기본정신으로 삼아 향리(鄕里)의 이웃들이 서로 권선징악하고 상부상조함으로써, 단결심을 기르고 서로 돕는 미풍양속을 이뤄가는 조직체였다. 그러므로 향약 문화는 서민들의 사회생활에 있어서 유교 정신에 입각한 서민경제의 안정을 도모하는 중요한 존재였다.

이처럼 서원과 향약은 교육과 상부상조를 도모하는 민간조직문화였으므로, 거기에는 반드시 재정적 수입과 비용이 수반되게 마련이다. 특히 서원은 막대한 토지와 노비를 거느린 조직체로써 그 운영을 위한 재원 조달과 관리에 드는 비용처리에 필요한 기록계산이 이루어졌음은 물론이다. 향약도 환난상구와 상부상조를 기본으로 하는 조직문화였기 때문에, 재정적 관리 운영을 위한 기장시스템이 존재했던 것으로 보인다. 17세기 후반기에 전남 영암의 향약을 중심으로 이루어진 남평 문씨(文氏) 일가의 계(契) 조직을 통한 기록계산문서로서 전해지는 「용하기(用下記)」18)가 그 표본이다. 용하기는 조선 시대 전라남도 영암의 장암마을에 살았던 주민 18명이 현종(顯宗 8년 : 1667)부터 벼 1섬씩을 거출하여 마을의 향약계(鄕約契)를 조직하여 운영함으로써, 수익을 올리고 회원에게 대출도 해주면서 환난상구하고 상부상조하는 모범적인 계조직의 회계기록 장부를 일컫는 것이다. 이것은 우리나라에서 가장 오랜 기간에 걸쳐 유지되어 온 향약계의 운영 장부 기록문서로서 세간(世間)의 이목(이목)이 쏠린 바 있으며 회계문화사의 귀중한 자료라고 할 수 있는 것이다.

---

17) 상게서, P. 235.
18) 「用下記」는 현재 전라남도 영암군 영암읍 장암 마을에 보관된 한국 고유의 장부 기록문서로서, 남평 문씨 일가에 의해 영조 17년(AD1741)부터 기록된 장부가 전승되고 있는 것을 일컫는다. 그 시원은 현종 8년(AD1667)에 마을 주민 18명이 벼 1섬씩 출연해서 장암 동계(洞契)를 조직하고 그 이듬해(AD1668)에 결산보고를 한 때부터 비롯되었다고 한다. 그로부터 350년이 지난 오늘에 이르기까지 상부상조를 통한 수입·지출의 내용을 계원들에게 보고하기 위하여 해마다 기장 처리한 회계문서이다. <한국학중앙연구원, 『고문서 집성 21-22,』, (1995) ; 전성호, 『조선 시대 호남의 회계문화』(다홀미디어, 2007).>

2. 조선 시대 회계문화의 경제적 환경요인

1) 재정수입원으로서의 조세제도

조선 초기의 조세제도는 고려 시대의 그것을 그대로 계승하였다. 고려 시대의 그것은 중국 당나라의 제도를 답습하여 조(租)·용(庸)·조(調)로 구성되어 있었다. 「증보문헌비고(增補文獻備考)」에 의하면, 『밭이 있으니 세가 있고 집이 있어 세를 물리고 사람에게도 세금을 매긴다. (有田則有租, 有家則有調, 有身則有庸)』라 하였다. 여기서 조(租)는 토지에 대한 과세이며 전주(田主)가 국가에 바치는 것이다. 용(庸)은 국민에 대하여 노동력을 사역하는 인두세(人頭稅)에 해당한다. 조(調)는 호(戶)를 대상으로 토산물을 공납하게 하는 공부(貢賦)가 그것이다. 이러한 조선시대의 조세제도는 「경국대전」의 호전(戶典)에 규정된 것을 토대로 하여 이루어졌다.[19]

(1) 조선의 조세법전

조선왕조의 조세법전은 성종 때에 완성된 「경국대전(經國大典)」이다. 이것은 조선왕조의 성문헌법에 해당하는 것이며, 조선사회의 환경변화에도 불구하고 규정된 조문(條文) 첨삭이 허용되지 않았다고 한다. 그 제2권의 호전(戶典)에는 재정수입원으로서의 조세제도에 관한 규정이 설정되어 있다.[20]

「경국대전」은 조선왕조가 건국 초기부터 유교적 통치체제와 국가경영기준이 되는 헌장법전(憲章法典)을 제정하려고 했던 것으로서 성종 6년(AD1475)에 완성·시행되었다. 그것은 태조 3년(AD1394)에 건국공신이었던 정도전이 지은 『조선경국전(朝鮮徑國典)』과 태종 13년(AD1413)의 『경제육전(經濟六典)』, 그리고 세종 15년(AD1433)의 『신찬경제속대전(新撰經濟續大典)』을 기초로 하여 편찬된 법전이다. 그중 호전은 국민의 재산권 보호를 목적으로 한 것이 아니라, 조선조의 유교적 국가경영체제를 유지하려는 재정수입 목적에서 제정된 조세법전(租稅法典)이다.

(2) 조선의 재무행정관서

조선왕조의 국가재정 최고 관부는 호조였다. 호조가 국가재정을 관리하는 최고 기관으로서 재정 관할권을 장악하고 있었다. 따라서 국가경영을 위한 재무행정은 호조에

---

19) 강인애, 『한국 근대 조세 사상연구』 (서울, 조세통람사, 1997), PP. 13~15.
20) 한국법제연구원 역, 『경국대전』 (서울, 한국법제연구원, 1993), P. 164 이하의 규정.

서 관장하였으므로, 예하 행정부서와의 관계가 조직적으로 구성되어 있었다.21)

「경국대전」의 호전(戶典)은 중앙관서인 호조가 관장하는 분야에 관하여 규정하고 있다. 따라서 호전의 세목(細目)을 보면, 경비(經費)·호적·양전(量田)·적전(籍田)·록과(祿科)·제전(諸田)·직전(職田)·관둔전(官屯田)·름전(廩田)·제전(祭田)·전택(田宅)·급조가지(給造家地)·무농(務農)·잠실(蠶室)·군자창(軍資倉)·상평창(常平倉)·회계(會計)·지공(支供)·해유(解由)·병선재량(兵船載糧)·어염(魚鹽)·외관공급(外官供給)·수세(收稅)·조전(漕轉)·세공(稅貢)·잡세(雜稅)·국폐(國幣)·장려(獎勵)·비황(備荒)·매매한(賣買限)·징채(徵債)·진헌(進獻)·요부(徭賦)·잡령(雜令) 등이다. 이에 따라 호조가 관장하는 행정사무는 호적·토지·조세 등의 재정경제에 관한 사무를 지칭한다.22)

호조의 관장사무는 원명(元明)의 관제를 모방하여 호조 내에 판적사(版籍司)·회계사(會計司)·경비사(經費司) 등, 삼사(三司)를 두어 집행하였다. 판적사는 호적·토지·조세·부역·환곡(還穀)의 방출과 회수 등의 행정사무를 관장하였고, 회계사(會計司)는 경향 각지의 관부에 수저(收貯)한 전곡(錢穀)의 수지계산과 관원의 해유(解由)·휴흠(虧欠)등에 관한 행정사무를 관장하였으며, 경비사(經費司)는 세출 관계의 사무를 관장하였다.23)

그런데 조선 후기에 이르러서는 임진·병자의 국난 이후 심각한 재정난과 봉건 기강의 문란으로 인해 호조의 재정 관할권은 약화되었고, 호조의 지휘·감독을 받지 않은 선혜청(宣惠廳)이나 균역청(均役廳) 등의 독립적 재정기관이 설치되었을 뿐만 아니라, 경향 각지의 관서에서도 독자적 재원을 확보하여 이를 독립회계(獨立會計)로 운영하는 경우가 발생하였다. 그로 인하여 재정 질서가 혼미상태로 빠져들었고, 결과적으로는 삼정(稅政·軍政·還政)의 문란을 초래하게 되었던 것이다.24)

(3) 조선 전기의 세제 개요

조선조 초기에는 고려 시대의 세제(稅制)를 답습했으나, 점차 제도적 정비를 통하여 조세제도의 안정적 기조를 유지하기 시작하였다. 건국 초기의 과전법(科田法)25)에 의하면, 조(租)는 공전(公田)의 경작자가 국가에 납부하는 지대(地代)를 일컫는데, 그

---

21) 김옥근, 『조선왕조 재정사 연구Ⅰ』(서울, 일조각, 1993), PP. 262~268.
22) 한국법제연구원 역, 전게서, PP. 164~204, Passim.
23) 강인애, 전게서, PP. 22~23.
24) 상게서, P. 37 ; 김옥근, 전게서, PP. 306~261, Passim.
25) 과전법이란 토지국유의 원칙에 따라 정한 토지제도를 일컫는다. 이는 이미 사유화된 전지를 회수하여 논공행상에 의한 토지 지배관계를 재편성하고 통치체제의 토지 경제적 기초를 강화하는 동시에, 국가재정을 안정시키고 收租率을 경감하여 국고와 경작자 사이에 발생하는 중간 착취와 수탈을 방지하고자 했던 제도의 하나이다.

세액은 논(畓)의 경우 1결(結)에 쌀(精米) 30말(斗), 밭(田)의 경우 1결에 잡곡 30말(斗)을 납부토록 규정하였다. 세(稅)는 사전(私田)의 소유자가 국가에 납부하는 세금인데, 논은 1결에 쌀 2말, 밭은 1결에 팥(黃豆) 20말로 규정해 놓았다. 그러나 세조 12년(AD1466)에 직전법(職田法)[26]을 시행함으로써, 이러한 구별을 하지 않고 관부에서 직접 징수했기 때문에, 그냥 조세라는 말로 일컬어지게 되었다.

그뿐만 아니라, 조세제도의 기본이었던 결부법(結付法)[27]의 경우도 지방 관료들의 중간농간으로 착취와 협잡의 여지가 많고 불합리한 제도였으므로, 그에 따른 민폐가 많았다. 그래서 세종 26년(AD1444)에 「전분 6등(田分六等)」과 「연분 9등(年分九等)」의 새로운 방법을 시행하였다. 그러나 절차상의 복잡성 때문에, 시행에 어려움이 있었다고 한다.[28] 이 중 후자의 세율을 소개하면, <표 4-1>과 같다.

<표 4-1> 조선 전기 연분구등법의 지역별 세율표

지 역	등 급	1 결 당 세 율
경상도·전라도·충청도 (上 等地)	上 田 中 田 下 田	쌀 20 斗 쌀 18 斗 쌀 16 斗
경기도·황해도·충청도 (中 等地)	上 田 中 田 下 田	쌀 14 斗 쌀 12 斗 쌀 10 斗
함경도·평안도 (下 等地)	上 田 中 田 下 田	쌀 8 斗 쌀 6 斗 쌀 4 斗

<자료 : 강인애, 『한국 조세 사상연구』(서울, 조세통람사, 1997), P. 18>

조선 시대는 국가의 재정수입을 백성의 노동력에 의존했으므로, 인구의 파악을 위한 호적정리가 중요한 과제의 하나였다. 호적은 역(役)의 대상인 인구를 파악하기 위해 3년마다 조사·정비하였고, 이 호적을 근거로 군역(軍役)을 부과했다. 또한 호적에 등재된 내용에 따라 조(調)에 해당하는 공물과 진상이 이루어졌다. 공물의 부과는 전결수(田結數)에 기준으로 하여 이루어졌으나, 지방 관원의 재량에 따라 결정되었기 때

---

26) 職田法이란 과전법과는 달리 현직 관료들에게만 토지를 지급하여, 과전법 시행 이후 발생한 공신전이나 기타 私田의 확대를 막기 위하여 개혁의 일환으로 단행된 토지제도를 지칭한다.
27) 결부법은 「경국대전」에 의하면, 『실제 면적 1 尺이 1 把로 되고, 10파가 1屬으로 되며, 10속이 1 負로 되고, 100부가 1 結로 된다.』라는 규정에 따른 것이다. (『경세유표Ⅱ』9권 ; 강인애, 전게서, P. 17.)
28) 김옥근, 전게서, P. 237 ; 강인애, 전게서, PP. 17~18.

문에, 배정과 징수과정이 불합리하여 민폐가 극심했다고 한다.

「경국대전」에 의하면, 조세에 관한 규정이 있는데, ① 부세(賦稅), ② 소금·철(鹽業과 鑛業) 및 산장(山場)·수량(水梁)의 현물세(林業과 漁業), ③ 공상세(工商稅)·선세(船稅)·삼세(蔘稅)와 기타 잡세 등으로 이루어져 있다.

건국 초기에는 유교적 왕권통치를 강화하기 위하여 농본정책을 지향했기 때문에, 일반 민중의 상공업 진출을 억제하려고 상공업 세를 부과했다. 그뿐만 아니라, 국가는 시전상인으로부터 공랑(公廊)을 지어준 대가로 공랑세(公廊稅)를 징수했고 영업세로서의 원공(元貢)도 징수했다. 행상·목상(木商)·삼상(蔘商)에게는 면허장을 발급하고 시장세(市場稅)를 징수했음은 물론, 국경 부근의 호시(互市)를 통한 외물 수입과 뇌물 수출에 대한 해관세(海關稅)도 징수했다.29)

(4) 조선 후기의 양전(量田)과 전세(田稅)제도

조선왕조는 선조 24년(AD1591)의 151만5,500결이었던 경지면적이 임진왜란 직후인 선조 34년(AD1600)에는 30여만 결(結)로 줄어들어 세원(稅源) 전결수(田結數)의 약 5분의 1에 불과했다. 국가재정은 파탄상태에 이르러 있었다. 국가의 재정수입이 현저히 감소하였음에 반하여, 관제(官制)의 개편과 군제(軍制)의 신설 등으로 국가의 재정지출은 현격히 증가하였다. 왕실의 무질서한 재정 소비로 인하여 궁방전(宮房田)·관둔전(官屯田) 등의 면세지가 늘어나고 은결(隱結)30)이 증가하여 국가재정을 더욱 위협하는 수준에 이르렀다. 건국 초기의 과전법을 기반으로 했던 토지의 국유화와 전세제도는 점차 사라져갔다. 결국 임진왜란을 계기로 토지제도의 변화와 전세제의 개편이 촉진되었다.

조선왕조 후기의 세제개편에서 특기할 사항은 광해군 1년(AD1608)에 대동법31)의

---

29) 「경국대전」, PP. 193~194 ; 장병순, 『한국 세정사』(1973), P. 83 ; 강인애, 전게서, PP. 21~22.
30) 은결(隱結)은 실제로 경작하고 있으나 토지 대상에서 빠진 토지 및 탈세를 목적으로 전세(田稅)의 부과 대장에서 불법으로 누락시킨 토지를 일컫는다. 은결을 만드는 방법은 量田 할 때 결 부수를 조작하거나, 신간전(新墾田)이 새로 경작될 때 면적을 조작하는 등 다양했다. 특히 조선 후기에는 전국적으로 양전이 제대로 시행되지 못했으므로, 은결이 크게 증가하였다. 따라서 은결이 된 토지에 부가될 전결 세가 일반농민의 토지에 부가되었기 때문에 농민몰락을 촉진하는 계기가 되었다. 이에 조정 관료들은 은결을 찾기 위해 양전 실시를 논의했으나, 은결의 혜택을 받고 있는 양반·지주층이나 지방 수령들의 반대로 실시되지 못했다. 따라서 은결의 폐단은 조선 말기까지 지속되어 농민항쟁의 한 원인이 되었다
31) 대동법이란 조선 후기에 시행된 재정 제도의 하나로서 공물 대신 미곡(大同米)으로 통일하여 토지 1결당 쌀 12말씩을 징수하고, 산간 등지에서는 쌀 대신 포목·금전(大同錢)으로 납부하게 했던 납세제도이다. 대동법의 관장 부서로 선혜청을 신설하였고, 대동 米는 모든 전토에서 쌀 16斗

실시를 계기로 전통적으로 시행하고 있던 조·용·조의 조세체계가 조(租)로 일원화되고 대동세(大同稅)에 대전납부(代錢納付)를 허용함으로써, 현물 경제체제가 화폐경제체제로 변화되었다는 점이다. 대동법은 토지의 많고 적음을 과세의 기준으로 삼아 재산이나 수익에 과세함으로써, 공평한 과세체계를 이루었고, 종래의 배부세주의(配賦稅主義)를 지양하여 실제로 조사한 등급에 따라 고정세율로 과세하는 정률세주의(定率稅主義)를 채택했다는 점에서 세제상 진일보한 제도라고 할 수 있다. 그뿐만 아니라, 그것은 양출정입(量出定入)의 원칙에 입각한 예산제도와 재정 운영정책을 수립함으로써, 조선 후기의 재정 질서를 근대화시키는데 이바지했다는 특성이 있다.32)

결과적으로 대동법의 시행은 국가의 재정수입을 증대시키고 농민의 조세부담을 경감시키는 효과를 거두었다. 그뿐만 아니라, 대동법의 시행은 조선 후기의 조세제도가 봉건적 지대(地代) 성격의 생산물 납부로부터 전세(田稅)로 전환됨으로써, 조세 금납화의 기초를 마련하였으며, 상품생산과 교환경제의 발달을 촉진하는 촉매작용을 했다. 그리고 국가의 재정 조달에 필요한 물자를 상인이 납품케 함으로써, 공인(貢人)33)이라는 상인 계층이 생겨났다. 공인 자본(貢人資本)적 성격을 띤 사업자본가를 대동법 시행 이전에는 방납인(防納人)이라 하였으며, 그 이후에는 공인이라 하였다. 따라서 공물대납(貢物代納)과 대동법의 시행은 공인자본의 기반을 마련해주어 공인으로부터 주문을 받아 생산하는 독립적 수공업이 발전했고, 상업자본의 형성계기가 되었다.34)

(5) 조세의 금납화(金納化)

조선 후기의 대동법 시행 이후 공인들은 상품교환경제의 발달을 촉진하는 역할을

를 징수하되 춘추로 나누어 징수하였다. 춘추로 7杮씩은 선혜청에서 수납하여 사용하고 춘추로 1杮씩 郡縣에 두어 守令의 공비(公費)로 사용케 하였다. 대동법의 세액은 쌀을 원칙으로 하되, 綿·麻布·錢幣도 징수함으로써, 현물과 전화(錢貨)의 二元體制가 되었다. 그것은 갑오경장(AD1894) 이후의 金納一元制로 전환되어가는 과도기였다. (강인애, 전게서, PP. 27~29.)
32) 강인애, 전게서, PP. 27~30 ; 『한국고중세사사전』, 한국사사전편찬회 편,(가람기획, 1995), pp. 443~444.
33) 공인(貢人)이란 대동법이 시행되면서 정부가 공식적으로 인정한 특권적인 貢物調達商人을 일컫는다. 대동법 시행 전의 불법적인 防納商人과는 달리 공인은 합법적인 공납청부업자로서, 貢物主人·貢主人·貢契人·各司主人 또는 私主人 등으로도 불렸다. 이들은 공리(貢吏)에서 숙식을 제공하고 공물을 보관하거나 매매하여 이윤을 챙기는 특수상인(官商)이었다. 19세기 말 공인들은 진공회사(進供會社)와 같은 어용 물자를 조달하는 회사를 설립하여, 貢人資本에 의한 새로운 자본 전환을 모색하기도 했다. 공인이나 공인자본은 봉건적 경제 제도의 해체에 주요한 역할을 했다. 18세기 이후 私商層도 상업 활동을 보장하는 특권을 획득하고자 貢人券을 구입했다고 한다. (http://100.daum.net/encyclopedia/view/b02g0620a).
34) 조좌호, 전게서, PP.257~258. (여기서 공인은 시전상인·경주인·장인 등이 역할 분담을 했다.)

했다. 사영(私營)수공업과 국내외 상거래의 발달로 인하여 상품거래와 유통에 화폐의 필요성이 증가하였고, 금속화폐의 수요증대에 따른 화폐경제의 성장·발달이 이루어지게 되었다.

인조 11년(AD1633)에 상평창에서 동전(常平通寶)을 주조하여 법화로 유통시키려고 했던 적이 있다. 그런데 인조 21년(1643)부터 상업이 발달한 개성과 그 인근 지방에서는 서민들 사이에 동전이 통용되기 시작하였다. 숙종 4년(AD1678)에는 호조와 상평창에 주정(鑄錢)토록 명하고, 동전을 법화(法貨)로써 공사(公私) 불문하고 유통하도록 했다. 따라서 18세기부터 금속화폐의 유통은 급속히 확대되었다. 양반사회뿐만 아니라, 일반 서민과 천민에 이르기까지 동전의 유통 가치를 인식하게 되었고, 특히 양반계층에서는 축재(蓄財)의 수단으로 동전을 선호하기에 이르렀다. 이러한 금속화폐의 유통·보급은 조선왕조의 전통적 생산양식과 의식구조에 상당한 변화를 가져왔다. 그것은 조선 후기의 조세제도에도 파급되어 조세의 금납화(金納化)를 촉진하게 되었다. 그래서 금속화폐가 유통·보급된 이후에 전체 조세 수입액 중에서 화폐 수입액이 차지하는 비중은 점차로 증가하게 되었다. 기록에 의하면, 순조 7년(AD1807)에 조세 총수입액 중 화폐 수입액의 비율은 25%에 이르렀다는 것이다.[35]

2) 상공업의 발달과 화폐의 유통

(1) 상공업의 발달

조선 초기의 상공업은 농업을 장려하는 농본정책 때문에 발달하지 못했다. 그래도 수도인 한양(漢陽)은 10만이 넘는 인구를 거느리고 궁궐과 관청이 즐비해서 상가(商街)조성이 필요했다. 개경(開京)에 있던 시전상인을 이주시켜 육의전(六矣廛)을 개설하고 점포세와 상세(商稅)를 거두었다. 육의전의 시전상인들은 왕실이나 관청에 물품을 공급하는 대신에 특정 상품에 대한 독점판매권을 부여받은 어용상인들이었다. 그러나 조선 전기의 상업은 교통수단과 화폐경제의 미발달로 인하여 별다른 발전을 가져오지 못했다. 임진·병자의 양대 국난을 겪은 후에 제도적 개혁을 단행함으로써, 조선의 상공업은 활발하게 발달할 수 있는 토대가 마련되었다.

① 상업의 발달

조선 후기는 한국 상업사의 대변혁기라 할 수 있다. 내우외환의 상처가 남아있었으

---

35) 장병순, 전게서, PP. 142~144 ; 강인애, 전게서, PP. 36~37.

나, 경제는 비교적 빠른 속도로 회복되었고 농업과 수공업도 상당히 발달하였다. 이앙법(移秧法)이 보급되어 대토지소유에 따른 소작제도와 상업용 농업이 발달하였으며, 농업에서 분화된 사영수공업(私營手工業)이 증가함과 동시에, 공장제수공업 형태의 경영도 나타났다.

그와 더불어 상업의 발달은 한층 더 현저한 발달을 보여주었다. 보부상과 육의전의 길드(guild)적 경합이 이루어지기에 이르렀고 상업 발달에 수반하여 육의전의 특권은 유지될 수 없게 되었다. 지방에서 시작된 장시(場市: 5일마다 열림.)는 농업생산력의 진전에 힘입어 전국적인 규모로 향시망(鄕市網)을 형성했음은 물론, 화폐유통과 공인자본(貢人資本) 및 객주제도가 발달하였다.

이러한 변화는 대동법의 시행으로 농·상·공업의 발달을 가져오는 계기가 되었다. 대동법의 시행은 쌀이 귀한 산촌 지역에서 대동미 대신에 전문(錢文)으로 수납할 수 있도록 했으므로, 화폐의 유통을 촉진하게 되었을 뿐만 아니라, 상품유통이 활발하게 이루어짐에 따라 유통수단으로서의 화폐의 수요가 증가하여 결국 주화가 계속해서 유통되기에 이르렀다.[36]

그리고 행상(行商)으로서의 보부상단(褓負商團)이 형성된 것은 조선 초기였으나, 그 전성기는 조선 후기에 이르러서였다. 전국적으로 장시망이 형성되어 보부상의 활동 무대가 훨씬 넓어졌기 때문이다. 보상(褓商)은 보상만이 취급하는 정교하고 고가의 상품을 취급하였고, 부상(負商)은 부상만이 취급하는 상품들이 있어서 서로 침해하지 않는 것이 불문율로 되어 있었다. 이러한 관계는 보부상단이 조직됨으로써, 서로 상부상조의 편익을 얻을 수 있었고 행상 중에 불의의 부상을 당하거나 불량자에게 약탈당할 때 단체의 힘으로 방지할 수 있었다. 그리고 도중에 사망하면 보부상단에서 장례까지 맡게 되어 있었으므로, 보부상단은 행상인에게 있어서 필요한 조직으로 인식되었다. 따라서 보부상은 조직적이고 신의를 잘 지켰기 때문에, 비상시의 통신수단으로 활용되기도 했다.[37]

조선 시대의 향시(鄕市)로서는 장시(場市)와 영시(슈市)가 있었다. 영시는 한약재를 거래했기 때문에, 약령시(藥슈市)라고도 하였다. 장시와 약령시는 정기시(定期市)에 속하는 것이다. 장시는 매주 1~2회 열리는 서양의 주시(週市; vochemarkt)와 같고 약령시는 일 년에 1~2회 열리는 연시(年市)에 해당하며 수주간(數週間) 열리는 서양의 대시(大市; Messe)와 유사하다. 장시는 조선 후기에 이르러 전국적으로 개시되었고 장시망(場市網)을 형성하였다. 17세기 이후 농업과 수공업의 발달과 대동법의 시행으로 상품유통이 활발해졌으므로 장시는 전국적으로 보급되었다. 그래서 19세기 초에는

---

36) 김병하, 『한국경제경영사상사』(계명대학교 출판부, 1989), PP. 63~84
37) 김병하, 「보부상에 관한 고찰」(중앙대학교, 『경제학 논집』 제3권 제1호 참조.

전국 8도의 327개 군·현에 1,062개의 장시가 개설되었다고 한다. 장시는 5일마다 열리는 5일장이 가장 많았으며, 보부상이 장시를 편력하는데 편리하게 되어 있었다. 대체로 주민의 편의를 도모하여 장시는 1일 왕복이 가능한 지역에 개설되었다. 어느 지역의 장시가 1일·6일에 열리며, 그 이웃의 장시는 2일·7일에 열리고 다음 이웃 장시는 3일·8일에 열리며 그다음 이웃 지역은 4일·9일에 열리도록 하여 지역적 특성이 있는 장시 경제권 간의 상품유통이 편리한 점이 있었다.[38]

대동법이 시행된 이후, 정부의 필요한 물자를 조달하고 대동미를 받는 공인(貢人)은 어용상인이기는 하지만, 과거의 방납자(防納者)[39]와는 다른 순수한 상인으로서의 사상(私商)이었다. 그들은 지방의 도매상인 객주(客主)·독립수공업자들과 거래했기 때문에, 상업자본가로 성장할 수 있었다.

그리고 영조 38년(AD1762)에 육의전의 특권인 금란전권(禁亂廛權)[40]이 폐지됨으로써, 상업 활동의 자유화가 촉진되었으며, 결국 이현(梨峴: 阿峴市場)·칠패(中央市場)·종루(종로 일대) 등의 자유시장이 생겨났다. 이들 자유시장이 형성됨에 따라 공인(貢人) 이외에도 도고(都賈)라는 도매상이 나타났고, 지방의 도매상 객주(客主)를 비롯하여 여각(旅閣)·거간(居間) 등이 등장하여 상업자본이 형성되는 실마리가 되었다. 공인은 전통적 재정정책에서 발생한 일종의 특권 상인이었다. 결국 공인의 대두는 상업과 민간수공업을 발달시키고 상품화폐 경제의 성장을 촉진하는 계기로 작용하였다.

조선의 전통적 상업은 개인이 경영하는 것과 2인 이상의 공동출자로 동업하는 유형이 있었다. 공동출자의 형태로 이루어지는 것은 동사(同事)와 계(契)가 있다. 전자는 2인 이상이 공동으로 경영하는 방식인데 자본을 공동으로 소유하는 것이 일반적이지만, 어느 한쪽이 자본을 댄 물주(物主)이고 다른 한쪽은 노력을 제공하는 차인동사(差人同事)도 있었다.

---

38) 『만기요람』, 재용편 ; 황명수 외, 『한국의 시장상업사』(신세계백화점출판부, 1992), PP. 75~77.
39) 방납자(防納者: 防納人)란 조선 시대 지방에서 중앙으로 공물(貢物)을 대신 바치는 일을 맡아보던 사람을 일컫는다. 공물은 부과하여 백성들이 공납하던 토산물(土産物)을 말하는데, 토산(土産)이 아닌 공물이나 농가에서는 만들기 어려운 가공품 등을 공납해야 할 때 현물을 사서라도 바쳐야 했다. 이를 기회로 중간에서 이득을 취하는 상인(商人)이나 하급 관리들이 등장하였다. 이들은 자기들의 이익을 위하여 불법적인 수단으로 농민의 상납(上納)을 막기까지 하였으므로 방납이라는 명칭이 생겨났다. 국가에서는 경주인(京主人) 등으로 하여금 필요한 물품을 대신 바치게 하고 그 대가(代價)를 지방민에게 갑절로 받게 하였으므로, 수요자와 방납자는 서로 결탁하여 지방의 납공자(納貢者)들을 괴롭혔다. 임진왜란 이후 토지의 황폐 등으로 조세가 감소하여 국가재정이 곤란해지자, 그 보충을 목적으로 대동법을 시행하게 되었다.
40) 금난전권(禁難廛權)이란 일종의 도고권(都賈權)이다. 이는 국역(國役)을 부담하는 육의전을 비롯한 시전(市廛)이 한양 도성 안과 성저십리(城底十里 : 도성 아래 10리까지) 이내의 지역에서 난전(亂廛)의 활동을 규제하고, 특정 상품에 대한 전매 특권을 지킬 수 있도록 조정으로부터 부여받았던 상업상의 특권을 일컫는다.

그뿐만 아니라, 조선 후기에 이르러서는 전통적 협동조직인 계가 널리 보급되었으므로, 계를 이용한 상거래 활동이 활발하게 이루어지기도 했다. 특히 오늘날의 회사와 유사한 조직으로 고본계(股本契)도 있었다. 여기서 고본(股本)이란 오늘날의 주식과 같은 개념이며, 출자금에 비례하여 이익을 배당받는 것이다. 근대화 이후 서양 문물이 들어오면서 도입된 주식회사를 처음에는 고본회사(股本會社)라고 부르고 주권(株券)도 고권(股券)이라고 했던 적이 있다고 한다.41)

② 수공업의 발달

조선의 수공업은 견직(絹織)·마직(麻織)·저직(苧織)이 주류를 이루고 있었으나, 목면에 배가 보급되면서 면직(綿織)이 대종을 이루게 되었다. 면직물이 일반 서민의 의류로서뿐만 아니라, 군수(軍需)와 대외무역에서 중요한 품목으로 주목받았기 때문이다. 조정에서도 목면의 생산을 장려하고 납세에도 미두(米豆) 대신에 면포(綿布)를 거두는 사례가 많아졌다.

그 당시에는 전문적인 수공업 제품을 관청에 소속된 공장(工匠)들이 주도하는 관영수공업 체제하에 있었으므로, 이들은 소속 관청에서 필요로 하는 각종 수공업 제품을 제작·납품했다. 이들 관장(官匠)은 대부분 공노비(公奴婢)였고 그 수는 많지 않았다고 한다. 그들은 자신의 책임량을 초과한 생산품에 대해서는 일정한 공장세(工匠稅)를 내면 판매할 수 있었고, 관역(官役)에 동원되는 기간 이외에는 사영(私營)을 위한 여유가 주어졌으므로, 점차 사영수공업(私營手工業)으로 발전할 수 있는 근간이 되었다. 그들은 사치품을 만들어 양반들에게 팔았을 뿐만 아니라, 농기구 등을 제작하여 농민들에게 공급하는 등, 주문생산체제가 갖춰지기 시작했다.

원래 관영수공업은 공장안(工匠案)으로 공장(工匠)을 파악하고 이들의 노동력을 무상으로 징발하는 부역제로 운영했다. 이들은 의류·활자·화약·무기·그릇·문방구 등을 제조·납품하였다. 그러나 부역제의 전반적인 해이로 인하여 18세기 말에 조정에서 공장안을 폐지했으므로, 공장(工匠)들은 자연히 독립된 사영수공업자로 전환할 수 있었다. 이들은 공인이나 상인의 주문을 받아 영업하는 장인으로서 자리를 잡았고 일용물품을 만들어 시장에 공급하기도 했다.

특히, 민간의 수요가 늘어난 유기(鍮器)·자기(磁器)·모시(苧)와 같은 수공업 제품이 공급되었으며, 솥(釜)을 만드는 수철장(水鐵匠)이나 유기장(鍮器匠)의 경우는 경영주가 임금노동자를 고용하여 분업적 협업에 의한 작업장 경영을 하였다고 한다. 농민들도 부업으로 수공업을 겸영하여 면직(綿織)·견직(絹織)·저직(苧織)·마직(麻織)

---

41) 황명수 외, 『한국의 시장상업사』(신세계백화점출판부, 1992), PP. 97~98.

등의 직물을 중심으로 성장하였다.

　이러한 수공업의 발달은 그 원료의 생산을 촉진해 광업 발전의 계기가 되었다. 금·은·동·철 등의 수요가 증가하고 유통경제가 발달했다. 그 후 광산경영에 물주(物主)가 시설과 자금을 투자하고 광산개발에 경험 있는 혈주(穴主)나 덕대(德大)42)로 하여금 광산을 경영하게 하였다. 그들은 직접 광물을 채취하는 광부를 모집함으로써, 임금노동에 의한 사업 형태가 새롭게 나타났다.43)

(2) 화폐의 유통

　조선의 상공업 발달은 상품 가치의 측정척도가 되는 화폐의 제도화를 가져오게 하였고 화폐경제를 촉진하는 근간이 되었다. 화폐제도는 상공업이 발달할 수 있는 기반이 확립되고 상거래 활동을 통한 서민경제의 안정화를 가져오게 하였다. 그뿐만 아니라, 화폐제도가 상업자본을 형성시키는 촉매작용을 했다.

　원래 조선의 화폐제도는 초기(太宗元年: AD1401)에 저화(楮貨: 일종의 紙幣)를 발행하여 쌀 1말(斗)에 한 장, 마포 1필(匹)에 20장의 비율로 통용케 했으나 국민의 태환보증(兌換保證)에 대한 신뢰가 박약했을 뿐만 아니라, 오랫동안 내려온 포화(布貨)에 관한 관심이 컸으므로 널리 유통되지 못했다.

　조선 후기에 이르러 상거래 활동이 활기를 띠게 되면서 금속화폐가 요구되었고, 숙종 4년(AD1678)에 상평통보를 주조한 이래 많은 화폐가 발행되어 18세기 이후에는 상품화폐가 전국적으로 유통되기에 이르렀다.44) 화폐경제는 조선 후기의 생산양식에 변화를 가져다주었으며, 대동법 시행 이후에 장시(場市)의 발달에 의한 상거래가 활기를 띠기 시작하면서 종래의 물물교환은 화폐를 매개로 하는 거래체제로 점차 탈바꿈하였다.

　화폐의 전국적인 유통으로 인한 조세의 금납화가 자리매김하게 되었고, 화폐경제에 대한 백성들의 의식구조에도 차차 변화가 일어나기 시작하였다. 화폐경제로 전환하는 환경변화가 나타났다. 조선시대의 화폐 발행 상황은 다음 면의 <표 4-2>와 같다.

---

42) 혈주(穴主)·덕대(德大)는 조선 후기 사금광(砂金鑛)의 경영자를 일컫는다. 민간의 광산경영을 규제해 왔던 조선왕조는 18세기 말에서 19세기 전반기에 걸쳐 민간자본에 의한 광산경영을 허가하였는데, 사금광에서는 순조 6년(AD1806)에 광산의 민간 경영이 허가되었다. 덕대는 이 시기 이후 이른바 물주제(物主制)에 따라 운영되던 사금광의 경영자를 말하며, 덕대로 대표되는 이 시기의 광산경영 형태를 덕대제(德大制)라 한다. 한편, 같은 시기에 은동광(銀銅鑛)을 경영했던 이들을 일컬어 혈주(穴主)라고 했다.
43) 김경태 외, 전게서, PP. 218~219.
44) 조좌호, 전게서, PP. 260~261 ; 김경태 외, 『한국문화사』(서울, 이화여자대학교 출판부, 1994), P. 218

<표 4-2> 조선시대의 화폐 발행 내역

화폐 명	鑄造된 時期	年代	비고
朝鮮通寶	태조 3년	AD1,394	추정품
朝鮮通寶	정종 원년	AD1,399	추정품
楮貨	태종 원년	AD1,401	
朝鮮通寶	태종 15년	AD1,415	
朝鮮通寶	세종 5년	AD1,423	
箭幣(八方通寶:柳葉箭)	세조 9년	AD1,464	
東國通寶	인조 3년	AD1,625	
十錢通寶	인조 3년	AD1,625년	추정품
朝鮮通寶 (八分體)	인조 11년	AD1,633	
常平通寶	인조 11년	AD1,633	
常平通寶 (訓字錢)	효종 2년~6년	AD1,651~1,655	
楮幣	현종 8년	AD1,667	
常平通寶 (各背字錢)	숙종 4년~21년	AD1,678~1,695	
常平通寶	경종 4년	AD1,724	
常平通寶	영조 3년~33년	AD1,727~1,757	
常平通寶	정조 19년	AD1,795	
常平通寶	순조 6년	AD1,806	
常平通寶	순조 34년	AD1,834	
常平通寶	헌종 2년	AD1,836	
常平通寶	철종 2년	AD1,852	
常平通寶	고종 3년~20년	AD1,866~1,883	當百錢
建陽通寶(建陽重寶)	고종 23년	AD1,886	別錢
錢幣	순종(隆熙)원년~4년	AD1,907~1,910	靑銅貨·金貨·銀貨·白銅貨
紙幣	순종 (隆熙) 3년	AD1,909	최초 한국은행(發券制) 설립

<자료 : 유자후, 『조선 화폐고』(서울, 이문사, 1974), P. 11~13; & PP. 1103~818>

3) 산학의 발달

(1) 산학과 산사(算士) 제도

① 조선의 산학

고대사회에서부터 비롯된 우리나라의 산학(算學)은 국학의 범주에 속하는 독립된 교육과목의 하나였다. 고대와 중세시대를 거쳐 끊임없이 이어져 온 산학은 근세 조선 시대에 이르러 상당히 진전된 위상을 정립하였다.

세종대왕은 산학의 필요성을 인식하고 부제학 정인지(鄭麟趾)로부터 『산학계몽(算學啓蒙: 원나라 朱世傑 지음, AD1299)』을 직접 수강했다고 한다.45) 그리고 세종 15년 (AD1433)에 간행된 『양휘산법(楊輝算法: AD1262)』은 위의 『산학계몽』・『상명산법(詳明算法: AD1337)』과 함께 조선시대의 법령집인 『경국대전』 속에 산사(算士) 채용시험 문제를 출제하는 책으로 명시되어 있다.

조선 후기에 서양 수학서가 전해져 천문관측이나 지도 제작 등에 이용되었다. 그 대표적인 것으로는 그리스의 유클리드 수학서를 중국에 와있던 마테오리치(Matteo Ricci : AD1552~1610)46) 신부가 중국어로 번역하여 「기하원본(幾何原本)」으로 AD1602년에 출간하여 동양 수학 발전에 큰 영향을 주었다. 이것이 조선 실학 부흥기에 조선에 소개되어 조선 산학 발전의 귀감이 되었다. 이러한 서양 산학의 영향으로 조선의 실학기(實學期) 이후에는 많은 산학자가 배출되었고 다수의 산서(算書)가 출간되었다. 이 시기에는 직업적인 산사들이 주로 다루었던 내용이 학문적 체계를 갖춘 산학(수학)으로 다듬어지기 시작했다. 영의정까지 지낸 남병길(南秉吉: AD1820~1869)은 『산학정의(算學定義)』를 비롯한 10여 권의 천문(曆法)・산학에 관한 저서를 남겼다.

조선 시대에는 산학교육이 일반에게는 보급되지 않았으므로, 독특한 직업적 산사(算士) 집단이 형성되어 있었다. 이들은 거의 세습화되어 있었고 혼인도 이들 집안끼리 하게 되어 있었다고 한다. 이들의 신분이 양반과 상민(常民)의 중간에 있다고 하여 중인(中人)이라 불리었다. 그러나 지방의 하급 관리인 아전(衙前)과 서리(胥吏) 등과는 엄연히 다른 고급의 전문지식을 갖춘 교양인들이었으며, 양반 지식층과의 교류도 빈번하게 이루어졌다는 것이 특징이다.

② 조선의 산사 제도

조선 시대에는 산학 교육을 받은 자가 관계에 진출할 수 있는 길은 국가에서 시행하는 과거(科擧: 算士考試)에 합격하는 것이었다. 산관(算官)이 그것이다. 산관은 국가 재정을 담당하는 일종의 국가공무원을 의미한다. 산사 고시에 합격한 자가 산관으로

---

45) 『세종실록』(세종 12년 10월 23일) ; 김용운・김용국, 『수학사의 이해』(도서출판 우성, 1997), P. 76.
46) 마테오리치(Matteo Ricci)는 AD1552년에 이탈리아 귀족의 아들로 태어나 신부 수업을 받아 AD1582년에 마카오에 선교사로 부임하여 중국에 복음을 전파하면서 서양 문화를 소개한 예수회 신부이다. 중국 이름은 이마두(利瑪竇)이다. 그는 천주교리 뿐만 아니라, 천문・지리・역학・산학 등에 조예가 깊었고, 중국인 서광계(徐光啓: AD1562~1633)・이지조(李之藻: AD1562~1629)의 도움을 받아 유크리드 수학서를 중국어로 번역・출간하였고 천주실의(天主實義)・곤여만국전도 등의 저서를 남겼다. AD1610년에 운명했다. 베이징에 그의 묘비가 있다. 중국에 다녀온 실학자 홍대용(洪大容)에 의해 그의 저서가 조선에 소개되었다.

채용되면, 그들은 호조 산하의 관부회계를 다루는 관직에 나갈 수 있었다. 산관의 직무는 주로 전세부과(田稅賦課)를 위한 양전(量田: 農地測量)과 국가의 전곡(錢穀) 관리, 그리고 왕실의 출납 및 회계기록이었다. 이들은 지방재정을 관장하는 전문가로서 해야 할 역할도 담당하였다. 더욱이 이들은 국고회계는 물론, 지방재정의 출납 사실 감사도 관여하여 관부회계에서는 필수 불가결한 존재였다.

산사 고시에 응시할 수 있는 자격은 양반의 서자 출신인 중인(中人)에게만 주어졌다. 산사 고시에 응시하려면, 산학(算學)에 능통하지 않으면 안 되었다. 단순한 산술에서부터 고급수학에 이르기까지 골고루 지식을 갖추어야 했다. 조세제도와 양 전에 대한 해박한 지식도 필요했다. 산사 고시에 합격하면, 산원(算員: 算官: 計吏)으로 임명되어 호조 산하의 관원이 되었다. 신분이 양반과는 달라서 산원의 직급별 승진은 할 수 있어도 사대부가 맡는 관직에는 출사(出仕)할 수 없었다. 그들은 산사의 집단을 결성하여 그들끼리의 영역을 형성하였다. <표 4-3> 참조.

<표 4-3> 조선시대 산사(算士) 합격자의 가족 배경

연대	성 명	본인 직위	부직위	조부직위	증조부직위	외조부직위	장인직위
선조12년 (1579)	崔彦龍	算學別提	算學別提 濟用主簿	宣務部	僉正		武科司果
	鄭麟瑞	算學訓導	中部參奉				
	康有慶	算學教授	可饔參奉	武科司果		司直	
	文大春	教授壽職 同樞	可僕主簿		武科		中部參奉
선조15년 (1582)	崔孝誠	算學教授	算學別提	禮賓主簿	司直		
	李海蚓	算學別提	計 士	武科司果	司果		
	崔 汁	別提 武賓主簿	副護軍	副護軍		護軍	護軍
고종4년 (1867)	李建鎬	計 士	算學別提	算學教授	算學別提	算學取才	算學教授
	洪泰信	計 士	算學別提	算學教授	算學教授		計 士
	崔吉源	計 士	算學別提	算學別提	算學訓導	算學別提	計 士
	金在準	計 士	算學訓導	計 士	算學取材	算學教授	算學訓導
고종5년 (1868)	李濟晩	計 士	計 士	算學別提	算學別提	算學別提	算學別提
	洪祐錫	計 士	計 士	醫直長	算學教授	計 士	算學訓導
	李容琳	計 士	計 士	計 士	醫生徒	算學訓導	計 士
고종6년 (1869)	李吉相	計 士	算學訓導	計 士	計 士	算學教授	算學別提
	李慶相	計 士	算學訓導	算學別提	計 士	算學取材	算學訓導
	金玄圭	計 士	算學別提	算學別提	算學教授	算學訓導	計 士
	李漢相	計 士	計 士	算學別提	計 士	計 士	

<자료 : 金容雲·金容局, 『數學史의 理解』(도서출판 우성, 1997), P. 84>(저자가 선별정리)

조선시대의 산사 집단은 서자(庶子) 출신의 중인들에 의하여 이루어졌다. 그렇지만 산학에 관한 독점적인 세습화는 후계자들에게 자부심을 심어주어 스스로 산학 연구에 전념토록 하는 분위기가 조성되어 있었던 것도 사실이다. 예컨대, 『구일집』의 저자인 홍정하는 조상 대대로 직업적인 산사였으며, 외조부뿐만 아니라, 장인까지도 직업적 산사였다는 사실에 주목할 필요가 있다.[47] 이러한 사실에서 산사들은 가문을 중심으로 산사 집단이 형성되어 있었으며, 가세 (家勢)를 이루는 기본이 되었다. 현재 남아서 전해지고 있는 조선시대의 공인된 산사의 명단을 보더라도 이들은 모두 산사 집단의 가족적 배경에서 비롯되었다는 것을 알 수 있다. 조선 말기까지 배출된 산사 고시 합격자명단에는 무려 1,620에 달하는 산사들이 등재되어 있다.[48]

4) 신용거래와 차인(差人)경영

조선 후기에 이르러 화폐경제가 보편화되고 점차 상업이 발전하게 되면서부터는 농업경영의 구조도 상품농업의 형태를 띠게 되어 신용거래라는 모습으로 탈바꿈하였다. 신용거래란 상품이나 금전거래가 즉석에서 완결됨이 없이 미결상태로 남아있다가 결제되는 경우를 일컫는다.

화폐경제의 보급을 통한 금전적 대여를 한다거나, 특정인의 인격만을 믿고 상품을 외상으로 매출할 때는 진정한 의미의 신용거래로 보아 채권·채무의 관계가 성립하게 된다. 이러한 채권·채무의 관계가 성립하는 신용거래가 불특정 다수인으로 다양하게 증가하게 되면, 인간의 기억한계를 넘어서므로, 비망적 기록문서를 갖추게 된다. 이것이 채권·채무의 거래관계에서 비롯된 장부 기록의 시발점이었다고 할 수 있다.

조선왕조는 농본주의 국가였기 때문에, 당시의 지배층에는 상업을 억제해야 한다는 생각이 통념으로 되어 있었다. 그래서 상업은 억제의 대상이었다. 사농공상(士農工商)이 의미하는 바와 같이, 상업은 말업(末業)에 속하는 직업이었고, 상인은 천대를 받았다. 그 때문에, 상업의 발달은 저해될 수밖에 없었다. 그런데도 조선 후기에 이르러서는 대동법의 시행으로 상인의 상거래 활동은 활기를 띨 수 있었다.

이 무렵부터 상인자본이 형성되기에 이르렀고, 신용거래를 기본으로 하는 상업이 본격적으로 전개되기 시작하였다. 조선시대의 상인들은 농민 출신이 대부분이어서 신용으로 상거래를 했으나, 선비 출신인 송상은 글을 쓰고 셈을 할 줄 알았으므로, 거래의 내역을 기록·계산함으로써, 정확한 상행위의 기본원칙을 구사하였다. 그러므로 송

---

47) 김용운·김용국, 전게서, PP. 76~88, passim.
48) 徐榮輔·沈象奎 外, 『萬機要覽』(1808) 참조. & 이성무·최진옥·김희복 편, 『조선시대 잡과합격자 총람』(1990), PP. 15~19. & 조익순, 『내가 만들어 본 瑤池鏡』(미수수상문집, 2011), P. 118.

산들 사이에는 화폐 대신에 어음을 통한 신용거래의 제도화가 이루어졌다. 어음이 유통되기 시작하면서 언제, 누구에게 얼마를 주고받아야 하는지를 확실하게 하였다. 그들은 주고받을 신용거래의 내역을 기록하고 얼마에 거래가 이루어졌으며 이익이 얼마인지를 확인하기 위하여 독특한 기장 방법을 고안하였다. 오늘날 전해지고 있는 사개송도치부법은 이러한 사회환경의 소산이었음을 확인하게 된다.

따라서 신용경제는 결국 외상 매매의 제도적 발전을 가져왔다. 신용에 바탕을 둔 외상거래가 언제부터 비롯되었는지는 확실하지 않지만, 그것이 우리 사회에 뿌리내리고 보편적인 상행위로 인식되기까지는 상당한 시간이 필요했다. 고대사회에서 중세시대를 거쳐 근세 사회로 이어지는 과정에서 신용경제의 행태는 위·수탁 관계에 의한 상품매매를 형성시키는 바탕이 되었다. 개인적인 외상거래로 나타나는 채권·채무에 대한 기억을 보존하기 위해 기록계산이 필요했던 것처럼, 위·수탁 관계의 대리인 사업의 경우도 책임 이행을 위한 결산보고가 필요했다. 문헌에 보면, 위탁과 수탁에 의한 대리인 사업은 조선 후기에 들어와 개성상인에 의해 활성화되었다고 한다. 그중에는 자기자본으로 자영(自營)하는 예도 있었지만, 부상대고(富商大賈)로부터 자본을 차입하거나 자본주의 차인으로서 지방에 파견되어 영업활동을 하는 자들이 출현하였다. 그들은 연말이 되면 상경하여 자본주에게 지난 한 해 동안의 영업 결과를 보고했다. 이는 송상의 목적에 따라 각 지방의 송방에 파견되어 있던 차인(差人)49)들이 영업 결과를 결산·보고함과 동시에, 새해의 영업을 준비하는 연례 행사였다.50)

이러한 신용거래와 위임(委任)을 통한 상업 활동을 전개한 개성상인은 양반의 신분과 벼슬을 버리고 상인의 길을 택했기 때문에, 나름대로 새로운 경영기법을 모색할 수밖에 없었다. 그것은 현실에 맞는 합리적인 영업방침을 세워 사업을 관리하는 것이었다. 그들은 상거래의 내역을 합리적인 기장 방법으로 상세히 기록·계산하게 되면서부터 상거래의 분석이 가능해지고 손익확인이 쉽게 되었음은 물론, 위탁경영과 사업성과를 파악할 수 있게 되었다. 그들은 전국 어디에서나 신용거래를 가능하게 하였고, 모든 상거래를 한눈에 파악할 수 있는 관리기법을 마련하여 새로운 사업을 모색하였다.51)

---

49) 차인은 방아(房兒)라고도 일컬어지며, 상업사용인을 의미한다. 오늘날의 전문경영인에 해당한다. 차인은 송상의 대리인으로서 영업상의 중요한 일을 담당·집행하는 고급사용인이다. 차인은 주인의 신용을 얻은 다음, 영업을 대리하는 지배인 입장에서 독립하여 지방 행상이나 송방에 종사하며 자기계산으로 상행위를 하는 것을 보면 독립된 상인이라 할 수 있으나, 주인으로부터 자본이나 물품 조달을 받아 영업에 임하고 주인에게 복종하며 정기적으로 1년에 한 번 자기책임 하에 손익계산을 행하여 주인에게 보고한다는 측면에서는 대리인으로서의 상업사용인이라고 할 수 있다. <朝鮮總督府, 『朝鮮人の商業』(調査資料 第11號, P. 14.>
50) 조익순·정석우, 『사개송도치부법의 발자취』(서울, 박영사, 2006), P. 58 ; 강만길, 『조선 후기 상업자본의 발달』(서울, 고려대학교 출판부, 1973), PP. 124~127.
51) 고승희, 「개성 상인의 경영 사상과 송도 치부법의 논리구조」(『경영사학』 제20집 제1호, 2005), P. 116.

개성상인은 행상 조직을 이용한 전국의 상권을 장악하고, 중국·일본과의 인삼 무역에서 경영관리의 조직 확대를 추구하였다. 그들은 과감히 자본과 경영을 분리하는 방법을 창출하여 위·수탁 경영형식의 전문경영인을 양성·활용하는 경영활동을 전개하였다. 송방(松房)이라는 전국 지점망을 통한 차인경영제도(差人經營制度)의 도입이 그것이다. 즉, 주인은 자본을 대고 사업 운영은 차인, 즉 대리인을 양성하여 전국의 송방들을 관리하고, 또한 중국·일본과의 무역 경영도 주도하도록 하였다. 그들은 견습사환(見習使喚)·사환(使喚)·수사환(首使喚)·서사(書師)·차인(差人)의 5단계를 거쳐 우수한 인재를 발굴하고 양성하였다. 견습사환이나 수사환은 서사를 거쳐 차인이 되면 성실히 책임경영을 하여 실적을 올리고 주인의 인정을 받고자 노력하였다. 전국의 송방에는 점주(店主: 支店長)에 해당하는 차인을 파견하여 지방 물산의 수집과 상품 매매 등, 송방경영에 임하도록 하였다. 따라서 개성상인은 전국각지에 송방을 두어 차인이 경영토록 했기 때문에, 합리적으로 유통망을 관리할 수 있었고 이를 통하여 각종 정보를 수집하고 상품 판매의 전략을 세울 수 있었다. 이처럼 그들은 차인 제도를 확립하여 소유와 경영의 분리에 의한 사업경영을 가능하게 했을 뿐만 아니라, 1년 동안의 경영성과는 회계기록을 통하여 투명하게 회계(연말 결산) 함으로써, 빈틈없는 미래지향적 상업 경영을 전개해나갈 수 있었다.52)

5) 상업자본과 상업자본주의의 태동

(1) 상업자본의 형성

조선의 경제 상황은 전기와 후기로 나누어 설명하는 것이 일반적이다. 조선 전기의 경제구조는 중농주의 정책기조 위에 형성된 것이었다. 따라서 조선 전기의 경우는 상업자본이 형성될 수 있을 만큼의 상공업은 발달하지 못했다. 그러한 경제구조의 모순을 내포한 채 조선 후기의 사회는 경제적인 성장을 지향하고 있었다.

이 시기에는 농업생산력의 향상과 더불어 상업과 수공업의 발달도 병행하여 이루어졌다. 이에 부응하여 지방에서는 사상(私商)으로서의 객주(客主)와 여각(旅閣)이 등장했다. 그 외에도 지역적인 특수성에 수반한 상거래 활동이 활발하게 전개되었다. 예컨대, 송상(開城商人)은 인삼재배와 판매를 통하여, 만상(灣商: 義州商人)은 중국과의 국경무역을 통하여, 경강상인(京江商人)은 한강을 근간으로 하는 상업 활동을 통하여, 그리고 래상(萊商: 東萊商人)은 일본과의 무역 활동을 통하여 각각 상업자본을 축적하

---

52) 상게 논문, PP. 116~117 ; 기영한, 『삼성사 장학』(서울, 도서출판 청년정신, 2004), PP. 55~59.

였다. 그들은 지역적인 상거래 활동의 범위를 더욱 확대해나갔다. 이렇듯 상거래 활동을 통하여 상업자본을 축적한 부상(富商)들은 위에서 언급한 부농(富農)들과 마찬가지로 재력(財力)에 의하여 양반으로 신분 상승하기도 했다. 의주 상인 임상옥(林尙沃)이 그러했다. 또한 경강상인 배동익(裵東益)과 이덕유(李德裕)는 19세기 후반에 상업자본을 축적하여 대규모로 고리 대부업을 경영했다고 한다.53)

조선 전기의 상업자본과 고리 대부자본은 생산자본과 독립된 상태에서 밀착되어 있었다. 상업자본이 일시적으로 고리 대부 자본화하더라도 매점에 유리한 상품이 나타나면 언제든지 상업자본으로 환원될 수 있는 것이다. 조선 후기에 이르러 이러한 전기적 상업자본이 생산자에게 자본을 공급하고 판매경로를 지배하는 선대제도(先貸制度: putting-out system)로 발전하였다. 이 무렵 주전(鑄錢)·유기(鍮器)·도자기 생산과 직물업 등에 있어서 부분적으로 공장제수공업(manufacture)이 형성되었다. 19세기 후반까지만 하더라도 상업자본은 산업자본의 순환과정에서 독립된 형태로 산업자본의 지배를 받는 단계에까지는 도달하지 못한 상태에서 생산자본을 지배했다. 근세조선 후기에 있어서 상업자본이 소규모 생산자인 수공업자를 지배했던 경우는 많다. 그뿐만 아니라, 사상(私商)도 수공업자의 물주가 되어 원재료를 공급하고 제품이 생산되면, 그 판매권까지도 독점하였다.54)

특히 사상(私商)으로서의 송상(開城商人)은 인삼과 은(銀)을 주요품목으로 하는 일본·중국과의 중개무역을 함으로써, 많은 이익을 얻었다. 그 과정에서 축적된 상업자본은 다시 삼포재배(蔘圃栽培)와 포삼(圃蔘: 紅蔘) 제조에도 재투자되었다. 개성 인삼은 자연산으로 충당하기에는 수요보다 너무 부족함을 느끼고, 17세기 이후에는 삼포에 투자하여 인삼수요에 충당할 수 있었다. 그래서 삼포(人蔘栽培農場)가 필요했으며, 종묘(種苗)·삼포시설과 관리는 물론, 홍삼 제조를 위한 시설투자가 이루어졌다. 투자재원은 송상이 출연하였고, 재배와 증포(蒸包)의 후보지로는 개성이 최적이었다. 생산된 포삼(圃蔘)은 송상의 주도하에 중국·일본에 수출되었다. 조선 시대에 개성이 삼포재배와 홍삼의 가공중심지가 되었던 것은 토양과 기후가 인삼재배의 최적지였고 송상들의 지혜로운 상술이 작용했던 때문이다. 송상들은 상품의 매매뿐 아니라, 인삼의 재배와 가공을 통한 상품화에 과감히 투자함으로써, 인삼 무역과 도고상업(都賈商業)의 주도권을 쥐고 상업자본을 축적할 수 있었다. 이러한 사실로 미루어 볼 때, 복식부기가 생성하는데 필수 불가결한 자본개념은 18세기 후반에 송상이 상업자본을 축적하는 과정에서 고안되었다고 해도 과언은 아닐 것이다.55)

조선 전기의 수공업은 관영수공업이 중심이었으나, 18세기 말에 공장안(工匠案)이

---

53) 하현강, 전게서, PP. 137~138; 황명수 외, 전게서, PP. 96~97; 최인호, 『상도』(2000) 참조.
54) 황명수 외, 전게서, Pp. 97.
55) 조익순·정석우, 전게서, PP. 57~58.

폐지되면서 장인(匠人)의 신분이 자유화되었다. 그들은 처음에는 주문생산을 주도했으나, 차츰 자본을 모아 시장을 상대로 생산품을 판매하기 시작했으며, 자본을 축적한 후에는 공인(貢人)으로 진출하기도 했다. 이처럼 장인의 신분 자유화가 이루어짐에 따라, 원래의 관영수공업은 근대적 자유수공업으로 전환되었다. 이와 더불어 상업과 수공업의 발달은 화폐경제를 발전시키는 계기가 되었다. 17세기 이후 금속화폐는 전국적으로 유통되었고, 결국, 화폐의 전국적인 유통은 상업자본의 형성을 가져오게 하였으며, 상업자본가를 등장시켰다.56)

조선 후기의 상업 발달은 공인(貢人)의 등장과 깊은 관계가 있다. 대동법의 시행으로 어용 조달 상인인 공인이 등장하였다. 즉, 대동법의 시행은 종래 가호(家戶)에 부과되던 공물(貢物)이라는 토산품 대신 쌀이나 포목 또는 돈(錢文)으로 바치게 하였는데, 정부는 이것을 공인에게 주어 관수품을 조달케 하였다. 따라서 공인(貢人)은 관청에 전속하여 관수품을 조달하는 경우와 공인조합을 결성하여 물품 조달을 수행하는 공계인(貢契人)이 있었다. 이들은 물품을 구입하고 조달하는데 특권을 행사할 수 있었기 때문에, 공인자본을 축적하기가 쉬웠다. 이들은 공물값을 시가(市價) 보다 올려 받았고, 물품을 사들일 때는 생산자로부터 정가(定價)로 유리하게 구입할 수 있었으므로 많은 이윤을 남길 수 있었다. 정부가 공인에게 지급하는 공물값은 그해의 풍작 여부에 따라 일정하지 않았으나, 순조 7년(AD1807)의 곡물값이 32만 7천여 섬(石)에 달했음을 고려하더라도 공인자본의 규모가 어느 정도였는지를 알 수 있으며, 이것이 당시의 상품유통을 활성화하는데 크게 이바지했다.57) 이처럼 공인들은 정부의 어용상인으로서 국가로부터 자금을 융통해서 영업하는 예도 있었지만, 자기자본을 가지고 특정 상품을 매입하여 관납(官納)한 후 대가를 받았으므로, 점차 공인에 의한 상업자본이 성장하게 되었다.

상업이 발달함에 따라 수도 한성(서울)의 상가 모습도 점차 변화되어갔다. 정조 15년(AD1791)의 신해통공(辛亥通共)으로 금난전권(禁難廛權)이 폐지되어 난전(亂廛)이 성행하게 되었다. 이에 따라 상업적 농업경영의 성장과 공인·도고의 등장으로 상업이 발달하게 되자, 경향 각지에서 사상(私商)들이 활발하게 활동했다. 사상은 공상(公商)의 반대개념으로 노점을 경영하는 좌고(坐賈)에서부터 객주·도고(都賈)·선상(船商) 등, 여러 계층의 상인이 포함된다. 이들은 어용적 시전상인들과 끊임없이 대응하면서 상권을 확대하고 상업자본을 축적하였다. 그들이 모여 형성한 상가로서 이현(梨峴)·종루(鐘樓)·칠패(七牌) 등이 번성하였다. 국내의 모든 상품은 물론, 청국·일본 등지에서 들어온 외래품도 거래되었다고 한다.58)

대동법의 시행 이후는 조세의 납부도 쌀 대신 돈으로 내게 되어 상업은 화폐의 유

---

56) 상게서, PP. 238~239 ; 조좌호, 전게서, PP. 260~262.
57) 김옥근, 『조선왕조 재정사 연구』 Ⅲ, (서울, 일조각, 1996), PP. 41~42.
58) 노용필 외6인, 전게서, PP. 249~252.

통과 더불어 발달에 박차를 가하였다. 숙종 4년(AD1678)의 상평통보 발행 이후 전국적으로 화폐가 유통되기 시작하였다. 전국적인 화폐유통으로 각종 생산품의 상품화가 촉진되기 시작했으며, 화폐를 매개로 하는 상거래와 세금의 금납화(金納化)는 조선 후기의 상업 발달과 상업자본의 형성에 촉매작용을 했다.

(2) 상업자본주의의 태동

조선 후기의 상업자본가는 분명히 상거래 활동이나 무역 경영을 통하여 치부(致富)한 거상(巨商)들이었다. 그들은 축적된 상업자본을 광산에 투자하는 예도 있었다. 투자 방법은 덕대(德大)에게 자본을 대여하여 덕대로 하여금 임금노동자를 고용하여 광물을 채굴한 다음, 자본주인 상인에게 금·은 등의 광물로 채무를 상환하도록 했다. 광산노동자들은 계약에 따라 고용된 노동자들로서 그들에게 지급되는 임금은 화폐가 이용되었다. 하나의 광산이 개발되면, 수많은 노동자가 몰려들어 광산촌을 이루었고, 장시(場市)가 형성되어 다양한 생필품들이 거래되었다. 그리고 자본을 축적한 상인들은 유기 제조나 도자기 제조업에도 투자하였다. 이 경우에도 자본주가 경영자에게 자금을 투자하면, 경영주가 임금노동자를 채용하여 생산공정에 투입하였다. 그 외에도 상업자본가는 국가로부터 하청을 받아 주전(鑄錢)에 투자하기도 했다. 이처럼 극히 일부이기는 하지만, 자본주가 임금노동자를 고용하여 생산하는 자본주의적 생산양식은 싹트고 있었다.[59]

조기준 교수는 우리나라 상업자본주의의 기원에 관한 견해를 다음과 같이 언급한 바 있다. 첫째로, 조선 후기에 발전한 상업은 18세기 후반에 이르러 도시에서뿐만 아니라, 지방 시장에까지 확대되어 전국적인 규모로 확대되었다. 둘째로, 조선 후기의 상업 발달은 전통적인 특권 상인인 시전을 배제하는 난전의 번성에 의한 것이었다. 이러한 난전 상인 속에서 도가(都家)와 같은 대상인자본가가 출현하였다. 셋째로, 조선 후기에는 합법적이며 양성적인 공인(貢人: 관부에 필요한 물품을 대는 일을 맡아보는 사람)이 등장하여 국민경제 단계로의 발전에 중요한 공헌을 하였으며, 조선조 봉건 경제체제를 해체하는 주동적 역할을 하였다. 넷째로, 수공업 부문에서도 조선 후기에는 관공장제(官工匠制)가 점차 혁파되고 자영수공업이 발달하기 시작하였다. 경공장(京工匠)에서의 예속장인제가 해체되고 사공임용제(私工賃用制)가 실시됨으로써, 수공업자의 독립적 지위를 확보하기에 이르렀다. 다섯째, 신생 상공업자들은 상권확장으로 종래의 특권상업에 타격을 주었으며, 수공업자도 자유롭게 상행위를 할 수 있다는 구조변화를 초래하는 단계에 이르렀다. 그리하여 그들은 자주적 발전을 저지하는 봉건적 특권의 여러 요소를 제거함

---
59) 조좌호, 전게서, PP. 262~263.

으로써, 스스로 경제적 실력을 배양하게 되고, 나아가서는 자유로운 자본축적을 이룩하게 되어 자본주의로 성장하는 초기적 단계로 진입하게 되었다는 것이다.60)

따라서 조선 시대의 원초적 상업자본주의는 조선 후기 경제사회에 상업자본과 임노동 관계의 초기적 성립에서 찾을 수 있을 것이다. 조선 후기의 농경사회에서도 영리를 목적으로 노동자를 고용하여 농업생산을 관리하는 부농(富農)이 등장하였고, 공인과 도고상인에 의한 상인자본이 축적되어 수공업 경영에 투자하는 경우가 나타났다. 그뿐만 아니라, 광공업에도 덕대(德大)에 의한 임금노동자를 고용함으로써, 노동자의 분업과 협업에 따른 매뉴팩처 경영방식이 활용되었음은 초기 형태의 상업 자본주의적 색채를 나타낸 것이라고 할 수 있다. 더욱이 조선 후기의 인구밀도는 1㎢당 70명 정도로 높은 수준이었다고 한다. 이는 조선왕조가 농본주의 경제사회로서 기술발전을 이룬 성숙한 사회였음을 보여주는 것이다. 높은 인구밀도에 따라 5일마다 열리는 장시(場市)가 18세기 중엽에 1천 개 이상에 달할 정도로 농촌 정기시장의 밀도는 높았다. 따라서 산업자본주의로의 길은 요원하였으나, 상업자본주의에로의 전환을 준비하거나 그 도입을 지원하는 기반은 서서히 축적되고 있었다고 보게 된다. 즉, 상업자본주의의 태동이 시작되었음을 시사(示唆)하는 것이다.61)

3. 조선 시대 치부회계문화의 형성모형

1) 전통적 치부회계문화의 계승

조선 초기의 부기 회계문화는 고려의 그것을 계승하면서 출발하였다. 고려 시대의 관부회계 문화가 조선 건국 이후에도 그대로 답습하는 연장선상에서 이루어졌다는 것이다. 조선조 태조의 즉위 선언문에 의하면, 회계방침을 다음과 같이 천명하고 있다. 즉, 고려조의 전례에 따라 회계 출납은 삼사(三司)의 지휘·감독을 받고 풍저창·광흥창의 예와 같이 사헌부 감찰의 검사를 받도록 한다는 것이다.62) 여기서 삼사(三司)는 고려조의 재정을 관장하던 부서로써 조선 건국 초기에도 그대로 존속했었으나, 태종 원년(AD1401)에 사평부(司平府)로 개칭되었다가 태종 5년(AD1405)에 다시 호조(戶曹)로 개편되었다. 그리고 고려조의 신하였으나, 조선조 개국공신으로 변신한 정도전(鄭道傳)은 그의 저서인 『조선경국전』(朝鮮徑國典)에서 옛 주(周)나라 관부회계 제도의 계승에 대해 언급한 바 있다. 즉, 전곡의 출납은 삼사(三司)에서 관장하되 도평의사사

---
60) 조기준, 『한국 자본주의 성립사론』(서울, 대왕사, 1985), PP. 35~36.
61) http://100.daum.net/encyclopedia/view/177XX61300955#38259524
62) 조선왕조실록((태조실록) 권1, 태조원년 7월(丁未).

(都評議使司)의 명에 따라 시행하고, 그 재고(在庫)는 책임부서에서 기록하여 경비가 얼마인가를 확인하도록 한다는 것이다. 또한 사헌부가 그 직책에 따라 출납과 회계에 관여하여 감찰하도록 되어 있다.63)

조선 전기에는 고려 시대의 상인회계와 사원회계가 전승되어 민간부문의 단식기장제도가 그대로 답습되고 있었다. 조선 전기의 사회경제적 환경이 자본개념을 생성시킬 만큼 성숙하여 있지 않았기 때문에, 여전히 그 전 시대의 단식부기 시스템을 전승받아 사용되었을 것으로 본다. 상업자본이 형성되어 상업 자본주의적 사회경제환경이 조성됨으로써, 이윤을 낳는 자본개념이 출현 되고 그에 따른 부기 회계문화의 진화가 이루어진 것은 조선 후기에 이르러서의 일이다.

2) 회계환경의 변화

조선 시대에 이르러서도 전통적으로 사용되어오던 한 문자가 그대로 전승되어 기록문화의 구심점을 이루고 있었고, 이두문자도 기록 수단으로서 자리를 차지하고 있었다. 특히 부기 회계문화의 경우를 보면, 이두문자에 의한 기장 처리가 이루어지고 있었다. 산학의 구심점은 고대사회에서부터 활용되었다는 『구장산술』의 원리가 고려 시대를 거쳐 조선조에서도 그대로 전승되어 조선의 사회경제 발전에 크게 기여했다.

농본주의 정책의 기조 위에 형성된 서민의 토지 소유는 사유재산제도의 정착을 가져왔다. 화폐의 전국적인 유통과 더불어 신용경제의 발달은 시장거래를 통한 교환경제의 발달을 촉진하는 작용을 했으며, 상업과 수공업을 융성하게 하는 기반이 되었다. 시장경제의 생성과 발달은 결국 부상대고와 같은 도매상인을 등장시켰고, 건전한 상거래문화의 조성과 더불어 상업이 융성할 수 있는 사회경제적 환경이 조성되기에 충분했다. 상업문화의 형성·발달은 건전한 상인사회가 지역적인 특성에 따라 형성되는 결과를 가져왔고, 이때까지 전승되어오던 단식부기 문화에 변화의 바람을 일으켰다. 화폐유통과 신용경제의 기반 위에 형성된 상업문화는 단식부기 제도를 복식 부기적인 기장문화로 진화할 수 있는 환경을 조성시켰다. 송상과 같은 상인집단에 의한 상업자본의 축적은 상업자본주의를 잉태하는 원동력이 되었다. 상업자본의 형성은 복식부기 문화의 생성과 발전을 가져오게 하는 기본적 요소로 작용하기 때문이다.

조선 초기에는 고려 시대의 회계제도를 계승한다고 천명하였으므로, 특히 관부회계문화는 여전히 단식부기 문화의 행태를 벗어나지 못했다. 물론, 상업문화도 조선시대의 전반기는 고려 시대에서 전승된 단식부기 제도에 따른 기장문화가 주류를 이루었다. 조선 전기에도 고려 시대와 마찬가지로 성숙한 단식부기 문화의 수준을 유지했다

---

63) 정도전, 『조선경국전 상(삼봉집)』, 권7,

고는 볼 수 있지만, 부(富)의 증식요건으로서의 자본개념이 형성되어 있지 않았기 때문에, 복식부기 문화의 꽃을 피울 수 있는 단계에는 미달한 상태였다. 그런데 조선 후기는 대동법의 시행을 계기로 하여 새로운 환경이 조성되기 시작하였다.

전세(田稅)의 제도적 개선을 목적으로 시행된 대동법은 조선 후기의 사회경제적 환경에 변화의 바람을 불어넣었다. 우선 공인(貢人)이 등장함으로써, 종래의 방납인(防納人)과는 다른 형태의 상거래 활동이 전개되기 시작하였고, 농경사회의 생산력 증가로 잉여농산물의 집적(集積)과 경영적 부농의 탄생은 물론, 농업에서의 전업화 경향이 심화하고 사회적 분업이 진전되었다. 전국적인 화폐유통으로 상품 화폐경제의 성장이 이루어지게 되었으며, 부상대고(富商大賈)의 등장은 상업자본이 축적되는 계기를 마련하였고 생산 부문에 투자하는 기회를 창출하였다. 수공업 부문에서의 상인자본에 의한 선대제(先貸制)가 출현하였고 선진적인 유기공업에는 매뉴팩처 경영시스템, 그리고 광업 부문에서의 덕대(德大)에 의한 전문경영인의 출현 등은 조선 전기와는 다른 자본주의적 생산 관계의 싹을 전망할 수 있는 다양한 환경변화가 있었음을 감지하게 된다.

특히 위탁(위임)경영시스템을 활용하여 차인경영을 시도함으로써, 대리인과 주인과의 관계를 나타내는 기장(記帳)문화로 진화시킨 개성 상인들의 지혜는 결국 사개송도치부법이라는 복식부기 제도의 창안을 가져오게 하였다. 오래전부터 전승되어오던 단식부기 문화에서 새로운 복식부기 문화로 진화되는 환경변화가 이루어졌음을 의미하는 것이다. 송방이라는 전국의 지점망을 통하여 전개된 차인 제도는 출자자의 지분계산을 전문경영인인 차인이 관리하고 그 책임을 명백하게 하는 책임회계환경이 조성된 사회구조였음을 충분히 인식하게 하는 것이다.

17·8세기의 조선 사회는 농·상·공업 분야의 커다란 변화의 물결이 일고 있었다. 실학사상이 발흥하고 민중 의식이 점진적으로 계몽되면서 다양한 변화가 사회경제적으로 나타난 것이다. 이처럼 조선 후기의 사회경제적 환경변화 속에서 당시의 사회구성원들은 봉건주의 경제의 다양한 사고방식이나 이해관계는 물론, 그들이 원하는 재화의 양과 시대사적 사상의 질적 차이가 진화를 끌어내게 함으로써, 새로운 회계환경의 조성될 수 있는 상업자본의 형성과 상업 자본주의적 새로운 싹을 돋아나게 했던 것으로 보인다.

4. 조선 시대 부기 회계문화의 진화

조선 후기의 사회경제적인 환경변화는 회계문화의 진화를 일으키게 하였다. 이른바 리틀톤 교수의 견해에 근거하여 접근해보면, 조선 후기의 사회경제적 환경은 복식부기의 생성요인 7요소가 완전히 갖춰지기에, 충분한 변화가 이루어졌다는 것이다. 그것은 문자・산술・사유재산・신용・화폐・상업・자본 등의 기본적 요소가 모두 갖춰진 회계환경이었다.

그뿐만 아니라, 이 외에도 위임(委任: 代理人 制度)이라는 복식부기의 생성 요소도 시대 상황에 부응하여 발생한 사실이 확인되었다. 다른 사람의 재산을 제3자가 관리하고 그 책임을 명백히 밝히는 것은 복식부기를 탄생・발전시키는 하나의 중요한 요소가 된다. 고대 로마의 노예경제 시대에 「주인 계정」의 설정으로 책임소재를 명백히 밝히어 대리인과 주인과의 관계를 나타내는 「자본주계정」으로 진화하면서 자본주 부기로 발전했다는 것을 감안하면, 「위임」도 복식부기의 발생과 발전을 가져오게 하는 요소의 하나라고 할 수 있다는 것이다.[64]

고려 시대까지 상행위의 「위임」에 의한 대리인제도가 존재하지 않았다는 사실을 앞 장에서 살펴보았다. 그러나 조선시대의 후기에 실학사상이 대두하고 대동법의 시행으로 인한 사회경제적 환경이 달라진 것이다. 부(富)의 증식을 낳는 자본개념(商業資本)과 상업사용인에 해당하는 차인 제도의 등장으로 부기 회계문화의 생성 8요소가 갖추어졌다는 것은 일련의 회계 문화적 진화가 이루어졌음을 뜻한다. 환언하면, 종래의 단식부기적인 상인회계문화가 조선 후기에 이르러 복식부기 회계문화로 진화되었다는 것이다.

이를테면, 유럽의 중세 지중해 연안을 중심으로 상업이 번성하던 당시에 「주인과 노예와의 관계」를 통하여 상업상의 모든 것을 노예에게 위임함으로써, 노예가 주인으로부터 받은 자본을 「주인 계정」에 기록하여 수탁 책임회계의 기본 모델이 복식부기 탄생의 실마리를 제공했다는 사실(史實)에서 접근할 수 있다. 시기적으로 차이는 있으나, 17・8세기의 조선 사회에서도 부(富: wealth)의 증식을 위한 생산성 있는 자본개념과 상업대리인제도에 의한 위・수탁 책임회계제도가 등장함으로써, 결국은 복식부기로의 진화를 통한 새로운 회계문화의 효시(嚆矢)를 장식할 수 있었던 것으로 보인다. 진일보된 장부에 의한 기장계산이 이뤄졌고, 그것을 담당하는 서사(書士)가 그와 주인과의 관계를 계정형식으로 표현할 수 있는 환경이었음은 분명하다. 이는 위임에 의한 재산관리를 하던 봉건주의 시대의 「청지기」 제도와 유사한 개념으로 보아도 무방할 듯하다.

이 시기에는 종이(韓紙)가 다량으로 생산・공급되는 환경이었으므로, 지필묵(紙筆墨)에 의한 기장 방법과 장부조직체계를 갖출 수 있는 사회환경이었다. 즉, 단식부기적인 기장체계에서 복식 부기적인 기장체계로 진화한 형태의 장부조직을 갖춘 회계문화가 형성되기에 이르렀다는 것이다. 이 무렵에는 전국적으로 화폐유통이 이루어지기

---

64) 片野一郎 訳, 전게서, P. 24; 조익순・정석우, 전게서, PP. 34~35; 고승희, 『재무회계론』, 단대출판부, 1984, PP. 25~26. (일본의 오까모토 교수도 R. de Roover의 학설을 인용하여 「신용・상사회사・위임은 복식부기의 기원에서 존재했던 3요소」라고 언급한 바 있다. <岡本愛次, 「複式簿記法の形成に就いて」, 『經濟論叢』 第48卷 3号, P. 132.>)

시작했기 때문에, 경향 각지의 장시(場市)에서는 상거래가 활발하게 이루어지게 되어 신용거래가 발달하게 되었고, 그 비망기록(備忘記錄)이 필요하게 되었다. 이러한 비망기록을 기장 내용으로 하는 인명계정 형식의 장부 체계가 갖춰지게 되었다. 현존하는 최고(最古)의 사개송도치부법의 기장체계 중 타급장책(他給賬冊)·외상장책(外上賬冊)이 인명계정의 형태를 띠고 있다는 것은 이를 입증한다.

그리고 보부상과 같은 행상인과는 다르게 일정한 장소에 점포를 갖춘 정주상인(定住商人)이 늘어남에 따라 그들은 경쟁에 이기기 위하여 주요 지역에 지점이나 대리점을 설치하여 위탁매매를 하였다. 개성상인에 의한 송방(松房)과 차인 제도의 등장은 이러한 상거래환경의 소산이었다고 할 수 있다. 17·8세기에 이르러 신용거래와 그에 기반을 둔 대체기장(對替記帳)은 점차 확대되었으며, 인명계정 이외에도 상품계정과 같은 물적계정(物的計定)은 물론, 수입이자·경비(經費)와 같은 명목계정(名目計定)에 이르기까지 그 기장 범위가 확대되었다. 기장형식도 좌우 대조 기록형식으로 거래내용이 표기되었다. 이른바 복식 기입의 체계를 갖춘 복식 부기적인 기장형식을 갖추게 되었다는 것이다.

<그림 4-2> 조선 사회 복식부기 문화로의 진화와 그 형성모형

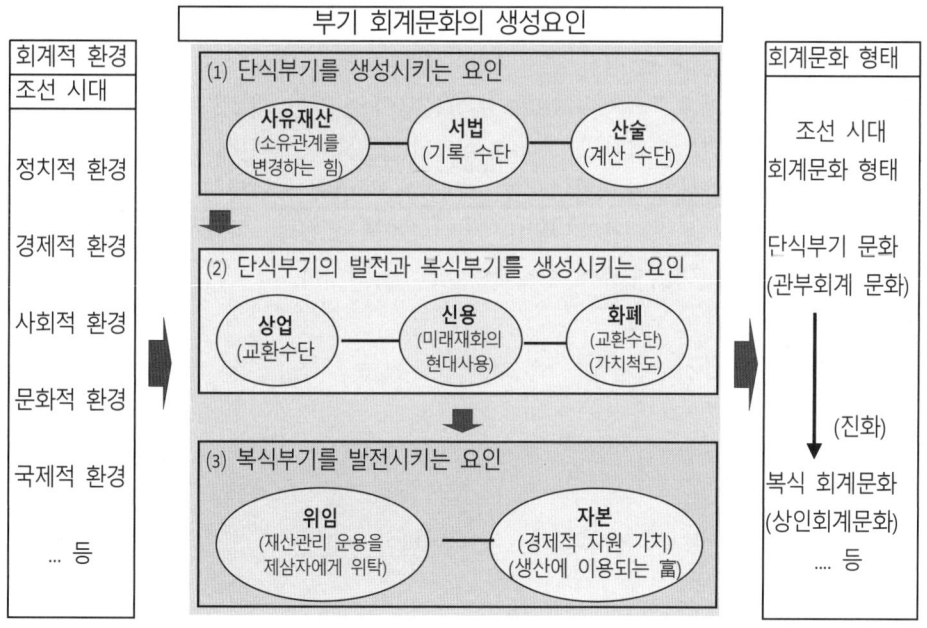

<자료 : 조선시대의 회계환경자료의 분석에 의거 저자작성>

최초에는 단독 계산의 기장체계였으나, 점차 연도결산의 관습적 기록계산을 하는

장부조직으로 진화되어갔던 것이다. 성(成: 日計)·요(要: 月計)·회(會: 歲計)의 기장 절차가 이루어지고 연도결산을 하게 되는 복식 기장시스템으로 발전되었다. 여기서 회계(會計: 歲計)는 1년 동안의 기장계산을 포괄하는 용어이다. 한해 사이에 이뤄진 거래내용은 일계·월계·세계(歲計)의 절차를 거쳐 연말에 종합적으로 최종결산을 하게 되는 것이 회계임을 의미한다. 그러한 복식 기장체계를 갖춘 한국 고유의 부기 회계문화가 비로소 성립되었음을 방증하는 것이다.[65]

상술한 내용을 토대로 조선시대의 단식부기 문화에서 복식부기 문화로 진화하는 과정과 그 형성모형을 종합·정리하면 앞면의 <그림 4-2>와 같다.

③ 조선시대의 관부회계 문화

조선시대의 관부회계 문화는 근본적으로 고려 시대의 제도를 전수하여 이루어졌다(太祖實錄卷二). 그것은 조선왕조의 중앙관부 및 지방 관서에서 행해졌던 회계제도, 즉 전곡(錢穀)과 잡물(雜物)의 출납·치부(置簿)·검찰(檢察)·보고(報告)·해유(解由) 등에 관한 것을 일컫는다. 이러한 조선시대의 관부회계는 왕실 회계와 호조(戶曹)를 중심으로 하는 관부회계로 구분되어있다. 회계문서의 관리는 대부분이 호조(戶曹)의 관할 하에서 이루어졌다. 그러나 그것들은 호조가 위임한 중앙관서의 상평청(常平廳)이나 그 관아의 지방 관서가 수행하였으나, 그 종류와 형태가 다양하여 통일화되어 있지 않았을 뿐만 아니라, 단식부기의 범위를 벗어나지도 못했다. 따라서 이하에서는 조선 관부회계의 일반적인 기장 원리에 한정하여 접근할 것이다.

1. 관부회계의 법적 근거

1) 치부의 기본법전

조선 초기에는 고려 시대의 관부회계 제도를 이어받아 시행한 바 있으나, 태조 이성

---

65) 한국 고유의 복식부기 기원설은 일반적으로 4가지로 언급되고 있다. ① 고려 시대 기원설, ② 조선 시대 기원설, ③ 기독교 전래기원설, ④ 중국 전래설 등이 그것이다. (이정호 외, 『한국 기업 회계제도의 발달과 그 전망』, 서울대학교경영대학 회계학연구센터, CAR Monograph No. 1, PP. 17~18). 이 중에서 본서의 복식부기 생성 요소 및 사회경제적 환경요인을 분석한 결과에 따르면, 조선 시대 기원설이 가장 합리적인 학설이라고 할 수 있다.

계의 강력한 법치 의지에 따라 치부(治簿)의 법적 근거를 갖추게 된다. 그것은 우선 개국공신 정도전(鄭道傳)이 저술하여 태조에게 바친 『조선경국전(朝鮮經國典)』에서부터 비롯된다. 유가(儒家)의 제도인 주례(周禮)를 본받아 저술된 『조선경국전』은 조선의 왕도정치와 민본주의통치 철학을 기본으로 하고 있다. 모두 6전(六典)으로 구성되어 있는데, 그중 호전(戶典)에 출납 회계에 관한 규정이 제시되어 있다.66)

그러나 공식 법전으로는 채택되지 못하였고, 3년 후인 태조 6년(AD1397)에 조준(趙浚)이 책임자로 편찬한 『경제육전(經濟六典)』이 비로소 공식 법전으로서 관부회계의 법적 근거가 마련되었다. 그 후 세종 15년(AD1466)까지 3번 『경제육전 속전』 등이 간행되었다.

세조는 당시까지의 모든 법을 조화시키기 위해 육전상정소(六典詳定所)를 설치하고 통일 법전의 편찬에 착수하였다. 세조 6년(AD1460년)에 먼저 재정경제의 기본이 되는 「호전(戶典)」과 「호전등록(戶典謄錄)」을 완성하였다. 이것이 이른바 『경국대전(經國大典)』이다. 이것은 성종 16년(AD1485)부터 시행되었다. 그것은 성헌(成憲)으로서, 그리고 통치 기본법전으로서, 조선 시대를 규율하게 되었다. 오늘날 온전히 전해오는 『경국대전』은 성종 16년(AD1485)에 간행된 것이 법전으로서 가장 오래된 것이다. 그것은 영조 6년(AD1730)에 이르러 개정작업이 시작되었고 영조 22년(AD1746)에 편찬되었다. 이것이 속대전(續大典)이다.

이들 법전은 「이전」・「호전」・「예전」・「병전」・「형전」・「공전」의 순서로 구성되어 있다. 전(典)마다 필요한 항목으로 분류해 규정되어 있다. 조선 건국 후 90여 년에 걸친 수정작업을 거쳐 명실상부한 관부회계의 법적 근거를 마련하고 훌륭한 법전으로서의 면모를 갖추었다. 6권 3책으로 구성된 이 법전은 그 뒤 수차에 걸친 보완이 있었지만, 기본구조는 조선 말기까지 계속 유지됐다. 이로써, 조선의 국왕을 정점으로 하는 중앙집권적 전제정치의 법적 기초라 할 수 있는 통치 규범의 체계적 성문화(成文化)가 이루어진 것이다.

그중 재정・경제의 기본이 되는 「호전(戶典)」에는 재정경제와 그에 관련되는 사항으로서 30항목으로 구성되어 있다. 즉, 경비(經費)・호적・양전(量田)・조세・녹봉・무농잠실(務農蠶室)・화폐・회계・조세・상업・창고(常平倉)・구휼(救恤) 및 환곡(還穀)・조운(漕運)・어염(漁鹽) 등에 관한 규정을 비롯하여 토지・가옥・노비・우마의 매매는 물론, 채권・채무의 변제와 이자율에 관한 규정 등, 사유재산권의 보호에 관한 규정이 수록되어 있다. 특히 회계(會計)에 관한 규정을 보면, 『내주고 받아들이는 모든 물품의 수량을 수도에서는 네 계절의 마지막 달(季朔)에, 지방에서는 연말(歲季)에 회계하여 임금에게 보고한다고 규정되어 있다. 그리고 『모든 경비는 가로 보는

---
66) 정도전, 『조선경국전』(삼봉집 권 7), 錢穀國用.

장부(橫看)와 공물 대장(貢案)에 의한다는 등의 규정이 설정되어 있다.67) 조선 시대 관부회계의 법적 근거가 여기에 있음을 보게 된다.

2) 관부회계의 담당 부서

조선 시대 관부회계의 주무관청은 호조였다. 호조의 관하에 회계 담당 부서가 설정되어 있었다. 각 관아(官衙)는 호조의 지휘·감독을 받기는 했지만, 국가에서 분급된 토지에서 발생한 수익(錢穀 등)을 원천으로 하여 경비가 충당되는 시스템으로 운영되었다. 따라서 이 시대의 관부회계 제도는 호조를 구심점으로 하는 중앙관서와 각 지방 관아의 전곡과 잡물의 출납 회계·치부(置簿)·검찰·보고·해유(解由) 등에 관한 부서기회(簿書期會)의 운영시스템이었다.

회계의 기본이 되는 횡간(橫看: 歲出帳)과 공안(貢案: 歲入帳)은 해당 관아뿐만 아니라, 상부의 중앙관서에서도 비치하고 있었다. 환언하면, 회계장부는 8도 감영이 관하 주·군·현의 것을, 그리고 중앙관서인 호조에서도 각 도·주·군·현의 것을 각각 비치하고 있었다. 더욱이 회계는 세수(稅收)의 전곡과 잡물의 흐름 과정에서도 이루어졌다. 각 지방 관아에서 징수한 세곡(稅穀)이 한양으로 운송하는 경우가 발생하는데, 이들 세공(稅貢)의 조운(漕運)을 취급하는 각 관아는 정기적으로 상부 관아에 보고함과 동시에, 해유(解由)를 위한 회계장부를 갖추지 않으면 안 되었다.

국가재정을 담당하는 중앙관서 호조를 비롯한 그 관하의 지방 관아에는 관리자와 산원(算員: 算官: 計吏)들이 종사하였다. 특히 회계전문가인 산원은 산사 고시에 합격한 자만이 임명될 수 있었다. 그리고 산원은 조선조의 관부회계 담당자로서 직급에 따라 각각 다른 명칭을 가지고 있었다. 즉, 산학교수·산학별제(算學別提)·산사(算士)·계사(計士)·산학훈도(算學訓導)·회사(會士) 등의 직급별 명칭으로 나누어져 있었다. 산학교수 이하의 산원은 중앙부서인 호조의 구성원이면서 산학원(算學院)의 요원으로 되어 있었으며, 산학 생도의 교육은 물론, 60명의 계사(計士)를 지휘 감독하는 관원의 지위를 누렸다.

경국대전·조선왕조실록·탁지지(度支志) 등에 의하면, 산원이 수행하는 업무조직은 ①판적사(版籍司), ②회계사(會計司), ③경비사(經費司)로 분장 되어 있다. 판적사는 호구·토지·세금·부역·공부·농경 장려·작황 조사·흉년 구호를 위한 양곡 대여와 수납 등을 관장했다. 회계사(司)는 호조 소속의 전국 창고에 보관된 전곡(錢穀)

---

67) 『경국대전』 권2, (戶典) ; 윤국일 옮김, 『신편 경국대전』 (서울, 도서출판 신서원, 2005), P. 168 & P. 146.

의 입출고 관리는 물론, 세입·세출 회계와 인수인계문서의 관리, 그리고 창고보관에서 발생한 재고부족량을 관리하는 부서이다. 회계사(司)는 각도(各道) 전곡의 회계, 각사(各司) 물품의 회계 등을 맡아보게 되어 있었다. 그리고 경비사는 경향 각지에서 지출되는 각종 경비와 왜인들에게 지급한 식량을 담당하는 업무 부서였다. 중앙관서 중에서 이러한 부서를 두었던 호조가 으뜸이고, 그 산하의 하위부서로서의 산학원(算學廳)을 두어 산원(算員)의 교육과 관리 감독을 수행했다. 호조와 산학원의 직종과 산원의 정원은 <표 4-4>와 같다.68)

<표 4-4> 조선 시대 算員의 직종과 정원

호조			산학청		
직 위	품계	정원	직 위	품계	정원
判 書	정 2품	1	算學敎授	종 6품	1
參 判	종 2품	1	算學別提	종 6품	1
參 議	정 3품	1	算 士	종 7품	1
正 郞	정 5품	3	計 士	종 8품	1
佐 郞	정 6품	3	算學訓導	정 9품	1
			會 士	종 9품	2
※ 佐郞 이상의 관리는 모두 유학자 출신이었고, 算學廳에는 모두가 算員으로 충원되었으며 품계는 모두 종6품 이하로 514일만 근무하면, 한 계급씩 승진했고 종6품에 이르면 退官하도록 되어 있었다.			중앙 각 부서에 파견한 산원(計士 등)	종 6품 이하	60

<자료 : 조익순·정석우, 『사개송도치부법의 발자취』(2006), P. 50.>(저자 첨삭 수정)

조선 초기의 전곡 출납은 삼사(三司)에서 관장하되 도평의사사(都評議使司)의 명에 따라 시행하고, 책임부서별로 경비와 재고가 얼마인지를 장부에 기록하게 되어있었다. 정종 2년(AD1400)에 도평의사사를 의정부(議政府)로, 태종 1년(AD1401)에 삼사를 사평부(司平府)로 개칭하였다. 그래서 회계는 옛 중국의 예에 따라 재정담당의 사평부에 보고하고 보고 방법은 육전(六典)에 따르도록 했다. 다시 태종 5년(AD1405)에 사평부를 호조(戶曹)로 개편되어 의정부의 업무가 육조로 이관됨에 따라 출납 회계는 호조가 전담하게 되었다. 『경국대전』에도 물품 출납은 호조판서의 명에 따라 행하고 호조

---

68) 조익순·정석우, 「조선시대의 산원(算士·計士·會士)제도에 관한 연구」(한국회계학회, 『회계저널』 제9권 제4호, 2000, P. 106 ; 조익순·정석우, 『조선 시대 회계문서에 나타난 사개송도치부법의 발자취』(서울, 박영사, 2006), PP. 49~50. & 조익순, 『내가 만들어본 요지경』(미수기념 수상 집, 2011). PP. 204~227.

소관 이외의 제사(諸司)에서는 직접 왕명인 승정원의 승전첩인(承傳帖印)을 확인하고 지급하며 사헌부의 출납 감찰을 받는다.69)

그러나 임금이 직접 사용하는 교서관(校書館)·상의원(尙衣院)·내의원(內醫院)·장원서(掌苑署)는 물론, 급한 물품의 출납은 제조(提調)가 맡고, 전의원(典醫院)·혜민서(惠民署)의 경우는 감찰이 납입하고 제조가 출고하게 되어 있었다. 이처럼 일반적으로 물품의 출납은 호조판서의 주관으로 이루어지는 것이 원칙이지만, 호조 소관 이외의 부서에서는 왕명에 의한 승정원의 지급 승인이 필요하고 사헌부의 감찰이 출납한다는 것이다. 이로써, 조선시대의 관부회계에서도 회계 담당 부서의 내부 견제를 위한 제도적 보완이 되어 있었음을 알 수 있다.

3) 출납 회계 · 보고 · 감사제도

(1) 회계 및 보고제도

조선 초기의 출납 회계제도는 개국공신 정도전의 『조선경국전』에 자세히 기록되어 있다. 이에 의하면, 전곡의 출납은 삼사에서 관장하지만, 도평의사사의 명에 따라 시행하며, 그 직책에 따라 출납 회계에 관여한다는 것이다. 이러한 기록은 여러 곳에서 발견된다(高麗史節要 卷35; 增補文獻備考 卷 154). 관제의 개편에 따라 관부회계의 주무관서는 호조가 맡게 되었으며, 주로 회계사(司)가 이를 관장하였다.

태종 17년(AD1417)부터는 전곡의 출납지령서에 서명날인(手決)하는 제도를 도입하였을 뿐만 아니라, 중국의 법제를 모방하여 감합법(勘合法)을 사용토록 하였다. 감합법이란 전곡은 물론, 중요한 회계문서의 이첩에 이용되는 것이다. 감합의 방법은 이첩 공문을 원장 면(面)에 접어 붙이고 그 이음새에 글자를 쓰고 도장을 찍어 다시 떼어낸 다음 글자와 도장이 반쪽이 되도록 한다. 훗날 검증할 때 다시 붙여 맞추어볼 수 있도록 한다. 이음새에는 연월일과 적당한 증빙 글자를 쓰고 몇 번째의 감합이라는 것을 나타내는 제 ×× 호라 표시하고 도장을 찍는다(「經國大典 禮典」勘合式). 그리고 세조 9년(AD1463)에 호조가 제사(諸司)의 출납명령서에는 왕명인 승정원 첩자이거나 호조 명령서인 호조 관자(關字)를 막론하고 각각 3인의 산관(算官)이 연서(連署)토록 하였다. 이는 출납 회계의 정확한 기록계산과 위조 방지를 위한 제도적 조치였다.

따라서 전곡과 기타 물품을 다루는 관서는 출납 회계의 기록을 해야 한다. 그 출납 회계의 기록을 일컬어 중기(重記: 항상 備置해야 할 會計文書)라고 한다. 이것은 산관의 교체 시에 인수인계하는 문부(文簿)이기도 하다. 중기(重記)는 회계 담당 부서의

---
69) 『세조실록』 권25 ; 『경국대전』 戶典(支供)

허위기록과 부정을 방지하기 위하여 2부를 작성하여 1부는 각 담당 부서가 보관하고 1부는 매 10일분씩 호조에 보내어 회계 및 검찰의 자료로 이용토록 하였다.

호조는 발행한 출납명령서 원본에 따라 장부에 기록하며, 중기와 호조의 비치 문서는 일치하게 관장하였다. 4계절의 끝 달(음력 3월·6월·9월·12월)에 회계사(司)의 산관이 계사(計士)를 인솔하여 중기와 호조의 치부문서를 일일이 대조필 표시(爻周)를 함과 동시에, 봉록(俸祿)의 지급을 허가하도록 하였다.

중앙관부인 6조에 속한 각사(司)의 전곡·잡물의 출납 회계는 월말에 마감하여 호조에 보고하는 것을 원칙으로 하였다. 그리고 출납 회계의 결과를 임금에게 보고하게 되어 있다(會計啓聞: 經國大典·續大典). 그리고 출납 회계의 기록은 매일·매월·매년 마감하여 보고하는 것을 원칙으로 하였다.

출납 회계의 절차는 사계(四季)의 첫 달 10일에 호조의 산관이 회계책을 가지고 승정원에 가서 임금에게 출납의 결재를 청하고 3개월의 수입·지출·잔액의 보고서를 작성하여 다시 15일에 임금에게 보고하게 되어 있다. 그리고 각도 전곡의 원회계(元會計)와 군향곡(軍餉穀)의 회계는 우선 호조에 보고토록 하였다. 호조에서는 이것을 심사하여 착오가 있으면 이를 수정토록 공문을 발송한다.

지방 전곡 회계의 연말 보고서도 매년 2월 25일에 호조의 산관(算官)이 승정원에 가서 출납 회계의 결재(手決)를 청하고 지적사항을 수정하여 다시금 2월 말일에 임금에게 제출한다. 만약 기일 내에 연말 보고서가 제출되지 않으면, 각 지방의 관찰사와 도회관(都會官: 會計責任者)을 문초한 결과서가 임금에게 제출되어야 한다. 기한 내에 보고서를 올릴 수 없다는 장계(狀啓)가 있으면, 그 보고서가 도착하지 않아도 도착한 보고서만으로 임금에게 출납의 결재(手決)를 청하고 5일 이내에 수정본을 임금에게 제출해야 한다.

이상과 같이 조선 시대 관청에서 이루어지는 전곡·잡물의 출납 회계는 특수한 경우 이외에는 호조의 주관으로 이루어졌음을 알 수 있다. 출납 회계의 절차와 결과를 정해진 시기에 호조의 심사를 거쳐 임금(王)에게 보고하도록 제도적 규정을 설정해놓은 것은 중앙집권적 체제하에서의 관부회계가 지닌 특성이라고 할 수 있다.

(2) 감사제도

조선시대의 관부회계는 출납 회계의 치부(治簿) 과정에서 제도적으로 내부 견제시스템이 되어 있다. 태종 9년(AD1409)에 회계검찰 기관으로서의 쇄권색(刷券色)을 설치하여 출납 회계와 보고의 허위·부정을 방지하기 위한 제도적 장치를 마련하였다. 그 내용을 보면, 이조판서 유량(柳亮)과 반성군 박은(朴訔)지를 제조(提調: 특종 사무를 主管하는 兼

任職) 하여 10년 이래의 각 관아의 비용을 모두 감사토록 하였다는 것이다.

원래 출납 회계의 감독 기관은 사헌부로 되어 있다. 이는 건국 초기부터 사헌부의 감찰이 출납 회계에 관여하여 임검(臨檢)하게 되어 있었다(朝鮮經國典上). 『속대전』에 의하면, 「여러 관서의 잡물 출납 때에는 감찰이 임검하여 창고 문을 봉하고 그 관서의 관원과 입회한 감찰이 각각 연명으로 회계문서와 창고 문을 봉한 쪽지에 직명과 서명 결재를 한다.

사헌부 감찰이 여러 관서의 출납 회계에 입회하여 검사하는데 사헌부 감찰 인원이 20명뿐이었으므로, 여러 관서에 나눠 파견하기에는 부족한 상태였다. 세종 6년(AD1424) 이조(吏曹)의 계(啓: 임금의 裁可를 받는 일)에 의하면, 사헌부 감찰이 여러 관아의 출납 회계에 입회하여 사무를 처리해야 했기 때문에, 이로 인하여 임검 사무가 지체되는 경우가 빈번하여 성균관 주부 등의 다른 관원 5명으로 감찰을 겸직도록 하였다. 그 후 『경국대전』이 완성되어 감찰은 정육품(正六品)으로 24명의 정원을 두게 되었다. 따라서 사헌부 감찰은 여러 관서의 출납 회계에 임검할 뿐만 아니라, 매월 말에 호조의 관원과 더불어 전곡이 있는 각사(各司)의 창고를 돌아다니며 합동 심사를 하여 임금(王)에게 결과 보고를 하게 되어 있다. 「탁지지」에 의하면, 『매월 말에 호조에서 사헌부에 청대 하는 공문을 보내고, 그날 호조 관원과 사헌부 감찰이 공동감사하여 부정을 적발한다. 결과보고서는 호조 관원이 승정원에 제출하고 다음 달 초하루에 임금에게 아뢴다.

그러나 사헌부의 계(啓)에 의하면, 경중(京中)의 여러 관서에서는 매일 청대 하는 것을 꺼리고, 시급하다는 것을 핑계삼아 전곡을 창고 아닌 곳에 보관하여 별도 출납하고 임시장부에 기록하여 중기(重記)에서 누락시킴으로써, 출납 회계의 신빙성을 훼손시키는 경우도 발생하였다. 그래서 사헌부 감찰 아닌 다른 관원이 임검하고 중기에 기록도록 하자는 제안이 있었으나, 육조에서 논의한 결과는 정해진 법령을 변경할 수 없으므로 감찰 겸직자나 임시감찰을 임명토록 하였다. 이로써, 출납 회계 때마다 감찰의 임검을 청하는 것이 얼마나 번거로운 일이었는가를 알 수 있다.

「대전통편(大典通編)」에 의하면, 세금으로 받은 곡물의 재고관리에 관한 규정이 있다. 즉, 세곡(稅穀)이 입고된 후에 재고가 거의 소진되고 새로운 세곡이 입고되기 전에 호조의 관원을 파견하여 장부와 대조하여 재고조사를 하고 부정을 적발한다는 내용이다. 이는 모든 전곡의 재고조사를 계속 실행할 수 있는 계속 실사 방법의 한 예라고 할 수 있다.

그리고 「탁지지」의 회계사(司)에는 지방 관서에 저장된 각 창고의 양곡은 조작지법(糶糴之法)이라 하여 춘궁기에 백성에게 재고의 절반을 빌려주고 절반은 창고에 남겨두는데, 추수기에 대여한 쌀을 받아들일 때는 감모된 부분을 충당하기 위하여 그 1할(割)을 이식미(利息米)로 받아들이게 하였다. 이때 회계장부에 허위기록을 한 자에게는 엄중히 처벌하게 되어 있다. 지방 관서의 양곡 회계문서를 농간한 자에게는 그 양의 다소를 불문하고 효수형에 처했으며, 회계문서의 인장을 위조한 자에게도, 사형에 처하고 그 처자를 노비로 만들고 고발자에게는 범인의 재산을 주었다.

인사이동이 있을 때, 관찰사는 신임 관원 입회하에 회계장부를 대조하여 재고조사를 한 후 그 결과를 임금(王)에게 보고함과 동시에, 허위사실을 보고하지 않은 관원에게는 3년의 유배형에 처하였다. 관찰사는 매년 가을 초에 크고 작은 고을 관아 세 곳을 선정하여 부정행위를 찾아내 재고조사의 결과를 임금(王)에게 보고해야 했다.

이처럼 조선 시대 관부회계의 회계감사는 「경국대전」과 「속대전」 등에 규정된 바에 따라 시행되었다. 여기서 주목할 점은 감사대상 고을을 무작위로 추첨하여 오늘날과 같은 시사(試査)를 통한 회계감사를 수행하고 그 사실을 임금에게 보고했다는 사실이다. 그렇게 함으로써 회계 부정을 미연에 방지하려는 목적이 있었다고 할 수 있다. 만약 회계 부정이 발견되었을 때는 일벌백계의 처벌에 처함으로써, 부실 회계를 미리 방지함과 동시에, 진실 공정한 출납 회계의 정확성을 기하려고 했던 것으로 보인다.

2. 조선 관부회계의 기장 원칙

1) 관부회계의 치부 원리

조선시대의 관부에서 사용된 회계문서는 기장체계와 장부조직을 갖추고 있었다고 볼 수 있다. 그것은 일반적으로 단식부기의 범주를 벗어나지는 못했다. 왜냐하면, 지금까지 전해지고 있는 장부의 조직체계가 대동소이하게 시종일관 각종 세곡(稅穀)의 출납 회계와 보관창고에 남아있는 재고액(량)을 정확히 파악하여 기장 정리하는 순서로 이뤄졌다는 것을 찾아볼 수 있기 때문이다. 예컨대, 그것은 전곡의 출납을 기록 계산하는 것이다. 다음과 같은 단식부기의 일반적 회계 공식은 (전기이월 + 당기 수입) - 당기 지출 = 기말재고 (前在 + 捧上 - 上下 = 時在)의 형식으로 전곡의 출납 사실을 장부에 기록했다는 것이다. 이러한 회계 공식에 따라 기장 처리된 장부로서는 『회계도록(會計都錄)』·『회계책(會計冊)』·『봉하회부(捧下會簿)』 등이 있다. 특히 『회계책』의 경우는 기장 처리의 시작 일자와 종료 일자가 기록되어 있어서 기간계산을 고려했던 것으로 여겨진다.

따라서 조선시대의 관부회계는 나름대로 기장체계와 조직을 갖추고 있었다고는 해도 단식기장처리의 방식을 벗어나지 못한 범위 안에서 이루어졌다. 전통적인 단식부기의 회계 방법을 기본원리로 하였기 때문에, 회계장부에 나타난 기록순서나 사용된 문자 및 부호에 있어서도 일관성이 없고 중앙관서와 지방관서 사이에도 현저한 차이가 나타나 있다.

지금까지 전해지고 있는 조선시대의 관부회계 문서에서 사용된 치부 원칙은 존재하지 않았던 것으로 보인다. 그것은 관서마다 다종다양하여 일관성 있는 기장 처리가 이루어지지 않고 그 부서의 사정에 따라 편리한 방법으로 기록 계산하였기 때문이라고 생각한다. 그래서 중앙관서는 중앙관서대로, 또한 지방관부에서는 사정에 따라 방법은 달라도 출납 회계의 과정과 결과만 정확하게 맞으면 되었다. 수미일관된 치부 원칙이 존재했다고는 할 수 없어도, 전기에서 이월된 재고액과 당기에 이루어진 출납 사실을 가감하여 산출된 당기 재고를 기장하는 절차에만 맞으면 되었다. 현존하는 조선 시대 관부회계 장부 중에서 장부기록에 의미가 있고 비교적 치부 원리에 맞게 기장 절차에 손색이 없다고 생각하는 것을 간추려 정리하면 <표 4-5>와 같다.

<표 4-5> 조선 시대 관부회계에 나타난 치부 원리

회계장부 명칭	작성 관서 구분	기장 원칙
회계책(會計冊)	중앙관서	前有在 + 捧上 - 上下 = 時遺在
각사 전곡 회계 (各司錢穀會計)	중앙관서	前在 + 捧上 - 上下 = 時在
회계 마감 성책 (會計磨勘成冊)	평안도지방 관서	(捧上秩·合) - (下記秩·合) = 實在(加下)
전곡 마감 성책 (錢穀磨勘成冊)	함경도지방 관서	前在 + 加入 - 上下 = 實時在量
봉하성책(捧下成冊)	함경도지방 관서	捧上 - 合下 - 加下 = 遺在量
회계성책(會計成冊)	강원도지방 관서	前留 + 還分 = 加入耗 = 留庫合
도회계책(都會計冊)	경상도 지방 관서	前在 + 加入 - 下 = 在
별비전용유재성책(別備錢用遺在成冊)	경상도 지방 관서	前在 + 加入 - 用下 = 實在錢

<자료 : 조익순·정석우, 전게서, P. 98.>, (일부 첨삭 저자)

2) 관부회계의 기장체계

원시적인 단식기장방식에서 비롯된 관부회계는 인지의 발달과 국가조직체계의 발전과정을 통하여 점차 진화의 절차를 밟아가면서 제도적으로 체계적인 단식부기의 구조를 갖추어갔던 것으로 인류 문화사는 증명하고 있다. 신석기 문명시대에서부터 기원하여 면면히 흐르기 시작한 인류의 부기 회계문화는 동서양을 막론하고 그 시대와 국가별로 나름대로 기장체계를 갖추는 예지를 발휘했던 것으로 관찰되었다. 우리나라도 선사시대는 물론, 고조선을 비롯한 고대국가와 중세의 고려 시대를 거쳐 조선 시대에 이르는 동안 거래의 출납 사실을 장부조직에 의한 기록방식으로 승화시켜가는 일련의 과정이었다고 할 수 있을 것이다.

그러나 현존하는 관부회계의 장부 기록으로는 조선 시대 후기에 작성된 것이 고작이어서 그 이전 사회의 장부조직체계에 접근하는 것은 불가능하다. 다만 전승하는 조선 후기의 관부회계 문서를 토대로 전통사회의 기장체계를 관찰할 수 있는 것만은 다행한 일이다. 이에 대해 부연(敷衍)을 하려고 한다. 조선시대의 관부회계 문서로서 현존하는 최고(最古)의 것은 영조 원년(AD1725)에 작성된 군향색봉상책(軍餉色捧上冊)이다. 그것을 위시하여 조선의 관부회계 문서는 왕실과 의정부(議政府) 산하의 관부에서 작성된 회계문서로 분류할 수가 있다. 현재 규장각의 『한국 고문서해제-사부 3(韓國古文書解題-史部三)』에 수록된 회계문서는 300여 종(1,400책)을 상회한다. 이 외에도 개인별로 소장하고 있는 회계문서가 다수 있는 것으로 알려져 있다.

이들 회계문서는 모두 단식부기의 기장방식에 따라 이루어진 장부조직체계를 갖추었다. 그리고 기장방식은 기록담당자의 위치에서 진행되었기 때문에, 기록방식과 체계가 대동소이함은 존재하고 있으나, 대체로 일관성 있는 단식부기의 장부조직체계를 갖추고 있다고 보인다.

따라서 조선 시대 관부회계의 장부조직은 일반적으로 ① 수입장(捧上冊), ② 지급장(上下冊) 및 ③ 회계책(會計冊)의 3장부를 기본으로 하는 기장체계로 되어 있다.[70] 이들 3장부를 작성하기 위한 원초의 회계문서가 존재하는데, 그것은 출납 거래 초기에 작성되는 초록에 해당하는 것으로서 3장부의 기초자료가 되는 것이다. 그것을 일컬어 각각 ① 초록수입장(草捧上冊)·② 초록지급장(草上下冊)·③ 초회계책(草會計冊)이라고 한다. 환언하면, 이들 초록의 장부는 각 해당 관서에서 기장관리자가 장부작성을 위한 거래발생 시점에서의 기초적 증거자료로서 기록·보관하는 일기장 형식의 기장문서를 의미한다. 이들 초록을 기초로 하여 보고결재용 장부인 수입장(捧上策)과 지급장(上下冊: 또는 捧下冊)을 작성하게 된다. 따라서 이 두 개의 장부를 종합한 것이 회계도록(會計都錄)으로서의 회계책(會計冊)을 지칭한다. 이 세 장부는 계본(啓本)이라는 상부 보고용 주요장부의 기능을 수행하며, 반드시 해당 관서의 장과 작성자인 산원(算員: 計士·會士·書吏)의 인장이나 수결(手決)을 하게 되어 있다.

기장 절차는 <그림 4-3>과 같이 정리할 수 있다.

---

70) 여기서 받자 책(捧上冊)의 「捧上」은 우리나라 고유의 이두 문자식 표기이며, 「받자」로 읽고(讀音), 「받아들인다.」·「수입하다」의 뜻이다. 그리고 차하책(上下冊)의 「上下」는 「차하」로 표현하는 이두 문자이며, 「치러준다.」·「지급하다」라는 뜻이다. <조익순·정석우, 『사개송도치부법의 발자취』(2006), P. 99.>

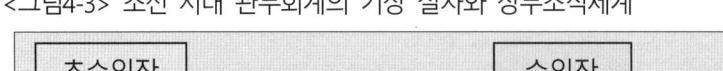
<그림4-3> 조선 시대 관부회계의 기장 절차와 장부조직체계

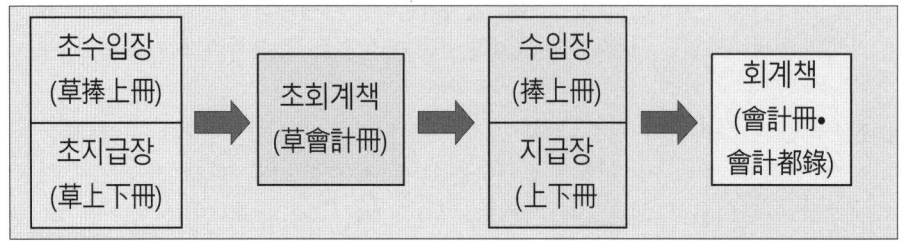

<자료 : 조익순, 『四介松都治簿法前史』(해남, 2000), P. 98 & P. 111.>(한글 첨부 저자)

이러한 기장조직체계를 조익순(趙益淳) 교수는 3책제도(三冊制度)라고 규정한 바 있다. 그런데 조선의 관부회계가 이상의 3장부 제도를 준수하여 치부했다고 볼 수 있으나, 장부의 명칭에 약간의 차이가 있다. 예컨대 지급장(上下冊)이 하기(下記) 또는 하기책(下記冊)으로 표기된 장부가 있고, 금품출납(金品出納)이라는 장부가 수입장(捧上冊)과 지급장(上下冊)을 종합한 회계책을 나타내는 장부 명칭으로 표기되어 있다는 점이다.71) 이러한 예는 현존하는 조선시대의 관부회계 문서에서 비일비재 발견할 수 있어서 장부 체계의 일관성을 결한 것으로 보인다. 그러나 상인회계에서 볼 수 있는 문자 기호의 표기가 조선 후기에 이르러 관부회계에서도 사용되고 있었다는 사실은 주목하지 않으면 안 될 것이다.

3. 조선 시대 관부회계 장부의 사례

1) 왕실 회계문서의 사례

현존하는 조선시대의 관부회계 문서는 모두가 한국 고유의 전통적 단식부기 방식에 따라 기장이 되어 있다. 그것은 고려 시대로부터 전승되어온 것으로서, 왕실에서 작성한 것과 정부 산하의 각 관서에서 작성한 것으로 분류할 수가 있다. 회계장부의 종류와 형태가 다양하지만, 공통적인 점은 모두가 단식기장방식에 따라 기록되어 있고 약간의 차이는 있어도 장부상에 수입(捧上)·지급(上下)·재고(時在)·손실(加用)·차감(除)·초과 지급(加下) 등의 기호문자가 공통으로 표기되어 있다. 현재 규장각에 소장된 조선 관부회계 문서의 일부를 표본으로 하여 사례접근이 가능하다.

조익순 교수의 연구에 의하면, 왕실회계장부 중에서 <표 4-6>에서 보이는 바와 같

---

71) 조익순, 『사개송도치부법 전사』(서울, 도서출판 해남, 2000), P. 98 & P. 111.

이 「병진춘하육삭회계」(丙辰春夏六朔會計)라는 제하(題下)의 회계문서를 발췌(拔萃)한다. 여기서 병진년은 명례궁의 현존 회계장부가 기록된 114년 동안 정조 20년(AD1,796 丙辰)과 철종 7년(AD1,856 丙辰)의 두 해가 겹친다. 그러나 여기서는 기록연도를 밝히려는 것이 아니라, 그 회계문서의 기장 원리와 절차를 살피는 데 있다.

<사진 4-1> 명례궁 회계책

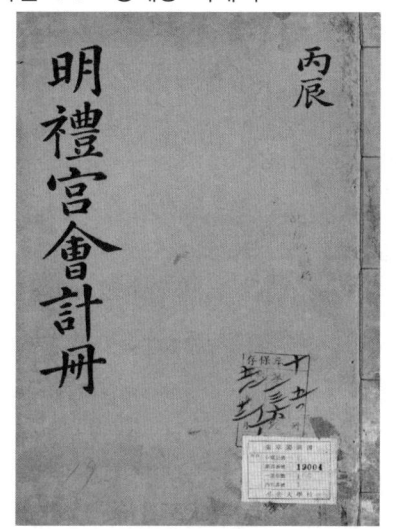
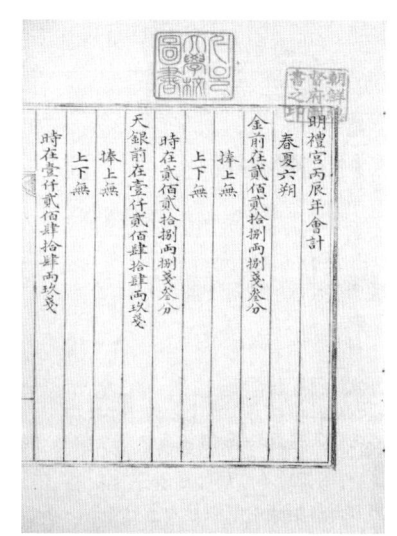

<자료: 병진년(丙辰年), 간행연도: 정조16년~광무10년(1792~1906), 책권수 106책. 33.7×24.6cm. 서울대 규장각 소장>

조익순 교수의 연구에 의하면, 명례궁 왕실 회계문서의 기장 원리는 단식기장형식으로 치부(治簿)되어 있다고 한다. 그리고 이 회계문서에는 일별(日別)로 기록한 초일기(草日記)와 월별(月別)로 합산 기록한 중일기(重日記)뿐만 아니라, 수입장(捧上冊)과 지급장(上下冊)도 있다. 이 두 문서를 종합한 것으로서의 회계책(會計冊)도 기장 처리되어있다. 회계책은 상부에 보고하여 결재받기 위한 것(啓本)이며, 최종적으로는 임금(王)에게 보고하는 것(啓聞)이라고 한다.72)

이 회계장부는 단식부기의 방식에 따르고 있음이 분명하다. 전기에서 넘어온 것을 기초재고로 하여 당기의 수입을 더 하고 당기에 지급된 것을 차감하여 기말재고를 산출하는 방식으로 되어 있다. 그것은 출납 거래를 전기이월 + 당기 수입 - 당기 지출 = 기말재고(前在 + 捧上 - 上下 = 時在)라는 형식으로 기장이 되어 있다. 결손이 발생했을

---

72) 조익순, 상게서, PP. 99~104; 조익순·정석우, 전게서, PP. 91~92 Passim.

때는 전기이월의 손실을 기초로 하여 당기 수입을 더 하고 당기 지출을 차감하여 기말 재고(또는 기말 손실)를 기장 처리하게 되어 있다. 즉, 전기손실 + 당기 수입 - 당기 지급 = 기말 손실(前加用 + 捧上 - 上下 = 加用)의 공식에 따라 기장하고 있다는 것이다.

여기서 전재(前在)는 전기재고이며 시재(時在)는 당기 재고를 의미한다. 그리고 전가용(前加用)은 전기손실을 의미하며, 가용(加用)은 당기손실을 뜻한다.

<표4-6> 조선 왕실 문서「명례궁 회계책」의 병진년 회계기록 일부

明禮宮 丙辰年會計	명례궁 병진년 회계
春夏六朔	봄, 여름 6개월 회계
金前在 貳佰貳拾捌兩捌錢參分	금 이월 228량 8전 3푼
奉上 無	수입 0
上下 無	지급 0
時在貳佰貳拾捌兩捌錢參分	시재 228량 8전 3푼
天銀前在 壹仟貳佰肆拾肆兩玖錢	천은전재 1,244량 9전
奉上 無	수입 0
上下 無	지급 0
時在 壹仟貳佰肆拾肆兩玖錢	시재 1,24+4량 9전
錢文前在 貳萬肆仟貳佰玖拾陸兩貳戔玖分分	전문전재 24,296량2전 9푼
奉上 玖仟貳佰陸拾捌兩玖戔壹分	수입 9,268량 일푼
上下 肆仟參佰玖拾貳兩捌戔伍分	지급 4,392량 8전 5푼
時在 貳萬玖仟壹佰柒拾貳兩參戔伍分	시재 29,172량 3전 5푼
稅米前在 壹佰玖拾玖石拾肆斗柒合	세미전재 199석 14말 7홉
奉上 壹佰參拾石參斗伍升	수입 130석 3말 5되
上下 貳佰玖拾石拾斗	지급 290석 10말
時在肆拾貳石柒斗伍升柒合	시재 42석 7말 5되 7홉
宣米前在 玖拾捌石伍斗陸升柒合	선미 이월 98석 5말 6되 7홉
奉上 無	수입 0
上下 玖拾捌石伍斗陸升柒合	지급 98석 5말 6되 7홉
時在 無	시재 0
朔膳價米前在捌佰參拾石拾參斗參升	삭선가미 이월 830석 13말 3되
奉上肆佰參拾捌石拾壹斗壹升	수입 438석 11말 1되
上下陸佰玖拾肆石拾斗參升參合	지급 694석10말 3되 3홉
時在伍佰柒拾肆石拾肆斗柒合	시재 574석 14말 7홉

<자료 : 『明禮宮會計冊, 丙辰』, 서울대 규장각소장, (※한글 역주 저자)>

『명례궁회계책』은 <사진 4-1>, <표 4-6>에서 확인할 수 있는 바와 같이, 조선 왕실 회계는 모든 회계기록이 화폐단위로 일원화되어 있지 않고 품목별로 각각 단식으로 기장이 되어 있다는 점이 특이하다. 그리고 금액과 수량을 표기하면서 간단한 수자의 표시가 아니라, 읽기 어려운 한문 숫자로 기록한 것은 수정할 수 없도록 함과 동시에,

타인이 얼른 알아볼 수 없도록 하려는 비밀 유지의 의도가 있었던 듯하다. 더욱이 초일기(草日記)에서 비롯된 기장기록은 당기 수입을 나타내는 수입장(捧上冊)과 당기 지급을 표시하는 지급장(上下冊)을 거쳐 종합적으로 정리되는 회계책(會計冊)에 이르기까지 품목별 단위로 기장 처리되었기 때문에, 종합 손익의 계산과 표시는 불가능했던 것으로 보인다. 그러므로 그것은 손익계산에 회계의 목적을 두고 있는 것이 아니라, 품목별 출납 회계의 금액이나 수량 등을 파악하고 재고를 관리하는 수준의 재무관리형 단식부기였다고 할 수밖에 없을 것이다.

2) 관부회계 장부의 사례

(1) 중앙관서의 회계장부

조선시대의 관부회계는 의정부 산하에 육조(六曹)를 비롯한 각종 행정관서가 중앙과 지방별로 구성되어 있어서 관서별로 출납 기장함과 동시에, 상급 관서에 보고하고 지휘·감독을 받는 형태로 이루어졌다.

<사진 4-2> 상평청봉상책(常平廳捧上冊)

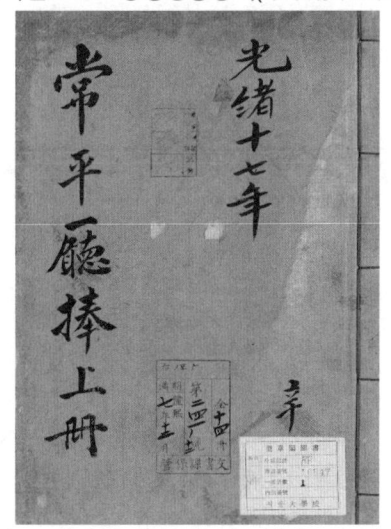
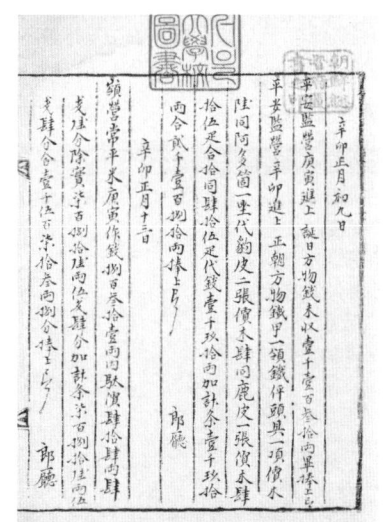

<자료: 광서(光緖)17年, 신묘(辛卯,1891)年, 선혜청(宣惠廳)편, 35.6×23.9㎝, 규장각 소장>

조선 초기에는 이조(吏曹)가 상평청이 토지관리뿐만 아니라, 징수된 세곡(稅穀)을 상평창에 보관하여 물자 수급과 구황(救荒)에 관한 출납을 관장하도록 하였다.

<표4-7> 조선 시대 중앙관서(常平廳)의 회계장부 기록사례 일부

『常平廳捧上冊』原文	한 글 역 주
辛卯 正月 初九日 平安監營庚寅進上誕日方物錢未收壹仟壹百參拾兩畢捧上了 平安監營辛卯進上正朝方物錢甲一領鐵伻頭具一項價木陸同阿多箇一座代豹皮二張價木肆同鹿皮一張價木肆拾伍疋 合拾同肆拾伍疋代錢壹千玖拾兩加計條壹千玖拾兩合貳千壹佰捌拾兩捧上了 　　　　　郎廳 　辛卯正月十三日	신묘년 정월 초9일 평안감영 경인년 생일에 진상함. 방물전미 수금 1,130냥 수입 완료. 평안감영 신묘년 정초에 방물전 갑옷 1벌과 절제투구 1개 값이 무명 6통 남짓, 일좌당 표피 2장 값 무명 4통, 녹피 1장 값 무명 45필, 합계 10통45필, 대금은 1,090냥에 가산 1,090냥 모두 2,180냥 수입완료. 　　　　　낭청 　신묘년 정월 13일
嶺營常平米庚寅作錢捌百參拾壹兩內䭾價肆拾肆兩肆戔陸分除實柒百捌拾陸兩伍錢肆分加計條柒百捌拾陸兩伍錢肆分 合壹千伍百柒拾參兩捌分捧上了 　　　　　郎廳 辛卯正月二十九日 紙契人納 厚白紙肆卷 西厚紙貳拾伍卷 三貼紙參拾卷玖張完山紙拾陸卷拾張次白紙貳拾卷筆工納 黃筆肆拾參柄 白筆壹柄捧上了　　郎廳 　　以上錢肆千捌百捌拾參兩捌分 　　厚白紙肆卷 　　西厚紙貳拾伍卷 　　三帖紙參拾卷玖張 　　完山紙拾陸卷拾張 　　次白紙貳拾卷 　　黃筆肆拾參柄 　　白筆壹柄 　　辛卯正月初九日 堂上　　郎廳　　計士　李敏鈺 　　　　郎廳　　　　卞志沆 　　　　書吏　尹義錫　河俊鯤	영영상평미 경인년 생산 전 831냥, 그중 1바리값 44냥4전 6푼 공제하여 786냥 5전 6푼 가산7 86냥 5전 4푼 합계 1,573냥 8푼 수입완료. 　　　　　낭청 신묘년 정월 29일 지계인 납품. 후백지 4권, 서후지 25권, 삼첩지 30권 9장, 완산지 16권 10장, 그리고 백지 23권. 필공 납품. 황필 43자루, 백필 1자루 수입　낭청 　　이상 전4883량 8푼 　　후백지 4권 　　서후지 25권 　　삼첩지 30권　9장 　　완산지 16권 10장 　　백지　20권 　　활필 43자루 　　빅필 1자루 　　신묘년 정월 초9일 당상관　　낭청　　계사　이민옥 　　　　낭청　　　　변지항 　　　　서리　윤의석　하준곤

<자료: 『韓國古文書解題史部3』(奎章閣 所藏): 조익순·정석우, 전게서, P.96.>(한글 저자).

상평청에서 행한 출납 회계문서 일부가 현재 규장각에 소장되어 있다. 그중에서 광서(光緒: 중국연호) 17년(AD1891)의 연호가 기록된 『상평청 수입장(常平廳捧上冊)』과

『상평청 지급장(常平廳上下冊)』이 있다. 『상평청 수입장(常平廳捧上冊)』은 상평청이 받은 세곡・전문(錢文)・각종 물품 등을 날자 별로 기입하고 담당 부서인 낭청의 도장 (捧上印)을 찍어 거래가 완성되었음을 인증하게 되어있다.

그리고 월말에 이르면, 물품・전문의 수량과 가액을 합산하여 기록함과 동시에, 책임자인 산원(算員)의 서명과 상급자의 결재(手決), 그리고 계사(計士)와 서리(書吏)의 연서(連署)가 되어 있다. 모든 거래가 문장형식으로 기록되어 있으며, 단순한 단식부기적인 기장 순에서 따라 납부된 사실을 기록하였다. 그다음에 품목별로 일목요연하게 정리되어 있으며, 이를테면 계정과목과 금액이 차례로 기록된 것을 발견할 수 있다. 그뿐만 아니라, 납입된 사실을 문장형식으로 정리한 다음에, 다시 그것을 계정과목과 금액만을 따로 독립적으로 정리해 놓았다. 그런데 계정과목별로 수량은 표시되어 있으나, 그것을 화폐 금액으로 환산하여 기록하지는 않았다. 이러한 사실로 보아 당시의 관부회계 장부의 기록은 화폐가치로 평가하지 않고 실물 관리의 차원에서 이루어졌던 것으로 판단할 수 있다.

또한 『상평청 지급장(常平廳上下冊)』은 수납된 물품이나 금전의 지출내역을 기록한 장부로서 이것 역시 문장형식으로 기록되어 있다. 기록한 문장의 끝에 「수입 완료」 (畢捧上)대신에 「지출 완료」(畢上下) 롤 기록된 부분이 전자와 다를 뿐, 기본 틀에 있어서는 양자 모두 동일하게 기장되었음을 확인할 수 있다. 현존하는 규장각 소장의 『상평청 수입장(常平廳捧上冊)』의 일부 사례는 앞면의 <사진 4-2>와 <표 4-7>과 같다.

(2) 지방 관서의 회계장부

조선 후기에 대동법이 시행된 이후에는 국가의 모든 세금을 쌀・포목・돈(錢文)으로만 징수하도록 했기 때문에, 이를 관장하는 중앙관서인 선혜청(宣惠廳)이 설치되었다. 선혜청은 각 지방 관서를 대상으로 대동미(大同米)・대동포(大同布)를 관장하게 되었는데, 최초로 선정된 선혜청 관할의 지방 관서는 강원청(江原廳)이었다. 이 강원청에서 작성된 회계장부로서는 『강원청상하유음(江原廳上下流音)』이 현재 규장각에 소장되어 있다. 그 일부를 인용하면, <표 4-8>, <사진 4-3>과 같다.

이 회계장부는 조선 정부의 조세개혁으로 시행하게 된 대동법에 따라 징수를 수행한 강원청에서 1년간 지출예산으로 책정된 대동미・대동포 그리고 전문(錢文)의 수량과 금액 등에 대한 내역이 기장이 되어 있는 조선 후기 지방 관서의 회계문서이다. 이 회계문서에는 광서(光緖: 中國年號) 16년이라고 표기되어 있다. 이 해는 경인년(庚寅年)으로 고종 27년(AD1890)을 의미한다.

<표 4-8> 조선 시대 지방관서(江原廳)의 회계장부 기록사례 일부

```
庚寅 二月 日 光州

    掌苑署  戊子 五月未下木 二十五疋  ┐
                                      ├ 合木四十三疋
            八月未下木 十八疋          ┘

 炭   契 戊子五月未下木六疋
 椵板契 戊子五月未下木十八疋
 長木契 戊子五月未下木三十二疋
 內醫院 戊子五月未下木十五疋
 禮賓寺 戊子五月未下木二十九疋
 典牲署 戊子五月未下木二十四疋

    關東方物契 丁亥四次別受價未下四十二疋 ┐
                                            ├ 合木一同三十一疋
                 戊子六月未下木三十九疋     ┘

                              庚人二月二十五日下
```

한글번역
 경인 2월 일 광주

    장원서 무자년 5월 미지급 무명 25필 ┐
                                         ├ 합 무명 43필
            8월 미지급 무명 18필   ┘

 탄계 무자 5월 미지급 무명 6필
 단판계 무자 5월 미지급 무명 18필
 장목계 무자 5월 미지급 무명 32필
 내의원 무자 5월 미지급 무명 15필
 예빈사 무자 5월 미지급 무명 29필
 전생서 무자 5월 미지급 무명 24필

    관동방물 정해 4차별 수입가 미지급 42필 ┐
                                            ├ 합 무명 1동 31필
                 무자 6월 미지급 39필   ┘

                              경인 2월 25일 지급

<자료 : 『韓國古文書解題史部3』 (규장각 소장): 조익순, 전게서, PP.105~107.>(한글저자).
* 무명 1동(同)은 50필(疋)임

「강원청상하유음」(江原廳上下流音)의 상하(上下)는 지급을 뜻하는 이두 문자이고 류음(流音)은 「흘림」이라는 이두 문자의 표기이다. 특히 「흘림」이라는 표현은 지출예산의 원장부에서 담당관의 자기 소관 지출예산 부분을 흘림체(草書)로 옮겨 썼다는 것을 뜻한다. 그러므로 이 문서는 강원청 지출예산 담당관이 자기가 관장하는 지출 예산을 관리 통제하기 위하여 상부 관서인 선혜청에 보고하는 원장부에서 자기 담당 부분을 흘림체로 옮겨 쓴 장부로서 일기책과 같은 것이다. 이 장부에 의하면, 지출예산의 지급내용을 날자 순으로 기록했음을 확인할 수 있다. 대동세의 납부처별로 일목요연하게 월별 지급 및 미지급내용이 기장이 되어 있다. 「미하」(未下)는 미지급을 의미하며, 「하」(下) 와 「상하」(上下) 는 지출 또는 지급을 뜻한다.

<사진 4-3> 강원청상하유음(江原廳上下流音)

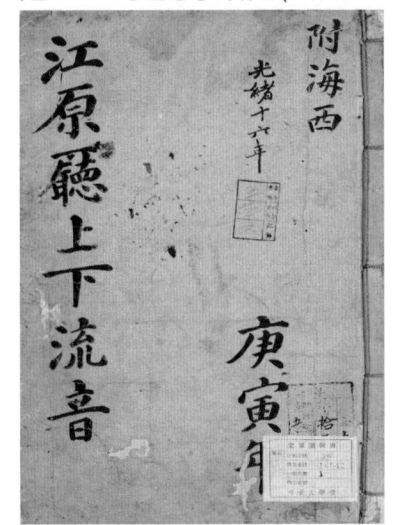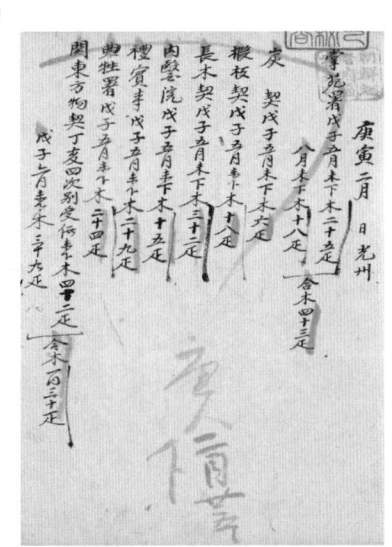

<자료: 간행년도: 光緖16年(庚寅年), 편저자: 선혜청(宣惠廳) 41.5×26.7㎝, 규장각 소장>

그런데 여기에는 중앙관서에서 사용된 어려운 한문 숫자가 아니라, 일반적으로 사용하는 숫자로 표기되어 있다. 기장 내용을 보면, 화폐가치로 환산된 거래금액을 기장한 것이 아니라, 품목별 단위로 기록되어 있는 것이 특징이다. 대동미는 미곡 표시의 도량형 단위로 표시되었고, 대동포는 역시 포목의 수량을 나타내는 단위로 기록되어 있다. 돈(錢文)으로 환산하여 물품의 수량 다음에 기록한 경우는 있다. 따라서 당시의 관부회계는 현물의 재정적 관리를 위한 것이 주된 목적이었음을 알 수 있다. 더욱이 조선시대의 관부회계는 재무관리를 위한 단식부기 시스템에서 벗어나지 못했으며, 복식부기로의 진화를 엿볼 수 있는 부분은 거의 없다고 해도 과언이 아니다.

그러나, 앞면의 <표 4-8>에서는 원본의 특용 문자의 기호들을 생략했지만, 한국 고유의 상인 회계장부에서 사용하는 기호가 이용되었다는 것은 관부회계가 지닌 하나의 특기사항이라고 할 수 있다. 이윤계산과 관리를 위한 범위까지는 진화하지 못했지만,

당시의 부기 회계문화의 일반적인 수용은 이루어지고 있었다고 할 수 있을 것이다.

이 회계장부의 기장 내용을 살펴보면 당년도의 미지급채무는 물론, 월별로 누적 이월된 국고의 미지급채무가 표기되어 있을 뿐만 아니라, 지역별로 구분·기록되어 있다. 월별로 구분하여 기록되어 있으나, 날자 표시는 생략되어 있다. 상대편 거래처의 이름이 제일 먼저 표기되어 있다. 미지급채무의 내역과 품목별 수량·금액도 기록되어 있다. 궁중으로 보낸 임금님 진상미의 기록도 있으며 기초의 전기이월 재고감모손실이 표시되어 있음을 볼 때, (기초재고 + 당길 수입) - 당기 지출 = 기말재고를 산출하는 형식으로 기장 구조가 이루어져 있음을 감지할 수 있다. 이 지출장에 대응하는 「강원청봉상류음」(江原廳捧上流音)도 존재하며, 지방별로 대동세의 징수실적을 기록하고 있으나, 여기서는 생략하기로 한다.

4 조선시대의 상인회계문화

조선시대의 상업문화는 전기에는 한글이 창제되어 기록문화의 혁신이 이루어졌고, 화폐유통과 상설시장의 발달과 더불어, 대외무역이 활발하게 이루어졌음에도 불구하고, 고려 시대의 수준을 벗어나지 못했다. 후기에는 대동법이 시행으로 상품유통이 활발해지고 공인자본이 축적되기 시작했으며, 사상(私商)의 성장과 상인자본 축적이 이루어졌다. 이 시기에 상업 자본주의적 싹이 움트고 있었음을 간과해서는 안 된다. 그것은 상인회계문화의 진화를 가져오게 하는 하나의 원인으로 작용하기 때문이다.

특히, 개성 상인의 독특한 상거래 활동은 조선 후기의 상업을 발달시키는 촉매작용을 했다. 개성상인 복식부기 기법을 창안하여 차인경영을 주도함으로써, 전국의 상권을 장악하고 동업조합(merchant guild)을 결성하여 상호부조의 협동단결력을 통한 상인의 권익을 수호하였다. 개성상인이 남긴 현존하는 사개송도치부법, 즉 개성부기는 조선 후기의 상인회계문화의 단면을 살펴볼 수 있는 귀중한 회계자료이다.

1. 조선시대의 사상

1) 사상의 성장

조선 전기에 수도 한양의 시전상인(市廛商人)은 왕실과 관가에 물품을 공급했으며, 일반시민들의 수요에도 응하여 영업이 번창했다. 시전에 대한 전매특권은 조선 전기의 상업 발달에 긍정적 기능을 수행했다고 볼 수 있다. 그러나 조선 정부는 상업이 필요 이상으로 발달하게 되면, 기간산업인 농업의 쇠퇴를 가져온다고 보아 상업의 발달을 억제했다. 그래서 사상(私商)의 활동은 지지부진했고 상업의 자유로운 발달이 저해될 수밖에 없었다.

그런데 조선 후기에는 상업에 대한 억제정책이 지속되었음에도 사상세력(私商勢力)이 등장하여 활발한 상업활동을 전개했으므로, 그들의 난전 행위를 관권으로 막을 수 없는 환경이 되었다. 17세기 이후 농업과 수공업이 발달하고 대동법의 시행으로 상품유통이 활발해졌으며, 상인자본 축적이 촉진되었다.

한양(서울)에서는 시전상인의 전매특권을 침범하여 상행위를 하는 잠상(潛商)이 생겨났다. 잠상이란 금제품(禁制品)을 취급하는 사상(私商)을 지칭하는데 18세기에는 이러한 사상세력이 관가에서도 막을 수 없을 정도로 많아졌다. 처음에 육의전의 전매특권을 침해한 난전(亂廛) 경영자는 신분이 낮은 영세민이었으나, 그것이 18세기에 들어와서는 상당한 세력을 가진 부상대고(富商大賈)가 난전의 주류를 이루었다고 한다.[73]

여기서 부상대고의 부상은 자본이 많은 상인을 가리키며, 대고는 비교적 경영규모가 큰 상인을 일컫는 말이다. 한양의 칠패(七牌)·이현(梨峴)·경강상인, 개성상인, 의주 상인 그리고 동래상인 중에는 부상대고로 자본축적을 이룬 상인이 많았다.

경강상인은 경기·강원·충청도 일대를 중심으로 활동하였고, 송상은 전국 각지에 이르는 광범한 활동 영역을 확보하여 송방(松房)이라는 지점망을 설치하였다. 그리고 의주 상인은 한만국경지역에서 사무역(私貿易)을 중심으로 활동하였다.[74]

이처럼 경향 각지에서 사상이 성장하여 난전을 단속할 수 없게 되자 정부에서는 정조 12년(AD1791)에 육의전 이외의 시전이 취급하는 상품에 대하여 판매의 자유를 허가한다는 통공발매(通共發賣: 이를 신해통공(辛亥通共)이라고도 함)의 조처를 했다. 이때까지 전매특권으로 특정 상품에 대한 독점적 판매를 해왔던 시전상인들은 신해통공 이후에도 전매독점권을 침해하는 사상들과의 갈등이 한참 동안 지속되었다. 그러나 정부의 이러한 조치로 사상들의 상행위가 더욱 활발해졌고, 그중에서도 도고(都賈)의 활동상이 두드러졌다. 공급탄력성이 약했던 당시에는 매점매석으로 자본을 축적한 상인도 부지기수였다. 한강을 이용하는 선상의 경우, 한양으로 반입되는 미곡과 소금·어물·신탄(薪炭) 등을 매점함으로써, 많은 부(富)를 축적하였다.

따라서 상업적 농업경영의 성장과 공인·도고의 등장으로 조선 후기의 상업이 발달하게 되자, 사상(私商)들의 상거래 활동은 전국적인 규모로 활발하게 이루어졌다. 18세기 이후 조선의 상업은 시전상인이나 사상을 막론하고 모두 수공업을 지배하여 독

---

73) 황명수 외, 전게서, PP. 82~87. (만상은 의주의 옛 지명이 龍灣이었으므로 의주 상인을 그렇게 불렀다.)
74) 노용필 외6인, 『한국문화사의 이해』(서울, 신구문화사, 2010), PP. 195~196.

점적 상거래를 행하는 도고 상인으로서의 위치를 점하고 있었다. 그들은 상행위를 국내에만 국한하지 않고 청국과 일본을 대상으로 하는 국제무역도 활발하게 전개함으로써, 위상을 확고히 구축하고 상업자본을 축적하여 세력을 확대해 나갔다.

조선 정부는 장시(場市)의 발전을 억제했으나, 점차 정기시장(定期市場)으로 정착되어 갔다. 장시는 1,000여 개소로 증가했으며, 하루 왕래가 가능한 30~40리의 거리를 표준으로 하나의 시장권(市場圈)을 형성하고 있었다. 여기에 보부상(褓負商)들이 장시에서 농산물·수공업 제품·수산물·약제·문방구 등을 수집하여 전국적으로 판매·유통했다. 보부상은 집단을 이루어 활동하였다.

또한 사상이면서도 위탁판매·금융·숙박·운수·창고 등을 업으로 하는 객주(客主)가 조선 후기에 번성하기 시작하였다. 객주는 객상주인(客商主人) 또는 여객주인(旅客主人)의 줄인 말이다. 객상은 객지에서 장사하는 상인을 일컬으며, 주인은 심부름하는 사람이라는 뜻이다.

객주는 위탁판매업을 주업으로 했으나, 위탁상품을 담보로 하는 금융업도 겸했으며 수신(受信)업무와 어음거래도 했다. 또 여각(旅閣)이라는 사상이 있다. 이는 객주와 비슷하지만 다른 개념이다. 예컨대 한강 연안에 있던 규모가 비교적 큰 곡물·과일·소금·어물 등의 위탁판매 사업을 일컬어 여각 또는 경여각(京旅閣)이라고 했다.

여각은 숙박시설이 잘 갖춰져 있었고 창고와 마구간 시설이 양호한 편이었다고 한다. 객주의 취급 물품이 직물·가죽·인삼 등의 가벼운 상품이었다면, 여각의 경우는 부피가 크고 대량으로 거래되는 상품을 취급했으므로, 마차견인용 가축의 마구간 시설을 갖추어야 했다.

그리고 거간(居間)은 거래를 성사시키는 업을 전문으로 하는 중개업자를 가리킨다. 거간은 고대사회에서부터 존재했으나, 18세기 이후 활발한 상품유통에 편승하여 활동하였다. 당시의 상품거래는 거간의 중개로 이루어졌다고 한다.[75]

2) 사상으로서의 개성상인

(1) 개성 상인의 태동

조선의 건국 초기에 상업은 최소한의 상거래 기능 이외에는 인정되지 않았다고 한다. 그래서 상인들의 수가 한정되어 있었을 뿐만 아니라, 농민이 상업에 나서는 것은 처음부터 허용되지 않았다. 결국 조선시대의 상업은 사농공상의 말업(末業)으로서 천

---

75) 문정창, 『朝鮮の市場』(東京, 日本評論社, 1941), PP. 48~49 ; 황명수 외, 전게서, PP. 87~90.

시의 대상이었다.76)

고려 시대에 개성에서 번성했던 송도시전(松都市廛)은 관가의 필요한 물품을 조달하는 공상(公商)이었다. 그것은 조선 건국 이후 최초로 한양에 천도했다가 송도로 돌아올 때까지도 큰 타격을 입지 않았다고 한다. 다시 한양으로 재천도 하기까지의 기간(AD1392~1405)은 개성시전이 활기를 띠고 있었다.77) 그런데 송도시전은 태종의 한양 재천도 이후부터 쇠퇴하기 시작했다. 물론, 한양에 육의전을 개설하고 새로운 상권을 형성하게 되면서 송도시전은 폐쇄되었고 공상(公商)으로서 개성 상인들의 상거래 활동에도 타격을 받게 되었다.78)

신생 조선 정부에 반대하여 개성 시전에 잔류한 상인들은 갖은 핍박과 고난 속에서도 끈질기게 살아남았다. 그들은 정치에 관심을 두지 않고 오로지 상업 경영에 주력하였다. 조선시대의 개성은 상업 도시로서의 입지 조건이 좋지 않았기 때문에, 좌상(坐商)보다는 행상(行商)에 주력할 수밖에 없었다.

개성의 상인들은 힘을 모아 단합하고 개성의 상업을 다시 일으켜 세웠다. 지난날 번성하던 고려 시대의 공상(公商)으로서가 아니라, 사상(私商)으로서의 개성상인이 태동한 것이다. 따라서 개성상인이 사상(私商)으로서 출범한 것은 시전개시를 허용한 태종 9년 3월이 기원를 이룬다. 환언하면, 개성 상인의 원조 뿌리는 고려 시대의 송도 상인, 즉 송상(松商)이라는 이름에서 유래하지만, 조선 시대에 들어와서 핍박을 받으면서도 끈질기게 살아남은 친고려(親高麗)·반조선(反朝鮮)의 성향을 지닌 개성 시전의 영세 상인이었다고 할 수 있을 것이다.79)

이로 인해 개성상인이 생겨났다. 조선이 건국된 이후 송도가 개성으로 지명이 변경되었고, 몰락한 개성의 상업을 다시 일으켜 세우려는 개성 시전의 상인들에 의해 개성 상인으로 재탄생한 것이다. 사상(私商)으로서의 개성상인지 형성된 것이다. 그들은 조선의 건국과 수도 한양의 건설에 참여하지 않았고, 고려인으로서의 긍지를 끝까지 지킨 상인들이었다. 오직 상업 경영에 투신함으로써, 고려인의 긍지를 지켰고 독특한 상술(商術)과 경영기법을 개발하여 조선시대의 사상 중에서 우뚝 솟은 개성 상인으로서의 위상을 명실공히 확립했다.

---

76) 박평식, 『조선 전기 상업사 연구』(서울, 지식산업사, 1999), P. 53 ; 공창석, 『위대한 한국 상인』(서울, 박영사, 2015), P. 652.
77) 박평식, 「조선 전기의 개성상업과 개성상인」(한국사연구회, 『한국사 연구』 제102호, 1998), P. 182 ; 공창석, 전게서, P. 653~655.
78) 고동환, 「조선 시대 개성과 개성상인」(역사문제연구소, 『역사비평』 봄호, 2001), P. 210 ; 공창석, 전게서, PP. 655~656.
79) 공창석, 전게서, P. 657.

(2) 개성 상인의 성장

　개성에 설치된 사대전(四大廛)80)을 근거로 하여 전국적으로 상업활동을 전개했던 개성상인(松商) 조선 건국 이후 한양에 설치된 육의전(六矣廛)과 경쟁하면서 발전을 모색해 나갔다. 즉, 사대전을 중심으로 번성했던 개성 상인들은 조선왕조의 한양 천도 이후 관수용품 제공이 끊어지고 민간 상인(私商)에 의한 상거래가 금지됨에 따라 상업 활동의 어려운 고비를 맞이하게 되었으나, 사대시전(四大市廛)과 문외백목전(門外白木廛) 등 16개 종목에 이르는 시전이 유지하고 있던 전국의 상업계(界)를 행상 조직인 송방(松房)81)으로 연결하여 난관을 극복함과 동시에 조선조 초기부터 확고한 상업활동의 기반을 다져놓았다.82)

　이러한 상황에서 조선 중기 이후에 이르러서는 대동법의 시행과 상평통보의 발행으로 화폐경제가 발달함에 따라, 개성은 또다시 전국 제일의 상업 도시로서 발전을 구가하게 된다. 지방의 객주(客主)와 여각(旅閣)을 기반으로 하여 개성 상인들은 상권을 전국적으로 조직화하였다. 이때 송방이라는 지점망이 형성되었다. 송방은 개성상인들만의 독특한 조직체로서 오늘날의 분점 또는 연쇄점과 유사한 것이다. 그들은 전국의 주요 상업 중심지에 송방을 설치하여 지점장에 해당하는 차인(差人)을 파견하고 지방생산품의 수집과 매매를 담당케 하였다. 이렇게 하여 송상과 송방이라는 고유한 명칭이 전국적으로 널리 알려지게 되었다.

　개성상인에 의하여 조직된 송방은 전국의 상권(商權)을 장악하여 한양의 육의전에 상당한 영향을 주기도 하였고, 매점·매석의 도고상업(都賈商業)을 통한 자본축적도 감행하였다. 그리고 개성상인은 삼포(蔘圃)에서 인삼을 재배함으로써 대규모의 삼상(蔘商)으로 성장하였으며, 송방에 의한 조직적인 생산지 도고 상업망을 보유하고 인삼·포물(布物)·갓(笠)등의 매매를 주도하였다. 여기서 도고라 함은 독점이나 매점매석에 의한 입도선매의 상술을 의미한다. 이것은 초기부터 이어오던 절재와 겸손의 정신을 잊어버리고 상도를 저버린 결과였음을 확인하게 하는 대목이다. 18세기에 이르러 일부의 개성상인은 밀무역을 하기도 했다. 중국 사신의 일행 속에 몰래 잠입하여 청나라 상인들과 불법 거래를 하였던 적도 있다.83) 그러나 대부분의 개성 상인들은 전통

---

80) 사대전(四大廛)이란 고려조의 수도였던 송도(開城)에 설치되어 개성 상인의 상업활동 근거지가 되었던 것으로서, 선전(縇廛)·백목전(白木廛)·청포전(靑布廛)·어과전(魚果廛)을 일컫는다.
81) 개성 상인의 송방조직은 전국적으로 분포되어 있던 상업망으로서 전국범위의 구매로(購買路)와 판매로(販賣路)를 확보한 경영조직이었다.
82) 동아 출판사, 『동아원 색 세계대백과사전』(제1권, 1984), P. 624; 이훈섭, 『한국 전통 경영사론』(서울, 글로벌출판사, 1999), PP. 351-356.
83) 이훈섭, 전게서, P. 356; 홍하상, 『개성상인』 (서울: 국일출판사, 2004), P. 269.

적으로 전승되어오던 상도(開城商人精神)를 지켜나갔다. 그들은 근검절약, 성실 정직과 신용, 그리고 특유의 민첩함과 창의력으로 승부를 걸었다. 특히 상업에 대해 민첩함과 창의력은 외국과의 인삼 무역에서 유감없이 나타났다.

인삼 무역은 개성 상인들의 주축사업 중의 하나였다. 개성 상인들은 만상(義州商人)이나 래상(東萊商人), 그리고 경강상인(京江商人)들보다 인삼의 교역 가치를 일찍부터 터득하고 인삼 교역을 활용함으로써, 부(富: wealth)를 축적하고 번창할 수 있었다. 개성상인에 의해 축적된 자본은 국내 최대의 토착 민간자본으로 성장하였고, 개항 이후 외국자본의 침입에 대항하는 강력한 민간자본의 역할을 하였다.

그 때문에 개성 상인의 자본은 외국자본에 의해 철저히 봉쇄당하게 되었을 뿐만 아니라, 인삼 교역 수단이 근대화 이후 일본인에 의해 강점당하게 되어 개성 상인의 붕괴속도는 한층 빨라졌다. 그렇지만 근면 성실과 선진적 상술을 비롯한 상도, 그리고 전국규모의 도고상업 및 차인경영의 송방조직은 개성 상인의 명맥을 유지하는 정신적 지주가 되었다. 그것은 광복 이후 그 후손들에 의하여 현대적 기업을 일으키는 원동력이 되었다. 태평양화학의 서성환, 대한유화의 이정림, 동양화학의 이회림, 신도리코의 우상기, 한국제지의 단사천 등이 개성 상인의 후예들이다. 그들은 대한민국 정부수립 이후의 격동기와 경제개발연대를 거치면서 전통적 개성상인 정신을 경영 사상적 기반으로 하여 기업을 일으키고 성장시켰다.[84]

2. 사상에 의한 상인회계문화

우리나라의 사상(私商)은 아득한 옛날 고대국가에서도 존재했있다. 봉건주의 국가에서의 상거래는 관부회계가 주류를 이루었으나, 일반 백성들 사이에서도 물물교환 형태의 거래는 비일비재하게 행사되었음을 앞의 여러 장을 통하여 엿볼 수 있었다. 그리고 기록계산도 단순한 비망기록의 형태로 이루어지는 단식부기의 수준을 벗어나지는 못했다. 중앙집권적 국가 질서가 확립되고 봉건주의 경제가 초기형태에서 벗어나 발달하는 과정에서 사상(私商)이 자연스럽게 출현하여 상업활동을 전개하기에 이르렀다. 그에 따라 사상들의 상거래 활동에서 비롯되는 기록계산의 수단도 단식부기에서 점차 진화되는 모습을 보여주었다.

그러나 사상들에 의해 축적된 부(富: Wealth)가 재투자의 형태로 이루어지는 자본 개념이 등장하고 위탁상거래가 형성되기까지는 상당한 부기법(簿記法)의 진화는 거의 진전되지 못한 채 답보상태에 머물러 있었다.

---

[84] 고승희, 『개성 상인의 경영 사상과 송도치부법의 논리구조』(태평양 장학문화재단 연구보고서: 한국경영사학회, 『경영사학』 제20집 제1호, 2005) PP. 21-24)

조선 후기에 이르러 대동법이 시행되면서 공인자본(貢人資本)이 출현했으며, 사상에 의한 상업자본 축적이 이루어지기 시작했다. 이 무렵부터 사상들의 부가 재투자의 형태를 띤 자본개념으로 전환되었으며, 개성 상인의 차인경영을 통한 위임관리제도가 정착되어 가는 과정에서 종래의 단식부기적인 기록계산 방법은 복식부기의 형태로 진화되어 갔다. 결국 우리나라의 복식부기의 회계기법은 상업자본주의 경제의 태동과 더불어 생성되었다고 보아야 할 것이다.

1) 새로운 치부회계문화의 생성

(1) 전통적 치부회계문화의 진화환경

우리나라의 전통적 부기 기법을 생성시킨 사회경제적 환경은 상거래의 발달에서 찾을 수 있다. 그것은 생산력과 사유재산제도가 발달하게 되면서 상품의 유통과 더불어 전문적인 상인이 등장함으로써 생성되는 것이다. 그러한 상거래 활동은 아득한 상고시대에서부터 존재했었다. 그 시대의 상거래는 정기적인 것이 아니라, 우연히 이루어지는 경우가 많았다. 그래서 상거래의 결과를 기록 계산하는 관습은 기장체계를 갖추지 않은 비망적인 기록 정도에 불과했다.

조선 시대에 들어와서도 상업을 억제하는 정책이 지배적이었으므로, 사농공상의 직업 우선순위에서 상업은 천시의 대상이었다.[85] 따라서 부기 회계문화도 고려 시대의 관부회계 제도를 답습하는 수준에 머물러 있었고, 상인에 의한 상거래회계도 고려 시대의 단식부기 방법이 전승되어 체계화되지 않은 채 사용되고 있었다.

조선 후기에 접어들면서 주변 환경이 달라지기 시작하였다. 중농주의 농업 우선 사상에 변화의 조짐이 나타났다. 중상주의적 상업진흥과 경영혁신을 주장하는 실학파 학자들이 등장한 것이다. 예컨대, 유형원(柳馨遠)과 이익(李瀷)·유수원(柳壽垣)을 비롯한 홍대용(洪大容)·박지원(朴趾源)·이덕무(李德懋)·박제가(朴齊家)·정약용(丁若鏞)·최한기(崔漢綺) 등의 실학파 학자들이 우리나라 역사상 처음으로 사회개혁을 주장하고 중상주의적 경영혁신론을 설파하였다. 이들은 저서를 통하여 사회경제적 개혁론을 펼침으로써, 조선 후기의 경제사상가로서 계몽주의(啓蒙主義)적 돌풍을 일으킨 선각자들이었다.[86] 이 중에서 아정(雅亭) 이덕무의 저서 아정유고(雅亭遺稿)에 기록된 그의 회계 사상의 일면을 소개한다. 『금전과 곡식·포목·비단의 거래 사실을 헤아릴 줄 모른다면, 그것은 망가(亡家)의 조짐이니라. 금전과 물품의 출납은 반드시 장

---

85) 김병하, 『한국경영이념사』(대구, 계명대학교 출판부, 1994), P. 99.
86) 김병하, 『한국 경제사상사』(서울, 일조각, 1977), PP. 95~247.

부에 기록하여 주인에게 보이고 빈틈없이 계산하여 누락하는 일이 없어야 한다.」87)

이러한 환경 속에서 대동법이 시행되고 토지개혁을 비롯한 여러 가지 제도개혁이 이루어졌으며, 「조선통보」라는 화폐가 발행되어 상거래에 유통되기 시작하였다. 그리고 사상(私商)에 의한 행상 활동이 활발해지면서, 보부상단이 널리 보급되어 원격지 상거래 활동이 활발히 이루어졌다. 시장으로는 교통의 요충지나 성읍(城邑)에서 정기적으로 열리는 장시가 있었고, 경성의 시전이 대표적인 상설시장의 기능을 담당하였다. 대외무역으로는 대명(對明)무역과 대일(對日)무역이 주종을 이루고 있었다.88)

사상(私商)으로서 개성상인을 비롯한 의주 상인·동래상인 등이 상업활동을 전개함으로써, 상인자본을 축적하여 부기 회계문화의 발전에 상당한 영향을 끼쳤다. 그리고 사상에 속하는 위탁판매·금융·숙박·운수·창고 등을 주업으로 하는「객주」라는 특수한 상인제도도 발달하였고 중개인에 속하는 거간이라는 제도도 상품의 유통을 활발하게 하여 조선 후기 부기 회계문화의 진화환경을 조성하였다.

특히 개성 상인의 상인자본 축적과 더불어 차인경영을 통한 위임관리제도의 등장은 상업자본주의의 새싹을 움트게 하는 촉매작용을 했음이 분명하다. 상인자본에 의한 상업 자본주의적 맹아(萌芽)는 근대사회로 전환되는 과도기적 과정에서 나타난 자본과 임노동 관계의 초기적 성립을 의미한다. 사상(私商)에 의한 상인자본이 축적되어 상업경영에 재투자가 이루어졌음은 물론, 노동자의 분업과 협업에 따른 공장제수공업이 출현하여 부기 회계문화의 진화를 촉진하는 사회경제적 전환기를 장식했다.

막스베버의 견해와 같이 화폐가치로 투자수익을 계산하면서 영리를 추구하는 기업경영을 자본주의로 본다면, 조선 후기에 사상(私商)으로 변신한 개성상인은 사개송도치부법이라는 복식부기를 사용하고 환(換)과 어음을 이용하며 차인경영을 활용함으로써, 전국적인 상업망을 구축했다는 점에서 근대적 기업의 초기형태로 볼 수 있다.

조선 후기의 상업 자본주의적 새싹을 트게 한 환경적 변화는 생산력의 발전과 상품화폐와 시장경제의 발전에 기반을 두고 있었다. 조엘 모커(J. Mokyr)가 정의한 자본주의적 성장유형을 투자의 증가에 따른 솔로형 성장(Solovian growth), 스미스가 보는 상업 발달에 기반을 둔 성장(Smithian growth), 그리고 기술발전에 의한 성장을 슘페터 형 성장(Schumpeterian growth)으로 구분한다면,89) 조선 후기의 초기 상업 자본주의적 경제성장은 두 번째의 스미스형 성장패턴이라고 인식할 수 있다.

---

87) 이덕무, 『雅亭遺稿』(李光葵 編, 『靑莊館全書』, 英祖 19年<1796>, 奎章閣 所藏), 第三十卷 士小節, 第七冊 婦儀事物, ; 김병하, 상게서, P. 215.
88) 황명수 외, 『한국의 시장상업사』(서울, 신세계백화점출판부, 1992), PP. 61~70.
89) http://100.daum.net/encyclopedia/view/177XX61300955#38259524; 이헌창(2008);),「조선 후기 자본주의 맹아론과 그 대안」, 『한국사학사학보』 17 ; 梶村秀樹, 『朝鮮における資本主義の形成と展開』 (龍溪書舍, 1977).

조선 후기의 인구밀도는 1㎢당 70명 정도로 높은 수준이었다. 이는 농경사회로서 기술발전을 이루고 성숙한 편이었음을 보여주는 것이다. 생산력과 시장경제의 발전에 기반을 둔 스미스 형 성장을 거치지 않고는 슘페터 형 성장으로 진입할 수 없다는 것이다. 높은 인구밀도에 힘입어 5일마다 열리는 시장이 18세기 중엽에 1천 개에 달할 정도로 농촌 정기장시(定期場市)의 밀도는 높았다. 산업혁명으로 발전할 길은 요원하였으나, 자본주의로의 전환을 준비하거나 그 도입을 지원하는 기반은 축적되고 있었다고 보게 된다.90) 이러한 시대적 상황을 거치면서 결국 조선 후기의 상업자본주의 경제적 환경변화와 더불어 전통적 부기 회계문화는 단식부기에서 복식부기로 진화하는 전환기를 맞이했다고 해야 한다.

(2) 새로운 상인회계의 생성과 진화 요인

상업은 오랜 세월에 걸친 우리나라의 봉건주의 시대에 대내외적으로 발달하였고, 그에 상인들은 단체를 이루어 귀족이나 부상(富商)의 위탁을 받아 그들의 대리상을 하는 경우가 많았으며, 그 과정에서 위탁한 사람에게 회계 보고의 의무가 발생하게 되어 결국 상거래의 장부 기록은 필연적으로 이루어지게 되었을 것이다. 장부 기록 방법의 생성은 이러한 상거래 행위를 위탁하는 당시의 상류계급과 상인과의 사이에 이루어지는 경제활동으로 볼 수 있다. 즉, 위탁과 대리라는 관계 성립이 장부 기록 방법을 진화시키는 데 결정적인 역할을 했다는 것이다. 그리고 가치의 공통적인 척도가 되는 화폐의 유통이야말로 교환경제의 발전을 촉진했을 뿐만 아니라, 상거래에 의한 기록계산 방법의 진화 가능성을 조성하는 사회경제적 배경으로 작용했음은 물론이다.

상거래의 흔적을 남길 수 있는 기록 수단으로서 문자의 등장이 선행되어야 함은 물론, 상거래 행위에서 비롯되는 수량적 표현이 가능한 산술적 계산 방법이 개발되는 사회경제적 환경이 조성되어야 함은 당연하다. 왜냐하면, 문자(書法)와 숫자의 발명과 산술의 발달은 기장 방법의 생성에 필수적 수단으로서 필요하기 때문이다. 한문자가 전해지고 산목(算木)에 의한 수치계산도 가능하게 되었던 고대·중세사회가 부기 회계문화의 꽃을 피운 것은 사실이다. 그런데도 당시의 사회경제적 사정으로는 자본개념이 등장할 수 없는 환경이었기 때문에, 단순한 비망 기록계산 수준인 단식부기의 단계를 벗어나지 못했음은 분명하며, 앞에서도 여러 번 언급한 바가 있다.

기장 방법의 생성에 대한 사회경제적 환경의 하나는 국가의 재정적 관리를 위한 기록계산에서 비롯되었다는 것이 정설이다. 그러나 민간부문의 경우는 상업이 발달하고

---

90) 상게논문(2008) ; http://100.daum.net/encyclopedia/view/177XX61300955#38259524; 이헌창 (2008).

화폐제도가 정착함에 따라 사유재산제도가 인정되고 신용경제가 이루어지게 되었음은 물론, 그에 따라 상인이 상거래 행위를 통하여 자본축적을 실현했다는 대목에서 찾을 수 있다. 대리인경영제도와 자본개념의 등장은 부기 회계문화의 획기적인 진화를 가져오게 하는 결정적 역할을 했다.

특히 지(紙)·필(筆)·묵(墨) 생산이 활발하게 이루어졌고, 교육제도가 발달하였던 고려 시대에는 인쇄술이 발달하여 서적이 출간되고 글을 배우는 풍습이 일반화되었다고 한다. 이와 더불어 중국으로부터 수학이 도입되었고, 관리의 등용을 위한 과거시험에서도 수학 과목이 있었을 뿐만 아니라, 국가의 최고 교육기관인 국자감(國子監)에는 산술 박사와 각 관서에 산사(算士)가 배치되었던 환경적 여건에서 보면, 고려 시대의 부기 회계문화도 상당한 진화의 과정을 거쳤을 것이다. 그 시대에는 관부회계를 중심으로 기장문화가 발달하였으나, 상인회계의 경우는 상인의 상거래 활동을 통한 부(富)의 축적이 가능했을 뿐, 그것이 상거래와 생산활동에 재투자되는 자본개념으로는 승화하지 못했다는 점에서 어느 정도 진화가 이루어졌다고는 하지만, 역시 고급수준의 개량된 단식부기 문화의 범위를 넘어서지 못했다.

조선 후기에 이르러서는 사회경제적 환경이 달라졌다. 대동법 시행 이후, 사상(私商)들의 상거래 활동이 전국적으로 확산하고, 보부상단에 의한 물적 유통이 활발하게 이루어졌다. 개성상인은 전국적으로 송방을 설정하고 차인제도를 도입하여 경영을 위임함으로써, 전국적인 상업망을 구축했음은 물론, 상인자본을 축적하여 삼포경영과 수공업, 그리고 광산경영에 재투자함으로써, 상업 발전뿐만 아니라, 산업발전을 지향하는 상인 정신을 발휘하기도 했다. 이것은 자본개념의 등장을 의미하는 것이다.

따라서 조선 후기의 사회경제적 환경은 실학사상의 보급과 천문역학의 발달, 상품화폐 경제의 성장에 수반한 시장 향(向) 상품생산의 진전, 농경사회의 생산력 발전과 경영형 부농·부상의 출현, 사회적 분업의 진행과 잉여생산물의 집산·유통, 상인에 의한 상업자본의 축적과 생산 부문에의 재투자, 상인자본에 의한 수공업 분야의 선대제도 출현, 광산업에서의 자본주의적 경영과 유기(鍮器)수공업에서의 공장제수공업 형성 등은 상업 자본주의적 싹을 틔우는 배경이 되었고[91], 전통적인 한국 고유의 부기 회계문화를 복식부기 문화로 진화시키는 촉매제 역할을 했다고 볼 수 있다.

이처럼 조선 후기는 「리틀톤」이 제시한 복식부기의 생성 요소가 모두 갖추어진 사회경제적 회계환경이 조성되어 있었음을 발견할 수 있다. 즉, 그것은 서법·산술·사유재산제도·화폐·신용·상업·자본 요소와 더불어 차인경영에 의한 위임(委任)요소가 종래의 단식누기 구조에서 새로운 복식부기 문화로 진화할 수 있는 환경요소가 갖춰지기에 이르렀다. 조익순 교수는 인류의 부기 회계문화를 생성·발전시킬 수 있는 사회경

---

91) 전게논문(2008); http://100.daum.net/encyclopedia/view/177XX61300955#38259524. (참조)

제적 환경을 3단계로 분류하여 설명한 바가 있다.[92] 이를 토대로 하여 <그림 4-2>와 같은 부기 회계문화의 진화 요인을 도표로 나타내었다. <그림 4-2>에서 표출된 제3단계의 자본 요소와 위임요소가 발생한 시대를 조선 후기로 보는 것이다. 조신전기까지는 제2단계의 단식부기를 발전시키고 복식부기를 싹트게 하는 요인으로서의 상업·신용·화폐가 등장하기는 했으나, 가장 중요한 자본개념이 등장할 수 있는 환경이 되지 못했으므로, 복식부기 문화의 완성은 조선 후기 이후로 보아야 한다는 것이다.

따라서 조선 후기의 경제 사회적 구조는 복식부기를 생성·발전시킬 수 있을 만큼 성숙한 환경이었음이 확실하다. 영국의 회계사학자인 「울프」가 『회계의 역사는 문명의 역사이고 회계는 그 시대의 거울』[93]이라고 언급한 바와 같이 회계기법의 생성과 진화는 그 시대의 경제적·사회적 발달상황을 가늠할 수 있는 기본척도가 되는 것이다. 우리나라의 전통적 고유의 단식부기 문화는 조선 후기에 이르러 비로소 복식부기 문화로의 획기적인 진화가 실현되었다고 보아야 한다.

(3) 조선 시대 상인회계의 유형

일반적으로 알려진 조선시대의 상인 층은 송상(松商)이라는 이름으로 활동하던 개성상인과 만상(灣商)이라는 의주 상인, 래상(萊商)이라고 하는 동래상인, 그리고 수도권 주변의 경강상인이 중심축을 이루어 활동하고 있었다. 그 외에도 지방별로 각종 상인 층이 형성되어 크고 작은 상거래가 5일마다 열리는 장시를 중심으로 이루어지고 있었다고 한다.

이러한 조선시대의 상인 층은 각각 그들 나름대로 상거래의 결과를 기록 계산하는 부기 회계의 기법을 사용하고 있었을 것이다. 전하는 바로는, 조선시대의 상인회계는 여러 유형이 존재했다고 한다. 1917년에 한국의 부기 회계문화를 일본에 최초로 소개한 다무라(田村流水)에 의하면, 『토착 조선 상인이 매일 회계 계정으로 응용한 기장법에는 개성식(開城式), 조선식(朝鮮式), 절충식(折衷式)의 3종류가 있다.』[94]고 언급한 바가 있다. 그리고 『경성과 인천 등지에서 비교적 대상(大商)이라고 일컬어지는 곳의 상점은 개성 부기법과 조선 부기법을 절충시킨 부기법을 사용한다.』[95]고도하였다.

---

92) 조익순·정석우, 전게서, PP. 33~64: (이 중에서 P. 34의 표에 의한 부기 생성 요소의 재분류를 참조했음).
93) Arthur H. Woolf, "A Short History of Accountant and Accountancy," (London, 1912); 片岡義雄, 『ウルフ古代会計史』(東京, 中央經濟社, 1954), pp. 1~2.
94) 田村流水, 「朝鮮商人と其簿記法—附、複式簿記奬勵の效果如何」 (『東京經濟雜誌』第76卷 1914號, 1917年, 8月, 4日 發行), P. 14.

1926년에 오오다니(大谷顯太郞) 교수는 조선식 부기법과 절충식 부기법에 대하여 논평을 한 적이 있다. 즉, 『경성(京城) 기타의 도시에서 개성 부기법과 고유의 부기법을 절충시킨 것과 같은 기장법을 채용하고 있는 상점이 적지 않다. 그것은 도매나 소매의 대규모 상점에서 많이 사용하고, 일반소매점에서는 고유의 조선식 부기법에 의존하고 있다. 절충식에서는 장책(賬冊: 圖錄會計冊)을 합하여 하나의 계정을 입질용질(入秩用秩)로 분할하고 있는 점 등은 오히려 개성 부기법보다도 더 진화된 것으로 보인다.』96)고 서술하였다.

그리고 다무라(田村流水)는 조선상가(商家)의 매매원장에 상응하는 기장 절차를 일컬어 고유의 조선식 부기법이라고 언급하면서, 『별로 대차(貸借)에 관한 부기상의 관념도 없이, 계정과목도 단순히 인명계정에 의하여 기장 처리하고 있는데 불과하다』97)고 그것이 단식부기적 성격의 것임을 지적하였다. 그런데 개성식 부기법에 대한 그의 관점은 달랐다. 그는 사개송도치부법에 대하여 다음과 같이 피력하였다. 『정사(精査)한 개성부기는 그 대차의 계정과목을 응용하고 장부의 분류 등, 완전한 학리(學理)를 기초로 활용한 것』98)이라고 하여 사개송도치부법이 복식부기의 논리구조를 함유하고 있다고 주장하였다는 것이다.

이상의 서술에 의하면, 개성식 부기법이 아닌 다른 형태의 부기법이 조선 시대에 존재하고 있었다는 것을 알 수 있다. 그것은 개성 상인들이 사용하던 치부법 이외에도 경향 각지의 상인들에 의해 전승되어온 고유의 전통적 부기법이 사용되고 있었을 뿐만 아니라, 각 지방에 산재한 중소 상인들이 위의 양자를 절충·응용한 부기법에 따라 기장 처리하고 있었다는 것이다. 1920년대 전후 한국의 사회경제적 배경 속에 존재하던 부기법의 형태를 조사·분석한 이들 논문은 시사하는 바가 크다. 위의 절충식 부기법의 경우는 통합장부의 형식으로 수입 계정과 지출계성으로 나누어 기장 처리하고 있어서 개성식 부기보다 진화된 부기법이라고 서술하고 있기도 하다.

수도 경성에 육의전이라는 상인집단이 있었으나, 대동법이 시행된 이후에는 경강상인이 수도권과 강원도를 중심으로 상업활동을 하고 있었으므로, 이들이 절충식 부기법을 사용했다는 주장에 토를 달 생각은 없다. 그리고 의주 상인과 동래상인 등이 지역적인 상업활동을 전개했던 것으로 보아 그들은 전통적 고유의 부기법이라 할 수 있는 조선식 부기법에 해당하는 기장 방법을 사용하지 않았나 하는 생각도 하게 된다. 각

---

95) 상게논문, P. 15 ; 杉本德榮, 『開城簿記法の論理』(東京, 森本書店, 1998), PP. 1~2.
96) 大谷顯太郞、「開城簿記法に就いて」(『會計』第19卷第4号, 1926, P. 77)
97) 田村流水, 前揭論文, P. 14.
98) 田村流水, 「高麗時代に複式簿記あり」(『東京經濟雜誌』第76卷第1911号、1917年 7月14日)
   ,P. 17.

지방의 중소 상인들이 사용하던 부기법도 존재한다는 사실이 이를 입증한다.

그렇다면, 조선시대의 상인회계는 적어도 세 가지 유형으로 접근할 수 있는 근거가 제시된 셈이다. 다시 말해서 조선시대의 상인 층에서는 ① 조선식 부기법 ② 개성식 부기법 ③ 절충식 부기법 등이 한국의 전통적 고유 부기로써 사용되고 있었다는 것이다. 여기서 조선식 부기법은 오랜 고대사회에서부터 상인들 간에 사용되던 장부기록 계산법으로서 상당한 기간 전승되면서 그때그때의 사회경제적 환경에 맞게 적당히 개량과 진화의 과정을 거쳐 형성된 것이라고 할 수 있다. 물론 단식부기적인 기록계산 방법에 따른 것이다. 개성식 부기법은 개성을 터전으로 상업을 일으키고 전국적으로 활동 영역을 넓힌 개성상인들에 의하여 전통적 고유의 부기법을 숙성시키고 그들의 특성에 맞는 부기 회계기법으로 발전시킨 것이다. 그것은 사개송도치부법이라는 장부기록 일부가 오늘에 전해지고 있다. 그리고 절충식 부기법은 위의 양자에 기본을 두고 있으면서도 각 지방 중소규모의 상거래를 하는 상인들의 실정에 알맞은 기록 방법으로 개량시킨 것이라고 할 수 있을 것이다.

이 3유형의 장부 기록 방법은 확실히 구분되거나 실증된 적이 없이 학자들의 연구에 의하여 분류되고 있는 정도에 불과하다. 그리고 3유형에 관한 연구가 개별적으로 진행된 바는 아직 없으며, 실증적인 고증을 통하여 현존하는 장부의 내용을 정리해 놓은 연구도 이루어진 바가 없다. 다만, 개성식 부기법이라고 일컬어지는 사개송도치부법의 이름으로 국내외 학자들에 의하여 기장 원리나 장부 체계에 관한 연구가 이루어져 있을 뿐이다. 고유의 조선식 부기법과 절충식 부기법이라는 표현은 학계에서 거론조차 되지 않고 있다. 현존하는 조선시대의 회계장부가 모두 개성 상인들에 의하여 일괄적으로 작성된 것으로 인식하여 연구가 이뤄지고 있다. 순수한 개성상인이 직접 작성했다는 사개치부의 장부로 확인된 현존 회계문서는 그리 많지 않다.

현존하는 사개송도치부법 장부는 교육용 해설서이거나 근대화 과정에서 등장한 은행거래의 장부가 전해지고 있으며, 나머지 장부의 일부(장부 체계가 완전히 갖춰져 있지 않은 사개치부의 현존 회계문서 일부)는 개성상인이 작성한 것인지가 명백히 밝혀지지 않은 채, 개성부기라고 일괄 취급되고 있는 것이 현실이다. 위에서 언급한 조선시대의 상인 회계문서의 3유형 중 어느 부류에 속하는 장부인지를 확인·분류하는 작업도 선행되어야 할 것이다.

2) 개성 상인의 사개송도치부법

개성상인은 말업(末業)의 천대를 받던 조선 시대에 사상(私商)으로서의 활동을 전개하게 되면서부터 더욱 상도(商道)를 지키고 상업 경영의 체계를 세워 그 위상을 정립한 상인 그룹이다. 차인 경영시스템과 사개송도치부법은 개성상인을 상징하는 대표적인 경영기법이다. 특히 사개송도치부법은 개성식 부기법으로서, 상거래의 사실을 복식기입의 방식으로 기장하고 그 결과를 정리·보고하는 부기 시스템을 일컫는다.

이것은 조선 후기의 사회경제적 회계환경 속에서 개성 상인들이 전통적 부기 방식을 합리적인 방법으로 개량·진화시켜 만들어낸 것이라고 할 수 있다. 상거래를 사개(四介)로 나누어 기장한다는 의미에서 사개송도치부법(四介松都治簿法)이라고 한다. 송도라는 지명이 개성으로 바뀌었기 때문에, 이를 개성부기라는 이름으로 개칭되었다.

그러나 지금까지 전해지는 개성부기의 장부는 그리 많지 않다. 멀리 고려 시대에 인쇄술이 발명되어 각종 서적이 발간되었으나, 활자화된 개성부기의 장부는 전해지는 것이 없다. 1916년에 현병주(玄丙周)의 저서인 『사개송도치부법』이 활자본으로서는 최초의 것이다. 이 책은 교육용 해설서로 출판된 것으로서, 개성부기를 자습할 수 있도록 구성되어 있다. 그 외에 필적(筆跡)으로 작성된 사개송도치부법의 회계장부는 18세기 후반 이후의 것들이 현재 전해지고 있는 정도이다.

1899년부터 1905년까지 7년 동안 작성되었다는 대한천일은행의 회계문서는 근대화 과정에서 사개송도치부법을 이용한 은행거래의 기록 장부라는 점에서 소중한 자료라 할 수 있다. 이 외에도 국내외의 여러 기관에 소장된 회계문서들도 사개송도치부법의 원리에 근거하여 작성된 장부라 할 수 있다. 그렇지만, 그것들은 일기장에서 분개장·원장 그리고 결산 장부에 이르는 장부조직이 완전히 갖추어져 있지 않은 흠결(欠缺)된 상태로 전해지고 있는 것도 있다. 그 장부들이 어느 시기에 어떤 개성 상인의 손에 의하여 작성된 회계문서인지 불확실한 것들도 존재한다. 그것들은 국내외의 여러 학자에 의하여 연구자료로 이용된 것들이 대부분이며, 소중한 역사자료로서도 높이 평가받고 있다. <표 4-9>에서 볼 수 있는 것이 현존하는 조선 후기의 사개송도치부법의 회계문서들이다.

따라서 현존하는 장부들은 일반적으로 사개송도치부법이라고 알려져 있다. 그러나 이 회계문서 중에는 개성부기법에 의해 작성된 것 이외의 전통적인 조선식 부기법 등에 의하여 작성된 것들도 포함되어 있을 것이다. 사개송도치부법이라고 하더라도 그것이 전부 사개송도치부법이라고 보장할 수 없기 때문이다. 조선 시대에는 개성상인과 더불어 경강상인·의주 상인·동래상인, 그리고 약령시(藥令市)의 상인은 물론, 각 지방에 산재해 있던 상인들이 상거래를 하고 있었으므로, 그들 상인이 각각 사용하는 부기법에 실무상의 차이가 필연적으로 나타날 수밖에 없다. 그러므로, 사개치부법이 곧 사개송도치부법이라고 동일시할 수는 없는 것이다. 사개송도치부법은 개성부기임이 분명하지만, 그냥 치부 문서라고 되어 있을 때는 개성상인 이외의 다른 상인 층에서 작성된 회계문서로 볼 수도 있다.

<표4-9> 현존하는 조선시대의 회계문서들

작성연대	조선 후기의 현존 회계문서 개요	출처·소장자·소장기관
1792-1906	明禮宮會計冊 등, 官府會計文書	규장각 소장 (조익순 교수 수집·소장)
1741-1925	영암 남평 문씨 門契資料 (用下記)	한국학중앙연구원 고문서 집성 21-22
1786-1788	타급장책(乾隆51年,正祖十年의 帳簿)	「殖銀調査月報」의 송준동의 논문에 인용
1798-1834	他給長冊, 外上長冊	개성박물관 소장(홍희유의 논문에 인용)
1821	他給長冊第一(道光元年 辛巳六月日天 恩上吉辰)	국립중앙박물관
1854-1859	日記第二, 外上他給長冊幷付第一, 船卜記	日本 고베(神戶)대학도서관(平井泰太郎 수집)
1866(丙寅)	日記 第百十七	국립중앙박물관 소장
1873(계유)	日記 第二百二十四	국립중앙박물관 소장
1873(계유)	日記 第二百二十七	국립중앙박물관 소장
1874갑술	日記 第二百四十二號	국립중앙박물관 소장
1874갑술	日記 第二百四十三	국립중앙박물관 소장
1875-1890	日記, 長冊兼用 會計文書	규장각 소장
1872-1880	他給長冊第一,第二· 外上長冊第一, 第二	개성정치경제대학 소장(홍희유의 논문)
1862-1898	六儀廛 중 일부 廛의 회계기록문서	고려대학교 도서관 소장
1881	長冊(第拾柒)	한국학연구원
1888-1896	掌冊第一, 稱生集, 方圓堂, 合成觀	규장각 및 교토(京都)대학 도서관 소장
1888	各圃間數 本錢會計	규장각 소장
1895	長冊(參拾壹, (參拾貳)	한국학연구원
1896	稷山日記	규장각 소장
1898-1900	孔子三會計	국사편찬위원회 소장
1897-1900	馬車會社 會計文書	규장각 소장
1899-1905	大韓天一銀行의 四介置簿文書	우리은행 도서실 소장
1902-1903	他給長冊	규장각 소장
1903	韓華記錄	규장각 소장
1916	實用自修 四介松都治簿法 全	玄丙周 著, 德興書林 출판
1972	松都四介治簿法實務例	金鎭英(개성상인)·『開城舊京』收錄
1986	松都治簿法四介文書의 槪要	李基浩(개성상인) 작성(그의 자녀들이 소장)

<자료 : 저자의 자료수집에 의거 확인된 것에 한정하여 정리함.>

기술한 바와 같이 우리나라에서 최초로 개성부기의 존재가 세상에 알려진 것은 현병주(玄丙周)의 저서인 『실용자수 사개송도치부법』이 1916년에 출판되면서부터이다. 이것이 시발점이 되어 개성부기에 대한 장부를 발굴하기 시작하였고, 국내외 학자들의 연구를 통하여 복식부기의 구조를 보유한 회계 방법임을 밝혀내었다. 이를 토대로 한국 고유의 부기법에 관한 계산 절차와 기본원리를 이해할 수 있게 되었다.

<표 4-9>에서 보이는 바와 같이 개성상인이 직접 작성한 장부는 김진영과 김기호의 사개치부 문서이다. 이 두 분은 개성에서 삼포(蔘圃)를 직접 경영한 경험이 있고 개성부기 법을 실무적으로 알고 있는 순순한 개성상인이었다. 이 중에서 개성상인 김기호가 작성한 『송도치부법 사개문서의 개요』는 1980년대에 소개된 것으로서 사개송도치부법의 구조를 완전히 들여다볼 수 있는 것이다.

3. 상인회계문화의 근간이 되는 사개송도치부법

현존하는 조선시대의 장부기록 방법은 개성식 부기법에 따른 회계문서가 우리나라 상인회계문화의 바탕을 이루는 것으로 인식되고 있다. 이하에서는 개성식부기법을 중심으로 하는 기장 원리와 사개송도치부법에 함축된 복식부기법을 탐색하고자 한다.

1) 사개송도치부법의 기본원리

개성지방에서 유래되었다고 전해지는 사개송도치부법(開城簿記)은 물품과 금전의 출납을 네 가지 유형(이것을 四介라고 함)으로 분류하고 대차(貸借) 관계를 밝혀서 장부에 기록하는 기법이다. 전통적인 고유의 부기법과는 다르게 체계적인 논리구조를 가진 복식기입원리에 따라 기장 처리하고 결산에 이르는 회계기법이다.

거래가 발생하면, 순서에 따라 그것을 일기장에 적어두었다가 분개장에 분개 기록한 다음 원장에 전기 기입하고 기말에는 결산절차를 밟는 기장 원리이다. 이 부기법에서는 거래의 분개를 사개(四介)로 표현한다. 그리고 일기장을 초일기(草日記, 또는 명심록), 분개장은 일기, 원장은 장책(외상장책, 타급장책), 그리고 결산서는 회계책이라는 장부에 기장 한다.

(1) 「사개(四介)」의 개념적 접근

사개는 가장 중요한 기장 절차의 시발점이 된다. 송상이 상거래에서 발생하는 거래를 장부에 기록·계산하기 위해서는 사개(四介)라는 거래의 유형별 분석 절차를 거쳐야 한다. 사개는 물품과 금전의 출납을 네 가지 유형으로 나누어 대차 관계를 밝혀야 한다.

현대회계에서 사용하는 분개와 같이 거래의 내용을 분해하는 절차와 같다. 오늘날의 분개(分介)라는 용어는 사개로 나눈다는 의미의 구분사개(區分四介)가 생략된 표현이다. 장부기록(帳簿記錄)을 생략하여 부기(簿記)로 통칭하는 것과 같다.

① 사개의 사전적 의미

이희승 교수의 국어사전에 의하면, 사개(四介)는, 『① 상자 같은 것의 네 모퉁이를 요철형(凹凸形)으로 만들어 들어 맞추게 된 부분 ② (建) 기둥머리를 도리나 장여를 박기 위하여 네 갈래로 오리어 낸 부분』99)이라고 정의되어 있다. 이 정의에 따르면, 사개는 일반적으로 건축 분야에서 많이 사용하는 용어라 할 수 있다.

「사개맞춤」・「사개 물림」(dovetailing)이라는 표현이 있는데, 이는 「기둥머리를 네 갈래로 오려내고 서로 짜 맞추는 작업」을 일컫는다. 나오고 들어가게 가공된 나무 모서리의 네 갈래 부분(四찌)을 깍지 끼듯이 짜 맞추는 것이다. 원래 사개는 한자로 「넉 사(四)」와 「끼일 개(介)」가 합쳐진 단어이다. 요철형(凹凸形)의 네모로 들쭉날쭉 가공된 나무의 모서리 네 갈래 부분을 끼워서 짜 맞추고 나무와 나무를 연결하여 가구나 건축물을 만들어낼 때 이르는 말이 사개(四介: dovetail)이다.

<그림4-4> 음양의 사개맞춤으로 이루어지는 건축용어인 사개 물림 순서

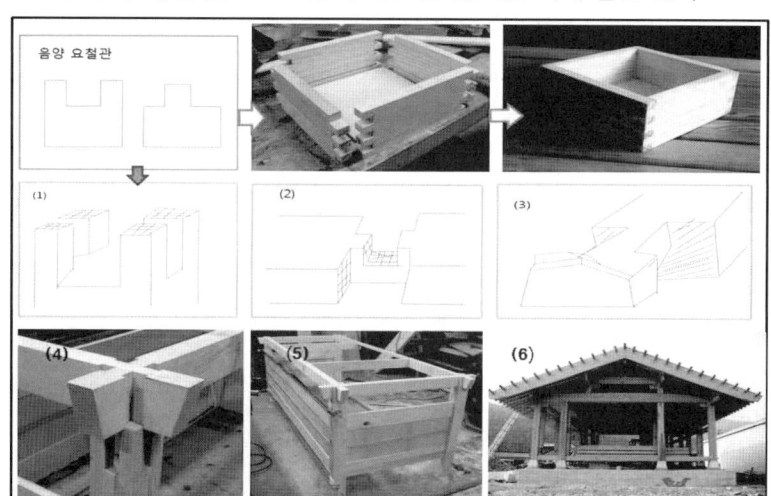

<자료 : 인터넷 사개의 자료를 참조하여 저자 편성>

그리고 「사개가 맞다」라는 표현은 사개를 맞추는 일이 딱 들어맞았다는 뜻으로서 「말이나 사리의 앞뒤 관계가 빈틈없이 딱 들어맞는다.」라는 의미로 쓰이는 관용구이다. 그러므로 사개는 단순한 건축용어로서의 뜻뿐만 아니라, 사고(思考)의 논리성을 지

---
99) 이희승, 『국어대사전』(서울, 민중서관, 1971), P. 1393.

닌 관용어로써도 사용된다는 것이다.

여기서 유의해야 할 점은 「요철형(凹凸形)으로 가공된 나무의 모서리」라는 부분이다. 그것은 나무가 서로 물리도록 짜임새 있게 맞추는 나무의 네 갈래 모서리가 나온 부분(凸)과 들어간 부분(凹)으로 만들어 놓은 모습을 상징한다. 그래서 사개의 어원은 동양사상의 음양오행설(陰陽五行說)에서 비롯되었다. 나무의 모서리를 깎아서 튀어나온 부분은 양(陽)을 뜻하며, 깎아내려 움푹 들어간 부분은 음(陰)을 의미한다. 사물을 관찰하면서 음과 양을 조화롭게 화합시켜 결과를 도출한다는 의미가 사개의 개념 속에 내포되어 있다. 「사개가 맞다.」 또는 「사개를 물리다」라는 표현이 바로 음양의 조화를 의미하는 것이다. 이러한 음양의 이치를 도출하여 사용하는 용어가 사개의 참뜻이다. 앞면의 <그림 4-4>의 그림을 보면, 사개의 기초적인 개념을 이해할 수 있다.

② 사개송도치부법의 사개

사개송도치부법은 사개에 의한 거래기록의 앞뒤가 논리적으로 딱 들어맞는 기장 방법을 의미한다. 따라서 사개송도치부법의 사개는 상거래를 네 개의 음양요소로 구분하여 사리에 맞게 대응시키기 위한 기장 행위의 기본개념이다. 그것은 나무를 네 갈래로 잘라내어 요철형(凹凸形)으로 만든 다음, 그것을 짜 맞추어 형태를 완성하는 건축 원리와 같은 것으로서 상거래의 음양요소를 지칭하는 개념이다. 사개송도치부법에서 사용되는 사개는 거래의 앞뒤가 딱 들어맞고 빈틈없이 기록계산이 이루어지도록 상거래를 네 개의 음양요소로 분류하기 위한 기장개념이다. 그러므로 부기론의 관점에서 보면, 사개송도치부법은 상거래를 통하여 나타나는 물품과 금전의 출납을 네 가지 형태로 분류하여 권리 의무의 대차 관계를 장부기록을 통하여 투명하게 밝히는 치부법을 의미한다.

사개는 상거래의 수지음양지도(收支陰陽之道)를 일컫는 기본개념이다. 상품수지의 음양지도라 함은 부(富)의 증감 사실을 음(陰: 凹)의 요소와 양(陽: 凸)의 요소로 구분한다는 동양의 음양 사상적 원리이다. 사개송도치부법은 금전의 출납과 물품의 입출을 기록·계산하기 위하여 수입·지출을 음양 원리에 따라 사개로 분류하는 작업부터 한다. 들어오는 돈과 나가는 돈, 그리고 들어오는 물품과 나가는 물품을 음양 원리로 구분하여 네 개의 요소로 구분하여 재화의 흐름을 일목요연하게 기장 처리하게 된다.

사개송도치부법의 저자인 현병주는 「---우리의 평생은 물품과 금전에 의지하여 생활하므로, 각각 생활의 정도에 따라 물품거래와 금전대차 간의 관계가 빈번하게 된다. 외상으로 주는 일도 있으며 빚을 지어 받는 것도 있는데, 갚을 것을 제때 청산하지 못할 때도 있고, 받을 것을 한두 해 연기할 때도 많아서---부기를 하지 않으면 오랜 거래를 무엇으로 기억하며, 많은 손익을 어떻게 분석하리오.」[100)]라고 하였다.

이는 예로부터 신용거래가 빈번하게 발생하기 때문에, 신용에 의한 대차 관계가 부기를 생성시키는 촉진제로 작용했다는 내용이다.

부기의 발생은 사람들 사이에서 일어나는 대차 관계에서 비롯되었다는 것이며, 「내가 받을 것과 남에게 줄 것」을 구별하여 기록 계산하는 것이 주축을 이룬다. 즉, 사고파는 것을 구별하여 기록한다는 것은 남으로부터 받은 것은 돌려줄 의무가 있고 남에게 준 것은 다시 받을 권리가 있으므로, 이러한 대차(貸借) 관계에는 권리와 의무가 수반된다는 뜻이 내포되어 있다.

사개송도치부법도 산 것과 판 것을 구별하여 기록하고, 매입하여 들어온 것(入)은 남이 준 것(他給)인 바, 그 후에 갚을 의무(給次)가 있어서 부채가 되며, 매출한 것은 남에게 준 것(外上)으로서 나중에 받을 권리(捧次)가 있어서 이를 자산으로 기록한다. 이것은 사개송도치부법 특유의 의인적(擬人的)인 대차 기록이다. 그러한 기록시스템은 거래를 인식하는 때부터 출발한다. 원래 거래란 재화의 수수(授受)나 교환 사실(event)을 의미한다. 즉, 그것은 사고팔고 하는 현상을 포착한 개념이며, 반드시 파는 사람과 사는 사람과의 관계가 존재하는 것을 전제로 하여 금전 또는 물품의 수수 관계를 인식하는 것이다.101) 이러한 구조는 타인에게 물품을 팔았을 때 그로부터 받아야 하는 권리(捧次)가 생기고, 타인으로부터 사들였을 때, 그에게 그 값을 치러줘야 하는 의무(給次)가 발생한다는 대차 관계와 직결되어 인명계정의 형식으로 나타나는 의인화(擬人化: personification)의 형식으로 이루어진다.

현병주의 저서에 의하면, 상행위의 대차 관계에서 발생하는 권리 의무를 쉽게 이해할 수 있는 수단으로서 금궤(金櫃 : 金庫)의 예를 들고 있다. 즉, 그는 「치부(治簿)하는 자는 권리 의무가 자신에게 속하는 것으로 보지 않고, 모든 권리 의무를 수용하는 「금고」에 양보하여 「금고」를 주체로 의인화(擬人化)한 다음, 대차 관계의 권리 의무를 구분 기록하는 기장 구조의 원리를 설명하고 있다. 여기서 주의할 것은 대차관계 상 권리 의무의 주체는 영업하는 자본주가 금전을 넣어두는 「용기」로서의 「금고」를 지칭하며, 금전을 맡아있는 사람으로 본다는 것이다. 따라서 그것을 주체로 하여 금전을 차용했을 때는 「금고」가 채무를 지고 갚을 의무가 있으며, 금전을 대여했을 때는 「금고」가 채권을 가지고 받아들일 권리가 있는 것으로 본다. 이것은 자본주가 투자하여도 「금고」를 주체로 해서 「금고」가 그것을 받아들여 그 후에 갚을 의무가 있음을 의미한다. 대차, 즉 모든 권리 의무는 「금고」를 중심으로 하여 이루어지는 것으로 보아 의인화에 의한 대차 관계의 기록계산이 이루어진다.102)

---

100) 현병주, 『실용자수 사개송도치부법』(경성, 덕흥서림) PP. 3~4 (원문은 국·한자 혼용으로 당시의 언어를 사용한 것이지만, 필자가 현대어로 풀어서 이해하기 쉽도록 정리하였음.)
101) 윤근호, 「韓国個有簿記の理論と構造」(『會計』第101卷 第4号, 1972), pp. 116~119.
102) 윤근호, 『한국 회계사 연구』(서울, 사단법인 한국연구원, 1984), pp. 40~41.

이러한 사고(思考)는 자본주와 점포경영자, 즉 소유와 경영을 분리하여 독립시킨 현대 경영의 의미와 유사하며, 그 당시에는 거래 대부분이 현금주의에 의한 거래였기 때문에 금전을 넣어두는 「금고」가 마치 금전을 맡은 사람으로 의제(擬制)하고, 그것을 주축으로 하여 권리 의무의 기록이 이루어졌다. 이것이 현금을 넣어두는 「금고」를 사람으로 의제하는 회계 사상이며, 이러한 생각은 물품거래나 그 외의 거래까지도 확대·적용된다. 즉 상품거래가 있었을 경우, 그것을 맡아있는 사람(商品係)을 가정하여 대차 상의 권리 의무를 기록하게 된다. 환언하면, 상품을 현금으로 매입할 때, 상품을 맡은 사람(商品係)은 「금고」로부터 현금을 빌어서, 그것으로 상품을 팔아 그 돈을 「금고」에 갚을 의무가 있고 「금고」는 이것을 받을 권리가 있다고 보는 것이다. 따라서 그것을 맡은 사람으로 가정하여 관(官)이나 직(職)의 의미인 「질(秩)」이라는 글자를 끝에 붙여 사람으로 의제하게 된다. 예컨대 그 상품이 포목이면 「포목질(布木秩)」, 어음이면 「어음 질」, 건물은 「가사질(家舍秩)」이라 하고 그 상품을 맡은 사람(管理人)을 상대로 하여 대차 관계를 기록한다는 것이다.103)

그런데 여기서 유의해야 할 점은 상품을 맡은 사람이 그것을 팔아서 얻은 매매이익도 「금고」에 반환한다는 것이다. 즉, 상품을 맡아있는 그 사람은 상품 관계의 수임자이고 대리인이므로, 당연히 그 이익은 「금고」 즉, 점포의 이익으로 귀속되어야 한다는 논리이다. 그리고 또 하나 인명계정 외에도 그것을 맡아있는 사람을 상정(想定)하여 역시 직(職)을 의미하는 「질(秩)」지를 끝에 붙이고 사람으로 간주한다는 점에 유의해야 한다. 예컨대 비용의 지급을 맡아있는 직이나 사람을 일컬어 공용질(公用秩)·소비질(消費秩) 등으로 표시한다는 것이다. 여기서 말하는 「질(秩)」은 계정과목을 의미하는 것으로서 사개치부법이 가진 독특한 기장 방법이라고 할 수 있다.

그러므로 사개송도치부법은 모든 상거래의 내용을 인격자로 간주하여 대차 관계, 즉 권리 의무로 기록계산 함으로써, 의인설(擬人說)에 입각한 부기 방법의 바탕을 이룬다. 그 바탕에는 소유주(所有主: 資本主: 委任者)·점포경영자(經營者: 被委任者: 差人)·관리자(受託者: 書師)·거래처(去來處: 買入者)라는 네 개의 의인화에 의한 상거래가 이루어진다. 여기서 자본주(松商)가 위임자의 위치에 있고 경영자(差人)가 수임자의 위치에 있으므로, 현대적 의미의 수탁 책임회계의 개념도 함축되어 있다.

그런 의미에서 사개치부법의 사개는 받을 돈이나 물품을 봉차(捧次)라는 용어로 표기하고, 갚아주어야 할 돈이나 물품을 급차(給次)라는 용어로 표기하게 되어 있다. 그리고 물품을 팔거나 용역을 제공하고 받으면 수입(收入) 또는 방입(放入)이라 표기하며, 팔려나간 물품을 얻는 데 사용된 값어치(買得: 原價)와 영업활동에 사용된 여러 가지 비용 등의 경우에는 공용(公用) 또는 소비(消費: 損害: 支出)라고 표기한다. 그러므로

---

103) 상게서, pp. 41~42.

사개란 봉차·급차·수입(방입)·소비(공용)의 네 가지 기본요소로 구성된 것이다. 현존하고 있는 사개치부 문서나 사개치부법의 해설서에는 용어적인 표현만 다를 뿐 사개가 위의 네 가지 요소라는 점을 확실히 언급하고 있다.

(2) 사개의 기본구조

사개송도치부법은 사개를 시발점으로 하여 거래를 음(陰)의 요소와 양(陽)의 요소로 구분하여 장부에 기록·계산한다. 상거래가 발생하면, 그것을 음양 원리에 맞는 네 개의 기본요소로 구분해야 한다. 이러한 구분행위를 구분사개(區分四介)라고 한다. 거래를 봉차·급차·수입·소비의 네 가지 기본요소로 나눈다는 뜻이다. 현대적인 의미로 해석한다면, 봉차는 자산을 뜻하고 급차는 부채이며, 수입은 수익이고 소비는 비용이다. 이는 대차손익(貸借損益)이 사개의 기본적 구성요소라는 것이다. 따라서 거래가 발생했을 때 장부에 기록하기 위하여 요소별로 나누는 작업을 분개(分介)라고 하는데, 이것은 사개치부법의 구분사개(區分四介)에서 비롯된 줄임말이다.

모든 거래의 분류작업은 사개의 음양 원리에 의한 재화의 등가교환을 통하여 이루어지고 대차 양면성을 지닌다는 점에 유의할 필요가 있다. 우선 사개의 음양 원리에 의한 재화의 등가교환가치와 대차의 양면성에 대하여 살펴보자. 서양 부기가 「자산+비용 = 부채+자본+수익」이라는 등가 원칙에 의하여 구성된 것처럼, 사개치부법의 경우는 「봉차+소비=급차+수입」이라는 등가원리에 따라 형성되어 있다. 그래서 사개송도치부법의 특징은 사개의 음양 원리와 더불어 모든 대차 기록이 등가교환의 원리에 근거하고 있다는 점이다. 부기에서 모든 거래의 대차 기록은 항상 같은 금액에 의하여 교환된 것을 대상으로 한다.

사개송도치부법의 기본골격은 장부기록에서의 모든 거래를 대인관계에 의한 교환거래로서 의인화(personification)하고, 주고받는 재화나 물품의 존재를 전제로 하여 이루어지는 것이다. 따라서 그것은 동양철학에 나타나 있는 음양설에 입각한 교환거래의 모습을 사개라는 회계구조로 설명한다. 환언하면, 모든 거래의 내용은 일면성(one way)으로 나타나는 것이 아니라, 양면성(two way)으로 이루어진다는 것이다. 즉, 들어오는 재화가 있으면 나가는 물품이 있고, 파는 사람이 있으면 반드시 사는 사람이 존재한다는 원리에 따라, 음(陰·給付)과 양(陽·反對給付)의 모습으로 발생한다고 보는 것이다. 이러한 사개음양원리에 입각한 재화의 등가교환가치와 대차 양면성을 <그림 4-5>와 같이 표시할 수 있다.

이처럼 사개송도치부법은 상인들이 사개와 의인설에 근거하여 상거래로 인한 등가교환거래를 기록 계산하는 기장 원리라고 할 수 있다. 장부의 기록계산을 위한 대상이 되는 등가교환거래의 유형을 입금거래(上)와 출금 거래(下) 및 대체거래(入去)의 유형(四介)으로 분류하여 논리 정연한 기장체계를 갖춘 형태로 발전되었다. 여기에 우리 조상들의 지혜와 경영 사상 그리고 창조 정신이 깃들어 있음을 감지하게 된다.

<그림 4-5> 사개 음양 원리에 의한 재화의 등가교환가치와 대차 양면성

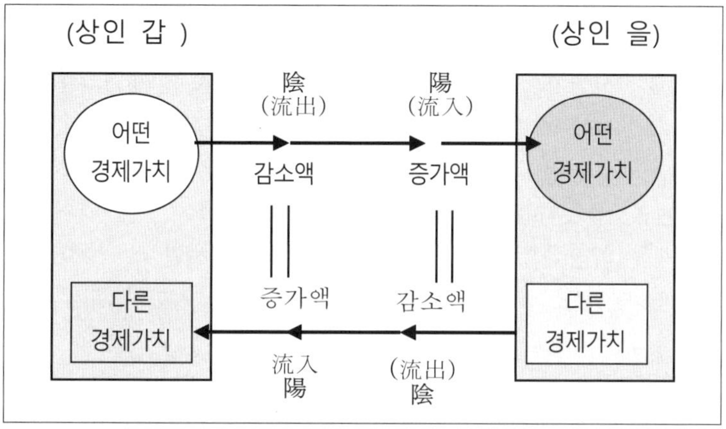

```
        (상인 갑)                                    (상인 을)
                        陰            陽
                      (流出)         (流入)
        ┌─────┐                              ┌─────┐
        │ 어떤 │  ──────────▶   ──────────▶   │ 어떤 │
        │경제가치│   감소액         증가액      │경제가치│
        └─────┘         ‖             ‖       └─────┘
                        ‖             ‖
        ┌─────┐                              ┌─────┐
        │ 다른 │  ◀──────────   ◀──────────   │ 다른 │
        │경제가치│   증가액         감소액      │경제가치│
        └─────┘                              └─────┘
                       流入         (流出)
                        陽            陰
```

<자료 : 고승희, 『회계학 개론』(서울, 삼영사, 1993), P. 41.>, (저자가 일부 첨삭)>

사개송도치부법에서 활용되는 사개의 유형은 수지음양원리(收支陰陽原理)의 반석 위에 구축된 것으로서, 그것은 네 개로 분류된 것은 분명하지만, 표현이 일정하지 않고 서로 다른 요소들로 구성된 것을 발견할 수 있다. 이를 연구한 학자에 따라 다르게 표현되어 있기 때문이다. 그것은 거래유형으로 분류된 것뿐만 아니라, 인명계정의 유형으로 분류된 것도 있고, 장부 조직별 분류, 그리고 신용 대차유형으로 분류된 것 등으로 크게 나눌 수 있다. 학자들이 분류한 것을 유형별로 간추리면, <표 4-10>에서 정리된 바와 같다.

현존하는 사개치부의 문서기록은 모두가 재화의 교환거래를 통하여 나타나는 사실을 입금거래·출금 거래·채권거래·채무거래의 형태로 나누어 정리되어 있다. 이것은 거래의 유형에 따라 분류된 사개의 구성요소라고 할 수 있다. 그리고 장부 유형을 기준으로 분류된 경우를 볼 수 있는데, 그것은 주창자에 따라 다르게 표현되어 있다.

개성상인 김기호는 그가 작성한 회계문서에서 일기책(일기장과 분개장)·봉차장책(資産元帳)·급차장책(負債資本元帳)·회계책(決算帳)의 네 가지로 분류하였다.

현병주의 저서에는 일기책·외상장책·타급장책·회계책의 네 가지로 되어 있다. 이것은 개성상인 김기호의 분류에 의한 것과 동일한 분류 방법이다. 다만, 원장의 명칭을 외상장책(資産元帳)과 타급장책(負債資本元帳)으로 표현하고 있는 것이 다를 뿐이다. 그런데 현존하는 대한천일은행의 사개치부문서에는 장부조직이 일기(일기장)·정일기(분개장)·장책(종합원장)·회계책(결산장)으로 나누어져 있다. 이것도 원장에 해당하는 장책에서 자산원장과 부채원장을 함께 정리하게 되어 있을 뿐, 상술한 장부조직과 유사한 장부 유형의 장부구조를 구성하고 있다. 따라서 장부 유형의 사개치부는 주요부인 일기장·분개장·원장·결산장의 네 가지 장부가 주축을 이루고 있다.

현병주의 『사개송도치부법』에 의하면, 사개는 계정유형의 ① 봉차질, ② 급차질, ③ 이익질, ④ 손해질(소비질)의 4요소로 분류되어 있다. 여기서 봉차질은 자산계정이며, 급차질은 부채계정, 이익질은 수익계정, 그리고 손해질은 비용계정을 뜻한다. 일본인 학자 오오모리(大森硏造)와 히라이(平井泰太郞) 교수에 의하면, 사개는 대차개념형으로서 봉차·급차(入)·환상·환급의 네 가지이다. 서양부기를 이해하고 있던 이들은 차변 대변의 분개요소를 고려하여 사개의 개념화를 시도한 것으로 보인다. 그리고 윤근호 교수는 사개를 의인화하여 ① 주는 사람, ② 받는 사람, ③ 주어지는 것, ④ 받아지는 것으로 분류하였다. 모든 거래의 내용에 인격을 부여하여 사개의 분류기준으로 삼고 있다.

그런데 조익순 교수는 사개를 「사개맞춤」의 원리에 근거하여 분류하고 있다. 이는 사개의 사전적 개념에 토대를 두어 접근한 것이다. 그것은 동양철학의 근본 사상인 음양사상(陰陽四象)의 분화과정을 거래의 기장 요소로 도출(導出)하여 사개(四介)의 개념화를 시도한 것으로 보인다. 금전거래의 수급(受給)을 상(上)·하(下)로 구분하고, 대체거래의 수수(授受)를 거(去: 資産)·입(入: 負債資本)으로 나누어 기장 요소로서의 사개를 개념화했다. 그리고 조익순(趙益淳) 교수는 서양식 복식부기의 대차대조표(재무상태표) 방정식과 유사한 사개 방정식(捧次秩 + 消費秩 = 給次秩 + 利益秩)이 존재한다고 하면서, 『사개란 사개방정식의 구성요소들이며, 그 개념은 1854년의 회계장부(神戶大學所藏)에 실질적으로 구현되어 있었다.』104)라고 언급한 바 있다.

따라서 사개송도치부법은 사개(四介)를 기본으로 하여 복식기입의 기장체계를 구축한 한국 고유의 회계기법이다. 환언하면, 사개송도치부법은 사개의 개념화를 통하여 형성된 장부 기록법이라는 것이다. 거래의 유형분류를 비롯하여 장부의 유형은 물론, 계정의 유형을 모두 의인화하여 「사개맞춤」의 음양분화원리로 논리적 기장체계를 갖춘 것이 사개송도치부법이다. 마치 나무를 깎아 요철(凹凸) 음양형의 사개를 맞추어 하나의 건축물을 완성하는 것과 같은 기법으로 기장체계의 논리정연한 회계문화의 한 축을 이루고 있다는 것이다. 사개송도치부법에 따른 기장문서의 유형을 보면, <표 4-10>과 같이 정리해 볼 수 있다.

---

104) 조익순·정석우, 『조선 시대 회계문서에 나타난 사개송도치부법의 발자취』(서울, 박영사, 2006), P.232.

<표4-10> 거래의 기록계산을 위한 사개치부의 유형분류

분류 기준		사개치부의 구성요소		주창자 및 회계문헌
거래 유형		① 입금거래　② 출금거래 ③ 채권거래　④ 채무거래		현존 사개치부문서
장부조직 유형 (主要簿)	A형	① 일기책　② 외상장책 ③ 타급장책　④ 회계책		현병주『實用自修四介松都治簿法』
	B형	① 일기책　② 봉차장책 ③ 급차장책　④ 회계책		개성상인 김기호의 『松都治簿法四介文書의槪要』
	C형	① 초일기　② 정일기 ③ 장책　④ 회계책		대한천일은행의 사개치부문서
계정 유형 (擬制說)	A형	① 捧次　② 給次 ③ 利益　④ 損害(消費)		현병주『實用自修四介松都治簿法』
	B형	① 捧次　② 給次 ③ 收入　④ 支出		개성상인 김기호의 『松都治簿法四介文書의 槪要』
	C형	① 捧次秩　② 給次秩 ③ 放入秩　④ 買得秩		현존 사개치부문서 일부(홍희유)
대차개념 유형 (借邊貸邊要素)	A형	① 捧次　② 入 ③ 還上　④ 還給		大森硏造의 연구논문
	B형	① 捧次　② 給次 ③ 還上　④ 還給		平井泰太郎의 연구논문
의인화 유형 (人格者 擬制)		① 주는 사람(債權者) ② 받는 사람(債務者) ③ 주어지는 것(有,無形物) ④ 받아지는 것(有,無形物)		윤근호의『韓國會計史硏究』
사개맞춤 분기형 (陰陽分化 記帳要素)		① 거(去)　② 입(入) ③ 상(上)　④ 하(下)		조익순의『四介松都治簿法前史』 ・대한천일은행의 사개치부문서

<자료 : 현존 사개치부문서와 기존의 연구문헌들을 참조하여 저자가 발췌 정리함.>

2) 사개송도치부법의 장부조직과 기장 절차

(1) 장부조직

　　회계장부는 거래 사실을 기록하는 장소를 의미한다. 그 종류와 조직체계는 회계주체의 기장 목적에 따라 다르게 이루어진다. 단순한 거래를 기록하는 경우는 일기책 하나만으로도 그 목적을 달성할 수 있을 것이다. 그러나 거래처가 많고 복잡・빈번하게 영업활동을 수행할 때는 체계적인 회계장부를 갖추지 않을 수 없게 된다. 그렇게 되면, 일기와 일기책, 장책(元帳), 그리고 회계책 등의 주요부를 비치함과 동시에, 여러 가지 보조장부를 두어 합리적으로 기장 처리를 하게 되는 것이다.

현병주의 『사개송도치부법』에 의하면, 장부조직은 주요부와 보조부로 구성되어 있다.105) 주요부는 「일기장·분개장으로서의 봉차장(資産帳)과 급차장(負債帳)·원장인 장책(帳冊)·결산표(掌記포함)가 있고, 그 외에도 저금통장과 통장(외상 물품차입의 기입)이 부가되어 있다. 보조부는 현금출납장·물품거래장·위탁물처리장·어음수지장(魚驗收支帳)·회계장·손익계산장으로 되어있다. 그리고 구한말 대한천일은행 회계문서의 장부는 「일기·정일기·장책·주회계(周會計)」로 이루어지는 주요부와 필요에 따라 설정된 보조부가 현존하고 있다.106) 여기서 「일기」는 원시 기록부이며 정일기는 일기장임과 동시에 분개장을 겸하는 것이다. 그리고 장책은 분개장인 정일기에서 전기된 원장에 해당하는 장부이며, 「타급장책(他給帳冊 : 負債帳)」과 「외상장책(外上帳冊 : 資産元帳)」 및 「회계책(會計冊 : 決算表)」등을 일컫는다.

<그림4-6> 사개치부법의 표준적 장부조직과 기장순서의 예시

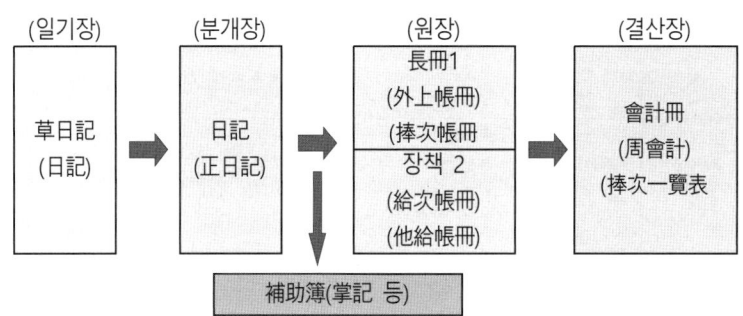

<자료 : 현존 치부문서의 분석에 의해 저자 작성>

이러한 사개송도치부법의 장부조직을 대한천일은행의 그것과 비교해 보면, 공통으로 갖추고 있는 장부는 일기(正日記: 分介帳)과 장책(帳冊: 元帳)이라는 주요부이다. 현병주의 일기책은 일기장과 분개장을 합한 내용으로 되어 있다. 대한천일은행의 경우 분

---

105) 현병주, 전게서, p. 15
106) 현존하는 구한말 대한천일은행의 장부는 다음과 같다. ①일기(日記帳) 1권(卷), ②정일기(正日記: 분개장) 22권, ③회계책(會計冊: 일반거래원장) 1권, ④장책(帳冊: 총계정원장) 1권, ⑤주회계책(周會計冊: 결산표) 6권, ⑥출납기부(出納記簿 : 현금출납장) 2권, ⑦금식부(衿式簿 : 주주 대장) 1권, ⑧탁지부세금출납통장(度支部稅金出納通帳 : 세금징수원장) 1권, ⑨무정기임금총부(無定期賃金總簿: 당좌예금원장) 12권, ⑩ 금식과일기(衿式課日記 : 經費 臺帳) 6권.

개장에 해당하는 것은 「정일기(正日記)」이다. 그리고, 공통으로 「회계책」이라는 장부가 있는데, 현병주의 경우는 그것이 결산표로서 종합시산표와 손익계산서를 작성한 장부를 의미하고 있으나, 대한천일은행의 그것은 일부 인명계정에 대한 어음채권·채무를 기록 계산한 장부이다. 대한천일은행에서는 「주회계(周會計)」가 현병주의 회계책에 해당하는 결산서이다.

그리고 개성상인 김기호의 『송도치부법 사개문서의 개요』에 의하면, 회계장부는 초일기·일기·장책(봉차장책과 급차장책으로 구분)·회계책으로 구성된 주요부가 있고, 보조부로서는 물품 출입기가 제시되어 있을 뿐이다. 구체적으로 거래 사실을 근거로 하여 사개송도치부식 장부 기록이 일목요연하게 정리되어 있다.

사개송도치부법의 장부조직과 기장 순서는 앞면의 <그림 4-6>에서 보는 바와 같다.

(2) 기장 절차

사개송도치부법은 사개의 유형을 갖춘 주요부를 중심으로 기장 절차가 이루어지도록 구성되어 있다. 우선 거래가 발생하면, 그 사실을 초일기(草日記: 日記)에 기록한 후, 정일기(正日記: 分介帳)에 사개로 구분하여 기록한다. 그리고 장책(帳冊: 總計定元帳)에 전기하는데, 봉차장책(資産元帳: 外上帳冊)과 급차장책(負債元帳: 他給帳冊)으로 나누어 기록·정리한다. 그다음에는 회계책(會計冊: 決算帳)에서 결산절차를 밟아 손익을 계산하고 장부를 마감하게 된다. 그런데 개성부기에는 주요부 이외에 필요에 따라 작성되는 보조장부가 갖춰져 비망기록을 행하게 되어 있다. 이 과정에서 사개송도치부법의 장책에 사용하는 특용자(特用字) 및 부호(符號)를 넣어서 기장할 때마다 내용을 표시하게 된다. 이는 사개치부의 과정에서 사용되는 특수한 표시 방법으로서 매우 중요한 것이다. 사개송도치부법의 기장 절차에서 사용되는 부호와 특용 문자를 소개하면, <표 4-11>와 같다.

『① 상(上)과 하(下)이니, 우이자(右二字)[107]는 현금출납에만 표준한 자(字)요, 현금이 출(出)한 행(行)이면 말단(末端)에 하(下)자를 놓(置)고, 현금이 입(入)한 행(行)이면 말단(末端)에 상자(上字)를 놓으(置)나니, 이(此)는 현금시재 계산시(現金時在計算時)에 가장(最) 필요하니라.

② 입(入)과 거(去)이니, 우이자(右二字)는 물품출납을 표준(標準)한 자(字)이니, 물품이 입(入)한 행(行)이면 초두(初頭)에 입(入)자를 치(置)하고, 물품이 출(出)한 행(行)이면 초두(初頭)에 거(去)자를 치(置)하며, 물품이 사람(人)으로부터 입(入)한

---

[107] 여기서 우이자(右二字)라는 표현은 「오른쪽 두 글자」라는 의미로서 인용된 서적이 세로쓰기(縱書)로 되어 있어서 오른쪽에서 왼쪽으로 기록되며, 그 다음 문장의 표현도 같은 의미이다.

행(行)이면 사람(人)의 성명을 기입(記)한 다음(次)에 입(入)자를 놓(置)나니, 출(出)한 행(行)에도 이 예(次例)와 같(同)으니라.

③ 또(又) 환상(還上)과 환급(還給)이니, 환상이란 예와 같이 대하(例如貸下)하였던 돈(金)이 입(入)함과 같(類)고, 환급이란 차입(借入)하였던 돈(金)을 지불(支拂)함과 같(類)으니라.

④ 또(又) 환입(還入)과 환거(還去)의 예(例), 환입이란 본액(本額) 이상의 이익(利益)을 입(入)하는 것(者)이요, 환거라 함은 입(入)의 반비례(反比例)이니라.

⑤ 또(又) 회계의 의(義), 회계란 봉급(捧給)을 합산하는 예이니라.』[108]

<표 4-11> 송도사개치부문서의 부호와 특용 문자 예시

符號	명 칭	비 고
丶	점(打點)	일기장에서 장책에 전기했음을 표시하는 부호(例示; 丶金貞陵入---)
∣	준(準)	일기책·장책의 확인표시 (예시: ─金貞陵入---)
커	列旗法	일기책에서 捧次給次가 청산되었을 때 표시하는 부호. (예시: 커 二月十日金貞陵貸去文一佰圓下. 커 二十日金貞陵貸換上文一佰圓上.)
⌐⌐	등자걸이 (鐙子法)	장부에 당일 入出이 한 거래의 분개임을 나타내는 부호(거래의 묶음표시). (예시: 二月十日開城銀行還上文一千圓上 白蔘秩去白蔘五十斤∥0.00文一千圓下
△	爻周 (行劃)	장책의 완결표시 (예시: △鄭壽松去二月十日債給三分辺三月十日捧次 壹萬圓又內三月十日辺幷上文壹萬參佰圓上.)
ㄱ	으임	초일기에서 入出이 끝났을 때의 완결표시. 「으인다」·「격자친다」·「기불린다」고 함. (예시: 金鐘路貸去己去文一千圓下二月十五日上)
□	여기까지	일기장 중간에 상일 시재액을 표시할 때. 여기까지임을 표시하는 것으로서 처음에는 丶(點)이나 ○(零)을 표시했으나, 차차 □자로 되었다고 함. 단, 일기 말미에는 이를 표시하지 않아도 끝임을 알 수 있다.
又	또	前行과 동일인·동일 물품이라고 표시하는 기호
內	내	장책의 상하 양단을 구분 표시하는 기호
入·去	입·거	일기에서 물품이 들어오면 行의 초두에 入, 물품이 나가면 행의 초두에 去라고 기입.
上·下	상·하	일기책에서 현금 출금 시에는 행의 끝에 下, 현금 입금 시에는 행의 끝에 上이라 기입한다.
秩	질(計定)	물품, 어음, 이익, 공용과 같은 계좌를 의인화하는 계정 명칭

다음 면에 계속

---

108) 현병주, 전게서, p. 18 (여기에서의 捧給이란 봉차와 급차를 의미한다.)

還入	환입	환입은 대여금의 회수를 나타내는 문자.
還給	환급	환급은 차입금의 상환을 나타내는 문자임..
過入	과입	과입은 이익이 발생을 나타내는 문자이고,
過去	과거	과거는 손실의 발생을 표시하는 문자임.
文	돈	금전을 나타내는 표시문자
餘	여	잔액을 나타내는 문자
直放	직방 매득	직방은 현금매출을 표시하고,
買得		매득은 현금매입을 표시함. 得은 買得을 의미함.
時在	시재	시재는 현재의 잔액을 나타내는 문자.
合	합	모든 금액의 합계를 나타내는 문자.
實	실	봉차·급차를 차감한 잔액을 나타냄. 그리고 邊餘實 또는 口錢餘實로도 표시함.
放	방	放入 또는 외상매출시에 표시하는 문자.(例示: 金貞陵放---)
次	차	捧次 給次의 의미.
幷	함께	함께의 뜻. (例示: 邊幷上은 이자를 함께 받다 ; 口錢幷給은 수수료를 함께 지급함)
邊 (辺)	변리	이자를 변 또는 변리라 한다.
捧次	받기	봉차는 자산을 나타내는 문자,
給次	주기	급차는 부채자본을 나타내는 문자.

<자료 : 김기호, 『松都置簿法四介文書의 槪要』(1986), PP. 119~122 & 조익순, 전게서, PP. 20~21 (원문은 세로쓰기(縱書)이지만, 저자가 가로쓰기(橫書)로 정리하고 일부를 첨삭하였음.)>

여기서 개성부기의 「일기」와 「장책」에서 봉차와 급차를 구별하여 기입하되, 전자는 「거(去)」자, 후자는 「입(入)」자로 표시한다는 것을 상기할 필요가 있다. 현금출납의 경우는 「상(上)」자와 「하(下)」자를 일기책 거래기록의 끝에 써넣는 내용으로 되어 있다. 다음에 기록 예를 들어 본다.

「洪吉周給次(入)資本金三萬五阡圓上」 (홍길주가 현금 3만5천 원을 출자 납입하다.)
이것은 자본금 3만 5천 원이 들어왔는데, 그 대신 홍길주라는 자본주에게 다음에 갚을 의무가 있다는 것을 의미하며, 오늘날의 분개 형식은 다음과 같다.
  (차) 上 (현금) 35,000   (대) 홍길주入 (자본금) 35,000

「布屬秩捧次(去) 安東布三百疋 代金卽錢六百圓下」 (안동포 3백필을 현금 매입하다.)
이것은 현금 6백 원이 지출되고 이것을 포속질(布屬秩 : 布木을 맡아있는 자)이 현금으로 안동포를 매입하기 위하여 가져갔다는 내용의 거래기록이다. 이를 현대식으로 분개 표시하면 다음과 같이 된다.
  (차) 포속秩 去 (자산) 600   (대) 下 (현금) 600

다음에는 외상거래에 의한 예를 들어 본다.
「金大立給次(入) 家屋三棟代金七百圓」__(김대립에게서 건물 3채 7백원 외상매입,)
「家舍秩捧次(去) 家屋三棟代金七百圓」__(그 건물 3채 7백원을 건물계정이 가져가다.)

이 거래의 내용은 김대립으로부터 가옥 3채를 외상으로 매입하되 김대립에게는 차후에 갚을 의무가 있고 가사 질(건물계정)은 그것을 가져가서 관장하고 후에 그것을 팔아서 변환해야 하니 그에게는 받을 권리가 있다는 뜻으로 기록된 분개라 할 수 있다. 현대식의 분개로 표시하면 다음과 같다.

　　(차) 가사질 去 (자산) 700　　　　(대) 김대립 入 (부채) 700

이처럼 모든 거래는 현금거래나 물품의 외상거래도 「일기」(또는 正日記: 분개장)에 분개를 하여 표시하게 되는 것이다.

일기(분개장)에서 장책(원장)에로 전기(posting)하면 일기의 해당 기입행의 상부에 타점( ) 함으로써 전기가 완료되었음을 나타낸다. 그리고 일기에 기록한 채권·채무가 전기하기 이전에 소멸하였을 때는 그 사실을 일기로 기입하고 채권·채무를 나타낸 기록의 상부에 표시함으로써 전기를 생략하는 방식을 취하였다.

또한 정일기로부터 장책에의 전기는 각 계정 좌목(座目)이 상단과 하단으로 양분되어 있으므로, 「입(入)」과 「거(去)」의 분개 기호에 따라서 해당 항목에 행하기만 하면 된다. 전기한 장책의 「입」과 「거」의 합계가 일치하는가를 시산하게 되는데, 그 결과 일치하게 되면 해당하는 좌목의 상부에 △표를 한다. 그리고 다음 연도로 잔액이 이기(移記)되는 좌목은 그 좌목의 각 상부에 △표를 하고 있으며, △표 내의 타점은 주점(朱點)으로 한다.[109] 그리고 장책의 각 계정과목에 기입된 금액을 정일기의 기록과 대조하였을 때는 장책 내의 그 좌목에 기록되어 있는 금액 옆에 주색(朱色)의 타점(丶)을 하고 있다. 따라서 모든 좌목의 잔액이 다음 연도의 장책으로 완전이기하고 「입」과 「거」의 합계액이 일치했을 때는 모든 장책의 기입을 장별로 흑색 사선의 평행선을 그어 말소시키고 있다.

이러한 결산분개의 실재적인 진화의 모습은 개성상인에 이해 창안된 사개송도치부법에서 이루어진 것이라 할 수 있다. 그래서 결산과정의 계정형식으로는 가장 진보된 내용이라고 볼 수 있다. 그 뿐만 아니라, 비록 기장과정에서의 세로쓰기와 가로쓰기의 차이는 있다고 하겠으나, 오늘날의 복식부기에 의한 좌우 대조형식과 유사하며, 분개법칙인 차변·대변의 기본원리에 부합된다는 점에서 최계처리의 진화론적 특성이 있음을 발견하게 된다.

---

[109] 조익순, 『사개송도치부법에 관한 소고 -대한천일은행의 기록과 공개문헌을 중심으로-』(등사본, 1967), P. 67. 이 연구논문은 고려대학교 부설 기업경영연구소에서 간행된 『경영연구』(1968), PP. 20~41에 게재되었다.

(3) 결산 방법

사개송도치부법의 결산은 사업소유주 또는 자본주에게 보고하기 위하여 연말에 행한다. 손익계산을 위한 결산절차는 우선 기록의 정확성을 검증하는 시산(試算)에서부터 시작된다. 그것은 입(入)의 회계와 거(去)의 회계가 일치하는가를 확인하는 것이다. 즉, 연도회계의 마감 작업이다. 결산에는 동양 숫자(胡算・標算)110)가 이용된다.

이어서 후록(後錄)이라고 하는 정리기입을 한다. 정리필의 명목계정은 장래의 회수 또는 반환의 권리・의무가 없고, 그 상대방 과목도 없는 것이기 때문에 당연히 자본주에게 귀속되며, 자본주계정에 대체된다. 상품매매 손익은 판매된 상품마다 계산되며, 혹시 잔품이 있으면 나중에 「재물기」라고 하는 재고조사표를 작성하게 된다.

최후의 결산절차는 「회계책」이라고 하는 결산보고서의 작성이다. 「회계책」에는 우선 수수(授受) 관계의 현재 상태가 표시된다. 「봉차질」(資産計定)과 「급차질」(負債資本計定)로 나누어 각 계정의 잔액을 표시하게 된다. 따라서 「봉차질」의 합계와 「급차질」의 합계는 일치하여 대차가 평균 됨과 동시에, 수수관계의 결과를 나타내는 재무 상태의 표시가 되기도 한다. 그리고 손익계산에서는 「이익 질」(收益計定)과 「공용 질」(費用計定)이 항목별로 표시되며 각각 회계의 차액이 「이문(利文)」(純利益)으로서 산출된다. 그러므로 결산보고서인 「회계책」의 체계는 우선 「봉차질」과 「급차질」의 현재 상태가 「봉급일람표(俸給一覽表)」로 표시되며, 다음에 「이익 질」(收益)과 「공용 질」(消費秩: 費用)이 대응되어서 순이익이 산정된다고 하는 일관된 복식부기의 구조를 갖는 것으로 이해할 수 있다.111)

그런데 주식회사의 형태를 취하고 있던 대한천일은행의 경우, 그 정관에 의하면, 결산은 매년 11월 말일에 행하고 순이익의 10분의 8을 주주에게 배당하며 10분의 1을 적립금(積財金)으로 한 다음, 나머지의 10분의 1을 이사와 직원들에게 상여금으로 분배하게 되어 있다.112) 회계의 관심은 순이익의 계산을 위한 결산절차에 있는 것이다.

대한천일은행의 결산 장부는 「주회계책(周會計冊)」이다.113) 이에 따라 동 은행

---

110) 원래 호산(胡算) 또는 표산(標算)이란 수판(數板: 珠算)의 모양을 성형한 수자의 표시 방법을 의미한다. 이것은 단위를 표시하는 데 이용되었다고 하며, 한문 숫자, 로마숫자 및 아라비아숫자와 비교 예시한다.

胡算 (標算)	l	ll	lll	ㄨ	8	亠	亠	三	攵	(0)	例: 三,lll 攵亠 원
中國 漢文 數字	一	二	三	四	五	六	七	八	九	十 百 阡	八阡三百九十六 圓
로마 數字	I	II	III	IV	V	VI	VII	VIII	IX	X C M	VIIIMCCCLXXXXVI won
아라비아數字	1	2	3	4	5	6	7	8	9	0	8,396 원

111) 현병주, 전게서, pp. 85~101.
112) 한국 상업은행, 『한국상업은행 70년사』, 1968, pp. 323~324.
113) 현존하는 대한천일은행의 주회계책은 광무 4년(1901)과 광무 5년(1902)의 2개년도분이 남아

의 손익계산을 위한 결산절차와 결산보고의 내용을 다음과 같이 추적할 수 있다.

① 수익계정의 「입」 합계를 「거」 기입함과 동시에 순익금 계정에 「입」 기입함으로써, 수익계정을 입거(入去) 평균시키고 그것을 순이익금 계정에 대체한다.

② 비용계정의 「거」 합계를 「입」 기입함과 동시에 순익금 계정에 「거」 기입함으로써 비용계정을 입거(入去) 평균시키고 그것을 순익금 계정에 대체한다.

③ 이익처분 내용(配當・積立・賞與)은 순익금 계정에 「거」 기입함과 동시에 해당하는 계정에 「입」 기입을 행하고 배당에 관한 금주(衿主 : 株主)별 인명계정에 「입」 기입함과 동시에 순익금 계정에 「거」 기입한다.

④ 각 주주에게 배당금을 지급하고 금식계정(衿式計定: 株式計定)에 「입」 기입과 동시에 주주 별 인명계정에 「거」 기입한다.

⑤ 각 지점의 적립금(積財金)을 본사로 이체할 때는 적립금계정에 「입」 기록하면서 각 지점계정에 「거」 자를 기입한다.

이러한 결산 후의 「정일기」를 「주회계」와 대조하여 발견할 수 있는 것은 다음과 같은 사실이다[114].

① 봉차 질(資産計定)과 급차 질(負債・資本計定)에 속하는 계정과목은 결산분개의 대상이 아니라는 점.

② 기본적인 결산분개의 대상은 이익질(收益計定)과 공용질(費用計定)에 속하는 계정과 순이익의 처분에 한정되어 있다는 점.

③ 「주회계」(決算表)에서의 급차금 합계나 봉차금 합계는 결산 시 정일기에 전기하기 이전의 잔액으로 작성하였다는 점.

④ 「주회계」 상의 금식계정(柱式計定)과 지점계정도 「입」과 「거」의 잔액만이 급차나 봉차로 한 번만 기입하지 않고 「입」의 합계는 급차질에, 「거」의 합계는 봉차질에 나누어 표시되고 있다는 점.

⑤ 인명계정은 채권, 채무 및 자본금별로 나누며, 동일인이 이 세 가지 계정과목과 관련될 때 그 이름이 결산서 상에서 세 번 모두 나타난다는 점(상계 안 되는 점).

이러한 절차를 거쳐 결산서인 「주회계」가 작성되면 다음 연도의 개시기입에 해당하는 「정일기」의 기입이 이루어지게 되는 것이다.

이상과 같이 대한천일은행의 장부에 나타난 결산절차는 재고조사나 자산평가 등의 수정사항을 전혀 고려하지 않으면서 결산분개와 개시 분개가 이루어지고 있으며 분개의 방법은 오늘날의 회계가 취하고 있는 영미식 결산법과 유사한 방법에 따라 이루어

있을 뿐이다. 그러나 이 회계책이 남아있는 년도의 「장책」은 하나도 전승되지 않아서, 그 결산절차를 확실하게 알 수 없으나, 다행히도 이와 관련된 광무 4년도 결산 전후의 「정일기」가 남아있어서, 이것을 중심으로 사개송도치부법의 결산에 연관성 있는 추정을 할 수 있었다.

114) 조익순, 전게 연구 논문(등사본), pp. 95~97.

져 있다는 것을 그 특징으로 지적할 수 있을 것이다.115)

4. 사개 송도 치부 문서의 기장 사례

조선 시대는 유교주의 문화가 깊숙이 뿌리 내리고, 사대부(士大夫)가 지배하는 사농공상(士農工商)의 계급구조가 분명한 사회였다. 그중에서 상인은 상민(常民)으로서 천대받던 사회계급의 하나였다. 그래서 상인은 그 직업을 외부에 노출하지 않으려는 의식이 강하였다. 따라서 상인들이 작성한 회계문서의 보존과 공개는 자신의 신분을 노출하는 행위였으므로, 거래 사실을 치부 문서에 기록할 때도 타인이 이해할 수 없도록 한자(漢字)와 이두문자(吏讀文字) 등을 혼용하여 표기했으며, 이들 기록계산은 후일의 기억과 증거자료로 활용했을 뿐, 그것을 보관하고 전승하는 데는 매우 인색했던 것으로 보인다. 이러한 근세조선의 사회경제적 배경은 상인회계문서의 전승 보관을 더욱 어렵게 하였다. 그래서인지 당시의 상인 계층으로서 송상·래상·만상 등, 전국적으로 수많은 상인집단이 분포되어 있었음에도 전해지고 있는 상인회계문서는 관부회계 문서와 비교해 극히 소수에 불과하다. 현존하는 상인회계문서로서는 조선 후기 이후의 것뿐이며, 조선 전기의 것들은 전혀 그 흔적조차 살필 길이 막연하다. 이하에서는 전해지고 있는 조선 후기의 것들을 중심으로 상인회계문서의 치부 사례를 소개한다.

1) 현존하는 최고(最古)의 사개송도치부법 회계문서

현존하는 상인회계문서 중에서 개성상인에 의해 작성되었다고 보이는 가장 오래된 것은 1786년(건륭 51년 병오: 정조 10년)의 사개치부 문서이다. 이것은 조선총독부 산하 조선식산은행이 발간하던 『식은조사월보』(1939)에 게재된 송준동의 논문116)에 인용된 회계문서 일부이다. 그는 이 논문에서 1750년대부터 개성상인들 사이에 시변(市邊)이 환(換)거래와 함께 시행되었다고 소개하면서 사개치부 문서에 속하는 타급장책(他給帳冊)을 인용하여 환에 의한 금융거래를 입증하려고 했다. 그 일부를 <표 4-12>에 소개한다.117) 송준동의 논문에서는 환거래(換去來)를 통하여 나타나는 시변(時邊)에 관한 거래를 대상으로 하여 연구했다는 점이 특색이다.

---

115) 조익순, 전게 연구논문(등사본), pp. 101~102.
116) 송준동, 『開城の市邊 -(附 差人制度及び四介簿記』(朝鮮殖産銀行, 『殖銀調査月報』第14號, 1939), PP. 1~26.
117) 조익순·정석우, 「복식부기로서의 사개송도치부법 성립 시기에 관한 탐색--북한으로부터 입수한 옛 회계문서를 중심으로--」((한국회계학회, 회계 저널』 제16권 제4호, 2007년 5월), PP. 5~6.

<표4-12> 1786년(乾隆五十一年丙午:正祖10年)의 『他給帳冊 第三』 일부

四月二十二日 △朴公一 京換入 一千五兩 又口還入 二錢五分
內 口給二兩五錢, 二十九日三百兩. 五月初一日一百兩, 初二日三百兩,
初三日退換條二百兩, 初八日一百兩退換駄文一兩除. 六月二十一日
一兩七錢五分畢下
同 二十七日 △金敏夫 五月本, 間債入 六百兩, 限閏七月晦日 平給次三朔依邊
內 八月初六日邊幷給文 六百二十二兩五錢平給
同 二十九日 △朴景培 平五換 月本四百兩限閏七月晦日平給次三朔依邊
內 閏七月初十日四百兩手記片紙給 八月十九日邊畢 給文十五兩 下
五月初一日 △龐聖瑞 換錢入 六百兩　內 先給文五百兩 初七日五十兩, 初九日畢給文五十兩
同　　　△韓汝述 安岳換入 二百兩　　內
同　　　△禹伯猷 京換給次 一百兩五錢　內
五月初三日 △金幼元 江景換入 六百兩限二朔依邊　內
六月初九日 △李仲培 全州換入 四百兩 限一兩依邊 限六月晦日　內
七月十八日 △崔仲元 江景換入 六百兩　內
九月十四日 △陳士益 安岳債入 一百三十兩　內
同二十八日 △朴景岳 京換入 四百兩限十月晦日邊六兩 京給次　　　(＊이상 Ibid. PP. 8-9)
四月二十二日 △林景培 間債入 五月本四百兩 限陽朔依邊六月晦日
內 六月二十二日給二百兩二十三日邊幷給文二佰十兩畢
同 二十七日 △金敏夫 間債入 五月本六百兩 限閏七月晦日平給次邊三朔依邊
內 八月初六日邊幷畢給文六百二十二兩五錢平給
五月 初六日 △閔致三 間債入 五月本六百兩 限六月晦日一朔半依邊 內
同 二十二日 △金百行入 六月 本二百兩 限五月初依邊 十月晦日安岳給次　內
七月 初五日 △金起文 間債入 七月本二百兩 二朔依邊限八月晦日　內
八月 初三日 △金禮云 間債入 八月本三百兩 二朔依邊限八月晦日　內
初七日 △文季道 間債入 八月本四百兩 限九月晦日 邊十三兩三錢三分　內
九月 二十日 △韓景儀 間債入 二百兩 限明正月晦日 邊每百兩七兩五錢　內
十月二十四日 △李亨億 間債入 二百兩 限明二月晦日 邊二十六兩　內
同　　　△洪聖瑞 間債入 十月本一百兩 限二十日 邊二兩五錢 內
同二十七日 △李哉瞻 間債入 三百兩 限明二月晦日 邊三十九兩 內
十一月初四日 △金起之 間債入 十一月本三百兩 限明六月晦日 邊每百兩十六兩式 內
(＊이상Ibid., PP. 10~11)

(주: 內 이하 내용의 생략이유는 밝히지 않았으나, 市邊 換과 관련있는 것으로 판단됨. 저자.)

<자료: 宋準東, 「開城の時邊(附借入制度及び四介簿記)」(朝鮮殖産銀行, 『殖銀調査月報』
　　　제14호, 1939), PP. 8~11.>

환거래로서의 「경환(京換: 京城換)」・「평환(平換: 平壤換)」 등의 발행지역을 표

시하고 있을 뿐만 아니라, 개성 상가의 독특한 단기대여로서의 「간채(間債)」에 의한 거래내용도 표기되어 있다. 그런데 여기서 볼 수 있는 것은 타급장책의 환(換)과 관련된 내용의 치부 사례만 제시되어 있을 뿐, 외상장책이 함께 소개되어 있지 않은 점이 흠이라고 할 수 있다. 그렇지만, 이 타급장책은 기록상으로 보면 거의 완벽한 것으로 볼 수 있다. 다만 그 출처와 보관 장소를 밝히지 않아서 그 신뢰성이 떨어진다고 보아 왔다.

그러나 그 의문점이 풀렸다. 조익순 교수의 연구에 의하면, 『북한의 유명한 사학자인 홍희유의 저서, 「고대·중세 조선 상업사」에서 그 출처와 소재가 밝혀져 이를 상호 비교하여 그것이 동일 장책이었고 더 나아가 사개치부법이 1780년대에 실천되고 있었음을 밝힐 수 있었다.』[118])고 언급하고 있다. 이에 따르면, 사개송도치부법이 1780년대까지는 사개치부법의 사용 시기가 소급될 수 있음을 확인하게 된다. 즉, 『식산은행 식산 조사 월보』(1939)에 게재된 송준동의 논문자료로 인용되어있는 사개 문서(1786: 正祖 10年)의 사례는 홍희유의 저서(1989)에서 인용된 그것과 유사하다고 볼 수 있다는 점이다. 다시 말해서 <표 4-12>의 타급장책과 유사성을 검증하기 위하여 홍희유의 저서에 인용된 타급장책의 기록 일부를 <표 4-16>과 같이 소개·비교하여 그 유사성을 제시하고 있다는 것이다.

이 두 편의 논문을 비교하는 과정에서, 조익순 교수는 『우연하게도 이 두 사람이 인용한 부분이 서로 일치하고 있다는 사실에 희열을 느낀다.』[119])고 하면서, 이 두 논문의 유사성을 지적하고 있다.

예컨대, 인명계정의 기록내용으로서 일치되는 부분은 ① 박공일, ② 임정배, ③ 한여술, ④ 김유원, ⑤ 이중배, ⑥ 최중윤, ⑦ 박경악 등이 동일인으로 표기되어 있다. 이렇듯 두 논자가 인용한 논문자료가 동일하다는 것은 우연의 일치일지는 모르지만, 개성상인에 의한 회계문서로서 소중한 자료임을 의미한다. 이 사개 문서의 자료에서 보면, ①처음에 기록 일자를 표시하고 있는 점, ②인명계정 형식으로 표기된 점, ③거래내용의 기록은 계좌로 좌우를 의미하는 상·하단으로 구분하여 상단은 입(入)이나 급차(給次)로 표기하고, 하단은 내(內)라는 기호로 표시하여 거래내용이 표기되었다. 이것은 서양식 부기에서 말하는 차변과 대변을 나타내는 것이라 할 수 있다. ④내(內)의 기호 다음에 거래 내역을 기록하고, 마감 표시로 하(下:지급) 또는 필급문(畢給文: 지급 완료)의 기호로 표기하였다. ⑤ 입(入)이나 급차(給次) 다음에 기입된 금액과 내(內)의 기호 다음에 기록된 금액이 일치할 때 기호(△) 표시한 것으로 보이는데, 양자의 문서에서는 다소 해독상의 차이는 약간 있다고 볼 수 있으나, 대차평균을 확인하여

---

118) 조익순·정석우, 『조선 시대 회계문서에 나타난 사개송도치부법의 발자취』(서울, 박영사, 2006), pp 107.
119) 상게서, P. 108.

시각표시(△)를 했다는 점은 결산과 연계시켜 볼 수 있다는 여지를 풍긴다. ⑥양자 모두 「일기(日記)」에 관한 언급이 없지만, 타급장책의 기록으로 미루어 볼 때, 「일기」를 통하여 대차 분개를 하고 장책으로 전기 되었다고 보아도 무방할 듯하다. ⑦ 그런데 양자 모두가 언급하고 있지는 않으나, 타급장책에 상응하는 외상장책이 있었을 것으로 보는 편이 합리적일 것이다.120)

이처럼 상기 양자의 연구에 인용된 사개치부 문서는 그 출처가 명확하다는 것이다. 그들이 연구대상으로 삼았던 사개송도치부법의 기장 사례는 인용한 방법론적 관점에서 볼 때, 궤(軌)를 같이하는 것이다. 특히 홍희유(洪熹裕)의 사례연구에서 인용된 사개문서는 확실한 출처가 제시된 점이 특색이다. 그중에서 현존하는 가장 오래된 것으로 밝혀진 것은 현재 개성박물관에 소장되어 있다는 1786의 사개 문서와 더불어 1798년(嘉慶3年戊午: 正祖 22年)부터 개시되어 1820년(嘉慶25年庚辰: 純祖 20年)까지 20여 년간 상거래의 사실이 계속 기록된 사개문서도 존재한다는 것이다.

<표 4-14>의 예시가 홍희유가 역사과학에 발표한 장책이다. 이들 사개 송도 치부문서의 기장내용에 따라서는 개성상인이 삼포 경영자에 대한 자금대여관계의 기장문서도 존재한다고 한다. 이들 삼포 경영자에 대한 자금대여를 통하여 개성상인이 삼포도중(蔘圃都中)에게 투자하여 이익배당금을 취득했다는 치부문서로서는 1834년(도광 14년 갑오: 순조 34년) 8월부터 기장된 외상 정책이 존재한다는 사실도 밝혀져 있다. 이들은 모두 개성박물관에 소장된 것들로서 연구자들에 의하여 밝혀진 송도 사개 문서의 일부라고 일컬어진다.121)

개성부기의 존재가 세간(世間)에 알려지게 된 이후, 연구자들에 의하여 인용된 사개송도치부법의 기장문서는 1786년(正祖 10年)에 기록된 사개 장부가 가장 오래된 것으로서 위에서 소개한 송준동의 논문과 홍희유의 연구에 인용되었고, 현재 개성박물관에 소장되어 있다고 한다. 뿐만 아니라, 조익순 교수의 저서에 의하면, 『홍희유의 논문122)에서는 1798년부터 1820년까지의 타급장책이 개성박물관에 소장되어 있고, 1876에서부터 1880년까지의 타급장책과 외상장책이 송도정치경제대학에 소장되어 있다. 이 사개 문서는 당시의 개성 상인들의 활동 범위가 전국적이었다는 사실을 입증하는 자료로 인용된 것이었으므로, 이로부터 사개송도치부법의 전모를 파악하기에는 부족한 점이 많다. 그러나 홍희유의 논문 내용에서는 북한에 실존하는 사개 문서가 거의 완전한 복식부기였을 가능성을 시사하고 있다.』123)고 기술하였다.

---

120) 상게서, PP. 107~111.
121) 홍희유, 「송도사개문서에 반영된 송상들의 도가활동」(『역사과학』 제6호, 1962), PP. 50~63 ; 杉本德榮, 『開城簿記法の論理』(東京, 森山書店, 1998), PP. 60~67.>
122) 홍희유, 「송도사개문서에 반영된 松商들의 都賈활동」(『역사과학』, 1962), PP. 58~60. ; 조익순·정석우, 전게서, P. 111.

<표4-13> 1786년(乾隆51年 丙午: 正祖10年)의 「他給帳冊 第三」기록 일부

거래일자	성 명	거 래 내 역	금 액
1786. 4. 22.	박공일	경환 입 문1,500량 중에서 구문2량5전, 29일 300량, 5월1일 100량, 2일 300량, 3일 퇴환조 200량, 8일 100량, 퇴환구문 1량제, 6월21일 1량,7전5푼 필하	1,500량
1786. 4. 29.	양한일	경환 입 문400량에서 선급문 300량	400량
	임경배	평양환 입 5월 본문400량..	400량
	김화숙	평양환 입 5월 문 400량	400량
1786. 7. 4.	백한중	입 평양환 문673량5전7푼 중에서 5일 급300량, 6일 69량, 11일 100량, 13일 100량, 13일 필급문 24량2전7푼,	673량
1786. 7. 5.	손인대	입 평양환 문400량	400량
1786. 9. 18.	우백현	경환 입 문238량	238량
	리경섭	경환 입 문200량	200량
1786. 9. 26.	박현중	경환 입 문137량5전, 7일 경환입 문220량	357량5전
1786. 11. 8.	우맹윤	강경환 입 문20량	20량
1786.11. 20.	한여술	안악환 입 문200량	200량
1787. 1. 23.	민치인	경환 문40량 중에서 1월 26일 8량, 2월 1일 畢給文 32량	40량
1787. 1. 27.	김윤후	경환입 문 640량	640량
1787. 2. 5.	리재칠	3월본 평양환 文400량, 3월 本 경환입문400량	800량
1787. 3. 13.	손재휘	경환입 문281량7전5푼 중에서 선급 문165량, 14일 50량, 15일 15량, 5월 24일 필급문 2전5푼	300량
	최윤서	경환입 문281량4전 중에서 4월 16일 200량, 21일 81량4전으로 완불	281량
1787. 3. 24.	리유대	5월본 평양환 입2 00량	200량
1787. 5. 3.	김유원	강경환 입 문600량	600량
1787. 5. 23.	진사연	평양환 입 문400량	400량
1787. 6. 2.	공화술	평양환 입 문400량	400량
1/87. 6. 9.	리숭배	전주환 200량	200량
1787. 6. 14.	박은좌	평양환 입 문600량	600량
1787. 7. 18.	최중윤	강릉환 입 문600량	600량
1787. 9. 21.	박휘중	경환 입 문130량	130량
1787. 9. 28.	박경악	경환입 문400량중에서 10월24일 급 문400량 11월6일 변필급 문6량 지불	400량

(주: 원본은 <홍희유, 『고대·중세 조선상업사』(1989), p. 255>에 한글번역으로 게제된 것임)
<자료:조익순·정석우, 『사개송도치부법의 발자취』(2006),pp 109~110> (저자가 일부 첨삭)

 이러한 사실에 따라 추정해보면, 1786년 이전에도 기장문서가 존재했을 것으로 생각하기는 하지만, 지금까지 밝혀진 개성 상인회계문서는 없다. 다만, 상인회계가 아닌 관부회계 문서로서 1792년(正祖 16年)부터 1905년(光武 9年)까지 기록된 『명례궁회계

---
123) 조익순·정석우, 전게서, P. 111.

책(明禮宮會計冊)』 등이 현재 규장각에 소장되어 전해지고 있으며, 그리고 전라남도 영암의 남평문씨대동계에서 1741년(英祖 17년)부터 1925년까지 계속 작성해왔다는 「용하기(用下記)」가 있다. 그러나 그것들은 사개송도치부법의 기장 구조를 갖추고 있지 않은 비영리성 치부문서이기 때문에, 작성개시일이 오래되었다는 것일 뿐, 복식부기로서의 가장 오래된 치부문서라고 볼 수는 없다고 여겨진다.

<표 4-14> 1798년(正祖 22年)~1820년(純祖 20年)에 기록된 장책의 일부 내용

```
壬申十二月十八日 朴守長 入吉布大同錢文五百五十五兩
癸酉 九月初一日 吳汝星 入屯布一同二十疋文一佰五兩
           孫仁淑 入湍布二同文六十兩
乙亥 三月初四日 吳汝星 入吉布一同文二十三兩又入廣布三十七疋文六十七兩三錢四分
癸酉 三月初四日 金景載 入湍布十三同文一千七十二兩五錢
癸酉四月二十二日金一淸 入慶布二同文二佰七十兩
```

<자료 : 洪熹裕, 「松都四介文書에 반영된 松商들의 都賈活動」(『歷史科學』 제6호, 1962), PP. 50~63 ; 杉本德榮, 『開城簿記法の論理』(東京, 森山書店, 1998), P. 62 >

2) 1854년 개성상인 회계장부의 치부 문서 사료

사개송도치부법)의 존재가 처음으로 세상에 알려진 것은 현병주(玄丙周)의 저서 『실용 자수 사개송도치부법 전』(1916)이 출판된 이후의 일이다. 그때까지는 사개송도치부법이 세상에 공개적으로 알려진 바가 없었다.

그 후 이에 관심을 가진 학자들이 연구를 수행함으로써, 그것이 복식부기의 기능을 갖춘 회계기법으로서의 존재가치가 널리 알려지게 되었다. 그러므로 일부의 개성부기 연구자들에 의하여 인용된 사개송도치부법의 회계문서는 조선 시대 후기의 것들이며, 연구자료의 대부분은 개항 이후의 기장문서들이다. 개항 이전의 개성상인의 회계문서로서 연구의 대상이 되었던 사료(史料)를 모아서 정리하면, <표 4-15>와 같다.

이를 특별히 소개하는 이유는 개성상인이 기장한 것으로 보이는 1850년대의 송도사개치부문서로서 현존한다는 점이다. 그뿐만 아니라, 그것은 일본인 학자에 의하여 수집되어 연구에 활용되었고, 현재 고베대학(神戸大學) 부속도서관에 소장되어 있으며, 송도사개치부문서로서 개항 이전의 자료라는 점에서 소중한 것이다.

<표 4-15> 조선 시대 가장 오래된 기장문서 및 연구자별 인용 사료

구분	研究者別 引用史料		
연구자	大森研造	平井泰太郎	조선식산은행조사부(宋準東)
연구발표	1922년	1926년	1939년
연구논문 제목	「開城簿記の起源について」・「開城簿記の形式と內容」	"Orginale 'Vierfache' Buch haltung in Kaijo, Chosen (Korea) oder Chike- Songdo-Chibu.." 조선 개성부기(사개송도치부)	「開城의 時邊- 附 差人制度 及 四介簿記」
인용장부의 기장연도	1849년 (헌종15년)	1854~1858년 (철종5~9년)	1786年 (정조10년)
인용장부 종류	未詳	1854~1858년「외상장책」「타급장책」 1875년「物出入記」(거래기록 74件)	「帳冊」
記帳者	金在瑾 開成社	未詳	未詳
所藏處	不明	神戶大學 사회과학도서관	개성박물관
治簿方式	사개치부법 (상인회계)	사개치부법 (상인회계)	사개치부법 (상인회계)
구분	研究者別 引用史料		
연구자	洪憙裕	趙益淳	전성호
연구발표	1962・1986년	2000년	2007년
연구논문 제목	「松都四介文書에 반영된 松商들의 都賈活動」 「고대・중세 선상업사」	四介松都治簿法前史	「조선시대 호남의 회계문화」
인용장부 및 기장연도	① 1786 (正祖10) ② 1798~1820년 ③ 1834 (純祖34) ④ 1872 (高宗10) ⑤ 1876 (高宗13)	1792-1906年 (正祖16~光武10年)	1741~1925 (英祖17~大正14年)
인용장부 종류	① 「長冊」② 「외상장책・타급장책」 ③ 「외상장책」 ④ 타급장책第二, 외상장책第二 ⑤ 급장책第一, 외상장책第一	「明禮宮會計冊」 등 「軍餉色上下冊」 「常平廳捧上冊」	「用下記」
記帳者	未詳	王室 算士	남평文氏族契治簿 관리자
인용장부 所藏處	개성박물관 송도정치경제대학	규장각	전남 영암 장암리 南平 文氏 大同契 한국학중앙연구원
治簿方式	사개치부법 (상인회계)	관부회계 (비영리회계)	庶民治簿方式 (비영리회계)

<자료 : 개항 이전의 치부 문서에 대한 연구논문을 수집・검토하여 저자가 발췌 정리함.>

현재 고베(神戶)대학 부속도서관(人文社會科學系圖書館)에 소장된 개성상인 회계장부와 관련된 고문서 사료는 이 대학에 봉직했던 히라이(平井泰太郞)교수가 직접 한국에 와서 수집하고 연구에 인용했던 자료이다. 그는 연구논문을 독일의 경영경제잡지(Zertschrift für Betriebswirtschaft, Berlin.)에 발표하였음은 물론, 이것을 기증하여 후학들의 연구에 활용할 수 있도록 하였다. 이외에도 개성부기에 관한 연구를 수행한 학자들은 다수 있으나, 그들이 수집한 자료를 대학이나 연구기관에 기증하여 소장할 수 있도록 배려한 사례는 극히 드물다. 그런데 개항 이후의 개성 상인회계문서들은 소량이나마 우리나라의 공공기관에 소장되어 있어서 이를 연구자료로 인용하는 경우가 대부분이다.

히라이(平井泰太郞)교수에 의하여 고베(神戶)대학 부속도서관에 소장된 개성상인 회계문서의 소중한 고문서 사료는 <표4-16>에서 보이는 바와 같다. 이 고문서 사료 중에는 1854년의 개성상인 회계장부도 포함되어 있다.

<표 4-16> 히라이(平井泰太郞)교수가 수집한 개성상인 회계장부의 현존 史料

장부의 명칭	장부의 작성연도	장부의 크기 세로(cm)	장부의 크기 가로(cm)	장부매수	거래의 기록면수
① 咸豊四年甲寅八月日吉辰 外上他給長冊幷付第一 內譯: 外上長冊, 他給長冊	1854年	37.0	22.2	40枚 29枚 11枚	74面 56面 18面
② 乙亥八月日大吉物出入記一	1875年	23.7	39.0	40	77
③ 庚辰八月日大吉銘心錄二五	1880年	24.0	41.5	40	76
④ 乙卯四月日上吉辰日記第二	1915年	26.7	22.5	60	117
⑤ 乙卯八月日上吉辰般卜記	1915年	25.2	22.5	60	93
⑥ 草日記 第一号	1918年	28.4	23.0	8	3
⑦ 日記 第一号	1918年	28.4	23.0	6	3
⑧ 他給長冊 第一号	1918年	27.2	22.8	5	2
⑨ 外上長冊 第一号	1918年	27.2	22.8	6	2
⑩ 物放長冊 第一号	1918年	27.2	22.8	6	1
⑪ 銘心錄 第一号	1918年	28.4	23.0	6	1
⑫ 物出入記 第一号	1918.年	28.4	23.2	6	1
⑬ 會計冊 第一号	918 年	27.2	22.8	14	9

<자료 : 일본 고베(神戶)대학 부속 인문 사회 과학계도서관 소장 사료.>

<표 4-15>에 표기된 회계장부가 1854년에 작성된 개성 상인회계문서이다. 이 고문

서 사료(史料)는 상술한 송준동의 연구논문에 인용된 자료(AD1786) 다음으로 가장 오래된 개성 상인회계문서라고 할 수 있다. 개성부기의 연구자들에 의하여 연구논문에 이보다 오랜 것으로 소개된 회계문서가 있으나, 그것들이 현존하는 고문서 사료로서 전승되고 있지 않기 때문에, 신뢰성에 문제가 있을 수 있어서 여기서는 제외하였다. 기장연도의 표기가 확실한 회계문서로서 현재까지 전승되고 있는 것만이 문헌사적 가치를 가진 사료로서 그 신뢰성을 인정받게 된다고 보기 때문이다.

히라이(平井泰太郎)교수가 직접 수집하고 연구에 인용한 이 사료(史料)가 현존하고 있는 것은 매우 다행스러운 일이다. 그것은 1854년(哲宗五年)부터 1858년(哲宗九年)까지 5년간 기록된 회계장부로서 면주류(綿紬類)의 거래내용을 정리한 상인회계문서임이 분명하고 인명계정(佳橋宅·舟橋宅을 포함한 55인)으로 구성된 타급장책과 외상장책이다. 이 중에서 타급장책의 일부를 소개하면, <표 4-17>과 같다.

<표 4-17> 1854년에 작성된 상인회계 타급장책 기장 내용의 일부

거래처 인명계정	거 래 내 용
△舟橋宅	入 趙東叔捧文十六兩八月二十四日條, 九月初八日吳九織文二十八兩, 初九日文十四兩, 十一日文四十兩李達汶條, 二十日吳九織文三十兩, 二十二日同人條文二十六兩, 二十五日李元極文五兩九十錢, 十月十四日同人文二兩五錢, 三十日崔季成文一兩, 　內 十月十四日李亨信條文六十量, 二十九日龍按○文七兩五錢給次文九十七兩九錢上片外上冊乙亥二月十七日條傳
△朴允周	入 八月二十四日趙東叔捧文四十七兩, 九月十一日李○○條一兩五錢, 十三日梁公武條趙東叔捧文二十二兩, 十月三十日崔圭成文四兩 　內 九月二十三日梁公武換來文二十二兩, 十二月十六日尹聖澈○○朴景○○○換文二百兩, 捧次文一百四十七兩五錢, 上冊外上冊五月二十五日條傳
△李亨信	入 九月二十四日朴鳳○條文五十兩十月十三日下
△李明擧	入 八月二十四日○○十尺文三十五兩, 二十七日趙東叔捧文一百三十七兩, 九月初一日○○五尺文十七兩五錢, 初八日趙東叔文三十二兩, 十三日同人捧文二十三兩, 同人捧文七十八兩十六日○○十尺文三十三兩 　內 十月十三日文一百二兩四錢, 十八日文一百十兩, 十一月初三日文五十六兩六錢, ○○二十五尺價八十五兩五錢新冊傳.

<자료 : 일본 고오베(神戶)대학부속인문사회과학계도서관 所藏史料.(趙益淳, 前揭書, P. 126.>

<표 4-17>에서 볼 수 있는 바와 같이, 1854년의 타급장책은 장부 기록상의 특징이 나타나 있음을 다음과 같이 확인하게 된다.[124)]

① 거래처별 인명계정이 표기된 그다음에는 「입(入)」자가 표기되어 있다.

② 거래일자, 거래내용과 금액의 순서로 계속하여 기록되어 있다.
③ 거래일자의 순서에 따라 기입되어 있다.
④ 입(入)의 표기 아래에 채무부담액을 기입하였으며,
⑤ 입(入)에 관련된 기록이 끝나면, 그다음에 「내(內)」라고 표기하고 이어서 채무상환일자, 거래내용과 금액이 차례로 기입되어 있다.
⑥ 입(入)합계와 내(內) 합계의 차액을 급차문(給次文)의 금액으로 표기하고 있다.
⑦ 동일한 인명계정이 외상장책에도 있고, 거기에 채권액이 표기되어 있으며, 그것과 차감하기 위하여 급차액(給次額)을 외상장책의 해당 계정에 이체(移替)하거나, 또는
⑧ 채무액을 모두 지급했을 때는 내(內)에 날짜와 금액을 기록하고 끝(末尾)에 「하(下)」라고 표기하거나 그렇지 않으면,
⑨ 채무액의 상환을 여러 차례로 나누어야 하는 경우, 완전히 지급 완료했을 때 내(內)의 끝(末尾)에 전(傳)이나 신책전(新冊傳)이라 표기해 새로운 계정을 설정하였다.
⑩ 외상장책에 이기(移記) 또는 하(下)로 표기되거나, 신책전(新冊傳)으로 계정이 마감되었을 때는 인명계정 머리에 효주(爻周: △) 표시가 되어 있다.

조익순 교수의 연구에 의하면, 이상과 같은 타급장책뿐만 아니라, 외상장책에 대한 분석도 이루어져 있다. 이하에서 그 분석내용을 모두 인용한다.

『외상장책도 치부의 기본원리는 타급장책과 동일하나 세부적인 면에서는 여러 가지 차이가 있다. 이 외상장책에는 인명계정이 대부분이나 공용질(公用秩), 공하조(公下條), 일기조(日記條), 매득(買得)이란 4개의 인명계정 아닌 것이 있다. 이 인명 또는 다른 이름의 계정 밑의 표기도 타급장책에서와같이 「입(入)」으로 통일되어 있지 않고 「권(權)」·「송(送)」·「매(賣)」·「봉차(捧次)」·「아무것도 없는 경우」 등으로 다양하다. 이 중 「송(送)」은 인편으로 물건을 보내는 외상 판매이나, 「권(權)」·「매(賣)」·「봉차(捧次)」 표기의 차이가 무엇인지 기록내용을 가지고는 판단되지 않는다. 공용질(公用秩)·공하조(公下條)는 비용지출이며, 매득(買得)은 공급자가 뜨내기로 그 인명(人名)을 알 수 없는 사람으로부터 매입한 물건을 기록한 것으로 보인다.

외상장책에 기록되어 있는 인명계정 97개 중「권(權)」자 표기된 인명계정이 70개로 제일 많고, 그다음이「매(賣)」표기 인명계정 수가 13개인데 반하여 「봉차(捧次)」 표기된 인명계정은 4개에 불과하고 나머지는 한 인명계정이 한 곳에서는 「매(賣)」로, 다른 곳에서는 「권(權)」·「봉차(捧次)」로 표기되어 있다. 이 장책이 외상장책이고 이와 같은 통계로 미루어 볼 때, 「권(權)」이 「거(去)」와 같은 것, 「매(賣)」는 특수조건부 외상 매출, 「봉차(捧次)」 입(入)과 권(權)의 차액을 옮겨적을 때의 표기법이었지 않았나 추측할 뿐이다.

---

124) 조익순, 『사개송도치부법전사』(서울, 해남, 2000), P. 125.

제4장 조선 시대의 치부 회계문화 405

이상으로부터 도출할 수 있는 결론은 ① 입(入)과 내(內)·하(下)가 타급장책의 모든 인명계정 기록에서 공통으로 발견할 수 있는 기호이나, ② 외상장책에서는 타급장책에서 발견할 수 있는 공통기호는 없고 가장 빈번하게 사용된 기호는 권(權)」과 내(內)·상(上)이라 할 수 있다. 양 장책에서 모두 공통으로 이용한 기호는 △뿐이다. 또 외상장책에서 질(秩)과 조(條)를 붙인 계정(公用秩·公下條)이 발견되고, 그것이 인명 아닌 명목계정에 붙인 것으로 보인다. 외상장책 기록에 의하면 「회책부(會冊簿)」라는 별도 장부가 있었던 것이나, 그 성격이 어떤 것이었든지 알 수 없다. 양 장책이 다른 일기책으로부터 전기된 것인지, 일기책 없이 바로 장책에 거래기록을 한 것인지 명확하지 않으나, 「내(內)」자로 채권·채무의 성립과 소멸을 구분한 영역이 채무성립을 모두 기록한 다음 「내(內)」를 기입하고, 그 밑에 채무소멸을 기록한 것이 일기책에서 전기한 것임을 암시한다. 그러나 전기대조의 표시인 타점은 극히 일부 기록에서만 나타나고 있다. 이 장책들의 기록이야말로 현병주(玄丙周) 선생이 서문에서 지적한 "갑의 기록을, 을이 알아볼 수 없는 치부(治簿)"에 해당한다고 본다.」125)

이상에서 살펴본 1854(철종 5년)년의 상인 회계장부는 복식 기장형식으로 기록되어 있다는 것이 확인되었다. 그 내용을 간추려 정리하면, <표 4-18>과 같다.

<표 4-18> 1854년 상인 회계장부의 타급장책과 외상장책에 표기된 형식 비교

他給長冊	外上長冊
△人名 入····內···· ┌ 給次文 ···· │ 傳 └ 下	△人名 權····內···· ┌ 上 │ 下片····傳 └ 會冊簿 △人名 送····內···· ┌ 會冊簿 │ 下冊····傳 └ 準表示* △人名 賣····內···· ┌ 上 └ 下片····傳 △人名 捧次····內··· 公用秩···· 公下條···· △日記條····永卜記計 △賣得····內····永卜記計
*이하 여백이란 표시로 ┌ 기호 적는 것을 가르킴.	

<자료 : 조익순, 『사개송도치부법전사』(해남, 2000), P. 127.>

---

125) 조익순, 『사개송도치부법전사』(서울, 도서출판 해남, 2000), PP. 125~127.

5. 사개송도치부법의 복식 부기적 속성

우리나라의 전통적 회계기법은 관부회계의 단식부기 제도에서 그 효시를 찾을 수 있다. 그것이 시대사적 회계문화의 진화과정을 거치면서 민간부문의 상인회계로서의 복식부기 제도가 형성되었다. 회계 문화사적 관점에서 보면, 한국 고유의 회계문화가 복식부기 구조를 갖추게 된 것은 조선 시대에 들어와서 사회경제적 환경요소가 완성되면서부터였다. 특히 개성부기 시스템은 개성상인들의 독특한 상거래 활동을 통하여 상인문화를 형성시켜가는 과정에서 비롯되었다. 그렇다면, 사개송도치부법이 지닌 복식부기로서의 특성은 어떠한 것인지를 살펴보아야 할 것이다.

1) 단식부기와 복식부기의 식별기준

우리나라의 고전문헌에는 회계(會計)라는 용어와 기록이 있고, 전해지는 회계문서에도 치부법(治簿法)이라는 명칭은 있다. 그러나 부기(簿記: bookkeeping)라는 용어는 개항(AD1876) 이후, 근대화 과정에서 서양식 회계제도가 전해지면서 원어(原語)의 발음과 유사한 한자어(漢字語)로 번역·사용된 것이다. 이때부터 교육용으로 상업부기와 공업부기라는 교과서가 등장하였다. 이것들은 모두 일정한 기장 법칙에 따라 기록·계산하는 복식부기의 방법을 기본으로 하는 것이었다. 그래서 기장자의 주관에 따라 단순하게 기록하는 단식부기와 구별하게 되었다. 그렇다면, 사개송도치부법의 복식부기 여부를 언급하기 전에 양자의 진정한 의미부터 정리할 필요가 있다.

(1) 단식부기

사전적 의미로 보면, 단식부기는 경제주체가 소유하는 재산의 증감을 일정한 기장 법칙에 의하지 않고 상식적인 수준에서 단순하게 기록하는 부기 시스템이다. 그것은 현금이나 재화의 수입·지출과 채권·채무에 한정하여 기장 처리하기 때문에, 자기검증기능을 갖추고 있지 않으며 소유자산의 상태나 손익성과를 파악하는데 불완전한 기장 방법이다. 단식부기는 기록대상이 되는 자산의 범위가 회계주체에 따라 다를 수 있고 그 기록의 목적에 따라 차이가 있을 수 있다.

조익순교수에 의하면, 『단식부기는 거래의 이면성(二面性)을 인식하지 않으며, 회계장부상의 계정에 거래의 한쪽 면만 기록하는 방법이다. 그래서 단식부기는 기록대상이 경제주체가 소유하는 모든 자산과 부채가 아니라, 그 일부에 국한하는 것이 보통이다. 단식부기에서는 자본이라는 개념을 생각하지 않으므로, 대차대조표 방정식이라든가 그 균형문제에 관심을 가지지 않는다. 이와 같은 단식부기로는 재산의 정확성을 자동으로 검정할 수 없을 뿐만 아니라, 기장 방법, 계정형식, 장부에도 일정한 체계적 조직성을 가지지 않는다.」126)고 정의되어 있다. 이를 간추리면, 단식부기는 경제주체의 경제활동으로 인한 하나의 거래를 물량 단위나 화폐가치로 평가하여 하나의 회계장부에 단순히 한 번만 기록한다는 것이다. 이는 경제주체가 기장 원리나 형식에 구애됨이 없이 각자의 방식에 따라 임의로 기록·계산하기 때문에, 부기 문화의 발생 초기에 비롯되어 어느 정도 진화의 단계를 거치는 과정에서 형성된 것으로서 손익 파악이 불완전한 기장시스템이라고 할 수 있다.

이러한 논리성에 의하면, 상술한 관부회계의 구조는 현금의 수입(捧上)과 지출(上下)뿐만 아니라, 채권·채무의 정리와 물품의 수입(捧上)과 지출(上下)도 모두 단식부기에 따라 기장 처리가 이루어진 것이다. 조선시대의 관부회계는 단식부기에 바탕을 둔 기장구조로 이루어져 있다. 그런데 여기서 고려해야 할 점이 있다. 그것은 단식부기의 구조를 가진 관부회계도 다음과 같은 계산원리를 준수한 기장문서라고 하면, 단식부기에서 복식부기로 진화하기 위한 단계에 진입하여 있다고 보게 된다. 이를테면, 정태적(stock) 비교계산구조를 갖춘 기장 구조, 즉 (1) 전재(前在:전기이월액)+봉상(捧上: 당기 수입액)-상하(上下:당기 지출액)=시재(時在:기말재고액), 그리고 (2) 시재(時在:기말재고액)-전재(前在: 기초재고액)=순익(純益:당기순이익) 또는 (3) 전재(前在: 기초재고액)-시재(時在:기말재고액)=순손(純損:당기순손실)이라는 수지 계산법에 따라 치부(治簿)되었다면, 그것은 다음에 언급할 복식부기로 진화하기 위한 단계로 진입했음을 의미한다. 이는 전재(前在:전기이월액)+봉상(捧上:당기 수입액)=상하(上下:당기 지출액)+시재(時在:기말재고액)라는 결과의 균형성이 이루어진다. 그리고 전재(前在:기초재고액)+순익(純益:당기순이익)=시재(時在:기말재고액)라는 결과의 균형성도 가능하게 된다.

이처럼 단식기장처리의 과정이라고 할지라도 기록계산 결과의 균형성을 갖추고 있는 치부 문서라면, 그것은 단식부기에서 복식부기로 진화하는 과정에 있다고 할 수 있다. 앞에서 기술(旣述)한 조선의 관부회계는 그러한 정태적(stock) 비교계산의 기장구조는 발견할 수 없었다. 따라서 조선의 관부회계는 단식부기의 구조에 머물러 있었음을 부인할 수 없다.

(2) 복식부기

복식부기는 경제주체가 행하는 하나의 거래를 회계장부에 두 번 이상 체계적으로

---

126) 조익순·정석우, 전게서, P. 15.

기록하고 계산한다. 그래서 복식부기는 경제주체에 소속된 모든 재화와 그에 대한 소유권을 기록대상으로 하면서 회계방정식(자산=부채+자본)에 의한 균형성이 달성되도록 거래의 기록을 이중적으로 서로 연결하는 체계적인 기장시스템이다. 그런 의미에서 복식부기라고 하면, 경제주체가 소유하는 경제적 가치 즉, 자산·부채·자본의 증감 변화하는 과정과 그 결과를 화폐가치로 평가하고 계정(計定)이라는 특수한 형식을 이용하여 이중적(二重的)으로 기록·계산·보고하는 기술적 장부 기록법이다.

그런데 복식부기에서는 경제주체에 대하여 청구권을 나타내는 자본의 역할이 중요시된다. 경제주체에 소속되는 재화 중에는 내부의 자본주에게 귀속되는 자기자본(純資産: 資本)뿐만 아니라, 외부인이 청구할 수 있는 타인자본(負債)이 존재한다. 경제주체의 경영활동에서 얻어지는 이익은 자산이 증가하는 것이지만, 그것은 내부의 자본주에게 귀속되는 순자산(資本)의 증가이다. 따라서 순자산의 증감은 자본주의 몫이 되는 것이며, 그것은 수익과 비용의 차액으로서 대차대조표(재무상태표) 대변의 자본 증감으로 표기되는 것이다.

이상과 같은 관점에서 볼 때, 「복식부기는 대차대조표 방정식의 균형상태가 항상 유지될 수 있도록 체계화되어 있지만, 그중에서도 자본의 증감에서 손익의 증감에 의한 부분을 분리하여 기록한다는 것은 복식부기의 중요한 기능의 하나이다. 단식부기의 경우, 자산=부채+자본 방정식의 균형이 이루어지도록 하는 체계를 구축할 수는 있겠지만, 이때는 수익과 비용의 차액을 정리하는 적절한 방법이 없으므로, 수익·비용의 대응에 의한 손익계산은 불가능하고 순자산 증감 계산만이 자산 = 부채 + 자본 방정식에 구현될 뿐이다. 수익·비용을 자본의 증감으로 볼 수 있게 하는 대차대조표 방정식의 합리성이 여기서 참모습을 나타낸다.」[127]

그러므로 위에서 언급한 단식부기는 경제주체의 경제활동을 통하여 나타나는 거래의 사실을 화폐단위나 물량 단위로 하나의 장부에 단 한 번만 기입하며, 거래의 이중성을 인식하지 않는 기장법이다. 반면에 복식부기는 하나의 거래를 두 번 이상 기록하는 이중성과 균형성을 지녔을 뿐만 아니라, 자본주와의 관계가 구축된 체계적·합리적인 기장시스템이다. 다시 말하면, 복식부기는 하나의 거래를 한 계정의 차변과 다른 계정의 대변에 기입(복식기입)하여 회계방정식(자산=부채+자본)의 균형이 이루어지도록 거래기록을 서로 연계시키는 체계적인 기록·계산으로서 기장 상의 오류를 자동으로 검증하는 자기검증기능을 가진 장부기록 방법이다.

조익순교수에 의하면, 부기의 생성과정은 다음과 같은 7단계로 나누어 접근할 수 있다고 하였다. 즉, ① 일기책 중심의 물량표시 단식부기 ② 물량 및 화폐표시의 일기책 중심의 단식부기 ③ 화폐표시의 일기책 중심의 단식부기 ④ 화폐표시의 장책 중심

---

[127] 上揭書, P. 13.

단식부기 ⑤ 기간계산의 개념 없는 일기책·장책에 의한 복식기입 ⑥기간계산, 수익·비용 차액 계산만 있는 일기책·장책에 의한 복식기입 ⑦ 기간계산, 완전한 손익계산이 있는 일기책·장책에 의한 복식기입 7단계가 그것이다.[128]

여기서 4단계까지는 단식부기에 속하는 것으로 인식하게 되며, 5단계에서 7단계까지는 복식부기의 진화되는 과정을 분류해놓은 것으로 볼 수 있다.

2) 사개송도치부법의 복식부기 속성

이해를 돕기 위하여 리틀톤(A.C. Littleton)교수의 복식부기 속성에 관한 견해를 소개하기로 한다. 즉, 『복식부기가 지닌 특성의 하나는 기록의 이중성(duality)이다. 여기서 말하는 이중성 개념은 분개장과 원장이라는 장부의 이중성뿐만 아니라, 차변(左邊: 上邊)과 대변(右邊: 下邊)이라는 계정형식의 이중성, 전기(轉記)의 이중성을 지칭한다. 주인 계정이나 대리인 계정은 기입의 이중성을 나타내는 것이며, 자본주계정과 비용계정 그리고 손익계정이 복식부기의 형성에 이바지하게 되었다. 이러한 기록의 형식인 계정계산은 잔액 계산을 위한 것이 아니라, 대차 평균을 위한 것이다. 이러한 형식의 이중성은 복식부기의 특성인 결과의 균형성(equilibrium)에서 찾을 수 있다. 대차대조표에 의한 재무 상태의 균형성이 그것이다. 그 균형성은 자산 = 부채 + 자본(대차대조표 등식)이나 자산-부채=자본(자본등식)으로 접근 가능하며, 이는 계정형식의 이중성에서 비롯되었다. 이 균형성은 부기를 통계와 구별할 수 있는 방법론적 특성이다. 완전한 복식부기의 형성은 형식의 이중성과 결과의 균형성 이외에 자본주 관계(proprietorship)가 갖춰져 있어야 한다. 환언하면, 경제주체에 소속된 재화에 대한 직접적인 소유권과 이익에 대한 직접적인 청구권이 필요하게 된다. 그것은 경제주체의 자본증식계산이며, 이윤계산을 의미한다. 자본주의 자산 소유는 그것을 영업활동에 제공하기 위한 것이고, 명목계정의 설정은 자산 소유와 그 이용성과를 계산하는 데 필요하다. 따라서 복식부기의 형성과정은 인명계정으로서의 채권·채무계정과 비인명계정으로서의 상품계정이 설정되는 것은 물론, 거기에 자본주계정과 대리인 계정이 추가됨으로써, 복식부기의 기본구조를 만들어내었다는 것이다.』[129]

이 내용을 보면, 우선 복식부기가 형성되기 위해서는 형식의 이중성과 결과의 균형성 및 자본주 관계(소속 재화와 이익에 대한 청구권)가 완비되어야 한다는 것이다. 여기서 그는 자본주 관계(proprietorship)가 가장 중요한 구성요소라고 언급하면서, 완전

---

128) 조익순, 전게서, P. 266.,
129) A. C. Littleton, "Accounting Evolution to 1900," (New York, Russell & Russell, 1933), PP. 22~40, Passim. 〈片野一郎 訳, 『リトルトン会計発達史』 (東京、同文舘, 1973)、PP. 37~64, 抜萃要約〉

한 부기의 형성은 초기의 기록 수단에서 비롯된 이중성과 균형성에서 비롯되었지만, 실제로는 투하자본에서 생기는 손익의 계산에서 찾아야 한다고 하였다. 그래서 자본주가 자신의 투자행위가 타당했는가를 판단할 수 있는 체계적인 손익계산을 요구하기 때문에, 기장 처리의 과정을 통하여 이루어지는 이윤계산이야말로 복식부기를 완성하는 특성이라고 강조하고 있다. 그뿐만 아니라, 자본주계정(主人計定)과 대리인 계정이야말로 기록의 이중성으로서의 대리인 부기(agency bookkeeping)를 낳았고, 그것이 자본주 관계로 진화되어 복식부기를 형성시키는데 작용했다는 것이다.[130] 이에 따르면, 완전한 복식부기는 ① 형식의 이중성으로서, 분개장과 원장이라는 장부조직의 이중성을 갖추고, 계정형식은 차변과 대변으로 구분·기입되며, 전기의 이중성을 갖추고 있음은 물론, ② 결과의 균형성으로서, 대차대조표를 통한 자산=부채+자본의 균형성이 확보되어 정태적 비교 손익계산이 이루어지며, ③ 자본주 관계로서, 채권·채무를 기록하는 인명계정이 설정되고, 비인명계정(상품계정·수익계정·비용계정)이 추가되었을 뿐만 아니라, 재화와 이익에 대한 청구권을 표시하는 자본주계정과 동태적 비교 손익계산(수익-비=이익)도 이루어지는 체계적 기장 구조를 갖춘 부기 시스템이다.[131]

그렇다면, 과연 개성부기로 지칭되는 사개송도치부법은 이상과 같은 복식부기의 속성을 충족하고 있는 것일까? 이에 대한 검토가 필요하다. 왜냐하면, 사개송도치부법이 단식부기인지, 아니면 복식부기인지를 판별하는 문제의식이 존재하기 때문이다.

조익순 교수는 단식부기와 복식부기가 구분되는 기준을 제시하여 사개송도치부법의 복식 부기적 속성을 모색하고 있다. 그 구분기준은 다음의 다섯 가지이다. 즉, ① 분개장과 원장이라는 장부조직의 이중성을 갖추고, ② 계정의 형식도 양변(차변·대변)으로 나누어 이중적 기록계산을 함과 동시에, ③ 전기의 이중성을 구비하고 있음은 물론, ④ 정태적 비교 손익계산을 위한 대차대조표적 균형성(자산=부채+자본)이 확보되어야 하며, ⑤ 동태적 비교 손익계산(비용+이익=수익)이 이루어지는 기장시스템이 갖추어졌을 때, 부기는 완전한 복식부기의 기능을 갖추게 된다는 것이다.[132]

이러한 복식부기 속성에 준거하여 사개송도치부법의 참모습을 살펴보면, 그것은 거래기록의 이중성을 지닌 형식적 특성뿐만 아니라, 회계등식에 의한 대차의 균형성을 갖추고 있으며, 자본주이론에 의한 소유권적 특성도 존재하는 것으로 판단된다. 부연하면, 사개송도치부법의 장부조직에 있어서는 원시 기록부인 초일기를 거쳐 「일기」와 「장책」이 작성됨으로써, 일기장·분개장·원장이라는 현대의 복식부기가 갖추어야 할 장부구조를 갖추고 있다. 회계책을 통하여 이루어지는 결산절차는 「입(入)」과 「거(去)」에 의하여 분개와 전기를 행하고 대차 평균의 원리에 입각한 기록의 정확성을 검

---

130) Ibid., PP. 27~28 & 33~39 passim. 〈片野一郎 訳, 上揭書, PP. 45~46 & PP. 55~64.〉
131) 조익순, 『사개송도치부법 전사』(서울, 도서 출판 해남, 2000), P. 37 & P. 265.
132) 상게서, P. 37.

산하는 형식도 취하고 있다.

<표 4-19> 사개송도치부법(開城簿記)의 복식부기적 충족 상황

복식부기가 갖춰야 할 충족요건		대한천일은행 회계문서	현병주의 『사개송도치부법』	김기호 『송도치부법사개문서의 개요』	비 고
이중성	장부 (분개장·원장)	○	○	○	주요부(일기·장책) 있음
	계정형식 (차변·대변)	○	○	○	(去·入, 去→內, 入→內)로 표시함
	기록전기	○	○	○	현금계정 이외는 전기의 이중성충족
균형성	대차대조표 (자산= 부채+자본)	○	○	○	捧次秩 合計 = 給次秩 合計 로 충족
자본주관계	인명계정	○	○	○	채권·채무의 인명계정 충족
	비인명계정	○	○	○	상품·수익·비용의 비인명계정 충족
	자본주계정	○	○	○	재화와 이익에 대한 청구권 표시
	체계적손익계산	△	△	△	완전히 충족하지는 못함
	① stock 손익계산	×	×	×	순자산증가액=이익(stock)은 불충족
	② flow 손익계산	○	○	○	수익·비용의 차액(flow) 계산 충족
결산과정	수정전시산표	○	○	○	존재함
	집합손익계정	○	○	○	존재함
	결산잔액계정	×	×	×	결산잔액계정은 없음
	개시기입	○	○	○	개시기입이 이루어짐

<자료: 조익순, 『사개송도치부법 전사』 (2000), P.265의 (표29)를 참조하여 저자가 첨삭 수정함.>

「회계책」에서 봉차 급차의 집계 대조 표시와 같은 시산표(捧給一覽表)의 작성이나 결산보고서로서의 재무 상태는 물론, 수지계산을 통한 이익산출도 이루어지고 있다. 특히, 손익계산에 있어서는 「이익 질」(수익계정)과 「소비질」(비용계정)을 대응 표시하여 계산하고 있으며, 대한천일은행의 경우는 영업외비용과 전기(前期)비용을 따로 표시하여 계산하고 있다. 오늘날의 회계이론에서 일반화된 수익비용 대응의 원칙이나 당기업적주

의 손익계산의 논리구조에 부합되는 내용이 입증되고 있다. 그리고 대한천일은행의 「주회계책」에 나타난 결산보고서는 ① 봉급일람표(捧給一覽表), ② 본점 손익계산서, ③ 합병 손익계산서, ④ 주주 이익배당명세서, ⑤ 적립금명세서와 같은 것으로서 이해관계자가 공감할 수 있게 되어있다.133)

이상과 같은 복식부기의 속성을 근거로 하여 사개송도치부법(開城簿記)의 복식부기적 충족여부를 분석·정리하면 앞면의 <표4-19>와 같다.

따라서 조익순(趙益淳) 교수가 분류한 부기의 생성 7단계에 근거하여 사개송도치부법(開城簿記)의 속성을 살펴보면, 『대한천일은행과 현병주의 「사개송도치부법」은 앞의 6단계 위치에 놓을 수 있을 뿐, 7단계에는 놓을 수 없는 부기이므로 완전한 복식부기인 7단계의 부기라고는 할 수 없지만, 앞의 초보적인 복식부기보다는 완전한 복식부기에 근접한 중간 형태의 복식부기라고 분류하고 싶다. 따라서 우리나라의 고유 부기는 완전한 복식부기가 아니라, 초보적 또는 중간 형태의 복식부기 영역을 벗어나지 못한 것이었다고 단정하지 않을 수 없다.』134)고 피력하고 있다.

우리나라의 전통적 회계기법으로서의 사개송도치부법(開城簿記)은 모든 거래를 대인관계의 상정(想定)에 의한 의인설(personification)135)에 기반을 두어 기록의 이중성과 사개 방정식(봉차 + 소비 = 급차 + 이익)에 의한 결과의 균형성을 구축하고 있다. 그것은 「금궤」(金櫃 : 書師)라고 하는 기록담당자와의 대차거래로서, 출자자와는 완전히 분리·독립된 자본주 관계를 형성하고 부기 시스템으로서 중간단계의 복식부기로 진화된 구조적 속성을 지닌 것이라고 평가할 수 있을 것이다.

5 서민사회의 치부 회계문화

1. 현존하는 사개송도치부법 이외의 치부 문서들

우리나라 고유 부기의 회계문서라 하면, 관부회계 문서를 제외하고, 개성상인에 의한 사개송도치부법 회계문서만이 존재하는 것처럼 인식되어온 것이 사실이다. 우리나라의 상인집단은 개성상인 뿐만 아니라, 송상·래상·만상뿐만 아니라, 중소규모의 상인집단 등, 지역에 따라 다수 존재했었다.

---

133) 윤근호, 『사개송도치부법연구』(서울, 단국대학교출판부, 1975), PP. 100-114
134) 조익순, 『사개송도치부법 전사』(서울, 도서출판 해남, 2000), P. 267.
135) 상게서, pp. 105~110.

<표4-20> 개성부기 이외의 현존하는 서민사회의 치부 문서

유형별 분류	개항(1876) 이전 장부	개항(1876) 이후 장부
① 家計日記型 族契日記型	金海下界里古文書(1848) 乙亥日用記(1815) (경성대 향토문화연구소 발굴) 한국학중앙연구원 소장	미발굴
	영암 族契 用下記(1741~1875)	영암 族契 用下記(1876~) (원본:장암마을 문 씨 대동계 소장)
② 금전 대여형	미발굴	對人貸與受等細音(1892), 국사편찬위원회 소장 순봉책(順奉冊)1888년, 순봉장책(順奉長冊)1890~1894년, 서울대 규장각 소장
③ 객주형 (대리인 형)	미발굴	崔致盈船會計(1898) 孔子三會計(1898~1900) 국사편찬위원회 소장
④ 육의전 형	歲幣復舊次知會計冊(1854-1855) 房會計冊(1864-1880), 吐紬契會計冊(1862-1865) 일본 경도대학도서관 하합문고소장 綿紬廛上下冊((1867-1891) 일본 국회도서관 東洋文庫 소장 各項物目廛契(1875) 규장각 소장 生殖契上下冊(1864~1880) 국립중앙도서관 소장	倭單所上用冊(1878) 大房會計冊·補弊所上下冊 綿紬廛歲幣書(1865-1897) 일본 경도 대학도서관 하합문고소장 綿紬廛日用冊(1878) 일본 국회도서관 東洋文庫 소장 官用別置會計井間(1883) 국립중앙도서관 소장
⑤ 관·민겸용형 (鑛務主事置簿冊)	미발굴	稻生集第七(1890-1893) (초보적 복식부기의 계산구조) 方圓堂全八(1891-1894), 合成觀坤二(1894-1896) 고려대학교 대학원 도서관 소장 稷山日記 (丙申年: 1896) 규장각 소장
⑥ 공동사업형 (企業型)	미발굴	마차회사 회계(18998) 규장각 소장 대한천일은행 회계(1899) 우리은행 소장 한미전기회사 회계(1904), 한국전력공사 소장
⑦ 기타 (서민 부호형)	미발굴	日錄冊(1907-1911) 金柄夏 교수 소장(原本)(경희대학교, 한국 경제사 문헌자료)

<자료 : 趙益淳, 前揭書, PP. 119~189의 내용을 참조하여 저자가 첨삭 정리함>

그런데도, 그들 상인집단이 작성했다는 회계문서는 밝혀진 바가 없다. 현존하는 회계문서 대부분이 사개송도치부법에 따라 작성된 것이라고만 알려졌을 뿐, 그 외의 것은 거의 거론되지 않고 있다.

우리나라의 고서(古書)에는 회계(會計)에 관련된 용어들이 기록되어 있고, 산학(算學)에 의한 산사(算士) 제도의 기록도 발견할 수 있다. 그에 따른 치부 문서의 기록은 조선 시대 후기에 작성된 것들만이 전해지고 있을 뿐이다. 그 이전의 경우는 삼국사기·삼국유사 등에 관부회계 형의 물량 단위로 표기된 것들이 있으며 고대사회의 서계(書契)와 장적(帳籍)이라는 이름으로 된 기록은 고작 금석문(金石文)에 의해 판독할 수 있는 정도에 불과하다. 종이(韓紙)에 기록된 치부 문서는 조선 시대 후기의 1700년대 이후에 기록된 치부 문서가 발굴된 정도이다. 그것들은 개성상인 이외의 상인이나 개인 등이 작성한 것으로 볼 수 있는 치부 문서들이 그나마 현존하고 있어서 우리나라의 전통적 회계문화의 연구에 도움이 될 수 있을 것으로 본다.

당시 서민사회의 공동체 생활에서 거래 사실을 기록한 치부 문서는 물론, 상인들 간에 개별적으로 작성된 치부책이나 공동사업을 통하여 작성된 회계장책이 조선 시대에 작성되었다는 것은 다행스러운 일이다. 그것들이 관부회계 문서와 비교할 수 없을 만큼 소량이라고 하더라도 중요한 자료이다. 일기책·장책·회계책이 완비된 치부 문서가 존재한다는 것도 당시의 치부문화를 가늠해 볼 수 있는 자료라고 할 수 있다.

이상과 같은 내용을 지닌 치부 문서들은 ① 개인과 종중(宗中)의 일기장 ② 금전 대여형 치부 문서 ③ 객주(客主: 대리인)의 장부 ④ 육의전 기장문서 ⑤ 민·관 겸용형 회계문서 ⑥ 회사형 회계문서 ⑦ 기타의 기장문서로 분류할 수 있다. 이들 기장문서는 개항(AD1876) 이전과 그 이후의 것들로 정리함으로써, 서민공동체 부기의 고유성을 인식할 수 있을 것이다. 이를 앞면의 <표 4-20>에 정리하였다.

상인집단이 아닌 일반 서민층에서 작성한 것으로 보이는 회계문서가 남아있어서 서민사회공동체의 치부 문서의 행태를 살펴볼 수 있음은 그나마 다행스러운 일이다. 그것은 개성부기와의 유사성 여부를 가릴 수 있는 유일한 단서이며, 한국 고유 부기의 표준적 유형을 판단할 수 있는 중요한 자료로 활용될 수 있다고 보기 때문이다.

2. 서민사회공동체의 치부 회계 사례

1) 관민 겸용형의 치부 문서

이 회계 장책은 조정윤(趙鼎允)이 광무주사로 근무하던 당시의 함경남도 장진(長津)을 중심으로 한 세소(稅所)·광소(鑛所)·무소(貿所) 등의 관아와 거래를 했던 내용을 기

제4장 조선 시대의 치부 회계문화   415

록한 것이다. 총 9권의 문서로 작성된 것 중에서 특히 「칭생집(稱生集第七)」・「방원당(方圓堂全八)」・「합성관(合成觀坤二)」의 3권이 치부 문서로서의 가치를 지닌 것으로 밝혀졌다. 따라서 이들 장책의 기장 방법은 모두 같다. 그중에서 장책의 일부를 사례로 소개하면, 다음의 <4-21>은 위의 세 가지 장책(掌冊) 중간에 낱장으로 끼워져 있는 것이고, <표4-22>는 이를 옮겨 적은 장책 내용이다.

<표 4-21> 광무주사(趙鼎允)의 치부문서(掌記) 사례 일부(1)

```
壬辰至月初九日李君日計
 去 元應先計文八十一兩 辛卯一月初九日
    至十四朔邊文三十四兩二分
 去○給文四兩正月初四日
    至十一朔邊文一兩三錢二分
 去牛肉十二兩五錢潤 六月廿七日無邊

 去○給文二十兩
 去金斂使給文五兩

    至四朔十一日邊文三兩二錢五分
 去李己觀計文二十兩五錢九月十五日
    至一朔二十五日四兩五錢邊文八錢六兩分以邊上加邊條不入
 去韓子成貿金束土一分重代文一兩五分
         合去文一百八十三兩四錢四分 內
 入一兩三錢三分盧風憲家 金欽萬 三月初十日
    至九朔邊文三錢五分
 入卜土五錢重乂六十五兩閏月廿七日
    至四朔邊文八兩四錢五分
 入尹致順計文八兩
 入新木一尺○文四兩     無邊

 合入文八十七兩一錢三分除
    在捧次文九十六兩三錢一分
       計主 趙九列
```

(주: 여기에 표기된 計主 趙九列의 「九列」은 趙鼎允의 아호이다.)
<자료 : 趙益淳, 前揭書, PP. 142~143. (고려대학교대학원도서관 소장)>

조익순 교수의 연구에 의하면, 이들 발굴자료 중에서 민관 겸용형의 회계문서로 보이는 광무주사 치부책에 대한 분석・검토 결과를 밝혔는바, 그것은 초기 단계의 복식부기에 해당하는 것이라고 다음과 같이 논술하고 있다.

『수탁자도 아니고 차인(差人:代理人)도 아니고, 공동사업자도 아니면서 단독으로 방대한 경제활동을 행하여야 하는 회계주체가 있다고 가정하자. 이때의 회계주체가 일기책, 장책, 장기를 가지고 복식기입을 하는 경우, 출자액의 증감, 즉 손익보다는 채권·채무의 정확한 관리가 더 긴요하다고 생각할 수 있을 것이다. 그리하여 기간손익계산에 매달리지 않고 필요한 때만 채권과 채무액을 확인하는 것으로 회계 관리목적은 달성할 수 있었을 것이다. 여기서는 회계 관리의 목적보다 채권·채무의 관리가 복식기입에 의하여 더 정확히 계산·검증할 수 있다는 것 때문에, 복식기입이라는 사실을 강조하여야 하고, 또 복식부기의 형식적 요건은 모두 갖추었으므로, 이를 초보적 복식부기라 명명하고 복식부기로 분류하고자 한다. 이에 해당하는 사인(私人) 회계문서는 『칭생집(稱生集)』·『방원당(方圓堂)』·『합성관(合成觀)』이며, 그 계주(計主: 趙鼎允)는 함경남도 장진군의 광무주사(鑛務主事)였고……경제실력자였다.』[136]

조익순 교수는 이들 치부 문서가 회계장부로서의 가치뿐만 아니라, 조선 시대 후기의 지방행정과 재무 및 광업사를 이해하는데 귀중한 자료라고 하면서, 이들 장부에 대한 검토내용을 부연하고 있다. 이하 이를 요약·인용한다.

『① 이들 치부 문서는 각각 150개가 넘는 계좌를 가지고 있으며, 그중 인명계정·물품계정·공용(公用)계정·세소(稅所)계정·세전(稅錢) 계정·주소(貿所)계정·광소(鑛所) 계정·감영(監營) 계정·풍헌(風憲) 계정 등 다양하다. 그 계정들은 각각 상·하단으로 구분되고 상단을 「거(去)」로 표기하고 하단을 「입(入)」으로 구분하여 표기되어 있다. ② 상단의 기록은 상책이래문(上冊移來文: 公用 計定)·상책이래봉차문(上冊移來捧次文: 채권계정)·상책산학원이래봉차문(上冊算學院移來捧次文:채권계정)·상책방원당이래시재문(上冊方圓堂移來時在文: 天銀計定)으로 시작하며, 하단의 기록은 상책이래입문(上冊移來入文)으로 시작한 것, 상책이래급차문(上冊移來給次文) 또는 상책윤옥편이래급차문(上冊潤屋篇移來給次文)으로도 시작하고 있다. ③ 상단의 두 번째 줄 이하의 기록은 맨 위에 연월일, 그 밑에 거(去), 그 밑에 거래내용, 그 밑에 금액을 적고 있으나, 거(去)만 있는 계정은 상하양단 중 상단 기입은 같으나, 하단 기입은 거(去)를 맨 위에 적고 그 밑에 거래내용과 금액을 적은 다음의 맨 아래에 거래일자가 적혀있다. 이때의 거(去)는 매 거래의 기입 때마다 기록된다. 하단의 기록은 맨 위에 입(入)이라 적고, 그다음에 거래내용과 금액을 적은 그 밑에 연월일을 써넣었다.

---

136) 趙益淳, 上揭書, PP. 266~267. <여기서 계주인 조정윤(趙鼎允): 1854~1940>은 탁지부 대신 이용익(李容翊)의 처남이며, 1880년에 군읍관리로 시작하여 1882년에 광무주사로 근무하였다. 1895년 장진군수와 선천군수, 태천군수를 역임하였으며 고종황제의 시종원부경(侍從院副卿)을 지냈다. 위의 치부문서는 그가 광무주사로 근무하던 때에 작성한 것이다.
(http://blog.daum.net/hanyangcho/15716154)>

제4장 조선 시대의 치부 회계문화   417

<표 4-22> 광무주사(趙鼎允)의 치부문서(掌冊計座) 사례 일부(2)

△李君日 至壬辰至初九日而計	入 盧風憲家○○文一兩三錢三分 三月
	初十日 至九朔邊文三錢三分
十月初九日 去 元應善計金方彦開港價文八十一兩	ㅏ 入蓮坪計文六十兩
至月初九日十四朔邊文三十四兩二分	入 卜土五錢重文六十五兩閏月廿七日
	至四朔邊文八兩四錢五分
壬辰正月初四日 去 而給文四兩 至十一朔邊文一兩	入 尹致順計文八兩 八月 初 四日
三錢二分	
三月初十日○去尹致順計文六十兩	入 ○○○○文四兩
閏月廿七日去而給文二十兩 ┐	入 卜土五錢重文七十兩 九月十五日
去金僉使游街文五兩 │ 至四朔邊文三	入 束土一錢重文十兩五錢
去牛肉半斤文十二兩五錢 ┘ 兩二錢五分	入 ○○加上代○文八兩
七月十二日去咸人李己觀良加計文一百三兩月二十一	合入文一百七十五兩六錢五分 除
日成邊次	在捧次文九十六兩三錢一分 而計掌記移記
加右錢一朔二十五日邊文八錢	
九月十五日去右錢兩朔邊文六兩 至九月十五日	至癸巳正月周年邊文三十四兩六錢六分
去貿金束土一分重文一兩五分韓子成條	都合文一百三十兩九錢七分下冊傳方圓
合文二百七十一兩九錢四分內	堂

<자료 : 趙益淳, 前揭書, PP. 144. (고려대학교 대학원도서관 소장)>

그리고 입(入)만 있는 계정의 상단은 연월일, 입(入), 거래내용 및 금액의 순으로 적혀있다. ④ 각 계정의 거(去)합계와 입(入)합계가 같으면, 별도로 그 합계를 기록하지 않고 그 계정명(名) 위에 △표시하고 있으며, 잔액을 남기고 있는 계정은 계정명 위에 아무런 표시도 하지 않고 그대로 두고 있다. 거(去) 기록과 입(入) 기록의 횟수가 많은 계정은 합거문(合去文)과 합입문(合入文) 밑에 그 금액을 기입한 후, 그 금액이 많은 쪽의 금액기록 밑에 내(內)로 표시하고 그 금액이 적은 쪽의 금액기록 밑에 제(除)라고 적은 다음, 두 금액의 차액을 재봉차문(在捧次文)과 재급차문(在給次文)의 밑에 기록하고 하책이기(下冊移記)·하책적루기(下冊積累記)·하전개화시(下傳開貨市) 등으로 이기 표시를 하고 있다. 옮겨 적은 계정 위에도 △표시를 하였다. ⑤ 이 장책의 기록내용에서 일기책이 있었다는 기록은 「칭생집」의 한자평(韓子平)계정 하단의 입(入)과 「합성관」의 조관윤(趙觀允)계정 거(去)에 각각 일기오행(日記五行)·일기십행(日記十行)·일기십사행(日記十四行)이 각각 일기장에 표기된 위치를 의미한다고 볼 수 있는 것에서 알 수 있다. ⑥ 이들 치부 문서의 장책에서 가장 특기할 사항은 각 계정의 거(去)와 입(入)으로 기입된 것을 추적해본 결과, 상당히 많은 분량의 복식기입이 되고 있다는 사실이다…. 1890년 9월 하순에서부터 12월 하순까지의 것만 추적해 본 결과, 복식기입 된 거래가 모두 53거래 발견되었다. 장책이 모두 있다면, 아마도 복식기입이 확인될 수 있을 것으로 본다. ⑦ 결산이나 손익계산의 흔적

은 찾아볼 수 없다. 그 이유로는 현금계정이 없고 계정에의 기입이 물량으로만 된 것이 있으며, 은(銀)과 오염(土塩)계정을 분석해보면, 손익계산이 가능하게는 되고 있지만, 결산한 흔적은 없기 때문이다. ⑧ 장책의 기장 원리는 (上冊移來額 + 去合計額 - 入合計額 = 捧次額 또는 給次額)이라는 계산구조를 원칙으로 하고 있다. 그리고 이 기장 원리가 거의 흔들림 없이 유지·관철되고 있음을 알 수 있다. 중국식 표현에 의하면, 사주식(四柱式)이라 할 수 있고, 관부회계의 그것과 같다고 볼 수 있다. ⑨ 이 장책은 조정윤(趙鼎允) 광무 주사의 기록으로 관의 기록으로 볼 수도 있을 것 같으나, 또 다른 면에서는 농사를 위한 지출과 수입 기록도 있고, 변방의 무역소와 쌀, 산삼, 녹용 등, 거래한 기록, 보부상의 도반수(都班首), 접장(接長), 집사(執事)들에 대한 세의(歲儀), 유가(遊街: 유흥비) 지원 등의 거래기록, 강봉주(姜鳳周)가 조 위원(鑛務主事)에게 보낸 편지(錢荒으로 보내준 물건을 팔지 못하고 오는 7월의 시세를 보아 처분하는 것이 어떠하올지?) 등으로 보면, 사인(私人)의 상거래 기록 같기도 하다. 그래서 이 장책은 관사겸용회계문서(官私兼用會計文書)로 분류한 것이다.』137)

2) 육의전 형의 면주전 치부 문서

육의전(六矣廛)은 조선시대의 어용상인으로 전매특권과 국역 부담의 의무를 지고 종로에서 영업을 하던 여섯 시 전(市廛)을 일컫는다. 이 중의 하나인 면주전(명주를 파는 상점)에서 작성한 치부 문서가 다수 현존하고 있어서 육의전 형(型) 회계 모습을 살펴볼 수 있다. 나머지 시전의 치부 문서는 남아있는 것이 거의 없다.

그런데 면주전의 치부 문서는 안타깝게도 일본의 국회도서관(東洋文庫)과 교오토(京都) 대학 부속 도서관(河合文庫)에 다수 소장되어 있다. 우리나라에 남아있는 것은 수십 개의 치부 문서 중에서 일부가 규장각이나 국립중앙도서관에 각각 보존되어 있으며, 그것은 모두 지전(紙廛: 종이 판매점)의 치부 문서로 밝혀져 있다. 현존하는 면주전의 치부 문서(京都大學圖書館所藏)를 소개하면 앞면의 <표 4-23>, <사진 4-4>에서 보이는 바와 같다.

<표 4-23>의 장부들은 종로 육의전의 하나인 면주전에서 1865년부터 1897년까지 20년 동안 세폐(歲幣: 매년 10월에 중국행 使臣이 가지고 가는 貢物)에 쓰이는 면주(綿紬)를 납품하는 과정에서 발생한 수입과 지출 내역을 정리한 치부 문서이다. 그동안 작성된 모든 치부 문서가 남아있지는 않고, 중간에 소실된 것도 있으며, 동일 연도의 장부라도 전후의 수입과 지출이 비교적 정리된 것도 함께 남아있다. 모두 25책에 이른다. 여기서 수가책(受價冊)이란 면주전이 정부에 면주를 납품하고 그 대가를 받은 이후의 입금액과 목적별 지출액을 기장한 것을 말하며, 그리고 초책(草冊)이란 체계적으로 정리하기 이전의 장부를 의미한다.

---

137) 상게서, PP. 141~150.

<표 4-23> 면주전의 현존 치부 문서 일부

작성연도	치부 문서의 명칭	비 고
1865	면주전(綿紬廛) 세폐예비수가초책(歲幣預備受價草冊)	
1876	면주전(綿紬廛) 세폐예비수가초책(歲幣預備受價草冊)	
1876	면주전(綿紬廛) 세폐수가초책(歲幣受價草冊) (上)	
1877	면주전(綿紬廛) 세폐수가초책(歲幣受價草冊) (上)	
1879	면주전(綿紬廛) 세폐수가초책(歲幣受價草冊) (上)	
1880	면주전(綿紬廛) 세폐수가초책(歲幣受價草冊) (上)	
1882	면주전(綿紬廛) 세폐수가초책(歲幣受價草冊)	
1883	면주전(綿紬廛) 세폐수가초책(歲幣受價草冊) (上)	
1884	면주전(綿紬廛) 세폐수가초책(歲幣受價草冊)	
1885	면주전(綿紬廛) 세폐수가초책(歲幣受價草冊) (上)	
1886	면주전(綿紬廛) 세폐수가초책(歲幣受價草冊)	京都大學圖書館 河合文庫 所藏
1886	면주전(綿紬廛) 세폐수가초책(歲幣受價草冊) (上)	
1887	면주전(綿紬廛) 세폐수가초책(歲幣受價草冊)	
1888	면주전(綿紬廛) 세폐수가초책(歲幣受價草冊) (上)	
1888	면주전(綿紬廛) 세폐수가초책(歲幣受價草冊) (下)	
1889	면주전(綿紬廛) 세폐수가초책(歲幣受價草冊)	
1890	면주전(綿紬廛) 세폐수가초책(歲幣受價草冊)	
1891	면주전(綿紬廛) 세폐수가초책(歲幣受價草冊)	
1892	면주전(綿紬廛) 세폐수가초책(歲幣受價草冊)	
1893	면주전(綿紬廛) 세폐수가초책(歲幣受價草冊)	
1895	면주전(綿紬廛) 세폐수가초책(歲幣受價草冊)	
1897	면주전(綿紬廛)세폐수가초책(歲幣受價草冊)	

<자료 : 고동환, 「개항 전후기 시전 상업의 변화 -綿紬廛을 중심으로-」, 『서울학연구』 32, 2008>

이들 치부 문서에 기장이 된 내용에 의하면, 다음과 같은 순서로 수가(受價) 절차가 진행되어 있음을 확인하게 된다.

① 수가(受價)는 납품된 품목별로 면주 1필당 공정가격이 정해져 있어서, 그에 따라 전폐(錢弊)나 무명 또는 쌀로 받았다. 세폐는 면주 1필(疋)에 대하여 대동 목 9필이 공정 납품가격이었다. 지급 방법은 납품총액의 2/3는 전폐이고, 1/3은 대동 목으로 지급되었다. 그러한 납품가격과 결제 방법은 20년 동안 변동이 없었다.

② 결제가 이루어지면, 세폐 납품과 관련된 관리 등에게 수가 총액의 10% 정도를 지급하였고, 그 외에도 염색과정에서 들어간 공전(工錢)이나 짐꾼들에게 들어가는 비용

도 공제하였다. 그리고 대방(大房)이나 면주전 임원들에게 할당되는 부분도 공제하였다. 이러한 비용들을 공제한 실수입을 확정하여 기재하였다. 공전이나 짐꾼비용 또는 그 외의 제비용 등의 상세한 내역은 항목별로 후록에 명기하고 앞부분에 합계만 기록하는 경우가 비일비재하다.

③ 납품 면주의 대가를 받았을 때는 그것을 납품에 관련된 상인들에게 지급하였다. 면주 조달에 드는 비용을 본색(本色)이라고 하였다.

④ 면주전의 소속 상인들에게도 이익분배가 이루어졌다. 이것을 분아(分兒)라고 불렀다. 분배가 끝나고 납품 원가를 보상한 다음에 남은 돈은 보용소(補用所)나 왜단소(倭單所)의 몫으로 기록해 놓았다. 수가책에 나오는 보용소는 면주전의 운영자금을 관리하는 곳이며, 왜단소는 왜인예단(倭人禮單)을 조달·납품하는 곳이다.138)

<표 4-23>의 치부 문서는 1865년부터 1897년까지의 장기간에 걸친 면주전의 세폐 관련 회계 사실을 기록한 것이다. 이 치부 문서들의 기록을 통하여 대체로 확인할 수 있는 치부 원리는 전재(前在 또는 措備) + 수입합문(收入合文) - 지출합문(支出合文) = 시재(時在: 實餘文 또는 實不足文)의 구조로 기록·계산되고 있다. 이는 위에서 언

<사진 4-4> 면주전의 염람수주수가초책(染藍水紬受價草冊) (上: 1876년 문서)

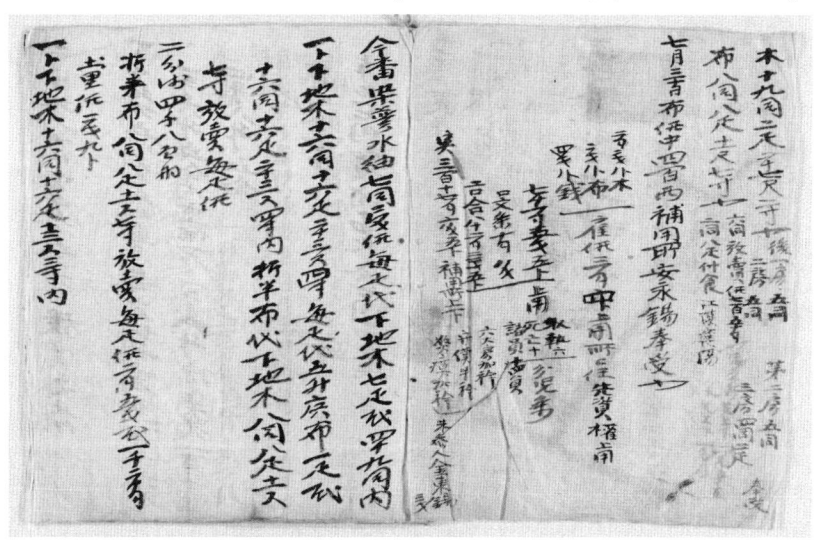

<자료 : 日本京都大學附屬圖書館-河合文庫- 所藏)>

급한 바 있는 관부회계의 치부 원리와 유사하다. 그러나 사용한 기호는 관부회계의

---

138) 고동환, 「개항 전후기 시점 상업의 변화 -綿紬廛을 중심으로-」, 『서울학연구』 32, 2008: (이헌창 엮음, 『조선 후기 재정과 시장: 경제체제론의 접근』),(서울대학교출판문화원, 2010.

그것보다 다양하여 일관성이 없는 방식이었다고 하지 않을 수 없다.

그것은 아마도 면주전이 육의전의 한로서 세폐·왜단·방물 등의 다양한 부분에 관한 기록·계산구조를 유지하고 있었기 때문에 상호 비밀 유지를 위한 조치로 같은 내용이라 하더라도 통일되지 않은 여러 가지 기로를 사용했던 것으로 추정하게 된다. 그렇지만, 이들 치부 문서는 당시의 시전상인과 국가재정의 관계를 밝히는 귀중한 자료이며, 개항기의 미곡이나 면포의 가격 변동에 대한 구체적인 내용도 밝힐 수 있는 물론, 조선 후기 상업사의 연구에도 가치 있는 사료(史料)라고 할 수 있다.

3) 금전 대여형의 치부 문서

현존하는 금전 대여형의 치부 문서는 『채급순봉(債給順奉)』·『방채여리책(放債與利冊)』·『대인차대여수등새음(對人借貸與受等細音)』등이 있다. 『채급순봉』(1905~1908)은 금전의 대여·회수 및 이자수입·경비지출 등을 기록한 일기책이다. 이 회계장부의 기본구조는 날자 별로 순차적 기록을 원칙으로 하고 있으며, 전재(前在: 前日在庫)·대출액·회수액·시재(時在: 當日在庫)의 순서로 기록·계산함과 동시에, 봉상합계(捧上合計)·채급합계(債給合計)·용하합계(用下合計)도 함께 표기한 것이다. 금전의 수입·지출에 대한 구분표시 방법은 대거(貸去: 貸與金)·채급(債給: 債務償還) 또는 거(去)·입(入)·상(上)으로도 표기하는 구조로 이루어져 있다. 그러나 이 일기책은 장책의 존재 여부를 확인할 수 없는 점이 흠이라 하겠다. 이 치부 문서는 현재 규장각에 소장되어 있다.

『방채여리책』(1901~1902)은 전낭포의 치부 문서로서 대여금의 신용대출과 담보대출에 관한 기록·계산을 기본구조로 하는 것이다. 현재 규장각에 소장된 이 치부 문서는 처음에 대출금액을 기록하고, 그 아래에 빌린 사람의 이름(借主名)·대여 일자를 적은 다음에 지거(持去: 가져갔다는 표시)라고 표기하였다. 그리고 대출금의 회수는 받은 날짜와 회수된 금액을 적은 후 정산되었다는 표시로 열기법(列旗法)을 사용하였다. 상단과 하단을 구분하는 표시의 내(內)자를 표기함으로써, 기록·계산의 명확성을 기하고 있다. 그리고 대출금의 회수는 입(入)보다는 상(上)을 많이 사용하였다.

『대인차대여수등세음(對人借貸與受等細音)』(1892)은 금전을 대여하여 약정한 기일(매월 28일·翌 月初 3日·初 8日··8日·23日)에 받은 이자 수입과 원금 회수의 내역을 기록·계산한 치부 문서이다. 이 문서 제목 중의 세음(細音)은 우리말의 셈(計算)한다는 이두식 한자음의 표현이다. 금전을 대여하였을 때는 지거(持去)·거(去)로 표기하였고 경비 등을 지급했을 때는 급(給)·용(用)이라는 기호로 표기했음을 볼 수 있다. 그리고 원금을 회수했을 때는 상(上)으로, 이자 수입의 경우는 래(來)로 표기하였다.

등자(鐙子)와 열기(列旗)의 표시도 하였다.

　이 치부 문서는 수입과 지출을 구분하는 기호인 내(內)자 표기를 한 것으로 보아 장책에 해당하는 것으로 여겨진다. 그리고 대출 기간이 단기이고 대출금리가 높은 편이며 대출금액도 소액이며 대출 기간이 단기였다는 점을 특징으로 지적할 수 있다. 그리고 이 문서는 국사편찬위원회에 소장되어 있다.[139]

4) 객주(대리인)형의 치부 문서

　조선시대의 대리인 영업은 객주가 담당하였다. 객주는 위탁매매업을 하는 중간상인으로서 다른 지역에서 온 행상(行商)에게 숙소를 제공하면서 상품을 맡아서 팔아주거나 흥정을 붙여주는 상인을 일컫는다. 조선시대의 객주제도는 위탁매매 이외에도 여숙(旅宿)・창고・금융・환전・운송 등을 담당하였다. 따라서 객주는 직접 자기 소유의 상품을 매매하지 않고 위탁자와 고객과의 사이에서 간접매매를 하며, 자기 이름으로 위탁자의 계산 하에 수탁물 거래를 담당한다. 또한 객주는 일정한 장소에 영업소를 차려서 거기에 점포・상호・회계장부 등은 물론, 보조하는 사환・서사(書師)・차인(差人) 등의 상행위 시설을 갖추고 영업했다.

　이러한 객주형 상인들이 수행했던 치부 문서도 전승되는 것이 발견되고 있다. 그 대표적인 것으로서, 『최치영선회계(崔致盈船會計:1898)』와 『공자삼회계(孔子三會計: 1898~1900)』가 현존한다. 『최치영선회계』는 1898년에 부산의 객주(客主) 박운오(朴雲五)가 선주(船主)인 최치영(崔致盈)과의 백미(白米) 거래를 기록한 치부 문서이다. 맨 처음에 입(入)을 기입하고 다음에 인명・상품(白米)・수량・단가(單價)・금액의 순으로 기장되어 있다. 여기서 단가는 호산(胡算)으로 표기되었다. 그리고 하단에는 선가(船價)와 수수료 등의 지급액을 기록한 다음에 입합계(入合計)・하전합계(下錢合計)와 그 차액인 재전(在錢)을 기록・계산하였다. 이는 총수입-총지출=잔액의 계산식으로 이루어져 있음을 의미한다. 잔액을 즉시출급(直時出給)이라 표기하여 마감하였다.

　『공자삼회계』 문서는 동래부항부촌동사거리(東來釜港富村洞四巨里)에서 객주 영업을 했던 동래모라(東來毛羅)의 계주(計主) 최서오(崔瑞五)의 서사(書師)인 신상옥(辛相玉)이 작성한 1898년부터 1900년까지의 장기(掌記)이다. 여기서 공자삼(孔子三)은 거래한 고객으로 판단된다. 모두 23장이 현존하는데, 1898년 것이 10매, 1899년 것이 12매, 그리고 1900년의 기록은 1매이다. 그중 하나를 소개하면, <표 4-24>와 같다.

---

[139] 趙益淳, 前揭書, P. 128 & P. 136.

<표4-24> 객주형 치부 문서, 『孔子三會計』의 장기(掌記) 사례

```
戊戌九月初八日孔子三會計
入 直錢六十兩來 內
去 洋礦二十匣－乂0十八兩
  淸礦十甲0七兩五錢
  月椽五桶│三0九兩
  鬱金三十斤88十六兩五錢
  橫一坐○四兩二錢
    去合文五十五兩二錢除
  在錢四兩八錢出給 印


  東萊毛羅 計主 崔瑞五
         寫 辛相玉
```

<자료 : 國史編纂委員會 所藏: (원본은 縱書이지만, 저자가 가로쓰기로 고쳐서 인용함.)>

    이 치부 문서의 기본구조는 우선 연월일과 거래처를 기록한 다음, 입(入)을 표기하고 물품명·수량·단가·금액을 차례로 기록하고 입합계(入合計)를 기록하고 내(內)자의 표기를 하였다. 그리고 줄을 바꿔서 거(去)를 표기하고 차례로 물품명·수량·단가(胡算으로 표기)·금액을 기록하고, 그 사람 다음 줄에 거합계(去合計)를 적고 이어서 제(除)나 내(內)로 결과를 나타내었다. 여기서 제(除)는 거(去)합계액이 입(入)합계액보다 적을 때 표기하는 기호이고, 내(內)는 거(去)합계액이 입(入)합계액보다 클 때 마감하는 기호이다. 줄을 바꾸어 그 차액을 재전(在錢: 입(入)합계가 거(去)합계보다 클 경우)의 금액을 적어 넣고 출급인(出給印: 출금 표시의 印章)을 표시한 다음 줄에 마감되었음을 나타내는 표시(∠)를 하였다. 그런데 거합계가 입합계보다 많을 때 가거전(加去錢)과 금액을 기록하고 대거인(貸去印) 또는 실여봉차문(實餘捧次文)이라 적고 인장을 찍었다. 다시 줄을 바꾸어 계주(計主)의 이름과 서사(書師)의 이름을 차례로 기록하였다.

    <표 4-24>의 끝부분에 <재전(在錢) 네냥 여덟전(四兩八錢) 출급인(出給印)>이라는 기록은 객주(客主) 최서오의 고객(顧客) 공자삼에게서 받은 돈으로 물품을 구입하여 넘겨준 후에 남은 잔액을 반환하였음을 밝힌 내용이다. 그런데 1898년(光武2年) 7월 초 3일의 문서는 거(去)합계가 입(入)합계보다 많아 그 차액을 가거전(加去錢 : 合貸去文 또는 實餘捧次文 印)으로 기록한 것은 받을 채권을 표시한 것이다. 그뿐만 아니라, 입(入)합계가 거(去)합계보다 많을 경우, 그 차액을 실여급차문인(實餘給次文印)으로 기록한 것은 고객인 공자삼에 대한 미지급채무임을 표시한 것이다. 따라서 합 대거 문(合貸

去文 또는 加去錢)이나 실여봉차문(實餘奉次文)으로 입(入)과 거(去)의 차액을 기록한 것은 봉차장기(捧次掌記)에 해당하고, 그 반대로 실여급차문(實餘給次文)이라고 입거(入去)의 차액을 기입한 것은 급차장기(給次掌記)이다. 그래서 이 치부 문서는 객주인 최서오의 고객인 공자삼과의 사이에 이루어진 수탁 매입결산서라고 할 수 있다.140)

5) 가계부형 치부 문서

가계부와 유사한 개념으로 가계일용(家計日用)을 기록한 고문서(古文書)는 거의 찾아볼 수 없는 치부 문서이다. 그런데 경성대학교 향토문화연구소가 발굴한 김해 진영읍 하계리(金海下界里)의 고문서(1848~1885)는 가계부에 비견(比肩)할 수 있는 치부 문서로서 검토해볼 만한 가치가 있는 것이다. 이에 의하면, 『출일백십량일전육푼복사결실(出一佰十兩一錢六分卜四結實), 합문오백십팔량일전육분내(合文五佰十八兩一錢六分內), 하문칠십량거구월일만복봉거(下文七十兩去九月日萬卜捧去), 재전일백구량삼전구푼(在錢一佰九兩三錢九分)』 등의 일기식으로 기록된 것을 볼 수 있다. 그뿐만 아니라, 다른 치부 문서와 같이 등자 법과 열기법의 표시도 되어있어서 일반적인 치부 기록과 다를 바가 없다. 한국 고유의 치부 문서에서 볼 수 있는 거(去)・래(來)・내(內)・합문(合文)・하문(下文)・재전(在錢) 등과 같은 기호들이 사용된 것도 보인다.

그리고 가계일용형의 치부 문서로서 『을해일용기(乙亥日用記: 1815?)』가 존재한다. 이것은 한 장의 지편(紙片)에 기록된 것으로서 『공비소오량거(工費所五兩去), 봉곡댁이량래(鳳谷宅二兩來)』와 같은 가계일용형의 기록으로 이어져 있다.141)

이들 고문서에서 찾아볼 수 있는 치부 원리는 <수입-지출=잔액>이라는 단순한 계산구조를 갖추고 있는 것으로 확인되었다. 이러한 계산구조는 아직 개성부기에서 볼 수 있는 치부 원리에는 미치지 못하는 것으로서 초기 단계의 단식부기 고문서라고 할 수 있을 것이다. 따라서 이러한 단계에서 진일보하게 되면, <전재(前在+수입(收入)-지출(支出)=잔재(殘在)>의 단계로 진화할 수 있는 특성을 보인다. 개인용의 가계부형 치부 문서로의 가치는 충분히 있는 것이라고 할 수 있을 것이다.

6) 향약(契)에 의한 문중 계형 치부 사례

한국 고유의 치부 문서 중에서 향약에 의하여 결성된 공동체의 기록장부가 전승되고 있는 것은 거의 없다. 다만 유일하게 문중계(門中契)의 형식으로 기록된 치부 문서

---

140) 조익순, 전게서, PP. 137~138.
141) 상게서, P. 121.

가 보존되어온 사실이 알려져 있다. 현재 전라남도 영암군 장암마을에 보관된 치부책으로서, 그것은 영조 17년(辛酉: AD1741) 이후 지금까지 270년간 작성·보존되어온 「용하기(用下記)」라는 표제(表題)의 회계장부이다.142)

「용하기(用下記)」가 현재까지 기록·보관되어온 것은 그 근원이 되는 대동계(大同契)의 「계헌(契憲)」이 존재했기 때문이다. 「계헌」의 규정에 따르면, 「용하기」는 소유재산의 경제적인 거래행위를 정확하게 기록·계산·검증·보관하게 되어있다. 여기에는 회계 책임을 묻는 강제조항도 규정되어 있다. 연말 보고서에 대한 「강신(講信)」 조항이 그것이다. 이는 결산보고서의 강독(講讀)을 통하여 부정이 없다는 것을 확인하고 신뢰(信賴)를 도모한다는 것을 의미한다. 따라서 「용하기」는 성문화된 규범에 바탕을 둔 회계기록을 갖추고 있는 합리적인 비영리조직의 치부 문서라고 할 수 있다. 한국정신문화연구원이 1995년에 수집하여 영인본으로 제 책한 것과 한국회계학회의 지원으로 2003년에 추가로 발굴하여 정리한 「용하기」의 치부책 자료 일부를 소개하면, <표 4-25>에서 보이는 바와 같다.

<표 4-25> 전남 장암마을에 보존된 「용하기」의 치부책 일부

연번	치부책의 표제	기록 시기(AD)	분량
1	族契用下記	1741(辛酉)~1763(癸未)	70枚
2	族契用下記	1779(己亥)~1805(乙丑)	62
3	族契用下記	1806(丙寅)~1816(丙午)	93
4	族契用下記	1843(癸卯)~1850(庚戌)	83
5	族契用下記	1850(庚戌)~1872(壬申)	228
6	族契用下記	1884(甲申)~1928(戊辰)	180
7	小宗契用下記	1819(乙卯)~1826(丙戌)	102
8	小宗契用下記	1827(丁亥)~1842(壬寅)	169
9	小宗契用下記	1845(乙巳)~1864(甲子)	183
10	小宗契用下記	1864(甲子)~1883(癸未)	165
11	洞契用下記	AD1873(癸酉)	34
12	洞契用下冊	1905(乙巳)~1906(丙午)	23

다음 면에 계속

---

142) 이 用下記는 숙종 9년(戊申: AD1668)부터 회계장부에 기록하여 보고한 데서 유래한다. 이것은 원래 AD1667년(丁未: 숙종 8년)에 장암마을 주민 18명이 벼 1섬(石)씩 추렴(出斂)하여 동계(洞契)를 조직하고 그 기금으로 땅을 매입하여, 거기서 나는 소출로 11년 동안 계속 땅을 사서 증식하면서 100석의 기금을 축적했다. 그 후 지금까지 350여 년 동안 계답(契畓: 契가 소유하는 논밭)을 운영하여 수익을 올림과 동시에, 계원들에게 대출도 하고 경조사에 부조함으로써, 재정적인 수입·지출의 기록·계산 내용을 연말에 보고할 수 있도록 정리한 회계장부를 일컫는다. <전성호, 『조선 시대 호남의 회계문화』(서울, 다홀미디어, 2007)>

13	洞契倍利施行記	1854(甲寅)~1860(庚申)	19
14	洞契雜物傳與冊	1869(己巳)~1887(丁亥)	69
15	洞契用下冊	1893(癸巳)~1897(丁酉)	29
16	門中用下記	庚子年(AD?)	9
17	楮山書院普請用下記	甲戌年(AD?)	18
18	柳川洞祭閣重修下記	癸未年(AD?)	9
19	用下記	辛巳年(AD?)	155
20	書齋契用下冊	丁酉年(AD?)	50
21	書院下記	戊辰年(AD?)	25
22	龜巖祠別廳冊	乙丑年(AD?)	38
23	書齋契用下冊	壬子年~庚辰年(AD?)	174
24	門中收租記	丁卯年(AD?)	15
25	場巖洞契用下記	1945(乙酉)~1968(戊申)	125
26	洞契用下冊	1876(丙子)~1877(丁丑)	28
27	洞契用下冊	1904(甲辰)~1907(丁未)	45
28	賻喪追賻記	1770(庚寅)~1810(庚午)	15
29	洞契用下記	1912(壬子)~1942(壬午)	156
30	畓禾冊	1860(庚申)~1879(己卯)	112
31	門契用下記	1761(辛巳)~1778(戊戌)	157
32	場巖洞契考記	?	?
33	場巖洞契矜記	1884(甲申)~1902(壬寅)	19
34	場巖洞契用下記	1969(乙酉)~1981(辛酉)	121
35	場巖洞契用下記	1865(乙丑)~1905(乙巳)	52
36	洞契下記	1885(乙酉)~1900(庚子)	42
37	洞契下記	1905(乙巳)~1907(丁未)	14
38	門間成造下記	1803(癸亥)	28
39	婚扶用下記	1767(丁亥)~1780(庚子)	35
40	宴會用下記	1820(庚辰)~1833(癸巳)	15

(*연번1~10은 한국정신문화연구원 영인본(1995), 11~40은 한국회계학회 지원, 발굴한 것)
<자료 : 전성호, 『조선 시대 호남의 회계문화』(2007), P. 161> (저자 첨삭 정리).

　　이들 장암마을의 고문서는 비영리조직의 재산관리기록으로서, 향약을 구심점으로 하는 계(契) 조직에 의한 조선 후기 향촌 사회 상부상조의 경제기능을 실천한 결과라고 하겠다. 여기에는 하나의 기금을 기반으로 하는 상부상조의 계 조직에서 시작된 것이었으나, 세월이 지나면서 그것은 여러 가지 원인에 의한 계 조직의 형태로 나누어져 기록계산이 이루어졌음을 볼 수 있다. 예컨대 조상의 제사와 문중의 결속을 도모한다는 취지에서 비롯된 「대종계용하기(大宗契用下記)」를 비롯하여 문중 내의 종파별로 독립하여 별도의 기금을 조성하여 만든 소종계(小宗契)의 용하기도 존재한다.

마을 내에서 다른 문중들과 공동으로 동계(洞契)를 결성하여 이루어진 「동계용하기(洞契用下記)」뿐만 아니라, 마을의 혼인 행사를 원만하게 수행하기 위한 혼부계(婚扶契)를 조직하여 기록한 「혼부계용하기(婚扶契用下記)」, 그리고 집이나 마을의 공동주택 등을 중수(重修)하기 위한 계를 만들 경우의 「중수하기(重修下記)」 등의 새로운 목적으로 만든 독립된 용하기가 작성되어온 사실도 확인하게 된다.

따라서 장암마을의 고문서는 일관된 단일조직의 일맥상통하는 장부기록으로 이어져 온 것이 아니라, 다양한 계 조직을 통한 장부기록의 집합 형태라고 할 수 있다. 이를 분류하는 작업이 이루어짐으로써, 장암마을의 고문서가 체계적인 회계기록의 일관성 있는 치부 원리를 정리할 수 있을 것으로 생각한다.

6 에필로그

1. 조선 시대 치부 제도의 회계 문화사적 의의

상술한 바와 같이 조선시대의 회계문화는 전기와 후기로 나누어 살펴볼 수가 있다. 조선시대의 전기는 고려 시대보다 대외적으로 쇄국적 성격이 강하게 작용했을 뿐만 아니라, 국내 상업에 있어서는 사상(私商)의 활동을 억제하는 정책을 채택하였으므로 자유로운 상인 활동이 제약되어 상업 발달이 지지부진한 상태였다. 따라서 조선 전기의 치부 문화는 『경국대전』에 근거를 둔 관부회계 중심의 사회경제적 구조였으며, 민간 부문의 치부 제도는 어용상인 육의전에서 사용하는 치부법이 존재했으나, 거의 관부회계와 유사한 단식기장이 주류를 이루었다고 한다. 그 밖의 사상(私商)은 정부의 상인 천시 정책으로 인하여 그 활동이 표면화될 수 없었으므로 치부 문서도 외부에 노출되지 않은 자기들만이 아는 비법(秘法)에 불과했다. 일반서민사회에서도 경제생활을 통한 교환거래가 있었음은 물론, 향약(鄕約)이나 계(契)를 근거로 하는 경제활동의 내용과 결과를 치부 문서로 나타내었다.

그러나 조선 전기의 사회경제적 환경 아래서는 거의 당사자들만이 아는 수준에서 제삼자가 쉽게 알아볼 수 없는 이두문자를 이용한 치부 문서를 작성하는 경우가 일반적이었다. 조선 초기에 훈민정음이 창제되어 일반서민까지도 자유롭게 의사표시를 할 수 있는 문자가 있었음에도 우리말을 한문자에 의해 표기하는 수단인 이두문자를 사용하여 치부 문서를 작성했다는 것은 분명 상거래의 내용을 남에게 알리고 싶지 않은 심리적 작용이 컸던 데서 비롯된 것으로 보인다.

우선 조선시대의 관부회계에 대한 것부터 회계 문화사적 관점에서 살펴본다. 조선의 관부회계는 중인계급 대상의 「취재(取才)」라는 임용시험을 통하여 산원(算員)을 산사(算士:1등 합격자)·계사(計士:2등 합격자)·회사(會士:3등 합격자)로 나누어 채용하고 중앙관서의 치부 기록과 관리를 담당토록 하였다. 그리고 지방 관서에서는 서리(書吏)나 아전(衙前)들에게 지방 관서의 치부 문서를 다루게 하였다. 따라서 조선의 관부회계는 단식부기이면서도 공통적인 치부 원리에 의해 받자책(捧上冊)·차하책(上下冊)·회계책(會計冊)의 3장부제도를 갖추고 있었다. 이들 공식적인 장부 이외에도 자기통제를 위한 비공식 장부로서의 초책(草冊)·중초책(重草冊)·흘림책(流音冊) 등의 치부 문서와 임금(王)에게 보고하는 계본(啓本)이 있었다. 이 계본은 호조(戶曹)의 회계사(會計司)가 지방 관서(各道)의 연도 말 전곡시재량(錢穀時在量)과 종류별로 총량을 기록한 각도전곡연종회계(各道錢穀年終會計)를 작성하여 임금에게 올리는 회계문서이다. 이러한 관부회계의 기본원리는 전곡의 수입·지출을 기록하면서 시재액을 알 수 있게 치부하는 시스템(前在+收入-支出=時在)이었다. 일단 기록계산이 완료되면 관인(官印)과 기장 자의 서명 날인을 하는 것이 관부회계의 특징이다.

이러한 관부회계 제도와는 다르게 지지부진했던 민간부문의 회계는 조선 후기에 이르러서 사상(私商)에 의한 사개치부 문화와 서민사회의 다양한 단순 기록의 치부 문화로 발달하였다. 이는 조선 후기의 사회경제적 환경의 변화로 인한 회계문화의 진화가 점차 이루어지는 환경 여건이 조성되었기 때문이다. 현재 전승되고 있는 서민사회의 치부 문서 대부분이 조선 후기에 작성된 것들이어서 이러한 생각에 더욱 신빙성을 자아내고 있다. 그러한 환경변화를 회계 문화사적 관점에서 부연(敷衍)한다.

조선 후기에도 여전히 상업 억제정책이 계속되고 있었으나, 임진왜란(AD1592~1598) 이후 대동법의 시행으로 조세의 금납화(金納化)가 이루어져 상품화폐 경제의 발전을 촉진했으며 화폐의 전국적인 유통으로 장시망(場市網)이 형성되었다. 보부상단의 활동을 통한 상업이 활발하게 이루어지기 시작했을 뿐만 아니라, 사상(私商)의 줄기찬 상권투쟁으로 신해통공(辛亥通共)이라는 시전의 금난전권(禁難廛權)을 폐지하는 조치가 이루어져 상인의 자유로운 상거래 활동이 가능해졌다. 그뿐만 아니라, 공인(貢人)들의 활동에 의한 유통경제가 활발해지고 상업자본이 발달했으며, 공인의 주문을 받아 생산하는 도시와 농촌의 수공업도 활기를 띠게 되었다. 원래 사상(私商)은 어용 시전상인과 끈질긴 상권투쟁을 하면서 상업자본을 축적하였다. 조선 후기에 상업자본을 가장 많이 축적한 상인 층으로서는 송상(松商)·경상(京商)·만상(灣商)·래상(萊商) 등을 들 수 있다. 그 과정에서 이들은 조선 후기의 상거래 질서를 주름잡았으며, 생산자에게 자본을 공급하고 판로를 지배하는 선대제도(先貸制度·putting-out system)를 발달시켰다. 그러나 이 시기의 상업자본은 산업자본의 순환과정에서 독립된 형태로 산업자본의 지배를 받는 단계에까지는 도달하지 못한 상태에서 수공업 적 생산자본을 지배하는 수

준에 불과하였다고 한다.143)

　조선 후기의 전통적 상업은 개인이 경영하는 경우와 공동출자 하여 동업하는 두 가지 유형이 존재했었다. 조합의 성격을 지닌 것으로서의 동사(同事)와 계(契)가 있었다. 동사란 두 사람 이상이 공동으로 사업을 경영하는 것인데, 자본을 공동으로 출자하는 것이 원칙이지만 한쪽이 자본을 출자한 재주(財主)이고 다른 한쪽은 노력을 제공하는 차인동사(差人同事) 하는 경우가 많았다. 특히 조선 후기에는 전통적 협동조직인 계(契)가 널리 보급된 시기였기 때문에, 서민사회의 경제적 활동에 계의 조직을 이용하는 경우가 비일비재했다. 오늘날의 회사와 유사한 경영조직으로 고본계(股本契)가 있었다. 이는 여러 사람으로부터 일정한 금액을 출자하게 하고 그 돈으로 사업을 하여 이익을 늘린 후에 일정한 날에 분배하는 공동사업의 경영조직을 말한다. 고본(股本)이란 다수인이 공동 출자하여 사업을 시작할 때 각각 출자하는 밑천(資本)을 뜻한다. 오늘날의 주식을 의미하며, 출자금에 비례하여 이익배당을 받는 것이다. 여기서 「고(股)」는 「다리」를 뜻하는 글자인바, 한 다리 낀다는 의미이며, 고본(股本)은 출자금 단위이고 그 금액을 고본금(股本金 또는 股本錢)이라 하였다. 고주(股主)는 주주(株主)를 의미하며 고권(股券)은 주권(株券)을 일컫는 말이다. 전통적으로 운영되어오던 고본계는 개항(開港)을 전후하여 고본회사(股本會社)로 발전하였으나, 조선총독부 시대에 주식회사라는 명칭으로 바뀌어 토착화되었다.

　조선 시대 후기에 성행하던 고본계(股本契)에 종사하는 사용인으로는 차인(差人)·서사(書師) 등이 있었다. 차인은 물주(物主 또는 財主)를 대신하여 상점을 운영하는 자(代理人 또는 商業使用人)이며, 서사는 고본계의 장부기록과 회계 관리를 맡아보는 자이다. 여기서 주목해야 할 것은 고본(股本) 개념과 차인, 그리고 서사라는 직(職)이다. 이것이 조선 후기의 치부문화를 진화(進化)시키는 역할을 크게 했다고 보인다.

　고본(股本) 개념은 상인자본의 산업 자본화하는 과정에서 필연적인 요소로서 등장한 것이며 상거래 활동의 기업화로 진화하게 되는 전기를 마련해주었다. 그리고 상업사용인으로서의 차인(差人)은 수탁경영자의 등장을 의미하며 위임경영 초기의 용어이다. 그리고 서사(書師)는 사상(私商)에 속한 회계전문가로서의 위치에서 치부문화의 진화에 결정적인 역할을 수행했던 자라고 볼 수 있다.

　차인과 서사를 고용하여 삼포(蔘圃)와 송방(松房)의 위임경영을 펼쳤던 대표적인 상인 그룹이 송상(開城商人)이다. 이들은 삼포에서 생산된 개성인 삼을 차인들이 판매하도록 함으로써, 전국상권을 장악하여 송상의 위상을 정립하였다. 그들은 일 년에 한 번 연말에 전국에 파견된 차인들을 송도(開城)로 귀환시켜 각자의 경영실적을 보고토록 하는 과정을 연중행사의 하나로 시행하였다. 이 과정에서 가장 중요한 대목은 차인

---

143) 황명수 외, 『韓國의 市場商業史』(서울, 신세계백화점출판부, 1992), PP. 96~97.

들이 송방에서의 1년간 경영실적을 보고토록 하는 것이었다. 이때 각 송방에서 작성된 사개치부 문서의 결산서가 보고서로 활용되었다. 차인은 송도의 물주(物主·財主)로부터 위임받은 송방재산의 운용관리에 관한 상황과 결과를 기록·계산·보고해야 하는 계약대상자(代理人)로서의 회계책임(accountability)을 지고 있었다. 이 보고행위가 위탁자인 물주의 확인 절차를 통과하게 되면, 일단 차인은 송방경영의 신뢰성을 확보하고 수탁경영자로서 위상을 정립하게 되는 것이다. 이 경우의 사개치부 문서가 위임해임표(charge and discharge statement)로서의 회계 기능을 수행하는 것이다.

이러한 차인 경영의 과정을 통하여 책임경영체제가 확립되고 신뢰성 있는 치부문화가 사개치부법이라는 체계화된 복식 기장문화로 진화한 것으로 볼 수 있다. 사개 방정식(捧次 + 公用 = 給次 + 利益)에 의하여 이루어지는 복식 기장문화는 조선 후기의 상인 치부 문서를 통하여 확인할 수 있다. 그 대표적인 것으로는 대한천일은행의 초창기 치부 문서가 존재한다. 이 치부 문서에는 복식부기의 주요부에 해당하는 분개장(日記冊)과 원장(賬冊)이 갖추어져 있으며, 차변(去)과 대변(入)의 양변으로 나누어 이중성 있는 기록·계산을 하는 구조로 이루어져 있다.

<그림 4-7> 조선 시대 치부회계문화의 형성모형

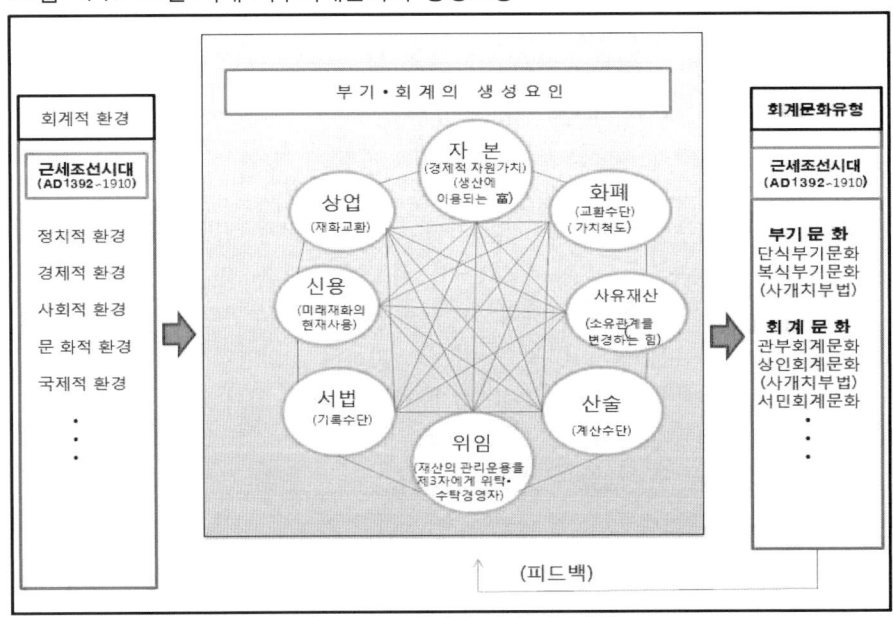

<자료 : 조선시대의 회계문화적 사료(史料) 분석에 의거 저자작성>

이는 사개치부법이 외국의 회계기법에 영향을 받지 않고 독자적으로 고안(考案)된

고유성을 나타내는 것임을 입증한다고 볼 수 있다. 더욱이 현병주의 저서와 대한천일은행의 치부문서가 복식기장 사실을 인증하는 기록의 이중성과 대차의 균형성, 그리고 이익계산의 기장 절차를 구축하고 있음은 우리나라의 고유한 사개치부문서가 보유하고 있는 하나의 특성이라 할 수 있다. 여기에 사개치부법이 독창적 고유성을 지닌 복식기장 방법으로서 외세(外勢)의 영향을 받지 않고 면면히 진화되어온 것임을 확실히 인식하게 하는 회계문화사적 의의가 있다고 보는 것이다. 조선시대의 치부회계문화의 형성 모형을 그림으로 나타내면 <그림 4-7>과 같다.

2. 사개송도치부법 고려 시대 기원설의 허구성

사개송도치부법의 기원은 학자에 따라 다르게 주장되고 있을 뿐, 확실한 근거에 따라 밝혀진 것은 없다. 그것은 현병주의 저서가 출판(1916)된 이후에 거론되기 시작했다. 그러나 현병주도 그 기원에 대하여 확실하게 언급하지는 않았다.

문제의 발단은 당시 조선 신문의 기자로 경성(京城: 서울)에 와있던 일본인 다무라(田村流水)가 1917년 7월 14일 자의 『도쿄경제잡지(東京經濟雜誌)』에 「고려 시대에 복식부기가 있었다.」144)는 논설을 발표함으로써, 비롯되었다. 이를 기점으로 하여 개성부기의 기원설을 제시하는 학자들이 속출하였다. 이는 부기 회계의 기원이 서양의 이탈리아라는 종래의 통설을 뒤집을 수 있는 과제였으므로, 일본인 회계학자들이 이에 대한 깊은 관심을 가지게 되었다.

1924년에 조선총독부의 관료였던 젠나마(善生永助)가 언급한 개성부기의 기원설을 보면 다음과 같다. 『개성은 상업이 발달하고 있었기 때문에, 일찍부터 치부법이 발달하여 개성부기라고 일컬어졌으며, 그 양식은 추호도 서양 부기에 손색이 없을 만큼 특색을 지닌 것으로서, 그 기장 방법은 신식부기에 부합하는 것이다. 그러나 그 발명은 고려 시대의 말기 또는 이조(李朝)의 초기였던 듯하지만, 정확한 연대는 불명확하여 서양 부기의 발병과 동시대의 것이라 한다.』145)

그런데 오오모리(大森研造)는 이를 비판적 관점에서 접근했음을 볼 수 있다. 『모든 학설과 제도는 우연히 발생하는 것이 아니고, 반드시 그 유인(誘因)해야 한다. 이탈리아는 복식부기를 생성시킬 수 있는 유인이 있었으나, 고려(高麗)는 문화와 상업이 발달하였다고 자화자찬할 뿐, 실질적으로 보면 중국의 모방문화를 가지고 있어서, 자체적 필요에 의한 복식부기의 창조를 초래할 유인이 없었다.』146)고 개성부기의 고려

---

144) 田村流水, 「高麗時代に複式簿記あり」(『東京經濟雜誌』第당76卷第1911號, 1917, PP. 17~20.
145) 善生永助, 「第三節 開城簿記」(朝鮮總督府, 『朝鮮人の商業』, 京城, 近澤印刷所, 1925), PP. 136~137.

기원설을 부인하였다. 그뿐만 아니라, 그는 상업을 말업시(末業視) 하던 조선 시대에도 상인들이 자유로운 상행위를 할 수 있는 사회경제적 환경은 아니었다고 하면서 개성부기의 조선시대기원 설을 부정하였다. 그리고 사개치부법이 중국으로부터 전래하였다는 설도 있으나, 그것 역시 중국이 단식부기의 기장 방법을 일반적으로 사용하고 있는 환경을 고려하면, 그것 역시 신뢰하기 어려운 주장이라고 했음은 물론, 서양식 부기법이 기독교와 함께 전래하였다는 기독교 전래설에 대해서도 아무런 싫증자료도 없는 허구라고 일축하면서, 정확한 연대는 확신할 수 없으나, 그것은 외래문화의 소산으로 근래의 것이라고 추정된다고 하였다.147) 그는 개성부기는 개항을 전후한 시기에 형성된 것으로 보고 있다. 또한 히라이(平井泰太郎)교수는 개성부기의 고려기원설에 대하여 동의하지 않는다고 하면서 그 기원이 조선 시대 초기 기원설도 부인하고, 그것은 개성 상인들이 영업상의 필요 때문에 창안된 것으로 가정한다고 언급하였다. 따라서 그는 실증연구의 자료로 수집한 1854의 치부 문서를 근거로 하여 개성부기의 기원에 대한 견해를 피력했던 것으로 보인다.148)

이처럼 그들의 주장은 개성부기가 고려 시대에 작성된 회계문서를 전혀 제시하지도 않고, 그 당시의 사회경제적 환경 분석하지도 않은 상태에서 무모하고 무책임한 추정 논리를 전개하고 있는데 불과했다. 또한 오오모리(大森硏造)처럼 개성부기를 연구한 학자 중에는 고려 시대 기원설은 물론, 중국 전래설이나 기독교 전래설을 모두 허구라고 부정하면서 조선 시대 기원설을 주장하는 학자도 있음을 볼 수 있다. 조선총독부 시기에 이루어진 일본인 회계학자들의 개성부기 연구는 초기에 열광적으로 진행되었으나, 실증적인 접근과정을 통하여 서양 부기보다 앞섰다는 논리가 허구라고 입증되면서, 개성부기에 대한 열정이 식어버리고 말았다.

대한민국 정부가 수립된 후에 또다시 개성부기의 고려 시대 기원설을 주장하는 학자가 등장하였다. 그러나 그들의 연구는 기존 일본 회계학자들의 연구내용을 토대로 서술한 것에 불과했다. 왜냐하면, 그들 역시 고려 시대의 회계문서를 싫증자료로 제시한 자는 하나도 없고, 일본학자들의 논리를 그대로 답습하고 있기 때문이다. 원래 학술적 연구는 사실에 입각한 진실성을 추구하는 것이지, 싫증자료를 제시하지도 않고 심증만으로 이루어지는 것이 절대 아니다. 확실한 싫증자료 없이 논리를 전개한다는

---

146) 大森硏造, 「開城簿記の起源に就いて」」(『經濟論叢』第14卷第1号, 1922), PP. 236~237.
147) 上揭論文, PP. 249~250. 杉本德榮, 『開城簿記法の論理』(東京, 森山書店, 1998), PP. 52~54.
148) Hirai, Yasutaro, "Organische 'Vierfache' Buchhaltung in Kaizo, Chosen (Korea) oder Chike-Songdo -Chibu. Ein Beitrag zur Ehtstehungs-Geschichte des Buchungswesens sowie des Dualistischen Gedankens der Buchhaltungstheorie, (Zeitschrift Für Betriebswirtschaft, Jg. Ⅲ. Heft 8, Berlin, SS. 623~624<神戶大學經營學硏究室 編, 『平井泰太郎經營學論集』, 東京, 千倉書房, 1972, PP. 412~452(收錄)>

것은 허구(虛構:fiction)에 불과한 것이다.149)

그러므로 개성부기의 기원설은 사개치부 문서의 존재가 어느 시기까지 소급할 수 있는가에 따라 실증적으로 접근하지 않으면 안 되는 것임을 인식해야 한다. 그런 의미에서 조선 시대 후기인 1700년대 후반기에 작성된 것으로 보이는 사개치부 문서가 가장 오래된 것이기 때문에, 그보다 더 소급할 수 있는 회계문서가 나오기까지는 사개송도치부법(개성부기)의 기원은 그 시점에 한정될 수밖에 없다.

<표4 -26> 사개송도치부법(開城簿記)의 기원설을 제기한 학자들의 견해

주장학자	고려 시대 기원설	조선 시대 기원설	중국 전래설	기독교 전래설	비고
玄丙周	—	—	—	—	1916 저서(기원 학설 없음)
田村流水	○				1917년의 논문에서 제시
須藤文吉	○				1917년의 논문에서 제시
잡지편집자註	○				1918년 호주의 회계사지
大森硏造		(개항 전후 외래문화의 소산이라고 주장함)			1922년 논문(4개 기원설이 존재 가능성을 최초로 소개)
善生永助	○				1924년의 논문에서 제시
平井泰太郞		○			1926년의 논문에서 제시
尹炳旭		○			1955년의 논문에서 제시
許宗炫	○				1955년의 논문에서 제시
崔慶天		○			1961년의 논문에서 제시
朴鍾文		○			1962년의 논문에서 제시
李常薰	—	—	—	—	1964년(기원설 4가지를 소개만 하고 자기주장 없음)
金貞泰	○				1968년의 논문에서 제시
尹根鎬	○				1970・1984년(논문・저서)
趙益淳		○			2000・2006년(저서)

<자료 :각 주장학자의 논문과 저서에서 발췌 정리함.>

---

149) 윤근호 교수가 『한국 회계사 연구』(1984)에서 「고려 시대에 대외무역이 가장 번성한 시기로서, 사개치부법이 생성된 것으로 추측되는 시기는 서양의 복식부기가 발생했다는 시기보다 약 200년 앞서고 있다」(Ibid. P. 244)라고 하여 역시 고려 시대 기원설을 주장했을 뿐만 아니라, 무모하게 개성부기의 서점 가능성(Ibid. PP. 261~294)까지도 제시한 바가 있다. 그러나 그의 주장은 실존 장부의 검증도 없이, 당시의 복식부기 발생 요인에 대한 회계 문화사적 환경론의 검증도 하지 않은 채, 추상적인 논리에 의존하고 있어서, 허구(虛構: fiction)라고 하지 않을 수 없다. 서양의 복식부기 기원설은 고대 로마 시대로 거슬러 올라가기도 하며, 이탈리아의 피렌체에서 AD1,211년에 작성되었다는 회계장부가 이직도 그곳 문서보관소에 소장되어 있음을 고려하면, 파치올리(Lucas Pacioli)의 저서보다 200년 앞섰다는 그의 사개치부법 고려 시대 기원설은 신중하지 못한 주장이며, 後學들에게 혼란만 주어 왜곡된 역사관을 갖게 하는 결과를 초래하였다.

앞으로 한국회계사를 연구하는 경우, 실존하는 한국 고유기의 고문서를 토대로 연대별 실증분석을 행하고 거기에 나타난 사실에 근거하여 접근하거나, 시대사적 관점에서 회계 문화사의 환경론적 접근을 시도함으로써, 한국 고유의 개성부기의 기원설을 논증해야 할 것으로 생각한다.

리틀톤(A.C. Littleton)교수가 언급한 복식부기의 생성요인에 근거하여 접근한 중세고려시대의 회계 문화사적 환경은 복식부기가 생성할 만큼 성숙하지 못한 단식부기 문화의 경제사회였다는 것을 입증하게 된다. 제3장의 <그림3-1>은 그 사실을 정리한 중세고려시대의 단식부기 문화 형성모델이다. 이것은 단식부기를 생성시키는 기본요소인 서법(書法)・사유재산(私有財産)・산술(算術)과 더불어, 단식부기를 발전시키고 복식부기를 생성시킬 수 있는 요소로서의 상업(商業)・신용(信用)・화폐(貨幣)가 갖춰져 있음은 입증되었으나, 최종적인 자본(資本) 요소와 대리인 회계제도가 등장하지 않았다는 근거이다. 그러므로 고려 시대는 개성부기와 같은 복식부기 제도가 생성될 수 있는 환경이 미성숙한 사회였다고 보게 된다. 실증 가능한 그 시대의 회계 고문서가 없는 상황에서 시대사적 환경 분석은 개성부기의 고려기원설이 허구적(fictional) 발상이라는 것을 입증하고 있다.

현존하는 회계 고문서를 섭렵함으로써, 조선 시대에 사개송도치부법(開城簿記)이 복식 부기적 구조로 생성・진화한 것임을 실증한 분은 고려대학교의 조익순 교수가 유일하다. 그는 1700년대 이후의 현존하는 한국 고유의 관부회계와 민간의 상인회계문서들을 섭렵하여 관부회계 분야는 단식부기이고, 상인회계문서, 특히 개성상
인의 치부 문서가 복식부기로서의 구조적 특성이 있는 것이라는 점을 밝혀내었다. 여기서 현존하는 개성부기 문서는 분개장과 원장 및 결산 장부를 갖추었을 뿐만 아니라, 사개 방정식(捧次秩 + 消費秩 = 給次秩 + 利益秩)에 의한 계정형식의 이중성(借邊・貸邊)으로 균형적 기록계산(二重的 轉記包含)을 하고 있음이 실증되었다. 더욱이 상업에 투자된 소속 재화와 이익에 대한 직접적 소유권이 자본주에 있음을 입증하는 자본계정이 등장했다는 것도 실증되었다. 이러한 실증적 분석 결과를 토대로 그는 사개송도치부법(開城簿記)이 기간손익계산으로 이루어지는 기장시스템으로서의 복식부기 구조는 근세조선 시대의 후기에 생성되었다는 견해를 실증하였다.[150]

본 장의 <그림 4-2> 및 <그림 4-7>이 시사하는 바와 같이, 현재까지는 사개송도치부법(開城簿記)이 복식부기 생성요인으로서의 서법・사유재산・산술・상업・신용・화폐・자본・위임(代理人)의 기본요소를 모두 갖춘 회계시스템으로서 조선 시대 기원설이 설득력이 있게 된다. 그뿐만 아니라, 조선 시대의 후기에 이르러 상인자본이 등장하였

---

150) 조익순, 『사개송도치부법전사』 (서울, 해남, 2000) ; 조익순・정석우, 『조선 시대 회계문서에 나타난 사개송도치부법의 발자취』 (서울, 박영사, 2006), Passim.

고 상업 자본주의적 맹아기(萌芽期)가 시작되었음을 사회경제적 환경 분석을 통하여 확인하였다. 따라서 사개치부법(開城簿記)의 기원은 조선 시대의 후기라고 주장하는 학자들의 견해가 설득력이 있겠다고 해야 할 것이다.

3. 맺음말

조선의 부기 회계문화는 중세사회의 회계제도를 이어받은 건국 초기의 관부회계를 중심으로 하는 사회경제적 풍토 속에서 비롯되었음을 보았다. 조선 후기에 이르러 대동법이 시행되고 전국적인 화폐의 유통으로 조세의 금납화가 이루어졌음은 물론, 사상(私商)이 활동할 수 있는 사회경제적 풍토가 조성되었다. 송상·만상·래상 등의 상인집단이 형성되고 전국적인 상업활동을 전개할 수 있게 되면서 그들의 활동은 조선 시대 후기의 상업 발달에 크게 이바지하였다.

이러한 조선 후기의 사회경제적 환경 아래서 사상의 활동은 새로운 상인회계문화가 형성되는 계기를 마련해 주었다. 개성부기에 의한 치부 문화로의 진화가 그것이다. 이는 종래의 단식 기장형식의 치부 문화에서 복색기장문화로 진화시키는 전환점이 되었다. 이 과정에서 특히 개성상인 삼포경영을 통하여 전국적인 판매망을 구축하였고, 전국각지에 송방을 설치하고 차인이라는 수탁경영자를 양성하여 배치함으로써, 전국상권을 장악하는데 성공하였다. 그들은 다른 상인집단과는 다르게 조성된 상업자본을 삼포경영에 투자하여 주력상품을 생산하고 송방을 통한 전국시장에 공급함으로써, 상품생산과 판매를 연결환(連結環)으로 하는 경영관리시스템을 구축하였다. 당시의 사회경제적 환경 아래서는 진일보한 상업활동을 전개했다는 것이 된다. 그러한 경영관리시스템은 필연적으로 삼포경영에 투하된 자금의 순환과정을 관리할 수 있는 회계처리 방법이 필요하게 된다. 그것은 전통적 단식기장방법의 한계를 벗어난 새로운 치부회계 방식을 요청하게 되었을 것이다. 여기에 복식기장 방법으로 진화해야 하는 회계문화사적 유인(誘因)이 있다. 사개송도치부법(開城簿記)은 송상의 삼포 경영활동이 낳은 독특한 치부문화의 산물이라고 할 수 있다.

복식부기의 생성은 서법·산술·사유재산·화폐·상업·신용·자본·위임 등이 갖추어졌을 때라야 가능하다는 것이다. 우리나라의 고대·중세의 경제 사회적 환경은 일부의 생성요인이 존재랄 뿐, 이 모두가 갖춰져 있지 않은 것으로 확인되었다. 조선 시대 후기에 이들 요소가 모두 갖춰진 것으로 고찰되었다.

현존하는 삼포경영에 관련된 치부문서로서는 규장각에 소장된 『각포간수본전회계(各圃間數本錢會計)』가 유일하다. 이것은 AD1886(丙戌)~1894(甲午)년대에 기록된 치부문서로서 회계주체가 확실하지는 않으나 삼포경영의 치부문서라는 점에서 어느 송상(開城商人)

의 자본투자 사실을 기록한 것임은 분명하다. 여기에는 16개의 삼포와 삼포별 투자액인 본전(資本)을 기록하고 투자 후의 거래를 기록함과 동시에, 각 삼포별 손익계산 및 이익 분배를 기장 처리한 치부문서이다.

< 표 4-27 > 조선시대 부기회계문화의 특성

조선시대의 회계문화 관련사항		조선시대 치부문화의 특성		
1. 근세시대의 국가행태		조선 (朝鮮 : 1392~1910)		
2. 시대구분		조선 전기	조선 후기	개화기
		1,392~1,608	1,609~1,875	1876~1910
3. 근세사회의 회계문화 유형		(1) 관부회계문화 (2) 상인회계문화 (2) 서민사회의 치부문화 (일반서민·가계·족계·사원)		
4. 경제실체 (회계 위상)	국가재정(조세관리) : 관부회계(經國大典)	비영리성(1)	비영리성(1)	비영리성(1)
	사회공동체Ⅰ: (농·상·수공업 등) : 상인회계 (사개송도치부법)	영리성(2)	영리성(2)	영리성(2)
	사회공동체Ⅱ : 서민경제의 회계 (서민사회·사원·족계·가계)향약·족계에 근거한 치부법	비영리성(3)	비영리성(3)	비영리성(3)
5. 회계전문가제도 (산학박사·산관·산원·산사·계사·회사)		유	유	유
6. 부기회계의 생성요소	(1) 서법 ① 한문자	○	○	○
	② 이두문자	○	○	○
	③ 훈민정음	○	○	○
	(2) 산 술 (구장산술 등)	○	○	○
	(3) 사유재산제도	○	○	○
	(4) 화 폐	○	○	○
	(5) 신 용	○	○	○
	(6) 상 업	○	○	○
	(7) 자 본	△	○	○
	(8) 위임 (대리인·수탁경영자)	△	○	○
7. 한국회계문화의 구조 (회계의 기장형태)		단식부기	단식부기 복식부기	단식부기 복식부기 서양부기 도입

<자료: 근세조선시대 古書 및 史料의 섭렵·고찰에 의거 저자가 간추려 정리함>

이로써, 개성상인이 축적된 상업자본을 인삼재배 및 홍삼제조업에 투자하여 생산자본의 기능에 접목하는 경영활동을 수행했음을 확인할 수 있다. 이러한 사실은 조신전기까지는 존재하지 않았던 자본개념과 차인제도가 등장하였으며, 복식기장문화로의 진화를 촉진하는 사회경제적 환경을 조성했다. 이는 리틀튼(A.D. Littleton)교수가 언급한 복식부기의 발생 요소인 서법·산술·사유재산제도·상업·신용·화폐·자본·위임 등이 모두 갖추어진 경제구조였음을 의미하는 것이다. 따라서 사개송도치부법의 개발은 이러한 조선 후기의 사회경제적 환경에서 비롯된 것이라 할 수 있다.

<표 4-27>은 상술한 조선시대의 회계 문화적 접근과정에서 사회문화·경제적 환경 요소를 분석·고찰함으로써, 근세조선의 회계문화와 관련된 사항별로 분류하고 치부문화의 특이성을 종합적으로 분석하여 정리한 내용이다.

특히 여기서 주의 깊게 보아야 할 점은 근세의 조선 시대에는 기본적으로 관부회계문화가 주류를 이룬 사회였음을 인식해야 한다는 것이다. 조선의 관부회계제도는 단식부기의 기장체계에 한정되어 있어서 감사제도의 존재에도 불구하고 복식부기로의 진화가 이루어지지 못한 점은 사농공상의 상업천시 사상적 산물이라고 해야 할 것이다. 송상을 구심점으로 하는 상인회계가 사개송도치부법이라는 독특한 복식부기의 기장체계로 진화한 것과 비유할 때 왕권 중심의 봉건주의적 관부회계가 지닌 한계였음을 새삼 인식하게 되는 것이다.

제5장 근대화여명기의 진화된 사개 송도 치부 문화

1 프롤로그

　조선왕조 말기에 상인집단은 봉건주의 경제체제의 붕괴를 경험하면서도 축적된 상업자본을 기반으로 새로운 개화(開化)의 물결에 편승하여 근대화여명기의 상거래 활동을 전개해나갔다. 이 무렵은 초기형태의 상업 자본주의적 경제구조가 형성되어가는 과정이었고, 쇄국의 빗장을 열어 문호를 개방(AD1876)함으로써, 종래의 봉건적 사회질서를 타파하고 근대적 사회로 탈바꿈하려는 시기였다. 이 과정에서 외래자본이 유입되어 종래의 축적된 상업자본이 산업자본으로 전환되는 사회경제적 환경이 조성되었음은 물론, 산업근대화의 기반구축이 가능한 사회구조로 변화되어갔다.
　개항(AD1876) 이후의 다양한 환경변화는 시민의식에 새로운 학풍을 불어넣었고 개화사상을 탄생시키는 전환기를 맞이하게 되었다. 이러한 풍조는 실학사상에 뿌리를 두고 있으나, 개항의 물결을 타고 서양 문화가 들어오면서 새로운 기술도입·중상주의·평등사상에 의하여 제도를 개혁함으로써, 근대화를 이룩하려는 씨앗을 발아(發芽)시켰다. 그래서 개화사상은 갑신정변(AD1884)과 갑오경장(AD1894)을 거치면서 봉건주의 체제를 붕괴시키고 근대화를 촉진하는 촉매작용을 하였다. 특히 갑오개혁의 결과는 청나라의 연호를 폐지하고 개국 원년(조선 503년)을 사용하게 하였고, 결국 자주독립 국가로서의 대한제국(大韓帝國)이 탄생(AD1897)하는 실마리가 되었다.
　그리하여 제도개혁이 이루어지기 시작하였고, 교육 칙령을 통한 농상공학교의 설립이 가능해졌으며, 비로소 상업교육이 제도적으로 확립되기에 이르렀다. 이에 따라 서양식 부기 회계의 교육도 함께 이루어졌으며, 고종황제의 내탕금(內帑金: 임금의 私金庫)으로 일본에 유학하여 서양식 회계제도를 공부한 사람이 속출하였다. 그들은 귀국하여 부기 서적을 저술함으로써, 서양 부기에 대한 인식을 새롭게 해주었다. 그리고 개항 이후의 상인들은 우리나라의 전통적 고유 부기에 의한 기장을 지속하고 있었으며, 특히 새로운 근대은행으로서의 대한천일은행에서는 고유의 사개송도치부법을 이용하여 은행거래의 기장 처리를 하고 있었다. 기업 등에서는 서양식 복식부기 방법에 따른 장부를 사용하는 사례가 점차 늘어나는 추세였다. 한국 고유의 치부문화와 서양식 복식부기 문화가 공존하는 근대화여명기의 회계환경이었음을 감지하게 된다.

그러나 경술국치(庚戌國恥)로 인하여 회계환경은 일본식 부기 회계 교육시스템으로 전환되는 암울한 시기를 경험하기에 이른다. 그러한 와중에서도 개성 상인들은 고유의 사개송도치부법을 고수하여 기장 처리를 계속하는 상황이었다. 사개송도치부법의 자습서인 현병주(玄丙周)의 『실용 자수 사개송도치부법 전』(AD1916)이 출간되었음은 물론, 이에 관심을 가진 학자들에 의하여 회계장부를 수집·연구하는 사례가 속출하였고, 사개송도치부법의 존재가 세상에 알려진 것도 이 무렵이다.

한국근대화여명기(1876~1945)의 회계환경은 전통적인 봉건주의 체제가 붕괴하고 근대화의 물결이 넘실대던 과도기였기에, 고유의 치부문화가 존재하고 있었음에도, 일본을 거쳐 유입된 서양식 복식부기법이 근대 우리나라 기업회계의 기반을 이루어 근대화에 이바지하던 시대적 상황이었음을 인식하지 않으면 안 된다.

이러한 근대화의 조류(潮流)에 밀려나 점차 역사의 뒤안길로 사라져 간 사개송도치부법에 대한 명맥을 살펴 치부 사례를 정리하는 지혜도 필요하다. 개항 이후의 대한제국 시기와 조선총독부 시기에도 기장 관례가 지속되었던 사개송도치부법의 진화된 사례를 모아 정리하는 것도 회계학도에게 주어진 사명이라고 생각한다.

2 근대화여명기의 시대사적 상황

우리나라의 근대화여명기는 개항 이후 서양 문물의 영향을 받아 봉건주의적 사회질서를 타파하고 근대적 사회로 탈바꿈하던 개화기(AD1876~1909)와 경술국치(庚戌國恥)로 인한 조선총독부 시기(AD1910~1945)를 아우르는 69년간을 일컫는다. 조선총독부의 시기를 이에 포함한 것은 근대화를 향한 개화의 물결이 흐르던 와중에 외세의 지배에서 좌절을 경험했던 과도적 시기이기 때문이다. 이 시기에 사회경제적 환경의 변화는 상전벽해(桑田碧海)를 이루었고, 새로운 부기 회계의 환경변화도 서양식 복식부기 제도가 도입되어 우리 고유의 사개송도치부법과 혼재된 상황에서 근대화에 편승한 기업회계제도를 확립하려는 동기유발이 강하게 작용하고 있었다. 따라서 근대화를 지향하던 시기(1876~1945)의 사개송도치부법 사례를 들어 그 기본구조에 접근할 것이다.

1. 조선 후기의 시대 상황

은둔의 나라였던 조선왕조 말기의 지배체제는 세도정치로 인하여 왕권이 무너지고 정치기강이 해이해져 부정부패의 온상이 되었으며, 국민 생활은 도탄에 빠져 위기에 직면해 있었다. 이러한 와중에 일찍이 근대사회를 형성한 구미 열강은 동방의 여러 나라를 차례로 정복하였고, 상품시장과 원료공급지를 찾아 광분하고 있던 서양 자본주의의 거센 파도는 우리나라에까지 휩쓸려왔다.

당시의 내외정세는 통상수교거부정책으로 문을 굳게 닫아걸었던 조선왕조의 문호개방을 해야 하는 긴박한 시대적 상황이었다. 대내적으로 왕권을 회복하고 관료체제를 재건하기 위한 개혁정치가 필요하였고, 대외적으로는 서양 자본주의의 세력에 대응할 국가권력이 필요한 시기였다. 이때 등장한 것이 대원군의 혁신정치였다. 그의 개혁은 우선 외척 세력을 무력화시키고 왕권 중심의 정치체제를 확립하였고 대전회통(大典會通)을 편찬하여 국가 제도를 정비함과 동시에, 고루한 선비들의 근거지였던 서원을 철폐하여 사회기강을 바로잡아 민생안정에 진력하는 정책의 실현이었다. 이러한 정책은 한동안 조선왕조의 평온을 유지할 수 있었다. 그렇지만, 그것으로 당시의 소용돌이치고 있던 국내외정세의 거센 물결을 헤쳐나가는 근본적인 해결책은 되지 못하였다. 더욱이 서양 열강과의 통상을 거부하고 근대적인 국가체제를 이끌어갈 신진정치 세력을 육성하지 않았기 때문에, 결국은 대원군의 개혁정치는 실패로 끝나고 새로운 국면을 맞이할 수밖에 없는 상황에 부닥치게 된다.

결국, 고종 임금의 친정체제가 이루어졌다. 그 결과는 쇄국에서 개국으로 정책을 전환하는 문호개방이 이루어졌으며, 외국 문물이 유입되고 개화의 훈풍이 불기 시작하였다. 그런 와중에 다시금 외척 세력이 등장하여 국정 혼란을 자초하는 상황이 전개되기도 했다. 그런데도 개항을 전환점으로 하여 열강 제국과의 통상조약을 체결함으로써, 선진문명을 받아들일 기회를 포착하고 새로운 근대화의 방향타를 조종하며 개화정책을 추진하는 절박한 시대사적 상황에 직면하게 된다.[1]

1) 문호개방으로 인한 근대화의 풍향계

(1) 개항과 통상조약의 체결

19세기 초부터 서양 상선이나 군함이 한반도 근해에 나타나 통상을 요청한 바 있으나, 통상수교거부정책으로 일관하던 조선왕조가 문호를 개방하여 서양 문물을 받아들이고 근대화를 향한 개화 정책을 펼치기 시작한 것은 고종 13년(AD1876) 2월 26일에 체결된 강화도조약(丙子韓日修好條約) 이후의 일이다. 이것은 우리나라가 근대 국제법상

---

[1] 조좌호, 『한국사 통론』(서울, 박영사, 1978), PP. 288~308. & 하현강, 『한국의 역사』(서울, 신구문화사, 1983), PP. 240~254.

외국과 체결한 최초의 통상조약이다. 이 조약을 체결함으로써, 조선왕조는 비로소 통상수교거부정책을 버리고 국제무대에 등장하게 된다.

그러나 그것은 암울한 문호개방이었다. 왜냐하면, 당시의 조선왕조는 직면한 국제정세의 변동에 능동적으로 대처할만한 자주적인 태세와 역량을 갖춘 상황이 아니었기 때문이다. 그렇지만, 이 조약이 지닌 역사적 의미는 큰 것이었다. 이 조약을 시발점으로 하여 점차 전 세계를 향하여 문호를 개방함과 동시에, 서양의 선진화된 근대문명을 받아들일 기회의 문이 열린 것이다. 이는 뒤처진 우리 사회의 성장을 위해 거쳐야 하는 일련의 시련이었다. 이에 따라 제일 먼저 부산항이 개항되었으며, 이윽고 인천항과 원산항 등이 차례로 개항되었다.

개항 이후의 상황은 외국 상인들이 개항장에 진출하여 상관을 마련하고 상거래에 종사함으로써, 조선의 무역 규모가 비약적으로 발전하게 되었다. 고종 14년(AD1877)부터 고종 18년(AD1881)까지의 5년 동안 수입액이 8배로 증가하였고, 고종 22년(AD1885)부터 고종 28년(AD1891)까지의 7년 동안에 수출액이 7배로 증가했다고 한다.2)

서양 국가들에게도 문호가 개방되었다. 고종 19년(AD1882)에 미국과의 한미통상조약, 청나라와의 통상조약을 체결한 것이다. 이어서 고종 20년(AD1883)에는 영국과 독일, 고종 21년(AD1884)에는 이탈리아와 러시아, 고종 23년(AD1886)에는 프랑스와 각각 통상조약을 맺었다. 서구 열강들과의 통상조약은 더욱 확대되어 우리나라가 일본에 의해 외교권을 상실하는 광무 9년(AD1905)에 이르기까지 오스트리아(AD1892), 벨기에(AD1901) 및 덴마크(AD1902)와도 통상조약을 맺어 문호를 활짝 열어 놓았다.

이 무렵의 무역 거래에는 개항장에 진출한 일본 상인들의 수가 많았으므로, 그 활약도 돋보이게 컸다고 한다. 일본 상인의 상관은 건양(建陽) 1년(AD1896)에 265개의 상관 중에 210개였으며, 일본의 상선 수는 1,322척 중 956척이었다. 그뿐만 아니라, 무역내용에도 고종 30년(AD1893)의 수출 중에서 일본이 90.9%였고, 청나라가 7.9%였다. 수입도 일본으로부터 50.2%였으며, 청나라에서 49.1%를 차지하여 수출입 모두 대일무역 비중이 제일 컸음을 알 수 있다. 특히 수출의 주요품목으로는 쌀·콩·금(金)이었으며, 대부분 일본으로 수출되었다. 주요 수입 품목은 면포(綿布)였는데 주로 일본과 청나라로부터 들어왔다.3)

이러한 무역 거래와 동시에, 다양한 선진문물이 물밀듯이 들어와 당시의 사회문화적 환경에 지대한 영향을 주었다. 그와 더불어 유입된 서양의 자본주의 문화는 농본주의적 봉건 경제가 중심이었던 조선의 농촌사회에 커다란 충격을 주었음은 물론, 외국 상품이 유통됨으로써, 상거래 시장에 다양한 변화를 가져오게 하였다. 따라서 우리나

---

2) 조좌호, 상게서, PP. 320~321.
3) 조기준, 『한국경제사신강』(서울, 일신사, 1994), PP. 325~328.

라의 사회경제적 환경은 갑작스러운 근대화의 물결에 편승하여 다양한 시련의 과정을 밟아가지 않으면 안 되었다.

(2) 개화 정책의 추진

강화도조약이 체결된 이후 조선 정부가 개화에 대한 의지를 굳힌 것은 고종 17년 (AD1880)에 김굉집(金宏集: 훗날 金弘集으로 改名)을 단장으로 하는 수신사(修信使) 일행이 일본에 다녀온 뒤의 일이다. 그는 당시 일본의 놀라운 발전상에 감명을 받아 개화(開化)의 필요성을 절감했으며, 귀국 길에 주일청국 참사관인 황준헌(黃遵憲)이 저술한 『조선책략(朝鮮策略)』을 구입하여 고종에게 드렸다. 이 책은 국가의 부강(富强)을 위해 서양의 제도와 기술을 배워야 함은 물론, 러시아의 남하를 저지하기 위해선 중국과 가까이하고 일본과 손잡아 미국과 연대하는 외교정책으로 부국강병을 꾀해야 한다는 내용이 담긴 것이었다. 열강의 침투로 초래된 국가적 위기의식을 느낀 그는 개화를 권하는 뜻에서 이 책을 고종 임금에게 바쳤던 것인데, 완고한 유생(儒生)들의 맹렬한 반대가 있었음은 물론이다.

그런데도 고종의 개화에 관한 관심은 높았으므로, 고종 18년(AD1881)에 박정양(朴定陽)을 비롯한 조사시찰단(신사유람단)을 일본에 파견하였다. 그들은 70여 일 동안 일본 각지를 돌아다니면서 일본의 행정·군사·산업 등의 여러 분야를 돌아보고 귀국하여 개화 정치의 필요성을 건의하였다. 이 무렵 청나라의 이홍장(李鴻章)이 유학생 파견을 요청해왔다. 고종은 김윤식을 영선사(領選使)로 하는 40여 명의 양반·중인의 자제들을 선발하고 천진(天津)으로 파견하여 신식무기의 제조법과 조련법을 배우게 하였다.4)

이는 처음으로 하는 조선 정부의 내정개혁이 이루어지기 시작하였다. 별기군(別技軍)이라는 신식 군대를 신설하여 신식무예를 익히게 하였고, 궁중에 통리기무아문(統理機務衙門) 등을 설치하는 등, 부국강병을 목표로 하는 내정개혁이 진행되었다. 김옥균(金玉均)을 비롯한 청년 지식층이 중심이 되어 고종의 신임을 얻고 우정국을 설치하여 근대적인 우정(郵政)사업을 펼칠 수 있는 정책을 추진하였고, 정부조직도 개편하여 근대화의 서광이 비치는 듯했다. 이때 개화(開化) 세력과 수구(守舊)세력이 대립하는 상황이 나타났으며, 결국은 국정 혼란을 자초하는 지경에 이르렀다. 드디어 임오군란과 갑신정변이라는 큰 변란이 일어났으며, 청나라와 일본 세력의 각축장으로 변질하는 결과를 가져왔다. 당시 집권층 대부분이 근대화를 위한 개화 정책을 추진할지도 세력은 되지 못했다. 자주성이 결여된 근대문물의 도입은 외세의 침투를 쉽게 하였으며, 국가의 위기의식마저 감돌게 하는 급박한 상황에 직면하였다.

---

4) 조좌호, 전게서, PP. 302~306.

그 결과는 열강 세력의 경제적인 침탈로 인하여 개화보다는 민생고에 허덕이게 되었을 뿐만 아니라, 상공업계의 혼란과 농촌사회가 피폐하기에 이르렀다. 이에 따라 외세의 배격과 부패한 양반정치의 악정(惡政)에 대한 개혁을 요구하는 원성이 점차 높아져 갔다. 이러한 상황은 결국 고종 31년(AD1894)에 동학농민혁명으로 이어졌고, 외세로부터의 자주독립을 쟁취함과 동시에, 평등사상에 바탕을 둔 근대적인 민족의식이 성장하는 전환점이 되었다. 동학농민혁명에서 비롯된 민중의 근대적인 의식구조는 훗날 민족운동의 활력소로 작용하는 밑거름되었다.5)

동학농민혁명의 여파는 결국 청일전쟁을 일으키는 도화선이 되었고, 조선 정부의 내정개혁을 하게 되는 갑오경장(甲午更張)의 단행으로 이어졌다. 이에 따라 관제(官制)의 개혁이 이루어졌다. 과거의 의정부(議政府)를 내각(內閣)으로 개편하고 그 수반을 총리대신으로 개칭함과 동시에, 그 산하 부처의 조직개편을 통한 중앙관제와 지방관제도 개편되었다. 그뿐만 아니라, 경제 제도의 개혁도 이루어졌는바, 재정의 일원화를 기하고 회계·출납·조세·국채·화폐·은행 등의 모든 재정 사무를 탁지부(度支部: 지금의 재정경제부)에서 관장하도록 개편되었다. 은(銀)본위의 화폐제도를 수립하여 은전(銀錢) 이외에 보조화폐로서 각종 동전을 만들어 유통케 하였다. 따라서 조세의 금납화(金納化)가 실시되는 상승효과도 있었다.

갑오경장(甲午更張)은 정치·경제·사회·문화의 여러 분야에 걸친 봉건주의적 잔재를 타파하고 근대화를 촉진하는데 필요한 개혁의 전주곡이었다. 고종 32년(AD1896)에 갑오경장의 내용을 간추려 명문화한 홍범 14조를 선포함으로써, 자주독립을 향한 개혁 정신이 구현된 우리나라 최초의 헌법이 제정되었다. 그렇지만 이러한 개혁은 자주적으로 진행된 것이 아니라, 외세(日本)에 의해 타율적으로 이루어진 개혁이었기 때문에, 기형적인 근대화가 되었으며 더 나아가서는 일본의 침투를 합리화시키는 결과가 초래되었다.6)

2) 대한제국의 성립과 근대문화의 형성

(1) 대한제국의 성립

갑오경장 이후의 내정개혁은 그다음 해에도 지속되었다. 고종 33년(AD1896)부터 건양(建陽)이라는 연호와 함께 서양력(西洋曆)을 사용하였고 단발령(斷髮令)을 내려 실시토록 했다. 그러나 이러한 개혁정책에 민중이 반기를 들고 일어남으로써, 사회정세

---

5) 조좌호, 전게서, PP. 307~331. & 하현강, 전게서, PP. 255~266. Passim.
6) 조좌호, 전게서, PP. 332~340. & 하현강, 전게서, PP. 267~271. Passim.

는 극도로 혼란스러운 상황에 부닥치게 되었다.

　이처럼 어수선한 정세 속에서 고종 임금이 건양 원년(建陽元年: AD1896) 2월에 러시아 공사관으로 파천(播遷)함으로써, 국내정세는 급변하였다. 친일 내각을 해산하고 친러시아 내각이 성립되어 한반도의 정치 상황은 한 치 앞을 내다볼 수 없는 국면으로 접어들었다. 당시의 고종 임금과 친러내각(親露內閣)의 집권자들은 러시아의 세력에 의존하여 신변의 안전과 부귀만을 겨우 보장받았을 뿐이었고, 국가의 안위와 장래 문제에 대해서는 안중(眼中)에 없었다. 이러한 집권층의 무능한 행동은 조선왕조의 국가 이익이나 자주적 발전에 아무런 도움이 되지 못했을 뿐만 아니라, 외국 세력에게 광산 채굴권이나 철도부설권을 내어주는 등, 국가의 장래를 암울하게 했을 뿐이었다.7)

　그러나 서양의 근대사상을 배운 선각자들에 의해 새로운 개화운동이 일어나고 있었다. 미국에서 근대적인 학문을 배우고 귀국한 서재필(徐載弼)이 건양 원년(AD1896) 4월 7일부터 「독립신문(獨立新聞)」을 발행하여 독립사상과 민권 의식을 고취함과 동시에, 국민을 계몽하는 운동에 불을 붙였다. 그는 서대문 밖의 중국 사신을 영접하던 영은문(迎恩門) 자리에 독립문을 건립하고 외세로부터의 자주독립을 제창하였다.

　건양 2년(AD1897) 2월에 경운궁(慶運宮: 지금의 德壽宮)으로 돌아온 고종은 독립협회의 건의에 따라 그해 8월에 국호를 대한(大韓)이라 하고, 연호를 광무(光武)라고 하여 황제즉위식을 거친 후, 내외에 독립제국임을 선포함과 동시에 국가체제의 개편을 단행하였다. 대한국국제9개조(大韓國國制九個條)를 반포하여 제국(帝國)의 성격을 천명하였다. 즉, 국호(國號)는 대한제국(大韓帝國)으로, 정체(政體)는 독립된 전제군주국(專制君主國)으로 하는 중앙집권체제를 밝히고, 지방행정을 13개의 도(道)로 개편함과 동시에, 새로운 교육령(令)을 제정하여 소(小)・중(中)・사범(師範)학교를 설치하도록 하였다. 마침내 대한제국이 성립된 것이다.8)

(2) 근대문화의 형성

　우리나라의 근대문화는 개항 이후 거센 외세의 침투과정에서 형성되어 나타났다. 그것은 외세의 침투와 더불어 유입되기도 하였으며, 때로는 외세의 작용에 대응하면서 근대문화의 싹을 틔우고 육성・발전시켜나가기도 하였다.

　고종 20년(AD1883)에 부산~대마도~나가사끼(長崎) 사이에 부설된 해저전신선은 일본에 의해 설치된 시설이었다. 또한 고종 22년(AD1885)에는 청나라의 필요에 따라 인천에서 한성(漢城: 지금의 서울)을 경유하여 의주(義州)를 연결하는 전신 시설이 부설되

---

7) 조좌호, 전게서, PP. 341~3447. Passim.
8) 조좌호, 전게서, PP. 345~3447. & 하현강, 전게서, PP. 272~276. Passim.

었고, 그것은 청나라 봉황성(鳳凰城)으로 연결되었다. 그뿐만 아니라, 철도시설은 광무 3년(AD1899)에 일본이 경인(京仁) 철도의 부설권을 미국으로부터 이양받아 그 이듬해에 완성하였다. 그리고 경부(京釜)・경의(京義) 철도는 일본이 노일전쟁의 군사적인 목적으로 이용되기도 했다. 이러한 외세의 작용 속에서도 우리의 독자적인 힘으로 근대적인 문명시설을 갖추어 나간 것도 있다. 고종 25년(AD1888)에 완성된 한성(漢城)~부산(釜山) 간 전신 시설은 우리 기술진에 의해 이루어진 것이었다. 그래서 한성에 조선전보총국(朝鮮電報總局)을 두고 그 산하에 공주・전주・대구・부산 등에 분국(分局)을 개설하여 독자적인 업무를 담당할 수 있게 하였다. 이렇듯 근대적인 우편 사업은 고종 21년(AD1884)에 출범한 우정국(郵征局)이 관장할 예정이었으나, 갑신정변으로 중단되었다. 고종 30년(AD1893)에 이르러 전우총국(電郵總局)으로 개편・관장토록 함으로써, 이윽고 한성과 인천 등지에서 우편 업무를 시작하게 되었다. 이 무렵 만국우편연합에 가입하였다. 이는 우리나라가 국제기구에 가입한 최초의 일이다.[9]

한편 우리나라와 미국이 합자로 광무 2년(AD1898)에 한성전기회사를 설립하였고, 그 2년 후 서울에는 전등이 켜지게 되었으며 전차가 달렸을 뿐만 아니라, 전화도 가설되어 근대문명의 혜택을 받기에 이르렀다. 그리하여 새로운 문화시설과 서양의 근대문명은 우리 민족의 근대화 의식을 자각하게 하는 촉진제 역할을 하였다. 독립신문의 발행과 독립협회의 활동에 영향을 받아 다수의 언론기관과 사회단체가 설립・활동함으로써, 우리 민족의 자주독립과 민권 신장에 크게 이바지하였다. 특히, 광무 2년(AD1898)에 창간된 황성신문(皇城新聞)과 제국신문(帝國新聞)은 독자층이 달랐지만, 모두가 외세의 침투에 대한 자주독립을 주장하고 민중을 계몽하려는 취지는 같은 것이었다.

그뿐만 아니라, 여성단체가 조직되어 이를 중심으로 근대적인 여성운동이 전개되기도 했다. 여학교 설립을 목적으로 광무 2년(AD1898) 9월에 찬양회와 동년 10월에 순성회가 설립되어, 여성교육과 지위 향상을 추진해 나갔다. 그리고 광무 3년(AD1899)에는 여우회(女友會)가 조직되어 남녀평등과 일부일처(一夫一妻)의 가족 윤리를 확립하려는 운동이 전개되었다. 이러한 여성운동은 근대문화의 확립을 지향하는데 신선한 충격을 주었다. 이처럼 근대적 국민 의식의 자각은 다양한 교육기관의 설립을 가져오게 하였다. 그에 따라 정부에서도 고종 23년(AD1886)에 육영공원(育英公院)을 설립하고 미국인 교사들을 초빙하여 신문화(新文化) 교육을 시행하였다. 물론, 갑오경장 이후부터 정부에 의한 신식 교육제도에 따라, 소학교・중학교・사범학교・외국어학교 등의 관립(官立) 교육기관이 설립되었다.[10]

그런데 신식교육에 대한 열의는 민간에서 왕성하게 일어났다. 많은 사립(私立)학교

---

9) 하현강, 전게서, PP. 276~277. Passim.
10) 상게서, PP. 278~279, Passim.

의 설립이 그것을 방증해준다. 미국의 기독교 선교회에 의하여 배재학당(AD1885), 경신학교(AD1886), 이화학당(AD1886), 광혜원(AD1886) 등이 설립되었다. 물론, 국내의 민간 유지들에 의하여 다수의 사립학교가 설립되기도 했다. 광무 9년(AD1905)의 보성학교·양정의숙·휘문의숙 등, AD1910년 국권이 상실될 때까지 전국적으로 수천에 달하는 사립학교가 설립되었다고 한다. 이들 신식 학교는 새로운 학문과 신문화의 지식을 교육하는 기관이었음은 물론, 민족운동의 요람이기도 했다. 그와 더불어 근대문화의 선각자들은 국민에게 민족의식을 고취했을 뿐만 아니라, 서구(西歐)의 새로운 문화를 도입하는 데 크게 이바지하였다. 장지연·박은식·유근·신채호 등은 언론기관을 통하여 민족정기를 함양시킴과 동시에, 외세의 침투를 규탄하는 논설을 발표했으며, 주시경 등은 우리말 연구와 교육에 투신함으로써, 한글의 문법을 과학적으로 규명했으며, 국어학의 바탕을 체계화시켰다. 그 외에도 유길준은 『서유견문(西遊見聞)』을 저술하여 서양의 새로운 문물을 소개함으로써, 개화기의 민중을 계몽하는데 크게 기여하였다.[11]

이처럼 개항 이후에 서양의 새로운 문물이 유입되고 국민 의식의 계몽됨으로써, 우리의 근대문화가 형성되어 정치·경제·사회·문화의 발전에 새로운 훈풍을 불어넣었고, 근대화의 풍향계(風向計)가 잡히는 듯했다. 그러나 거세게 밀려 들어온 일본 세력의 침투로 근대문화의 발전은 풍전등화의 운명에 시달려야 했다. 그런데도 근대적인 민족의식은 꺼지지 않고 산업사회와 문화적 다방면에 걸쳐 새로운 근대문화의 등불이 켜지고 신문화의 발전을 향해 비춰주고 있었다.

3) 국권 상실과 조선총독부 시대의 개막

(1) 국권 상실의 조짐

대한제국이 성립된 이후의 국제정세는 급변하고 있었다. 미·영·중·러·일 등의 여러 나라가 한반도를 중심으로 한 각축전이 전개되었다. 특히 일본과 러시아가 극심하게 대립하여 러·일 전쟁으로 이어졌고 결국은 일본이 승리함으로써, 일본은 한국의 내정에 깊숙이 관여하게 되었다. 마침내 광무 8년(AD1904) 8월에 「한일협정서」(第一次韓日協定)가 체결됨으로써, 일본은 대한제국의 각 행정부에 고문(顧問)을 배치하고 실질적으로 정치적 실권을 장악하였다. 이로써, 일본은 서울을 비롯한 전국의 군사적 요충지를 필요에 따라 마음대로 이용할 수 있게 되었고, 내정간섭이 가능하게 되었다. 일본 예속화의 조짐이 나타나기 시작한 것이다.

---
11) 상게서, PP. 279~280, Passim.

그 후 일본은 경의선과 경원선의 두 철도를 부설하였음은 물론, 통신망을 강점하고 해안과 하천의 항행권(航行權)을 장악하였다. 그뿐만 아니라, 일본은 ① 외교의 감독, ② 재정의 감독, ③ 교통・통신기와의 완비, ④ 개척사업의 추진 등, 「대한시정강령(對韓施政綱領)」을 내세워 화폐개혁을 단행하였다. 이로 인해 당시 유통되고 있던 상평통보(葉錢)와 백동화(白銅貨) 중에 악화(惡貨)가 섞여 있다는 이유를 들어 일본 제일은행의 한성지점이 신화폐를 만들어 교환・유통케 함으로써, 일본 제일은행에서 통화발행권을 부여하고 대한제국의 금융을 지배함과 동시에, 일본 화폐를 유통해 일본 상인의 진출을 쉽게 하였다. 따라서 일본의 제일은행은 광무 9년(AD1905) 3월 이후부터 통화발행권을 가지고 대한제국의 중앙은행 역할을 했을 뿐만 아니라, 금・은의 매입, 정부에 대한 자금대여, 개항장의 관세징수 등, 광범한 사업을 주관함으로써, 대한제국의 금융계를 지배하게 되었다.12)

또한 일본은 광무 9년(AD1905) 11월에 강압적으로 「을사늑약(第二次韓日協定)」을 체결하여 대한제국의 외교권을 박탈하였다. 이로써, 대한제국은 국제적 독립국으로서의 위신을 상실하고 말았다. 동시에, 통감부가 설치되었고 이를 통하여 일본이 필요로 하는 외교권의 행사는 물론, 정치 일반의 전권을 실질적으로 지배하게 된 것이다. 대한제국의 외교권이 일본으로 넘어감에 따라 재외공관이 모두 폐쇄되었고, 국내에 개설되어 있던 영국・미국・청나라・독일・프랑스・러시아 등의 주한공사(駐韓公使)들도 공사관을 거두고 모두 서울(漢城)을 떠나갔다.

이 조약이 체결된 이후 국민은 거족적으로 반대운동을 전개하였다. 조약반대를 위한 연설회와 시위 운동뿐만 아니라, 상인들의 철시(撤市) 등도 행해졌다. 지방 각처에서 의병(義兵)이 일어나 항전하는 등, 전국은 조약반대의 소용돌이에 휘말렸으며 줄기차게 지속되었다. 더욱이 일본으로부터 빌린 차관(借款)을 보상하기 위한 국채보상운동이 펼쳐지기도 했다. 그런 가운데 광무 11년(AD1907)에 고종에 의한 「헤이그특사파견」13)이 발생하여 결국은 고종황제가 퇴위하고 순종 황제가 즉위하여 「융희(隆熙)」라는 연호를 사용하게 되는 결과를 가져왔다. 이윽고 순종원년(AD1907) 7월 「정미7조약」이 체결되었고 통감부가 명실상부한 최고의 통치기관으로서 행정과 사법을 관장할 수 있게 되었다. 이로써, 대한제국은 명목상의 존재에 지나지 않게 되었으며, 군대마저 해산되고 말았다.14)

---

12) 상게서, 281~282, Passim. & 조좌호, 전게서, PP. 347~353, Passim.
13) 헤이그특사파견은 을사늑약의 체결이 일본의 무력에 의한 것이며, 고종 임금이 승인이나 국민의 원해서 이루어진 것이 아니었음을 세계만방에 알리기 위하여, 고종황제가 네덜란드 헤이그에서 열리는 만국평화회의에 이준・이상설・이위종을 파견하여 을사늑약의 부당성을 호소하도록 한 사건을 일컫는다. 그러나 일본과 그 외의 국가들의 압력으로 뜻을 이루지 못하였다.
14) 하현강, 전게서, PP. 281~285. & 조좌호, 전게서, PP. 351~364.

해산된 군인들이 모여 의병 활동을 전개하였고, 국민이 치열하고 완강하게 저항하였지만, 중과부적으로 강대하고 잔혹한 일본 제국주의 세력에 의해 진압됨으로써, 국권 상실의 비운을 맞이할 수밖에 없었다. 융희 4년(AD1910)에 일어난 국권 피탈의 순간이었다. 그리하여 우리 민족은 유사(有史) 이래 이민족(異民族)의 가혹한 식민지 지배 아래에서 힘든 수난의 세월을 견뎌야 했다.

(2) 조선총독부 체제의 출범과 일본의 식민지화 정책

한민족의 거족적인 항일운동이 거세게 일어났음에도 불구하고 일본 세력은 국권 피탈의 절차를 진행해나갔다. 융희 4년(AD1910) 5월에 세 번째 통감으로 부임한 데라우치(寺內正毅)는 헌병경찰제도를 창설하고, 일본의 침략을 비판하던 황성신문·대한매일신보·대한민보(大韓民報) 등의 언론기관을 폐간함과 동시에, 서북학회를 비롯한 우리 민족의 자주독립을 표방하던 단체들을 폐쇄하였다. 그리고 지도층 인사들을 온갖 방법으로 회유함으로써, 민족의 단결력을 분산시켰을 뿐만 아니라, 유력한 지도자들에게는 전근대적인 형벌을 가하는 공포 분위기를 감행하였다.

이러한 공포의 분위기 속에서 조선왕조의 종말을 고하는 조약이 체결되었다. 융희 4년(1910) 8월 29일의 일이었다. 이로써, 조선왕조는 27대에 걸친 519년간의 종묘사직(宗廟社稷)을 잃어버렸고, 우리 민족은 일본 제국주의 세력에 의한 식민지로 전락하여 온갖 학대와 착취를 당할 수밖에 없는 처량한 처지가 되었다.[15]

조선왕조의 국권을 찬탈한 일본은 조선총독부(朝鮮總督府)를 설치하고 한반도를 통치하기 시작하였다. 초대 총독에는 통감인 데라우치(寺內正毅)가 부임했다. 이로써 우리나라의 행정권은 물론, 입법권·사법권·군사 통수권에 이르기까지 전권을 장악하고, 1910년(융희 4년)부터 1945년까지 36년간 철권 통치를 지속하게 된다. 이러한 일본의 가혹한 식민지 통치는 민족정신의 말살과 인권의 유린에만 한정되지 않았다. 한민족(韓民族)이 생존할 수 있는 경제적 기반을 박탈당하는 수난까지도 감수하지 않으면 안 되었다. 그 중 대표적인 것이 토지조사사업[16]이다. 이 조사사업은 국권 피탈에 의한 국권 상실 직후에 착수하여 8년 동안 계속되었다. 그것은 일본이 근대적인 방법

---

15) 하현강, 전게서, PP. 286~290. & 조좌호, 전게서, PP. 355~366.
16) 조선총독부는 토지조사사업을 진행하기 위해 토지조사령을 내리고 근대적 토지소유권이 인정되는 토지제도를 정비하려고 하였다. 그런데 실제적으로는 기한부 신고제라는 절차를 채택하여 한민족이 소유한 토지를 빼앗기 위한 정책의 일환이었다. 한반도 전체의 국공유지와 왕실 토지는 전부 조선총독부 관하에 귀속되었을 뿐만 아니라, 주민의 소유권을 인정받기 위해서는 정해진 기일 내에 토지의 내용을 신고하지 않으면 안 되었다. 이에 불응할 때는 그 토지를 모두 조선총독부의 소유가 되도록 하였다. 그래서 門中이나 개인 소유의 토지는 물론, 개인의 농지까지도 조선총독부에 귀속시키는 결과를 가져왔다.

에 따라 토지의 약탈사업이었다고 할 수 있으며, 식민지 한반도를 완전히 수탈하려는 공작의 일환이었음을 부인할 수 없는 사건이었다. 이로써, 조선총독부는 전 국토의 40%에 달하는 토지를 소유하게 되었다.

그리고 농민들이 소유한 토지는 두 가지로 분해되었는바, 그중 극소수의 일부는 지주(地主)가 되었고 나머지 대부분은 자작농이거나 소작농으로 전락하였다. 1916년의 조선총독부 통계에 의하면, 전 농가 264만 호(戶) 중, 지주가 2.5%인 6만6천 호였고, 자작농이 20.1%인 53만 호인 데 비하여 자작 겸 소작농이 40.6%인 107만 호, 그리고 순수 소작농은 36.8%인 97만 호였다고 한다. 그리고 전 농가의 약 60%에 해당하는 150만 호가 1정보(約3千坪) 미만을 경작하는 영세농이었다는 것이다. 결국, 토지조사사업의 결과는 소수의 양반이었던 자나 일본인이 토지 대부분을 소유하여 지주가 됨으로써, 실제로 점유했던 수백만의 농민대중은 토지에 대한 권리를 잃고 소작인으로 전락하여 소수의 지주에게 수확량의 반 이상을 소작료로 내어줘야 하는 존재가 되고 말았다. 그런 상황에서 몰락하는 농민이 늘어났고 화전민이 되거나 농촌을 떠나는 현상이 속출하였다.[17] 이는 민족경제의 파탄을 예고하는 것이었다.

이처럼 조선총독부의 식민지 정책은 한반도의 토지를 수탈하였을 뿐만 아니라, 산업분야에까지 침투·독점하여 민족자본의 성장을 억압하기에 이르렀다. 조선총독부는 그 산하에 철도국·전매국·토지사업국 등을 두어 철도·항만·통신시설을 운영하고 인삼·담배 등의 전매권을 장악함으로써, 막대한 이익을 증식하였다. 그뿐만 아니라, 동양척식회사(東洋拓植會社)를 만들어 한반도 전역의 산업을 송두리째 장악하고 식민지 수탈정책에 앞장서게 하였다. 그리고 근대적인 장비를 갖춘 일본인 수산업자들에 의해 근해의 어장(漁場)이 점령당하였음은 물론, 다른 산업 분야에서도 일본인 사업자들에 의해 침투되는 현상이 나타났다. 따라서 우리 고유의 민족자본은 그 성장의 길이 봉쇄되어 지지부진한 상태에 머물러 있었다. 일본인 자본가들이 활개를 치며 활동하는 환경이 되어버렸다. 더욱이, 조선총독부는 전국의 광산을 조사하여 일본인 광산업자들에게 금·은 등의 광물채굴권을 부여함으로써, 민족자본이 성장할 수 있는 여지를 주지 않았다.

조선총독부 치하의 무단정치(武斷政治)는 한민족의 강력한 저항운동에 봉착하기에 이르렀다. 마침내 1919년 3월 1일 한민족의 자주독립을 부르짖는 3.1운동(己未獨立運動)이 일어났다. 각계각층을 총망라한 거족적인 독립운동이었다. 독립선언서를 발표함으로써, 세계여론을 환기하고 독립 만세를 외침으로써, 무력 항쟁을 하지 않고 일제(日帝)의 양심적인 반성을 촉구하는 비폭력 독립운동이 전국적으로 퍼져나갔다. 그러나 조선총독부는 무력에 의한 강제진압을 감행하였다. 결국, 거족적 민족독립운동은 실패하였다. 그러나 3·1독립운동은 목적을 이루지 못했으나, 그 영향은 참으로 큰 것이었다. 이 운동

---

17) 조좌호, 전게서, PP. 377~380, Passim.

은 민족공동의 의사를 세계만방에 선양(宣揚)하여 한민족에 대한 인식을 새롭게 하였을 뿐만 아니라, 임시정부를 수립하는 계기가 되었고, 한민족의 위대한 역량을 세계만방에 과시(誇示)함으로써, 일제(日帝)가 무단정치를 버리고 이른바 유화적인 문화정책으로 전환하게 하는 촉매제가 되었다.18)

2. 근대화여명기의 상황변화

1) 자유 상인의 성장

개항 이후에 근대화 과정이 전개되면서 그 이전의 상업특권을 누리던 상인 층이 붕괴하고, 특히 고종 31년(AD1894)의 갑오경장으로 육의전의 금난전권(禁難廛權)이 폐지되어 자유로운 상업활동이 보장되기에 이르렀다. 그뿐만 아니라, 당시까지 관수품(官需品)을 조달하던 어용상인으로서의 공인(貢人)도 갑오개혁 이후에는 그 특권이 상실되었고 삼인조합의 기능을 하던 공인계(貢人契) 역시 해체되었다.19)

개항장과 철도부설로 인한 교통의 요충지에 새로운 도시들이 형성되었는데 이 신흥도시를 중심으로 자유로운 상공업자의 비중이 커졌으며, 새로운 상설시장이 형성되어 자유 상인의 수가 점증하는 결과를 가져왔다. 따라서 지방의 5일 장시(場市)에서도 거래상품이 다양해졌고, 유통경로에도 변화가 일어났다. 부산·원산·인천을 비롯한 개항장의 수가 늘어남에 따라 철도를 이용한 원격지 상업이 활기를 띠게 되었고, 입지적 여건의 변동에 따른 새로운 장시의 형성으로 자유로운 상거래 활동이 늘어나고 자유 상인이 성장하는 계기가 되었다.

개항장을 거쳐서 수출입 되는 상품의 수량 증가로 이를 취급하는 상인은 다양한 형태로 나타났고 그들의 상거래 활동 양상도 다르게 나타났다. 시전상인의 몰락으로 수도권에 반입되는 상품은 남대문·동대문·서대문 일대와 한강 변 일대의 송파·노량진·용산·마포·서강에 이르는 장시를 중심으로 거래가 이루어졌는바, 여기서 상거래 활동을 했던 상인으로는 객주와 여각도 있었다. 이들은 서울로 반입되는 상품을 매점·매석하여 부를 축적했음은 물론, 선박을 이용한 원격지교역뿐만 아니라, 생산지에 진출하여 자금을 선대(先貸)하고 생산물을 선점했다가 이득을 보는 상거래 활동도 활기를 띠었다. 그리고 수도권 주변의 시전가(市廛街)에 진출하여 점포를 개설하고 도산매를 경영한 상인 층도 등장하였다. 특히 객주와 여각 출신 상인들의 시전가 진출은 개항 이후 두드러지게 나타났으며, 그들은 전통적인 육의전 상인들과는 다르게 진취적

---

18) 조좌호, 전게서, PP. 376~385, Passim. & 하현강, 전게서, PP. 286~295, Passim.
19) 김병하, 『한국 경영이념사』(대구, 계명대학교출판부, 1994), P. 155.

이었고 서양 상품의 유입에 임해서도 탄력성 있게 받아들였다.[20]

근대화여명기에 있어서 상인층의 변화상황을 보면, <표 5-1>과 같다.

<표 5-1> 한국 근대화여명기의 상인 층 변화상황

구분	국내 상인 층	무역 상인 층
개항 이전	육의전 상인, 시전상인, 貢人 층, 객주 여각, 私商都賈, 경상, 송상, 만상, 래상, 보부상 등	• 국경무역 상인 • 왜관 무역 상인
개항기	• 개항 이전의 상인 층이 유지되었으나, 그중 일부는 개항장의 객주나 여각으로 변신하였음. • 외국 상인 중에서 보부상으로 변신도 있었음	• 국경무역·왜관 무역은 개항으로 개항장 무역에 흡수됨. 여기에 종사하던 상인도 개항장 무역 상인과 일반 상인으로 변신함. • 개항장 객주의 등장 • 개항장의 외국 상인 등장
대한제국 시기	• 육의전 상인과 공인층의 특권 폐지 • 私商都賈의 혁파 • 객주와 외국 상인 간의 상권경쟁 격화	• 부산항·인천항·원산항 등의 객주 세력이 약화함. • 자유 상인 층의 형성 • 정주 외국 상인의 급증 • 을사늑약 이후의 외국 상인자본 및 기업가의 진출
조선총독부 시기	• 조선 회사령에 따른 회사 설립 및 기업활동 제한. 자유 상인의 급증. • 조선 회사령 철폐로 민족자본가의 기업활동. • 일본 독점자본 진출로 일본인 회사의 급증.	• 외국무역의 다변화로 무역 상인 활동 활발 • 수출입 증가로 인한 무역회사의 설립 증가 • 자유무역 상인의 급증

<자료 : 황명수 외, 『한국의 시장상업사』(1992), P. 142>. (저자 일부 첨삭수정).

2) 상품 유통경로의 변화

개항 이후의 국내 사정은 대외무역의 활기와 수입된 외국상품의 영향으로 상품 유통경로에 변화가 일어났다. 통상수교거부정책을 펴던 때와는 달리 유통되는 상품의 종류도 다양해졌으며, 그 유통량도 대폭 증가하였다. 종전에는 봉건 경제의 틀 안에서 상품유통이 이루어졌기 때문에, 비교적 단조로운 유통환경이었다. 큰 강이나 바다를

---
20) 조기준, 『한국 경제사 신강』(서울, 일신사, 1994), PP. 342~349, Passim.

이용하는 해상운송에서는 범선이 주요한 수송 수단이었으며 육상운송의 경우는 인력(人力)이나 가축의 힘을 이용하는 것이 고작이었다. 그런데 개항 이후는 외국의 기선이 빈번히 드나들었고 개항장과 개항장을 연결하면서도 기선을 이용한 상품운송이 활발하게 이루어졌다. 그뿐만 아니라, 육상운송은 일본 자본주의 선구자인 시부자와(澁澤榮一)에 의해 부설된 경인선(AD1889)·경부선(AD1905)·경의선 등, 철도가 개통됨으로써, 신속한 상품운송기능을 수행하게 되었다.

이처럼 선박과 철도의 운용은 상품유통에 인적(人的)·시간적·공간적 문제를 신속히 해결해주는 역할을 했으며, 짧은 시간에 대량의 상품을 운송할 수 있어서 비용면에서도 유리하게 되어 상품 유통경로의 혁신적인 환경변화가 이루어진 것이다. 그뿐만 아니라, 고종 22년(AD1885)에 서울(京城)과 인천 사이에 전신선이 가설된 것을 비롯하여 개항장을 연결하는 전신전화가 개통됨으로써, 신속한 의사소통으로 상거래가 활성화될 수 있었던 것도 특기사항이다.

대량 운송 수단과 전기 통신수단의 현실화는 신속하고 대량의 상거래 활동을 가능하게 하였다. 이러한 대량의 상거래가 활발히 이루어질 수 있는 환경은 거대한 상업자본을 출연할 수 있게 하는 촉매작용을 조성해주었다. 결국, 철도와 전기통신의 등장으로 도시의 입지적 환경을 마련해주었고 이를 중심으로 신흥도시가 형성되어 새로운 상품 유통경로가 편성되기에 이르렀다. 그러나 새로운 문명의 혜택이 닿지 않은 지역에서는 여전히 보부상에 의한 행상과 장시(場市)를 중심으로 하는 객주·여각에 의한 상품유통이 다반사였다고 한다.[21]

3) 근대적 은행제도

우선 한성은행을 살펴보기로 하자. 한성은행은 오늘날 우리은행의 전신으로서 광무 원년(AD1897) 2월 19일에 정부의 허가를 받아 창립되었다. 한성은행은 민간인을 상대로 하는 환전과 자금 융통이 기본업무였다. 앞서 언급한 조선은행과 대한천일은행은 황실과 정부의 재산을 관리함과 동시에 이에 대한 자금조달을 기본으로 하는 금융기관으로 출발했었다. 이러한 점이 한성은행과 다른 업무처리 방식이었다. 한성은행은 민간인 대상의 예금과 대금(貸金)을 기본목표로 하였으나, 영업실적이 그리 좋은 편은 아니었다. 독립신문의 광고문(AD1899년 4월 7일 자)에 『본 은행 고본(股本 = 株式)이 음력 12월 29일까지 분급하오니, 고본표(股本票=株券)를 가지고 와서 추심 하옵소서.』라고 기록되어 있는 것으로 보아 한성은행은 영업 부진이었음에도 영업은 지속되었던 것으로 보인다. 이처럼 영업 부진으로 창립한 지 6년이 되는 광무 7년(AD1903)에 공립 한

---
21) 김병하, 전게서, PP. 154~155.

성은행으로 개편되었다.

한편 대한천일은행은 광무 3년(AD1899) 1월 30일에 설립되었다. 은행 점포는 대광통교 부근의 청계천 북쪽 장통방(長通坊)22)에 있었으며, 설립 당시의 자본금은 5만 원이었다. 이 은행은 거상들의 상업자본을 기초로 귀족이나 관료의 협조를 얻어 설립되었다. 특히 이 은행의 창립업무는 상인 층이 담당했다. 즉, 상업자본가들이 주동이 되어 발기인 31명을 구성하고 정관을 통과시킴으로써, 주식회사 형태로 출범했다. 개업 전에 주식 금액을 납입한 자는 발기인 31명 중 12명에 불과하여 자금 부족이 우려되었으나, 한성(漢城=서울)의 대표적인 실업가들이 적극적으로 참가했기 때문에, 창립과 개업은 순조롭게 진행되었다. 이 은행은 본점의 영업 번성에 힘입어 그해 5월에 개성과 인천에 각각 지점을 개설하였다. 이 두 지점의 영업실적도 순조롭게 향상되었다고 한다. 여기서 주목할 점은 대한천일은행이 창립 초기부터 몇 년 동안 전통적 사개송도치부법을 이용하여 기장처리 했다는 것이다. 그 장부는 지금도 전해지고 있으며 그 후신인 우리은행 도서실에 보관되어있다. 우리나라 고유의 치부문화(治簿文化)를 연구하는데 귀중한 자료이다.

또 하나 상인자본에 의한 은행으로서 광무 10년(AD1906)에 설립된 한일은행을 들 수 있다. 이 은행은 경성 조선인 상업회의소의 조병택(趙秉澤)·손석기(孫錫基) 등, 30여 명의 말기로 설립된 것이다. 당시의 「황성신문」(光武 10년·AD1906. 5월 6일 자)에 실린 한일은행 발기취지문을 보면, 설립 동기와 목적이 천명되어 있다. 그 무렵의 경제침체로 자금난에 빠진 상업계를 구제하려는 상업회의소 신상(紳商)들에 의해 발기되었음을 밝히고 있다. 광무 10년(AD1906) 8월 8일에 탁지부(度支部)의 인가를 받아 자본금 15만 원의 주식회사로 창립되었다. 은행장(頭取)에 조병택, 전무에는 손석기 외 3명이 취임하여 명실공히 민간은행으로 출범한 것이다. 융희 원년(AD1907) 12월에는 자본금 35만 원을 증자하여 총자본금 50만 원이 되었으며, 순조로운 경영이 이루어져 동막(東幕) 출장소를 설치할 만큼 성장했으나, 이 은행 역시 순수한 상인자본에 의해 설립되었음에도 통감부의 심한 간섭을 받아야 했다.23)

따라서 한국인이 설립한 위의 세 은행보다는 일본 국립 제일은행의 횡포는 극심했다. 일본의 제일은행 총 지점은 한국에서 일반 은행 업무 이외에 관세징수와 우편환업무 등을 담당했다. 그뿐만 아니라, 광무 6년(AD1902) 5월 이후에는 소액은행권을 발행하였으며, 대한제국의 국고금 취급사무와 화폐정리사무까지 담당하게 됨으로써, 그 은행권을 한국의 법화(法貨)로 인정하게 되었다. 그리하여 일본 제일은행 총 지점은 융희 3년(AD1909) 한국은행이 설립될 때 가지 중앙은행의 기능을 행사하게 된다. 이러한

---

22) 조선 시대 초기부터 있던 한성부 중부 8방 중의 하나로서, 성안에는 광교 부근에 있었으며, 현재의 남대문로1가·관철동·종로 1·2·3가·서린동 등의 일부에 해당한다.
23) 조기준, 전게서, PP. 396~401, Passim.

일본제일은행 이외에도 한국에 진출한 일본계 은행 등의 금융기관은 융희 2년(AD1902)까지 모두 29개가 있었다고 한다.24)

그러한 상황 속에서도 근대화여명기에 우리의 순수 상인자본에 의해 설립된 대한천일은행·한성은행·한일은행 등, 3개 은행의 운영상황은 <표 5-2>와 같다.

<표 5-2> 근대화여명기의 민간금융기관 운영실태(1910년 6 月末)(단위 : 1,000원)

은행명	공칭자본금	납입자본금	정부 대여금	적립금 및 전기이월금	예금	대출금
대한천일은행	500	125	180	97	678	853
한 성 은 행	300	75	100	67	498	571
한 일 은 행	500	125	-	38	613	577
합 계	1,300	325	280	204	1,790	2,003

<자료 : 『한국재정시설 강요(韓國財政施設綱要)』(1910), P. 168·조기준, 『한국경제사신강』(1994), P. 402.> : (일부 저자 첨삭)

또한 광무 10년(AD1906) 3월에는 농공은행 조례가 공표되고, 이에 따라 한성(漢城=서울)을 비롯한 전국 11개 도시에 농공은행이 설립되었다. 농공은행은 농촌발전을 위한 자금지원을 목적으로 출발했으나, 설립 초기부터 자금 부족으로 운영이 어려운 상태였다. 그래서 이를 6개소로 병합·개편되었지만, 역시 운영은 순조롭지 못했다. 이 은행은 국권 피탈 후 1919년에 한국 식산은행이 설립되면서 여기에 흡수되었다. 그리고 융희 원년(AD1907) 5월에는 지방금융 조합규칙이 공표되고, 농촌생산물의 수집과 판매를 목적으로 1군(郡)에 1조합 형식으로 금융조합이 설치되었다. 이사는 정부에서 추천하고 농민을 조합원으로 하여 조합원 1인당 50원을 한도로 하는 자금이 융통되었다. 그뿐만 아니라, 광무 9년(AD1905) 9월에 공동창고장정(共同倉庫章程)이 공표되어 한성 공동창고 주식회사가 설치되었다. 이 회사는 정부로부터 15만 원의 보조금을 대부받아 자본금으로 창설된 것이다. 이 회사는 전국 각 지역에 창고를 설치하고 쌀을 담보로 자금을 융통함과 동시에, 상인을 대상으로 미곡구입 자금을 융통해주었음은 물론, 상업 담보 대여와 상업어음의 할인 및 부동산담보대출도 겸영하였다. 그리고 같은 해 어음의 유통을 장려한다는 명분으로 어음 조합조례 및 약속어음 조례가 공표되어서 어음 조합(手形組合)도 동시에 설립되었다.25)

---

24) 長谷川千代松 編, 전게서, P. 72 이하 참조 & 조기준, 전게서, PP. 418~419. <일본 제일은행 총지점이 광무 6년(AD1902)부터 융희 2년(AD1908)까지의 7년간 한국에서 총액 2,920만여 원의 은행권을 발행하였다.>
25) 조기준, 전게서, PP. 426~428, Passim.

한편, 광무 7년(AD1903) 4월 24일에 중앙은행 조례(칙령 제8호)로 중앙은행 설립을 추진한 바 있으나, 융희 3년(AD1909)에 이르러서야 결실을 보게 되었다. 법률 제22호(전문 49개 조)로 한국은행 조례가 공표됨으로써, 비로소 한국은행이 설립되었다.26)

4) 근대적 상사·회사

강화도조약이 체결된 이후 부산·원산·인천 등의 개항장을 통하여 개화의 문을 열어 놓음에 따라 근대적인 상사·회사의 설립 기운이 움트기 시작하였다. 더욱이 개항장에 상륙한 외국 상인들의 횡포에 대항하여 상권을 지키기 위해서도 근대적 상사·회사 체제의 확립은 더욱 필요했다. 또한 개화 사상가들이 일찍이 상사·회사 설립의 필요성을 주장한 것을 통해서도 분위기는 형성되어 있었다. 개화파 김윤식(金允植)의 『음청사(陰晴史)』27)에 의하면, 최초의 근대적 상사회사는 고종 20년(AD1883)에 평안도민이 설립한 대동상회(大同商會)이고, 두 번째로는 같은 해 한성(漢城=서울)에서 설립된 장통회사(長通會社)라고 기록되어 있다.28)

그리고 당시의 「한성순보(漢城旬報)」(제15호: AD1883년 10월 21일 자)에 게재된 「회사설(會社說)」에 『회사란 여러 사람이 자본을 합하여 여러 명의 농공(農工), 상고(商賈)의 사무를 잘 아는 사람에게 맡겨 운영하는 것』이라 하여 회사의 개념을 소개하고 주식회사, 합명회사, 합자회사의 설립 방식이 상세히 기술되어 있다. 이어서 이 신문에는 근대적 상업체제의 형성에 관한 내용도 실려 있다. 즉, 고종 20년(AD1883)을 전후하여 한성에는 이미 장통회사(長通會社) 및 권연국(卷煙局: 담배판매업)이 있었으며, 보영사(保嬰社)가 종두를 전업으로 하며, 또 혜상국(惠商局: 상거래업)의 부상(負商) 및 보상소(褓商所)가 설립되어 있었고, 그 밖에 촬영국(撮影局)은 1883년 여름에 저동에서 사진 사업으로 개업했고, 양춘사(釀春社)는 상인들의 소자본을 거출

---

26) 1909년의 한국은행 창립자본금은 공칭자본금 1,000만 원, 납입자본금 250만 원으로 발족하였으며, 총주식 수 80만 주 중 조선 총독이 3만 주를 비롯하여 1천 주 이상의 대주주는 대부분 일본인이었고 한국인으로는 이왕직 장관의 3천 주가 있었을 뿐이었다. 이 한국은행의 명칭은 융희 4년(AD1910) 8월 29일의 국권 피탈과 함께 조선은행으로 개칭되어 1948년의 대한민국 정부에 의한 한국은행법이 1950년에 제정될 때까지 지속되었다.
(조기준, 전게서, PP. 479~486)
27) 음청사란 개화파 김윤식(1835~1922)이 出仕하던 고종 2년(AD1865) 12월부터 기록한 일기형식의 문서로서 서기 1938년 그의 증손인 김주용이 소장한 원본을 기초로 조선사편수회에서 등사하였으며, 서기 1958년에 국사편찬위원회에서 그 등사본을 한국사료 총서 제6권으로 출판한 바 있으며, 서기 1971년 탐구당에서 번각·발행하였다. 이것은 김우룡의 소장한 원본(1881년 9월 1일 이후의 부분)을 토대로 편집한 것이라고 한다.
(http://100.daum.net/encyclopedia/view/14XXE0043050)
28) http://100.daum.net/encyclopedia/view/14XXE0078175

하여 미주(美酒)를 제조·판매하는 회사이며, 광인사(廣印社)는 서적출판을 목적으로 설립된 합자회사였다고 한다.

이 무렵 초기의 상업체제는 회(會)·사(社)·상회·상사·회사 등의 이름들이 사용되고 있었는데 대부분 합자회사의 성격이었다. 설립 과정은 정부에 상회 장정(章程)을 보내면, 이에 허가서를 보내주는 형식으로 이루어져 결국 관허제의 성격을 띠고 있었다. 이들 상사·회사들은 고종 20년(AD1883)경부터 설립되기 시작하여 갑오개혁 이전까지 전국에 약 40여 개에 이르렀으며, 이 가운데서 평양에 설립된 대동상회와 서울에 설립된 장통상회는 가장 규모가 큰 회사였다고 한다.29)

갑오경장이 이루어지기까지는 기업회사의 이름으로 설립되었지만, 그 조직과 기능 면에서 보면 일종의 동업자조합이나 협회와 같은 성격을 띤 것이 많았다고 한다. 최남선(崔南善)의 『고사통(故事通)』(P. 222)에도 초기의 회사 중에는 공사적(公司的) 성격을 지닌 관설(官設) 상사나 회사가 다수 존재하고 있었다고 기록되어 있다. 이는 개항 초기에 설립된 회사의 명칭이 실재의 상사(商社) 목적에 부합하지 않은 것이 있었음은 물론, 전근대적인 성격을 가진 회사도 있었음을 의미하는 것이다.

이처럼 회사의 명칭과 실제가 부합하지 않은 것은 정부의 회사 설립에 관한 규정이 확립되지 않았던 때문이다. 선각자나 상인들이 회사조직의 필요성을 느끼고 각종 상사나 회사의 설립을 하고 있던 개항 시기에도 당시의 정부는 회사의 설립을 위한 절차나 규정과 양식을 마련하지 못한 상태였다. 회사의 설립을 원하는 자는 우선 상사나 회사의 명칭과 장정(章程)을 작성하여 통리아문(統理衙門=지금의 外交部)에 신청하여 허가를 받으면, 업종과 관련 없이 회사 설립이 완료되었던 것이 당시의 사정이다. 회사 설립의 신청양식이나 상사의 장정은 각양각색이었고 외국상사의 실례에서 각색하여 이루어지는 것이 일반적이었다.

고종 30년(AD1893) 10월 정부가 인천항 감리서에 보낸 관문(官文)에 의하면, 『상회에 대한 정규(定規)가 없었던 것을 그때부터 규정을 완정(完定)하고 장정(章程)을 성급(成給)하여 영구준행(永久遵行)토록 하되 자본미판자(資本未辦者)에는 허가하지 말 것』이라고 지시한 내용으로 보아 상사 설립의 규정이나 양식은 그때까지 없었다고 판단된다. 그 후 고종 32년(AD1895) 4월 1일 농상공부 관제(勅令 제48호)가 공포되었는바, 그 제8조에 상업·공업·도량형 및 영업회사에 관한 사무는 농상공부에서 관장하기로 되었다는 내용이 있다. 이로써 회사에 관한 업무는 통리아문에서 농상공부로

---

29) 조기준, 전게서, PP. 378~380, <서울과 개항장에 설립된 초기의 상사·회사는 다음과 같다. ① 서울 : 장통회사, 장통사, 보영사, 신의사, 卷煙局, 釀春局, 豆餠局, 촬영국, 대흥상회, 제흥사, 유유상회사, 영신회사, 제생회사, 미상회사, 농상회사 등. ② 인천 : 태평상회, 신상회사, 대동상회, 신상회사, 광성회사, 육운회사 등. ③ 부산 : 해산회사, 기선회사, 균평회사(객주상법회사), 보험회사, 동항회사, 전찰회사 등이다.>

이관되었음을 알 수 있다. 그러나 회사 설립의 세칙은 아직 제정되지 않은 상태였다. 그해 11월 12일 자로 그 규칙(法律 제17조)이 제정·공포되고, 이어서 광무 3년 (AD1899) 5월 13일 자의 칙령(제19호)으로 개정되면서 상사나 회사 설립에 관한 규정이 정비되기에 이르렀다.30)

이러한 과정을 거치면서 고종 31년(AD1894)의 갑오개혁 이후에는 근대적 회사의 요건을 갖추게 되었을 뿐만 아니라, 다방면의 업종에 해당하는 성격과 조직을 갖춘 상사회사가 출현하게 된다. 이 무렵 민간은행이 설립되었으며, 전술한 바 있는 한성은행 (AD1897)·대한천일은행(AD1899)·한일은행(AD1906)은 주식회사의 성격을 가진 기업조직이었다.

이 시기에는 상품운송이 중요한 사업으로 드러났기 때문에, 해상운송·육상운송과 관련된 기업이 출현하였다. 그러나 이 분야는 이미 일본인이 상권을 선점하고 있었으므로, 자본이 적고 경험마저 부족한 민간 상인들은 진출하기 어려운 업종이었다. 그런데도 이 분야에 진출한 상인들이 있었다. 광무 4년(AD1900) 초에 안영기(安永基)의 대한우선(大韓郵船) 회사·이윤용(李允用)의 인천우선(仁川郵船) 회사·이재극(李載克)의 인한윤선(仁漢輪船) 회사·김일진(金一鎭)의 의령상선(宜寧商船) 회사가 연안 운송을 담당하고 있었다. 육상운송에서는 민간자본가들이 대한 철도회사·삼마철도(三馬鐵道) 회사를 설립하고 철도부설을 시도했으나, 일본이 철도부설권을 장악하고 있었으므로 실현되지 못했다. 그리고 한석진(韓錫振)의 해서철강(海西鐵鋼)회사·김옥현(金玉鉉)의 강원도 매광(煤鑛) 주식회사·김창언(金昌彦)의 수안금광(遂安金鑛) 회사 등이 설립되었다고 하지만 경영상황은 알 길이 없다. 광무 원년(AD1897) 1월 26일에서 동년 8월 20일 사이에 주식납부금이 완료된 마차(馬車) 주식회사가 자본금 16,100원(주주 22명)으로 출범하였다. 이 회사는 한국인만으로 설립된 주식회사로서 운송업과 준설 (浚渫)공사를 겸용하고 있었다. 그 업무 내용을 사개송도치부법으로 정리한 회계장부 일부가 현재 규장각에 소장되어 있다. 그뿐만 아니라, 광무 8년(AD1904) 2월 19일에 전기시설공사와 전차운송을 담당하는 한미전기회사가 설립되었다. 이 회사의 회계장부가 부분적으로나마 현재 한국전력공사에 소장되어 있다.

특히 갑오경장 이후에는 소액의 민간자본으로 설립된 상사회사가 다수 있었으나, 주식회사의 요건을 갖춘 것은 그리 많지 않았다고 한다. 그래서 서민 출신의 사업가들은 귀족이나 관료 출신의 기업가와 합작하는 것이 일반적인 추세였다. 왜냐하면, 그렇게 함으로써, 자금갹출이나 회사 설립 및 경영 면에서 더 유리한 방법을 활용할 수 있었기 때문이다. 특히 은행을 비롯한 금융업이나 해운·철도 등 거액의 자금이 필요한 대규모 기업에서는 귀족이나 관료 출신 자본가가 주동적 역할을 했다. 그래서 갑오경

---
30) 조기준, 전게서, PP. 380~381.

장(AD1894)에서부터 국권 피탈(AD1910)에 이르는 기간은 귀족이나 관료 출신이 근대기업의 설립·운영에 활발히 참여했던 시기이다. 그들은 개항 이후 개화사상에 눈떴고 정부의 식산흥업 정책을 수립하고 근대화 작업에 종사한 경험을 가진 자들이며, 상인자본과 합자하여 스스로 기업가로서 입지를 세웠다. 그렇지만 그들의 대다수는 을사늑약(AD1905) 이후 일본이 득세하게 되면서 일본에 협력하는 자세로 변신하고 말았다. 그들 중에는 한반도에 진출한 일본인 회사에 투자하여 축재한 자도 있었고, 토지투기나 높은 소작료를 목적으로 하는 농림회사의 설립에 관심을 가진 자도 있었다. 송병준의 조선 농업 주식회사, 이윤용의 조선산업 주식회사, 고원식 등의 조선 토지개량주식회사, 신보영 등의 남선 흥업 주식회사, 민대식 일가의 개성 주식회사 등은 그 대표적인 예에 속한다. 이 회사들은 농업·임업의 경영을 설립목적으로 하였으나, 실제의 경영내용은 토지투기와 농지의 소작 경영에 있었을 뿐, 당시 농업의 근대화에 이바지했다고는 볼 수 없다. 이렇듯 구한말의 귀족이나 관료 출신 기업가의 근대기업 형성에 참여한 행태는 국권 피탈 이후에도 지속되었고, 결국 봉건적 유습을 청산하지 못한 채 한국 자본주의발달의 물줄기를 왜곡된 방향으로 흘러가게 하였다.[31]

5) 상업자본의 산업 자본화

자본주의가 성립되기 이전 시기에 상업이 발달한 사회에서는 상업자본주의를 근간으로 하는 기본적인 사회관계가 없는 자본 형태가 존재했다. 이것이 상업자본이다. 위의 제4장에서 언급한 바와 같이 조선 후기에 시행된 신해통공(辛亥通共: AD1791) 정책은 상품 화폐경제의 발전을 가져오게 하였고, 강경 상인·개성상인 등의 사상(私商)에 의한 상업자본을 축적하게 하는 계기가 되었다. 그런데 상업자본은 생산영역과는 분리된 자본을 의미한다. 상업자본은 화폐(G)→상품(W)→화폐(G)라는 순환과정에 의해 특징 지워지는데, 이때 생산과정은 상업자본의 순환 외부에 존재하는 것이기 때문에, 상업자본은 순수한 상업적 순환 영역에만 존재하게 된다. 따라서 상업자본주의는 경제적 사회의 생산물과 화폐의 교환을 지배하는 체계이다. 이러한 상업자본이 봉건주의 사회를 자본주의사회로 넘어가게 하는 매개체의 역할을 했다.

조선 후기에 상업자본이 소생산자인 수공업자를 지배했던 경우는 상당히 많다. 시전의 어용적 공인자본은 이들과 거래하는 수공업자의 원재료 조달과 수공업 제품의 판매까지 지배하였다. 그뿐만 아니라, 사상도고(私商都賈)도 수공업자의 물주가 되어 원재료를 공급하고 제품이 생산되면, 그 판매권까지도 독점하는 경우가 비일비재했다.

---

31) 조기준, 전게서, PP. 381~385, Passim.

이러한 상업자본은 유기(鍮器)·직물 등의 수공업 생산자에게 자본을 공급하고 판매경로를 지배하는 선대제도(putting-out system)로 발전하였다. 그러나 개항 전까지만 하더라도 상업자본이 독립된 형태로 산업자본의 지배를 받는 단계에까지는 도달하지 못한 상태에서 소생산적 공장제수공업자의 생산자본을 지배하는 수준에 머물러 있었다. 그런 상황 속에서도 사상(私商)으로서의 개성상인은 인삼과 은(銀)을 주요품목으로 하는 일본·중국과의 중개무역을 통하여 많은 이익을 얻었다. 그 과정에서 축적된 상업자본은 다시 삼포재배(蔘圃栽培)와 포삼(圃蔘: 紅蔘) 제조에도 재투자가 이루어졌다. 이는 상업자본이 산업자본으로 진화해가는 조선 후기의 사회경제적 변천 과정에서 나타난 개성 상인들의 경영활동을 의미하는 것이다.[32]

여기서 산업자본(Industrial Capital)이란 근대 자본주의사회에서의 지배적인 자본형태를 일컫는다. 즉, 제품을 생산·판매하는데 필수적인 화폐(G)→생산수단(PM·원재료 등)→노동력(A)→제품(W)→화폐(G)의 과정을 거치면서 필요한 화폐자본·생산자본·상품자본의 형태를 전부 갖추어 순환하는 자본을 지칭한다. 그러므로 산업자본은 자본가가 기업을 경영하는 과정에서 자본을 투입하여 생산수단인 원재료와 기계 등을 구입하고 노동자를 고용하여 제품을 생산하여 소비자들에게 판매함으로써, 투입된 자본을 회수하고 남는 잉여가치를 자본으로 전입하여 축적된 것을 의미하게 된다. 환언하면, 산업자본은 재화 및 서비스를 생산하는 산업(工場)을 설립·경영하는데 투입된 재화(資本)를 일컫는 개념이다. 상업자본이나 대부자본도 화폐(G)→상품(W)→화폐(G)라는 경영자금 형태의 운동을 하는 것이지만, 생산과정을 거치지 않는다는 점에서 산업자본과는 구별되는 것이다.[33]

조선 후기는 자본을 공동으로 출자하여 경영활동을 전개하는 전통적 협동조직인 계(契)가 널리 보급된 시기였으므로, 개항 무렵에는 그 영향을 받아서 이를 상거래 활동이나 상품생산에 이용하는 경우가 속출하였다. 회사조직과 유사한 고본계(股本契)가 그것이다. 고본(股本)은 여러 사람이 공동으로 하는 수익사업에 참여하여 출자하는 밑천(資本)이며 출자금에 비례하여 이익금을 배당받는 것으로서 오늘날의 주식(株式)에 해당하는 개념이다. 이때 공동투자로 갹출 된 출자금의 소유권을 가진 사람을 고본주(股本主)라고 하였다. 역시 오늘날의 주주(株主)와 같다. 개항 이후 서양 문물이 들어오면서 처음에는 주식회사를 고본회사(股本會社)라고 불렀으며, 주권(株券)도 고권(股券)이라고 하였다. 원래 주식회사라는 말은 유한책임회사의 일본식 용어로서 일본의 지배를 받게 되면서 토착화된 개념이라고 한다.[34]

---
32) 황명수 외, 『한국의 시장상업사』(서울, 주식회사 신세계백화점출판부, 1992), PP. 96~98.
33) http://100.daum.net/encyclopedia/view/b11s1351a
34) 황명수 외, 전게서, PP. 97~98.

개항을 기점으로 하여 서양 문물이 물밀듯 유입되면서 개성상인이나 사상도고(私商都賈: 개인의 경제력으로 성장한 도매상) 등에 의해 축적된 상업자본 일부가 제품생산을 지배하는 단계로 진입하였다. 서양식 상사·회사의 기업형태가 보급되는 와중에서 이들 개성상인·사상도고의 자본은 합자로 은행이나 회사를 설립하는데 전환하게 되고 산업진흥 자금의 기능을 수행하기에 이르렀다. 전국적인 송방조직을 통하여 차인 경영을 운영했을 뿐만 아니라, 외국과의 인삼 무역을 통하여 자본을 축적한 개성상인이 삼포경영(蔘圃經營)에 재투자하여 생산자본으로 전환하는 기지를 발휘하였다. 또한 사상도고의 상업자본은 유기(鍮器)·도기(陶器)·광업·직물업 등의 수공업에 생산자본으로 전환됨으로써, 과도기적 산업자본의 역할을 수행하기에 이르렀고 조선 후기의 경제사회를 산업자본주의 사회로 넘어가게 하는 매개체적 작용을 했다.

이러한 과정에서 개항으로 인한 개화의 바람이 불기 시작하였고, 외국 상품의 수입은 물론, 외국상인과 더불어 외국자본이 침투함으로써, 서양의 자본주의가 유입되어 국내 자본의 산업 자본화에 장애요인으로 작용하였다. 특히 일본 상인자본과의 경쟁에서 난국을 극복하지 못하고 산업자본으로의 전환이 순조롭게 이루어지지는 못했다. 그러나 개항 이후 근대화여명기의 사회경제적 환경은 민족 상인의 결속력을 가져오게 하였고 상권투쟁을 위한 상공회의소 등의 결성으로 민족 기업의 생존전략을 구사하게 하였다. 개성상인 것처럼 전통적 상품의 생산과 판매에 종사하는 기업인은 외국자본에 의한 기업과의 경쟁에서 어느 정도 초연할 수도 있었으나, 새로운 상품의 개발이나 경합적인 상품을 취급하는 민족 기업인은 신규 투자로 인한 상권투쟁에서 이겨야만 존립기반을 확립할 수 있었으므로, 그것이 그리 쉬운 일은 아니었다. 이러한 현상은 개항 이후 국내의 사상(私商)에 의해 축적된 상업자본의 산업 자본화하는 과정에서 겪어야 했던 난관 중의 하나였다. 따라서 이 시기의 산업자본은 상업자본의 산업 자본화로 형성된 민족자본과 한반도에 진출한 일본인 기업가에 의해 침투한 일본계 독점자본으로 구성되어 있었다. 단연 일본계 독점자본이 우세였다. 이를 토대로 우리나라 근대화여명기에 있어서 자본의 근대적 기초형태인 산업자본은 우리나라 근대화여명기의 산업자본주의적 시원을 이루었고 점차 확대되어 나갔다. 그 결과는 근대한국의 과도기적 자본주의 경제사회로의 이행을 촉진하는 기업환경이 조성됨으로써, 민족계 상권을 중심으로 하는 기업의 설립과 경영활동이 활발하게 전개되었다.

6) 자본주의와 복식부기

자본주의라는 용어를 최초로 사용한 「좀바르트」(Werner Sombart)는 자본주의란 두 개의 다른 인간집단, 즉 경제주체로서의 경영권을 가진 생산수단의 소유자와 경제객체로서의 노동자가 시장을 통하여 결부되어 협동하는 경제체제이며, 영리성의 원리와 경제적 합리주의에 따라 지배되는 유통경제조직에서 비롯되는 개념이라고 언급하였다.35)

그리고 그는 자본주의의 발전에 끼친 복식부기의 영향을 경제활동의 질서 정립에서 찾고 있다. 즉, 『복식부기에 의하여 영업활동에 내재하는 질서가 확립되었고, 그것이 자본주의발전에 이바지한 바 크기 때문에, 복식부기의 질서는 경제사적인 의미를 지닌다. 따라서 자본주의는 복식부기를 떠나서 존재할 수 없다. 자본주의가 그 힘(力: energie)을 발휘할 도구를 복식부기 속에서 발견한 것인지, 아니면 복식부기가 자본주의 정신 속에서 비롯되어 나타난 것인지는 확실히 알 수 없지만, 복식부기가 자본주의적 기업의 발달에 이바지한 효과만은 인정해야 한다.』36)고 하였다. 그뿐만 아니라, 그는 『복식부기는 경제적 현상을 하나의 체계적인 기법으로 정리하는 것이며, 이에 따라 합리적인 사고 위에 구성된 질서로서 경제 현상을 표시할 수 있다. 그리고 복식부기는 합리적인 사고, 즉 모든 경제 현상을 화폐가치로만 파악한다는 사고에 따른 것이며, 체계적이고 조직적인 사고는 인간의 역사 속에서 비로소 형성된 것이다.』37)라고 하면서 체계화된 복식부기를 높이 평가하였다.

복식부기는 화폐가치의 변화에만 초점을 맞추기 때문에, 재화나 용역의 질을 망각한 채 그 증감·변화하는 외적인 가치로 환원시킨다. 이 때문에 자본주의에 내재하는 정신, 즉 영리 정신과 경제적 합리주의 정신을 완전하게 전개할 수 있게 하는 가능성과 자극이 복식부기에 의해 이루어지고, 이렇게 하여 자본개념이 비로소 형성되었다는 것이다. 따라서 복식부기의 생성 이전에는 자본개념이 존재하지 않았으며, 복식부기 없이는 자본개념도 출현할 수 없었을 것으로 생각된다. 이렇게 볼 경우, 자본이란 마치 복식부기에 의해 파악된 자산 속에 내재되어 있는 가치의 표현이라고 정의할 수 있으며, 동시에 복식부기는 일정한 자본의 증식을 목적으로 하는 경제조직으로서의 자본주의적 기업개념을 창출했다고 할 수 있는 것이다. 그래서 복식부기는 개인의 영업활동과 그 계산을 그 인격으로부터 분리해 완전히 물적인 입장에서 접근할 수 있도록 했음은 물론, 객관화된 계산체계가 갖춰지는 과정을 거치게 되었다. 즉, 개인적인 영업활동 체제에서 기업적인 영업활동 체제로 경제환경이 변화됨에 따라, 복식부기의 구조도 개인의 영업활동을 지원하는 상업부기의 체계로부터 기업의 영업활동을 지원하는 기업부기의 형태로 변형하면서 자본주의제도의 발달에 유용한 하나의 도구로서 작용하

---

35) Werner Sombart, "Der Moderne Kapitalismus," (Zweite Band, Unverandere Aufl., München, 1919), S. 319. & 고승희, 『회계사·회계사상사연구 서설』(서울, 수서원, 2006), pp. 49~50 & P. 57.
36) Werner Sombart, a. a. O. S. 118. & 고승희, 상게서, P. 55.
37) W. Sombart, a.a.O. S. 119.& 고승희, 상게서, PP. 55~56.

게 되었던 것이다.38)

「베버」(Max Weber)에 의하면, 원래 자본주의는 인간사회의 수요충족이 기업적인 방법에 따라 영리적으로 이루어질 때 형성될 수 있는 것이라고 하였다. 그리고 근대 자본주의가 성립하기 위한 전제조건은 합리적인 자본계산에 있다. 자본계산이란 재화와 용역을 화폐가치로 평가한 상황에서 기업경영에 투자하고 손익계산을 화폐가치에 의하여 확정하는 것을 일컫는다. 「베버」는 그의 저서39)에서 프로테스탄트의 금욕윤리가 종래의 경제행위를 지켜나가는 전통주의 사회를 변혁시키면서 근대 자본주의 정신과 합리적 생활양식을 형성시키게 되었으며, 복식부기의 자본계산에 의한 기업경영은 근대적 자본주의를 잉태시키는 기본적 요소 중의 하나임을 인식해야 한다고 설파하였다.

그래서 화폐가치로 기업경영의 투자수익을 계산하면서 영리를 추구하는 경영방식을 자본주의로 인식하는 「좀바르트」와 「베버」의 정의를 수용한다면, 조선 후기에 활발하게 활동했던 개성상인은 사개송도치부법이라는 복식부기를 창안하고 환(換)과 어음을 이용했음은 물론, 차인(差人)이라는 상업사용인을 고용하여 송방이라는 전국적인 상업망을 구축하고 경영관리를 했음은 물론, 삼포경영을 수행함으로써, 상업자본의 산업 자본화를 시도했다는 점에서 근대적 기업의 초기형태로 인식하지 않으면 안 될 것이다. 또한 「베버」가 말하는 이른바, 『금욕적 강제 절약에 의한 자본형성』이 개성상인들의 상인 정신에 깃들어 있음을 찾아볼 수 있다. 송상의 「자린고비 정신」이 의미하는 바와 같이, 이익을 소비하지 않으면, 그것은 바로 재투자되는 자본으로 승화되어 다시 생산활동에 사용된다는 논리가 성립된다. 바로 여기서 개성상인에 의한 상업자본의 원초적 축적이 이루어지고 있었음을 인식하게 되는 것이다. 이처럼 조선 후기의 문호개방에 이르는 동안의 경제사회는 상업자본이 형성되어 자본주의적 생산 관계의 발생을 준비하는 기본조건을 갖춘 시기였다고 할 수 있다. 이 시기의 사상(私商)들은 화폐와 상품의 유통, 그리고 대외무역 등을 통해 대량의 화폐적 자산을 축적할 수 있었고, 봉건적 특권을 지닌 시전상인과의 경쟁을 통해 새로운 상인자본으로 성장하게 되었다. 그 자본은 다시 다양한 수공업자들에게 재투자하여 제품을 생산하고, 노동자에게 임금을 지급하므로 노동자의 삶의 질을 향상하였고, 산업자본으로 승화하게 되는 계기가9 되었다. 그러한 현상은 개항 이후의 근대화여명기로 진입하면서 서양식 자본주의 문화의 유입에 편승하여 과도기적 산업자본주의 풍토를 조성하였다고 해야 한다.

조선 시대 후기의 대동법 시행으로 자본축적이 이루어지면서 상업자본이 형성되고 근 이와 근대화 과정에서 서양의 산업자본주의 물결이 쇄도하면서 우리나라 산업자본주의 체제가 성립되어 근대적 회계제도가 구축되기에 이르렀다.

---

38) 고승희, 상게서, P. 56.
39) Max Weber, "Die protestantische Ethik und der Geist des Kapitalismus," (1920) ; 김상희 풀어씀, 『프로테스탄트 윤리와 자본주의 정신』(서울, 도서출판 풀빛, 2006).

③ 근대화여명기의 진화된 사개송도치부법 사례

 문호개방으로 인한 근대화의 바람을 타고 새로운 서양 문화가 도입되기 시작했으나, 종래의 봉건주의적 상거래 제도가 완전히 퇴조된 것은 아니었다. 신구문물이 혼재된 상태에서도 전통적 사개치부 문화는 여전히 상업 사회의 구심점이 되어 있었다. 그것은 근대화여명기뿐만 아니라, 국권이 상실된 조선총독부 시기에 이르러서도 상인사회에서 치부 문화의 축을 이루고 있었음이 분명하다. 그 시기의 회계장부와 저서가 남아서 전해지고 있기 때문이다. 따라서 개항에서 대한제국 시기에 이르는 개화기 및 조선총독부 시기에 진행되었던 우리나라의 고유한 전통적 사개치부 문화의 행태를 현존하는 대표적 기장 사료를 중심으로 살펴볼 것이다.

1. 대한제국 시기의 사개송도치부법 현존장부

 고종 13년(AD1876)의 개항에서부터 대한제국의 국권이 상실된 융희 4년(AD1910)에 이르는 기간에 기장된 사개치부 문서는 다양하게 남아있다. 개성 상인의 후예가 남겼다는 사개송도치부 장부를 비롯하여 관부에서 작성한 것으로 보이는 치부 문서뿐만 아니라, 일반사회의 민간인들이 다양한 금전거래에 대한 기장 서류들이 오늘날까지도 전해지고 있음을 보게 된다. 그것은 규장각이나 공사립의 도서관·박물관·연구소나 개인 소장품으로 보관되어있는 것을 확인할 수 있기 때문이다.

 이 중에서도 개성 상인의 사개송도치부법 절차를 따라 작성된 치부 문서로서 가장 완벽하게 보존된 대한천일은행의 설립 초기 회계장부(AD1897~1905)를 비롯하여 선정된 개화기의 대표적 사개치부 문서의 구조적 행태를 소개함으로써, 그 존재가치에 대한 회계 문화적 의미를 음미하고자 한다. 검토의 대상인 대한천일은행 치부 문서의 경우는 이미 몇몇 선배 학자들이 연구한 바 있으므로, 그들의 연구 결과에 의존하여 요점정리를 하는 정도에 그치려고 한다.

 개항(AD1876) 이후에 전통적 개성 상인들이 중심이 되어 삼포경작으로 자본을 축적하고, 그것을 토대로 금융업을 일으키고 근대기업을 설립하는 등, 근대적 기업가정신을 일궈낸 것에 경탄을 금치 못한다.

 그들이 근대적 기업을 일으켜 경영활동을 하면서도 전통적인 사개송도치부법으로 기장 처리한 사실을 보게 된다. 그들의 상거래 활동을 통하여 작성된 치부 문서로서 회계사학자들의 연구대상이 되었던 현존하는 사개치부 문서들을 간추려 소개하면, <표 5-3>에서 보이는 바와 같다.

<표 5-3> 개항 이후에 작성된 사개치부 문서 중 연구에 활용된 회계사료(會計史料)

연구자	연구 연도	인용 장부의 문서목록	인용 장부 작성 연도	기장자	인용 장부 소장 장소
平井泰太郎	1926	「銘心錄 二五」 「日記 第五」 「般卜記」 「草日記 第一号」 「日記 第一号」 「他給長冊 第一号」 「外上長冊 第一号」 「物放長冊 第一号」 「物出入記 第一号」 「銘心錄 第一号」 「會計冊 第一号」	1880 (高宗17年) 1915 (乙卯年) 1918 (戊午年) 1919 (己未年)	未詳	神戶大學부속人文社會科學系圖書館
杉本德榮	1998	都中會計冊 第一号 * 墨松里圃會計冊* 九鳳村蔘圃會計冊* 松都四介治簿法實務例 松都治簿法四介文書의 槪要	1918 1919 1919 1972 1986	金益樂 計主 明洞 計主 明洞 金鎭英 金基浩	神戶大學 도서관 『開城旧京』 金基浩家
玄丙周	1916	『實用自修四介松都治簿法全』	1916	玄丙周	單行本
최경천 조익순 윤근호	1961 1968 1970	「日記」(1冊), 「正日記」(32冊), 「賑冊」(1冊), 「周會計冊」(6冊), 「會計冊」(1冊), 「出納記簿」(1冊), 「度支部稅金出納通帳」(1冊), 「無定期任金總簿」(14冊), 「無定期任金記簿」(1冊), 「당座預金通帳簿」(1冊), 「衿式簿」(1冊), 「衿式課日記」(6冊)	1899~1905	大韓天一銀行 計理部	우리은행 자료실
권순백	1986 1994	「長冊」 「日記冊」 「順奉長冊」 「長冊」 「他給帳冊」 「日記冊」 「長冊」 「債給順奉」	1879 1882 1890~1894 1892 1902 1905 1907 1908	未詳	서울대학교 도서관 한국학중앙연구원 소장

다음면에 계속

연구자	연구 연도	인용 장부의 문서목록	인용 장부의 작성 연도	기장자	인용 장부의 소장 장소
조익순	2000 2006	細音(對人借貸與受等細音)	1892	未詳	국사편찬위원회
		稱生集, 方圓堂, 合成觀	1890~1896	趙禧璧	고려대학교도서관
		孔子三會計	1898~1900	崔瑞五	국사편찬위원회
		綿紬塵각종회계문서(六矣廛)	1865~1898	미상	京都大學, 규장각
		各圃間數本錢會計	1887	미상	규장각 소장
		金錢都錄	1901	미상	고려대학교도서관
		馬車會社 會計文書	1897~1900	미상	규장각 소장
		韓美電氣會社 決算書	1904~1908	미상	한국전력공사
허성관	2015 2016 2017 2018	「日記帳」(814面)	1887~1912	박영진 가 서사	박영진 가 (한국학중앙연구원)
		「外上帳冊」(68면)	1887~1901		
		「他給帳冊」(46면)	1887~1901		
		「周會計冊」(40면)	1892~1907		
		「각인물출입기」(87면)	1884~1896		
		「각인회계책」(232면)	1897~1904		
		「외상초」(21면)	1893~1896		

<자료 : 사개치부문서의 문헌사료 수집분류에 의거 저자가 발췌 작성.(입수한 자료에 한함).>

1) 대한천일은행의 사개치부문서

대한천일은행(大韓天一銀行: 한국 상업은행과 우리은행의 전신)은 1899년에 정부(度支部) 71%와 민간 29%의 공동출자로 설립된 주식회사 형태의 금융서비스업종으로 설립된 은행이다. 주요 업무는 당시의 개성상인에 의한 상품매매업과는 달리 신용거래(受信·授信)를 기본으로 하는 은행업이었다. 그리고 이 은행 초기의 회계장부는 한국 고유의 전통적 회계방식인 사개치부법에 따라 기록되어 있다. 즉, 설립연도(AD1899)부터 사개치부법으로 기장하기 시작했으며, 서양식 은행부기의 방식으로 전환하기 위한 정관개정이 이루어진 연도(AD1905년:광무 9년 6월)에 이르기까지 7년간 계속하여 기장된 치부문서를 일컫는다. 이들 회계장부는 개항을 기점으로 하는 근대화여명기인 대한제국 시기에 작성된 치부 문서로서 기존의 상인회계문서와 같은 기법으로 기장되었을 뿐만 아니라, 체계적인 기장 구조로 가장 완벽하게 잘 보존된 고문서 사료(史料)이기 때문에, 선행사학자들의 연구에 활용된 바가 있음을 볼 수 있다. 현재 우리은행 자료실에 보존된 대한천일은행의 회계장부는<표5-4> 와 <사진 5-1>에서 보이는 바와 같다.

따라서 현존하는 개화기의 치부 문서 중, 사개치부법의 기장 구조에 접근하기 쉬운 대한천일은행의 치부문서를 기본으로 하여 본장(本章)의 상인회계문화 부분에서 선행 연구자의 연구 결과를 우선 소개하려고 하는 것이다.

<표5-4> 현존 대한천일은행 회계장부의 古文書 목록

우리은행 소장의 대한천일은행 회계장부 현황		규장각 소장의 대한천일은행 회계장부 관련 자료
① 日記 (日記帳)	1권	度支部稅金出納通帳 *
② 正日記 (分介帳)	32권	
③ 賑冊 (總計定元帳)	1권	* 우리은행 소장의
④ 會計冊 (一部去來元帳)	1권	度支部稅金出納通帳과 동일문서..
⑤ 周會計冊 (決算表)	6권	
⑥ 出納記簿 (現金出納帳)	2권	
⑦ 衿式課日記 (經費臺帳)	6권	
⑧ 衿式簿 (株主臺帳)	1권	
⑨ 無定期任金總簿 (當座預金元帳)	12권	
⑩ 度支部稅金出納通帳 (稅金領收元帳)	1권	

<자료 : 우리은행 所藏史料 (趙益淳, 前揭書, P. 183 참조)>

<사진 5-1> 현존하는 대한천일은행 회계장부의 古文書

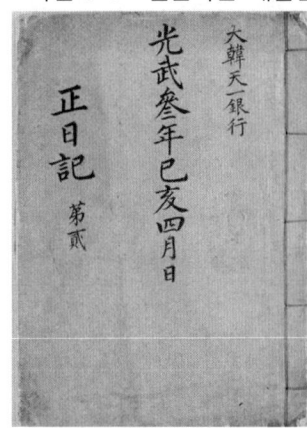

正日記(1899년)

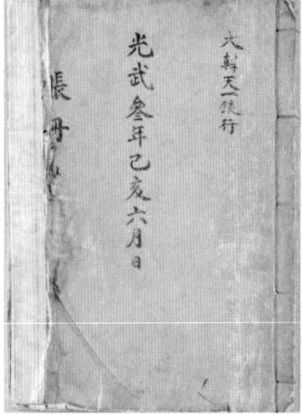

賑冊(1899년)

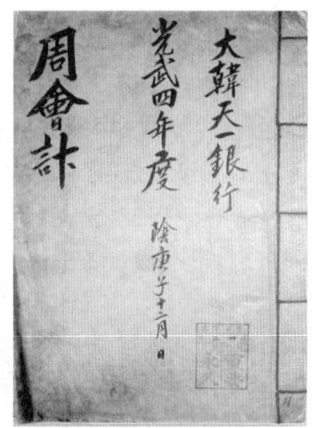

周會計(1900년)

<자료 : 우리은행 은행사 박물관 所藏史料>

현존하는 대한천일은행의 회계장부 중, 주요부는 정일기(正日記)와 장책(賑冊)이며, 그 외에는 보조부에 해당한다. 정일기는 32권이 남아있으나, 장책은 다행히 단 한 권(賑冊 卷二: 光武三年乙亥六月)이 보존되고 있을 뿐이다. 그리고 주회계책(周會計冊)은 6권(光武四年庚子十二月~光武九年乙巳十二月)이 남아있다.

여기서 정일기와는 다른 일기가 있는데, 그것은 매일 그날의 상황을 기록하는 보조부로서 이사(理事)의 출결사항, 이사회의 결의사항 등을 기록한 일기장에 해당하며,

회계책(會計冊)은 거래처 인명계정에 대한 채권·채무를 기록한 보조부이다. 이 회계책(一部去來元帳)도 1권(光武四年庚子十二月)이 남아있을 뿐이다. 그리고 주회계책(周會計冊)은 결산 장부로서의 결산보고서를 의미한다. 이하에서는 주요부인 정일기와 장책 그리고 주회계책의 내용 일부를 간단히 소개하려고 한다. 이들 회계장부는 현존하는 다른 상인 회계장부의 기장방법과 같은 방식으로 기록되어 있어서 개성부기의 기본구조를 이해하는데 현병주의 저서(『四介松都治簿法』)와 함께 가장 소중한 사료(史料)라고 일컬어진다. 다만, 대한천일은행의 치부 문서는 우리나라에서 최초로 기록된 고유의 사개치부식 은행 회계장부라는 점에서 하나의 중요한 특성을 지닌 것이다.

(1) 정일기의 기장 구조

대한천일은행의 정일기는 일기장과 분개장에 해당하는 주요장부로서 32권이 현존하고 있다. 이것은 현금출납장을 겸하면서 장책의 현금계정을 대신하는 것이었지만, 광무4년(AD1900년)부터 출납기부(出納記簿)가 현금출납장의 역할을 하게 되면서 정일기에서 분리되었다. 그 정일기 32권 중 광무3년(AD1899) 10월 8일까지의 5권은 「上」·「下」의 기호가 표시된 현금거래에 이르기까지 모두 기록함과 동시에 현금 재고액도 기록하고 있었음을 알 수 있다.

그런데 광무4년(AD1900) 이후의 정일기 27권에는 「上」·「下」의 기호가 붙은 현금거래를 기입하지 않았고, 아울러 현금재고액도 표기되어 있지 않다. 그 대신 현금거래는 새로운 출납기부(出納記簿)에서 「上」·「下」 기호와 함께 표기되었고 날자별로 입금거래와 출금거래가 구분기재되어 있다. 자본금의 납입이나 각종의 현금, 예탁금 및 지점과의 거래 등, 대인관계의 모든 거래는 인명계정을 이용하여 기록했음을 볼수 있다. 출납기부가 현금출납장의 역할을 수행하는 것으로 장부조직이 변경되었다.
그것은 금궤가 아닌 고방(庫房) 등의 별고(別庫)에 현금을 보관하여 현금출납의 업무를 분담시킴으로써, 업무의 효율을 기하려고 했던데 기인한 것으로 보인다. 여기서 고방(庫房)은 출납과를 의미하며, 모든 입금거래는 「고방거(庫房去)」로 표시하고 모든 출금거래는 「고방입(庫房入)」으로 정일기에 기재됨과 동시에, 다시 출납기부에 「上」·「下」의 기호로 구분하여 기록되는 시스템으로 구성되어 있다.[40]

그뿐만 아니라, 물품이나 물품대용의 증서를 담보로 대여했을 때도 이것을 분개 기장하게 되어있다. 환언하면, 보관하고 있는 물품은 이와 관련된 채무가 이행될 때 반환해야 하는 것으로 표시해두는 기장방식을 행하고 있다는 것이다. 화폐액으로 표시되지 않은 물품도 정일기에 기록하고, 장책에 전기하는 방식을 취하고 있다.

---

40) 조익순, 『사개송도치부법에 관한 소고』(서울, 등사 단행본, 1967), PP. 54~57.

제 5 장 근대화여명기의 진화된 사개 송도 치부 문화

<표 5-5> 대한천일은행 정일기(分介帳)의 거래기록 일부(AD1899) 일부(Ⅰ)

```
己亥 七月 十日 洪鍾禧 入 安岳上納 次來文二千六百元 上
          又 入 同 錢卜文十三元 上
    十一日 洪鍾禧 去 安岳丁酉結文六百元 下
          又 去 同邑丁酉結文六百元 下
          又 去 同邑丁酉結文六百元 下
          又 去 同邑丁酉結文六百元 下
          又 去 同邑丁酉結文二百元 下
          又 去 同邑丁酉結文六百元 下
    十九日 洪鍾禧 入 安岳上納次來文十二元 上
          洪鍾禧 入 安岳上納次來文一千二百九十元
    二十日 洪鍾禧 入 安岳上納次來文六百元
          於音 去 哭洞趙允心二卄五日推次來一片六百元
    二十八日 洪鍾禧 去 安岳 上納錢餘條 去 文一千七百六十四圓 下
          洪鍾禧 去 安岳 上納錢餘條 去 文一百三十八圓 下
```

(주 : 원본은 종서로 기록되어있으나, 횡서로 수정하였음. 저자)
<자료 : 우리은행 소장의 치부 문서 사료(정일기)·조익순, 전게서, P. 189.>

<표 5-6> 대한천일은행 정일기의 기록내용(光武三年:AD1899) 일부(Ⅱ)

(1) 자본금 납입거래

```
己亥二月初七日閔丙奭入 股本二衿中一回 文四百元
       李吉善入 股本二衿中一回 文四百元
       於音去 鄭永年名二片 文八百元
```

민병석과 이길선의 자본금 납입을 각 주식 2주 중 1회분 400원을 정영년 명의 어음 2장을 납입하다

(2) 각종 예금, 예수금, 지점과의 거래 등.(대인관계의 거래는 모두 인명계정을 사용한다.

```
己亥三月一日度支部入 務安上納 李吉祥 文一千四百元上
己亥三月三十日 天利入 當座任置南坡音一片 文一千元上
己亥四月五日天利去 任置票第一號 文四百元下
己亥四月十四日電氣社入 任置 文八十六元二錢上

己亥四月十四日 庫房入 文五百元上
仁支所去 第一號徐相準換 文五百元
                                        다음면에 계속
```

기해 3월 1일 무안 상납금 1,400원을 이길상으로부터 받아 보관하다.
　기해 3월 30일 천리의 당좌예금으로 조남파의 어음 1,000원 1매 받음
　기해 4월 5일 천리의 예금 중 임치표 제1호로서 400원을 환출하다.
　기해 4월 14일 전기회사의 예금 86원 2전을 입금하다.
　　庫房으로부터 인천지점에 500원을 송금하고, 서상준의 제1호 환표을 받다.

⑶ 어음의 할인 및 기타의 어음에 관한 거래의 분개 기록

　　己亥二月十九日　銀錢秩入　文五千元
　　　　　　　　　銀於音去　同順成四月初十日捧次票一片　文五 千元
　　　　　　　　　邊錢入　同順成8千元五十日邊捧次　一百二十五元
　　　　　　　　　銀錢秩去　同順成8千元五十日邊捧次　一百二十五元

　　己亥三月十五日　於音入　朴孝克音二片　文八百元
　　　　　　　　　庫房車去　文八百元

　　己亥十二月二十四日　於音捧次　裕豊德己二月晦音十二片　文一萬元下
　　　　　　　　　邊錢入　裕豊德一萬元半朔　文四百元　上

　기해 2월 19일 동성순 지급 4월 10일 추심의 환전어음 1매 5,000원을 할인하고 할인료
　　　125원을 선제하고 잔액을 은전으로 지급하다,
　기해 3월 15일 박효극의 어음 2매 800원을 추심하여 고방에 입금 보관하다.
　기해 2월 24일 기해년 2월말일자 유풍덕의 어음 12매 10,000원을 할인하고
　　　할인료 반년분 400원을 선제하고 잔액을 지급하다.

⑷ 건물 또는 물품을 저당잡아 금전을 대여하는 거래의 분개 기록

　　己亥正月三十日　各種典當入　白木　一百疋
　　　　　　　孟德敏去　白木　一百疋
　　　　　　　　　又入　直錢　文八十元上
　　己亥 二月十日　家舍典當入　第七號尹宣林來　文六十元上

　기해 1월 30일 맹덕민의 백목을 전당 잡고 80원을 대여한바, 기한이 도래하
　　여 원금 80원을 받고, 전당 잡은 백목 100필을 돌려주다
　기해 2월 10일 윤의림에게 집을 전당잡아 제7호로 대여한 60원을 회수하다

(註 : 원본은 종서로 기장되어 있으나 저자가 횡서로 수정·한글 번역하였음)
<자료 : 우리은행 소장의 治簿文書史料(正日記)·尹根鎬, 前揭書, PP.110~112.>

　이는 현대회계학에서 소유권 취득이 수반되지 않은 담보 물품에 대해서는 분개 기

록의 대상으로 취급하지 않는다는 점이 사개치부법과 다르다는 것을 확인하게 된다. 이렇듯 담보 물품은 화폐액으로 환산되지 않은 채, 그대로 정일기에 기록되기는 하지만, 결산 장부인 주회계책(周會計冊)에서는 그것을 표기하지 않는다. 대한천일은행의 주회계책(第六卷)에 의하면, 담보 물품이 기록되지 않은 사실이 발견된다. 다만 결산한 후에 새로 장부에 게시 기입할 경우에는 반드시 담보 물품을 다시 표기하는 것으로 되어있다. 이는 광무 5년(AD1901) 1월에 작성된 정일기(第一)와 동년 1월 7일 자의 개시기입에서 확인할 수 있다. 이러한 사실은 오늘날의 서양식 부기에서 우발채무를 표시하는 방식과 유사한 개념이라고 보게 된다. 다시 말하면, 이것은 기업의 재무 상태에 중대한 영향을 가져오는 것이기 때문에, 일단 대차대조표(재무상태표)에서는 생략되는 것이지만, 각주로서 기재할 수 있다는 것과 같은 맥락이라고 보면 될 것이다.

다음은 수익과 비용에 관한 정일기의 기록내용을 일부 보기로 한다. 영업용 건물을 구입했을 때는 그 원가로 가사(家舍:건물)에 「거(去)」로 기입함과 동시에, 지급 사실을 「하(下)」로 표시한다. 운반자로부터 운반비(駄價)를 수납했을 때는 운반비계정(駄價秩)에 「입(入)」과 입금 사실을 「상(上)」으로 표기한 다음에, 그것을 해당 운반자에게 지급했을 시는 운반비계정에 「거(去)」로 표기함과 동시에 그 지급 사실을 「하(下)」로 기록하는 것이다. 그리고 기장 주체는 은행업이기 때문에, 수익으로서는 대여금에 대한 이자 수입이 있고, 비용으로서는 고객의 예금에 대한 이자의 지급이 주요항목에 속한다. 따라서 수입이자는 변전(邊錢:이자) 계좌에 「입(入)」과 반대편에 「상(上)」으로 기입하고, 지급이자의 경우는 변전 계좌에 「거(去)」와 「하(下)로 표기한다. 이러한 정일기의 거래 일부를 발췌하여 <표 5-7>에 정리해 놓았다.

그런데 광무 4년(AD1900:庚子) 1월부터 「출납기부(出納記簿)」가 현금출납장으로서 정일기에서 분리된다. 그 이전의 정일기는 일기장인 동시에 분개장이었음은 물론, 현금출납장까지도 겸용되고 있었으므로, 장책의 현금계정을 생략하는 기장 구조를 갖추고 있었다. 이는 그 당시 은행의 금전을 금궤(金櫃) 하나에만 보관하지 않고 고방(庫房)이나 별고(別庫)도 이용하였으므로, 금전의 보관장소별 또는 종류별로 기록할 필요가 있었던 것으로 보인다. 그래서 고방・별고・은전(銀錢)・지전(紙錢)을 계좌의 과목으로 하여 「입(入)과 「거(去)를 개별적으로 기입하고 금궤에 대한 입금과 출금을 정일기에서 「상(上)과 「하(下)의 용어를 이용하여 표기했다. 따라서 광부 3년(AD1899:己亥)까지의 정일기는 금궤를 중심으로 한 현금출납장의 역할까지 겸하고 있었기 때문에, 장책의 기록이 생략되었다는 것을 이해하게 된다.

광무 4년(AD1900:庚子)부터는 금전이 금궤뿐만 아니라, 고방・별고・은전(銀錢)・지전(紙錢) 등의 여러 곳에 보관됨과 동시에, 종류도 다양하여 은행 업무가 확대되었으므로, 출납업무의 일원화가 필요했을 것이다. 그로 인하여 현금의 출납업무는 출납과를 신설하여 일원화시키고 「출납기부(出納記簿)」에 기록하도록 개편함으로써, 진화

된 기장 구조를 구축하고 치부 문화의 새로운 지평을 열었다고 할 수 있다.[41]

<표 5-7> 대한천일은행 정일기의 거래기록(AD1898~1900) 일부(Ⅲ)

---

(1) 영업용 토지와 건물을 매입하였을 경우의 거래기록
己亥三月十五日 家舍去 買得 文八百十元下
기해 3월 15일 영업용 건물을 원가 810원에 매입하고 현금으로 지급하다.

(2) 수입이자(收益)와 지급이자(費用)에 대한 거래
己亥三月十五日 邊錢入 韓換祚一朔半邊 文九十元上

　　庚子十二月十九日度支部 四年一月本5萬元 五年二月十八日
　　　　　　　自十三朔十八日邊 文四千八十元
　　邊錢去 文度支部5萬元十三朔 十八日邊 文四千八十元

기해 3월 15일 한환조에 대한 대여금 이자 15개월분 90원이 입급되다.
경자 12월 19일 탁지부로부터 50,000원 차입금 13개월 18일분 이자 4,080원을 미지급이자로 계상하다.

(3) 운반비에 대한 거래 기록
己亥二月二十五日駄價秩入慈城上納價持秦永根 文二元四錢八里上
己亥十一月駄價秩去 各人上納條文九元三十一錢二里下
기해2월 25일 자성상남세금 진영근의 운반비로 입급되다.
기해 11월 3일 상납금 운반비를 각자에게 지급하다.

(4) 영업비용의 지급 거래를 분개한 기록
戊戌十二月十四日 公用錢一萬元 作十五駄駄價文二十七元六十錢下
戊戌十二月十四日 公用 金基永仁川來往錢轎貰旅費幷文二十元六十錢下
己亥四月一日 公用入米廛音加入 文一錢六里上
무술 12월 14일 10,000원을 15바리 운반비 27원 60전을 현금 지급하다.
무술 12월 14일 김기영 인천왕래 여비 20원 60전을 지급하다.
기해 4월 1일 쌀가게 어음으로 1전 6리를 더 받아 잡수입으로 처리하다.

(5) 본점표(예금증서)의 발행 거래 기록
己亥二月十六日 本店票入 二十四號一片 文四百元上

　　己亥二月二日於音入 李章煥一千元中 文一百元
　　　　　　本店票去 崔錫筆條 文一百元

己亥三月三十日 本店票去 二十五號給 文一百元　　　　　　다음 면에 계속

---

41) 윤근호, 『한국 회계사 연구』(서울, 재단법인 한국연구원, 1984), PP. 117~118.

기해 2월 16일 현금 400원을 받고 본점의 예금증서 제24호 1매를 발행하다.
개해 2월 2일 이장환에 대한 어음 1,000원 중 최석필의 본점 예금증서 100원을 추심하다.
기해 3월 30일 본점표(예금증서) 제25호의 600원을 소지인에게 지급하다.

(6) 정일기에서 오류 수정 기록

庚子十二月二十七日 公用入 馱價秩計 文一百二十七元六錢四里
　　　　　　　　　 馱價秩去 公用計 文一百二十七元六錢四里

경자 12월 27일 공용으로 처리했던 태가를 태가질(운반비)로 수정하다.

(註 : 원본은 종서로 기장되어 있으나, 저자가 횡서로 수정·한글 번역하였음)
<자료 : 우리은행 소장의 治簿文書史料(正日記)·尹根鎬, 前揭書, PP. 114~116.>

(2) 장책 기장 구조

대한천일은행의 장책은 단 한 권(光武三年己亥六月賬冊第二)만이 현존하고 있는바, 이를 토대로 살펴보면 외상장책과 타급장책이 설정되어 있지 않다. 다시 말하면, 광무 3년(AD1899) 6월로 기록되어 있는 대한천일은행의 유일하게 남아있는 장책(賬冊第二)은 상하(上下)의 양단으로 166개의 계좌가 표기되어 있는데, 상단을 거(去)로, 그리고 하단을 입(入)으로 기록한 계좌 수는 158개이며, 또한 상단을 입(入)으로 표시하고 하단을 거(去)로 표기한 계좌 과목 수는 8개이다. 이처럼 각 계좌의 과목이 상단과 하단으로 나누어져 「입(入)」과 「거(去)」로 구분 기록함으로써, 정일기로부터의 전기(轉記)는 「입(入)」·「거(去)」의 기호에 의하여 해당하는 계좌에 기입하면 되는 것으로 이루어져 있다. 즉, 타급장책과 외상장책이 설정되어 있지 않은 단일 원장시스템이기 때문에, 장책 내의 해당하는 계좌에 「입(入)」 또는 「거(去)」에 그대로 전기하면 되는 것이다. 이로써, 대한천일은행의 장책은 외상장책과 타급장책으로 나누어 기록하는 2장책구조가 아니라, 장책 내의 해당하는 계좌 과목에서 「입(入)」·「거(去)」로 전기하면 되는 1장책 기장(總計定元帳) 구조를 채택하고 있다는 것이다. 이를테면, 서양 부기의 총계정원장에 전기하는 기장체계와 유사한 개념이라고 할 수 있다.

<표 5-5>의 정일기에 기록된 자료를 토대로 장책에 「입(入)」과 「거(去)」에 따라 전기된 내용을 좌우의 형식으로 정리해 보이면, <표 5-8>에서 볼 수 있는 바와 같이 하나의 장책에 전기 되는 기장 구조로 되어있음을 확인할 수 있다.

대한천일은행 장책의 형식은 고유의 상인회계에서 볼 수 있는 장책보다는 다른 점이 있고 당시의 유일한 은행부기 구조라는 점에서는 진일보한 장책의 기장 구조이다. 장책의 기장은 「입(入)」·「거(去)」의 분개 구조로 상·하단에 나누어 표기하고 있

다. 상인회계에서 쓰이는 「내(內)」를 사용하여 대차 구별을 하지 않아도 가능하게 되어있다.

그러므로 계좌의 과목에 따라서는 봉차(捧次)를 나타내려 할 경우, 「거(去)」로 상단에 표기하고 동시에 「입(入)」을 하단에 표기한다. 급차(給次)의 경우는 「입(入)」을 상단에, 「거(去)」를 하단에 기록하고 있다.

<표 5-8> 대한천일은행 장책(賬冊)의 기록 사례 일부(AD1899)

△ 洪種禧 己亥 七月十一日 去	安岳丁酉結文六百元 同邑丁酉結文六百元 同邑丁酉結文六百元 同邑丁酉結文六百元 同邑丁酉結文二百元 右錢卜文十三元 安岳上納餘錢去文一千七百六十四元 同條分文一百三十八元 合捧次文四千五百十五元 計	己亥 七月十日 入 十九日 卄日	安岳上納次來文二千六百元 同錢卜文十三元 安岳上納次來文十二元 同條來文一千二百九十元 同條來文六百元 合給次文四千五百十五元 完
△張允成 乙亥 七月十二日 去	江西戊戌結文三十二元二里 (이하생략)	乙亥 七月十一日 入	江西上納次來銀貨　川三上二千 加計文四千三百四十七元三十錢 (이하생략)

(註 : 원본은 종서 상하양단으로 기장되어 있으나 저자가 횡서 좌우대조로 수정하였음)
<자료 : 우리은행 소장의 治簿書史料 (賬冊)·趙益淳, 前揭書, PP. 188~189.>

예컨대 자본주계정(股主:衿主:度支部)과 수익계정(邊錢) 및 비용계정(駄價秩)의 경우는 「입(入)」이 상단이고 「거(去)」가 하단에 기입되며, 나머지의 모든 계좌는「거(去)」를 상단에, 「입(入)」을 하단에 기입하는 것을 원칙으로 하고 있다. 비록 정일기에서 「거(去)」 대신에 「봉차」라고 기입되어 있다고 하더라도, 장책에 전기할 때 「거(去)」로 기입해야 함은 물론이다. 마감된 계좌의 앞머리에 △표시를 하고 결산 정리를 하게 되어있다. 이러한 장책의 기장은 앞의 <표 5-8>과 같이 이루어지며, 그 기장 이후의 마감은 <표 5-9>와 같이 진행되는 구조로 이루어져 있다.[42]

---
42) 상게서, PP. 120~126.

<표 5-9> 대한천일은행 장책의 마감 사례 일부(AD1899)

△金庚和
去..................   入..................
合捧次文一萬一千一百九元八十三錢二里 計   合給次文一萬一千一百九元八十三錢二里 完

△於音
去..................   入..................
合文九萬九千二百二元三十七錢八里 內   合文五萬四百六十六元二十錢八里 除
餘捧次文四萬八千七百三十六元十七錢   下行五坪傳

△日本第一銀行
去..................   入..................
合捧次葉錢七萬四千五百五十元   合給次葉錢六萬八千五百一元
下冊二坪傳   下冊二坪傳

△三駄價
入..................   去..................
上冊二來文九百三十八元三十錢   合捧次文十六元十四錢二里除
合給次文二千一百三元六十七錢一里 內   下冊四坪傳
餘給次文二千九十七元五十二錢九里

△紙幣
去..................   入 光武四年度
合文二萬三千八百六十一元七十九錢四里 內   ....
餘捧次文一百五十四元   合文二萬三千七百七元七十九錢四里 除
                                                庚子正月十日移轉

度支部
己亥七月二十八日 入..................   鄭恒朝受取票九十九號給文四百元
五行五來文一萬一千一百五十三元九十九錢八里   ....
證券二百三號鎭川上納文一百四十元   合捧次文十三萬一千五百十一元七十八錢二里 除
....   下行七坪傳
合給次文十六萬五千二百二十九元八十四錢八里
內 餘給次文三萬四千一百七十八元六錢六里

(註 : 원본은 종서 상·하양단으로 기장되어 있으나 저자가 가로쓰기 좌우대조로 수정하였음.)
<자료 : 우리은행 소장의 治簿文書史料(賑冊)·尹根鎬, 前揭書, PP. 124~126..>

<표 5-9>에서 보이는 바와 같이, 「상행(또는 앞책) 이월액××원(上行(冊)五來文×× 元)」으로 기입되어 있는 경우는 윗줄(또는 앞의 책)에서 이월된 값을 나타내는 문구(文 句)이다. 그리고 「봉차 잔액(또는 급차 잔액)××원 아랫줄 7계좌 이월(餘捧次文×× 元 下 行七坪傳)」이라 기입되어 있는 경우는 나머지 자산(부채)××원이 다음의 7번 계좌로 이월되었음을 표기한 내용이다. 그뿐만 아니라, 연말 결산기에 각 계좌의 「入(또는 去)」 합계액이 같은 경우에는 「봉차 합계액××원계 급차 합계액××원 완(合捧次文 ××元計 合給次文××元完)」이라 표기한다. 그리고 「입(入 또는 去)」 합계액이 불일치할 때 「봉차 합계××원 내(內) 급차 합계액××원 차감(除) 봉차 잔액××원 광무 4년도 경자 정월 십일 이월(合捧次文××元內 合給次文××元除 餘捧次文××元 光武4年度庚子正月十日 移轉)」이라 표기하게 되어있다.

이렇게 하여 모든 계좌의 잔액이 다음 회기의 장책으로 완전히 이월 기입되고 입·거 액(入·去額)이 대차 평균 되었을 때, 모든 장책기입을 장별(帳別)로 흑색사선(黑色斜線)을 그어서 마감하고 있다. 이처럼 대한천일은행의 장책은 전기이월과 차기이월에 대한 마감절차를 지켜 주회계책의 결산을 쉽게 할 수 있게 연계시키는 복식기장의 구조를 갖추고 있다. 여기서 주목해야 할 점은 서양의 복식기장의 경우도 계정계좌의 형식이 상하 양단으로 나누어 연속적으로 기록하고, 차·대변의 구별은 줄을 그어 표기토록 하다가 원장을 차변 원장과 대변 원장으로 구분하여 기록하는 쪽으로 진일보했다는 것이다. 그 후 장부의 좌우 면을 구분하여 한쪽 면을 차변, 다른 한쪽 면을 대변으로 표기하다 가 오늘날과 같이 한 페이지 안에서 좌우로 반씩 나누어 왼쪽은 차변, 오른쪽은 대변 으로 하는 데까지 진화한 사실(史實)을 복식부기 발생사는 밝히고 있다.[43]

우리나라 고유의 치부문화에서 보면, 상인회계의 대표적인 사개송도치부법의 장책 은 외상장책과 타급장책으로 나누어 2장책제도를 취하는 것이 표본으로 되어 있으나, 그렇지 않은 경우는 「내(內)」로 구분 표기하여 하나의 장책에 표기하기도 한다. 그뿐 만 아니라, 대한천일은행의 장책처럼 상하 양단으로 나누어 표기하는 경우도 있다.

이러한 사실에서 대한천일은행의 장책은 계좌를 상·하의 양단으로 구분하는 단계 에까지는 진화했으나, 그것을 좌우의 양단으로 나누어 좌변을 차변(捧次·去)으로, 우 변을 대변(給次·入)으로 고정하는 단계까지는 이르지 못한 것임을 알 수 있다. 이를 서구형 복식부기 문화의 전개 과정에 비추어 보면, 우리나라 치부문화의 발전과정이 불충분한 점이 발견되기는 하지만, 거래가 발생했을 때 일기장에서 원장계정으로의 전 기과정의 진화나 원장계정의 진화하는 절차와 방식은 모두가 동질화를 지향하는 수렴 적(收斂的) 형태로 발전했다는 것을 확인할 수 있다. 이에 대한 구체적인 문제는 동서 양 부기 체계의 발전사적으로 비교론적 관점에서 접근해볼 필요가 있다.

---

43) 小島男佐夫, 『複式簿記発生史の研究』(東京、森山書店、1965)、PP. 125~139.

(3) 주회계책의 결산 기장

대한천일은행의 현존하는 치부 문서 중에는 일 년(一會計期間) 동안 연속적으로 정일기와 장책 그리고 주회계책이 연계되어 완전한 기장 구조를 갖춘 장부이다. 광무3년(AD1899)의 정일기와 장책은 갖춰져 있으나, 그해의 주회계책은 흠결로 되어 있다. 그리고 광무4년(AD1900)부터 광무7년(AD1903)까지의 정일기와 주회계책은 갖춰져 있으나, 그에 연계되는 장책이 일실(逸失)되어 없다. 관련되는 장책이 없으므로, 연계되는 기장기록에 의한 결산절차는 불가능하다. 현존하는 광무4년(AD1900)의 주회계책을 임의로 선정하여 결산절차를 설명하는 데 원용(援用)하였다. 주회계책은 4부로 되어 있는바, ① 실제보고 ② 본점 순익회계 ③ 일주(一週) 순익회계 ④ 금주(衿主) 이익분배로 구성되어있다. 광무4년(AD1900: 庚子) 12월의 주회계책에 기록된 실제보고(봉급일람표: 殘額試算表)를 정리해 보이면, <사진 5-2>, <표 5-10>과 같다.

<사진 5-2>, <표 5-10>에서 보이는 자료는 대한천일은행의 주회계책 중에서 광무4년(AD1900 庚子年) 12월 26일에 작성된 결산서로서의 봉급일람표(捧給一覽表・殘額試算表)에 해당하는 것이다. 원본은 종서(縱書)로 되어 있으나, 이해하기 쉽도록 횡서(橫書)의 좌우 대조형으로 정리하였다. 왼쪽에 입(入・給次)의 잔액(負債・資本・收益의 殘額)을 기입하고, 오른쪽에는 거(去捧次)의 잔액(資産・費用의 殘額)을 기입하고, 각각 그 합계액을 합급차금(合給次金)과 합봉차금(合捧次金)으로 좌우금액합계의 일치를 나타내고 있다. 즉, 봉차・급차의 균형(貸借平均)이 검증되고 있다. 따라서 정일기에서 장책으로 전기된 각 계좌의 기록이 정확했음을 시사하고 있다. 여기에 실제보고(實際報告)라는 표기는 오늘날 복식부기의 잔액시산표에 해당하는 것으로 이해된다.

그뿐만 아니라, 이에 이어서 손익계산표를 작성하고 거기서 산출된 순이익을 토대로 이익배분표도 작성되어 있음이 확인된다. 손익계산표는 지점 손익회계의 결과를 합산한 본지점 종합 순익회계로 나누어 기장되어 있음을 볼 수 있다. 손익계산표는 봉급일람표(殘額試算表)에 기장이 되어 있는 수익 관련 계좌(邊錢・典當鋪純益・松支所純益・仁支所純益)와 비용(公用) 관련 계좌(費用으로 계상한 전년도 현금부족액・당기 부담의 차

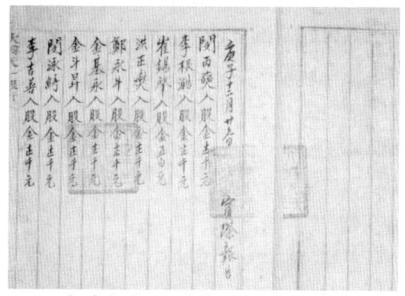

<사진 5-2> 대한천일은행 주회계책

우리은행 은행사 박물관 소장

기 급여・서무과의 경비・전기의 조사비용・전기대여금 대손비용 추가분)을 종서에 의한 상하 계산형식으로 기장이 되어 있다. 이를 횡서에 의한 수익・비용의 보고형식으로 수정한 것이 다음 면의 <표 5-11>이다. 그다음에 주회계책에 기장된 순익배분표(株主配當金計算書)의 사례소개는 여기서 생략하기로 한다

<표 5-10> 대한천일은행 주회계(AD1900)의 사례 일부(Ⅰ: 봉급일람표)

庚子十二月二十六日 實際報告	
(入 ・ 給次)	(去 ・ 捧次)
閔丙奭入股金壹千元	家舍價去金參千元
李銀漍入股金壹千元	宋文燮去金八拾元
崔錫肇入股金五百元	崔錫肇去金參拾參元
洪正燮入股金壹千元	劉命均去金參百貳拾四元
鄭永斗入股金壹千元	金斗昇去金四千五百四拾九元九拾七錢四里
金基永入股金壹千元	松支所去金貳萬壹千壹百五拾八元五拾九錢六里
金斗昇入股金壹千元	松支所去金貳元六拾錢
閔泳綺入股金壹千元	松支所去金七百八拾元
李吉善入股金壹千元	松支所去金參千四百參拾九元九拾六錢
宋文燮入股金壹千元	仁支所去金五千四百四拾貳元八拾六錢二里
劉命均入股金壹千元	仁支所去金九百七拾七元六拾七錢
----- (중간 22(17)計座 생략)	----- (중간 22(16)計座 생략)
高相礪入股金五百元	第一銀行去紙幣七拾六錢
李鵬來入股金五百元	五十八銀行去幣壹千貳百八元拾參錢
李容默入股金五百元	衿式課去金壹百元
度支部入資本金五萬元	金宗禮去金五百七拾七元八拾錢
度支部入利子金四千八十元	小西和去金六千六百四拾九元五拾四錢
電氣社入當座金壹千壹百四十五元四十壹錢壹里	岩佐去壹千壹百九拾七元拾九錢參里
張浩鎭入當座金壹千貳百四拾六元貳拾四錢	於音去文台亭音六片貳千八百元
金宗源入當座金四千六拾四元	劉泰鉉音三片金壹千貳百元
玄尙健入當座金貳千四元貳拾二錢	趙昌植六片金壹千貳百元
李泰東入當座金貳拾七元參拾二錢六里	宋元圭三片金壹千元
홍석현입당좌金이백팔원參拾九錢四里	裕豊德票五片貳千元
崔錫肇入當座金四千七百八拾六元七拾九錢貳里	金瀷商音二片金壹千六百元
崔錫肇入當座紙幣壹千元	吳顯者音一片金八百元
典圜局入當座紙幣壹萬元	高永澤音一片金四百元
李容翊入當座金參萬壹千八百拾八元貳拾九錢貳里	崔在植音一片金四百元
李容翊入當座金銀貨 貳千元	白南信音一片金貳百元
織造社入當座金參元九拾壹錢六里	翠香館音一片金參百九拾九元
請築社入當座金四拾四元拾參錢貳里	李君弼音二片金壹千貳百元
	다음 면에 계속

李容翊入當座金參萬壹千八百拾八元貳拾九錢貳里	崔在植音一片金四百元
李容翊入當座金銀貨 貳千元	白南信音一片金壹百元
織造社入當座金參元九拾壹錢六里	翠香館音一片金參百九拾元
請築社入當座金四拾四元拾參錢貳里	李君弼音二片金壹千貳百元
宋文燮入當座金壹萬壹百四拾元	李重教音一片金四百元
阿比沓鋕入當座金貳百六元八拾九錢貳里	同和東票一片金四百元
川本隱治入當座金五百拾元	普信社音一片金四百元
高佛安寶時旭入當座金 參千五拾元拾參錢	廣興泰音二片金八百元
崔賢植入當座金貳千四百元	裵東燁音一片金壹千元
李泰來入當座金四百四拾五元參拾參錢四里(馬袋條)	高壽鉉音一片金四百元
李泰魯入當座金參元拾錢	和豊號票一片五百貳拾貳元
高橋直哉入當座金壹元五拾錢	朴宗潤音一片金壹千貳百七拾五元
鄭永斗入任置金貳拾六元五拾貳錢四里	趙在學音五片金壹萬元
衿式課入各人當座利子金壹千六百七元六拾參錢五里	李吉相音二片金貳千八百五拾六元
松支所入金壹萬四拾四元四拾六錢	元柱音一片金四百元
仁支所入金貳千四百參元參拾貳錢六里	洪正燮音一片金貳千元
典圜局入任置金五千元	趙鎭泰音一片金四千元
於音入金五千元	宋文燮音一片金貳千元
本店票入金六千七百四拾貳元九拾八錢貳里	趙彰漢音一片金壹千元
金基永入 任金參千壹百參拾五元六拾八錢四里	張寬衡音一片金壹千元
紙錢加計入參千壹百拾元	安斗植音一片金四百元
邊錢入金六千五百四拾貳元五拾八錢貳里	金文奎音一片金四百元
純益金入金六千八百四拾貳元拾貳錢八里	庫房去金五萬四千七百貳拾元參拾五錢六里
(典當鋪 松支店 仁支店 三處條)	公用去金四千壹百拾元貳拾六錢四里
邊錢入金八元	昨年條未減庫縮條金八百七拾八元拾錢六里
合給次金貳拾萬參千壹百四拾九元	四年一月朔月俸及衿式課經費金五百六拾五元九拾七錢貳里
	昨年文簿調査時經費金參拾八元
	昨年劉俊熙未捧金金拾壹元三拾六錢六里
	仁支所去金壹千七百貳拾六元拾五錢四里
	合捧次金貳拾萬參千壹百四拾九元

(註 : 원본은 종서 상하양단으로 기장되어 있으나 저자가 횡서 좌우대조로 수정·일부 첨삭정리함.)
<자료 : 우리은행 박물관 소장의 治簿文書史料(周會計冊)·趙益淳, 前揭書, PP. 192~196..>

<표 5-11> 대한천일은행 주회계(AD1900 庚子12月)의 사례 일부(Ⅱ: 손익계산표)

本店純益會計
邊錢入金六千五百四拾貳元五拾八錢二里 度支邊三千三百元與各人當座邊二千一百八十七元
　　五十四錢五里除實額
典當鋪條入金壹千六百七拾六元일백壹錢四里
　　合給次金八千貳百拾八元五拾九錢六里內
公用去金四千壹百貳拾元貳拾六錢四里除
　　實餘金四千九拾八元參拾參錢貳里內

　積儲金四百九元八拾參錢貳里
　賞與金六百拾四元七拾五錢 　　　　　　除

實餘利益參千七拾參元七拾五錢 下片周會計傳

一周純益金會計
松支店純益金參千四百參拾九元九拾六錢
仁支店純益金壹千七百貳拾六元拾五錢四里
合三處純益金八千貳百參拾九元八拾六錢四里內
昨年未減庫縮條金八百七拾八元拾九六里
四年度一月朔月銀及衿式課經費金五百六拾五元九拾七錢貳里
昨年文簿調查時經費幷五拾九元參拾六錢六里
合金壹千五百參元四拾四錢四里除
實餘利益六千七百參拾六元四拾貳錢

(주 : 원본은 종서 상하연속으로 기장되어 있으나, 횡서 좌우로 나누어 정리하였음. 저자)
<자료 : 우리은행 소장의 治簿文書史料(周會計冊 순익계산부분)・趙益淳, 前揭書, P. 196.>

(4) 결산 정일기와 개시기입 정일기의 기장 구조

결산서로서의 주회계책에 따라 결산정일기(決算分介帳)가 작성되고 이어서 결산 마감 후 차기로 이어지는 회계기록으로서의 개시분개를 위한 정일기가 작성됨으로써, 복식 기장의 연속성을 입증하게 된다.

대한천일은행의 주회계의 결산기장은 이러한 순서로 치부구조가 이루어져 있다. 우선 광무4년(AD1900:庚子) 12월 26일 자의 결산 정일기(決算分介帳)를 요약・정리하면, 다음 면의 <표 5-12>과 같다. 이 결산 정일기의 기장내용을 대조해 보면, 수익・비용에 관한 손익계산표 관련 항목(flow 計座)만 기장 처리되어있고, 소위 자산・부채・자본에 관한 봉급일람표(捧給一覽表) 관련 항목(stock 計座)은 결산분개에서 제외되어 있음을 발견하게 된다. 이는 서양식 부기의 결산분개에서 사용되는 영미식 결산법과 유사한 결산 방법이라고 할 수 있는 것이다.

<표 5-12> 대한천일은행의 결산 정일기(AD1900)의 사례 일부

```
              庚子十二月二十六日(正日記)

    純益金邊錢計文六千五百四十二元五十八錢二里
    邊錢去純益金計文六千五百四十二元五十八錢二里
    公用入純益金計文四千一百二十元二十六錢四里
    金去公用文文四千一百二十元二十六錢四里
    公用入純益金計文一千五百三元四十四錢四里
    純益金去昨年未減庫縮條文八百七十八元十錢六里
    又去四年度一月銀及衿式課費計文五百六十五元九十七錢二里
    又去昨年文籍調査時經費計文五十九元三十六錢六里
    純益金入松支所計文三千四百三十九元十六錢
    松支所去純益金文三千四百三十九元九十六錢
    純益金入仁支所計文一千七百二十六元十五錢四里
    仁支所去純益金文一千七百二十六元十五錢十五錢四里

    閔丙奭仁衿利金文二百九十二元四十錢
    李根鎬仁衿利金文二百九十二元四十錢
    閔永綺仁衿利金文二百九十二元四十錢
    ........(계좌29개항목 생략).........
    高相礪入一衿利金文一百四十六元二十錢
    李鵬來人一衿利金文一百四十六元二十錢
    純益金去各衿主三十二衿四千五百四十三元十二錢
        又去仁松各衿主三十二衿文二千一百九十三元
    衿式課入閔丙奭股金利子文二百九十二元四十錢
        又李銀澔股金利子文二百九十二元四十錢
    ........(계좌 50개항목 생략).........
    高相礪去利金條一百四十六元二十錢
    李鵬來去利金條一百四十六元二十錢
    積儲金入松支所計文四百五十八元六十六錢
    松支所去積儲金文文四百五十八元六十六錢
    積儲金入仁支所計文二百三十元十五錢四里
    仁支所去積儲金文二百三十元十五錢四里
```

(註 : 원본은 종서로 기장되어 있으나 편의상 횡서로 요약정리한 것임.)
<자료 : 우리은행 소장의 治簿書史料 (결산정일기)・趙益淳, 前揭書, PP. 198~201.>

광무 4년(AD1900:庚子) 12월 26일자의 결산정일기(殘額試算表)의 기장내용을 분석·정리한 조익순(趙益淳) 교수의 저서에 서술된 해석적 설명을 인용하는 것으로 이에 대한 부연(敷衍)에 대신하려고 한다.

<표 5-13> 대한천일은행 개시기입 정일기의 사례 일부(AD1901: 辛丑 正月 7日)+

光武五年辛丑年正月日 上吉辰

```
辛丑年 正月 七日
閔丙奭入二股金文一千元
李根澔入二股金文一千元
閔泳綺入二股金文一千元
崔錫肇入一股金文五百元
                    ............................. (*衿主別 持分 入計座 생략)
電氣社入庚十二月十六日當座文三千七百四十二元九十七錢一里
    又同日同條文一百二元八十錢
    又同日同條文九十二元三十錢
    又同十七日同條文一百十九元十錢
                    ............................. (*電氣社 當座 3計座 생략)
電氣社入庚十二月卄三日當座文九十三元
    又入同卄四日同條文一百三元
    又入同卄六日同條文八十九元四十錢
    又入同卄七日同條文九十六元十錢
                    ............................. (*電氣社 當座 2計座 생략)
宋文燮去庚十二月二十九日受取票四十五號文五百元
李泰來去庚十二月二十六日受取票四號文五十八元六十六錢六里
    又去同卄四日同五號文四十元
    又去同卄八日同六號文四百四十四元九十三錢四里
電氣社去庚十二月二十五日玄尙健受取票十四號文三千七百三十二元八十六錢
                    ............................. (*잔여 計座 생략)
```

(註 : 원본은 縱書加減式으로 기장되어 있으나 편의상 횡서로 정리 및 괄호 내* 저자 첨삭.)
<자료 : 우리은행 소장의 治簿書史料(개시기입 정일기) · 趙益淳, 前揭書, PP. 203~204.>

『① 수익계정의 입(入)합계를 거(去)로 기입함과 동시에, 순익계정에 입(入)으로 기입함으로써, 수익계정을 入·去 평균시키고 그것을 순익금 계정에 대체한다. ② 비용계정의 去 합계를 入으로 기입함과 동시에, 순익금 계정에 去 기입함으로써, 비용계정을 入·去 평균시키고 그것을 순익금 계정에 대체한다. ③ 이익처분(積立金·賞與) 내용은 순익금 계정에 去 기입함과 동시에, 해당 계정에 入

기록을 행하고 배당에 관한 주주(衿主) 별 인명계정에 入 기입함과 동시에, 순익금 계정에 去 기입한다. ④ 서무과(衿式課) 및 지점으로 하여금 각 주주에게 배당금을 지급하고 금식과계정에 入 기록함과 동시에, 주주(衿主) 인명계정에 去로 기입하였다. ⑤ 각 지점의 적립금을 본사로 이체하는 것으로 적립금(積儲金)계정에 入 기록하면서 각 지점계정에 去 기입하였다.』[44]

상술한 바와 같은 결산절차를 거쳐 광무 3년도의 주회계가 작성된 후에는 차기이월을 통한 개시분개를 하고, 차기 개시일에 개시기입에 해당하는 정일기를 작성한다. 대한천일은행의 치부문서는 광무5년(AD1901년: 辛丑) 정월 7일 자의 정일기가 작성되어 있다. 이 기장문서는 결산일의 결산표에 기록된 거래뿐만 아니라, 결산일 이후의 자료도 함께 반영되고 있음을 엿볼 수 있다.

그런데 결산 정일기와는 정반대로 수익(還上)・비용(還給)・순익(純利益)에 관한 계좌(計定)는 개시분개의 대상이 되있지 않다. 이는 기말잔액이 제로(零)이기 때문이다. 시산표(捧給一覽表)의 봉차・급차(즉, 자산・부채・자본・지점계정・적립금)만이 차기 이월되기 때문에, 개시분개의 대상이 되어있다.

그리고 전년도 12월 27일 이후의 기입사항은 개시분개가 아니라, 결산일 이후의 새로운 거래기록이라고 보면 된다. 이처럼 개시기입을 이어지는 개시분개 정일기의 사례 일부를 소개하면, <표 5-13>과 같다.

2) 대한천일은행 치부문서의 특이점

대한천일은행은 개화기에 서양식 주식회사 형태의 은행제도를 도입하여 설립된 근대은행으로서 현존하는 우리은행의 전신이다. 이 은행은 설립 초기에 사개치부법에 따른 기장(AD10897~1906)을 시행함으로써, 전통적 치부법의 은행부기 실태를 살펴볼 수 있는 소중한 치부사료(治簿史料)를 보유하고 있다. 그 무렵 우리나라 근대은행의 효시를 이루는 한성은행은 설립 초기부터 서양식 은행부기 제도에 의한 장부시스템을 갖추고 있었음에 비하여, 대한천일은행만큼은 우리 고유의 개성부기 시스템을 이용하여 기장했다는 사실이 돋보이는 부분이다.

그뿐만 아니라, 대한천일은행의 설립 초기의 치부문서는 현존하는 우리나라의 사개치부문서 중에서 복식부기의 체계를 거의 갖춘 회계장부로서의 특색을 지니고 있다. 다만, 그 치부 문서의 현존 자료가 일실된 부분이 많아서 완벽하게 남아있지 않고 회

---

44) 趙益淳, 前揭書, P. 202. (인용문 중 원본의 용어와 한자의 알맞은 표현을 괄호로 묶어 수정하였음).

계장부 간의 연계되지 않은 부분이 있어서, 기장 절차의 구조적 접근이 쉽지 않다는 점만은 상당한 아쉬움을 자아내게 한다.

상술한 바와 같이 정일기와 장책 그리고 주회계책을 통하여 대한천일은행 초기의 기장시스템은 서양식 복식부기의 그것과 비교해도 손색이 없을 만큼 진화되어 있음을 확인할 수 있었고 잔액시산표(捧給一覽表)와 같은 장부에서 대차 평균(俸給 一致)의 원리에 입각한 기장 구조를 갖추고 있었다.

그렇지만, 서양부기의 관점에서 보면, 대한천일은행의 장부시스템은 동적(動的:flow) 개념에 의한 수익·비용이 대응(현금주의에 의한 인식대응)되는 순익계산이 행해지고는 있으나, 정적(靜的:stock)개념에 의한 자산·부채·자본이 비교되는 재무상태(순자산 증가에 의한 비교)의 계산구조가 결여되어 있음을 확인하게 된다. 즉, 기말자본과 기초자본을 비교하여 기말이익을 계산하고 있지 않다는 점이다. 환언하면, 주회계책은 수익·비용의 대응에 의한 순익계산이 이루어지고는 있으나, 기말의 자산·부채·자본에 대한 잔액을 표기한 잔액시산표(捧給一覽表)를 작성하는 선에서 장부를 마감하고 있다는 것이다. 시점계산에 의한 대차대조표(재무상태표)와 기간계산에 의한 손익계산서(경영성과표)가 갖춰져 있지 않다는 점에서 서양부기와 차이가 있다는 논리이다. 즉, 손익계산서와 대차대조표로 양립되는 재무제표의 체계가 형성되어 있지 않다는 것이다.

그러나 이를 역지사지(易地思之)해보면, 봉급일람표(捧給一覽表)가 잔액시산표의 기능뿐만 아니라, 대차대조표의 기능도 함께 수행하고 있는 것으로 판단된다. 이를테면, 대한천일은행의 기장 구조는 사개 방정식(봉차 + 소비 = 급차 + 이익)에 의한 기장의 균형성을 유지하고 있음은 물론, 이익(수익)과 소비(비용)의 계산이 현금주의에 의하고 있지만, 봉차(자산)와 급차(부채)는 채권·채무를 주축으로 하고 있으며 물물교환 거래도 포함되어 있으므로, 순자산의 증가에 의한 손익계산이 결산잔액계정의 설정이나 대차대조표가 독립적으로 작성되지 않았다고 하더라도, 잔액시산표에 해당하는 봉급일람표가 재무상태를 나타내는 기능을 갖추었다고 볼 때, 대한천일은행 치부문서의 결산서인 주회계책은 재무제표의 구조를 갖추었다고 보아야 할 것이다.

서양식 복식부기제도가 도입된 개화기의 사정으로 본다면, 대한천일은행의 치부문서가 얼마나 우리의 고유한 사개치부법의 기장규칙을 준수하고 서양부기제도의 영향을 얼마만큼 수용했는가를 검토해볼 필요는 있다고 생각한다. 이에 대한 합리적 판단은 조익순(趙益淳) 교수의 연구 결과를 소개하는 것으로 대신하려고 한다.

『첫 번째로 정일기에서의 분개 방법의 독특성, 두 번째로 대차의 표현방법, 회계에서 사용한 문자기호, 시각기호, 과학기호 등이 우리의 고유 치부법과 일치한다는 점에서 대한천일은행의 회계는 서양식 복식부기의 영향에서 독립적인 것이었다고 할 수 있다. 또한 대한천일은행은 명백한 은행업이었는데도 불구하고 일본의 은행부기 근간이었던 전표(傳票)제도를 채택하지 않았다는 사실은 특기할만한 일이다.』45)

개항 이후 해상운송권을 일본 기업인에게 탈취당한 우리의 민족 기업가들은 비교적 소자본으로 운영할 수 있는 육상운송업에 진출하였다. 그 하나로 광무 1년(AD1897)에 안동수(安駧壽)·김기영(金基永)·백완혁(白完爀) 등의 발의로 서울·인천 간 운송을 담당하는 마차주식회사(馬車株式會社)가 설립되었다.46) 이 회사의 경영과정에서 작성된 회계장부가 서울대학교 규장각한국학연구원에 소장되어 있음이 확인되었다.

이 회계장부는 우리 고유의 치부법에 따라 기록된 치부문서이다. 그 기록내용에 따라 세분해보면, 그것은 ① 고금봉상장(股金捧上帳) ② 일본 오십팔 은행, 임치기록(日本五十八銀行任置記錄) ③ 일기(現金出納帳) ④ 기계집물구매회계(金員斗升器械什物購買會計貿於日本) ⑤ 초일기(草日記) ⑥ 광무2년 3월 준천하기(濬川下記) ⑦ 광무2년 3월 준천역하기(濬川役下記) ⑧ 장교준천일기(長橋濬川日記) ⑨ 본삭월급차(本朔月給次)기록 ⑩ 마차회사집물책(馬車會社什物冊)·⑪ 월급영수증 기록 ⑫ 도유안(都遺案) 등으로 구성되어 있다. 이에 따르면, 마차주식회사는 경인 간 육상운송업뿐만 아니라, 하천의 준설공사도 겸업했던 것으로 보인다. 치부문서 중에 「준천하기(濬川下記)」라는 장부 기록이 존재하기 때문이다. 여기서 준천(濬川)은 내를 쳐내는 일을 뜻하며, 오늘날의 준설(浚渫)과 유사한 용어라고 할 수 있다. 따라서 준천하기(濬川下記)는 준설공사비로 지급한 기록이고, 장교준천일기(長橋濬川日記)는 준설공사 수입을 기록한 장부이다.

마차회사는 광무 1년(AD1897) 1월 26일 안동수 등, 22명의 발기로 고금(股金: 株金)납입이 개시되어 동년 8월 20일에 납입 완료됨으로써, 출자총액 16,100원(元)의 자본금을 갖춘 주식회사로 출범한 육상운송업체이다. 고금(株金)은 1,500원을 출자한 고주(株主)가 있는가 하면, 100원의 소액을 출자한 예도 있어 주식 금액이 일정하지 않고 다양한 양상을 띠고 있다. 그리고 22명의 고주(株主) 모두가 한국인 자본가들로 구성된 주식회사의 형태를 취하고 있다. 이는 고금봉상장(株金納入帳)에 고주(股主: 株主)의 명단과 함께 주식 금액 납입상황에 대한 기록을 통하여 확인된 것이다.

납입 완료된 자본금은 은행에 예금하여 인출한 기록을 남기고 있다. 예금거래를 개설한 은행은 제오십팔은행(본점은 大阪·1892년 인천지점·1895년 한성지점 개설)이었다. 마차회사가 경인(京仁) 간을 운행하는 육상운송업이었기 때문에, 한성(서울)과 인천에 지점을 둔 제오십팔은행을 거래 은행으로 지정했던 것이 아닌가 하는 생각을 하게 된

---

45) 조익순·정석우, 『조선 시대 사개문서에 나타난 사개송도치부법의 발자취』(박영사, 1906), P. 172.
46) 조기준, 『한국기업가사』(서울, 박영사, 1973), P. 46.

다. 예금기록은 제오십팔은행 임치기록을 통해서 확인할 수 있다. 광무1년(AD1897) 1월 27일에 자본금(股本銀) 12,000원을 일본 제오십팔은행에 예치하고 있으며, 동년 2월 10일자로 자본금(股本銀) 1,000원을, 동년 3월 8일 자로 자본금 100원과 동년 8월 28일자의 자본금(股本銀) 1,200원을 일본 제오십팔은행에 예입했음이 확인된다. 그리고 그 예입 합계액 14,300원(已上任置合銀壹萬肆仟參佰元)이 산정 표기되어있다. 이 중에서 최종일인 8월 28 일자의 예입액 1,200원을 공제한 예금인출액은 1월 26일과 동 27일 자의 12,000원(壹萬元 + 貳千元), 동년 2월 10일자의 1,000원 및 동년 3월 8일자의 100원을 합한 합계액이 자본출자액과 대응하고 있다. 자본출자합계액(壹萬六阡壹佰元)의 끝에 「내(內)」자를 기입하고, 예입 합계액(壹萬四千三百元)의 끝에 「제(除)」자를 기입하여, 두 합계액이 공제 수치와 피공제 수치와의 관계를 나타내고 있다. 이는 사개송도치부법의 표기 방식을 취하고 있다는 것을 확인하게 되는 부분이다. 여기서 「재(在)」자는 현금의 재고액을 나타내는 부호이다. 그리고 자본출자 합계액과 예입 합계액과의 차액(壹千八百元)은 「용하(用下)」라 하여 비용(公用)으로 사용한 것이다.

3) 일기책(現金出納帳)과 도유안(元帳)의 회계기록

마차 주식회사의 주요 치부문서는 일기책(現金出納帳)·초일기·도유안(都遺案:元帳), 그리고 그 외의 보조장부로 구성되어 있다. 마차 주식회사의 치부문서에 기록된 내용을 일부 발췌하여 정리한 <표 5-14>, <표 5-15>에서 보이는 바와 같이, 일기책과 도유안(元帳)에 최초의 자본출자와 더불어 건양 2년(光武 元年 AD1897년임) 2월 1일부터 거래기록이 개시되고 있다. 일기책과 원장에서는 거래일마다 거래일자와 금액 그리고 거래내용을 거래순서에 따라 기장되어있다. 일기책과 원장에 기장된 거래내용을 검토해본 바로는 그 기장원리가 현금의 수입과 지출에 따라 거래의 발생순서별로 기장하고 있음을 확인할 수 있다. 이를테면, 다음과 같은 기장 내용으로 구성되어 있다는 것이다.
① 수입 : ㈎ 전기이월 현금 재고액(前在條) ㈏ 당기 거래일자 순서별 현금 수입액
　　　　　㈐ 현금 수입 합계액(入合×××　內)
② 지출 : ㈎ 현금 지출액(去來順序別)　㈏ 현금 지출 합계액(出合×××　除)
③ 재고 : ㈐ 당기말 현금 재고액 (次期移越現金在庫xxx　在)
　은행거래를 통한 예입·인출에 관한 치부 문서이므로, 거래가 이루어질 때마다 현금 수입액과 현금지출액과 함께 거래기록이 이루어진 다음에 은행예금 잔액(銀行在)이라고도 기록하게 된다는 점에 유의할 필요가 있다.[47]

---

47) 杉本德榮,「朝鮮後期における馬車会社の開業と会計帳簿」(『会計』第160巻第3号、東京、森山書店, 2001), P. 114.

<표 5-14> 마차주식회사 日記冊 의 기록내용 일부(발췌분)

日 記 冊

建陽二年二月一日
　　　　日本五十八銀行任置銀壹萬參阡元　內
銀壹佰六十元　　用下次移來
　　　　　入合壹佰六拾元　內
　　　　　銀行在　銀壹萬貳阡捌佰肆拾元
　二月二日　銀參拾元參拾錢　　馬一匹價
　　　　　　銀四拾元八拾錢　　馬一匹價
　　七日　銀四錢　　日本留金員斗昇處付信票價
二月　二十三日　銀參拾伍元六拾錢　　馬一匹價
　　　出合壹佰參拾伍元七拾五錢　除
　　　在貳拾四元貳拾五錢
四月一日　銀拾元參錢　　前在條
　　　　銀七拾參元參拾二錢二里　　銀行任置銀計邊利條
　　廿四日　銀貳阡九百九十二元五拾錢　銀行任置中移來
　　　　入合四仟貳佰拾伍元八拾五錢二里　　內
　　　　銀行在銀九阡七百九十七元五拾錢
　　　　銀貳阡九百九十二元五拾錢　　貿物次日本大阪留金員斗昇應換
　　　　出合參阡四百九十九元四拾錢　　除
　　　　在七百貳拾六元四拾錢二里
六月一日　前在無
　　　　　銀四百八拾元　　銀行任置中移來
　　二日　銀壹阡五百元　　銀行任置中移來
　　十一日　銀七百八拾元　　銀行任置中移來
　　廿三日　銀壹阡四百八拾元　銀行任置中移來
　　　　　入合四仟二百四拾元　內
　　　　　銀行在銀伍阡伍佰伍拾七元五拾錢
六月一日　銀六拾伍元　　青驄馬一匹價
　　　　　銀六拾七元　　白驄馬一匹價
　二日　銀四百八拾元　馬車自大阪出來還給
　　　　銀六拾六元　　馬車附屬三十一個移運搬價及海關稅
　　　　銀七元　　　馬車附屬三十一個自仁港至龍山費
　　　　銀二元六十四錢　　上項什物自龍山至會社費
　　　　銀五十二元　　　馬一匹價

(註 : 원본은 縱書의 右에서 左로 기장되어 있으나 편의상 橫書上下로 정리 및 일부첨삭)
<자료 : 규장각 소장의 마차주식회사 치부문서 史料・杉本德榮, 前揭書, P. 113.>

<표 5-15> 마차주식회사 都遺案의 기록내용 일부(拔萃分)

```
建陽二年二月一日 爲始
        銀行移來壹佰六拾元
        入合壹佰六拾元
        出合壹佰參拾伍元七拾五錢
        在貳拾四元貳拾五錢
        銀行在 銀壹萬貳阡八百四拾元
六月朔   銀行移來四仟二佰四拾元
        入合四仟貳佰四拾元
        出合四仟壹佰拾四元參拾錢壹里 朴泰書貸去壹佰元거朔加用幷
        在壹佰貳拾伍元六拾錢九里
        銀行在五仟五百五拾七元五拾錢
七月朔   前在壹佰貳拾伍元六拾九錢九里

   金員斗昇器械購買會計 貿於日本
銀貳阡九百九十二元五拾錢    四月二十三日還給
銀四百八拾元    六月二日還給
銀七百八拾元    同月十一日還給
銀壹阡壹佰八拾七元十九錢二里  同月二十二日會計條
        合銀五仟四百參拾九元六拾九錢二里  內

銀三百二十元        兩馬車二坐價
銀六百元            四輪一馬車十坐價
銀四百元            二輪一馬車十坐價
銀參佰元            人力車三十坐價
銀貳拾七元二十五錢車二十二坐荷造用草鐵具價明細於日本製造店領收票中
銀貳阡八百五拾元    輕便鐵路英二里次價
銀伍拾六元          仲買人口文
銀伍佰四拾九元      輕便鐵路運車三十坐自製造店運送海關費
銀壹佰四拾三元二十八錢  曲鎒一百五十柄價
銀六元            銕路運車三十坐自製造店運送海關費
銀四拾伍元六十九錢八里  銀行換二仟九百九十二元五十錢利條給于銀行條
銀四十八元四錢四里 銀行貸用四仟元自三月二十九日至五月二十七日邊條
銀伍元   銀行換四百八拾元邊條及印紙價二十錢幷給
```

(註 : 원본은 縱書의 右에서 左로 기장되어 있으나 편의상 橫書上下로 정리 및 일부 첨삭.)
<자료 : 규장각 소장의 마차주식회사 치부문서 史料・杉本德榮, 前揭書, P. 113.>

이를 종합적으로 정리해보면, 일기책은 「전기이월 현금 재고 + 입금합계 - 출금합계 = 당기 말 현금 재고」라는 현금주의회계의 기장구조로 이루어져 있음을 알 수 있다. 이러한 현금주의에 의한 치부원리를 그대로 반영한 장부가 원장기능을 수행하는 도유안(都遺案)이다. 여기에서 월별로 이월기록이 이루어지고 있다. 따라서 일기책에는 현금수지에 관한 기록이 다수 이루어지고 있지만, 도유안에서는 ① 전기이월 현금 재고액 ② 현금수입합계액 ③ 현금지출합계액 ④ 당기말 현금재고액 ⑤ 당기말 현재 은행예금 재고액의 순서로 각각 그 합계액이 기장되어 있다.

이처럼 원장에 해당하는 도유안은 일기책의 한 달분 합계액을 전기(轉記)하는 치부책이다. 즉, 전달에서 이월되어온 금액과 당월의 수입합계(入合)와 당월의 지출합계(出合), 그리고 당월의 재고액(在錢)을 차례로 기록하고 있다. 이는 광무원년(AD1897: 建陽2年) 2월 1일부터 광무3년 9월까지 빠짐없이 기록되어 있다. 그리고 여기서 운송 사업과 관련된 기계집물의 구매에 관한 기장이 이루어지고 있음을 보게 된다. 집물기계는 일본으로부터 구입한 것으로 나타나 있다. 이 기장문서는 일기책에서와 마찬가지로 이륜마차·사륜마차·쌍두마차·인력거·기타의 집물기계에 관한 수입지출 기록이 연월일 표기 없이 이루어져 있다. 앞 부분과 뒷 부분에 합계액이 기록되어 있는데 모두 ₩5,439원 69전2리(合銀五仟四百參拾九元六拾九錢二里　內　銀伍仟肆百參拾玖元六拾玖錢貳里)로 일치되어 있다. 뿐만 아니라 집물기계의 기장도 포함된 기장구조로 이루어져 있다.

따라서 마차주식회사의 주요장부는 일기책과 도유안이라 할 수 있으나, 이들 장부의 구조는 현금출납장에 유사한 것이라는 점에 유의해야 할 것이다. 일기책에 기록된 현금의 수입과 지출의 합계를 입합(入合)·출합(出合)으로 전기(轉記)하고 그 차액을 재전(在錢)으로 표기하는 방식을 취하고 있는 것이 특징이다. 그러므로 마차주식회사의 치부문서는 현금의 증감과 잔액의 기장을 목적으로 하는 현금주의중심의 단식부기적 기장구조라고 할 수 있는 것이다.[48]

2. 조선총독부 시기의 사개송도치부문화

1) 사개송도치부법의 존재성 부각

일본에 의한 식민지 통치가 진행되던 조선총독부 시기(AD1910~1945)의 35년 동안에도 우리 고유의 사개송도치부문화는 지속되고 있었다. 개성 상인의 후예가 망국의 한을 안고서도 상업활동을 전개해나갔기 때문이다. 삼포경영을 통하여 부(富)를 축적한 개성의 거상들은 일본의 제국주의적 식민침탈이 이루어지는 경제환경 속에서도 민족의

---
48) 조익순·정석우, 전게서, PP. 150~153.

자존을 지키며 기업을 설립하여 기업가로서의 입지를 확고히 굳혀나갔다. 그뿐만 아니라, 그들은 전통적으로 이어져 온 사개송도치부법으로 기장 처리를 함으로써, 전통적 합리주의경영과 고객에 대한 신뢰와 협동성을 바탕으로 하는 개성상인의 기질을 발휘하면서 기업확장에 심혈을 기울였던 것이다.

　삼포경영을 통한 개성인삼의 대표적인 개척자로서는 손봉상(孫鳳祥)·최익모(崔益模)·공성학(孔聖學) 등, 세 사람을 들 수 있다. 이들은 개성인삼 개척사(史)상 특수한 위치를 차지하는 인사들이다. 그들은 삼포경작에서 재배된 인삼을 가공함과 동시에, 혁신적인 판매사업을 펼치면서 자본을 축적하고, 새로운 자본투자를 실행함으로써, 삼엄한 일본의 식민통치시대에 근대기업을 일으킨 기업인들이다. 이 외에도 삼포를 경영하면서 상거래 활동을 전개했던 개성상인은 부지기수로 많다고 한다.[49]

　이처럼 1920년대 이후에는 개성지역에서도 개성상인의 자본에 의한 주식회사가 다수 설립되어 근대적 기업경영으로의 전환을 시도하게 되었다. 그렇지만 오랜 봉건주의 경제 환경에 젖어있던 개성상인의 기질은 근대화의 혁신적인 파도를 타고 넘는 새로운 사업변신을 어렵게 했던 것으로 보인다. 그 하나의 예로는 근대적 기업환경에서 서양식 복식부기제도가 도입되었음에도 우리의 전통적 개성부기에 의한 치부문서의 작성을 고집했다는 것이다. 조선총독부 시기에 개성상인들에 의해 작성된 것으로 보이는 개성부기의 치부문서가 상당수 현존하는 것으로 밝혀져 있는 것이 이를 방증한다.

　이 무렵의 개성부기(四介松都治簿法) 문서가 일본인들에 의해 발굴·연구되었다는 점에서 놀라움을 금할 수가 없다. 이 시기에 개성부기가 널리 기장수단으로 사용되고 있었다는 증거로서 개성부기에 대한 자습서가 출간되어 장안의 화제가 되었다는 점을 들 수 있다. 사개치부법의 학습교재가 유사 이래 최초로 활자화되어 발간됨으로써, 그 존재성을 부각시켜 인구(人口)에 회자(膾炙)하는 계기를 마련하였고, 사회적으로 지대한 관심 속에서 연구의 대상이 되었음은 가히 괄목할만한 일이다. 현병주의 『실용자수 사개송도치부법전(實用自修四介松都治簿法全)』(AD1916)이 그것이다.

　이 책이 출판되기 이전에는 사개송도치부문서를 다루는 상인들 이외에는 그 존재 자체를 모른 상태에서 비전(秘傳)되어오던 것이었다. 사개송도치부법은 상거래의 금전수수관계를 기장하는 방법이며, 타인이 이해할 수 없는 기장구조로 이루어져 있음은 물론, 한자와 이두문자를 겸용하여 기록하는 치부문서이기 때문에, 치부 방법에 대한 전수교육도 내부적으로 이루어질 수밖에 없었던 것으로 보인다. 오랜 세월 동안 기장비법(記帳秘法)의 하나로 상인들 간의 가족적인 분위기 속에서 내부적 전수교육을 통해 전해올 수밖에 없었음은 물론이다. 그런 치부문화가 개화의 파도를 타고 근대화로 진입하면서 달라진 환경에서 기업을 창업할 수 있는 사회적 분위기를 만들어 내었다.

---

49) 조기준, 『韓國企業家史』(서울, 박영사, 1975), PP. 279~285, Passim.

<표 5-16> 현병주의 저서 출판 이후 사개송도치부법(개성부기)의 존재성 논증 실적

발표 연도	저자 연구자	논 제	게재 문헌	게재 면수	비고
1916	玄丙周	『實用自修 四介松都治簿法 全』	단행본 교재	1~123	한국 최초의 활자본 개성부기 출판됨
1917	田村流水	高麗時代に複式簿記あり	『東京経済雑誌』第76卷第1911号	17~20	개성부기를 최초로 소개 논평함.
		朝鮮商人と其の簿記法	第76卷第1914号	14~16	
1918	Editor 편집자	"N. S. W. Divisional Notes"	"The federal Accountant", Australian Society of Accountants, Melbourne.	127~128	개성부기 존재를 처음 서양에 알림. (편집후기에 기록된 내용)
1917	須藤生	「高麗之誇ニ 世界最高 開城簿記」	『学友会報』第108号	4~6	神戶高等商業學校學友會刊 (논문)
1922 1923	大森研造	開城簿記の起源に就いて	『經濟論叢』第14卷第1号	236~250	故大森研造教授記念事業會 (1937) 收錄
		開城簿記法の形式と内容	『會計』第13卷第1号	53~74	
1924	善生永助	「開城簿記」	『朝鮮人の商業』第11輯	136~180	朝鮮總督府調査資料
1926	大谷顯太郞	「開城簿記法に就いて」	『會計』第19卷第4号	69~77	日本會計學會 (논문)
1926	Hirai Yasutaro (平井泰太郞)	"Organsche 'Vierfache'Buchhaltung in Kaijo Chosen(Korea) oder Chike Songdo-Chibu. Ein Beitrag-----des Buchhaltungstheorie,"	Zeitschrift Für Betriebswirtschaft, Jg. Ⅲ, Heft 6, 7, 8, Berlin.	409~420, 532~546, 614~626	神戶大學經營學研究室編, 『平井泰太郞 經營學論集』(1972), PP. 412~452 收錄
1939	宋準東	「開城の時邊(附差人制度 及四介簿記」	『殖銀調査月報』第14號	1~26.	朝鮮殖産銀行 調査部
1940	四方博	「開城簿記」	『國史辭典(二)』	P. 362	富山房國史辭典 編輯部
1941	小菅敏郞	「開城簿記の機構」	『研究と資料』第11號	15~42	神戶高等商業學校

<자료 : 조선총독부시기(191~1945)의 개성부기연구문헌 조사에 의거 저자 작성>

따라서 비전되던 개성부기의 학습을 위한 교재가 활자화되어 세상에 빛을 보게 되었다. 그 파급효과는 결국 개성부기의 존재성을 세상에 알리는 하나의 신호탄으로 작용했음은 물론이다.(<표 5-16>참조).

현병주의 저서가 출간된 이듬해(AD1917)에 일본인(田村流水)이 『고려 시대에 복식부기 있었다.』50)는 논제로 동경경제잡지에 발표함으로써, 개성부기의 존재가 처음으로 세상에 알려지게 되었고, 많은 사람의 입에 오르내리는 실마리가 되었다. 그 후 사개송도치부법에 관한 연구는 일본인 회계학자들에 의하여 이루어졌고, 깊은 관심의 대상이 되었다. 특히, 고오베(神戶)대학의 히라이(平井泰太郞)교수는 사개송도치부법에 관한 사료(史料)를 수집하여 그에 관한 연구결과를 독일의 경영경제잡지에 게재함으로써, 개성부기의 존재가 서양 사회에 알리는 실질적인 계기가 되었다.51) 또한 개성부기의 존재를 서양에 전한 것으로서 호주(濠洲)의 한 회계사 기관지에 편집후기로 개성부기에 관한 기사가 실린 사실도 우리는 상기할 필요가 있다.52)

개성부기의 존재성은 근대화의 과정에서 부각(浮刻)되었고, 세인의 관심 속에 사개치부문서의 사료(史料) 수집과 더불어 회계학자들의 연구대상이 되었다. 조선총독부시기의 1910년대부터 1920년대에 걸쳐 이루어진 일본인 회계학자들의 사개송도치부법에 관한 연구성과를 보면, 앞면의 <표 5-16>과 같다.

2) 현병주의 저서 : 『실용자수 사개송도치부법 전』

(1) 책의 전체 구성

개성상인들에 의해 창안되고 비전(秘傳)되어온 개성부기는 사개송도치부법이라는 이름으로 현병주(玄丙周)53)에 의하여 활자화되어 세상에 나왔다. 1916년 경성(京城:

---

50) 田村流水, 「高麗時代に複式簿記あり」(『東京經濟雜誌』第76卷第3号、1917年 7月 14日), PP. 7~20 ;
   田村流水, 「朝鮮商人と其の簿記法 - 附 複式簿記奬勵の效果如何」(『東京經濟雜誌』, 第76卷第1914号, 1917年 8月 4日), PP. 14~16.
51) Hirai Yasutaro, "Originale 'Vierfache' Buchhaltung in Kaijo, Chosen(Korea) oder Chike-Songdo-Chibu. Ein Beitrag zur Entstehungs-Geschichte des Buchungswesens sowie des Dualistischen Gedanken der Buchhaltungstheorie." Zeitschrift Für Betriebswirtschaft, Jg. Ⅲ., Heft 6, 7, 8, Berlin : SS. 406~420, SS. 532~546, SS. 614~626.
52) The Federal Accountant, "N. S. W. Divisional Notes," The Journal of 'The Federal Accountant.' (July 1918), Australian Society of Accountants, Melbourne, PP. 127~128.
53) 현병주(1880~1938)는 사개송도치부법을 저술하면서 개성의 김경식・배준여 두 사람의 교열을 받았다고 한다. 그는 錦江漁父 등 몇 가지 호를 갖고 있으며, 다양한 저작활동을 했다. 주역과 음양, 풍수는 물론, 新文化의 소개, 역사소설, 전기, 연애소설 등, 다양한 저작물을 남긴 것으로

서울)에서 『실용자수 사개송도치부법전(實用自修 四介松都治簿法 全)』이 우리나라에서 최초로 출판된 것이다.(이것은 1921년에 재판되고, 1928년에 3판까지 출판되었다.)

현병주의 저서가 출판됨으로써, 그동안 베일에 가려있던 개성부기(사개송도치부법)의 실체를 세상에 드러내게 하고, 그 이론과 실제의 기장 방법을 일반에게 공개함과 동시에, 이에 관한 연구의 실마리를 제공해 주었다. 그의 저서를 대상으로 하여 선배 학자들의 깊은 연구가 다수 이루어져 있다. 그러므로, 이하에서는 그의 저서에 대한 전체적 구성내용과 기본구조를 개괄적으로 요약·정리한다.

『실용자수 사개송도치부법전』의 전체적 구성은 모두 23장으로 되어 있다. 그 목차 내용은 <표 5-17>에서 보이는 바와 같다. 제1장의 통론(通論)은 다음과 같다. 『조선의 가치 있는 부기는 동양의 송도 상업계에서 오래전부터 발명하여 사용되어왔던 것으로서, 아득히 먼 이탈리아의 베네치아에서 발명한 신식부기법과 부합되는바, 그 보조부의 구분과 대차 목록 등은 기재하는 방식에 차이가 있지만, 주요부의 기본원리는 차이가 없다.』54) 이어서 신식부기보다는 개성상업계에서 익숙하게 사용되어온 사개치부법을 보급하고 신식부기의 보급은 후일을 기약한다고도 언급하고 있다. 이로 미루어 그는 서양부기의 식견을 가지고 저술한 것으로 여겨진다. 그리고 기본원리에서 서양부기와 유사하다고 한 것을 보더라도 그는 개성부기를 복식부기로 인식하고 있었다고 할 수 있다.

(2) 치부의 기본원리

제2장 부기의 원인에서는 부기가 발달할 수 있는 동기가 거래의 발생과 확대는 물론, 신용거래의 발전에 있음을 명시하고 있다. 여기서 거래는 상거래를 의미하며, 물품을 주고받는 거래뿐만 아니라, 신용을 전제로 하는 거래가 이루어지는 사회에서 부기가 발전할 수 있음을 시사하고 있다. 이는 리틀튼(A.C. Littleton)이 제시한 부기의 발생 요소 중에서 상업과 신용에 해당하는 부분이다. 제3장에서 대차 관계를 권리와 의무의 형태로 부각되는 것임을 설명하였다. 여기에 차변과 대변이라는 용어가 등장하는바, 이는 서양 부기의 대차관계에서 이루어지는 권리와 의무를 차변과 대변의 원리에 근거하여 기록하는 것과 유사한 설명이라고 생각한다.

보아 재주꾼이었던 것 같다. 충북 괴산군 청당면(현, 청안면) 읍내리4통 5호가 고향이지만, 사개송도치부법이 출판된 1916년 12월의 주소는 경성부 송현동으로 되어 있다. 슬하에 4남 2녀를 두었던 것으로 보이지만, 그 후손들의 행방은 분명하지 않다. 그의 생애에 대해서는 조익순·정석우, 『사개송도치부법의 발자취』(2006) 附記(PP. 267~271)를 참고하기 바란다.
54) 현병주, 『실용자수 사개송도치부법전』(경성, 덕흥서림, 1916), P. 1. (저자가 풀어서 기록했음.)

<표 5-17> 『실용자수 사개송도치부법』의 전체적 구성내용(目次)

순서	내용	게재 페이지
	序 · (目次)	머리말 (목차)
제1장	通論	1~2
제2장	簿記의 原因	3
제3장	貸借에 權利와 義務를 屬하여 論함	4
제4장	金櫃가 主體가 되는 例	5
제5장	商品을 人으로 인정하는 例	6
제6장	交換의 범위와 상태 (幷附論)	7~10
제7장	有形物 及 無形物의 種別	11
제8장	利益部와 損益部의 說明	12
제9장	新式簿記와 舊式簿記의 種別	13
제10장	四介의 定義	13~14
제11장	主要簿 及 補助簿의 區別	15
제12장	日記는 治簿의 元料	16
제13장	捧次帳과 給次帳의 注意	17
제14장	松都簿記는 分介帳과 合하여 幷進	17
제15장	松都日記帳의 特用字 及 符號를 置하는 例 (十三則)	18~26
제16장	日記의 例題 及 實習과 幷說明	27~46
제17장	諸類帳簿의 篇題 及 綴方例	47~48
제18장	日記綴方例	49~64
제19장	他給帳冊의 綴方例	65~72
제20장	外上帳冊의 綴方例	73~84
제21장	決算時 綴方 四介의 分立例	85~94
제22장	決算時 合算의 實例	95~100
제23장	後錄 複簿의 例 (三則)	101~116
附錄	掌記例(二則)	117~123

(주 : 원문은 縱書의 右에서 左로 기록되어 있으나 이를 橫書로 저자가 정리함.)
<자료 : 玄丙周, 『實用自修 四介松都治簿法全』(京城, 德興書林, 1916), 「目次」 참조>

제4장은 거래기록의 주체를 금궤(金櫃)로 간주하여 기장하도록 하는 논리가 제시되어있다. 즉, 금전대차 상의 권리 의무는 자본주가 아니라, 금전을 넣어두는 금궤가 사람으로 간주하고 주체화하여 금전을 빌렸을 때는 금궤가 채무를 지고 갚을 의무가 있음을 의미한다. 그리고 금전을 대여했을 시는 금궤가 채권을 가지고 회수할 권리를 가진다는 논리이다. 그날의 현금 재고를 금궤환거(金櫃還去)라고 기입했다가 다음날 개시기

입 때 첫 줄에 전날 이월된 현금재고를 금궤차입(金櫃借入)이라 기입한다는 것이다.

이러한 논리는 자본주와 점포를 구별하고 점포를 금고로 대칭시키는 사고(思考)로서 의인화(擬人化: personification)의 일예(一例)라고 할 수 있다.55) 그뿐만 아니라, 제5장에서도 상품을 인(人)으로 보는 의인화의 예를 제시하고 있다.

이는 상품을 맡아있는 사람(商品秩)을 설정하여 대차의 권리의무를 설명한 것이다. 상품을 현금매입 했을 때는 상품을 맡은 사람(商品秩)은 금궤로부터 현금을 빌려서 상품을 매입·보관하는 것이므로, 그 상품을 판매한 돈으로 금궤에게 갚아야 할 의무가 있고, 금궤는 이를 받을 권리가 있음을 의미한다. 그 상품이 포목이면 포목질(布木秩), 가옥이면 가사질(家舍秩), 어음이면 어음질(於音秩), 그리고 비용이면 공용질(公用秩) 등으로 표기한다. 이때의 질(秩)은 그것을 맡아있는 사람이라는 뜻의 계정으로 보는 것이다. 현대 부기에서 말하는 의제설(擬制說), 즉 인적계정학설을 의미한다.

제6장은 교환의 범위와 상태에 대하여 언급하고 있다. 거래는 해당하는 물품과 금전의 등가교환을 통해 이루어진다는 것이다. 교환에는 주는 사람과 받는 사람이 있고 주는 물품과 받는 물품이 존재하는데, 같은 값으로 교환이 이루어진다. 교환되는 물품에는 유형물과 무형물이 존재하므로, 거래 중에는 주고받는 상대방이 명확하지 않은 일도 있다. 손익거래가 발생하는 경우이다. 여기서 교환의 이중성을 입출음양지도(入出陰陽之道)라는 동양철학의 음양성에 입각하여 설명되고 있음을 확인하게 된다. 교환은 일면성(一面性: one way)이 아니라, 등가교환을 통한 이면성(二面性: two way)이라야 한다는 것이다. 이때 등가교환은 거래의 이면성과 대차평균의 원리를 잉태하게 된다.

제7장에서는 무형물과 유형물의 유형에 관하여 서술되어 있다. 치부기록의 대상이 되는 것을 유형별로 분류하였다. 구체적인 내용은 그 책을 참고하기를 바란다. 제8장은 이익부와 손해부에 대한 설명이다. 등가교환을 전제로 할 경우, 수익비용의 대응을 통하여 나타나는 손익의 논리성이 가장 설명하기 어려운 부분이다. 이에 대한 그의 설명을 인용한다.『---손익은 하나의 거래가 완결된 후에 나타나며, 교환 상의 이익은 투자된 자본이 나간 뒤에 자기자본 증식으로 현금이 그 이상 더 들어온 것을 의미하고, 예컨대 대여금 이자와 상품매매이익이 있다. 이렇게 이익으로 들어온 것은 다시

---

55) 이러한 擬人化의 例는 초기의 서양 부기에서도 볼 수 있다. 즉, 1539년에 출판된 Gerolamo Cardan의 『산술의 응용』("Practica Arithmetica", Milano. 1539)라는 책에서 최초의 資本主와 店鋪를 구분하여 기록한 문구가 있다. 『한쪽의 자본에 貸記함과 동시에, 점포, 즉 金庫에 借記한다. 왜냐하면, 자본은 원래 사람이 소유하는 것이지만, 금고는 아무것도 소유할 수 없으니, 그 속에 있는 것은 모두 반환되어야 하며, 자본은 준 것을 모두 돌려받아야 할 것이기 때문이다.』 <L'eon Gomberg, "Histoire Critique de la Th'eorie des Comptes", Geonova, 1929, : 岡田誠一 譯, 『批判的勘定學說史』(東京, 東洋出版社, 1932), P. 4. & 畠中福一, 『勘定學說研究』(東京, 森山書店, 1932), PP. 157~158 & 윤근호, 『한국 회계사 연구』(서울, 한국연구원, 1984), PP. 28~29>

남에게 갚을 의무가 없으므로, 그것은 자기자본이 된다. 손실도 마찬가지로 투자된 자본에서 감소하여 돌아오지 않은 부분이며, 그것은 다시 회수할 수 없어 자기자본의 감소가 된다. 예컨대 차입금이자・복장비・식료비 등이 있으며 이것은 한 번 지출되면 반환되지 않으므로 손비가 된다. 이처럼 이익은 받은 것이라도 후에 돌려줄 상대방이 없고 그럴 의무도 없는 것이다. 그리고 손비는 준 것이라도 후에 돌려받을 상대방이 없고 회수할 권리도 없는 것이어서 당연히 자본주의 몫으로 돌아간다.」56)

제9장은 신식부기와 구식부기의 종별에 관한 서술이다. 여기서 저자는 신식부기는 서양부기이고, 구식부기는 사개치부법이라고 하면서 상호비교해볼 필요가 있을 만큼 부합되는 부분이 있음을 시사하였다. 그가 서양부기에 대한 상식이 있었다는 근거이다.

(3) 사개의 유의성(有意性)

현병주는 제10장에서 사개(四介)의 정의에 관하여 서술한 바 있다. 다시 말하면, 그는 봉차(捧次)・급차(給次)・이익(利益)・소비(消費)의 네 가지 요소를 사개라고 하였다. 봉차는 자산이요, 급차는 부채・자본이며, 이익은 수익, 소비는 비용을 의미한다. 그래서 사개치부법은 사개방정식(捧次+消費=給次+利益)에 의해 대차의 균형성을 이룬 기본구조로 형성되어 있다. 입출음양지도(入出陰陽之道)에서 비롯된 태극(太極)의 음양(陰陽)이 사상(四象)으로 분화(分化)하는 것에 부합하는 이치(理致)라고 할 수 있다. 이를 현대 부기에 따라 설명하면, 모든 상거래는 회계방정식(자산+비용=부채자본+수익)에 근거하여 대차대조표계정으로서의 자산계정(捧次秩)과 부채・자본계정(給次秩), 그리고 손익계산서계정으로서의 수익계정(利益秩)과 비용계정(消費秩)으로 분화된 것을 사개송도치부법(개성부기)에서는 사개라는 기장 원리로 집약하고 있음을 확인하게 된다.

따라서 그가 말하는 「사개」는 봉차(資産)・급차(負債資本)・이익(收益)・소비(費用)의 4가지의 요소로 구성되어 사개치부법의 근간을 이루고 있으며, 기록을 위한 계정기록의 기본 축을 형성하고 있고, 주요부를 통하여 결산에 이르는 과정에서 필수불가결한 요소이다. 기장결과인 재무제표(捧給損益一覽表)에서도 그대로 표기되어 나타난다. 제21장의 회계책에서 사개의 분립예(分立例)를 제시하여 기장 사례로 증명하였다.

이러한 그의 「사개」에 대한 견해는 대차관계의 기본구조를 체계화한 것으로서 일단 설득력이 있는 것으로 볼 수 있다. 그 당시에 사개송도치부법을 연구한 학자들도 그의 사개관(四介觀)이 지닌 논리적 타당성을 시인하고 이를 수용하는 관점에서 그들 나름의 사개에 대한 용어적 표현 논리를 펼쳤던 것으로 생각한다.57)

---

56) 현병주, 전게서, P.P. 12~13. (제8장의 원문을 풀이하여 이해하기 쉽게 정리하였음.)
57) 조선총독부시기의 사개송도치부법 연구자들의 사개에 대한 견해를 보면, 현병주의 사개관을 근

(4) 장부조직의 체계

제11장에서는 장부조직을 체계적으로 정리해 놓았다. 그것은 주요장부와 보조장부로 대별하고 각각 그 유형을 제시하여 구체적으로 분류하고 있다. 주요부에는 일기장·분개장(捧次長과 給次長)·원장(長冊)·결산표(附掌記)·장기(掌記)·저금통장·통장(외상물품 차입의 경우) 등이 제시되어있다. 그리고 보조부는 현금출납장·물품거래장·위탁물처리장·어음수지장·회계장(일부의 거래를 결산한 경우)·손익계산 장(전부 교환대차를 試算한 경우)로 구분되어 있다. 여기서 가장 핵심이 되는 장부는 거래가 발생했을 때 기장을 개시하는 일기장(초일기), 그것을 봉차와 급차로 구분하는 분개장(일기책), 원장(長冊), 그리고 결산서에 해당하는 결산표(회계책·손익계산장 포함)이다.

현병주는 현대부기의 기장용어를 사용하고 있다. 사개송도치부법에는 일기장·원장·결산표·손익계산장이라는 장부의 용어가 없었다. 그가 처음으로 사용하고 있다. 이러한 사실로 미루어 보아 그가 서양부기에 대한 소양을 갖춘 상태에서 사개송도치부법을 저술했다는 근거가 된다. 장부조직의 체계적 분류가 사개치부법의 기장구조와 약간 다르고 서양부기의 장부조직과도 차이가 있어 약간 혼란스러운 점이 있기는 하다.

장기(掌記)와 저금통장이 주요부에 속하는 것으로 분류해놓은 것도 이해하기 힘든 부분이다. 종래의 사개송도치부법의 경우, 일기책이나 초일기가 현금출납장을 대신하는 것으로 분류하지만, 여기서는 보조부의 제1순위에 속하는 것으로 분류해놓았다. 사개송도치부법에서는 현금거래일 경우, 장책에서 현금계정을 설정하지 않는 것이 기본이다. 현금거래의 기록은 일기장의 기록으로 충분하며, 일기장은 장책의 현금계정을 겸하는 셈이 된다. 대한천일은행의 치부문서에서 일기장에 속하는 정일기와 현금출납장인「출납기부」(出納記簿)로 분류한 것을 보더라도 그 이유를 이해할 수 있다. 분개장(日記冊)에서 원장(帳冊)에로의 전기는 현금 이외의 계정(捧次秩·給次秩)만으로 이루어진다. 이 경우, 원장은 외상장책(捧次秩)과 타급장책(給次秩)으로 양분되어 있다.

그리고 보조부의 하나로 분류된 회계장은 제21장의 회계책을 지칭하는 것으로 보인다. 이는 결산서에 해당하는 것으로서 손익계산장과 함께 서양부기에서 말하는 재무제표로서 주요부의 결산표에 포함되는 것이라고 생각한다.

거로 하여 같은 맥락에서 사개의 논리적 접근을 시도했던 것으로 보인다. 그렇지만, 연구자에 따라 사개의 용어표기는 각각 다르다. 1922년에 연구한 오오모리(大森硏造)교수는 捧次·入(給次)·還上·還給을 사개로 보았으며, 1925년에 조사한 善生永助는 사개를 봉차(資産)·급차(負債)·이익(收益)·손실(費用)로 분립하였다. 또한 1926년에 연구한 히라이(平井泰太郞)교수는 사개를 봉차(資産)·급차(負債資本)·환상(收益)·환급(費用)이라 하였다. 그리고 개성상인 金基浩는 봉차·급차·수입(收益)·지출(費用)을 사개라고 하였다. 이들이 보는 사개는 모두가 현대부기에서 말하는 자산·부채자본·수익·비용이라는 계정용어에 해당하는 기본요소를 지칭하는 것으로서, 현병주의 사개관과 일맥상통한다는 관점에서 볼 수 있을 것이다.

제15장에서 일기책과 장책에 기록할 때 사용하는 특용문자와 부호에 대한 실례를 제시하고 있다. 현금거래일 경우는 「上·下」를 사용하여 구분하고, 금품거래에는 「入·去」로서 구분 표시한다고 되어있다. 대여금을 회수했을 시는 「환입(還入)」으로 표기하고 차입금을 갚았을 시는 「환급(還給)」이라고 표기한다. 원금 이상의 초과 이익은 「과입(過入)」, 원금에 미달한 손실은 「과거(過去)」로 나타낸다고 하였다. 회계는 봉급(捧給 : 자산과 부채 자본)을 합산하는 행위라고 정의를 내리고 있다. 아마도 회계는 기말결산에서 이루어지는 모든 계산행위를 일컫는 개념인 것으로 해석된다. 그 뿐만 아니라, 봉급을 상하 또는 앞뒤로 구분하기 위하여 삽입되는 「내(內)」도 있으며, 계정을 의미하는 「질(秩)」의 유형을 예로 제시하고 있다. 또한 부호로 사용되는 등자법(⊔), 열기법(ㄱ), 행획(行劃또는 爻周: △), 타점 법(、) 및 호산(╎ ╎╎ ╎╎╎ × 8 ⊥ ≛ ≡ 夊)등은 종래의 사개치부법에서 사용하는 부호를 모두 사용하고 있다.

(5) 기장 구조 및 결산절차

우선 제16장에서 실습 예제를 통하여 기장 절차를 익힐 수 있도록 하였다. 그리고 그 실습예제에 따른 장부의 유형별 편철 방법을 자세히 그림을 그려 설명하고 있다. 그런 다음에 제18장에서부터 제22장에 이르기까지 기장 사례를 제시하여 학습효과를 올리도록 구체적으로 자세히 설명하고 있다(玄丙周, Ibid. PP. 49~100참조 바람). 기장 순서는 ① 일기책(分介帳)→ ② 원장인 장책(他給帳冊·外上帳冊으로 區分)→ ③ 회계책(捧給一覽表·損益算定表)에 이르는 과정을 사례별로 정리해 놓았다.

제18장에서 제시하고 있는 것으로 일기책은 현금출납장을 겸하고 있으므로, 매일 현금의 전일이월액을 맨 처음 기입하고 기장을 개시한다. 즉, 일기책은 날짜별로 분개를 하여 그날의 첫 기록을 「전일 현금이월 xxx 원상(上)」이라 쓰고, 그날 끝에는 「시재금 xxx 원」이라 적고 그날 분개를 하는 것으로 되어있다. 여기에 특용문자와 부호가 기장원칙에 따라 사용되고 있는 것도 발견된다(Ibid., PP. 49~64). 일기책이 완결된 후에는 원장인 장책에 전기를 하게 되는데, 그것은 제19장에서 타급장책에 전기된 사례가 제시되어있다. 전기하기 전에 주의해야 할 사항이 설명되어있다. 특히 장책의 전기된 계좌 앞에 기록된 호산(胡算)의 수치는 그 계좌의 잔액을 나타내는 것이다. 그 계좌의 기록이 끝난 뒤에 원으로 된 동그라미 표시는 결산 후에 새로운 계좌를 설정하지 않고 계속 사용하면, 결산이전과 그 이후를 구별하기 위한 표시라고 보면 된다(Ibid., PP. 65~72). 그리고 제20장에는 외상장책에 대한 사례가 역시 제시되어 있다.(Ibid., PP. 73~84). 이들 장책의 기록은 그 계좌의 증감을 나타내는 것이므로, 입(入)이나 거(去)로 구분된다. 거(去) 대신에 내(內)로 표기하는 경우도 비일비재하다.

서양부기에서 차변과 대변에 해당하는 표시라고 보면 된다. 즉, 차변잔액 계정에서의 차변인 거(去)이고 그 대변은 내(內)로 구분 표기되는 것이며, 대변 잔액계정의 대변은 입(入)이고 그 차변은 내(內)로 표기된다는 것을 의미한다. 예컨대 타급장책과 외상장책의 기장사례의 일부를 소개하면 <표 5-18>과 같다.

<표 5-18> 장책의 기장사례의 일부 소계

大正五年正月　他給長冊　第一

歲大正五年陰給丙辰正月日帳大吉辰冊 他給長冊

|乂⊥ **信成號入**　丙辰正月一日　資本金一萬五千圓○
万　　　內　丙辰正月十六日前債條白壬周給金四百圓
△**權禮得入**　丙辰正月初二日　見樣紙十五塊乂⊥代金七百○五圓
　　內　丙辰正月初二日見樣紙價中卽錢給四百圓, 又二月初一日給次於音給文三百○五圓
△**於音秩入**　丙辰正月二日　本於音二月一日給次三百○五圓
　　　　內　丙辰正月十二日　給三百五圓

세대정5년음병진정월일대길진 타급장책 제1
△신성호　입　병진정월1일 자본금15,000원○
　　內　병진정월16일 백임주지급액400원
△권예득　입　병진정월초2일 견양지 15괴@4.7원대금705원
　　內　병진정월초2일 견양지가 중 즉전 급400원, 병진2월1일 급차어음 급305원
　　　　△어음질　입　병진정월2일 본어음 2월1일 급차305원○
　　內　병진정월12일 급305원

大正五年正月　外上長冊　第一

歲在丙辰正月　日大吉辰外上帳冊　第一

⊥千⅛**第一銀行去**　丙辰正月初一日　當座預金八千伍佰圓○
　　　　內　丙辰正月初四日　小切手第一號金壹千三百五十圓○
‖⅛⊥≟⊥⅛**布屬秩去**丙辰正月初三日慶布七百疋⊥代金初八日本金七百七十圓, 初六日　各種布
　　　屬價合金三千圓○
　　　內　丙辰正月十二日安東布一百疋價合五百五十圓, 十三日北布九十疋‖代金一百八十圓,
　　　十四日慶布一百疋代金一百十五圓, 十七日公春一千八百七十五尺｜文代金三百五十
　　　六圓二十五錢

다음면에 계속

> △ **鄭戊敬去** 丙辰正月初九日兎山紬二百疋染工中先給金八十圓
> 　　　　內 丙辰正月十八日入八十圓
>
> 세재병진정월 일 대길진 외상장책 제1
>
> 7,150원 제일은행去 병진정월초1일 당좌예금8,500원○
> 　　　內 병진정월초4일 수표제1호 금1,350원
> 2,568원75전 포속질去 병진정월초 3일 경포700필 @1.1원 대금770원, 초6일 각종포속 가합 3,000원○
> 　　　內 병진정월 12일 안동포100필 합550원, 북포90필 @2원 대금180원, 14일 경포100필 대금 115원, 17일 공춘 1,875척 @19전 대금 356원25전
> △정무경 去 병진정월초9일 토산주300필 염색비중에서 선급금으로 80원
> 　　　內 병진정월초9일 입 80원

(주 : 본문은 종서 右에서 左로 되어있으나, 이를 횡서로 정리, 한글역주 저자)

<자료 : 현병주, 전게서, PP. 71~84 중에서 일부 발췌>

　따라서 현병주 저서의 결산절차는 제21장의 회계책과 제22장의 결산 시 합산 실례를 통하여 이루어지고 있다. 회계책에서 급차질·봉차질·이일질·소비질의 네 개로 분립(分立)시켜 결산에 진입한다. 즉, 타급장책과 외상정책에 표기된 입거(入去)의 차액(貸借差額)을 회계책에 전기하는 것이다. 이때 외상장책의 계좌는 봉차질, 그리고 타급장책의 계좌는 급차질에 각각 그 계좌 명칭과 잔액을 기록한다. 봉차질의 제일 끝부분에 일기책에 기재된 현금시재액을 추기(追記)해야 한다.

　여기까지가 잔액시산표에 해당하는 계산 절차라고 할 수 있다. 봉차질과 급차질의 합계액을 산출함으로써, 대차 평균을 확인하게 되는 것이다. 즉, 외상장책에서 봉차질로 옮겨적은 계좌는 자산과 비용에 해당하는 것이며, 또한 타급장책에서 급차질로 옮겨적은 계좌는 부채·자본 및 수익에 해당하는 계좌로서 양자의 대응이 이루어진다. 다음 <표 5-19>에서 보이는 것이 회계책의 봉급 일람표이다.

　봉차질과 급차질의 대응계산이 끝난 다음에는 재물기(在物記), 즉 재고조사표를 작성하게 된다. 이 절차는 상품재고를 실사하여 상품계정의 실제 잔액을 수정하는 결산과정의 하나이다. 우선 상품 재고량을 실사하고 그것을 시가로 계산할 것과 원가로 계산할 품목을 정하여 평가액을 확정한 후, 이를 합산하여 기록하게 된다. 상품의 유형별로 평가액을 기록함과 동시에, 차기의 일기책에 이월하고, 이어서 차기의 장책에 품목별로 전기했음을 볼 수 있다. 이 재고조사표의 맨 앞쪽에 계정 잔액과 실사액의 차액인 상품매매이익이 호산으로 기록되어 있다.

제 5 장 근대화여명기의 진화된 사개 송도 치부 문화

<표 5-19> 회계책 봉차질・급차질의 대응 사례

會計冊

(一) 給次秩

信成號給次金　一萬四千六百圓
方仁準給次金　九千圓
債給利子秩給次拾三圓五十錢
皮物利文十九圓

(給次合計)
二萬三千六百三十二圓五十錢

(二) 捧次秩

第一銀行當座預金殘額七　千一百五十圓
公用秩捧次金　四圓五十錢
家舍秩去文一百八十圓
申義植去文五十圓
、見樣紙十五塊去文七百○五圓
、布屬秩去文二千五百六十八圓七十五錢　(171원25전)
、白木秩去文一千三百五十三圓
、白蔘秩去文九十圓
、紬物秩去文　二千五百七圓(本算은　二千四百二十七圓
　　　　　　　　　　　　　(매매차익27원75년5리)
於音秩去文一千九百圓
、機張藿秩去文二百七十六圓
、生苧秩去文一百四十七圓　(매매차익30원)
、雜貨秩去文二百四十五圓　(매매차익55원)
宋庚守去文一百八十圓
劉辛雄去文　二百○七圓五十錢
洪癸化去文二百三十七圓五十錢
、笠子秩去文八十圓
、網巾秩去文三十八圓七十五錢
時在現金五千七百十二圓五十錢

(捧次合計)
二萬三千六百三十二圓五十錢

* 주1 : 紬物秩의 괄호내 「2,427원」은 원래 표기된 잔액이나 이는 오류이고 「2,507원」은 수정된 금액이다.
* 주2 : 봉차질 좌단의 타점(、)은 손익계산의 완료 표시를 뜻하며, 괄호 내의 매매차익은 장책 봉차질의 호산 표기의 수치이다.)

<자료: 현병주, 전게서, PP. 89~91. (원문은 縱書이지만, 저자가 橫書로 첨삭・수정.)>

이를 통하여 기말 상품 재고액이 그 상품의 기말잔액을 초과하는 부분은 매매이익이며, 기말잔액에 못 미치는 경우가 매매손실로 간주하고 있다. 이러한 절차에 따라 실사된 재물기(在物記)를 이해하기 쉽도록 현대식으로 해제(解題)하여 작성한 재고조사표를 표시하면, <표 6-20>과 같다.

<표 5-20> 회계책 재물기의 기록 사례(第二部의 附)

(三) 利益秩 (在物記와 合算하여 商品賣買利益을 算出함.)			
봉차질의 상품계정	봉차질 상품계정 잔액	상품재고액 (商品實査) *	매매이익
布屬秩	(去) 二千五百六十八圓七十五錢	二千七百四十圓	171원25전
紙物秩	(去)七百五圓	七百五圓	0
白木秩	(去)一千三百五十三圓	一千三百五十三圓	0
白蔘秩	(去) 九十圓	九十圓	0
紬物秩	(去)二千五百七圓	二千五百三十四圓七十五錢五里	27원75전5리
機張藿秩	(去)二百七十六圓	二百七十六圓	0
生苧秩	(去)一百四十七圓	一百八十圓	33원
雜貨秩	(去)二百四十五圓	三百圓	55원
笠子秩	(去)八十圓	八十圓	0
網巾秩	(去)三十八圓七十五錢	三十八圓七十五錢	0
合算	八千一十圓五錢(8,010원5전)	八千二百九十七圓五十錢五里 (8,297원50전5리)	287원 5리

(주:1: * 재물기의 실사액과 매매이익은 각 계좌의 맨 앞에 호산으로 표기되어 있는 것이다.)
   (주2: 원문은 종서의 右에서 左로 기록되어있으나, 편의상 횡서의 上.下로 수정하고, 괄호는 저자가 첨삭하였음.)
   <자료 : 현병주, op. cit., PP. 92~93 및 Ibid., PP. 89~92의 호산표기를 참조작성>

이것은 이익질(第三部)과 소비질(第四部)의 대응(收益費用對應)을 통하여 이루어지는 순손익의 산정 직전의 절차이다. 이 과정에서 상품매매이익(利益文)이 확정된다. 상품계정의 잔액은 8,010원 5전인데, 상품재고의 실사액은 8,297원 50전 5리이므로, 상품계정을 초과하는 차액이 상품매매이익(利益文)인 287원 5리로 산출되었다. 이처럼 상품계정의 재고조사가 완료되고 재고조사표가 작성되면, 그다음은 이익질(收益)과 소비질(費用)을 대응시키기 위한 절차에 들어간다. 재고조사표를 작성함으로써, 산출된 상품매매이익은 이익문(利益文)이라는 이름으로 이익질로 전기 되고 그것을 포함한 수익 항목을 이익질(收益)로 전기하여 합계액을 기록한 그 행(行)의 끝에 내(內)라는 문자기호를 적어 넣는다. 그리고 소비질(費用)에는 봉차질에 있는 공용질 봉차금을 이기하여 양자를 대응시키는 손익산정표를 작성함으로써, 당기순이익을 산출하게 되는 것이다. 그렇게 하여 작성된 손익산정표는 <표 5-21>에서 보이는 바와 같다.

이상에서 언급한 회계책의 결산과정은 봉급일람표를 위시한 수정전 잔액시산표, 재고조사표, 상품매매이익의 산정과 손익계산표의 순서로 이루어져 있다. 이것으로 일단 결산은 끝나지만, 그 후의 장부 마무리가 이어진다. 현병주의 저서 제22장에서는 「결산시 합산의 실례」라는 제목으로 결산장(決算帳)을 작성해 보이고 있다. 여기서 그는 『본 장은 결산의 가장 중요한 절차이다. 入한 이익이 어느 秩(計定)에서 발생하였는지를 계산하여 入과 去를 정리하고 비용인 공용질은 還上(還入)시키고 모든 入과 去가 확실히 맞아야 치부(治簿)의 신용이 이루어진다.』58)고 언급하면서, 이를 시산(試算)이라 밝히고 있다. 일종의 결산후시산표에 해당하는 것으로 볼 수 있다. 그러나 원래의 결산 후 잔액시산표의 경우는 자산·분채·자본의 계정잔액을 정리하는 것이며, 수익·비용계정은 결산 과정에서 마감되었으므로 결산 후에는 거론되지 않은 것이 기본원칙이다. 그런데 현병주의 저서에는 수익계정과 비용계정의 잔액이 시산이라는 명목으로 다시 기록하고 있어서 이해하기 어려운 부분임을 밝혀둔다.

<표 6-21> 회계책 손익계산표의 사례(第三部·第四部의 對應)

本文 純利益計算	한글역주
(三) 利益秩	(三) 수익
利益文 二百八十七圓○五厘	상품매매이익　　287원5리
皮物利文 十九圓	가죽제품매매이익 19원
利子文 十三圓五十錢	수입이자　　　　13원50전
三合文 三百十九圓五十錢五厘 內	수익합계　　　319원560전5리
(四) 消費秩	(四) 비용
公用文 四圓五十錢 除	일반관리비　　　4원50전
(나) 純利益文 三百十五圓○五厘	당기순이익　　　315원5리

(주 : 본문은 종서의 우측에서 좌측으로 기록되었으나, 가로쓰기로 수정하고, 한글역주 저자)
<자료 : 현병주, op. cit., PP. 93~94>

그뿐만 아니라, 제23에서 「후록복부(後錄復簿)의 예(例)」라 하여 결산 후에 일기장에 전기하고 각 관련 장책에 전서복위(傳書復位)하는 것이라고 서술하고 있다. 서술 내용대로라면, 이는 결산 마감 후의 개시 분개하는 절차라고 이해할 수 있다. 그러나 그 예제의 작성과정에서 이해 안 되는 부분이 있다. 부록을 두어 장기(掌記)에 관한 설명과 예시를 하고 제11장의 회계책에 속하는 보조부임을 밝히고 있다. 이것도 제11장에서의 장부조직을 설명하는 부분에서는 주요부에 속하는 것으로 분류하고 부록 장기(掌記)의 예시를 하는 곳에서는 보조부라 언급한 것은 일련의 모순이라고 본다.

---

58) 현병주, 전게서, P. 95.

⑹ 현병주의 저서 출판의 의의 및 시사점

현병주의 『실용자수 사개송도치부법 전』은 일제 식민 통치의 삼엄한 조선총독부 시기에 출판(AD1916)되어 세인의 주목을 받았던 개성식 복식부기법에 관한 최초의 문헌이다. 그것은 오랜 세월 동안 전통적으로 사용되어왔던 고유의 조선식복식부기법과 더불어 개성상인들 사이에서 창안되고 비전되어온 개성식 복식부기법의 존재성을 세상에 드러내게 하는 커다란 역할을 한 것이다. 그것은 자습서이기 때문에, 누구나 개성부기의 기본원리를 스스로 익힐 수 있어서, 당시의 사회일반인들에게도 개성부기의 실무를 보급할 수 있는 유일한 교과서로서의 작용을 하였다. 그것은 우리의 고유한 상인회계의 연구에 관심과 단초를 제공해 주었다는 점에서 깊은 의의가 있는 책이다.

개항 이후의 개화기에 새로운 서양식 부기법이 전수되어 신식 학교에서 상업부기와 은행부기 및 공업부기에 대한 교육이 이루어지고 서양 부기의 기법을 익힌 인재들이 사회에 진출하는 사회환경 속에서 그 존재성을 드러내었다는 점이 놀라울 뿐이다. 조선총독부 체제하에서 식민지교육의 하나로 농업·공업·상업학교를 설립하여 직업인 양성을 지향하던 시기에 새로운 서양 부기 교육이 강화되고 있었음에도, 전통적 사개송도치부법에 따른 치부 문화가 이어지고 있었다는 점 또한 감탄을 금할 수 없다. 조선총독부 시기에도 개성 상인들은 망국의 한을 품고 삼포경영과 인삼 무역에 정진하여 자본을 축적하면서도, 당시의 일반화된 서양 부기에 의하지 않고 전통적으로 이어져 온 개성식 부기법에 따라 치부 문서를 작성하였다는 것은 개성상인 정신의 발로라고 하지 않을 수 없다. 이러한 시기에 현병주에 의하여 개성식 부기법의 표본인 『실용자수 사개송도치부법 전』이 출판되었다는 것은 한국인의 자존심을 보여준 쾌거였다고 할 수 있다.

현병주 저서 『실용자수 사개송도치부법 전』의 기본구조는 개성부기에 대한 기장체계를 순서별로 예를 들면서 일목요연하게 설명하고 있다. 그리고 그 기장 구조가 초기복식부기의 기장체계를 갖추고 접근되어 있다는 점이 돋보이는 부분이다. 이는 개화기의 대한천일은행 설립 초기에 작성된 치부 구조와 더불어, 우리나라의 현존하는 개성식 사개치부법의 표본으로 지리 매김하고 있을 뿐만 아니라, 단식부기에서 복식부기로 진화한 개성상인 치부 문서의 대표적 사례라고 확인하게 되는 것이다.

그러나 현병주의 저서에는 사용하는 일기장·분개장·원장·결산표·손익계산표·현금출납장 등의 서양 부기에서 사용하는 용어가 등장하고 있다. 이는 현병주가 서양 부기의 소양을 갖춘 상태에서 개성부기를 집필했던 것으로 간주할 수 있는 대목이다. 더욱이 기장과 결산 과정을 설명하는 부분에서는 개성부기와 서양 부기의 어느 관점에서 설명한 것인지 헷갈리는 점이 있음을 지적하지 않을 수 없다. 그리고 현병주의 책에서는 결산절차를 설명하는 과정에서 손익계산표는 예를 들어 설명하고 있으나, 대차대조표(재무상태표)에 관한 설명과 예제는 제시하지 않고 있다. 이는 수익과 비용을 비교하여 그 차액을 손익으로 확정하는 과정은 설명되고 있으나, 체계적인 손익계산은 충족되지 못했음을 방증하는 것이다. 여기서 체계적인 손익계산이란 순자산 증감에 의한 손익계산과 수익비용의 대응에 의한 손익계산이 체계적으로 이루어진다는 것을 의미한다. 즉, stock 계산(貸借對照表 상의 損益計算)과 flow 계산(損益計算書 상의 損益計算)이 양립된 상태의 부기 시스템이 이루어졌을 때라야 완전한 복식부기의 논리구조를 갖춘다고 할 수 있는 것이다. 시점 손익계산과 기간손익계산이 모두 갖추어져 있어야 한다는 논리이다. 그런데 현병주의 결산 과정에서는 stock 계산과정이 없다는 점이다. 다시 말해서 대차대조표의 작성을 위한 설명이 없다는 것이다. 그래서 현병주의 개성부기 구조는 진화의 과정에 있는 초기 단계의 복식부기 수준이라고 단정하게 되는 것이다. 그러므로 현병주는 서양 부기의 소양을 갖추고 있으면서도, 서양 부기에서 말하는 대차대조표의 구조를 설명하지 않았다는 것을 지적하지 않을 수 없다. 봉차와 급차의 대응 사례를 제시하였으면서도 시산표적 설명에 그치고, 대차대조표의 작성단계까지 한 걸음 더 나아가지 못한 점은 현병주의 저서가 완전한 복식부기의 수준에는 도달하지 못했음을 시사(示唆)하는 부분이다.

3) 조선총독부 시기의 개성상인 회계문서의 존재성

개성 상인의 활동무대였던 개성에 기업형태의 회사가 등장한 것은 조선총독부 체제가 출범(AD1910)한 이후의 일이다. 다른 개항된 도시보다는 비교적 늦은 편이었다. 개성 상인들에 의해 설립된 회사는 삼포경영이나 인삼 무역을 주로 하는 삼업(蔘業)회사가 주류를 이루었다. 합자회사 영신사(AD1912) · 합명회사 개성사(AD1913) · 개성전기 주식회사(AD1917) · 고려삼업사(AD1918) · 송도 도기 주식회사(AD1922) · 개성양조주식회사(AD1929) · 개성산업 주식회사(1936) 등이 비교적 큰 규모의 기업들이었다. 개성의 거상들에 의해 설립된 회사들이었다. 주요 업무는 삼포재배와 인삼의 도산매는 물론, 위탁판매업과 창고업 · 양조업 그리고 금융업을 겸하고 있었다.

초기의 기업설립에 참여한 기업가들은 모두가 삼포경영과 인삼 무역을 통하여 부를 축적한 개성의 거상들이었고, 그들은 민족 기업가로서 긍지를 가지고 일본 기업가들과 경쟁적인 입장에서 기업활동을 전개했다. 그들은 선대로부터 개성에서 인삼재배와 판매로 재산을 모은 개성 상인의 후예들이다. 또한 그들은 근대적 기업경영에도 관여한 바 있는 개성 인삼업계의 개척자적인 개성의 거상들이었다. 그중에 대표적인 기업가를 보면, 개성 인삼업계의 원로로서 개성 산업조합의 초대 조합장을 지낸 인삼업계의 개척자 손봉상(孫鳳祥)이 있다. 그의 아들 손홍준(孫洪駿)은 일본 고오베고등상업학교(神戶

大學의 前身)에서 근대교육을 받고 돌아와 부친의 가업을 이어 기업가로서 활약하였다. 또한 영신사의 설립에 참여하고 대표를 역임한 김원배(金元培)도 역시 개성 상인의 후예로 선대의 가업을 계승하여 삼포경영과 금융업에 종사한 전형적인 개성의 거상이었다. 그는 독지가로도 알려져 있고 개성상업학교의 설립에도 주동적으로 참여했던 인물이다. 그리고 개성기업계에서 두드러지게 업적을 남긴 인물로서는 공성학(孔聖學)과 김정호(金正浩)도 개성 상인의 후예로서 개성의 기업발전에 크게 이바지한 인물들이다. 특히 공성학의 아들 공진환(孔鎭桓)은 유럽 유학을 마치고 귀국한 후, 만몽산업(株)을 창업하여 만주에 대농장을 건설하는 등, 전통성에 얽매여 새로운 적응성이 결여되어 있던 개성의 기업계에 새로운 기업경영의 바람을 일으킨 기업가로서 활동하였다고 전해진다.59)

이처럼 그들은 변화하는 시대조류에 편승하여 전통적 개성산업과 연관된 근대적 기업을 창업하고 경영에 참여함으로써, 조선총독부 시기의 개성기업계를 주름잡았던 기업가들이었다. 그들은 선대부터 이어져 온 가업을 계승함과 동시에, 개성 고유의 사개송도치부법에 따른 장부를 비치하여 경영성과를 측정하는 등, 전통적인 선대의 회계관행을 답습해나갔다. 개성 상인의 긍지를 지키면서도 민족 기업가다운 면모를 잃지 않고 개성상인 정신을 계승하여 민족 기업의 설립과 경영의 근대화를 주도해나갔던 것이다.

더욱이 그들은 개성에 상업학교를 세워 후세 교육에도 심혈을 기울였고, 서울이나 일본 및 유럽 등지로 유학을 보내 신학문에 접할 수 있게 함으로써, 개성 상인의 전통성을 이어갈 수 있는 전도대업(前途大業)의 개척에도 게을리하지 않았다.

그러나, 신식교육을 받은 그 후세들은 더 편리한 서양식 부기법에 따른 장부조직을 선호하게 되어, 결국은 전통적으로 내려오던 개성부기에 의한 치부문화가 점차 사라져가기 시작했다. 조선총독부가 현대식 부기 교육을 강화했음에도 불구하고 개성 상인들이 고집스럽게 지키려고 노력했던 개성부기의 명맥은 개화의 물결을 타고 밀려오는 근대문명의 영향을 받아 흔들릴 수밖에 없었고, 결국 고유한 사개치부 문화가 점차 역사의 뒤안길로 사라져갔다. 조선총독부 후기에 즈음해서는 상업학교 출신들이 기업회사에 종사하게 되면서, 서양식 복식부기에 의한 상업부기·은행부기·공업부기가 보편화되는 시대상으로 변질하여 갔다.

조선총독부 시기에 개성상인 기업가들에 의하여 설립된 개성의 기업들은 제2차 세계대전 이후의 남북분단과 6·25전쟁의 소용돌이 속에서 기업경영의 터전을 잃고 피난길에 나서야 했으며, 살아남은 기업은 거의 없어지게 되었다. 남한 땅에서 기업을 일으킨 개성상인 후예는 극소수에 불과하다. 그런데도 개성상인 후예들에 의해 개성부기의 명맥이 이어지고 있었음을 볼 수 있다. 개성상인 김기호에 의하여 『송도치부법사개문서의개요』라는 문서가 출판된 것이 이를 방증한다. 그러나 개성상인 기업가 활동이

---

59) 조기준, 전게서, PP. 271~285, Passim.

왕성했던 조선총독부 시기에 개성의 기업가들에 의해 작성된 사개치부 문서는 6·25전쟁의 와중에서 거의 사라져버렸다. 연구자들에 의하여 수집된 약간의 사개치부서만 전해지고 있을 뿐이다. 현존하는 조선총독부 이후의 사개송도치부문서를 소개하면, <표 5-22>에서 보이는 바와 같다.

<표 5-22> 조선총독부 이후의 현존하는 사개송도치부문서

연도	사개치부법 기장문서	記帳者	수집자 연구자	비 고
1907	長冊(光武11年)	未詳	이성근	한국학중앙연구원
1910	「物品去來帳簿」	未詳		奎章閣 所藏 (古帳簿)
1913	개성상인 사개치부문서 일부	全在瑾 開城社	大森硏造	연구에 인용됐으나, 所在 不明
1915 ~ 1919	「日記第第二」,「般卜記」, 「草日記第一号」,「日記第一号」, 「他給長冊第一号」,「外上長冊第一号」,「物放長冊第一号」,「物出入記第一号」,「銘心錄第一号」, 「會計冊第一号」	未詳	平井泰太郎	日本 神戶大學 附屬 人文社會科學系 圖書館 所藏
1918 1919 1919	都中會計冊 第一号 墨松里圃會計冊 九鳳村蔘圃會計冊	金益樂 計主明洞	杉本德榮	日本 神戶大學 附屬 人文社會科學系 圖書館 所藏
1926	「日記十八「타급장책」· 「外上帳冊第三」「決算報告」「營業損益表」	未詳	大谷顯太郎	所在不明, 大谷顯太郎의 논문「開城簿記法에 就て」에 인용된 四介治簿文書들이다.
1910 1914 1927 1928 1928 1882	「物品去來帳簿」42張 「長冊」 「日記帳」 「船卜記」 「秋收記」 「日記」	未詳 未詳 白雲庵 未詳 未詳 未詳	權相洙	權相洙 所藏
1919 1929	「草日記」 「草日記」	未詳	송부종	송부종 所藏
1916	『實用自修四介松都治簿法全』	玄丙周	玄丙周	活字版 單行本
1972	「松都四介治簿法實務例」	金鎭英	金基浩	『開城舊京』에 수록
1986	『松都治簿法四介文書의 개요』	金基浩	金基浩	등사판단행본 (金基浩家 소장)

(주 : 이 史料 이외에도 개인과 기관이 소장하고 있는 치부문서가 있을 것으로 사료됨.)
<자료: 조선총독부 이후에 작성된 사개치부 문서 중 저자에 의해 조사·확인된 會計史料>

4 사개송도치부법의 고유성 및 이론 구조적 취약성

우리나라의 전통적 사개송도치부법은 회계문화의 시대사적 진화과정을 거치면서 민간부문의 상인회계로서의 복식부기 제도가 형성되어 독특한 고유성을 갖추었다. 회계문화사적 관점에서 보면, 그것은 조선 시대에 들어와서 사회경제적 환경요소가 완성되면서부터였다. 특히 개성부기 시스템은 개성 상인들의 독특한 상거래 활동을 통하여 상인문화를 형성시켜가는 과정에서 고유한 회계문화를 창조해 내었다. 그러나 사개송도치부 문화가 지닌 고유성과 이론 구조적 취약성이 내포되어있음을 간과해서는 안 된다.

1. 사개송도치부법의 고유성

1) 기장 구조의 고유성

현존하는 우리나라 고유의 치부문서는 크게 관부회계 문서와 상인회계문서 및 민간회계문서로 구분된다고 하였다. 이에 속하는 치부문서가 일부이지만, 개인이나 규장각 등의 기관에서 보존되고 있어서, 그 면모를 살펴 볼 수 있어서 실로 다행스러운 일이다.

저자도 이들 치부사료(治簿史料) 중 필요한 부분을 섭렵하여 본 연구에 활용할 수 있었음을 다행스럽게 생각한다. 이 치부 문서들은 모두가 나름대로 전통적 고유성을 지닌 것으로서의 특이함을 보유하고 있는 것도 사실이다. 이 중에서도 상인회계에 속하는 사개송도치부문서(개성부기)는 기장구조적인 관점에서 볼 때, 독특한 장부조직체계를 갖추고 있다. 현존하는 사개송도치부문서의 대표적인 것으로는 대한천일은행의 치부 문서와 히라이(平井泰太郎) 교수가 수집·연구한 후, 봉직하던 고베(神戶)대학에 기증한 고문서(古文書)뿐만 아니라, 자습교재로서 현병주의 저서와 개성상인 김기호의 교재 본, 그리고 삼포(蔘圃) 경영의 표본이라 할 수 있는 「각포간수본전회계」 및 「마차주식화사회계문서」를 들 수 있다.

장부의 기장 구조면에서 보면, 사개송도치부문서(개성부기)는 하나의 분개장(日記冊)과 두 개의 원장(帳冊)으로 구성된 장부조직체계를 갖추고 있다는 점이 특이하다. 유일하게 대한천일은행 치부문서만이 단일 분개장(日記冊)과 단일 원장(帳冊)으로 구성된 장부조직 제도를 구성하고 있는 것도 특이한 점이다.

근대화 과정에서 도입된 서양식 복식부기의 기장 구조는 업종에 상관없이 단일분개장과 단일원장을 장부조직의 기본원칙으로 하고 있다. 이런 관점에서 본다면, 한국 고유의 상인회계문서는 단일분개장(日記冊)과 두 개의 원장(外上帳冊·他給帳冊)을 갖춘 장부조직체계로서 다른 나라에서는 그 유례를 찾아볼 수 없는 고유성을 지니고 있다.

제 5 장 근대화여명기의 진화된 사개 송도 치부 문화   509

< 표 5-23 > 사개송도치부법의 일기책 기장방식 및 현금거래기록의 기능

역할/분개/장부	고오베(神戶)대학 소장 치부문서 (1854~1859)	직산일기(1896)	대한천일은치부책(1898~1905)	현병주의 저서 (1916)
일기책 (1)입금거래	인명계정 　入 ××× 上 인명계정 　授××× 上 인명계정 　貸 ××× 上 인명계정 　上×××上	인명계정 　入 ×××上	인명계정 　入 ××× 上 변전 　入 ×××上	인명계정 　入 ××× 上 이자질 　入 ××× 上
일기책 (2) 출금거래	인명계정 　授 ×××下 인명계정 　貸 ××× 下 公用條 　××× 下	인명계정 　去 ××× 下 공용 　去 ××× 下	인명계정 　去 ××× 下 공용 　去 ××× 下	白蔘秩 　去 ××× 下 인명계정 　去 ××× 下 공용질 　去 ××× 下
일기책 (3)비현금거래	인명계정 　入 ××× 인명계정 　捧次 ×××	인명계정 　入 ××× 인명계정 　去 ×××	인명계정 　入 ××× 인명계정 　去 ×××	인명계정 　入 ××× 인명계정 　去 ×××
일기책 (4)현금출납장	上 ××× 下 ×××	上 ××× 下 ×××	上 ××× 下 ×××	上 ××× 下 ×××
(5) 일기책의 현금계정	전입시재문 　××× ＋ 上표시합계액 　××× － 下표시합계액 　××× ＝ 時在文 　×××	왼쪽과 같음	왼쪽과 같음	왼쪽과 같음

<자료 : 조익순·정석우, 『사개송도치부법의 발자취』(서울, 박영사, 2006), P. 248. (저자가 일부 첨삭수정)>

독특하게 대한천일은행 사개치부문서만이 단일분개장(正日記)·단일원장(賬冊)의 장부조직체계를 갖추고 있었다. 단순하게 보면, 이것은 서양식 복식부기의 단일장부조

직 제도를 모방한 것처럼 인식될 수 있으나, 자세히 살펴보면 그렇지 않다는 점을 발견할 수 있다. 대한천일은행 사개치부문서는 은행부기의 기능을 갖는 것으로서 근대화 과정에서 한국에 진출한 일본 은행들이 사용하던 은행부기의 전표 시스템을 채택하지 않고 우리의 고유한 사개치부법의 기장조직구조를 기초로 하여 단일원장제도를 개설했다는 점에서 역시 고유성을 확인하게 된다. 그뿐만 아니라, 대한천일은행의 사개치부문서는 초기에 정일기(分介帳)가 현금출납장의 기능을 함께하고 있어서 현금 잔액은 정일기에서만 취급되었고, 장책에서는 현금계정이 설정되지 않았었다. 그러던 것이 광무 4년(AD1900)부터 현금계정에 해당하는 고방(庫房) 계정을 장책에 설정함으로써, 비로소 단일 총계정원장 제도를 확립하게 되었다. 종래의 입금거래·출금 거래·대체거래로 분류·기록하던 방식에서 탈피하여 모든 거래를 대체거래로 간주하여 기장하는 방식으로 진화(進化)되었다. 이는 다른 상인회계문서(四介松都治簿法)가 현금거래를 일기책에서 처리하던 관례를 대한천일은행이 깨고 원장(帳冊)에 현금계정을 설정했다는 점에서 역시 고유성을 나타낸 기장 구조의 하나로 볼 수 있는 것이다. 그런데 사개송도치부문서의 주요부 기능을 하는 일기책의 경우는 현금거래의 계산을 <표 5-23>에서 보이는 바와 같이 각각 기록하여 두 개의 장책(外上帳冊·他給帳冊)을 갖춘 현병주의 저서에서도 그 고유성을 표출하고 있다. 이는 현금출납장의 기능과 원장의 현금계정 기능이 일기에서 함께 이루어지고 있음을 뜻한다.

　사개송도치부문서는 현금출납장 기능·분개장 기능·현금계정기능을 갖춘 일기책과 장책에 현금계정을 개설하지 않은 복수원장(外上帳冊·他給帳冊)을 주요부의 기능을 갖춘 장부 조직화 되어있다. <표 5-23>에서 보이는 바와 같이, 입금거래의 분개는 인명계정(또는 收益計定) 입(入) xxx 상(上), 출금 거래의 분개는 인명계정(또는 費用計定) 거(去) xxx 하(下)로 기장하고 있다. 그리고 현금 수수가 동반하지 않은 비현금 거래(대체거래)의 분개는 인명계정(또는 收益計定) 입(入) xxx (鐙子記號表示) 인명계정(또는 費用計定) 거(去 또는 捧次) xxx (鐙子記號表示)의 구조로 복식 기입을 이행하는 기장체계가 갖추어져 있음을 확인하게 된다. 이러한 일기책의 기능은 현존하는 사개송도치부문서에서 모두 수행되었음을 확인할 수 있다. 즉, 현금거래의 기록기능은 현재 고베(神戶)대학에 소장된 히라이(平井泰太郞)교수의 수집 고문서(AD1854~1858)에서 이루어져 있으며, 그 후의 치부 문서에서도 발견할 수 있을 뿐만 아니라, 현병주의 저서(AD1916)와 개성상인 김기호의 사개 문서(AD1986)에서도 발견할 수가 있다. 이는 현금거래의 기록방식이 사개송도치부법의 창안 당시부터 시작되어 면면이 계속 이어져 왔음을 의미하는 것이다. 즉, 전통적인 치부법이 외세의 영향을 받지 않고 원래의 방식 그대로 전승되어왔음을 의미하는 사개송도치부법 고유성의 표본이라 할 수 있다.

　사개송도치부법의 장책(元帳)에 설정된 계정기록의 형식은 두 가지 유형으로 이루어져 있다. 하나는 좌우 양측으로 차변·대변을 나누어 기록하는 계정형식이며, 다른 하나는 상·하의 양단으로 차변·대변을 구분하여 기록하는 계정형식이다. 전자의 대표적인 치부 문서는 대한천일은행의 장책이고, 후자는 현병주의 저서(AD1916)와 개성상인 김기호의 치부문서(AD1986)의 장책이 대표적이다. 단일원장제도를 채택한 대한천일은행 치부문서의 장책에서는 차변·대변으로 구분하는 거(去)와 입(入)이라는 문자 기호가 사용되었음을 볼 수 있다. 현병주의 저서 등, 후자의 장책에서는 두 가지 원장제도이기 때문에, 차변·대변을 구분하면서 외상장책은 거(去)와 내(內)의 좌우 양측으로 구분기입하고, 타급장책은 입(入)과 내(內)의 좌우로 양분기입하고 있다는 것이다.

이처럼 장책의 기장형식도 상하와 좌우의 대차 구분을 하고 있을 뿐만 아니라, 특히 복수원장(外上帳冊,·他給帳冊)제도를 채택하고 있는 점은 사개송도치부법이 지닌 독특한 고유성을 내포하고 있다는 의미로 이해된다. 서양식 부기 제도는 단일 원장(總計定元帳)을 설정하고 있어서, 사개송도치부법의 복수원장 제도와는 다른 점이라 할 수 있다. 따라서 사개송도치부법(개성부기)은 다른 나라의 영향을 받지 않고 독자적으로 창안되어 오랫동안 독자적으로 진화해왔다는 것을 방증하는 근거가 된다. 서양식 부기와는 다른 고유성을 지닌 기장 구조가 구축되어 있다는 점에서 사개송도치부법의 존재를 다시 재확인하게 된다. 더욱이 일기에서 장책으로 전기하는 과정에 문자 기호뿐만 아니라, 시각 기호인 타점(打點)·열기법(列旗法)·등자법(鐙子法)·표산(標算 또는 胡算: 고유의 숫자표시 기호) 등을 사용하여 전기(轉記)한 사실을 확인할 수 있는 장부의 양식과 기장 방법이 구축되고, 장구한 세월에 변함없이 전승되어왔음은 결국 사개송도치부법이 외세의 영향을 받지 않은 특유의 고유성을 입증할 수 있는 증거라고 해야 한다.

또한 여기에 덧붙여둘 것은 단식부기 형식의 기장 구조로 기록된 관부회계의 장부 조직체계이다. 현존하는 관부회계를 보면, 이두문자(吏讀文字)를 이용한 장부 이름으로 사용하고 있음을 확인할 수 있다. 예컨대 받자 책(捧上冊)·차 하책(上下冊)·차하 흘림(上下流音) 등이다. 한자와 한글이 있었음에도 이두문자를 치부문서의 기록에 활용했다는 것은 기장담당자 이외의 타인은 알아볼 수 없도록 하는 비밀주의에서 비롯되었으리라 추정해볼 수도 있을 것이다. 이러한 사례는 다른 나라에서는 그 유례를 찾아볼 수 없는 것으로서 우리나라 고유의 관부회계가 지닌 독특한 치부구조의 특이성이라고 인식하게 된다. 이러한 사례는 다른 나라에서는 그 유례를 찾아볼 수 없다. 지리적으로 가까운 중국의 관부회계에서도 한문자만을 사용하고 있음을 볼 수 있다. 우리나라는 이와 다르게 이두문자를 사용하여 받거나 들어오는 경우, 입(入) 대신에 수입의 뜻으로 봉상(捧上: 받다)이라고 기록하고, 주거나 나가는 경우, 출(出) 대신에 지출의 뜻으로 상하(上下 : 차하)라는 이두 표기를 함으로써, 우리나라 고유의 관부회계가 지닌 독특한 치부구조의 특이성이 있다는 사실을 인식하게 해준다.[60]

---

60) 조익순, 『四介松都治簿法前史』(서울, 도서출판 해남, 2000), PP. 256~264, Passim.

2) 손익계산 방법의 고유성

일반적으로 장부 기록을 통한 손익계산은 기초와 기말의 순 자산증감을 비교하는 방법과 기간수익·비용의 비교계산에 따라 산출하는 방법의 두 가지가 있다. 그러나 장부 기록 초기부터 이러한 손익계산이 이루어졌던 것은 아니다. 초기에는 거래되는 개별상품별로 매입가격을 기록하고 그것이 판매되었을 때, 판매가격을 확인하여 매매 손익을 산출하는 방법에 의존했을 것이다. 이러한 손익계산 행태를 매출상품별 손익계산 방법이라고 부른다. 그다음 단계로 진화하면, 모험사업 형태에서 개별적인 순 자산증감에 의한 손익계산이 이루어지게 된다. 즉, 개별적인 순 자산증감 손익계산 방법이 형성된다는 것이다. 거기에서 진일보하면, 한 달 또는 일 년 단위로 일정 기간별 손익계산을 확인할 필요성이 나타나게 되는데, 이를 일컬어 기간별 손익계산 방법이라고 한다.

우리나라 고유의 치부문화 속에는 상술한 세 단계의 손익계산이 상거래의 행태별로 양성(釀成)될 수 있는 사회경제적 환경이 조성되어 있었던 것으로 보인다. 현존하는 조선시대의 상인회계문서를 통하여 그 사실을 확인할 수 있기 때문이다.

조익순 교수의 저서에 의하면, 『하멜 표류기』61)의 기록을 인용하여 상품별 개별 손익 계산이 행해진 상황이 언급되어 있다. 즉, 「하멜표류기」에 『그들(朝鮮人:괄호내 著者註)의 수법(數法)은 우리(和蘭人: 괄호내 著者註)가 계산기로 하는 것과 같이 조그마하고 긴 산목(算木)을 가지고 계산한다. 그들은 계산서나 상업장부를 비치할 줄 모르고, 다만 무엇을 살(買)때에는 그 물건 이름 밑에 가액을 기입하고 소득을 적어 쉽게 손익을 알게 된다.』62)는 기록이 있다. 네덜란드 상인 「하멜」 일행이 억류 생활을 했던 조선 중기의 상거래 상황을 엿볼 수 있는 중요한 단서이다. 이 기록내용을 통하여 당시의 상거래 모습과 손익계산 방법이 추정된다. 그것은 매출상품별 개별 손익계산을 지칭한다. 행상(行商)이 빈번하게 이루어지던 봉건주의 시대의 상거래 상황에서는 가능한 손익계산 방법임은 분명하다. 예컨대, 거래처에서 상품을 샀을 때, 그 상품의 이름 밑에 거(去) xxx(買入價)로 기입해 두고, 그것을 팔았을 때는 그 상품 밑에 입(入) ×××(販賣價)로 기입하여 그 차액을 손익으로 계산하는 방법을 일컫는다.

조익순·정석우, 『사개송도치부법의 발자취』(서울, 박영사, 2006), PP. 246~251. Passim.
61) Hamel Hendrik(?~1692)은 네덜란드 상인으로서, 동인도 회사의 상선을 타고 일본 나가사키(長崎藩) 히라도(平島)에 설치된 네덜란드 商館으로 가다가 폭풍으로 난파당하여 제주도에 기착했으나, 조선 효종 4년(AD1653)부터 현종 8년(AD1667)까지 15년 동안 일행과 함께 전라남도 강진의 병영성 인근에서 억류 생활을 하였으나, 결국 일본으로 탈출·귀국하였다. 그는 자신의 경험을 담은 『하멜 표류기』(≪蘭船濟州島難破記≫와 부록인 ≪朝鮮國記≫, 1668)를 네덜란드어로 저술하여 조선의 지리, 풍속, 군사, 교육, 교역 등을 유럽에 처음으로 소개하였다. 그 당시 조선의 사회실정을 알 수 있는 귀중한 자료이다.
62) 이병도 역주, 『하멜표류기 -부 조선국기』, 일조각, 1950, P. 94. <조익순, 전게서, P. 226.>

그다음은 개별적인 자산증감을 확인하여 손익을 확정하는 단계로 발전하게 된다. 현재 규장각에 소장된 개성 상인의 삼포(蔘圃) 경영에서 작성된 『각포간수본전회계(各圃間數本錢會計)』(AD1887~1889)를 통하여 이를 확인할 수 있다. 이는 16개의 삼포를 그 칸수(間數)별로 본전 투자액을 기록하고 매월 지출액을 모두 기록한 후에 각 삼포별 손익계산과 그 분배액을 정리한 회계문서이다. 자본출자자와 재배기술자의 합작에 의한 모험사업의 회계기록이다. 인삼재배는 3년 이상 소요되는 사업(農業)이며 개인투자로서는 위험도가 높은 사업이었기 때문에, 2인 이상의 자본출자자와 재배기술자에 의한 공동사업으로 운영되었을 것이다. 인삼재배의 특성상 타인의 토지를 빌려서 삼포 경영을 하는 경우가 많아서 청산 손익계산, 즉 청산 가격과 투자액(本錢)에다 자본이자를 합한 금액과의 비교계산으로 이루어진 회계문서라고 할 수 있다. 따라서 『각포간수본전회계(各圃間數本錢會計)』의 손익계산은 모험사업(蔘圃經營)의 거리별 순자산 증가에 의한 이익을 산정하고, 역시 이익분배도 순자산 증가액의 분배로 이루어지는 것으로 볼 수 있다.63) 그러나 이것은 모험사업의 거리별 개별적 순자산 증가를 토대로 하는 손익계산일 뿐, 기초와 기말의 순자산 증가액을 기반으로 하는 일정 기간별 손익계산 방법이 아니라는 점에 유의할 필요가 있다.

상품별 개별 손익계산과 모험사업의 청산 손익계산을 거쳐 진화한 단계에 이르면, 기간손익계산이 등장한다. 한 달이나 반년 또는 1년을 기준으로 하는 기간에 영업 성과가 얼마나 이루어졌는가를 정기적으로 확인하는 절차가 체계적인 기간손익계산이다. 「마차주식회사 회계문서」(AD1897~1900)가 현금수지에 의한 전체기간의 손익계산을 하였으며, 대한천일은행의 초기 회계문서(AD1899~1905)는 1년을 단위로 기간손익계산을 하고 있다. 현병주의 『실용자수 사개송도치부법 전』(AD1946)과 개성상인 김기호의 『송도치부법사개문서의 개요』(AD1986)에서도 기간수익과 기간비용을 비교하는 방식으로 기간별 손익계산을 하였다. 이들 회계문서는 장책(元帳)으로부터 도출된 계정 잔액에서 수익·비용에 속하는 계정 잔액만을 집합손익계정에 이월하여 손익을 계산한 후에 그것을 자본금계정에 대체함으로써, 집합손익계정을 마감하고 수정전 잔액시산표에서 집합손익계정으로 넘어가지 않고 남아있는 잔액계정을 결산잔액계정으로 간주하여 개시분개로 마감하는 절차를 밟고 있다. 그런데 대한천일은행의 회계문서(周會計冊)나 현병주의 저서에서는 수익·비용이 현금주의에 의한 것이며, 발생주의와 실현주의에 의한 수익·비용의 인식에는 이르지 못했음을 감안해야 할 것이다. 그뿐만 아니라, 집합손익계정에 의한 손익계산서가 작성되어 있음에도 불구하고, 잔액계정에서 대차대조표를 작성하는 절차가 생략된 것이 하나의 흠이다. 이는 초기의 복식부기로 진화하는 단계에서만 볼 수 있는 기간 손익의 계산 방법임을 의미하는 것이다.

---

63) 조익순·정석우, 전게서, PP. 138~147, Passim.

2. 사개송도치부법의 이론 구조적 취약성

1) 인명계정에 의한 기장구조의 미성숙

사개송도치부법의 기장 구조는 인명계정(personal a/c ; Personalkonto)에 의한 기록계산이 주축을 이루고 있다. 이를 복식부기의 이론구조에 근거하여 그 논리성에 접근해볼 필요가 있다. 원래 인명계정은 복식부기의 발생 이전부터 비망적 기록계산의 수단으로 실행되었던 가장 오래된 기장방식의 하나이다. 이것은 상거래에 관련된 점주(店主: 所有主)와 거래처를 하나의 사람(人名)으로 의제(擬制:fiction: ein Kunstgriff)하여 기록 계산하는 부기법이다. 치부 행위의 초기부터 비망록으로 시작된 기록계산의 기장 형태이지만, 복식부기의 이론적 접근이 이루어지면서 하나의 계정이론으로 다루어져 왔다. 인명 계정이론(또는 人的計定學說)은 단식부기에서 복식부기로 진화된 후에도 계속 언급되었던 기장 이론이다. 복식부기 초기의 계정기입은 인적 계정이론에 근거하여 전개되었다고 할 수 있다.

따라서 인명계정은 경제주체인 소유주(所有主)와 대차거래의 당사자를 나타내며 성과계산은 소유주를 위한 것이 된다. 계정기입은 채권·채무를 나타내는 대차 관계의 기록을 기본으로 해서, 인적의제(人的擬制), 즉 의인화(personification)의 결과로 기록·계산되는 것이다. 그것은 복식부기의 진화과정에서 기장 구조에 변화를 가져왔다. 총계정원장(賬冊)의 통제계정으로서 채권·채무에 관한 계정을 외상매출금 계정(外上帳冊)과 외상매입금 계정(他給帳冊)은 보조부에 속하는 매출처원장·매입처원장으로 진화한 것이 하나의 예이다. 그런데 사개송도치부법은 이러한 기장 구조적 진화의 흔적이 없다. 이는 인명계정 이론에 입각한 논리적 계산구조의 체계성이 취약했음을 의미하는 것이다.

인적계정 이론을 주장했던 대표적인 학자는 최초의 부기서(Summa)를 저술한 이탈리아의 루카 파치올리(Pacioli)를 들 수 있으며, 그 외에도 19세기에 이르기까지 스테빈(S. Stevin)·만조니(D. Manzoni) 등, 다수 회계학자의 지지를 얻고 인적계정 학설을 구축하여 이어져 왔다.

그러나 인명계정 이론은 계정기입의 비 체계성과 비유성(比喩性)을 극복하지 못함으로써, 19세기 후반에 물적 계정학설이 제기됨에 따라 부기이론으로서의 중요성을 상실하게 되었다.[64]

---

64) 神戶大學會計學硏究室 編, 『會計學辭典(第四版)』(東京, 同文館, 1984), P. 733.

2) 회계방정식에 의한 자본순환 구조의 취약점

물적계정(Impersonal a/c : Sachkonto)은 인명계정에 대립하는 개념이며 비인명계정이라고도 한다. 이것은 채권 이외의 자산계정을 총칭하는 개념이기 때문에, 인명계정과 더불어 실재계정(real account)을 구성하고 명목계정(nominal accounts)인 손익계정에 대립하는 계정개념으로 파악하게 된다. 물적 계정이론의 특징은 복식부기의 모든 계정을 독립적인 인격체의 관점에서 파악한다는 점이다. 즉, 그것은 인명계정이 채권자·채무자를 나타내는 계정이지만, 그 이외의 사물을 나타내는 물적 계정에 속하는 계정도 의인화에 의하여 독립된 계정으로 본다는 데 있다. 사개송도치부법에서 포목질(布木秩)·가사질(家舍秩) 등으로 표시하는 계정형식이 그 대표적이다. 인명계정은 채권·채무에 관한 계정이고, 그 외의 계정은 회계상의 사물에 관한 계정으로 보아 비(非)인명계정(Impersonal account)으로서의 물적 계정(physical account)이라고 일컬어진다.

물적 계정을 기반으로 하는 계정이론은 독일의 쉐어(F. Shär)에 의하여 주창된 물적 2계정학설에서 비롯되었다. 이는 복식부기의 계정이론을 구성하는 회계학설의 일종이다. 쉐어(F. Shär)는 독립된 기록계산 단위인 계정을 재산구성의 계정(資産負債計定)과 손익계산 결과의 성과계정(資本計定)으로 분류하여 체계적으로 기록계산하고 종합·정리하는 부기가 복식부기라고 하였다. 환언하면, 복식부기란 경제주체에 귀속되는 재화 가치의 증감계산은 물론, 수익·비용에 의하여 발생한 손익을 대응시키는 기장 방법이며, 자기자본의 완전한 계산을 하는 것이다. 여기서 그는 물적 계정을 재산계정계열과 자본계정계열의 두 개의 계열로 나누어 복식부기의 원리를 제시하고, 이를 수학적 계산식에 의하여 계정형식으로 표시하였다.[65]

그는 물적 2계정을 계정 등식에 의하여 밝히고 경제주체에 귀속되는 재산의 구성부분을 수학적 방정식으로 설명하였다. 소유재산(所有財産)계열의 계정(資産負債計定)과 순재산(所有財産 源泉으로서의 資本)계열의 계정(資本計定)으로 나누어서 A=K라는 등식으로 표현했다. 즉, 일정 시점에 존재하는 재산을 적극재산(Aktiv Vermögen 資産)과 소극재산(Passiv Vermögen : 負債)로 구분하여 적극재산에 포함된 채무 등의 소극재산을 차감한 것이 순재산(eigen Kapital: 資本)이므로, A - P = K(資産 - 負債 = 資本)라는 순재산(資本) 가치계산의 자본방정식을 구상하였다. 여기서 채무 등의 부채는 그 재화의 원래 소유권자에게 돌려주어야 하는 소극적 재산이며, 자본은 출자자에게 귀속되는 재화이기 때문에, 이를 수학적 가감방식에 의하여 A = P + K(資産 = 負債 + 資本)라는 대차대조

---

65) J.F. Shär, "Buchhaltung und Bilanz,"(5 Aufl. Berlin, 1922), S. 8: 林良吉 譯,『會計及び貸借對照表』(東京, 同文館, 1926), PP. 9~10; 上野淸貴,『簿記の理論學說と計算構造』(東京, 中央經濟社, 2019), PP. 3~4.

표(재무상태표) 방정식을 도출할 수 있다.
　쉐어(F. Schär)는 부기를 자본순환의 역사적 기술기법이라 정의하고, 거기에서 복식부기의 차변(soll : Dr.)과 대변(haben : Cr.)을 설정하여 계정을 사용하면, 위에서 언급한 방정식(A-P=K)이 그대로 많은 계정의 차변과 대변에서 형성된다는 취지를 밝혔다. 복식부기는 모든 거래의 이중적인 과정(Doppelvorgänge)을 바르게 표시하는 것이 필연적 결과로 종결지어진다고 주장하면서, 차변·대변이 두 가지 계정을 설정하여 자본순환을 서술하려고 했다. 어떠한 재산구성 부분도 계정과목에 의하는 기록계산과정을 면할 수 없다는 논리를 전개하고 있다. 그것은 복식부기론을 기반으로 하는 부기 방정식에서 계정형식의 논리성을 탐색했다는 점이다.[66]
　그러므로 쉐어(J.F. Schär)의 계정이론에 나타난 특징은 복식부기의 구조론적 수학방정식에 의하여 해명하려고 했다는 점이다. 그의 물적 2계정학설은 자본계정에서 순재산을 산정하여 명확히 표시함으로써, 전기와 당기의 증감을 비교하고 이익을 산출할 수 있다는 것이다. 자본계정계열에 자본계정과 손익계정을 설정하여 자본계정에 모두 집약시킴으로써, 순재산(資本과 利益)을 산정한다는 그의 계정이론은 자본방정식(A-P=K)에 의하여 자본가치(K)가 확정되고 전기와 당기 두 시점 간의 자본수치를 비교하여 이익을 산정할 수 있다는 것이다. 그 결과 손익계정에서 산출된 이익과 같은 값으로 표기된다. 이처럼 순재산의 차액 계산으로 이익을 산정한다는 것이야말로 대차대조표(재무상태표)를 구심점으로 하는 회계방정식(A+V=P+K+G)에서 비롯되었음을 의미한다. 이것이 물적 2계정이론의 출발점이 되는 것이다. 이러한 재산계정과 자본계정에 의하여 모든 거래가 계산되도록 두 개의 계정을 대응시켜 순재산(資本)을 추구한다는 사고방식은 현대에 이르러서도 그 맥이 이어지고 있다.
　이상의 계정이론에 비추어보면, 사개송도치부법의 계산구조에 이론적 취약점이 있음을 발견하게 된다. 우선 사개송도치부법의 수학적 부기 방정식은 사개방정식에 기초한다. 그것은 봉급일람표(捧給一覽表)에 의한 등식(捧次+소비=給次+利益)에 기준으로 하여 계산구조론이 성립된다고 할 수 있다. 이러한 논리구조가 사개송도치부법이 지닌 사개방정식(四介方程式)의 기초이다. 이는 위에서 언급한 물적 2계정이론에서 말하는 부기등식(A=K)에서 출발하고 있는 것(捧次=給次)으로 추정할 수 있기 때문이다. 그러나 봉차는 자산을 표시하는 것이며, 급차는 부채를 표시하는 것이라고 할 수 있으나, 순재산가치로서의 자본을 표시할 수 있는 계산과정이 불확실하다. 물적 2계정이론처럼 재산계정(A)계열과 자본계정(K)계열에 의하여 모든 거래가 계산되도록 하는 두 개의 계정을 대응시킴으로써, 순재산(資本)을 계산한다는 논리구조와는 약간의 거리감이 있다. 사개송도치부법에서는 자본계정(K)계열에 속하는 계정이 부채에 해당하는 급차(給

---

[66] J. F. Schär, A. a. O. S. 23 & 임양길 역, 상게서, PP. 28. & 上野清貴, 상게서, PP. 6.

次)로만 표시되기 때문이다. 물적 2계정이론의 경우는 재화의 조달 원천이라는 관점에서 부채를 타인자본으로 보고 순재산인 자본을 자기자본으로 본다는 논리구조이므로, 자본계정(K)계열에 부채계정이 합류 가능하다는 논리가 성립되는 것이다. 그런데 사개송도치부법은 물적 계정이 자산계정(捧次秩)계열과 부채계정(給次秩)계열로 구성되어 있고, 명목계정으로서 수익계정(收入 또는 利益)과 비용계정(支出 또는 消費)이 존재할 뿐이다. 이것은 사개방정식(捧次+消費=給次+收入)의 구성에는 유용하지만, 급차가 부채계정에 속하기 때문에, 쉐어(J.F. Schär)가 말하는 자본계정(K)계열의 논점에서는 논리적 취약성을 내포하고 있다고 하지 않을 수 없다. 여기에 사개송도치부법이 지닌 자본순환 구조의 계산구조론적 맹점이 존재하는 것이다.

3) 미완성 복식부기의 이론 구조적 결함

완전한 복식부기는 두 가지 손익계산 방식을 갖춘 기장 구조로 이루어져야 한다. 하나는 일정한 기간의 수익과 비용을 대응시켜 산정(期間收益-期間費用=純利益)하는 기간손익계산이다. 또 다른 하나는 기초와 기말의 순자산 증감액을 비교계산(期末資本-期初資本=純利益)하여 이루어지는 손익계산 방식이다. 그런데 사개송도치부법의 손익계산 방식은 전자, 즉 수익·비용의 대응에 의한 기간손익계산은 이루어지고 있으나, 후자, 즉 순 자산(資本)증감액의 비교계산에 의한 기간손익계산이 이루어지고 있지 않다는 것이다. 다시 말하면, 집합손익계정에 의한 손익계산서의 작성은 이루어져 있지만, 결산잔액계정에 의한 대차대조표의 작성이 안 되어있다는 것이다. 대한천일은행의 회계문서뿐만 아니라, 현병주의 저서에서도 이와 같은 계산구조로 이루어져 있다. 이러한 사실은 사개송도치부법이 초기 단계에서 진화하지 못한 미완성의 복식부기 구조임을 방증한다고 할 수 있다. 환언하면, 현존하는 사개송도치부법의 회계문서는 초기 단계의 미숙한 복식부기 형태로서, 회계이론구조의 취약성을 지닌 불완전한 복식부기 구조라고 하지 않을 수 없다는 것이다.

이러한 미완성의 복식부기를 일컬어 「코지올(E. Kosiol)」은 체계적 단식부기(sytematische einfache Buchführung)[67]라고 하였다. 그는 복식부기야말로 체계화된 단식부기에서 유도되는 것이며, 체계적 단식부기의 완성을 통하여 복식부기의 성립을 유도하게 되는 것이라고 하였다. 환언하면, 체계적인 단식부기가 기간적 손익계산을 행하는 부기 시스템이지만, 대차대조표에 의한 총괄적인 손익계산 이외에 개별화된 수

---

67) E. Kosiol, "Pagatorische Bilanz(Erfolgsrechnung)," in Lexikon des Kaumännischen Rechnungswesen, hrsg. v. K. Bott, Stuttgart, 1954, SS. 2085~2120: <高田正淳 譯, 『財務會計論』(東京, 森山書店, 1965)> ; <上野清貴, 『簿記の理論学説と計算構造』(東京, 中央經濟社, 2019)), PP. 47~60.>

익·비용계산을 하려고 하는 노력으로 필연적으로 복식부기가 생성되며, 손익계산서에 의한 기간 손익을 산정함으로써, 완전한 복식부기에의 진화를 유도한다는 것이다.[68]

수익과 비용의 직접적인 기장은 합목적적으로 분류된 수익계정과 비용계정에서 이루어지며, 수익계정과 비용계정의 마감을 통하여 손익계산서가 작성된다. 이러한 과정을 통하여 손익은 두 가지 형태로 결정되기에 이른다. 대차대조표와 손익계산서에서의 손익결정은 양자의 연결에 의한 대응의 원칙에 따라 각각 다른 계산방식(資産負債資本計定의 決算殘額計定과 收益費用計定에 의한 損益計定)을 통하여 각각 다른 계정에서 시점 손익(期末資本-期初資本=利益)과 기간 손익(收益-費用=利益)이 산출되지만, 필연적으로 같은 결과(利益)가 산출된다. 전자는 stock(靜的) 계산에 의한 대차대조표를 작성하는 시점 손익계산 구조이며, 후자는 flow(動的) 계산에 의한 손익계산서를 작성하는 기간손익계산 구조를 의미한다. 이러한 절차를 통하여 완전한 복식부기 시스템이 형성되는 것이다.

「슈말렌바하(E. Schmalenbach)」가 말하는 바와 같이, 기간손익계산(periodische Erfolgsrechnung)은 집합손익계정을 통한 기간수익과 기간비용을 대응시킴으로써, 손익계산서의 작성을 유도하고, 또한 결산잔액계정을 설정하여 기간 중의 순자산 증감액을 가감함으로써, 재화의 기초재고와 기말재고를 비교하는 대차대조표(재무상태표)의 작성으로 이어지는 결산절차가 구축되어 있어야 한다. 그는 영업 기간 중의 수익·비용은 발생주의와 실현주의에 따라 기록계산이 이루어져야 한다고 피력하고 있다. 즉, 당기에 발생했으나, 차기에 이르러 실현되는 항목이 있으므로, 이를 분명히 구분하여 손익계산서와 대차대조표에 반영되도록 정리해야 한다는 이론이다. 선수수익·미수수익·선급비용·미지급비용 등의 미해결항목이 대차대조표에 반영되고 차기로 이월되는 결산절차가 이루어짐으로써, 손익계산서와 연결환(連結環: verknüpfende Band)이 형성된다는 논리이다. flow(動的) 계산에 의한 손익계산서의 작성과 stock(靜的) 계산에 의한 대차대조표(재무상태표)의 작성이 유도되는 결산절차를 통하여 부기론적 계산구조에 어긋남이 없어야 완전한 복식부기의 기능을 갖추게 된다.[69]

위에서 언급한 바와 같이, 우리나라 고유의 치부문화는 초기에 상품별 개별 손익계산에서 전체 손익계산으로 진화되었고, 거기에서 진일보하여 영업 전체기간의 손익계산을 하는 방식으로 발전했다. 여기서 주목해야 할 것은 전체(淸算) 손익계산에서 일정 기간손익계산으로 진화했다는 사실이다. 「각포간수본전회계」의 모험 대차 손익계산이나 「마차주식회사 회계」의 현금수지에 의한 청산 손익계산은 전체 기간손익계산

---

68) a. a. O. S. 2090. <高田正淳 譯, 上揭書, P. 7>
69) E. Schmalenbach, "Dynamische Bilanz," (7Aufl. G.A. Glökner, Verlagsbuchhaltung in Leipzig. 1939), S. 100. <土岐政藏 譯, 『動的貸借對照表論』(東京, 森山書店, 1956), P. 84 > & <윤병욱, 『동적대차대조표론』(서울, 經紀文化社, 1953), PP. 53~67, Passim.>

으로 이루어져 있다. 대한천일은행 초기의 회계문서는 일정 기간, 즉 1년을 단위로 하는 결산절차에 따른 기간손익계산 방식을 취하고 있다. 그런데 문제는 집합손익계정의 설정에 의한 손익계산서의 작성을 유도하고 있으나, 결산잔액계정을 통한 대차대조표를 작성하지 않고, 결산잔액계정에서 그다음 절차인 개시분개로 이어지고 있다는 사실이다.

<표 5-24> 치부문화의 진화단계와 근대사회의 미완성 복식부기 속성

구분	진화단계별 부기유형	부기적 계산구조의 기장 내용	비고
제1단계	원시적 초기단식부기	단일장부(日記冊)에 의한 물량표시의 치부 행태	고대국가 시대 (관부회계)
제2단계	진화단계의 단식부기	일기책에 의한 물량 및 화폐 표시의 치부 행태	고려·조선 시대 (관부회계)
제3단계	중간단계의 단식부기	일기책 중심의 화폐적 표시에 의한 치부 행태	조선 시대 (관부·상인회계)
제4단계	체계적 단식부기	일기책·장책에 의한 화폐적 평가의 단식부기적 치부행태 (개별 손익계산 및 청산 손익계산)	조선·근대화기 (관부·상인회계)
제5단계	초기단계의 복식부기	기간계산 개념이 없는 일기책·장책 중심의 복식기입의 부기 행태로 진화 (전체·청산 손익계산)	조선·근대화기 (상업부기)
제6단계	중간단계의 복식부기	기간계산 개념의 수익·비용의 손익계산만 있는 일기책·장책에 의한 복식부기의 치부행태(flow 중심의 기간손익계산 구조이며, 손익계산서 하나만 작성됨.)	근대화 시기 (상기업부기)
제7단계	완성단계의 복식부기	기간계산 개념에 의한 손익계산 구조의 일기책·장책·회계책에 의한 복식기입의 치부 행태 완비. (flow 계산과 stock 계산이 모두 존재하며 P/L 및 B/S의 시점 손익·기간 손익이 모두 계산·표시됨.)	현대사회 (한국정부수립후) (상업부기·공업부기·기업회계)

<자료 : 조익순, 『사개송도치부법전사』 (2,000), P. 266을 참조하여 저자가 작성정리함.>

이는 현금주의회계에서 전체 손익계산을 행하는 부기 시스템과 유사하다. 이 경우 경제주체(企業)는 그 존속기간의 최후에 성과계산을 하면 되므로, 대차대조표(재무상태표)의 작성이 필요하지 않다. 영업 기간에 발생하는 모든 미해결거래(收益費用의 期間配分)는 같은 계산 기간 내에 해결될 수 있기 때문이다. 이러한 절차를 일컬어 전체 기

간계산이라고 칭한다. 「각포간수본전회계」 및 「마차 주식회사회계」의 손익계산이 이에 해당하는 것이다. 대한천일은행이 1년을 단위로 기간계산을 하면서도 대차대조표를 작성하지 않고 손익계산서의 작성에 머물고 있을 뿐, 결산잔액계정의 설정을 통한 대차대조표(재무상태표)의 유도로 이어지지 않은 점은 미숙한 진화의 행태라고 간주하게 된다.

「각포간수본전회계」 및 「마차 주식회사회계」는 기간계산 개념이 없는 일기책·장책에 의한 복식기입으로서의 전체 손익계산인 데 비하여, 대한천일은행의 치부문서와 현병주의 저서에서는 수익·비용의 차액 계산만 있는 일기책·장책에 의한 복식 기장으로서의 기간손익계산이라는 점에서 차이가 있다. 여기서 진일보하면, 미해결거래(收益費用의 期間配分)를 반영함으로써, 기간손익계산이 존재하는 일기책·장책에 의한 복식 기장으로서의 손익계산서와 대차대조표를 유도하는 완전한 복식부기 시스템이 형성된다.

이에 대하여 조익순 교수는 『우리나라의 고유 부기는 완전한 복식부기가 아니라, 초보적 또는 중간 형태의 복식부기 영역을 벗어나지 못한 것이었다고 단정하지 않을 수 없다.』[70]고 하면서, 사개치부법이 불완전한 복식부기의 수준임을 지적하였다. 따라서 우리나라 고유의 사개송도치부법은 현금주의에 의한 기간손익계산을 하고 있을 뿐, 발생주의와 실현주의에 근거한 양자의 균형잡힌 기간손익계산 구조가 완결되어 있지 않기 때문에, 아직 미완성의 복식부기 구조를 갖춘 치부 시스템으로 인식하게 되는 것이다.

5 에필로그

상인회계문서를 통하여 실제로 복식부기의 이론구조에 대한 접근이 가능했던 것은 근세 조선 시대 후기의 사료(史料)들이었다. 이들 조선 시대 후기의 회계문서는 관부회계 문서와 상인회계문서, 그리고 일반서민들의 경제활동에서 비롯된 거래기록으로서의 민간회계문서로 구분할 수 있을 만큼의 다양한 것들이었다. 이 치부사료(治簿史料)를 통하여 부기 회계의 이론적인 측면에서 복식부기의 속성을 지닌 것으로 분류·접근할 수 있었음은 물론, 기장 구조의 고유성과 이론적 취약성에 대한 고찰도 가능했다.

조선 시대 후기 이후의 회계문화는 개항의 물결을 타고 몰려오는 서양 문물과 더불어 유입된 서양식 복식부기 방식에 접하면서 변화되어 갔다. 이러한 환경변화의 와중에서 전통적 치부문화와 서양식 복식부기 문화가 혼재하는 상황이 전개된 것도 사실이다.

---
[70] 조익순, 전게서, P. 267.

근대사회의 여명기(AD1876~1910)와 조선총독부(AD1910~1945) 시기의 급변하는 회계환경의 변화 속에서 이루어진 사개송도치부문서의 현존사료(史料)를 근거로 회계 환경론적 접근과 계산구조론적 관점에서 실증적 검토도 이루어질 수 있었다.

개항 이후 서양식 복식부기 문화가 유입되는 와중에서도 개성 상인들은 축적된 상업자본을 기반으로 근대화여명기의 전통적 사개송도치부법을 고수하는 기지를 발휘하였다. 이 무렵 초기형태의 상업자본주의 경제구조가 형성되어 상인집단에 의한 치부문화가 주도되는 환경으로 급격히 변화되어 갔다. 서양 문물의 유입을 통하여 근대사회로 탈바꿈하는 과정에서 외래자본이 유입되었고 종래의 축적된 민족자본이 산업자본으로 전환되었을 뿐만 아니라, 산업근대화의 기반구축이 가능한 사회구조로 변화되어 갔다. 실사구시의 제도개혁 속에서 서양식 회계 교육도 함께 이루어짐으로써, 서양 부기에 대한 인식의 고조되어 새로운 회계문화로 탈바꿈하는 원동력으로 작용하였다.

조선총독부 시기에 근대산업 자본주의적 기업이 형성됨과 동시에, 서양식 부기 교육을 강화하는 회계환경을 경험하면서도 개성 상인들은 민족자본에 의한 기업설립과 경영을 지속하고 전통적 사개송도치부문화를 계속 고집함으로써, 살아있는 민족혼의 건재함을 과시하였다. 서양식 부기 교육이 보급되는 환경적 상황에서도 사개치부의 관행은 한국 근대화여명기 산업근대화의 진행에 일익을 담당하고 있었음을 확인할 수 있었다.

그뿐만 아니라, 사개송도치부법의 학습교재(玄丙周의 著書)가 발간될 정도로 개성 상인들의 사개송도치부법에 대한 애착심은 아주 높았다. 그런데도, 우리나라 고유의 사개 송도치부문화는 결국 밀물처럼 밀려오는 근대화의 조류(潮流)에 밀려나 역사의 뒤안길로 사라져 가버린 것을 아쉽게 생각하는 바이다.

그러한 역사적 인식 속에서 개항 이후의 근대화 시기(AD1876~1945)에도 지속되었던 사개송도치부문화의 편린(片鱗)들을 모아 퍼즐 맞추는 심정으로 그것이 지닌 복식 부기적 계산구조를 심층적으로 접근하였다. 그 검토 결과는 모두가 초기 또는 중간단계의 복식부기 속성을 갖춘 치부 문서들이었음이 논증되었다.

이상에서 살펴본 바와 같이 복식부기의 생성은 서법·산술·사유재산·화폐·상업·신용·자본·위임(委託經營) 등의 완비가 필요하다는 것을 확증할 수 있었다. 우리나라의 회계환경은 조선시대 후기에 이르러 이들 요소가 모두 갖춰짐으로써, 복식부기 문화가 형성되었고, 그것은 개항 이후 개화기를 거쳐 조선총독부 시기에 이르기까지 지속되었음은 물론, 대한민국 정부가 수립된 이후에 이르기까지도 개성 상인들의 후예가 지속하여 그 명맥이 유지되고 있었다. 1986년에 발간된 개성상인 김기호의 『송도치부법사개문서의 개요』라는 해설서가 이를 증명해 주고 있다.

제6장 사개송도치부문화에 투영된 상인 정신과 회계 사상

1 프롤로그

　동서고금을 막론하고 상업이 있는 곳에 상인이 있고, 상인이 있으면 반드시 상인 정신이 싹트고 회계문화가 조성되게 마련이다. 상인 정신과 회계문화는 나라마다 그리고 시대별로 특성이 있는데, 그 이유는 그 나라, 그 시대의 문화적 배경과 사회경제적 환경구조가 다르기 때문이다.
　우리나라는 유사 이래 공동체적 기초 위에서 가족 노동에 의한 생계 수단으로서의 농업이 가장 중요한 산업이었다. 그것은 자급 자족적이고 생계유지를 위한 것이었다. 그러한 사회경제적 구조 속에서 생산물의 교환수단으로서의 상업이 발생하게 되었고, 상업에 종사하는 상인은 상행위를 통하여 부(富)를 추구하고, 확고한 상인 정신의 바탕 위에서 상거래 활동을 수행하였다. 이들 상인의 기본목적은 이윤추구에 있었으나, 그렇다고 영리에만 연연하지 않았다.
　우리나라의 전통사회에서 등장한 보부상(褓負商)은 이윤에 기본을 두면서도 근검절약하며 신의를 지키는 상도를 지니고 있었을 뿐만 아니라, 환난상구와 진충보국의 정신을 지니고 있었다. 이러한 보부상 중에는 개성 출신이 많았는데 그들은 행상뿐만 아니라, 좌상(坐商)이나 객주업(客主業)에 종사하기도 했다. 그들은 고려의 수도인 송도(松都=開城)에 뿌리를 두고 있었기 때문에, 송상(松商)이라 일컬었으나, 오늘날에는 개성상인지라 부르고 있다. 개성 상인들은 동료 상인들 사이에서 상부상조하는 자기희생적 협동 정신이 투철하였고 우수한 상술을 펼쳐 상업활동을 전개하면서도 결코 이익을 독점하려고 하지 않았다고 한다.[1]
　개성상인은 고려와 조선을 거쳐 오늘에 이르기까지 한반도의 상업을 주름잡았던 한국의 대표적 상인집단이었다. 그들은 전통적으로 송방(松房)이라는 조직체계와 차인제도(差人制度)라는 수탁 경영시스템, 그리고 사개송도치부법(開城簿記)이라는 합리적인 기장 방법을 개발함으로써, 그들 특유의 사업원칙을 확립하였다고 한다. 더욱이 그들

---
1) 김병하, 『한국경영 이념사』(대구, 계명대학교 출판부, 1994), p. 20.

은 근검절약, 성실과 신용 및 협동 정신 등의 개성상인 정신과 상도(商道)를 후세에 남겼음은 주지하는 바와 같다.2)

사개송도치부법은 개성 상인들이 독창적으로 거래의 양면성을 신용거래에서 발견하여 음양원리에 의한 사개(四介)의 기장체계를 완성함으로써, 합리적인 투명경영을 지향하고 있는 장부 기록법이다. 이것은 오늘날 사용되고 있는 서양식 복식부기에 비견(比肩)할 수 있는 기장 방법으로서, 그 논리구조를 개성상인의 경영 사상과 연계시켜 규명해볼 필요가 있다. 상업을 천직으로 여기던 개성상인에 의하여 구축된 한국 상인 상(像)이 점점 사라져가는 시점에서, 그들이 남긴 흔적을 통하여 한국인의 전통적 상도에 접근한다는 것은 그만큼 중요한 의미를 지니고 있기 때문이다.

따라서 본 장에서는 개성상인에 의하여 개발된 사개송도치부법의 구조를 문헌사적으로 접근하여 거기에 내재한 개성 상인의 정신적 기반을 살핌과 동시에, 한국 회계문화에 투영된 회계 사상을 규명하고 그 과학성을 탐구하려는데 주안점을 두고 있다. 그렇게 함으로써, 개성 상인의 독특한 경영 사상적 요소와 특징을 밝혀낼 수 있을 뿐만 아니라, 합리적인 기장 방법의 개발을 통하여 표출된 개성 상인의 투명성과 신뢰성의 윤리적 근간(根幹)에 내재한 상인 정신과 회계 사상을 찾아보려는 것이다.

2 한국형 상도의 경영 사상적 기반

1. 우리나라 상도의 형성과 발달

1) 전통적 상도의 태동

상인이 상행위를 하면서 지켜야 할 도리(道理)가 있다. 이를 일컬어 상도(商道)라고 하며 상인의 행동양식이요 경영 사상의 기본이 되는 것이다. 일반적으로는 이것을 상인 정신이라고 부른다. 이러한 상도가 존재함으로써, 상거래 질서가 유지되고 건전한 산업사회의 발전이 이루어질 수 있게 되는 것이다.

우리나라에서 시장과 상업이 형성된 것은 고대문명 국가 시대부터 원시적인 형태이기는 하지만 상인의 영업행위도 있었던 것으로 전해진다. 처음에는 같은 종족이 거주하는 지역 내에서 동무서천(東貿西遷)하는 형태로 행상이 이루어졌을 것이다. 그러나

---

2) 홍하상, 『개성상인』(서울, 구일 출판사, 2004), p. 4.

적대적 관계에 있는 다른 종족집단과의 교환거래는 어려울 수밖에 없었다. 그러나 국경지대에서 묵시 교환(默示交換 : Silent trade)이 있었을 가능성이 있다. 예컨대 강을 사이에 두고 있는 두 종족의 경우, 한쪽은 바닷가에 살고 있어서 해산물을 채취할 수 있고, 다른 한쪽은 산촌에 거주하여 나무 열매나 농산물을 주식으로 하고 있었다면, 바닷가 지역의 행상은 해산물을 강 건너에 가져다 놓고 돌아와 지켜본다. 이에 응하여 산촌의 행상은 산촌의 생산물을 거기에 가져다 놓고 해산물을 가지고 간다. 이처럼 말 없이 지켜보면서 이루어지는 묵시적 교환거래가 서로 적대시되던 부족국가 사이에서 비롯되었던 것으로 볼 수 있다.

모험적 상행위에서는 이윤에 연연하지 않고 서로 신뢰하는 거래가 기본이었을 것이다. 서로 속이지 않고 상대방을 믿고 상거래를 행한다는 정신이 존재했기 때문에 교환거래가 이루어졌다고 할 수 있다. 그것이 서로 적대시 하던 종족 간의 봉쇄적인 벽을 허물고 상행위의 평화적 교류가 발전적으로 진행되었을 것이다. 이처럼 공동체적 의식구조가 강한 사회에서는 물자의 조달을 해결해주는 행상이 이윤에 연연하지 않고 상호 간 신뢰와 선린의 인화(人和)이 토대 위에서 물물교환했다고 볼 수 있다. 여기에서 물물교환에서 비롯된 서로 믿는 상도(商道)의 싹이 있음을 발견하게 되는 것이다.

그러나 전업 상인의 등장은 중앙집권적 통치체제가 형성되고 어느 정도의 사유재산 제도가 인정되어 시장기능이 갖추어진 사회에서 가능하게 된다. 우리나라에서 이러한 환경 여건이 조성된 고조선 시대에 발원되었다고 하지만, 통일신라 시대에 이르기까지 장기간에 걸쳐 서서히 정착되어 갔다고 할 수 있다. 발생사적으로 보면 필요한 물품의 조달을 위한 상거래는 인간의 이기적 속성 때문에 나타났다. 타인의 재화를 획득하는 방법에는 약탈적 방법과 평화적 거래 방법이 존재한다. 약탈적 방법은 권력이나 폭력이 수반되기 때문에, 선의의 평화적 방법에 따라 상거래가 이루어지게 되었다. 상거래를 전담하는 상인이 등장하였으며, 그들은 상거래 활동의 대가를 이윤으로 보상받았으므로, 이윤추구의 정신은 전업상인의 출현에서 비롯되었다고 할 수 있다.

삼국 및 통일신라 시대에 이르러 수도와 각 지방에 경시(京市)와 향시(鄕市)가 형성되어서 직업적인 전업 상인 활동이 이루어지게 되었다. 그들은 행상으로 유무상통하는 조직을 갖추고 있었으며 고객들과의 신의를 지키는 상도가 있었음은 물론, 훗날 조선시대의 보부상과 같은 조직으로 유사시에는 진충보국하기도 했다. 이 시대에는 상업이 천시되지 않은 풍토였으므로, 상인은 관원으로 출사하여 문관이나 무관이 될 수 있었으므로, 귀족이 될 수 있는 개연성도 있었다. 그 대표적인 예로는 평민의 신분이었으나 갖은 고생을 겪으면서도 상인으로 출세하여 국제적 거상(巨商)이 된 장보고(張保皐)의 등장은 이를 입증해 준다.[3]

---

3) 김성수, 「개성상인 정신 발달사 연구」(한국경영사학회, 『경영사학』 제17집 제2호(통권 제29

2) 고려 시대의 상도

고려 시대에 이르러서는 화폐 및 상품유통에 있어서 발전적 양상이 나타났으며 시전(市廛)과 같은 좌상(坐商)이 발달함으로써, 전업 상인이 늘어나게 되었다. 그러나 고려 말에는 반물품(半物品) 화폐가 유통하였고 매점매석하거나 불량도량형의 사용 등으로 폭리를 취하는 천민 상인 층도 증가하였다고 한다.4)

고려 시대의 전기와 후기에 각각 다른 양상이 전개되었으나, 적어도 시전상인들에게는 부정한 방법으로 이문을 취해서는 안 된다는 도덕성이 존재하고 있었다. 송도(松都·開京)의 시전상가에 「영통(永通)·통상(通商)·광덕(廣德)·흥선(興善)·존신(存信)·행손(行遜)·효의(孝義)·자양(資養)」5)이라는 방(榜)이 있었다고 하는바, 이것들은 고려시대 상인의 도덕성을 나타내는 표어이다. 즉, 시전상인 정신이 함축된 상도이다.

여기서 영통은 상품의 영속적인 유통으로 상인의 사명을 다하자는 뜻이며, 통상은 외국·상거래의 질서유지를 위한 상인의 도리를 나타낸 것이다. 광덕과 흥선은 상인으로서의 덕을 베풀고 선을 행함으로써, 사회의 모범이 되자는 봉사와 희생정신을 의미한다. 존신은 상거래에서 신용이 소중함을 인식하라는 뜻이고, 행손은 사람(특히 顧客)을 대함에 있어서 겸손과 친절을 하라는 의미이다. 그리고 효의는 자연인으로서의 효도와 신의를 실천하기 위한 개인의 수양지침이요, 자양은 가족을 양육할 만큼의 수입이 있으면 족하다는 수신제가의 덕목을 뜻한다.

이상의 영업 신조는 상인으로서 지켜야 할 최소한의 상도덕을 표방하고 있다. 상인이 되기 위한 인격 수양은 물론, 제가치국(齊家治國)의 기본 덕목을 갖춤으로써, 상품의 조달을 담당하는 상인으로서 해야 할 도리를 지켜나가자는 상도가 조성되어 있었음을 찾아볼 수 있다.

3) 조선 시대의 상도

조선 시대에는 배불숭유(排佛崇儒)의 정책적 기조 위에서 뚜렷한 사농공상(士農工商)의 봉건주의적 계급사회가 형성되어 있었으므로, 상업을 천시하는 사상이 팽배했었다. 이러한 상황에서 상인들은 살아남기 위한 자구노력을 하게 되었고 강인한 정신력을 발휘하기에 이르렀다.

이 시대의 상인은 극심한 천대 속에서도 양반의 가렴주구와 약탈을 극복해 나가면

호, 2002), p. 22.
4) 김병하, 전게서, pp. 49~50.
5) 김병하, 전게서, pp. 50~51(여기에 제시된 자료의 원본은 송나라 『고려도경』 권 3의 「방시」 및 김종서·정인지가 편찬한 『고려사』(조선 문종1년) 권77의 「백관2, 경시서조」에 기술되어 있음.)

서 상인으로서의 긍지를 지니고 근검절약과 합리적인 행동양식으로 상거래 활동을 충실히 이행하였다. 그런 상인중에서도 협동심이 강한 것은 보부상이었다. 그들은 보부상단이라는 상인 조합을 조직하고 상부상조의 정신적 바탕 위에서 상품과 자본의 조달 및 약탈 방지, 그리고 부상자의 치료와 사망 시의 장례 등에 합심 협력하면서 존립 기반이 불리한 환경에 대응해 나갔다. 그들은 신의(信義)가 돈독했으며 상품을 속여서 판다든가, 지나친 폭리를 취하는 악덕 상인들에게는 강력하게 응징했다고 한다.6) 이처럼 조선시대의 상인은 조직을 통하여 막강한 단결력을 나타냈으며, 그와 동시에 상부상조하고 애국하는 기풍을 진작시키면서 상거래의 규율과 신의를 굳게 다졌다. 그리고 보부상단은 조선왕조의 정권과 유착하여 관(官)에 협조하였고 또한 관의 보호를 받기도 했다. 상인과 관(官)과의 상호보완적 관계는 보부상의 애국심을 자극하여 충의(忠義)의 정신을 자아내게 하였다.

그뿐만 아니라, 시전상인들도 도중(都中)이라는 상인 조합을 결성하여 독점적 상권을 수호하고 상부상조의 협동 정신을 표출하였다. 종로의 육의전은 업종별로 동업조합을 조직하고 관수(官需)물자의 조달과 처분에 관여하여 어용상인의 소임을 다 했다.

조선 시대에 있어서 전통적인 상도(商人精神)의 기축이 되는 것은 보부상과 행상의 활발한 상거래 활동에서 비롯되었음을 알 수 있다. 따라서 조선 상인의 기본정신은 국가에 대한 충의 정신, 상부상조의 협동과 희생정신, 강인한 단결 정신, 그리고 정직과 신용 및 근검절약을 근간으로 하는 상업윤리 정신 등으로 정리할 수 있다.7) 이러한 전통적 상인 정신의 표본으로서 개성 상인의 상도가 존재한다는 것은 주지의 사실이다. 조선시대의 상업계를 주름잡았던 개성 상인의 상도에 대하여 알아야 할 것이다.

2. 개성 상인의 상도

1) 전통적 표본 상도로서의 개성상인 정신

개성상인은 고려 시대부터 조선 시대에 이르기까지 활동하던 상인조직이다. 고려의 송도 시전상가에는 「영통(永通)·통상(通商)·광덕(光德)·홍선(弘善)·존신(尊信)·행손(行遜)·효의(孝義)·자양(資養)」이라는 상도(商道)가 있었던 것으로 볼 때, 개성상인은 고려 시대부터 존재했음을 알 수 있다. 따라서 개성의 모든 상인은 상거래

---

6) 황명수 외6인, 『한국의 시장상업사』(서울, 신세계백화점출판부, (1992), p. 103.
7) 황명수 외, 전게서, p. 102 ; 유원동, 『한국의 상인정신에 관한 연구』(서울, 사단법인 한국소매업 협회, 1984), pp. 99~102 ; 이훈섭, 『한국 전통 경영사 연구』(서울, 보경문화사, 1992), pp. 276~321, (passim).

를 행함에 있어서 상인으로서 해야 할 도리를 명시한 것이다.

조선 시대에 이르러서는 고려의 사대부 출신이면서도 벼슬을 버리고 상업에 종사하는 개성 상인의 수가 증가하였다. 그들은 당시 상류사회의 인사로서 축적된 지식과 천부적인 근면성을 바탕으로 하여 전국의 시장을 장악했다. 이들을 일컬어 송상(松商)이라 했고 그들의 점포를 송방(松房)이라고 했다. 송방에는 상도를 집약한 의(義)·신(信)·실(實)이라는 삼도훈(三道訓)이 걸려 있었다. 의(義)는 더불어 일하는 사람과 친화하고 동업자와 의리를 지키며 충성하고 협동하는 일이요, 신(信)은 고객에게 믿음을 주는 일이며, 실(實)은 현실 속에서 부딪치는 장사를 하되 남의 눈을 의식하지 않고 성실하고 근검절약하는 일을 의미한다. 즉, 부지런히 발품 팔아서 고객과 접하라는 족(足), 접해서 장사 이외의 대화를 자주 하여 접근하라는 구(口), 그래서 친해지면 외상(外上)을 주고 믿음(信)을 얻은 다음 장사(商)하라는 송상의 상도(商道)가 그것이다.[8]

개성상인은 신용을 중요시하고 근검절약하는 상인 정신의 소유자였다. 그들은 기회의 포착과 창의성의 발휘에 능숙하고, 타의 추종을 불허할 만큼의 특출한 상술을 지니고 있었다. 그들 중에는 조선조에서 소외당한 고려왕조의 사대부층과 지식인들이 많았으므로, 그들의 지식은 상업의 합리적 경영과 탁월한 창의성을 발휘하는 데 큰 힘으로 작용했다고 한다.[9]

그들이 복식 부기적 기장 방법(四介松都治簿法)을 고안하여 상업 경영에 활용했음은 그들이 지닌 창의력과 합리적 행동양식을 반영한 근거가 되는 것이다. 즉, 상거래의 양면성에 착안하여 사개송도치부법의 원리를 개발했다는 것은 그들의 창의적·합리적 상인 정신을 대변하고 있으며, 그러한 개성 상인의 경영 사상은 한국의 전통적 표본상도로서 구현되었다고 할 수 있는 것이다.

고려 시대에도 개성을 무대로 활동했던 상인들이 상당수 존재했었으나, 조선 시대에 이르러 개성 상인의 상거래 활동은 전국적인 장시망(場市網)을 통하여 활발하게 이루어졌다. 그래서 그들은 상인으로서의 긍지를 지니고 상거래의 규율과 행동양식을 정하여 철저하게 지켜나갔고 표본화시켜놓았다. 즉, 의(義)·신(信)·실(實)에 바탕을 둔 족(足)·구(口)·친(親)·신(信)·상(商)의 송상철학을 확립해 놓았다.

조선 후기에 이르러 사상(私商)에 의한 상업이 발달하고 경쟁이 격심해짐에 따라, 상권의 확대와 유지를 위해 투쟁해야 하는 상황이 되었으므로 개성상인의 단결과 협동은 필수 불가결한 것이 되었다. 조선 후기의 개성인 정신은 단결력과 협동심으로 승화되어 나타났다. 그리고 개성상인은 의리와 신용 및 장유유서(長幼有序)의 위계질서를 철저히 지키는 상도덕의 소유자들이었다. 따라서 개성 상인의 어음표는 산골의 객주와

---

8) 이규태, 「송상 서성환」(조선일보, 2003년 1월 11일, 40판 A7 ; 〈이규태 칼럼〉)
9) 황명수 외, 전게서, p. 105 ; 김병하, 전게서, pp. 64~65.

여각에서도 탈 없이 통용되는 신용의 상징이었다고 한다. 개성상인은 의리와 신용과 근검절약으로 부(富)를 축적하였고 창의성을 바탕으로 하는 합리적 경영을 추구하였음은 물론, 단결력과 협동심을 발휘하여 상권의 유지·확대를 기함으로써, 한 경영사(史)에 있어서「개성상인」(松商) 이라는 독특한 지위를 확보하게 되었다는 것이다.10)

이러한 개성상인 정신은 한국의 전통적 표본상도(標本商道)로서 정착되었고 개화기와 조선총독부 시기의 민족 상인에게 승계되었을 뿐만 아니라, 광복 이후 오늘날에 이르기까지 그 후예들에 의하여 명맥이 유지·전승되고 있음은 시사(示唆)하는 바가 크다고 하지 않을 수 없다.

2) 개성상인 정신의 경영 사상적 기반

고려 시대부터 시작되어 조선 시대까지 지속되는 동안 수백 년에 걸쳐 왕성한 상업 활동을 전개했던 개성 상인의 발자취는 이제 문헌을 통해서나 찾아볼 수 있게 되었다. 그러나 그들이 오랜 기간에 걸쳐 구축한 자부심과 근성, 그리고 개성상인 정신만은 오늘날까지도 소멸하지 않고 면면히 이어져 내려오고 있다. 이것이야말로 개성상인의 후예들에게 유산으로 남겨진 가장 소중한 경영 사상적 기반이라고 할 수 있다. 문헌에 의하면, 개성상인은 상술에 밝았을 뿐만 아니라, 협동 정신에 투철했고 또한 신용을 으뜸으로 하는 상인 정신의 소유자였다고 한다.11)

상업 경영에 탁월한 정신과 기질을 지닌 개성 상인들이 근세조선 후기에 이르기까지 국내 최대의 토착 민간자본으로 성장하여 전국의 상권을 장악했었으나, 개항으로 외국자본이 무차별하게 상륙하고 국권 상실로 인한 상권침탈이 지행되면서부터 개성 상인들의 기강도 흔들리게 되었다. 국가의 주권이 상실된 상태에서 일제에 의한 인삼 무역권의 강제 박탈은 개성 상인들에게 심각한 타격을 주었으며, 그로 인하여 개성상인 쇠퇴 일로의 길을 걷게 되었다. 그런데도 개성 상인들은 전통적으로 계승되어온 의리와 신용, 근검절약, 협동과 희생 봉사, 그리고 애국애족의 정신으로 일제의 상권침탈에 항거하면서 그 명맥을 유지하였다. 광복 이후에는 그 후예들에 의하여 현대적 기업가정신으로 승화되어 이어지고 있다. 태평양화학의 서성환, 대한유화의 이정림, 동양화학의 이회림, 신도리코의 우상기, 한국제지의 단사천 등이 그 후예들이다.12) 그

---

10) 황명수 외, 전게서, pp. 104~105, (passim).
11) 조익순, 『사개송도치부법 전사』(서울, 도서출판해남, 2000), PP. 84-85. (여기서 조익순 교수는 홍희유의 논문에서 제시된 조선 후기 수원유생 禹夏永이 전국 지방민의 특성과 기후 및 토질 등을 기술한 농업경영 지침서인 『千一錄』의 기록을 인용하여 개성상인들의 정신을 요약하여 설명하였다.)
12) 홍하상, 전게서, pp. 274~275.

들은 광복 이후의 격동기와 경제개발기를 거치면서 개성상인 정신을 경영 사상적 기반으로 삼아 기업을 일으키고 성장시켰다.

그러므로 개성 상인들의 경영기법은 단순한 상술(商術)이 아니라, 그들만이 지닌 독특한 역사와 경험의 산물이라고 할 수 있다. 거기에는 그들의 상도와 경영철학이 살아 숨 쉬고 있음을 보게 된다. 이러한 그들의 경영 사상 속에 있는 것들을 간추리면 다음과 같다. ① 근검 성실 주의, ② 신용과 무차입의 경영원칙 ③ 인화와 협동의 경영원칙, ④ 합리 경영, ⑤ 차인(差人) 경영, ⑥ 무차입 경영, ⑦ 개척주의사상, 및 ⑧ 진충보국주의사상 등이 그것이다.[13]

③ 개성상인에 의한 사개송도치부법의 회계구조

1. 개성상인 치부문서의 존재성

사개송도치부법(개성부기)은 개성 상인들이 상거래 활동을 수행하는 과정에서 필연적으로 나타나는 장부 기록계산법의 하나로서 창안·비전(秘傳)되어온 것으로서, 그것이 세상에 알려진 것은 현병주의 저서가 출판(AD1916)되면서부터이다. 그 후 개성부기에 관한 치부 문서는 조선총독부 시기에 일본인의 손에 의하여 수집·소개된 것이 시초이다.[14] 이것은 일본 학자들에 의하여 연구[15]되었을 뿐만 아니라, 1926년에는 독일의 경영경제지(誌)에 게재되어 서양에 소개되기도 했다.[16]

광복 이후에는 우리나라의 학자들이 개성 상인의 치부 문서에 관한 관심을 가지고 연구하기 시작했다.[17] 개성상인 치부 문서의 기원설에 대한 논쟁과 더불어 이론구조

---

13) 고승희, 「개성상인의 경영사상과 송도치부법의 논리구조」(한국경영사학회, 『經營史學』 제20집제1호, 2005), PP. 113~120.
14) 善生永助, 「開城の商人と商業慣習」(『朝鮮学報』第146輯, 朝鮮学会, 1918), p. 119. (이에 의하면, 善生永助,씨는 개성의 舊家에서 1875~1908년 사이의 개성치부장부 3권을 입수하여 보존하고 있다고 한다.)
15) ① 田村流水, 「高麗時代に複式簿記有り」(『東京経済雑誌』, 1921), pp. 63~66. ② 大森研造, 「開城簿記の起源について」(『経済論集』第1卷 第1号, 1922), pp. 236~250. ③ 大森研造, 「開城簿記の形成と内容」(日本会計学会, 『會計』第13卷 第1号, 1923), pp. 53~74.
16) Hirai, Yasutaro, "Organische 'Vierfache' Buchhaltung in Kaijo, Chosen(Korea) oder Chike Songdo-Chibu. Ein Beitrag zur Entstehungs-Geschichte des Buchungswesens sowie des Dualistischen Gedankens der Buchhaltungstheorie." (Die Zeitschrift für Betriebswirtschaft, Jg. Ⅲ., Haft 6, 7, 8, Berlin, 1926), SS. 408–420, SS. 532–546, SS. 614–626.

에 관한 연구도 상당한 수준까지 진행됐던 것이 사실이지만, 아직도 전해지는 개성상인 치부 문서의 발굴 부족으로 연구는 답보상태에 머물러 있다.

사개송도치부법에 따라 작성된 기장문서는 다양하게 연구자들에 의하여 접근되어온 것이 사실이지만, 그것이 진정한 개성 상인의 손에 의하여 작성된 치부 문서라는 고증은 그리 많지 않다. 예컨대 개화기의 대한천일은행이 광무 3년(AD1899)부터 동 9년(AD1905)까지 기록한 기장문서는 현재 우리은행 도서실에 소장되어 있으며, 이에 관한 연구도 이루어진 바 있지만, 이 치부 문서는 개성 상인의 손에 의하여 작성된 것이 아니다. 그 은행이 설립 당시 전통적인 사개치부 방식을 빌려 은행거래를 기장했던 것에 불과하다. 그뿐만 아니라, 현병주의 저서는 실무용 자습서로서 출판된 책이다. 그러나 그가 개성상인이라는 확증은 없다. 사개송도치부문서에 관한 연구가 다소 이루어져 있지만, 그 역시 장부 작성자의 신분을 확실히 밝혀 어디서 영업했던 개성상인임을 고증하지 않고, 사개치부문서의 기장 구조에 초점을 맞추어 접근했기 때문에, 이들을 모두 개성 상인회계문서라고 단정할 수는 없다고 생각한다.

개성 상인들은 상거래 활동을 통하여 축적된 상업자본을 생산적인 삼포(蔘圃)경영 등에 투자하여 사업가로서의 경영활동을 수행했다. 그러므로 개성상인 치부 문서에는 반드시 삼포에서 생산된 인삼의 제품계정이 등장하고 있으며, 더 나아가서는 유기수공업(鍮器手工業) 등에 투자하여 제품생산과 연계된 기장 처리가 있었다. 이를 고려한다면, 개성상인 치부 문서의 회계구조는 단순한 상거래의 기장 구조가 아니라, 제품생산에 대한 제품 원가계산 기록·계산이 포함된 치부 문서를 갖추었을 것으로 생각한다. 이러한 기장시스템이 이루어지기 위해서는 질서정연한 기장 구조를 갖추기 위한 진화의 과정이 수반될 수밖에 없다. 필연적으로 요청되는 기장 구조의 개선이 진행되는 과정에서 단식기장구조에서 진일보한 복식 기장시스템으로 진화되기에 이르렀던 것으로 추찰(推察)할 수가 있다. 결국 사상(私商)으로서의 개성 상인들은 축적된 상업자금을 생산자금으로 투자하는 경영활동을 수행했으므로, 제품의 생산과 유통이라는 새로운 경영환경에 봉착하게 되었고, 제품의 전국 판매망을 관리하기 위한 송방을 개설하고 차인 경영시스템을 실시함으로써, 그에 수반되는 기록·계산시스템으로서의 새로운 치부 구조를 구상하게 되었다. 이러한 개성 상인의 경영환경은 결국 복식 부기적 기장시스템으로의 진화를 유도하는 촉매작용을 했을 것이다. 그래서 당시의 관부회계 문서와 기타 서민사회의 치부 문서와는 확연히 다른 치부 문서로의 개성상인 치부 문서의 존재성을 인식하게 되는 것이다.

---

17) ① 윤근호, 『사개송도치부법 연구』(서울, 단국대학교 출판부, 1975). ② 조익순, 『사개송도치부법에 관한 소고』, 1967, 및 『사개송도치부법 전사』(서울, 해남, 2000). ③ 이외에도, 이상훈, 최경천, 김정태, 윤병욱, 선병완, 박종문, 허종현, 권순백, 서용달, 손덕영 등, 여러 교수의 연구논문이 발표되어 있다.

개성 상인의 기원은 고려 시대이고 상업이 성행하고 예성강 하구의 벽란도를 중심으로 해상무역이 번성하였으므로, 개성인삼도 고려 시대에서 비롯되었다고 문헌에서는 전해지고 있다. 그러나 송나라의 사신으로 고려의 송도에 왔던 서긍(徐兢)의 견문록 『고려도경』에 의하면, 고려의 수도 개경은 그렇게 상업이 발달한 도시로 보이지 않았던 것 같다. 그의 눈에 비친 개경의 시전상가는 한산(閑散)한 모습이었고, 심지어는 상가의 주변에 「영통(永通)·통상(通商)·광덕(光德)·홍선(弘善)·존신(尊信)·행손(行遜)·효의(孝義)·자양(資養)」이라는 간판이 나붙은 상점들이 즐비하게 늘어서 있어서 겉으로는 화려하게 보였으나, 실제로는 겉과 속이 다르더라는 기록도 있다. 그리고 고려의 풍속은 남녀노소가 가지고 있는 것을 거래하며, 화폐는 저포(紵布)나 은병(銀甁)만으로 값을 계산하고 작은 일용품은 쌀을 이용하며 치수(錙銖:근소한 분량의 무게)로 헤아려 지급할 뿐이라는 기록이 있다. 그뿐만 아니라, 고려의 상거래 풍속에는 주산(籌算)이 없고, 돈이나 비단을 출납할 때 회계 관리는 나뭇조각에 칼로 그어 새기는 방식으로 계산하더라는 기록도 찾아볼 수 있다.18)

이처럼 중국 송나라 사신의 눈에 비친 고려 시대 송도의 상거래 풍속도는 시사(示唆)하는 바가 크다. 고려 시대 송도의 시전(市廛)은 관부(官府)에서 만들어 상인에게 제공한 공적 시설로서 어용상인의 근거지라고 할 수 있다. 일반상인이 설 자리는 없었다. 그런 환경에서 사상(私商)의 자유로운 활동과 성장은 기대하기 힘들 수밖에 없다. 따라서 치부법의 발달과 전승은 더욱 기대하기 어려운 환경이었다고 보아진다.

근세의 조선 시대에 와서도 초기에서 중기에 이르는 동안은 권농억상(勸農抑商) 정책으로 상업은 사농공상이 의미하는 바와 같이 말업시(末業視) 되었기 때문에, 사상(私商)의 성장은 어려운 사회경제적 환경이었음을 고려할 필요가 있다. 겨우 임진왜란 이후 대동법의 실행을 계기로 사상(私商)이 태동하고 활동할 수 있는 환경이 조성되면서 사상들의 상거래 활동이 활발하게 이루어지게 되었다. 그러한 사회경제적 배경하에서 상인 중심의 치부법이 필연적으로 요청되기에 이르렀고 단순한 기장방법에서 복식기장 방법으로의 진화가 이루어지기 시작했을 것으로 유추할 수가 있다. 사상(私商)으로서의 개성상인에 의한 사개송도치부법의 개발은 이러한 조선 후기의 사회경제적 환경의 소산이라는 견해도 설득력이 있어 보인다. 현존하는 개성상인 치부 문서로 알려진 가장 오래된 사개치부문서가 조선 후기의 1700년대 이후에 작성된 것에 한정된 것도 복식 기장법의 생성을 촉진하는 당시의 사회경제적 배경에서 비롯되었음을 방증하는 단면이라고 할 수 있다.

그런데도 개성 상인의 손에 의하여 작성된 장부 기록문서의 발견은 거의 없는 형편

---

18) 徐兢 原著·조동원 외4인 번역, 『高麗圖經』(황소자리출판사, 2013), PP. 82~84 & P. 291.

이어서, 그것이 개성상인지에 의한 것임을 논증하는 작업도 어려운 현실이다. 다행히 개성상인 김기호(金基浩)가 편찬한 『개성구경(開城旧京)』에 실려있는 김진영(金鎭英)의 「송도사개치부법실무예(松都四介治簿法實務例)」와 개성상인 김기호에 의한 『송도치부법사개문서의 개요(松都治簿法四介文書의 槪要)』의 2가지가 확실한 개성상인에 의한 치부문서임을 확인하였다. 이것은 일본 회계학자인 스기모토(杉本德榮)교수의 연구에서도 개성상인 치부문서임을 인정하였다.

본 장에서는 전통적 회계기법으로 일컬어지는 개성상인 김기호의 기장문서를 소개하고 개성상인에 의해 작성된 사개송도치부문서의 회계구조와 복식 기장의 특성을 찾아보고자 한다. 개성상인 정신이 깃든 사개송도치부법의 내용을 이해시킴과 동시에, 그 속에 투영된 회계 사상에 대하여 접근할 것이다.

2. 개성상인 김기호의 「송도치부법사개문서의 개요」

1) 개설

김기호가 저술한 『송도치부법사개문서의 개요』는 현병주의 저서 『실용자수 사개송도치부법』과 같은 유형의 개성부기 학습교재이다. 그런데 현병주는 개성상인이 아니지만, 김기호는 개성에서 태어나 개성에서 성장하였고 선일인삼사(鮮一人蔘社)19)라는 상호로 삼포(蔘圃)와 인삼 제조판매업을 경영했던 개성상인이다. 6·25동란으로 실향민이 된 그는 피난지인 서울에서 자립기반을 잡았으나, 개성에서의 삼포경영을 회고하며 유실되어버린 사개치부의 장부들을 아쉬워했다고 한다. 이 책은 그의 삼포경영 당시의 실무경험을 통해서 익힌 사개송도치부법의 구조를 정리해 놓은 것이다. 이 책의 원고는 탈고(脫稿)된 지 오래되었으나 발간하지 못한 채 보관하고 있던 것을 그의 자녀들이 그의 팔순(八旬)을 기념하여 등사본 비매품으로 발행한 치부 문서이다.

이 책의 내용은 사개치부문서뿐만 아니라, 사개의 정의를 비롯하여 그와 관련된 개성 상인의 상거래 관습과 제도까지도 포함하여 질서정연하게 정리되어 있다. 목차의 주요 내용을 보면, 사개의 정의를 비롯하여 차인제도와 송방, 그리고 의변제도(義邊制度)는 물론, 환전·환간제도(換錢·換簡制度)와 시변제도(時邊制度)를 설명하고 있다. 또한 기장할 때 사용되는 부호와 호산(胡算)의 설명과 더불어, 원시 기록부인 초일기(草日記), 주요부에 해당하는 일기, 장책, 회계장 등의 사례가 정리되어 있다. 개성 상인으로서 필수적인 부분들을 망라하여 정리한 것이라 할 수 있다.

---

19) 김기호 편, 『개성 구경』(서울, 대한공론사 인쇄의 비매품, 1972), P. 131 & P. 244.

2) 개성상인 치부문서의 기장 구조

(1) 개성상인 김기호의 사개관

　개성상인 김기호의 사개관은 수지(收支)의 음양원리에 근거하여 대차손익(貸借損益)을 나타내는 네 가지 요소로 접근한 것이다. 그의 서술에 의하면, 『사개문서라는 사개의 해설에 대하여 본 치부법은…. 전후좌우가 여합부절(如合符節)로 맞기 때문에, 목수 용어의 사개라고도 하고 그 외 사개다리문서 또는 사괘(四卦)문서라는 등, 여러 가지 설이 비일비재하나, 실은 봉차·급차·수입·지출 즉, 대차손익을 사개라 한다. 그래서 봉차 총계에서 급차 총계를 공제한 잔액과 총수입에서 총지출을 공제한 잔액이 단 일 푼의 착오도 없이 맞는 것이다.』20)라고 언급하고 있다. 여기서 개성상인 김기호가 말하는 사개는 계정유형별 분류에 의한 사개의 개념적 정의라고 할 수 있다. 이는 사개방정식(捧次 + 支出 = 給次 + 收入)을 풀어 쓴 사개관(四介觀)이라 할 수 있다. 즉, 이는 현대 복식부기의 대차대조표 방정식(資産 + 費用 = 負債 + 資本 + 收益)의 계산구조와 유사하다는 점에 유의할 필요가 있다.

　그가 보는 사개(四介: 四卦)의 개념은 목수가 사용하는 나무의 네 모퉁이를 요철형(凹凸型)으로 만들어 서로 맞게 된 부분을 일컫는 것처럼, 이를 상업에 적용하여 치부 원리의 기초로 수용할 때는 상거래의 수지 사실(=貸借損益)을 기록 계산하기 위하여 네 갈래의 요철형(凹凸型)으로 구분한 부분을 뜻하는 개념이라고 보고 있다. 그리고 이러한 대차손익의 사개를 음양원리에 따라 서로 조합하여 기장 처리함으로써, 상거래의 손익계산이 일목요연하게 이루어진다는 견해를 밝히고 있다.

　이윽고 그는 『본 치부법은 그 조직이 초일기·일기·봉차장책·급차장책·기타 보조부 등으로 되어 있어 지극히 간편하고 알기 쉬우며 장부조직이 정교하고 치밀하여 아무리 복잡다단한 사업이라도 수지타산이 언제라도 일목요연하게 드러남으로 인하여, 수하 사용인이나 동업자로서 아무리 협잡과 사기를 하려 해도 도저히 할 수 없을 만큼 그 조직이 철저하다. 이러한 송도치부법사개문서가 발명 채택된 것을 회고하면, 개성상인은 항상 상도의에 투철하고 신용을 생명으로 삼는 이 정신에 입각한 또 이 정신이 투영된 자연발생적 산물로 생기(生起)한 제도라고 아니할 수 없다.』21)고 개성부기가 신용과 상도의에 투철한 개성상인 정신에서 비롯되었음을 피력하고 있다.

　이렇게 보면, 송도치부법사개문서는 개성 상인의 경영 사상에 뿌리를 두고 형성된 기장체계라고 할 수 있다. 그리고 사개문서에 투영된 기본적 회계 사상은 개성상인 정

---

20) 群巖 金基浩, 『松都治簿法四介文書의 槪要』(서울, 동광인쇄소, 謄寫本 非賣品, 1986), P. 7.
21) 上揭書, PP. 6~7.

신에 바탕을 두고 있을 뿐만 아니라, 입출음양지도(入出陰陽之道)의 동양 사상적 음양원리에 근거하여 창안된 것임을 인식하게 된다. 개성상인 김기호의 사개관도 바로 물품의 거래를 수입 지출의 음양원리에 근거하여 접근하고 있음을 볼 수 있다. 그가 말하는 대차손익은 네 가지 의미를 내포하고 있다. 다시 말하면, 대차손익의 「대(貸)」는 봉차(捧次)라는 자산을 나타내는 양수(陽數: +)이고, 「차(借)」는 급차(給次)라는 부채와 자본을 나타내는 음수(陰數: -)임은 물론, 「손(損)」은 지출(支出)이라는 비용을 상징하는 음수(陰數: -)의 표현이며 「익(益)」은 수입(收入)이라는 수익을 상징하는 양수(陽數: +)의 표시이다. 그러므로 개성상인 김기호의 사개관은 대차손익을 「봉차·급차·수입·지출」로 표현하여 입출 음양원리에 근거한 사개치부의 대차손익을 구체적 용어로 나타내고 있다.

그의 사개관(四介觀)에 따르면, 사개(四介: 四掛: 四卦)는 역학(易學)적 용어에서 비롯된 것으로 볼 수 있다. 즉, 사괘(四卦)라는 괘(卦)의 의미는 역학에서 말하는 음양을 하나의 온 줄(─)과 두 토막 줄(- -)로 분류하여 그 효(爻)가 서로 어울려 나타내는 사상(四象: ≡ ≡)을 상징하는 것이다. 이러한 동양 사상적 음양원리에 근거하여 고찰하면, 사개(四介)는 입출음양지도(入出陰陽之道)의 깊은 의미를 내포하고 있다고 생각한다. 그러므로 개성부기에서의 사개는 네모의 나온 부분(陽)과 들어간 부분(陰)을 서로 맞추어 상자 모양이나 건축을 완성하듯, 수입과 지출의 거래내용을 음양의 원리로 맞추어 기록·계산하기 위한 네 가지 요소의 기본개념이라고 할 수 있다.

따라서 개성상인 김기호가 보는 대차손익의 사개관은 이러한 동양 사상적 입출음양지도의 기본원리에 근거하여 「봉차·급차·수입·지출」로 표현한 것이다. 여기서 봉차(資産)는 양(陽)을 나타내고, 급차(負債資本)는 음(陰)을 나타내는 의미이다. 그리고 수입(收益)은 양(陽)이고 지출(費用)은 음(陰)의 의미를 지니는 것이다. 그러므로 사개치부 문서의 기본원리는 상거래를 음양의 조합을 통한 기록계산의 토대가 되는 것으로 이해하게 된다. 앞면의 <그림6-1>은 개성상인 김기호의 사개관(四介觀)을 알기 쉽게 요약 정리한 것으로서 오늘날 복식부기의 분개 요소와 전통적 사개치부법의 사개 구조를 요약한 것이다.

장부에 기록 계산하기 위하여 사개를 음양으로 나누는 작업이 개시되는데 이를 분개(分介)라고 한다. 분개는 구분사개(區分四介)의 줄임말이다. 분개에서 개시되는 기장기록은 결국 사개방정식(四介方程式)에 따라 이루어지는 것이다. 따라서 서양식 복식부기의 대차대조표 방정식(자산 + 비용 = 부채·자본 + 수익)과 유사한 사개방정식을 구성해 보면, 그것은 「봉차(資産) + 지출(費用) = 급차(負債資本) + 수입(收益)」이라는 공식으로 나타낼 수 있으며, 이를 기초로 하는 개성부기의 기장체계가 사개송도치부법이라는 명칭으로 형성된 것으로 인식하게 된다.

앞장(第 4장)의 <그림 4-4>와 <그림 4-5>에서 볼 수 있는 입출음양지도의 사개는 바로 개성 상인의 치부법의 초석이 되어 있다. 개성상인 김기호의 사개관 역시 개성상인 정신에 바탕을 둔 음양원리에서 비롯되었다고 볼 수 있다. 그의 사개관 개념도를 정리하면 <그림 6-1> 및 <그림 6-2>에서 보이는 바와 같다.

<그림 6-1> 개성상인 김기호의 四介觀 개념도(Ⅰ)

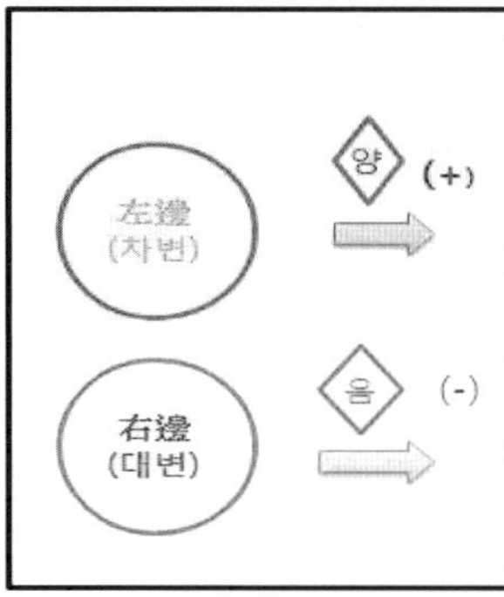

김기호의 四介	현대부기법	전통적 사개치부법
捧次(賞)	자산 (債權)	捧次(去)
收入(益)	수익 (收益)	利益(上・還上・放入)
給次(借)	부채・자본(債務)	給次 (入)
支出(損)	비용 (費用)	損害(下・還給・買得)

左邊(차변) → 양(+)
右邊(대변) → 음(-)

<자료 : 『松都治簿法四介文書의 槪要』의 사개 개념에 의거 저자 작성>

<그림 6-2> 개성상인 김기호의 四介觀 개념도(Ⅱ)

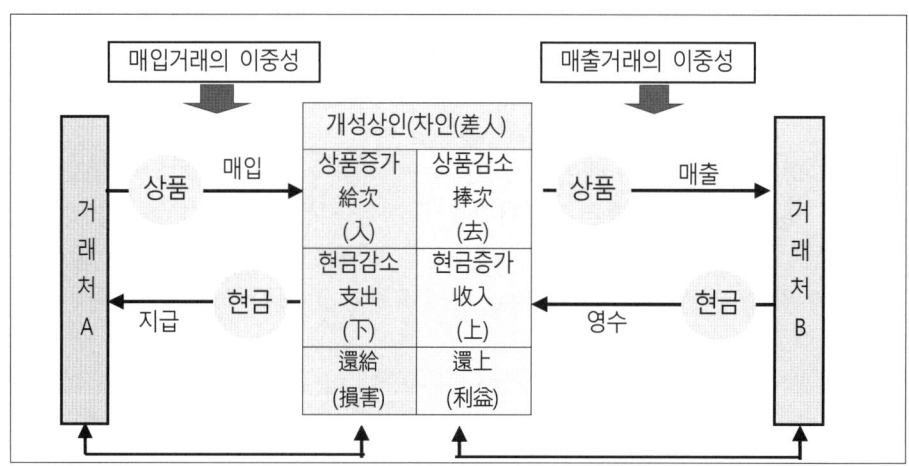

<자료 : 『松都治簿法四介文書의 槪要』의 사개 개념에 의거 저자 작성>

그러므로 그의 저서인『송도치부법사개문서의 개요』는 대차손익의 사개를 기본 축으로 하는 기장체계를 갖춘 개성부기의 표본교재임을 인식하게 된다. 이는 현병주(玄丙周)의 저서에서 「봉차가 일개(一介), 급차(給次)가 일개, 이익(利益)이 일개, 손해

(損害)가 일개」22)라고 언급한 것과 일맥상통하는 사개의 개념적 정의라고 보인다.
다만 김기호가 비용을 「지출」이라 했는데, 현병주는 비용을 「손해(=所費)」라고 표기하고 있는 것이 다를 뿐이다. 서양 부기에서 말하는 「자산·부채(자본)·수익·비용」의 대차대조표 방정식의 기본요소와 유사한 구조임을 확인하게 된다.

(2) 개성상인 김기호에 의한 사개치부문서의 기장체계

삼포경영과 인삼 제조판매업에 종사했던 개성상인 김기호가 서술한 『송도치부법 사개문서의 개요』(이하 송도사개문서라 칭함)에 기록된 개성부기의 기장체계는 ① 초일기 ② 일기 ③ 장책(捧次長冊·給次長冊) ④ 회계장으로 구성되어 있다. 초일기책은 거래의 비망기록으로서 오늘날의 전표나 일기장에 해당하며, 일기책은 분개장이고 장책은 원장으로서 봉차장책(外上帳冊)과 급차장책(他給帳冊)의 복수원장체계를 갖추고 있다. 그리고 회계책은 결산서에 해당하는 장부이다.

여기서는 송도치부법이 개성상인 정신에서 비롯된 것이라는 점에 착안하여 개성상인 김기호의 경험을 토대로 직접 작성된 기장 사례를 소개하고자 한다. 이는 개성상인에 의한 송도치부법의 회계구조를 이해할 기회가 되고, 또한 본 제6장의 초점이 되어 있는 개성 상인의 경영 사상과 사개치부문서에 투영된 회계 사상을 엿볼 수 있는 기초가 된다고 보기 때문이다.

① 초일기의 기장 구조

개성상인 김기호의 송도사개문서에 의하면, 기장 처리의 기록은 초일기(草日記)에서부터 개시되고 있다. 초일기는 명심록(銘心錄)에 해당하는 것으로서 거래발생일의 현금출납과 상품매매가 빈번하게 발생할 때, 우선 비망기록을 해 두었다가 초일기책 자체 내에서 대차 출입 관계가 소멸한 것은 지워버리고, 그 외의 중요한 것만 일기책에 전기한다. 초일기는 원시 기록부로서 오늘날의 일기장이나 전표와 같은 역할을 했던 것으로 보인다. 그리고 거래내용이 전기된 일기책은 현금출납부와 분개장의 기능을 동시에 가진 것이다.

초일기와 일기책」의 기능을 확실히 이해하기 위하여 을묘(乙卯)년 1월 10일부터 동 2월 10일까지 1개월간의 상거래가 예시된 <표 6-1>의 기록내용에 따라 요점별로 검토해 보기로 한다.23)

---

22) 현병주, 『실용 자수 사개송도치부법 전』(경성, 덕흥서림, 1916), P. 15.
23) 상게서, PP. 25~32 (여기에 초일기의 1개월간 거래내용이 기장 예시되어 있다.)

<표 6-1> 개성상인 김기호「송도사개문서」의 초일기책 장부기록 일부분

己卯 一月　日　草日記 第1號

一月十日	─、活洞入資本金一萬円 上
	─、白蔘秩去一等品 Ⅲ十片一百斤 Ⅱ一.00 文二千一百円 下
	─、金鐘路去債給三分邊二月十日捧次三千円 下
	─、李麻浦放白蔘一等品 Ⅲ0. 十斤 Ⅱ=.00 文二百二十円
	─、白蔘秩入右條二百二十円
十一日	─、朴新村 去貸去己去文一千圓下十五日 上
	─、米穀秩去白米二叺 ⅠO.00 文二百円 下
	─、金貞陵入細尾蔘一等品五百斤 Ⅲ.⌀0 文一千七百五十円
	─、白蔘秩去右條一千七百五十円
	─、吳敦岩入大豆一百入 一.⌀0 文六百五十円
十二日	─、米穀秩去右條六百五十円
	─、白蔘秩入一等品 Ⅲ0.五十斤 Ⅱ.Ⅱ0 放入文一千一百円 上
十三日	─、布木秩去廣木一百疋 三.⌀0 文八百五十円 下
	─、又去尺布一萬尺 .Ⅱ⌀ 文二千五百円 下
	─、白蔘秩入細尾蔘一等品一百斤 Ⅲ.⌀0 放入文三百九十円 上
十四日	─、魚物秩去北魚一百級 Ⅰ.Ⅱ0 文一百二十円 下　　　 Ⅱ,三Ⅲ0.-
	─、崔長位入蔚珍産五十隻 ⌀.0 文二千五百円
	─、魚物秩去右條二千五百円
十五日	─、開城銀行入債入日步三戔四月十五日給次一萬円 上
	─、白蔘秩去一等品 Ⅲ0. 二百斤 Ⅱ Ⅰ.⌀0 口錢 .⌀0 並給文四千五伯円 下
	─、米穀秩入大豆五十叺 二.00 口錢 .Ⅰ0 除實上文三百四十円 上
十六日	─、布木秩入廣木五十疋 ⌀.00 除實上文四百四十円 上
	─、又 入尺布三千尺 Ⅲ.0 放入文九百円 上
十七日	─、買得秩去窓厚紙二十隻 Ⅱ00. 文四千円 下
	─、又去鹿茸全代二十斤 ⅠO.00 文二千円 下
	─、又去燒酒二百斗 三.00 文一千六百円 下
	─、高中林入貸入文一千二百円 上
	─、鄭壽松入白蔘一等品 Ⅲ0. 五百斤 ⅡⅠ.00 文一萬五百円
十八日	─、白蔘秩去右條文一萬五百円下
	─、公用秩去右口戔給文二百五十円下

- 다음면에 계속 -

十九日	＿＿、朴厚岩放白蔘一等品 ⅢO. 五百斤 Ⅱ ⅡOO 文一萬一千円	
	＿＿、白蔘秩入右條一萬一千円	
廿日	＿＿、米穀秩入白米十叺 Ⅰ ⅠOO 放入文一百十円上	
	＿＿、布木秩入廣木五十疋 ダOO 放入文四百五十円上	
	＿＿、開城銀行去當座預金三千円下	1,OⅡO.
二十日	＿＿、白蔘秩入一等品 ⅢO. 四十斤 Ⅱ ⅡOO 文八百八十円上	
	＿＿、公用秩去帳簿冊六卷六十円下	
廿一日	＿＿、魚物秩入蔚珍霍二十隻 ナO ,放入文一千二佰円上	
	＿＿、又入北魚一百級 ⅠδO ,放入文 一百五十円上	
	＿＿、高中林去貸還給己去文一千二百円下	
廿二日	＿＿、李麻浦入白蔘價上文二百二十円上	
	＿＿、白蔘秩入細尾蔘一等品二百斤 XOO 口錢 ⅡO除實上文七百六十円上	
	＿＿、米穀秩入大豆五十叺 二OO 放入文三百五十円上	
	＿＿、吳敦岩去大豆價給文六百五十円下	
廿三日	＿＿、布木秩入尺布三千尺 ⅢO放入文九百円上	
	＿＿、開城銀行去當座預金二阡五百円下	
廿四日	＿＿、魚物秩入蔚珍藿三十隻 ナO 放入文一千八百円上	
	＿＿、開城銀行入 預金還上文一仟円上	
	＿＿、崔長位去蔚珍藿價給文二仟五百円下	
廿五日	＿＿、朴厚岩入白蔘價上文一萬壹阡円上	
	＿＿、鄭壽松去白蔘價給文一萬五百円下	
廿六日	＿＿、白蔘秩入細尾蔘一等品三百斤 XOO 口錢 .ⅡO 除實上文七百六十円上	
	＿＿、金貞陵去細尾蔘價給文壹阡七百五十円	
廿七日	＿＿、白蔘秩入一等品 .ⅢO五十斤 Ⅱ二OO 放入文壹阡一佰円上	
	｜朴新村｜去貸去子去文一仟円下　二十九日上　1.夕三O.ー	
廿八日	＿＿、布木秩入尺布一千尺 .ⅢO 放入文三百円上	
廿九日	＿＿、放入秩入窓戶紙二十隻 Ⅱ二δ 放入文四仟五百円上	
卅日	＿＿、又入鹿茸全代十斤 110 放入文三百円上	
卅一日	＿＿、開城銀行入預金還上文二仟五百円上	
	＿＿、高中林入貸入文五百円上	
	＿＿、開城銀行去債還辺並給文一萬四百八十円下	
	＿＿、邊錢秩去條四百八十円	
二月一日	＿＿、放入秩入燒酒一百斗 三δO 放入文八百五十円上	
	＿＿、高中林去貸還給文五百円下	

-다음면에 계속-

```
二日 ___、金仁川入白米二百叺 10,000 文壹阡円 ┐
    ___、米穀秩去石條一千円           ┘
    ___、公用秩去石口錢給文一百円下
    ___、崔水原入大豆一百叺 ↓60 文六百五十円 ┐
三日 ___、米穀秩去石條六百五十円              ┘
四日 ___、放入秩入鹿茸全代十斤 1-0.0 放入文壹阡一百円上
    ___、又燒酒一百斗 ↓.00 放入文九百円上
    ___、開城銀行去當座預金二千円下
五日 ___、放入秩入燒酒一百斗 ↓.00 放入文九百円上
    ___、崔水源去大豆價給文六百五十円下
六日 ___、布木秩入尺布三千尺 .川0 放入文九百円上
    ___、金仁川去白米價給文一千円下
七日 ___、白蔘秩入一等品 川十 五十斤 川.二0 放入文一千一百円上
    ___、魚物秩去蔚珍藿二十隻 ↓0.一 文一千円下
八日 ___、米穀秩入白米五十叺 1一.0 放入文五百五十円上
    ___、又入大豆五十叺 一.00 放入文三百五十円上
    ___、開城銀行去當座預金一仟五百円下
    ___、又入預金還上文四仟円上               ┐
九日 ___、買得秩去窓戶紙二十隻 川.00 四仟円下  ┘
十日 ___、魚物秩入蔚珍藿十隻 一.00 放入文六百円上
    ___、金鐘路入價還邊幷上文三千九百円上 ┐
    ___、邊錢秩入右邊上文九十円         ┘
    ___、開城銀行入價金還上文一仟五百円上
    ___、活洞去還給文五仟円下
    ___、公用秩去午食接待費二百円下 口  川↓0.
```

註 : 원문은 종서이지만, 횡서로 고쳐 작성함.

<자료 : 金基浩, 『松都治簿法四介文書의 槪要』(1986), PP. 27-29.>

최초의 거래에 대한 기록은 다음과 같다(현대식 분개 형태로 표시한다).

己卯 一月十日___、 活洞入 資本金一萬円上

    (차) 현금(上)   10,000   (대) 자본금(활동질 入)   10,000

이는 현금출납의 입금거래 기입과 함께 분개한 것이다. 거래기록의 순서는 거래일과 송도치부법의 특수부호(｜ 準 ━ 및 点 、)과 계정과목, 입(入)자, 적요와 금액 및 상(上)자로 되어있다. <표 6-1>에서 보는 바와 같이 거래일 다음에 표시된 특수부호 중 점(·)은 일기장의 전기표시를 의미하며, 그리고 선(準 - 또는 ｜)부호는 초읽기(日記帳)에서 일기장(分介帳)으로 전기확인을 표시한 것이다. 계정과목의 활동(活洞)은 자본주를 의미하는 계정 이름이다.24) 또한 입(入)자는 부채 자본의 증가를 표시하는 대변임을 뜻하며, 상(上)자는 현금수입을 나타내는 것으로서 차변을 의미한다.

두 번째의 1월 10일 자 거래기록을 보면, 그것은 다음과 같다.

己卯 一月十日 ___ 、 白蔘秩去 一等品 ⦀ 十 一百斤 ‖ 一.00 文二千一百円下

  (1월 10일-백삼 일등품 30편 100근을 @21원씩 모두 2,100원에 현금으로 매입하다.)
      (차) 상품 매입(백삼질去) 2,100   (대) 현   금(下)   2,100

이는 백삼 100근을 현금으로 지급하여 매입한 거래인데, 거(去)와 하(下)를 사용하여 대차분개의 형태를 표시하고 있다. 위의 입금거래에서 입(入)과 상(上)을 사용하고 있는 것과 대조적이다. 백삼이라는 품목 다음에 질(秩)자를 붙이고 있는 것은 질(秩)자에 의하여 의인화 또는 유형물화함으로써, 하나의 계정임을 나타내는 것이다.25) 적요에는 「1등품」과 「1백근」의 다음에 각각 호산(胡算) 숫자를 사용하여 백삼의 편수(片數:30)와 단가(單價 : @21원)가 명시되어 있다. 또한 문(文)자는 돈(金錢)을 의미한다.

<표 6-1>에 의하면 어음이나 차용증서에 의하여 현금의 차용거래나 대출거래가 발생했을 경우의 기록도 있다. 즉, 1월 10일의 세 번째 거래기록인 김종로 계정은 출금거래를 나타낸 것인데, 오는 2월 10일에 3푼 이자로 원리금을 받기로 하고 현금을 대여했다는 의미의 「채급(債給)」자를 붙여서 기록한 것이다(金鐘路去債給三分辺二月十日捧次三千円下).

      (차) 대여금(金鐘路秩去) 3,000   (대) 현   금(下) 3,000⌋

현금거래 이외의 대체거래에 대해서는 등자법(鐙子法 ⌴ 또는 ⌐ 거래의 묶음 표시)

---

24) 김기호에 의하면, 활동(活洞)은 개성 「웅골」의 옛 이름이라고 하며, 주객(主客) 장사(주인과 대리인과의 관계에 있는 장사)에는 주인집이 있는 고을 이름을 사용하는 것이 관례이지만, 개인 자영업도 성명을 기입치 아니하고 文字上 좋은 洞名이라 하여 대부분 「活洞」으로 기입했다는 것이다<상게서, P. 33>.

25) 현병주, 전게서, PP. 20~21. (현병주는 「秩」이 ① 사람의 姓名을 代位하는 것, ② 무형물을 유형물로 代位하는 것으로서 계정항목의 의미를 지니고 있다고 하였다.)

이라는 부호를 사용하여 표시되어 있다. 즉, <표 6-1>의 1월 11일 자 거래기록은 등자법(여기서는 횡서이므로 ⎵로 묶음 표시했음)이 사용되었고 인삼의 매입으로 김정릉에 대한 부채의 증가(入)와 당해 상품(여기서는 총괄계정으로서의 백산질)의 매입에 따른 자산의 증가(去)로 표시되어 있다. 즉, 등자법과 입(入)자와 거(去)자에 의한 대체거래의 분개가 이루어져 있다는 것이다. 그리고 1월 10일 자의 등자법에 의한 거래기록을 보면, 이마포(李麻浦)에 대한 백삼 일등품의 외상 매출에 따른 자산의 증가(放)와 그 상품의 매출로 인한 자산의 감소(入)를 내용으로 하고 있다. 이는 등자법과 매출(放入)이나 외상매출일 때에 붙이는 방(放)자와 입(入)자에 의한 기장 원리라고 할 수 있다.

   (차) 이마포(賣出債權) 220 (대) 상품매출(白蔘秩) 220
   (차) 상품매입(白蔘秩) 1,750 (대) 김정릉(買入債務) 1,750

초일기책에서 출입(出入)이 끝났을 때 완결 표시하는 특수부호(⏋)가 있는데 이것을 「으임」(지움)이라고 한다.26) 예컨대, 1월 11일 자 및 동 27일 자의 박신촌(朴新村) 거래는 본인에게 직접 현금 대여(朴新村 去 貸去己去)한 것이 1월 15일의 현금상환(「十五日上」)에 의하여 서로 상쇄되었으므로, 이것을 소멸시키는 「으임」(격차 침: 여기서는 횡서이므로, ⎴)표시된 것이다. 1월 27일의 박신촌 거래도 같은 기장 원리이다. 그래서 이것은 일기책에 전기 되지 않는다.27)

 초일기의 1월 13일 자 거래기록 중에 표시된 우(又)자는 앞줄의 거래기록과 같은 계정과목임을 나타낸 것이다. 그리고 1월 10일과 동 11일의 거래기록에서 보이는 우(右)자는 종서(縱書)로 기장하기 때문에 앞줄의 것을 의미하는 표시로 사용되었다.28)

 그리고 1월 20일 자의 거래기록에 「공용질(公用秩)」이라는 계정과목이 있는데, 이것은 소모품비나 영업비용을 처리하는 항목이다. 그런데 상품매매로 인한 수수료(口錢)와 같은 부대비용은 해당 상품의 거래기록에 포함해 처리하고 있다.

 1월 15일 자 백산질 기록과 미곡질 기록에 의하면, 해당 상품계정에서 수수료를 기장하도록 구체적으로 설명되어 있다.29)

---

26) 김기호, 전게서, P. 22.
27) 이에 대한 김기호의 주석에 의하면, 『1월 11일 박신촌 貸去時에「己去」라 함은 本人去를 표시한 것으로 후일 증빙을 하기 위한 것이며, 그 외 子去・己去・某某去 등이 잇다. 이 項은 초일기 자체 내에서 대차가 완제소멸되었기로 十五日上하여 으이다』라고 설명되어 있다(김기호, 전게서, P.33.).
28) 김기호, 전게서, P.34.
29) 김기호, 전게서, P.34.(이에 의하면, 「白蔘秩去口錢並合 및 米穀秩入口錢除實上에 대하여 물품매매에 대한 구전은 현금으로 지급하는 것이기에 원칙적으로 公用秩로 기장하는 것이지만, 매입 때

1월 17일의 매득질(買得秩=매입계정)에 대하여 이 해설서에서는 큰 상품, 즉 백삼·미곡·포목·어물 등은 각각 별도의 계좌를 설정하였으나, 그 외의 물품에 대해서는 일괄하여 매득질로 취합 기장한 것으로 보이며, 매출액도 역시 일괄하여 방입질(放入秩=賣出 計定)로 취합 기장한 것이다. 그리고 1월 27일 자의 박신촌 거래(朴新村去貸去子去文二千円下, 二十九日上↑.夂ᆖ0.一)도 초일기책 자체 내에서 대차가 완제(完濟)되었으므로, 29일에 지운 것(으임)으로 표시했음을 나타내었다고 할 수 있다.

1월 31일 개성은행 거래(開城銀行去債還辺並給文一萬四百八十円下——邊錢秩去條四百八十円)로 환급 시에 이자 지급까지 「채환변병급(債還辺並給)」이라 하여 원금과 합계 기장한 것은 차후 전기되는 장책에 이자를 지급하였다는 것을 명시하기 위함이며, 변전질거(邊錢秩去)라는 다른 행(行)에 기장하여 등자법으로 묶었다고 본다. 2월 10일자의 김종로채환상(金鐘路債還上)의 경우도 같은 이유로 수입이자를 채환변병상(債還邊並上)이라 하여 원리금 합계를 기장한 것이다.

김기호의 해설서에 의하면, 타인의 돈을 예입하였을 때는 임입(任入), 타인에게 돈을 예치하였을 때는 임거(任去)라고 기장한다고 밝히고 있다. 그리고 외상으로 상품을 매입하거나 매출하였을 때는 반드시 별행(別行)으로 무슨 질거(秩去) 또는 무슨 질입(秩入)으로 기장하여 현금매매와 동일시함으로써, 음양지도(陰陽之道)의 복식기장원칙을 지키려 했다고 한다. 그렇지만 송도치부에 익숙하게 되면, 초일기책에서 이를 생략하여 일기책에서만 기입하는 경우도 있음을 밝히고 있다.[30]

② 일기책의 기장 구조

상술한 초일기의 기록은 상쇄된 거래를 제외하고는 모두 일기책에 전기 되었다. 그것을 정리한 것이 <표 6-2>의 일기책 기록이다. 일기책은 현금출납장과 분개장의 역할을 하는 것이다. 일기책에서도 초일기와 같이 대차거래의 상쇄기록이 되어있는데, 그것은 「열기법」(列旗法)의 특수부호(中)를 이용하여 다른 거래기록과 구별하고 있다. <표 6-2>에서 보이는 바와 같이 1월 17일과 동 21일, 동 31일 및 2월 1일 자의 거래 표시가 그것이다. 이처럼 초일기와 일기(책)에는 대차의 상쇄소멸 사실을 기록하는 특수부호가 다르게 표시되어 있다. 이 점은 기존의 다른 송도치부법의 기록 장부와 다른 것이라고 할 수 있다.[31] 1월 17일 자와 동 21일 자의 열기법에 따른 고중림(高中林)

는 물품 가격에 가산되며 매출 때는 물품 가격이 구전만큼 감축되기 때문에, 별도로 公用秩에 기장하는 것을 피하고 구전 병합 또는 口錢除實上으로 기장한다.」라고 주석이 첨부되어 있다.)
30) 김기호, 전게서, P. 35.
31) 히라이(平井泰太郞)교수기 수집한 일본고베대학도서관 소장의 개성부기장부「초일기 제1호」장부와「일기제1호」장부에는 열기법에 의한 상쇄사실 명시가 전자의 제1호에서 행해졌고, 후자인

계정의 거래기록은 일기(책)에 기록할 때 새롭게 발생한 것이 아니고 원시 기록부인 초일기에 이미 기록된 것이다. 따라서 이것은 초일기에서 상쇄 사실을 인식하지 못한 채, 일기책에 전기된 거래기록을 「등기법」에 의하여 처리하게 된 기록인 것으로 보아진다.32)

김기호의 송도사개문서에서는 호산(胡算)에 의한 상품 수량이나 단가의 기입 이외에도 거래기록 하부의 란외(欄外)에 기입되어 있는 것을 발견할 수 있다. 초일기에서는 1월 14일 자 어물계정 기록의 란외에 「∥ ㅗ ∥∥ 0」 (2,830)」, 1월 20일 개성은행계정기록의 란외에 「┃0∥0」 (1,020), 그리고 1월 27일 박신촌계정기록의 란외에 「┃, 勹 ≡0」 (1,980)」이라는 표시가 있다. 또 일기에서는 1월 14일과 2월 10일 자 각 계정 란외의 호산기입은 초일기와 같으나, 1월 21일 자 어물 계정 기록의 란외에 「∥,0╳0」 (3,040)」, 1월 31일 자 개성은행 계정 기록의 란 외에 「┃0,∥≡0」 (10,380)」 및 2월 8일 자 미곡계정 기록의 란 외에 「┃, ╳80」 (1,450)」이라고 표시되어 있다.33)

이러한 호산 기록은 각 거래의 기록 시점에서 기록된 현금재고액을 나타낸다. 그래서 초일기의 거래기록 중에서 상(上)자가 붙은 입금거래 금액과 하(下)자가 붙은 출금거래 금액을 가감시킴으로써, 현금의 재고액을 파악하게 된다.

현금의 재고액을 계산하기 위한 특정 시점을 명시하는 방법으로서, 김기호의 송도사개문서에서는 일기책의 중간에 당일 현금 재고액을 표시할 때, 「여기까지」임을 표시하는 특수부호(□)를 붙이게 되어있다.34)

2월 10일 자의 초일기와 일기에서 거래기록의 말단에 특수부호(□)를 붙여서 호산에 의한 계산표시의 시점을 명확히 나타내고 있다.35)

본 일기책에서의 미제분(未濟分)은 다음 연도로 이월되어 각 장책에 전서하였는바, 이를 복부(復簿)라고 칭하고 있다. 그리고 취급하는 상품이 다양한 잡화상의 경우는 보통 장기(掌記)하는 물품 계산서를 발행 수수(授受)할 때는 다음과 같은 기장 방법이 있다고 예시되어 있다.36)

　제2호의 경우는 상쇄관계 기록을 하지 않았다고 한다. (杉本德榮, 開城簿記法의 論理, P. 246.)
32) 김기호의 주석에 의하면, 「1월 17일 高中林 貸入 1천 2백 원, 동 21일 貸還給으로 日記 자체 내에서 대차가 소멸하므로 기불림 하여 버린다. 1월 31일 高中林 貸入金 5백 원 역시 右와 동일 가불려 버린다.」라고 설명되어 있다. 여기서 「기블리다」는 지워버린다는 뜻이다. 이것은 초일기에도 기록된 것으로서, 초일기 1월 17일과 동 21일자 거래기록이 그대로 있는 사실로 보아, 일기에 전기한 후에 발견되었던 것으로 추측할 수 있다.
33) 김기호, 전게서, PP. 27~32, & PP. 41~45.
34) 김기호, 전게서, P. 22
35) 김기호, 전게서, P. 32 ; & P. 44.
36) 김기호, 전게서, PP. 47-48.

<표 6-2> : 개성상인 김기호 「송도치부법사개문서의 개요」의 일기장 장부기록

```
                   己卯 一月 日   日記  第1號  上吉辰

一月十日 ____、活洞入資本金一萬円 上
        ____、白蔘秩去一等品 Ⅲ十片一百斤 Ⅱ一.00  文二千一百円 下
        ____、金鐘路去債給三分辺二月十日捧次文三千円 下
        ____、李麻浦放白蔘一等品 Ⅲ十. 十斤 Ⅱ=.00  文二百二十円 ─┐
        ____、白蔘秩入右條二百二十円                              ─┘
   十一日 ____、米穀秩去白米二十叺 10.00  文二百円 下
        ____、金貞陵入細尾蔘一等品五百斤 Ⅲ.彡0  文一千七百五十円 ─┐
        ____、白蔘秩去右條一千七百五十円                        ─┘
        ____、吳敦岩入大豆一百入 =.彡0  文六百五十円 ─┐
   十二日 ____、米穀秩去右條六百五十円                  ─┘
        ____、白蔘秩入一等品 Ⅲ0.五十斤 Ⅱ.Ⅱ0  放入文一千一百円 上
        ____、米穀秩入白米十叺 Ⅰ.10  放入文一百十円 上
   十三日 ____、布木秩去 廣木一百疋 彡.彡0  文八百五十円 下
        ____、又去 尺布一萬尺 Ⅲ彡 文二千五百円 下
        ____、白蔘秩入細尾蔘一等品一百斤 Ⅲ.彡0  放入文三百九十円 上
   十四日 ____、魚物秩去 北魚一百級 Ⅰ.Ⅱ0  文一百二十円 下
        ____、崔長位入 蔚珍藿五十隻 彡.0  文二千五百円 ─┐
        ____、魚物秩去 右條二千五百円                    ─┘ Ⅱ,彡Ⅲ0.-
   十五日 ____、開城銀行入 債入日步三戔四月十五日給次一萬円 上
        ____、白蔘秩去一等品 Ⅲ十. 二百斤 Ⅱ1.彡0  口錢 .彡0 並給文四千五百円 下
        ____、米穀秩入大豆五十叺 =.00  口錢 .Ⅱ0  除實上文三百四十円 上
   十六日 ____、布木秩入 廣木五十疋 彡.00  除實上文四百四十円 上
        ____、又入 尺布三千尺 .Ⅲ0  放入文九百円 上
   十七日 ____、買得秩去 窓厚紙二十隻 Ⅱ.00  文四千円 下
        ____、又去 鹿茸全代二十斤 100.00  文二千円 下
        ____、又去 燒酒二百斗 =.00  文一千六百円 下
         ꟼ 、高中林入 貸入文一千二百円 上
        ____、鄭壽松入 白蔘一等品 五百斤 Ⅱ.100  文一萬五百円 ─┐
   十八日 ____、白蔘秩去 右條文一萬五百円 下                     ─┘
        ____、公用秩去 右口戔給文二百五十円下

                                              -다음 면에 계속-
```

	─、朴厚岩放 白蔘一等品 川十. 五百斤 Ⅱ.Ⅱ00 文一萬一千円	
十九日	─、白蔘秩入 右條一萬一千円	
廿日	─、又入一等品 Ⅱ十. 四十斤 Ⅱ,Ⅱ0 放入文八百八十円 上	
	─、米穀秩入 白米十叺 Ⅰ,Ⅰ00 放入文一百十円 上	
	─、布木秩入 廣木五十疋 ㄨ.00 放入文四百五十円 上	
	─、開城銀行去 當座預金 三千円 下	
	─、公用秩去 帳簿冊 六卷 六十円 下	
廿一日	─、魚物秩入 蔚珍藿二十隻 ㅗ0 放入文一千二百円 上 川,0×0	
	─、魚物秩入 北魚一百級 Ⅰㄨ.0 放入文 一百五十円 上	
	甲、高中林去 貸還給己去文一千二百円 下	
廿二日	─、李麻浦入 白蔘價上文二百二十円 上	
	─、白蔘秩入細尾蔘一等品二百斤 ㄨ00 口錢.Ⅱ0 除實上文七百六十円 上	
	─、米穀秩入 大豆五十叺 ㅗ.00 放入文三百五十円 上	
	─、吳敦岩去 大豆價 給文六百五十円 下	
廿三日	─、布木秩入 尺布三千尺 .Ⅱ0 放入文九百円 上	
	─、開城銀行去 當座預金 二千五百円 下	
廿四日	─、魚物秩入 蔚珍藿三十隻 ㅗ.0 放入文一千八百円 上	
	─、開城銀行入 預金還上文一仟円 上	
	─、崔長位去 蔚珍藿價給文二仟五百円 下	
廿五日	─、朴厚岩入 白蔘價上文一萬一千円 上	
	─、鄭壽松去 白蔘價給文一萬五百円 下	
廿六日	─、白蔘秩入 細尾蔘一等品 二百斤 ㄨ.00 口錢.Ⅱ0 除實上文七百六十円 上	
	─、金貞陵去 細尾蔘價給文壹阡七百五十円	
廿七日	─、白蔘秩入一等品.川十 五十斤 Ⅱ,二00 放入文一千一百円 上	
廿八日	─、布木秩入 尺布一千尺 .Ⅲ0 放入文三百円 上	
廿九日	─、放入秩入 窓厚紙二十隻 Ⅱ二ㄨ 放入文四千五百円 上	
卅日	─、又入 鹿茸全代十斤 Ⅰ─,000 放入文一千一百円 上	
卅一日	─、開城銀行入 預金還上 文二千五百円 上	
	甲、高中林入 貸入文五百円 上	
	─、開城銀行去 債還辺並給文一萬四百八十円 下	
	─、邊錢秩去 右邊給條條 四百八十円	
二月一日	─、放入秩入燒酒一百斗 ㅛ0 放入文八百五十円 上	
	甲、高中林去 貸還給文五百円 下	
	─、金仁川入 白米二百叺 10,000 文一千円	
二日	─、米穀秩去 右條一千円	
	─、公用秩去 右口錢給文一百円 下	

-다음 면에 계속-

	＿＿＿、	崔水原入 大豆一百叺 ⊥80 文六百五十円
三日	＿＿＿、	米穀秩去 右條六百五十円
	＿＿＿、	放入秩入 鹿茸全代十斤 ｜一,000 放入文壹阡一佰円 上
	＿＿＿、	又燒酒一百斗 夕.00 放入文九百円 上
四日	＿＿＿、	開城銀行去 當座預金二千円 下
五日	＿＿＿、	放入秩入 燒酒一百斗 夕.00 放入文九百円 上
	＿＿＿、	崔水源去 大豆價給文六百五十円 下
六日	＿＿＿、	布木秩入 尺布三千尺 .Ⅲ0 放入文九百円 上
	＿＿＿、	金仁川去 白米價給文一千円 下
七日	＿＿＿、	白蔘秩入 一等品 Ⅲ十 五十斤 Ⅱ,二00 放入文一千一百円 上
	＿＿＿、	魚物秩去蔚珍藿二十隻 8O.一 文一千円 下
八日	＿＿＿、	魚物秩去蔚珍藿二十隻 8O. 一千円 下
	＿＿＿、	米穀秩入白米五十叺 Ⅰ Ⅰ.00 放入 文五百五十円 上
	＿＿＿、	米穀秩入大豆五十叺 ═.00 放入 文三百五十円 上
	＿＿＿、	開城銀行去 當座預金一千五百円 下
	＿＿＿、	又入預金還上 文四千円 上
九日	＿＿＿、	買得秩去 窓厚紙二十隻 Ⅱ00 四千円 下
十日	＿＿＿、	魚物秩入蔚珍藿十隻 ＋.00 放入文六百円 上
	＿＿＿、	金鐘路入 價還邊竝上文三千九十円 上
	＿＿＿、	邊錢秩入 右條上文九十円
	＿＿＿、	公用秩去 午食接待費二百円 下
	＿＿＿、	開城銀行入 價金還上文一千五百円 上
	＿＿＿、	活洞去 還給文五十円 下 口
	＿＿＿、	又入資本金五仟一百二十五円 上
	＿＿＿、	又去 還給邊竝給文五千一百二十五円 下
	＿＿＿、	邊錢秩去 右邊給條二百二十五円
	＿＿＿、	白蔘秩入在庫一等品 Ⅲ十 一百斤 Ⅱ Ⅰ.00 文二阡一百円
	＿＿＿、	又去右條二千一百円
	＿＿＿、	米穀秩入八在庫白米五十叺 Ⅰ0.00 文 五百円
	＿＿＿、	又入在庫大豆五十叺 ⊥80. 文三百二十五円
	＿＿＿、	又去右 條八百二十五円
	＿＿＿、	魚物秩入 在庫蔚珍藿十隻 8O 文五百円
	＿＿＿、	又去 右條五百円

- 다음면에 계속 -

```
                    ─、放入秩入在庫窓戶紙二十隻 ΙΙ.00 文四仟円
    二月十日    ─、買得秩去 右條四千円
            ─、活洞入資本金今期利益金轉入分二千五百九十円 上
            ─、白蔘秩入還上決算時計入文一萬八千七百五十円 上
            ─、米穀秩入還上決算時計入文二千五百円 上
            ─、布木秩入還上時計入文三千三百五十円 上
            ─、魚物秩入還上決算時計入文三千六百二十円 上
            ─、買得秩入還上決算時計入文一萬一千六百円 上
            ─、公用秩入還上決算時計入文六百十円 上
            ─、邊錢秩入還上決算時計入文六百五十円 上
            ─、白蔘秩去還給決算時計給文一萬九千四百円 下
            ─、米穀秩去還給決算時計給文二千六百三十五円 下
            ─、布木秩去還給決算時計給文三千八百九十円 下
            ─、魚物秩去還給決算時計給文四千二百五十円 下
            ─、放入秩去還給決算時計給文一萬三千三百五十円 下
            ─、邊錢秩去還給決算時計給文九十円 下
```

註 : 원문은 종서로서 오른쪽에서 왼쪽으로 기록되어 있으나, 저자가 횡서로 고쳐 작성하였음.
<자료 : 金基浩, 『松都治簿法四介文書의 概要』(1986), PP. 39-41.>

買得秩去 物價掌記(何何号)合文三百五十円 下
(상품 350원을 현금 매입하다. 괄호 내 저자번역, 이하같음.)
放入秩入 物價掌記(何何号)合文四百五十円 上
(상품 450원을 현금 판매하다.)
金富川入 物價掌記(何何号)合文六百三十円
(김부천 상점에서 상품 630원을 외상 매입하다.)
李坡州放 物價掌記(何何号)合文六百八十円
(이파주 상점에 상품 680원을 외상 판매하다.)

　위의 예시에서 보는 매득질거(買得秩去)는 현금으로 매입한 거래이며, 방입질입(放入秩入)은 현금을 받고 매출한 거래를 의미한다. 그리고 김부천 입(金富川 入)은 외상 매입한 거래기록이며, 이파주 방(李坡州 放)은 외상 매출한 거래를 의미하는 것이다.
　이상에서 살펴본 바와 같이 개성상인 김기호의 송도사개문서에 제시된 초일기와 일기장의 기장 구조는 ① 상쇄소멸 관계를 표시하는 특수부호가 이용되고 있으며 ② 등자법과 열기법을 이용한 거래기록이 이루어지고 ③ 호산(胡算)에 의한 현금 잔액의 계산 시점을 나타내고 있을 뿐만 아니라 ④ 결산 정리를 위한 분개를 하고 있다는 점에서 그 특성을 찾아볼 수 있는 것이다.

③ 장책(長冊)의 기장 구조

개성상인 김기호의 송도사개문서에서는 거래가 발생하면 원시 기록부인 초일기에 기장 처리한 후에 일기에 전기하는 절차를 거친다. 일기의 기장 구조는 상술한 바와 같이 「입(入)」자와 「거(去)」자 혹은 「방(放)」자에 의한 분개의 형식을 취하고 있다. 전자는 대변 요소임을 의미하고 후자는 차변 요소임을 의미한다. 이처럼 특수문자에 의한 분개 원리로 양분되는 거래 요소에 따라, 원장에 해당하는 장책(長冊)의 대차양쪽으로 구분하여 전기하게 된다. 이는 장책을 차변 원장으로서의 봉차장책(捧次長冊)과 대변 원장으로서의 급차장책(給次長冊)으로 크게 나누어서 일기책의 거래기록을 해당하는 장책에 전기하게 되어 있다. 일반적으로는 전자가 외상장책이고, 후자가 타급장책이라는 이름으로 기장이 되는 것이다. 김기호의 송도사개문서에서만 특이하게 계정 이름에 사용하는 봉차질과 급차질을 장책의 명칭으로 표현하고 있다. 총계정원장이 2계정 형식의 기장 구조를 취하고 있음은 현존하는 다른 사개치부문서에서도 외상장책과 타급장책이라는 명칭만 다를 뿐, 동일하다는 것을 확인하게 된다.

김기호의 송도사개문서에 의한 봉차장책과 급차장책의 기장 내용은 <표 6-3>과 <표 6-4>와 같다.37) 이 송도사개문서는 의인설에 입각한 인명계정을 사용하여 기장처리가 되어있다. 따라서 일기의 인명계정에 의한 거래의 기장은 최초의 거래가 대차 어디에 속하는 것인가에 따라 전기(轉記)되는 장책의 원장계정이 결정된다. 인명계정 이외의 거래기록은 그 거래의 대차 성격에 따라 해당하는 장책에 계정계좌를 설정하여 전기하게 된다. 즉, 인명계정 이외의 거래 기장은 「입(入)」자와 「거(去)」자 또는 「방(放)」자에 의하여 전기가 이루어진다는 것이다. 그런데 인명계정의 기장은 최초의 거래가 전기된 장책에서만 그 계정계좌가 설정되며, 나중에 발생하는 반대의 성격을 지닌 거래기록을 전기할 때 「내(內)」자를 붙여서 행하게 된다. 이는 대차의 속성 구분 때문에 이루어지는 전기(轉記)원리이다.38)

이러한 전기(轉記)의 원리가 적용된 것은 <표 6-3>의 이마포(李麻浦)계정의 기록이나 <표 6-4>의 정수송(鄭壽松)계정의 기록 같은 경우이다.

그런데 특수문자에 의한 전기(轉記)분류나 계정 종류에 의한 전기원리를 충족시키지 않는 것도 엿보인다. 즉, 1월 24일 자, 1월 31일 자, 2월 9일 자 및 2월 10일 자의 개성은행 계정기록은 「입(入)」자의 전기분류에서 보면, 급차장책(負債)에 기장해야 하

---

37) 김기호, 전게서, PP. 51~63.
38) 杉本德榮, 『開城簿記法の論理』(東京、森山書店、1998), P. 250.

지만 봉차장책(資産)에 전기되어 있다. 이들 기록은 모두가 「입(入)」보다도 오히려 「예금환상(預金還上)」이라는 내용에 따라 전기 되어 있는 것으로 보인다. 또한 1월 31일 자의 개성은행 계정기록은 「거(去)」에 의한 전기분류에서 보면 봉차장책(資産)에 기장 해야 하지만 급차장책(負債)에 전기 되어 있는 것은 「채환급(債還給)」이라고 표시되어 있기 때문이라고 생각된다.

<표 6-3> : 개성상인 김기호「송도치부법사개문서의 개요」의 봉차장책(외상장책) 기록

```
             己卯 一月  봉차장책(捧次帳冊)  第 一 号   上吉辰

△ 白蔘秩去 一月十日一等品 ⅢO. 一百斤 Ⅱ1.00 文二千一百円
△    又      十一日細尾蔘一等品五百斤 Ⅲ.80 文一千七百五十圓
              十五日一等品 ⅢO. 二百斤 Ⅱ1.80 口錢 .80 並文四千四百円
△    又      十八日一等品 ⅢO. 五百斤 Ⅱ1.00 文一萬五百円
△    又內 二月十日決算時計入文一萬八千七百五十円上    Ⅱ三,二80.-
△ 金鍾路去 一月十日債給三分辺二月十日捧次文三千円圓
△    又內 二月十日辺並上文三千九十円上
△ 李麻浦去 一月十一日白蔘一等品 ⅢO. 十斤 Ⅱ1.00 文二百二十円
△    又內 一月二十二日入文二百二十円上
△ 米穀秩去 一月十一日白米二十叺 10.00 文二百円
            十二日大豆一百叺 十.80 文六百五十円
△    又   二月二日白米一百叺 10.00 文一千円
△    又      三日大豆一百叺 十.80 文六百五十円         Ⅱ,800.-
△    又內 二月十日決算時計入文二千五百円上
△ 布木秩去 一月十三日廣木一百尺 三.80 文八百五十円
△    又   同日尺布一千尺 Ⅱ.80 文二千五百円              Ⅲ,Ⅲ80.-
△    又內 二月十日決算時計入文三千三百五十円上
△ 魚物秩去 一月十四日北魚一百級 1.Ⅲ0 文一百二十円
            同日蔚珍藿五十隻 80.- 文二千五百円
△    又   二月七日同品二十尺 80.- 文一千円
△    又內 二月十日決算時計入文三千六百二十円上
△ 買得秩去 一月十七日窓厚紙二十隻 Ⅲ00.- 四千円
△    又   同日鹿茸全代二十斤 100.00 文二千円
△    又   同日燒酒二百斗 三.00 文一千六百円
△    又   二月九日窓厚紙二十隻 Ⅱ00.- 文四千円        Ⅰ Ⅰ,⊥00.-

                                                     -다음 면에 계속-
```

제 6 장 사개송도치부문화에 투영된 상인 정신과 회계 사상   551

```
△  又內 二月十日決算時計入文一萬一千六百円上
△  朴厚岩去 一月九日白蔘一等品 ⅢO.- 五百斤 Ⅱ I.00 文一萬一千円
       又內 一月二十五日入文一萬一千円上
△  公用秩去 一月十八日白蔘五百斤口錢  .80  文二百五十円
△  又       二十日 帳簿冊六卷 10.-  文六十円
△  又   二月二日 白米一百叺 口錢 10.-  文一百円
          十日午食接待費二百円              ㅗ10.-
△  又內 二月十日決算時計 入文 六百十円上
△  邊錢秩去 一月二十四日 開城銀行給文四百八十円
          二月十日活洞文一百二十五円         ㅗ080.-
△  又內 二月十日決算時計入文 六百五円上
△  開城銀行去 一月二十日當座預金三千円
△  又       二十三日  同 二千五百円
△  又    二月四日    同 二千円
△  又       八日    同 一千五百円
△  又內 一月二十四日 還入文 一千円
          三十一日   同 二千五百円
△  又   二月九日    同 四千円
          十日     同 一千五百円
   白蔘秩去 二月十日 在庫一等品 Ⅲ十.  一百斤 Ⅱ I.00 文二千一百円
   又
   米穀秩去 二月十日在庫 白米五十叺 10.00  文五百円
   又      同日 同 大豆五十叺 ㅗ.80  文三百二十五円
   魚物秩去 二月十日 在庫蔚珍藿十隻 80.-  文五百円
   買得秩去 二月十日 在庫窓厚紙二十隻 ⅡOO.- 文四千円
```

(주 : 원문은 종서로 되어 있지만, 횡서로 고쳐 작성하였음.)
<자료 : 金基浩, 『松都治簿法四介文書의 槪要』(1986), PP. 51-54.>

  이것을 가능하게 하려면 확정된 상품 기말 재고액에 대한 결산정리분개를 일기책에서 행하고 있다고 판단된다. 예컨대, 백삼 일등품의 기말재고액은 100근으로 확정되었으므로「등자법」으로 정리된 거래기록으로 기장되어 있다. 따라서 급차장책의 백삼 계정의 기록은 이 결산정리분개가 전기된 것이라고 할 수 있다.[39]

---

39) 杉本德榮, 前揭書, PP. 154~155.

<표 6-4> : 개성상인 김기호「송도치부법사개문서」의 급차장책(타급장책) 기록

己卯 一月 日　급차장책(給次帳冊)　第 一 号　上吉辰

　　活洞入一月十日 資本金一万円
△　　又 内二月十日 還給文五千円
　　　同日边並給文五千一百二十五円 下
△ 白蔘秩入一月十日 一等品 ⅲ0.- 十斤 ⅡⅠ.00 文二百二十円
△　　又 十二日 一等品 ⅲ0.- 五十斤 ⅠⅠ.00 文一千一百円
　　　　十三日 細尾蔘一等品一百斤 ⅲ夕0.- 文三百九十円.
△　　又 十九日 一等品 ⅲ0.- 五百斤一万一千円.
△　　又 二十日 一等品ⅲ0.四十斤ⅡⅠ.文八百八十円
　　　　廿一日 細尾蔘一等品二百斤 ×.00口錢 ⅲ0 除實上七百六十円
△　　又　　廿六日 細尾蔘一等品二百斤 ×.00 口錢 ⅲ0 除實上七百六十円.
△　　又　　廿七日 一等品 ⅲ0.- 五十斤 ⅠⅠ.00 文一千一百円.
　　　二月七日 一等品 ⅲ0.- 五十斤 ⅠⅠ.00 文一千一百円　　　　Ⅰ夕,×Ⅰ0.-
△　　又内 二月十日 決算時計給文一万九千四百十円下
△ 金貞陵入一月十一日細尾蔘一等品五百斤 ⅲ.80 文一千七百五十円
　　　　又内 一月廿六日一千七百五十円 下
△ 吳敦岩入一月十二日大豆一百叺 ー80.- 文六百五十円
　　　　又内 一月廿二日 六百五十円下
△ 米穀秩入一月十二日 白米十叺 ⅠⅠ.00 文一百十円
　　　又十五日 大豆五十叺 ㅗ.00 口錢 ⅲ0 除實上三百四十円
　　　又廿日 白米十叺 ⅠⅠ.00 文一百十円
△　　又 二月八日 白米五十叺 ⅠⅠ.00 文五百五十円
　　　　同日 大豆五十叺 ㅗ.00 文三百五十円.
△　　又　　十日 在庫合計入文八百二十五円　　　　ⅡⅠ,ㅗⅢ8.-
△　　又内 二月十日 決算時計給文二千六百三十五円下
△ 崔長位入 一月十四日蔚珍藿五十隻 80.- 文二千五百円
　　　又内 一月廿四日二千五百円 下.
△ 開城銀行入 一月十五日債入日歩三錢四月十五日給次文一万円
　　　又内一月卅一日边並給文一万四百八十円下
△ 布木秩入一月十六日 廣木五十尺 夕.00 口錢ⅲ0 除實上四百四十円
△　　又同日 尺布三千尺 .ⅲ0 文九百円
　　　　又廿日 廣木五十疋 夕.00 文四百五十円.
△　　又廿三日 尺布三千尺 .ⅲ0 文九百円
△　　又廿八日 尺布一千尺 .ⅲ0 文三百円
　　　二月六日 尺布三千尺 .ⅲ0 文九百円　　　　ⅲ三夕0.-

- 다음면에 계속-

△ 又內二 月十日決算時計給文三千八百九十円下
△ 鄭壽松入一月十八日白蔘一等品 ⅢО.- 五百斤 ⅡⅠ.00 文一万五百円
　　　又內 一月卄五日一万五百円下
△ 魚物秩入一月卄一日蔚珍藿二十隻 ⁻О.- 文一千二百円
　　　又　同日 北魚一百級 Ⅰ.80 文一百五十円
　　　　同卄四日 蔚珍藿三十隻 ⁻О.- 一千八百円.
△ 又　十日 在庫品計入文五百円　　　　　　　　　Ⅹ,Ⅱ80.-
　　　又內 二月十日 決算時計給文四千二百五十円下
△ 放入秩入 一月九日 窓厚紙二十隻 Ⅱ1 8.0 文四千五百円
　　　又　　卅日 鹿茸全代十斤 Ⅰ10.00 文一千一百圓
　　　　二月一日 燒酒一百斗 ≡.80 文八百五十円
　　　又　四日 鹿茸全代十斤 Ⅰ10.00 文一千一百円
　　　　同日 燒酒一百斗 ❌.00 文九百円
△ 又　五日 燒酒一百斗 ❌.00 文九百円
△ 　　十日 在庫品計入 文四千円　　　　　　Ⅰ Ⅲ,Ⅲ80.-
　　　又內 決算時計給文一万三千三百五十円下
△ 金仁川入二月一日 白米一百叺 10.00 文一千円
　　　又內 二月六日 一千円下
△ 崔水原入 二月三日 大豆一百叺 ⁻.80 文六百五十円
　　　又內 二月五日 六百五十円下.
△ 邊錢秩入 二月十日金鐘路上文九十円
　　　又內 二月十日 決算時計給文九十円下
△ 活洞入二月十日 資本金五千一百二十五円
　　　又 同日 今期利益金轉入分二千五百九十円

(註 : 원문은 종서로 되어 있지만, 횡서로 고쳐 작성하였음.)
<자료 : 金基浩, 『松都治簿法四介文書의 槪要』(1986), PP. 59-62.>

결산정리분개의 백삼 계정 기록은 「거(去)」자에 의한 전기(posting) 분류에 따라 봉차장책에 전기하게 된다. 이는 이미 설정된 그 계정에의 전기가 아니라, 봉차장책에 새롭게 독자적인 계정을 설정하여 전기한 것이다. 「등자법」에 의한 분개는 실재계정에 기초이월액을 전기하기 위한 개시 분개이며 봉차장책의 전기 부분은 개시기입(=이월기입)을 의미한다.

일기에서부터 전기(posting)를 거친 봉차장책의 백삼계정, 미곡계정, 포목계정, 어물계정, 매입계정, 비용계정(公用秩)의 각 합계액은 매입액과 비용액을 의미하며 그 외의 계정은 상쇄 관계에 있는 것이라고 할 수 있다. 그리고 급차장책의 백삼계정, 미곡계정, 포목계정, 어물계정, 매출계정(放入秩)의 각 합계액은 기말재고액과 매출액의 합계 또는 수익액을 의미하며, 그 외의 계정은 역시 상쇄관계에 있는 것이다.

여기서 장책에 표시된 「내(內)」자의 의미는 봉차장책에서는 받은 것(入金된 것)을 기록하는 것이며, 급차장책에서는 준 것(支出된 것)을 기록하는 것이다. 즉, 금전이나 상품이 나간 것(債權)을 기록에서는 받은 것(入金)을 표시하며, 그리고 금전이나 상품이 들어온 그것(債務)을 기록한 데서는 준 것(支出)을 표시하는 등, 각각 반대의 의미가 있다. 환언하면, 나간 곳에서는 들어올 것을 표시하고, 들어온 곳에서는 나갈 것을 표시하는 것으로서 서로 상반되는 것을 일컫는다. 취급하는 상품이 다양한 잡화점이나 소매점의 경우는 물방기(物放記), 즉 현금매출장을 비치하여 기입함으로써, 판매의 공정을 기하고 매입을 매득질(買得秩)로, 매출을 방입질(放入秩)로 일괄 취합하여 기장하도록 권고하고 있다. 본 치부문서에 등장하는 인명계정은 실존 인물을 피하고자 각 지역 이름을 인명으로 대용(代用)하였음을 밝히고 있다.40)

봉차장책의 상품계정을 전체적으로 정리하면, 기초재고액과 매입액으로 구성되며, 또한 급차장책의 그것은 매출액과 기말재고액으로 구성되는 것이지만, 상품 판매 이익이 봉차장책의 상품계정에 표시되면, 개시기입의 결과를 포함한 총기법의 상품계정을 형성하게 된다. 공교롭게도 상품판매이익은 봉차장책에서 기록·계산되지 않고 봉차장책과 급차장책의 각 상품계정 기록의 최후에 「내(內)」자를 붙여서 일기책에서 행한 결산정리분개에 따라, 기장합계액을 반대기입하여 상쇄효과를 가져오게 하였다.41) 예컨대, 백삼(白蔘)계정에 관한 것을 보면, 그것은 봉차장책의 기록처럼 분개하게 되어 있다. 이는 전기(posting)분류의 원리에 의하면 급차장책에 전기되어야 하지만, 1월 31일자의 거래인 개성은행 계정 기록을 전기할 때와 같이 「환상(還上)」이라는 내용에 따라 「내(內)」자와 함께 봉차장책에 전기되었으며, 그 계정은 장책에서 마감되어 있다. 이는 장책과 계정의 종류를 불문하고 전기된 결과로서 상쇄관계가 아닌 수익 계정과 비용계정에 대해서도 똑같이 이루어지고 있음을 의미한다.42)

④ 회계책(會計冊)의 기장 구조

송도치부사개문서에서 사용하는 회계라는 용어는 봉차(資産)와 급차(負債)의 금액을 합산하는 것이라고 한다.43) 따라서 회계책(會計冊)이란 「봉차와 급차의 합계 장부」를 의미한다. 결산을 최종적으로 행하는 곳이라고 할 수 있다.

개성상인 김기호의 송도치부사개문서에 명시되어 있는 회계책의 기장 내용을 요약

---

40) 김기호, 전게서, PP. 55-56.
41) 杉本德榮, 전게서, PP. 256~257.
42) 杉本德榮, 전게서, P.257.
43) 현병주, 전게서, P. 19.

하면, <표6-5>와 같다.44) 이 회계책은 ① 활동회계를 통한 자본금회계 ② 기말재고상품의 내용을 기록한 재고품 회계 ③ 봉차질(자산계정)과 급차질(부채자본계정)을 종합한 봉급대조 일람표(대차대조표=재무상태표) ④ 수입질(수익 계정)과 지출질(배용 계정)을 종합 대조한 수지계산서(손익계산서) 등의 4단계로 구성되어 있다.

이 송도치부사개문서에 기록된 회계책은 결산서의 역할을 하는 것이다. 그것은 봉차와 급차의 합계를 대조하기 때문에 봉급대조의 일람표를 작성하게 되면 잔액시산표를 통한 대차대조표의 기능을 갖게 된다. 그리고 수입과 지출을 모아 수지계산으로 대응시키면 손익계산서의 역할을 수행하는 수지계산서가 작성된다. 그 외에도 회계책은 기말재고자산의 내용을 명시함과 동시에, 자본금계정으로서의 활동(活洞)회계로 대표되는 각인회계(各人會計)의 기능도 함께 갖고 있다. 각인회계란 인명계정마다 봉차(資産)와 급차(負債資本)로서의 채권·채무를 정리하는 것이다.

봉급대조의 일람표는 봉차질(자산계정)과 급차질(부채·자본계정)의 합계액을 대응시킴으로써, 이익을 계산하는 기능을 수행하게 된다. 봉차장책(外上帳冊)과 급차장책(他給帳冊)의 각 계정(秩) 머리(行頭)에 붙이는 특수문자 효주(爻周 또는 行劃 : △)에 근거하여 각인회계를 정리할 때, 자명하게 나타나는 바와 같이 김기호의 거래기록에서는 채권·채무의 잔액이 발생하지 않으므로 봉차질과 급차질에는 채권·채무에 관한 기록이 명확히 표시되어 있지 않다. 따라서 봉차질은 기말재고액에 의한 각 상품계정 및 현금출납장의 기능을 갖춘 일기책의 최종 거래일에 호산(胡算)에 의하여 현금재고액이 정리되는 수치도 표시되어 있다. 급차질은 자본금계정(活洞計定)만이 해당되며, 봉차와 급차와의 상쇄 잔액인 이익을 산정하여 표시하고 있다. 따라서 봉급대조명세표(貸借對照表)는 소위 재산법에 따른 기장구조를 갖추고 있다.45)

여기서 재고품 가격은 시세(市勢: 時價)가 올랐을 때는 장부가격(原價)으로 평가하고 시세가 하락했을 때는 당해 시세(時價)로 평가하여 기록 계산함을 원칙으로 한다고 되어있다.46) 재고자산평가액이 저가주의(低價主義)에 의한 기록계산을 기본원칙으로 한다는 것을 명시한 대목이다. 그리고 대여금이 있을 때는 대손이 발생할 것을 예상하여 이익금 중에서 난봉감(難捧減: 貸損充當金) 하는 관례가 있으나, 김기호의 송도치부사개문서에서는 봉차(資産) 전부가 현물거래이므로 난봉(難捧: 꾸어 준 돈이나 외상값을 되돌려 받기가 어렵게 됨.)이 없는 것으로 간주하여 기장하였음을 분명히 밝히고 있다.47) 따라서 일반적으로는 대손 위험을 고려한 회계처리가 이루어지고 있었음을 확인할 수 있다.

---

44) 김기호, 전게서, PP. 81~85.
45) 杉本德榮, 전게서, PP. 260.
46) 김기호, 전게서, P. 82.
47) 김기호, 전게서, P. 85.

<표 6-5> : 개성상인 김기호「송도치부법사개문서의 개요」의 회계책 기록

```
                己卯  一月    日   會計冊(帳) (補助簿)   上吉辰
 (各人會計)
 活洞會計
   己卯 一月 十日 入 資本金 一萬円
        二月十日至一朔邊(一個月利子)一百二十五円
     本邊合(元利合) 給次一万一百二十五円  內
     己卯二月十日去文五千円除
     實餘給次 五千一百二十五円

 在庫品會計 (在物 또는 現物)
     白蔘秩一等品卅十 一百斤 ǁ,100 文二千一百円
             小計   二,一00
     米穀秩 白米五十叺 ㅣ0.00 文五百円
         大豆五十叺 ⊥,80 文三百二十五円
             小計   八二五.-
     魚物秩 蔚珍藿 十隻 8,0. 文五百円ㄱ
             小計   五00
     買得秩 窓厚紙 二十隻 ǁ00.- 文四千円
             소계   四,000.-
         合計金  七千四百二十五円

 俸給對照(貸借對照表)

 捧次秩
   白蔘秩在庫品價額 二千一百円
   米穀秩   同    八百二十五円
   魚物秩   同    五百円
   買得秩   同    四千円
   現金 (時在金)   二百九十円
       合計金   七千七百十五円  內

 給次秩
     活洞給次    五千一百二十五円   除
     實餘利益金   二千五百九十円
```

-다음 면에 계속-

```
收支計算(損益計算書)
 收入秩
   白蔘秩入  一万九千四百十円
   米穀秩入  二千六百三十五円
   布木秩入  三千八百九十円
   魚物秩入  四千二百五十円
   放入秩入  一万三千三百五十円
   邊錢秩入  九十円
   合計金         四万三千六百二十五円   內

 支出秩
   白蔘秩去  二千五百円
   米穀秩去  二千五百円
   布木秩去  三千三百五十円
   魚物秩去  三千六百二十円
   買得秩去  一万一千六百円
   公用秩去  六百十円
   辺錢秩去  六百五円
   合計金         四万一千三十五円
   實餘利益金    二千五百九十円
   今期利益金         二千五百九十円
   活洞給次 今期利益金 轉入分    二千五百九十円
```

(註 : 원문은 종시이며 右에서 左로 쓰여 있지만, 여기서는 횡서의 上下行으로 정리함.)

<자료 : 金基浩, 『松都治簿法四介文書의 槪要』(1986), PP. 81-85.>

　수지계산서(損益計算書)는 수입질(收益)과 지출질(費用)로 구성되어 있다. 전자는 급차장책(他給長冊)의 각 상품계정 기말재고액과 매출액을 합산한 계정의 금액과 수입이자액을 열거함과 동시에, 각 계정 합계액을 표시한다. 후자는 봉차장책의 각 상품계정 매입액을 해당 계정의 금액과 영업비 및 지급 이자액을 기입하여 각 계정 합계액을 표시하고 있다. 최종적으로는 봉차(資産)와 급차(負債資本)와의 상쇄 잔액으로서 이익이 산정된다. 이는 손익법에 따른 기장 구조로 구성되어 있음을 의미한다.[48]

　수지계산서(損益計算書: 經營成果表)의 끝에는 산정된 이익을 자본금계정에 대체하는 기록이 이루어져 있다. 이러한 대체 처리는 이익을 자본증가로 인식하여 납입자본금에 가산시키는 장부 결산절차이다. 실제로는 일기책에서 결산일에 분개하고 급차장책(外

---

48) 杉本德榮, 前揭書, P. 261.

上帳冊)의 자본주계정인 활동(活洞) 계정에 전기함으로써 영업활동으로 인한 자본의 증가를 표시하도록 하고 있음을 확인하게 된다.

⑤ 기장 구조의 일반적 체계

개성상인 이기호의 치부 기록문서는 원시 기록부에 해당하는 초일기책에서 시작하여 현금출납장과 분개장의 기능을 지닌 일기책을 거쳐 대차 속성에 따라 봉차·급차의 2구분 된 장책을 축으로 기장 처리가 이루어졌으며, 최종적으로 회계책을 통하여 결산하게 되는 계산구조로 구성되어 있다. 즉, 송도치부사개문서의 기초가 되는 사개(四介)의 기장체계를 갖춘 회계구조가 기본이 되어있다는 것이다. 그 기장체계는 대차 기록을 전제로 하는 복식 부기적 기장시스템으로 구성된 장부조직을 형성하고 있는 것으로 이해할 수 있다. 사개치부법의 기장 절차는, <그림6-3>과 같다.

<그림6-3> 사개치부법의 기장 절차

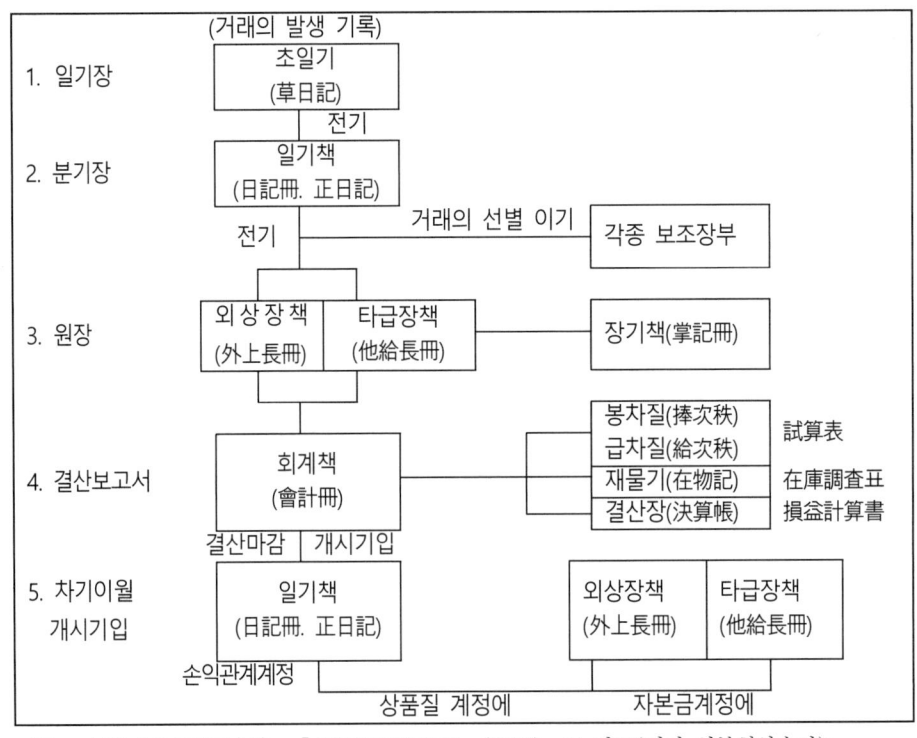

<자료 : (사)대한상업교육회, 『商業教育100年史』(1999), 34 참조(저자 일부첨삭수정)>

제 6 장 사개송도치부문화에 투영된 상인 정신과 회계 사상   559

김기호의 송도치부사개문서에 나타난 기장 절차와 그 흐름을 도식화하여 정리해 보면, 그것은 <그림 6-4>와 같은 구조로 이루어져 있다.49)

<그림 6-4> 개성상인 김기호의 「송도치부법사개문서」의 기장체계

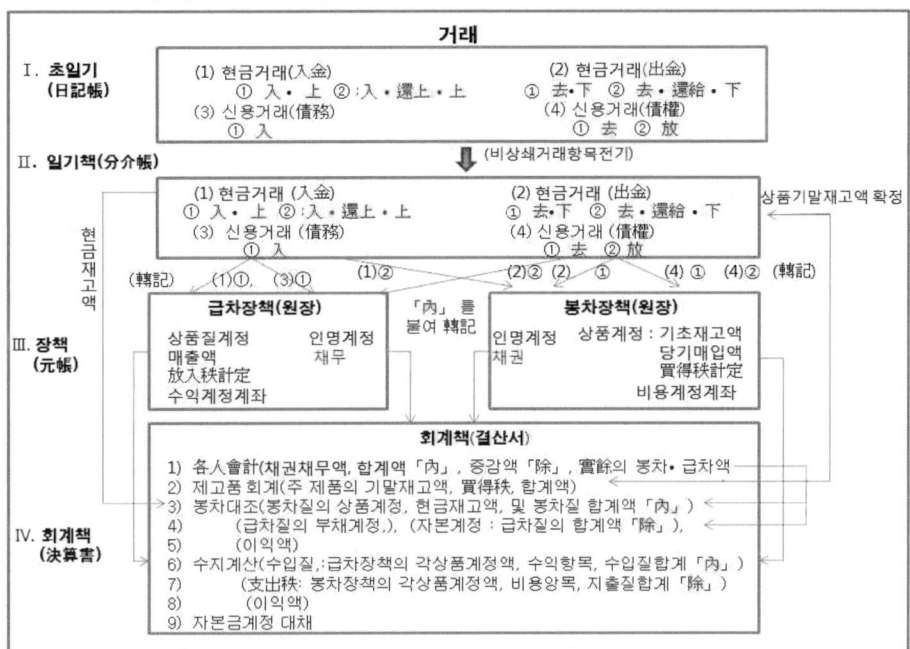

<자료 : 杉本德榮, 『開城簿記法の論理』(東京, 森山書店, 1998), P. 279.(저자 첨삭정리).>

<그림 6-4>에서 볼 수 있는 바와 같이, 송도치부사개문서는 초일기에서 현금거래와 신용거래로 구분하여 기록하고 있으며, 현금거래는 입금거래와 출금거래로 구분하고, 신용거래는 채권·채무로 양분하여 기록하고 있다. 그리고 일기에서도 이것을 그대로 반영하여 자세히 분류기록하고 있다. 그리고 장책의 전기는 봉차장책과 급차장책으로 나누어진 2계정 원장제도를 채택하여 이루어지고 있음을 볼 수 있다. 봉차장책에는 자산계정을, 급차장책에는 부채·자본계정이 전기된다.

그뿐만 아니라, 김기호의 송도치부사개문서는 기장기록에 앞서 개성 상인들의 상업 관행으로 이루어진 각종 제도에 대하여 언급하고 있는 점이 하나의 특징이기도 하다. 즉, 입출음양지도(入出陰陽之道)에 의한 사개의 정의가 정리되어 있으며, 대리인 경영의 표본인 차인 제도와 송방은 물론, 차입자금에 대한 의변(義辺)제도와 의변의 계산

---
49) 杉本德榮, 前揭書, P.279

공식, 그리고 환전제도, 환간(換簡)제도, 시변(時辺)제도, 시변가오리(時辺加五厘)제도, 개성상로(商路)의 격언과 잠언, 약자와 부호 및 호산(標算)에 관한 기록이 부연되어 있는 것이 지금까지 발견된 다른 사개치부문서와는 다른 점이다.

이 송도치부사개문서의 뒤에 개성인의 상황을 소개하는 부록 부분에 의하면, 민족분단을 가져오게 한 6·25전쟁으로 인하여 실향민이 된 개성사람들은 낯선 남한 땅에서 서로 협동하고 근검절약과 신용을 지키면서 새로운 터전을 마련하는 데 성공하였음은 물론, 선조들의 숭고한 상인 정신을 이어받아 기업을 일으키는 능력을 나타내었다고 적어놓았다. 그리고 모두가 망향의 설움을 딛고, 낙오자 없이 자기의 길을 개척하여 각계각층에서 활약하고 있음은 모든 개성인의 긍지라고 하였다. 이는 개성인의 성정(性情)을 엿볼 수 있는 기록이며, 개성상인 정신과 송도치부법의 단면을 이해하는 소중한 자료임이 틀림없다.

상술한 바와 같이, 개성상인 김기호에 의한 사개(四介)는 ① 봉차, ② 급차, ③ 수입 및 ④ 지출로 정의되어 있다. 그것은 그의 회계책의 결산 과정에서 봉급대조(捧給對照: 資産負債資本對照)와 수지계산(收支計算: 收益費用對應計算)을 통하여 표출되어 있다. 기존의 학설과 약간의 차이를 보이는 것도 사실이지만, 개성 상인의 경험으로 직접 작성한 기장체계에서 비롯된 것이기 때문에, 그것이 지닌 의미는 크다고 할 수 있을 것이다. 더욱이 초일기책과 일기책에서 특수부호를 사용하여 기장 처리함과 동시에, 호산(胡算)에 의한 기록계산의 구조가 조화롭게 이루어진 점은 새로운 사실이다. 특히 장책의 기장 내용을 근거로 하여 회계책에서 봉급대조 계산(貸借對照表)과 수지계산(損益計算書)을 행함으로써, 이익을 계산하는 결산절차가 명기된 점 또한 돋보이는 부분이라고 할 수 있다.

이상과 같은 사실에 비추어 볼 때, 개성상인 김기호에 의하여 직접 제시된 송도치부사개문서의 장부조직은 복식부기의 회계구조를 갖춘 것으로서 체계화가 이루어져 있다고 평가된다. 기존의 송도치부법의 대표적인 것으로 회자(膾炙)되고 있는 현병주의 해설서 및 대한천일은행의 사개치부문서와 비교해 보더라도 그 기장체계 면에서 부분적인 차이점을 제외하고는 유사한 계산구조로 구성되어 있다. 따라서 개성 상인들의 합리적 투명경영을 위하여 창안되어 비전(秘傳)되어온 송도사개치부법은 그 기원은 확실하지 않으나, 우리 민족의 창조적 지혜의 산물이라고 해야 할 것이다.

(3) 개성상인 김기호에 의한 사개치부문서의 기장 구조적 특이점

개성상인 김기호의 『송도치부법사개문서의 개요』는 현병주의 『실용자수 사개송도치부법 전』(1916)이 출판된 이후 세 번째로 나온 해설서로서 사개치부의 원리를 이해하기 쉽게 정리되어 있다. 그것은 사개의 개념 설명에서부터 장부조직과 결산구조에 이르기까지 차례대로 비교적 자세하게 기장 방법을 설명하고 있다.

<표 6-6> 사개치부문서의 기장상용어와 부호의 용도 및 의미 내용

용어·부호	개성상인 김기호의『송도치부법 사개문서의 개요』의 기장용도 및 의미 내용
四介(四卦)	① 봉차 ② 급차 ③ 수입 ④ 지출
帳簿	① 초일기 ② 일기책 ③장 책 (봉차장책·급차장책) ④ 회계책
上	현금거래의 입금표시 용어임. 현금이 들어왔을 때, 그 줄(行)의 끝에 표시한다.
下	현금거래의 출금 표시용어임. 현금이 나갔을 때, 그 줄(行)의 끝에 표시한다.
入	상품거래의 입하를 표시하는 용어임. 상품 입하시 人名 다음에「入」자로 표시함.
去	상품거래의 출하를 표시하는 용어. 상품 출하 시 인명 다음에「去」자로 표시함.
內	• 장책에서 봉차와 급차를 구분하는 표시부호 • 봉차 급차를 구분하기 위해 그 사이에 기입한다. 거래를 상하단으로 표시할 경우, 상단은 봉차만을 기록하고 하단은 급차로 기록할 때, 그 사이에 이 글자를 반드시 기입하여 양자를 구별할 수 있게 하는 용어이다. 이는 주로 대변 항목을 나타내는 용도로 사용한다.
秩	• 계정을 나타내는 표시(항목이나 條의 의미도 내포되어 있다.) • 인격체 표시의 독립된 주체로서 계정을 의미한다. • 무형물을 유형물의 대위(代位)로 정한 것을 나타낸 것
次·方	• 대차 관계를 의미한다. • 주고받은 것을 대차 관계로 나타내는 의미로 사용되는 용어.
又	• 같은 사람, 같은 조건 등을 연결 표시하는 의미이다. • 둘째 줄 맨 앞에 기입하여 인(人)과 물(物)은 물론, 人의 다음 행에 기입하면, 앞줄에 기입한 인명을 의미하며, 물품의 다음 줄에 기입하면, 앞줄에 기입한 물품명을 나타내는 표시로 사용된다.
捧次	• 주거나 받아야 할 것 또는 그 권리이며 자산을 의미함. 예컨대 대여금, 미수금, 선수금 등.
捧次秩	• 자산계정을 의미한다. 봉차장책의 주요항목이다.
給次	• 받거나 주어야 할 것 또는 그 의무이며, 부채를 의미함. 예컨대 차입금, 미지급금, 선수금 등.
給次秩	• 부채계정과 자본계정을 의미한다. 급차장책의 주요항목이다.
還上	• 되돌아오거나 돌아올 것을 나타내는 용어이다. 예컨대 대여금을 받았을 때의 표시용어.
還給	• 빌려온 것을 갚는다는 표시용어이다. 예컨대 차입금 등을 상환했을 때 사용한다.
貸去	• 대출이나 대여를 의미한다.
外上(帳)	• 直錢(現金)이 개입되지 않은 대체거래를 나타내는 경우의 표시용어. (이를 기록하는 장부)

-다음 면에 계속-

買得(秩)	・현금으로 매입한 것을 나타내며, 그것을 기록한 계정, 매입계정을 의미한다.
公用秩	・소모품비용 등을 포함한 영영비를 표시하는 계정을 뜻한다.
放入(秩)	・매출 및 매출계정을 의미한다. 방(放)이라고 하는 예도 있다.
時在	・현재의 잔액을 표시하는 용어이다.
용어·부호	・개성상인 김기호의 『송도치부법 사개문서의 개요』의 기장용도 및 의미 내용
草日記	・매일 거래내용을 기록하는 장부이다. 일기장에 해당한다.
日記冊	・초일기에 기록된 거래를 전기하여 대차 기록하는 주요장부로서 분개장에 해당한다.
長冊(帳冊)	・계정과목별, 항목별로 일기장에서 전기한 주요장부이며 원장에 해당한다.
會計冊	・봉차질과 급차질의 계정과목을 합산한 장부로서 결산 장부를 일컫는다.
胡算(標算)	・숫자를 표기하기 위한 특수부호임. 거래가격을 표시할 때 사용함. 珠算을 형상화한 것이다. ・현금과 매매단가의 표기는 물론, 물품의 개수를 표기하는 데 사용함. ㅣㅅㅠ 乂 ㄪ ㅗ ㅠ ㄷ ㅌ ㄨ
鐙子法(⊔)	・기장 내용 중에서 관계있는 거래를 선을 그어서 묶어놓는 부호(⊔, ㄱ).
打點法 点 (、)	일기책과 장책에 전기할 때, 사용하는 부호임. 일기책의 타점은 일기의 기록을 장책에 전기할 때, 전기된 行(줄)의 行頭(줄머리앞)에 黑點(검은 점)을 찍으며, 장책의 타점은 일기책에서 전기한 후, 다시 일기책과 대조할 때, 그 줄 금액의 오른쪽에 朱點(붉은 점)을 찍는다.
準 (ㅣ)	초일기와 일기책에서 기록과 전기가 완료되었음을 나타내는 부호(ㅣ 또는 一).
列旗法(ρ)	상쇄삭제를 나타내는 부호임. 일기책에 기입된 것이 봉차이든 급차이든 간에 관계가 소멸하게 되면, 반드시 관계된 그 行(줄)을 交周(효주)한다. 일기책의 相殺削除時에 사용하는 부호. (기불림)
行劃(交周) (△)	완결표시의 부호. 장책에서 사용하는 부호이며, 봉차(外上)장책이나 급차(他給)이나 모두 捧給의 관계가 소멸할 때에 사용하는 장책 완결필의 부호이다.
으임(ㄱ)	초일기에서 入·出이 끝났을 때, 완결표시로 쓰이는 부호. 속칭「격차친다」로 표현한다. 김기호의 사개치부문서에서는 準(ㅣ)의 부호로 표기되어 있는 것이다.
여기까지 (□)	일기책 중간에 당일 재고를 표시할 때 여기까지임을 표시하는 부호. 처음에는 점 (、), 零(○)이었으나, 차차 □(여기까지)의 부호로 되었음. 일기 끝에 이를 표시하지 않아도 末尾까지로 간주.
時邊加五厘	換居間이 운영하는 개성지방 특유의 금융제도이다. 실업가 대상의 月利金融으로서 경기변동과 수급 상황에 따라 금리가 조정되는 제도임. 月利 九利에서 一分五厘까지의 低利였다고 함.
市邊	소상인에 대한 단기 고리 금융. 月利五分五厘에서 五分七厘五毛였다고 한다.

<자료 : 金基浩, 『松都治簿法四介文書의 槪要』의 용어와 부호를 저자가 정리.>

김기호의 사개치부 문서는 사개(四介)의 개념적 설명에서부터 출발하고 있다. 그 유형은 ①봉차(資産), ②급차(負債資本), ③수입(收益), ④지출(費用)의 네 가지 계정들로 구성되어 있다. 그리고 장부조직의 구조는 ①초일기(日記帳), ②일기(分介帳), ③장책(捧次長冊·給次長冊: 二元帳制), ④회계책(決算帳)의 4장부체계를 갖추고 있다. 이에 따라 기장하게 되는데 거래가 발생하면, 초일기(日記帳)에 원시기록을 한 후, 분개장에 해당하는 일기책에 상쇄되지 않은 거래만을 전기하고 초일기책의 위쪽에 준(準：ㅣ)표로 나타냄으로써, 전기완료의 표시를 부호화한 것이 특이하다.

<표 6-7> 개성상인 김기호의 송도사개치법문서의 기장원리

장부	기록유형	기장방법	기장원리의 개요
초일기 및 일기책	分介 (區分四介)	入·去 上·下	현금 및 상품의 거래가 발생했을 경우, 들어온 것은 「入」과 「上」으로 표기하고 나간 것은 「去」와 「下」의 문자로 분류표기한다.
		列旗법	초일기와 일기책에서는 대차의 입출기록이 상쇄제거 되었을 때의 표시부호가 다르다. 초일기에서의 상쇄표기는 準(ㅣ)의 부호로 표기되어 있으나, 일기책에서는 열기법에 의하여 상쇄 표기의 관계 항목을 대상으로 하고 있다. 準(ㅣ)의 부호는 김기호의 사개문서에서만 사용되어있다.
		胡算	초일기와 일기책에서는 거래가 기록된 아래쪽에 欄外로 胡算표기가 되어있는바, 현금의 재고액을 인식하려는 의도에서 사용되었다.
		打點	초일기와 일기책 모두 각 거래내용이 기록된 行頭(줄머리) 앞에 準 부호와 타점을 하는 것을 기본으로 하고 있다. 여기서 打點(、)은 초일기에서 일기책으로 전기되었음을 표기하는 부호이다. 그리고 準(ㅣ)의 부호는 전기되었음을 확인하기 위한 표시이다. 長冊에서는 타점(、)을 붙이지 않는 것을 기본으로 하고 있다.
			장책의 경우, 봉차장책에서는 전기할 때, 발생과 소멸을 ①「去」,「放」(또는「放入」), ②「入」,「還上」의 항목을 대상으로 하며, 급차장책에서는 그 발생과 소멸을 ①「入」, ②「去」,「還給」의 항목을 대상으로 하여 전기한다. 모든 장책의 전기는 계정과목을 포함한 거래기록 내용 모두를 대상으로 하여 행하게 되는 것이다.

-다음 면에 계속-

장책 (봉차장책 및 급차장책)	轉 記	기장서식 및 기장방법	거래기록내용의 맨 끝에 「上」의 문자가 표기되어 있는 것은 전기한 후에 「上」문자를 삭제한다. 다만 「內」다음의 行(줄)에 전기한 것에 대해서는 삭제하지 않는다.
			인명계정의 거래기록내용은 初出去來의 「入」과 「去」에 의한 대차에 따라 전기하고, 그 외의 계정에 대해서는 각 거래기록의 貸借에 따른다. 처음去來의 貸借와 다른 성격을 가진 인명계정의 거래기록에 대해서는 「內」문자를 사용하여 처음去來를 전기한 장책에 기장한다.
			거래를 기록한 맨 끝에 「下」의 문자가 적혀있는 것은 전기한 후에 「下」의 문자를 삭제한다. 다만, 「內」문자 다음의 行(줄)으로 전기한 것에 대해서는 삭제하지 않는다.
		內	봉차와 급차를 구별하기 위하여 「內」문자를 사용한다.
		又	앞 줄 기록의 인명 또는 상품명칭을 반복할 경우에 사용하는 것이다.
		行 劃	「內」의 문자를 사용한 계정계좌가 상쇄되는 관계의 경우에는 行頭(줄머리)에 행획(△)부호를 붙인다.
		胡 算	봉차장책과 급차장책의 계정계좌에 복수의 거래기록이 전기된 경우에 그 계정계좌의 아래쪽 欄外에 胡算으로 합계액을 산정 표기한다.
회계책 (결산장부)	원장결산	「여기까지」(□)	장책의 봉차질과 급차질의 합계액을 대조하여 상품매매 손익을 산출하고 결산을 하게 되는데, 결산후 새로운 계정계좌를 설정하지 않고 계속하여 기록하는 경우, 결산 이전과 이후를 구별하기 위하여 「여기까지」(□ 또는 ○)라는 부호를 사용하여 표기하는데, 김기호의 사개문서에서는 원장결산에서 이 부호가 생략되어 있다.

<자료 : 金基浩, 『松都治簿法四介文書의 槪要』의 기장구조를 저자가 요약정리함.>

거래를 기장함에 있어서는 현금거래와 대체거래로 구분하여 기록하고 있는데 현금거래는 입금거래와 출금 거래로 나누어 기장하고 있다. 입금거래는 입(入)자와 상(上)자를 인용하고, 출금 거래는 거(去)자와 하(下)자를 인용하여 표기하고 있다. 대체거래는 입(入)·방(放·放入)·거(去)·환급(還給)·환상(還上)의 용어를 인용하여 표기하되 등자(鐙子: ∪, ⊃)로 묶어 표기하였다. 일기책에서는 호산(胡算)으로 표시하여 나타내고 있는 것도 하나의 특징이다. 상품거래는 장책(捧次長冊과 給次長冊)에서 상품계정을 설정하여 총액으로 기록되어 있다. 그뿐만 아니라, 기말재고상품을 급차장책(他給帳冊)의 상품계정에 전기할 수 있도록 일기책에서 수정분개를 하고 있다.

결산서인 회계책은 ① 자본금 계산(活洞會計) ② 재고상품회계 ③ 봉급대조계산(貸借

對照表 : 재무상태표) ④ 수지계산(損益計算書 : 경영성과표)으로 구분하여 결산 기장을 하는 것이 독특하다. 또한 봉급일람표와 수지계산서의 이면적인 대응표시가 이루어짐으로써, 복식 기장체계의 구조적 특성을 나타내고 있다. 이면적인 대응표시란 봉급대조(捧給對照)를 통하여 순자산 증가액을 계산하는 순손익을 표시하는 것과 수지계산(收支計算)을 통하여 수익과 비용의 차액을 순손익으로 표기하는 것의 두 측면을 지칭하는 것이다.

<표 6-8> 김기호의 송도사개치법문서 상 장책의 인명계정 및 상품계정의 기장 구조

장책의 인명계정과 채권·채무의 발생 소멸 관계		
장책인명계정의 거래기록내용	채권·채무의 발생 소멸을 기장할 때의 특수문자	
봉차장책(=외상장책)의 인명계정⇒채권(자산)	채권(자산)의 발생	「去」, 「放」(또는「放入」)
	채권(자산)의 소멸	「入」, 「還上」
급차장책(=타급장책)의 인명계정 ⇒ 채무(부채·자본)	채무(부채·자본)의 발생	「入」
	채무(부채·자본)의 소멸	「去」, 「還給」
장책과 상품계정과의 관계		
장책의 상품계정 계좌 내용	장책 상품계정의 거래기록유형	상품매출이익 산정과정 및 산정 방법
분할설정	봉차장책(=외상장책) ⇒ 기초재고액 당기 매입액	상품계정에 관한 급차장책(타급장책)과 봉차장책(외상장책)의 기장내용은 상품매출액과 상품 원가로 이루어진 혼합계정이기 때문에, 물품 출입기(상품거래기입장)를 이용하여 기말상품 재고액을 산정하고 급차장책에 그 기말재고액을 기입하여 봉차장책의 상품계정합계액과 급차장책의 상품계정합계액과는 대조시킴으로써, 상품매매 손익을 산정하는 계산구조이다.
	급차장책(타급장책 ⇒ 매출액	
	물품 출입기⇒기말재고액	

<자료 : 金基浩, 『松都治簿法四介文書의 槪要』의 기장 구조를 저자가 요약정리함.>

따라서 회계책을 통하여 자산·부채·자본·수익·비용이 각각 대응되고 손익계산이 이루어지는 기장 구조를 구축하고 있다는 점은 김기호의 송도사개치부법문서가 지닌 독특한 특징이다. 현병주의 저서와 대한천일은행의 치부문서가 수익과 비용의 차액

에 의하여 순손익이 계산되는 일면적(一面的) 손익계산 구조라는 점을 감안하면, 김기호의 사개문서에서 제시되어있는 이면적 손익 산정의 기장 구조는 진일보한 진화의 산물임을 인식하게 하는 부분이다. 이것은 여타의 송도치부문서와 유사하면서도 한 걸음 더 나아간 기장체계를 갖추고 있으므로, 이른바 서양식 복식부기의 구조적 체계와 유사하다는 점을 지적하지 않을 수 없다.

이러한 특이점을 내포하고 있는 개성상인 김기호의 송도사개치부법문서에 표출되어 있는 다양한 용어와 부호 및 원장에 해당하는 장책 내의 인명계정과 채권·채무의 발생·소멸관계 및 그 기장원리를 <표 6-6>과 <표 6-7>에서 이미 표시하였다. 그리고 <표 6-8>을 통하여 간단히 정리함으로써, 기장체계의 특이점을 찾아볼 수 있게 하였다.

4 한국 고유의 치부문화에 투영된 상인 정신과 회계 사상

개성상인에 의해 창안되고 비전(秘傳)되어온 것으로 알려진 사개사개치부법에 접근하기 위해서는 그것이 지닌 독특한 논리구조와 사상적 연원(淵源)을 심층적으로 규명하는 데서부터 출발해야 한다. 다시 말하면, 사개치부법 그 자체가 지닌 논리구조뿐만 아니라, 그 바탕에 흐르고 있는 사상적 근원을 규명할 필요가 있다는 것이다. 그런데 송도사개치부문서에 대한 기존의 연구 결과들을 보면, 대부분이 그 기장 방법의 구조적 접근에 관한 것이 대부분이다. 사개치부법의 사상적 근원에 관한 연구는 아주 인색한 편이다.[50] 여기서는 송도사개치부법이 지닌 치부(治簿)의 문화적 근원에 대한 접근을 시도함으로써, 개성 상인의 경영 사상적 바탕에 내재하여 있는 상인 정신과 회계 사상을 체계적으로 모색하고 그 논리적 사고영역을 정리하는 것에 초점을 맞추고 있다.

1. 사개치부법의 동양 사상적 근거

1) 태극의 음양원리

태극(太極)이란 『우주 만물의 근원인 음양이 완전히 결합한 상태』[51]를 일컫는

---

50) 사개치부법의 동양 사상적 근원에 관한 연구는 윤근호 교수가 「四介松都治簿法の東洋思想の根源」(日本会計学会, 『會計』第111卷 第1号), PP. 120-134. 및 『韓國會計史研究』(1984) 제5장 「四介治簿法의 東洋思想的 根源」, PP. 245-260 에 발표한 것이 유일하다(양자가 표기 언어만 다를 뿐, 동일한 내용임).

말이다. 태극은 직선의 일자로 반듯하게 갈라져 있는 것이 아니라 곡선의 휘어진 형태로 양분되어있다. 곡선은 곧 양(陽)이 가득 차면 음(陰)으로, 음이 쇠하면 양으로 흐른다는 운동성을 뜻하는 것이다. 그리고 음양(陰陽)은 서로서로 내포하고 있으며 교차하면서 순환한다는 것을 의미한다. 그러므로 태극은 현상으로 나타나는 음양오행에 내포된 우주 만물의 보편적 원리라고 할 수 있다.52)

이러한 유학 사상이 우리나라에 들어온 것은 삼국시대라고 알려져 있다. 그러나 그것이 본격적으로 대중 속에 깊이 정착하게 된 것은 근세의 조선왕조가 억불숭유의 정책적 기조 위에서 유교를 국교(國敎)로 정하면서부터이다.53) 조선시대의 태극 이론은 존재론만이 아니라, 도덕적 측면으로 그것을 이해하려는 경향이 강하게 나타났다. 성리학의 영향 아래서 태극 원리는 음양오행설에 근거하여 사농공상 사민(四民)의 생활 속에 깊이 스며들어 조선사회의 문화적 패턴을 이루었다.

그렇다면, 태극에서 비롯되는 음양개념을 살펴볼 필요가 있다. 사전(辭典)적 의미의 음양(陰陽: negative-positive) 개념은 『천지 만물의 상반되는 두 가지 성질』54) 또는 『역학(易學)에서 우주 만물을 만들어내는 상반된 성질의 두 가지 기운으로서의 음과 양을 아울러 이르는 말』55)이라고 설명되어 있다. 그리고 백과사전에는 『모든 사물을 서로 대립하는 속성을 가진 두 개의 측면으로 이루어져 있다고 보고, 한 측면은 음(陰), 다른 한 측면은 양(陽)이라 하여, 그것을 사물현상의 발생·변화·발전의 원인을 설명하는 데 이용한 동방 고대 및 중세철학의 개념』56)이며, 주역(周易)의 중심사상으로서 상대성이원론(相對性二元論)에 해당하고 만물이 음과 양으로 생성되는 원리라는 것이다. 우주나 인간사회의 현상은 하늘(天)에 대해서는 땅(地)이 있고, 해(日)에 대해서는 달(月), 남(男)에 대해서는 여(女)가 있는 것과 같이 서로 상대적으로 파악할 수 있게 된다. 이것을 플러스(+)와 마이너스(-)로 환원시켜 플러스와 마이너스의

---

51) 이는 周易 繫辭에 『易에 太極이 있으니 여기서 兩儀(즉, 陰陽)가 나오고, 兩儀에서 四象이 생긴다.(易有太極 是生兩儀 兩儀四象)』고 한 데서 유래한다. 그 후, 송나라의 周敦頤가 『太極圖說』을 저술하여 『周易』의 본체관을 상세히 설명하였다. 즉, 『태극은 현상으로 드러나는 음양·오행·만물 속에 내재하는 보편의 원리이며, 태극이 動하면 陽이 되고, 靜하면 陰이 된다.』고 하고, 여기에 五行을 덧붙여 태극→음양→오행→만물의 우주론을 성립시켰다.(백과사전).
52) https://brunch.co.kr/@urlifestory/242(인터넷 사전).
53) 조선 시대 태극 원리에 관한 이해는 성리학적 심성론의 바탕이 되었으므로, 매우 중요시되었으며, 李彦迪을 비롯하여 徐敬德, 李滉, 李珥 등이 성리학의 대표적인 大家들이다. 더욱이 鄭宗魯는 『太極圈子說』과 『太極動靜說』을 지었으며, 柳重教는 『太極說雜識』에서 태극개념을 밝혀내었다.(백과사전(http://100.daum.net/encyclopedia/view/b22t2145a) ;)
54) 이희승, 『국어대사전』(서울, 민중서관, 1971), P. 2276.
55) 李家源·權五惇·任昌淳, 『東亞漢韓大辭典』(서울, 동아출판사, 1985), P. 1979. 인터넷어학사전 (http://dic.daum.net/word/view.do?wordid=kkw000202196&supid=kku000256825)
56) 백과사전 및 인터넷정보(http://100.daum.net/encyclopedia/view/49XX15501132).

교체(交替)나 소장(消長)의 변화에 따라 우주 현상 및 인간사회의 현상을 해석하려는 것이 음양 사상이다.57)

이에 따르면, 음양은 동양의 철학적 사고의 틀(framework)이라고 할 수 있다. 그러므로 음양이란 암흑천지의 우주(太極)가 최초로 분화된 두 기운을 일컫는 것이다. 환언하면, 자연의 모든 만물은 음과 양의 배합으로 이루어져 있음을 의미한다. 음양이 생성하면서 천지의 만물은 음양에 따라 변화한다는 논리이며, 이것이 동양사상의 기본이 되는 자연철학의 틀이라는 것이다. 그래서 인간은 그것을 에워싸고 있는 기후·계절·토양 등, 생활 여건에 따른 환경의 지배를 받게 된다. 즉, 인간은 이 우주 속에서 살고 우주의 자극을 받으며 그에 적응하여 살고 있다는 것이다.

<그림 6-5>에서 보이는 바와 같이 음(陰)이란 해가 떠오를 때, 그림자가 지는 부분이며, 양(陽)은 해가 떠오를 때 빛을 받는 부분이 된다. 원래는 음과 양이라는 말뜻이 응달과 양달을 의미하는 것이지만, 동양의 자연주의적 사유(思惟) 방법의 기초개념으로 광범위하게 사용됐다. 이처럼 음이 생길 때, 동시에 양이 존재하게 되는 음양의 특성을 「음양의 상대성」이라 한다. 응달과 양달이 나누어짐과 관계없이 음양이 실현되는 장소인 언덕은 하나이다. 이러한 하나가 바로 우주 만물의 근원인 음양이 완전히 결합한 상태로서의 「태극(太極)」이며, 음양은 바로 그 하나 속에 들어있는 둘(二)이라는 존재이다. 이러한 음양의 특성을 「음양의 일원성(陰陽一元性)」이라고 하는 것이다.

<그림 6-5> 음양사상의 근원(태극의 원리)

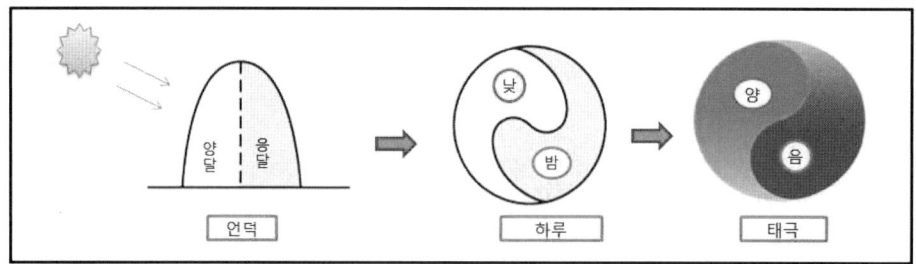

<자료 : 백과사전 및 인터넷정보 참조 저자 작성>

이렇듯 응달과 양달의 현상이 나타나는 언덕에 시간 개념이 들어서면 드디어 음양은 생명을 가지게 된다. 응달과 양달이 균등으로 고정되어 있지 않고 시간 흐름에 따라 세력권의 판도가 달라지고 음양의 투쟁이 시작되는 것이다. 시간은 태양을 동(東)에서 서(西)로 움직이게 하고 태양의 빛은 언덕을 비추면서 시간에 따라 응달과 양달

---

57) 백과사전 및 인터넷정보 : https://ko.wikipedia.org/wiki/%EC%9D%8C%EC%96%91.

의 세력 변화를 일으키게 된다. 변화가 일어나고 움직인다는 것은 곧 살아 있다는 것을 의미한다. 환언하면, 시간이 개입되면서 드디어 음양은 생명을 가지게 된다는 것이다. 시간에 의해 부여된 음양의 이러한 특성을 「음양의 역동성(力動性)」이라고 한다.

태극(太極)도 그 이면(裏面)에 시간 흐름을 뜻하는 곡선이 있는 것으로 보아 음양은 항상 변화가 일어나고 또 살아 있다는 것이다. 여기에 태극의 원리로 발원된 음양사상의 근거가 존재함을 이해하게 된다. 「일음일양지위도(一陰一陽之謂道)」 즉, 한번 음(陰) 운동을 하고, 한번 양(陽) 운동을 하는 것을 일컬어 도(道)라고 한다.

이러한 음(陰: negative)과 양(陽: positive)의 조화를 통하여 문제해결의 실마리를 찾는 논리구조가 동양 문화의 전반적인 토대를 형성했다. 따라서 음과 양은 동양사회의 철학적 사고의 틀이라고 할 수 있다. 음과 양의 상반되는 기운이 있고, 그 토대 위에서 인간과 자연의 조화, 하늘과 땅의 조화, 남녀의 조화, 선악의 조화를 이루는 논리구조가 형성되었다. 이것은 저울(衡)이 한쪽으로 쏠리지 않고 평행을 유지할 때, 음과 양이 조화를 이루어 진화하게 된다. 수천 년 동안 동양에서 바라보는 문제해결의 방법은 음양의 조화를 통한 형평(衡平: balance)을 의미한다.

<그림 6-6> 태극기에 내재한 음양사상의 태극 원리

구분	이름 卦名	자연 卦象	계절 季節	방위 方位	사덕 四德	가정 家庭	오행 五行	의미
☰	건(乾)	천(天)	춘(春)	동(東)	인(仁)	부(父)	목(木)	정의
☲	리(離)	일(日)	추(秋)	남(南)	의(義)	자(子)	금(金)	결실
☵	감(坎)	월(月)	동(冬)	북(北)	지(智)	녀(女)	수(水)	지혜
☷	곤(坤)	지(地)	하(夏)	서(西)	예(禮)	모(母)	화(火)	생명력

우주의 원리가 태극(太極)에서 비롯되었다는 음양사상(陰陽思想)은 우리나라의 태극기(太極旗)에도 내재되어 있음.

<자료 : 인터넷 백과사전 참조 인용>

원래 사상은 문제해결 능력을 뜻한다. 그러므로 동양의 사상적 문제해결은 음과 양의 조화를 통하여 이루어졌다. 이에 반하여 서양의 문제해결은 원인과 결과를 증명하는 논리에 기인한다. 이렇게 보면 서양의 논리적인 증명은 르네상스 이후 문명의 발전으로 이어졌고, 동양의 음양사상은 고대 주(周)나라의 숭고한 정신문화에서 발원하여 발달하였으며, 우리나라에서는 고구려 유리왕(29年) 때에 음양에 관한 기록이 있는 것으로 보아 오래전부터 사회적 지도이념으로 자리매김하여 발전해왔던 것으로 보인다.

우주나 인간사회의 현상은 하늘이 있으면 땅이 존재하고, 해가 있으면 달이 있고 남자가 있어서 여자가 존재한다는 것을 음과 양, 즉 플러스(+)와 마이너스(-)로 환원시켜 서로 상대적으로 파악할 수 있는 것이다. 다시 말해서 그것을 플러스(+)와 마이너스(-)로 환원시켜 그 소장(消長: 쇠하여 줄어 감과 성하여 늘어 감)의 변화로 우주 현상 및 인간 사회의 현상을 해석하려는 것이 바로 음양 사상이며 동양사회의 오랜 전통적 철학사상의 기본 틀로서 뿌리내려 있음을 감지하게 된다. 이러한 음양 사상은 상대적으로 사물을 파악한다는 점에서 과학적 사고의 기초로서도 손색이 없다고 할 것이다. 음양사상을 근간으로 하여 인간사회의 현상을 예측하고 판단하려는 것이 바로 역학적(易學的) 사고방법이다.[58]

2) 음양오행의 개념적 접근

모든 변화의 기본 주기는 하루의 낮과 밤이다. 낮과 밤이 음양(陰陽)으로 동정(動靜)하면서, 지구 1년 4계절이 된다. 이것이 태극의 출발점이다. 지구가 태양의 주위를 공전함으로써 봄·여름·가을·겨울의 4계(四季)가 생기고, 4계의 성격과 작용을 간략히 표현한 것이 목·화·금·수(木·火·金·水)이다. 즉 봄이 되면 초목은 뿌리를 내리고 위로 줄기를 뻗어 올라가는데 이를 표현한 것이 목(木)이다. 여름에 이르면, 무더위가 시작되고 강렬한 햇볕이 내리쬐며 초목을 무성하게 하는데 이를 나타내는 것이 화(火)이다. 이윽고 가을이 되면 무성한 초목에서 오곡백과가 여물어 무르익는 결실의 절기를 맞이하게 되는데 이를 나타내는 것이 금(金)이다. 지구의 공전으로 겨울이 오면, 비바람과 함께 눈보라가 치고 한파가 몰아닥치는데 이를 나타낸 것이 수(水)이다. 이러한 현상은 지구의 자전과 공전에 따라 발생하는 것이며 그 축을 이루는 지구가 중심을 이루어 토(土)가 중앙에 위치한다. 이러한 변역(變易)의 주기적 현상을 목·화·토·금·수(木·火·土·金·水)로 표현하는바, 이것을 일컬어 오행(五行)이라고 한다.[59]

그러므로 오행(五行)이란 음양(陰陽)이 한 번 분화된 형태를 말하며, 우주를 움직이는 다섯 가지 원리(氣運)가 되는 것으로서 목(木)·화(火)·토(土)·금(金)·수(水)의 다섯 가지 기(氣)에서 비롯된다고 본다. 이 다섯 가지 원소가 우주 만물을 구성하며, 그 현상은 무한히 변화하여 하늘의 다섯별, 즉 금성(金星)·수성(水星)·목성(木星)·화성(火星)·토성(土星)을 대표하며, 지상(地上)의 나무·불·흙·쇠·물을 의미하고, 사람의 인(仁)·의(義)·예(禮)·지(智)·신(信)의 다섯 가지 덕성(德性)을 구

---

58) 백과사전 및 인터넷정보 (https://ko.wikipedia.org/wiki/%EC%9D%8C%EC%96%91)
59) 백과사전 및 인터넷정보

성한다. 이것을 우리의 인체와 일상생활에 적용한 것이 음양오행설(陰陽五行說)이다. 따라서 음양오행설은 우주나 인간 사회의 현상을 음양과 오행에 따라 해석하는 이론으로서 태극 사상의 근원을 이루고 있다는 것이다.60)

우주가 음과 양의 운동을 하여 이 우주가 영원히 순환할 수 있게 해주고 음양의 기운이 조화되어 돌아가게 하는 주체가 토(土: 흙)이다. 이것이 있어서 이 우주는 영원할 수 있다는 것이다. 따라서 우주의 태극운동은 음양의 운동인바, 그것을 구체적으로 표현하면, 수(水: 물)와 화(火: 불)의 운동으로 이어진다. 목화금수(木火金水)는 생장염장(生長斂藏)에 해당한다. 여기서 생(生)은 우주 변화의 맨 첫 단계다. 즉, 목(木)은 생(生: 誕生)이고, 시간 개념으로는 봄(春)이다. 생(生) 다음의 변화가 장(長: 成長)이다. 우주는 생명이 있는 것을 기른다. 시간대로는 여름(夏)이다. 따라서 화(火)는 장(長: 成長)의 상징이다. 생겨난 것이 성장하는 단계로서, 만물이 자기 성숙을 향해 가는 성장의 계절을 의미한다. 그리고 태어나 성장한 것은 거두는 염(斂: 收穫)의 단계에 이른다. 시간대로 보면 가을(秋)이다. 가을(秋)은 우주가 인간 생명을 수렴(收斂)하는 계절이요, 금(金)으로 상징된다. 그리고 그 사람 다음 단계가 장(藏: 貯藏)이다. 생명을 추수해서 저장한다는 뜻으로서 수(水)에 해당한다. 현상적으로 보면, 지구에 모든 생명이 휴식기에 해당하는 시기이다. 그래서 가을(秋)을 의미하는 금(金)은 염(斂: 收穫)이요, 겨울(冬)을 상징하는 수(水)는 장(藏: 貯藏)의 기운을 지닌다고 일컬어진다. 이러한 목화금수(木火金水)가 수레바퀴에 비유하면, 토(土)는 그 바퀴가 돌아가게 하는 축(軸)에 해당한다. 이를테면 토(土)는 목화금수(木火金水)의 속 모습(中央)을 지칭하는 것이 된다.61)

<그림 6-7>은 생장 염장(生長斂藏)의 의의가 표출한 것으로서, 태극의 음양원리를 잘 나타내어 음양오행설의 진수를 이해하기 쉽게 하고 사상의학(四象醫學)의 근본을 말해주고 있으며, 치부책에서 이용되는 사개(四介: 四卦)의 사상적 근원에 대한 접근을 쉽게 해주고 있다.

오행(五行) 중 목(木)·화(火)·금(金)·수(水)는 겉으로 드러난 변화의 현상이며, 토(土)는 이 세상에 변화를 일으키게 하는 원동력이다. 춘하추동 사계절의 변화는 목·화·금·수의 순환이며 사계절의 순서를 어기지 않고 순환할 수 있게 해주는 근원적 힘(力)이 바로 토(土)이다. 그와 연관된 덕성(五德)과 오행(五行)에 관련되는 것으로서 인(仁)·의(義)·예(禮)·지(智)·신(信)이 있다. 인(仁)은 어짊과 사랑의 이치이다. 예(禮)는 예스러움을 인식하는 천리(天理)와 인사(人事)의 규범이다. 의(義)는 일의 마땅함이요 올바른 것을 의미한다. 지(智)는 앎의 지혜와 이치이다. 신(信)은 믿음직함이

---

60) 백과사전 및 인터넷정보 (http://100.daum.net/encyclopedia/view/14XXE0043032)
61) 인터넷 백과사전(http://100.daum.net/encyclopedia/view/49XX15501132)

니, 인의예지는 그 바탕이 되는 신(信) 없이는 이루어질 수가 없으므로, 중앙에 배치된다. 이는 음양오행설의 근거로 이루어진 것임을 인식할 필요가 있다. 여기서 비롯된 인의예지신의 기본개념은 한국의 상도(商道)를 형성시키는 정신적 지주가 되어 있다.

<그림 6-7> 태극의 음양원리와 사개의 사상적 근원

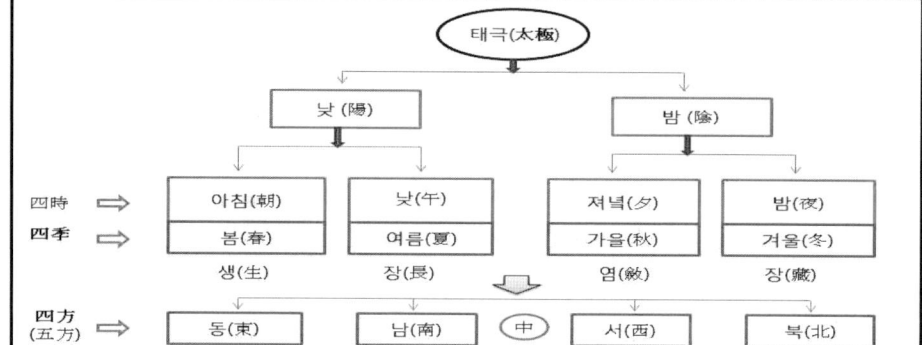

(주: 현병주의 저서에는 四介를 봉차·급차·이익·손해라고 다르게 표기되어 있음)
<자료 : 백과사전의 음양오행설 자료에 기초하여 저자 작성>

더욱이 춘하추동의 사계(四季)는 우주 만물의 운행이고, 동서남북의 사방(四方:五方)은 땅의 모습이요, 인의예지신의 오덕(五德)은 인간 마음의 모습이다. 인(仁)은 서로 아껴주고 사랑하는 마음이고, 의(義)는 정의를 지키려는 마음이며, 예(禮)는 상대를 배려하고 겸손한 마음이요, 지(智)는 옳고 그름을 헤아려 문제를 해결하려는 마음이니, 그 바탕에 있는 신(信)은 성실하게 믿음이 생기게 하는 마음을 일컫는다.[62]

근세조선을 건국한 태조 이성계는 한양(漢陽: 지금의 서울)을 도읍지로 정하고 억불숭유의 정책적 기조 위에서 유학(儒學)을 장려하고 유교의 오상(五常: 五德)인 인의예지신(仁義禮智信)을 건국의 지도이념으로 삼아 봉건주의 정부의 기초를 다져나갔다. 그것은 조선조 500년의 정치이념이요 경국제민의 초석을 이루는 것이었다. 더욱이 조선 건국 초에 한양성을 쌓고 동서남북에 사대문(四大門)을 세웠는데, 동쪽에 흥인지문(興仁之門), 서쪽에 돈의문(敦義門), 남쪽에 숭례문(崇禮門), 북쪽에는 홍지문(弘智門)으로 이름 지어 백성들이 통행하면서 유교적 지혜를 익힐 수 있도록 하였다. 그리고 시가지 중심부에

---
62) 백과사전 및 인터넷정보 참조.

보신각(普信閣)을 설치하고 신문고(申聞鼓)의 역할을 하게 함으로써, 도읍지의 상징을 인의예지신의 오덕(五德)을 현창(顯彰)시켰다. 이 사대문(四大門)을 드나드는 사농공상(士農工商)의 만백성들에게 자연스럽게 유교의 오상(五常: 五德)을 수신제가와 치국의 기조로 삼아 충효의 정신을 익힐 수 있게 하였다. 더욱이 우주의 원리가 태극의 원리에서 비롯되었다는 음양사상은 우리나라의 태극기에도 잘 나타나 있음을 인식할 필요가 있다.

따라서 조선시대의 상인들은 천민 계급에 속하였지만, 이러한 유교의 정신적 기초 위에서 태극 사상의 기본이 되는 음양오행의 오덕(五德)과 이재(理財)를 위한 실리상혼(實利商魂)의 융화 사상이라 할 수 있는 상도(商道), 즉 상인 정신을 싹틔웠던 것으로 볼 수 있다. 그러므로 상인들이 이재(理財)의 수단으로 사용되었던 사개치부의 문화적 바탕은 음양오행의 유학 사상에서 비롯되었던 것으로 인식하게 되는 것이다.

3) 사개의 음양원리

제4장에서 송도 사개치부법의 기본 축이 되는 사개(四介)의 개념성에 관하여 언급한 바 있으나, 본 장에서는 사개의 근원인 음양원리에 대하여 접근할 것이다. 거기에서 개성 상인의 경영 사상을 구축하게 되는 개성 상인정신과 그들의 빈틈없는 치부(致富)의 축적 수단으로서의 치부법(治簿法)을 창안할 때의 초석이 되었던 사개(四介)의 근원인 음양오행의 원리를 분석함으로써, 복식 기장 원리로서의 사개치부법의 근간을 찾아보려는 것이다. 그 기저에 사개송도치부법에 내재한 회계 사상의 진면목을 도출해낼 수 있을 것으로 인식하기 때문이다. 사개(四介)라는 용어는 개성부기에서뿐만 아니라, 건축용어로써 널리 사용되고 있는 개념이다. 따라서 건축계에서 사용되는 사개의 음양성부터 접근할 것이다.

(1) 건축용어로서 사개의 음양성

목수(木手)들이 사용하는 용어에도 사개라는 표현이 있다. 이 경우의 사개란 『① 상자 같은 것의 네 모퉁이를 요철형(凹凸形)으로 만들어 맞추게 된 부분 ② (建) 기둥머리를 도리나 장여를 박기 위하여 네 갈래로 오리어 낸 부분』63)을 일컫는다. 이에 건축 분야에서 사용되는 「사개」의 의미는 한 치의 오차도 없이 완벽하게 서로 맞물려서 어긋남이 없이 하나의 완성품으로 산출되어야 한다는 동양의 음양사상에서 그 근원을 찾아볼 수 있다. 이처럼 음과 양의 조화를 통하여 생동감을 자아내게 하는 태극(太極)의 음양 원리는 건축양식에도 음양사상의 초석이 되어 있다.

---

63) 이희승, 『국어대사전』(서울, 민중서관, 1961), P.1393.

우리나라의 전통적인 건축양식에서는 사개가 기본적인 목공작업의 시발점이 되어있다. 그래서 전통 목조건축물은 단일 부재(部材)로 짜인 것이 아니라 크고 작은 부재가 맞춤과 이음으로 연결되어 있다. 그 맞춤과 이음으로 연결된 부분을 결구(結構)라고 하는데, 그 부재를 네 갈래로 오려내고 맞추는 일을 「사개맞춤」[64]이라고 부른다. 이때 오려낸 부분이 뾰족 나온 것과 오목 들어간 것이 만들어지는데, 이에 사용되는 부재는 암수(雌雄)로 되어 있으며, 나온 부분(凸)과 들어간 부분(凹)을 서로 맞추어 하나의 것으로 완성하게 된다. 튀어나온 부분을 숫 장부(凸)라 하고 들어간 부분을 암 장부(凹) 또는 장부 구멍이라고 부른다. 여기서 순자(笋子)라 함은 「두 재목을 이을 때 한쪽 재목의 끝을 다른 한쪽의 구멍에 맞추기 위하여 그것에 맞게 가늘게 깎아서 만든 부재(部材)」를 지칭하는 건축용어이다.[65] 그러므로 작은 상자나 물건을 만드는 일에서부터 큰 집을 짓는 공사에 이르기까지 「사개맞춤」(the tongues and grooves of dovetail joints)이라는 목공과정을 통해서 이루어지는 것이다.

사개맞춤은 수평부재와 수평부재, 고리고 수직부재와 수직부재 간 맞춤으로 기둥 상부에 좌우 수평부재 창방(昌枋) 또는 도리((桁·榴: 집이나 다리 따위를 세울 때, 들보와 직각으로 기둥과 기둥을 건너서 위에 얹는 部材)와 보아지(梁奉: 기둥머리나 대접받침에 끼워 들보의 짜임새를 보태고 채워서 튼튼하게 만드는 짧은 部材) 등을 짜 맞추는 방법으로, 평면상 모서리 부분에 있는 우주(隅柱)와 입면(立面) 상(上) 중앙 부분에 있는 평주(平柱)의 사개맞춤은 부재의 여부에 따라 달라진다. 일반적으로 사개맞춤은 나이테가 보이는 기둥의 마구리(목재나 상자 따위의 양쪽 머리에 있는 면)에 십자로 장부 구멍을 파고 가로세로 부재를 장부 구멍에서 맞춤하는 방식이다. 평주의 사개맞춤은 가로 방향 수평부재와 세로 방향 수평부재가 반턱맞춤하고 수평부재 간 서로 주먹장이음을 하는데, 수평부재 창방(昌枋)이 이음을 하지 않고 기둥에 주먹장 맞춤을 한 예도 있다. 우주(隅柱) 상부의 사개맞춤은 대부분 사갈(四乫: 네 갈래로 트인 부재) 튼 장부 구멍에서 창방이 반턱맞춤을 한다는 것이다.[66]

이처럼 전통적인 목조건축물의 경우는 기둥머리 맞춤에서 가장 많이 이용되는 것이 사개맞춤이다. 일반적으로 사개맞춤은 나이테가 보이는 기둥의 마구리에 십자로 장부 구멍을 파고 가로세로 부재를 장부 구멍에서 맞춤하는 방식이다. 기둥머리가 창방(昌枋)이나 보를 받기 위해 터진 부분을 갈(乫)이라고 하는데 보통 한국건축에서는 기둥머리에서 창방과 보가 직교하여 만나기 때문에 앞뒤와 좌우, 네 방향으로 십자형('十')으로 기둥머리가 트인다. 이를 사갈(四乫)을 튼다고 하며, 사갈을 기본으로 결구(結

---

64) 상게서, P. 1,394.
65) 상게서, P. 2445. 및 인터넷어학사전
    (https://dic.daum.net/word/view.do?wordid=kkw000219504&supid=kku 000 276619).
66) 백과사전 및 인터넷정보(http://100.daum.net/encyclopedia/view/14XXE007192)

構) 되는 기둥머리 맞춤법을 사개맞춤이라고 한다는 것이다. 그러나 5포 이상의 포식 건축에서는 안초공(按草工: 기둥머리에 얹어서 柱心包를 받드는 草刻盤) 없이 좌우 창방만으로 결구되기 때문에 양갈(兩乫)로 하는 경우가 대부분이라고 한다. 기둥머리를 사갈(四乫) 튼다는 것은 사파수(四把手: 기둥 위에 보와 도리가 끼이도록 만든 네 갈래로 된 맞춤), 사개통(기둥 위에 사개를 맞추기 위하여 오려 낸 자리), 화통 가지(四介鐩: 기둥머리에 도리나 장여를 박기 위하여 도드라지게 깎은 부분)라고도 부르지만, 그 기원에 대해서는 확실하지 않다고 한다. 그리고 사개맞춤은 기둥 맞춤뿐만 아니라, 가구를 만들 때 판재(板材) 모서리를 깍지 끼듯 맞추어서 작은 상자나 물건을 만드는 경우를 가리키기도 한다.[67]

따라서 한국의 전통 목조건축에서 일컬어지는 사개와 사개맞춤은 태극의 음양원리에 근원을 갖고 있음이 분명하다. 나온 부분(凸)이 양(陽)이요 들어간 부분(凹)이 음(陰)을 상징한다는 것은 상술한 바와 같다. 못을 사용하지 않고도 접합 부위에 홈을 파서 서로 맞물리게 하는 기술인 사개맞춤은 음양원리에 따라 이루어지는 것임을 알 수 있다. 손가락으로 서로 깍지를 낀 모양으로 접합시키는 목공기술은 암장부(陰笋子)와 숫장부(陽笋子)를 잘 구분해서 정확히 잘라내고 다듬어서 맞물리게 하는 작업인데, 이는 태극 원리에 근거하는 음양성을 갖춘 것임이 분명하다. 목수들이 행하는 목공(木工)이나 목조건물은 모두가 사개의 작업에서 비롯되며, 요철형(凹凸形)의 암장부(凹笋子)와 숫장부(凸笋子)의 접합을 통하여 결구(結構) 된다는 것은 확실히 음양오행설에 근거하여 이루어지는 결과물이라고 할 수 있을 것이다. 나무 기둥이나 목판(木板)의 모서리에서 여러 갈래의 장부(笋子)를 깍지 끼듯이 맞추려고 들쭉날쭉한 요철형(凹凸形)으로 가공하여 빈틈없이 딱 맞추는 사개(四介)는 건축계의 기본용어로서, 그것은 바로 음과 양의 조화를 기본으로 하는 유교문화의 소산이라는 점이 특이하다.

(2) 회계용어로서의 사개의 음양성

원래 상거래의 기록은 재물이 오가는 현상을 포착한 것이다. 거기에는 반드시 재물을 팔아주는 사람과 사주는 사람이 존재하게 마련이고 주고받는 물품과 재화가 존재하게 마련이다. 이처럼 상거래에 있어서 팔고 사는 주체(主體)와 주고받는 객체(客體)를 대상으로 하여 기록계산의 원리를 창안한 개성 상인들의 사개치부 문화 속에 내재된 회계 사상적 근원을 고찰해 볼 필요가 있다.

우리나라 전통문화의 형성에 큰 영향을 주었던 것으로서 중국의 사서삼경(四書三經)이라는 경전이 있다. 그중에서 역경(易經)은 주(周)나라 때 완성된 철학사상 서적

---

[67] 김왕직, 『알기 쉬운 건축 용어사전』(서울, 동녘, 2007) 및 백과사전과 인터넷정보
(https://terms.naver.com/entry.nhn?docId=2836195&cid=55761&categoryId=55761)

이다. 그 중추적 원리는 음양(陰陽) 사상이다. 여기서 양은 건(乾)·강(剛)·부(富)·귀(貴)·동(動) 등을 의미하며, 음은 곤(坤)·유(柔)·빈(貧)·천(賤)·정(靜) 등을 나타내는 것이다. 사람의 남녀 구별이나 빈부귀천에도 음양의 이치가 적용된다. 자연과 인간 사회, 즉 천지의 만물이 모두 음양의 2가지 기운(氣運)에 따라 이루어지고 변화하는 것으로 본다.68) 그리고 음양은 상술한 바와 같이 서로 대응되는 개념이다. 이 둘은 서로 대응하는 관계를 갖고 상대가 존재하기 때문에, 자기가 존재한다는 밀착된 양립 관계에 있음을 의미하는 것이다.69)

이는 이 세상의 모든 현상은 반드시 양립 대응하는 관계를 수용하는 사상이다. 환언하면, 우주 만물에는 필연코 양립하는 음양이원(陰陽二元)이 존재함을 인식하는 것이다. 이러한 상호 대응의식은 하늘이 있고 땅이 있어야 만물이 생성변화를 이루게 되고 남자가 있고 여자가 있음으로써, 인간사회의 지속성이 가능하게 된다는 음양이원사상(陰陽二元思想)이라고 할 수 있다. 우주의 원리가 태극에서 비롯되었다고 보는 음양이원사상은 우리나라의 태극기(太極旗)에도 내재하여 있음을 보게 된다.70)

이처럼 음양이원사상은 천지의 강(剛·動)과 유(柔·靜)가 서로 밀어내어 변화를 일으킨다는 것이다.71) 날이 가면 달이 오고, 달이가면 다시 날이 오니, 날과 달이 서로 밀어내어 밝음(明)을 낳고, 추위가 가면 더위가 오고 더위가 가면 추위가 오는 것이니, 한서(寒暑)가 서로 밀어내어 해(歲)를 이루게 한다. 가는 것(往者)은 굽힘(屈)이요, 오는 것(來者)은 펼침(信)이니, 굽힘과 펼침이 서로 감응(感應)하여 이로움(利)을 생기게 한다고 하였다.72) 이것은 역경(易經)에서 말하는 변역순환(變易循環)의 의미이

---

68) 역경(易經)은 조선시대의 고등교육 과목의 하나로서, 주역이라고도 하며 음양원리로 천지간의 만상을 설명하는 원리를 기술한 책이다. 이원(二元)은 태극(太極)에서 생긴다고 하였고, 음양은 태양(泰陽:여름)·소양(少陽:봄)·소음(少陰:가을)·태음(泰陰:겨울)의 사상(四象)이 된다. 이는 다시 건(乾)·태(兌)·이(離)·진(震)·손(巽)·감(坎)·간(艮)·곤(坤)의 팔괘(八卦)로 되고, 8괘를 겹듭하여 48쇄를 만든다고 한다. 이러한 이치를 자연현상, 가족관계, 방위, 덕목 등에 맞추어서 철학·윤리·정치상의 설명과 해석을 정리하였다. (周易, 繫辭 上傳, 第一章, 第十一章 및 同下傳, 第五章.)
69) 周易, 繫辭 設卦傳 (第三章), (天地定立, 山澤通氣, 雷風相薄……(同 雜卦傳), 乾綱坤柔, 悲樂師憂, 臨觀之義,…損益盛衰之始也.
70) 우리나라의 태극기는 흰 바탕의 한 가운데 태극의 원이 있고, 그 안에 진홍빛의 양(陽)과 푸른빛의 음(陰)이 공존한다. 그리고 사방 대각선에 검은빛의 사괘(四卦)가 표시되어 있다. 그 사괘의 위치는 기면(旗面)을 향하여 건(乾)을 왼쪽 위에, 곤(坤)을 오른쪽 아래에, 감(坎)을 오른쪽 위에, 또한 이(離)를 왼쪽 아래에 각각 배치되어 있다. 따라서 태극기는 음양이원사상의 근원인 태극의 사상적 기반에서 비롯되었다고 할 수 있는 것이다.
71) 周易 繫辭의 上傳 第二章에 의하면, 『剛柔相推移生變化』라는 구절이 있다. 음양의 조화로 변역(變易)을 생기게 한다는 의미이다.
72) 周易, 繫辭上傳 제5장에는 『日往則月來, 月往則日來』, 日月相推而明生焉, 寒往則暑來, 暑往則寒來, 寒暑相推而歲成焉, 往者屈也, 來者信也, 屈信相感而生利焉…』이라는 구절이 있다.

다. 이는 불교에서 말하는 우주 만물의 윤회전생(輪廻轉生)과도 상통하는 것이다.

여기에서의 변역순환은 단순한 변화가 아니라, 서로 대응되는 변화의 순환이라고 할 수 있다. 이에 유의할 점은 가고 오는 것이 서로 맞물려 돌아가면서 변화한다는 사실이다. 간 것은 오고, 온 것은 다시 간다는 이치이니, 준 것(去)은 나중에 받게 되고, 받은 것은 나중에 갚아 주어야 한다는 사실이다. 이것이 동양사상의 한 축을 이루는 음양이원사상의 기반으로서 출입음양지도(出入陰陽之道)라고 상술한 바 있다.

사개(四介·四卦)의 원리에 근거하고 있는 송도치부의 원리는 재물의 왕래(往來)로 이루어지는 상거래가 생기면, 상술한 바와 같은 대응관(對應觀)에 따라 「팔아주는 사람(賣者)과 사는 사람(買者), 그에 따라 주고받는 재화(財貨)」를 사실대로 기록하는 것이다. 환언하면, 장부 기록의 대상이 되는 교환거래를 양립 대응되는 이원적 개념 즉, 주고받는 사람(主體)의 양당사자와 나가고 들어오는 물품(客體)의 대응 개념으로 인식·기록한다는 것이다. 따라서 이러한 교환거래의 이원적 대응 개념은 동양적 음양 사상에 근거를 둔 사개(四介 또는 四卦)에 의하여 수행되는 송도치부법의 한결같은 기본 원리라고 할 수 있을 것이다. 여기서 사개(四介)가 사괘(四卦)라고도 표현된다는 점을 감안하면, 괘(卦)는 역경(易經)에서 사용되는 것으로서 양(—)과 음(--)을 표시하는 기호를 나타내는 의미의 글자이다. 그러한 관점에서도 사개(四介·四卦)의 사상적 근원이 음양원리에서 비롯되었다는 것을 인식하게 되는 것이다.

송도치부법사개문서의 내용은 태극의 음양 원리에서 비롯된 의식구조의 사상적 논리가 함유(含有)되어 있음을 인식하게 된다. <그림6-8>에서 보이는 바와 같이 회계용어로서의 사개는 바로 음양 사상적 원류(源流)임을 확인할 수 있다.

현병주의 저서에 의하면, 『천하만리(天下萬理)가 동귀일철(同歸一轍)로 나간 것(出)이 있으면, 반드시 들어오는 것(入)이 있고, 손해 본 사람(損者)이 있으면, 반드시 이익을 본 사람(益者)이 있으니, 이는 항상 상대방이 있어서 단독 고립지 못하는 원리원칙이다』73)고 부연되어 있다. 즉, 봉차(자산)·급차(부채)·이익(수익)·손해(비용)의 사개를 설명하고 있다. 이것이 상술한 음양의 이원적 대응 사상을 의미하는 설명이다. 그러므로 교환거래의 기록을 위한 기본요소로서의 사개는 봉건적 유교문화권에서 상업활동을 전개했던 개성 상인들의 정신적 기반인 음양사상의 이원적 대응관, 즉 입출음양지도(入出陰陽之道)에서 비롯된 개념이라고 볼 수 있는 근거이다.

따라서 송도 사개 문서는 개성 상인의 경영 사상에 뿌리를 두고 형성된 기장체계이며 그 기본적 회계 사상은 입출음양지도(入出陰陽之道)의 동양 사상적 음양원리에 근거하여 창안된 것이라 할 수 있다. 개성상인 김기호의 『송도치부법사개문서의 개요』에 표출된 사개도 바로 재화의 교환거래를 음양원리에 근거하여 접근하고 있다. 그가

---

73) 현병주, 『실용자수 사개송도치부법(전)』(경성, 덕흥서림, 1916), P. 8. (저자가 풀어서 수정함)

말하는 대차손익의 대(貸)는 봉차(捧次)라는 자산을 나타내는 양수(+)이고, 차(借)는 급차(給次)라는 부채·자본을 나타내는 음수(-)임은 물론, 손(損)은 지출(支出)이라는 비용을 상징하는 음수(-)이며 익(益)은 수입이라는 수익을 상징하는 양수(+)라고 할 수 있다. 그가 말하는 사개 유형은 대차손익을 「봉차·급차·수입·지출」로 나타내어 상품매매의 거래를 입•출음양원리에 의한 대차손익을 사개라는 용어로 나타내었다.

<그림 6-8> 회계용어로서의 四介의 음양성

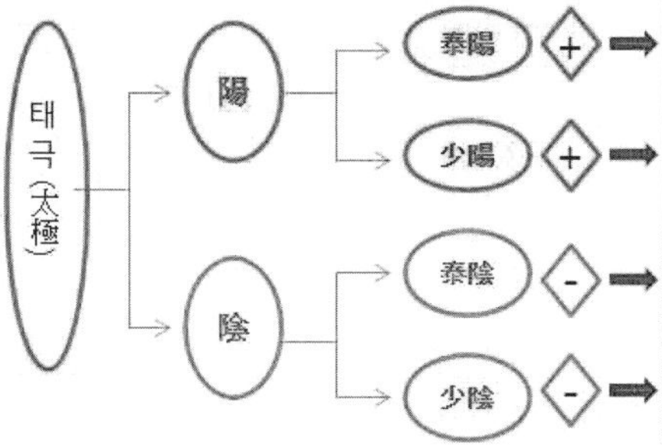

김기호의 四介	전통적 사개치부법	서양식 부기법
捧次(貸)	捧次(去)	자산
收入(益)	利益(放入·還上)	수익
給次(借)	給次(入)	부채·자본
支出(損)	損害(買得·還給)	비용

(주 : 「利益」과 「損害」라는 표현은 玄丙周의 주장으로 수익과 비용을 의미한다.)
<자료 : 송도치부법 관련문헌 및 김기호의 사개문서 분석에 의거 저자 작성>

여기서 사개(四介)가 사괘(四卦)라고도 표현되고 있다는 점에서 보면, 이것은 분명 역학(易學)적 용어에서 비롯된 것으로 볼 수 있다. 즉, 사괘(四卦)라는 괘(卦)의 의미는 역학에서 말하는 음양을 하나의 온 줄(-)과 두 토막 줄(- -)로 분류하여 그 효(爻)가 서로 어울려 나타내는 사상(四象: ≡ ≡)을 상징한다. 이러한 동양 사상적 관점에서 볼 때, 사개는 상품거래의 음양원리의 깊은 의미를 내포하고 있는 것으로 보인다. 그러므로 개성부기에서의 사개(四介: 四卦)는 수입과 지출의 거래내용을 음양원리로 맞추어 기록·계산하기 위한 네 가지 요소의 기본개념이라고 할 수 있다. 개성상인 김기호가 보는 대차손익의 사개관도 이러한 동양 사상적 음양원리에 근거하여 「봉차·급차·수입·지출」로 표현한 것으로 이해하게 된다. 즉, 봉차(資産)는 양(陽)을 나타내고, 급차(負債·資本)는 음(陰)을 나타내고 있을 뿐만 아니라, 수입(收益)은 양(陽)이고 지출(費用)은 음(陰)의 의미를 내포하고 있다는 것이다. 그러므로 사개치부문서의 기본원리는 상거래를 음양의 조합을 통한 기록계산의 토대가 되는 것으로서 한국 고유의 치부 문화로 승화되었다고 할 수 있다. 사개라는 네 가지 기본요소로 기장체계를 구성하고 있어서 사개송도치부법이라는 명칭을 사용하게 되었다고 생각한다.

2. 사개송도치부법에 투영된 상인 정신과 회계 사상

개성상인 김기호는 『송도치부법사개문서가 발명 채택된 것을 회고하면, 개성상인 항상 상도의에 투철하고 신용을 생명으로 삼는 이 정신에 입각한 또 이 정신이 투영된 자연발생적 산물로 생기(生起)한 제도라고 아니할 수 없다.』[74]고 개성부기가 신용과 상도의에 투철한 개성 상인정신에서 비롯되었음을 피력하고 있다. 이처럼 사개치부법은 개성 상인의 상도(商道)가 증류(蒸溜)되어있는 기장체계를 갖추고 있을 뿐만 아니라, 음양 사상에 바탕을 둔 상인정신이 함축(含蓄)된 복식 부기적 구조를 형성하고 있다. 따라서 사개치부 문서에 투영된 송상의 상인정신과 회계 사상을 탐색할 것이다.

1) 개성 상인의 상인 정신

(1) 음양 사상(五德)과 실리상혼(理財)의 융화 사상(商道)

우리나라 개성상인이 지닌 가치판단 기준은 상술한 바와 같이 음양오행설에 의한 오덕(五德)의 관점에서 이루어져 있다. 유학(儒學)을 통치이념으로 삼았던 조선 시대는 인의예지신(仁義禮智信)의 오덕을 기본 덕행의 생활신조로 습득하고 누구나 충효(忠孝)의 기본사상으로 갖춰야 하는 유교주의에 바탕을 둔 사회구조였다. 이러한 봉건주의 사회에서 사농공상(士農工商)의 사민(四民)은 지위고하를 막론하고 오덕은 수신제가(修身齊家)의 으뜸이요 사회질서를 지키는 기본 덕목임을 소양(素養)으로 익히며 생활했다. 사민(四民)의 말업(末業)에 해당하는 상인도 오덕은 상행위의 기본질서를 지키는 바탕이 된다는 것을 습득하고 상업에 종사했다. 인의예지(仁義禮智)의 의미가 내포된 명칭을 지닌 한양성(지금의 서울) 사대문의 이름은 이 문을 드나드는 상인들이 자연스럽게 익힐 수 있게 되어있던 사회였음을 감지하게 된다. 이는 배불숭유(排佛崇儒)의 조선 사회가 500년 지속되는 동안 뿌리 깊게 스며들어 상인들의 정신적 지주(支柱)로서 작용하였다.

이러한 근세 조선사회의 상인 활동을 유교적 도덕 기준과 실리적 경제윤리의 관점에서 보면, 오덕(仁義禮智信)과 실리(實利)적 이재(理財)의 문제, 즉 도덕과 경제의 상관성이 그 초점을 이루게 된다. 그것은 유교적 조선사회의 윤리 사상을 의미하는 것이다. 유학(儒學)의 기본경전 중의 하나인 『논어(論語)』에 의(義)와 이(利)를 언급한 것으로서 그 헌문(憲問) 편에 『이익을 보면 의리를 생각하라(見利思義)』라는 표현이 있고. 이인(里人) 편에는 「부귀영화는 사람들이 바라는 바이지만, 그 도리에 맞는 것

---
74) 金基浩, 前揭書, P. 7.

으로서 얻은 것이 아니라면 머물지 않는다(富與貴是人之所欲也不以其道得之不處也)」라는 구절이 있다. 사서(四書)의 하나인 『대학』에도 전십장(傳十章)에서 『재물을 일으킴에는 대도가 있다(生財有大道)』라고 하여 이재(理財)하는 도리(道理)가 언급되어 있다.

여기서 이(利: 經濟)는 의(義: 道德)에 따라 행동한다는 유교 사상적 윤리관이 한국인의 기본적 가치판단 기준으로 정착되어 있음을 볼 수 있다. 한국사의 흐름 속에서 대표적인 개성 상인들에 의하여 음양오행의 오덕(五德)을 밝혀 실리(實利)의 이재(理財: 富)를 도모하는 융화 사상이 존재한다. 「논어와 수판은 하나다」라는 개성 상인의 표어도 유교적 음양사상에 의한 것이며, 그것이 우리나라의 전통적인 상인정신을 형성하는 데 지대한 영향을 주었다고 본다. 그래서 우리나라의 전통적 상인 활동의 바탕에는 음양오행의 덕성(五德)과 실리적 상혼(理財)이 융화된 전통적 경영 사상의 물줄기가 흐르고 있다(<그림 6-9> 참조).

<그림 6-9> 유학(儒學)의 음양오행(五德)과 실리상혼(理財)의 융화 사상(商道)

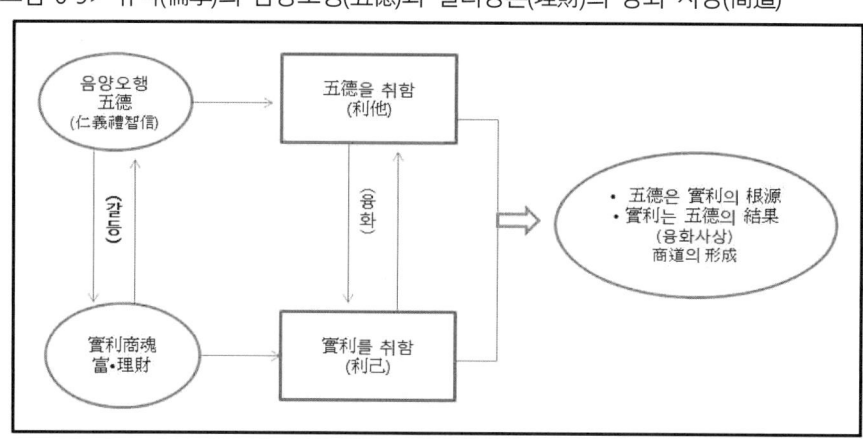

<자료 : 문헌자료를 참작하여 저자 작성>

(2) 개성 상인의 상인 정신과 경영 사상

근세 조선시대의 상권을 주름잡았던 송상, 즉 개성상인은 전통적 유교관(儒敎觀)을 경영이념으로 승화시켜 의(義)·신(信)·실(實)의 송상 철학, 즉 개성 상인정신을 구축하였다. 더욱이 그들은 상거래의 양면성에 착안하여 송도 치부법의 원리를 개발함으로써, 그들의 창의적·합리적 상인정신으로 발전시켰다. 그러한 송상의 상인정신과 경영 사상은 한국의 전통적 표본상도로 구현되어 면면히 이어져 왔다.

송상(開城商人)은 뛰어난 상술로 차인제도와 같은 전문경영인 제도를 만들어내었고 부를 축적하는 수단으로 활용하였다. 따라서 차인은 주인(資本主)에 대한 보고나 이익분배를 위하여 기록보존이 필요했을 것이고, 그것이 복식 기록의 기법을 창안하게 했을 것이다. 서사(書師)의 등장이 또한 그렇다고 보인다. 서사는 송도치부법에 따른 기장 행위에 관련된 전문가의 기능을 지니고 있었기 때문이다.

문헌에 의하면, 송상들은 근검절약하며 인색하고 오직 상품을 많이 판매하는 것에 전력을 기울였다고 하며, 아주 적은 금액의 이익만 있으면 달려가는 습관을 갖도록 가르쳤다고 기록되어 있다.[75] 송상, 즉 개성상인은 근검절약의 정신으로 상업활동을 전개하였고 계산의 정확성을 거래관계의 기본으로 삼았으므로, 합리성과 논리성을 갖춘 치부법의 개발이 가능했다고 보아진다. 즉, 송상(開城商人)의 합리주의적 경영 사상은 「사개맞춤」의 논리적 치부법을 창안하는 단초가 되었다는 것이다. 글을 알고 수리(數理)에 밝다는 것은 절약 정신을 낳게 하는 기초이며 이재술(理財術)의 재능을 갖추게 하는 선행조건이다. 송상을 일컬어 「자린고비」 정신(짠돌이 정신)의 소유자라고 하는 것도 근검절약과 인색하다는 데서 나온 말이라고 생각된다. 그러한 정신은 결국 시변제도(時變制度: 원금에 이자를 붙여 주거나 붙여 받는 제도)와 환제도(換制度: 금전의 지급을 위탁하는 어음제도)를 고안하여 활용함과 동시에, 장부 기록의 근거로 남기게 하였다. 또한 그들은 상업으로 입신을 지향했기 때문에 전계(廛契)나 박물계(博物契: 중개인 조합) 등을 조직하여 위험에 대비하고 관(官)의 가렴주구에 대응하면서 상부상조하는 협동의 신념을 다져나갔던 것이다.

송상은 글과 셈에 능하여 높은 수준의 지식을 갖추고 있었으므로, 화폐 대신에 어음을 발행하여 신용거래를 하였다. 신용은 개성 상인들의 정신적 버팀목이었다. 이러한 기반 위에서 그들의 주요한 덕목(德目)으로 꼽히는 「존신(尊信)」과 「행손(行遜)」은 고객과의 신용을 지키고 겸손으로 고객을 존중하는 풍토를 조성하는 초석이 되었다. 외상거래로 발생하는 채권·채무의 기장 처리는 고객 신뢰의 소산이다. 그래서 모든 거래의 내역이 일기장을 거쳐 외상장책과 타급장책에 상세히 기록하도록 제도를 마련하기에 이르렀고, 거래분석을 통한 손익파악이 가능하게 했다. 물론, 송방조직에 의한 위탁경영이 이루어지고 기록계산에 따라 경영성과는 평가할 수 있게 하였다. 결국, 송도치부법은 개성 상인의 신용우선주의정신이 낳은 결과이다.

송방이라는 전국적인 상업조직망을 합리적으로 관리하기 위하여 송상은 차인제도를 이용한 전문경영인을 양성함으로써, 그들 상호 간의 결속을 다지고 의리와 협동 정신을 길러 고객에 대한 신용을 지키게 하였다. 이러한 실용주의 정신은 원격지 간의 거래에 어음을 유통할 수 있게 하였고, 그 내용을 일기장에 기록하게 함으로써, 사개치

---

75) 조익순, 전게서, p. 84<이것은 조익순 교수가 인용한 우하영의 『천일록』에 있는 기록이다. (民俗勤以樫嗇, 專以興販爲務, 故雖三尺之童, 莫不分祈錨銖, 惟利是趨多狙詐之習…)>

부의 기록을 행함에 있어서 기본적인 틀이 되었다. 이처럼 신용거래를 통하여 발생한 채권·채무의 내역을 기장토록 함으로써, 송방관리인으로 하여금 주요 정보를 파악할 수 있게 하였다. 사개치부법의 창안에 의한 송상의 기록문화는 결국 차인과 주인(資本主) 사이에 신뢰가 이루어지는 바탕이 되었고 고객관리의 중요한 자료로 활용되었다.

불교국가였던 고려 시대의 상업환경은 조선 시대에 이르러 유교 국가로 탈바꿈하면서 달라졌다. 유교적 덕목을 우선시하게 된 조선왕조에서의 상업은 말업(末業)으로 천시받는 직업이었다. 그런데도 고려 시대의 유신(遺臣)들은 조선왕조의 신하가 되기를 거부하고 상인의 길을 택하여 송도에 터를 잡고 상업 부흥을 일으켜 송상(松商)의 기반을 다져나갔다. 달라진 상업환경에서의 상도 역시 달라질 수밖에 없었다.

조선시대의 송방(松房)에는 상도(商道)를 집약한 의(義)·신(信)·실(實)이라는 삼도훈(三道訓)이 새로이 등장하였다. 의(義)는 사람과 친화하고 동업자와 의리를 지키며 협동하는 일, 신(信)은 고객에게 믿음을 주는 일이며, 실(實)은 장사를 하되 남의 눈을 의식하지 않는 근검절약으로 실리(實利)를 도모하는 일이다. 이러한 송상의 경영사상은 한국의 전통적 표본상도로 구현되어 나타났다. 송상은 의리와 신용과 근검절약으로 부(富)를 축적하고 사개치부법을 고안하는 창의성을 바탕으로 합리 경영을 추구했다. 단결력과 협동심을 발휘하여 상권의 유지·확대를 기함으로써, 한국상업사에서 개성상인이라는 독특한 지위를 확보했다.

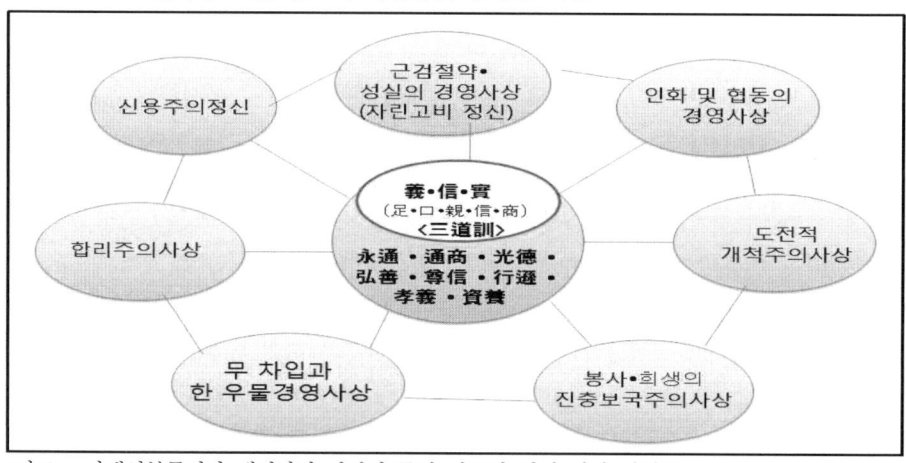

<그림 6-10> 한국형 표본 상도와 개성상인의 경영 사상

<자료 : 사개치부문서와 개성상인 정신의 문헌 검증에 의거 저자 작성>

개성상인의 경영기법은 단순한 상술이 아니라, 그들만이 지닌 독특한 역사적 경험의

산물이며, 그들의 상도와 경영철학이 살아 숨 쉬고 있다. 개성 상인의 경영 사상 속에 내재되어 전승되고 있는 것을 현대적 관점에서 간추려 정리할 수 있다. 즉, 근검절약주의 정신, 신용주의 경영원칙, 인화(人和)와 협동의 경영 사상, 합리적 경영원칙, 무차입의 한 우물 경영 사상, 개척주의 경영 사상, 봉사와 희생의 진충보국주의 사상 등이 그것이다. 이상의 내용을 정리하면 앞면의 <그림 6-10>과 같다.

2) 개성 상인의 회계 사상

송도 치부법에서는 이원적(二元的) 대응 관계에 근거를 둔 사개(四介)를 토대로 하여 매매거래의 주체인 상인과 거래의 객체인 채권·채무를 대응시켜 기록한다. 그렇게 함으로써, 이원적인 기록계산이 건축에서 말하는「사개맞춤」처럼 정확하게 이루어지게 된다. 이는 송도치부법이 확실한 복식부기의 계산구조로 형성되어 있음을 의미하는 것이다. 이러한 송도치부법의 논리적 계산구조는 그 창안의 주체라고 일컬어지는 송상(개성상인)의 경영 사상에서 비롯된 것이다. 그것은 송상의 정신적 기반인 합리주의경영의 소산이라고 할 수 있다.

조선 초기부터 고려의 사대부들이 새로운 왕조의 정통성을 수용하지 않고 관계 진출을 단념하고 상업에 종사하게 되면서부터 송도(지금의 개성)를 구심점으로 하는 상권을 형성하고 부(富)를 축적하여 송상(松商: 開城商人)이라는 위치를 확고히 다져놓았다. 그들은 전국 어느 계층의 상인들보다도 높은 지식을 갖춘 상인층을 형성하고 있었으므로, 상업의 합리적 경영기법과 효율적인 상술을 개발하여 전국적인 조직망을 구축함으로써, 상당한 부를 축적할 수 있었다. 조선 후기에 이르러 개성이 인삼재배와 더불어 홍삼 가공업의 중심지로 정착하게 된 것은 송상들이 국내외 인삼거래의 주도권을 쥐고 그것을 통하여 상업자본을 축적할 기회가 되었기 때문이다. 이러한 송상의 상업적 기반과 자본축적은 복식부기적 치부법을 창안할 수 있게 하였다.

개성상인들은 자기자본으로 자영하는 경우가 많았다고 한다. 그렇지만, 개성의 부상대고(富商大賈: 큰 자본을 가지고 대규모로 장사를 하는 상인)로부터 일정한 자본을 빌리거나 자본주(資本主)의 차인(差人: 상업사용인)으로서 송방에 파견되어서 상업활동을 수행하는 사람들도 상당수 있었다. 한 해가 가면, 연말에 송도(개성)로 귀향하여 자본주와 함께 그동안의 영업 성과를 결산하고 새해의 상업준비를 갖추었다고 한다.[76] 이는 전

---

76) 홍희유, 「송도사개문서에 반영된 송상들의 도가 활동」(『역사과학』, 1962년 6월), PP. 51 ; 조익순, 전게서, PP. 84-85(조익순 교수에 의하면, 상업사 연구가인 홍희유가 논거로 삼았던 자료는 조선 후기의 수원유생 우하영(AD1,741-1,812)의 『천일록』인데, 이는 당시의 농업경영 지침서로서 전국 각 지방의 특성과 기후 및 토질에 관하여 상세히 기록되어 있다고 한다.)

국적인 조직망을 갖춘 송방이나 보부상들이 일 년 동안 개성을 떠나 상업에 종사하고 있다가 그 해 말이면 개성으로 귀향하여 가족을 만나고, 주인이나 자본주와 함께 그동안의 영업 결과를 결산하는 풍습이 정착되어 있었음을 밝히는 내용이다. 그들은 자기 이익을 위한 채권·채무의 관리는 물론, 공동사업이나 위탁·수탁 관계의 대리인 사업에서의 이익분배나 수탁책임의 이행보고서를 작성하였다. 여기서 말하는 송상의 상업상 위탁·수탁 관계는 차인제도에 의하여 이루어지는 것임을 의미한다. 차인은 송상의 사용인으로서 지방 행상이나 송방에 근무하든가, 또는 주인 밑에서 종사하는 자를 일컫는데, 송상의 차인제도에 대한 다음과 같은 기록이 이를 방증해준다.

『개성 상인들은 그 사용인으로서 차인(差人), 서사(書師), 수사환(首使喚), 사환(使喚) 등을 고용하였다. 개성에서의 상업사용인제의 발생역사는 자세하지 않으나, 이미 이른 시기부터였다고 인정된다. 상업사용인으로서의 차인제도는 19세기 초에 평안도지방에서도 존재하고 있었다. 차인은 일명 방아(旁兒)라고도 하였으며, 그는 주인의 대리자 또는 방조자(傍助者)로서 영업상 제기되는 중요한 일을 담당·진행하는 고급사용인이었다. 영업주의 신용을 얻어 차인으로 된 사람은 주인의 직접적인 지도로, 상업에 종사하거나, 주인으로부터 자본을 융통하여 독자적으로 지방 행상 또는 금융업에 종사하였다. 그들은 자본주나 주인으로부터 정액의 월급을 받거나, 그렇지 않으면 자기책임 하에 손익계산을 하고 이익분배에 참여하기도 하였다. 이들은 대개가 지방에서 영업에 종사하다가 정기적으로 귀환하면, 자기 주인에게 사개치부법에 따른 회계 보고를 하였다. 특히 자기책임 하에 손익계산을 하면서 독자적으로 활동하는 차인들은 회계기록에 기초하여 이익분배에 참여하였다.』[77]

이 경우에 필요한 것은 효율적이고 합리적 경영의 타당성을 이해할 수 있는 치부문서가 상호 간 신뢰를 구축하는 유일한 수단이 되었다. 그것은 이원적 음양 사상에 근거를 둔 사개(四介)를 토대로 하여 사고파는 주체인 상인(松房의 差人)과 거래되는 재화를 통하여 발생하는 채권(陽 +)과 채무(陰 -)를 서로 대응시켜 기록 계산하는 기장체계를 의미한다. 즉, 거래의 이원적(二元的)인 기록계산이 건축에서의 「사개맞춤」처럼 정확하게 맞는다는 논리적 체계가 확립되어 있다는 것이다. 송상의 합리주의적 경영 사상은 음양원리를 통한 「사개맞춤」의 치부법을 창안하는 단초가 되었다. 그러므로 사개치부법은 기록계산의 객관성과 명확성을 입증할 수 있을 뿐만 아니라, 계산 결과의 비교가능성과 검증가능성을 갖춘 객관적 기장 구조로 이루어져 있음을 확인하게 된다. 여기에서 신용거래의 사실 검증이 이루어지고 장부 기록의 투명성이 확보되는 것은 물론, 신뢰할 수 있고 목적 적합한 회계정보의 창출을 보장하는 복식 부기적 기능이 함축되어 있음을 엿볼 수 있다. 이러한 기장체계가 주인(또는 자본주) 와

---

[77] 홍희유, 전게논문, PP. 56-57 ; 조익순, 전게서, PP. 84-85.

차인 간의 신뢰를 확보해주고 협동적 인화(人和) 경영을 이룩하는 매개체로써 작용하는 것뿐만 아니라, 근검절약을 지향하던 송상의 성실하고 공정한 합리주의경영을 발견하게 되는 것이다. 이러한 복식 부기적 기능을 보유하고 있는 사개치부 원리에 투영된 회계 사상을 정리하면, <그림 6-11>에서 보이는 바와 같다.

<그림 6-11> 사개치부문서에 투영된 송상의 회계 사상

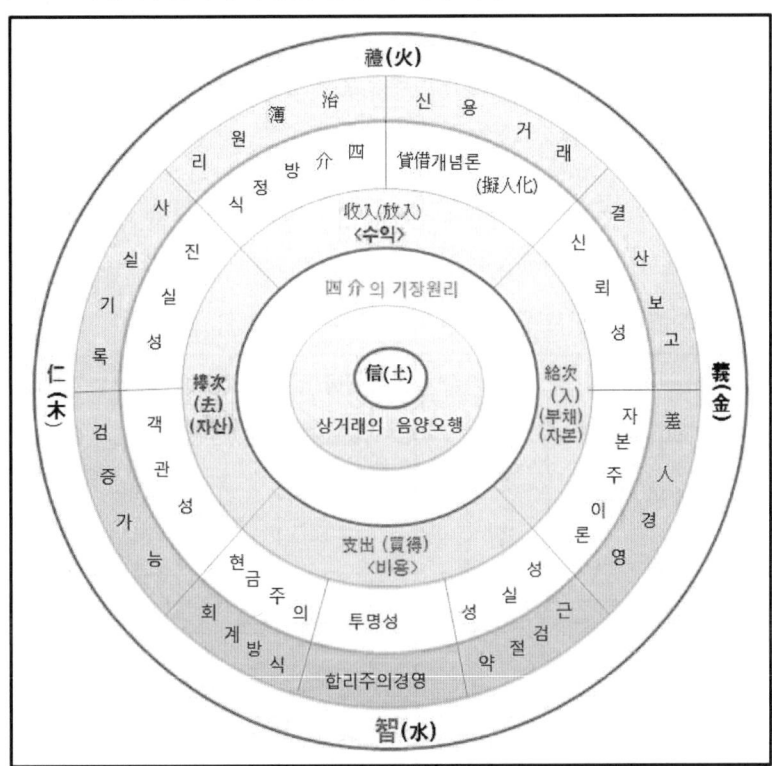

<자료 : 송도사개치부문헌 및 김기호의 사개문서 검증에 의거 저자작성>

사개치부법의 구조는 음양원리에 의한 사개를 바탕으로 하는 기장체계를 갖추고 있어서, 논리적인 모순이 없고 「사개맞춤」의 과정을 통하여 복식부기적 논리구조로 이루어져 있어서 정합성의 표본이라고 할 수 있다. 그것은 거래의 개시기록에서부터 결산 보고에 이르기까지 일목요연한 기장 원리에 따라 봉차(자산)·급차(부채)·수입(수익)·지출(비용)의 사개로 분류하고 일기책에 기록하게 된다. 일기책의 기록 사실을 근거로 하여 원장에 해당하는 장책으로 전기가 이루어지며, 이때 장책은 주요부로서 자산·부채·자본을 상징하는 봉차장책(外上帳冊)과 급차장책(他給帳冊)에 각각 기록된다. 이

들 기장 내용은 결산기에 장책의 봉차질과 급차질의 항목들을 집합하여 사개방정식(捧次+支出=給次+收入)에 따른 봉급일람표(捧給一覽表)를 작성함과 동시에, 수입항목(收益)과 지출항목(費用)을 찾아내어 대응시킴으로써, 손익계산을 한다. 이러한 사개방정식의 기장 구조는 서양 부기의 대차대조표 방정식에 준하는 기장 구조와 유사한 것이다.

기록계산의 정확성은 물론, 사실에 입각한 기장을 해서, 결과의 진실성이 확보되고 결산보고서의 신뢰성이 유지되는 것이다. 그뿐만 아니라, 현금주의회계 방식을 채택하고 있는 것은 초기의 복식부기에서 볼 수 있는 기장 구조이며, 발생주의적 기장 구조로 진화하기 전 단계의 회계구조라고 할 수 있다. 더욱이 차인제도에 의한 대리인경영체제가 구축되어 있어서 송방이라는 전국적인 지점망 경영이 가능하므로, 소유주가 없는 영업활동과 재산관리가 가능할 뿐만 아니라, 회계처리에도 자본주이론에 입각한 결산보고가 가능하게 되어있다. 또한 신용거래에 의한 의인화(擬人化)가 구축되어 있으므로, 대차(貸借) 개념론에 근거하는 기장체계가 확립된 점이 특이하다.

<그림 6-12> 한국 고유의 사개치부문서에 투영된 송상 철학과 회계 사상

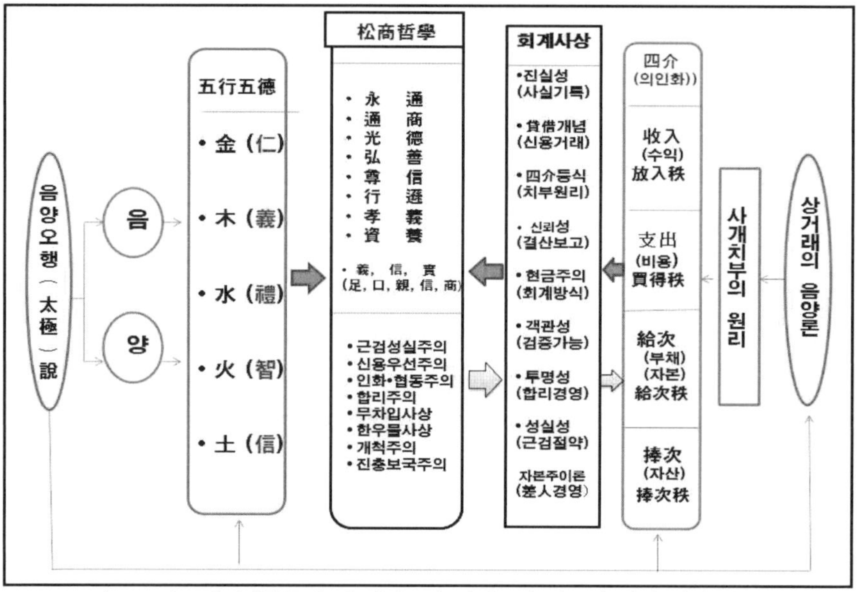

<자료 : 송도사개치부문헌 및 김기호의 사개문서 검증에 의거 저자 작성>

여기에서 송상 철학사상에 바탕을 둔 송도 사개치부법의 회계 사상적 체계가 확립되어 있음을 확인할 수 있다. 송상(개성상인)의 상인정신을 통하여 고안되었다고 할 수 있는 사개송도치부법은 송방과 차인제도, 그리고 시변(市邊)제도의 실천이 정착되었기

때문에 가능한 일이었다. 그것은 분명 유교의 덕목인 오행오덕(五行五德)의 소산이요, 「사개맞춤」의 근본원리를 지칭하는 사개치부법의 논리성에 내포되어있는 회계 사상적 표본이라고 할 수 있을 것이다. 이렇게 음양오행설에 근원을 두고 있는 송상(개성상인)의 상인 정신에서 비롯되었다는 송도 사개치부원리의 회계 사상적 구성요소를 정리하여 종합하면, <그림 6-12>와 같다.

5 전통적 상인 정신과 회계 사상의 특성

1. 개성상인 정신의 상업 문화적 특성

한국의 상업문화는 아득한 고조선 시대까지 거슬러 올라갈 수 있다. 그것은 극히 원시적인 형태를 띠고 있었지만, 서로의 필요한 물품을 조달하는 수단으로 활용되었을 것이다. 그뿐만 아니라, 그것은 삼국시대나 통일신라 시대를 거치면서 비록 물물교환의 수준을 벗어나지는 못했을지라도, 전업 상인에 의한 상업활동이 이루어지는 단계에까지 발전했음은 분명하다.

그런데 고려 시대 이후에는 송도(=開城)를 중심으로 하는 정기시장과 향시가 상업문화를 발전시켰고 정부의 적극적인 지원으로 송상(開城商人)들의 상업활동은 활발하게 전개되었다. 예성강 하구에 있는 벽란도를 거점으로 하는 송나라와의 외국무역도 상당한 수준에 이르렀다고 한다. 이 무렵부터 송도의 상인층이 형성되었고 봉건주의 시대의 말업(末業)에 속하는 직업에 종사하면서도 신의와 협동으로 상인들 간의 돈독한 유대강화를 다졌음은 물론, 환난상구하는 정신으로 좋은 상업문화를 이루어 나갔다.

고려의 뒤를 이은 조선왕조가 개국 되면서부터는 억불숭유(抑佛崇儒)와 농업 천하지대본이라는 정책 기조가 확립되었고, 사농공상 중의 말업에 속하는 상인은 천시받는 계급이었다. 사회적으로 대접을 받지 못했던 당시의 상인들은 서로 단결할 수밖에 없었다. 특히 고려왕조의 멸망으로 개성의 사대부들은 조선왕조의 신하 되기를 거부하고 상업에 종사하게 되었다. 높은 수준의 지식을 갖춘 상인층이 등장하였고, 이것이 상술에 뛰어난 송상(開城商人)을 형성시키는 계기가 되었다. 실학자 이익(李瀷)의 『성호새설(星湖塞說)』에서도 개성사람이 상업에 투신하게 된 것은 지리적으로 한양(지금의 서울)과 가까우면서 중국무역과 연결할 수 있었던 점과 조선왕조 건국 후 개성사람들이 학문을 버리고 상업에 종사한 점이라고 하였다.[78]

송상(開城商人)은 고려왕조 이후 전국의 상권을 주름잡고 이 땅의 상업문화를 꽃피운 실력자들이었다. 고려 시대에는 송도(=開城)가 수도였기 때문에 상권을 장악하는 데 유리하였고, 조선 시대에는 권력에 불복하는 송상(開城商人)의 기질 때문에 벼슬로의 관심을 접고 오로지 상업 경영에 열중하여 근세조선의 상업계를 주름잡았다. 특히 개성은 상업 도시로서의 입지 조건이 좋은 편이 아니었으므로, 좌상보다는 행상에 주력하여 전국의 상권을 장악했다.

조선 후기에 이르러 송상은 전국을 무대로 뚜렷한 두각을 나타내었고 차인제도와 송방조직을 개발하여 창의적인 경영기법과 상거래의 규율을 지키고 신용을 우선시하는 상인 정신의 확립을 주도하였다. 송상의 창의적인 경영기법을 상징하는 것으로서 송도 사개치부법이 있다.

이는 오늘날 사용되고 있는 서양식 복식부기와 비견할 수 있을 뿐만 아니라, 동양적 음양 사상에 근거하는 거래의 양면성을 토대로 기장하고 합리적으로 상업 경영을 실천했다는 것은 창의적인 정신이 없이는 이루어질 수 없는 것이다. 송상 철학, 즉 개성상인 정신이 존재함으로 인하여 송도 사개치부법이 고안되고 상인다운 상업문화의 꽃을 피웠다고 할 수 있다.

그뿐만 아니라, 송상은 인삼 무역에도 창의성을 발휘했다고 한다. 개성상인은 인삼을 해외무역의 주력상품으로 선정하여 개성에서 인삼재배를 실행했음은 물론, 양질의 인삼을 홍삼으로 가공하여 유리한 조건으로 중국과 일본에 수출함으로써, 상인의 지위를 확보하고 전국의 상권을 장악하여 번영할 수 있었다. 더욱이 송상(開城商人)이 상업에 성공할 수 있었던 것은 상인 상호 간의 상부상조하는 협동 정신과 강인한 단결력, 그리고 정직과 신용 및 근검절약에 바탕을 둔 윤리 정신이 조성되었기 때문이다.79)

이러한 정신적 기반 위에서 송상(開城商人)은 우리나라의 상업문화사(史)상 독특한 지위를 확보하였다. 따라서 송상 철학, 즉 개성 상인정신은 우리 민족의 정신적 결정체로서 빚어낸 상업문화사(史)적 유산이라고 할 수 있다. 그것은 구한말의 개항기와 조선총독부 시대의 시련을 겪으면서도 민족상인에게 승계되어서 면면히 이어져 내려왔다. 그뿐만 아니라, 광복 이후 남북분단으로 인하여 실향민이 되어버린 상황에서도 개성상인의 후예들은 선조들의 얼을 이어받고 서울 등, 남한 각지에서 상업자본을 축적하여 기업을 일으키고 근대적인 기업가정신으로 승화시켰다. 개성상인 출신의 기업가들은 망향의 설움을 딛고 개성상인 정신의 바탕 위에서 창업하여 기업을 성장시키고 상업자본을 산업 자본화하는 데 성공했다. 그뿐만 아니라, 그들은 전통적인 개성 상인 정신을 근대적 기업가정신으로 승화시켜 기업문화의 정착을 이루어내었다.

---

78) 황명수 外, 『한국의 시장상업사』(서울, 신세계백화점출판부, 1992), P.104.
79) 상게서, P. 100 ; 김성수, 「개성상인 정신 발달사 연구」(한국경영사학회, 『경영사학』 제17집 제2호, 2002년 6월), P.15.

2. 전통적 회계 사상의 회계 문화사적 특성

부기 회계의 역사는 인류문화의 발전과 밀접한 관계를 지니고 있다. 왜냐하면, 고대 문명기에서부터 시작하여 지금까지 수천 년에 이르는 동안 치부 회계는 여러 가지 모습으로 변모하면서 인류문화와 더불어 발전해 왔음을 발견할 수 있기 때문이다. 그것은 고대 문명기의 이집트, 바빌로니아, 그리스, 중국, 그리고 고대 로마 시대에 왕후, 사원이나 귀족 등의 재산관리를 위한 장부 기록에서 비롯되었다고 한다. 또한 상당한 세월을 거친 후 중세시대에 이르러서는 이윤성(利潤性) 상업의 발전에 따른 자본성 자산의 변동과정을 조직적으로 기록 계산하는 복식 부기적인 기장 방법이 생성되었다고 하는 역사적 고찰을 통하여 고증되었다.

문헌에 의하면, 중세기에 이르러 상업과 무역거래가 발달하게 되면서부터 기장체계를 갖춘 복식부기 제도가 등장하였고, 자본주의적인 경제구조의 발전을 가져오게 하는 촉매작용을 하였다고 한다. 인류문명의 발상과 더불어 경제생활을 영위해온 사회경제적 구조 속에서 치부법의 창안은 필연적이었으며, 문명사의 한 편에서 상업 발달과 함께 성숙해온 도구로서 그 시대를 반영하는 척도로 작용하였다.

회계사학자 「울프」가 언급한 바와 같이, 『회계의 역사는 문명의 역사이고…. 문명의 발전과 더불어 발달해온 것이며…. 그 시대의 거울이다.』[80]라는 문구는 회계사(史)가 지닌 문명사적 특성을 잘 나타내 준다. 동서양을 막론하고 회계기록 방법의 발달은 인류 문명사의 한 단면을 들여다볼 수 있는 거울과 같은 작용을 하게 된다. 그것은 문화적 교류가 없는 시대적 환경 속에서도 공통인자로서의 문화 요소로서 발아(發芽)될 수 있음을 의미한다. 교통이 불편했던 중세시대에 서양의 이달리아와 동양의 한국에서 가가 유사한 형태의 복식 부기적 기장 방법이 창안되고 전수됐음은 인간이 상호교류를 하지 않은 차단된 환경 속에서도 유사한 사고를 하게 되고, 공통성 있는 문화적 요소를 창출하게 되는 이치를 입증해주고 있다. 이탈리아는 서양 문화권에 속하는 나라이고, 한국은 동양 문화권에 속하는 나라로서, 각각 문화양식이 서로 다른 이문화(異文化) 영역의 역사와 전통, 사회사상, 경제적 사고 및 국민성 등을 지닌 국가이다. 그런데도 양국의 이문화적 경제환경 아래에서 생성된 기장 방법이 복식 부기적 특성을 공통으로 소유하고 있음은 가히 경이적인 사실로 받아들여진다.

송상의 합리적 경영 사상이 반영된 사개송도치부법은 한국의 전통적인 상업 문화적 바탕 위에 형성된 회계기법으로서, 금전거래의 회계와 물품거래의 회계를 모두 의인화(擬人化)의 가정(假定)하에서 이루어진 장부 기록의 방법이다. 이것은 음양설에 근거하여 「사리의 앞뒤가 딱 들어맞는다는 사개맞춤」의 원리에 근거하는 형성 논리를 갖

---

80) Woolf, A. H., "A Short History of Accountants and Accountancy," (London, 1912), P. ix.

고 있다. ① 파는 사람(債權者)과 ② 사는 사람(債務者), 그리고 ③ 팔아서 받는 재화와 ④ 사서 값을 치르는 재화라는 상황인식을 분립사개(分立四介) 함으로써, 형성된 기장체계이다. 환언하면, ① 판매자는 상품을 팔았으니 대가를 받을 권리(資産)가 있고, ② 매입자는 물품을 샀으니 값을 치러야 할 의무(負債)가 있다. 그리고 ③ 그 대가를 받았을 때, 수입(收益)되고 ④ 그 대가를 치렀을 때는 지출(費用)을 기록한다는 치부구조이다. 이러한 사상(事象: events)을 네 가지 행태(行態)로 분류(分立四介)하여 기록·계산하게 된다. 그 절차를 종합 체계화한 기장 기법이 이른바 사개치부법(四介治簿法)이다. 상거래를 통하여 이루어지는 상품과 금전의 출납 사실을 네 가지 유형으로 구분하여 수지대차(收支貸借)의 거래관계를 투명하게 기장토록 하는 회계시스템이 바로 사개치부의 원리이다. 이것이 송도(開城)의 상인(開城商人)들 사이에서 고안된 것이기 때문에, 송도 사개치부법이라 일컫는 것이다. 이는 전통적 유교관에 바탕을 둔 송상 문화, 즉 개성 상인문화의 소산으로서 투명경영의 표본적 특성을 나타내고 있다.

　이러한 회계적 사고는 서양의 문헌에도 나타나 있음을 볼 수 있다. 즉, 「리틀톤」의 저서에 의하면, 상대방으로부터 상품매입이 이루어진 경우를 가정하여 ①주는 사람(the one who gives), ② 받는 사람(the one who receives), ③ 주어지는 것(the thing given), ④ 받아지는 것(the thing received)의 네 요소로 이루어지는 원리가 설명되고 있다.81) 이는 상거래가 사람들 사이에서 일어나는 대차 관계에서 비롯되었다는 것이며, 「내가 받을 것과 남에게 줄 것」을 구별하여 기록 계산하는 것이 기본 구조임을 의미한다. 줄 것과 받을 것을 구별한다는 것은 남으로부터 받은 것은 돌려줄 의무가 있고 남에게 준 것은 다시 받을 권리가 있으므로, 이러한 대차 관계에는 권리와 의무가 수반된다는 것이다.

　사개송도치부법은 들어온 것(入)과 나간 것(去)을 구별하여 기록하고, 들어온 것은 남이 준 것(他給)으로서 그 후에 갚을 의무(給次)가 있어서 부채가 되며, 나간 것은 남에게 준 것(外上)으로서 나중에 받을 권리(捧次)가 있어서 이를 자산으로 기록하게 되어있다. 이것은 우리나라 특유의 의인적(擬人的)인 대 기록, 물품회계 및 금전 회계 등으로 이루어져 있다. 그러한 기록시스템은 주고받고 하는 거래 사실을 포착한 것이며, 반드시 매매당사자 사이의 양자관계가 존재하는 것을 전제로 하여 금전 또는 물품의 수수 관계를 인식하는 것이다.82) 이러한 송도 사개치부법의 구조는 타인에게 준 것과 타인으로부터 받은 것, 그리고 타인으로부터 받을 것과 타인에게 줄 것이라는 내용이 대차 관계와 직결되어 인명계정의 형식으로 나타나는 의인화(personification)의

---

81) Littleton, A. C., op. cit., pp. 47~48.
82) 尹根鎬, 「韓国個有簿記の理論と構造」(日本会計学会, 『會計』第101卷 第4, 1972), pp. 116~119.

구조로 형성되어 있다. 이러한 의제설(擬制說)에 입각한 치부 구조가 개성부기의 특성이라고 할 수 있는 것이다.

사개송도치부법이 지닌 또 하나의 특징은 모든 대차 기록이 등가교환의 원리에 근거하고 있는 점이다. 상거래의 대차 기록은 항상 상호 간 같은 금액에 의하여 교환된 것을 대상으로 한다. 현병주의 저서에서 『부기의 교환 대차는 양방이 같은 값으로 이루어진다….』[83)]는 부연(敷衍)은 모든 상거래가 등가교환의 원리에 따라 이루어지며 교환에 의하여 동일한 가액의 이면적(二面的)인 기록과 대차 평균의 원리가 도출되고 있음을 인식할 수 있다. 이처럼 장부 기록에서의 모든 거래를 대인관계에 의한 교환거래로서 의인화(擬人化: personification)하고, 주고받는 물품과 금전의 존재를 전제로 하여 이루어지는 것이 송도 사개치부법의 골격이다. 그러므로 그것은 동양철학에 나타나 있는 음양설에 입각한 교환거래의 모습을 사개라는 회계구조로 이루어져 있다고 할 수 있다. 즉, 모든 상거래의 내용은 일면성(一面性: one way)으로 나타나는 것이 아니라, 양면성(兩面性 : two way)으로 이루어진다는 것이다. 이러한 상거래의 원리에 근거하여 음(陰 : 給次)과 양(陽 : 捧次)의 양상(樣相)으로 발생한다고 보는 것이다.

그리고 사개송도치부법(開城簿記)에서 의인화에 의한 대차 개념론에 근거하여 구축된 부기 원리의 논리성은 중세시대 서양의 부기 체계와 유사성을 갖는 의인화의 인적계정 학설이 바탕을 이루고 있는 것 또한 특이하다. 금전거래는 금전을 맡아 있는 출납임(書師)과의 거래로서 기록할 뿐만 아니라, 물품거래도 역시 그 물품을 관장하고 있는 사람(書師)과의 거래로서 기록한다. 즉, 거래 사실을 나타내는 「상(上)」과 「하(下)」 또는「입(入)」과 「거(去)」라고 하는 기호를 사용하여 분개함과 동시에, 물품명 다음에「짐(秩)」이라는 기호 표시를 통하여 계정구조에 의한 기록계산의 기본 원리를 구축하고 있다는 점이다.

이처럼 「상」과 「하」 또는 「입」과 「거」라는 분개 형식에 의한 기록계산을 통하여 금전 또는 물품의 수수 관계를 표시하여, 마치 서양식 부기에서 사용하는 「차변·대변」에 상당하는 부호로서 현금의 흐름과 채권·채무를 나타내려 하고 있음은 동서양을 막론하고 인간의 사고가 같은 방향으로 발전할 수 있다는 것을 증명하고 있다. 다시 말해서 송도 사개치부법(開城 簿記)의 기본적 구조는 <표6-9>에서 보이는 바와 같이 이탈리아식(式) 기장 방법과 유사한 점에 방점(傍點)을 찍을 수 있다.

사개송도치부법(開城簿記)의 장부조직에 있어서는 원시 기록부인 초일기(草日記)를 거쳐 「일기」와 「장책」에 전기하여 작성되므로, 일기장·분개장·총계정원장이라는 현대의 복식부기가 갖추어야 할 주요부의 구조를 유지하고 있다.

회계책(또는 周會計)을 통하여 이루어지는 결산절차는 「입(入)」과 「거(去)」에 의

---

83) 현병주, 전게서(제6장), P. 7(여기에서도 필자가 현대어적 표현으로 요약 수정하였음.)

하여 분개와 전기를 행하고 대차 평균의 원리에 입각한 기록의 정확성을 검산하는 형식도 취하고 있고, 「회계책」(또는 周會計冊)에서 봉차·급차의 집계대조표시와 같은 시산표의 작성이나 결산보고서로서의 재무 상태는 물론, 수지계산을 통한 이익산출도 이루어지고 있다.

<표 6-9> : 초기의 서양 부기법과 사개송도치부법(開城簿記)의 특성 비교

초기의 서양 부기법	우리나라 송도 사개치부법(開城簿記)
- 분개장 - 총계정원장 - 일반적 분개 방법에 따른 분개 법칙 - 현금계정도 총계정원장에 설정됨. - 당초의 채권·채무거래가 轉記 전에 청산된 경우에도 두 거래 모두 전기 됨. - 원장계정은 차변(좌측), 대변(우측)으로 구분함. - 각 계정의 차변 합계·대변 합계 - 각 계정의 차변 잔액·대변 잔액 - 수정시산표, 수정분개, 수정후시산표의 구분 명확. - 대차대조표·손익계산서 - 二面的 손익계산 - 수익·비용·상품계정도 다른 계정표시 방법과 차이 없음. - 대차 평균한 계정은 계정 마감으로 표시. - 轉記 對照는 원면과 分面記入으로 확인. - 취소 또는 相計 去來도 분개하고 전기함. - 금액·수량의 표시는 아라비아 숫자로 함. 　(중국은 漢字 數字로 표기) - 橫書(서양), 縱書(중국)	- 일기장 - 타급장책(급차장책)·외상장책(봉차장책) - 현금식 분개법(上·下로 현금증감 구분) - 현금 잔액은 일기장에만 기록됨. - 당초의 채권·채무거래가 轉記 전에 청산된 경우, 두 거래 모두 전기 안 됨. - 장책계정의 상단을 차변(去), 하단을 대변(入)으로 구분하거나, 그 사이에 내(內)를 기입하여 차변 또는 대변으로 구분함. - 각 계정의 合捧次文, 合給次文 (內, 除) - 각 계정의 實捧次文, 實給次文 - 수정전 시산표만 있고 수정후시산표 불명확 - 봉급일람표(捧給一覽表) - 一面的 손익계산 - 회계책 (또는 周會計) - 수익·비용·물품 계정에는 그 명칭 다음에 「秩」(件) 을 붙임. - 계정 명칭 상부에 특수부호 △을 표시함. - 打點(·)으로 轉記 확인 - 轉記前 취소 또는 相計거래는 분개하지 않고, 당초의 분개에 列旗法(才) 표시로 당초 분개의 전기 금지 - 금액·수량의 표시는 한자나 胡算數字로 표시하였으나, 「0」에 의한 자릿수 표시가 없음. - 縱書

<자료 : 조익순, 『사개송도치부법전사』(2000), PP. 289-290>

특히, 손익계산에 있어서는 「수입질」(수익 계정)과 「지출질」(비용계정)을 대응

표시하여 계산하고, 대한천일은행의 경우는 영업외비용과 전기(前期)비용을 따로 표시하여 계산하고 있음을 볼 수 있어, 오늘날의 회계이론에서 일반화된 수익 비용 대응의 원칙이나 당기업적주의 손익계산의 논리구조에 부합되는 내용이 입증되고 있다. 그리고 대한천일은행의 「주회계책」에 나타난 결산보고서는 ① 봉급일람표(捧給一覽表), ② 본점 손익계산서, ③ 합병 손익계산서, ④ 주주 이익배당명세서, ⑤ 적립금명세서와 같은 것으로서 이해관계자가 공감할 수 있게 되어있다.[84]

따라서 송도 사개치부법의 기본적인 핵심은 사개방정식(捧次 + 支出 = 給次 + 收入)이라고 할 수 있는바, 이 구조는 중세 이탈리아의 베네치아에서 출간된 파치올리(Pacioli)의 저서(AD1494)에서 볼 수 있는 대차대조표 방정식(資産 + 費用 = 負債資本 + 收益)과 유사하다. 이는 복식부기의 기본구조로서의 유사성을 나타내고 있는 부분이다. 그러므로 우리나라의 송도 사개치부법(開城簿記)은 상거래의 기록계산이 대차 평균의 원리에 근거하는 복식부기 구조로 형성된 회계기법이라고 인식하게 된다. 그것은 모든 거래를 대인관계의 상정(想定)에 의한 의인화(personification)[85]의 전제하에 「서사」(書師)라고 하는 기록담당자와 고객과의 대차거래로서, 출자자와는 완전히 분리·독립된 복식부기의 구조적 특성이 있는 치부법이다.

6 에필로그

송상이라 일컬어지는 개성상인은 우리나라 봉건주의 시대인 고려와 조선을 거쳐 근대의 개화기에 이르기까지 오랫동안에 한반도의 상권을 장악하고 선동적인 한국형 상인 상(像)을 이룩한 상인집단이었다. 그들은 개성의 입지적 조건을 최대한으로 이용하여 전국의 행상 조직을 구축하고, 송방이라는 독특한 조직체계와 차인제도라는 경영시스템, 사개치부법이라는 송상들만의 장부 기록 방법을 창안하여 국내의 어느 상인집단보다도 우수한 상술을 펼쳤다. 또한 그들은 「개성 깍쟁이」[86]라는 말을 들을 만큼 계산이 정확했던 재상분명형(財上分明型)의 상인으로서 그 지위를 확고히 다져놓았다. 거기에서 파생된 근검절약, 성실 정직과 신용, 그리고 협동 정신의 바탕 위에서 최고를 추구하는 독자적인 상업문화와 상도가 구축되었다.

개성을 근거지로 하여 전국적인 조직망을 갖추었던 개성상인은 축적된 지식과 천부

---

84) 윤근호, 전게서, PP. 100-114
85) 윤근호, 전게서, pp. 105~110.
86) 김기호, 전게서, PP. 90-91

적인 근면성을 바탕으로 하여 상업자본을 축적하였다. 개성 상인들의 경영기법은 단순한 상술(商術)이 아니라, 그들만이 지닌 독특한 상도와 경영철학이다. 그들의 점포에는 상도를 집약한 의(義)·신(信)·실(實)이라는 삼도훈(三道訓)이 있었고, 그것이 다음과 같은 개성상인 정신을 구축하는 초석이 되었다.

그들은 국내 어느 계층의 상인들보다도 높은 지식을 갖춘 상인 층을 형성하였고, 상업의 합리적 경영과 효율적인 상술을 개발하여 전국적인 조직망을 구축하였다. 특히 근세조선 후기에 개성이 인삼재배와 홍삼 가공업의 중심지로 부각함으로써, 개성 상인들은 국내외 인삼거래의 주도권을 쥐고 상업자본을 축적할 기회가 만들어내었다. 이러한 개성 상인의 상업적 기반과 자본축적은 복식 부기적 치부법을 창안할 수 있게 하였다고 본다. 차인은 주인(資本主)에 대한 보고나 이익분배를 위하여 기록보존이 필요했을 것이고, 그것이 신뢰성과 투명성을 갖춘 복식 기장시스템을 창안하게 했음은 자명한 이치이다. 근검절약의 정신으로 상업활동을 전개하고 계산의 정확성을 거래관계의 기본으로 삼았던 개성 상인에게는 합리성을 갖춘 치부법 개발이 자연스러운 필요조건이었을 것이다. 개성 상인의 합리주의적 경영 사상은 「사개맞춤」의 논리적 치부기법을 창안하는 단초가 되었다. 글을 알고 수리(數理)에 밝다는 것은 절약 정신을 낳게 하는 기초이며 이재술(理財術)의 재능을 갖추게 하는 선행조건이다.

개성상인은 화폐 대신에 어음을 발행하여 신용거래를 하였다. 신용은 개성 상인들의 정신적 지주였다. 이러한 기반 위에서 개성 상인의 주요한 덕목(德目)으로 꼽히는 「존신(尊信)」과 「행손(行遜)」은 고객과의 신용을 지키고 겸손으로 고객을 존중하는 풍토를 만들어내었다. 외상거래로 발생하는 채권·채무의 기장 처리는 고객 신뢰의 소산이다. 송방조직에 의한 위탁경영이 이루어지고 기록계산에 의하여 경영성과를 평가할 수 있게 하였다. 결국, 사개치부법은 개성 상인의 신용우선주의 정신이 낳은 결과라고 할 수 있다.

본 장에서는 개성상인 김기호의 사개 문서를 검토하여 개성상인에 의한 사개송도치부법의 회계구조를 이해함과 동시에, 개성 상인의 경영 사상과 사개송도치부법에 투영된 회계 사상을 탐색하였다. 따라서 그의 기장 구조는 ① 원시 기록부(일기장)인 초일기 ② 현금출납장과 분개장의 역할을 하는 일기 ③ 원장에 해당하는 장책(봉차장책과 급차장책) ④ 결산서인 회계책으로 이루어져 있다. 이것은 주요부와 보조부로 구성된 기장체계를 갖추고 있을 뿐만 아니라, 사개방정식(捧次+支出=給次+收入)을 기본 축으로 하는 원시적 복식부기 시스템이라고 할 수 있는 것이다.

이렇듯 개성 상인의 경영 사상을 근간으로 하여 창안되었다는 사개송도 치부법의 기장 기술적 이론구조는 오늘날 우리가 사용하고 있는 서양식 복식부기의 구조와 비교하여 손색이 없을 만큼 훌륭하다고 할 수 있다. 그렇지만 그 생성사적인 관점에서 볼 때, 그것은 개성상인 어느 한 사람의 손에 의하여 이루어진 것이 아니고, 오랜 세월에 걸친 사회경제적 환경 속에서 시대적 요청에 따라 비롯된 것이라고 할 수 있다. 양(洋)의 동서를 막론하고 인간 생활이 사회경제적으로 발달하게 되면, 재화나 용역의 이동에 의한 거래의 형태가 빈번하게 이루어지고, 그로 인하여 신용거래가 자연히 늘어나게 되는 것이다. 따라서 교환에 의한 거래가 대량화하고 신용이 확대되게 되면, 그로 인하여 나타나는 거래의 결과를 인간이 기억력만으로는 관리할 수 없게 된다. 어떤 방법에 의해서든지 기록하여 보존하려고 하게 되는데 여기에서 장부 기록법이 생성을 보게 되는 것이다.

사개송도치부법이 어느 시대에 발생했는지를 확실히 고증할 수는 없다고 하더라도 현대적 회계기법이 갖는 분개 법칙이나 대차평균의원리, 및 결산 방법의 일관성에 비추어보더라도 복식 부기적 구성요소로 이루어져 있다는 사실에 감탄하지 않을 수 없다. 아쉬운 점은 이와 같은 훌륭한 회계기법이 문헌적 고증에 따라 그 기원을 정확히 밝혀낼 수만 있다면, 우리 민족이 지닌 경제사적·문화사적 발명품으로서의 세계적인 가치가 인정될 수 있었으리라는 것이다. 이를테면, 「이탈리아」식 기장 방법이 「파치올리」의 「전서」(Summa)[87]와 같은 인쇄본에 의하여 일반에게 보급될 수 있는 환경이 조성되었던 것에 비하여, 사개치부법은 일찍이 인쇄술이 발달하였음에도 불구하고 상인 천시의 사회구조로 인하여 활자화된 장부의 인쇄본이 전해지고 있지 않을 뿐만 아니라, 서세동점(西勢東漸)의 환경 때문에, 일반에게 보급되지 못한 것은 심히 유감스러운 일이 아닐 수 없다. 그러므로 송도치부법이 서양의 복식부기보다 훨씬 앞섰다는 막연한 억지 주장보다는 확실한 문헌사적 고증을 위하여 우리 조상들의 손때가 묻어있는 송도치부법의 사개문서를 찾아 발굴해야 하는 것도 회계학도에게 주어진 사명이라고 여겨진다.

---

[87] Lucas Pacioli, "Summa de Arithmetica, Geometria, Proportioni et Proportionalita," (Venecia, 1494).

제 2 부
한국 부기회계 문화의 현대화 과정

제7장 서양식 복식부기 문화의 도입사
제8장 한국현대사회의 「원칙」 지향적 기업회계문화(Ⅰ)
 (일본형 기업회계원칙의 시대)
제9장 한국현대사회의 「기준」 지향적 기업회계문화(Ⅱ)
 (구미형 기업회계기준의 시대)
제10장 한국회계 감사문화의 역사적 지평
제11장 한국 법 회계문화의 전개 과정
제12장 한국의 원가・관리회계시스템 도입・형성사
결론장 한국회계 문화사에서 본 이문화 대응의 회계적 과제

제7장 서양식 복식부기 문화의 도입사

1 프롤로그

　조선 시대에 개화의 바람이 불기 시작한 것은 고종 13년(AD1,876)에 강화도조약이 체결되면서부터이다. 그것은 자신의 의지에 의하지 않고 외세의 힘으로 통상조약이 체결되고 나서야 굳게 닫힌 척화(斥和)의 문이 열리고 새로운 서양 문물을 받아들이게 되었다.
　통상조약으로 인하여 국내의 여러 항구가 개항됨으로써, 외국 문물이 유입되어 개화가 이루어지기 시작하였다. 시민사회의 계몽운동이 활기를 띠게 되었고, 서양의 선진적 교육과정을 통하여 민중이 깨어나기에 이르렀다. 봉건 경제체제의 붕괴를 경험하면서도 축적된 상업자본을 기반으로, 개화의 물결에 편승하여 근대화 시기의 상업 분야에도 변화의 바람이 불어왔다. 상인집단의 가내수공업은 공장제수공업으로 발전하였고, 개항장을 통한 외래자본이 유입되어 종래의 축적된 상업자본이 산업시설과 생산활동에 투자되면서 산업 자본화의 궤도에 올라서는 사회경제적 환경이 조성되었다.
　물론, 개항(AD1876)으로 인한 환경변화는 새로운 시민의식을 불어넣었고 개화사상을 탄생시키는 계기가 되었다. 새로운 선진기술의 도입과 중상주의 사상에 편승한 개혁을 주도함으로써, 산업근대화의 기반구축이 가능한 사회구조가 형성되었다. 갑오개혁(AD1894)으로 교육칙령(敎育勅令)을 통한 서양식 부기 회계 교육도 함께 이루어지게 되었다. 그러나 우리나라에 서양식 복식부기가 널리 보급되기 시작한 것은 조선총독부 시기이다. 일본을 거쳐 유입된 서양식 복식부기 구조에 의한 기장 방법이 한국의 회계 근대화에 이바지하던 시대적 상황이었다.
　따라서 본 장에서는 개항(AD1,876)에서부터 대한제국 시기(AD1,897~1,910)를 거쳐 조선총독부 시기(AD1,910~1,945)에 이르는 기간 동안 서양식 복식부기가 전래한 발자취를 더듬어보고 서구형 부기 회계문화가 한국 사회에 뿌리내리는 과정에 대한 접근을 시도할 것이다. 이러한 서양식 복식부기 문화가 전수될 수 있도록 조성된 시대사적 배경에 대한 개괄적 정리와 함께 서양식 복식부기 문화의 도입에 관한 사실에 대하여 실증적으로 규명하려고 한다.

② 서양식 복식부기 문화 도입의 시대사적 배경

1. 개항과 자본주의 문화의 유입

1) 개항의 전말

조선 시대 말기의 개항(AD1876)은 한국 근대화의 시발점이다.

19세기 이후 한반도의 주변 상황은 서구열강의 접근으로 인하여 일촉즉발의 전운이 감돌던 국제관계에 놓여있었다. 결국, 일본의 힘으로 강제적인 문호를 개방하게 되었기 때문에, 일본을 매개로 하는 서양 문물 유입이 이루어지는 결과를 가져왔다.

조선 정부는 오랫동안 고집해오던 통상수교거부정책을 버리고 고종 13년(AD1876) 일본과 통상수호조약(通商修好條約)을 체결한 뒤, 고종 19년(AD1882)에는 미국에 이어서 영국·독일·러시아·프랑스 등 서구제국과 잇달아 국교를 맺게 되었다. 비로소 우리나라는 세계열강과 우호 국가로서 세계무대에 등장하게 되었고 서양 문화를 직접 접하게 된 것이다. 이로부터 우리나라는 정치·경제·사회·문화 등 모든 분야에 걸쳐 그 이전과는 완전히 다른 시대사적 분기점을 이루는 중대한 사건들이 속출하게 된다.

그러한 와중에서 개화 세력은 봉건주의적 유학 사상에 젖어있던 조선사회의 가치체계를 개혁하는 정책을 펴기에 이른다. 고종 31년(AD1,894)에 단행된 갑오개혁(甲午改革)이 그 시발점이다. 각종 악습을 폐지하였음은 물론, 새로운 도량형제도를 제정하여 시행토록 했으며, 은행 및 회사의 설립을 허용하는 등, 사회경제적인 면에서 근대화를 추진시키는 데 필요한 개혁을 단행하였다.

한편, 강화도조약의 체결에 주도권을 잡은 일본은 한반도의 격변하는 조선정계에 교묘히 편승하면서 꾸준히 그 세(勢)를 확장해나갔다. 동학란(AD1,894)을 계기로 한반도에서 청나라와 전쟁을 일으켜 승리한 일본은 청국 세력을 한반도에서 축출함으로써, 정치·경제·사회·문화의 각종 제도를 개혁하는 데 깊이 관여하게 되었다.

특히, 일본은 광무 8년(AD1,904) 러시아와의 전쟁에 승리함으로써, 대한제국(大韓帝國) 정부를 강압하여 한일협약을 체결하고 내정간섭의 발판을 만들었다. 이어서 광무 9년(AD1,905)에는 제2차 한일협약인 을사늑약(乙巳勒約)을 체결하여 통감부(統監府)를 설치하고, 이른바 외교권을 대행하는 등, 실질적인 지배체제를 구축하였다. 그 뒤 헤이그 특사파견(AD1,907)을 계기로 고종황제가 강제 퇴위당하고 순종이 즉위하자, 일본은 한일신협약(韓日新協約)을 체결함과 동시에, 대한제국 군대를 강제해산이라는 한편, 사법권 및 감옥사무를 탈취한 데 이어 경찰권을 위임받는 등, 통감부정치 5년 동안 대한제국(大韓帝國)을 형해화(形骸化)하였다. 결국, 순종 4년(AD1,910) 8월 22일에는 한일병합조약(韓日併合條約)의 체결을 강행함으로써, 조선총독부 체제가 출범하여 일본의 한국 식민화 책략은 완성되었다. 이로써, 조선왕조는 27대 519년 만에 국권이 상실되었고, 일본의 식민 통치하에서 36년 동안 굴종의 세월을 보내야 했다.[1]

2) 서구자본주의 문화의 유입

우리나라는 장기간의 중앙집권적 봉건주의 체제하에서 농업을 생활의 바탕으로 하는 경제사회였으므로, 상공업부문은 충분히 발달하지 못하였다. 경제는 전적으로 농업에 의존하고 있었으며 공업은 자급자족을 주목적으로 하는 가내수공업의 단계를 크게 벗어나지 못하였다. 생산물 일부는 공물(貢物)로 공납 되거나 물물교환으로 거래되었을 뿐, 상품의 시장화는 활발히 이루어지지 못하였다. 특히 조선왕조는 사농공상이라는 사회신분제도를 채택하고 있었기 때문에, 상공업의 발전은 거의 이루어지지 않았다.

당시의 산업은 초보적 수준에 머물러 있었기 때문에, 축적된 자본은 없었고 기술은 전혀 개발되어 있지 못한 상황이었다. 개항기를 거치면서 농촌에는 경영형 부농(富農)을 비롯한 새로운 층이 성장하고 있었으며, 전반적으로 농업의 자본주의적 경영은 서서히 움트고 있었다. 그리고 농촌 가내수공업의 주요 부분을 점하던 면포생산도 농가의 부업으로 경영되는 것이 일반적이었지만, 유기제조업을 비롯한 수공업과 광업 분야에서 공장제 수공업(manufacture)형 경영이 어느 정도 수준에 이르고 있었다.[2]

이러한 상황에서 조선 정부는 고종 17년(AD1,880) 이후 서구제국과의 통상조약을 체결하여 문호를 개방하는 정책을 시행하였다. 고종 19년(AD1,882)에 미국과의 통상조약이 체결되었다. 이어서 고종 20년(AD1,883)에는 영국·독일과 통상조약이 체결되었으며, 고종 21년(AD1,884)에 이탈리아 및 러시아, 고종 22년(AD1,885)에 프랑스와 각각 통상조약을 체결하였다. 서구열강과의 통상조약은 계속 확대되기에 이르렀다. 부산항을 비롯한 개항장을 통하여 대외무역이 활발하게 이루어지기 시작하였다. 물론, 해외문물의 유입과 더불어 외국자본이 들어옴으로써, 상사·회사·은행 등의 설립과 함께 산업근대화의 기반이 되는 기간산업에의 투자가 진행되었다. 특히 인천항은 부산항과는 달리 국제항의 모습으로 뚜렷하게 드러났다. 인천항은 한성(=서울)에 이르는 관문이었기 때문에, 서구상인들이 주로 인천항에 진출하였다. 따라서 인천항은 서구열강의 상사·회사가 설립된 최초의 무역항이다. 여기에 상륙한 최초의 유럽 상사는 독일계의 세창양행(世昌洋行)이며, 잇따라 영국계의 이화양행(怡和洋行)과 미국계의 타운

---

1) 이정호 외4인, 『한국 기업회계제도의 발달과 그 전망』(서울, 서울대학교 회계학연구센터, 2003), PP. 11~12.
2) 강만길, 「대한제국 시기의 상공업문제」 (고려대학교 아세 문제연구소, 『아세아 연구』, 16-2, 1973). & 김경태, 『한국 근대경제사연구』, (서울, 창작과 비평사, 1994)

선양행(陀雲仙洋行) 등이 진출하였다.

세창양행(Meyer & Co.)은 독일 함부르크의 상인 에드워드 마이어(Heinrich Constantin Edward Meyer)가 고종 20년(AD1,883)에 인천에 설립한 무역상사이다. 인천에 진출한 최초의 유럽계 상사였다. 이 회사는 조선에서 홍삼과 지금(地金) 등을 수출하고 면포·철기·인쇄 기계 등을 수입하면서 활발하게 활약하였다. 조선 정부는 이 회사에 많은 편의를 제공하고, 정부 수용의 은(銀) 2만 파운드를 이 회사로부터 차용했으며 세미(稅米) 운송을 위해 이 회사 소속 선박을 고용하기도 하였다. 그뿐만 아니라, 이 회사는 무역 외에도 한국 내의 은산(殷山) 광산개발과 제주도에서의 채복(採鰒)을 신청하는 등, 내수산업에 투자하려는 움직임을 보이기도 했다.[3]

세창양행과 비슷한 시기에 인천에 진출한 서유럽의 기업은 영국 상선회사인 이화양행(Jardine Matheson & Co.)이다. 이 회사는 중국 상하이에 본사를 두고 있었으며, 고종 20년(AD1,883)에 인천에 출장소를 개설하고 우피(牛皮)무역을 주관하였다. 또한 이 회사는 고종 21년(AD1,884)에 조선 정부와 협약을 맺고 중국의 상하이에서 일본 나가사키·부산을 경유하여 인천항에 이르는 정기항해노선을 개설하고 화물운송 사업에 투자하였다. 더욱이 광산채굴에도 투자하였으나 좋은 결과를 거두지는 못했다고 한다.[4] 이외에 영국계 상사로서는 광창양행(廣昌洋行 : Bennet & Co.)과 홈링거양행(咸陵加洋行 : Homle Ringer & Co.)등이 인천에 진출해있었다. 광창양행은 광무 6년(AD1,902)에 영국인 베넷(W. G. Bennet)에 의하여 설립된 무역회사이다. 이 회사는 중국 상하이에 수입된 영국제 면직물을 인천으로 재수입하여 판매하고 있었다. 그리고 건양 원년(AD1,896) 인천에 출장소를 개설한 홈링거양행은 일본 나가사키(長崎)에 본사를 두고 있던 무역회사로서, 조선에 밀가루·사탕·총포·면직물을 수입하고 있었으나, 러시아계의 동보기선회사(東保汽船會社)의 대리점 역할도 하고 있었으므로, 조선산 미곡을 블라디보스토크(海蔘威)로 수출하는 일을 담당하였다.[5]

이 무렵 미국인 상사로서는 고종 22년(AD1,885) 인천에 설립한 타운선상사(Messrs Tawnsend & Co.)가 선박·화약 등의 수입·판매에 종사하고 있었다. 이 상사는 인천에 화약 제조공장을 건설한 바 있었고, 평양에 금광채굴권을 얻고자 조선 정부와 접촉한 일이 있었다. 그뿐만 아니라, 중국 상하이에 수입된 영국산 제품의 재수입·판매를 수행하기도 했으므로, 비교적 인천 상계에서는 건실한 회사로 알려져 있었다.

그리고 조선 정부는 철도부설권을 외국 자본가에게 특허하여 수송산업의 개혁을 시도하였다. 경인 철도부설권은 미국인 제임스 몰스(James R. Morse)에게, 그리고 경의

---

3) 고려대학교 아세아문제연구소, 『구한국외교관계부속문서』 제15권(덕안 I, 1965). & 조기준, 전게서, PP. 335~336.
4) 상게외교문서, 제13권(영안 I (1965) & 조기준, 전게서, P. 336.
5) 상게외교문서, 제13권 (영안 I, 1965), & 조기준, 전게서, P. 137.

선 부설권은 프랑스의 휘버릴 회사에 특허하였다. 조선 정부가 외국자본의 유입을 허용한 것이다. 그러나 일본 자본주의 사상가인 시부자와(澁澤榮一)[6]가 일본 정부의 지원을 받아 53만 달러(當時의 日貨 10만 3천626엔)를 몰스회사에 지급함으로써, 철도부설권이 일본으로 넘어갔고, 경인철도(주)가 창설·착공되었다. 드디어 광무 3년(AD1899)에 인천·노량진 간 공사가 준공되고 경인선 열차운행이 우리나라 최초로 성사되었다. 이윽고 광무 9년(AD1,905)에 경부선과 마산선이 개통되고, 광무 10년(AD1,906)에 경의선이 개통되었으며, 경원선과 호남선도 늦게나마 개통되어 외자유치에 의한 수송산업의 근대화를 지향하게 되었다.[7]

서세동점의 시대조류에 따라 서구자본주의 사상이 유입됨으로써, 사회경제적 변화를 가져왔다. 실학사상에 의한 국가개혁의 정론을 펼치는 환경이 조성되었고 사회경제적 개화의 풍조가 다방면에 번져나갔다. 그에 따른 제도적 개혁이 진행되어 갑오경장(AD1,894)과 같은 사회적 계몽이 이루어지고, 서구자본주의 문화가 유입되어 산업근대화의 조짐이 나타나기 시작했다.

2. 근대화의 서광

1) 개화사상과 재정개혁의 실천

문호를 개방한 조선왕조가 일본을 비롯한 서구제국과의 통상조약을 맺음으로써, 서구문물과 더불어 개화사상이 한반도에 유입되기에 이르렀다. 조선 정부는 내정개혁을 위한 목적으로 사절단을 해외에 파견하여 견문을 익히고 새로운 문화 유입의 길을 모색하도록 하였다. 개화사상을 지닌 김옥균(金玉均)은 고종 18년(AD1,881)에 일본을 시찰한 바 있고, 홍영식(洪英植)은 조사시찰단(신사유람단)의 일원으로 일본을 다녀왔다.

따라서 조선 정부는 정책적 내정개혁을 위하여 고종 20년(AD1,883)의 기기국(機器

---

[6] 시부자와 에이이치(澁澤榮一 : AD1840~1931)는 「한 손에는 도덕을 다른 한 손에는 주판을」이라는 일본 고유의 기업경영 철학을 세운 일본 자본주의 철학의 대부이다. 특히, 그는 조선왕조 말기 철도부설권과 광산채굴권이 서구로 넘어갈 찰나에 경부철도와 경인 철도부설권을 인수하여 대공사를 완성해 한국 근대화의 초석을 깔아준 사업가였다. 그뿐만 아니라, 그 시기에 그는 조선에 「제일은행」을 창설하여 조선 국책은행으로 발전시킨 후, AD1,902년부터 AD1,904년에 걸쳐 무거운 엽전 대신 지폐를 인쇄해 유통한 선구자였다. 그 당시의 「제일은행권」 지폐는 1엔, 5엔, 10엔 권(券)이었고, 이 모두에 「시부자와」의 초상이 박혀있었다. AD1,897년 3월에 경인 철도 인수조합이 설립되고, AD1,901년 6월에 경부철도(주)가 창설되어 조선에 대한 경제적 침략의 선봉에 서있던 인물이 「시부자와 에이이치」였음을 상기할 필요가 있다.
<http://systemclub.co.kr/bbs/board.php?bo_table=12&wr_id=18232&page=1>
[7] 조기준, 『한국경제사신강』(서울, 일신사, 1994), PP. 440~446.

局)과 전환국(典圜局) 설립, 고종 21년(AD1,884)의 잠상공사(蠶桑公司)·농무목축시험장(農務牧畜試驗場), 고종 22년(AD1,885)의 직조국(織造局)·전보국(電報局)·종목국(種牧局) 설립, 고종 24년(AD1,887)의 조지국(造紙局)·광무국(鑛務局) 설립, 고종 31년(AD1,894)에 농상회사(農桑會社)가 설립되었다. 그와 더불어 기기창(機器廠)·조폐공장·모범직조공장 등, 정부 직속의 공장들을 설립하여 선진산업 및 기술문명을 도입할 수 있는 지원체제를 정립하였다.8)

조선 정부는 재정개혁을 위한 방편으로 고종 19년(AD1,882)에 전권대사로 파견된 개화파의 거두 박영효(朴泳孝)를 통하여 대일차관(對日借款) 17만 원을 제기하고 체결되었는데, 이것은 정부 차원에서 추진한 최초의 국제차관이었다. 이윽고 고종이 개혁을 위한 외자기채(外資起債)를 계획하고 김옥균(金玉均)이 300만 원의 재정차관을 교섭게 함으로써, 결국 고종 32년(AD1,895)에 체결·조인되었다. 차관 조건이 좋은 편은 아니었으나, 동학혁명과 청일전쟁으로 국토가 황폐화하고 세수(稅收)가 감소하여 재정난이 심했던 당시의 사정으로서는 이를 수용할 수밖에 없었다.

국내적으로 통용되고 있던 화폐는 상평통보(常平通寶)였다. 상평통보는 숙종 연간에 법화(法貨)로 지정되어 민간의 상거래에서도 널리 유통되던 통화이다. 정부에서도 재정상 필요 있을 때마다 화폐를 주조하여 통용토록 했었다. 대원군이 집권한 이후에는 당오전(當百錢) 등의 화폐가 주조되었으나, 통용상의 문제가 발생하기도 했다. 그런데 이들 화폐는 주전(鑄錢)이었으므로 휴대가 불편하고 가치변동이 심하여 거상(巨商)들은 어음(於音)을 발행하여 신용거래에 통용시키고 있었다. 이 어음은 일일이 전서(轉書)하지 않고도 그 소지인이 청구할 수 있었기 때문에, 지폐(紙幣)와 같은 기능을 지니고 있었다. 특히 거상이 발행한 어음은 민족상인들 사이에서뿐만 아니라, 일본 상인이나 청국 상인들 사이에서도 아무런 장애 없이 통용되었다.

이러한 사정을 고려한 조선 정부는 고종 20년(AD1,883)에 전환국(典圜局)을 설치하여 「신식화폐조례」를 제정하고 화폐제도의 개혁에 시동을 걸었다. 이윽고 고종 31년(AD1,894)의 갑오개혁을 통하여 「신식화폐 발행장전」을 제정함으로써, 은화본위제(銀貨本位制)를 채택하였다. 그러나 국가재정의 궁핍으로 본위화폐가 제대로 통용되지 못하는 지경에 이르렀다. 광무 5년(AD1,901)에 대한제국 정부는 화폐개혁을 단행하고 「신화폐 조례」를 발표하여 금본위 화폐제도를 채택하였다. 이는 대한제국 정부가 그동안 여러 차례의 경험을 통하여 축적한 노하우를 바탕으로 합리적이고 근대적인 화폐제도를 개혁하여 재정수입의 기본 축을 확립함으로써, 근대화여명기의 통화질서를 확립하였음을 의미한다.9)

---

8) 이정호 외4인, 전게서, PP. 12~13.
9) 대한제국 도지부 편, 『대한제국 화폐 정리 경과보고서』(광무 11년~융희 원년), P. 1. & 조기준, 전게서, PP. 359~375, Passim.

2) 상공업의 근대화 및 상업교육의 제도화

(1) 상공업의 근대화

개화기의 선각자들은 유럽의 상업제도를 소개하고 근대적 회사의 설립을 강조하였기 때문에, 민족계 상인들에 의한 유럽형 기업회사가 설립되기 시작하였다. 김윤식이 지은 『음청사(陰晴史)』에 의하면, 고종 20년(AD1,883)에 평안도 사람이 대동상회(大同商會)를 설립한 것이 최초라고 되어있다. 그리고 경성(=서울)에서는 장통회사(長通會社)를 비롯하여 권연국(捲烟局)·양춘국(釀春局)·두병국(豆餠局)이 설립되어 있었다.10) 「한성순보」(제15호)에도 경성에는 이미 장통사와 연무국(烟務局)이 설립되어 있었으며, 근래에는 종두를 전업으로 하는 보영사(保嬰社)를 비롯한 혜상국부상(惠商局負商) 및 보상소(褓商所)·촬영국(撮影局)·장춘국(長春局)·광인국(廣印局)이 설립되었다는 기사가 있다.

이처럼 개항장을 비롯한 수도권의 대도시에서는 서양의 기업회사나 상사를 모방하여 각종 분야의 회사가 설립되었으며, 갑오경장(AD1,894)이 일어나기 이전까지 설립된 서구형 회사로서, 문헌에 나타난 상사·회사만도 40여 개 회사에 달했다고 한다.11)

개항 이후 선각자나 민족계 상인들이 이상과 같은 근대적 상사·회사를 설립하고 있을 때도 조선 정부는 아직 회사설립의 절차나 규정 등을 마련하지 못하고 있었다. 당시에 회사설립희망자는 회사의 장정(章程)을 작성하여 이를 통리아문(統理衙門)에 신청하고 허가를 받으면, 회사설립이 완료되었다. 신청양식이나 규정이 없었기 때문에, 외국상사의 실립사례를 따라 행하는 수밖에 없었다. 고종 22년(AD1,885)에 칙령 제48호로 농상공부 관제가 공표되었고, 그 제8조의 규정을 통하여 상업·공업·도량형·영업회사에 관한 사무를 농상공부에서 관장토록 함으로써, 정부 차원에서 상사·회사에 대한 관리가 이루어지기 시작하였다. 그러나 회사설립에 관한 세칙은 제정되지 않은 상태였다. 고종 32년(AD1,895)에 이르러서야 법률 제17호로 회사설립규칙이 제정·공포됨으로써, 상공업 근대화의 길이 열리게 되었다.

그 후 근대적 회사의 요건을 갖춘 다수의 민족계 기업들이 속출하여 나타났고, 물자수송을 위한 육상운수업과 해운업을 위한 기업회사가 등장하였다. 금융회사로서의 한성은행(AD1897)과 대한천일은행(AD1899) 및 한일은행(AD1906)이 설립되어 민족계 기

---

10) 김윤식, 『음청사』(하권) 참조. & 조기준, 전게서, P. 378.
11) 고려대학교 부설 아세아문제연구소, 『구한국외교관 계부 속문서』 <AD1,883~1,895까지의 행정일게> (고려대학교 출판부, 1973), & 『동서 일기』 제15책~제16책 <AD1,883~1,888>, (원본은 규장각 소장) & 『한성순보』 제15호, (1,884년 4월 19일 자 기사 & 김윤식, 『음청사』 (AD1,881~1,921)) & 조기준, 전게서, P. 378

업활동의 든든한 버팀목이 되었다.

상술한 바와 같이, 개항 이후, 특히 갑오경장 이후의 민족자본에 의한 회사설립은 비교적 활발하게 이루어졌으며, 각종 산업 분야에서의 근대적 기업설립을 실현함으로써, 민족계 상사·회사가 외국기업들과의 경쟁에 시달리면서도 꿋꿋하게 생존을 위한 경영활동을 전개했다. 따라서 이 시기의 회사설립은 귀족 또는 관료 출신의 기업가와 합작하는 형태로 나타났으며, 거액의 자금이 소요되거나 경영의 원활화를 위하여 서구형의 기업형태를 많이 모방하지 않을 수 없었다. 쏟아져 들어오는 선진공업제품을 수입·판매하는 것에 그치지 않고, 수공업자들은 공장을 차리고 근대적 상품을 제조·판매할 수 있는 수단을 강구하였다. 그리하여 착안한 것이 방직공장의 설립이었다. 광무 원년(AD1,897)에 안경수가 주동이 되어 설립한 대한 직조공장이 그것이다. 종로백목전(鐘路白木廛)을 중심으로 설립된 종로직조사(鐘路織造社)도 있었다. 설립 당시의 생산량은 70여 반(1反=1필)이었다고 한다. 이를 계기로 다수의 면방적 및 직포 공장이 잇달아 설립되어 근대화 산업의 기수로서 역할을 담당했다. 국권 상실(AD1,910)이 있을 때까지 한반도에서 설립된 회사의 총수(종업원 10명 이상의 동력 사용공장에 한함)는 270개소에 이르렀다. 그중에서 민족계 공장은 89개소였고, 나머지는 모두 일본인이 설립한 것이었다. 민족계 공장으로서 비교적 규모를 갖춘 것으로는 요업(窯業)이 20개이고 정미업이 15개, 철공업이 13개, 직물업이 10개, 제지업이 9개, 연초제조업이 8개, 그리고 기타 제분업, 금은세공업, 제혁업 및 인쇄업 등이 가동되고 있었으므로, 산업 근대화의 서광이 비치고 있었음을 확인하게 된다.12)

(2) 상업교육의 제도화

조선 시대는 건국 초기부터 중앙에서 지방에 이르기까지 유교적 교육제도를 정비하고 시행하였다. 한문학을 위주로 하는 전근대적 교육환경은 조선왕조 500여 년의 존속 기간 동안 지속되었다. 조선왕조의 말기에 이르러 개항과 함께 개화의 물결이 일기 시작하면서 유럽형 근대교육의 제도화가 이루어지기 시작하였다. 그것은 고종 20년 (AD1883) 외국인이 설치한 영어 학교와 고종 23년(AD1,886)에 개설된 육영공원(育英公院, Royal School)을 근대적 학교의 기원으로 삼는다. 이들은 뒤에 법으로 근대적 공립학교(公立學校)가 되었다. 사학(私學)으로서는 고종 22년(AD1,885)에 설립된 배재학당(培材學堂)이 최초의 근대적 교육기관이었고 잇달아 연희(延禧)·경신(儆信)·이화(梨花)·정신(貞信) 등, 일반서민을 위한 학교가 선교사에 의하여 설립되었다.13)

---

12) 조기준, 전게서, PP. 385~390.
13) 이정호 외, 전게서, P. 14.

개항 이후에 도입되기 시작한 서양의 교육제도는 우리에게 여러 가지 면에서 큰 변혁을 가져오는 계기가 되었다. 특히, 고종황제는 조선조 말기에 한반도를 둘러싼 세계열강의 세력다툼 속에서 사회개혁을 통한 자주독립을 교육의 힘으로 이룩해 보겠다는 의지로서 교육 구국에 힘을 기울였다. 드디어, 고종 31년(AD1,894) 갑오경장을 단행한 조선왕조는 종묘에 고한 홍범(洪範) 14조 속에도 『총명하고 재주 있는 자제를 널리 파견하여 외국의 학술, 기예를 수습도록 한다.』라는 교육에 대한 정책을 명시하였다. 그리고 국민계몽을 위한 근대적 교육의 필요성을 강조함과 동시에, 고종 32년(AD1,895) 2월에 공포한 「교육입국조서」(敎育立國詔書)에는 「국가의 부강은 국민의 교육에 있다」라는 내용과 함께 실업교육의 중요성을 강조하였다.14)

이것은 당시까지 식자들의 의식 속에 팽배해 있던 공리공론을 버리고 세계정세에 눈을 뜨게 하는 실용·근검·노작을 교육의 지표로 삼아야 한다고 하는 고종황제의 애절한 의지가 나타나 있다. 고종황제는 광무 3년(AD1,899) 4월 27일에 실업교육의 필요성을 강조하고 상공학교(商工學校) 개설을 독려하는 조칙(詔勅)을 다시 내렸다.15)

광무 3년(AD1,899) 5월에 비로소 실업교육을 위한 상공학교(商工學校)를 신설하고 농업, 상업, 공업에 대한 교육의 제도화가 이루어졌다. 상공학교(豫科 1年, 本科 3年)의 창립 정신은 고종의 조칙(詔勅)에 나타나 있는 바와 같이, 실용적인 국가 부강에 직결되는 교육으로 전환하려는 것이었다. 상공학교야말로 고종의 근대화에 대한 염원이 우리나라에 처음으로 실업교육을 실시하게 된 효시가 된다.

제도적으로 설립된 상공학교는 상업과 공업과를 두고 있었다. 그러나 당시 실업교육에 대한 국민의 인식 부족과 전통적인 상공업 천시 사상으로 인하여 일반적인 관심의 대상이 되지 못하였다. 학생들의 학자금은 전액 관비로 부담하였으나, 학생 수는 1개에 30명 정도였고 적은 과(科)는 10명 미만이었던 당시 제일 인기 없는 쓸쓸한 학교였다고 한다.16) 그 후에 상공학교는 농상공학교 관제(官制)가 공포됨으로써, 광무 8년(AD1,904)에 농상공학교(農商工學校)로 개편되었다.17)

농상공학교는 제1차 학교법의 시행으로 전반적 개편을 단행하게 된다. 그중에서 상업과는 일본인(大倉喜八郎)에 의한 사재출연(私財出捐)을 바탕으로 하는 선린 상업학교로 재출발하기에 이른다. 즉, 관립 농상공학교의 명동 교사(校舍)와 상과 학생을 수용하여 융희 원년(AD1,907) 4월 1일에 선린상업학교가 개교되었다. 이 무렵 대한제

---

14) 정상천, 「실업교육의 연혁적 연구(1)-을사조약까지를 중심으로-」, (공주사범대학, 『논문집』, 제18집, 1980), p. 550.
15) 관보 - 광무 3년(AD1,899), 4월 29일 자 및 정상천, 전게논문, p. 9.
16) 이만규, 『조선 교육사 (하권)』서울, 을유문화사, 1946), P. 66. & 박상만, 『한국 교육사 (중권)』, (대한 교육연합회), P. 50.
17) 이정호 외, 전게서, PP. 14~16.

국 정부는 융희 3년(AD1,909)에 사립부산개성학교(AD1895년 개교)를 공립부산실업학교로 개편((學部 告示 제3호) 하였고, 그해 말에는 관립 인천 일본어 학교를 관립인천실업학교로 개편(學部告示제6호)하였다. 이로써, 융희 3년(AD1909) 말에는 기존의 선린상업학교에 관립 실업학교 2개가 추가되어 대체적인 상업교육의 제도화가 이루어졌다.

3. 서양식 복식부기 시스템의 도입

1) 서양식 복식부기의 등장

개성 상인들이 창안한 사개송도치부법을 대신한 기장 방법이 서양식 복식부기이다. 그것은 아라비아숫자와 가로쓰기의 편리한 문자 표현법으로 표기하는 장부 기록법을 의미한다. 서구의 자본주의적 경제환경에서 싹트고 숙성된 복식 기장법이다. 그것이 사개송도치부법을 밀어낸 것이다.

강화도조약(AD1,876) 이후 쇄국의 문을 열고 외국 문물을 받아들이게 되면서 「부기(簿記)」라는 용어가 세간에 알려지게 되었다. 「치부법」으로 사용되어오던 전통적 기장 방법과 구조가 서양식 장부 기록 방법으로 탈바꿈하게 되었다. 개항으로 외국 상인들이 들어와 상업활동을 전개함과 동시에, 외국계 은행과 기업이 진출하는 환경변화 속에서 서양식 상업부기와 은행부기가 도입되어 실무에 보급되었다. 광무 3년(AD1899) 「황성신문」 5월 17일 자 시무학교(時務學校)의 학생 모집 광고에 부기(簿記)가 포함[18]된 것과 더불어, 동년 10월 22일과 23일 자의 사립 광흥학교에서 특별과를 신설하고 야학으로 산술·부기를 교습한다는 광고문에서 볼 수 있는 「부기」라는 표현은 서양식 복식부기를 지칭하는 상업부기와 은행부기이다.

상술한 바와 같이 상업교육의 제도화가 이루어지는 과정에서 광무 3년(AD1,899)의 관립 상공학교를 비롯하여 광무 8년(AD1,904)의 농상공학교의 상업과에서 서양식 복식부기를 교육한 것으로 되어있다. 그뿐만 아니라, 고종 20년(AD1,883)부터 설립 인가를 받은 사립학교에서 신식교육을 통하여 부기 교습을 한 것으로 보이며, 특히 사립 선린상업학교(AD1,907)·공립 부산실업학교(AD1,909)·관립 인천 실업학교(AD1,909)는 교과과정을 통하여 상업부기·은행부기·공업부기 등을 교육했다.

그리고 실무계의 경우는 한성은행(漢城銀行)이 일본 세력에 의하여 광무 6년(AD1,903)부터 서양 부기를 채용하게 된 최초의 것으로 문헌상에 나타나 있다. 즉, 한성은행은 고종황제의 허락을 받아 광무 원년(AD1,897)에 설립되었으나 영업부진으로 휴업상태에 있었는바, 당시 부산에 진출해있던 일본계 제일은행으로부터 복식부기를

---

18) 이기준, 『한국경제교육사 연구』(한국연구원, 1982), p.115.

채택한다는 조건으로 3만 5,000원의 무담보 저리의 융자를 받아 이름을 공립 한성은행이라 개칭하고 새로 영업활동을 개시한 것이 광무 7년(AD1,903)이다. 그러나 한성은행의 우총무로 취임한 한상룡(韓相龍)이 일본 제일은행의 경성총지점(京城總支店)에 왕래하며 은행경영 방법과 서양 부기를 배워서 그것을 실무에 채택하였다고 한다.[19]

설립 초기부터 사개치부법에 따른 기장 처리를 하던 대한천일은행(大韓天一銀行)에서도 광무 10년(AD1,906)부터 서양식 복식부기를 채용하게 되었다. 당시에 우리나라의 은행에서 서양식 은행부기 시스템을 채택하게 된 것은 선진 일본 자본주의의 침입으로 서양 부기를 강요당한 데서 비롯된 조치였다고 한다.[20]

상업교육이 제도화되는 과정에서도 일본의 힘이 작용한 것은 주지하는 바와 같다. 개항 이후에도 전통적 고유의 사개치부법에 따른 기장 처리가 계속 이루어지고 있었다. 대한천일은행이 설립 초기에 사개치부법을 이용하여 기록한 장부가 현존하고 있을 뿐만 아니라, 마차 주식회사와 한미전기회사의 전통적 치부 방식에 의한 장부도 역시 현존하고 있어서 그 당시의 분위기는 전통적 치부 방식에 의한 장부 기록이 일반적으로 이루어지고 있었음을 알 수 있다. 일본의 힘이 작용하여 교육제도를 개편하게 했고, 그 과정에서 상업교육의 일환으로 서양식 복식부기 시스템을 근간으로 하는 교육방침에 따라 인재 양성이 이루어짐으로써, 결국은 전통적 치부 방식에서 서양식 부기법으로 전환하게 되었다는 것이 정설이다. 그런데 신식교육방침에 따른 서양식 부기 교육이 이루어졌음에도 불구하고 개성 상인들은 조선총독부 시대에 이르러서도 사개치부법에 따른 기장방식을 사용하고 있었다. 그러므로 근대화 시기에는 전통적인 치부 방식과 서양식 부기가 혼재하고 있던 시대였음은 사실이다. 조선총독부 시기에 개성인들이 작성한 사개치부식장부가 현존하고 있는 것이 이를 증명해준다. 그러나 제도적으로 상업학교 교육을 통하여 새로운 서양식 복식부기를 배운 인재들이 속출하고 실무계에 진출하였다. 그리고 새로 설립되는 근대식 기업회사들이 서양식 부기 방법을 채택함으로써, 결국 서구자본주의적 물결을 막을 수 없는 환경이 되어버렸으며, 그에 편승한 서양식 복식부기가 보급·확산하면서, 결국 우리의 전통적 사개치부법은 서서히 역사의 뒤안길로 그 자취를 감추어갈 수밖에 없는 시대사적 숙명에 처하고 말았다.

2) 일본을 거쳐 유입된 서양식 복식부기 문화

굳게 빗장 걸린 조선왕조 통상수교거부정책의 문을 강압적으로 열게 한 일본 정부는 경제적 침략의 본성을 드러내어 일본 자본주의에 입각한 모든 시스템의 개혁을 기

---

19) 윤근호, 『한국 회계사 연구』(재단법인 한국연구원, 1984), pp. 300-301.
20) 윤근호, 전에서, p.301.

획하고 실천하였다. 강제로 교육과정을 개편하여 제도화함으로써, 서양식 복식부기를 교육하게 하였고, 일본 상법·세법의 적용은 물론, 상거래 관습의 변화를 가져오게 함으로써, 한반도에 있는 모든 상사나 기업이 서양식 복식부기 시스템을 채용토록 유도하였다. 일찍이 일본에 유입되어 일본 자본주의경제의 형성에 이바지한 서양식 복식부기 제도가 일본의 힘으로 한국의 경제사회에 이식되었다는 것이다.

사실상 일본의 근대화 과정에서 보면, 그들은 일찍이 서구자본주의 문화를 받아들였고, 실용주의 사상에 근거하여 정치·경제·사회·문화의 모든 면에서 서구화(西歐化)를 지향해나가면서 근대화를 완성하였다. 전통적 봉건영주의 통치체제를 갖춘 일본에도 우리의 사개치부법과 유사한 전통적 장부 기록법(近江商人의 帳合之法)이 전해지고 있었으나, 일본근대화의 과정에서 재빨리 서양식 복식부기 시스템으로 전환하여 산업근대화의 초석을 구축하는 용구로 활용하였다. 즉, 메이지(明治) 시대 초기부터 일본 정부는 서양 제국의 기술자들을 초빙하여 배우고 익힘으로써, 일본근대화의 반석을 다져놓았다. 이때 서양 복식부기 전문가를 초빙하여 배우고 익힐 기회를 마련하였다.21)

서양식 복식부기가 본격적으로 일본에 도입되기 시작한 것은 메이지정부 초기부터이다. 메이지 2년(AD1869)에 영국人 버튼(E. Budden)이 요코하마 30번지에서 "Public Accountant"라는 간판으로 영업을 개시하여 회계사제도의 존재가 알려졌다. 이는 영국의 에든버러(Edinburgh) 칙허회계사협회가 개설된 지 18년 후의 일이다.22)

메이지 4년(AD1871)에 개설된 은행국에서도 서양 부기가 사용되었다. 이때 영국인 카인드(W. Kinder)를 은행국 수장(首長)으로 초빙하고, 그의 밑에 포르투갈 사람 브라카(V. Braga)를 두어 서양식 부기법으로 기장토록 하였다. 여기서 모든 거래는 전표를 통하여 분개장에서 원장으로 전기 되어 가는 영국식 복식부기가 이용되었다고 한다. 이때 일본人 미지마(三島爲嗣)가 채용되어 일본어로 기장토록 하였다. 영문과 일문의 두 가지 장부가 작성되었다는 것이다. 이때 아라비아숫자가 사용되었음을 볼 수 있다.

---

21) 일본에 서양 부기 서적이 최초로 전해진 것은 AD1609년에 네덜란드 동인도회사가 히라도(平戶)섬에 商館을 설치하여 무역하던 때로 알려져 있다. 그때 전해진 서양 부기 책 5권이 현재 일본 佐賀縣立 도서관(1권)과 靜岡縣立 중앙도서관(3권), 그리고 게이오(慶應義塾)대학 도서관(1권)에 소장되어 있다. 그런데 본격적으로 서양 부기를 일본에 도입하기 시작한 것은 도꾸가와(德川)막부의 말기부터 메이지(明治)시대 초기에 이르는 시기이다. 도쿠가와 막부는 AD1865년 프랑스 정부의 협조를 얻어 프랑스 해군 기술장교 F. L. Verny를 요꼬스카(橫須賀)제철소의 설립책임자로 초빙하였는데, 「요꼬스카제철소 설립원안」에 봉(Bon)이라는 용어를 사용하여 재료 조달전표를 작성하고 월차 요소별 원가계산을 행한 사실이 서양식 부기의 최초 기록이다. <日本會計硏究學會, 『近代會計百年』(1978), & 西川孝治郎,, 「橫須賀製鉄所のフランス簿記」(日本大學會計學硏究所, 『會計原則論』, 1971), & 黑澤淸 編, 『會計史および會計學史』(東京, 中央經濟社, 1979), PP. 285~296.>

22) 西川孝治郎, 「日本會計士, 歐美簿記書の影響」(中央經濟社, 『企業會計』第24卷第10號, 1972), & 黑澤淸, 前揭書, P. 296.

미지마(三島爲嗣)는 이 경험을 토대로 회계 교육을 위한 『조폐부기지법(造幣簿記之法)』(AD1873)을 편찬하였다.23)

메이지 6년(AD1,873)에 일본 개화의 선구자였던 후쿠자와(福澤諭吉)가 미국의 브라이언트·스트래튼(Bryant and Stratton)이 저술한 상업학교용 부기 교과서(*Common School Bookkeeping*, 1871)를 번역하여 『장합지법(帳合之法)』이라는 책명으로 출판하였다. 그리고 같은 해에 영란은행(英蘭銀行: The Bank of England)의 요코하마(橫濱) 지점에 근무하던 스코틀랜드人 알란 샨드(Alexander Allan Shad)가 저술한 『은행부기정법(銀行簿記精法)』(전 5권)이 출판되었다. 이에 의하면, 은행의 장부조직은 모든 거래를 전표(傳票)에 의하여 기록하게 되어 있을 뿐만 아니라, 현금출납장을 종합분개장으로 하는 일기장을 사용하고 있으며 그것을 거쳐 총계정원장에 전기하게 하는 구조를 갖추고 있다. 그 후 이것은 오랫동안 일본의 은행부기 시스템을 지탱하는 초석이 되었으며, 한반도에 진출한 은행과 일반상업분야에도 보급되었다.24)

이처럼 일찍부터 서양 부기를 채용하고 있던 일본이 강화도조약을 체결하고 부산항 등 여러 항구를 개항하게 한 다음, 상인과 기업·은행 등을 진출시키고, 철도부설권과 광산개발권을 획득하여 일본 자본주의문화를 이식시키는 경제적 침략의 길을 다져나갔다. 그 과정에서 상업교육의 개혁을 통한 서양식 부기 시스템의 제도화를 단행하고 실무에의 활용을 종용하는 정책을 추진시켰다.

조선정부(대한제국으로 국호 변경)에서도 농상공학교의 설립을 추진하면서 회계시스템의 필요성을 인식하고 고종황제의 내탕금(王의 사금고)으로 유학생을 선발하여 회계학을 배우고 오도록 일본 동경 고등상업학교에 유학시켰다. 그 유학생 제1호가 윤정하(尹定夏)이다. 이렇게 일본 유학을 마치고 귀국한 청년들이 서양식 부기 문화의 도입을 위해 복식부기의 저서를 간행하는 등의 일조를 하게 된다. 그들에 의해 저술된 서양 부기 교과서가 일반에게 처음으로 소개되어 상업부기·은행부기·공업부기 등을 학습할 수 있는 상업학교 교육이 이루어져 한국 근대화의 서광이 비치게 되었다.

융희 4년(AD1910)까지는 한국어로 편찬된 교재를 사용하여 상업교육이 진행되었으나, 조선총독부 체제가 수립된 이후의 모든 교과서는 일본어로 저술된 교재가 사용되었다. 부기 회계의 교육도 일본어로 저술된 교재를 이용해야 했다. 결국 서양식 복식부기는 일본을 거쳐 유입되는 환경이었다. 그런데도 1928년 현병주의 저서를 비롯한 한국어판 서양식 부기 교과서가 사용되었던 것이 확인된다. 1930년대 이후 전국 각지의 상업학교는 일본어로 편찬된 교과서를 사용하였다. 당시의 보성전문학교(현 고려대학교의 전신)와 연희전문학교(현 연세대학교의 전신) 등의 민족계 사립학교도 일본의 식민지

---

23) 西川孝治郎, 「造幣簿記之法發見」(日本會計學會, 『會計』 第101卷第4號,1972),PP. 123~140
24) 고승희, 『회계사·회계사상사연구 서설』 (서울, 2006), PP. 252~263 & PP. 292~318,

적 교육정책에 순응하여 부기 회계의 교육을 하지 않을 수 없었다. 특히 1924년에 관립학교로 경성 고등상업학교(현 서울대학교 경영대학의 전신)가 설립되어 상업교육의 제도적 토대가 마련되었다. 여기서 부기 회계학에 관한 교과목을 개설하고 3년간 주당 3~4시간씩 비교적 발전된 상업부기와 은행부기 및 공업부기는 물론, 원가계산과 회계학이론에 이르기까지 교육함으로써, 근대사회에 필요한 실무계의 전문인력이 다수 배출되었다.25)

3 개화기의 서양식 복식부기 문화

1. 개요

서양식 복식부기 문화의 도입 초기는 개항(AD1876)에서 국권피탈(AD1910)에 이르는 사이에 저술된 서양식 부기 교과서를 중심으로 전개되었다. 전통적인 사개송도치부법이 널리 쓰이던 구한말의 경제사회에서 서양식 복식부기 교과서가 저술·보급되었다는 것은 새로운 회계환경이 조성되었음은 물론, 산업근대화의 풍향계가 마련되었음을 의미한다. 최초로 부기 교육이 이루어진 것은 광무 3년(AD1899)의 사립광흥학교라고 알려져 있으나, 그때 어떠한 부기 교재로 수업했는지는 확실하지 않다.

당시에 일본 상인들과 상사·회사·은행이 진출하고 있었으므로, 일본에서 출판된 부기 서적이 수입되었을 것으로 생각하지만, 그것도 누가 지은 부기 교과서로 교육되었는지는 알려지지 않았다. 다만, 항간에 전해지고 있는 교육용 회계 교과서를 수집해 보는 수밖에 없었다.

고종황제의 내탕금(內帑金)으로 선발되어 일본의 도쿄 고등상업학교에서 회계학을 공부한 유학생들이 귀국하여 우리말 부기 교과서를 저술함으로써, 부기 회계의 교육에 새로운 지평을 열어 놓았음을 볼 수 있다. <표 7-1>에서 보이는 내용이 그것이다.

<표 7-1>에서 볼 수 있는 바와 같이, 광무 10년(AD1906)에 일본 도쿄 고등상업학교 유학생 장홍식(張弘植)26)은 논문「재정정리의 혼란은 부기법의 무(無)함을 증명흠이라」를 『태극 학보』에 게재하여 복식부기의 원리에 대한 논리를 전개하였다. 지금까지

---

25) 이정호 외4인, 전게서, PP. 18~20, Passim.
26) 장홍식은 AD1901년에 일본으로 건너가 자비유학을 하다가, 도쿄 고등상업학교에서 수학(AD1905~1909)한 후 귀국하였다. 태극 학교 교원과 同寅義塾 교원을 거쳐 보성전문학교 강사를 역임하였다. AD1909년에 한성은행에 입행하여 AD1936년에 동 은행의 取締役會長이 되었다. 학구적이었으며 7편의 논문을 남겼다.

알려진 바로는 이것이 서양 부기에 대한 한국어 최초의 서양 부기에 관한 논문이라 할 수 있다. 그 논문의 주요 부분을 원문으로 소개한다.

『부기(簿記)란 부(簿)는 문부(文簿)를 의미하고 기(記)는 기록을 의미한다. 부기의 정의는 정언(定言)하기 어렵지만, 한마디로 말하면, 재산 정황을 명료하게 기재하여 누가 언제든 이를 일목요연하게 알도록 하는 것이다. ---그런즉, 그 원리는 ---차변과 대변의 이용하는 복식부기의 원리에 기초하는 설(說)을 일컫는다. 그래서 이 원리에 따라 계산할 때는 비록 백난(百難)의 중(中)이라도 결코 서기(書記) 등의 작간(作奸)과 타인에 대한 권리 의무를 명확히 알게 하는 것이라고 한다. ---그 종류를 대략 열거하면, 관청부기, 상업부기, 공업부기, 철도부기, 농업부기, 은행부기 등이 있다. ---이들 부기는 그 업무의 성질에 따라 다르지만, 그 원리는 동일하기 때문에, 당사자는 그 업무에 따라 결정할지니라.』27)

<표 7-1> 근대화 시기에 출판된 우리말 부기교과서 일람표

저자 성명	저 서 명	발 행 처	발 행 일	게재지·광고지
장홍식	「財政整理의 문란은 簿記法이 무함을 證明홈이라.」	태극학회 (논문)	1906년 11월	태극학보 제1호
윤정하	『商業簿記』	대한학회	1908. 4월~ 6월	대한학회보
임경재	『新編 銀行簿記學』	휘문관	1908년 2월 5일	대한매일신보
임경재	『簡易 商業簿記學』	휘문관	1908년 2월 20일	대한매일신보
민천식	『實用 家計簿記』	휘문관	1908년 5월 28일	황성신문
김대희	『應用 商業簿記學全 附 工業簿記學』	의진사	1909년 2월 27일	황성신문
임경재	『簡易 商業簿記學』	휘문관	1910년 1월 20일	개정판

<자료: 고정섭, 「한말 서구회계학의 도입史에 관한 연구」(서강대학교『경상논총』제11집, 1986), P. 2.>(일부첨삭)

여기서 보는 바와 같이, 이 논문에는 부기의 정의와 차변·대변으로 나누어 권리 의무를 기장하는 복식부기의 원리 및 업종별 부기유형에 대하여 간단명료하게 기술하고 있다. 그러나 신식부기의 장부 체계와 기장 방법, 그리고 사례 등에 관해서는 전혀 언급되어 있지 않다. 복식부기의 필요성이 언급되고 있을 뿐이다.

---

27) 張弘植, 「財政 整理의 混亂은 簿記法의 無함을 證明홈이라」(『太極學報』 제4호, 1906), PP. 27~28.

2. 윤정하의 『상업부기』

우리나라 최초의 계리사(計理士)임과 동시에, 『상업부기』를 편술하고 회계교육과 회계실무에 지대한 발자취를 남긴 윤정하(尹定夏)28)는 서양식 부기인『상업부기』를 논술하였다. 주요 목차 부분은 총론(부기의 의의, 부기법의 종류)과 5개 장(章)으로 나누어 집필되어 있다. 제1장 재산・제2장 교환・제3장 거래(交易)의 예제・제4장 화폐・제5장 대차분열(貸借分列)이라는 법칙・분열(=分介)의 예식(例式)으로 구성되어 있다. 여기서 그는 부기의 의의를 다음과 같이 언급하고 있다.

『회계의 기록을 정돈케 하고 재산의 변화와 현황을 표시하며 사업의 역사적 통계를 제공하여, 직접 간접으로 장래에 있을 재무상의 방침을 정하고 손해를 미리 방지할 방책을 마련함은 실로 부기학의 목적으로서, 이들 연구로 인하여 득(得)할 원리 법칙을 응용하고 다시 사업의 성질과 직무의 종류에 따라 적당한 장부를 조직하고 기록 방법을 결정함은 부기법의 중요한 목적이 되나니라.』29)

이에 의하면, 윤정하는 부기를 단순한 기술이 아닌 하나의 부기학이라는 학문으로 보고 있음을 발견할 수 있다. 그리고 금전과 금전으로 환산할 수 있는 것을 일컬어 재산이라 칭하고 있으며, 적극재산과 소극재산으로 구분하여 전자를 자산이라 하고 후자를 부채라 부르며, 적극재산에서 소극재산을 차감한 부분이 순자산 즉, 자기자본임을 의미한다고 하였다. 그뿐만 아니라, 교환과 거래에 관해 설명하고 있는데, 거래 8요소

---

28) 윤정하는 고종 16년(AD1879) 전남 강진에서 태어났다. 광무 8년(AD1904) 9월에 고종황제의 특사에 의한 「50人 관비 유학생」의 일원으로 선발되어 일본 도쿄 제일중학교에 입학하였고, 광무 10년(AD1906)에 도쿄 고등상업학교(東京商科大學・一橋大學 前身)에 입학하여 융희 3년(AD1909)에 졸업하였다. 유학하는 동안 그는 대한 유학생회와 대한학회를 조직하고 月報를 발간하였음은 물론, 자비로 『商業界』를 창간하여 1909년 7월까지 월보(제1호~제7호)를 발간하였다. 그는 『대한 유학생학보』(제2호, 1907)에 「상업교육」에 관한 논설을 게재하였으며, 『대한학회월보』(1908년 2월, 3월, 및 6월)에 『경제학 요의』를 번역하여 게재하였다. 그리고『대한학회월보』(제3호, 제4호 및 제5호)에는 『상업부기』를 3회 연재하였다. 그 외에도 『상업지리학』과 『대한 상업지리』를 『서북학회월보』(1908・1909)에 게재하였다. 그는 1909년에 제일은행(現 신한은행)의 지배인 대리를 거쳐, 1910년 4월부터 1913년 4월까지 보성전문학교 강사로 출강하였다. 1921년부터 1927년까지는 연희전문학교 교수로 재직하였다. 그리고 1927년에는 진주 일신여고의 초대 교장으로 부임하여 1929년까지 봉직하였다. 1932년 7월 22일, 종로2가 85번지(東洋醫用商會內)에서 會計代辦 및 세무 상담을 목적으로 計理士업무를 개시하고 동년 8월 2일에는 일본인들이 조직한 京城計理士會에 입회하였다. 광복 후 1945년 9월 28일에 조선계리사회를 조직(발기인 12인)하고 초대 회장에 취임하였으며, 1950년 2월에 「대한계리사회」로 개칭하였고 계리사법(1950년 3월 10일 법률 제112호)을 제정하는데 진력하였다. 한국동란(6・25)이 발발하자 피난을 가던 중, 1951년 2월 23일 戰禍로 타계하였다. <尹定夏, 『日記』(1908~1945) 중의 「留學 實記」 & 韓國公認會計士會, 『韓國公認會計士會三十五年史』(1992), P. 10.>
29) 윤정하, 「상업부기」(대한학회, 『대한학회월보』 제3호, 1908), P, 24.

의 결합 관계를 중심으로 거래의 유형을 언급하고 있다는 점이 특징이라고 할 수 있다. 재화의 교환을 통하여 재산상의 증감변화를 일으키는 것을 부기상의 거래라고 설명하고 있으며, 재산을 유형의 것(금전·상품·기계 기구·선박·토지·구축물·유가증권)과 무형의 것(대차 관계·전매권·판권·상호·상표·신용·노동)으로 분류해 놓았다.30)

그리고 그는 대차 관계를 의인설(personification)에 따라 권리 의무의 기록계산을 위한 대차 분개의 원리를 설명하고 있다. 그는 분개라는 용어 대신에 대차분열(貸借分列)이란 표현을 하고 있다. 거래가 분열되어 기록으로 이어지는 기본 법칙에 관해서도 설명하고 있다.31) 다만, 부기의 결산절차에 대한 설명과 예시가 없다.

그는 분개라는 용어 대신에 대차분열(貸借分列)이란 표현을 하고 있다. 거래가 분열되어 기록으로 이어지는 기본 법칙에 관해서도 설명하고 있다.32) 다만, 부기의 결산절차에 대한 설명과 예시가 없다. 그 외에도 그는 『조선 세무 요람』(1938)을 발간하였고, 조선총독부 치하에서 회계대판(會計代辦)과 세무 상담을 수행했는데 회계검사나 장부조직 및 결산 기장과 법인설립 입안 등의 수임 사업을 펼쳤다고 한다.

3. 임경재의 『간이상업부기학』 및 『신편은행부기학』

1) 『간이상업부기학』의 구조적 체계

(1) 총론적 접근

임경재33)가 저술하여 최초로 출판한 서양식 부기 교재는 대한제국 융희 2년

---

30) 상게서 제4호, PP. 28~29.
31) 상게서 제5호, PP. 21~24, Passim.
32) 상게서 제5호, PP. 21~24, Passim.
33) 임경재(任璟宰)는 고종 13년(AD1867) (陰) 11월 3일, 경기도 포천군 군내면 좌의리에서 임기호(任岐鎬)의 독자로 출생하였다. 본관은 풍천(豊川)이며 호는 원인(圓人)·풍천(豊川)·서하(西河)이다. 동내 서당에서 한문 수학을 하다가 상경하여 고종 32년(AD1895)부터 관립외국어 학교(日本語科)에 입학하여 정식교육을 받았으며, 일본어과의 교과목에 「官廳及商用簿記」가 개설되어 있었으므로, 부기학을 온전히 습득했다. 융희 원년(1907)에 廣成義塾의 강사가 되었다. 융희 2년(AD1908)에 전임강사의 발령을 받았으며, 융희 3년(AD1909)에 徽文義塾으로 교명이 변경되면서 學監으로 승진하였다. AD1916에 제2대 휘문의숙장에 취임하고, AD1918년에는 휘문고등 보통학교로 교명이 변경됨에 따라, 학교장에 취임하였다. AD1922년에 학원이사를 겸임하다가 AD1924년에 퇴직하였다. 휘문의숙에 봉직하는 동안에도 보성전문학교의 부기학 강사(AD1914~1917)로 출강한 바 있으며, 그 무렵에 휘문고보에서 주시경(周時經) 선생의 영향을 받은 임경재·최두선·장지영·이병기·김윤경 등 10여 명이 조선어연구회(朝鮮語學會 前身)를 만들어 조선어연구와 보호 운동에 이바지했다. 퇴직 후에는 충남 온양에서 휘문학교의 校主인 閔氏 家의 舍音(=小作管理

<표 7-2> 『간이상업부기학』의 목차 내용

총론	제4장 결산
제1장 복식부기	제1절 시산표 및 고재표(庫在表)
제1절 거래	제2절 자산부채계산 및 손익계산
제2절 거래구성의 질소	제3절 결산의 종류 및 절차
제3절 거래 요소의 결합법칙	제4절 결산 보고표
제4절 대차(貸借)	제5장 소추표(小推票) 및 수형(手形)
제5절 구분 및 계산과목	제1절 소추표(小推票)
제2장 계산과목의 설명	제2절 수형
제1절 유가물에 속한 계산과목	제6장 장부조직 및 기재 복습 예제,
제2절 금전대차에 속한 계산과목	제1절 장부조직
제3절 손익에 속한 계산과목	제2절 복습 예제
제4절 거래 구분 복습 예제	제7장 단식부기
제3장 장부 및 기입법	제8장 단복식 변경 절차
제1절 장부	
제2절 장부기입법	

<자료 : 임경재, 『간이상업부기학』(경성, 휘문관, 1908), 1~2.>

(AD1908) 2월 5일 휘문관에서 발행한 『신편은행부기학』과 동년 2월 20일에 출판한 『간이상업부기학』이다. 『간이상업부기학』은 <표 7-2>와 같이 8개 장으로 구성되어

人)으로서 토지관리의 일을 맡아보았다고 한다. AD1955년(乙未) 음력 8월 2일에 충남 온양에서 타계하시니 향년 80세였다. 고향 경기도 포천 선영에 유택을 마련하였으며, 슬하에 1남 1녀(喆淳·홍순 女婿 李正薰)를 두었고, 손자(斗彬·壽彬·蓉子) 셋이 대를 이었다. 그의 일생은 교직을 기점으로 사회생활을 시작하여 교육가·학자·저술가로서 활동하였으며, 한문과 일본어 그리고 국어에 능통하여 해박한 지식을 갖추고 있었으며, 역사학·생물학 등에도 깊은 조예가 있었다고 전한다. 무엇보다 중요한 일은 그가 서양식 복식부기 교과서를 저술하여 개화기의 부기학 보급에 크게 이바지했다는 점이다. 그가 어찌하여 서양식 복식부기에 관한 책을 저술·출판했을까 하는 의문점이 남는다. 물론, 그가 사회활동을 하던 시기는 개화의 물결이 소용돌이치던 사회경제적 환경 속에서 서양의 학문과 기술을 받아들이고 신설되는 은행이나 기업에서 새로운 서양식 복식부기에 의한 기장 처리가 강요되던 때였으므로, 서양 부기의 도입·보급이 시급히 요구되고 있었다. 이러한 시대사적 환경 속에서 그는 휘문관을 통하여 두 권의 서양 부기 교과서를 집필하여 출판하였다. 그의 저서를 간행한 휘문관은 휘문의숙에서 경영하던 인쇄소, 출판사였다. 임경재의 저서는 융희 2년(AD1908)『신편은행부기학』과 『간이상업부기학』, 1913년 『최근상업부기』, 1921년 『최근상업부기』, 1907년 『중등생리위생학』이 현재 전해지고 있다. <윤근호, 「서양부기의 한국에의 도입」(『한국회계사』, 한국연구원, 1984), PP. 303~304. & 고정섭, 전게논문, PP. 6~7.>

있다 (서언 1쪽, 목차 2쪽, 본문 102쪽의 가로쓰기 국한문체로 구성됨).

이상의 목차 내용을 보면, 복식부기에 의한 기장 절차를 개념 정리와 함께 순서별로 언급하고 있으며, 단식부기에 대한 설명도 추가되어 있다.

당시의 일본 자본주의 세력의 강압으로 시행된 부기 교육의 시대사적 상황을 고려하면, 임경재의 저서는 일본 부기교과서의 영향을 크게 받아 저술된 것임을 회계용어에서부터 확인할 수 있다. 수표·어음을 일본 용어인 소추표(小推票)·수형(手形)으로 표기한 것 등이 그 대표적인 예이다. 그런데 임경재는 1913년의 「최신 상업부기」에서 차변·대변을 차방(借方)·대방(貸方)으로, 수표인 소추표를 소절수(小切手: 고깃떼)로, 거래를 취인(取人, 도리히끼)로, 분개를 사역(仕譯, 시와께)으로 개정하였다. 이는 일본 상법의 규정을 따랐던 것으로 보인다. 더욱이 이 교재에서는 단식부기에 대한 설명도 곁들여 있으므로, 부기를 처음 대하는 초학자들에게는 안성맞춤의 교재였다고 할 수 있다.

총론 부문에서 상업부기에 대한 주요 설명을 하고 있는데, 당시의 언어문체로 되어 있으므로, 원뜻을 살리면서 이해하기 쉽도록 정리하여 현대적 용어로 인용한다.

『상업부기는 상인의 매일 상사상(商事上) 거래(去來)로 인하여 발생한 그 재산(財産)의 증감변화를 명확히 기록하여 영업의 손익과 현 재산의 상태를 계산처리하는 법칙이다. 재산은 그 종류가 많으나 이를 개괄하여 구분하면 자산과 부채의 2종(二種)이 있으니, 자산이라 함은 소유자가 자기가 자유 처분키 가한 물(物) 및 권리이니, 즉 금전, 물품, 토지, 가옥, 창고, 선박, 공채증서, 주권(株券), 채권 등이오, 부채라 흠은 타인에 대해 일정한 금액을 지불할 의무, 즉 채무이니 그 성질이 전혀 자산과 상반(相反)한 것이라. 모든 재산은 이와 같이 유형무형의 여러 종이 있으나 모두 그 가격을 화폐로 계산하여 금액을 나타내는 고로 이 부기계산도 역시 이 금액에 의하여 행하노니 만약 재산이 자산뿐이면 그 총액이 재산액이요, 만약 재산중에 자산과 부채가 겸할 때는 자산총액에서 부채총액을 차감(計減)한 차(差)가 재산액이니, 부기소유자본금이 그것이니라.-----원래 우리나라 상인의 관용(慣用)하는 부기는 그 기록방법이 조잡 불완전하고 착오가 항상 많(恒多)아서 평소 재산의 상황을 알아보기 어려우나 현재 서양 여러 나라에서 사용하는 부기는 그 법칙이 정연하고 장부가 간편하여 회계정리가 극히 정확 명료하니 이재 우리나라(我國)에서도 상업의 진행을 계획하려면 불가불 이 부기법을 급속히 채용할지니라.---서양부기에 2종구별이 있으니 단식(單式)과 복식(複式)이다. 단식부기는 그 기입방법이 극히 간단하여 소매상과 기타 소규모 영업에는 맞으나, 거래가 복잡한 대규모 영업에는 범위가 협소하고, 복식부기는 그 기입방법이 다소 곤란하나 그 법칙이 교묘하여 어떠한 대규모 영업의 복잡한 회계라도 정리키 용이하여 회사조직과 개인영업을 물론하고, 일반 채용히여 그 적용하는 범위가 광범(極廣)하니 상인되는 자는 이 복식부기를 연구함이 극히 필요하니라.』[34]

저자에 의하면, 상업부기의 개념적 의미와 재산을 자산과 부채로 구분한다는 취지를 밝히고 있다. 이는 독일의 회계사상에서 볼 수 있는 적극재산(Aktiv Vermögen)과 소극재산(Passiv Vermögen)으로 구분한다는 것이다. 전자가 자산이고 후자가 부채이다.

<사진 7-1> 저자 임경재 선생   <사진 7-2> 임경재 간이상업부기학

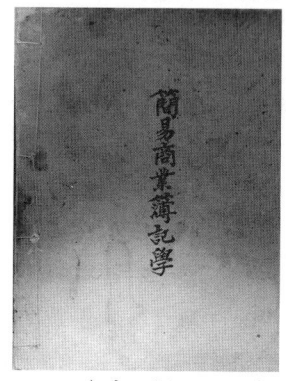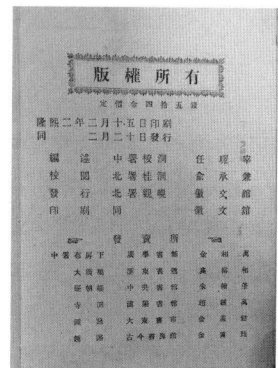

융희 2년(1908) 2월 20일 발행, 권상수 소장

적극재산에서 소극재산을 차감한 것이 순재산(=資本)이 된다는 취지이다. 즉, 자산에서 부채를 차감한 잔여 부분이 자본이 되는 자본방정식 형성의 회계 사상을 수용하고 있다는 논리구조이다(資産-負債=資本). 여기에서 대차대조표 방정식(資産=負債+資本)이 유도되는 것이며, 당기의 영업 결과인 수익과 비용을 도출하여 손익계산이 이루어짐은 물론, 복식부기의 기본 축을 형성하는 회계방정식(資産+費用=負債+資本+收益)의 논리를 압축 설명한 것으로 보인다. 그리고 종래에 사용되어온 전통적 사개송도치부법의 구조적 결함을 지적하고 새로운 신식부기의 활용을 권고하고 있다. 그뿐만 아니라, 복식부기와 단식부기의 의의와 적용 범위를 설명하면서 대규모 영업을 할 때는 복식부기의 적용이 타당함을 강조하고 있다.

그리고 각론적 서술은 오늘날의 회계원리에서 설명되는 구조와 유사하게 이루어져 있다. 제1장에서 제4장까지는 복식부기의 구체적 기장 구조와 결산 및 실무 예제를 설정하여 설명하는 순서로 이루어져 있다. 제5장에서는 상거래에 필요한 수단으로서의 수표와 어음에 관하여 접근되고 있다. 제6장은 장부조직과 복습을 위한 예제가 설정되어 있다. 제7장은 단식부기의 개념과 구조적 특성에 대한 설명이 있으며, 제8장에서는 단・복식부기의 변경 절차를 언급하면서 마무리 짓고 있다.

---

34) 임경재, 『간이상업부기학』(경성, 휘문관, 1908), PP. 1~3 (일부 한자표기를 한글로 풀이함.)

(2) 임경재의 복식부기론

① 거래의 구성요소와 결합법칙

거래에 대한 설명을 보면, 『부기에서 거래란 그 결과가 재산상에 증감변화를 야기하는 사건의 총칭이니라.』35)로 정의를 내리고 있다. 그리고 거래의 구성요소로서는 유가물의 수수와 금전대차의 채권·채무 및 손익의 발생과 소멸을 제시하였다. 이를 8가지로 세분하여 상호결합함으로써, 장부에의 기록계산이 이루어지는 것이라고 설명하고 있다. 임경재는 다음과 같이 설명하고 있다.

『도시(圖示)와 여(如)히 8질소(質素)가 대차양변으로 구분되야 차변에 재(在)훈 질소(質素)와 대변에 재(在)훈 질소의 수개(數個)가 결합ᄒᆞ야 거래를 성립ᄒᆞᄂᆞ니, 차변의 수질소(數質素)만 결합ᄒᆞ거나 대변의 수질소(數質素)만 결합ᄒᆞ야 성(成)ᄒᆞᄂᆞ 거래는 결코 무(無)ᄒᆞ니라.』36)

거래를 8요소로 분류한 그림을 인용하면, <그림 7-1>과 같다.

<그림 7-1> 임경재의 저서에 표기된 거래 8요소의 결합 관계도

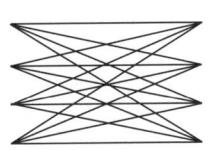

| 借邊 | 有價物을 受함
貸與金을 生함
借用金을 還報함
損失을 生함 | | 有價物 與함
貸與金을 還受함
借用金을 生함
利益을 生함 | 貸邊 |

<자료 : 임경재, 『간이상업부기학』(경성, 휘문관, 1908), P. 9> (일부 첨삭, 저자.)

『전술한 8개 요소의 거래상 결합 관계를 좌우 변에 각 4요소로 나누어 대차라 하는 양어(兩語)를 응용하여 좌변 4요소는 차변, 우변4 질소는 대변이라 하느니라.---대차(貸借)라 함은 개인과 금선을 주고받음(與受)에 사용하는 말이니, 그 상대 변(邊)이 오로지 유형(有形)한 사람(人)에 한하나, 부기에는 그 응용하는 범위가 광대하여, 금전물품 등의 유가물과 재산증감의 원인 되는 수수료, 이자, 영업비 등과 같은 무형사실도 사람(人)으로 간주하여, 이들이 자기에 대하여 상대 변(邊)됨으로 가정(假定)하고 대차의 양변을 응용하느니라.------타인이 자기에게 줄 때는 대(貸)라 하고 받을 때는 차(借)라 하는 고로 8요소 중 좌변 4질소는 차변(借主)이라 하고 우변 4질소는 대변(貸主)이라 하느니라. 그래서 전술함과 같이 각 거래의 좌변(즉,借邊) 금액과 우변(즉, 貸邊)금액은 항상 상균(相均)하여 어떠한 거래를 물론하고 수십, 수백의 거래가 있어도 그 총거래는 차변금액의 합계와 대변금액의 합계가 항상 相均(상균)하므로 이를 대차평균(貸借平均)이라 하느니라.』37)

이는 거래 8요소를 일으키는 사실을 차변과 대변으로 나누어 장부에 기록 계산함을

---
35) 상게서, P. 4.
36) 상게서, P. 9. (괄호내 저자 註)
37) 상게서, PP. 11~12. (괄호내 저자 註)

대차 평균의 원리에 따라 이루어진다는 것을 서술한 내용이다. 좌변과 우변으로 나누어 행하는 대차 기록은 의인화(擬人化: personification theory)에 따라 이루어지게 되는 것임을 강조하고 있다. 그뿐만 아니라, 차변 요소와 대변 요소로 각각 분류하는 작업을 일컬어 「구분(區分: journalizing)」이라 칭하고 있다.

『구분이라함은 거래가 기(起)할 시에 대차변(貸借邊)의 각 요소를 분별하여 상당한 계산과목에 부(付)함이니 그 대차의 구분은 제3장 도시(圖示)한 원리에 의하여 행할지니라.』[38]

이 구분은 분개라는 일본식 용어인 시와께(仕譯 : 仕分: 區分)를 직역한 것으로 생각한다.

앞 절에서 언급한 윤정하의 『상업부기』에서는 이를 「분열(分列)」[39]이라 표현하고 있다. 그러나, 김대희의 『응용 상업부기학』에서는 이를 「분개(分介)」[40]라고 표기되어 있다. 같은 시대에 출판된 3인의 저서임에도 불구하고 각각 다른 표현을 쓰고 있다. 그런데 우리나라의 전통적인 상관습에 비추어보면, 본서의 제4장과 제5장에서 살펴본 바와 같이, 전통적인 개성부기에서는 거래의 형태를 사개로 분류토록 하는 것을 「분립사개(分立四介)」라고 하는바, 그 압축된 용어로서의 「분개」라고 표현한 것이다. 김대희는 사개송도치부법을 이해하고 있었던 것으로 보인다.[41] 그러므로 부기에서 발생하는 거래를 8가지 요소로 나누어 분개장의 차변과 대변에 기록하기 위한 분류작업이 분개(分介: journalizing)인 것이며, 김대희의 분개(分介)라는 표현은 전통적 사개송도치부법에서 비롯된 것으로서 오늘날에도 이어지고 있다.

② 계산(=計定)과목의 설명

임경재의 저서에서는 계정과목을 「계산과목(計算科目)」으로 표기하고 있다.

『계산과목이라 함은 거래의 요소를 구분할 때에 정하는 명칭이니 각 요소의 거래를 대주(貸主), 차주(借主) 또는 종류와 성질로 분류하여 총괄 명칭으로 1과목씩 분류하되 그 분류하는 방법은 영업의 종류와 규모의 대소(大小)와 업무의 번잡 등을 고려하여 참작 변경할지다. 일정함을 불요(不要)하느니라.』[42]

계산과목(=計定科目)을 분류하면서 임경재는 유가물에 속하는 계산과목과 금전대차

---

38) 상게서, P. 12. (일부의 한자어를 현대식으로 정리함)
39) 윤정하, 「상업부기(속)」(대한학회, 『대한학회월보』 제5호, 1908), P. 307.
40) 김대희, 『응용상업부기학(전)부공업부기학』(경성, 의진사, 1909), P. 18.
41) 김대희, 상게서, P. 2 (여기서 그가 『오국은 송도인의 발명으로 전국에 통용ᄒᆞᆫ 소위 사개족치부라 ᄒᆞᆫ 法이 유ᄒᆞ나 차에 학리를 부ᄒᆞ야 설명ᄒᆞᆫ 자 무ᄒᆞ고.....』라고 서술한 것을 통하여 확인할 수 있다.)
42) 임경재, 전게서, P. 12. (일부의 한자어를 현대적 의미로 정리함.)

에 속하는 계산과목, 그리고 손익에 속하는 계산과목으로 나누어 설명하고 있다. 유가물로서의 계정과목은 현금계정, 상품계정, 집기(什器)계정, 부동산계정, 공채 및 채권계정으로 구분하고 각각 예제를 제시하고 있다. 또한 금전대차에 속하는 계정과목으로는 대여금계정, 차용금계정, 인명계정 및 자본금계정으로 분류하고 각각 그 예제를 제시하고 있다. 여기서 자본금계정에 대한 설명을 보면,

『이는 영업시의 원금을 처리하는 계산(=計定: 괄호내 저자註)이니, 자기의 재산을 영업의 원금으로 사용하여도 부채로 가정하고 자본주와 영업자 간의 대차로 처리하니라.』[43]

그리고 손익에 속하는 계정과목은 영업비계정, 이자 계정, 수수료 계정, 및 운임계정, 보험 및 창고료계정으로 분류하고 각각 예제를 제시하고 있다.

③ 장부조직과 기장양식

임경재의 저서에 의하면, 장부조직에 대해서는 다음과 같이 언급되어 있다. 이해를 돕기 위하여 원문을 인용한다(한자는 한글로 표기. 저자註).

『장부라 함은 거래를 기록계산하는 것이니 주요부 및 보조부의 2종으로 대별하느니라.

(1) 주요부는 영업의 손익 및 현 재산의 상태를 산출하는 것이니, 재산의 전체를 계산하는 장부의 총칭이라. 그 보통 사용하는 것을 들면, 여좌(如左)이니라. 일기장(日記帳)・구분장(區分帳)・구분일기장(區分日記帳)・원장(元帳). 이 중 재산의 증감 변화를 계산하는 것은 원장이오. 기타 주요부는 원장에 전기하는 경로에 불과하니, 좌(左)에 그 성질을 설명하노라.

- 일기장 : 이는 매일 일어나는 거래를 누락 없이 일자 순서에 따라 기입하는 상인의 영업일지오, 또 다른 장부의 근본인 고로 다른 장부를 유실하는 일이 있어도 이 장부만 보존하면, 다시 조제 가능하며, 또한 법정에 유력한 증거물이므로, 오자낙서(誤字落書)가 없게 해야 하느니라.
- 구분장 : 이는 일기장에 기입한 거래를 그 날자의 순서로 구분하여 대차양변에 계산과목과 그 금액을 기입하는 것이니, 일기장에서 원장으로 전기하는 재료이니라.
- 구분일기장 : 이는 전기한 일기장과 구분장을 합병하여, 1장부를 이루어 일기와 구분의 별록(別錄)하는 불편을 피하는 것이니라.
- 원장 : 이는 회계전체의 결과를 산출하는 것이니, 구분장으로부터 각 해당 계산의 대차금액을 일일이 전기한 후, 결산절차를 행하여 전재산에서 발생한 증감변화의 결과를 명확케 하느니라.

(2) 보조부는 주요부에 기록한 전말의 불완처를 보결하는 것이니, 전체 거래 중에 특별한 계산이나

---

43) 상게서, 18. (일부의 한자어를 현대식 의미로 저자가 수정함.)

특종사항의 전말을 주요부에 상세히 기록치 못한 때에 별설(別設)하는 장부의 총칭이라. 상업부기의 보통 사용하는 것을 들면, 여좌(如左)니라. 현금출납장·상품매입장·상품매각장·어음기입장(手形記入帳)」[44]

이상과 같이 장부조직에 따라 제시한 일기장·구분일기장·원장·결산장의 수서 별로 기장이 진행되어야 하는 이치를 서술하고 있음을 볼 수 있다. 그리고 보조부로서의 상품매입장, 상품매각장, 어음기입장을 작성해야 한다고 하였다.

그다음에는 실제 상거래를 예시하여 일기장에서 원장에 이르기까지 장부양식에 따른기장 절차를 실지로 기장 정리해 보인다. (Ibid. 39~52) 이 중에서 일기장과 구분장, 구분일기장 및 원장의 예시에 의한 기장양식을 차례로 인용하고자 한다.

<표 7-3> 임경재의 『간이상업부기학』에 예시된 일기장의 일부

日 記 帳
隆熙元年十月一日

區分畢	摘　　要	金　額	
√	現金 四千圓의 資本으로 米穀都賣商을 開함	4,000	—
	二日		
√	開業에 關한 諸入費를現金으로 支撥함	6	50
	四日		
√	李有桓에게 如左히 現金으로 買入함 利川米 貳百石(四斗參升入) 每升貳拾二錢式	1,720	—
	仝日		
√	孫永順에게 如左히 外上으로 賣與함 利川米 壹百石(四斗參升入) 每升貳拾二錢式	946	—
	五日		
√	李有桓에게 如左히買入함 大麥 參拾石 每石參圓式 此代價는同人推次約束手形第壹號를 發行호니期限은 日附後一個月	90	—
	六日		
√	崔春先에게如左히現金으로 買入함 倚子,木櫃其他器具	15	—
	轉次面	6,777	50

<자료 : 임경재, 『간이상업부기학』 (경성, 휘문관, 1908), P.33,

(*區分畢은 분개완료이고, 轉次面은 차면이월을 뜻함.).

---

44) 상게서, PP. 28~29. (*여기서 구분장은 분개장, 구분일기장은 분개일기장을 뜻한다.)

제 7 장 서양식 복식부기 문화의 도입사

<표7-4> 임경재의 『간이상업부기학』에 예시된 구분 장(분개장)의 일부

區 分 帳
隆熙 元年十月一日

計定科目		元頁	借邊		貸邊	
現金		2	4,000	—		
	資本金	1			4,000	—
─────── 二日 ───────						
營業費		3	6	50		
	現金	2			6	50
─────── 四日 ───────						
商品		4	1,720	—		
	現金	2			1,720	—
─────── 仝日 ───────						
孫永順		5	946	—		
	商品	4			946	—
─────── 五日 ───────						
商品		4	90	—		
	支撥手形	6			90	—
─────── 六日 ───────						
營業什器		7	15	—		
	商品	2			15	—
	轉次面		6,777	50	6,777	50

<자료 : 임경재, 전게서, P. 36 (*구분장은 분개장, 계산과목은 계정과목, 전차면은 차면이월을 뜻함 저자주.)

<표 7-5> 임경재의 『간이상업부기학』에 예시된 구분일기장(분개일기장)의 일부

區 分 日 記 帳
隆熙元年 十月

隆熙元年		摘 要	元頁	借邊		貸邊	
10	1	現金	2	4,000	—		
		資本金	1			4,000	—
		現金四千圜의 咨本으로 米穀都賣商을 開始함					
	2	營業費	3	6	50		
		現金	2			6	50
		開業에 關한 諸入費를 現金으로 支撥함					

다음 면에 계속

4	商品	4	1,720	—		
	現金	2			1,720	—
	李有桓에게 如左히 現金으로 買入함					
	利川米 貳百石(四斗參升入) 每升貳拾二錢式					
〃	孫永順	5	946	—		
	商品	4			946	—
	孫永順에게 如左히 外上으로賣與함					
	利川米 壹百石(四斗參升入) 每升貳拾二錢式					
5	商品	4	90	—		
	支撥手形	6			90	—
	李有桓에게 如左히買入함					
	大麥 參拾石 每石參圓式					
	此代價는 同人推次約束手形第壹號를 發行하니 期限은 日附後一個月					
6	營業什器	7	15	—		
	現金	2			15	—
	崔春先에게如左히現金으로 買入함					
	倚子,木櫃其他器具					
	轉次面		6,777	50	6,777	50

<자료 : 임경재, 『간이상업부기학』, PP. 39~40. (* 區分日記帳은 일기분개장, 元頁은 원장면수, 轉次面은 차면이월을 뜻함. 일부첨삭 저자.)>

<표 7-6> 임경재의 『간이상업부기학』에 예시된 원장기록의 일부

元 帳

資本金   1

隆熙元年	摘要	區頁	借邊		隆熙元年	摘要	區頁	貸邊	
					10 1	現金	1	4,000	—

現 金   2

隆熙元年	摘要	區頁	借邊		隆熙元年	摘要	區頁	貸邊	
10 1	資本金	1	4,000	—	10 2	營業費	1	6	50
					4	商品		1,720	—
					6	營業什器	1	15	—

營業費								3	
隆熙元年		摘要	區頁	借邊		隆熙元年		摘要	區頁	貸邊
10	2	現金	1	6	50					

商 品									4
隆熙元年		摘要	區頁	借邊		隆熙元年		摘要	區頁	貸邊
10	4	現金	1	1,720	—	10	4	孫永順	1	946	—
	5	支撥手形	1	90	—					

孫 永 順									5
隆熙元年		摘要	區頁	借邊		隆熙元年		摘要	區頁	貸邊
10	4	商品	1	946	—					

支撥手形									6
隆熙元年		摘要	區頁	借邊		隆熙元年		摘要	區頁	貸邊
						10	5	商品	1	90	—

營業什器									7
隆熙元年		摘要	區頁	借邊		隆熙元年		摘要	區頁	貸邊
10	6	現金	1	15	—					

<자료 : 임경재, 전게서, PP. 44~46.>

④ 결산절차

『간이상업부기학』에는 결산에 대하여 다음과 같이 정의 내리고 있다.

『결산이라 함은 일정한 회계기간에 영업거래로 인하여 발생한 재산상의 증감변화를 장부로 계산하여 영업의 손익과 자산부채의 현상을 명확케 하는 절차이라. ---회계기한의 장단은 영업자가 수의 작정하되 최장이라도 1년에 1회는 결산을 행할지니, 그 절차는 여좌(如左)니라. (1) 시산표 및 고재표(庫在表) (2) 자산부채 및 손익계산, (3) 결산의 종류 및 절차, (4) 결산보고표』[45]

기간손익계산을 전제로 하여 일정 기간 내에 발생한 손익계산과 재산상의 증감변화

---

45) 상게서, P. 53. (*庫在表는 재고조사표를 의미한다.)

를 회계장부에서 계산하고 마감하는 절차를 결산이라고 한다. 결산절차는 우선 분개장(여기서는 區分帳)에서 원장으로 전기한 사실을 확인하는 시산표(合計試算表 및 殘額試算表)를 작성함과 동시에, 상품재고조사표)(=庫在表를 작성한다.

<표 7-7> 『간이상업부기학』에 예시된 합계잔액시산표

合計殘額試算表
隆熙元年 十月卅一日

借邊				元頁	計算科目		貸邊			
殘額		合計					合計		殘額	
				1	資 本	金	4,000	—	4,000	—
2,617	—	6,788	—	2	現	金	4,171			
66	50	66	50	3	營 業	費				
131	50	4,179	50	4	商	品	4,048	—		
		1,045	—	5	孫 永	順	1,045	—		
				6	支 撥 手	形	90	—	90	—
15	—	15	—	7	營 業 什	器				
		84	50	8	林 有	相	84	50		
1,260	—	1,260	—	9	領 收 手	形				
4,090	—	13,438	50				13,438	50	4,090	—

<자료 : 임경재, 전게서, P.56(*計算科目은 계정과목, 元頁은 원장면수를 뜻함)>

그다음에는 원장에 손익계정을 설정하여 손익을 산정하고 자본금계정에 대체한다. 자산부채(決算殘額)계정을 통하여 각 계정의 잔액을 그 계정의 반대쪽에 주서(朱書)로 기록하여 마감한 후, 결산보고서인 재무제표를 작성하게 된다. 결산분개장에 의한 결산분개를 통하여 결산잔액계정에 해당하는 「자산부채계정」과 원장의 각 계정 잔액을 주서(朱書)로 반대 변에 기록함으로써, 각 계정을 마감해야 하는데 이 책에는 결산분개장이 생략되어 있다. 개시분개장의 작성과 개시잔액계정의 분개기록도 원장에서 행해지고 있지 않다. 완전한 대륙식 결산이 아니다. 그러나 추월(推越 = 移越)이라는 개시기입을 한 것으로 보아, 영미식 결산처럼 보이지만, 그 경우에 이월시산표가 작성되어야 하는데 이것도 생략되어 있다. 완전한 영미식 결산법도 아니다. 저자의 의도가 무엇인지 확인할 길이 없다.

<표 7-8> 『간이상업부기학』에 예시된 원장계정의 결산 마감 결과(일부)

元　帳

資本金　　　1

隆熙元年		摘要	區頁	借邊		隆熙元年		摘要	區頁	貸邊	
10	31	資産負債	貸	4,340	—	10	1	現金	1	4,000	—
						〃	31	損益		340	—
				4,340	—					4,340	—
						11	1	移越		4,340	—

現　金　　　2

隆熙元年		摘要	區頁	借邊		隆熙元年		摘要	區頁	貸邊	
10	1	資本金	1	4,000	—	10	2	營業費	1	6	50
10	7	商品	2	903	—	10	4	商品	1	1,720	—
10	10	〃	2	840	—	10	6	營業什器	1	15	—
10	21	孫永順	3	1,045	—	10	8	商品	2	2,285	—
						10	23	林有相	3	50	—
						10	29	〃	3	34	50
						10	31	營業費	3	60	—
						10	31	資産負債		2,617	—
				6,788	—					6,788	—
11	1	移越		2,617	—						

商　品

隆熙元年		摘要	區頁	借邊		隆熙元年		摘要	區頁	貸邊	
10	4	現金	1	1,720	—	10	4	孫永順	1	946	—
	5	支撥手形	1	90	—	10	9	現金	2	903	—
	8	現金	2	2,285	—	10	10	〃	2	840	—
	16	林有相		84	50	0	12	孫永順	2	99	—
10	31	손익		406	50	10	27	領收手形	3	1,260	—
						10	31	資産負債		538	—
				4,586	—					4,586	—
11	1	이월		538	—						

<자료>임경재, 전개서 , P. 62~67 (區頁은 쪽수, 이하 동)

<표 7-9> 『간이상업부기학』에 예시된 결산 손익계정과 자산 부채계정

元　　帳

損　益　　　　　　　　　　　　　　　　10

隆熙元年		摘要	區頁	借邊		隆熙元年		摘要	區頁	貸邊	
10	31	營業費 資本金	3 1	66 340 406	50 — 50	10	31	商品	4	406 405	50 50

資産負債　　　　　　　　　　　　　　　11

隆熙元年		摘要	區頁	借邊		隆熙元年		摘要	區頁	貸邊	
10	31	現金 商品 營業什器 領收手形		2,617 538 15 1,260 4,430	— — — — —	10	31	支撥手形 資本金	5 1	90 4,340 4,430	— —

<자료 : 임경재, 전개서, PP. 66~67.>.

⑤ 결산 보고표의 작성

　　원장에서 결산절차를 끝내고 마감이 모두 이루어진 다음에는 그 결산 결과를 이해관계자에게 보고하기 위한 보고서를 작성하게 된다. 임경재는 그것을 「결산보고표」라고 표현하였다. 그것은 영업의 결과를 나타내는 「손익표」와 경제주체가 소유하는 자산과 부채 및 자본의 상태를 나타내는 「대차대조표」 및 「재산목록」을 일컫는다.

　　그리고 임경재의 『간이상업부기학』에서는 이상의 3가지 보고서를 합성하여 정리한 「정산표」를 작성하도록 요구하고 있다. 간이상업부기학』에서 이루어진 결산절차를 거친 후에는 그 결과를 이해관계자에게 보고하기 위하여 결산보고서를 작성하게 된다. 그것은 손익계산서와 대차대조표와 함께 재산목록이 작성되는 것이다. 임경재의 저서에서 예시된 결산보고서로서의 「결산 보고표」를 다음과 같이 각각 인용한다.

<표 7-10> 임경재의 『간이상업부기학』에 예시된 「손익표」

損 益 表

隆熙元年 十月卅一日

摘 要			損失		利益	
損 失 部						
營業費	開業에 關한 諸入費	6 50				
	家屋費	10 —				
	差人給料	30 —				
	店用諸入費	20 —	66	50		
利 益 部						
商品	賣價額	4,048 —				
	賣殘額	538 —				
		4,586 —				
	買價額	4,179 50				
	利益	406 50			406	50
	純益		340	—		
			406	50	406	50

<자료 : 임경재, 전게서, PP. 76.(*利益=收益, 損失=費用, 저자 註)>.

<표7-11> 임경재의 『간이상업부기학』에 예시된 「대차대조표」

貸借對照表

隆熙元年 十月卅一日

摘 要	借邊		貸邊	
資 産 部				
現金	2,617	—		
商品	538	—		
營業什器	15	—		
領收手形	1,260	—		
負 債 部				
支撥手形			90	—
資本金				
元資本額	4,000	—		
本月純益	340	—		
現在資本金			4,340	—
	4,430		4,430	

<자료 : 임경재,전게서, PP. 71.>

<표 7-12> 임경재의 『간이상업부기학』에 예시된 「재산목록」

財 産 目 錄
隆熙元年 十月卅一日

摘 要		借邊	貸邊
資 産 部			
現金　　現在額		2,617 —	
商品			
通津米 五拾石(四斗入)			
每升貳拾三錢	400 —		
赤豆 拾石(六斗五升入)			
每升拾三錢	78 —	538 —	
營業什器			
倚子木櫃其他諸器具		15 —	
領收手形			
金永必發行本人推次約束手形			
一度期限十一月十五日		1,260 —	
負 債 部			
支撥手形			
本人發行李有桓推次約束手形			
一度期限은 日附一個月			90 —
資本金			
元資本額	4,000 —		
本月純益	340 —		
現在 資本金			4,340 —
		4,430 —	4,430 —

<자료 : 任璟宰, 전게서, PP. 72.>

원장에 대하여 결산절차를 거친 후에 속하는 여러 계정계좌의 잔액으로 손익계산서를 작성하여 손익의 원인을 명확히 파악하고 자산과 부채에 속하는 계정계좌의 잔액으로 대차대조표(현재의 재무상태표)와 재산목록을 작성하여 자산과 부채의 현황을 파악하는 것이니, 이 3가지 결산결과표를 결산보고서라고 칭하는 것이다.

손익표(손익계산서)는 영업의 결과로 재산의 증감원인을 밝히는 것으로서 원장에 기록된 수익과 비용을 대응함으로써 밝혀내는 것이다. 그리고 대차대조표는 원장에 기록된 자산과 부채 및 자본에 관한 계정의 잔액을 집합하여 재무 상태의 내용을 밝히는 것인 바, 재산법적 당기손익과 자본주에게 귀속되는 자본금의 가액을 나타내는 것이다. 재산목록은 상술한 대차대조표만으로는 자산과 부채의 상세한 상황을 이해할 수 있게 하도록 작성하는 상법상의 규정에 따른 보고서의 하나로 작성된다. 이들 보고서와 재고조사표 등을 합하여 정산표라는 이름으로 종합하여 작성하게 된다.

<표 7-13> 임경재의 『간이상업부기학』에 예시된 「정산표」

精算表

隆熙元年 十月卅一日

元頁	計定科目	試算表		在庫表	損益表		貸借對照表	
		借邊	貸邊		借邊	貸邊	借邊	貸邊
1	資本額		4,000.00					4,000.00
2	現金	6,788.00	4,171.00				2,617.00	
3	營業費	66.50			66.50			
4	商品	4,179.50	4,048.00	538.00		406.50		
5	孫永順	1,045.00	1,045.00				538.00	
6	支撥手形		90.00					
7	營業什器	15.00		15.00			15.00	
8	林有相	84.50	84.50					
9	領收手形	1,260.00					1,260.00	
		13,438.50	13,438.50	553.00				
			純益		340.00			340.00
					406.50	406.50	4,430.00	4,340.00

<자료 : 任璟宰], 『簡易商業簿記學』, PP. 73.>

2) 임경재의 『신편 은행부기학』의 체계와 내용

융희 2년(AD1908) 2월 5일에 발행된 임경재의 『신편은행부기학』은 <표 7-14>에서 보이는 바와 같은 체계와 내용으로 구성되어 있다.

임경재의 『신편은행부기학』은 은행부기에 관한 기장 방법을 기술하고 있다. 그와 더불어 은행 업무의 분장 관계와 운영방식에 관해서도 서술하고 있다. 여기서는 은행부기의 계산원리와 장부조직 및 기장 절차에 대한 기초 부분에 한정하여 설명할 것이다.

『은행부기는 은행업무에 관흔 제반 거래를 모두 기록계산ㅎ야 회계를 명확히 정리ㅎ는 법칙이니 그 장부조직과 기입방법은 모두 복식에 의ㅎㄴ니라. 무릇 대차의 원리와 분개의 방법 등은 상업부기와 별로 다르지 않으나, 그 업무의 성질상 상업은 상품매매에 속하고, 은행은 금융 소통에 속하기 때문에, 계정과목과 장부조직 및 기장 방법에서는 아주 다르니라.』46)

<사진7-3> 신편은행부기학 표지

융희2년(1908) 2월 5일 발행, 권상수 소장

<표 7-14> 『신편 은행부기학』(AD1,908)의 구성내용

총론	
제1장 은행업무	제6장 은행업무분담
제2장 대차원리	제7장 전표
제3장 계산과목	제8장 장부급기입법
제1절 자산에 속훈 계산	제1절 주요부
제2절 부채에 속훈 계산	제2절 보조부
제3절 자산부채에 속훈 계산	제9장 각과처무절차
제4절 수입에 속훈 계산	제10장 타지점계산정리법
제5절 지출에 속훈 계산	제11장 제보고서
제4장 계산설정을 불요하는 업무	제12장 수형교환
제5장 거래구분 실예	제13장 결산절차

<자료 : 임경재, 『신편은행부기학』, PP. 1~2.>

이처럼 기본적인 복식부기의 원리를 은행업무에 적용할 때 은행부기라 일컫는다. 그러므로 은행부기의 대차원리는 상업부기에서와 똑같이 거래의 구성요소와 그 결합 그리고 대차의 분개기록을 통하여 이루어진다. 그런데 상업부기와는 다르게 거래의 구성요소를 「구성질소」(構成質素)라 하고 8요소를 「8질소(質素)」라 표기하고 있는 점이 특이하다. 상업부기에서 사용하던 구분(區分=分介)·계산(計算=計定)이라는 용어는 그대로 표기하고 있다. 은행업무상 특수한 용어가 계정과목으로 표기된 것이 다수 발견된다.[47] 계산과목(=計定科目)으로서는 ① 자산에 속하는 계정 ② 부채에 속하는 계정 ③ 자산부채에 속하는 계정으로서의 인명계정 ④ 수입(=收益)에 속하는 계정 그리고 ⑤ 지출(=費用)에 속하는 계정으로 나누어 기장 정리하는 것을 원칙으로 하고 있다. 은행부기의 기장을 위한 출발점은 전표의 작성에서부터 비롯된다.

(1) 전표 시스템

은행 업무의 분장으로 인하여 과별로 거래의 기록계산이 이루어지게 되어 있다. 분

---

46) 임경재, 『신편은행부기학』(경성, 휘문관, 1908), P. 1. (한자를 한글로 표기하였음, 저자)
47) 예컨대, 任置金(=預置金)·未辨納株金(=未納入株金)·過限貸與金(=延滯貸與金)·貨物爲替手形(=貨換어음)·不定期貸越(=當座貸越)·小推票 또는 小切手(=수표)·諸任受金(=諸預受金)·定期任金(=정기예금)·不定期任金(=당좌예금)·特別不定期任金(=특별당좌예금)·通知任金(=통지예금)·任金手形(=預金어음)·別段任金(=別段預金)·豫備金(=積立金)·過限貸豫備金(=대손준비금)·前期推越金(=전기이월금)·收入規費(=수입수표료)·收入貨幣加計(=수입화계교환금)·支拂利子(=지급이자)·他店計算(=他店計定) 등이다. (＊괄호 안은 현대어 용어이다.)

과조직 간의 의사소통을 위해서는 거래가 최초로 발생한 주무과에서 계정과 성명 및 금액 등을 지편(紙片)에 기록하여 이를 소관각과(所關各課)에 윤시(輪示) 함으로써, 기장업무(記帳業務)의 신속한 처리가 이루어질 수 있도록 제도화가 이루어졌다. 이를 전표 시스템이라고 한다.48) 전표의 종류에는 ① 수납전표(收納傳票), ② 지불전표(支拂傳票), 및 ③ 이획전표(移劃傳票) 등이 있는데, 이획전표에는 전부이획전표(全部移劃傳票=全部對替傳票)뿐만 아니라, 일부수납이획전표(一部收納移劃傳票=일부 입금 대체전표)와 일부지불이획전표(一部支拂移劃傳票=일부 출금 대체전표)로 나뉘어 기장할 수 있음을 밝히고 있다. 그리고 전표 시스템의 원활한 기장 처리를 위하여 전표의 지색(紙色)을 표기토록 하였는바, 입금전표는 적색으로, 출금전표는 청색으로 표기하며, 대체전표는 흑색으로 표기하여 작성하게 되어 있다. 이는 일본 은행 회계제도가 계수(繼受)된 것으로서, 오늘날에도 이와 같은 전표 시스템이 전통으로 이어지고 있다.

① 수납전표와 지불전표

<표 7-15> 수납전표(=입금전표)의 예시

수납전표	
융희2년 3월 5일	
定期任金	
김동해	₩500

수납전표는 적색(赤色)으로, 지발전표는 청색, 이획전표는 흑색이다.

• 수납전표(=입금전표)의 기입

[예제1] 「김동해(金東海)에게서 정기임금 (定期任金=정기예금)으로 500원을 기한 3년으로 영수하다.」

<자료 : 임경재, 전게서, P. 43.>

　　(차) 현금 500　　　　(대) 정기임금 500

이라고 분개한 후에 <표 7-15>와 같이 기표한다. 이때 수납전표에는 대변계정만 기입하고, 현금이 차변으로 전표의 명칭으로 인식하게 되는 것이다.

• 지발전표(=출금전표)의 기입

[예제2] 「이남산(李南山)에게 현금 5천 원을 2개월 기한으로 대여하였는데, 이자는

---

48) 전표 시스템은 일본 은행부기의 發展史上 하나의 지표이다. 전표의 등장은 明治 25년(AD1892)에 출판된 『銀行簿記實務法』(土子金四郎 著)의 「預金箋」에서 비롯되었다. 그 후 明治 35년(AD1902)에 간행된 『橫帳改良商店簿記』(土屋長吉 著)에서 처음으로 「傳票」라는 용어가 사용되었다고 한다.(木村和三郎, 「日本における簿記会計学の發展」(潮流講座, 『經濟學全集』第1部, 經濟理論の發展, 潮流社, 1950, P. 26.)

연리 10%로 담보물은 국고채권 6천 원으로 받는다」라는 거래가 발생하였다면,

(차) 이남산   5,000   (대) 현금   5,000

으로 분개하여 <표 7-16>와 같이 지발전표에 기록하고, 내역을 전표의 아래 공간에 기록한다.

<표 7-16> 지발전표(=출금전표)의 예시

지발전표	
융희2년 3월 5일	
貸與金	
이남산	₩5,000
期限二個月月利子年計十之一擔保國庫債券六千圜	

<자료 : 임경재, 전게서, P. 44. >

② 이획전표(=대체전표) 기입

일반적으로 은행의 모든 거래는 현금과 관계없는 경우라도 거래처에 현금이 개입된 것으로 간주하여 대체전표를 구분하여 작성하게 된다. 일부대체거래와 전부대체거래로 분류하되, 일부의 현금거래가 개입되었을 때 일부 입금대체전표와 일부출금대체전표로 나누어 작성하고, 전혀 현금이 개입되지 않으면 전부대체전표를 작성하여 주요부에 기장하는 것이다.

[예제3] 「이모(李某)에게 현금 3천원을 대여하고 그 금액은 동인(同人)의 부정기임금(不定期任金)으로 이획(移劃=對替)하다.」를 분개하면, 다음과 같다.

a. (차) 대여금   ₩3,000.-   (대) 현   금   ₩3,000.-
b. (차) 현   금   ₩3,000.-   (대) 不定期任金   ₩3,000.-

<표 7-17> 이획전표(=대체전표)의 예시

이획전표			
융희2년 3월 5일			
摘要	金額	摘要	金額
不定期任金		貸與金	
李某	₩3,000 —	李某	₩3,000 —
計減現金出		計減現金入	
總額		總額	

<자료 : 임경재, 전게서, P. 46. >

(2) 장부조직과 기장법

은행은 불특정 다수의 고객과 업무의 다양성으로 인하여 거래가 빈번하게 발생하기 때문에, 내부통제 시스템에 의한 장부조직이 구성되어 있다. 은행 장부는 주요부와 보

조부를 비치하는 것이 일반적이다. 주요부는 일기장과 총계정원장으로 크게 나뉘며, 업무가 번잡할 때는 일기장을 나누어 보통 일기장과 증보일기장 및 일체장(日締帳)의 세 가지로 세분한다.

일기장은 상술한 상업부기에서의 구분 일기장(=分介日記帳)과 유사한 것이며, 현금출납장을 분개장화 한 것으로서 모든 거래를 현금거래로 의제(擬制)하여 현금식 분개를 하는 장부를 일컫는다. 이것은 매일 매일의 거래를 발생 순서별로 분개 기록하는 것이 아니라, 같은 계정에 속하는 거래를 분류하여 기록함과 동시에, 그 합계액을 일괄적으로 총계정원장에 종합 전기하는 것이다. 또한 빈번하게 거래가 발생하는 부정기 임금(=當座預金) 같은 경우에 별도의 증보일기장(增補日記帳)에 모아두었다가 그날 영업이 종료된 후에 그 합계액을 일기장에 전기하기도 한다. 그리고 일체장(日締帳)은 지점이나 다른 은행에서 발생한 거래로서 본점에 대차 관계가 나타나는 대체거래를 일기장에 기록하지 않고 여기(日締帳)에 기록해두었다가 이를 직접 총계정원장에 과목별로 일괄 전기하는 특수분개장이다. 일체장은 일기장을 거치지 않고 직접 총계정원장으로 전기하는 것이 특징이다.[49]

일기장이 작성되면, 총계정원장에 전기가 이루어지게 된다. 『신편은행부기학』에 의하면, 총계정원장(=總計算元帳)은 일기장과 일체장(日締帳)에 기록된 각 계정을 그 성질에 따라 일일이 과목을 설정하고 영업 전체의 성과를 산정하는 주요장부이다. 원장에 전기하는 것은 매일 영업이 종료된 후에 행하되 각 계정의 합계금액을 이들 장부와 반대편에 전기한다. 즉, 일기장과 일체장(日締帳)의 차변에 있는 계정은 원장의 해당 과목 대변에 기입하며, 이 두 장부의 대변에 있는 것은 원장 해당 과목의 차변에 기입한다. 다만, 현금계정은 두 장부와 같이 대차를 진기하는 것이다. 은행부기의 주요부로서 일계표(日計表)와 월계표(月計表)가 있다. 일계표는 은행의 매일 영업상황을 파악하기 위하여 작성되는 것으로서, 일기장이나 일체장에서 총계정원장으로 전기할 때, 그 정확 여부를 확인한다. 매일 총계정원장에의 전기가 끝나면 일계표를 작성하여 원장 각 계정계좌의 대차차액을 기입하고 대·차변의 합계를 각각 산출·기록하여 대차 평균시킨다. 그리고 월말에 각 계정의 대차 누계액으로 합계시산표를 작성하여 원장전기의 정확 여부를 확인하기 위한 월계표(月計表)가 작성되는 것이다.[50]

은행거래의 기록계산은 주요부에서만 이루어지는 것이 아니라, 상세한 정보를 기록해두는 보조장부가 이용된다. 그 종류는 다종다양하여 여기서는 설명과 양식의 소개를 생략하기로 한다.

---

49) 임경재, 전게서, PP. 50~61.
50) 상게서, PP. 68~71. (일계표와 월계표의 양식 참조.)

<표 7-18> 『신편은행부기학』에 예시된 일기장의 양식

日記帳

借邊						隆熙二年 三月 十日					貸邊
移劃摘要	摘要	元頁	移劃計算	現金額	合計	移劃摘要	摘要	元頁	移劃計算	現金額	合計
	(定期任金)						(貸與金)				
	金舜濟	3		3,000	3,000		安基中	4		2,000	2,000
	(貸與金)						(不定期貸與)				
貸越	崔明植	4	5,000		5,000	貸與金	崔明植	9	5,000		5,000
	(割引料)		80		80		(割引手形)				
不定期任金	申鳳熙	8	7,000	1,000	8,000		玄東晩	8	80	7,920	8,000
	(規費)						(不定期任金)				
	朴允基	11		50	50	割引手形	申鳳熙	5	7,000		7,000
	(支撥送金)						(釜山銀行)				
	(爲替手形)										
釜山銀行	權永壽	13	2,000		2,000		權永壽	12	2,000		2,000
		10	14,080	4,000	18,080				14,080	9,920	24,000
	前日推越額			35,242	35,242		本日殘額			29,323	29,323
			14,080	39,242	53,322				14,080	39,243	53,323

<자료 : 임경재, 전게서, PP. 54~55.>

<표 7-19> 『신편은행부기학』에 예시된 증보일기장(增補日記帳)의 양식

增補日記帳

借邊				隆熙二年 三月 十日				貸邊
移劃摘要	姓名	移劃計算	現金額	移劃摘要	姓名	移劃計算	現金額	
	朴基純		3,000		崔敏植		800	
貸與金	安種大	2,000		借	朴基純	1,000		
貸	孫永元	1,000	500	諸科	趙鎭先	3,050		
割引手形	李文玄	2,500			安鍾大		1,000	
任金手形	金容植	1,000	1,500	軍事公債	朴基純	1,800		
貸	支撥保證料	1,200		借	李文玄	1,200		
					尹宣鉉		800	
		7,700	5,000			7,050	2,600	
			7,700				7,050	
			12,700				9,650	
	前日殘額		57,342.30		本日殘額		60,392.30	
			70,042.30				70,042.3	

<자료 : 임경재, 전게서, PP. 58~59.>

<표 7-20> 『신편은행부기학』에 예시된 일체장(日締帳)의 양식

日　締　帳

隆熙二年　三月　十日

借邊						貸邊			
移劃摘要	摘要	元頁	金額	合計	移劃摘要	摘要	元頁	金額	合計
	(支撥送金爲替手形)					(大邱支店)			
大邱支店	洪鍾烈		2,000		支送,爲手	金成煥	7	2,000	2,000
開城銀行	洪雲杓		1,000			(開城銀行)			
平壤支店	李圭容		1,200		〃	任宣淳	11	1,000	1,000
仁川銀行	申東熙	10	500	4,700		(平壤支店)			
平壤支店	(大邱支店)				〃	徐大淳		1,200	
釜山支店	李南韶		3,000		大邱支店	金大鎭	8	3,000	4,200
	尹大圭	7	2,500	5,500		(仁川銀行)			
	(平壤支店)				支送,爲手	金大植	9	500	500
〃	朴容大	8	5,000	5,000	〃			2,500	
					大邱支店	趙東洙		2,500	
					平壤支店	崔德基	13	5,000	7,500
		5	15,200	15,200			5	15,200	15,200

<자료 : 임경재, 전게서, PP. 64~65.>

<표 7-21> 예시된 총계정원장(=總計定元帳)의 기본양식

總計定元帳

貸與金

隆熙二年		摘要	日頁	借邊	貸邊	貸或借	殘額
3	9	日記帳	8			貸	2,500
	10	〃	9	2,000	5,000	貸	3,000

但, 九日殘額은 假定數 라.

現金

隆熙二年		摘要	日頁	借邊	貸邊	貸或借	殘額
3	9	日記帳	8			借	35,242.50
	10	〃	9	39,243	9,920	〃	24,323

<자료 : 임경재, 전게서, P. 67.>

(3) 결산절차

당시의 은행은 1년에 두 번 5월 말과 12월 말에 반기결산을 하여 영업손익과 자산부채의 상태를 명확히 했다고 한다. 그 결산절차를 부연하면, 다음과 같다.
① 총계정원장에 전기된 기록을 근거로 하여 각 계정계좌의 대차 합계액을 산출하고 기말월계표(試算表)를 작성한다.
② 각 보조기입장 및 보조원장을 마감함과 동시에, 총계정원장 해당 계정의 잔액과 대조하여 기록 사실의 정확성을 확인한다.
③ 총계정원장의 각 계정을 마감한다. 자산부채의 계정은 대차 잔액을 금액이 적은 쪽에 주서(朱書)로 기입하여 마감한다. 비용수익에 관한 계정도 대차 잔액을 산정하고 금액이 적은 쪽에 주서(朱書)하여 마감함과 동시에, 손익계정을 설정하여 그 반대편에 기입한다. 전기이월금과 대손준비금이 있으면 그 잔액을 산정하여 금액이 적은 쪽에 기입 마감하고 손익계정에 그 반대편에 기록한다. 손익계정의 대차 잔액도 금액이 적은 쪽에 주서(朱書)로 표기·마감한다.
④ 차기로의 이월개시기입은 차기최초일 각 계정의 이월잔액을 일기장(移越日記)에 기입하고 총계정원장의 해당 계정에 전기한다.
⑤ 본점의 손익표(=損益計算書)와 대차대조표 및 재산목록을 작성한다.
⑥ 각 지점의 결산보고서가 도착하면, 본지점 합병의 손익표(損益計算書)·대차대조표·재산목록을 작성하는 것이다.
⑦ 결산재무제표가 완성되면, 본지점합병의 순이익은 중역회의(重役會議=理事會議)의 의결을 거친 후, 주주총회의 결의에 따라 배당금·예비금(豫備金=積立金)·상여금·추월금(推越金=移越利益剩餘金) 등으로 이획(移劃=對替)하되, 그것은 일기장에서 구분(區分=分介)을 통하여 이루어진다.

이상과 같이 『신편은행부기학』에서는 결산절차에 대한 설명만 되어있을 뿐 결산 기장과 마감 장부의 예시는 되어있지 않은 것이 특이하게 보인다.

4. 김대희의 『응용 상업부기학 전 (부)공업 부기학』

1) 『응용 상업부기학』의 구조적 체계

김대희(金大熙)[51]의 부기 회계와 관련된 저서는 융희 3년(AD1909)에 간행된 『응용

---

51) 김대희는 고종 15년(AD1878)에 경기도 과천군 하북면 신촌 분리(현재의 노량진)에서 金奭集의 장남으로 태어났다. 그는 고종 32년(AD1895) 5월에 관비 유학생으로 선발되어 일

상업부기학전 부 공업부기학』이 유일하게 전해진다.

<사진 7-4> 응용 상업 부기학 부 공업부기학

융희 3년(1909) 3월 5일 발행, 소장처: 한국학중앙연구원 장서각 문고

이 책은 상업부기학이 156페이지, 그리고 부록으로 70페이지의 공업부기학이 첨부된 것으로서 종서(縱書)로 편집되어 있다. 상업부기학은 상술한 임경재의 그것보다 1년 늦었으나, 부록으로 첨부된 공업부기학은 우리나라에서 간행된 최초의 서적이라는 점에서 깊은 의미를 지닌다.

『응용 상업부기학』은 다음과 같은 목차로 구성되어 있다. 기본적인 상업부기의 구

본의 경응의숙보통과에 입학하고 수학한 뒤 고종 33년(AD1896) 6월에 졸업하였다. 그리고 광무 원년(AD1897) 1월 사립 도쿄상업학교(現 동경학원고등학교)에 입학하여 3년간 수학한 후, 광무 4년(AD1900) 3월에 졸업하였다. 귀국한 후, 그는 樂英학교에 교사로 취직하였다. 광무 9년(AD1905) 12월부터 농상공학교 교관으로 전직하여 광무 10년(AD1906) 9월까지 근무하였다. 융희원년(AD1907)에는 광신 상업학교의 교사가 되었으며, 이윽고 융희 3년(AD1909)에는 부기 일어 강습소를 차려 후학양성에 진력하였다. 융희4년(AD1910) 6월부터 대한제국 학부(=교육부)의 부편참관으로 관계에 진출하였으나 국권피탈로 그만두었다. AD1911년 4월에는 보성전문학교 강사로 취업했지만, 그 이후의 행적에 대해서는 밝혀져 있지 않다. 그의 학문적 업적으로 전해지고 있는 것은 저서 4권과 논문 5편이다. 우선 그의 논문을 보면, ①『商業凡論(上・下)』(普成館, 1907), ②『二十世紀朝鮮論』(1907), ③『應用商業簿記學全・附工業簿記學』(義進社, 1909), ④『農業敎科書』(同文書林, 1910)가 있다. 그리고 그의 논문으로는 ①「勸告于商業會議所實業家諸君」, ②「大韓의 進步」(『夜雷』제6號, 1907년 7月), ③「韓日交際及其將來」(『夜雷』第6號, 1907년 7月), ④「國力」(『大東學會月報』 第3號, 1908年 4月), ⑤「庶民銀行設立必要」(『畿湖興學會月報』第11號, 1909年 6月) 등, 5편이 있다. <이기준, 『한말서구경제학도입사연구』(서울, 일조각, 1985), PP. 248~271. & 고정섭, 「한말 서구회계학의 도입사에 관한 연구」(서강대학교, 『경상논총』제11집, 1986), PP. 22~24. & 윤근호, 『한국회계사연구』(서울, 한국연구원, 1984), PP. 318~319.>

조에 대해서는 임경재의 저서를 통하여 살펴보았으므로, 여기서는 그와 대비적 입장에서 특수한 사항을 중심으로 발췌하여 언급하고자 한다. 본서의 목차는 <표 7-22>와 같다.

<표 7-22> 『응용 상업부기학』의 구성내용(目次)

제1장 총론	제7장 결산
제1 연혁	제1 상품시재표
제2 정의	제2 손익표
제3 종류	제3 대차대조표
제2장 계산의 요소	제4 재산목록
제3장 대차분개와 장부과목	제8장 적송품 및 위탁품
제4장 장부의 종류	제9장 제2종기입법 및 예제
제5장 분개예제	제10장 보조부
제6장 제1종기입법(주요부기입)예제와 전기검정법	

<자료 : 김대희, 『응용상업부기학 전 (부)공업부기학』(경성, 의진사, 1909), P. 1.>

(1) 부기의 기원에 대한 견해

김대희는 이 책의 총론 부문에서 부기의 기원에 대한 견해를 밝히고 있다. 연혁(沿革)이라는 제하(題下)에 기술한 내용을 원문 그대로 인용하면 다음과 같다.

『태고사회에 사물이 미개할 때는 인류의 관계가 친밀치 않고 단독 고립하여 기록의 필요가 무(無)하더니, 물환성이(物煥星移)하여 세운(世運)이 변천함에 인류 교통이 수이빈번(隨以頻繁)이라. 이에 문자계산의 필요가 발생하여 사람은 만물의 영장으로 천지의 문자와 一二三四의 숫자 등이 발명되어 일상분란(日常紛亂)한 사물의 대차거래 관계를 보응하며 기억하여 기록하였느니라. 그래서 이 법의 선발명은 옛 인도에서 얻고 서력기원전 五세기경에「휘니샤」人에게 전하였다하며, 혹은「아라비아」人이 이 방법을 선각하고「휘니샤」人에 전하였다하나, 사실을 말하면 이태리 도시의 상인간에 사용하여 편익이 적지 않다가 서력기원 천사백구십사년에「루카스 띄 부루꼬」라는 한 승려가 대수학의 원리를 추구하여 부기학에 관한 책을 이태리 베니스에서 출판하여 그 후 점차로 구주제국에 전파하였으니 역사상으로는 사학(斯學)의 근원은 이태리 명예에 귀(歸)함이 가하다 하노라.
우리나라는 송도인의 발명으로 전국에 통용하는 사개족치부(四介足致簿)라는 법이 있으나 이에 학리를 더하여 설명한 자가 없고 서양부기법은 갑오경장시에 각아문부(各衙文簿)를 조사정돈하기 위하여 했으니 그 법식에 불과하고 대차의 이치를 아는 자 없어 도리어 계산기장은 기술이어늘 학리가 쉬우리오, 오백년을 서양부기를 모르고도 태평성대로 백업(百業)이 흥왕했다하여 사학(斯學)을 경시하는 자이 있으나, 이 약육강식하는 경쟁시대를 당하여 구규(舊規)를 고수코자하는 자는 문명의

적이오 망할 민(民)이라. 물론 그 발달한 유래를 보면, 學의 기초는 사실이오 학리는 사실을 각 관계상으로 관찰하여 주지하게 한 것이니, 계산의 學도 부기하는 범위는 그 업무의 성질로 인하여 천태만상 될지라도 쉽지 않은 원리원칙을 해득하면, 공사광협(公私廣狹)을 물론하고 수기응변(隨機應變)하여 그 사용할 때에 결코 어렵지 아니하니라.」52)

이상의 논술내용을 보면, 인류의 기록계산에 필요한 문자와 숫자의 문화사적 사유를 언급하고 있을 뿐만 아니라, 서양 부기의 기원에 대하여 논술하고 있다는 점이 특이하다. 부기사(史)에 대한 참고문헌을 제시하지는 않았으나, 그가 일본 도쿄상업학교에 유학하여 서양 부기를 배웠으므로, 일본어판 서양 부기서적을 읽었을 것이다. 당시 (明治時代)에 출판된 부기 기원에 관한 서적53)도 섭렵했을 것임이 분명하다. 특히 김대희는 히가시(東奭五郞)의 『상업부기』(1908)를 참고서로 섭렵·인용한 것으로 생각한다. 「연혁(沿革)」이라는 용어로 서양 부기의 기원에 대한 견해를 간단히 언급한 것으로 미루어보아 그러한 추리가 가능하다.

그리고 사개송도치부법의 존재가 언급되고 있으며, 갑오경장을 전후하여 서양부기가 도입되었음을 밝히고 있는 것으로 보아, 분명 그는 개성부기를 이해하고 있는 상태에서 이 책을 저술했다고 생각된다.

(2) 부기의 정의와 유형

부기의 정의에 대한 그의 설명을 보면, 부기는 회계장부를 조직적으로 기입하는 방법을 지칭하는 것이며, 유형물과 무형물을 막론하고 재산이동의 자초지종을 명시하되 그 증감변화를 일목요연하게 기록 계산하는 것이라고 하였다. 부기는 일상적인 기래를 기장 순서에 따라 기록계산하고 그 결과를 밝히는 절차를 일컫는다는 것이다.

이윽고 그는 부기의 종류에 대한 견해도 밝히고 있다. 회계를 기록 정리하여 재산의

---

52) 김대희, 『응용상업부기학전』(경성, 의진사, 1909), PP. 1~3.
53) 일본의 명치 시대(AD1868~1911)에 출판된 일본어판 簿記史 서적으로는 소다(曾田愛三郞)의 『學課起源略說』(AD1878)과 우노(海野力太郞)의 『簿記學起源考』(AD1886)가 있는바, 여기서 루카 파치오리의 1494년의 부기서를 일본에 최초로 소개하고 있다. 이 두 권의 책 이외에도 히가시(東奭五郞)가 『新案詳解商業簿記』(AD1903) 제8장에서 「簿記の起源及沿革」(Ibid., PP. 583~596)이라는 題下에 P. kelly, "The Elements of Bookkeeping,"(AD1903)의 회계약사(short history of bookkeeping, Ibid., pp. vi~x.)를 번역·소개하고 있을 뿐만 아니라, 明治 41년(AD1908)에 저술한 『商業會計』 제15장(Ibid., pp. 154~196)에서 「簿記法古代の沿革」이라는 題下에 R. Brown의 "A History of Accounting and Accontant"(AD1908)를 충실히 번역하여 서양 부기의 기원에 대하여 소개한 서적이다. <小島男佐夫 責任編輯, 『體系 近代會計學(Ⅵ)-會計史および會計學史』(東京, 中央經濟社, 1979), PP. 28~30.>

증감변화와 대차 관계 및 영업 성과로서의 손익을 명시하는 것이 부기의 기본기능이라고 보았다. 그래서 그는 일반 상거래에서 비롯되는 상업부기를 기본으로 하여 각종 사업에 따라 각각 다른 유형의 부기가 이루어질 수 있음을 밝히고 있다. 즉, 부기의 유형은 상업부기, 은행부기, 철도부기, 관청부기, 공업부기, 농업부기 및 가계부기 등, 사업의 종류에 따라 특수한 명칭이 부여될 수 있다고 하면서 기록 방법에는 단식부기법과 복식 부기법이 있음을 명시하고 있다.

거래 요소에 대한 설명에서 그는 「교환(交換)」개념의 설명으로 대체하고 있다. 즉, 부기상의 교환은 대차로 나누어 이중적으로 기록하는 것이므로, 수입과 지출이 균일한 가격으로 이루어지며, 교환으로 재산에 대한 소유권이 이동하게 되면, 기록계산의 대상이 된다고 하였다. 이처럼 교환거래가 발생하였을 때는 반드시 소유권 이동이 나타나게 되어 기록계산하지 않으면 안 된다는 것이다. 따라서 그로 인하여 발생하는 손익거래에 대한 설명도 함께 이루어져 있다. 이것은 상술한 임경재의 저서에서 볼 수 있는 설명방식과 약간 다른 점이 있으므로 그 전문을 인용한다.

> 『손익이란 것은 타인의 물(物)을 대매(代賣)하고 그 공로로 받는 수수료의 가계(加計)와 매매손익과 기타 무중유생(無中有生)으로 금전물품을 물론하고 한 번 들어오면 다시 들어올 연유가 없어 가령 수수료로 말하면 일시노력과 정신을 이용하여 타인의 상품을 대행하여 팔고 그 공로로 그 대금을 받은 것이니 이는 자기재산이 出하고 그 대신에 그와 동일한 가격의 돈이 들어올 것이 아니라, 재산엔 감한 것이 없고 증가만 한 것이니 이와같이 상품을 팔아 손해가 발생한 거로 말하면, 그 금액이 재산 중에 감할 뿐이오 감한 대신에 더한 것이 없고 후일에 그 감한 것을 추심할 것이 없는 것이니 이러한 것 등을 손해라 하며 이익이라 하여 모두 재산의 증감을 말하니 그 특징은 순이익 또는 순손실이라 하여 이익이 손실보다 크고 그 차액을 자본금에 더하면 순이익이라 칭하며 손실이 이익보다 많아서 그 차액을 자본금 중에서 감할 것은 순손실이라 칭하느니라.』[54]

이에 의하면, 재산의 증감을 가져오는 요소가 손익이라는 점을 분명히 하고 있으며, 순재산, 즉 자본금에 가산해야 하는 요소는 순이익이며 자본금에서 차감해야 하는 요소가 발생하였을 때는 순손실로 표기하게 되는 것으로 설명되어 있다. 전통적인 송도치부법에서 설명하는 방식과 유사하다. 이로써, 김대희는 사개송도치부법을 이해하고 있는 상태에서 이 책을 저술했다고 할 수 있을 것이다.

(3) 대차 분개와 장부과목(=計定科目)

상거래를 통하여 재화의 교환이 이루어지면, 재화의 소유에 대한 대차 관계가 성립

---

54) 김대희, 전게서, PP. 8~9.

하게 되며 이를 기록 계산하기 위한 차변 요소와 대변 요소로 나누는 작업이 필요하게 된다. 김대희는 그것을 대차 분개라고 표기하고 있다. 그는 『부기학상에는 유형물·무형물을 막론하고 대차(貸借)라는 용어를 통하여 인(人)으로 간주하고 차주(借主)와 대주(貸主)라고 통칭하는바, 가령 상품을 매입하고 그 대가를 현금으로 지급했다면 상품을 차주(借主), 그리고 현금을 대주(貸主)라는 의미로 장부에 기록하여 계산의 기초로 삼는다. 따라서 이러한 교환의 목적물이 차주(借主)가 되고 대주(貸主)가 되게 분류하는 것을 분개(分介)라 통칭한다.』55)고 분개의 의미를 분명히 하고 있다.

김대희에 의하여 우리나라 최초로 「분개(分介)」라는 용어가 사용된 것이다. 이는 송도치부법과 연관이 있는 것으로 보인다. 즉, 송도치부법의 사개(四介 : 捧次·給次·收入·消費)에서 비롯되는 대차관계를 기록계산하기 위하여 행하는 분류작업을 일컬어 「사개로 분류한다.」 또는 「분립사개(分立四介)」·「구분사개(區分四介)」라고 하였다. 이를 줄임말로 나타내면, 분개(分介)로 압축·표현할 수 있다. 그가 『송도인(松都人)의 발명으로 전국에 통용하는 소위 사개족치부(四介足致簿)』56)라고 지적한 것을 보면, 그는 필경 개성부기를 이해하고 있었던 것으로 보인다. 따라서 분개라는 표현도 사개치부와 연계하여 조어(造語)한 것으로 생각하는 바이다. 한국 고유의 사개치부법과 연계되어 있다는 점에서 임경재의 「구분(區分)」이나 윤정하의 「분열(分列)」보다는 신선한 감을 자아내게 한다. 그뿐만 아니라, 이 분개라는 용어는 그 후 현대에 이르기까지 부기 회계의 기본용어로 정착되어 있다는 점에서 김대희의 혜안(慧眼)에 경탄(敬歎)을 금할 수가 없다.

그는 거래를 교환이라는 용어로 표기하고 유형물이나 무형물이 거래를 통하여 교환될 경우, 화폐가치에 의한 등가물로 이중적인 표기가 되기 때문에, 대차의 균형이 이루어진다고 하였다. 즉, 대차평균의 원리가 적용된다는 것이다.

그는 계정과목을 장부과목(帳簿科目)이라는 표현을 사용하고 있다. 처음에는 일본어의 간죠(勘定: accounts)를 번역하여 회계과목이라고 했다가, 그것이 계산단위를 의미하고 계산하는 장소를 뜻한다고 하여 이를 장부과목이라고 변경하여 사용하였다. 임경재가 이것을 계산과목(計算科目)이라고 번역하여 사용한 것과 비교하면, 복식부기 도입 초기의 용어 선택에 상당한 혼선이 있었던 것으로 아주 대조적이다. 이어서 그는 장부의 유형을 두 가지로 나누고 있는데, 자산부채에 속하는 장부(=計定)와 손익에 속하는 장부(=計定)로 분류하여 설명하고 있음을 보게 된다. 이는 계정을 장부로 표현하였다. 영어로 장부는 books이고 계정은 accounts를 지칭하기 때문이다. 여기서 장부과목은 훗날 계정과목으로 정정하여 통칭하게 되었음을 고려하면, 복식부기 도입 초기의

---

55) 상게서, PP. 19~20.
56) 상게서, P. 2.

번역상의 고충을 충분히 이해할 수 있다.

이처럼 계정은 자산·부채·자본·수익·비용에 관한 유형별 분류를 통하여 각각 계정과목으로 표기하고 거래가 발생할 때마다 분개하고 기록과 전기 및 계산하게 된다는 원리에 따라 설명하고 있다.

(4) 장부의 종류와 기장

김대희는 장부를 일컬어, 거래의 결과를 기록하는 것이라고 하면서. 그 종류는 영업의 성질과 규모의 대소(大小)로 인하여 다소의 차이가 있으나, 부기학 관점에서 분류하면 주요부와 보조부의 두 가지가 있다고 하였다. 그리고 주요부는 기장계산의 근원이 되는 것으로서, 거래의 결과를 취합할 기본적인 일기장·분개장·원장의 3가지를 지칭한다고 하였다. 보조부는 주요부에 기록할 수 없는 거래의 세부적인 내용을 별도로 기록·보관해두는 보조장부를 지칭하며 현금출납장·어음장·매입장·매출장 등이 있음을 밝히고 있다.[57]

일기장(日記帳)은 거래가 발생할 때마다 날짜순으로 기록하는 영업의 역사적인 기초 장부이다. 일기장이 잘 보존되어 있으면, 다른 장부가 분실되었다고 하더라도 거래를 다시 다른 장부를 복원(復元)할 수 있게 되는 것이다.

분개장(分介帳)은 일기장에 기록된 거래 사실을 대차(貸借)의 성질별로 분개(分介)하여 원장으로 전기하기 위한 정리작업을 행하는 장부이다. 영업상의 사정에 따라 일기장과 분개장을 합하여 분개일기장(分介日記帳)이라는 명칭으로 작성할 수도 있다고 하였다. 그리고 보조부에 해당하는 현금출납장을 분개장화 하는 특수분개장 제도에 대한 언급을 한 것이 특이하다. 이러한 방법은 기장 상의 간편함 때문에, 오늘날에도 이어지고 있는 기장 방법이다.

원장(元帳)은 대차거래를 분개하여 기록된 분개장의 자료를 계정과목별로 분류하여 전기함으로써, 자산·부채·자본에 속하는 계정과 손익계정에 속하는 것을 세분하여 수합(收合)하고 재산의 증감변화와 영업의 결과를 인식할 수 있도록 정리하게 되는 주요장부라고 할 수 있다. 원장기록을 통하여 기말의 결산을 위한 작업이 이루어지게 된다는 의미이다. 김대희의 저서에는 용어의 표기에 있어서 오늘날의 그것과 다른 표현이 있어서 몇 가지 지적해 두고자 한다. 위에서 언급한 계정(accounts)을 장부라고 표기하고 원장에서도 현금장(現金帳)·상품장(商品帳)·자본금장(資本金帳)·손익장(損益帳)·자산부채장(資産負債帳) 등으로 표기하고 있다. 그리고 봉급변리(俸給邊利)라는 표현은 오늘날의 수입 이자와 지급이자를 뜻하는 것이다. 봉급은 사개치부법에서

---

[57] 상게서, PP. 54~55.

자산을 의미하는 봉차(捧次)와 부채를 의미하는 급차(給次)의 줄임말이며, 변리(邊利)는 이자라는 뜻이다. 즉, 채권자산에서 비롯되는 수입이자와 채무부채에서 비롯되는 지급이자이다. 봉차·급차·수입·지출의 사개(四介)를 분류한다는 의미로 「분개(分介)」라는 용어적 창조를 한 것만 보더라도 그는 분명 사개치부(四介治簿)에 대한 이해도가 깊었음을 감지할 수 있다.

그뿐만 아니라, 그는 예금(預金)이라는 용어를 임금(任金), 예입액(預入額)을 임입고(任入高) 또는 임치입(任置入)이라는 일본어식으로 표기하고 있다. 당좌예금은 무정기임금(無定期任金)이라 하고, 당좌차월(當座借越)을 무정기대과(無定期貸過)로, 당좌수표를 소절표(小切票) 또는 소추표(小推票)라고 표기하였다. 어음을 어험(魚驗)이라 표기하고 받을어음을 영수어험(領受魚驗), 지급어음을 타급어험(打給魚驗)이라 하였다. 적치금(積置金)은 적립금(積立金)을 의미한다. 적립금은 일본어적인 표현이라 적당한 용어를 선택했던 것으로 보인다. 현금을 직전(直錢)이라 하였으며, 어음의 할인(割引)을 내감(內減), 할인료를 내감료(內減料) 또는 계감료(計減料)로 표기하였으며, 인수운임을 운래비(運來費)로 나타내었다. 집세를 가세(家貰)로 표기하여 일본어의 「야찡(家賃)」과 구별한 것은 가능한 한 한국어적 표현을 구사하려 했던 것으로 볼 수 있다.

이상의 3가지 주요장부를 언급하고 분개 예제를 제시하여 각각 장부를 작성해 보이고 있는데, 이하에서 그 일부를 인용·소개하면 <표 7-23>, <표 7-24>, <표 7-25>, <표 7-26>, <표 7-27>, <표 7-28>, <표 7-29>와 같다.

<표 7-23> 김대희『응용 상업부기학』의 분개장 양식(例題一部)

分 介 帳

隆熙元年(AD1,907) 十二月一日

元頁	備考		借額	貸額
2	現金		50,000 —	
1		資本金		50,000 —
		二日		
3	商品		12,500 —	
4		李春植廛		12,500 —
		三日		
32	諸條	商品		6,400 —
5	高永根		500 —	
2	現金		5,900 —	
			68,900 —	68,900 —

<자료 : 김대희, 『상게서』, P. 60.>

(5) 결산 및 결산보고서

매일 발생하는 거래는 결과적으로 손익을 낳게 되기 때문에, 자본금계정의 증감을 초래하게 되는 것이지만, 그때마다 마감하게 되면 번잡함을 초래하게 되므로 일 년이나 반년 등 일정한 기간을 정해놓고 영업상의 총 손익을 계산하여 그 결과를 원초의 자본금계정에 반영시키고 결산보고서를 작성하는 절차를 결산이라고 정의하고 있다. 그리고 결산의 유형을 통상결산과 폐업결산으로 분류하고, 일정한 기말에 행하는 결산은 통상결산으로서, 이에 대한 결산절차를 언급하고 있다.

<표 7-24> 김대희, 『응용 상업부기학』의 원장양식(例題一部)

借				元　　　帳 資本金				貸 (1)	
月日		備考	分頁	金額	月日		備考	分頁	金額
					12	1	現金	1	50,000

借				現　　　金				貸 (2)	
月日		備考	分頁	金額	月日		備考	分頁	金額
12	1	資本金	1	50,000					
12	3	商品	1	5,900					

<자료 : 김대희, 『상게서』, P. 61.>

기말에 결산함에 있어서는 원장 끝에 자산 부채장(殘額計定)과 손익장(損益計定)을 설정하고 상품의 기말재고액을 시가로 평가하여 기말상품재고조사표를 작성하여 손익장(帳=計定)에서 당기손익을 산출함과 동시에 자본금계정에 전기한다. 그리고 각 계정의 잔액을 자산부채장(殘額計定)에 전기하고 각 계정을 마감하게 되어있다. 이러한 결산절차는 대륙식 결산 방법에 따르고 있음을 의미하는 것이다. 그 결산절차를 순서별로 설명하고 있는바, 다음에 정리한다.[58]

① 상품과 토지 가옥 및 유가증권 등, 시가(時價)로 평가하는 자산은 재고조사를 하여 재고조사표를 작성하고 결산보고서로서의 재산목록을 작성한다.
② 원장에서 손익계정(原本에는 損益帳簿)과 잔액계정(原本에는 資産負債帳)을 설정한다.

---
58) 김대희, 전게서, PP. 83~86.

③ 재산목록에 따라 각 계정의 대변(즉, 負債에 속한 쪽)에 시가평가액을 기입하고 비고란에 자산부채장이라 홍서(紅書)로 기록한다.
④ 자본금계정을 제외하고 그 외의 각 계정을 자산부채에 속한 것과 손익에 속한 것을 구분하여 각 계정의 대차양변의 합계를 계산하고 그 차액의 적은 쪽에 임시로 기입함과 동시에, 비고란에 자산부채장(殘額計定)이라고 홍서(紅書)로 기록한다.
⑤ 각 계정에 전기한 손익장(=損益計定)의 대차를 비교하여 적은 쪽에 홍서(紅書)로 기록함과 동시에, 자본금장(=資本金計定)에 전기한다. 이때 대변잔액이면 이익이요, 차변잔액이면 손실이 되는 것이다.
⑥ 자본금장(=資本金計定)의 대차차액을 계산하여 그 차액을 자산부채장(=殘額計定)의 해당란에 전기한다.
⑦ 자산부채장(=殘額計定)의 대차 양변을 합산하고 대차평균을 확인한다. 이는 시산표의 기능을 하는 것으로 보면 된다. 대차 양변의 금액이 일치하지 않으면, 기록계산의 오류가 있음을 의미하기 때문에 역산 조사를 해야 한다.

이러한 결산절차를 거쳐 이루어진 결과를 실제로 예제를 제시하여 장부에 실연(實演)하고 있는데, 이 중에서 중요한 계정만을 발췌하여 소개하려고 한다.

<표 7-25> 자본금계정과 현금계정 및 영업비계정의 결산 마감 실예

借			資 本 金 帳			貸	1.
隆熙二年	備考	分頁	金額	隆熙二年	備考	分頁	金額
1 2	洪仁忠廛	1	1,000	1 2	諸條	1	18,430
〃 31	資産負債帳	17	18,019.25	〃 3	損益帳	10	589.25
			19,019.25				19,019.25

借			現 金 帳			貸	2
隆熙二年	備考	分頁	金額	隆熙二年	備考	分頁	金額
1 2	資本金	1	5,850	1 10	營業費	1	39
〃 19	商品	2	8,100	〃 12	商品	〃	3,900
〃 28	商品	〃	4,400	〃 22	商品	2	20
				〃 28	雜費	〃	25
				〃 31	營業費	〃	165
				〃 〃	資産負債帳	17	14,201
			18,350				18,350

營業費帳　　　　　貸 3

隆熙二年		備考	分頁	金額	隆熙二年		備考	分頁	金額
1	10	現金	1	39	1	31	損益帳	16	204
〃	31	現金	2	165					
				204					204

<자료 : 김대희, 『상게서』, P. 87.>

 <표 7-25>에 의하면, 자본금장(帳)은 자본금계정을 의미하며, 현금장은 현금계정이고 영업비장은 영업비계정을 뜻한다. 비고(備考)는 계정과목을 지칭하고, 차액(借額)은 차변, 대액(貸額)은 대변을 지칭하는 것이다. 원(圓) 단위 이하의 전(錢) 단위가 통용되던 때였음을 이해할 수 있다.

 <표 7-26> 김대희 저서에 예시된 집합손익계정과 결산잔액계정의 양식

損益帳　　　　　貸 16

隆熙二年		備考	分	金額	隆熙二年		備考	分	金額
1	31	營業費	8	204	1	31	상품매매이익	3	880
〃	〃	送金手數料	11	1					
〃	〃	內減料	14	60.75					
〃	〃	雜費	15	25					
〃	〃	資本金	1	589.25					
				880					880

資産負債帳　　　　　貸 17

隆熙二年		備考	分	金額	隆熙二年		備考	分	金額
1	31	現金	2	14,201	1	31	洪仁忠廛	6	12,000
〃	〃	無定期任金	3	7,318.25	〃	〃	他給魚驗	9	3,900
〃	〃	營業家舍家具	4	3,800	〃	〃	安万秀廛	10	4,000
〃	〃	商品	7	15,000	〃	〃	金大元廛	13	6,400
〃	〃	領受魚驗	12	4,000	〃	〃	資本金	1	18,019.25
				44,319.25					44,319.25

<자료 : 김대희, 『상게서』, P. 90.>

<표 7-27> 김대희 저서에 예시된 손익표의 양식

損 益 表

隆熙 二年 一月 三十一日

帳簿名目			損失	利益
利益				
商品	賣出高	£ 24,600		
	賣殘高	£ 15,000		
	合計	£ 39,600		
	買入高	£ 28,720		
	利益	£ 880		880.00
損失				
營業費			204.00	
送金手數料			1.00	
內減料			60.75	
雜費			25.00	
較減純利益		589.25(紅書)	589.25	
			880.00	880.00

<자료 : 김대희, 『상게서』, P. 94.>

<표 7-28> 김대희 저서에 예시된 대차대조표의 양식

대차대조표

隆熙 二年 一月 三十一日

帳簿名目			資産		負債	
資産						
現金			14,201	—		
無定期預金			7,318	25		
營業家舍家具			3,800	—		
商品			15,000	—		
領受魚驗			4,000	—		
負債						
洪仁忠廛					12,000	—
他給魚驗					3,900	—
安万秀廛					4,000	—
金大元廛					6,400	—
本金	最初元入	£ 17,430.00				
	純利益	589.25				
					18,019	25
			44,319	25	44,319	25

<자료 : 김대희, 『상게서』, P. 95.>

<표 7-29> 김대희 저서에 예시된 재산목록의 양식

재 산 목 록

隆熙 二年 一月 三十一日

備 考	金 額	
現金時在	14,201	—
韓一銀行無定期預金	7,318	25
營業家舍家具	3,800	—
商品 英瓦斯絲四十二手 百雙 @£ 150	15,000	—
領受魚驗 壹葉	4,000	—
合計	44,319	25

隆熙 二年 一月 三十一日
姓名　㊞

<자료 : 김대희, 『상게서, P. 96.>

이처럼 결산절차가 완료된 후에는 이를 정리하여 결산지표, 즉 결산보고서를 작성하여야 한다. 결산보고서는 손익표・대차대조표・재산목록으로 구성되며, 김대희의 저서에 예시된 자료에 따라 정리한 것은 앞면의 <표 7-27>, <표 7-28>, <표 7-29>'과 같다.

결산보고서를 보면, 손익표와 재산목록은 그 양식이 보고식으로 작성되어 있으며, 대차대조표는 계정식에 의해 작성되어 있음을 볼 수 있다. 이는 이해관계자들을 고려한 것으로 생각한다. 특히 재산목록은 대차대조표의 차변에 기록된 자산과 같은 내용의 것으로서, 외국의 상법에 공시하도록 규정되어 있어서 반드시 작성하게 되어있음을 지적하고 있다.

원본의 제8장을 할애하여 특수거래인 적송품과 위탁매매 및 수탁매매에 대한 기장 방법이 소개되어 있으나, 여기서는 그 설명을 생략한다. 그뿐만 아니라, 제9장에는 「제2종 기재법」이라는 표제로 특수분개장으로서의 일기분개장과 현금출납장을 제시하여 주요부에 해당하는 이유를 설명하고 있는 것이 특이하다.

2) 김대희의 『공업부기학』

(1) 개요

김대희는 부록으로서 『공업부기학』을 체계적으로 정리하여 학리적(學理的)으로 설명하고 있다. 제품의 생산을 위한 공업의 경우, 생산공정이 존재하기 때문에, 종래의 상업에서 이루어지는 매매거래의 기장 처리와는 다른 구조로 구성되어 있다. 제품의 생산원가를 계산하기 위한 기장처리가 필요하므로, 상품매매와는 다른 차원에서 복잡한 제품 생산원가를 계산하는 과정을 거쳐야 하는 장부기록이 요구된다. 이러한 과정을 토대로 하여 공업부기의 구조가 선명하게 정리되어있다. 그는 경영자가 공장 운영에 대한 인식을 새롭게 하고 제품생산원가의 흐름을 터득하게 함으로써, 전문경영자의 자질을 구축시키려는데 목적을 두어 서술했음을 밝히고 있다. 즉, 공업부기의 기반인 공장의 분과조직과 공업부기가 지닌 장부조직과 계정기록 및 결산절차에 관한 서술로 이루어졌다는 것이다. <표7-30>에서 목차의 내용을 게재한다.

<표 7-30> 김대희 『공업부기학』의 구성내용

서언	甲. 저장품을 점장과로 이송하는 절차
제1장 공장의 분직	제1 저장품수입부
제2장 원료	乙. 점장과로 제작장에 환송하는 事와 거절
제1 제작지도서	저장을 처리ㅎ는 절차
제2 원료청구권	제1 불합품환퇴부
제3장 雇價의 처리와 기장	제2 주문응수장
제1 노동시간부 及 시간계산원	제3 저장품출송부
제2 직공고가명세부	제4 저장품을 점장과에 반납ㅎ는 事
제3 보험	제5 반납저장품수입서
제4 雇價支撥	제6 반납저장품록치부
제5 미지발금과 위임장	제6장 판매
제6 雇價적산표	제1 장부
제4장 원가	제2 장부의 해
제1 잡비의 분류와 부과법	제3 장부과목
제2 원가부 又는 제작품원가부	제4 각장부과목의 解
제3 제작품장입통지서	제7장 통지서
제4 제작품수입부	제1 수입통지서
제5 저장품원부	제2 지출통지서
제5장 저장품	제3 전기통지서

<자료 : 김대희, 『상게서』, PP. 2~5.>

(2) 공장생산조직과 원가계산장부

　공업부기의 기축이 되는 공업생산조직의 분과별 구조와 기장조직 및 계정기록에 대하여 설명되어 있다. 제1장의 공장 분직(分職)에서 '계산과'라는 회계직책을 두어 원가계산이 이루어질 수 있는 사유가 서술되어 있다. 우리나라의 전통사회에서는 소규모의 수공업이 주류를 이루고 있었기 때문에, 체계화된 공업부기적 기장방법이 전승되지 않았음을 언급하면서, 공장의 계산가를 위시하여 관리책임자인 공장장의 경리감독에 대한 인식이 필요함을 강조하고 있다.

<표 7-31> 예시된 원료 관련 장부의 기본양식

原料受入簿

年月日	送狀號數	供給者	備考	品名	數量	單價	金額	原料元傳頁數
2/1	15	100	世昌洋行	昨年十二月十五日主文本日倒着	直徑一吋棒鐵	30	169	5,070	2

原料元傳

品名: 直徑一吋棒鐵　　　　　　　　　　　　　　　　　貯殘最少量 20噸

年月日	受入簿頁	供給者	備考	號數	數量	比量	單價	總價
2/1	15	1	世昌洋行	昨年十二月十五日主文本日倒着	1	噸 30	@噸	169	5,070

原料請求券

第○○號　年　月　日　　　　　　　第○○號　　　　　　原料出給簿頁數○○
原料科에 請求　　　　　　　　　　下記 物品을 請求ᄒᆞ옵고 領受ᄒᆞ얏ᄉᆞ오이다.
　　　　　看務者 印　　　　　　　原料課　貴中
　　　　　　　　　　　　　　　　　　　　某　部長 印
　　　　　　　　　　　　　　　　　　　年　月　日

品名	製作號數	用道	品名	製作號數	用道	號數	數量	比量	金額

材料出給簿

年月日	備考	領受券號數	領受部名	品名	制作號數 又는 用道	號數	數量	比量	金額	元頁

<자료: 김대희, 『상게서, PP. 6~12.>

공장조직은 계산과·원료과·공장과·서무과·제도과(製圖課) 등으로 나누어져 있고 서무과에는 보장과(保藏課: 倉庫課)와 판매과로 분직 된다고 하였다. 계산과(原價計算 또는 會計課를 의미함.)는 금전 출납과 장부를 비치하여 기록계산하는 곳으로서 비치해야 할 장부에는 현금출납장·원가원장·적립금장부·직공고가원장(職工雇價元帳)을 비치하여 기장 처리에 오차가 없도록 해야 한다는 것이다. 직공고가원장은 직공들의 노

임이나 노무비 원장이다. 이는 공업부기와 연관된 원가계산을 담당하는 가장 중요한 부서임을 인식하지 않으면 안 된다.

제2장의 원료(原料)에서는 원가 흐름의 기초가 되는 원재료의 투입과 기장기록을 위한 장부의 유형을 언급하고 있다. 원료에 관한 장부는 원료원부(原料元簿: 原料元帳을 의미함.)와 제조지휘서(製造指揮書: 製造指揮書) 및 원료청구권(原料請求券: 原料出庫請求書)이다. 그리고 원료의 출납에는 원료수입부(原料收入簿)와 원료출급부(原料出給簿)를 두어 원료의 구매와 투입을 차질 없이 기록해야 한다고 되어있다. 이 중에서 원료의 구매와 투입에 관한 기록 원부의 양식을 소개하면, <표7-31>과 같다.

제3장의 고가(雇價: 勞務費)의 처리와 기장에서는 노무비 계산을 위한 노동시간부(勞動時間簿, 즉 出勤簿)를 비치하여 근로자의 근로 현황을 파악함과 동시에, 매 5일마다 작성하는 고가적산표(雇價摘算表), 즉 작업시간보고서 및 직공고가명세부(職工雇價明細簿)를 작성하여 제조지령서에 따라 노무비계산에 차질 없도록 기록해야 한다고 하였다. 노무비 관련 계산장부의 일부를 소개하면, <표 7-32>과 같다.

<표 7-32> 예시된 노무비 관련 장부들 일부

號數	人名	工名	時給	自日時給	至日雇價	自日時給	至日雇價	時給時數 時給	時給時數 雇價	合計 時給	合計 雇價	保險金額	社家有貫	較減實合文	支金出額	備考
職工雇價明細簿

號數	人名	工名	金額	從業年月日 自	從業年月日 至	支出年月日	領受人名	備考
351	申福汝	鐵工部	20	2/3 26	2/4 26	2/5 3	林俊相㊞	委任狀支出1290 缺勤을 因ᄒ야 遲延
721	南奎源	木工部	15	〃 〃	〃 〃	〃 〃	南奎源㊞	
未支出雇價簿

<자료: 김대희, 상게서, PP. 18~25.>

제4장의 원가(元價, 原價)에서는 원재료비와 고가(雇價), 즉 노무비를 합산하는 과정이 기술되어 있다. 여기에 기술된 역장가(役場價)는 공장원가를 의미하며 도급역군(都給役軍)은 도급공사를 뜻한다. 총원가에는 원재료비와 노무비 이외에 잡비(雜費: 經費)가 부가되어야 하는데, 이것은 제조경비를 의미하며 부문별원가계산을 위하여 직접경비와 간접경비로 구분하여 기장하며, 원가원부(元價元簿)를 작성하게 된다.

원재료의 투입과 노무비 및 경비의 합산으로 제품이 완성되면, 제작품장입통지서(製作品藏入通知書=製品入庫明細書)를 작성하고 완성된 제품을 창고에 저장한다. 이때

점장과(店藏課 = 제품보관과)에서 제품을 수령하여 입고하게 되면, 저장품수입부에 기록하고 저장품원장에 기입한다. 저장품원부는 제품원장이다. 더욱이 제품에 합산되는 모든 경비는 원가에 비례하여 부문별로 그것을 예정배부하도록 하고 있다. 그 이유를 보면, 원재료비는 물가변동의 영향을 받는 것이기 때문에, 공장원가(=직접원가)에 의하여 배부함은 부당하다고 언급하였다. 따라서 경비의 실제 발생액과 예정배부액과의 차이는 매월 그 발생액을 파악하여 예정배부율을 조정하기 때문에, 그 차액이 극소화하도록 노력해야 한다는 것이다.59)

<표 7-33> 원가원부 및 저장품 원부의 기본양식

元價元簿

製作號數									着手 年 月 日					落成 年 月 日			
年月日	備考	原料請求券號數	號數 또는 數量	單位	原料費	職工雇價	諸雜費	合計	年月日	備考	原料還入書號數	號數 또는 數量	單位	金額

貯藏品元簿

品名:

年月日	頁數	製作番號	備考	號數	數量	單位	金額	合計

<자료: 김대희, 상게서, PP. 32.>

제5장의 저장품에서는 완성품을 공장에서 반출하거나 수용하는 절차와 불량품이 있으면, 이를 반송하는 절차가 기술되어 있다. 그리고 외부로부터 주문이 있으면 주문응수장(注文應受帳)을 마련하여 기록하고 점장과(店藏課: 제품보관과)에 주문지시서를 발송하여 출하토록 한다. 여기에는 화주처(花主處)라는 용어를 사용하고 있는데, 이는 주문처, 즉 단골집을 의미하는 것이다. 제양서(製樣書)라는 용어도 사용하고 있는바, 이는 제조명세서를 의미하는 것이며, 「인보이스」라는 용어를 사용하면서 이를 복물(卜物: 발송품)이라는 의미로 사용하고 있다.

제6장의 판매(販賣)는 공장분과조직의 하나인 판매과에서 비치할 장부가 언급되어 있다. 제비용명세서에 해당하는 「제소입명세부(諸所入明細簿)와 포장비인 「장속비(裝束費)」가 그것이다. 그리고 매매장(賣買帳)이라는 매매계정을 두어 차변에는 매출액을, 대변에는 매출된 제품의 원가를 기록하도록 하였다.

---
59) 김대희, 전게서(부 공업부기학), P. 36.

제7장은 통지서(通知書)라는 표제로 전표(傳票)에 대한 설명이 되어 있다. 즉, 입금전표와 출금전표 및 대체전표를 각각 수입통지서(受入通知書)와 지출통지서(支出通知書) 및 전기통지서(轉記通知書)라고 표기하고 있다. 이 경우에 통지서(傳票)를 작성할 때는 계산과의 회계원이 조사하여 잘못이 없다면, 「합(合)」이라 날인(捺印)하며 일기장 등에 전기가 이루어진 후에는 「등(謄)」이라는 도장을 찍게 되어있다. <표 7-34>과 같이 전표의 양식을 소개한다.[60]

<표 7-34> 예시된 입금전표·출금전표·대체전표의 양식(통지서)

第　　號	隆熙　　年　　月　　日	課長	印
	店藏課受入通知書	主任者	印
備　　考	數量	單價	金額
製 第二百號六噸有蓋貨車工場課로 受入	10	750	7,500

第　　號	隆熙　　年　　月　　日	課長	印
	工場課支出通知書	主任者	印
備　　考	數量	單價	金額
製 第二百號六噸有蓋貨車工場課로 受入	10	750	7,500

第　　號	隆熙　　年　　月　　日	課長	印
	轉記通知書	主任者	印
備　　考	借便		貸便
領受魚驗帳 六噸有蓋貨車拾輛을 賣出하고 湖商鐵道株式會社發行 本工場名下自 日本三十日發行後打給約束魚驗	10,000		
賣買帳(또는 貯藏品帳) 仝上貨車 @1,000 湖商鐵道株式會社에 賣出하고 約魚로 領受			10,000

<자료 : 김대희, 상게서, PP. 67~69.>

이상과 같이 김대희는 주문생산 중심의 개별원가계산을 위주로 하는 공업부기의 기장 절차를 설명하였으나, 결산절차에 대해서는 상업부기의 원리에 따라 참조하도록 지시하였으며, 구체적인 예제를 설정하지 않은 것이 아쉬운 점이다.

---

60) 김대희, 상게서, PP. 69~70.

5. 민천식의 『실용 가계부기』

융희 2년(AD1908)에 민천식(閔天植)[61]이 역술(譯述)한 『실용가계부기(實用家計簿記)』는 휘문의숙 교장이었던 임경재의 교열을 받아 출판된 것이다. 모두 6장으로 이루어져 있다. 즉, 제1장 서론, 제2장 원장과목, 제3장 장부기입순서(日記帳·元帳), 제4장 결산절차, 제5장 부언(附言), 제6장 복습 문제로 구성되어 있다. 그리고 부록으로 장부 서식이 첨부되어 있다. 서론의 내용은 아래와 같이 인용한다.

『가계부기는 일체가용(一切家用)의 출납을 기입정리ᄒᆞ는 법칙이라. 이 실용(實用)에 대ᄒᆞ야는 별로 수습을 불요ᄒᆞ고 기입ᄒᆞ기 용이ᄒᆞ게 述한 者이니, 하인(何人)을 물론ᄒᆞ고 차법(此法)을 일람ᄒᆞ면, 일가(一家)의 출납을 정리키 능(能)ᄒᆞᆯ지니라.』[62]

<사진 7-5> 민천식 역술의 『실용가계부기』

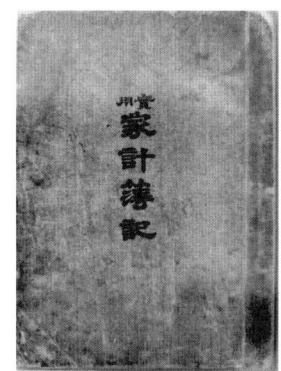

<자료 : 민천식, 『실용가계부기』 (경성, 휘문관, 융희2년(1908), 노영식 소장>

이 책은 가계 출납의 기장 방법을 정리한 부기서이며, 당시 고등소학교 수준의 과정에서 부기 교과서로 이용할 수 있도록 편집되어 있다. 단식부기의 형식에 따라 정리되어있음에 유의할 필요가 있다.

---

61) 민천식(AD1891~1915)는 여흥민씨 삼방파 29세손으로 휘문의숙(현, 휘문고등학교의 전신)의 설립자인 민영휘의 서자 3 남이다. 휘문의숙에서 수학한 후, 일본 경화중학교(AD1909~1911)와 도쿄 외국어전문학교(AD1911~1913) 독문과를 졸업하였다. 귀국 후 한일은행(조흥은행)에 입행한 지 3년만인 1915년에 병사하였다. 그는 한국은행 총재였던 민병도의 양부이다. 휘문학교 교장 임경재의 교열을 받아 『실용가계부기』(AD1908)를 역술하였다. 부서로 장부서식이 있다. 원본 및 원저자는 밝혀져 있지 않다. 그 외로 『森歐』라는 논문도 있다.
62) 민천식, 『실용가계부기』(경성, 휘문관,, 1908), P. 1.

<표 7-35> 가계부기의 일기장 양식

日　記　帳

隆熙年		摘　　要	現　金	
			借	貸
11	4	√月俸 十一月分 自度支部	₩200,000	
		√皮服費 唐木一疋		₩7,500
		√細小費 自己十一分		2,000
	5	√雜品費 木鞋二雙		700
	7	√諸家具費 掛時計壹箇		7,500
	8	√圖書費 家庭雜志 一個月分 五冊價		500
	9	√教育費 女學校一個月分學費		1,000
	10	√借家料 十一月分		12,500
	11	√修繕費 牆垣改築		4,550
	15	√細小費 兩親主十一月分		6,000
	16	√交際費 某叔母送果子一箱		1,500
	17	√雜給 車夫一個月分		7,500
	18	√雜費 郵票葉書七拾枚		700
	20	√國庫公債證書 五拾圓券一枚		50,000
	21	√雜品費 茶碗拾個		700
	23	√交際費 親族饗應費		5,585
	24	√皮服費 洋吐毛壹打		3,600
	25	√諸家具費 菓子盆 壹個		1,250
	26	√細小費 家人 十一月分		15,000
	27	√教育費 甲童英語學校學費本月分		5,500
		前次頁	200,000	134,585

日　記　帳

隆熙年		摘　　要	現　金	
			借	貸
11	28	自前頁	₩200,000	₩134,585
		√雜給 婢子二人一個月分		2,400
	29	√交際費 親友五人饗應費		7,500
	30	√圖書費 每日皇城帝國三新聞本月分		850
		√敎材費 伯母及叔母松鶴卵一箱式		2,000
		√供饋費 十一月분(支撥帳)		45,772
		元帳現金座次轉記額	√200,000	√193,107
		計減殘額		6,893
			200,000	200,000

<자료 : 민천식, 『실용가계부기』(경성, 휘문관, 1908), PP. 1~2.(장부서식)>

<표 7-36> 가계부기의 원장 양식 일부

元　帳

月　俸

隆熙年		摘　要	借邊		貸邊		貸或借	殘額	
月	日								
11	4	現金			₩200	000	貸	₩200	000
	4	〃			200	000	貸	400	000
	31	決算額	₩400	000					
			400	000	400	000			

皮服費

隆熙年		摘　要	借邊		貸邊		貸或借	殘額	
月	日								
11	4	現金	₩7	500			借	₩7	500
	24	〃	3	600			借	11	100
12	5	〃		750			借	11	850
	11	〃	3	000			借	14	850
	31	決算額			₩14	850			
			14	850	14	850			

教育費

隆熙年		摘　要	借邊		貸邊		貸或借	殘額	
月	日								
11	9	現金	₩1	000			借	₩1	000
	27	〃	5	500			借	6	500
12	20	〃	1	000			借	7	500
	25	〃	5	500			借	13	000
	31	決算額			₩13	000			
			13	000	13	000			

現　金

隆熙年		摘　要	借邊		貸邊		貸或借	殘額	
月	日								
11	30	日記帳各科目	₩200	000			借	₩200	000
	〃	〃			₩193	107	借	6	893
12	31	〃	200	000			借	206	893
		〃			188	650	借	18	243
		決算額			18	243			
			400	000	400	000			

<자료: 민천식, 전게서, PP. 21~36(帳簿書式中 일부만 발췌)>

1) 원장과목(元帳科目)

제2장의 원장과목은 「입금에 관한 과목」과 「출금에 관한 과목」으로 나누어 기술되어있다. 전자는 ①연봉(年俸) 혹은 월봉(月俸) ②은사료(恩賜料) ③상여금 또는 수당금 ④공채증서이자 ⑤배당금 ⑥임금이자(任金利子, 즉 預金利子) ⑦대지료(貸地料) ⑧대가료(貸家料) ⑨경작료(耕作料) ⑩대금이자(貸金利子, 즉 貸與金利子) ⑪잡입(雜入, 즉 雜收入) ⑫차용금 등 12개의 과목이 나열되어 있다. 그리고 후자는 ①공귀비(供饋費, 즉 消耗品費) ②잡품비(雜品費) ③피복비 ④각종 가구비 ⑤도서비 ⑥교육비 ⑦지세(地稅) ⑧차지료(借地料) ⑨차가료(借家料) ⑩가옥세(집세) ⑪소득세 ⑫수선비 ⑬세소비(細小費) ⑭교제비 ⑮잡급(雜給) ⑯마차비(馬車費) ⑰정원비 ⑱의약비(醫藥費) ⑲잡비 ⑳임시비(臨時費) 등이며, 그 외에도 현금지출항목으로서 공채증서구입비, 주식매입비, 전답구입비, 가옥구입비, 및 은행예금 지출과 선대금(先貸金) 등의 자산과목들이 있다.

<표 7-37> 예시된 원장일람표의 양식

元帳一覽表

借邊		隆熙某年 十一願三十日	貸邊	
摘要	金額	摘要	金額	
細小費	₩24 000	月俸	₩200	000
皮服費	11 100			
雜品費	1 400			
諸家具費	8 750			
圖書費	1 350			
敎育費	6 500			
借家料	12 500			
修繕費	4 550			
交際費	16 585			
雜給	9 900			
雜費	700			
國庫公債證書	50 000			
供饋費	45 772			
現金	6 893			
	200 000		200	000

<자료 : 민천식, 전게서, PP. 39(書式)>

2) 결산절차 및 결산표

상술한 바와 같이 원장기록이 완료되면, 기말에 결산절차를 밟게 되는 것이다. 결산은 연말에 원장을 마감한 후, 각 과목의 잔액을 원장일람표(元帳殘額表)에 기입하여 대차 금액이 일치하면, 기장의 정확하다는 증거이다. 그다음은 자산부채일람표를 작성하여 결산을 완료하게 된다. 이하에서 예시된 장부를 예시한다.

이상에서 살펴본 바와 같이, 가계부기의 구조는 가정경제의 기본이 되는 기장체계를 정리한 것으로서 누구나 익혀서 활용할 수 있도록 서술된 교재라 할 수 있다. 비교적 규모가 큰 가정의 재산과 부채의 관리를 위해서는 반드시 이 책의 내용을 터득할 필요가 있다고 권고하고 있다. 근대화의 물결을 타고 도입된 서양의 복식부기가 당시의 상인들 사이에서 관심의 대상이 되었던 시기에 가계부기에 관한 교재가 출판되었다는 것은 참으로 놀라운 사건이라 하지 않을 수 없다.

<표7-38> 예시된 자산부채일람표의 양식

元帳一覽表

借邊		隆熙某年 十二月卅一日	貸邊	
摘要	金額	摘要	金額	
純財産	₩138,243	國庫公債證書	₩100,000	
		漢城銀行任置金	20	
		現金	18,243	
	138,243		138,243	

<자료 : 민천식, 전게서, P. 43.(帳簿書式)>

4 조선총독부 시기의 서양식 복식부기 문화

1. 개요

융희 4년(AD1910) 8월 29일에 조선총독부 체제가 출범하여 한국은 전대미문의 식민통치기구 아래에서 35년 동안 인고의 세월을 보내게 되었다. 그런 와중에서 경제활동의 기본수단인 복식부기 시스템은 전통적 개성부기와 더불어 서양식 회계제도의 도입으로 혼재된 회계환경이 조성되었다.

당시의 개성 상인들은 전통적으로 사용되어온 개성부기 제도를 국권 상실 이후에도 고수하고 있었다. 한편, 개화의 물결을 타고 들어온 서양식 복식부기 제도는 조선총독부에 의한 일본식 교육제도가 시행되는 과정에서 일본어로 저술된 부기 교과서가 사용되었다. 그러나 민족학교나 일반강습소에서는 한국어판 부기 교재에 의해 교습하는 실정이었다. <표 7-39>에서 보는 바와 같이 일본어판 부기 교과서와 더불어, 한국어판 부기책이 교과서로 사용되고 있었음을 확인할 수 있다.

<표 7-39> 조선총독부 시대에 사용된 부기교과서의 목록 일부(AD1941~1945)

저자명	저서명	발행처	발행일	비고
郭漢倬	簡易八種簿記第一編商業	普及書館	1911. 5. 10.	국한문 혼용판
任璟宰	最近 商業簿記 最近 商業簿記(修訂)	徽文館 博文書館	1913. 3. 29(초판) 1921. 10. 25(재판)	국한문 혼용판 〃
玄丙周	實用自修四介松都治簿法全	德興書林	1916.12.15.(초판) 1921.(재판) 1928.10.20(3판)	국한문혼용
吉田良三	簡易 商業簿記敎科書 四訂 銀行簿記敎科書 改訂工業簿記敎科書 女子簿記敎科書	同文館	1913. 4. 18.(초판) 1929. 3(개정증보) 1931(개정판) 1935. 9.	일본어판
細井安次郎	中等 簿記敎科書	帝國書院	1936. 10.	일본어판
高瀨莊太郎	新編 中等商業簿記	三省堂	1933. 10.	일본어판
田代仙次郎	會社簿記	田代氏藏版	1926. 3.	일본어판
吉田良三	新英文簿記敎科書	同文館	1931(5판 증보)	영문판(원강용)
金洵植	商業簿記要義	嚴松堂書店	1937	일본어판
渡部明	工業簿記	寶文館	1938	일본어판
茂木英雄	銀行簿記	松邑三松堂	1939	일본어판
山田勘三郎	金融組合簿記	朝鮮金融組合聯合會	1943	일본어판
P.A, Carlson A.L. Prickett, H.L. Forkner	20th Century Book-keeping and Accounting	South-Western Publishing Company	1940 (18th Edition, Cincinnati, San Francisco, NewYork, USA.)	영문판 (원서강독용)

<자료 : 權相洙선생의 소장 자료(1911~1943)에 의거 정리한 것임.>

2. 곽한탁의 저서, 「간이팔종부기 제1편상업」

1) 본서의 구성

한국어판으로 출판된 곽한탁(郭漢倬)63)의 「簡易八種簿記 第一編商業」은 6번째 출판된 서양식 상업부기 교과서이다. 그가 「8종 부기」라고 제목으로 넣은 데는 이유가 있다. 그는 이 책의 서두에서 사업 활동에는 각각 특수한 유형이 있어서, 장부 기록에서도 그 사업의 유형에 따라 분류하여 업종별 부기서가 있어야 한다고 주장하면서 부기의 유형을 여덟 분야로 나누어 놓았다. 즉, ① 상업부기 ② 은행부기 ③ 회사부기 ④ 관청부기 ⑤ 철도부기 ⑥ 농업부기 ⑦ 공업부기 ⑧ 가계부기 등의 업종별 부기서를 의미한다.64) 그는 제1편으로 상업부기에 관한 저술을 기획했던 것으로 보인다. 곽한탁의 저서를 대상으로 연구 발표한 논문이 있다.65) 이 책의 구성내용은 <표 7-40>와 같다.

<사진 7-6> 곽한탁의 간이팔종부기 제1편 상업

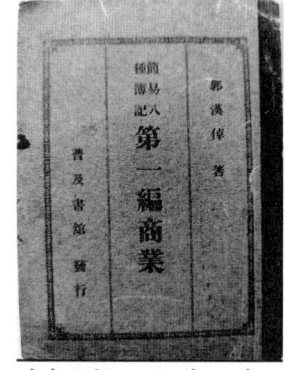 

명치44년(1911)5월 10일 초판, 삼성출판박물관 소장

그는 서두에서 상업부기가 기장 방법의 기본을 이루는 것이라고 강조하고, 업종에 따라 약간의 차이가 있을 뿐이라고 언급하고 상업부기를 이해하면 나머지는 사업의 성질만 숙지하면 스스로 터득할 수 있다고 하였다. 그는 상업부기를 기점으로 하여 나머지 7종의 부기서를 저술할 계획을 세웠던 것으로 보이지만, 그 당시의 신문 광고나 서적목록 및 출판목록에도 수록되어 있지 않기 때문에, 아마도 제1편 상업부기 저술 하

---

63) 곽한탁은 청주곽씨 족보에 의하면, 고종 24년(AD1887: 정해년) 5월 8일에 부친 곽창현과 모친 연안이씨 사이에서 출생한 것으로 되어있다. 청주 곽씨 여주파 32세 손이며, 그의 어릴 적 이름은 윤칠(潤七)이요 字는 元星이다. 평산신씨와 혼인하였고, 후처 연일정씨과 재혼하여 슬하에 3남 2녀를 두었다. 관직으로는 괴산군수·단양군수·중추원 참의를 지냈다고 한다. 태극학보에 의하면, 그는 일찍이 일본에 유학하여 법학을 전공한 것으로 보인다. 태극학보에 법학 관련논문을 다수 발표한 것으로 되어있기 때문이다. 어떻게 하여 서양 부기서를 저술하였는지에 대해서는 자세한 정보가 없어서 확인할 수 없다.
64) 곽한탁, 『간이팔종부기 제일편상업』(경성, 보급서관, 1911), P. 1.
65) 권상수, 『서양 부기 도입사에 관한 연구(Ⅱ)-곽한탁 저, 간이팔종부기 제 1편 상업을 중심으로-』(한국고서연구회, 『고서연구』제10호, 1994), PP. 95~136.

나에 그친 것으로 생각된다.

　이 책에서 그는 상업부기란 『부기 응용의 일종으로 상업거래상 회계전말, 즉 재산의 증감변화에 관한 모든 사항을 명료히 기록하여 영업손익 및 재산 상태를 정확히 계산 처리하는 방법』66)이라고 그 뜻을 밝히면서 상업부기에는 단기식과 복식식이 있다고 하였다. 그리고 그는 재산을 자산과 부채로 양분할 수 있음을 언급하고, 자산은 소유자가 자유로 처리할 수 있는 물품이나 권리를 의미하며, 부채는 타인에 대하여 일정한 금액을 지급해야 할 채무라고 밝히고 있다. 여기서는 복기식 상업부기에 대해서만 다루기로 한다.

<표 7-40> 곽한탁의 「간이팔종부기 제1편상업」의 구성내용(目次)

```
　서언
제1장 부기의 종별                           제5관 상분 및 감정과목
　제1절 사업상의 종별                         제2절 감정과목의 분류
　제2절 기입법상의 종별                         제1관 유가물에 속한 감정과목
제2장 상업부기                                 제2관 금전대차에 관한 감정과목
　제1절 상업부기의 의의                         제3관 손익에 관한 감정과목
　제2절 자산과 부채                             제4관 거래상분 연습예제
　본론                                       제3절 장부 및 기입법
제1편 상업부기                                 제1관 장부
　제1장 단기식부기                               제1항 주요부
　　제1절 장부기입법                             제2항 보조부
　　제2절 결산                                   제3항 장부조직
　　　제1관 장부의 체절법                       제4절 결산
　　　제2관 붕어표의 조제법                       제1관 시산표 및 붕어표
　　　자산부채표 및 손익표의 조제법                 제2관 자산부채감정 및 손익감정
　　제3절 기장연습예제                             제3관 결산의 종류 및 절차
　제2장 복기식부기                                 제4관 결산보고표
　　제1절 복식원리                             제5절 소절수 및 어험
　　　제1관 거래의 의의                           제1관 소절수
　　　제2관 거래구성 요소                         제2관 어험
　　　제3관 거래요소의 결합관계                     제3관 어험기입장
　　　제4관 대차의 의의                         제6절 기장연습 예제
```

<자료 : 곽한탁, 「간이팔종부기제1편상업」 (경성, 보급서관, 1911), PP. 1~4.>

---

66) 곽한탁, 전게서, P. 3.

2) 복기식 상업부기

　복기식 상업부기란 회계를 정리하는 가장 진화된 방법으로서, 거래를 일목요연한 원리원칙에 따라 기장하며 계산이 질서정연하고 정확 명료하여 규모가 큰 기업의 영업이나 복잡한 거래라 할지라도 오류 없이 기록계산이 가능한 부기법을 일컫는다. 이것은 복식부기의 원리를 기본으로 하는 기장 방법을 의미하며, 간단히 복식부기로 표현하는 것이 일반적이다. 곽한탁의 저서에서는 복기식 부기법을 설명하면서 복식기장 원리를 언급하고 그 출발점으로 거래의 의미를 정확히 서술하고 있다. 즉, 거래란 재산의 증감을 일으키는 사상(事象: event)을 총칭하는 것으로서, 그 원인이 영업자의 행위로 발생하는 것과 우연히 발생하는 것 여하를 불문하고 그 결과가 재산에 증감변화를 가져오게 하는 모든 사건을 일컫는 것이다. 그러므로 재산의 증감변화에 영향을 미치지 않는 사건은 거래라고 하지 않는다는 것이다.[67]

　그렇다면, 복식 기장의 기초원리가 되는 거래를 구성하는 요소에 대하여 살펴보기로 하자. 거래는 다음의 세 가지 요소로 구성되어 있으며, 유가물과 금전대차, 그리고 손익의 요소가 그것이다. 유가물은 금전·토지·가옥·선박 등이며, 이들 유가물을 수취하든가 인도(引渡)하는 행위가 발생하게 되면, 재산상에 변화를 초래했으므로 이를 거래로 보고 장부에 기록해야 한다. 금전대차는 금전을 대여하거나 차입하게 되면, 대주(貸主)와 차주(借主) 관계가 성립하고 기장해야 하는 거래가 성립한다. 그리고 손익은 영업기간 동안에 이익이나 손실이 발생했을 경우를 일컫는 것으로서 재산에 증감변화를 일으키게 되므로 기록계산의 대상이 된다.

　이러한 거래 요소는 8요소로 구성되며 그 결합 관계를 차변과 대변으로 분류하여 기장 처리하도록 설명되어 있다. 곽한탁의 저서에서는 차변과 대변으로 분류하는 작업을 「상분(相分)」이라는 용어를 사용하고 있다. 이는 일본식 부기 용어인 「시와께(仕譯)」를 직역한 것이다. 다시 말하지만, 윤정하는 이것을 「분열(分列)」이라 번역하였고 임경재는 「구분(區分)」, 김대희는 「분개(分介)」라고 각각 다르게 표기하고 있다. 서양 부기의 도입 초기였으므로 용어가 통일되지 않았던 것으로 보인다.

　거래 8요소를 상분(相分=分介)하여 대차 관계를 확정하고 계정과목을 설정하여 장부에 기록 계산하는 절차를 거치도록 기술하고 있다. 이때 곽한탁은 상분법칙(相分法則)이라는 표현을 쓰고 있다. 분개 법칙이라는 의미이다. 거래 8요소에 대해 예시를 하여 기장연습을 할 수 있도록 배려하고 있다.

　기장을 위한 장부는 주요부와 보조부로 나누어 설명하고 있다. 주요부는 일기장(日記帳)·상분장(相分帳)·상분일기장(相分日記帳)·원장(元帳)으로 구성된다. 그리고

---

67) 곽한탁, 전게서, P. 36.

보조부에는 금전수불장(金錢受拂帳=現金出納帳)·상품사입장(商品仕入帳)·상품매팔장(商品賣捌帳)·어험기입장(魚驗記入帳) 등이 있다. 이들 장부조직을 중심으로 기장 연습문제를 제시하고 실제로 분개와 장부 기록의 예시를 제시하고 있다. 장부기입 방법은 전술한 다른 저자들과 유사하므로 장부 양식의 예시는 생략하기로 한다. 다만, 결산절차를 거쳐 작성되는 결산보고서인 손익표와 대차대조표만을 인용 소개한다.

끝으로 곽한탁은 이 책의 뒷부분에 수표와 어음에 관한 설명과 연습문제를 제시하였다. 수표를 일본어인 소절수(小切手)로 표기하고, 그것은 은행에 당좌예금을 한 자가 은행이 지급하도록 의뢰하는 증권을 의미하는 것이다. 예컨대 상품을 매입하고 수표(=小切手)를 발행해 주었다면, 상분(相分=分介)은 차변에 상품과 거래금액을 적고, 대변에 당좌예금과 거래금액을 기록하여 분개장과 원장에 전기하게 된다. 그만큼 당좌예금에서 지급되었음을 나타내는 기록계산이다.

<표 7-41> 복기식 상업부기의 결산손익계산서 양식

損益表
明治四十三年十一月三十日

摘　　要		損　失		利　益	
損 失 之 部					
營業費					
開業諸入費	￥6.80				
商品車力賃	￥10.00				
借家料	￥40.00				
雜費	￥18.00	74	80		
利 益 之 部					
賣上高	￥1,847.76				
賣殘高	￥938.82				
合計	￥2,786.58				
仕入庫	￥2,647.64			138	94
純 利 益		64	14		
		138	94	138	94

<자료 : 곽한탁, 전게서, P. 100.>

그리고 어음(魚驗)은 신용을 전제로 하여 발행하는 증권으로서, 그것을 소지한 사람에게 무조건 지급할 것을 약속하거나 위탁하는 것이다. 지급을 약속하는 증권이 약속어음이고, 지급하도록 위탁하는 증권은 환어음이다. 여기서 환어음을 「가와세(爲替)」라는 일본어를 사용하여 가와세어험(爲替魚驗)이라 표기하였다. 조선총독부 시기였기 때문에, 통용될 수 있었던 것으로 보인다. 어음을 발행해 주었을 때는 보조부인

지불어음 기입장(支拂魚驗記入帳・Ibid. P. 117.)에 기입함과 동시에, 분개장에 분개하고 원장에 전기한다. 어음을 받았을 때는 받을 어음기입장(受取魚驗記入帳・Ibid. P. 116.)에 기입하고 분개장과 원장에 기입・전기하도록 설명되어 있다.

<표 7-42> 복기식 상업부기의 대차대조표 양식

貸借對照表
明治四十三年十一月三十日

摘　　要	借方		貸方	
資産之部				
金銀	1,160	14		
商品	938	82		
弓德濟商店	430	18		
負債之部				
姜大益商店			465	—
資本金			2,064	14
最初元入金　　￥2,000.00				
當月純益　　￥64.14				
現在資本金　￥2,014.14				
	2,529	14	2,529	14

<자료 곽한탁, 전게서, P. 101.>

<표 7-43> 복기식 상업부기의 결산 후 재산목록

財産目錄
明治四十三年十一月三十日

摘　　要	借方		貸方	
資産之部				
金銀　　手許殘高	1,160	14		
商品	938	82		
利川米 五十石(四斗二升入)六升八合式　￥308.82				
天安米 五十石(四斗二升入)七升式　￥300.00				
裸麥 三十石 十一圓式　￥330.00				
弓德濟商店	430	18		
負債之部				
姜大益商店			465	—
資本金			2,064	14
	2,529	14	2,529	14

<자료 곽한탁, 전게서, P. 102.>

3. 임경재의 저서 『최근 상업부기』

1) 본서의 구성

임경재는 대한제국 말기인 융희 2년(AD1908)에 『간이상업부기학』을 저술하여 서양식 부기 교육에 크게 이바지한 바 있다. 그러나, 조선총독부가 수립되어 일본식의 교육제도가 보급되면서 우리말 부기 교재의 발행이 어렵게 되었으나, 사립학교 등에서 수요가 있어 『최근 상업부기』를 1913년에 출판하고 이어서 1921년에 재판발행을 함으로써, 부기 교육에 일조하였다. 이 책의 구성 내용은 <표7-44>와 같다.

<사진 7-7> 임경재의『최근 상업부기』

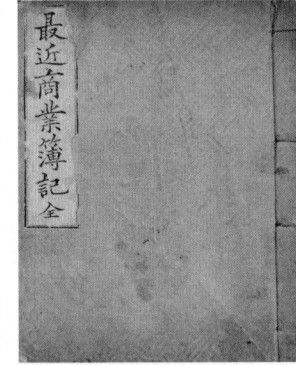 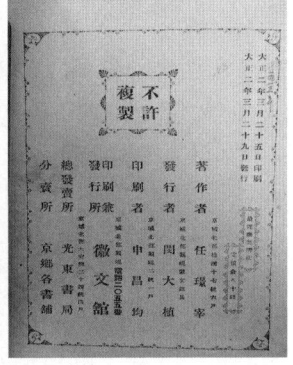

1913년(대정 2년) 3월 29일 발행, 권상수 소장

<표 7-44> 임경재『최근 상업부기 全』의 구성 (目次)

총론 : 정의..목적 및 용도--종류- 상업부기	
복식부기	
제1장 복식의 원리	제4장 결산
제2장 감정 과목의 분류	제5장 감정 과목의 설명
제3장 장부	제6장 장부조직 및 기장연습
	제7장 단식부기

<자료 : 임경재, 『최근 상업부기 전』(경성, 휘문관, 1913), PP. 1~3.>

이 책은 모두 7개의 장으로 구성되어 있으며, 복식부기와 단식부기로 나누어 기장 구조를 서술하였을 뿐만 아니라, 각 장마다 해당하는 내용이 항목별로 구체적으로 설명되어 있다.

2) 복식부기의 구조

이 책에서 저자가, 『부기의 목적은 재산변동의 전말을 정확 명료하게 기록 계산하여 사업의 역사적 통계를 제시하고 장래 재무적 진보를 기함과 동시에, 손해를 미연에 방지하여 사업방침을 확정하는 데 있다.」68)고 하였다. 따라서 부기는 국가재정에서부터 가계에 이르기까지 회계 정리를 위해서 경제주체가 소유하는 재산의 증감변화를 파악하는데 필요한 도구임을 천명하고 있다. 그러므로 누구든지 부기를 모르면 사업을 경영할 수 없을 뿐만 아니라, 아무리 재능과 기량이 뛰어나다고 하더라도 사업의 내용과 재산의 증감변화를 파악할 수 없으므로, 마치 항해자의 나침반과 같은 부기법을 이해하지 않으면 안 된다는 것이다.

부기의 종류에는 상업부기・은행부기・회사부기・공업부기・농업부기・관청부기・보험부기・창고부기・철도부기・가계부기 등이 있음을 언급하고 있다. 이들 부기법은 기록계산 방법의 차이에 따라 단식부기와 복식부기로 체계화되어 있으며, 전자는 일정한 기록계산의 기준이 정해져 있지 않고 기장 자의 주관에 따라 단순하게 정리할 수 있는 부기법이다. 그러나 후자는 기록계산을 위한 기장 원리에 따라 소유 재산의 증감변화에 대한 일정한 절차를 지키지 않으면 기장이 안 되는 부기 계산법을 일컫는다. 즉, 그것은 복식원리를 기본으로 하는 장부 기록법의 일종이라고 할 수 있을 것이다.

그러므로 복식부기는 재산의 증감변화하는 과정과 결과를 자산・부채・자본・수익・비용이라는 거래요소로 분류하여 차변과 대변에 이중적인 기록계산을 함으로써, 대차평균의 원리에 따른 기장결과를 도출하는 과학적인 회계기법이라고 강조하고 있다. 여기서 말하는 복식의 의미는 기장처리를 위한 대차 관계를 이중적인 구조로 대응시키는 방식을 지칭하는 용어적 표현이다.

<사진 7-8> 임경재의 『최근 상업부기 全』

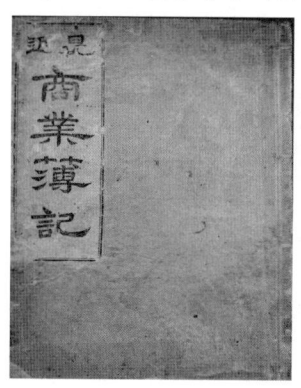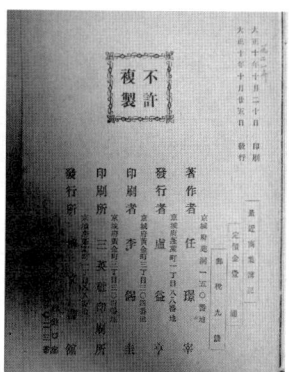

1921년 10월 25일 개정판 발행, 권상수 소장

거래는 자산・부채・자본의 증감변화와 수익・비용의 발생・소멸을 일으키는 현상을 의미한다. 따라서 거래 요소의 결합법칙은 그 증감변화와 발생 소멸을 차변과 대변으로 나누어 기록 계산할 수 있게 하는 약속이다. 자산의 증가는 차변에, 그 소멸은 대변에 기록하며, 부채의 증가는 대변에, 그 소멸은 차변에 기록한다. 그리고 자본의 증가는 대변에, 그 소멸은 차변에 기록하며 수익의 발생은 대변에, 그 소멸은 차변에 기록하며, 또한 비용의 발생은 차변에, 그 소멸은 대변에 기록함으로써, 서로 균형된

---

68) 임경재, 『최근 상업부기 전』 (경성, 휘문관, 1913), P. 1.

기록계산이 이루어지게 된다는 것이다. 이러한 거래 요소의 결합법칙에 의하면, 대차평균의 원칙에 따르는 복식 원리를 설명하는 내용이다. 이러한 대차 결합 관계는 연습 예제를 제시하여 실제로 습득할 수 있도록 배려하고 있다.

계정과목을 일본어인 "간죠오(勘定)"라고 표기하고는 있으나, 과목분류를 일목요연하게 정리하고 설정된 예제에 따라 분개하는 과정을 계정과목별로 상세히 설명하고 있다. 분개가 이루어진 후에 기록할 장부조직에 대한 설명도 곁들이고 있다. 장부조직은 역시 주요부와 보조부로 분류하고 주요부에는 일기장, 분개장, 원장이 설정되는 것이며, 일기장과 분개장을 합한 분개 일기장이 설정될 수 있음을 시사하고 있다.

장부 기록이 이루어지고 기말이 되면 결산하게 되는데, 상법 규정에 따라 일 년에 한 번은 반드시 결산함과 동시에, 결산 결과를 공시해야 하는 원칙을 준수할 필요가 있다고 하였다. 결산 방법은 대륙식 결산법과 영미식 결산법이 있다고 언급하였다. 대륙식 결산법은 구주대륙에서 이루어지는 결산법으로서 결산 시 원장에 기입할 사항은 일일이 일기장과 분개장을 거쳐 원장에 전기하는 절차를 통하여 결산을 진행하는 방법이다. 그리고 영미식 결산법이란 영미 양국에서 채택하고 있는 결산법으로서 일기장과 분개장을 경유함이 없이 원장에서 바로 결산행위를 진행하는 결산법을 일컫는다.69)

결산 과정에서는 시산표(합계시산표 및 잔액시산표)를 작성하여 원장에의 전기가 정확하게 이루어졌는지를 확인하고, 재물조사를 통하여 재고조사표를 작성한 다음에 정산표를 작성하여 결산 예비절차가 이루어지면, 원장에서의 결산절차를 진행하게 된다. 그리하여 손익표(P/L)와 대차대조표(B/S)를 작성하고 최종적으로 결산보고 표를 작성함으로써, 일단 결산은 완료되는 것이다.

이러한 결산절차가 이루어지는 과정을 일괄하여 설정된 예제에 따라 기장 절차의 예제를 들어 설명하고 있다. 그 예제는 위에서 설명한 부기 교재에서와 같이 대동소이함으로, 그 기장 절차는 생략한다.

4. 일본어판 부기 교과서에 의한 교육

1) 일본식 상업교육의 실시

조선총독부에 의해 식민 통치가 이루어진 이듬해인 1911년 8월에 공표된 「조선교육령」 제6조에 의해 실업교육의 범위가 정해지고, 이어서 동 제20조에서 제24조까지는 실업학교의 종별·수업연한·입학 자격 등을 명시해놓았다. 그리고 다음 해 10월에는 「조선총독부령」 제113호로 실업학교규칙을 공표함으로써, 식민지 실업교육의 체

---

69) 임경재, 전개서, P. 53.

제가 갖추어졌다. 따라서 실업학교의 교육목표는 과학적인 이론학습보다는 실기 위주의 하급 기능인 양성에 맞춰져 있었다.[70]

이러한 규정을 바탕으로 일본식 상업교육이 이루어지게 되었다. 상업교육을 위한 교과서에 관한 규정을 보면, 실업학교 규칙을 준용토록 하였다. 즉, 그 규정에는 『실업학교 교과용 도서는 조선총독부에서 편찬한 것, 또는 조선총독부의 검정을 받은 것을 사용한다. 전항의 교과용 도서가 없는 경우는 조선총독부의 인가를 받아 전항 이외의 도서를 사용할 수 있다.』(실업학교규칙第12條). 그 당시 실제로 사용한 교과서 중 상업학교용 독본은 조선총독부에서 편찬·출판한 것이 있었으나, 공립학교용 부기 교과서는 일본 본토에서 출판된 도서를 이용하는 편이었다. 한반도에 거주하는 일본인을 위한 상업학교도 개설(善隣商業學校 等)되어 있었으므로, 일본어로 편찬된 상업부기 교과서 등이 자연스레 보급되었다.

조선총독부에 의한 식민통치가 강화되면서 한국 민족의 저항이 거세졌기 때문에, 1919년의 3.1운동을 계기로 소위 문화적 통치라는 이름으로 융화정책을 시행하기 위한 목적으로 교육제도 일부를 수정하기에 이른다. 드디어 1922년 2월에 칙령 제19호로 「조선교육령(新敎育令)」을 공표하여 일본 본토와 같은 교육제도를 준용하였다. 이로써, 사범학교가 설립되었고, 대학에 관한 규정을 두어 한국학생에게 대학교육을 받을 수 있도록 하였다.

당시 상업학교의 수업연한은 3년에서 5년으로 되어 있었다. 이 기간에 상업에 관한 교과목으로는 부기학·상품학·상업학·상사요항·상업지리·상업 법규·상업사·상업영어·타자·부기연습·상업 실천 등이 교습 되었으며, 그 외에도 필요에 따라 선택과목을 설정할 수 있도록 되었다.

이윽고 일본은 1930년대로 접어들자 대륙침략을 위한 병참기지로 한반도 전역을 활용하기 시작하였다. 드디어 1938년에 문화교육을 표방하면서 「제3차 조선교육령」을 공포한 데 이어 태평양전쟁의 와중에 1943년 3월 「제4차 조선교육령」을 공포함으로써, 전시체제에 의한 교육제도를 정비하고 중등학교 이상의 학생을 군사시설이나 군수공장에 강제동원을 감행하기에 이르렀다(부상 백년사, 1995, P. 110).

2) 일본어판 부기 교과서의 보급과 부기 교육

조선총독부 치하에서의 상업학교에는 상업과 하나가 설치되어 상업교육을 시행하고 있었다. 상업학교 설치 규정에 따라 일본어 교육도 강화되었다. 그리고 일본어판 교과서를 사용하여 상업과목에 대한 교육이 이루어지도록 하는 규정을 두어 시행하였다.

---
[70] (사)대한상업교육회·전국상업고등학교장회, 『상업교육 100년사』(1999), PP. 204~205.

상업과목 중에서 부기 교육은 「산업의 기술 및 경영에 관한 실무수련」 등에 따라 산업 요원 양성을 지향하는 교과목으로서 강화되었다. 특히 부기 교육은 상업부기뿐만 아니라, 은행부기와 더불어 공업부기(原價計算論)와 농업부기 등이 실업학교에서 교과목으로 설정 가능했다고 한다.71)

이는 산업에 종사할 황국신민으로서의 덕성과 식견 및 기능을 도야하고 산업의 중요성을 자각시켜 직분을 다하여 적절하게 적응함과 동시에, 실천적 체험에 의한 학습을 기초로 하여 일본이 지향하던 상업교육의 목표를 달성할 수 있도록 교과목을 편성하게 하였다. 일본어 교육을 강화했던 것은 일본어판 교과서를 통하여 상업교육이 이루어질 수 있음은 물론, 황국신민의 표방 하에 일본적 식민화의 정책을 달성하려는 의도가 내포되어 있었다. 그러한 취지에서 실업교육을 실천함으로써, 산업인력을 양성하려는 일본의 식민지적 교육을 강화하고 실행하려는 의도가 담겨있었다.

이러한 정책적 취지에 따라 실시되었던 당시의 상업교육은 실제로 강화되었을 뿐만 아니라, 더욱이 상업보습학교를 설립하여 일본적 교육방침을 수행하고 추진하였다.

상업교과목 중, 부기와 주산(珠算=壽板)에 대한 교육은 4년 동안 매년 교습하는 것으로 편성되어 있었다. 상업과목 중에서 부기와 주산을 중시하였던 것으로 보이며, 상업학교 출신이면, 누구나 상거래를 장부에 기록하는 부기법을 이해하고 이를 빨리 계산할 수 있는 주산 기능을 터득하고 있어야 했다. 당시에는 주산이 보급되어 있어서 셈(算數)을 다루는 가장 손쉬운 계산기법을 익히지 않으면 안 되었던 시기이다. 일반 상점이나 금융기관과 회사에서뿐만 아니라, 일상생활에서도 활용되는 계산 수단이었으므로, 일반인도 부기와 주산을 배우려고 했다.

따라서 부기와 주산은 실용화 가능한 과목으로서 상업학교를 나와 산업 일선에 진출했을 경우, 대우받는 일자리에 갈 수 있었으므로, 실무에 직접 적응할 수 있도록 하는 인재를 양성하는 것이 상업교육의 목표였던 것으로 보인다. 당시의 상황으로 보아 상업학교는 공립과 사립이 존재하고 있었으므로, 부기학 교육은 공립학교의 경우, 일본어판 부기 교과서를 사용하는 것이 주축을 이루었던 것으로 확인되며, 사립 상업학교의 경우는 한국어판 부기 교과서와 일본어판 부기 교과서가 혼용되었다고 한다. 우리의 선각자들이 서양 부기를 도입하여 저술함으로써, 새로운 복식부기 법을 읽혀 실무에 활용할 기회를 얻게 되었음은 실로 다행스러운 일이었다. 당시의 상업 보습학교나 야학 등에서는 우리말로 저술된 부기 교재를 통하여 교육함으로써, 신속한 교습 효과를 거둘 수 있었던 것으로 보인다.

그뿐만 아니라, 당시에는 전통적으로 상권을 장악하고 있던 개성 상인들이 조선총독부 치하에서도 여전히 삼포경영을 통하여 활발한 상업활동을 전개하던 시기였으므

---

71) 상게서, PP. 221~223.

로, 정황상으로 볼 때, 송도사개치부법에 의한 사적인 교육이 진행되었음은 재언을 요구하지 않는다. 현병주가 1916년에 자습서 실용자수 사개송도치부법를 저술하여 출판함으로써, 베일에 가려져 있던 개성부기의 존재를 세간에 알린 것은 개화기의 세태를 엿볼 수 있는 시대사적 사건이었다. 이 무렵 일본인 회계학자들에 의하여 개성부기에 관한 연구가 성행하기도 했다.

따라서 조선총독부 시기의 부기 교육은 일본어판 서양 부기 교과서와 한국어판 서양 부기 교과서, 그리고 전통적인 고유의 사개송도치부법 등이 혼용되어 이루어지던 개화기 교차문화(交叉文化: cross culture)의 기이한 상황이었음을 인식하지 않으면 안 된다.

상술한 바 있는 <표 7-39>에 의하면, 이 시기에 한국인이 저술한 한국어판 부기 교과서가 4권이 출판되어 있음을 알 수 있다. 이 중에는 현병주의 사개송도치부법 자습서가 1권 있고, 나머지 3권은 서양 부기에 관한 저서이다. 그리고 일본인이 저술한 일본어판 부기 교과서가 11권이 있다. 이 중에는 상업부기 교과서가 제일 많고 그 외에 은행부기와 공업부기에 관한 교과서가 있다. 상업부기와 공업부기는 상업학교와 공업학교의 교과서로 사용되었다고 한다. 더욱이 여자부기교과서도 있는데 이는 주로 여자상업학교의 교재로 사용되었던 것으로 보인다. 그리고 중등부기교과서는 물론, 고급이론 분야에 해당하는 회계학 교과서도 상업학교 상급 학년에서 교섭된 것으로 되어 있다. 특히 도오쿄(東京)상과대학 교수인 요시타(吉田良三)가 편집한 영문판 부기 교과서가 사용되었다는 것이 당시 부기 교육의 수준을 가늠해볼 수 있는 귀중한 자료라고 추정된다. 이 외에도 담당 교사에 따라 강의안이나 프린트(謄寫版) 등을 부기 교육에 사용했던 사실도 참고할 필요가 있다.

5. 일본 상법 규정에 따라 공표된 재무제표의 존재

일본의 상법은 서기 1899년에 독일의 상법 시스템을 도입하여 완성된 법률로서 채권자 보호를 목적으로 제정된 것이다. 그 상법이 조선총독부 치하의 한반도 전역에도 적용되기에 이르렀다. 이 상법은 신용 위주의 대차대조표 중심주의적 회계규정을 두고 있어서 상업장부에 관한 규정(동법제32조)에 따라 재산목록과 대차대조표를 작성·공시하게 되어 있었다.[72]

일본 상법의 효력이 미치는 지역에서 영업행위를 하는 기업의 경우는 결산 결과를 정리하여 공시하지 않으면 안 되었다. 조선총독부 시기에 상행위를 목적으로 하는 상인이나 회사기업은 일본 상법의 규정에 따라 결산 후 일정한 기간 내에 재무제표를 영

---

72) 고승희, 『회계사·회계사상사 연구 서설』(서울, 수서원, 2006), PP. 328~336, Psssim.

업보고서와 함께 일간지에 공표하도록 요구되었던 것도 사실이다.

당시에 나카무라(中村資良)가 조사·편집한 『조선 은행회사요록』에 의하면, 조선총독부 시기의 한반도 전 지역에서 영업행위를 했던 은행 및 회사기업의 명단과 연혁 및 공시된 대차대조표가 수록된 것을 확인할 수가 있다. 이는 일본의 상법 규정에 따라 공시한 각 은행과 기업의 공시 대차대조표가 존재했음을 방증하는 소중한 자료이다. 그중에서 가장 중요하다고 생각하는 1~2개의 업체를 무작위로 선정하여 각각 해당 기업의 대차대조표를 인용·소개하기로 한다.

1) 한성은행의 대차대조표(AD1,921)

한성은행(漢城銀行)은 광무 원년(AD1897) 2월에 당시의 재계 인사들이 갹출한 자본금 20만 원으로 설립된 우리나라 최초의 근대식 은행이다. 그러나 민간인에 대한 환전과 금융업무를 목적으로 출범한 이 은행은 출범과 동시에 개점 휴업상태를 벗어나지 못했다. 그래서 체제를 정비하고 경영진을 교체하는 등, 재건을 위한 혼신의 노력을 기울인 결과, 드디어 광무 7년(AD1903) 2월 7일 재건의 깃발을 올림과 동시에, 일본의 다이이찌은행(第一銀行)으로부터 융자를 받아 회생하기에 이르렀다. 그렇지만 그것은 일본의 자본과 경영인들이 은행경영에 참여하는 계기가 되었다.

은행 조례의 공포로 광무 10년(AD1906) 3월에 (주)한성은행으로 상호가 변경되었으며, 그해 10월에는 수원지점이 개설되었다. 융희 2년(AD1908)에 동막(東幕: 서울 麻布) 출장소를 개설하는 등, 사세가 확장되었다. 국권피탈로 국권이 상실된 이후에도 영업이 확장되어, 서기 1911년에 평양지점, 1912년 대전지점, 1915년 개성지점, 1917년 남대문지점, 1918년에는 부산지점과 동경지점이 개설되고, 1919년 평양지점 등이 개설됨으로써, 경향 각지에 한성은행의 상호가 널리 알려지게 되었다.

민족계 은행인 (주)한성은행은 조선총독부 치하에서도 번영을 누렸음을 보게 된다. 조선총독부의 민족계 은행 통합정책에 따라, 1941년에 경상합동은행(慶尙合同銀行)을 흡수 합병하였고 1943년에는 동일은행(同一銀行)과 합병하여 조흥은행(朝興銀行)으로 변신하였다.[73]

1948년 대한민국 정부가 수립된 이후에도 조흥은행은 번영을 누렸고 1999년 4월에 충북 은행과 강원은행을 합병하였음은 물론, 2006년 4월 1일에는 신한은행과 통합함으로써, 현재의 (주)신한은행으로 변신하여 오늘에 이르고 있다.

---

73) 조흥금융박물관, 『조흥은행사』(예맥출판사,『조흥금융박물관』, 2005), PP. 127~184, & 백과사전 참조.

<표 7-45> 한성은행의 공시 대차대조표(제32기 결산보고:1921년 6월 말)

대차대조표
한성은행第32期決算 大正 10年(AD1,921) 6月 30日

資産之部	
定期貸付金	1,138,955
當座預金貸越	637,150
割引手形	12,627,941
荷爲替手形	34,317
有價證券	1,413,375
公債貸	460,287
他店貸	80,093
什拂引受裏書手形及保證債務見返	53,720
未拂入資本金	2,250,000
本支店未着勘定	29,408
營業用所有建物	676,212
營業用什器	46,333
抵當質物流入物件	11,262
假拂金	206,833
通知預金	950,000
當座預金	363,484
金銀	612,030
合計	21,591,406
負債之部	
定期預金	3,960,991
當座預金	3,152,199
特別當座預金	3,136,408
諸預金	4,598,246
支拂送金手形	15,570
當座借越金	9,604
타점より借	99,472
仕拂引受裏書手形及保證債務	53,720
資本金	6,000,000
法定積立金	185,000
未拂配當金	911
未拂利息	76,994
未經過割引料	80,245
前期繰越金	13,025
當期純利益	209,016
合計	21,591,406

<자료 : 中村資良 編, 『朝鮮銀行會社要錄』(1921년판), (여강출판사, 影印本, 1986), PP. 8.>

이처럼 120여 년의 장구한 경영사의 흐름 속에서 민족계 은행의 명맥을 이어온 한성은행의 궤적(軌跡)은 근대화 과정에서 조선총독부 시기에도 번영을 누렸던 행적의 단면을 결산보고서에서 찾아보려고 한다. 그것은 앞면의 <표 7-45>에서 보이는 바와 같다.

2) 경성방직주식회사의 결산보고서(AD1,921)

경성방직주식회사(京城紡織株式會社)는 민족적 근대 기업의 설립을 통해 조선 경제의 부흥과 자립을 표방하면서 선각자 김성수(金性洙)가 1919년 10월 5일 자본금 100만 원(불입 자본금은 25만 원)으로 설립한 기업이다.

<표 7-46> 경성방직(株)의 대차대조표(제2기 결산보고:1921년 6월 말)

대차대조표

京城紡織(株) 第二期決算 大正十年 三月 三十日

資産之部	
未拂株金	750,000
當座預金	5,638
受取手形	2,925
收入未濟	224,100
假拂金	32,975
不動産	136,146
機械	5,678
機械附屬品	7,277
器具	3,575
有價證券	2,875
商品	6,569
創立費	850
現金	178
純損金	132,550
合計	1,311,338
負債之部	
株金	1,000,000
借入金	82,000
割引手形	6,500
未拂未濟	210,825
法定積立金	1,000
移越金	11,013
合計	1,311,338

<자료 : 中村資良 編, 『조선은행회사요록』(1921년판), (여강출판사, 영인본, 1986), P. 53.>

설립자 김성수는 영등포에 공장용지 5,000평을 사들이어 본사 사옥이나 공장을 건설하였다. 초창기 기술력이 떨어지는 신생 기업으로서 일본 면방 대기업 제품들과 경쟁하기는 쉽지 않았다고 한다. 특히 장기 불황이 지속된 1920년대 상황에서 경영상의 어려움을 겪은 적도 있으나, 1930년대에 진입하면서부터 경영이 호전되고 본격적인 성장을 하게 된다.

　경성방직(株)은 조선총독부 치하에서 설립한 대표적인 민족계 기업으로서, 국내 면방직업계의 대기업 중, 한국인이 경영한 유일한 기업이다. 민족 정서를 경영자원으로 적극적으로 활용하여 일본 면방직 대자본이 국내 시장을 선점한 상황에서 후발 주자의 불리함을 극복하고 성장을 거듭하였다. 이를 통해 해방 직전에는 면사와 면포를 생산하는 주력 공장인 영등포 공장을 위시하여 남천·은율·평양의 3개 조면 공장, 의정부의 제사 및 견직공장, 양평동의 고무공장, 쌍림동의 봉제공장, 시흥의 염색가공 공장, 그리고 만주에 자본금 1,000만 원의 남만 방적(株)을 자회사로 거느린 굴지의 대기업으로 성장했다. 이러한 상황은 해방 후 대한민국이 수립된 이후에도 지속되었고, 현재 (株)경방은 한국 섬유 산업계에서 중견 기업의 위상을 견지하고 있다. 따라서 경성방직은 험난했던 20세기 한국 근대화 100년을 함께 한 대표적 장수기업 중의 하나이다.

　이 기업이 조선총독부 시기에 일본 상법의 규정에 따라 공시했던 결산보고서(B/S)를 앞면의 <표 7-62>와 같이 인용 소개하는 바이다.

5 근대화 시기의 서양식 복식부기 문화의 특성

1. 서양식 복식부기 교과서와 샨드 시스템의 영향

　상술한 바와 같이 우리나라에 서양식 복식부기 문화가 유입된 것은 고종 13년(AD1876)의 강화도조약 이후의 일이다. 이를 계기로 굳게 닫혔던 쇄국의 문이 활짝 열리자 고종 15년(AD1878)에 일본의 제일은행에 의한 금융자본이 들어와 일본형 서양식 은행부기 시스템이 전해지면서 전통적 고유의 가개송도치부법에 의해 이루어지던 회계 시스템에 변화가 일어나기 시작하였다.

　그 후 서구열강들과 속속 통상조약을 체결하게 되면서 서양 상업자본이 들어오기 시작하였으나, 당시 조선왕조의 열악한 제반 사정과 열강 간의 세력 충돌로 인하여 산업자본보다는 금융자본이 주축을 이루었음은 분명하다. 이러한 시대적 조류에 편승한 조선왕조는 갑오경장(AD1894)을 선포하고 한성은행(AD1897)과 대한천일은행(AD1899)을 개설하여 근대화의 기치를 높이 올렸다. 그러나 그것은 조선의 경영체제와 전통적인 고유의 개성부기에 의해 운영되었기 때문에, 불편한 점이 많았다고 한다. 그것은 광무 9년(AD1905) 10월 15일 자의 대한천일은행 주주총회의사록에 의하면, 그동안 사용한 고유부기법이 불편하다는 이유로, 외국 예규에 따라 신식 부기법에 따를 것을 의결한 기록에서 확인할 수가 있다.74)

이는 일본 재무성이 초빙한 영국인 알란 샨드(Allan Shand)에 의하여 저술된 『은행부기정법』(銀行簿記精法), 즉 샨드시스템75)에서 비롯된다는 점을 상기할 필요가 있다. 샨드시스템은 일본의 통일된 서양식 은행부기 지침서였다. 당시 우리나라에 상륙한 일본 제일은행이 사용하던 은행부기도 이것이었다. 일본의 은행부기 교과서는 알란 샨드의 은행부기를 기본으로 하여 저술된 것들이었다. 상술한 우리나라의 은행부기 교과서도 일본의 은행부기 교과서를 표본으로 하여 저술된 것이다.

샨드시스템(銀行簿記精法)은 서양식 복식부기에 바탕을 두어 이루어진 것으로서 차변과 대변에 이중적으로 기입하는 방법을 채택하고 있다. 그러므로, 복식 기재방법으로 기장 처리하게 되면, 그 기록계산이 아무리 복잡하다고 해도 차변과 대변을 대응시키는 방법으로 정확성을 판단할 수 있는 복식기장 원리가 확립되어 있음을 확인할 수 있다. 따라서 샨드시스템은 1873년부터 거의 90년에 이르는 장기간에 걸쳐 일본의 은행 회계제도를 형성시켰을 뿐만 아니라, 그 외의 상공업회계제도에도 영향을 끼친 복식부기 제도였다. 더욱이 일본의 부기 교과서는 물론, 우리나라의 복식부기 교과서의 저술에도 지대한 영향을 주었다.76)

샨드시스템의 가장 큰 특징은 전표·일기장·총계정원장으로 구성된 기장체계를 갖추고 있다는 점이다. 그 구조적 내용을 간추리면, (1) 입금거래와 출금 거래의 기록은 전표를 통하게 되어 있다. (2) 그 전표는 현금 수지식 분개로 작성된다. (3) 전표의 기록은 현금식 분개장의 역할을 하며, 종합적으로 분개일기장에서 기록된다. (4) 그 일

---

74) 대한천일은행공첩존안(1905年 10月 15日字)의 의사록·조익순, 『사개송도치부법 전사』 (서울, 해남, 2000), P. 229.
75) 샨드시스템이라 함은 일본의 국립은행조례에 따라 설립된 제일국립은행의 실무에 적용하려고 일본 재무성에 의하여 출판된 알란 샨드의 「은행부기정법」(全六卷)을 기초로 하여 만들어진 일본의 은행부기 제도를 일컫는다. 원저자는 영국인 알란 샨드(Alezander Allan Shand : 1844~1930)이다. 1864년 일본 요코하마(橫濱)에 진출한 영국계 은행(Chartered Merchantile Bank of India, London and China)의 행원으로서 1866년에 일본 요코하마지점에 부임하여 근무하고 있었다. 일본 정부는 그를 재무성 고문으로 초빙하여 은행부기를 집필토록 하였고 1872년 6월에 원고가 완성되었으며, 일본 재무성이 이것을 출판한 것이다. 이것을 교재로 하여 은행부기를 교습하였으므로, 이를 일컬어 샨드시스템(Shad System)이라고 부르고 있다. <고승희, 『회계사·회계사상사연구서설』(서울, 수서원, 2006), P. 297.>
76) 黑澤淸, 『日本會計制度發達史』(東京, 財經詳報社, 1990), PP. 15~23.

기장에서 총계정원장으로 전기 되는 시스템이다. (5) 총계정원장을 통하여 매일 일계표를 작성하여 시산표 구실을 하게 된다. (6) 분개일기장은 매일 현금잔액을 확인하는 절차에 따라 기장 처리하는 것을 원칙으로 하고 있다.

이러한 기장체계의 구조에 따라 우리나라의 은행부기 교과서가 저술되었음을 위에서 살펴본 부기 교과서에서 확인할 수 있었다. 그러므로 우리나라의 은행부기 교과서는 샨드시스템을 기초로 하는 기장체계에 맞추어 저술된 일본어판 은행 부기교과서를 표본으로 하여 개작한 것임을 인식할 필요가 있다.

2. 서양식 부기 교과서의 특색

1) 부기 용어적 특색

조선왕조 말기와 조선총독부 시기에 상업학교에서 교육용으로 사용되었던 부기 교과서는 한국어판 부기 교과서를 비롯한 일본어판 부기 교과서도 출판되거나 수입을 통하여 보급되었다. 우리나라의 경우, 서양식 복식부기 시스템을 서양으로부터 직접 도입한 것이 아니라, 일단 일본에 들어와 일본식 복식부기 구조로 정제된 것을 이식한 상황이었기 때문에, 일본이라는 징검다리를 건너 간접적으로 유입된 것이다.

따라서 우리나라의 서양식 복식부기 시스템은 서양식 부기원서를 직접 번역하여 우리의 부기 교과서 용어로 정리한 것이 아니라, 일본식 부기 교과서 용어를 그대로 받아들여 우리의 부기 용어로 정착시켰다는 점을 인식하지 않으면 안 된다. 당시의 부기 교과서를 저술한 저자마다 각각 다른 부기 용어로 표기하여 통일되어 있지 않았다. 일본 동경에서 일본식 서양 부기를 공부하고 돌아온 유학생들이 저술한 저서들을 통하여 당시 서양 부기가 어떠한 위치에서 도입되었는가를 엿볼 수 있을 것이다.

<표 7-47>에서 보이는 바와 같이, 부기 교과서의 저자마다 독특한 회계용어의 사용으로 사회적으로 혼란을 겪었을 것임은 분명하다. 예컨대 윤정하는 거래를 기록하기 위하여 나누는 작업을 대차분열(貸借分列)이라는 용어로 표기했고, 임경재는 이를 구분(區分)이라 표현했다가 1913년의 저서에서는 시와께(仕譯: 분개의 일본식 용어)라는 일본식 용어를 사용하였고, 곽한탁은 이를 상분(相分)이라 표기하였다. 그런데 김대희는 그것을 분개(分介)라 하였다. 그의 「분개」라는 부기 용어가 오늘날의 부기 교과서에 표준용어로 장착된 것이다.

조선총독부 치하의 혹독한 식민정책의 시행으로 우리나라 고유의 회계용어는 서양식 부기 교과서에 반영되지 못하고 일본식 회계용어를 습득함으로써, 점차적인 일본화가 진행되었음을 인지하게 된다. 임경재(任璟宰)를 비롯하여 여러 사람의 저술한 서양

식 부기 교과서에 표기된 부기 용어의 특색을 다음에 살펴보기로 한다.

우리나라 고유의 치부법에서 사용되는 사개(四介)와 비유할 수 있는 차변과 대변이라는 서양 부기의 기본용어는 윤정하가 융희 2년(AD1908)에 대차(貸借)라는 개념에 바탕을 둔 차방(借方)·대방(貸方)이라는 일본식 부기 용어를 최초로 번역하여 사용하였다. 그들의 부기 교과서는 우리말을 사용하였을 뿐, 거의 일본의 부기 교과서를 표본으로 하여 저술되었다고 할 수 있다. 그들의 저서는 상술한 <표 7-1>과 <표 7-39>에서 소개한 바와 같다. 이들 저서를 검토하여 부기 용어의 특색을 <표 7-47>에 정리해 놓은 것을 토대로 요점적으로 부연(敷衍)할 것이다.

최초로 우리말 부기교과서를 펴낸 임경재는 차변(借邊:Debitor, Dr.)과 대변(貸邊:Creditor, Cr.)이라는 용어를 사용하였다. 그런데 그는 1913년과 1921년의 상업부기 교과서에서는 일본의 부기 교과서의 용어인 차방(借方=가리가타)과 대방(貸方=가시가타)을 그대로 대용하였음을 보게 된다. 물론, 조선총독부의 혹독한 식민지교육에 영향을 받은 것으로 생각한다. 그 시대에 부기 교과서를 출판한 곽한탁도 차방(借方)·대방(貸方)이라고 표기한 것을 보면, 국권상실의 시대사적 상황을 이해할 수 있다. 김대희는 편(便)을 가른다는 의미로 차변(借便)·대변(貸便)이라는 다른 한자어 표기를 한 것이 특이하다.

일본어 부기 교과서가 보급되던 조선총독부 시기에 우리말 상업부기 교재가 발간되었다는 사실에 놀라지 않을 수 없다. 1911년에 곽한탁의 상업부기 교과서가 출판되어 널리 보급되었으며, 이어서 1913년과 1921년에 임경재의 상업부기 교재가 출판됨으로써, 당시 일본어판 부기 교과서에 의해 교육이 이루어지던 시기였지만 우리말 상업부기에 대한 교육열이 높아서 많은 독자층이 형성되어 있었다고 한다. 그럴 뿐만 아니라, 현병주에 의하여 전통적 고유의 사개송도치부법에 대한 저서가 1916년에 출판되고, 1921년에 재판에 이어서 1928년에 3판이 발행되었다는 사실은 한국인들의 민족혼이 살아있었음을 방증하는 것이다.

그런데도 이들 우리말 부기 교과서에는 일본어 부기 교과서에서 사용하는 부기 용어를 그대로 번역·사용되고 있어서 부지불식간에 일본적 환경에 동화되고 있었다고 할 수 있다. 예컨대 계정(計定:accounts)이라는 기본용어가 일본식 표현인 「간죠오」(勘定)로, 이월(移越)이 「구리꼬시」(繰越)로, 잔액(殘額)이 「잔타카」(殘高)로, 재고(在庫)가 「타나오로시」(棚御)로, 대체(對替)가 「후리까에」(振替)로, 거래소(去來所)가 「토리히끼쇼」(取引所) 등으로 사용했던 사실을 지적할 수 있다.

이처럼 우리나라는 근대화 시기에 공교롭게도 국권 상실로 인하여 조선총독부 치하의 일본 식민 통치 기간에 서양 회계제도의 도입은 일본식 부기 시스템에 의한 간접적 계수(繼受)의 과정을 거치지 않을 수 없었다. 그래서 일본식의 회계용어가 오염되는 사회경제적 환경이었음을 고려하지 않으면 안 된다. 서양 제국과의 정상적인 통상교섭을 통하여 서양 제도의 도입이 자주적으로 이루어졌다면, 우리나라 전통 치부(治簿) 시스템에서 창출된 고유의 부기 회계용어가 순조롭게 반영되었을 것으로 여겨진다.

그러나 서세동점의 시대사적 환경 속에서 약소국의 처량한 위치를 벗어나지 못하여 빚어진 식민지 상황 전개는 선진문물의 도입에도 피동적으로 작용할 수밖에 없었다는 점에 아쉬움을 자아내게 한다.

<표 7-47> 근대화 시기의 부기 교과서에 나타난 부기 용어 비교표

현병주 1916	윤정하 1908	민천식 1908	임경재 1908	임경재 1913·1921	김대희 1909	곽한탁 1911	한국부기서 1948~	일본부기서 1910~1945
去來	去來(交易)	去來	去來	取引	去來	去來	거래	取引
分介	貸借分列	區分	區分	仕譯	分介	相分	분개	仕訳
入·給次	借方	借	借邊	借方	借便	借方	차변	借方
去·捧次	貸方	貸	貸邊	貸方	貸便	貸方	대변	貸方
座	勘定	計算	計算	勘定	會計, 帳簿	勘定	계정	勘定
座目	勘定科目	科目	計算科目	勘定科目	會計科目	勘定科目	계정과목	勘定科目
轉書·傳書	轉記	轉記	轉記	轉記	轉記	轉記	전기	轉記
移去·移轉	-	推越	推越	繰越	計越	繰越	이월	繰越
下行·坪傳	-	次越	次期推越	次期繰越	後期計越	次期繰越	차기이월	次期繰越
上行一來	-	前越	前期推越	前期繰越	前期計越	前期繰越	전기이월	前期繰越
-	-	摘要	摘要	摘要	備考	摘要	적요	摘要
靑帳會計	決算	決算	決算	決算	結算	決算	결산	決算
遺在, 時在	殘額	殘額	殘額	殘高	差額,實餘文	殘額	잔액	殘高
除	-	差減	差減	差引	較減	差引	차감	差引
磨勘	-	磨勘	磨勘	締切	磨勘, 締結	締結	마감	締切
在物記	-	在庫表	庫在表	棚御表	商品時在표	棚御表	재고조사표	棚御表
會計帳	損益表	損益表	損益表	損益表	損益表	損益表	손익계산서	損益計算書
-	資産負債表	資産負債	資産負債表	貸借對照表	貸借對照表	貸借對照表	대차대조표	貸借對照表
本錢(股本)	資本	元錢	資本	資本	資本	股本	자본	資本
分介帳(捧給)	貸借分列帳	-	區分帳	仕譯帳	分介帳	相分帳	분개장	仕訳帳
領受魚驗	-	-	領收手形	受取手形	領受魚驗	受取魚驗	받을어음	受取手形
打給魚驗	-	-	支撥手形	支拂手形	打給魚驗	支拂魚驗	지급어음	支拂手形
任置金	-	-	定期任金	定期任金	定期預金	定期任金	정기예금	定期預金
-	-	-	-	無定期任金	當座預金	無定期任金	無定期任金	당좌예금	當座預金

<자료 : 근대화시기에 저술된 부기교과서에서 요점적 회계용어 발췌·정리함.>

2) 회계 구조적 특징

개항 이후의 개화기를 거쳐 일본의 침략에 의한 조선총독부 시기에 이루어진 우리 나라의 근대화 과정에서 서양의 복식부기 시스템이 유입되어 새로운 부기 회계의 교육 문화는 선각자들이 저술한 서양 부기 교과서에서 비롯되었다. 상술한 바와 같이, 장홍식과 윤정하의 상업부기 논문에서 발단하여 임경재·민천식·김대희·곽한탁 등이 상업부기·은행부기·공업부기·가계부기 등, 교육용 서양식 부기 교과서를 저술·출간함으로써, 비로소 서양식 회계학의 싹이 트이게 되었다. 따라서 당시의 생소하기만 했던 서양식 부기 교과서에 공통으로 내포된 회계 구조적 특징이 정리되어야 할 것으로 생각한다. 여기서는 기존의 서양 회계학 도입사에 관한 연구논문들을 섭렵함으로써, 그 속에 제시된 특성들을 이하에서 인용·정리할 것이다.[77]

(1) 일본식 부기 교과서의 번안물

서양식 부기 회계에 관한 논문이나 교과서는 모두가 당시 일본에 유학하여 신식교육을 받은 회계전문가들이 일본의 부기 교과서를 표본으로 하여 번안(翻案)한 것으로 볼 수 있다. 특히, 임경재의 상업부기와 은행부기 교과서는 당시 일본 도쿄 고등상업학교(현재의 一橋大學의 全身) 요시타(吉田良三) 교수의 저서들을 번안한 것으로 보인다. 초기의 저서에서는 창조적인 부기 용어의 선택을 볼 수 있으나, 조선총독부 시대인 1913년과 1921년의 『최근 상업부기』는 사용된 용어들이 일본식 회계용어를 그대로 사용하였다. 당시의 혹독한 신민 통치적 교육환경으로 인한 결과였다고 할 수 있을 것이다.

그러나 임경재보다 1년 뒤에 출판된 김대희의 『응용 상업부기학 부 공업부기』는 상업부기뿐만 아니라, 공업부기학에 관한 내용도 첨부되어 있다. 그는 일본 유학을 통하여 일본문물을 익혔으므로, 일본식 부기교과서를 많이 참조했던 것으로 보인다. 그래도 임경재와는 달리 그는 전통적 고유의 개성부기에 대해 이해를 하고 있었으므로, 부기 용어의 선택에도 전통적인 치부용어를 사용하려고 상당한 노력을 하였던 것 같다. 예컨대, 분개(分介)와 분개장(分介帳), 그리고 어음(魚驗)의 배서(背書)와 담당(擔當) 등은 오늘날까지도 사용되고 있는 부기 용어로 자리매김하고 있음을 본다.

---

[77] 당시의 부기 교과서에 나타난 회계 구조적 특징에 관한 연구는 서강대학교 고정섭 교수의 「한말 서구회계학의 도입사에 관한 연구」(서강대학교, 『경산논총』 제11집, 1986), PP. 31~33에 자세히 분석되어 있다. 그 내용이 여기에 발췌·요약된 것임을 밝혀둔다.

(2) 창작된 회계용어의 혼용

당시의 우리말 부기 교과서의 저자들은 고심하여 전문용어를 창작하는데 고심했던 것으로 보인다. 거래(去來)와 분개(分介), 차변과 대변, 그리고 결산 등은 현대 부기에서도 사용하는 회계용어로 정착되어 있음은 우리의 정서에 부합한 창작용어라고 할 수 있을 것이다. 그렇지만, 저자마다 나름대로 용어를 만들어 사용했던 것도 발견된다. 그로 인하여 용어적 혼동을 일으켰을 것으로 예상되기도 한다. 대표적인 예로는 분개를 구분(區分)이나 분열(分列), 상분(相分)으로, 계정(計定)을 장부(帳簿) 또는 계산(計算)으로, 계정과목을 장부과목이나 계산과목으로 창작함으로써, 독자들 상호간에 혼동을 일으켜 의사소통이 잘되지 않았을 것으로 생각한다.

(3) 기록계산이 우선이었던 부기의 기능

농업과 가내수공업이 주요 생산수단이었던 조선왕조 후기까지의 사회경제적 구조는 개인이 투자하여 소규모로 사업하는 환경에서 벗어나지 못한 상황이었다. 주식회사와 같은 기업형태가 출현하기는 했지만, 소유와 경영이 분리되지 않은 상태에서 사업이 이루어졌으므로, 경영성과는 가늠하는 당시의 부기 회계의 주된 기능은 이해관계자를 위한 것이 아니라, 사업자를 위한 기록보존기능(function of record keeping)을 위주로 할 수밖에 없는 사회구조였다. 회계의 보고기능은 요구되지 않았음을 인식할 필요가 있다. 따라서 측정기능과 보고기능이 구조적으로 갖추어져 있지 않았기 때문에, 현금주의회계가 주류를 이루었던 것으로 보이며, 발생주의회계를 기축으로 하는 기간손익계산이 정기적으로 시행되지는 못했던 것으로 보인다. 그러나 서양 부기 교과서에 의한 교육이 순조롭게 이루어지고, 주식회사의 설립으로 소유와 경영이 분리되어 이해관계자에 대한 회계정보의 보고기능이 강조되면서부터 점차 현금주의회계에서 발생주의회계로 이행되었을 것으로 생각한다.

(4) 환가가치개념으로서의 자산관(資産觀)

서양 부기의 도입 초기에 기장 처리의 대상이 되는 재산(財産: Vermögen)은 적극재산(積極財産:Aktiv Vermögen)과 소극재산(消極財産: passiv Vermögen)으로 구분되어 있었다. 전자는 자산이고 후자는 부채에 해당하는 것이다. 이처럼 회계적 재산으로 인정받으려면, 다음과 같은 두 가지 조건이 충족되어야 한다. 즉, 첫째는 기업이 소유하고 임의로 처분할 수 있어야 하고, 둘째는 그것이 금전으로 환산 가능한 것이라야 한다는 조건이다. 다시 말하면, 당시에는 금전과 금전으로 환산할 수 있는 유가물이 기업이 기록계산의 대상이 되는 재산(財産=資産)으로 인정받았다. 그래서인지 부기 교과서의 저자인 임경재는 미불입자본금(未拂入資本金)이 자산이었지만, 자본으로 인정하였으며, 이연자산에 해당하는 창업비(創業費)는 자산이 아니라 비용으로 다루었다. 그런데 김대희의 경우는 생각이 달랐다. 그는 자산을 용역잠재력(service potential)을 지닌 개념으로 보았기 때문에, 창업비의 이연 처리가 가능하다고 주장했던 사실에서 서로 다른 자산의 정의(定義)가 내려져 있었음을 엿볼 수 있는 것이다.

(5) 의인화에 의한 인명계정의 설정

의인화(擬人化)란 인간 이외의 사물 등에 인격적 특성을 부여하는 것을 일컫는 개념이다. 이러한 의인화의 개념을 복식부기의 대차 원리에 적용함으로써, 인명계정에 의한 기장체계는 파치올리(Lucas Pacioli)의 복식부기에서도 찾아볼 수 있다. 오랜 역사적 산물임을 인식하게 된다. 따라서 의인화의 회계적 논리구조는 계정의 본질을 인격자와의 관계에서 찾고 있다. 즉, 계정을 인격자를 대표하는 것으로 보아 계정 간 가치의 대차 관계를 통하여 거래기입이론(分介理論)을 모색하고 있는 것으로서 일명 의인설(personification theory)이라고도 부른다. 여기에 인명계정이 설정되는 이유가 있다. 이는 복식부기의 기장법에 대한 해설 수단으로서의 교육기술적 산물이다.[78]

서양 부기 도입 당시의 모든 부기 교과서에는 복식부기의 대차 원리를 의인화의 구조에 근거하여 인명계정을 설정하고 한결같이 서술하고 있다. 이것은 일본의 부기 교과서에도 인적 계정학설에 입각한 기장체계가 설명되어 있다. 이러한 일본의 복식부기법을 참조하여 우리말 부기 교과서가 저술된 것이라고 보아야 할 것이다.

(6) 저가주의적 자산평가의 회계구조

회계상에서 결산 시 자산을 평가함에 있어서는 저가주의에 의한 평가를 하도록 서술되어 있음을 볼 수 있다. 임경재의 부기서에는 저가주의에 따라 자산평가 하는 것을 기본으로 하는 재고조사표(庫在表)의 작성원칙을 제시하고 있다. 임경재의 『간이상업부기학』에 의하면, 『가격변동을 일으키는 소유물은 그에 상당하는 평가를 하여 고재표(庫在表)에 반영해야 하니, 평가 방법은 완벽하기는 어려우나 결산 시의 시장 시가 매입 시가보다 하락하였을 때는 낮은 시가로 환기(換記)하고 만약 등귀했을 때는 매입가로 평가할지니라.』[79]고 저가주의에 의한 자산평가를 언급하였다. 이는 당시에 보수주의적 회계

---

78) 神戶大學會計學硏究室, 『增補會計學辭典』(동경, 동문관, 1943), PP. 490~491.

사상이 보급되어 있었음을 의미한다. 그렇지만 자산평가손익에 대한 설명 부분에서는 시가주의적 평가 방법도 인식하고 있었던 것으로 보인다.

(7) 감가상각 개념의 인식상태

일반적으로 감가상각(減價償却)이란 발생주의회계에서 기간손익계산을 정확히 행하기 위하여 이루어지는 원가 배분 절차를 일컫는다. 그러므로 그것은 토지를 제외한 유형·무형의 비유동자산이 경영활동 중에 이바지할 수 있는 기간을 예정하고 이것을 기초로 하여 비유동자산의 원가를 그 사용 중인 회계연도에 배분하여 비용화 하는 회계행위를 의미한다. 그리고 감가상각 계산은 기업이 경영활동에 투입된 자금의 회수를 위한 회계적 수단이라고 할 수 있다. 즉, 유형자산을 이용하여 제품을 생산했을 때 그 제품을 판매하게 되면, 실현된 총수익을 통하여 그 판매된 제품 원가에 포함된 감가상각비가 자금으로 회수된다는 것이다. 이때 실현된 수익은 현금성 자산으로서 유동자산으로 구체화하는 것이므로, 감가상각은 비유동자산의 유동화 또는 구속자금의 자유화를 위한 회계 수단이다.

근대화 시기의 우리말 부기 교과서에는 감가상각 개념이 언급되어 있지 않다. 그러나 그와 유사한 개념적 설명을 찾아볼 수는 있다. 임경재의 초기 부기교과서에는 감가 개념에 대한 언급이 전혀 되어있지 않으나, 1913년의 『최근 상업부기』에서는 **부동산의 노후화 현상을 인식한 「소유물 감가상각 적립금」**[80]을 이익처분항목으로서 기말의 부동산 시가평가에 따라 자동으로 반영되는 것으로 간주하였다. 그것이 기간비용으로 배분되어 유동자금으로 회수된다는 언급은 없다. 그런데 김대희는 그의 저서에서 감가계산에 대하여 다음과 같이 기술하고 있다. 『**비품처럼 마멸 감가하는 것은 보존 사용하는 기간을 정하여 그 연한에 따라 원가의 얼마씩을 적립하는 방식으로 적립하였다가 사용기간이 끝나면, 그 자산가액을 시가로 평가하여 이익에서 차감함으로써, 일시에 많은 손실을 부담하지 않고 매년 이익으로 대체하게 되는 것이다.**』[81] 그리하여 손익계정 대변에 「비품소멸자금」이라는 과목으로 정액법에 따른 분개 처리를 하도록 유도하고 있다. 즉, 고정자산의 감가액을 기간비용이 아닌 이익처분항목으로 인식함으로써, 구속자금의 유동화가 이루어지도록 진일보한 회계관을 피력하고 있을 뿐이다. 환언하면, 그는 유형자산의 원가배분(期間費用) 방식에 의한 투하자금을 회수하는 방식이 아니라, 기간이익의 적립을 통하여 유형자산에 투하된 자금(拘束資金)의 유동동화를 유도하는 방식으로

---

79) 임경재, 『간이상업부기학』(경성, 휘문관, 1908), P. 62. <저자가 현대어로 수정했음.>
80) 임경재, 『최근 상업부기』(경성, 휘문관,1913), P. 124.
81) 김대희, 『응용상업부기학 (부)공업부기학』(경성, 의진사, 1909), PP. 16~17. <저자가 현대어로 수정함.>

유형자산의 감가 계산을 인식하고 있음에 불과하다는 것이다.

(8) 관리목적의 원가회계관

당시의 우리말 공업부기 교과서는 김대희가 저술한 『응용학업부기학 전 (부)공업부기학』이 유일하다. 물론, 조선총독부 시기에는 일본에서 출판된 공업부기 교과서가 상업학교 교육용으로 다수 보급되어 있었다. 당시의 상황으로 보면, 단일제품을 생산하여 시장에 공급하거나 주문을 받아 생산하는 기업이 대부분이었기 때문에, 제품 원가의 계산은 개별원가계산이 주류를 이루었다고 한다. 그러므로 원가계산의 목적은 외부 보고 보다는 경영자의 내부 관리를 위한 제품원가계산에 있었다고 할 수 있다. 따라서 당시의 공업부기 교과서는 단순한 개별원가계산을 기본으로 하는 체제로 편집된 것이다. 시장생산을 위주로 다량 생산을 지향하는 복잡한 제품별 원가계산에 관한 설명은 되어 있지 않다. 제품생산의 질적 수준 향상을 위한 원가관리에 치중할 수밖에 없던 시대사적 환경을 생각할 때, 원가요소의 배부기준이 강화되고 저장품 관리와 제품의 판매관리는 당연한 내부 생산관리를 위한 당연한 절차였다고 생각한다.

3) 근대화 시기의 부기 교과서에 내재된 복식 부기적 속성

우리나라는 전통적으로 고유한 사개송도치부법이 창안되어 사용되어왔으나, 개항과 더불어 근대화의 조류에 따라 서양식 부기법을 받아들여 사용하게 되었다. 이에 대해 검토를 해본 결과, 사개송도치부법과 서양부기는 모두 복식부기적인 기본구조를 갖추고 있는 것으로 확인되었다. 그러나 이들은 처음부터 그러한 구조적 속성을 지닌 것으로 생성된 것이 아니라, 인간사회의 경제생활 속에서 소박한 원시적인 기록계산행위에서 비롯되어 점차 성장과 진화를 거듭하면서 복식 기장의 형태가 형성된 것으로 본다. 그것은 오늘날 우리가 사용하고 있는 복식부기의 초기적 형태하고 할 수 있다. 그렇다면, 초기의 원시적 복식부기의 구조를 지닌 서양의 이탈리아식 부기법과 우리나라 고유의 송도 사개치부법에 함유된 문화적 속성이 무엇인가를 살펴볼 필요가 있다.

위에서 검토했던 근대화 시기의 부기(簿記)는 장부 기록과 계산 그리고 계정 기입의 세 가지에 의하여 이루어진 것으로 고찰되었다. 그것은 이중적(二重的)인 기록·계산의 치부법으로 진화하면서 복식부기라는 기장 구조로 진화된 것으로 확인되었다. 그래서 복식성(複式性)이라는 개념에는 세 가지의 의미가 내포되어 있음을 보았다. 이러한 기장구조는 차변과 대변으로 이중기입 되는 복식성, 분개장과 원장으로 구성되는 장부(主要簿)의 복식성, 그리고 전기(轉記)에 의한 이중기입의 복식성으로 접근 가능

하다고 선각자에 의하여 논증된 바 있다.82) 이것은 복식부기만이 지닌 고유한 기장방식의 속성이라고 할 수 있다. 따라서 이러한 복식성에 의하여 전개되는 치부(治簿)의 결과는 대차 평균이라는 기장의 균형성을 갖추지 않으면 안 된다. 다시 말해서 복식부기에서는 계정(計定)이라는 특수한 형식을 이용하여 병립(竝立)에 의한 감산 내지는 대립(對立)에 의한 감산이 가능하게 되고, 상하(上下)의 계제식(階梯式) 운산(運算)에 의한 잔액이 아니라, 대응조합(對應照合)함으로써, 산출되는 잔액 계산이 이루어지게 되며, 특유한 계산 형태를 통하여 대차 평균의 목적을 달성하게 되는 것이다. 이는 채권·채무의 대차 합계가 반드시 일치하게 되는 것이라든가, 기록계산의 정확성을 검증하기 위하여 시산표에 의한 대차 평균을 확인하는 절차 등은 복식부기의 생성 초기부터 갖추고 있던 속성 중의 하나하고 할 수 있다. 이러한 사실은 단식부기에는 없는 것이며, 결과의 평균(equilibrium of result)83)이라는 복식부기의 독특한 속성임을 의미한다. 대차의 균형을 이루는 이러한 구조가 회계방정식(資産+費用=負債+資本+收益)을 만들어 내는 기본 틀이 되었다.

그렇지만 이들 복식성과 균형성만으로는 완전한 복식부기가 형성되는데 결함이 존재한다는 것을 인식하지 않으면 안 된다. 「리틀톤」(A.C. Littleton) 교수는 투입된 재화에 대한 직접적인 소유와 발생한 수익에 대한 청구권을 의미하는 자본, 즉 자기자본이 복식부기가 갖춰야 할 제3의 속성으로서 중요시해야 할 부분이라고 하였다.84) 이어서 그는 이 요소를 결(缺)하게 되면, 계정에 의한 기록으로서의 부기는 다만 책임에 대한 명세의 요점을 나타내는 데 불과하게 되어, 대리인 회계의 기능밖에 할 수 없게 되어버린다고 하면서 복식부기의 성립 요소로서의 자본의 중요성을 강조했다. 계정에 의한 완전한 부기의 기능을 수행하기 위해서는 대리인보다도 자본의 출자자임과 동시에, 경영자인 자영 기업인의 출현이 필요했다. 확실히 대리인은 주인인 기업가의 명령에 따라 행동하는 데 비하여 자영 기업인의 경우는 끊임없이 자본의 투입과 회수를 통하여 이윤획득을 기하게 된다. 여기서 자영 기업인은 단순한 자산·부채를 확인하는 것 이상으로 이익을 확정함으로써, 어떻게 하면 자본증식을 가져오게 할 수 있을까 하는 것까지도 사유(思惟)하기에 이르렀다. 그래서 상업에 이용되는 자기자본이야말로 복식부기의 실질적인 지표로서의 작용을 하게 되었다. 그러므로 복식부기의 형식은 생성 초기의 기록절차에서 유래한 복식성과 균형성이지만, 그 실질적인 것은 투입자본에서 비롯되는 자본주적(資本主的) 계산에 있다고 할 수 있다. 이에 생성 초기의 복식부기가 단순한 계정기재의 형식에서 벗어나 체계적인 자본주 부기로서의 속성을 지니고

---

82) A. C. Littleton, "Accounting Evolution to 1800, "(New York, Russel & Russel, 1966), P. 24.
83) Ibid., P. 25.
84) Ibid., PP. 26-27.

발전한 것임을 인식하게 된다.

그리고 초기의 복식부기에 내포되어 있던 속성은 거래를 차변과 대변으로 양분하여 두 번 기록하는 이중기입을 의미한다. 이는 계정형식을 통하여 형성된 것이다. 계정이란 장부의 지면을 좌우로 양분한 기록계산의 형식을 의미하며, 좌우의 양쪽은 산술적으로 상반되는 개념, 즉 「플러스(+)」와 「마이너스(-)」의 계산구조로 이루어져 있다. 이러한 계산형식이 보편적으로 인정될 수 있는 단계에 이르렀을 때, 그 좌우의 양란은 경제적 의미가 부여되며 좌우에 기입되는 수치(數値)의 질을 규정하여 계정의 계산형식은 실질적으로 완성되었다고 할 수 있다. 따라서 하나의 거래기입은 두 번씩 이루어진다. 즉, 한 번은 한 계정의 좌측에, 또 한 번은 다른 계정의 우측에 기입된다는 것이다. 그래서 모든 좌측기입과 우측기입이 서로 대응하고 총괄하게 되면, 좌측기입의 합계와 우측기입의 합계가 필연적으로 일치되는 결과를 초래하게 되는 것이다. 이렇듯 좌우 양란의 균형, 즉 대차평균은 계정형식을 통하여 이루어지고 복식부기로서의 속성을 완전히 갖추게 되었다고 한다.[85] 그러므로 복식부기의 형식적인 속성으로서는 계정형식을 이용하여 분개장에서 원장으로 전기하는 복식기입(二重記入)을 행함과 동시에, 좌우 양란의 합계가 균형(貸借平均)을 이루어 기록계산의 자기검증기능을 수행할 수 있게 되어 있다는 점이 복식부기의 속성으로 지적되는 것이다.

우리나라 근대화 시기의 부기 교과서는 이러한 복식부기 기본구조로 서술되어 있어서 누구나 익혀 사회에 적응할 수 있도록 체계화되어 있음을 확인할 수 있었다. 다만 저자마다 사용하는 부기 용어가 각각 다르게 표현된 것은 서양식 부기를 도입하던 초기의 현상으로 약간의 혼동은 있을 수 있으나, 서양 부기의 용어를 국문으로 번역하는 과정의 어려운 점을 알 수 있다. 그것은 우리 사회에 정착하면서 점차 통일된 용어로 조정되었던 것으로 생각한다.

이상에서 살펴본 바와 같이 우리나라 고유의 송도 사개치부법과 근대화 시기에 도입된 서양식 복식부기의 구조는 시대적 요구와 인간의 발명력이 결부되어 창안되고, 진화의 과정을 거친 것으로서 인류문명의 오랜 도정(道程)의 산물이며, 자본주의적 사회를 발전시키는 초석이 되었던 것으로 확인되었다. 그러나 그것의 생성과 발전과정을 규명하기란 역사적 자료의 수집상 어려움을 겪어야 했고, 그 분석과 정리는 지난(至難)한 일이 아닐 수 없었다. 다만, 인류문화의 전개 과정에서 동서양 복식부기의 생성배경과 체계적 구성요소를 추적하여 논증하는 방법론적 접근 역시 어려운 일이었다. 그러나 결과적으로 보면, 동서양의 복식부기 기장 구조는 경제사회의 발전과 더불어 성숙되어왔음이 사실로 입증되었다고 여겨진다. 선학자(先學者)들의 노력으로 고증된 여러 가지 기록 문헌들을 통하여 복식부기 생성 초기의 구조적 속성을 찾아볼 수 있었

---

85) 江村稔, 『複式簿記生成發達史論』(東京, 中央經濟社, 1960), PP. 28~29, Passim.

음은 실로 다행한 일이 아닐 수 없다. 비록 우리나라의 근대화 시기에 유입된 서양식 복식부기는 일본을 통하여 전래하기는 했으나, 경제적 근대화를 촉진하는 회계 문화적 요소로서 지대한 역할을 한 것으로 평가하지 않을 수 없다.

6 에필로그

1. 부기 교과서의 회계 문화사적 의의

한국 근대화 시기의 회계문화는 세 부분으로 나누어 접근이 이루어졌다. 근대화의 제1기는 개항기로서 강화도조약(AD1876) 이후 국정개혁의 기치를 높이 내걸고 출범한 대한제국으로 국호를 변경한 해(AD1897)까지의 기간이다. 이 시기에는 문호가 개방되고 부산항을 비롯한 전국 각지의 항구가 개항되어 서구열강과의 통상조약이 체결되고 서구문물이 유입되면서 개화의 물결이 일기 시작하던 시기이다.

근대화의 제2기는 갑오경장(AD1894)의 세(勢)를 업어 미래지향적 개혁을 추진하려고 출범한 대한제국(AD1897)에서 망국(AD1910)에 이르는 기간이다. 서구문물의 유입과 함께 서양식 회계문화도 들어왔으며, 여전히 전통상인에 의한 개성부기의 활용이 지속되고 있었다. 대한천일은행이 설립 초기부터 사개송도치부법에 따른 기장 처리가 이루어졌던 것도 이 무렵이다. 그뿐만 아니라, 일본에 유학한 인재들이 귀국하여 서양식 회계문화의 도입을 주장하면서, 우리말 서양 부기 교재를 최초로 저술한 사실도 이 시기의 일이다. 비로소 장홍식(張弘植)이 서양 부기의 필요성을 주장한 논문(AD1906)을 시발점으로 하여 윤정하(尹定夏)의 서양 부기에 대한 해석적 논문(AD1908)이 발표되었고, 임경재(任璟宰)의 은행부기, 상업부기 교재와 민천식(閔天植)의 가계부기 번역서가 출판(AD1908)되었음은 물론, 김대희(金大熙)의 상업부기와 공업부기 교재가 발행(AD1909)된 것도 모두 이때 이루어졌다. 이를 보더라도 개화의 기치 아래 서양식 회계문화의 도입을 위한 선각자들의 활동이 얼마나 활발했었는지를 추정하고도 남음이 있는 것이다.

이 시기에 출판된 서양 부기 교재는 일본의 부기서를 표본으로 하여 번안된 것들로서 「리틀톤」교수가 언급한 복식부기의 구성요소를 모두 갖춘 체계화된 서양 부기서였음을 고증하였다. 당시의 우리말 서양 부기 교재는 세 가지의 복식성 개념에 바탕을 두어 저술된 것들이다. 다시 말해서 그 기장 구조는 차변과 대변으로 이중기입(二重記入)되는 복식성, 분개장과 원장으로 구성되는 장부(主要簿)의 복식성, 그리고 전기(轉

記)에 의한 이중기입의 복식성을 근간으로 하여 저작되었다는 것이다. 그리고 대차평균이라는 각 장 구조에 의한 회계방정식(資産+費用=負債+資本+收益)을 기본 틀로 복식부기의 속성을 함축시킨 서양 부기 교재임이 고증되었다.

제3기에 해당하는 시기는 조선총독부에 의한 식민 통치가 이루어지던 36년간(AD1910~1945)을 일컫는다. 이 시기에 일본어 부기교과서에 의한 서양 부기 교육이 진행되었으나, 우리의 선각자들이 꾸준히 우리말 서양 부기 교재를 발행하여 신식부기 교육에 이바지하였다. 연이은 임경재의 상업부기 교재(AD1908,1910, 1913,1921)와 더불어 곽한탁(郭漢倬)의 상업부기(AD1911)의 출판으로 우리말 서양 부기 교육이 진행되었음은 물론, 현병주(玄丙周)에 의하여 실용자수 사개송도치부법 자습서가 출간(AD1916, 1927, 1928)됨으로써, 개성 상인들의 기업활동을 통한 개성부기의 활용이 이루어지기도 했다. 따라서 당시의 일본 회계학자들도 우리의 고유한 사개송도치부법에 관심을 가지고 연구하였음은 물론, 고오베(神戶)상과대학의 히라이(平井泰太郎)교수에 의한 독일어 논문86)이 독일 경영 경제지에 발표(AD1926)되어 개성부기의 존재가 서양에 소개된 사실은 특기할만한 일이다.

물론, 조선총독부 시기에 도오쿄(東京)상과대학의 요시타(吉田良三)교수를 비롯한 여러 일본인 학자들이 저술한 서양식 복식부기 교과서를 교재로 상업학교에서 사용되었던 사실도 간과할 수 없는 일이다. 일본어로 저술된 서양 부기 교과서가 교육용으로 다수 보급되었다. 그중 일부가 조선총독부의 허가를 받고 한반도의 상업학교에 보급되어 부기 교재로 사용되었다. 이렇게 일본어판 서양 부기 교과서에 의하여 부기 교육이 이루어졌던 한반도의 시대사적 상황은 일본이 얼마나 일본적 식민교육에 치중했던가를 보여주는 대목이다.

개항 이후 대한제국 정부에 이르러서도 관부회계가 시행되고 있었으므로 산사제도(算士制度)도 존속하고 있었다 산사(算士)・계사(計士)・회사(會士) 등의 관부회계 담당자가 직급별로 채용되어 중앙관서의 치부 기록과 관리를 담당하고 있었다는 것이다. 그러나 조선총독부 시기에 와서는 이들 산사제도는 없어지고 일본의 계리사(計理士)제도가 등장하였다. 우리나라 사람으로는 윤정하가 최초의 계리사로서 개업을 하여 조선총독부 시대의 회계와 세무 업무 대리인 역할을 했었다.

그뿐만 아니라 조선 후기에 성행하던 고본계(股本契)가 개항 이후에는 고본회사(股本會社: 오늘날의 株式會社)라는 기업형태로 발전하였다. 고본계의 사용인으로 차인

---

86) Hirai Yasutaro, "Orginale ′Vierfache′ Buchhaltung in Kaijo, Chosen (Korea) oder Chike-Songdo-Chibu. Ein Beitrag zur Entstehungs-Geschichte des Buchungswesens sowie des Dualistischen Gedankens der Buchhaltungstheorie", *Zeitschrift für Betriebswirtschaft*, Jg. Ⅲ. Heft 6, 7, 8. Berlin : SS. 409~420, SS. 532~546, SS. 614~626.

(差人)과 서사(書師)가 있었다. 차인은 자본주(物主 또는 財主)를 대신하여 상점을 운영하는 자(商業使用人)이며, 서사는 고본계의 치부 기록과 회계 관리를 맡아보는 자(算士 또는 會計擔當者)이다. 이들 고본계와 차인 및 서사가 개화기의 치부 문화를 진화(進化)시키는 역할을 했다. 개항 이후의 사회경제적 환경은 고본계와 같은 경영조직이 생성 발전할 수 있는 여건이 조성되어 있었으므로, 전통적으로 내려오던 치부문화의 진화도 가능했으며, 서양 문화의 유입으로 인한 서양식 회계제도의 보급도 순조롭게 이루어졌다고 볼 수 있는 것이다.

차인과 서사를 고용하여 위임경영을 펼쳤던 대표적인 상인 그룹이 개성상인이다. 차인은 개성의 자본주로부터 위임받은 송방재산의 운용관리에 관한 상황과 결과를 기록·계산·보고해야 하는 수탁자(代理人)로서의 회계 책임(accountability)을 지고 있었다. 이 보고행위가 위탁자인 자본주의 확인을 받으면, 차인은 위임경영의 신뢰성을 확보하고 수탁경영자로서 위상을 정립하게 되는 것이다. 이 경우의 사개치부 문서가 위임 해임표(charge and discharge statement)로서의 회계 기능을 수행하는 것이었다. 이러한 차인경영의 과정을 통하여 책임경영체제가 확립되고 신뢰성 있는 치부문화가 개성부기라는 체계화된 복식 기장문화로 진화한 것이다.

여기에 사개송도치부법이 독창적 고유성을 지닌 복식 기장 방법으로서 진화된 사실과 새로운 기장문화로서의 서양식 복식부기 구조가 회계문화의 쌍벽을 이루어 근대화 시기의 사회경제발전에 중추적 역할을 한 사실은 당시의 회계문화사적(會計文化史的) 관점에서 깊은 의의(意義)가 있음을 확인하게 되는 것이다.

2. 맺음말

우리나라 근대화 시기의 부기 회계문화는 사개송도치부법 문화를 이어받아 전개되었을 뿐만 아니라, 개항으로 인한 서구문물이 유입되는 과정에서 일본을 통하여 도입된 서양의 복식부기 제도가 시행됨으로써, 동서(東西) 치부회계의 절충적 교차문화(cross culture)가 형성된 사회경제적 환경이었다. 근대화 시기는 우리나라의 회계 근대화를 심어놓은 시발점이었다. 상술한 바와 같이, 복식부기의 생성 요소인 서법·산술·사유재산·화폐·상업·신용·자본·위임(委託經營) 등이 완전히 갖추어진 사회경제적 환경은 근대화 시기임을 상기할 필요가 있다. 우리나라의 고대·고려 시대·조선 시대의 전기의 사회경제적 환경은 부분적인 생성요인이 존재랄 뿐, 충족되지 않은 회계환경이었음을 고증을 통하여 확인하였다.

영국의 회계사학자인 「울프」(A.H. Woolf)가 언급한 『회계의 역사는 문명의 역사이고…. 문명의 발전과 더불어 발달해온 것임은 물론…. 그 시대의 거울이다.』[87]라는 문구는 회계사(會計史)가 지니는 문명사적 속성을 잘 나타낸 것이라고 할 수 있다.

그러므로 동서양을 막론하고 회계기법의 발달은 인류 문명사의 한 단면을 나타내는 척도라고 할 수 있다. 그것은 문화적 교류가 이루어지지 않은 문명사적 환경 속에서도 공통인자(共通因子)로서의 문화적 요소가 발아(發芽)될 수 있음을 의미한다. 교통이 불편했던 중세시대 서양의 「이탈리아」와 동아시아지역의 한국에서 각각 유사한 형태의 복식 기장 방법이 창안되어 진화됐음은 인류가 문화적 교류를 하지 않은 차단된 사회경제적 환경 속에서도 유사한 사고방식이 작동하게 되어 서로 공통인자를 가진 문화적 요소가 창출될 수 있다는 이치(理致)를 입증해주고 있다. 지정학적으로 「이탈리아」는 지중해의 서양 문화권에 속하는 국가이고, 한국은 극동의 동양 문화권에 속하는 나라로서, 생활양식이 서로 다른 이문화(異文化) 영역의 역사와 전통, 사회사상과 경제적 사고(思考) 및 국민성을 지닌 국가임은 분명하다. 그런데도 두 나라의 다른 문화적 사회경제환경 속에서 생성된 치부법(治簿法)이 복식 부기적 속성을 공통으로 지니고 진화했다는 것을 고증으로 확인할 수 있었다. 이러한 사실은 수렴이론(收斂理論)[88]에 의한 국제적 비교연구를 통하여 두 나라의 치부 시스템에 나타난 통문화적 속성(cross-cultural attribute)[89]의 표본이라 할 수 있다. 오늘날 전 세계적으로 「이탈리아」식 기장법에 근간을 둔 서양의 복식부기 시스템이 통문화성을 지닌 공통인자로서 통용되고 있는 점은 독일의 경제학자인 「좀바르트」(W. Sombart)가 말한 것처럼 자본주의에 내재하는 정신, 즉 영리 정신과 경제적 합리주의 정신을 완전하게 전개할 수 있게 하는 가능성이 복식부기를 통하여 발견할 수 있기 때문[90]이다.

따라서 우리나라의 고유한 사개송도치부법이 근대화 과정에서 유입된 서양 복식부기 시스템은 봉건주의 사회에서 자본주의사회로 이행하는 길목에서 기업 정신을 배양해주는 역할을 했다고 보게 되는 것이다.

---

87) A. H. Woolf, "A Short History of Accountants and Accountancy", (London, 1912), Preface ix.
88) D. A. Dubious and K. Some-ya, "Accounting Development in Japan —Convergence Theory", (Accountant, May 1977), PP. 500~503.
89) 村山元英, 「日美會計の國際比較論」(日本中央大學經理研究所, 『經理研究』第32號, 1975), P. 37.
90) W. Sombart, "Der Moderne Kapitalismus", (Ⅳ Aufgabe, 1921. Zweiter Band, Kapital 10, 'Die Einstehung der Kapitalischen Unternehmung', Ⅲ; 'Das Geschäft als Rechnungseinheit, die natio (ragione, raison)' Ⅰ; 'Die Geschichtliche Entwicklung der systematische Buchhaltung'), SS. 119.

제8장 한국 현대사회의 「원칙」 지향적 기업회계문화(Ⅰ)[1]
(일본형 기업회계원칙의 시대 : 1948-1981)

1 프롤로그

우리나라 현대사회의 기업회계제도는 1945년의 광복과 1948년의 대한민국 정부수립으로 안정세를 찾아가던 시기에 발발한 한국전쟁(6·25동란) 때문에, 별다른 개선이 이루어지지 못한 채, 1950년대의 후반에 이르기까지 일본식 회계시스템을 그대로 답습하고 있었다. 경제부흥을 지상의 정책과제로 삼고 있던 한국 정부는 기업의 합리화를 촉진하는 동시에 외자도입과 기업경영의 합리화, 조세제도의 공정화, 증권투자의 민주화 및 금융거래의 적정화 등의 문제를 시급히 해결하기 위하여 기업회계제도를 정비하기에 이르렀다. 그 결과, 우리나라 최초의 성문화된 회계원칙이 탄생하였다.

1948년에 한국 정부가 수립되었으나, 1950년의 한국전쟁으로 경제적 피해와 사회적 혼란 때문에, 조선총독부 시대의 회계 방법이 그대로 계속되고 있었다. 그러한 회계환경을 극복하고 1958년에 「기업회계원칙」과 「재무제표규칙」이라는 이름으로 회계규범이 제정되어 기업사회의 지도원리로 뿌리를 내리게 되었다. 그것은 여러 차례의 개정을 거치면서 회계제도의 개선통일과 회계실무 및 회계이론의 발전에 지대한 구실을 해 왔다. 회계 규범은 기본적으로 그 나라의 회계실무를 지도하는 기본원리이기 때문에, 경제사회가 변천함에 따라 회계실무도 변하게 된다. 회계실무를 지도하는 회계규범은 사회경제적 환경이 변화에 적응 가능한 형태로 탈바꿈하게 된다.

최근 회계환경의 변화는 회계 규범의 개선을 위한 연구의 중요성을 부각시키고 있다. 더욱이 내생적 환경요인에 의한 회계 규범의 발전은 회계실무나 모든 이해관계자

---

[1] 본 장의 내용은 다음의 문헌들을 기본 자료로 하여 인용·정리되었으므로, 이 문헌들을 참조하기를 바란다.
    고승희, 『회계원칙의 이론』(서울, 수서원, 1983), PP. 191-247.
    고승희, 『韓国会計原則の展開』(ソウル、단대출판부, 1986), 28-79ページ。
    이정호 외4인, 『한국 기업회계제도의 발달과 그 전망』(서울대학교 경영대학 회계학연구센터, 2003), PP. 68-115. (금융감독원에 의한 2001년도 연구보고서의 출판물)
    고승희, 『한국회계기준 변천사』(서울, 수서원, 2007), PP. 15-226

의 의견을 수렴하는 귀납적 방식을 원용하기보다는 경제적 선진제국의 회계방식을 연역적으로 수용하여 이루어진다.

본 장에서 접근하려는 「원칙」 지향적 기업회계문화(1958~1981)는 조선총독부 시대에 유입된 일본의 회계제도와 회계원칙에 바탕을 두어 형성된 것이라고 단언할 수 있기 때문이다.

「일반적으로 인정된 회계원칙」(GAAP)은 기업활동에 관한 정보를 측정하여 전달하기 위한 규범으로서 사회적 합의의 결정체이며, 회계가 정보제공기능을 수행하기 위한 이정표로서 작용한다. 세계 각국은 회계의 사회적 중요성을 인식하고 기업이 준수할 회계 규범을 설정하여 기업회계문화의 꽃을 피우고 있다. 경제적 선진국의 회계 규범은 일련의 사회적 규범으로 정립되어 있다. 우리나라의 경우, 일본의 「기업회계원칙」을 본받아 회계 규범(GAAP)[2]을 설정하여 기업이 이를 준수하도록 하고 있다.

세계 각국은 회계의 사회적 중요성을 깊이 인식하고 회계행위를 수행할 때 기업이 준수할 회계 규범을 설정하여 기업회계문화를 설정하려고 진력하고 있다. 경제적 선진국의 회계 규범은 사회적 규범으로 정립되어 있다. 미국은 「재무회계 기준서」의 설정을 위하여 노력하고 있으며, 일본은 「기업회계원칙」과 같이 성문화되어 있어서 정도의 차이는 있으나, 그것이 사회적 규범으로서 모든 기업이 이를 준수하고 있다. 우리나라도 사회규범으로서의 회계 규범(GAAP)을 설정하여 기업이 이를 준수하도록 하고 있다.

본 장에서는 우리나라의 사회경제적 환경 속에서 생성된 회계 규범(GAAP)의 변천과정을 대상으로 하여 시대사적 조명을 하고자 한다. 환경변화가 우리나라 기업회계문화를 어떻게 변화시켰으며, 회계 규범이 어떻게 조정되었고, 그것이 지닌 사회경제적 함의에 대해서도 살필 것이다. 왜냐하면, 한국의 「기업회계원칙」을 시대사적으로 접근한다는 것은 새로운 회계문화의 중요한 의미를 제시할 수 있다고 보기 때문이다. 특히 한국적 회계 규범(GAAP)의 생성기에는 조선총독부 시대의 회계적 유산이 그대로 승계되어 사용되고 있었다. 진실하고 확실한 회계정보의 제공을 목적으로 하는 회계 규범이 그 뿌리를 깊이 내리고 그 특성적 형태를 이루었던 시기이기도 하다. 따라서 이러한 생성기의 기업회계문화에 내재되어 있는 이론구조를 검토하고 일본회계원칙에 의한 계수적 특성에 대해서도 조명하게 될 것이다.

---

2) 한국의 「일반적으로 인정된 회계원칙」(GAAP)에 해당하는 회계규범은 1958년 최초에는 「기업회계원칙」이라는 이름을 가지고 생성되었으나, 1981년의 제도적 조정과정에서 「기업회계기준」으로 명칭 변경이 이루어졌고, 1999년부터는 회계규범의 국제적 조화화를 위한 목적으로 「기업회계기준서」라는 이름으로 탈바꿈하였다. 그런데 본 연구에서는 시대별로 구체적인 명칭을 제시해야 하는 경우를 제외하고는 혼동을 피하려고 일반적으로 서술하는 문장표현에서는 「한국(또는 우리나라)의 회계 규범(GAAP)」이라고 표현한다.

2 한국 현대사회의 회계 문화적 환경요인

1. 대한민국 정부 수립 전후의 회계관행

1) 일본형 기업회계제도의 계수(繼受)

우리나라는 전통적으로 개성상인에 의하여 개발된 사개송도치부법이라는 기장제도가 있었으나, 개항(AD1876) 이후 근대화를 지향하는 과정에서 서양식 복식부기 문화가 전래되었다.[3] 그리고 국권피탈로 인하여 조선총독부 시대(AD1910~1945)에 일본형 기업회계제도가 유입된 것은 앞 장에서 살펴보았다.

광복(1945년) 이후 미군정시대와 대한민국 정부의 수립 초기는 조선총독부 시대의 회계제도가 계속 사용되던 시기였다. 1945년부터 1957년까지의 기간은 일본회계문화의 연장선상에서 보게 된다. 이 기간은 일본 회계관행이 농후하게 나타나 있었다. 그것은 조선총독부가 한반도 전역에 일본 상법에 따른 회계제도를 강제적으로 이식한 결과이다. 그리고 일본식 교육제도가 시행됨으로써, 상업학교와 전문학교의 상과에서 부기회계 교육이 진행되어 일본회계문화를 바탕으로 하는 의식구조가 광복 이후에도 계속되었다. 이는 일본의 식민지 정책에 의하여 이식된 회계제도가 한국 사회에 깊이 뿌리내려 있었음을 의미한다. 그러한 시대적 상황에서 미군정시대와 대한민국 정부수립 초기에는 관행으로 정착된 일본의 회계제도를 계속 사용할 수밖에 없었다. 그리고 그것은 미군정청 법령과 대한민국의 제헌국회에 의한 헌법(제100조)을 통하여 합법화되었다. 결과적으로는 법령에 따른 일본회계제도의 계수(繼受)가 인정된 것이다.

특히, 대한민국 정부의 수립과 더불어 계리사법이 제정·공포되고 직업적 회계전문가인 계리사에 의한 회계감사가 이루어질 수 있도록 제도화되었다. 그것은 1927년의 일본계리사법을 그대로 이어받았다고 할 수 있고, 일본식 회계감사 제도의 계수를 나타내는 것이다. 그랬던 것이 건국 초기에 계리사법의 제정·공포를 통하여 일본의 계리사법을 계수한 것과 같은 효과를 초래하게 하였다. 이처럼 건국 초기의 계리사법에 따라 한국인이 조선총독부 시대에 취득한 계리사의 자격을 인정하고 계리사 업무를 수행할 수 있도록 하였던 것은 일본식 회계감사의 관행이 그 당시 한국인의 의식 속에 깊이 정착되어 있었음을 뜻한다.

그뿐만 아니라, 광복(1945년) 이전에 시행되던 1934년의 일본 「재무제표준칙」과 일본 전시체제에서 제정된 「원가계산 요강」과 「군수품 공업경영비교 요강」 등도 역

---

[3] 윤근호, 『한국 회계사 연구』(서울, 재단법인 한국 연구원, 1984), PP. 300-301.

시 미군정시대와 건국 초기의 한국 기업사회에서 계속 이용되었던 것이 사실이다. 또한 일본 상법에 따른 계산 규정은 조선총독부 시대에 강제 이식된 상법과 관련 법규에 따라 우리나라 기업사회에 근착(根着)한 회계제도이다. 채권자 보호 사상에 근거를 둔 대륙법 계통(Franco-German law system)의 회계시스템이 그것이다.4)

이러한 일본 상법의 계승은 미군정청 법령과 대한민국의 헌법(제100조)에 근거를 두고 이루어진 것이다. 당시의 계승된 상법을 일컬어 의용상법(依用商法)이라고 하였다. 이는 우리나라 국회에서 제정된 법률이 아니었기 때문이다.

「의용상법」의 계산 규정에 따르면, 채권자 보호를 목적으로 하여, 재산목록의 작성과 자산평가에 시가 이하 주의를 적용하도록 하였다. 그에 따라 대차대조표와 손익계산서 및 이익처분안을 작성함과 동시에, 감사역(監査役 : 오늘날의 監事에 해당함)의 보고서 제출, 그리고 주주총회의 승인을 얻은 대차대조표의 공시가 의무화되어 있었다. 그러나 상법의 계산 규정만으로는 기업의 활동 상황을 대차대조표에 표시할 수 없었으므로, 각 기업의 독자적인 잣대(準則)로 재무제표를 작성하되 부정·은폐의 수단으로 이용하는 정도에 지나지 않았다. 이러한 사실은 상법에 규정된 계산 규정이 당시의 회계관행을 반영하지 못했을 뿐만 아니라, 「일반적으로 인정된 회계원칙」(GAAP)으로서의 기능을 충분히 수행하지 못하였던 데서 비롯되었다.

당시 기업회계의 관행으로 볼 때, 「의용상법」의 계산 규정에 따른 회계제도는 정치적·사회경제적 혼란기에 중요한 역할을 하였다. 「의용상법」의 계산 규정은 미군정시대와 건국 초기에 기업사회의 회계실무를 이끌어가는 회계 규범의 기능을 수행했다는 것이다. 그것은 광복(1945년) 이후의 무질서한 시대적 상황 속에서도 그나마 회계실무의 방향을 가늠할 수 있는 징검다리의 역할을 한 것으로서 평가되어야 한다.

2) 미국 회계시스템의 도입

광복(1945) 이후의 우리나라 회계제도는 미군정청(美軍政廳)과 한국 정부의 수립을 통한 시대 상황의 변화에 따라, 그에 알맞은 것으로 탈바꿈하지 않을 수 없게 되었다. 한국회계 규범(GAAP)의 제정을 위한 여러 가지 제도적 정비가 이루어졌고, 계리사법(공인회계사법의 전신)의 시행으로 직업회계인에 의한 외부감사제도가 외형적으로 정립되었다. 이것은 한국전쟁으로 파괴된 경제를 부흥시키기 위한 목적으로 이루어진 것이었고, 조선총독부 시대에 시행되고 있던 주주총회의 존중이나 공칭자본금 제도의 기본사상을 중심으로 하는 일본 상법에 따른 회계제도는 이사회로 권력 집중과 자본조달을 촉진하는 수권자본제도 등, 미국의 합리주의적 제도로 탈바꿈해 가는 과도기였다. 세

---

4) 山下勝治, 『貸借對照表論』(東京, 中央經濟社, 1975), PP. 5~8.

법도 법인세를 소득세 중심주의의 원천세로 보는 법인의제설(法人擬制說)로 전환하였으며, 법인소득계산은 경리 자유가 용인되는 상황이었다. 이는 회계 방법의 다양성을 수용하는 근대회계학적 논리를 도입하는 계기가 되었다.

광복 이후의 회계제도는 미군정시대를 거치면서 유입되기 시작한 미국식 회계제도에 편승하는 쪽으로 이행되었던 것이 사실이다. 그러나 자세히 보면, 일본식 회계제도가 완전히 단절된 것은 아니었다. 1945년 말의 미군정청 명령과 1948년의 헌법(제100조)의 규정에 따른 일본 상법의 효력 지속이 그것이다. 그리고 1929년의 경제공황으로 대두되었던 세계적 산업합리화시대에 일본에서 만들어진 1934년의「재무제표준칙」에 따라 회계실무가 이루어지고 있었다. 특히, 광복 이후의 원가계산 제도는 일본 원가계산기법이 계승되어 회계실무뿐만 아니라, 학교 교육에도 이용되고 있었다.

1945년부터 1957년까지에 이르는 한국회계 규범(GAAP) 태동기의 회계환경은 일본식 회계제도의 연속선상에서 미국식 회계방식이 도입되는 과도기에 해당한다. 미군정시대는 물론, 1950년대에는 미국으로부터의 경제원조와 외자도입에 편승한 미국회계제도의 유입이 이루어지기 시작했다. 조선총독부 시대에 교육을 받은 회계학 교수들에 의해 회계 교육이 이루어지고 있었지만, 1950년대의 후반기에는 미국의 회계학 서적이 번역·소개되기도 했다.[5] 결국, 미국식 회계관행에 기초를 둔「기업회계원칙」이 1958년에 제정되는 데 영향을 끼쳤다고 볼 수 있다. 서양식 기업회계제도의 불모지나 다름없던 한국 현대사회에 회계 규범(GAAP)의 싹을 틔우고 발전적 궤적을 쌓을 수 있는 환경이 조성됨으로써, 한국형 기업회계문화의 기반이 다져지게 되었음을 확인하게 된다.

2. 기업회계 문화적 환경요인

1)「원칙」 지향적 기업회계문화 태동기의 환경요인

기업회계는 환경으로부터 생성되어 발전되어 온 것이며 환경의 영향을 받게 되어 있다. 환경이 변하면 회계도 변화한다. 그것은 회계가 환경의 산물이기 때문이다. 시대의 변천은 국가별로 서로 다른 회계 사상이 형성되고 상이한 회계이론과 회계실무를 탄생시킨다. 그러므로 회계는 회계환경, 즉, 정치적·경제적·사회적·문화적 환경요

---

5) 이 무렵, 서울대학교 상과대학의 소진덕 교수에 의하여 페이톤·리틀튼(W. Paton and A. C Littleton)의 저서『회사회계기준 서설』이 번역·출판되었고, 고려대학교 상과대학의 조익순 교수에 의하여 페이톤(W. A Paton)의 저서인『고등 회계학』이 번역·출판되어 미국의 회계학에 접해 볼 기회가 제공되었다. 그리고 고려대학교 상과대학의 윤병욱 교수에 의하여, 슈말렌바하의『동적 대차대조표론』이 번역·출판되었음은 물론, 윤근호 교수와 이찬우 교수의 공동 번역으로 리틀튼의『회계학의 이론적 구조』가 번역 출판되어 당시의 회계학 교육에 크게 이바지했다.

인에 의해 영향을 받는 것으로 보게 된다.6) 시대적으로 달라진 환경 속에서 회계제도의 변화가 어떠한지를 정리해 보는 것은 회계 문화사적인 견지에서 큰 의미를 지닌다고 할 수 있다.

(1) 정치적 환경요인

① 미군정(美軍政) 시기의 회계환경

1945년 8월 15일에 제2차 세계대전이 종결되자, 동년 9월 9일에「존·하지」중장(미국 제24군단장)은 휘하 장병들을 이끌고 서울에 입성하였다. 그 후 2일이 지난 동년 9월 11일에「존 하지」중장은 북위 38도선 이남 지역에서는 당분간 미군정이 실시된다고 선포했으며,「아놀드」소장을 군정장관에 임명하고 남한지역을 신탁 통치하기 시작하였다. 1948년 8월 15일에 대한민국 정부가 수립될 때까지 3년간 남한지역은 미군정청의 통치를 받게 되었다.7)

군정장관에 취임한「아널드」소장은 과도정부 체제를 구성하고 각종 제도를 정비함과 동시에, 과도정부의 행정원칙에 관한 기본정책을 발표하였다.8)

이 시기에는 미군정장관 예하에 입법·사법·행정의 민주주의 체제를 갖춘 과도정부가 구성되었다. 미군정의 기간은 3년 정도에 불과했지만, 역사상 처음으로 민주주의 체제가 도입되어 독립국의 수립을 위한 토대구축에 지대한 영향을 주었다.

미군정에 의한 정치체제 하에서의 관심사는 귀속 재산관리에 관한 것이었다. 1946년 7월 21일의 미군정청 관재령(관재령 제5호 :「기득된 각회사의 보고」)에 의하면, 각 사업체의 장은 분기별로 대차대조표와 손익계산서를 그다음 달 30일까지 재산관재처에 제출해야 하며, 매월 손익계산서는 각도의 재산관리인 또는 소관 부처에 제출하고 그 등본을 매 익월 20일까지 재산관재처에 제출하도록 규정되었다. 대차대조표와 손익계산서는 관재서식 제20호 및 제21호에 의하여 작성하도록 규정되어 있었다. 그러나 그 서식은 전해지지 않아 그 내용을 알 길이 없다고 한다.9)

이상과 같이 미군정시대의 회계 규제는 미군정청 명령을 통하여 이루어졌다. 회계 규제에 관한 규정을 제정하지 못하는 부분에 대해서는 군정청 명령에 따라 광복(1945

---

6) 남상오, 『회계이론』(서울, 일신사, 1982), p. 91.
7) 1947년 1월 남조선과도입법의원(南朝鮮過渡立法議院)이 구성되고, 동년 2월 5일에 안재홍(安在鴻)이 과도정부의 민정장관에 임명되었다. 그러나, 이 과도정부는 미군정청의 지배 아래에 있었기 때문에, 미군정의 계속으로 보지 않으면 안 된다.
8) 국사편찬위원회 자료, 『대한민국사』 1, pp. 112-113.
9) 한국공인회계사회, 『한국 공인회계사 35년사』(서울, 1992), p.37.

년) 이전 시대의 회계규정을 계속 사용할 수 있도록 하였다. 의용상법(依用商法)이라는 이름으로 조선총독부 시대의 상법이 계속 효력을 유지하게 된 것도 미군정청 명령에 따랐기 때문이다. 미군정시대의 회계전문가 단체로서는 「조선계리사회」가 있었다. 그 구성원인 계리사들이 귀속재산을 감사(監査)하는 데 참여하였고, 상업용어의 제정을 위하여 건의하는 등, 제도적으로 안정되지 않았던 상황에서 회계전문가로서의 존재를 부각하게 시키는데 당시 계리사들의 노력은 지대한 것이었다.10)

② 한국 정부수립 이후의 정치적 환경요인

3년간에 걸친 미군정시대가 종결되고 1948년 8월 15일 대한민국 정부가 민주적인 방법에 따라 수립되었다. 남북분단의 상황 속에서 남한만이 자유 선거에 의해 국회의원을 선출하고 헌법(憲法)을 제정하여, 자유민주주의체제를 기본으로 하는 정부형태가 구성되었다. UN 총회의 결의를 통하여 한반도의 유일한 합법정부로서 승인을 받은 한국 정부는 이승만 대통령을 정점으로 하는 입법·사법·행정의 3부가 갖춰진 민주공화국 체제로 출범하였다.

미군정장관으로부터 정권을 이양받은 한국 정부는 헌법에 따라 민주적인 여러 제도를 도입하면서 조선총독부 시대의 잔재를 청산하기 시작하였다. 1948년 7월 17일에 공포된 헌법(제5조)에 따르면, 「대한민국은 정치·경제·사회·문화의 모든 영역에 있어서 각 개인의 자유행동과 창의를 존중하고 보장하며, 공공복리의 향상을 위하여 이를 보호하고 조정하는 의무를 진다」라고 규정하여, 정부 체제가 자유민주주의에 기초하고 있음을 명백히 밝히고, 그 실시를 위하여 성실하게 집행할 것을 천명하였다. 그리고 동 헌법(제84조)을 통하여 「대한민국의 경제질서는 모든 국민에게 생활의 기본적 수요를 충족할 수 있게 하는 사회정의의 실현과 균형 있는 국민경제의 발전을 기함을 기본으로 삼는다」라고 하였다. 이는 사회정의 실현에 역점을 두고 「국민 각자의 경제적 자유는 보장한다고 함으로써, 정부는 시장경제를 원칙으로 운영하되 필요에 따라서는 개인의 경제적 활동에 제한을 기할 수 있음도 밝히고 있다.

초대 대통령으로 선출된 이승만은 1948년 8월 15일 취임식 연설에서, 헌법에 규정된 경제질서의 정신과 시정방침을 표명하면서, 「우리가 새 국가를 건설하는 이때 정부가 안에서는 공고하며, 밖에서는 위신 있게 하기에 제일 필요한 것은 이 정부를 국민이 자기들을 위하여 자기들 손으로 세운 자기들의 정부임을 깊이 각오해야 할 것입니다」라고 하여 자유민주주의체제에 의한 국민의 정부임을 분명히 밝혔다.11)

---

10) 상게서, pp. 55-68.
11) 국사편찬위원회, <자료>『大韓民國史』 7, pp. 818-819.

새로운 정부는 사회적 질서유지와 국민의 복지증진을 위한 정책을 수립·추진하였다. 경제질서의 유지를 위한 법률의 제정과 개정은 계속되었다. 헌법(제100조)의 「현행법령은 이 헌법에 저촉되지 않은 한, 계속하여 효력을 갖는다」12)는 규정에 따라, 조선총독부 시대의 법률과 미군정시대의 법령이 계속 효력을 갖게 되었다. 그로 인하여 한국의 회계제도는 일본식 상법 규정을 주축으로 하여 운영되는 상황이 되었다. 상법의 입법을 추진하기 위한 「법전편찬위원회」가 구성되어 1949년 2월 1일부터 기초작업을 수행하던 중, 한국전쟁의 발발로 인하여 중단되었다. 1957년 11월 21일에 상법 기초안이 완료되었고 정부로 이송되어 국무회의의 의결을 거쳐 1960년 11월 30일에 국회에 제출되었으나 회기 만료로 폐기되고 말았다. 결국 상법은 5·16 군사 쿠데타에 의한 정부의 국회 기능을 담당하던 「국가재건최고회의」의 의결을 거쳐 제정되었다.13)

이 밖에도 1950년 2월 20일에 「계리사법(計理士法)」이 국회의 의결을 거쳐 공포됨으로써, 회계전문가의 자격제도가 이루어졌다. 1953년 12월 14일에 「계리사법시행령」이 공포되어, 명실공히 회계전문가단체인 한국계리사회가 구성되고 업무 활동을 시작하게 되었다. 계리사는 정부에서 시행하는 시험에 합격함으로써, 자격을 부여받을 수 있도록 제도화된 것이다.

(2) 사회경제적 환경요인

① 미군정시대의 경제환경

광복은 되었으나, 국토가 분단되어 남한과 북한에서 각각 대립하는 정치체제가 수립되었기 때문에, 서로 다른 경제체제가 실시되었음은 물론이다. 이로 인하여 남북으로 우리나라 경제 지역이 서로 분리된 것은 공업 부문에 있어서는 북한이 중공업 우위였고 남한이 경공업 우위였다. 광업 자원과 전력이 북한에 집중되어 있었기 때문에 경제발전의 파행성은 더욱 심각한 상황이었다. 이처럼 당시의 남북한 경제는 상호의존도가 높은 것이었음에도 국토분단으로 인하여 남한의 산업을 혼란스럽게 하였으며, 경제안정에 심한 타격을 안겨 주었다. 더욱이 광복(1945년) 직전의 공장기술자 대부분이 일본인이었고 그중 11~27% 정도가 한국인 기술자였기 때문에, 광복으로 인한 일본인 고급기술자의 총 퇴거는 산업현장에서의 기술자 부족을 초래하여 경제재건에 장애가 되었다.14)

---

12) 박일경, 『헌법 요론』(서울, 일명사, 1956), p.438.
13) 박원선, 『새 상법』(서울, 수학사, 1962), pp. 16-17.
14) 한국공인회계사회, 전게서, p.39.

미군정에 의하여 자본주의 경제체제로 전환한 남한에서는 일본식 전시통제경제의 해제와 자본주의적인 시장경제의 부활이 급속도로 이루어지기 시작하였다. 미군정 당국은 일본의 식민 통치에서 시행해 오던 미곡통제를 1945년 10월 5일에 해제하고 미곡의 자유시장을 허가하였다. 이러한 경제자유화정책은 일시적으로 시장경기를 가열시켰을 뿐만 아니라, 무질서한 시장거래의 범람으로 오히려 혼란을 가중시켰다. 그래서 미군정 당국은 공정가격과 자유가격이라는 이중 곡가 정책을 펴기도 하였다.

경제적 기반이 정상화되지 못했던 미군정시대의 파행적 경제 현상은 민족자본가가 산업부문에 투자하는 것을 회피하게 하였고 높은 이익과 자본 회수율이 빠른 투기적 상업 부문에의 투자를 유도하게 되어 민족자본의 건전한 육성과 산업자본의 조달을 저해하는 결과를 가져왔다. 따라서 미군정 말기인 1948년 상반기의 남한 공업생산율은 광복 이전 수준의 약 20%에 불과했다고 한다.[15]

한편 광복 전후를 통하여 조선총독부가 남발한「조선 은행권」화폐가 미군정 당국에 의하여 통용될 수 있게 인정되었기 때문에, 결국 극심한 인플레이션에 직면하게 되었다. 그로 인하여 국민의 경제활동은 극도로 곤란한 지경에 빠졌다. 이러한 남한 국민의 극심한 경제 생활난을 타개해 준 것은 국제연합(UN)과 미국으로부터의 경제원조였다. 미군정 3년간 남한은 미국으로부터 약 4억 634만 달러의 경제원조를 받았다. 1945년부터「가리오아」(GARIOA)[16] 계획에 의한 경제원조는 대부분이 생활필수품과 농업용품이었다. 이 원조는 긴급구호의 성격을 띤 것으로서 남한의 기존산업시설을 복구하여 생산활동을 일으키는 데는 크게 도움을 주지 못하였다.[17]

미군정에 의한 남한 경제정책이 시행착오를 일으키게 된 것은 미군정 당국이 남한경제의 역사적 조건을 잘 이해하지 못했고, 처음부터 경제정책의 중점을 민생안정에 두면서 국민 경제건설이라는 장기적인 목표를 지향하지 않았던 때문이라고 한다.[18]

② 한국 정부수립 이후의 경제 사정

한국 정부는 건국 이듬해인 1949년 6월 21일에 농지개혁법을 제정·공포한 후, 1950년 12월 19일에는 귀속재산처리법을 제정·공포하여 미군정으로부터 이양 받은 귀속재산을 처리하였다. 대외적인 경제정책에 있어서는 1949년 4월 19일 한·일 통상협정이 체

---

15) 한국공인회계사회, 전게서, p. 40.
16)「GARIOA」는 제2차 세계대전을 통하여 연합군(un군)에 의해 점령된 지역의 민생구호를 목적으로 하는 점령지역 행정구제계획에 따른 자금원조를 일컫는다. 그 주요 대상국은 피점령국인 독일과 일본이었다. 한국이 이 원조대상에 포함된 것은 종전 이후 남한지역에 미군이 진주하여 미군정을 실시하게 된 데서 비롯된 것이다.
17) 조기준, 『한국 경제사 신강』(서울, 일신사, 1994), pp. 646-654.
18) 상게서, p. 648.

결되었고, 1950년 1월 26일에는 한·미·일 군사원조 협정이 체결됨으로써, 경제안정을 위한 대내외의 정책 기조가 다져지기 시작하였다. 1950년 4월 21일에는 한국은행법과 일반은행법이 제정·공포되었고, 한국은행은 발권제도를 관장하는 중앙은행으로 발족하였다. 한국 정부는 경제안정 15개 원칙을 발표하여 경제정책을 추진할 수 있는 경제적 제도 정비에 박차를 가하기 시작하였다.[19]

이러한 상황에서 비교적 일찍 재건된 산업부문은 면방직공업이다. 이 분야는 건국 후, 정부의 특별지원을 얻어 시설이 개선될 수 있었으므로, 6·25동란까지 방직기 316,572추(錘), 직포기 9,075기(機)를 보유하게 되어 광복(1945년) 당시의 생산수준을 능가할 수 있었다고 한다.[20] 그리하여 광복 후, 휴업상태에 있던 민족계의 경성방직은 1945년 9월부터 조업을 재개하였고, 적산(敵産)이던 종연공업(鍾淵工業)의 후신인 전남방직·고려 방직 등, 남한에 있는 5대 적산 방직공장은 한국전쟁(6·25동란) 이전에 기존의 생산능력을 회복할 수 있는 여건이 마련되었다.[21]

면방직 이외에 괄목할 만한 발전을 이룩한 분야는 동력원과 광산업 분야였다. 동력원 중에서 전력 분야는 북한지역에 편재해 있어서 1948년에 북한이 송전을 중단하였기 때문에, 남한지역의 모든 공장뿐만 아니라, 가정수요의 충당에도 어려운 실정이었다. 건국 후에는 화력발전소의 증설을 시도하여, 1949년 말에는 수력발전·화력발전·발전함을 합하여 총 272,825kW의 전력을 공급하게 되었다. 그리고 동력원으로서의 또 다른 자원개발은 석탄생산이었다. 당시로서는 석탄생산의 증대가 산업재건의 전제였다. 광업 분야에서도 수출과 관련하여 중석(重石)과 흑연생산에서 좋은 성과를 거두었다.[22]

한국 정부는 건국 초기에 재정적 인플레이션의 진행과 무역역조로 인한 국제수지 악화 등, 수많은 정책적 난제들을 안고 있었으나, 국민의 의욕적인 참여와 미국의 경제원조를 얻어 경제재건과 부흥에 심혈을 기울였다. 1949년에는 국민총생산이 8,029억 원으로서 1948년에 비해 9.7%의 성장률을 기록하게 되었다.[23]

건국 초기의 경제계획은 뜻하지 않은 한국전쟁(1950)의 발발로 중단되었다. 그리고 전쟁 비용의 격증으로 인플레이션은 극심한 상황이었다. 물가지수가 통화발행지수보다 상회하는 인플레이션의 증상이었다. 그 원인은 계속되는 생산 부진과 전비 조달로 인한 재정적자와 신용팽창에 있었다. 더욱이 전비 조달로 인한 재정적자를 보충하기 위한 통화 남발은 인플레이션을 더욱 심화시켰다. 과도한 전비 지출과 산업시설의 파괴로 인한 물자공급의 결핍으로 인하여 물가가 폭등하고 통화가 팽창하여 인플레이션의

---

19) 한국공인회계사회, 전게서, p.40.
20) 한국산업은행 조사부, 『산업 총감』 제1집(1954), p. 154, passim.
21) 조기준, 전게서, p. 662.
22) 상게서, pp. 662-663.
23) 상게서, p. 663.

누진 상황에서 경제는 거의 마비 상태에 이르고 있었다.24)

1949년에 9.7%의 성장률을 기록했던 한국경제는 1950년에 마이너스 △15.1%로 급강하했고, 전쟁 이후의 막대한 경제원조를 받았음에도 불구하고 1951년에는 마이너스 △6.1%를 기록하여 경제 불황 상태는 회복될 기미를 보이지 않았다. 한국전쟁은 생산시설의 파괴 및 재정금융기능의 파탄뿐만 아니라, 기업인은 물론, 국민의 정상적인 경제의식을 마비시키는 결과를 가져왔다.25)

1953년 7월 27일 드디어 휴전협정이 조인되었다. 그래서 「한·미경제조정협정」에 의하여, 동년 12월 14일 경제재건과 재정안정계획에 관한 「합동 경제위원회협정」이 이루어졌다. 그에 따라 구성된 합동 경제위원회는 경제안정을 위한 종합경제계획기관의 기능을 갖게 되었다. 동 위원회는 한국경제의 재건목표를 가격기구의 안정화에 두고 인플레이션을 수습하기 위한 정책을 추진하였다.26)

휴전(1953년) 이후의 한국경제는 전후 부흥기(1953-1957)와 수습기(1958-1960)의 두 시간으로 구분된다.27) 전후 부흥기는 전쟁으로 파괴된 경제를 재건하려고 노력한 기간이다. 이 시기의 한국경제는 전쟁 중에 심화된 인플레이션을 수습하면서, 미국의 경제원조를 바탕으로 하여 전쟁 이전의 생산력 수준까지 회복하게 되었고, 산업 각 부분에서도 활발한 생산활동이 전개되기에 이르렀다.

이 시기의 경제 규모는 급격히 확장되어 1953년부터 1957년까지의 연평균 GNP 성장률이 4.7%에 달했다. 이러한 경제의 성장은 주로 제조 부문의 성장, 그중에서도 섬유공업과 식품공업의 성장을 통해 이루어졌다. 이들 부문의 성장은 ICA 원조와 PL. 480호에 의한 원조를 통하여 원면과 원맥을 대량으로 들여옴으로써, 가능했다고 한다.28)

(3) 교육·문화적 환경요인

① 미군정시대의 회계 교육

미군정 당국은 1945년 9월 17일 일반명령(제4호)으로 9월 24일부터 초등학교의 개교를 지시하였다. 그리고 중등학교 이상의 공립학교는 10월 1일부터 개학하도록 하였다.29) 그에 따라 경기상업학교와 선린상업학교가 동년 10월 1일에 개학하였다.30) 동

---

24) 한국공인회계사회, 전게서, p. 40.
25) 조기준, 전게서, pp. 666-667.
26) 한국공인회계사회, 전게서, p. 41.
27) 김대환, 「1950년대 한국경제연구」(진덕규 편, 『1950년대의 인식』, 한길사, 1981), p. 157.
28) 황병준, 『한국의 공업경제』(고려대학교 부설 아세아문제연구소, 1966), pp. 94-103.
29) 한국 교육사연구회, 『한국 교육사』(서울, 교육출판사, 1985), p. 367.

년 10월 5일에 보성전문학교(現 고려대학교의 전신)가, 동년 11월 6일에는 연희전문학교(現 연세대학교의 전신)가 각각 개학하였다.31)

각급학교의 개학을 지시하는 미군정 법령(일반명령 제4호 및 법령 제6호)에 따르면, 한국 내의 학교에서는 종족 및 종교의 차별이 없고 교육 용어는 한국어(원문에는「조선어」라고 표기되어 있음)를 사용하고 교과과정은 한국의 이익에 반하는 과목을 가르치거나 실습을 하지 못하도록 규정되어 있었다. 따라서 조선총독부 시대에 사용하던 교과서가 한꺼번에 휴지화되고 새로운 한국어 교과서를 편찬해야 하는 문제에 봉착하였다. 일선 교사들은 학교 개학과 동시에, 활자가 아닌 등사판에 의한 담당 과목의 우리말 교과서를 제작하느라 바빴다고 한다.32)

상업학교용 교과서도 예외는 아니었다. 특히, 일본어로 된 상업부기・공업부기・은행부기 등의 교과서를 한국어로 편찬하려면, 회계용어의 한글화가 선행되지 않으면 안 되었다. 교과서 없는 회계 교육은 상상할 수가 없었다. 그리하여 상업용어의 제정은 상업계 학교의 교사나 교수들에게 주어진 당면과제가 되었다. 그래서 각 상업학교의 부기 및 상업과목 담당 교사들은 당시의 경기상업학교 맹주천(孟柱天) 교장을 통하여 상업용어의 제정을 미군정청 학무국과「조선교육위원회」에 건의하였다. 그러나 그것보다 더 급한 일이 많다는 이유로 수용되지 않았다. 미군정청 학무국의 사정 때문에 순서를 기다리고 있을 수 없다고 판단한 상업계 교사들은 맹주천(孟柱天) 교장을 앞세워서 학무국과 교육위원회의 양해를 얻고 비공식적인 민간기구로서의「상업용어제정위원회」를 발족시켰다.33)

동 위원회는 상업과목 담당 교사와 전문학교의 상경 계열 교수 등의 교육자뿐만 아니라, 금융조합, 보험회사, 통운회사 및 개성상인의 상사 등, 실업계 인사 약 40명을 위원으로 구성되었다고 한다. 그 위원 중에서 대표적인 사람을 들면, 위원장으로 선임된 맹주천(경기상업 교장), 부위원장인 이상훈(보성전문 상과 과장 : 후일 서울상대 학장), 윤정하(조선계리사회 회장), 그리고 간사인 이용택(경기상업 교사 : 후일 동국대 교수) 등이다.34)

동 위원회는 그 후 효율적 운영을 위하여 발전적 해체를 하고, 학무국 소속의 공식적 위원회로 발족하였다. 윤정하를 위원장으로 선출함과 동시에 그 외의 위원은 그대로 승계하는 형식을 취하였다. 실무책임을 맡았던 이용택은 1946년 3월 10일에 『상업

---

30) 경기상업고등학교, 『경기상고 60년사』(1983), p. 93 ; 선린상업고등학교,『선린상고 80년사』(1978), p. 363.
31) 고려대학교, 『고려대학교 70년사』(1975), p. 222; 연세대학교,『연세대학교사』(1969), p.460.
32) 한국교육사연구회, 전게서, p. 368.
33) 한국공인회계사회, 전게서, pp. 61-62.
34) 상게서, pp. 62-63.

용어의 제정표』를 정리하여 위원장 명의로 학무국에 보고하고, 학무국은 1946년 3월 13일 동 위원회의 명의로 이를 공표하였다.[35]

상업 및 회계용어가 제정된 후, 전국의 상업학교와 대학의 부기 교과서의 전문용어는 모두 이에 따르게 되었다. 그리고 광복(1945) 이후의 부기 회계 교육이 우리말 교재를 사용하여 이루어질 수 있게 되었다.

② 건국 초기의 회계 교육

우리나라 정규대학에서의 회계학 교육은 미군정시대에서부터 비롯되었다. 미군정청의 대학설치령에 따라 정규대학이 설립되기 시작하였다. 1946년에 조선총독부 시대의 경성제국대학이 서울대학교로 개편되었고 그에 따라 종래의 경성고등상업학교는 서울대학교 상과대학이 되었다. 보성전문학교와 연희전문학교가 4년제 종합대학으로 설립·인가를 받게 되면서, 고려대학교 경상대학과 연희대학교 상경대학이 탄생하였다. 이처럼 대학설치령에 따라 전국 각지에서 상과대학 내지는 정규대학의 상학과가 설립 또는 설치되어 회계학 교육의 신기원을 이루었다.

그러한 현상은 1948년에 대한민국 정부가 수립된 다음에도 계속 이어졌다. 정부는 건국 초기의 정치적 혼란과 한국전쟁으로 인한 경제적 불안 속에서도 교육제도의 정비에 박차를 가하면서 인재 육성을 위한 회계학 교육에 진력하였다.

따라서, 건국 초기의 회계 교육은 상업용어 제정표(1946. 3. 13. 제정)에 따라 저술된 부기 회계의 교재를 통하여 진행되었다. 이것은 일본식 회계 교육의 잔재를 청산하는 좋은 기폭제 역할을 하였다. 회계용어나 교재는 한국어로 탈바꿈하였으나, 교과과정이나 교육 방법은 일본식의 그것을 벗어날 수 없었다. 그래서 회계 교육의 모델은 당분간 일본의 그것을 답습하는 선에서 진행되었다.

회계학 교육은 주로 대학의 상학과를 중심으로 하여 이루어졌다. 1946년에 설치된 고려대학교 경상대학 상학과의 경우를 보면, 상업부기·은행부기·공업부기·원가계산·회계학·감사론으로 구성된 교과과정을 갖추고 있었다.

따라서 졸업에 필요한 학점 단위는 교양과목 78학점, 전공과목 112학점 이상 취득하여 합계 190학점 이상이 되어야 졸업하게 되어 있었다. 그 당시 대학원에서의 회계학 교육은 고려대학교의 경우, 1949년부터 개설되었다고 한다.[36]

그런데 1955년에 우리나라에서 최초로 고려대학교 상과대학에 경영학과가 신설되었고, 그 후 각 대학에 경영학과의 설치가 계속 이루어졌다. 이를 계기로 하여 회계 교

---

35) 상게서, pp. 63-64.
36) 송기철, 「경영학과 고려대학교-고대 경영학 개척기의 제 학자를 중심으로-」(고려대학교 경영대학, 『경영논총』 제30집, 1987), pp. 3-4.

육의 내용도 달라지기 시작하였다. 상업부기 대신에 부기 원리가 등장하였고, 경영자의 관리적 의사결정에 필요한 관리회계가 교과과정에 편입되어 교육되기 시작하였다. 더욱이 경영분석·경영진단론·재무관리론 등이 추가되어 기업경영을 주축으로 하는 쪽으로 교육 방향이 개편되었다. 이는 1945년 이후 미군정시대를 거쳐 국제적인 문화교류가 빈번해짐에 따라, 경제적 선진국인 미국의 경영학 및 회계학이 도입된 데서 비롯된 것이다.

2) 「원칙」 지향적 기업회계문화 형성·발전기의 회계환경

(1) 정치적 환경 변화

우리나라의 「기업회계원칙」은 1958년에 성립되어 기업의 회계실무를 이끌어 가는 실천규범의 역할을 하였다. 따라서 그 환경적 변화에 대하여 검토할 필요가 있다. 「기업회계원칙」이 제정된지 2년 후인 1960년에 독재정권에 항거하는 학생혁명(4·19의거)이 일어났고, 그로 인하여 제2공화국이 탄생하였다.

1961년 5월 16일, 박정희 장군을 중심으로 하는 5·16의 주도 세력은 강력한 개혁의지와 의욕적인 여러 가지 정책을 통하여 한국경제를 놀라운 모습으로 전환하는 데 성공하게 된다. 군사정부에 의한 개혁은 생활 주변의 구악과 폐습을 정화하는 것에서부터 출발하였다. 그와 더불어, 경제개발에 대한 의욕적인 정책 방향은 경제기획원의 창설과 경제개발계획의 성안으로 가시화되었다.[37] 그리고 군사정부는 1961년 8월 12일 새로운 헌법을 국민투표로 확정한 다음, 민정 이양을 약속하였다. 그리하여 1963년 10월 15일 치른 대통령선거에서 박정희 후보가 당선되었고, 동년 12월 17일 대통령에 취임함으로써, 2년 7개월의 군정이 종식되고 제3공화국이 성립되었다.[38]

제3공화국은 국정지표로서 「조국 근대화」를 천명하고, 이를 위해서는 경제건설이 무엇보다 시급하다는 것을 강조하였다. 이 시기에는 근대화의 주축이 되는 경제건설정책을 추진하면서 그에 대한 강력한 정책적 지도와 규제가 시행되었다. 이 시대의 역사적 과제는 자립 경제체제를 확립하는 것이었다. 그것은 가난에서 벗어나고 민주주의를 발전시킬 수 있으며 복지국가를 건설하고 승공 통일을 위한 국력 배양이 될 뿐만 아니라, 자주국방과 주체성 있는 외교정책이 추진될 수 있는 기반이 되는 것이었다.

이러한 조국 근대화를 향한 경제정책의 성공적 추진에도 불구하고 국민의 정치체제에 대한 불만이 누적되어 가는 현상이 나타났다. 정부는 1970년대에 접어들면서 일련

---
37) 한국정치외교사학회, 『한국 현대사의 재조명』 (서울, 대왕사, 1993), pp. 165-170.
38) 오명호, 『한국 현대정치사의 이해』 (서울, 도서출판 오름, 1999), pp. -215.

의 강권 통치와 유화정책을 동시에 시행하는 정책 전환을 하게 된다.

1972년의 이른바 10월 유신헌법이 제정됨으로써, 강권 통치의 기반이 확립되었다. 유신 정부는 전통적인 삼권분립 체제를 배제하고 대통령을 최고 정점으로 하는 정부형태를 채택하여 강력한 정치구조를 형성하였다. 이는 민족의 생존권 보장과 조국의 평화적인 통일을 지향하며, 민족중흥의 실현을 위한 국력을 조직화하고 국정운영의 효율화를 기함은 물론, 능률의 극대화를 명분으로 하는 것이었다.[39]

이상과 같은 정치적 환경변화가 진행되는 과정에서 1958년의 「기업회계원칙」의 개정을 위한 회계환경이 성숙하였다. 그것은 결국 1976년의 제1차 개정작업을 유발하는 계기가 되었다.

(2) 사회·경제적 환경변화

1950년대의 사회경제적 환경 속에서 제정된 우리나라의 「기업회계원칙」은 기업회계의 질서유지를 위해 중요한 역할을 수행해 왔다. 그런데 1960년대와 1970년대의 사회경제적 환경은 상술한 정치환경과 더불어 상당히 달라졌다. 그것은 ① 경제개발계획의 전개, ② 상법 및 증권거래법의 제정 ③ 공인회계사 및 세무사제도의 도입 등으로 구분해 볼 수 있다.

① 경제개발계획의 전개

우리나라 역사상 최초로 실시된 경제개발계획은 그 당시 한국경제의 악순환과 사회적 병리 현상을 과감히 시정함과 동시에, 자립경제의 달성을 위한 기반구축을 목표로 이루어진 것이었다. 이것은 1962년부터 1966년까지 5개년에 걸쳐 시행된 제1차 경제개발 5개년계획이었다.[40]

제1차 경제개발 5개년계획(1962-1966)은 한국경제의 성장조건을 조성하기 위한 사회간접자본의 확충과 기간산업 건설이 기본목표였다. 그것은 1950년대에 미국의 각종 원조에 의한 소비재 중심의 경제구조를 시정하고, 국내 산업에 의한 소비재의 자급을

---

39) 김운태(外), 『한국 정치론』(서울, 박영사, 1982), pp. 289-292.
40) 제1차 경제개발 5개년 계획안은 당시의 국가재건최고회의 의장이었던 박정희 장군이 3인의 실무진에게 의뢰함으로써 이루어진 것이다. 3인의 실무진은 김성범(한국 은행조사부)·백용찬(부흥부 산업개발위원회)·정수영(재무부 토지조사과장)이라고 하며, 제1공화국·제2공화국 시대에 시안 되었으나, 햇빛을 못 본 계획안을 기초로 하여 완성한 것이라고 한다. 이 의욕적인 계획안은 성안 과정의 시간적 제약, 통계자료의 미비 및 계획기술의 미비 등의 문제점을 안고 있었기 때문에, 소기의 성과를 올리지 못하며, 결국 2년 동안의 시행착오를 거친 후, 보완수정을 하였고, 안정 우선과 수출주도형의 계획으로 전환하였다(오명호, 전게서, pp. 268-270).

목표로 하는 것이었다.41) 이 기간의 공업화는 1950년대의 수입대체산업의 육성에서 진일보하여 수출산업의 육성이라는 전환기적 성격이 강하게 나타났다.

이 기간의 주요 경제시책으로는 환율의 평가절하와 외환관리제도의 개선, 수출진흥과 수입 규제조치 및 외자도입법의 개정 등을 들 수 있다. 이 기간에 수출지원제도의 정비도 이루어졌다. 수출증대를 통한 경제성장이라는 전략 패턴이 이 기간에 확립되었다고 볼 수 있으며 수출 산업부문에 집중지원이 이루어짐으로써, 다른 산업부문의 정체현상이 나타나게 되었다. 이 시기의 경제적 특징은 제도적인 수출지원체제의 정비, 과도한 수출지향정책으로 인한 국민경제의 내부 불균형 심화, 내수경제 부문의 낙후 및 금융시장의 부재 등이 표출되었다는 점이다.42)

이 기간에 연평균 경제성장률은 7.3%이고, 연평균 수출신장률은 43.7%에 달하는 높은 수준이었으며, 1966년에는 수출이 2억 5,500만 달러로서 계획보다 1억 1,800만 달러나 초과한 수준이었다.43)

이러한 경제개발계획이 자립경제의 기반조성에 성공함으로써, 그에 자신감을 얻은 정부는 자립경제의 확립을 추진하기 위하여 제2차 경제개발 5개년계획을 수립·실시하였다. 제2차 경제개발 5개년계획(1967-1971)은 상술한 제1차 계획의 경험을 기초로 하여 국내외의 경제 여건과 시장기구를 다각적으로 반영한 것이었다. 이 기간에는 수출주도형 공업화 정책의 계속 추진으로 고도의 수출 신장과 높은 경제성장을 달성하였다. 그 기본목표는 산업구조를 근대화하고 자립경제의 확립을 더욱 촉진하는 것이었다. 실적을 보면 거의 모든 부문에서 애초의 계획목표를 초과 달성하였다. 그리고 연평균 수출신장률은 35.2%를 실현하여 경공업 제품 수출주도 하에 GNP 성장률 9.6%를 달성하였다. 이러한 성장은 높은 투자율에 기인한바 1971년의 경우, 투자율 25.8%는 1965년의 투자율 12.7%와 비교할 때, 두 배 이상의 증가율을 보여준 것이다.44)

따라서 한국의 공업화가 본격적으로 추진되었다. 제2차 경제개발 5개년계획은 개발전략을 대외 지향적 공업화에 두고 소비재의 수출증대와 중간재의 수입대체에 주력함으로써, 공업구조를 고도화하는 데 중점을 두었음은 물론, 그 투자재원으로서 외자도입의 적극적인 추진을 개발 방침으로 세워놓았다.45)

제1차 경제개발 5개년계획이 공업화의 여건 조성이었고, 제2차 경제개발 5개년계획이 개방적인 공업화의 성장기반을 강화하는 데 중점을 둔 것이었다면, 제3차 경제개발

---

41) 경제기획원, 『개발연대의 경제정책』(1982), pp. 33-66 ; 대한상공회의소, 『한국경제 20년의 회고와 반성』(1982), pp. 133-141.
42) 조기준, 『한국 경제사 신강』(서울, 일신사, 1994), pp. 694-696.
43) 상게서, pp. 696-698.
44) 상게서, pp. 700-704.
45) 경제기획원, 전게서, pp. 67-126 ; 대한상공회의소, 전게서, pp. 155-161.

5개년계획(1972년~1976년)은 계속 공업화 성장을 실현하기 위한 질적 충실에 초점을 맞춘 것이다. 1970년대에 접어들면서 한국경제는 해외경제 여건의 변화에 민감한 반응을 보이기 시작하였다. 이는 수출 규모가 점점 확대되고 외자도입이 증가하여 국내경제의 해외의존도가 증대되었기 때문이다. 특히, 1972년 후반기부터 밀어닥친 국제원자잿값의 폭등과 중동전쟁을 계기로 국제원유가의 폭등 때문에, 한국경제는 높은 인플레이션과 경제불황에 직면하게 되었다. 그러나 국제적인 석유파동에도 불구하고 한국경제의 불황은 비교적 단기에 극복될 수 있었다. 석유 가격의 인상으로 국내 물가에는 큰 영향을 주었으나, 수출 부문에서는 경공업 제품의 가격경쟁력이 있었으므로, 수출둔화 현상이 나타나지 않았다. 이 기간에 수출신장률은 증가하여 연평균 47.2%에 달했다.[46]

해외 경기의 후퇴와 석유파동의 충격을 단기간 내에 벗어날 수 있었던 것은 정부의 탄력적 대응조치도 작용하였다. 정부는 1972년 8월 3일「경제안정과 성장에 관한 대통령 긴급명령」을 통하여 경기부양과 동시에 인플레이션의 단절을 시도함으로써, 국내경기는 회복세를 보여주었고 물가도 비교적 안정세를 유지할 수 있었다.

1972년부터 1976년까지의 제3차 경제개발 5개년계획은 중화학공업을 육성하고 자본재의 수입의존도를 지양(止揚)함으로써 국민경제의 자립화 기반을 한층 강화함과 동시에, 농어촌 경제의 혁신적 개발에 중점이 맞춰진「성장·안정·균형의 조화」를 도모했다는 데 특징이 있다.[47]

3차에 걸친 경제개발계획에 의하여 한국경제가 성장궤도에 진입함에 따라 자본과 설비 면에서 기업의 대규모화가 이루어졌고 그로 인한 거액의 자본조달이 필요하게 되었다. 그래서 직접경영에 참가하는 출자자만으로 구성되어 있던 종래의 기업형태로는 필요자금 조달이 불가능하게 되어 소유와 경영이 분리된 근대적 기업형태로 전환하지 않을 수 없었다. 이러한 상황에서 다수의 일반투자가는 경영성과와 재무 상태를 파악하기 위하여 기업이 제공하는 회계자료 이외에는 유효한 방법이 없었기 때문에, 기업의 회계자료에 대한 건전성을 요구하게 되었다. 기업회계에서 일반적으로 수용되는 일정한 기준에 의하여 작성된 회계자료를 일반투자가들이 요구하게 되었다는 것이다. 이러한 투자가 보호 요청이「기업회계원칙」의 개정과 발전을 촉진하게 되었다.

② 상법 및 증권거래법 등 관련 법규의 제정

한국 정부에 의하여 추진된 경제개발 5개년계획의 결과로, 우리나라의 경제 상황은 급속히 달라졌다. 한국 정부는 이러한 경제정책을 원만히 추진하기 위한 제도적 정비

---

46) 조기준, 전게서, pp. 704-705.
47) 오종석, 『韓國企業の經營的特質』(東京, 千倉書房, 1983), 38-39ページ。

의 하나로 1962년에 상법을 제정하였다.

원래 국권피탈 이후 일본 상법이 조선총독부에 의하여 우리나라 전 지역에 시행되고 있었다. 그것은 일본의 식민지통치로부터 광복된 후에도, 그리고 대한민국 정부가 수립된 이후에도 법령에 따라 「의용상법」의 형태로 그 효력을 지니고 있었다. 그것은 1962년 12월 31일까지 계속 시행되었다.

한국의 새로운 상법은 1962년 1월 20일에 제정·공포(법률 제1,000호)되어 1963년 1월 1일부터 발효되었다. 이 상법은 1984년 4월 10일에 개정되기까지 우리나라의 경제 기본법의 역할을 하였다.

경제개발계획을 합리적으로 추진하기 위하여 증권시장의 건전한 발전을 추진하였고, 한국 정부는 1962년 1월 15일 자로 증권거래법(법률 제972호)을 제정·공포하였다. 증권거래법은 증권의 공정한 발행과 거래, 유통의 정상화, 국민경제의 발전 및 투자자의 보호를 목적으로 하는 경제법의 일종이다. 물론, 이 증권거래법이 제정되기까지는 일본 통치 시대의 증권 관계 법령에 따라 증권발행이나 거래와 유통이 이루어지고 있었다.

증권거래법은 제1차, 제2차 및 제3차의 경제개발계획 기간 중, 여러 차례의 개정이 있었다. 1963년 4월 27일(법률 제1,334호), 1963년 12월 12일(법률 제1,679호), 1968년 12월 31일(법률 제2,066호) 및 1973년 2월 5일(법률 제2,481호)의 연이은 개정이 그것이다.

세 차례에 걸친 경제개발 5개년계획이 모두 성공적으로 전개됨에 따라, 한국 정부는 이 계획을 한층 효율적으로 추진하기 위하여 직접금융에 의한 내자 동원계획을 세웠다. 즉, 1968년 11월 22일 자의 「자본시장육성에 관한 법률」(이하 자본시장육성법)이 제정·공포(법률 제2,046호)되었다. 그것은 1972년 12월 30일에 개정(법률 제2,421호)되고, 기업공개촉진법(법률 제2,420호)도 제정·공포되어, 기업공개와 주식분산을 촉진하게 되었다. 이는 기업의 투자 여건을 충실하게 하고, 국민의 기업참가 의식을 고양함으로써, 기업의 자본조달을 원활히 하고 재무구조의 건전화를 도모하려고 이루어진 것이다.

이리하여 수차에 걸친 경제개발 5개년계획의 성공과 더불어 경제성장을 이룩함으로써, 한국은 경제 후진국에서 개발도상국으로 도약하게 되었다. 이러한 발전과정에서는 기업이 대규모화함에 따라 해외에 진출하는 기업도 증가하게 되었으며 공업화와 더불어 외국으로부터의 차관(借款)이나 직접투자도 확대되는 추세였다.[48]

③ 공인회계사제도 및 세무사제도의 도입

공인회계사의 감사에 관한 제도는 1963년의 증권거래법(제226조의 2)의 규정에 따라

---

48) 김일곤 저·심만섭 역, 『한국경제입문』(동경, 동양 경제신문사, 1979), pp. 56-81.

최초로 도입되었다. 동 법률의 규정에는 『증권거래소에 상장된 주식의 발행인, 기타 각령(閣令)에서 정한 자가 이 법의 규정에 따라 제출하는 대차대조표, 손익계산서, 재산목록과 기타의 서류는 재무부 장관이 지명하는 회계사의 감사증명을 받아야 한다.』라고 명시되어 있다. 상장회사의 재무제표는 외부감사인에 의한 감사를 받게 되어 있는 규정이다.

공인회계사의 외부감사제도가 성립함에 따라, 1966년에는 계리사법이 폐지되고 공인회계사법(1966년 7월 15일 자의 법률 제1,797호)이 제정·공포되어 외부감사인으로서 공인회계사의 역할이 부각되었다. 특히, 1973년에 개정된 증권거래법(제126조의 6)은 『상장법인이 상법 제449조 제2항의 규정에 따른 대차대조표를 공고할 때는 공인회계사의 명의 및 감사의견을 부기(附記)해야 한다.』라고 규정하여 공인회계사의 외부감사를 강화하였다. 이에 근거하여 1973년 8월 4일에는 「재무제표감사증명에 관한 규정」(재무부령 제968호)이 공포되어 공인회계사의 외부감사에 대한 행동 지침이 확립되었다.

공인회계사가 상장회사에 대한 회계감사를 효과적으로 실시하고 그에 따라 공표되는 재무제표의 신뢰성을 높이기 위하여 외부감사의 판단기준이 되는 회계 규범의 존재가 부각되었다. 그러한 의미에서 회계규범의 성문화는 공인회계사가 외부감사를 수행하면서 준수해야 할 규범으로서 중요한 의의가 있는 것이라고 해야 한다.

한편, 1961년 9월에 세무사법이 제정·공포되어 세무사의 세무조정에 관한 업무가 제도화되었으나, 그 공적(公的) 역할에 대한 사회적 인식은 충분하지 못했다. 그런데 1968년 조세제도를 개혁할 때 납세의무자인 법인은 법인세의 과세표준신고서를 제출할 경우, 「재무제표규칙」(1958년 제정·1964년 개정)을 준용하고 이에 따라 작성된 대차대조표와 손익계산서를 반드시 첨부해야 한다는 규정(법인세법 제26조)이 설정되었다. 이는 세무회계도 기업회계가 존중되어야 함을 명시한 것이라고 할 수 있다. 이로써, 공인회계사와 세무사의 역할은 더욱 중요하게 되었다.

(3) 교육·문화적 환경변화

① 회계적 교육환경

1960년대 이후의 우리나라 교육환경은 4·19학생 혁명으로 인하여 이루어진 자유민주주의 이념 아래에 인간개조를 지향하는 것이었고, 자립경제를 이룩하기 위한 경제개발계획의 추진으로 국가발전을 지향하는 것이었다. 교육 임시특별법이 제정되고 교육개혁이 단행됨으로써, 인간성 회복을 위한 민주시민교육과 국제이해 교육이 중심축을 이루었다. 조국 근대화를 제창한 제3공화국은 폐지했던 교육자치제를 부활하여 민주적 전통이 확립된 교육관에 근거하여 교육풍토를 조성하려고 하였다. 국민교육헌장을 제정하여 민족중흥과 국가발전에 이바지할 수 있는 인재의 양성을 목표로 하는 교육개혁이 이루어진 시기이기도 하다.49)

우리나라 회계 교육은 신설된 경영학과를 중심으로 이루어지기 시작하였다. 종래의 상학과를 중심으로 하던 일본식 회계 교육으로부터 경영학과가 중심이 된 미국형 회계 교육으로 이행되었다. 1960년대 후반에 정부가 상학과를 경영학과로 개편하도록 함으로써, 상학과는 우리나라 대학에서 완전히 자취를 감추고 말았다. 1970년대의 후반에 서강대학교 경상대학에 「회계학과」가 신설된 것을 시발점으로 전국의 모든 대학에 회계학과가 설치되었다. 1970년대의 후반부터 우리나라의 회계 교육은 미국형 회계학을 도입하였으며, 신설된 회계학과에서 심화된 교육과정을 편성하게 되었다.

② 미국 회계학의 영향

미국공인회계사회는 1959년에 회계원칙심의회(Accounting Principles Board : APB)를 설치하고 회계원칙 연구를 시작하였다. 회계원칙심의회(APB)는 1959년부터 1973년까지 정력적인 활동을 전개하여 ① APB 의견서 31편, ② APB 보고서 4편 및 ③ APB 의견서의 해설서 101편을 연달아 공표하였다. 그중 APB 의견서는 미국공인회계사회의 공식적인 견해로서 당시의 회계 실무계에서도 「일반적으로 인정된 회계원칙」(GAAP)과 동일시되었고, 회계인 모두가 준수해야 할 회계 규범으로 수용되었다. APB 보고서는 일정 회계기간에 관해 분석·고찰한 것으로서 그중에서도 가장 중요시되는 것은 「APB 제4 보고서」이다.50) 이것은 회계의 기초개념과 회계원칙을 다룬 것이며, 회계의 환경·목적·공준을 비롯하여 「일반적으로 인정된 회계원칙」(GAAP)을 계층적으로 구분하고 그 체계화를 시도한 것이다. 그것이 1972년에 우리나라의 회계학계에 소개되었고51) 한국 「기업회계원칙」의 정비에 지대한 영향을 주었다.

한편, 미국회계학회는 1960년대 이후 회계 원리에 관한 연구를 추진하였다. 그 중 「디바인」(Devine)에 의한 방법론 제기52)와 이에 대한 「도푸치」와 「벤포드」(Dopuch and Bedford)의 반론53)은 회계학 연구 방법에 관한 논쟁의 효시가 되었다. 이

---

49) 한국 교육사연구회, 『한국 교육사』(서울, 교육출판사, 1998), pp. 387-401 ; 김영우·피정만, 『최신 한국 교육사 연구』(서울, 교육과학사, 1997), pp. 539-587, passim.
50) AICPA, "Basic Concepts and Accounting principles Underlying Financial Statement of Business Enterprises",(APB Statement No. 4, 1970).
51) 이정호, 「회계원칙심의회 제4 보고서에 관한 분석적 고찰」, 『경영학 논문집』 제2권 제1호, 서울대학교 경영대학원, 1972), pp. 155-174.
52) C. T. Devine, "Research Methodology and Accounting Theory Formation",(The Accountimg Review, Vol.35, July 1960).

는 행동과학적 접근방법을 축(軸)으로 하는 것이었다. 「벤포드」(Bedford)는 「벨라도우니」(Baladouni)와 함께 1962년도에 회계이론의 형성에 커뮤니케이션 이론을 적용한 방법론적 연구 결과를 발표하였다.54) 이러한 접근법은 회계를 정보이론의 하나로 정립하려고 시도한 노력55)의 성과였다. 미국회계학회는 새로운 회계이론을 제창하게 된다. 그것이 「기초적 회계이론에 관한 보고서」(ASOBAT)이다.56)

이 보고서는 『회계는 본질적으로 하나의 정보시스템』57)이며, 그리고 『회계는 정보이용자가 사정을 잘 알아서 판단이나 의사결정을 행할 수 있도록 경제적 정보를 인식하고 측정하여 전달하는 과정이다.』58)라고 천명함으로써, 회계가 하나의 정보시스템임을 확인한 것이다. 이러한 관점은 미국공인회계사회가 발표한 「회계원칙심의회(APB) 제4보고서」에서도 나타났다. 『회계의 기능은 경제성의 의사결정을 행함에 있어서 경제 실체에 관한 유익한 계량적 정보(주로 재무적 정보)를 제공하는 것이다.』59) 라고 하여, 종래와는 다른 관점에서 회계를 표명하였다. 이처럼 회계는 거래의 사실을 기록·분류·요약 및 해석하는 기술60)이라는 종래의 관점으로부터, 회계정보의 이용자가 적극적으로 의사결정을 위해 유용한 재무 정보를 제공하는 과정으로 보았다. 회계정보 이용자를 위한 회계의 개념적 사고영역(사고영역)이 확대되었다.

ASOBAT가 한국의 회계학계에 처음으로 소개된 것은 1967년에 고려대학교의 조익순 교수에 의하여, 「회계의 기초이론에 관한 미국회계학회의 최근 발표를 보고」61)라는 논문이다. 이어서 서울대학교의 이정호 교수가 「회계정보로서의 회계기준」62)이라는

---

53) N. Dopuch and N. M. Bedford, "Research Methodology and Accounting Theory-Another Perspective", (The Accounting Review, Vol. 36 No. 3, July 1961), pp. 351-361.
54) N. M. Bedford Baladouni, "A Communication Theory Approach to Accountancy",(The Accounting Review, Vol. 37 No. 4, oct. 1962), pp. 650-539.
55) Thomas R. Prince, "Extension of the Boundaries of Accountimg Theory , (Cincinati : South-western publishing Co., 1963) ; Jacob G. Birsberg and Raghu Nath, "Implication Behavioral Science for Managerial Accounting",(The Accounting Review Vol. 42 No. 3, July 1967), pp. 468-479.
56) AAA, The Committee to prepare a Statement of Basic Accounting Theory, "A Statement of Basic Accountimg Theory", Evanston, Illinois, 1966.
57) AAA, Ibid., p.64 ; 飯野利夫 譯, 『アメリカ會計學會·基礎的會計理論』(東京, 國元書房, 1969), 92ペイジ.
58) AAA, Ibid., p. 1 ; 飯野利夫 譯, 上揭書, 2ペイジ.
59) AICPA, APB Statement No.4, op.cit., chapter 2. ; 川口順一 譯, 『アメリカ公認會計士會·企業會計原則』(東京, 同文舘, 1975), 15ペイジ.
60) AIA, "Accounting Terminology Bulletin No. 1 (1941).
61) 조익순, 「회계의 기초이론에 관한 미국회계학회의 최근 발표를 보고」(고려대학교 기업경영연구소, 『경영 연구』, 제5권 제1호, 제2호 및 제3호, 1967).
62) 이정호, 「회계정보로서의 회계기준-미국학계의 회계이론구조를 중심으로-」,(서울대학교 상과대학 부설 한국경영연구소, 『경영논집』 제3권 제1호, 1972), pp. 89-111.

논제로 ASOBAT뿐만 아니라, 「스나벨리」(Snavely)의「회계정보 기준」63)의 내용도 분석적으로 연구하였다.

1970년대의 한국에서 회계학 연구 활동은 1960년대 이후 미국에서 전개된 회계정보의 유용성을 최고목표로 하는 회계이론의 영향을 받아서 전개되었다. 그것은 1970년대 초 미국 유학에서 귀국한 우리나라의 회계학자들에 의하여 활발하게 이루어졌다. 이러한 상황 속에서 우리나라「기업회계원칙」의 개정에 관한 논의는 미국 회계학의 영향을 강하게 반영하는 분위기가 조성되었다. 미국 회계학의 취지가 새로운「기업회계원칙」속에 수용된 것은 자연적인 현상이었다고 할 수 있을 것이다.

③ 한국회계학회의 회계원칙의견서

우리나라의 경우는 1958년의「기업회계원칙」이 제정된 후 회계실무 및 회계이론이 발달하였으므로, 한국적인 회계관습이나 이론에 바탕을 둔 독자적 회계원칙의 확립을 요구하는 분위기가 고조되었다. 1960년대 이후, 한국의 회계학자들에 의하여 수많은 회계학 저서나 번역서 및 연구논문이 발표되었다. 1970년대에는 미국 회계학에서 자극받아 우리나라의「기업회계원칙」에 대한 비판과 더불어, 그 개선에 관한 연구가 전개되었다. 그 결과로서 「회계원칙 시안에 관한 의견서」(이하「회계원칙의견서」라 칭함)가 발표되었다.64)

이「회계원칙의견서」에 의하면, 회계는 정보기능을 수행하는 것으로서 인식되고 있다. 거기에는 회계정보의 유용성을 최고목표로 하면서 그것을 바탕으로 하는 새로운 회계개념 및 회계원칙이 명시되어 있다. 이는 미국회계학회에 의한 1966년의 ASOBAT 및 미국공인회계사회에 의한 1970년의 APB 제4 보고서에서 천명한 바 있는 회계 정의에 근거하여 이루어진 것으로 생각한다.

3)「원칙」지향적 기업회계문화 조정기의 회계환경

한국 정부가 경제발전을 위하여 취했던 경제정책의 성공과 더불어, 기업공개와 증

---

63) H. J. Snavely, "Accounting Information Criteria",(The Accounting Review, vol. 42 no. 2, April 1967), pp. 223-232.
64)「회계원칙 시안에 관한 의견서」는 한국회계학회의 전신인「회계학 세미나 동우회」의 이름으로 한국의 대표적인 회계학자들이 공동 토론을 거쳐 1973년 8월 25일 자로 작성·건의한 것이다. 「회계학 세미나 동우회」는 고정섭(서강대)·김성집(한양대)·박범호(홍익대)·신완배(계명대)·신정식(한양대)·유세환(고려대)·이정호(서울대)·정기숙(계명대)·조성하(고려대)·조익순(고려대)의 10명으로 구성된 것이다.

권시장의 활성화가 이루어지고, 투자가를 중심으로 하는 이해관계자의 수가 급격하게 증가하기에 이르렀다.65) 더욱이 경제활동의 국제화에 수반된 회계의 국제화가 논의되기 시작하였고 회계의 국제적 수렴화를 목표로 하는「국제회계기준」(IAS) 의 공표는 한국의「기업회계원칙」의 개정에 박차를 가하게 하였다.

(1) 1976년 이후 사회경제적 환경의 변화

「기업회계원칙」제1차 개정(AD1976) 이후에도 우리나라의 사회경제환경은 계속 변화되었다. 그것은 제3차 경제개발 5개년 계획이 종료되고 1977년부터 1981년까지 제4차 경제개발 5개년계획이 실시되었기 때문이다.

제4차 경제개발 5개년계획에 의하면, 그 기본목표는 첫째, 자립적인 성장구조의 구축 둘째, 사회개발에 의한 경제적 기초의 확립 셋째, 기술혁신 및 능률향상의 3가지였다. 자립 성장구조를 확립하기 위하여 ① 투자재원의 자력 조달, ② 수출지향 산업의 중점 육성, ③ 국제수지의 균형, ④ 사회간접자본 확충이 추진되었다. 사회개발에 의한 경제적 기초 확립을 위하여 ① 교육의 질적 개선, ② 국민 보건 계획의 수립과 사회보장제도의 확충, ③ 기업공개에 의한 기업의 사회적 책임의 인식 촉진, ④ 공해방지와 주택건설 등, 국민생활환경의 개선을 위한 정책이 병행추진되었다. 기술혁신과 능률향상을 위하여 ① 선진기술의 도입과 정착화 촉진, ② 기업의 경영합리화에 의한 재무구조의 개선 및 생산성 향상, ③ 시장기능의 정상화와 물가의 장기안정화 실현, ④ 산업정보전달제도의 정비, ⑤ 점진적인 수입 개방을 통한 국제경쟁력의 강화 등이 기도(企圖)되었다.66)

1977년 말에는 수출액이 염원이었던 100억 달러($)에 달하는 등, 경제개발 계획이 순조롭게 진행되었다. 한국경제가 국제화의 조류 속에서 착실한 경제성장과 함께, 수출증대, 기업의 해외 진출 촉진, 그리고 적극적인 해외투자 등을 효율적으로 달성할 수 있었음은 다양한 환경조건을 극복하려고 했던 노력의 결과였다.

그러나 이와 같은 한국경제도 1980년대 초에 전반적인 경제침체에 직면하게 되었다. 1979년의 제2차 석유파동의 영향을 받아서 경기의 급격한 후퇴, 인플레이션 및 국제수지적자의 확대, 산업의 국제경쟁력 약화와 정치, 사회적 불안 등이 나타났다. 결국, 격심한 인플레이션 속에서 1980년의 한국경제는 경제개발 계획이래, 최초의 마이너스 성장을 경험하게 되었고 경제개발전략에 대한 재검토와 동시에, 새로운 방향에로

---

65) 증권감독원, 『증권조사 월보』(1979년 4월호), p. 110. (이것에 의하면, 1968년에는 48개 회사를 지나가지 않았던 상장회사의 수가 1978년에는 356개 사로 증가하였고, 주주의 수도 4만 명에서 100만 명 이상으로 증가하였음을 알 수 있다.)
66) 김일곤 저・심만섭 역, 『한국경제입문』(동경, 동양경제신보사, 1979), pp. 216-218.

의 전환을 모색해야 하는 단계에까지 이르렀다.67)

정부는 경제적 난국을 타개하기 위하여 경제 안정화의 종합시책을 발표하였다. 1980년 1월 22일 환율 및 금리의 인하조치를 시발점으로, 동년 6월 5일 및 9월 15일에는 경기 부양대책이, 그리고 1981년 4월 3일에는 산업합리화대책과 투자장려책이 발표되었다. 특히 과거 20년간 개발전략의 추진에 따라 나타난 한국경제의 구조적인 모순을 해결하기 위하여 제도개선에 역점을 둠과 동시에, 극심한 경제환경에 적극적으로 대응하기 위하여, 정부는 기업의 국제화, 기업공개의 추진, 자본시장 발전과 자본자유화의 방향으로 전력투구하였다.68)

국제적 상거래가 활발하게 이루어지고 자본자유화가 추진됨에 따라 국제적인 투자활동이 활발히 진행되었다. 그로 인하여 우리나라의 기업은 회계제도가 다른 국제사회에서 경영활동의 내용을 공시하는 문제에 봉착하게 되었다. 이러한 당면문제에 대응하면서 효율적인 자본자유화를 촉진해 나가기 위하여 한국기업의 회계 수준을 국제적인 수준으로 끌어올리는 것이 긴급과제로 등장한 것이다.

1976년 12월 22일 증권거래법을 대폭으로 개정(법률 제2,920호)하여 1970년대 이후 증권시장의 급격한 성장과정에서 발생한 문제점을 제도적으로 개선함과 동시에, 증권시장의 관리체제에 대해서도 크게 개편하였다. 그것은 ① 기업의 등록제도를 도입하여 기업공개를 유도하고, ② 기업 내용의 공시를 제도화하며, ③ 상장회사의 재무관리 규정을 설정하고 중간재무제표의 제출에 관한 법제화를 통하여 기업 내용의 공시제도를 보완하며, ④ 상장회사의 상호주식보유를 제한함은 물론, 내부거래의 제한 규정을 설정하여 공정거래 제도를 확립하고 ⑤ 공인회계사에 의한 외부감사제도를 확충하는 등, 제도적 개선이 이루어졌다.69)

1980년대에 접어들면서 한국경제가 고도의 산업사회에 진입하기 시작하였고 국민경제의 균형적 성장 위에 새로운 복지사회를 목표로 하게 되었다. 자본시장의 발전, 자본자유화와 기업의 국제화 등에 수반하여 질 높은 회계정보의 공시를 위한 제도를 확립할 필요성이 강하게 요청되었다. 그래서 기업 내용의 공시제도가 투자가를 보호하는 제도로 정착하기 위해서는 우선 회계원칙의 개정에 의한 기업회계제도의 적정화를 기하지 않으면 안 되었다. 또한 외부감사제도의 확립으로 회계감사의 효과적인 운용이 이루어지도록 함과 동시에, 기업 내용의 전달체제가 효과적으로 강화되어야 했다. 그러한 목적으로 증권거래법의 개정(1976년 7월 22일)으로 기업회계제도의 개선을 위한 기구가 개편되었고, 회계원칙에 대한 제2차 개정작업이 추진되었다. 그 개정작업이 진행되는 기간에 1980년 12월 31일 자로「주식회사의 외부감사에 관한 법률」(이하 「외

---

67) 대한상공회의소, 『한국경제 20년의 회고와 반성』(1982), pp. 225-227.
68) 고승희, 전게서, 145-146ページ。 이정호 외4인, 전게서, PP. 176-177.
69) 한국증권거래소, 『한국의 증권시장 제도』(1982), pp. 21-22.

부감사법」이라 칭함)이 제정·공포(법률 제3,297호)되었다.

이에 따라 외부감사의 대상70)이 되는 기업에 적용될 또 하나의 회계규정을 제정하게 되었다. 이를 계기로 하여「기업회계원칙」과 「상장법인 회계규정」 등, 회계 관련 규정과의 중복과 다양화를 해소하기 위한 일련의 조치가 필요했다. 다양화된 회계규정 간의 내용적 수렴화가 요청되었고, 1981년 1월 24일 자의 제2차 개정은 그러한 결과의 소산이다.

(2) 한국회계학회와 한국공인회계사회의 역할

한국회계학회는 1973년 10월 22일에 창립되었고,71) 그 전신인「회계학 세미나 동우회」에 의한 「회계원칙의견서」를 비롯하여 회계학에 관한 여러 가지 이론적 견해를 제시하는 등, 우리나라의 「일반적으로 인정된 회계원칙」(GAAP)의 정립에 지대한 공헌을 해왔다. 특히 증권관리위원회의 요청에 의한 회계원칙개정안(1977년 10월 17일)을 제출함으로써, 「기업회계원칙」과「상장법인회계 규정」과의 관계가 불명확한 것을 지적하여「기업회계원칙」과「재무제표규칙」을 기본축으로 하는 한국형 회계 규범(GAAP)의 정비가 필요하다는 의견서를 제출하였다. 그리고 한국회계학회는 증권관리위원회가 두 번째로 요청한 회계원칙개정에 관한 의견을 심의·제출(1979년 6월 15일)함과 동시에, 공인회계사법 개정에 관한 의견도 심의·제출(1980년 4월 14일)하였던 것이다.72)

한편, 한국공인회계사회는 상술한 미국의 회계 원칙론 및 국제회계기준을 충분히 참조하여 작성된 회계원칙개정안을 1979년에 증권관리위원회 앞으로 제출하였다. 즉, 한국공인회계사회는「기업회계원칙」과「상장법인 회계규정」과의 상치되는 부분을 조정하고 양자의 내용적 통일성을 기하기 위하여 증권관리위원회에 제출할 회계원칙개정안을 마련하였다.

더욱이 한국공인회계사회는「기업회계원칙」과「재무제표규칙」의 범위 내에서 상법·세법의 다른 점이나 행정시달에 관련된 회계원칙의 수정 또는 회계원칙에 구체적으로 규정되어 있지 않은 사항에 관한 의견을 제시함으로써, 1981년의 제2차 원칙개정에 크게 이바지했다고 할 수 있다.

---

70)「주식회사의 외부감사에 관한 법률 시행령」(1981년 9월 3일 자의 대통령령 제10,453호) 제2조에 의하면, 자본금 5억 원 이상의 회사 또는 자산총액이 30억 원 이상인 회사는 공인회계사의 외부감사를 받아야 하도록 규정되어 있다.
71) 1973년 10월 22일에 창립된 한국회계학회의 초대 임원은 다음과 같다. 회장 : 조익순(고려대), 이사 : 고정섭(서강대)·황일청(이화여대)·이상천(중앙대)·이정호(서울대)·송태영(연세대)·신정식(한양대)·윤근호(단국대)·유세환(고려대), 그리고 감사에 정기숙(계명대)이었다.(한국회계학회, 『회계학 연구』(창간호, 1977년 3월, pp. 127-128).
72) 한국회계학회, 『회계학 연구』 제3호(1980), pp. 112-116.

③ 「기업회계원칙」의 형성과 구조적 체계

1. 「기업회계원칙」(AD1958)의 형성과정

우리나라의 「기업회계원칙」은 1958년에 최초로 제정되었다. 그 당시 재무부 장관의 자문기관인 재정금융위원회는 회계원칙의 제정을 위한 「기업회계 준칙제정분과위원회」를 두고 1957년 11월 초부터 「기업회계원칙」(애초에는 준칙이라 했다가 원칙으로 바꾸었음)을 제정하기 위한 활동을 시작하였다.

동 위원회는 「기업회계원칙」을 제정하기 위한 기초위원 8명과 간사 2명을 선출하고 1957년 12월 6일부터 매주 은행집회소에 모여 활동하기 시작하였다.[73] 이것이 「기업회계 준칙기초소위원회」(이하 기초소위원회라 함)의 회계원칙 제정 작업이었다. 그로부터 6개월 후, 「기업회계원칙」은 1958년 6월 22일 자로 「기초소위원회」의 중간 발표가 이루어졌고, 1958년 7월 2일 자로「재무제표규칙」이 재무부 고시 제169호로 공포되어 1959년 1월 1일부터 시행되었다. 우리나라 회계 규범으로서의 「기업회계원칙」과 「재무제표규칙」이 비로소 확립된 것이다.

그러나, 「재무제표규칙」에 법적 강제력이 부여되지 않았기 때문에, 그것이 준수될 수 있도록 하기 위해서는 어떻게 해야 하느냐가 문제였다. 그래서 「기초소위원회」는 세무관서·금융기관·증권거래소 등, 재무부 산하기관에 「재무제표규칙」의 유지자로서의 사명을 부여하였다. 「재무제표규칙」(제3조)에 『세무관서, 금융기관이나 증권거래소 등에 제출되는 재무제표는 본 규칙에 따라 작성되어야 한다.』라고 규정함으로써, 이 제도가 효과적으로 시행될 수 있도록 하였다.[74]

따라서 「기업회계원칙」과 「재무제표규칙」은 우리나라의 기업사회에 근대적 회계방법을 보급하였으며, 회계실무의 질적 수준을 향상하는 데 크게 이바지하기에 이르렀다. 그것은 기업이 재무제표를 작성하면서 일관성 있는 하나의 표준규범으로 작용하게 되었다.

이들 회계 규범은 한국의 경제사회에서 준수해야 할 회계행위의 근거가 마련되었다는 점에서, 그리고 기업의 이해관계자들에게 기업이 제공하는 재무제표를 신뢰할 수 있도록 하였다는 점에서 깊은 의의가 있다.

---

[73] 「기초소위원회」의 위원 8명과 간사 2명의 명단은 다음과 같다.
　① 위원 : 이해동(서울대 상대 교수)·윤병욱(고려대 상대 교수)·김종대(재무부 이재국장)·권택상(재무부 사세국장)·유창순(한국은행 조사부장)·이병언(한국산업은행 조사부장)·김정종(증권거래소 조사부장)·이채욱(대한상공회의소 사무국장). ② 간사 : 이철승(재무부 이재 과장)·윤기봉(재무부 직세과장)
[74] 이해동·이병언, 전게서, p. 12 ; 한국공인회계사회, 전게서, p. 297.

2. 「기업회계원칙」(AD1,958)의 구조적 체계

1) 기본구조적 체계

1958년의 「기업회계원칙」의 기본체계는 ① 전문 ② 일반원칙 ③ 손익계산서원칙 ④ 잉여금계산서원칙 ⑤ 대차대조표 원칙의 다섯 부분으로 이루어졌다. 전문은 회계원칙의 성격을 제시하고 회계목적을 제시하였다. 일반원칙은 기업이 재무제표를 작성·보고하는데 따라야 할 기본원칙이다. 손익계산서원칙과 잉여금계산서원칙 및 대차대조표원칙에서는 회계보고서를 작성할 때 준수해야 하는 개별적 기준이 규정되어 있었다.

「기업회계원칙」(1958)의 체계는 1949년에 제정된 일본 회계원칙의 체계와 공통되는 것이다. 그것은 미국 「SHM회계원칙」(1938)의 체계와 유사하다고 할 수 있다. 그 기본구조적 체계를 정리하여 비교해 보이면, <표 8-1>과 같다.

<표 8-1> 회계원칙의 기본구조적 체계의 비교

한국「기업회계원칙」(1958년)	일본「기업회계원칙」(1949년)	미국「SHM회계원칙」(1938년)
① 전문	① 전문	① 서문
② 일반원칙	② 일반원칙	② 일반원칙
③ 손익계산서원칙	③ 손익계산서원칙	③ 손익계산서원칙
④ 잉여금계산서원칙	④ 잉여금계산서원칙	④ 대차대조표 원칙
⑤ 대차대조표 원칙	⑤ 대차대조표 원칙	⑤ 연결재무제표원칙
		⑥ 주석 및 각주
		⑦ 요약

<자료 : 고승희, 『韓国会計原則の展開』(단대출판부, 1986), P. 24.>

<표 8-1>과 같이, 1958년의 「기업회계원칙」은 시대적 배경에 비추어 볼 때, 일본의 「기업회계원칙」(1949년)으로부터 상당한 영향을 받아 이루어진 것임은 물론, 구미제국의 회계원칙들을 참조하여 형성된 것이다.[75] 따라서, 우리나라 「기업회계원칙」(1958년)의 체계는 미국의 「SHM회계원칙」[76](1938년) 및 일본의 「기업회계원칙」(1949년)과 공통적인 체계를 갖추고 있으며, 그 내용 면에 있어서는 구미제국 회계원칙의 내용이 가미되어 있다고 볼 수 있다. 우리나라 「기업회계원칙」(1958)의 체계를 이해하기 위해서는 일본과 미국의 회계원칙 체계를 비교해 볼 필요가 있다.

---

75) 고승희, 『회계원칙의 이론』(수서원, 1983), PP. 175-184.; 이정호, 전게서, P.111.
76) T. H. Sanders, H. R. Hatfield, and U. Moore, "A Statement of Accounting Principles", (1938)

1958년의「기업회계원칙」은 기업이 작성해야 할 재무제표의 체계로서 각 보고서의 양식은 모두 보고식에 의하여 작성하도록 규정되어 있었다.

2) 일반원칙의 체계

(1) 진실성(眞實性)의 원칙

일반원칙의 제1원칙은 『기업회계는 기업의 경영성적과 재정 상태에 관하여 진실한 보고를 제공하는 것이어야 한다.』는 진실성의 원칙이다. 이것은 기록계산을 적정하게 행하고 사실에 근거하여 충실하게 표시해야 함을 요청하는 원칙이다. 기업회계의 측정원칙과 보고원칙을 총괄하는 공통명제로서 모든 일반원칙의 최상위에 위치해야 할 기본원칙임을 의미한다. 1958년의 우리나라「기업회계원칙」이 1949년의 일본「기업회계원칙」을 본받아 성립되었다고 한다면, 일본의 그것에 대한 해석이 여기서도 적용될 수 있다. 이에 관한 일본 회계학자의 견해를 통하여 비교한다.

히토쓰바시(一橋)대학의 밤바(番場)교수는 일본「기업회계원칙」의 진실성 원칙에 대하여 다음과 같은 견해를 피력하였다. 『진실성의 원칙은 회계 사실을 빠짐없이 파악하여 적절하고 타당한 회계원칙과 회계전문가의 적정 타당한 판단을 적용하여 회계장부에 기록하고 회계보고서를 작성하도록 요청하는 기본원칙이다.』77) 그는 진실성 원칙의 위치설정에 대해서도 다음과 같이 기술하였다. 『진실성 원칙이 법령이나 회계원칙에 따라 회계처리와 회계장부의 기록을 행하고 회계 보고를 하도록 요구하는 원칙이라고 한다면, 진실성의 원칙은 바로 독일의 상법과 주식법에서의 ……결산서류가 정규부기의 원칙에 따라 작성되어야 한다는 원칙과 같은 의미를 지닌다. 일본의 일반원칙에서의 제1원칙이 이러한 의미를 갖는 것이라고 하면, 그것은 계속성의 원칙·중요성의 원칙 등, 다른 일반원칙과 동렬의 위치에 둘 원칙이 아니다. 이들 원칙보다도 상위에 놓아야 할 기업회계의 기본개념을 표명한 원칙이 제1원칙이라고 해석해야 한다.』78)

이렇듯 진실성의 원칙은 절대적인 진실성을 추구하도록 요청하는 것이 아니라, 상대적인 진실성을 내용으로 하는 것이다. 그리고 기업회계에서 진실성의 원칙을 지지(支持)하거나 한정하는 것으로서 다른 여러 원칙을 통하여 추구하면서 상대적 진실성이라는 의미 속에서 바람직한 회계원칙을 인정하는 것이 진실성의 원칙이 지닌 논리적 근거79)임을 인식해야 한다.

---

77) 番場嘉一郎,『詳說企業會計原則』(東京, 森山書店,1976), P.12.
78) 상게서, PP.12-13.
79) 山下騰治,『企業會計原則の理論』(東京, 森山書店,1961), PP.43-53.

따라서, 1958년「기업회계원칙」의 제1원칙인 진실성의 원칙은 다른 8개의 일반원칙뿐만 아니라, 회계 규범을 규제하는 상위개념으로서의 위치가 설정된 것이다. 진실성의 원칙을 이런 관점에서 보지 않고, 그것을 절대적 진실성의 관점에서 비판적으로 접근하는 경우가 있는 것도 사실이다.[80] 그러나 적정한 회계정보의 제공이라는 측면에서 보더라도 그것이 상대적 진실성을 충족시킬 수 있는 하위개념의 일반원칙이 설정되어 있다면, 진실성 원칙의 존재 여부에 대한 논란은 해소될 수 있을 것이다. 일본의 회계원칙 속에 진실성 원칙이 1949년 제정원칙에서 채택된 이후 50년 이상 변하지 않고 그대로 유지되어온 것은 상술한 밤바(番場) 교수의 견해처럼 그것이 모든 원칙개념의 상위에 위치하는 상대적 진실성의 개념으로 접근했기 때문이다.

그러므로 진실성은 고정적인 불변의 개념이 아니라, 목적에 적합한 것으로 연관되어 진실성의 실질적 내용이 변화되어 간다고 할 수 있다. 이처럼 진실성은 목적을 달성하기 위한 기본명제이며, 그래서 회계원칙은 이러한 진실성에 근거하여 형성되어야 한다. 그러므로 진실성은 다른 원칙이 모두 준수되었을 때 보증되는 것이며, 그것은 다른 원칙 전부를 내포하는 포괄적인 개념이라고 할 수 있다. 그래서 그것은 다른 원칙의 최상위에 위치하는 것으로 보게 된다.

(2) 정규부기(正規簿記)의 원칙

일반원칙의 제2원칙은 『기업회계는 모든 거래에 대하여 정규부기의 원칙에 따라서 정확한 회계장부를 작성하여야 한다.』라고 정규부기의 원칙을 명시하고 있다. 이 원칙은 모든 거래를 완전하게 처리할 수 있는 기장제도에 의한 「정확한 회계장부의 작성」을 요청하는 원칙이다. 모든 거래를 발생순서별로 기록을 행하고 계정체계를 갖추어 계산·정리함으로써, 계산 질서가 유지될 수 있어서 정규부기는 일반적으로 복식부기의 구조에 의한 기장체계를 의미한다.[81] 정규부기의 원칙은 기업의 모든 거래를 조직적으로 기록함과 동시에, 그것을 질서정연하게 계산정리함으로써, 「진실한 보고」를 유지할 수 있게 하는 원칙의 기능을 수행하는 것이다.

원래 정규부기의 원칙은 1861년 독일 상법의 규정에 따른 「정규부기의 원칙」(Grundsätze ordnungsmäßiger Buchführung)이라는 표현에서 유래된 것이다. 독일 상법(제38조)은 상인에 대하여 장부를 기록하고, 그 장부상에서 상인의 상거래와 재산상태를 「정규부기의 제 원칙」에 따라 명시해야 할 의무를 규정하고 있다. 이는 상법

---

80) 이정호, 「우리나라 기업회계원칙에 대한 반성」(『경영논총』 제9권 제2호, 서울대학교경영대학 부설 한국경영연구소, 1973년 3월), p. 49 ; 이정호, 전게서, p.181.
81) 이해동·이병언, 『재무제표규칙 해설』(서울, 일조각, 1961), P.15.

과 상관행에 따라서 부기 의무를 정규적으로 수행하기 위한 전제로서 상인 부기의 모든 원칙과 지도원리라는 것을 의미한다. 독일의 「후레릭스」(Wolfgang Freericks)교수에 의하면, 『정규부기의 제 원칙』은 정규 계산에 임하는 상인이 대차대조표를 작성할 때 일반적인 승인에 따라 적용되는 규범』이라고 하면서, 정규부기의 원칙이란 그 내용과 범위가 과학적 방법에 따라 부기의 목적에서 유도되어, 상인이 그에 적합한 부기 장부를 작성하도록 의무화된 규율(規律)임을 정의하고 있다.82) 그는 정규부기의 근본요건83)을 제시하고 부기의 정규성(Ordnungsmäßichkeit der Buchführung)에 대한 판단 근거도 명시하면서, 『정규부기의 제 원칙은 부기와 연도결산서의 목적으로부터 연역적으로 도출되어야 하는 것』84)이라는 견해를 밝히고 있다.

그렇다면 1958년의 우리나라 「기업회계원칙」의 일반원칙에 명시된 정규부기의 원칙은 어떠한 의미를 지닌 것일까. 그것은 「후레릭스」가 명시한 바와 같이, 정규부기의 요건이 충족될 수 있는 의미의 복식부기 방법이라고 할 수 있다. 즉, 정상적인 복식부기의 절차에 따라 기장 처리하는 부기의 원리를 지칭한다.

이처럼 상인의 관행에 의하여 이루어져 온 부기와 연도결산의 목적으로부터 도출된 「정규부기의 제 원칙」에 근거를 둔 독일 상법사상을 전수받은 일본이 1948년의 「기업회계원칙」을 제정할 때, 그 의미를 축소하여 좁은 의미의 「정규부기의 원칙」으로서 일반원칙의 하나로 규정했다. 우리나라도 1958년에 「기업회계원칙」을 제정하면서 조선총독부 시대에 일본식 교육을 받았던 「기초소위원회」의 위원 8명과 간사 2명 모두가 이를 참고했을 것임은 자명한 일이다. 형성기의 한국 「기업회계원칙」(1958)이 일본의 그것(1949)과 전체적인 맥락을 같이 하고 있다는 것도 이를 증명해 준다. 정규부기의 원칙은 독일 회계 사상에 근원을 두어 일본회계원칙의 일반원칙에 반영된 것을, 계수의 형태로 우리나라 「기업회계원칙」이 일반원칙 속에 받아들였다고 생각한다.

(3) 중요성(重要性)의 원칙

일반원칙의 제3원칙은 『기업회계는 과목과 금액을 중요성에 비추어 결정하고 기록·계산에 비용과 시간의 불경제(不經濟)가 없도록 처리되어야 한다.』라고 중요성의 원칙을 명시하고 있다. 이 원칙은 회계처리 및 보고를 하면서 모든 경제적 사실을 중요성

---

82) Freericks, W., "Moderne Buchführungsverfahren und Grundsätze ordnungsmäßiger Buchführung," (Diss. Würzburg, 1966), S. 141-143.
83) Freericks, W., "Bilanzierungsfähigkeit und Bilanzierungspflicht in Handels-und Steuerbilanz," (Berlin, 1976), S. 57. (여기서 그는 정규부기의 근본요건으로서 ① 주요부 기능, ② 계정기능, ③ 증빙서류 원칙, 및 ④ 검증가능성 등을 들고 있다.)
84) Ebenda, S. 54.

에 근거하여 취급해야 함을 요청하는 것이다.
　중요성의 원칙은 미국의 회계원칙에서도 찾아볼 수 있다. 즉, 1957년의 미국회계학회가 공표한 회계원칙에 의하면, 명료 표시의 기준 속에 중요성에 대한 언급이 있다. 『회계상의 중요성이란 상대적인 중요성을 의미하며, 어떤 항목의 중요성은 그 금액의 크기, 그 성질이나 관계 여하에 의하여 결정된다. 재무제표에서 보고해야 할 항목을 어떻게 분류할 것인가, 어느 정도로 요약해야 할 것인가, 어느 정도까지 회계정보를 강조하거나 생략해야 할 것인가를 결정하면 중요성의 척도에 따라 판단하여야 한다.』[85]

(4) 확실성(確實性)의 원칙

　일반원칙의 제4원칙은 『기업회계는 회계의 목적을 달성하는 데 확실한 효과가 확보되도록 처리되어야 한다.』라고 확실성의 원칙이 명시되어 있다. 이 원칙은 기업회계의 목적을 달성하기 위하여 자산·부채·자본·수익·비용에 대한 기록·계산이 확실성에 따라 이루어져야 함을 요청하는 것이다. 기록·계산의 확실성은 객관적인 요소가 많을수록 증가하고 주관적인 요소가 많을수록 확실성은 감소한다. 기록·계산의 확실성은 검증 가능한 객관적 증거에 의하여 보장된다. 확실성은 역시 상대적이며, 주어진 조건으로 되도록 확실한 것을 요구한다.[86] 그래서 확실성의 원칙은 「진실한 정보」를 확보하기 위한 원칙으로서 그 기능을 수행한다고 할 수 있다. 조익순 교수는 『모든 회계처리는 객관적인 증거에 의하여 정확하게 이루어져야 한다.』[87]라고 언급한 바 있다.
　그러나 9개의 일반원칙 중에서 회계목적을 언급하고 있는 것은 확실성의 원칙뿐이다. 따라서 1958년의 회계원칙은 처분가능이익계산에 의한 회계 책임의 수행을 요청하는 회계목적을 달성하기 위하여 확실한 효과가 나도록 작용하며 그에 따라 확보되는 사실대응적 진실성을 중심축으로 한다. 「확실성의 원칙」은 제1원칙인 진실성의 원칙을 보장하는 회계목적 관련 원칙으로서 기능 수행한다는 것을 인식해야 한다.[88]

(5) 계속성(繼續性)의 원칙

　일반원칙의 제5원칙은 『기업회계는 그 처리의 원칙과 절차를 매기 계속하여 적용하

---

85) AAA, "Accounting and Reporting Standards for Corporate Financial Statements and Preceding Statement and Supplement (Iowa city, Iowa, 1957) ; 黑澤淸, 『近代會計學』(東京, 春秋社, 1966), pp. 257-258.
86) 소진덕, 『회계학』(서울대학교 출판부, 1974), p. 12.
87) 조익순, 『회계이론』(고려대학교 부설 기업경영연구소, 1962), p. 46.
88) 고승희, 『韓國 會計原則의 展開』(단대출판부, 1986), pp. 57-58.

고 수시로 변경하여서는 아니 된다.』라는 계속성의 원칙이 규정되어 있다. 이 원칙은 채택된 회계처리의 기준·방법·절차를 계속 적용하고 그것이 일단 선택되면, 수시로 변경해서는 안 된다는 것이다. 이 원칙이 준수되지 않으면. 회계 보고의 신뢰성이 상실되고 진실성 및 명료성이 손상된다.

그러므로 『상대적이기는 해도 진실성이 있는 회계 보고를 확보하기 위해서는 인식 기준이나 측정 방법의 임의 선택은 인정된다고 하더라도, 임의적인 조작은 배제되어야 한다. 이를 위한 조건으로 일단 선택된 회계처리의 기준이나 방법의 임의 변경을 인정하지 않는 계속성 원칙이 진실성을 유지하는 기본적인 이론 규범으로서 요구된다.』[89] 이 원칙은 재무 상태와 경영성과의 비교가능성을 확보하여 회계 보고의 신뢰성을 높이고 「진실한 보고」의 내용을 확보할 수 있게 한다.

(6) 잉여금구분(剩餘金區分)의 원칙

일반원칙의 제6원칙은 『자본거래와 손익거래를 명확히 구분하고, 특히 자본잉여금과 이익잉여금을 혼동하여서는 아니 된다.』라고 하는 잉여금구분의 원칙이다.

이 원칙은 자본과 이익의 구별에 관한 기본원칙이다. 따라서 이것은 자본거래 때문에 발생하는 자본잉여금과 손익거래에 의하여 발생하는 이익잉여금을 구별하여 회계처리를 하도록 요청하는 원칙이다.

(7) 안전성(安全性)의 원칙

일반원칙은 『기업의 재정에 불리한 영향을 미칠 가능성이 있는 경우에는 이에 대비하여 적당히 건전한 회계처리를 하여야 한다.』라고 안전성의 원칙이 명시되어 있다.

이 원칙은 보수주의의 원칙 또는 신중성의 원칙이라고도 하며 이익의 과대표시가 되지 않도록 회계처리가 되어야 함을 요청하는 것이다. 실현주의에 따라 수익을 인식하고 발생주의에 따라 비용을 인식한다는 수익비용의 인식 방법은 손익계산에서의 신중성을 기반으로 하는 것이다.[90]

그렇지만, 안전성의 원칙은 회계학적 견지에서, 오히려 경영 정책적 견지에서 주장되는 개념이다. 이 원칙을 적용함으로써, 진실성의 원칙이 손상되지 않도록 충분히 주의하지 않으면 안 된다.

---

89) : 嶋村剛雄, 前揭書, pp. 57-58.
90) : Stephen Gilman, "Accounting Concept of Profit", (New York, The Ronald Press Company, 1939), pp. 130-131.

(8) 명료성(明瞭性)의 원칙

일반원칙의 제8원칙은 『기업회계는 재무제표에 의하여 이해관계자에게 필요한 회계 사실을 명료히 공개하고 기업의 재정 상황에 관한 판단을 그르치지 않도록 하여야 한다.』라는 명료성의 원칙이 규정되어 있다. 이 원칙은 모든 회계 결과의 표시가 명료하게 이루어져야 함을 요청한다. 재무제표를 작성하면서 구분표시, 총액 주의, 재무제표부속명세서의 작성 및 각주 등은 명료성의 원칙을 확보하기 위한 것이다. 이 원칙을 적용하는데 중요성의 원칙을 충분히 고려하여 이루어져야 한다.

(9) 단일성(單一性)의 원칙

일반원칙의 제9원칙에는 『주주총회, 증권거래, 금융기관, 세무관서 등에 제출하기 위하여 서로 형식이 다른 재무제표를 작성할 필요가 있어도 그 내용에 이동(異同)이 있어서는 아니 된다.』라는 단일성의 원칙이 명시되어 있다. 이 원칙은 재무제표의 작성기초가 되는 회계기록은 동일해야 한다는 것, 즉 「형식적 단일성」이 아니라 「실질적 단일성」을 요구하는 것이다. 1958년의 「기업회계원칙」의 일반원칙이 외국의 회계원칙으로부터 영향을 받아 형성되었음을 비교 표시해 보이면, <표 8-2>와 같다.

<표 8-2> 일반원칙의 체계적 비교

한국「기업회계원칙」(1958년)	일본「기업회계원칙」(1949년)	미국「SHM회계원칙」(1938년)
① 진실성의 원칙	① 진실성의 원칙	① 명료성의 원칙
② 정규부기의 원칙	② 정규부기의 원칙	② 자본거래.손익거래의 원칙
③ 중요성의 원칙	③ 자본거래.손익거래의 구분 원칙	③ 정규부기의 원칙
④ 확실성의 원칙	④ 명료성의 원칙	④ 비용 구분의 원칙
⑤ 계속성의 원칙	⑤ 계속성의 원칙	⑤ 계속성의 원칙
⑥ 잉여금구분의 원칙	⑥ 보수주의 원칙	⑥ 보수주의의 원칙
⑦ 안전성의 원칙	⑦ 단일성의 원칙	
⑧ 명료성의 원칙		
⑨ 단일성의 원칙		

<자료 : 고승희, 『韓国会計原則の展開』(단대출판부, 1986), P. 47>

3) 손익계산서 원칙

(1) 당기업적주의 손익계산서의 구조

1958년의「기업회계원칙」은 손익계산서의 본질 규정을 두고 있다. 즉,『손익계산서는 기업의 영업성적을 명확히 하기 위하여 회계기간에 발생한 모든 손익과 이에 대응하는 모든 비용을 기재하고, 그 기간의 손익을 표시하여야 한다.』[91]

이 규정에 따르면, 손익계산서는 기간계산을 전제로 하여 그 기간에 발생한 수익과 이에 대응하는 모든 비용을 계상하여 작성되는 것으로 되어 있다. 그런데 기간손익계산을 실시하고 특정 회계기간의 경영성과를 산정하는 경우, 기간적으로 대응시켜야 할 수익 및 비용에 어떠한 항목을 포함해야 할 것인가의 문제가 발생한다. 1958년의「기업회계원칙」은 당기업적주의에 의한 손익계산 방법을 채택하고 있다. 그 결과 기업의 경상적인 손익만이 손익계산서에 표시되어서, 경상적인 손익 이외의 이상 항목은 잉여금계산서에서 표시하게 되어 있다.

당기업적주의란 일정한 회계기간의 경영성적을 표시하기 위하여,『당기에 인식된 손익을 손익계산서에 기재하는 경우, 당기의 경영성과에 관계되는 손익항목만을 여기에 포함하고, 당기의 경영성과에 관련되지 않은 손익항목은 이것을 손익계산서로부터 제외하여 잉여금계산서에 기재하도록 한다.』[92]는 입장이다.

당기업적주의에 의한 회계 방법은 1938년의「SHM회계원칙」에서 최초로 주장되었고, 1941년 2월에 발표된 미국공인회계사회의「회계연구공보」 제8호(ARB No. 32)에서도 공식적 견해로 천명된 것이다.[93]

당기업적주의에 입각한 손익계산서의 논거는 ① 손익계산서가 경상적인 기업의 수익력을 표시한다는 것, ② 손익계산서의 기간비교가 가능하다는 것, ③ 업적추세 및 장래의 예측이 가능하다는 것에서 비롯된다.[94] 회계원칙 제정 당시, 우리나라 기업회계제도의 건전화를 기함과 동시에 당기업적주의에 의한 손익계산 방법의 타당성을 인정하고「기업회계 준칙기초소위원회」는 당기업적주의를 채택한다는 취지를 표명하였다.[95]

당기업적주의를 기초로 하는 손익계산 방법을 채용한 1958년의「기업회계원칙」은

---

91) 기업회계 준칙소위원회,『기업회계원칙』(1958년 6월 22일, 중간 보고), 제2장 제1절 제1목 제1.
92) 稻垣富士男,『損益計算書論』(東京, 同文舘, 1977), p. 43.
93) T. H. Sanders, H. R. Hatfield and U. Moore, op. cit., pp. 25-52 ; FASB, "Financial Accounting Standers", (original pronouncements as of July 1,1977), pp. 11-12. & pp.29-33 (Accounting Research Bulletin No. 43, chap. 2 : Continued of Income and Earned Surplus & chap. 8 : Income and Earned Surplus)
94) 이정호, 전게서, pp. 398-399 ; 稻垣富士男, 前揭書, p. 44.
95) 기업회계 준칙기초소위원회,『재무제표 준칙기초보고서』(1958년 6월 22일 자), 제3, (4).

다음과 같이 수익, 비용 및 순이익에 관한 규정을 설정해 놓았다. 우선, 수익에 관한 정의를 보면, 『수익은 첫째, 기업의 생산물 또는 역무(役務)의 매출에 따라 취득한 자산의 금액 또는 결재된 부채의 금액, 둘째, 재고품 이외 자산의 매출 또는 교환에 의하여 얻어진 이득, 부채 금액 이하의 유용한 결재로 얻은 이득 등을 포함한 개념이다. 수익은 증여에서는 발생하지 아니한다.』[96] 고 규정되어 있다. 그리고 비용에 관한 정의는 『비용은 순이익의 측정에 있어서 수익에서 공제될 자산의 원가이다. 이는 현금의 지출, 자산 원가의 전부 또는 일부의 소멸 혹은 부채의 부담으로 발생한다. 비용은 영업비용과 손실로 구분된다. 영업비용은 수익의 발생과 관련이 있는 공제이며 손실은 그러한 관련이 없는 공제이다.』[97]라고 규정되어 있다. 더욱이, 순이익의 정의에 대해서도, 『기업의 순이익은 순자산의 증가분이며 그것은 수익의 비용에 대한 초과분으로서 측정된다.』[98]고 규정되어 있다. 이들 규정은 미국회계학회의 1948년 개정된 회계원칙에서 제시된 수익, 비용 및 순이익의 개념 규정과 유사한 내용이다.[99]

(2) 손익계산서 작성을 위한 기본원칙

1958년의 「기업회계원칙」에서는 손익계산서의 작성을 위한 기본원칙으로써, 발생주의, 실현주의, 총액 주의, 비용수익의 대응표시 등, 4가지가 규정되어 있다.[100] 그러므로 이것은 일본의 손익계산서 원칙을 범례(範例)로 하였다고 할 수 있다.

<표 8-3> : 손익계산서의 작성을 위한 기본원칙의 비교

한국「기업회계원칙」(1958년)	일본「기업회계원칙」(1949년)	미국「SHM회계원칙」(1938년)
① 발생주의의 원칙	① 발생주의의 원칙	① 발생주의의 원칙
② 실현주의의 원칙	② 실현주의의 원칙	② 실현주의의 원칙
③ 총액 주의의 원칙	③ 총액 주의의 원칙	③ 순익구분계산의 원칙
④ 비용수익대응의원칙	④ 비용수익대응의원칙	④ 비용 구분의 원칙
		⑤ 명료 표시의 원칙
		⑥ 비용수익대응의원칙

<자료 : 高承禧, 『韓国会計原則の展開』(檀大出版部, 1986), 50ペイジ。.>

---

96) 기업회계 준칙기초소위원회, 『기업회계원칙』(1958), 제2장 제1절 제1목 제2(수익).
97) 상게원칙, 제2장 제1절 제1목 제3(비용).
98) 상게원칙, 제2장 제1절 제1목 제4(순이익).
99) AAA, "Accountimg Concepts and Standards Underlying Corporate Financial Statements (revision 1948) ; 中島省吾 譯編, 『AAA會計原則』(東京, 中央經濟社, 1975), pp. 15-16 & pp. 123-124 .
100) 기업회계 준칙기초소위원회, 전게원칙, 제2장 제1절 제2목. 제1·제2·제3·제4.

그 사실을 명백히 밝히기 위하여 비교 표시하면 앞면의 <표8-3>과 같다. 그리고 「손익계산서의 본질」에서 규정되어 있는 비용수익의 기간적 대응과 위 손익과목의 대응표시를 합하여 비용수익 대응의 원칙이라고 부르기로 한다.

(3) 손익계산서의 형식과 구분

손익계산서는 일정한 회계기간의 영업성적을 표시하는 재무제표이므로, 그 형식 및 손익 구분표시의 문제가 중요시된다. 따라서 1958년 「기업회계원칙」의 손익계산서원칙은 손익계산서의 표준양식으로서 보고식을 채택하고 있으며, 그 구분표시의 기준으로서는 2구분 손익계산서의 형식이 채택되어 있다.[101]

<표 8-4> 「기업회계원칙」(1958년)의 손익계산서 양식

손익계산서

과목	금 액	비 고	
(Ⅰ)순매출액	×××	(1-2)	
1. 상품 총매출액	×××		
2. 매출 에누리액과 환입품액	×××		
(Ⅱ)매출원가	×××	(1+2-3)	영업손익계산구분
1. 기초상품 재고액	×××		
2. 당기순매압액	×××		
3. 기말상품 재고액	×××		
(Ⅲ)매출총이익	×××	(Ⅰ-Ⅱ)	
(Ⅳ)일반관리비 및 판매비	×××		
(Ⅴ)영업이익	×××	(Ⅳ-Ⅳ)	순손익 계산 구분
(Ⅵ)영업 외 수익	×××		
(Ⅶ)당기 총이익	×××	(Ⅴ+Ⅵ)	
(Ⅷ)영업 외 비용	×××		
(Ⅸ)당기순이익	×××	(Ⅶ-Ⅷ)	

<자료『재무제표규칙』(재무부고시제169호, 1958년 7월 2일),제6조에 의한 양식 제1호 2 요약.>

보고식의 손익계산서는 가감의 계산형식에 의하여 표시되는 것이며, 따라서 복식부기의 지식이 없는 사람들도 이해하기 쉬운 것이다. 「기업회계원칙」에서는 손익계산서의 양식으로서 판매업을 경영하는 경우의 손익계산서와 제조업을 경영하는 경우의 손익

---

101) 기업회계 준칙기초소위원회, 전게원칙, 제2장 제1절 제1목 제5(손익계산의 구분).

계산서가 각각 예시되어 있으며, 양자 모두가 기업의 경영성과를 보고하게 되어 있다. 제조업인 경우의 손익계산서 양식을 요약해 보이면, 앞면의 <표 8-4>와 같다.

1958년의 「기업회계원칙」에는 구분손익계산서에 대하여 다음과 같이 규정되어 있다. 즉. 동 원칙의 손익계산서원칙(제2절 제1)은 『영업손익 계산의 구분에는 그 기업의 주된 영업활동에서 발생하는 비용과 수익을 기재하고 영업이익을 계산한다』라고 규정되어 있다. 그리고 그 원칙(제3절 제1)에서는 『주된 영업활동 이외의 원인으로부터 발생하는 손익을 기재하여 당기순이익을 계산한다.』라고 규정되어 있다.

이들 규정은 1949년의 일본「기업회계원칙」에 규정된 손익계산서원칙(제2의 2)의 그것과 동일하다. 그리고 1949년의 일본 증권거래법에 근거를 둔「재무제표규칙」의 손익계산서 기준(제2)에 의한 양식(A1호나 A2호의 표)은 우리나라의 그것과 공통으로 같다. 이것도 일본식 회계원칙의 계수(繼受)임을 증명하는 것이다.

(4) 잉여금계산서원칙 및 잉여금처분계산서원칙

① 잉여금계산서원칙

1958년 이전의 우리나라 회계실무에서는 「잉여금」이라는 용어가 사용되지 않았다. 그래서 잉여금계산서가 작성되는 일도 없었다. 그러나 1958년의 「기업회계원칙」이 잉여금이라는 개념을 도입하여 기업의 영업활동에서 발생하는 손익거래와 자본거래를 명확히 구별하게 되었다. 이때부터 이익잉여금과 자본잉여금이라는 용어가 우리나라의 기업사회에 등장하였다.[102]

잉여금이란 『기업자산에 대한 주주의 청구권이 납입자본금을 초과하는 부분』[103]이며, 이익잉여금과 자본잉여금의 두 종류로 구성된다. 1958년의 「기업회계원칙」은 손익계산서원칙과는 별개의 독립항목으로 잉여금에 관한 규정을 두었다. 즉, 동 원칙(제3장 제1절 제2)에 의하면, 『잉여금은 이익의 유보액으로 형성되는 이익잉여금과 이익 이외의 원천에서 발생하는 잉여로 형성되는 자본잉여금으로 구분하여야 한다. 정당한 이유 없이 자본잉여금을 이익잉여금에 직접 혹은 간접으로 대체하여서는 아니 된다.』라고 규정되어 있다. 이것은 「기업회계원칙」(1958년)의 일반원칙(제6)에 의한『자본거래와 손익거래를 명확히 구분하고 특히 자본잉여금과 이익잉여금을 혼동하여서는 아니 된다』라는 잉여금구분의 원칙에 의한 것이다. 이 규정은 1949년의 일본「기업회계원칙」및 미국「SHM회계원칙」(1938년)에서도 표명되어있는 것이 확인된다.[104]

---

102) 이해동・이병언, 전게서, pp. 111-112.
103) 조익순, 『현대회계학』(서울, 박영사, 1973), p. 370.

<표 8-5> 「기업회계원칙」(1958년)의 잉여금계산서 양식

잉여금 계산서

과 목	금 액	비 고
(一) 이익잉여금		
Ⅰ.전기말미처분이익잉여금	×××	
Ⅱ.전기말미처분이익잉여금처분액	×××	
1.이익준비금	×××	(상법제458조에 의한 것)
2.법인세충당금	×××	
3.배당금	×××	
4.상여금	×××	
5.임의적립금	×××	
Ⅲ.이월이익잉여금	×××	(Ⅰ-Ⅱ)
Ⅳ.이월이익잉여금증가액	×××	
1.고정자산처분이익	×××	
2.대손충당금환입액	×××	
3.------------	×××	
Ⅴ.이월이익잉여금감소액	×××	
1.고정자산처분손실	×××	
2.임시손실	×××	
3.법인세추징세액	×××	
4.------------	×××	
Ⅵ.이월이익잉여금기말잔액	×××	(Ⅲ+Ⅳ-Ⅴ)
Ⅶ.당기순이익	×××	
Ⅷ.당기말미처분이익잉여금	×××	(Ⅵ+Ⅶ)
(二)자본잉여금		
Ⅰ.자본적립금	×××	(상법 제459조에 의한 것)
Ⅱ.재평가적립금	×××	(재평가적립금법에 의한 것)
Ⅲ.기타자본잉여금	×××	
1.국고보조금	×××	
2.공사부담금	×××	
3.기타	×××	
Ⅳ.차기이월자본잉여금	×××	(Ⅰ+Ⅱ+Ⅲ)
(三)합계	×××	(一)+(二)

<자료 : 「기업회계원칙」(1958년), 제1장 제2절 제2의 별표양식 ; 「재무제표규칙」(1958년), 제23조의 양식제2.>

그리고 「기업회계원칙」(1958년)의 잉여금계산서원칙(제2절 제3)은 『자본잉여금의 구분에는 주식발행차금·고정자산평가차익·감자차익·합병차익·기타자본잉여금

---

104) T. H. Sanders, H. R. Hatfield and U. Moore, op. cit. pp. 44-45 ; 山本繁·騰山進·小關男 共訳, 『SHM會計原則』(東京, 同文舘, 1979), p. 49.

등의 전기이월액에 당기 증가액을 가산하고, 당기의 감소액을 공제하여 차기이월액을 표시한다. 이 경우의 증감계산은 원칙적으로 잉여금의 항목별로 한다.』라고 규정되어 있다. 이 중에서 주식발행차금·감자차익·합병차익의 세 항목은 우리나라 상법(제459조)의 규정에 따라 형성된 자본준비금에 해당하는 것이다.

② 잉여금처분계산서원칙

잉여금처분계산서[105]도 1958년의 제정원칙에서 도입되었다. 그 이전에는 「의용상법」의 「이익금처분안」인 계산서류로 작성되고 있었다. 1958년의 「기업회계원칙」은 이익잉여금처분계산서의 규정을 두었다. 『이익잉여금처분계산서는 당기말 미처분이익잉여금과 이익잉여금처분액을 기재하고, 차기이월이익잉여금을 표시하여야 한다.』 여기서 당기말미처분이익잉여금이란 상술한 잉여금계산서에서 이익잉여금의 말미(末尾)에 기재되는 「당기말처분이익잉여금」을 일컫는다.

<표 8-6> 1958년 「기업회계원칙」의 잉여금처분계산서양식

이익잉여금 처분 계산서

과목	금액	비고
(Ⅰ) 당기말미처분이익잉여금	×××	
(Ⅱ) 이익잉여금처분액	×××	
1. 제1 법정준비금	×××	(의용상법 제458조의 규정)
2. 법인세	×××	
3. 배당금	×××	
4. 임원상여금	×××	
5. 임의적립금	×××	(Ⅰ-Ⅱ)
(Ⅳ) 차기이월 이익잉여금	×××	

<자료「기업회계원칙(1958년) 제1장 제2절 제2의 별표 양식: 「재무제표규칙」(1958년)제23조 제3호>

이익잉여금처분액은 주주총회의 승인을 얻어서 처분된 금액이며, 위의 당기말미처분이익잉여금에서 공제되는 항목이다. 그에 속하는 것으로는 제1 법정준비금(이익준비금)·법인세·배당금·임원상여금 및 임의적립금 등이 있다. 그 중 제1 법정준비금은 당시

---

[105] 1958년의 「기업회계원칙」에서는 이익잉여금처분계산서가 아니고, 그냥 「잉여금처분계산서」라고 되어 있는 것임을 인식하지 않으면 안 된다. 오늘날의 그것과 명칭상 차이가 있다.

의 「의용상법」의 규정에 따른 것이다. 「의용상법」(제458조)에는 「회사는 그 자본의 2분의 1에 달할 때까지 매 결산기의 20분의 1 이상을 준비금으로 적립해야 한다.」라고 되었으며, 그것은 회사의 결손을 보전하는 것 이외에는 사용할 수 없다.

그래서, 당기 말 미처분이익잉여금에서 이익잉여금처분액을 공제하여 차기이월이익잉여금을 표시하게 되어 있었다. 이와 같은 잉여금처분계산서의 작성 방법에 대해서는 1958년의 「재무제표규칙」에 상세히 규정되어 있다. 양식은 앞면의 <표 8-6>과 같다.

(5) 대차대조표 원칙

① 대차대조표의 작성을 위한 기본원칙

1958년의 「기업회계원칙」의 대차대조표 원칙은 총칙(대차대조표의 본질과 작성원칙), 자산의 원칙, 부채의 원칙, 자본의 원칙, 및 자산평가의 원칙의 다섯 가지로 구성되어 있다.

대차대조표의 본질에 관한 규정은 다음과 같다. 즉, 『대차대조표는 기업의 재정상태를 명확히 하기 위하여 일정한 시점에 있어서 기업이 보유하는 자산·부채·자본을 적당한 구분·배열·분류의 기준과 평가의 기준에 따라 기재하여야 한다.』106)고 규정되어 있다. 대차대조표의 작성을 위한 기본원칙으로서는 ① 완전성의 원칙, ② 총액 주의 원칙, ③ 담보자산의 표시원칙, ④ 경비와 손실의 이연 원칙, ⑤ 대차 평균의 원칙, ⑥ 유동성 배열의 원칙, ⑦ 과목분류의 원칙 등이 제시되어 있다.

이러한 대차대조표의 작성을 위한 기본원칙은 일본의 「기업회계원칙」(1949년)에 규정된 대차대조표의 작성원칙과 유사한 것이며,107) 그것을 범례(範例)로 하여 설정된 것이라고 할 수 있다. 이를 분명히 밝혀두기 위하여 「SHM회계원칙」과 함께 정리하여 비교 표시하면, <표 8-7>과 같다.

그리고 1958년의 「기업회계원칙」은 상술한 바와 같은 대차대조표의 작성원칙에 따라 일정 시점에서 모든 자산, 부채 및 자본을 정연하게 표시한 대차대조표를 작성해야 하게 되어 있다. 더욱이, 이러한 대차대조표는 보고식에 의하여 작성하게 되었다.

그리고 1958년의 「기업회계원칙」의 대차대조표 원칙은 자산의 원칙을, ① 자산의 정의, ② 자산의 구분 ③ 유동자산 ④ 고정자산 ⑤ 이연계정의 5부분으로 되어 있다.

---

106) 기업회계 준칙기초소위원회, 『기업회계원칙』(1958년 6월 22일), 제4장 제1절 제1목 제1.
107) 日本經濟安定本部기업회계제도 대책조사회, 『기업회계원칙』(1949년), 第三の一.

<표 8-7> 대차대조표의 작성을 위한 기본원칙의 비교

한국의「기업회계원칙」(1958년)	일본의「기업회계원칙」(1949년)	미국의「SHM회계원칙」(1938년)
① 완전성의 원칙	① 완전성의 원칙	① 완전성의 원칙
② 총액 주의의 원칙	② 총액 주의의 원칙	② 총액 주의의 원칙
③ 담보자산의 표시원칙	③ 주기 사항의 표시원칙	③ 구분표시의 원칙
④ 경비와 손실의 이연 원칙	④ 이연자산의 계상원칙	④ 주기 사항의 표시원칙
⑤ 대차 평균의 원칙	⑤ 대차 평균의 원칙	⑤ 자기주식의 표시원칙
⑥ 유동성 배열의 원칙	⑥ 유동성 배열의 원칙*	⑥ 대차 평균의 원칙
⑦ 과목분류의 원칙	⑦ 과목분류의 원칙*	⑦ 자본잉여금 사용제한의 원칙

(주 : *일본「기업회계원칙」(1949년), 제3의 3 및 제4)
<자료 : 高承禧, 『韓国会計原則の展開』(檀大出版部, 1986), 56ページ。>

　첫째로「자산의 정의」에 대해서는, 『자산은 기업이 소유하는 유형·무형의 재산상의 권리이다.』라고 명시되어 있다(제4장 제1절 제1목 제2). 이 규정은 1948년에 미국회계학회(AAA)가 제2차로 개정한 회계원칙에서 표명한 바 있는 자산의 정의[108]와 유사한 내용이다. 그것은 자산을 부채의 상환능력으로 이해되고 있을 뿐만 아니라, 발생주의회계에서 자산으로 인정하는 이연자산을 고려하지 않은 입장에서 규정한 자산의 정의라고 할 수 있다. 그러나 1958년의「기업회계원칙」은 대차대조표의 작성을 위한 기본원칙에서「경비와 손실의 이연」원칙을 설정하여 이연계정의 자산가치를 인정하고 있는 것과 맞지 않은 규정이라고 하지 않을 수 없다.
　둘째로, 자산의 구분에 대해서는, 『자산은 일정한 기준에 따라 유동자산과 고정자산으로 구분하여야 한다. 회계장부에 가불금(假拂金)·미결산 등의 계정을 설정하고 있어도 이를 대차대조표에 기재할 때는 이러한 과목으로 하지 아니하고 그 성질을 나타내는 적당한 과목으로 표시하여야 한다.』라고 규정되어 있다. 여기서 말하는「일정한 기준이란 일년기준(一年基準 : one year rule)을 의미한다. 따라서 유동자산과 고정자산으로 분류하고, 대차대조표의 자산의 부에 기재하게 되어 있다.
　셋째로, 유동자산은, 『현금과 예금·시장성 있는 유가증권과 상품·제품·반제품·원재료·재공품 등의 재고자산과 받을어음·외상매출금·기타 기한이 1년 이내에 도래하는 채권은 유동자산에 속한다. 받을어음·외상매출금에 대한 대손충당금은 받을어음·외상매출금에서 공제하는 형식으로 기재한다.』라는 것이다(제2절 제2).
　넷째의 고정자산은 유형고정자산, 무형고정자산 및 투자자산의 3구분으로 되어 있

---

108) AAA, "Accounting Concepts and Statements Underlying Corporate Financial Statements (revision 1948) ; <中島省吾 譯, 『AAA會計原則』(東京, 中央經濟社, 1975), p. 15, & p. 122.>

으며, 그것을 적당한 과목으로 분류하여 기재하게 되어 있다.

다섯째로는 고정자산의 감가상각에 관한 규정이다. 유형고정자산의 감가상각은 일정한 상각방법에 따라 내용연수에 걸쳐 이루어지며, 감가상각비는 감가상각충당금으로 하여 그 누계액을 고정자산의 취득원가에서 공제하는 형식으로 기재한다. 특히, 유형고정자산을 제각(除却)할 때 제각한 고정자산의 취득원가와 그 감가상각충당금을 고정자산의 구분으로부터 제외하지 않으면 안 된다. 그리고 무형고정자산은 일정한 상각방법을 이용하여 상각한다.

여섯째로, 「경비와 손실의 이연 원칙」에 근거하여 설정된 이연계정이 제시되어 있다. 『이연계정은 전불비용과 이연자산으로 구분하고 전불비용은 미경과 분을 자산의 부에 기재하여 이연함으로써, 차기 이후의 비용으로 처리하고, 창업비·주식발행비·개발비·시험연구비 등의 이연자산은 일정한 상각방법에 따라 상각하고 그 미상각잔액을 기재한다. 전불비용(선급비용)으로서 1년 이내에 비용이 되는 것은 유동자산에 속하게 된다』라고 명시되어 있다(제3장 제2절 제5).

고정자산에 관한 규정 중에서「적당한 과목」이라 함은 1958년의「재무제표규칙」제47조(유형고정자산의 과목), 제60조(무형고정자산의 과목) 및 제63조(투자자산의 과목)에 규정된 과목을 지칭하는 것이다. 이와 같은 자산에 관한 원칙도 일본의 「기업회계원칙」(1949년)의 대차대조표 원칙에 규정되어 있는 것과 동일한 내용으로 되어 있어서, 그 영향 아래 이루어졌음을 재확인하게 된다.

1958년의「기업회계원칙」은 부채에 관한 규정에서 ① 부채의 정의 ② 부채의 내용 ③ 유동부채 ④ 고정부채로 구분하였다. 『부채는 과거의 활동에서 발생한 기업에 대한 채권의 요구권이며, 기업의 자산지출 또는 사용에 따라 변제된다.』이것은 전술한 자산의 정의와 함께 미국회계학회의 1948년「개정 회계원칙」에 명시된 부채의 정의[109]와 유사한 내용이다. 이와 같은 부채의 규정은 협의의 정의이며 법률상 또는 계약상의 확정채무를 의미한다. 그래서 회계적 부채(예컨대 부채성 충당금)를 포함하지 않은 법적 채무설에 근접한 표현이라는 측면에서 비판되었고, 1976년의 개정 시에 상술한 규정이 삭제됨과 동시에 부채성충당금에 관한 규정이 설정되었다.

부채의 내용에서는 『부채는 일정한 기준에 따라, 유동부채와 고정부채로 구분하여야 한다. 회계장부에 가수금·미결산 등의 계정을 설정하고 있어도 이를 대차대조표에 기재할 때는 이러한 과목으로 하지 아니하고 그 성질을 나타내는 적당한 과목으로 표시하여야 한다.』라고 규정되어 있다. 여기서 말하는「일정한 기준」도 유동부채와 고정부채로 구분하는 기본기준으로서의 일년 기준을 의미한다.

이러한 구분기준에 따라 규정된 유동부채에 대해서는, 『지불어음·외상매입금·미

---

[109] AAA, Ibid., p. 17 ; 〈中島省吾 譯, 上揭書, p. 17, & p. 126.〉

불금(未拂金: 미지급금)·미불비용(未拂費用:미지급비용)·기타 기한이 1년 이내에 도래하는 채무는 유동부채에 속한다.』라고 규정되어 있다(제4장 제3절 제2). 여기서 「지불어음」은 오늘날의 지급어음이고, 「미불금」은 미지급금, 그리고 「미불비용」은 미지급비용을 의미한다. 이는 1910년부터 1945년까지의 조선총독부 시대에 이식된 일본식 회계용어로서, 1958년의 「기업회계원칙」이 제정되던 당시에도 「의용상법」이 그 효력을 발휘하고 있었기 때문에 채용되었다.

고정부채에 관해서는 『고정부채는 사채·은행으로부터의 장기차입금·기타의 장기채무로 구분하여 적당한 과목으로 기재하여야 한다. 사채는 액면으로 기재하고 발행가액과의 차액은 사채발행차금으로서, 대차대조표에 구별하여 표시하여야 한다.』라고 명시되어 있다(제4장 제3절 제2). 이 규정에서의 「적당한 과목」이라 함은 1958년의 「재무제표규칙」(제91조)에 명시된 고정부채의 과목 즉, 사채·장기차입금·관계회사로부터의 장기차입금·충당금 및 기타의 고정부채를 일컫는다.

「기업회계원칙」(1958)은 자본에 관한 규정에서, 자본의 정의, 자본의 내용, 자본금, 잉여금 및 결손금의 표시로 구분되어 있다. 자본의 정의에서, 『자본은 불입자본(拂入資本:납입자본금)과 유보이익(留保利益)으로 형성되는 기업에 대한 소유자의 투자이다.』라고 명시되어 있다(동 원칙 제4장 제1목 제4). 이 규정도 역시 1948년에 개정된 미국회계학회의 회계원칙에 명시된 「주주지분의 정의」[110]와 유사하다. 자본의 내용에서, 『자본은 자본금과 잉여금으로 구분하여야 한다.』라고 명시되어 있다(동 원칙 제4장 제4절 제1). 자본금에 관한 규정에서는, 『자본금은 공칭자본금에서 미불입자본금을 공제하는 형식으로 불입완료자본금을 기재하여야 한다.』라고 명시되어 있다(동 원칙 제4장 제4절 제2). 이 규정은 1958년에 최초로 우리나라의 「기업회계원칙」이 제정될 당시, 계속하여 효력을 갖고 있던 「의용상법」(제116조 및 제171조)의 규정에 근거하여 이루어진 것이라고 할 수 있다.[111] 이러한 「의용상법」(제116조 및 제171조)의 규정은 공칭자본금 제도(분할불입자본금제도)를 명시한 것이다. 그것은 회사의 정관에 정해진 자본금에 해당하는 주식을 발행하고, 그중에서 4분의 1에 해당하는 금액이 주주로부터 납입되는 것만으로 주식회사가 법률적으로 설립될 수 있다고 하는 자본금 제도를 의미한다. 그러나 1962년에 제정된 새로운 상법에서는 수권자본제도가 도입되었다.

그리고 잉여금에 관해서는 『잉여금은 일정한 기준에 따라 자본잉여금과 이익잉여금으로 구별하여 잉여금의 항목별로 기재하여야 한다.』라고 명시되어 있다(동 원칙 제4장

---

110) AAA, Ibid ., p. 17 ; <中島省吾 譯, 上揭書, p. 17, & pp. 126-127.>
111) 1948년 7월 17일에 제정된 우리나라의 헌법(제100조)의 경과규정에 의하여 효력을 갖고 있던 「의용상법」은 1963년 1월 1일 자로 신상법이 발효됨에 따라, 그 효력을 상실했으나, 공칭자본금을 기본으로 하는 「기업회계원칙」의 규정은 1976년의 개정 시까지 그대로 존속하고 있었다.

제4절 제3). 이 규정은 일반원칙에 제시된 잉여금구분의 원칙에 따라 설정된 것이다. 이는 자본거래를 통하여 발생하는 자본잉여금과 손익거래에 의하여 발생하는 이익잉여금을 명확히 구분하여 표시하여야 한다는 내용이다. 결손금의 표시에 관한 규정에서는, 『대차대조표상의 결손금은 이익잉여금에서 공제하는 형식으로 기재하며, 이익잉여금이 없는 경우 또는 결손금이 이익잉여금의 액수를 넘으면, 결손금은 자본의 합계에서 공제하는 형식으로 기재한다.』라고 명시되어 있다(동 원칙 제4장 제4절 제4).

여기서 자본잉여금이란 1958년의 「재무제표규칙」(제99조)에 규정된 자본준비금, 재평가적립금 및 기타의 자본잉여금을 일컫는다. 그중에서 자본준비금은 그 당시의 「의용상법」(제459조)의 규정에 따른 「주식발행초과금, 감자차익 및 합병차익」으로 구성되어 있으며, 재평가적립금은 자산재평가법(제57조)의 규정[112]에 의하여 적립된 것이다. 그리고 이익잉여금은 위의 「재무제표규칙」(제103조)에 규정된 이익준비금, 임의적립금 및 당기 말 미처분이익잉여금으로 구성된다. 그중 이익준비금은 「의용상법」(제458조)에 의하여 적립된 것을 의미한다. 임의적립금에 대해서는 「재무제표규칙」(제105조)에 구체적으로 규정되어 있다.

「기업회계원칙」(1958)은 대차대조표 원칙에서 취득원가주의를 기초로 하는 자산평가의 방법을 명시하였다. 동시에 저가주의에 의한 평가도 예외적으로 인정하였다.

② 취득원가주의의 원칙

1958년의 「기업회계원칙」(제4장 제5절)에 의하면 『대차대조표에 기재하는 자산의 가액은 원칙적으로 그 자산의 취득원가를 기초로 하여 계상하여야 한다.』라고 규정되어 있다. 이것은 원가주의에 의한 자산평가의 원칙을 명시한 것이다. 취득원가주의에 의한 자산평가의 원칙을 규정하면서 진지한 토론과 검토가 진행되었던 것으로 판단된다. 「재무제표규칙 기초보고서」(3의 2)에 다음과 같이 언급되어 있다.

『평가 문제에 있어서 원가주의와 시가주의의 두 가지가 있는데 어느 편을 채택할 것인가의 문제이다. 우리나라도 선진국의 예에 따라 원가주의를 채택하였다. 영국에 있어서는 1869년 파산법 제정 및 1844년 회사법 제정 이래, 계속하여 원가주의를 기본으로 삼고 있다. 독일에 있어서는 채권자 보호의 입장에서 시가주의를 중요시하였으

---

[112] 우리나라의 자산재평가법은 1958년 1월 1일 자의 법률 제68호로 제정·공포된 시한법이었다. 이 법률은 자산을 재평가함으로써, 법인기업이나 개인기업이 적정한 감가상각을 가능하게 하여 기업경영의 합리화를 기함과 동시에, 자산을 양도할 때 과세상의 특례를 두어 그 부담을 적정하게 하도록 하여 경제의 정상적인 운영과 자본을 축적하게 하고 경제부흥에 이바지함을 목적으로 하는 것이었다. 동법(제57조)에 의하면 재평가하는 기업은 재평가차액에서 재평가세액 및 이월결손금을 공제한 잔액을 재평가적립금으로 적립하게 되어 있다.

나, 1919년 슈말렌바하(Schmalenbach)에 의하여 동적대차대조표론(動的貸借對照表論) 이 발간된 이래, 원가주의로 발전했다. 미국에 있어서도 세계 대공황이래, 증권거래소가 재인식되어 주주, 특히 투자 대중을 보호하는 입장에서 기업수익의 정확성에 치중하게 되어 원가주의가 승리하였다. 이리하여 시가주의보다 원가주의가 기업의 기간손익계산을 정확히 하는데 합리적이라는 것이 세계 공통의 의견이 되었다. 따라서 우리나라도 원가주의를 채택하게 된 것이다.』[113]

③ 저가주의적 평가의 특례

1958년의「기업회계원칙」(제4장 제5절 제1)에 의하면, 『만약 취득원가 이외의 평가 기준에 의하여 자산을 평가하면 그 평가 기준을 대차대조표 각주에 기재하여야 한다.』라고 명시되어 있는바, 이는 취득원가주의의 예외를 인정한 것이다. 따라서 재고자산의 평가함에 있어서는 예외적으로 평가할 수 있게 되어 있다. 즉, 재고자산의 평가는, 『재고자산의 취득원가는 실제 매입원가 또는 실제 제조원가에 의하여 결정한다. 선입선출법・후입선출법・평균원가법 등에 의하여 취득원가를 산정하기가 곤란한 경우에는 기준재고 조사법・소매재고조사법 등에 의한 일정한 재고조사 평가 기준을 채용할 수 있다.』라고 취득원가주의를 기본원칙으로 하되 예외적으로 시가주의에 의한 평가도 할 수 있게 되어 있다. 그리고 재고자산에 대해서는『시가가 취득원가보다 저락한 경우에는 시가에 의하여 평가할 수 있다.』라고 규정함으로써, 저가주의적인 특례를 인정하고 있다.

④ 유동자산의 평가원칙

유동자산에 대해서는 재고자산 이외에 유가증권과 채권자산에 관한 평가원칙이 있다. 유가증권에 대해서는 『시장성 있는 유가증권으로서 일시적으로 소유하는 것은 원칙적으로 시가에 의하여 평가한다. 단, 시장의 상황 등을 고려하여 적당한 감액을 고려하여 평가할 수 있다.』라고 규정되어 있다.

이것은 상술한 취득원가주의적 평가원칙에 대한 예외 규정이며, 「의용상법」의 계산 규정에 근거하고 있다. 1958년의 회계원칙을 제정하던 무렵의「의용상법」(제285조)에는 『…거래소의 시세 있는 유가증권에 대해서는 그 결산기 전 1개월의 평균 가액을 초과하는 가액을 부여할 수 없다.』라고 되어 있다. 이 규정은 시가주의에 의한 유가증권의 평가를 요구하는 내용이며, 그것이「기업회계원칙」에 반영된 것이다. 그

---

[113] 기업회계 준칙기초소위원회,『재무제표규칙 기초보고서』(1958년 6월 21일), 3의 (2).

리고 채권의 평가에 대해서는 『외상매출금·받을어음의 가액은 채권액에서 정상적인 대손충당금을 공제한 금액에 의한다.』라고 규정되어 있다. 채권자산의 경우, 거래 가액을 기준으로 하여 평가하는 것을 원칙으로 하되, 대차대조표에 표시할 때는 대손충당금을 차감한 장부가액으로 기재하게 되어 있음을 의미하는 것이다.

⑤ 고정자산의 평가원칙

고정자산의 평가에 대해서는 유형고정자산, 무형고정자산 및 투자자산으로 구분하여 명시되어 있다. 그것은 취득원가에 의한 평가원칙이다.
유형고정자산의 경우를 보면, 『유형고정자산의 취득원가는 그 자산의 매입가액 또는 제작가액으로 한다. 단 고정자산이 주식이나 사채의 발행 혹은 주식이나 사채와의 교환에 의하여 취득되었을 때는 그 유가증권의 액면 가액 또는 발행가액 등을 취득원가로 한다. 증여에 따라 고정자산을 취득하면 공정한 평가액에 의한다. 상각이 끝난 유형고정자산은 제각될 때까지 잔존가액 또는 비망가액으로 기재한다.』라는 규정이 설정되어 있다(동 원칙 제4장 제5절 제6).
무형고정자산에 대해서는, 『무형고정자산은 유가취득의 때에만 그 대가를 취득원가로 한다.』라고 규정되어 있다(동 원칙 제4장 제5절 제7). 그리고 투자자산의 경우, 『투자는 시장가격의 변동에도 불구하고 원칙적으로 취득가액 또는 투자가액으로서 기재한다.』라고 되어 있다(동 원칙 제4장 제5절 제8).
1958년의「기업회계원칙」이 취득원가주의를 기초로 하여 자산의 평가원칙을 규정한 것은 원가배분의 원칙을 매개로 하여 기간손익계산에서 수익비용의 대응을 달성한다고 하는 기본적인 회계관에 근거하고 있음을 의미한다. 그렇지만, 1958년의 「기업회계원칙」은 취득원가주의적 평가원칙을 기초로 하면서도, 재고자산에 대해서는 저가주의에 의한 평가 방법을 예외적으로 인정하고 있다. 그것은 회계 실무계에서 관습적으로 이루어져 온 보수주의적인 회계 사상에 근거하여 형성된 것이다.

3.「재무제표규칙」의 체계

「재무제표규칙」은 『기업회계의 공신성을 앙양하기 위하여 기업의 재무제표의 용어·표준양식과 작성 방법을 정함을 목적으로 한다.』라는 취지를 갖고 이루어진 것이다(동 규칙 제1조). 따라서 세무관서나 금융기관·이나 증권거래소 등에 제출되는 재무제표는 이「재무제표규칙」에 의하여 작성되어야 함을 기본으로 하고 있다(동 규칙 제3조). 그리고 재무제표의 종류는 손익계산서·잉여금계산서·잉여금처분계산서·대차대조표 및 부속 명세표로 되어 있다(동 규칙 제4조).

이것은 전술한「기업회계원칙」의 실천규범으로서 재무제표의 작성을 위한 구체적 항목이 법률 조문 형식으로 규정되어 있다. 그 체계는 ① 총칙 ② 손익계산서 규칙 ③ 잉여금계산서와 잉여금처분계산서에 관한 규칙 ④ 대차대조표에 관한 규칙 ⑤부칙으로 구성되어 있으며, 총 169조로 나누어 세목별로 각 재무제표가 작성될 수 있도록 명시되어 있다. 여기에는 재무제표에 기재되는 계정과목이 항목별로 제시되어 있어서, 실무자들이 회계지침서로써 활용할 수 있게 되어 있다. 각 재무제표의 작성을 위한 실무지침이지만, 그것은「기업회계원칙」의 이론적 배경에 근거를 두고 있어서, 그 논리적 타당성이 인정될 수 있는 것이며, 회계실무의 무질서가 만연되어 있던 당시의 회계 실무계에 유용한 지침서의 기능을 수행할 수 있게 된 것이다. 특히 재무제표의 양식이 명시되어 실무적 활용도를 높인 점은 교육적・계몽적 차원에서 돋보이는 부분이다.

4 회계 규범의 다원화

1. 회계 규범(GAAP)의 다원화 과정

1) 상법에 따른「계산서류 규정」의 제정

상법(부칙 제5조)에 따르면, 『주식회사의 재산목록, 대차대조표, 손익계산서 및 제465조의 부속명세서의 기재 방법, 기타의 양식은 각령(閣令)으로 정한다.』라고 규정되어 있다. 이 규정에 근거하여 1963년 3월 12일 자로「주식회사의 계산서류 등에 관한 규정」(이하 「계산서류 규정」이라 칭함)이 제정・공포되어 주식회사의 계산서류의 표준양식 및 그 기재 방법이「재무제표규칙」과는 별도로 법적 효력을 갖는 것으로서 성문화되었다. 이「계산서류 규정」은 제2조에서 『계산서류와 부속명세서의 표준양식 및 기재 방법에 관하여 본령에 규정되지 아니한 사항에 대해서는 일반적으로 공정 타당하다고 인정되는 기업회계의 관습에 의한다.』라고 규정하여 회계관습을 존중하는 취지가 명시되어 있다. 이로 인하여 1964년 5월 27일에「재무제표규칙」이 일부 개정되었고 일부의 회계용어와 계정과목이 조정되었다.[114]

이「계산서류 규정」은 1970년 6월 23일 자의 대통령령(제5,122호)으로 개정되어

---

114) 고승희, 전게서, P. 84-85.

더욱 강화되는 결과를 가져왔다. 따라서 당시의 회계관습을 집약한 1958년의 「기업회계원칙」과 「재무제표규칙」은 법률 우선적 사상이 정착된 한국의 기업풍토에서는 그 기능수행이 곤란한 처지에 놓이게 되었다. 이는 한국 회계 규범(GAAP)의 이원화가 형성된 것을 의미한다.

2) 증권거래법에 따른 「상장법인회계 규정」의 제정

증권시장의 건전한 발전을 이룩해야 한다고 본 정부는 1962년 1월 15일 자로 증권거래법(법률 제972호)을 제정·공포하였다. 증권거래법은 증권의 공정한 발행과 거래, 그 유통의 정상화, 국민경제의 발전 및 투자자의 보호를 목적으로 하는 경제법이다.

증권거래법은 제1차, 제2차 및 제3차의 경제개발계획 기간에 여러 차례에 걸친 개정이 있었다. 즉, 1963년 4월 27일 자(법률 제1,334호), 1963년 12월 12일 자(법률 제1,679호), 1968년 12월 31일 자(법률 제2,066호) 및 1973년 2월 5일 자(법률 제2,481호)의 연이은 개정이 그것이다.

특히, 1973년에 개정된 증권거래법은 상장법인이 준수해야 할 회계원칙의 설정을 지시하는 조항이 신설되었다. 즉, 동법(제126조의 8)에는 『상장법인 기타 이 법의 적용을 받는 자의 회계 및 공인회계사의 감사에 통일성과 객관성을 부여하기 위하여, 제126조의 규정에 따른 증권심의위원회의 심의를 거쳐 일반적으로 공정 타당하다고 인정되는 회계원칙을 대통령령으로 정할 수 있다』라고 규정되어 있다. 이에 따라 1974년 7월 18일 자로 「상장법인 등의 회계처리에 관한 규정」(이하 「상장법인회계 규정」)이 대통령령(제7,199호)도 제정·공포되었다. 그리고 동법(제126조의 9)은 『이 법의 규정에 따라 제출하는 재무에 관한 서류는 제126조의 규정에 따른 증권심의위원회의 심의를 거쳐, 재무부령이 정하는 용어·표준양식 및 작성 방법에 따라 작성하여야 한다.』라고 규정되었다. 이 규정에 근거하여 1975년 4월 17일 자의 「상장법인 등의 재무제표에 관한 규칙」(이하 「상장법인재무제표 규칙」)이 재무부령(제1,098호)으로 제정·공포되었다.

이로 인하여 우리나라에는 「기업회계원칙」과 「재무제표규칙」, 상법에 따른 「계산서류 규정」, 및 증권거래법에 따른 「상장법인회계 규정」과 「상장법인재무제표 규칙」이 각각 그 효력을 갖게 되어서, 회계 규범(GAAP)의 다원화 시대가 개막되었다. 일반상인이나 비상장법인의 경우에는 상법에 따른 「계산서류 규정」을 적용하여 회계처리를 이행해야 하고, 주식을 공개한 상장법인일 때 증권거래법에 따른 「상장법인회계 규정」과 「상장법인재무제표 규칙」을 적용하여 회계처리를 해야 하는 결과를 초래했다. 「기업회계원칙」과 「재무제표규칙」은 한국 회계 규범(GAAP)으로서의 공정 타당성을 보유한다는 취지에서 형성된 것이지만, 법률적 구속력을 갖는 것이 아니기 때문에 그것에 의한 회계처리를 행하지 않더라도 아무 상관이 없게 되어버렸다. 한국의 회계실무를 이끌어가는 기본적인 지도원리로서의 회계 규범이 과연 어느 것이냐 하는 난제에 봉착하게 되었다. 그래서 법 우선의 원칙에 휘말리게 되었고 한국형 「일반적으로 인정된 회계원칙」에 대한 난맥상을 자아내게 하여, 결국은 회계 실무계의 혼란을 가져오게 하였을 뿐만 아니라, 회계학계에서도 상당한 논란의 대상이 되었다.

3) 「기업회계원칙」의 제1차 개정(1976)

한국공인회계사회는 1973년 초에 재무부에 기업회계제도의 개선을 건의하였다. 그에 따라 「기업회계원칙」 개정의 필요성을 인식한 정부는 1973년 2월 한국 투자개발공사 내에 설치되어 있던 「기업회계제도심의위원회」의 산하에 「기업회계원칙소위원회」[115]를 신설하여 「기업회계원칙개정안」을 작성하도록 지시하였다.

「기업회계원칙소위원회」는 「기업회계원칙개정안」을 작성·심의하기로 하고 학계에 의견을 요청함과 동시에, 1973년 4월부터 7월까지 매주 화요일에 한국 투자개발공사의 회의실에 회동하여, 「기업회계원칙개정안」의 초안을 작성하였다. 그 초안은 당시 미국국제개발처(USAID)의 국제경영 용역단(International Executive Service Corps : IESC)의 고문으로 한국에 와 있던 미국의 공인회계사 「스프라그」(W. D. Sprague)로부터 자문[116]을 받아 「기업회계원칙」 개정안으로 확정되었다.

그 무렵 증권거래법이 개정되고 1973년 10월에는 「증권심의위원회」가 법적 기구(증권거래법 제126조의 규정에 따름)로서 구성되었다. 증권심의위원회에는 증권거래나 회계제도의 개선에 관한 사항을 심의할 수 있는 권한이 주어졌다. 그에 따라, 「기업회계원칙개정안」은 증권거래법에 따른 「증권심의위원회」의 「기업회계분과위원회」[117]로 이관되었고 1973년 9월 1일에 「기업회계원칙」의 개정을 위한 공청회가 개최되었다.

그 공청회에서 「기업회계원칙개정안」이 법적 강제력(증권거래법 제126조의 8)을 갖는 것으로 바뀐 사실에 대하여 비판적인 지적이 있었다. 그래서 그 개정안은 증권거래법에 근거한 「상장법인회계 규정」이라는 명칭으로 탈바꿈하여 탄생하였다. 이어서 「상장법인재무제표 규칙」이라는 그 하위 규범이 만들어졌다. 그래서 최초 의도했던

---

115) 「기업회계원칙소위원회」의 위원은 재무부에 의하여 임명된 회계학자나 공인회계사로 구성되었다. 그 위원은 조익순·이해동·김규삼·이용준 등 4명의 교수와 공인회계사의 대표로서 박우탁·강남언·김표진·김행선·및 한국 투자개발공사의 대표자인 이만기 등, 7명이었다.
116) 고정섭, 「재무회계 기준설정을 위한 방법론 및 기준체계에 관한 고찰」(한국경영학회, 『경영학 연구』 제4집, 1975), pp. 73-80.
117) : 증권거래법(제126조)에 근거를 가진 「증권심의회」 산하의 기업회계제도심의위원회는 한국공인회계사회장, 회계학자, 경영학자, 상법 학자나 직업공인회계사 등 11명으로 구성되었다.

「기업회계원칙」의 개정은 이루어지지 않았고 상장법인에만 적용되는 회계원칙의 제정이라는 결과가 초래되었다. 환언하면, 1958년의 「기업회계원칙」은 존속하면서, 그와는 별도로 주식을 증권거래소에 상장하고 있는 기업에만 적용하게 되는 새로운 회계원칙이 출현하게 된 것이다. 그 결과로 수많은 사람 사이에는 「상장법인회계 규정」이 일반적인 회계원칙이라는 오해를 하는 경우도 발생하였다. 그것은 증권거래법에 근거를 가진 상장기업에만 적용되는 것이며 모든 기업이 따라야 할 회계원칙이 아니었다.

그러므로 1958년의 「기업회계원칙」에 대한 개정은 여전히 앞으로의 과제로 남겨졌다. 1976년에 이르러 「증권심의위원회」의 「기업회계분과위원회」에 의하여 개정작업이 진행되었다. 1976년 7월 22일 자로 「기업회계원칙」은 증권심의위원회의 기업회계분과위원회에 의한 중간 보고의 형식으로 발표되었고, 「재무제표규칙」은 재무부 고시(고시 제712호)로 공표·시행되었던 것이다. 이윽고 「상장법인회계 규정」이 개정(1976년 7월 28일 자의 대통령령 제8179호) 되어, 「기업회계원칙」과 내용조정이 이루어졌다. 그리고 「상장법인재무제표 규칙」도 개정(1976년 8월 9일 자의 재무부령 제1025호) 되었다. 비로소 1970년대에는 기업회계의 지도원리로서의 「기업회계원칙」과 증권거래법에 근거를 둔 「상장법인회계 규정」, 그리고 상법(부칙 제5조)에 근거하는 「계산서류 규정」이 정립(鼎立)되어 파행적인 다원화의 회계 규범 시대가 전개되었다.

2. 「기업회계원칙」의 제1차 개정(1976)과 체계

1) 주요 개정내용

1976년에 개정된 「기업회계원칙」은 1958년의 그것과 다른 점이 있다.

첫째, 일반원칙의 체계에 변화가 발생하였다. 1958년의 제정원칙에서는 일반원칙이 9개의 원칙으로 구성되어 있었으나, 1976년의 개정원칙에는 6개의 원칙으로 축소 조정되었다. 그리고 1958년 제정원칙의 일반원칙에 포함되어 있던 진실성의 원칙과 정규부기의 원칙은 회계의 기본목적이라는 상위개념으로 승격시켜 전문 속에 포함되었다.

둘째, 손익계산서의 작성방법이 1958년 제정원칙의 경우는 당기업적주의를 채택하여 업적이익의 표시에 중점을 두고 있었다. 그러나 1976년의 개정원칙에서는 포괄주의적인 손익계산 방법에 따라 손익계산서가 작성되도록 변경되었다. 그래서 2구분 손익계산서의 형식이 4구분 손익계산서의 형식으로 변화를 가져왔다.

셋째, 포괄주의적인 손익계산 방법을 채택하게 됨에 따라, 재무제표의 체계에도 변화가 나타났다. 즉, 1958년의 제정원칙에서는 재무제표가 손익계산서, 잉여금계산서, 잉여금처분계산서, 대차대조표 및 재무제표부속명세서로 되어 있었다. 그런데 1976년의 개정원칙에서는 재무제표가 손익계산서, 이익잉여금처분계산서(또는 결손금처리계산서), 대차대조표 및 재무제표부속명세서의 4가지로 체계화되었다.

　넷째, 자금운용표와 미처분이익잉여금명세서가 필수적인 재무제표부속명세서로 추가되었다. 이것은 자금의 조달과 운용에 관한 정보를 중요시하여 도입되었다고 할 수 있다. 기업의 자금흐름에 대한 중요성을 인식하기 시작한 것이다.

　다섯째, 발행주식총수 또는 출자총액 과반수의 주식이나 출자액을 소유하고 있는 지배회사는 종속회사와 연결재무제표를 작성하여 재무제표에 첨부하도록 연결 회계제도가 처음으로 도입되었다.

　여섯째, 재무제표의 양식은 계정식 또는 보고식 중 양자택일할 수 있도록 개정되었다.

　일곱째, 특수판매(위탁판매·할부판매·시용판매·예약판매) 및 장기 건설공사에 관한 수익의 실현시기를 구체적으로 명시하였다.

　여덟째, 원가주의적인 평가를 기본원칙으로 하지만, 자산재평가법에 따른 시가평가를 예외적으로 인정하였다.

　아홉째, 기타 자본잉여금의 범위를 구체적으로 규정하였다. 그것은 자본적 지출에 충당되는 국고보조금, 보험차익, 공사부담금, 자기주식 매각이익, 자산수증이익 및 채무면제이익 등이다.

　열 번째, 기업의 국제화에 따라 외화표시자산 및 외화표시 부채에 관한 계정과목과 환산 방법이 명시되었고, 또한 외화환산차 손익의 처리 방법도 규정되었다.

　이상과 같은 주된 내용으로 개정된 1976년의 「기업회계원칙」은 ① 전문 ② 일반원칙 ③ 손익계산서원칙 ④ 대차대조표 원칙으로 체계화되어 있다.

2) 목적개념 및 일반원칙

(1) 기업회계의 목적개념

　1976년의 「기업회계원칙」은 그 전문에 『기업회계는 재무제표의 이용자가 기업에 대하여 올바른 경제적 의사결정을 할 수 있도록 재정 상태와 경영성과를 정규부기의 방법으로 처리하여 유용하고 진실한 회계정보를 제공하도록 하여야 한다.』라고 명시되어 있다.

　이것은 회계의 목적을 명시한 내용이라고 할 수 있다. 또한 이것은 1958년의 제정원칙에 명시된 회계목적과 비교하면, 회계를 재무제표 이용자의 의사결정에 유용하고 진실한 회계정보를 제공한다는 관점에서 크게 발전한 것이라고 이해된다. 그래서 1976년의 제1차 개정원칙에서는 재무제표의 이용자를 위한 회계정보의 제공이라는 목적개념이 표출되어 있다. 1976년의 개정원칙에 명시된 회계목적 규정을 검토한다.

회계원칙의 성격 변화는 1960년대 이후 미국에서 전개되어 온 새로운 회계원칙의 탐구 운동에 자극받아서 이루어진 것이라고 할 수 있다. 1973년에 우리나라 회계학자들에 의하여 작성·건의된「회계원칙의견서」는 새로운 회계원칙의 기본구조를 확립시켰다는 점에서 결정적인 역할을 수행했다고 볼 수 있다. 「회계원칙의견서」에 의하면, 『회계를 정보기능을 수행하는 것으로 인식할 때, 회계정보의 유용성을 최고목표로 하는 새로운 회계개념 및 회계원칙을 도출할 수 있다』라는 것이다. 그래서 현대회계에서 유용성을 기본 축으로 하는 회계원칙 확립이 강하게 의도되어 있는 것이다. 이「회계원칙의견서」는「회계정보의 이용자가 합리적 판단과 경제적 의사결정을 할 수 있도록 경제 실체에 관한 유용한 재무 정보를 측정하고 전달하는 과정」이라는 관점에서 회계를 파악하고 있다. 이러한 내용을 수용하여 1976년의 제1차 개정원칙에서는 목적개념의 규정뿐만 아니라, 일반원칙의 내용에도 변화가 발생하였다.

1976년의 제1차 개정원칙은 새로운 회계목적을 근거로 하여 논리적 일관성을 갖춘 회계행위의 기본지침으로서 체계화된 것이다. 이는 기업회계의 기본목적이「유용하고 진실한 회계정보를 제공」한다는 것으로 되어 있다.

「유용성」과「진실성」의 개념은 회계원칙을 도출하기 위한 기본명제이다. 환언하면, 1976년의 제1차 개정원칙은 기본명제로서 「유용성」 및「진실성」의 두 가지 목적개념을 수용하였다. 그리고 회계정보의「유용성」과 「진실성」은「정규부기의 방법」을 통하여 달성될 수 있는 것으로 명시되었다. 1958년의 제정원칙에서는「정규부기의 원칙」이 일반원칙의 제2원칙으로서 제시되어 있었다. 그 본래의 성격에서 볼 경우, 그것은「일반적으로 인정된 계산처리 방법에 따라 기업의 경영성적과 재무 상태를 명확히 표시하지 않으면 안 된다.」118)는 이유로, 1976년의 제1차 개정원칙에서는 그 원칙 내용이 전문 속에서 격상되었다. 따라서「정규부기의 방법」은 소위 일본「기업회계원칙」의 일반원칙에서의「정규부기의 원칙」과 같은 개념으로부터 「일반적으로 인정된 회계 제 원칙」을 포괄하는 상위원칙(上位原則)으로서의 독일 상법 규정에 따른 「정규부기의 제 원칙」과 같은 개념으로 변화되었음을 의미한다. 따라서 「유용성」과 「진실성」은「정규부기의 방법」과 함께 1976년의 제1차 개정원칙을 유지하는 기본 축이 되는 가장 중요한 기본개념이다.

이처럼 「유용성」과「진실성」을 회계원칙의 기본명제로서 정립하고 있는 것은 1976년의 제1차 개정원칙만은 아니다. 예컨대, 「진실성」의 개념은 사회적 윤리관에 따라 회계실무를 강조한「스코트」(DR Scott)에 의하여 회계원칙의 기초가 되는 것으로서 제시되어있다.119) 그리고 「유용성」의 개념은 「일리노이」(Illinois)대학의 연

---

118) 조익순, 『현대회계학』(서울, 박영사, 1963), p. 29.
119) DR Scott, "The Basis for Accounting Principles", (The Accounting Review, vol. 16, No. 4, Dec. 1941), pp. 341-349. (이 논문에서 DR Scott는「정의」(justice),「진실」(truth),「적

구단에 의한 보고서에도 제시되어있다.120) ASOBAT에서 제시한 것도 역시「유용성」의 개념이다. ASOBAT는 회계정보의「포괄적인 기준(all inclusive criterion)이 되는 것은 정보의 유용성(usefulness of information)이다.」121)라고 기술하고 있다. 그것은「유용성」개념이 회계기준의 기본명제임을 나타냈다고 할 수 있다.

1976년의 제1차 개정원칙이 회계정보의「유용성」및「진실성」을 회계의 기초가 되는 개념으로 명시한 것은 회계기준의 본질을 표출했다는 점에 주목해야 한다.

(2) 일반원칙의 구조적 체계

1976년 제1차 개정원칙에 명시된 일반원칙은 상술한 목적개념에 근거하는 회계공준을 전제로 하여 체계화되었으며, 기본적인 지도원리로서 손익계산서원칙 및 대차대조표원칙 등을 포괄적으로 포용하는 원칙이다. 따라서 이러한 일반원칙의 체계는 ① 신뢰성의 원칙 ② 계속성의 원칙 ③ 중요성의 원칙 ④ 안전성의 원칙 ⑤ 이해 가능성의 원칙 ⑥ 충분성의 원칙 등 6개 원칙으로 구성되어 있다.

① 신뢰성의 원칙

1976년의 제1차 개정원칙에서의 일반원칙의 제1원칙은『재무제표에 표시될 자료와 정보는 신뢰할 수 있도록 객관적인 자료와 증거에 의하여 공정하게 처리하여야 한다.』라고 규정되어 있다. 이것이 신뢰성의 원칙이다.

신뢰성의 원칙은 그 하위원칙(下位原則)으로서 객관성(검증가능성)의 원칙과 공정성(=不偏性)의 원칙을 내포하고 있다. 즉, 기업회계가 신뢰하기 위해서는 기업이 작성하는 재무제표가「객관적인 자료와 증거에 의하여 공정하게…」처리되어야 한다.

객관성과 불편성(不偏性=公正性)이 신뢰성의 하위원칙으로서 내포된 이론적 배경은 직접적으로는 한국회계학회의「회계원칙의견서」속에 나타나 있으며, 간접적으로는 미국에서 발표된 논문들 속에서 발견된다.「회계원칙의견서」에 의하면,『회계정보를 정보이용자가 신뢰하고서 이용할 수 있도록 검증가능성과 불편성을 가져야 한다.』라는 신뢰성의 원칙이 제시되어 있다. 검증가능성은「객관적인 자료와 증거」에 의한 근거를 의미하는 것이며 객관성의 다른 표현이다. 그리고 불편성(不偏性)은「공정하게 처리」되는 것을 의미한다. 신뢰성은 객관성과 공정성에 의하여 보장된다.

정」(fairness)의 세 가지 기본개념을 회계원칙의 기초가 되는 것으로 제시하였다.
120) A Study Group of the University of Illinois, "A Statement of Basic Accounting postulates and principles", (1964), p. 8.
121) AAA, ASOBAT, op. cit., p. 3 <飯野利夫 譯, 前揭書, p. 4.>

이러한 사고방식이 미국의 학문적 영향을 강력히 받았음은 물론이다. ASOBAT는 다음과 같이 언급하고 신뢰성과 검증 가능성과의 관계를 명시하고 있다.

『검증 가능성이란 적격자라면 상호 독립하여 작업하더라도 동일한 증거자료 또는 기록의 검토를 통해서는 본질에서 유사한 수치나 결론에 도달한다는 정보의 속성이다. 검증 가능성은 기본적으로는 문제가 되는 자료의 타당성을 증명하는 증거의 유용성과 적정성과 관계가 있다. 이해관계가 다른 이용자에게 그 정보의 신뢰성을 확신시키기 위한 수단이 필요하게 된다는 것이다.』[122]

신뢰 가능한 객관적 증거의 개념인 검증가능성은 불편성(=公正性)의 개념을 매개로 하여 상위개념인 신뢰성의 개념에 결부시키게 된다. 불편성이란 『사실을 왜곡시킴이 없이 결정하여 보고하지 않으면 안 된다는 요청이다. 이것은 역시 자료처리를 하면 이용되는 기술이 편향(偏向) 없이 이루어져야 하는 것』[123]임을 의미한다.

② 계속성의 원칙

1976년 제1차 개정원칙에서의 일반원칙의 제2원칙은 「계속성의 원칙」이다. 그것은 『회계처리의 기준과 절차를 매기 계속하여 적용하고 정당한 사유 없이 이를 변경하여서는 아니 된다.』라고 규정되어 있다.

기업회계는 계속기업에 의한 기간손익계산을 전제로 한다. 따라서 정확한 기간손익계산이 이루어지기 위해서는 가능한 한, 회계적 자의성을 기간손익계산으로부터 제외할 필요성이 있다. 이러한 이유에서 기업회계의 처리 및 절차가 매기 계속하여 적용됨으로써, 이익조작을 배제하고 재무제표의 장기에 걸친 비교관찰을 가능하게 함과 동시에, 회계의 신뢰성을 확보하도록 요청하는 원칙이 「계속성의 원칙」이다.[124] 그러므로 이 원칙을 준수하지 않으면 회계의 신뢰성 및 명료성이 손상을 입게 되는 것이다.

③ 중요성의 원칙

1976년 제1차 개정원칙의 일반원칙에 명시된 제3원칙은 「중요성의 원칙」으로서, 『회계처리와 재무제표의 작성에 있어서 과목과 금액은 그 중요성에 따라 실용적인 방법으로 결정하여야 한다.』라고 규정되어 있다.

여기서 중요성이 적용될 때는 실용성에 따라야 한다는 것이 명시되어 있음을 확인하게 된다. 위의 규정에 따르면, 회계정보는 실용적일 수 있도록 경제성과 적시성(適

---

122) AAA, ASOBAT, op.cit., p. 16. <飯野利夫 譯, 前揭書, pp. 15-16.>
123) AAA, ASOBAT, op. cit., p. 7 <飯野利夫 譯, 前揭書, p. 11>
124) 이동희, 『기업회계원칙축조해설』(서울, 홍문관, 1977), p. 31.

時性)을 갖추어야 한다. 실용성이 보장되기 위해서는 경제적인 정보가 적시에 제공되어야 함을 요청하고 있다. 「중요성의 원칙」은 실용성 개념을 내포하고 있으며, 한편 경제성의 원칙이라고도 일컬어진다. 그것은 금액뿐만 아니라, 계정과목에도 적용되어 회계처리의 비용과 시간에 불경제가 발생하지 않도록 요구하는 원칙이다.

④ 안정성의 원칙

1976년 제1차 개정원칙의 일반원칙에 명시된 제4원칙은 『회계처리에 있어서 몇 개의 선택 가능한 방법이 있는 경우에는 건전한 방법에 따라야 한다.』라고 「안전성의 원칙」이 규정되어 있다.

이것은 기업의 유지 및 건전성을 높인다는 견해에서 요청되는 원칙이며, 보수주의에 입각한 회계처리 및 표시해야 하는 것을 규정한 것이다. 그런데 1958년의 제정원칙에서는 「기준 설정상의 보수주의」를 채택하고 있었으나, 1976년의 제1차 개정원칙에서는 「두 가지 이상의 대체적인 회계처리 방법 간의 선택」에 의하여 이루어지는 「기초 선택의 보수주의」[125]로 변경되었다고 할 수 있다.

⑤ 이해가능성의 원칙

1976년 제1차 개정원칙의 일반원칙에 명시된 제5원칙은 『재무제표의 서식 및 과목과 회계용어는 이해하기 쉽도록 간단명료하게 표시하여야 한다.』라고 규정되어 있다. 이것은 「이해 가능성의 원칙」을 의미한다.

이 원칙은 기업회계가 재무제표의 이용자에게 신뢰할 수 있는 회계정보를 제공하되 이해하기 쉽도록 보고해야 함을 요청하는 원칙이다. 이 원칙이 확보되기 위해서는 회계정보가 이해할 수 있게 간결성을 지녀야 함과 동시에, 회계용어의 의미, 재무제표의 양식, 배열, 분류 등에 관한 명료성을 갖추어야 한다.[126] 대차대조표 및 손익계산서의 구분표시나 계정과목의 명료한 분류 및 배열, 그리고 부속명세서의 작성 등에 관한 기준은 이 「이해 가능성의 원칙」에 바탕을 둔 구체적인 규정이라고 할 수 있다. 이 원칙은 그 하위개념으로서 간결성과 명료성의 원칙을 가지고 있다. 1976년 제1차 개정

---

125) Willard J. Graham, "Choice between Alternative Accepted principles of Accounting", (The Ohio Certified public Accountant, Winter 1959), pp. 21-22 ; James W. Pattillo, "The Foundation of Financial Accounting, (Louisiana State Universty press, 1965), p. 85 ; IASC, "Disclosure of Accounting Policies", (IAS No.1, 1973), par. 9.
126) 한국회계학회, 『회계원칙에 관한 의견서』(1973), 회계원칙의 내용(3)의 규정 ; 고정섭, 전게 논문, p. 90 ; H. J. Snavely, "Accounting Information Criteria",(The Accounting Review, Vol. 42 No. 2, April 1967), pp. 229-230.

원칙에는「명료성」이라는 표제 하에 규정되었으나, 규정 내용의 문맥을 검토해 보면 「이해 가능성」으로 수정해야 마땅한 것으로 판단된다. 1958년의 개정원칙의 일반원칙에 명시된「명료성의 원칙」과는 규정 내용에서부터 차이가 있다. 분명히 1976년 제1차 개정원칙의 일반원칙에 명시된 제5원칙은 1970년대에 논의된 정보론적 회계원칙의 내용을 반영한 것이다.

⑥ 충분성의 원칙

1976년 제1차 개정원칙의 일반원칙의 제6원칙은 『중요한 회계방침과 회계 처리기준·과목 및 금액에 관하여는 그 내용을 재무제표상에 충분히 표시하여야 한다.』라고 규정되어 있다. 이것이「충분성의 원칙」이다.

이 원칙은 신뢰성과 함께 새로 도입된 것으로, 상술한「이해 가능성의 원칙」과 더불어 회계정보의 공시에 관한 규정이다. 「이해 가능성의 원칙」이 정보공시의 질(質)을 규제하는 원칙이라고 한다면, 「충분성의 원칙」은 정보공시의 양(量)을 규제하는 원칙이라고 할 수 있다. 충분한 회계정보가 전달되기 위하여 이 원칙은 필요한 각주 및 보충적 정보의 공시를 요구하는 것이다.[127] 그러므로 충분성의 원칙은 기업에서 정보 내용의 공시를 확대·강화하고, 또한 회계정보의 공시기능을 충분히 발휘하기 위한 회계적 사고(思考)에 바탕을 두고 있다고 할 수 있을 것이다.

1976년의 제1차 개정원칙은 6개의 일반원칙을 명시하여 이론적으로 일관된 체계를 구성하고 있다. 다시 말해서 그것들은 모두가「유용성」의 개념에 근거하여 체계화되었다고 할 수 있다. 더욱이 위의 6개 일반원칙은 그 기능적 측면에서 볼 때, 두 가지로 분류할 수 있다. 그것은 신뢰성의 원칙·계속성의 원칙·중요성의 원칙·안전성의 원칙으로 이루어지는 측정원칙(처리원칙)이 그 하나이고, 이해 가능성의 원칙 및 충분성의 원칙으로 이루어지는 전달원칙(=報告原則)이 또 하나이다. 그리고 신뢰성의 원칙은 측정원칙과 전달원칙에 모두 관련되는 것으로 볼 수 있다.

(3) 손익계산서 원칙

① 포괄주의적 손익계산서의 구조

1976년의 제1차 개정원칙(제2장 제1)에서는 다음과 같이 손익계산서의 본질이 명시

---

127) 한국회계학회, 『회계원칙의견서』(1973), 회계원칙의 내용(4)의 규정 ; 고정섭, 전게논문, p. 90.

되어 있다. 『손익계산서는 기업의 경영성과를 명확히 표시하기 위하여 그 회계기간에 속하는 모든 수익과 이에 대응하는 모든 비용을 기재하여 경상손익을 표시하고, 이에 특별손익에 속하는 항목을 가감하여 당기순손익을 표시하여야 한다.』

이 규정은 손익계산에 관한 두 가지 기본사항을 지시한 것이다. 첫째는 수익과 비용의 기간적 대응에 의한 경영성과의 표시이고, 둘째는 경상손익에 특별손익을 가감한 당기순이익을 표시하는 것이라고 할 수 있다. 따라서 이것은 포괄주의에 근거하는 손익계산의 방법을 채택하고 있음을 의미한다.

원래 한국에서는 1963년에 상법에 근거하는「계산서류 규정」에 의하여 포괄주의가 채용되어 있었다. 그 후 국내에서의 회계이론 및 회계실무가 발달함에 따라, 실무계와 회계학계에서 포괄주의에 의한 손익계산 방법의 타당성이 제시되었다. 그래서 1976년의 개정에서 그 방법이 도입되었다.

그 당시 회계학자들은 포괄주의의 논리적 타당성을 주창하고, 포괄주의적 손익계산의 입장을 주장하는 1966년의 APB 의견서(제9호)[128]의 내용 및 1969년의 일본「기업회계원칙수정 안」에서 포괄주의가 채용되어 있음을 소개하면서, 그 개정 방향을 제시하였다.[129] 1973년에도 『포괄주의에 따라 손익계산서의 순손익계산에 모든 손익항목을 포함하게 되면, 손익항목을 각각 경상손익과 특별손익으로 구분하여 기재하는 것이 합리적』이라고 하여 원칙개정이 요청되었다.[130]

이러한 국내의 학자들에 의하여 활발한 논의가 이루어지고 있을 무렵, 외국에서는 1974년에 일본의「기업회계원칙」이 개정되었고, 종래의 당기업적주의로부터 포괄주의로 전환되었다는 것을 확인하게 되었다. 우리나라에서도 1976년에「기업회계원칙」이 개정되기에 이르렀고, 포괄주의적 손익계산 방법이 채용되기에 이르렀다.

1976년 제1차 개정원칙에서의 손익계산서는 포괄주의에 의한 손익계산 방법으로 전환되었으나, 종래의 당기업적주의 방법도 활용되는 형식을 취하고 있다. 즉, 그것은 원칙적으로는 포괄주의에 바탕을 둔 손익계산의 방법을 채용하고 있으면서도 순익구분계산의 원칙에 따라, 당기업적주의 방법을 활용한 양식을 구성함으로써 양자의 목적을 동시에 달성하려는 절충주의적 손익계산서의 구조를 취했다. 1976년도 기업회계원칙의 손익계산서 양식(보고서)은 <표 8-8>와 같다.

---

[128] AICPA, "Reporting the Results of Opinions", (APB Opinion No. 9, 1966).
[129] 이용준, 전게논문, p. 13.
[130] 이용준, 「기업회계원칙 및 재무제표규칙의 개정 방향에 관한 연구」(서울대학교 상과대학 부설 한국경영연구소, 『경영논집』 제7권 제2호, 1973), p. 15.

<표 8-8> : 1976년「기업회계원칙」의 손익계산서 양식(보고식)

손익계산서

구분	과　　　　목	금	액
매출총손익계산구분	I. 매출액		
	1. 총매출액	×××	
	2. 매출에누리액과 환입품액	(-)×××	×××
	Ⅱ. 매출원가		
	1. 기초상품(또는 제품)재고액	×××	
	2. 당기매입액(당기제품제조원가)	×××	
	가. 당기상품총매입액	×××	
	나. 매입에누리액과 환출품액	(-)×××	
	계	×××	
	3. 기말상품(또는 제품)재고액	(-)×××	×××
	Ⅲ. 매출총이익(또는 총손실)		×××
영업손익계산구분	Ⅳ. 판매비 및 일반관리비		
	1.임원급여	×××	
	2.급료와 임금	×××	
	3.----------	×××	×××
	Ⅴ.영업이익		×××
	Ⅵ.영업외수익		
	1.수입이자와 할인료	×××	
	2.---------------	×××	×××
	Ⅶ.영업외비용		
	1.지급이자와 할인료	×××	
	2.---------------	×××	×××
경상손익계산구분	Ⅷ.경상이익		×××
	Ⅸ.특별이익		
	1.고정자산처분이익	×××	×××
	2.--------------	×××	×××
	Ⅹ.특별손실		
	1.고정자산처분손실	×××	
	2.-------------	×××	×××
순손익계산구분	Ⅺ.법인세공제전이익		×××
	Ⅻ.법인세 등		×××
	ⅩⅢ.당기순이익		×××

<자료 : 개정「기업회계원칙」(1976년) 제1장 제2의 5. 개정「재무제표규칙」(1976년 제6조의 별지 제1호 양식.>

② 손익계산서의 작성을 위한 기본원칙

　　1976년의 제1차 개정원칙은 상술한 바와 같은 포괄주의적 손익계산서의 구조를 채택하여 개정되었지만, 손익계산서의 작성을 위한 기본원칙에 대해서는 1958년 제정원칙의 그것이 계승되었음을 확인할 수 있다. 1976년의 제1차 개정원칙(제2장 제2)에서는 손익계산서의 작성원칙으로 ① 발생주의 원칙 ② 수익비용대응의원칙 ③ 손익 구분 계산의 원칙 ④ 총액 주의 원칙 등 4개의 기본원칙으로 구성되어 있다.

③ 손익계산서의 구분과 형식

1976년의 제1차 개정원칙의 손익계산서원칙은 ① 매출총손익 계산의 구분 ② 영업손익 계산의 구분 ③ 경상손익계산의 구분 ④ 순손익 계산의 구분 등 4가지로 분류하여 손익계산서를 작성하도록 명시하였다.

이상과 같은 구분계산에 따라 최종적으로 당기순이익이 계산되며, 그것은 다시 법인세 차감 전 순이익과 법인세 차감 후의 당기순이익으로 표시된다. 즉, 법인세 차감 전 순이익에서 당해 기간에 부담해야 할 법인세·주민세 등을 차감하여 당기순이익을 산정하게 되는 것이다(동 원칙 제2장 제6의 4 및 5). 이상의 4구분에 의한 손익계산서를 보고식 또는 계정식의 어느 것에 의하여 작성해도 가능하다. 여기서는 보고식 손익계산서 앞면의 <표 8-9>의 양식만을 소개하고, 계정식 손익계산서는 생략한다.

(4) 대차대조표 원칙

① 기본구조와 대차대조표의 작성을 위한 기본원칙

1976년 개정원칙의 대차대조표 원칙(제3장)은 총칙·자산·부채·자본·자산부채의 평가 등, 5개 부문으로 구성되어 있다. 이것을 1958년 제정원칙의 그것과 비교해 보면, 부채의 평가원칙이 추가된 것을 제외하고는 동일하다. 그리고 대차대조표 원칙(제3장 제1절 제1)에는 대차대조표의 본질을 다음과 같이 명시하고 있다.

『대차대조표는 기업의 재무 상태를 명확히 하기 위하여 대차대조표일 현재의 모든 자산, 부채 및 자본을 올바르게 표시하여야 한다. 다만, 정규부기의 방법에 따라 처리되었을 때 생긴 부외자산은 대차대조표에 기재하지 아니할 수 있다.』

이 규정은 1958년 제정원칙의 대차대조표 원칙(제4장 제1절 제1목 제1)에 규정된 그것과 동 원칙(제4장 제2절 제2목 제1)에 명시된「완전성의 원칙」이 통합되어 이루어진 것이다. 대차대조표 완전성의 원칙은 일반원칙의 하나인 충분성의 원칙이 대차대조표에 적용된 것이라고 할 수 있다. 대차대조표는 일정 시점에 있어서 기업이 소유한 모든 자산과 기업이 부담해야 할 모든 부채 또는 기업이 유지하는 자본을 망라하여 표시해야 한다. 그러나 예외적으로 인정되는 것이 상술한 단서 규정이다. 즉, 대차대조표 완전성의 원칙에 의하여 부외자산의 존재는 제외되어야 하지만, 정규부기의 방법에 따라 처리되었을 때 발생한 부외자산에 한정하여 예외적으로 이것을 인정하려는 것이다.

다음에 1976년 개정원칙의 대차대조표 원칙(제3장 제1절 제2)에는 대차대조표의 작성을 위한 기본원칙이 명시되어 있다. 그것은 ① 구분표시의 원칙 ② 유동성 배열의 원칙 ③ 총액 주의의 원칙 ④ 특정 비용의 이연 원칙 등 4개의 원칙으로 되어 있다.

이상과 같이 1976년의 개정원칙은 대차대조표의 작성을 위한 기본원칙에 따라 일정 시점에서 기업의 자산, 부채 및 자본의 상태를 표시하게 되는 것이다. 이리하여 작성되는 대차대조표의 양식은 보고식과 계정식의 어느 것에 의하더라도 그 작성이 가능하다. 계정식 대차대조표 양식은 <표 8-10>과 같다.

② 자산에 관한 원칙

1976년 제1차 개정원칙의 대차대조표 원칙은 자산에 관한 규정을 ① 유동자산 ② 고정자산 ③ 이연자산의 세 가지로 나누어 명시하고 있다. 이 구분은 1958년의 그것과 같은 것이지만, 단지「이연계정」이라는 용어가 「이연자산」이라는 명칭으로 변경된 것이 다를 뿐이다. 이는 진일보한 것이다.

1976년 제1차 개정원칙의 대차대조표 원칙에 있어서 유동자산에 관한 규정은 1958년 제정원칙의 그것과 비교해 볼 때, 거의 공통적인 내용이다. 다만, 일 년 기준에 근거하여 일 년 이내에 비용이 되는 선급비용이 추가된 것이 다를 뿐이다. 그리고 고정자산의 분류 및 표시 방법은 1958년 원칙의 대차대조표 원칙의 그것과 같다.

이연자산은 1958년의 제정원칙에 규정되어 있던「주식할인발행차금」이 제외되었으며, 창업비에 포함되어 있던 「개업비」가 독립항목으로 표시되도록 수정되었다. 그리고 주식할인발행차금은 자본거래 때문에 발생하는 것이라는 이유로 자본의 부에서 공제하는 형식으로 표시하도록 변경되었다.

③ 부채에 관한 원칙

1976년 제1차 개정원칙의 대차대조표 원칙은 부채의 원칙을, 유동부채, 고정부채 및 부채성 충당금으로 3구분 하였다. 부채에 관한 원칙은 1958년 제정원칙의 그것과 동일하지만, 부채성 충당금이 독립된 항목으로 규정된 것이 다르다. 1958년의「재무제표규칙」(제85조·제95조)의 유동부채에 속하는 충당금 및 고정부채에 속하는 충당금이 1976년 개정 시에「기업회계원칙」속에 명시된 것이다.

따라서 부채성 충당금은 일 년 기준에 따라 유동부채에 속하는 것과 고정부채에 속하는 것으로 구별하여 대차대조표에 표시되지 않으면 안 된다. 1976년의 「재무제표규칙」(제61조)에 의하면, 전자에 속하는 것은 납세충당금, 수선충당금, 판매보증충당금, 공사보증충당금, 반품보증충당금 등이 있으며, 후자에 속하는 것은 퇴직급여충당금, 특별수선충당금 등이 규정되어 있다.

④ 자본에 관한 원칙

1976년의 개정원칙은 대차대조표 원칙에서 자본을 자본금, 잉여금 및 주식할인발행차금의 표시 등, 3가지로 나누어 규정하고 있다.

자본금의 경우, 1976년의 개정원칙은 대차대조표 원칙(제3장 제4절 제1)에서 자본금에 관한 규정을 두고 있다. 『자본금은 법정 자본액을 기재한다. 신주납입금 또는 청약기일이 지난 신주청약증거금 중 신주납입금으로 충당될 금액은 자본금 다음에 그 내용을 표시하는 과목으로 기재한다.』

여기서 말하는 법정 자본액은 1962년의 상법(제289조 제2항 및 제329조)의 규정에 따라 확정된 법정자본금을 칭한다. 이것은 수권자본제도에 근거하여 규정된 것이며, 주식은 우선주식과 보통 주식으로 분류·표시하게 되어 있다. 1962년의 상법은 회사의 정관에 회사가 발행하는 주식의 총수(발행예정주식총수) 및 회사설립 시에 발행하는 주식의 총수를 기재하게 되어 있다. 회사의 설립 시에는 발행예정주식총수의 2분의 1 이상 발행하지 않으면 안 되며(상법 제289조 제2항), 미발행의 부분에 대해서는 회사가 설립된 후, 이사회의 결의로 주식이 발행될 수 있는 것이다(상법 제416조).

이것은 1958년의 원칙에 규정되어 있던 공칭자본금 제도와는 다른 것이다. 즉, 1976년의 개정원칙에서는 수권자본제도로 전환하였음은 물론, 1962년의 새로운 상법 규정에 따라 이루어진 것으로 해석할 수 있다.

잉여금의 경우, 1976년의 개정원칙에 의한 잉여금의 규정은 다음과 같다. 『잉여금은 발생 원천에 따라 자본잉여금과 이익잉여금으로 구분하여야 한다. 자본잉여금은 자본준비금, 재평가적립금과 기타자본잉여금으로 구분하여 기재한다. 이익잉여금은 이익준비금, 기타 법률로 정하는 적립금, 임의적립금과 당기 말 미처분이익잉여금으로 구분하여 기재한다. 자본적 지출에 충당한 국고보조금 및 공사부담금, 보험차익, 자기주식처분이익, 자본 보전을 위한 자산증여이익 및 채무면제이익 등은 기타자본잉여금에 속하는 것으로 한다.』

이상과 같이 잉여금을 자본잉여금과 이익잉여금으로 구분·표시하는 것은 1958년 원칙의 그것과 동일하다. 그러나 기타의 자본잉여금에 관한 규정이 추가되었고, 구체적인 항목이 제시된 점이 다르다고 할 수 있다.

주식할인발행차금의 경우, 개정원칙은 대차대조표 원칙(제3장 제4절 제3)에서 『주식할인발행차금은 자본에서 공제하는 형식으로 기재한다.』라고 명시하고 있다. 그런데 1958년의 원칙에서는 주식할인발행차금이 「이연계정」의 하나로서 계상하게 되어 있었던 것이 1976년 개정 시에 자본에서 공제하는 형식으로 표시하도록 변경되었다.

주식할인발행차금은 주식발행에 의한 자본거래의 성격을 가지고 있다. 그러므로 주식의 액면을 초과하여 발행되는 주식발행초과금이 자본준비금으로서 자본의 부에 계상되는 것과 똑같이 주식의 액면 이하로 발행되면 발생하는 주식할인발행차금도 자본의 부에 표시되어야 한다는 이유로 위와 같이 규정되었다고 해석된다.

⑤ 자산·부채의 평가원칙

1976년의 개정원칙에 규정된 대차대조표 원칙은 원가주의에 근거를 가진 자산평가의 원칙을 명시하고 있다. 예외적으로 자산재평가법에 따라 평가되었을 때 시가로 표시할 수 있게 되어 있다. 또한 외화표시의 자산·부채에 관한 평가원칙이 신설되었음이 확인된다. 이 외화표시의 자산·부채에 관한 평가원칙을 제외하면 1976년의 개정원칙에 의한 평가원칙은 1958년의 그것과 똑같이 재고자산, 유가증권·채권·유형고정자산·무형고정자산·투자자산·이연자산으로 분류되어 있다.

따라서 이하에서는 외화표시의 자산·부채에 대해서만 언급하기로 한다. 1976년의 외화표시자산의 평가에 대하여 『외화표시자산은 그 자산 취득 시의 환율에 의한 취득원가를 대차대조표 가액으로 한다. 다만, 환율의 변동으로 그 자산 가액이 하락하였을 때, 하락한 가액을 대차대조표 가액으로 하여야 한다.』라고 하여, 예외적으로 저가주의적 평가도 인정하고 있다. 이것은 보수주의적 입장에서 요청되는 것이다.

1976년의 개정원칙은 부채의 부(部)에서 외화표시 부채를 구분하여 표시하도록 규정하고 있다. 외화표시 부채란 외화로 반환해야 할 부채를 일컫는다.

우리나라의 기업에서는 외국으로부터의 차관이 높은 비중을 차지하고 있어서 환율변동 때문에 외화표시 부채가 손익에 미치는 영향은 큰 편이다. 그러므로 외화표시 부채의 평가 방법이 언제나 문제화되어 왔다. 개정원칙은 외화표시 부채에 대하여, 『외화표시 부채는 그 부채의 발생 시의 환율에 의한 금액을 대차대조표 가액으로 한다. 다만 환율변동으로 그 부채의 금액이 증가하였을 때 그 증가한 가액을 대차대조표 가액으로 하여야 한다.』라고 규정하고 있다.

이것은 1958년의 제정원칙에는 없었던 것이지만, 환율변동에 의한 외화표시 부채의 회계처리가 실무상 중요한 문제로 드러나 있었기 때문에, 1976년의 개정 시에 그 취지가 반영된 것이다.

<표 8-9> 1976년 「기업회계원칙」의 대차대조표 양식 (계정식)

대차대조표

회사명 :　　　　　　　　(××××년 ×월 ××일 현재)　　　　(단위: 원)

자　　　산	금　액	부채 및 자본	금　액
Ⅰ. 유 동 자 산	(xxx)	Ⅰ. 유 동 부 채	(xxx)
1. 당좌자산	(xxx)	1. 외상매입금	xxx
(1) 현　금	xxx	2. 차입금	xxx
(2) 당좌예금	xxx	3. 지급어음	xxx
(3) ------	xxx	4. --------	(xxx)
2. 재 고 자 산	(xxx)	Ⅱ. 고 정 부 채	xxx
(1) 상　품	xxx	1. 사채	xxx
(2) 원재료	xxx	2. 장기차입금	xxx
(3) ------	xxx	3 퇴직급여충당금	xxx
3.기타의 유동자산	xxx	4. 특별수선충당금	xxx
(1) --------	xxx	5. -------	xxx
Ⅱ. 고 정 자 산	(xxx)	6. -------	xxx
1. 유형고정자산	(xxx)	부 채 합 계	(xxx)
(1) 토　　지	xxx	Ⅰ. 자 본 금	xxx
(2) 건　　물	xxx	1. 보통주식자본금	xxx
(3) -------	xxx	2. 우선주식자본금	(xxx)
2. 무형고정자산	(xxx)	Ⅱ. 자본잉여금	xxx
(1) 영 업 권	xxx	1. 자본준비금	xxx
(2) 특 허 권	xxx	2. 재평가적립금	xxx
(3) -------	xxx	3. --------	(xxx)
3. 투자 및 기타자산	(xxx)	Ⅲ. 이익잉여금	xxx
(1) 관계회사주식	xxx	1. 이익준비금	xxx
(2) 장기대여금	xxx	2. 기타법정적립금	xxx
(3) -------	xxx	3. 임의적립금	xxx
Ⅳ. 이 연 자 산	(xxx)	4. --------	
1. 창 업 비	xxx		xxx
2. 신주발행비	xxx	자본총계	
자 산 총 계	xxx	부채 및 자본총계	xxx

주) 저자가 임의로 일정부분을 생략했음.
<자료 : 「기업회계원칙」(1976년) 제2장제1의5. 「재무제표규칙」(1976년), 제36조별지제6호서식.>

1976년의 개정원칙에는 『외화평가손실은 당기 비용으로 처리함을 원칙으로 한다. 다만, 고정부채에 속하는 외화표시 부채에 대한 임시 거액의 외화평가손실은 차기 이후의 기간에 배분하여 처리하기 위하여 경과적으로 대차대조표의 자산으로 기재할 수

있다』라고 규정하고 있다. 이에 의하면 장기성 외화 차입금이 환율변동에 의한 외화평가손실이 발생하면, 그것은 외화표시 부채의 조정계정(즉, 이연자산계정)에 계산하였다가, 후에 상각함으로써 차기 이후의 비용으로 처리할 수 있게 되어 있다. 따라서 외화평가손실의 이연 처리를 가능하게 하는 근거가 여기에 있다.

1976년 제1차 개정원칙에 있어서 자산부채의 평가원칙은 이상과 같은 내용이 추가된 것이다. 거기에서는 모두 기본적인 평가원칙으로서 취득원가주의가 채용되어 있다. 더욱이 외화표시자산부채에 대한 평가원칙의 신설은 1970년대에 들어와서 회계환경이 변화했던 것에 기인한다. 즉, 경제개발계획의 추진에 따라 수출 신장이 이루어지게 되었고, 외국의 합작 투자회사가 국내에 진출하여 기업의 대형화와 더불어 해외로 진출하는 기업이 늘어났으며 외화보유에 의한 평가상의 문제가 발생했기 때문이다.

(5) 이익잉여금처분계산서원칙

① 이익잉여금처분계산서의 규정

1962년에 제정된 상법(제447조 제1항)에 따르면, 재산목록, 대차대조표, 손익계산서 및 영업보고서와 더불어, 「준비금과 이익 또는 이자의 배당에 관한 의안」을 이사회가 작성하고 주주총회에 제출하여 승인을 얻게 되어 있다. 이러한 상법의 규정에 따라 1976년의 개정원칙은 1958년의 제정원칙이 채택하고 있던 잉여금계산서를 삭제하면서도 「이익잉여금처분계산서」를 재무제표의 하나로서 「재무제표규칙」을 통하여 명시하였다. 개정된 「기업회계원칙」(제1장 제2) 속에는 이익잉여금처분계산서가 재무제표의 하나로 제시되었으면서도 원칙 규정은 설정되어 있지 않다. 단지 실천규범으로서의 「재무제표규칙」(제33조 및 제34조)에서 그 작성 방법과 양식을 규정하고 있을 뿐이다. 이는 당기업적주의 방법에서 포괄주의 방법으로 전환하는 과도기적 과정에서 나타난 현상이라고 생각된다.

이익잉여금처분계산서는 당시의 우리나라 기업의 회계 실무상 일반적으로 작성하고 있던 「이익처분 안」에 해당하는 것이다. 그것은 주주총회의 승인을 얻어야 하며, 전기이월이익잉여금과 당기순이익의 합계액인 당기 말 미처분이익잉여금, 임의적립금 이입액, 이익잉여금처분액 및 차기이월이익잉여금 등으로 되어 있다. 이익잉여금처분액은 이익준비금, 배당금, 임원상여금, 임의적립금 및 기타로 구분되어 있다.

따라서, 그 작성 방법은 당기 말 미처분이익잉여금에 임의적립금 이입액을 가산하고 이익잉여금처분액을 공제하여 차기이월이익잉여금이 표시되는 절차를 거쳐 이루어진다. 이러한 이익잉여금처분계산서의 양식을 표시하면 <표 8-10>과 같다.

<표 8-10> : 1976년「기업회계원칙」의 이익잉여금처분계산서 양식

이익잉여금처분계산서

과　목	금	액
Ⅰ. 당기 말 미처분이익잉여금		
1. 이월이익잉여금	×××	
2. 당기순이익	×××	
		×××
Ⅱ. 임의적립금 이입액		
1. ○○적립금	×××	
2. ○○적립금	×××	
3. --------	×××	
		×××
Ⅲ. 이익잉여금처분액		
1. 이익준비금	×××	
2. 배당금	×××	
3. 임원상여금	×××	
4. 임의적립금	×××	
5. 기타이익잉여금처분액	×××	
		×××
Ⅳ. 차기이월 이익잉여금		×××

<자료 : 개정 「기업회계원칙」 (1976년), 제1장 제2의 1. 개정 「재무제표규칙」 (1976년), 제23조에 의한 별지 제3호 서식.>

② 결손금처리계산서의 규정

당기의 미처리결손금에 관한 처리내용을 밝히는 보고서가 「결손금처리계산서」이다. 결손금처리계산서에 관한 규정은 1958년의 제정원칙에서는 설정되어 있지 않았다. 그것은 1976년의 개정원칙에서 신설된 것이다.

기업이 회계 말에 결산하고 결손금이 발생한 경우, 주주총회의 결의에 따라 결손금의 처리가 이루어진다. 1976년의 「재무제표규칙」 (제35조)에는 결손금처리계산서의 과목이 명시되어 있다. 전기이월결손금과 당기순손실의 합계액인 당기말미처리결손금에서 결손금처리액을 공제하여 차기 이월결손금을 표시하게 되었다.

(6) 자금운용표와 연결재무제표

① 자금운용표

자금운용표는 1976년 제1차 개정원칙(제1장 제2의 3)에 근거를 두어 재무제표부속명세서로 작성하도록 규정된 것이다. 이것은 기업의 일정 기간에 있어서 자금의 이동상태를 명시함과 동시에 기업의 재무 활동에 관한 중요한 정보를 제공하기 위하여 설정되었다.

　기업회계는 수익성을 측정할 뿐만 아니라, 유동성에 대해서도 측정하지 않으면 안 되는 것이다. 이러한 유동성에 관한 측정은 대차대조표를 통하여 어느 정도 가능하다고는 하지만, 오늘날과 같은 복잡한 경제체제 하에서 대차대조표에 의한 정태적 분석만으로는 충분한 정보를 제공할 수 없는 것이다. 따라서 기업이 이용하는 자금은 어디에서 유입되어 어디로 유출하는가를 명백히 밝히기 위하여, 재무 활동의 동태적 파악이 필요하게 된다. 그래서 자금운용표가 중요한 정보원으로서 부각되었다. 기업의 경영활동은 자금의 흐름을 수반하기 때문에, 자금운용표에 의하여 자금이동에 의한 기업의 주요활동을 파악할 수 있게 되었다. 따라서 자금운용표에 의하여 손익계산서에서 표시되는 경영성과, 재무 상태의 변화에 대한 관계도 밝힐 수가 있게 되는 것이다.

　1962년 이후 정부가 추진해 온 경제개발계획에 의한 기업 성장에 수반하여 기업의 자금조달이 금융기관에 의한 간접금융으로부터 직접금융으로 이행되었음은 자금운용표 제도를 도입하는 직접적인 요인이 되었다. 다시 말해서, 주식이 분산되고 사채가 대중화함에 따라, 기업자금의 조달 원천 및 투자활동의 내용을 공시하는 것이 요청되기에 이르렀다. 그러므로 기업에 있어서 재무 상태의 변화가 양호한지, 아니면 불량하게 되는지, 또는 지급 능력은 충분한지 등, 자금 동향에 관한 정보가 자금운용표에 의하여 제공될 수 있게 된 것이다. 그리고 간접적으로는 최근 미국에서 발달한 자금운용표(재무상태변동표)의 제도화에 영향을 받았던 것도 사실이다.[131]

　1976년의「재무제표규칙」(제74조)에는『자금의 변동상황을 표시하기 위하여 자금운용표를 작성한다. 이 경우의 자금은 유동자산에서 유동부채를 차감한 순운전자본으로 한다』라고 규정되어 있다. 다시 말해서, 순운전자본을 자금 개념으로 하는 자금운용표의 제도적 장치가 이루어진 것이다.

　더욱이 동「재무제표규칙」(제75조)에서는 자금운용표의 작성 방법이 규정되어 있다. 자금운용표의 항목은 자금의 원천, 자금의 운용 및 순운전자본의 증감명세로 구분하여 표시하는 것으로 되어 있다. 자금의 원천은 당기순이익, 고정자산의 감소, 고정부채의 증가 및 자본의 증가로 표시된다. 그리고 자금의 운용은 고정자산의 증가, 이연자산의 증가, 고정부채의 감소 및 자본의 감소로 표시된다. 자금의 원천에서 자금의 운용을 공제한 잔액은 순운전자본의 증가 또는 감소로써 표시하게 되어 있다.

　1976년의 개정「재무제표규칙」(제87조)에 의하여 규정된 자금운용표의 양식을 요약 표시하면 <표 8-11>과 같다.

---

131) 고승희, 전게서, 128ページ。

<표 8-11> 1976년「기업회계원칙」의 자금운용표 양식

자금운용표

과　　　목	금	액
Ⅰ. 자금의 원천		
1. 당기순이익		
(1) 재무제표상의 순이익	×××	
(2) 자금의 지출을 수반하지 않은 비용 가산	×××	
(3) 자금의 수입을 수반하지 않은 수익공제	e-)×××	×××
2. 고정자산의 감소		×××
3. 고정부채의 증가		×××
4. 자본의 증가		×××
자금의 원천합계		×××
Ⅱ. 자금의 운용		
1. 고정자산의 증가		×××
2. 고정부채의 감소		×××
3. 자본의 감소		×××
자금의 운용합계		×××
순운전자본의 증가		×××
Ⅳ. 순운전자본의 증감명세	순운전자본의 변동	
	증가	감소
1. 유동자산	×××	
2. 유동부채	×××	
순운전자본의 증가	×××	×××
합　　계	×××	×××
기초 순운전자본		×××
기말 순운전자본		×××

<자료 : 개정「재무제표규칙」(1976년), 제87조의 1에 의한 제9호 서식.>

② 연결재무제표의 제도화

　　1976년의 개정원칙(제1장 제2)에 의하면 다음과 같은 연결재무제표에 관한 규정이 설정되어 있다. 『발행주식총수(의결권 없는 주식 제외) 또는 출자총액의 과반수의 주식 또는 출자를 소유하고 있는 지배회사는 종속회사와의 관계를 제1 조직체로 보고 재정 상태와 경영성과를 종합적으로 표시하기 위하여 연결재무제표를 작성하여야 한다.』라는 규정에 따라 연결손익계산서 및 연결대차대조표의 작성방법이 「재무제표규칙」(제5장)에 의하여 명시되어 있다. 이러한 연결 회계제도를 도입하게 된 것은 1970년대에 우리나라에 있어서 사회경제적 환경변화에 기인하는 것으로 볼 수 있다. 1970년대 초 정부는 자본시장의 육성을 통한 내자 동원을 기함과 동시에, 대기업을 집중적으로 육성함으로써, 자원의 효율적 활용과 기업의 경쟁력 강화를 위한 정책을 추진하였다. 이러한 정책추진을 시도하고 있던 정부는 대기업의 계열화에 의한 연결 회계정보의 중요성을 인식하고, 그룹으로 편성된 기업집단의 지배회사는 연결재무제표를 작성하도록 의무화하였다. 다시 말해서 1974년에 증권거래법에 따른 「상장법인회계 규정」이 제정될 때, 연결재무제표에 관한 규정이 최초로 설정되었다. 이윽고 1976년의 개정원칙에서도 상술한 연결재무제표에 관한 규정을 두어 연결 회계제도를 공식적으로 도입하게 되었다.

그 후 우리나라의 실무계에서는 서서히 연결재무제표 제도가 일반화되어 그 뿌리를 내리기 시작했다. 그러나 연결 회계에 관한 관행이 보급되어 있지 않았던 우리나라의 실무계에서는 연결재무제표 제도를 실천한다는 것이 무척 어려운 일이었다. 더욱이 연결 회계정보에 대한 일반대중의 인식 부족으로 인하여, 그 실천상황은 그렇게 흡족할 만한 것은 못 되었다. 자본금 50억 원 이상의 상장회사(20개 사)의 1976년도 영업보고서[132]를 기초로 하여 연결 회계실태를 조사보고한 바에 의하면, 그 조사대상 회사가 소유하는 관계회사의 수는 모두 62개 회사에 이르며, 그중에서 연결대상이 되는 회사의 수는 44개 회사였다. 그리고 조사대상 회사 중에서 9개 회사가 연결대상이 되는 관계회사를 소유하고 있는 지배회사였으나, 그중 5개 회사만이 연결재무제표를 작성하고 있는데 지나지 않았다고 한다.[133]

이처럼 우리나라에서 연결 회계제도의 보급이 당초 순조롭게 진행되지 않았던 이유로서는 ① 도입 초기였으므로 연결 회계정보의 중요성에 대한 사회적 인식이 부족했다는 점 ② 실무계가 쉽게 연결재무제표를 작성할 수 있을 만큼, 회계기준이 상세하게 규정되어 있지 않았다고 하는 점이 지적되었다.[134]

그렇지만 회계환경이 변화함에 따라, 우리나라의 재벌기업들은 개별재무제표뿐만 아니라, 연결재무제표를 통하여 계열기업 전체의 재무·상태 및 경영성과를 파악함과 동시에, 관리할 필요성을 인식하게 되었다. 다시 말해서, 연결 회계정보의 중요성이 점차 사회적으로 인식·확산하였다. 이렇게 하여 1970년대 말경에는 그 제도적 보급이 상당히 진전되었고 그에 알맞은 연결재무제표 제도의 개선이 요청되기에 이르렀다. 따라서 「기업회계원칙」을 포함한 회계제도의 정비가 이루어져야 한다는 사회적 분위기도 조성되었다.

---

132) 1976년도는 「상장법인회계 규정」 및 「기업회계원칙」의 규정에 따라 연결 회계제도가 시행된 원년이다.
133) 권찬태, 「연결재무제표 제도의 도입에 관한 고찰」(『회계와 실무』, 1979년 6월호), pp. 115-118.
134) 고정섭, 『연결재무제표론』(서울, 다산 출판사, 1981), p. 26.

3. 「기업회계원칙」의 제2차 개정과 체계

「기업회계원칙」이 1976년에 개정된 이후, 한국의 경제 규모가 한층 더 팽창함에 따른 새로운 환경조건의 조성은 다원화된 한국회계 규범(GAAP)의 재정비를 요청하게 되었다. 특히 정부가 경제발전을 위하여 취했던 경제정책의 성공과 더불어, 기업공개와 증권시장의 활성화가 이루어졌고, 그 결과로 투자가를 중심으로 하는 이해관계자의 수가 급격하게 증가하였다.[135] 더욱이 경제활동의 국제화에 수반된 회계의 국제화가 논의되기 시작하였고 회계의 국제적 수렴화를 목표로 하는「국제회계기준」(IAS)의 공표는 한국의「기업회계원칙」의 개정에 한층 박차를 가하기 시작하였다. 이러한 상황 속에서 우리나라의「기업회계원칙」은 1981년 1월에 제2차의 개정이 이루어졌다.

1) 제2차 개정의 주요 내용

(1) 개정을 위한 수렴화(收斂化) 과정

우리나라의 증권거래법이 개정(1976년 12월 22일 자 법률 제2920호)되고, 그에 따라 증권관리위원회나 그 집행기관인 증권감독원이 창설(1977년 2월)되었다. 이 두 개의 기관은 미국의 증권거래위원회(SEC)와 흡사한 기능을 하고 있으며[136], 증권관리 및 감독뿐만 아니라, 기업회계의 규제에 대해서도 큰 영향력을 행사하는 중요한 기관이다.

따라서, 증권관리위원회와 증권감독원은 자본시장의 육성·발전을 위하여 투자가 보호, 기업 재무구조의 개선 및 기업정보공시제도의 운용을 관리하는 것을 임무로 하는 기관으로서 기업회계의 발전을 위하여 큰 역할을 하게 되었다. 재무부에 집중되어 있던 증권관리와 감독, 기업회계 및 감사에 관한 제반 사항은 이 기관에 이양되었다. 양 기관은「상장법인 재무관리 규정」의 제정, 증권거래법에 따른 「상장 법인회계 규정」의 제정과 개정, 회계감사의 질적 향상을 위한 회계법인(監査法人)에 대한 규제 및 공인회계사 시험의 관장 등에 이르는 광범위한 업무를 그 대상으로 하게 되었다.

기업회계제도의 재정비를 요청하는 사회경제적인 환경변화 속에서, 증권관리위원회는 우선 「상장법인회계 규정」의 개정에 착수하였다. 동 위원회는 그 자문기관으로서 「회계제도자문위원회」[137]를 설치(1977년 6월 1일 자)하였다.

---

[135] 증권감독원, 『증권조사 월보』(1979년 4월호), p. 110. (이것에 의하면, 1968년에는 48개 회사에 지나지 않았던 상장회사의 수가 1978년에는 356개 사로 증가하였고, 주주의 수도 4만 명에서 100만 명 이상으로 증가하였음을 알 수 있다.)
[136] 남상오, 『회계이론』(서울, 일신사, 1982), p.441.
[137] 1976년 12월 22일 자의 개정 증권거래법에 따른 증권관리위원회 산하에 설치된「회계제도자

「회계제도자문위원회」는 종래의「기업회계분과위원회」가 담당했던 기능을 넘겨받아, 상장회사의 재무제표에 나타난 중요한 문제에 관하여 증권관리위원회의 자문에 응함과 동시에, 회계 규범의 문제점을 계속 검토하였다. 그 결과, 1976년의 「기업회계원칙」을 다시 개정하여야 한다는 결론에 도달하였다. 1979년 3월부터 동 위원회는 개정작업을 본격화함과 동시에 자문위원도 추가·보강하게 되었다.[138]

회계원칙의 개정에 관한 증권관리위원회의 자문을 받은「회계제도자문위원회」는 한국회계학회, 한국공인회계사회, 한국상장협의회와 전국경제인연합회 등으로부터 개정의견서를 수렴하였다. 특히, 한국공인회계사회나 한국회계학회가 각각 포괄적인 회계원칙개정안을 제출하였다. 그것을 근거로 하여 「회계제도자문위원회」는 1979년 6월부터 회계원칙 제2차 개정을 위해 검토하였고 개정의 기본시점을 제시하였다.[139]

기본방향에 따라, 2년여에 걸친 연구·검토를 수행한「회계제도자문위원회」는 그것을 정리하여 증권관리위원회에 답신하였다. 그것을 받은 증권관리위원회는 신중한 심의를 거쳐 드디어 1980년 11월 11일 자로 「상장법인회계 규정」(대통령령 제10061호)을 개정하였다. 또한 그 적용 준칙인「상장법인재무제표 규칙」은 1981년 4월 3일 자로 개정(재무부령 제1,479호)되었다. 이것들은 증권거래법에 근거하는 회계원칙이며, 공인회계사의 감사대상이 되는 상장회사에 대한 회계처리 및 재무제표의 작성 방법에 관한 지침을 정한 회계 규범이다.

이어서 증권관리위원회는 1976년의「기업회계원칙」을 제2차로 개정하고 이것을 1981년 1월 24일 자로 중간 보고의 형식에 의하여 공표했다. 그것은 모든 기업에 적용되는 것을 기본으로 하는 것이다. 그 자매 규정인「재무제표규칙」도 개정(1981년 6월 3일 자의 재무부 고시 제891호) 되었다. 새로운 회계원칙으로서는 형식적으로는 특정한 이해관계자, 즉 상장회사를 위한 회계원칙과 일반적인 회계원칙이 여전히 병존하여 한국 회계 규범의 다원화 행태를 완전히 해소하지는 못했다. 그것은 회계제도자문위원회의 답신을 근거로 하는 수렴과정을 거쳤으므로, 상통하는 동일한 것으로 이해되었다.

(2) 주요 개정내용

1981년 1월 24일 자로 이루어진「기업회계원칙」의 제2차 개정은 1976년 7월 22일 자의 제1차 개정 이후 기업을 중심으로 하는 수렴화 과정을 거쳐 단행된 것이다. 그

문위원회」는 그 구성원으로서 학자 5인, 공인회계사 3인, 정부 당국자 3인의 모두 11명으로 구성되어 있었으나, 1979년 3월에 회계학자 4인이 보강되었다.
138) 조익순, 『신 회계이론』(서울, 박영사, 1982), p. 130.
139) 남상오, 「회계원칙의 논쟁점과 과제」(『경영논집』 제15권 제3호, 서울대학교경영대학 부설 한국경영연구소, 1981), pp. 59-61.

내용은 1970년대 이후의 미국 회계원칙 및 국제회계기준(IAS)의 영향을 받았음은 물론, 그 내용을 일부 반영한 것이라고 할 수 있다. 그것은 1976년에 제1차로 개정된 「기업회계원칙」과는 상당히 다르다.

재무부 장관 명의로 공표된 「기업회계원칙제정 및 개정 경위」(1981년 1월 24일자)에 의하면, 다음과 같이 주요 내용이 개정되었음을 밝히고 있다.

① 재무제표가 재편성되었다. 즉, 재무상태변동표가 기본재무제표에 편입되어서, 재무제표의 체계는 대차대조표·손익계산서·이익잉여금처분계산서(또는 결손금처리계산서) 및 재무상태변동표의 4가지로 구성되었다는 것이다. 그리고 종래의 「기업회계원칙」에서는 손익계산서를 중시하는 회계 사상이 강조되어 있었으나, 1981년의 제2차 개정원칙에서는 대차대조표를 중심으로 하는 회계 사상140)이 도입되었음을 확인할 수 있다. 자금흐름 정보의 공시를 기본으로 하는 새로운 회계이론이 수용되는 과정에서 이루어진 것으로 보인다. ② 기업 내용의 공시를 강화하고 회계정보의 제공기능을 향상하기 위하여, 재무제표는 직전 연도와 비교하는 형식으로 작성하게 되었다. 즉, 비교형식의 재무제표를 작성하도록 의무화되었다는 것이다. ③ 대차대조표의 항목이 재분류조정되었다. 즉, 자산은 유동자산·투자와 기타자산·고정자산·이연자산의 4구분으로, 부채는 유동부채·고정부채·이연부채의 3구분으로, 그리고 자본은 자본금·자본잉여금·이익잉여금의 3구분으로 조정되었다. ④ 이연자산의 범위가 축소되었다. 즉, 개발비는 이연자산에서 제외되었고 당기 비용으로 처리하도록 변경되었다. 사채할인발행차금은 사채에서 공제하는 형식으로 표시하게 되었으며, 배당건설이자는 자본(利益剩餘金)에서 공제하는 형식으로 표시하도록 조정되었다. 따라서 이연자산의 범위는 창업비·개업비·신주발행비·사채발행비·시험연구비 및 환율조정차의 6개에 한정되었다. ⑤ 전기 손익항목은 이익잉여금처분계산서에서 이익잉여금의 조정항목으로 처리하도록 변경되었다. ⑥ 외화표시자산·부채의 평가 방법이 개선되었다. 즉, 화폐성 외화표시의 자산·부채는 대차대조표의 작성일 현재의 환율로 평가해야 하며, 비화폐성 외화표시의 자산·부채는 그 취득일 또는 부담할 당시의 환율로 평가하도록 조정되었다.

2) 「기업회계원칙」(1981)의 체계

(1) 기본구조적 체계

1981년에 개정된 「기업회계원칙」의 체계는 ① 전문 ② 총칙 ③ 대차대조표 원칙 ④ 손익계산서원칙 ⑤ 자산부채의 평가원칙 ⑥ 이익잉여금 처분계산서원칙 ⑦ 재무상태변

---

140) 이정호, 『현대회계이론』(서울, 경문사, 1984), p. 185 ; 남상오, 전게논문, p. 57.

동표 원칙 등 7부로 구성되어 있다. 그리고 그에 앞서 개정된 1980년 11월의「상장법인 회계 규정」의 체계는 ① 총칙 ② 대차대조표 ③ 손익계산서 ④ 자산부채의 평가 ⑤ 이익잉여금처분계산서 ⑥ 재무상태변동표 ⑦ 보칙의 7부로 구성되어 있다. 이 두 개의 회계기준 산하에 재무제표규칙이 각각 재무제표의 작성 방법에 관한 실무지침이 체계화되어 있다. 이것들은 모두가 체계적·내용으로 상통하는 규정으로 이루어져 있다. 1970년대의 다원화에 대한 논란으로 야기된 문제점들을 해소하는 방안으로 제도적인 조정을 통하여 체계적인 면에서, 그리고 내용적인 면에서 수렴화(收斂化)가 이루어진 것이다.

그리고 제2차 개정원칙에 있어서 재무제표의 범위는 대차대조표·손익계산서·이익잉여금처분계산서 및 재무상태변동표의 4개로 분류되어 있다. 1976년의 제1차 개정원칙에 규정되어 있던 재무제표부속명세서가 기본재무제표에서 제외되었고 재무상태변동표가 새로 편입되었다. 이는 정보 지향적 전달시스템으로서의 회계가 자금흐름에 초점을 맞추어 이루어진 것임을 의미하며, 미국의 재무회계 기준과 국제회계기준의 영향을 받았기 때문으로 풀이된다. 더욱이 재무제표의 표준양식은 직전 연도의 수치와 비교하는 형식으로 되어 있다. 이것은 회계정보의 기간비교를 쉽게 함으로써, 재무제표의 정보제공기능을 확대하려고 했던 것에 기인한다.

(2) 목적개념과 일반원칙의 체계

① 목적개념 및 기업회계의 기본명제

1981년에 개정된「기업회계원칙」의 전문에는 다음과 같은 기업회계의 기본목적이 명시되어 있다. 『기업회계는 재무제표의 이용자가 기업에 대하여 올바른 경제적 의사결정을 할 수 있도록 재무 상태와 경영성과에 관하여 유용하고 적정한 회계정보를 제공하도록 하여야 한다.』

1981년의 회계원칙은 우리나라의 회계실무를 이끌어가는 지도원리로서의 「일반적으로 인정된 회계원칙」임을 강조하고 있다. 그리고 그와 동시에, 이용자의 경제적 의사결정에 유용한 회계정보의 제공을 기준으로 하여, 1958년의 제정원칙 이래 문제점으로 지적됐던 「진실성」이라는 개념이 새로운 목적개념인「적정성」으로 개선되었다고 할 수 있다. 그러나 여기서 주의해야 할 것은 회계의 목적개념에 대한 해석의 상이함이다. 즉, 1980년의「상장법인회계 규정」은『…일반적으로 인정된 회계원칙에 따라 처리하고…적정한 보고를 하게…』된다고 하여「적정성」의 개념을 제시하고 있다. 이에 대하여, 1981년의「기업회계원칙」에서는「…재무 상태 및 경영성과에 관한 유용하고 적정한 회계정보를 제공하는 것…」이라는 문구를 통하여 「유용성」과「적정성」

의 개념이 명시되어 있다는 점이 서로 다르다. 그런데「유용성」에 대해서는 1976년의 제1차 개정원칙을 설명하는 과정에서 언급하였으므로, 여기서는「적정성」에 대해서만 다루려고 한다.

「적정성」이라 함은 회계정보의 이용자가 요구하는 목적에 적합한 것으로서 기능하기 위한 개념이며, 이해 조정적 역할을 수행하기 위한「실천적 요건을 포괄적으로 나타낸 개념」141)이라고 일컬어진다. 이처럼 이해관계자가 재무제표를 이용하는 목적에 적합한「적정성」이 갖추어야 할 구성요건은 『그 정보가 진실한 정보라는 것, 비교 가능한 정보라는 것, 적절하게 충분한 공개조건을 충족시키는 정보라는 것』142)을 갖춰야 한다. 회계정보의 적정성을 판단하는 근거는 재무제표를 작성하는 규범으로서의「일반적으로 인정된 회계원칙」이라는 것이다.

1980년의「상장법인회계 규정」에 의한 회계목적의 규정은 정보이용자의 요구에 적합한 것으로서 재무제표가 기능하기 위한 정보 지향적 이해조정을 목표로 한 것이라고 할 수 있으나, 회계정보가 지녀야 할「유용성」이 명시되어 있지 않다. 그러나 1981년「기업회계원칙」의 목적 규정에 따르면, 기업회계는 기업과 관련되는 모든 이해관계자의 정보요구 또는 이용목적으로 공평하게 기여해야 된다는 회계 사상에 근거하여「유용성」과 함께「적정성」(fairness : 公正性) 개념이 수용되어 있음을 보게 된다. 즉, 적정이란 회계행위를 행함에 있어서 회계행위자의 자의적 판단에 의하지 않고 사회적 요청과 관행을 기준으로 하여 객관적 판단을 하는 것임을 의미한다. 환언하면, 그것은 회계정보를 작성하는 기업이 모든 이해관계자에 대하여 신뢰할 수 있는 재무제표를 제공하는데 공평하게 이루어지지 않으면 안 되는 것을 의미하며 공정(公正)과 유사한 개념이라고 이해된다. 그것이 마침 1981년의「기업회계원칙」의 목적개념을 의미하는 것이다. 그것은 또한「패틸로」(J. W. Pattillo)가 주장하는「공정성」(公正性)이라는 개념과 흡사한 의미로 볼 수 있다.143) 이것이야말로, 1981년의「기업회계원칙」이「유용성」과 더불어,「적정성」의 개념을 표명하게 된 소이(所以)라고 해석된다. 이 경우의「적정성」이라 함은 『일반적으로 인정된 회계원칙의 적용이 공정한 이념에 합치하는 것을 확인하고 그 속에서 재무제표가 공정하게 작성·표시되어 있는 것』144)을 의미한다.

이러한「적정성」의 개념은「스코드」(DR Scott)가「진실성」과 함께 회계원칙의

---

141) 神戶大學會計學硏究室 編, 『會計學辭典』(東京, 同文舘, 1984), p. 937.
142) 上揭書, p. 937.
143) J. W. Pattillo, "The Foundation of Financial Accounting (Botton Louge, Louisiana State University press, 1965), p. 51 ; 飯岡透·中原章吉, 『パッチロ·財務會計基礎』(東京, 同文舘, 1970), p. 57.
144) 神戶大學會計學硏究室 編, 前揭書, p. 937.

기초가 되는 것으로서 제창한 바가 있다.145) 더욱이 「적정성」의 개념을 회계공준적인 차원에서 주창한 것은 「스파세크」(Spacek)146)이다. 그는 회계원칙의 기초가 되는 기본적인 회계공준은 「적정성」(fairness : 公正性)의 공준이라고 하였다. 그리고 이것은 정치적, 경제적인 환경과 산업사회의 사고방식 및 관습을 반영하여 정해지는 것일 뿐만 아니라, 모든 이해관계자에게 적정(=公正)하게 대하지 않으면 안 된다는 의미가 내포되어 있음을 표명하였다. 그는 「무니츠」(Moonitz)의 회계공준론을 비판하면서, 「적정성」의 공준을 제창하였다.147) 또한 이 「적정성」의 개념은 1965년에 「패틸로」(Pattillo)에 의하여 회계원칙의 최상위에 놓아야 할 기본적인 규범(criteria : 規準)이며, 그것은 경제사회의 구성원 집단(주주·경영자·종업원·채권자·고객·정부나 일반 대중 등)의 이해관계를 평등하게 다루지 않으면 안 되는 것이라고 강력히 주창되었다.148)

이처럼 회계정보의 이용 목적에 공정하게 봉사하는 것을 의미하는 「적정성」의 개념은 「유용성」의 개념과 함께 1981년의 「기업회계원칙」을 지탱하는 목적개념으로서의 기본명제를 구성하는 것이다. 특히, 1976년의 「기업회계원칙」이 정보 지향적 측정 목적을 강조한 것임에 비하여, 1981년의 「기업회계원칙」은 확실히 정보 지향적 이해 조정목적(傳達目的)에 중점을 두고 있다. 그것은 모든 이용자의 의사결정을 합리적으로 수행할 수 있도록 하기 위해서는 제공되는 재무제표가 「유용성」과 「적정성」을 동시에 가져야 하는 때문이다.

② 일반원칙의 체계

1981년에 제2차로 개정된 「기업회계원칙」의 일반원칙은 ① 신뢰성의 원칙 (객관성 및 불편성 포함) ② 이해 가능성의 원칙(명료성 및 간결성 포함) ③ 충분성의 원칙 ④ 비교가능성의 원칙(繼續性 포함) ⑤ 중요성의 원칙(實用性 포함) ⑥안전성의 원칙 등, 6개의 원칙으로 구성되어 있다.

이것은 1976년의 제1차 개정원칙에 명시된 일반원칙과 같다. 다만, 그 배열순서가 개선되었음에 주의할 필요가 있다. 즉, 1976년 제1차 개정원칙의 일반원칙에서는 후반부에 배열되어 있던 이해 가능성의 원칙 및 충분성의 원칙이 상기한 바와 같이 각각

---

145) DR Scott, "The Basis for Accounting Principles", (The Accounting Review, Vol.16 No.4, Dec. 1941), pp. 341-349.
146) Leonard Spacek, "The Postulates of Accounting-what It is, How It Is Determined, How It Should Be Used", (Chicago, Arthur Anderson & Co., 1960), p. 31.
147) Leonard Spacek, "Comment of Leonard Spacek, in the Basic Postulates of Accounting by Maurice Moonitz", (AICPA, ARS No.1, 1961), pp. 56-57.
148) James Q. Pattillo, op. cit., pp. 57-70 ; 飯岡透·中原章吉 共譯, 前揭書, pp. 65-79.

두 번째와 세 번째의 위치로 올라와 있다. 그것은 1976년의 일반원칙이 회계처리의 원칙(측정원칙), 즉, 정보 지향적 측정목적을 근거로 하는 원칙에 중점을 두고 있었음에 비하여, 1981년 제2차 개정원칙의 일반원칙은 정보 전달기능의 확대라는 방침 아래에서 회계 보고의 원칙(傳達原則), 즉, 정보 지향적 이해조정목적을 근거로 하는 원칙에 중심을 두었다는 점에서 변화의 원인을 찾아볼 수 있다.

그리고 1981년 제2차 개정원칙의 일반원칙의 제4원칙은 비교가능성(계속성)의 원칙으로서, 『회계처리 기준 및 절차는 매기 계속하여 적용하고 정당한 사유 없이는 이를 변경하여서는 아니 되며, 기간별 비교가 가능하게 하여야 한다.』라고 되어 있다. 이것은 기간별 비교가능성의 확보를 위한 회계처리의 계속성을 요청하는 것을 의미한다. 즉, 이것은 비교 재무제표제도의 도입과 더불어, 비교가능성을 상위개념으로 하여 그 하위개념으로서의 계속성 개념을 편입시켜 놓았다는 것이다. 이것은 1958년과 1976년의 「기업회계원칙」의 일반원칙에서 제시되었던 측정기능 중심의 계속성 개념으로부터 1981년 개정원칙의 일반원칙인 전달기능 중심의 계속성 개념으로 이동했기 때문이라고 판단된다.

이처럼 1981년의 제2차 개정원칙은 일반원칙의 부분적 내용을 개선하고 그 배열순서를 조정함으로써 정보 지향적 이해조정목적에 근거하는 전달원칙에 치중하고 있다. 이들 6개의 일반원칙의 구체적인 내용에 대해서는 전장에서 설명한 바 있으므로 여기서 되풀이하여 설명하는 것은 생략한다. 다만, 이해를 돕기 위하여 「기업회계원칙」과 「상장법인회계 규정」에 설정된 일반원칙의 내용과 일본 및 미국 등의 회계기준에 명시되어 있는 그것과 비교 표시하면 다음 면의 <표 8-12>와 같다.

우리나라에서 재무상태변동표의 제도화는 경제성장으로 기업 활동이 다양화함에 따라 대차대조표에 의한 정보의 중요성이 강조되기에 이르렀고, 기업으로서는 이해관계자들이 요구하는 다양한 회계정보를 제공해야 했으므로, 자금 정보의 공시가 강조되었던 것에 기인한다. 그 제도화는 기업회계의 국제화와 더불어 회계정보의 중요성이 광범하게 인식되었다는 데서도 그 이유를 찾을 수 있다.

여기에는 1971년의 미국 회계원칙심의회(APB)의 의견서 제19호[149] 및 1977년의 국제회계기준 제7호[150]의 발표가 중요한 자극제로 작용했을 것이다.

1980년의 「상장법인회계 규정」과 1981년의 「기업회계원칙」에는 재무상태변동표를 작성하면서 자금의 원천, 자금의 운용, 순운전자본의 증감 및 순운전자본의 증감명세로 구분 표시하도록 규정되어 있다. 재무상태변동표는 총재무자원 개념에 따라 작성되는 것을 원칙으로 하며, 크게 자금 상황과 순운전자본의 증감명세로 구분된다.

---

[149] AICPA, "Reporting Changes in Financial Position", (APB Opinion No. 19, 1971).
[150] IASC, "Statement of Changes in Financial Position", (IAS No. 7, 1977).

<표 8-12> : 회계기준에서의 일반원칙의 체계적 비교

		한국 「기업회계원칙」		한국「상장법인회계규정」	
목적개념	1958년	1976년	1981년	1974년	1980년
		① 유용성 ② 진실성 ③ (정규부기)	① 유용성 ② 적정성	① 진실성 ② (정규부기의 방법)	① 적정성 ② (일반적으로 인정된 회계원칙)

일반원칙	① 진실성
	② 정규부기
	③ 중요성
	④ 확실성
	⑤ 계속성
	⑥ 잉여금 구분
	⑦ 안전성
	⑧ 명료성
	⑨ 단일성
		① 신뢰성
		  a. 객관성
		  b. 불편성
		② 계속성
		③ 중요성
		  a. 실용성
		④ 안전성
		⑤ 이해가능성
		  a. 명료성
		  b. 간결성
		⑥ 충분성
			① 신뢰성
			  a. 객관성
			  b. 불편성
			② 이해가능성
			  a. 명료성
			  b. 간결성
			③ 충분성
			④ 비교가능성
			  a. 계속성
			⑤ 중요성
			  a. 실용성
			⑥ 안정성
				① 명료성
				② 객관성
				③ 공정성
				④ 중요성
				⑤ 계속성
				⑥ 충분성
				⑦ 안전성
				⑧ 잉여금 구분의 원칙
					① 신뢰성
					  a. 객관성
					  b. 불편성
					② 이해가능성
					  a. 명표성
					  b. 간결성
					③ 충분성
					④ 비교가능성
					  a. 계속성
					⑤ 중요성
					  a. 실용성
					⑥ 안정성

	일본 기업회계원칙 (1949~1982)	미국 FASB, SFAC NO.2. (1980년)	프랑스 회계원칙 (1979年)
목적개념		① 유용성	① 진실성 ② 적정성

일반원칙	① 진실성
	② 정규부기
	③ 자본거래·손익거래의 구분
	④ 명료성
	⑤ 계속성
	⑥ 보수주의
	⑦ 단일성
	⑧ 중요성
		① 목적 적합성
		  a. 예측가치
		  b. 피드백가치
		  c. 적시성
		② 신뢰성
		  a. 검증 가능성
		  b. 충실성 c. 중립성
		③ 비교가능성
		  a. 수미일관성
		④ 중요성
		⑤ 이해 가능성
			① 정규성
			② 성실성
			③ 신중성
			④ 중요성
			  a. 적시성
			  b. 질서성
			⑤ 명료성
			⑥ 계속성

(주)* 미국 FASB, SFAC No. 2의 유용성 개념 등은 정보이용자의 의사결정에 고유한 질적 특성임.
** 일본의 「企業會計原則注解」의 <注1>에 규정된 원칙임.
<자료 : 고승희, 『회계원칙의 이론』 (수서원, 1983), P. 244.>

1958년의 「기업회계원칙」이 제정된 이후 1981년의 제2차 개정이 이루어지기까지 한국회계 규범(GAAP)에 명시된 재무제표의 체계적 변화과정을 정리해 보이면, <표 8-13>과 같다.

<표 8-13> 한국 회계기준의 재무제표 체계의 변천 비교

상 법 (계산서류 규정)	「상장법인회계규정」		「기업회계원칙」		
1963・1970	1974년 (제정)	1980년 (개정)	1958년(제정)	1976년(개정)	1981년(개정)
① 재산목록 ② 대차대조표 ③ 영업보고서 ④ 손익계산서 ⑤ 준비금과 이익 또는 이자의 배당에 관한 의안	① 대차대조표 ② 손익계산서 ③ 이익잉여금처분계산서(또는 결손금처리계산서) ④ 재무제표부속명세서	① 대차대조표 ② 손익계산서 ③ 이익잉여금처분계산서 (또는 결손금처리계산서) ④ 재무상태변동표	① 손익계산서 ② 잉여금계산서 ③ 이익잉여금처분계산서 ④ 대차대조표 ⑤ 재무제표부속명세서	① 손익계산서 ② 대차대조표 ③ 이익잉여금처분계산서 (결손금처리계산서) ④ 재무제표부속명세서	① 대차대조표 ② 손익계산서 ③ 이익잉여금처분계산서 (결손금처리계산서) ④ 재무상태변동표

<자료 : 高承禧, 『韓國會計原則の展開』(1986), p.171.>

5 한국회계 규범의 구조적 특성

1. 초기 「기업회계원칙」(AD1958)의 구조적 특성

1) 이론구조 및 목적개념

「페이튼」과 「리틀튼」(W.A. Paton and A.C. Littleton)이 회계공준과 회계원칙의 관계에 대하여 언급한 바가 있다.

『기준형성을 위한 접근은 회계의 기저(基底)에 존재하는 기초개념이나 가정(basic concepts or assumptions)에 준거(準據)한 것이라야 하며, 체계화된 제기준(諸基準)이 견고한 기반 위에 설 수 있으려면 회계원칙은 공인된 제가정(諸假定)을 바탕으로 하는 것으로 인식되어야 한다.』[151]

---
151) W. A. Paton and A. C. Littleton, "An Introduction to Corporate Accounting Standards,

회계공준은 기업회계의 관행이나 회계제도의 구조적 분석으로 귀납된 것이며, 회계목적에 대한 논리적 정합성을 충족시켜야 함은 물론, 기업회계의 행동지침으로서의 회계원칙이 형성되기 위한 기반을 이루는 것이다. 회계원칙은 회계공준을 전제로 하여 설정될 때만, 회계행위를 지도하는 기본원리의 기능을 수행할 수 있게 된다.

이상과 같은 회계공준의 의미를 이해하는 측면에서 볼 때, 1958년의「기업회계원칙」에서도 이러한 회계공준이 내재되어 있다. 즉, 1958년의「기업회계원칙」은 상술한 의미의 회계공준에 바탕을 두어 그 논리적 타당성을 지닌 회계행위의 기본원리로서 그 역할을 했다. 그것은 그 저변에 놓여 있는 회계공준을 전제로 하면서 처분가능이익을 객관적으로 계산함으로써, 경영자의 회계책임을 충분히 이행하게 하는 것을 목적으로 하는 이론구조적 체계를 갖추었다. 그것은 전문·일반원칙·손익계산서원칙·잉여금계산서원칙·대차대조표 원칙으로 체계화되어 있다. 그중에서 전문은 회계의 총괄원칙을 제시하였다. 여기에는 회계공준[152]과 재무제표 작성원칙과의 연결고리 개념이 포함되어 있다. 따라서 일반원칙은 기업의 재무제표를 작성·보고할 때 공통으로 따라야 할 기본원칙이며, 손익계산서원칙, 잉여금계산서원칙 및 대차대조표 원칙을 제약하는 상위의 원칙이다.

1958년의「기업회계원칙」의 전문에 의하면, 『기업회계는 재무제표에 의하여 기업의 경제적 자산의 발생·소멸과 그에 따라 발생하는 기업에 대한 이해관계의 변화를 충실히 보고함은 물론, 다른 기간과 다른 기업의 재무제표와도 비교할 수 있도록 통일적이고 객관적으로 정의된 제 원칙에 따라 처리되어야 한다.』라는 목적 규정이 있다. 그에 이어서『기업회계원칙은 이러한 목적을 달성하기 위하여 기업회계의 실무 속에서 발달한 제 원칙 가운데서 일반적으로 공정 타당하다고 인정된 바를 요약한 것이다. 그러므로 이는 반드시 법령에 따라 강제되지 않더라도 기업이 그 회계를 처리하면서 준수하지 않으면 안 될 기준이다.』라고 규정하여, 회계목적을 실현하기 위하여 형성된 「일반적으로 인정된 회계원칙」(GAAP)임을 분명히 밝히고 있다.

이 전문규정에서『기업의 경제적 자원의 발생·소멸과 그에 따라 발생하는 기업에 대한 이해관계의 변화를 충실히 보고』하기 위해서는 충실성 또는 진실성이 요청되는 것이다. 그리고『…통일적이고 객관적으로 정의된 제 원칙에 따라 처리』하기 위해서는 객관성 또는 확실성이 요청되고 있다. 일반원칙의 제1원칙인 진실성과 제4원칙인 확실성의 근거를 여기서 발견하게 된다. 진실성의 원칙과 확실성의 원칙은 다른 7개의 일반원칙 및 재무제표에 관한 제 원칙과는 차별화된 특성이 있다.

여기에서 재무제표 이용자의 정보요구는 충실하게 객관적인 측정과 보고를 함으로

(AAA, Monograph No.3, 1940), p. 7; <소진덕 역, 『회사회계기준 서설』(문교부, 1957), p. 13.>
152) 武田隆二, 『最新財務諸表論』(東京, 中央經濟社, 1984), pp. 79-81.

써, 자동으로 충족된다고 보는 것이다. 이용자에 대한 회계정보의 유용성을 요청한다는 것은 적어도 명시적으로는 인식되어 있지 않다. 진실한 경영성과 및 재무 상태의 측정과 보고를 내용으로 하는 「회계책임지향적회계(會計責任指向的會計)」의 구조를 여기서 확인할 수 있다. 이러한 측정과 보고에 대하여 요청되는 「확실성」은 자산 원가의 흐름을 통하여 실현되는 처분가능이익의 측정구조에서 구체적으로 나타나며, 「업적측정회계(業績測定會計)」의 구조를 묘사하는 근거가 된다. 이렇게 보면, 1958년의 「기업회계원칙」은 회계 책임의 이행목적을 달성하기 위하여 「일반적으로 공정 타당하다고 인정된 회계원칙」의 체계로서 형성된 기본적 지도원리라고 이해할 수 있을 것이다.

따라서 1958년 「기업회계원칙」 전문에 의한 목적 규정은 경영성과를 확실히 보고함으로써, 회계 책임을 이행하는 기능에 초점을 맞추어서 이 원칙의 기본입장을 반영하고 있어야 한다. 회계책임이란 『기업에 있어서 재산의 보전관리책임이며 기업의 조직적인 재산의 보전·관리의 수행을 내용으로 하는 회계상의 책임』[153]을 의미한다. 회계 책임 지향적인 회계는 기업이 소유하는 모든 자산의 보전·관리에 관련된 회계 사실을 객관적인 증거자료로 제공하도록 하는 회계구조를 갖추고 있다.

이처럼 1958년 「기업회계원칙」이 회계 책임 이행목적을 달성하기 위하여 「확실한 효과의 확보」를 목표로 체계화되었다는 것을 확인할 수 있다. 따라서 일반원칙의 제1원칙인 「진실성의 원칙」은 일반적으로 「사실과 표시와의 합치」를 요청하는 것이라고 이해될 수 있으나, 그것은 검증 가능한 객관적인 증거를 갖춘 자료를 「사실」로서 수용하는 것을 의미한다. 그것은 일반원칙의 제4원칙인 「확실성의 원칙」과 결부되어 있다. 환언하면 기업재산의 보전·관리에 대한 기록·계산의 확실성은 검증 가능한 객관적 증거자료에 의하여 보장된다. 확실성을 증명하는 객관적인 「사실」은 합리적으로 신뢰할 수 있는 것을 통하여 충족된다. 이러한 확실성은 「진실성의 원칙」을 지탱시켜 주는 일반원칙의 기능을 수행한다. 그것은 경영성과를 측정하는 「업적측정회계」를 위한 기초개념에 해당하는 것이다.[154]

이에 근거하여, 기업재산의 보전·관리를 위한 「회계 책임 지향적인 회계구조」로부터 진실성 개념이, 그리고 처분가능이익의 계산을 위한 「업적측정회계」의 구조로부터 확실성 개념이 도출된다. 그러므로 일반원칙의 「진실성 원칙」과 「확실성 원칙」은 「기업회계원칙」의 기본방향을 제시한 회계 규범으로 이해하지 않으면 안 된다.[155]

이렇듯 기본적인 회계 규범의 기능을 지닌 1958년 「기업회계원칙」은 「진실성」과 「확실성」을 기본개념으로 도출함으로써, 회계 제원칙, 즉 일반원칙, 손익계산서원칙, 잉여금계산서원칙 및 대차대조표 원칙을 체계적으로 명문화한 것이다. 그중에서

---
153) 하야일영, 『會計方法論の基礎構造』(東京, 三山書店, 1984), p. 47.
154) 高承禧, 前揭書, p. 283.
155) 上揭書, p. 283.

일반원칙은 기업의 회계처리 및 보고를 하면서 준수해야 할 기본원칙이며 재무제표에 관한 여러 원칙을 규제하는 상위원칙의 위치에 있다. 1958년「기업회계원칙」은 당기업적주의에 의한 손익계산서의 구조를 채택하고 있다. 그것은 기간손익계산의 회계 사상에 의한 수익비용의 기간적 대응표시와 더불어, 그 수익과 비용이 발생주의에 따라 배분되어야 함을 기본구조로 하여 체계화되었고, 또한 취득원가주의에 바탕을 둔 원가배분이 중시되는 회계구조를 구성하고 있다는 점에 특색이 있다. 또한 1958년의「기업회계원칙」은 「잉여금」이라고 하는 새로운 개념을 도입하여 자본잉여금과 이익잉여금의 구분표시를 명문화함으로써, 손익계산서 중심론에 근거를 둔 회계 규범으로 정립되었다는 데서 또 하나의 특성을 발견하게 된다.

이상에서 살펴본 바와 같이, 1958년의「기업회계원칙」은 이론적 규범성과 실천적 규범성을 함께 지닌 것으로서, 그리고 그것은 관계 법령에 대한 지도원리로서 그 기능을 수행함과 동시에, 직업회계인의 판단 역할도 수행하게 되었다는 점에 방점이 있다. 즉, 1958년의 「기업회계원칙」은 우리나라 회계 실무계의 계산 질서를 유지하는 실천규범의 역할과 함께, 기업회계의 이론적 지도원리기능을 기대할 수 있게 되었다는 데 큰 의의가 있다는 것이다.

2) 일본회계원칙에 의한 계수적 특성

1958년의「기업회계원칙」을 검토하는 과정에서 그것이 일본의「기업회계원칙」을 계수(繼受) 받아 형성되었다는 것을 발견할 수 있었다. 그렇다면, 그것이 왜 일본 회계원칙의 영향을 받을 수밖에 없었던가 하는 이유와 당시의 회계 환경적 특성에 대하여 정리해 둘 필요가 있다.

사실상 역사적인 관계가 있을 뿐만 아니라, 사회경제적인 제도나 문화적 환경이 유사한 일본의 회계실무를 한국의 그것과 동일시 할 수 있다는 실정 때문에, 일본의 회계실무 및 회계원칙의 영향을 받아 1958년의「기업회계원칙」이 성립되었다. 그래서 1958년의 「기업회계원칙」은 그 기반이 일본의 제도 속에 있음을 발견하게 된다.

한국과 일본은 오랜 세월에 걸쳐 봉건주의 사회가 계속되었고 유교 사상과의 교착과정에서 권위와 권력 존중 사상이 생성되었음은 물론, 오랫동안 관료 통제적 풍조가 정착된 같은 동양 문화권의 국가라는 점에서 공통성이 있다. 그래서 한국과 일본은 통문화적(通文化的 : cross-cultural)인 환경적 특성을 보인다.[156] 이러한 사실이야말로 한국이 일본의 회계제도를 거부반응 없이 받아들일 수 있게 하였던 환경조건이라고 하게 된다. 그리고 1958년의「기업회계원칙」과「재무제표규칙」이 일본의 그것을 계수

---

156) 고승희, 『회계원칙의 이론』(서울, 수서원, 1983), p. 26.

하게 하였던 그 외의 환경적 특성으로서는 한국의 경제적 요인과 사회문화적 요인으로서의 교육적인 효과이다. 여기서 사회문화적 교육효과에 대해 접근한다.

1910년부터 1945년까지의 조선총독부 시대에 일본식 교육을 받은 수많은 한국인이 제2차 세계대전 종식 후에 각계각층의 지도자로서 국가발전에 이바지하였다. 따라서 한국에 새로운 제도를 도입하려고 할 때, 그들이 우선 일본의 제도에 주목하게 되었던 것은 당연한 처사였다. 1958년의「기업회계원칙」과「재무제표규칙」을 제정하는데 종사했던「기업회계 준칙기초소위원회」의 위원 8명과 간사 2명은 모두 일본식 교육을 받은 사람들이었다. 그러므로 그들도 예외 없이 필연적으로 1949년의 일본「기업회계원칙」 및 동「재무제표규칙」을 범례로 하여 한국의 그것을 제정하였다는 것이다. 또한 그 당시에는 한국전쟁(6.25사변)으로 인하여 기업 활동이 부진한 상태에 있었고 회계제도 역시 정비되지 못했었다. 그 때문에 회계관행을 귀납적으로 성문화한다는 것은 지극히 곤란한 상태였다. 그래서 경제적 선진국의 회계제도에 의존하지 않을 수 없었고 그 계수작업이 비교적 쉬운 일본의「기업회계원칙」과「재무제표규칙」을 표본으로 삼았던 것은 당연하다.157)

2. 발전기「기업회계원칙」(AD1976)의 구조적 특성

1)「기업회계원칙」(1976)의 이론 구조적 특성

한국회계 규범(GAAP)으로서의「기업회계원칙」은 1958년에 제정되었지만, 그 후 18년의 세월이 지난 1976년에 개정되었다. 그것은 한국경제가 급속히 발전하고 그에 수반하는 여러 가지 사회경제적 환경변화가 발생한 것에 기인한다.

1976년의 개정원칙은 1958년의 원칙이 지니고 있던 문제점을 가능한 범위 내에서 해소하고, 당시의 회계환경에 적합한 것으로서의 회계 규범(GAAP)을 정립하려고 했던 결과였다. 개정의 요점은 재무제표 이용자의 경제적인 의사결정을 합리적으로 수행할 수 있는 「유용하고 진실한」 정보를 제공함으로써, 정보 지향적 회계 기능을 실천토록 하는 것이었다. 1976년의 개정원칙에서의 일반원칙은 상술한 「유용성」과 「진실성」을 바탕으로 하면서, 『회계공준과 회계원칙(손익계산서원칙과 대차대조표 원칙)과의 교량적 역할』158)을 수행하게 되었다. 그 결과, 1976년의 개정원칙은 재무제표의 이용

---

157) 大雄令純・權泰股,『會計原則の繼受-韓國の場合』(『企業會計』第34券 第4号, 中央經濟社, 1982), p. 86.
158) 武田隆二,『最新財務諸表論』(東京, 中央經濟社, 1984), 79ページ.

자를 위하여 정보 지향적 회계 측정을 구심점으로 하는 규범으로서의 회계원칙을 체계화하려고 시도했다는 점에서 고유한 특성이 있다. 1958년 원칙이 계몽적·실무지향적인 성격을 가진 것이라고 한다면, 1976년의 개정원칙은 재무제표 이용자를 위한 정보 지향적 회계의 측정구조를 특성으로 하는 것이다.[159]

그리고 1976년의 개정원칙은 1958년 원칙이 채택하고 있던 당기업적주의적 손익계산 방법으로부터 포괄주의 손익계산 방법으로 전환한 것이 또 하나의 특징이다. 그렇지만, 취득원가주의를 기조(基調)로 하여 손익계산서 중심론에 근거하고 있다는 점에서는 1958년의 그것과 공통적인 성격을 지니고 있다. 다만, 포괄주의 손익계산서를 전제로 하고 있어서 재무제표의 체계가 손익계산서, 대차대조표, 이익잉여금처분계산서 및 재무제표부속명세서의 4가지로 구성되었고 종래의 잉여금계산서는 재무제표에서 제외되었다. 보고식에 한정하고 있던 재무제표 양식이 보고식과 계정식 양자 중에서 택일할 수 있게 되었다. 더욱이 자금 정보의 공시를 위한 자금운용표 및 지배종속회사 간의 연결재무제표 제도가 도입된 것은 1958년의 회계원칙과 크게 달라진 점이다.

대차대조표의 체계는 1958년의 회계원칙에 명시되었던 그것이 그대로 승계되어 있다. 물론 개별적인 규정 내용에 있어서는 수정이 이루어져 있다. 대차대조표의 작성원칙이 구분표시의 원칙, 유동성 배열의 원칙, 총액 주의 원칙 및 특정 비용의 이연 원칙 등 4가지로 조정되었으며, 세부적으로 자산은 이연계정이 이연자산으로 달라졌다. 그리고 부채의 부에서는 부채성 충당금의 정의가 규정되어 그 내용이 구체화한 것도 특이하다. 자산평가원칙은 취득원가주의를 전제로 하면서도 예외적으로 자산재평가법에 따른 시가주의가 인정되고 있음은 물론, 외화표시의 자산·부채 평가 규정이 신설되었다.

요컨대, 1976년의 개정원칙은 형식적인 면에서는 1974년에 개정된 일본 「기업회계원칙」과 거의 유사하다고 할 수 있다.

2) 「상장법인회계 규정」(1974)의 구조적 특성

우리나라의 회계원칙은 1958년에 제정된 이래, 기업이 준수해야 할 규범으로서, 우리나라의 기업사회에 근대적 회계 방법을 보급하고 회계실무의 질적 수준을 높이는 데 크게 이바지해왔다. 그것이 제1차 개정 시에는 그 이외에도 1962년의 상법 규정에 따른「계산서류 규정」및 1973년의 증권거래법에 근거를 가진「상장법인회계 규정」과「상장법인재무제표 규칙」이 시행되고 있었다.

그 때문에, 기업회계의 처리와 보고지침이 다원화되는 결과로 법적 강제력을 가진

---

159) 고승희, 전게서, 132ペイジ.

회계규정과 일반적으로 인정되는 회계원칙(GAAP)이 공존함으로써, 실무계에서는 해석상의 문제가 발생했다. 「상장법인 회계규정」과 「상장법인재무제표 규칙」은 상장회사의 자본조달이 원활하게 이루어질 수 있도록, 상장회사의 증권관리나 재무관리를 목적으로 하여 법령형식으로 규정된 것이다. 그리고 「계산서류 규정」은 상법(제447조)에 규정된 계산서류의 작성 방법과 표준양식에 관한 회계규정으로 설정된 것이다.

회계관습을 기초로 논리적 규범성을 가진 「기업회계원칙」은 지도원리가 돼야 했음에도 법적 강제력을 가진 것이 아니었기 때문에, 대륙법계의 법률 사상을 기반으로 하는 한국에서는 법적 성격의 회계규정이 더 중요시되는 상황이 되었다.[160]

1970년대의 상황은 회계학계나 실무계 모두 법적 강제력을 가졌던 「상장법인회계규정」과 「상장법인재무제표 규칙」이 일반적으로 수용되는 회계원칙으로 착각할 만큼 혼란을 자아내었다. 1976년 당시의 상장법인은 274개의 회사에 불과했는데도 이들에게만 적용되는 회계처리 지침이 모든 기업에 통용되는 회계 규범으로 오해하게 되었던 것은 영국과 미국처럼 관습법에 익숙하지 못하고 대륙법적인 실정 법사상이 뿌리내려 있는 정서에 기인하는 것이었다.[161] 따라서 회계행위의 규범이고 모든 경제 실체에 적용 가능한 실천성과 보편성을 가져야 할 회계원칙이 복수로 공존할 필요는 없었다.

더욱이 「상장법인회계 규정」은 상장회사의 회계를 규제하는 것으로서 그 적용 범위가 한정된 것이었지만, 그 체계나 내용에 있어서는 1976년의 개정원칙과 유사하다고 할 수 있다. 그런데, 1976년의 개정원칙이 「유용성」과 「진실성」을 목적개념으로 하여 모든 기업에의 적용을 대상으로 하는 것임에 비하여, 「상장법인 회계규정」에서는 「진실성」의 개념을 기본 축으로 하여 상장회사에 적용하는 것을 목적으로 하였으며, 규정 내용에도 법률 조문 형식으로 열거되어 있어서 그 포괄성과 융통성이 없었다. 그러므로 1970년대에는 한국회계 규범(GAAP)이 그 목적을 다르게 지향하는 것으로서 「회계처리 및 보고지침의 다양화」를 형성하고 있던 시기임이 틀림없다. 가령, 특수한 설정 목적에 따라서 상장회사를 규제해야 할 사유가 있다고 하더라도, 그것은 하나의 포괄적인 기본적 회계 규범의 구조 내에서 규정되어야 하며, 복수의 포괄적인 회계 규범을 설정할 것까지는 없었다. 환언하면, 1976년의 「기업회계원칙」을 포괄적인 기본원칙의 표본으로 하고, 그와 동시에 특별규정으로서 상장회사의 업종별 특수성을 고려한 업종별 회계처리 기준이 설정될 수 있는 방향으로 정책을 전환해야 했을 것이다.

그렇지만 1970년대의 회계환경 속에서 제정된 「상장법인회계 규정」은 회계의 목

---

160) 고승희, 전게서, pp. 133-134.
161) 이와 같은 사실은 1981년 12월 23일에 「기업회계기준」이라는 이름으로 우리나라의 회계원칙이 일원화되는 과정에서도, 법률적 성격을 가진 「상장법인회계 규정」과 「상장법인재무제표 규칙」이 합본(合本) 되는 형식으로 「기업회계원칙」과 「재무제표규칙」이 흡수되어 버렸던 것에 의해서도 확인되어 진다.

적개념을 규정하고 있는 것에서 공통적인 회계 규범의 맥락을 추적해 볼 수 있다. 「상장법인회계 규정」은 「기업회계원칙」(1976)의 목적개념(有用性·眞實性)과 같이 정보 지향적 측정목적의 실현을 위한 유용성의 요청을 명시하지 않고 진실성의 개념만을 설정하고 있을 뿐이다. 이처럼 명시된 목적개념 상의 다른 점은 있으나, 그와 같은 정보 지향적 측정목적에 근간을 두고 있는 회계 규범임은 틀림없다. 그것도 「정규부기의 방법」에 따라 작성된 재무제표가 진실한 것이고, 유용한 것으로서 기능을 수행하도록 요구하는 회계구조를 기초로 하고 있은 것만은 분명하다. 1974년의 「상장법인회계 규정」은 회계 책임 이행목적의 회계구조와 더불어 정보 지향적 측정목적을 기본으로 하는 의사결정 지향의 회계구조를 채택하고 있다. 다만, 상술한 의사결정 지향적 회계의 취지는 명시되어 있지 않다고 가시적으로 말할 수 있으나, 거기에서 도출되는 유용성 개념이 명문으로 표면에 나타나 있지 않았을 따름이다.

이러한 점이 1976년 「기업회계원칙」의 그것과 상이하다고 해야 한다. 그래서 정보 지향적 측정목적의 취지만은 표출되어 있다고 할 수 있으므로, 상술한 회계의 기초적인 구조를 통합하여 유도하는 기본명제로서 「(유용하고) 진실한 회계정보」라는 개념적 표현을 추출할 수 있다.162) 이런 의미에서 볼 때, 1974년의 「상장법인회계 규정」은 유용성 개념이 내재한 진실성이라는 목적개념을 중심으로 하여 체계화된 것이라고 해야 할 것이다.

3. 조정기 「기업회계원칙」(AD1981)의 구조적 특징

1) 「기업회계원칙」(1981)의 이론 구조적 특성

1981년 제2차로 개정된 「기업회계원칙」에 명시되어 있는 기업회계의 목적 규정은 이용자의 정보 이용목적에 유용하고 적정한 회계정보의 제공기능을 수행하는 것을 기본으로 하고 있다. 그것은 모든 이해관계자의 정보요구 또는 정보 이용에 이바지함을 목적으로 하는 시스템으로 기업회계를 포착하고, 이것을 통합하는 기본명제로서의 「유용하고 적정」하다는 개념을 지정한 것이라고 할 수 있다. 즉, 1981년의 제2차 개정원칙은 「유용하고 적정한 회계정보」라는 표현으로 이 두 가지 목적개념을 충족시키려고 한다는 것이다. 그것은 기업회계의 전달기능을 통하여 이용자의 의사결정에 유용한 정보를 제공함과 동시에, 모든 이해관계자의 이해조정을 위하여 적정한 회계정보를 제공함으로써, 「일반적으로 인정된 회계원칙」(GAAP)의 역할을 이행하면서 기업회계 지도

---

162) 고승희, 「우리나라 회계원칙의 전개 과정과 이론구조에 관한 연구」(한국경영학회, 『경영학연구』 제17권 제2호(통권 23호), 1988), P. 50.

원리의 기능도 실천하겠다는 의지의 표명이라고 할 수 있다.

따라서 그것은 이용자의 경제적 의사결정에 유용한 회계정보를 제공한다고 하는 「의사결정 지향적 회계」, 그리고 그와 동시에 기업을 둘러싸고 있는 모든 이해관계자에게 신뢰할 수 있는 회계정보를 공정(=公平)하게 제공한다고 하는 「이해조정 지향적 회계」의 두 가지 이론구조를 기반으로 하고 있다. 이러한 의미가 내포되어 있다는 점에서 1981년의 「기업회계원칙」은 정보 지향적 이해조정목적에 의하여 기업회계의 지도원리의 역할을 통일적으로 수행하는 기본 규범이라고 이해할 수 있다. 이렇게 하여 1976년의 제1차 개정 「기업회계원칙」에서 표명하였던 회계의 측정중심의 「정보 지향적 측정목적」으로부터 진화하여 1981년의 제2차 개정원칙에서는 회계의 전달기능 중심의 「정보 지향적 이해조정목적」으로 탈바꿈하였다. 환언하면, 그것은 회계정보의 진실성을 강조하는 회계 책임 지향적 회계의 이론구조로부터 「적정성」(fairness : 공정성)을 강조하는 이해조정 지향적 회계구조로 그 구심점이 이행되었다는 것이다.163)

이처럼 1981년의 제2차 개정 「기업회계원칙」은 정보 지향적 이해조정을 기업회계의 기본목적으로 하여 의사결정 지향적 회계와 이해조정 지향적 회계의 이론구조 속에서 그 목적을 달성하기 위하여 이 두 가지 회계구조를 융합시킴으로써, 회계의 목적개념으로서의 「유용성」 및 「적정성」을 제시한 것이다. 그래서 이에 적합한 「일반적으로 인정된 회계원칙」(GAAP)의 체계를 구축하려고 시도하였다는 점에서 1981년 제2차 개정원칙의 특성이 내재하여 있다.

그것은 유용성과 적정성의 목적개념으로부터 신뢰성・이해 가능성・충분성・비교 가능성・중요성(실용성 포함) 및 안전성 등, 6개의 일반원칙을 도출함으로써, 명실공히 한국의 기업사회를 이끌어가는 지도원리로서의 기반을 확고히 다져놓은 결정체(結晶體)라고 할 수 있다.

따라서 재무제표의 체계는 자금흐름 정보의 공시를 강조하게 됨에 따라, 종래의 손익계산서 중심체계에서 탈피하여 대차대조표를 중심으로 하는 체계가 확립되었으며, 재무 상태와 그 변동에 대한 보고 형태로 구성되어 있다는 것이 1981년의 개정원칙이 지닌 또 하나의 특성이다. 또한 비교재무제표 양식의 확립, 「투자와 기타자산」의 독립적인 구분표시 및 전기손익수정 항목의 이익잉여금처분 항목화한 것 등은 1981년 1월의 제2차 개정원칙이 목표로 하는 정보 지향적 이해조정목적에 따라서 이루어진 것이다. 그러나 포괄주의 손익계산서에 의한 수익비용의 기간적 대응표시나 원가주의에 의한 자산평가, 원가배분 중시의 회계구조에 입각하고 있다는 점에서는 1976년의 제1차 개정원칙의 그것과 동일하다.

---

163) 고승희, 전게서, PP. 182-183 & P. 287.

2)「상장법인 회계규정」(1980)의 구조적 특성

한국회계기준의 다원화 과정에서 1974년에 제정된 「상장법인 회계규정」은 제도적 조정기에 이르러 다시 개정을 보았고, 상술한 1981년의 제2차 개정원칙과 상통하는 내용으로 조정되었다. 이 규정은 증권거래법(제195조)에 근거를 둔 것으로서 법률적 형태인 조문 형식으로 구성된 것이었다. 1980년 「상장법인 회계규정」(제1조)에 의하면, 그 설정 목적이 『(목적). 이 영(令)은 증권거래법 제195조의 규정에 따라 상장법인·기타 동법의 적용을 받는 법인(이하 상장법인 등이라 한다.)의 회계와 공인회계사의 감사에 통일성과 객관성을 부여하는 데 필요한 사항을 정함을 목적으로 한다.』라고 규정되어 있다. 이 규정에 따라 증권시장에 주식을 상장하는 기업의 경우는 반드시 「상장법인회계 규정」과 「상장법인 재무제표규칙」에 따라 회계처리를 해야 했다. 공인회계사도 회계감사를 수행할 때 이것을 회계 규범으로 삼아야 했다.

그래서 「일반적으로 인정된 회계원칙」의 표본이라 할 수 있는 1958년 이래의 「기업회계원칙」은 상장법인에서 있어서는 무용지물과 같은 존재였다. 상법(부칙 제5조)에 따른 「계산서류 규정」이 1963년부터 시행되고 있어서 1970년대는 그야말로 회계처리의 판단에 상당한 혼란을 자아내기도 하였다. 그러한 모순점을 해소하기 위한 목적으로 단행된 것이 내용적인 통일화 작업이었다. 즉, 회계기준의 제도적인 단일화 작업에 앞서 내용으로 상통할 수 있는 제도적인 조정이 이루어졌다. 1980년의 「상장법인 회계규정」과 1981년 「기업회계원칙」의 개정은 그런 취지가 충분히 반영된 작업이었다. 그 어느 것에 의하더라도 회계처리의 판단에는 일맥상통하는 것이 되었다.

그러나 기업회계의 목적개념을 규정하는 문구의 표현이 약간 달랐다. 1980년 「상장법인회계 규정」(제2조)에 의하면, 회계의 기본목적은, 『상장법인 등의 회계는…. 일반적으로 인정된 회계원칙에 따라 처리하고, 이에 관련되는 정보를 정확히 파악하여 적정한 보고를 하게 하는 것을 기본목적으로 한다.』라고 규정되어 있다.

이 목적 규정은 1981년의 제2차 개정원칙과 약간 문맥을 달리하고는 있으나, 회계의 목적을 명시하고 있는 내용은 그것과 대동소이하다. 다만, 목적개념이 「적정성」만을 명시하고 있는 것이 다르다. 그러나 목적 규정의 문맥상으로 보면, 정보 지향적 이해조정목적을 기본으로 채택하고 있음을 확인할 수 있다. 그것은 모든 이해관계자의 정보 이용목적에 대하여 적정한 회계정보를 제공하는 것을 기본 축으로 한다는 것이다. 그래서 1980년의 「상장법인회계 규정」은 공개법인에 관련된 이해관계자들의 정보요구에 부응하는 규범으로서 기능하는 상장회사의 회계시스템이고, 그들의 이용목적에 대응하는 기본명제로서의「적정성」이라는 개념을 선정하고 있다.

이는 회계의 전달기능을 통하여 모든 이해관계자의 상충하는 이해를 상호조정하기 위하여 「적정한 회계정보」를 제공함으로써, 「일반적으로 인정된 회계원칙」(GAAP)으로서의 역할을 충분히 이행하는 상장법인의 기본 규범으로서 기능한다는 의미이다. 이용자의 정보요구에 「적정한 보고」를 한다는 것은 상호 이해 조정뿐만 아니라, 그들의 이용목적에 유용한 정보로서 작용할 수 있다는 함축적인 의미가 내포된 것이다. 원래 적정성의 개념은 각종 이해관계자의 다른 정보요구에 대하여 『타협 또는 균형을 구하는 것을 강조』[164]한다는 의미로서, 『적정성은 정치적, 경제적 여건 및 그 구성원들의 사고방식이나 관습에 따라 결정되고 평가되는 개념이다. 따라서 이 개념에 근거하는 회계원칙이 형성됨으로써, 모든 산업계의 구성원들에게 공정한 회계정보가 창출될 수 있는 것』[165]이라는 표현 속에서 회계공준적 의미를 발견하게 된다. 이렇게 보면 적정성의 개념은 회계 규범의 가장 저변에 놓여 있는 기본명제로서 작용하게 되는 것임을 알 수 있다. 회계 규모가 확대됨에 따라 이해관계자의 다양화와 기업의 사회적 역할이 증대되고 있는 현대사회에서 적정성 개념은 유용성 개념과 함께 기업회계의 이론적 기초가 되는 기본명제이다.[166]

3) 회계 규범과 법규범과의 상호관련성

(1) 회계 규범과 상법 계산 규정의 상관성

상법은 다양한 상행위나 상사 관계를 규율대상으로 하고 있다. 기업회계에 관해서는 상법(제3편 제3장 제7절)의 「회사의 계산」에서 계산서류(재무제표)의 종류와 공시, 자산의 평가 방법, 무형고정자산과 이연자산, 자본, 자본준비금과 이익준비금 등이 규정되어 있었다. 물론, 회계처리 및 보고의 기준은 사회경제적 환경의 변화에 따라 탄력적으로 적응해 가는 성격이 있어서, 그것들을 모두 법률화하여 상법 속에 규정한다는 것은 타당하지 않다. 따라서 상법에서는 최소한의 중요한 사항만을 규정하고 그 외의 상세한 세부적 사항은 회계관행에 위임하는 방법이 적절하다는 것이다.

우리나라의 상법(제29조 제2항)에는 『상업장부의 작성에 관하여 이 법에 규정한 것을 제외하고는 일반적으로 공정 타당한 회계관행에 의한다.』라는 규정을 두고 있다. 이러한 포괄 규정을 설정한 것은 기업회계의 관행에 상법적 의미 또는 그 법원성(法源性)을 부여하고 있는 것으로 해석된다. 여기에서 회계관행이란 현재 한국 기업회계의 실무에서 이루어지고 있는 회계의 관습이다. 그 중심을 구성하는 것은 한국회계 규범

---

164) Stanley, C. H., "Objectivity of Accounting,"(1965), P. 86.
165) Arthur Andersen and Company, "The Postulates of Accounting—What It Is, How It Is Determined, How It Should Be Used " (1960), PP. 2-3.
166) 고승희, 『재무회계론』(서울. 단대출판부, 1984), P. 63.

(GAAP)의 표본으로 제정된 「기업회계원칙」(=기업회계기준)이라고 할 수 있다. 1958년의 제정원칙이나 1976년의 제1차 개정원칙 및 1981년의 제2차 개정원칙의 전문에 『기업회계원칙은 기업회계의 관습 중에서 일반적으로 공정 타당하다고 인정되는 바를 요약한 것이므로, 모든 기업이 그 회계를 처리하면서 준수하여야 할 기준이다』라는 규정이 있다. 이것은 「기업회계원칙」이 우리나라의 「일반적으로 인정된 회계원칙」(GAAP)임을 표명하고 있는 내용이다.

그런데도 상법은 그 부칙(제5조)의 규정에 근거하는 「계산서류 규정」을 제정하였다. 그런데, 동 「계산서류 규정」(제2조) 에 의하면 『계산서류와 계산서류부속명세서의 표준양식 및 그 기재 방법에 관하여 이 영(슈)에 규정이 없는 것은 일반적으로 공정 타당하다고 인정되는 기업회계의 관습에 의한다.』라고 규정되어 있다. 법령에 우선하면서도 회계관습이 존중을 인정하고 있다. 기업의 회계는 관습에 의하여 형성되는 것이고 실정법에 따라 전부 규정할 수 없는 것임을 스스로 인정하는 내용이다. 관습법적인 실체로서의 「기업회계원칙」의 의미가 여기에 있는 것이다.

(2) 회계 규범과 증권거래법 관련 규정의 상관성

우리나라의 증권거래법은 1962년 1월 15일에 제정된 이래, 수차에 걸친 개정을 통하여 한국회계 규범의 발전에 직접·간접으로 영향을 주었다. 특히 1973년 2월 6일에 증권거래법이 개정된 이후에는 그것에 근거를 둔 「상장법인 회계규정」, 「상장법인 재무제표규칙」 및 「재무제표의 감사증명에 관한 규정」이 제정되어 회계원칙뿐만 아니라 회계감사 제도의 발전에도 크게 영향을 주었다.

그리고 1976년 12월 27일 자의 대폭적인 증권거래법 개정으로 증권시장의 관리체제에 대한 개혁이 이루어졌다. 그것은 그동안 증권시장의 규모가 커지고 증권시장 비중이 높아짐에 따라 효율적인 시장관리체제가 요구되었기 때문이다. 증권거래법의 목적은 『유가증권의 발행, 매매 및 기타의 거래를 공정하게 하며, 유가증권의 유통을 원활화함과 동시에 투자가를 보호하여 국민경제의 발전에 이바지한다.』(동법 제1조)라는 데 있다. 이러한 목적에 따라서 증권거래법에는 증권의 발행과 매매, 증권거래소, 증권관리위원회와 증권감독원의 설치 및 상장회사의 관리 등에 관한 규정이 있다.

그것은 ① 상장회사 및 유가증권 발행회사(자본금 5억 원 이상 및 자산총액 30억 원 이상의 회사)는 증권관리위원회에 유가증권신고서와 유가증권 발행 실적서를 제출할 의무가 있다는 것(동법 제8조 및 제17조), ② 상장회사는 사업보고서 및 반기보고서를 제출할 의무가 있다는 것(동법 제92조 및 제93조), ③ 외감법에 따른 회계감사를 받아야 할 법적 근거를 설정한 것(동법 제182조) 등은 물론, ④ 자본시장에 관한 사항을 광범위하게 심의・의결하는 기구로서의 증권관리위원회의 설치(동법 제118조) 및 그 집행기관으로서의 증권감독원의 설립(동법 제130조) 규정이 있다.167) 더욱이 증권관리위원회는 투자자 보호를 위하여 「상장법인 재무관리 규정」을 정하여(동 법제192조), 상장회사에 적용되는 「상장법인 회계규정」(제195조) 및 「상장법인 재무제표규칙」(제196조)을 심의하게 되어 있었다.

그러나 상장법인에만 적용되는 회계 규범이 출현함으로써, 다원화된 회계 규범 시대가 형성되어 실무상의 복잡한 문제가 발생하였고, 상법의 계산 규정 및 「계산서류 규정」과의 관계도 문제가 되었다. 그 당시 회계 규범의 다원화에 의하여 나타난 회계 업무의 비 능률화와 혼잡성은 회계제도의 개선에 대한 사회적 요청으로 작용하게 되었다. 결국, 당시의 우리나라 기업의 회계실무를 이끌어가는 지도원리로써, 그리고 회계 행위의 기본지침으로서의 회계 규범은 어느 것인가 하는 문제가 제기되었다. 원래 회계원칙은 시대의 변화와 사회발전에 적응할 가능성과 탄력성을 갖는다. 그래서 1980년 12월 30일에 제정된 「주식회사의 외부감사에 관한 법률」에 의하여 조정되었다. 1981년 12월 23일의 「기업회계원칙」은 회계 규범 다원화 시대의 모순점을 해소하기 위하여 통합・조정되어 한국회계 규범의 단일화를 이루었다.168)

(3) 회계 규범과 세법 규정의 상관성

우리나라의 세법 회계제도는 극심한 사회경제적 변화 속에서 발전했다. 그것은 법인세법이 중심축을 이루고 있다. 법인세법에 근거하여 이루어지는 세법 회계는 기업회계와 밀접한 연관성을 갖고 발전했다. 최초에는 조세법률주의에 따라 진행되었기 때문에 세법 회계가 기업회계보다 우위에 있었다. 그 후 정부에 의한 경제개발 5개년계획이 추진되기 시작하면서 기업회계의 중요성이 인식되고, 기업회계가 발전함에 따라 양자는 상호보완을 유지하면서 발전하였다.169)

세법 회계는 국가의 조세수입을 확보하기 위한 강제 규범적 성격을 가졌기 때문에 대한민국 정부의 수립 이후 실천적인 규범으로서 법인세법을 중심으로 발달하였다. 이에 대하여 기업회계는 민간부문의 사회적 제도로서 생성된 것이지만, 기업 재무 정보에 대한 이용자집단의 빈약과 증권시장의 미발달 등으로 인하여 그동안 발전적 여건이 조성되지 못했으나, 국세기본법이 제정되면서 달라지기 시작하였다.170)

---

167) 증권거래법에 따른 증권관리위원회의 위원장은 대통령이 임명하게 되어 있으며(동법 제120조), 증권감독원의 원장직을 겸임하도록 규정되어 있다(동법 제133조).
168) 고승희, 상게서, 164-165ページ。 & 이정호 외4인, 상게서, PP. 202-203..
169) 고승희, 『우리나라 기업회계제도의 개선 방향』(서울, 한국세무사회 부설 한국 조세연구소, 1999), pp. 123-133.

1974년 12월에 제정된 국세기본법은 모든 세법의 기본법과 같은 성격을 갖는 것으로서, 이로 인하여 비로소 모든 세법에 공통으로 적용되는 일반법이 성립된 것이다. 이 법에서는 인정과세의 남용 방지와 납세자의 성실한 기장 처리를 유도하기 위하여 모든 과세는 회계장부에 근거하여 객관적으로 집행되도록 하고 세법에 특별한 규정이 없는 경우에는 기업회계의 원칙에 따르도록 하는 규정이 설정되었다. 국세기본법(제20조)에 따르면, 『국세의 과세표준을 조사결정함에 있어서 해당 납세의무자가 계속하여 적응하고 있는 기업회계의 기준 또는 관행으로서 일반적으로 공정 타당하다고 인정되는 것은 이를 존중하여야 한다. 다만, 세법에 특별한 규정이 있는 것은 그러하지 아니한다.』라고 규정되어 있다.

그런데도 기업회계와 세법 회계의 다른 목적과 세법 회계 우선의 세무 행정은 기업회계와 세법 회계의 왜곡된 점을 조정하는데 어려움을 준 것도 사실이다. 한국 정부(財務部)가 1975년 11월에「공인회계사의 감사의견 표시에 관한 요령」(「証二」 1224-1852)[171]을 한국공인회계사회에 알려 법인세법 등에 의한 회계처리를 우선하도록 함으로써, 양자의 괴리현상을 더욱 심화시켰던 것은 알려진 사실이다. 이것은 종이(証二)라고 하는 행정시달 하나에 의하여 기업회계에 관한 중요한 결정이 왜곡되고 변칙적인 회계처리가 이루어지게 되어, 세법에 편승하는 결과를 초래하였다. 기업회계와 세법 회계의 다른 점을 행정명령에 따라 조정하지 않을 수 없는 실무적인 고충은 충분히 이해되지만, 증인(証二)의 전달 이후에 세법 회계적 사고가 기업회계에 영향을 주고 그것이 일반화되는 경향마저 나타났다는 점에서 이러한 현상은 한국회계 규범(GAAP)과 기업회계제도의 발전에 커다란 영향을 끼쳤다고 하지 않을 수 없다.[172]

그렇지만, 상술한 국세기본법의 규정에 따라 회계원칙은 세법에 따른 과세소득을 계산할 때의 「일반적으로 공정 타당한 회계관행」으로서의 임무를 수행하는 것으로 볼 수 있게 되었다. 마침내 논란의 대상이 되었던 「증이」(証二) 가 폐지되고 양자 간에 마찰이 어느 정도 해소될 수 있게 된 것은 한국회계 규범(GAAP)과 기업회계제도의 발전을 위하여 다행스러운 일이라고 하지 않을 수 없다. 더욱이 1979년 12월 28일에 법인세법의 개정(法律 제3200호) 때문에 세무 관서에 제출하는 법인세의 과세표준신고서에 첨부해야 할 재무제표는 일반적으로 공정 타당한 회계관행에 따라 작성된 대차대조표와 손익계산서로 조정되었다. 이러한 현상은 결국 회계원칙(GAAP)의 존중 규정임

---

170) 임향순, 『기업회계와 세무회계 간의 바람직한 관계 설정에 관한 연구』(서울대학교 행정대학원, 1997), p. 25.
171) 종이(証二)는 그 당시 재무부 증권보험국의 증권 2과(証券二課)에서 사용하던 공문서의 용어로서 이 경우에는 종이(証二 : 1224-1852)에 의하여 회계기준에 따르지 않고 법인세법에 따른 회계처리도 이를 적정하게 처리한 것으로 인정하도록 하는 내용이 표출된 것이다.
172) 고승희, 전게서, pp. 131-132.

을 의미하는 것으로 풀이할 수 있다. 그러나 그 이후에도 기업회계와 세법 회계의 목적 차이로 인하여 대두되는 논점이 존재하고 있어서, 양자 간에 해결해야 할 과제는 산적해 있는 상황이었다고 해야 할 것이다.[173]

6 에필로그

1. 「원칙」 지향적 기업회계문화의 형성기반 문제

「일반적으로 인정된 회계원칙」(GAAP)이라는 용어의 출현은 회계원칙의 형성과정에서 찾아볼 수 있다. 이것은 AIA(AICPA의 전신)의 증권거래 협력특별위원회(The Special Committee on Cooperation with Stock Exchange)와 뉴욕증권거래소의 증권상장위원회(The Committee on Stock List)와의 사이에 교환된 서신(1932~1934)중 1932년 9월 22일 자의 증권상장위원회 앞으로 보낸 서한에 표현된 「인정된 회계실무」(accepted accounting practices)라는 용어에서 비롯되었다.[174] 그리고 AIA는 기업회계 감사(Audits of Corporate Accounts)라는 팸플릿을 발간했는데, 거기에서 「인정된 회계원칙」(accepted accounting principles)이라는 용어를 사용하였다. 이 팸플릿은 상술한 서신을 주요 내용으로 하는 것인데, 감사보고서의 표준양식이 처음으로 제시되었고, 감사인은 재무제표를 작성하면서 「인정된 회계원칙」에 따라 기업의 재무 상태나 경영성과를 표시하고 있는가에 대한 의견을 제시하도록 권고한 것이다.

이 과정에서 실무(practices)와 원칙(principles)이라는 용어가 상호 교환될 수 있는 것으로 사용하고 있으므로, 최초의 초안에서는 「실무」를 사용했었으나, 최종 초안에서는 「원칙」이 일반화된 것을 당사자였던 G.O. May가 기술했다고 한다.[175] 이것은 「인정된 회계원칙」이 결코 실무로부터 떨어진 별개의 회계원칙이 아니고, 널리 이용되고 있는 실무에 원칙이라는 명칭을 부여한 것이다. 즉, 실무가 그대로 원칙이라는 의미이다. Chatov가 『실무자가 주장한 원칙이라는 것은 회계사사무소에 의하여 그 때까지 확립된 실무였다.』[176]고 언급하고 있음은 이 점을 잘 나타낸 것이다. 이처럼

---

173) 고승희, 전게서, pp. 132-133.
174) G.O. May, "Financial Accounting", (1943), PP. 72~85. & Paul Grady, "Inventory of Generally Accepted Accounting Principles for Businesses Enterprises", (AICPA, ARS No. 7, 1965), PP. 47~52.
175) Paul Grady, ed., "Memoirs and Accounting Thought of G. O. May," (Ronald Press, 1962), PP. 74.

다양한 회계실무가 「인정된 회계원칙」으로서 논리화된 것임을 확인하게 된다.

특히, 1939년의 Mekesson and Robins 사건으로 인하여 발생한 문제를 연구하기 위한 「감사 절차위원회」가 AIA(미국회계사회) 내에 설치되었다. 그리고 「감사 절차의 확장」(Extensions of Auditing Procedure)이라는 제목의 동 위원회 보고서가 연차총회에서 채택되었다. 이 보고서 속에 「일반적으로 인정된 회계원칙에 준거하여---」(in confirmity with generally accepted accounting principles)라는 문구가 표현되어서 오늘날 회계인들이 통념적으로 사용하는 GAAP의 효시가 되었다. 그래서 「일반적으로 인정된 회계원칙」이라는 용어는 회계실무를 적극적으로 논리화하고 권위화 하는 데서 비롯된 것이다. 그 권위화의 형태는 법률로써 규정하는 것이 아니고 보다 운용하기 쉬운 형태, 즉 SEC(증권거래위원회)의 권한위양을 받은 AIA의 감사 절차위원회와 같은 권위 있는 기관이 회계원칙을 제정한다는 것이다. 이처럼 회계실무의 논리화가 단순한 학설에 의하지 않고 기관의 권위를 배경으로 하여 이루어졌다는데 「일반적으로 인정된 회계원칙」의 근거가 있는 것이다. 따라서 GAAP는 그 시대나 국가에서 실제로 적용되는 회계원칙이고 여러 사람의 합의에 따라 수용되는 것이다. 그러므로 「일반적으로 인정된 회계원칙」이라는 표현은 AIA에 의한 「회계 5원칙」에서 출발한다고 할 수 있으며, 이것이 회계실무를 유지하는 회계원칙으로서의 시원이라 일컬어진다.

본 장의 논점이 「원칙」 지향적 기업회계문화에 대한 접근이기 때문에, 그 이론 구조적 기반이 되는 회계원칙사의 단면을 요약·소개하였다. 그 연장선상에서 보면, 1958년의 「기업회계원칙」과 「재무제표규칙」의 제정은 우리나라의 회계학계는 물론, 실무계에서도 회계원칙의 중요성을 인식하게 해주었고, 그와 동시에 한국의 기업회계 발전에 확실한 이정표를 마련해 주는 계기가 되었다. 당시 기업사회에 회계처리를 위한 기본적인 판단기준을 제공해 주었다는 점에서 그 의의는 실로 큰 것이었다.

그런데도, 1958년의 「기업회계원칙」과 「재무제표규칙」에 모순점이 내재하여 있는 것도 사실이다. 우선 회계원칙 설정 방법상의 문제를 지적할 수 있다. 회계 규범(GAAP)의 설정을 위한 방법론적인 관점에서 그 성격을 검토할 경우, 다음과 같은 두 가지 측면에서 볼 수 있다.[177] 그 하나는 회계실무의 저변에 존재하는 경험적 현상에 바탕을 두어 그 기본원리를 충실히 기술하여 체계화함과 동시에, 일반적으로 수용되는 바를 요약한 사회적인 합의(合意 : consensus)로서 회계원칙의 위치를 정립하는 것이다. 이러한 측면에서의 회계원칙은 기술적인 성격을 갖는 것이 된다. 또 다른 하나의 관점은 어떤 특정한 회계목적을 달성하려는 이상적인 규범을 체계화한 것으로서 회계원칙을 이해하려는 것이다. 그것은 회계의 목적 지향성을 강조함과 동시에, 회계가 이

---

176) Robert Chatov, "Corporate Financial Reporting," (The Free Press, 1975), P. 153.
177) Elden S. Hendriksen, "Accounting Theory, (Homewood, Illinois, Richard D. Irwin, Inc., 3rd edition, 1977), pp. 7-11.

론적으로 지향해야 할 원칙을 연역적인 방법에 따라 찾아낸 것을 일컫는다. 이 경우의 회계원칙은 규범적인 성격을 갖는다. 그래서 회계원칙을 탐구함에는 이 두 가지 측면에서 방법론적 조명을 통하여 관찰하는 것이 타당하다.[178]

상술한 두 가지의 방법론 중에서 어느 쪽에 바탕을 두어 이루어진 것인가의 문제가 제기된다. 1958년의「기업회계원칙」은 그 전문에서 『기업회계의 실무 속에서 발달한 제 원칙 가운데서 일반적으로 공정 타당하다고 인정된 바를 요약한 것』이라고 그 성격을 명시하였다. 여기서 문제가 되는 것은 그것이 제정될 당시에 기업회계의 실무를 실제로 조사하여, 그것으로부터「일반적으로 공정 타당하다고 인정되는 바를 요약」한 것으로서 인정할 수 있는가이다. 그 당시에 우리나라 기업회계의 환경은 회계원칙을 실무로부터 귀납적으로 찾아낼 수 있을 만큼 조성되지 못했을 뿐만 아니라, 회계실무를 실제로 조사하여 우리나라 회계원칙의 제정 방향을 제시했다고 하는 구체적인 증거도 없다. 그 전문에 명시되어 있는 문구는 이를 단순한 해석에 그칠 것이 아니라, 경제선진국에서 발달한 회계관습을, 한국회계원칙을 설정하기 위한 전제로서 합리화시켰다고 보는 편이 타당한 견해라고 할 수 있다. 즉, 한국회계원칙의 전제가 되는 것은 『1930년대의 미국과 1940년대의 일본에서,「기업회계의 실무 속에서 발달한 것」으로서, 전혀 우리나라의 그것은 아니었다.』[179]는 것이다.

그런데 당시의 한국과 같이 회계관습이 충분히 성숙하지 못한 나라에서는 회계의 이론적 연구마저도 도움을 받으면서 기술적 회계원칙의 제정과정을 통하여 규범적인 측면을 조화시킴으로써, 회계원칙의 이론과 실무가 융화되도록 도모하는 것이 가장 타당한 방법이라고 할 수 있다. 따라서 회계원칙을 설정함에 있어서는 명확하게 그 설정 방향이나 목적을 제시함과 동시에, 그것을 기초로 하여 회계행위의 기본원칙이 논리적 타당성을 갖추도록 구성되어야 한다.

1958년의「기업회계원칙」에서는 이러한 논리적 타당성을 명확히 확인할 수 있을 것인가의 문제가 제기된다. 그 전문에 의하면, 『기업회계는 재무제표에 의하여 기업의 경제적 자원의 발생·소멸과 그에 따라 발생하는 기업에 대한 이해관계의 변화를 충실히 보고함은 물론, 다른 기간과 다른 기업의 재무제표와도 비교할 수 있도록 통일적이고 객관적으로 정의된 제 원칙에 따라 처리되어야 한다.』라고 명시되어 있다. 여기에서 회계의 기본목적을 확인하기는 쉽지 않다. 회계의 목적을 직접 반영할 기본명제와 일반원칙 속에서 다른 원칙과 병렬적으로 제시된 진실성과 확실성의 개념이 발견될

---

[178] 귀납적인 실천규범으로서의 성격을 지닌 대표적 회계원칙은 미국공인회계사회에 의하여 발표된 회계원칙들이 있으며, 또한 연역적인 이론 규범으로서의 성격을 가진 대표적 회계원칙은 미국회계학회가 발표한 회계원칙들이라고 할 수 있을 것이다.
[179] 고정섭,「재무회계 기준설정을 위한 방법론 및 기준체계에 관한 고찰」(한국경영학회,『경영학 연구』제4집, 1975), p. 72.

수 있을 뿐이다. 이러한 의미에서, 1958년의 「기업회계원칙」이 논리적 타당성을 지향하는 것으로서 형성되었다고는 쉽게 수용할 수가 없다. 여기에 1958년의 「기업회계원칙」이 지닌 방법론상의 문제가 존재함을 인식하지 않으면 안 된다.

회계원칙이 기업의 회계처리를 행함에 있어서 준수해야 할 판단기준임은 분명하다. 그러나 그 규범이 놓여있는 경제사회에 충분히 기능을 발휘하기 위해서는 그에 앞서서 우선 기업회계를 둘러싸고 있는 제도가 정비되어야 한다. 제도란 직접적으로는 법적인 강제감사 제도를 의미하며, 간접적으로는 공인회계사제도를 가리킨다. 회계원칙은 정비된 이들 외부적 제도를 전제로 하여, 그 사회적 존재의의를 갖게 된다.[180]

1958년의 「기업회계원칙」은 여러 가지 환경조건을 수용하여 제정된 것이었지만, 공인회계사에 의한 법정감사 제도나 증권거래법에 따른 증권시장 제도가 완비되어 있지 않았기 때문에, 「기업회계원칙」이 그 기능을 수행하는 것은 아주 곤란한 상태였다. 1956년 3월 조선총독부 시대의 구법령(구법령)[181]에 의하여 증권거래소가 개장되어 있었으나, 상장된 주식의 공정한 평가를 할 신뢰성 있는 자료가 없었음은 물론, 증권거래의 방식도 증권투자자가 신뢰하여 참가할 수 있을 만큼의 제도적 장치가 되어 있지 못한 상태였다.[182] 당시에 계리사제도가 있었지만, 그것은 외부감사제도가 확립되지 못한 상황의 것이었다. 그런데도 자본형성의 매개자인 증권시장에 관한 규정을 조선총독부 시대의 법령과 제도에 의존한 채, 한국 「기업회계원칙」이 제정되었다는 데에는 그것이 숙명적인 모순점을 갖게 하는 원인이었다. 이와 같은 제도적 상황이었기 때문에 최초의 우리나라 「기업회계원칙」이 지닌 사회적 의의나 실무계에 대한 영향력은 지대한 것이었다고 해도, 미해결의 문제가 있었음을 고려하지 않을 수 없다.

일본이나 미국에서 GAAP의 제정 배경에는 그에 선행하여 제도적 정비가 있었음에 주목할 필요가 있다. 이처럼 회계 규범의 제정은 그것을 중심으로 하는 다양한 제도의 정비가 선행될 때, 완전한 그것의 기능을 발휘하게 된다는 것을 확인하게 된다.

우리나라도 회계원칙(GAAP)을 제정하기 전에 전술한 바와 같은 증권거래법의 제정이나 그에 수반하는 법정 강제감사 제도의 도입, 그리고 종래의 계리사제도를 개편하여 공인회계사제도를 강화하는 것 등, 일련의 조처를 하는 것이야말로 선결문제였다고 본다. 그러한 제도적 정비가 이루어진 다음에 회계원칙의 개정 문제가 활발하게 전개되기 시작한 것은 1970년대에 이르러서였다.

---

180) 조익순, 「先行되어야 할 제도적 개편」(한국생산성본부, 『기업경영』 제10호, 1959년 2월), pp. 38-39.
181) 이것은 1943년 7월 1일 자로, 조선총독부에 의하여 제정·공포된 조선증권취인소령(朝鮮証券取引所令)을 가리키는 것이며, 1962년 1월 15일 자의 한국 정부에 의한 증권거래소법이 제정·공포되기까지 그 효력을 갖고 있던 것을 일컫는다.
182) 조익순, 전게논문, p. 41.

2. 맺음말

한국회계원칙(GAAP)은 제정된 이후 성장과 발전을 거듭하는 과정에서 두 번의 개정을 단행하게 된다. 결국 그 과정에서 「회계처리 및 보고지침의 다원화」를 가져왔다. 즉, 「기업회계원칙」(1976) 및 「상장법인 회계규정」(1974)에 준거하여 작성되는 것은 재무제표라고 하는데, 상법의 회사 규정 및 상법의 부칙(제5조)에 의한「계산서류 규정」에 따라 작성되는 것은 계산서류라는 명칭을 갖고 있을 뿐만 아니라, 서로 다른 체계를 갖추고 있었다.

이러한 차이점은「기업회계원칙」과「상장법인 회계규정」이 투자자 보호를 배경으로 하는 이익계산 중시의 재무제표 체계인 데 비하여, 상법과「계산서류 규정」에서는 채권자 보호를 목적으로 하는 채무 지급 능력 중시의 계산서류라는 점이다. 이를 다소 해소하려는 입장에서「기업회계원칙」의 재무제표부속명세서가 상법과「계산서류 규정」에 의한 재산목록 대신에 제시할 수 있도록 했다. 이익잉여금처분계산서는「준비금과 이익 또는 이자의 처리에 관한 의안」을 대신할 수 있는 것으로 보았다. 그보다는 기업회계제도의 전면적 정비를 통한 개선책을 모색하는 편이 훨씬 발전적이었을 것이다.

이와 더불어 지적해 두고 싶은 것은 1976년 개정원칙이 법인소득세의 비용화를 제기하였고, 아울러 자금 정보의 공시제도와 기업집단 연결 회계정보의 공시제도를 도입하는 등, 이용자 지향적 회계기준의 체계화를 시도하였다는 점이다. 하지만 이러한 방향에 따른 1970년대의 한국회계 규범의 성장과 발전을 지향하는 개정으로서는 충분하다고 할 수 없으며, 정보 지향적 회계구조로 변화하는 회계환경에 맞춰서 그 취지를 충분히 반영한 회계 규범으로서의 내용 정비가 적정하게 이루어졌으면 하는 아쉬움이 있다.

성장 발전기의 회계환경에 따른 제·개정작업에 따라 이루어진 한국회계 규범(GAAP)은 다원화의 불합리한 상황을 극복해야 하는 문제에 봉착했다. 그것은 계속되는 환경변화에 대응하기 위하여 다원화의 상황을 극복하고 단일화를 향한 당국의 노력이 진행되었다. 다원화되어 있는 회계 규범의 단일화 대책을 세우게 된 것은 1970년대 후반기부터의 일이다. 「기업회계원칙」은 다원화의 혼란스러운 상황 속에서도 1981년의 제2차 개정 때까지는 지도원리의 역할을 충분히 수행하였다. 그런데 1980년 12월 30일에「주식회사의 외부감사에 관한 법률」(이하 외감법이라 칭함)이 제정됨으로써, 윤리 규범적 성격의「기업회계원칙」은 새로운 운명에 봉착하였다.

「외감법」(제13조)에 의하면,『회사의 회계처리 기준과 그 제정에 관해서는 다른 법령의 규정에도 불구하고 따로 대통령령으로 정한다.』라고 규정되어 있다. 그리고 같은 법 시행령(대통령령 제10,453호)의 규정(제6조)에는 『① 법제13조의 규정에 따른 회사의 회계처리 기준은 증권관리위원회가 재무부 장관의 승인을 얻어 정한다. ② 제1항의 회계처리 기준은 회계관습 속에서 일반적으로 공정 타당하다고 인정되는 바에 의하지만, 기업회계와 감사인의 회계감사에 통일성과 객관성이 확보되도록 하여야 한다.』라고 규정되어 있다. 이로 인하여 또 다른 하나의 회계기준)이 탄생할 처지에 처한 것이다. 그러나 이 외감법의 규정을 계기로 새로 태어나는 회계기준에 종래의 회계원칙 성장기에 다양하게 등장한 여러 가지 회계규정을 통합·조정하여 일원화하는 방향으로 의견수렴이 이루어졌다.

이러한 상황변화는 「기업회계원칙」이 법률 성격을 지닌 법규범으로 탈바꿈하게 하는 결과를 가져왔다. 그것은 「재무제표규칙」과 더불어 증권거래법에 따른 「상장법인 회계규정」 및 「상장법인 재무제표규칙」, 그리고 상법에 따른 「계산서류 규정」을 통합·조정한 하나의 단일화된 회계 규범으로 정리됨을 의미하는 것이다. 그러나 기업회계의 실무를 이끌어 가는 지도원리로서의 회계 규범의 질적 수준을 향상하기 위한 노력과 동시에, 법률 성격을 부여함으로써, 회계 규범으로서의 탄력성이 상실될 우려가 나타났고, 그로 인하여 발생하는 차이점을 수렴하여 조정할 수 있는 방향으로의 연구·검토가 이루어졌음은 물론이다.[183]

따라서 회계 규범은 회계사 발전사의 물결 속에서 ① 기업이 행하는 회계행위의 지침으로서, ② 사회적 이해조정을 위한 윤리 규범으로서, 그리고 ③ 사회적 합의(최대공약수)의 결정체로서 생성되고 그 역할을 수행하게 된다.[184] 또한 그것은 다양한 회계환경 속에서 창출·육성되는 제도적 산물이며, 바람직한 회계제도의 모형을 상정(想定)하여 그 확립과 정착을 위해 노력하여야 할 성질의 것이다. 이러한 한국적 회계환경에 직면하고 있는 회계인들에게 있어서 기업회계제도는 「관찰」의 대상에서 벗어나 「비판」(批判) 내지는 「개선」의 대상임을 인식하고, 또한 그것의 자연적인 생성·발전을 기다리는 것이 아니라 그것을 창출·육성시킨다고 하는 학구적인 태도가 요청되는 상황이었다고 보는 것이다.[185]

---

[183] 고승희, 전게서, pp. 196-199.
[184] 고승희, 『韓國 會計原則の展開』(단대출판부, 1986), 298-299ペイジ.
[185] 고승희, 「우리나라 기업회계제도의 개선 방향」(한국세무사회 부설 한국 조세연구소, 1999), p. 204. 이정호 외 4인, 전게서, PP. 205-206.

제9장 한국 현대사회의「기준」 지향적 기업회계문화(Ⅱ)[1]
(구미형 기업회계기준의 시대 : 1981~2020)

1 프롤로그

「기업회계기준」은 다양하게 정립되어 있던 회계 규범이 정비됨으로써, 증권거래법 회계와 상법 회계를 규율하는 기본적인 한국회계 규범(GAAP)의 지위를 확보하게 되었고, 한국기업의 회계행위를 지도하는 통일된 회계 규범으로 정착하게 되었다. 그것은 이용자의 다양한 회계정보의 요구에 적합한 회계 규범으로 지향한다는 목표에 따라 그 체계와 내용이 개편되었다. 재무상태변동표를 도입하여 자금흐름 정보의 공시를 기축으로 하는 재무제표의 체제가 확립된 것도 이 무렵의 일이다. 그뿐만 아니라, 손익계산서를 재무 상태의 변동과 흐름을 연계하는 것으로 하였고, 대차대조표를 우선순위에 놓아 대차대조표 중심의 회계구조로 편성된 재무제표의 체계가 정비되었다는 것은 큰 변화라고 할 수 있다. 또한 「기업회계기준」은 기간비교가 쉽게 이루어지도록 비교 재무제표제도가 도입되었으며, 대차대조표는 보고식과 계정식의 두 가지 방식에 따라 작성되도록 하였다.

특히 1984년의 상법개정은 역시 「일반적으로 인정된 회계관행」(GAAP)에 의할 것을 요청하는 포괄적 규정(상법 제29조 제2항)을 두어 「기업회계기준」의 기능을 확인하고 있음은 물론, 회사의 계산 규정에 그 내용을 수용함으로써, 기업회계의 기본적 사고를 충분히 수용하였다. 이와 더불어 한국경제의 고도성장에 따른 기업 집단화가 이루어지고 다국적기업으로서의 활동이 두드러진 점을 감안하여 「증권관리위원회」는 「기업회계기준」 내에 규정되어 있는 연결재무제표 기준을 분리·독립시켜 연결 회계 제도의 정착을 위한 기초작업을 시도하였다.[2]

---

[1] 본 장의 내용은 다음의 문헌들을 기본 자료로 하여 인용·정리되었음을 밝혀 둔다.
고승희, 『韓国会計原則の展開』(ソウル、단대출판부, 1986), PP. 143-267。
李正浩 외4인, 『한국기업회계제도의 발달과 그 전망』(서울대학교 경영대학 회계학연구센터, 2003), PP. 207-284. & 고승희, 『한국회계기준 변천사』(서울, 수서원, 2007), PP. 229-401
[2] 고승희, 『韓国会計原則の展開』 (ソウル、단대출판부, 1986) , P. 244。

이러한 과정에서 1990년대 이후, 정치적 민주화의 진행과 더불어 사회경제적 환경은 크게 달라지기 시작하였다. 기업 활동의 국제화로 인하여 기업규모의 확대가 이루어지고 그에 따른 기업공개제도가 정착단계에 이르렀다. 그뿐만 아니라, 경제성장에 수반하는 국민소득의 증가로 여행 자유화의 사회적 분위기가 고조되었으며, 국민의 의식구조가 향상됨에 따라 증권시장에 대한 사회적 관심도가 높아지게 되었음은 물론이다. 증권시장을 통한 기업에의 투자가 일반화되었고 기업의 회계정보를 이용한 투자의사결정을 하는 수준에까지 사회경제적 분위기는 개선되었다. 기업은 이용자의 투자의사결정을 위한 회계정보의 유용성과 이해관계자의 이해조정을 위한 회계정보의 적정성을 고려하지 않을 수 없게 되었다.

밀레니엄 시대로 진입하면서 한국회계 규범은 우리나라에 근대 회계제도가 도입된 이래 가장 큰 변혁기를 맞이하게 된다. 이 시기(AD2000~2020)는 실로 「한국회계제도의 빅뱅(big bang)기」라고 할 수 있다. 우리나라는 1990년대 후반기에 국민소득 1만 달러의 달성을 구가하면서 경제협력개발기구(OECD)에 가입한 지 1년 만에 국가부도의 위기에 직면하여 국제통화기금(IMF)의 구제금융을 받기에 이르렀다. 그 주요 원인은 자금 부족으로 인한 기업의 연쇄도산, 외화 부족으로 인한 환율폭등 및 증권시장의 주가 폭락 등에서 찾을 수 있으나, 한편으로는 대기업의 정경유착과 차입경영, 선단식(船團式) 경영 및 관치금융의 수치스러운 기업경영 형태에서 비롯되었다.[3] 그에 따라 기업의 경영 투명성 부재와 신뢰성 저하가 지적되었으며, 기업회계제도의 불투명성에도 상당한 책임이 있다는 공감대가 형성되었다.

이러한 배경하에서 기업회계의 문제에 대한 논의가 본격화되었고, 특히 이는 정부의 정책과제로 채택되어 강력하게 추진되었다. 특히, 구제금융을 지원하였던 국제통화기금(IMF) 및 세계은행(IBRD)과의 차관지원조건 중, 회계 개선 프로그램이 포함된 것은 회계 개혁의 원동력으로 작용하였다. 회계 개혁의 기본취지는 분식회계를 근절시킴과 동시에, 국제적으로 인정받을 수 있는 회계정보가 제공되도록 하는 것이었다. 우선 분식회계의 근절을 위한 회계환경개선의 하나로 감사인선임위원회, 감사위원회 및 내부회계관리제도의 강화 등, 제도적 보완이 이루어졌다. 그리고 회계기준의 국제화를 추진하기 위한 설정 기구의 개편이 단행되었다. 즉, 회계 규범의 제정 및 개정업무가 「한국회계기준원」(처음은 한국회계연구원이었음)으로 이양되었다. 그래서 국제적 정합성 향상을 지향하기 위하여 국제회계기준과 미국의 재무 회계기준을 준거기준으로 정하고 이를 대폭으로 수용하는 방향으로 한국회계 규범(GAAP)의 구조적인 개선이 단행되었다.

1999년에 순수 민간기구(private sector)인 「한국회계기준원」이 설치되면서부터 우

---

[3] 고승희, 「경제국제화시대의 회계적 대응」(한국세무사회, 『계간 세무사』 제16권 제1호, 1998), PP. 14-15.

리나라 기업회계문화는 지각변동이 일어났다. 그것은 한국회계문화의 혁신(innovation)이었다. 종래의 「기업회계기준」의 구조와 내용에 변혁의 물결이 밀려온 것이다. 「기업회계기준서」로의 진화(evolution)는 이 과정에서 이루어지기 시작하였다. 물론, 2006년까지는 「기업회계기준」과 병존하는 형태로 운영되기는 했지만, 「기업회계기준서」는 국제회계기준 및 미국 재무 회계기준과 같은 유형으로 그 구조와 내용이 형성되는 과정을 밟아갔다. 이것이 한국회계문화의 변혁기에 일어난 일이다. 이 시기의 한국회계 규범의 변화내용을 체계적으로 정리하고 평가하는 것은 상당히 어려운 일이다. 이와 관련된 여러 가지 개혁을 신중하게 접근해야 할 것으로 생각한다.

본 장에서는 일련의 개혁과정을 중요한 이슈(issue)별로 정리하는 방법을 취하였다. 우선 회계 변혁의 바람을 일으켰던 당시의 회계환경에 대한 접근에서부터 시작하여 「기업회계기준」으로 통합되는 과정을 검토함과 동시에, 그것의 체계적 내용은 물론, 「기업회계기준」의 근저에 내포된 회계학적 특성에 관하여 탐구할 것이다. 특히 1990년대 이후에 전개된 한국회계 규범의 성숙한 모습을 조명하고 여러 차례의 재정을 통하여 한국의 기업사회에 정착되어 가는 과정을 정리함과 동시에, 「기업회계기준」의 구조적 특성에 대한 검토도 함께 이루어질 것이다. 이어서 「기업회계기준서」로 진화하는 과정과 그 구조적 체계를 검토함으로써, 이 시기에 형성된 한국회계 규범(GAAP)의 특성을 살펴봄으로써, 한국적 기업회계문화의 풍향계(風向計)를 모색하려고 하는 것이다.

2 「기준」 지향적 기업회계문화 시대의 회계환경

1. 회계 규범 통합기의 회계환경

1) 사회경제적 환경

1982년부터 1986년까지 실시된 제5차 경제사회발전계획은 종래의 계획과는 그 성격이 상당히 많이 변화하였다. 이때부터 「경제개발」이라는 용어 대신에 「경제사회발전」을 사용하였다. 1970년대 고도성장의 부작용을 극복하면서 복지사회건설을 위한 사회발전에 중점을 두며, 자율적 경제발전을 도모한다는 의미에서 「개발(開發)」이라는 용어를 「발전(發展)」으로 수정한 것이다.[4)]

제5차 경제사회발전 5개년계획의 기본이념은 ① 안정 ② 능률 ③ 균형 등의 3가지로 요약된다. 이때까지 추구됐던 「성장」이념 대신에 「안정」에 바탕을 둔 경제의 체질 개선에 중점을 두었다. 경제의 능률향상을 위한 경제 자율화와 개방화를 촉진하고, 분권화된 의사결정 체제를 구축하며 민간 주도를 지향하였다. 시장 메카니즘을 존중하고 이때까지 구속적으로 목표를 강요하던 것을 유도적인 계획으로 전환하여 목표의 무리한 달성보다는 그것을 실현하는 과정을 중요시하였다. 균형적인 사회개발을 중점적으로 전개함은 물론, 경제활동에 참가 기회를 확대하고 소득계층 간・지역 간의 균형발전을 도모하고, 사회의 안정에도 노력을 기울였다. 그리하여 ① 물가의 안정, 긴축금융, 그리고 세제의 합리화 등을 내용으로 하는 안정 기반의 정착과 능률향상 ② 중화학공업 제품의 수출 비중 확대에 의한 국제수지의 건전한 관리 ③ 중화학공업조정, 부품산업육성, 기술혁신 및 인재 개발에 따른 비교우위 산업구조의 전환 ④ 간척사업, 성장거점도시의 개발에 의한 국토의 균형개발과 환경보전 ⑤ 부동산투기 억제, 주택보급률의 상승, 의료보험 수혜율의 재고를 통한 사회개발의 확대라는 중점목표를 설정하였다.5)

대외여건은 1985년에서 1986년까지의 3저 호황을 제외하고 경제개발계획을 착수한 이래 가장 불리하였음에도 불구하고 계획기간 중 도매물가지수 0.8%, 소매물가지수 3.5% 상승이라는 획기적인 성과를 달성했다. 물가안정으로 우리 상품 국제경쟁력이 향상되고 실질소득이 증가하여 분배구조도 개선되었고, 실질금리의 보장은 저축증대 및 국제수지개선으로 이어졌다. 기업은 인플레에 편승하던 경영방식을 탈피하여 기술개발에 매진하여 기업체 질을 개선하였으며 부동산투기 억제정책의 추진으로 불로소득 원천을 봉쇄하여 사회적 위화감 해소에도 크게 이바지하였다.6) 이러한 제5차 경제사회발전 5개년 계획(1982-1986)기간에 이루어진 실적을 소개하면 <표 9-1>과 같다.

한국 정부는 이때까지 구축된 성장기반을 바탕으로 하여 제6차 경제사회발전 5개년 계획(1987-1991)을 수립하였다. 그 기본목표는 능률과 형평을 기초로 하는 경제 선진화와 국민복지의 증진에 두었다. 그것은 경제사회의 제도적 발전과 질서의 선진화는 물론, 산업구조의 개편과 기술 입국의 실현, 더 나아가서는 지역 간・계층 간의 균형발전과 국민 생활의 질적 향상을 기할 수 있는 모든 사항 정책을 추진하는데 두었다.7)

제6차 경제사회발전 5개년계획(1987-1991)의 중요정책 방향은 ① 고용기회 확대를 위한 적정성장의 지속이고 ② 물가안정 기조를 견지하며 ③ 산업구조조정의 촉진과 기술 입국의 실현 ④ 국제수지의 흑자기조 정착과 외자 부담을 완화하는 것이며 ⑤ 국민복지의 증진과 형평성 향상에 두었다.

---

4) 대한상공회의소, 『한국경제 20년의 회고와 반성』(1982), P. 294.
5) 김성수, 『한국경제의 이해』(서울, 학문사, 1992), PP. 178-181.;; 이정호 외4인, 『한국기업 회계제도의 발달과 그 전망』(서울대학교 경영대학 회계학연구센터, 2003), P. 208.
6) 김성수, 상게서, PP. 183-185.
7) 상게서, PP. 186-188

<표 9-1> 제5차 경제사회발전계획 지표의 실적치

구 분	단 위	제4차 계획 (1977-1981)	제5차 계획(1982-1986) 계획	제5차 계획(1982-1986) 실적
(경제성장)	불변, %			
GNP 성장률	경상, 조원	5.8	7.5	8.6
GNP 규모	경상, 억	45.1	75.9	82.8
1인당 GNP	달러	666.0	793.0	940.0
총투자율	경상, 달러	1,719.0	2,325.0	2,268.0
국내 저축률	경상, %	31.1	29.6	30.2
해외 저축률	경상, %	25.5	26.3	27.0
	경상, %	5.6	3.1	3.2
(국제수지 외채)				
경상수지	억 달러	—47	4	45
무역수지	억 달러	—36	4	43
수출	억 달러	207	175	336
수입	억 달러	243	351	293
무역외수지	억 달러	—15	—8	—10
총외채	억 달러	324	474	450
대외자산	억 달러	80	145	119
순 외채	억 달러	244	329	331
물가				
도매 물가	%	19.3	0 — 1	0.8
소비자물가	%	18.4	2 — 3	3.5
재정금융				
조세부담률	%	18.1	22.0	18.6
사회개발지출	%	24.5	29.6	28.1
일반회계				
산업 및 기술				
수입 자유화율	%	74.7	91.6	91.5
과학 기술투자 GNP	%	0.9	1.8	2.0
에너지소비 탄성치	%	1.11	1.05	1.08
농외소득 중	%	32.1	41.4	36.3
국민 생화				
출생률	일천명당/ 명	24.4	22.1	19.4
평균수명	%	66.7	68.4	68.4
주택보급률	%	70.5	68.6	70.1
의료보장 수혜율	%	40.6	64.4	56.7
상수도 보급률	%	57.0	70.0	70.0
도로 포장률	일반국도, %	55.3	77.7	69.9
전화 보급 대수	100인당/대수	8.4	19.3	18.0

<자료 : 김성수, 『한국경제의 이해』(1992), P. 182.>

1988년에는 경제민주화 확산과 국제협력의 필요성 등, 환경조건의 변화로 인하여, ① 경제운용의 형평성을 제고하고 공정성을 확보하며 ② 경제의 균형발전과 서민생활의 향상을 기하고 ③ 경제의 개방화와 국제화 추진을 위한 정책 방향을 수정하였다.8)

따라서 이 시기의 연평균 경제성장률은 8% 이상을 달성하였고, 계획 최종연도인 1991년의 1인당 국민소득은 6,498달러에 달하는 등, 소득수준이 향상되었다. 그에 수반하는 소비세 제의 개선과 소비재수입의 확대 등으로 국내 소비가 착실히 증대되었음은 물론, 생산성 향상과 구조조정을 위한 기업의 설비투자도 확대되어 성장기여도가 크게 향상되었다고 한다.9)

2) 제도적 정비와 회계학계의 역할

경제발전계획을 추진하면서 한국 정부는 공정거래법을 제정하여 공정거래의 기반을 확립함과 동시에, 1981년 11월에는 외국인 투자가에 의한 증권투자가 이루어지도록 외국인 전용 수익증권의 발행을 승인하였다. 그에 따라 3천만 달러의 수익증권(Korea International Trust)이 발행10)되는 등, 증권시장의 국제화가 구체화하기 시작하였다. 그에 수반하는 증권시장의 규모 확대에 대비하기 위한 제도적 개선의 하나로서 1982년 4월 1일에 증권거래법이 개정(법률 제3,541호)되었다. 그와 동시에 한국 정부는 경제성장을 방해하는 법령 정비의 하나로 1982년 12월 30일에 「상법 중 개정법률안」을 국회에 제출하였다. 이 개정안은 1984년 초에 이르러 국회의 심의가 이루어지고 3월 17일에 의결되었고, 4월 10일에 공포(법률 제3724호)되어 동년 9월 1일부터 시행되었다. 이 상법은 1962년에 제정된 지 22년 만에 개정된 것으로서 새로운 기업환경에 적합한 기본 상사법으로서의 체제를 갖추게 되었다.11) 더구나 개정상법이 한국기업회계기준과 모순이 될 수 있으면 제거하려고 했던 점은 주목할 만하다.

이러한 과정에서 「증권관리위원회」를 중심으로 하여 회계기준을 통합한 다음의 수정을 위한 움직임이 활발하게 이루어졌다. 「증권관리위원회」는 한국회계학회에 업종별 회계처리 기준에 관한 의견을 구하였다. 한국회계학회는 1983년 1월 11일에 건설업 회계처리 기준에 관한 의견서를 답신으로 보내고, 또한 1984년 1월 30일에는 리스회계처리기준에 관한 의견서를 제출하였다. 특히 한국회계학회는 기업회계기준의 개정에 관한 의견서를 1984년 4월 30일에 발표하였다.12)

---

8) 상게서, PP. 188-191.
9) 상게서, PP. 192-193.
10) 한국증권거래소, 『한국의 증권시장제도』(1982), PP. 417-418.
11) 손주찬 외, 『개정상법 해설』(삼영사, 1984), P. 133;; 이정호, 『현대회계이론』(경문사, 1985), P. 191.

「증권관리위원회」는 이 의견서를 기초로 「회계제도자문위원회」의 자문을 거친 다음, 1983년 10월 20일 자로 건설업 회계처리 기준을 제정하였고, 또한 1984년 9월 1일에는 「기업회계기준」을 개정하였다. 이 개정은 신상법의 계산 규정 일부를 수용하는 것이었다. 그에 즈음하여 「공인회계사의 감사의견 표시에 관한 요령」(재무부「증2」1224-1852)의 폐지에 따라, 그 내용을 「기업회계기준」 속에 반영하였다. 그와 동시에 「기업회계기준」에 포함되어 있던 연결재무제표에 관한 규정을 독립시켰다. 「연결재무제표 기준」은 리스회계 처리기준과 함께 1985년 1월 1일 자로 제정되었다.

2. 회계 규범 성숙기의 회계환경

1) 성숙기의 사회경제적 환경

(1) 제7차 경제사회발전 5개년계획의 추진

1990년대에 접어들면서 한국경제는 경제성장률이 둔화하고 물가의 상승과 더불어 국제수지의 악화 등, 심각한 국면에 처하게 되었다. 그동안의 고도성장에 적신호가 켜지고 불황 국면에 빠지게 되었다. 특히 1993년 10월에 실시된 금융실명제의 영향으로 재무구조가 열악한 중소기업의 경우는 부도의 위기에 몰리게 되었고, 경기회복의 전망을 어둡게 했다. 그런데 1992년부터 착수된 제7차 경제사회발전 5개년계획의 진행은 한국의 경제구조가 점차 개방형 공업국의 형태로 탈바꿈시켜놓는 계기가 되었다.

제7차의 경제사회발전계획의 목표는 1990년대를 설계하는 계획으로서, 선진국으로의 진입을 위하여 경제 사회적 안정 기반의 구축과 국민화합의 바탕 위에서 성장잠재력을 극대화하여 경제력을 증대시켜 나가는 것이었다. 주요 경제목표는 다음과 같다.[13]

① 첨예화되는 국제경쟁 하에서 우리의 경쟁력을 지속해서 신장시켜 나가기 위해 기술혁신을 통한 발전잠재력을 확충시킨다. ② 국민 생활의 질적 향상과 복지증진을 위한 체계적이고 단계적인 정책을 제시하고, ③ 급속도로 진전되어 가는 국제화 추세와 조화되도록 시책을 발전시켜 나가면서 국제경제에 있어 우리의 지위를 계속 향상해 나갔다. ④ 자유시장경제 원리를 바탕으로 경제사회 각 분야의 제도를 정비하여 경영체질을 강화하고 민간부문과 공공부문의 역할을 재정립하는 것, 등의 4가지이다.

---

12) 한국회계학회, 『회계학 연구』 제5호, (1984), P. 192.
13) 경제기획원, 『제7차 경제사회발전 5개년계획서 : 1992-1996』, (1992) ; 김성수, 『한국경제의 이해』(서울, 학문사, 1992), P. 194.

이 시기는 1993년부터 출범한 문민정부에 따라 민주화가 본격적으로 진행되었으며, 그러한 민주화 과정에서 단계별로 사회복지 향상을 위한 다양한 욕구 분출이 표면화되기 시작하였음은 물론, 계층 간, 부문 간 대립과 갈등이 심화할 가능성이 예측되기 때문에, 그것을 줄이고 국민 생활의 안정과 국민화합의 바탕을 구축하기 위한 지속적인 경제력을 증대시켜 나간다는 것이었다. 이를 추진하기 위하여 국민 생활의 질적 발전과 지역 간 균형발전 및 복지증진을 위한 체계적인 지원계획이 그 구심점을 이루었다.

제7차 경제사회발전계획은 목표연도인 1996년에 총인구가 45,2천 명, 경제활동인구가 21,1천 명, 경제활동 참가율 61.6%에 이르고 있음을 알 수 있다. 그리고 국민총생산(GNP)은 4,560억 달러에 달하며, 1인당 국민소득은 10,050달러로 계획되어 있는 것이다. 경상수지는 50억 달러의 흑자를 수립하는 것으로 계획되었으며, 순순한 외채는 100억 달러로 감소하는 것으로 되어 있고, GNP 연평균 성장률은 7%로 보았다.

이 시기는 그동안 정부가 주도한 규모 위주의 압축성장 신화가 막을 내리고 새로운 패러다임으로 전환되는 시기라고 할 수 있다. 이 기간에 OECD 가입으로 선진국의 반열에 들었다는 희망을 보여 준 반면에, 대기업의 부도 사태가 발생하였다. 이런 사건들에 대한 미봉적 수습으로 인해 1997년 12월 3일 한국 정부는 외환위기를 맞았고, 국제통화기금(IMF)과 긴급구제 금융지원협약을 체결하는 국가부도의 상황까지 이어졌다. 이는 그동안 누적된 한국경제의 구조적 문제점이 현실화한 것으로 해석할 수 있다. 효율성을 무시한 성장 위주의 경제정책, 정경유착 및 정실자본주의(crony capitalism), 재벌의 비호에서 비롯된 건전한 지배구조의 결여와 경영의 불투명성, 금융제도의 허약성 등, 경제의 모든 분야에서 은폐됐던 문제들이 노출되는 결과를 초래하였다.14)

위기 극복을 위하여 정부는 금융, 기업, 공공, 노동시장 등 4개 부문에 대하여 대대적인 개혁을 추진하였는데 그 기조는 정부주도형 경제에서 시장경제로의 전환이었다. 이러한 개혁의 기조는 90년대부터 미국을 중심으로 주장되어 온 세계 경제의 재편 패러다임 즉, 시장경제기능의 활성화를 주요 내용으로 하는 '국제기준'을 전면적으로 수용하는 것이었다. 그동안 한국사회의 전반을 지배하던 집단주의, 동질주의가 무한경쟁 논리 하에 개인주의, 차별주의로 전환되었으며, 경제도 신자유주의경제 논리를 대폭 수용하여 경제주체의 자율성을 회복시키는 방향으로 전개되어 갔던 것이다.15)

이러한 1990년대의 성장궤도 속에서 기업회계가 이해관계자들의 의사결정과 이해조정을 위하여 유용하고 적정한 정보를 제공할 수 있게 하려면, 회계기준과 감사기준 등, 회계 규범의 이 시대에 적합한 것으로 수정되어야 한다는 것은 자명한 이치이다. 그래서 1990년대부터 「기업회계기준」에 대한 개정작업이 여러 차례 이루어졌고, 관

---

14) 이정호 외4인, 『한국기업회계제도의 발달과 그 전망』(서울대학교 경영대학 회계학연구센터, 2003), P. 233.
15) 상게서, P. 233.

련 법령의 개정을 위해서도 노력하였다. 국제화의 물결이 쇄도해 들어오기 시작한 이 시기에 사회경제적 회계환경변화는 「기업회계기준」의 국제화를 지향하는 방향으로 수정할 수밖에 없는 상황이었다.

(2) 외환위기로 인한 회계환경의 변화

우리나라는 1997년 11월 18일 외화보유액의 고갈로 인해 한국 정부는 국제통화기금(IMF)과 세계은행(IBRD)에 자금지원을 요청하였고 자금지원조건으로 회계제도의 정비를 수용하게 되었다. 우리나라 회계제도에 가장 큰 영향을 미친 것은 지원자금을 제공한 국제통화기금(IMF)과 세계은행(IBRD)의 회계제도 개선 요구이다

① 국제통화기금의 자금지원조건[16]

한국 정부는 외환 유동성 확보를 위하여 1997년 11월 21일 국제통화기금(IMF)에 자금지원을 요청하고, 1997년 12월에서 1999년 5월까지 195억 달러의 자금을 지원받았다. 그 후 경제회복을 바탕으로 1999년 9월 18일 국제통화기금(IMF)의 보완 준비금융 135억 달러를 조기상환 하였으며, 2004년 상환 예정이던 국제통화기금(IMF)의 대기성 차관 60억 달러를 2001년 8월 23일 조기상환 하였다. 이러한 과정에서 자금지원과 관련한 당국 간 정책협의를 개최하고 자금지원에 따른 이행조건으로 1997년 12월 3일의 1차 의향서(Letter of Intent)를 작성하여 승인받았으며 이후 2000년 6월 12일까지 9차례에 걸친 의향서를 작성하였고 분기별 혹은 반기별로 그 이행 여부를 보고하였다.

의향서는 자금지원의 기대효과 및 달성목표에 대한 개략적 기술과 경제프로그램각서(memorandum on economic program), 그리고 개혁의 성과, 원화 보유현황, 외환보유현황으로 구성되어 있다. 그 의향서의 핵심적인 내용은 경제프로그램각서로서 거시정책, 금융 부문의 구조조정, 자본자유화, 무역자유화, 노동시장 개혁 및 사회복지프로그램, 기업지배구조의 조정 등으로 대별하고 이들 영역에 관하여 주제를 정하고, 주제별로 구체적인 실천항목과 달성 시기를 정하는 식으로 구성되어 있다.[17] 우리나라가 경제개혁프로그램을 원활히 수행함에 따라 의향서의 내용은 더 구체적으로 발전되었는데 조기상환을 종료한 9차 의향서는 앞으로 이행사항보다는 당시의 추진상황을 간략히 보고하는 내용으로 종결되었다. 회계와 관련한 내용은 금융 부문의 조정영역과 기업지

---

16) 상게서, PP. 236-237.
17) 예를 들어 1차 의향서의 기업지배구조와 구조조정영역은 기업 투명성 제고, 주주에 대한 책임성 제고, 기업구조조정, 기업 정리절차 등의 소주제로 구성되어 있다. (이정호 외4인, 전게서, P. 236.)

배구조에 포함되어 있는데 주요 내용은 다음과 같다.[18]

① 국제적 수준의 회계기준과 공시기준을 마련하고 이에 따라 재무제표를 작성한다. 특히 금융기관에 대한 국제회계기준(IAS 30)을 벤치마크로 제시하였다. ② 국제수준의 회계감사 기준을 마련하고 감사인선임위원회를 설치하여 감사인선정의 공정성을 기한다. 금융기관의 경우, 국제적으로 공인된 회계법인을 외부감사인으로 선임한다. ③ 대규모기업집단은 결합재무제표를 작성한다. ④ 반기재무제표를 감사 필로 하며 분기재무제표를 작성한다는 것이었다.

회계기준의 국제화는 우리의 자체 의지로 상당 기간 추진하고 있었으므로 그 파장이 심각하다고 할 수는 없지만, 그동안 회계기준의 개정과정에서 치외법권 지대로 존재하던 금융기관의 회계처리 기준을 전면적으로 국제 수준으로 보완하는 것은 가히 혁명적인 조치라고 할 수 있다.[19]

국제통화기금(IMF)에 의한 이행사항의 실행에 대해 우리의 의지와는 무관하게 반강제적으로 단행되어 정해진 일정에 맞추는 과정에서 우리의 경제 여건을 제대로 반영하지 못한다는 시각도 있었다. 그러나 그동안 누적됐던 기업회계의 선진화 과제를 외부충격으로 일시에 해결하였다는 긍정적 시각이 지배적이었다.

② 세계은행의 자금지원조건[20]

한국 정부는 국제통화기금(IMF) 이외에 세계은행(IBRD)에도 자금지원을 요청하여 1997년 12월 23일 경제재건차관(ERL) 30억 달러, 1998년 3월 27일 1차 구조조정차관(SAL, Structural Adjustment Loan) 20억 달러, 1999년 5월 11일 2차 구조조정차관(SAL Ⅱ) 20억 달러를 지원받았다. 국제통화기금(IMF)처럼 세계은행도 자금지원을 해주는 조건으로 한국 정부가 회계제도를 포함한 경제시스템의 개혁을 이행하도록 요구하였다. 우선 1차 구조조정차관의 도입과 관련하여 협의된 회계제도의 주요 개혁 요구사항은 다음과 같다.[21]

① 은행과 기업의 주요 재무 정보의 신뢰성을 제고한다. ② 회계기준제정 및 감독제도를 정비하여 한국공인회계사회가 다음의 사항을 추진한다. ㈎ 회계전문가, 업계, 정부, 학계 인사들로 구성된 독립적인 회계기준제정기구를 설치 및 ㈏ 회계감사 기준

---

18) 상게서, P. 236.
19) 과거 은행감독원, 보험감독원, 증권감독원으로 금융 감독기관이 분리되어 각기 감독 기능을 수행하던 체제에서 금융감독원으로 감독 기능이 통합된 조치가 단행된 것이 금융기관 회계기준을 전폭적으로 보완하는 것을 가능하게 한 중요한 계기가 되었다. (李正浩 외4인, 전게서, P. 237.)
20) 상게서, PP. 239-240.
21) 상게서, P. 239.

을 개선하며, 국제 수준의 회계감사 기준의 실행을 보장할 수 있도록 감사인을 규제 감독하고, ③ 외감법 및 관련 규정을 보완한다. ④ 1999회계연도부터 모든 외부감사 대상법인들의 재무제표가 국제 수준의 회계기준에 따라 작성되었음을 공표한다. ⑤ 1999회계연도부터 자산의 분류, 수익비용의 인식, 재무제표의 표시 및 공시 등을 포함한 회계기준 및 회계감사 기준이 국제적 수준에 합치되도록 보완한다. ⑥ 1999회계연도부터 예외 없이 연결재무제표와 결합재무제표를 작성하도록 한다는 것이었다.

국제통화기금(IMF)에 대한 이행조건이 금융업 회계 선진화에 중점을 둔 것이었다면, 세계은행의 자금지원 조건은 한국의 회계 전반에 걸친 광범위한 개혁을 요구한 것이었다. 국제통화기금(IMF)의 경우, 회계 개혁의 주체로 재경부와 금융감독위원회 등, 정부의 감독기관을 우선시하였던 데 비하여, 세계은행(IBRD)에서는 민간기구인 한국공인회계사회를 지정하고 있는 것이 특이하다. 국제통화기금(IMF)은 우리 경제의 거시적인 분야의 개혁을 강조하고 그 주체로서 정부의 역할을 부각시켰으나, 세계은행(OBRD)은 회계제도와 관련된 민간기구의 자율성 확보를 부각하고 있다는 점이 다르다. 특히 독립적인 회계기준제정기구의 설치를 권고하고 있는 것은 주목할 만한 하다.

세계은행의 구조조정차관(SAL II)에서는 그 전의 협의내용(SAL I)을 매우 구체화한 이행조건을 내세웠다. 그 정책협의 사항(SAL II Policy Matrix)은 국제통화기금(IMF)의 의향서와 유사하게 거시정책, 금융 부문, 기업개혁 부문, 노동시장 개혁 및 사회복지프로그램 등으로 구분되어 있다. 회계와 관련된 내용은 기업개혁 부문에 포함되어 있으며 주요 내용은 다음과 같다.[22]

① 회계기준제정 및 외부감사인에 대한 정부의 불필요한 규제를 철폐하고 감독 제도를 정비한다. 한국 공인회계사의 역할 강화, 독립적인 회계기준제정기구의 설치, 감독기구를 증권선물위원회로 통합하는 것 등이 요구되었다. ② 민간 전문가단체인 한국공인회계사회의 위상을 강화하여 독립성을 유지하고 한국공인회계사회가 외부감사업무와 관련한 지도·감독을 주관하도록 하였다. 한국공인회계사회의 조직 및 기능 개선, 감사보수, 수임 한도, 계속 감사 등, 감사 계약제도 및 감리·징계제도에 대한 규제 완화나 철폐의 검토가 요구되었다. ③ 99회계연도부터 일반기업이나 금융기관의 재무제표 작성에 적용할 국제 수준의 회계 및 감사기준을 제정한다. 기준 개정에는 금융상품, 리스회계, 자산분류, 채권·채무 재조정, 자산재평가, 외화환산손실 및 수익의 인식 공시, 결합재무제표 기준 등을 포함하도록 요구하였다. ④ 이사회의 재무관리·감독 기능을 개선하고 회사 내부감사 기능의 유효성을 제고한다. 감사인선임위원회의 활성화 방안을 마련하고, 앞으로 감사위원회로의 격상을 검토할 것 등을 요구하였다. ⑤ 상장기업은 2000회계연도부터 국제 수준의 분기재무제표를 작성하여 공시해야 한다는

---

22) 상게서, PP. 239-240.

것이다.

이러한 사항에 대하여 2차 차관인출 시기인 1998년 12월 5일까지는 관련 법령을 정비할 것을 요구하였다.

2) 회계학의 교육 문화적 환경 여건

우리나라의 회계학 교육은 일본 식민시대에 이식된 일본형 회계학이 주류를 이루고 있었다. 그것이 광복 이후의 태동기를 지나는 동안은 물론이고, 한국회계기준이 형성된 다음에도 상업고등학교의 회계 교육뿐만 아니라, 대학의 회계학 교육에도 계속되었다. 그래서 일본형 모방의 회계학 교육은 적어도 1970년 초반까지는 이어지고 있었다고 할 수 있다. 물론 이 시기에는 미국형의 회계 교육도 병행하여 이루어진 것이 사실이다.

여기서 말하는 일본형 모방의 회계 교육이란 『① 일본에서 교육받은 대학교수와 회계실무자(공인회계사, 기업회계담당자, 법인세 관련 공무원 등)에 따라 회계교육과 실무가 지배되고 ② 대륙법 계통의 상법이나 확정결산주의[23]가 지배할 뿐만 아니라 이들 상법이나 법인세법이 기업회계의 고유기능을 왜곡하는 교육과 실무가 지배하고 ③ 상법, 법인세법, 기업회계원칙 등의 제정이 형식상 관 주도로 수행되며 ④ 회계학 연구 방법이 문헌적 연구 방법 일변도이고 ⑤ 구제(舊制) 박사의 논문 제출 자격요건 중 가장 중요한 것으로 여겨지는 것이 「장기간에 걸친 연구업적과 인품」이라는 것들로 특징지어지는 것』[24]을 말한다. 그 시기에는 기업회계의 내용도 상법이 지향하는 채권자 보호 사상을 수용하여 자산의 시가주의적 평가와 배당가능이익에 관한 규정이 중점적으로 강조되었다. 법인세법에서는 법인세 과세표준액을 산정하면서 법인이 확정 재무제표에 반영한 손금만을 손금산입에 허용되는 규정을 설정함으로써, 상법 규정이나 「일반적으로 공정타당하다고 인정되는 회계원칙」에 어긋나는 결과를 가져오게 했다.[25]

이처럼 일본형 모방 회계 교육이 이루어지던 시기에는 우리나라의 전통적인 회계 교육자료가 부족하고 회계학 교육이 성장할 수 있는 기초가 부족했음은 물론, 회계학이나 회계실무의 자양분을 공급할 수 있는 양호한 토양이 조성되어 있지 않았기 때문에, 조선총독부 시대에 이식된 회계 교육시스템을 그대로 이어갈 수밖에 없었다.

---

[23] 확정 결산 주의는 법인세의 과세표준을 결정할 때 주주총회에서 확정된 재무제표에 따라 계산되는 원칙이다. 이는 특정한 비용(손금)은 계산서상에 반영되지 않으며, 손금으로 인정하지 않은 원칙을 일컫는다.
[24] 조익순, 「우리나라 회계학 교육의 반성」(한국회계학회, 『회계 저널』 제1호, 1993년 12월), PP. 163-164.
[25] 상게논문, P. 164.

광복 이후의 태동기를 거쳐 한국회계 규범이 형성된 시기에 이르는 동안에 이루어지던 일본형 모방의 회계 교육제도는 한국 고유의 연구업적과 교육 경험이 축적되기도 전에 1970년대 후반 이후부터는 미국형 모방의 회계학 교육으로 탈바꿈하게 된다. 여기서 말하는 미국형 모방의 회계학 교육이란 『① 대륙법 체제가 아니고 관습법 체제 하의 회계학 및 실무이고 ② 여기에다 그들 전통의 과학적 사고와 ③ 철저한 민간 주도의 것이면서 ④ 사회적인 감시는 엄격하지만 ⑤ 개인의 이익 추구에 초점이 맞추어진 감시제도 등』26)으로 특징지을 수 있는 것을 일컫는다. 그래서 미국의 회계학 교육은 모든 학위과정이 학점제 이수 과정으로 되어 있고 소정의 학점을 취득하고 논문 심사과정을 통과하면, 20대에서 박사학위를 받는 것이 보통으로 되어 있다. 그 후에 조교수로 임용되면, 종신 재직권(tenure)을 얻기 위하여 계속 연구업적을 쌓아야 하고, 그것을 얻은 후에는 연봉 트랙 때문에 여전히 피눈물 나는 연구 생활에 사활을 걸게 된다.27) 이러한 미국의 교육시스템을 통하여 미국형 회계학을 형성시키는 촉매작용을 하였다. 미국의 회계학 내용은 『① 사회적으로 문제가 되기 이전에 이미 사회적 합의가 이루어진 회계처리 기준과 ② 사회적으로 문제가 되어서 그에 대한 여러 가지 회계처리 방법 중, 회계학자나 실무자가 타당하다고 인정하는 회계처리 기준으로 구성되는 회계관습의 집합(結晶體 : 괄호 내 필자 주)』28)의 하나로 정착하게 하였다.

1970년대의 후반기부터 1980년대와 1990년대에 걸쳐 미국형 모방 회계 교육의 표본이라 할 수 있는 회계학과가 한국의 대학과 정에 도입되었다. 미국에서 회계학 교육을 받고 귀국한 회계학자들이 중심이 되어 1970년대와 1980년대에 본격적인 미국형 회계학을 도입함과 동시에, 회계 교육도 함께 이루어졌다. 특히 1980년대 이후에 미국에서 교육을 받은 한국인 회계학자들이 한국에서 교수 자리를 얻으면서 미국의 새로운 연구방법과 미국의 회계학 및 감사 실무의 내용을 더욱더 정확히, 그리고 상세하게 우리나라 기업회계의 토양에 확산시켰고, 회계 정보이론과 대리인이론, 및 경영자 지향의 회계기법 등, 새로운 분야를 전수하였다.

이 과정에서 미국의 회계기준과 그 이론구조가 한국회계 규범 속에 반영되어 명시되었던 것도 사실이다. 미국에서 「일반적으로 인정된 회계원칙」(GAAP)이 별다른 여과 과정을 거치지 않고 한국의 회계기준설정을 위한 모범답안으로 소개되었음은 물론, 한국의 회계학교육의 내용과 회계실무의 질을 변혁시키는데 선도적 역할을 했다. 그리고 미국형 공인회계사제도가 종래의 일본형 모방의 회계학 교육 시대에 이루어지던 계리사제도에 대체되었다.

1990년대에 접어들면서부터는 사회경제적 회계환경이 미국형 시스템으로 완연하게

---
26) 상계논문, P. 166.
27) 상계논문, P. 167.
28) 전게논문, P. 166.

변화되었고, 경영학과 회계학에 대한 교육시스템도 미국형 일변도의 양상을 나타내었다. 이는 경영학 또는 회계학 교육의 미국형 모방 시대가 뿌리내리고 있음을 의미한다. 사회경제적 시스템은 대륙법계의 성향이면서도, 행동적으로는 미국형의 선호성향을 나타내는 이율배반성이 구조적으로 만연된 시대사적 상황이었다. 회계학을 연구하는 방법도 미국의 프라그마티즘에 입각한 실증적 방법이 주류를 이루게 되었다. 이는 과학적 사고에 바탕을 두고 있는 것으로서 연구 방법도 과학적으로 입증되지 않은 것은 배척하는 풍조를 낳게 하였다. 즉, 미국형 회계학 연구는 실험이나 통계학적으로 입증되는 실증적 연구(empirical approach)나 분석적 연구(analytical approach)가 주류를 이루고, 또한 이러한 방법론에 의한 결과만이 창의적인 것으로 인정받고 문헌적인 연구는 퇴색되는 경향을 보이게 하였다. 이처럼 통계에 편중된 연구 방법이 문헌적 연구를 밀어냄으로써, 균형 있는 회계학 교육이 편향성을 가져오게 하였다.

그에 따라 우리나라의 회계 규범도 1990년 이후부터는 본격적으로 회계 규범의 국제적 정합성을 모색하면서 수차례에 걸친 「기업회계기준」의 개정작업이 이루어졌다. 한국공인회계사회가 국제회계사연맹에 가입하고 국제회계기준위원회(IASC : IASB)의 준회원으로서 활발하게 참여해온 것도 이러한 국제적 회계환경의 소산이라고 본다.

3) 회계 관련 법규의 개정환경[29]

(1) 상법의 개정과 보완

상법은 1984년 개정 이후 10여 년간 급속히 진전된 사회・경제적 여건 변화를 능동적으로 수용하여 국제화된 상거래를 정착시킴으로써, 한국기업의 국제경쟁력을 강화하기 위하여 1995년에 개정되었다. 이 개정에서는 기업설립의 복잡한 절차를 간소화하고 기업 운영에 있어서 비능률적인 제한요소를 철폐함으로써, 기업 활동의 전반적인 활성화를 도모하고, 주주들의 권익을 보장하였다.

외환위기 이후 1998년 12월 28일의 상법개정에서는 합리적인 경제구조 개편 필요성이 제기됨에 따라, 회사합병 절차 간소화와 회사의 분할제도를 도입하여 기업의 구조조정을 제도적으로 지원하려는 의도가 반영되었다. 주식 최저액면 가액의 인하, 주식분할 제도 및 중간배당제도의 도입 등을 통하여 자본조달의 편의를 제공함은 물론, 소수주주권 강화와 집중투표제도의 도입 등[30]을 통하여 기업경영 감시제도와 경영자의 책임을 강화하고 기업경영의 투명성을 보장함으로써 건전한 기업발전을 도모하였다.

---

29) 이정호 외4인, 전게서, PP. 212-220, &. PP. 250-258, Passim.
30) 상법의 개정내용은 개정된 증권거래법에도 반영되었다. (이정호 외4인, 전게서, P. 255.)

(2) 「주식회사의 외부감사에 관한 법률」의 개정

1993년 12월 31일에 이루어진 외감법의 제4차 개정에서는 회계업무의 선진화를 도모하기 위해 연결재무제표를 작성해야 하는 회사의 범위를 모든 외부감사 대상회사로 하고, 감리업무 일부를 민간단체로 위탁하며, 회사의 부실 회계 책임을 강화하였다.

이윽고 1996년 12월 30일에 단행된 외감법의 제5차 개정에서는 상장법인 등에 대한 감사인 선임 절차의 개선, 계속 감사의 제한, 회계법인에 대한 공시제도를 통해 외부감사에 대한 신뢰성을 제고하는 한편, 손해배상공동기금을 설치하여 투자자 보호기능을 강화하였다. 외부감사의 질을 높이는 조치로 주로 감사책임의 강화, 감리기능의 강화 등, 단순하고 직접적인 제도보완에 그쳤던 이전의 개정에 비하여 제5차 개정에서는 외부감사의 전반적인 환경개선을 위한 규정이 명시되었다.

1998년 1월 8일에 외감법 제6차 개정이 이루어졌다. 이 재정에서는 다음과 같은 내용이 수정되었다. ① 증권선물위원회와 금융감독원이 신설됨에 따라 종전에 증권관리위원회가 수행하던 감사인 지정과 감리업무를 증권선물위원회가 행하도록 하고, 증권관리위원회가 정하여 재정경제원 장관이 승인하던 감사기준회계처리 기준은 증권선물위원회의 심의를 거쳐 금융감독위원회가 제정하도록 하였다. ② 대통령령이 정하는 기업집단에 대하여 소속 계열회사 간 내부거래를 상계하고 개별재무제표를 결합한 기업집단결합재무제표를 작성하여 회계감사를 받도록 하였고, 계열회사는 동 재무제표를 비치·공시하도록 하여, 기업경영의 투명성 높이었다.

1998년 2월 24일의 외감법 제7차 개정은 다음과 같은 내용이 명시되었다. ① 상장법인과 대규모기업집단에 대한 외부감사의 공신력을 제고하기 위하여 상장회사와 결합대상 계열회사에 감사인선임위원회의 설치를 의무화하였다. ② 결합재무제표의 도입시기를 종전의 2000년 1월 1일 이후 시작되는 사업연도에서 1999년으로 1년 앞당겼다. ③ 재무제표의 신뢰성과 기업경영의 투명성을 제고하기 위하여 외부감사인 또는 회사의 회계 관계인에 대한 벌칙을 강화하였다.

(3) 공인회계사법의 개정과 보완

1993년 12월 31일의 공인회계사법 제4차 개정에서는 공인회계사에 대한 내·외국인의 자격요건을 통일하고, 공인회계사의 보수승인제도를 개선하였다.

1997년 1월 13일의 제5차 개정에서는 공인회계사법을 전면 개정하였다. 그것은 부실 감사에 대한 사회적 비난에 대응하여 공인회계사의 직업윤리를 강조한 것으로서 제도의 변화만을 반영한 이전의 개정과는 차이가 있다. 그리고 회계시장 개방 등, 경제 여건의 변동에 따라 공인회계사의 조직 및 손해배상 책임제도를 개선하고, 한국공인회계사회의 기능을 강화함으로써 자율규제의 여건을 마련하였다.

1997년 12월 13일에 공인회계사법이 제6차로 개정되었다. 이 개정에서는 1998년 1월 1일부터 시행된 행정절차법에서 불이익처분에 대한 의견제출, 청문 등의 절차를 정비함에 따라 공인회계사법도 정비한 것이다. 회계법인의 인가취소 및 업무 제한 등의 중대한 사안에 대하여는 엄격한 처분절차인 청문하도록 하였다.

(4) 법인세법의 개정

이 시기의 법인세법 개정의 특징은 전반적으로 「기업회계기준」과의 조화를 기하려고 했다는 점이다. 1982년의 법인세법 개정에서는 법인세법의 과세표준 신고서에 첨부해야 할 재무제표를 「기업회계기준」을 적용하여 작성한 것으로 인정하였으며, 상술한 바와 같이 「증이(證二)」의 폐지 등을 통하여 기업회계와의 차이를 해소하였다. 물론 「기업회계기준」도 세법상 특별상각을 인정하는 조치를 취하였다. 이 시기에 주요한 법인세법의 개정내용은 다음과 같다.

① 세무상 손익의 귀속시기를 결정하는 권리의무확정주의는 계속 유지하지만, 기업이 일반적으로 공정·타당하다고 인정되어온 회계기준에 따라 회계처리를 하면 세법에서 적용배제를 따로 규정하지 않는 한,31) 「기업회계기준」에 의한 회계처리를 우선으로 인정하게 되었다. 법인세법과 「기업회계기준」 간의 손익귀속 시기에 관한 문제 대부분은 일정 기간이 지나면 두 회계기간의 차이가 자동으로 해소되는 일시적 차이로서 세금납부 시기의 문제일 뿐, 일정 기간이 지나면 양 회계 간의 차이가 자동으로 해소되는 사항이므로 기업회계를 수용하게 되었다.32)

② 자산·부채의 평가에 관한 세법 규정을 「기업회계기준」에 맞추어 정비하였다. 종전에는 자산의 취득원가 산정 방법에 대하여 감가상각 대상 자산만 세법에서 규정하고 있었으나, 「기업회계기준」을 수용하여 자산·부채의 평가에 관한 일반규정을 신설하였다. 이에 따라 종전에 고정자산을 장기할부로 매입할 때, 이자 해당액을 취득원가에 가산하였으나 「기업회계기준」을 수용하여 이자 해당 금액(현재가치할인차금)을 차감한 가액을 취득금액으로 하고 현재가치할인차금은 할부기간 동안의 영업외비용으로 상각할 수 있도록 하였다.

---

31) 세법의 우선 적용사례는 조감법상의 준비금 및 충당금, 전기오류수정손익, 금융기관의 손익귀속, 법인세법 및 조감법에서 달리 규정하는 경우, 장기도급계약 등, 6가지이다. (이정호 외4인, 전게서, P. 220.)
32) 임향순, 기업회계와 세무회계 간의 바람직한 관계 설정에 관한 연구, 서울대학교 행정대학원, 1997, pp. 42-43

1996년의 세법개정에서는 유가증권의 평가 방법에 있어서 「기업회계기준」이 시가법을 적용함에 따라, 세무상 시가법의 적용은 미실현 손익을 계상해야 하는 문제가 발생하여 종전의 세법 규정에서 유가증권을 시가법으로 평가할 수 있도록 한 것은 원가법만을 인정하는 것으로 개정하였다.

(5) 「회계감사 기준」 등의 제정

증권관리위원회는 회계감사 기준을 제정하여 공인회계사의 외부감사에 온 힘을 다할 수 있도록 하였다. 그것은 「회계감사 기준」과 「회계감사 준칙」, 그리고 「연결회계감사 준칙」과 그 운영 절차 및 「반기 재무제표검토 준칙」 등을 일컫는다.

증권관리위원회는 1991년 12월 7일에 「회계감사 기준」을 제정·공표하였다. 이것은 외감법(제5조)의 규정에 따라 감사인이 감사대상 회사의 재무제표를 감사할 때 준수해야 할 사항을 정하여 놓은 기준이다. 「회계감사 기준」은 제정된 이후, 1992년 9월 24일에 제1차 개정을 거쳐 1994년 4월 30일에 제2차 개정과 1994년 12월 14일에 제3차 개정이 이루어졌다. 그것은 총칙과 일반기준, 실시기준 및 보고기준으로 되어 있다.

「회계감사 준칙」은 1994년 12월 30일에 한국공인회계사회가 증권관리위원회의 승인을 얻어 제정한 것이다. 이는 「회계감사 기준」(제34조)의 규정에 따라 그 기준의 시행에 필요한 사항을 정하기 위하여 설정된 것이다.

1995년 5월 31일에 한국공인회계사회는 「회계감사 기준」 및 「연결 회계감사 준칙」에 관한 지침의 제정 및 운영 절차와 회계감사 지침을 공표하였다. 또한 증권관리위원회는 1992년 6월 26일에 「반기 재무제표검토 준칙」을 제정 공표하였다. 이것은 증권거래법(제93조)과 증권거래법시행규칙(제16조)의 규정에 따라 상장회사의 반기보고서에 포함되는 반기재무제표에 대하여 감사인의 확인 및 의견표시를 하면서 준수해야 할 사항을 정하기 위하여 설정된 것이다.

3. 회계 규범 변혁기의 회계환경

1) 사회경제적 환경

(1) 경제활동의 범 세계화

우리나라 기업의 활동은 경제개발 초기부터 국제적으로 이루어져 왔다. 천연자원이 부족한 우리나라에서 원재료를 수입하고 제품을 수출하는 것은 기업의 전형적인 활동이다. 해외에 지점이나 현지법인을 설치하여 경제활동을 전개하는 기업도 증가하였다. 그리고 은행차입이나 사채와 주식발행을 통하여 해외에서 자본을 조달하거나 해외의 기업에 투자하는 기회도 많아졌다. 특히 한국기업의 해외 직접투자는 1990년대부터 연간 20~30억 달러 이상을 기록하면서 크게 증가해온 것이 사실이다.

더욱이 WTO 체제의 출범에 따른 무역장벽의 완화 및 철폐는 1980년대 중반 이후 다국적기업의 활동 영역 확대와 교통통신의 발달에 따른 정보전달체계의 초고속화 및 자유무역지대 확산 등의 요인에 따라 경제활동의 범 세계화를 촉진함으로써, 세계 경제가 하나의 시장으로 통합되어가는 과정에 있었다. 따라서 세계무역이 더 빠른 속도로 신장하고, 모든 국가의 무역의존도가 상당한 수준으로 높아지고 있었다. 이러한 상황은 이미 기업 단위의 경영전략에 반영되었다. 즉, 경제활동의 범 세계화 시대를 맞아 기업들은 세계를 무대로 자본·노동력·기술 및 경영 여건 등의 생산요소를 결합하여 생산·판매함으로써, 세계시장을 상대로 하는 기업경영에 진력하였다.[33]

우리나라의 경우는 과감한 개방조치의 시행 및 유리한 투자환경의 조성을 통하여 외국인의 투자를 유치하는데 온 힘을 기울여야 했다. 국내 산업에 대한 보호망을 철폐하고 선진국 수준의 투자개발조치를 취하는 등, 외국자본의 국내 진입을 촉진하지 않으면 안 되었다. 이러한 추세는 외국인 투자가 중요한 역할을 하게 되기 때문이다. 이와 같은 환경 아래서 기업의 경제활동은 투명하게 이루어져야 하는 것을 전제로 한다.

(2) 외환위기(IMF) 시대의 등장과 산업구조조정

앞장에서도 언급한 바와 같이 우리나라의 외환·금융위기는 한국경제의 구조적이고 복합적인 문제로 인하여 발생한 것이다. 결국 그것은 자체적으로 해결할 수 없는 상황이었고, 국제통화기금(IMF)과 세계은행(IBRD)의 구제금융에 의존하게 되었다. 그들의 자금지원조건은 강력한 재정 긴축과 금융기관의 구조조정 및 산업구조조정을 전제로 하는 것이었다.

우리나라의 산업구조는 그들과의 구제금융협상에 따라 큰 변화를 가져왔다. 그중에서도 가장 두드러진 것은 외국인에 의한 주식취득의 확대이다. 외국인에 의한 적대적 인수·합병이 가능하게 되고 경영권 참여가 이루어질 수 있는 환경조성이 되었으므로 국내기업의 소유구조에 상당한 영향을 주게 되었다. 그에 따른 변화의 하나는 기업의 재무구조 개선과 경영 투명성에 관한 것이다. 그래서 회계기준의 국제적 정합성 및 그 조화를 추구하기에 이르렀다. 시가주의적 회계제도의 도입과 함께 분식결산을 차단할 수 있는 강도 높은 감독체제의 확립과 제도적 개선책이 구축되었다. 또한 부채비율이

---

33) 이남구·송희영, 『국제무역론』(서울, 삼영사, 1998), PP. 525-526.

높은 기업들이 재무구조의 개선을 서둘러야 했고 전반적인 산업구조의 개편이 이루어질 수밖에 없는 환경이 조성되었다. 이와 더불어 재벌그룹의 계열기업군(群)은 경영형태의 변화를 촉구하게 되었고, 계열회사 간의 상호지급보증 한도를 자기자본의 100%까지 축소 조정하지 않으면 안 되는 상황에 부닥치게 되었다. 그뿐만 아니라, 모든 계열회사를 하나로 묶어 지배회사를 중심으로 하는 기업집단결합재무제표를 작성·공시해야 되었던 것이다.34)

한국 정부는 1997년 12월에서 1999년 5월까지 국제통화기금(IMF)으로부터 195억 달러의 자금을 지원받았다. 이후 경제회복을 바탕으로 1999년 9월 18일 IMF 보완 준비금융 135억 달러를 조기상환 하였으며, 2004년 상환 예정이던 IMF 대기성차관 60억 달러를 2001년 8월 23일 조기상환 하였다.

이러한 과정에서 자금지원과 관련한 당국 간 정책협의를 개최하고 이의 결과로 자금지원에 따른 이행조건으로 2000년 6월까지 9차례에 걸친 의향서(Letter of Intent)를 작성하였고 분기별 혹은 반기별로 그 이행 여부를 보고하였다. 그뿐만 아니라, 세계은행으로부터도 자금지원을 받았는데, 그것은 1997년 12월 23일 경제재건차관(ERL) 30억 달러, 1998년 3월 27일 1차 구조조정차관(SAL, Structural Adjustment Loan) 20억 달러, 1999년 5월 11일 2차 구조조정차관(SALⅡ) 20억 달러 등, 모두 70억 달러이다. 세계은행도 자금지원의 조건으로 한국 정부에 기업회계제도를 포함한 경제프로그램의 개혁을 요구하였다.

결국, 세계은행과의 기업·금융구조조정 협의는 2000년 2월 29일 종료되었다. 이때 세계은행은 한국 정부가 그 합의사항의 이행을 위해 노력했다고 평가하였다. 즉, 한국은 금융 부문이 회복되면서 외환보유고가 급속히 증가하였을 뿐만 아니라, 그 협의가 지향하고 있는 기업 및 금융산업의 구조조정과 기업지배구조의 개선에 최선을 다하였고, 회계제도의 개선과 경제정책의 확대 등, 개혁내용을 대부분 이행함으로써 본래의 목적을 사실상 달성하였다는 것이다.35)

(3) 시장 인프라의 체질 개선

이 시기에 발생한 한국경제의 총체적 부실화는 우리나라 시장의 구조적인 결함에서 찾을 수 있다. 우리나라 시장이 정상적으로 작동하지 않았기 때문에, 기업과 금융기관이 부실화되었고, 그로 인하여 우리나라 경제의 총체적 부실화를 가져왔다. 그중에서도 한국경제를 위기로 몰아온 원인은 기업의 부실화에 있었다.

---

34) 양지창 외, 『IMF 시대의 탈출 경영』(서울, 청양, 1998), PP. 54-57.
35) 재정경제부 보도자료 2000. 3. 2 ; 이정호 외4인, 『한국 기업회계제도의 발달과 그 전망』(서울대학교 경영대학 부설 회계학연구센터, 2003), PP. 237-241.

첫째로, 한국기업은 재무구조가 건전하지 못했다. 그 당시 한국기업의 평균 부채비율은 400%를 웃도는 수준이었다. 기업의 수익률이 이자율에 못 미칠 경우, 그 기업의 재무구조는 악화 일로를 걷게 된다.

둘째로, 한국기업의 부실화는 무한 과잉투자에 있었다. 수익률이 점차 하향곡선을 그리고 있었음에도 높은 금융비용을 부담하는 차입금에 의존하여 설비투자를 하고 사업확장을 감행하여 자금난에 허덕이는 결과를 초래하였다.

셋째로는 기업 투명성이 부족했다는 것이다. 경영내용이 투명하게 공시되지 못하고 의사결정이 합리적으로 이루어질 수 없는 경영환경이 조성되었다. 기업경영에 대한 회계감사가 형식에 그치는 경우가 많아졌고, 결국은 기업의 대외경쟁력이 떨어지는 결과를 초래했다.[36]

한국경제의 부실화는 근본적으로 시장경제의 결함에서 비롯되었다. 이러한 시장경제의 결함을 가져오게 한 주요 원인은 다름 아닌 합리성과 도덕성의 부족에서 비롯되었다. 왜냐하면, 원래 시장경제는 합리성과 도덕성을 논리적 전제로 하기 때문이다. 이 전제가 무너지면 시장기능이 정상적으로 이루어질 수 없게 된다.

시장경제에는 일정한 질서와 규범이 존재해야 한다. 그 질서와 규범은 합리성과 도덕성을 통하여 형성되는 것이다. 그래서 시장경제를 바탕으로 하는 근대자본주의는 합리주의와 더불어 발달하였다. 시장 질서가 도덕적, 합리적으로 이루어져야 시장이 잘 작동하게 되며, 시장의 규범도 합리적으로 만들어지게 되는 것이다.

그 당시의 우리나라 시장경제는 기업의 구조조정을 통한 기업의 부실화를 극복하고 금융개혁을 통한 금융 부실화의 사슬을 벗어버리는 것이었다. 시장경제의 구조적 대개혁은 기업 활동의 국제화, 금융의 자유화·세계화가 진전되고 정보통신기술이 혁신됨에 따라, 새로운 환경변화에 적응해야 하는 것뿐만 아니라, 낡은 규제를 철폐하거나 완화함으로써, 새로운 환경에의 적응 여건을 조성하여 자유롭고 공정하며 세계적 시장을 구축하는 데 있었다. 이것은 세계적 규범(global standard)을 받아들이는 것이고, 이때까지 관습으로 정착된 한국 고유성(Korean standard)으로서의 여러 가지 시스템을 설명 가능한 시스템으로 전환해서 될 수 있는 한, 모호한 점을 배제하는 것이다.

이러한 구조조정은 물론, 금융시장과 증권시장 전체에 커다란 영향을 줄 것이겠지만, 개별적인 기업경영에도 적지 않은 변화를 가져올 것임은 분명한 사실이다. 특히 시장의 글로벌화가 조성되고 있는 상황 속에서 각국의 전통적인 역사나 문화를 배경으로 하여 발전해온 기본적인 사회구조에도 고객 중심 또는 이용자중심의 상황으로 변해가고 있음을 인지해야 했다. 결과적으로 한국의 기업회계제도는 세계적 규범(global standard)에 조화시켜나갈 수밖에 없는 환경에 들어가 있었음을 확인하게 된다.

---

36) 장태평, 『기업구조조정과 세제지원』 (서울, 광교 아카데미, 1998), PP. 255-256.

(4) 정부에 의한 개혁정책

이 시기에 한국 정부도 경제 각 부문의 구조적 취약성으로 인하여 급변하는 세계적 경제환경에 탄력적으로 대응하는 데 실패했음을 인식하였다. 그래서 한국 정부는 경제위기를 극복하고 재도약을 위한 시장경제의 틀을 마련하기 위해 금융・기업・노동・공공 등, 4대 부문의 구조개혁을 추진하였다. 특히 기업 부문의 구조개혁과 관련해서는 소위 「5+3」 원칙[37])을 제시하고 시장경제 시스템을 조성하기 위한 법률과 제도적 틀을 마련하는데 진력하였다.[38]) 그 주요 내용은 <표 9-2>와 <표 9-3>에 표시되어 있다.

<표 9-2> 변혁기의 정부에 의한 5대 원칙의 주요 내용

원칙	주 요 내 용
① 기업경영의 투명성 제고	・30대 집단 결합재무제표 도입('99회계연도부터 시행) ・회계 공시 강화, 분식회계.부실 감사에 대한 처벌강화
② 상호채무보증의 해소	・신규 채무보증 금지, 2000.3월 말까지 기존 채무보증을 해소토록 공정거래법 개정
③ 재무구조 개선	・재무구조개선약정을 통한 5대 그룹 200% 미만 부채비율 달성 유도 ・6대 이하 64대 그룹에 대해서는 채권은행단을 통한 기업개선작업 (워크아웃)을 추진 ・불건전비용에 대한 세제상 불이익 부과 등
④ 핵심역량 집중	・부당내부거래 차단 ・계열분리 요건 완화(매출의존도 삭제) ・통합법인 설립 등 구소조정과정의 세 부담 완화 등 ・경제력 집중 문제가 없는 안의 범위에서 지주회사 설립을 제한적으로 허용
⑤ 기업경영의 책임성 제고	・소수주주권 강화 ・상장법인의 사외이사(¼이상) 선임 의무화 ・사실상 이사제 도입 및 30대 집단 동일인의 이사 등재 유도 등

<자료 : 이정호 외4인, 『한국 기업회계제도의 발달과 그 전망』 (2003), P. 243>

---

37) 여기서 말하는 「5+3」 원칙은 1998년 1월 13일에 당시의 대통령 당선인과 5개 그룹 대표들과의 사이에 합의된 기업구조개혁 5대 과제 및 1999년 8월 15일 제54주년 광복절 경축사를 통해 대통령이 천명한 3대 과제를 지칭하는 것이다. 이것은 「국민의 정부」 초기의 주요 정책적 기조를 이루었다고 한다. (이정호 외4인, 전게서, 243.)
38) 이정호 외4인, 전게서, P. 242.

<표 9-3> 변혁기의 정부에 의한 3대 원칙 관련 제도개선 내용

원칙	주요 내용
① 제2금융권의 지배구조개선	· 사외이사를 1/2 이상으로 구성 · 소수주주권 행사요건을 상장회사의 절반으로 완화 · 자기 계열 투자 한도 축소(투신사: 10%→7%, 보험사 3%→2%)
② 순환출자 및 부당내부거래 차단	· 출자총액제한제도 재도입(2001. 4월 시행) · 대규모 내부거래의 이사회 의결 및 공시 의무화
③ 변칙상속 및 증여 방지	· 대주주의 비상장주식 거래에 대한 과세 강화 · 공익법인을 통한 계열사 지배 억제 등

<자료 : 이정호 외4인, 『한국 기업회계제도의 발달과 그 전망』(2003), PP. 244.>

한국 정부는 2000년부터 경제체질을 강화하기 위하여 제2단계의 구조개혁을 추진하여, 한국경제사회의 투명성·효율성·공익성을 높였다. 기업개혁과 관련해서는 시장과 시스템에 의한 구조조정시스템이 2001년부터 본격적으로 가동될 수 있도록 하였다.

<표 9-4> 정부에 의한 변혁기의 4대 부문 12대 핵심과제 내용

원칙	주요 내용
① 금융개혁	· 은행 2단계 구조조정 완결 (6개 은행에 대한 경영평가 등) · 제2금융권의 2단계 구조조정 마무리 (지급여력 100% 미만 보험사에 대한 점검 등) · 공적자금의 조성과 투명한 집행 · 금융감독의 선진화 및 시장안정보완대책 추진
② 기업개혁	· 부실기업의 정리(52개 사 정리 등) · 상시적 기업구조조정 시스템 구축(FL 제도의 질적 제고 등) · 기업경영의 투명성 및 기업지배구조의 개선 · 기업 부실 경영에 대한 책임 강화(예보의 부실 경영주에 대한 책임추궁 기능 강화 등)
③ 공공 개혁	· 1 단계 공기업 민영화 계획 완료 및 경영혁신 · 시장창달을 위한 규제개혁 및 준조세 정비
④ 노동 관례 개혁	· 생산적 노사협력 관계 구축 · 노동시장의 유연성 제고 및 근로조건 개선

<자료 : 이정호 외4인, 『한국 기업회계제도의 발달과 그 전망』(2003), PP. 245>

2000년 하반기에 국제유가의 폭등과 반도체 가격하락과 해외증시 불안 등, 대내외 여건의 불안정으로 우리 경제는 어려운 상황에 직면하였다. 이에 정부는 적극적으로 대응하면서 경제개혁을 조속히 완결하는데 역량을 결집하고, 4대 부문 12대 핵심 개혁 과제를 선정하여 추진했다. 그 구체적인 내용은 <표 9-4> 및 <표 9-5>와 같다.

<표 9-5> 변혁기에 있어서 기업개혁 부문의 추진과제 및 추진실적

추진과제 및 계획	추진 실적

(1) 부실기업 정리방침 확정
○ 부실기업에 대한 정리방침 확정
○ 워크아웃, 법정관리, 화의 기업별 처리방침 확정
○ 사업구조조정 마무리
	○ 52개 사에 대한 처리방침 확정
	  - 청산 18개, 법정관리 11개, 매각 20개, 합병 3개
	○ 52개 사에 대한 처리방침 확정
	  - 청산 18개, 법정관리 11개, 매각 20개, 합병 3개
	○ 워크아웃 38개 사, 법정관리 48개 사 및 화의 기업 17개 사의 신용위험평가 결과 39개 사를 정리키로 처리방침 확정
	○ 철도차량.항공 등 7개 업종 사업구조조정 완결

(2) 상시적 기업구조조정시스템 구축 ○ 기업 부실 예방적 감시체제 구축 ○ 선진적인 기업구조조정 관련 제도 도입	○ 신용제공 관찰시스템 가동 - 전 금융기관 신용제공 2,500억 원 이상 계열기업군 및 전 금융기관 신용제공 500억 원 이상 대기업 대상 ○ 기업구조조정투자회사(CRV) 제도 도입 ○ 사전제출(조정)제도 도입 ○ 기업구조조정협약을 금융기관 간 자율 협약으로 변경

(3) 기업경영 투명성 및 지배구조 개선
○ 추가적 기업지배구조 개선
○ M&A 인수시장 활성화
○ 선단식 경영 관행 근절
	○ 증권거래법 개정
	  - 사외이사 선임 의무화 법인 확대
	  - 이사회 및 주주권 한 강화
	  - 집중투표제도 개선
	○ 기업지배구조 모범기업 선정 기준 마련
	○ 기업의 인수.합병을 목적으로 하는 M&A 자금 허용
	○ 출자총액제한제도 시행의 차질 없는 준비
	○ 부당내부거래 조사 강화
	  - 대규모 내부거래에 대한 이사회 의결 및 공시제도의 적용대상을 10대에서 30대 그룹으로 확대하고 금융거래정보 요구권 3년 연장

(4) 기업 부실 경영에 대한 책임 강화 ○ 부실 경영주 책임 강화	○ 예금보험공사에 부실 경영주 조사권 부여 ○ 부실 기업주로부터 채권 회수 노력 강화

<자료 : 이정호 외4인, 『한국 기업회계제도의 발달과 그 전망』(2003), PP. 244.>

(5) 정부 회계제도의 개편

이 시기에 이르러 한국 정부는 상술한 거시 개혁과제와 더불어 정부 회계에 복식부기를 도입하는 개편과제를 추진하기 시작하였다. 즉, 한국 정부는 국가재정관리시스템을 정보화 환경에 맞추어 정비하고, 재정관리 업무 전반에 걸쳐 비능률적인 요소를 제거하여 선진적인 재정관리기반을 조성하기 위하여 정부 회계에 복식부기를 중심으로 하는 발생주의 회계시스템의 도입을 추진하게 되었다.[39]

정부 회계는 세입·세출, 국가채권·채무, 국유재산 및 물품에 관한 거래를 대상으로 하는 것이며 일반회계와 특별회계 및 기금으로 구분되어 있다. 그러나 정부의 재정활동은 상호연계성 없이 회계처리가 이루어지고 있어서 국가재정에 대한 체계적 인식이 어렵게 되어 있다. 그래서 정부 회계는 단식부기를 이용하고 있었으므로, 정부 거래의 부정이나 오류의 검증 능력이 취약했다. 그리고 체계적인 회계처리 지침이 정립되어 있지 않기 때문에, 재정 활동의 효율성이나 성과측정이 불가능하고, 이용자의 다양한 정보요구를 충족시킬 수 있는 회계 운영이 합리적으로 이루어지지 못했다.

따라서 한국 정부는 미래지향적인 재정관리기반을 조성하고 공공부문의 생산성 향상을 위한 회계정보의 제공은 물론, 정부 재정 활동의 투명성 및 책임성 확보에 초점을 맞추고, 이를 위한 핵심과제로 복식부기 및 발생주의회계의 도입을 추진하였다.[40]

① 정부 회계에 적용되는 명확한 회계처리 기준의 제정을 추진하였다. 정부 회계는 정확한 손익 측정을 중요시하는 기업회계와는 다른 특성이 있다. 그것은 대가 없는 거래(조세 징수나 사회보장비의 지출 등)의 발생 등, 기업회계와 구분되는 특수성으로 인하여 「기업회계기준」의 일률적인 적용이 곤란하다는 것이다. 그래서 한국 정부는 1999년부터 정부 거래를 세밀히 분석, 유형화하고 이를 기초로 하여 정부 거래의 인식기준과 계정과목 등을 정립한 정부 회계기준을 제정하려고 다음과 같이 기획하였다.

② 정부 회계 간의 연계성을 강화한다는 것이다. 2003년 복식부기 제도가 전면 도입되기 전까지의 기간에도 재정 정보시스템을 가동함과 동시에, 기존 체제하에서의 세입·세출, 국유재산의 관리, 물품거래 및 채권·채무회계의 상호 간에 발생하는 정부 거래에 대하여 상호연계성을 강화함으로써, 회계처리의 오류나 누락여부 등을 검증할 수 있는 체제를 갖추려는 계획을 세워놓았다.

③ 복식부기를 중심으로 하는 발생주의회계를 단계적으로 확대 적용해나갈 방침도 수립하였다. 정부 회계제도의 개편에 앞서 경험을 축적하고 시행착오를 최소화하기 위하여 기업적 성격과 독립 채산성을 갖는 일부 특별회계를 대상으로 복식부기를 시범

---

39) 이정호 외4인, 전게서, P. 247.
40) 이정호 외4인, 전게서, PP. 247-248.

적용할 계획에 따라 추진해나갔다. 기금 관리기본법에 근거하여 복식부기가 의무화되어 있는 공공기금에 대해서는 그동안의 문제점을 보완하고, 일상적인 회계처리와 결산보고서가 체계적인 회계기준에 따라 작성될 수 있도록 복식부기를 전면 시행할 계획도 수립하였다. 우선 지방정부를 몇 개 표본으로 선정하여 복식부기 시스템의 도입방침도 세웠으며, 모든 정부 회계에 대해서는 2003년부터 시행계획에 따라 추진되었다.

4. 회계적 빅뱅 환경

이 시기의 회계제도에 대한 변화의 움직임은 급전직하처럼 일어났다. 우선 외환위기를 기점으로 등장한 회계기준설정 주체의 변화, 회계와 관련된 법규의 정비를 들 수 있고, 분식결산으로 인한 기업의 사회적 책임 문제가 드러나 회계윤리의 중요성이 강조되었다. 경제 국제화로 인한 이해관계자의 범위가 글로벌화로 확대되고, 회계 시장이 변화로 회계정보의 공시와 투명성 확보를 위한 회계기준의 파격적인 정비가 이루어졌다.

1) 기업의 이해관계자와 국제적 회계환경 변화

현대사회는 기업의 경영활동과 연관된 이해관계자가 존재한다. 따라서 기업은 경영활동의 내용을 이해관계자들에게 설명해야 할 의무가 있다. 회계과정을 통하여 작성되는 재무제표는 기업의 경영활동에 대한 정보를 전달하는 중요한 수단이다. 기업 활동의 내용을 알려주는 수단으로서의 언어적 기능을 재무제표가 담당하게 된다.[41]

인간이 사용하는 언어가 국가마다 다른 것과 마찬가지로 역시 회계도 사용하는 국가에 따라 다르다. 어느 나라에서도 기업의 경제활동을 통하여 재화나 용역이 생산되고 분배된다. 이러한 경영시스템이 동일하게 이루어지는 한, 그 활동 내용을 화폐단위로 측정하는 회계도, 그리고 기업이 경영활동에 대한 정보를 이해관계자들에게 전달하는 수단으로서의 재무제표를 이용하는 회계행위도 어느 나라에서건 다를 바가 없다.

회계 기능이 국내의 기업 활동에 한정하여 이루어지고 있던 때에는 문제가 되지 않았다. 글로벌화가 진행되면서 국제거래가 증대하고 무역수지가 확대되면서 국제적인 투자활동이 활발하게 이루어지는 기업사회에서 기업 활동을 정보화하여 전달하는 회계 기능에 문제가 나타났다. 이해관계자 중에는 외국인 투자가나 일반 정보이용자가 존재하기 때문에, 그들에게 기업 활동 내용을 어떻게 전달하는 것이 투명성을 표시할 수 있을 것인가에 대하여 관심의 대상이 되었다. 특히 외환위기를 경험하면서 기업경영의

---
41) 染谷恭次郎, 『國際會計』(東京, 中央經濟社, 1978), P. 103.

투명성을 강력히 요청받게 되었고 회계정보의 중요성이 부각되기에 이르렀다. 더욱이 개별재무제표보다는 기업집단을 하나의 실체로 보아 작성되는 연결재무제표정보의 중요성이 강조되었다. 결과적으로는 국제화시대에 알맞은 연결재무제표정보를 국제회계기준에 준거하여 작성하는 기업회계제도의 개선을 요청받게 되었다.

이러한 움직임은 비단 우리나라에서만 있었던 것은 아니다. 미국에서는 엔론 사태(粉飾會計事件) 이후 회계인의 도덕성에 심각한 문제가 있음을 제기하고 회계 규범에 대한 개선이 필요하다는 여론이 비등했으며, 유럽연합(EU)에서도 회계 규범의 국제적 조화를 목표로 하여 온갖 노력을 기울였다. 1973년에 발족하여 국제회계기준(IAS)의 제 · 개정 활동을 전개해왔던 국제회계기준위원회(IASC)가 새로운 도약을 위하여 명칭을 국제회계기준심의회(IASB)로 탈바꿈하여 회계기준의 국제적 통일화를 향한 활동을 활발하게 전개하고 있는 것도 한국회계제도의 변화에 큰 영향을 주었다. 그동안 관망하던 일본도 국제적인 회계환경의 변화를 수용하여 일본회계제도의 개혁을 단행하기 시작하였다. 2001년 7월에 발족한 일본회계기준심의회(ASBJ)는 일본회계제도의 혁신을 위하여 활발하게 움직이고 있다. 이미 연결재무제표 제도를 도입하였고, 국제회계기준을 도입하기 위한 제도적인 정비를 진행하고 있다. 1990년대 이후에 불기 시작한 국제회계 환경변화의 바람은 글로벌화의 물결에 편승한 국가의 다국적기업 진출전략에 상당한 영향을 주었고 회계기준의 국제적 정합성을 확보하기 위한 회계제도의 개혁에 박차를 가하지 않을 수 없게 되었다. 한국회계 규범의 변혁도 이러한 국제적 회계환경의 영향 아래서 이루어졌다.

2) 회계정보의 공시와 투명성 제고

우리나라의 기업은 1990년대 이후 해외직접투자가 급증하는 현상을 보여 왔고, 소위 기업경영의 글로벌화 시대를 맞았다. 상품 · 노동력 · 자본 및 정보 등이 국경을 넘어 이동하게 되면서 외국자본의 국내 유입도 급증하게 되었다. 기업은 국내외의 자본시장을 이용하는 것뿐만 아니라, 자금의 운용 면에서도 유리한 투자 기회라고 판단되면 국내외를 막론하고 서슴없이 이용하였다. 기업 재무의 국제화는 자금조달 수단의 다양화와 금융 자유화를 가져왔고, 기업의 부채비율에도 급격한 상승세를 보여주었다.[42]

이러한 시대적 상황에서 기업은 경영활동에 대한 정보를 투명성 있게 공시함으로써, 국내외의 채권자들에게 합리적인 판단이나 투자의사 결정을 할 수 있도록 유용하고 적정한 회계정보를 제공하지 않으면 안 되었다. 기업의 내부정보가 공시되고 투명성을 확인할 수 있게 되면, 이해관계자들은 올바른 판단을 하게 되고, 그것이 증권시

---

42) 紫川林也, 「經營の國際化と海外資金調達」(『企業會計』 第43卷第1号, 中央經濟社, 1991), P.30.

장에서의 주식가격을 결정하는데 결정적인 작용을 하게 된다.43)

경제 글로벌화시대에 즈음하여 한국기업은 점차 다양화되는 자금조달 수단에 정통하여 대응해야 하는 단계에 봉착하였다. 더욱이 기업이 제공하는 재무제표가 외화표시 화폐로부터 국내 화폐로 환산되는 재무구조나 영업성과는 나타내도록 탄력성을 있게 작성될 수 있어야 한다. 해외 종속회사의 재무 상황을 그 나라의 이해관계자들에게 이해시킬 수 있도록 국제회계기준과 국내의 회계기준과의 차이를 분석하고 공시해야 할 정보와 본국 지배회사와의 사이에 긴밀한 연결조정이 이루어지도록 해야 했다.44)

금융・증권・재무의 글로벌화뿐만 아니라, 기업 활동의 국제화가 이루어지고 있는 글로벌화시대에 기업경영의 투명성을 이룩하기 위해서는 기업회계제도를 정비하고 신뢰성 있는 회계정보의 제공이 가능해야 했다. 우리나라의 기업에는 경영활동의 투명성을 저해하는 요인 존재한다. 그것은 실질적인 자산이나 매출액이 장부상의 자산이나 매출액과 일치하지 않으면 나타난다. 이런 경우에는 경영에 관련된 의사결정을 수행할 수 없음은 물론, 이해관계자들의 오해를 불러오게 할 소지가 충분하다. 경영 투명성이라는 대전제를 달성하기 위하여, 그리고 기업경영의 정확성과 신뢰성을 높이기 위하여 사실을 사실대로 밝히는 회계정보가 창출되고 전달될 수 있어야 한다.45) 그리하여 서둘러야 하는 것이 회계 규범의 국제적 조화를 이룩하는 것이다.46)

3) 분식결산과 회계윤리의 시대상

기업정보의 투명성을 해치는 하나의 원인은 기업이 회계 규범을 준수하지 않고, 분식회계 처리하는 데서 찾을 수 있다. 기업의 분식결산이 근절되지 않는 것은 여러 가지 규제에 의한 로비자금의 조달, 절세의 목적이나 금융기관으로부터의 대출을 위한 분식, 소유경영자의 개인적인 자금유용 등에서 비롯되고 있음은 물론, 분식결산에 대한 감사 기능이 상대적으로 약하고 그에 대한 벌칙 또한 약하기 때문이다. 기업의 감사제도는 감사인의 독립성이 약해서 분식회계에 대한 공정한 감사의견 표명이 제대로 이루어지지 못하고 부실 감사를 하는 경우가 존재한다.

분식결산은 기업 범죄이다. 분식결산은 기업의 회계담당자가 단독으로 행하기도 하지만, 때로는 회계감사인과 결탁하여 분식을 시도하는 예도 있다. 감사인과 합의로 이루어지는 분식결산에서는 회계감사를 통해서도 통제할 수 없게 된다. 이런 경우에는

---

43) 상게서, P. 34.
44) 상게서, PP. 34-35.
45) 양지창, 『IMF 시대의 탈출 경영』(서울, 청양, 1998), PP. 62-65.
46) 고승희, 「경제국제화시대의 회계적 대응」(한국 세 무사히, 『계간 세무사』 제16권 제1호, 1998), PP. 17-18.

감사제도 전체가 사회적인 통제기능을 상실하게 되어서 감사인의 역할이 중요하다.[47]

기업이 좋은 경영체로 존속하려면, 윤리경영을 통한 기업가치를 높여야 한다. 기업은 시대적 변화에 민감하게 대응하고 기업윤리에 바탕을 둔 구조개혁을 단행하면서 경영활동을 수행해야 한다. 외환위기(IMF) 이후 우리나라에서 잇달아 발생하고 있는 기업의 경영 부실화 사건은 사회로부터 냉엄한 비판을 받고 있다. 이러한 일련의 사건은 사회적 행동규범에 반하는 것일 뿐만 아니라, 나아가야 할 사덕(社德) 있는 기업의 길, 즉 기업윤리의 중요성을 인식시켰다.

경제 글로벌화의 진전으로 품질이나 환경뿐만 아니라, 기업윤리도 국제적 표준화의 대상이 되었다. 이러한 21세기의 시대적 상황 속에서 기업이 넘어야 할 산은 전혀 낮지 않다. 기업이 기업윤리에 바탕을 둔 경영혁신을 계속 추진하면서 윤리경영을 실천하는 것이야말로 계속기업 성장의 원천임을 인식해야 할 것이다.

한국에서 기업윤리를 추진하기 시작한 것은 전국경제인연합회(이하, 전경련이라 함)가 1980년 7월에 「기업윤리강령」을 제정하고, 1981년에 「신기업 사회선언」을 발표하면서부터이다. 당시는 윤리경영에 관한 인식이 낮았기 때문에 기업계의 자발적인 윤리적 경영활동이 별로 이루어지지 않았다. 1996년 2월 15일에 전경련은 투명성 있는 경영 및 국민으로부터 신뢰받는 기업 이미지의 구축을 위하여, 기업이 추진해야 할 경영원칙과 윤리 규범을 표출한 「기업윤리 헌장」을 정식으로 선포하였다. 「기업윤리 헌장」에는 기업의 사회적 책임, 정도의 이윤 창출, 기업의 공정한 경쟁, 기업 간의 상호협력, 소비자와 고객의 권익옹호, 주주·경영자·종업원 등의 이익향상, 환경친화적인 경영 및 지역사회의 발전에 공헌할 것 등, 8개 항목의 실천강령이 포함되어 있다.

전경련은 1999년 2월 11일에 「기업윤리 헌장」을 개정함과 동시에 「기업윤리위원회」를 설치하였다. 개정된 「기업윤리 헌장」에는 5대 강령, 즉 기업의 투명성 있는 경영, 건전한 정경관계, 전문경영인과 책임경영체제, 국제적인 기업 시민 및 헌장의 실천과 책임 등이 표시되어 있다. 또한 전경련의 기업윤리위원회는 기업윤리의 실천모델을 개발함과 동시에, 기업윤리의 교육 및 홍보 등을 통하여 기업의 자율적인 윤리경영의 실천을 유도해 오고 있다.

2001년 9월 14일에 삼성·LG·SK·현대차그룹 등, 32개의 대기업의 기업윤리 임원들로 구성된 「윤리경영인협의체」가 발족하였다. 그것은 윤리경영을 통하여 경영과 회계의 투명성을 높이려는 것이 기본목적으로 되어 있다. 2002년 7월에는 전경련에 의해 전국 500개 대기업을 대상으로 하는 기업윤리의 상황조사가 이루어졌다. 그 후 각 기업에서는 윤리강령을 제정하고 윤리경영의 지표를 발표하였다.

---

47) Zabihollar Rezaeee, "Financial Statement Fraud--prevention and detection--," (Joun Wiley and wohs, inc., 2002) ; 김석웅 역, 『분식회계』(서울, 영화 조세 통람, 2003), PP. 87-119. Passim.

이상과 같은 윤리적 경영을 위한 제도적 개혁은 경제위기를 극복하기 위한 시장경제기능의 회복을 기본으로 한다. 회계정보가 생산·유통되는 시장에서 유용한 회계정보의 제공을 위해서는 기업과 감사인이 본연의 기능을 발휘할 수 있게 하는 시장기능도 확립되어야 한다. 윤리경영을 정착시키기 위한 감사제도의 확립과 그에 대한 사후 감독 및 책임을 강화함과 동시에, 감사인의 독립성을 유지하고 그 역할이 건전하게 수행될 수 있는 회계윤리의 풍토조성이 필요한 시대적 상황이었다.

5. 회계 관련 법규의 개정환경

이 시기(1999-2020)에 변화된 회계환경 중의 하나로서 한국회계기준의 혁신에 영향을 주었던 것은 회계와 관련된 법규의 개정이었다. 그것은 상법, 증권거래법, 외감법, 공인회계사법 및 기업구조촉진법 등이다.

1) 상법의 개정과정

1999년 12월 31일에 상법 제9차 개정(법률 제6086호)이 이루어졌다. 이 개정에서는 이사회의 기능과 역할을 강화하여 기업경영의 효율성을 높임과 동시에, 감사위원회 제도의 도입을 통하여 기업경영의 투명성을 보장하는 조치가 단행되었다. 이를 위하여 이사회 내에 2인 이상의 이사로 구성되는 각종 위원회를 설치하여 이사회로부터 위임받은 권한을 행사할 수 있는 근거를 마련했다.

또한 감사위원회 제도를 도입하여 회사가 감사 또는 감사위원회를 선택하여 운영할 수 있도록 하고, 감사위원회를 설치하는 경우의 이사는 3인 이상으로 구성된다. 그리고 감사위원회가 감사의 권한을 행사할 수 있도록 하였다. 감사위원회는 감사와 같은 업무 및 회계감사권이 주어진다.[48]

그리고 상법은 2001년 7월 24일에 제10차 개정(법률 제6489호)이 있었고, 5개월 후인 2001년 12월 29일에 제11차 개정(법률 제6545호)이 다시 이루어졌다.

상법개정을 통한 기업의 경영 감독체제에 관한 규정은 기업지배구조에 관한 국제적인 추세에 부응하기 위한 것이다. 1990년대 이후 세계 각국은 기업지배구조에 관한 자국 수준의 모범규약을 만들어 왔다. OECD는 1999년 기업지배구조원칙을 제정하여 국제

---

48) 상법 이외에도 증권거래법은 1999년 12월 31일의 대형증권회사와 대형상장법인(자산총액이 2조 원 이상인 상장법인)이 감사위원회를 의무적으로 설치해야 할 것을 규정하고 있으며, 감사위원의 3분의 2 이상을 사외이사로 구성하게 되어 있다. 또한 은행법도 2000년 1월 21일의 개정을 통하여 모든 은행에 대하여 감사위원회의 설치를 의무화하고 있다. (이정호 외4인, 전게서, P. 256.)

적인 기업지배구조의 규범을 제시하였다.49) 우리나라는 외환위기 이후 기업지배구조를 개선하라는 국제통화기금(IMF)과 세계은행(IBRD)의 권고를 받아들여 1999년 3월 각계의 민간전문가로 구성된 기업지배구조개선위원회를 구성, 수차에 걸친 논의를 거쳐 입법에 임하게 되었다.50)

2) 증권거래법의 개정

이 시기의 증권거래법 개정내용 중에서 회계와 관련된 사항은 상법에서 규정한 기업지배구조개선방안의 구체화 및 기업공시의 강화방안이다. 그것은 다음과 같은 취지로 이루어져 있다.51)

① 사외이사와 감사위원회의 설치 의무기업을 규정하고 선임과정을 규정하였다. ② 기업의 공시를 강화하기 위해 1999년 2월 1일 개정에서 공시의무를 위반하거나 공시대상 서류에 허위 기재를 한 경우에는 금융감독위원회가 최고 5억 원의 과징금을 부과할 수 있도록 하였다. 그리고 2000년 3월 28일에는 과징금의 상한을 현행 5억 원에서 20억 원으로 상향조정하고 벌칙도 강화하였다. ③ 1999년 2월 1일 개정을 통하여 종전의 반기보고서 이외에 분기 보고서 제출을 의무화하였다.

이러한 취지로 증권거래법은 한국회계기준의 변혁기(1999-2010)에만 13차례나 개정되었다. 즉, 1999년 2월 1일의 개정(법률 제5736호)을 위시하여, 1999년 5월 24일(법률 제5982호), 2000년 1월 21일(법률 제6176호), 2001년 9월 28일(법률 제6423호), 2002년 1월 26일(법률 제6623호), 2002년 4월 27일(법률 제6695호), 2003년 10월 4일(법률 제6987호),

---

49) OECD의 기업지배구조 원칙(framework)은 다음 다섯 가지 항목을 포함하고 있는데 이를 구체적으로 시행하면서 착오가 없도록 자세한 주석(annotations)을 덧붙인 것이 특색이다.
① 절차의 공정성·투명성, 충분한 정보의 제공 등 주주의 권리를 보호할 것. ② 소수 주주, 외국인 주주를 포함한 모든 주주가 평등하게 대우받으며 권리의 침해에 대하여 시정할 기회를 가질 것. ③ 회사경영에 있어 회사와 주주가 기업의 富, 일자리를 창출하고 재무 건전성을 유지하는 데 긴밀히 협력할 것. ④ 회사의 재정 상태, 영업실적, 소유관계 기타 주요 경영내용을 적시에 정확히 공시할 것. ⑤ 이사회에 회사에 대한 전략적인 지도와 경영진에 대한 감독, 회사와 주주에 대한 책임이 있음을 명시할 것. (이정호 외4인, 전게서, P. 256.)
50) 기업지배구조개선위원회는 1999년 9월 기업지배구조 모범규준을 발표하였고 대규모 공개기업, 정부 투자기관, 금융기관의 이사회는 감사에서 이사회의 내부위원회인 사외이사를 중심으로 구성하는 감사위원회를 설치할 것을 권고하였다. 감사위원회는 다음 기능을 수행할 것을 제시하였다.
① 경영자의 업무 집행에 대한 적법성 감사 ② 기업의 재무 활동의 건전성과 타당성 및 재무 보고의 정확성 검토 ③ 중요한 회계처리 기준이나 회계추정 변경의 타당성 검토 ④ 내부통제 시스템의 평가 ⑤ 내부 감사부서 책임자의 任免에 대한 동의 (감사위원회에 한함) ⑥ 외부감사인의 감사 활동에 대한 평가 ⑦ 외부감사인 후보자의 추천 (감사위원회에 한함) ⑧ 감사 결과 시정사항에 대한 조치 확인(이정호 외4인, 전게서, P. 256.)
51) 이정호 외4인, 전게서, PP. 259-260.

2003년 12월 31일(법률 제7025호), 2004년 1월 29일(법률 제7114호), 2005년 1월 17일(법률 제7339호), 2005년 3월 31일(법률 제7428호), 2005년 7월 29일(법률 제7616호), 및 2005년 12월 29일(법률 제7762호)의 개정 등이 그것이다.

3)「주식회사의 외부감사에 관한 법률」의 개정

한국회계기준 변혁기에 개정된 외감법은 회계정보의 투명성과 외부감사의 독립성을 확보하기 위한 것이었다. 2000년 1월 12일의 개정(법률 제6108호)이 이루어지고 나서 1년여 후에 다시 개정되었다 그것은 2001년 3월 28일의 개정(법률 제6427호)이었다. 그 후 외감법은 2003년 12월 11일의 개정(법률 제6699호)에 이어 2005년 5월 31일에도 다시 개정(법률 제7524호)되었다. 그 개정의 주요 내용을 간추리면 다음과 같다.[52]

① 감사인 선임과정에서 대주주의 영향력이 배제되고 독립성이 높아질 수 있도록 감사인 선임 절차를 개선하였다. 감사인 선임 시「감사인선임위원회 제청 → 주총승인」절차를「감사인선임위원회 선임 → 주총 사후 보고」절차로 개선하였고 상장법인・결합대상 계열회사에 한정된 감사인선임위원회의 설치 의무화 대상기업을 코스닥(Kosdaq) 법인까지 확대하였다.

② 감사의견이 회사의 감사 계약권에 종속되는 것을 방지하기 위하여 상장법인 이외에 코스닥(Kosdaq) 법인도 감사인을 선임할 때 3개 사업연도의 감사인을 동일감사인으로 선임하도록 의무화하였다. 그러나 감사인이 독립적인 입장에서 직무를 수행할 수 있는 여건을 조성하는 한편, 감사인이 특정 회사에 대해 계속 감사에 따라 부실 감사를 수행할 가능성을 차단하기 위하여 동일기업을 감사할 때는 회계법인의 감사팀 구성원을 교체하도록 의무화하였다.

③ 기업이 감사인을 해임하고자 할 때는 해당 감사인에게 감사 또는 감사인선임위원회에 의견을 진술할 기회를 주고, 해임되는 감사인이 의견을 진술한 때에는 그 내용을 증권선물위원회에 보고토록 하여 회사가 부당하게 감사인을 해임할 수 없도록 하였다.

④ 부실 감사를 예방하고 회계정보의 신뢰성을 제고하기 위하여 회사 또는 감사인이 회계처리 기준을 위반하여 재무제표를 작성했을 때, 감사보고서에 기재하여야 할 사항을 기재하지 아니하거나 허위로 기재하였다면, 증권선물위원회가 그 위반 사실을 3년 동안 공시할 수 있도록 하였다.[53]

---

52) 이정호 외4인, 전게서, PP. 252-253.
53) 정부의 원안은 최장 공시 기간이 2년이었으나 국회 심의과정에서 3년으로 강화되었다. (이정호 외4인, 전게서, P. 253.)

4) 법인세법의 개정

　법인세법의 특징은 기업 구조조정의 지원과 경영 투명성을 높이는 것이다. 법인세법도 경제위기의 극복을 위한 국가 전체적인 목표에 부응하는 개정작업이 이루어졌음을 알 수 있다. 이 시기에 법인세법은 9차례나 개정되었다. 그것은 1999년 12월 28일의 개정(법률 제6047호)으로부터 2005년 12월 31일의 개정(법률 제7838호)에 이르기까지를 일컫는다. 다음에는 변혁이 이루어지던 초기의 개정내용을 소개한다.54)

　1999년 개정(법률 제6047호)에서는, ① 새로이 도입된 지주회사에 대한 세제지원 목적으로 지주회사가 자회사로부터 받은 배당 소득금액의 일정률을 법인세 과세 대상에서 제외하여 이중과세가 되지 않도록 하였다.

　② 자산유동화를 통한 외자 유치 및 금융기관의 부실채권 정리를 촉진하기 위하여 유동화전문회사와 증권투자회사가 배당가능이익의 90% 이상을 배당하면 그 금액을 각 사업연도의 소득금액에서 공제하도록 하였다.

　동년 12월 31일의 법인세법시행령에서는 창업비·개업비 및 연구개발비 등, 이연자산의 경우 종전에는 3년 또는 5년의 법정기간 동안 균등액을 손금에 산입하도록 하던 것을, 법정기간의 범위 안에서 법인이 기간을 정하여 그동안 균등액을 손금에 산입할 수 있도록 하여 「기업회계기준」과의 조화를 도모하였다.

　2000년 12월 29일의 개정(법률 제6293호)에서는, 지급이자가 손금에 산입되지 아니하는 과다 차입의 범위를 확대하여 기업의 재무구조개선을 유도하였다. 종전에는 상장법인과 기업집단에 소속된 법인의 차입금이 자기자본의 5배를 초과하면 그 이자를 손금에 산입하지 아니하도록 규정하였는데, 개정 이후부터는 협회등록법인으로 확대하였다. 2002년부터는 상장법인 등의 차입금이 자기자본의 4배를 초과하면 그 이자를 손금에 산입할 수 없도록 하였다.

　2001년 12월 31일의 개정(법률 제6558호)에서는, ① 종전에 특수 관계가 있는 법인 간의 합병 시에는 합병법인이 피합병법인의 이월결손금을 승계받을 수 없도록 한 규정을 삭제하였다. 그리고 물적 분할로 신설된 법인이 다른 법인과 합병하더라도 분할법인은 물적 분할로 인한 손금을 계속 산입할 수 있도록 함으로써, 원활한 기업구조조정을 지원하였다.

　② 종전에는 비상장법인이 이익잉여금을 배당하지 아니하고 적정수준을 초과하여 사내 유보하는 경우, 그 초과 유보분에 대하여 과세하였으나, 기업이익의 사내유보를 통한 자기자본 확충을 해치는 경우가 있어서 이를 폐지하였다.

---

54) 이정호 외4인, 전게서, P258-259.

5) 공인회계사법의 개정

공인회계사법 역시 한편으로는 공인회계사의 자율성을 제고하기 위하여 불필요한 규제를 철폐하거나 완화하는 한편, 감사의 질을 향상하기 위하여 감사책임을 강화하는 방향으로 개정되었다. 이 시기의 공인회계사법 개정은 1999년 2월 5일의 개정(법률 제5815호)으로부터 2005년 12월 29의 개정(법률 제7796호)에 이르기까지 모두 6차례의 개정이 단행되었다.[55]

③ 다원적 회계 규범의 일원화 과정

1. 다원적 회계 규범의 통합에 의한 일원화

1) 한국회계 규범의 일원화 과정

1976년에 개정된 증권거래법(제195조 회계원칙)에서「상장법인 회계처리 규정」과「상장법인 재무제표규칙」이 개정되었다. 그런데 한국 정부는 기업에 대한 외부감사 제도의 정비를 도모하기 위하여 1980년 12월 31일 자로「주식회사의 외부감사에 관한 법률」(법률 제3297호, 이하 외감법이라 함)이 제정·공포되었고, 1981년 9월 1일 자로 동법 시행령(대통령령 제10,453호)이 제정됨으로써, 외감법(제13조)에 따라 외부감사를 받아야 할 기업을 대상으로 하는 또 하나의 회계 규범을 제정해야 할 처지에 놓인 것이다.

이처럼 공인회계사의 감사를 위하여 그 판단기준이 되는 회계기준이 존재하고 있음에도 불구하고 외감법에 근거하는 회계기준을 증권관리위원회가 제정해야 했기 때문에, 동 위원회는 1970년대의 회계기준의 다원화에 의하여 야기되었던 문제의 선례를 감안하여 이 기회에 형식적으로도 회계 규범을 일원화시켜야 한다고 판단하였다. 이리하여 그 법령에 근거하는 회계 규범의 일원화를 이루기 위하여 다원화된 회계 규범의 통합에 착수하였다. 이미 개정된「기업회계원칙」과「재무제표규칙」,「상장법인 회계규정」과「상장법인 재무제표규칙」, 그리고「계산서류 규정」의 내용을 모두 승계하여 이들을 통합·조정하기 위한 일련의 작업이 증권관리위원회를 중심으로 시작되었다. 그 결과로 발표한 것이 1981년 12월 23일의「기업회계기준」이다.

---

55) 이정호 외4인, 전게서, P254-255.

이러한 일련의 과정을 거쳐 탄생한 「기업회계기준」은 공인회계사에 의한 외부감사의 대상이 되는 주식회사뿐만 아니라, 우리나라의 모든 기업의 회계처리와 보고에서 준수되어야 할 「일반적으로 인정된 회계원칙」(GAAP)으로서 그 역할을 수행하게 되었다. 즉, 「기업회계기준」(제133조)에 의하면, 『이 기준은 외부감사 대상회사 이외 기업의 회계처리에 이를 적용한다.』라고 규정되어 있으며, 이로 인하여 일단 한국회계 규범(GAAP)의 일원화가 이루어졌다고 해석할 수 있을 것이다

더욱이 증권거래법에 근거하는 감사제도의 정비를 매듭짓기 위한 그 일환으로 1982년 3월 29일에 증권거래법이 개정(법률 제3541호)되었고, 동법(제182조)에 따라 모든 상장회사는 외감법에 따라 회계감사를 받게 되었다. 그래서 1973년의 증권거래법 이래 그 효력을 갖고 있던 「재무제표감사증명에 관한 규정」(1973년 8월 4일 자의 재무부령 제968호)이 드디어 폐지된 것이다. 한편 「상장법인 회계규정」 및 「상장법인 재무제표 규칙」의 법적 근거가 되어 있던 증권거래법 제195조 및 제196조(1973년의 동법에서는 제126조의 제8항 및 제9항)의 규정이 삭제되었으므로 이들 두 개의 회계 규범이 폐지되었다. 그뿐만 아니라, 1984년 4월 10일에는 상법이 개정되어 동법 부칙(제5조)의 규정이 삭제되었다. 이로 인하여 이 규정에 근거하고 있던 「계산서류 규정」도 당연히 폐지되었다. 한편, 신상법(제29조 제2항)에는 『상업장부에 관하여 이 법에 규정되지 아니한 사항에 대해서는 일반적으로 공정 타당한 회계관행에 의한다.』라고 규정되어 있어서, 「기업회계기준」은 이 일반적으로 공정 타당한 회계관행의 구심점을 이루게 되었다.

이렇게 하여 그때까지 회계 규범의 다원화에 따라 발생하던 회계업무의 비능률과 혼란은 일단 해소되었다. 따라서 「기업회계기준」은 한국기업의 회계실무를 이끌어가는 지도원리로써, 그리고 회계행위의 기본지침으로서 명실공히 일원화된 한국회계 규범(GAAP)의 지위를 확립하게 된 것이다.

그러나 「기업회계기준」의 구조와 같이, 법령에 근거하는 회계 규범을 설정한다는 것은 회계행위의 기본원리인 회계 규범이 추구해야 할 관점에서 보아 과연 타당한가를 신중히 생각하게 하는 문제이다. 원래 기업회계의 규범은 시대의 변화와 사회의 발전에 적응할 가능성과 탄력성을 가져야 한다. 그런데 「기업회계기준」을 외감법에 근거하여 법령화한 것은 그 탄력성을 크게 훼손하지 않을까 하는 의구심을 떨쳐버릴 수 없게 하는 부분이다. 이 점을 고려하여 「기업회계기준」의 비탄력성을 완화하기 위하여 법적 상설기구로서의 증권관리위원회가 계속 심의할 수 있도록 하였다. 그렇지만 관습보다는 법령에 우선으로 편향하는 한국의 현실을 고려한다면, 회계 규범(GAAP)의 법령화는 한국회계 규범(GAAP)의 일원화를 위하여 취한 하나의 해결 방법이었다고 하는 측면도 부정할 수는 없을 것이다. 이 문제는 그 후 계속 논의를 거듭하여 해결을 위해 노력함으로써, 회계 규범의 본질을 정립하는 기회를 찾아야 할 하나의 과제로 남겨진 것이다. 다원화되어 있던 회계기준들을 「기업회계기준」으로 통합·조정하여 일원화

하는 일련의 과정을 그림으로 표시하면 <그림 9-1>과 같다.

2) 한국회계 규범의 설정 주체와 감리 주체

일반적으로 회계 규범은 일정한 목적을 달성하기 위한 수단으로 설정되는 것이므로, 인위적인 성격을 갖게 된다.56) 이처럼 회계 규범을 인위적으로 설정하게 되면, 당연히 그것을 설정하는 주체가 존재하는 것은 당연하다. 회계 규범은 그 설정 주체에 따라 구분해보면, 민간주도형(private sector)의 것과 정부주도형(public sector)의 것으로 크게 나누어진다.57)

<그림 9-1> 한국회계기준의「기업회계기준」으로의 일원화 과정

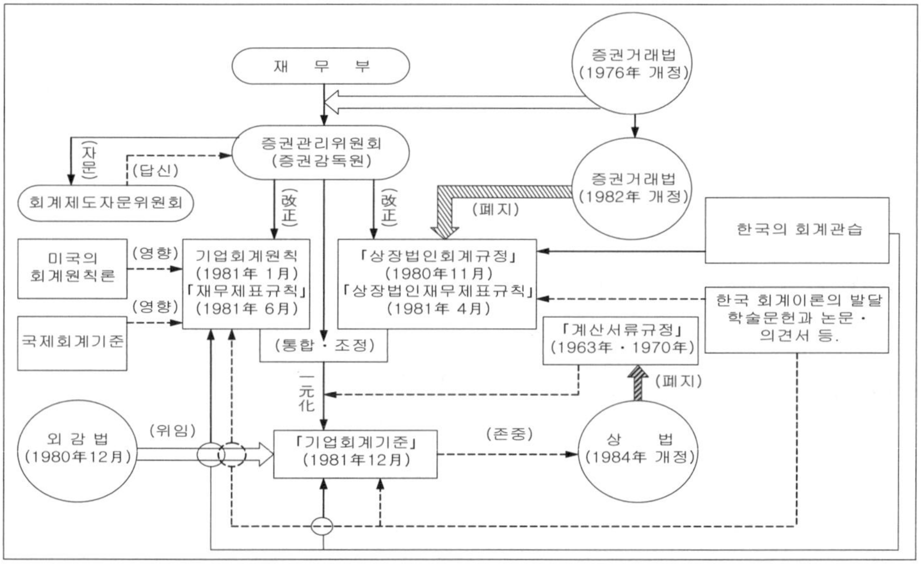

<자료 : 高承禧, 『韓国会計原則の展開』(1986), P. 162.>

한국에서「기업회계기준」의 설정 주체는 정부주도형에 속하는 것이었다. 그 당시 한국의 회계 규범은 재무부(증권보험국 증권 2과)의 주도하에 증권관리위원회 또는 증권감독원에서 주도하였다. 그래서 회계 규범의 제정, 해석 및 개정은 증권관리위원회

---

56) 若杉明, 『企業会計基準の構造』 (東京、財経詳報社、1969)、P. 415
57) M. Taylor, "The Formulation of Accounting Standards--A Corporation of Six Countries," (Dissertation, University of Texas of Austin, 1974), PP. 195-200.

가 그 산하의 회계제도자문위원회 자문을 받아 이루어졌다. 상장회사의 재무관리는 증권감독원이 담당하며, 특히 외부감사 대상회사의 감사 결과의 감리업무는 증권감독원 내에 설치된 감리위원회가 이를 행하게 되어 있었다.

증권관리위원회는 회계 규범의 설정과 개정하는 중요한 기관이었다. 동 위원회가 회계 규범을 설정하고 개정하면서 자문기관인 회계제도자문위원회에 자문을 받아야 한다. 회계제도자문위원회는 한국회계학회, 상장회사협의회 및 한국 공인회계사 등으로부터 제출된 「안(案)」 또는 「의견」을 참조하고 최종안을 작성한 다음, 그것을 증권관리위원회에 답신형식으로 이송한다. 증권관리위원회는 그것을 기초로 하여 회계기준을 심의하고 확정하게 된다. 그것은 재무부 장관의 승인을 얻어 공표하게 되어 있다.[58]

특히, 증권관리위원회는 「기업회계기준」(제131조)의 규정에 근거를 두어, 업종별 회계처리 기준을 설정할 수 있게 되어 있다. 그 규정에 따르면, 『이 기준의 시행과 관련하여 필요한 경우에는 업종별 회계처리 기준을 증권관리위원회가 따로 정할 수 있다.』라고 되어 있다.

그리고 감리위원회는 외감법에 따라 감사인의 감사보고서를 감리하기 위하여 증권감독원 내에 설치된 기관이다. 감리위원회는 감사보고서의 감사업무를 행함과 동시에, 필요에 따라 외부감사 대상회사와 그 감사인에 대하여 자료의 제출과 정정 요구 등을 행한다. 즉, 회계 규제를 감사 측면에서 담당하는 것이다. (동 법제15조).

2. 「기업회계기준」의 체계와 구성내용

1) 「기업회계기준」의 체계 및 재무제표의 범위

「기업회계기준」(1981년)의 체계는 ① 총칙(기업회계의 목적 및 일반원칙) ② 대차대조표 기준 ③ 손익계산서 기준 ④ 자산·부채의 평가 기준 ⑤ 이익잉여금처분계산서 기준 ⑥ 재무상태변동표 기준 ⑦ 부속명세서 ⑧ 연결 재무제표기준 ⑨ 보칙(업종별 회계 처리기준) 등 9개 부문으로 구성되어 있다. 이때부터 일반원칙 이외에는 모두 기준이라는 표현을 사용하고 있는 것이 눈에 띈다.

종래의 「기업회계원칙」(1958·1976)과 같이 이론 규범인 「기업회계원칙」과 실천규범인 「재무제표규칙」으로 구분·설정하는 방법을 취하지 않고, 이를 「기업회계기준」 속에 모두 통합하여 단일화했다. 기업회계의 광범한 회계원칙과 구체적인 회계지침을 133개 조에 이르는 규정 속에 함축시켜 놓았다는 것이다.

---

58) 「주식회사의 외부감사에 관한 법률 시행령」(대통령령 제10,453호·0981년 9월 3일), 제6조.

회계제도자문위원회의 위원이었던 고려대학교의 조익순 교수는 1981년의 「기업회계기준」을 3단계로 체계화하여 정리하였다.59) 그 체계에 따라 「기업회계기준」의 체계를 정리해 보면, <그림 9-2>와 같다.

<그림 9-2> 「기업회계기준」(1982)의 구조적 체계

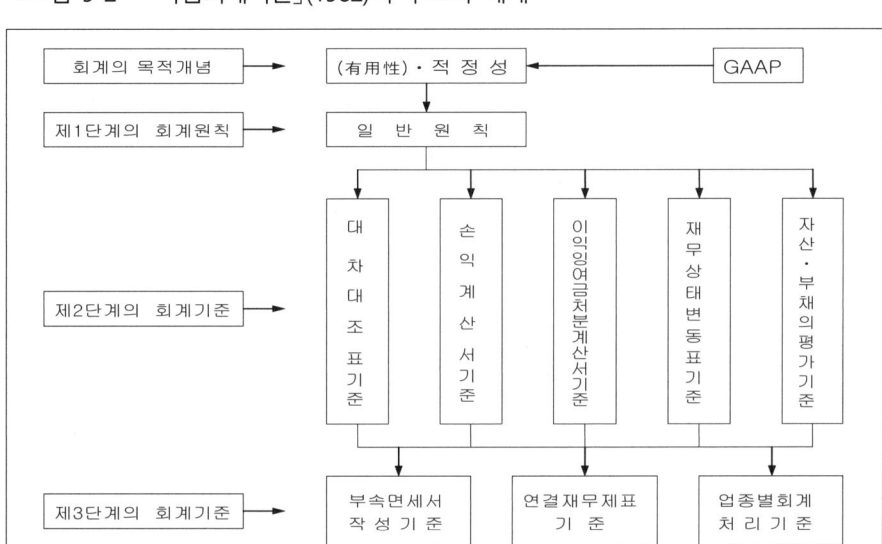

(주 : 조익순, 『신 회계이론』(1982), P. 142의 그림을 참조하여 저자가 수정함.)
<자료 : 高承禧, 『韓國會計原則の展開』(1986), p. 170.>

이에 의하면, 한국회계 규범(GAAP)의 구조적 체계는 3단계로 이루어져 있음을 확인하게 된다. 즉, 일반적으로 인정된 회계원칙의 근저에 놓여 있는 기본명제로서의 유용성과 적정성 개념으로부터 6개의 일반원칙 명제가 도출되어 제1단계의 회계 독트린이 형성되었으며, 그로부터 기본적인 재무제표의 작성기준을 설정하여 이용자들의 유용하고 적정한 정보요구에 부응할 수 있는 제2단계의 기준체계를 수립하였다는 것이다. 그뿐만 아니라 연결재무제표 및 업종별 회계처리 기준 등을 제3단계의 하위기준으로 설정함으로써, 명실공히 한국회계 규범(GAAP)의 전형을 구축했다고 평가할 수 있다.

1981년의 「기업회계기준」(제5조 제1항)은 『재무제표는 대차대조표, 손익계산서, 이익잉여금처분계산서(또는 결손금처리계산서) 및 재무상태변동표로 한다.』라고 규정하여 기본적 재무제표의 범위를 명시하고 있다.

---

59) 조익순, 『신 회계이론』(서울, 박영사, 1982), P. 142.

이것은 1958년과 1976년의 「기업회계원칙」 및 1974년의 「상장법인 회계규정」과 비교하면, 대차대조표에 대하여 자산, 부채 및 자본 항목의 배열과 구분 방법이 수정되어 있으며, 부속명세서가 재무제표의 범위에서 제외되어 재무제표의 첨부서류로 한정시켰다. 그리고 1976년의 「기업회계원칙」에서 부속명세서로 설정되어 있던 자금운용표가 재무상태변동표로서 기본재무제표로 격상되었으며, 그 내용도 보완되어 있다.

따라서 그것은 재무제표의 이용자가 요구하는 정보 중에서 특별히 중요한 것을 중심으로 함과 동시에, 구분표시, 주기(註記) 또는 재무제표에 대한 주석 등의 방법으로 명확히 표시함으로써, 재무 보고의 목적을 확실히 달성하려고 한 것이다. 이와 관련하여 상술한 재무제표의 체계를 상법의 「계산서류 규정」, 증권거래법의 「상장법인 회계규정」 및 「기업회계원칙」과 비교·정리하면, <표 9-6>과 같다.

<표 9-6> 한국회계 규범의 재무제표 체계 변천 비교

상법(계산서류 규정)	「상장법인 회계규정」	
(1963.1970년)	(1974.1976년)	(1980년 개정)
① 재산목록 ② 대차대조표 ③ 영업보고서 ④ 손익계산서 ⑤ 준비금과 이익 또는 이자의 배당에 관한 의안	① 대차대조표 ② 손익계산서 ③ 이익잉여금처분계산서 　(또는 결손금처리계산서) ④ 재무제표부속명세서	① 대차대조표 ② 손익계산서 ③ 이익잉여금처분계산서 　(또는 결손금처리계산서) ④ 재무상태변동표

「기업회계원칙」			「기업회계 기준」
1958년(제정)	(1976년 개정)	(1981년 개정)	1981년
① 손익계산서 ② 잉여금계산서 ③ 이익잉여금처분계산서 ④ 재무제표부속명세서	① 손익계산서 ② 대차대조표 ③ 이익잉여금처분계산서 　(또는 결손금처리계산서) ④ 재무제표부속명세서	① 대차대조표 ② 손익계산서 ③ 이익잉여금처분계산서(또는 결손금처리계산서) ④ 재무상태변동표	① 대차대조표 ② 손익계산서 ③ 이익잉여금처분계산서(또는 결손금처리계산서) ④ 재무상태변동표

<자료 : 高承禧, 『韓國會計原則の展開』(1986), p.171.>

1981년 12월의 「기업회계기준」(제5조 제2항)에 의하면, 『재무제표는 당해 연도 분과 직전년도 분을 비교하는 형식으로 작성하여야 한다.』라고 규정되어 있다. 이에 따라 재무제표의 양식이 단일연도의 형식으로부터 최근 2개년도를 비교하는 형식으로

변경되었다. 이는 재무제표의 정보제공기능이 확대되었음을 의미하는 것이다.

이처럼 「기업회계기준」이 비교 재무제표제도를 채용한 것은 미국회계기준과 국제회계기준의 영향을 받아 이루어진 것으로 보인다.60) 이러한 당시의 국제적 동향을 충분히 참작(參酌)하여 1981년의 「기업회계기준」이 비교재무제표의 제도화를 실현한 것은 이용자 지향적 이해조정목적을 합리적으로 수행하려고 하는 의지의 소산이었다고 하지 않을 수 없다.

2) 「기업회계기준」의 구성내용

(1) 목적개념 및 일반원칙의 구성

① 목적개념의 명시

외감법에 근거를 두어 제정된 1981년 12월 23일 자의 「기업회계기준」(제2조)에는 다음과 같은 회계의 기본목적이 명시되어 있다.

『(회계의 기본목적) 회사의 회계는 재무제표의 이용자가 기업 실체에 관하여 올바른 판단을 할 수 있도록 재무상의 자료를 일반적으로 인정된 회계원칙에 따라 처리하고 이에 관련되는 정보를 정확히 파악하여 적정한 보고를 하게 하는 것을 기본목적으로 한다.』

이 목적 규정은 1980년 11월 11일에 개정된 「상장법인 회계규정」 제2조에 규정되어 있는 「회계의 기본목적」을 그대로 승계한 것이다.

한국회계 규범(GAAP)의 정통성은 1958년의 「기업회계원칙」에서 비롯된다. 그것은 1976년의 제1차 개정과 1981년 1월의 제2차 개정을 거치면서 이어져 왔다. 따라서 「기업회계기준」은 「기업회계원칙」을 계승한 것이 아니라, 1970년대의 다원화 시대에 등장한 「상장법인 회계규정」의 명맥을 이어받은 것이 되고 말았다. 이는 회계 규범(GAAP)의 본질을 이해하지 못한 상황에서 일어난 일이라고 하지 않을 수 없다. 한 나라의 산업사회를 이끌어가는 기본적인 지도원리로서의 회계 규범은 어떤 법규범에 따라 침해될 수 없는 것이다. 수미일관된 논리구조를 갖추고 있는 회계 규범이야말로 독자성 있는 기본을 유지해가야 하는 이론 규범으로서의 회계 규범(GAAP)이요, 또한 실천규범으로서의 행동 지침이라야 한다. 회계는 기업을 중심으로 하는 경제사회 속에서 자연발생적(autogenous)으로 관행화하여 생성된 것으로서, 결코 법규범에 따라 강

---

60) AICPA, "Restatement and Revision of Accounting Research Bulletin," (APB No. 43), Chapter 2, par. 1-2. IASC, "Information to be Disclosed in Financial Statement," (IAS No. 5, 1976), par. 9.

제화될 수는 없는 것이다. 그런데 「기업회계기준」은 한국회계 규범(GAAP)의 일원화를 가져오게 하는 데 크게 이바지하기는 했으나, 법규범의 형식으로 증권거래법에 근거하는 「상장법인 회계규정」의 명맥을 승계하고 있어서 정도를 벗어난 통합조정의 결과였다. 그러나 그 과정은 법률 우선의 사고방식에 의한 결과였다고 해야 한다.

어떻든 「적정성」 개념이 한국회계기준(GAAP) 속에 명시되어 있는 것은 그동안 추진해 왔던 경제개발계획이 성공적으로 달성되는 과정에서 기업을 둘러싸고 있는 이해관계자들이 다양한 양상을 띠게 되었음은 물론, 재무제표의 이용자에 의한 정보요구의 다양화가 현실적으로 나타난 데서 비롯된 것이라고 해야 할 것이다. 이러한 맥락에서 관찰할 경우, 「적정성」의 개념은 재무제표의 작성기준이 되는 일반원칙의 설정 방향을 결정하는 중요한 회계의 목적개념으로 정립되어 있다고 해야 할 것이다.

그래서 1981년 12월 23일에 일원화의 산물로 탄생한 「기업회계기준」의 이론구조를 형성하는 기초는 「적정성」 개념이라고 받아들여야 한다. 제도적으로 확정된 다음은 그것을 수용하고 준수해야 되기 때문이다. 이것은 한국회계기준(GAAP)의 이론구조를 형성하는 것으로서의 회계공준에 해당하는 것이다. 적정성의 공준을 기본명제로 하여 그로부터 일반원칙 명제가 도출되는 이론구조를 형성하고 있다. 즉, 1981년의 「기업회계원칙」은 「적정성」을 기본적 척도로 하면서 일반원칙을 비롯하여 재무제표의 작성·공시를 위한 제 기준이 체계화되는 과정을 나타내고 있다는 것이다.[61]

② 일반원칙의 구성

1981년 12월에 통합조정으로 일원화된 「기업회계기준」의 일반원칙은 1980년의 「상장법인 회계규정」의 일반원칙과 1981년 1월의 「기업회계원칙」의 일반원칙과 같다. 일반원칙의 구성내용을 보면, ① 신뢰성의 원칙(객관성 및 불편성 포함) ② 이해 가능성의 원칙(명료성 및 간결성 포함) ③ 충분성의 원칙 ④ 비교가능성의 원칙(계속성 포함) ⑤ 중요성의 원칙(실용성 포함) ⑥ 안전성의 원칙 등 6개의 원칙이다.

이것은 정보전달기능의 확대라는 방침 아래에서 회계 보고의 원칙(전달원칙), 즉, 정보 지향적 이해조정목적을 근거로 하는 원칙에 중심을 두었다는 점에서 그 특성이 있다. 이러한 일반원칙의 명시는 재무제표가 일반적으로 인정된 회계원칙에 따라 처리하고 그 결과를 정확히 파악하여, 그 이용자의 이해조정에 (유용하고) 적정한 회계정보가 제공되어야 함을 의미한다. 그러므로 재무제표에 표시하는 정보는 중요한 회계방침, 회계기준, 과목과 금액에 관한 계량적 정보는 물론, 비계량적 정보에 이르기까지 주기나 주석의 방법으로 공시하지 않으면 안 된다. 이 「기업회계기준」에 명시된 일

---

[61] 고승희, 전게서, PP. 184-185.

반원칙의 체제를 목적개념으로부터 찾아내는 형식으로 연계하면 <그림 9-3>과 같다.62)

<그림 9-3> 「기업회계기준」(1982)의 일반원칙의 체계

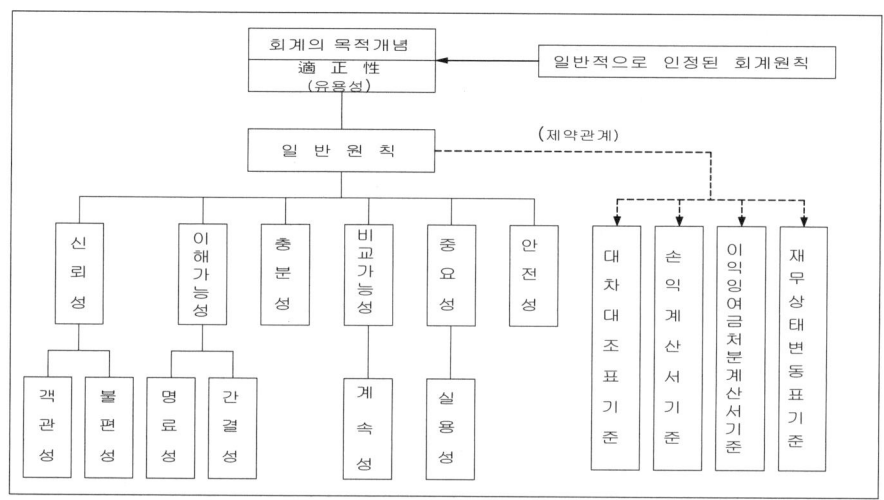

<자료 : 高承禧, 『韓國會計原則の展開』(1986), 187ペイジ. >

「기업회계기준」의 일반원칙의 제4원칙은 비교가능성(계속성)의 원칙으로서, 『회계처리 기준 및 절차는 매기 계속하여 적용하고 정당한 사유 없이는 이를 변경하여서는 아니 되며, 기간별 비교가 가능하게 하여야 한다.』라고 되어 있다. 이것은 기간별 비교가능성의 확보를 위한 회계처리의 계속성을 요청하는 것이다. 이것은 비교재무제표의 제도화를 계기로 비교가능성을 상위개념으로 하고 계속성의 개념을 그 하위에 편입시켜 놓았음을 의미한다. 이것은 1958년과 1976년 「기업회계원칙」의 일반원칙에서 제시된 측정기준 중심의 계속성 개념으로부터 탈피하여 1981년 그것에서는 정보 지향적 전달기능 중심의 비교가능성 개념으로 이동했기 때문이라고 할 수 있다.

이처럼 「기업회계기준」은 조정기의 회계 규범을 승계한 것이기 때문에, 거의 그 내용과 대동소이하다. 그래서 통합 일원화기의 그것은 일반원칙의 부분적 내용을 개선하고 조정함으로써, 회계의 전달기능을 중심으로 하는 정보 지향적 이해조정목적에 뿌리를 두고 편성되었다고 해석된다.

---

62) 고승희, 전게서, p. 187. (여기에서 「상장법인 회계규정」은 목적개념으로서의 유용성 개념이 표출되어 있지 않으나, 정보 지향적 전달목적에 근거를 두고 있는 규범이기 때문에 적정성에 내포된 것으로 해석하였으며, 그리고 일반원칙의 비교가능성의 원칙은 문맥상으로 보아 계속성 원칙의 상위개념이 되어야 한다고 판단하여 수정하였음.).

(2) 대차대조표 기준

① 대차대조표의 본질과 작성기준

「기업회계기준」(1982)의 대차대조표 작성기준(제10조)은 『대차대조표는 기업의 재무 상태를 보고하기 위하여 대차대조표일 현재의 모든 자산·부채 및 자본을 적정하게 표시하여야 한다.』라고 대차대조표의 본질에 관한 규정을 두고 있다.

이 규정은 조정기 기준의 그것과 같다. 그리고 성장기(1963-1976)의 회계 규범에 규정된 그것과도 기본적으로는 거의 같다고 볼 수 있다. 그러나 성장기의 그것은 정규부기의 방법에 따라 처리하였을 때 발생한 부외자산은 대차대조표에 기재하지 아니할 수 있다는 대차대조표 완전성의 원칙에 대한 예외 규정이 있었는데 이것을 조정기의 개정시에 삭제되었으며, 통합기의 「기업회계기준」에서도 그것을 그대로 계승하였다. 그것은 조정기(1977-1981)의 회계 규범이 「정규부기의 방법」이라는 표현을 「일반적으로 인정된 회계원칙」으로 대체함으로써, 그리고 정보 지향적 이해조정목적에 기초하여 회계정보의 완전 표시를 요구함으로써 나타난 현상이다. 그러므로 혹시 부외자산이 발생하면 그것은 충분성의 원칙에 따라 주기나 주석에 따라 공시해야 한다.

한편 대차대조표의 작성기준, 과목분류, 이연자산(범위의 축소) 및 이연부채(신설) 등에 걸쳐 조정기에 이루어진 개정내용 그대로 승계하였다.

「기업회계기준」은 7개의 대차대조표 작성기준을 명시해 놓고 있다. 즉, ① 구분표시의 기준 ② 총액 주의 기준 ③ 일 년 기준 ④ 유동성 배열기준 ⑤ 잉여금구분 기준 ⑥ 특정비용의이연기준 ⑦ 특정 수익의 이연 기준 등이다.

대차대조표의 작성을 위한 7개의 기본기준에 따라, 자산, 부채 및 자본에 관한 구체적인 시행기준이 명시되어 있다. 그리고 독립항목으로 규정되어 있기는 하지만, 자산·부채의 평가 기준도 있다. 이들은 종래의 회계 규범에서도 구체적으로 명시되어 있었다. 취득원가주의에 의한 평가원칙도 종래의 그것과 다르지 않다.

② 자산에 관한 기준

통합기의 「기업회계기준」은 조정기의 자산에 관한 규정을 승계하여 유동자산, 투자와 기타자산, 고정자산 및 이연자산 등으로 구분하고 있다.

㈎ 유동자산: 유동자산은 일 년 기준에 따라 분류되는 것으로서 1년 이내에 환금화할 수 있는 유동성 있는 자산이다. 이것은 다시 당좌자산, 재고자산 및 기타의 유동자산으로 구분된다. (기준 제12조). 당좌자산에 속하는 것은 현금, 예금, 유가증권,

외상매출금, 받을어음, 단기대여금, 미수금, 미수수익, 및 기타의 당좌자산 등이 구체적으로 규정되어 있다. 또한 재고자산에 속하는 것은 상품, 제품, 반제품, 재공품, 원재료, 저장품, 및 기타의 재고자산 등이다. 기타의 유동자산은 선급금, 선급비용, 및 기타자산 등이다.

(나) **투자 및 기타의 자산**: 투자자산은 종래의 「기업회계원칙」에서는 고정자산으로 분류되어 있었다. 그것이 개정과정에서 고정자산으로부터 분리되어 독립적인 항목으로 규정되었다. 이것은 자산의 성격상 중요시 되는 것이며 금액적으로도 상당한 액수에 달하기 때문에 독립적인 항목으로 분류한 것으로 본다. 이처럼 투자자산이 독자적인 항목으로 대차대조표상에 표시되는 예는 미국의 회계관습이나 문헌에서도 찾아볼 수 있다.[63]

투자자산은 기업의 영업활동을 목적으로 보유하는 것이 아니라, 다른 회사를 지배하거나, 또는 잉여자금의 이용이나 활용을 목적으로 하여 보유하는 자산이며, 영업 순환과정에서 유동적인 자금으로 이용할 수 없는 것이다. 장기성 예금, 투자유가증권, 출자금, 관계회사 주식, 관계회사 사채, 관계회사출자금, 투자부동산 등이 그것이다. (기준 제22조).

한편, 기타의 자산은 투자목적 이외의 목적으로 대차대조표 작성일로부터 1년을 초과하여 보유하는 고정자산 및 이연자산 이외의 자산을 일컫는다. 이에 속하는 것은 장기대여금, 장기성 받을어음, 주주·임원·종업원 장기대여금, 관계회사 대여금, 특정현금의 예금, 전세권, 전신전화가입권, 임차보증금, 영업보증금, 부도어음, 및 그 밖의 기타자산 등으로 구분되어 있다. (기준 제25조).

(다) **고정자산**: 「기업회계기준」은 고정자산을 유형고정자산과 무형고정자산으로 구분하여 각각 구체적으로 명시하였다. (기준 제28조, 제29조, 및 제36조).

고정자산은 경상적인 영업활동에 활용하기 위하여 1년 이상의 장기간 기업이 보유하는 물적 자산과 법률상의 권리나 실질적인 경제적 가치를 갖는 것 등이다. 유형고정자산에 속하는 것은 토지, 건물, 구축물, 기계장치, 선박, 차량 운반구, 공구와 기구, 비품, 건설가계정 및 기타의 유형고정자산 등이 규정되어 있다(기준 제29조). 그리고 무형고정자산으로서는 영업권, 특허권, 실용신안권, 의장권, 광업권, 차지권, 및 기타의 무형고정자산 등이 규정되어 있다. (기준 제36조).

(라) **이연자산**: 이연자산은 「특정 비용의 이연 기준」에 근거하여 계상되는 자산 항목이다. 그것은 종래의 「기업회계원칙」에서는 선급비용과 함께 이연계정으로 규정되어 있었으나, 1976년의 개정 시에 이연자산이라는 명칭으로 변경되어 규정되었다.

---

[63] Arthur Andersen and Co., "Accounting Standards for Business Enterprises Throughout the World," (1974), P. 146.

그런데 1981년의 개정에서는 의제 자산적 성격을 가진 이연자산을 대폭 조정하여 그 범위를 축소하였고, 이를 이용하여 자산의 과대 계상을 도모할 위험성을 배제하기 위하여, 종래의 개발비, 사채할인발행차금 및 건설이자를 이연자산 항목에서 삭제하였다. 한편, 기업의 국제화에 부응하기 위하여 외화환산조정계정을 이연자산으로 인정하였다. 그래서 이연자산은 창업비, 개업비, 신주발행비, 사채발행비, 시험연구비 및 환율조정차 등으로 구성되었다(기준 제38조).

그런데 상법의 계산 규정에 따르면, 주식할인발행차금, 건설이자, 및 사채할인발행차금은 여전히 이연자산에 속하는 것으로 규정(상법 제455조, 제456조, 제457조)되어 있을 뿐만 아니라, 사채발행비, 시험연구비, 및 환율조정차는 이연자산으로 규정되어 있지 않았다. 참고로 양자를 비교 정리해 보면, <표 9-7>과 같다.

<표 9-7> 상법과 「기업회계기준」상의 이연자산 비교

「기업회계기준」(1981년)	상법(1962년·1984년)
① 창업비 ② 개업비 ③ 신주발행비 ④ 사채발행비 ⑤ 시험연구비 ⑥ 환율조정차	① 창업비 ② 신주발행비 ③ 주식할인발행차금 ④ 사채할인발행차금 ⑤ 건설이자

<자료 : 高承禧, 『韓國 會計原則の展開』(1986), P. 195.>

③ 부채에 관한 기준

1982의 「기업회계기준」은 부채 항목을 유동부채, 고정부채 및 이연부채의 3개 항목으로 구분해 놓았다(기준 제44조, 제45조, 및 제46조).

(가) **유동부채**: 유동부채는 일 년 기준에 따라 1년 이내에 지급기일이 도래하는 단기채무를 일컫는다. 이는 외상매입금, 지급어음, 당좌차월, 단기차입금, 미지급금, 선수금, 예수금, 미지급비용, 미지급법인세, 관계회사 단기채무, 주주·임원·종업원 단기채무, 선수수익, 부채성 충당금 및 기타의 유동부채 등이다(기준 제44조).

(나) **고정부채**: 고정부채란 대차대조표일 다음 날부터 1년을 경과하여 지급기한이 도래하는 장기성 채무를 지칭한다. 고정부채에는 사채, 장기차입금, 관계회사 장기차입금, 주주·임원·종업원 장기차입금, 장기성 지급어음, 부채성 충당금 및 기타의 고정부채 등이 규정되어 있다(기준 제45조).

(다) **이연부채**: 이연부채는 개정(1981)시에 신설된 부채 항목이다. 환율조정대 및 기타의 이연부채가 이에 속하는 것이다(기준 제46조).

④ 자본에 관한 기준

「기업회계기준」의 대차대조표 기준은 자본의 부를 자본금, 자본잉여금 및 이익잉여금으로 3구분 하여 기재하도록 규정되었다(기준 제11조 항).

(가) **자본금**: 자본금 규정을 보면, 『자본금은 법정자본의 액을 주식의 종류별로 구별하여 기재하고, 회사가 발행할 주식의 총수와 1주의 금액·발행한 주식의 종류 및 수를 기재한다.』라고 되어 있다(기준 제54조). 여기서 대차대조표에 기재하는 자본금의 액은 상법 제289조 제1항의 규정에 따른 발행 주식 총수에 상당하는 금액이며, 우선주자본금과 보통주자본금으로 구분하여 기재하게 된다.

(나) **자본잉여금**: 자본잉여금은 자본거래 때문에 증가한 경제가치이며, 자본금 이외의 유보자본을 일컫는다. 이에 속하는 것으로서는 자본준비금, 재평가적립금 및 기타의 자본잉여금이다(기준 제56조).

자본준비금은 상법 제459조의 규정에 따른 주식발행초과금, 감자차익 및 합병차익으로 구성되어 있다. 재평가적립금은 자산재평가법에 근거하여 적립되는 것이며, 고정자산의 장부가액과 재평가가액과의 차액을 유보하는 것이다. 그리고 기타의 자본잉여금은 위의 자본준비금 및 재평가적립금에 속하지 않는 것을 지칭한다. 이에 속하는 것으로는 국고보조금, 공사부담금, 보험차익, 자산수증이익, 채무면제이익, 및 자기주식처분이익 등이 있다(기준 제59조).

(다) **이익잉여금**: 이익잉여금은 손익거래에 따라 가득된 유보액을 일컫는다. 이것은 법령, 정관 혹은 주주총회의 결의로 특정 목적을 위하여 준비금 또는 적립금으로 설정된 부분과 미처분 상태에 있는 부분으로 구분된다. 「기업회계기준」에 의하면, 전자에 속하는 이익잉여금은 이익준비금, 기타법정적립금, 임의적립금 및 당기말 미처분이익잉여금으로 구분 표시하도록 규정되어 있다(기준 제60조). 여기서 이익준비금은 상법 제458조의 규정에 따른 법정적립금을 일컫는다. 그리고 기타법정적립금은 상법 이외의 법령에 따라 적립된 법정적립금이며, 기업합리화적립금 등이다.

대차대조표의 양식은 별지 제1호 서식의 보고식 대차대조표와 별지 제2호 서식의 계정식 대차대조표를 표준양식으로 하여 작성보고 하게 되어 있다. 계정식 대차대조표의 양식을 소개하면, <표 9-8>과 같다.

<표 9-8> 「기업회계기준」(1982)의 대차대조표 양식 (계정식)

대차대조표(계정식)
제×기 19××년 ×월 ××일 현재
제×기 19××년 ×월 ××일 현재

회사명 :

자산	제×(당)기 금액	제×(전)기 금액	부채·자본	제×(당)기 금액	제×(전)기 금액
Ⅰ. 유동자산		(×××)	Ⅰ. 유동부채		(×××)
(1) 당좌자산		(×××)	1. 외상매입금		×××
1. 현금		×××	2. 지급어음		×××
2. 예금		×××	3. 당좌차월		×××
3. 유가증권		×××	4. 단기차입금		×××
4. 외상매출금	×××		5. 선수금		×××
대손충당금	×××	×××	6. 미지급비용		×××
5. 받을어음	×××		Ⅱ. 고정부채		(×××)
대손충당금	×××	×××	1. 사채	×××	
(2) 재고자산		(×××)	사채할인발행차금	×××	×××
1. 상품		×××	2. 장기차입금		×××
2. 제품		×××	3. 관계회사장기차입금		×××
3. 재공품		×××	Ⅲ. 이연부채		(×××)
(3) 기타유동자산		(×××)	1. 환율조정대		×××
1. 선급금		×××	부채합계		×××
2. 선급비용		×××	Ⅳ. 자본금		
Ⅱ. 투자와기타자산		×××)	(1)수권주식수 ×××주		
(1) 투자자산		(×××)	(주당금액 ×××원)		
1. 장기성예금		×××	(2) 발행주식수		
2. 투자유가증권		×××	1. 보통주식수(××주)		×××
(2) 기타자산		(×××)	2. 우선주수(××주)		×××
1. 장기대여금		×××	Ⅴ. 자본잉여금		(×××)
2. 전세권		×××	(1) 자본준비금		(×××)
Ⅲ. 고정자산		(×××)	1. 주식발행초과금		×××
(1) 유형고정자산		(×××)	2. 감자차익		×××
1. 토지		×××	3. 합병차익		×××
2. 건물	×××		(2) 기타자본잉여금		(×××)
감가상각충당금	×××	×××	1. 재평가적립금		×××
3. 기계장치	×××		Ⅵ. 이익잉여금		(×××)
감가상각충당금	×××	×××	1. 이익준비금		×××
(2) 무형고정자산		(×××)	2. 기업합리화적립금		×××
1. 영업권		×××	3. 당기말미처분이익잉여금		
2. 특허권		×××	①전기이월이익잉여금		×××
Ⅳ. 이연자산		(×××)	②당기순이익		×××
1. 창업비		×××	Ⅶ. 주식할인발행차금		(-)××
2. 개업비		×××	Ⅷ. 건설이자		(-)××
자산합계		×××	자본합계		×××

<자료 : 「기업회계기준」 제10저제2항에 의한 별지 제2호 서식>

(3) 손익계산서 기준 및 이익잉여금처분계산서 기준

① 손익계산서 기준

 손익계산서 기준은 손익계산서의 본질과 그 작성기준을 정하고 있으며, 손익계산서의 구분기준은 물론, 손익계산서의 양식을 규정하고 있다.
　㈎ **손익계산서의 본질과 작성기준**:「기업회계기준」의 손익계산서 기준은 손익계산서의 본질에 대하여 『손익계산서는 기업의 경영성과를 명확히 보고하기 위하여 그 회계기간에 속하는 모든 수익과 이에 대응하는 모든 비용을 기재하여 경상손익을 표시하며, 이에 특별손익에 속하는 항목을 가감하고 법인세 등을 차감하여 당기순손익을 표시하여야 한다.』(기준 제64조 제1항)라고 규정되어 있다.
 이 규정은 종래 회계 규범(1977~1981)의 포괄주의적 손익계산서의 구조를 승계하고, 이를 더욱 강화한 것이다. 이것을 기초로 하여 손익계산서의 작성기준이 규정되어 있다. 손익계산서의 작성기준은 ① 발생주의 기준 ② 수익 비용 대응 기준 ③ 총액 주의 기준 ④ 순익구분계산기준 등으로 구성되어 있다(기준 제65조). 이 기본기준은 종래의 그것과 똑같다.
　㈏ **손익계산서의 구분**: 회계기준 이전 시대(태동기)의 한국에서는 당기순이익의 계산 방법으로서 총괄 손익계산서와 구분손익계산서의 어느 것을 채택할까의 결정은 기업의 자유에 맡겨져 있었다. 그러나 한국회계 규범이 생성된 이후에는 구분손익계산서가 일반화되었다. 회계기준에 의한 최초의 손익계산서는 영업손익 계산 구분과 순손익계산 구분으로 구성된 2구분 손익계산서의 형식을 채용하고 있었다.
 그 후 1976년의 개정 시에 당기업적주의 손익계산서에서 포괄주의 손익계산서로 전환하면서 달라졌다. 그것은 매출총손익 계산 구분, 영업손익 계산 구분, 경상손익계산 구분, 및 순 손익계산 구분으로 세분되었다.
 더욱이 조정기(1977-1981)의 개정 때에는 이것을 매출총손익 계산 구분, 영업손익 계산 구분, 경상손익계산 구분, 법인세 차감 전 손익계산 구분 및 당기순손익 계산 구분으로 다시 변경되었다. 종래의 순 손익계산 구분에 속해있던 법인 세차감전 순 손익계산의 구분을 분리함으로써, 법인세 등의 차감 계산을 내용으로 하는 부분을 강화했다. 이는 1981년에 개정된 회계기준이 법인세 등의 비용성을 인정하고 있음을 의미하는 것이다.[64]
 그리고 제조업, 판매업 또는 건설업 이외의 기업에서는 매출총손익 계산의 구분표시를 생략할 수 있다는 취지도 명시해 놓았다. (기준 제65조 제4항).<표 9-9 참조>.

---

64) 조익순, 『신 회계이론』(서울, 박영사, 1982), P. 240.

<표 9-9> 「기업회계기준」의 손익계산서의 구분표시

일반기업의 손익계산서 구분			제조업·판매업·건설업 이외의 기업에서 인정되는 예외의 손익계산서 구분		
① 매출총손익 계산	매출액	×××	① 영업손익 계산	영업수익	×××
	매출원가	×××		영업비용	×××
	매출총이익	×××		영업이익	×××
② 영업 손익계산	판매비 및 일반관리비	×××	② 경상손익계산	영업외수익	×××
				영업외비용	×××
	영업이익	×××		경상이익	×××
③ 경상손익계산	영업외수익	×××	③ 법인세 차감 전 순손익 계산	특별이익	×××
	영업외비용	×××		특별손실	
	경상이익	×××		법인세 차감 전 순이익	×××
④ 법인세 차감 전순 손익계산	특별이익	×××	④ 당기순손익 계산	법인세 등	×××
	특별손실	×××		당기순이익	×××
	법인세차감전이익	×××			
⑤ 당기순손익 계산	법인세 등	×××			
	당기순이익	×××			

<자료 : 高承禧, 『韓國會計原則の展開』(1986), P. 208.>

(다) **손익계산서의 양식**: 「기업회계기준」(1981)의 손익계산서 기준에는 『손익계산서는 보고식으로 작성하는 것을 원칙으로 하며, 표준양식을 별지 제3호 서식에 의한다.』라고 규정되어 있다(기준 제64조 제2항). 보고식에 의한 손익계산서는 한국회계기준이 제정된 이래 채택되어온 것이다. 한편, 계정식의 손익계산서는 1976년의 개정 시에 보고식 손익계산서와 함께 선택할 수 있도록 인정했었으나, 1981년의 개정 시에는 다시 보고식에 의한 손익계산서만을 인정하는 쪽으로 변경되었다. 「기업회계기준」에 의한 손익계산서의 표준양식을 인용하면, <표 9-10>과 같다.

② 이익잉여금처분계산서의 작성기준

「기업회계기준」의 이익잉여금처분계산에 관한 작성기준은 다음과 같은 내용으로 규정되어 있다.

<표 9-10> 「기업회계기준」의 보고식 손익계산서 양식

손익계산서

제×기 19××년×월××일부터   19××년××월××일까지
제×기 19××년×월××일부터   19××년××월××일까지

회사명 :   단위 : 원

과목	제 × (당) 기 금액		제 × (전) 기 금액	
Ⅰ. 매　　출　　액				
1. 총　매　출　액	×××			
2. 매 출 에누리·환 입 액	×××		×××	
Ⅱ. 매　　출　　원　　가				
1. 기 초 상 품(또는 제품)재 고 액	×××			
2. 당 기 상 품 매 입 액				
① 총 매 입 액(또는 매입원가)	×××			
② 매입에누리·환 출 액	(×××)		×××	
	×××			
3. 기 말 상 품(또는 제품)재 고 액	×××		×××	
Ⅲ. 매　　출　　총　　이　　익		×××		
Ⅳ. 판 매 비 와 일 반 관 리 비				
1. 임　　원　　급　　여	×××			
2. 급　료　와　임　금	×××			금
3. 복　리　후　생　비				액
4.	×××		×××	생
Ⅴ. 영　　업　　이　　익		×××		략
Ⅵ. 영　　업　　외　　수　　익				
1. 수 입 이 자 와 할 인 료	×××			
2.	×××		×××	
Ⅶ. 영　　업　　외　　비　　용				
1. 지 급 이 자 와 할 인 료	×××			
2.	×××		×××	
Ⅷ. 경　　상　　이　　익		×××		
Ⅸ. 특　　별　　이　　익				
1. 고 정 자 산 처 분 이 익	×××			
2.	×××		×××	
Ⅹ. 특　　별　　손　　실				
1. 고 정 자 산 처 분 손 실	×××			
2.	×××		×××	
Ⅺ. 법 인 세 차 감 전 순 이 익		×××		
Ⅻ. 법　　인　　세　　등		×××		
ⅩⅢ. 당　기　순　이　익		×××		

<자료 : 1981년의 「기업회계기준」 제64조 제2항에 의한 별지 제3호 서식>.

㈎ **이익잉여금처분계산서의 구조와 양식**: 이익잉여금처분계산서는 이월 이익잉여금의 수정과 이익처분내용을 보고하기 위하여 작성되는 것이다(기준 제107조). 「기업회계기준」(1982-1989)은 이익잉여금처분계산서를 기본재무제표의 하나로 규정하고 있다(기준 제5조 제1항). 그것은 1974년의 「상장법인 회계규정」에서 처음으로 도입되었다. 그것은 미처분이익잉여금의 기중 증감내용을 보고하고 대차대조표와 손익계산서를 연결하는 역할을 수행할 뿐만 아니라, 기말 미처분이익잉여금의 처분상황을 보고함으로써, 대차대조표가 당기 이익처분 전의 상태로 작성되는 데 따른 문제를 보완하는 역할도 하는 것이다.[65]

이익잉여금처분계산서의 과목은 ① 당기 말 미처분이익잉여금 ② 임의적립금 이입액 ③ 이익잉여금처분액 ④ 차기이월이익잉여금의 4항목으로 구성되어 있다. 이들을 기본요소로 하여 작성되는 이익잉여금처분계산서의 표준양식은 <표 9-11>와 같다. <표 9-11>에서의 전기손익수정 손익은 전기이월이익잉여금의 조정항목으로 표시되어 있다. 이것은 전기손익수정 손익이 전기 이전의 재무제표에 관한 오류의 수정을 내용으로 하는 것이며, 당기의 경영활동과는 관계가 없다는 이유로 손익계산서(특별손익)에서 제외되었다는 것을 인식할 필요가 있다.

㈏ **결손금처리계산서**: 기업에서 결손이 발생하면 이익잉여금처분계산서 대신에 결손금처리계산서를 작성하여야 한다. 결손금처리계산서는 이월이익잉여금 또는 이월결손금의 수정과 결손금처리의 내용을 보고하는 것이다.

결손금처리계산서의 표시과목은 ① 당기말 미처리결손금 ② 결손금처리액 ③ 차기이월결손금으로 구성된다. 그리고 결손금의 처리는 ① 임의적립금 이입액 ② 기타법정적립금이입액, ③ 이익준비금 이입액 ④ 기타자본잉여금이입액 ⑤ 재평가적립금 이입액 ⑥ 자본준비금 이입액의 순서에 따라 행하게 되어 있다. (기준 제109조).

(4) 재무상태변동표 기준

① 재무상태변동표의 제도화

기업의 자금계산에 관한 제도는 우리나라의 경우, 1976년의 회계기준개정 시에 재무제표부속명세서의 하나로서 자금운용표 규정이 처음으로 설정되었다. 1981년의 개정 시에는 이것을 재무상태변동표라는 이름으로 대차대조표 및 손익계산서와 나란히 기본적인 재무제표의 위치로 격상시켜 놓았다. 비로소 재무상태변동표의 제도화가 이루어진 것이다.

---

65) 문택곤·주인기, 『신 재무회계』(서울, 법문사, 1982), P. 183.

<표 9-11> 「기업회계기준」의 이익잉여금처분계산서 표준양식

이익잉여금처분계산서

과 목	제× (당)기 금 액		제× (전)기 금 액	
I. 당기 말 미처분이익잉여금				
1. 전기이월이익잉여금	×××			
2. 전기손익수정 이익	×××			
① ………	(×××)			
3. 전기손익수정 손실				
① …………………	(×××)			
4. 수정 후 전기이월이익잉여금	×××			
5. 당기순이익	×××	×××	금	
II. 임의적립금 이입액			액	
1. ×× 적립금	×××		생	
2. ×× 적립금	×××	×××	략	
합 계		×××		
III. 이익잉여금처분액				
1. 이익준비금	×××			
2. 기타법정적립금	×××			
3. 배당금	×××			
보통주 배당률 : %				
우선주 배당률 : %				
4. 사업확장적립금	×××			
5. 감채적립금	×××			
6. 배당평균적립금	×××	×××		
IV. 차기이월이익잉여금		×××		

<자료 : 「기업회계기준」 제107조 제2항・별지 제4호 서식>.

우리나라에서 재무상태변동표의 제도화는 기업 활동이 다양해짐에 따라, 대차대조표에 의한 정보의 중요성이 강조되었고, 기업이 이해관계자가 요구하는 다양한 회계정보를 제공해야 하는 상황에 이르렀으므로, 자금 정보의 공시가 더욱 중요하게 되었다는 점에 있다. 기업회계의 국제화와 더불어 회계정보의 중요성이 광범위하게 인식되었다는 데서도 제도화의 원인을 찾을 수 있다. 1971년의 APB 의견서 제19호[66] 및 1977년의 국제회계기준 제7호[67]의 발표는 한국 재무상태변동표의 제도화에 큰 영향을 주

---

66) AICPA, "Reporting Changes in Financial Position," (APB Opinion No. 19, 1971).
67) IASC, "Statement of Changes in Financial Position," (IAS No. 7, 1977).

었다.

　1981년의 한국회계기준이 재무상태변동표의 제도화를 통하여 재무제표제도의 보강을 도모한 것은 회계정보의 공시 확대라고 하는 측면에서 진일보한 발전이라고 평가할 수 있다. 그러나 회계기준의 개정과정에서는 재무상태변동표에 대한 사회적 인식이 아직 불충분한 상황이었고, 더구나 그것을 작성·공시하기 위한 실무상의 번잡함은 무시할 수 없다고 하여, 그 제도화는 시기상조라는 반론도 적지 않게 제기되었다고 한다. 그런데도, 증권관리위원회는 회계제도자문위원회의 의견서에 근거하여 1976년 회계기준에서 이미 자금운용표 제도가 시행되어오고 있었으므로 재무상태변동표의 제도화를 위한 환경은 된다고 판단하여 이것을 기본재무제표의 하나로 작성·공시하도록 결정하였다. 그래서 대차대조표 또는 손익계산서로부터 충분히 얻을 수 없었던 자금흐름 정보를 쉽게 입수할 수 있게 되었다.[68]

② 재무상태변동표의 본질과 자금 개념

　「기업회계기준」(제112조)에 의하면, 『재무상태변동표는 기업 재무자원의 원천 및 운용과 순운전자본의 증가 또는 감소를 명확하게 보고하기 위하여 당해 회계기간 중의 총재무자원의 변동상태를 표시한다. 다만, 판매업·제조업·건설업 이외의 경우에는 현금과 예금을 기준으로 하여 재무상태변동표를 작성할 수 있다.』라고 규정되어 있다.

　따라서 재무상태변동표란 일정 회계기간에 있어서 기업자금이 어떻게 조달되고, 또 어떻게 운용되었는가를 표시함과 동시에, 기초대차대조표 일로부터 기말대차대조표일까지 재무 상태의 변동이 어떠한 과정을 거쳐 발생했는가를 공시하는 것이라고 이해된다. 대차대조표는 일정 시점의 자산, 부채 및 자본을 표시하는 정규 보고서이다.

　그리고 손익계산서는 일정 기간의 수익과 비용의 대응 과정을 통하여 이익의 흐름(자본의 변동)을 표시하는 동적 보고서이다. 이에 대하여 재무상태변동표는 일정 기간에 있어서 자금흐름이나 재무 상태의 변동 원인에 관한 정보를 제공하는 동적인 보고서이다. 그러므로 재무상태변동표는 회계기간에 있어서 기업자금의 조달 활동과 투자활동에 관한 정보를 제공하고 재무 상태의 변동을 표시함으로써, 대차대조표와 손익계산서가 제공하지 못하는 정보를 보완하는 기본적 재무제표이다.[69] 그런 의미에서 재무상태변동표와 대차대조표 및 손익계산서와의 상호관계를 그림으로 나타내면, <그림 9-4>와 같다.[70]

---

[68] 고승희, 전게서, 221-222ペイジ.
[69] 이정호, 『현대회계이론』(서울, 경문사, 1984), 708.
[70] G. A. Welsh, C. T. Zlatkovich and J. A. White, "Review the Balance Sheet and Statement of Changes in Financial Position, in International Accounting," (Homewood, Illinois, 1976),

<그림 9-4> 대차대조표 및 손익계산서와 재무상태변동표와의 상호관계

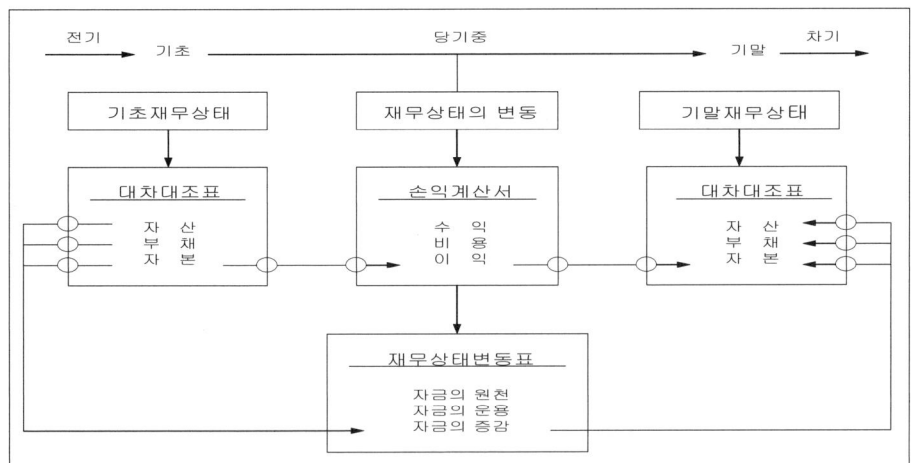

<자료 : 高承禧, 『韓國會計原則の展開』(1986), P. 223.>

「기업회계기준」에 규정된 자금 개념은 총재무자원을 기본으로 하고 있다. 「기업회계기준」(제112조)의 규정 속에 「당해 회계기간 중의 총재무자원의 변동상태를 표시한다.」라고 명시되어 있는 것이 그것을 의미한다. 순운전자본의 증감을 명확히 보고한다는 것이 그 목적임을 고려하면, 순운전자본을 구성하는 총재무자원으로서의 자금 개념이야말로 한국회계기준의 자금 개념이다. 여기서 순운전자본이란 유동자산에서 유동부채를 차감한 금액을 일컫는다. (기준 제112조 제2항).

총재무자원의 변동을 일으키는 거래는 순운전자본에 영향을 주는 거래는 물론, 직접 자금증감에 영향을 주지 않은 거래, 예컨대 전환사채의 자본금에의 전환거래 또는 신주발행에 의한 고정자산 취득 등과 같은 재무적 거래가 포함된다.71) 이러한 총재무자원이라는 자금 개념이 제창된 것은 미국의 APB 의견서 제19호에서 찾아볼 수 있다.72)

<그림 9-4>에서와 같이, 재무상태변동표는 기초대차대조표와 기말대차대조표와의 사이에서 재무 상태의 변동을 일으키는 모든 재무 활동에 관한 정보의 공시를 목적으로 한다. 다만, 예외적으로 제조업, 판매업이나 건설업 이외의 기업에 대해서는 현금 개념에 의한 재무상태변동표의 작성을 인정하고 있다(제112조의 단서 조항).

P. 108. ; 小川洌 編, 『現代的資金會計の動向』(東京, 國元書房, 1983), P. 30.
71) 이정호, 전에서, P. 716. & 문대곤·주인기, 전에서, PP. 197-198.
72) AICPA, "APB Opinion No. 19," op. cit., Par. 6. & Par. 8. ; 日本公認會計士協會 國際委員會 譯, 『AICPA會計原則審議會 意見書』(東京, 大藏財經協會, 1978), 363-364ペイジ.

③ 재무상태변동표의 표준양식

「기업회계기준」(1981)은 재무상태변동표를 작성하면서 자금의 원천, 자금의 운용, 순 운전자본의 증감 및 그 증감명세로 구분·표시하도록 규정되어 있다. (기준 제113조). 재무상태변동표는 크게 자금의 변동상황과 순 운전자본의 증감명세로 구분이 표시되는 것이다.

(5) 연결재무제표 작성기준

한국에서 연결재무제표 제도가 도입된 것은 1974년의 「상장법인 회계규정」에서였다. 그리고 1976년의 「기업회계원칙」에서도 연결재무제표의 규정이 설정되었다. 그 후 한국회계 규범 통합기에도 연결재무제표의 작성을 하도록 했다.

의결권 없는 주식을 제외한 발행주식총수의 과반수주식을 실질적으로 소유하고 있는 지배회사가 그 종속회사를 통합한 연결재무제표를 작성하여 지배회사의 개별재무제표에 이것을 첨부하도록 한 점은 종전과 같다(기준 제6조). 그 당시의 상법은 개별회사에 관한 법률관계만을 규정하고 있어 기업집단으로서의 경제행위를 법률적으로 인식하지 않았기 때문에, 상법에서는 연결재무제표가 참고자료 이상의 것으로 기대하기는 어려웠다. 그러므로 1981년의 회계 규범에서도 연결대차대조표 및 연결손익계산서를 종속회사의 개별재무제표와 함께 지배회사의 개별재무제표에 첨부하도록 하는 규정에 불과했다(기준 제121조 제1항 및 제2항).

연결재무제표란 지배·종속관계에 있는 기업집단의 재무 상태와 경영성과에 관한 정보를 지배회사의 이해관계자들에게 제공하기 위하여 작성하는 보고서를 의미한다.[73]

① 연결범위

연결대상이 되는 회사의 범위를 결정하는 기준으로서는 지분율 기준과 지배력 기준의 2가지가 있다. 전자는 의결권을 갖는 발행주식 총수의 과반수라고 하는 수량적·형식적 기준에 따른 기업집단의 연결범위이다. 후자는 물량적 형식에 의하지 않고, 영업거래관계, 지급보증, 자금대여, 임원파견 등을 포함하는 수단을 통하여 실질적으로 종속회사를 지배할 수 있는 관계에 따라 연결범위를 판정한다.[74] 기업회계기준」(1981)은 지분율 기준에 따라 연결범위(지배종속 관계)를 결정하도록 규정하고 있다(기준 제6

---

73) 고정섭, 『연결재무제표론』(서울, 다산 출판사, 1981), P. 23.
74) 이정호, 전게서, P. 686.

조). 이 경우에 지배회사의 지주수(持株數)가 종속회사의 발행주식 총수의 과반수를 점유하고 있는가는 주식의 직접 소유뿐만 아니라, 간접적인 소유도 포함하여 이것을 판정하게 된다(기준 제122조).

② 연결기준일

연결재무제표의 작성을 위한 전제가 되는 또 하나의 중요한 것은 연결기준일을 어떻게 정할 것인가 하는 점에 있다. 1981년의 「기업회계기준」에 의하면, 연결재무제표의 작성기준일(연결기준일)은 원칙적으로 지배회사의 재무제표 작성기준일, 즉, 지배회사의 결산일로 되어 있다. 연결재무제표의 작성기준일 전 3개월 이내에 종속회사가 결산하지 않은 경우, 그 종속회사는 연결재무제표의 작성을 위한 가결산을 행하지 않으면 안 된다(기준 제124조).

따라서 종속회사의 결산일이 지배회사의 결산일 전 3개월 이내에 있는 경우에는 그 종속회사의 최근 결산일의 재무제표를 연결재무제표의 작성에 그대로 이용할 수 있다. 이때 종속회사의 결산일부터 연결재무제표 작성일까지 발생한 것으로 재무제표에 중대한 영향을 미치는 사항은 연결재무제표의 주석으로 기재한다(기준 제129조 제1항의 ㉻).

「기업회계기준」(1981)은 연결재무제표로서의 연결대차대조표와 연결손익계산서의 작성을 위한 규정을 두고 있다(기준 제125조 및 제128조). 그런데 연결 재무상태변동표에 관한 규정은 두지 않았다. 개별회사의 기본재무제표에는 재무상태변동표가 포함되어 있으나, 연결재무제표의 규정에는 이것이 설정되어 있지 않은 것이 특이하다.

4 「기준」 지향적 회계 규범의 성숙·발전

1. 「기업회계기준」의 개정과 발전

1) 1990년의 「기업회계기준」 제3차 개정

(1) 개정 배경

「기업회계기준」이 1981년 12월에 제정된 이래 1984년과 1985년의 두 차례에 걸친 부분적 수정을 한 바 있다. 그러나 경제 국제화에 편승한 기업규모의 확대와 국제화,

새로운 경영기법의 도입과 자본자유화 등의 환경변화와 증권시장의 발전으로 인한 회계정보의 적정한 공시가 요구되기에 이르렀다. 회계 규범을 시행하는 과정에서 나타난 문제점을 개선할 필요성이 발생하였으므로, 개정이 필요했다. 회계제도자문위원회는 2년여의 준비과정과 관련 기관의 의견조회 및 공청회 등을 거쳐 「기업회계기준」 개정안을 확정하였다. 그것은 1990년 3월 29일에 증권관리위원회에서 의결되어 재무부 장관의 승인을 받아 공포되었다.

(2) 개정내용

그 제3차 개정내용은 대략 다음과 같다.[75]

① 경영환경의 변화에 따라 수정된 부분

첫째, 금융선물상품(선물환, 스왑, 선물, 옵션 등)의 거래에 관한 회계처리 방향을 제시하였다(기준 제103조의 3) 둘째, 외화자산 및 부채의 평가 방법을 변경하였다. 즉, 외화환산손익을 관련 외화 항목의 장단기에 불문하고 당기의 수익 또는 비용으로 처리하도록 규정하고 해외지점 또는 사업소와 해외 종속회사의 외화환산 방법을 규정하였다(기준 제103조, 기준 제103조의 2 및 부칙) 셋째, 신주인수권부사채의 발행 및 신주인수권의 행사에 따른 규정을 신설하였다(기준 제45조, 제48조, 제57조의 2, 제100조 및 부칙 ⑥). 넷째, 전환사채의 회계처리 방법을 제시하였다(기준 제45조, 제48조, 제57조의 2, 제100조 및 부칙 ⑥).

② 문제점 개선과 관련하여 개정된 사항

첫째, 유가증권, 재고자산, 투자주식 등 저가 평가의 대상이 되는 자산 중 유가증권의 저가 평가 방법을 총계평가법으로 축소하고 저가 평가의 강제 기준인 30% 하락기준을 위의 3가지 자산 모두에 대하여 삭제(기준 제92조, 제93조, 제94조) 둘째, 퇴직급여충당금의 해당 연도 설정 금액과 과거 부족 금액의 설정 방법을 구체적으로 명시(기준 제47조의 2 및 부칙 ⑤) 셋째, 재무상태변동표를 개선하였다. 즉, 자금의 개념을 종래의 총재무적 자원개념에서 순운전자본 개념으로 변경시키고 비자금거래의 내역과 순운전자본의 증감명세를 재무상태변동표의 작성 방법을 간소화했다(기준 제 112조~제 118조).

---

[75] 한국공인회계사회, 『企業會計基準』(증권관리위원회, 1990. 3. 29.), 도서 출판 희선당, 1990, PP. 93-193.

넷째, 자산평가와 관련하여 그동안 여러 조문에 산재하여 있던 자산재평가 관련 조문을 한곳에 모아 일목요연하게 정리했다(기준 제91조의 2에 통합) 다섯째, 회계추정의 변경에 대해서는 이를 적용할 수 있는 경우를 명확히 규정하고 전기손익수정 항목에 대한 주석공시를 강화하였다(기준 제110조) 여섯째, 회계변경을 할 수 있는 경우를 제한하여 임의 변경을 억제함과 아울러 공시내용을 강화했다(기준 제111조) 일곱째, 건설자금이자의 자본화 대상을 변경하였다. 즉, 장기차입금에 한정하던 건설자금이자를 단기차입금까지 확대하는 한편, 건설자금이자의 자본화 처리를 강제규정으로 전환하였다. (기준 제96조) 여덟째, 관계회사의 범위를 확대하였다(기준 제9조).

③ 회계 정보이용자를 위한 개정사항

첫째, 자산·부채의 명목가치와 현재가치가 크게 차이가 나는 경우, 현재가치에 의한 평가를 가능하도록 함(기준 제102조의 2, 부칙 7). 둘째, 자기주식을 대차대조표상의 자본에서 차감하는 방법으로 공시하도록 함(기준 제62조의 2). 셋째, 손익계산서상의 당기순이익에 주당순이익(earnings per share·EPS)을 주기(註記)의 방법으로 공시하도록 함(기준 제90조의 2). 넷째, 이연자산에 포함되어 있던 환율조정차를 제외하고 이연부채의 내역 중에서 환율조정대는 삭제하고 장기성 선수수익은 고정부채로 구분하였음(기준 제 38조).

④ 기타의 개정사항

첫째. 과목의 통합 및 구분표시를 위한 규정을 신설하였다. 즉, 중요하지 않은 과목은 유사 과목에 통합 기재할 수 있도록 하고 이 기준에서 정하지 않은 과목 중 중요한 것은 구분 표시할 수 있도록 하였으며 관계회사 및 외화자산 부채 등은 중요한 경우 구분 표시할 수 있도록 하였다(기준 제6조의 2). 둘째, 계정과목을 조정하였다. 즉, 종래의 현금, 예금은 현금과 예금으로, 대손충당금 전입액은 대손상각으로, 시험연구비는 연구개발비로, 사채할인(할증)발행차금상각은 사채이자로, 관계회사 단기부채는 관계회사 단기차입금으로, 주주·임원·종업원 단기부채는 주주·임원·종업원 단기차입금으로 각각 변경하였다. 셋째, 재무제표에 공시 가능한 금액 단위를 종래의 천원에서 천원 또는 백만 원 단위로 공시할 수 있게 하였다(기준 제7조).

2) 「기업회계기준」의 제4차 개정 및 제5차 개정 배경과 내용

1990년 3월에 「기업회계기준」에 대한 대폭적인 개정이 있었던 후, 이어서 같은 해 9월과 1992년 7월에 부분적인 수정이 이루어졌다. 1990년의 제4차 개정은 유가증권 평가에 관한 것이다. 이에 의하면 유가증권, 재고자산에 속하는 유가증권, 시장성 있는 투자주식 및 시장성 있는 관계회사 주식으로서 그 시가가 취득원가보다 하락한 경우, 취득원가를 대차대조표 가액으로 할 수 있으며, 취득원가와 시가와의 차이 및 그 내용을 주석으로 기재하도록 한 것이다. 이처럼 유가증권 저가 평가를 강제하는 규정의 적용을 2년 동안 유예하기로 함으로써, 이 조치를 계속 유효하도록 하기 위해서는 1992년 7월의 제5차 개정을 통하여 이 조치를 연장하였다. 제4차 및 제5차 개정의 결과, 기업들은 보유하고 있는 유가증권의 평가금액을 취득원가로 하거나, 저가주의에 따라 시가와 취득원가 중, 낮은 금액으로 하든지 자유롭게 선택할 수 있게 되었다.[76]

그 배경에는 1989년 말 이후 증권시장의 안정을 위하여 재무부가 각 금융기관에 자금지원을 해주면서 주식매입을 독려한 결과, 각 금융기관의 저가평가에 의한 유가증권 평가손실이 엄청나게 증가한 일이 있었다. 이에 대하여 재무부는 「기업회계기준」을 개정하는 형식으로 금융기관에 대한 거액의 유가증권 평가손실을 회피할 수 있도록 해준 것을 상기해야 할 것이다.

3) 「기업회계기준」의 제6차 개정

(1) 개정 배경

1994년 4월 30일에는 재무제표의 내용을 일부 변경하는 개정이 있었다. 즉, 재무제표 중에서 1990년 3월 개정에서 순운전자본 개념의 재무상태변동표로 변경했던 것을 다시 현금흐름표로 변경시키는 개정을 단행한 것이다.

우리나라에서의 자금흐름 계산서는 1974년 이전에는 그 작성 방법에 관한 분석적인 설명을 회계학의 관련 교과목에서 자금운용표라는 명칭으로 다루어지는 정도에 불과했다. 그리고 이것은 기업의 경영활동을 분석하기 위한 수단으로서 경영분석론이나 재무관리의 교과목에서 부분적인 연구대상이 되는 것이었다.

그러던 것이 1974년의 「상장법인회계 규정」에서 자금운용표를 재무제표 부속명세서의 하나로 작성하도록 규정하게 되었고, 그리고 1976년에는 「기업회계원칙」에도 명시되었다. 1980년 11월에 개정된 「상장법인회계 규정」'에서 자금운용표를 총재무

---

[76] 이정호 외4인, 전게서, P. 228.

자원 개념의 재무상태변동표로 변경하였을 뿐만 아니라 이것을 대차대조표, 손익계산서 및 이익잉여금처분계산서와 더불어 기본재무제표의 하나로 보고하도록 했었다. 그런데 그에 대한 비판이 있었으므로, 1990년의 제3차 개정에서는 자금 개념의 범위를 순운전자본 개념으로 변경하고 보고양식도 대폭 간소화하였다.

그렇지만 기업의 자금흐름에 대한 정보의 중요성이 날로 증가하고, 기존의 재무상태변동표의 유용성에 대한 문제점이 제기되었다. 더구나 국제회계의 조류가 현금흐름표를 작성하도록 권고하는 추세였고 1993년 10월에 개최되었던 제18차 국제증권감독자기구(International Organization of Securities Commissions : IOSCO)회의에서도 회원국은 현금흐름표를 작성토록 결의하였다.

이에 따라 현금흐름에 관한 정보를 제공함으로써, 재무 정보의 유용성을 제고하고 기업의 국제화 및 자본시장의 개방화에 따른 회계기준의 국제화를 도모하기 위하여 1994년 4월 30일의 「기업회계기준」 제6차 개정에서는 재무상태변동표를 현금흐름표로 변경하였고, 작성 방법의 선택적 적용을 인정함으로써, 기업들의 실무적 수용가능성을 높였다.

(2) 제6차 개정의 내용

1994년의 「기업회계기준」 제6차 개정의 주요 내용은 다음과 같다.[77]

① 재무상태변동표를 현금흐름표로 대체함

㈎ 재무제표로서의 재무상태변동표 대신 현금흐름표로 대체한다. (기준 제 5조).
㈏ 현금흐름표의 정의(기준 제112조).
㈐ 현금흐름표의 구분은
　㉮ 영업활동으로 인한 현금흐름
　㉯ 투자활동으로 인한 현금흐름
　㉰ 재무 활동으로 인한 현금흐름으로 구분표시(기준 제113- 116조).
㈑ 영업활동으로 인한 현금흐름은 직접법 또는 간접법으로 표시함(기준 제 114조).

② 특별상각 조항이 삭제되었다. (기준 제87조 제2항).

---

77) 한국공인회계사회, 『企業會計基準』(증권관리위원회, 1994. 4. 30.), PP. 95-104.

4) 「기업회계기준」의 제7차 개정

(1) 개정의 배경

증권관리위원회는 1996년 3월 30일을 기하여 「기업회계기준」의 대폭적인 개정을 단행하였다. 제7차 개정은 기업 활동이 국제화·세계화되어 가고 있는 경제환경의 변화에 능동적으로 대응하고 앞으로 전개될 금융 및 자본시장의 개방과 규모 확대에 따른 회계정보의 공시 문제가 중요시될 것에 대비하여 이루어진 것이다. 이러한 취지에서 이루어진 제7차 개정의 기본방향은 다음과 같이 요약할 수 있다.[78]

첫째, 기업 활동의 범위가 국제적으로 점차 확대해나감에 따라 한국회계기준의 국제화가 추진되었다는 점이다. 기업 활동의 세계화가 추진되면서 우리나라도 OECD에 가입하여 금융·자본시장이 자유화됨에 따라 관련 시장 개방이 불가피하게 가속화되었다. 그래서 한국회계기준도 국제화의 추세에 맞추어 그것을 국제적 수준으로 조화화(調和化 : harmornization)시키는 방향으로 발전해 나가야 한다는 취지였다. 이와 같은 기본시각에서 「기업회계기준」을 개정함으로써, 우리나라에서 작성·공시하는 재무제표의 국제적 신뢰도와 이해 가능성을 높여 국제간 회계정보의 비교가능성을 증진하고 회계정보 이용자의 경제적 의사결정에 도움이 되도록 하고자 했다.

둘째, 종래의 6차에 걸친 「기업회계기준」의 개정과는 달리 그 전반에 걸친 대폭적인 개정을 하였음은 물론, 회계구조 자체에도 큰 변화를 일으켰다. 종래의 개정은 주로 국내의 경제 및 경영환경 변화에 초점을 맞추어 개정작업이 추진되어 온 것이었으나, 이 제7차 개정은 국제적 환경변화에 적응하기 위한 개정작업이었다는 점에서 하나의 특징을 가지고 있다.

셋째, 재무제표의 비교가능성과 이해 가능성을 높이기 위하여 재무제표의 계정과목을 단순화하는 한편, 공시사항을 더 충실하게 구성하도록 하였다.

넷째, 기업경영환경의 변화에 따라 기존의 기준에 규정되어 있는 일부 회계처리 방법을 수정하고 추가적인 회계 방법을 제시하였다.

(2) 제7차 개정내용

1996년 3월 29일 자에 단행된 「기업회계기준」의 중요한 개정내용은 다음에 열거하는 바와 같다.[79]

---

78) 이정호 외4인, 전게서, PP. 230-231.
79) 한국공인회계사회, 『회계편람』('96개 정판, 1996), PP. 11-56.

① 전반적 기준체제의 변화

　종래의 「기업회계기준」은 제9장 제133조였으나, 1996년 3월 29일에 개정된 「기업회계기준」은 제8장 제96조로 달라졌다.

② 회계기준의 국제화

　㉮ 차기이월이익잉여금의 계상(처분 후 이익잉여금)
　㉯ 고정자산의 동종 고정자산 교환 시 장부가액으로 취득원가 규정 신설.
　㉰ 시장성 유가증권의 시가평가.
　㉱ 재고자산의 시가 하락에 따른 평가손실을 강제 규정(NRV 평가).
　㉲ 시장성 없는 투자유가증권과 관계회사 주식을 원가법으로 평가.
　㉳ 유가증권 및 투자유가증권의 취득원가와 평가 방법을 주식형 및 채권형으로 구분하여 규정하였다.
　㉴ 관계회사 주식의 지분법 평가 인정.
　㉵ 현재가치 평가 확대(장기할부 매출).
　㉶ 자기사채의 자산성 불인정(사채에서 액면가로 차감 형식 기재);
　㉷ 선물환거래 및 파생금융상품의 회계처리 규정 신설
　㉸ 투자유가증권 평가손실 및 평가이익의 손익 반영 배제(자본조정).
　㉹ 이연 법인세 제도 도입

③ 회계 정보이용자의 이해 가능성 증진 및 기업경영환경 변화 반영

　㉮ 재무제표상의 공시금액 다양화
　㉯ 전환권 대가 및 신주인수권 대가의 자본잉여금계상 시점을 조정.
　㉰ 예약매출, 용역매출, 도급공사 수익인식을 진행기준으로 의무화.
　㉱ 오류수정 손익을 당기손익에 즉시 반영하도록 함(이익 조작 방지목적).
　㉲ 장기간 소요되는 연구개발비의 상각 기간이 수익실현이 되는 연도부터 5년 이내 매기 균등 상각.
　㉳ 토지의 공시지가 주석공시.
　㉴ 자산의 분류 방법개정 : 유동자산, 고정자산(투자자산, 설비자산, 무형자산, 이연자산), 부채의 분류 방법개정 : 단기부채, 장기부채.
　㉵ 중소기업에 대한 회계처리 특례규정 신설.
　㉶ 회계용어의 개선 : 감가상각누계액, 이자수익, 판매비와 관리비 등.

④ 기업의 규제 완화

㉮재무제표의 양식을 표준식, 요약식으로 다양화
㉯재무제표의 부속명세서 작성은 하되 경영자가 요구하는 때에만 첨부.
㉰대차대조표의 계정과목 통합, 간소화

⑤ 세법과의 조화

㉮ 도급공사수익의 진행기준에 따른 인식.
㉯ 토지 및 건물의 처분 손익 귓속연도를 잔금청산일, 소유권이전 등기일, 사용 가능일 중 빠른 날을 기준으로 인식함.
㉰ 국고보조금 및 공사부담금을 취득한 고정자산에서 차감하는 형식으로 기재하고 내용연수 내에 감가상각비와 상계함.
㉱ 법인세비용에는 법인세에 부과되는 주민세, 농어촌특별세도 포함

5) 1996년의 「기업회계기준」 제8차·제9차 개정

증권관리위원회는 「기업회계기준」 제7차 개정을 하고 다시금 개정작업을 서둘렀다. 1996년 12월 27일에는 제8차 개정을 통하여 외화환산손익을 당기손익으로 처리하거나 자본조정계정에 계상할 수 있도록 하였다. 전문인력개발비를 주석으로 공시하도록 하였다. 1997년 11월에 갑자기 엄습한 외환위기는 한국경제의 구조적 모순점을 드러냈다. 증권관리위원회는 1997년 12월 23일 단행된 「기업회계기준」의 제9차 개정에서는 외환위기 이후 급격한 환율변동으로 인하여 장기 화폐성자산·부채에서 발생한 외화환산손익을 환율조정차·대 계정으로 계상하여 최종상환일 또는 회수일까지 정액법으로 상각 또는 환입할 수 있도록 하였다. 그리고 기존에 자본조정계정에 있던 외화환산차·대 및 이연자산과 이연부채로 재분류할 수 있도록 하였다.

6) 1998년의 「기업회계기준」의 제10차 개정

(1) 제10차 제정의 배경

1997년 12월 31일에 「금융감독기구의 설치 등에 관한 법률」(법률 5490호)이 제정·공포됨에 따라 증권관리위원회는 폐지되고 그 관련 업무는 금융감독위원회와 증권선물

위원회로 이양되었다. 1998년 1월 8일에는 외감법이 개정되어 기업회계기준 제정 권한이 금융감독위원회로 이양됨에 따라 1998년 4월 1일 자로 「기업회계기준」의 제정이 이루어졌다.

증권선물위원회는 「기업회계기준」을 국제 수준으로 개선하여 기업의 경영활동 내용을 정확히 재무제표에 반영할 수 있도록 함으로써, 기업경영의 투명성을 높이고 재무 정보에 대한 국내외의 신뢰성을 높이고자 「기업회계기준」의 개정에 착수하였다. 1998년 6월부터 9월까지 5차례에 걸친 회계기준 국제화 기초소위원회를 개최하고 국제통화기금(IMF) 등의 의견을 대폭 반영한 개정 「기업회계기준」의 공개 초안을 발표하였다. 동년 10월 22일 공청회를 통해 각계의 의견을 청취한 뒤 기업회계기준심의위원회의 심의를 거쳐 12월 11일 「기업회계기준」의 제10차 개정을 단행하였다.[80]

따라서 1998년 「기업회계기준」 개정의 주요 방향은 다음과 같다.[81]

첫째, 가능한 한 국제회계기준(IAS)과 일치시킨다는 것이다. 국제통화기금(IMF)은 한국의 회계 공시가 국제회계기준을 따라야 한다고 명시하고 있지는 않다. 그러나 국제회계기준은 국제증권감독기구의 지지를 받고 있으며 가까운 장래에 국제증권발행기업이 국제회계기준을 적용해 재무 정보를 공시할 것을 국제증권감독기구 회원국에 인정하도록 요구할 예정이었다. 따라서 이번 「기업회계기준」의 개정에서는 국제회계기준을 일반적으로 인정된 국제회계 규범으로 간주해 가능한 한 「기업회계기준」을 국제기준에 일치시키도록 노력했다.

둘째, 완전하고 투명한 회계정보의 공시이다. 한국이 금융위기에 봉착하게 된 원인 중의 하나로서 금융기관과 기업들의 부실한 회계정보의 공시가 지적되고 있었다. 부실한 회계 공시로 인하여 부실기업에 대한 시장통제가 이루어지지 못했고 결과적으로 한꺼번에 금융위기를 맞았던 것으로 보고 있다.

셋째, 효율적 자본시장을 근거로 한 회계정보의 공시원칙이다. 투자자들은 손익계산서상의 당기순이익은 물론, 당기순이익이 계산되는 과정도 매우 중요한 회계정보로 인식하고 있다. 주요 선진국의 자본시장에서는 손익계산서의 주목적이 회계연도 내에 발생한 경영내용을 표시하는 것으로 바뀌고 있다. 이번 「기업회계기준」의 개정에서는 이연자산을 모두 없애고 창업비와 같은 것은 무형자산으로 계상하도록 하고, 연구비는 모두 비용화 하도록 했다. 또한 거액의 유가증권 평가손익이나 외화환산 손익도 이연시키지 않고 당기 손익계산서에 반영하도록 하였다.

---

80) 이정호 외4인, 전게서, P. 263.
81) 주인기, 국제기준 맞춰 투명성 강화」(매일경제, 1998년 12월 12.)

(2) 「기업회계기준」의 주요 개정내용[82]

① 외화환산손익의 당기손익 처리

장기 화폐성외화자산·부채에서 발생한 중요한 외화환산손익을 이연자산·부채로 계상할 수 있도록 함에 따라 자산, 부채의 정의에 타당하지 않은 항목이 대차대조표에 계상되는 문제점을 해소하기 위하여 모든 화폐성자산·부채에서 발생하는 외화환산손익을 당기손익에 반영하도록 하였다.

② 자산재평가 인정조항의 삭제

자산재평가의 특례규정을 삭제하고 다만 부칙에서 자산재평가법[83]의 시한인 2000년 12월 31일까지는 자산재평가에 관한 특례규정을 인정하였다.

③ 채권·채무의 현재 가치평가 범위 확대 및 채권·채무 재조정 의무화

현재가치 평가대상에서 제외하였던 장기금전대차 거래 등을 포함한 모든 채권·채무를 현재가치로 평가하도록 하였으며, 현재가치로 평가할 때 적용하는 이자율 산정이 곤란한 경우에는 회사의 신용 상태에 따라 실제 부담하고 있는 가중평균 차입이자율을 적용하여, 기존의 정기예금이자율을 적용하는 것에 비하여 채권·채무의 실질 가치를 반영하도록 하였다.

④ 투자주식의 지분법 평가 의무화

유가증권 평가와 동일하게 시장성 있는 투자주식은 공정가액으로 평가하되 중대한

---

82) 이정호 외4인, 전게서, PP. 264-266.
83) 1998년 4월 10일 자산재평가법 및 1998년 5월 23일 동법 시행령 개정을 통하여 우리나라 재무제표의 기간별 비교가능성 저하의 주요 원인으로 지적되던 자산재평가제도를 폐지하기로 결정되었다. 급작스러운 시행에 따른 문제를 최소화하기 위하여 다음과 같은 편의를 제공하였다. 첫째, 재평가대상 자산을 토지뿐 아니라 모든 비업무용 자산으로 확대하였다. 또한 토지에 대하여도 1997년 12월 31일 이전에 취득한 모든 토지는 기재평가 여부와 관계없이 재평가할 수 있도록 하였다. 둘째, 직전 재평가일보다 도매물가지수가 25% 이상 상승하여야 한다는 재평가기준을 폐지하여 기업이 원하는 시기에 재평가할 수 있도록 허용하였다. 셋째, 재평가기준일을 연 1회에서 4회로 확대하였다. (이정호 외4인, 전게서, P. 264.)

영향력을 행사할 수 있는 주식은 지분법 적용을 의무화함으로써, 피투자회사의 손익이 투자회사의 당기손익에 반영되도록 하여 경제적 실질을 나타내도록 하였다. 또한 지분법의 적용기준을 지분율 기준이 아니라 중대한 영향력이라는 포괄적인 기준으로 확대하였으며, 지분율이 20% 이상이면 반증이 없는 한 중대한 영향력이 있는 것으로 판단하도록 개선하였다.

⑤ 자산평가 기준의 적정화

금융비용의 자본화 대상을 재고자산, 유형자산 이외에 투자자산 및 무형자산까지 포함하여 금융비용을 자산으로 계상하여 관련 수익이 발생하는 기간에 걸쳐 비용으로 인식할 수 있도록 하였다.

자산의 가치가 크게 하락하여 회복이 어려운 경우에는 그 자산의 가치하락 부분을 감액손실로 처리하여 당기손익에 반영하도록 하고 자산의 경제적 실질 가치를 반영하도록 하였다. 현물출자로 취득한 자산은 공정가액 또는 주식의 발행가액 중에서 선택적으로 평가하도록 하던 것을 자산의 실질 가치인 공정가액으로 평가하도록 단일화하여 회계처리의 일관성을 유지하였다.

유가증권 평가 기준으로 공정가치 개념을 도입하였다. 투자유가증권에 속하는 채권에 대하여 만기 보유목적, 장기 투자목적 여부에 따라 평가 방법을 달리하여 그 채권의 가치를 적절히 평가할 수 있도록 하고, 투자채권의 가치가 하락하여 회복할 가능성이 없는 경우에는 투자주식과 같이 감액하여 당기손실로 처리하도록 함으로써, 투자주식과 논리적 일관성을 유지하도록 하였다. 그리고 파생상품거래를 공정가액으로 평가하여 자산·부채로 계상하도록 하였다.

⑥ 손익 인식기준의 보완

단기용역매출·단기 예약매출의 수익실현기준을 인도기준에서 진행기준으로 변경함으로써, 당기손익 상황을 정확히 표시할 수 있도록 하였다. 그리고 영업외손실(영업외이익)에 반영하던 매출할인(매입할인)을 매출액(매입액)에서 차감하여 실질 매출(매입)액을 표시하도록 하였다.

⑦ 재무제표상 자산·부채의 적정 표시

매출채권의 양도액을 일률적으로 매각거래로 처리하던 현행기준을 거래조건 등, 실질을 고려하여 매각거래 또는 차입거래로 회계처리 하도록 함으로써, 부채가 적정히 표시되도록 하였다. 연구비 등, 자산으로서의 요건이 부족한 이연자산을 삭제하고 개업비 중 일부 항목을 포함하여 자산성이 있는 창업비와 개발비를 무형자산으로, 사채발행비와 신주발행비는 관련 사채나 자본의 평가계정이나 조정항목으로 처리함으로써, 거래의 실질을 적정히 반영하도록 하였다.

전환권 가치 및 신주인수권 가치를 합리적으로 분리하는 것이 불가능함에 따라 전환권 가치 및 신주인수권 가치를 인정하지 않고 전환사채도 일반사채처럼 부채법으로 회계처리 할 수 있도록 하였다. 따라서 상환할증금 지급조건의 전환사채도 부채 법을 사용하고 상환할증금은 이자 비용을 만기에 일시에 지급하는 것으로 회계처리 하도록 하였다.

⑧ 회계변경 및 오류수정의 회계처리 방법을 개선

회계변경 및 오류수정의 회계처리 방법을 개선하여 회계변경의 누적효과 및 전기오류수정손익을 이익잉여금에서 조정함으로써 당기순이익에 해당 연도의 영업 성과만을 반영되도록 하였다.

⑨ 재무제표 주석공시의 강화

우발상황 및 대차대조표일 이후에 발생한 사건에 대해 재무제표 및 주석으로 표시하도록 회계처리 규정을 명시하였다. 그리고 특수관계자에 대한 공시를 강화하고 그 범위를 지배·종속관계에 있는 회사, 지분법평가회사, 피투자회사 등으로 명확히 하였다. 더욱이 사업 부문별 및 중단된 사업 부문에 관한 정보를 주석으로 공시하도록 하는 등, 주석 사항의 공시내용을 강화하였다. 중소기업에 대한 주당순이익 공시배제 등 차별적 공시개념을 확대하여 중소기업의 재무제표 작성을 쉽게 하였다.

2. 회계 준칙의 설정보완

1) 한국회계 규범 통합기에 제정된 기준 및 준칙

「기업회계기준」은 명실공히 한국회계 규범(GAAP)의 표본으로서 1980년대 이후 그 역할을 충실히 수행해왔으며, 1990년대의 성숙기에 이르러서는 경제 국제화의 물결에 편승하여 국제적 정합성을 지향하기 위한 여러 차례의 개정을 거치면서 정착화의 과정을 지나왔다. 그 과정에서 그것은 「연결재무제표 기준」을 분리 독립시켜 기업집단의 연결 회계를 원만히 실천할 수 있도록 했을 뿐만 아니라, 연결 회계 준칙이 그 하위의 세부적인 준칙으로 제정되어 연결재무제표의 작성을 빈틈없이 할 수 있게 확대되었다. 그리고 건설업 회계처리 기준, 리스회계 처리기준, 원가계산 준칙, 반기재무제표 준칙, 합병 회계 준칙, 및 연구개발비 회계처리 준칙 등을 그 하위기준 및 준칙으로 제정하여 회계처리 및 보고가 순조롭게 이루어질 수 있도록 증권관리위원회에 의해 추진됐다.

증권관리위원회는 1982년 4월 14일에 「기업회계기준」에 관한 예규를 제정한 이래 계속하여 노력해왔다. 이것은 「기업회계기준」의 보완적 역할을 하는 것으로서 회계실무에 중요한 지침으로 작용해 왔다.

「연결재무제표 기준」은 원래 「기업회계기준」 속에 규정되어 있던 것이었지만, 증권관리위원회가 1985년 1월 1일 자로 재무부 장관의 승인을 얻어 제정함으로써, 독립된 기준이 된 것이다. 그것은 그 후 1987년 4월 27일에 제1차 개정이 이루어진 바 있다. 그리고 성숙기에 들어와서는 1992년 6월 27일에 제2차 재정을 거쳤고, 1994년 6월 10일에 제3차 개정을 단행하여 경제국제화시대에 적합한 기준의 기능을 수행해 왔다. 「연결재무제표 기준」의 구성은 총칙, 연결대차대조표 기준, 연결손익계산서 기준, 연결잉여금계산서 기준, 연결 현금흐름표기준, 및 연결재무제표의 주석 등으로 이루어져 있다. 또한 증권관리위원회는 연결재무제표준칙을 1987년 4월 27일에 「연결재무제표 기준」(제31조)의 규정에 따라 필요한 세부적인 사항을 설정하였다. 그것은 1992년 6월 27일에 제1차의 개정과 1994년 6월 10일 자로 제2차 개정이 이루어졌다.

「건설업 회계처리 기준」은 1983년 10월 20일에 증권관리위원회가 재무부 장관의 승인을 얻어 제정한 것이며, 1992년 12월 23일에 제1차 개정을 거쳐 1994년 6월 10일에 제2차 개정을 단행하였다. 이는 「기업회계기준」(제131조)의 규정에 따라 건설업의 회계처리와 보고에 관하여 필요한 사항을 정하기 위한 것이다. 그 구성은 총칙과 공사 손익의 계산, 공사 손익의 특례 및 재무제표 작성과 주석에 관한 규정으로 이루어져 있다.

「리스회계 처리기준」은 1985년 1월 1일에 증권관리위원회가 제정하여 시행되어오던 것인바, 1993년 3월 30일에 제1차로 개정되어 「기업회계기준」의 하위기준으로서 그 기능을 수행해왔다. 그 구조는 총칙, 리스회사의 회계처리(운용리스, 금융리스 및 재무제표의 표시 및 주석), 그리고 임대이용자의 회계처리(운용리스, 금융리스 및 주석 사항)와 보칙의 4장으로 되어 있다. 이 기준은 「기업회계기준」(제131조)에 달러리스거래의 회계처리와 재무 보고에 관한 사항을 규정하기 위한 것이다.

「원가계산 준칙」은 「기업회계기준」(제132조)에 따라 증권관리위원회가 기업이 재무제표를 작성하면서 제품 원가를 산정하기 위하여 제정한 것이다. 이 준칙은 총칙, 실제원가 계산제도, 표준원가계산 제도 및 보칙의 4장으로 이루어져 있다.

「반기재무제표 준칙」은 역시 증권관리위원회가 1986년 12월 16일에 제정하였고, 1992년 6월 26일에 제1차로 개정된 것이다. 이 준칙도 「기업회계 준칙」(제132조)의 규정에 따라 반기의 재무제표 작성을 위한 세부 규정으로서 설정된 것이다. 여기서 「반기」라 함은 회계연도 개시일로부터 6개월이 되는 날까지의 기간을 일컫는다. 이 준칙에 규정되어 있지 않은 것은 「기업회계기준」에 준용하게 되어 있다. (준칙 제4조).

2) 한국회계 규범 성숙기에 제정된 준칙

(1) 「기업집단결합재무제표 준칙」의 제정

① 설정 배경

국제통화기금(IMF)과 세계은행(IBRD)과의 협약사항, 그리고 정부의 재벌기업과의 협약사항으로 결합재무제표의 도입이 추진되었다. 이는 이전부터 시행해 오고 있는 연결재무제표의 한계를 극복하는 방안으로 결합재무제표의 도입이 꾸준히 논의되었던 데서 비롯된 것이다.[84]

그러나 결합재무제표제도에 대한 반론도 만만치 않았다. 그래도 국제통화기금(IMF)과의 협약을 지키기 위한 정부 주도로 진행되었으므로, 결국 제정되는 순서를 밟을 수밖에 없었다고 한다. 이 기준은 30대 기업집단에 한정하여 적용하도록 하고 있으나, 그에 대한 반론은 지금도 계속되고 있다. 이러한 반론에 따라 결합재무제표의 도입보다는 지배력 기준을 완화하고, 실질 지배력 기준의 적용 또는 내부지분율 등을 통해 연결재무제표의 작성범위를 확대하거나, 연결재무제표의 주석 사항으로 결합정보를 공시하자는 대안들이 제시되기도 했다. 그래서 외환위기의 극복과정에서 재벌의 경영 투명성 제고가 핵심과제로 부각되고 이를 위한 구체적인 수단으로서 결합재무제표가 재차 논의되기에 이르렀다.

② 「기업집단결합재무제표 준칙」의 주요 내용

증권선물위원회는 1998년 10월 21일 「결합재무제표 준칙」을 제정하였으며 1999회계연도부터 결합재무제표 작성이 의무화되었다. 주요 내용은 다음과 같다.[85]

---

84) 1970년대 중반부터 해외자금 조달을 위하여 재벌그룹을 중심으로 자발적으로 결합재무제표가 작성된 적이 있었으나 그 당시의 재무제표는 그룹 전체의 규모를 과시할 목적으로 모든 계열사의 재무제표를 단순 합산하는 방식으로 작성되었다. 한편 재벌그룹의 경영현황을 명확히 파악하기 위한 목적으로 결합재무제표의 도입이 본격적으로 논의된 것은 1991년 증권감독원의 장기 추진과제로 결합재무제표의 도입이 포함된 것이 시초라고 할 수 있다. (이정호 외4인, 전게서, P. 267.)
85) 이정호 외4인, 전게서, P. 268.

적용 범위는 공정거래위원회가 지정하는 30대 그룹을 원칙으로 하며 금융업의 회사를 포함한 모든 국내 계열회사와 합명회사, 합자회사, 유한회사나 주식회사 등 모든 형태의 해외계열회사를 포함하도록 하였다. 다만, 하나의 연결재무제표에 의해 총자산의 80% 이상이 포함되면 결합재무제표의 작성을 면제할 수 있도록 하였다.

결합재무제표의 유형은 결합 대차대조표, 결합 손익계산서, 결합현금흐름표를 작성하도록 하였으며, 결합자본변동표는 주석으로 공시하게 되어 있다. 그리고 계열회사 간의 투자거래에서 발생한 투자계정과 자본계정은 매수법을 적용하여 상계 제거하게 되어 있다. 이때 피투자 계열회사의 자본 중, 외부 주주지분은 별도의 과목으로 구분하지 아니한다. 계열회사 간의 내부거래로 인한 채권·채무의 기말잔액과 수익·비용의 계상액 및 미실현 손익은 원칙적으로 전액 상계 제거하여 결합재무제표를 작성하도록 하였다.

(2) 금융업 회계 준칙의 제정

① 설정 배경

금융업의 회계는 그동안 우리나라의 회계영역에서 상대적으로 낙후되었다고 평가됐다. 그러나 외환위기의 극복과정에서 금융시스템의 선진화가 추진되었고 그 일환으로 금융업의 회계에 대하여도 일대 혁명적인 변화가 있었다. 금융업 회계의 문제점으로 제기될 수 있는 것은 다음과 같다.[86]

첫째로, 일반투자자를 위한 회계정보가 산출되지 않았다는 것이다. 「기업회계기준」(94조)에 의한 업종별 회계처리 기준은 증권관리위원회가 재정경제부 장관의 승인을 얻어 따로 정할 수 있으나, 금융·보험업의 경우는 그 업종의 회계처리 기준이 정해질 때까지 그 업종의 관련 법령에 따라 회계처리를 할 수 있다. 이 경우에 「기업회계기준」의 회계처리 방법과 다르게 처리되는 것은 그 내용을 주석으로 기재하고, 해당 감독기관이 규정한 회계처리 기준이나 결산지침을 적용하여 재무제표를 작성·공시해왔다. 감독기관은 설립 목적상 이용자의 의사결정에 유용한 정보를 제공하는 것보다는 금융기관의 건전성 유지나 단기적 안정성 유지의 목적을 중시하여 공개 절차 없이 감독규정을 제정·운용하게 되었다. 그 결과로 금융기관에 대한 일반 내무정보이용자의 입장은 전혀 무시되지 않는다.

둘째로, 감독목적의 회계처리 규정이 파행적으로 운영되었다. 금융감독 기관(증권감독원, 은행감독원, 보험감독원 등)이 회계처리 규정을 각각 달리 운영함에 따라 재무제표

---

86) 상게서, P. 270.

가 금융기관의 실상을 반영하지 못함은 물론, 기간별·산업간 비교가능성이 없어서 재무제표에 대한 신뢰성과 투명성이 저하되기에 이르렀다.

1998년 6월 말 현재, 금융업 회계규정에 대한 제정 주체 또는 금융기관의 일관성 없는 회계처리의 상황을 보면 앞면의 <표 9-12 > 및 <표 9-13>과 같다.[87]

<표 9-12> 제정 주체별 금융업 회계규정의 상황 (1998년 6월 말 현재)

구분/항목	회계규정 관련 부처	회계규정의 형식
기업회계기준	증권관리위원회	기업회계기준
은행	은행감독원	금융기관감독업무 시행세칙에 의한 은행 회계처리 기준 및 결산지침
종합금융	재정경제부	업무 운용지침에 의한 결산기준
증권	증권감독원	회계처리 규정 및 결산지침
생명보험	재정경제부 보험감독원	회계규정
손해보험	재정경제부 보험감독원	회계규정
리스	증권관리위원회 은행감독원 신용관리기금	리스회계 처리기준 및 결산기준
신용금고	재정경제부	결산지침

<자료 : 이정호 외4인, 『韓國企業會計制度의 發達과 그 展望』(2003), P. 271.>

② 「은행업 회계처리 준칙」의 제정

「은행업 회계처리 준칙」은 「기업회계기준」과의 일관성 유지를 위하여 증권선물위원회에서 회계기준심의위원회의 심의를 거쳐 1998년 12월 10일 자로 제정되었다. 이 준칙은 「기업회계기준」(제90조)의 규정에 따라, 은행업의 회계처리와 재무 보고에 통일성과 객관성을 부여하는 데 필요한 사항을 정하려는 목적에서 제정된 것이다. 그 구성은 총칙, 대차대조표 준칙, 손익계산서 준칙, 자산·부채의 평가 준칙 및 주석 사항 등으로 이루어져 있다.

---

[87] 금융감독위원회·회계제도특별위원회, 『한국회계제도의 개혁』(1998), pp. 109-110(일부 수정).

<표 9-13> 금융업의 유가증권 평가 현황(1998년 6월 말 현재)

구분/항목	주식 평가	시가의 기준	최근 결산 시 설정비용
기업회계기준	- 상장주식-종목별 시가평가 　비상장, 관계사 주식 - 종목별 장기하락 및 회복 불능 시 　직접 차감 감액손실 처리	B/S일 현재 종가	
은행	-원화 주식 　상장 상품주식- 총계기준 저가법 　자회사주식 - 종목 기준 저가법 　기타주식 - 총계기준 저가법 - 외화 주식 　상품유가증권 - 총계기준 저가법 　투자유가증권 - 종목 기준 저가법	결산 월의 종가평균	국내 상장 상품주식에 한하여 평가손의 50% 이 상, 기타는 100%
종합금융	기업회계기준		국내 상품주식에만 평가손 의 50% 이상, 기타는 100%
증권	- 상품유가증권 　주식 - 총계기준 저가법 　수익증권 - 종목 기준 시가법 - 외화증권 - 상품주식 준용 - 투자유가증권 - GAAP	상품주식- 결산 월의 종가평균 수익증권- 결산일의 기준가격	상장주식에만 평가손의 50% 이상
생명보험	원가법 및 저가법(임의평가) - 상장, 비상장 구분 없이 30% 이상 　하락하고 회복 불능 시 시가법으 　로 평가할 수 있음 - 평가충당금 설정하여 차감 표시 - 종목별 총계 별 언급 없음	B/S일 현재 종가	
손해보험	원가법 및 저가법 강제 - 상장주식은 총계기준 시가평가 - 평가충당금 설정 차감 표시 - 비상장, 관계회사 주식은 취득원가 로 평가하고 현저한 가치하락 때 저 가 평가	B/S일 현재 종가	상장주식에만 평가손의 15% 설정
신용금고	상장유가증권의 시가가 취득원가 보다 하락하였으면 충당금 계상	B/S일 현재 종가	종목별 30% 이상 하락분에 대하여 하락액의 50% 이상

<자료 : 이정호 외4인, 『한국기업 회계제도의 발달과 그 전망』(2003), P. 272.>

③ 「증권업 회계처리 준칙」의 제정

「증권업 회계처리 준칙」은 역시 증권선물위원회에서 회계기준심의위원회의 심의를 거쳐 1998년 12월 10일에 제정되었다. 이 준칙은 금융업 회계의 문제점을 해소하고 「기업회계기준」(제90조)의 규정에 따라, 증권업의 회계처리와 재무 보고에 통일성과 객관성을 부여하는 데 필요한 사항을 정함을 목적으로 하여 설정된 것이다. 그 구성은 총칙, 대차대조표 준칙, 손익계산서 준칙, 자산·부채의 평가 준칙, 및 주석 사항 등으로 이루어져 있다.

④ 「보험업 회계처리 준칙」의 제정

보험업 회계처리 준칙은 1998년 12월 10일 증권선물위원회 회계기준심의위원회의 심의를 거쳐 제정되었다. 제정목적은 「기업회계기준」(제90조)의 규정에 따라, 보험업의 회계처리와 재무 보고에 통일성과 객관성을 유지하기 위하여 보험업의 특수성에 따른 필요한 사항을 정하려는데 있다. 이 준칙은 총칙, 대차대조표 준칙, 손익계산서 준칙, 자산과 부채의 평가 준칙 및 주석 사항 등이다.

⑤ 종합금융업과 증권투자신탁업 및 상호신용금고업의 회계처리 준칙 제정

증권선물위원회는 1998년 「기업회계기준」의 개정에 맞추어서 우선 은행업·증권업·보험업에 대한 회계처리 준칙을 1998년 12월 10일 제정했다. 이어서 증권선물위원회는 1999년 3월 24일 종합금융업과 증권투자신탁업의 회계 준칙을, 1999년 6월 30일 상호신용금고업 회계 준칙을 제정하였다.

이러한 금융업종별 회계처리 준칙(은행업·증권업·보험업 등)의 제정원칙은 감독회계 규정과 금융업종별 회계처리 준칙의 조화를 도모하기 위한 것으로서 그동안 각 감독기관에서 정한 감독회계 규정 중에서 일반투자자에게 필요한 재무제표의 관련 내용은 폐지하고, 그것을 흡수하여 증권선물위원회에서 금융업종별 회계처리 준칙을 「기업회계기준과 일관되게 제정하도록 하였다. 또한 건전성 감독 등을 위해 감독기관에서 필요한 감독목적의 재무 서류는 감독회계 규정으로 개선하도록 하였다.

3. 「기업회계기준」의 체계와 성격

1) 성숙기 「기업회계기준」의 체계

성숙기(1990-1998)의 한국회계 규범(GAAP)은 거의 매년 개정되어 우리나라의 기업풍토에 적합한 것으로서 정착할 수 있도록 수렴화 되었고, 경제 국제화 등, 다양한 회계환경의 변화로 인한 적응력을 길러가도록 하였다. 성숙기의 「기업회계기준」은 1998년 12월에 제10차로 개정된 것이 그 표본이다.

「기업회계기준」은 ① 총칙 ② 대차대조표 기준 ③ 손익계산서 기준 ④ 자산·부채의 평가 기준 ⑤ 이익잉여금처분계산서 기준 ⑥ 현금흐름표기준 그리고 ⑦ 주석 및 부속명세서, ⑧ 보칙 등, 모두 8개 부문으로 구성되어 있다. 그 체계는 그것이 제정된 이래 거의 유사한 구조를 유지해오고 있다. 다만, 내부의 세부적인 면에서 약간의 차이를 보일 뿐이다. 1985년에 「연결재무제표 기준」이 분리되어 독립적인 회계 규범으로 확립되었고, 1994년에 재무상태변동표 기준이 현금흐름표기준으로 변경되어 1998년까지 대동소이하게 체계적으로 변화되어왔다.

「기업회계기준」(1998)의 제2조에 의하면 『재무회계는 회계정보의 이용자가 기업실체와 관련하여 합리적인 의사결정을 할 수 있도록 재무상의 자료를 일반적으로 인정된 회계원칙에 따라 처리하여 유용하고 적정한 정보를 제공하는 것을 목적으로 한다.』라는 목적 규정이 설정되어 있다. 그것은 「재무회계의 목적」 규정이다. 이는 회계라는 넓은 의미가 아니라, 재무회계라는 범위에 한정시키고 있음을 나타낸 것이다. 그것은 미국의 재무회계 개념보고서(SFAC No. 1) 및 재무회계 기준서(SFAS)에 영향을 받은 것으로 보인다. 그리고 일반원칙은 ① 신뢰성의 원칙(객관성 및 불편성 포함) ② 이해 가능성의 원칙(명료성 및 간결성 포함) ③ 충분성의 원칙 ④ 비교가능성(계속성 포함) ⑤ 중요성의 원칙(실용성 포함) ⑥ 안전성의 원칙 등 6개의 원칙으로 구성되어 있다. (기준 제3조). 재무제표는 ① 대차대조표 ② 손익계산서 ③ 이익잉여금처분계산서(또는 결손금처리계산서), ④ 현금흐름표 및 ⑤ 주기와 주석의 5개로 구성되어 있다. (기준 제5조 제1항), 기업집단의 경우에는 연결재무제표와 기업집단결합재무제표가 추가로 작성되도록 규정되어 있다(기준 제6조). 「기업회계기준」의 체계와 1958년 형성기 이후의 회계기준의 체계와 비교 표시하면, <표 9-14>와 같다.

2) 성숙기의 「기업회계기준」의 성격

성숙기의 한국회계 규범은 기업회계의 통일성과 객관성을 부여하기 위하여 1958년에 제정된 이래 한국 기업회계제도의 발전에 큰 공헌을 해왔다. 그것이 기업회계의 일반적으로 공정 타당한 관습을 요약정리한 것이라고 할 수 있다. 1998년의 「기업회계기준」(제4조)에 의하면, 『회계처리에 관하여 이 기준에 정하는 것 이외에는 일반적으로 공정 타당하다고 인정되는 회계관습에 따라야 한다.』라는 명문 규정을 두어 회계 관습의 존중을 요청하고 있다. 이는 기업을 둘러싸고 있는 경제사회가 회계 관습에 따라 기록계산이 이루어져 왔음을 의미하는 것이다.

<표 9-14> 한국회계기준의 체계적 내용 비교

구분	「기업회계원칙」 (1958년)	「기업회계원칙」 (1976년)	「기업회계원칙」 ·(기업회계기준) (1981-1985)	「기업회계기준」 (1990-1998) (주2)
목적 개념	① 진실성 ② 확실성(주1)	① 유용성 ② 진실성	① 유용성 ② 적정성	① 적정성 ② 유용성
일 반 원 칙	① 진실성의 원칙 ② 정규부기의 원칙 ③ 중요성의 원칙 ④ 확실성의 원칙 ⑤ 계속성의 원칙 ⑥ 잉여금 구분의 원칙 ⑦ 안전성의 원칙 ⑧ 명료성의 원칙 ⑨ 단일성의 원칙	① 신뢰성의 원칙 　- 객관성 원칙 　- 불편성 원칙 ② 계속성 원칙 ③ 중요성의 원칙 　- 실용성 원칙 ④ 안전성의 원칙 ⑤ 이해 가능성의 원칙 　- 명료성 원칙 　- 간결성 원칙 ⑥ 충분성의 원칙	① 신뢰성의 원칙 　- 객관성 원칙 　- 불편성 원칙 ② 이해 가능성의 원칙 　- 명료성 원칙 　- 간결성 원칙 ③ 충분성의 원칙 ④ 비교가능성의 원칙 　- 계속성 원칙 ⑤ 중요성의 원칙 　- 실용성 원칙 ⑥ 안전성의 원칙	① 신뢰성의 원칙 　- 객관성 원칙 　- 물편성 원칙 ② 이해 가능성의 원칙 　- 명료성 원칙 　- 간결성 원칙 ③ 충분성의 원칙 ④ 비교가능성의 원칙 　- 계속성 원칙 ⑤ 중요성의 원칙 　- 실용성 원칙 ⑥ 안전성의 원칙
손 익 계 산 서 원 칙	1. 손익계산서원칙 　① 발생주의 　② 실현주의 　③ 총액 주의 　④ 비용·수익의 대응 2. 영업 손익계산 3. 순 손익계산	1. 손익계산서원칙 　① 발생주의 　② 비용·수익의 대응 　　표시 　③ 구분계산 　④ 총액 주의 2. 매출총손익 계산 3. 영업 손익계산 4. 경상손익계산 5. 순 손익계산	1. 손익계산서원칙 　① 발생주의 　② 수익·비용의 대응 　　표시 　③ 구분계산 　④ 총액 주의 2. 매출총손익 계산 3. 영업 손익계산 4. 경상손익계산 5. 법인세 공전 순 손익 　계산 6. 당기순손익 계산	1. 손익계산서원칙 　① 발생주의 　② 수익·비용의 대응 　　표시 　③ 구분계산 　④ 총액 주의 2. 매출총손익 계산 3. 영업 손익계산 4. 경상손익계산 5. 법인세 차감전 　순손익계산 6. 당기순손익 계산

잉여금계산서 원 칙	1. 잉여금계산서 원칙 ① 이익잉여금 계산 ② 자본잉여 금계산 2. 이익잉여금처분 계산서원칙	1. 이익잉여금 처분 계산서 (* 재무제표규칙에 규정되어 있음.)	1. 이이 잉여금처분 계산서 (또는 결손금처리 계산서)	1. 이익잉여금 처분 계산서 (또는 결손금처리 계산서)
대 차 대 조 표 원 칙	1. 대차대조표 원칙 ① 완전성의 원칙 ② 총액 주의 ③ 담보자산의 표시 ④ 경비와 손실의 이연 ⑤ 대차 평균의 원칙 ⑥ 유동성 배열 ⑦ 과목분류 원칙 2. 자산 ① 유동자산 ② 고정자산 ③ 이연계정 3. 부채 ① 유동부채 ② 고정부채 4. 자본 ① 자본금 ② 잉여금 5. 자산의 평가원칙	1. 대차대조표 원칙 ① 구분표시 ② 유동성 배열 ③ 총액 주의 ④ 특정 비용의 이연 2. 자산 ① 유동자산 ② 고정자산 ③ 이연자산 3. 부채 ① 유동부채 ② 고정부채 4. 자본 ① 자본금 ② 잉여금 5. 자산·부채의 평가원칙	1. 대차대조표 원칙 ① 구분표시 ② 총액 주의 ③ 일 년 기준 ④ 유동성 배열 ⑤ 잉여금 구분 ⑥ 특정 비용의 이연 ⑦ 특정 수익의 이연 2. 자산 ① 유동자산 ② 투자와 기타자산 ③ 고정자산 ④ 이연자산 3. 부채 ① 유동부채 ② 고정부채 ③ 이연부채 4. 자본 ① 자본금 ② 자본잉여금 ③ 이익잉여금	1. 대차대조표 원칙 ① 구분표시 ② 총액 주의 ③ 일 년 기준 ④ 유동성 배열 ⑤ 잉여금 구분기준 ⑥ 미결산항목표시 2. 자산 ① 유동자산 ② 투자와 기타자산 ③ 고정자산 3. 부채 ① 유동부채 ② 고정부채 4. 자본 ① 자본금 ② 자본잉여금 ③ 이익잉여금
재무상태변동표원칙(현금흐름표원칙) 등		1. 자금운용표 (부속명세서) 2. 연결재무제표 (*) <「재무제표규칙」에 규정되어 있음.>	1. 자산부채의 평가원칙 1. 재무상태변동표 원칙 1. 연결재무제표 기준 <「재무제표규칙」에 규정되어 있음.>	1. 자산·부채의 평가 기준 1 재무상태변동표 (현금흐름표) (1994 개정 때 변경) 1. 연결재무제표 기준 <「재무제표규칙」에 규정되어 있음.> 1. 업종별 회계처리 준칙 등.

(주 1) : 전문에서, 일반원칙 중 진실성의 원칙과 확실성의 원칙은 목적개념에 상당하는 것으로 해석하였음.

(주 2) : 1981년「기업회계원칙」과「기업회계기준」에서는 체계상 대차대조표가 손익계산서의 앞에 있음에 유의할 것.

<자료 : 高承禧,『韓國會計原則の展開』(1986), PP. 271-273.>

그런데 기업회계의 관습은 사회경제적 환경의 변화에 따라 가변성을 지닌 것으로 작용하게 된다. 그러므로 사회적 제도로서 존속하는 회계기준은 변화하는 기업사회의 변화에 적응해 나가지 않으면 안 되는 것이다. 회계 규범은 자연과학 분야에서의 법칙과 같이 고정불변의 진리를 내용으로 하는 것일 수는 없으며,[88] 시대나 사회의 발전과 함께 탄력적으로 변화함으로써, 그 존속이 보장된다. 상술한 바와 같이 한국회계규범이 성문화된 이래, 수차에 걸친 개정작업은 회계 규범이 지닌 기본적인 특성으로 인해 당연히 거쳐야 하는 과정이었다.

「기업회계기준」은 외감법에 따른 외부감사의 대상회사뿐만 아니라, 모든 기업의 회계처리에 대하여 준용하게 되어 있다(기준 제91조). 상법(제29조 제2항)의 포괄 규정은 「기업회계기준」의 실천적 성격을 법적으로 인정하고 있다.

기업회계의 행동 지침으로서의 「기업회계기준」은 한국사회의 기업 주위에 포진하고 있는 이해관계자의 이해조정을 목적으로 하고 있다. 기업회계의 사회성과 개별성 또는 자의성을 조정함으로써, 기업을 둘러싼 이해의 충돌을 공정하게 해결하는 것이 바로 한국회계 규범의 존재의의를 한층 더 고양(高揚)시키게 된다. 「기업회계기준」은 이러한 이해관계자의 이해조정을 위한 지도원리로써, 소위 적정성(fairness: 공정성)의 개념을 채택하고 있다. 적정성의 개념은 미국의 문헌에서 찾아볼 수 있다.[89] 이처럼 성숙기(1990-1998)의 「기업회계기준」은 1990년대의 한국 경제사회에 있어서 기업회계제도의 개선·통일을 이룩하여 기업 주위의 이해관계자를 위한 정보 지향적 이해조정을 이행한다는 사회적 실천규범의 역할을 담당하고 있다.

한국 사회의 기업을 둘러싼 다양한 회계환경의 변화에 따라 그에 적합한 회계 규범이 형성된다고 하면, 그러한 회계 규범은 기업의 회계행위를 사회적으로 규율하는 기본적 기능을 유효적절하게 수행함으로써, 한국사회의 기업회계 실무를 이끌어가는 회계행위의 사회규범으로서 인정될 수 있을 것이다.

그러기 위해서는 「기업회계기준」으로 하여금 변화하는 회계환경에 대응할 수 있는 사회적 규범(기업회계의 지도원리)으로서 승인되도록 충분한 질적 수준을 유지하지 않으면 안 된다. 그리고 한국회계 규범이 형성된 이래 변천되어온 기업회계의 일반원칙과 일본기업회계원칙의 일반원칙 및 미국의 회계 원칙론에 제시된 회계정보 기준의 내용과 비교하여 표시하면, <표 9-15>와 같다.

---

[88] 이정호, 『현대회계이론』(경문사, 1985), P. 258. & 남상오, 『회계이론』(일신사, 1984), P. 372.

[89] DR Scott, "The Basis for Accounting Principles," (The Accounting Review, Vol. 16, Dec. 1941), P. 342 ; James W. Pattillo, "The Foundation of Financial Accounting," (Baton Rouge, Louisiana State University Press, 1965), PP. 51-70.

<표 9-15> 한·미·일 회계기준의 일반원칙 및 회계정보 기준과의 비교

일본의「기업회계원칙」	한국의「기업회계원칙」과「기업회계기준」		미국의 회계 원칙론		
			Snavely 논문**	APB 제4보고서	SFAC No. 2
(1949~1998)	(1958年)	(1976년-1998)	(1967年)	(1970年)	(1980年)
① 진실성 ② 정규부기 ③ 자본거래 손익 거래 구분 ④ 명료성 ⑤ 계속성 ⑥ 보수주의 ⑦ 단일성 ⑧ 중요성 *	① 진실성 ② 정규부기 ③ 중요성 ④ 확실성 ⑤ 계속성 ⑥ 잉여금 구분 ⑦ 안전성 ⑧ 명료성 ⑨ 단일성	① 신뢰성 - 객관성 - 불편성 ② 이해 가능성 - 명료성 - 간결성 ③ 충분성 ④ 비교가능성 - 계속성 ⑤ 중요성 - 실용성 ⑥ 안전성	① 목적 적합성 ② 신뢰성 - 검증가능성 - 불편성 ③ 이해 가능성 - 계량 가능성 - 비교가능성 - 간결성 ④ 중요성 ⑤ 충분성 ⑥ 실용성 - 적시성 - 경제성	① 목적 적합성 ② 이해 가능성 ③ 검증가능성 ④ 중립성 ⑤ 적시성 ⑥ 비교가능성 ⑦ 완전성	① 목적 적합성 - 적시성 ② 신뢰성 - 검증가능성 - 중립성 - 충실성 ③ 비교가능성 - 계속성 ④ 이해 가능성 ⑤ 중요성

* 일본의 「기업회계원칙 주해」의 주1에 중요성의 원칙이 규정되어 있음.
** H. J. Snavely, "Accounting Information Criteria", (*The Accounting Review*, Vol. 42, No. 2, April 1967).   <자료 : 高承禧, 『韓國會計原則の展開』(1986), P. 280.>

그뿐만 아니라, 한국의 회계 규범은 그것이 형성되기 이전 시대부터 일본의 회계제도와 규범을 계수(繼受) 받았음은 물론, 일본의 그것을 범례로 삼아 한국의 기업사회에 적용했던 경력이 있으므로, 그것과의 비교를 통해 그 내용을 알아볼 필요도 있다.

<표 9-16> 한·일 회계기준의 재무제표체계 비교

일본의 「기업회계원칙」		한국의 회계원칙			
(1949년)	(1974~1982년)	(1958년)	(1976년)	(1981~1990년)	(1994~1998년)
① 손익계산서 ② 잉여금계산서 ③ 이익잉여금 처분계산서 ④ 대차대조표 ⑤ 재무제표 부속명세서	① 손익계산서 ② 대차대조표 ③ 재무제표 부속명세서 ④ 이익처분 계산서	① 손익계산서 ② 잉여금계산서 ③ 이익잉여금 처분계산서 ④ 대차대조표 ⑤ 재무제표 부속명세서	① 손익계산서 ② 대차대조표 ③ 이익잉여금 처분계산서 ④ 재무제표 부속명세서	① 대차대조표 ② 손익계산서 ③ 이익잉여금 처분계산서 (또는 결손금처리 계산서) ④ 재무 상태 변동표	① 대차대조표 ② 손익계산서 ③ 이익잉여금 처분계산서 (또는 결손금처리 계산서) ④ 현금흐름표 ⑤ 주기와 주석

<자료 : 高承禧, 『韓國會計原則の展開』(1986), P. 276>

<표 9-17> 한·일 회계기준의 대차대조표 과목의 분류비교

일본의 「기업회계원칙」		한국의 「기업회계원칙」 및 「기업회계기준」			
(1949년)	(1974·1982년)	(1958년)	(1976년)	(1981~1985년)	(1990~1998년)
I. 자산	I. 자산	I. 자산	I. 자산	I. 자산	I. 자 산
1. 유동자산	1. 유동자산	1. 유동자산	1. 유동자산	1. 유동자산	1. 유동자산
2. 고정자산	2. 고정자산	2. 고정자산	2. 고정자산	2.투자기타자산	2. 고정자산
①유형고정자산	①유형고정자산	①유형고정자산	①유형고정자산	3. 고정자산	① 투자자산
②무형고정자산	②무형고정자산	②무형고정자산	②무형고정자산	①유형고정자산	②유형자산
③투자자산	③투자기타자산	③투자자산	③투자기타자산	②무형고정자산	③무형자산
3. 이연계정	3. 이연자산	3. 이연계정	3. 이연자산	4. 이연자산	
II. 부채	II. 부채	II. 부채	II. 부채	II. 부채	II.부채
1. 유동부채	1. 유동부채	1. 유동부채	1. 유동부채	1. 유동부채	1. 유동부채
2. 고정부채	2. 고정부채	2. 고정부채	2. 고정부채	2. 고정부채	2. 고정부채
				3. 이연부채	
III. 자본	III. 자본	III. 자본	III. 자본	III. 자 본	III. 자 본
1. 자본금	1. 자본금	1. 자본금	1. 자본금	1. 자본금	1. 자본금
2. 잉여금	2. 자본준비금	2. 잉여금	2. 잉여금	2. 자본잉여금	2.자본잉여금
①자본잉여금	3. 이익잉여금	① 자본잉여금	①자본잉여금	3. 이익잉여금	3. 이익잉여금
②이익잉여금	4. 기타 잉여금	② 이익잉여금	②이익잉여금		

<자료 : 高承禧, 『韓國會計原則の展開』(1986), P. 277.>

한국의 회계 규범에 제시된 재무제표체계와 일본의 기업회계원칙에 명시된 재무제표체계를 비교하면, <표 9-16>과 같다. 더욱이 한국회계 규범과 일본 기업회계원칙의 대차대조표 항목과의 체계적인 비교를 해보면, <표 9-17>과 같다.

5 「기준」 지향적 회계 규범의 글로벌화

1. 회계 규범설 정주체의 변화

1) 정부부문 회계기준제정기구의 변용(變容)

한국회계 규범 변혁기(1999~2010)의 초기에는 1997년 12월 31일의 「금융감독기구의 설치 등에 관한 법률」(법률 5490호)에 의한 금융감독위원회와 그 산하의 증권선물위원회가 회계기준의 제정과 개정에 관여하고 있었다. 그것은 1998년 1월 8일에 개정된 외감법(제13조 제1항)에 「회사의 회계처리 기준은 금융감독위원회가 증권선물위원회의 심의를 거쳐 정한다.」라는 규정에 따른 법적 근거 때문이다. 환경변화에 수반한 회계제도의 개혁을 구체적으로 실천하기 위하여 금융감독원은 1998년 7월 8일 우리나라 회계의 개혁을 위한 청사진으로 『회계정보 투명성 제고 실행계획』을 발표하였다. 회계정보의 투명성은 회계 규범의 유효성, 회사의 회계 규범 준수 의지, 외부감사제도의 독립성 및 회계 정보이용자의 감시·견제 역할 등에 따라 결정된다는 전제하에 실행계획이 금융감독원에 의해 발표되었다.[90]

1998년에 「기업회계기준」을 대대적으로 개정한 것도 이러한 문제의식에 따라 이들 기관이 주관했다. 변혁기에 들어선 이후에도 계속하여 회계기준의 개정작업에 관여했으며, 1999년에 이어 2000년에도 회계기준설정 기구로서의 임무를 수행했다. 2000년도의 「기업회계기준」 개정은 정부부문(public sector)으로서의 이들 기관이 회계기준 설정권 행사의 최종적이다. 한편 회계기준제정의 주무기관에도 변화가 있었는데 종전의 회계관리국이 1999년 회계감독국으로 확대 개편되어 회계 규범의 실질적인 제정과 개정작업을 주도하였다. 그리고 회계 규범의 제·개정에서 사전 심의기능을 담당하는 기구로는 1981년에 기업회계자문위원회를 개편한 회계제도자문위원회를 1998년에 회계기준심의위원회로 재차 확대 개편하였다. 이 회계기준심의위원회가 변혁기의 초기에 「기업회계기준」의 개정과 「재무 회계개념체계」도 기초하여 「기업회계기준서」(K-IFRS : 한국채택국제회계기준)의 설정을 위한 초석을 마련하였다.

그와 더불어 1999년에 민간기구(private sector)로서 발족한 한국회계연구원(한국회계기준원의 전신)이 활동을 시작하고, 2000년의 외감법 개정에 따라 회계기준제정기구로 위탁받아 2001년부터 「기업회계기준서」를 제정·공표하기 시작하였다. 따라서 금융감독위원회와 증권선물위원회는 필요한 경우를 제외하고는 회계기준에 관한 승인·감독권만을 행사하게 되었다.

이후 한국회계기준원의 활동은 눈부실 만큼 활발하게 이루어졌고 새로운 「기업회계기준서」의 제정과 개정을 거듭하면서 한국회계기준의 국제화에 이바지하였음은 물론, 새로운 환경에 적응할 수 있도록 IFRS의 도입과 시행에 노력하고 있다.

---

90) 실행계획의 발표 이전에 IMF 및 세계은행과의 협약 일정을 준수하고 법적 기반의 정비를 위하여 1998년 1월 및 4월에 각각 주식회사의 외부감사에 관한 법률과 동 법률 시행령을 개정하였는데 주요 내용은 다음과 같다. ① 결합재무제표제도의 법제화 ② 전문 심의기구(회계제도심의위원회와 감리위원회) 설치 근거 마련. ③ 감사인선임위원회의 설치 ④ 분식 회계처리를 한 회사 및 부실감사를 한 감사인에 대한 처벌강화 ⑤ 감사인 평가제도의 도입 그리고 실행계획수립을 위한 기초작업으로 1998년 3월 26일 금융감독위원회 산하에 민간 회계전문가(교수 4인, 공인회계사 4인)로 구성된 회계제도특별위원회를 구성(1998.3.26)하고 연구보고서로『한국회계제도의 개혁』을 발간하였는데 보고서의 주요 내용은 다음과 같다. ① 회계기준 국제화와 독립적 회계기준 제정기구 설립방안 ② 금융기관 회계규정의 문제점 및 개선방안 ③ 기업공시제도에 관한 검토. ④ 외부감사제도 개선 방향 ⑤ 회계기준과 관련된 법률의 조정 ⑥ 국제사회의 의견에 대한 검토 등이다.

2) 민간부문의 회계기준 제정기구 설치

(1) 설치 배경

한국회계기준의 제정기구에 대한 논의는 오래전부터 있었으나, 본격적으로 문제 제기가 이루어진 것은 1990년대 후반기에 불어온 외환위기 이후부터이다. 외환위기의 극복과정에서 전술한 바 있는 국제통화기금(IMF) 및 세계은행(IBRD)의 금융지원조건인 SAL-II협약 중에 명시된 회계기준제정기관의 민간기구화 및 국제적인 수준의 회계기준 제정 요구가 큰 작용을 하였다.

한국 정부(재정경제부)는 세계은행과의 협의를 거쳐 「기업회계기준」의 개선을 도모하고 민간 주도의 회계기준제정기구를 설립하는 방안을 마련하기 위한 연구용역[91]을 발주하여 구체적 방안을 도출하였다. 회계기준제정심의기구인 회계기준위원회의 위원 구성과 운영에 있어서 독립성을 높이고, 민간의 재정 능력확보 및 기준의 이행 능력확보 등, 환경조성이 이루어지면, 회계기준제정권을 민간에 이양하는 방안이었다. 이러한 기초작업의 결과는 미국의 재무 회계재단(FAF)과 재무회계 기준심의회(FASB)를 결합한 형태의 민간기구를 모델로 설정하여 추진되었다. 그리하여 1999년 6월 30일에 한국공인회계사회, 금융감독원, 증권거래소, 한국증권업협회, 대한상공회의소, 전국경제인연합회, 은행연합회, 상장회사협의회 등 14개 단체를 회원으로 하는 민간부문의 회계기준 제정기구가 설치되었다. 사단법인으로서의 한국회계연구원(Korea Accounting Institute : KAI)이 역사적인 출범을 하였고, 1999년 9월 1일부터 업무를 시작하였다. 한국회계 규범 변혁의 신호탄이었다.

이후 한국회계연구원의 법적인 설립 근거가 마련되었다. 2000년 1월 12일에 개정된 외감법(제13조 제4항)에 「금융감독위원회는 제1항의 규정에 따른 업무를 대통령령이 정하는 바에 따라 전문성을 갖춘 민간법인 또는 단체에 위탁할 수 있다.」라고 규정됨으로써, 명실공히 한국회계연구원이 회계기준제정기구로서의 위상을 확보하게 되었다. 그러나 한국회계연구원이 완전하게 회계기준 제정권을 장악한 것은 아니다. 외감법(제13조 제5항)에 따르면, 「금융감독위원회는 이해관계자의 보호, 국제적 회계기준의 합치 등을 위하여 필요하다고 인정되는 때에는 증권선물위원회의 심의를 거쳐 제4항의 규정에 따라 업무를 위탁받은 민간법인 또는 단체에 대하여 회계처리 기준 내용을 수정할 것을 요구할 수 있다. 이 경우, 회계기준제정기관은 정당한 사유가 없는

---

[91] 이때 민간부문으로서의 회계기준 제정기구를 설립하기 위한 연구용역을 수행했던 연구자는 송인지만(성균관대), 전성빈(서강대), 및 김정국(증권연구원) 3인이었다. 이 연구는 1998년 12월 29일에 발주되어 1999년 2월까지 수행되었다.

한, 이에 동의하여야 한다.」라고 규정되어 있다. 이는 한국회계연구원이 회계기준제정권을 위임받았을 뿐, 언제든지 금융감독위원회와 증권선물위원회에 의해 통제할 수 있도록 법률은 규정해 놓고 있다. 이는 미국의 증권거래위원회(SEC)와 재무회계 기준심의회(FASB)와의 관계와 유사하며, 그러한 조직구조를 모방한 것으로 보인다.

우리나라의 회계기준 제정기구에 대한 법적 근거가 되는 외감법 개정안은 제1차로 1999년 12월 정기국회에서 통과되고, 동법 시행령 제7조의2와 금융감독위원회의 관련 규정이 개정되었으며[92] 제2차로는 2000년 1월 12일에 다시 개정(외감법 제13조 제4항 및 제5항 신설)되어 회계기준제정을 민간기구에 위탁할 수 있는 법적 근거가 마련되었다. 그래서 2000년 7월부터 금융감독위원회의 위탁을 받은 한국회계연구원이 내부에 설치한 회계기준위원회(Korea Accounting Standards Board: KASB)를 통하여 회계기준 제정과 개정, 그리고 해석 및 질의회신을 수행하게 된 것이다.

(2) 한국회계연구원 설치와 한국회계기준원으로의 개칭

외감법(제13조)에 근거를 둔 민간부문의 회계기준제정기구로서의 한국회계연구원이 1999년 9월에 설치됨으로써, 회계기준제정과정의 투명성이 어느 정도 확보되었다. 이는 회계기준제정과정의 공개와 개정과정에 대한 참여의 문호를 개방했기 때문이다. 종래의 「기업회계기준」이 제·개정되고 시행되어오는 과정에서 이해관계자들이 불만을 제기하였던 점은 그 과정에 대한 투명성이 확보되지 못했다는 것이다. 그 수용성과 이해 가능성의 저하로 직접 연결되어 비효율성을 자아내기도 했다.

따라서 민간부문으로서의 한국회계연구원은 이러한 문제점을 신중히 고려하여 기업회계기준의 제·개정 과정을 공개하기로 방침을 세웠다. 그래서 한국회계연구원의 홈페이지를 적극적으로 활용하여 회계기준을 제정하거나 개정하는 기초과정부터 시작하여 공청회, 공개 초안 그리고 최종산물인 「기업회계기준서」에 이르기까지 모든 과정을 공개하기로 했다. 그뿐만 아니라, 이와 관련된 다수의 인터넷 회원들에게도 정기적으로 해당하는 자료를 배포하기로 방침을 세우고 실행에 옮겼다.[93]

한국회계연구원은 2006년 3월부터 「한국회계기준원」으로 개칭되었으며, 2007년

---

[92] 관련 법령의 주요 내용은 다음과 같다. ①금융감독위원회는 회계처리 기준에 관한 업무(회계처리 기준에 관한 해석·질의회신 등, 관련 업무를 포함한다)를 사단법인 한국회계연구원(이하 한국회계연구원"이라 한다)에 위탁한다. ②금융감독위원회는 이해관계인의 보호, 국제적 회계처리 기준에의 합치 등을 위하여 필요하다고 인정되는 때에는 회계기준제정기관에 대하여 회계처리 기준의 내용을 수정할 것을 요구할 수 있다. ③금융감독원은 증권거래법 규정에 따라 금융감독원이 징수하는 분담금(유가증권 발행 수수료)의 100분의 5를 초과하지 아니하는 범위 안에서 대통령령이 정하는 바에 따라 회계기준제정기관에 지원할 수 있다. (이정호 외4인, 전게서, P. 274.)
[93] 이정호 외4인, 전게서, P. 276. (2000년 10월부터 e-kasb club 서비스를 실시해오고 있다.)

말부터 회계 규범의 국제화를 지향하는 한국채택국제회계기준(이하 K-IFRS라 칭함)을 제정·공표하기 시작하였다. 2011년부터는 모든 상장기업과 주요 금융기관들이 전면적으로 K-IFRS를 적용하여 재무제표를 공시하게 되었다. 한국회계기준원은 국제회계기준(IAS)의 제·개정 과정에 선제적으로 참여하고 있음은 물론, 국내의 비상장기업 등을 위한 별도의 회계기준을 제·개정하여 우리나라 회계문화의 발전에 크게 이바지하고 있다.

한국회계기준원은 회계 규범의 제·개정 과정에 대한 이해관계자의 참여도를 대폭 확대하기 위하여 공청회의 전면 개방, 인터넷을 통한 의견 접수와 자문위원단의 구성을 다양화하는 등, 제반조치를 취하였다. 그 조치가 실효성을 거두게 된 것은 이해관계자들이 한국회계 규범의 제·개정 과정에 참여함으로써, 그에 대한 심리적 부담이 상당히 경감되었다는 데서 찾을 수 있다. 종래에 정부 기구에서 회계 규범이 제정되던 시기에 이해관계자는 정부 기구를 규제기관의 입장에서 접근하였기 때문에, 자유로운 의견 개진에는 부담감을 가졌던 것이 사실이다. 민간기구인 한국회계기준원의 설치 운영은 이해관계자의 참여기회를 실질적으로 보장해 주었다는 점에서 높이 평가할 수 있다. 그리고 K-IFRS의 제·개정 일정을 사전에 공표함으로써, 이해관계자들이 사전 준비와 대응하는 데 상당한 도움이 되었다.

외감법에 근거를 두고 있기는 하지만, 민간단체가 주도하는 회계기준제정기구로서의 한국회계기준원의 설치 운영은 결국 회계기준을 제·개정함에 있어서 전문성이 대폭 강화되는 결과를 가져왔다. 물론, 종래에 정부부문이 회계기준 제·개정을 주도하던 시기에도 조직의 확대 개편 또는 민간회계전문가로 구성된 각종 위원회의 설치 등, 그 전문성을 확보하기 위한 노력이 있었다. 그 시기에는 정부 조직의 상대적인 경직성으로 인하여 한계가 있었다. 민간부문의 회계기준제정기구인 한국회계기준원은 그 근거가 전문성이라는 점에서 그것을 확보하기 위한 근본적인 노력이 요구된다. 회계기준제정과정을 공개하고 이해관계자들에게 그 과정에 자유롭게 참여하게 하는 것이야말로 회계기준제정기구의 전문성에 대하여 평가할 수 있는 길을 열어놓고 있다는 증거이다.[94]

(3) 한국회계기준원의 기능과 조직

한국회계기준원은 외감법(제13조)에 근거하여 금융감독위원회의 위탁을 받아 우리나라의 회계기준을 제·개정하고 해석하는 유일한 민간기구(private sector)이다.[95]

---

[94] 이정호 외4인, 전게서, P. 276.
[95] 한국회계연구원의 초대 원장은 김이섭(공인회계사)이 선임되어 임기(1999.9~2002.2) 동안은 그 초석을 다졌으며, 제2대 원장은 정기영·제3대 원장에 이효익·제4대 원장에 서정우·제5대 원장에 임석식·제6대 원장에 장지연·제7·8대 원장에 김의형·제9대 원장으로 한

그리고 그것은 기업회계와 외부감사제도 등에 관한 연구를 통하여 회계정보의 목적 적합성과 신뢰성을 확보함으로써, 이해관계자들을 보호하고 기업의 건전한 발전에 기여하는 것을 설립목적으로 하고 있다. 이러한 목적을 달성하기 위한 민간부문의 회계기준제정기구로서 한국회계기준원은 그 역할을 충실히 수행하고 있으며, 회계기준의 국제적 정합성을 확보하기 위해 노력하고 있다.

그뿐만 아니라, 한국회계기준원은 이를 위한 회계기준제정의 구심점이 되는 것이며, 우리나라의 기업회계제도 및 감사제도를 정비해나가는 주체로서 그 존재의의를 가지고 있음은 물론, 기업회계와 관련된 모든 사항 정보의 관리와 유통창구로서의 위상 정립에 박차를 가하고 있다고 평가할 수 있다.

한국회계기준원의 그 주요 기능은 다음에 열거하는 것과 같다.[96]
① 회계기준의 제정, 개정, 해석 및 질의회신 업무
② 회계기준의 제안 등 회계 및 외부감사 관련 제도의 연구
③ 회계기준 및 관련 연구 결과의 출판 및 배포
④ 회계제도 및 외부감사제도의 개선을 위한 연구용역의 수탁
⑤ 회계제도에 대한 교육 및 홍보
⑥ 정부 등으로부터 위탁받은 업무

이와 같은 기능을 수행하기 위한 한국회계기준원의 주요 조직은 회원총회, 이사회, 회계기준위원회, 회계기준자문위원회, 조사연구실, 질의회신실무위원회 등으로 조직되어 있다.

한국회계기준원의 회원총회는 한국공인회계사회, 대한상공회의소, 전국경제인연합회, 중소기업협동조합 중앙회, 한국상장회사협의회, 전국은행연합회, 한국증권업협회, 투자신탁협회, 생명보험협회, 대한손해보험협회, 한국증권거래소, 금융감독원, 한국회계학회 등의 기관으로 구성되며, 이들 회원은 한국회계기준원의 예산 중 일부를 분담하게 되어 있다. 그리고 회원총회는 이사회의 이사와 감사, 한국회계기준원의 원장이나 회계기준위원회 상임위원을 선임하며 회원의 분담금에 관한 사항을 의결하게 된다.

정관의 규정에 따라 이사회는 한국회계기준원 원장, 회계기준위원회 상임위원 또는 회원총회에서 선출된 9인의 이사로 구성(총 11인)된다. 또한 이사회는 회계기준위원회 비상임이사를 선임하고 회계기준위원회와 회계기준자문위원회의 운영 전반에 관한 기본방침을 수립하며, 조사연구실의 구성과 운영에 관한 사항을 의결한다.

한국회계기준원의 정관 규정에 따라 설치된 회계기준위원회는 한국회계기준원 원장

이상 원장이 2023년 3월에 선임되었다. 2006년 3월부터 한국회계기준원으로 개칭되었으며, 3년 임기의 전임 원장들은 민간부문 회계기준제정기구로서의 한국회계기준원의 위상을 정립하고, 「기업회계기준」을 K-IFRS로 글로벌화 시키는데 크게 헌신하였다.
96) 한국회계기준원 홈페이지(http://www.kasb.or.kr) & 이정호 외4인, 전게서, P. 277.

이 겸임하는 위원장 1인, 상임위원 1인 및 5인의 비상임위원으로 구성(총7인)되며 회계기준의 제·개정 및 해석작업을 수행한다. 위원의 임기는 3년이고 연임할 수 있다. 위원장은 회계기준자문위원회 위원을 위촉한다.

정관의 규정에 따른 회계기준자문위원회가 설치되었다. 동 위원회는 회계기준위원회에 대한 자문업무를 수행하며 임기 2년의 연임 가능한 20명의 비상임위원으로 구성한다. 회계기준자문위원회의 위원장은 상임위원이 겸임한다. 회계기준자문위원회는 새로운 회계기준의 제정 필요성, 기존 회계기준의 재검토 필요성, 회계기준위원회의 구조와 운영 절차, 연구과제 팀의 조직과 구성 등에 대한 자문을 제공하며, 각 「기업회계기준서」별로 구성된 소위원회의 위원으로서 회계기준의 제정과 개정에 관련된 의견을 제시한다.[97]

또한 정관에 따라 회계기준의 제·개정에 관한 기초조사연구를 수행하고 회계기준위원회의 원활한 업무수행을 지원하는 조사연구실이 설치되어 있다. 그리고 회계기준 등의 내용 및 실무상의 적용과 관련된 외부의 질의에 대한 회신업무를 수행하는 질의회신위원회도 설치되어 있다(<그림9-5>의 조직도 참조).

2. 국제회계기준을 수용한 K-IFRS로의 진화

1) 진화의 배경

외감법의 개정으로 2000년 7월 26일부터 한국회계기준원(한국회계연구원의 전신)이 회계기준제정업무를 수탁(외감법 시행령 제7조의 2)하여 본격적인 회계기준의 혁신 활동을 시작하였다. 금융감독위원회와 증권선물위원회가 주관하여 이루어지던 회계기준의 제·개정작업은 2000년 7월 26일로 종료되었다. 금융감독위원회는 증권선물위원회를 통하여 한국회계연구원 산하의 회계기준위원회가 제·개정하는 회계기준에 대한 승인·감독권을 행사함으로써, 간접적인 회계기준의 제·개정에 관여할 수 있게 되었다.

초기의 한국회계연구원(이하 한국회계기준원으로 칭함)은 출범과 동시에 회계기준의 개혁에 착수하기보다 기준제정을 위한 기본방침을 수립하였다. 종전의 「기업회계기준」이 제정 당시의 경제적 상황을 반영하기에 급박했었던 점을 고려하여 제도변화에 따른 혼란해소에도 진력하였다. 주요 내용을 정리하면 다음과 같다.[98]

---

97) 한국회계연구원 회계기준위원회, 『기업회계기준서 전문』(2005년 1월 11일), P. 2.
98) 조장연, 「기업회계기준 체계 개선방안」(『월간 공인회계사』, 한국공인회계사회, 2000년 2월호).; 이정호 외4인, 전게서, PP. 278-279.

(1) 준거기준의 결정

외환위기 이후 회계기준 제정에서의 화두는 국제적 정합성이었다. 문제의 초점은 준거할 국제 수준의 회계기준을 선택하는 것이었다. 한국회계기준원은 국제회계기준(IAS)과 미국 재무회계 기준(US GAAP)을 후보 기준으로 정하고 회계기준제정과정의 질(quality), 기준의 국제적 수용성, 기준채택 비용 및 법적 환경을 검토하였다.

이러한 검토과정에서 미국회계기준의 경우는 회계기준제정기구에 투하되는 자원의 규모와 제정 절차의 엄격성 등으로 회계기준과 그 제정과정의 질적인 면이 우수하다고 보았다. 그러나 회계기준의 양과 범위의 방대성으로 인하여 기준채택 비용이 과다하고 또한 회계기준체계가 세계적 회계기준이 되기 어려운 상황 등을 이유로 배제되었다. 한편, 국제회계기준은 엄밀성 면에서는 미국회계기준과 비교해 열위에 있지만, 회계기준 적용에 국가별로 상당한 유연성을 제공하므로 우리나라의 경제환경을 적절히 반영시킬 수 있고, 동시에 국제적 정합성도 달성할 수 있다고 판단하였다. 이에 따라 국제회계기준을 주요 준거기준으로 결정하고, 국제회계기준에 해당 사항이 없는 경우에 미국의 회계기준을 참고·보완하기로 하였다고 한다.

(2) 준거기준의 수용 방법

이상과 같은 검토과정을 통하여 준거기준을 결정한 후에는 준거기준의 수용 방법이 문제가 되었다. 한국회계기준원은 다음과 같은 세 가지 대안을 검토하였다. 즉, 완전 수용방식과 대폭 수용방식, 그리고 부분 수용방식의 3가지이다.

첫째로 완전 수용방식은 국제회계기준이나 미국 재무회계 기준을 한국회계 규범으로 사용하되, 그에 대한 설명을 첨가하거나, 준거 대상 회계기준에 규정되어 있지 않은 내용은 별도로 개발하는 방식이다. 둘째로 대폭 수용방식은 국제회계기준이나 미국의 재무 회계기준을 한국회계 규범으로 사용하되, 일부의 조항에 대해서는 수정해서 사용 또는 국내 기준을 독자적으로 재정하고 운용하지만, 근거는 국제회계기준이나 미국의 그것을 기초로 하는 방식이다. 셋째로 부분 수용방식은 한국회계 규범을 독자적으로 제정, 운용하며, 국제회계기준이나 미국의 그것을 부분적으로 수용하지만, 국내 기준과 관련되거나 혹은 준거한 국제회계기준 또는 미국의 그것을 명시하지 않는 방식을 일컫는다.

이를 검토한 결과, 과거 한국회계 규범의 제정과정에서 실질적으로 미국 및 국제회계기준을 준용했던 것이 사실이며, 이 과정에서 준거기준의 구체적 내용 및 수용의 정도를 명시하지 않았던 점이 지적되었다. 그것이 한국회계 규범에 대한 이해 및 정합성을 저하하는 주요인이 되었던 것을 고려하여 대폭 수용방식으로 잠정적인 방향을 정하였다. 그 구체적 실행방안으로는 사안별로 근거 기준의 수용성 및 수용 시기 등에 따라, ① 적극적 도입 분야 ② 충분한 연구를 통한 도입 분야 ③ 도입유보 분야로 구분하여 단계적으로 접근하기로 하였다.

(3) 기존 회계기준의 대체 방법

이 과정은 회계 규범의 혁신이라 할 수 있으므로, 기존 「기업회계기준」의 대체 방법이 문제점으로 부각되었다. 그 대체 방법은 일시에 전면적인 대체와 점진적인 대체가 있다. 한국회계기준원은 새로운 회계기준 체제를 도입함에 따른 혼란을 방지하고 회계환경에 대한 충격을 최소화하는 방안을 모색하였다. 그래서 새로운 체제의 기준서와 해석서 등이 완성될 때마다 기존 회계기준과 관련된 조항 등을 부분적으로 대체시키는 과정을 통하여 궁극적으로 새로운 회계기준 체제로의 전환을 추구하는 실행전략을 마련하였다. 구체적으로는 「기업회계기준」, 「회계처리 준칙」, 「해석」 뿐만 아니라, 광의로 한국회계 규범을 구성하는 외감법, 법인세법, 상법, 기타 금융기관 감독규정 등, 제반법규 등의 관련 규정을 현행대로 유지하면서 필요한 주제별로 새로운 「기업회계기준서」를 만들어 기존의 회계기준 등에 대체하는 방법을 추구하게 되었다.[99]

2) 새로운 한국회계 규범의 제정 절차

회계기준위원회가 제정한 「기업회계 기준전문」에 의하면, 「기업회계기준서」의 제정 절차가 상세히 기술되어 있다.[100]

회계기준위원회는 자체적인 심의나 외부의 요청 등으로 인하여 필요성이 인정되는 경우에는 회계기준의 제·개정 계획을 수립하게 된다. 이를 위하여 필요한 사안별로 과제연구팀을 구성하여 연구업무를 수행하고 회계기준의 제·개정을 위한 연구보고서를 발간한다. 그것을 토대로 하여 국제회계기준과의 정합성 등을 검토한 뒤 초안을 작성한다. 이에 대한 이해관계자들의 의견을 수렴한 다음, 제·개정의 배경과 관련 규정, 주장 근거 및 문제점 등이 포함된 「기업회계기준서」의 시안이 작성되면, 회계기준자문위원회의 검토를 거쳐 회계기준위원회에 보고하게 된다.

그 시안의 보고를 받은 회계기준위원회는 그것을 심의한 다음, 최종적인 공개 초안을 의결하고 공표한다. 그 공개 초안은 적어도 30일 동안 인터넷 통신망과 간행물 등

---

99) 이정호 외4인, 전게서, P. 279.
100) 한국회계연구원 회계기준위원회, 『기업회계기준서 전문』(2005년 1월 11일), P. 8.

을 통하여 예고함과 동시에, 이해관계자들의 의견을 수렴하게 된다. 필요하다고 인정될 때는 공청회를 개최하여 의견을 청취하기도 한다. 그리하여 수렴된 의견의 수용 여부를 결정하기 위한 회계기준위원회의 회의를 위원장이 소집한다. 회계기준위원회의 의결은 재적 위원 과반수의 찬성으로 이루어지며, 소수의견이 있는 경우에는 회계기준서의 끝에 그 내용을 밝힌다.

한국회계기준원은 회계기준위원회의 심의를 거쳐 확정된 K-IFRS의 제·개정안을 금융감독위원회에 보고한다. 금융감독위원회는 이해관계자의 보호와 국제회계기준과의 정합성 등을 위하여 필요하다고 인정될 때는 K-IFRS의 내용을 수정하도록 요구할 수 있다. 금융감독위원회의 수정 요구사항에 대하여 정당한 사유가 없는 한, 회계기준위원회는 이에 응하고 이를 일반에게 공표한다. (외감법 제13조 제5항의 준수). 이러한 과정을 거쳐 「기업회계기준서」(K-IFRS)는 탄생하게 된다.

3) 한국회계 규범의 국제화

한국회계기준의 변혁기에는 금융감독위원회로부터 회계기준 제·개정권을 위탁받은 한국회계기준원이 주관하여 한국회계기준의 개혁을 추진하였다. 한국회계기준원 산하의 회계기준위원회는 2인의 상임위원(위원장 포함)과 5인의 비상임위원으로 구성되어 있으며, 우리나라의 기업회계기준을 제·개정하는 독립적인 민간부문의 심의기구로서 활동을 시작하였다.

회계기준위원회는 회계 보고의 모든 사항에 대한 심의 검토와 의결권 행사를 통하여 회계 보고의 질적 향상을 도모함과 동시에, 「기업회계기준서」의 위상 정립을 위하여 진력하고 있다. 1999년 한국회계기준원의 발족과 더불어 구성된 동 위원회는 동년 12월에 「재무회계 개념체계」를 제정·공표하는 등, 역동적으로 활동하기 시작하였다. 한국회계 규범의 제·개정권을 위양 받은 2000년 7월 27일 이후부터 우리나라 회계 규범의 혁신을 위한 본격적인 활동에 돌입하였다.

회계기준위원회는 2000년 8월 25일에 관련 회계기준과 준칙 등을 개정한 이래 2005년 12월 말에 이르기까지 무려 12차례의 기존「기업회계기준」을 개정하였다. 그뿐만 아니라, 2000년 8월 25일에 「재무회계 개념체계」를 비롯한 「기업회계기준서 전문」을 제정·공표하였고, 2001년 3월 30일에 「기업회계기준서」(제1호) 인 「회계변경과 오류수정」을 제정·공표한 이후 2006년 12월 31일까지에 이르는 기간에 27개의 「기업회계기준서」를 제정 공표하였다. 그리고 이미 공표된 「기업회계기준서」를 부분적으로 개정한 바 있으며, 특히 2005년 1월 11일 자로 「기업회계기준서 전문」에 대한 개정도 단행하였다. 그 외에도 회계기준위원회는 기업회계기준해설서와 산업별 회계 처리

기준(준칙 등 포함)의 제·개정작업을 진행하면서 이에 대한 해석을 내리고, 회계기준적용의견서, 질의회신 요약 및 재무 보고에 관한 실무의견서 등을 공표해왔다. 그리하여 2007년 이후 한국채택국제회계기준(K-IFRS)을 공표하면서부터 한국회계 규범의 국제화를 지향하는 진화의 행적을 창출하게 되었고, 2011년 이후 오늘에 이르기까지 모든 상장기업과 주요 금융기관들이 K-IFRS를 적용하여 재무제표를 공시하고 있다.

결국 한국의 기업회계문화는 글로벌화의 길을 택하여 국제적 기업 활동을 지원하는 환경이 조성됨으로써, 새로운 기업회계기준의 시대를 맞이하게 된 것이다. 국제적 경영활동을 하는 기업과 국내에서 경영활동을 하는 중소기업들에서 적용되는 회계기준이 다를 수 있으나, 우리나라의 회계문화는 국제적 정합성을 추구해나가는 환경을 수용하고 그에 적응하는 회계 규범을 다듬어 나가야 할 것으로 생각한다.

3. 진화된 한국회계 규범(K-IFRS 포함)의 성격과 체계

1) 새로운 회계기준의 성격

(1) 기본구조적 성격

1999년 12월 금융감독위원회의 회계기준심의위원회[101]가 처음으로 제정한 「재무회계 개념체계」의 서문에 의하면, 다음과 같은 문구가 명시되어 있다.

『…이 시점에서 우리의 회계 투명성 확보에 대한 일련의 노력을 일관된 틀 안에서 조명하고, 앞으로 회계기준의 개선작업이 지향해야 할 기본적인 방향을 개념체계의 정립으로 제시하는 것은 의미 있는 일이라 할 수 있다.

회계기준심의위원회가 제시하는 「재무회계 개념체계」는 기본적으로 우리의 회계기준이 중립성을 유지하면서 경제적 실질을 더욱 충실하게 반영할 수 있도록 초석을 다지자는 취지를 가지고 있다. 따라서 이러한 개념체계의 정립은 회계기준이 특정 이해관계자에 편향되게 제·개정될 가능성을 배제할 수 있고, 경제적 사건이나 거래에 대한 회계처리 및 기준의 해석에 있어 일관되고 적정한 지침을 제공할 수 있을 것이다.

본 개념체계는 국제회계위원회와 미국의 재무회계기준위원회에서 제시되고 있는 개념체계를 근간으로 우리의 실정을 반영하고 우리의 회계기준이 장차 나아가야 할 방향들을 함축하고 있다. 여기에 제시된 개념체계는 한국회계학회를 비롯한 많은 전문가와 관계자들의

---

[101] 「재무회계 개념체계」를 최초로 제정한 것은 2000년 1월에 금융감독원 산하의 회계기준심의위원회에 의해서였다. 그 후 한국회계연구원의 회계기준위원회가 이를 이어받아 2003년 12월 4일 자로 「재무회계 개념체계」를 전면적으로 개정하였다.

의견을 반영하여 마련되었지만, 회계기준의 모든 내용을 포괄하거나 회계기준의 완전무결한 밑바탕이라고는 말할 수 없을 것이다. ...』[102]

이상과 같은 기본취지에 따라 제정되기 시작한 「기업회계기준서」는 기업의 재무제표를 작성·보고하기 위한 기본적 규범의 기능을 가진 것이다. 그것의 포괄적 실천기준이라고 할 수 있는 「재무제표 작성과 표시 1」(기업회계기준서 제21호)이 공표(2006년 2월 6일 자)됨으로써, 한국회계 규범의 원리 면을 지도하는 기준과 회계실무에의 적용 면을 규제하는 기준이 각각 확립되기에 이르렀다. 전자에 속하는 것으로서는 「기업회계기준서 전문」과 「재무회계 개념체계」가 형성되었고, 또한 그 실무에의 적용 면을 규제하는 기준으로서는 「재무제표 작성과 표시」를 비롯한 「기업회계기준서」와 관련 규정 및 종래의 「기업회계기준」 등이 성문화되어 각각 역할을 수행하였다.

따라서 변혁기의 한국회계기준에는 이지리(Y. Ijiri) 교수가 언급하고 있는 것처럼 2가지의 유형을 모두 지닌 것으로 볼 수 있다. 그 하나는 기술적인 성격의 것이며, 또 다른 하나는 규범적인 성격의 것이다. 전자는 회계실무 속에 있는 기본원리를 도출하여 일반적으로 수용되는 것을 요약한 사회적인 합의(consensus)이다. 후자는 특정한 회계목적을 달성하기 위한 이상적 규범을 체계화한 것으로서 회계가 이론적으로 추구해야 할 기본원칙을 연역적인 방법으로 도출한 것을 일컫는다.[103]

「기업회계기준서 전문」에 의하면, 한국회계기준의 제정 방향이 제시되어 있다.

『재무회계 정보는 한정된 경제적 자원이 자본시장을 통하여 효율적으로 배분되도록 지원하는 기능을 수행하는 자본주의 시장경제 체제의 중요한 하부구조의 하나이다. 기업회계기준은 이러한 재무회계 정보의 경제적 기능이 극대화될 수 있는 방향으로 제정되고 개정되어야 한다. ....

따라서 건전한 자본시장 발전을 위해서는 적절한 재무회계 정보의 제공으로 도덕적 해이와 역선택 등의 문제를 줄여나가고 이를 통하여 투명한 기업경영을 확립하는 것이 필수적인 과제이다. 회계기준위원회는 국제적 기업회계기준, 기업에 의한 기업회계기준의 준수, 신뢰성 있는 외부감사 등, 공정하고 투명한 기업회계제도의 확립이 금융시장과 자본시장 선진화의 선결 조건임을 인식하여 기업회계기준의 제정과 개정은 이러한 관점을 중시하여 수행되어야 한다고 믿는다.

우리나라의 기업회계기준은 과거에는 법조문의 형식을 유지했기 때문에 전문성 적용에

---

[102] 금융감독위원회(회계기준심의위원회), 『재무회계 개념체계』(2000년 1월), P. 1 (서언).
[103] Yuji Ijiri, "The Nature of Accounting Research", Research Methodology, edited by R. R. Sterling(Lawrence, Kansas : Scholars Book Co. , 1972), pp. 61-63 ; Eldon S. Hendriksen, "Accounting Theory",(Homewood, Illinois , Richard D. Irwins, Inco, 3rd edition, 1977), pp. 7-11.

필요한 상세한 규정들이 없었고, 국제회계기준 등, 국제적으로 인정받고 있는 회계기준들과의 비교도 사실상 불가능하다는 비판을 받아왔다. 또한 기업회계기준을 일관하는 기본입장이 정립되어 있지 않아서 기준의 중립성이 훼손되는 경우가 많았다.

회계기준위원회는 기업회계기준이 국제적 정합성을 제고하기 위하여 국제회계기준에 준거하여 기업회계기준서를 제·개정하는 것을 원칙으로 한다. 다만, 우리나라 특유의 기업환경 등으로 그 경제적 실질이 달라, 국제회계기준을 적용하는 것이 명백히 적합하지 않다고 판단될 때는 독자적인 기준을 제정한다.」[104]

이는 자본시장경제의 발전에 중추적인 역할을 하는 재무회계 정보의 제공이 합리적으로 이루어질 수 있도록 기업회계기준 정립에 진력하겠다는 회계기준위원회의 의지표명과 함께, 제·개정되는 회계기준이 국제적 정합성과 이해 가능성 및 비교가능성을 갖춘 것임을 천명한 것이다. 그뿐만 아니라, 종래의 회계기준이 법률적 형식으로 경직화되어 있던 것을 해소하고 일반적으로 수용되는 회계처리 기준으로서의 성격을 지님과 동시에, 국제적으로 통용할 수 있는 지도 원리적 성격을 지닌 회계 규범의 위상을 정립해 나간다는 것이다. 그 전문 속에는 다음과 같은 내용도 명시되어 있다.

『「기업회계기준서」는 관련 회계주체의 회계처리 방법, 표시 및 공시에 대한 포괄적인 지침을 제공할 뿐만 아니라, 가능한 한, 실무 적용에 필요한 구체적인 방법까지 제시한다. 동시에 「기업회계기준서」의 각 문단은 회계 규범적인 성격을 갖고 있으므로, 회계이론에 바탕을 두고 논리정연하게 서술한다. 「기업회계기준서」는 국제회계기준과의 정합성을 높이고 실무적용상의 편의를 제공하기 위하여 문단식의 구조를 채택한다. 「기업회계기준서」의 각 문단은 동일한 권위를 지니며 굵게 표시된 문단은 주요 기준을 의미한다. 각 문단은 기준서의 목적과 결론 도출 근거, 본 전문과 재무 회계개념체계를 배경으로 이해되어야 한다.」[105]

이것으로 한국회계기준은 기술적인 성격과 규범적인 성격을 모두 보유하고 있다는 것이 확인된다. 이는 법령에 따라 강제되지는 않는다고 하더라도 한국 내의 모든 기업이 재무회계 정보의 창출을 위하여 준수하지 않으면 안 될 회계 규범이다.

(2) 「기업회계기준」과 K-IFRS의 병존성(竝存性)

변혁기(1999-2006)에 들어와서도 종래의 정부부문(public sector)에 따라 제정된 「기

---

104) 한국회계연구원 회계기준위원회, 『기업회계기준서 전문』(2005년 1월 11일), PP. 2-3.
105) 상게서, P. 4.

업회계기준」은 계속 효력을 가진 것으로서 기업회계의 실무를 지도하는 회계 규범의 기능이 존속되었다. 그것은 민간부문(private sector)인 한국회계기준원의 회계기준위원회가 승계하여 2000년 8월 25일에 개정을 시작한 이래 2006년 2월 6일의 개정에 이르기까지 13차례나 그 개정이 계속되어왔다. 2007년 이후부터는 새로이 제정되는 K-IFRS와 나란히 한국회계 규범의 위치를 점유하고 있게 된다. 즉, 양자가 병존한 상태에서 글로벌화기의 한국회계 규범의 기능을 수행하게 되는 것이다.

이러한 현상은 새롭게 제정되는 K-IFRS가 항목별 시리즈의 형식으로 이루어지기 때문에, 아직 새로 제정되지 않은 부분은 종래의 「기업회계기준」의 규정을 준용해야 한다. 새로운 기준서가 제정되면, 그에 따라 기존의 「기업회계기준」 속에 있는 관련 규정은 삭제되는 형식으로 운영된다.

그런데 「기업회계기준」(제1조)에 의하면, 『이 기준은 주식회사의 외부감사에 관한 법률(이하 외감법이라 한다.) 제13조의 규정에 따라 동법의 적용을 받는 회사의 회계와 감사인의 감사에 통일성과 객관성을 부여하기 위하여 회계처리 및 보고에 관한 기준을 정함을 목적으로 한다.』라는 규정이 그 효력을 계속 갖고 있다. 이것은 법률적 근거에 따라 법조문의 형식으로 규정되어 있어서 경직성이 있다고 지적받아온 것이다. 이에 비하여, K-IFRS는 문단 형식으로 서술되어 있어서 유연성을 지닌 것으로서 새롭게 만들어지고 있다는 점이 다르다. 전자는 K-IFRS 제21호(재무제표의 작성과 표시)가 공표(2006년 2월 6일 자)되면서 거의 삭제되었으며 후자로 대체되었다. 그랬음에도 불구하고 그것은 아직도 부분적으로 그 효력을 발휘하고 있어서 양자의 병존성은 계속되고 있다. 아마도 양자의 병존성은 K-IFRS가 완성되기까지 상당 기간 계속될 것이다.

그렇지만, 양자 모두 외감법 및 동 법률 시행령에 근거하는 회계 규범임은 분명하다. 그 설정 근거가 법령에 따른 것이라는 점에서는 양자가 같은 기능을 하고 있다. 이러한 점에서 양자는 1958년과 1976년, 그리고 1981년의 「기업회계원칙」과 크게 다르다. 종전의 「기업회계원칙」은 기업회계원칙기초소위원회의 중간 보고 형식으로 발표되었던 것임에 대하여 이 양자는 법령에 따른 설정 근거가 있으며, 특히 1981년 12월 23일 이후 계속 효력을 유지해온 「기업회계기준」의 경우는 법령의 체계 속에 편입되는 형식으로 구성되어 있다는 점이 다르다. 환언하면, 1958년과 1976년 및 1981년 1월의 「기업회계원칙」은 모두가 「생성적 회계원칙」[106]이며, 법률적 강제력을 갖는 것은 아니었다. 그런데 1981년 12월 이래의 「기업회계기준」과 2001년 1월 5일 이후의 「기업회계기준서」(K-IFRS 포함)는 모두 외감법에 그 설정 근거를 두고 있는 것으로서 「재정적 회계원칙」[107]의 성격을 가지고 있는 것이라고 할 수 있다. 즉, 양자는

---

106) 武田隆二, 『制度會計論』(東京, 中央經濟社, 1982), PP. 14-15, & P. 166.
107) 상게서, PP. 14-15. & PP. 166-167.

상법의 계산 규정보다도 우선시되는 특별법적인 강제력을 갖는 것(compulsory type of accounting principles)[108]으로 기능하고 있다는 것이다.

이로 인하여 현행의 「기업회계기준」과 K-IFRS는 외감법(제13조)에 근거하여 병존·상호보완하면서도 상법(제29조 제2항)의 「일반적으로 공정·타당한 회계관행」으로서, 그리고 국세기본법(제20조) 및 법인세법(제43조)과 법인세법시행령(제79조)의 「일반적으로 공정·타당하다고 인정되는 기업회계의 기준」[109]으로서의 역할을 명실공히 수행하고 있다는 것이다. 이는 회계 실무상 매기 결산할 필요성에 근거하여 회계처리에 관한 여러 가지 절차나 방법 및 기술이 오랫동안 관습적으로 발달해 온 회계기준으로 정착된 것임을 의미한다. 환언하면, 우리나라 경제사회에 실제로 존재하는 회계실무에 대한 행동 지침으로서의 기술적 회계원칙의 성격은 물론, 한국의 회계이론을 이끌어가는 기본적 지도원리로서의 규범적 회계원칙의 성격도 함께 가지고 있다는 뜻이다. 그래서 우리나라의 현행 회계기준은 이론 규범으로서의 성격뿐만 아니라, 실천규범으로서의「일반적으로 인정된 회계원칙」(GAAP)의 성격이 그 저변에 흐르고 있음을 확인할 수 있다.

2) 글로벌 한국회계기준의 체계

(1) 구조적 체계

새롭게 진화된 한국회계기준의 구조는 종래와는 다른 형태를 띠고 있다. 그것은 ① 기업회계기준서 전문, ② 재무회계 개념체계 ③ 기업회계기준서(2007년 이후 K-IFRS로 국제화) ④ 기업회계기준해석서 ⑤ 기업회계기준 ⑥ 산업별 회계처리 기준(준칙) ⑦ 해석 ⑧ 회계기준적용의견서 ⑨ 질의회신 요약 ⑩ 재무 보고에 관한 실무의견서 등으로 구성되어 있다. 이 중에서 「기업회계기준서」가 가장 핵심을 이루는 것이며, 기업회계기준과 산업별 회계처리 기준(준칙) 및 기업회계기준해석서는 그 보완적 역할을 하는 것이다. 그와 더불어 실무적용상의 지침을 제공하기 위한 목적에서 한국회계연구원(한국회계기준원의 전신)이 해석과 회계기준적용의견서, 질의회신 요약 및 재무 보고에 관한 실무의견

---

108) Yukio Fujita, "An Analysis of the Development and Nature of Accounting Principles in Japan," (Dissertation, University of Illinois, 1968), PP. 240-241.
109) 법인세법시행령(제79조)의 규정에 따르면, 기업회계기준과 관행의 범위가 정해져 있다. 즉, 동 규정은 법인세법 제43조의 규정에 따른 기업회계기준 또는 관행은 다음의 각호에 해당하는 회계기준으로 정하고 있다. ①주식회사의 외부감사에 관한 법률 제13조의 규정에 따라 제정된 기업회계기준 ②증권 선물위원회가 정한 업종별 회계처리 준칙 ③정부 투자기관 관리기본법에 따라 제정된 정부 투자기관 회계규정 ④그 밖의 법령에 따라 제정된 회계처리 기준으로서 재정경제부 장관의 승인을 얻은 것 등 4가지이다.

서 등을 발표한다. 핵심을 이루는 「기업회계기준서」가 제정되면, 그와 관련된 「기업회계기준」과 준칙 및 그에 관한 해석은 기준서로 대체되는 체제이다.

이 중에서 가장 핵심이 되는 「기업회계기준서」는 목차, 요약, 목적, 범위, 회계처리 방법, 주석, 공시, 시행일, 경과조치 및 부록으로 구성되어 있다. 그리고 기업회계기준과 산업별 회계처리 기준(준칙) 및 해석 등은 종전의 회계기준으로서 기업회계기준서가 아직 제정되지 않은 부분이 제정되기까지 효력을 갖는 것이지만, 그 부분의 「기업회계기준서」가 제정되면 그에 대체되어 삭제되는 절차를 밟게 된다.

변혁기의 시한부적인 존재라고 할 수 있다. 특히 기업회계기준서 제21호(재무제표의 작성과 표시1)가 제정된 2006년 2월 6일 자로 「기업회계기준」의 거의 전부가 그에 대체되는 형식으로 삭제되었다. 이 시기에 이르기까지 변형되어온 우리나라 회계기준의 구조적 체계에 대한 비교를 해보이면, <표 9-18>과 같다.

<표 9-18> 변혁기까지 변형된 한국회계기준의 구조적 체계 비교

증권관리위원회 제정 (재무부 장관 승인) (1981-1996)	금융감독위원회 제정 (재경원 장관 승인) (1997-1999)	한국회계연구원 제정 (금융감독위원회 승인) (2000-2006)
· 기업회계기준 · 건설업 회계처리 기준 · 리스회계 처리기준 · 연결재무제표 기준(준칙) · 합병 회계 준칙 · 반기재무제표 준칙 · 원가계산 준칙 · 기업회계기준에 관한 예규 · 연구개발에 관한 회계처리 준칙	· 기업회계기준 · 업종별 회계처리 준칙(증선위) · 리스회계 처리 준칙(증선위) · 연결재무제표 기준(준칙)(증선위) · 기업집단결합재무제표 준칙 · 금융업 회계처리 준칙(증선위) · 반기재무제표 준칙(증선위) · 원가 계산기준(증선위제정) · 기업회계기준 등에 관한 해석	· 기업회계기준서 전문 · 재무 회계개념체계 · 기업회계기준서 · 기업회계기준해석서 · 기업회계기준 · 산업별 회계처리 기준(준칙) · 기업회계기준 등에 관한 해석 · 회계기준적용의견서 · 질의회신 요약 · 배부보고에 관한 실무의견서

<자료 : 한국회계기준의 발전사적 분류에 따라 저자가 종합 정리함.>

이상의 회계기준체계는 변혁기(1999~2006)에 이루어진 것으로서 회계기준 전체를 망라하여 정리한 구조적 체계를 의미한다. 한국회계연구원이 2006년에 한국회계기준원으로 개칭된 이후 2007년 말에 「한국채택국제회계기준」(K-IFRS)이 제정·공표되면서 한국회계기준의 형태와 체계가 국제적으로 진화되었음을 보여주었다. 한국회계기준원 홈페이지에 의하면, 한국회계기준체계에 대한 도표가 <표 9-19>와 같이 정리되어 있다. 한국기업이 국제적 활동을 원활히 지원하기 위한 회계환경 조성에서 비롯된 결과라고 할 수 있을 것이다.

<표 9-19> 글로벌화 시기(2007~현재)의 한국회계기준 체계

회계기준	적용대상	외부감사	관련 법령
1. 한국채택국제회계기준 (K-IFRS)	주식상장법인이나 금융회사	의무	외감법
2. 일반기업회계기준	외부감사대상 주식회사	의무	외감법
3. 중소기업회계기준	외부감사 대상 이외의 주식회사	면제	상법
※ 비영리조직 회계기준 (비영리조직의 회계 투명성 제고가 필요하다는 사회적 인식에 대응) · 근거 법령의 법제화 등을 고려하여 제정			

<자료 : 한국회계기준원 http://www.kasb.or.kr/fe/cms/accstd/NR_system/NR_index.do)>

(2) 「재무 보고를 위한 개념체계」의 구성내용

원래는 「재무회계 개념체계」로 되어 있었으나, K-IFRS로 진화하면서 「재무 보고를 위한 개념체계」(이하 개념체계로 통칭함)로 개칭되었다(2019년 4월 19일 자). 그러나 개념체계는 회계기준이 아님을 유념해야 할 것이다. 개념체계는 기업 실체의 재무 보고 목적을 명확히 하고, 이를 달성하는데 유용한 재무회계의 기초개념을 제공하는 것을 목적으로 설정되었다. 이것은 특히 재무 보고의 핵심적 수단인 재무제표에 관한 기초개념에 중점을 두고 있으며, 다음과 같은 역할을 제시하고 있다. 회계기준제정기구가 회계기준을 제·개정하는데 재무회계의 개념과 그 적용에 관한 일관성 있는 지침을 제공한다. 또한 재무제표의 작성에 기초가 되는 기본가정과 제 개념을 제시함과 동시에, 특정한 거래에 대한 회계기준이 미비 된 경우에 적용할 수 있는 일관성 있는 지침을 제공하게 된다. 그뿐만 아니라, 감사인이 감사의견을 표명하면서 회계기준 적용의 적정성을 판단하거나, 회계처리의 적정성을 판단하면서 의견형성의 기초가 되는 일관된 행동 지침을 제시하는 것을 지향하고 있다.[110]

2003년 12월 4일에 개정된 개념체계는 서론, 재무 보고의 목적, 회계정보의 질적특성, 재무제표, 재무제표의 기본요소, 재무제표 기본요소의 인식 및 측정 등, 모두 7개 장으로 구성되어 있다. 그 주요 부분을 정리한다.

① 재무 보고의 목적

개념체계의 서론 부분에 설정 목적, 그 내용 및 적용 범위, 재무 보고, 재무제표의

---

110) 한국회계연구원 회계기준심의위원회, 『재무회계 개념체계』(2003년 12월 4일), P. 1.

작성책임, 재무 정보의 이용자 및 환경적인 고려에 대하여 기술되어 있다. 이에 의하면, 재무회계는 내·외부의 정보이용자를 위하여 기업 실체의 거래를 인식, 측정, 기록하고 재무제표를 작성하는 것을 목적으로 하는 재무 정보의 산출 및 보고 절차임을 지칭하고 있다. 여기서 재무 보고의 정의에 대하여 분명히 밝히고 있다. 즉, 재무 보고는 기업 실체 외부의 다양한 이해관계자의 경제적 의사결정을 위해 경영자가 기업 실체의 경제적 자원과 의무, 경영성과, 현금흐름, 자본변동 등에 관한 재무 정보를 제공하는 것이라고 하였다.[111] 그리고 재무 보고의 목적은 개념체계의 최상위개념으로서 정보이용자의 정보 수요로부터 도출되며, 재무 보고의 주된 목적은 투자 및 신용 의사결정에 유용한 정보를 제공하는 것이라고 하였다(문단 18 및 문단 20).

재무 보고목적의 구체적인 개념은 투자 및 신용 의사결정에 유용한 정보의 제공, 미래현금흐름 예측에 유용한 정보의 제공, 재무 상태, 경영성과, 현금흐름 및 자본변동에 관한 정보의 제공, 경영자의 수탁책임 평가에 유용한 정보의 제공 등이 명시되어 있다.

② 회계정보의 질적 특성

기업이 재무 보고를 수행하면서 고려되는 유용한 재무 정보의 질적 특성은 회계보고서에 함유된 회계정보에 근거하여 기업에 대한 의사결정을 하면, 투자자와 그 외의 이해관계자에게 유용할 정보의 유형을 식별하는 척도이다. 따라서 재무장보다 유용하기 위해서는 목적 적합해야 하고 제시하고자 하는 바를 충실하게 표현하지 않으면 안 된다. 보고되는 재무 정보가 비교할 수 있고, 검증 가능하며, 적시성 있고, 이해할 수 있는 경우 그 재무 정보는 유용한 것으로 보게 된다.

상술한 재무 보고의 목적이 달성되기 위해서는 제공되는 회계정보가 정보이용자들의 의사결정에 유용해야 한다. 원래 회계정보의 질적 특성이란 회계정보가 유용하기 위해 갖추어야 할 주요 속성을 말하며, 회계정보의 유용성을 인식하기 위한 판단기준이 되는 것이다(재무회계 개념체계 질적 특성 문단 36). 그리고 회계정보의 질적 특성은 회계기준제정기구가 회계기준을 제·개정할 경우에 회계처리 방법 등을 평가할 수 있는 판단기준이 되며, 경영자와 감사인이 회계정책을 선택·평가하거나 회계 정보이용자가 기업 실체의 회계처리 방법의 적정성 여부를 평가할 때도 판단기준으로써 이용될 수 있는 것이다(동 문단 37).

회계정보가 갖추어야 할 가장 중요한 질적 특성은 목적 적합성과 중요성 및 표현 충

---

[111] 한국회계연구원 회계기준위원회, 『재무회계 개념체계』(2003년 12월 3일), PP. 1-2 (분단1 및 분단6).

실성이 근본적 질적 특성으로 명시되어 있다. 그리고 보강적 질적 특성으로서 비교가능성, 검증가능성, 적시성, 이해 가능성 등이 명시되어 있다. 회계정보의 비교가능성은 목적 적합성과 중요성 그리고 표현 충실성을 갖춘 정보가 기업 실체 간에 비교할 수 있거나, 기간별 비교가 가능할 경우, 회계정보의 유용성이 제고될 수 있다는 것이다. (문단 38). 기업 실체의 재무 상태, 경영성과, 현금흐름, 및 자본변동의 추세분석과 기업 실체 간의 상대적 평가를 위하여 회계정보는 기간별 비교가 가능해야 하고 기업 실체 간의 비교가능성도 필요한 것이다.

<표 9-20> 한·미 회계기준의 일반원칙 및 회계정보의 질적 특성과의 비교

「기업회계기준서」(K-IFRS)		「기업회계원칙」 및 「기업회계기준」 (일반원칙)		미국의 회계 원칙론		
(재무회계 개념체계) 질적 특성	(재무 보고를 위한 개념체계) 질적 특성			Snavely 論文 *	APB 제4보고서	SFAC No. 2
(2003년)	(2019년)	(1958년)	(1976~2006년)	(1967년)	(1970년)	(1980년)
① 목적 적합성 a. 예측 가치 b. 피드백 가치 c. 적시성 ② 신뢰성 a. 충실성 b. 검증가능성 c. 중립성 ③ 비교가능성 (수미 일관성) ④ 중요성 ⑤ 이해 가능성 • 비용<효익	• 근본적 질적 특성 ① 목적 적합성 a. 예측 가치 b. 확인 가치 c. 중요성 ② 표현 충실성 a. 완전성 b. 중립성 c. 무오류 • 보강적 질적 특성 ① 비교가능성 ② 검증가능성 ③ 적시성 ④ 이해 가능성	① 진실성 ② 정규부기 ③ 중요성 ④ 확실성 ⑤ 계속성 ⑥ 잉여금 구분 ⑦ 안전성 ⑧ 명료성 ⑨ 단일성	① 신뢰성 a. 객관성 b. 불편성 ② 이해 가능성 a. 명료성 b. 간결성 ③ 충분성 ④ 비교가능성 a. 계속성 ⑤ 중요성 a. 실용성 ⑥ 안전성 ⑦ 실질우선 * *	① 목적 적합성 ② 신뢰성 a. 검증가능성 b. 불편성 ③ 이해 가능성 a. 계량 가능성 b. 비교가능성 c. 간결성 ④ 중요성 ⑤ 충분성 ⑥ 실용성 a. 적시성 b. 경제성	① 목적 적합성 ② 이해 가능성 ③ 검증가능성 ④ 중립성 ⑤ 적시성 ⑥ 비교가능성 ⑦ 완전성	① 목적 적합성 a. 피드백 가치 b. 예측 가치 c. 적시성 ② 신뢰성 a. 검증가능성 b. 중립성 c. 충실성 ③ 비교가능성 a. 계속성 ④ 이해 가능성 ⑤ 중요성

* H. J. Snavely, "Accounting Information Criteria", (*The Accounting Review*, Vol. 42, No. 2, April 1967), PP. 227-231
* * 「실질우선」의 원칙은 1998년에 개정된 「기업회계기준」에서 추가된 항목임.
<자료 : 관련 회계기준의 분석으로 저자가 종합 정리하였음.>

회계정보의 질적 특성은 서로 어긋날 수 있어서, 상충되는 질적 특성 간의 선택은 재무 보고의 목적을 최대한 달성하는 방법으로 이루어져야 하며, 질적 특성 간의 중요성은 상황에 따라 판단되어야 할 것이다. 회계정보는 검증가능성을 갖추어야 함은 물

론, 이해관계자의 수요에 맞춰 적시성이 필요하며, 그 제공되는 재무 정보가 이해 가능성을 갖출 필요가 있다. 그뿐만 아니라, 회계정보가 제공되고 이용되는 과정에는 비용과 효익이 수반되므로 가능한 한 이 양자 중 효익이 커지도록 고려해야 한다.

이해를 돕기 위하여 「기업회계기준」의 일반원칙과 「기업회계기준서」(K-IFRS)의 방향을 제시하는 개념체계에 명시된 회계정보의 질적 특성의 내용을 미국의 회계원칙심의회 제4보고서 및 재무회계 개념보고서에 제시된 것을 비교 표시하면, <표 9-20>과 같다. 한국회계기준에서 제시되고 있는 회계정보의 질적 특성은 미국의 재무회계 개념보고서(제2호)의 그것과 유사하다고 할 수 있다.

(3) 글로벌 회계기준(K-IFRS)의 형성

① 기본구조

한국회계기준의 변혁기에 구심점인 것은 「기업회계기준서」이다. 이것은 종래의 「기업회계기준」과 업종별 회계처리 준칙 및 기업회계기준 등에 관한 해석 체제를 정비하여 기준서, 해석서, 기준적용사례의 체제로 전환하기로 하면서 비롯된 기본적 기준이다. 이 기준서는 회계 사안별로 종래의 「기업회계기준」과 업종별 회계처리 준칙 및 그 해석에 산재하여 있는 관련 내용을 통합 정리하여 해당 회계 사안에 대한 포괄적 회계지침이 각각 명시되어 있다.

전체적인 체계를 서술하는 과정에서도 언급한 바와 같이 「기업회계기준서」는 회계사안별로 ① 목차 ② 요약 ③ 목적 ④ 범위 ⑤ 회계처리 방법 ⑥ 주석 ⑦ 공시 ⑧ 시행일 ⑨ 경과조치 및 ⑩ 부록으로 구성되어 있다. 여기서 부록은 용어 정의, 적용 보충 기준, 다른 기준서의 개정, 회계기준위원회의 의결로 이루어진다. 붙임자료인 결론도출근거, 실무지침 및 신구기준대비표 등은 「기업회계기준서」의 일부를 구성하지 않으며, 다만 그 적용에 편의 제공을 위하여 제시되는데 불과하다. 「기업회계기준서」는 제정된 순서에 따라 일련번호를 부여하게 되어 있다. 그 기준서의 말미에는 표결 결과를 실명으로 공개하고 반대한 위원의 논거를 요약해 놓는다. 기존의 기준서가 수정되어 그것을 발간할 때는 수정된 내용만을 수록한 기준서가 발간된다고 한다.[112]

각각의 「기업회계기준서」는 반드시 포함되어야 할 사항, 예를 들면 목적, 범위, 용어, 주요쟁점 및 회계처리 방법, 사례 등을 미리 정형화하여 그 속에 담을 수 있도록 표준양식이 설정되어 있다. 그것은 국제적 회계기준들과의 형식상의 정합성 및 실무적 적용 가능성을 제고하기 위하여 보고서형식의 문단(paragraph) 구조로 구성되어

---

112) 한국회계연구원, 회계기준위원회, 『기업회계기준서 전문』(2005년 1월 11일), PP. 4-5.

있다. 「기업회계기준서」는 기존의 법조문형식으로 구성된 여러 회계규정의 경직성 및 추상성을 극복하기 위하여 개선된 것이다.

② 「한국채택국제회계기준」(K-IFRS)의 제정

회계기준심의위원회(한국회계연구원 당시의 명칭)는 2001년 3월 30일에 「기업회계기준서」 제1호인 「회계변경과 오류수정」의 제정·공표를 효시로 하여 2006년 12월 말까지 모두 27개의 기준서를 제정·공표하였다.113) 그에 이어 2007년 말부터는 「한국채택국제회계기준」(K-IFRS)의 제정을 위한 한국회계기준원 회계기준위원회의 활동이 시작되었다. 동 회계기준위원회는 국제회계기준을 근거로 제정한 회계기준으로 기업회계기준서와 기업회계 기준해석서를 심의 의결하고 있다. 그 결과로 2020년 12월에 이르기까지 <표 9-21>과 같은 기준서의 제·개정이 이루어져 왔음을 확인할 수 있다.

이 중에서 2020년 9월 11일에 개정된「한국채택국제회계기준 최초 채택」(기업회계기준서 제1,101호)에 의하면, K-IFRS의 최초시행일은 2011년 1월 1일 이후 최초로 시작하는 회계연도부터 적용하는 것으로 명시되어 있다. 2009년 1월 1일 이후 시작하는 회계연도부터 부분적으로 적용 가능하다는 내용도 삽입되어 있다. (문단 한 34.1).114)

따라서 이와 관련된 종래의 회계기준 및 준칙 규정이 이 기준서로 대체되었다. 특히 「기업회계기준서」 제21호(재무제표의 작성표시Ⅰ)가 제정·공표(2006. 2. 6.)됨으로써, 한국회계기준 변혁기에 계속되어온 「기업회계기준」 규정 내용이 「기업회계기준서」 제21호로 대체되었다. 그리고 「기업회계기준서」 제24호(재무제표의 작성과 표시Ⅱ)가 제정·공표(2006. 7. 7.)되어 종래의 금융업 회계처리 기준에 대한 대체 기준으로서 그 기능을 갖게 되었다. 그런데 이것은 2019년 4월 19일 자로 회계기준위원회에 따라 재무제표 표시(기업회계기준서 제1,001호)로 개정되어 K-IFRS가 정착단계에 이르렀음을 보여주고 있다. K-IFRS(기업회계기준서 제1001호: 재무제표 표시)에 의하면, 그 서두에 『이 기준서는 과거기간의 재무제표나 다른 기업의 재무제표와 비교할 수 있도록 일반목적 재무제표의 표시에 관한 기준을 정한다. 이 기준서는 재무제표의

---

113) 「기업회계기준서」는 2006년 2월 6일 자의 제21호(재무제표의 작성과 표시Ⅰ)가 제정되었고, 이어서 제22호(주식 기준 보상 : 2006년 4월 14일), 제24호(재무제표의 작성과 표시Ⅱ:금융업 ; 2006년 7월 7일), 및 제25호(「연결재무제표」: 2007년 1월 8일) 등, 4개의 기준서가 제정·공표되었고, 2007년 말부터는 「한국채택국제회계기준」(K-IFRS)으로 한국기업의 글로벌화에 부응하는 국제적 진화를 하게 된다.
114) 이 기준서(제1,101호)는 2007년에 최초로 제정되었으며, 2008년에 개정된 바 있으며, 외감법에 따라 2009년부터 부분적으로 적용하고 2011년부터는 모든 상장법인에서 적용하는 것으로 시행됐다.

표시에 관한 전반적인 요구사항, 재무제표의 구조에 대한 지침과 재무제표의 내용에 대한 최소한의 요구사항을 규정한다.』라고 명시되어 있다. (문단 1).

<표 9-21> 한국채택국제회계기준(K-IFRS)의 목록(2020년 12월 현재)

순번	기준서 목록	K-IFRS 번호
1	재무 보고를 위한 개념체계	
2	한국채택국제회계기준 최초 채택 (First-time Adoption of K-IFRS)	제1,101호
3	주식 기준 보상	제1,102호
4	사업결합	제1,103호
5	매각 예정 비유동자산과 중단 영업	제1,105호
6	광물자원의 탐사와 평가	제1,106호
7	금융상품 공시	제1,107호
8	영업 부문	제1,108호
9	금융상품	제1,109호
10	연결재무제표	제1,110호
11	공동 약정	제1,111호
12	타 기업에 대한 지분공시	제1,112호
13	공정가치측정	제1,113호
14	규제 이연계정	제1,114호
15	고객과의 계약에서 생기는 일	제1,115호
16	리스	제1,116호
17	보험계약	제1,117호
18	재무제표 표시	제1,001호
19	재고자산	제1,002호
20	현금흐름표	제1,007호
21	회계정책 회계추정의 변경 및 오류	제1,008호
22	보고 기간 후 사건	제1,010호
23	법인세	제1,012호
24	유형자산	제1,016호
25	종업원급여	제1,019호
26	정부 보조금의 회계처리와 정부 지원의 공시	제1,020호
27	환율변동 효과	제1,021호
28	차입 원가	제1,023호
29	특수관계자 공시	제1,024호
30	퇴직급여제도에 대한 회계처리와 보고	제1,026호
31	별도재무제표	제1,027호
32	관계기업과 공동기업에 대한 투자	제1,028호
33	초인플레이션 경제에서의 재무 보고	제1,029호
34	금융상품 표시	제1,032
35	주당이익	제1,033호

<다음 면에 계속>

36	중간재무보고	제1,034호
37	자산손상	제1,036호
38	충당부채 우발부채 및 우발자산	제1,037호
39	무형자산	제1,038호
40	금융상품 인식과 측정 (제1,109호 적용면제 기업)	제1,039호
41	투자부동산	제1,040호
42	농림어업	제1,041호
43	사후 처리 및 복구 관련 충당부채의 변경	제2,101호
44	조합원 지분과 유사 지분	제2,102호
45	사후 처리, 복구 및 환경 정화를 위한 기금의 지분에 대한 권리	제2,105호
46	특정 시장에 참가함에 따라 발생하는 부채: 폐가전이·전자제품	제2,106호
47	기업회계기준서 제1,029호 초인플레이션 경제에서의 재무 보고에서 재작성 방법의 적용	제2,107호
48	중간재무보고와 손상	제2,110호
49	민간 투자사업	제2,112호
50	기업회계기준서 제1,019호 확정 급여자산 한도, 최소 적립요건 및 그 상호작용	제2,114호
51	해외사업장 순 투자의 위험회피	제2,116호
52	소유주에 대한 비현금 자산의 분배	제2,117호
53	지분상품에 의한 금융부채의 소멸	제2,119호
54	노천광산 생산단계의 박토 원가	제2,120호
55	부담금	제2,121호
56	외화거래와 선지급·선수취의 대가	제2,122호
57	법인세 처리의 불확실성	제2,123호
58	정부 지원 : 영업활동과 특정한 관련이 없는 경우	제2,010호
59	법인세 : 기업이나 주주의 납세 지위 변동	제2,025호
60	민간 투자사업 공시	제2,029호
61	무형자산 : 웹사이트 원가	제2,032호

<자료 : 한국회계기준원 ; http://www.kasb.or.kr , 의 「한국채택국제회계기준」(2020.)>

그리고 『이 기준서는 주식회사 등의 외부감사에 관한 법률에서 정하는 한국채택국제회계기준 적용대상 주식회사의 회계처리에 적용한다. 또한 이 기준서는 재무제표의 작성과 표시를 위해 한국채택국제회계기준의 적용을 선택하거나 다른 법령 등에서 적용을 요구하는 기업의 회계처리에도 적용한다.』라고 서술되어 있다. (문단 한 2.1)

그것(기업회계기준서 1001호)에 의하면, 재무제표는 기업의 재무 상태와 재무성과를 체계적으로 표현한 것으로서, 그 목적은 다양한 회계 정보이용자의 경제적 의사결정에 기업의 재무 상태, 재무성과와 재무 상태변동에 관한 유용한 정보를 제공하는 것이라고 명시되어 있다. 이러한 목적을 충족하기 위하여 재무제표는 자산·부채·자본·수익·비용·자본변동과 현금흐름에 대한 유용한 정보를 제공함으로써, 재무제표 이용자에게 의사결정의 시기와 확실성을 예측할 수 있게 해준다는 것이다. (동 문단 9). 재무제표를 명시한 부분에서는 재무제표의 정의, 재무제표의 기본가정, 발생주의회계, 재무제표의 유형과 재무제표 간의 연계성 및 재무제표정보의 특성과 한계에 대해서도 기술되어 있다. 여기서 말하는 재무제표는 기업 실체의 정보이용자에게 유용한 재무정보를 전달하는 핵심적 재무 보고의 수단이라는 것이다.

재무제표의 체계는 재무상태표, 포괄 손익계산서, 현금흐름표, 자본변동표 및 주석으로 구성되어 있다. (문단 10). 그리고 지배종속 관계에 있는 기업들의 경우에는 연결재무제표가 정보이용자들에게 유용할 수 있으며, 기업집단결합재무제표의 작성도 필요한 것으로 되어 있다.

재무제표의 기본요소에는 재무상태표(=대차대조표)의 기본요소로서의 자산, 부채 및 자본의 정의가 명시되어 있다. 자본변동표의 기본요소와 포괄 손익계산서의 기본요소 및 현금흐름표의 기본요소 등도 명시되어 있다. 재무제표 기본요소의 인식에서는 자산, 부채, 자본, 수익 및 비용 등의 각 요소에 대한 인식기준이 제시되어 있다. 그리고 재무제표 기본요소의 측정에서는 측정속성에 대한 종류와 선택 및 현재가치의 측정 문제가 제시되어 있음을 유의할 필요가 있다(문단 9-46).

재무회계의 기본적 이론구조를 형성하고 있는 「재무 보고를 위한 개념체계」는 종전의 한국회계기준에서 제시하지 않았던 재무회계와 보고의 기본개념들을 제시하고 있는 것도 특이하다. 그것은 재무회계 이론과 같은 맥락의 것으로서 논리적이고 회계정보의 투명성을 높일 수 있는 기본개념일 뿐만 아니라, 국제적인 정합성에 근접 가능한 재무회계 정보의 유용성과 회계 책임 이행의 신뢰성을 확보할 수 있는 그것으로 생각한다. 따라서 글로벌화시대의 한국회계기준이 이러한 개념체계의 정립을 바탕으로 하는 K-IFRS로의 진화는 국제적 정합성을 확보하는데 진일보한 것으로 볼 수 있다. 그리고 회계정보의 질적 특성과 재무제표의 작성을 위한 기본가정이 제시된 점은 K-IFRS로의 진화가 보여준 하나의 특색이라고 할 수 있을 것이다.

특히 K-IFRS(제1,001호)의 재무제표는 기업의 재무 상태, 재무성과 및 현금흐름을 공정하게 표시해야 함은 물론, 공정한 표시를 위해서는 「재무 보고를 위한 개념체계」에서 정한 자산, 부채, 수익 및 비용에 대한 정의와 인식요건에 따라 거래뿐만 아니라, 그 밖의 사건과 상황의 효과를 충실하게 표현하게 되어 있다. 그리고 K-IFRS에 준거하여 작성된 재무제표는 공정하게 표시된 재무제표로 간주하도록 요구하고 있음을 확인할 수 있다. (문단 15). 따라서 이 기준서에는 재무상태표(B/S), 포괄 손익계산서 또는 자본변동표에 표시되는 특정한 공시사항을 규정하고 있으며, 이들 재무제표나 주석에 개별 항목의 공시사항에 관한 규정도 있다. 물론, K-IFRS(제1007호)의 현금흐름표도 현금흐름 정보의 표시에 대한 공시사항이 규정되어 있음을 볼 수 있다. (문단 47).

재무제표의 으뜸인 재무상태표는 일정 시점에 기업이 보유하고 있는 경제적 자원인

자산과 경제적 의무인 부채, 그리고 자본에 대한 정보를 제공하는 재무 보고서로서, 정보이용자들이 기업의 유동성, 재무적 탄력성, 수익성과 위험률 등을 평가하는데 유용한 정보를 제공하는 것이다. 그 구성요소는 자산, 부채 및 자본의 3가지이다. 그것은 유형자산, 투자부동산, 무형자산, 금융자산, 지분법에 따라 회계처리를 하는 투자자산, 농림어업의 적용 범위에 포함되는 생물자산(기준서 제1,041호), 재고자산, 매출채권 및 기타 채권, 현금 및 현금성 자산, 매각 예정 비유동자산과 중단 영업에 따라 매각 예정으로 분류된 자산과 매각 예정으로 분류된 처분자산집단에 포함된 자산의 총계(기준서 제1,105호), 매입채무 및 기타채무, 충당부채, 금융부채, 법인세(기준서 제1,012호)에서 정의된 당기 법인세와 관련한 부채와 자산, 이연법인세부채 및 이연법인세자산(기준서 제1,012호), 매각 예정으로 분류된 처분자산집단에 포함된 부채(기준서 제1,105호), 자본에 표시된 비지배지분, 지배기업의 소유주에게 귀속되는 납입자본과 적립금 등이 명시되어 있다. (문단 54).

포괄 손익계산서는 일정 기간에 기업의 경영성과에 대한 정보를 제공하는 재무 보고서로서 당해 회계기간의 경영성과를 표시하며, 기업의 미래현금흐름과 수익 창출 능력의 예측에 유용한 정보를 제공하는 것이다. 따라서 포괄 손익계산서의 기본구조는 수익과 비용으로 구성된다. 구체적으로는 수익, 금융 원가, 지분법 손익, 법인세비용, 세후 중단 영업손익, 당기순손익, 기타포괄손익 및 총포괄 손익 등으로 구성된다. (문단 81~105).

자본변동표는 자본의 크기와 그 변동에 관한 정보를 제공하는 재무 보고서로서, 자본을 구성하고 있는 자본금, 자본잉여금, 자본조정, 기타포괄손익누계액, 이익잉여금(또는 결손금)의 변동에 대한 포괄적인 정보를 제공하는 것이다. 자본변동표에 표시되는 정보는 다음과 같은 항목이 포함된다. 즉, 총포괄 손익, 자본의 각 구성 요소별로 인식된 소급 적용이나 소급 재작성의 영향(기준서 제1,008호), 자본의 각 구성 요소별로 각 항목(당기순손익·기타포괄손익·소유주의 자격을 행사하는 소유주와의 거래)에 따른 변동액을 구분하여 표시한, 기초시점과 기말시점의 장부금액 조정내용 등이다. (문단 106).

현금흐름표는 일정 기간에 기업이 소유하는 현금의 변동을 나타내는 재무 보고서로서 주요 재무제표 중의 하나이다. (문단 10). 현금흐름표는 현금의 변동내용을 영업활동, 투자활동, 재무 활동별로 현금유입과 현금유출로 구분하여 현금유입의 경우는 조달된 현금의 원천별로, 그리고 현금유출의 경우에는 사용된 현금의 용도별로 분류하여 해당 기간의 현금흐름의 내용을 표시하는 것이다. 현금흐름 정보는 기업의 현금 및 현금성 자산 창출 능력과 기업의 현금흐름 사용 필요성에 대한 평가의 기초를 재무제표 이용자에게 제공한다. 기업회계기준서 제1007호는 현금흐름 정보의 표시와 공시에 대한 요구사항을 규정하고 있다. (문단 111).

이상과 같은 K-IFRS(기준서 제1,001호·문단 10)에 제시된 재무제표는 각각 독립적으로 유용한 회계정보를 제공할 뿐만 아니라, 상호 연계되어 보완적인 기능을 수행하는 것임을 인식할 필요가 있다. 따라서 이해를 돕기 위하여 재무제표의 상호연계성을 도식화하여 표시하면, <그림 9-5>와 같다.

<그림 9-5> K-IFRS(기업회계기준서 제1,001호)에 규정된 재무제표의 연계성

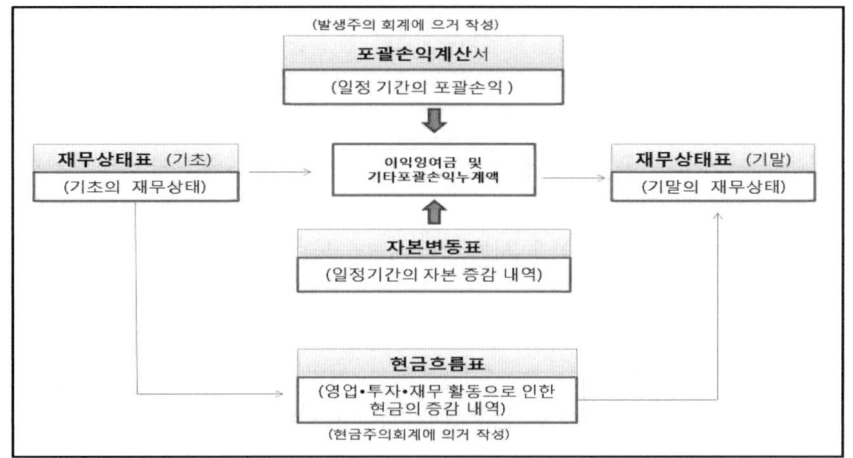

<자료 : 윤순석 외2인, 『K-IFRS 재무회계』(서울, 신영사, 2020), P. 138(일부 저자 첨삭)>

6 「기준」 지향적 회계 규범의 구조적 특성

1. 「기업회계기준」의 특성

1) 기본구조적 특성

1990년부터 1998년까지의 성숙기에 찾아볼 수 있는 「기업회계기준」의 구조적 특성은 목적개념의 변화이며, 종전의 재무상태변동표를 현금흐름표로 전환함과 동시에, 채권자산에 대한 시가주의평가개념을 도입한 것 등이다. 1980년대의 「기업회계기준」에서는 적정성 개념에 의한 정보 지향적 이해조정목적을 달성하기 위하여 구성되어 있었으나, 1990년대에 이르러 유용성과 적정성 개념을 기본 축으로 하는 회계기준의 구조가 갖추어지도록 정비되었다.

성숙기(1990-1998)의 한국회계기준(GAAP)은 조정기(1977-1981)에 채택된 대차대조표 우위론에 입각한 회계기준의 구조를 계속하여 유지하고 있다. 그 시기에 재무상태변동표의 제도화를 실천하여 자금흐름 정보를 이해관계자들에게 제공함으로써, 사회적 회계규범의 기능을 원활하게 수행할 수 있도록 했다. 그 취지가 성숙기에도 이어져 경제 국제화 시대에 적합한 지도원리로서, 그리고 회계행위의 실천규범으로서 정착되었다.

원래 대차대조표는 채권자 보호를 축으로 하는 상법에서 중요시되어왔던 것이지만, 현대회계에서는 그 범위를 훨씬 벗어나 기업의 경제적 자원을 조달하는 원천과 그 운용상태를 나타냄과 동시에, 기간손익계산 기능을 수행함은 물론, 기업자금의 흐름을 파악하고 재무 상태를 명확히 표시하는 역할을 하는 것이다. 기업 활동이 복잡·다양하고 다국적기업으로서의 활동이 빈번해짐에 따라 기업을 둘러싼 이해관계자의 범위도 다양해졌다.

따라서 이해관계자들이 질 높은 회계정보를 요구하게 되었고, 기업의 배당 능력뿐만 아니라, 기업의 지급 능력, 재무구조의 건전성 및 이용자의 투자의사 결정을 위한 정보 등, 대차대조표에 따라 제공되는 정보의 의의가 한층 더 강조되었다. 이러한 시대적 상황에서 기업은 이해관계자들이 요구하는 다양한 회계정보를 측정하여 전달해야 하는 것을 인식하게 되었다. 대차대조표를 구심점으로 하는 재무제표정보의 제공구조가 필요하다는 것을 여기서 확인하게 된다.

한국회계기준은 1981년도의 개정과 통합조정을 통하여 재무상태변동표의 제도화를 실현하고, 대차대조표를 우선시하는 재무제표의 체계로 개편한 바 있는데, 1990년대의 성숙기에도 그 구조를 계승하여 재무제표의 체계를 재무 상태와 그 변동에 관한 보고의 중심에 두고 있다. 그래서 제1위에 대차대조표를 제시함으로써, 재무 상태가 어떠한지를 명확히 밝히고, 그다음에 경영성과를 표시하는 손익계산서와 자금흐름을 나타내는 현금흐름표를 배열하여 기업 활동의 전체적 변동내용을 볼 수 있는 재무제표의 체제가 확립되었다. 이에 따라 성숙기의 한국회계기준은 대차대조표와 손익계산서 및 현금흐름표가 이해관계자들에게 유용하고 적정한 정보를 제공하는 기본 축을 형성하고 있다.

이처럼 대차대조표가 경제적 자원의 조달 원천과 운용상태를 표시한다고 하는 견해를 구심점으로 하여 재무제표를 구현함으로써, 재무상태보고서(대차대조표)와 그 변동보고서(손익계산서·현금흐름표)로 유형화된 재무제표의 체계화가 구축되었다는 것은 성숙기(1990-1998)의 한국회계기준이 지닌 하나의 특성이라고 할 수 있을 것이다. 그 구조를 체계화하여 그림으로 표시하면, <그림 9-6>과 같다.

1990년에 개정되어 성숙기(1990-1998)의 한국회계기준(GAAP)의 지도원리 및 실천규범으로서 한국의 기업사회를 이끌어온 「기업회계기준」(제1조)에 의하면, 그 설정 목적이 다음과 같이 명시되어 있다.

『이 기준은 주식회사의 외부감사에 관한 법률 제13조의 규정에 따라 동법의 적용을 받는 회사의 회계와 감사인의 감사에 통일성과 객관성을 부여하기 위하여 회계처리 및 보고에 관한 기준을 정함을 목적으로 한다.』

<그림 9-6>   성숙기(1990-1998) 한국회계기준의 구조적 체계도

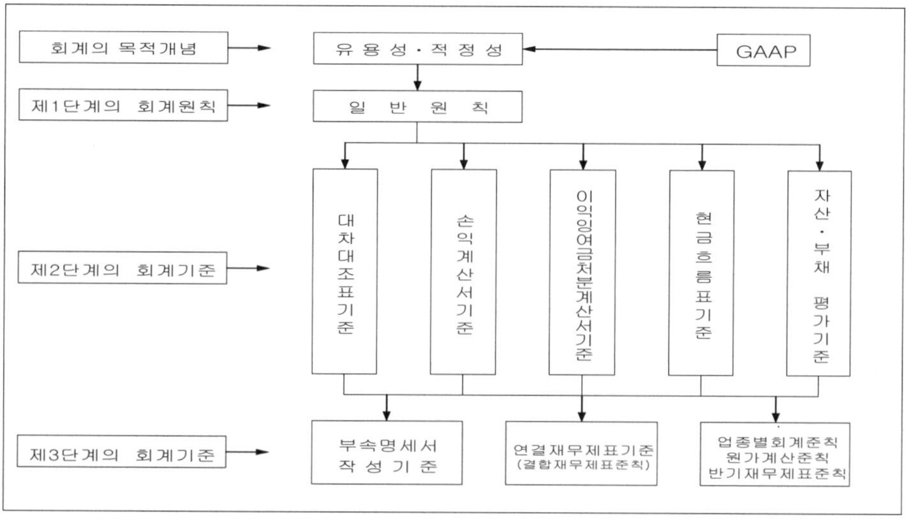

```
회계의 목적개념 ──→   유용성·적정성   ←── GAAP
제1단계의 회계원칙 ──→   일 반 원 칙
                         │
         ┌───────┬───────┼───────┬───────┐
         ↓       ↓       ↓       ↓       ↓
        대차    손익    이익     현금    자산
        대조    계산    잉여금    흐름    ·
        표      서      처분      표      부채
        기준    기준    계산서    기준    평가
제2단계의 회계기준 ──→            기준            기준
         │       │       │       │       │
         ↓       ↓       ↓       ↓       ↓
제3단계의 회계기준 ──→ 부속명세서   연결재무제표기준   업종별회계준칙
                      작성기준   (결합재무제표준칙)   원가계산준칙
                                                    반기재무제표준칙
```

<자료 : 성숙기의 회계기준에 따라 필자 작성>

이 규정 내용을 통하여 확인할 수 있는 것은 「기업회계기준」이 외감법에 근거하는 회계기준의 성격을 분명히 가지고 있다는 점이다. 그 설정 근거가 법령에서 비롯되었다는 것이다. 「기업회계기준」은 법률적 성격을 지닌 것으로서 법조문형식에 따라 이루어져 있으며, 본문 총 91조와 보칙 12조 및 8개 장으로 구성된 회계행위의 실천지침이다. 이러한 점에서 이 기준은 형성기와 성장기의 그것과는 다른 성격을 지녔다고 할 수 있다. 적어도 이것은 「상장법인회계 규정」의 명맥을 이은 것으로서 1980년대의 「기업회계기준」과 같은 법률적 성격을 띠고 있다. 법적 강제력을 가진 「재정적 회계원칙」115)의 유형이라고 할 수 있다.

원래 회계행위의 지도원리 및 실천규범으로서 회계기준이 가지는 모습은 그 나라 경제사회의 회계 관습 속에서 성장한 「생성적 회계원칙」116)의 성격을 지녀야 하는 것으로 본다. 그러나 그 나라의 사회경제적 회계환경이 뿌리를 내리지 못한 경우에는

---

115) 武田隆二, 『制度會計論』(東京, 中央經濟社, 1982), PP. 14-15, & P. 166.
116) 上揭書, PP. 14-15. & PP. 166-167.

이웃 나라에서 발달한 회계 규범을 계수(繼受 : adoption)[117]함으로써, 새로운 회계기준의 유형을 구축해가는 방법도 있고, 정부주도형(public sector)으로 법률적인 형태를 취하는 수도 있어서 그러한 유형의 하나로 볼 수는 있다. 이 문제가 논의의 대상이 되는 것임은 틀림없다.

그렇다고는 하더라도 「기업회계기준」은 외감법의 적용을 받는 회사의 회계처리를 위한 기본지침으로써 법적인 강제력이 작용하게 되어 있다. 또한 이 기준은 그 제91조를 통하여 외부감사 대상회사 이와의 모든 기업도 회계처리를 행함에 있어서 이를 준수하도록 명시하고 있어서 명실공히 한국기업사회를 이끌어가는 회계행위의 지도원리로서, 그 위치를 확고히 다져놓았다고 할 수 있다.

1958년에 한국회계기준이 형성된 이래 성숙기까지 40년의 세월이 흐르는 동안 변천되어온 재무제표의 체계를 서로 비교해 보면, <표 9-22>와 같다. 여기서 그 변화의 모습을 엿볼 수가 있다.

<표 9-22> 한국회계기준의 재무제표 체계 변천 비교

상법 (계산서류 규정)		상장법인회계 규정	
1962년(制定)	1984년(改正)	1974년(制定)	1981년(改正)
① 재산목록 ② 대차대조표 ③ 영업보고서 ④ 손익계산서 ⑤ 준비금과 이익 또는 이익배당에 관한 의안	① 대차대조표 ② 손익계산서 ③ 이익잉여금처분계산서 　(또는 결손금처리계산서)	① 대차대조표 ② 손익계산서 ③ 이익잉여금처분계산서 　(또는 결손금처리계산서) ④ 재무제표 부속명세서	① 대차대조표 ② 손익계산서 ③ 이익잉여금처분계산서 　(또는 결손금처리계산서) ④ 재무상태변동표
기업 회계 원칙			기업회계기준
1958년(制定)	1976년(改正)	1981년(改正)	1981년(制定) (1984-1998)
① 손익계산서 ② 잉여금계산서 ③ 이익잉여금처분계산서 ④ 대차대조표 ⑤ 재무제표부속명세서	① 손익계산서 ② 대차대조표 ③ 이익잉여금처분계산서 　(또는 결손금처리계산서) ④ 재무제표 부속명세서	① 대차대조표 ② 손익계산서 ③ 이익잉여금처분계산서 　(또는 결손금처리계산서) ④ 재무상태변동표	① 대차대조표 ② 손익계산서 ③ 이익잉여금처분계산서 　(또는 결손금처리계산서) ④ 현금흐름표

<자료 : 高承禧, 『韓國會計原則の展開』(1986), P. 171.>

---

[117] 大雄令純, 「会計基準の継受—日韓比較」 (国際会計研究学会年報、1984) &. 大雄令純、「台湾の企業会計制度 (Ⅰ) —日本との比較」 (アカデミア経済経営編、第47号、1975年6月)、97-98 ページ。

2) 회계 이론적 특성

성숙기(1990-1998)의 한국회계기준(GAAP)이 가진 또 하나의 특성은 이론 구조적인 것으로서 1990년 「기업회계기준」의 개정 시에 회계의 목적개념을 수정한 것이다. 즉, 「기업회계기준」(제2조)의 목적 규정은 다음과 같이 수정되었다.

『재무회계는 회계정보의 이용자가 기업 실체와 관련하여 합리적인 의사결정을 할 수 있도록 재무상의 자료를 일반적으로 인정된 회계원칙에 따라 처리하여 유용하고 적정한 정보를 제공하는 것을 목적으로 한다.』

이것은 재무회계의 목적을 규정한 것이며, 유용성 개념과 적정성 개념을 명시한 것이다. 1981년의 「기업회계기준」에서는 「회계의 기본목적」이라는 표제로 그 제2조에 적정성 개념만을 명시하고 있었다. 그래서 학계의 논란을 불러일으켰다. 그러던 것이 1990년의 개정에서 정보 지향적 이해조정목적을 달성하기 위한 목적개념으로서의 유용성과 적정성을 나란히 명시함으로써, 1981년 1월 24일 자의 「기업회계원칙」에 규정되어 있던 목적 규정을 부활하는 형태로 수정된 것이다.

이처럼 목적 규정의 수정으로 「기업회계기준」은 형식적으로는 외감법에 근거를 둔 법률적 강제 규정으로서의 「재정적 회계원칙」의 형태를 취하고 있으나, 적어도 내용으로는 경제사회의 회계 관습에서 비롯된 「생성적 회계원칙」의 모습을 띠고 있다고 할 수 있다. 그것은 이용자의 경제적 의사결정에 유용한 회계정보를 제공한다고 하는 「의사결정 지향적 회계」, 그와 동시에 기업을 둘러싸고 있는 모든 이해관계자에게 신뢰할 수 있는 회계정보를 공정(공평)하게 제공한다는 「이해조정 지향적 회계」의 두 가지 이론구조가 기반이 되어 있다. 그것은 회계정보의 「유용성」(usefulness)과 「적정성」(fairness : 公正性)을 강조하는 이해조정 지향적 목적을 달성하기 위한 「기업회계원칙」(1981)의 이론구조로 그 구심점이 복귀되었음을 의미한다.[118]

따라서 성숙기(1990-1998)의 한국회계기준은 정보 지향적 이해조정을 기업회계의 기본목적으로 하여 의사결정 지향적 회계와 이해조정 지향적 회계의 이론구조 속에서 그 목적을 달성하기 위하여 이 두 가지 회계구조를 융합시킴으로써, 재무회계의 목적개념으로서의 기본명제가 되는「유용성」및「적정성」을 제시하였다. 그래서 이에 적합한 「일반적으로 인정된 회계원칙」(GAAP)의 체계를 구축하여 한국의 기업사회를 지도하는 기본원리로서 정착시키려고 하였다는 점에서 성숙기의 한국회계기준의 특성이 있

---

118) 고승희, 전게서, PP. 182-183 & P. 287.

다. 그것은 유용성과 적정성의 목적개념으로부터 신뢰성의 원칙 등, 6개의 일반원칙을 도출함으로써, 명실공히 한국의 기업사회를 이끌어가는 지도원리로서의 기반을 확고히 다져놓았다. 이러한 기업회계의 이론 구조적 특성이 있는 성숙기의 한국회계기준에 표출된 기본 틀을 「유용성」과 「적정성」이라는 기본명제의 도출과정에 초점을 두어 도식화하여 정리해 보면, <그림 9-7>과 같다.

<그림 9-7> 성숙기의 한국회계기준의 이론 구조적 특성

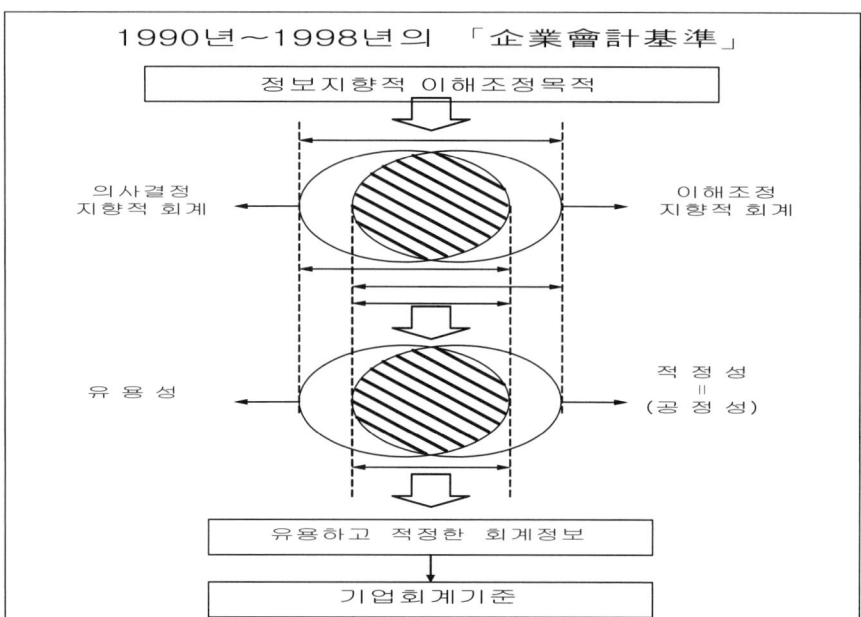

<자료 : 성숙기(1990-1998)「기업회계기준」의 목적개념 분석에 따라 작성.>

2. 「기업회계기준서」의 구조적 특성

1) 국제적 조화화의 특성

(1) 재무 보고의 글로벌화

지역경제 주의가 팽배하던 시대에는 나라마다 서로 다른 회계시스템을 유지하고 있었다. 그런데 20세기 후반부터 경제 국제화의 물결이 일기 시작하면서 다국적기업이 출현하고 전 세계가 지구촌 시대를 맞이하게 되었다. 특히 우루과이 라운드(UR)가 체결되고 세계무역기구(WTO) 체제가 출범하게 되면서 기업의 경영활동은 글로벌화를 재촉하였고, 전 세계의 상품시장이 하나로 통합되었음은 물론, 그와 동시에 기존 금융시장의 통합 움직임은 세계화의 속도에 박차를 가했던 것이다. 이렇듯 모든 시장구조의 세계화와 더불어 기업 재무 보고제도의 글로벌화도 추진하지 않을 수 없는 시대가 되었다.

이처럼 지역경제 주의에 입각한 로컬리즘 회계시스템 운영체제에서 글로벌 모델을 고려하지 않을 수 없게 만든 회계시스템의 세계화 요인을 살펴보기로 한다. 그것은 다음과 같은 4가지 요인으로 정리해 볼 수 있다.[119]

① 영국의 대처리즘과 미국의 레이거노믹스로 표현되는 신자유주의경제의 출현이다. 영국 및 미국의 경제가 시장경제 논리에 입각한 구조조정이 성공하여 경제위기를 벗어나고 경기가 회복되었음은 물론, 세계무역기구의 출범은 지구촌 세계화의 속도를 가속화시켰다. 신자유주의경제는 국가자본주의 대신에 시장 자본주의가 확산하는 결과를 가져왔다. 한국을 비롯한 중남미, 동남아시아 및 러시아 등, 여러 나라가 금융위기로 국제통화기금(IMF)의 구제금융을 받게 되었고, 그 조건으로 글로벌 스탠다드를 수용하게 되었던 것도 경제 글로벌화의 중요한 요인으로 작용하였다.

② 세계적인 증권시장의 성장과 더불어 그 결과로 인한 파급효과를 들 수 있다. 신자유주의경제로부터 시작된 유럽연합(EU)의 민영화 추세와 미국의 기업공개 추진으로 인한 주식보유의 대중화, 연기금의 시장참여로 인한 개인의 증권시장에 관한 관심이 고조되기에 이르렀다. 또한 높은 투자수익률로 인한 뮤추얼펀드 산업의 활성화 등, 증권시장의 성장요인에 따라 자산의 증권화, 파생상품의 출현, 주식옵션과 종업원지주제의 활성화, 및 국제적인 자본이동의 심화 등과 같은 파급효과를 초래함으로써, 글로벌화의 물결이 더욱 높아지게 되었다.

③ 다국적기업의 출현에 의한 자발적인 국제적 조화화(調和化: harmonization)의 추진이 이루어졌다. 지속 가능한 국제경쟁력을 확보하려는 다국적기업들은 글로벌자원에 의존하고 있으므로, 형식적 조화화(de jure harmonization), 즉 규제의 조화 이전에 실질적 조화화(de facto harmonization), 즉 실무의 일치에 따른 비교가능성이 증대하고 있다. 결국 이는 형식적 조화화의 달성에 대한 압력을 가져오게 한다. 결과적으로 유럽연합(EU) 여러 나라가 주식상장기업의 연결재무제표에 대하여 국제회계기준(IAS)을 적용하는 국제적 조화화의 전략을 구상하게 하였다.

④ 복합금융거래로 인한 세계화의 가속화 현상이다. 외환시장과 채권시장의 세계화는 금융시장을 점점 완전시장(perfect and complete market)으로 만들어가고 있으며, 자본

---

[119] 황윤식, 『회계이론과 개념체계』(서울, 한성문화, 2005), PP. 59-60.

시장의 세계화도 선물·옵션 등, 파생금융상품의 활용으로 세련되어가고 있다. 이러한 시대적 상황은 금융혁신과 그 위험관리 실무에 변화를 가져왔다. 이렇듯 세계화가 태동하는 국제 거래의 실상을 측정하는 방법과 개별기업들이 위험프로파일(기업의 가치 창출을 위해 기꺼이 부담할 의향이 있는 위험 수준)을 공시하는 방법은 세계시장에서의 비교 가능한 재무 보고와 더불어 오늘날 회계시스템이 당면하고 있는 중요한 과제 중의 하나라고 할 수 있는 것이다.[120]

이러한 세계화의 추세 속에서 1973년에 국제회계기준위원회(IASC)가 9개국의 창설회원으로 설립되었고, 현재 103개국 133개 회계단체가 그 회원으로 참여하여 국제회계기준(IAS)의 제정을 위해 활동 중이다. 2001년에 국제회계기준위원회(IASC)는 새로운 명칭의 국제회계기준심의회(IASB)로 대체되었으며, 그 후에 발표되는 모든 제·개정기준은 「국제 재무 보고기준」(IFRS)이라고 부르기로 되었다. 이것은 글로벌모델의 회계기준으로서 그 역할을 수행하게 되는 것이다. 우리나라도 준회원국 회원으로서 여기에 참여하고 있으며, 회계 규범의 글로벌화를 지향하는 쪽으로 제·개정 작업이 전개되고 있다.

(2) 「기업회계기준서」의 국제화 지향성

우리나라는 1997년의 외환위기 이후 회계기준을 국제회계기준(IAS)에 합치시키려는 국제통화기금(IMF)과 세계은행(IBRD)의 요구 조건은 한국회계기준의 국제적 정합성을 확보하기 위한 촉진제가 되었다. 그래서 민간부문의 회계기준제정기구인 한국회계연구원(한국회계기준원의 전신) 회계기준위원회가 조직되었다. 동 회계기준위원회는 2001년부터 본격적으로 「기업회계기준서」를 제정하기 시작했으며, 국제회계기준에 준거하여 제·개정함을 원칙으로 하고 있다. 「기업회계기준서」는 한국의 기업사회를 이끌어 가는 회계행위의 기본 규범으로서 국제적 조화화(international harmonization)를 지향하는 내용으로 이루어진다. 이는 우리나라의 기업이 작성하는 재무제표에 대한 외국 이해관계자들의 이해 가능성을 높임과 동시에, 한국기업과 외국기업의 재무제표를 비교할 수 있기 위한 취지의 소산이라고 할 수 있다.

따라서 「기업회계기준서」의 구조도 국제회계기준(IAS)과 같은 형태로 이루어져 있다. 즉, 「기업회계기준서」는 회계 사안별로 목차, 요약, 목적, 범위, 회계처리 방법, 주석, 공시, 시행일, 경과조치 및 부록 등으로 구성되어 있다는 것이다. 더욱이 그것은 국제적 회계기준들과의 형식상의 정합성 및 실무적 적용 가능성을 제고하기 위하여 보고서형식의 문단(paragraph) 구조로 이루어져 있으며 국제회계기준의 그것을

---

[120] 상게서, P, 60.

그대로 계수(繼受)하였음을 알 수 있다.
「기업회계기준서」는 국제자본시장에서 자본흐름의 장벽을 제거하고 국제자본시장 참여자들의 신용 및 투자의사 결정에 도움이 되는 회계정보를 제공할 수 있도록 그 체제가 개선된 것이다. 그뿐만 아니라, 그것은 한국기업의 해외사업장이나 한국 내에 있는 외국기업의 사업장에 대한 재무 보고의 비용을 감소하게 된다.121)

그렇지만, 「기업회계기준」이 국제회계기준(IAS; IFRS)에 준거하여 제·개정함으로써, 국내의 비상장기업이나 중소기업의 경우에 상당한 부작용을 초래하게 되는 것도 사실이다. 「기업회계기준서」 제14호(중소기업 회계처리 특례)를 제정하여 그에 대한 완화를 기하고는 있으나, 이들 기업에는 회계기준 준수 비용이 과다하고 국제적 수준의 공시 요구로 인하여 외감법 적용 대상기업에 대한 정보가 과다하게 노출되어 국익에 도움이 되지 않는다는 지적도 적지 않다. 한편 국제회계기준에 따라 작성된 재무제표의 요구를 받는 글로벌기업에게는 「기업회계기준서」가 국제회계기준과 완전히 일치하는 것이 아니기 때문에, 국내용 재무제표와 국제적 용도의 재무제표를 이중으로 작성해야 하는 문제가 발생할 수도 있다. 그뿐만 아니라, 「기업회계기준서」가 상법으로부터 현저하게 괴리되어 있어서 배당가능이익의 범위에 혼선이 발생하게 된다. 그리고 세법의 경우는 상법과 일관성 있는 논리를 지녀야 하므로, 과중한 세무조정을 유발하게 되는 모순점이 있다는 것이다.122)

급격한 회계환경의 변화에 적응하여 한국회계기준의 국제적 정합성을 제고하고 또한 국제적 신인도를 확보할 수 있도록 하려는 「기업회계기준서」의 국제적 조화화를 위한 노력은 높이 평가할 만한 것이다. 회계기준위원회가 지향하는 「기업회계기준서」의 국제적 조화화의 과정은 매우 어려운 행로일 수 있다. 다양한 문제와 복병이 도사리고 있는 것만은 틀림없다. 그런데도, 회계기준위원회는 2011년에 K-IFRS(한국채택국제회계기준)의 전면적인 시행과 정착을 위하여 로드맵을 작성하고 분주하게 활동해온 주지의 사실이다. (그림9-11 참조).

3. 재무회계의 이론 구조적 특성

1) 재무 보고의 질적 특성

변혁기(1999~2006)에서의 한국회계기준(GAAP)은 「기업회계기준」과 「기업회계기준서」가 병존하는 형태로 운영되어왔던 것이 사실이다. 그것은 1997년에 갑작스러운

---

121) 한국회계연구원 회계기준위원회, 『기업회계기준서 전문』(2005. 1. 11.), P. 3.
122) 황윤식, 전게서, P. 66.

금융위기로 인하여 회계제도의 변혁을 일으키는 과정에서 한국회계연구원이 탄생하였고, 법률(외감법 제13조)에 근거하는 민간부문의 회계기준제정기구로서 지정됨에 따라 그 산하의 회계기준위원회가 2001년부터 「기업회계기준서」를 제정하게 되면서 나타난 현상이다. 한국회계기준원의 탄생 초기에 회계기준위원회가 「기업회계기준서」를 제정하기 시작했으므로, 그것이 완성되어 「기업회계기준」에 규정된 내용이 「기업회계기준서」로 완전 대체되기까지는 병존상태를 감내해야 했다. 2006년 2월 6일에 「기업회계기준서」 제21호(재무제표의 작성과 표시Ⅰ)가 제정되면서 「기업회계기준」이 개정형식으로 대부분 삭제되었으나, 부분적으로 그 효력이 있었다. 양자의 병존상태가 계속되고 있었다.

양자의 병존상태에서 비롯된 일반원칙과 질적 특성이 역시 동시에 효력을 갖는 것으로서 운영되어왔던 것도 사실이다. 「기업회계기준」의 일반원칙은 1980년대 이후 계속하여 우리나라 회계기준의 기본개념으로서 회계행위를 가늠하는 척도였다. 물론, 그것은 미국의 기초적 회계이론보고서(ASOBAT)가 발표된 이후에 발달한 회계정보 기준의 영향을 받아서 이루어진 것이기는 하지만, 한국의 기업사회에 도입되어 「기업회계기준」의 일반원칙으로서 회계실무에 깊이 뿌리내려 있었다. 적어도 2006년 2월 6일 자의 「기업회계기준서」가 개정되면서 목적개념과 더불어 일반원칙이 삭제되기까지는 우리나라 회계실무를 이끌어가는 지도원리로서의 역할을 수행해왔던 것임은 분명하다.

그런데 1999년에 「재무회계 개념체계」가 제정(2003년 改正)되고 거기에 회계정보의 질적 특성이 명시되었다. 「기업회계기준」에 따른 회계처리를 할 때는 일반원칙에 의한 판단을 해야 하고, 2001년 이후부터 제정되어온 「기업회계기준서」에 따라 회계처리가 될 때는 질적 특성에 의한 판단을 가능해야 하는 상황이 되었다.

물론, 제도적 변혁기에 나타날 수 있는 현상이기는 하지만, 유사한 개념이 병존하는 상태에서는 그것을 관장하는 기구에서 분명한 유권해석을 내려주어야 하는 것이 순리이다. 왜냐하면, 그로 인하여 발생할 수 있는 논리적 모순이나 부작용을 최소화할 수 있는 배려가 있어야 하기 때문이다. 글로벌화가 전개되는 시대적 상황에서 기업 활동의 국제화가 이루어지게 되면서 K-IFRS를 제정함으로써, 한국회계 규범의 국제적 조화화를 지향하는 상황에 이르렀음을 인식해야 할 것이다.

다행스럽게도 2006년 2월 6일 자의 「기업회계기준서」의 개정으로 일반원칙과 질적 특성의 공존으로 인한 논리적 모순점은 해소되었다고 할 수 있다. 「기업회계기준서」 제21호의 제정으로 그에 대체되는 제도적 체계를 드디어 갖추게 되었음은 물론이다. 더욱이 「기업회계기준서」 제24호(재무제표의 작성과 표시Ⅱ:금융업)가 제정됨으로써, 명실공히 「기업회계기준서 전문」, 「재무회계 개념체계」 및 「기업회계기준서」, 그리고 「기업회계기준해석서」로 체계화되는 「기업회계기준서」의 시대가 다져지게 되었고 2007년 일후의 K-IFRS(한국채택국제회계기준)의 제정으로 인한 한국회계기준의 국제적 조화화의 특색을 나타내게 되었다.

한국회계기준의 변혁기(1999-2006)에 불가피하게 나타났던 「기업회계기준」의 일반원칙과 「기업회계기준서」(재무회계 개념체계, 2003), 그리고 2007년 이후에 한국회계기준이 국제적 조화화를 위하여 제정된 K-IFRS의 「재무 보고를 위한 개념체계」에 명시된 질적 특성의 내용을 확인하는 의미에서 요약·정리하면, <표 9-23>과 같다.

<표 9-23> 「기업회계기준」의 일반원칙과 「기업회계기준서」의 질적 특성

「기업회계기준」의 일반원칙 (1990~1998)	「기업회계기준서」의 질적 특성 (2003)	K-IFRS의 질적 특성 (2019)
목적개념: 유용성·적정성	목적개념: 유용성·(투명성)	목적개념: 유용성

① 신뢰성
  - 객관성
  - 불편성
② 이해 가능성
  - 명료성
  - 간결성
③ 충분성
④ 비교가능성
  - 계속성
⑤ 중요성
  - 실용성
⑥ 안전성(보수주의)
⑦ 실질우선
	① 목적 적합성(관련성)
	  - 예측 가치
	  - 피드백 가치
	  -적시성
	② 신뢰성
	  - 충실성
	  - 검증가능성
	  - 중립성
	③ 비교가능성
	  - 수미 감자 일관성
	④ 중요성
	⑤ 비용<효익(포괄적 제약조건)
		·근본적 질적 특성
		① 목적 적합성
		  - 예측 가치
		  - 확인 가치
		  - 중요성
		② 표현 충실성
		  - 완전성
		  - 중립성
		  - 무오류
		·보강적 질적 특성
		① 비교가능성
		② 검증가능성
		③ 적시성
		④ 이해 가능성

<자료 : 「기업회계기준」(1990~1998), 「재무회계 개념체계」(2003)> 및 「재무 보고를 위한 개념체계」(2019)에 따라 발췌·정리함.

2) 재무 보고의 이론 구조적 특성

우리나라의 「기업회계기준서」는 외감법(제13조)에 설정 근거를 두고 있는 것이지만, 일반적으로 공정 타당하다고 인정되는 실천규범으로서의 성격이 있을 뿐만 아니라, 「재무회계 개념체계」를 통하여 회계목적을 제시함으로써, 기업회계의 실무를 개선할 수 있는 이상적인 이론 규범으로서의 성격도 동시에 함유하고 있음을 인식하게 된다. 그것은 계속기업의 재무 상태와 경영성과 및 자금흐름의 표시를 기본목적으로 하고 그로부터 연역되는 회계처리의 기본지침을 명시한 이론 규범으로서의 기준과 회계관행으로부터 귀납적으로 도출한 실천규범으로서의 기준의 유형을 동시에 지닌 것으로 볼 수 있다. 원래 회계기준은 실천적 특성을 강하게 지니고 있어서, 그것은 이론규범에 바탕을 두어 설정되어야 한다. 그렇게 하는 한, 양자 간에는 원리적·보편적이거나, 아니면 구체적·개별적이라고 하는 차이가 존재하는 데 불과하므로, 양자가 서로 공존하는 데 용납될 수 없는 것은 아니라고 한다.123)

우리나라의 「기업회계기준서」는 이상과 같은 성격적인 면에서 보면, 미국의 재무회계 기준서(SFAS) 및 국제회계기준(IFRS)의 성격과 유사한 공통성을 지닌 것으로 볼 수 있다. 이것은 역시 미국회계기준과 국제회계기준을 벤치마킹하여 이루어진 것이라는 배경을 갖고 있기 때문이다. 한국회계연구원(한국회계기준원의 전신)의 회계기준위원회가 「기업회계기준서」의 구조에 대한 관점을 밝히는 대목에서, 『국제회계위원회의 「재무제표의 작성과 표시체계」 및 미국 재무회계기준위원회의 「재무회계 개념보고서」를 참고하고 우리나라의 회계환경을 고려하여, 학계, 실무계 및 규제기관의 의견을 수렴한 후에 제정』124)이라고 명시하고 있음을 보더라도 가히 이해할 수 있다. 「기업회계기준서」의 체계와 구조뿐만 아니라, 규정 방법이나 내용에 이르기까지 거의 전부 계수(繼受)하고 있다.

이렇듯 우리나라의 「기업회계기준서」가 국제회계기준과 미국의 재무회계 기준서를 벤치마킹하여 이루어지고 있지만, 기업회계의 통일성과 공신력을 부여하기 위한 실천규범으로서의 회계기준의 역할과 이론 규범으로서의 회계기준의 역할을 동시에 수행하게 되었다. 변혁기를 통하여 새로운 모습으로 태어난 「기업회계기준서」는 한국회계기준의 정립과 발전의 근간(根幹)을 이루는 계기가 되었음은 물론, 경제국제화시대에 한국경제사회에 있어서 기업회계의 실무를 이끌어 가는 지도원리로서 이바지하게 되었다. 그것은 2007년 이후 K-IFRS로 진화되어 오늘에 이르고 있다.

그렇다면, 「기업회계기준서」(K-IFRS)가 함유한 이론 규범으로서의 구조적 바탕은 무엇이라고 할 수 있을까? 그것이 한국기업회계의 지도원리성을 지닌 것이라고 한다면, 반드시 지도원리성을 지닌 이론구조의 원천적 특성을 보유하고 있을 것이다. 그것은 「기업회계기준서」가 표명하고 있는 목적개념에서 찾을 수 있다. 한국회계기준원의 회계기준위원회가 개정(2019년 4월 19일)한 「재무 보고를 위한 개념체계」에 의하면, 재무 보고의 목적은 다양한 정보이용자가 합리적인 의사결정을 하는데 유용한 정보를 제공하는 것이라고 명시되어 있다. (문단 1.1).

여기서 말하는 재무 보고는 기업 실체 외부의 다양한 이해관계자의 경제적 의사결

---

123) 嶋村剛雄, 『新體系會計諸則精說』(東京, 中央經濟社, 1975), P. 110.
124) 한국회계연구원 회계기준위원회, 『기업회계기준서 전문』(2005), P. 5.

정을 위해 경영자가 기업 실체의 경제적 자원과 의무, 경영성과, 현금흐름, 자본변동 등에 관한 재무 정보를 제공하는 것을 일컫는다(문단 1.2). 그러므로 기본목적은 투자자와 채권자의 투자 및 신용 의사결정에 유용한 정보를 제공하는 것 이외에도, 현재 및 미래의 잠재적 투자자와 채권자의 합리적 의사결정을 위한 미래의 현금흐름 예측에 유용한 정보를 제공하는 목적, 그리고 그들을 위한 기업 실체의 재무 상태, 경영성과, 현금흐름 및 자본변동에 관한 유용한 정보의 제공을 목적으로 하고 있다. 그뿐만 아니라, 경영자의 수탁책임 평가에 유용한 정보의 제공목적도 함께 명시되어 있다(개념체계 문단 3.2 및 기준서 1,001호 문단 9).

따라서 「기업회계기준서」(K-IFRS)의 재무 보고목적은 기업 실체 외부의 다양한 이용자의 합리적 의사결정과 이해조정을 위하여 유용한 정보를 제공하는 것은 물론, 경영자의 회계 책임 이행을 위한 정보의 제공을 기본으로 한다. 외부의 다양한 정보이용자란 투자자와 채권자뿐만 아니라, 현재 및 미래의 잠재적 투자자와 채권자도 포함되는 개념이며, 그 외에 경제주체와 이해관계를 같이하는 정보이용자도 함께 존재한다. 이들에게 투명하고 유용한 정보의 제공을 목표로 하여 회계행위가 이루어지며, 그러한 정보를 창출하기 위하여 회계 규범이 필요하게 되는바, 「기업회계기준서」(K-IFRS)가 바로 그 기능을 수행하는 기업회계의 실천지침이다.

이상과 같은 재무 보고의 목적을 달성하기 위하여 재무제표가 작성되고 공시되는 것이다. 재무제표는 외부이용자의 의사결정과 이해조정뿐만 아니라, 경영자의 경영 수탁책임 이행을 평가할 수 있는 투명하고 유용한 회계정보를 제공하게 된다. 경영자가 소유주로부터 위탁받은 기업 실체의 자원을 적절하게 유지하고 효율적으로 운용하여 수익을 창출해야 하며, 사회적 환경변화에 따라 일어날 수 있는 불리한 경제 상황으로부터 그 자원을 보존할 책임이 있는 것이다.

따라서 기업의 재무성과에 대한 정보는 그 기업의 경제적 자원에서 해당 기업이 창출한 수익을 이용자들이 이해하는 데 도움을 주게 된다. 기업이 창출한 수익에 대한 정보는 이용자들이 기업의 경제적 자원에 대한 경영진의 수탁책임을 평가하는 데 유용하게 작용한다. 특히 미래의 현금흐름을 평가하는 데는 그 수익의 변동과 구성요소에 대한 정보도 역시 중요함을 인식할 필요가 있다. 기업의 과거 재무성과와 그 경영진이 수탁책임을 어떻게 이행했는지에 대한 정보는 기업의 경제적 자원에서 발생하는 수익을 예측하는 데 유익한 것이 된다(개념체계 문단 1.16). 그러므로 재무제표의 목적은 재무 보고를 하는 기업에 유입될 미래의 순현금흐름에 대한 전망과 그 기업의 경제적 자원에 대한 경영진의 수탁책임을 평가하는 데 유용한 자산, 부채, 자본, 수익 및 비용에 대한 재무 보를 재무제표의 이용자들에게 제공하는 것으로 보게 된다. (문단 1.3 및 3.2 참조). 이러한 규정에 따라 재무제표의 공정한 표시를 위해서는 K-IFRS의 정의와 인식요건에 따라 작성된 재무제표는 공정하고 투명하게 작성된 것으로 보아야 한다는 점이 특이하다고 할 수 있다. (문단 15).

그래서 K-IFRS는 이용자들에게 유용한 정보의 제공을 재무 보고의 궁극적인 목적으로 하고 있음을 보게 된다. 그것은 투자로부터의 미래현금흐름을 예측하기 위해 유용한 정보를 제공함과 동시에, 투자의사 결정과 신용 의사결정에 유용한 정보를 제공한다는 것이다. 그뿐만 아니라, 투자자와 채권자 이외의 이해관계자들을 위한 회계정보의 제공함으로써, 그들의 이해관계를 상호 조정하는 기능을 수행하기도 한다. 환언하면, 정보 지향적 이해조정목적의 회계시스템이 필요하다는 것이다. 정보이용자의 이해조정을 위한 유용하고 투명한 회계정보의 제공이 요청된다는 의미이다. 여기에 회계정보의 유용성과 투명성이 확보되어야 함을 인식하게 된다.

이처럼 「기업회계기준서」에 명시된 재무 보고의 목적 규정은 다양한 이용자의 정보요구에 이바지함을 기본으로 하는 시스템으로서의 재무 보고기능을 포착하고 이를 통합하는 기본명제로서의 「투명하고 유용한 개념」을 나타낸 것이다. 환언하면, 그것은 「투명하고 유용한 회계정보」라는 표현을 통하여 재무 보고의 목적을 충족시키려고 한다는 것이다. 이는 기업회계의 측정·전달기능을 통하여 이용자의 의사결정에 유용한 정보를 제공함과 동시에, 모든 이해관계자의 이해조정을 위하여 투명(적정)한 회계정보를 제공함으로써, 「일반적으로 인정된 회계원칙」(GAAP)으로서의 역할을 함과 동시에, 기업회계 지도원리의 기능도 이행한다는 의미이다.

따라서 그것은 이용자의 경제적 의사결정에 유용한 회계정보를 제공한다고 하는 「의사결정·이해 조정적 회계」의 축(軸)과 그리고 경영자의 수탁책임 이행을 평가하기 위한 신뢰할 수 있는 회계정보를 투명하고 공정하게 제공한다고 하는 「회계 책임 이행행적회계」의 축(軸)의 두 가지 이론구조를 기반으로 하는 것으로 이해할 수 있다. 이러한 이론 구조적 특성이 함축되어 있다는 점에서 「기업회계기준서」(K-IFRS)는 정보 지향적 회계 책임 이행목적과 의사결정 목적 및 이해조정목적을 기본 축으로 하여 한국 기업사회의 회계실무를 이끌어가는 실천규범의 역할과 이론 규범의 기능을 통일적으로 수행하는 회계시스템이라고 할 수 있다.

이러한 회계이론의 구조는 미국 재무 회계기준심의회(FASB)의 재무회계 개념보고서(SFAC) 제1호에 표출된 기업 재무 보고의 목적[125]그뿐만 아니라, 미국회계학회의 기초적 회계이론(ASOBAT, 1966)에 명시되어 있는 회계목적[126]이 함축된 것으로 이해할 수 있다. 종래의 「기업회계기준」에서 표명하였던 「정보 지향적 이해조정목적」에서 「정보 지향적 회계 책임 이행·의사결정 이해조정목적」으로 탈바꿈하였다. 그것은 회계정보의 유용성과 적정성을 강조하는 의사결정 지향적 회계구조와 이해조정 지향적

---

[125] FASB, "Objectives of Financial Reporting by Business Enterprises,"(Statement of Financial Accounting Concept No. 1, 1978),
[126] AAA, "A Statement of Basic Accounting Theory," (Evanston, Illinois, 1966), P. 4.

회계로부터 투명성(충실성)을 강조하는 회계 책임 이행 지향적 회계구조와 유용성(적정성)을 강조하는 의사결정·이해조정 지향적 회계구조로 그 구심점이 이행되었다는 것이다.127)

<그림 9 - 8> 변혁기(1999-2006) 한국회계기준의 이론 구조적 특성

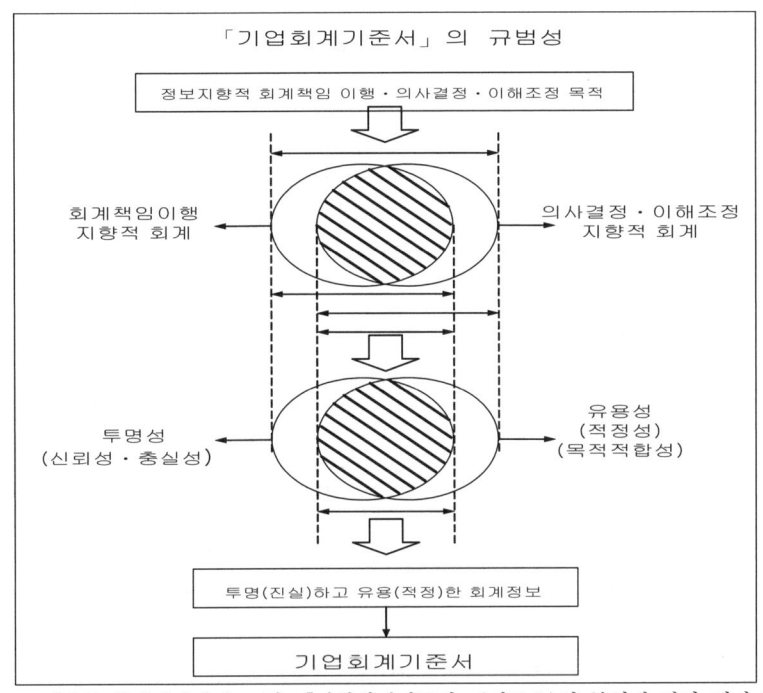

<자료 : 「재무 회계개념체계」 및 「기업회계기준서」(제21호)의 분석에 따라 필자 작성.>

「기업회계기준서」(K-IFRS)는 정보 지향적 회계 책임 이행과 의사결정 및 이해조정을 재무 보고의 기본목적으로 하여 회계 책임 이행 지향적 회계구조와 의사결정·이해조정 지향적 회계구조의 틀 속에서 그 목적을 달성하기 위하여 이 두 가지 회계구조를 융합시킴으로써, 재무 보고의 목적개념으로서의 기본명제가 되는「유용성」및「투명성」을 표출하게 된 것이다. 이에 적합한 「일반적으로 인정된 회계원칙」(GAAP)으로서의 「기업회계기준서」의 체계를 구축하려고 하였다는 데 「기업회계기준서」의 이론 구조적 특성이 내재하여 있다고 보는 것이다.

더욱이 「기업회계기준서」는 유용성과 투명성의 목적개념으로부터 목적 적합성·

---

127) 고승희, 『韓国会計原則の展開』(ソウル、단대출판부, 1986), PP. 182-183 & P. 287.

신뢰성(충실성, 검증가능성 및 중립성)·비교가능성(수미일관성) 등의 질적 특성을 도출함으로써, 명실공히 한국의 기업사회를 이끌어가는 지도원리로서의 기반이 확립되었다. 이러한 기업회계의 이론 구조적 특성이 있는 「기업회계기준서」에 내포된 기본구조를, 「의사결정 유용성」이라는 기본명제의 도출과정에 초점을 두어 도식화하여 정리하면, 앞면의 <그림 9-8>과 같다.

그뿐만 아니라, 「기업회계기준서」는 상술한 질적 특성에 근거하여 재무 보고의 목적을 충족시킬 수 있는 재무제표의 기본가정을 명시해 놓고 있다. 그것은 기업 실체, 계속기업 및 기간별 보고 등 3가지이다(개념체계의 문단 61). 그에 바탕을 둔 실천규범으로서의 재무제표 작성과 공시기준(「기업회계기준서」 제1,001호)이 개정(2019. 4. 19)되었다. 그에 의하면 재무제표는 재무상태표, 포괄 손익계산서, 자본변동표, 현금흐름표 및 주석 사항 등으로 구성되며, 그리고 주석을 포함하는 것으로 되어 있다. 그리고 기업집단의 경우에는 연결재무제표를 작성하도록 별도의 기준을 마련해 놓고 있다.

<그림 9-9> K-IFRS의 이론 구조적 체계도

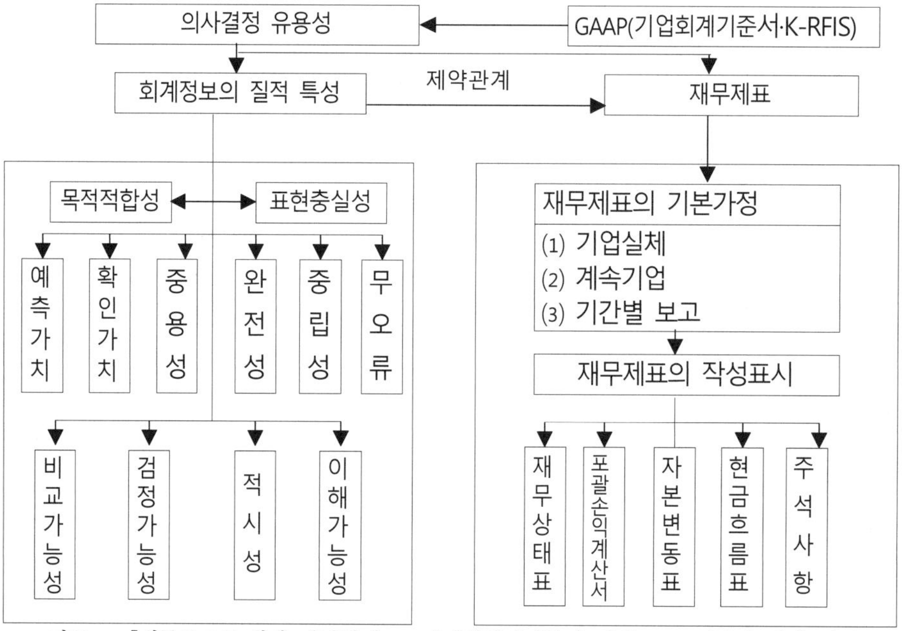

<자료 : 「재무보고를 위한 개념체계」·「기업회계기준서」(제1, 0011호)에 따라 작성>

또한 종래의 법률 조문 형식의 회계기준이 아니라, 문단 형식의 서술형으로 이루어져 있어서 회계 규범으로서의 면모를 갖추고 있다는 데 또 하나의 특징이 표출되어 있

음을 발견하게 된다. 자본변동표를 제도화함과 동시에, 이용자 지향적 회계 전달목적을 충족시킬 수 있는 회계정보의 제공기능을 확충한 것은 「기업회계기준서」(K-IFRS)가 지닌 또 하나의 특성이라고 할 수 있을 것이다. 그것은 <그림 9-9>과 같다.

7 에필로그

1. 「기준」 지향적 기업회계문화의 글로벌화

어느 한 나라의 기업회계제도가 정치적, 경제적, 사회적 및 문화적으로 밀접한 관계에 있는 다른 나라에 전수되는 일은 적지 않다.[128] 그러나 전수된 기업회계제도는 전수받은 나라의 여러 가지 환경조건의 변화에 따라, 그 나라의 독자적인 전개 과정을 이루어가게 된다.

한국전쟁으로 위기 상황에 빠진 경제재건이 긴급한 과제였던 1950년대의 우리나라는 1949년의 일본「기업회계원칙」의 주요 부분을 계수하였다. 즉, 1958년에 생성된 한국의 「기업회계원칙」은 당시의 미정비상태에 있던 우리나라의 기업회계제도를 개선·통일시킨다는 기본방침 아래 일본의 그것을 범례로 하여 제정된 것이었다.

그런데 자력 성장경제의 확립을 목표로 하여 추진된 제4차 경제개발 5개년계획(1977-1981)에 따라, 1978년에는 염원이던 국민소득 1,000달러와 수출액 100억 달러의 달성 등, 한국경제는 착실한 성장이 이루어졌다. 수출증대, 기업의 해외 진출 및 외국기업의 국내 진출 등, 경제의 국제화와 자본시장의 발전에 수반하는 기업환경의 변화는 회계정보 공시의 확대·강화 및 기업의 재무구조개선의 필요성을 한층 고조시켰다.[129]

이러한 상황에서 진행된 한국회계기준의 제2차 개정(1981년)은 미국의 회계 원칙론을 대폭으로 수용함으로써, 종래의 일본형 회계원칙에 의존·모방하던 자세로부터 탈피[130]하려는 시도였다. 이처럼 한국회계기준은 미국형 회계 원칙론을 적극적으로 수용함으로써, 이용자 지향적 회계기준의 성격을 한층 더 명확히 하였다. 이렇게 형성된 것이 「기준」 지향적 기업회계문화의 전형(典型)이다.

---

128) 黒沢清, 『体系近代会計学Ⅹ-国際会計基準』 (東京、中央経済社, 1981), 26ペイジ。
129) 남상오, 「회계원칙개정의 논쟁점과 과제」(『經營論集』제15권 제3호, 서울대학교 경영대학 부설 한국경영연구소, 1981), PP. 408-409.
130) 남상오, 『회계이론』(서울, 일신사, 1982), P. 449.

「기업회계원칙」으로 출발한 한국회계 규범이 「기업회계기준」으로 탈바꿈하여 한국기업사회의 회계실무를 이끌어가는 실천규범으로서의 역할을 수행하게 된 이후에도 미국의 FASB에 의해 제정되는 재무회계 기준을 충분히 섭렵하면서 제도적으로 수용하는 자세를 견지해왔다. 1990년의 제3차 개정 시에 회계의 목적개념을 「유용하고 적정한 회계정보의 제공」이라는 정보 지향적인 바탕에 정착시켰고, 1994년의 제6차 개정 시에는 종래의 재무상태변동표 대신에 현금흐름표를 제도화하여 미국 재무회계 기준과 국제회계기준의 내용을 대폭 수용함으로써, 국제화 지향의 회계기준으로 자리 잡았다.

경제의 글로벌화가 급속히 진전되면서 회계제도의 국제화도 점차 진행되어 갔다. 특히 1990년대 후반기에 밀려온 외환위기의 영향으로 좋든 싫든 간에 한국회계기준의 국제적 정합성을 지향하는 방향으로 변혁의 길을 걸어야 했다. 그 결과로 한국회계기준은 「기업회계기준서」라는 명칭으로 거듭 태어났고 국제화를 지향하는 회계 규범으로 변용되어 갔다.

일반적으로 회계기준의 국제화는 글로벌화시대에 적용 가능한 회계기준을 정립하려는 연구의 일환으로 각국의 자본시장을 감독하는 선진국이 외교적인 협의에 따라 모색되었다. 자본흐름이 국경을 넘는 현실적인 상황에서 기업 활동은 각국의 경제나 재정에 큰 영향을 끼칠 수 있을 만큼 국제적으로 발전하였다. 따라서 자본시장의 국제화를 위한 전제조건인 회계기준의 국제적 조화화(調和化)는 필연적인 상황에 이르렀다.[131] 경제 국제화의 진전은 기업 활동의 글로벌화를 가져왔고 그로 인하여 회계기준의 국제적인 조화화가 이루어져야 하는 환경이 조성된 것이다.

자본시장의 국제화는 각국의 자본시장에 대한 규제나 규칙 등의 장해요인으로 인하여 한정적인 범위 안에서 발전했다. 그중에서 외국인 투자자의 규제는 그 나라의 경제적, 정치적인 이유로 설정되어 있고 이러한 규제는 그 나라의 발전에 따라 해제되는 것이다. 여기서 문제가 되는 최대의 쟁점은 회계정보의 공시 문제에 있다. 자본시장을 이용하려고 하는 기업에서는 자본조달의 기동성이라는 측면에서 규제가 이루어진다. 특히 유통시장에 있어서는 투명성과 공정성의 관점에서 회계기준의 국제적 조화화가 이루어져 갔다.[132]

회계기준의 국제적인 조화화로 기대되는 것은 자본시장의 규제에 대한 조화화이다. 만약 국제회계기준이 국제자본시장에 적용된다면, 자본조달은 전천후로 전환하게 되고 이용할 수 있는 시장의 선택폭이 넓어지게 될 것이다. 국제자본시장을 크게 발전시키는 계기가 될 수 있음을 간과해서는 안 된다. 회계기준의 국제적 조화화는 국제자본시

---

131) 石田秀樹「企業財務の實務現場から考える會計基準の國際的調和」(『企業會計』第45卷第1号, 1994) P. 74
132) 森山弘和, 「証券アナリストの立場から見た會計基準の國際的調和と税理士の諸問題」(『企業會計』第45卷第1号、中央經濟社、1994)、86ページ。.

장에서 기업 활동의 투명성과 공정성을 실천시키기 위하여 중요한 의미를 지닌다. 국제통화기금(IMF)의 관리체제를 경험한 바 있는 우리나라는 국제적인 자본교류를 촉진하고 국제간의 공정한 경제활동을 실현하기 위하여 국제적인 조화화는 필연적이었다.

기업이 작성·공시하는 회계정보의 국제적인 신뢰성과 비교가능성을 높이기 위하여 국제기구 및 세계 각국은 활발하게 노력해 왔다. 예컨대, 국제회계기준심의회(IASB)에 의한 국제회계기준의 제정, 경제협력개발기구(OECD)와 유럽연합(EU) 등에 의한 회계 관련 규정의 통합 등이 그것이다. 국가별로 보더라도 영국은 영국회계제도가 영국기업의 글로벌화에 역행하고 있다는 비판 하에 그들의 회계제도를 개선하고 있으며, 미국도 재무회계 기준심의회(FASB)가 제정하고 있는 회계기준(SFAS)을 글로벌화하려고 적극적인 활동을 펴고 있다.[133] 가까운 일본에서도 근년에 회계기준의 글로벌 스탠다드화(化)에 활발한 움직임을 보인다.

이러한 글로벌 스탠다드의 회계환경 속에서 우리나라의 경우는 그동안 국제회계기준이나 미국을 중심으로 하는 경제적 선진제국의 회계기준을 받아들여 부분적으로 개선해왔던 것이 사실이다. 특히 1990년대 이후에 우리나라의 회계학자들에 따라 회계기준의 국제적 조화화의 연구 결과가 속속 발표되었고, 글로벌 스탠다드에 대한 인식이 확대되었다. 한국회계기준의 개선 방향을 제시한 연구논문 중에서 특기할 만한 것을 언급해두려고 한다. 즉, 주인기는 1991년과 1995년의 2번에 걸친 연구논문에서 회계기준을 국제회계기준에 맞춰 개정하는 것이 증권시장의 국제화를 위한 기초가 된다고 하면서 한국회계기준의 글로벌화에 대한 기본방향을 구체적인 회계기준별로 제시하였다.[134] 이어서 김종만은 국제화 시대에 맞추어 우리나라의 회계 서비스 산업이 처해 있는 어려운 상황 및 공인회계사제도에 대한 운용상의 문제점들을 분석하여 회계업계의 장래를 전망하였다.[135] 그리고 1994년에 장지인 등, 4인은 공동연구를 통하여 회계기준의 설정 과정을 외국의 그것과 비교한 개선방안을 제시한 바 있다.[136] 1995년에는 유성재가 글로벌화 되는 기업환경의 변화와 정보기술의 발전에 대한 회계적 대응이 효과적으로 이루어져야 한다고 주장하였다.[137] 1996년에 박청부는 회계산업의 국

---

[133] Griner, J. R. and Russell, A., "National Impediments to International Harmonization : Evidence of Lobbying in the U. K., (Journal of International Accounting, Auditing and Taxation, 1992). P. 172. 서정우, 「한국회계제도의 세계화」(『회계 저널』 제6권 제2호, 한국회계학회, 1997), P. 172.

[134] 주인기, 「증권시장의 국제화 정착을 위한 회계제도」(한국회계학회, 「회계학 국제학술 심포지엄 발표논문집」, 1991), PP. 72-93;; ___ , 「기업회계의 국제화를 위한 과제」(『공인회계사』, 한국공인회계사회, 1995), PP. 26-32.

[135] 김종만, 「회계 서비스 산업 국제화 추진방안」(대외경제연구원, 1992).

[136] 장지인, 「회계기준의 국제적 조화와 한국의 대응」(『경영학 연구』 1993년 2월), PP. 179-194 ; 이대선·장지인·나인철·이창우, 「우리나라 기업회계기준 설정 과정의 발전 방향」(『회계학 연구』 제18호, 한국회계학회, 1994), PP. 337-412.

제경쟁력을 강화하기 위해서는 회계실무를 담당하는 자들의 적극적인 대응 자세를 갖춰야 한다고 했으며,138) 김일섭 등은 회계 시장의 개방을 막는 것보다는 그 개방을 오히려 회계업계로 하여금 글로벌화 하는 계기로 삼아 국제회계기준에 관한 연구를 본격적으로 해야 한다고 지적한 바가 있다.139) 한국회계학회에서도 「기업회계기준」이 개정될 때마다 의견서를 제시하여 국제적 조화화를 촉구한 바가 있다. 우리나라 기업회계제도의 글로벌화에 대한 전략적 연구는 서정우와 송인만 등의 논문에서도 찾아볼 수 있다. 그들은 회계기준의 세계화 전략을 유형적으로 분석하여 글로벌 스탠다드에 접근하는 방안을 제시하였다.140)

이와 같은 연구 결과에 영향을 받아 한국회계기준은 여러 차례의 개정과정을 통하여 상당한 수준까지 국제적 조화화에 접근하는 결과를 보였었다. 1994년, 1996년, 1997년 및 1998년에 연속적으로 개정된 「기업회계기준」을 보면, 경영환경의 글로벌화, 자본시장의 개방 및 경제 규모의 확대 등의 환경변화가 그것을 개정하도록 하였으며, 회계정보의 신뢰성과 비교가능성을 높이기 위한 차원에서 글로벌 스탠다드가 일부 수용되었다. 1997년의 외환위기를 계기로 하여 한국회계기준의 변혁이 가속화되었다.

한국회계기준이 국제회계기준과 미국을 비롯한 경제적 선진제국의 회계기준을 도입함으로써, 국제적 조화를 모색한 것은 사실이지만, 우리나라의 회계기준에 따라 작성된 재무제표가 한국기업과 거래관계를 맺고 있는 여러 나라에서 그대로 수용되지 못하고 있다는 데 문제가 있다. 더욱이 국제통화기금(IMF)의 자금지원과 관련된 합의 내용을 보더라도 한국회계기준이 글로벌 스탠다드의 수준에 이르러야 하고 회계정보의 투명성이 제고될 수 있도록 요청받았던 것도 한국회계기준의 변혁을 가져오게 했던 커다란 요인 중의 하나였다. 국제적 활동이 활발한 한국기업이 외국기업과 거래를 하거나, 해외증권시장에 진출하려고 하면 한국회계기준을 이용한 재무제표가 인정받지 못하기 때문에, 상대국의 요청에 따라 별도의 재무제표를 작성해야 하는 번거로움을 초래하여 많은 시간과 자원의 낭비가 발생했던 적도 있다.141) 여기에 한국회계기준이 글로벌 스탠다드화의 길로 가야 하는 이유가 있다.

---

137) 유성재, 「A New Accounting Horizon in Information Age」(『회계 저널』 제4권 제1호, 한국회계학회, 1995), PP. 1-10;; ___ , 「세계화에 부응하는 기업회계기준의 발전 방향」(『상장협』 제31호, 1995), PP. 11-24.
138) 박청부, 「회계산업의 국제경쟁력과 공인회계사의 역할」(『공인회계사』, 한국공인회계사회, 1996년 12월), PP. 6-7.
139) 김일섭 등, 「회계라운드 협상과 우리의 대응 자세」(『공인회계사』, 한국공인회계사회, 1996년 12월), PP. 8-13.
140) 서정우, 전게논문, PP. 171-197 ; 송인만·배원선, 「기업회계기준의 국제화 전략」(『회계 저널』 제7권 제2호, 한국공인회계사회, 1998), PP. 1-27.
141) 서정우, 전게 논문, PP. 177-178.

이러한 환경적 변화의 소용돌이 속에서 한국회계기준은 민간부문 설정 기구인 한국회계기준원의 회계기준위원회에 의해 2001년부터 「기업회계기준서」라는 이름으로 탈바꿈하여 국제적 정합성을 제고하기 위한 차원에서 제정됐다. 2006년 12월 31일 현재 「기업회계기준서」 제25호까지 제정·공표되어 우리나라 기업회계의 실무를 지도하는 실천규범의 역할을 충실히 수행했었다. 따라서 국제회계기준의 전면 도입을 위한 로드맵이 진행되었고, 2007년 한국회계기준원의 회계기준위원회는 2007년 말부터 K-IFRS(한국채택국제회계기준)의 제정을 실행하였다. 2011년부터는 K-IFRS의 전면 도입이 이루어짐으로써, 우리나라의 「기준」 지향적 기업회계문화는 국제회계기준의 수용을 통한 국제적 조화화의 여정이 시작된 것이다.

2. 맺음말

21세기로 접어든 이후는 우리나라에 근대회계제도가 도입된 이래 가장 큰 변화를 일으킨 시대라고 할 수 있다. 금융위기로 인하여 국제통화기금(IMF)과 세계은행(IBRD)의 구제금융을 받아야만 되었고, 그 관리체제 아래에 들어간 한국 정부는 경제적 주요정책의 변화와 제도적 개혁조치를 취하지 않으면 안 되었다. 이러한 경제위기의 극복을 위한 치유책의 일환으로 이루어진 것이 기업회계제도의 개혁이었다. 우리나라 고유의 회계환경을 개선하고 회계기준의 국제적 정합화(整合化) 및 조화화(調和化)를 모색하는 과정에서 회계기준의 변혁은 불가피했다.

회계 개혁의 기본취지는 분식회계의 근절과 더불어 국제적으로 인정받을 수 있는 회계정보가 제공되도록 하는 것이었다. 회계기준의 국제적 조화화를 추진하기 위한 제정기관의 개편이 단행되었다. 민간부문의 한국회계연구원(현 한국회계기준원)으로 이양된 것이다. 그래서 국제적 정합성 향상을 지향하기 위하여 국제회계기준(IAS)과 미국의 재무 회계기준(SFAS)을 준거기준으로 정하고 이를 대폭으로 수용하는 방향으로 한국회계기준(GAAP)의 구조적 개선이 이루어지게 되었다.

이러한 상황은 종래의 「기업회계기준」의 구조와 내용에 변혁의 바람을 불러일으켰다. 「기업회계기준서」로의 진화(evolution)는 이 과정에서 이루어진 것이다. 초기에는 「기업회계기준」과 병존하는 형태로 운영되었으나, 「기업회계기준서」는 국제회계기준과 유사한 유형으로 그 구조와 내용이 형성되는 과정을 밟아갔다.

이 시기의 회계기준에 대한 변화의 내용을 체계적으로 정리하고 평가하는 것은 매우 어려운 일이지만, 본 장에서의 접근은 개혁과정을 보편적인 각도에서 정리하는 방법을 통하여 이루어졌다. 당시의 회계환경에 대한 접근에서부터 출발하여 「기업회계기준서」로 진화하는 과정과 그 구조적 체계를 검토함으로써, 이 시기에 형성된 한국

회계기준(GAAP)의 특성을 추적해보았다.

이제 한국회계기준은 「기업회계기준서」(K-IFRS)를 중심축으로 체계화가 이루어져 가고 있다. 일련번호를 붙여 제정되는 「기업회계기준서」는 2006년 12월 말까지 모두 27개의 기준서가 제정되었으나, 2007년부터는 K-IFRS(한국채택국제회계기준)로 탈바꿈하여 회계 규범의 국제적 조화화를 지향하였고 2011년부터 상장법인에 대한 전면시행이 이루어졌음은 물론, 2020년까지 모두 61개의 기준서가 공표되어 있다. 특히 「재무 보고를 위한 개념체계」와 「기업회계기준서」(제1001호, 재무제표의 표시)에 명시되어 있는 구조적 체계는 재무 보고의 목적을 위시한 회계정보의 질적 특성과 기본적 가정 및 재무제표 작성을 위한 일반원칙, 그리고 재무상태표·포괄 손익계산서·자본변동표·현금흐름표·주석 사항 등으로 구성되어 있다. 또한 K-IFRS는 다양한 이해관계자들에게 유용하고 투명한 회계정보를 제공한다는 재무 보고의 목적에 따라 정보 지향적 회계책임 이행의 회계구조와 의사결정·이해조정 지향적 회계구조로 회계행위가 이루어지도록 형성되어 있다. 유용하고 투명한 회계정보의 제공은 K-IFRS가 지향하고 있는 기본구조임을 인식해야 할 것이다.

이러한 「기업회계기준서」(K-IFRS)는 앞으로 한국 기업사회의 회계실무를 이끌어가는 실천규범으로서의 역할을 수행하는 것은 물론, 기업회계를 지도하는 기본원리로서의 이론 규범의 기능을 충실히 완수해 나갈 것으로 생각된다. 그러나 한편 관습법적 형태로 이루어진 K-IFRS가 성문법 중심의 한국 사회에서 법률 조문의 형식으로 구성된 관련 규정과의 조화를 이루고, 상법, 세법 등과의 협력관계를 조성해나가는 것은 중요한 과제 중의 하나이다. 비록, 그 외의 「일반기업회계기준」 등과 관련된 회계규정이 유효한 상태이기는 하지만, 대세의 물결은 K-IFRS가 구심점을 이루어 정착의 목적지를 향하여 도도히 흘러가고 있다.

결과적으로 글로벌화 시기의 한국회계 규범은 K-IFRS가 구심점을 이루어 국제적 조화화를 향한 행보가 이루어지고 있음은 분명하다. 기업 활동의 다변화와 자본시장의 글로벌화가 결국 우리나라의 회계문화에 구조적 변화를 가져오게 하였다. 한국의 기업회계제도는 세계적 규범(global standard)에 조화시켜나갈 수밖에 없는 회계환경이라는 점을 인식하고 그에 대응해야 할 것이다.

회계 글로벌화의 이 시기에 이루어진 회계 규범의 변화가 단기간에 우리나라의 회계 수준을 현격히 발전시키고 있음은 분명한 사실이다. 그렇지만, 이러한 발전의 직접적인 동기가 경제위기라는 외부의 충격과 경제적 선진국의 압력이었으므로, 한 단계 더 성숙한 회계환경을 조성하기 위해서는 우리 스스로 능력에 따라 이러한 발전의 추세를 지속할 수 있는 체제를 갖추어 가는 것이 필요하다. 상술한 바와 같이 하드웨어인 제도적 장치는 상당 부분 잘 정비되고 있다고 할 수 있으나, 문제가 되는 것은 이를 효과적으로 운영할 수 있는 운영체제 즉, 소프트웨어의 정착에 있다고 할 수 있다.

회계기준제정기구의 효과적 운영과 관련하여 우선 요구되는 것은 출범 초기의 양적 발전 추구에서 질적 발전 추구로의 방향 전환이다. 경제위기의 단기간 극복이라는 국가 전체적 차원의 목표에 맞추어 한국회계기준원도 그 구성 및 기준의 제·개정에서 속도를 중시했다. 이 과정에서 우리나라의 현실이 제대로 반영되지 못하고 있다는 지적이 있었으며, 종래와 같이 국제회계기준의 변화를 반영하는 데 급급하여 충분히 준비되지 않은 상태에서 제정되면 회계기준의 잦은 개정이 예상되는 것도 사실이다. 현재 핵심적인 「기업회계기준서」가 대부분 제정되어가고 있는 단계라고 할 수 있으므로 이제는 조사·연구기능을 확충하여 기초적인 연구에 중점을 둘 시점이라고 여겨진다.[142] 한국회계기준원에서 추진되고 있는 국제회계기준의 전면적인 도입이 과연 충분한 조사연구와 그것이 가져올 파장에 대하여 완벽한 검토와 준비가 되었는가에 대한 의문은 여전히 남는다.

그뿐만 아니라, 회계기준제정기구와 감독기관과의 유기적 협력체제가 구축되어야 하는 것도 하나의 과제이다. 즉 한국회계기준원은 외감법 제13조와 동법 시행령 제7조의2의 규정에 따라 2000년 7월 27일부터 기업회계기준의 제정 및 개정과 해석에 관한 업무를 금융감독위원회로부터 위임받았다. 한국회계기준원은 회계기준의 제·개정과 해석에 관한 업무를 회계기준위원회가 심의·의결을 통하여 수행하도록 하고 있다. 그러나 한편으로는 외감법(제13조 제5항)에서 『금융감독위원회는-필요하다고 인정되는 때에는-회계처리 기준의 내용을 수정할 것을 요구할 수 있다. 이 경우 회계기준제정기관은 정당한 사유가 없는 한, 이에 응하여야 한다.』라고 규정함으로써, 금융감독위원회는 한국회계기준원의 상위기관으로서의 위력을 발휘할 수 있게 되어 있다. 이것은 결국 한국회계기준원이 제정한 K-IFRS를 금융감독위원회의 의지에 따라 수용하지 않을 수도 있음을 의미한다. 이렇게 되면 한국회계기준원은 한국의 환경 여건을 고려할 때, 결국 회계 문제에 대한 자문기관의 기능만을 수행하는데 그칠 수도 있다. 이런 점에서 회계기준의 제정 권한과 관련하여 금융감독위원회와 한국회계기준원과의 관계가 우리나라의 회계문화 발전을 위한 유기적인 협력체제로 전개될 수 있도록 제도적인 보완이 이루어져야 할 것이다.[143] 앞으로 K-IFRS가 정착 과정을 밟아감에 있어서 반드시 고려해야 할 과제라고 보는 것이다.

---

142) 이정호 외4인, 『한국기업회계제도의 발달과 그 전망』(서울대학교경영대학 회계학연구센터, 2003), P. 283.
143) 상게서, P. 289.

제10장 한국 회계감사 문화의 역사적 지평[1]

1 프롤로그

　인간이 모여서 집단을 이루어 사회생활을 영위하는 과정에서 그들의 규범준수나 경제행위에 대한 왜곡된 결과를 바로잡기 위하여 감사가 이루어지게 마련이다. 그것은 고대사회에서부터 비롯되었다고 볼 수 있으나, 근대적인 감사는 서양식 회계제도가 유입되는 과정에서 함께 도입되었다. 따라서 감사는 조직된 사회를 전제로 하여 계약에 의한 사회의 질서를 유지하려는 취지의 소산이라고 할 수 있으며, 감사에 따라 잘잘못을 확인하고 그것을 유지하기 위한 조사에서 이루어진 것이라고 할 수 있다. 이와 연관되는 서양사회의 계약적 사고는 신과 정치와의 사이에도 존재하며 최고의 지위에 있는 위정자에게 비리가 있다면, 감사인이 이것을 판가름하게 된다. 감사인은 사람들의 요청을 배경으로 하여 신과의 계약을 감시하고 정치의 결정자요 집행자인 위정자의 행위를 감리하게 된다. 이처럼 사람과 사람 사이, 그리고 사람과 조직과의 사이에서도 발견할 수 있으며, 명목적으로는 여러 가지 명칭이 붙여진 특정인이 감사인과 똑같은 입장에서 행동하게 되고 이를 통하여 사회의 안전 유지가 이루어져 왔다. 이렇게 하여 비롯된 감사의 행위가 인류발전의 연장선상에서 면면히 이어져 왔던 것은 부인할 수 없는 사실이다.[2]
　자본주의적 경제사회가 발달하고 고도화됨에 따라 그 사회를 구성하는 사람과 조직 간의 관계는 더욱 복잡하고 다양해졌으며, 개인의 인격적인 관계도 소원해지는 환경이 조성되는 결과를 가져왔으며, 그에 따라 사회적 계약에 반하는 행동이나 신뢰성이 없는 행위가 나타나기 일쑤이고 정직하지 못한 사회현상이 비일비재하게 나타나게 되었다. 그러한 현상을 바로잡기 위해 감사의 제도화가 더욱 필요하게 되었다. 그러므로 감사는 경제사회의 질서를 유지하는 요건으로 중요시되었으며, 근대자본주의사회에서는 필수 불가결한 용구로써 활용되지 않을 수 없는 환경이 조성되었음은 물론, 그 수

---

[1] 이 장의 내용에 대한 접근은 ・한국공인회계사회, 『한국공인회계사회35년사』(1992) 와 『한국공인회계사회 35년사』(자료편, 1992) 그리고 한국공회계사회, 『공인회계사 50년사』(1954~2004), 2004년 5월 31일)를 기본적으로 참조하였음을 밝혀둔다.
[2] 黒沢清　総編集、『体系近代会計学Ⅸ-財務諸表の監査』 (東京、中央経済社、1980) 、P. 1.

단과 방법도 세련되기에 이르렀다.

    우리나라의 경우는 국가경영의 질서유지를 위해 관부회계의 정확성을 유지하기 위한 차원에서 산학박사와 산원(算員) 제도를 두어 국가재정의 기록계산에 대한 오류를 바로 잡으려는 의도에서 감사가 비롯되었던 것으로 전해지고 있다. 그것은 아득한 고대국가에서부터 비롯되었던 것으로 문헌상에 나타나 있다. 그런데 일반 민간사회에서 감사는 예외적인 사건이 자주 발생하지 않은 한, 경원시(敬遠視)되었을 뿐만 아니라, 그 중요성에 대한 인식도 현실적이지 못했다. 그러나 개항 이후의 근대화 과정에서 상황은 달라졌다. 서양 문물의 유입을 통한 근대화를 지향하는 과정에서 서구형 주식회사 제도와 회계기법의 도입에서 비롯된 경제사회의 변화는 회사 사건의 발생함에 따라 감사도 주목되기 시작하였다. 특히 정보공시의 필요성은 감사의 중요성을 인식하는 계기가 되었다. 이러한 관점에서 보면, 감사는 일정한 경제주체와 그 이해관계자 사이에 개입하여 이해관계자를 보호하거나 구제하기 위한 조사와 보고를 하는 것이다.

    그래서 감사인은 공정한 입장에서 조직사회(특히 企業)의 미래 동향과 이해관계자의 요청을 충분히 고려하면서 스스로 판단을 고려하지 않으면 안 되는 중차대한 위치에 서게 되었다. 그래서 당사자나 사회의 합의를 기초로 하여 감사인이 적격하며 그 감사업무가 고도의 수준에서 수행되는 방법이 명확하지 않으면 안 되었다. 그러므로 감사의식의 선진화를 지향하는 상황에서 우리나라에 도입된 감사문화의 역사적 전개 과정에 접근한다는 것은 새로운 문제의식의 선진화를 핵심과제로 부각될 수 있음을 감지하게 된다. 회계 규범의 글로벌화가 진전된 현재 상황에서 한국회계 감사문화의 발전사적 발자취를 추적하는 것이야말로 감사문화의 향상을 가져오게 하는 계기가 된다고 할 수 있다. 그것이 본 장의 지향하는 접근목적이다.

2 한국형 회계감사 문화의 기원

1. 봉건 왕조시대의 관부회계에서 비롯된 감사문화의 시원

    재무제표감사라는 오늘날의 감사문화는 서양에서 생성된 것으로서 우리나라의 근대화 과정에서 도입되어 한국의 기업사회에 제도적으로 뿌리내리고 유용한 사회적 공기(公器)로서 작용하고 있다. 원래 그것은 우리나라 고대국가의 정부 조직기구의 하나로서 재정을 관리하는 관부회계의 옳고 그름을 판별하는 직책이었다. 그것이 왕조가 바뀌고 세월이 흐름에 따라 점차 진화의 과정을 거쳐 제도적인 것으로 정착하기에 이르렸다. 근세 사회로 접어들면서 관부회계 제도에 대한 법전이 편찬되고 그에 수반하여 산원(算員) 제도가 확립되어 관부회계의 정확성에 대한 감사도 함께 이루어졌다고 한다. 이하에서 우리나라의 감사문화에 대한 역사적 과정을 정리할 것이다.

1) 한민족 고대사회의 산학시스템

(1) 고대 및 중세 왕정 시대의 감사제도

옛 문헌(漢書 地理志)에 의하면, 단군왕검이 세운 고조선 시대에 「8조법금(八條法禁)」이 있었으나, 그중 3개 항만이 전해지고 있다. 그것은 『① 사람을 죽인 자는 사형에 처한다. ② 남에게 상해를 입힌 자는 곡물로 갚아야 한다. ③ 물건을 훔친 자는 노비로 삼으며, 속죄하고자 하는 자가 있으면, 1인당 50만 전(錢)을 내야 한다.』[3]는 것이다. 이는 사회질서를 유지하기 위한 규범으로서, 범죄자를 가리기 위한 조사나 감사가 이루어지고 그때 잘잘못이 가려지면, 벌칙이 가해졌을 것으로 여겨진다. 아득한 고대사회에서부터 옳고 그름을 판단하는 조사나 감사가 제도적으로 시행되고 있었음은 인간이 모여 사는 사회에는 부정이 있으면 그것을 판별하기 위한 감사행위가 제도화되어 있었다는 것을 시사(示唆)하는 내용이다.

고조선 시대에는 부족연맹에 의한 통치체제를 갖추고 있었으므로, 부족연맹 시대의 법률제도는 체제 유지를 위한 금법(禁法) 제도가 엄격히 시행되었다고 한다. 개인의 생명과 사유재산 및 가부장적 가족제도를 옹호하는 것이었다. 예컨대 부여(夫餘)의 금법 제도를 보면, ① 살인자는 사형에 처하고, ② 절도를 한 자는 12배의 배상을 하며, ③ 간음을 한 자는 사형에 처하고, 그 시신을 가족이 가져가려고 할 때는 소나 말을 바쳐야 한다는 것 등이다. 이러한 금법 조문은 고조선의 그것과 근본적으로 유사한 것이며, 특히 가족제도와 사유재산제도에 대한 규율이 엄격했음을 알 수 있다. 고구려도 이와 비슷했으며, 이를테면 중죄자가 있으면 제가(諸加)[4]의 평의(評議)로 사형에 처하고 그 처자는 노예로 삼았으며 절도자(竊盜者)는 12배의 배상을 하도록 했다는 것이다.[5] 여기서 우리는 고대 문명사회에서 율법에 준거한 통치체제를 유지하려고 했음을 엿볼 수 있으며, 사회질서의 유지를 위한 담당관제도가 있었을 것으로 여겨지며, 사건이 발생했을 때 조사나 감사를 율법 담당자가 집행하도록 했다는 것이 어렵지 않게 추

---

[3] 김경태·신형식·이배용, 전게서, P. 34.
[4] 제가회의(諸加會議)는 부여의 귀족과 고구려의 귀족회의 제도이다. 부여의 가(加)가 다스리는 지역을 四出道라 하였고, 고구려의 귀족은 건국의 기초가 되었던 오부(五部)로 구성되었다. (三國遺事 및 三國志魏書東夷傳)
[5] 조좌호, 『한국사 통론』(서울, 박영사, 1978), PP. 34~35.

정되는 대목이다.

　그리고 고조선 시대에는 국고 관리를 담당하는 산관(算官)이 세입세출에 대한 회계 관리를 했다고 한다. 산목(算木:산가지)에 의한 국고 관리의 부서기회(簿書期會)가 이루어졌고, 관부에 관련 부서를 두어 서계(書契)에 의한 기록계산과 감사가 시행되었다는 것이 문헌에 나타나 있다. 특히 신라 시대에는 품주(稟主)라는 재정담당부서에서 국고 관리와 기록계산을 시행하고 사정부(司正部)가 부정과 오류에 대해 감사를 하도록 하였다. 통일신라 시대에 이르러 품주(稟主)를 창부(倉部)와 집사부(執事部)로 나누어 재정출납에 대한 회계와 국무 총괄 및 사정감찰(査正監察)을 분장토록 하였다. 그리고 좌리방부(左理方部)와 우리방부(右理方部)를 두어 율법제정과 형사감찰을 관장토록 했다고 한다.6) 백제 시대에는 전내부(殿內部)에서 광명출납을 관장하고 곡부(穀部)에서 곡물의 조달과 출납 및 주부(綢部)라는 관직에서 재무와 출납 회계를 관장하고 감시하도록 했다는 것이다. 이러한 부서기회(簿書期會)의 과정에서 회계 부정이 일어나지 않도록 하는 조사와 감사를 겸직했다는 것이다.

　이러한 제도는 통일신라를 거쳐 고려 시대에 들어와서도 전통적으로 승계되어 국고회계의 틀 안에서 회계 부정을 감시하는 감사제도가 있었음을 볼 수 있다. 고려의 중앙관제는 3성 6부로 구성되었으며, 광명출납을 관장하던 중추원(中樞院)과 국고 재정을 담당하던 호부(戶部)가 있었고 특별기관으로 삼사(三司)가 화폐와 미곡(米穀)의 출납 회계를 관장하였다. 그 외에도 어사대(御史臺 : 후에 司憲府)와 낭사(郎舍)가 설치되어 있었는바, 어사대는 정치의 옳고 그름을 논하고 관리들의 비행을 규찰하는 사무를 관장하였다. 그리고 낭사는 간관(諫官)으로서 국왕의 잘잘못을 간언(諫言)하는 일을 담당하였다고 한다.7) 어사대와 낭사는 고려 시대의 대간(大諫)이라 일컬어졌으며, 국정을 감시하는 직책을 맡은 중요한 사정기관이었다고 할 수 있다.

(2) 산학(算學)의 기원과 산학 박사제도

　숫자의 역사는 선사시대에서 오늘에 이르는 인류의 모습을 엿볼 수 있는 역사이기도 하다. 중국의 후한(後漢) 시대에 편찬되었다는 천문 수학서인 「주비산경」(周髀算經)에 『임금이 천하를 다스릴 수 있었던 것은 수(數)가 창안되었기 때문이다.』라고 기록되어 있을 만큼 숫자는 문자의 발명과 더불어 인류문명의 창조를 가져오게 한 시원((始原)이라고 할 수 있다.

　동양 최고(最古)의 산술서적에 해당하는 「구장산술(九章算術)」8)은 중국 고대국가

---

6) 김경태·신형식·이배용, 전게서, P. 51. & Ibid. P.63(신라의 관부설치과정표).
7) 하현강, 『한국의 역사』(서울, 신구문화사, 1983), PP. 119~120.

에서 한문자와 더불어 비롯된 것으로서 주(周)·진(秦) 시대를 거쳐 후한(後漢) 시대에 이르러 비로소 본 모습을 갖추게 된 산술서(算術書)를 일컫는다. 이 책의 정확한 원저자와 기원은 확실하게 알려지지 않지만, 서기 263년 위(魏)나라의 유휘(劉徽)가 뛰어난 주석을 붙여 펴낸 것이 전해지고 있다. 한국과학문화재단은 1998년에 과학 고전 시리즈 사업의 하나로 이 책의 번역본을 출간한 바가 있다.9).

「구장산술」은 그 내용이 풍부하고 수준도 높아서 당나라 시대 이전의 가장 대표적인 산술서적이라 할 수 있다. 이 책은 조세 및 부역 징발이나 관개수로사업 등을 담당했던 관리들의 필독서로서 실무적인 일을 처리할 때 부딪히는 다양한 문제들과 산법을 집대성해서 정리한 것이다. 따라서 이 책은 동아시아 고대사회가 당면한 국가행정, 산업, 교통, 토목 및 건축 등, 여러 분야의 문제들을 다룰 수 있도록 그에 대한 수리적 해법을 제시했다는 점에서 높은 평가를 받는다.

「구장산술」이 우리나라에 전해진 것은 고조선 시대 후기이며, 삼국시대와 통일신라 시대에는 일상적인 산술서로써 활용되었고 교육용 교재로도 사용되었다고 한다. 「삼국사기」에 의하면, 신라의 국립대학인 「국학」에서 『산학박사(算學博士) 또는 산사(算士) 1인을 두어 이를 교재로 삼아 그들을 가르쳤다.』10)고 기록되어 있으며, 아울러 성덕왕 16년에 행정관서에 산박사(算博士)를 임명하였다는 기록도 있다.11) 이러한 기록으로 보아 삼국시대에는 이미 「구장산술」이라는 수학책이 국가재정을 관장하는 관부회계의 치부수단으로 활용되었음을 볼 수 있다.

고조선 시대에는 수리(數理)에 관한 지혜가 상당한 수준에 이르고 있었을 뿐만 아니라, 책력(冊曆)과 도량형 제도를 시행하고 있었다고 한다. 즉, 3세 단군 부루(扶婁: BC2,240~BC2,182) 시대인 기원전 2,238년 9월에. 말(斗)과 저울 등, 모든 기구를 관(官)에서 표준을 정하여 사용토록 하였고, 베와 모시의 시장가격이 서로 다른 곳이 없도록 하여 백성들이 서로 속임이 없이 두루 편하게 하였다고 한다. (癸卯三年九月 下詔使民.....斗衡諸器悉準於官布苧市價無處有二民不自欺遠近便之). 경술 10년(BC2,231) 4월

---

8) 구장산술은 당시 중국에서 필요했던 산술방법을 9가지로 나눠 각각에 대해 한 장씩 서술하고 있다. 이 책에는 농업, 상업, 공업, 측량, 방정식의 해(解)나 직각삼각형의 성질 등에 관한 총 2백46개의 문제가 포함돼 있다. 또 다양하고 실질적인 예제풀이를 통해 계산법의 효과적인 전달을 꾀하고 있다. 여기에 계산식과 해법이 주어져 있긴 하지만, 그러한 식들이 어떻게 도출됐는가에 대한 설명은 나타나 있지 않다. (백과사전)
9) 현재 전해지고 있는 「구장산술」의 판본은 위나라의 유휘(劉徽)가 AD263년에 편찬하고 주를 붙인 것이며 제목 자체가 시사하듯 9개의 장으로 나뉘어 모두 246개의 문제가 등장하는데, 본문은 기본적으로 문, 답, 풀이의 삼중 구조로 되어있다. (유휘 엮음; 김혜경·윤주영 옮김, 『구장산술』 한국과학문화재단 편, 도서출판서해문집, 1998).
10) 김부식, 『삼국사기』 권38, 잡지 제7(직관상)
11) 김부식, 『삼국사기』 권 제8, 「신라본기」 제8,

에는 구정(邱井)을 나누어 전결(田結)로 삼아 백성들이 임의로 사사로운 이익을 취하지 않도록 하였다. 또한 임자(壬子) 12년(BC2,229)에는 신지(神誌) 귀기(貴己)가 칠회력(七回歷)과 구정도(邱井圖)를 만들도록 하였다. (庚戌十年四月劃邱井爲田結使民自無私利, 壬子十二年神誌貴己製獻七回曆邱井圖.).12)

환단고기(桓檀古記) 「태백일사」(太白逸史)에도 우리나라 고대 문자와 숫자에 관한 간략한 내용이 기록되어 있다. 『신시(神市)에는 산(算)가지가 있고, 치우(蚩尤)에게는 투전목(鬪佃目)이 있으며 부여에는 서산(書算)이 있었다. 단군세기에 의하면, 단군 가륵(嘉勒) 2년(BC2181년)에 삼랑(三郞) 을보륵(乙普勒)이 가림다(加臨多)라는 정음 38자를 지을 때, 산가지(算木: 산대)13) 모양의 산술도구도 만들었다고 한다.』14)

노자의 『도덕경』에 「수를 잘하는 사람은 산목을 사용하지 않는다(善數不用籌策)」라는 기록이 있는 것으로 보아 고대사회에서부터 산목을 이용하였음은 분명하다.15) 고조선 시대에서부터 19세기 말까지 주로 관부를 중심으로 사용되었으며, 산가지(算木)에 의한 셈법은 상인이나 서민들의 생활 속에 깃든 계산 도구였음을 보여주는 단면이다. 이러한 산학의 시원은 고조선 시대라고 할 수 있으나, 산학교육에 관한 문헌상의 기록은 『삼국사기』 잡지(雜志) 7권의 국학 항목에서 찾을 수 있다. 신라시대의 교육기관인 국학은 AD651년(眞德王五年)에 설치되었다. 산학박사나 산사를 뽑아 철경(綴經), 삼개(三開), 구장산술을 가르쳤다는 것이 산학교육에 관한 최초의 문헌기록이다.16)

산학의 전문가인 산학박사(또는 算士)는 고대국가의 재정출납과 감사업무를 담당하던 회계관(會計官)을 의미하며, 오늘날의 공인회계사와 유사하다. 그러므로 문자와 숫자의 출현은 회계를 생성시키는 기본요소로 작용했으며, 국고 출납을 치부하고 재정을 관장하며 사정(査正)하는 국고 회계제도는 고려와 근세조선까지도 이어져 온 왕정국가 시대의 국가 운영을 위한 재정을 관장하면서 왕실 유지예산과 행정조직의 운영을 위한 예산 수립은 물론, 기록계산의 결산을 관장하던 관부회계 제도이며 관부회계의 상징적인 유물이라 할 수 있다. 오늘날의 정부 회계제도와 유사한 개념이다.

---

12) 환단고기, 단군세기, 권3, 권3, 권4, 권5.
13) 수(數)를 나타내고 계산하기 위한 도구를 말하며, 산가지, 산대, 산책(算策: 算柵) 또는 산목(算木: 算目)이라고도 한다. 중국에서는 산(算)·주(籌)라고 표현한다.
14) 임승국 역주, 『환단고기』「태백일사」 소도경전본훈, PP. 244~246.
15) 노자의 도덕경 ; 김용운·김용국, 『(한국수학사)』(서울, 과학과 인간사, 1977)
16) 신라는 국학 제도 속에 산학박사(算學博士)를 두어 산사(算士)를 양성하였는데, 그 교과 내용은 『철경(綴經)』·『삼개(三開)』·『구장(九章)』·『육장(六章)』의 네 가지였다. 삼개는 『철경』에 들어있는 2, 3차 방정식의 풀이와 개원(開圓)을 뜻하고, 『九章』「六章」은 『구장산술』 중의 6개의 장을 의미한다(김용운·김용국, 『한국 수학사』, 1982).

2) 조선시대의 관부회계 감사와 산사(算士) 제도

(1) 조선의 관부회계 감사

조선에서는 건국 초기부터 국고회계의 중요성을 인식하고 감사체제를 구축하였으며, 경국대전17)을 편찬하여 국고회계를 빈틈없이 했음을 볼 수 있다. 조선 시대에는 중앙관서의 6조 중에 국고회계를 관장하는 핵심부서인 호조(戶曹)가 있었다. 호조는 호구(戶口)·공부(貢賦)·전량(錢糧) 및 식량(食糧)·재화(財貨)·출납(出納)·경제(經濟)에 관한 일을 관장하던 중앙관서이다. 또한 정치를 논의하고 풍속을 바로잡으며 관리들의 잘못을 조사하여 그 책임을 추궁하는 사정기관인 사헌부가 있었다. 그리고 고려시대의 낭사(郎舍)에 해당하는 사간원이 있어 왕에게 간언하고 국가기강을 바로잡는 역할을 했다고 한다. 오늘날의 정부조직에서 감사원과 사법기관이 하는 업무와 유사한 개념이라고 할 수 있다.

경국대전에 의하면, 관부의 모든 경비는 회계장부(橫看)와 공물 대장(貢案)에 따른다고 되어있다.18) 재정세입표(財政歲入表)인 공안(貢案)을 이용하여 백성들로부터 조세와 공물을 세입원으로 삼아 세출을 정했다고 한다. 이는 세조 10년(AD1464)에 횡간(橫看)을 제정함으로써 재정비되었다. 환언하면, 오늘날의 정부예산서와 같이 전년도에 국가가 필요로 하는 모든 세출 경비를 책정하여 공안을 정함으로써, 백성들로부터 조세와 공물을 거둬들이게 했다는 것이다. 횡간과 공안은 연산군 시대를 제외하고는 조선왕조의 재정 운영을 위한 기본지침이 되었다.19)

그리고 조선 시대의 관부회계는 출납 회계의 치부 과정에서 제도적으로 내부 견제 시스템이 되어있었다. 그런데 태종 9년(AD1409)에 회계검찰 기관으로서의 쇄권색(刷券色)을 설치하여 출납 회계와 보고의 허위·부정을 방지하기 위한 제도적 장치를 마련

---

17) 경국대전은 근세조선왕조의 국가경영체제를 유지하려는 목적에서 제정된 법전이다. 초기의 태조 때는 『경국육전』이라 하였으나, 성종 1년(1469)에 추가 보완하여 『경국대전』이라 하였다. 영조 22년(1746)에 이르러 이를 수정 보완하여 『속대전』으로 출간하였다. 정조 7년(1785)에는 증보하여 『대전통편』이라 고쳤으며, 고종 2년(1865)에 다시 보완함으로써, 『대전회통』이라는 이름으로 바꾸었다.

18) 경국대전 권2 호전 :
  * 횡간(橫看)은 조선 세조 때 처음으로 이용되었다고 한다. 이것은 오늘날의 경상비에 해당하며 국가 예산에 연간 정상적으로 지출하는 비용을 일컫는다. 명종실록(33卷)의 국계항수지부(國計恒數之簿)라는 기록은 국고회계의 경상비 장부를 지칭하는 것이다.
  * 공안(貢案)이란 국가가 백성들로부터 받아들이는 국가 세입을 기록한 臺帳이다. 조선왕조의 재정 수입 체계는 크게 3가지로 구분된다. ① 토지에 대한 조세인 田稅이며, ② 개인에 대한 강제노동인 賦役이며, ③ 토산물에 대한 貢納인 공물을 일컫는 것이다.

19) 조좌호, 『한국사 통론』(서울, 박영사, 1978), PP. 204~205.

하였다. 그 내용을 보면, 이조판서 유량(柳亮)과 반성군 박은(朴訔)을 제조(提調: 특종 사무를 주관하는 兼任職)하여 10년 이래의 각 관아의 비용을 모두 감사토록 하였다는 것 이다(「設刷券色 以吏曹判書柳亮 潘城君朴訔 爲提調司諫李薈 掌令金益精爲別監句校十年以 來各司用度」태종실록 권17). 쇄권색(刷券色)은 독립된 회계감사기관이다.

상술한 바와 같이 원래 출납 회계의 감독기관은 사헌부로 되어 있었다. 이는 건국 초기부터 사헌부의 감찰이 출납 회계에 관여하여 임검(臨檢)하게 되어 있었다(朝鮮徑國 典上). 『속대전』에 의하면, 「여러 관서의 잡물 출납 때에는 감찰이 임검하여 창고문 을 봉하고 그 관서의 관원과 입회한 감찰이 각각 연명으로 회계문서와 창고문을 봉한 쪽지에 직명과 서명 결재를 한다. (諸司雜物出納時 該官員及監察 各其文書及庫封 竝書職 銜署名着押).」이처럼 사헌부감찰이 임검하도록 하는 것을 청대(請臺)라고 하였다.

「탁지지(度支志)」에 의하면, 『매월 말에 호조에서 사헌부에 청대라는 공문을 보 내고, 그날 호조 관원과 사헌부감찰이 공동감사하여 부정을 적발한다. 결과보고서는 호조 관원이 승정원에 제출하고 다음 달 초하루에 임금에게 보고한다.
(每朔末 本曹郎官與 監察 同審有錢穀各司倉庫 以啓 回倉前一日本曹移關司憲府請臺 同往各司回審 各 庫封鎖後晦日 使錄事呈別單于承政院 翼朔日入啓).

「대전통편」에 의하면, 세금으로 받은 곡물의 재고관리에 관한 규정이 있다. 즉, 세곡(稅穀)이 입고된 후에 재고가 거의 소진되고 새로운 세곡이 입고되기 전에 호조 관 원을 파견하여 장부와 대조하여 재고조사를 하고 부정을 적발한다는 내용이다(大典會通 戶典倉庫, 『凡稅穀入庫後 遺在將盡 新捧未到前 發遣本曹郎官 擲奸反庫.』). 이는 모든 전곡의 재 고조사를 계속 실행할 수 있는 계속 실사 방법의 한 예라고 할 수 있다.

「탁지지(度支志)」의 회계사(司)에는 지방 관서에 저장된 각 창고의 양곡은 조작 지법(糶糴之法)이라 하여 춘궁기에 백성에게 재고의 절반을 빌려주고 절반은 창고에 남 겨두는데, 추수기에 대여한 쌀을 받아들일 때는 감모된 부분을 충당하기 위하여 그 1 할(割)을 이식미(利息米)로 받아들이게 한다. 이때 회계장부에 허위기록을 한 자에게 는 엄중히 처벌하도록 되어있다(度支志, 會計司,『各道各邑設軍資倉常平倉別倉 量蓄各穀 定爲 糶糴之法 春貸于民 折半留庫 折半分給 秋成而斂 取耗什......虛錄反作者重勘...』). 지방관서의 양 곡회계문서를 농간한 자에게는 그 양의 다소를 불문하고 효수형에 처했으며(大典會通 戶 典,『營吏舞弄會案者 無論石數多少梟首...』), 회계문서의 인장을 위조한 자에게도 사형에 처하고 그 처자를 노비로 만들고, 고발자에게는 범인의 재산을 주었다(經國大典刑典, 『僞造印信者 印文雖未成處斬 妻子永屬諸邑奴婢 報告者給犯人財産』).

이처럼 조선왕조 관부회계의 회계감사는 「경국대전」과 「속대전」 등에 규정된 바에 따라 시행되었다. 주목할 점은 감사대상 고을을 무작위로 추첨하여 오늘날과 같 은 시사(試査)를 통한 회계감사를 수행하고 그 사실을 임금에게 보고했다는 사실이다. 그렇게 함으로써, 회계 부정을 미리 예방하려는 목적이 있었다는 것이다. 만약 회계

부정이 발견되었을 때는 일벌백계의 처벌에 처함으로써, 부실 회계를 미리 방지하고, 공정한 출납 회계의 정확성을 기하려고 했던 것으로 보인다.(제4장 참조).

(2) 조선의 산학과 산사(算士) 제도

고대사회에서부터 비롯된 우리나라의 산학은 조선 시대에 이르러 상당히 진전된 위상을 정립하였다. 특히 조선 초기의 산학은 세종대왕의 지대한 관심 속에서 꽃을 피울 수 있었다.

세종 15년(AD1433)에 간행된 『양휘산법(楊輝算法: AD1,262)』은 『산학계몽』・『상명산법(詳明算法: AD1,337)』과 함께 조선시대의 조세법전인 『경국대전』 속에 산사(算士) 채용 시험문제를 내는 책으로 명시되어 있다. 조선의 사대부(士大夫)들은 육예(六藝: 藝・樂・御・射・書・數)를 배웠는바, 여기에 산학이 포함되어 있었다. 그들은 산학을 포함한 유학(儒學)의 교양을 갖추었고, 수사상(數思想)에 비상한 관심이 있었다. 조선의 사대부 출신인 최석정(崔錫鼎: AD1646~1715)은 수(數)를 철학적으로 해석한 마방진(魔方陣: magic square: 가로・세로・대각선상 수의 합이 똑같다는 신비한 방진)을 창안하여 수학책인 『구수략(九數略)』을 저술했다. 그리고 산사(算士) 가문에서 태어난 홍정하(洪正夏: AD1684~?)는 방정식의 구성을 완성한 수학책 『구일집(九一集)』을 저술하였다. 이 책은 종래의 중국과 조선의 산서(算書)들을 분석하여 얻어낸 결과를 구조적으로 서술한 수학책(천・지・인 8권과 부록 1권으로 구성되어있음)이다.

서양의 수학서가 우리나라에 전해진 것은 근세조선 후기에 이르러서였다. 중국에 와있던 마테오리치(Matteo Ricci : AD1552~1610)[20] 신부가 그리스의 유크리드 수학서를 중국어로 번역한 「기하원본(幾何原本)」이 AD1,602년에 출간되었다. 이것이 근세조선에 소개되어 조선 산학 발전에 크게 이바지했다고 한다. 이러한 서양 수학서의 영향으로 근세조선의 산학이 발전을 가져왔으며, 많은 산학자가 배출되어 다수의 산서가 출간되는 계기가 되었다. 이 무렵 양반층에서 다루어져 왔던 전통적인 수리사상(陰陽五行說)이 점차 쇠퇴하고, 잡과취재(雜科取才) 시험에 합격한 직업적인 산사(算士)들이 산학(算學)으로 체계화시켰다. 중인 출신의 이상혁(李尙爀:AD1804~1889)은 산학고시에 합격하고 역산(曆算)을 다루는 천문대에 근무하던 하급 관리에 불과했으나, 『산술

---

20) 마테오리치(Matteo Ricci)는 AD1552년에 이탈리아 귀족의 아들로 태어나 신부 수업을 받아 AD1582년에 마카오에 선교사로 부임하여 중국에 복음을 전파하면서 서양 문화를 소개한 예수회 신부이다. 중국 이름은 이마두(利瑪竇)이다. 그는 천주교리 뿐만 아니라, 천문・지리・역학・산학 등에 조예가 깊었고, 중국인 서광계(徐光啓: AD1562~1633)・이지조(李之藻: AD1562~1629)의 도움을 받아 유크리드 수학서를 중국어로 번역・출간하였고 천주실의(天主實義)・곤여만국전도 등의 저서를 남겼다. AD1,610년 운명한다. 베이징에 그의 묘비가 있다. 중국에 다녀온 실학자 홍대용(洪大容)에 의해 그의 저서가 조선에 소개되었다.

관견(算術管見)』을 저술하여 새로운 산학(幾何學·三角法)을 다루어 조선의 산학 발전에 크게 이바지한 직업적 산사(算士)였다.

조선 시대에는 산학교육을 받은 자가 관계에 진출할 수 있는 길은 국가에서 시행하는 취재시험(取才試驗: 算士考試)에 합격하는 것이었다. 산원이 그것이다. 이 시험에 1등으로 합격하면 종8품의 산사(算士), 2등 합격자는 정9품의 계사(計士), 그리고 3등 합격자는 종9품의 회사(會士)로 등용되었다고 한다. 그리고 근무성적과 연한에 따라 산학 제조와 산학교수 그리고 산학박사로 승진할 기회가 주어졌다고 한다. 이들 산원은 국가재정을 담당하는 일종의 국가공무원을 의미한다. 산사 고시에 합격한 자가 산원으로 채용되면, 그들은 호조 산하의 관부회계를 다루는 관직에 나갈 수 있었다. 산원의 직무는 주로 전세부과(田稅賦課)를 위한 양전(量田: 農地測量)과 국가의 전곡(錢穀) 관리와 왕실의 출납 및 회계기록이었다. 그뿐만 아니라, 이들은 천문역학(天文曆學)은 물론, 지방재정을 관장하는 전문가로서 해야 할 역할도 담당하였다. 이들은 국고회계는 물론, 지방재정의 출납 사실에 대한 감사업무에도 관여하여 관부회계에서는 필수불가결한 존재였다. 국가재정을 담당하는 중앙관서인 호조(戶曹)를 비롯한 지방관아에는 관리자와 산원(算員: 算官: 計吏)들이 종사하였다. 특히 회계전문가인 산원은 산사 고시에 합격한 자만이 임명될 수 있었다. 그리고 산원은 조선조의 관부회계 담당자로서 직급에 따라 각각 다른 명칭을 가지고 있었다. 즉, 산학박사·산학교수·산학별제(算學別提)·산사(算士)·계사(計士)·산학훈도(算學訓導)·회사(會士) 등의 직급별 명칭으로 나누어져 있었다. 산학교수 이하의 산원은 중앙부서인 호조의 구성원이면서 산학원(算學院)의 요원으로 되어 있었으며, 산학생도의 교육은 물론, 60명의 계사(計士)를 지휘 감독하는 관원의 지위를 누렸다.

경국대전·조선왕조실록·탁지지 등에 의하면, 산원이 수행하는 업무조직은 ① 판적사(版籍司) ② 회계사(會計司) ③ 경비사(經費司)로 분장 되어 있다. 판적사는 호구·토지·세금·부역·공부·농경 장려·작황조사·흉년구제를 위한 양곡 대여와 수납 등을 관장했다. 회계사(司)는 호조 소속의 전국창고에 보관된 전곡(錢穀)의 입출고 관리는 물론, 세입·세출 회계와 인수인계문서의 관리, 그리고 창고보관에서 발생한 재고부족량을 관리하는 부서이다. 회계사(司)는 호조의 산원이 담당했으며, 각종 회계업무를 분담케 하였다. 탁지지(度支志)에 의하면, 회계사(司)는 각도(各道) 전곡(錢穀)의 회계, 각사(各司) 물품의 회계·해유(解由)·휴흠(虧欠)·회창(回倉)·적몰(籍沒)을 맡아보게 되어 있다. 여기서 회창은 매월 말에 감찰의 입회하에 호조의 산원이 전곡 보관창고의 회계장부와 대조하여 재고조사를 하는 것이며, 적몰은 역적의 재산을 몰수하는 것이다(「會計司郎官一員兼掌各道錢穀會計各司物種會計解由虧欠回倉籍沒」: 度支志內篇 官制). 그리고 경비사는 경향 각지에서 지출되는 각종 경비와 왜인들에게 지급한 식량을 관장하는 업무 부서였다. 이러한 부서를 두었던 호조 산하의 하위부서로서의 산학원(算學院 또는 算學廳)을 두어 산원(算員)의 교육과 관리 감독을 수행했다. 호조와 산학원의 직종과 산원의 정원은 제4장<표 4-4>과 같다.21)

2. 근대화 과정에서 전래한 서양 회계감사 문화

오늘날 시행되고 있는 감사제도는 조선 말기에 도입된 서양 회계제도와 함께 일본을 경유하여 전래하여 한국의 신흥 회계감사 시스템으로 토착화된 것을 일컫는다. 여기서 감사란 기업을 중심으로 하는 경제주체와 그 이해관계자와의 사이에 독립된 제삼자가 개입하여 이해관계자를 보호하고 구제하기 위한 조사를 하여 그 결과를 보고하는 사정행위(査正行爲)이다. 그래서 감사는 경제주체의 업무를 감사하는 것과 장부 기록을 감사하는 회계감사로 나누어진다. 이때 흔히 말하는 재무제표감사는 회계감사를 지칭하는 것으로서 경제주체와 이해관계자 간의 정보전달 수단으로서의 재무제표에 관한 감사를 의미한다.22) 이러한 뜻을 지닌 감사문화는 우리나라의 근대화 과정에서 도입된 서양식 회계감사 제도이다. 이하에서 그 기원과 도입과정을 간단히 살펴보기로 한다.

1) 서양 회계감사 문화의 개관

(1) 서양 회계감사의 제도적 기원

서양의 회계 발전사에서 복식부기의 출현은 획기적인 사건이었다고 할 수 있으나, 그 이전의 고대사회에서부터 거래의 기록계산과 그에 대한 감사행위는 이루어졌다고 한다. 기원전 2200년경에 제정된 바빌로니아 제일 왕조시대(BC2285~2242)의 함무라비법전에서 이를 살펴볼 수 있다. 여기에는 관세·무역·통상에 관한 경제 관련 규정과 형사 관련 규정 및 채권·채무 등의 민사 관련 규정을 포함하는 방대한 법규범이다. 이 법전에 의하면, 상업상의 거래 사실을 철저히 기록하도록 요구하고 있다. 그 업무에 종사하는 자는 상거래를 기록하는 업무뿐만 아니라, 사업계약을 체결할 때 법규범을 준수하고 있는가를 감시하는 역할도 하였고, 사유재산의 보호를 확실히 함과 동시에, 부정이나 태만에 의한 손해를 밝히기 위하여 감사를 시행하도록 했다는 것이다.23)

---

21) 조익순·정석우, 「조선시대의 산원(算士·計士·會士)제도에 관한 연구」(한국회계학회, 『회계저널』 제9권 제4호, 2000, P. 106 ; 조익순·정석우, 『조선 시대 회계문서에 나타난 사개송도치부법의 발자취』(서울, 박영사, 2006), PP. 49~50. 조익순, 『내가 만들어본 요지경』(미수기념수상집, 2011). PP. 204~227. 한국공인회계사회, 『공인회계사 50년사』(2004), PP. 76~80.
22) 高田正淳, 『最新監査論』(東京, 中央經濟社, 1979), 第1章參照.

고대 이집트의 국고회계에서도 창고의 감독관에 의한 감사가 이루어지고 큰 부정행위가 있을 때는 가혹한 형벌을 가함으로써, 회계의 정확성을 추구했다고 한다. 그리고 이집트의 고대사회는 파피루스(종이)를 사용하였으므로, 기록계산이 쉬웠으며, 감사를 수행할 때 증거서류로 활용할 수 있었음은 물론, 바빌로니아와 유사한 계정감사(計定監査)가 이루어졌다고 한다. 왕실 재정에 대한 통치체제가 확립되어 있었기 때문에, 각 지방 관서의 창고에는 공세(貢稅)에 의한 물품이 수납되었으며, 그것을 중앙관서의 국고로 이송하는 과정에서의 검사를 하였다고 한다. 국고와 지방창고에 소속된 기록관들은 공세 물품의 수납과 출고에 관한 모든 사항을 세심히 살피도록 하였으며, 문서에 의한 명령이 없으면, 국고로부터의 출고할 수 없었다. 그뿐만 아니라, 한 계리(計吏)의 기록이 다른 계리의 기록과 일치하도록 기장하도록 함으로써, 내부통제 조직에 의한 안전성이 갖추어져 있었다고 한다. 제도적으로 자기검증기능이 확립되어 있었으므로, 부정행위를 미리 방지할 수 있도록 한 것이 특징이다. 감사의 목적은 업무상의 오류를 적발하거나, 부정을 적발하는 수준이었다고 한다.[24]

고대 그리스의 경우를 보면, 기원전 5세기의 아테네 시민들은 다른 고대국가와는 다른 재무행정 체제를 갖추고 있었다. 시민회의 의원들이 권한을 위임받아 재정을 관장하고 재정 수입·지출을 통제하였다. 정부 회계관은 조세수입을 기록하고 정부의 채무자 목록을 작성하였다. 고위직 관리라고 할지라도 시민의 주권을 존중하였으므로, 재정의 공개가 주요 쟁점이었다. 일부의 계정(計定)을 돌에 새겨 시민들이 볼 수 있도록 하여 기록계산의 투명성을 인증받았다는 것이다. 그런데도 부정행위가 발생했으므로, 각 행정관리의 기록은 임기가 만료되면, 정부의 회계감사관에 따라 감사를 받아야 했다. 감사받기 위한 계산서를 제출하지 않은 관원은 해외에 나가는 일도, 신전에 재산을 봉납하거나 성물(聖物)을 헌납하는 것 등이 금지되었다는 것은 그리스의 감사제도가 엄격했음을 보여주는 대목이다. 그리고 재산의 취득 또는 매각이 이루어질 때마다 기록계산을 하여 월차(月次)·연차(年次)·3년 차의 계산서에 대한 감사를 받았다는 것이다.[25]

또한 고대 로마 시대의 공화정에서 활동하였던 원로원(元老院)은 화폐주조와 국가재정을 지배하고 있었다. 원래는 재정지출에 관한 권한이 집정관에게 위임되어 있었으나, BC443년에는 감찰관에게 이양되었으며 감찰관은 국가의 재정 관리에 관한 전반적인 책임을 지도록 했다고 한다. 세입·세출은 소수의 재무관에게 위임되어 있었고 그

---

23) Michel Chatfield, "A History of Accounting Thought," (Huntington, Robert E. Krieger Publishing Co. 1977), PP. 4~6 〈이정호 역, 『회계 사상사』(서울, 경문사, 1985), PP. 2~7, Passim.〉
24) Ibid. PP. 6~7; 〈이정호 역, 상게서, PP. 7~9.〉
25) Ibidlk PP. 9~11; 〈이정호 역, 상게서, PP. 12~16.〉

들은 국고를 관리하고 군대의 운영경비를 지급하고 국고회계를 감독하였다. 공적인 회계서류는 재무관의 감독을 받는 감사팀에 따라 검증되는 제도였다. 그러므로 재무관은 퇴직할 때 자기의 계정서(計定書)를 원로원의 후임자에게 제출하여 업무감사에 대비하도록 제도화되어 있었다. 따라서 로마인들의 기장 동기는 그들의 근본 목적이 사기나 비효율성에 따라 발생하는 부정행위를 발견하는 데 있었기 때문에, 감사의 제도화는 필수적이었다.26)

위와 같이 고대 문명국가의 감사제도는 모든 거래의 기록 사실을 자세하게 검증하는 정밀감사였다. 이러한 감사제도는 중세의 장원경제 시대에 이르기까지 지속되었다. 장원을 관리하기 위하여 영주는 수탁책임자를 선정하고 그가 장원관리의 내용을 수탁책임을 이행하도록 위탁하였다. 이 경우의 감사는 수탁자 회계 책임을 검증하는 것이었다. 당시에는 문맹사회였기 때문에, 감사는 공청회라는 방식으로 진행되었다. 이때 기장자는 기록내용을 구두로 낭독하여 보고하고, 감사인은 보고내용을 청취하였다. 그래서 감사는 공청 과정을 통하여 듣는다는 의미의 auditing이라 하고 감사인을 듣는 사람이라는 뜻의 auditor로 표현하는 것은 그 시대의 회계감사가 공청을 거쳐 이루어졌다는 고사에서 그 기원을 찾을 수 있다.27) 감사와 관련된 어원적 용어(audit)는 오늘날에도 여전히 사용되고 있음을 본다.

그리고 법령에 따른 제도적 회계감사의 발단은 중세기 프랑스의 싸봐리 법전(AD1673)28)에서 비롯되었다고 한다. 채권자 보호를 위한 취지에서 제정된 이 법전은 상인의 연도결산에 즈음하여 반드시 「재산목록」을 작성하도록 하는 규범이며 정기적 재고 계산제도의 효시를 이루는 상사법(商事法: Ordonnance de Commerce)이다. 이것은 당시 재산의 일부를 감추고 파산을 가장하고 채무에 대한 변제를 회피하려는 악덕 업자에 대한 사기적 파산을 방지하고 선의의 제3자인 채권자를 보호하기 위한 목적에서 제정되었다고 한다. 그 후 재산목록과 대차대조표라는 관념이 상법상 중요한 위치를 점하게 되었고, 감사인이 주의 깊게 살펴야 하는 대목이 되었다.

이러한 채권자 보호 사상은 중상주의 옹호 시대의 산물이라 할 수 있다. 거대 상인

---

26) A.H. Woolf, "A Short History of Accountants and Accountancy," (London, Gee, 1912), P.38. & M. Chatfield, Op. Cit. PP. 12~14. <이정호 역, 전게서, PP. 16~20. Passim.>
27) M. Chatfield, Op. Cit. P. 27. <이정호 역, 전게서, P. 37~38. Passim.>
28) 이 법전은 프랑스의 국왕 루이 14세가 당시의 재상 짝 싸봐리(Jacques Savary)에게 명령하여 제정한 것이다. 제정 동기는 당시 재산의 일부를 은닉하여 파산을 가장하고 채무의 변제를 면제 받으려는 악덕 상인의 사기적 파산을 방지하려는 취지에서 비롯되었다. 이 법전이 회계적으로 중요한 것은 상인은 2년마다 재산목록(Inventare)을 작성해야 하는 의무가 부과되었다는 데 있다. 그 후 짝 싸봐리는 『완전한 상인』(Le Parfait Negociant, 1675)을 저술하였는바, 이 책은 18세기 후반에 이르기까지 유럽에 상당한 회계적 영향을 끼쳤다고 한다. <고승희, 『재무회계론』(단대출판부, 1984), PP. 30~31.>

의 출현으로 상업활동은 회사 형태로 탈바꿈하여 기업화됨에 따라 복식부기 제도는 기업회계로 진화되어 발전하기에 이른다. 이 과정에서 자산평가와 감사에 관한 문제가 등장하였다. 이러한 문제를 법령으로 규제하려는 움직임이 있었고, 결국 나폴레옹 상법전이 제정(AD1807)되는 계기가 되었다. 이것은 드디어 독일과 영국의 상법을 제정하는 동기로 작용하였으며, 상법상 감사에 의한 내부감사가 제도적으로 강화되었고, 대차대조표(재무상태표)를 중심으로 하는 재무제표감사가 주류를 이루었다.

중세 말기에 이르러 유럽 사회는 축적된 상업자본이 생산과정에 투입되는 현상이 일어났고 본격적인 산업 자본화가 형성되면서 산업혁명이 일어났고, 자본주의적 생산 활동이 이루어지는 시대로 진입하게 되었다. 이러한 경제 사정을 배경으로 하여 회계에서는 복식부기가 생산과정에 적용되었으며, 이를 기반으로 하여 제조원가 계산제도가 생성되었음은 물론, 경제적 선진제국에서는 외부감사제도가 발달하여 직업적 회계사(professional accountant)가 등장하는 기업환경이 조성되었다.

(2) 직업적 회계사에 의한 서구형 외부감사제도의 형성

① 영국의 측허회계사제도와 회계감사 문화

직업적 회계전문가인 공인회계사에 의한 감사의 발상(發祥)은 중세 초기의 이탈리아로 거슬러 올라갈 수 있다. 예컨대 밀라노와 피렌체의 자치단체 감사, 베네치아의 회계사양성학교(세계최초의 회계사협회라고 함) 등을 들 수 있다. 이들 여러 도시에 보급된 회계사에 의한 감사가 훗날 이탈리아와 경제교류를 했던 영국·미국·독일·프랑스·네델란드 등에 전파되었다.[29]

우선 영국의 경우를 보면, 19세기 이후 산업·경제의 발전이 진행되는 과정에서 회사의 사기와 부정이 빈번하게 나타나서 결국 출자자가 상당한 피해를 보게 되었으므로, 파산법과 회사법을 제정하여 회사에 대한 감사를 사회적으로 제도화하였다. 직업적 회계사에게 감사를 위촉하는 제도가 마련된 것이다. 그래서 감사 사상이 보급되기 시작하였고 회계사의 자질향상을 도모하게 되었다. 더욱이 회사의 주주총회에서는 회계사를 감사로 선임하여 감사하도록 하였다.

그리하여 회계사단체가 결성되기에 이르렀고, 1853년에는 스코틀랜드의 엔딘바라(Edinburgh)에서 국왕으로부터 측허회계사(chartered accountant)의 자격을 인정받은 회계사협회가 최초로 결성되었으며, 이윽고 잉글랜드와 웨일스 등지로 확대되어나갔다. 1875년경에는 5개의 협회가 조직되었으며, 이들이 연합하여 영국 측허회계사협회

---

29) 中川美佐子, 『イギリスの会計制度』 (東京, 千倉書房, 1982), PP. 61~82. Passim.

(The Institute of Chartered Accountants in England and Wales)가 되었다. 1885년에 영국 상무성의 인가를 받은 법인체로써 회계감사인협회(The Society of Incorporated Accountants and Auditors)가 출범하였다.

20세기에 들어와서는 산업화 사회로 발전되면서 회계와 감사의 중요성에 대한 사회적 인식이 증대됨과 동시에, 회사법(AD1900)의 개정을 통하여 공개법인은 적어도 1인 이상의 감사를 임명하도록 규정하였다. 이윽고 1929년의 회사법 개정에서 이를 더욱 강화했으며, 1948년의 개정 법률에서는 공개회사의 감사가 될 수 있는 자를 특정의 회계사단체에 속하는 자로 한정하였다. 이는 회사법상의 감사에 의한 감사가 회계사감사(會計士監査)로 일원화되었음을 의미한다.

세계 제2차대전 이후 기업환경이 변화함에 따라 정보의 다양화가 이루어지고 회사법의 개정과 회계사협회의 활동이 활발하게 진행되었다. 우선 법제 면에서 보면, 연차재무제표와 감사보고서의 공시요건이 강화되었고, 재무제표에는 오로지 투자가의 투자 및 분배에 관한 정보를 표시함과 동시에, 감사보고서에는 회사의 업무 상태에 관한 기타의 정보(예컨대 중요한 後發事象·회사의 기대되는 미래의 전망·연구개발 분야의 활동 등)를 표시하도록 하였다. 따라서 감사인은 중차대한 책임하에 법률 규정을 준수하고 재무제표의 진실 공정성뿐만 아니라, 감사보고서의 기재사항이 재무제표와의 합치 여부에 대해서도 의견을 표명하지 않으면 안 되었다. 회계사협회의 활동에 대해서는 회계기준의 준수 여부가 문제였다. 회계원칙 권고서(Recommendation Accounting Principles)를 포함하여, 표준회계실무 지침서(Statement of Standard Accounting Practices)가 차례로 공표되었으며, 감사기준에 대해서는 1961년 이래 감사보고서(Statement on Auditing), 또한 1980년의 감사기준(Auditing Standards and Guidlines)이 제정되어 감사인의 판단기준이 되었다.

따라서 영국의 회계감사는 주주를 보호한다는 취지에서 감사의 회계 책임을 체크하고 사업경영의 성실성을 감독하면서 종래의 감사는 각종 거래를 일일이 징표와 장부에 전부 대조하여 행하는 전부 감사였으며, 정기적으로 기말에 이루어지는 정기감사도 시행되었다. 그러나 기업규모가 확대되고 복잡화됨에 따라 전부 감사는 불가능하게 되었다. 그래서 회기 중에 분산하여 감사하는 계속 감사를 고안하게 되었고 한편으로는 간략화하는 방식으로 시사(試査)가 이루어졌다고 한다.

영국의 감사제도는 장부감사라고 할 수 있으나, 이것은 절차 면에서 특색이 있을 뿐, 장부감사의 절차가 연차감사에서는 구조적으로 불가능하다는 것임을 의미한다. 이는 장부감사→결산 감사이며, 결산재무제표는 장부감사의 단계를 줄여서 독립적으로는 검증할 수 없는 것이다. 그렇지만 전자기기의 급속한 발달로 인하여 장부의 개념이 모호한 단계에 이르렀기 때문에, 장부감사의 단계가 붕괴하는 과정이어서 그에 대신하여 시스템 지향의 감사가 등장하여 결국은 시스템감사→결산 감사라는 구조로 영국의 감사는 재생되고 있었다.[30]

② 독일의 경영감사사 및 회계감사 문화

　대륙법 계통의 독일에서는 원래 감사목적이나 관계 법령이 서로 달라서 다종다양한 감사나 감사제도가 이루어졌다. 회계검사원(Rechnungshöfe)의 감사나 후거가(Hugger 家)의 내부감사가 유명하지만, 독일의 대표적인 감사는 19세기 후반의 경제발전에 따라 제도화된 협동조합 감사나 주식회사감사를 일컫는다. 다른 여러 나라에 비하여 조합 형태의 기업이 많았고 사회적 영향도 컸으므로, 1889년에 감사에 의한 감사 이외에 외부의 독립된 감사인에 의한 감사가 의무적으로 시행되었다. 그것은 오늘날 경영감사사(經營監査士: Wirtschaftsprüfer) 중에서 특히 인정된 조합경영 감사에 의한 감사로서 이어지고 있다. 감사하는 재무제표감사뿐만 아니라, 조직, 재산의 실태, 이사의 업무집행 타당성에 대해서도 감사를 시행하고 이사에 대한 내부감사보고서와 조합원에 대한 외부감사보고서를 작성하게 되었고, 오늘날의 주식회사 감사와 유사하다고 할 수 있다.
　주식회사의 감사에 의한 감사는 영국의 제도를 모방한 것이다. 1861년의 독일 상법전은 회사의 임의기관으로서 감사를 두도록 하였으나, 1870년의 개정법에서는 감사를 필수화하여 감사(監査)를 강화하였다. 그러나 그 당시의 감사는 대주주의 대표로서의 이사를 겸하는 것으로 보았기 때문에, 독일의 독자적인 감사에 의한 감사가 제도화된 것이다. 그것은 업무감사에 중심을 두고 있어서 이사선임 동의권·이사해임권 행사에 의한 감사 권한도 포함하고 있었다. 1929년의 경제공황을 계기로 기업 유지와 주주 보호를 위한 감사의 필요성이 대두되어서 1931년의 회사법 개정이 이루어졌다. 금융업·보험업 등에 속하는 주식회사의 재무제표는 특정의 결산감사인에 의한 감사를 받아 그 결과를 재무제표상에 기재하도록 의무화되었다. 1937년의 개정 법률은 이를 일반화함과 동시에, 강제감사의 범위를 규정하였다. 이에 따라 결산감사인의 자격조건으로서 경영감사사 제도가 확립되었다.
　세계 제2차대전 후의 독일 부흥기가 끝나고 자본시장이 재개되면서 투자가층이 넓어졌으므로, 이에 대응하여 1965년 9월에 새로운 주식 법이 제정되었다. 소수 주주를 보호한다는 취지에서 회계감사가 강화되었고 종속회사의 주주를 위한 보고서와 연결재무제표가 새로이 경영감사사(經營鑑査士)에 의한 감사의 대상이 되었다. 그리고 주식회사 이외의 기업파산에 의한 사회적 영향이 컸으므로, 1971년부터 공개법(Publizitätgesetz)에 따라 대차대조표 총액이 1억2천5백만 마르크를 초과하거나 결산 전 12개월 매출액이 2억5천만 마르크 또는 평균 종업원 수 5,000인을 초과하는 기업에

---

30) M. Chatfield, "A History of Accounting Thought, (Huntington, Ribert Krieger Publishing Co. 1977), PP. 111~122," <이정호 역, 『회계사상사』(서울, 경문사, 1985), PP. 159~176.>

대하여 이들 3 기준 중 2 기준 이상에 해당할 때는 주식 법에 따른 재무제표의 공시와 감사를 받도록 의무화하였다. 한편 기업합리화의 문제가 대두되어 내부감사의 중요성이 재인식되었으며, 내부감사협회를 중심으로 기업의 합리화를 위한 내부감사의 추진 운동이 전개되었다.

함부르크 상공회의소에서 1888년부터 자격이 인정되어오던 장부감사(Buchsprüfer)의 면허가 1961년 이후에는 중지되었다. 현재의 독일에서 직업적 회계감사 전문가로서는 경영감사사와 감사인자격의 신탁회사(Treuhandgesellschaft)에서 발전한 감사법인(Wirtschaftsprüfungsgesellschaft)만이 공인되어 있다. 감사법인은 20세기 초에 신탁회사의 조사부가 분가하여 탄생한 것이며, 현재 주 정부나 금융기관이 출자한 형태로 운영되는 경영감사사의 집합체로서의 감사법인이라고 할 수 있다.

다른 나라와는 달리 감사에 관한 법령이 정비되어 있어서 감사의 지도성에는 별문제가 없는 편이다. 그래서 주식회사를 비롯한 대기업에 대해서는 감사에 의한 감사와 결산감사인 감사의 이원화된 제도하에서 감사보고서는 이사와 감사에게만 제출되며 지도 서적 역할을 하는 상세한 보고서와 공포용 확인 증명서의 2가지 유형으로 작성된다. 경영감사사가 세무사와 분리되어 일반적으로 경영감사사의 감사 범위가 여러 법률에 따라 광범위하게 보장되어 있다는 점이 독일 감사제도의 특징이라고 할 수 있을 것이다.31)

③ 미국의 공인회계사와 감사문화

따라서 미국 감사제도의 발전은 세 가지 단계로 나누어 살펴볼 수 있을 것이다. 첫째, 초기의 발전단계는 영국의 감사 실무를 이식하던 시기이다. 미국에서는 남북전쟁의 영향으로 산업이 발달하여 공업회사가 속출하였으므로, 영국이 회사법에 따라 영국 증권시장에 미국의 유가증권을 상장하기 위하여 미국의 유망기업에 특별감사의 형태로 영국 회계사가 출장 감사(1888~1890)를 하였다. 그러나 미국의 직업회계인들이 그 감사 실무모습에 자극받았을 뿐만 아니라, 당시의 새로운 공업회사에 융자한 미국 은행이 그 회사들의 발행증권을 인수하고 있었으므로, 이 출장 감사를 목격하고 감사의 중요성을 실감했다. 이를 계기로 하여 영국으로부터 감사제도를 이식하는 동기로 작용하였다.

이 무렵 미국 회계사들이 모여 미국 공공회계사회(American Association of Public Accountants)를 결성하였다. 뉴욕주(New York 洲)에서는 회계사법을 제정(1896)하여 전국적으로 확대되었다. 그러나 구체적인 감사 실무에 대해서는 명확하지 않았기 때문

---

31) 神戸大学会計学研究室 編, 『会計学辞典』 (東京, 同文館, 1984), PP.205~206, Passim.

에, 지침서가 필요했다. 그래서 영국의 회계학자인 몽고메리는 감사론의 미국판 (Mongomery, "Auditing," Authorized, American ed. 1905)을 출판하여 감사 실무에 활용할 수 있게 하였다. 한편 미국의 공업발전에 수반하여 은행은 증권발행을 대용하고 있었으므로, 발행회사에 대한 감사를 시행하였고 회사들도 회계사에게 감사를 의뢰하는 일이 있었으나, 구체적인 감사 실무는 영국의 감사유형에 따르는 것이었었다고 한다.[32]

둘째. 제2기의 감사 형태는 신용감사로서의 대차대조표 감사가 주로 이루어지던 시기이다. 이 시기에 미국 공공회계사회(AAP)가 회계사법에 준거한 미국 회계사협회 (American Institute of Accountants: AIA)로 명칭이 변경되었다. 산업발전에 의한 미국 자본주의사회가 진전됨에 따라 은행이 증권발행을 인수하는 것 이외에 융자 대출도 증가하였다. 그러나 당시 자본주의 경제사회의 숙명적인 공황이 나타났기 때문에, 불량채권에 의한 은행의 피해도 컸다. 그로 인하여 은행에서는 융자 대출에 즈음하여 채무자에 대한 감사의 필요성을 통감하였다. 그러나 은행업자들 사이에 융자 경쟁이 치열하여 1917년부터 그 감사가 본격적으로 이루어지기 시작하였다. 그때의 감사는 「통일 회계」(1917) 및 「대차대조표 작성의 인증 방법」(1918)에 따라 시행될 수 있도록 하였다. 그 취지는 수신자를 감사하기 위한 재무제표를 통일된 양식에 의해 작성하여 금융기관에 제출함으로써, 융자받으려는 자의 수신 능력을 판단할 수 있게 하였다. 그 당시의 감사는 주로 금융기관을 위하여 이루어진 신용감사였고, 대차대조표를 중심으로 하는 감사였으므로 대차대조표 감사라고도 일컬어졌다. 그것은 금융기관이 대출 이전에 거래처에 요구하는 대차대조표에 회계사의 감사증명을 요구함으로써, 회계사를 이용하는 빈도가 증가하기 시작하였다. 단기투자가를 위해서도 이러한 신용감사가 시행되었다. 따라서 미국식 감사를 신용감사(貸借對照表監査)라 하고 영국식 감사를 정밀감사라고 부르는 것은 이러한 시대적 배경에 기인하는 것임을 인식하지 않으면 안 된다.

당시 수신자의 신용도를 판단하기 위한 감사지침은 약간의 수정이 이루어졌고 회계사의 감사의견을 표명하도록 하였다. 그러나 이 무렵 미국에서는 신용감사가 일반화되어 있었으므로, 회사의 이사가 회계사에게 회계감사를 의뢰하는 예도 있어서 감사보고서는 주주총회에 제출하지 않은 경향이 속출하였다. 그런데도 이 무렵의 내부감사는 상당히 진전되어 있어서 신용감사(貸借對照表監査)를 위하여 기업 측이 내부감사의 존재를 알리도록 하는 원칙을 세웠다. 그 내부감사는 회계기록의 정부(正否)를 감사하는 것이며, 내부 견제와 더불어 회사 내의 오류·탈루·허위부정 등의 발견은 물론, 그 발생을 방지하기 위한 감사였다. 그 당시의 미국에서는 내부 견제와 내부감사를 포함한 내부통제가 회계 통제제도로서 정비되어 있었기 때문에, 회계사가 증명하는 감사보고서 대부분은 이러한 감사의 유형에 속한다고 할 수 있다.[33]

---

32) 上揭書, P. 201, Passim.

셋째로, 미국계 감사의 발전 제3단계는 장기투자자 등의 이해관계자 보호를 위한 재무제표감사가 중심으로 이루어졌던 시기를 일컫는다. 재무제표감사는 대차대조표·손익계산서 등에 감사의 초점을 두고 있다. 이것은 회계행위가 장기투자자 등의 이해관계자 보호를 위한 것으로 이행했기 때문이다. 1929년의 경제 대공황으로 장기투자가들이 막대한 피해를 봤기 때문에, 이때까지 일부 주에서 증권발행회사가 감사를 받게 되어 있던 법규를 전국으로 확대하는 법을 개정하고 증권거래위원회(Securities Exchange Commission: SEC)가 행정감독기구로 지정되고 기업이 주식이나 사채발행을 위해서는 반드시 감사를 받도록 강화되었다.

그리고 그 증권이 발행된 회계연도의 재무제표에도 감사를 받게 하는 규정이 설정되어 현재까지도 이어지고 있다. 또한 이해관계자의 보호를 위하여 감사를 받은 재무제표를 공시하고 그 회사의 수익 능력에 대한 판단자료를 충실히 제시하도록 하였다. 이를 실천하기 위해서 감사기준이 문제로 드러났으며, 감사인의 독립성 문제도 표면화되었다.34)

따라서 미국의 감사제도를 이해하기 위해서는 미국 감사기준의 발전과정을 음미할 필요가 있다. 그것은 ① 1917년에 AIA가 발표한 「대차대조표 감사각서」(Memorandum on Balance Sheet) 및 연방준비은행(FRB)의 「통일 회계－연방준비은행에 의한 시안」(Uniform Accounting－A Tentative Proposal Submitted by the FRB)의 공표, ② 1918년의 AIA에 의한 「대차대조표 작성의 인증 방법」(Approved Method for Preparation of Balance Sheet Statements)의 공표, ③ 1929년에 AIA가 발표한 「재무제표의 검증」(Verification of Financial Statement), ④ 1933년의 증권법(Securities Act)과 1934년의 증권거래법(Securities Exchange Act)의 공표와 1936년 AIA의 「독립공인회계사에 의한 재무제표의 검사」(Examination of Financial Statement by Independent Public Accountants), ⑤ 1947년 AIA의 「감사기준 시안」(Tentative Statement of Auditing Standards) 공표, ⑥ 1954년 AIA 공표의 「일반적으로 인정된 감사기준」(Genally Accepted Auditing Stanadards) 등, 6단계의 과정으로 전개되어있다. 이 중에서 최종의 「일반적으로 인정된 감사기준」은 오늘날 미국 감사지침서의 기능을 하고 있다.35)

2) 근대적 한국회계 감사제도의 여명

근대 한국의 회계감사는 일본의 상법과 계리사법에 영향을 받아 조선총독부 시대에

---

33) 高田正淳 編, 『近代會計學Ⅸ-財務諸表監査』(東京, 中央經濟社1980), PP. 77~97.
34) 神戸大学会計学研究室 編、前揭書, PP. 201~203 & 千代田邦夫,『アメリカ監査制度発達史』(東京、中央經濟社、1984), PP.112~303.
35) 고승희, 『재무회계론』(서울, 단대출판부, 1984), PP. 33~34.

전래된 것이라고 한다. 그러므로 한국 감사제도에 접근하기 위해서는 일본의 감사제도를 음미해볼 필요가 있다. 이하에서 일본회계 감사제도의 형성과정을 간단히 살펴봄으로써, 한국 회계감사의 시원을 살피고 당시에 한국인으로서 감사업무를 수행했던 계리사의 선구자적 행적에 대해서도 추적해보고자 한다.

(1) 조선총독부 시기에 일본을 거쳐 전래 된 회계감사 제도

서양 문물이 유입되던 개화기의 우리나라는 외세의 힘으로 국운이 날로 쇠약해지게 되었고 국권피탈로 인한 조선총독부의 통치체제 아래에서 인고(忍苦)의 세월을 보내야 했다. 1910년부터 1945년까지 35년간 지속된 조선총독부 시기는 일본문화의 영향을 받아 우리나라의 정치·경제·사회·문화에 다양한 변화를 가져오게 하였다. 그중에서 경제활동에 관련된 근대회계 감사제도는 일본의 상법과 계리사법의 영향 아래서 회계와 관련된 계산·검사·조사·감정·증명·정리와 입안(立案) 업무를 행하는 새로운 제도로서 그 시원을 이루었다.

따라서 우리나라의 감사제도에 접근하기 전에 우선 일본의 상법에 따른 감사제도를 간단히 살펴보기로 한다. 일본의 그것은 대륙법 계통의 독일 일반상법전(Deutsche Algemeines Handelsgesetzbuch, 1861)을 참고하여 1893년(명치 26년)에 제정된 상법에서 감사역(監査役=監事) 감사가 규정된 것에 기원한다.36)

이처럼 서구형 회계감사 제도의 일본 이식은 일본의 근대화 시기에 이르러 일본 상법이 시행됨으로써, 비롯되었다고 할 수 있으나, 그 제도가 사회적으로 인식되기 시작한 것은 1907년(明治 40年)의 「모리타(森田)회계조사소」(森田熊太郎 開設)가 효시(嚆矢)라고 한다. 그 후에 계리사(計理士)에 의한 감사가 직업으로서 법적 인정을 받은 것은 1927년(소화 2년) 3월 30일 자로 제정된 계리사법(법률 제31호)에 따른 계리사 제도였다. 이에 의하면, 고등전문학교 이상의 교육을 받고 회계학을 이수한 자가 소정의 등록을 마치면, 계리사의 자격을 인정받아 회계에 관한 감사업무를 할 수 있게 되었다. 그러나 대다수 계리사는 이들 업무 중에서 기장업무 내지는 세무대변(稅務代辯) 업무에 종사하였다고 한다. 이러한 일본의 상법과 계리사법에 근거하는 감사제도가 조선총독부 시대에 시행되고 있었으므로, 1948년의 한국 정부가 수립된 이후에도 그 영향을 받을 수밖에 없는 환경이었다. 1962년에 우리나라 상법이 제정될 때까지 조선총독부 시대의

---

36) 原征士, 『わが国職業的監査人制度発達史』(東京, 白桃書房, 1989), PP. 5~15. <일본 상법은 일본 정부가 1881(明治 14年)에 독일의 상법 학자 뢰슬러(Hermann Roesler)를 초빙하여 상법 초안을 起草하게 한 후, 그것을 토대로 1890년(明治 23年)에 제국의회의 통과로 공포되었으나, 반대운동에 따라 1893년(明治 26年)에 일부가 시행되었으며, 1899년(明治 32年)에 이르러서야 전면 시행되었고, 회계감사 규정이 설정되었다. Ibid. 5.>

일본 상법이 계속 효력을 가지고 있었다. 이것을 의용상법(依用商法)이라는 이름으로 시행되었으며, 1962년 신상법이 제정되면서 폐지되었다. 그러므로 건국 초기의 상법감사제도는 일본의 제도가 이식된 상태에서 상법감사가 이루어졌음을 인식해야 한다.

그리고 1948년 7월 6일 자로 계리사법이 폐지되고, 공인회계사법이 제정(일본법률 제103호)됨으로써, 일본의 직업회계사에 의한 감사에 대하여 미국 공인회계사제도를 범례로 개혁을 단행하여 시험을 통과한 자에게 공인회계사의 자격을 부여하는 제도가 확립되었다.[37]

(2) 근대적 한국인 계리사의 선구자적 행적

일본 계리사법이 제정·공포된 1927년(소화 2년)은 우리나라가 조선총독부 통치를 받던 시기였다. 그 법률은 일본 내에만 적용되고 조선총독부 관할지역인 한반도에는 적용대상에서 제외되었으므로, 계리사가 개업했어도 공식적인 일본 정부의 허가가 나오지 않았다.

이러한 환경이었음에도 당시 계리사의 자격을 얻은 윤정하가 「회계 대변 및 세무 상담」이라는 명목으로 1932년 7월 22일에 서울 종로2가에서 계리사 업무를 시작한 것이 우리나라 직업회계인의 첫 등장이었다. 그 후, 구자욱(具玆旭)이 1935년 12월 25일에 서울 광화문에서 개업하였으며, 1938년에 이윤성(李鈗性)과 김일선(金日善)이 평양에서, 1939년에 이웅열(李雄列)이 대전에서, 그리고 1940년에 이석종(李晳鍾)과 홍경섭(洪景燮)이 서울에서 각각 개업하였고, 1942년에는 황기언(黃基彦)·김찬덕(金贊德)·오병달(吳炳達)·이태준(李台濬), 1943년에 김인순(金寅淳)과 김명구(金命九)가 각각 서울에서 개업한 사실을 통하여 조선총독부통치 시대에 직업적 회계인으로서의 선구자적 행적을 확인할 수 있는 것이다.[38]

이 중에서 최초의 계리사 개업자인 윤정하는 1932년 개업 첫해에 경성식산(주)의 장부 검사를 시발점으로 하여 일본인이 경영하던 「히라다」(平田) 백화점(현 충무로 입구에 있었음)과 「미쓰꼬시」(三越) 백화점(현 신세계백화점)의 장부조직을 검사하였다. 그 후 제일양품(주)의 회계감사를 6년간 하였고, 평화당인쇄(주)의 회계감사도 실시하였다. 그리고 비영리기관이었지만 YMCA의 결산 감사를 계속하였고 연희전문학교의 결산 감사를 한 일도 있다.[39] 이는 수탁경영자가 자진하여 감사를 받았다는 것은 우리나라의 회계감사 역사에 깊은 의미를 지닌다고 할 수 있다.

---

37) 神戸大學會計學硏究室 編, 前揭書, PP. 229~230. Passim.
38) 한국공인회계사회, 『한국공인회계사회 35년사』(1992), P. 8. & 한국공인회계사회, 『공인회계사 50년사』(2004), PP. 139~142
39) 한국공인회계사회, 전게서, pp. 15-16.

광복(1945년) 이후, 미군정시대에도 계리사들의 회계감사 및 세무상담 활동은 계속되었다. 특히 윤정하는 1945년 10월 1일에 조선계리사회를 조직하여 적극적인 활동을 했던 것으로 보인다. 이때 개업계리사의 수는 36명이었다고 하며, 이들은 회계감사를 수행하여 감사보고서도 작성하였다. 이 무렵의 회계감사는 주로 적산회사(敵産會社)에 대한 감사였다고 한다.

③ 한국 정부수립과 회계감사 문화의 형성

1. 한국 정부수립 전후의 회계감사 문화

1) 미군정시대의 조선계 이사회와 회계감사실적

1945년 제2차 세계대전이 일본의 항복으로 종료됨으로써, 새로 진주한 미군이 조선총독부를 해체하고 군정청40)을 수립하여 남한의 치안은 물론, 정치·경제·사회·문화의 다양한 현안을 다스렸으며, 한국 정부가 수립될 때까지 존속했었다. 미군정 기간의 회계감사와 관련된 자료는 거의 찾아볼 수 없고 당시 계리사였던 윤정하가 남긴 업무기록을 통하여 일부 확인하는 정도에 불과하다.

윤정하는 당시에 개별적으로 활동하던 계리사들을 모아 1945년 10월 1일 「조선계리사회」를 조직하고 회장에 선임되었다. 그는 「조선계리사회」의 이름으로 미군정청에 기업의 회계감사를 시행할 수 있게 해달라는 건의서를 제출하였다. 그로 인하여 「조선계리사회」는 미군정청 광공국(鑛工局)의 위촉을 받아 적산(敵産)을 접수하기 위한 감사를 수행하게 되었다. 제1차로 수행한 적산 감사는 종연방직(鍾淵紡織株式會社)41)의 조선지사에 대한 것이었다. 감사인은 「조선계리사회」의 회장인 윤정하와 강

---

40) 미군정청의 정식명칭은 「제조선 미국 육군사령부 군정청」(在朝鮮美國陸軍司令部軍政廳, United States Army Military Government in Korea, USAMGIK)이다. 1945년 8월 15일에 세계 제2차대전이 종료됨으로써, 새로 독립한 한반도 남부를 미군 제24군단이 1945년 9월 8일부터 1948년 8월 15일까지 다스리던 통치조직이었다. 한국에서는 이 기간을 일컬어 미군정기(美軍政期)라고 약칭한다.
41) 「조선계리사회」가 최초로 적산 감사를 맡았던 종연 방직(株)은 일본 미쓰이(三井) 그룹의 계열사이며, 1887년 자본금 100엔(円)으로 설립된 일본의 3대 방직 재벌 중의 하나로서, 1925년 경성에 제사공장(製絲工場)을 동대문 밖 보문동 인근에 세워 조선에 진출하였으며, 섬유공업뿐만 아니라, 조선 경제의 판도를 좌우할 정도로 규모가 컸음은 물론, 1940년대 초까지 종연 방적의 전초기지로서의 역할을 수행했다고 한다.

윤기·이태준·오병달·김인순 등, 10여 명의 회원이었다. 감사는 착수한 지 한 달여 만에 완료되었고 감사보고서도 작성·제출되었다.

1946년 2월에 미군정청 법령(제18호)에 따라 광공국이 상무국으로 조직 변경되면서 회계감사과가 설치되었고, 여기서 감사업무를 전담하게 되었다. 이어서 같은 해 3월에는 미군정청 법령(제31호)에 따라 상무국이 상무부로 개편되면서 회계감사과가 회계감사국으로 승격되었다. 이 무렵 회계감사국의 고주상(高周相)·김의배(金義培)·신현국(申鉉國)이 동양 맥주·대한제분·애경 유지·동양전선 등을 감사하였다고 한다. 그리고 이들은 「조선계리사회」의 회원으로 가입된 자들이었다. 그리고 미군정청 상무부의 회계 감사국은 1946년 말에 은행융자신청서에 대한 감사를 시행하였고, 1948년 4월에는 관제처내에 감찰서가 신설되어 적산 업체에 대한 회계감사를 실시하였다고 전해지고 있다.42)

2) 정부수립 초기의 회계 감사실태

1948년 8월 15일에 수립된 대한민국 정부(이하 한국 정부)는 미군정청 체제를 이어받고 제도적 정비를 추진하면서 독립국으로서의 민주공화국 정부 위상을 정립해 나갔다. 그러한 가운데 초기의 회계감사에 대한 직업적 회계전문가의 활동도 활발하게 전개되었음을 확인할 수가 있다.

「조선계리사회」의 회장인 윤정하는 한국 정부가 수립된 초기에 사단법인 대한 방송협회의 감사를 위촉받아 이태준 회원과 함께 업무와 재산 상태를 감사하였으며, 1948년 10월 7일 자로 재무제표상의 문제점을 개선하도록 하는 감사보고서를 공보처 방송국장에게 제출하였다. 대한 방송협회의 인수를 위한 회계감사는 한국 정부가 수립된 이후 국가기관이 계리사에게 감사업무를 위촉한 최초의 사례로서 우리나라 국영방송 발족의 초석이 되었다고 한다.

그리고 1948년 8월 5일 제헌국회가 제정한 반민족행위처벌법에 따라 박흥식의 소유 회사인 화신 그룹과 그 계열사에 대한 감사를 계리사에게 위촉하였는바, 「조선계리사회」의 회장 윤정하를 비롯한 이규화·이태준이 수임하여 실행하였다. 감사 결과보고서는 1948년 3월에 보고되었다.

이처럼 한국 정부에 의한 계리사법이 제정되기 이전에 이루어졌던 외부감사는 일정한 근거나 감사기준이 존재하지 않은 상태에서 관계기관의 위촉을 받아 이루어졌으므로, 엄격한 의미에서 외부감사라고 보기에는 어려울 듯하다. 감사기준이나 감사보고서의 양식이 있었던 것도 아니었으므로, 당시 계리사들의 행적은 훗날 외부감사제도의

---

42) 한국공인회계사회, 『공인회계사 50년사』 (서울, 2004), PP. 145~148.

확립을 위한 좋은 참고자료로 작용했다고 전해지고 있다.43)

2. 회계감사 문화의 제도적 기반구축

1)계리사법의 제정과 직업감사인제도의 도입

한국 정부의 수립 이후 직업감사인제도의 근거가 되는 계리사법을 제정하기 위한 움직임이 활발히 전개되었다. 1949년 9월에 조선계리사회의 부회장이었던 당시 국회의원 이진수(李鎭洙)를 통하여 의원입법 형식으로 계리사 법안을 제출하였다. 이 법안은 1950년 2월 22일의 국회 본회의에서 통과되어 1950년 3월 10일 공포됨으로써, 직업적 회계감사인제도가 법적 근거 하에 명실공히 확립되었다. 그런데 이 계리사법 제정의 이면에는 조선계리사회의 헌신적인 노력이 있었음을 고려할 필요가 있다. 이로써, 조선계리사회는 그동안 제도권 밖의 임의단체로서 회계감사 업무에 종사해 왔으나, 계리사법의 제정으로 인하여 직업적 회계감사인으로서 법적인 보호를 받으며 제도권 안에서의 활동을 전개할 수 있게 되었다.44)

계리사법의 제정 후 조선계리사회는 회원총회를 개최하고 계리사법에 근거하는 특수법인을 설립하기로 의결함과 동시에, 대한계리사회로 명칭을 변경하기로 의결하였다. 그런데 한국전쟁(6·25)으로 인하여 특수법인 대한계리사회의 설립 신청은 무산되고 말았다. 휴전협정이 조인되고 서울로 환도한 정부가 1953년 12월 14일에 계리사법시행령을 공포함으로써, 특수법인설립이 가능하게 되었다. 계리사법시행령(제52조 제1항)의 규정에 따라 발기위원회를 조직하고 특수법인설립을 추진하기에 이르렀다. 발기위원장 김순식(金洵植: 당시 고려대 경상대학장)은 1954년 11월 10일에 계리사법(제4조)에 따른 계리사 등록희망자 36명을 재무부 장관에게 등록신청 하였다. 이에 따라 발기위원회는 특수법인으로 설립될 계리사회의 명칭을 한국계리사회로 결정함과 동시에, 회칙 안을 마련하였다. 1954년 12월 11일에 서울시 중구 소공동 외교회관에서 창립총회를 개최하고 회칙심의와 임원선출 및 예산안 심의가 이루어짐으로써, 한국계리사회는 드디어 결성되었다. 재무부에 등록신청을 마치고 재무부 장관의 허가를 받아 정식으로 계리사법의 규정에 따른 한국계리사회가 출범하였다. 이로써, 한국계리사회는 법적 지위를 확보하게 되었고 직업적 회계감사 법인으로 활동할 수 있게 되었다.

한국계리사회는 계리사법과 계리사법시행령에 따라 전개될 회계감사에 대비하여 1959년 8월에 특별분과위원회를 구성하고 회계감사 기준과 직업 윤리규정을 마련하여

---

43) 상게서, PP. 148~150, Passim.
44) 상게서, PP. 84~85. Passim.

공표하였다. 이렇게 제정된 회계 감사기준은 감사의 일반기준·실시기준·보고기준으로 구성되었다. 이에 따라 한국계리사회는 회계감사 기준을 구체적으로 규정한 준칙을 제정하기로 하였으나, 그것은 1972년 11월 4일에 이르러서야 감사실시 준칙과 감사보고 준칙이 마련되어 뒤늦은 감이 있었다.[45]

2) 증권거래법에 따른 법정 감사제도의 도입

(1) 증권거래법의 제정

증권거래법은 증권의 공정한 발행과 거래, 그 유통의 정상화, 국민경제의 발전 및 투자자의 보호를 목적으로 하는 경제법의 일종이다. 경제개발계획을 합리적으로 추진하기 위한 일환으로 증권시장의 건전한 발전을 이룩해야 한다고 본 한국 정부는 1962년 1월 15일 자로 증권거래법(법률 제972호)을 제정·공포함으로써, 증권시장의 개설·운영·관리에 관한 기본법률을 마련하여 증권시장에 관한 법적 기반을 구축하게 되었다. 그런데 증권거래법이 제정되기 이전에도 조선총독부 시대에 시행되던 증권 관계 법령에 따라 증권발행이나 거래 및 그 유통이 이루어지고 있었다.[46]

한국 정부가 수립된 이후의 증권시장은 한국전쟁(6·25전쟁) 중 발행된 건국국채와 토지개혁으로 인한 지가증권(地價證券)의 거래가 이루어지면서 1953년에 설립된 대한증권업협회에 따라 실행된 증권거래에서 비롯된다. 그 후 1956년에 이르러 정부와 은행, 보험 및 증권회사가 합동 출자하여 대한증권거래소를 설립함으로써, 우리나라 증권시장의 제도화가 이루어졌다.

이처럼 증권거래법의 제정(1962)으로 우리나라의 증권시장은 본궤도에 오르게 되었으며, 종래의 채권 위주의 시장에서 주식거래시장으로 탈바꿈하는 등, 일대 약진의 전기를 마련하였다. 그러나 증권시장의 역사가 짧아 제도적 정비의 미숙으로 운영에 난항을 맞기도 하였다. 모처럼 이루어진 주식투자는 지나친 경쟁으로 투기를 유발함으로써, 1962년 5월에 증권파동이 일어나 증권시장 발전사에 큰 오점을 남겼을 뿐만 아니라, 그

---

45) 상게서, PP. 85~89, Passim.
46) 문헌에 의하면, 우리나라 증권거래의 기원은 조선총독부 시대의 주식현물거래시장에서 찾을 수 있으나, 제도적 기원으로는 1943년의 조선증권취인소령에 따른 조선 증권취인소가 설립되면서 제도화되었다는 것이 정설이다. 그것은 광복 이후 미군정시대에 해체되었으나, 조선증권취인소령은 새로운 증권거래법이 제정된 1962년까지 헌법 제100조의 규정에 따라 효력을 가지고 있었으므로, 1950년대의 증권거래가 가능했고, 1956년의 대한증권거래소 설립의 근거 법령이 되었으며, 1962년 1월 15일 자 증권거래법이 제정될 때까지 효력을 갖고 있었다. 그리고 1956년 3월 3일에 서울 증권시장이 개장되어 우리 손에 의한 증권시장의 서막이 열리게 되었다. <한국증권거래소, 『한국의 증권시장 제도』(서울, 1982), PP. 11~13.>

후 수년간 증권시장 침체의 원인으로 작용하였다.

따라서 한국 정부는 1963년 4월 27일 증권거래법을 개정하여 증권거래소의 조직을 정부가 투자한 특수법인 공영제로 개편하고 증권거래소 임원의 임명권을 정부가 갖도록 하여 시장관리의 공정성을 기함과 동시에, 행정적 감독을 강화하여 증권시장 관리체제를 정비하였다. 그해 5월 3일에는 현재의 공영제 한국증권거래소가 출범하게 되었다.[47]

(2) 계리사의 감사 증명제 도입

증권시장의 체질 개선과 공신력을 회복함과 동시에, 내자 조달 역할을 담당할 수 있는 자본시장을 구현시키기 위하여 1963년 4월 27일 자로 증권거래법을 개정(법률 제1,334호)하였다. 여기서 투자자를 보호하기 위한다는 취지에 따라 증권거래법(제126조의 6의 2)에 「계리사에 의한 감사증명」을 요구하는 규정을 신설하였다. 그 규정은 「증권거래소에 상장되어있는 주식의 발행인, 그 밖의 각령이 정하는 자가 이 법의 규정에 따라 제출하는 대차대조표, 손익계산서, 재산목록 그 밖의 재무에 관한 서류에는 재무부 장관이 지명하는 계리사의 감사증명을 받아야 한다.」라고 되어있다. 이 규정을 근거로 하여 계리사에 의한 감사증명이 제도화되면서 상장법인에 대한 계리사의 외부감사가 시작되었음은 물론이다.

따라서 재무부는 증권거래법의 규정에 따른 계리사의 감사증명에 관한 기준과 절차를 마련하기 위하여 1963년 9월 23일 자의 「증권거래법에 따른 계리사의 감사증명규칙」(재무부령 제335호)을 공포하였다. 여기서 감사증명을 요구하는 계산서류는 대차대조표·손익계산서·재산목록·잉여금계산서 또는 손실금계산서·잉여금처리계산서 또는 손실금처리계산서와 부속 명세표이다. 이때의 감사증명은 감사한 계리사가 작성하여 제출하는 감사보고서로 하게 되었다.

그리고 감사보고서는 공정 타당하다고 인정되는 기준에 따라 행한 감사 결과를 기본으로 하여 작성하게 되었다. 또한 감사보고서에는 실시한 감사의 개요, 재무제표가 당해 사업연도의 재무상태와 경영성과는 적정하게 표시하고 있는가에 대한 의견을 기재하고 감사를 한 계리사가 날인하도록 되어 있다. 감사보고서의 유형은 감사의견의 구분내용에 따라 무한정 의견, 한정의견, 의견유보의 세 가지로 구분되었다. 그리고 감사의견의 일반적인 기재 내용은 ① 재무제표가 일반적으로 공정 타당하다고 인정되는 기업회계기준에 따라 작성되었는지의 여부 ② 계리사가 재무제표의 주요항목에 있어서 기업회계기준에 따르지 않으면 그 이유 및 해당 재무제표에 끼친 영향 ③ 재무제표 항목이 해당 재무제표가 속하는 사업연도 직전의 사업연도와 동일한 기준에 따라

---

[47] 한국증권거래소, 전게서, PP. 15~16.

처리되고 있는지 ④ 감사를 받는 회사가 해당 사업연도에 있어서 직전 사업연도의 재무제표 항목에 관한 기준을 변경한 때, 그 변경이 해당 재무제표에 현저한 영향을 주고 있다고 계리사가 인정하면 그 이유 및 해당 재무제표에 미친 영향 ⑤ 재무제표의 표시가 관계 법령의 정한 바에 따르고 있는지 ⑥ 재무제표의 표시가 관계 법령에 따르지 않았다고 계리사가 인정하면 그 뜻 및 관계 법령의 정한 바에 따른 경우와의 상이점 등을 표시하도록 하였다. 한편 감사를 시행한 계리사는 감사증명을 한 뒤 바로 해당 감사에 관계되는 기록 또는 자료를 감사받은 회사의 사업연도별로 정리하여 그 사무소에 비치하도록 규정되어 있었다.48)

감사 시기는 피감사 회사의 결산기 종료일까지 재무부가 계리사반을 지명 통고하였기 때문에, 실제로 계리사에 의한 상장법인 외부감사는 기말 이후에 감사 계약을 체결할 수밖에 없었다. 그리고 회사가 결산 준비작업과 주주총회를 준비하는 시기와 겹쳤으므로, 정작 회계감사는 주주총회가 끝난 후에 실시하는 것이 상례였다. 이는 회계감사의 근본 목적이 이해관계자 보호와 부정오류의 사전 방지에 있음에 비추어볼 때, 진정한 외부감사로서의 의미가 퇴색되는 듯한 인상을 주었다. 이러한 문제점 때문에, 증권거래법의 개정(1973년 2월 6일 자의 법률 제2,484호)과 증권거래법시행규칙의 개정(1973년 8월 4일 자의 재무부령 제967호)을 통하여 결산일 이전에 감사에 착수하도록 제도화했다. 이는 기중 감사로서 결산기 말 2개월 전에 감사에 착수하여 주주총회 4주 전까지 감사보고서를 제출하도록 제도적 개선이 이루어졌다는 의미이다.

공인회계사법의 제정(1966.)을 기점으로 종래의 계리사는 공인회계사법에 따른 공인회계사로 전환되었고, 증권거래법의 개정(1968)으로 인하여 공인회계사에 의한 외부감사가 한층 강화되었다. 따라서 공인회계사의 감사증명을 받지 않은 회사는 1년 이하의 징역 또는 50만 원 이하의 벌금에 처할 수 있도록 규정됨으로써, 공인회계사 외부감사제도의 진화를 가져왔다. 그리고 외부감사의 실효를 거두기 위한 규정은 8·3 긴급조치(1972. 8. 3.)와 기업공개촉진법의 개정(1973)에서도 볼 수 있다. 그뿐만 아니라, 재무부는 「재무제표감사증명에 관한 규정」을 제정(1973년 8월 4일 자의 재무부령 제968호)하여 재무제표의 용어와 양식 및 작성 방법에 따라 감사증명이 이루어지도록 하였다. 이 규정에 따라 공인회계사의 감사증명을 받아야 하는 재무제표는 대차대조표·손익계산서·이익잉여금처분계산서 또는 결손금처리계산서·부속명세서로 규정되었다. 재무부의 이 규정에는 감사수칙과 특별한 이해관계의 범위 그리고 감사증명의 방법과 감사보고서의 기재사항은 물론, 보충적 기재사항 및 감사조서 등이 규정되어 있다.49)

---

48) 한국공인회계사회, 전게서, PP. 91~94, & PP. 197~200, Passim.
49) 상게서, PP. 199~200.

3) 공인회계사법에 따른 회계감사인제도

(1) 한국 공인회계사법의 제정

1960년대 후반기부터 경제개발계획이 시행되면서 자본시장을 육성하기 위한 일환으로 관련 법률의 제정 및 개정이 필요하게 되었다. 이 과정에서 한국계리사회는 직업회계인에 의한 직업적 감사인의 활동 영역이 확대되는 등, 회계환경의 변화에 부응하기 위한 외부감사제도의 법제화를 추진하면서 진일보한 계리사제도의 확립을 목표로 종래의 계리사법에 대신하는 공인회계사법의 제정을 추진하였다. 그것은 한국계리사회의 한국공인회계사회로 거듭난다는 의미였다.

당시의 한국계리사회는 계리사법의 내용을 유지하면서 필요한 조문에 대해서는 공인회계사법의 제정과정에서 보완토록 한다는 취지로 의원입법을 통한 공인회계사 법안의 국회 제출을 추진하였다. 1964년 정기국회에 제출된 이 법안은 이듬해인 1965년 9월 정기국회 재정경제위원회에 회부 되었으며, 1966년 임시국회가 개회되면서 그 법안의 심의수정이 이루어졌다. 이 법안은 법제사법위원회를 거쳐 국회 본회의에 상정되었으며 무리 없이 통과되었다. 그리하여 공인회계사법은 1966년 7월 15일 자로 공포(법률 제1,797호)되어 동년 9월 1일부터 시행되었다. 결국 공인회계사법은 시대적 요청에 따라 회계법인 설립 근거 마련 및 보완 등을 이유로 제1차 개정이 1968년 12월 31일자(법률 제2,065호)로 이루어짐으로써, 공인회계사법이 완성되었으며, 명실공히 외부감사 전담 기관으로서의 법적 근거가 확보되었다.[50]

공인회계사법에 따라 공인회계사제도가 확립됨으로써, 공인회계사의 자격을 취득하려는 자는 소정의 시험에 합격하지 않으면 안 되었다. 공인회계사법시행령(1966년 9월 2일자의 대통령령 제2773호)의 공인회계사 시험은 규정에 따라 예비시험과 본시험 및 실무시험의 3단계로 구분되어있었다. 경제개발이 성공적으로 이루어지고 그에 따른 회계환경이 향상되면서 공인회계사의 시험은 제1차·제2차·제3차의 단계로 변경되었음은 물론, 시험과목에도 다양한 변화와 여러 차례의 조정이 이루어졌고, 특히 1993년부터는 제3차 시험이 폐지되고 공인회계사 연수원이 설립되어 제2차 시험합격자에 대한 소정의 교육을 받도록 함으로써, 공인회계사의 자질향상을 기하면서 오늘에 이르고 있다. 그리고 1993년에 공인회계사법이 개정(법률 제4,683호)되면서부터는 외국의 공인회계사도 내국인과 동일한 절차에 따라, 공인회계사의 자격을 취득할 수 있게 되었을 뿐만 아니라, 합작법인 등의 회계업무만 취급하도록 했던 업무 범위의 제한 규정도 폐지하

---

50) 한국공인회계사회, 『한국공인회계사회 삼십오년사』(서울, 1992), PP. 215~233. & P. 387, Passim.

여 외국 공인회계사의 위상을 정립하는 계기가 되었다.51)

공인회계사법의 시행과 더불어 종래의 계리사법은 폐지되었고, 자격에 관한 경과조치로서 공인회계사법 시행 당시 계리사 명부에 등록되어 있던 계리사들은 공인회계사법에 따른 공인회계사명부에 등록된 공인회계사의 자격을 인정함은 물론, 종래의 계리사법에 따른 한국계리사회도 공인회계사법에 따른 한국공인회계사회로 인정하게 되었다. 따라서 공인회계사법의 제정과 한국공인회계사회의 결성은 외부감사업무를 담당하는 공인된 직업적 회계전문가로서의 공인회계사의 활동이 보장되기에 이르렀으며, 또한 직업적 회계전문가단체로서의 한국공인회계사회의 법적 근거가 마련되어 그 위상정립이 확고히 다져졌음을 확인할 수 있다.52)

(2) 한국공인회계사회의 발족과 회계감사인제도의 활성화

광복(1945년 8월 15일) 이후의 어지러운 사회 분위기 속에서 임의단체로 출범했던 조선 계리사회는 한국 정부수립 이후에 계리사법이 제정됨으로써, 한국계리사회로 조직개편을 하고 외부감사의 중추 기관으로 활동해 왔다. 1960년대의 경제개발계획이 수립되어 실천하게 되면서 달라진 회계환경 속에서 공인회계사법이 제정되었다. 그에 따라 한국계리사회는 한국공인회계사회로 탈바꿈하여 재출발하게 되었고, 한국경제의 파수꾼으로서 회계 감사제도의 발전에 지대한 공헌을 하면서 오늘에 이르고 있다. 더욱이 한국공인회계사회는 회계 서비스 시장의 확대·발전은 물론, 회계감사의 보루가 되는 회계 사상의 보급과 발전을 위하여 다양한 활동을 전개해왔다.

그뿐만 아니라, 성공적인 경제개발계획의 달성으로 한국경제의 발전이 점차 이루어지게 됨에 따라 기업규모가 커지고 경제적 여건도 복잡 다양화되었다. 따라서 종래에 진행되어오던 개인적인 회계감사인이 단독으로 감사하는 기업을 완전하게 감사한다는 것이 어렵게 되었고 감사 결과에 대한 책임부담도 한계에 이르렀음을 감지하게 되었다. 그래서 한국공인회계사회는 회계법인 제도의 도입을 검토하게 되었으며 미국과 같은 나라에서 공인회계사로 구성되는 단체나 법인에 회계감사인의 자격을 부여하는 제도를 도입하는 방안이 강구되기에 이르렀다. 그것은 1960년대 후반에 외국 회계법인이 국내 진출과 이를 저지하기 위한 운동을 전개하는 과정에서 자연스럽게 이루어졌다. 회계법인 제도의 도입이 그것이다.

계리사나 공인회계사들이 단체를 이루어 감사업무를 수행한 것은 1965년에 도입된 계리사반 제도부터였다. 감사업무의 효율적인 수행을 위해서는 여러 명의 회계사가 참

---

51) 한국공인회계사회, 『공인회계사 50년사』 (서울, 2004), PP. 173~178, Passim.
52) 상게서, PP. 201~203, Passim.

여하는 것이 효율을 기할 수 있으므로, 대외적인 공신력을 향상하기 위해 하나로 자연 발생적으로 추진된 결과였다고 한다. 1965년까지 한국계리사회의 계리사 합동사무단이 17개 조직되어 활동했었다. 1957년에는 한국공인회계사회가 공인회계사 합동 사무 단을 조직하여 감사업무에 종사토록 한 바가 있다. 1968년에 공인회계사법이 개정되면서 회계법인 제도가 인정되기에 이르렀다. 그리고 한국공인회계사회는 1973년에 합동 회계사무소 규정을 만들어 기존의 공인회계사반을 해산하고 5명 이상의 공인회계사 합동사무소를 설치할 수 있게 하였다. 그러나 이것은 1997년에 공인회계사법이 개정(법률 제5,255호)되면서 폐지되었다.

오늘날 감사인으로 보편화된 회계법인의 기원은 1968년의 공인회계사법의 개정에서부터이다. 그 논리적 근거는 회계법인 제도가 감사업무를 수행하면서 개인 공인회계사보다는 업무의 계속성과 전문성 및 손해배상 등의 사회적 책임성도 담보할 수 있다는 점에 있었다. 개정(1968年) 공인회계사법에 규정된 회계법인은 공인회계사 5인 이상의 사원으로 설립할 수 있게 되었다. 따라서 회계법인을 설립하기 위해서는 발기인 공동으로 목적, 명칭, 사무소의 소재지, 사원의 성명과 주소, 사원의 출자에 관한 사항과 업무에 관한 사항이 기재된 정관을 작성하여 대통령령이 정하는 바에 따라 재무부 장관의 인가를 얻어 설립할 수 있도록 제도화되었다. 회계법인 제도는 정부가 기업공개와 외부감사제도를 강화하고 감사기구의 대형화를 유도하기 위한 방침에 따라 증권거래법이 개정(1973년)되면서 비약적인 발전을 가져왔다. 우리나라 최초의 회계법인은 1970년에 설립된 세정회계법인과 신한회계법인이다. 이러한 회계법인 제도는 한국 회계감사 문화의 발전에 이바지하는 바가 지대하다고 해야 한다.[53]

4) 외감법에 근거하는 외부감사제도의 확립

(1) 외감법의 제정

경제개발계획의 지속적인 달성으로 국민경제의 발전이 이루어지고 기업규모가 커졌음에도 불구하고 기업 대부분은 소유와 경영의 분리가 제대로 이루어지지 않았기 때문에, 내부감사제도는 유명무실한 상태에 있었다. 상법에 따른 내부감사가 소유와 경영의 미분리로 인하여 감사의 선임에 독립성이 없었고, 감사의 선임 자격 규정도 미비한 상태였으므로, 전문적인 회계전문가에게 감사업무를 맡기는 경우가 많지 않았다. 물론, 윤리경영이 확립되지 않은 기업환경이었으므로, 자금관리에 허점이 많아 회계부실

---

53) 한국공인회계사회, 『공인회계사 50년사』 (서울, 2004), PP. 96~98. & PP. 189~191, Passim.

로 재무구조의 불건전성이 팽배해있었다. 특히 기업 활동의 국제화가 진전됨에 따라 기업 외부의 다양한 이해관계자가 증가하게 되었고, 이들의 의사결정에 유용한 회계정보를 활용할 수 있게 하는 외부감사제도가 필수 불가결한 과제로 부각되었다.

한국 정부는 이러한 기업환경에 부응할 수 있도록 외부감사제도의 확대 시행을 시도하기에 이르렀다. 증권거래법에 따른 상장법인과 등록법인 및 여신관리법, 그리고 합작법인에 대하여 실시되는 외부감사 이외에 추가하여 직전 사업연도 말의 자본금 5억 원 이상 또는 총자산이 30억 원 이상인 기업은 공인회계사에 의한 외부감사를 받게 하는 법률이 제정된 것이다. 「주식회사의 외부감사에 관한 법률」(이하 외감법이라 약칭함)의 제정(1980년 12월 31일, 법률 제3297호)이 그것이다. 외감법이 시행됨으로써, 일정 규모 이상의 기업에 대하여 회계감사인에 의한 외부감사를 받게 하여 내부감사제도의 단점을 보완하고 건전한 회계처리가 이루어지도록 하여 외부의 이해관계자를 보호함과 동시에, 외부감사의 제도적 정착과 발전을 가져오게 하였다.

기업의 외부감사를 수임할 수 있는 감사인의 자격은 외감법과 「감사인의 업무 등에 관한 규정」(1982년 2월 1일, 재무부 고시 제904호)에 따라 공인회계사 또는 회계법인으로 하였다. 이것은 외감법의 개정(1989년 12월 30일, 법률 제4,168호)을 통하여 회계법인과 합동 회계사무소나 공인회계사감사반으로 하였으나, 1996년의 외감법 개정(1996년 12월 30일. 법률 제5,196호)에서 합동 회계사무소는 제외되었으며 회계법인과 감사반만이 외부감사를 수행할 수 있도록 조정되었다. 한국공인회계사회는 외감법과 감사인의 업무에 관한 규정에 따라 「감사인의 업무 수임 준칙」을 제정(1982年 3월 10일, 내규 제37호)하여 운영함으로써, 공인회계사의 외부감사가 공정하게 수행될 수 있도록 하였다.54)

(2) 외감법에 근거하는 회계감사감리 제도의 정착

① 회계감사감리 제도의 도입

우리나라 회계감사의 감리제도는 한국공인회계사회가 재무부의 요청으로 1975년에 감리조직을 갖추면서부터 시행되기 시작하였다. 그것은 재무부가 한국공인회계사회에 보낸 공문, 「증권거래법에 따른 외부감사제도의 공정한 운영」(1974년 9월 25일, 證二 1,224-1,385)에 따라 한국공인회계사회가 외부감사에 대한 감리기구를 설치하도록 요구함으로써, 비롯되었다는 것이다. 이윽고 재무부는 한국공인회계사회에 감리기구의 설치를 요구하는 공문(1974년 12월 4일 자의 證二1,224-1714)을 보낸 데 이어 1975년 5월에도 공문을 보내어 감리기구의 설치를 거듭 촉구하였다.

---

54) 상게서, P. 109. & PP. 213~216, Passim.

이때 재무부는 회계감사 감리기구의 객관성과 중립성을 확보하기 위해서는 한국공인회계사회와 기타의 외부기관에서 추천받은 위원 중에서 한국공인회계사회장이 임명하는 11인의 위원으로 구성하도록 요청했다. 이러한 재무부의 요청에 따라 한국공인회계사회는 1975년 3월 15일 당회의 부회장을 당연직 위원장으로 하여 11인의 위원을 추천받아 회계감사감리 위원회[55]를 조직하고 감리업무를 수행하도록 하였다. 한국공인회계사회는 정기총회(1975년 6월)에서 회칙을 개정하고 회계감사 감리위원회의 설치 근거를 마련함으로써, 그 운영 규정이 제정되어 감리업무 제도가 수행되었다.[56]

② 증권감독원 법정 감리와 공인회계사회의 자체 감리

외감법(1980)은 회계감사인이 작성한 감사보고서를 감리하기 위한 감리위원회를 증권감독원 내에 설치하도록 규정하였다. 이 규정에 따라 감리위원회는 증권관리위원회 상임위원 1인, 한국공인회계사회 부회장 1인, 금융감독원 부원장 1인 및 교수 등, 7명으로 구성하게 되었다.

감리위원회는 감사보고서의 감리와 감사인의 조직 및 감사업무 운영에 관한 감리로 구분하여 감리를 시행하였다. 감사보고서의 감리는 서면에 의한 감리를 원칙으로 하고 표본추출에 의한 일반감리와 제보에 의한 특별감리는 물론, 감사보고서 전체를 대상으로 하는 약식 감리로 나누어 실시되었다. 1981년 12월에 증권 감독원은 정관을 개정하여 감리국 설치를 위한 규정을 두었다. 신설된 감리국은 감리업무를 집행함과 동시에, 회사와 감사인에 대한 직접 조사권을 행사할 수 있도록 함으로써, 공인회계사의 외부감사에 관한 감리와 감독 기능이 한층 강화되었다.

외부감사의 감리를 시행하면서 감리위원회는 감사보고서의 감리와 감사인조직은 물론, 감사업무의 운영에 관한 감리로 분류하여 실행하였다. 1989년에 개정된 외감법에 따라 종래의 증권감독원의 감리업무는 증권관리위원회로 격상되었다. 증권관리위원회의 상임위원은 동 위원회의 당연직 위원장이 되고 한국공인회계사회장이 추천하는 2인을 비롯한 각계 기관의 추천인 등, 총 9인의 위원으로 구성하는 외부감사심의위원회를 두었다. 따라서 종래의 감리위원회는 해산되고 그 업무는 외부감사심의위원회가 승계하여 실행하였다. 1993년의 외감법 개정에서는 감리업무 일부에 대한 조정이 있었으며 그에 감사업무에 대한 조치권 등을 한국공인회계사회에 위탁할 수 있도록 하였다.

---

55) 이때 추천받은 회계감사감리 위원회 위원은 당연직 위원장에 김두황(한국공인회계사회 부회장)을 비롯하여 한국공인회계사회 추천의 구본회·이찬하·이동진, 재무부 추천의 김행선, 대한상공회의소 추천의 강남언, 한국회계학회 추천의 강일수·신정식, 증권거래소 추천의 장용수, 한국상장회사협의회 추천의 유상옥, 그리고 경제인연합회 추천의 김희수 등으로 구성되었다.
56) 한국공인회계사회, 전게서, PP. 240-241.

한편 한국 정부가 한국공인회계사회가 외부감사의 공정한 운영을 위한 감리업무의 자율적 제도화를 권고함으로써, 한국공인회계사회 내에 감리기구를 설치하였다. 이는 한국 정부가 기업 체질 강화대책을 발표(1980. 9. 27.)함과 동시에, 주식회사의 외부감사에 관한 법률(외감법)을 제정(1980. 12. 31. 법률 제3,297호)함으로써, 이루어졌다. 외감법이 시행됨에 따라 증권거래법 규정의 적용을 받는 기업에 한정되어 있던 외부감사가 자본금 5억 원 또는 총자산 30억 원 이상인 회사로 확대되었다. 외감법 시행령이 제정(1981. 9. 3. 대통령령 제10453호)됨으로써, 이에 따른 외부감사 기능 강화의 일환으로 증권감독원 내에 감리위원회를 설치함과 동이에, 실무담당을 위한 감리국이 신설되었다.

감리위원회는 감사보고서의 감리와 감사인의 조직 및 감사업무에 관한 감리로 구분·운영하였다. 외감법의 개정(1989. 12. 30. 법률 제4,168호)으로 증권감독원에 외부감사심의위원회가 설치되었고 감리위원회를 대신한 외부감사심의위원회가 감리업무를 관장하게 되었다. 증권감독원의 감리위원회 내규인 감리업무 규정에 따라 한국공인회계사회가 감리기관으로 지정됨으로써, 한국공인회계사회는 기존의 감리위원회를 폐지하고 회계 감사심리위원회를 두어 증권감독원으로부터 위탁받은 감리업무를 실시하였다.[57]

이에 따라 비상장법인의 감사보고서에 대한 감리업무는 한국공인회계사회가 위탁받아 수행하게 되었다. 한국공인회계사회는 회칙을 개정하여 11인의 비상근위원으로 구성하는 감리위원회를 설치하고 자율적인 자체의 감리업무를 수행하게 되었다. 외감법에 따른 감사대상 회사의 수가 급격히 증가함에 따라, 종래의 비상임 감리위원의 수를 11인에서 21인으로 늘렸으며, 감리대상은 재무부 장관이 의뢰한 것, 이해관계자가 의뢰한 것과 그 외에 한국공인회계사회장이 필요하다고 인정된 것을 추가함으로써, 감리대상의 범위는 확대되었다.

이에 따른 감리기준은 외감법과 외감법 시행령·기업회계기준·회계감사 기준과 회계감사 실시 및 보고 준칙·증권관리위원회의 준칙과 예규·한국공인회계사회의 각종 규정 및 기타 관계 법규 등이다. 그리고 감리위원의 제척(除斥), 질문검사 및 자료 제출, 감리 결과에 대한 판정보고 등이 포함된 것은 물론이다.

1993년 12월의 외감법 개정에 따라 외부감사에 대한 법정 감리 중에서 상장법인과 공개 예정 법인에 대한 감리는 증권감독원이 행하고 그 이외의 비상장기업의 감사보고서에 대한 감리는 위탁받은 한국공인회계사회에 따라 위탁감리가 이루어지게 되었다. 한국공인회계사회는 위탁감리 초년도에 개별감사보고서에 대한 감리만을 시행했고 그다음 해의 사업연도부터 연결 감사보고서에 대한 감리를 시작하였다. 한국공인회계사회는 위탁감리업무의 수행을 위하여 회칙을 개정(1994)하고 상근위원을 포함한 30인 이내의 회원으로 구성되는 회계감사 감리위원회를 설치함으로써, 종래의 회계감사 심의위원회

---

[57] 한국공인회계사회, 전게서, PP. 100~105, Passim.

는 해산되고 업무 전부를 회계감사 감리위원회가 인계받아 시행하게 되었다. 한국공인회계사회는 증권관리위원회의 승인을 얻어 회계감사감리 업무규정을 만들어 시행(1994년 7월부터)하였다. 이때 상금감리위원제도가 처음으로 도입되었고, 3인의 상근위원[58]이 임명되어 25인의 비상근위원을 포함하는 회계감사 감리위원회가 구성되었다. 또한 회계감사감리행정실을 따로 두어 원활한 감리업무를 수행할 수 있게 하였다.

1997년에 외감법이 다시 개정됨으로써, 한국공인회계사회의 감리기능은 한층 더 강화되었다. 종래에는 회계감사 감리위원회의 기능이 심의의결기능과 집행기능으로 구분됨이 없이 통합되어 있었으나, 외감법 개정(1997年)으로 감리업무를 심의의결기구와 집행기구로 나누어 시행할 수 있게 되었으며, 심의의결기구의 위원회는 7인의 위원으로 구성되는데 그 중 과반수인 4인은 한국공인회계사회의 회원이 아닌 외부인사로 구성토록 함으로써, 감리업무의 공정성과 객관성을 기할 수 있게 되었다. 이에 따라 7명의 위원으로 구성되는 회계감사 심의위원회를 따로 두었다.[59]

1998년에 이르러 증권선물위원회가 신설되면서 종래의 외부감사심의위원회가 관장하던 감리업무는 증권선물위원회에서 관장하도록 이관되었다.

③ 회계감사감리 제도의 정착을 위한 회계감사 품질관리시스템 도입

외환위기 이후 기업환경이 달라짐에 따라 감사인의 공정한 회계감사 업무수행을 통한 감사보고서의 질적 수준 향상이 사회적 관심사가 되었다. 종래의 회계감사 제도는 그동안 유용하게 운용됐으나, 감리업무 자체가 회계감사의 종료 후에 사후적인 검토에 불과했으므로, 회계감사의 질적 향상을 위한 제도적 장치로서는 한계가 있다고 보았다. 그래서 회계감사의 공정성을 확보하고 회계감사의 품질을 향상함과 동시에, 감사보고서에 대한 이해관계자의 신뢰성을 확보함으로써, 감사인의 감사품질관리제도와 개별감사업무에 대한 적정성을 평가하는 감리제도의 필요성을 감지하게 되었다. 환언하면, 사후 검토 장치로서의 감사보고서감리와 더불어 사전적 품질관리에 대한 감리를 병행하게 되면, 회계감사의 질적 수준을 향상하고 양질의 감사보고서를 작성할 수 있다는 것이다.

따라서 한국공인회계사회는 회계 감사품질관리감리위원회를 발족(2001.5.)시켜서 회계 감사품질관리감리제도의 도입에 대비하는 조처를 했다. 이윽고 정부는 외감법 시행령을 개정(2001.6.)하여 종래의 감사보고서감리 이외에 감사인의 감리업무 운영에 관한

---

[58] 한국공인회계사회의 회계감사감리 업무규정에 의한 상근위원은 이동진 위원장을 비롯한 김창기와 최부완이 임명되었다.
[59] 회계감사 심의위원회의 위원은 모두 7명으로서 위원장에 박정규가 임명되었으며, 위원으로는 원중희, 이성희, 이동진, 강남언, 이근수, 노현준 등이 임명되었다.

감리업무까지도 한국공인회계사회에 추가 위탁하면서 자율 감리위원회의 설치와 운영에 관한 규정을 마련토록 하였다.

한국공인회계사회는 종래의 회계감사 심의위원회를 회계감사 자율 감리위원회로 전환함과 동시에, 회계감사 감리위원회를 회계감사 품질관리위원회로 전환하는 회칙개정을 단행하였다. 이러한 제도적 정비에 따라, 한국공인회계사회는 품질관리감리 운영사항과 품질관리감리기준은 물론, 그 절차와 매뉴얼 등을 확정하기 위한 연구용역을 발주하였다. 또한 한국공인회계사회는 미국·일본 등의 선진적 품질관리감리제도의 사례를 자세히 검토하기도 하였다. 드디어 회계감사 품질관리의 기준과 매뉴얼이 완료되어 회계감사 자율 감리위원회와 회계감사 품질 관리감리위원회를 발족(2002.12.)[60]함으로써, 회계감사 품질관리제도의 도입에 따른 기반이 구축되었다.[61]

따라서 회계감사 품질관리의 감리는 자율 감리위원회가 승인한 회계감사 품질관리감리계획에 의해 실시하게 되었으며, 부득이한 경우를 제외하고는 모든 감사인에 대하여 5년에 1회 이상 실시토록 하였고, 회계 감사품질관리감리기준에 따라 감사인을 방문·실시하며, 감리 결과에 대해서는 감리보고서를 작성함과 동시에, 필요한 경우 개선 권고서를 작성하여 회장에게 보고하도록 하였다. 여기서 품질관리감리의 주요 내용을 보면, 그것은 ① 감사인조직 내 모든 계층의 감사인들이 직업윤리 규정에서 요구하는 수준의 독립성을 유지할 수 있게 하는 방침과 절차가 수립되어 그에 따라 운영되고 있는지의 여부 ② 감사업무의 신규수임 및 계속 여부를 결정하기 위한 방침과 절차가 마련되어 운영되고 있는지 여부 ③ 필요한 경우의 기술적 훈련을 받고 숙련도를 갖춘 담당자가 감사를 수행할 수 있도록 업무 재정(財政)에 대한 방침과 절차가 수립·운영되고 있는지 ④ 감사업무의 수행이 가능하도록 전문적 능력과 실무경험을 보유하게 하는 교육과 연수에 대한 방침 및 절차가 구비·운영되고 있는지 여부 ⑤ 전문적인 능력과 경험을 보유한 독립적인 전문가가 효율적인 심리기능을 수행할 수 있게 하는 방침과 절차가 수립·운영되고 있는지의 여부에 대한 검토 등, 감사인의 감사업무 전반에 관한 운영사항을 검토하고 개선보고서를 교부하도록 하였다.

이처럼 한국공인회계사회의 자율 감리업무는 1975년에 처음으로 시작된 이래 40여 년이 지나는 동안 개선·강화 및 확대를 거듭하면서 회계감사감리 제도의 정착을 위하여 지대한 헌신적 활동을 전개해왔다.[62]

---

60) 회계감사 자율 감리위원회의 초대 위원장에는 신정식(한양대 교수)이 취임하였으며, 위원으로는 이동진(품질관리감리위원장)·신용인(안진회계법인)·강남언(12호 감사반)·이성주(인하대 교수)·이현식(상공회의소 상무)·임태경(상장회사협의회 상무)·강동법(변호사) 등이 임명되었다. 그리고 회계 감사품질관리감리위원회의 위원장을 비롯한 위원 등의 구성원과 조직은 종래의 회계감사 감리위원회의 그것을 승계하였다.
61) 한국공인회계사회, 전게서, PP. 247~248, Passim.
62) 한국공인회계사회, 상게서, PP. 249~250, Passim.

5) 회계감사 기준 및 준칙의 전개

(1) 회계감사 기준 및 준칙의 효시

우리나라 기업회계문화의 발전적 전환점이 된 것은 1958년의 기업회계원칙과 재무제표규칙이 제정되면서부터이다. 그것이 법적 강제성을 가진 것은 아니었지만, 기업회계문화의 정착과 새로운 이정표를 제시했다.

그랬음에도 불구하고 기업이 기업회계원칙과 재무제표규칙을 준수하지 않은 사례가 비일비재했기 때문에, 각종 이해관계자를 보호하기 위해서는 재무제표의 감사가 필요함을 인식하게 되었다. 따라서 직업적 회계감사인의 판단 근거가 되는 회계감사 기준이 요청되었다. 당시 한국계리사회는 앞으로 전개될 회계전문가의 외부감사에 대비하기 위하여 직업 윤리규정과 회계감사 기준을 마련하여 1961년 4월 5일에 확정·공표하였다. 회계감사 기준은 일반기준·실시기준·보고기준으로 구성된 것으로서 이들 각 기준은 5개 항으로 이루어진 것이다. 그런데 회계감사 기준을 구체적으로 규정한 준칙의 설정은 1972년에 이르러서야 만들어졌다. 한국계리사회는 회계감사 연구위원회 산하에 감사실시 준칙제정기초소위원회와 감사보고 준칙제정기초소위원회를 구성하고 감사실시 준칙과 감사보고 준칙을 제정하기 위하여 노력해왔다. 그 결과 회계감사위원회는 기초소위원회가 마련한 감사실시 준칙 안과 감사보고 준칙 안을 1972년 10월에 의결하고 심의위원회의 의결을 거쳐 같은 해 11월 4일에 감사실시 준칙과 감사보고 준칙을 확정·발표하였다.[63]

감사실시 준칙은 회계감사를 실시하면서 필요한 주요 절차를 구체적으로 정리함으로써, 감사의 통일성과 공신력을 앙양할 목적에서 제정된 것이다. 그리고 감사보고 준칙은 회계감사가 실시된 결과에 따라 감사보고서를 작성하면서 필요한 사항을 구체적으로 정리한 것을 일컫는다. 감사인이 작성하는 감사보고서에는 실시한 감사의 범위와 재무제표에 대한 의견을 명료하게 기재함과 동시에, 감사한 날짜를 기재하고 서명하게 되어있다. 감사인이 표명하는 감사의견은 한정의견과 무한정 의견, 그리고 부적정의견 및 무의견으로 구분하여 작성해야 하며, 감사를 시행하지 않은 재무제표에 대해서는 그 사실을 명백히 밝히지 않으면 안 되었다.

그런데 감사실시 준칙과 감사보고 준칙은 증권거래법령의 감사증명에 관한 규정이

---

[63] 한국공인회계사회, 전게서, PP. 88~89, & PP. 324~326, Passim. <이 준칙이 제정된 당시의 회계감사위원회의 위원장은 이태준이었고, 위원으로는 구본회·권계홍·김수길·박우탁·안호영·양만석·염돈희·이동준·이명원·호진환 등이 참여하였다. 이 중에서 감사실시 준칙제정기초소위원회 위원은 박우탁·염돈희·이명원이었고, 감사보고 준칙기초소위원회 위원은 권계홍·이태준·호진환이었다. Ibid. P. 327.>

개정됨에 따라 이 두 준칙은 1976년 8월 4일 자로 개정되었다. 여기서 감사실시 준칙의 경우는 기존의 체제를 유지하는 선에서 대차대조표일 이후에 발생한 주요 사항을 삭제하였다. 그리고 감사보고 준칙의 경우는 무한정 의견을 적정의견으로 바꾸고 적정의견을 표명할 수 없는 사유와 단문식 감사보고서의 특례로서 특정 사항의 강조와 다른 감사인의 감사보고서 인용 등이 추가되었다.[64]

(2) 증권관리위원회의 회계감사 기준 제정

1989년에 외감법이 개정되면서 공인회계사의 외부감사에 대한 공신력을 제고한다는 취지에서 이 법의 규정에 따라 회계감사 기준의 경우는 증권관리위원회가 재무부 장관의 승인을 얻어 제정하게 되었다. 그와 동시에, 회계감사 준칙의 경우는 한국공인회계사회의 의견을 들어 증권관리위원회가 제정하게 되었다. 따라서 증권관리위원회는 1991년 12월에 회계감사 기준과 회계감사 준칙을 제정하였다.

① 회계감사 기준

증권관리위원회가 제정한 회계감사 기준은 새로운 감사환경에 부합하도록 종래의 체제를 유지함과 동시에, 내용을 조정하고 정리하였다.
제1장의 총칙에는 회계감사의 목적과 용어의 정의 등을 언급하고 종전의 구조적 내용과 유사한 내용으로 구성되어 있다. 제2장의 일반기준에는 감사인의 적격성과 독립성 및 신의성실로 구성되어 있으며, 감사의 질적 관리에 중점을 두어 정리되었다. 여기서 질적 관리는 회계감사인의 감사업무의 질적 향상을 위하여 합리적인 관리제도를 정비하도록 하는 것이다. 이는 감사 절차를 적용하면서 종래의 내부 평가에 의하던 시사(試査)의 범위를 위험평가 방법으로 개선하여 회계감사의 질을 향상하려는 것이었다.
그리고 제3장의 회계감사 실시기준은 종래의 불필요한 항목을 정리하고 새로운 규정을 신설하여 실시기준의 적용과 감사 계약, 감사위험, 부정과 오류, 감사증거, 감사절차, 표본감사, 전산화된 환경에서의 감사, 감사업무의 관리, 수정 권고 등을 내용으로 하는 규정이 설정되어 있다. 이는 감사인의 권한과 책임 범위를 명확히 함과 동시에, 객관적이고 신뢰할 수 있는 감사가 이루어지도록 하였음은 물론, 전산화된 기업환경에 알맞은 규정을 신설하였음을 볼 수 있다.
제4장의 보고기준은 그 적용과 감사보고서 및 감사의견으로서의 적정의견・한정의견・부적정의견・의견거절・불확실성 존재 시의 감사의견・대차대조표일 후에 발생한 중

---
64) Ibid., PP. 985~327, Passim.

요시하여·타 감사인이 감사한 사항·연도별 재무제표에 대한 감사보고뿐만 아니라, 연결재무제표에 대한 감사의견 등으로 구성되어 있다. 그리고 제5장의 내용은 부칙과 부칙이 첨부되어 있다.

전반적인 관점에서 보면, 회계감사 기준에서는 종전의 그것과는 달리 규정 내용이 간소화되어 있으며 구체적인 내용은 준칙에 위임하였다는 것을 알 수 있다.

1992년 9월에 연결 회계감사 기준이 도입됨에 따라 회계감사 기준은 개정되었다. 그리고 1994년 4월에 이르러 한국공인회계사회가 증권관리위원회의 승인을 얻어 감사 준칙 등을 마련할 수 있게 되었다. 그런데 1998년에 금융감독위원회가 출범함으로써, 회계감사 기준의 제정권은 금융감독위원회로 이관되었다.[65]

② 회계감사 준칙

회계감사 기준의 하위규범인 회계감사 준칙은 1991년 12월 7일에 증권관리위원회가 제정하였다. 이것은 종래에 회계감사의 실시 준칙과 보고 준칙으로 구분되어있던 것을 회계감사 준칙이라는 이름으로 통합되었다는 점이 특이하다.

회계감사 준칙의 전체적인 구성은 일반준칙과 실시 준칙 및 보고 준칙 그리고 보칙으로 구성되었으며, 준칙마다 구체적인 내용이 규정되어 있음을 볼 수 있다.

그런데 이 회계감사 준칙은 연결 회계제도가 1992년에 도입되면서 다시 한국공인회계사회에 따라 증권관리위원회의 승인을 얻어 1994년 12월에 제정되는 절차를 밟아야 했다. 그러나 이는 제정 주체의 변경에 따른 제정이었고 내용에는 변화가 없었다. 또한 금융관련인 감독기구의 개편으로 인하여 1998년부터 증권관리위원회에서 증권선물위원회로 승인 주체가 변경됨에 따라 회계감사 기준과 더불어 회계감사 준칙도 그 내용이 그대로 유지되었다. 한국공인회계사회는 회계감사 기준 및 준칙에 관련된 세부 지침으로서의 회계감사에 관한 예규와 회계감사 지침뿐만 아니라, 업종별 회계감사 실무 및 특정 목적 보고요령 등을 정하고 회계감사의 발전을 위하여 노력하였음을 확인하게 된다.[66]

(3) 연결 회계감사 기준 및 준칙

우리나라의 연결 회계제도는 1970년대의 후반기에 이르러 당시의 상장법인회계 규정과 상장법인재무제표 규칙을 통하여 이루어졌다. 즉, 상장법인은 1976년 1월 1일 이후 최초로 시작되는 회계연도부터 연결재무제표를 작성하여 개별재무제표에 첨부하도

---

65) 한국공인회계사회, 전게서, PP. 329~335, Passim.
66) 한국공인회계사회, 전게서, PP. 336~341, Passim.

록 규정함으로써, 비로소 제도화되었다는 것이다. 원래 연결재무제표 제도는 기업집단을 이루고 있는 개별기업이 법률적으로는 독립된 법인격을 가지고 있으나, 경제적으로는 단일 실체인 지배·종속회사의 재무 상태와 경영성과 등을 공시함으로써, 정보이용자의 합리적인 의사결정이 가능하기 위한 제도이다.

그렇지만 이러한 연결 회계규정은 연결 대상기업의 범위와 연결재무제표의 작성 방법을 규정한 것에 지나지 않았고, 실제로 연결재무제표의 작성이나 외부감사를 의무화하는 관련 법규가 존재하지 않았으므로, 1990년대 초반까지는 유명무실한 상태였다고 할 수 있다. 이러한 문제점을 개선하기 위하여 재무부는 1992년 4월 28일 자로 증권거래법시행규칙을 개정(법률 제1,879호)하여 상장법인에 대한 연결재무제표의 작성과 공시 및 외부감사를 의무화하였다. 이에 따라 증권관리위원회는 연결재무제표와 관계회사 간 내부거래의 공시를 강화함으로써, 연결 재무 정보의 유용성을 제고하는 방향으로 연결 재무제표기준 및 그 준칙을 1992년 9월 24일 자로 제정하였다.

연결 회계감사 기준은 회계감사 기준의 규정(제33조)에 따라 제정되었으며, 연결 감사의 목적·용어의 정의·연결감사인의 적격성·연결 감사 절차·연결 감사보고서·연결 감사의견·타 감사인의 활용·지분법 적용회사에 대한 연결 감사 등을 비롯한 12개의 조항으로 구성되었다. 그 외의 세부 사항은 연결 감사 준칙에 위임되었고, 특별히 정해지지 않은 사항에 대해서는 회계감사 기준을 준용하게 되었다.

그리고 연결 회계감사 준칙은 연결 회계감사 기준의 규정(第11條)에 따라 세부 사항이 정해졌다. 그것은 연결감사인의 독립성·연결 감사 절차·연결 감사보고서의 내용·연결 감사보고서의 첨부서류·연결 감사의견·감사인의 활용 등에 대하여 구체화하여있음을 볼 수 있다. 그리고 연결 회계감사 기준의 시행에 관한 세부 사항은 증권관리위원회 위원장이 별도로 정할 수 있게 되어 있었다. 그런데 그 후 연결 회계감사 기준은 1994년에 회계감사 기준이 개정되면서 폐지되었고, 또한 연결 회계감사 준칙은 그 제정권이 한국공인회계사회로 이관되었다. 한국공인회계사회는 증권관리위원회의 승인을 얻어 이를 새로 제정·시행하게 되었다. 그러나 1999년 2월에 회계감사 기준이 전면 개정되면서 새로운 회계감사 침과 연결재무제표에 관한 감사지침으로 통합되었고 연결 회계감사 준칙은 폐지되었다.[67]

(4) 반기 재무제표검토 준칙

재무제표의 중간보고제도가 이루어진 것은 1970년대 이후의 일이다. 즉, 그것은 1976년에 증권거래법이 개정(1976년 12월 31일, 법률 제2,920호)되면서 중간보고제도가 도

---

[67] 한국공인회계사회, 전게서, PP. 341~342, Passim.

입된 것을 의미한다. 상장회사 중에서 사업연도가 1년인 기업은 반년 동안의 사업보고서를 따로 제출토록 함으로써, 비롯되었다. 이 경우에 반기보고서에는 공인회계사의 의견표시가 된 반기재무제표를 첨부하지 않으면 안 되었다.

한국공인회계사회는 1977년에 반기재무제표 작성에 적용되는 회계원칙과 반기재무제표 한정 시행 및 보고 준칙을 마련하였다. 그 후 그것은 1982년에 이르러 반기 재무제표검토 준칙으로 명칭 변경이 이루어졌음을 볼 수 있다.

반기 재무제표검토 준칙은 서술형으로 이루어져 있으며, 기존의 감사실시 준칙과 보고 준칙을 토대로 반기재무제표의 검토에 필요한 사항을 규정하고 있다.

그런데 1992년에 그 제정권이 증권관리위원회에 귀속됨에 따라 반기 재무제표검토 준칙은 같은 해 6월 26일 자로 다시 만들어졌다. 새로운 반기 재무제표검토 준칙은 8개 조의 법조문형식으로 변경되었다.

제1조 설정 목적, 제2조 반기 재무제표검토 준칙의 준수, 제3조 반기 검토의 목적, 제4조 용어의 정의, 제5조 감사인의 독립성, 제6조 반기 검토 절차, 제7조 반기 검토 보고서, 제8조 세부 사항, 및 부칙 등으로 구성되어 있다. 이 준칙은 1996년에 개정되었지만, 금융 관련 감독기구의 개편으로 증권선물위원회로 그 제정권이 넘어갔기 때문에, 1998년 4월 1일 자로 다시 개정되었다.

이때 개정된 이 준칙은 체계가 다시 서술형으로 변경되었다. 그 후 그것은 국제감사기준의 검토기준을 수용하여 2000년에 개정되었으며, 기업회계기준서 제2호인 중간재무제표 시행과 더불어 2003년에 개정을 보게 되었다.[68] 그러나 한국회계기준원이 출범하면서 이에 대한 제정권이 회계기준위원회로 이관되었기 때문에, 중간재무제표에 대해서도 일반기업회계기준 제29장에서 한국회계기준원 회계기준위원회가 2020년 10월 8일 자로 의결하여 공표되고 오늘에 이르고 있다.

(5) 회계 감사보고서

감사인이 기업의 회계감사를 수행한 후 감사보고서를 작성하면서 감사 대상기업의 재무제표에 대한 적정성 의견을 표명하는 기본원리는 우리나라 감사제도가 성립될 때부터 지켜져 왔다. 그러나 구체적인 감사보고서의 기재방식이나 감사보고서에 첨부되는 서류는 관련 법규의 개정과 사회적 환경변화에 따라 달라져 왔던 것이 사실이다. 이하에서 회계감사 기준이 도입된 이후의 회계 감사보고서의 변천 과정과 그 사례를 살펴보고자 한다.

---

68) 한국공인회계사회, 전게서, PP. 243~244, Passim.

① 도입 초기의 회계감사 보고서

우리나라의 회계감사 제도는 1960년대 초 증권거래법이 제정되면서 비롯되었다. 그런데 이 무렵의 회계감사는 한국전쟁 이후의 성숙하지 못한 경제체제 하에서 경험 미숙으로 인하여 재무제표감사보다는 기업회계제도의 정비와 그 운영상황에 대한 검토에 초점을 두고 있었다.

그러한 상황에서 증권거래법이 개정(1962)됨으로써, 본격적인 외부감사가 시행되기에 이르렀고 회계감사 보고에 대한 기틀이 조성되었다. 그 당시의 회계 감사보고서에 표기되는 감사의견은 ① 회사의 회계처리 원칙과 절차가 공정 타당하다고 인정되는 기업회계원칙에 준거되어 있는가의 여부 ② 계속성 원칙의 적용 여부 ③ 표시 방법이 관계 법령에 준거하였는가의 여부 그리고 ④ 종합의견 등을 포함하여 표기하였다. 1960년대 초기의 감사보고서 사례를 소개하면 <표 10-1>에서 보이는 바와 같은 내용으로 구성되어 있다.

<표 10-1> 1960년대 초기의 감사보고서에 표기된 감사의견의 사례

> **감사보고서**
> 감사의 결과 본인 등은 당 회사가 채택하고 있는 회계처리의 원칙과 절차는 상기 사항을 제외하고는 일반적으로 공정 타당하다고 인정되는 기업회계기준에 준거되어 있고 또한 전 사업연도와 동일한 기준이 계속하여 적용되고 있으며, 그 재무제표의 표시 방법은 관계 법령이 정하는 바에 준거하여 적정하게 작성되어 있는 것으로 인정되었습니다.
> 따라서 본인 등은 상기(감사개요에서 언급한 감사대상 재무제표) 재무제표 하기사항을 제외하고는 당 회사의 19xx년 x월 x일 현재 현재의 재무 상태와 동일자로 종료되는 사업연도의 경영성적을 대체로 적정하게 표시하고 있는 것으로 인정하는 바입니다.

<자료 : 한국공인회계사회, 『공인회계사 50년사』(2004), P. 352>

② 회계감사 정착단계의 감사보고서 사례

한국경제가 성장 임시 도로를 매진하는 과정에서 기업공제촉진법과 자본시장육성법 등이 제정되어 자본시장의 규모는 크게 확장되기에 이르렀다. 이 무렵 증권거래법이 개정됨에 따라 상장법인이 유가증권신고서를 제출하는데 포함되는 재무제표에는 반드시 공인회계사의 감사보고서를 첨부하도록 하는 규정이 설정되었다.

그뿐만 아니라, 외부감사의 기본 틀은 외감법(外監法)에 따라 조성되었음을 간과해서는 안 된다. 이 법률은 기업 체질 강화대책의 하나로 마련된 것으로서 외부감사의 대상을 자본금 5억 원 이상 또는 자산총액 30억 원 이상인 주식회사를 대상으로 하는 것이었다. 외감법이 시행됨으로써, 외부감사의 정착이 이루어졌으며 감사보고서의 기본 원리와 구조가 일관성을 유지하게 되었다.69) 외감법이 시행된 1980년대 이후 감사보고서의 사례는 <표 10-2>와 같다.

<표 10-2> 1980대 이후의 감사보고서에 표기된 감사의견의 사례

감사보고서

19xx 년 5월 1일

xx 증권 주식회사
주주와 이사회 귀중

　우리는 xx 증권 주식회사의 1989년 3월 31일 현재의 대차대조표와 동일로 종료되는 회계연도의 손익계산서, 이익잉여금처분계산서 및 재무상태변동표를 감사하였습니다. 이 감사를 실시함에 있어서 우리는 회계감사 기준을 준수하였습니다.

　우리의 의견으로는 별첨 재무제표는 기업회계기준과 증권거래법의 증권회사 회계처리 규정에 따라, xx 증권 주식회사의 1989년 3월 31일 현재의 재무 상태와 동일로 종료되는 회계연도의 경영성과 그리고 이익잉여금과 재무 상태의 변동내용을 적정하게 표시하고 있습니다.
　참고목적으로 비교 표시된 1988년 3월 31일로 종료된 회계연도의 재무제표는 당 회계법인이 감사하였으며, 1988년 5월 4일 자 우리의 감사의견은 적정의견이었습니다.

서울특별시 xx 구 xx 동 xx 번지

xx 회계법인

대표사원 공인회계사 xxx
심리사원 공인회계사 xxx
담당사원 공인회계사 xxx

<자료 : 한국공인회계사회, 『공인회계사 50년사』(2004), PP. 354~355.>

---

69) 한국공인회계사회, 전게서, PP. 352~355, Passim.

③ 회계감사 성숙단계의 감사보고서 사례

경제국제화시대에 진입하면서 우리나라의 기업 활동은 국경을 초월하여 세계무대로 확장세를 펼쳐나갔다. 그러란 경제 상황 속에서 증권관리위원회는 새로운 회계감사 기준과 회계감사 준칙을 마련하고 감사보고서의 유용성을 제고(提高)할 목적으로 그 양식과 내용을 다시 조정하였다. 그것은 감사보고서 이용자의 이해를 높이고 감사인이 제시하고자 하는 정보전달기능을 강화하는 것이었다. 그리고 감사보고서에 첨부된 경영분석참고자료의 보고내용을 대폭 강화하여 기업회계기준의 준거 체계에 국한되어있는 감사보고를 기타정보의 체계에까지 확대하고자 시도한 것이었다.

그뿐만 아니라, 표준감사보고서의 문안을 수정하여 경영자와 감사인의 책임 한계를 명확히 나누었으며, 감사보고서의 의견과 기업회계기준과의 관계를 분명하게 하였다. 회계법인의 내부업무규정으로 중요성의 양적 기준을 정하도록 하였으며, 불확실성과 계속기업에 대한 감사의견의 표명 규정을 강화하여 불확실성과 관련된 회계처리의 공

<표 10-3> 1990년대 이후의 감사보고서에 표기된 감사의견의 사례

감사보고서

19xx 년 x 월 x일

ㅇㅇ주식회사
주주 및 이사회 귀중

　본 감사인은 ㅇㅇ주식회사의 19xx 연 12월 31일 현재의 대차대조표와 동일로 종료되는 회계연도의 손익계산서, 이익잉여금처분계산서 및 재무상태변동표를 감사하였습니다. 이 재무제표의 작성 책임은 회사 경영자에게 있으며, 본 감사인은 독립적인 입장에서 동 재무제표에 대하여 감사를 실시하고 그 적정 여부에 대한 의견을 표명하는 것입니다. 이를 위하여 본 감사인은 회계감사 기준을 준수하였습니다.

　본 감사인의 의견으로는 상기 재무제표는 ㅇㅇ주식회사의 19x2년 12월 31일 현재의 재무상태와 동일로 종료되는 회계연도의 경영성과 그리고 이익잉여금과 재무 상태의 변동내용을 기업회계기준에 따라 적정하게 표시하고 있습니다.

　비교 표시된 19x1년 12월 31일로 종료되는 회계연도의 재무제표는 본 감사인이 감사하였으며 19x2년 x 월 x일 자 감사의견은 적정의견이었습니다.

서울특별시 xx 구 xx 동 xx 번지
xx 회계법인
대표사원 공인회계사 xxx

<자료 : 한국공인회계사회, 『공인회계사 50년사』 (2004), PP. 355~356.>

시가 적정하다면, 감사의견에는 영향이 없다는 것을 밝혔는데, 다만 정보가치가 있다고 판단될 때는 감사보고서의 특기사항으로 기재토록 하였다. 또한 비교재무제표, 즉 양 회계연도 재무제표에 대한 감사의견과 관련된 규정을 신설하였으며, 대차대조표일 후 발생한 중요사항의 감사보고에 관련된 규정을 대폭 강화하였음이 확인된다.70) 이렇게 개편된 1990년대 이후의 회계 감사보고서의 사례는 앞면의 <표 10-3>과 같다.

<표 10-4> 2000년대 이후의 감사보고서에 표기된 감사의견의 사례

외부감사인의 감사보고서

xxx 주식회사
주주 및 이사회 귀중

본 감사인은 첨부된 xxx 주식회사의 20x1년 12월 31일 현재의 대차대조표와 동일로 종료되는 회계연도의 손익계산서, 이익잉여금처분계산서 및 현금흐름표를 감사하였습니다. 이 재무제표를 작성할 책임은 회사 경영자에게 있으며, 본 감사인의 책임은 동 재무제표에 대하여 감사를 실시하고 이를 근거로 이 재무제표에 대하여 의견을 표명하는 데 있습니다.

본 감사인은 회계감사 기준에 따라 감사를 실시하였습니다. 이 기준은 본 감사인이 재무제표가 중대하게 왜곡 표시되지 아니하였다는 것을 합리적으로 확신하도록 감사를 계획하고 실시할 것을 요구하고 있습니다. 감사는 재무제표상의 금액과 공시내용을 뒷받침하는 감사증거에 대하여 시사의 방법을 적용하여 검증하는 것을 포함하고 있습니다. 또한 감사는 재무제표의 전반적인 표시내용에 대한 평가뿐만 아니라, 재무제표 작성을 위해 경영자가 적용한 회계원칙과 중요한 회계추정에 대한 평가를 포함하고 있습니다. 본 감사인이 실시한 감사가 감사의견 표명을 위한 합리적인 근거를 제공하고 있다고 본 감사인은 믿습니다.

본 감사인의 의견으로는 상기 재무제표는 xxx 주식회사의 20x1년과 20x0년 12월 31일 현재의 재무 상태와 동일로 종료되는 양 회계연도의 경영성과 그리고 이익잉여금의 변동과 현금흐름의 내용을 기업회계기준(필요한 경우에는 '대한민국의 기업회계기준' 또는 '국제회계기준')에 따라 중요성의 관점에서 적정하게 표시하고 있습니다.

서울특별시 xx 구 xx 동 xx 번지
xx 회계법인
대표이사 x x x (인)
20xx 년 2월 28일

<자료 : 한국공인회계사회, 『공인회계사 50년사』 (2004), PP. 359~360.>

---

70) 한국공인회계사회, 전게서, P. 355.

그런데 1990년대 후반기의 외환위기(IMF 사태)로 인하여 한국공인회계사회는 국제기구(IMF·IBRD 등)와의 협약에 따라 국제회계사연맹이 제정한 회계감사 기준을 전면 도입(1999년 2월 27일)하여 회계감사 기준의 세부 규정으로 채택하였다. 이로써, 감사보고서의 내용과 형식은 국제감사기준이 정하고 있는 감사보고의 논리적 정합성에 따라 정교하게 다듬어졌다. 그 주요 내용을 보면, 감사인이 수행한 감사 절차의 성격을 분명히 기재토록 하고 재무제표 외에 경영자가 적용한 회계원칙과 중요한 회계추정도 감사의견의 표명대상이 된다는 것을 밝혔다. 그리고 감사보고서의 의견 문단에 회계기준 준거 체계를 필요에 따라 대한민국의 기업회계기준, 국제회계기준 등으로 언급할 수 있도록 하여 감사보고서 이용의 국제성과 정합성을 높였다는 점이 특이하다고 할 수 있을 것이다. 따라서 2000년대 이후의 감사보고서 사례는 앞면의 <표 10-4>와 같다.

(6) 상법에 따른 감사제도의 형성

상법감사란 상법의 규정에 따라 이루어지는 감사시스템을 일컫는다. 상법감사는 상법에 규정된 감사(監事)에 의해 회계감사와 업무감사가 집행되는 것이다. 감사(監事)가 업무감사를 겸하게 되어 있는 것은 경영자의 성실성을 확보하기 위하여 회계감사만으로는 불충분하다고 인식되었기 때문이다. 감사(監事)는 감사(監査)를 수행하면서 이사회(理事會)에 출석하여 의견을 진술할 수 있도록 규정되어 있다.

그리고 기업규모의 대소에 따라 회계감사인에 의한 감사도 강제하고 있다. 회계감사인의 자격조건은 계리사법에 따른 계리사(후에 공인회계사법에 따른 공인회계사) 또는 감사법인으로 되어있다. 이는 기업규모의 대소에 의한 사회적 영향을 고려한 제도라고 할 수 있다. 그래서 감사(監事)와 회계감사인은 같은 입장에서 상호보완하고 회계감사인의 전문능력을 존중하여 감사보고 단계에서 양자가 조정할 수 있게 되어있다.

우리나라 건국 초기의 상법감사제도는 의용상법(의용상법)에 따라 이루어졌었다. 의용상법이란 조선총독부 시대에 적용되던 일본 상법(1938의 일본 개정상법)을 일컫는다. 그것은 우리나라 헌법 규정(1948년 제정 헌법 제100조)에 따라 건국 이후에도 효력을 갖고 있었음을 의미한다. 그런데 우리나라 정부에 의해 상법이 제정된 것은 1962년의 일이다. 1962년 1월 20일 자의 법률 제1000호로 새로운 상법이 제정됨으로써, 비로소 우리나라의 상법감사제도가 자리를 잡게 되었다.

새로운 상법에 따르면, 주식회사의 이사(理事)는 정기총회일 2주 전에 상법이 정한 계산서류(제447조)를 작성하여 감사(監事)에게 제출하게 되어 있다. 그 계산서류는 재산목록·대차대조표·영업보고서·손익계산서·준비금과 이익이나 이자의 배당에 관한 의안이다. 이 중에서 재산목록은 대차대조표 부속명세서로 가름할 수 있게 규정되어 있다. 그런데 이것은 의용상법의 규정(제281조)을 그대로 답습한 것으로서 기업회계원칙에서 요구하는 재무제표의 내용과는 차이가 있었다. 그래서 상법이 제정된 이후, 한국계리사회(이를 승계한 한국공인회계사회)는 이러한 재산법적 이론에 입각한 규정을 기업회계원칙이 지향하는 손익법적 이론에 의한 규정으로 개선해 줄 것과 기업의 사회성 제고를 위한 감사제도를 반영해 줄 것 등에 대한 건의서를 정부에 제출한 바 있으나, 기업회계와 관련된 부분은 1984년에 이르러 상법을 개정하는 과정에서 상당 부분 반영되었다. 그중 회계감사와 관련된 일부를 소개하면, 다음과 같다. 즉, 회계감사권만 있던 감사에게 업무감사권을 부여하는 등, 감사의 권한을 강화함과 동시에, 그 임기도 1년에서 2년으로 연장하는 규정을 두었다. 그리고 감사의 형식적인 감사를 지양하기 위하여 감사기간을 1주간에서 4주간으로 연장하고 감사보고서의 작성·비치를 의무화했으며, 감사보고서의 기재사항을 구체적으로 규정하였다.71) 그 후에도 상법이 개정될 때마다 회계감사와 관련된 조항이 신설·조정되었던 것을 감안하지 않으면 안 된다.

4 한국 회계감사 문화의 글로벌화

1. 외국 회계전문가의 국내 진출과 외부감사인제도의 전개

1) 한국 정부수립 전후 외국 공인회계사와의 교류

해방 이후 미군정기에 조선계리사회의 회장을 역임했던 윤정하의 개인기록에 의하면, 조선총독부 시기에 일본 공인회계사(=공인회계사)들이 경성(=서울)에 진출하여 활동했을 뿐만 아니라, 조선인 계리사들과도 교류가 있었던 것으로 전해지고 있다.

더욱이 조선계리사회의 회장단은 적산(敵産)인 종연방직(鍾淵紡織)의 계열사 등을 접수 감사하는 과정에서 미군정청 산하의 재산관리관이었던 가렛(M. F. Garret)의 주선으로 당시의 관제 처장 윌리엄(Levin William)을 만나 전용 회관(남대문로1가)을 마련하는 데 도움을 받았다고 한다. 위의 두 사람은 모두 미국 공인회계사 자격을 소지한 자들이었다.72)

1954년에 이르러 계리사법 및 동법 시행령에 따른 한국계리사회가 결성된 이후에는 외국 공인회계사와의 교류가 이루어지기 시작하였다. 특히 미국 공인회계사의 자격을

---

71) 한국공인회계사회, 『한국공인회계사회 35년사』(서울, 1992), PP. 508~512, Passun.
72) 한국공인회계사회, 전게서, P. 303.

소지한 에버리트 만(Everet Mann)과의 교류는 우리나라의 외부감사제도를 확립하는 데 상당한 도움을 받았던 것으로 알려져 있다. 당시 미국의 대외 원조치(USOM : United States Operation Mission) 한국지부 공업국의 고문으로 부임해 있던 미국 공인회계사 만(E. Mann)은 1959년 4월 29일에 당시 한국계리사회의 회장단과 만났다. 이를 계기로 한국계리사회는 같은 해 5월 10일의 이사회에서 그를 한국계리사회의 고문으로 추대하였다. 그리고 격주로 금요일에 그와 함께 정기모임을 갖기로 하였으며, 한국계리사회의 발전과 감사제도의 확립을 위한 논의를 하였다.

만(E. Mann)은 한국계리사회의 존재를 유솜(USOM)을 비롯한 관계부처에 인식시켜주었으며, 한국에 대한 원조업무에 계리사들을 활용할 수 있도록 다방면으로 주선해주었다고 한다. 특히 그는 우리나라의 감사제도를 정착시키기 위한 노력을 아끼지 않았다. 예를 들면, 개발차관(DLF : Development Loan and Finance)약정서에 첨부되는 차입자의 재무제표에 관하여 공인회계사의 감사의무조항을 설정해 주었다. 그뿐만 아니라, 감사보수는 USOM 당국이 미화 기준 시간급으로 지급하게 하는 것은 물론, 감사실시 사항까지도 첨부된 계약서를 작성해주었다고 한다. 또한 국제개발처(AID : Agency of International Development)가 설치되자 그는 담당자 홉(E. E. Hoppe)으로 하여금 AID 차관업체에 대한 계리사감사가 이루어지도록 건의하게 주선해주었다. 그는 자신의 업무영역은 물론, 다방면으로 계리사의 활용을 적극적으로 추진해주었다고 한다. 또한 미국 국제협조처(ICA : International Cooperation Agency)의 계획 관련 사업회사가 계리사의 감사를 받도록 협조해주었다.

그리고 그는 미국의 공인회계사 단체(회계법인)를 소개해주었을 뿐만 아니라, 미국 회계학자인 마이어(Meyer)의 저서 「감사 실무 가이드」(Audit Practice Guide)를 번역・출판하여 전 회원에게 배포해 주도록 힘써주었다. 그뿐만 아니라, 그는 회계지(Journal od Accounting)를 비롯한 회계 서적을 한국계리사회에 기증하는 등, 한국계리사회에 대한 애정이 깊었다는 것을 엿볼 수 있다. 더욱이 그는 한국계리사들의 자질 향상과 견문을 넓혀주기 위하여 해외 파견을 적극적으로 추진해주었는바, 대한기술원조자금에 의한 매년 2~3명씩 계리사를 해외 파견하도록 내정하여 1962년에 한국계리사회의 회원 김용기 계리사를 미국으로 보내었다. 즉, 김용기는 USAID와 상공부의 지원을 받아 8개월(1962년 9월~1963년 4월) 동안 오하이오 주립대학에서 원가관리 분야의 연구와 산업체 시찰을 함으로써, 한국공인회계사 해외연수의 신기원을 이루었다. 마침 이때는 미국공인회계사회(AICPA) 창립 75주년 기념행사가 개최되었으며, 제8회 국제회계사대회(ICA)도 뉴욕에서 열렸으므로, 당시 연구차 미국에 체재하고 있던 허종현 회원(부산대 교수)과 김용기를 한국계리사회의 대표로 이 대회에 참석도록 하였다. 이는 한국공인회계사회가 ICA 및 AICPA와 국제적인 교류를 맺은 최초의 일이다.[73]

2) 외국 회계법인의 국내 진출과 외부감사인제도의 전개

(1) 외국 회계법인의 국내 진출 과정

한국의 경제개발을 위한 외국자본의 도입은 외국 공인회계사의 국내 진출을 허용하는 계기가 되었다. 그것은 외국의 차관제공자들이 차관을 협약하는 과정에서 외국 공인회계사들에게 차관을 받은 국내기업에 대한 회계감사를 수행할 수 있도록 합의함에 따라 외국 공인회계사들의 국내 진출이 가능하게 되었다.

주식배당보장법이 제정·공포(1962. 12. 7.)되고 증권거래법이 개정(1963. 4. 27.)되면서 법규에 따른 강제적 외부감사가 제도화되었다. 그뿐만 아니라, 경제개발을 위한 외국 차관이 도입되는 상황에서 외국의 차관제공자들이 그들 나라의 공인회계사에게 차관 수혜국의 기업에 대한 외부 회계감사를 받도록 요청함으로써, 외국 공인회계사의 국내 진출은 자연스럽게 이루어졌다.

최초로 국내에 진출한 외국의 회계법인은 미국의 대형 회계법인 빅8(big eight)의 하나인 Arthur Youn이었다. 회계법인 Arthur Young은 한국산업은행의 감사를 목적으로 우리나라에 진출한 최초의 미국회계법인이었다. 당시 한국산업은행은 미국의 국제개발처(AID : Agency of International Development)로부터 차관을 도입했는바, 그 차관계약서에 의하면 AID가 인정할 수 있는 공인회계사를 통하여 감사받은 한국산업은행의 재무제표를 AID에게 제출하게 되어 있었다. 이러한 계약조건에 따라 AID는 미국의 공인회계사에게 외부감사를 수행하도록 하였고 이에 미국 회계법인 Arthur Young을 선정하고 한국산업은행에 대한 회계감사를 하도록 하였다.74)

따라서 한국산업은행의 외부감사를 위하여 국내에 진출한 미국의 회계법인 Arthur Young은 1965년 3월 1일로 종료되는 회계연도를 대상으로 삼아 외부감사를 시행하였다. 이때 감사에 참여하였던 감사인은 Arthur Young의 뉴욕 사무소 소속의 혹스허스트(Edwin F. Hawxhurst) 파트너 외에 매니저 1명과 시니어 공인회계사 4명의 총 6명으로 구성되어있었다. 여기에 참여한 한국 측 감사인은 호진환·김승경·박우탁·심선구·오홍재 등 5명이었다. Arthur Young은 산업은행의 외부감사 이외에도 당시 합작회사로 설립된 영남화학(株)의 재무제표감사(1966회계연도분)를 1967년 상반기에 실시하였다. 이어서 AID로부터 차관을 도입한 철도청 감사를 위해 미국의 회계법인 C&L(Cooper & Lybland)이 1968년에 우리나라에 진출하였다. 당시 C&L의 감사책임자는 미국의 공인회계사인 프라이모(Edward Primo)였다고 한다.75)

---

73) 한국공인회계사회, 『공인회계사 50년사』 (서울, 2004), PP. 303~306, Passim.
74) 상게서, PP. 306~307, Passim.

이러한 상황에서 외국 회계법인의 국내 진출을 저지하기 위한 운동도 전개되었다. 한국공인회계사회는 공개적으로 외국 공인회계사의 국내 진출 저지 운동을 시작하였다. 이러한 운동이 거세지자 정부 차원에서 문제해결을 위해 움직였다. 경제장관회의 (1967. 9. 4)의 결정에 따라 재무부는 「외국 공인회계사 국내자 격인가 준칙」(1967. 9. 26. 財務部告示第340號)을 공표함으로써, 그에 대해 조처를 하였다. 이윽고 공인회계사법시행령이 개정(1969. 3. 31. 대통령령 제3853호)되어 외국의 공인회계사들도 재무부장관의 인가를 얻어 한국공인회계사회에 등록하고 제한적인 범위 내에서 업무수행을 할 수 있도록 하였다. 미국의 공인회계사인 페론(John E. Perron)·빙험(Donald R. Bingham)·왈드롭(John D. Waldrop) 등 3인이 재무부 고시인 「외국 공인회계사 국내자 격인가 준칙」에 따라 외국인 공인회계사 전형 시험에 통과함으로써, 1968년부터 서울에 사무실을 개설하고 감사업무를 시작한 것이 한국공인회계사회에 등록된 최초의 외국 공인회계사였다. 그렇지만, 외국 공인회계사들은 우리나라의 공인회계사법에 따라 개인 자격으로 국내에서 감사업무를 수행하게 되어 있었으나, 그들은 원래 소속되어있던 외국 회계법인명을 사용하는 일이 많았으므로, 한국공인회계사회와 상당한 마찰을 빚기도 하였다. 그래도 그들의 국내 진출이 부정적인 면만 있는 것은 아니었다. 선진적인 감사기법을 지닌 외국 공인회계사들의 국내 진출은 우리나라 공인회계사들에게 스스로 자질향상을 위한 경각심을 일으키는 결과를 가져왔고, 감사인제도와 감사기법의 발전에 공헌하였음은 물론이다. 이를 계기로 우리나라 외부감사제도의 활성화를 가져오게 하였을 뿐만 아니라, 한국회계법인의 질적인 발전을 촉진하는 촉매작용이 되기도 하였다.[76]

(2) 외국 회계법인의 국내 회계법인과의 제휴

법령의 규정에 따라 외국 공인회계사제도가 이루어짐에 따라 국내에서 활동할 수 있는 자격이 주어지고 등록된 외국 공인회계사들의 수가 증가하기 시작하였다. 그러나 그들의 실제로 행한 국내 활동은 미미한 상태였다. 전술한 바와 같이 전세기 하반기에 3명의 외국 공인회계사가 국내 활동을 전제로 등록되어 있었으나, 21세기에 이르기까지 이들 모두가 감사 활동을 했다는 흔적은 찾아볼 수 없다.

그렇게 개인적인 상황과는 다르게 공인회계사법에 따라 1970년대부터 설립되고 한국의 공인회계사들로 구성된 회계법인들이 미국의 대형 8개 회계법인과 회원법인(membership accounting firm)계약을 체결하고 국제적 조직의 일원이 되는 형식으로

---

75) 상게서, PP. 100~101. & PP. 306~307, Passim.
76) 상게서, PP. 100~101. & PP. 307~312, Passim.

운영되는 국제회계법인의 회원법인들이 알차게 성장하기 시작하였다. 그 최초의 회원법인은 1971년에 Lybrand Ross Bros. & Montgomery의 회원법인으로 설립된 라이브란 회계법인(그 후 삼일회계법인으로 상호변경)이었다. 그에 이어 Peat Marwick & Mitchel의 회원법인으로서의 삼정회계법인, Touche Ross의 회원법인으로서의 청운 회계법인, Deloitte, Haskins & Sells의 회원법인으로서의 안권회계법인, Price Waterhouse의 회원법인으로서의 세화회계법인 및 Arthur Andersen의 회원법인으로서의 안진회계법인 등이 속속 설립되어 국제회계법인의 국내 회원조직으로 발전하였다. 그래서 1980년대 말에 이르러서는 미국의 빅 에잇(big 8)이라 일컬어지던 국제회계법인들 모두가 우리나라에 회원법인을 두게 되었다. 2003년까지의 제휴 내용을 보면, <표 10-5>과 같다.

이렇게 설립된 회원법인들은 미국회계법인 간의 구조조정으로 빅4(big 4)로 통합·개편됨에 따라 서로 분리·합병되는 과정을 거쳐야 했다. 그 외에도 다수의 회계법인이 공신력을 높이기 위하여 다른 국제회계법인들과의 제휴를 이루어 활동하고 있다.

따라서 이들 국제회계법인 회원법인들은 미국을 위시한 선진 각국의 감사기법을 도입함과 동시에, 직원들의 해외연수 제도를 통하여 기술연수와 어학 습득의 기회를 마련하는 등, 회계업계의 질적 수준을 향상을 기하면서 글로벌화를 촉진하였다. 그뿐만 아니라, 이들은 회계법인 특유의 파트너신제도를 통하여 지배구조의 조정과 직업윤리 및 조직문화의 확립을 위해 헌신적으로 국제화를 지향하고 있다.

그런데 2001년 12월에 발생한 미국 엔론의 회계 부정 사건은 사회적인 문제로 확대되었으며 회계 투명성을 강화하기 위한 미국 정부의 비상 대책을 발표하게 하는 지경에 이르렀다. 결국 상장기업회계감독위원회((PCAOB : Public Company Accounting Oversight Board)가 설치되었다. 이에 따라 비록 외국회사라고 할지라도 미국 내에서 거래되는 증권이 있는 외국회사는 PCAOB에 등록된 외계 법인이 작성한 감사보고서만을 인정한다는 조처가 내려진 것이다. 더욱이 국내의 회사 중에서도 미국의 예탁증권(ADR : American Depositary Receipts)이나 다른 미국/유럽의 예탁증권(GDR : Global Depositary Recipts)을 발행한 회사를 감시하는 국내 회계법인도 PCAOB에 등록하도록 규정되었다. 그 결과로 삼일회계법인·안진회계법인·삼정회계법인·하나 회계법인·영화회계법인·대성 회계법인·대주회계법인 등이 등록하였다. 이들 회계법인은 자기들이 작성·발간한 감사보고서에 따라 미국의 뉴욕과 영국의 런던 등, 국제금융시장에서 공신력을 인정받기에 이르렀다. 이는 한국공인회계사회를 비롯한 회계서비스업계가 축적한 그동안의 노력 결과였다고 할 수 있다. 이러한 사실은 우리나라의 기업들이 뉴욕·런던 등의 국제자본시장에서 ADR이나 GDR의 발행을 통하여 직접 자본조달을 할 때 우리나라의 회계법인들이 중요한 역할을 할 수 있음을 보여주는 것이다.[77]

<표 10-5> 우리나라 국내 회계법인의 외국 회계법인과의 제휴상황(2003년말 현재)

국내 회계법인	등록 일자	제휴 외국 회계법인명
삼덕회계법인	1976. 08. 19.	Nexia International
신한회계법인	1970. 01. 13.	RSM International
삼일회계법인	1971. 03. 21.	Price Waterhouse Coopers (*)
안건회계법인	1977. 06. 29.	Deloite Touche Tohmatsu International (*)
영화회계법인	1982. 03. 25.	Ernst & Young Global (*)
안진회계법인	1987. 02. 14.	Deloite Touche Tohmatsu International (*)
삼정회계법인	1994. 03. 28.	Klynveld Peat Markwick Goerdeler (*)
대주회계법인	1995. 02. 16.	BDO International
인덕회계법인	1997. 04. 22.	International Group of Accounting Firms
이원회계법인	1997. 04. 22.	Moores International
가립회계법인	1997. 04. 23.	Kreston International Ltd.
우리회계법인	1997. 04. 21.	DFK International
대성삼경회계법인	1997. 04. 22.	HLB International
삼화회계법인	1997. 04. 23.	Moore Stephens International Limited
대성회계법인	1997. 04. 24.	Grant Thornton International
선진회계법인	1997. 04. 24.	BKR International
제원회계법인	1997. 04. 25.	Urbach Hacker International
서일경영회계법인	1999. 03. 11.	AGN International
성도(이현)회계법인	2000. 11. 30.	Baker Tilly International
웅지회계법인	2001. 09. 18.	Russel Bedford International
충정회계법인	2001. 09. 25.	Horwath International
하나회계법인	2001. 10. 22.	Deloitte Touche Tohmatsu International (*)

(註) : (*)의 표시는 big 4 국제회계법인을 의미함.
<자료 : 한국공인회계사회, 『공인회계사 50년사』(서울, 2004), P. 313. (일부 첨삭 저자)>

(3) 우리나라 공인회계사의 해외 진출

미국의 대형 회계법인이 주축이 되어 이루어진 국제회계법인회원법인은 통일된 회계 및 감사이론의 해석과 적용 그리고 업무연수는 물론, 조사연구를 진행함으로써, 우리나라 공인회계사들의 자질향상에 크게 이바지했다. 그 영향으로 회원법인에 소속된 공인회계사들의 해외 진출도 점증하는 추세를 보여주었다.

---

77) 상게서, PP. 312~314, Passim.

국제회계법인회원법인 소속 공인회계사들의 해외연수가 그 첫째였다. 국내의 회계법인들은 자체의 임직원 해외연수 프로그램을 설정하여 미국·캐나다 등지에 회원법인 교환 근무자로 2~3년 동안 파견함으로써, 글로벌 스탠다드에 맞는 선진감사기법을 습득하도록 하였다. 그 프로그램은 호평을 받았고 순조롭게 진행되었으므로, 1,990연대 이후에는 연수 국가의 범위를 넓혀 미국·캐나다 중심에서 영국·독일·네델란드 등의 EU권 국가 및 호주와 홍콩 등 범세계적으로 범위를 넓혀 진행하게 했다. 해외연수자들은 연수받은 국가의 감사기법 등을 습득하여 우리나라의 실정에 알맞은 감사 능력을 국제 수준으로 향상하는 데 상당한 이바지를 하였다고 한다.[78]

그뿐만 아니라, 회계법인 소속 공인회계사들의 해외 진출은 연수근무에 그치지 않고 다양한 방향으로 진행되었다. 특히 1990년대 이후부터 한국공인회계사회 산하의 회계법인들이 우리나라 기업의 해외 진출 국가에 회계법인사무소를 개설하고 진출기업에 대한 회계 서비스를 제공하는 예도 빈번히 이루어졌다.

특히 동남아 진출기업을 대상으로 동남아지역의 조세제도와 관련 법령의 연구는 물론, 관련 고객 회사에 대한 투자자문 등을 제공해왔던 회계법인들은 그들에 대한 용역을 제공하는 열성도 보여주었다. 이에 참여한 회계법인들은 국제회계법인회원법인 특유의 조직을 활용하여 현지 회원법인의 적극적인 업무지원을 받음과 동시에, 해당 국가의 세무 및 회계 관련 사항에 대하여 적시에 자료제공을 받음으로써, 효율적인 업무를 수행할 수 있는 체제를 갖추었다.

특히 미국에 진출한 회계법인의 경우는 회계감사 및 증권거래소에 대한 특별보고와 세무 계획 및 경영 자문 서비스, 그리고 기업합병·인수 시의 평가와 조사 및 자문 등이 주요활동 내용이었다. 그뿐만 아니라, 고객 회사들이 현지의 각종 법령과 규정, 더 나아가서는 세무조사에 대처할 수 있도록 지원하였다.

그리고 EU지역에 진출한 회계법인의 경우를 보면, 1986년에 삼일회계법인이 영국사무소에 한국부를 개설한 것을 신호탄으로 하여 한국기업들이 속속 진출함에 따라 이들을 지원하기 위한 사무소를 개설하였다. 더욱이 동유럽의 변화와 EC 통합 등으로 인하여 국내기업들이 동유럽 지역에 관한 관심이 고조되면서 한국 공인회계사들의 해외 진출과 관련 서비스의 제공 등이 점차 확대되었다. 그에 수반하여 회계 시장 글로벌화의 상황과 회계 서비스 시장개방에 부응하여 우리나라 공인회계사들의 능력배양을 위한 미국 공인회계사 자격취득도 증가추세를 보여주었다. 이에 따라 국내의 회계법인들은 1990년대 이후 회계법인 소속 공인회계사 중에서 엄선하여 AICPA 시험에 응시할 수 있도록 계획을 세워 시행하기도 했다.[79]

---

78) 상게서, PP. 314~315, Passim.
79) 상게서, PP. 315~316, Passim.

3) 회계 서비스 산업의 글로벌화

(1) WTO 가입과 회계 시장의 개방

우루과이 라운드(UR) 협상이 1993년에 타결되고 세계무역기구(WTO)가 1995년에 출범하게 되면서 회계 서비스 교역의 자유화에 대한 국제적인 시장개방 압력은 점차 거세지기 시작하였다. 그동안 WTO는 여러 차례의 회의를 통하여 각국 공인회계사 자격을 서로 인정하기 위한 기반을 마련하려는 공인회계사 상호인정협정지침서와 회계 분야의 국내 규범을 제정하도록 하는 지침을 채택하기에 이르렀다.

여기서 회계 시장개방과 관련이 있는 서비스 교역의 자유화 문제는 WTO 체제가 발족하면서 「서비스 교역에 관한 일반협정」(GATS : General Agreement on Trade in Service)에 포함됨으로써, 구체적으로 부각되었다. 이에 따라 국제간 서비스 교역에 대한 다자간 협상이 완결되었고, 각 회원국은 이 규정의 적용을 받게 되었다. 이로써, 회계 서비스 분야도 법률·의료·교육·건축설계·엔지니어링과 함께 전문직 서비스의 하나로서 이 협정의 적용을 받게 되었다. 그래서 이러한 서비스 분야는 주요국의 산업구조에서 그 중요성이 커지게 되었으므로, 선진 여러 나라는 서비스 시장개방에 대한 압력을 점차 행사하게 된 것이다.

1995년에 출범한 WTO는 그 산하에 상품교역이사회·서비스교역이사회·지적 재산권이사회 등을 설치 운영하였다. 1995년 3월 1일 WTO 제1차 회의에서 전문직 서비스에 관한 결정이 채택됨으로써, 서비스 교역이사회 산하에 전문직 실무작업반(WPPS : Woking Party for Professional Service)이 설치되어 회계 서비스 분야에서의 다자간 규범을 제정하게 되었다. 그래서 1997년 5월 7일에 WPPS는 「회계사 상호인정협정지침서」(Guideline for Mutual Recognition Agreements or Arrangements in the Accountancy Sector)를 확정하였다.[80]

이로써, 회계 시장개방의 적용대상인 회계 서비스로서는 회계와 회계감사 및 장부기장 서비스 그리고 세무신고를 제외한 장부기장 서비스가 그 대상이 되었다. 따라서 회계 및 회계감사 서비스는 다시 회계감사 서비스, 재무제표 작성 서비스 및 그 외의 회계 서비스로 구분되었다. 이에 따라 회계감사 서비스는 회계기록 및 조직에 관한 입증자료를 토대로 하여 감사인이 감사대상 회사의 재무제표가 특정일 현재의 재무 상태와 같은 날에 종료하는 기간의 경영성과를 일반적으로 인정된 회계원칙에 따라 적정하게 표시하고 있는가에 대한 의견을 표명할 감사를 하는 것을 의미한다. 그리고 회계 검토 서비스는 연말과 중간재무제표 및 기타 회계정보의 검토 서비스를 의미하며, 감

---

80) 상게서, PP. 317~318, Passim.

사보다 검토범위가 좁아서 회계자료에 대한 인증 정도가 낮았다. 그리고 재무제표 작성 서비스는 고객이 제공한 정보에 근거하여 재무제표를 작성하는 서비스를 의미하며, 그 결과로 작성되는 재무제표의 정확성에 대해 인증은 하지 않은 것으로 되어 있다. 그 외의 회계 서비스는 증명과 평가 및 예상 재무제표가 포함 되는 것이다.

이것은 회계 서비스 분야에 대한 WTO 사무국의 자료에서 기인한 것이지만, 공인회계사들이 제공하는 서비스의 범위가 확대되는 추세였으므로, 회계 서비스와 회계법인이 제공하는 서비스를 모두 회계 서비스로 보아야 한다는 주장이 있었다고 한다. 다시 말하면, 회계 서비스의 영역은 나라마다 서로 다르므로, 이에 관한 협상 진행에 따라 양허표(讓許表)를 작성하는 문제도 있음을 인식할 필요가 있다.[81]

(2) IMF 외환위기에 의한 회계제도의 글로벌화

지속적인 경제성장을 구가하던 우리나라는 1990년대 후반기에 이르러 한국은행의 외환보유고 고갈사태를 기점으로 하여 대기업의 연쇄적인 부도와 법정관리 등에 따른 1997년 11월 21일 자의 IMF 구제금융을 요청하게 됨으로써, 총체적인 국가 경제의 위기에 봉착하게 되었다. 그 원인은 과도한 경기과열과 버블경영 및 금융산업의 부실화에서 찾을 수 있다. 그와 더불어 기업회계의 투명성 부족으로 인한 회계정보의 신뢰성 결여가 경영 부실화를 촉진하게 되었음은 물론이다. 특히, 기업회계기준은 기업의 영업 거래를 기장 처리하면서 이용자에게 유용한 정보를 제공할 회계처리와 공시방법을 제시해야 한다. 그런데도 종래의 우리나라 기업회계기준은 세무와 정부 규제 위주로 제정되고 운영됐으므로, 글로벌 수준의 회계기준과는 상당한 차이를 보여주고 있었으며, 기업이 제공하는 회계정보의 투명성과 신뢰성을 저하했던 것은 분명한 사실이다.

따라서 IMF 구제금융 합의 조건으로 드러난 것 중의 하나가 한국회계기준의 문제점을 개선하는 것뿐만 아니라, 한국의 기업회계기준을 글로벌 수준의 규범으로 향상해야 한다는 것이었다. 이와 관련하여 한국 정부와 IMF는 기업의 회계 투명성을 높이기 위한 목적으로 기업회계기준을 국제적 수준으로 향상하게 시킨다는 원칙에 합의함으로써, 문제해결의 실마리를 합의로 끌어냈다.

그뿐만 아니라, 경제위기를 극복하기 위한 세계은행(IBRD) 차관도입에 즈음해서는 회계기준과 감사기준을 글로벌 수준으로 향상하게 시키고 1999회계연도부터 금융기관과 상장회사 및 기타 외감법대항회사에 적용하는 기준이 제시되었다. 더욱이 세계은행은 금융상품회계, 리스회계, 회수불능채권의 구분기준, 유가증권의 평가손익, 채권·채무의 조정에 관한 회계, 자산 재평가회계, 외화환산 회계, 재무제표 공시 및 결합재

---

81) 상게서, PP. 317~319, Passim.

무제표에 관한 회계기준을 글로벌 수준의 규범으로 만들도록 하는 요구를 받아들였다. 이와 함께 금융감독위원회도 회계제도 개선의 필요성을 인식하고 1998년 초부터 한국 회계제도의 개선을 위한 특별위원회를 구성함으로써, 기업회계기준의 개편에 착수하게 되었다.82)

금융감독위원회 산하의 회계제도특별위원회는 회계변경, 외화자산과 외화부채의 환산 회계, 해외시장의 재무제표 환산 회계, 기업결합 및 관계회사 투자주식의 회계, 연결 회계, 채권·채무의 조정, 대차대조표일 이후의 사항, 그리고 연구개발비에 대한 회계기준 등은 글로벌 수준에 미흡한 것으로서 개선이 필요한 사항임을 지적하였다. 그리고 동 회계제도특별위원회는 회계 공시 수준의 확대가 필요한 부분으로서 부문별 보고, 중단된 사업 부문의 보고, 분기별 보고, 특수관계인과의 거래, 기업의 회계정책, 그리고 우발채무 등을 지적함으로써, 회계제도의 개선작업이 활기를 띠게 되었다.

이상과 같이 각각 지적된 사항을 기본 자료로 하여 금융감독위원회는 기업회계기준의 전면적인 개정에 돌입하였다. 1998년 7월 22일 리스회계 처리기준의 개정을 시작으로 기업회계기준, 기업집단결합재무제표 준칙, 금융업종별 회계처리 준칙 및 파생상품 회계 등의 기업회계기준에 대한 해석, 그리고 연결재무제표준칙 등이 글로벌 수준에 들어맞도록 제정되거나 개정되었다. 이는 한국회계기준의 글로벌화라는 목표를 정하고 국제회계기준과 미국회계기준을 참고함으로써, 국제화로 진일보하는 계기가 되었다고 할 수 있다. 여기에는 종래에 정부 주도로 이루어지던 회계 규범 제정이 민간주도로 이양되었다는 점이 큰 의미를 내포하고 있다.

이처럼 IMF 외환위기에 의한 시련은 있었으나, 우리나라 회계제도의 선진화를 촉진하는 전환점이 되었다는 것은 부인할 수 없다. 이를 계기로 하여 국제회계기준을 비롯한 미국 등 선진제국의 회계기준을 분석하여 우리나라의 회계기준과 감사기준의 내용을 국제적 수준으로 향상함으로써, 새로운 글로벌화의 지평을 열어놓았다. 2007년 이후에 제정된 한국채택국제회계기준(K-IFRS)은 한국회계제도의 글로벌화를 상징하는 풍향계라고 할 수 있는 것이다.83)

2. 회계감사 기준의 국제화

1) 감사환경의 변화

1990년대 말에 발생한 금융위기의 사태는 기업의 연쇄 부도를 가져왔고 경제불황을

---

82) 상게서, PP. 319~3320, Passim.
83) 상게서, PP. 321~323, Passim.

초래하게 되어 이를 타개하기 위한 일환으로 국제통화기금(IMF)과 세계은행(IBRD)의 재정적 지원을 받기 위한 협약을 체결하기에 이르렀다. 그 협약에는 회계감사 실무와 회계 투명성 제고를 위한 회계기준 및 감사기준을 국제회계기준과 국제감사기준의 수준으로 개정하도록 하는 내용이 포함되어 있었다. 그래서 기업의 재무 상태와 경영성과를 판단하는 재무제표의 작성과 이에 대한 감사를 국제 수준에 맞추도록 일련의 조처를 해야 하였다.

IMF와 IBRD는 왜곡된 회계제도가 외환위기를 가져오게 했다고 판단하고 기업의 회계적 투명성 확보가 우선되어야 한다고 진단하였다. 따라서 회계기준과 감사기준의 글로벌 스탠다드에 들어맞도록 하는 조치가 취해졌다. 금융감독기구의 개편을 통하여 회계감사기준의 제정권은 금융감독위원회로 귀속되었고 회계감사 준칙의 제정은 한국공인회계사회가 마련하여 증권선물위원회의 승인을 얻는 것으로 조정되었다. 그것은 IMF와 IBRD와의 협약에 따라 회계감사에 관한 기준을 글로벌 스탠다드의 수준으로 격상하기 위하여 민간기구인 한국공인회계사회가 자율적으로 제정할 수 있도록 조정하였다.

더욱이 금융권을 비롯한 기업들의 측면에서 볼 때, 외환위기를 극복하고 기업 활동을 계속하여 지속하기 위해서는 외국자본의 투자유치가 시급을 다투는 중요한 문제로 부각되었다. 이러한 상황변화는 WTO 체제의 출범과 더불어 다국적기업의 증가로 인하여 세계 경제 질서가 변화하면서 예견되었던 것이었다. 그러한 상황 속에서 우리나라의 자본시장과 기업들이 국제적 경쟁력을 갖추기 위해 하나로 회계제도와 관련 법규 및 규정을 글로벌 수준으로 끌어올려야 한다는 환경에 직면하게 되었다.

결국 외환위기로 인한 IMF의 관리체제에 놓이게 된 우리나라는 금융권을 비롯한 기업들이 다양한 체질 개선을 강요받기에 이르렀다. 그뿐만 아니라, IBRD는 차관협약 과정에서 우리나라 회계제도의 전면적인 개편을 요구하였다. 한국 정부는 그러한 요구에 따를 수밖에 없었고 자본시장의 효율화를 위하여 기업 재무 정보의 투명성을 높일 수 있게 한다는 협약에 조인하였다. 그 내용의 일부를 요약하면, ① 금융감독원이 회계 감독책임을 맡도록 하며 ② 독립적인 회계 규범 제정기구의 설립은 물론 ③ 한국공인회계사회의 기능을 강화함과 동시에 ④ 회계기준과 감사기준을 국제화시키며 ⑤ 상장기업과 금융기관에 대한 내부감사의 효율성을 향상하고 ⑥상장기업의 분기별 재무제표를 공시하도록 하는 것이었다. 이는 IBRD가 한국의 회계환경에 대하여 불신하고 있음을 나타낸 것이라고 할 수 있다. 후진적 회계관행이 한국경제를 위기로 몰아넣었다고 진단한 IMF와 IBRD가 외환위기의 극복을 위해서는 금융기관과 기업의 회계 투명성을 확보하는 것이 중요하다고 판단한 것이다. 따라서 회계감사 기준의 글로벌화는 시급한 문제로 부각되었다. 회계감사의 환경이 확실히 변화되었음을 시사하는 것이다.[84]

---

84) 한국공인회계사회, 전게서, PP. 344~345. Passim.

2) 국제회계사연맹의 회계감사 기준 수용

　IMF 외환위기 이후 금융 관련 감독기구의 개편으로 회계감사 기준의 제정권은 금융감독위원회에 귀속되었다. 그리고 회계감사의 준칙은 한국 공인회계사가 마련하여 증권선물위원회의 승인을 받는 시스템으로 조정되었다. 따라서 회계감사 기준과 준칙은 제정 주체의 변경으로 새로 제정되지 않으면 안 되었다.

　이때의 관건은 글로벌 스탠다드에 들어맞는 회계감사 기준과 준칙을 제정하는 것이었다. 당시 금융감독위원회는 회계감사 기준과 준칙의 제정에 관한 위임규정을 1999년 2월 26일 자로 개정하였다. 그렇지만 새로운 위임규정에 따라 개정된 회계감사 기준은 종래의 그것과 별다른 차이가 없었다. 다만, IMF와 IBRD와의 협약에 따라 회계감사에 관한 기준과 준칙을 글로벌 수준으로 선진화하기 위하여 공인회계사회가 자율적으로 마련하도록 하였다.

　회계감사 환경이 변화되었음을 인지한 한국공인회계사회는 세계은행(IBRD)이 요구하는 글로벌 스탠다드로 조정하기 위하여 국제회계사연맹(IFAC)의 국제감사기준을 범례로 하여 회계감사 준칙을 전면 개정(1999년 2월 27일)하고 감사에 임할 수 있도록 했다. 기본 구조적 체계는 국제감사기준(ISA : International Standards on Auditing)의 내용을 그대로 번역·채택하여 이루어진 것이었다. 형식 면에서 보면, 종래의 회계감사 기준과는 많은 차이가 있음을 확인하게 된다. 종래에는 조문 형식으로 되어 있었으나, 국제감사기준의 형식에 따라 기본적인 원칙과 필수적인 절차와 해설 및 기타 보론으로 구성되어 있다. 그리고 국제회계 감사기준을 구성하고 있는 각각의 개별기준은 감사 준칙의 해당 사항으로 편성하고 국제감사기준 참조에 편의를 제공하기 위하여 국제감사기준과 같은 번호를 부여하였다.

　그뿐만 아니라, 감사 준칙의 주요 개정 내용을 보면, 감사업무의 기본원칙과 주요 절차 안 규정한 기존의 준칙과는 다르게 이를 해설하고 구체적으로 안내하는 관련 조항이 방대하게 포함되었다. 그리고 감사인의 질적 수준 향상과 감사업무의 질적 관리를 재고하기 위한 국제 수준의 관리정책과 절차도 상세히 규정되었음을 볼 수 있다. 그리고 비교재무제표와 관련된 것으로서 전기 수치와 전기 감사인과의 협조에 절차도 규정되었으며, 글로벌 수준의 감사업무를 전제로 하여 국제회계사 윤리규정에 따르는 수준으로 개정되는 공인회계사의 윤리규정을 준수하도록 하였다.

　이처럼 회계감사 준칙이 개정됨으로써, 감사내용도 한 단계 진일보하였으며 그에 수반한 감사인의 자질과 책무도 한층 강조되었고 감사대상 회사의 인식 전환도 요구되었음은 물론이다.[85]

---

85) 한국공인회계사회, 전게서, PP. 345~347, Passim.

3) 글로벌화를 위한 회계감사 기준, 제·개정조직의 강화

회계감사에 관한 규범의 제·개정을 위임받은 한국공인회계사회는 독립심의기구로서의 회계 감사기준위원회를 설치하였다. 동 위원회는 회계감사 기준의 공공성을 높이기 위하여 학계와 산업계 등 회계감사와 관련된 각 분야의 인사를 위원으로 위촉하여 구성되었다. 그래서 회계 감사기준위원회는 회계감사에 관한 기준과 준칙 및 관련 지침을 심의하고 해석하게 되었다. 특히 동 위원회는 2003년 12월에 외감법이 개정됨으로써, 새로운 회계감사 기준을 심의하고 개정하기 위해 노력하고 있다.

이러한 업무를 실천하기 위한 일환으로 회계 감사기준위원회는 15명 내외로 구성되는 회계 감사기준실무위원회를 조직하여 국제회계 감사기준을 비롯한 감사 준칙과 관련 지침 및 해설 등의 회계감사 기준에 관한 조사와 연구를 수행하도록 위임하였다. 동 실무위원회는 현행의 회계감사 준칙을 초안했을 뿐만 아니라, 30여 개에 이르는 감사보고서의 사례와 실무지침 및 업종별 감사 실무 등 회계감사 기준의 적용과 관련된 세부 사항을 발표해 왔음을 확인할 수 있다.

더욱이 한국공인회계사회는 회계감사 기준과 준칙 및 관련 지침 등의 각종 규정을 기초하고 회계감사 기준에 관한 연구와 교육을 담당하는 전문 연구위원을 위촉하여 상근하게 함으로써, 회계감사 기준과 관련된 전문성을 강화시켰다고 한다.[86]

3. 한국공인회계사회의 국제적 활동

1) 국제회계기구에의 참가실적

한국공인회계사회는 1958년의 제1차 아시아태평양 회계사연맹(CAPA) 총회에 참가함으로써, 국제적인 활동을 시작하였다. 그 후 한국공인회계사회는 한국경제의 발전과 회계 서비스 산업의 성장과 더불어 본격적으로 국제무대에 진출하여 그 위상을 선양하고 국제적 활동을 전개해 나갔다. 한국공인회계사회가 밀접하게 교류해온 국제회계기구는 국제회계사연맹(International Federation of Accountants : IFAC)과 국제회계기준위원회(International Accounting Standards Committee : IASC), 및 아시아·태평양 지역회계사연맹(Confederation of Asian and Pacific Accountants : CAPA) 등이다.

1978년 국제회계사연맹(IFAC)에 일반회원으로 가입한 한국공인회계사회는 5년 주기로 개최되는 IFAC총회에 대표단을 연이어 파견함으로써, 활발한 국제적 교류 활동을 전개해왔다. 더욱이 1992년 10월에 미국의 워싱턴에서 개최된 IFAC의 제14차 세계대회

---

[86] 상게서, PP. 350~354, Passim.

에 이종남 한국공인회계사회 회장을 비롯한 17명의 대표단이 참여하였음은 물론, 한국공인회계사회 국제담당 이사인 양승우 회계사가 「경제 세계화 시대에 회계사의 역할」이라는 주제로 발표를 하여 호평을 받았다.

그뿐만 아니라, 1978년 이후는 한국공인회계사회가 IFAC의 관리회원(control member)으로 참여함으로써, 윤리위원회와 세계감사 인증위원회 등에 대표를 파견해왔다. 더욱이 1995년에는 IFAC 회원국의 투표에 따라 한국공인회계사회가 이사회 회원(board member)으로 선임됨으로써, 국제적 위상이 제고되었다.

또한 1975년 12월 18일 자로 한국공인회계사회가 국제회계기준위원회((IASC)의 준회원으로 가입되면서부터 IASC와의 교류가 시작되었다. 이어서 1977년 10월에 IASC 총회에서 채택된 개정협의서와 정관에 따라 한국공인회계사회는 IASC의 정회원이 되어 활발한 국제활동을 전개할 수 있게 되었다. 특히 한국공인회계사회는 1988년 1월 1일 이후 2년 6개월간 이사국(理事國)이 되어 본격적인 활동을 전개하기에 이른다. 대표(주인기 및 곽수근)를 이사회에 참석하게 하여 국제회계기준 공개 초안(IAS Draft)을 검토하고 확정하는데 중요한 임무를 수행한 바가 있다. 이처럼 한국공인회계사회는 IASC 회원으로서 활동하면서 국제회계기준을 보다 적극적으로 수용함으로써, 글로벌화 시대에 부응하는 회계 선진화의 길을 튼튼히 다져놓았다.

그리고 아시아·태평양지역 회계사연맹(CAPA)은 1958년 필리핀 마닐라에서 제1차 극동 회계사대회(The First Far East Conference of Accountants)를 시발점으로 하여 창립되었다. 이때 회원으로 가입한 한국공인회계사회는 계속하여 CAPA 대회에 대표단을 파견해왔다. 특히 1983년 인도 뉴델리에서 개최된 제10차 대회에서 우리나라는 CAPA의 상임이사국으로 선임됨으로써, 한국공인회계사회의 본격적인 국제활동이 이루어지게 되었다. 그 이듬해인 1984년에 한국공인회계사회는 18차 상임이사국 회의를 유치하여 5월 3일부터 5월 4일까지 2일간 서울에서 최초의 국제행사를 주관함으로써, 한국공인회계사회의 국제적 위상을 높임과 동시에, 국제활동에 대한 자신감을 심어주는 계기가 되었다. 그것은 결국 제12차 CAPA 세계대회를 서울로 유치하는 원동력으로 작용하였다. 그리하여 한국공인회계사회는 CAPA 상임이사국 회원으로서 선임되어 현재에 이르기까지 활발한 국제활동을 전개해오고 있다.[87]

2) 회계 관련 국제회의 개최

한국공인회계사회의 국제적 활동 중에서 가장 괄목할만한 것은 국제회계기구의 국

---

87) 한국공인회계사회, 『한국공인회계사회 35년사』(1992), PP. 545~557. & 한국공인회계사회, 『공인회계사 50년사』(2004), PP. 113~114, Passim.

제회의를 한국에서 개최한 일이었다.

　최초의 국제회의는 1984년 5월 서울에서 CAPA 상임이사회를 개최한 것이었다. 이어서 1989년 9월 17일부터 9월 20일까지 4일간 서울의 워커힐호텔에서 제12차 CAPA 총회를 개최함으로써, 한국공인회계사회의 위상을 선양하였다. 이 국제회의에는 CAPA 산하의 회계사단체의 회원 1,200여 명이 참석하여 성황을 이루었고, 특히 세계회계사연맹(IFAC) 회장과 미주 회계사연맹(IAA) 회장은 물론, 동남아 회계사연맹(AFA) 회장과 남부 아시아 회계사연맹(SAFA) 회장 등, 국내외 인사들이 성황리에 참석한 가운데 최대 규모의 국제회의로 치러졌다.

　이 국제회의 기간에 특기할만한 사항은 1989년 9월 18일에 별도로 모인 대표자 회의에서 우리나라가 상임이사국으로 재선임 되었다는 사실이다. 그뿐만 아니라, 제12차 CAPA 서울총회의 준비 위원장인 서태식이 CAPA 회장으로 새로이 선출됨으로써, 1989년 10월부터 1991년 9월까지 2년간의 임기를 훌륭히 수행하는 영광을 얻었다. 아울러 이 국제회의 기간에 CAPA 상임이사회도 함께 모여 다양한 회계감사 글로벌화의 방안을 모색하였음은 물론이다.

　이상과 같은 제12차 CAPA 총회의 성공적인 개최는 한국공인회계사회의 발전사에서 최초의 국제행사로서의 지대한 의미를 지닌 것으로 평가된다. 세계회계사연맹의 회원국 회계사들을 비롯한 세계회계서비스업계의 주요 인사들이 함께 모여 회계감사와 경제문제를 심도 있게 토론하는 장을 마련함으로써, 회계감사 문화의 발전에 크게 이바지할 기회를 창출하였던 것이다.

　그리고 한국공인회계사회는 1994년 5월 2일부터 동 4일까지 3일간 서울에서 국제회계사연맹(IFAC)의 윤리위원회 국제회의를 개최함으로써, 국제적 지위 향상을 실증하는 계기가 되었다.

　200여 명의 우리나라 공인회계사를 비롯한 국제회계사연맹의 존 그루너 사무총장이나 오스틴 휄드베리 윤리위원장 등, 8개국 대표 회계사들이 참석한 가운데 회계전문가의 직업윤리에 관한 심포지엄과 다양한 프로그램으로 성황리에 진행됨으로써, 한층 더 한국공인회계사회의 국제적 위상이 향상되었음을 확인할 수 있었다.

　그 외에도 한국공인회계사회는 1991년 7월에 당시 김두황 회장이 주도하는 일본공인회계사회와의 상호협력에 관한 협약에 조인함으로써, 한일 공인회계사 업계의 현안과 관련된 정보를 교환하는 등, 양국 간의 친선우호 관계를 증진했을 뿐만 아니라, 계속하여 이러한 국제교류가 지금까지도 계속 이어져 오고 있다.[88]

---

88) 한국공인회계사회, 『한국공인회계사회 35년사』(1992), PP. 558~568. & 한국공인회계사회, 『공인회계사 50년사』(2004), PP. 116~117, Passim

5 정부 회계감사 문화의 지평

1. 우리나라 정부 회계감사 문화의 기원

1) 고대국가의 국고회계 감사제도

우리나라의 국고회계와 감사제도는 앞의 제2장에서 살펴본 바와 같이 고조선 시대 (BC2333~BC108)까지 거슬러 올라갈 수 있다. 고조선 시대는 국왕을 보좌하는 6개의 관직이 있었는바, 팽우(彭虞), 성조(成造), 신지(神誌), 고시(高矢), 풍백(風伯) 및 우사(雨師)가 그것이다. 이 중에서 신지(神誌)는 재정경제를 담당하는 국고회계 부문의 수장이었다. 신지의 휘하에 재정 사무를 관장하는 관원을 두어 보좌하도록 함으로써, 공부(貢賦) 등의 재정 수입에 의한 재물을 보관·관리 감독하는 부문과 계량기록이라는 회계 부문을 관장하였다. 신지는 그 밑에 사서(司書)라는 관직을 두어 관부회계의 종합계산과 감사를 1년마다 행하였다고 한다.

고구려 시대에는 고조선의 제도를 어느 정도 계승하고 한나라 시대의 관료제도를 일부 수용·개선하였다. 주부(主簿)는 고구려 관부회계 부문의 수장으로서 예하에 국가재정과 왕실 재정을 담당하는 부서를 두고 각각 재화의 보관과 출납 및 감사를 관장케 했다.[89] 특히 국가재정에 관한 부문은 중앙정부뿐만 아니라, 지방 관서에 이르기까지 공부(貢賦)담당관을 두어 국가재정에 연관되는 관부회계 체제를 갖추었음은 물론, 사정을 위한 어사제도가 운용되었다는 것이다.

이윽고 백제 시대의 국고회계를 살펴보면, 백제는 초기에는 고구려의 제도를 본받아 시행하였다. 백제의 6좌평의 귀족 관등 중에서 재정 관리와 감독을 담당하는 부서는 내신좌평(王名出納)과 내두좌평(財政擔當)의 두 관직이다. 이 중에서 내신좌평(內臣佐平)은 16관 등 가운데 제1품 수석 좌평이며, 장선납사(掌宣納事: 王命出納)는 물론, 정령(政令)의 반포, 백성의 상소 등을 관장하였다. 그리고 내두좌평은 국가재정을 담당하는 관직으로 그 밑에 중앙재정 부문과 지방재정 부문으로 나누어 국고 관리와 사정을 관장하였다.

신라 시대의 국가재정을 담당한 부서는 창부(倉府)와 조부(調府)의 두 관직이다. 신라 시대의 국고 조직과 관리기구인 창부와 조부는 보관하고 있는 재화의 출납권을 행사하고 국고 조직 즉, 예하의 구체적인 저장사무를 주관하였다. 여기서 주의해야 할

---

89) 임기환, 「고구려 초기 관계 조직의 성립과 운영」(『경대 사학』 19, 1995), PP. 62~70.

사항은 창부와 조부를 위시한 중앙정부의 국고회계 부문뿐만 아니라, 지방관에서 9주의 관부회계 부문, 더 나아가서는 군·현에 이르기까지 관부회계 부서가 설치되어 운영되었다는 점이다. 물론, 이는 전국적인 호구조사와 부세 및 부역을 담당하고 국고재정의 합리적인 관리를 일사불란하게 운용하기 위한 왕권이 강화되고 전제주의 봉건경제가 확립되었기에 가능한 것이었다.

특히 통일신라 시대 중앙정부의 국고 회계조직은 각 부문 간의 업무분장이 명확하여 관원 상호 간의 책임 범위도 분명하였음은 물론, 그 책임분담도 일원화되어 일사불란하게 창부(倉府)와 조부(調府)의 집행업무가 순조롭게 이뤄졌다는 특징이 있다. 더욱이 사정부(司正部)에 회계감찰부를 두어 부서기회(簿書期會)의 진실·명확함을 감사하고 담당 관원의 부정을 감시하는 기능을 두어 관부회계의 감사제도가 시행되고 있었다는 점이 특이하다. 중앙 관료조직의 분권화, 즉 창부와 조부 그리고 사정부로 분화된 국고회계의 관리체제를 갖추어 관부회계 부문 내부의 견제 관계를 비롯한 감사제도의 구축 등, 봉건 통치자의 국가재정 출납 통제에 시너지 효과를 내게 하는 능력을 완비함으로써, 통일신라 시대의 경제적 집권을 가능하게 했다는 점은 선진적 발상이었음을 보여주는 독특한 시스템이다. 성덕왕 16년에 산학박사 제도를 두어 인재를 양성하고 회계 및 감사제도의 발전에 이바지했음은 특이한 대목이다(김부식, 삼국사기 권제8).

이처럼 고대 국가들은 각 왕조가 어사제도를 만들어 국가의 민생과 재정 및 회계검찰권을 부여함으로써, 고대 봉건국가의 회계감찰과 감사·감독을 실행하여 국가재정의 건전한 운영을 시도했음을 볼 수 있다. 이는 우리나라 고대 봉건시대의 국고회계감찰과 감사조직형성을 발전시키는 시발점이 되었다는 점에서 주시해야 할 부분이다. 이러한 제도는 군신 간의 내부 견제의 필요성과 부서별 업무분장이 진실하고 명확하게 이루어질 수 있는 관리조직의 필요성을 감지한 데서 비롯된 통치조직의 수단이었다고 할 수 있다.

또한 제3장에서 언급한 고려 시대의 관부회계 문화는 고대사회의 그것을 전승받아 발전하였다. 3성 6부의 중앙관직을 중심으로 호부(戶部)가 백성의 호구조사와 조세·공부(貢賦)·전량(錢糧) 등을 관장하여 재정적 관리 감독의 중심이 되었다. 그 외에도 전곡의 출납과 회계를 담당하는 삼사(三司)와 왕령(王令)의 출납 회계와 숙위군기(宿衛軍機)를 담당하는 밀직사(密直司, 초기에는 中樞院樞密院) 등이 중앙관직에 소속되어있었다. 따라서 고려 시대의 관부회계에 대한 행정감사는 중앙정부의 어사대(御史臺)에 집중되어 있었으며 왕령 출납에 관한 국고 재정은 중추원에서 관장하였다. 호부(戶部)를 비롯한 그 예하의 관부 내부뿐만 아니라, 각 지방 관서도 조세·공부·전량(錢糧)에 감사하는 부서가 설치되어 있었다.

그리고 제4장에서 살펴본 바와 같이 근세 조선시대의 관부회계는 재정출납의 치부과정에서 제도적으로 내부 견제시스템이 되어있었다. 그러나 태종 9년(AD1409)에 회계검찰기관으로서의 쇄권색(刷券色)을 설치하여 출납 회계와 보고의 허위·부정을 방지하기 위한 제도적 장치를 마련하였다. 그것은 이조판서 유량(柳亮)과 반성군 박은(朴訔)을 제조(提調: 특종 사무를 主管하는 兼任職)하여 10년 이래의 각 관아의 비용을 모두 감사토록 하였다는 기록에서도 감지할 수 있다(「設刷券色 以吏曹判書柳亮 潘城君朴訔 爲提調司諫李薈 掌令金益精爲別監句校十年以來各司用度」太宗實錄卷十七). 쇄권색은 정부의 독립된 회계감사기관이었다.

원래 출납 회계의 감사기관은 사헌부였다. 이는 건국 초기부터 사헌부의 감찰이 출납 회계에 관여하여 임검(臨檢)하게 되어 있었다(조선경국전상). 『속대전』에 의하면, 「여러 관서의 잡물 출납 때에는 감찰이 임검하여 창고 문을 봉하고 그 관서의 관원과 입회한 감찰이 각각 연명으로 회계문서와 창고 문을 봉한 쪽지에 직명과 서명 결재를 한다(諸司雜物出納時 該官員及監察 各其文書及庫封 並書職銜署名着押).」라고 기록되어 있다. 이처럼 사헌부 감찰이 임검하는 것을 청대(請臺)라고 한다.

따라서 사헌부감찰은 여러 관서의 출납 회계에 임검할 뿐만 아니라, 매월 말에 호조의 관원과 더불어 전곡이 있는 각사(各司)의 창고를 돌아다니며 합동 심사를 하여 임금(王)에게 결과 보고를 하게 되어있었다. 「탁지지」(度支志)에 의하면, 『매월 말에 호조에서 사헌부에 청대라는 공문을 보내고, 호조 관원과 사헌부감찰이 공동감사하는 것이다. 감사 결과보고서는 호조 관원이 승정원에 제출하고 다음 달 초하루에 임금에게 아뢴다.(每朔末 本曹郞官與 監察 同審有錢穀各司倉庫 以啓 回倉前一日本曹移關司憲府請臺 同往各司回審 各庫封鎖後晦日 使錄事呈別單于承政院 翼朔日入啓).

「대전통편」에 의하면, 세금으로 받은 곡물의 재고관리에 관한 규정이 있다. 즉, 세곡이 입고된 후에 재고가 거의 소진되고 새로운 세곡이 입고되기 전에 호조의 관원을 파견하여 장부와 대조하여 재고조사를 하고 부정을 적발한다는 내용이다.(大典會通 戶典倉庫, 『凡稅穀入庫後 遺在將盡 新捧未到前 發遣本曹郞官 擲奸反庫......』). 이는 모든 전곡의 재고조사를 계속하여 실행할 수 있는 계속실사방법의 한 예이다.

이처럼 조선 시대 관부회계의 감사제도는 「경국대전」과 「속대전」 등에 규정된 바에 따라 시행되었음을 알 수 있다. 여기서 주목할 점은 감사대상 고을을 무작위로 추첨하여 오늘날과 같은 시사(試査)를 통한 회계감사를 수행하고 그 사실을 임금에게 보고했다는 사실이다. 그렇게 함으로써 회계 부정을 미리 방지하려는 목적이 있었다고 할 수 있을 것이다. 그리고 왕명에 의한 특별 전권감사라 할 수 있는 어사제도가 행정감사와 회계감사를 동시에 관장할 수 있게 하였고, 관직의 임명과 해임에 즈음하여 인수인계의 확인 감사를 하게 되는 해유(解由) 제도가 조선시대의 양축을 이루는 정부의 감사제도였음을 상기할 필요가 있다.[90]

---

90) 조익순. 『한·미·일 정부 회계 및 감사제도의 문화적 조명』(서울, 박영사, 1996), PP. 197~

2) 개화기의 정부 회계감사 제도

조선의 후기에 이르러 서구문화의 유입으로 개화의 바람이 일기 시작하면서 관부회계의 감사제도도 구조적으로 달라지기 시작하였다. 1876년 강화도조약으로 개화의 문이 활짝 열렸고, 개항으로 서양의 여러 나라와 통상조약을 맺고 자본주의 문화가 유입되어 외국 문물이 쏟아져 들어왔으며 낡은 봉건주의제도를 하나씩 벗어버리고 서구형 신문화의 옷으로 갈아입으며 근대화를 지향하기에 이르렀다.

특히 1894년의 갑오경장(甲午更張)은 상전벽해와 같은 제도적 개혁의 바람을 일으켰다. 홍범 14조를 공표함으로써, 제도적·법제적으로 근대화의 장애요인을 제거하여 개혁의 헌법적 시원을 이루었다. 그뿐만 아니라, 봉건적 재정제도를 근대적 재정체계로 전환함으로써, 국가재정을 건전하게 하여 독립국의 면모를 확립하려는 개혁의 방향을 제시하였다. 조세의 부과와 징수 및 경비의 지출은 모두 탁지아문(度支衙門)에서 관장하고 그에 대한 감찰은 의정부(政府內閣) 내에 새로운 회계검사국을 설치하여 시행하도록 함으로써, 종래의 사헌부감찰제도와는 다른 독립된 정부 회계 감사기구로서 기능을 수행하게 되었다.[91]

회계검사국은 중앙관서의 회계감사를 전담하는 기관이었으나, 1895년에 폐지되고 국호가 대한제국으로 새로 출범함에 따라 탁지부 검사국으로 변경되었다가 1907년 12월 27일 자로 회계검사국관제사가 제정됨으로써, 탁지부 산하의 회계검사국으로 개편되었다. 이 회계검사국은 회계법의 미비로 인하여 그 기능을 완벽하게 수행할 수는 없었으나, 정부 회계의 결산 검사와 정부 자산에 대한 수지결산 검사를 담당하면서 1910년 8월 대한제국 국권이 상실될 때 때까지 그 명맥을 유지했다고 한다.[92]

3) 조선총독부 시대의 정부 회계 감사제도

1910년 8월 28일부터 시작된 조선총독부의 식민 통치는 1945년 8월 15일까지 35년 동안 지속되었다. 조선총독부는 총무부에 회계국을 두고 탁지부에 사계국(司計局)을 두어 예산결산과 재무를 담당하게 되어 있었다. 그리고 회계감사는 중앙정부에 설치된 회계검사원이 그 기능을 담당했던 것으로 보인다. 이는 우리나라의 감사원에 해당하는 독립된 기관이었다.

---

201. & 조정환, 『회계의 이해 -사적 접근-』(서울, 삼영사, 1995), PP. 348~349.
91) 김병하, 『한국 경영이념 사』(대구, 계명대학교 출판부, 1994), PP. 172~174. & 하현강, 『한국의 역사』(서울, 신구문화사, 1983), PP. 267~269.
92) 백상기, 『조선조 감사제도연구』, (대구, 영남대학교 출판부, 1990) PP. 373~379 ; 조익순, 전게서, PP. 200~201.

일본의 회계검사원은 1881년(명치 14년)에 제정된 「회계검사원 직제장정」(會計檢査院職制章程)에 의해 설치된 것이다. 그것은 일본 회계법의 규정에 따라 그 기능을 발휘하게 되고, 다음과 같은 결산 검사를 할 수 있게 되었으며, 천황 직속의 독립된 기관으로서 ① 행정부의 재정예산 및 세입세출결산의 심사 ② 행정 각부의 회계장부와 금전·물품 출납의 검사 ③ 행정 각부에서 제출한 검사보고서의 검사 ④ 행정 각부의 회계 관련 규칙의 제정과 개정내용의 사정 ⑤ 회계검사원의 검사보고서 작성 ⑥ 회계 법규의 제정 및 개정에 관여 ⑦ 정부 사업의 상황 사열 등을 수행하였다.

일본의 식민 통치가 자행되었던 1910년부터 1945년까지의 조선총독부 시대에는 상술한 일본의 회계검사원에 의한 정부 회계 감사제도의 지배 아래에 있었다고 보게 된다. 그리고 제2차 세계대전이 종료되고 우리나라가 해방된 이후 대한민국 정부가 수립된 1948년까지는 미군정이 이루어진 시기로서 미국 GAO(General Accounting Office)의 감사대상 지역으로 편입되어 있었음을 상기할 필요가 있다.[93]

2. 한국 정부 회계감사 문화의 전개

1) 건국 초기의 정부 회계감사 문화

우리나라는 1948년에 유사 이래 최초의 총선거를 통하여 국회가 구성되고 헌법이 제정됨으로써, 그에 기초한 대한민국 정부가 수립되어 새로운 독립국의 기치를 높이 치켜올리고 민주국가의 터전을 다져나가기 시작하였다. 대통령중심제를 표방하는 정부 조직구조에 따라 정부 회계는 재무부가 관장하게 되고 정부 회계에 대한 감사는 헌법이 규정하는 바에 따라 심계원이 그 기능을 수행하게 되었다. 제헌헌법 제95조에 의하면, 『국가의 세입·세출의 결산은 매년 심계원에서 감사한다. 정부는 심계원의 검사보고와 함께 결산을 다음 해의 국회에 제출하여야 한다. 심계원의 조직과 권한은 법률로써 정한다.』라고 규정되어 있다. 심계원장은 국무회의 의결을 거쳐 대통령이 임명하는 대통령 직속 기관이었다. 심계원은 독립된 지위와 권한을 가진 헌법기관이며 중앙행정기관으로서 오늘날 감사원의 전신이다.

당시 심계원법(1948년 12월 4일)에 따르면, 심계원에 원장 1인, 차장 1인 및 7인 이내의 심계관을 두고, 심계관 회의와 사무총국을 두어 운영되며, 심계원장은 심계관 회의의 의장이 되고 심계관은 그 위원이 되었다. 그리고 심계관회의의 의결사항은 ① 심계 결과보고서의 작성 ② 법률 또는 행정개정 요구와 의견 보고사항 ③ 헌법 제95조의 총결산서 확정 ④ 회계 관계 법령 공포 전 의견진술 ⑤ 출납책임자의 책임에 관한 판

---

93) 조익순, 전게서, PP. 145~148, & PP. 200~201, Passim.

정과 그에 대한 재심에 관한 사항 ⑥ 기타 원장의 부의사항 등이었다.
　그리고 심계원법의 규정에 따른 심계원의 검사대상을 보면, ① 세입과 세출의 총결산 ② 정부 각 기관과 그 관하 각 기관의 회계 ③ 지방공공단체의 회계 ④ 정부 보조단체와 특약 보증단체의 회계 ⑤ 국영 및 정부투자 단체의 회계 ⑥ 정부 관리재산의 회계 ⑦ 국고 은행의 국고금 수지에 관한 회계 ⑧ 기타 법령으로 지정된 단체의 회계 등이었다. 이로써 심계원은 회계검사가 주 업무로 되어있었으며, 행정감찰업무는 심계원의 권한 밖에 있었으므로, 감찰위원회법을 제정(1961년 1월 14일)하여 별도로 시행하였다.
　그리고 심계원법은 1957년에 부분적인 개정을 한 바 있으나, 1961년 5월 16일에 군사혁명이 일어나 국가재건최고회의에 따라 심계원법의 대대적인 개정(1961년 9월 9일)을 단행함으로써, 행정감찰업무를 심계원법에 흡수되었다. 그 후 새로운 헌법과 감사원법이 제정되어 정부의 모든 회계감사와 행정감찰업무는 감사원으로 흡수됨으로써, 새로운 감사원시대가 개막되었다.[94]

2) 성장 발전기의 정부 회계감사 문화

　1962년 12월 26일 자로 개정된 헌법에 따르면, 감사원의 설치에 관한 규정이 있다. 즉, 동 헌법 제92조, 제93조, 제94조 및 제95조가 감사원 관련 규정이다. 부연하면, 제92조는 『국가 세입세출의 결산, 국가 및 법률이 정한 단체의 회계감사와 행정기관 및 공무원의 직무에 관한 감찰을 하기 위하여 대통령 직속 하에 감사원을 둔다.』라는 규정이다. 제93조는 감사원장과 감사위원의 구성에 관한 규정이다. 이에 의하면, 감사원에는 원장을 비롯한 임기 4년의 5인 이상 11인 이하의 감사위원으로 구성하게 되어 있다. 제94조에는 『감사원은 세입세출의 결산을 매년 검사하여 대통령과 다음 연도 국회에 그 결과를 보고하여야 한다.』라고 규정되어 있다. 정부 회계감사에 관한 규정으로서 감사원의 직무를 분명히 하고 있다. 그리고 제95조의 규정에 근거하여 감사원법이 설치될 수 있는 근거를 제시하고 있다.
　이처럼 개정된 헌법 규정에 따라 새로이 감사원법이 제정되었으며, 그 부칙 제2조에서 종래의 심계원법과 감찰위원회법이 폐지되었음을 밝히고 있다. 건국 초기의 심계원과 감찰위원회가 폐지되고 감사원으로 통합되었음을 알 수 있다. 그리고 새로운 감사원법에는 다음과 같은 주요 내용이 규정되어 있다.
　감사원의 조직과 직무 범위 및 감사위원의 자격과 감사대상 공무원의 범위 그리고 기타 필요한 사항을 감사원법에 상세히 규정되어 있음을 볼 수 있다. 이는 감사원 직

---
94) 조익순, 전게서, PP. 201~205, Passim.

무에 관한 독립성을 명문화하여 감사위원회의와 사무처로 구성된다는 것을 분명히 밝힌 것이다. 감사위원회의는 감사위원 과반수의 찬성으로 의결하며, 의결사항은 결산 확인, 변상 판정, 징계 요구, 문책 요구, 시정 요구, 개선 요구, 재심, 결산 검사보고, 심사 결정, 예산과 회계 관계 법령의 개폐에 대한 의견진술, 감사원규칙의 개정 및 개폐, 감사원의 예산요구 및 결산 등이다. 사무처에는 사무총장과 사무차장을 각각 1명씩 두며, 감사원장의 지휘에 따라 서무와 회계감사 및 감찰에 관한 사무를 관장하게 되어 있다.

그리고 감사원의 회계감사에는 필요적 회계감사 사항과 선택적 회계감사 사항 및 감찰 사항으로 구분하여 시행하도록 하는 규정이 있다. 우선 필요적 회계감사 사항을 보면, 국가기관의 세입과 세출, 국가 소유의 현금과 물품의 출납, 국유재산과 귀속재산의 수불, 국가채권의 득실과 국가채무의 증감 및 한국은행 취급의 현금·귀금속·유가증권의 수불, 국가가 자본금의 2분의 1 이상을 출자한 법인의 회계, 그리고 기타 법령으로 회계검사를 받도록 규정된 회계 등으로 되어있다. 그다음으로 선택적 회계검사 사항은 감사원이 필요하다고 인정한 때, 또는 내각 수반(국무총리)과 각부 장관이 요구할 때, 국가를 대신하여 국유의 현금·물품·유가증권의 수불사항, 국가가 보조금·장려금·조성금을 교부한 자의 회계, 국가가 자본 일부를 출자한 자의 회계, 국가가 채무를 보증한 자의 회계, 국가가 자본의 2분의 1 이상 출자한 법인 등이 공사(公事)와 물품공급계약을 체결하면 그 계약당사자의 계약 관련 회계 등이다. 그뿐만 아니라, 감사원의 감찰 사항에는 정부행정기관의 사무, 지방자치단체의 사무, 행정기관에 소속된 공무원의 직무, 지방공무원의 직무 등이 있다.

감사원의 회계감사와 감찰 방법은 서면감사와 실지 감사로 구분되어있다. 서면감사는 감사원규칙에 규정된 계산서·증거서류·조사서 및 기타서류를 제출받아 감사원사무실에서 상시로 시행하는 감사 방법을 일컫는다. 그리고 실지 감사는 감사원 직원을 현지에 파견하여 현장에서 실지로 감사하는 방법이다. 감사원이 감사상 필요하다고 판단될 때는 관계자의 출석 답변을 요구할 수 있음은 물론, 설명서와 문부 및 물품 등의 제출 요구와 금고·창고·문부·물품 등에 봉인(封印) 등을 할 수 있게 되어 있다.

감사원법은 그동안 여러 차례(1963년 12월 13일·1970년 12월 31일·1973년 1월 25일) 개정된 바가 있으나, 별로 특기할만한 사항은 발견되지 않는다. 다만, 1995년 1월 5일에 개정된 감사원법에서는 감사원의 독립성이 최대한 존중되어야 한다는 것을 강조하고 있으며, 감사원 사무총장은 감사원장의 명을 받아 감사원의 인사사무에 관한 감사를 시행하도록 하는 하였다. 그리고 감사의 주요 역할인 부정과 오류의 예방과 지도기능을 강화함과 동시에, 감사업무의 질적 향상과 전문성을 보완하기 위하여 보조기관이었던 감사교육 기관을 감사교육원으로 승격시켰다. 그뿐만 아니라, 금융기관도 회계감사의 대상기관으로 규정하였으며, 다른 법령의 규정에도 불구하고 금융거래의 내용에 대한 정보 또는 자료 제출을 요구할 수 있도록 신규의 규정을 두었다. 그리고 감사원은 필요하다고 인정할 때는 감사 대상기관에 대한 감사사무의 일부를 각 중앙관서나 지방자치단체 및 정부투자기와의 장이 대행하고 그 결과를 보고하게 할 수 있도록 신설 규정을 두어 정부 회계감사의 질을 높일 수 있게 한 점은 특기할 만한 사항이다.[95]

3) 정부 회계감사의 조직 및 기능변천

(1) 심계원 시대의 감사조직과 기능

대한민국 정부가 수립된 이후 최초의 정부 회계감사 제도는 헌법 규정에 따라 1948년 12월 8일 자의 심계원법이 제정되어 심계원이 출범하면서부터였다. 심계원은 헌법에 따른 대통령 직속 기관이지만 그 직무에 관해서는 독립된 지위를 가진 합의제 감사기관이었다. 그런데 우리나라의 정부 감사제도는 대한민국 건국 초기의 헌법에 따라 설치된 심계원이 세입·세출에 대한 회계 검사하게 되어 있었으며, 또한 정부조직법에 따라 설치된 감찰위원회가 공무원들의 비위를 감찰하는 이원적인 조직구조로 구성되어 있었다. 따라서 심계원법에 따른 심계원의 감사조직과 기능을 보면, <그림 10-1>과 같다.

<그림 10-1> 건국 초기의 심계원 조직도(1948년 1월 18일 현재)

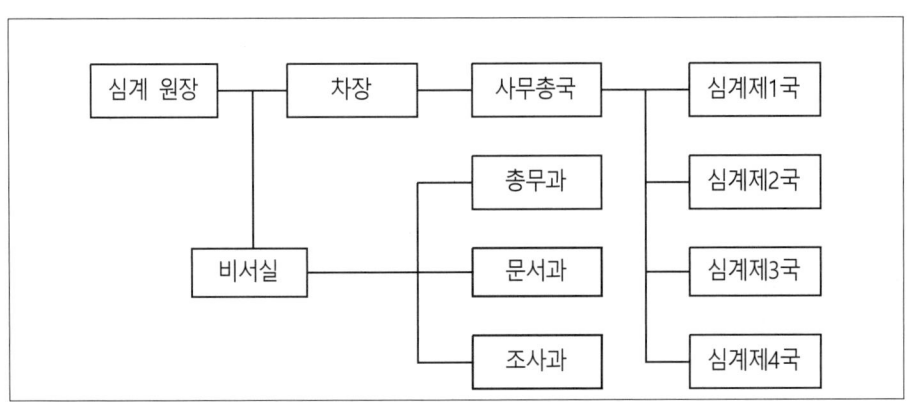

<자료 : 조익순, 『韓·美·日 政府會計 및 監査制度의 文化的 照明』(박영사, 1996), P. 211.>

여기서 볼 수 있는 바와 같이 심계원 낸 각국(局)과 과(課)의 업무분장을 살펴보기로 한다. 총무과는 서무와 인사, 그리고 경리 및 기타 국과에 속하지 않은 사항을 담

---
[95] 상게서, PP. 206~210, Passim.

당하게 되어있다. 서무과는 각종 문서의 수발에 관한 사항을 담당하며, 조사과는 조사 및 정보에 관한 사항을 담당하게 되어 있었다. 그리고 원장비서실에는 이사관급의 실장과 서기관급의 과장을 두도록 규정되어 있었다.

다음으로 심계원장 산하에 심계관회의와 사무총국으로 나누어 구성되었는데, 심계관회의는 감사원장이 의장이 되어 직접 회의를 주재하게 되어 있으며, 사무총국은 ① 심계 1국 ② 심계 2국 ③ 심계 3국 ④ 심계 4국으로 구성되어 업무영역별로 각각 분담하게 되어 있었다. 이 4개의 심계국은 정부 회계에 대한 감사를 기능별로 나누어 담당하도록 분장 되어 있었다. 이하에서 이를 부연해 설명하려고 한다.

① 심계 제1국은 세입세출의 총결산에 관한 사항, 대통령실·국무총리실·심계원·감찰위원회·고시위원회·기타 대통령소속 기관, 임시외자총국·임시관제총국·기타 국무총리 소속기관, 재무부와 그 소속기관, 각 기관의 소속으로 있는 국영기업·정부투자 또는 보조단체·정부 관리재산·국고 은행 및 정부 특약 보증단체, 타국에 속하지 않은 기관·단체의 회계감사를 관장하던 부서이다.

② 심계 제2국은 국회 및 소속기관, 대법원, 법무부와 그 소속기관, 기획처·법제처·공보처와 그 소속기관, 보건사회부와 그 소속기관, 상공부와 그 소속기관, 각 부처 감독하의 국영기업·정부투자 및 보조단체 및 관리재산의 심계를 관장하던 부서이다.

③ 심계 제3국은 외무부와 그 소속기관, 농림부와 그 소속기관, 교통부와 그 소속기관, 통신부와 그 소속기관, 전 각 부처의 감독하에 있는 국영기업·정부투자 또는 보조단체 및 정부 관리재산의 회계감사를 관장하던 부서이다.

④ 심계 제4국은 총무부와 그 소속기관, 내무부와 그 소속기관, 국방부와 그 소속기관, 문교부와 그 소속기관, 각 부처의 감독하에 있는 국영 또는 공영기업·정부투자 또는 보조단체 및 관리재산의 회계감사를 관장하던 부서이다.[96]

(2) 감사원시대의 감사조직과 기능

① 감사조직의 전개

1962년 12월에 제3공화국 헌법 제92조에 감사원 설치조항이 마련됨으로써, 종래의 이원화되어 있던 심계원 기능과 감찰위원회의 기능은 1963년 3월 30일에 감사원으로 통합·일원화되었다. 그리고 1963년 12월에 감사원법이 제정되어 감사원이 정식으로 출범하였다. 그 후 감사원은 오늘에 이르기까지 여러 차례의 헌법 개정에도 불구하고 그 설치와 직무·권한 등에 대한 근본적인 내용의 변화 없이 유지되고 있다. 새로운

---

96) 상게서, PP. 211~212, passim.

감사원법에 따라 출범한 감사원은 감사원규칙 제3호에 따라 감사원 직제가 <그림 10-2>와 같이 구성되었다.

<그림 10-2> 감사원 조직도 (1963년 3월 20일 현재)

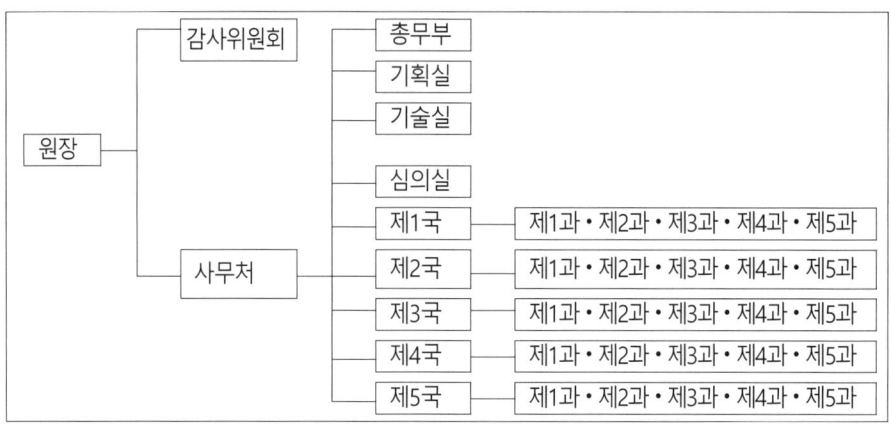

(주 : 일부 생략조정 및 정리 저자)
<자료 : 조익순, 『한』·미·일 정부회계 및 감사제도의 문화적 조명(1996), P. 213 참조.>

이상과 같은 감사원 직제와 업무분장으로 출범한 감사원은 정부회계를 감시하는 기관으로서 기능을 충실히 수행하였다. 그 후 1964년에 조직상 약간의 개편이 있었으나, 기획실에 기획과와 결산통계과가 신설되었고, 아울러 심의실도 심의과와 법규과가 신설되었다. 그리고 업무분장에도 약간의 조정이 있었을 뿐이었다. 1964년 5월 9일의 감사원 직제 개정에서 제5국 제5과가 폐지되었고 약간의 분장업무에 조정이 있는 정도였다. 이윽고 1966년 1월 1일의 직제 개편에서는 기획실의 결산통계과가 감리과로 명칭 변경되었다. 1968년 5월 1일에는 감사원 정원이 종래의 486명에서 540명으로 증원되었다. 그리고 1973년 2월 19일에 감사원 직제 개편과 정원조정이 이루어졌다. 정원은 125명이 증원되어 총정원 665명이 되었다.

1970년대 이후에는 세부적인 분장업무까지 규정했던 형식에서 탈피하여 감사원 직제규칙이 1977년과 1980년에 대폭으로 개정되었다. 1980년 9월 30일의 직제 개편 내용을 다음과 같이 간추려 정리한다.
① 감사원 사무처에는 원장비서실, 공보관, 비상기획관, 총무과, 기획실, 심의실, 제1국, 제2국, 제3국 제4국, 제5국 및 기술실을 두게 되었다.

② 공보관은 공보사무를, 비상 기획관은 국가비상사태에 대비한 모든 계획과 비상훈련, 민방위 조직관리 및 청사 방호 등의 업무를 담당하였다.
③ 총무과, 기획실, 심의실의 업무는 종전과 같이 변함이 없었다.
④ 각국(局)의 업무분장과 정원은 별도로 분리·표시하였으며, 그중에서 각 국별사업 분장 사항은 별도로 규정하였다.
⑤ 정원은 별정직 38명을 포함한 일반직이 529명이며, 기능직 21명과 고용원 130명을 포함한 680명이 되었다.
⑥ 감사원장이 필요하다고 인정할 때는 이상의 사무분장에도 불구하고 특별반을 편성하여 감사를 시행할 수 있도록 조정되었다.

또한 1981년 11월 2일 자로 감사원 직제 개편이 이루어져 심의실에 교육 연구 담당관을 신설하였으나 1985년 8월 16일에 감사교육실로 다시 개편되었다. 그런데 1987년 11월 23일에 개정된 감사원 직제 개정에 따라 기술실이 기술국으로 승격되었으며, 정원도 701명으로 조정되었다. 그뿐만 아니라, 1990년 12월 22일의 감사원 직제 개편에서는 감찰관(감사원 자체 감사 및 특명 사항 감사 담당) 제도를 신설하고 기획실을 기획관리실로 명칭 변경하였으며, 총정원은 769명이 되었다. 이윽고 1993년 6월 30일의 감사원 직제 개편에서는 각국의 국장 밑에 심의관 2명을 두게 되었으며, 그 담당업무는 2과 이상이 투입되는 감사상황에 대한 지휘와 감사 결과보고서 처리안, 실지 감사 품의안, 결산 감사보고안 및 감사 연보안에 관한 조정과 기타 국장이 위임한 사항을 관장하는 것이다.

1995년 1월 5일에 감사원의 독립성 강화와 위상 재정립을 위한 감사원법이 대폭 개정됨으로써, 감사교육실이 감사교육원으로 승격 개편되었으며, 이윽고 감사원 직제가 개정되어 1급의 감사원장 밑에 서무과와 교수부를 두고 교수부에는 교학과와 제도 연구과를 둔 감사원 내의 독립기구로 개편되었다.97)

그 후 2003년 12월에 이르러서는 감사원 직제 개편이 단행되었음은 물론, 기능별로 조직구조를 재편하고 국 명칭은 소관·분장 사무를 알 수 있도록 변경하였다. 그리고 2005년 9월에는 감사평가연구원을 개원하였으나, 2008년 2월에 감사연구원으로 개칭하였다. 2010년 7월에 공공 감사에 관한 법률이 제정됨으로써, 감사원 직제 개편이 이루어졌다. 그리고 2014년 12월의 감사원 직제 개편에서는 감사 혁신위원회가 설치되어 글로벌화시대에 부합되는 국정감사의 혁신을 지향하기에 이르렀다. 그뿐만 아니라, 오늘에 이르기까지 몇 차례의 감사원조직 개편을 통하여 정부 회계감사의 기능이 제도적으로 활성화될 수 있도록 조정되었다. 2020년 1월 1일 현재의 감사원법에 따르면, 감사원은 감사원장을 비롯한 7명의 감사위원으로 구성되어있다. 감사원장을 위원장으로

---

97) 상게서, PP. 210~226, Passim.

하는 감사위원회는 감사정책과 주요 감사계획 및 감사 결과에 대하여 최종적인 결론을 내리는 감사원의 최고의사결정기구로서의 헌법기관이다. 그리고 감사위원회는 재적 감사위원 과반수의 찬성으로 의결한다. 감사원에는 감사원장의 산하에 사무처가 있으며, 감사원장을 보좌하는 비서실과 감사원 직원 교육을 총괄하는 감사교육원과 감사원의 기본 운영계획을 수립하고, 감사환경분석 및 효율적 정부 감사체계구축·연구 등을 담당하는 감사연구원이 있다.

사무처는 1명의 사무총장과 이를 보좌하는 감찰관과 실무를 담당하는 감찰담당관이 있고, 홍보를 맡은 대변인이 있으며, 실무담당자인 홍보담당관이 있다. 그리고, 감사원 내부 인사 처리를 담당하는 인사 혁신과와 행정사무를 담당하는 운영지원과가 있다.

사무총장 밑에는 감사 실무를 담당하는 조직으로서 감사원 주요 업무계획의 수립과 예산을 집행하는 기획조정실뿐만 아니라, 제1 사무차장, 제2 사무차장, 공직 감찰본부장이 있다. 제1 사무차장의 지휘·감독을 받는 부서로써, 기획재정부·미래창조과학부·국세청·관세청·조달청·통계청 등과 산하기관에 대한 감사를 맡은 재정경제검사국을 비롯한 산업통상자원부·농림축산식품부·중소기업청·특허청·농촌진흥청·금융위원회 등과 그 산하기관, 그리고 각종 연금공단에 대한 감사를 맡은 산업금융 감사국, 국토교통부·환경부·해양수산부 등과 산하기관에 대한 감사를 맡은 국토 해양감시국, 한국전력공사·한국토지주택공사 등 공공시설들을 관리하는 공단에 대한 감사를 맡은 공공기관 감사국, 경제·사회 관련 국정과제 사업과 제도개선 등에 대한 감사를 맡은 전략감사단, 국가기관과 지방자치단체 및 공기업·공공기관에서 발주한 사업에 대한 감사를 맡은 시설 안전감사단이 있으며, 이를 실무적으로 담당하는 각 과의 지원부서로 구성되어 있다.

제2 사무차장 산하에는 보건복지부·고용노동부·여성가족부·국가보훈처·식품의약품안전처·교육부 등의 중앙부처뿐만 아니라, 시·도 교육청과 근로복지공단 등 각 산하기관에 대한 감사를 맡은 사회복지 감사국, 대통령비서실·경호실·국가안보실·행정자치부·국민안전처·인사혁신처·국회·대법원·헌법재판소·중앙선거관리위원회·국무조정실·총리비서실·법무부·법제처·검찰청·경찰청·외교부·통일부·국가정보원·민주평화통일자문회의·국가안전보장회의·문화체육관광부·방송통신위원회·문화재청 등과 각 소속기관 등에 대한 감사를 맡은 행정안전감사국, 서울특별시·경기도와 그 하급 기초자치단체에 대한 감사를 맡은 지방행정 감사1국, 서울특별시와 경기도를 제외한 광역자치단체와 그 하급 기초자치단체에 대한 감사를 맡은 지방행정 감사2국, 국방 분야에 대한 감사를 맡은 국방감사단이 있으며, 이를 보좌하는 지원부서가 있다.

공작감찰본부장을 보좌하는 기구로는 공직기강과 직무역량평가에 대한 감사와 특명사항에 대한 기동 감찰을 맡은 특별조사국을 비롯한 국가정보화 사업과 공공기관 정보화 사업을 담당하는 공공 감사운영단은 물론, 민원사무를 맡은 민원조사단과 모든 심사를 관리하는 심사관리단, 그리고 감사청구를 총괄하고 국회 감사 요구·국민 감사청구심사·공익 감사청구심사 등을 담당하는 감사청구 조사국과 각각 그 산하에 과별 지원부서로 구성되어 있다.

2020년 1월 1일 기준으로 감사원에 소속된 정원은 정무직 8명과 일반직 1,072명으로 총정원 1,080명이 우리나라의 정부 회계감사 및 감찰에 혼신의 노력을 기울이고 있다.[98]

② 자체 감사의 기능

각 행정부처의 자체 감사 기능은 감사원으로서는 아주 중요한 것이다. 그것은 1962년에 각령으로 「행정감사규정」을 제정하면서부터 비롯되었다. 따라서 자체 감사의 결과는 그것을 토대로 하여 감사원감사의 생략 여부를 결정하는 것이다.

그렇지만 자체 감사에서 가장 중요한 것은 감사기구와 감사 요원들의 독립성 문제라고 할 수 있다. 감사관실이나 감사담당관은 그 속한 행정부의 한 기관에 불과하며 감사 요원이 그 행정부 장관이나 대통령이 임명하기 때문에, 언제 어디로 이동될지 알 수 없다. 그래서 인사이동으로 그곳을 떠나면, 자기 자신이 피 감사자가 될 수 있어서, 감사 방법이 특이하다고 하더라도 그러한 처지에 있는 자는 제대로의 감사 기능을 발휘할 수 있다고 하기는 쉽지 않은 것이 사실이다. 그러므로 이러한 사정을 완화하기 위하여 감사기준을 마련함으로써, 피 감사인의 위법부당 여부를 판단할 수 있도록 하는 것이다. 회계감사 기준이나 예산회계법과 동시행령에 따른 규정은 그에 합당한 것임을 인지할 필요가 있다.[99]

6 에필로그

1. CPA 감사에 대한 사회적 인식

서양식 근대회계제도가 도입되기 이전의 조선 시대에도 고유의 전통적 회계제도와

---

98) 감사원 홈페이지 참조(https://www.bai.go.kr/bai/html/intro/organ/organizationchart.)
99) 부정 방지대책위원회, 『자체감사활성화방안』(1993년 10월), PP. 19~29. & 조익순, 『한·미·일 정부 회계 및 감사제도의 문화적 조명』(서울, 박영사, 1996), PP. 243~247.

관부회계(官府會計)에 대한 감사제도가 존재하고 있었으나, 그에 따른 사회적 인식은 미미한 수준이었다. 또한 근대화 과정에서 기업회계제도가 보급되었으나, 역시 회계감사에 대한 사회적 중요성이 인식되지는 못하였다. 그런데 조선총독부 시대 말기에 이르러 일본의 계리사 자격을 취득한 한국인들이 서울 등지에서 개업하여 다양한 회계 서비스를 제공함으로써, 회계전문가의 존재가 사회적으로 알려지기 시작하였다.

대한민국 정부가 수립(1948)된 이후에는 계리사법이 제정(1950)되고 그에 바탕을 둔 한국계리사회가 결성(1954)됨으로써, 외부감사인제도가 자리를 잡게 되었다. 종래의 기장자(bookkeeper) 위치에서 외부감사인(public auditor)의 신분으로 계리사의 사회적 인식이 달라졌다는 것이다.

한국전쟁(6·25)으로 인한 폐허 속에서 경제를 부흥시키기 위한 지상과제를 해결하기 위해서는 기업재무구조의 건전화와 조세의 공정화는 물론, 금융의 적정화 등을 해결하기 위해서는 기업회계제도의 건전한 확립이 필요한 시기였으므로, 계리사의 사회적 위상이 드러나야 하는 시대적 상황이기도 하였다. 이러한 현실을 고려하여 한국 정부는 기업회계원칙과 재무제표규칙을 제정(1958)하고 상법을 제정(1963)하여 계리사의 회계실무에 활용할 수 있도록 하였다. 그러나 기업회계원칙과 재무제표규칙은 법적 강제성이 없는 것이었으므로, 다양한 이해관계자를 보호하기 위해서는 직업적 회계전문가에 의한 재무제표감사가 필요함을 인식하게 되었다. 한국계리사회는 본격적으로 전개될 계리사의 외부감사에 대비하는 조치로 회계감사 기준과 직업 윤리규정을 제정함으로써, 기업회계가 비망적인 부기 개념에서 벗어나 이해조정기능으로서의 회계개념이 정착되기를 기대함과 동시에, 기업회계에 대한 공정한 외부감사인으로서의 계리사에 대한 사회적 역할이 필요하다는데 인식을 같이하게 되었다.

또한 CPA에 대한 사회적 인식이 고조되기 시작한 것은 증권거래법이 제정(1962법률 제972호)되어 계리사에 의한 감사증명제도가 도입됨으로써, 상장법인에 대한 외부감사가 시작되면서부터라고 할 수 있다. 여기서 「계리사에 의한 감사증명」이라 함은 계리사가 작성하여 제출하는 감사보고서에 따라 이루어지는바, 일반적으로 공정·타당하다고 인정되는 기준에 따라 실시한 감사의 결과를 기초로 하여 작성됨은 물론, 그 감사보고서에 감사의 개요 및 재무제표가 당해 사업연도의 재무 태와 경영성적을 적정하게 표시하고 있는가에 대한 감사의견을 개진하고 계리사의 서명·날인으로 이루어지는 절차를 의미한다. 증권거래법에 따라 이루어진 상장법인에 대한 외부감사제도는 계리사의 사회적 역할이 중요함을 일깨워주는 계기가 되었다.

한국 정부에 의해 공인회계사법이 제정됨으로써, 종래의 계리사 기능은 공인회계사가 수행하게 되었고 공적인 외부감사인으로서 공인회계사의 사회적 역할이 한층 부각되는 결과를 가져왔다. 특히 정부의 경제개발계획이 순조롭게 실천되는 과정에서 기업 활동이 활발하게 이루어지고 더 나아가서는 기업규모가 종래의 중소기업 수준에서 대

기업, 그리고 기업집단으로 확대 개편되면서 회계실무의 발달은 괄목할 만큼 향상되었고 회계전문가의 필요성이 점증하기에 이르렀다. 상법 규정에 따른 전통적인 감사역 감사만으로는 역부족임을 나타내었음은 물론이다. 그래서 회계전문가인 CPA의 외부감사가 기업회계의 건전성을 확보하는 최선의 수단임이 인증된 것이다. 이윽고 공인회계사법에 따라 종래의 한국계리사회를 계승한 공인회계사회가 새로운 모습으로 출범함으로써, 한국공인회계사회는 기업에 대한 외부감사의 실무영역은 물론, 회계 사상의 보급을 통한 학문적 영역에 이르기까지 진력함과 동시에, 새로운 시대에 부응하는 회계 서비스 시장의 확대를 위하여 다양한 활동을 추진하는 전기를 마련하였다.

성공적인 경제개발 결과로 기업규모가 커짐에 따라 개인 감사인의 능력에 한계를 느끼게 되었고 회계법인 제도가 도입하였다. 공인회계사법의 개정(1968·법률 제2,065호)을 계기로 외국 회계법인의 국내 진출에 자극받아 회계법인의 제도화가 이루어진 것이다. 그뿐만 아니라, 자본시장육성에 관한 법률과 기업공개촉진법 등이 제정됨으로써, 참신한 경영체제의 확립과 대기업의 주식공개를 촉진하게 되었고 기업체 질 개선과 외부감사를 강화하기에 이르렀다. 특히 주식회사의 외부감사에 관한 법률이 제정(1980법률 제3,297호)됨으로써, 종래의 증권거래법에 해당하는 기업에 국한되었던 외부감사가 자본금 5억 원 또는 총자산 30억 원 이상인 주식회사로 확대되는 결과를 가져왔다. 그리하여 외부감사기를 강화의 일환으로 증권감독원 내에 감리위원회가 설립(1981)되었다. 그리고 주식회사의 외부감사에 관한 법률에 따라 법정 외부감사의 대상이 상장회사 이외의 기업으로 확대되었으며, 이에 적용할 수 있는 기업회계의 규범을 제정할 필요성이 대두된 것이다. 결과는 기업회계기준을 제정(1981)함으로써, 종래의 상장법인과 비상장법인에 적용되도록 이원화되어 있던 회계 규범의 통일화를 가져오는 계기가 되기도 하였다.

1994년의 우루과이 라운드(UR) 협정이 타결되고 경제협력개발기구(OECD)에 가입함으로써, 우리나라는 국제적인 회계 시장의 개방과 회계 규범 및 회계감사 기준의 국제화 압력을 받게 되어 한국공인회계사회의 위상 정립이 필요한 시기에 봉착했다. 그 여파로 한국회계기준원이 설립(1999)되었음은 물론, 기업회계기준과 회계감사 기준의 국제화를 지향하는 방향으로 전면 개편하는 동기로 작용하였음은 불문가지의 일이다.[100]

2. K-IFRS 시대의 재무제표감사와 글로벌 감사 판단

1990년대 이후의 세계 경제는 자본시장의 글로벌화(化)에 따라 통일된 하나의 기준에 의해 작성된 회계정보의 공시가 요구되는 시대적 환경에 처하게 되었다. 그동안 각

---
100) 한국공인회계사회, 『공인회계사 50년사』 (서울, 2004), PP. 84~135, Passim.

국은 고유한 관습이나 경제 사회적 풍토에 따라 만들어진 회계원칙 또는 회계기준을 가지고 있었으나, 금세기에 이르러 점진적으로 국제회계기준(IAS : IFRS)으로 진화하는 회계 인노베이션의 소용돌이 속에서 기업경영의 생존전략을 구사해야 하는 시대를 맞이하게 된 것이다. 회계기준의 세계적 통일화의 시대가 되었음을 의미한다.

경제 국제화의 환경에서 회계기준의 글로벌화가 이루어지게 되면, 기업이나 금융기관은 물론, 투자자나 회계감사인 등이 세계의 모든 기업을 비교 가능한 회계정보를 바탕으로 효율적인 의사결정을 할 수 있게 된다. 이러한 환경변화에 따라, 우리나라는 「한국회계기준원」(KAI : Korea Accounting Institute)101)을 개설하고 국제회계기준을 수용하기 위한 준비작업에 들어갔다. 2007년에 최초로 한국채택국제회계기준(K-IFRS)의 제정을 신호탄으로 하여 2009년부터 원하는 기업이 조기에 적용할 수 있도록 함과 동시에, 2011년부터는 상장기업과 금융기관 등이 의무적으로 국제회계기준을 적용하게 하는 로드맵에 따라 단계적인 법령개정을 추진했다. 이러한 추진 작업이 열매를 맺어 「한국채택국제회계기준」(K-IFRS : Koren Internarional Financial Reporting Standards)의 제정과 재정작업을 오늘에 이르기까지 진행해오고 있음은 주지의 사실이다. 결국, 우리나라도 IFRS시대에 편승함으로써, 재무제표감사에 있어서 일반기업과 구분하여 국제적 감사판단이 이루어져야 하는 상황에 이르렀다.

글로벌 기업의 경우, 경영활동에서 비롯되는 재무제표의 작성은 한국채택국제회계기준(K-IFRS)에 따라 이루어지는데, 그 재무제표의 감사는 국제회계 감사기준에 근거한 국제 수준의 감사 판단이 수행되어야 한다. 여기에 감사의 국제화, 즉 국제적 회계감사의 문제가 존재하는 소이(所以)가 있다.

국제감사란 기업 활동의 글로벌화로 인한 감사를 시행하면서 다국간에 걸친 감사가 이루어지는 감사업무의 국제화와 준거해야 할 감사기준이 국제적으로 조화를 이루어 수행하는 것이 바람직하다는 감사기준의 국제화라는 입장에서 수행되는 회계감사를 일컫는다. 피 감사회사인 기업이 다국간에 연관된 국제적 경제거래를 하는 한, 그 거래를 검증하는 역할을 하게 되는 감사도 필연적으로 국제화하지 않을 수 없는 것이다. 이러한 국제적인 감사업무에 대응하기 위해서는 감사기준의 국제적인 조화화가 필요하게 된다. 우리나라의 경우는 일찍이 IMF 금융위기를 겪었던 1999년부터 국제회계사연

---

101) 한국회계연구원은 1999년 6월 30일에 한국공인회계사회·금융감독원·증권거래소·한국 증권업협회·대한상공회의소·전국경제인연합회·은행연합회·상장회사협의회 등, 14개 단체를 출연기관으로 하여 사단법인으로서의 한국회계연구원이라는 이름으로 출범하고 1999년 9월 1일부터 업무를 시작하였다. 그 후 주식회사의 외부감사에 관한 법률(제13조)의 개정과 동법시행령(제7조의 2) 및 금융감독원의 관련 규정이 개정됨으로써, 2000년부터 금융감독위원회의 위탁을 받아 내부에 설치된 회계기준위원회(KASB : Korea Accounting Standards Board)를 통하여 회계기준 및 국제회계기준의 제정·개정·해석·질의회신 등을 수행하게 되면서 현재의 한국회계기준원으로 명칭변경이 이루어졌다.

맹(IFAC)의 국제감사기준(ISA : International Standards on Auditing)을 도입하여 경제글로벌화에 대비함으로써, K-IFRS시대에 이르러서도 원만한 국제감사가 진행될 수 있게 되었다.

그런데 우리나라에서 기업회계의 감사를 진행하는 경우, 비상장회사에 대한 회계감사는 국내기업에 적용되는 기업회계기준(K-GAAP)에 따라 작성된 재무제표의 감사를 대상으로 하는 것이기 때문에, 국내의 회계감사 기준에 준한 감사가 이루어지게 된다. 그러므로 K-IFRS 시대라고는 하더라도 국내의 기업회계기준(K-GAAP)과 회계감사 기준이 존재하므로, 재무제표감사는 다국적기업에 대한 국제감사와 비상장기업에 대한 국내 감사로 이원화(二元化)되어 있음을 인식하지 않으면 안 된다. 그리고 집단화된 기업그룹에 대한 감사는 연결재무제표감사가 주요 대상이 되지만, 일반중소기업에 대한 감사는 일반재무제표감사에 한정하게 되어있어서 감사인의 신중한 감사 판단이 요구되는 것이다.

감사 판단이란 재무제표감사에 있어서 감사인이 실시하는 모든 감사행위의 심적 작용(思考活動)을 의미한다. 따라서 감사 판단은 외형적 형태를 나타내는 명제(外在的·顯在的 思考活動)와 그 명제의 신뢰성에 대한 감사인의 내재적인 심증(內在的·暗黙的 思考活動)이 표리일체(表裏一體)가 되어 이루어진다는 관점에서 감사행위를 결정하는 것이다.102) 이를 통하여 감사 의사결정이나 감사의견표명이 이루어진다고 보게 된다. 특히 K-IFRS 시대에 있어서는 회계상의 추정(推定: 見積)에 대한 감사판단이 중요하다는 것을 시사(示唆)하고 있다. 회계상의 추정을 이용한 이익조정 가능성이 증대하고 있다고 보아 현대재무제표감사의 특성인 부정 회계감사에도 회계상의 추정에 대한 감사판단은 매우 중요한 요소라고 할 수 있다.

그래서 K-IFRS 시대에서 감사 판단의 주요 영역을 회계상의 추정에 대한 감사의 논점을 지적해두려고 한다. 즉, 그것은 ① 회계상 추정의 성질 ② 회계상 추정이 지닌 감사상의 핵심 ③ 회계상 추정의 장래 결과와 애초 인식한 재무제표 수치와의 차이와 허위표시의 관계 ④ 회계상 추정이 감사 절차와 각 감사단계에서 감사인이 실행해야 할 사항 ⑤ 경영자 편견의 지표 등이다.103)

그러므로 글로벌화시대의 감사인은 국제 회계감사에 임하면서 회계상의 추정(見積)에 대한 감사판단의 합리성을 확보하기 위하여 재무제표 작성자 측에서 행한 회계상 추정의 합리성에 관한 판단 근거를 명확히 해두지 않으면 안 된다. 그리고 감사인은 회계상의 추정이 장래에 발생하리라고 예상되는 현금흐름의 추정이나, 현재가치의 할인계산에 이용되는 할인율의 결정 등, 주관적인 판단이 불가피하므로, 회계상 추정에

---

102) 千代田邦夫·鳥羽至英 代表編輯, 『會計監査と企業統治』(東京, 中央經濟社, 2011), P. 144.
103) 상게서, P. 174.

이용된 가정(假定)이나 자료 및 산정모델 등의 주관적인 판단을 보증할 수 있는 기초자료를 충분히 확보해둘 필요가 있다.

그뿐만 아니라, 재무제표감사의 영역에서 경영자의 부정(不正)에 의한 허위표시 유무에 대응하는 감사 판단의 문제가 있다. 특히 글로벌 회계기준을 수렴(收斂)하면서 기업의 현금흐름 생성 능력에 따른 기업가치의 평가가 재무제표 작성의 주요 목적이 되었으므로, 회계상의 추정(견적) 등, 재무제표 작성자에 의한 회계적 판단이 중요하다고 할 수 있다. 이러한 상황에서는 회계상의 추정에 대한 주관적인 회계적 판단을 이용한 이익조정과 분식결산과의 관계를 판단하는 것이 곤란하다. 결국 글로벌 회계기준에 따른 재무제표의 작성과 그 감사에서 무엇이 하위 표시에 해당하는지에 대한 감사 판단에 어려움이 존재하며, 그 원인으로 간주되는 회계상의 추정에 대한 감사의 중요성이 나타난다. 그러므로 IFRS 시대의 재무제표감사에 있어서 회계상의 추정과 관련된 허위표시에 대응할 감사가 요구되는 것이다. 부정에 의한 허위표시에 관하여 직업적 전문가로서의 감사인이 취해야 할 정당한 주의를 완수했는가의 문제도 고려할 필요가 있다.

국제회계 감사기준(제240호)에 의하면, 재무제표감사와 부정과의 관계에서 『재무제표에서 허위표시는 부정이나 오류에 따라 발생한다. 부정과 오류를 구별하는 요인은 재무제표의 허위표시를 한 행동이 의도적이거나 비의도적인가에 있다.』라고 하면서 감사인은 회계 부정 중에서 재무제표에 허위표시 된 원인으로서의 부정에 관심을 두고, 부정한 재무제표로 인한 허위표시 및 자산의 부정유용(不正流用)으로 인한 허위표시의 두 가지 의도적인 허위표시가 목적 적합성에 관련되는가를 판단해야 한다는 것이다.[104]

부정을 방지하고 발견하는 책임은 기업의 경영자 및 기업지배구조의 책임자에게 있다. 이에 대하여 감사인은 재무제표감사에서 기업재무제표의 허위표시를 간과하지 않고 재무제표의 신뢰성을 보증할 책임이 있다. 그러므로 감사인은 재무제표의 허위표시로 인한 부정의 여부 또는 부정 의심의 여부, 그리고 부정의 발생원인 등에 대하여 직업적 전문가로서의 회의심(懷疑心)을 갖고 감사에 임할 책임이 있음을 고려해야 한다.

3. 맺음말

회계와 감사의 연원(淵源)은 인류가 경제생활을 영유하기 시작했던 아득한 옛 시대로 거슬러 올라갈 수 있다고 문헌에서 밝혀져 있다. 그러나 근대의 주식회사 제도가

---

[104] IAASB, "International Standard on Audinng, 260," (The Auditor's Responsibilities Relating to Fraud in an Audit of Financial Statements, April 2009.)

정립된 자본주의 체제하에서 감사제도가 시작된 것은 19세기에 이르러 독일과 영국에서 상법에 바탕을 둔 회계감사에서부터이며, 미국에서 증권법에 따른 자본시장의 육성을 기반으로 하여 그 열매를 맺었다.

특히 미국에서는 1929년 10월의 경제공황에 의한 주가(株價)의 대폭락으로 재무제표감사의 필요성이 대두되었다. 경기회복을 위한 뉴딜정책이 추진되던 시기에 증권법(1933)과 증권거래법(1934)이 발효됨으로써, 학계에서는 일반적으로 인정된 회계원칙(GAAP)에 관한 연구가 시작되었고 감사 실무계에서는 상장기업에 대한 외부감사가 의무화되었다. 이윽고 증권시장이 재정비되던 무렵부터 뉴욕증권거래소와 AIA 증권거래 특별위원회가 협력관계를 구축함으로써, 서서히 회계감사에 대한 윤리적 책임 문제가 드러나기에 이르렀다. 더구나 일리노이대학의 마우츠(Mautz, R. K.)가 샤라프(Sharaf, H. A.)와 공동으로 『감사의 철학』105)이라는 저서를 출판함으로써, 감사공준(監査公準)에 초석을 둔 감사이론의 연구방법론을 제시하였을 뿐만 아니라, 감사인의 독립성과 감사증거에 관한 문제를 공론화시켰다. 동 저서는 감사공준을 감사이론에 대한 연역추론(演繹推論)의 중요한 기초가 되었음은 물론, 그러한 감사이론은 감사 실무의 배경이 된다고 하여 이론과 실무의 연결고리(連結環)로서의 기본개념을 제시했다는 점에 주요 방점(傍點)이 있다. 회계감사의 이론적 배경이 된 연구 결과의 발표를 계기로 하여 학계와 실무계의 의기투합이 이루어지고 미국형 외부감사제도의 발전을 가져오게 하는 전환점이 되었음은 물론, 굴지의 기업들에 의한 회계 부정사 건을 통하여 회계감사의 풍향계(風向計)를 가늠하고 이론과 실무의 융화를 실현함으로써, 다른 여러 나라의 회계감사 제도 발전에 지대한 영향을 끼쳤음을 찾아볼 수 있는 것이다.

제2차 세계대전이 종식된 이후 미군정기를 거쳐 1948년에 독립한 대한민국은 상술한 미국회계문화의 영향을 수용함으로써, 경제발전을 지향하는 초석으로서의 기업회계제도와 감사문화를 구축하면서 오늘에 이르고 있다. 특히 회계감사 부문에 있어서는 미국 회계감사의 발전과정에서 볼 수 있었던 바와 같이 우리나라에서도 증권법과 증권거래법이 제정됨으로써, 증권관리위원회의 통제하에서 회계제도 정비와 회계감사의 토대를 구축할 수 있었고 자본시장육성법과 외감법이 제정된 이후에는 공인회계사의 외부감사가 강화되어 한국회계 감사문화의 발전을 가져오는 전환점이 되었다.

WTO 체제의 출범과 다국적기업의 증가로 인한 세계 경제 질서의 변화는 국내 자본시장의 개방과 국내기업의 해외 자본조달을 촉진하게 하였으며, 우리나라 기업들이 범세계적인 경쟁력을 갖추기 위한 준비를 서두르게 하였다. 결국 사람과 자본, 그리고 상품이 국경을 넘어 자유롭게 이동할 수 있는 글로벌화의 시대적 상황으로 환경변화가

---

105) Mautz, R. K. and H. A. Sharaf, "The Philosophy of Auditing," (AAA Monograph No. 6, 1961.)

이루어지면서 우리나라의 회계감사 문화는 발전적 변화의 물결을 타기 시작하였다. 더욱이 글로벌화의 기업사회는 회계정보의 투명성을 확보하지 않으면, 기업가치의 창출과 사회적 신뢰도를 유지할 수 없는 냉혹한 환경에 처해있다는 것을 인식하게 되었다. 회계정보의 투명성을 확보하기 위하여 국제적 수준에 대응할 수 있는 법규와 제도 및 관련 규정의 정비가 필요한 시대적 상황에 봉착했음은 물론이다.

그러한 글로벌 환경의 변화 속에서 우리나라는 전대미문의 외환위기로 인하여 국제통화기금(IMF)으로부터의 구제금융을 지원받아야 하는 절박한 국면에 처했었다. 그리고 활발하게 움직이던 글로벌 기업들이 금융위기라는 최악의 경영환경 속에서 새로운 생존전략을 모색해야 하는 절박한 경험을 하게 하였다.

그 타개책의 일환으로 IMF에 제출한 「경제구조개혁프로그램에 관한 각서」(Memorandum on the Economic Program)에 의하면, 국제통화기금과 세계은행은 구제금융 지원조건으로 금융개혁과 구조조정·시장개방과 무역자유화·자본자유화·노동시장 개혁·기업정보의 공개 등을 실천하도록 요구하였음은 물론, 기업회계와 관련된 두 가지 조건이 제시되었음을 엿볼 수 있다. 첫째, 회계기준과 공시에 관한 규정은 국제기준에 따라 강화되어야 하며, 대형 금융기관의 재무제표는 국제적으로 인정받은 회계법인의 감사를 받아야 함은 물론, 둘째, 기업은 독립적인 외부감사를 받고 이를 통하여 기업집단의 결합재무제표를 완전히 공시함과 동시에, 일반적으로 인정되는 회계관행과 함께 회계기준을 적용함으로써, 재무제표의 투명성을 개선해야 한다는 것이었다.[106]

이를 계기로 하여 금융감독위원회와 한국회계연구원(한국회계기준원의 전신)이 설립되었으며, 정부와 민간부문에서 기업회계기준과 회계감사 기준의 개선을 위한 활동이 시작되었다. 결과는 IASB의 국제회계기준을 수용하여 한국형 국제회계기준(K-IFRS)을 제정(2007)하고 글로벌기업이 국제적 수준의 회계정보 공시에 활용할 수 있도록 하였다. 그뿐만 아니라, 한국공인회계사회는 국제회계사연맹의 회계감사 기준을 준용하여 회계감사 기준을 정비함으로써, 감사법인의 외부감사 수행에 수준 높은 글로벌화의 회계감사 풍토가 조성되도록 노력하였다. 그리고 한국공인회계사회가 외국의 회계감사 단체와의 유대관계를 강화하고 국제회의를 유치하는 등, 활발한 국제활동을 전개함으로써, 국위선양은 물론, 회계감사 문화의 글로벌화에 이바지해 왔음은 가히 특기할만한 사항으로 평가된다.

그동안 우리나라의 회계감사 문화는 열악한 사회경제적 상황을 극복하고 글로벌화의 대열에 합류하여 선진적 위상을 과시할 수 있을 만큼 성장하였다. 회계감사의 이론과 실무가 융화된 회계학교육이 활발히 이루어지고 있을 뿐만 아니라, 엄격한 시험제

---

[106] 이정호 외, 『한국 기업회계제도의 발달과 그 전망』(서울대학교 경영대학 회계학연구센터, 2003), P. 9.

도를 통하여 직업적 회계전문가로서의 감사인그룹에 합류할 수 있는 길이 확립된 것도 사실이다. 이러한 선진적 회계감사의 풍토 속에서 감사인이 가야 할 길은 직업적 회계전문가로서 해야 할 역할을 충실히 수행하는 도정(道程)이다. 그것은 전혀 평탄하지 않다. 이론과 실무에 유능한 감사인의 자리에 설 수 있어야 하며, 기업이 새로운 회계정보의 신뢰성을 높이는 방법을 찾아야 한다. 회계정보의 신뢰성에 대한 회계 분쟁이 발생했을 경우, 감사인의 사회적 책임이 막중함을 인식하고 대비할 수 있어야 한다. 그리고 감사직 종사자는 회계정보의 이용자에게 이타주의(利他主義)에 입각한 전문적인 지식이나 기술을 제공함으로써, 사회적 이해 조정자의 역할을 충실히 이행해야 할 책임도 있다. 회계감사인의 이해 조정적 윤리관이 확립되어 있어야 한다는 것이다. 그뿐만 아니라, 감사인은 회계감사를 수행하면서 직업적 회계전문가로서의 감사의견을 어떠한 경우의 환경에서도 굽히지 않고 유지해나갈 수 있는 직업적 회계전문가로서의 의지와 독립성을 견지하지 않으면 안 되는 것이다. 이처럼 감사직 종사자가 회계감사의 투명성을 확보하기 위하여 감사인의 책임성과 독립성 및 윤리관을 유지할 수 있는 환경조성이 이루어질 때, 우리나라의 회계감사 문화는 글로벌화의 시대에 부응할 수 있는 새로운 역사적 지평이 전개될 것으로 생각한다.

제11장 한국형 법 회계문화의 형성사
- 상법 회계 및 법인세법 회계를 중심으로 -

1 프롤로그

 모든 상업활동에서 비롯되는 장부 기록에 대한 상사법규범이 출현한 것은 바빌로니아 시대의 함무라비 법전에서 찾아볼 수 있으나, 우리나라의 경우는 아득한 고조선 시대의 8조금법의 존재에서 그 기원을 발견하게 된다. 그 후 왕조시대가 번갈아 바뀌는 과정에서도 국가재정의 기록계산과 상행위에 대한 법규범은 그 시대에 합당한 규정을 제정하여 시행했던 것으로 보인다. 그것은 삼국시대와 고려 시대에도 지속되었으며, 근세의 조선왕조에 이르러 「경국대전(經國大典)」이나 「속대전(續大典)」을 통하여 장부 기록의 규범으로 시행했음을 확인할 수 있는 것이다.

 이들 규범을 통하여 조선의 국가재정과 상행위에 대한 회계 규제가 이루어졌었다. 그런데 개항 이후의 개화기에 이르러 서양 문물이 유입되는 환경 속에서 갑오경장(甲午更張)이 이루어지고 실학에 기초한 실업정책의 일환으로 법규범에 의한 회계 규제를 시도하기에 이른다. 새로운 근대화의 물결 속에서 서구형 기업들이 설립되어 활동하게 되고 근대 은행제도가 도입됨으로써, 이를 규제할 수 있는 회계 규범은 필수 불가결의 요소가 되었다.

 국가재정과 상업적 장부 기록을 규제하기 위하여 형성된 법률적 회계시스템을 일컬어 법 회계제도하고 한다. 여기에는 상인들에 따라 이루어지는 상업적 기장 행위를 규제하기 위한 상법 회계제도가 있고 국가재정의 기본이 되는 조세와 관련된 회계 규범으로서의 세법 회계제도가 존재한다.

 전자는 상법 및 관계 법령에 입각한 회계제도를 일컫는다. 후자는 세법 및 관계 법령의 회계제도에 입각한 세법 회계(稅務會計라고도 함)를 말한다. 그러므로 법학적 측면에서 접근이 시도되는 법 회계문화는 인류가 국가를 형성하고 경제적 활동을 전개해왔던 역사적 산물이라고 할 수 있어서, 그 기원을 섭렵하려면 제도적으로 이루어진 옛 시대로 거슬러 올라가 볼 수 있을 만큼 중요한 연구영역이다.

그렇지만 우리나라의 근대화과정에서 도입된 것으로 일컬어지는 이 두 영역의 법률적 회계 규범은 조선총독부 시대에 일본의 법 회계제도를 수용하여 실시했던 데서 비롯되었다. 물론 이들 법 회계 규범의 일부는 1948년에 대한민국 정부가 수립되고 제헌헌법 제100조의 경과규정에 따라 일시적으로 조선총독부 시대의 그 법률이 계속 효력을 갖는 것이었다. 그것은 한국전쟁(6·25) 이후 경제적 회복기를 거쳐 경제개발 시기에 진입하면서 새로운 법률이 제정됨으로써, 제도적 발전을 구가하게 되었다.

우선 상법의 경우를 보면, 그것은 대한민국 건국 초기에는 의용상법(依用商法)이라는 이름으로 조선총독부 시대에 시행되던 일본 상법을 그대로 사용했었으나, 경제개발계획을 추진하기 시작한 1960년대 초에 상법이 제정됨으로써, 그에 따른 상법의 계산규정과 주식회사의 회계제도가 전개되기에 이르렀다. 이러한 상법 회계의 기원과 형성 배경에 대하여 접근함과 동시에, 세법도 조선총독부 시대에 시행되던 세법 회계에서 그 효시를 찾을 수 있으나, 그것도 새로운 시대의 세법 회계 규범으로 제정되는 과정을 찾아볼 것이다.

따라서 위의 양자는 법률 규정에 따른 회계 규범의 기능을 지니고 있기는 하지만, 그 지향하는 목적이 각각 다르므로, 분리하여 접근하는 것이 바람직하다. 상법 회계가 이해관계자를 보호하기 위한 목적에서 형성된 법 회계시스템이라고 할 수 있지만, 세법 회계는 기업에 대한 과세소득을 계산하기 위한 목적에서 이루어진 법 회계시스템이라고 할 수 있다. 양자의 제정목적이 다르므로, 이를 각각 분리하여 접근하는 것이 타당하다고 생각하지만, 우리나라의 법 회계문화를 살펴보기 위한 일환으로 본 연구가 진행되는 것이므로 우선 상법 회계의 전개 과정을 정리하고, 다음에 세법 회계에 대한 접근을 시도할 것이다.

2 한국 상법 회계문화의 형성과 발달

상법 회계는 상법과 회계가 교차하는 전형적인 법 회계문화의 영역이다. 그것은 상법과 그 관련 법령에 근거하는 회계규정에서 비롯된 회계제도이다. 따라서 상법의 발전에 관한 역사적 배경을 탐구하는 것은 일련의 문화사적 의미뿐만 아니라, 발전사적 전개 과정을 이해하는 것이 중요하다.

상법 회계의 발전과정에 접근하려면, 각국의 역사는 물론, 상업사 또는 경제사를 비롯한 법사학적 영역까지 섭렵을 병행해야 한다. 그래서 상법 회계의 기원과 관련 있는 분야를 중심으로 하여 정리할 것이다.

1. 상법 회계문화의 기원

문화사적인 관점에서 볼 때, 상법은 유형적 재화의 소유권 이전을 매개하는 경제적 의미의 「상(商)」에 관한 규범에서 출발하여 이루어진 것이며, 오늘날에는 기업에 관한 법규범으로 진화하였다. 형식적인 관점에서 보면, 우리나라의 상법전도 이러한 역사적 소산으로 볼 수가 있는 것이다.

원래 상법의 역사는 아득한 고대사회에까지 거슬러 올라갈 수가 있다. 그것은 일반 민사법의 영역에서 단편적으로 상거래의 규범적 제도가 존재했음에 불과하다. 외국의 예를 보면, 고대 로마 시대의 시민법에 속하는 채권법은 상거래의 특수한 수요를 충족시킬 수 있었다는 것에서 엿볼 수 있다. 그리고 상거래에 관한 특수한 법규범은 고대 바빌로니아 시대의 함무라비 법전(BC1958~BC1916)에 선명하게 나타나 있다.[1]

중세시대에 이르러 상법은 발전하기 시작하였다. 노예경제 시대에는 상거래의 규범도 민사법만으로 충분하였지만, 도시경제가 발전함에 따라 상인계급이 강력한 사회적 세력으로 성장함으로써, 민사법만으로는 상거래의 수요를 충족시킬 수 없게 되었고, 상거래에 관한 법규범이 필요함을 인식하게 되었다.

특히 근대에 이르러서는 중앙집권 국가가 성립되면서 국가 경제가 형성되어 상사관계에 대한 국가적인 법규범의 필요성을 인식하게 되었다. 이는 프랑스와 독일을 중심으로 하는 대륙법 계통의 상법에서 그 기원을 찾을 수 있다. 따라서 상법 관계의 회계규정은 다양하여 복잡한 양상을 띠고 있으나, 그 기원을 보면, 1673년의 프랑스 국왕 루이 14세의 상사칙령을 기원으로 하여 300여 년에 걸쳐 전개되어온 대륙법계 상법 회계제도의 발전사를 고려하면, 현대 상법 회계제도에 대한 접근은 채권자를 보호하기 위한 목적에서 비롯되었다고 한다.

2. 근대 상법 회계의 제도적 형성

근대의 상사 법규는 프랑스와 독일을 중심으로 하는 대륙법계 상법 제도가 형성되는 과정에서 상거래에 대한 회계가 제도화되었음은 물론, 영국을 비롯한 미국을 구심점으로 하는 관습법 중심의 영미법적 상사 규범이 제도화되었던 데서 찾아볼 수 있다. 따라서 그 연원과 상사 규범의 회계 사상적 흐름을 간단히 정리함으로써, 우리나라의

---

[1] 함무라비(Hammurabl) 법전은 모두 282개의 조문으로 구성되어 있으며, 구체적으로는 매매·운송·임치·소비대차·중개·대리·지급지시·소지인출급식채무증서·추상적 채무증서·코멘다 계약·내수항에 관한 규정이 포함되어 있다. <최기원, 『상법학 신논(Ⅰ)』(서울, 박영사, 1984), PP. 29~30>.

상법 회계제도에 대한 접근을 순조롭게 진행할 수 있을 것이다. 이하에서 그 형성과정을 차례대로 부연하기로 한다.

1) 1673년 프랑스의 상사 칙령

세계 최초로 거래기록 중심의 상업 장부 규정이 만들어진 것은 중세 프랑스의 왕정 루이 14세 시대였다. 1673년 프랑스에서 제정된 상사 왕령(Ordonance de commerce-商事王令·商業條例)2)은 회계학 역사상 획기적인 사건이었다. 왜냐하면, 그것은 처음으로 상업 장부와 재산목록에 관한 포괄적 규정이 광범위한 경제영역에 적용되는 근대국가의 법령으로 등장했기 때문이다. 따라서 이 「상사 왕령」은 입법 이유를 기록한 전문과 총 12장 122개 조로 되어 있다. 이것을 간추려서 소개하면, <표11-1>과 같다.

<표11-1> 1673년의 상업조례 항목을 요약한 내용

항목	규정 내용 요약
전문	도매 및 소매를 행하는 대상인·보통 상인에 대한 규칙의 제정 취지를 밝힌 포고문. (생략)
제1장	도매 및 소매를 행하는 도제·대상인·보통 상인에 관한 규정
제2장	은행업자나 중개인에 관한 규정.
제3장	대상인·보통 상인·은행업자의 장부 및 기록부에 관한 규정.
제4장	회사에 관한 규정.
제5정	환어음 및 약속어음의 발행에 관한 규정.
제6장	어음 및 되돌아온 어음의 이자에 관한 규정
제7장	신체구속에 관한 규정.
제8장	재산의 분리에 관한 규정
제9장	지급면제와 지급유예에 관한 규정.
제10장	재산의 양도에 관한 규정.
제11장	파산 및 사기파산의 방지에 관한 규정.
제12장	상사재판권에 관한 규정.

<자료 : <岸 悅三, 『會計生成史-フランス商事王令會計規定硏究-』(東京, 同文館, 1975), PP. 198~199.>

---

2) 프랑스국립도서관에 소장된 상사 왕령의 정식명칭은 "Ordonnance de Louis XIV, ROY DE FRANCE ET DE NAVARRE, Servant de Reglement pour le Commerce des Marchands"로 되어있다고 한다. <岸 悅三, 『會計生成史―フランス商事王令會計規定硏究―』(東京,同文館, 1975), PP. 196~200.

그중에서 장부 기록과 관련된 규정은 『상인과 은행업자의 장부와 기록부』(Des livres & registres des n'egocians marchands & banquiers)라는 제목 아래 제3장에서 10개 조로 구성된 부분에서의 상업 장부와 제11장에서 파산 및 사기파산(詐欺破産)을 방지하기 위한 상업 장부와 재산목록 작성에 관한 부분이다.3) 이것은 상인의 상행위에 관한 루이 14세의 칙령으로서 상업법전 또는 싸봐리법전(Code Savary)이라고도 하며, 오늘날 상법의 상업 장부에 관한 규정의 효시이다.

이는 당시 재산의 일부를 은익(隱匿)하여 파산을 가장하고 채무의 상환을 면제받으려고 하는 악덕 상인에 의한 사기파산을 방지하기 위하여 제정된 것이다. 회계학적 관점에서 보더라도 그것은 공포된 후 6개월 이내에, 그리고 그 후는 2년마다 재산목록(inventaire)을 작성하지 않으면 안 되는 의무가 상인에게 부과되었다. 그리고 채무자가 재정위기에 처한 때에는 상업 장부에 근거를 둔 재산목록을 채권자에게 제출해야 한다는 의무사항이 규정되어 있다. 그 후 재산목록의 작성 의무와 채권자 보호라고 하는 회계사 상이 상법상 중심적인 위치를 점유하게 되었던 것은 주지하는 바와 같다.

2) 1807년의 프랑스 상법에 따른 결산 규정

그 후 상법이라는 이름으로 등장한 최초의 법전은 1807년에 제정된 나폴레옹 I 세 시대의 상법전(Code de Commerce)이다. 그것은 제1편 제2장 「상업 장부」(Des livres de commerce)에서 「상사 왕령」의 상업 장부 규정을 이어받아서 규정되었다. 그러므로 1807년의 상법전은 「상사 왕령」(1673)의 연장선상에서 상업 장부에 관한 규정을 설정함으로써, 상인이 상행위를 수행하는 과정에서 파생되는 문제를 규제할 수 있도록 그 취지를 반영하고 있다.

그뿐만 아니라, 이 상법에서는 재산목록과 일기장에 관한 규정이 신설되어 있다. 이 두 개의 새로운 장부 규정은 결산에 관한 규정으로서 사기파산 방지에 유용함은 물론, 과태파산(過怠破産) 방지에도 유용한 것이다. 이에 의하면, 재산목록은 매년 작성하도록 규정되어 있으며, 일기장의 기재 방법에 따라 재산목록이 작성되도록 규정되어 있다(제9조~제11조). 그리고 상술한 상업 장부의 규정은 장부의 작성에 관한 것과 장부의 이용에 관한 것으로 이루어져 있다(제12조~제15조). 이처럼 거래의 기록 및 기장

---

3) 이 규정은 프랑스의 국왕 루이 14세가 수상 짝 싸봐리(Jacques Savary, 1622~1690)에 명하여 제정한 상사칙령(Ordonance de Commerce)로서 싸 봐라 법전이라고 도 부른다. 그것은 1675년에 싸봐리가 저술한 『완전한 상인』(Le Parfait N'egociant)과 연관되어 있다.<Kuno Barth, "Die Entwicklung des Deutschen Bilanzrechts," (Bd. 1, Stuttgart, 1953), S. 65. 및 安藤英義, 『商法會計制度論』(東京, 國元書房, 1985), PP. 10~11. 참조>

에 관한 변화는 확실히 재산목록에서 비롯되는 결산에 관한 규정의 출현을 뜻한다. 이는 재산목록 규정이 과태파산을 방지하기 위한 목적에서 설치되었다는 것이다. 그것은 「상사 왕령」에는 없었던 과태파산죄(過怠破産罪)의 규정(제586조~제592조)이 신설되어 있음을 보더라도 알 수 있다.4)

상업 장부와 사기파산과의 관계에서도 이 상법은 일부 진화되었다. 그것은 이 상법의 파산 규정(제593조 및 제594조)에서 재산목록도 사기파산 방지를 위하여 이용하게 되었다고 보기 때문이다. 1807년의 상법에서는 상인이 파산하였을 때 장부를 은닉하면, 그는 사기파산 자로 선고받는다(제593조 7호). 그리고 장부를 비치하지 않았거나 비치된 장부가 적극재산(資産)과 소극재산(負債)의 진실 상태를 표시하고 있지 않다면, 그 상인은 사기파산 자로 기소될 수 있다(제594조). 이러한 규정에서의 장부란 일기장 외에 재산목록을 포함한다는 것을 의미한다. 거래기록인 일기장과 결산 시에 작성하는 재산목록에 의하여 파산한 상인의 사기파산은 드러나기 쉬운 것이기 때문이다.5)

3) 1829의 스페인 상법에 따른 회계규정

1829년에 제정된 스페인 상법(C'odigo de commrcio)6)에서도 상업 장부에 관한 규정을 두고 있다. 그것은 제1편 제2장 제2절의 「상업 회계」(제32조~제55조)에서 24개 조에 이르는 상업 장부에 관한 규정을 두고 있다. 이 중에서 중요한 것은 제36조의 규정으로서, 개업 시의 재산목록과 매년 대차대조표를 작성하도록 의무화했다는 점이다. 원래 개업재산목록은 재산 수량계산을 함에 있어서 필요하다. 개업재산목록이 규정됨에 따라 상업 장부 상의 재산 수량계산에 의한 사기파산 방지는 제도적으로 완전한 규정이 되었다.

이처럼 재산 상태의 파악이 재산목록에서 이루어지는 것이라면, 새로이 등장한 연도 대차대조표는 무엇 때문에 작성하는 것인가 하는 의문이 생긴다. 연도 대차대조표의 목적으로서 재산 상태의 표시 이외에 생각할 수 있는 것은 이익계산이다. 스페인 상법(第36條)에서는 연도재산목록에 반드시 대차대조표가 첨부되어야 한다고 규정되었다.

상인 스스로 재산 상태에 더하여 손익상황을 파악하는 것은 분명 과태파산 방지와 연계되어 있다. 연도 재산목록과 함께 연도 대차대조표의 작성을 요구하는 규정은 그 후 1838의 네덜란드 상법(Wetboek van Koophandel)이 이어받았다고 한다.7)

---

4) 安藤英義, 上揭書, PP. 21~22, Passim.
5) 安藤英義・古賀智敏・田中建二 責任編輯, 『企業會計と法制度』(東京, 中央經濟社, 2010), PP.5~7.
6) 1829년의 스페인 상법에 대해서는 스페인어의 원전을 구할 수가 없어서 일본어로 되어 있는 1829년의 스페인 상법에 관한 내용을 인용하였다. <安藤英義, 『商法會計制度論』(東京, 國元書房, 1985), PP. 24~25. 참조 >

4) 1861의 독일 상법에 따른 회계규정

독일의 경우를 보면, 1861년 이전에도 상업장부에 관한 법규범이 있었음을 찾아볼 수 있다. 즉, 독일의 상업 장부에 관한 규정의 기원은 1794년에 공포・시행된 프로이센 왕국의 일반국법(Allgemeines Landrecht für die Preussischen Staaten)에서였다. 그것은 민법・상법・행정법에 이르는 광범위한 법전이었는데 그 법전의 제2편 제8장(시민계층) 제7절(상인)의 제6관에서 「상업 장부」(Von Handlungsbüchern)라는 제목 아래에 52개 조(제562조~제613조)(제562조~제613조)에 이르는 규정이 상업장부에 해당하는 부분이다. 이에 의하면, 상업장부를 비치하고 있으면, 상인은 자기의 재산 상태를 알 수 있어서, 과태파산 방지에 유용하다는 것이다. 상인은 일 년에 한 번 대차대조표를 작성함으로써, 자기의 재산 상태를 알 수 있다는 취지의 규정이다. 다만 과태파산 방지를 위한 목적에서 상업장부의 작성을 권고하는 규정일 뿐, 그 작성을 의무화한 규정은 없는 것이 이 법전의 특징이라 할 수 있다.[8]

그 후 1843년에 이르러 독일은 최초의 「프로이센 주식회사 법」(Gesetz über die Aktiengesellschaft)을 제정하였는바, 여기에는 상업 장부에 관한 규정뿐만 아니라, 배당규제에 관한 회계규정(제17조)이 있음을 볼 수 있다. 이 배당규제는 대차대조표에서 계산되는 순이익(이른바, 미처분이익)을 한도로 하는 방식에서 비롯되었다고 한다.[9]

늦게 산업혁명기를 거친 독일은 1861년에 이르러 새로운 이름의 일반상법전(Allgemeine Deutsches Handelsgesetzbuch)을 제정하고 재산목록 및 대차대조표에 기재하는 재산의 평가에 관한 최초의 규정(제31조)을 두었다. 재산의 매각 시가평가에 의한 연도 대차대조표의 작성은 상인이 자기의 재산을 파악함과 동시에, 채권자에 대하여 채무자인 상인의 채무변제 능력, 특히 채무초과의 판정 내지는 예지 수단을 입수할 수 있게 하는 것이다.

독일에서는 전통적으로 대차대조표가 중요시됐다. 전술한 프랑스에서는 재산목록에 표시한 재산 상태의 표시기능을, 독일에서는 재산목록과 동시에 작성되는 대차대조표

---

7) 1868년의 네덜란드 상법(제8조)에 따르면, 『상인은 매년 최초의 6개월 이내에 재산목록 및 대차대조표를 작성하여 장부에 기재하고 서명하지 않으면 안 된다』라는 규정에서 확인할 수 있다. <O. Borhardt, "Die heltenden Handelsgesitze des Ertballs," 3. Bd., Berlin, 1885. & 安藤英義, 『商法會計制度論』(東京, 國元書房, 1985), PP. 26~27. 참조>
8) 프로이센 왕국은 1701년 브란덴부르크 諸侯인 프리드리히 3세가 세운 나라로서. 독일 북부지역의 대부분과 폴란드 서부지역을 차지하고 오스트리아와 대항하는 강국으로 성장하였으며, 1871년에 독일제국으로 통일되었다. 이 프로이센 왕국의 상법전에 관한 원본 자료를 구할 수가 없어서 일본 학자의 연구자료를 인용하여 소개하였음을 밝혀둔다. <安藤英義, 『商法會計制度論』(東京, 國元書房, 1985), PP. 17~20. 참조>
9) 安藤英義・古賀智敏・田中建二 編輯, 『企業會計と法制度』(東京, 中央經濟社, 2010), PP. 9~10.

에서 구축하였다. 그것은 대차대조표상의 채권자에 대한 공시와 더불어 채무초과로 인하여 파산하는 전통에서 비롯된 것이라고 한다.[10]

1861년의 독일 상법을 경계로 하여 대륙법계 각국 상법의 상업 장부 규정은 그 형태의 차이는 보이면서도 결산 중심의 양상을 띠고 있음을 확인할 수 있다. 그리고 나라에 따라서는 대차대조표 이외에 손익계산서의 작성이 의무화되어 있는 것도 특이한 현상이다. 결과적으로 대륙법계의 상법 회계문화는 채권자 보호를 목적으로 하는 대차대조표 중심의 회계사 상이 바탕에 있음을 인식하게 된다.

5) 1890년 일본 상법의 회계규정

일본 상법은 대륙법계의 상법을 범례로 하여 1890년에서 1899년에 걸쳐 제정된 상법이 그 효시이다. 그것은 일본 정부가 독일의 법학자인 뢰슬러(H. Roesler)[11]를 초빙하여 기초(起草)한 일본 상법 초안(1884년)을 토대로 하여 심의를 거친 후, 1890년(明治 23年)에 공포·시행한 상법전을 일컫는다.

경제적 근대화를 위한 법률기반 정비에 진력하고 있던 메이지(明治) 정부는 일본의 상관습과 상업 장부 기록관행이 정리된 「일본 상사관례집」을 당시의 법률고문인 뢰슬러에게 제공하고 상법 초안의 기초를 의뢰하였다. 뢰슬러는 이것을 참고하여 1881년부터 상법 초안을 만드는데 몰두하였고, 1883년에 그 작업을 완성하였다. 이것이 바로 「뢰슬러의 상법 초안」(上·下二卷)이다. 이것은 1884년 1월 29일 자의 비매품으로 일본 사법성에서 인쇄되어 관계자들에게 배포되었다.[12]

「뢰슬러의 상법 초안」은 1861년의 독일 일반상법전(Algemeines Deutsche Handelsgesetzbuch)을 모체로 하여 작성된 것이다. 「일본 상사관례집」에 기록된 일본의 상관습을 법으로 명문화시키지는 않았지만, 상법 초안의 총칙 제1조에 「상관습법 우선의

---

10) 상게서, PP. 10~11, Passim.
11) 황툐 러는 1878년(명치 11년)에 그 당시 독일 주재 일본 공사였던 아오끼(靑木周藏 : 독일학 협회, 즉 현재의 독협대학의 창립자)의 추천으로 일본에 초빙되었다. 그는 일본에 초빙되기 직전까지 북부 독일의 Rostock대학의 행정법 교수로 있었다. 1860년 Erlangen대학에 제출한 학위논문은 「상사회사 자산의 법적성격」이며, 또한 Tübingen대학에 제출한 학위논문은 「노동가치에 대한 고찰」이다. 그는 Rostock대학의 행정법 교수이면서도 상법에 관한 연구와 강의를 담당했었다. 이러한 관계로 그는 메이지 정부의 법률고문으로 초빙되었고 일본의 헌법 초안과 상법 초안을 기초하는 작업을 수행함으로써, 일본 헌법 및 상법의 형성에 상당한 역할을 했다고 한다<靑木茂男 編, 『日本會計發達史』(東京, 同友館, 1977), P. 20~29.)>
12) Karl Friedrich Hermann Rösler, "Entwurf eines Handels-Gesetzbuchs für Japan mit Commentar," Tokio, 1883. (독일어로 된 이 상법 초안은 일본 사법성(法務省)에서 일본어로 번역되어 『ロエスレル氏起稿商法草案』이라는 제목으로 인쇄되었다) <安藤英義, 『商法会計制度論』(東京、国元書房、１９８５)、pp. 34~38.>

원칙」을 규정함으로써, 일본의 전통적인 상관습을 존중해야 한다는 취지를 밝혀 놓았다. 그리고 뢰슬러는 상법 초안의 서두에서 30쪽에 걸쳐 상법제정의 이유와 그 필요성에 관하여 기술하였다.13)

이 상법 초안이 완성된 후 6년이 지난 1890년(명치 23年)에 이르러서야 일본 사법성(사법성 : 현재의 일본법무성)의 상법편찬위원회가 이에 근거하여 상법제정을 위한 법률안을 작성하여 제국의회에 제출하였다. 그 법률안은 뢰슬러의 상법 초안에 약간의 수정을 가하여 이루어진 것이었다. 그뿐만 아니라, 그것은 그 해에 일본 제국의회의 통과를 거쳤으나, 유감스럽게도 이에 대한 반대운동이 일어나 상법 시행이 상당 기간 늦춰지는 결과를 초래했다고 한다.14)

독일 일반상법전의 상업 장부에 관한 규정은 일반상법전(제1편 제4장)의 「상업 장부에 대하여」(Von den Handelsbuchern)라는 부분에서 모두 13개 조항(제28조~제40조)으로 구성되어 있다. 이들 규정은 주로 상업 장부와 재산평가 및 결산에 관한 것이다. 이러한 회계규정은 결산 중심주의 및 파산 방지를 위한 채권자 보호 사상에 근거를 두고 있다.15)

이처럼 일본의 상법 회계제도는 독일 상법사상을 도입하여 그 상법의 상업 장부를 근거로 하는 결산에 중심을 두어 규정되었음은 물론, 계산서류의 유형이 채권자 보호를 근간으로 하는 대차대조표 중심주의에 의존하여 이루어졌다고 볼 수 있다.

3. 한국 상법 회계의 제도적 도입과정

1) 한국 상법 회계의 기원

우리나라 고조선 시대에 「팔조금법(八條禁法)」이 있었다고 전해지고 있으나, 그것은 민사법이라 할 수 있다. 일반상인의 상거래를 기록 계산하는 상거래의 장부 기록에 관한 상사 규범은 아니었다. 그리고 삼국시대와 고려 시대를 거치면서 시전(市典)이라는 시장을 감독하는 기관이 있었으나, 회계장부를 근거로 하는 상사법적 규범이 존재했다는 것은 지금까지 발견되지 않고 있다.

조선 시대에는 한양에 시전, 지방에 보부상 및 객주·여각 등이 상인조직을 형성하였으나, 이들을 규제하는 상거래의 규범이 존재하지는 않았다. 다만, 근세의 조선 시대에 치국규범에 해당하는 『경국대전』이라는 법전에서 회계에 관한 규정을 두어 장

---

13) 黒沢清, 『日本會計制度發展史』(東京, 財経詳報社, 1989), p. 132.
14) 青木茂男, 前掲書, p. 22.
15) 安藤英義, 『商法會計制度論』(東京, 國元書房, 1985), pp. 28~31, passim.

부작성과 결산보고를 하도록 했다는 규범이 있었을 뿐이다. 조선 시대 후기에 이르러 어음제도 및 사개송도치부법이라는 부기 시스템이 발달하였으나, 이들을 규제하기 위한 법규범은 제정되지 않았다. 그런데 조선 시대 후기에 이르러 보부청(褓負廳)·혜상분국(惠商分局) 등의 관아가 설치되고 『보부상절목(褓負商節目)』이 반포된 적이 있었지만, 그 밖에 상사법령의 입법은 이루어지지 않았다고 한다.16)

그런데 경국대전의 회계 규범은 관부회계를 기준으로 하는 규범이었다. 관부회계에 관한 기록계산의 원칙을 정해놓은 것이며, 관청의 거래를 관리하기 위한 장부 기록과 계산에 관한 규범이라는 점에서 특성을 보인다.

그러나 사농공상의 상인 천시 사상에 근거한 봉건 체제에서 상인의 상거래를 규제한 일반상사법규가 존재할 리는 만무하다. 다만, 서민 생활에서 비롯되는 매매거래의 규제는 관습적으로 형성되어 오랜 기간에 걸쳐 상호 간 묵약(默約)에 의한 하나의 규범 형식으로 지켜져 왔음에 불과하다. 예컨대 봉건시대에 토지나 가옥에 대한 매매의 경우에는 구두로 하는 일은 드물고, 반드시 「문권(文券 또는 文記라고도 함)」이라는 계약서를 작성함으로써, 거래가 이루어지고 그 매매계약을 체결할 때는 반드시 매도인과 매수인, 그리고 증인과 문권을 작성하는 필집인(筆執人)이 있는데 흥정이 되어 필집인이 문권(契約書)을 작성하면, 값을 치르고 매도인이 문권을 매수인에게 양도하여 소유권이 이전되는 것으로 보았다.17) 이른바 관습법적 매매 형태라고 할 수 있다.

통상 수교 거부정책으로 문을 굳게 닫고 봉건시대를 살았던 조선왕조는 개항을 통하여 서양 문물을 받아들이는 과정에서 갑오경장이라는 제도적 혁신과 더불어 대한제국으로 국호를 바꾸고 농·상·공업을 진작시키기 위한 개혁을 시도하였으나, 변화하는 시대적 환경에 부응하지는 못했다.

개화기를 거치면서 서양에서와 같은 상사 규범이 도입될 조짐은 있었으나, 외세의 침입에 의한 국권이 쇠약해졌기 때문에, 구체화하지는 못했다. 그러한 시대 상황 속에서도 상사 관계 법령으로 제정된 사례로는 1905년에 칙령 제35호인 「국고증권조례(國庫證券條例)」와 탁지부령(度支部令) 제19호인 「수형조합조례(手形組合條例)」, 1906년에 칙령 제71호인 「수형조례(手形條例)」와 탁지부령 제5호인 「은행조례(銀行條例)」 등이 있었지만, 그 모두가 단편적인 법령에 불과했으며 전국적으로 통용될 수 있는 통일적인 상법전은 제정되지 않았다. 결국 국권피탈에 의한 조선총독부 시대에 이르러 일본의 상법 제도를 적용함으로써, 상인의 상거래에 대한 상사규제가 의용상법이라는 명계로 구체적으로 이루어지기 시작하였다.

---

16) 윤국일 옮김, 『신편 경국대전』(서울, 도서 출판 신서원, 2005), p. 168.
17) 박병호, 『한국 법제사』(서울, 민속원, 1919), PP. 315~316.

2) 조선총독부 시대 일본 상법 관련 법규의 영향

1910년에 국권피탈로 인하여 대한제국의 국권이 상실됨으로써, 우리나라에는 일본의 식민 통치기구인 조선총독부가 설치되어 1945년까지 지속되었다. 조선총독부는 한반도의 식민 통치를 정착시키기 위한 기초작업으로 「조선 회사령」과 「조선민사령」을 제령(조선총독부령)으로 공포·시행하였다. 「조선 회사령」은 1910년 12월 29일에 제령 제13호로 공포되어 1911년 1월 1일부터 발효되었으며, 1920년 3월 31일까지 시행되었다.

전문 20개 조로 구성된 「조선 회사령」에 의하면, 「회사의 설립은 조선 총독의 허가를 받아야 한다.」(제1조)에 규정을 서두로 하여, 「조선 외에서 설립한 회사가 조선에 본점 또는 지점을 설치하고자 할 때도 조선 총독의 허가를 받아야 한다.」(제2조)에 규정되어 있었다. 그뿐만 아니라, 「조선 회사령」은 「회사가 본령(本令) 혹은 본령에 따라 발표되는 명령이나 허가조건에 위반하거나 공공의 질서, 선량한 풍속에 어기는 행위를 하였을 때는 조선 총독은 사업의 정지·금지, 지점의 폐쇄 또는 회사의 해산을 명령할 수 있다.」(제5조)에 규정함으로써, 한반도의 제국주의적 재편작업을 추진함과 동시에, 한민족 자본의 성장억제를 주목적으로 실시된 것이었다. 그리하여 일본인이 출원한 회사설립은 거의 다 허가해 주었지만, 그 반면에 조선인 기업의 설립과 경영에는 엄격한 규제를 함으로써, 한민족 기업자본의 성장에 장애 요소로 작용하였다.

「조선 회사령」이 시행되던 1911년부터 1920년까지에 한반도 내에서 회사설립 상황을 보면 <표 11-2>와 같다. 이것은 숫자상으로는 거의 문제가 없는 것처럼 보이지만, 절차의 내용을 들여다보면 관권의 간섭과 횡포가 있었음이 명약관화하다. 그 당시 회사설립 허가를 받을 수 있던 자는 일본인이었거나 철저한 친일 배의 위치에 있지 않고서는 처음부터 불가능한 시대 상황이었기 때문이다.

또 하나 1912년에 조선총독부의 제령 제7호인 「조선민사령」이 공표됨으로써, 한반도 전역에 일본 「상법」이 적용되는 결과를 가져왔다. 「조선민사령」은 1912년에 공포·시행된 이후 1945년에 이르기까지 17차례의 개정 하면서 일본의 한반도 수탈에 지대한 역할을 하였다. 그것은 특별한 규정이 있는 경우를 제외하고는 일본 메이지(명치) 시대의 민법과 ·민법 시행령, 그리고 상법과 상법시행령뿐만 아니라, 수형법(手形法: 어음법)·소절수법(小切手法: 수표법)·유한회사법·파산법, 그리고 민사소송법 등이 그대로 조선총독부 치하의 전 지역에 시행되었다. 그 이유로는 식민지 지역의 민중에게 근대시민적 권리를 부여한다는 명목을 부여함으로써, 식민지 지배의 경제적 이익을 가능하게 한다는 것이었다. 결국 그것은 1945년의 광복에 이르기까지 한반도의 토지와 농민뿐만 아니라, 상업·기업 관련 업종에 종사하는 모든 민중을 수탈하기 위한 악법으로 작용하였다는 평가를 받는다.[18]

이러한 법률적 조치를 통하여 우리나라의 기업회계제도는 일본 상법 회계제도의 적용을 받아 변용하기 시작하였다. 그로 인하여 기업이 사용하는 회계기법 일부는 일본의 상법과 결부되는 결과를 가져왔으며, 법률적인 제도로서 우리나라의 기업풍토에 무리하게 이식하기에 이르렀다.[19]

<표 11-2> 조선 회사령」에 의한 한반도 내의 회사설립 상황(1911년~1920년) 단위: 천원

연도	조선인 설립			일본인 설립			일본인·조선인·일본인·외국인 합동 설립			합계		
구분	회사수	공칭자본금	불입자본금	회사수	공칭자본금	불입자본금	회사수	공칭자본금	불입자본금	회사수	공칭자본금	불입자본금
1911	27	7,395	2,742	109	10,511	5,063.	16	21,860	8,104	152	39767	5,909
(%)	17.8	18.6	17.2	71.7	(26.4)	(31.8)	(10.5)	(53.0)	(50.9)	(100)	(100)	(100)
1914	39	9933.	5,,134	142	15,788	8,379	29	28,251	23,001	211	55,972	68,514
(%)	18.5	17.7	13.3	67.3	(28.2)	(21.8)	(13.7)	(50.5)	(59.7)	(100)	(100)	(100)
1916	36	9,795	4,776	147	32,743	23,105	29	19,682	16,039	212	62,230	43,920
(%)	17.0	15.7	10.9	69.3	(52.6)	(52.6)	(13.7)	(31.6)	(36.5)	(100))	(1006)	(100)
1917	37	11,518	5,871	177	59,192	38,020	14	7,986	3,881	228	78,696	47,772
(%)	16.2	14.6	12.3	77.6	(75.2)	(79.6)	(6.1)	(10.1)	(8.1)	(100)	(100)	(100)
1918	39	12,104	7,315	208	98,133	54,663	19	15,386	7,891	266	125,622	69,870
(%)	14.7	9.6	10.5	78.2	(78.1)	(78.2)	(7.1)	(12.2)	(11.3)	(100)	(100)	(100)
1919	63	23,405	11,404	280	157,225	83,376	23	19,870	12,982	366	200,500	107,762
(%)	17.2	1.7	10.6	76.5	(78.4)	(77.4)	(6.3)	(9.9)	(12.0)	(100)	(100)	(100)
1920	99	15,276	19,204	414	330,763	151,893	31	43,595	11,734	544	419,634	182,830
1920	18.2	10.8	10.5	76.1	(78.8)	(83.1)	(5.7)	(10.4)	(6.4)	(100)	(100)	(100)

(주 : 연도별 수치의 소수점이 하는 반올림하였음, 저자.)

<자료: https://100.daum.net/encyclopedia/view/14XXE0065503 (인터넷 한국민족문화백과사전)>

이 시대의 우리나라 상업과 기업에서 회계처리에 이용된 회계기법은 일본 상법의 회계규정에 바탕을 둔 제도적 변화가 이루어지게 되었다. 그리하여 일본의 상법 회계

---

18) https://100.daum.net/encyclopedia/view/14XXE0065503 (인터넷 백과사전)
19) 고승희, 『韓國會計原則の展開』(ソウル、檀國大學出版部, 1987), P. 16.

규정에 따른 회계제도가 우리나라 회계실무의 하나로서 강제적으로 이식되는 결과를 가져왔다. 이처럼 일본은 상법 등의 법률로 일본의 국내공업과 경쟁하는 근대적인 공업을 억제하였고, 경쟁 없는 부문의 공업건설 또는 상업활동에만 사업을 허가하는 상황이었다. 그러므로 조선총독부 시대는 철저한 식민지정책에 따라 기업 활동이 일본의 상법에 따른 규제가 이루어지게 되었으며, 다양한 사회경제적 제도를 일본의 상법 회계시스템으로 대체하려고 정책적인 박차를 가했던 시기였다고 보아야 할 것이다.

4. 한국 상법 회계문화의 형성과 전개 과정

1) 의용상법의 시대

1945년에 제2차 세계대전이 종료되고, 우리나라는 독립이 되었으나, 1948년 8월 15일까지 3년 동안 미군정이 실시되었다. 「미군정령」 제21호의 제1조 및 제2조에 따라 그때까지 효력을 지속하고 있던 일본 상법이 「의용상법」의 형태로 계속 효력을 발휘하고 한반도의 상거래와 기업의 경영활동을 규제할 수 있게 되었다. 그리고 1948년의 대한민국 정부가 수립된 이후에도 「제헌헌법」 제100조의 경과규정에 따라 「의용상법」이 계속 효력을 지속하게 되었다.

이처럼 대한민국 정부에 따라 새로운 상법이 제정될 때까지 의용상법에 따라 상행위와 기업 활동을 규제하는 시대가 지속되었다. 그것은 1945년의 미군정시대부터 1963년 새로운 상법이 제정되기까지의 의용상법 시대를 일컫는 것이다.

(1) 미군정 시기의 의용상법과 회계 규제

1945년 8월 15일에 제2차 세계대전이 종결되었으므로, 동년 9월 8일에 미군 「존 리드 하지」 중장(John Reed Hodge, 미국 제24군단장)은 휘하 장병들을 인솔하여 서울에 진주하였다. 그와 동시에 그는 주한미군 사령관의 자격으로, 당시 조선총독부의 최후 총독이었던 아베(阿部信行) 대장으로부터 항복문서의 조인을 받았다.

그리고 동년 9월 11일 자로 그는 점령지인 한반도 북위 38도선 이남 지역에서는 당분간 미군정이 실시된다고 선포하였다. 이어서 그는 「아놀드」 소장을 군정장관에 임명하고 남한지역을 신탁통치 체제로 전환하였다. 미군정체제는 1948년 8월 15일에 대한민국 정부가 수립될 때까지 3년간 지속되었다.[20]

---

20) 1947년 1월 남조선과도입법의원(南朝鮮過渡立法議院)이 구성되고, 동년 2월 5일에 안재홍(安在鴻)이 과도정부의 민정장관에 임명되었다. 그러나 이 과도정부는 미군정청의 지배 아래에 있었기

군정장관에 취임한「아놀드」소장은 과도정부 체제를 구성하고 조선총독부에 의하여 단행된 각종 제도를 정비하기 시작하였다. 특히, 과도정부의 행정원칙으로서 ① 남한지역 내의 과거 조선총독부 소유재산을 모두 미군정소유로 귀속함과 동시에, 일본인 개인소유 재산 및 회사소유의 재산도 미군정이 접수 관리토록 함은 물론 ② 남한지역 내의 통화는 종래의 조선 은행권을 사용토록 하고 ③ 자유 경제체제를 채택한다는 기본정책이 공표되었다.21)

그와 동시에, 미군정장관 예하에서는 입법・사법・행정의 민주주의 체제를 갖춘 과도정부가 구성되었다. 그 기간은 1948년까지 3년 정도에 불과했으나, 우리나라 역사상 처음으로 민주주의 체제가 도입되어 자유 독립국의 수립을 위한 토대를 구축하는 데 지대한 영향을 주었다.

미군정에 의한 정치체제 하에서, 가장 초미의 관심사는 귀속재산의 관리에 관한 것이었다. 1946년 7월 21일 자의 미군정청 관재령(관재령 제5호:「기득 된 제회사의 보고」)에 의하면, 각 사업체 장은 분기별로 대차대조표와 손익계산서를 다음 달 30일까지 재산관재청에 제출해야 하며, 또 매월 손익계산서는 각도의 재산관리인 또는 소관 부처에 제출하고 그 등본을 매 익월(每翌月) 20일까지 재산 관재청에 제출하도록 규정되어 있다. 더욱이 대차대조표와 손익계산서는 관재 서식 제20호 및 제21호에 의하여 작성하도록 규정되어 있었으나, 그 서식은 전해지지 않아 내용을 알 길이 없다.22)

이상과 같이 미군정시대의 회계 규제는 미군정청 명령을 통하여 이루어졌다. 특히, 회계 규제에 관한 규정을 제정하지 못하는 부분에 대해서는 군정청 명령에 따라 광복(1945년) 이전 시대의 회계규정을 계속 사용할 수 있도록 하였다. 의용상법이라는 이름으로 조선총독부 시대의 일본 상법이 계속 효력을 유지하게 된 것은「미군 정령」제21호 제1조 및 제2조에 근거한다. 그래서 그때까지 효력을 지속하고 있던 일본 상법이「의용상법」의 형태로 계속 효력을 발휘하고 한반도의 상거래와 기업의 경영활동을 규제할 수 있게 되었다.23)

(2) 한국 정부수립 초기의 의용상법과 회계규정

3년간에 걸친 미군정시대가 종결되고 1948년 8월 15일 대한민국 정부가 민주적인 방법에 따라 수립되었다. 남북분단의 상황 속에서 남한만이 자유 선거에 의해 국회의원을 선출하고 헌법을 제정하여, 자유민주주의체제를 기본으로 하는 정부형태가 구성

  때문에, 미군정의 계속으로 보지 않으면 안 된다.
21) 국사편찬위원회 자료,『대한민국사』1, pp. 112-113.
22) 한국공인회계사회,『한국공인회계사 35년사』(서울, 1992), p. 37.
23) 상게서, pp. 55-68.

되었다.

　미군정장관으로부터 정권을 이양받은 한국 정부는 자유민주주의를 이상으로 하는 헌법에 따라 민주적인 여러 제도를 도입하면서 조선총독부 시대의 잔재를 청산하기 시작하였다. 1948년 7월 17일에 공포된 헌법(제5조)에 따라 정부 체제가 자유민주주의에 기초하고 있음을 명백히 밝혔다. 그리고 동 헌법(제84조)을 통하여 대한민국의 경제질서가 사회정의의 실현과 균형 있는 국민경제의 발전을 기본으로 삼는다는 취지를 천명하였다. 이는 사회정의 실현에 역점을 두고 국민 각자의 경제적 자유가 보장되고 시장경제를 원칙으로 운영한다는 취지를 의미하는 것이다.[24]

　그러한 와중에서도 경제질서의 유지를 위한 법률의 제정과 개정은 계속되었다. 그런데 헌법 제100조에 의하면, 「현행법령은 이 헌법에 저촉되지 않은 한, 계속하여 효력을 갖는다」[25]는 규정에 따라, 조선총독부 시대의 법률과 미군정시대의 법령이 계속 효력을 갖는 것으로서 적용되었다.

　그로 인하여 한국의 회계제도는 일본식 상법의 규정을 주축으로 하여 운영되는 처지가 되었다. 이러한 상황 속에서 1949년 2월 1일부터 상법의 입법을 추진하기 위한 「법전편찬위원회」가 구성되어 기초작업을 수행하던 중, 뜻하지 않은 한국전쟁(6·25사변)의 발발로 인하여 그 상법의 입법 활동은 중단되었다. 그 후 휴전협정이 체결되고 1957년 11월 21일에 이르러 상법 초안이 완료되었고 정부로 이송되어 국무회의의 의결을 거쳐 1960년 11월 30일에 국회에 제출되었으나 회기 만료로 폐기되고 말았다. 그것은 결국 5·16 군사 쿠데타에 의한 정부의 국회 기능을 담당하던 「국가재건최고회의」의 의결을 거쳐 상법제정의 빛을 보았고, 그에 따른 상행위의 회계 규제가 이루어지게 되었다.[26]

　이러한 우리나라의 상법 회계제도는 원래 조선총독부 시대에 시행되었던 일본의 상법에 근거를 두고 있는 것으로서 독일을 중심으로 하는 대륙법 계통의 회계 사상에 근거를 갖는 것이었다. 그것은 채권자 보호 사상에 입각한 대차대조표 중심의 회계제도를 의미한다. 그 법원적 근원을 거슬러 올라가 보면, 그것은 1861년의 독일 상법에 근원을 갖고 있음을 알 수 있다.[27] 그것은 독일 상법의 회계 사상에 근거를 둔 대차대조표 중심의 회계제도가 일본 상법의 형성과정에서 도입되었다는 사실에서 확인된다. 1912년의「조선민사령」과 「조선 회사령」에 의해 형성된 조선총독부 시대의 상법 회계제도가 대륙법 계통에 근거하는 대차대조표 중심의 회계 사상을 반영한 것으로서 미군정시대와 대한민국 정부수립 초기의 의용상법 시대를 거치면서 그 효력이

---

24) 국사편찬위원회, <자료>『대한민국사』 7, pp. 818-819.
25) 박일경, 『헌법 요론』(서울, 일명 사, 1956), p.438.
26) 박원선, 『새 상법』(서울, 수학사, 1962), pp. 16-17.
27) 서돈각, 『신교상법』(서울, 1956), p. 39.

지속되었다.

　여기서 「의용상법」이라 함은 광복(1945년) 이후 우리의 손에 의하여 상법이 제정·시행하게 된 1963년 1월 1일 이전까지 적용되어 오던 일본의 상법 제도를 총칭하여 일컫는 용어이다. 그것은 미군정시대에는 「법령 제21호」(1945년 11월 2일)의 제1조 및 제2조에 의하여 그 효력이 연장되었다. 그리고 대한민국 정부가 수립된 이후에는 「헌법」(1948년 7월 17일) 제100조의 규정에 따라 합법화되었다. 즉, 「현행법령은 이 헌법에 저촉되지 아니하는 한, 효력을 가진다.」라는 경과규정에 의하여 1962년 12월 31일까지 그대로 한국 상법의 효력을 가지게 되었다.[28]

　이처럼 미군정시대와 건국 초기의 유일한 회계규정으로서 효력을 지니게 된 「의용상법」뿐만 아니라, 1963년의 새로운 상법은 모두가 상인의 상거래에 관한 회계장부의 작성을 규정한 것뿐만 아니라, 기업의 경영활동에 의한 회계행위를 엄격히 규제하고 있다. 「의용상법」(제32조·제33조·제34조·제35조·제36조)에 의하면 상인의 상거래와 회계장부에 관한 규정이 설정되어 있다. 이것은 상인에 대한 회계장부의 작성·제출을 의무화한 규정이다. 그리고 그것은 회계장부의 종류로서 재산목록과 대차대조표의 작성을 요구하고 있으며, 그 작성 시기와 요건에 대해서도 정해져 있다. 더욱이 재산평가의 방법과 평가 시기를 규정함으로써, 상인이면 누구나 지키지 않으면 안 되는 최소한의 회계제도가 규정된 것이다. 그런데 회계장부로서의 재산목록과 대차대조표에 관한 기재형식은 구체적으로 제시되어 있지 않으며, 특정한 제한도 두지 않은 채, 기장 관행에 따라 작성하면 가능하게 되어 있다.

　특히, 「의용상법」은 회사의 계산 규정을 두고 주식회사의 회계에 관하여 세부적으로 규정하고 있다. 동「의용상법」 제281조에 의하면, 이사(理事 : 원래는 取締役)가 주주총회에 작성·제출해야 하는 재무제표로서, 재산목록, 대차대조표, 영업보고서, 손익계산서 및 「준비금과 이익 또는 이익배당에 관한 의안」의 다섯 가지가 요구되고 있다. 그 외에도 주식회사의 설립에서부터 주식과 사채발행 및 재산평가에 이르기까지 운영과정에서 나타나는 각종 회계처리에 관한 규정이 설정되어 있다. 그 이유는 첫째, 주식회사에서는 회사의 재산이 회사에 대한 채권자의 유일한 담보이므로, 주주의 이기적 요구로부터 채권자를 보호하기 위함이고, 둘째로 일부 대주주의 전횡으로부터 일반 주주의 이익을 보호하려는 것이다. 그리고 셋째 이유는 대형기업으로서의 주식회사가 국민재산 관리자의 기능이 있어서, 공익 보호의 차원에서 주식회사의 회계 절차를 규제해야 한다는 것이다.[29]

---

28) 박원선, 『새 상법』(서울, 수학사, 1962), p. 41.
29) 선병완, 「강행규정에 의한 회계제도의 발달」(전북대학교 상경대학 부설 산업개발연구소, 『논문집』 제6편, 1976년 3월), p. 188.

2) 새로운 한국형 상법의 제정과 상법 회계문화의 전개

(1) 상법의 제정과 회계규정

① 새로운 상법의 제정

1948년 정부수립 직후 설치된 법전편찬위원회30)가 1949년 우리의 「상법」을 제정하기 위한 기초작업에 착수하였으나, 뜻하지 않은 한국전쟁(6·25사변)의 발발로 인하여 그 심의가 지연되었음은 전술한 바와 같다. 1953년의 휴전협정 이후 1957년에 이르러 「상법 초안」을 완성하였음에도 불구하고, 그것 역시 1960년에 이르러서야 정부가 이를 '상법안(商法案)'으로 의결하여 국회에 제출하였지만, 국회의 회기 만료로 심의가 이루어지지 못하였다.

1961년 5월 16일에 군사 쿠데타가 일어나고 국가재건최고회의에서 구 법령정리사업의 일환으로 법제사법위원회 내에 상법심의위원회31)를 두고 새로운 상법안의 심의를 진행함으로써, 드디어 1962년 1월 19일 국가재건최고회의 상임위원회를 거쳐 새로운 상법안이 통과되었다. 1962년 1월 20일 자의 법률 제1000호로 「상법」이 공포되어 1963년 1월 1일부터 시행하게 되었으며, 「의용상법」은 그 효력을 잃게 되었다.

이렇게 하여 신상법이 탄생하였으며, 그것은 대륙법 계통의 「독일 상법」을 기초로 하는 법사상을 계승했다는 점에서 종래의 「의용상법」과 유사하다고 할 수 있다. 그렇지만, 신상법의 회사 편에서는 미국 「회사법」상의 제도를 많이 수용하였다고 보인다. 특히 주식회사에 관한 규정 부분에서는 이사회 제도를 도입함과 동시에, 주주총회와 감사의 권한을 축소하는 한편 이사회의 권한을 강화한 점이 다르다고 할 수 있다. 그래서 주식회사 주주총회의 권한 약화에 대한 대응책으로 주주의 보호를 위하여 유지청구제도와 대표소송제도 등을 신설함으로써, 대륙법 계통의 법사상과 영미법 계통의 법사상을 절충하였다는 점이 하나의 특색으로 지적할 수 있는 것이다.

이처럼 우리나라의 상법이 의용상법의 과정을 거쳐 우리 손에 의하여 제정되기까지의 과정을 그림으로 정리하면, <그림 11-1>과 같다.

새로운 「상법」의 출범으로 경제개발을 추진하던 시기에 상거래뿐만 아니라, 기업

---

30) 법전편찬위원회는 위원장에 김병노, 기초위원으로 이상기(총칙·상행위), 김준평(수형법), 최병주(해상법), 홍진기(보험·회사법), 일반위원으로 이순탁, 이명섭, 최태영, 김우설, 한격만, 현상윤 등이 임명되었다. (1948년 9월 15일 자의 관보).
31) 법제사법위원회 산하의 상법심의소위원회는 위원장에 유민상, 위원으로 차낙훈. 서돈각, 정희철, 박원선, 손주찬, 조규대, 박영화 등, 7명이 선임되었다. (임홍근, 한국상법전 50년사, 1913, PP. 104~105).

활동이 원활하게 이루어질 수 있는 계기가 마련되었음은 물론이다. 그뿐만 아니라, 새로운 상법의 부칙 제5조의 신설 규정으로 인하여 당시의 기업회계원칙과의 실무적인 괴리현상을 조정할 수 있게 되었다. 즉, 상법 부칙 제5조의 규정에 따르면, 『주식회사의 재산목록, 대차대조표 손익계산서와 제465조의 부속명세서의 기재 방법 기타의 양식은 각령으로 정한다.』라고 되어 있다. 이것은 기존의 기업회계원칙과 함께 상법 규정의 적용을 받는 기업회계를 위하여 또 하나의 회계원칙이 존재할 수 있는 근거가 마련되었음을 의미한다. 이 규정에서 비롯된 주식회사의 재무제표에 관한 회계처리 기준을 다음에 일별하기로 한다.

<그림 11-1> 한국 상법 회계문화의 형성사

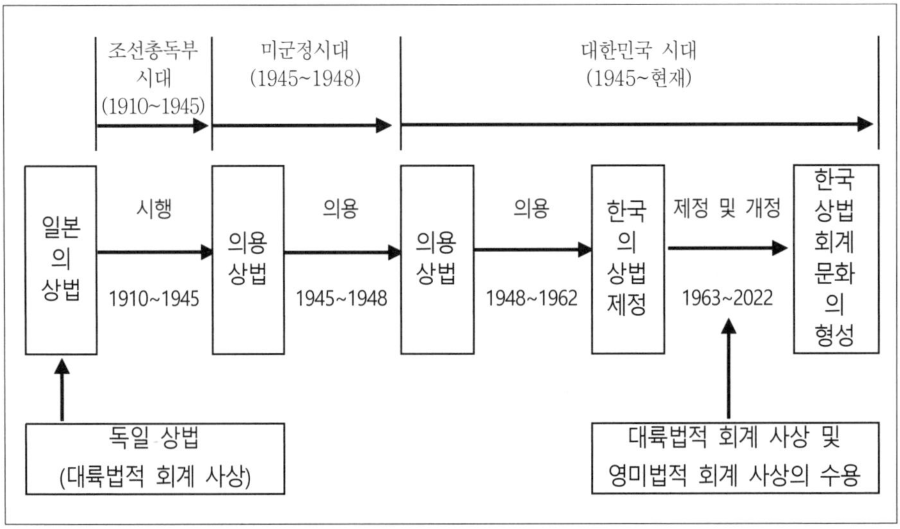

<자료 : 문헌자료의 분석에 따라 저자 작성>

② 상법제정에 의한 재무제표제도의 신설

우리나라의 상법은 1963년 1월 1일부터 새로운 시대 상황에 맞추어 시행되었다. 이때까지는 일본의 상법을 주축으로 하는 의용상법의 명칭 아래 시행되었었다. 그것은 조선총독부 치하에서 적용되었던 일본 상법의 영향 때문이었다. 이때까지의 상법에 규정된 회계제도는 전통적인 독일 상법에서 유래된 대륙법 계통의 상업 장부 및 회사의 회계에 관한 규정이 주축을 이루고 있었다. 신상법도 이러한 독일 상법 중심의 회계사상에 영향을 받게 되었고 그에 따르는 회계문화와 어떻게 조정해야 하는가의 중요한 문제에 직면했다. 그것은 상법 제32조의 상업장부와 제447조에 규정된 주식회사의 계산서류에 관한 규정이었다.

새로 제정된 상법 제447조에 의하면, 『① 이사는 정기총회 회일의 2주 전에 다음의 계산서류를 작성하여 감사에게 제출해야 한다. 재산목록·대차대조표·영업보고서·손익계산서·준비금과 이익이나 이자의 배당에 관한 의안. ② 전항 제1호의 재산목록은 대차대조표 부속 명세표로서 대신할 수 있다.』라는 규정이 있다. 이는 주식회사의 결산 결과를 경영자가 정기총회에 제출할 재무제표를 제시하고 있는 강제 규정이다.

이 상법 규정에 따르면 모든 상인과 회사는 시가에 의한 재무제표를 작성하게 되어 있다. 이것은 일본 상법의 회계규정에서 영향을 받은 것으로 우리나라의 기업회계발달사에 있어서 하나의 전환점을 이루는 것이었다. 즉, 그것은 기업의 자본 유지를 보장하는 독립채산제의 계산체계를 갖추려고 하였다. 새로운 상법 시행을 계기로 하여 나타난 합리적인 손익계산 체계로의 접근은 우리나라 기업회계 발달사에 주목해야 할 획기적인 것이었다.

그래서 의용상법 시대에 사용되었던 「손익계산서」라는 명칭이 사용됨으로써, 재무제표의 체계가 손익법에 따른 기간손익계산서의 형태로 진화되었음을 찾아볼 수 있다. 그뿐만 아니라, 「재산목록」이 상법의 시행과 더불어 재무제표의 하나로 등장했다는 것이다. 그 각 항목의 금액은 대차대조표의 대차 금액과 일치하고 있음을 주목해야 할 것이다. 더욱이 새로 작성하게 되어 있는 「이익금처분안」은 종래의 「손익 및 이익처분결합계산서」에서 당기이익 및 전기이월액의 합계로 처분해야 할 금액으로 하며, 이것을 준비금, 임원상여금, 배당금 및 차기이월액으로 처분하게 되어 있는 것도 특이하다. 「이익금 처분 안」은 전 사업연도 결산 때의 이익잉여금을 어떻게 처분할 것인가에 대하여 이사회가 주주총회에 제출하는 의안을 기록한 것으로서 기본적인 회계보고서에 속하지 않은 계산서류(計算書類: 財務諸表)였음이 분명하다. 이러한 상법의 회계규정은 수많은 회계전문가 사이에서 채권자 보호를 위한 회계목적일 뿐만 아니라, 자본주의적 근대사회의 건설과 발전에 따라 필연적인 요구 조건으로 등장한 출자자 보호의 회계구조가 동시에 반영된 것이다.

그런데 본래의 상법은 대륙법 계통의 대차대조표를 중심으로 하는 회계 사상을 도입하여, 그것을 기본구조로 하는 상업 장부에 관한 회계규정을 두고 있었다. 우선 상업장부의 작성에 관한 회계규정을 보면, 『상인은 장부를 비치하고 일상의 거래와 그 밖의 재산에 영향 있는 사항을 명기하여야 한다.』(신상법 제29조)라고 되어 있을 뿐만 아니라, 『상인은 영업을 시작한 때와 매년 1회 이상 정기로 동산, 부동산, 채권, 채무, 기타의 재산의 목록과 대차대조표를 작성하여야 한다.』(제29조 제1항)라고 상업장부의 작성 비치를 의무화했다. 그리고 거래의 장부 기록을 위한 시가주의적 재산평가의 원칙(상법 제31조 제1항)과 영업용 고정자산에 대한 원가주의적 평가원칙이 설정되어 있다(상법 제31조 제2항). 결산(財産目錄・貸借對照表의 作成)에 관한 규정은 상인의 파산을 방지하여 채권자를 보호하려는 의도에서 비롯된 것이라고 할 수 있다. 이러한 규정은 의용상법의 전신인 일본의 상법에서 비롯된 것임을 발견할 수 있다.[32]

따라서 상업 장부에 관한 규정의 주된 목적은 채무자의 파산 방지에 있으며, 결산에 관한 규정이 그 목적을 달성하기 위한 중추적 역할을 하는 것으로 판단된다. 이는 채무자의 신용을 전제로 하는 것이며, 채무 상환능력을 표시하는 재산목록과 대차대조표의 작성을 성실히 이행하도록 유도하려는 의도에서 비롯된 것이라고 할 수 있다. 즉, 신용 위주의 대차대조표 주의적 회계규정이 기본 축을 이루고 있다는 것이다. 그러므로 새로운 상법의 제정은 채권자의 보호를 목적으로 하는 상법 회계제도가 성립되었음을 의미하는 것이다.

조선총독부 시대에 사용되던 일본의 상법에 근거를 둔 의용상법에 따르면, 『총회는 매년 1회 정관이 정한 바에 따라 개최하고 총회에서는 전 사업연도의 계산서, 재산목록, 대차대조표, 사업보고서 미치잖아 배당금의 배분안을 주주들에게 제시하고 승인을 얻는다.』(의용상법 제200조 제1항)라고 규정되어 있었다. 그래서 주식회사의 정관에는 이에 근거하여 이익 배분 계산에 관한 규정을 두게 된 것으로 보인다.

이러한 이익 배분 계산제도는 최근에 이르기까지 이익잉여금처분계산서를 주주총회의 승인을 얻어 결정하도록 하는 방식을 취해 왔던 것과 맥을 같이 한다고 볼 수 있다. 배분 이익의 계산방식은 출자자(株主) 간의 이해조정을 위한 목적으로 이루어진 것이며, 주주총회의 승인을 얻음으로써, 상황 보고를 통하여 그 타당성을 확인하려는 취지의 소산이라 하겠다. 또한 이는 주식회사의 자본 유지를 위한 이익배당 규제의 일환으로 이루어지는 것이다. 그리고 여기서 주목해야 할 것은 의용상법에서 「전 사업연도의 계산서」라는 표현이 새로운 상법에서 비로소 「손익계산서」라는 용어로 진화되었다는 사실이다. 즉, 대차대조표와 함께 손익계산서가 상법상의 계산서류(또는 재무제표)로서 나란히 보고하도록 제도화되었다는 것이다.

③ 상법 부칙 규정에서 비롯된 재무제표의 유형

대한민국 정부수립 후의 시대적 우여곡절을 거쳐 제정된 새 상법이 1962년 1월 20일에 공포(법률 제1000호)되어 1963년 1월 1일부터 시행됨으로써, 비로소 한국형 상법전은 형성되었으며, 그에 따른 상거래와 기업의 회계규정도 정비되기에 이르렀다. 새

---

32) 安藤英義, 『商法會計制度論』(東京, 國元書房, 1985), pp. 36~37.

로운 상법 총칙편의 상업 장부뿐만 아니라, 기업의 재무제표에 관한 규정이 정립되었다. 그와 더불어 상법 부칙(제5조)에는 『주식회사의 재산목록, 대차대조표, 손익계산서와 제465조의 부속명세서의 기재 방법, 기타의 양식은 각령으로 정한다.』라고 규정되었다. 이는 주식회사의 계산서류에 관한 위임규정으로서, 일반적으로 공정 타당하다고 인정되는 기업회계원칙(GAAP)에 부합되는 재무제표의 기재방식과 표준양식을 설정할 수 있는 회계규정을 의미한다. 1963년 3월 12일에 「주식회사의 계산서류에 관한 건」(閣令 第1,221號)이 공표되었다. 결국 상법 회계가 기업회계에 근접하는 GAAP 회계규정을 갖추게 되었다.

이 각령(제1조)에 따르면, 『이 령은 상법 부칙 제5조의 규정에 따라 주식회사(이하 會社라 한다)의 재산목록·대차대조표·영업보고서·손익계산서·준비금과 이익이나 이자의 배당에 관한 의안과 계산서류부속명세서의 표준양식 및 그 기재 방법에 관하여 규정함을 목적으로 한다.』라고 규정되어 있다. 그리고 각령 제2조에서 『계산서류와 계산서류부속명세서의 표준양식 및 그 기재 방법에 관하여 이 슈에 규정이 없는 것에 대하여는 일반적으로 공정 타당하다고 인정되는 기업회계의 관습에 의한다.』라고 규정함으로써, GAAP에 따라 회계처리가 이루어질 수 있도록 조정되었음을 볼 수 있다.

여기서 기업회계의 용어인 재무제표에 대한 상법적인 용어가 계산서류라고 규정되어 있음을 확인하게 된다. 일반적으로 공정 타당한 회계 관습에서 비롯된 재무제표와 채권자 보호를 목적으로 하는 상법의 법원적 사고에서 비롯된 계산서류라는 용어의 차이를 감지할 수 있는 대목이다. 그렇지만 기업회계원칙을 인정하고 재무제표규칙에서 제시된 재무제표의 보고식 표준양식과 계정과목의 분류 및 배열순서에 따라 규정되었다는 점에서 일맥상통하는 것으로 생각한다. 이하에서 주식회사의 계산서류의 표준양식과 계정과목에 관한 내용을 정리한다.

첫째로 상법은 채권자 보호를 기본취지로 하므로, 채무변제의 능력을 나타내는 재산 목록을 요구하고 있다. 즉, 재산목록은 자산과 부채를 표시하게 함으로써, 부채상환능력을 보여주게 하는 계산서류(財務諸表) 중의 하나이다. 그것은 자산과 부채의 항목으로 구분하고 각 계정과목의 분류와 배열순서는 대차대조표에 관한 규정에 따라 작성하게 되어 있다. 그리고 재산목록의 표준양식은 별지 서식 제1호로 앞면의 <표 11-3>과 같다. 재산목록은 기업회계원칙과 재무제표규칙에는 없는 것으로서 상법의 채권자 보호 사상에 근거하여 유일하게 규정된 계산서류 중의 하나임을 인식할 필요가 있다.

둘째로는 대차대조표에 관한 규정이다. 각령(제8조)에 따르면, 『대차대조표의 계정과목은 다음에 의하여 분류하되 사업의 필요에 따라 그 기업이 정하는 바에 의하여 이를 적당한 계정과목으로 세분하여 기재한다.』라고 규정되어 있다.

<표 11-3> 상법 부칙 및 각령의 규정에 따른 재산목록의 표준양식

재산목록

과목	금액	
자산의 부		
가. 현금과 예금		×××
(1) 현금	×××	
당좌예금	×××	
보통예금	×××	
(2) 받을어음		×××
(3) 외상매출금		×××
(4) 유가증권		×××
(5) 상품		×××
나. 고정자산		×××
(1) 유형고정자산		(×××)
(가) 건물	×××	
(나) 토지	×××	
(2) 무형고정자산		(×××)
(가) 영업권	×××	
(3) 투자자산		(×××)
(가) 투자유가증권	×××	
(나)	×××	
자산총계		×××
부채의 부		
가. 유동부채		×××
(1) 지급어음	×××	
(2) 외상매입금	×××	
나. 고정부채		×××
(1) 사채	×××	
(2) 장기차입금	×××	
부채 총계		×××

(주 : 원문은 한자로 표기되었으나 저자가 한글로 표기함.)

<자료 : 상법 부칙 제5조에 의한 각령(제1221호, 1963. 3. 12)의 별지 제1호 표준양식>

따라서 계정과목의 기본 분류는 (1) 자산 (2) 부채 (3) 자본으로 분류하되, 자산 과목은 유동자산과 고정자산으로 유동성배열법에 따라 분류하여 기재하게 되어 있으며, 부채 과목은 유동부채와 고정부채로 구분하여 기재하되, 역시 유동성배열법에 따라 분류 기재하게 되어 있다.

<표 11-4> 상법 부칙 제5조 및 각령의 규정에 따른 대차대조표의 표준양식

대차대조표

회사명_____   ×××년 ××월 ××일

과목	금액			비고
1. 자산				
가. 유동자산			×××	
(1)현금과예금			×××		
(2)외상매출금		×××	×××	
대손충당금		×××		
(3)유가증권			×××	
(4)상품			×××	
나. 고정자산				×××
(1) 유형고정자산			×××	
(가)건물	×××	×××		
건물감가상각충당금	×××			
(2)무형고정자산			×××	
(가)영업권		×××		
(3)투자자산			×××	
(가)관계회사유가증권		×××		
다. 이연자산				×××
(1)선급비용			×××	
자산총계				×××
2. 부채				
가. 유동부채				×××
(1)외상매입금			×××	
나. 고정부채				×××
(1)사채			×××	
부채총계				×××
3. 자본				
가. 자본금				×××
나. 잉여금				×××	상법제459조에 의한 자본준비금
(1)자본잉여금			×××	
(가)자본준비금		×××		
(2)이익잉여금			×××	
(가)이익준비금		×××		상법제458조에 의한 이익준비금
(나)당기말미처분이익잉여금		×××		
ㄱ) 이월이익잉여금기말잔액	×××			
ㄴ) 당기순이익	×××			
다. **자본총계**				×××
라. **부채자본총계**				×××

(주) : 원문은 한자로 되어 있으나, 저자가 한글로 표기하고 일부 첨삭함.

<자료 : 상법부칙제5조에 의한 각령(제1221호, 1963. 3. 12. 제정)의 별지 제2호 표준양식>

그리고 자본과 목은 자본금과 잉여금으로 구분하며 잉여금은 자본거래에서 비롯되는 자본잉여금과 손익거래의 결과로 이루어지는 이익잉여금으로 명확히 분류하여 각각 항목별로 기재하도록 규정되어 있다. 자본잉여금에는 상법 제459조의 규정에 따른 자본준비금과 상법 제458의 규정에 따른 이익준비금을 반드시 구분하여 기재하게 되어 있다. 그뿐만 아니라, 각령(제9조)에는 대차대조표 부속명세서의 규정을 두어 유형별로 구분하여 작성하게 되어 있다. 그것은 유가증권 명세서·유형고정자산 명세서·고정자산처분명세서·무형 고정자산명세서·관계회사유가증권 명세서·대여금명세서·사채명세서·장기차입금 명세서·관계회사 차입금 명세서·담보권설정명세서·이사(理事)와 감사(監事) 및 주주(株主)와의 거래명세서·자본금명세서·준비금명세서·현금·예금명세서·매출채권명세서·재고자산명세서 등으로 구분하여 작성 비치하도록 규정되어 있다. 그리고 대차대조표의 표준양식은 각령 별지 서식 제2호에 의하게 되어 있다(각령 제7조). 이를 소개하면, <표 11-4>에서 보이는 바와 같다. 셋째로 영업보고서의 규정이다. 각령 제10조와 제11조에 규정된 영업보고서는 별지 제3호 서식에 의한 표준양식을 제시하고 있으며, 영업보고서에 기재할 내용에 대한 항목이 제시되어 있다.

그리고 항목의 내용을 보면, ① 영업의 개요 ② 영업소의 명칭·위치와 영업소 수의 증감 ③ 주주총회에 관한 사항 ④ 자본금, ⑤ 준비금(자본잉여금과 이익잉여금), ⑥ 기타의 순으로 기재하도록 제시되어 있다. (각령 제10조·제11조). 이 각령(제1221호)에 제시된 별지 서식 제3호의 영업보고서 표준양식을 소개하면, <표 11-5>와 같다.

<표 11-5> 상법 부칙 제5조 및 각령에 의한 영업보고서의 표준양식

영업보고서
××××년 ××월 ××일
회사명 :   회계연도 ××××년 ××월 ××일 ~ ××××년 ××월 ××일

1. 영업의 개요
2. 영업소의 명칭. 위치와 증감
3. 주주총회에 관한 사항
4. 자본금
5. 준비금(자본준비금과 이익잉여금
6. 기타

(주) : 원문은 한자로 되어 있으나, 저자가 한글로 표기하고 일부 첨삭함.
<자료 : 상법부칙 제5조에 의한 각령(제1221호, 1963. 3. 12. 제정)의 별지 제3호 표준양식>

넷째로는 손익계산서에 관한 규정이다. 각령 제13조에 의하면, 손익계산서에 기재

할 계정항목이 제시되어 있다. ① 매출액 ② 매출원가 ③ 일반관리비와 판매비 ④ 영업외수익 ⑤ 영업외비용 ⑥ 이월이익잉여금증가액 ⑦ 이월이익잉여금감소액의 순서로 기재하도록 제시되어 있다. 각령 제14조에 중요성 원칙의 운용에 관한 규정을 두어 『① 이월이익잉여금 증가액과 감소액이 현저하게 소액일 때 이를 영업외수익 또는 영업외비용에 포함해 계산할 수 있다.』라고 하였다. 제2항에서 『② 이익잉여금과 자본잉여금의 변동이 현저한 경우에는 잉여금계산서를 작성하여 손익계산서 관계의 부속명세서로서 손익계산서에 첨부하여야 한다.』라고 되어 있다. 그리고 각령 제15조에서 『회사는 손익계산서 관계 부속명세서로서 원가계산보고서, 감가상각비명세서와 수선비명세서를 이에 기재할 항목이 있는 경우에는 반드시 작성 하여야 한다.』라고 손익계산서에 관한 부속명세서를 작성하도록 규정하고 있다. 또한 각령 제12조에 손익계산서 표준양식에 관한 규정을 두어 『물건의 매매업을 하는 회사의 손익계산서는 별지 제4호의 1 양식에 의하고, 제조업을 경영하는 회사의 손익계산서는 별지 제4호의 2 양식에 의한다.(<표 11-6>, <표 11-7>참조)

다섯째로는 준비금과 이익이나 이자 배당에 관한 의안의 규정이다. 각령(제1221호) 제17조에 의하면, 『준비금과 이익의 배당에 관한 의안의 계정과목은 다음과 같이 분류하여 기재한다. ㈎ 당기말 미처분이익잉여금 ㈏ 이익잉여금처분액 ㈐ 차기이월이익잉여금』이라고 규정되어 있다. 그와 동시에 동 각령 제16조에서 준비금과 이익배당에 관한 의안(잉여금처분계산서)을 작성하기 위한 표준양식을 별지 서식 제5호의 양식은 물론, 동 각령 제18조에서는 건설이자의 배당에 관한 의안의 표준양식을 별지 서식 제6호로 제시하였다.(<표 11-8> 및 <표 11-9> 참조).

이상에서 제시한 상법 부칙 제5조 및 각령(제1,221호)의 규정은 당시의 기업회계원칙과는 약간의 차이가 있다. 당시의 기업회계원칙에 규정된 재무제표는 손익계산서·잉여금계산서·이익잉여금처분계산서·대차대조표·재무제표부속명세서로 규정되어 있으나, 상법 부칙 제5조에 의한 각령(제1221호)에서는 재산목록·대차대조표·영업보고서·손익계산서·준비금과 이익이나 이자 배당에 관한 의안으로 되어 있는 것이다.

이는 기업회계원칙이 투자자 보호를 위한 영미법적 회계 사상에 근거를 두어 제정된 것이기 때문에, 채권자 보호를 위한 대륙법계 회계사상에서 비롯된 상법의 입법 취지와 차이가 있는 것으로 인식해야 할 것이다. 후자의 경우는 채권자 보호를 위한 채권담보능력이 재산목록에 있음을 확인하게 된다. 자산과 부채를 비교하여 자산이 부채를 초과하는 경우를 의미한다. 그래서 계산서류(財務諸表)의 배열순서가 재산목록에서 비롯되고 그것을 확인할 수 있는 것이 대차대조표이다. 그런데 투자자를 보호하기 위한 영미법적 회계 사상은 배당 가능한 이익의 확인에 있다. 그래서 손익계산서가 우선순위에 있으며, 배당가능액의 표시를 잉여금계산서에서 인식하게 된다.

<표 11-6> 상법 부칙 제5조 및 각령의 규정에 의한 매매업 손익계산서의 표준양식(1)

손익계산서

회사명 :　　　회계연도 ××××년 ××월 ××일 ~ ××××년 ××월 ××일　　(단위: 천원)

과목	금액		비고
1. 순매출액		×××	
가. 상품총매출액	×××		
나. 매출에누리액과 환입품액	×××		
2. 매출원가		×××	
가. 기초상품재고액	×××		
나. 상품순매입액	××× ×××		
다. 매입상품에누리액과 환출품액	×××		
라. 기말상품재고액	(×××)		
3. 매출총이익		×××	(1 - 2)
4. 일반관리비와 판매미		×××	
가. 임원급여	×××		
나. 급료와 임금	×××		
다.	×××		
5. 영업이익		×××	(3 - 4)
6. 영업외 수익			
가. 수입이자와 할인료	×××		
나.	×××		
7. 당기총이익		×××	(5 - 6)
8. 영업외 비용			
가. 지급이자와 할인료	×××		
나.	×××		
다. 잡지출	×××		
9. 당기순이익		×××	(7 - 8)
10. 이월이익잉여금기초잔액		×××	
11. 이월이익잉여금증가액		×××	
가. 고정자산처분이익	×××		
나.	×××		
12. 이월이익잉여금감소액		×××	
가. 고정자산처분손실	×××		
나.	×××		
13. 이월이익잉여금기말잔액		×××	
당기순이익		×××	
14. 당기말미처분이익잉여금		×××	

<자료 : 상법부칙제5조에 의한 각령(제1221호, 1963. 3. 12. 제정)의 별지 제4호1 서식>

<표 11-7> 상법 부칙 제5조 및 각령의 규정에 의한 제조업 손익계산서의 표준양식(2)

손익계산서

회사명 :   회계연도 ××××년 ××월 ××일 ~ ××××년 ××월 ××일   (단위: 천원)

과목	금액		비고
1. 순매출액		×××	(가 - 나)
가. 제품총매출액	×××		
나. 매출에누리액과 환입품액	×××		
2. 매출원가		×××	(가+나-다)
가. 기초제품재고액	×××		
나. 당기제품제조원가	×××		
다. 기말제품재고액	(×××)		
3. 매출총이익		×××	(1 - 2)
4. 일반관리비와 판매미		×××	
가. 임원급여	×××		
나. 급료와 임금	×××		
다. …………	×××		
라. 잡비	×××		
5. 영업이익		×××	(3 - 4)
6. 영업외 수익			
가. 수입이자와 할인료	×××		
나. …………	×××		
7. 당기총이익		×××	(5 - 6)
8. 영업외 비용			
가. 지급이자와 할인료	×××		
나. …………	×××		
다. 잡지출	×××		
9. 당기순이익		×××	(7 - 8)
10. 이월이익잉여금기초잔액		×××	
11. 이월이익잉여금증가액		×××	
가. 고정자산처분이익	×××		
나. …………	×××		
12. 이월이익잉여금감소액		×××	
가. 고정자산처분손실	×××		
나. …………	×××		
13. 이월이익잉여금기말잔액		×××	
당기순이익		×××	
14. 당기말미처분이익잉여금		×××	

(주) : 원문은 한자로 표기되어 있으나, 저자가 한글로 개서하고 일부 첨삭함.

<자료 : 상법부칙제5조에 의한 각령(제1221호, 1963. 3. 12. 제정)의 별지 제4호2 서식>

그래서 기업회계원칙과 상법 회계규정이 다르다는 것을 인증하게 되는 것이다. 그런데도 상법에서 부칙 제5조의 위임규정을 두어 각령으로 계산서류(財務諸表)의 작성 규정을 둠으로써, 정태적 손익계산의 방법을 제시하여 채권자를 보호하려는 태도를 보인 것은 투자자를 비롯한 정보이용자 중심의 경제사회로 지향하는 과도기적 사회현상의 단면이라고 보게 되는 것이다. 결국 1984년도의 상법개정을 통하여 정보이용자를 위한 기업회계기준을 수용하게 되고, 상법의 부칙조항을 폐지함으로써, 기업회계기준(GAAP)을 준용토록 하였다.

<표 11-8> 상법 부칙 제5조 및 각령의 규정에 따른 잉여금처분계산서의 표준양식

준비금과 이익의 배당에 관한 의안(이익잉여금처분계산서

××××년 ×월 ××일

회사명: ○○○   회계연도 ××××년 ×월 ××일 ~ ××××년 ×월 ××일

과목	금액		비고
1. 당기미처분이익잉여금		×××	
가. 이월이익잉여금기말잔액	×××		상법 제485조 규정에 의한 이익준비금, 법인세법, 지방세법에 의함
나. 당기순이익	×××		
2. 이익잉여금 처분액		×××	
가. 이익준비금	×××		
나. 법인세충당금	×××		
다. 배당금	×××		
라.	×××		
3. 차기이월이익잉여금		×××	

(주) : 원문은 한자로 되어 있으나, 저자가 한글로 표기하고 일부 첨삭함.

<자료 : 상법 부칙 제5조에 의한 각령(제1221호, 1963. 3. 12. 제정)의 별지 제5호 양식>

<표 11-9> 상법 부칙 제5조 및 각령의 규정에 의한 건설이자 배당안의 표준양식

건설이자에 관한 의안

××××년 ×월 ××일

회사명: ○○○   회계연도 ××××년 ×월 ××일 ~ ××××년 ×월 ××일

과목	금액	비고
1. 건설이자	×××	상법 제413조의 규정에 의한 배당금
2. 건설이자 처분액		
가. 배당금	×××	
	×××	

(주) : 원문은 한자로 되어 있으나, 저자가 한글로 표기하였음.

<자료 : 상법 부칙 제5조에 의한 각령(제1221호, 1963. 3. 12. 제정)의 별지 제6호 서식>

(2) 상법개정을 통한 회계규정의 진화

① 1984년의 상법개정과 회계관행(GAAP)의 인정

우리나라 상법은 1963년에 제정된 이후, 20여 년이 지나는 동안 정부 경제개발계획의 추진으로 급속한 경제발전이 있었음에도 상법개정이 이루어지지 않아서 여러 가지 현실적인 문제에 봉착하였다. 그런 가운데 1981년 7월에 정부의 성장·발전 저해 법령의 정비 차원에서 상법개정 문제가 거론되었고, 한국 상사법학회(會長 孫珠瓚)가 상법개정심포지엄을 개최하고 각계의 의견을 수렴하여 「상법개정의 논점」이라는 책자를 발간함으로써, 상법개정이 공론화되기 시작하였다. 법무부는 1982년 12월에 「상법중개정법률안」을 확정하고 1983년 1월 국회에 제출하였는바, 이때 상법 개정안의 제출이유를 간추리면 다음과 같다.

『1963년 상법이 시행된 이래 기업의 규모와 경제적 여건이 변화에도 불구하고 20년간이나 개정되지 아니하여 기업 현실과 상법 규정 간의 괴리가 극심하고 기업사회의 새로운 요구에 부응하지 못하고 있는바, 이에 최근의 경제적 여건과 기업의 실태를 참작하여 회사 제도의 남용에 의한 부정기업의 발생을 원천적으로 제거하고 기업자금 조달의 편의와 재무구조의 개선을 촉진하며, 주식회사 기관의 합리적 재편과 운영의 효율화를 도모하고, 투자자의 이익 보호를 위한 제도적 장치를 마련함으로써, 우리의 기업 현실에 적합한 기업 기본법으로서의 체제를 갖추려는 것이다.

① 기업자금 조달의 원활화를 도모하기 위하여 수권자본과 발행자본의 비율을 2대 1에서 4대 1로 한다. ② 명의변경 절차의 신속성과 안전성을 보장하기 위하여 상장법인에만 인정되는 명의변경 대리인제도를 일반화한다. ③ 주식의 신탁 등, 명의상 주주와 실질상 주주가 다른 현상에 대비하여 실질주주의 이익을 보호할 수 있도록 의결권의 불통일행사를 인정한다. ④ 불공정한 가액으로 신주를 발행하는 것을 방지하기 위하여 현저히 불공정가액으로 주식을 인수한 자의 책임을 정한다. ⑤ 회사의 자주적 감시기능을 강화하기 위하여 회사감사권만 있는 감사에게 업무감사권을 부여하는 등, 감사의 권한을 강화하고, 그 임기도 1년에서 2년으로 연장한다. ⑥ 기업경영의 안정과 능률화를 도모하기 위하여 이사의 임기를 2년에서 3년으로 연장한다. ⑦ 주식관리의 적정을 기할 수 있도록 1주의 금액 5천 환과 사채 금액 천 환을, 주식 5천 원, 사채 1만 원으로 각각 인상 조정한다. ⑧ 주식회사의 최저자본을 5천만 원으로 법으로 정하되, 기존회사를 보호하기 위하여 3년간 경과 기간을 두도록 한다. ⑨ 최후의 등기 후 5년을 경과한 회사에 대하여는 영업의 폐지 여부를 법원에 신고하도록 하고, 신고하지

아니한 회사는 해산된 것으로 간주하여 휴면회사를 정리한다. ⑩ 상업장부의 종류에서 일기장, 재산목록을 삭제하고, 그 대신 회계관행에 따라 회계장부에 의하여 대차대조표를 작성하도록 하는 것이다.』[33]

이상과 같은 개정이유와 내용을 지닌 상법중개정법률안은 법제사법위원회의 심의를 거쳐 1984년 3월 17일 자로 국회 본회의를 통과(법률 제3,724호)하여 1984년 9월 1일부터 시행되었다. 상법이 제정된 지 실로 21년 만의 개정이었다. 이 상법개정에서 주목되는 것은 회계규정의 진화된 모습이다. 즉, 개정 전의 상법은 상업장부로서 일기장(제29조)과 재산목록 및 대차대조표(제30조)를 규정하고 있었다. 이에 대하여 1984년에 개정된 상법은 일기장을 회계장부라는 용어로 개칭하고 재산목록을 폐지[34]하였다. 따라서 개정상법에서의 상업장부는 회계장부와 대차대조표를 작성하면 되도록 정리되었다. 개정상법(제29조 제2항)에 따르면, 『상업장부의 작성에 관하여 이 법에 규정한 것을 제외하고는 일반적으로 공정 타당한 회계관행에 의한다.』라고 규정함으로써, 신규로 상업장부의 작성 준칙을 회계관행에 따를 것을 명문화하여 기업회계기준에 따라 작성하도록 하는 영미법적 회계 사상을 반영하였다.

그뿐만 아니라, 개정상법이 재산목록을 삭제함으로써, 제31조(자산평가의 원칙)에서 회계관행에 따라 기재할 자산의 평가 방법을 유동자산과 고정자산으로 나누어 규정하였음을 볼 수 있다. 즉, 유동자산의 평가는 취득금액·제작가액(原價) 또는 시가에 의함을 원칙으로 하되, 시가가 원가보다 현저히 낮을 때에는 시가에 의하여 평가하도록 규정되었다는 것이다. (상법 제31조 제1호). 그리고 고정자산에 대해서는 취득금액 또는 제작가액으로부터 상당한 감가액을 공제한 가액에 의하여 평가하되, 예측하지 못한 감손(減損)이 발생한 때도 그에 상당하는 금액을 공제하도록 규정되었다. (상법 제31조 제2호).

② 상법개정에 의한 주식회사 재무제표의 제도화 및 관련 규정

1984년의 상법개정은 1963년에 제정된 상법 부칙 제5조와 각령에 따른 계산서류의 규정이 폐지되는 결과를 가져왔고 주식회사의 계산제도에도 계산서류라는 용어를 기업

---

[33] 임홍근, 『한국상법전 50년사』(서울, 법문사, 2013), P. 161.
[34] 이는 대륙법적 상법의 회계사상에서 비롯되었던 것을 영미법적 회계사상에 근거하여 반영된 것임을 의미한다. 다시 말하면, 현대의 기업회계에서는 대차대조표를 재산목록을 기초로 하여 작성하는 재산 목록법(inventory method)이 아니라, 유도법(derivative method)에 따라 회계장부에서 작성하고 있는 것이기 때문에, 대차대조표의 작성을 위하여 재산목록을 작성할 필요성이 없다는 것이다.

회계의 기본용어인 재무제표로 개칭하여 제도화시킨 점이 특이하다. 이는 상법상의 회계규정이 현대적 기업회계의 사상적 흐름을 수용한 것임을 의미한다. 즉, 종래의 대륙법적 회계 사상에서 비롯된 상법 회계규정이 영미법적 회계 사상으로 전환되는 현대회계학의 시대적 조류에 따라 현실적으로 반영된 것이라고 할 수 있을 것이다.

1984년에 개정된 상법(제447조)은 종래의 계산서류라는 용어를 재무제표로 개칭함과 동시에, 재무제표의 유형을 대차대조표와 손익계산서 및 이익잉여금처분계산서 또는 결손금처리계산서로 한정시켰다. 이러한 재무제표의 제도화는 기업회계의 실무에서 적용되는 일반적으로 인정된 회계원칙(GAAP)을 준용함으로써, 상법 회계문화와 기업회계문화의 조화를 구현하려는 취지였다고 생각한다.

더욱이 개정상법은 재무제표의 부속명세서도 동시에 작성하도록 요구하고 있음을 볼 수 있다. 아울러서 개정상법은 매 결산기에 영업보고서를 작성하여 이사회의 승인을 받도록 규정(제447조의 2)되어 있음은 물론, 『이사는 정기총회 회일의 6주간 전에 제447조 및 제447조의 2의 서류를 감사에게 제출』(제447조의 3)하도록 규정되었다. 그리고 개정상법(제447조)은 이사에게 재무제표와 부속명세서를 작성하여 이사회의 승인을 얻음과 동시에, 재무제표와 영업보고서 및 감사보고서를 본점에서는 5년간, 그리고 지점에서는 그 등본을 3년간 갖춰 이해관계자들의 편익을 제공하도록 요청하고 있다.

또한 개정상법은 신설 규정(제462조의 2)을 두어 주식배당제도를 인정함과 동시에, 주주총회의 결의에 따라 이익배당총액의 50%를 초과하지 아니하는 범위 내에서 이익의 배당을 새로 발행하는 주식으로 적립할 수 있도록 하였다. 그래서 개정상법은 이익준비금의 적립기준을 명확히 하고 주식 배당제의 채택을 고려하여 회사는 그 자본의 50%에 달할 때까지 매 결산기의 금전에 의한 이익배당액의 10% 이상의 금액을 이익준비금으로 적립하도록 규정하고 있다. 환언하면, 그것은 매 결산기의 이익이 적립기준으로 되는 것이 아니라, 매 결산기의 이익배당액 중에서 주식배당금액(配當 株式의 卷面額)을 제외한 금전에 의한 이익배당액이 준비금 적립기준이 되는 것이기 때문에, 이 기준금액은 결산기의 이익보다도 적은 금액이며, 그 준비금의 적립률은 상향 조정하여 금전 이익배당액의 10% 이상으로 규정한 것이다(제458조). 그뿐만 아니라, 이 개정상법은 제459조의 제4호를 신설하여 「기타 자본거래에서 발생한 잉여금」을 자본준비금의 하나로 추가함으로써, 상법상의 자본준비금과 기업회계 상의 자본잉여금의 간격을 좁힐 수 있도록 배려하였던 것으로 보인다.

1984년의 개정상법은 종래의 「준비금의 자본전입」 규정을 개정하였다. 이는 준비금의 자본 전입권에 대하여, 정관에 특별히 주주총회에서 결정한다는 정함이 없는 한, 주주총회에서 이사회로 넘기고(개정상법 제461조 제1항), 준비금의 자본전입으로 인하여 신주를 발행한 때에 단주(端株)가 생긴 경우에는 이에 해당하는 신주를 발행하고 그 신주를 경매 또는 기타의 방법으로 매각한 대금을 종전의 주주에게 지주비율(持株比率)에 따라 지급하도록 하였다(제443조 제1항). 그와 동시에 주식양수인이 명의를 개서하지 않음으로써, 신주배정을 받을 기회를 잃게 되는 일이 없도록 신주발행의 경우와 같이 신주배정일 제도를 채택하였다(제431조 제3항).

준비금을 자본에 전입하는 과정에서 단주가 발생하는 것은 필연적인 사항이므로, 이 경우에 1984년의 개정상법은 자본감소로 인한 주식병합 시의 단주 처리 방법(제443조)을 준용하도록 하는 규정을 두었다(제461조 제2항 2). 그래서 개정상법은 준비금의 자본전입 시에 발생하는 단주의 처리 방법은 자본감소 시에 발생하는 단주의 처리 방법(제443조 제1항)을 준용하도록 하고 단주 처리 방법에 문제가 있을 수 있으므로 종래의 관행에 따르도록 하였다.

개정상법(제443조 제1항)에 따르면, 자본감소를 위한 주식병합의 경우, 거래소의 시세 있는 주식은 증권거래소를 통하여 단주를 매각할 수 있도록 개정하였다. 그리고 개정상법은 거래소의 시세 있는 주식에 대해서는 증권거래소를 통하여 매각할 수 있게 하였고, 거래소의 시세 없는 주식은 종래의 상법과 같이 법원의 허가를 받아 경매 이외의 방법으로 매각할 수 있게 하였다.

그리고 준비금의 자본전입에 따라 무상주를 발행할 때도 신주발행의 경우(제428조 제2항)와 마찬가지로 신주배정일 제도를 인정하였다(제461조 제3항). 환언하면, 이사회의 자본전입 의결 후 일정한 날을 정하여 그날의 주주명부에 기재되어 있는 주주가 무상 신주의 주주가 되는 것으로 하고, 그것을 지정된 날짜의 2주간 전에 공고하도록 하였다. 그런데도 자본진입권이 정관의 규정에 따라 주주총회에 부여되었으면 별도의 신주발행일이나 명의개서는 필요하지 않기 때문에, 주주가 되는 시기를 종래의 상법에서와같이 주주총회의 결의일로 한다는 것을 명백히 정하였다(제41조 제4항).

③ 감사의 권한 강화와 회계감사의 충실성 도모

1984년의 개정상법은 주식회사의 감사제도 개편을 위하여 획기적인 조처를 하였다. 환언하면, 우선 감사의 독립성 확보를 위하여 감사의 임기를 연장하였으며, 감사의 권한을 확대·강화하기 위하여 업무감사에 관한 권한을 인정하였다는 점이다. 따라서 업무감사권 부여에 수반하는 권한도 함께 부여하였다. 그리고 감사의 성실한 감사를 도모하기 위한 제도적 장치를 마련하였는바, 그것은 감사보고서의 기재사항을 상세히 법 개정(개정상법 제447조의 4)하였음은 물론, 감사의 조사와 보고의무를 확대하였고, 감사

기간을 연장하였다.35)

　감사의 임기는 종래의 1년을 2년으로 연장하면서 임기 중 결산기 정기총회의 종결 시까지 계속되는 것으로 개정하였다. (개정상법 제409조). 그 이유는 감사의 지위를 안정시킴으로써, 회계감사의 효율화를 기하는 데 있었다. 또한 개정상법(제412조 제1항)에 따르면, 감사에게 이사의 직무집행을 감사하도록 하는 규정을 통하여 감사의 직무권한이 회계감사는 물론, 업무감사에까지 미치고 있음을 명백함으로써, 감사는 항상 이사에 대하여 영업 전반에 관한 보고를 요청할 수 있으며, 회사업무의 재무 상태를 조사할 수 있도록 감사의 권한을 강화하였다. 그뿐만 아니라, 개정상법 제413조에서도 감사는 이사가 주주총회에 제출하는 의안과 서류를 모두 조사하여 법령이나 정관에 위반하거나 부당한 사항의 존재 여부에 관하여 주주총회에 감사의견을 제출하도록 하였다. 그리고 개정상법은 회사의 이사뿐만 아니라, 감사에게도 이사회 소집 통보를 하도록 함으로써(개정상법 제390조 제2항), 감사의 이사회 출석을 가능하게 하였다. 이는 감사에게 회계감사권뿐만 아니라, 업무감사권마저 인정함으로써, 감사가 이사회에 출석하여 의견을 개진할 수 있는 권한을 부여하였다. (개정상법 제391조의 2).

　그리고 주목해야 할 사항은 개정상법(제391조의 2 제2항)이 새로운 규정을 신설하여, 감사가 이사에 관한 감시조항을 규정하였다는 점이다. 즉, 그것은 이사가 법령 또는 정관에 위반한 행위를 하거나 그 행위를 할 우려가 있다고 인정되는 경우, 감사는 그러한 이사의 위법행위를 이사회에 보고하여 사전에 이를 견제하기 위한 법적 장치를 마련하였다는 것이다.

　1984년 개정상법에서 감사의 의무에 관한 개정사항은 두 가지가 있는바, 그 하나는 감사의 조사 보고의무의 강화(제413조)이며, 또 다른 하나는 신설조항인 감사록의 작성(제413조의 2)에 관한 사항이다. 감사록의 작성에 있어서는 감사에게 기명날인할 것을 의무화하였다. 여기서 감사록에 기재해야 할 사항이란 감사실시요령 및 그의 감사 실시 결과임을 의미한다.36)

　그뿐만 아니라, 개정상법은 신설 규정(제447조의4)을 두어 감사가 감사보고서를 작성하여 이사에게 제출할 의무를 부과하였으며, 감사보고서의 기재사항을 구체적으로 11가지를 명시(제 447조의 4 제2항)하였는바, 이 규정을 다음에 소개한다.

　『제447조의 4(감사보고서) ① 감사는 제447조의 3의 서류를 받은 날로부터 4주간 이내에 감사보고서를 이사에게 제출하여야 한다. ② 제1항의 감사보고서에는 다음의 사

---

35) 박길준, 「감사의 법적 지위에 관한 소고」(『상사법 연구』 제4집, 1986; 임홍근 편, 『한국 상법 50년사』(서울, 법문사, 2013), PP. 184~185.
36) 임홍근 편저, 전게서, PP. 184~191.

항을 기재하여야 한다. (개정 1984. 4. 10.)

① 감사 방법의 개요 ② 회계장부에 기재할 사항의 기재가 없거나 부실 기재하였을 때 또는 대차대조표나 손익계산서의 기재가 회계장부의 기재와 합치되지 아니할 때는 그 뜻. ③ 대차대조표 및 손익계산서가 법령 및 정관에 따라 회사의 재산 및 손익상태를 정확하게 표시하고 있는 경우에는 그 뜻. ④ 대차대조표 또는 손익계산서가 법령 또는 정관에 위반하여 회사의 재산 및 손익상태가 정확하게 표시되지 아니할 때는 그 뜻과 사유. ⑤ 대차대조표 또는 손익계산서의 작성에 관한 회계방침의 변경이 타당한지와 그 이유. ⑥ 영업보고서가 법령 및 정관에 따라 회사의 상황을 정확하게 표시하고 있는지의 여부. ⑦ 이익잉여금처분계산서 또는 결손금처리계산서가 법령 및 정관에 적합한지의 여부. ⑧ 이익잉여금처분계산서 또는 결손금처리계산서가 회사 재산의 상태, 기타의 사정에 비추어 현저하게 부당한 경우에는 그 뜻. ⑨ 제447조의 부속명세서에 기재할 사항의 기재가 없거나 부실 기재되었으면 또는 회계장부·대차대조표·손익계산서나 영업보고서의 기재와 합치되지 아니하는 기재가 있는 경우에는 그 뜻. ⑩ 이사의 직무수행에 관하여 부정한 행위 또는 법령이나 정관의 규정을 위반하는 중대한 사실이 있는 경우에는 그 사실. ⑪ 감사를 하는 데 필요한 조사를 할 수 없었던 경우에는 그 뜻과 이유.」[37]

이처럼 1984년의 개정상법은 감사록에 기재해야 할 사항을 구체적으로 명시함으로써, 감사는 감사 결과를 감사보고서에 충실히 기록하여 이사에게 제출할 의무가 있으며(제413조), 새로운 용어로서의 감사보고서라는 회계학적 용어를 확실히 명시했다. 그리고 개정된 상법에서는 재무제표의 제출 시기가 그것을 받은 날로부터 4주간 이내라고 하여 충분한 감사 기간이 확보되도록 배려한 것도 돋보이는 부분이다. 환언하면, 실질적인 감사 기간을 종래의 1주간에서 4주간으로 연장하였다는 것이다. 그뿐만 아니라, 개정된 상법에서는 이사가 정기총회 회일의 6주간 전에 재무제표와 영업보고서를 감사에게 제출(제447조의3)하면, 감사는 그 서류를 받은 날로부터 4주간 안에 감사보고서를 제출(제447조의4)함으로써, 이사는 이들 서류와 감사보고서를 정기총회 회일의 1주간 전부터 본점(또는 본사)에는 5년간, 지점(또는 지사)에는 그 등본을 3년간 비치하도록 규정(제448조 제1항)되어 있어서, 당연히 감가 기간은 4주간으로 연장되었다고 이해되는 것이다.[38]

---

[37] 이 인용문은 19894년에 개정된 상법 제447조의 4에 규정된 신설조항으로서 감사보고서에 관한 내용이다. (임홍근 편저, 『한국상법전 50년 사』(서울, 법문사, 2013), PP. 208~209.
[38] 손주찬·이범찬·양승규·박길준·이균성 공저, 『개정상법 해설』(1984), P. 100;; 임홍근, 상게서, P189.

④ 주식회사 청산 대차대조표의 제출 및 합병대차대조표의 공시

1984년에 개정된 상법은 제534조 제1항에서 회사가 청산할 때 청산인이 작성하여야 할 서류 중에서 종래의 재산목록을 삭제하고 대차대조표 및 사업보고서와 그 부속명세서를 작성하여 감사에게 제출하도록 개정하였음을 볼 수 있다. 그리고 이 조항은 제2항을 신설하여 『감사는 정기총회 회일로부터 1주간 전에 제1항의 서류에 관한 감사보고서를 청산인에게 제출하여야 한다.』라고 규정하였다. 또 제3항에서는 『청신인 정기총회 회일의 1주간 전부터 제1항의 서류와 제2항의 감사보고서를 본점에 비치하여야 한다.』라고 함과 동시에, 『청산인은 대차대조표 및 사무보고서를 정기총회에 제출하여 그 승인을 요구하여야 한다.』(제534조 제5항)라고 신설하였다(전문개정 1984. 4. 10). 이는 존속 중인 회사의 재무제표를 정기총회 회일의 6주간 전에 감사(監事)에게 제출하도록 함으로써, 재무제표의 감사 기간을 종래의 경우보다 길게 함으로써(제447조의 3 및 제448조의 제1항), 회계감사의 충실성을 도모하기 위한 것으로 보인다.[39]

그리고 개정상법은 종래의 상법 제231조의 「재산목록과 대차대조표의 작성」에 관한 규정을 삭제하고, 회사합병 이후의 재무제표 작성이 필요 없는 것으로 하였다. 이는 합병 후에 재무제표를 작성한다는 것은 실익이 없는 것으로 판단한 결과로 보이며, 출자자가 합병결의에 대한 찬반을 판단하기 전에 합병당사자인 회사의 재무구조 등을 공시할 필요가 있다고 보았기 때문이다. 따라서 1984년의 개정상법은 이를 감안하여 사후 작성이 필요하지 않다는 전제하에 제522조의 2의 조항을 다음과 같이 신설하였다. 『제522조의 2(합병대차대조표의 공시) ① 이사는 제522조 제1항의 주주총회 회일의 2주간 전부터 합병하는 각 회사의 대차대조표를 본점에 비치하여야 한다. ② 주주나 회사채권자는 영업시간 내에는 언제든지 제1항의 대차대조표의 열람을 청구하거나, 회사가 정한 비용을 지급하고 그 등본 또는 사본의 교부를 청구할 수 있다.』(개정 1984. 4. 10). 이처럼 합병 대차대조표를 사전에 공시함으로써, 출자자와 채권자 등의 이해관계자는 언제든지 대차대조표를 열람할 수 있는 권한을 행사할 수 있고 그 등본 또는 사본을 받을 수 있도록 한 것이다.[40]

⑤ 유한회사의 재무제표 작성 및 최저자본 인상

1984년의 개정상법에서는 주식회사에 관한 규정과 더불어 유한회사의 재무제표에 관

---
39) 임홍근 편저, 상게서, P. 189 및 P. 216.
40) 임홍근 편저, 상게서, PP. 217~218.

한 규정을 개정하였다. 상법 제579조에는 유한회사의 재무제표 작성기준으로서, 다음과 같이 규정되어 있다. 즉, 『① 이사는 매 결산기에 다음의 서류와 그 부속명세서를 작성하여야 한다. ㉮ 대차대조표　㉯ 손익계산서　㉰ 이익잉여금처분계산서 또는 결손금처리계산서, ② 감사가 있는 때에는 이사는 정기총회 회일로부터 4주간 전에 제1항의 서류를 감사에게 제출하여야 한다. 감사는 제2항의 서류를 받은 날로부터 3주간 이내에 감사보고서를 이사에게 제출하여야 한다.』(개정상법 제479조)라는 것이다.

따라서 개정상법은 종래의 유한회사 재무제표로 규정된 것 중에서 재산목록을 삭제함으로써, 유한회사 재무제표의 종류를 주식회사의 그것과 같게 하였음을 확인하게 된다. 그리고 유한회사의 재무제표의 작성 시기와 감사에게 제출 및 이사에 대한 심사보고서의 제출 등에 관해서는 재무제표의 경우와 같다. 그 외에도 영업보고서 및 감사보고서를 정기총회 회일의 1주간 전부터 5년간 본점에 비치하도록 신규로 요구(제579조의3)하고 있음은 물론, 주식회사의 경우와 같은 취지로 규정되어 있음을 알 수 있다.

그뿐만 아니라, 개정상법에서는 부칙의 규정을 신설하여 유한회사 자본총액에 관한 경과규정을 두었다(제24조). 즉, 그 부칙 규정을 보면, 『① 이 법 시행 전의 유한회사로서 이 법 시행 당시 그 자본총액과 출자 1좌(座)의 금액이 제546조의 개정 규정에 정한 금액에 미달한 회사는 이 법 시행일로부터 3년 이내에 자본총액을 1천만 원 이상으로 출자 1좌의 금액을 5천 원 이상으로 증액하여야 한다. ② 제1항의 기간 내에 자본총액을 증액하지 아니한 회사는 해산된 것으로 본다.』라고 되어 있다. 이처럼 유한회사의 출자좌(出資座)는 주식회사 주식의 경우처럼, 그 성격이 반드시 같다고는 할 수 없으나, 개정상법에서 주식 금액을 5천 원으로 인상하고 있는 것(제329조 제1항)과 관련하여 이 출자 1좌의 금액을 적어도 주식 금액의 수준으로 조정할 필요가 있었다고 보인다. 그래서 개정상법은 유한회사의 출자 1좌의 최저금액을 5천 원으로 인상하여 조정하였다. 또한 이 출자 1좌의 금액에 대해서도 3년간의 경과조치 기간이 인정되는 것으로 개정상법 부칙(제24조)에 규정해 놓았음을 확인하게 되는 것이다.41)

(3) 1990년대 이후의 상법개정과 회계관행의 지속적 수용

1984년의 대폭적인 상법개정을 통하여 회계 관련 규정이 개정됨으로써, 다양화되어 있던 우리나라의 기업회계기준에 일련의 통일성을 확립하는 계기가 되었다. 그러나 개정상법(법률 제3,724호)이 시행되는 과정에서 약간의 문제점이 발견되었고, 그때마다 개

---

41) 임홍근 편저, 상게서, P. 217 및 PP. 220~221.

정을 통하여 시정함으로써, 법시행이 정상적으로 이루어지도록 하였음을 보게 된다.

상법의 주식회사 편을 중심으로 이뤄졌던 1991년 5월 8일의 상법개정 이후, 상법개정특별위원회는 보험 편과 해상 편에 대한 개정을 단행함과 동시에, 총칙편의 상업장부 보존에 관한 규정도 개정하였다. 종래에는 상업 장부를 10년간 보존하게 되어 있던 것이지만, 그것은 5년으로 단축되었다. 일반적으로 상업 장부와 중요한 서류는 물론, 전표나 현금 및 물품의 출납을 증거 하는 서류는 5년 동안 보존해야 한다는 것이다(제33조 제1항). 그뿐만 아니라, 현대사회에서는 거래가 활발하게 이루어질 수 있도록 보존해야 할 서류의 분량이 많아지고 그 보관과 관리를 위한 비용부담도 증가하기 때문에, 개정상법에서는 그런 서류들을 마이크로필름이나 전산정보처리조직에 따라 보존할 수 있는 조항을 신설하였다(제34조의2).

또한 회사 편의 개정내용을 보면, 주식회사의 설립을 간소화하여 종래에 7인이었던 발기인 수를 3인으로 축소(제288조)하고, 종래에 발기인에 한정하고 있었던 현물출자의 자격 제한도 철폐하였다(제294조의 삭제). 그리고 전환사채나 신주인수권부사채에 근거하여 신주가 발행된 경우나 유상신주를 발행(제416조)하거나, 준비금을 자본전입 및 주식배당을 하면서도 이익배당에 관한 한, 직전 영업연도 말에 신주가 발행된 것으로 볼 수 있게 하였다(제423조 제1항과 제461조 및 제462조의2의 제4항, 제516조, 제516조의 9). 이어서 주주총회에 관한 사항이 개정(제363조, 제368조, 제434 및 제374조, 제376조 및 제380조)되었고, 이사에 관한 사항(제368조 제1항, 제397조)과 감사에 관한 사항(제410조, 제411조, 제412조, 제412조의3, 및 제412조의4)이 개정되었음은 물론이다. 또한 회사의 계산에 관한 사항의 개정은 이연자산 항목이 추가(제453조의2 및 제457조의2)되었고, 회사의 합병 시에 이익준비금 기타 법정준비금의 승계(제429조 제1항, 제2항)와 주식 종류별 주식배당(제462조의2)과 이익배당금의 지급 시기 줄임(제462조의2)은 물론, 사채의 발행 한도(제470조)와 합병에 관한 사항(제422조, 제526조)에 대한 개정도 이루어졌다.

이어서 1998년의 상법개정(법률 제5,591호)에 이어 1999년에 상법개정(법률 제6,086호)은 또 단행되었다. 그것은 갑작스러운 외환위기로 야기된 경제환경의 변화가 요인이었다. 외환위기를 극복하기 위한 기업과 관련된 입법 조치는 2000년대 이후 상법에서도 예외 없이 진행되었다. 2001년 6월 28일에 개정(법률 제6,488호)을 시발점으로 20년이 경과하는 동안 10여 차례의 상법개정은 이루어졌다. 상법개정이 진행될 때마다 기업환경변화에 부응하여 조정작업이 이루어졌다. 특히 2000년대 이후의 상법개정은 기업경영의 투명성을 향상하고 국제경쟁력을 강화하기 위한 차원에서 주주총회의 결의사항을 확대함과 동시에, 이사회 제도를 개선하며 주주의 신주인수권을 강화하는 등, 기업의 지배구조를 개선함은 물론, 지주회사의 설립을 위한 주식의 포괄적 교환과 이전제도를 도입함으로써, 기업의 구조조정을 지원할 수 있도록 하는 내용으로 조정되었다.

국제회계기준(IFRS)이 전면적으로 도입되기 시작한 2011년 이후에도 상법의 개정은 최근에 이르기까지 계속 진행됐으며 부분적인 자구 수정을 제외하고는 대부분이 회사 편에 관한 규정을 중심으로 이루어져 왔다. 기업경영의 투명성과 효율성을 향상하기 위하여 자금 및 회계 관련 규정을 정비하여 일반적으로 공정 타당한 회계관행(GAAP)을 회계의 원칙으로 명시하였다. 이처럼 상법상에서도 기업회계기준의 지속성을 유지함과 동시에, 2011년 이후 전면적으로 국제회계기준을 수용함으로써, 경제국제화시대에 부응하고 활발한 투자 여건을 조성함은 물론, 급변하는 경영환경에 기업의 대응능력을 고취하기 위한 법적 기반을 구축하려고 진력해온 사실은 그동안 진행되어온 상법개정의 궤적(軌跡)이라고 할 수 있을 것이다.

③ 한국형 법인세법 회계문화의 형성과 전개

법인세법 회계(또는 稅務會計·稅法 會計)는 조세법률과 기업회계가 상관관계에서 비롯된 법 회계문화의 전형적인 영역이다. 그래서 조세는 그 나라 문명의 역사적 변천 과정에 따라 다양한 형태로 전개되는 것이기 때문에, 그 나라의 조세 문화와 다르게 접근할 수 없는 것이다. 이러한 조세 문화는 법인세법을 비롯한 각종 조세법률로 이루어는 세법 회계의 제도적 영역이다. 그것은 기업회계기준에 근거하는 회계규정에 따라 상호조정적 역할을 수행하는 회계 분야다. 그러므로 조세법률, 특히 법인세법의 생성·발전에 관한 문화사적 배경을 탐구하는 것은 깊은 의미를 지닌다. 오늘날 세무회계라는 회계적 용어로 정착된 우리나라 법인세법의 회계 문화사적 접근이야말로 중대한 의의가 있음을 인식하게 된다. 이하에서 기업회계와 법인세법 회계와의 관계를 회계 문화사적 차원에서 생성·발전과 그에 관련된 분야를 중심으로 고찰할 것이다.

1. 법인세법 회계문화의 생성사적 접근

1) 우리나라 세법 회계문화의 조감도

오늘날의 조세제도는 국가마다 중요한 비중을 갖게 되었다. 그것은 조세수입이 국가재정 수입의 대부분을 차지하고 있기 때문이다. 근대사회에 이르러 사유재산의 제도화가 이루어짐에 따라 조세제도가 생성되었다. 그래서 조세제도는 사회주의국가에서도 중요한 위치를 점하게 되었다. 이러한 조세제도는 독일이 제1차 세계대전에 임하여 전비 조달을 위해 조세의 제도화가 이루어졌으며, 체계적으로 연구되었다. 그 후 제2차 세계대전을 거치면서 조세의 부담률이 가중되었음은 물론이다. 그리고 기업이익과 과세소득의 차이가 현실화하여짐에 따라 그 차이를 조정하기 위한 소득세 회계라는 명칭이 등장하였고, 그로부터 조세제도는 회계학적 접근방법에 따라 분석하는 연구가 진행되었다. 결국은 세법 회계(稅法會計 또는 稅務會計)[42]라는 명칭으로 회계학적 사고와 논리에 의한 조세 현상의 접근과 연구가 이루어지게 된 것이 법인세법 회계문화 생성의 시초라고 할 수 있다.[43]

세법 회계란 법인세법의 규정에 따라 과세표준을 산정하는 회계라고 할 수 있다. 이러한 관점에서 보면, 세법 회계는 기업회계와 법인세법 규정과의 관계를 중심으로 접근하게 되는 것이며, 법인세법의 체계 내에서 기업회계를 어떻게 규정하고 적용할 것인가를 접근하게 되는 문제와 연관된 것이 세법 회계의 영역이라 할 수 있다. 회계사적 관점에서, 세법 회계와 기업회계의 관계는 오랜 전통과 뿌리가 깊은 논점의 하나로 주목받아온 것이 사실이다. 양자의 관련성에 대해서는 선진외국에서도 오랫동안 논쟁의 대상이 되어왔고, 이론적으로나 제도적으로도 다양한 논란을 일으켜 왔다.

그동안 우리나라에서는 근대화 과정을 거치면서 기업회계가 정상적으로 발전하지 못한 상황에서 국권 상실에 따라 조선총독부 치하에서 일본의 조세제도에 영향을 받을 수밖에 없었다. 제2차 세계대전 이후 대한민국 정부가 수립되었으나 연이은 한국전쟁의 소용돌이 속에서 회계제도의 발달은 기대할 수가 없었다. 휴전협정이 이루어지고 정부에 의한 1960년대와 1970년대의 경제개발 시대에 모든 조세정책이 세법에 투영되면서 각종 조세적 혜택이 세법에 반영되었다. 국내의 기업은 이를 충분히 활용하여 법인세법 회계 위주의 과세소득 산정이 이루어져 왔다. 그 당시에는 기업회계에 대한 사회적 욕구가 빈약하여 기업회계가 발전할 기회가 결여된 상태였다.

기업회계에 대한 중요성이 증가하기 시작한 것은 1970년대 중반 이후이다. 이때부터 점차 기업회계와 세법 회계와의 관계도 논의되기 시작하였으나, 논점 대부분은 법인세법 조항과 기업회계기준을 비교하여 양자에 차이가 있는 경우에 이를 기업회계에 일치시켜야 한다는 세법 회계에 대한 기업회계의 기준성을 강조하는 데 불과했다. 반면에

---

[42] 조세 법률제도와 관련된 회계영역은 세법 회계 또는 세무회계로 일컬어진다. 항간에서는 세법에 규정된 세액을 계산한다는 의미에서 세무회계라는 명칭이 일반화되어 있다. 그것은 조세법률 전반에 걸친 세액을 계산하는 영역이므로 세금 전반에 걸친 계산이라는 의미에서 알맞은 표현이라고 할 수 있다. 그러나 회계학적 관점에서 기업회계와 연관된 세법 회계의 분야는 법인세법에 따른 법인 세액을 계산·조정하는 것이기 때문에, 정확하게는 법인세법 회계라고 명명(命名)하는 것이 논리적으로 타당한 표현이다. 본 연구에서는 기업회계와의 연관성을 갖고 논리 전개가 이루어지게 되기 때문에 법인세법 회계 또는 때에 따라 약칭으로 세법 회계라는 표현을 사용할 것이다.

[43] 임채주, 『세무 회계사』(서울, 삼일인포마인, 2005), PP. 13~17.

선진외국에서 논의되고 있던 양 회계의 기능과 목적에 대한 충분한 논의는 기업회계와 법인세법회계의 일치론으로까지 전개되었으며 양 회계의 기능과 목적에 관한 연구가 부족했음은 물론, 그 일치성에 따른 역작용에 대한 심도 있는 논의도 간과되었다.

이러한 상황에서 1994년 12월의 법인세법 개정을 통하여 손익의 귀속년도와 자산·부채의 평가가 원칙적으로 기업회계기준을 우선 적용하도록 함으로써, 이 문제는 우리나라 기업회계의 기준성이 법인세 법적으로 확정되었고, 이에 따라 새로운 논점이 대두되었다. 법인세법 개정 당시 당국에서는 단순히 손익의 귀속년도 차이를 조정하는 것으로 발표하였으나, 손익의 귀속년도뿐만 아니라, 자산·부채의 평가도 기업회계를 우선으로 적용하도록 하였기 때문에, 이는 회계의 전반에 걸쳐 영향을 미치는 것으로 법인세법 회계 우선적 사고를 중단시키고 기업회계 우선으로 급선회하였다. 이러한 상황에서 1997년의 외환위기를 경험하면서 기업회계의 국제화, 경영의 투명성, 회계정보의 신뢰성과 유용성을 높이기 위한 회계시스템의 대폭적인 개혁이 추진되기도 하였다. 당시에 투자차익을 실현한 수많은 외국 투자가들의 조세회피행위를 규제하기 위한 법인세법 개정 등, 1990년대 우리나라의 세법 회계는 급격한 변화를 경험하게 된다. 더욱이 세법 회계는 2011년 이후 전반적으로 도입된 국제회계기준(IFRS)에 부응하면서 격변하는 회계환경에 편승하여 성장·발전의 궤도를 달리게 되었다.

2) 조세 문제의 회계학적 연구영역 생성

회계가 개별기업의 사적인 계산 구일 뿐만 아니라, 사회적 용구로서의 사회 공공적 성격을 유지하면서 사회질서의 형성요인으로 기능한다는 점에서 보면, 조세 문제에 대해서도 회계의 사회적·제도적 기능이 구현되어야 함은 분명하다. 여기에 세법 회계(또는 稅務會計)의 분야가 형성되어 이를 과학적으로 추구하는 세법 회계학(또는 稅務會計學)이 형성되는 이유가 있다. 이러한 관점에서 회계의 사회적 유용성은 광범위하게 확대되고 있음을 감지하게 된다.

원래 회계 분야는 기업회계를 주요 연구대상으로 하는 것임은 물론, 기업의 경영활동을 기록 계산하여 일정 기간의 경영성과와 일정 시점의 재무 상태를 밝히고 그것을 기업의 이해관계자에게 제공하는 데 목적을 두고 있다. 따라서 회계의 사회적 유용성 및 사회 공공적 기능의 증대와 그 적용영역의 확대는 이른바 사회질서의 형성요인으로서의 회계 내지는 사회질서의 형성력으로서의 회계를 형성하게 된다. 그러므로 기업의 회계정보를 이해관계자나 일반 사회 대중에 제공함으로써, 기업활동으로 인한 회계정보의 공시제도가 정상적으로 운영되고 회계 본연의 사명을 달성하게 되는 것이다.

이처럼 회계의 사회적 기능 확대는 조세 문제에 대해서도 조세부담의 공정한 질서 형성을 위하여 회계가 지닌 기본원리와 방법의 활용을 촉구하게 된다. 그리고 회계의 특유한 측정기능과 전달기능이 작동함으로써, 법인세법 규정에 따르는 세법 회계영역의 생성·발달이 이루어졌다. 그것은 기업이 가진 사회적 기능의 확대와 회계학적 연구체계가 발전함에 따라, 회계의 사회적 유용성이 활용될 수 있도록 형성된 회계의 새로운 영역인 것은 확실하다.44)

조세는 납세주체에 의하여 납부하게 되는 것이기 때문에, 납세주체인 개별경제와의 관계를 기초로 하여 접근해야 한다. 따라서 개별경제와의 관련성을 전제로 하여 조세현상에 접근하는 것은 경영 경제적 관점을 기본시각으로 하는 접근영역이며 세법 회계의 기본영역임을 의미한다. 그래서 조세는 급부 능력이나 조세 지급 능력에 따라 부담하는 것이다. 일반적으로 조세의 부담 능력은 소득의 많고 적음을 화폐가치로 환산하여 나타낸다. 소득을 적정·타당하게 화폐가치로 계산하는 것이 중요한 과제임은 물론이다. 그래서 조세의 배분 기준이 되는 소득, 즉 과세소득을 파악하기 위하여 과세 사실을 개념적으로 명확히 밝힘과 동시에, 과세 계산에 대하여 이론적·체계적으로 접근할 필요가 있다는 것을 인식하게 된다.45)

과세소득의 계산에 관한 세법 규정을 어떻게 만들고 운용할 것인가는 재정학적인 논리와 경제학적인 논리 그리고 법학적인 논리만으로는 불충분한 점이 있다. 그 때문에, 회계학적인 사고나 접근방법에 따라 회계학적인 논리를 구사하여 분석·해명할 필요가 있다. 여기에 세법 회계의 근간이 있음을 확인하게 된다. 회계와 관련된 세법 회계는 국가재정의 기반이 되는 조세제도에서 비롯된 회계이므로 세법 회계를 획일적으로 정의하기란 그리 쉬운 문제가 아니다. 조세의 제도적 관리를 위한 세법 회계에 대한 개념적 정의는 물론, 우리나라 세법 회계의 전개 과정을 이해하기 위해서는 선진 여러 나라의 조세 문화와 법 회계의 시원적(始原的) 상황을 살펴보는 것도 필요하다.

3) 독일 법인세법 회계문화의 효시

독일의 조세법 체계는 대륙법계의 특성에 따라 엄격한 성문법적 재정법전(財政法典)의 체계를 갖추고 전개됐다. 그것은 1794년의 「일반 프로이센 국법」(Das allgemeine preussische Landsrecht)을 근거로 형성된 1851년의 프로이센 소득세법(preussische Einkommensteuersrecht)에 의한 「독일 소득세법」(Deutsche Einkommensteuersrecht, 1891년)으로 계승되는 과정에서 소득원천설에 따라 소득원천별로 구분하여 규정한 데서 비롯되었다. 여기에는 상공업의 소득을 산정하는 경우, 독일보통상법전(allgemeine Deutsche

---

44) 富岡幸雄, 『稅務會計學』(東京, 森山書店, 1985), PP. 3~4.
45) 상게서, PP. 5~8.

handelsgesetzbuch)이 정하는 회계 방법 및 기타 상인의 회계관습에 따른다고 규정되어 있었다. 그래서 기업회계의 규정과는 별도로 세법 규정에 따른 세무대차대조표가 별도로 작성되어 소득세의 계산에 활용되었다. 그 후 1914년부터 시작된 제1차 세계대전 중에 전비 조달에 수반된 재정수요의 증가를 감당해야 했던 당시의 전시상황에서 각종의 조세는 정규부기의 제 원칙(GoB : Grundsätze ordnungsmäßiger Buchführung)46)에 의한 당기순이익을 기준으로 과세할 수 없게 되었다.47)

결국 전후의 경제불황과 경제재건을 위한 경제정책은 독일 조세법에 많은 영향을 끼치게 되었고, 그에 따라 세법 회계는 기업회계보다 더욱 강력한 회계 규범의 기능을 발휘하게 되었다. 그래서 1920년과 1925년의 독일 소득세법에서는 독자적인 과세 방법으로서 순자산증가설의 체계를 확립하기에 이른다.

독일에서 법인세(Körperschaptsteuer) 제도가 도입된 것은 1920년의 일이다. 그 후 1925년에서 1934년에 이르는 동안 독일에서는 제국 재정재판소를 통하여 「세무대차대조표」라는 용어가 정착되기 시작하였고 기업회계에 의한 상사 대차대조표보다는 세무대차대조표를 중요시하는 경향이 뚜렷하게 나타났다. 따라서 독일의 세법 회계는 상법상의 정규부기의 원칙(GoB)을 따르는 상사대차대조표기준성(商事貸借對照表基準性)의 원칙이 엄격하게 지켜져 왔었다. 이는 소득세법에서 소득계산에 즈음하여 독일 상법상의 회계규정을 기초로 하는 것으로서 이것은 소득세법과 상법과의 연결을 의미한다.

한편, 1930년대 말에 독일은 제2차 세계대전을 일으켰고 전쟁 중의 전비 조달과 극심한 인플레이션으로 인하여 상법상의 이익을 근거로 하여 과세하는 것이 적법하지 않게 됨으로써, 상법상의 정규부기의 원칙(GoB)에서 벗어나 법인세법에 따른 세법 회계

---

46) 「정규부기의 원칙」이라는 용어는 독일에서 최초로 사용된 법률용어였다. 애초에는 계산서류의 작성자에 대한 일종의 도덕적 규범(sittliche Norm)을 나타내는 규범적 내용을 가진 특정한 법개념을 의미하는 것이었다. 즉, 1897년의 상법전(제38조)에서 「정규부기의 제 원칙에 따라 상거래 및 재산 상태를 명확하게 기재해야 한다.」라고 규정한 데서 유래한다. 우리나라의 1958년에 제정된 기업회계원칙의 일반원칙에 규정된 정규부기의 원칙은 「기업회계는 모든 거래에 대하여 정규부기의 원칙에 따라 정확한 회계장부를 작성하여야 한다.」라고 되어 있다. 이는 거래의 기록계산에 대한 기준임을 의미하는 것으로서 다음과 같은 내용이 담겨있다. ①거래의 기록사항 모두를 빠짐없이 망라하여 기록할 것(거래기록의 망라성), ②거래기록이 객관적으로 증명 가능한 증거에 의하여 작성되어야 한다는 것(거래기록의 검증가능성), ③기록계산이 명료하고 정확하게 이루어지며 순서 구분 등, 체계적으로 정연하게 이루어질 것(기록계산의 질서성), ④거래기록의 결과를 종합함으로써, 기업의 재무 상태 및 경영성적 또는 재산관리의 상태 등을 명확히 하는 재무제표가 작성될 것(재무제표의 유도 가능성), ⑤거래기록이 법령 등에서 요구되는 상당 기간의 보존에 응할 것(거래기록의 합법성). 이는 복식부기뿐만 아니라, 단식부기에서도 위의 5가지 내용이 충족되는 한, 정규부기의 원칙에 합당한 것이 된다. 독일의 정규부기의 제 원칙(GBO)은 우리나라의 공정·타당한 회계기준과 미국의 일반적으로 인정된 회계원칙(GAAP)에 해당하는 개념이다. (神戶大学会計学研究室 編, 『会計学辞典』(東京, 同文館, 1984), PP. 757~758.)
47) 斎藤明, 『シュトイエルピランツの研究』 (東京、税務経理協会, 1983), PP. 43~44.

의 독자적인 규정을 두게 되었다. 환언하면, 통상적인 대차대조표의 가치는 지속되었지만, 전시 및 전쟁 후의 특수한 사정에 따라 특별한 세법적 대차대조표 법이 이중적으로 적용되는 결과를 초래했던 사례를 확인하게 된다. 그래서 독일에서는 제2차 세계대전 후의 경제복구를 위하여 상법상의 상사 대차대조표와는 별개의 세법상의 세무대차대조표가 독자적인 지위를 점하여 시행되어 왔기 때문에, 미국의 세법 회계와는 큰 차이를 보여주는 것이다.48)

그런데 1985년에 개정된 법인세법에서는 정규부기의 원칙(GoB)에 근접하고 있지만, 1990년의 소득세법에서 상법 회계가 세법 기준을 수용하게 하는 「역기준성(逆基準性)의 원칙」이 포괄적으로 규정됨에 따라 세법 회계의 독자성이 강화되었다. 즉, 그 소득세법(제5조 제1항)에 따르면, 「법률의 규정에 따라 기장과 정기적 결산을 해야 하는 영업자나 이에 준하는 사업자는 사업연도 말에 상법상의 정규부기의 원칙(GoB)에 따라 표기해야 하는 영업용 재산을 계상해야 한다.」라는 것이다. 그리고 독일 일반상법전에서는 「회사의 법정 대표자는 대차대조표와 손익계산서 및 그 부속명세서를 붙임하고 연도결산서를 확정하여 상황보고서를 작성하여야 한다.」(동법 제264조 제1항)라고 규정되어 있다. 그뿐만 아니라, 이어서 「회사의 연도결산서는 정규부기의 원칙(GoB)을 준수하여 회사의 재산 상태와 재무 상태 및 수익 상태의 실질적 관계에 합치하는 상황을 공시하여야 한다.」(동법 제264조 제2항)라고 규정하고 있음을 확인할 수 있다. 이처럼 독일의 법인세법상 과세표준 계산에 대한 회계규정은 소득세법의 규정을 준용하도록 함과 동시에, 소득세법에서는 상법상 정규부기의 원칙(GoB)에 위임함으로써, 상법 회계가 세법 회계의 기준임을 명시하고 있는 것에서 독일 세법 회계의 전개 상황을 엿볼 수 있는 것이다.49)

4) 미국 연방헌법에 따른 법인세법 회계문화의 기원

미국의 법인세 제도는 1913년의 미국연방 헌법(第16條)에 소득세에 관한 규정이 설정됨으로써, 법인세의 제도화가 이루어졌다고 한다. 물론, 미국은 관습법이나 판례법에 근거를 둔 영미법계의 나라로서 그 이전에도 기업회계로서 기업이익의 측정・보고에 관한 회계이론 및 기법이 발달하여 있었다. 기업의 사회적 권위가 확고하게 정착되어 있었기 때문에, 세법회계(tax accounting)라는 독립된 회계 분야를 인정할 필요성을 인식할 조세법의 관례에 따라 이해관계자들이 실무적으로 판단하여 행위규범으로 활용하는 데 익숙해져 있었다. 이러한 사회 분위기 속에서 미국은 일찍이 재무회계에

---

48) 임채주, 전게서, PP. 86~87.
49) 柳裕治, 『税法会計制度の研究』(東京、森山書店、2001)、PP. 9~11. & 林采柱, 前揭書, P. 88.

서 기업이익과 과세소득과의 차이에서 비롯되는 법인세 등의 비용 계상 방법인 법인소득세의 회계(income tax accounting) 영역이 발달하여 있었으므로, 세법 회계를 별도로 인정하지 않으려는 사회 분위기가 팽배해 있었다.50)

더욱이 미국에서는 세무적 회계를 소득세에 대한 회계로 접근하고 복잡하고 논란이 심한 회계 문제로 인식됐다. 그 문제는 기업의 거 사실에 대한 인식 시기가 재무 보고 목적과 법인소득세의 보고목적에서 서로 차이가 있는 데서 비롯되었다. 이처럼 회계 보고와 세무 보고와의 사이에서 서로 인식 시기상의 차이로 인하여 발생하는 시간적 차이 때문에 나타나는 회계 절차는 조세의 효과(tax accounting effect)를 회계처리해야 하는 문제가 발생하였기 때문에, 조세 효과의 회계처리를 위한 법인세의 기간 배분(corporate-income tax allocation)이라는 회계 절차가 등장한 것이다.51)

원래 과세 가능한 소득(taxable income)은 세법에 따른 조세 부과의 목적으로 기업의 경영성과를 측정한 결과를 통하여 결정되는 것이다. 이 경우에 기업의 경영성과로 계산된 기업이익과 세법의 규정에 따라 부과되는 과세소득은 양자 간에 차이가 당연히 발생하게 된다. 그 원인을 살펴보면, 기업이익의 계산에 포함되는 수익 항목과 비용항목 중에서 세법에 따른 과세소득을 계산할 때 제외되는 항목이 존재하기 때문이다. 그 것은 기업회계에서 적용되는 일반적으로 인정된 회계원칙(generally accepted accounting principles)과 세법의 규정에 차이가 있어서 비롯되는 것이다. 이처럼 회계이론과 세법 규정과의 괴리에서 비롯되는 인식 차이 때문에, 이를 조정하기 위한 회계상의 절차가 필요하게 되었다. 이는 발생주의회계와 세법에 따른 손비의 인식 차이에 의한 소득의 기간 배분 회계의 전형이다.

미국에서는 1913년의 연방헌법에 따른 법인세의 제도화가 이루어진 이후 조세의 실무를 수행하는 과정에서 문제점이 나타났으며, 1916년과 1918년의 세입법의 개정으로 조정하기에 이른다. 발생주의회계와 소득과 손비의 인식기준을 중심으로 법률적 조정이 이루어졌다. 그리하여 기업회계와 세법 회계에서 제기되는 세효과회계(稅效果會計 : tax-effect accounting)에 관심이 집중되기에 이르렀다.52) 더욱이 미국에서 세법 회계가

---

50) 임채주, 전게서, PP. 72~73.
51) Lee J. Seidler and DR. Caemichael, ed., "Accountants Handbook," (6th edt., vol. 2, Rlnald Press, 1981), PP. 133~134. (법인세 기간 배분 회계에 관한 문헌으로는 다음과 같은 보고서가 있다.)
   Accounting Research Bulletin, No. 23, "Accounting for Income Taxes," 1958.
   Accounting Research Bulletin No. 43, "Restatement and Revision of Accounting Research Bulletin, 1953.
   APB opinion No. 11, "Accounting Income Taxes," 1968.
52) 佐橋義金, 『稅法会計の歷史的展開』(東京, 法律文化社, 1972), PP. 3~141, Passim.
   (기업회계와 세법 회계의 문제를 다룬 문헌으로서의 대표적인 것은 다음과 같다.)
   AICPA, "Divergences Between Ruls of Tax Accounting and Generally Accepted Accounting

확립된 것은 1940년대 이후의 일이지만, 세법 회계가 확충된 것은 1971년의 세입법이 투자세법을 도입하고 법인의 초과부담세를 폐지하여 기업들에 유리한 조세 입법이 정리된 이후에는 법인세법회계의 문제가 집중적으로 논의되었다. 특히 1981년의 경제재건법(The Economic Recovery Tax Act : ERTA)에서는 미국이 기업을 위하여 방대한 조세감면 조치가 이루어지고 대부분 기업은 조세특례를 최대한 이용하려고 진력하였다. 이렇듯 1971년부터 1981년 사이에 조세지원이 확대되었으므로 법인세법 회계는 더욱 복잡하게 변경되었으며 이에 따라 기업회계도 이론적으로 부합되지 않고 변동적이어서 방황하는 혼탁물이 되었다는 비판을 받았던 것도 사실이다.[53]

1980년대 이후에는 조세가 미국 경제정책의 주요 과제로 부각됨에 따라 세법 회계가 기업회계에 지대한 영향을 끼치게 되었고 미국 회계학계에서도 세법 회계에 대한 인식이 달라졌다. 또한 1986년의 조세개혁 입법에서는 세법상의 특례규정에 따라 면세 혜택을 받는다고 하더라도 최소한도의 납세를 감수해야 하는 선택적 최저과세규정(Alternative Minimun Tax)이 도입되어 종래의 논점이었던 회계 관행(GAAP)상의 이익개념과 연방 소득세법에서 정의된 과세소득 사이의 차이 회계에 변화를 보여주었다. 환언하면, 기업회계 상의 당기이익과 세법 회계상의 과세소득과의 차이를 영구적 차이와 일시적 차이로 나누어 이연법인세로 처리하던 기업회계의 관행이 변화됨으로써, 법인세법 회계에 대한 인식이 달라졌다. 그뿐만 아니라, 실용적인 측면에서도 법인세법 회계의 중요성이 부각됨에 따라, 미국 각 대학에서의 교과과정이나 공인회계사 시험에서도 법인세법 회계가 독자적인 영역을 차지하게 되었음은 의미하는 바가 크다고 할 수 있을 것이다.[54]

5) 일본 법인세법 회계 문화사 개요

일본의 법인세법 회계문화는 서구문물을 받아들이기 시작한 일본근대화의 물결에 편승하여 형성되었다고 할 수 있다. 그 이전에는 봉건영주체제였기 때문에, 회사나 기업이 존재하지 않았고 법인세법회계의 문화적 풍토 역시 형성되어 있지 않았다. 일본은 서양 문물을 받아들이던 근대화 과정에서 근대 법률제도를 최초 독일로부터 도입함

Principles, "Dec. 1953. The Journal of Accounting, January 1954, PP. 93~1143.
AAA, Committee on Concepts Underlying Corporate Financial Statement, "Accounting Principles and Taxable Income." Supplementary Statements No. 4. Accounting Review, 1952, 10.
53) Panela G. Tomsend,"Tax Accounting in an era of Tax Reform,"(Management Accounting, 1987, P. 29)
54) 임채주, 전게서, PP. 74~75. & .David M. Maloney and Rovert H. Sanborn, "Interactions between Financial and Tax Accounting Caued by the Tax Reform od1986," (Accounting Horizon, 1988), P. 21.

으로써, 일본의 상법 체계와 조세 법체계를 형성시키는 실마리가 되었다. 따라서 일본의 상법과 조세법은 대륙법계의 성문법 체계를 갖춘 독일의 상법 체계 및 조세법 체계와 유사한 유형을 갖추고 있다.

이러한 배경하에서 일본이 법인의 소득금액에 세금을 부과하게 된 것은 메이지 32년(1899)에 상법 및 조세법 체계가 완료되면서부터라고 한다. 따라서 일본의 법인세법 회계는 이때부터 비롯되었다고 할 수 있다.[55]

메이지 32년(1899)의 소득세법은 제1종 소득세로서 법인소득세를 처음으로 규정하였다. 이 법의 소득계산 규정에 따르면, 「제1종의 소득은 각 사업연도의 총 익금에서 그 사업연도의 총 손금을 공제한 것에 의한다.」(명치 32년 법률 제17호, 제4조 제1항 제1호)라고 되어 있다. 그런데 그 총 익금과 총 손금의 내용은 모두가 해석에 위임되어 있었다. 이 해석의 기본은 같은 해에 시행된 일본 상법(명치 32년 법률 제48호)의 이익계산 규정이었다. 결국 과세 제도에서의 납세자는 수동적 입장이고 주도권은 과세 관청에 있었으므로, 과세 현장에서는 상법 회계=세법 회계라는 입장에서 상법에 따라 과세소득을 계산하는 관계였다고 한다.[56] 선진 구미제국의 기업회계를 도입하여 활용하던 일본 기업과의 사이에 괴리가 발생하여 이른바 기업회계이론에 의한 법인세법 회계의 수정을 요구하는 것이었다. 오늘날과 같이 확정 결산 주위에서 비롯되는 기업회계에 준거하면서 조세법적으로 조합하여 조정한다는 관계는 아니었다.

그런데 메이지(명치) 시대 말기부터 다이쇼(대정) 시대에 이르는 동안 중공업의 발전과 제1차 세계대전을 계기로 이루어진 일본의 경제발전은 고정자산의 감가상각과 주식 액면 초과 발행액에 대한 과세 문제를 표면화시켰다. 이러한 과 문제는 세무소송을 자초하였고, 그 후의 법인세법 회계 발전에 이바지하게 된다. 이때 기업 측의 이론적 배경이 되었던 것이 독자적으로 구미 선진국으로부터 도입한 근대회계학 이론이었다. 따라서 상법에 의존한 법인세법 회계와 회계학 이론에 바탕을 둔 기업회계와의 관계는 감가상각 문제를 시가평가의 평가손으로 수용하고, 또한 주식 초과 발행 문제는 법정자본금을 초과한 부분을 이익으로 간주한다는 해석을 하게 되었다. 그래서 감가상각에서의 간접법 채용이나 주식 초과 발행액을 자본으로 간주한다는 것은 일본기업회계원칙이 제정될 때까지 인고(忍苦)의 세월을 보내야 했다.[57]

더욱이, 일본은 독일과 동맹을 맺어 제2차 세계대전을 일으킨 나라로써 전시 중에 전비 조달을 위해, 그리고 패전 후의 사회・경제적 복구를 위해 막대한 재정예산이 필

---

55) 武田昌輔, 「税務会計の史的発展とその現代的意義」(『税務会計研究』創刊号, 1990, PP. 32~33.
56) 忠佐市, 『プレ税務会計史』(『商学集志』第44卷第1号, 1974), PP. 2~8.
57) 安藤英義・古賀智敏・田中建二 責任編輯, 『企業会計と法制度』(『体系現代会計学』第5卷, 中央経済社, 2011), PP. 257~260.

요했기 때문에, 이를 충당하기 위한 행정조치를 마련하지 않으면 안 되었다. 이러한 환경요인의 작용으로 인하여 상법과 조세법을 개정하여 조세수입을 증대시키는 조치를 감행하였음은 물론이다. 그 일환으로 일본에서 법인세는 메이지 32년(1899)부터 제1종 소득세로 소득세법에서 부과해오던 것을 쇼와(昭和) 15년(1940)부터 법인세법으로 분리·독립시켜 제2차 세계대전이 끝날 때까지 법인의 이익을 기준으로 부과하게 되었다.[58]

그런데 일본의 오오꾸라쇼오(大藏省) 주세국(主税局)에게서는 쇼와 2년(소화 2년 : 1927) 1월 6일에 당시의 기업이익계산에 큰 영향을 끼치는 총합통첩(總合通牒)을 주비1호(主秘1號)로 각 세무감독국에 통달하였는바, 이는 법인세법이 쇼와 15년(1940)에 독립·제정되어 법인세를 부과되기 시작한 때부터 제2차 세계대전이 끝날 때까지 기업회계에 실질적으로 영향을 주었다.[59] 그리고 쇼와 24년(1949)에 일본「기업회계원칙」이 제정되었기 때문에, 그 이전에는 기업회계보다 세법 회계가 독립된 회계영역으로 중요한 역할을 수행해 왔다. 따라서 일본에서 말하는 세법 회계는『법인세법의 규정에 따라 과세소득을 계산하기 위한 회계』[60] 또는『회계적 측정 방법에 따라 확정되는 과세소득을 대상으로 하는 조세 항목에서 과세소득을 계산·확정하는 것과 관련된 재무 정보를 측정·전달하는 회계』[61]라고 정의함으로써, 일반적으로 공정 타당하다고 인정된 회계원칙(GAAP)에 따르는 기업회계에 우선하여 세법 회계가 강화됐다.

그러나 제2차 세계대전에서 패전한 일본은 사회질서의 유지와 경제적 복구를 위한 일환으로 1949년에 「기업회계원칙」을 제정하고 법인세법을 개정함으로써, 기업회계와 법인세에 대한 논점을 수정하게 된다. 이때의 법인세법(제22조 제4항)에 따르면, 『일반적으로 공정 타당하다고 인정된 회계처리 기준에 따라 익금액의 내용인 수익액과 손금액의 내용인 비용·손실의 금액을 계산하도록 규정하였다. 이 규정은 쇼와 42년(1967)의 개정에서 법인세법 간소화의 일환으로 정리되었으며, 법인소득의 계산원리로서 기업이익의 산정기법인 기업회계에 따라 행하도록 한 것(企業會計準據主義)을 의미한다.[62]

따라서 세법 회계는 법인세법상의 과세소득과 기업 회계상의 기업이익이 공통되는 개념이므로, 기업회계 준거 주의를 수용함과 동시에, 법인세법(제74조 제1항)에서 확정 결산 주의를 채용한 것이다. 여기에는 우선 기업회계를 기조로 하면서 회사법 회계가 있음을 인정하고 그 위에 세법 회계가 존재한다는 「회계의 삼중구조」를 형성하게

---

58) 武田昌輔, 「税務が企業会計に与えた影響の歴史的経緯」(『会計ジャーナル』、1986), P. 20.
59) 新井益太郎, 「企業理論と税法規定との交渉序説」(『企業会計』第32卷 第2号, 1989), PP. 11~13.
60) 日本会計研究学会, 税務会計特別委員会, 「税務会計の基本問題に関する研究－税法における所得計算原理の解明と 批判」(『会計』第92卷 第1号・昭和42年7月号, 1967), P. 132.
61) 富岡幸雄, 前揭書, P. 13.
62) 金子宏, 『租税法』(東京, 弘文堂, 2009), P. 263.

되었다.63) 이러한 견해에 의하면, 법인세법(제22조 제4항)은 과세소득 계산이 공정 타당한 회계관행에 따라 산출된 기업이익을 전제로 한다는 것을 밝힌 확인 규정임을 알 수 있다.64)

그렇지만, 확인 규정이라고 해도 그것은 종전 후 기업회계원칙이 제정된 후부터이다. 그렇다면 공정 타당한 회계관행이란 무엇을 의미하느냐는 의문이 앞선다. 그것은 미국의 기업회계에서 말하는 일반적으로 인정된 회계원칙(GAAP)에 부합되는 개념이며, 일반사회의 통념에 비추어 공정하고 타당하다고 평가될 수 있는 회계처리 기준을 의미한다. 그러나 공정 타당한 회계처리 기준인가의 판정은 일본국세청의 판단에 속하는 것이라고 인정하면서도 결국 미국적인 회계기법의 논리를 수용하기에 이른다.

쇼와 24년(1949) 7월에 일본「기업회계원칙」이 공표되었으며, 그 3년 후인 쇼와 27년(1952) 6월에는 「세법과 기업회계원칙과의 조정에 관한 의견서」(경제안정본부 기업회계기준심사회 중간 보고, 1952年 6월 16일)가 공표65)되었다. 이 의견서는 법인세법에 초석을 둔 세법 회계를 공식적·합리적으로 비판한 최초의 것이었다. 그 결과로 이것이 계기가 되어 국세청은 이 비판에 답변하지 않을 수 없게 되었고, 법인세법 회계는 크게 진화하게 되었다.66)

쇼와 40년(1965)에 법인세법의 전면 개정이 이루어지고 총익금에서 총손금을 공제한다는 공식을 고쳐서 익금액에서 손금액을 공제하는 방식을 수용하게 되었다. 그러나, 익금 및 손금에 산입되는 금액은 수익 및 비용·손실의 금액으로 되어 손익법에 따른 과세소득 계산이 채용되었다. 쇼와 41년(1966)에는 기업회계원칙뿐만 아니라, 광범위하게 기업회계의 입장에서 「세법과 기업회계의 조정에 관한 의견서」(대장성 기업회계심의회 중간 보고, 1966. 10. 17.)를 발표하였다. 그중에서도 법인세법의 과세소득 계산 규정에서는 『과세소득은 납세자가 계속해서 건전한 회계관행에 따라 기업이익을 산정하고 있는 경우에는 당해 기업이익에 기초하여 계산하는 것으로 한다.』라는 취지의 규정을 설정한 것이다. 이것을 수용하여 쇼와 42년(1967)에 법인세법(제22조 제4항)의 공정 회계처리 기준인 「일반적으로 공정 타당하다고 인정되는 회계처리의 기준」에 따라 계산되어야 한다는 취지를 피력하였다.

---

63) 상게서, P. 263.
64) 中里実,「企業課税における課税所得算定の法的構造」(『法学協会雜誌』第100卷第9号、1983),PP. 1564,
65)「세법과 기업회계원칙과의 조정에 관한 의견서」(1952.6)를 받은 일본국세청은 이를 공표함에 즈음하여 통달(1952. 7. 23.直法 1-101. 國税廳長官·國税局長)를 발표하였는바, 그 내용 면에서 보면 국세청으로서는 청천벽력이었지만, 무시할 수 없는 상황이었다고 한다. 그리고 이 통달의 내용은 武田昌輔, 「税務会計の史的發展とその現代的 意義」(『税務会計研究』創刊号, 1990) PP. 50~51.의 註 7에 그 자료가 소개되어있다.
66) 武田昌輔, 上揭書, P. 40.

이와 같아 세제 조정역할로서의 공정 회계 처리기준(GAAP)을 존중함으로써, 과세소득 계산의 정밀화가 이루어지고 법인세법 회계와 기업회계의 조화가 이루어졌다. 그러나 헤이세이(平成) 10년(1998)의 세제개혁은 「경제활동에 대한 조세의 중립성을 높임으로써, 기업의 활력과 국제경쟁력을 유지한다는 관점에서 세율과 과세 기준을 검토」(平成 9년 12월 16일, 政府税制調査会答申)하였다. 그 결과, 「과세 베이스를 확대하면서 세율을 인하한다」라는 기본방침 아래에 충당금의 축소·폐지가 이루어졌다. (平成10年政府税制調査会 法人課税小委員会報告). 여기서 메이지(明治) 이후 배양되어온 발생주의회계의 기본적 사고가 세무 분야에서 불식되고 권리확정주의 내지는 현금주의로 후퇴했음을 확인하게 된다.67)

21세기를 목전에 둔 1990년대 말부터 연결 회계와 시가주의 회계를 중심으로 한 회계 빅뱅으로 회계 공시가 글로벌화 되어, 법인세법 회계는 국제회계기준을 배경으로 한 기업회계에 따라 또다시 침해되기에 이르렀다. 그것은 제도적 인프라로서의 기본법인 회사법 회계를 끌어들여서 법인세법 회계와 대립하는 듯한 양상을 띠고 진행됐음을 시사한다.68)

회계 빅뱅을 계기로 하여 회계기준의 복수화(複數化)와 수렴화(收斂化)가 가속화하고 국제회계기준을 모델로 한 새로운 회계기준이 속속 공표되고 있는 것도 사실이다. 그런 와중에 기업그룹에 대한 회계정보의 공시제도가 현실화하였다. 쇼와 50년(1975. 6. 24.)에 「연결재무제표의 제도화에 관한 의견서」가 재무부 장관(大藏省 大臣)에게 상신(上申)되었고, 결국 기업회계심의회에 의하여 「연결재무제표원칙」이 공표됨으로써, 종래의 개별재무제표 중심주의로부터 연결재무제표 중심주의로 이행하게 되었다. 그러나 연결납세제도는 이루어지지 않았다. 그것은 21세기에 들어선 후에 형성되었다.

헤이세이(平成) 14년(2002)에 이르러 법인세법이 개정됨으로써, 연결납세제도가 창설되었다. 이때까지의 개별법인 과세 중심에서 기업집단을 과세단위로 하는 기업그룹의 연결 납세가 제도화되었다는 것이다. 이는 기업그룹에 대한 과세제도를 의미한다. 그런데 이 연결납세제도가 확고하게 일본기업사회에 정착된 것은 헤이세이(平成) 22년(2010)의 세제개혁이 이루어진 이후부터이다.69) 그에 "따라 점차 연결재무제표원칙이 연달아 개정되고 그에 연관된 세제개혁을 통하여 연결납세제도의 보완이 이루어졌음은 물론이다.

---

67) 武田隆二, 『法人税法精説』(東京, 森山書店, 1998), 序文.
68) 「商法と企業会計の調整に関する研究報告書」(法務省・大藏省 共同, 平成10年6月16日)는 상법에도 증권거래법과 같은 정보제공기능이 있으며, 금융상품을 시가로 평가할 필요가 있으며, 구체적인 시가평가 기준에 대해서는 「공정한 회계관행」으로서의 기업회계에 따라야 한다는 취지를 언급하고 있다.
69) 安藤英義・古賀智敏・田中建二 責任編輯, 전게서, PP. 279~295, Passim.

2. 한국 법인세법 회계문화의 전개 과정

1) 조선총독부 시기에 비롯된 법인소득 세제

우리나라 조세의 역사는 고조선 시대부터 비롯되었다고 한다. 그러나 그에 대한 기록이나 증거는 명확하지 않다. 중국의 역사서(詩經)에서 고조선의 농지에 세금을 부과했다는 기록이 전해지는 정도이다. 그리고 삼국시대에는 조용조(租庸調)를 근간으로 하는 조세제도가 있었다고 한다. 「조(租)」는 토지(穀物), 「용(庸)」은 사람(勞役), 「조(調)」는 집(戶別産物)이 조세의 대상임을 의미한다. 조용조는 19세기 말까지 우리나라 세금 제도의 기본이 되어 있었다.

조선조에 이르러서는 「경국대전」이라는 법전을 통하여 지세(地稅)・호세(戶稅) 등의 재산세(財産稅)가 부과되었으나, 소득세(所得稅)와 같은 성격의 조세 형태는 아니었다. 임진왜란 이후 광해군 시대에 이르러 대동법이라는 새로운 조세제도가 시행되었으나, 그것은 그때까지 현물로 바치던 공물(貢物)을 미곡(米穀)으로 환산하여 부과하던 조세제도인바, 역시 소득세는 아니었다. 근현대로 넘어오면서 서양 문물이 범람하는 상황에 이르러 개화의 시대에 접어든 우리나라는 갑오개혁을 단행하게 되고 그때부터 세금을 금납제(金納制)로 전환하였음은 물론, 우리나라 최초의 헌법이라고 할 수 있는 「홍범 14조(홍범14조)」에 『조세는 모두 법령이 정한 바에 따르며, 명목을 더해 함부로 징수하는 것을 금한다.』라고 규정함으로써, 조세제도의 근대화를 보는 듯했다. 그러나 얼마 못 가 국운이 쇠하면서 상황은 달라졌다.

조선총독부 치하의 일본식민지가 된 우리나라는 조선총독부제령에 따라 1916년에 법인 소득세제도가 시행되기에 이른다. 이것이 우리나라의 조세제도에 있어서 소득세 체계의 효시를 이루는 것으로서 역시 우리나라 세법 회계의 기원이라 할 수 있다. 그렇지만 법인소득세는 우리나라의 독립된 법률로 설정된 조세제도가 아니라 조선총독부가 일본의 소득세법 중에서 법인에 관한 규정을 의용하여 시행함으로써, 창설된 것이었다. 이 법인소득세는 법인의 과세소득을 각 사업연도의 총소득 중에서 비과세소득을 차감한 잔여액에 세율을 적용하여 과세액을 산출하도록 하였다.[70]

당시의 법인소득세는 소득세 체계가 확립되지 않은 상태에서 이를 도입하고 회계제도에 의한 과세 소득액의 계산을 명시하여 우리나라 세법 회계의 시원을 이루고 있었음에도 기업회계제도가 충분히 보급되어 있지 않았기 때문에, 법인 소득세제도를 시행한다는 것이 제한적일 수밖에 없었다. 그래서 1926년에 제1차 조세제도의 정비가 이루어질 때까지는 일부의 법인에 대해서만 제한적으로 적용되는 정도였다. 환언하면,

---
70) 임채주, 전게서, PP. 91~113. Passim.

1926년의 제1차 세제 정비 당시 조선총독부 세제 조사위원회가 개인에게 과세하는 일반소득세의 창설을 연기하면서 제시한 과세 기술상의 이유에서 그 내막을 엿볼 수가 있다.

당시에는 개인사업자가 회계장부를 갖추고 수지 관계를 명확히 하는 회계제도의 정착이 이루어져 있지 않은 상황이었으므로, 납세자의 납세신고에 대한 의식구조가 확립되어 있지 않았음은 물론, 징세 기관의 조직 정비가 미비한 상태였기 때문이라고 할 수 있다.71)

그런데 1916년에 창설된 법인소득세의 근거가 되는 일본 소득세법 중에서 법인세 규정은 1920년에 조선 소득세령으로 대체(代替)되었으며, 1927년에는 소득세령으로 개정되었다. 1927년의 소득세령 개정에서는 종래의 과세소득·초과 소득·유보소득·배당소득으로 4구분 되어 있던 법인소득 중에서 유보소득과 배당소득을 폐지하고 보통소득을 추가하였다. 보통 소득은 법인의 각 사업연도 총 익금에서 총 손금을 공제한 금액을 의미한다. 따라서 과세소득을 계산하면서, 이때부터 익금과 손금이라는 용어가 사용되기 시작하였다.

조선총독부는 1934년에 제2차 조세제도의 정비를 단행하였다. 제2차의 세제 정비에서는 일반소득세의 신설과 더불어 소득세 중심의 새로운 조세체계가 확립되었음은 물론, 그 시대에 맞는 세무 행정조직과 기구를 신설하여 독립적인 세무 행정을 전담하게 함으로써, 세법 회계와 세무 행정 전반에 걸친 일대 변화를 가져오게 하였다. 1934년의 조세제도 정비과정에서 신설된 일반소득세는 제1종·제2종·제3종으로 구분되었고, 제1종 소득세는 종래의 법인소득세를 지칭하며 제2종 소득세는 이자소득 등에 부과하는 원천과세 소득세이고 제3종 소득세는 개인소득세였다. 제1종에 속하는 소득은 종래의 법인 과세소득과 같이 보통 소득·초과 소득·청산소득으로 세분하여 과세 대상으로 정하였다. 그뿐만 아니라, 이때의 일반소득세가 신설됨으로써, 조세제도의 체계적 정비가 완성된 단계에서 원활한 조세 행정을 추진할 수 있게 되었다.

조선총독부는 1940년에 조세의 증세 징수를 위한 제3차 조세제도의 정비를 추진하였는바, 여기서 주목할 것은 종래의 초과 소득세를 임시소득세에 합산하여 과세의 대상으로 조정하였다는 점이다.72)

이처럼 우리나라의 법인 소득세제도는 일본의 법령을 모방하여 조선총독부 시대에 이루어진 것으로서 미군정을 거쳐 대한민국 부의 수립 이후까지도 그 영향이 지속되었다. 1949년의 전면적인 조세제도 개혁이 단행될 때 조선총독부 시대의 조세법 체계를 이어받아 이루어졌음은 알 수 있다.

---

71) 임채주, 전게서, P. 114.
72) 임채주, 전게서, PP. 114~115.

2) 미군정기 미국 법인세법회계의 부분적 도입

1945년 8월 15일에 제2차 세계대전이 끝난 후 우리나라는 동년 9월 9일부터 미군정이 실시되었다. 이에 따라 1945년 11월 2일에 미 군정법(제21호)에 따라 조선총독부 시대의 세법 체계를 그대로 사용하는 조처가 내려졌다. 그 이듬해인 1946년 6월 21일에는 미군정법령(제142호)에 따라 소득세령이 제정되었으며, 소득계급의 증설과 더불어 세율이 인상과 누진과세 제도가 이루어졌다.

그런데 미군정청 당국은 1948년 4월 1일에 제2차 소득세령을 개정함으로써, 부동산 양도차익에 대한 과세제도를 창설하고 과세금액 산출에 수반되는 중요한 회계개념이 세법 회계를 통하여 반영토록 하였다. 미국 세법 회계의 도입이 부분적으로 이루어졌음을 시사하는 부분이다. 물론, 이 양도차익의 과세는 부동산이나 광업권 또는 선박의 매매 또는 양도로 발생하는 이익에 대하여 과세하는 것으로서 그 차익이 일정액(10만원) 이상이면 제3 총소득(個人課稅所得)에 합산하여 과세하게 되었다. 당시의 양도차익을 산출하기 위한 재산의 기준가격은 취득 기간별로 구분하여 원가 또는 기준일 현재의 공정 시가로 평가하도록 하였다. 이 경우에 취득자산의 매매나 양도 또는 교환으로 인한 차익의 과세에 따라 세법 회계에 새로 도입된 회계개념은 자본이득(captal gain)이나 현재의 공정 시가(current fair value) 등의 개념을 채택하도록 하였다. 이들 개념은 그 당시 우리나라 기업회계의 실무에서 일반적으로 통용되지 않던 것으로서 미국의 회계실무에서 쓰이고 있던 회계개념이었다. 따라서 미군정 시기에 소득세령 개정을 통하여 새롭게 도입된 조세제도의 새로운 개념과 회계구조는 그때까지 일본 세법 체계의 영향 아래 있던 세법 회계의 상황에서 미국회계제도 일부가 반영되었다는 점이 특기할 만한 사항이다.[73]

3) 한국 정부수립 이후 법인세법 회계문화의 전개

(1) 기존 세법의 정비에 의한 법인세법 회계문화의 정착

조선총독부 시대에 도입된 우리나라의 세법 제도는 일본의 그것을 의용하여 시행되었다. 그리고 미군정 시기를 거치면서 약간의 미국 세법 제도가 약간 반영되기는 했으나, 대부분의 세제는 조선총독부 시대의 그것을 승계하는 수준에서 이루어졌다.

1948년 8월 15일에 수립된 대한민국 정부는 건국 초기에 헌법(제100조)의 규정에 따라 그 이전의 세법이 효력을 지속하였으나, 건전한 재정기반의 확충과 국민 조세부

---

[73] 임채주, 전게서, PP. 115~116, Passim.

담의 공평성을 기하기 위하여 세제개혁위원회를 설치하고 세제개혁에 박차를 가하였다. 세제개혁위원회의 활동에 따라 1949년 7월에 종합적인 소득세법이 제정되었고, 동년 11월에는 독립된 법인세법이 제정됨으로써, 소득세법상의 법인세가 여기에 포함됨과 동시에, 기존의 세목들이 대폭으로 개폐되었다.

따라서 1949년의 전면적인 조세제도의 개혁·정비는 대한민국 정부의 실정에 맞는 세법 체계를 구축했다는 점에서 우리나라 세법 회계 전개 과정의 실질적인 신기원(新紀元)이라고 할 수 있을 것이다. 그렇지만, 그 당시의 세제개혁에 있어서 과세소득의 회계구조나 개념은 이전 시기의 그것과 대동소이한 점이 여전히 존재했으므로, 특별한 변화가 있었다고는 단언하기 어려운 점이 있음을 인식할 필요가 있다.[74]

그런데도 1949년 11월의 법인세법(법률 제62호)은 우리나라 세법 회계의 실질적인 모태가 되는 것으로서 세법 회계의 개념과 계산구조의 규정은 1949년 7월 15일의 소득세법에 규정된 법인세와는 다른 차원의 것이었음은 물론, 우리나라의 세법 회계가 개선·진화된 정착단계의 모습이었다.

1949년 7월의 소득세법에서는 법인의 과세표준 금액을 계산하면서 전년도의 총수입금액에서 필요경비를 차감하는 형식으로 하도록 규정하고 있으므로, 과세소득 개념에는 근대적 세법 회계의 계산구조에 의한 익금과 손금의 개념이 반영되지 않았음을 인식하게 된다. 그런데 1979년 11월의 법인세법에서는 과세표준 금액을 각 사업연도의 소득금액에서 직전 사업연도에 발생한 이월결손금으로서 대통령령이 정한 것을 공제한 금액으로 함과 동시에, 각 사업연도 소득금액을 총 익금에서 총 손금을 공제한 금액으로 하도록 규정하고 있으므로, 각 사업연도 소득·이월결손금·익금·손금 등과 같은 현대 세법 회계의 개념들이 반영되어 있음을 볼 수 있다. 그리고 당시의 법인세법이 기업회계적인 계산구조와 이론을 기초로 한 세법 회계의 이론적 체계와 계산구조를 갖추고 있었다는 것은 법인세를 신고하면서 1949년 7월의 소득세법에는 아무런 규정도 없었으나, 1949년 11월의 법인 소득세법에서는 재산목록·대차대조표·손익계산서·소득금액 명세서 등, 기업 회계상의 재무제표를 제출하도록 규정하고 있을 뿐만 아니라, 무신고 시에는 세율의 100분의 10을 가산세로 징수한다는 규정이 설정되어 있음을 확인하게 된다.

그러므로 1949년 11월의 법인세법은 종래의 법인소득 과세에 있어서 조선총독부 시대 및 미군정 시기의 비체계적·관행적으로 적용됐던 일본적 세법 회계를 정비하여 단순하지만, 오늘날의 세법회개와 유사한 법인세법 체계와 회계구조의 개념체계를 갖춤으로써, 우리나라의 세법 회계를 정착시키는 시발점이 되었다고 할 수 있을 것이다.[75]

---

74) 임채주, 전게서, PP. 116~117, Passim.
75) 임채주, 전게서, P. 117, Passim.

(2) 세법 회계문화의 정착에 수반된 세무조정 문제

대한민국 정부가 수립된 이후 1949년의 법인세법 제정으로 신기원을 이루었던 우리나라의 세법 회계는 1950년 12월 1일에 법인세법(법률 제161호)이 개정됨으로써, 또다시 새로운 전환점을 맞이하게 된다. 즉, 개정 법인세법에서는 일반적인 회계관행에 따라 작성됐던 대차대조표나 손익계산서의 항목 중의 일부 항목에 대하여 익금과 손금의 불산입을 규정하였기 때문에, 기업회계와 법인세법 회계 사이의 조정 문제가 대두되었다. 당시의 개정 법인세법에서는 익금 불산입 항목으로서 국고보조금이 규정되었고, 손금불산입 항목으로는 1949년의 법인세법에 규정되어 있던 법인세와 소득세 이외에 벌금과 과태료·기부금·접대비 한도 초과액·업무 무관련 경비가 신설되었다. 이 경우의 주요 세무조정 항목은 기부금과 접대비 등, 대상 항목이 적었으며, 과세 목적의 법인세법 회계 특성상 당연하였지만, 전후의 경제안정과 경제개발계획의 추진에 따라 재원 조달의 일환으로 비롯된 세수 증대를 위한 세무 조정항목 범위가 넓어지고 한도 초과액 산출이 엄격해짐에 따라 기업회계와의 마찰이 심화하여 세무조정 문제가 제기되었다.

그러한 가운데 우리나라의 법인세법은 1952년 12월 14일에 개정(법률 제263호)되었고, 이어서 1954년 3월 31일의 개정(법률 제320호)과 1956년 12월 3일의 개정(법률 제414호)이 이루어짐으로써, 과세표준과 세율조정에 관한 규정이 달라졌을 뿐만 아니라, 가산세에 관한 규정에 변화가 있었다. 그러나 여러 번 이어진 법인세법 개정이 이루어졌음에도 불구하고 법인세법 회계상의 특이한 변화는 없었다. 그 이유는 1950년에 발발한 한국전쟁(6·25동란)으로 인하여 상당한 기간 전시세제체제가 시행되는 상황에서 정상적인 법인세 과세에 대한 개선을 시도할만한 여유가 없었던 때문이라고 할 수 있을 것이다.[76]

이처럼 건국 초기의 우리나라 법인세법 회계는 개화기에 전래한 서양식 복식부기 시스템이 그동안 발달하여온 기업사회에 회계실무로 확산·적용됨으로써, 기업회계시스템이 발전할 수 있는 전기가 마련되었다. 그러나 국권 상실로 인한 환경변화의 소용돌이 속에서 과세소득의 계산체계로서 일본의 법인세법을 도입하여 제도화함으로써, 불모지나 다름없던 이 땅에 법인세법회계의 싹을 틔울 수 있었던 것은 획기적인 일대사건이었다. 당시 우리나라의 경제 상황은 산업자본주의의 발달 초기에 해당하고 농업생산에의 의존적인 산업구조였으므로, 조선총독부 아래에서는 일부의 은행과 회사 등에만 법인세법 회계가 적용되는 정도에 불과하였다. 이 무렵의 법인세법 회계는 생산량 기준의 과세표준이나 토지등급에 따른 과세표준 개념에 상업부기에 의한 소득개념

---

76) 임채주, 전게서, P. 118, Passim.

이 도입되어 법인세법회계의 개념과 과세 계산구조를 점차 법인세의 과세 업무로 정착되어가는 과정을 거치게 되었다.

우리나라 법인세법 회계의 전개 과정에서 특징적인 기본배경은 이미 개회기에 서양식 복식부기에 대한 수용태세가 갖추어져 있었으나, 조선총독부의 일본식 법인세법 회계시스템을 수용함으로써, 우리나라의 자주적인 회계시스템 발전이 왜곡(歪曲)되었다는 점이다. 더욱이 건국 초기에 법인세법 회계가 정착되어가는 과정에서 한국전쟁으로 인한 수난기의 행정편의주의적 세무 행정의 관행과 수탈 개념화된 조세 문화는 우리나라의 법인세법 회계가 성장·발전하는데 하나의 장애요인으로 작용하였다는 점은 부인할 수 없을 것이다.

4) 한국경제성장기의 법인세법 회계문화

(1) 경제개발추진 초기 법인세법 회계문화의 형성

한국전쟁(6·25동란)이 휴전협정으로 소강상태에 들어간 상황에서 경제정책의 방향은 그동안 치솟은 인플레이션을 수습하기 위한 경제 안정화가 최우선 과제였다. 한국정부는 경제 안정화를 도모하기 위한 일환으로 재정 긴축과 전쟁으로 파괴된 생산시설의 복구는 물론, 외국의 경제원조를 강화함으로써, 1950년대 후반부터 전후 복구와 경제 안정화의 성과를 이룩하고 해외원조에 힘입은 농업생산과 사회간접자본의 확충, 그리고 중화학공업에 대한 투자를 획책하면서 경제부흥에 박차를 가할 수 있게 되었다.

이 무렵 경제부흥에 필요한 재원 조달은 외국의 경제원조와 조세수입에 의존할 수밖에 없었는데, 초기의 외국 원조 의존도는 전체의 세입액 중에서 54%(1958년 기준)였으나, 외국 원조의 급속한 감소로 인하여 1960년대 초에 이르러서는 35.2%로 낮아졌으므로, 국내의 재원 조달 비중이 대폭으로 증가하게 되었다.77)

경제 안정화를 바탕으로 경제부흥 노력에 따라 실질 국민생산은 비교적 견고한 성장세를 나타내었지만, 1959년에 이르러 미곡풍작에 따른 농업 부문의 성장을 이루었으나, 1960년에는 4·19혁명으로 인한 사회의 격동기를 겪으면서 경제성장이 둔화하였다. 그러나 1961년의 군사 정변 이후 한국경제는 자립경제의 달성을 위한 몇 차례의 「경제개발 5개년계획」의 추진으로 고도성장을 이룩하게 되었다.

제1차 경제개발 5개년 계획기간(1962~1966) 동안 연평균 7.8%(1975년 불변가격 기준)라는 고도성장을 기록함으로써, 종합경제개발계획에 의한 정책이 주효하였음을 보여주었는바, 이것은 1950년대의 경제성장에 비하여 거의 2배에 가까운 고도성장이었다. 산

---

77) 임채주, 전게서, P. 123, Passim.

업별 성장률을 보면, 농림수산업이 계획기간 중 연평균 5.6%였으나 광공업은 14.3%로 상당히 이바지하였다. 그 외에도 사회간접자본(SOC) 및 서비스산업 분야에서도 연평균 8.4%의 높은 성장률을 보여주었다. 광공업과 사회간접자본을 중심으로 한 고도성장에 따라 산업구조의 고도화도 많이 진전되었으며, 산업별 구성비를 보더라도 농림수산업은 1961년의 39.1%에서 1966년에는 34.8%로 약간 축소되지만, 광공업 분야는 15.5%에서 20.5%로 확대되었고 사회간접자본은 9.2%에서 10.3%에 이르렀다. 경제개발 5개년계획의 고도성장 배경은 대외지향적 개발전략이 주요했으며, 그 주요 원인은 정부부문의 주도적 역할에 있었다.

경제성장 전략과 외자도입 및 정부 재정지출의 확대에 의한 경제개발은 당시 조세기본정책이 어떤 것이었는가를 능히 추정할 수 있다. 그런데 제2차 경제개발 5개년계획(1967~1971)은 성장기반의 구축이라는 목표의 연장선에 있었으나, 그 내용 면에 있어서는 규모가 훨씬 크고 공업화 계획에 중점이 주어졌다. 즉, 이 기간(1967~1971)의 주요 정책 방향은 고도성장의 지속과 산업구조의 고도화, 수출과 국내 저축의 증대 및 사회간접자본의 확충에 있었다. 따라서 이 기간 중의 경제성장률은 1967년 6.6%, 1968년 11.3% 1969년 13.8%라는 높은 경제성장률을 실현하였고, 1970년과 1971년은 고속성장에 따른 경기과열을 진정시키기 위한 안정화 정책의 시행으로 다소 낮아졌음에도 불구하고 7% 이상의 성장률을 기록하였다고 한다.[78]

이처럼 한국전쟁으로 인한 폐허 속에서 복구의 의지를 불태우면서 경제부흥계획을 성공적으로 추진하던 경제성장 시기에 알맞은 제도적 정비와 기업회계의 제도화를 지향하려는 인식이 확산하기 시작한 것도 이 무렵의 일이었다. 그리고 경제성장기의 급선무는 경제안정과 산업부흥을 추진하기 위한 재원을 조달하는 것이었다. 당시의 한국 정부는 산업부흥을 위한 투자재원의 조달을 세입 증대와 세출 억제에 의한 재정적자의 축소와 기업경영의 합리화를 통한 자본축적을 지향하였으므로, 직접세 부담을 경감하고 간접세부담을 강화하는 조세제도의 개혁과 함께 경영합리화 및 기업의 자본축적을 추진할 수 있도록 자산재평가법을 제정하였다. 조세제도의 개혁과 자산재평가법의 실효를 확보하기 위해서는 기업의 재무 상태와 경영성과는 파악할 수 있는 기업회계의 제도화가 필요하다고 인식하였기 때문에, 회계제도의 확립을 요청하기에 이르렀다.

우리나라 최초의 공적인 기업회계제도는 1958년 7월 2일 재무부 장관 고시(고시 제169호)로 공표된 「기업회계원칙」과 「재무제표규칙」이었다. 그 재정 목적은 회계제도의 통일을 이루어 기업의 재무 상태 및 경영성과를 체계적으로 파악함과 동시에, 기업의 경영합리화와 경제성장을 이룩하기 위하여 외자도입은 물론, 기업의 건전화·조세의 공정화·증권투자의 민주화·금융의 적정화 등의 현안을 해결하기 위한 것이었

---

[78] 임채주, 전게서, PP. 126~132, Passim.

다. 「기업회계원칙」과 「재무제표규칙」의 구성내용은 자세한 설명형식으로 되어 있으며, 평가 문제는 원가주의를 기본으로 하며, 재무제표의 형식은 보고식이고 손익계산은 당기업적주의 원칙에 의하며, 상법과 세법의 개정에 대한 희망 사항은 기업회계의 사회성을 발휘할 수 있는 실천규범의 역할을 할 수 있도록 하는 것이었다.[79] 그뿐만 아니라, 「기업회계원칙」의 성격은 그 전문(前文)에 명시한 바와 같이 생성적 규범성, 즉 기업회계 실무의 관습으로 발달한 것 중에서 일반적으로 공정 타당하다고 인정한 것이다. 이는 반드시 법령에 따라 강제되지 않더라도 모든 기업이 회계처리를 함에 있어서 반드시 준수해야 하는 규정을 의미한다. 그러므로 「기업회계원칙」은 회계행위의 공정 타당한 판단기준이기 때문에, 상법·세법 등, 회계와 관련 있는 법령이 개폐되면서도 반드시 존중되어야 한다.

이러한 「기업회계원칙」과 「재무제표규칙」의 등장은 당시에 상법과 세법이 기업회계 실무의 유일한 법규범이었던 상황에서 일반적으로 공정 타당한 회계원칙(GAAP)이 제정·공표됨으로써, 상법과 세법 등의 관련 법규와의 상충을 피할 수 없게 되었다. 따라서 기업회계와 법인세법 회계와의 상충과 조정이라는 문제해결을 위한 관점에서 우리나라 법인세법회계의 본격적인 성장은 1958년의 「기업회계원칙」과 「재무제표규칙」의 제정·공표가 계기로 작용했다고 할 수 있다.

그리고 1960년대 이후 법인세법회계의 전개 과정에서 또 하나의 중요한 배경은 상법개정과 증권시장의 육성 및 증권거래법의 개정이었음을 상기할 필요가 있다. 제1차 경제개발계획이 1964년부터 추진됨에 따라 상법개정이 필요했고, 경제개발이 진행되면서 산업자본의 효율적 조달을 위한 증권시장 육성이 필요하게 되어 「자본시장 육성에 관한 법률」(법률 제2046호)이 제정되었다. 따라서 상법의 제정과 함께 증권시장의 육성도 법인세법회계의 발달에 주요배경이 되었음은 물론, 증권시장의 육성은 경제개발에 필요한 산업자본의 조달을 위한 것이었다. 기업공개촉진법에 따른 증권시장의 육성과 자본조달을 위한 투자 여건의 조성목적에 따라 「자본시장육성에 관한 법률」의 제정과 동시에, 법인세법도 개정되었다.

자본조달을 위한 증권시장 육성이 본격화함에 따라 이와 관련된 기업회계와 법인세법 회계에 끼친 영향은 지대했다. 기업회계의 경우는 기업공개에 따른 회계제도의 정비와 기업 내용의 공시가 쟁점화되었고, 법인세법회계의 경우는 기업공개를 유인하기 위한 제도적 정비, 환언하면 상장법인에 대한 재산세 면제 규정, 상장법인의 주주가 받는 건설이자와 배당금 또는 지상 배당소득에 대한 소득세 면제 규정 등의 개정이 이루어졌다. 그뿐만 아니라, 기업공개 유인제도는 1972년 12월에 제정된 기업공개촉진법에 따라 더욱 강화되었다.

---

[79] 재무부 기업회계 준칙기초소위원회, 『재무제표규칙 기초보고서』(1958년 6월 21일)의 일부.

이처럼 「자본시장육성에 관한 법률」(1968)과 「기업공개촉진법」(1972)에 의한 증권시장의 육성・발전은 기업회계의 성장・발전에 획기적인 계기가 되었을 뿐만 아니라, 우리나라에서도 투자자의 확대에 따른 기업 재무 정보의 요구와 기업공시 요구의 증대가 기업회계제도의 발전을 촉진하게 되었다. 그동안 법인세법 회계보다 열세에 놓여 있던 기업회계가 1970년대 이후에는 제도적 정비를 통하여 독립적인 지위를 구축함으로써, 법인세법 회계와 서로 마찰을 빚으면서 상호조정에 따라 협력관계를 모색하는 수준으로까지 성장하게 되었는데, 이는 1968년 이후 자본시장 육성과 관련된 법규 등에 따라 촉진된 증권시장의 발전이었다.[80]

전쟁 후유증을 극복하고 경제부흥을 지향하던 개발연대의 사회경제적 환경하에서 기업회계와 연관된 법인세법 회계는 1949년 11월 7일 법인세법이 제정(법률 제62호)되고 기업회계와의 관계 설정이 형성된 이래 여러 차례의 개정을 통하여 조세 정보의 제공에 이바지하였다. 환언하면, 경제개발 초기의 법인세법 개정은 1958년(법률 제505호)과 1961년(법률 제823호), 그리고 1962년(법률 제1186호) 및 1967년(법률 제1964호)의 4차례에 이르는 개정이 있었다. 이와 같은 법인세법의 개정을 통하여 성장요인을 확대하고 조세부담의 형평성을 높임과 동시에 기업경영을 합리적으로 촉진할 수 있도록 조세정책의 기본방향을 다잡았다. 따라서 법인세법 회계와 기업회계의 간극(間隙)이 좁혀지는 결과를 가져왔다. 이 시기에 기업회계원칙과 재무제표규칙이 제정됨으로써, 법인세법 회계가 기업회계의 근간을 대폭 수용하게 되었음은 물론, 실질적인 차원에서 양 회계 간의 접근이 모색되었다고 보인다.

(2) 경제성장기 법인세법 회계문화의 성숙

① 경제성장기 기업회계제도의 개편과 발전

1960년대의 1, 2차 경제개발 5개년계획의 성공적인 추진으로 경제성장을 구가하기에 이르렀으나, 1970년대에 진입하면서 대외경제 여건의 악화로 인하여 한국경제는 중화학공업의 육성에 의한 새로운 경제성장 전략을 구사하게 되었다. 이를 추진하기 위해서는 막대한 자본이 필요했기 때문에, 한국 정부는 내자 동원을 위하여 자본시장의 육성계획을 세우고 추진하였다. 자본시장 육성법과 기업공개촉진법에 근거하여 자본시장 육성정책이 강력하게 추진되었으며, 세수 증대에 정책적 노력을 집중하기에 이른다. 증권시장 육성을 위한 기업공개가 촉진됨으로써, 증권시장의 육성・발전에 수반하는 기업 재무

---

80) 임채주, 전게서, PP. 133~138, Passim.

정보의 공시와 관련된 기업회계에 대한 사회적 인식이 확산・제고되었음은 물론, 기업회계의 제도적 개편 필요성이 대두되었다. 따라서 그동안 선도적 역할을 담당하면서 절대적 우위를 차지하고 있던 법인세법 회계의 기업회계에 대한 영향력이 흔들리기 시작했고 기업회계의 독자성 확보가 필요하다는 논란에 휩싸이게 되었다.

그러한 와중에 1974년 1월 14일 자로 「국민 생활의 안정을 위한 대통령 긴급조치」가 발동되었는바, 이는 해외경제 여건의 변화와 국내경제에 미치는 영향 악화로 인하여 장기적인 경제성장에 위협을 받게 되었으므로, 그 대응책으로 취해진 긴급조치였다. 그 여파로 대대적인 세제개혁이 단행되었는데, 국세기본법의 제정과 법인세법의 개정 및 종합소득세법의 강화가 그것이다.

1974년 12월에 제정된 국세기본법은 모든 세법의 모범적 성격을 띠는 것으로서 모든 세법에 공통으로 적용되는 기본법의 체제를 갖춘 것이었다. 이 법의 발효로 인정과세의 남용 방지와 납세자의 성실한 기장을 유도하기 위해 성실한 기장(記帳)에 근거하여 객관적으로 과세하도록 하는 기장 과세의 규정과 세법에 특별한 규정이 없는 경우에는 일반적으로 인정된 기업회계원칙(GAAP)에 따르도록 함으로써, 기업회계를 존중하는 규정이 설정되었다.

1973년의 기업공개촉진법이 시행되면서 기업공개회사의 수가 증가하기 시작하였고 투자자 중심 이해관계자의 수가 점차 늘어남에 따라 기업회계원칙의 개정에 대한 필요성이 상장회사의 관리를 위한 차원에서 점차 증가하기에 이르렀다. 그리하여 1974년 7월에 「상장법인 등의 회계처리에 관한 규정」(대통령령 제7199호)이 제정・공포되었으며, 1975년 4월에는 「상장법인 등의 재무제표에 관한 규칙」(재무부령 제1098호)이 제정・공포되었다. 이윽고 1976년 7월에 재무부 증권심의위원회의 기업회계분과위원회가 「기업회계원칙」과 「재무제표규칙」을 개정하였다. 그런데 이 규정들은 내용 면에서 대동소이한 것으로서 당시 미국을 중심으로 전개되고 있던 회계이론과 회계원칙에 영향을 받아 이루어진 것이었음은 물론이다. 이 시기에 우리나라의 기업회계제도는 비약적인 발전을 이룩하게 되었다.

이처럼 1970년대에 중화학공업의 육성에 의한 고도성장이 지속해서 이루어짐에 따라 한국경제의 비약적인 발전이 이루어졌음은 물론, 양적・질적으로 급속히 팽창한 증권시장과 투자자를 중심으로 하는 이해관계자 집단의 등장에 수반하여 우리나라의 기업회계는 자생적인 발전을 이룩하게 되었다. 더욱이 경제성장에 따른 증권시장의 양적・질적인 성장과 더불어 그 무렵 미국의 선진화된 회계이론과 회계원칙의 제도적인 도입을 단행함으로써, 기업회계는 독자적인 영역을 형성하기에 이르렀고 법인세법 회계와의 마찰과 갈등을 초래하여 그 차이 해소를 위한 조정이 요청되기에 이르렀다.[81]

---

81) 임채주, 전게서, PP. 155~162, Passim.

② 경제성장기 법인세법 회계의 전개 과정

1973년 하반기부터 세계 경제는 불경기의 늪에 빠져들기 시작하였고 경공업 제품 주도의 경제성장을 지향하던 한국경제는 선진 여러 나라의 보호무역주의 강화에 따른 수입 규제로 인하여 경기후퇴의 위기에 봉착하였다. 그에 대한 대응책으로서의 중화학공업 육성전략을 구사하기 시작하였다. 그뿐만 아니라, 석유파동으로 인한 세계경기의 후퇴 현상은 한국경제에도 심각한 타격을 주었으며 심각한 인플레 현상으로 국제수지 적자가 심각하게 확대되었다. 더욱이 경공업 제품 수출시장이 크게 잠식되는 상황에서 중화학공업의 육성전략을 구사하기 위한 외자도입의 증가로 외화채무의 점점 증가와 외채상환 부담이 증대되어 국제수지의 적자를 누적시키는 결과를 초래했다.

이러한 경제환경 속에서 1972년부터 시작된 「제3차 경제개발 5개년계획」에 따라 중화학공업의 육성에 의한 산업구조의 고도화를 추진하게 된다. 이 경제개발계획은 「성장·안정·균형의 조화」 및 「자립적 경제구조의 달성」이라는 기본정신으로 획기적인 수출증대와 중화학공업 육성에 박차를 가하였다. 중화학공업의 진흥을 위한 집중투자와 더불어 재정 및 금융 면에서 정책적 지원이 이루어졌고 세제(稅制)상의 지원조치도 단행되었다. 자본시장육성법과 기업공개촉진법을 제정하여 재원 조달을 위한 자본시장을 육성함으로써, 조세 정책적 조치도 강구되었다.

지난 1960년대의 1·2차 경제개발계획이 진행되는 기간까지만 해도 기업회계가 법인세법 회계 때문에 선도되었음은 물론, 정부의 경제개발계획에 따라 기업회계의 제도적 수정과정을 겪던 중이었다. 1970년대의 중반 이후부터의 증권시장의 성장에 부응한 기업회계의 위상이 고양되고 증권거래법에 준거한 상장법인 회계처리 규정과 재무제표규칙이 제정됨과 동시에, 1976년에 기업회계원칙(GAAP)이 개정됨으로써, 자생적인 성장 기틀이 마련되고 회계제도의 활발한 발전과정에 진입하게 되었다. 이와 같은 기업회계의 제도적 발전에 즈음하여 법인세법 회계는 초기의 경제개발과정에서 그 기능이 강화되었고 법인세법 체계의 진화가 이루어졌을 뿐만 아니라, 기업회계의 제도적 구축과 실무에의 적용을 유도함으로써, 우리나라의 회계학 발전을 선도하는 처지에서 「제3차 경제개발 5개년계획」의 추진기를 맞이하게 되었고 법인세법 회계의 선도적 위상 강화는 경제개발 추진과정에서도 지속되었다.

이와 같은 상황인식은 1974년의 국세기본법 제정과 1975년의 「증2사항(證二事項)」을 통하여 확인할 수 있다. 국세기본법의 경우는 모든 세법의 기본법적인 성격을 띠는 법률로서 모든 조세제도에 공통으로 적용되는 풍향계의 구실을 하는 것이다. 그래서 국세기본법은 납세자의 성실한 장부 기록을 유도하며 과세는 장부 기록에 근거하여 객관적으로 부과하고 기업회계원칙을 존중하도록 하는 규정을 문서로 밝힘으로써, 당시의 기업회계원칙과 재무제표규칙이 기업의 회계 실무상 기본적인 지도원리로서의 법률적인 위상이 정립되었다. 이러한 과정에서 기업회계와 법인세법 회계의 상호관계에 대한 법인세법 측의 인식이 종래와는 상당한 변화를 초래하게 되었음을 확인하게 된다. 그런데도 국세기본법에서는 여전히 기업에 관한 기장의무조항을 두고 있으며, 세법상의 특별규정은 기업회계원칙의 적용배제라는 예외 규정과 당시의 세법 규정 대부분이 기업회계원칙과 상충하는 특별규정이었다는 점에서 보면, 실질적인 기업회계원칙의 존중이라기 보다는 선언적 의미가 내포되어 있다고 하지 않을 수 없다.[82]

공식적으로는 법인세법 회계가 기업회계에 대한 영역이 인정되어 있다고 하더라도 그 이면에는 법인세법 회계의 기업회계에 대한 일방적 지배관계가 존속하고 있었다는 점을 국세기본법을 통하여 알 수 있다. 그뿐만 아니라, 법인세법 회계의 기업회계에 대한 지배관계에서 비롯되는 기업회계의 영역침해와 기업회계 실무의 지도원리의 지위 약화를 초래하는 중요한 사건이 1975년에 발생하였다. 이로써, 기업회계는 명목적인 지도원리로서의 명맥을 유지하는 데 불과했다. 이 사건은 1975년 11월 17일에 발표된 「증2사항」인바, 그것은 당시 재무부가 행정지시로 공인회계사회에 발송한 공문서로서 퇴직급여충당금・대손충당금・특별감가상각・채광준비금・증권거래준비금・기술개발준비금 등을 기업회계원칙에 따르지 않고 법인세법 등에 의하여 처리한 때도 이를 적정하게 처리한 것으로 인정하라는 주요 내용으로 되어 있다. 그 당시에는 1963년의 증권거래법(제126조의 2)에 따라 최초로 도입한 공인회계사의 법정 감사제도가 외부감사제도로 성립되어 있었으며, 1973년에는 기업회계원칙과 재무제표규칙 및 회계감사 기준 등, 기업회계제도의 개선이 한국공인회계사회에 의하여 관계 당국에 건의되어 있었음은 물론, 증권심의위원회에 의한 기업회계제도의 개선이 논의되던 시기였다. 그뿐만 아니라, 「증2사항」의 발표 이듬해인 1976년 7월 22일 자로 기업회계원칙과 재무제표규칙도 개정된 시기였다. 그래서 당시 사회적 제도로서의 위상이 높아지고 있던 기업회계로서는 이 시기에 발표된 「증 2사 항」에 대하여 상당한 논쟁점으로 작용했다.

「증 2사항」은 당시의 법인세법 회계가 우리나라 기업회계 실무에서의 영향력과 지도원리로서의 위상을 단적으로 보여준 사례라고 할 수 있다. 당시의 기업에서는 회계처리를 함에 있어서 법인세법과 기업회계원칙 규정이 상치(相馳)되는 경우, 기업회계원칙에 위배됨에도 불구하고 세법 규정에 따라 회계처리 하는 것이 일반적인 관행이었다. 그래서 1970년대의 법인세법 회계와 기업회계와의 관계는 갈등의 차원을 넘어선 상황에서 법인세법 회계가 기업회계의 영역을 일방적으로 침해하여 기업회계의 독자성을 인정하지 않았다. 법인세법 회계의 일방적인 지배관계로 인하여 양자 간의 마찰과 갈등이 심화하였다. 그 이유는 1960년대에 법인세법 회계가 기업회계의 발전에 선도역할을 했음은 물론, 1970년대 초반까지는 증권시장의 육성에 따른 기업회계의 자생적

---

82) 임채주, 전게서, PP. 163~164, Passim.

성장이 어느 정도 이루어지기는 했으나, 법인세법 회계의 입장에서는 기업회계를 크게 신뢰할 수 없었던 데서 비롯되었던 것으로 볼 수 있다.

그러한 상황에서 「증 2사 항」에 따라 기업회계는 회계실무의 독자적 지도원리의 지위를 상실하고 말았다. 이 「증 2사 항」은 시행된 지 8년 후인 1984년에 폐지될 때까지 기업회계에 대한 법인세법 회계의 절대 우위를 보장해 주었으나, 그와 동시에 기업회계와의 갈등과 마찰을 증대시키면서 논쟁을 가져왔음은 부인할 수 없는 사실이다. 그런데 여기서 유의할 점은 우리나라 법인세법 회계의 전개 과정에서 소중한 경험을 제공했다는 긍정적 측면도 있다는 것이다.

결국, 「증 2사 항」은 종래의 법인세법 회계가 지닌 지배적 지위를 기업회계에 적용한 결과라고 할 수 있으나, 1974년에 제정된 국세기본법은 기업회계가 증권거래법에 따른 독자적인 영역을 구축하고 회계실무의 지도원리로서의 역할을 수행할 당위성을 인정하였다는 사실에 접하게 된다. 이는 국세기본법이 기업회계원칙의 존중을 명문화하였다고는 하지만, 실질적으로는 법인세법의 특별규정을 예외적으로 모두 인정함으로써, 기업회계원칙과 상충(相衝)되면 법인세법 회계의 우선 적용을 규정하고 있음을 고려하면, 근본적으로는 법인세법 회계의 우위성을 양보한 것이 아니었음을 확인하게 된다.[83]

따라서 1974년 국세기본법 제정 이후의 우리나라 법인세법 회계가 기업회계와의 상호갈등 또는 상호조정 시기로 보게 되는 것은 증권시장의 육성정책에 수반한 독자적인 지도원리로서의 기업회계원칙이 자생적인 성장 여건의 성숙은 물론, 그 역할과 기능이 확대됨에 따라 우위성을 견지하고 있던 법인세법 회계와의 충돌과 갈등을 초래했던 데서 찾을 수 있을 것이다.

상술한 바와 같이 1970년대의 전반기에 이르기까지 법인세법 회계는 경제개발계획의 시행과정에서 상당한 수준의 발전을 도모하면서 기업회계의 성장을 선도함으로써, 세무조정의 질을 향상하고 계산구조의 진화를 가져오게 하였다. 그렇지만, 이 시기의 기업회계는 사회적 지도원리의 기능과 역할이 성숙한 상황에 이르지 못했으므로, 법인세법 회계의 계산구조도 고도화된 수준으로 발전한 것은 아니었다.

그런데 1970년대 후반부터는 기업회계가 자생적으로 발전할 수 있는 사회환경이 성숙하고 지속적인 경제성장으로 기업회계의 기능과 역할이 향상됨에 따라 양자 간의 상충하는 부분이 확대되기에 이르렀다. 그로 인하여 성숙 단계(1974~1983)의 법인세법 회계는 기업회계와의 차이 해소를 위한 조정 문제를 중심으로 발전하게 되었다. 따라서 1976년에는 수출산업에 대한 세제상의 지원강화·중소기업보호 육성·기업공개의 촉진·조세의 경기조절기능 보강 등을 기본목표로 법인세법 개정이 이루어졌다. 각종

---

83) 임채주, 전게서, PP. 165~166, Passim.

준비금이 신설되었고 손금산입 항목이 대폭으로 늘어나 기업회계와의 조정대상 항목이 증가했음을 볼 수 있다. 과세표준을 산출하면서 손금산입의 범위가 확대되었고 외화채권·채무의 평가 방법이 기업회계원칙을 인정함으로써, 크게 개선되었음은 물론이다. 1978년에 이르러 법인세법의 개정을 통하여 각종 지원제도에 의한 준비금 항목이 확충되었음을 볼 수 있다. 여기서 해외시장개척준비금 항목과 수출손실준비금 제도가 확충되었다. 1982년의 법인세법 개정은 1979년 이래의 경기침체를 부양하기 위한 조세부담을 대폭 완화함과 동시에, 법인세법 회계와 기업회계와의 차이를 조정하기 위한 것이었다. 이때의 개정에서 법인세법 회계와 기업회계와의 상호조정에 관한 규정 대부분은 특별한 의미가 있다. 그동안 논란을 일으켜왔던 「증 2사항」의 폐지가 사실상 결정된 상황이었으므로, 양 회계 간의 불일치를 법인세법 회계 쪽에서 해소하려고 노력한 흔적이 보인다. 예컨대, 유가증권 처분 손익의 발생기준에 의한 인식은 물론, 고정자산 처분 손익에 대한 귀속년도 결정 기준의 변경과 이연자산 상각 처리에 관한 기업회계기준의 도입 등은 법인세법 회계와의 불일치를 해소하기 위한 노력의 단면이라고 할 수 있는 부분이다.[84]

③ 기업회계의 성숙과 법인세법 회계의 과세 기능 강화

1958년에 제정된 기업회계원칙은 1976년과 1981년의 두 차례에 걸친 개정을 거치면서 「기업회계기준」으로 탈바꿈하였다. 그것은 미국의 회계기준과 국제회계기준을 근거로 하는 회계이론의 관점에서 크게 진일보한 것이었다. 그 후 우리나라의 경제구조가 전환기에 접어들고 국내시장 개방이 단계적으로 이루어지고 기업회계의 환경이 달라졌음은 물론, 그동안 기업회계의 독자성을 크게 손상해왔던 「증 2사항」이 1984년에 폐지됨으로써, 기업회계기준을 정비해야 할 필요성이 대두되었다. 그래서 회계의 정보 지향적 목적에 부합되는 기업회계기준으로 개정·공표됨으로써, 기업회계의 독자성이 인정되기에 이르렀다. 「증 2사 항」의 폐지로 인한 대손 처리 방법의 수정과 퇴직급여충당금 회계의 정상화뿐만 아니라, 특별상각을 기간비용으로 인정하는 수정도 단행되었다. 기업회계기준 개정 이후의 보완작업으로 연결재무제표 기준의 별도 제정과 관계회사 주식평가 방법의 개선은 물론, 외화자산·부채의 평가환율 단순화와 업종별 회계처리를 격상하는 등, 기업회계기준과 관련된 정비가 이루어졌다.

그런데도 상법과 법인세법에 따른 기업회계기준 적용상의 개입, 예컨대 특별상각을 기업회계기준에서 인정하는 것 등과 같은 규정이 존재하고 있으므로, 기업회계 본래의 영역이 침해된 사실은 부인할 수 없는 문제점이었다. 그뿐만 아니라, 자본자유화 정책

---

84) 임채주, 전게서, PP. 167~170, Passim.

이 추진됨으로써, 자본시장 개방이 진행되었고 기업회계와 법인세법 회계의 독립성 문제가 이해관계자의 정보요구 증대로 인하여 문제화됨으로써, 기업회계기준의 새로운 검토대상이 되었음은 물론이다. 그리하여 1985년과 1989년 및 1990년에 기업회계기준의 개정으로 이어졌다. 특히 1990년에 개정된 기업회계기준의 개정 배경은 한국기업의 국제화 및 자본자유화에 대비하여 회계원칙에 충실한 회계처리 방법으로 접근할 필요성에서 비롯된 것으로 볼 수 있다. 그에 따라 기업회계기준은 종래의 비판대상이 되었던 회계정보의 조작 가능성과 신뢰성 훼손에 대한 보완책을 마련하였다고 한다. 그리고 본격적인 자본시장의 개방을 앞둔 시점에서 기업의 경영활동을 적정하게 공시하는 데 새로운 회계기준이 필요했다는 점을 들 수 있을 것이다.

이렇듯 1980년대 이후의 회계기준 전개 과정에서 보면, 「증 2사항」이 폐지됨으로써, 기업회계와 법인세법 회계의 독자적인 계산원리가 상호 독립적으로 확립되었고 기업회계기준의 개정을 통해 기업회계의 이론적 심화가 실현되고 회계환경의 변화에 따른 회계기준 영역이 확장되었을 뿐만 아니라, 기업의 회계실무를 지도하는 규범의 지위가 확보되었다는 것은 한국 기업회계의 성숙도를 가늠할 수 있는 부분이다. 따라서 법인세법 회계는 기업회계와 서로 다른 본래의 기능을 수행하기 위하여 제도적 개선과 법인세법 회계 고유의 과세 기능 강화에 주력하게 되었다.[85]

특히 경제환경의 호전으로 국내 경기가 활기를 띠게 되고 국제수지의 흑자를 보이는 상황에서 세수 확보와 연관된 법인세법 회계의 역할은 형평과세와 소득재분배의 문제 등, 사회복지 기능이 확대되었다. 이에 따른 법인세법 개정이 이루어졌고 준비금 제도의 폐지와 수정은 물론, 각종 기금과 연금의 신규투자자 지정 등, 증권시장 정책상의 조치에 따라 수정됨으로써, 기업회계와 법인세법 회계는 상호 간의 독자성을 강화하는 방향으로 추진해나갔다. 그리고 1990년대에 들어와서는 증권시장의 활황을 계기로 각종 자본거래를 통한 변칙적인 상속·증여를 규제하는 데 치중함으로써, 법인세법 회계는 과세 기능 강화를 추진하지 않을 수 없게 되었다. 더욱이 자본거래의 악용으로 인한 조세 탈루를 방지하기 위하여 자기주식의 소각이나 재평가적립금의 자본전입을 의제배당에 포함하는 등, 의제 배당과세의 범위를 확대했음을 볼 수 있다.

1990년 3월 기업회계기준의 개정에서는 증권시장과 기업환경을 반영하여 기업회계기준에 충실한 회계처리 방법을 규정하도록 함으로써, 오히려 기업회계가 법인세법 회계를 선도하는 현상이 나타났다. 이는 어떤 의미에서 보면 1964부터 1990년까지 법인세법 회계와 기업회계의 상호공존기간이 1991년 이후부터는 기업회계의 독자성 심화와 회계환경의 수용에 의한 법인세법 회계의 적응 또는 수용으로 볼 수 있는 기업회계 우위기가 시작되었다고 할 수 있는 부분이다. 그런데 1994년의 법인세법 개정내용은 기업의

---

85) 임채주, 전게서, PP. 182~185, Passim.

세 부담을 완화하고 법인세법 회계와 기업회계의 차이를 조정하는 방향으로 이루어졌다. 기업의 세 부담을 완화하기 위하여 법인세율을 완화하였을 뿐만 아니라, 접대비의 손금 인정 한도액을 상향 조정하고 가산세 제도를 완화하였다. 금융실명제의 정착과 기업의 경영개선을 통한 기업경쟁력 강화를 지원하기 위하여 법인세율을 과세표준액 1억 원 이하 분에 대하여 종래의 20%에서 18%로, 그리고 1억 원 초과분에 대해서는 종래의 34%에서 32%로 인하하였음을 볼 수 있다. 그리고 상품과 제품의 손익귀속 시기와 할부와 연불조건판매의 손익귀속 시기 및 지급이자의 손익귀속 시기는 물론, 장기외화채권·채무 평가차익의 처리 방법과 건설자금이자의 계산 방법, 그리고 준비금·특별감가상각비 등의 신고조정 등, 법인의 과세소득 계산 시에 손익의 귀속시기와 비용의 기간 배분 등에 대하여 기업회계기준과는 다르게 규정하고 있는 부분에 대해서는 기업회계기준에 맞추어 줌으로써, 세무조정에 따른 납세 비용을 최소화하고 과세 관청과 납세자 간의 조세마찰 소지를 줄이도록 함으로써,86) 기업회계와 법인세법회계의 차이를 조정하였다. 이러한 기업회계원칙 존중의 분위기는 1994년의 법인세법 개정을 통하여 확실히 기업회계 우위의 시기로 전환되는 상황에 있었음을 확인하게 된다.

이 무렵의 기업회계기준과 법인세법은 손익의 인식기준을 비롯하여 자산평가와 자본거래 등의 많은 부분에 차이를 보인다. 특히 자본거래부분과 1990년에 개정된 기업회계기준에서 새로 규정된 현재가치평가나 신금융상품의 회계처리규정에 대해서는 아직 법인세법에 규정되어 있지 않은 등, 차이가 확대된 부분도 있어서, 이 부분에 대한 양 회계의 접근방안이 마련되어야 할 필요성이 제기되었던 사실을 상기해야 할 것이다.87)

5) 기업회계기준의 국제화 및 법인세법 회계와의 제도적 조정

(1) 기업회계기준의 국제화 환경

그동안 비약적인 발전을 구가하던 한국경제는 1990년대에 이르러 심각한 경제환경의 변화를 경험하게 된다. 우선 국가 간 장벽을 허물어가는 범세계적 조류에 부응하여 한국경제의 대외 개방이 과감하게 추진된 국제화의 환경변화를 들 수 있다. 우루과이 라운드 합의로 인한 1995년에 WTO 체제의 새로운 무역 질서가 출범함으로써, 한국경제는 세계화(globalization)의 물결에 편승하여 새로운 발전을 모색하게 되었다. 한국 정부는 이에 부응하여 정부의 해외투자 기준 완화는 물론, 국내시장의 개방을 통하여 기업의

---

86) 한국조세연구원, 『한국조세정책50년』 제1권, (법인세자료집, 1997년 12월).; 임채주, 전게서, PP. 190.
87) 임채주, 전게서, PP. 186~190, Passim.

글로벌화를 가속했으며 경제의 대외개방도 이루어지기에 이르렀다. 이러한 한국경제 글로벌화 선언에 발맞추어 한국 정부의 해외투자 기준 완화와 국내시장 개방조치가 국내기업의 해외 진출 열풍을 일으켰다.

그뿐만 아니라, 우리나라의 경제환경은 외환위기(IMF救濟金融)의 소용돌이 속에 휘말려 들어간 전대미문의 불황에 휩싸였다. 국내 외환보유고의 고갈로 인하여 1997년 IMF로부터 자금을 차입하게 되는 상황에 부닥치게 되었다. 갑자기 몰려온 경제 불안정을 해소하기 위하여 강도 높은 구조조정이 시행되었으며 실추된 시장 신뢰를 회복하여 금융시장을 정상화하고 한국경제의 체질을 혁신하는데 경제정책의 초점을 맞추었다. 대부분 금융 부문과 기 부문에 구조개혁이 이루어졌고 대외적으로는 외국인 투자를 위한 개방정책도 함께 진행되었다. 금융감독체계를 강화하고 부실 금융기관을 정리하여 정상화하는데 목표를 두었다. 기업지배구조의 개선과 공정경쟁 질서를 확립함과 동시에, 기업의 재무구조개선을 위한 제도개혁에 박차를 가하였음은 물론이다. 이러한 조치는 국제금융을 제공한 IMF의 요구사항을 반영한 것으로서 외채를 조속히 상환할 수 있도록 함과 동시에, 산업구조조정과 노동시장의 유연화 및 기업경영의 투명화 등을 지향함으로써, 한국경제의 체질 개선에 온 힘을 기울였다. 그 영향으로 한국 사회는 전반적으로 새로운 환경변화를 경험하게 되었으며, 산업 전반에 걸친 회계의 투명성 확보와 더불어 국제회계의 도입을 위한 기업회계기준의 개정에 박차를 가하게 되었다.

WTO 체제하에서 국제간 거래의 투명성을 강조하고 있는 상황에서 경영환경변화에 신속하게 대응할 수 있는 회계시스템의 정비는 당연한 절차였다. 기업환경이 국제화되어감에 따라 그에 상응하는 신뢰성 있고 목적 적합한 정보를 제공할 수 있도록 정비한다는 것은 기업회계의 글로벌화를 의미한다. 기업경영의 투명성을 확보하기 위한 회사관계 법령의 개정과 더불어 기업회계기준의 글로벌화를 지향하는 개정이 이루어졌다. 1999년 1월 1일 자로 한국회계연구원이 개설되었고 2000년 1월 12일 자로 「주식회사의 외부감사에 관한 법률」(제13조 제4항)에 따라 금융감독위원회는 이해관계자의 보호와 국제적 회계처리 기준의 합치 등을 위하여 필요하다고 인정될 때는 회계기준의 수정을 요구할 수 있게 되었다. 이에 따라 한국의 회계기준 제정기관으로 지정된 한국회계연구원은 기업회계기준의 제정과 관련된 업무를 수행하기 시작하였다. 그래서 탄생한 것이 「기업회계기준서」와 「기업회계기준해석서」이다. 그리고 회계기준의 제정과 회계실무의 기본방향과 지침을 제시하기 위한 기본 틀을 제공하기 위하여 「재무회계의 개념체계」를 제정·공포함으로써, 회계기준의 글로벌화를 향한 풍향계를 설정하였다. 이를 기초로 하여 한국회계연구원은 한국회계기준원으로 개칭하고 2007년부터 국제회계기준의 수용을 선언함과 동시에, 한국채택국제회계기준(K-IFRS)을 제정하여 1911년부터 우리나라의 모든 기업에 적용하도록 하였다.[88]

(2) 기업회계와 법인세법회계의 관계 정립

1994년 12월 22일에 개정된 법인세법에 따르면, 법인의 과세소득을 계산할 때 손익의 귀속시기 및 자산의 평가는 6가지의 예외 사항을 제외하고 기업회계기준에 의한다는 기업회계 우위 규정이 신설되어 있다. 그러나 이 규정은 조세법률주의 그리고 기업회계와 법인세법 회계목적 및 기능 차이 등을 무시한 처사라는 비판과 더불어 과세형평상의 문제점이 있다는 비판이 제기됨으로써, 조세정책 당국에서는 1998년의 법인 세법개정 시에 법인세법 회계에서 기업회계기준을 선별적으로 수용하기에 이르렀다.

1998년 12월 28일의 법인 세법개정에서 법인세법은 우선으로 기업회계기준을 적용하던 종래의 방침에서 벗어나 독자적인 법인세법 체계를 갖춤으로써, 법인세법이 기업회계기준을 보충적으로 적용하는 체제로 전환했다.[89] 그것은 법인세법(제43조)에서 과세소득을 계산할 때 법인이 일반적으로 공정 타당하다고 인정되는 회계기준을 계속하여 적용했을 때는 법인세법 및 조세특례제한법에서 다르게 규정하고 있는 경우를 제외하고는 기업회계기준이나 관행에 따른다고 함으로써, 법인세법에서 소득의 있음과 자산·부채의 평가에 관한 기준을 권리의무확정주의에 따르도록 규정함과 동시에, 기업회계기준을 따르면 법인세법에서도 그대로 수용하도록 하였다. 한편, 기업회계에서 법인세법이 정하는 환율(換率)을 따르도록 하는 점, 기업 회계상 감가상각비를 계산하면서 잔존가액과 사용 연한을 추정할 때 법인세법을 따랐다는 것만으로는 합리적인 근거가 될 수 없다는 해석에도 불구하고 회계 실무상 내용연수와 잔존가액에 관한 판단은 법인세법에 정한 방법을 따르고 있는 점을 고려하면, 이는 상호의존이나 존중의 시기를 따른 것으로 볼 수 있다는 것이다.[90]

<표11-10>에서 보는 바와 같이 1998년의 법인세법 중 주요 내용은 손익의 귀속시기에 관하여 법인세법 제40조의 개정을 통하여 익금과 손금이 확정된 날(권리의무확정주의)이 속하는 사업연도를 손익의 귀속사업 연도로 확정하였음을 볼 수 있다. 그리고 자산의 취득가액에 대해서도 법인세법 제41조에 의하여 취득원가주의를 고수하였고, 자산·부채의 평가에도 동법 제42조의 개정을 통하여 취득원가주의를 고수하였다. 이는 기업회계의 시가주의나 저가주의 및 현재 가치평가 등의 방법을 배척하는 것으로 볼 수 있는 대목이다. 따라서 법인세법 제43조의 기업회계기준의 존중 조항은 현실적으로 적용될 여지가 줄어들게 되었음을 인지해야 할 것이다. 그 이유는 기업회계와 법인세법회계의 차이가 발생하는 영역이 손익의 귀속시기에 의한 차이와 자산·부채의

---

88) 이헌창, 『한국 경제 통사』(서울, 도서출판 해남, 2018), PP. 635~669, Passim.
89) 손기원, 「기업회계와 세법의 차이 조정방안」(한국공인회계사회, 『월간 공인회계사』 1월호, 2002), P. 32.
90) 임채주, 전게서, PP. 232~233, Passim.

평가 방법에 따른 것으로서 법인세법에서 손익의 귀속시기와 자산·부채의 평가 방법에 대하여 명백한 방침을 자체 규정으로 밝히고 있기 때문이다.

<표 11-10> 1994의 법인세법과 1998년 법인세법의 회계규정 내용비교

회계구분	1994년의 개정법인 세법(1995~1998)	1998년의 개정 법인세법 개정 이후
손익의 귀속시기	원칙 : 기업회계기준 적용 예외 : 이자수익의 귀속시기 등. 　　　네거티브 항목 규정	원칙 : 권리의무확정주의 예외 : 법인세법 및 조세특례제한법 　　　에 규정되지 않으면 기업회계 　　　기준 적용.
자산·부채의 평가	원칙 : 기업회계기준 예외 : 재고자산 평가 등, 　　　네거티브 항목 규정	원칙 : 취득원가주의 예외 : 법인세법 및 조세특례제한법에 　　　규정되지 않으면 기업회계기준 적용

<자료 : 임채주, 『세무 회계사』(서울, 삼일인포마인, 2005), P. 233.>

　　1999년 말의 법인세법의 개정내용은 지주회사(持株會社)의 배당소득에 대한 이중과세의 조정제도와 유동화전문회사에 대한 과세특례 및 이익처분에 의한 성과 배분 상여금의 손익 인정 그리고 이연자산상각 방법의 보완 등을 들 수 있다. 지주회사의 배당소득에 대한 이중과세의 조정제도는 독점규제와 공정거래에 관한 법률상의 지주회사가 일정 요건을 갖춘 종속회사로부터 받은 배당소득의 일정률에 해당하는 금액을 익금불산입 하는 제도로서 1999년 4월부터 법인세법에 따라 설립이 허용된 지주회사의 원활한 설립과 운영을 세제상 뒷받침하게 되었다. 그리고 지주회사의 경우는 종속회사로부터 배당이 주된 수입금액을 감안하여 배당소득에 대한 이중과세를 조정·해소하는 제도이다. 그리고 유동화전문회사에 대한 과세특례는 그 회사가 기본적으로 자산유동화를 위하여 설립된 유령회사(paper company)로서 일반법인과 달리 도관(導管 : conduit)의 성격이 강한 점을 고려하여 유동화전문회사를 통한 외자 유치 및 금융기관의 부실채권 정리를 지원하려는 의도에서 도입된 제도이다. 그뿐만 아니라, 1998년 2월의 노사정(勞使政) 합의에 따라 성과급 활성화를 통한 노사관계의 안정과 생산성 향상을 지원하기 위하여 기업의 이익으로 근로자에게 성과급을 지급할 경우, 이를 손비로 인정하는 규정을 신설하였으며 회사별 특성에 따라 상각 기간의 범위 내에서 회사가 선택한 기간에 균등액을 상각할 수 있도록 이연자산의 상각방법을 보완함으로써, 종래의 이연자산 상각의 경직성을 보완하고 소득조정의 소지를 제거하였다.[91]

　　2000년 12월의 개정 법인세법에서는 금융기관 등에 대한 세제지원을 확대하기 위하

---

91) 林采柱, 前揭書, PP. 233~235, Passim.

여 금융기관의 상각 요건 개선과 기업구조조정투자회사의 배당에 대한 소득공제 제도를 도입하였고 업무와 관련 없는 부동산의 범위를 확실히 하고 업무와 무관한 부동산의 범위를 완화하는 등, 제도 개선한 것을 볼 수 있다. 그리고 기업구조조정의 활성화를 위하여 합병과 분할 등, 구조조정지원을 위한 세제를 개선하였다.

1998년 12월의 법인세법 개정 이후 가장 큰 변화는 2001년 12월의 법인세법 개정에서 나타났다. 그 내용은 1998년 개정법인 세법의 큰 흐름을 유지하면서 일부의 항목을 보완하는 것이었다. 2001년 12월의 법인세법 개정내용을 구체적으로 살펴보면, 우선 법인세부담의 경감을 위하여 법인세율을 28%에서 27%로 인하였으며, 초과 소득 과세제도의 폐지, 증빙불비 가산 세율의 인하, 대손충당금 손금산입 특례 적용대상 금융기관의 범위 확대, 그리고 우리사주 조합에 대한 출연금의 손비인정 등이 반영되었으며, 기업구조조정과 금융구조조정을 지원하기 위하여 합병 시 이월결손금 승계요건을 완화하고 기업의 구조조정용 부동산에 대한 투자 활성화를 통하여 기업구조조정 부동산 투자회사에 대한 배당소득공제 허용 등을 포함했다.

2001년 개정인 세법의 특징은 세 부담의 경감을 위하여 법인세율의 인하와 더불어 기업회계와 법인세법회계의 차이를 조정하기 위한 법 개정을 단행한 것이다. 그동안 법인세법이 기업회계와의 차이가 있었으므로, 실무에서 불편했던 점에 대하여 법인세법이 기업회계기준을 수용하여 기업회계와 법인세법의 차이를 줄이고 세법 실무의 편의성을 도모한 개정이었다고 할 수 있다.

2002년의 법인 세법개정에서는 법인세법 회계와 기업회계의 차이를 조정하기 위하여 무형자산의 범위가 조정되었다. 여기서 창업비는 당기 비용으로, 개발비는 연구비와 구별하여 판매·사용 가능 시점부터 20년 이내의 합리적인 기간 상각할 수 있도록 하였으며, 특수관계자 간 사업양수도시(事業讓受渡時)에 고정자산취득금액에 대하여 기업회계기준과 법인세법상 차이가 있는 경우에는 손비로 계산할 수 있도록 개정하였다. 그리고 세 부담 경감을 위해 미납부 가산세율 등을 인하하고 과세이연 대상 국고보조금의 범위를 확대하였음은 물론, 법인세법상 특수관계자의 범위를 조정하였다. 구조조정 세제를 보완하기 위하여 기업합병 시에 승계받은 이월결손금 공제요건을 완화하였음은 물론, 금융지주회사의 자회사 자금지원에 대한 세제상의 규제를 완화하고 그 외의 업무무관 자산 가액의 산정 방법을 보완하였음을 엿볼 수 있다.

2003년 이후의 개정 법인세법에서는 법인의 조세부담을 경감하여 국제경쟁력을 높이고 투자 활성화를 촉진하기 위하여 2001년에 27%로 인하한 세율을 재차 2%를 내리고 2005년부터는 25%가 되도록 조정하였으며, 유형고정자산의 감가상각 내용연수를 조정함과 동시에, 중소기업에 대한 법인세의 최저세율을 인하하였다. 그리고 연구개발비에 대한 최저세율의 적용배제와 간접 외국 납부법인 세액 공제대상을 확대하였으며, 벤처기업 인수·합병 등에 대한 지원을 위하여 이월결손금 승계요건을 완화하였음은 물론,

법정관리 법인의 채무출자 전환 시의 채무면제이익을 관세 이연 받을 수 있게 하였다.[92]

상술한 바와 같이 제한적이기는 해도 기업회계와 법인세법회계의 공존은 1998년의 법인세법 개정 이후 조세정책의 기본방향이었으며, 이러한 조세 정책적 흐름은 최근에 이르기까지 법인세법 회계가 기업회계기준을 상당한 부분 수용하면서 그 차이를 줄임과 동시에, 조세 실무의 편의성을 높이는 방향으로 법인세법 회계가 보완·조정되어가고 있다는 사실을 인식할 필요가 있다.

(3) 기업회계와 법인세법 회계 사이에 잔존 하는 차이 조정의 이연 법인세 회계

1998년 12월의 개정 법인세법에서 손익의 귀속시기와 자산·부채의 취득과 평가에 있어서 기업회계기준 우선 적용 규정을 폐지하였으나, 외환위기(IMF 구제금융) 이후 기업회계의 글로벌화로 인하여 기업회계가 회계실무를 지도하는 규범으로 정착함에 따라 법인세법 회계는 이러한 환경변화에 순응하여 기업회계기준의 내용을 적극적으로 수용하는 방향으로 전환하였다. 그러나 기업회계기준의 개정내용을 법인세법에 반영하는 데 필요한 시간 차이와 법인세법 회계 고유의 특성으로 인하여 아직도 법인세법 회계와 기업회계 사이에는 다음과 같은 몇 가지 차이가 존재하고 있다.[93]

첫째, 수익 인식의 경우에 일반적으로 법인세법은 권리의무확정주의에 따른 별도의 규정이 설정되어 있음에도 불구하고 수익 비용 대응의 원칙에 의한 회계처리를 인정해 주고 있으므로, 기업회계기준에 의하여 수익을 인식하게 되면, 세무조정이 이루어지지는 않는다. 그러나 용역매출 및 예약매출의 경우, 장부불비 등을 이유로 하여 작업 진행률을 산정할 수 없을 때는 법인세법에서 인도기준으로 손익을 인식하지만, 기업회계에서는 발생 비용의 범위 내에서 회수 가능한 금액을 수익으로 인식하도록 규정하였다.

둘째, 자산·부채의 평가에 즈음하여 법인세법 회계와 기업회계는 모두 취득원가주의에 의하게 되어 있으나, 기업회계의 경우에 일부의 자산과 부채에 대해서는 공정가액·현재가치·지분법·저가 기준 등을 적용하여 평가하고 있다. 그리고 재고자산 평가감의 경우에는 법인세법 회계와 기업회계가 유사하지만, 법인세법상 재고자산의 평가는 법인이 원가법과 저가법 중에서 납세지 담당세무서장에게 신고한 방법에 따르도록 규정되어 있다. 그런데 저가법의 경우는 재고자산을 원가법과 기업회계기준이 정한 바에 따라 저가로 평가한 가액 중에서 낮은 편의 가액을 평가액으로 하도록 규정되어 있다. 유가증권의 경우에 기업회계는 보유목적에 따라 평가원칙을 다르게 하고 있으나, 법인세

---

92) 임채주, 전게서, PP. 236~238, Passim.
93) 상게서, PP. 239~241, Passim.

법 회계에서는 저가법을 고수하고 있다. 기업회계에서는 수선충당금을 계상하고 복구추정 비용을 현재가치로 환산하여 유형자산의 취득원가에 반영함과 동시에, 복구 충당부채로 계산하게 되어 있으나, 법인세법에서는 이를 비용으로 인정하고 있지 않다.

셋째, 무형자산의 상각은 기업회계기준에서 정액법·생산량비례법·체감가액 법·연수합계법 등을 적용할 수 있으나, 법인세법에서는 정액법·생산량비례법 또는 균등 액 상 각(開發費의 경우)만 인정하고 있을 뿐이다. 영업권의 상각에도 기업회계기준에서는 20년 이내의 기간 합리적으로 상각하게 되어 있으나, 법인세법에서는 5년을 적용하여 정액법으로 상각하게 되어 있다. 창업비는 무형자산으로 분류하던 것을 기업회계기준에서 비용으로 인식하자 법인세법에서도 이를 수용하여 2002년 12월에 법인세법을 개정하여 기업회계기준과 일치시켰음을 볼 수 있다. 그리고 법인세법에서는 연구개발비가 5년 동안 이연할 수 있게 되어 있었으나, 연구비는 당기 비용으로 하고 개발비는 제품의 판매 및 사용 가능일로부터 20년 이내의 신고한 기간 균등하게 상각하도록 보완함으로써, 기업회계기준에 근접하게 되었다.

넷째, 금융비용의 자본화 경우에는 기업회계기준에서 금융비용을 원칙적으로 기간비용으로 인식하되 자본화를 선택적으로 적용할 수 있도록 규정하고 있으므로, 만약 고정자산의 건설에 든 차입금의 이자에 대하여 기업회계기준 상 건설자금이자를 계상하지 않고 있으면, 반드시 세무조정을 거쳐야 하며 재고자산 등, 고정자산 이외의 자산에 대한 건설자금이자를 자본화한 경우에도 세무조정 사항을 발견하게 된다는 것이다.

다섯째, 전환증권의 경우에는 발행자의 세무 처리에 대하여 법인세법상 특별한 규정을 두고 있지 않기 때문에, 기업회계기준에 따라 처리하면 되지만, 전환증권 보유자의 처지에서는 법인세법상 유가증권을 원가법으로 평가하도록 규정하고 있어서, 차이가 발생할 때는 세무조정이 필요하게 된다는 것이다.

여섯째, 금융리스의 경우에는 리스물건의 리스 실행일 현재의 취득가액을 임대인으로부터 차입하여 그 리스물건을 구입한 것으로 보아, 소유자산과 같은 방법으로 감가상각한 당해 리스자산의 감가상각비와 대금 결재조건에 따라 지급하기로 한 리스료 중에서 차입금에 대한 이자상당액을 각 사업연도 소득금액 계산상 손금에 산입하도록 되어 있다. 그렇지만 장기할부 매출 거래의 경우, 이자 해당액은 기간의 경과에 따라 수익으로 인식하도록 한 규정과 판매대가 장기간에 걸쳐 유입되는 경우의 공정가액은 미래에 받을 금액의 합계액, 즉 명목가치의 현재가치로 측정할 수 있도록 한 규정을 법인세법 회계에서는 아직 인정되지 않은 부분이다.

이 밖에도 기업회계기준과 법인세법회계의 법체계나 유권해석 등의 차이로 인하여 잔존하는 문제점으로 법인세법이 기업회계기준과 보조를 맞춤으로써, 해결될 수 있는 차이로서는 다음과 같은 유형이 존재한다. 첫째로 합병차익은 기업 회계상 부(負)의 영업권으로 그 성격에 따른 환입 절차를 밟게 되며, 분할차익은 기업회계기준에서 주식발행 초과금으로 분류되지만, 법인세법에서는 합병차익과 분할차익을 익금 불산입하되, 합병평가차익과 분할평가차익에 대해서는 익금산입하도록 규정되어 있으므로, 세무조정이 요구된다. 둘째로는 파생상품 회계처리를 위한 기본통칙(법인세법 기본통칙 40-71---22)에서 『파생상품의 거래로 인한 익금 및 손금의 귀속 사업연도는 그 계약이 만료되어 대금을 결제한 날 등, 당해 익금과 손금이 확정된 날이 속하는 사업연도로 한다. 또한 당해 익금과 손금의 귀속 사업연도 이전에 파생상품에 대하여 계상한 평가손익은 각 사업연도의 소득금액을 계산하면서 이를 익금으로 산입하지 아니한다.』라고 규정하였다. 따라서 이 법인세법의 기본통칙은 『내국법인 각 사업연도의 소득금액 계산에 있어서 그 법인의 익금과 손금의 귀속 사업연도와 자산·부채의 취득·평가에 관하여 일반적으로 공정 타당하다고 인정되는 기업회계기준을 적용하거나 관행을 계속 적용해 온 경우, 이 법 및 조세특례제한법에서 달리 규정하고 있는 경우를 제외하고는 당해 기업회계의 기준 또는 관행에 따른다.』라고 규정한 법인세법(제43조)에 배치된다.

    세 번째는 대손충당금의 세무조정을 총액법으로 하도록 하면서 기업 회계상 순액법(補充法)을 적용한 때도 총액법을 적용한 것으로 본다거나, 자본적 지출에 충당한 국고보조금의 경우, 상각충당금 등으로 손금산입하는 경우, 법인세법이 기업회계기준과 달리 규정하고 있으나, 실질적으로 과세소득은 달라지지 않는다. 다만, 번거로운 절차를 거쳐야 하는 일 외에 법인세법에서 달리 규정할 특별한 이유가 없는 경우도 있다.

    끝으로 기업회계기준 상 자본에서 수익으로 이전된 합병차익(負의 營業權 還入), 자산수증이익과 채무면제이익 등과 같은 항목 중 일부가 법인세법에서 여전히 자본 항목으로 취급되고 있으므로, 발생하는 문제점 등은 법인세법이 기업회계기준과 보조를 맞추어, 해결의 실마리를 찾아야 할 것으로 보인다.[94]

    상술한 바와 같이 기업회계와 법인세법 회계와의 사이에 발생하는 세무조정 차이로 인하여 회계상의 문제가 발생하게 되었음은 주지하는 바와 같다. 당시에 국제환경변화에 대응하는 조치가 강구됨으로써, 외국자본의 유입과 시장개방을 바람직한 방향으로 유도하려는 노력이 있었다. 그 결과는 1996년 3월 30일의 제7차 기업회계기준 개정으로 이어졌고, 회계정보의 적정공시 요구에 부응하기 위한 차원에서 기업회계기준의 글로벌화가 이루어졌다. 따라서 시가주의 회계가 도입되었고, 수익 인식기준이 확대되는 결과를 가져왔다. 이익잉여금의 분류 및 표시 방법이 개선되었음은 물론, 재무제표의 공시방법을 개선함과 동시에, 비 가능한 회계기준의 단일화가 확립되었다.

    이러한 변화의 과정에서 기업회계기준과 법인세법 회계와의 사이에 존재하는 차이(差異 : 稅效果) 문제를 조정하기 위하여 이연법인세 회계(tax effect accounting : 稅效果會計)[95]가 제도화되었다. 이는 기업 회계상의 당기순이익과 법인세법상의 각 사업연도 소

---

[94] 상게서, PP. 240~242, Passim.

득이 서로 다르므로, 그 차이를 조정하기 위하여 이루어진 것이다. 그 이전에는 기업회계기준의 손익계산서상 비용항목인 「법인세 등」의 표시를 손익계산서상 법인세차감전이익을 기준으로 할 법인세(稅務調整申告書上의 法人稅)로 표시하였으나, 이러한 표시 방법은 비용이 수익과의 인과관계에 따라 인식되어야 한다는 수익 비용 대응의 원칙에 어긋나는 회계처리로 평가됐었다. 이러한 불합리한 회계처리를 해소하기 위하여 개정된 기업회계기준에서 손익계산서상 법인세는 해당 사업연도 소득금액에 대하여 실제 납부해야 할 법인세가 아닌 손익계산서상의 법인세차감전이익(稅前利益)에 대응되는 법인세로 하도록 하였다. 그러나 새로 도입된 이연법인세 회계는 실무계의 수용을 쉽게 하려고 시행을 2년간 유예(1998년 4월 1일 이후 최초로 시작하는 회계연도부터 적용) 하였다.

기업 회계상의 당기순이익과 법인세법 회계상의 각 사업연도 소득의 차이 원인은 크게 나누어 영구적 차이와 일시적 차이로 구분된다. 여기서 영구적 차이는 과세표준에는 포함되지만, 회계이익에 포함되지 않거나, 과세표준에도 포함되지 않지만, 회계이익에는 포함되는 차이를 일컫는다. 이러한 차이는 주로 조세 정책적 또는 사회적 목적에서 기인한 법인세법 규정에 따라 발생하는 경우가 많다. 그런데 일시적 차이는 특정 회계기간에는 회계이익과 과세표준에 차이가 있지만, 그 차이가 차기 이후의 회계연도에 반드시 반대로 나타나는 항목들이다. 이러한 일시적 차이는 어떤 회계거래에 대한 인식 시기가 기업회계와 법인세법 회계에 있어서 서로 다르므로 발생하는 것이다. 따라서 영구적 차이와 일시적 차이는 모두가 회계이익을 과세표준으로 조정하는데 고려되어야 하지만, 영구적 차이는 발생 연도의 과세표준에만 영향을 주는 것일 뿐, 미래의 과세 대상 자금이나 공제대상 금액에 미치지 못하므로 법인세의기간배분 대상이 되지 않는다. 그 때문에 차이 조정을 위한 이연법인세 회계가 제도적으로 확립되었음은 당연한 귀결이었다고 할 수 있다.

3. 한국 법인세법회계의 제도적 지향점

1) 법인세법 회계와 기업회계기준의 차별화 필요성

회계의 사회적 기능이 확대되어감에 따라 조세부담의 공공성과 배분 질서의 형성이라는 조세 문제가 중요시되기에 이르렀다. 이러한 조세 문제의 해결을 위하여 회계의 기본원리와 방법을 활용한 조세부담능력 측정이 요청됨으로써, 세법 회계의 영역이 생성·발전되어 왔다. 특히 법인세법회계의 형성 원인은 회계가 지닌 사회적 기능으로

---

95) 삼일회계법인, 『이연법인세 회계』(서울, 삼일세무정보 주식회사, 1999). & 고승희, 『세 효과 회계론 연구』, (서울, 한국세무사회 부설 한국 조세연구소, 2001) 참조.

인하여 조세 문제가 사회적 문제로 대두됨에 따라 그 해결을 위한 새로운 회계영역으로 성립되도록 사회가 요구했기 때문이다.

이렇듯 회계의 생성·발전과정에서 시대적 환경에 따라 기업회계와 법인세법 회계는 상호의존성이 있고 양자 중 어느 한쪽이 우위를 하기도 하면서 진화됐다. 최근에 이르러 한국경제의 글로벌화 및 개발화로 인하여 기업활동이 국제적으로 급속히 변신함으로써, 기업회계뿐만 아니라, 법인세법 회계도 발 빠르게 새로운 영역을 개척해왔다. 이 과정에서 회계환경의 변화에 대한 실무적용성과 수용성 측면에서 기업회계 분야가 상당한 발전을 이루었으나, 한편으로는 기업회계의 영역에서 정착된 회계제도들이 법인세법 회계에서도 채택되는 사례가 속출하는 등, 기업회계와 법인세법회계의 상호조정과 관계 정립이 이루어져 왔을 뿐만 아니라, 양자 간의 보완관계가 확대되는 등, 우리나라의 법인세법 회계도 성장단계에서 성숙단계를 거쳐 사회경제적 환경에 적합한 관계 정립을 위하여 학계와 실무계를 중심으로 활발한 연구 활동이 이루어지고 있다. 그렇지만 양 회계 간의 상호조정과 보완관계의 확립에도 불구하고 현실적으로 수용할 수밖에 없는 실질적인 차이가 존재하기 때문에, 그에 대한 일치화의 노력보다는 기업회계와 법인세법회계의 차별화가 필요하다는 상황인식에서 새로운 관계 정립을 위한 고찰이 필요하다고 생각한다. 따라서 이와 관련된 기업회계와 법인세법회계의 차별화의 필요성, 즉 현실적으로 양자를 일치시킬 수 없는 근본적인 이유에 관하여 선구자의 연구 문헌을 통해 접근해 보기로 한다.[96]

첫째, 일반적으로 세법은 조세 징수를 통하여 국가재정을 충당하기 위한 목적에서 설정된 법률이기 때문에, 그것은 과세에 따라 사회경제적 수요를 따르기 위하여 활용된다. 그렇지만, 투자자와 채권자의 의사결정에 유용한 정보를 제공하려는 기업의 재무보고목적에 부합하는 것은 아니다. 기업회계는 목적 적합성이 없거나 비교가능성이 불가능한 것들은 제외될 수밖에 없으므로, 특이하고 예외적인 문제에 대해서는 포괄적인 범주에 속하는 것으로 처리하고 있다. 그런데 세법 회계는 과세소득의 산정을 위한 것으로서 실질과세 및 공평과세의 원칙을 준수해야 하므로, 납세자의 사정에 부합하도록 세밀하게 과세소득의 산정기준을 설정하지 않으면 안 된다. 납세자의 경우는 조세회피를 목적으로 일반적으로 수용되는 회계처리 기준에 의하지 않고 공정하지 못한 회계처리를 지향하는 속성이 있으므로, 예외적인 회계처리 문제에 대해서도 세밀한 주의를 요구하게 되는 것이다.

둘째, 세법에 따른 회계는 과세의 공평성과 효용성을 추구하기 위한 강제규범이기 때문에, 그 종류와 내용 면에서도 기업회계기준과는 다르게 질적·양적인 처리기준이 설

---

96) 이우택, 「기업회계와 세무회계의 일치론에 대한 비판적 연구」(회계학 연구, 제22권 제2호, 1997)

정되어 있다. 특히 법인세법 회계는 조세법률주의 원칙에 의해 제약을 받게 되기 때문에, 규정되는 문구에서도 다양한 해석이 가능하고 조세회피를 방지하기 위한 실질적이고 공평하게 과세하기 위하여 용의주도하게 과세 기준을 설정하지 않으면 안 된다. 조세 입법은 정교해지고 있음에도 불구하고 기업회계는 유연하게 이루어지고 있다.

셋째, 법인세법에 따른 과세소득의 산정은 피 과세주체가 납부해야 할 법인 세액을 결정하는 것으로서 납세자의 재산권을 침해하는 행위라고 할 수 있다. 여기에는 엄격한 법적 요건과 일정한 절차를 준수해야 하는 강제규범으로서 적법성이 중요한 쟁점으로 부각되게 마련이다. 그 규정을 위반했을 때는 추징 과세라는 재산권 문제와 연결되는 것이다. 그러나 기업의 이익을 산정하는 기업회계의 경우는 특정 경영 주체의 객관적인 수익력을 측정하여 이해관계자들에게 보고하는 회계기준이다. 이는 행동규범으로서의 적법성의 문제에 불과하다. 그에 대한 위반이 있을 경우는 직접적인 재산권 문제를 일으키는 것이 아니라, 이해관계자들의 의사결정을 통하여 위반 효과가 나타나게 된다.

넷째, 국제조세 분야 등을 제외하고는 대부분 국내의 관점에서 다루어지는 법인세법과는 다르게 기업회계의 경우는 기업의 글로벌화 추세에 따라 서로 다른 지역에서 이해관계자를 전 세계적으로 포용하게 됨에 따라 국제적인 회계정보의 이용자에게 회계정보를 제공해야 하는 상황이 전개되기에 이르렀다. 이러한 국제적 정보이용자들에게는 회계정보의 목적 적합성과 비교가능성이 핵심 요소가 된다. 그렇지만, 기업의 경제적 활동 내용을 측정·보고할 규범으로서의 기업회계기준은 비탄력적으로 경직화되어 있으므로 회계담당자의 주관적 판단의 여지는 여전히 존재한다. 환언하면, 국제적인 회계정보 이용자들 사이에서 인정된 새로운 회계 조류에 따라 국내 기업회계기준의 수정 요구를 받음으로써, 현실적인 목적 적합성보다는 회계정보의 국제적 비교가능성을 중요시하는 방향으로 개정하게 되지만, 기업회계기준의 변경과정은 국내는 물론, 외국 이해관계자들의 개입으로 인하여 법인세법의 개정과정보다는 복잡하고 지연되는 등, 상당 기간 필요하게 된다. 동시에 개정 전의 규정과 개정 후의 규정을 일정 기간에 임의로 선택할 수 있도록 하는 경향이 있어서, 회계담당자의 판단여지가 법인세법 회계보다는 많이 늘어날 수밖에 없는 차이가 있음을 고려해야 할 것이다.

다섯째, 그리고 조세제도와 관련해서는 그 나라의 사회경제적 정책과 더불어 회계의 공공성을 배려한다는 차원에서 정책의 실현 수단으로서의 조세 유인조치가 도입되고 있는 사실을 인식할 필요가 있다.97)

이상에서 살펴본 바와 같이 조세정책에 따라 특정 사실에 대한 법인세법상의 특혜가 주어짐과 동시에 불이익의 차별대우가 부여되는 것은 세계 각국의 조세법률에서 규

---

97) 임채주, 전게서, PP. 246~248, Passim.

정하고 있음을 찾아볼 수 있다. 따라서 조세의 정책적 차원에서 과세소득을 산정할 때 기업이익과의 차이는 조세 고유의 정책적 차원에서 비롯된 것이기 때문에, 기업회계는 전혀 다른 사항에 해당한다. 그러므로 조세의 공정을 배려하려는 조치가 입법 정책상 필요하다고 인정하는 한, 기업 회계상의 기업이익과 법인세법상의 과세소득과의 차이가 발생하는 것은 당연하다고 할 수 있다. 이렇듯 조세 정책상의 이유에서 기인한 차이는 기업회계의 목적관과 법인세법 회계 목적관이 다른 데서 비롯된 것임은 분명한 사실이다. 이러한 관점에서의 차이 조정 문제는 계속 연구과제로 남아 있는 것이다.

2) 법인세법 회계와 기업회계기준의 제도적 지향점

법인세법 회계와 기업회계의 조정 문제에 관한 논점을 정리해 보면, 오랫동안 축적된 경험과 사회적 공감대를 바탕으로 이론적·실무적으로 수용된 「일반적으로 인정된 회계원칙(GAAP)」에 따라 기업회계의 우위가 확실히 보장되기 때문에, 대부분의 차이를 신고조정으로 마무리하고 있어서 법인세법 회계와 기업회계의 조정을 위한 논쟁이 크게 부각되지 않은 미국도 있다. 그러나 그 전개 과정에서 사회적으로 적용가능한 회계제도와 법인세법 조항을 설정할 수 있도록 상당 기간 관련 단체들이 연구해 왔다. 그와 동시에 두 회계 간의 조정 논점을 공론화하여 기업회계와 법인세법 회계와의 사이에 발생하는 차이를 해소한 일본도 있다. 우리나라의 경우는 그동안 법인세법 회계와 기업회계 간의 차이 조정 등, 관계 설정을 위하여 다양한 논점을 부각함으로써, 실질적인 발전을 가져왔지만, 일본처럼 조직적이고 광범위한 접근보다는 전문가들 관점에서 법인세법 개정 때마다 단편적으로 논의되었을 뿐, 세무 당국이나 학자와 회계사 단체 사이에 포괄적으로 토론과 검토가 체계적으로 이루어지지 못한 것은 사실이다.

이러한 회계환경에서 이루어져 온 차이 조정상황을 고려해 보면, 상당한 부분을 기업회계기준에 의존해온 것이 사실이지만, 우리나라의 독특한 회계환경에 따라 법인세법 회계가 오히려 기업회계 쪽에서 쉽게 해결하지 못한 부분을 주도한 측면도 있으므로, 나름대로 차이 조정상의 특성도 존재한다. 법인세법과 기업회계기준과의 사이에 발생하는 차이를 접근시키는 방안으로 논의되어온 것이 법인세법 회계로부터 기업회계로의 접근을 시도하는 방안이었다. 이러한 논점접근의 원인은 두 회계가 같은 회계 현상을 대상으로 하는 데 있었다. 엄밀한 의미에서 본다면, 기업 회계상의 재무 상태나 경영성과에 대한 유용한 회계정보의 제공과 법인세법 회계상의 재정 목적을 충족시키기 위한 기업의 담세력 측정과 같은 두 회계의 궁극적인 목적의 차이 때문이라고 할 수 있다.[98]

---

98) 임채주, 전게서, PP. 249~250, Passim.

이처럼 법인세법과 기업회계기준과의 사이에 발생하는 차이(稅效果)를 조정시키려는 방안으로서 법인세법에 따른 회계처리가 기업회계기준에 위배되는 항목에 대해서는 법인세법이 기업회계기준에 부합하도록 함과 동시에, 법인세법 고유의 목적을 달성하기 위하여 신고조정 방법을 통해 세무조정이 가능하도록 차이 조정방안을 고려할 수도 있다. 현행 법인세법 회계와 기업회계와의 사이에 발생하는 차이를 조정하면서 양 회계의 목적상 차이로 인한 차이 때문에, 불가피하게 결산 조정항목으로 처리해야 하는 감가상각비와 유사한 항목이 있다. 그렇지만, 현재의 결산 조정항목으로 존재하는 항목 중에서 공사부담금·국고보조금 등의 압축기장으로 인한 감가상각충당금이나 연구개발준비금 등의 조세특례제한법상 준비금, 나아가서는 회계감사 대상법인의 고유사업 목적준비금 등은 현재에도 예외적으로 조세 정책적 목적에서 신고조정을 허용하고 있으므로, 결산조정에서 신고조정으로 전환하더라도 별로 문제가 없는 항목들을 신고조정 항목으로 전환할 수도 있을 것이다.

위에서 법인세법 회계와 기업회계와의 차이를 조정하는 방법을 모색해보았다. 그래서 기업회계가 그 고유의 목적을 실현하여 사회적 질서를 유지하게 되었을 때, 법인세법과 기업회계기준과의 차이로 인하여 발생하는 상호충돌은 법인세법회계의 정책적 목적과 기업회계 고유의 목적을 도모하는 방향으로 해결될 것이다. 모든 세무조정 항목에 대해서도 가능한 한, 신고조정항목으로 전환하여 기업회계와 법인세법회계의 목적 달성을 양립시킬 수 있도록 해야 한다. 바꿔 말하면 양 회계의 차이 조정을 위한 기본적인 방향은 기업회계로 접근하는 방향으로 조정되는 것이 바람직하다고 할 수 있다. 외환위기(IMF 구조조정) 이후 우리나라의 기업회계기준을 국제규범에 일치시키기 위하여 국제회계기준에 동화되어 가고 있어서, 만약 국내 세법에 맞추어 글로벌 스탠다드와는 다른 방향으로 제정하게 된다면, 우리나라 회계정보에 대한 국제적 신뢰성이 저하될 수도 있다. 기업회계기준이 세법 규정을 대폭 수용하는 방향으로 차이 조정을 한다는 것은 현실적으로 어려운 상황이다. 기업회계는 자본주의사회의 자유로운 기업활동을 통하여 이윤을 추구하는 도구이지만, 반면에 법인세법 회계는 재정수입의 확보와 산업정책을 유도하기 위한 수단으로서 세정목표에 따라 유연하게 조정할 수밖에 없으며, 음성·탈루·불로소득의 척결이나 부의 세습 방지 등, 조세부담의 형평을 위한 국가적 차원에서 사회적 공익활동을 수행해야 하는 특성이 있다. 최근의 국제화·고도화·지능화되어가는 탈세 수법에 대응하기 위한 법인세법상의 불가피한 조치가 필요하다는 점도 고려할 필요가 있다. 이러한 상황으로 미루어 볼 때 기업회계와는 차이가 발생할 수밖에 없다는 상황을 인정함과 동시에, 양 회계의 본질적인 목적을 훼손하지 않은 범위 내에서 접근을 시도하는 것이 양 회계의 공존을 위한 방향이라고 할 수 있을 것이다.

법인세법 회계와 기업회계의 차이를 상황에 따라 일시 방편적으로 법인세법의 개정을 통하여 일치시키려고 하기 보다는 근본적인 차별화의 필요성을 인정한다는 인식으로서 학계와 실무계가 실질적인 상호교류와 공동연구를 통하여 회계목적을 달성함과 동시에, 효익·비용의 원칙을 유지하도록 합리적인 노력을 기울여야 할 것이다.[99]

4 한국 법 회계문화의 현상 및 과제

1. 상법 회계문화의 현상과 과제

1) 상법 회계문화의 특성적 현상

(1) 대륙법계 상법에서 비롯된 회계규정

우리나라 상법 회계문화의 특성은 우선 상업 장부에 관한 계산 규정에서 찾아볼 수 있다. 회계장부에 관한 기본적 사상은 대륙법 계통의 재산법적 계산체계를 바탕으로 하여 채권자 보호에 중점을 두는 것으로서 근대회계학에서 확립된 영미식의 손익법적 계산체계와는 상당한 차이가 있다.

1963년에 제정된 우리나라의 상법은 독일 상법의 영향 아래 형성된 일본 상법을 모방하여 제정된 것이었으므로, 역시 독일 상법의 계산 규정이 그대로 반영되었다고 할 수 있다. 이것은 한국 정부수립 초기의 의용상법에서도 같은 내용의 대륙법계 상업 장부를 작성하도록 규정되어 있던 것인데, 1963년의 제정 상법에서도 그대로 인용되었다. 이 계산 규정은 1673년의 프랑스 싸봐리 법전으로 알려진 상업조례(Ordonance de Commerce)를 연원(淵源)으로 하는 대륙법계 상법의 상업장부에 관한 규정에서 비롯된 것이라고 할 수 있다. 이에 의하면, 상업장부는 일기장(1963년 상법 제29조)과 재산목록(동법 제30조) 및 대차대조표(동법 제30조)가 기본적으로 작성되도록 의무화되어있었다. 여기서 1963년 상법의 기본적인 회계 사상은 재산법적인 회계체계를 바탕으로 하는 것이었다. 다시 말하면, 회계규정의 기본목적은 채권자의 보호에 있으며, 그 수단으로써 재산표시가 필수적이라는 사고방식이다. 채권자의 처지에서는 기업이 해산될 때 그 재산을 처분하여 얼마의 금액을 분배받을 수 있는가가 최대의 관심사이다. 따라서 기업의 재산 상태를 채권자에게 공시하는 것이 채권자 보호에 최고의 방법이었다.

이처럼 재산표시가 채권자 보호를 위한 것이라면, 이를 효과적으로 실현하는 것은

---
[99] 임채주, 전게서, PP. 250~251, Passim.

재산목록의 공시이다. 그러므로 공시되는 재무제표의 체계 중에서 재산목록이 중심이 되고, 그것을 기초로 하여 대차대조표가 작성되는 것이다. 그런데 일반적인 기업회계의 관행은 손익법적 계산체계를 기본으로 하고 있다. 이는 기업회계가 채권자 보호에만 한정된 것이 아니라, 투자자와 종업원 등 기업을 둘러싼 이해관계자의 이익을 어떻게 공시할 것인지가 최대의 관심사로 작용한다. 이렇듯 기업의 이해관계자가 중요시되는 것은 기업을 구성하는 재산 가치가 아니라, 기업의 수익력을 의미한다. 이 수익력이 유기적으로 결합하여 영업활동의 기반이 될 때 기업재산의 가치를 나타내는 것이기 때문에, 개별재산의 표시만으로는 기업의 이해관계자에게 특별한 의미가 없게 된다. 그뿐만 아니라, 해산 상태에 있는 기업보다는 계속기업(going concern)을 유지하는 것이 정상적인 기업경영의 방향이라 할 수 있으므로, 기업의 이해관계자로서는 기업해산이라는 불행한 상황까지 예상할 필요는 없다. 따라서 기업이해관계자의 보호는 기업재산의 공시로 이루어지는 것이 아니라, 계속기업을 전제로 하는 기업 수익력의 표시에 따라 이루어지기를 선호하게 된다. 그러므로 기업회계가 기업의 수익력을 표시하는 것을 목적으로 한다면, 여기서 재산목록은 거의 불필요한 존재라고 할 수 있다. 제정 상법에서 주식회사에 한해서만은 재산목록을 대차대조표 부속명세서로 대신할 수 있도록 한 것은 바로 이러한 취지의 소산이라고 할 수 있을 것이다(1963년 상법 제447조 제2항).

(2) 영미법계의 손익법적 회계체계

1963년의 제정 상법에서 대륙법계 상법의 회계규정에 따라 상인이 작성해야 할 상업 장부가 채권자 보호를 위한 재산계산에 있었으나, 산업화 시대에 이르러 기업활동이 활발해짐에 따라 이해관계자의 범위가 확대되어서 채권자는 물론, 투자자와 경영자 및 종업원에 이르기까지 다양해졌다. 재산계산만으로는 그들의 정보요구에 따를 수 없는 환경에 직면하였다. 이해관계자들은 기업의 경영성과에 더 많은 관심을 가지게 되었고 그들 나름의 목적에 적합한 정보의 공시를 선호하는 단계에까지 이르렀다. 그래서 그들의 선호하는 목적에 적합한 정보를 공시하기 위해서는 일반적으로 공정·타당한 회계원칙에 따라 작성된 회계정보의 공시가 필요했다. 그러한 정보의 공시는 회계관행을 존중하는 영미법계의 손익법적 회계규정에 따라 이루어지는 것을 의미한다.

특히 우리나라의 「주식회사의 외부감사에 관한 법률」(이하 외감법이라 약칭함) 제13조 및 외감법 시행령 제6조의 규정에 따라 증권관리위원회가 제정한 「기업회계기준」은 종래의 상법 규정과는 전혀 다른 차원의 내용으로 이루어져 있다. 이것은 외감법의 적용을 받는 기업에만 적용되는 것이었지만, 당시의 회계에 관한 상법 규정의 미비로 인하여 실제적으로는 대부분 기업이 당시 상법의 회계규정에 따르지 않으려는 경향이 속출하였다. 이는 당시의 상법 회계규정이 시대에 동떨어진 것을 시사하는 것이었으므로, 대부분 기업이 일반적으로 공정·타당한 회계관행에 해당하는 「기업회계기준」에 따라 회계처리하고 그 결과를 공시하는 실정이었다.

이처럼 공정·타당한 회계관행인 「기업회계기준」과 상법의 회계규정은 상호 모순되고 회계 정보공시의 통일성을 상실하게 되어 실제의 회계실무에서는 양자의 관계를 조정할 필요성이 대두되었다. 그 결과는 1984년의 상법개정을 통하여 양자의 모순성을 조정하고 기업회계의 손익법적 회계체계로 전환함으로써, 공정·타당한 회계관행을 존중하는 계산체계를 정립하게 되었다. 그 개정된 회계규정의 주요 내용을 보면, 상업장부에서 재산목록을 삭제하고 일기장을 회계장부로 교체하였다. 그것은 기업의 영업상 이루어진 재산 상태와 영업성적을 명백히 밝히려는데 있음을 밝히고 있다(상법 제29조 제1항). 그리고 상업 장부의 작성에 즈음하여 「일반적으로 공정·타당한 회계관행」에 따르도록 하는 포괄 규정이 설정되었다(동법 제29조 제2항). 그뿐만 아니라, 회계장부의 기재사항을 정비하였음은 물론, 대차대조표는 기업이 작성한 회계장부에 준거하여 작성하도록 함으로써, 유도법을 준용하도록 하고 있다(동법 제30조). 더욱이 자산평가의 경우는 기업회계기준을 준수함과 동시에, 기본적으로 취득원가주의를 준수하도록 하는 규정을 두고 있는 것이 특이하다(동법 제31조).

원래 회계원칙은 기업환경이 변화함에 따라 유동적으로 변화하는 기준이기 때문에, 복잡한 회계처리의 원칙을 상법 규정으로 모두 수용할 수는 없다. 가령 모든 회계처리원칙을 상법에 규정할 수 있다고 하더라도 법(法)의 고정성으로 인하여 기업회계의 관행에 맞지 않은 결과가 속출할 수도 있다. 따라서 상법에서는 최소한의 가능한 사항만을 규정하고 여타의 구체적인 사항에 대해서는 일반적으로 인정되는 회계관행에 위임하는 것이 상법과 기업회계 간의 괴리(乖離)를 제거하는 지름길이다. 그러한 연유로 개정상법은 상업 장부의 작성에 대하여 상법에 규정한 사항을 제외하고는 「일반적으로 공정·타당한 회계관행」을 수용하도록 하는 포괄 규정을 설정함으로써, 기업회계기준에 상법적 법원성을 부여하고 있다(개정상법 제29조 제2항).

우리나라의 외감법에 근거를 두고 있는 기업회계기준은 기업회계의 실무에서 관습으로 발달한 것 중에서 공정·타당하다고 인정되는 부분을 요약한 것이므로, 공정·타당한 회계관행이라는 표현에 부합하는 것이라고 인정하게 된다. 그렇다고 하더라도 우리나라의 기업회계기준이 공정·타당한 것이라고 하지만, 기업회계기준과 「공정·타당한 회계관행」이 완전히 일치하고 기업회계기준 이외의 「공정·타당한 회계관행」이 존재하지 않는다는 것은 아니라는 의미이다. 이는 기업회계기준 속에 나타나 있지는 않더라도 회계장부의 작성목적에 비추어 일반적으로 공정·타당하다고 인정되는 부분이 존재한다면, 그것 또한 여기서 말하는 「일반적으로 공정·타당하다고 인정되는 회계관행」에 부합되는 것이라고 할 수 있다.

그래서 「일반적으로 공정·타당하다고 인정되는 회계관행」의 핵심이 기업회계기준으로 표출되는 것이지만, 기업회계기준은 직접적으로 상공업을 영위하는 기업을 대상으로 하고 있음은 물론, 그 내용마저도 모두 내포하고 있다고 할 수는 없으므로 여타의 부분에 대해서는 기업회계기준 이외의 「일반적으로 공정·타당하다고 인정되는 회계관행」에 의할 필요가 있다고 보게 되는 것이다.[100]

2) 상법 회계의 대응 과제

(1) 국제회계기준에의 대응

대륙법계의 재산법적 상법 구조를 일본으로부터 의용(adoption)하여 제정된 우리나라의 상법 회계가 경제성장으로 인한 기업환경의 변화와 더불어 새로운 영미법계의 손익법적 계산구조로 전환한 것은 1984년의 상법개정이 이루어지면서부터이다. 그 이전에는 상법 부칙 제5조의 규정에 따라 재산법적 회계구조를 보완하고 있었다. 즉, 그것은 1963년 3월 12일 자의 각령으로 공포된 「주식회사의 계산서류에 관한 규정」에 따라 재산목록과 영업보고서 및 재무제표의 작성을 유도하고 있었다. 그런데 1984년의 상법개정에서는 이를 폐지함과 동시에, 상법 본문에서 회계장부에 관한 규정과 재무제표의 작성지침을 반영함으로써, 종래의 상법 회계와 「일반적으로 공정 타당하다고 인정되는 회계원칙」과의 괴리를 개선하게 되었다.

그것으로써 「일반적으로 공정 타당하다고 인정되는 회계원칙」의 내용을 완전히 수용한 것은 아니었다. 그 취지는 상법 회계의 법적 구조가 기업회계와 조정되었음을 의미하는 것이었으나, 부분적으로는 공정 타당한 회계관행이 수용되어야 할 내용이 다수 존재하고 있는 것도 사실이었다. 그러한 특정 부분에 대한 검토가 필요했다.

밀레니엄 시대로 접어들면서 WTO 체제의 구축으로 경제환경의 글로벌화가 급격히 진행됨으로써, 우리나라의 기업은 새로운 국제적 경영환경을 맞이하게 되었고 그에 따른 기업활동이 전개되는 과정에서 그에 수반된 회계환경의 국제화도 거역할 수 없는 시대사적 소명 의식을 인식하게 되었다. 기업의 혹독한 국제환경에 적응하기 위하여 국제회계기준을 도입하기 위한 작업을 추진함과 동시에, 2007년에 부분적인 국제회계기준(IFRS)의 도입을 추진하였으며 2011년부터는 우리나라의 기업 전체에 IFRS가 채택·적용되기에 이르렀다. 드디어 한국채택국제회계기준(K-IFRS)의 시대가 개막되었다.

이러한 회계환경의 변화 속에서 그에 부응할 수 있는 상법의 개정도 진행되었음은 당연하였다. 기업의 국제적 활동이 전개되고 기업규모가 집단화를 구성하는 상황 속에

---

100) 박휴상, 『개정상법 해설』(서울, 법문사, 1984), PP. 20~29, Passim.

서 상법개정을 추진하지 않을 수 없는 환경을 맞이하게 되었다. M&A 등으로 인한 기업 규모의 확대 개편은 기업의 대규모화를 초래하였으며 선단경영(船團經營)으로 집단화된 기업을 규제하기 위한 상법의 개정은 필연적인 사항이었다. 여기에 상법 회계의 대응 과제가 존재함을 인식하게 되는 것이다.

기업의 집단적 경영과정에서 비롯되는 회계 보고는 개별기업의 재무제표에 의한 정보공시와는 다를 수밖에 없다. 기업의 지배·종속 관계를 나타내는 집단기업의 정보공시는 연결재무제표를 작성하여 보고하는 과정에서 이루어진다. 물론, 외감법의 적용을 받는 기업의 경우는 공인회계사의 감사증명이 필요하게 되며, 외부감사를 끝낸 연결재무제표의 공시가 필요하게 된다. 연결재무제표에 대해서는 대형회사나 집단회사를 대상으로 하는 것으로서 유가증권 보고서 제출회사가 작성대상이 되었음을 고려하면, 그 이외의 회사는 연결재무제표의 작성을 임의로 작성하게 되어 있어서, 일률적으로 연결재무제표는 K-IFRS가 규정한 용어와 양식 및 작성 방법에 따라야 한다는 규정을 준수하지 않으면 안 될 상황에 이르렀다. 그렇지만, 그에 따라 연결재무제표를 작성하게 되면, 개별기업의 재무제표에 대해서도 그 규정에 따라 작성되어야 한다는 것은 입법론적인 측면에서 약간 과잉이라고 하지 않을 수 없다. 한편 유가증권 보고서 제출회사인가의 여부 또는 상장회사인가의 여부를 고려하여 규제하는 것은 상법의 다른 규정과의 균형이 어그러질 가능성도 있음을 고려해야 할 것이다. 그런데 기본원칙으로 우리나라에 도입·시행되고 있는 한국채택국제회계기준(K-IFRS)은 해석상 난해한 부분이 있을 수 있고 연결재무제표를 작성하는 기업의 이사나 담당자 또는 감사와 감사위원이나 회계감사인에게 재량권을 인정하지 않을 수 없는 문제는 있을 것이다.

1907년부터 한국회계기준원의 회계기준위원회(KASB)는 K-IFRS의 개발과 개폐를 수행함으로써, 국제적 활동을 하는 기업들이 그에 따르도록 유도해왔으며, 특히 유가증권 보고서 제출회사는 재무 정보의 유용성을 확보하기 위한 회계처리에 신중히 처리하도록 하고 있다. 따라서 KASB가 제정·개폐한 기업회계의 기준이 어떠한 유형의 기업에 맞는 「일반적으로 공정·타당하다고 인정되는 회계관행」이라고 평가할 수 있는지, 아니면 그 기준이 제시한 회계 방법 이외의 회계관행이 인정된다고 해도 그것이 어떠한 것인가 하는 문제가 제기될 수도 있을 것이다.

그리고 상법 회계에 대하여 아직 법무부가 대응하고 있지 않으나 부(負)의 영업권이 분배가능액을 증가시킬 효과가 있다는 것에 반응하지 않아도 되는지, 특히 회계감사인의 감사를 받지 않은 회사에서 부(負)의 영업권이 과대 계상될 우려가 있음을 간과하지 않을까 하는 문제가 있는 것도 사실이다. 더욱이 분배가능액을 산정하지 않더라도 공정가치(時價)를 적절하게 추정할 체제가 적절한가를 체크하지 않고 여러 가지 추정을 요구하는 듯한 기업회계의 기준을 적용하도록 하는 것이라면 1984년 상법개정 시 인식되었던 자의적 평가배제의 필요성이 다시 문제화될 수도 있을 것이다.

따라서 수렴(convergence) 후의 회계기준을 적용해야 할 기업의 문제뿐만 아니라, 적용 가능한 기업에 대해서도 논구(論究)의 여지를 남겨놓고 있다. 다시 말하면, 회계기준의 강제 적용과 임의 적용 차원에서 주의를 환기할 필요가 있다는 것이다. 그뿐만 아니라, 일본의 금융상품거래법에서 볼 수 있는 바와 같이 회계의 중간 보고를 전제로 한다면, 연결재무제표에 대해서만 IFRS의 이용을 강제하고 있으며, 미래관점에서 개별재무제표에 대해서는 허용하지 않을 가능성도 있다. 이 경우에 상법으로서는 연결배당 규제 적용회사에 대한 대응을 제외하면, 개정이 필요하다고 생각한다. 분배가능액 산정에는 영향을 주지 않을 것이기 때문이다.101)

(2) 비상장회사의 회계 문제

상법에서는 회사의 회계에 대하여 「일반적으로 공정・타당하다고 인정되는 기업회계의 관행」에 대폭으로 의거하고 있으며, 그것이 어떻게 형성되어 있는지를 상장회사나 회계감사인 설치회사 이외의 주식회사에서 「일반적으로 공정・타당하다고 인정되는 기업회계의 관행」을 얼마만큼 관찰해야 할 것인가는 금후의 과제로 남아있다고 생각한다. 그리고 합동회사(合同會社)등의 지분회사에서 「일반적으로 공정・타당하다고 인정되는 기업회계의 관행」과 일반기업에 적용되는 기업회계기준과의 사이에 다른 점이 있는가에 대한 것도 명약관화하지는 않다.

그런데 기업회계에서 공정하고 투명한 정보공시가 충분히 이루어지도록 노력함과 동시에, 증권거래법에 따른 회계기준이 적용되지 않는 비상장 중소기업에 대하여 부담을 과도하게 하고 경영상의 지장을 초래하지 않도록 필요한 조치를 마련해야 할 것이다. 그러나 상법에는 이에 대응할 수 있는 규정이 설정되어 있지 않다. 상법의 해석상 비상장 중소기업에 대해서는 「일반적으로 공정・타당하다고 인정되는 기업회계의 관행」에 따르기보다 간편한 회계처리 방법이 용인되는 것은 아닌가 생각해보게 된다. 비상장 중소기업의 회계에 관한 처리 방법은 「일반적으로 공정・타당하다고 인정되는 기업회계의 관행」을 시사하고 있기 때문이다.

그러나 상법과 관련하여 이렇게 해석할 수 있다는 것을 비상장 중소기업의 경영자나 회계담당자가 숙지하고 있다고 단정할 수도 없다. 또한 회계담당자가 1인 이하인 기업이 대부분일 때 결산 정리사항이 될 수 있는 한, 최소한으로 억제하고 부담을 가볍게 함과 동시에, 회계담당자가 쉽게 이해할 수 있는 회계처리 방법이 허용되지 않으

---

101) 한국 상사법학회 편, 『상법개정의 논점』(서울, 삼영사, 1981), & 安藤英義・古賀智敏・田中建二 編輯, 『企業會計と法制度』(東京, 中央経済社, 2010), PP. 57~70 & PP. 200~206, Passim.

면 오히려 부적절한 회계처리가 이루어질 위험성이 있다. 정당한 체제가 확립되지 않은 상황에서 견적(見積 또는 推定)하거나 시가(時價)적 접근을 요구한다면, 회계정보의 신뢰성은 크게 훼손될 우려가 있으며 회계정보의 유용성과 신뢰성을 확보한다는 관점에서도 외부정보에만 의존할 수 없을 뿐만 아니라, 일률적으로 정해지지 않은 견적을 최소화하는 것이 바람직하다.

또한 비상장 중소기업의 경우는 외형적 회계기준이나 규정에만 근거하여 자본시장으로부터의 자금조달에 의존하지 않고 수렴에 의한 회계처리가 이루어지고 있는 것은 아닌가 하는 의구심도 있을 수 있다. 한편 비상장회사의 재무제표 공시대상은 주주, 채권자 또는 거래처 등의 이해관계자에게 한정되어 있으며 금융기관 등의 채권자를 비롯한 비상장회사의 이해관계자는 비상장회사에 대한 수렴의 영향을 받은 회계기준에 따라 작성된 재무 정보의 공시를 기대하지는 않는다. 물론, 대부분의 비상장 중소기업은 회계·세무에 관한 지식을 갖춘 회계담당자가 충분하다고는 할 수 없으며, 이러한 비상장 중소기업들은 회계지식을 갖춘 인재의 육성이나 외부의 전문가를 활용할 수 있는 여유가 있는 것이 아니다. 이러한 비상장 중소기업에 적용되는 회계기준에 대하여 실질적으로 K-IFRS가 지시하는 회계처리 방법 또는 그에 유사한 방법을 비상장 중소기업도 채용해야 한다는 해석이 중장기적으로는 이루어질 가능성이 없는 것도 아니다. 이러한 관점에서 보면, 비상장 중소기업에 대하여 「일반적으로 공정·타당하다고 인정되는 기업회계의 관행」의 내용을 명확히 정리할 필요가 있다.

이상에서 언급한 바와 같이 비상장 중소기업의 회계는 기장 행위에 즈음하여 기장 행위의 시작과 기장과정에서의 법인세법과 관련된 확정 결산 주의, 그리고 기장 행위의 마무리 단계에서 한정된 결산 정보공시라는 절차를 거침으로써, 완성된다는 특징을 지니고 있다. 그러므로 중소기업회계의 영향은 우선 재무제표의 비교가능성을 향상하고 채권자와 투자자의 의사결정이 효율적으로 개선될 수 있게 된다. 그리고 재무제표의 신뢰성이 높아지고 기업경영의 효율성이 촉진되는 것이다. 더욱이 자금조달 비용이 낮아지고 국제시장에서의 다양한 자금조달이 가능하게 됨은 물론이다. 그뿐만 아니라, 금융기관은 국경을 초월하여 대출업무를 도입할 것이고 거래처는 신용거래 이전에 해외거래처의 재무적 건전성을 평가하려고 할 것이다.

그러나 국내 자본시장에서의 자금조달과 국내에서 사업 전개를 기도(企圖)하는 중소기업의 관점에서 볼 때, 중소기업에 대한 국제회계기준(IFRS)의 적용은 몇 가지 문제점이 있음을 지적하게 된다. 우선 첫째로 국제회계기준 고도의 내용(認識·測定原則)과 원칙주의의 문제이다. 비상장 중소기업에 있어서 경영자나 종업원의 회계지식은 한정되어 있어서, 국제회계기준의 고도한 인식·측정원칙에 대한 이해나 원칙주의의 적용에 필요한 회계적 판단에는 상당한 부담이 작용할 것이다. 둘째로는 규정 준수 비용(compiance cost)의 문제이다. 비상장 중소기업의 경영자는 회계지식을 갖춘 종업원 채용을 회피하는 경향이 있어서, 국제적 수준의 회계기준을 적용할 때 중소기업은 고도의 회계지식을 갖춘 종업원의 채용이나 회계 교육·훈련에 필요한 비용을 부담하게 된다는 것을 의식해야 할 것이다. 셋째로는 세무(確定決算主義)의 문제가 있다. 중소기업회계의 국제화를 시도할 경우, 세무상의 확정 결산 주의가 문제화될 수 있음은 불문가지이다. 비상장 중소기업회계의 국제화 문제는 신중한 연구·검토가 필요하다고 생각한다.102)

(3) CSR과 Accountability

정보의 제공기능을 강조한 ASOBAT는 회계에 대하여 『경제적 정보를 인식하고 측정·전달하는 과정』103)이라고 정의한 바 있다. 이것이 발표될 때까지 회계학의 접근방식은 이익을 추구하는 조직체로서의 경제적인 측면에 초점을 두었고, 그 성과를 이익으로 측정해 왔다. 이익의 사회적 중요성이 인식되고 독립된 직업감사인에 의한 회계 감사의 발전에 따라 회계의 사회화가 전개되고 회계의 사회적 역할은 점차 증가했다. 그와 동시에 주식회사 제도의 성립 이후 그 규모가 확대되어 감에 따라 기업이 행사할 수 있는 권한의 범위와 기업의 사회적 영향은 비약적으로 증대되었다. 법인격의 부여에 머물지 않고 사회적 생산, 주식 소유, 종업원 고용, 소비자에 대한 책임, 납세, 환경보전, 지역사회에의 영향 등, 다양한 수준에서 깊은 관계를 갖게 되었다. 즉, 회계의 접근대상인 기업활동 자체의 사회적·환경적 영향력이 증대되고 있다는 의미에서 기업의 사회화가 진행됐음을 볼 수 있다.

오늘날 이익 추구 만을 목적으로 하는 기업조직으로만은 불충분하다. 기업은 사회와의 관계를 통하여 존재하고 이해관계자와의 양호한 관계 구축이 기업의 존속을 위하여 필요하게 되었다. 그렇다고 이익의 중요성을 부인하는 것은 아니며, 현대사회에서 이익취득 과정의 타당성과 사회적인 배려, 나아가서는 경제적 이익과 사회적 이익 조화가 문제로 주목받고 있는 것도 사실이다.

기업의 사회성을 검토하기 시작한 것은 21세기에 들어와서 많은 기업의 환경보고서뿐만 아니라, 지속가능성 보고서(sustainability report)나 CSR(Corporate Social Responsibility) 보고서를 작성해야 하는 상황에 노출되어 있다. 비재무 정보인 KPI(Key Performance Indicator)가 공시정보로서 제안되는 등, 재무 보고에의 직접적인 영향도 경험하고 있다. 이러한 영역은 종래의 기업사회회계, 사회감사, 사회 관련 회계, 사회환경회계 등, 다양한 이름으로 등장하였다. 사회책임회계라고 하는 회계영역이 존재하는

---

102) 日本中小企業庁, 『中小企業の会計に関する研究報告書』(東京, 經濟産業省, 2002) & 河崎照行, 「わが国の中小会社会計指針の特徴」 (武田隆二 編, 『中小会社の会計指針』 中央経済社, 2006), PP. 33~39. Passim.
103) AAA, "A Statement of Basic Accounting Theory," (Evanston, Illinois, 1966), P. 1.

것은 아니지만, 여기서는 기업의 사회적 측면을 다루는 회계영역으로 보려고 한다.

기업의 사회적 측면에 관한 관심은 SRI(Socially Responsible Investment: 社會責任投資)나 환경융자에서 볼 수 있는 바와 같이 기업평가에 새로운 평가축(評價軸)을 제공하고 있다. 그와 동시에 환경성·사회성·경제성(收益性) 등과 같은 새로운 과제가 주목받고 있다. 기업의 사회적 측면에서 접근하는 회계영역인 사회책임회계가 어떠한 문제의식에 놓여 있는지를 재무 보고적 관점에서 접근해야 할 것이다.

CSR에 논점을 두고 기업의 사회적 영향력을 회계적 측정을 목적으로 하는 사회책임회계의 진의를 찾아내야 한다. 오래전에 기업과 사회와의 관계를 회계적으로 접근하기 위한 제안이 있었다. 초기의 전형적인 사유는 「수익 - 비용 = 이익」이라는 손익법적 계산식을 원용(援用)한 「사회적 효익(social benefit)-사회적 비용(social cost)=사회적 이익(social profit/social surplus)」이라는 등식으로 상징적 표현을 하였다. 환언하면, 사회에 대한 기업활동의 적극적(正의) 영향과 소극적(負의) 영향을 체계적으로 파악하여 계산식화(計算式化)함으로써, 화폐단위를 이용하여 사회에 미치는 기업활동 영향을 측정·평가하는 계산서를 구상했다.104)

이러한 세계적 추세에 따라 우리나라가 기업의 사회적 책임회계에 접근할 경우, 환경회계를 피할 수는 없을 것이다. 그에 대한 인식과 측정시스템으로서의 환경회계에 대한 검토도 필요하다고 생각한다.

환경회계란 『기업이 지속 가능한 발전을 지향하여 사회와의 양호한 관계를 유지하면서 환경보전에의 대응을 효율적으로 추진함을 목표로 하여 사업 활동에서의 환경보전을 위한 비용과 그 활동으로 얻은 효과를 인식하고 가능한 한, 정량적(貨幣單位 또는 物量 單位)으로 측정하여 전달하는 구조』105)라고 정의하고 있다. 따라서 환경회계는 넓은 의미에서 기업 외부의 이해관계자에게 정보제공을 지향하는 환경재무회계와 경영의사결정에의 유용성을 지향하는 환경관리회계로 분류할 수 있다. 이러한 유형의 환경회계시스템에 편승하여 회계정보는 이용자(accountee) 지향 및 작성자(accountor) 지향이라는 입장에서 분석이 이루어지는 것이지만, 사회환경정보의 공시에는 규제 주체의 역할이 중요하다. 따라서 우리나라의 경우, 사회환경정보의 공시에는 법적 규제의 역할이 중요시된다. 상법이나 회사법 또는 환경 관련 법규의 기능이 작동해야 하는 이유가 여기에 있다.

---

104) Linowes, D.F., "Socio-Economic Accounting,"(The Journal of Accountancy, November, 1968) ; Estes, R., "Corporate Social Accounting," (John Wiley and Sons, Inc., 1976). & 靑柳 淸 訳, 『企業の社會會計』, (東京, 中央經濟社, 1979) Apt, C.C., "The Social Audit for Management," (New York, Amancom., 1977).

105) 安藤英義·古賀智敏·田中建二 編, 『企業會計と法制度』(東京, 中央經濟社, 2010), PP. 214~215.

사회환경정보의 공시가 기업의 자발적 행동인 것을 중시한다면, 환경정보 작성자의 처지에서는 적극적으로 사회에 작용하여 이해관계자의 이해를 촉구함과 동시에, 합의하는 수단의 기능이 중요시될 수밖에 없다. 환언하면, 기업과 사회와의 가치관 차이가 벌어졌을 때, 그 차이를 보완해야 할 정통성(legitimacy)을 사회에 호소하고 사회가 이를 수용할 수 있어야 한다. 이 정통성을 확보하거나 심한 법적 규제를 완화하기 위한 수단으로서 환경정보의 공시를 강조하게 되는 것이다. 아직 법적 성립 근거가 성립되지 않은 사회환경정보의 공시(disclosure)를 기업행동으로써 정보작성자(accountor)인 기업으로서 설명할 논거로서 정통성은 설득력이 있음을 확인하게 된다.106) 앞으로 Social Accountability의 귀추가 주목되는 바이다.

2. 세법 회계문화의 현상과 과제

1) 우리나라 법인세법 회계문화의 현상 및 특성

우리나라의 근대적 세법 회계문화는 오랜 세월 동안 자생적으로 생성되고 축적되면서 발전되었다기보다는 시대적 상황변화에 따라 선진외국의 조세제도를 모방·도입함으로써, 세무행정과 조세제도를 확립했다는 특성이 있다. 조선 말기와 조선총독부 시대, 그리고 미 군정기 및 대한민국 정부수립 이후의 경제개발 시기를 거치면서도 근대적 조세 개념조차 형성되지 못한 상황이었기 때문에, 세무행정과 조세제도의 운영에 즈음하여 새로운 제도적 필요성이 있을 때마다 선진외국의 조세행정과 세제를 모방하여 활용하면서 우리 문화에 소화시켜나갔다.

이러한 후진적 문화풍토 속에서 선진외국이 문물을 도입하여 제도화시켜나갔기 때문에, 제도적인 선진외국의 힘으로 수난의 시기를 겪을 수밖에 없었으며, 수탈개념의 세법 회계문화를 생성시키는 원인으로 작용하기도 하였다.

조선총독부의 가혹한 조세정책은 물론이거니와 미군정청 시대의 조세 행정으로 미국의 회계문화에 접해볼 기회도 있었으며, 한국전쟁기의 전쟁 비용을 조달하기 위한 조세 부과 등, 굴곡진 역사의 터널을 지나면서 수탈의 조세 문화가 생성되는 과정을 경험해야 했다. 그 결과는 국민이 세금을 불신하는 풍조가 만연했으며, 국가는 납세자를 불신하는 풍토가 조성되기에 이르렀는데, 이러한 문화적 배경에는 선진외국의 조세제도를

---

106) Dowling, J., and Preffer, "Organizational Legitimacy : Social Values and Organizational Behaviour," (Pacific Sociological Review, Vol. 18, No. 1. 1975) & Deegan, C. "Introduction : The Ligitimizing Effet of Social and Environmental Disclosures - A Theoretical Foundation," (Accounting Auditing and Accountability Journal, Vol.15, No. 3, 2002), PP. 282~311.

단순히 모방함으로써, 왜곡된 세무행정과 세법 회계문화가 생성되는 바탕이 조성되어 있음을 부인할 수는 없다.

이처럼 외국 조세 문화의 단순한 도입·수용은 일본으로부터 비롯되었으며, 조선총독부 시대에는 일본의 세법 회계모델을 수용함으로써, 우리의 조세 문화로 뿌리내리는 풍토가 조성되었다. 그것은 제2차 세계대전이 끝난 이후 미군정청에 의한 미군정청 법령 제21호(1946년 11월 2일)를 공표함으로써, 조선총독부 시대의 조세제도를 계속하여 적용하기도 했다.

대한민국 정부가 수립된 이후에는 미국의 조세 전문가나 세법학자에 의하여 미국 조세 문화가 소개되고 부분적으로 수용되기도 했다. 한국전쟁 시기에 한국에 와있던 UN의 조세 전문가인 H. P. Wald가 1953년 8월 25일에 한국 정부에 제출한 『한국 세제에 관한 보고서』에 의하여 1954년의 세제개혁을 하면서 국민소득을 기초로 한 조세 수입액을 책정하였음을 볼 수 있다.

그리고 한국 정부의 요청에 따라 1968년부터 1969년 말까지 2년 동안 초청된 미국의 조세 전문가인 Richard Musgrave가 조세부담률의 상승을 건의한 바 있으며, 1970년대 초에 이르러 미국인 James C. Duignon이 『미국형 소득세 및 부가가치세의 한국에의 도입 타당성에 관한 보고서』를 발표하였다. 그뿐만 아니라, 1976년에는 Alan A. Tait가 『한국형 부가가치세제 모형에 관한 검토보고서』를 발표함으로써, 1976년 말에 우리나라 부가가치세법이 제정되기도 하였다.[107]

더욱이 우리나라의 세무행정과 조세제도는 기업회계기준이 제정되지 않은 상태에서 세법에만 의존하여 과세소득과 세액계산을 함으로써, 납세자의 관점보다는 조세 행정편의에 의한 조세의 경제정책기능수행이라는 측면만을 강조하게 되었다.

우리나라의 조세제도가 조세 행정편의라는 관점에서 이루어졌다는 특징은 납세자에 대한 자료제출의무의 부여,[108] 원천징수 의무의 부과,[109] 대차대조표 공시의무,[110] 업무와 관련 없는 비용의 손금불산입,[111] 등의 규정에서 찾아볼 수 있다. 그리고 우리나라의 조세정책은 경제성장 정책을 채택함으로써, 다양한 정책목표와 관련된 조세제도가 국세(國稅)에 의한 지원을 집중하기 위하여 중앙정부 중심의 조세행정과 조세제도로 운영되었다는 점을 하나의 특성으로 지적할 수 있을 것이다.

---

107) James C. Duignon, "Report on the Feasibility of Introduction of United Income Tax snf Value Added Tax in Korea," 1970 & Alan A. Tait, "A Report on the Possible Korean Value Added Tax," 1975. & 최진배, 『한국의 부가가치세』 (서울, 도서 출판 상문사, 1984), PP. 52~63.
108) 법인세법 제120조 및 동 제121조의 규정.
109) 법인세법 제73조의 규정.
110) 법인세법 제114조(이 규정은 2001년 12월 31일의 법인세법 개정 시에 삭제됨).
111) 법인세법 제27조 및 제42조의 규정.

2) 세법 회계문화의 과제

(1) 포괄적 소득개념과 세법 회계의 과제

우리나라뿐만 아니라, 대부분의 나라에서도 법인에 대하여 경제적인 근거나 이론적 배경도 없이 단순히 세무 행정상 쉬우므로, 많은 수입을 올린다는 이유에서 과세가 이루어지고 있다. 그리고 세수확보와 세무 행정이 쉽다는 점에서 법인의제설에 의한 분리론이 타당하므로, 부담의 공평성과 경제적 중립성이라는 관점에서는 개인소득세와 법인소득세의 통합론이 설득력이 있다. 통합론에서 법인세의 존재 이유가 인정되기는 어려우나, 주주 소득세의 원천징수로서의 법인세의 필요성이 인정된다. 이 경우에 주의할 점은 법인세의 과세 기반이 되는 「법인소득」은 법인세가 개인소득세에서 분리 독립된 경위로 보아 개인소득세가 포괄적 소득개념을 채용하면서부터는 법인소득세와 포괄적 소득의 과세 기반이 되는 것이며, 포괄적 소득개념에서 법인 과세소득이 규정된다는 것이다.[112]

법인세의 과세 기반이 되는 법인소득은 부담의 공평성 및 경제적 중립성의 달성을 가장 중시하는 순자산증가설에 따라 구성된다. 즉, 순소득으로 정의되는 법인소득이 투자자에게 재무 보고를 목적으로 하는 기업회계의 이익개념과 동일하다는 논리적인 면은 희박하고 오히려 양자가 서로 다르다는 것이다. 법인세는 법인소득에 대하여 과세하는 것이므로, 같은 개념으로 보아 기업이익과 법인소득의 정의 또는 도출방법을 망라하여 기업회계와 세법 회계의 조정 내지는 조화가 언급되고 있는 정도이다. 다만, 조세제도의 간소화나 세무 행정비용의 최소화라는 현실적 조건, 즉 법인세의 실현 가능성이 고려될 경우, 기업회계와 세법 회계의 조정·조화가 언급되더라도 과언은 아니다. 오히려 기업회계와 세법 회계의 조정이나 조화는 법인세의 실행 가능성을 계기로 하여 생겼다고 할 수 있다. 시가와 발생주의를 기본으로 하는 포괄적 소득개념에서 도출되는 법인소득의 산정은 평가의 곤란성이나 세무 행정비용의 경감이라는 관점에서 실현주의를 이용하게 되고 회계실무의 이중 수고를 피하려고 기업회계와 조화하는 방향으로 선회했다. 실현주의적 과세이연이라는 세제상의 폐해와는 달리 세무 행정상의 필요성을 우선시하여 세무회계는 기업 회계상의 실현주의를 수용할 수밖에 없었다.

기업회계에서 문제가 되는 포괄이익뿐만 아니라, 세법이 요구하는 포괄적 소득개념에서 도출되는 법인소득도 시점인 순자산의 증가를 파악한다는 점에서는 동일한 개념이라 할 수 있다. 다른 점은 기업회계가 원가와 실현주의를 기반으로 한 동태론에 근거하는 기간손익계산을 중심으로 미실현이익을 배제하는 것을 원칙으로 하면서 일부의

---

112) 宮島洋「企業会計と税務会計―租税論からの検討」(『金融研究』第12巻第3号, 1993), P. 60.

자산에 대하여 시가주의를 도입하고 있다는 점이다. 반대로 세법의 입장은 원칙적으로는 시가와 발생주의를 기반으로 하는 포괄주의적 소득개념을 채용하고 있어서, 미실현이득은 당연히 소득으로 하지만, 부담의 공평성이나 세무 행정상의 편의성 때문에, 기업회계에서 보는 기업이익에 근거하여 조정계산을 하는 시스템을 채용하면서부터는 미실현이득에 대한 과세를 방치하고 있다.

그 결과로 세법 회계는 소득과세를 세무 행정상 집행할 수 있도록 차용한 기업회계에 준거하는 결과가 되었으며, 소득구성 요소로서의 순 자산증가는 원래의 포괄적 소득개념에서 떨어져 나갔다. 단순한 회계적 허구화가 되어 있는 것이다.

회계기준 수렴(convergency)이 발생주의를 지향하는 것이라면, 세법의 소득개념과 공통적인 것이 되지만, 현실은 국제회계기준의 수렴으로 기업회계는 원가·실현주의를 기반으로 하면서 일부 시가주의를 도입한다는 수정이 이루어지고, 본래부터 세법과 다른 목적에 사용되어야 할 개념이 소득산정 요소에 혼재하는 결과를 초래한 것이다. 시가와 발생주의를 기반으로 한 세법의 포괄소득 구성요소인 순 자산증가를 계산하기 위하여 세무 행정상의 이유로 어쩔 수 없이 차용된 것이 기업회계임을 잊어서는 안 된다.

세법 회계는 편의성과 간편성에 따른 계산 방법으로 하여 기업회계의 이익산정 방법을 차용해 왔지만, 원가·실현주의 중에 시가주의가 부분적으로 도입됨으로써, 과세소득은 이념이 다른 원칙이 혼재하여 산정하게 되었고 이론적인 배경을 상실하였다. 이른바 실체가 없는 것으로 되어버렸다. 여기에 포괄적 소득개념으로서 공평 부담과 세무 행정의 요청을 추구한다고 하는 원점복귀의 세법 회계가 지킨 과제가 존재하는 것이다.

(2) 국제회계기준과 세법 회계의 과제

주지하는 바와 같이, 조세론에서 소득원천설에 의한 제한적 소득개념보다도 순자산증가설에 의한 포괄적 소득개념이 공평 부담이라는 관점에서 타당하다고 보기 때문에, 소득과세는 포괄적 소득개념을 채택하고 있다. 포괄적 소득개념은 미실현이익에 담세력을 인정하여 과세소득에 포함하지만, 세법에서는 이론적으로는 적합해도 세무 행정상의 이유에서 실현주의를 도입하고 양도 사실에 따라 가치의 증감을 판단함으로써, 법적으로는 채권·채무의 확정이라는 법적 절차를 거쳐, 소득을 인식하고 있다.[113]

그런데 국제회계기준을 배경으로 하는 기업회계는 시가주의 회계를 표방하고 조세

---

113) 소득과세의 관점에서 보면, 들어온 대가(對價)가 아니라, 양도된 자산이나 제공된 용역, 즉 나간 것에 주목해야 한다. 그 이유는 청산 과세를 소득과세로 채택한 이상은 자산의 양도에 관련된 손익은 납세자의 보유기간에 어느 정도 가치변동이 있었는가, 또한 어느 정도 납세자가 가치를 추가했는가에 따라 결정되기 때문이다.

법이 실현과 교환으로 소득개념에서 포기(기업회계와의 타협)한 미실현이익을 포함한 포괄이익으로 기업가치를 나타내는 이익개념으로 수용하였다. 이익개념을 예로 들어보면, 국제회계기준으로 초석을 놓은 기업회계는 순이익에 미실현이익을 포함한 포괄이익으로 이행하였다. 우리나라 재무회계의 개념체계(framework)에 기반을 둔 현행제도를 통하여 순자산 증가의 이익 특성을 보면, 포괄이익은 순이익과 기타의 포괄이익으로 구분되지만, 제도적으로는 경상이익과 특별이익의 합계액인 순이익과 기타의 포괄이익으로서의 보유이득(보유 활동에서 증식된 순자산 증가액)으로 이루어진다.

당기순이익의 질을 유지하는 논리가 원가주의 회계라면, 순이익을 제외한 포괄이익의 질을 유지하는 논리가 시가주의 회계이다. 포괄이익개념은 일정 시점의 기업가치를 나타내는 이익으로 이용된다. 생산·재무 및 인적자원을 포괄한 의미의 가치관이 해당 기업의 매매가액을 표시하는 하나의 목표치로서의 의미가 있다. 시가주의 회계의 평가액은 기업매수의 목표인 기업가치를 추산하는 지표가 될 수 있기 때문이다.

회계 빅뱅의 상징적인 것이 시가 기준이며, 기업가치라는 말이 우리나라에서는 첨단을 달리는 훌륭한 용어처럼 받아들였지만, 세법 영역에서는 그렇게 간단히 수용되지 않았다. 회계기준의 국제적 수렴(convergence)으로 새로운 회계기준의 연속적인 설정이나 현행 회계기준의 수정을 수반하는 회계의 변용을 전제로 하면, 기업회계와 세법 회계와의 괴리화가 이루어진다. 요는 국제적으로 조화를 노리는 재무회계 기준을 국적성(國籍性)이 강한 세법 기준에 맞춘 발상은 원래부터 무리였다고 생각한다.

다른 관점에서 보면, 국제회계기준의 수렴을 추구하고 있는 회계기준은 기업집단의 재무 정보공시를 위한 연결재무제표를 작성하고 국제적으로 자금조달을 지향하는 기업에서 논의되는 것이다. 따라서 포괄이익은 그러한 기업집단에서의 기업평가와 투자의사 결정에 유용한 것이므로, 배당이나 세액을 결정하는 개별재무제표와는 무관하다고 할 수 있다. 그렇다면, 세법 회계가 확정 결산 주의를 관철하려고 한다면, 적어도 상법 회계는 연결이 아니라 개별 계산서류에 따르고, 가능하다면, 상법도 원가·실현주의적 회계가 이루어지는 것이 바람직하다고 할 수 있을 것이다. 제도적으로 증권거래법 회계는 국제회계기준의 수렴에 따라 재무 정보의 제공을 철저히 하고 상법은 국내 기준을 취함으로써, 조세법과의 조화를 도모함과 동시에, 개별적인 결산을 기반으로 하여 세법 회계와 연계시켜야 할 것이다.

궁극적으로 포괄이익은 기업매수(M&A)나 투자가와는 다른 투자자금의 기업평가에 유익한 기업가치를 나타내지만, 조세법이 지향하는 소득, 즉 법인소득과는 본질적으로 다르다. 법인소득은 조세법률주의의 내용인 재산권 보호를 기본으로 담세력을 나타내는 것이며, 미실현이득은 기업평가의 지표는 될 수 있지만, 평가의 객관성·확실성이 보장되지 않은 한, 조세법에서는 채용할 수 없는 것임을 인식하지 않으면 안 된다. 여기에 문제의 본질이 있다.

5 에필로그

1. 회계 규제의 논점

회계 규제(accounting regulation)의 기원은 1673년 프랑스의 상사칙령(商事勅令 : Oesonce de Commerce)에서 찾을 수 있으며, 그것이 훗날 상법 회계의 제도화로 이어져 기업회계를 규제해왔다. 그런데 현대에 이르러서는 산업이 발달하고 기업의 규모가 커짐에 따라 기업회계기준을 중심으로 하는 회계 규제론이 구심점을 이루게 되었다.

따라서 회계 규제를 회계기준 설정 기관으로서 회계기준설정에 대하여 관찰한다면, 기업회계의 주요 논점은 관련 법규를 중심으로 하는 회계 규제의 주된 대상이 된다. 특히 회계 규제는 기업회계 속에서 관련 법규에 따라 논의의 구심점을 찾게 된다. 그러므로 회계 규제 고유의 논점에 대해서는 논자에 따라 다양한 의견제시가 있을 수 있고 그에 대한 견해도 다를 수 있다.

회계기준설정 기관을 투자가와 경영자의 이해대립의 중재자로 보는 견해에서 회계기준설정에 관한 경제적 문제와 정치적 문제를 집약해보면, 전자의 경우는 사회적으로 최적의 회계 규제 수준을 어떻게 추구할 것인가를 논하게 된다. 그리고 후자의 경우는 시장실패를 시정하기 위하여 규제가 존재한다는 견해에서 사회적 후생을 최대화하기 위한 규제가 이루어져야 한다는 공공이익설보다도 오히려 규제를 수요와 공급이 존재하는 것(즉, 다양한 이해관계자가 규제의 수요자이고 기준설정 기관이 규제의 공급자)으로 간주하는 이익단체설이 더 현실적이다. 따라서 이익단체의 입장에서 기준설정 기관이 기업의 정보공시가 있어야 하는 다양한 이해관계자의 수요를 어떻게 취하는 것이 바람직한가를 검토하게 된다. 결국 회계기준 설정 문제는 규제와 연관된 비용·효익(cost/benefit)의 최적화를 집약하는 데 있다. 회계 규제에 관한 비용·효익 최적화를 어떻게 할 것인가는 몹시 어려운 일이다. 그렇더라도 법적 규제의 비용·효익을 파악하고 분석하는 것이 중요한 수단임은 분명하다.

Leuz/Wysocki에 의하면, 최근까지 문헌 대부분은 경영자의 자발적 공시나 회계적 선택에 초점을 둔 것이었으며, 자발적 공시나 회계 선택에 관한 사적(私的)인 비용·효익의 성격에 의미 있는 관찰을 하였으나, 한편, 회계공시규제의 바람직한 경제적 효율성이나 회계적 귀결에 대해서는 어떠한 접근도 하지 않았다. 그 때문에, 회계·공시의 규제는 경제학적 규제로서의 독점기업의 규제와는 다른 독특한 규제의 논점을 지닌 것으로서, ① 기업의 자발적 공시 활동에서 나타나는 기업 고유의 미시경제적 비용·효익 ② 기업의 자발적 공시 활동에서 발생하는 잠재적인 거시경제적 시장 전체의 비용·효익 및 ③ 글로벌 자본시장에서의 기업 재무 보고와 공시 활동의 규제에 관한 회계적 비용·효

익이라고 하는 세 가지 관점에서 비용·효익의 포괄적 구조를 제시한 바 있다.114)

Dye/Sridhar의 소론(所論)에 의하면, 『경영학 관련 영역에서 회계학을 식별하는 하나의 특징은 기준(standards)의 창조에서 비롯된다. 그 기준은 회계영역에서 광범하고 심도 있게 침투된 것이다. 그래서 기준은 경제학·재정학·조직행동 등의 분야에서는 상대적으로 중요한 역할을 하는 편이 못 된다. 그런데 기업회계에서의 기준의 중요성을 전제로 한다면, 회계기준이 어떠한 형태를 띠게 될 것인가에 대한 논점, 그리고 어떨 때 회계기준의 기능향상에 유익한가를 설명할 수 있는 많은 회계적 연구가 있다. 그러나 오늘날의 회계학 연구에서 바람직한 회계기준에 관한 이론적 문헌은 아주 희박한 편이다.』115)

그들이 말하는 「회계기준이 어떠한 형태를 취할 것인가의 논점」은 회계기준의 존재 자체가 자명(自明)하고, 이를테면 IFRS와 같은 글로벌 회계기준체계의 채용인가, 아니면 국내 회계기준체계의 유지인가, 또는 양자의 조화화(調和化), 나아가서는 회계기준체계와 국내의 증권거래법·상법 등, 관련 법령에서 회계 관련 규정과의 관련성이라는 회계제도의 논점에서 회계기준체계의 기본구조는 물론, 개개의 회계기준 내용을 규율하는 기초적인 회계 고유의 제 개념, 회계기준의 구체적인 내용이나 그 내용 간의 정합성(整合性)에 관한 논점을 포함한 회계기준 돈 전체를 의미하는 것이라고 이해할 수가 있다.

회계기준론과는 다른 회계 규제에 고유의 논점을 이해하기 위해서는 회계 규제가 존재하지 않은 경우와 존재하는 경우를 명확히 구별하여 논의할 필요가 있다. 설령 회계 규제가 존재하지 않은 경우라고 하더라도 기업은 자발적으로 공시할 때가 있으며, 자발적인 공시에는 당연히 비용·효익이 수반되고, 기업을 둘러싼 이해관계자나 자본

---

114) Leuz, C. and P. Wysocki, "Economic Consequences of Financal Reporting and Disclosure Regulation : A Review and Suggestions for Future Research," Working Paper(2008), PP. 1~90.

115) 이제까지 전개된 회계기준의 배분 기능에 관한 분석모델로서 Dye/Sridhar가 지적한 것이다("A Positve Theory of Flexibility in Accounting Standards," Journal of Accounting and Economics, Vol. 46, Issue 2~3<2008>, PP. 312~333). 그들이 참고한 기본 문헌으로는 회계기준 변경이 경제적 참가자에 의하여 선호된다는 것은 기본적으로 있을 수 없다는 것을 최초로 지적한 Demski("The General Impossibility of Normative Accounting Standards," The Accounting Review, Vol. 48, No. 4, 1973, PP. 718~723,), 완전시장이 아니면 이익이나 자산·부채에 관한 문제가 없는 인식 룰(rule)의 전개할 수 없다는 것을 관찰한 Beaver and Demski("The Nature of Income Management," The Accounting Review, Vol. 21, No. 4, <1979>, PP. 38~46,), 그리고 회계적 권고가 기업의 투자의사 결정에 미치는 효율적인 영향을 처음으로 분석한 Kanodia ("Effects of Shareholder Information on Decisions Capital Market Equilibrium," Econometrica, Vol. 48, No. 4, <1980> PP. 923~953, & "Accounting Disclosure and Real Effects, Foundations and Trends in Accounting," Vol. 1, No. 3, <2007>, PP. 1~95,)의 연구 결과가 있다.

시장을 비롯한 일련의 경제적 영향력이 주어진다. 이러한 절차를 거쳐서 회계 공시의 양과 질이 사회적으로 바람직한 방향으로 유도하기 위하여 회계기준을 설정하고 회계기준에 준거하도록 강제하는 것이 회계 규제이다. 회계기준론과는 다른 회계 규제 고유의 논점에서 기업은 자신의 사적(私的)인 정보를 공시할 것인가의 여부를 결정함으로써, 사적 정보의 공시 여부가 자발적으로 공시되는 정보의 양과 질이 사회적으로 바람직한가, 만약 바람직하지 않다면, 어느 범위에서 어느 정도의 질을 강제할 회계기준을 설정하는 것이 좋은가를 다루지 않은 편이 낫다. 따라서 회계기준의 존재의의를 공시의 인센티브 문제로서 회계 규제의 고유한 논점의 하나로 접근할 필요가 있는 것이다.

이러한 관점에서 공시의 인센티브 문제를 검토함으로써, 필요한 경우에는 회계기준이 설정될 수도 있다. 이 경우에 회계기준의 구체적인 내용 여부는 Dye and Sridhar가 언급한 『회계기준이 어떠한 형태(form)를 취할 것인가의 논점』에 해당하며, 우리가 보는 논점은 회계기준론의 수비 범위이다. 그렇지만, Dye and Sridhar가 말하는 「바람직한 회계기준에 관한, 또는 기업에 의한 회계기준의 선택에 관한 논점」은 어떠한 것인지가 문제이다. 바람직한 회계기준에 관해서는 회계기준론에서도 일반적으로는 개념체계(Concept framework)의 유용성 또는 목적 적합성·표현의 충실성이라는 회계정보의 질적 특성을 척도로 하여 비교 평가하게 된다. 또한 GAAP에서 회계 절차의 선택이라는 범위를 넘어섰다는 의미의 회계기준 간 선택에 대해서는 우리나라의 재무회계 개념체계에 특성화된 것인지는 알 수 없으나, 특정의 인식·측정 규정의 선택은 기업 투자의 어떠한 측면을 묘사할 것인가에 따라 결정되는 것이며, 여기서 어떤 유형의 선택적 국면이 존재하는가를 이해하지 않으면 안 된다.[116]

회계기준론과의 비교론적 관점에서 보면, 회계기준 평가에 있어서 기업에 의한 회계기준의 선택은 회계 규제론 고유의 것에만 해당하지는 않는다. 그렇다고 해서 회계 규제론에 대한 평가는 원천적으로 경제사회에서 회계 규제가 어떤 것인가를 항상 추구하는 것이라는 점에서 평가는 개념체계의 질적 특성을 통하여 회계기준 체계로부터 도출되는 척도가 아니며, 기업의 투자 선택이나 자금조달이라는 기업 최적의 자원배분, 나아가서는 기업 전체로서의 최적의 자원배분이라는 경제 실체 기준이 척도로 작용하는 경우가 있다. 그리고 선택에 대해서도 기업이 도출하고자 하는 사상(寫像)의 배후에 존재한다는 것을 인식할 필요가 있다. 그러한 사상(寫像)이 도출될 것이라고 기업이 예상하는 경제적인 영향에 적극적으로 초점을 맞추어 회계기준 선택이 이루어진다고 회계 규제론에서 인식하기도 한다. 이러한 회계기준의 평가와 선택의 이질성(異質性)을 회계 규제 고유의 논점을 구성하는 것이라고 보아 이를 「회계기준의 실체적 평가의

---

116) (安藤英義·古賀智敏·田中建二 責任編輯, 『企業會計と法制度』(東京, 中央經濟社, 2011), PP. 517~540)

문제」라는 관점에서 접근할 수 있을 것이다.

따라서 회계기준론과의 대비적 입장에서 언급한 회계 규제론 고유의 논점은 대부분이 서로 중복되는 상대적인 것에 지나지 않는다. 그러나 이들 회계 규제론 고유의 논점은 실체적 경제에서 회계기준의 존재의의를 밝히고 회계기준을 실체 경제의 동향에 원활하게 접합시켜 효율적으로 기능하도록 하기 위해서는 지극히 중요한 논점이다. 회계기준론이 자명한 것은 분명하지만, 적어도 직접적으로는 관심을 기울이지 않은 회계기준론을 둘러싼 주변 부분이나 외연 부분에 의도적으로 관심을 두고 회계기준론을 포용하는 형태로 유지하는 것이 회계 규제의 기본논점이다.

2. 맺음말

프랑스의 상사칙령을 효시로 하는 회계 규제의 기본법인 상법사상이 일본을 거쳐 우리나라에 도입되고 상법 회계문화의 바탕을 이루어 모든 기업에 적용되어왔을 뿐만 아니라, 아울러 일본의 법인세법 규정이 조선총독부 시대에 시행됨으로써, 우리나라 세법 회계의 효시를 이루었으며 세법 회계문화의 초석이 되었음을 부연하였다. 따라서 우리나라를 포함한 세계의 모든 나라에서 기업은 법제와 규제의 범위 내에서 사업을 영위하고 있다. 특히 금융기관을 비롯한 모든 기업은 전통적으로 규제산업이기 때문에, 사업 관련 법률이나 규제기관으로서의 감독관청과 연관성을 갖고 있다. 그래서 모든 기업은 기업 법제의 기본법률인 상법과 더불어 세법의 규제대상이 되는 것은 필연적이다. 규제 대상기업이라는 점에서 일반법에 우선하여 특별법의 적용을 받기도 한다. 규제산업의 특성으로서 일련의 정책목표나 영향을 강하게 받게 되지만, 상법과 세법 등의 법률 정비가 이루어져야 하는 것은 물론이다.

규제산업의 경우를 보면, 규제의 대상기업은 대부분이 주식회사이며 상장기업이기 때문에, 당연히 상법과 자본시장과 금융투자 사업에 관한 법률(과거의 증권거래법)은 물론, 세법의 적용을 받게 되어 있다. 따라서 규제산업이 지닌 하나의 특징은 규제기관인 감독관청 자체가 규제 대상기업이 적용해야 할 회계기준 설정 기관이 된다는 점이다. 이는 어떤 의미에서는 합리적인 시스템이라고 할 수 있다. 왜냐하면, 규제산업 특유의 특성을 숙지한다는 것은 그 규제기관으로서 자연스러운 일이기 때문이다. 그 규제산업의 대표적인 예정 가격 금융업이고 제조업과 유통업 그리고 통신업·운수업 등이다.

그런데 여기서 발생하는 문제는 규제기관이 일반적으로 공정 타당한 회계관행(기업회계기준)을 정책실현 수단으로 이용될 가능성이 농후하다는 점이다. 그렇다고 하더라도 투자자나 채권자 등의 이해관계자를 위한 회계목적과의 사이에 모순이 발생할 수 있는 것도 사실이다. 이러한 회계기준 설정상의 실질적인 권한과 그 적용에 재량적(裁量的)인 요소가 개입되었을 때는 회계 본래의 목적에 반한 자의적인 운용이 이루어질 수도 있음을 고려해야 한다. 그러한 상황은 각 규제산업의 이해관계자에게 유용한 결과를 가져온다고 단정할 수만은 없다. 이러한 문제는 적어도 단기적으로는 규제기관의 은폐에는 이바지한다고 하겠으나, 회계 규제를 위한 본래의 정책목표 수행에는 장애요인으로 작용하게 되며, 룰(rule)을 수단으로 하여 악용할 위험이 있다고 보아야 한다.

1990년대 후반기에 발생한 외환위기(IMF 구제금융)로 인하여 위기 상황에 몰렸던 한국기업들의 경영환경은 상당한 변화를 가져오게 했다. 국제적으로는 한국기업의 글로벌화와 더불어 금융증권시장의 국제화로 재무 정보의 투명성과 비교가능성을 촉진함과 동시에, 국내적으로는 우리나라 기업을 둘러싼 산업구조의 재편성에 따라 회계환경도 크게 변모하였다. 이는 자유·공정·글로벌화를 슬로건으로 하는 금융시스템의 개혁을 추진하면서 소위 「회계 빅뱅」이라고 일컬어지는 회계제도의 개혁을 추진하게 되었다. 이러한 분위기는 21세기 초에 회계기준 수렴화(convergency)로 이어져 새로운 경영환경 하에서의 회계정보 이용자 보호 사상으로 진화되었다.

이러한 기업환경 아래에 기업회계기준의 변혁은 글로벌화의 물결 위에서 IFRS의 도입을 수용하게 되었으며, 다양한 경영환경에 대응하는 방안을 모색하게 되었다. 우선 고려(考慮)의 대상이 된 것은 자본시장의 글로벌화에 대응하는 것이었다. 자본시장의 글로벌화를 배경으로 하여 금융투자거래의 공정성·투명성을 도모해야 함은 물론, 금융상품의 공정가치 평가와 위험회피회계가 확립됨과 동시에, 외화환산거래의 회계기준 정비도 필요하게 되었다. 경영의 국제화·다각화로 인하여 글로벌경영조직으로의 재편과 M&A 등이 추진됨으로써, 지배력 기준에 의한 연결재무제표의 정비는 물론, 활발한 M&A에 수반된 피합병 기업자산의 공정가치 평가 및 투자사업 분리 회계가 촉진되는 글로벌 환경에 봉착하였다. 특히, 지식창조 시대의 도래로 인하여 가치 창출 경영으로서의 지적자산(知的資産)의 적극적인 활용과 혁신으로 인한 연구개발비의 일괄 비용처리가 추진되고 경영 능력이나 추진력 등의 무형가치공시도 촉진되는 단계에 이르렀음을 확인하게 된다. 더 나아가서는 복지·고령화 사회에 대응하여 종업원연금자산의 투명화를 추진해야 하고 연금부채의 인식과 연금자산의 공정가치가 평가되어야 하는 단계이다.

그리고 K-IFRS에 준거한 회계처리가 법적 근거를 갖는가는 그것이 상법에서 정한 「일반적으로 공정 타당한 회계관행」에 합당하며, 법인세법상의 「일반적으로 공정 타당하다고 인정되는 기업회계기준」이 되는가에 의한 양자의 공정 개념관계에 대해서는 상법상의 일반적으로 공정 타당하다는 경우의 공정개념이 광범위하게 기업회계라는 추상적인 모든 영역에 타당한 공정성인 데 비하여 법인세법상의 공정개념은 각각 시대적 조건에 따라 규정되는 공정성이라고 할 수 있다.

그러므로 자본시장과 금융투자 사업에 관한 법률(과거의 증권거래법 포함)상의 공정개념은 상법상의 공정개념에 포섭된다고 보아야 할 것이다. 상법상의 「일반적으로 공정타당하다고 인정되는 회계관행」에는 회계기준위원회에 의하여 공표된 기업회계기준 등의 회계기준 외에 회계기준위원회에서 공표되는 회계기준도 포함된다고 할 수 있음은 자명하다. 이처럼 회계기준위원회 등이 공표한 회계기준의 위치가 확실하고 그 관점이 투자자의 정보제공목적에 있다는 데서 글로벌 증권시장에서의 투자자 보호를 중심과제로 하는 K-IFRS에 따른 회계처리도 법적으로 인정될 수 있다고 해석되는 것이다.

우리나라에서 공시 주의에 의한 정보이용자 보호 사상의 기반은 자본시장과 금융투자 사업에 관한 법률(과거의 증권거래법 포함)을 근간으로 하는 기업회계기준이었다. 그러나 자본시장과 금융투자사업에 관한 법률(과거의 증권거래법)과 상법은 서로 법 목적이 다른 것이며, 회계적 계산에도 투자자 보호를 근간으로 하는 자본시장과 금융투자사업에 관한 법률(과거의 증권거래법)에 근거하는 회계와 채권자 보호에 초점을 둔 상법 회계와는 근본 취지가 다른 것이었다. 그러므로 투자자 보호 개념의 계승발전과정은 기업회계원칙을 중심으로 상법과 타협의 과정이었으며, 자본시장과 금융투자사업에 관한 법률(과거의 증권거래법 포함)과 상법과의 상호교섭을 통하여 특성화되어 있는 것이다. 그뿐만 아니라, 경제의 국제화가 이루어지고 금융거래의 글로벌화가 실현되면서 IFRS가 도입되어 국제적 회계 규제의 규범화가 형성된 현실에서 증권 이외의 금융상품거래 규제를 위한 법제화가 증권거래법 대신에 「자본시장과 금융투자사업에 관한 법률」로 승화되었음을 확인하게 되는 것이다.

따라서 법체계상의 관계로서는 상법이나 회사법을 중심으로 한 기업회계제도가 형성되어 있다고 할 수 있다. 그렇지만, 법인세법이 과세소득 계산에 있어서 손금 계산을 요건으로 하는 확정 결산 주의를 채용하고 있다는 데서 세법 회계에 관한 제 규정을 무시하여 회계처리를 할 수가 없는 것이다. 즉, 세법 회계가 상법 회계 및 자본시장과 금융투자사업에 관한 법률(과거의 증권거래법)회계의 실질적 내용을 구성하고 있다고 해도 과언은 아니다. 또한 세법은 과세 법률주의·조세평등주의적 요청으로부터 백지규정(白紙規定)의 보충으로서 상세한 규정을 설정하지 않을 수 없는 것이다. 세법 회계의 이론으로부터 과세소득 계산구조에 있어서 IAS/IFRS에 따른 회계기준에 의존할 수 있는지가 확정 결산 주의의 전통적인 이해만으로 가능한지 아닌지, 건전한 기업회계제도의 구축 시점에서 검토되어야 할 것으로 생각하는 바이다.

끝으로 살펴보아야 할 우리나라 법 회계문화의 영역은 경제적 기업환경의 국제화로 인한 사회환경의 변화가 기업활동에서 비롯되는 공해 문제가 심각한 수준에 달하고 있음을 고려할 때, 환경 법규에 따른 회계 규제가 필요한 상황에 직면하고 있다는 것이다. 오늘날의 기업은 이러한 외부환경의 문제뿐만 아니라, 기업 내부의 환경적 변혁이 기업회계시스템에 끼치고 있는 충격에 대해서도 경시할 수 없는 상황이라고 할 수가 있다.

　21세기에 인류에게 주어진 최대의 과제는 환경파괴를 어떻게 방지(防止)하고 지구를 어떻게 하여 차세대에 인계(引繼)할 것인가에 대한 것이다. 환경문제는 1960년대의 지역적인 공해 문제에서 1980년대 후반부터 지구 차원의 환경문제로 전환되었다. 이와 관련된 1960년대의 회계는 공해회계(公害會計)라 하여 공해와 회계와의 접점으로서의 공해처리비와 대책비가 비용으로 계상되는 정도였다. 그러나 1980년대 후반에 이르러 지구온난화, 산성비(酸性雨) 그리고 오존층 파괴라는 지구 차원의 환경문제가 제기되었다. 이러한 환경문제가 국제적으로 큰 관심사가 된 것은 「환경과 개발에 관한 세계위원회」(1987년)에서 「우리가 공유할 미래(Our Common Future)」라는 논제로 환경형 사회(또는 地球)를 구축해야 한다는 「지속 가능한 발전(Sustainable Development)」의 슬로건이 발표되었다. 그 후 「환경과 개발에 관한 UN 환경 회의」(1992년, 브라질)에서 이 슬로건을 재확인하고, 경제(economy)와 생태환경(ecology)의 융합, 즉 기업의 이중성(利益性 및 社會性) 조화화의 필요성을 강조한 바 있다. 이 회의에서는 궁극적인 목표를 「폐기물 제로 구상」(zero emission)[117]이 의결하였다고 한다. 이는 자연 환경문제가 지역성을 지닌 공해에서 지구 규모의 환경문제로 전개되었음을 의미하는 것이다.

　환경문제의 글로벌화가 형성되고 환경회계 문제도 논점화되고 있는 상황에서 우리나라 국회가 2022년 5월 29일 자로 「환경정책기본법」을 비롯한 「자연환경보전법」 등의 14개 환경 관련 법규를 통과시키고, 2024년 1월 1일부터 시행하기로 하였다. 만시지탄은 있으나, 우리나라도 환경 관련 법규가 제정되었으므로, 기업의 이익성과 사회성을 조화화·공생화 하는 취지의 환경론적 쟁점이 부각됨과 동시에, 환경회계기준에 대한 중점과제가 논의되기에 이를 것으로 생각한다.

---

117) 「폐기물 제로 구상」(zro emiddion)이라 함은 1992년 브라질에서 개최된 UN 환경 회의에서 제시된 의제로서 사용 원재료의 종류와 제조·유통의 과정을 엄밀히 재검토하여 생산·유통의 모든 과정에서 폐기물을 일절 배출하지 않는 산업구조로 전환하기 위한 구체적인 비전을 제안하려는 구상을 일컫는다.

제12장 한국의 원가·관리회계시스템 도입 형성사

1 프롤로그

　Luca Paciori의 복식부기서(算術·幾何·比例總攬의 제10장 計算 및 記錄詳論)가 1494년에 출판되어 전 유럽에 전파되면서 부(富)의 축적을 위한 상업활동이 활발하게 전개되었음은 물론, 상거래의 결과를 기록 계산함으로써, 상업자본주의 문화가 꽃을 피우고 인류의 사회경제적 발전에 활력소를 제공해 주었다. 당시의 부기 회계는 상업경영자를 위한 것이었고 회계의 기본목적은 상업경영자가 자산·부채·자본 및 영업성과는 계정계산으로 처리하는 것이었다. 이러한 관점에서 보면 회계는 본질에서 정보시스템이라 할 수 있으므로, 기업회계는 회계정보 제도로서 발전해왔다고 할 수 있다.
　여기서 말하는 회계정보 제도란 기업의 이해관계자에게 필요한 회계정보를 제공하기 위한 총괄 시스템을 의미한다. 기업회계가 정보시스템으로서의 사명을 수행하기 위해서는 고유의 논리에 집착하여 전통적인 관념에 사로잡혀 있으면 안 되며 이해관계자가 필요로 하는 회계정보의 내용을 숙지(熟知)하여 해당 정보를 적정하게 제공할 수 있도록 끊임없이 개선할 필요가 있다. 따라서 미국회계학회의 관리회계위원회보고서는 복식부기의 발생 당시나 초기 발전과정의 회계는 원가관리를 비롯한 관리회계에 지나지 않았다고 언급한 바가 있다.[1]
　분명 당시의 회계는 외부 보고가 필요하지 않고 오로지 경영관리자에게 봉사함을 목적으로 행하는 것이었기 때문에, 그런 의미에서는 관리회계라고 할 수 있을지 모르겠으나, 단순한 재산 보호의 회계에 불과하며 적극적으로 계획·통제를 의도하지 않았으므로, 오히려 선사적(先史的) 관리회계 또는 회계 관리라고 칭하는 것이 적절한 표현이다. 그런데 19세기에 이르러 기업의 사회적 책임이 중요시되면서 이러한 사회적 책임을 수행하기 위하여 재무회계에 편중되었고, 회계라고 하면 재무회계가 연상될 정도가 되었다. 이러한 회계의 사회적 책임을 기업에 요청하게 된 주요 원인은 다음과 같은 사실에서 확인하게 된다.[2]

---

1) AAA, "Report of Commitee on Managerial Accounting", Accounting Review, April 1959, P. 207.

첫째, 산업혁명기 이후 다양한 형태의 기업이 출현함으로써, 소유자를 위한 독립회계, 즉 경영관리자의 내부적인 회계기구가 필요하게 되었다. 이윽고 회계를 통하여 제삼자의 이익을 보호하려는 사회적 의식이 발생함으로써, 독립회계의 필요성이 고조(高潮)되었다. 그뿐만 아니라, 독립된 공인회계사라는 새로운 직업이 출현함으로써, 독립된 회계 전문직과 관련된 자산 보호와 감사기를 및 과세법률과 같은 외부적 영향으로 회계 발전이 이루어졌기 때문에, 경영관리자의 내부적인 관리통제의식이 싹텄다. 그리고 법인소득세를 규정한 법률로 인하여 회계의 기술적인 요건이 조성되고 회계가 부당한 외부의 압력에 의한 영향을 받게 되었다. 더욱이 기업에 대한 법률적인 규제가 강화됨으로써, 기업은 새로운 회계모형을 구상하기에 이르렀고, 그에 따른 회계적 관리시스템이 등장하는 요인으로 작용하였다.

선사적(先史的) 회계 관리의 형태에서 일반적으로 공정 타당한 재무회계 구조로 발전됨에 따라 기업회계는 회계 진화의 과정을 거치면서 관리회계적 회계시스템으로 발전하게 되었다. 기업환경의 변화로 인한 과학적 관리법이 등장함으로써, 경영관리의 대폭적인 발전을 가져왔고 기업회계도 경영자에게 봉사한다는 본래 사명을 재확인하는 계기가 되었다. 기업규모가 확대됨으로써, 기업 내용이 복잡해졌음은 물론, 경영자는 경험이나 감에 의한 사업경영이 곤란하게 되었기 때문에, 경영관리에 유익한 새로운 회계시스템을 개발하게 되었다. 기업 간 경쟁이 심화함으로써, 이를 타개하기 위한 계획과 통제에 유용한 계수용구(計數用具)가 구축되는 전기를 마련해 주었다. 그 결과는 관리회계를 주제로 한 직업적 단체가 출현하였고 관리회계를 전문적으로 다루는 경영고문이 등장하였음은 물론, 미국 회계인협회(NNA), 미국 경영자협회(AMA) 등이 속속 설립되어 관리회계가 촉진되기에 이르렀다.

이러한 근대 관리회계가 학문으로서의 체계를 갖추게 된 것은 1920년대 이후의 일이다. 미국에서는 1924년에 매켄지(J.O. Mckinsey)에 의해 최초의 관리회계서(Managerial Accounting)가 출판되었다. 이어서 같은 해 블리스(J.H. Bliss)가 「회계를 통한 관리」(Management through Accounts)를 저술하였으며, 1928년에는 그레고리(H.E. Gregory)가 「경영 관리상의 회계보고서」(Accopunting Reports in Business Management)를, 그리고 1929년에는 헤이스(M.V. Hayes)가 「경영자 통제를 위한 회계」(Accounting for Executive Control)를 속속 저술하였다.

그래서 미국회계학회(AAA)는 종래의 원가계산개념 및 기준위원회의 후신으로 관리회계위원회를 창설하고 보고서를 채택하였는바, 다음과 같은 관리회계의 정의를 내렸다. 즉, 관리회계란 기업의 역사적・계획적인 경영자료를 처리하면서 경영관리자가 합리적인 경영계획을 설정하고 경영통제의 목적을 달성하기 위한 의사결정을 합리적으로

---

2) AAA, op. cit., P. 208.

수행할 수 있도록 적절한 기술적 지원을 수행하는 회계시스템을 의미한다. 이처럼 미국에서 근대적 관리회계가 본격적으로 실천화된 것은 제2차 세계대전 이후라고 할 수 있으며, 그 역사가 아주 일천(日淺)한 학문영역이다.

이러한 관리회계시스템이 우리나라에 본격적으로 도입되기 시작한 것은 역시 대한민국 정부가 수립된 이후의 일이다. 1948년에 대한민국 정부가 수립되고 국가체제를 정비하던 중에 발한 전쟁(6·25동란)으로 인하여 모든 산업시설이 파괴되고 경제적 만신창이가 된 전시상황에서 국가재건을 위하여 전력투구해야 하는 상황이었다. 군사적·경제적으로 미국의 원조를 받아야 하는 환경하에서 관민(官民)이 합심하여 경제부흥을 지향해 나갔다. 경제개발계획을 추진해 나가면서 국민경제를 안정적인 위치에 올려놓았고 발전적 기반구축에 성공하여 이른바 한강의 기적을 일으켰다.

그 와중(渦中)에 원가회계 및 관리회계의 제도적 도입과 기반구축은 어려운 일이었다. 그런데도 조선총독부 시대의 원가계산 여명기를 반추(反芻)하며 경영학 교육의 하나로 원가계산 교육과정이 이루어짐으로써, 원가관리 및 회계 관리에 대한 의식이 고취됨과 동시에, 제도적 정비도 이루어졌다. 1955년에는 우리나라 최초로 고려대학교에 경영학과가 개설되면서 원가계산과 관리회계에 대한 강의가 시작되었으며 강의교재도 출간되는 등, 원가·관리회계시스템을 본격적으로 도입하게 되었다. 그래서 우리나라의 원가·관리회계시스템이 도입·형성되는 과정을 회계 문화사적 관점에서 접근할 필요가 있다고 생각된다.

2 원가·관리회계문화의 생성사적 접근

1. 원가계산기법의 생성

원가계산기법의 생성 시기는 명확하게 밝혀진 바가 없다. 문헌상에 언급된 생성사적 견해를 탐색해 보면, 그 기원은 학자에 따라 다양하게 언급되어 있음을 알 수 있다. 유럽에서 상업 발달과 더불어 수공업이 발달하는 과정을 통하여 견직물이나 모직물 등의 작업장에서 원가의 계산을 위한 공업부기의 기원을 찾아볼 수 있다. 중세기의 유럽에서는 모직물 작업장에서 공업회계의 기장사실을 통하여 원가계산의 맹아(萌芽)라고 주장한 문헌과 더불어, 산업혁명기에 공장제 공업이 성립하고 원재료와 임금(賃金)을 비롯한 간접비의 중요성을 인식함으로써, 원가의 계산행위가 이루어지기 시작했다는 문헌을 찾아볼 수 있다.[3] 그뿐만 아니라, 원가계산을 시도하게 된 요인의 하나는 산업혁명이 진행되는 과정에서 경영관리를 위한 공업원가계산기법이 개발되었음은 물론, 그로 인하여 산업자본주의 체제가 확립될 수 있는 기반이 조성되는 과정에서 근대적 원가회계 시스템의 생성사의 기원을 이루었다고 보는 것이다.4)

1) 요소별 원가계산(Prime cost)의 형성과 장부 기록

영국 원가계산사를 저술한 에드워드(R.S. Edwards)의 고증(考證)에 의하면, 18세기 초엽 상인 부기가 전개된 이후에 원가의 기본요소를 모아 계산하는 사례가 등장하였다고 한다.5) 그런데 당시의 원가계산에서 다루었던 것은 재료비와 가공비에 해당하는 것이었으며, 경비나 간접비에 대해서는 주목하지 않았다는 것이다. 더구나 재료비와 가공비의 계산처리도 전통적인 상업부기의 계정조직에서 기록하여 계산하는데 지나지 않았다. 당시 영국에서는 아직 산업혁명이 일어나지 않았으므로 주문제(注文制) 공업경영이었기 때문에, 이런 형태에서는 뚜렷한 항목만을 필요에 따라 기록계산 하려고 했다. 이는 재료를 하청받는 자에게 주어 가공한 다음에 인계받은 것, 또는 앞서 넘겨준 재료가 남아있는가를 기록계산하고 또 하청인에 대한 가공임(加工賃)이나 가공품의 인수 시에 선급금을 확인하기 위한 기록계산에 불과했다. 그 때문에, 이러한 경영형태에서는 생산에 관련되는 경비가 발생하더라도 그것은 상거래에서 발생한 경비와 같이 취급하던가, 그렇지 않으면 일종의 손비로 처리했다. 이 단계에서는 요소별 원가계산(prime cost), 즉 직접재료비와 직접 노무비에 해당하는 것으로 계산하였다.6)

18세기 중엽 이후에 영국 산업혁명이 시작되었을 때만 해도 재료비와 가공비의 기록계산이 중심이었으나, 그 장부 기록은 상세하게 이루어졌던 흔적이 있다. 예컨대, 해밀톤(R. Hamilton)이 기술한 바에 의하면, 재료장(材料帳)에서는 재료의 매입 수량과 소비수량을 기입하고 그와는 별도로 원가 원장(cost ledger)을 설정하여 장인(匠人)에게 인도한 재료 수량과 가공 후에 인수(引受)한 제품 수량, 날짜, 재료가격 및 가공임(加工賃), 가공품 대가(對價) 등의 기입란을 두어 기입함과 동시에, 공임장(book of wages)에 고용인의 성명, 작업 종류, 작업일 수, 일급(日給)과 작업액을 기입하였다. 이들 장부(帳簿)는 모두 보조부에 해당하는 것이었다. 그래서 원장에는 인명계정과 재

---

3) P. Garner, "Evolution of Cost Accounting to 1925", (University of Alabama, 1954), PP. 1~26. & B. Penndorf, "Die Anfäge der Betriebsbuchhaltung", ZfHF., Heft 12, 24. Jg. Dez, 1930. & D. Solomons. "Studies in Costing", (Sweet and Maxwell, 1952), P. 2.
4) W. Scott, "The Principles and Practice of Cost Accounting", 1947, P. 7.
5) R. S. Edwards, "Some Notes on the Early Literatures and Development of Cost Accounting in Great Britain", (The Accountant, Aug. -Sep. 1937.)
6) 神戶大學會計學研究室 編, 『原價計算ハンドブック』(東京, 稅務經理協會, 1977), P. 17.

료비, 공임(工賃) 등의 계정을 두어 제조가공 상황을 파악함과 동시에, 제조계정을 설정하여 제품가격을 기록하였다는 것이다.

이처럼 장부에 기록된 것을 통하여 생산과정의 원가를 계산하려고 한 흔적을 찾아볼 수 있으나, 일반경비와 간접비에 대해서는 보조부를 두지 않고 기계 유지비, 지대, 조세 및 잡비라는 형태로 계정에 기록하는 정도였다. 그 후 산업혁명이 진전됨에 따라, 공장의 생산과정에 고정설비와 기계 등을 설치하게 되었기 때문에, 공장의 경비에 해당하는 금액이 증가하여 그에 해당하는 비목(費目)도 다양해졌다. 그때까지 의식하지 못했던 경비의 기장방식을 모색하게 되었으며, 공장경비만이라도 별도로 취급하려고 하였다. 예컨대 기계 유지비와 공장 잡비 외에도 재료와 할인료, 이자, 통신비 및 운임 등의 여러 품목에 대하여 이를 공장경비로써 계정에 기록하기에 이르렀다. 그러나 이러한 공장경비를 간접비로 취급함으로써, 그에 대한 계산 방법을 모색하지 않고 여전히 소가(素價)의 계산이라는 사고방식이 강하게 작용하고 있었다고 해도 과언(過言)은 아닐 듯하다. 따라서 이는 이 시대의 한 가지 특징이라고 할 수 있으나, 그것은 동시에 원가계산제도, 더 나아가서는 공업회계조직의 전사적(前史的)인 형태임을 의미한다.[7]

2) 실제원가계산과 공업회계제도의 성립

1830년대 이후의 영국에서는 산업혁명이 상당히 진행되어 유럽 여러 나라에 그 영향이 파급되고 있었다. 그로 인하여 공장제 공업이 발전하게 되었음은 물론, 정도의 차이는 있었지만, 공장 운영을 위한 제품의 생산과정에서 발생하는 원가를 집계하고 장부에 기록하는 관례가 등장하였다. 문헌에 의하면, 공장에서 발생하는 재료비와 노무비에 해당하는 여러 요소가 어떻게 원가를 구성하고 제품가격을 어떻게 산정하는가에 대한 과정을 설명하였다는 것이다. 이른바, 원가계산 제도의 형성에 대한 상황을 언급하고 있으며, 공장제 수공업이 발전하는 과정이었으므로, 원가를 집계하는 방법이나 장부 기록상의 문제가 관심사였다고 한다. 이로 인하여 공장회계제도의 기법이 진화되는 계기가 마련되었다고 한다.[8]

이렇듯 영국에서 원가계산 제도가 형성되는데 필요한 요건이 갖추어지기는 했지만, 이 시기는 공장제 수공업의 성립기에서 발전기로 진화하는 때였기 때문에, 그에 상응하는 몇 가지 원가계산 방법을 제창하거나 장부 기록 문제를 제시함으로써, 공업회계제도의 확립을 촉진하는 초석이 되었다. 이러한 사실을 통하여 다음과 같은 사실(史實)

---

7) F. W. Cronhelm, "Double Entry by Single", 1818. & 神戶大學會計學硏究室 編, 上揭書, PP. 17~18.

8) C. Babbage, 'On the Economy of Machinery and Manufacture', 1832. & 神戶大學會計學硏究室 編, 前揭書, PP. 18~20.

을 확인할 수 있다. 즉, 그 하나는 가레크와 펠스의 공저로 출판된 「공업회계론」에서 언급하고 있음을 볼 수 있다. 이에 의하면, 계정기록을 상업면과 공업면으로 분류하여 공장의 계정기록에 필요한 각종 장부를 제시하고 그에 따른 원가의 계산 방법을 제시하였다. 그 계산 방법은 지시서별(指示書別) 원가계산으로서 오늘날의 개별원가계산에 해당한다고 할 수 있다. 여기에는 공장에서의 원가계산 방법과 그 원가에 관한 계정상의 기록 방법에 관해서도 설명되어 있다. 그런데 상업면에서의 계정기록과 어떻게 결부시킬 것인가에 대해서는 언급함이 없이, 다만 이것을 상업면의 계정기록과 서로 대조할 필요가 있다고만 언급하고 있을 뿐이다. 오늘날의 독자 평균 원장제도에 따라 원가계산과 재무회계를 종합적으로 결부시키려고 하지 않았다는 것이다. 따라서 원가계산 제도의 형태는 갖추었다고 할 수 있지만, 아직 공업회계제도로서의 형태는 갖춰져 있었다는 것을 확인하게 된다.

또 다른 하나는 이와 비슷한 시기에 출판된 노톤(G.P. Norton)의 저서 「모직업의 장부론」에서 찾아볼 수 있다. 이에 의하면, 복식부기를 전제로 하여 상업면과 공업면을 조합하여 계정기록 하는 방법과 양자를 분류하여 별도로 기록하는 방법은 물론, 양자를 복식부기의 계정기록에서 조합하는 방법도 있음을 언급하였다. 물론, 여기서는 상술한 가레크와 펠스의 주장보다도 진일보한 것으로 볼 수 있다. 노톤은 모직물 공업의 문제를 언급하면서 공장마다 원가를 어떻게 계산하여 이것을 다음 공정에 어떻게 인계할 것인가에 대해서도 설명하였다. 그 원가의 계산 방법은 오늘날의 공정별 종합원가계산에 해당한다. 여기서 주목해야 할 것은 공정마다 대체가격에 일종의 시장가격을 이용하여 공정별 계정에서 부문별 손익을 산출하는 방안도 제시한 점이 특이하다.[9]

3) 영국원가계산 제도의 미국에 도입발전

산업혁명 시기에 영국에서 생성된 원가계산기법은 그 후 유럽 여러 나라와 미국으로 전파되어 공업진흥에 크게 이바지하였다. 원래 농업국이었던 미국은 19세기 후반기에 이르러 공장계정(factory a/c)을 사용하여 원가계산으로 발전시키게 되었다. 그 당시 플레밍(J. Fleming)은 그의 저서(Book-keeping by Double Entry, 1884)에서 공장계정은 물론, 제조계정(manufacruring a/c)을 사용하여 원가의 기장 방법을 설명함으로써, 공업부기의 효시를 장식하였다. 그런데 이들 제조계정은 제품의 제조과정에서 발생하는 요소별 원가계산(prime cost)에 대한 상업 부기적인 계정기록의 범위를 벗어나지는 못했다. 그 후 매트카프(H. Metcalfe)가 저서(The Cost of Manufactures and the

---

9) G. P. Norton, "Textile Manufactures Bookkeeping", 1889. & 神戶大學會計學硏究室 編, 上揭書, PP. 21~22.

Administration of Workshops, Public and Private, 1885)를 출판함으로써, 미국에서의 제품 제조원가의 집계과정을 정리한 근대적 원가계산기법의 체계를 구축했다. 그러나 경비 등의 계산 방법을 명확히 정리하지 못한 점이 단점으로 지적되기도 했다.

영국의 원가계산기법을 도입한 미국의 경우는 남북전쟁을 거치면서 공업국으로 진입하여 공장제품생산이 활발하게 이루어지게 되었으므로, 제품 원가의 기장 처리에 영국의 원가집계 방법을 원용 받아 발전시키게 되는 전환점이 되었다. 즉, 영국인 처치(A. H. Church)는 영국에서 도미(渡美)한 다음 해(1901)에 제조간접비에 해당하는 비목의 발생 사실에 심층적인 접근을 시도함으로써, 원가의 집계 방법을 새로이 제시한 저서를 출판하였다.10) 여기서 제시된 원가의 집계 방법은 원가계산과 재무회계를 정확히 결합하는 작용을 하였다는 점에 주목할 필요가 있다.

4) 경영관리를 위한 원가계산의 발전

(1) 원가계산의 경영 관리적 응용

20세기 초엽에 미국을 중심으로 원가절감 또는 원가관리, 예산통제와 더불어 관리회계 등의 문제가 대두(擡頭)되었는데 비교적 원가의 절감을 위한 표준원가의 문제가 경영관리용 원가계산의 하나로 크게 부각(浮刻)되었다. 이 표준원가에 대한 부분적인 문제에 대해서는 이때까지 원가 계산론자들에 의해 제창된 바 있으며, 원가의 절감을 위한 방안을 단편적으로 제안되기도 했었다. 20세기에 들어와서는 미국의 대량 생산방식과 산업계의 특수한 사정으로 인하여 사전적(事前的)인 표준원가라는 형태로 드러나기에 이르렀다. 그것은 다음과 같은 관점에서 접근해볼 수 있다.

첫째로 테일러(F. Taylor)를 창시자로 하는 과학적 관리법과 연관된 과업 표준설정이 문제였으며, 이것이 노무비의 관리에 이바지하고 나아가서는 재료 소비의 표준설정이 재료관리에 유용하게 활용되었다. 이것들은 능률기사들에 따라 제안된 것이었으나, 이것을 원가의 문제로 보게 되면 작업착수 전의 원가 표준을 고려하게 되기 때문에, 작업 후의 원기실제액과 비교하여 그 차이를 분석하게 된다. 그러나 애초의 차이 분석 방법은 논자에 따라 다르고 일정한 방향이 설정된 분석 방법은 아니었다. 이러한 과정에서 표준원가의 생성을 감지할 수도 있다. 그 대표적인 것으로는 에머슨(H. Emerson)의 논문인 「작업 및 임금의 기초로서의 능률」11)이 있다.

---

10) A. H. Church, "The Proper Distribution of Establishment Charges", (The Engineering Magazine July~Dec., 1901).

11) H. Emerson, "Efficiency as a Basis for Operation and Wages," (The Engineering Magazine, July, 1908~March, 1909.)

둘째로는 정상 배부에 의한 제조간접비의 표준을 들 수 있다. 과학적 관리법의 조류에 따라 등장한 표준원가의 제안 중에서도, 제조경비의 표준을 설정하는 경우는 있었지만, 이것을 명확히 제시한 것은 상술한 바 있는 처치(A.H. Church)와 화이트모어(J. Whitmore) 등이 언급한 정상 배부율로 작업이나 기계를 중심으로 하여 부문별로 배부한다는 연구 결과였다. 이것이 표준원가 생성의 기초가 되었다. 결국, 정상 배부율에 의한 부문별 배부액이 그 부문의 제조간접비 표준이라고 하면, 이것과 실제액을 비교하여 배부 차액이 있으면, 그것은 조업 차액이 되기 때문에, 그 차액의 대소(大小)에 따라 제조간접비의 유효 이용이 어느 정도인가를 관찰하는 연구였다. 이것이 표준원가의 생성적 기초가 되었다고는 해도 그 당시의 제안은 고정비와 변동비를 구별하지 않았다는 것, 즉 고정예산을 기본으로 했다는 것이다.

(2) 회계적 입장에서의 원가계산

상술한 2가지 관점은 표준원가의 생성에 이바지한 바 컸으나, 1910년대에는 이것을 실시하는 공장도 볼 수 있게 되었다. 그러나 제1차 세계대전 후의 불황(不況)으로 1919년에 원가계산사협회(NACA: NAA)가 설립되어서 표준원가에 관한 관심이 점차 고조되기 시작하였다.

이러한 상황에서 이때까지의 표준원가 설정목표가 너무 엄격했기 때문에, 달성 가능한 수준에서 표준원가를 설정하고 시행 가능한 방안을 모색하기 위하여 재검토하였음은 물론이다. 또한 표준원가에 의한 계산의 신속화를 도모하거나 원가를 계정 기록하기 위한 고안(考案)도 하게 되었다. 그리고 표준원가와 실제원가의 차이 분석 방법에 대해서도 그때까지와는 다르게 그 차이를 재료가격 차이, 재료 수량 차이, 임률(賃率) 차이 및 시간 차이 등으로 분석하는 방향으로 전환하였다. 이 시기의 대표적인 제안은 해리슨(G.C. Harrison)의 논문과 저서에서 찾아볼 수 있다.[12]

1920년대 이후에는 제조간접비의 표준에 대해서도 고정비와 변동비로 구분하여 접근하는 변동예산을 활용하기도 하였다. 이를테면, 변동예산을 기본으로 하여 예산액과 실제액과의 차액이 조업 차이 외에 예산 차이로도 분석하는 경향이 나타났다.

이렇게 하여 직접비의 원가표준설정이나 제조간접비의 변동예산편성을 기본으로 하여 원래의 차액설이 회계적 분석법에 따라 이루어지게 되었으며, 이에 대한 능률기사(能率技師)들을 중심으로 표준원가의 시대에서 회계담당자를 중심으로 하는 표준원가의

---

12) G. C. Harrison, "Cost Accounting to Aid Production," (Industrial Management, Oct. 1918~Jun. 1919); "Scientific Basis for Cost Accounting," (Industrial Management, Dec. 1918) & G. C. Harrison, "Standard Costs" (Ronald, 1930).

시대로 전환되었다. 이것이 표준원가계산 생성의 근거가 되는 것이다. 이 시대의 대표적인 논점은 조던(J.F. Jordan)과 해리스(G.L. Harris)에 의한 부문별 계산중심의 공동저서와 로런스(W.B. Lawlence)에 의한 제조지시서 중심의 저서에서 비롯되었다.13) 그 후에도 원가의 절감 또는 원가관리의 수단으로 순차적인 보급이 이루어졌다.

이렇게 하여 성립된 표준원가계산은 영국과 독일 등 세계 여러 나라에 지대한 영향을 주었다. 이러한 계산 방법이 보급됨에 따라 표준원가의 유형이나 성질에 관해서도 연구의 대상이 되었다. 그리고 그에 대한 계정기록과의 결부 형태나 차이액의 조정 방법 등에 대해서도 고찰대상으로 작용하였다. 더욱이 제2차 세계대전 후에는 표준원가에서 비롯된 표준원가계산 기법은 여타의 경영관리 수단과 융합하여 다양한 경영관리의 수단으로 활용되었다.

(3) 영국·독일·일본의 경영관리를 위한 원가계산

미국의 표준원가계산기법을 비롯하여 경영관리를 위한 원가계산기법은 다른 여러 나라에 전파되었으나, 독일에서와같이 특이한 형태의 원가계산으로 발전한 나라도 있다. 이처럼 그 어떤 나라에서도 이 방면에 각별한 진화를 하게 된 배경에는 1920년대 이후의 불황기에 산업합리화 운동이 전개되었기 때문이다.

19세기 말까지 영국의 원가계산은 세계적 첨단의 위치에 있었으나, 20세기에 들어와서 미국의 표준원가계산기법이 영국에 도입되었음에도, 영국에서는 직업적 회계사가 주로 재무회계나 회계감사에 주력하고 있었으므로, 원가계산이나 경영관리를 위한 회계에는 관심이 크지 않았다. 오히려 이 방면의 연구와 회계전문가의 양성을 위하여 1919년에 원가계산사협회(The Institute of Cost and Works Accountants)의 설립이 이러한 환경을 조성했던 것으로 볼 수 있다. 당시 미국의 상황과 비교해보면, 그렇게 크게 진화된 환경은 아니었던 것으로 보인다.

독일도 1920년대에는 미국의 표준원가계산기법을 도입하였으나, 이것이 독일 산업사회의 토양에는 충분히 근착(根着)되지 못했던 것으로 보인다. 당시의 독일에서는 실제원가계산에 더 관심이 있었다고 할 수 있는데, 오히려 규범 원가(Sollkosten)라는 사고방식으로 인하여 기업 또는 부문 원가의 기간비교나 기업 간의 원가 비교가 시행되고 있어서 그것이 경영비교 일부로 활성화되고 있었다.

그런데 한편에서는 룸멜(K. Rummel)과 슈말렌바하(E. Schmalenbach)가 경영비용론에 연계된 원가 문제를 제시하였다. 이것을 경영 가치계산(Betriebswertrechnung)으로 전

---

13) J. F. Jordan and G. L. Harris, "Cost Accounting, : Principles and Practice," (Ronald, 1925). & W, B. Lawrence, "Cost Accounting," (prentice Hall, 1925).

개함으로써, 생산관리나 공장의 업적 비교를 위한 판단의 기초자료로 활용할 수 있음을 제안했다. 1920년대의 산업합리화시대에 부응하여 경제합리국(Reichskuratorium für Wirtschaftlichkeit : RKW)이 1921년에 설립되었다. 이 경제합리국은 산업합리화의 하나로 회계 계정조직(Kontenrahmen)을 제정하였으나, 원가계산은 이와 더불어 운용함으로써, 단기손익계산(Kurzfristige Erfolgsrechnug)의 진화에 이바지하였다. 단기 손익계산은 경영 고유의 업적을 신속히 파악하고 단점을 제거함과 동시에, 장점을 적극적으로 활용한다는 관리적인 고안(考案)으로서 이를 응용하여 기간 손익이 어떠한 원인으로 어느 정도의 경영성과가 구성되는지를 파악하여 사후관리에 이바지하도록 하는 성과분석(Erfolgsanalyse)이 문제라는 점을 부각했다.

따라서 1940년대까지의 독일에서는 다른 나라에서 볼 수 없는 경영관리를 위한 원가계산기법이 전개되었다. 그러나 원가계산의 전반적인 관점에서 보면, 가격계산과의 관계에서 관찰 가능한 부분이 상당히 진화되어 있음을 확인하게 된다.

한편 일본의 경우를 보면, 다이쇼 시대(大正時代 : 1912~1925)에 원가 계산론자가 미국의 표준원가계간제도를 소개하였고, 쇼와시대(昭和時 :1926~1987)의 초기에는 일부의 기업에서 이미 표준원가계산이나 예산통제를 시행하고 있었다고 한다. 그렇지만 일반적으로는 하세가와(長谷川安兵衛)가 저술한 「표준원가의 연구」(森山書店, 1930) 및 「예산통제의 연구」(森山書店, 1931)에 의하여 이 분야에 대한 미국의 상황을 소상히 소개하여 세간의 관심을 고조시킨 바 있다.

그런데 원가계산 시스템이 일본의 기업사회에 보급되지 않았던 때였으므로, 1937년에 제정된 일본 상공성 재무관리 위원회의 「제조 원가계산 준칙」에서는 실제원가계산을 주제로 하여 규정하였음은 물론, 표준원가계산 시스템을 언급함으로써, 원가계산과 공업회계와의 관계를 명시하였다. 그 당시에는 표준원가계산 규정이 계몽적인 수준의 규정에 불과했다. 그에 대한 실질적인 시행성과를 보기도 전에 제2차 세계대전이 발발(勃發)하여 전시체제로 돌입하게 되었으므로, 전시상황에 적응하기 위한 원가계산 요강이 발표되기에 이른다.14)

(4) 제1차 세계대전 전후의 통일원가계산제도

1900년대 초에 통일원가계산은 미국에서 인쇄업자들이 자주적으로 통일원가계산운동을 전개한 것을 기원으로 한다. 그리고 영국에서는 1913년에 인쇄업의 통일원가계산을 제도화한 후, 점차 다른 업종으로 확대되었다고 한다. 그리고 독일의 경우는 기계공업협회(VDMA)가 가격경쟁이 격화된 상황을 선도하기 위하여 1908년에 통일원가계산

---

14) 神戶大學會計學硏究室 編, 前揭書, PP. 24~29.

시스템을 제시한 바 있으나, 제1차 세계대전 중에 이에 관한 관심이 집중되기 시작하였다고 한다. 그 외의 유럽 여러 나라도 전시체제 아래에 있었으므로, 원가계산의 필요성을 절감하고 있던 때이기도 했다.

그 당시 미국은 군수품을 조달하고 있었기 때문에, 조달가격 결정에 실비보상계약(cost-plus contract) 방식을 채택하고 있었다. 그것은 조달품의 원가를 산정하고 거기에 이익을 더하여 가격을 결정하는 방식이었다. 그런데 여기서 말하는 원가란 무엇이며, 그것을 어떻게 계산하는가도 정해져 있었지만, 그 운용 결과에 대해서는 발주(發注)와 수주(受注) 쌍방에게 몇 가지 곤란한 문제가 발생하였다. 그 때문에, 미국의 원가계산사협회(NACA)가 1919년에 설립되었는데, 이 협회의 설립은 새로운 원가계산 문제를 개척하여 발전시키려는 취지에서 이루어졌다.

제1차 세계대전이 끝난 후에는 통일원가계산제도가 산업합리화 운동의 하나로 주목받게 되었다. 예컨대 미국에서는 미국상공회의소 제조부(Department Manufacture, Chamber of Commerce of United States)가 통일원가계산제도의 확립을 위해 노력하였으며, 그 결과 1925년에는 동업조합 수 700개 중에서 과반수의 조합이 통일원가계산제도를 시행할 정도로 보급되었다. 원래 통일원가계산제도의 제정목적은 업자가 원가분석을 실시하게 함으로써, 경영합리화에 이바지하도록 하려는 것이었다. 1930년대 초에 뉴-딜 정책이 시행됨에 따라 그 목적으로 가격 인하에 의한 부정경쟁을 방지하고, 산업의 건실한 발전을 이룰 수 있도록 미국 정부는 통일원가계산제도를 시행했다. 따라서 미국에서는 이때까지 하위에 머물러 있던 통일원가계산제도의 위상을 향상하고 그 이용범위를 확대했다.

독일에서도 1919년에 생산경영위원회(Ausschuß für die Wirtschaftliche Fertigung, AwF)가 독일 기사 협회와 공동으로 원가계산통일안(Grundplan der Sebsrkostenrechnung)을 입안하여 이것으로 전전(戰前)부터 사용하고 있던 원가계산의 통일화를 구체화하였다. 그리고 이와 함께 경제합리국(RKW)이 통일원가계산 안과 회계의 계정조직을 발표하여 산업계의 자주적 운동을 지원함과 동시에, 기업이 이를 시행토록 함으로써, 원가의 절감과 허비(虛費)하는 것을 방지하는 데 이바지토록 하였다고 한다.

일본의 경우를 보면, 오래전부터 특별사업회사에는 특별회계규칙에 따라 원가에 관한 보고를 하도록 하고 있었으나, 제1차 세계대전 후의 세계적인 풍조였던 산업합리화 운동의 소용돌이 속에서 상공성 재무관리 위원회가 「제조 원가계산 준칙」을 제정하였으나, 이것이 통일원가계산제도의 형태로 실시되기까지는 상당한 세월이 흘러야 했다.[15]

---

15) 상게서, PP. 29~30.

(5) 제2차 세계대전 후의 원가계산 제도

　제2차 세계대전 후의 원가계산 제도는 각국의 사정에 따른 사회적 역할을 하게 되었지만, 기업 측면에서 보면, 원가계산이 경영관리의 수단으로서 비약적으로 발전했다고 할 수 있다. 즉, 원가계산이 관리회계의 일환으로 중요한 지위를 점유하여 그 계산 기능을 수행하도록 변모되었다는 것이다. 이렇게 원가계산이 전개된 요인으로는 첫째로 원가계산을 중심으로 하는 요인, 즉 원가계산 자체에 내재(內在)하는 요인이 있으며, 둘째로는 원가계산 자체보다는 경영관리 내지는 관리 방법과 관리 기술적인 요인, 다시 말해서 원가계산 외부에 존재하는 요인이 있다고 볼 수 있다. 이 두 가지 요인에는 서로 밀접한 관계가 있어서 원가계산기법을 발전시키는 중요한 작용을 하였다고 한다. 이하 이에 대하여 부연(敷衍)할 것이다.

① 원가계산의 내재적 요인에 의한 전개

　원가계산의 내재적 요인을 살펴보면, 전시(戰時) 중의 원가계산은 군수품의 조달가격 결정이나 물가통제로 인하여 군수품 원가계산의 실시를 강제하였으나 전후(戰後)의 시장가격기구 아래에서는 그에 따르는 원가계산의 임무를 수행할 수 있도록 변화되었다는 점이다. 그리고 기업의 경영규모가 전시체제의 영향으로 이때까지보다 더욱 커졌지만, 이러한 대규모 경영을 합리적으로 운영하기 위해서는 종래와는 다르게 사업부제, 부문별, 그리고 책임 소재별 등의 관리 단위로 결부시킨 원가 자료가 필요하게 되었다. 또한 군수산업에서 평화산업에로의 체제 전환만으로도 기업에 있어서는 큰 문제였지만, 생산 면에서는 전후의 기술혁신 등으로 인하여 생산설비 기계의 갱신여부 또는 원재료의 변화와 그에 부합하는 노동력 등으로 눈부실 만큼 대처하지 않으면 안 되었다. 그뿐만 아니라, 판매 면에서는 유통혁명으로 인하여 제품 종류의 혁신이나 판매전략 상의 계획을 수립하여 대처해 나가야 했다. 이러한 상황에서 원가계산도 제품 종류의 조정이나 품종의 존속 또는 판로의 개척 여부에 따라 생산 판매 등의 조정을 통한 계획이 수립될 수 있도록 새로운 원가 자료를 제공할 수단을 강구(講究)하지 않으면 안 되는 사태에 이르렀다.
　이러한 환경에 처한 기업이 새로운 요구에 응답할 수 있는 원가 자료를 제공하게 되면, 원가계산으로서는 어떻게 해서라도 새로운 분야로 진출해야 하는 구실이 되었다. 그것은 어쩔 수 없는 일이지만, 원가계산만의 문제가 아니라, 예를 들면 예산통제 등의 관리 수단도 그에 따라 전개되어야 한다. 이 경우에, 경영 전체의 관점에서 보면, 관리 수단에서는 중복된 자료가 제공되기도 하며, 요청한 자료이면서 원가계산이나 예산통제 등의 관리 수단도 연관되지 않게 된다는 것이다. 그러므로 경영 전체의 관점에서 보아 각각 관리 수단으로부터 의미 있는 경영 관리상의 자료를 제출하도록 조절할 필요가 생겼다. 그 때문에 종래의 내부통제를 새로운 시대에 적용할 수 있는 내부통제로 교체하여 컨트롤러 부(部)에 의한 조정자료를 제공하도록 해야 했다. 그리하여 원가계산도 이 내부통제 하의 관리 수단으로서 유용한 원가 자료를 제공하도록 하는 상황변화가 있었다.[16]

② 원가계산의 외재적 요인에 의한 전개

제2차 세계대전이 종료된 애초에는 원가계산을 둘러싼 내재적 요인이 영향 아래 원가계산이 진행되었으나, 그 후 다른 경영관리 영역의 행동과학, 경영심리학 등으로 나타났고 더 나아가서는 정보이론 등이 거론되어 이들 학문영역과의 관계에서 원가계산 기능도 변모하였으며, 관리기술에 대해서도 LP, OR, IE, VA를 비롯하여 다양한 통계적 방법이 등장하였음은 물론, 계산 기술적으로는 컴퓨터를 이용하는 길이 열렸기 때문에, 원가계산도 이들 관리 방법을 도입하여 경영관리에 필요한 원가 정보를 제공할 정도로 진화되었다. 이러한 사실은 원가계산 측면에서 보면, 외재적 요인이라고 할 수 있으나, 이와 융합함으로써, 그 후의 원가계산은 종합적인 관리에서 보면, 비약적인 발전을 가져왔다고 할 수 있다.[17]

이렇게 전개된 원가계산에 관한 문제를 질서정연하게 설명하기 위해서도 원가계산의 발전과정과의 관계에서 보면, 원가계산과 의사결정 회계와의 관계, 원가계산과 업적통제 회계와의 관계 그리고 전통적인 전부원가계산과의 대비적 입장에서 대두된 직접원가계산과 원가 정보에 관한 문제가 부각되었다고 할 수 있다.[18]

③ 직접원가계산의 대두

제2차 세계대전 후에는 전통적인 전부원가계산에 대응하여 직접원가계산(變動原價計算)이 등장한 것도 원가계산 발전과정에서 살펴보아야 할 특이한 현상이다. 전통적으로 개발된 원가계산인 직접재료비나 직접 노무비와 같은 요소별 원가계산(prime cost)에서 경비의 계산에 이르기까지 관심의 대상이었으며, 특히 경비의 계산에서는 간접비계산에 이르기까지 진화됐다. 그러나 제품생산에 필요한 원가 부분을 모두 빠짐없이 파악할 수 있을 것인가, 그리고 직접비의 부과계산과 간접비의 배부계산이라는 2가지

---

[16] 상게서, PP. 33~34.
[17] 상게서, PP. 1019~1130.
[18] 상게서, P. 34.

계산에서 정확히 제품생산 단위의 원가를 계산할 수 있을 것인가 하는 접근을 시도해 왔다. 그 결과는 제품생산 원가에는 모든 원가 부분이 하나의 금액으로 표시되고, 또한 그 계산이나 제품생산 원가에 모든 가치 부분을 포함하는 전부원가계산(absorption costing · full costing · Vollkostenrechnung)이었다.

그런데, 이러한 전통적인 원가계산도 필요할 때가 있어서, 제2차 세계대전 후의 기술혁신으로 인하여 생산설비와 기계 등이 갱신되어서 자본의 고정화는 양적 질적으로 큰 변화를 가져왔다. 이로 인하여 경영방침의 변경이나 경영관리의 문제로서 이러한 현상을 주시할 필요가 있다. 그 외에도 고정적인 간접비가 발생했기 때문에, 이것을 종래의 원가계산으로 다루어서는 그 문제점이 드러나지 않을 수도 있다. 그래서 이러한 고정적인 원가 요소들을 기간원가(capacity cost)로 하고 그 외의 변동적인 원가 요소들을 직접원가(activity cost)로 대별하여 계산상 별도로 다루는 발상을 하게 되었다. 이것이 직접원가계산(direct costing)의 효시이다.

그래서 직접원가계산은 전통적인 전부원가계산에 대비되는 원가계산으로서 전개됐으나, 적극적으로 기간원가에 예산액을 준용하여 직접원가에는 목적에 따른 표준원가를 준용하게 되면, 직접 표준원가계산이 되어버린다. 따라서 단기이익 계산액을 측정한다든가, 또는 매출액 예정 또는 생산계획의 수립에도 직접원가계산이 유용하게 되었다. 그리고 단기 손익계산과도 밀접한 관계를 갖게 되었음은 물론이다.

2. 과학적 관리법의 형성과 관리회계적 연원(淵源)

1) 경영합리화와 과학적 관리법의 전개

19세기부터 20세기에 걸쳐 발달한 자본주의경제는 사회적 생산력이 개발됨에 따라 그 자본이 대기업으로 집중한 결과, 지급 능력을 나타내는 기본으로 작용하게 되었다. 여기서 주의할 것은 장부 기록을 나타내는 복식부기와 함께 근대적 회계기술의 바탕을 이루었으며, 동시에 관리회계의 전말(顚末)에 있어서는 기업생산과정의 기록에 대하여 단순한 상업적 공업부기의 단계를 벗어나 독자적인 계산체계로서의 원가계산이 이루어지고 있었음을 볼 수 있으나, 그것은 아직 관리적 기능을 수행하는 단계까지는 이르지 못했다고 한다. 계산 기술적으로도 낮은 단계의 원가계산은 기간손익계산의 보조 수단으로 이용되는데 불과했다. 이 무렵 헤이즈(M.V. Hayes)가 원가계산은 재무회계의 필요에 따라 우선 재고자산 평가의 문제에서 출발하였다고 언급하는 정도였다.[19]

그리고 기간손익계산, 즉 영업 회계 중에 공업회계로서의 원가계산을 포괄하게 된

---

19) Monard V. Hayes, "Accounting for Executive Control," (New York, 1949), P. 20.

것은 19세기 말에 이르러서였다. 이것을 처음으로 체계화한 것으로서 1887년에 간행된 가르크와 펠스(Garke and Fells)의 공장회계(Fsctory Accounts)를 거론하는 정도였다. 원가계산 기술이 고도화하는 데는 경영기술의 발전과정을 통한 고도화가 필요했다. 바꿔 말하면, 사회적으로 거대한 자본이 축적되고 개별기업의 자본집중이 촉진되어 경영규모가 확대되었고 근대적 대량생산 방식이 합리적으로 이루어짐으로써, 그에 수반되는 경영관리가 확대되었음은 물론, 과학적인 단계에까지 발전되었다. 그래서 이 단계의 기업회계는 재무 회계적 요구에 따라 발전하고 관리회계는 지연되었다고 할 수 있다. 그러나 이 2가지 회계의 발전적 대립이 서서히 양성(釀成)되어온 것도 동시에 인정되어야 할 부분이다.

2) 기업회계에 대한 과학적 관리법의 영향

과학적 관리법이 기업회계의 성격을 관리회계 쪽으로 유도한 것은 다양하다. 예컨대 원가계산 기능을 생산관리에 연계시켜 접근한 아킨스(P.M. Akins)가 있다. 그는 테일러(Taylor)의 관리기구의 특성이라 할 수 있는 기획부(planning department)의 업무감사와 기획부를 위한 원가보고 및 직장(職長)에 대한 원가 자료의 제공 등의 보고기능을 원가계산에서 추적하고 있다.[20]

그러나, 원가계산이 복식부기의 손익계산의 지위에서 분리되어 적극적으로 경영관리의 수단으로 작용하기 위해서는 재무제표 중심의 사고방식을 개선해야 했다. 과학적 관리법의 영향으로 인하여 기업회계에 관리적 기능이 부여되었으나, 관리회계라고 해도 가장 진화된 계산제도가 기존의 다른 계산제도의 발전과 분리해서 독립된 것은 아니었다. 합리적 경영관리에 대한 시대적 요청에 따라 기존의 제도에 어느 정도 변화되었는가를 파악할 필요는 있었다. 그것은 복식 부기적 장부 관리를 위한 손익계산과 원가계산의 개조와 확충과정에서 찾아볼 수 있다.

(1) 경영 부기 조직의 발전

이를 원가계산과 연계시켜 살펴보면, 경영기술의 고도화 및 제조과정의 복잡화에 따라 경영 부기의 일부로 형성된 제조계정의 형태로 관리되고 계산되고 있던 원가계산 자체가 독자적인 계산체계로서 점차 영역을 확대하게 되었고 그 계산기법도 요소별·부문별·장소별 계산 등으로 복잡해졌기 때문에, 공장 부기가 별도의 계산체계를 갖추

---

20) Paul M. Atkins, "Industrial Cost Accounting for Executives," (New York, 1923), PP. 258~264.

어 구별하는 경향이 나타났다. 따라서 원가계산의 내용도 요소별 원가계산, 장소별 원가계산 및 부담자별 원가계산의 3단계로 분리되었으나, 결국은 이것을 기간손익계산 체제의 형태로 편성되어야 했기 때문에, 결과적으로는 영업부기와 경영 부기를 유기적으로 결합해 모든 계정체계를 합리적으로 편성하여 원가계산의 흐름에 알맞은 구조로 편성하지 않으면 안 되었다. 이를 가장 일반적인 것으로 편성한 것이 슈말레바하(Schmalenbach)의 계정조직론(Kontenrahmen, Leibzig, 1927)이었다.

이 문헌은 모든 계정을 그 성질에 따라 10개의 등급으로 분류하여 각각 원가계산 과정에 맞추어 경영 부기의 계정 등급을 설정하고 외부기록으로서의 영업부기와 결합한 것이다. 이러한 영업부기와 경영 부기와의 구별을 통하여 시도한 것은 기간 손익계산의 측면에서 보면 손익계산의 정밀화를 촉진하는 방향으로 접근했으나, 본질에서는 종래의 부기 회계가 경영관리 요구에 따라 이루어졌다. 그리고 그와 더불어 분개장, 원장 및 보조장부의 분화와 전표 및 여러 장부의 진화도 복식부기가 관리기구의 복잡화에 따라 부응했을 뿐만 아니라, 적극적으로 관리기능을 발휘할 수 있게 함으로써, 복식부기 기장조직이 체계화가 이루어졌다.

(2) 원가계산 기능의 확충

이 단계에서의 원가계산은 그 내용을 충족시킴과 동시에, 기간적 손익계산과 유기적으로 결합함으로써, 정밀화했으나, 원가계산 자체는 대규모 경영이 형성되는 과정에서 고정적인 설비 능력의 증대와 그에 수반된 기술적 과정의 고도화・복잡화로 인하여 엄밀하게 계산조직에 이르기까지 질서를 조정해 나갔다. 특히 원가계산은 경영 부문별・생산제품별로 원가를 파악함으로써, 경영활동의 전반적 상황을 투영하게 되었음은 물론, 경영관리에 중요한 자료를 제공하게 되었다. 특히 독일에서는 부문별 계산의 통제상황을 중요시했다고 한다.[21]

이에 대해서는 미국에서도 인재들이 경영 기능적 관점에서 관리조직에 관여한 계산기구로서 원가계산을 구축하고, 그것을 관리회계의 중심적 지위에 올려놓은 점을 들 수 있다. 이 방법에서는 첫째로 나타난 것이 원가의 분석 방법이었다(예컨대, Maze and Grover, "How to Analyze Costs," (1927)이 있다. 경영합리화 운동을 직접적 동기로 하여 경영조업도 또는 경영규모의 변화에 연관된 비용변화의 모습을 관찰하여 법칙적인 것을 찾아냄으로써, 구체적인 생산계획이나 판매계획을 결정하고 가격정책 자료를 얻으려는 취지에서 원가계산이 이용되는 부문도 생성되었다. 이는 주로 독일 경영학에서의 비용이론이라고 할 수 있으나, 그 비용이론의 성과를 도출하고 그것을 적용

---

21) 神戸大學會計學硏究室 編, 『管理會計ハンドブック』(東京, 1978), P. 10.

하기 위해서는 당연히 원가계산기법을 이용해야 했다. 그렇지만, 제도의 내용 개조와 확장범위를 기본으로 하여 점차 현실화하였음은 물론이다. 그것은 경영분석과 경영비교 및 예산통제와 표준원가계산 등의 등장을 의미한다. 이들 제도의 경영관리 관점에서 접근해볼 필요가 있다.

(3) 경영분석 방법

경영분석의 발전은 대차대조표 분석에서 비롯되었다. 그 시초에는 외부의 요구에서 이루어진 신용분석 내용이 중심이어서 경영 그 자체의 입장에서의 경영분석은 아니었다. 미국에서의 경영분석은 다른 관리회계제도와 같이 경영합리화 시대에 급속히 발달했음을 볼 수 있다.

그 분석대상은 대차대조표로부터 손익계산서로 확대되었고, 분석 방법도 실수분석(實數分析・控除法)에서 비율분석・표준분석으로 발전했다. 특히 분석 결과를 얻기 위해 기간적으로 비교하기도 하고 경영 내의 각 부문 간의 비교를 함으로써, 이른바 경영비교도 형성되었다. 그것은 이 단계에서 경영 내부의 경영활동 분석을 의미하며 관리회계로서의 성격을 띠고 있었다고 할 수 있다. 이것이 재무제표 중심의 분석・비교에서 원가계산표에 포함하면 원가분석 영역이 새로 형성되는 것을 의미한다. 표준 실적의 비교 방법이 원가분석에 이용될 때 그 관리기능은 더욱 강화되며, 표준원가계산과 연계되었던 것으로 볼 수 있다.

3) 표준원가계산과 예산통제의 기원

과학적 관리와 연계되면 기업회계의 변화는 사전계산(事前計算)의 도입을 통하여 이루어졌다. 구체적으로는 표준원가계산(standard cost accounting)과 예산통제(budgetary control)의 출현으로 관리회계는 일약 시대적 주목을 받게 되었다. 이 2가지 계산제도로 관리회계를 대표한다고 하는 사고방식이 일반화되었다고 하였을 만큼 그것은 강한 이미지를 부각시켰던 것이다.

그런데 이 두 가지는 모두 사전적(事前的) 계산을 기초로 한다는 점에서 같다. 즉, 종래의 회계제도는 거의 과거의 수치와 결과로서의 수치 파악과 그 이용에 머물러 있었음에 반(反)하여, 이는 우선 규범적인 수치를 예정하고 그에 따라 사무적인 실제 수치를 이와 비교하고 거기서 발생한 차이 분석을 통하여 경영능률을 측정하며, 차이에 대한 책임의 귀속과 비능률의 원인을 밝혀내어 대책을 시사(示唆)함으로써, 적극적인 경영활동을 관리하는 데 유용하게 하는 것이다. 모두가 제1차 세계대전 이후의 경영합리화 시대에 급속히 발전하였다. 그 선구적인 형태는 그 이전에도 발견할 수 있으나, 그 것이 현실적인 제도로서 일반화된 것은 이 단계에 이르러서였다. 그러나 이 양자의 성립이 동일하지는 않다.

테일러(Taylor)작인 과학적 관리에서 기본적인 2가지 지주(支柱)인 과업관리와 직능관리에 이 2가지 계산제도가 결부되어 있음을 고려해야 한다. 표준원가계산은 과업관리의 이념과 그 방법과 직결되어 있다. 예산통제에도 애초에는 과업 관리적 사고가 있었음을 볼 수 있다. 그 기본적인 발전 방향은 직능 관리의 구상에 있었다. 이 2가지 관리회계제도의 형성에 대하여 살펴보기로 한다.

(1) 표준원가계산의 제도적 생성

표준원가계산은 20세기 초에 그 맹아(萌芽)를 볼 수 있다. 공장기술자였던 에머슨(H. Emerson)・칸트(H.L. Gant) 등이 이를 연구 문헌이 이 무렵에 출판되었다.22) 이는 다른 회계제도와는 다르게 표준원가계산이 공장 기사로부터 주창됐다고 언급한 것이 특이하다. 그것은 생산 기술적인 과정과 결부되어 있다고 하여 생산관리 기능을 본질적인 특징으로 다루고 있다.

이러한 점에서 테일러(Taylor)의 과학적 관리법에 영향받았음을 추정할 수 있는 것이다. 더욱이 커어지(Kearsey)는 과학적 관리조직의 이념은 이미 테일러에 따라 제창된 바 있으며, 실제로 적용된 것은 제1차 세계대전 후의 일이라고 언급하면서 우선 전문화된 직능의 분화와 협조가 필요하다고 강조하였다. 즉, 직능조직의 형성에 수반된 원가계산기구의 개조만이 표준과 실적과의 비교를 방법으로 하는 표준원가계산이라고 하였다. 그는 표준원가계산의 설정과 이용에 대하여 기술자와 원가계산 담당자의 협력이 필요함을 논술하였다.23)

표준원가란 과학적 조사에 기초하여 예정된 원가이지만, 그 과학적 조사라는 것은 과학적 관리법의 내용인 시간연구와 동작연구를 전제로 하는 표준과업의 결정을 의미한다. 이 표준과업은 일류(一流)노동자의 작업에서 도출된 것이며, 그것을 일반노동자의 표준과업으로써 실제 작업을 이에 접근시킨다는 의미에서 이것은 현저하게 규범적 성격을 갖는 것이다. 이러한 표준과업을 기초로 하여 생산요소의 표준적인 소비량을 예정하고 여기에 표준가격(그 가격 여하에 따라 표준원가의 성질도 달라짐)을 곱함으로써, 표준원가가 산출된다. 그러나 예정된 조업도에 따라 간접비를 고정적 요소와 변동적

---

22) H. Emerson, "Efficiency as a Basis for Operation and Wages," New York, 1911 & H. L. Ganst, "Work, Wages and Profit," New York, 1913, and "Organizing for Work," 1919.
23) kearsey, H. E., "Standard Costs," London, 1933, PP. 7~9.

요소를 각각 측정함으로써, 표준간접비가 산정되며, 전체로서의 표준원가가 결정되는 것이다. 이 표준원가와 실제원가와의 차이 분석을 통하여 경영기능을 측정하고 그 원인을 규명하게 된다. 이상의 설명으로 이 계산제도가 그 생성 애초부터 현저하게 관리 수단적인 색채를 띠고 있다고 할 수 있을 것이다. 표준원가계산은 미국에서 해리슨 (Harrison G. C.)이 제1차 세계대전 후에 이에 관한 견해를 발표함에 따라 일반의 관심을 끌게 되었고 이것이 현실적인 회계제도로 이용하게 되었던 것이라고 한다.24)

(2) 예산통제의 생성

표준원가계산의 생성과 발전에는 예산통제가 동시에 생성됨으로써, 초석이 놓였다. 성행적(成行的) 관리(管理)에 따라 경영이 이루어질 수 있는 단계에서는 예산에 의한 계획적 경영관리는 문제가 될 것이 없으나, 대규모의 기계설비에 의한 경영과 대량생산 단계에서는 과잉생산과 그에 수반되는 판매가 어려워지게 되며, 특히 개별적 경영은 이윤율이 저하할 수밖에 없는 상태에 직면하기 때문에, 이에 대처하기 위해서는 기업경영을 합리적 또는 계획적으로 운영할 필요가 있는 것이다. 이는 우선 시장조건에 따라 판매가능량을 예정하고 그에 따라 생산·구매·재무 등의 직능활동을 구체적인 예산과 실행을 통하여 관리하지 않으면 안 된다. 이러한 계산제도도 미국에서는 표준원가계산과 함께 과학적 관리법의 영향 아래서 이루어졌다. 바꿔 말하면, 이는 그 구체적인 발전의 한 가지 방편이었다고 할 수 있다.

과학적 관리법은 테일러(Taylor)가 창도한 단계에서는 주로 생산관리 지론(持論)에 따라 관철되었으며, 그 적용영역도 처음에는 거의 제조 부문에 한정되어 있었다. 그러한 의미에서 우선 표준원가가 과학적 관리론에 의해 성립된 것이지만, 이 과학적 관리법은 고정된 것이 아니고, 과학적 태도의 문제이고 경영 전반의 활동 영역에까지 추진되어야 하는 것이었다. 이에 기술경영의 문제로서 경영 내부관계에 지나지 않지만, 그 방법은 경영 외부에까지 연관된 것이고 시장에 대한 판매 활동의 영역에까지 확대되었다. 그것은 제1차 세계대전 후의 일에 해당한다. 경영 전 부문에 과학적 관리방식이 적용됨에 따라 여기에 직능활동의 규범으로서의 수치, 즉 예산을 현실적인 조건에 근거하여 편성하고 이것과 실제 수치를 비교하여 이에 따라 전 부문을 관리하게 된다. 예산은 경영 전 부문에 걸친 것이기 때문에, 그 편성에서는 각 부문 상호 간 활동의 협조와 조화가 이루어져야 한다. 그것은 과학적 관리법의 바탕을 이루는 직능화의 원칙과 연결되는 것이다.

그런데 1930년대의 관리회계의 제도적 성립은 거의 미국 생산업계의 기반 위에서만

---

24) 神戶大學會計學硏究室 編, 前揭書, P. 11~12.

가능했던 것으로서 다른 나라에서는 거의 볼 수 없었다.

경영합리화시대에 관리회계의 급속한 발전과 관련하여 한 가지 지적해 두어야 할 것으로서 콘트롤라 제도의 문제가 있다. 콘트롤라 제도는 회계 수치를 중심으로 한 경영정보를 집중적으로 관리하기 위한 스텝 제도이지만, 콘트롤라의 명칭이 일반적으로 수용되고 이에 현실적인 제도로서 인식하게 된 것은 역시 1920년대 초의 일이다. 어떻든 아주 강력한 스텝 부문이 형성된 것에서 관리회계 실무의 적용이 쉽게 되었다. 관리회계가 미국에서 성립되어 발전하게 된 원인 중의 하나가 이 콘트롤라 제도에 있었다고 할 수 있다. 그러나 동시에 컨트롤러 제도의 본격적인 발전은 역시 1930년대였다고 하는 점도 덧붙여 두는 바이다.[25]

3. 1930년대 이후 원가·관리회계제도의 전개

1) 변동예산 제도

예산통제의 분야에서는 큰 변화가 없었으나, 제조간접비의 통제 수단으로서 탄력성예산(flexible budget) 또는 변동예산(veriable budget)의 개발이 주목되어야 할 부분이다.

변동예산이란 제조간접비 예산의 기초가 되는 조업도를 예정할 때 이것을 종래와 같이 단일로 하지 않고 가변적인 복수로 하여 각각 조업도에 대응하는 예산액을 설정하는 것을 일컫는다. 따라서 제조간접비의 예산·실적 비교를 할 때는 실제로 확정된 조업도에 대응하는 예산액을 적용하게 된다. 이러한 변동예산은 예산제도의 발전 형태뿐만 아니라, 표준원가계산과 결부시킴으로써, 이것을 한 걸음 전진시킨 것이다. 제품단위 당 표준 제조간접비 설정에 대해서는 변동예산 제도를 택한다고 해도 계산대상이 되는 제조간접비 예산액은 복수가 아니라, 기준조업도의 예산액뿐이므로, 종래 고정예산의 경우와 계산 기구적으로는 전혀 다르지 않다. 그러나 제조간접비 예산 차이(제조간접비표준 배부액과 그 실제 발생액과의 차이)의 분석에서는 그 차이 분석으로서 예산 차이(budget veriance)의 내용이 그 조업도에 대응하는 예산액과 실제 발생액과의 차액으로 파악된다.

이것은 표준원가계산에서의 원가차이 분석을 합리화한 것을 의미한다. 따라서 변동예산 제도는 표준원가계산의 발전을 의미한다. 이러한 현상은 미국 산업계에 한정되며, 독일이나 다른 유럽 여러 나라에서는 전혀 볼 수 없는 것이었다.[26]

---

25) 神戶大學會計學硏究室 編, 前揭書, P. 12~13.
26) 상게서, P. 14.

2) 원가관리 제도의 등장

관리회계의 발전과정을 섭렵하면서 미국의 사실에 중점을 두게 되는 것은 실제로 불가피한 것이었다. 제2차 세계대전에 이르기까지 우리나라의 사정은 조선총독부 치하에 있었으므로 거의 불모지나 다름없었다. 그런 상황에서도 미미하게나마 실제원가 중심의 계산·재무제표의 작성을 통한 분석·내부 견제제도 및 불완전한 예산통제의 실태를 지적할 수 있는 정도에 불과했다.

그러나 이러한 상황은 제2차 세계대전이 끝나고 대한민국 정부가 수립된 이후, 한국전쟁의 소용돌이 속에서 만신창이가 된 산업계의 복구작업이 우선시되었으므로, 역시 기업회계의 관리적 부문에 대한 접근은 엄두도 못 내었다. 경제재건을 지상목표로 했던 1960년대 이후에는 한국경제의 급속한 발전이 기업경영의 관리에 관심의 대상이 되기 시작했다. 그래서 한국의 기업은 이 무렵부터 근대화의 도정(道程)을 달리게 되었다. 미군정 시기에 미국적인 회계 사상과 회계기법을 섭취(攝取)함과 동시에, 점차 독자적인 문제를 전개해 나가게 되었다. 이러한 의미에서 우리나라의 입장에서는 경제개발 시작 이후 우리나라의 입장에서 관리회계의 발전과정을 다져나가는 기반(基盤)이 이루어지기 시작했다고 보아야 할 것이다.

그런데 한편 제2차 세계대전 이후 미국에서 나타난 문제는 원가관리였다고 한다. 원가관리는 원가 인하(cost minimization: cost reduction)의 취지(趣旨)를 표출하게 되었다는 점이 특징으로 꼽힌다. 그 수단으로서 표준원가계산이 강조된 것도 지적되어야 할 부분이다. 이처럼 한정된 원가관리의 개념은 미국회계학회의 1917년도 및 1951년도 「원가 개념 및 기준위원회」의 중간 보고에서 원가관리(cost control)라는 표현이 주목할 만하다. 이 단계에서의 원가관리는 원가수지 자체의 관리보다도 원가 수치에 의한 경영활동의 관리를 의미하며, 종래와 같이 계산기술이 중심인 것이 아니라, 오히려 관리자 계층별 책임·권한 제도와 계산적 관리와의 문제가 중시되었다. 그것은 단순히 평면적인 관리회계의 이해로부터 입체적·기능적 이해로의 진화를 의미한다.

한편 독일에서도 같은 시기에 원가관리 사상이 표면화되었다. 구체적으로는 1919년 이후 계획원가 연구회(AGPLAN-후에 계획계산연구회로 개칭)를 중심으로 하는 계획원가계산의 추진을 일컫는다. 독일의 계획원가계산 내용은 시대와 더불어 변화하고 있어서, 이를 간단히 규정할 수는 없지만,

초기의 단계에서는 미국적인 표준원가계산과 부문별 통제 수단으로서의 예산과 결합하는 것이 고려의 대상이었다. 그 후에는 변동예산을 도입한 탄력적 계획원가계산에 대한 제창도 있었던 것으로 보인다. 요컨대 원가관리는 양(洋)의 동서를 불문하고 기업의 책임 체제와 회계 수치와의 결합이라는 방향으로 다루어졌다고 한다.[27]

3) 손익분기점분석 연구의 기원

1930년대 이후의 경영분석에 관한 연구로서 특필(特筆)해야 할 것은 뇌펠(Knoeppel)과 씨이볼드(Seybold, E. G.)의 손익분기점(bread-even point)에 관한 연구이다. 이것은 원가요소를 조업도와의 관계에서 변동비(變動費·比例費)와 고정비로 구분함과 동시에 전체의 원가를 제일차 곡선(曲線)으로 도형화하고 이것과 수익 곡선(賣出額 曲線)과의 교차점(交叉點)을 통하여 손익이 분기하는 점(點)을 위치 설정하려는 것이다. 원래 실증적 연구로서 이루어진 것이지만, 이 사상이나 접근방식은 아주 중요한 의미가 있다. 다시 말하면, 이것이 단순한 사후적(事後的) 분석 방법에 머물지 않고 사전계산(事前計算), 즉 계획계산으로 이루어지면 근대적인 이익계산론으로 발전하게 되는 것이다. 그러나 1930년대에는 그것이 전혀 맹아적인 것에 지나지 않았다는 것도 인식해야 할 것이다.28)

4) 이익계획과 자금계획

예산통제의 기능과 관련하여 이익관리라는 개념이 중요시됐지만, 이익관리에만 머물지 않고 이익계획도 포함되도록 넓은 의미의 이익관리로서 파악하려는 단계에 이르렀다. 이는 경영이 종래의 관리 중심의 단계에서 경영의사결정의 문제로 그 영역을 확대하고 있다는 것을 반영한 것이다.

관리회계로서는 이익계획(profit planning)이라는 표현에 따라 새로운 경향에 대응하고 있음을 의미한다. 이처럼 계획에 대한 사고가 경영의 중요한 영역을 점유하게 된 것은 제2차 세계대전 후의 경제발전에 기인한다. 환언하면, 급속한 경제발전은 기업이 그 존립의 기본조건이나 경제적·사회적 환경변화를 감지하게 하였다. 기업은 그러한 환경변화에 적응하지 않으면 안 되기 때문이다. 이는 경영의사결정, 즉 경영계획의 문제인 것이다.

종래의 콘트롤 중심의 경영에서도 관리의 전제조건으로서의 계획 설정은 빼놓을 수 없는 것이었으나, 기업의 기초적 조건이 그만큼 대규모로 변화하지 않은 시대에는 계획이 경영에서의 지위는 상대적으로 낮으며, 체계적·조직적인 연구의 대상과는 거리가 있었다.

그것은 일본에서도 한국전쟁 후의 경제성장 단계에서 계획회계의 문제로서 등장하였다. 특히 그것은 1956년의 일본 통산성에서 발표한 「경영계획수행을 위한 이익계

---

27) 상게서, PP. 15~16.
28) Knoeppel, C. E. and Seybold, E. G., "Managing for Profit," New York & London, 1937

획」이 지대한 역할을 했다고 한다. 이 경우의 이익계획은 단기계획으로서의 이익계획이지만, 광의(廣義)의 이익계획 중에서 단기적인 자금계획을 포함하고 있다는 데 특징이 있다. 이른바 CVP관계(費用・收益・利益關係)의 계획으로서 협의(狹義)의 이익계획기법이 기본적으로는 미국 손익분기점 연구의 접근방식과 유사하다는 점에 유의(有意)할 필요가 있다. 원래 손익분기점의 측정은 원가계산의 지원 없이는 이루어질 수가 없는 것이다. 그것은 1950년대 초에 빈번하게 보급되기 시작했다. 그것은 직접원가계산(direct costing)과 유사한 개념으로서 직접원가계산에 의한 이익계획의 적용도 가능한 것이다.

5) 내부통제와 컨트롤러 제도

미국의 관리회계가 1920년대에 화려한 발전을 하였다고 언급한 바 있지만, 그것이 실무에 뿌리를 내릴 수 있었던 것은 강력한 스텝 부문으로서의 컨트롤러부가 그 당시의 미국 기업에 보급되고 있었기 때문이다. 회계 관리는 기능적으로 보면, 그 자체가 스텝 기능이어서 이 스텝 기능의 담당자로서 컨트롤러가 현실적으로 아주 중요한 의미가 있었다. 컨트롤러 제도는 미국 기업경영의 특색이다.

1920년대의 미국 산업계에서 그 기반을 확립한 컨트롤러 제도는 1930년대에 비약적으로 발전했다. 특히 1930년대 초에 미국컨트롤러 협회가 설립된 이 컨트롤러의 사회적 지위가 확정된 것은 특필(特筆)해야 할 사항이다. 기업의 컨트롤러부가 회계적 정보에 의한 관리를 담당하는 가장 강력한 스텝 부문이 된 것은 관리회계의 전개에 조직적 기초를 다진 것을 의미한다. 그 후 미국의 기업에서는 컨트롤러부를 설정하는 것이 증가하였다. 따라서 1940년대 초에는 주요 회사 50% 이상이 이 제도를 채용할 정도였다. 1930년대에 컨트롤러의 기능확충으로서 특히 주목해야 할 점은 내부감사(internal audit) 기능을 중요시했다는 것이다.

이것은 1930년대 말에 발생한 맥케슨・로빈스(Mckesson & Robins)회사의 부정 사건을 계기로 하여 공인회계사에 의한 외부감사의 한계를 인식하고 그것을 보완하기 위하여 개별기업의 내부에 회계 관리기능으로서의 감사 기능을 확립하려고 했다. 그러나 내부감사의 문제는 외부감사와의 관계상 사회적 사명이라는 관점뿐만 아니라, 경영관리 기능의 하나로 그 내용을 점차 확대하였다. 그것은 회계감사에서 제도감사・능률감사로 영역 확대가 이루어졌다. 다만, 1930년대에 있어서는 이러한 현대적 의미의 내부감사가 아니라, 문제의 단서가 표출된 것에 불과하였다.[29]

---

29) 神戸大學會計學硏究室 編, 전게서, P. 14.

6) 이익관리와 예산통제

원가관리를 점차 정밀화함에 따라 나타난 문제는 예산통제와 원가관리였다. 종래의 예산통제 중에는 실제적인 문제로서 원가관리의 내용이 상당히 많이 포함되어 있었다. 원가관리는 원가계산기법에만 의존하는 것인지, 아니면 예산통제 방법에 의해서도 이루어져야 하는지가 분명하지 않았다. 그리고 그것이 이 단계에서 갑자기 다루어지게 되었다. 이러한 문제의식은 예산통제와 표준원가계산과의 관계라는 형식으로 미국에서는 1920년대 말에, 또한 독일에서는 1930년대 초에 실시되었음을 엿볼 수 있다.

이 문제는 많은 논쟁을 거쳤음에도 불구하고 결정적인 결론에는 이르지 못했다. 그러나 대부분의 지배적인 견해로서 예산통제와 이익계획과의 직접적인 관계에서 이익관리(profit control)를 그 본질적인 목적으로 한다는 쪽으로 정리되었다고 한다. 어떻든 그 논쟁을 통하여 원가관리의 영역이 더욱 명확하게 되었음은 물론, 이익관리의 문제가 부각(浮刻)되었다고 하는 점에 주목할 필요가 있다.[30]

7) 책임회계로서의 사업부제 회계

회계를 기업의 책임 체제와 일체화하여 접근할 경우, 거기에 책임회계의 개념이 등장하는 것은 이미 밝힌 바 있다. 제2차 세계대전 후의 책임회계는 원가관리를 선두로 하여 그다음에 예산통제가 등장하였다. 이러한 기업의 책임 체제와 일체화하여 다루어진 책임회계는 이른바 분권 관리제도를 전제로 하는 것이다. 원가관리 또는 예산통제로 수용되던 종래의 책임회계를 기능적 분권제(functional decentralization)로 결정된 것이었다. 이에 대하여 연방적 분권제(federal decentralization)라고도 일컬어지는 사업부제(division system)로 결정된 책임회계를 새로 구상할 필요가 등장하였다.

기업의 각 사업부장은 직능부문 조직의 부문 관리자와 같이 분할·전문화된 직무권한이 아니라 종합적인 경영기능에 대한 포괄적 권한을 가짐과 동시에, 다른 한편으로 종합적인 이익 책임을 지게 된다. 이러한 사업부제의 운용을 위하여 필요한 회계는 새로운 책임회계라고 할 수 있으나, 종래와 같이 통제 회계의 범위 안에 머물지 않고 계획회계의 영역도 포함한다는 점에서 독특한 관리회계의 영역이라고 할 수 있다.[31]

---

30) 神戶大學會計學硏究室 編, 전게서, PP. 16~17.
31) 전게서, P. 18.

③ 한국의 원가·관리회계 여명기

사농공상의 지배구조로 이루어진 조선왕조에 이르기까지 우리나라에는 기업형태가 존재하지 않았기 때문에, 원가계산을 비롯한 관리회계제도는 불모지나 다름없는 환경이었다. 서양 문화가 들어오기 시작한 근대화의 풍조에 편승하여 기업을 통한 경영활동이 전개되기에 이르러서야 제품생산에서 소요되는 원가의 흐름을 인식하기 시작하였고, 원가계산에 대한 제도적 확립과 더불어 경영관리에 유용한 원가·관리회계적 기법이 이식되면서 원가·관리회계의 제도적 여명기를 맞이하게 되었다. 그것은 조선총독부 시기(1940~1945)의 일이다. 그에 대하여 살펴보려 한다.

1. 조선총독부 시기의 공업발달과 일본형 원가계산기법의 수용

1) 조선총독부 초기의 상공업정책

1910년부터 일본은 조선총독부를 설치하고 한반도 전역을 식민지 통치를 시작하였다. 그래서 조선총독부는 두 가지 법령을 공포하고 실질적인 식민 통치를 강화해 나갔다. 그 하나는 조선 토지조사령이고, 또 다른 하나는 조선 회사령이다. 이 법령은 일본이 식민 통치를 위한 정책적 기본지침을 표명한 것이라 할 수 있다. 전자는 한반도의 토지 및 농민과 농업정책을 시행하기 위한 것이고, 후자는 한반도에 대한 상공업정책을 집약한 것이었다.

조선 토지조사령에 따른 토지조사사업의 목적은 첫째로 한반도 전역의 토지와 삼림(森林)의 정확한 면적을 파악하여 재정정책의 기초를 삼기 위한 것이고, 둘째로 토지소유권의 불분명함을 구실로 국유지를 총독부 재산에 편입시킴으로써, 재정 재원으로 이용함과 동시에, 일본인 농산회사의 진출을 방조함은 물론, 셋째로는 구한말의 귀족들을 지주(地主)로 인정함으로써, 이들을 총독정치의 협력자로 포섭하려는 취지에서였다. 그에 이어서 조선 회사령의 공포는 한반도를 일본의 원료생산지와 상품시장으로 육성한다는 고전적 식민지이론을 실천한 것이었다. 조선 회사령의 내용을 보면, 한반도 내에서 설립된 회사 또는 한반도 외에서 설립된 회사가 한반도 내에 지점을 설립하고자 하면 조선총독부의 허가를 받아야 한다는 규정이 있다. 이는 한반도 내에서의 회사설립이 허가제였음을 의미하는 것이다. 표면상으로는 한반도의 산업발전을 위한다는 것이었지만, 그 진의는 일본 정부의 식민지개발정책에 따라 한반도 내에서의 회사설립이 허가주의에 따른다는 것이었다. 그러나 제1차 세계대전 이후에 조선총독부의 통치정책은 달라졌다.[32]

조선총독부는 일본인이 대량진출하고 한일무역이 확대됨에 따라 도로와 철도 및 항만을 확장함으로써, 일본경제진출의 초석을 다지는 데 주력하였다. 더욱이 조선총독부는 조선은행과 식산은행 등, 국책은행을 설립하여 한반도 내의 금융 실권을 장악했을 뿐만 아니라, 동양척식주식회사 및 조선우선주식회사 등, 국책회사를 설립하여 주요 경제 분야를 지배하였다. 그 외의 민간인 신규회사 설립은 거의 보잘것없었다. 이는 일본이 1910년 12월에 조선 회사령을 공포하여 한반도의 근대공업을 억제하려는 정책을 감행했음을 방증하는 것이다. 1910년대의 후반기에 이르러서는 미쓰비시(三菱)·미쓰이(三井)계의 대자본이 면직업과 견직업 등, 섬유공업은 물론, 광산업과 제철업 분야에 투자할 수 있는 길을 터주었다.

1913년에 건설된 목포의 조선면업(株), 1919년의 남북면업(株) 및 가다구라제사(片倉製絲)공업주식회사 등은 일본 면직업에 대한 면사(綿絲) 및 견사(絹絲) 생산을 목적으로 설립된 것이며, 그리고 1915년에 설립된 일본광업(株)의 진남포 제련소, 1917년에 건설된 미쓰비시(三菱) 제철주식회사의 겸이포(兼二浦)공장 등은 일본 내의 철강업을 위한 원철(原鐵) 처리 공장으로 건설된 것이었다. 이 시기에 한반도에 진출한 일본인의 자본은 상업과 광공업 분야에 집중적으로 투자된 것이었다.

1921년 통계에 의하면, 한반도에 진출한 일본기업의 다수는 금융업을 포함한 상공업 관련 회사로서 전체 회사 수의 63.6%, 납입자본금의 73.1%를 차지하고 있었다고 한다. 그리고 농림수산업의 회사 수는 10.6%, 납입자본금은 10.5%로서 자본 규모 면에 있어서는 제2위를 차지했다고 한다. 이 통계가 제시해주는 사실은 당시의 한반도가 일본경제에 대한 상품시장이었고 원료생산지에 불과했다는 것이며, 일본이 계획한 한반도 통치의 기본정책에 부합되는 것이었음을 의미한다.[33]

이러한 상황에서의 회계 교육도 일본의 식민지화 정책에 따르기 위한 일환으로 일본 내의 교육과정을 한반도 전역에서 시행될 수 있도록 법령의 설정을 통하여 이루어졌다. 이러한 근대적 회계 교육은 대한제국 기기에는 서양식 복식부기와 은행부기 및 회계학을 중심으로 이루어졌으나, 조선총독부 시기에는 일본 내지의 교육과정에 따라 시행되었으므로, 공업부기와 원가계산에 대한 교육도 병행되었다. 따라서 조선총독부 치하의 상업학교에서 사용하는 부기·회계 및 원가계산 교과서도 일본 내의 교과서가 똑같이 적용되었다. 이렇게 상업부기와 공업부기 및 원가계산 교육을 받은 조선인 졸업생들이 사회에 진출하여 활동하였던 것은 당시 시대사의 흐름 속에서 이루어진 처사였음을 인식하지 않으면 안 된다.

---

32) 조기준, 『한국 경제사 신강』(서울, 일신사, 1994), PP. 489~491, Passim.
33) 상게서, PP. 535~537, Passim.

2) 제1차 세계대전 후의 한반도 공업화 정책

(1) 조선 회사령의 철폐와 그 배경

1910년에 공포된 조선 회사령은 한반도의 근대공업을 억제하고 식민지로 고착시키려는 정책의 하나로 이루어진 것이었으나, 제1차 세계대전이 종결된 이후 환경변화로 인하여 1920년 4월 1일에 조선총독부의 조선 회사령은 철폐되었다. 이는 일본 식민지 정책의 새로운 전환을 위하여 단행된 것이다. 그것은 한반도에서의 근대공업 건설을 위한 일본의 기업 자본을 이식(移植)하려는 정책의 소산이었다.

이처럼 정책적 전환을 단행하게 된 배경에는 일본 자본주의발달과 밀접한 관계가 있다. 즉, 일본의 자본주의는 청일·러일전쟁을 거친 이후 기반조성이 이루어졌으며, 제1차 세계대전 중에 발전되었다. 그 선봉에 섰던 사람이 경인선·경부선 등의 철도망을 건설한 시부자와 에이이찌(渋沢栄一)이다. 제1차 세계대전 중에 일본은 교전국의 전쟁수요와 전쟁으로 인하여 세계시장에 진출하게 됨으로써, 공업국으로 도약할 수 있었다. 그 결과로 일본은 제1차 세계대전 후의 대외무역이 부진해지고 일본공업이 불황기에 접어들었기 때문에, 일본 내지의 유휴자본이 활로를 찾아 한반도에 진출하였다. 이 무렵 한반도에서 민족계 기업인의 활동도 활발해졌다.

따라서 1921년 한반도 내의 기업회사는 728사로서 자본액이 1억 9,990만 원이었으나, 회사령이 철폐된 후 10년이 지난 1930년에는 회사수가 2,897사에 자본금 3억 3천 100여만 원으로 증가하였다. 무려 약 4배에 가까운 기업회사의 증가 수를 보여주었으며 한반도 내에서의 기업건설 열기가 고조되는 현상도 나타났다.[34]

1920년대의 공업건설에서 중요한 사실은 철도망의 확장이었다. 1899년에 경인선이 준공되었고, 이 시기에 일본은 군수물자의 수송을 위한 구실로 한반도의 철도망을 확장하였다. 결국 조선총독부는 1931년 총연장 4,150km의 철도망을 건설하였다. 이러한 철도망의 건설은 일본인(渋沢栄一)에 의해 건설된 것을 계기로, 일본의 철도업 원가계산 규정을 적용하게 되었음을 상기할 필요가 있다. 이러한 철도망의 확충으로 기업건설에도 박차를 가하게 되었다. 1917년에 한반도에 건설된 공장의 총수는 1,353개이며, 그중에서 일본인 소유의 공장 수는 736개소였고 조선인 소유의 공장은 605개소에 불과했으나, 이들 기업의 회계처리는 모두 일본의 회계규정에 따라 이루어졌다고 한다.[35] 특히 제품 원가의 계산은 메이지 15년(명치 15년: 1882)에 독일의 원가계산 제도를 모방한 『부기 순서(簿記順序)』를 준용하는 것이 관례였다. 이 「부기 순서」의 내용을 보

---

34) 조선공업 협회 회보 제7호(1931년 11월), P. 6 & 조기준, 전게서, pp. 543~544, Passim.
35) 조기준, 전게서, PP. 545~549, Passim.

면, 원가의 계산에 관한 규정이 포함되어 있으며, 그 목적은 작업장을 효율적으로 운영하고 독립채산을 이행하는 것이었다. 여기에는 제품별 계산과 비목별 계산 및 제조 간접비의 계산에 관하여 규정되어 있다. 그중 비목별 계산에 대해서는 제조 원가요소가 비목별로 직접비와 간접비로 구분하여 집계하게 되어 있음을 엿볼 수 있다.36)

(2) 민족계 상공인의 기업활동

1920년대의 조선인이 소유한 기업은 영세 자본으로 조성되기는 했으나, 급성장하게 된 배경에는 한반도의 민족 기업에 대한 자본동원 가능성이 커진 데 있었다. 1918년에 완료된 토지조사 사업의 결과, 대지주 계급이 등장했을 뿐만 아니라, 대일 미곡수출이 증가함에 따라, 대지주들이 막대한 화폐자본을 소유할 수 있었으며 이를 근대기업에 투자하는 계기가 되었다. 1920년대에 다수의 지주가 근대기업에 진출하게 된 것은 토지가 화폐자본으로 전환할 수 있었기 때문이다.

그리고 시장이 확대됨으로써, 농촌 자급자족경제의 붕괴와 서민 생활양식의 변화를 가져왔다. 이러한 서민 생활양식의 변화는 초등교육의 확장과 교복의 보급이 점증됨으로써, 면방직업의 발달과 고무신 생산 공장이 발달하게 되었다. 그뿐만 아니라, 1920년대의 민족계 기업발달은 근대교육을 받은 민족계 기업경영인과 기술자 및 기능공이 대량 배출되었기에 가능했다. 한반도에서는 1894년의 갑오경장(甲午更張) 이후 근대적 기업회사가 설립되기 시작했으며, 제조 공업 분야에서도 근대적 기술도입이 점차 증가하는 추세였다고 한다.

더욱이 서구문물의 유입과정에서 구미 제국의 선교사들이 기독교 선교활동을 통하여 사립학교의 설립은 물론, 지방 유지들에 의한 교육기관이 설립됨으로써, 경영자와 기술자가 양성되어 근대적 기업활동이 이루어지게 된 점은 특기할 만한 사실이다. 특히 국권 피탈 이후에는 국민의 교육열이 고조되어 해외 유학생이 증가함으로써, 근대교육을 받은 민족계 경영자가 속출하였을 뿐만 아니라, 근대교육을 받은 기술자와 기능공도 조달할 수 있는 환경이 조성되었다. 이는 1920년대 이후의 민족 기업을 성공적으로 이끌어 갈 수 있는 최적의 요인으로 작용하였음을 의미하는 것이다.37)

한반도 내에서의 근대공업에 대한 민족계 기업인의 기업활동은 1920년대에 한반도 내에 건설된 공장실태조사를 통해서도 찾아볼 수 있다. <표12-1>은 1931년 말에 조사된 통계로서 한반도 내에서 건립된 공장실태이다. 이들 기업에서 제품 원가의 계산은 쇼와(昭和) 8년(1933)의 「원가계산 기본 준칙」과 동 12년(1937)의 「제조원가 계산

---

36) 建部宏明, 『日本原価計算制度形成史』(東京、同文舘出版, 2019), P. 284.
37) 上揭書, PP. 549~552, Passim.

준칙」을 준용하도록 함으로써, 1937년대의 후반기에 전시체제로 진입하기 직전까지 한반도 전역에 걸친 기업들을 통제하였다.

<표 12-1> 조선총독부 시기에 건립된 공장실태 조사표(1931년 말)

공업별	공장 총수	일본인		한국인		외국인	
		공장 수	공장 수에 대한 %	공장 수	공장 수에 대한 %	공장 수	공장 수에 대한 %
염직 공업	270	143	53.0	118	43.7	9	3.3
화학공업	999	274	27.4	723	72.4	2	0.2
기계공업	574	371	64.6	182	31.7	21	3.7
식품공업	2,173	933	43.0	1,235	56.8	5	0.2
장 공 업	640	461	72.0	166	26.0	13	2.0
계	4,656	2,182	46.9	2,424	52.0	50	1.1

<자료 : 『조선공업 협회 회보』 제16호, (1933년 5월), P. 30. & 조기준, 전게서, p.549 참조>

3) 일본의 전시용(戰時用) 원가계산기법의 준용

(1) 일본 침략전쟁 시기의 한반도 공업화 실상

일본은 1931년에 만주사변을 일으켜 만주 지역을 장악하게 되면서 대륙침략의 전진기지로서 한반도지역개발이 전략적 가치를 인정하고 한반도지역의 공업화 정책을 추진하기 시작하였다. 1930년대 초기에 일본 자본의 한반도지역에의 진출은 적극적으로 진행되었다. 이 시기에 일본 독점자본의 한반도진출은 한반도의 공업화에 적극적으로 참여했다는 점이 하나의 특색으로 꼽힌다. 1930년대로 진입한 이후 한반도지역에서 근대공업이 부흥을 가져오게 한 것은 일본 국내 산업계의 불황에 뒤따른 통제경제의 추진이 주요 원인으로 작용하였다. 조선총독부 치하의 한반도 역은 공업자원 매장량이 풍부하고 근대공업을 일으키기에 유리한 조건을 갖추고 있었다. 그뿐만 아니라, 전력자원이 풍부하여 한반도지역의 근대공업을 건설하는데 충분조건을 갖추고 있었다. 더욱이 노동력자원에도 한반도지역의 공업입지 조건은 유리한 상황이었다. 1930년대 초의 한반도지역 인구는 2천만 명을 헤아리고 그중 7할 이상이 협소한 농촌지역에 집약되어 있었으나, 그동안 고조된 교육열로 인하여 초등교육을 받은 인구가 상당수에 이르렀으며, 일본 자본주의 발전기에 일본 자본이 기업에 흡수되어 산업발전에 이바지한 바가 있었다. 이러한 저임금으로 고용할 수 있는 노동력은 공업입지 상 유리한 조건을 갖추고 있다. 그래서 일본이 만주사변을 통하여 중국의 동북방을 완전히 장악하고 대륙침략의 전진기지로서의 한반도지역을 공업화하는 것이 필요하게 되었다.[38]

따라서 급격히 추진된 한반도지역의 공업건설은 큰 성과를 거두었으며, 일본의 만주 침략 이후의 발전상황을 보면, <표 12-2>에서 보이는 바와 같다.

<표 12-2> 1930년대의 한반도지역 공업 부문별 생산액(1938년만)

공업 부문	생산액	1931년 대비 증산지수	전체 공업생산에 대한 비율(%)
방 직 공 업	164,821	500	15
금 속 공 업	91,966	1,405	8
기 계 기 구 공 업	26,799	388	2
광 업	35,877	397	3
화 학 공 업	352,819	828	31
목 제 품 공 업	15,054	315	1
인 쇄 · 제 본 업	16,948	162	2
식 료 품 공 업	277,208	342	24
가 스 · 전 기 업	24,502	152	2
기 타	134,124	310	12
합 계	1,140,188	483	100

<자료 : 조선총독부, 조선총독부 통계 연보(1939). & 조기준, 전게서, P. 564.>

이는 1938년도의 공업 부문별 생산액을 표시한 것으로서, 공업 부문의 생산지수는 1931년을 100으로 하면, 금속공업이 1,405로서 가장 큰 발전을 이루었고, 그 사람 다음 화학공업으로서 828이며 방직공업이 500의 지수를 나타내고 있음이 확인된다. 이러한 상황은 바로 일본경제의 준전시체제로의 전환을 의미하는 것이라고 할 수 있다.

(2) 일본 원가계산 규정 및 전시용 원가계산 요강의 강제수용

1937년에 중국대륙침략을 감행한 일본은 모든 기업을 전시체제로 전환하였으며, 1940년대 초에 이르러 전세(戰勢)가 불리해진 일본 정부와 조선총독부는 국책회사를 설립하고 민간기업체를 통폐합하는 정책을 감행하였다. 1942년에 공포된 중소기업 정리

---

[38] 조기준, 상게서, PP. 561~563, Passim.

령에 따라 조선인기업체가 정리대상이 됨으로써, 민족계 기업 자본은 위축되었다.

그런데도 제조업 부문에서는 1920년에 김연수(金秊洙)에 의해 설립된 중앙 상공(주) · 1919년에 김성수(金性洙)가 설립한 경성방직(주) · 민영휘 · 민대식 · 민규식 등, 민씨 일가에 의해 1923년에 설립된 조선 견직(주), 1935년에 백락승이 설립한 태창 직물(주), 1935년에 고원훈 · 박흥식 등이 설립한 동광 제사(주) · 1938년에 김계조가 설립한 동양 연료(주), 그리고 김사연과 안경순에 의해 1935년에 설립된 조선곡자(주), 최창학 일가가 1934년에 설립한 대창산업(주) 와 1940년에 김연수 등이 설립한 왕계금산(주) 등이 활발하게 운영되고 있었다. 그뿐만 아니라, 민족계 기업 중에서 대규모 기업에 속하는 기업을 설립 경영하던 기업가들도 있었다. 은행계에 민대식, 방직업계의 김연수와 김성수, 상업계의 박흥식, 운수업계의 방의석 등, 자본이 지배하는 재벌형 기업이 활발한 활동을 전개하였다고 한다.[39]

그런데 일본은 조선총독부 치하의 한반도를 대륙 침략전쟁의 전진기지로 확정하고 전시동원령을 발동하여 한반도 내의 모든 기업을 대상으로 통제하기 시작하였다. 1937년에 제정된 「제조원가 계산 준칙」을 한반도 내의 모든 기업에 준용하도록 하였으며, 군수품을 제조 · 납품과 관련 있는 회사의 경우는 1939년에 제정된 「육군군수품 공장 사업장원가계산 요강」과 1940년에 제정된 「해군군수품 공장사업장원가계산 준칙」을 준용하도록 하였다. 그리고 광업을 경영하는 기업에 대해서는 1943년에 제정된 「광업 원가계산 요강」을 준용하도록 하였다. 1937년에 중일전쟁을 일으켜 승세를 잡은 일본은 이어서 1941년에 태평양전쟁을 일으켰다. 일본은 전시 총동원령을 내려 전시체제를 갖추고 한반도 전역을 통제 경제체제로 전환하였으며, 생산 분야의 일반기업에 대해서는 「각종 업종별 원가계산 준칙」을 수용하도록 하고 1944년까지 실시했다.

이러한 전시체제 아래의 한반도지역의 모든 기업은 전시용 원가계산 요강을 준용함으로써, 전시동원령에 순응하면서 어려운 전쟁 시기의 기업활동을 지속하지 않으면 안 되었다. 이 시기에 한반도 내의 모든 기업이 강제적으로 수용했던 각종 원가계산 요강 및 준칙은 1945년 제2차 세계대전이 종결됨으로써, 강제적인 수용이 해제되었다. 더욱이 제2차 세계대전 후 일본인 경영자들이 철수하면서 남기고 간 일본인 소유의 기업과 공장들은 전문경영자와 기술자의 부족으로 가동할 수 없는 상황에 부닥쳐 있었다. 그러나 미군정청 산하의 해방정국 속에서도 한국인이 경영하던 기업은 황동을 지속하고 있었으며, 회계 기장이나 제품 원가의 계산방식은 여전히 종전의 회계관행에 따라 이루어졌고, 제품 원가의 계산방식도 관행적으로 지속되었다. 이것이 우리나라 근대화 시기에 겪어야 했던 회계환경이었으며 원가계산 제도의 여명기에 진행된 시대 상황이었음을 인식하지 않으면 안 된다.

---

39) 조기준, 상게서, PP. 587~600, Passim.

2. 미군정 시기의 경제 상황과 회계 규제

1) 미군정의 실시와 관재령 포고

1945년에 제2차 세계대전이 끝나고 우리나라는 광복(光復)되었으나, 동년 9월 9일 서울에 진주한 주한 미군 사령관 「존·하지」 중장은 북위 38도선 이남 지역에서는 당분간 미군정이 실시된다고 선포함과 동시에, 「아놀드」 소장을 군정장관에 임명하고 남한지역을 신탁 통치하기 시작하였다. 이로써, 우리나라는 남북분단의 비극적인 체제가 지속되기에 이르렀고 모든 경제환경도 남북분단으로 인한 생산체계의 혼란이 가중되었다. 전력·석탄 등의 동력자원과 금속광물 등의 공업자원 및 중화학공업 등은 북한지역에 편중되어 있었기 때문에, 남북한 간의 경제교류가 단절되는 상황에서 남한의 경제 상황은 타격을 받을 수밖에 없었다.

군정장관에 취임한 「아놀드」 소장은 과도정부 체제를 구성하고 조선총독부에서 이루어지던 각종 제도의 정비를 추진하였다. 특히, 그는 과도정부의 행정원칙에 관해서도 기본정책을 발표하였다.[40]

이 시기에는 미군정장관 예하(隷下)에 입법·사법·행정의 민주주의 체제를 갖춘 과도정부가 구성되었다. 미군정의 기간은 3년 정도에 불과했지만, 우리나라 역사상 처음으로 민주주의 체제가 도입되어 독립 국가의 수립을 위한 토대를 구축하는 데 지대한 영향을 주었다. 미군정 체제하에서, 가장 초미의 관심사는 귀속 재산관리에 관한 것이었다. 1946년 7월 21일 자의 미군정청 관재령(管財令 第5號)에 따르면, 각 사업체의 장은 분기별로 대차대조표와 손익계산서를 그다음 달 30일까지 재산 관재처에 제출해야 하며, 또 매월 손익계산서는 각도의 재산관리인 또는 소관 부처에 제출하고 그 등본을 매 익월(每翌月) 20일까지 재산 관재처에 제출하도록 규정하였다. 더욱이 대차대조표와 손익계산서는 관재서식(管財書式) 제20호 및 제21호에 따라 작성하도록 규정되어 있었다. 그러나 그 서식은 전해지지 않아 구체적인 내용을 알 길이 없다고 한다.[41]

미군정시대 한국의 경제난을 타개해준 것으로서 미국으로부터의 경제원조가 있다. 미군정 3년간에 우리나라는 미국으로부터 약 4억 634만여 달러의 원조를 받았다. 이 원조액 중에는 미 해외청산위원회(FCL)로부터의 24,552만 달러의 원조와 가리오아(GARIOA)로 통칭하는 점령지역 행정구제계획에 의한 원조가 있다.

가리오아 원조는 제2차 세계대전 이후 연합군에 의해 점령된 지역의 민생구호를 위한 것이며, 한국이 이 원조대상에 포함된 것은 전후 남한지역에 미군이 진주하고 미군

---

40) 국사편찬위원회 자료, 『대한민국사』 1, pp. 112-113.
41) 한국공인회계사회, 『한국 공인회계사 35년사』 (서울, 1992), p.37.

정이 시행됨으로써, 이루어진 것이다. 가리오아에 의한 원조는 식량·피복·직물 등, 가계(家計)와 직결되는 생필품이 전체의 49.2%였고, 농업용품이 17.7%로서 비교적 많은 금액이었다. 그 외에도 석유 등의 연료와 철도·해운·자동차·통신용 기계·의료약품·건축재료 등이었다고 한다.42)

이러한 환경에서 미군정시대의 회계 규제는 미군정청 명령을 통하여 이루어졌다. 회계 규제에 관한 규정을 제정하지 못하는 부분에 대해서는 군정청 명령에 따라 광복 (1945년) 이전 시대의 회계규정을 계속 사용할 수 있도록 하였다. 의용상법(依用商法) 이라는 이름으로 조선총독부 시대의 상법이 계속 효력을 유지하게 된 것이나 일본의 전시용 원가계산 규정도 계속 효력을 갖는 것으로 되었는데 이는 모두가 미군정청 명령에 근거를 두고 있다. 그리고 미군정시대의 회계전문가 단체로서는 「조선계리사회」 가 있었다. 그 구성원인 계리사들이 귀속재산을 감사하는 데 참여하였고, 상업용어의 제정을 위하여 건의하는 등, 제도적으로 안정되지 않았던 상황에서 회계전문가단체로 서의 존재를 부각하는데 당시 계리사들의 노력은 지대한 것이었다.43)

2) 미국 회계시스템의 도입

광복(1945) 이후의 우리나라 회계제도는 미군정청과 한국 정부의 수립을 통한 시대 상황의 변화에 따라, 그에 알맞은 것으로 탈바꿈하지 않을 수 없게 되었다. 한국의 회계 교육을 위한 회계용어재정과 회계 규범(GAAP)의 제정을 위한 여러 가지 제도적 정비가 이루어졌음은 물론, 직업적 회계전문가에 의한 회계적 서비스가 외형적으로 정립되었다. 이것은 관습법에 기초를 두고 있는 미국형 회계제도의 유입에서 비롯되었다고 할 수 있다. 조선총독부 시대에 시행되고 있던 주주총회의 존중이나 자본 확정주의 공칭자본금제도(公稱資本金制度)의 기본사상을 중심으로 하는 일본 상법에 따른 회계제도는 이사회로 권력 집중과 자본조달을 촉진하는 수권자본제도(授權資本制度) 등, 미국의 합리주의적 제도로 탈바꿈해 가는 과도기였다. 세법(稅法)도 법인세를 소득세 중심주의 원천세로 보는 법인의제설(法人擬制說)로 전환하였으며, 법인소득의 계산은 경리자유 (經理自由)가 용인되는 상황이었다. 그리고 회계 방법의 다양성을 수용하는 근대회계학적 논리를 도입하는 계기가 되었다.

이처럼 광복 이후의 회계제도는 미군정청 시대를 거치면서 유입되기 시작한 미국식 회계제도에 편승하는 쪽으로 이행되었던 것이 사실이다. 그러나 자세히 보면, 일본식

---

42) 한국은행 조사부, 『경제통계 연보』(1961), P. 192 이하. 및 조기준, 전게서, PP. 653~654, Passim.
43) 한국공인회계사회, 전게서, pp.55-68.

회계제도가 완전히 단절된 것은 아니었다. 1945년 말의 미군정청 명령에 따른 일본 상법 효력의 지속과 당시 효력을 지녔던 각종 법령이 계속하여 효력을 갖게 함으로써, 비롯된 것이었다. 이는 일본식 회계의 제도적 잔재를 의미한다. 그리고 1929년의 경제공황으로 대두되었던 세계적 산업합리화시대에 일본에서 만들어진 1934년의 「재무제표준칙(財務諸表準則)」에 따라 회계실무가 이루어지고 있었음은 물론이다. 특히, 광복 이후의 원가계산 제도는 제2차 세계대전 중 일본의 전시용 원가계산기법이 계승되어 회계 실무계는 물론, 상업학교의 회계 교육에도 이용되는 상황이었다. 그뿐만 아니라, 미군정청의 주선으로 미국형 원가관리 시스템이 회계교육과 기업경영에 적용할 기회를 부여했다고 하지만, 그 내용이 구체적으로 어떠한 것이었는지는 전해지는 자료가 없어 알 길이 없다.

1945년 이후 미군정시는 물론, 한국전쟁이 지속되던 1950년대의 한국 회계환경은 일본형 회계제도의 연속선상에서 미국식 회계방식이 도입되는 과도기에 해당한다고 할 수 있다. 이 시대에는 미국으로부터의 경제원조와 외자도입에 편승한 미국회계제도의 유입이 점차 이루어지기 시작했다. 조선총독부 시대에 교육을 받은 회계학 전공 교수들에 의해 회계 교육이 이루어지고 있기는 했지만, 점차 한국어 회계 교과서는 물론, 미국의 회계학 서적이 번역·소개되기도 했다.[44] 이러한 사실은 결국, 미국식 회계관행에 기초를 둔 관습법적 형태의 미국형 회계원칙이 도입됨으로써, 일본형 회계제도에 익숙해 있던 우리나라의 회계환경을 현대화시키는 데 큰 공헌을 했다고 할 수 있다. 다시 말하면, 서양식 기업회계제도의 불모지나 다름없던 한국 현대사회에 회계 규범(제도적 회계원칙 및 원가관리 회계)의 싹을 틔우고 새로운 형성사 궤적(軌跡)을 쌓을 수 있는 환경이 조성됨으로써, 한국형 기업회계문화의 기반이 다져지게 되었음을 확인하게 된다.

---

[44] 이 무렵, 서울대학교 상과대학의 소진덕 교수에 의하여 페이톤·리틀튼(W. Paton and A. C Littleton)의 저서 『회사회계기준 서설』이 번역·출판되었고, 고려대학교 상과대학의 조익순 교수에 의하여 페이톤(W. A Paton)의 저서인 『고등 회계학』이 번역·출판되어 미국의 회계학에 접해볼 기회가 제공되었다. 그리고 고려대학교 상과대학의 윤병욱 교수에 의하여, 슈말렌바하의 『동적 대차대조표론』이 번역·출판되었음은 물론, 윤근호 교수와 이찬우 교수의 공동 번역으로 리틀튼의 『회계학의 이론적 구조』가 번역 출판되어 당시의 회계학교육에 크게 이바지했다.

4 한국의 원가·관리회계 시스템 도입·형성기

미 군정기를 거쳐 1948년에 대한민국 정부가 수립됨으로써, 우리나라는 자유민주체제를 갖춘 독립국으로 출범하였다. 정치·경제·사회·문화의 모든 영역에 있어서 안정적 질서유지가 이루어지고 생산활동도 활기를 띠기 시작하였다. 면방직공업을 위시한 다수의 기업이 생산활동을 계속함으로써, 그에 수반되는 경영관리에 필요한 관리회계적 기법의 필요성을 인지하기에 이르렀다. 이하에서는 생산기업의 경영관리에 필수적인 원가관리와 관리회계의 도입과 형성과정에 대한 접근을 시도하려고 한다.

1. 한국 정부수립 이후 일본형 원가계산 제도의 답습

1) 건국 초기의 경제환경

1948년에 대한민국 정부는 미군정청으로부터 정권을 이양받아 자주적인 경제계획을 수립하였으며, 건국 이듬해인 1949년 6월 21일에 농지개혁법 제정에 이어 1950년 12월 19일에는 귀속재산처리법을 제정·공포하였다. 대외경제정책에 있어서는 1949년 4월 19일 한·일 통상협정이 체결되었고, 1950년 1월 26일에 한·미·일 군사원조 협정이 체결됨으로써, 경제안정을 위한 대내외의 정책 기조가 확립되었다. 1950년 4월 21일에는 한국은행법과 일반은행법이 제정됨과 동시에, 한국은행은 발권제도를 관장하는 중앙은행으로 발족하였음은 물론, 경제안정 원칙의 발표와 더불어 독자적으로 경제정책을 추진할 수 있는 제도 정비에 박차를 가하기 시작하였다.[45]

이러한 상황에서 일찍 재건된 면방직공업은 정부의 특별지원을 얻어 시설개선이 이루어졌으므로, 한국전쟁까지 광복(1945년) 당시의 생산수준을 능가할 수 있었다고 한다. 그리하여 광복 후, 휴업상태에 있던 민족계의 경성방직은 1945년 9월부터 조업을 재개하였고, 전남방직·고려방직 등, 남한에 있는 방직공장은 한국전쟁 이전에 기존의 생산능력을 회복할 수 있게 되었다. 한국 정부는 건국 초기에 재정적 인플레이션의 진행과 무역역조로 인한 국제수지 악화 등 수많은 정책적 난제들을 안고 있었으나, 국민의 의욕적인 참여와 미국의 경제원조를 얻어 경제재건과 부흥에 심혈을 기울였다. 1949년에는 국민총생산이 8,029억 원으로서 1948년에 비해 9.7%의 성장률을 보여주었다.[46]

건국 후, 각 산업 분야에서 발전적 추세를 보였던 한국경제는 뜻하지 않았던 전쟁(1950년)으로 대부분의 산업시설이 파괴되고 성장은 멈춰 섰으며, 국민 생활은 도탄에

---

45) 한국공인회계사회, 전게서, p.40.
46) 조기준, 전게서, PP. 662~663, Passim..

빠졌다. 1949년에 9.7%의 성장률을 기록했던 한국경제는 1950년에 마이너스 △15.1%로 급강하했고, 전쟁 이후의 막대한 경제원조를 받았음에도 불구하고 1951년에는 마이너스 △6.1%를 기록하여 경제불황 상태는 회복될 기미를 보이지 않았다. 한국전쟁은 생산시설의 파괴 및 재정금융기능의 파탄뿐만 아니라, 기업인은 물론, 국민의 정상적인 경제 의식을 마비시키는 결과를 가져왔다.47)

1953년 7월 27일 드디어 휴전협정이 조인되었다. 휴전 이후의 한국경제는 전쟁 중에 심화된 인플레이션을 수습하면서, 미국의 경제원조를 바탕으로 하여 전쟁 이전의 생산력 수준까지 회복하게 되었고, 산업 각 부분에서도 활발한 생산활동이 전개되기에 이르렀다. 이들 부문의 성장은 ICA 원조와 P.L. 480호에 의한 원조를 통하여 원면(原綿)과 원맥(原麥)을 대량으로 들여옴으로써, 가능했다고 한다.48)

2) 건국 초기 회계학교육의 실상

조선총독부 시대에 상업학교를 중심으로 이루어졌던 회계학교육은 미군정청의 대학설치령에 따라 정규대학이 설립됨으로써, 대학에서 회계학을 가르치기 시작하였다. 1946년에 조선총독부 시대의 경성제국대학이 서울대학교로 개편되었고 그에 따라 종래의 경성고등 상업학교는 서울대학교 상과대학이 되었다. 보성전문학교와 연희전문학교가 4년제 종합대학으로 설립·인가를 받게 되면서, 고려대학교 경상대학과 연희대학교 상경대학이 탄생하였다. 미군정청의 대학설치령에 따라 전국 각지에서 상과대학이 설치되어 상업학·회계학교육의 신기원을 이루었다.

1948년에 대한민국 정부가 수립된 이후 초기의 정치적 혼란과 한국전쟁으로 인한 경제적 불안 속에서도 교육제도는 정비되었고 회계학교육도 진행되었다.

건국 초기의 회계 교육은 우리 말로 저술된 부기 회계의 교과서를 통하여 실시되었다. 그런데 교과과정이나 교육 방법은 조선총독부 시대의 그것을 그대로 답습하는 상황이었다. 회계학교육을 담당한 교사와 교수들은 조선총독부 시대에 교육을 받은 사람들이었으므로, 그 틀을 쉽게 벗어나지 못하고 종래의 그것을 답습할 수밖에 없었다. 그래서 회계 교육의 모델은 당분간 일본식의 교육과정을 답습하는 수준에서 이루어졌다.

이때의 회계학교육은 주로 대학의 상학과를 중심으로 하여 이루어졌다. 1946년에 설치된 고려대학교 경상대학 상학과의 경우를 보면, 상업부기·은행부기·공업부기·원가계산·회계학·감사론으로 구성된 교과과정을 갖추고 있었다. 그리고 졸업에 필요한 학점 단위는 교양과목 78학점, 전공과목 112학점 이상 취득하여 합계 190학점 이상

---

47) 조기준, 전게서, pp. 666-667.
48) 황병준, 『한국의 공업경제』(고려대학교 부설 아세아문제연구소, 1966), pp. 94-103

이 되어야 졸업하게 되어 있었다. 그 당시 대학원에서의 회계학교육은 고려대학교의 경우, 1949년부터 개설되었다고 한다.[49]

1955년 1학기부터 고려대학교 상과대학에 경영학과가 신설되었고, 그 후 각 대학에 경영학과의 설치가 계속 이루어짐으로써, 회계학교육의 내용도 진일보하였다. 상업부기 대신에 부기 원리가 등장하였고, 경영자의 관리적 의사결정에 필요한 관리회계가 교과과정에 편입되어 교육되기 시작하였다. 더욱이 경영분석·경영진단론·재무관리론 등이 추가되어 기업경영을 주축으로 하는 원가관리와 관리회계 쪽으로 교육 방향이 개편되었다. 이는 미군정시대를 거치면서 미국과의 국제적인 문화교류가 빈번해짐에 따라, 경제적 선진국인 미국의 경영학 및 회계학이 전수되는 과정에서 비롯된 것이다.

1960년대 초에 상법이 제정되고 경제개발 5개년 계획에 의한 경제개발이 추진되면서 기업경영을 위한 인재들을 필요로 하게 되었고, 각 대학에 경영대학원이 설치됨으로써, 선진 경영전문인 재의 양성에 박차를 가하게 되었음은 물론, 공인회계사법의 제정으로 회계감사를 비롯한 경영진단에 필요한 회계전문가의 배출도 활기를 띠기 시작하였다. 기업회계원칙과 재무제표규칙이 정부에 의하여 제정됨으로써, 일본의 회계제도에 의존하던 회계환경에서 벗어나 선진 미국의 회계기법을 도입함으로써, 독자적인 회계환경을 조성할 수 있게 되었다. 경제개발계획의 성공적으로 실현됨에 따라 기업의 경영관리에 필요한 관리회계기법의 필요성을 인식하고 미국적인 관리회계기법의 도입에 활기를 띠게 되었음은 주지하는 바와 같다.

3) 일본형 원가계산 제도의 답습

미 군정기를 거쳐 대한민국 정부가 수립된 이후 국민의 의욕적인 참여와 미국의 경제원조를 바탕으로 경제가 재건되고 기업의 활동도 활발하게 전개되었다. 그래서 건국 이듬해인 1949에는 국민총생산이 8,029억 원으로서 전년보다 9.7%의 성장률을 보여줌으로써, 새로운 지평이 열리고 있음을 보여주었다.

이 무렵은 건국 초기였으므로, 모든 회계시스템이 조선총독부 시대의 유산을 답습하여 이루어지는 상황이었고, 기업이 생산하는 상품가격의 결정방법도 당시의 기업 대부분이 전시용 원가계산 준칙을 답습·활용하는 실정이었다. 그렇게 하더라도 새 정부 헌법(제100조)의 규정에 따라 조선총독부 시대에 준용되던 제도가 계속 효력을 가지는 것으로 되어 있었으므로, 전시용 원가계산 준칙을 사용해도 무리는 아니었다. 여기서 전시용 원가계산 준칙이란 일본이 대륙침략을 위하여 전시동원령을 내리고 1939년에 공표

---

49) 송기철, 「경영학과 고려대학교-고대 경영학 개척기의 제 학자를 중심으로-」(고려대학교 경영대학, 『경영논총』 제30집, 1987), pp. 3-4.

한 「육군군수품 공장 사업장원가계산 요강」(이하 육군원가계산 요강)과 1940년에 제정한 「해군군수품 공장사업장원가계산 준칙」(이하 해군원가계산 준칙)을 지칭하는 것이다.

당시의 전시용 원가계산 준칙의 내용을 종합하여 간추려 보면 <표 12-3>에서 보이는 바와 같은 내용으로 구성되어 있었다.

<표 12-3> 일본의 전시용 원가계산 준칙의 구성내용

「육군군수품 공장 사업장원가계산 요강」	「해군군수품공장사업장원가계산준칙」
제1장 총칙 제2장 원가의 구성 　제1절 제조원가의 요소 　　1. 노무비, 2. 노무비 3. 경비 　제2절. 일반관리비 및 판매비의 요소 　　1. 원가에 산입할 수 없는 항목 제3장 원가계산의 방법 　제1절 개별원가계산의 방법 　　1. 제조원가의 계산 　　2. 일반관리비 및 판매비의 계산 　제2절 종합원가계산의 방법 제4장 공업회계의 계정 및 장부조직 　제1절 계정조직 　제2절 장부조직	제1장 총칙 제2장 원가의 구성 　제1절 제조원가의 요소 　　1. 재료비 2. 노무비 3. 경비 제3장 원가계산의 방법 　제1절 개별원가계산의 방법 　　1. 제조원가의 계산 　　2. 일반관리비 및 판매비의 계산 　제2절 종합원가계산의 방법 　제3절 원가에 산입할 수 없는 항목 제4장 공업회계의 계정 및 장부조직 　제1절 계정조직 　제2절 장부조직

<자료 : 建部宏明>, 『日本原價計算制度形成史』(東京, 同文館, 2019), p. 153 & pp. 202~203

이 두 개의 전시용 원가계산 요강은 중일전쟁과 태평양전쟁 기간에 일본, 대만 및 한반도 전역의 군수품 사업장에서 준용되던 제품가격 계산을 위한 원가계산 규정이었다. 이 규정이 미군정 시기와 건국 이후에도 법적인 경과조치에 따라 관례로 적용되었던 것은 건국 초기의 상황으로서는 관계 법령을 제정할 여유가 없었기 때문에, 불가피한 일이었다고 보인다. 따라서 당시 기업의 회계담당자들은 물론, 회계 서비스를 하던 계리사들도 회계검사와 조사, 감정, 원가계산 및 세무 지도하는 과정에서도 이 원가계산 규정을 적용하였다. 뜻하지 않은 한국전쟁으로 혼란스러운 상황 속에서도 이 규정은 효력이 지속되어 1972년 한국공인회계사회에 의하여 원가계산 기준이 제정될 때까지 계속 활용되었다.

2. 환경변화와 전통적 원가 관리제도의 변혁

1) 경제 발전기의 회계환경 변화

　1960년대에 실시된 경제개발계획은 한국경제의 악순환과 사회적 병리 현상을 과감히 시정함으로써, 자립경제의 달성을 위한 기반구축을 지향하게 되었다. 1962년부터 1966년까지 5년 동안 시행된 제1차 경제개발 5개년계획이 그것이다.
　그것은 한국경제의 성장조건을 조성하기 위한 사회간접자본의 확충과 기간산업 건설을 기본목표로 하고 있었다. 더욱이 그것은 미국의 각종 원조에 의한 소비재 중심의 경제구조를 지양(止揚)하고, 국내 산업의 자립을 목표로 하는 것이었다.50)
　이 기간의 주요 경제시책으로는 환율의 평가절하와 외환관리제도의 개선, 수출진흥과 수입 규제조치 및 외자도입법의 개정이 이루어졌다. 수출증대를 통한 경제성장이라는 전략 패턴이 이때 확립되었다. 이 시기의 경제적 특징은 제도적인 수출지원체제의 정비와 과도한 수출지향정책으로 인한 국민경제의 내부 불균형이 심화하고 내수경제 부문의 낙후와 금융시장의 부재 등이 표출되었다는 점이다.51)
　이 기간에 연평균 경제성장률은 7.3%이고, 연평균 수출신장률은 43.7%에 달하며, 1966년에는 수출이 2억 5,500만 달러로 원래의 계획보다 1억 1,800만 달러나 초과하였다고 한다.52)
　이러한 경제개발계획이 성공함에 따라, 자신감을 얻은 정부는 제2차 경제개발 5개년계획을 수립·실시하였다. 제2차 경제개발 5개년계획(1967-1971)은 제1차 계획의 경험을 기초로 하여 국내외 경제 여건과 시장기구를 다각적으로 반영한 것이다. 이 기간에는 수출주도형 공업화 정책의 계속된 추진으로 고도의 수출 신장과 높은 경제성장을 달성하였다. 그 기본목표는 산업구조를 근대화하고 자립경제의 확립을 더욱 촉진하는 것이었다. 연평균 수출신장률은 35.2%를 실현하여 경공업 제품 수출주도 하에 GNP 성장률 9.6%를 달성하였다.53)
　이 기간에 한국의 공업화가 본격적으로 추진되었다. 제1차 경제개발 5개년계획이 공업화의 여건 조성이고, 제2차 경제개발 5개년계획이 개방적인 공업화의 성장기반을 강화하는 데 중점을 둔 것이었다면, 제3차 경제개발 5개년 계획(1972년~1976년)은 계속 공업화 성장을 실현하기 위한 것이었다. 이는 수출 규모가 확대되고 외자도입이 증

---

50) 경제기획원, 『개발연대의 경제정책』(1982), pp. 33-66 ; 대한상공회의소, 『한국경제 20년의 회고와 반성』(1982), pp. 133-141.
51) 조기준, 『한국 경제사 신강』(서울, 일신사, 1994), pp. 694-696, Passim.
52) 조기준, 상게서, pp. 696-698, Passim.
53) 조기준, 상게서, pp. 700-704.

가하여 국내경제의 해외의존도가 증대되었기 때문이다. 특히, 1972년 후반기부터 밀어닥친 국제원자재가격의 폭등과 중동전쟁의 영향을 받았으나, 한국경제의 불황은 비교적 단기에 극복될 수 있었다. 석유 가격의 인상으로 국내 물가에는 큰 영향을 주었으나, 수출 부문에서는 경공업 제품의 가격경쟁력이 있었기 때문에, 이 기간에 수출신장률은 오히려 증가하여 연평균 47.2%에 달했다.54)

1972년부터 1976년까지의 제3차 경제개발 5개년계획은 중화학공업을 육성하고 자본재의 수입의존도를 지양(止揚)함으로써, 국민경제의 자립화 기반을 강화함과 동시에, 농어촌경제의 혁신적 개발에 중점이 맞춰진 「성장・안정・균형의 조화」를 도모했다는 데 특징이 있다.55)

3차에 걸친 경제개발계획에 따라 한국경제가 성장궤도에 진입함에 따라 자본과 설비 면에서 기업의 대규모화가 이루어졌고 그로 인한 거액의 자본조달이 필요하게 되었다. 그래서 직접경영에 참가하는 출자자만으로 구성되어 있던 종래의 기업형태로는 필요자금 조달이 불가능하게 되어 소유와 경영이 분리된 근대적 기업형태로 전환하지 않을 수 없었다. 이러한 상황에서 다수의 일반투자가는 경영성과와 재무 상태를 파악하기 위하여 기업이 제공하는 회계자료 이외에는 유효한 방법이 없었으므로, 기업의 회계자료에 대한 건전성을 요구하게 되었다. 기업회계에서 일반적으로 수용되는 일정한 기준에 따라 작성된 회계자료를 일반투자가들이 요구하게 되었다는 것이다. 이러한 투자가 보호 요청이 「기업회계원칙」의 개정과 발전을 촉진하게 되었다. 이른바 회계환경에 변화가 일어났다는 것이다.

한국 정부에 의해 추진된 경제개발 5개년계획의 결과로, 우리나라의 경제 상황은 급속히 달라졌다. 한국 정부는 이러한 경제정책을 원만히 추진하기 위한 제도적 정비의 하나로 1962년에 상법을 제정하였고 증권거래법을 제정함과 동시에, 증권시장육성법과 기업공개촉진법을 제정함으로써, 기업의 투자 여건을 충실하게 함과 동시에, 국민의 기업참가 의식을 고양함으로써, 기업의 자본조달을 원활하게 하고 재무구조의 건전화를 도모하게 되었다. 이리하여 수차에 걸친 경제개발 5개년계획의 성공과 더불어 경제성장을 이룩함으로써, 한국은 경제 후진국에서 개발도상국으로 도약하고 선진국에 이르는 문턱을 넘보게 되었다.

공인회계사감사제도가 1963년의 증권거래법(第226條의 2)의 규정에 따라 최초로 도입되었다. 공인회계사의 외부감사제도가 성립함에 따라, 1966년에는 계리사법이 폐지되고 공인회계사법(1966년 7월 15일 자의 법률 제1,797호)이 제정・공포되어 기업회계에 대한 외부감사인으로서 공인회계사의 역할이 부각되었다. 특히 1960년대와 1970년대의 양상

---

54) 조기준, 상게서, pp. 704-705.
55) 대한상공회의소, 전게서, pp. 180-187 ; 吳鍾錫, 『韓國企業の經營的特質』(東京, 千倉書房, 1983), 38-39ページ。

은 미국의 문화적 영향을 강하게 받았던 시기이다. 미국의 경제원조에 편승하여 자본주의적 사회윤리가 도입되었고 개척자 정신에 바탕을 둔 기업가의 출현으로 기업의 대규모화도 이루어졌다. 이처럼 우리나라의 경제개발 시대에 미국문화가 수용될 수 있었던 것은 다른 어떤 요인보다도 미국에서 유학하고 돌아온 한국인 엘리트의 역할이 컸던 때문이다. 미국문화의 수용을 통해서 회계학이나 회계원칙은 물론, 경영관리에 필수적인 원가 관리회계의 미국적 접근이 가능했음은 당연한 시대 흐름의 결과였다.

2) 미국 회계학계의 영향

1950년대 이후 미국 회계학계의 연구성과는 지대(至大)했다. 1959년에 미국의 공인회계사회는 「회계원칙심의회」(Accounting Principles Board : APB)로 하여금 새로운 회계실무의 기본원칙을 연구하도록 하였다. APB는 1959년부터 1973년까지 연구를 통하여 ① APB 의견서 31편 ② APB 보고서 4편 ③ APB 의견서의 해설서 101편을 공표하였다. 그 중 핵심적인 APB 의견서는 회계에 종사하는 모든 사람이 준수해야 할 회계 규범으로 수용되었다. APB 보고서는 일정 회계기간에 관한 것으로서 「APB 제4보고서」이다.[56] 이것은 회계의 기초개념과 회계원칙을 다룬 것이며, 회계의 환경·목적·공준을 비롯하여 「일반적으로 인정된 회계원칙」(GAAP)을 계층적으로 구분하고 그 체계화를 시도한 것이다. 그것이 1972년에 우리나라의 회계학계에 소개되었고 한국 「기업회계원칙」의 정비에 지대한 영향을 끼쳤다.

한편, 미국회계학회는 1960년대 이후 회계에 관한 원리적 연구를 추진하였다. 그 중 「디바인」(Devine)에 의한 방법론 제기[57]와 이에 대한 「도푸치」와 「벳포드」(Dopuch and Bedford)의 반론[58]은 회계학 연구 방법에 관한 논쟁의 효시가 되었다. 이는 행동과학적 접근방법을 축(軸)으로 하는 것이었다. 「벳포드」(Bedford)는 「벨라도우니」(Baladouni)와 함께 1962년도에 회계이론의 형성에 커뮤니케이션이론을 적용한 방법론적 연구 결과를 발표하였다.[59] 미국회계학회는 새로운 회계이론을 제창하게 된다. 그것이 「기초적 회계이론에 관한 보고서」(ASOBAT)[60]로서 한국 회계학계에 상

---

56) AICPA, "Basic Concepts and Accounting principles Underlying Financial Statement of Business Enterprises",(APB Statement No. 4, 1970).
57) C. T. Devine, "Research Methodology and Accounting Theory Formation",(The Accountimg Review, Vol.35, July 1960).
58) : N. Dopuch and N. M. Bedford , "Research Methodology and Accounting Theory-Another Perspective", (The Accounting Review, Vol. 36 No. 3, July 1961), pp. 351-361.
59) N. M. Bedford Baladouni, "A Communication Theory Approach to Accountancy" ,(The Accounting Review, Vol. 37 No. 4, oct. 1962), pp. 650-539.
60) AAA, The Committee to prepare a Statement of Basic Accounting Theory, "A Statement of

당한 센세애션을 일으켰다. 미국회계학회의 이 보고서는 회계가 하나의 정보시스템임을 확인한 것이다.

1970년대 이후 한국에서의 회계학 연구 활동은 미국에서 전개된 회계정보의 유용성을 최고목표로 하는 회계이론의 영향을 받아서 전개되었다. 더욱이 그것은 미국 유학에서 귀국한 우리나라의 회계학자들에 따라 활발하게 진행되었다. 이러한 상황 속에서 우리나라「기업회계원칙」의 개정은 미국 회계학계의 영향을 강하게 받고 이루어졌다. 그뿐만 아니라, 원가 관리회계 분야에서도 미국 회계학계의 영향 아래서 전수받는 과정을 거쳤다고 할 수 있다. 관리회계는 기업경영의 관리적 발전을 배경으로 하여 전개된 새로운 회계 분야로서 생산기업의 능률관리 통제를 기본 축으로 하는 과학적 회계 관리기법을 일컫는다. 그러므로 초기 단계에서는 동작이나 시간연구(motion and time study)는 물론, 생산관리에서의 작업측정(work measurement)을 위한 현장 관리기술을 중심으로 하여 원가관리 분야의 전개가 이루어졌다.

원래 원가계산 기준의 제정과 표준원가 계산론의 전개는 일본학계의 영향을 받아서 이루어졌다고 할 수 있으나, 과학적 관리기법의 발달로 미국에서 전개된 관리회계 분야의 선진적 이론과 기법을 도입함으로써, 한국 회계학계의 신기원을 이루었음을 간과해서는 안 된다. 이 무렵 한국의 대학에서도 관리회계의 강좌가 개설되어 이 분야에 대한 관심도가 높아졌다. 기업의 예산관리론과 부가가치회계·정보 관리회계·원가 기획 및 경영과학과 관련된 원가관리와 경영분석 및 재무관리 영역의 도입은 거의 미국 회계학계의 영향 아래서 이루어졌다고 할 수 있다.

1960년대 이후 경제개발 5개년계획의 실천으로 경제성장이 순조롭게 이루어졌으나, 기업회계원칙 등에는 제조원가명세서만이 규정되어 있을 뿐, 제품 제조에 관한 원가계산 규정이 없었기 때문에, 회계실무에서의 불편이 뒤따랐다.

이를 고려한 한국공인회계사회가 제조원가계산에 관한 회계실무를 보완하기 위하여 1972년에 원가계산 기준을 제정하고 1973년 1월 1일부터 시행토록 하였다. 그것은 제1장 총칙, 제2장 실제원가계산, 제3장 표준원가계산 등, 모두 50개 조문을 갖추고 있었다. 이 원가계산 기준은 재무제표 작성에 필요한 자료를 제공함과 동시에, 제품의 가격계산에 필요한 원가 자료를 제공하고 원가관리에 필요한 원가 자료를 제공함은 물론, 예산편성과 통제에 이용되는 원가 정보를 제공하려는 목적에서 제정되었다고 한다. 여기서 원가는 실제원가와 표준원가, 제품 원가와 기간원가 및 전부 원가와 부분 원가 등으로 구분되어 있었다.

그런데 원가계산 기준은 회계기준제정권이 증권관리위원회로 이관되었기 때문에, 1994년 12월 23일에 4개 장 34개 조 및 부칙으로 구성된 새로운 원가계산 기준이 제정

Basic Accountimg Theory", Evanston, Illinois, 1966.

・공포되었다. 더욱이 그동안 금융감독기구의 변화가 있었으므로, 원가계산 기준은 증권선물위원회로 그 제정권이 이관되어서 1998년 4월 1일을 기해 「원가계산 준칙」으로 명칭을 달리하여 <표 12-4>에서 보이는 바와 같이 제정되었다.

<표 12-4> 증권선물위원회의 원가계산 준칙(요약목차)

제1장 총칙	제2장 실제원가계산 제도	제3장 표준원가계산 제도
제1조 (목적) 제2조 (적용 범위) 제3조 (원가계산 제도의 확립 등) 제4조 (제조원가의 범위) 제5조 (원가계산기간) 제6조 (원가계산의 일반원칙) 제7조 (제조원가 요소의 분류)	제8조 (실제 원가계산절차) 제9조 (재료비의 계산) 제10조 (노무비의 계산) 제11조 (경비의 계산) 제12조 (외주가공비의 계산) 제13조 (예정가격 등의 적용 특례) 제14조 (원가 부문별 계산) 제15조 (부문비 계산의 절차) 제16조 (부문개별비와 부문공통비) 제17조 (원가의 제품별 계산 방법) 제18조 (개별원가계산) 제19조 (종합원가계산) 제20조 (공정별 원가계산) 제21조 (조별 원가계산) 제22조 (등급별 원가계산) 제23조 (연 산품원가계산) 제24조 (부산물과 작업폐물의 평가) 제25조 (공손지의 계산)	제26조 (표준원가계산의 적용) 제27조 (표준원가의 산정) 제28조 (표준 직접재료비) 제29조 (표준 직접 노무비) 제30조 (제조간접비 표준) 제31조 (표준원가의 수정) 제32조 (원가차이의 산정) 제33조 (원가차이의 회계처리) 제34조 (준용 규정) 부칙 제1조 (시행일) 제2조 (종전기준의 폐지에 따른 경과조치) 제3조 (다른 규정과의 관계)

<자료 : 김상운, 『'99 기업회계기준해설』(서울, 회 경사, 1999), PP. 404~405>

증권선물위원회의 원가계산 준칙은 기업이 제조원가를 수집, 측정, 배분 및 보고하기 위한 계산처리자로서 실제원가계산 제도나 표준원가계산 제도를 확립하도록 했음은 물론, 기업이 채택한 원가계산 제도를 매 기간마다 계속하여 적용하지 않으면 안 되며, 적당한 사유 없이는 이를 변경할 수 없도록 하였다. 그리고 제품 원가는 제품생산과 관련되어 소비된 자산가치만 포함해야 하며, 비정상적으로 발생한 자산의 소비는 제조원가에 포함해서는 안 되도록 하였다. 그뿐만 아니라, 원가계산기간은 기업의 회계연도와 일치하지 않으면 안 되도록 하였다. 그렇지만, 필요한 경우에는 월별이나 분기별로 세분하여 원가계산을 할 수 있도록 규정하였다.[61]

---

61) 한국공인회계사회, 『공인회계사 50년사』(서울, 2004), PP. 376~377, Passim.

3, 컴퓨터 기법에 따른 새로운 원가·관리회계시스템의 등장

1) 기업환경의 변화

경제개발 정책목표를 달성함에 따라 한국 정부는 중화학공업을 육성하고 자본재(資本財)의 수입의존도를 지양(止揚)함으로써, 국민경제의 자유화 기반을 공고히 함과 동시에, 성장과 안정 및 균형의 완화를 시도하기에 이른다. 그리하여 1970년대의 연평균 9.7%라는 높은 경제성장률 8.6%로 약간 완화하고 자본계수가 높은 중화학공업을 육성하기 위한 정책 기조를 다져나갔다. 1970년대 이후의 공업화에 있어서 가장 특징적인 것은 철강·수송용 기계·전자공업·조선공업 등이 성장산업으로 등장하면서 중화학공업 비율을 높이고 자본재의 대외의존도를 줄이는 한편, 수출을 늘리고 무역의 불균형을 시정함으로써, 투자의 자립도를 크게 올려놓았다.

따라서 수출 신장과 자본재의 자급률을 높여 무역흑자의 전환을 실천하기 위한 정책을 추진해 나갔음은 물론, 1980년대 이후에는 경제안정 기반을 정착시키고 투자효율을 극대화하면서 능률향상을 위한 시장기능의 활성화를 통한 체질 개선을 추진함과 동시에, 비교우위 산업구조로의 전환에 진력함으로써, 수출주도의 공업화를 지속하는 것이 기본적인 공업화의 발전전략이었다. 그뿐만 아니라, 첨단기술개발을 추진함으로써, 기술 부족으로 인한 경쟁력 약화나 생산성 약화로 인한 기업의 애로를 타개시켜주었고, 수출증대와 공업화 사회의 선진화를 주도해 나갔다.

1990년대 이후에는 기술 입국의 실현을 목표로 첨단사업의 공업화가 이루어지도록 추진함으로써, 선진 여러 나라에서 성장산업으로 주목받은 신소재·생명공학·우주산업 등, 첨단산업 분야에서 비교우위를 높이기 위한 정책목표를 수립하고 추진했다.

특히 1970년대 후반부터 1980·1990년대에 걸쳐 평균 소득수준의 향상 및 사회 성숙화의 결과로 소비자 요구의 다양화, 가치관의 다양화, 고급상품화, 제품의 다양화 현상이 현저하게 나타났다. 경제의 주체가 중후장대(重厚長大)에서 경박단소(輕薄短小)[62]에로 이동하고, 산업의 주체는 장치산업에서 가공조립형 산업으로 구심점이 이동하였다. 「원가계산 기준」 제정 당시에는 무역자유화의 진전에 주력하였고, 원가관리의 시대에는 자본자유화의 영향을 받아서 1990년대부터는 우리나라의 대다수 기업이 해외진출이나 현지화, 기업합병과 매수를 적극적으로 추진하게 되었다. 그리고 기업의 국

---

62) 重厚長大는 무겁고 두텁고, 길고 큰 것을 뜻하는 말로 철강, 화학, 자동차, 조선 등의 제조업을 뜻한다. 또한 輕薄短小는 상품이 지닌 가볍고 얇고 작은 것을 의미하며, 휴대하기 쉬운 고성능 제품이나 가볍고 담백한 기호품 등으로서, 탁상용 계산기, 소형 자동차, 문고판 서적 등의 유통업 상품을 일컫는 표현으로 경제발전 상황을 설명할 때 일반적으로 사용하는 四字成語이다.

제화・세계화는 중요한 시대 상황으로 작용하였다.63)

　그뿐만 아니라, 공장자동화의 물결은 대기업만이 아니고 중소기업에 이르기까지 파급되었으며, 우리나라의 첨단 제조업은 이미 FA(factory automation)로부터 CIM(computer integrated manufacturing)에의 길을 적극적으로 추진하기에 이르렀다.

　더욱이 1990년대 이후에는 CIM 화의 경향이 한층 가속화되었다. 따라서 우리나라의 기업환경은 「원가계산 기준」 제정 당시와는 다르게 원가관리 시대에는 크게 변화되었음을 인식하게 되었다. 이러한 기업환경의 변화는 관리과학의 발달과 더불어 우리나라의 기업에 새로운 원가관리 회계시스템의 도입을 시도하는 계기가 되었다.

2) 관리과학의 발달과 새로운 관리회계의 등장

(1) OR과 관리회계

① OR(operations research)의 생성

　제2차 세계대전 중에 OR(operations research)은 군사적 문제에 적용되는 과학적 방법으로서 시작되었다. 그러나 현재에는 외국이나 우리나라에서도 기업뿐만이 아니라, 정부 기관의 관리를 위한 새로운 기법으로서 지위를 확보하기에 이르렀다. 초기의 OR 연구에서 지도적 위치에 있던 모스・킴볼(Morse R. M. and Kimball G. E.)의 정의(定義)에 의하면, 『OR은 이그제큐티브(executive: 指揮部 또는 經營陣)에 대해 수학적 분석기법을 이용하여 그 휘하(揮下)의 군사적 작전이나 경영전략의 전개 효율을 최대한으로 높이고 관리적 결정을 위한 수리적 기초를 제공하는 분석적 연구 방법이다.』라고 언급한 것에서 찾아볼 수 있다.64)

　OR의 특징을 요약하면 다음과 같다. 첫째로 모형접근법에 따라 경영진에게 판단 근거를 제공한다. 둘째로 OR의 대상으로 하는 것은 작전 또는 경영상의 실천이다. 이러한 분류법에 따라서 다양한 학문 분야를 분류하면, 물리학이나 화학은 기초적・물질적인 수준의 연구이며, 교량(橋梁)이나 TV 세트(set)의 연구는 응용기술 연구에 각각 대응한다. 셋째로, OR는 기존 학문 분야의 경계를 넘어서 다양한 분야의 연구 방법을 도입한다. 특히 수학・통계학・물리학・정보와 계산기 과학・경제학・심리학 및 사회학 등의 여러 학문 분야가 그 공급원이 된다. 넷째로 OR은 다양한 학문 분야에 걸친 전문가에 의한 팀 연구에 따라 수행된다. 다섯째로 OR은 대상으로 하는 시스템 전체 목적

---

63) 조기준, 상게서, PP. 709-743, Passim.
64) Morse, P. M., and Kimball, G. E., "Methods of Operations Research," (1951).

의 최적화(optimization)를 목표로 한다. 이러한 특징 속에서 두드러진 점으로 OR은 IE에 의하여 그 맹아(萌芽)가 시작된 관리적 접근법을 더 명확하게 한 것으로서, 방법론에 관한 학문적 보편성을 제시하였다. 이는 20세기 후반에 육성된 과학의 숙명이라고 할 수 있다.

② OR의 발달

상술한 바와 같이 OR은 군사적 작전을 수행하기 위하여 고안(考案)된 것이었으나, 그 후 그 기법을 구사하여 경영관리의 제 문제, 즉 조직·인사·회계·생산·판매·재고·설비·자재(資材)·신제품개발·장기경영계획·관리기술 등의 해결을 위하여 아주 유용한 공헌을 해왔다. 이것은 미국의 OR학회(Operation Research Society of America, 1952년 발족), 경영과학협회(The Institute of Management science, 1954년 발족)과 영국·독일·프랑스·일본 등의 각 OR 학회의 기관지(機關誌) 및 다수의 간행물에 따라 연구내용이 게재(揭載)되어 왔다. 경영관리에 대한 응용이 개시(開始)된 이래 수10년이 지난 OR은 경영자의 의사결정을 위한 무기(武器)로 성장하였으며, 현재 그 체계를 결정이론으로 집약하고 있을 뿐만 아니라, 다양한 입장에서 접근이 이루어지고 있다. 한편, OR 적용상의 제약과 더불어 고려해야 할 요인 선택과 결합 관계의 검토 부족으로 인하여 전체로서의 시스템 최적화를 표방하는 OR이 자칫하면, 부분최적화(sub-optimization)에 정지할 수밖에 없는 상황이 된다. 이는 그 발전과정에서 배태(胚胎)된 경영시스템 이론 전개를 촉진한 결과이다.[65]

③ OR과 관리회계

OR에서는 의사결정에서 나타나는 지령으로서의 활동을 수학적 모형으로 구성된다. 이 모델에는 관리 가능한 변수와 관리 불능한 변수가 포함되어 있다. 의사결정이란 이 관리 가능한 변수를 지정하는 것이다. 이때 결정 기준으로서 활동 효율을 높이는 것이지만, 이 효율의 측정척도를 미리 설정하지 않으면 안 된다. 이러한 경영자의 의사결정에 유익한 OR 기법과의 관계에서 구체적으로는 모델 구성에서 관리회계는 변수의 결정에 유용한 회계정보를 제공하게 된다. 그런데 관리회계가 OR이나 경영자의 의사결정에 유용하게 하려면, 기본적으로 다음의 두 가지를 유의해야 한다.

첫째로, 확실히 관리회계의 영역에는 의사결정에 유용한 자료가 많지만, 회계가 원래 사회적 동의를 전제로 하는 사회 제도적 평가원칙의 기초이므로, 목적을 달리하는

---

[65] 神戶大學會計學硏究室 編, 前揭書, PP. 959.

관리회계에도 가끔 이 원칙을 답습하는 경우가 있어서, OR에 의한 문제해결에 즈음해서는 회계자료의 이용에 그것이 어떤 목적 때문에 어떠한 방법으로 작성된 것인가를 충분히 확인할 필요가 있다. 이러한 점에서 보면, OR 담당자는 적극적으로 회계의 여러 개념을 이해하고 잘못된 회계정보의 이용을 회피하지 않으면 안 된다.

둘째로, 이것은 관리회계가 유용한 의사결정의 성질을 충분히 이해하고, 필요한 회계정보를 제공해야 한다는 점이다. 의사결정과정은 항상 문제의 인식, 문제해결을 위한 대체안의 탐구, 이들 대체안의 평가 등, 4단계로 구별되지만, 이 과정에 대응하여 각각 적절한 정보를 제공해야 한다. 그러나 이 경우에 해결해야 할 문제로서 적절한 회계정보는 제공될 수 있어도 필요한 정보를 제공하는 것은 불가능하다. 의사결정을 위해서는 화폐단위로 표현되는 회계정보 이외에 물량(物量) 단위로 표현되는 기술적 정보 또는 확률적 정보가 필요하다. 이러한 요구의 결과는 회계정보를 넓히는 의사결정에 필요한 모든 수량적 정보를 포함하려고 하는 의견도 있다. 이 경우에는 회계용어를 대폭으로 확장해석하게 된다.

따라서 금후의 과제로서는 의사결정에 유용하기 위한 회계의 개념을 확립하는 것, 의사결정을 위한 정보시스템의 보조시스템으로서 회계정보시스템을 구성하는 것이 OR과의 관계에서 관리 회계상의 필요한 문제로 드러날 것이다.[66]

(2) IE와 관리회계

① IE(Industrial Engineering)의 생성

오늘날의 경영 현상은 불확정적 요인이 다양하고, 기업활동은 대규모화되어 복잡하게 되어 있다. 그래서 기업을 경영함에 있어서는 신제품개발과 신시장개척의 문제, 경영체질개선의 문제, 생산의 합리화, 생산성 향상의 문제, 노동력 개발의 문제, 경영 내부의 관리 문제, 경영조직의 관리 문제, 외주(外注)와 납기(納期) 관리의 문제 등, 다양한 과제가 산적해 있다. 이들 경영과제에 대한 의사결정 기술로서, 그리고 처리해야 할 관리상의 접근수단으로서, IE(Industrial Engineering)는 필수 불가결한 요소가 되었다. 기업에서 작업하는 사람들에게 가장 중요한 것은 그들을 둘러싼 경영 현상의 매카니즘을 인식하는 것이고, 그러한 문제의 해결에 임하는 자세일 것이다. 여기에 IE는 경영 현상의 구조를 다루기 위한 접근방법이며, 문제해결을 위한 공학적 수단을 제공하려고 하는 것이다.

그래서 IE의 내용을 보기 위하여 미국의 IE 협회(AIIE : American Institute of

---

[66] 상게서, P. 963.

Indudtrial Engineering)의 정의(定議)를 소개하면 다음과 같다.

"Industrial Engineering is concerned with the design, improvement, and installation of integrated systems of man, materials and equipments drawing upon especialized knowledge and skill in the mathematical, physical, and social sciences together with the principles and methods of engineering analysis and design to specify, predict and revaluate the results to be obtained from such systems.".
(IE는 사람, 자재(資材) 및 설비의 종합적인 시스템의 설계와 개선, 및 도입에 관여(關與)하는 것이다. IE는 대상이 되는 시스템에서 얻어진 결과를 명확히 한정하고 예측하며, 평가하기 위하여 수학, 자연과학 및 사회과학의 전문화된 지식·숙련과 더불어 공학적 분석과 설계의 원리와 방법에 기초하여 적용하는 것이다.)[67]

그래서 IE는 상술한 정의에서 보는 바와 같이 경영 현상의 메카니즘을 과학적으로 터득하여 문제를 해결하는 경영에 대한 공학적 접근을 의미한다. 일반적으로 공학적 접근은 측정과 실험 및 설계를 기본 축으로 하는 것이다.

따라서 IE는 현재의 경제기구와 경영기구 그리고 관리기구에서 가장 주목받는 것이며, 기대되는 것이라 할 수 있다. 기업의 사회성과 경영의 사회적 영향력이 중요시되고 있는 오늘날 전문적 직업적 경영관리기술자인 IE의 사명은 중차대(重且大)한 분야라고 해야 한다.

② IE의 발전

IE의 기법 체계를 확립하기 위해서는 IE를 어떻게 해석하고 그런 사고방식과 적용범위를 어디서 찾을 것인가에 따라, 그리고 그 역사에 관한 생각에 따라 IE의 연혁(沿革)도 달라진다. IE라는 명칭이 이용되기 시작한 때를 그 효시로 본다면, 1909년경의 테일러(Taylor, W. F.)를 비롯하여 그 주변인(周邊人)들에게서 찾아야 할 것이다. 그러나 모든 과학이나 엔지니어링 분야와 같이 IE에도 명명(命名)되기까지는 선학자(先學者)들이 사색한 결과를 집약(集約)한 것이다.

근대에 이르러 IE적인 사고방식이 본격적으로 취급하게 된 것은 산업혁명 이후의 일이며, 미국에서는 1860년대의 남북전쟁에 의한 군수품 대량 생산방식의 요청에서 비롯되었다. 이를 기회로 하여 거대자본에 의한 기업경쟁이 심화하였다. 여기에 경영 내부의 합리화·충실화를 위하여 능률증진운동이라 일컬어지는 합리화 운동이 일어났다.

---

[67] 상게서, PP. 1006~1007..

그래서 종래의 경험과 감(感)에만 의지해온 경영에 대하여 과학적인 접근을 시도한 것이 테일러(Taylor, W.F.)였다.

테일러는 1909년에 「과학적 관리의 원리」((The Principles of Scientific Management)를 발표하고 생산성을 높이기 위하여 새로이 발전한 자연과학뿐만 아니라, 사회과학 각 분야의 다양한 이론을 적극적으로 도입하여 당시의 과학에 편향됐던 상황에 편승하여 작업관리와 작업의 표준화, 작업시간 연구에 노력하였다. 그러나 당시의 세상은 테일러의 표준시간이 일류노동자의 작업 최고속도를 의미하는 것이며, 노동자의 과도한 노동능률을 강요하는 것이라고 비난받아서, 결국은 미국 의회에서 사문(查問) 받았다. 그 석상(席上)에서 테일러는 생산의 목적이 인류의 안락(安樂)과 번영을 증진하는 데 있으며, 경영의 제1 목적으로 해야 할 것은 고객의 만족을 통하여 사회에 봉사하는 것이라고 하였다. 그리고 과학적 관리법이라고 하는 것은 능률을 올리는 수단이 아니라, 과학적 관리법의 본질이 새로운 심리상태를 의미한다고 하였다. 그가 말하는 심리상태란 주어진 문제를 해결하기 위해서 그 현상의 인과관계를 밝히는 것, 자른 것과 바르지 못한 것, 바람직한 것과 바람직하지 못한 것 등, 사물의 평가 기준을 표시하는 것, 개개의 문제가 해결에 이르기까지의 효율적인 사유과정(思惟過程)을 부여하는 것 등을 의미하는 것이었다. 즉, 과학적 관리법이란 경영상의 문제점을 해결하는데 효과적인 생각을 하기 위하여 기초가 되는 철학(哲學)이라고 하였다.

그것은 당시에는 정신적 혁명을 의미하는 것이며, IE의 역사에 불멸의 금자탑을 쌓아 올린 것이었다. 이 테일러의 사상을 수용한 자가 에마손(H. Emerson)이다. 그는 노동자의 능률을 시간연구에 따라 결정된 표준시간과 실제로 소요된 시간의 비율로 나타내어 표준척도로 삼았다.[68] 또한 같은 시대의 길브레스 夫婦(Gilbreth, F.B. and L.M.)는 테일러의 동작을 세분화하고 그의 이름을 역(逆)으로 철자화(綴字化)한 Therblig단위를 만들어, 쓸데없는 동작 요소를 줄이고 합리적인 순서로 조합(組合)한 미세 동작연구(1932)를 창안하고 필름(film)에 의한 기본동작을 분석하였다. 이 무렵, 간트(Gant, H.L.)가 수순계획(手順計劃)·일정계획(日程計劃)을 연구하여 이른바 간트 차트(gantt-chart)를 작성하였다(이것은 PERT 기법의 기초가 되었다).[69] 그리고 포드(H. Ford)는 포드사(社)에 과학적 관리를 도입하여 생애(生涯)의 표준화를 기획하고 흐름작업과 컨베이어에 의한 양산방식(量産方式), 이른바 「포드 시스템」이라는 관리방식을 확립하였다. 이와 별개의 연구로서 시간연구·동작연구의 양자를 보충하여 종합적으로 발전시킨 것이 메이나드(Maynard, H.B.)의 메소드 엔지니어링(Method Enginrrting)이다. 그 후, motion Time Analysis를 거쳐 동작시간 표준법

---

[68] Emerson, H., "Efficiency as a Basis for Operation and Wages," (New York, 1911), Passim.
[69] Gantt, H. L., "Work, Wages and Profit,"(2nd ed., New York, 1913), Passim.

(predetermined time standard systemL: PTS)으로 전개되었다.

　IE는 임금방식에서 시작하여 원가관리 및 재고관리의 연구로 발전하였다. 경영이 수익성·경제성·생산성·능률향상이라는 기반(基盤)에 입각한 활동은 물론, 과학적 분석과 종합적 입장에서 검토하기 시작하였다. 더욱이 능률과 효율이라는 개념에서 금액계산이 중요한 척도로 작용하였고, 그에 따라 이 분야의 연구가 전개되었다. 그 효시가 매킨지(J.O. McKinsey)의 예산통제에 관한 연구이다.[70] 경영의 목적이 이윤추구라는 인식에서 벗어난 보다 넓은 사회성에 근거하여 고찰하게 된 것은 제2차 세계대전 이후부터이다. 사회성을 중시하게 된 것은 경영이념의 문제로서 경영자의 경영 감각에 중대한 영향을 주었다. IE에서도 임금 체제의 재검토, 안전관리의 확충, 품질관리·공장계획·생산계획에 대한 접근이 이루어졌다. 경영 사회성의 인식과 함께 제2차 세계대전 이후 주목을 받게 된 것은 인간관계(human relations)이다. 인간관계의 연구에서는 메이요(G.E. Mayo)에 의한 호손실험이 있는바, 사회의 고도화 및 문화의 발전에 따른 기업 내의 분업화 그리고 인간 생활의 기계화에 대하여 새로운 경영에 돌아온 인간성의 연구가 추진되어야만 했다.

　제2차 세계대전 중의 군사작전 활동에서 발생한 OR은 메카니즘의 명확화라는 의미에서도 응용과학으로 작용하였다. 결국 작전상의 문제를 해결하기 위하여 모델化(圖式 모델 또는 數式 모델)에 따라 그 메카니즘을 명확히 하고, 전략·전술을 위한 의사결정 규칙(decision rule)을 탐구하는 것이 주제가 되어 생성되었다. 제2차 세계대전 후의 의사결정 방법이 산업계에 도입되어 개발된 것이 경영과학(management science)이다.

　IE는 그 대상으로 하는 경영이 복잡하고, 불확정 요인을 갖고 있다는 데서 OR의 방법론을 도입하고 경영 현상의 모델화(化)에 따라 유사한 현상을 발생시켜서 이를 해명하고 문제를 해결하지 않으면 안 되게 되었다. 그래서 과학적 접근법과 공학적 접근법에 따른 해결책이 IE이고 오늘날의 경영이다. 이러한 접근법에 따라 해결하려는 것은 경영계획·생산계획·수요예측·재무상의 문제·원가 문제·판매 문제·노무와 인사 문제·공정관리와 작업관리의 문제, 그리고 환경문제 등이다. 그리고 1955년경부터 구매 문제의 해결을 위하여 출현한 VA(value analysis)는 이러한 분파주의(sect主義)를 해소하는 것으로서 물류(物流)를 가치(價値)로 관찰하여 각종 관리 활동의 종합화를 시도(試圖)하였다. 한편, 1960년경부터 일(事)의 흐름(流)을 중심으로 하여 경영 문제에 접근하는 시스템 방식도 사상적(思想的)으로는 VA와 같이 분파주의를 해결하려고 하는 것이다. SA(system analysis)는 경영에서 계획·실행·통제라는 기능을 전체성·상호관련성·목적 적합성이라는 관점에서 분석하려는 것이며, 시스템연구에 따라 새로운 시스템을 설계하는 데 도움을 주는 것이다.

---

[70] James O. McKinsey, "Budgetary Control," (Joutnsl of Plitical Economy, 1922), P. 474.

네이들러(Nadler, G.)가 1963년에 발표한 작업계획(Work Design)에 의하면, 종래의 IE 접근법은 귀납적인 접근법이었지만, 연역적인 디자인 접근법이 시스템설계에 중요한 방법이며, IE 관련자들은 이러한 방법을 도입해야 한다고 하였다.71)

③ IE와 관리회계의 접합(接合)

관리회계란, 회계담당자가 제공하는 경영관리자에 대한 모든 회계 서비스를 의미하는 것이다. 이 경우에 경영관리는 계획의 설정과 집행으로부터 이루어지며, 관리회계에서는 예측제도가 가장 중요하고, 예측이나 한계원가 또는 표준원가가 거론된다.

관리회계를 이처럼 해석하여 IE의 발전과 더불어 다음과 같은 접합이 가능하게 된다. 이 모두가 경영에 이바지하고, 미래에 대한 문제의 해결 방법을 제공하게 되는 것은 분명하다. 여기에 공통적인 문제가 존재하며, 관리회계가 금전적인 면에서 기업경영에 이바지하는 데 대하여, IE는 사람·기계·자재(資材)와 금전적인 면에서 기업경영에 이바지하는 것이다. 여기에 관리회계제도에서 나오는 예산(豫算)과 IE 적(的) 접근으로 실용적인 면에서 필요한 자본투자에 차이가 발생할 수 있으나, 양자에 대하여 제3차원적 고찰(價値物量時間) 때문에 양자를 접합시켜야 한다. 관리회계 내에 과학적 접근·엔지니어링 어프로치가 이루어지고 IE 내(內)에 관리회계로부터 나온 자료에 기초한 경제성 밸런스를 검토하는데 기업경영에 대한 기여가 증가할 것이다.72)

(3) 행동과학과 관리회계

① 행동과학의 생성과 발달

행동과학(behavioral science)이란 『인간 행동에 관하여 과학적인 기법을 활용하여 일반법칙을 발견하고 행동을 예측·설명하는 과학』이라고 일컬어지는 새로운 영역의 학문이다. 이를테면, 인간 행동에 관한 과학이며, 동시에 관념론이 아니라 논리실증주의 관점에서 다루어진다. 거기에는 우선 심리학·사회학·정치학·경제학·경영학·문화인류학이라는 인간 행동에 관한 다양한 학문이 포함되며, 기성(既成)의 단일 학문영역 내에서의 연구가 아니라, 다양한 전문영역에서 다면적·종합적 접근이 이루어지게 되며 소위 학제적 접근(interdeciplinary approach)이 요청되는 한편, 추상적인 논리 전개가 아니라, 과학적 입증·분석이 가능한 것이다.

---

71) 神戸大學會計學研究室 編, 前揭書, PP. 1,007~1,009, Passim.
72) 上揭書, P. 1,009, Passim.

이러한 행동과학적 접근은 현재 경영학·회계학에 한정되지 않고, 각종 학문영역에서 점차 이루어지고 있으나, 기업경영에 한정해서 보면, 2가지 흐름이 있음을 감지할 수 있다. 하나는 의사 결정론적 행동과학이며 또 다른 하나는 인간관계론적 행동과학이라고 할 수 있다. 전자는 20세기 초에 대두하여 미국에서 상당히 발달하였다. 행동주의심리학의 내용을 흡수하여 제2차 세계대전 후, 각 기업의 의사결정 문제를 중요시하여 형성된 것이다. 후자는 인간관계론의 연장선상에서 이루어졌다.

의사 결정론적 행동과학의 경우는 행동주의 심리학적 관점에서 인간의 의식을 대상으로 하지 않고 실증적으로 관찰할 수 있는 행동을 자극·반응하는 과정을 통하여 접근하려는 것을 의미한다. 그 후 이것은 욕구·관습·동인(動因 drive)이라는 개념을 도입하여 발전했으나, 그것이 기업경영 문제에 작용하게 된 것은 조직론 분야이다. 근대조직론 형성이 그것이다. 근대조직론은 바너드(Barnard, C.L.)와 사이먼(Simon, H.A.)의 조직론에 따라 시작되었다.[73] 전자의 경우는 협동체의 인간 행동을 자극과 반응에 의한 선택 행동으로 설명하려고 한 것이며, 후자의 경우는 이를 계승하여 조직의 의사결정 문제를 같은 견지(見地)에서 정리한 것이다.[74] 이는 이때까지 전개되어 온 비공식 조직중심의 인간관계론에도 비판적 관점에서 새로이 접근하여 논리의 전개가 갖추어졌다.

전통적인 조직론에서는 기업경영의 목적이 이윤극대화이며, 그것을 효율적으로 달성하기 위하여 경영자의 경험이나 경영실천에서 권한과 책임의 매카니즘인 경영조직의 원칙을 도출해 왔다. 거기에서 목적달성을 위하여 경영조직의 원칙에 따라 운영되어야 한다는 규범론이 우선시되고 경영자의 경험에 의한 조직 운영 방법이라는 기술론이 선행하여 조직의 본질이나 성격에 대한 과학적 분석이 이루어지지 않았다. 그리고 인간관계론에서도 그것이 생성되기 이전 단계에서는 임금 등의 경제적 자극이 인간의 능률을 향상하게 시킨다고 보았는데 반하여, 인간관계론에서는 그것을 부정하고, 인간은 반드시 경제적 유인(誘因) 때문에 움직이는 것이 아니라, 인간이 가진 비합리적 정감의 논리에 따라 노력한다는 것을 강조하였다. 이를테면 능률이나 비용의 논리보다도 정감(情感)의 논리를 강하게 내세워서 비공식적인 조직의 존재를 강조하였다.

근대 경영조직론에서는 인간 행동에 대한 학제적 접근이 이루어져야 함은 물론, 경영자는 반드시 이익 극대화만을 지향하여 의사결정을 하는 것이 아니라, 다양한 목적

---

73) Barnard, C. I. "The Functions of The Executive," 1938. <田杉競 監訳, 『經營者의 役割』(ダイヤモンド社, 1968) & Simon, H. A., "Administrative Behavior," 1954, <松田武彦·高柳曉·二村敏子 訳, 『経営行動』(ダイヤモンド社, 1965).
74) 長浜穆良 稿, 「財務管理行動科学」(丹波康太郎 編, 『財務管理概論』有斐閣, 1968), PP. 275~276.

에서 행동한다는 것, 그리고 경영자는 자기의 요구수준에 따라 만족 수준에서 의사결정을 하는 것이었기 때문에, 규범적으로 기업 목적을 이윤극대화로 하지 말고 사실의 관찰이나 분석으로 일정한 가설(假說)을 세워서 시뮬레이션으로 검증함으로써, 이론화하는 태도가 필요하다는 것이다.

따라서 근대의 경영조직론은 전통적인 조직론이나 인간관계론에 대한 비판에서 새로운 행동주의심리학의 성과를 도입하여 새로운 경지를 개척했다고 할 수 있으나, 그것이 더욱 발전하여 현재는 의사결정 기능의 중요성, 변화에 대한 적응 중시와 더불어 인간 행동뿐만 아니라, 기계나 자본 및 그 외의 어떤 경우에도 기업 전체를 하나의 시스템으로 보아 이를 구성하는 요소를 대상으로 하여 정보의 전달·처리를 함으로써, 의사결정에 이바지한다는 목적을 지닌 시스템 행동을 연구하는 것이 행동과학이라는 것이다. 이것은 독특한 행동과학의 발전 형태로 간주(看做)해도 무방하다. 그래서 행동과학은 시스템접근 내지는 industrial dynamics 기법이나 정보이론, 제어공학(制御工學), 전자계산기 등을 용구(用具)로 이용함으로써, 종합적인 정밀과학의 성격을 갖게 되었다. 바너드와 사이먼이 근대조직론에서 발전하여 싸이아트(Cyert, R.M.)와 마아치(March, J.G.)의 『기업행동 이론』[75]에서부터 보니니(Bonini, C.P.)의 『기업의 정보 시뮬레이션과 의사결정시스템』[76]이나, 마테시치(Mattessich, R.)의 『회계와 분석 방법』[77] 등에 이르기까지 고도의 이론 전개가 이루어진 것은 괄목할만하다.

또 다른 하나의 흐름은 인간관계론적 행동과학인바, 이것은 이때까지의 기업이 과학적 관리법 아래의 능률론이나 비용론을 지키고 인간의 정감(情感)을 무시해온 것에 대하여 종업원이 지닌 경제적으로 불합리한 정감의 논리가 인간관계를 통하여 작용하고 있음을 강조한 인간관계론의 연장선상에서 행동과학적 접근임을 인식할 필요가 있다. 그 특색은 기업의 비공식적인 조직이나 개인의 동기부여 또는 리더십 문제에 대하여 행동과학적 방법을 이용하는 것이다. 이러한 행동과학의 발전과정에서 관리회계의 영역에 이를 도입·적용한다고 하면, 의사 결정론적 행동과학에서 찾아야 할 것이다.

② 행동과학적 접근법의 관리회계에 도입·적용

행동과학적 접근법을 관리회계의 영역에 도입·적용할 수 있는 것은 어떠한 분야인가를 관찰해볼 필요가 있다. 현재 각 영역의 도입이 시도되고 있으므로, 지금까지 주요문헌에서 언급된 바를 게시하면, 다음과 같은 영역이다. 첫째로, 계획과 예산의 편

---

75) (Cyert, R.M., and March, J.G. "Behavioral Theory of the Firm," 1963.
76) Bonini, C.P., "Simulation of Information and Decision Systems in the Firm," 1963.
77) Mattessich, R., "Accounting and Analytical Methods," 1964. & Mattessich and othes, "Simulation of the Firm rheoufh a Budget Computer Programm," 1964.

성 및 통제이고, 둘째, 이익관리, 셋째, 원가관리, 넷째 자본예산 또는 투자 결정, 다섯째 신제품 개발계획 등이다.

의사결정 영역에 관련된 사항은 모두 도입 가능한 영역이다. 지금까지 언급되어온 것 중의 하나는 계획영역이다. 그것은 시뮬레이션에 의한 기업 전체의 계획수립과 모티베이션 예산 등에서 볼 수 있다. 더욱이 계획을 입안하는 데 우선 필요한 것은 독창적인 대체안(代替案)을 제안하는 것이다. 계획 또는 예산편성에서 수립된 예산이 소위 모티베이션 예산(motivational budget)이다.[78]

그리고 전체적 계획이나 종합계획의 입안에는 모티베이션 모형을 만들어, 그에 따라 책정하는 것이 효과적이다. 시뮬레이션은 행동과학의 고유한 방법은 아니지만, 행동과학적 접근에 유용한 방법임은 분명하다. 기업은 다양한 이해관계자에 의한 복잡한 관계의 연결조직으로 볼 수 있으나, 종래의 계획수립 방법은 부분적인 기능 중심인 경우가 대부분이고, 종합계획이 수립된다고 해도 정확하게 할 수 없는 이익 극대화의 단일목적을 지향하여 불완전한 정보를 대충 잡아 수립하는 경우가 적지 않았다. 그래서 이해관계자의 분석도 거의 이루어지지 않았다. 그러나 기업 중심으로 존재하는 여러 요인의 상호작용이나 상호의존 관계는 단순하지 않고, 기업으로서는 될 수 있는 한, 이들 요인의 동향도 세밀하게 고려하여 종합적·포괄적 계획을 수립해야 한다. 그 때문에 이용되는 것이 시뮬레이션에 의한 방법이다. 여기서는 기업행동이 현실에 근접한 형태로 모형화(model)하고, 각종 요인을 다양하게 작동시켜서 결과를 예상하여 선택하도록 계획한다. 이 경우에 취합되는 정보는 종래의 회계학에서 문제화된 화폐가치뿐만 아니라, 물량회계(物量會計)로서 최근 회자(膾炙)되고 있는 화폐 이외의 수치에 대한 정보는 물론, 개인의 정감이나 반응까지도 정보로서 수용하게 된다.

이익관리나 원가관리의 영역에서도 행동과학적 접근을 도입할 여지는 있다. 인간관계론적·행동과학적 사고를 도입하고 목표관리와 DZ 운동을 통하여 목표이익의 달성이나 원가절감을 할 수 있음은 물론, 목표이익의 설정에도 큰 효과를 기대할 수 있다. 그리고 사업부제(事業部制)를 채택하고 있는 기업의 업적측정에도 유용하며, 아주 광범하게 적용할 수 있다.

자본예산 또는 투자 결정 영역에서도 행동과학적 접근을 고려할 여지는 많다. 투자가의 행동 분석과 투자 대체안 접근과정의 규명, 불확실성을 회피할 행동, 투자목적의 복잡화, 등을 보더라도 상당한 수에 이른다. 이것들에 대하여 어디까지 취급할 수 있는지는 실행해 보아야 하지만, 일부 시뮬레이션 응용을 시도할 수 있으므로, 어려운 것만은 아니다. 오히려 새로운 시각(視角)에서 검토해야 할 문제가 제기되어 있다고 보아야 할 것이다.

---

[78] 占部都美 編著, 『企業行動科学』(鹿島出版会, 1968), P. 182, Passim.

그 외에 신제품 개발계획으로는 하스(Haas, R.M.)의 모델이 있다.79) 그리고 행동 과학론자가 그 유용성을 강조하는 때도 있다. 이는 새로운 영역이기 때문에, 성급하게 그 효과를 기대하는 것은 무리(無理)이지만, 그 효과에 대한 타당성을 증명해 보일 수는 있다. 종래의 학설과 대비(對比)해 보면, 몇 가지 논점이 양성(釀成)되고 있지만, 그것은 금후의 과제라고 할 수 있을 것이다.80)

첨단기술을 중심으로 하는 국제적 산업 기술개발 경쟁이 치열해지는 시대적 상황에서 천연자원이 부족한 우리나라가 스스로 21세기를 개척해 나가기 위해서는 자주적인 과학기술을 개발하고 창조적이고 혁신적인 기술개발에 전력투구해야 하는 것이 중요한 사실임은 자타가 공인하는 바이다. 특히 과학기술의 혁신을 위한 연구개발의 국제적 전개는 경제사회의 글로벌화와 더불어 지구촌 기업경영 문제로 드러나온 것은 부인할 수 없는 분명한 사실이다.

따라서 경제 국제화 시대의 범세계적인 기업의 경영환경은 살아남기 위한 극심한 국제경쟁에 노출되어 있으며, 일취월장 발전하는 기술개발과 제품 제조공정의 혁신으로 경영 관리상의 경쟁력을 갖추지 않고서는 국제화 시대의 생존경쟁에서 살아남을 수 없는 현실에 봉착해 있다. 특히 국제화된 기업을 중심으로 극심한 경영환경에 대한 대응 방안을 모색하기 위하여 미국의 관리회계인협회(IMA : The Institute of Management Accountants)는 1980년대 후반 이후부터 「경쟁력 강화 프로그램」으로 일컬어지는 활동을 통하여 미국 제조기업의 경영관리 실태를 파악하고 이들 기업이 변화하는 제조기술에서 어떻게 진화할 수 있는지를 제시하는 관리회계 개선목적의 프로그램을 시행하였다. 그들은 더 탁월한 지식을 터득하기 위하여 독창적인 응용연구를 통해 새로운 문제에 대한 실무적 해결방안을 제시하려고 하였다. 그 결과는 새로운 기술에의 대응과 새로운 원가관리 등의 형태로 보고서가 발행되었음은 물론, IMA에서 관리회계지(誌)를 통해 소개되고 있다.

경제 국제화 시대의 제조업 경쟁력 강화를 위한 원가관리의 개선은 국제경쟁력을 강화하는 최선책이 되었다. 새로운 경영환경에서의 제조업 원가관리 개선책은 기업의 사활을 건 온갖 노력으로 이루어진 것이었다. 이미 공장자동화(FM : faxctory manufacturing)가 이루어진 현실 상황에서 현장실무에 대한 지식을 종합하고 종업원 각자가 소유하고 있는 실무경험이나 기발한 발상의 아이디어 등을 활용하여 원가관리의 기법을 개발하는 데 온갖 노력을 기울이고 있다.

기업경쟁력이 치열한 21세기의 기업사회에서는 새로운 경영관리의 용어인 JIT(적시생산방식)·TQM(totsl qualty msnsgement)·VA(value analysis)·VE(value engineering)·

---

79) Haas, R. M., "Long Range New Prduct Planning in Business - A Conceptual Model," (1965).
80) 神戶大學會計學硏究室 編, 前揭書, PP. 1,079~1,081, Passim.

CIM(computer integrated manufacturing)·CMC(cost model costing)·CAM(computer aided manufacturing international)·AMT(advanced manufacturing technology)·Robotics 등의 신조어가 보편적으로 사용하기에 이르렀으며, 이들 기법이나 기술이 국제경쟁력을 발휘하는 데 필수적으로 작용하고 있는 것도 경영환경의 변화된 모습의 하나이다.

기업의 글로벌화가 이루어짐에 따라 고객 수요(needs)의 다양화는 물론, 제품의 수명주기가 단축되었으며, 소품종 대량생산 방식에서 다품종소량생산체제로 전환되는 것은 오늘날 기업경영에 있어서 필연적인 현실 상황이 되었다. 그뿐만 아니라, 그 외의 경영환경이 변화하고 기업의 당면과제를 해결하기 위하여 생산방식과 원가관리 제도의 혁신을 기하는 것이 경영자의 사명으로 인식되기에 이르렀다. 그러므로 전통적으로 이어져 온 원가·관리회계시스템은 실무를 중심으로 하는 환경변화에 대응하기 위하여 유용한 원가·관리회계시스템으로의 전환이 필요하게 되었다. 따라서 선진국 우량기업의 원가·관리회계 사례를 수용하여 기업 성장의 기반을 마련하고 있음을 보게 된다.[81]

한국경제의 급속한 성장은 기업경영의 급속한 환경변화를 촉발했고 경영관리의 인력 수요가 증대되었음은 물론, 그에 수반하는 경영교육의 중요성이 부각되었는바, 그 중에서도 회계 실무교육이 중요시되고 있다는 점이다. 공인회계사(CPA) 및 관리회계사(CMA)의 사회적 인지도가 점증된 것도 한국의 회계학교육에 지대한 영향을 주었다. 따라서 전국의 대학에는 경영학과와 회계학과가 거의 설치되어 있는 상황이고, 회계학에 대한 교육이 실질적으로 강화되었다.

그리고 중요한 것은 경제성장에 따른 소득수준 및 생활 수준의 향상으로 일반 국민의 사고방식이나 가치관 및 생활양식이 상당한 수준까지 서양화되었다는 사실이다. 동양 문화권에 속하는 우리나라는 국민적 가치관이나 생활양식이 유교 및 불교문화가 자리 잡고 있으나, 교육 수준의 향상과 더불어 국제적인 문화교류가 빈번해지면서 전통적인 문화환경에 변화의 바람을 일으켰다. 이는 동양적인 문화환경이 점진적으로 서구적인 문화환경으로 변형되어가고 있음을 의미한다.

이와 같은 맥락에서 관찰할 때, 1970년대부터 1980년대와 1990년대에 걸쳐서 사회경제적인 환경뿐만 아니라, 교육 문화적인 환경변화는 한국의 회계환경에 변화를 가져오게 하였고, 글로벌화의 물결 위에서 한국 회계학 본래의 모습에 상전벽해의 지대한 변화를 요청하는 환경적 요인으로 작용하게 되었다는 사실을 확인하게 되는 것이다.

3) 전통적 원가·관리회계제도의 변혁

전통적인 원가계산 시스템은 재무제표를 작성하는데 필요한 정보인 제품 원가 자료

---
81) 신홍철, 『관리회계의 혁신』(서울, 경문사, 1993), P. 20~22.

의 제공을 기본구조로 이루어져 있다. 이렇듯 전통적 원가계산은 외부보고회계를 중심으로 하는 것이기 때문에, 전통적인 원가계산이 제시하는 원가 정보는 전략적인 경영 의사결정 목적에는 부합되지 않는다. 재무 보고목적의 원가계산이 제공하는 원가 정보는 일반적으로 재고자산의 평가나 매출액과 매출총이익의 산정에는 유용한 시스템이지만, 경영자가 목적달성을 위한 개별제품의 원가배부는 관습적인 원칙에 의해 이루어지기 때문에, 개별제품에 따라 비소(費消)된 자원을 추정하는 데는 부정확하다는 평가를 받았다. 이러한 원가 정보는 가격경쟁과 수익성 측정, 제품라인의 폐쇄 등과 관련된 경영의사결정을 왜곡되게 할 가능성이 크다. 따라서 전통적인 관리회계는 경영의사결정을 위한 합목적적이고 시의적절한 정보를 제공하는 기능이 상실되었음을 인식하게 되었다.

그뿐만 아니라, 전통적인 원가·관리회계는 단기이익을 지나치게 강조하기 때문에, 장기적인 관점에서 조직의 목표 달성에는 맞지 않은 역기능적 의사결정을 유발하는 경우가 허다하다. 예컨대 전부원가계산의 경우에는 대량생산으로 재고자산이 많아지게 되면, 고정제조원가 일부가 재고자산으로 흡수되는 결과를 가져와서 결국에는 매출원가가 적게 나타나게 되기 때문에, 보고되는 이익은 커질 수밖에 없다. 따라서 기업에서 재고자산을 과잉 표시한다는 것은 경영 전략적인 목표를 달성하기 위하여 해로운 결과를 가져오게 하는 것이다. 적시생산방식(JIT)에서 볼 때, 이상과 같은 결점은 분명 검토의 대상이 되는 것이다.

이러한 상황에 대응하기 위하여 기업은 생존을 위한 경영전략을 구사하여 환경변화에 대응하지 않으면 안 될 것이다. 그 목적으로 공장의 제조과정에서 대응하려고 한 것이 공장자동화 즉, FA(factory automation)이다. 그리고 기업은 컴퓨터 통합 FA로써 생산·판매·기술과 연관시킨 CIM(computer integrated manufacturing)을 구축하여 CIM의 개선에 진력하게 되었다. 기업전체를 둘러싼 공장자동화는 기업경영에 많은 영향을 끼쳤으며 모든 기업은 FA·CIM에 대응한 새로운 대응 방식을 모색하기에 이르렀다.

그러므로 전통적인 원가·관리회계는 내부이용자들의 기대와는 다른 차원에서 기능해 왔다고 볼 수밖에 없다. 따라서 새로운 시대의 원가·관리회계가 어떠한 행태의 것으로 발전했는가에 대한 접근이 이루어졌다.

(1) 새로운 원가관리 기법

경제개발계획을 실행한 이후 우리나라의 회계학자와 기업경영자들은 미국 관리회계의 개념과 기법(技法)의 도입을 위해 상당한 노력을 기울였다. 그런데 한국 정부수립 이후 1960년대 후반까지는 경영관리기법을 스스로 고안하여 기업경영에 활용하려고 시도한 흔적을 찾아볼 수가 없다. 제품 원가의 인하나 품질향상 때문에 다른 기업과의 경쟁에서 승기를 잡고 위기를 극복하기 위하여 기업 내부의 원가관리 시스템을 창안하려고 시도한 것은 1970년대 이후부터라고 할 수 있다. 오늘날에는 다수의 기업실무자가 새로운 기업환경에 적응하기 위하여 새로운 관리회계의 개념과 기술을 창안하는 것이 필요하다는 것이 필수적인 과제로 인식하게 되었다.

사실상 몇 가지 관리 회계상의 개념과 기술은 1970년대 이후 우리나라의 주요 기업에서 고안되고 개선되어왔다. 새로운 기업환경과의 관계에서 ABC(활동기준원가계산)가 일본형 원가기획과 관리공학적 기법 및 CIM(컴퓨터 통합생산방식)에 대한 접근을 시도하기에 이르렀다.

(2) ABC(활동기준원가계산)의 등장

활동기준원가계산(ABC)이란 기업활동(자원을 소비하고 고객에게 가치를 제공하는 활동)을 원가대상으로 삼아 그 활동 원가를 계산하고 이를 기초로 하여 다른 원가대상의 원가를 계산하는 것을 기본으로 하는 원가계산 시스템을 일컫는다.[82] 오늘날 기업은 공장자동화가 이루어짐에 따라 제조직접비의 비중이 감소하는 한편, 생산활동을 지원하는 제조간접비의 비중이 증가하게 되었으며, 정보기술의 발달과 더불어, 많은 양의 자료를 처리할 수 있는 능력이 갖춰졌다. 따라서 기업은 최소한의 자원을 소비하여 제품을 생산하며 그에 수반하여 발생하는 자원소비액은 제품의 원가에 실제로 반영되지만, 종래의 전통적인 원가회계에서는 제조간접비를 직접 노동시간, 기계 시간 등과 같은 조업도 기준에 따라 각 제품에 배부되기 때문에, 산출되는 원가를 잘못 보고하게 되는 것이다. 이러한 상황은 경영자들이 잘못된 경영의사결정을 하게 된다는 문제가 제기되었다. 제조간접비의 배부에 수반하여 산출된 제품의 원가는 생산되는 제품이 다양한 기업일수록 심각하게 왜곡된다는 것이다. 이는 생산되는 제품의 수량과 성격이 다르다는 것 때문에, 지원부서의 자원소비량에 차이를 가져오게 된다. 제조공정을 거쳐 생산되는 제품의 종류가 많아지게 되면, 거기에 드는 부서의 지원활동이 늘어나기 때문에, 전통적으로 수행되어 온 원가회계 제도에서는 왜곡된 원가 정보의 산출이 이루어질 수 있다. 이처럼 제조간접비가 많이 발생하고 다양한 제품의 제조공정을 갖춘 기업에서 ABC(activity based costing)를 구상하게 된 것은 당연한 절차였다고 해야 한다.

일반적으로 첨단기업이 경영자원을 활용한다는 것은 활동기준원가계산의 관점에서

---

[82] Horngren, C.T, and G. Foster, "Cost Accounting : A Managerial Emphasis." (Englewood Clffs, N. J. : Prentice Hall, 1991), Ch. 5. & Johnson H.T. and R. Kaplan, "Activity based Information : A Blueprint for World - Class Management Accounting," (Management Accounting, June, 1988), PP. 23~30.

보면, 원가를 발생시키는 것이 아니고 경영활동을 이행할 수 있는 능력을 제공한다는 측면에서 접근하게 된다. 그 기업의 경영자는 원가를 직접 통제하지 않고, 원가를 발생시키는 활동(activity)을 관리할 수 있는 관점에서 접근한다는 것이다. 그러므로 활동기준원가계산 제도는 원가를 발생할 수 있게 하는 활동에 접근하여 관리함으로써, 정확한 제품원가계산은 물론, 경영자원의 낭비 요소를 제거하고 정보의 적시성을 높일 수 있는 경영활동의 가치를 끌어낸다는 장점이 있다.83)

활동기준원가계산에서 관찰 대상이 되는 활동은 <그림 12-1>에서 보이는 바와 같이 ① 설비유지 활동 ② 제품 유지 활동 ③ 배치 관련 활동 ④ 단위 수준 활동 등의 네 가지 유형으로 구분된다.84)

<그림 12-1> 활동기준원가계산(ABC)시스템의 계층적 모형

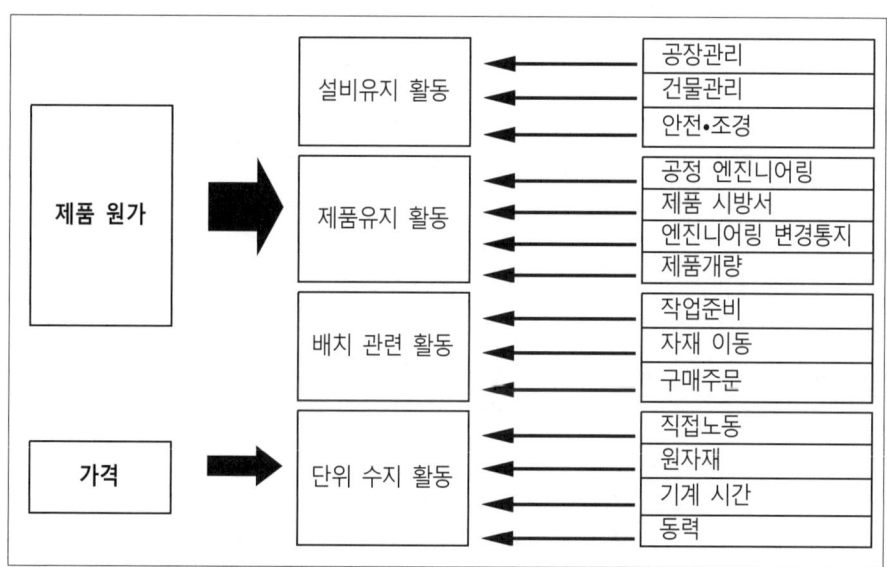

<자료 : 김순기·이건영, 『한국의 원가관리』(서울, 홍문사, 1995), p. 16.>(일부 수정 저자)

그러므로 활동기준원가계산 시스템을 활용하는 목적은 정확한 원가 정보를 산출하여 보고하려는데 있다. 이 시스템을 도입하기 위한 기반은 각 부문의 다양한 업무를 계층적 활동별로 규명하는 데 있다. 그 기반을 구성하는 것은 계층적 활동분석을 의미하며 계층별로 어떤 활동을 실천하고 있는가에 대한 접근이 이루어진다. 그 접근과정

---

83) 김순기·이건영, 『한국의 원가관리』(서울, 홍문사, 1995), PP. 14~15
84) 상게서, P. 15.

을 통하여 원가를 집계하게 되며 관련되는 경영활동을 촉발하는 원인을 파악함으로써, 그에 관련된 원가의 동인을 찾아 확인하게 된다. 그리고 거기에서 비롯되는 원가동인 단위당 원가를 계산한 다음에 이를 근거로 하여 원가대상에 활동 단위의 소비량만큼 원가를 배분함으로써, 원가계산은 완료되는 것이다.

따라서 활동기준원가계산 시스템에서의 계층적 모형을 활용하는 것은 필수적이다. 경영활동의 분석이야말로 기업을 경영하면서 활동 내용을 기록하고 경영활동 성과의 기준을 확정하기 위하여 그 기업에 관련된 경영활동을 규명하게 된다. 이는 그 기업의 이익과 제품의 품질 및 적시성 등의 경영성과를 개선하려는 관점에서 기업의 관리기능을 수행할 수 있는가에 대한 접근을 가능하게 하는 것이다. 기업의 경영활동을 분석한다는 것은 경영활동 시스템이 광범위하여서, 그것들을 관리하는 데 어려운 점이 있기는 하지만, 개별적인 구성 요소들은 용이하다는 점을 기본으로 하여 접근한다.

이 경우에 사용 가능한 방법은 경영조직의 각 직무 차드를 이용하게 되며 각 부문 관리자들과 더불어 면접 활동을 수행하기도 한다. 부문 관리자들과의 면접 활동을 통하여 수집된 원가 자료는 자가 분석 방법을 활용하여 확인할 수 있음은 물론, 다양한 보충적 자료로 활용할 수 있게 되는 것이다. 경영활동 분석의 목적은 그 기업의 경영활동이 이루어지는 과정을 파악하는 데 있다. 기업의 경영활동을 수행하는 과정에 분석의 초점을 맞추게 되면, 활동기준원가에 영향을 주는 요인에 대한 이해가 쉽게 이루어질 수 있다.[85]

경영활동이 이루어진 다음 단계는 이미 실시된 경영활동의 분석자료들을 활용하여 각각의 경영활동에 대한 원가를 집계하는 과정이다. 경영활동을 분석하는 과정에서 확인된 각 활동이 어느 정도 경영자원을 소비하였는지 확인하면서 경영활동별로 원가집계를 하게 된다. 이 시점에서 어느 만큼의 원가를 정확하게 산출하는가에 따라 그와 유사한 경영활동들을 통합하여 활용할 수도 있다. 그리고 원가 자료로 이용할 수 있는 것들은 실제원가와 표준원가, 그리고 예산원가와 계획원가 및 공학적 원가 등의 다양한 형태가 있음을 고려하지 않으면 안 된다. 여기서 실제원가는 현재 이용할 수 있기는 하지만, 생산활동의 단기적인 변동에는 매우 민감한 문제가 발생할 수 있다. 그뿐만 아니라, 표준원가와 예산원가 그리고 기획원과의 경우도 실질적인 경영활동을 반영해 주지 못하고 주관적인 관점에서 원가계산 목적에 필요한 지침을 제공할 수 있는 정도에 불과하다. 원가 형태를 선정하는 관점에서는 역사적 원가와 상호 일치해야 한다는 것을 강조하고 있음을 고려해야 한다. 그것은 실제원가와 그 외의 특수원가를 비교할 수 있는 기준이 필요하다는 점에서 중요하다고 보기 때문이다.[86]

---

85) 김순기·이건영, 전게서, PP. 19~20.
86) Brimson, J. A., "Activity Accounting : An Activity-Based Costing Approach," (John Willey & Sons, Inc., 1991), PP. 123~125.

활동기준원가계산 시스템에서는 제조 활동을 유발하는 요인을 일컬어 원가동인(原價動因)이라고 하는데, 이것은 기업의 생산과정에서 특정 자원을 소비한 제품에 대하여 제조활동원 가를 추적할 때 활용하는 용어이다. 활동기준원가 시스템이 다양한 원가동인을 활용하기 때문에, 전통적인 조업도 기준원가 시스템보다는 정확한 원가 정보를 제공할 수 있다고 한다. 그렇지만 다양한 경영활동이 이루어지고 있는 기업 내에서 서로 다른 원가동인을 활용한다는 것은 비경제적이기 때문에, 다양한 경영활동들을 통합함으로써, 단일 원가동인을 활용하여 경영활동의 원가를 파악하는 방법을 모색할 필요가 있다. 활동기준원가계산에서 최소한의 원가동인을 활용함으로써, 정확한 제품 원가 정보를 확보하지 않으면 안 된다. 그러므로 적절한 원가동인을 확보하기 위해서는 다음과 같은 요소가 필요하게 된다. 즉, 측정 비용과 실제의 활동 소비와의 상관관계 및 조직구성원 행위의 영향 등의 세 가지이다.[87]

그런데 활동기준원가계산 시스템을 도입하면서 전통적인 원가계산 방법과의 차이를 고려하여 신중한 결정을 해야 할 것이다. <그림 12-2>에서 보이는 바와 같이 전통적인 원가계산 체제는 제1단계에서 간접비를 각 원가중심점에 배부하게 된다.

<그림 12-2> 전통적인 원가계산 체제와 ABC 시스템의 차이 비교

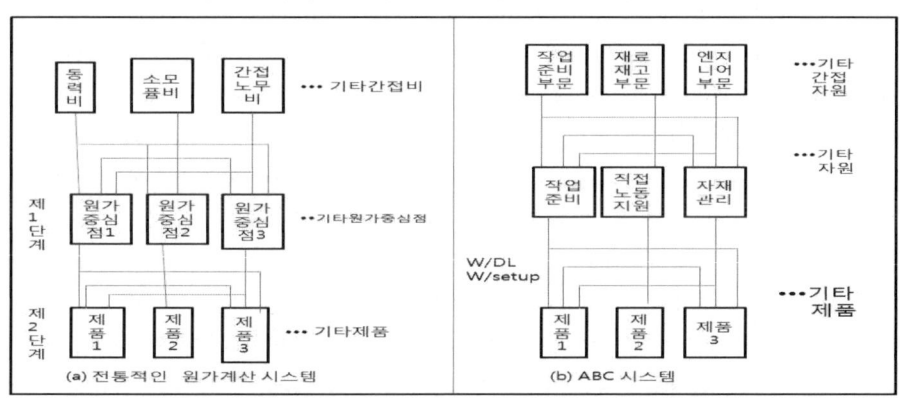

<자료 : 김순기·이건영, 『한국의 원가관리』(서울, 홍문사, 1995), P. 30>

이 경우에 비교적 정확한 원가가 주어지지만, 각 원가의 중심점에 집합된 간접비는 제2단계에서 직접 노무비, 직접 작업시간 등의 배부기준에 따라 각 제품에 배부하게 된다. 그러나 <그림 12-2>의 활동기준원가계산 시스템에 의하면, 제1단계에서 각 자원

---

87) 김순기·이건영, 前揭書, PP. 22~23.

을 이용한 활동에 배부하고 제2단계에서 활동별로 배부한 원가가 제품에서 필요한 활동량에 비례하여 각 제품에 부과된다는 것이다.

　이러한 각각의 과정을 통하여 전통적인 원가계산 체제와 활동기준원가계산 시스템의 차이점을 발견할 수 있는바, 원가계산의 입장에서 살펴보면, 몇 가지 차이점이 있음을 찾아볼 수 있다. 우선 첫째로, 전통적인 원가계산 체제에서는 사용되는 원가 집합체(cost pool)의 수가 적은 데 비하여 ABC 시스템의 경우는 원가 집합체의 수가 많다는 것이다. 그러므로 단위원가 집합체의 성격은 전통적 원가계산 체제에서는 이질적임과 비교해 활동기준원가계산 시스템의 경우는 동질적이라는데 차이가 있다. 둘째로는 전통적인 원가계산 체제에서는 간접비 배부가 직접 노동시간, 기계 시간 등과 같은 기준에 따라 이루어진 데 비하여 활동기준원가계산 시스템의 경우는 작업준비와 직접 노동시간 및 자재관리 등과 같은 기업 내의 다양한 활동을 유발한 근본 원인을 대상으로 한다는 점이 다르다는 것이다. 이것을 일컬어 원가동인이라고 한다. 셋째로는 전통적인 원가계산 체제이든 활동기준원가계산 시스템이든 간에 각 부문의 총원가는 같다는 점에 있다. 그렇지만, 전통적인 원가계산 체제에서의 원가는 각 경영조직 단위의 원가 항목별로 합계금액이 집계되고 통제되는 데 비하여 활동기준원가계산 시스템의 원가는 경영조직의 활동에 따라 결정된다는 점이 다르다는 것을 인식할 필요가 있다.[88]

　따라서 활동기준원가계산 시스템을 채택했을 때 제공되는 정보에 의해 얻을 수 있는 효익(benefit)은 크게 두 가지로 나누어 볼 수 있다. 하나는 경영의사결정을 개선할 수 있다는 점이고, 다른 또 하나는 관련된 원가 결정이 쉽다는 것이다. 전자의 경우는 활동기준원가계산 시스템을 실행했던 경영자들이 활동기준원가계산에서 보고된 원가야말로 의사결정을 잘못되게 하지 않을 것이라고 보게 된다. 경쟁이 치열할수록 잘못된 제품가격의 결정과 제품믹스 결정, 비효율적인 제조설비의 사용 그리고 제품디자인의 오류가 발생할 가능성은 커지게 된다. 그러므로 정확한 제품 원가의 정보는 극심한 경쟁에 직면하고 있는 기업에서는 중요하게 작용하게 된다는 것이다.

　후자의 경우를 보면, 기업의 원가계산 시스템을 통하여 제공된 제품의 원가 자료는 원가 조절을 거쳐서 경영의사결정에 적합한 경영정보로 활용된다는 것이다. 그렇지만 원가를 조정에는 큰 비용이 필요하다는 점을 고려해야 한다. 경영의사결정을 위하여 필요한 원가 조정은 정확하지 않은 원가 정보를 제동하게 되면, 발생 가능한 위험도에 따라, 그리고 제품 원가의 정확성과 수정가능성에 따라 달라진다는 것에 유의해야 한다. 활동기준원가계산 시스템은 전통적인 원가계산과는 다르게 보고된 제품 원가의 정확성을 증가시킴은 물론, 그 외의 다양한 원가 정보를 제공하기 때문에, 특별히 학습할 필요성은 희박한 것으로 보게 된다.

---

[88] 김순기・이건영, 전게서, PP. 29~30, Passim.

활동기준원가계산 시스템을 시행할 때 경영자는 수익성의 변화에 거의 관심을 두지 않은 것으로 나타났다. 반면에 작업준비나 정전 등의 작업중단에서 나타나는 기계 시간과 노동시간의 소비에 관심이 쏠리게 되므로 제조 활동의 효율성을 개선하는 데 유리하게 작용한다는 것이다.

그뿐만 아니라, 활동기준원가계산 시스템의 부수적인 효익으로는 지속해서 경영활동을 개선할 수 있고, 경영성과의 평가 방법을 개선할 수 있음은 물론, 경영조직의 구조를 변화시키고 경영전략의 지원 효과를 거둘 수 있다는 점에 주목할 필요가 있다.[89]

우리나라에서는 ABC(활동기준원가계산)의 개념을 본격적으로 도입하여 실시하고 있는 경우는 얼마 되지 않는다. 그중에서도 이 개념을 도입하여 실시하고 있는 대표적인 기업으로는 KT(한국통신)를 들 수 있다. 이 기업은 기존의 원가 배분 방식에 대하여 면밀하게 검토하고 주요 제조 활동에 필요한 비용을 산정한 다음 각 활동에 요구되는 원가동인(原價動因)을 파악해 냄으로써, 전략적인 원가분석의 틀을 갖출 수 있었다고 한다. 특히 KT의 경우는 기업의 경쟁우위를 확보하기 위하여 전략적으로 관심을 두어야 할 원가동인이나 수익 동인 등의 활동 영역을 파악하는데 유용한 원가 정보를 얻을 수 있었다는 점이 특이하다.[90]

(3) 일본형 원가 관리기법(원가 기획)의 모방

① 일본형 원가 기획의 생성과정

자동제어장치(process automation)의 발달로 인하여 일관제철소(一貫製鐵所), 대형 석유 화학공장 등의 장치산업이 급속한 발전을 이루었다. 이 시대는 「신제품의 시대」라든가, 「충족의 시대」라고도 일컬어지며, 수요가 왕성하였으므로, 표준적 제품의 대량생산(mass production)이 일본기업의 주요 생산 형태를 점유하고 있었다.

소품종 대량생산형의 생산에서는 생산과정의 기획·설계는 원가 관리상 그만큼 중요성을 갖지 않는다. 그 때문에, 원가관리의 초점은 생산과정에 대하여 생산능률의 관리에 효과적인 표준원가계산(standard costing)이 1960년대의 주요한 원가관리 수단으로써 이용되었다. 1960년대의 후반부터 1970년대에 이르기까지 일본의 소득수준은 크게 향상되었으며, 소비자의 의식 수준이 향상되고 다양화되었다. 그 결과, 시장에서는 상품이 넘쳐나서 「포화(飽和)의 시대」라고 일컬어졌으며, 가치관이나 수요(needs)의 다양화가 현저하게 나타났다. 이 무렵부터 일본의 내구소비재의 보급률은 선진국 중에

---

89) 김순기·이건영, 전게서, PP. 31~33, Passim.
90) 신홍철, 전게서, P. 135.

서도 톱 레벨에 달했으며, 상품의 남아도는 현상과 소비자 수요의 다양화가 눈에 띄기 시작했다. 기업은 이러한 수요의 다양화에 따르려고 특징 있는 다종다양한 상품을 개발·생산하지 않으면 안 되었다. 생산 면에서 저비용으로 이러한 사회의 수요에 응하려고 한 것이 1970년대부터 본격화한 전자기술의 응용에 의한 생산시스템의 개선이었다. 즉, 산업용 로봇이나 공작기계의 비약적인 발전에 따라 다품종소량생산이 효율적으로 이루어지는 기초가 형성되었다.[91] 이를 가능하게 한 것이 FA이다.

가치관의 다양화는 제품 수명주기(life_cycle)의 단축을 가져오게 하였다. 최근 제품 수명주기의 단축화는 현저하게 나타나고 있다. 제품수명주기가 단축되면, 제품개발과 기회, 및 설계 단계에서는 원가 관리상의 중요성이 당연히 높아지게 된다. 원가 기획의 실질적인 활동은 일본에서 1973년의 석유 위기 이전부터도 VE활동 등의 형태로 실천되고는 있었다. 그러나 오늘날과 같은 형태로 원가 기획이 이루어지게 된 것은 거의 석유 위기 이후부터라고 할 수 있다. 예컨대 원가 기획에서는 선구적 기업으로 잘 알려진 「다이하쓰 공업(株)」의 원가 기획이 1974년에 실시된 것이 최초의 일이다.[92]

FA 화(化), CIM(化)은 생산단계에서의 직접 공을 대폭 삭감시키고, 그 결과 가공조립형 산업의 원가관리 수단으로서의 표준원가계산의 중요성을 저하했다. 결과적으로 일본에서는 기획·설계 단계에서 어떻게 원가를 인하시킬 것인가가 중요한 과제였다. 기획·설계 단계에서 원가관리의 중요성은 『원가 결정에 즈음하여 기획 단계에서 거의 100%의 원가가 결정된다.』[93]는 이유로, 경쟁이 격화한 현대의 기업에서 사활(死活)을 건 중요성을 인식하게 되었다. 여기에 CIM 환경에서 기획·설계 단계의 효과적인 관리 수단으로서의 원가 기획의 중요성이 강조되기에 이른 배경을 발견할 수 있는 것이다.

이러한 시대적 상황 속에서 도요타자동차 회사를 비롯한 일본의 산업계는 다품종소량생산체제로 전환하기에 이르렀다. 생산 규모의 급속한 확장은 많은 종업원을 필요로 하였고, 품질보증체제의 정비강화가 필요하였다. 그 결과 품질보증체제의 강화를 도모할 목적으로 1964년에 TQC(total quality control)가 도입되었다. TQC란 『고객의 요구에 맞는 품질의 제품이나 서비스를 경제적으로 창조하기 위한 수단이 품질관리(QC)이며, 품질관리를 효과적으로 실시하기 위하여 시장 조사·연구개발·제품기획 판매·AS·재무·교육·인사 등, 기업활동 전반에 걸쳐 경영관리자를 포함한 전 종업원의 참여와 협력을 통하여 이루어지는 전사적 품질관리(company-wide quality control: total quality control)』[94]라고 일컬어지는 개념이다.

---

91) 長谷川幸男, 『多品種少量生産システム第2版』(東京, 日刊工業新聞社, 1984年6月)< P. 1.
92) 加登 豊, 「原価企画活動の新展開-ダイハツ工業(主)の事例」(『会計』第138巻第4号, 1990年10月), P. 50.
93) 山田義夫,, 「当社の原価計算原価管理」クラリオン(株), 『原価計算』、1983年10月, 第272号, P. 12.

일본의 대표적인 자동차 기업인 도요타(豊田) 자동차(株)는 편차 없는 품질을 확보하고 고객의 신뢰를 얻는다는 목표에 따라 품질 관리(QC)반 활동을 통하여 제품의 풀질 확보에 진력하였다. 그에 따라 제품계획에서 품질검사에 이르기까지 전 제조공정을 9단계로 나누어 보증의 질과 양 그리고 원가를 명확히 하는 「품질보증 규정」・「생산량 관리 규정」・「원가관리 규정」을 제정하였다. 그런데 관리자의 역부족과 부서 간의 비협조 등의 문제가 발생하여 1961년에 TQC를 도입하고 종업원의 가치관을 혁신시킴으로써, 원가절감 등의 목표를 향한 각 부서 간의 협력을 끌어낼 수 있었다. 결국 TQC의 도입으로 생산의 효율화를 도모함과 동시에, 원가 기획을 통한 원가관리 활동이 활발하게 이루어지게 되었다는 것이다.

② 원가 기획의 목적・특징

오일쇼크 이후 목표에 의한 관리 사상과 결부시켜서 일본의 자동차, 전기, 기계산업을 중심으로 급속히 보급된 사전 관리의 대표적인 원가관리 기법이다. 원가 기획은 가치관의 다양화, 제품수명주기의 줄임, 경쟁의 과격화라는 시대를 반영한 것이다. 기획・설계・생산・판매단계를 포함한 제품의 수명주기에 있어서 종합적인 원가 인하를 위한 기법이기도 하다.

원가 기획에 관한 일반적으로 인정된 정의는 아직 존재하지 않는다. 여기서는 원가 기획을 「제품의 기획・설계의 단계를 중심으로 판매, 기술, 생산, 개발, 회계 등, 기업 관련 부서의 총의(總意)를 결집하여 종합적인 원가 인하를 의도한 원가관리의 기법」95)이라고 정의하고 있음을 볼 수 있다.

원가 기획의 목적은 기업에 따라 다르다. 예를 하나 들어보면, ○○자 동차(株)가 1976년 8월에 원가 기획 추진 활동을 진행했을 때, 그 목적은 「현재의 표준원가를 공장의 자주적인 개선 노력으로 착실하게 인하한다」라고 되어 있었다면, 다른 XX 공업(株)의 경우는 원가 기획의 목표가 이익 체질을 성립시키기 위한 원가 전략에 중점을 공장에서 실현하여 자동화, 탄력화를 갖출 고능률의 공장을 실현하려는데 있었다. 이 회사에서는 다분 FA화에 관련하여 효율적인 공장을 실현하는데 원가 기획의 목표가 주어진 것으로 볼 수 있다. 더욱이 ○○자 동차(株)는 6인으로 원가 기획(당시는 EV 활동)을 시작했을 때부터 주요 목표는 변동비의 절감에 목표를 두고 있었다 이 회사에서는 현재 50인 정도의 원가기획부의 스텝을 두고 있으며 판매로 포함한 전사적인 변동비관리에 원가 기획의 주요 목적이 주어져 있다고 가정해 보면, 원가 기획의 목적은 기업에

---

94) 櫻井通晴, 『企業環境の変化と管理会計』 (東京, 同文舘, 1991), PP. 39~40.
95) 상게서, P. 59.

따라 나름대로 특성 있는 목적을 설정하게 되는 것이다. 따라서 원가 기획의 목적은 그 특징에 따라 한정적일 수밖에 없다. 그 특징은 다음의 5가지로 나누어 살펴볼 수 있을 것이다.

첫째로, 원가 기획은 생산과정의 표준원가계산과는 적용국면이 다르고 기획·설계의 단계에서 적용된다. 둘째로, 원가 기획은 원가통제의 수단이 아니라, 원가계획이나 (cost planning) 원가절감을 위한 관리기법이다. 셋째로 원가 기획은 반복적인 생산을 전제로 하는 생산 형태보다도 다품종소량생산을 전제로 한 생산 형태에 가장 적합하다. 따라서 일반적으로는 장치산업보다는 가공조립산업에 적합하다. 그러나 최근에는 장치산업에서도 다품종소량생산이 늘어나고 있으며 이런 산업에도 원가 기획의 중요성이 드러나고 있다. 넷째로, 원가 기획은 설계나 생산기술의 결정 컨트롤하는 관리기법이다. 그 때문에 회계적 접근이 아주 많이 후퇴하여 경영공학적인 성격이 농후하게 되었다. 거기에서는 일반적으로 VE, TQC, 및 일본적인 관리공학적인 기법이 병용되고 있다. 다섯째로, 원가 기획에서는 전사 부문을 코디네이터로 하여 판매와 기술(기획, 설계), 및 생산 협력이 불가결하게 되었다. 여기에 판매, 기술, 생산을 통합하는 CIM과 원가기획과의 접점이 있는 것이다.[96]

③ 원가기획(목표원가) 관리시스템

1960년대 이후 우리나라의 대학은 경영대학원을 개설하고 미국의 새로운 경영기법을 도입하려고 노력하였다. 그와 더불어 우리나라의 회계학자와 실무가들은 미국을 비롯한 선진 여러 나라의 관리회계개념과 기법을 학습하고 도입하려고 노력하였다. 그런데 1970년대에 이르기까지는 확실한 경영관리기법을 고안해내려는 노력이 거의 없었다. 특히, 제품 원가의 인하와 품질향상 때문에 다른 기업과의 경쟁에서 이겨내기 위한 원가관리 기법을 활용하기 시작한 것은 1980년대 이후부터였다. 그것은 일본기업에서 개발한 원가 기획을 모방한 원가관리 기법의 도입이었다.

원가 기획(target costing)의 도입을 촉구한 사회경제적 요인은 제품의 다양화와 제품 수명주기(life cycle)의 단축화에 있었다. 자동화된 다품종소량생산공장에서는 기획·설계 단계에서 원가관리의 중요성이 증대되었기 때문이다. 즉 원가 기획이 여기서 적용되는 것이다. 가공조립형 기업에서의, FA화(化)의 급속한 발전은 원가 기획의 보급을 촉진한 주요 원인이었다.

원가기획이란 생산·공학(工學)·연구개발·마케팅·회계 부문의 도움을 받아 제품 수명주기 전체에 걸친 모든 원가를 삭감하기 위한 원가관리 수단을 의미한다. 원가 기

---
96) 상게서, PP. 59~60, Passim.

획의 주목적은 제품 라이프 싸이클의 기획과 설계 단계 즉, 생산원점에서 원가를 절감하려는데 있다. 원가 기획은 일반적으로 다음과 같은 절차를 거친다. ⓐ 고객의 요구에 가장 잘 응하려는 고품질의 제품을 설계한다. ⓑ 제품의 목표 원가를 설정한 다음에 VE를 적용함으로써, 그 목표를 달성한다. ⓒ 표준원가계산을 이용하여 제조단계에서 목표원가를 확보한다.

첫 단계에서는 기업이 시장이나 고객으로부터 요구 또는 주문을 받으면, 제품기획의 단계에서 프로젝트가 명확히 정의된다. 시장성이 확인된다는 것이다. 즉, 시장 조사의 결과를 평가한 다음, 잠정적인 프로젝트가 작성된다는 것이다. 제2단계는 신제품을 위한 목표 원가의 수립이다. 이는 신제품의 기본계획을 설정하는 단계에서 비롯된다. 목표 원가 설정 방법은 단순하지 않지만, 이익계획과 공학적 계획에 따라 이루어진다. 목표 원가의 설정에 앞서서 허용원가가 계산된다. 허용원가는 제품 원가에 대하여 허용되는 최고의 원가이다.[97] 허용원가는 예정 매출액에서 목표이익을 차감하여 계산되는 것이다. 목표 원가를 설정하면서 추정원가(見積原價라고도 함)가 이용된다. 추정원가는 현재의 자료에 근거하여 설정되는 추정원가이다. 목표 원가는 추정원가를 개별적으로 일일이 대조하여 허용원가까지 인하하는 노력을 거듭한 후에 설정된다. 이렇게 하여 허용원가와 추정원가 간 차이를 감소시켜간다. 이 과정에서 VE가 이용된다. 허용원가는 최고경영자가 희망하는 원가이다. 따라서 허용원가는 엄격하게 다루어진다. 한편 추정원가는 단순한 견적원가이며, 목표치는 아니다. 목표 원가는 달성 가능한 것이지만, 노력 없이는 달성이 어려운 원가이다. 원가 기획이 현실적으로 이용될 때는 목표이익을 설정하기 위하여 가끔 매출이익률(ROS: return on sales)이 이용된다.

제3단계인 목표 원가 설정 후의 실제 활동은 공장 직장(職長)의 책임에 속한다. 일반적으로는 표준원가의 설정에 표준원가가 이용된다. 그러나 기업에서는 표준원가계산 대신에 원가관리에 목표 원가를 이용하는 경우가 있다. 표준원가 또는 예산에서 목표 원가를 달성하려는 시도(試圖)는 생산활동과 더불어 시작되는 것이다.

목표 원가를 기본으로 하여 표준원가를 설정할 때 기업 대부분은 표준원가에 새로운 원가절감 목표를 가미(加味)하게 된다. 이는 학습효과와 양산효과 등, 이익계획에 필요한 원가절감 목표이다. 원가 기획은 기술과 시장의 양자를 감안(勘案)하여 설정된다. 원가기획과 표준원가계산과의 관계는 <그림 12-3>에서 보이는 바와 같다.

표준원가계산은 <그림 12-3>에서 보이는 바와 같이 내부조직으로서의 기술적인 조건에 따라 이루어진다. 표준원가계산의 적용은 생산관리의 영역에 속하는 것이다. 이에 대하여 원가 기획은 경영전략에서 도출된 이익계획과의 관계에서 기술(企劃과 設計)

---

[97] 田中雅康, 「ターゲット・コストによる原価」 (『原価計算』 230号、1979年10月), PP. 36~40, Passim.

을 기초로 하여 외부환경과의 관계에서 판매 내지는 마케팅을 고려하여 설정된다. 여기에 원가기획이 표준원가계산과 구별되는 특징이 있음을 인식할 필요가 있다.

<그림12-3> 원가기획과 경영관리의 기법

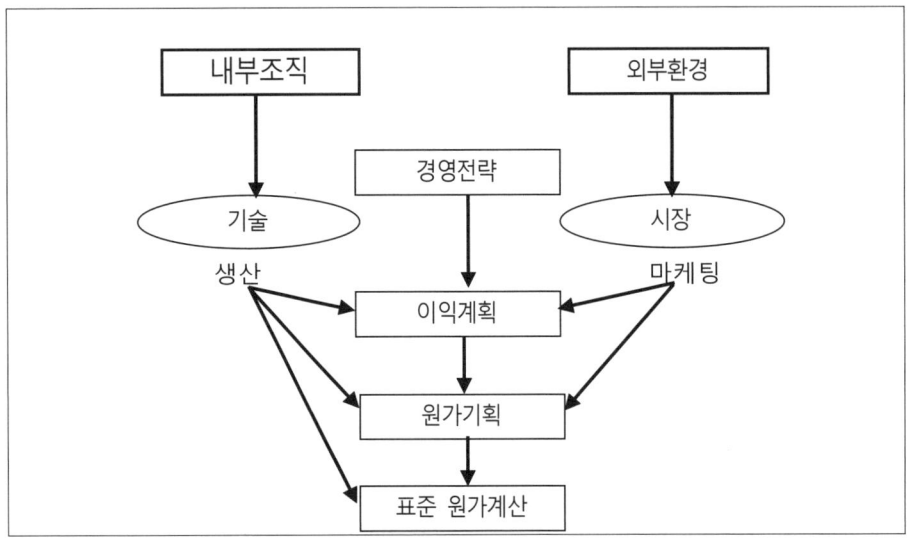

<자료 : 櫻井通晴, 『企業環境の変化と管理会計』 (東京, 同文舘, 1991), PP. 38>

5 에필로그

원가계산기법이 우리나라에 전해진 것은 조선총독부 시대의 근대적 회계 교육이 제도화되면서부터이다. 그리고 관리회계시스템이 전수된 것은 대한민국 정부가 수립된 이후의 일이다. 정부에 의한 산업부흥정책이 시행되고 1960년대 이후의 경제개발정책을 통한 산업근대화가 이루어지고 기업경영에 대한 인식은 경영학 교육을 통해 확대되면서부터 비롯되었다. 그리고 경영합리화를 추구하게 되면서 선진국의 원가・관리회계 기법을 수용함으로써, 본격적으로 회계적 근대화는 이루어지기 시작하였다.

따라서 우리나라의 첨단기업에서는 1980년대 이후 공장자동화가 이루어지기 시작하였다. 그래서 첨단기업 공장의 작업 현장에서는 FA(factory automation) 또는 완전 자동화에 가까운 공장이 다수 출현하였다. 이 무렵부터 우리나라의 기업은 CIM(computer integrated manufacturing : 컴퓨터통합생산체계)의 구축을 적극적으로 추진하기에 이르렀다. CIM의 목적은 기업에 따라 약간의 차이는 있으나, 일반적인 정보망에 의하여 판매·기술·생산을 컴퓨터에서 통합하여 고도의 경영전략으로서 경영의 효율화를 달성하려고 하는 탄력적인 통합시스템을 구축하는 데 있었다. FA화에 의한 기업의 관리회계시스템은 변화하지 않을 수 없는 상황에 부닥쳐 있음이 분명하다. 그래서 이제는 FA에서 CIM으로의 진화를 거듭함으로써, 기업환경의 변화가 기업이 새로운 관리회계시스템으로의 탈바꿈을 시도하게 되는 것이다.

우리나라의 원가관리와 관리회계론 그리고 그 실천에 현저한 영향을 끼친 것은 원가계산 기준과 원가 관리론이 그 핵심을 이루고 있다. 이를 기반으로 하여 우리나라의 원가·관리회계시스템이 형성되었다고 해도 과언이 아니다. 1970년대의 우리나라는 산업구조의 고도화로 인하여 중화학 공업화가 적극적으로 추진되었다. 당시의 공장자동화(FA)라고 하면, 장치산업을 중심으로 한 프로세스 오토메이션이었다. 그 특징은 ① 공장 대형화에 의한 규모의 경제 ② 연속화에 의한 원단위(原單位)의 향상 ③ 파이프라인 설치에 의한 물적 유통의 합리화 ④ 계산기에 의한 최적 조건의 추구에 있었다. 한편, 가공조립형 산업의 자동화는 늦어서 제품의 품질도 국제경쟁력도 당시에는 결코 높은 편이 아니었다고 할 수 있다.

원가계산 기준의 처지에서 보면, 당시는 아직 취약한 우리나라 기업이 직면해 있던 무역자유화 앞에서 원가계산 기준은 기업회계원칙과 재무제표규칙의 하나로 제정된 것이지만, 원가계산의 진정한 임무를 원가 수치의 분석과 검토를 통한 원가관리에 이바지한다는 데 있었다. 그것은 경영목적에 봉사하는 원가계산의 본질을 중시하여 그 근본이념을 집약했다고 하는 원가계산 기준의 규정 조문에도 잘 나타나 있다. 무역자유화에 대처하여 산업육성을 지도하고 국제경쟁력을 높이려는 것이 국가적 사명이었던 당시 산업계의 상황을 고려하면, 이는 당연한 귀결이다.

당시의 현장 작업은 주로 수작업으로 이루어졌기 때문에, 경영자의 최대관심은 현장작업원에 의한 작업을 여하히 능률적으로 할 것인가에 있었다. 당연한 결과로서 원가계산 기준에서는 경영관리기를, 그중에서도 비교적 표준원가계산에 의한 원가관리 기능이 중요시되었다. 원가계산 기준에서는 원가관리에 관한 규정도 두었다. 원가관리란 원가의 표준을 설정하여 지시하고 원가의 실제 발생액을 계산 기록하여 이것을 표준과 비교함으로써, 그 차이원인지를 분석하여 경영관리자에게 보고하고 원가 능률을 증진하려는 회계시스템을 일컫는다. 이처럼 원가관리가 제조과정을 통하여 사후적 관리기능을 강조하는 표준 원가관리에 있음은 물론, 원가계산 기준이 지닌 원가 관리상의 의미와 한계가 나타나 있다.

1980년대에서 1990년대에 걸쳐 평균 소득수준의 상승과 사회가 성숙한 결과로서 소비자 요구의 다양화, 가치관의 성숙화, 품질의 고급화, 제품다양화의 사회가 되었다. 산업의 주체는 장치산업에서 가공조립산업으로 탈바꿈하기에 이르렀다. 원가계산 기준의 제정 당시에는 무역자유화에 시달렸고, 원가관리의 시대에는 자본자유화의 그늘에서 시달림과 동시에, 우리나라 다수의 기업이 1990년대 이후에는 해외 진출이나 현지화, 기업의 합병·매수를 적극적으로 추진하는 상황이 되었다. 그래서 기업의 글로벌화는 시대사적 키워드가 되었다.

더욱이 공장자동화의 물결은 대기업만이 아니라, 중소기업에까지 보급되어 우리나라 첨단적인 제조업은 이제 FA에서 CIM으로 진행하게 되었다. 2,000년대에 이르러서는 CIM화의 경향이 가속화되었다. 그 결과 우리나라의 기업환경은 원가 계산기준 제정 당시와는 물론이고 원가관리가 이루어지던 당시와도 현저히 다르게 변혁의 길을 밟아가고 있다고 할 수 있는 것이다.

밀레니엄 시대의 경제글로벌화(化)의 영향으로 새로운 기업환경의 출현은 우리나라 기업에 필요한 관리회계시스템의 변혁을 가져오게 하는 현실을 고려할 필요가 있다. 더욱이 FA나 CIM에 적합한 관리회계시스템은 회계제도의 개선뿐만 아니라, 경영관리의 통제(management control)와 의사결정 영역에서 어떻게 탈바꿈했는가를 살펴보게 한다. 우선 회계 제도상의 개선을 살펴보면, CIM에서는 FMS(flexible manufacturing system)에 의하여 제조간접비, 특히 그중에서도 간접 노무비의 삭감에 경영자의 관심이 쏠린다. 즉, 제조간접비를 효과적으로 삭감하기 위하여 제조간접비의 배부에 깊은 관심을 둔다는 것이다. 이를테면, 수작업을 중심으로 하는 제조환경에서는 제조간접비의 관리가 직접 작업시간에서 이루어지는 편이다. 그런데 사람에 대신하여 산업용 로봇이 활용되는 FA 공장에서는 종래에 활용됐던 직접작업시간법은 오늘날의 작업환경에서는 적용될 수 없게 되었다. 그래서 우리나라의 수많은 FA 공장에서는 기계작업에 적용되는 기계 작업률과 수작업 공정에 적용되는 수작업률을 적용하는 기업이 늘어나기도 했다. 그 때문에 제조간접비의 배부를 개선하는 방법으로서 일찍이 1990년대 초에 아남그룹에서 CIM을 도입하여 FMS(탄력적 생산시스템)를 확립함으로써, 제조간접비, 특히 간접 노무비의 삭감에 성공한 사례를 엿볼 수 있었다.[98]

이와 같은 사례는 CIM 환경에 적합한 새로운 원가관리나 이익관리시스템이 재구축되어야 할 필요성을 시사(示唆)하는 것이다. 이를 통하여 원가 기획·품질 원가계산·제품수명 원가계산(lifecycle costing)·소프트웨어(software) 원가관리 그리고 업적평가나 이익목표로서의 매출이익률 활용이 필요하다는 것을 확인하게 된다. 따라서 CIM 시대에 있어서 원가관리의 중심이 종래의 제조과정에서의 원가관리의 수단인 표준원가관리에서 제품의 기획과 설계 단계에서부터 원가 기획으로 이행된다는 것을 확인

---

[98] 김순기·이건영, 전게서, PP. 162~190, Passim.

할 수 있었다.

이와 동시에 관리공학적 기법으로서 미국으로부터 직수입한 관리공학적 기법에 한국적인 개선을 추가하여 지금은 한국적인 개념과 기법이 창출된 사실을 확인하게 된다. 1995년 11월 22일 자의 매일경제신문에 게재된 활동 정보회계(activity information accounting : AIA)시스템에 관한 「신기법·신경영」 기사가 그것이다. 복식부기 대체 시스템으로서의 활동 정보회계시스템은 당시 이스턴 컨설팅 사장이었던 서원교(徐元敎) 회계사가 주도하여 개발한 관리회계시스템을 일컫는다. 당시 매일경제신문에 게재된 기사 내용을 보면, 우리나라 기업의 현주소를 알 수 있다.

활동 정보회개시스템(AIA)은 경영조직에서 발생하는 경제적 활동의 특징을 파악하고 이를 정보화할 수 있게 해주는 회계처리 방식이다. 활동 정보 회 개 시스템은 당시 LG, 대우, 벽산그룹의 일부 계열사에서 채택한 바가 있다. 이는 회계의 정보기능 극대화를 통하여 경영의사결정에 신속히 반영하려는 것을 의미한다. 더욱이 AIA는 회계정보시스템과 경영정보시스템을 통합함으로써, 복식부기 시스템에 의하지 않고도 회계정보를 가늠할 수 있는 새로운 관리기법이다.

전통적인 복식부기가 외부감사나 세무 보고에 최적의 회계시스템이지만, AIA는 회계의 내부 경영정보로서의 가치를 중요시하는 것이다. 다시 말해서 복식부기는 기업 재무 상태의 변동을 일으키는 거래를 차변·대변으로 분류하여 기록함으로써, 거래기록의 정확성을 추구하기 때문에, 회계부서의 전문가만이 다룰 수 있는 분야이다. 그뿐만 아니라, 복식부기는 경영활동이 끝나야 회계처리 되기 때문에, 경영정보로서의 확보할 수 없는 단점도 있다. 반면에 AIA는 회계정보와 비 회계정보의 구분을 허물었기 때문에, 회계 활동과 비 회계 활동의 모든 경영정보를 바로 입력하게 되어 있다. 그러므로 AIA 시스템에서는 복식부기 방식을 초월하여 구매 활동 결과를 그대로 컴퓨터에 입력하고, 판매 활동으로 인한 송품장의 작성이나 생산활동에서 비롯되는 각종 경영정보도 똑같이 진행된다. 더욱이 취득 활동, 처 활동 및 금 활동 그리고 평가활동 등의 경영지원 활동에서 이루어지는 정보도 같은 방식으로 컴퓨터에 입력된다. 따라서 복식부기에서 작성되는 재무제표는 AIA 체제에서는 다른 형태로 다루어진다. 현금흐름표가 자금흐름 표로, 손익계산서가 경영성과표로, 대차대조표가 재무상태표로 각각 전환되어 출력된다. 그 결과로 출력된 경영활동 정보는 정보이용자가 자유롭게 이용할 수 있게 되는 것이다.[99]

이렇듯 경영의 불모지나 다름없던 이 땅에 근대화의 바람과 더불어 새로운 경영학의 씨앗이 심어지면서 산업근대화의 초석을 다질 수 있게 되었고 경제글로벌화의 시대

---

99) 매일경제신문, 『산업6/경영(신기법 신경영)』(1995년 11월 22일, 수요일)자 16면(제9277호) 기사내용.

에 상응하는 원가·관리회계기법의 신기원을 창출해 내었다. 기업경영의 선진기법을 전수받아 수용해야 했던 초라한 환경에서 이제는 경제글로벌화의 시대에 어깨를 나란히 할 수 있는 어엿한 산업 입국의 시대상을 창출해 내었다. 원가·관리회계시스템의 문화사적 지평이 개화기의 상황과는 다른 격세지감을 방불케 할 만큼 발전하였다. 말 그대로 상전벽해(桑田碧海)와 같은 원가·관리회계의 발전상을 보게 된 것이다.

결론장
한국회계 문화사의 진화론적 특성과 이문화 대응 과제

1 프롤로그

　역사를 연구한다는 것은 지나간 날의 발전사적 사실에 근거하여 가장 객관적으로 편견 없는 정확한 과거의 실태를 묘사하는 데 있다. 본서가 지금까지 추구해온 부기회계문화의 역사연구도 역시 옛 상인들이 기록한 오래된 장부나 치부 문서를 분석하고 그 당시 상인들의 사업 운영방식이나 상거래문화의 실태를 가능한 한 충실하게 재현(再現)하려는 것이 목적이었다. 그것이 역사적 치부 사실에 근거한 분석이기 때문에, 거기에서 추출되어 묘사되는 것은 누가 행하더라도 같은 결과로 집약된다고 생각한다. 물론, 모든 역사연구자는 과거에 발생한 사건을 역사적인 사실로 그 모습을 현재의 위치에서 그대로 재생하려고 시도한다.

　그러나 가령 현존하는 역사적인 사실을 충실하게 재현했다고 하더라도, 다수의 역사연구자가 있다면 다수의 역사적 사실이 재현되는 일도 있을 수 있다. 그것이 역사적 사실에 근거한 정확한 분석이었다고 하더라도 항상 같은 결과가 나오는 것은 아니다. 그것이 역사연구의 어려운 점이며 흥미 있는 일이기도 하다.

　본서의 주제인 「한국회계 문화사」는 인물이나 사건을 대상으로 하는 역사와는 달리 그 분석 대상이 주로 상인의 장부 기록이나 회계문서의 거래 사실이다. 저자의 주관이나 해석이 개입할 여지가 없는 객관적인 거래기록이 분석의 주된 대상이었다. 그런 의미에서는 전기물이나 사건일지를 분석하여 기술되는 일반적인 역사적 사실과 비교하면, 객관적인 거래 사실을 중심으로 분석하는 회계 문화사의 연구는 역사적 사실과 문화현상을 충실히 재현할 수 있다는 데서 고도의 실현 가능성이 담보된 학문영역이라고 할 수 있다.

　그래서 본서에서는 전해지는 장부나 회계문서의 분석을 통하여 역사상 활약했던 상인들의 생활상이나 당시의 회계 사정을 투시하여 명백히 밝히고 역사와 문화라는 필터를 통하여 회계문화가 포용하고 있는 다양한 문제점에 접근할 수 있기를 기대하였다.

치부 회계의 생성과 진화의 역사를 풀어서 읽고 본서의 주제인 회계문화사의 관점에서 사개송도치부법의 진화과정을 분석하고, 그 방향성을 추구하려고 하였다. 한국형 사개치부 문화가 형성되어 상당한 세월이 흐르는 역사 속에서 복식부기의 계산구조를 발전시켜온 회계문화가 어떻게 생성·진화해왔는가의 도정(道程)을 풀어가려고 했다. 특히 근대화 과정에서 서양의 복식부기가 전수되어 이문화(異文化)를 수용해야 하는 환경 속에서 새로운 지향점을 모색해야 했으며, 경제적 글로벌화에 따른 이문화 회계의 대응과 구축에 대한 접근도 모색해야 했다. 그 행선지(行先地)에는 현대적 글로벌 회계문화가 포용한 빛과 그림자가 교착(交錯)하여 심도 있게 부상(浮上)하고 있음을 감지할 수 있었다.

따라서 본서가 지향해온 한국 회계문화사에 내포된 회계문화의 다양성과 진화론적 특성은 물론, 이문화 회계의 대응 과제에 대하여 일별함으로써, 오랫동안 진행해 온 회계 문화적 역사연구의 여정에 갈음하고자 하는 바이다.

2 회계의 제도성 구축에 대한 문화적 영향

1. 언어와 회계 그리고 문화의 상관성

부기 회계가 상거래나 기업을 운영하는데 필요한 의사소통의 기능을 한다는 것은 널리 알려진 사실이다. 그래서 회계는 기업의 언어 또는 비지니스 언어라고 표현하는 것을 자주 경험한다. 오늘날 글로벌화된 경제환경에서는 회계언어에 의한 원활한 의사소통을 실현하기 위하여 재무 보고서를 작성하는 규칙의 통일화가 추진됐다.

한편, 회계는 그것이 이루어지는 환경이 지닌 문화에서 영향을 받는다고 한다. 경제는 글로벌화 해도 회계가 이루어지는 나라에는 고유의 문화가 존재한다. 더욱이 언어는 문화를 양성하는데 필요한 불가결의 요소임이 틀림없다. 따라서 언어로서의 회계는 문화를 구성하는 요소라고 할 수 있다.

이처럼 글로벌화 하는 회계와 그에 따른 의사소통을 고찰하면서 언어와 회계, 문화와 회계 그리고 언어와 문화라고 하는 관점에서 회계의 이문화 소통에 관한 상관성 문제의 설정은 깊은 의미가 있다. 따라서, 언어·회계·문화의 상호관련성에 관한 접근을 통하여 이문화 회계의 이해와 수용을 추적함과 동시에, 회계제도의 구축에 대한 문화적 영향을 우선 살펴보아야 할 것이다.

1) 언어와 회계

미국의 회계학 문헌을 통하여 회계가 언어로 인식되고 있었다는 사실에 접하게 된다.100) 언어의 구조나 기능을 추적하면서 회계를 논한 연구도 있다. 이지리(井尻雄士)교수의 견해가 그것이다.

『회계는 비즈니스의 언어로서 다른 언어와 공통되는 많은 요인을 갖고 있다. 기업의 다양한 활동은 회계언어를 이용하여 재무제표로 보고된다. 마치 신문에서 여러 가지 사건을 알려주는 것과 같다.

회계언어로 거래 사실을 표현하기 위해서는 일정한 규범(rule)에 따라야 한다. 그에 따르지 않으면, 오해의 소지가 있을 뿐만 아니라, 오류와 허위 또는 위증으로 처벌될 수도 있다. 재무제표의 비교가능성은 회계영역에서 언어가 유효하게 기능하는 데 필수적이다. 동시에 언어는 환경변화에 적합 가능하도록 유연성을 갖지 않으면 안 된다.』101)

또한 회계를 언어로 인식한 연구를 진행하고 저서를 낸 바 있는 Belkaoui는 『언어가 현실 세계의 사실을 표현하면서 회계는 비즈니스에서의 사실을 표현한다. 회계실무와 회계이론 그리고 회계정책을 표현하려는 연구에 관한 기초적인 대상이 된다. 그것은 우리가 일상생활에서 이루어지는 언어적 대화와 유사하다.』102)고 언급하였다. 결국 『회계는 의사소통을 위한 도구(tool)이다. 이 경우에 의사소통(communication)은 특수한 언어를 사용함으로써 이루어진다.』103)는 것이다.

Hofstede는 조직인류학과 국제 경영론의 전문가로서 다문화 경영론을 주창하는 언어로서의 회계에 대하여 『회계는 비즈니스의 언어라고 한다. 즉, 회계는 비즈니스 분야에서만 이해되는 것을 조작하는 행동이다.』104)라고 언급하였다.

---

100) Belkaoui, A. "The Inter-professional Linguistic Communication of Accounting Concepts : An Experiment in Socio-linguistics", (Journal of Accounting Research, Vol. 18, No. 2, 1980), PP. 362~374. 그뿐만 아니라, Robert Anthony 그리고 charles Hongren 등이 저술한 회계학 교과서에서 회계의 언어성을 언급하였으며, 가까운 일본에서도 아오야기(靑柳文司)교수가 『会計学の基礎』(1991)에서 회계언어설을 최초로 주장한 바 있다.

101) Ijiri yuji, "Theory of Accounting Measurement," (American Accounting Association, 1975), P. 14.
  井尻雄士, 『会計測定의 理論』(東京, 東洋経済新報社, 1975).

102) Belkaoui, A. "The Linguistic Shapinf of Accounting", (Quorom Books, 1995), P. 4.

103) Ibid., P. 41.

104) Hofstede, G., "Cultures and Organizations : Software of the Mind,"McGraw-Hill, (1991), P. 155. (岩井紀子・岩井八郎 訳, 『多文化世界 : 違いを学び共存への道を探る』, 有斐閣, 1995).

2) 표기 수단으로서의 회계언어와 그 공통성

일반적으로 회계는 기록된 언어에 따라 표현된다. 결국, 표기 언어이다. 그것은 문자(writing)에 따라 표기(表記)되지만, 회계에 관한 기록의 양식(樣式)은 문자의 발생에 선행하는 것이 밝혀져 있다. 문자 그 자체도 다양한 형태를 지니고 있으나, 문자 이외의 표기법은 아주 다양하다고 한다.[105]

같은 유형의 표기 수단에 의한 회계기록 수법으로서 결승(結繩)이 있다. 이것은 제1장(<사진 1-6> · <사진 1-7>에서도 소개한 바와 같이, 잉카제국에서 사용되었다고 하는 키푸(khipu)와 같은 것이다. 이는 목면(木棉)이나 동물(라마 · 알파카)의 털을 꼬아 끈을 만들어 매듭짓고, 가치 있는 것에 관한 다양한 정보를 표현한 것이다.[106]

오늘날 결승 방법에 따른 회계기록의 실행 흔적은 잉카제국의 것뿐만 아니라, 아메리카 원주민이나 하와이 제도, 그리고 인도 등의 세계 각국에서 확인되고 있다. 구리다(栗田)의 연구로, 예전의 유구제도(琉球諸島)에서 볏짚(藁)을 이용하여 결승기록(藁算: ワラサン)을 실천했던 사실이 밝혀진 바 있다. 『유구 왕조시대에 읽고 쓰는 것이 불가능한 일반서민은 결승기록(藁算: 와라산)이나 기표 문자를 이용하여 세금의 징수, 부역(賦役)이나 공동노동의 기표, 재목, 기타 척도의 비부록(備簿錄) 등, 일상 거래에 대응하고 있었다.』[107]

이처럼 문자를 사용하지 않은 회계 방법의 흔적은 세계 각 지역에 남아있는 것이 확인되었고, 더구나 회계기록으로 이용된 수법이 다종다양하다는 것을 확인할 수 있으나, 다양하면서도 무질서하지 않다는 것에 주의를 환기한다. 아주 광범하게 확인할 수 있는 키푸(khipu)나 와라산(藁算) 등의 결승(結繩)에 의한 회계기록은 같은 기본원리를 이용한 수법이라는 의미에서는 공통된 성격을 갖고 있다. 결국 회계기록의 기초적인 기술은 공통된다는 데 특징이 있다. 이처럼 이 지구의 동서양 어느 지역을 불문하고 유사한 기법에 따라 회계기록이 이루어지고 있었다는 역사적인 증거는 의미심장하다. 끈(紐)을 매체로 하여 매듭짓는 방법으로 기록한다는 것 자체가 회계와 관련된 정보로 일련의 공통된 특성이 있다. 그리고 회계기록의 수법이나 지식이 어떤 경로를 통

---

105) 이는 메소포타미아 문명에서 사용되었다고 하는 구운 작은 점토판 유물로서 회화문자와 쐐기문자 그리고 설형문자 등으로 알려졌다. (Schmandt Besserat, Denise, "Before Writing," Vol. I, From Counting to Cuneiform, 1992. & 柴健次, 『異文化対応の会計課題』, 東京, 同文舘出版, 2019, P. 30.)
106) アートン, G., 『紐の国家: 『キープによるインカ帝国の行政』, 島田泉 · 篠原謙 編著, 『インカ帝国 : 研究のフロンティア』 (東海大学出版会, 2012), PP. 189~207.
107) 栗田文子, 『藁算 : 琉球王朝時代の数の記録法』 (東京, 慶友社, 2005), PP. 5~13 (所收) 萩尾俊章,「結びとワラサン (藁算)」(2005).

하여 광범위한 지역에 전파되었는가에 대한 의문의 여지를 남긴다. 아니면 각 지역에서 자생적이었는지도 모른다.

그렇지만, 한 편으로는 다양성도 인정할 필요가 있다. 그중 하나는 결승 0회 계시록을 위하여 사용된 소재(素材)이다. 상술한 바와 같이, 잉카제국에서 사용된 키푸(khipu)는 목화(木花)나 양모(羊毛)가 사용되었다는 것이며, 유구 열도에서는 볏짚 등의 식물 줄기를 사용하고 있었다는 것이 다를 뿐이다. 이는 사람이 그 토양에서 쉽게 얻을 수 있는 것을 소재로 선택하고 있는 점을 주목해야 할 것이다. 결국은 그 지역의 풍토나 관습 등을 특색 있게 반영했다는 점에서 주목하지 않을 수 없다. 그리고 또 하나는 결승기록의 중요한 요소로 생각된다. 소재의 길이와 수량, 그리고 매듭이 의미하는 내용이다. 예컨대, 유구 열도의 볏짚 계산(藁算:와라산)에서 오키나와(沖繩) 본섬과의 사이에는 표준적인 표기 방법에 다른 점이 있다는 것이다. 결국, 기본이 되는 표기 방법은 표준화되어 있다고 하더라도 구체적인 표기 방법에 이르게 되면, 구체적으로 표기할 때는 서로 다르게 표기할 수 있다는 점이다.[108]

3) 공통어(또는 표준어)로서의 회계언어

문자 이외의 표기에 의한 회계기록에서 그 표기 방법이 공통되는 부분과 상반되는 다양성이 있으나, 이는 문자를 사용하여 기록하는 현대회계의 실무에서도 합당한 표현이다. 오늘날 경제주체가 행하는 활동이나 경제 상황을 정보화하는 기본적인 기록계산 기술로서의 복식부기가 많이 이용되고 있는 것은 이론(異論)의 여지가 없다. 복식부기란 경제적인 활동을 회계적인 거래로 인식하고 관련되는 계정의 좌측(차변)과 우측(대변)에 등가(等價)의 화폐가치로 분류하여 정보처겠다는 것이 기본절차이며, 그다음에 이렇게 처리된 자료를 목적에 따라 가공해가는 데서 이루어지는 절차를 의미한다. 단적으로 말하면, 복식부기에 의한 정보처리의 매카니즘은 초기 단계에서는 특정 목적이 없으며 중립적이었다. 그다음 단계에서 이를테면 보유하고 있는 가치 있는 것에 대하여 그 총액을 알고 싶은 것이 경제활동에서 나타나는 성과를 명확히 밝힘과 동시에, 애초의 경제활동의 크기를 유지하면서 처분 가능한 잉여가치를 측정하려는 것으로 발전했다. 특정 목적에 따라 적합한 정보가공을 위한 매카니즘을 구축하고 있는 것이 복식부기임은 분명하다.[109]

---

108) 栗田文子, 上揭書., PP. 23~31.
109) 여기서 언급하고 있는 복식부기는 어디까지나 관념적 수준이라는 점에 유의해야 한다. 결국, 사고영역으로서의 복식부기이며, 실제적인 회계실무에서는 기계화와 더불어 전자화되어 있음은 물론, 프로그래밍으로서의 회계 정보처리 과정은 「복식」이라는 차원을 넘어서는 것이다. 오늘날에는 화폐 정보만이 아니라, 물량정보나 인적정보 또는 지리적 정보 등, 다양한 정보가 입력할

이처럼 다행스럽게도 비즈니스 분야에서는 복식부기가 「표준어」로서 존재한다. 그것은 현재 국제적으로 기능하고 있는 회계언어의 기초가 되었음은 재언을 요구하지 않는다. 결국 복식부기라고 하는 공통의 언어로서 사업경영에서는 의사소통할 수 있게 된다. 그런데 현실은 그렇게 단순하지 않다. 복식부기는 기초가 되는 기술이며 그것을 기능하게 하는 데는 다양한 요소가 필요하게 된다.

　그 대표적인 것이 회계기준110)이다. 회계기준은 국가 등, 권위 있는 주체에 따라 작성된 사회적 규범(social norm : rule)이다. 즉, 일련의 규제와 보호를 목적으로 한 사회제도이다. 오늘날 대부분의 나라에서는 복수의 회계기준이 설정되어 회계제도가 구성되어있다. 복식부기라고 하는 회계 언어적 표현 수단의 기초를 공유하고 있다고 해도 국가 등, 어떤 회계제도 단위로서의 회계기준이 규정하고 있는 처리방식은 별도의 회계제도 단위와 완전히 같다는 것은 아니다. 어떤 회계제도에서 실천되고 있는 회계처리가 다른 회계제도에서 승인되는 사례는 적지 않게 많다. 회계기준이 규정하고 있는 회계처리 방법은 복식부기 시스템에 따라 인식된 자료를 다시 가공하는 것이라 해도, 어떤 고유의 사정을 배경으로 하여 작성된 것이다. 그것은 회계처리 대상의 특성을 고려하여 개발된 것인지도 모르며, 해당 회계제도 주체의 경제적 상황을 고려하여 창출된 것일 가능성은 충분히 있다.

　그리고 시점을 미시적 관점에서 보면, 기업이라는 개별경제주체에 의한 회계실무라고 할 수 있다. 기초적인 회계처리의 출발점에서 복식부기를 이용하며 같은 회계기준에 따른 규제하에 있다고 가정하여 2개의 다른 기업의 회계를 상정(想定)해 보면. 상품 판매거래에서 하나의 기업이 총괄계정으로서의 상품계정을 이용하여 총기법으로 처리하는 데 대하여 다른 하나의 기업은 상품의 종별마다 설정된 개별적 매출계정을 개설하고 있어서 상품의 환입이나 가격 인하 등, 기능별로 분할된 하위계정을 설정하고 있다고 하자. 결국 복식부기라는 기초적인 회계처리의 기반에서도 차이가 나타난다는 것을 예상할 수 있다. 그리고 사소한 차이라고 할 수 있지만, 거의 같은 회계처리를 하고 있다고 하면서도 계정과목 이름이 다르게 표기될 수 있을 것이다. 이러한 차이가 발생하는 데는 그 나름의 합리적인 이유가 있다. 각자 기업의 조직특성이나 역사적으로 형성된 상거래관습의 차이 등, 다양한 요소가 반영되어 있다고 할 수 있을 것이다.

　한편 거시적인 관점에서 보면, 회계의 표준화나 공통화는 글로벌한 재무 보고기준의 통일화를 지향하는 IFRS에 따라 추진되고 있다. 이러한 움직임은 재무 보고서에서 공시되는 회계정보의 비교가능성을 높이는 것이 목적이다. 기업이나 투자자가 국경을

　수 있고, 아주 복잡한 정보의 가공과 출력을 할 수 있게 되어 있다.
110) 여기서 말하는 회계기준이란 우리나라의 기업회계기준이나 국제 재무 보고기준(IFRS)뿐만 아니라, 어떤 국가에서는 회계법이나 상법(회사법) 등, 법령으로서 존재하는 것까지도 포함된 사회적 회계 규제임을 지칭한다.

초월하여 자금조달 활동이나 투자활동을 전개할 때 국가 차원에서 다른 기준으로 작성된 회계정보는 원활한 경영의사결정을 저해하고, 경제사회의 효율적인 발전을 해친다고 하는 문제의식이 팽배하고 있다. 국제적으로 통일된 재무 보고기준인 IFRS는 그 적용을 확대하고 있으며, 우리나라도 한국회계기준원에서 제정된 「한국채택국제회계기준」을 제정하여 실시하고 있어서, 국제활동을 전개하는 기업의 경우, 이 기준에 따르고 있다. 여하튼 일단은 통일된 회계언어가 적용되는 환경이 조성되어 있으므로, 이러한 상황은 국제적인 경제활동에 있어서 원활한 커뮤니케이션이 이루어지고 있음은 사실이다. 그에 대응해야 할 이문화(異文化) 회계로서의 과제가 존재한다는 것이다.

회계언어에 의한 의사소통은 사회적 규모뿐만 아니라, 개별기업 단위의 내부에서도 문제가 된다. 예컨대, 흡수합병 등의 기업 재편(再編)에 따라 복수의 다른 기업이 하나의 조직으로 이루어지는 경우, 종래에 각각 사용되어온 회계언어가 완전히 같은 것으로 사용된다는 보장은 없다. 이 경우에 재편된 새로운 조직에서 의사소통을 원활하게 하고 싶다면, 회계언어의 다른 점을 최소화하는 것이 효율적이다.

또한 자국 내에서의 조직재편이 아니라, 기업이 다른 나라나 지역에 진출한 경우는 어떻게 하는 것이 상책인지를 고려해볼 필요가 있다. 여기서는 2가지 케이스를 생각해 볼 수 있다. 하나는 기업의 진출지역에서 새롭게 사업을 시작하는 경우이다. 재무 보고의 수준에서는 진출지역의 회계기준 등에 준거하여 대응해야 함과 동시에, 경영관리를 위한 조직 내부의 회계에서는 자국에서 실천해온 경영관리를 위한 회계관행으로 인하여 진출지역으로 이전하는 경우가 있다. 또 하나는 현지의 기업을 매수하여 기업을 합병한 경우이다. 이 경우에는 매수지역의 기업이 실천해온 회계와 진출기업이 실천하고 있는 회계와의 조정이 필요하게 된다. 결국 서로 다른 회계의 통합이 문제가 된다는 것이다.

어떻든 조직 내부에서 언어로서의 회계가 서로 다른 것은 원활한 의사소통을 방해하는 요소가 될 수 있기 때문이다. 거시적 관점에서 회계언어가 다른 경우와 같이 단일조직 내에서 다른 회계언어를 통일할 때 나타나리라고 예상되는 문제나 곤란한 요인은 어떠한 것인지를 심도 있게 탐색해야 할 것이다.

4) 회계와 문화의 상관성

국제회계의 연구 분야에서 회계제도의 확립과 그 후의 변화에 대하여 영향을 끼치는 환경요인으로써 정치적 요인, 경제적 요인, 그리고 법 제도적 요인 등이 많이 언급되지만, 회계에 대한 문화적 영향에 관하여 접근한 연구도 적지 않다. 1980년대 말부터 1990년대의 전반에 걸쳐 눈길을 끄는 연구논문이 발표되었다.

인류학적인 사고(思考)를 국제회계 연구에 도입하여 독특한 논점을 제시한 바이올렛(Violet, W. J.)의 연구가 있다. 그는 『어느 한 나라의 회계개념과 회계실무는 그 나라의 문화 시스템과 문화적 환경을 고려하여 이루어져야 한다.』 111)고 회계와 문화와의 상관성을 언급한 바 있다.

어느 나라나 그 지역의 회계 특성과 문화의 상관관계에 대하여 이론적으로 접근한 그레이(Gray, S.)의 논고112)도 있다. 이는 문화를 구성하는 요소를 양적 지표로 표현하고 있는 홉스테드(Hofstede)의 이론113)을 기초로 하여 세계 각국의 재무 보고에 관한 다양한 요소들을 각국의 문화적 측면과 연계시켜서 논리적으로 정리하고 있는 것이 특징이다. 어느 한 나라 회계의 가치관은 그 나라 기업의 가치관과 더불어 회계제도나 회계실무의 형성에 영향을 준다는 것이다.114)

나라마다 회계기준 설정에 즈음하여 각각 그 사회의 문화적 영향을 비교하여 연구한 것으로 블룸(Bloom)과 나치리(Naciri)의 논문이 있다. 그들은 간행된 저서나 논문에서만이 아니라, 각국의 회계기준 설정 주체 또는 회계연구가로부터 상세한 설문조사를 통하여 9개 나라의 회계기준설정에 대한 비교연구를 수행함으로써, 회계와 문화의 상관성에 대한 문제해결의 실마리를 찾아 접근하고 있다.115)

회계와 문화의 밀접한 관계에 있는 것을 이론적으로 밝힌 연구 결과도 있으며, 특정한 문화적 영향을 받아 형성된 회계제도 및 회계실무가 다른 나라에 이전하는 것을 주제로 한 연구가 증가하고 있다. 페레라(Perera)는 Hofstede와 Gray의 연구 결과를 기초로 하면서 영미 제국과 유럽제국, 그리고 발전도상국의 각각 회계실무 차이를 확인한 다음에, 영미 제국의 문화적 특성을 반영하여 설정된 국제회계기준(IAS)을 발전도상국에 이전하려고 하는 것은 문화적인 알력(軋轢)이 있어서, 부적절하다고 언급하였다.116)

---

111) Violet, Willian J., "The Development of International Accounting Standards, An Anthropological Perspective," (International Journal of Accounting vol. 18, NO. 1, 1983), P. 2.

112) Gray, Sidney, "Toward a Theory of Cultural Influence on the Development of Accounting Systems Internationally," ABACUS, Vol. 24, No. 1, (1988), PP. 1~15.

113) Hofstede, G., "Culture's Consequences : International Differences in Work-related Values," SAGE Publictions, 1980. (万成博・安藤文四郎ほか訳, 『経営文化の国際比較：多国籍企業の中の国民性』産業能率大学出版部, 1984)

114) Gray, S., Op. cit., PP. 5~7.

115) Bloom, R. and Naciri, M. A., "Accounting Standard Setting ans Culture : A Comparative Analysis of United States, Canada, England, West Germany, Australia, New Zealand, Sweden, Japan and Switzerland," (International Journal of Accounting Education and Research, Vol. 6, No. 1 1989), PP. 70~97.

116) Perera, M. H. B., "Toward a Framework to Analyze the Impact of Culture on Accounting," (International Journal of Accounting Education and Research, Vol. 24, No. 1, 1989), PP. 42~56.

Baydoun과 Willett도 Perera와 같은 문제의식과 방법(Hofstede and Gray의 이론구조)을 이용하여 레바논이 옛 종주국인 프랑스 회계제도를 도입한 것에 대하여 문화적 관점에서 검증한 바 있다.117) 그들이 얻은 결과 중에서 회계 측정과 재무 보고는 각각 수용한 문화적 수준이 달라서, 회계 방법의 이전(移轉)에 대해서는 양자를 분리해야 한다고 지적한 점에 주목해야 할 것이다.118) 또한 유사한 문제의식과 방법론을 이용한 또 하나의 연구자인 Fechner and Kilgore에 의하면, 이들은 다 같이 대륙법 국가에서 비슷한 경제 환경으로 간주되는 프랑스와 독일의 회계실무가 다른 점에 주목한 연구를 진행하였다. 그들은 두 나라의 회계 측정은 유사하지만, 재무 보고는 각각 문화적 요인에 따라 다른 점이 존재한다고 언급한 점에 주목할 필요가 있다.119)

일본의 경우를 보면, 회계와 문화와의 관계를 논술한 신(進)의 연구논문이 있다. 그에 의하면, 다른 나라의 회계시스템을 도입할 때 발생할 수 있는 문제에 대하여 문화를 중요시하면서, 특히 일본에서 연결재무제표 제도가 도입되어가는 과정에 접근하였는데, 여기에서는 『새로운 회계시스템이 수용되기 위해서는 그 시스템은 각국의 가치가 신념과 적합하지 않으면 안 된다.』120)고 언급한 것이다.

이처럼 회계의 배경에 문화가 존재한다는 문제의식에 기초한 분석은 중요하다. 그렇지만, 한편으로는 회계에 영향을 주는 여러 가지 요인으로부터 문화적 요인만을 뽑아서 진행한 연구는 거의 찾아보기 어렵다. 그 이유는 문화가 법 제도나 기업금융의 본질 등, 다른 회계환경요인의 배후에서 영향을 주고 있기 때문이다.121) 따라서 회계와 문화의 상관성에 접근하는 경우, 그 분석 방법의 한계를 명확히 확인해야 하며, 거기에서 얻은 결과도 한정된 것임을 인식해야 할 것으로 보인다.

그리고 이제까지 회계에 대한 문화적 영향에 관한 연구는 그 대부분이 국가 간의 비교연구 또는 유형화에 관한 연구라고 할 수 있으나, 이른바 이문화(異文化) 회계에 관한 연구가 특정국과의 기업을 대상으로 하고 있다는 점에서 개별기업 수준의 회계와 문화의 관련성에 관한 연구도 동시에 이루어져야 할 것으로 생각된다.

5) 회계적 의사소통을 위한 이문화(異文化)의 이해와 수용

---

117) Baydoun N. and R. Willet, "Cultural Relevance of Western Accounting Sistem to Developing Countries," (ABACUS, Vol. 31, No. 1, 1995), PP. 67~92.
118) Ibid., PP. 82~88.
119) Fechner H>H. E. and A. Kilgore, "The Influence of Cultrural Factors on Accounting Practice," (International Journal of Accounting, Vol. 29, No. 3, 1994), PP. 265~277.
120) 進 美貴子, 「外生的な会計システムの導入・受容についての考察：文化の動態に着目して」(『公会計研究』第2 第1, 2000), PP. 51~62.
121) 德賀芳弘, 『国際会計論：相違と調和』(東京, 中央經濟社, 2000), P. 113.

오늘날 우리가 지향하고 있는 문화가 다른 회계, 다시 말하면 이문화회계(異文化會計)가 존재하는데, 그 프레임워크가 확립되고 그것이 순조롭게 기능하기 위해서는 검토해야 할 과제가 있다. 거시적 관점에서 볼 때, 이문화 회계의 표준인 IFRS의 적용에 상징되는 글로벌 규모의 재무 보고 통일화는 소통 가능한 수준에 이르러 있다. 효율적인 자본시장에 참가하려는 기업(또는 그러한 상황을 추진하려는 국가)가 증가일로에 있음은 물론, 국제회계기준(IFRS)을 적용하는 기업(또는 국가)에 있어서 오랫동안 양성(釀成)되어 온 회계실무 또는 그에 따라 형성된 회계 규제와의 사이에 문화를 기본요인으로 하는 알력(軋轢)이 있을 수 있음은 충분히 예상할 수 있다.

그리고 미시적 관점에서 보면, 어느 한 기업이 다른 기업을 매수하여 조직을 재편한 경우, 새롭게 조직된 단위에 어떠한 회계실무의 규범(rule)을 형성할 것인지, 또는 기업이 해외로 진출하였으면 진출지역의 조직에 어떠한 회계를 적용할 것인가에 대하여 문화적으로 고려해야 할 사항을 인식함과 동시에, 그에 대응해야 하는 과제가 있음을 고려하지 않으면 안 된다.

언어가 사회적으로 의사소통하면서 기초가 되는 것처럼 비즈니스 커뮤니케이션의 기초가 되는 것이 회계언어임은 분명하다. 원활한 의사소통을 실현하기 위해서는 표준어로서의 공통언어를 사용하는 것이 효율적이며 바람직하지만, 언어의 공통화나 표준어의 사용에는 문화적 알력(軋轢)이 발생할 가능성을 고려해야 한다.

이문화적(異文化的)인 환경 아래서 원활한 회계 커뮤니케이션을 실현하기 위해서는 표준적 환경의 확립이나 실현을 위한 회계 규범(accounting standard)을 통일화하는 그것뿐만 아니라, 다른 것을 다른 그대로 이해하거나 수용할 가능성을 고려하지 않으면 안 된다. 회계와 문화에 대한 접근은 논자가 의도하고 있는가에 관계없이 문화상대주의(cultural relativism)[122]의 관점에서 접근할 필요가 있다. 문화는 각 집단의 이념이나 신앙 등으로부터 형성되는 규범이나 가치관이기 때문에, 그 우열(優劣)을 비교하기가 쉽지 않다. 서로 다른 문화의 가치관을 그대로 이해하려고 하는 사고방식이 문화상대주의라는 점을 고려할 필요가 있다.[123] 회계의 통일화나 표준화에 의한 비교가능성이 아니라, 이해 가능성이나 수용가능성을 고려한 이문화(異文化) 회계의 기본구조를 구상하여 대응하는 것도 하나의 좋은 본보기라고 할 수 있을 것이다.

여하튼 회계는 경제주체의 경제활동을 표현하는 행위이다. 그래서 회계언어는 당사자 간의 의사소통을 원활하게 하는 중요한 도구(tool)이다. 언어가 일정한 문화환경에

---

[122] 문화상대주의(cultural relativism)는 프랑스의 문화인류학자인 「프랑츠 보아즈」(Franz Boas)가 제창한 학설로서 문화의 상대성과 다양성을 강조한다. <柴健次, 『異文化対応の会計課題』(同文館出版, 2019), P. 41.>

[123] Steward Julian, "Comments on the Statement of Human Rights,"(American Ahthropology, Vol. 50, No. 2, 1948), PP. 351~352. & (柴健次, 上揭書, PP. 40~41.

서 생성되어 통용되듯이, 회계도 일정한 문화 요소를 반영하여 형성된 관행이면서 실무요소이다. 그러나 다른 문화적 환경에서 경제활동을 수행하려고 할 때 회계언어에 의한 의사소통은 당사자 간의 비지니스 커뮤니케이션 수단으로서 아주 중요한 역할을 하는 것이다. 그러므로 회계가 원활한 의사소통의 저해 요인이 되지 않고 이문화(異文化) 회계의 기본구조가 그 역할을 잘 수행하도록 하려는 경우에는 다음과 같은 몇 가지 구체적인 과제를 연역(演繹)할 수 있다.

첫째로 회계에 의한 의사소통의 중요성 인식을 공유해야 한다. 회계언어 이상의 의사소통 수단은 존재하지 않는다는 신념을 갖는 것이 중요하다. 기업을 경영하는 자에게 그러한 인식이 없으면, 조직 내에서의 소통마저 난관에 봉착하게 된다. 회계의 중심에 있는 경영철학이나 경영이념을 가진 것이 국제적으로 영업활동을 전개하는 기업에 있어서는 전제조건임을 인식하고 있어야 한다.

둘째로, 회계는 물론이고, 영업 현장에서 사용되는 모든 언어는 같은 것이라야 한다. 이를테면, 현지어나 공통어로서의 영어 등, 같은 언어라야 소통할 수 있게 된다는 것이다. 사업상 사용하는 회계언어의 선택이 매우 중요하다.

셋째로 모국어가 아닌 언어를 사용해야 하는 경우, 번역작업이 필요하게 된다. 번역과정에서 의미와 내용의 변질이 발생하지 않도록 주의하지 않으면 안 된다. 넷째로는 이문화(異文化)의 환경에서는 회계언어의 교육 문제가 있다. 이문화의 환경에서 조직 내의 회계적인 의사소통을 촉진하려는 경우에는 구성원 간의 이해 가능성이나 수용 가능성을 높일 필요가 있다. 회계에 관한 계속 교육이 필요하다. 그럼으로써, 이문화(異文化) 회계에 관한 이해와 수용을 할 수 있게 될 것으로 생각된다.

이상에서 살펴본 바와 같이, 우리나라의 회계문화가 생성되고 발전되어오는 과정에서 표기 수단으로서의 회계언어는 아득한 고대국가의 성립 시기부터 비롯되었다는 점에 접근하였다. 표기 수단으로서 생성된 회계언어는 비록 단식부기적인 성격의 회계언어였지만, 봉건주의 국가의 재정적 기록 수단으로서 지대한 역할을 수행하고 회계언어의 진화에 크게 이바지했음을 확인함과 동시에, 그것이 표준어로서의 회계언어인 사개송도치부법의 생성발전을 살필 수 있었다. 그것은 근대화 과정에서 서양식 복식부기의 도입으로 인하여 역사의 뒤안길로 사라졌으며, 전수된 서양식 복식부기 구조가 이문화 풍토에 뿌리내리고 국제화 시대의 이문화 회계시스템의 기본구조를 형성하였다. 글로벌화시대의 표준어로서의 이문화 회계언어인 IFRS로 발전적 진화가 이루어졌으나, 그에 대한 이문화적(異文化的) 대응 과제가 있음을 인식해야 한다.

③ 한국회계 문화사의 진화론적 특성

1. 문화의 진화원리

환경에 적응한다는 점에서 보면 인간은 자신이 처한 주변 환경에 도전하고 응전하면서 생존을 위한 환경을 조성하고 인류문화의 창조에 진취적인 정신을 지녔다. 그래서 인간은 주어진 환경에 적응하기 위한 신체상의 진화가 이루어졌고 대뇌의 발달과 직립보행의 적합한 신체 부분의 분화로 연상 능력과 성장 능력을 갖추게 되었다. 특히 구강 구조의 진화로 언어를 구사할 수 있게 되었음은 물론, 도구의 제작기술을 습득하게 됨으로써, 문자의 발명 등, 인류문화의 창조와 진화의 과정을 밟아갈 수 있게 되었다.

그래서 인간 생활에서 문화가 창조되어 활용될 수 있는 환경이 조성되었고 그에 따른 파생적 문화도 형성되어 점차적인 진화가 이루어졌다고 보게 된다. 이러한 문화의 진화 현상은 새로운 문화 요소의 발견이나 발명이 이루어질 때, 기존의 문화에 추가되면서 나타난다. 그리고 서로 다른 문화가 접촉함으로써 다른 문화 요소의 전파로 인하여 그것을 수용한 사회의 문화에 변화가 일어나는 경우가 있다. 어떤 문화 요소가 그 국가나 사회의 환경에 맞지 않을 경우, 그에 알맞은 문화 요소로 대치(replace)됨으로써, 문화의 변동은 일어난다. 더욱이 어떠한 문화 요소가 시간의 흐름에 따라 세대 변화가 이루어지면, 기존의 문화 요소가 전해지지 못하고 단절되거나 소멸하면, 그 세대에 적합한 문화유형으로 변화를 일으키게 되기도 한다. 문화가 한 세대에서 다음 세대로 이어지는 매카니즘이 유전되는 것이 아니라, 학습과 모방으로 형성되기 때문에, 문화의 진화는 국가나 그 사회의 환경요소에 따라 새로운 유형의 문화 소로 중화되어 나타난다는 것에 유념해야 할 것이다.124)

2. 진화론적 접근

회계제도에서 기대되는 기능은 경제주체가 합리적으로 행동할 수 있도록 하는 데 있으며, 사회적인 조화를 실현하는 것이다. 그리고 그것은 회계제도가 행동 주체의 사회적 조화에 합리적으로 공헌할 수 있도록 하는 데 있다. 관습에 따라 문화적으로 조건부의 제도적 행위나 기술적 발전과 같은 변화를 이해하기 위하여 경제 현상을 문화 현상으로 보는 사회적 다원주의(Darwinism) 진화와의 필요성을 주장한 니시베(西部忠)는 다양한 분석기법을 제도나 진화라는 기본개념과 관련시켜서 여러 가지 제도와 규범

---

124) 한상복·이문웅·김광억, 『문화인류학』(서울대학교출판문화원, 1995), PP. 101~102.

의 생성·도태·재생, 그리고 지식의 생성과 축적 등, 경제의 동태적 현상을 분석한 바 있다.125)

진화론의 기본적인 문제는 능력에 한계가 있는 인간이 되돌릴 수 없는 시간 속에서 어떻게 하여 복잡한 경제체제를 유지할 수 있는 것인가에 있다. 이러한 물음에 응하기 위하여 진화론은 「제도」가 사회적인 구조로서 인간의 행동을 감싸고 있다는 점에 주목할 필요가 있다. 진화론에서의 「제도」는 다수의 사람이 공유하는 규범(norm)과 규정(rule)의 결합체이다. 하나하나의 규범이나 규정(rule)은 사람들에게 어떤 상황에서 어떻게 행동해야 할 것인가를 지시하는 존재이다. 한정된 능력밖에 없는 인간 자신이 다양한 사회적 상황에서 어떻게 행동해야 할 것인가를 알려주는 지침이다. 이러한 진화론적 이해는 회계문화가 그러한 규범이나 제도로서 역할 할 수 있는 가능성을 시사(示唆)하는 것이라고 할 수 있다.126)

1) 발생·존속·변이의 진화론

진화론의 기본적인 논리구조는 발생과 변이, 그리고 존속에 따라 구성되어있다. 발생론에 이어서 변이와 존속에 따라 목적에 적합한 시스템의 생성과 다양성을 진화론은 수용하게 된다. 일정한 시점에서 목적에 알맞은 행동이 안정적 그리고 반복적으로 관찰될 때 진화론적 관점에서는 발생과 변이 그리고 존속의 논리를 중요시하게 되는 것이다. <그림 결-1>은 변이의 과정을 설명하는 발생의 논리와 도태나 보존과정을 설명하는 존속 논리와의 관계를 나타내고 있다. 그것은 발생론과 기능론의 분리를 특징으로 하고 있음을 인식해야 할 것이다.

<그림 결-1>에서 보이는 바와 같이 일정한 시점에서 목적에 들어맞는 행동이 안정적 그리고 반복적으로 관찰될 때 그 관찰 사실을 나타내는 실체를 시스템으로 설명하는 방법은 2가지이다. 그것은 진화론적인 구조에서 발생의 논리와 존속의 논리 2가지를 중시하는 두 시점에서 관찰하는 것이다. 그 의미는 관찰대상으로 하는 시스템 출현이 시스템의 존속 논리와 일치하지 않으면 나타나게 된다. 반대로 시스템 발생의 논리가 시스템 존속의 논리와 일치할 때는 나타나지 않는다는 것이다. 예컨대 시스템 발생이 경영자의 합리적 계산에 따라 이루어지고, 합리적인 계산이 시스템의 존속을 설명할 수 있다면, 진화론적 구조에 따라 얻어지는 새로운 것은 없다. 그렇지 않고 경영자의 직감적 행동으로 구축된 시스템이 그 운영과정을 통하여 경영자가 예견하지 않은

---

125) 西部忠,「進化経済学の現在」(好転雅明 編,『経済学の現在2』, 経済思想第2巻, 日本経済評論社, 2005), PP. 3~96.
126) 廣本敏郎·加登豊·岡野浩 共編,『日本企業の管理会計システム』(東京、中央経済社, 23012), PP. 264~265.

목적 합리성을 발휘하려고 하지 않은 경우, 발생 논리와 존속 논리를 설명하는 진화론적 구조는 유효하다는 것이다.[127]

<그림 결-1> 진화론의 기본적 논리구조

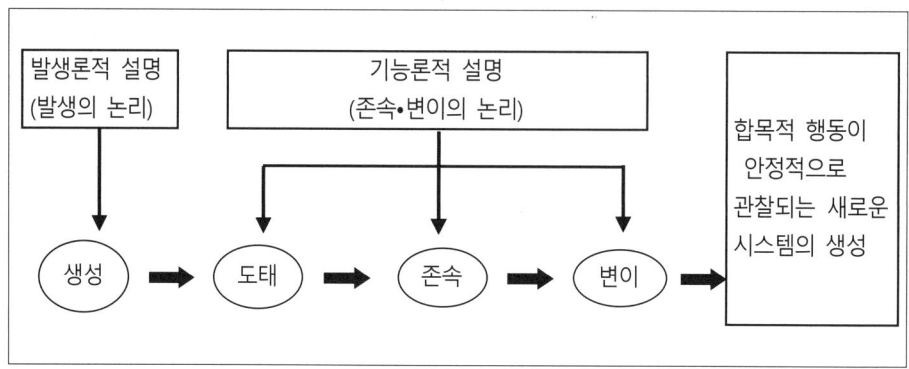

<자료 : 진화론적 접근에 따라 저자 작성>

2) 제도의 형식적 구조와 실질적 기능

진화론적 접근과 결부시켜 회계문화의 고유성에 따른 발전사적 분석을 하기 위한 기본구조가 제시되어 있으므로, 제도에 대한 이해도 가능하다. 그래서 제도를 「상황·목적·수단」의 화합을 통하여 파악하고 반복적인 행동이 제도에 의하여 재생산된다고 하는 견해를 갖게 되는 것이다. 제도의 구조적 특징은 존재론적인 수준에서 제도의 독립적 지위가 인정된다는 데 있다. 즉, 제도는 자명한 현실에서 존재의의가 있다고 보는 것이다. 행동주체로부터 비롯되는 제도는 특정상황에서 제도자체가 어떠한 이유에서 이루어져야 하는가를 나타내는 하나의 틀(型板: template)을 의미한다. 제도가 일정한 행위를 지배하고 있는 것처럼 보이는 것은 인간의 의지가 최소의 자원과 관련되어 이루어지기 때문이다. 그러나 제도화의 전망은 의지의 존재를 인정하고 의식적 행위의 가능성을 부정하지 않으며, 제도와 대립하는 의식적 행위에는 강력한 의지가 필요하지만, 제도의 공백 영역에서 자유의지는 스스로 표현할 기회를 얻게 된다.[128] 결국, 인간의 의지가 제도의 공백 상태에서 유효한 제도를 창출할 수 있게 한다는 것이다. 여기에서 인간사회제도의 발생과 존속·변이의 과정을 거치면서 사회규범(social

---

127) 상게서, PP. 267~269.
128) Brumson and Jacobsson, "A World of Standards," (Oxford University Press, 2000),

rule)의 진화가 진행된다는 사실을 인식하게 된다.
　따라서 사회적 제도는 상황과 목적 그리고 수단의 편성임과 동시에, 자명한 현실적 지위를 유지하고 있다고 한다. 「상황·목적·수단」의 편성은 제도의 형식적인 구조의 특성과 연관되어 있으나, 제도의 자명성은 실질적인 기능과 관련되어 있다. 제도의 형식적 구조가 실질적 기능과 일치하는가는 현실의 상호작용으로 확인된다. 그래서 형식적 구조가 정식화된 그 순간보다 형식적인 구조가 실질적 기능과 괴리(乖離)할 가능성이 있다고 보는 것이다.
　제도의 형식적 구조는 그 제도가 어떠한 상황에서 어떠한 목적을 위하여 어떠한 행동이 정당한가를 나타낸다. 그러므로 행위 주체는 제도가 자명(自明)한 상황에서 현혹됨이 없이 자연적으로 그 상황에서 행동할 수 있게 된다. 제도가 자명할수록 행위 주체는 자연히 적절한 행동을 할 수 있다. 사회적 규범론의 입장에서라기보다 인식론적 태도를 보인다는 것은 제도의 특성을 중요시하기 때문이다. 제도가 강하게 확립되어 있을수록 공기(空氣)처럼 의식하지 않게 되어버린다.
　그러나 공기와 같은 존재인 제도의 자명성이 어떤 이유로 손상되기에 이르면, 행동 주체는 그때까지 의식하지 못했던 제도에 위화감을 느끼게 되어, 이러한 상황에서 왜 행동하지 않으면 안 되는가를 인식하게 되는 것이다. 새로 설계된 제도를 도입하려고 할 때도 제도는 행동 주체로 의식된다. 결국 밝혀져서는 안 되는 존재가 되어버린다는 것이다. 제도를 인위적으로 구축하려고 하면서도 「상황·목적·수단」이라는 제도의 3요소는 명확히 의식하게 되는 것이다.
　제도의 형식적 구조는 제도가 자명(自明)한 경우에는 거의 의식되지 않지만, 제도가 새로 구축되거나 붕괴하여질 때, 즉 제도가 변화하고 있을 때 인식하게 된다. 그리고 제도나 문화를 개발하는 주체의 역할은 제도가 명시되어 있는 현실에서 당사자에게는 투명한 제도를 추출(抽出)하여 그 형식적 구조를 가시화(可視化)함과 동시에, 실질적 기능을 수행하게 하는 것이다.129)

3) 회계문화의 진화유형

　사회적 제도가 주어진 환경의 변화에도 불구하고 형식적 구조가 변하지 않은 모습으로 실질적인 기능을 발휘하면서 그 상태를 그대로 유지해가는 경우가 일반적이다. 이러한 제도나 환경을 일컬어 환경 적응형 제도(또는 문화)라고 한다. 회계문화(또는 회계제도)의 구조는 환경에 적응하면서 진화하기도 하지만, 환경이 변화함에 따라 다른 형태로 진화의 모습을 보여주기도 한다. 따라서 회계문화가 불변(不變)의 상황을 유지

---
129) 廣本敏郎·加登豊·岡野浩 共編, 前揭書, pp. 272~275.

하면서 이용목적이나 이용 방법의 변화를 전제로 할 때 단순한 환경 적응형의 진화와는 다른 변화가 이루어질 수 있음을 예상하게 된다. 이러한 환경 적응형과는 다른 진화 일부는 회계문화 시스템을 실제로 이용함으로써, 애초 계획하고 있던 이용목적이나 이용 방법과는 다른 이용목적과 방법을 발견한 것에서 비롯되었다. 환경 적응형 회계문화에 대치되는 회계문화의 유형을 창의 개발형(創意開發型)이라고 가상적 명칭을 부여하여 접근할 수 있다. 문화의 진화유형으로서의 창의 개발형은 환경 불변의 상황에서도 점진적인 진화가 이루어지는 매카니즘이다.[130]

환경 적응형 진화는 「변이·유지·선택」의 3가지 중에서 유지과정에 초점을 맞춘 개념형이다. 환경 적응형은 기본적으로 현상 유지를 통한 진화의 과정이라 할 수 있다. 일정한 제도의 기법을 채용한 경제주체(상인 또는 기업)는 시장경쟁에서 살아남기 위하여 환경에 적응하면서 진화하는 과정을 밟는다. 환경 적응형의 경우, 실제로 회계 제도가 활용된 이후에 진화의 선택이 이루어진다는 의미에서 사후 선택이라고 한다. 그리고 도태는 제도가 상호작용하게 되는 과정이며 직접적인 변이나 선택의 대상이 될 이유가 없고 현상 유지의 과정에서 나타난다.

창의 개발형은 현상 유지나 취사선택의 과정보다도 변이(變異)의 과정에 초점을 맞춘 진화의 유형이다. 창의 개발형은 잠재기능의 발현을 통하여 이루어지는 진화유형으로서, 제도의 실제적인 이용을 통하여 종래의 제도와는 전혀 다른 차원의 제도나 기법을 창의적으로 개발함으로써, 그 이전에는 의도하지 않았던 목적이나 이용법을 발견해가는 진화의 과정이다.

그것은 기본적으로 하나의 새로운 제도와 기법에 주목하여 그 변이의 내용을 목적 접합한 체계화를 구축하고 정합성을 증명할 수 있도록 유도해가는 과정에서 형성되는 것이다. 단순한 과거의 제도적 구조와는 다른 차원의 복합적인 새로운 제도로 진화되어 질서정연한 제도화가 구축되었음을 확인하게 된다.

전통적으로 생성되고 전승되어오는 과정에서 변화하는 환경에도 불구하고 그에 적응하면서 제도화를 이루었던 이른바 단식부기의 제도가 환경 적응형의 제도였다면, 그러한 상황에 숙명적으로 순응하지 않고, 혁신적 변이의 과정을 통하여 새로운 복식부기 구조로 승화되어 확립된 사개송도치부법이야말로 개성상인에 의하여 창의 개발된 진화의 유형임을 확인하게 된다.

분명 상술한 본론 부분에서 접근한 바와 같이 봉건적인 단식부기의 유형에서 복식부기 구조의 사개송도치부법으로의 진화는 한국회계문화의 창의 개발형 진화의 표본 유형이라고 보게 되는 것이다.

---

130) 환경 적응형과 창의 개발형의 2가지 유형은 회계문화의 진화론적 접근에 따라 설정한 가상적 유형임을 밝혀둔다.

3. 한국 회계문화사의 진화론적 특성

1) 한국회계문화의 형성과 진화과정

한국회계문화의 기원은 신석기 문명이 형성되고 원시사회 공동체의 경제구조가 형성되면서부터 태동하여 원시문명 사회로 진입하는 단계에서 진화의 과정을 거치면서 문자·숫자·사유재산권이 확립됨으로써, 유용한 도구로 승화되었음을 확인할 수 있었다. 그리고 그것은 원시문명 사회 이후 고대의 국가형태가 정립되어 질서 있는 통치구조가 이루어지게 되면서부터 인류의 경제생활에서 필수 불가결한 의사소통의 기술적 수단으로 활용되었으며, 나름대로 진화를 통하여 원기회계문화의 기원을 이루었다.

고고학적 발굴이 증명하고 있듯이 신석기 사회 말기에 이르러 인류는 결승기수(結繩記數)와 각계기수(刻契記數)라는 숫자와 셈법을 고안함과 동시에, 실물 계산단위를 사용하였다. 그것은 볏짚을 이용하여 수치를 나타내거나, 바위나 벽에 새겨 넣는 방식으로 거래의 내용을 표기함으로써, 원시적인 회계행위가 비롯되었다는 것을 의미한다. 본서의 제1장에서 서술한 내용이 이에 해당한다(제1장 참조).

우리나라의 민족문화가 명실공히 전통적 사회문화로서 자리를 굳히게 된 것은 단군조선이 건국(BC2,333)되면서부터이다. 고대국가가 성립한 이후 국가재정과 관부회계는 서로 밀접한 관계가 형성되었다. 산목(算木: 산가지)과 죽간(竹簡)을 이용한 정사(政事)의 기록은 산술기법이 활용되기 시작하면서 관부회계 부서의 역할에도 진화를 가져오게 하였다. 즉, 문자와 산술의 발명이 고대국가의 회계시스템에 새로운 변화를 일으키는 촉매작용을 했음은 물론이다.

고조선 시대에는 국왕을 보좌하는 관직 중에서 신지(神誌)는 재정경제와 문화 부문을 담당하는 행정관료로서 관부회계 부서의 수장이었다. 신지는 공부(貢賦) 등의 재정수입에 의한 재물을 보관·관리하는 부문과 기록 계산하는 회계 부문을 관장하였다. 신지는 그 밑에 사서(司書)라는 관직을 두어 관부회계의 종합계산을 1년마다 행하는 것으로 하였다. 월별 계산을 토대로 1년에 한 번, 종합적인 마감 결산(歲會歲計)을 했다. 왕조의 재정경제 전반에 관하여, 매일매일 검사하고, 월말 합산한 후, 1년 총계를 연말에 결산 회계를 단행함으로써, 정확히 왕조의 세입세출상황을 확인했다. 이러한 관부회계 부문의 서산(書算) 업무는 일성(日成)·월요(月要)·세회(歲會)의 3단계를 거쳐 이루어졌다. 즉, 관부회계는 생성 초기부터 일계(日計 = 成)·월계(月計 = 要)·세계(歲計 = 會)의 절차를 거치는 회계단위가 기본이었다고 한다. 본서의 제2장에서 전개한 내용이 이에 해당한다(제2장 참조).

고조선·삼한시대가 지나고 고구려·백제·신라의 삼국이 정립되면서 중앙정부의 재정적 출납 관리를 위한 국고회계 부문의 설정과 담당 관료의 배치가 이루어졌다. 특히 국가재정에 관한 부문은 중앙정부뿐만 아니라, 지방 관서에 이르기까지 공부(貢賦) 담당관을 두어 국가재정에 연관되는 관부회계 체제를 갖추었다. 이들은 부문별로 계(計)의 이름으로 일계(成)·월계(要)·세계(會)의 절차를 거쳐 보고하는 통로를 갖추어 실시하였음을 확인할 수 있었다.

동양 최고의 수학책인 「구장산술」이 우리나라에 전해진 것은 고조선 시대의 후기라고 하며, 삼국시대와 통일신라 시대에는 상당히 보급되어 일상적인 산술서로 활용되었고 교육용 교재로도 사용되었다고 한다. 신라의 국립대학인 「국학」에서 『산학박사(算學博士) 또는 산사(算士) 1인을 두어 철경, 삼개, 구장, 육장을 교재로 삼아 그들을 가르쳤다고 하며, 성덕왕 16년에는 행정관서에 산박사(算博士)를 임명하였다는 『삼국사기』의 기록도 있다. 따라서 삼국시대에는 이미 「구장산술」이라는 계산기법이 국가재정을 관장하는 관부회계의 기록계산 수단으로 활용되고 있었음을 확인하게 된다. 산사(算士)는 고대국가의 재정출납과 관리를 담당하는 회계관(會計官)을 의미하며, 오늘날의 회계사(會計士)와 같은 것이다. 그러므로 문자와 숫자의 출현은 회계를 생성시키는 기본요소로 작용했으며, 국가공동체가 형성되면서 국고 출납을 기록하고 재정적 계산·관리를 관장하는 국고회계(관부회계)가 우리나라 고대 회계의 시원(始原)임은 분명하다. (제2장 참조).

고려 시대는 왕건(王建)이 고려를 세운 AD 918년부터 마지막 임금인 34대 공양왕 말년(AD1392)에 이르는 475년간을 일컫는데, 이 시대의 회계환경은 단식부기에 의한 사회문화적 패턴이 형성되어 있었다. 문자와 산술기법 및 사유재산제도가 갖춰진 환경에서는 단식부기가 자연발생적으로 생성될 수 있으며, 아울러 화폐와 상업 및 신용 제도가 이루어지면, 단식부기를 발전시키고 복식부기가 생성될 수 있는 조건이 갖추어지게 된다. 그러나 복식부기가 생성·발전할 수 있는 가장 기본적인 요소로서의 「자본」과 수탁관리 제도가 확립될 수 있는 환경이 필요하게 된다.[32]

이들 기본요소 중에서 자본개념을 제외한 나머지 6가지 요소는 고대사회에서부터 존재하고 있었고 고려 시대로 전승되어 진화의 과정을 거치면서 발전했다. 다만, 고대사회에서의 이들 기본요소가 극히 단순하고 초보적인 수준의 것이었다고 하면, 중세의 고려사회에서는 불완전하면서도 어느 정도 진일보된 단식부기가 갖춰지는 과정에 있었다고 할 수 있다. 바꿔 말하면, 고려 시대의 사회경제적 환경은 단식부기 문화의 완성단계에까지 성숙하여 있었다는 것이다. 그렇다고 하더라도 이러한 기본요소만으로는 단식부기 수준 이상의 회계문화, 즉 복식부기 문화가 꽃피울 단계는 아니었음을 인식해야 한다. 왜냐하면, 중세의 고려사회에서도 경제적 자원으로서의 자본개념이 미성숙

---

32) 조익순·정석우, 『사개송도치부법의 발자취』(서울, 박영사, 2006), PP. 33~35.

한 단계에 머물고 있었기 때문이다. 다시 말해서 고대국가의 경우와 마찬가지로 고려 시대에서도 부(富)를 상징하는 재산개념만이 존재할 뿐, 생산성을 상징하는 자본개념은 등장하지 않았다는 점 때문이다. 그리고 수탁관리 시스템을 통한 회계 보고 제도가 확립되어 있지 않으면 안 되는 것이다. 복식부기가 생성할 수 있는 기본요소가 있었다고 하더라도 그것이 발전하기 위해서는 생산에 이용되는 부(富)로서의 자본개념이 필요하다. 그러므로 고려 시대에 자본개념이 미성숙 상태였다는 점 때문에, 복식부기 문화는 형성되지 않았다고 해야 할 것이다.

고려 시대에 이르러 단식부기 문화의 구성요소가 어느 정도 복잡하고 다양한 장부 기록의 수준으로 진화하기는 했으나, 그 이상의 부기 문화 수준을 벗어나지는 못했다. 자본개념의 미성숙뿐만 아니라, 경영의 수탁관리 제도가 확립되어 있지 않았으므로, 성숙한 단식부기 문화가 형성되어 있었지만, 그것이 복식부기 문화의 탄생으로 연결되지 못하는 이유는 『그 시대의 사회경제적 환경변화의 과정에서 사회구성원들의 다양한 사고방식이나 이해관계, 그리고 그들이 원하는 물품의 양과 사상의 질적 차이가 진화를 끌어내지 못한 시대사적 특성』33)때문이라는 것이다. 또한 복식부기의 7가지 생성 요소 외에 위임(委任: 代理人制度)도 복식부기 발생 요소의 하나라는 것도 고려할 필요가 있다. 즉, 다른 사람의 재산을 제삼자가 관리하고 그 책임을 명백히 밝히는 것은 복식부기를 탄생·발전하게 하는 하나의 중요한 요소가 된다. 고대 로마의 노예경제 시대에 「주인 계정」의 설정으로 책임소재를 명백히 밝혀 대리인과 주인과의 관계를 나타내는 「자본주계정」으로 진화하면서 자본주 부기로 발전했음을 고려하면, 「위임」도 복식부기의 생성·발전을 가져오게 하는 요소라고 할 수 있다.34)

고려 시대에 상행위의 「위임」에 의한 대리인제도나 「주인 계정」에 의한 출자자의 지분(持分)계산이 이뤄질 수 있는 환경이었는가에 대해서는 극히 부정적이다. 고려 시대의 사회경제적 환경은 고대사회보다는 진일보한 발전 면모를 띠고는 있었으나, 대리인제도가 등장할 만큼 상관습이 발달한 사회구조는 아니었다. 중세 유럽의 지중해 연안을 중심으로 상업 번성기에 「주인과 노예와의 관계」를 통하여 상업상의 모든 것을 노예에게 위임함으로써, 노예가 자본을 「주인 계정」에 기록하는 수탁책임 회계의 모델이 복식부기 탄생의 실마리가 되었으나, 이와 비슷한 시기의 고려사회에서 이러한 대리인시스템이 형성될 만큼 성숙한 환경은 아니었다. 고려사회에서는 생산성 있는 자본개념이나 대리인제도가 존재하지 않았으므로, 복식부기 문화로 진화하지 못했다. 그것이 단식부기의 기본요소이지만, 고대국가의 그것과는 차이가 있는 환경 적응형의 고급수준으로 진화된 것에 불과했다.

---

33) Littleton, A. C., "Acchounting Evolution to 1900," (New York, Russell & Russell, Reissued 1966), P. 16; 片野一郎 訳, 『リトルトン会計発達史』 (東京, 同文舘, 1973), PP. 28.
34) 岡本愛次, 「複式簿記法の形成に就いて」, 『經濟論叢』 第48卷 第3号, P. 132.

상업문화의 형성·발달은 건전한 상인사회가 지역적인 특성에 따라 형성되는 결과를 가져왔고, 이때까지 전승되어오던 단식부기 문화에 변화의 바람을 일으켰다. 화폐유통과 신용경제의 기반 위에 형성된 상업문화는 단식부기 제도를 복식 부기적인 기장문화로 진화할 수 있는 환경을 조성시켰다. 송상과 같은 상인집단에 의한 상업자본의 축적은 상업자본주의를 잉태하는 원동력이 되었다. 상업자본의 형성은 복식부기 문화의 생성과 발전을 가져오게 하는 기본적 요소로 작용하기 때문이다.

조선 후기 실학사상이 대두하고 대동법의 시행으로 사회경제적 환경은 변하였다. 부(富)의 증식을 낳는 자본개념(商業資本)과 상업사용인에 해당하는 차인 제도의 등장으로 부귀회계문화의 생성 8요소가 갖추어졌다. 이는 치부 회계의 진화가 이루어졌음을 뜻한다. 종래의 단식부기적인 상인회계문화가 조선 후기에 이르러 복식부기 회계문화로 진화되었음을 시사하는 것이다.

대동법의 시행으로 공인(貢人)이 등장하여, 종래와는 다른 상거래 활동이 일어났고, 농경사회의 생산력 향상으로 부농(富農)이 탄생하였고, 농업의 전업 화 경향이 나타났음은 물론, 사회적 분업이 형성되었다. 전국적인 화폐유통으로 화폐경제의 성장이 이루어졌으며, 부상대고(富商大賈)의 등장은 상업자본이 축적되는 기회로 작용하였고 생산 부문에 투자할 기회를 새로 만들었다. 수공업 부문에서의 상인자본에 의한 선대제(先貸制)가 출현하였고 선진적인 유기공업에는 매뉴팩처 경영시스템, 그리고 광업 부문에서의 덕대(德大)에 의한 전문경영인의 출현 등은 자본주의적 생산체제의 싹을 전망하게 되는 환경변화가 일어났음을 의미한다.

위탁경영시스템을 활용하여 차인 경영을 시도함으로써, 대리인과 주인과의 관계를 나타내는 기장(記帳)문화로 진화시킨 개성 상인들의 창의개발형 지혜는 사개송도치부법이라는 복식부기 제도의 창안을 가져오게 하였다. 전승되어오던 단식부기 문화에서 복식부기 문화로 진화되는 환경변화가 이루어졌다는 것이다. 송방이라는 전국 지점망을 통하여 전개된 차인 제도는 출자자의 지분계산을 전문경영인인 차인이 관리하고 그 책임을 명백히 밝히는 책임회계제도가 조성되었다. 실학사상이 발흥하고 민중 의식이 점진적으로 계몽되면서 다양한 변화가 사회경제적으로 나타난 것이다. 조선 후기의 사회경제적 환경변화 속에서 사회구성원들은 봉건 경제의 사고방식이나 이해관계는 물론, 시대사적 사상의 질적 차이가 진화를 끌어내 새로운 회계환경이 조성될 수 있는 상업자본의 형성과 상업 자본주의적 새싹을 발아시켰고, 개성 상인들에 의한 창의 개발형 복식부기로의 진화를 끌어냈었다. 그 후에 한국의 회계문화는 근대화의 과정을 거치면서 서양식 복식부기 문화의 도입으로 새로운 신기원을 맞이하게 되었으며, 점차 산업사회로 진입함으로써. 산업자본을 기반으로 하는 다양한 기업회계문화로 진화되어 갔다. 이윽고 국제화의 시대가 도래하였고, 그에 부응할 수 있는 국제회계시스템(IFRS)이 도입됨으로써, 세계 기업활동에 수용 가능한 기업회계문화의 구축이 이루어지게 되었다.

이러한 한국회계문화의 기원과 시대사적 진화의 과정을 정리하여 <그림 결-2>와 같이 나타내었다.

<그림 결-2> 한국회계문화의 역사적 지평 (기원 및 전개 과정)

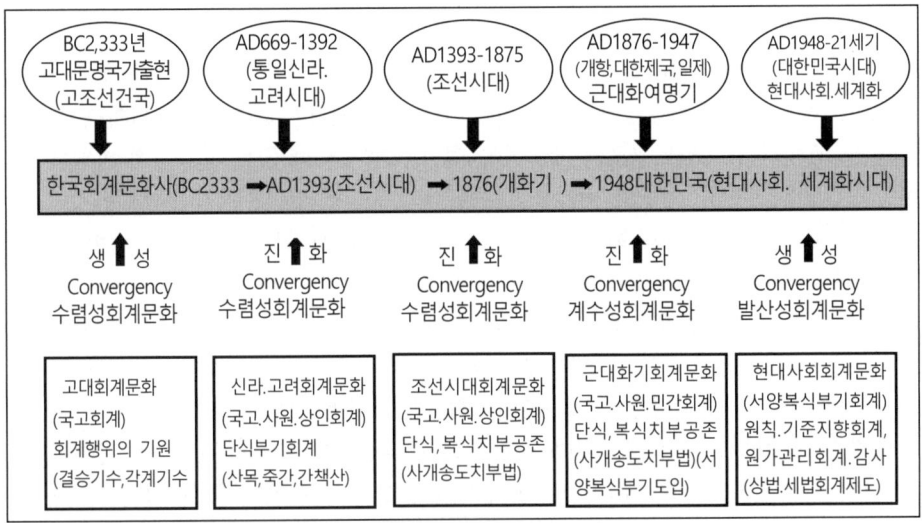

<자료 : 고문헌 회계자료의 분석 결과에 기초하여 정리함. 저자>

2) 한국회계 문화사의 진화론적 특성

(1) 한국 부기 문화의 생성사적 특성

인류가 숫자적 정보를 기록하여 전달 방법을 고안해낸 것은 신석기시대에서부터 비롯되었다고 한다. 인류가 사냥하고 채집할 때는 뼈(骨)나 돌에 새기는 기록 방법이 고작이었지만, 농경법을 터득하고 식량 생산을 시작하면서부터는 새로운 숫자의 표현에 의한 기록계산 방법이 고안되었다.

세계 문명의 발상지인 큰 강 유역에서 인류는 BC8,000년부터 BC3,000년경에 이르기까지 신석기 문명사회를 이루어 인간다운 삶의 영역을 개척하기 시작하였다. 특히 한(韓)족이 조성한 한강 문화권과 맥(貊) 족의 근거지였던 요하유역을 중심으로 전개된 요하문명권은 우리 조상들이 삶의 터전을 이뤘던 신석기 문명의 요람지였다.

따라서 원시사회의 진화된 경제구조가 결국 기록계산을 하도록 유도했으며, 인류의 원시적 회계행위의 진화를 촉진했고, 점차 복잡화되는 경제 관계를 반영할 수 있는 과정을 거쳤다. 구석기시대의 중・후기에 간단한 계량・기록의 부호 사용, 신석기시대에 이르러 회도기사(繪圖記事)와 각계기사(刻契記事) 등, 비교적 진화한 표현 방법이 출현하였다. 더욱이 신석기시대의 후기에는 각계기사(刻契記事) 방법의 진전이 있었고, 청동기문화 시대에는 결승기사(結繩記事)의 방법이 이용되었다. 특히 원시사회 말기의 경제적 서계(書契: 이는 원시 계산판・원시 장표라고 지칭되는 것임.)방법은 이 시대의 독특한 회계행위를 진화시킨 서막이었다고 볼 수 있는 부분이다.

인류 최초의 회계행위는 문자의 생성 이전부터 비롯되었다고 할 수 있으나, 회계다운 특성을 보여주게 된 것은 문자 생성 이후이며, 그것은 인류의 원시 산술행위의 발생과 그 궤(軌)를 같이한다. 인류 최초의 계량기록 행위는 원시사회 공동체의 경제 관계를 위한 것이었다. 따라서 인류 최초의 회계행위와 원시적 산술행위는 인류의 원시 회계행위와 원시적 문자・숫자・산술행위와 밀접하게 연관되어 있다고 할 수 있다. 그뿐만 아니라, 회계행위는 인류의 물질문명사(物質文明史)에서 유구한 역사를 장식하고 있다.

인류의 원시적 기록계산행위는 문자와 숫자 및 산술행위와 밀접한 상관관계를 갖고 있으며, 간단한 각기(刻記)・결승기사(結繩記事)와 비교적 진보한 각계기사(刻契記事), 그리고 원시사회 말기에 출현한 경제적 시계(書契) 기록 방법의 싹(萌芽)은 원시 회계 태동단계의 형태와 진화의 모습이다. 원시 회계행위가 형성된 것은 신석기시대의 말기 또는 문명사회 초기에 이루어졌다고 할 수 있다. 그러므로 여기서 우리는 그것을 원시적 기록계산행위라고 명명하였고, 이 시대의 회계행위야말로 인류 회계문화사에서 회계행위의 태동단계라고 보았다.35)

최초에는 사적(私的) 점유 재산권이 아직 형성되기 전이었기 때문에, 그 당시 사람들의 계산기록과 수지계산의 목적은 첫째, 실제의 생산상황을 파악하고 유지하기 위한 것이었고 둘째, 합리적인 분배를 행하기 위한 것이었음은 물론, 공동의 생존을 위한 것이었다. 원시사회 공동체의 생활 수준이 향상되면서 사적(私的) 점유 재산권이 형성된 이후에는 부락공동체의 공유부분은 계량기록에 의한 수지계산을 행하였고, 경제적 생산・분배・교환과 재물의 비축 관계를 파악하여 부락 공동체의 경제적 발전을 추구했다. 그리고 가족공동체의 경우는 기록계산에 따라 사유재산의 수량과 그 재산소유권의 보호와 사유재산의 증식을 위해 노력했던 것으로 볼 수 있다.

선사시대의 회계행위는 원시사회 공동체의 경제구조가 형성되면서부터 태동하여 문명사회로 진입하는 단계에서 진화의 과정을 거치면서 문자・숫자・사유재산권의 확립으로 유용한 도구로 승화되었음을 확인하게 된다. 그리고 그것은 원시문명 사회 이후 고대사회의 국가형태가 정립되어 질서 있는 통치구조가 이루어지게 되면서 인류의 경제생활에서 필수 불가결한 의사소통의 기술적 수단으로 활용되었고, 진화를 통하여 원

---

35) 郭道揚 著; 津谷原弘 訳, 前揭書, PP, 37~38.

기회계문화의 시원(始原)을 이루었다고 할 수 있는 것이다.

따라서 우리나라 최초의 고대 문명국가인 고조선 시대에 있어서 회계문화의 기원은 고대국가의 경영과정에서 싹이 트고 국고회계로 발달하였다는 것이 유력한 단서이다. 국가를 운영하고 관리하는 과정에서 재정적 수지(收支) 관계를 다루는 부서에 따라 국고 관리를 위한 서산(書算)으로서의 회계적 용어와 기장 방법이 고안되었을 것이다.

이러한 관점에서 고대 문명국가가 형성된 이후의 우리나라 고대사회의 회계 문화적 특징은 국가재정 부문의 국고 회계문화에 표출된 특징과 민간공동체 부문의 회계문화에서 나타난 특징으로 구분할 수가 있다. 전자의 경우는 한문 형식으로 표기되어 있다. 이는 고대 문명국가의 형성으로 인접국인 중국의 고대국가와 교류하는 과정에서 한문자(漢文字)를 도입하여 기록함으로써, 비롯되었다. 지금까지 전해지고 있는 제2장의 <표2-11>에서 볼 수 있는 「신라장적 연간」(新羅帳籍零簡)이 이를 고증해주고 있다. 그런데 이 계장(計帳)도 이두 문자로 표현된 부분이 있는 것으로 보아 고대사회의 기록문화의 대부분이 이문자를 통하여 표현되었다고 볼 수 있다. 그리고 후자의 경우는 한문자의 사용을 하고는 있으나, 우리나라 고유의 이두문자와 함께 혼용하고 있는 것이 특징이다. 이는 고대사회 문화의 발달로 다양한 민간부문의 공동체가 출현함으로써, 공동체별 기록계산을 고안하여 사용하는 과정에서 이루어진 것이다.

이러한 시대사적 관점에서 제2장에서 살펴본 바와 같이, 고대 문명국가의 각 왕조가 창출한 관부회계 제도는 각 왕조의 전성기에 견고하게 갖추어졌다. 이는 우리나라 고대 봉건주의 시대의 관부회계 부문 형성의 초보적 단계에서 왕조별로 발전과정을 거쳐 국력 신장의 기본적 시스템으로 정착되었음을 의미하는 것이다. 환언하면, 각 왕조의 군주는 전국의 경제를 자신의 지배하에 두기 위하여 국고회계의 관리시스템을 설치하였으며, 중앙정부에서 지방 관서에 이르기까지 재정관리에 필요한 초보 단계의 회계적 통치기구를 장착시켰다고 볼 수 있다.

따라서 우리나라 거대회계문화의 기원은 국고회계에서 비롯되어 민간부문의 상업회계문화와 사찰회계문화의 순서로 그 영역이 넓혀졌다. 또한 회계는 기록계산과 분석을 기본으로 하는 전문성을 지닌 기술이라 할 수 있으므로, 이 시기의 회계에서도 그 전문성을 갖춘 산관(算官) 제도가 존재하고 있었음은 필연적이었다고 해야 할 것이다. 그뿐만 아니라, 고대사회에서 쓰인 여러 가지 문자 중에서 이두문자가 회계용 문자였음은 특이한 형상이라 할 수 있다. 이러한 환경에서 생성하고 진화의 길을 거치면서 고대 회계의 계산시스템은 상술한 바와 같이 일계(日計·成)와 월계(月計·要)의 과정을 거쳐 세계(歲計·會)로 마무리 짓는 감부회계(勘簿會計)의 특성이 있는 회계문화였음을 인식하게 된다. 오늘날의 현대회계가 지닌 1년 단위의 회계기간을 전제로 하는 회계시스템과 전혀 손색이 없는 제도였다는 점에서 고대 회계문화가 가진 또 하나의 특성으로 지적할 수 있는 부분이다.

그런데 리틀튼 교수가 제시한 회계 발생 요소에 따르면, ① 서법 ② 산술 ③ 사유재산제도만 조성되어 있으면 단식부기 문화를 생성시키는 요인은 충족시킬 수 있다고 했다. 그리고 ④ 화폐 ⑤ 상업 ⑥ 신용이 추가로 갖춰지게 되면, 단식부기를 발전시킴과 동시에, 복식부기를 생성시키는 요인으로 작용하게 된다는 것이다. 한국 고대사회의 회계문화에는 이상의 여섯 가지 요소가 모두 갖춰져 있는 것으로 고증되었다. 다만, 자본개념이 미성숙 단계에서 사유 재산적 부(富)의 개념에 머물고 있어서 진일보한 회계문화가 생성될 수 있는 단계에는 아직 이르지 못한 환경이었음을 감지하게 된다. 결국 거대 회계문화는 단순한 감부회계(勘簿會計)의 범위 안에서 형성된 단식부기 문화가 그 전부였음을 부인할 수 없다. 그것은 중세의 고려 시대나 근세의 조선시대의 전기에 이르기까지도 자본개념의 미성숙 단계에 머물러 있었으며, 상업 자본주의적 태동이 시작되고 자본개념의 성숙과 위탁경영제도가 이루어진 것은 조선 시대 후기에 이르러서였다.

(2) 한국 부기 회계문화의 진화론적 특성

통일신라 시대의 문화적 유산을 이어받은 고려는 호국불교의 국정지표 위에 형성된 봉건국가로서 제3장 <표3-2>의 불국사 탑 중수 보시 문서(AD742~1,024)는 불교사회의 단면을 엿볼 수 있는 기록문서의 하나이다. 이 서류는 한문자의 바탕 위에 이두 문자의 표현을 가미한 기록계산서이다. 정확한 회계문서는 아니지만, 당시에 사원회계가 존재했음을 추정할 수 있는 소중한 자료이다.

고려 시대의 국고회계는 공안(貢案: 수입 항목)과 횡간(橫看: 지출항목)을 설정하여 수지계산 구조를 갖추었다. 조세를 비롯한 각종 공부(貢賦)가 수입원으로 되어 있고 관원이나 병사의 급료와 각종 지출 비용으로 구성된 관부회계는 국가기관인 호부와 삼사에서 총체적으로 관장하는 구조적 특성이 있다. 관부회계 역시 한자와 이두 문자가 혼용된 기록계산구조로 이뤄져 있는 것도 특이하다. 이 시대에 이두 문자로 표기된 회계의 기장부호를 보면, 「上(받다)」・「捧上(받자)」・「下(주다)」・「貸下(대주다)」 「去(치른다)」 등이 그것이다. 이처럼 고려 시대에 이두 문자가 기장부호로 활용되고 있었음은 물론, 서민들이 일상생활이나 상거래 내용을 기록 계산하기 위한 수단으로 활용하였다는 것은 특기할 만하다. 그것은 전통적인 기장부호와 더불어, 단식부기의 체계를 갖춘 기장부호로 정착되어 새로운 회계기법의 진화에 크게 이바지했을 것이다.

고려는 중앙집권체제를 갖춘 봉건주의 국가였으므로, 국왕을 정점으로 하는 관부조직이 형성되어 있어서 왕명 출납이나 국가재정의 수입 지출이 체계적으로 관장되었다. 그뿐만 아니라, 어사대(御史臺)가 국가재정 및 회계 감찰권을 행사하여 회계감찰과 감사・감독을 실행함으로써, 국가재정의 건전한 운영을 시행토록 했다는 점이 돋보인다. 이처럼 어사대에 회계감찰부를 두어 관부회계의 진실공정을 감시하고 산관(算官)의 부정을 감시하는 기능을 갖춘 회계감사제도가 있었다는 특색을 발견하게 된다.

이러한 단식부기시스템은 조선 후기의 사회경제적인 환경변화가 부기 회계문화의 획기적인 진화를 일으키게 하였다. 이 시기의 사회경제적 환경은 복식부기의 생성요인 8요소가 완전히 갖추어지기에, 충분한 변화가 이루어졌다. 그것은 문자·산술·사유재산·신용·화폐·상업·자본 등의 기본요소가 모두 갖춰진 회계환경이었음을 뜻한다. 이 외에도 위임(委任: 代理人制度)이라는 복식부기의 생성 요소도 시대 상황에 부응하여 발생한 사실이 확인되었다. 다른 사람의 재산을 제3자가 관리하고 그 책임을 명백히 밝히는 위탁경영제도는 복식부기를 탄생·발전시키는 하나의 중요한 요소이다.

조선 후기에 이르러 대동법의 시행으로 조세의 금납화가 이루어지고 개성상인에 의한 상인자본이 축적됨으로써, 부(富)의 증식을 낳는 자본개념이 형성되었고, 전국의 지점망인 송방을 설치하여 상업대리인제도를 확립함으로써, 상업사용인에 해당하는 차인 제도에 의한 위·수탁 경영시스템을 활용하여 정기적인 회계 보고를 제도화하여 부기 회계문화의 진화를 끌어냈다. 리틀톤 교수가 언급한 부기생성 8요소가 갖추어진 전통적 부기 회계문화의 진화가 비로소 이루어졌음을 의미한다. 종래의 단식부기적인 상인회계문화가 조선 후기에 이르러서야 복식부기 문화로 진화되었다는 것이다.

이를테면, 유럽의 중세 지중해 연안을 중심으로 상업이 번성하던 시기에 「주인과 노예와의 관계」를 통하여 상업상의 모든 것을 노예에게 위임함으로써, 노예가 주인으로부터 받은 자본을 「주인 계정」에 기록하여 수탁 책임회계의 기본모델이 복식부기 탄생의 실마리를 제공했다는 사실(史實)에서 볼 수 있다. 시기적으로 차이는 있으나, 17·8세기의 조선 사회에서도 부(富: wealth)의 증식을 위한 생산성 있는 자본개념과 상업대리인제도에 의한 수탁 책임회계제도가 등장함으로써, 복식부기로의 진화를 통한 새로운 회계문화의 효시(嚆矢)를 장식할 수 있었다.

이 시기는 종이(韓紙)가 다량으로 생산·공급되었으므로, 지필묵(紙筆墨)에 의한 기장 방법과 장부조직체계를 갖출 수 있는 사회환경이었다. 단식부기의 기장체계에서 복식 부기적 기장체계로 진화한 장부조직을 갖춘 회계문화가 형성되었다. 이 무렵에는 전국적으로 화폐유통이 이루어지기 시작했기 때문에, 경향 각지의 장시(場市)에서는 상거래가 활발하게 이루어지게 되어 신용거래가 발달하였으며, 비망적 기록이 필요하게 되었다. 이러한 비망기록을 기장 내용으로 하는 인명계정 장부 체계가 갖춰지게 되었다. 현존하는 최고(最古)의 사개송도치부법의 기장체계 중 타급장책(他給賬冊)·외상장책(外上帳冊)이 인명계정의 형태를 띠고 있다는 것은 이를 입증한다.

17·8세기에 이르러 신용거래와 그에 기반을 둔 대체기장(對替記帳)은 점차 확대되었으며, 인명계정 이외에도 상품계정과 같은 물적계정(物的計定)은 물론, 수입이자·경비(經費)와 같은 명목계정(名目計定)에 이르기까지 그 기장 범위가 확대되었다. 기

장형식도 좌우 대조 기록형식으로 거래내용이 표기되었다. 이른바 복식기입의 체계를 갖춘 기장형식을 갖추게 되었다. 최초에는 단독 계산의 기장체계였으나, 점차 연도결산의 관습적 기록계산을 하는 장부조직으로 진화되었다. 한해 사이에 이뤄진 거래내용은 일계(成)·월계(要)·세계(歲計)의 기장 절차를 거쳐 연말에 종합적으로 최종결산을 하게 되는 회계임을 의미한다. 그러한 복식 기장체계를 갖춘 한국 고유의 부기 회계문화가 비로소 성립되었음을 방증한다.36)

이는 개성상인 등에 의하여 창의 개발된 사개송도치부법의 체계적 기장체계를 일컫는 것이다. 이 사개송도치부법의 기원은 학자에 따라 다르게 주장되고 있으나, 확실한 근거에 의해 밝혀진 것은 아직 없는 상태이다. 최초로 『실용 자수 사개송도치부법전』(AD1,916)을 저술한 현병주도 그 기원에 대해 언급을 하지 않았다.

그런데 일본인 오오모리(大森研造) 교수의 논문에 의하면, 『모든 학설과 제도는 우연히 발생하는 것이 아니고, 반드시 그 유인(誘因)이 있어야 한다. 이탈리아는 복식부기를 생성시킬 수 있는 유인이 있었으나, 고려(高麗)는 문화와 상업이 발달하였다고 자화자찬할 뿐, 실질적으로 보면 중국의 모방문화를 가지고 있어서, 자체적 필요에 의한 복식부기의 창조를 초래할 유인이 없었다.』37)고 개성부기의 고려기원설을 부인하였음을 볼 수 있다. 또한 히라이(平井泰太郞)교수도 개성부기의 고려기원설에 대하여 동의하지 않는다고 하면서 그 기원이 조선 시대 초기의 기원설도 부인하고, 그것은 개성 상인들이 영업상 필요 때문에 창조 개발된 것으로 가정한다고 언급하였다. 그는 실증연구의 자료로 수집한 1854년의 치부 문서를 근거로 하여 개성부기의 기원에 대한 견해를 피력했던 것으로 보인다.38)

이처럼 오오모리(大森研造)처럼 개성부기를 연구한 학자 중에는 고려 시대 기원설은 물론, 중국 전래설이나 기독교 전래설을 모두 허구라고 부정하면서 조선시대기원설을 주장하는 학자도 있었다. 조선총독부 시기에 일본인 회계학자들의 개성부기 연구는 열광적으로 진행되었으나, 실증적인 접근과정을 통하여 서양 부기보다 앞섰다는 논리가 허구로 입증되면서, 개성부기에 대한 열정이 식어버리고 말았다.

---

36) 한국 고유의 복식부기 기원설은 일반적으로 4가지로 언급되고 있다. ① 고려 시대 기원설, ② 조선시대기원 설, ③ 기독교 전래기원설, ④ 중국전리설 등이 그것이다. (이정호 외, 『한국기업회계제도의 발달과 그 전망』, 서울대학교경영대학 회계학연구센터, CAR Monograph No. 1, PP. 17~18). 이 중에서 본서의 복식부기 생성 요소 및 사회경제적 환경요인을 분석한 결과에 따르면, 조선시대기원 설이 가장 합리적인 학설이라고 할 수 있다.
37) 大森硏造, 「開城簿記の起源に就いて」」(『經濟論叢』第14卷第1号, 1922), PP. 236~237.
38) Hirai, Yasutaro, "Organische 'Vierfache' Buchhaltung in Kaizo, Chosen (Korea) oder Chike-Songdo -Chibu. Ein Beitrag zur Entstehungs-Geschichte des Buchungswesens sowie des Dualistischen Gedankens der Buchhaltungstheorie, (Zeitschrift Für Betriebswirtschaft, Jg. Ⅲ. Heft 8, Berlin, SS. 623~624<神戶大學經營學硏究室 編, 『平井泰太郞經營學論集』, 東京, 千倉書房, 1972, PP. 412~452(收錄)>

대한민국 정부가 수립된 후에 또다시 개성부기의 고려 시대 기원설을 주장하는 학자가 등장하였다. 그러나 그들 역시 고려 시대의 회계문서를 실증자료로 제시한 자는 하나도 없고, 일본학자들의 논리를 그대로 답습하여 전개한 논리에 불과했다. 원래 학술적 연구는 사실에 입각한 진실성을 추구하는 것이지, 실증자료를 제시하지도 않고 심증만으로 이루어져서는 안 된다. 확실한 실증자료 없이 논리를 전개한다는 것은 허구(虛構:fiction)에 불과하기 때문이다.39)

사개송도치부법의 기원설은 사개치부 문서의 존재가 어느 시기까지 소급할 수 있는가에 따라 실증적으로 접근해야 한다. 조선 시대 후기인 1700년대 후반기에 작성된 사개치부 문서가 가장 오래된 것이므로, 그보다 더 소급할 수 있는 회계문서가 나오기까지는 사개송도치부법(개성부기)의 기원은 그 시점에 한정될 수밖에 없다.

한국 회계사를 연구하는 경우, 실존하는 고유의 고문서를 토대로 연대별 실증분석을 행하고 거기에 나타난 사실에 근거하여 접근하거나, 시대사적 관점에서 회계문화 사의 접근을 시도함으로써, 한국 고유의 개성부기 기원설을 논증해야 할 것으로 본다.

리틀톤(A.C. Littleton)교수가 언급한 복식부기의 생성요인에 근거하여 접근한 중세고려시대의 회계 문화사적 환경은 복식부기가 생성할 만큼 성숙하지 못한 단식부기 문화의 경제사회였다는 것을 입증하게 된다. 제3장의 <그림3-1>은 그 사실을 정리한 중세고려시대의 단식부기 문화 형성모델이다. 이것은 단식부기를 생성시키는 기본요소인 서법・사유재산・산술과 더불어, 단식부기를 발전시키고 복식부기를 생성시킬 수 있는 요소로서의 상업・신용・화폐가 갖춰져 있음은 입증되었으나, 최종적인 자본(資本) 요소와 대리인 회계제도가 등장하지 않았다는 근거이다. 그러므로 고려 시대는 개성부기와 같은 복식부기 제도가 생성될 수 있는 환경이 미성숙한 사회였다고 보게 된다. 싫증 가능한 그 시대의 회계 고문서가 없는 상황에서 시대사적 환경분석은 개성부기의 고려기원설이 허구적(fictional) 발상이라는 것을 입증하고 있다.

이러한 한국 부귀회계문화의 시대사적 전개 상황을 모두 종합하여 정리해보면, <표 14-3>에서 보이는 바와 같다.

---

39) 제3장에서 언급한 주석의 내용을 그대로 재인용 한다. 윤근호 교수가 『한국 회계사 연구』(1984)에서 「고려 시대에 대외무역이 가장 번성한 시기로서, 사개치부법이 생성된 것으로 추측되는 시기는 서양의 복식부기가 발생했다는 시기보다 약 200년 앞서고 있다」(Ibid. P. 244)라고 하여 역시 고려 시대 기원설을 주장했을 뿐만 아니라, 무모하게 개성부기의 서점가능성(西漸可能性 : Ibid. PP. 261~294)까지도 제시한 바가 있다. 그러나 그의 주장은 실존 장부의 검증도 없이, 당시의 복식부기 발생 요인에 대한 회계 문화사적 환경론의 검증도 하지 않은 채, 추상적인 논리에 의존하고 있어서, 허구(虛構: fiction)라고 하지 않을 수 없다. 서양의 복식부기 기원설은 고대 로마 시대로 거슬러 올라가기도 하며, 이탈리아의 피렌체에서 AD1,211년에 작성되었다는 회계장부가 아직도 그곳 문서보관소에 소장되어 있음을 고려하면, 파치올리(Lucas Pacioli)의 저서보다 200년 앞섰다는 그의 사개치부법 고려 시대 기원설은 신중하지 못한 주장이며, 後學들에게 혼란만 주어 왜곡된 역사관을 같게 하는 결과를 초래하였다.

<표 14-3> 역대 한국회계문화의 시대사적 전개 상황

각 국가사회의 회계 관련 사항		한국 회계문화사에서의 역대 국가별 구조적 특징					
1. 한국의 고대 문명국가		고조선 (삼한)	고구려 (부여)	백제	신라 (발해)	고려	조선
2. 시대구분		BC 333 ~BC180	BC 37 ~AD668	BC18 ~AD660	BC57 ~AD935	AD918~ AD1,392	AD1,393~ 1,910
3. 한국회계문화의 효시		역대 왕국 및 군주제의 성립·조세제도 확립·경제구조의 형성 (민간회계·상업 회계 및 국고회계의 생성)					
4. 경제실체	국가재정(국고회계 (비영리)	1	1	1	1	1	1
	사회공동체Ⅰ(농·상·수공업) 상거래회계 (영리성)	2	2	2	2	2	2
	사회공동체Ⅱ : (寺刹, 家計) 사원회계·가계회계(비영리)	3	3	3	3	3	3
5. 회계전문가 제도 (산학박사·算官·算員·算士·會士·計士)		있었음 (有)	있었음 (有)	있었음 (有)	있었음 (有)	있었음 (有)	있었음 (有)
6. 회계의 생성요소	(1) 서법 ① 갑골문자	○(鹿圖文字)					
	② 상형문자	○(眞書)	○				
	③ 가림토정음 38자	○					
	④ 한문자	○	○	○	○	○	○
	⑤ 이두문자	○ (吏讀)		○ (鄕書)	○ (鄕札)	○ (吏讀)	○ (吏讀)
	(2) 산 술 (九章算術 등)	○	○	○	○	○	○
	(3) 사유재산제도	○	○	○	○	○	○
	(4) 화 폐	○	○	○	○	○	○
	(5) 신 용	○	○	○	○	○	○
	(6) 상 업	○	○	○	○	○	○
	(7) 자 본	△	△	△	△	△	△
	(8) 위임 (대리인제도)	△	△	△	△	△	○
7. 역대 한국회계문화의 구조 (회계의 기장 형태)		단식부기	단식부기	단식부기	단식부기	단식부기	단식부기 복식부기

<자료: 한국·중국의 古書 및 史料를 섭렵·고찰하여 저자가 정리>

(3) 기업회계문화의 글로벌화 대응

① 재무 보고의 글로벌화

지역경제 주의가 팽배하던 시대에는 나라마다 서로 다른 회계시스템을 보유하고 있었다. 그런데 20세기 후반부터 경제 국제화의 물결이 밀려왔다. 다국적기업이 출현하고 전 세계가 지구촌 시대를 맞이하게 되었다. 특히 우루과이 라운드(UR)가 체결되고 세계무역기구(WTO) 체제가 확립되면서 기업의 경영활동은 글로벌화를 촉진하였고, 세계시장이 하나로 통합되었음은 물론, 금융시장의 통합 움직임은 세계화의 속도에 박차를 가했다. 이렇듯 모든 시장구조의 세계화와 더불어 기업 재무 보고 제도의 글로벌화도 추진하지 않을 수 없는 시대가 되었다.

이처럼 지역경제 주의에 입각한 로컬리즘 회계시스템 운영체제에서 글로벌모델을 고려하지 않을 수 없게 만든 회계시스템의 세계화 요인이 부각되었다. 그것은 다음과 같은 4가지 요인으로 정리해 볼 수 있다.40)

첫째, 영국의 대처리즘과 미국의 레이거노믹스로 표현되는 신자유주의경제의 출현이다. 영국 및 미국의 경제가 시장경제 논리에 입각한 구조조정이 성공하여 경제위기를 벗어났으며, 세계무역기구의 출범은 경제적 글로벌화의 속도를 가속화시켰다. 신자유주의경제는 국가자본주의 대신에 시장 자본주의가 확산하는 결과를 가져왔다. 한국을 비롯한 중남미, 동남아시아 등, 여러 나라가 금융위기로 국제통화기금(IMF)의 구제금융을 받게 되었고, 그 조건으로 글로벌 스탠다드를 수용하게 되었던 것도 경제글로벌화의 중요한 요인으로 작용하였다.

둘째, 세계증권시장의 성장과 그 결과로 인한 파급효과이다. 신자유주의경제로부터 시작된 유럽연합(EU)의 민영화 추세와 미국의 기업공개 추진으로 주식보유의 대중화, 연기금의 시장참여로 인한 개인의 증권시장에 관한 관심이 고조되었다. 높은 투자수익률로 인한 뮤추얼펀드 산업의 활성화 등, 증권시장의 성장에 따라 자산의 증권화, 파생상품의 출현, 주식옵션과 종업원지주제의 활성화 및 글로벌 자본이동 등의 파급효과로, 글로벌화의 물결이 더욱 높아지게 되었다.

셋째, 다국적기업의 출현에 의한 자발적인 글로벌화(globalization)의 추진이 이루어졌다. 지속 가능한 국제경쟁력을 확보하려는 다국적기업들은 글로벌자원에 의존하고 있으므로, 형식적 조화화(de jure harmonization), 즉 규제의 조화 이전에 실질적 조화화(de facto harmonization), 즉 실무의 일치에 따른 비교가능성이 증대하였다. 결과적으로 유럽연합(EU) 여러 나라가 주식상장기업의 연결재무제표에 대하여 국제회계기준(IAS)을 적용하는 국제적 조화화(國際的 調和化)의 전략을 구상하게 하였다.

넷째 복합금융거래로 인한 글로벌화의 가속화 현상이다. 외환시장과 채권시장의 글로벌화는 금융시장을 점점 완전시장(perfect and complete market)으로 만들어갔으며, 자본시장의 글로벌화도 파생금융상품의 활용으로 세련되었다. 이러한 시대적 상황은 금융혁신과 그 위험관리 실무에 변화를 가져왔다. 이렇듯 세계화가 태동하는 국제 거래의 실상을 측정하는 방법과 개별기업들이 위험프로파일(기업의 가치 창출을 위해 기꺼이 부담할 의향이 있는 위험 수준)을 공시하는 방법은 세계시장에서의 비교 가능한 재무 보고와 더불

---

40) 황윤식, 『회계이론과 개념체계』(서울, 한성문화, 2005), PP. 59-60.

어 오늘날 회계시스템이 당면하고 있는 중요한 과제 중의 하나라고 할 수 있다.41)

이러한 세계화의 추세 속에서 1973년에 국제회계기준위원회(IASC)가 9개국의 창설위원으로 설립되었고, 현재 103개국 133개 회계단체가 그 회원으로 참여하여 국제회계기준(IAS)의 제정을 위해 활동 중이다. 2001년에 국제회계기준위원회(IASC)는 새로운 명칭의 국제회계기준심의회(IASB)로 대체되었으며, 발표되는 모든 제·개정기준은 「국제 재무 보고기준」(IFRS)이라고 부르게 되었다. 이것은 글로벌모델의 회계기준으로서 그 역할을 하게 되는 것이다. 우리나라도 준회원국 위원으로 여기에 참여하고 있으며, 회계 규범의 글로벌화를 지향하는 쪽으로 제·개정작업이 전개되기에 이르렀다.

② 「기업회계기준서」의 글로벌화 대응 과제

1997년의 외환위기 이후 회계기준을 국제회계기준(IAS)에 합치시키려는 국제통화기금(IMF)과 세계은행(IBRD)의 요구 조건은 한국회계기준의 국제적 정합성을 확보하기 위한 촉진제가 되었다. 그래서 민간부문의 회계기준제정기구인 한국회계연구원(한국회계기준원의 전신) 회계기준위원회가 조직되었고, 2001년부터 본격적으로 「기업회계기준서」를 제정하기 시작했으며, 국제회계기준(IAS)에 준거하는 제·개정을 원칙으로 하였다. 「기업회계기준서」는 한국의 기업사회를 이끌어 가는 회계행위의 기본 규범으로서 국제적 조화화(international harmonization)에 대응하는 내용으로 개편되어갔다. 이는 우리나라 기업이 작성하는 재무제표에 대한 외국 이해관계자들의 이해 가능성을 높임과 동시에, 한국기업과 외국기업의 재무제표를 비교할 수 있게 하기 위한 취지의 소산이었다.

따라서 「기업회계기준서」의 구조도 국제회계기준(IAS)과 동일한 형태로 이루어지게 되었다. 「기업회계기준서」는 회계 사안별로 목차, 요약, 목적, 범위, 회계처리방법, 주석, 공시, 시행일, 경과조치 및 부록 등으로 구성되어있다. 더욱이 그것은 국제회계기준들과의 형식상의 정합성 및 실무적 적용 가능성을 높이기 위하여 보고서 형식의 문단(paragraph) 구조로 이루어졌으며 국제회계기준의 그것을 그대로 수용하였다고 할 수 있다.

「기업회계기준서」는 국제자본시장에서 자본흐름의 장벽을 제거하고 국제자본시장 참여자들의 신용 및 투자의사 결정에 도움이 되는 회계정보를 제공할 수 있도록 그 체제가 개선되기에 이르렀다. 물론, 그것은 한국기업의 해외사업장이나 한국 내에 있는 외국기업의 사업장에 대한 재무 보고의 비용을 감소하게 되었다.42)

---

41) 상게서, P. 60.
42) 한국회계연구원 회계기준위원회, 『기업회계기준서 전문』(2005. 1. 11.), P. 3.

그렇지만, 「기업회계기준」이 국제회계기준(IAS; IFRS)에 준거하여 제·개정함으로써, 국내의 비상장기업이나 중소기업의 경우에 상당한 부작용을 초래하게 되었음은 물론이다. 「기업회계기준서」 제14호(중소기업 회계처리 특례)를 제정하여 그에 대한 완화를 도모했지만, 이들 기업에는 회계기준 준수 비용이 과다하고 국제 수준의 공시 요구로 인하여 외감법 적용 대상기업에 대한 정보가 과다하게 노출되어 국익에 도움이 되지 않는다는 지적도 적지 않았다. 한편 국제회계기준에 따라 작성된 재무제표의 요구를 받는 글로벌기업에게는 「기업회계기준서」가 국제회계기준과 완전히 일치하는 것이 아니기 때문에, 국내용 재무제표와 국제적 용도의 재무제표를 이중으로 작성해야 하는 문제가 발생할 수도 있다. 그뿐만 아니라, 「기업회계기준서」가 상법으로부터 현저하게 괴리되어 있어서 배당가능이익의 범위에 혼선이 발생하게 되었다. 그리고 세법의 경우는 상법과 일관성 있는 논리를 지녀야 하므로, 과중한 세무조정을 유발하게 되는 모순점이 나타난 것도 사실이다.43)

급격한 회계환경의 변화에 대응하여 한국회계기준의 국제적 정합성을 향상하고 또한 국제적 신인도를 확보할 수 있도록 하려는 「기업회계기준서」의 국제적 조화를 위한 노력은 높이 평가할 만했다. 회계기준위원회가 지향하는 「기업회계기준서」의 국제적 조화의 과정은 지난(至難)한 행로였다. 다양한 문제와 복병이 도사리고 있는 것만은 분명했다. 그러한 상황에서도 회계기준위원회는 2011년에 K-IFRS(한국채택국제회계기준)의 전면적인 시행과 정착을 위하여 이행안을 작성하고 오늘에 이르기까지 분주하게 활동하는 사실을 통하여 이문화 대응의 회계과제에 대한 접근 방향으로 지향하고 있음을 확인하게 되는 것이다.

4 사개송도치부문화에 내재한 회계 사상적 특성

1. 사개송도치부법의 회계 사상적 접근

개성상인이 창안하여 사용되었던 사개송도치부법은 이원적(二元的) 대응 관계에 근거를 둔 사개(四介)를 토대로 하여 매매의 주체인 상인과 거래의 객체인 매수자와의 사이에 발생하는 채권·채무를 대응시켜 기록한다. 그렇게 함으로써, 건축에서 말하는 「사개맞춤」처럼 이원적인 기록계산이 정확하게 이루어지게 된다. 이는 사개송도치부

---

43) 황윤식, 전게서, P. 66.

법이 확실한 복식부기의 계산구조로 형성되어 있음을 의미하는 것이다. 이러한 사개송도치부법의 논리적 계산구조는 그 창안의 주체라고 일컬어지는 송상의 경영 사상에서 비롯된 것이다. 그것은 송상의 정신적 기반인 합리주의경영의 소산이라고 할 수 있다.

조선 초기부터 고려의 사대부들이 새로운 왕조의 정통성을 수용하지 않고 관계 진출을 단념하고 상업에 종사하게 되면서부터 송도(지금의 개성)를 구심점으로 상권을 형성하고 부(富)를 축적하여 송상(松商: 開城商人)이라는 위치를 확고히 다져놓았다. 그들은 전국 어느 계층의 상인들보다도 높은 지식을 갖춘 상인 층을 형성하고 있었으므로, 상업의 합리적 경영기법과 효율적인 상술을 개발하여 전국적인 조직망을 구축함으로써, 상당한 부를 축적할 수 있었다. 조선 후기에 개성이 인삼재배와 더불어 홍삼 가공업의 중심지로 정착하게 된 것은 송상들이 국내외 인삼거래의 주도권을 쥐고 상업자본을 축적할 기회가 되었기 때문이다. 이러한 송상의 상업적 기반과 자본축적은 복식 부기적 치부법을 창안할 수 있게 하였다.

개성 상인들은 자기자본으로 자영하는 경우가 많았다고 한다. 그렇지만, 개성의 부상대고(富商大賈 : 큰 자본을 가지고 대규모로 장사를 하는 상인)로부터 일정한 자본을 빌리거나 자본주(資本主)의 차인(差人: 상업사용인)으로서 송방에 파견되어서 상업활동을 수행하는 무리도 상당수 있었다. 한 해가 가면, 연말에 송도(개성)로 귀향하여 자본주와 함께 그동안의 영업성과는 결산하고 새해의 사업 준비를 하였다고 한다.44) 그들은 자기 이익을 위한 채권·채무의 관리는 물론, 공동사업이나 위·수탁 관계의 대리인 사업에서의 이익분배나 수탁책임의 이행보고서를 작성하였다. 여기서 말하는 송상의 상업상 위·수탁 관계는 차인 제도에 의하여 이루어지는 것임을 의미한다. 차인은 송상의 사용인으로서 지방 행상이나 송방에 근무하든가, 또는 주인 밑에서 종사하는 자를 일컫는데, 송상의 차인 제도에 대한 다음과 같은 기록이 이를 방증해준다.

『개성 상인들은 그 사용인으로서 차인(差人), 서사(書師), 수사환(首使喚), 사환(使喚) 등을 고용하였다. 개성에서의 상업사용인제도의 발생역사는 자세하지 않으나, 이미 이른 시기부터 있었다. 상업사용인으로서의 차인 제도는 19세기 초에 평안도지방에서도 존재했다고 한다. 차인은 일명 방아(旁兒)라고도 하였으며, 그는 주인의 대리자 또는 방조자(傍助者)로서 영업상 제기되는 중요한 일을 담당·진행하는 고급사용인이었다. 영업주의 신용을 얻어 차인으로 채용된 사람은 주인의 직접적인 지도로, 상업에 종사하거나, 주인으로부터 자본을 융통하여 독자적으로 지방 행상 또는 금융업에 종사하였다. 그들은 지방에서 영업에 종사하다가 정기적으로 귀환하면, 자기 주인에게 사

---

44) 홍희유, 「송도사개문서에 반영된 송상들의 도가 활동」(『역사과학』, 1962년 6월), PP. 51 ; 조익순, 전게서, PP. 84-85(조익순 교수에 의하면, 상업사 연구가인 홍희유가 논거로 삼았던 자영 자료는 조선 후기의 수원 유생 우하영(AD1,741-1,812)의 『千一錄』인데, 이는 당시의 농업경영 지침서로서 전국 각 지방의 특성과 기후 및 토질에 관하여 상세히 기록되어 있다고 한다.)

개치부법에 따른 회계 보고를 하였다.」45)

이 경우에 필요한 것은 효율적이고 합리적 경영의 타당성을 이해할 수 있는 치부문서가 상호 간 신뢰를 구축하는 유일한 수단이 되었다. 그것은 이원적 음양 사상에 근거를 둔 사개(四介)를 토대로 하여 사고파는 주체인 상인(松房의 差人)과 거래되는 재화를 통하여 발생하는 채권(陽 +)과 채무(陰 -)를 서로 대응시켜 기록 계산하는 기장체계를 의미한다. 즉, 거래의 이원적(二元的)인 기록계산이 건축에서의 「사개맞춤」처럼 정확하게 맞는다는 논리적 체계가 확립되어 있다. 송상의 합리주의적 경영 사상은 음양원리를 통한 「사개맞춤」의 치부법을 창안하는 실마리가 되었다. 그러므로 사개치부법은 기록계산의 객관성과 명확성을 입증할 수 있을 뿐만 아니라, 계산 결과의 비교가능성과 검증가능성을 갖춘 객관적 기장 구조로 이루어져 있음을 확인하게 된다. 여기에서 신용거래의 사실 검증이 이루어지고 장부 기록의 투명성이 확보되는 것은 물론, 신뢰할 수 있고 목적 적합한 회계정보의 창출을 보장하는 복식 부기적 기능이 함축되어 있음을 엿볼 수 있다. 이러한 기장체계가 주인(또는 자본주)과 차인 간의 신뢰를 확보해주고 협동적 인화(人和) 경영을 이룩하는 매개체로써 작용하는 것은 물론, 근검절약을 지향하던 송상의 성실하고 공정한 합리주의경영을 발견하게 된다.

사개송도치부법의 구조는 음양원리에 의한 사개를 바탕으로 하는 기장체계를 갖추고 있어서, 논리적인 모순이 없고 「사개맞춤」의 과정을 통하여 복식 부기적 논리구조로 이루어져 있어서 정합성의 표본이라고 할 수 있다. 그것은 거래의 시작기록에서부터 결산보고에 이르기까지 일목요연한 기장 원리에 따라 봉차(자산)・급차(부채)・방입(放入 : 수익)・매득(買得 : 비용)의 사개로 분류하고 일기책에 기록하게 된다. 일기책의 기록 사실을 근거로 하여 원장에 해당하는 장책으로 전기가 이루어지며, 이때 장책은 주요부로서 자산・부채・자본을 상징하는 봉차장책(外上帳冊)과 급차장책(他給帳冊)에 각각 기록된다. 이들 기장 내용은 결산기에 장책의 봉차질과 급차질의 항목들을 집합하여 사개 방정식(捧次 + 買得 = 給次 + 放入)에 따른 봉급일람표(捧給一覽表)를 작성함과 동시에, 수입 항목(收益)과 지출항목(費用)을 찾아내어 대응시킴으로써, 손익계산을 한다. 이러한 사개 방정식의 기장 구조는 서양 부기에서 말하는 대차대조표 방정식에 준하는 기장 구조와 유사한 것이다.

기록계산의 정확성은 물론, 사실에 근거한 기장을 하므로, 결과의 진실성이 확보되고 결산보고서의 신뢰성이 유지되는 것이다. 그뿐만 아니라, 현금주의회계 방식을 채택하고 있는 것은 초기의 복식부기에서 볼 수 있는 기장 구조이며, 발생주의적 기장 구조로 진화하기 전 단계의 회계구조라고 할 수 있다. 더욱이 차인 제도에 의한 대리인경영체제가 구축되어 있어서 송방이라는 전국적인 지점망 경영이 가능하므로, 소유주가

---

45) 洪喜裕, 前揭論文, PP. 56-57 ; 趙益淳, 前揭書, PP. 84-85.

없는 영업활동과 재산관리가 가능할 뿐만 아니라, 회계처리에도 자본주이론에 근거한 결산보고가 가능하게 되어 있다. 신용거래에 의한 의인화(擬人化 : personification)가 구축되어 있으므로, 대차(貸借) 개념론에 근거하는 기장체계가 확립된 점이 특이하다.

여기에서 송상 철학사상에 바탕을 둔 사개송도치부법의 회계 사상 체계가 확립되어 있음을 확인할 수 있다. 송상의 상인정신을 통하여 고안되었다고 할 수 있는 사개송도치부법은 송방과 차인 제도, 그리고 시변(市邊) 제도의 실천이 정착되었기 때문에 가능한 일이었다. 그것은 분명 유교의 덕목인 오행오덕(五行五德)의 소산이요, 「사개맞춤」의 근본원리를 지칭하는 사개치부법의 논리성에 내포되어있는 회계 사상적 표본이라고 할 수 있다.

2. 사개송도치부법 회계 사상의 한국 회계문화사적 특성

부기 회계의 역사는 인류문화의 발전과 밀접한 관계가 있다. 왜냐하면, 고대 문명기에서부터 시작하여 지금까지 수천 년에 이르는 동안 치부 회계는 여러 가지 모습으로 변모하면서 인류문화와 더불어 발전해 왔음을 발견할 수 있기 때문이다. 그것은 고대 문명기의 이집트, 바빌로니아, 그리스, 중국, 그리고 고대 로마 시대에 왕후, 사원이나 귀족 등의 재산관리를 위한 장부 기록에서 비롯되었다고 한다. 또한 상당한 세월이 지난 후 중세시대에 이르러서는 이윤성(利潤性) 상업의 발전에 따른 자본성(資本性) 자산의 변동과정을 조직적으로 기록 계산하는 복식 부기적인 기장 방법이 생성되었다고 하는 역사적 고찰이 이를 고증하였다.

문헌에 의하면, 중세기에 이르러 상업과 무역거래가 발달하게 되면서부터 기장체계를 갖춘 복식부기 제도가 등장하였고, 자본주의 경제구조의 발전을 가져오게 하는 촉매작용을 하였다고 한다. 인류문명의 발상과 더불어 경제생활을 영위해온 사회경제적 구조 속에서 치부법의 창안은 필연적이었으며, 문명사의 한 편에서 상업 발달과 함께 성숙하여온 도구로서 그 시대를 반영하는 척도로 작용하였다.

회계사학자 「울프」가 언급한 바와 같이, 『회계의 역사는 문명의 역사이고…. 문명의 발전과 더불어 발달해온 것이며…. 그 시대의 거울이다.』[46]라는 문구는 회계사(史)가 지닌 문명사적 특성을 잘 나타내 준다. 동서양을 막론하고 회계기록 방법의 발달은 인류 문명사의 한 단면을 들여다볼 수 있는 거울과 같은 작용을 하게 된다. 그것은 문화적 교류가 없는 시대적 환경 속에서도 공통인자로서의 문화요소로서 발아(發芽)될 수 있음을 의미한다. 교통이 불편했던 중세시대에 서양의 이탈리아와 동양의 한국에서 각각 유사한 형태의 복식 부기적 기장 방법이 창안되고 전수됐음은 인간이 상

---

46) Woolf, A. H., "A Short History of Accountants and Accountancy," (London, 1912), P. ix.

호교류를 하지 않은 차단된 환경 속에서도 유사한 사고를 하게 되고, 공통성 있는 문화적 요소를 창출하게 되는 수렴(收斂)의 이치를 입증해주고 있다. 이탈리아는 서양 문화권에 속하는 나라이고, 한국은 동양 문화권에 속하는 나라로서, 각각 문화양식이 서로 다른 이문화(異文化) 영역의 역사와 전통, 사회사상, 경제적 사고 및 국민성 등을 지닌 국가이다. 그런데도 양국의 이문화적 경제환경 아래에서 생성된 기장 방법이 복식 부기적 특성을 공통으로 소유하고 있음은 가히 경이적인 사실로 받아들여진다.

송상(開城商人)의 합리적 경영 사상이 반영된 사개송도치부법은 한국의 전통적인 상업 문화적 바탕 위에 형성된 회계기법으로서, 금전거래의 회계와 물품거래의 회계를 모두 의인화(擬人化)된 가정(假定)하에서 이루어진 장부 기록 방법이다. 이것은 음양설에 근거하여 「사리의 앞뒤가 딱 들어맞는다는 사개맞춤」의 원리에 근거하는 형성 논리를 갖고 있다. ① 파는 사람(債權者)과 ② 사는 사람(債務者) ③ 팔아서 받는 재화와 ④ 사서 값을 치르는 재화라는 상황인식을 분립사개(分立四介) 함으로써, 형성된 기장체계이다. 환언하면, ①판매자는 상품을 팔았으니 대가를 받을 권리(資産)가 있고, ②매입자는 물품을 샀으니 값을 치러야 할 의무(負債)가 있다. 그리고 ③그 대가를 받았을 때, 수입(收益)이고, ④ 그 대가를 치렀을 때는 지출(費用)을 기록한다는 치부 구조이다. 이러한 사상(事象: events)을 네 가지 행태(行態)로 분류(分立四介)하여 기록 계산하게 된다. 그 절차를 종합 체계화한 기장 방법이 이른바 사개치부법(四介治簿法)이다. 상거래를 통하여 이루어지는 상품과 금전의 출납 사실을 네 가지 유형으로 구분하여 수지대차(收支貸借)의 거래관계를 투명하게 장부에 적도록 하는 회계시스템이 바로 사개치부의 원리이다. 이것이 송도(開城)의 상인(開城商人)들 사이에서 창안된 것이기 때문에, 사개송도치부법이라 일컫는다. 이는 전통적 유교관에 바탕을 둔 송상문화, 즉 개성상인 문화의 소산으로서 투명경영의 표본적 특성을 나타내고 있다.

이러한 회계적 사고는 서양의 문헌에도 나타나 있음을 볼 수 있다. 즉 「리틀톤」의 저서에 의하면, 상대방으로부터 상품매입이 이루어진 경우를 가정하여 ①주는 사람(the one who gives), ② 받는 사람(the one who receives), ③ 주어지는 것(the thing given), ④ 받아지는 것(the thing received)의 네 요소로 이루어지는 원리가 설명되고 있다.[47] 이는 상거래가 사람들 사이에서 일어나는 대차 관계에서 비롯되었다는 것이며, 「내가 받을 것과 남에게 줄 것」을 구별하여 기록 계산하는 것이 기본 구조임을 의미한다. 줄 것과 받을 것을 구별한다는 것은 남으로부터 받은 것은 돌려줄 의무가 있고 남에게 준 것은 다시 받을 권리가 있으므로, 이러한 대차 관계에는 권리와 의무가 수반된다는 것이다.

사개송도치부법도 들어온 것(入)과 나간 것(去)을 구별하여 기록하고, 들어온 것은

---

47) Littleton, A. C., op. cit., pp. 47~48.

남이 준 것(他給)으로서 그 후에 갚을 의무(給次)가 있어서 부채가 되며, 나간 것은 남에게 준 것(外上)으로서 나중에 받을 권리(捧次)가 있어서 이를 자산으로 기록하게 되어 있다. 이것은 우리나라 특유의 의인적(擬人的)인 대차 기록, 물품회계 및 금전회계 등으로 이루어져 있다. 그러한 기록시스템은 주고받고 하는 거래 사실을 포착한 것이며, 반드시 매매당사자 사이의 양자관계가 존재하는 것을 전제로 하여 금전 또는 물품의 수수관계를 인식하는 것이다.[48] 이러한 사개송도치부법의 구조는 타인에게 준 것과 타인으로부터 받은 것, 그리고 타인으로부터 받을 것과 타인에게 줄 것이라는 내용이 대차관계와 직결되어 인명계정의 형식으로 나타나는 의인화(personification)의 구조로 형성되어 있다. 이러한 의제설(擬制說)에 입각한 치부 구조가 사개송도치부법의 특성이라고 할 수 있다.

　사개송도치부법이 지닌 또 하나의 특징은 모든 대차 기록이 등가교환의 원리에 근거하고 있는 점이다. 상거래의 대차 기록은 항상 상호 간 동일한 금액에 의하여 교환된 것을 대상으로 한다. 현병주의 저서에서 『부기의 교환 대차는 양방이 같은 값으로 이루어진다….』[49]는 부연(敷衍)은 모든 상거래가 등가교환의 원리에 따라 이루어지며 교환에 의하여 같은 가액의 이중적(二重的)인 기록과 대차 평균의 원리가 도출되고 있음을 인식할 수 있다. 이처럼 장부 기록에서의 모든 거래를 대인관계에 의한 교환거래로서 의인화(擬人化: personification)하고, 주고받는 물품과 금전의 존재를 전제로 하여 이루어지는 것이 사개송도치부법의 기본골격이다. 그러므로 그것은 동양철학에 나타나 있는 음양설에 입각한 교환거래의 모습을 사개라는 회계구조로 이루어져 있다. 즉, 모든 상거래의 내용은 일면성(一面性: one way)으로 나타나는 것이 아니라, 양면성(兩面性: two way)으로 이루어진다. 이러한 상거래의 원리에 근거하여 음(陰: 給次)과 양(陽: 捧次)의 양상(樣相)으로 발생한다고 보는 것이다.

　그리고 사개송도치부법에서 의인화(personification)에 의한 대차 개념론에 근거하여 구축된 부기 원리의 논리성은 중세시대 서양의 부기 체계와 유사성을 갖는 의인화의 인적계정 학설이 바탕을 이루고 있는 것 또한 특이하다. 금전거래는 금전을 맡아 있는 출납인(書師)과의 거래로서 기록할 뿐만 아니라, 물품거래도 역시 그 물품을 관장하고 있는 사람(書師)과의 거래로서 기록한다. 즉, 거래 사실을 나타내는 「상(上)」과 「하(下)」 또는 「입(入)」과 「거(去)」라고 하는 기호를 사용하여 분개함과 동시에, 물품명 다음에 「질(秩)」이라는 기호 표시를 통하여 계정구조에 의한 기록계산의 기본원리를 구축하고 있다는 점이다.

　이처럼 「상」과 「하」 또는 「입」과 「거」라는 분개 형식에 의한 기록계산을

---

[48] 윤근호, 「韓國個有簿記の理論と構造」(日本会計学会, 『會計』第101卷 第4号, 1972), pp. 116~119.

[49] 현병주, 전게서(제6장), P. 7(여기에서도 필자가 현대어 표현으로 요약 수정하였음.)

통하여 금전 또는 물품의 수수 관계를 표시하여, 마치 서양식 부기에서 사용하는 「차변・대변」에 상당하는 부호로서 현금의 흐름과 채권・채무를 나타내려 하고 있음은 동서양을 막론하고 인간의 사고가 같은 방향으로 발전할 수 있다는 것을 증명하고 있다. 다시 말해서 사개송도치부법의 기본구조는 이탈리아식(式) 기장 방법과 유사한 점에 방점(傍點)을 찍을 수 있다.

사개송도치부법의 장부조직에 있어서는 원시 기록부인 초일기(草日記)를 거쳐 「일기책」과 「장책」에 전기하여 작성되므로, 일기장・분개장・총계정원장이라는 현대의 복식부기가 갖추어야 할 주요부의 구조를 갖추고 있다. 회계책을 통하여 이루어지는 결산절차는 「입」과 「거」에 의하여 분개와 전기를 행하고 대차 평균의 원리에 입각한 기록의 정확성을 검산하는 형식도 취하고 있고, 「회계책」에서 봉차・급차의 집계 대조표시와 같은 시산표의 작성이나 결산보고서로서의 재무 상태는 물론, 수지계산을 통한 이익산출도 이루어지고 있다. 특히, 손익계산에 있어서는 「반입질」(수익계정)과 「매득질」(비용계정)을 대응 표시하여 계산하고 있으므로, 오늘날의 회계이론에서 일반화된 수익 비용 대응의 원칙이나 당기업적주의 손익계산의 논리구조에 부합되는 내용이 입증되고 있다.

따라서 사개송도치부법의 기본적인 핵심은 사개 방정식(捧次 + 買得 = 給次 + 放入)이다. 이 구조는 중세 이탈리아의 베네치아에서 출간된 파치올리(Pacioli)의 저서(AD1494)에서 볼 수 있는 대차대조표 방정식(資産 + 費用 = 負債資本 + 收益)과 유사하다. 이는 복식부기의 기본구조로서의 유사성을 나타내고 있다. 그러므로 우리나라의 사개송도치부법은 상거래의 기록계산이 대차 평균의 원리에 근거하는 복식부기 구조로 형성된 회계기법이라고 인식하게 된다. 그것은 모든 거래를 대인관계의 상정(想定)에 의한 의인화(personification)[50]의 전제하에 「서사」(書師)라고 하는 기록담당자와 고객과의 대차거래로서, 출자자와는 완전히 분리・독립된 복식부기의 구조적 특성이 있는 치부법임을 확인할 수 있는 것이다.

---

50) 윤근호, 전게서, pp. 105~110.

5 에필로그

1. 총괄 및 이문화(異文化) 대응 과제

한국 고대사회의 회계문화에 대한 접근을 시도한다는 것은 무모한 일이기도 했다. 인류가 고대 문명사회로 진입하는 과정에서 발생하게 된 기록계산 기법은 필연적이었고, 필수 불가결한 사항이었다. 그래서 본 연구를 통하여 독자적인 구상과 방법으로 자료를 수집하고 접근을 시도함으로써, 빈약한 자료의 분석을 통하여 그나마 정리할 수 있었다. 단군왕검이 건국한 고조선시대를 기점으로 고구려, 백제, 신라로 이어지는 삼국시대에 이르기까지 고대문명 국가 발흥 시기의 고대 회계문화를 중심으로 정리하였다. 실증자료의 빈약함으로 인하여, 고서(古書) 문헌을 토대로 하는 접근이 주류를 이루었다. 고조선의 3세 단군 가륵(嘉勒) 시대에 회(會)와 계(計)의 문자 기록을 처음 발견할 수 있었다. 특히 회계용어의 기원에 대해서는 인접국인 중국의 고전(古典)에 크게 의존했음은 물론, 중국의 고고학적 자료도 다분 참조하였다. 고조선 시대와 중국의 하·은·주 시대는 동일한 시기에 해당하기 때문에, 인접 지역과의 교역을 통하여 문물교류가 이루어진 사실을 문헌사적으로 고증할 수 있었고, 국가적 차원에서의 정치·경제·사회·문화적 교류 속에서 전승된 제도적 수용도 다양했다는 것을 확인할 수 있었다. 국가 간의 교류 과정에서 고대 회계문화의 계수(繼受)도 있었을 것이며, 그에 따른 회계문화의 수렴(收斂)과 확산(擴散)도 이뤄졌을 것으로 보았다. 「회계」라는 용어가 한문자에서 비롯된 것이기 때문에, 같은 시대의 중국사에 대한 고전(특히 周禮)을 섭렵하여 그 기원을 고증하였을 뿐만 아니라, 고대사회의 경제적 생산활동에서 비롯된 회계행위의 근간을 찾는 데 주력하였다.

전승되는 고대 회계문화의 사료(史料)가 빈약하였으나, 고조선과 삼국시대의 국가별 관부회계조직(官府會計組織)에서 비롯된 국고회계가 고대 회계 문화적 기원(紀元)을 이루고 있었다는 논증도 가능했다. 통일신라 시대의 장적(帳籍計帳)을 입수함으로써, 그 시대의 기록계산에 대한 상황을 유추해 볼 수 있었음은 그나마 다행스러운 일이었다.

사회문화적 발전과 경제구조의 진화를 통한 민간부문의 회계 문화적인 토양에 접근함으로써, 사업회계문화의 맹아(萌芽)를 발견했으며, 회계문화의 생성 요소 중에서 자본개념을 제외한 6요소가 모두 갖춰진 사회구조였음도 확인할 수 있었다. 특히 국고회계를 주축으로 하는 산관(算官) 제도가 존재하고 있었음도 확인할 수 있었다.

고려 시대의 치부 회계문화도 전승되는 장부 기록문서도 없이 고전문헌의 화식지(貨殖志)에 기록되어 있는 회계편린(會計片鱗)에 의존하여 접근하였다. 고려 시대의 빈약한 자료의 수집을 통한 분석을 감행함으로써, 고문서에 의한 이삭줍기식 접근으로 중세 회계문화의 흐름을 살필 수 있었다. 호국불교의 중심을 이뤘던 고려 시대에는 내세 지향의 신앙사회가 형성되어, 그에 따른 보시(布施)의 사원회계문화가 발달하였음을 살필 수 있었다. 「불국사중수문서」에 나타난 보시(布施) 기록을 통하여 사원회계 일부를 확인할 수 있었다. 불교문화의 번영을 이뤘던 고려 시대는 서민경제의 발전도 상인들의 상업활동을 활성화했으며, 상거래회계의 상황도 엿볼 수 있었다. 특히 송·원뿐만 아니라, 멀리는 대식국(아라비아)과의 교역이 활발하게 이뤄져 고려 시대의 상업이 상당한 수준에 이르렀음이 확인되었으나, 대상인의 출현은 이뤄지지 않았고 상인자본이 조성된 근거도 찾아낼 수 없었다. 중세의 유럽과 유사한 상기업 형태가 출현하지도 않았고 상인자본이라는 자본개념도 등장하지 않았음은 물론, 상업자본주의 경제도 형성되지 않았다. 이는 고려 시대에 복식부기 문화가 탄생할 수 있는 환경조건이 조성되지 않았음을 의미한다. 리틀톤이 천명한 복식부기 생성 7요소 중 자본개념이 갖춰지지 않았기 때문에, 고려의 치부 회계문화는 단식부기의 수준에 머물러 있었다고 볼 수밖에 없었다.

조선 초기의 부기 회계문화도 그 수준에 불과했으나, 조선 후기에 이르러 대동법이 시행되고 전국적인 화폐의 유통으로 조세의 금납화(金納化)가 이루어짐으로써, 사상(私商)이 활동할 수 있는 사회경제적 풍토가 조성되었다. 송상·경상(京商)·만상·래상 등의 상인집단이 형성되고 그들의 활동은 조선 시대 후기의 상업 발달에 크게 이바지했다. 이러한 조선 후기의 사회경제적 환경하에서 사상(私商)의 활동은 새로운 상인 회계문화가 형성되는 계기를 마련해 주었다. 개성상인에 의한 치부 문화로의 진화가 그것이다. 이는 종래의 단식기장형식 치부 문화에서 복식 기장문화로 진화시키는 전환점이 되었음을 확인할 수 있었다.

이 과정에서 특히 송상(開城商人)은 삼포(蔘圃) 경영을 통하여 전국적인 판매망을 구축하였고, 전국각지에 송방을 설치함으로써, 차인(差人)이라는 수탁경영자를 양성하여 배치함으로써, 전국상권을 장악하는 데 성공하였다. 그들은 다른 상인집단과는 다르게 조성된 상업자본을 삼포경영에 투자하여 주력상품을 생산하고 송방을 통한 전국시장에 공급함으로써, 상품생산과 판매를 연결환(連結環)으로 하는 경영관리시스템을 구축하였다. 그것은 전통적 단식기장방법의 한계를 벗어난 새로운 치부 방식을 요청하는 단서가 된다. 창안 개발형의 경영관리시스템을 발견할 수 있는 것이다. 여기에 복식 기장 방법으로 진화해야 하는 회계문화사적 유인(誘因)이 있다. 사개송도치부법은 송상의 삼포경영과 수탁대리인제도가 낳은 치부 문화의 산물이다.

이처럼 복식부기의 생성은 서법·산술·사유재산·화폐·상업·신용·자본·위임(委託經營) 등이 갖추어졌을 때라야 가능하다. 우리나라의 고대·중세의 경제사회적 환경은 일부의 생성요인이 존재랄 뿐, 이 모두가 갖춰져 있지 않은 것으로 확인되었다. 근세 조선시대의 후기에 이들 요소가 모두 갖춰진 것으로 고찰되었다. 현재까지 전승되는 최고(最古)의 사개송도치부문서(1780년대 후기)가 증명해 주고 있다.

개성 상인의 축적된 지식과 천부적인 근면성을 바탕으로 하여 상업자본을 축적하였다. 개성 상인들의 경영기법은 단순한 상술(商術)이 아니라, 그들만이 지닌 독특한 상도와 경영철학이다. 그들의 점포에는 상도(商道)를 집약한 의(義)・신(信)・실(實)이라는 삼도훈(三道訓)이 있었다. 그들은 높은 지식을 갖춘 상인 층을 형성하였고, 상업의 합리적 경영과 효율적인 상술을 개발하여 전국적인 조직망을 구축하였다. 특히 조선 후기에 개성 상인들은 국내외 인삼거래의 주도권을 쥐고 상업자본을 축적할 기회를 만들어 내었다. 이러한 개성 상인의 상업적 기반과 자본축적은 복식 부기적 치부법의 창안 개발을 가능하게 하였다. 차인은 주인(資本主)에 대한 보고나 이익분배를 위하여 기록보존이 필요했을 것이고, 그것이 신뢰성과 투명성을 갖춘 복식 기장시스템을 창안하게 했음은 자명한 이치이다. 근검절약의 정신으로 상업활동을 전개하고 계산의 정확성을 거래관계의 기본으로 삼았던 개성 상인에게는 합리성을 갖춘 치부법 개발이 자연스러운 필요조건이었을 것이다. 개성 상인의 합리주의적 경영 사상은 「사개맞춤」의 논리적 치부 기법을 창안 개발하는 실마리가 되었다고 본다.

개성 상인의 경영 사상과 사개송도치부법에 투영된 회계 사상을 기초로 하는 기장구조는 원시기록부인 ① 초일기 ② 현금출납장과 분개장의 역할을 하는 일기 ③ 원장에 해당하는 장책(외상장책과 타급장책) ④ 결산서인 회계책으로 이루어져 있다. 이것은 주요부와 보조부로 구성된 기장체계를 갖추고 있을 뿐만 아니라, 사개방정식(捧次 + 買得 = 給次 + 放入)을 기본 축으로 하는 복식부기 시스템이다.

이렇듯 개성 상인의 경영 사상을 근간으로 하여 창안되었다는 사개송도치부법의 기장 기술적 이론구조는 오늘날 우리가 사용하고 있는 서양식 복식부기의 구조와 비교하여 손색이 없을 만큼 훌륭하다고 할 수 있다.

사개송도치부법이 어느 시대에 발생했는지를 확실히 고증할 수는 없다고 하더라도 현대적 회계기법이 갖는 분개 법칙이나 대차평균의원리, 및 결산 방법의 일관성에 비추어 보더라도 복식 부기적 구성요소로 이루어져 있다는 사실에 감탄하지 않을 수 없다. 아쉬운 점은 이와 같은 훌륭한 회계기법이 문헌적 고증에 따라 그 기원을 정확히 밝혀낼 수만 있다면, 우리 민족이 지닌 경제사적・문화사적 발명품으로서의 세계적인 가치가 인정될 수 있었으리라는 것이다. 이를테면, 「이탈리아」식 기장 방법이 「파치올리」의 「전서」(Summa)[51]와 같은 인쇄본에 의하여 일반에게 보급될 수 있는 환경이 조성되었던 것에 비하여, 사개치부법은 일찍이 인쇄술이 발달하였음에도 불구하

---

51) Lucas Pacioli, "Summa de Arithmetica, Geometria, Proportioni et Proportionalita," (Venecia, 1494). 片岡義雄、『パチョリ簿記論の研究』 (東京、森山書店、1956)

고 상인 천시의 사회구조로 인하여 활자화된 장부의 인쇄본이 전해지고 있지 않을 뿐만 아니라, 서세동점(西勢東漸)의 환경 때문에, 일반에게 보급되지 못한 것은 심히 유감스러운 일이 아닐 수 없다.

그런데 한국근대화 시기(1876~1945)는 서양식 복식부기가 전래하여 한국 사회에 뿌리내리게 됨으로써, 색다른 복식부기 문화가 이루어지는 환경이 되었다. 이 시기에는 서구문물의 유입과 함께 서양 문화도 들어왔으며, 여전히 상인에 의한 전통적인 사개송도치부법 활용이 지속되고 있었다. 대한천일은행이 설립 초기부터 사개송도치부법에 따른 기장 처리가 이루어졌던 것도 이 무렵이다. 그뿐만 아니라, 일본에 유학한 인재들이 귀국하여 우리말 서양 부기를 최초로 알리는 데 공헌하였다. 장홍식, 윤정하, 김대희, 곽한탁 등이 그 대표적인 선구자들이다. 그러나 현병주와 임경재는 해외 유학을 하지 않고서도 부기 회계의 선구자로서 활동했음은 물론, 소중한 복식부기의 저서를 통하여 국민 계몽에 헌신하였다. 특히 현병주는 우리나라의 전통적 복식부기 서적인 『실용 자수 사개송도치부법 전』을 저술하여 사라져 가던 개성 상인의 회계 사상과 민족혼을 불러일으켜 주었고, 사개송도치부법의 교육에 이바지했다. 당시의 회계학자들에게 사개송도치부법 기원설에 관한 연구 분위기를 조성하는 단초를 제공했다. 그리고 휘문학교의 교장 임경재는 개화기의 서양식 복식부기인 은행부기, 상업부기 교과서를 최초로 저술하여 각급 학교에서 서양 부기 교육을 할 수 있게 함으로써 근대화여명기의 서양 부기 도입 선구자의 역할을 하였다.

그가 저술한 서양 부기 교재는 기장 구조가 차변과 대변으로 이중 기재되는 복식성, 분개장과 원장으로 구성되는 장부(主要簿)의 복식성, 그리고 전기(轉記)에 의한 이중 기입의 복식성을 근간으로 하는 것이다. 그리고 대차 평균이라는 기장 구조의 회계방정식(資産+費用=負債+資本+收益)을 기본으로 복식부기의 속성을 함축시킨 것이었다. 또한 조선총독부 식민 통치가 이루어지던 36년간(AD1910~1945)은 일본어 부기 교과서에 의한 서양 부기 교육이 진행되었으나, 우리의 선각자들이 꾸준히 우리말 서양 부기 교재를 발행하여 신식 부기 교육에 이바지하였다. 휘문학교 교장 임경재의 은행부기와 상업부기 교재(AD1908・1909・1913・1921년)와 더불어 민천식의 가계부기(1908), 김대희, 곽한탁(郭漢倬)의 상업부기(AD1909, 1911)의 출판으로 우리말 서양부기 교육이 진행되었음은 물론, 현병주(玄丙周)에 의하여 사개송도치부법 자습서가 출간(AD1916,1928)됨으로써, 개성 상인들의 기업활동을 통한 개성부기의 활용이 이루어지기도 했다. 특히 고오베(神戶)상과대학의 히라이(平井泰太郎)교수에 의한 독일어 논문[52]이 독일 경영경제잡지에 발표(AD1926)되어 사개송도치부법의 존재가 서양에 소개

---

52) Hirai Yasutaro, "Orginale ´Vierfache´ Buchhaltung in Kaijo, Chosen (Korea) oder Chike-Songdo-Chibu. Ein Beitrag zur Entstehungs-Geschichte des Buchungswesens sowie des Dualistischen Gedankens der Buchhaltungstheorie", *Zeitschrift für Betriebswirtschaft*, Jg.

된 사실은 가히 기념비적인 일이었다.

한편, 개항기와 대한제국 시기에는 관부회계가 시행되고 있었으므로 산사제도(算士制度)도 존속하고 있었다. 산사(算士)·계사(計士)·회사(會士) 등의 관부회계 담당자가 직급별로 채용되어 중앙관서의 치부 기록과 관리를 담당하고 있었다. 그러나 조선총독부 시기에 와서는 이들 산사제도는 없어지고 일본의 계리사(計理士)제도가 시행되었다. 우리나라 사람으로는 윤정하가 최초의 계리사로서 개업한 사실이 있다.

대한민국 정부 수립 이후의 경제성장 발전기에는 선진제국에서 발달한 회계원칙을 도입하여, 우리나라 특유의 환경에 적합한 회계 규범으로서의 역할을 수행할 수 있게 되었다. 그것은 한국적 전통과 회계환경에 조응(照應)하여 한국의 기업회계를 지도하는 기본 규범으로 제정된 것이다. 더욱이, 한국회계 규범(GAAP)은 다원화의 불합리한 상황을 극복하여 수렴화(收斂化)의 길을 모색하였다. 우리나라의 「기업회계원칙」은 다원화의 혼란스러운 상황 속에서도 지도원리의 역할을 충분히 수행하였다.

그런데 외감법의 규정을 계기로 새로 태어나는 회계기준에 종래의 한국기업회계 규범 성장기에 다양하게 등장한 여러 가지 회계규정을 통합·조정하여 일원화(一元化)하는 방향으로 의견수렴이 이루어졌다. 이러한 상황변화는 「기업회계원칙」이 법률적 성격을 지닌 법규범으로 탈바꿈하게 하는 결과를 가져왔다. 그것은 「재무제표규칙」과 더불어 증권거래법에 따른 「상장법인회계규정」 및 「상장법인재무제표 규칙」, 그리고 상법에 따른 「계산서류 규정」을 통합·조정한 하나의 단일화된 회계 규범으로 정리됨을 의미한다. 이와 같은 제도적 조정이 이루어진다는 것은 우리나라 기업회계제도의 발전을 위하여 바람직하였다.

21세기로 접어든 이후는 우리나라에 근대회계제도가 도입된 이래 가장 큰 변화를 일으킨 시대라고 할 수 있다. 금융위기로 인하여 국제통화기금(IMF)과 세계은행(IBRD)의 구제금융을 받아야만 되었고, 그 관리 체제하에 들어간 한국 정부는 경제적 주요 정책의 변화와 제도적 개혁조치를 취하지 않으면 안 되었다. 이러한 경제위기의 극복을 위한 치유책의 일환으로 이루어진 것이 기업회계제도의 개혁이었다. 우리나라 고유의 회계환경을 개선하고 회계기준의 국제적 정합화(整合化) 및 조화화(調和化)를 모색하는 과정에서 회계기준의 변혁은 불가피했다.

회계 개혁의 기본취지는 분식회계의 근절과 더불어 국제적으로 인정받을 수 있는 회계정보가 제공되도록 하는 것이었다. 그뿐만 아니라, 회계기준의 국제적 조화를 추진하기 위한 제정기관의 개편이 단행되었다. 민간부문의 한국회계연구원(현 한국회계기준원)으로 이양된 것이다. 그래서 국제적 정합성 향상을 지향하기 위하여 국제회계기준(IAS)과 미국의 재무 회계기준(SFAS)을 준거기준으로 정하고 이를 대폭으로 수용하는

Ⅲ. Heft 6, 7, 8. Berlin : SS. 409~420, SS. 532~546, SS. 614~626.

방향으로 한국회계기준(GAAP)의 구조적 개선이 이루어졌다.

이러한 상황은 종래의 「기업회계기준」의 구조와 내용에 변혁의 바람을 불러일으켰다. 「기업회계기준서」로의 진화(evolution)는 이 과정에서 이루어진 것이다.

그래서 한국회계기준은 「기업회계기준서」(K-IFRS)를 중심으로 체계화가 이루어져 갔다. 「기업회계기준서」는 결국 2007년부터 K-IFRS(한국채택국제회계기준)로 탈바꿈하여 회계 규범의 국제적 조화를 지향하였고 2011년부터 상장법인에 대한 전면 시행이 이루어졌음은 물론, 2020년까지 모두 61개의 기준서가 공표되었다. (9장 <표 9-21> 참조). 특히 「재무 보고를 위한 개념체계」와 「기업회계기준서」(제1001호, 재무제표의 표시)에 명시되어 있는 구조적 체계는 재무 보고의 목적을 위시한 회계정보의 질적 특성과 기본적 가정 및 재무제표 작성을 위한 일반원칙, 그리고 재무상태표(B/S)・포괄손익계산서・자본변동표・현금흐름표・주석 사항 등으로 구성되어있다. 또한 K-IFRS는 다양한 이해관계자들에게 유용하고 투명한 회계정보를 제공한다는 재무 보고의 목적에 따라 정보 지향적 회계 책임 이행의 회계구조와 의사결정・이해조정 지향적 회계구조로 회계행위가 이루어지도록 형성되어 있다. 유용하고 투명한 회계정보의 제공은 K-IFRS가 지향하고 있는 기본구조이다.

이러한 「기업회계기준서」(K-IFRS)는 앞으로 한국 기업사회의 회계실무를 이끌어가는 실천규범으로서의 역할을 수행하는 것뿐만 아니라, 기업회계를 지도하는 기본원리로서의 이론 규범 기능을 충실히 완수해 나갈 것으로 보인다. 그러나 한편 관습법적 형태로 이루어진 K-IFRS가 성문법 중심의 한국 사회에서 법률 조문의 형식으로 구성된 관련 규정과의 조화를 이루고, 상법, 세법 등과의 협력관계를 조성해나가는 것은 중요한 과제 중의 하나이다. 대세의 물결은 K-IFRS가 구심점을 이루어 목적지를 향하여 도도히 흘러가고 있다.

결과적으로 글로벌화 시기의 한국회계 규범은 K-IFRS가 구심점을 이루어 국제적 정합화와 조화화를 향한 행보가 이루어지고 있다. 기업활동의 다변화와 자본시장의 글로벌화가 결국 우리나라의 회계문화에 구조적 변화를 가져오게 하였다. 따라서 한국의 기업회계제도는 세계적 규범(global standard)에 조화시켜나갈 수밖에 없는 회계환경이라는 점을 인식하고 그에 대응해야 할 것이다. 여기에 기업의 국제적 활동에서 파생되는 이문화(異文化) 대응의 회계적 과제가 있음을 인식하게 된다.

회계 글로벌화의 시기에 이루어진 회계 규범의 변화가 단기간에 우리나라의 회계 수준을 현격히 발전시키고 있음은 분명한 사실이다. 그렇지만, 이러한 발전의 직접적인 동기가 경제위기라는 외부의 충격과 경제선진국의 압력이었으므로, 한 단계 더 성숙한 회계환경을 조성하기 위해서는 우리 자신의 능력에 의하여 이러한 발전의 추세를 지속할 수 있는 체제를 갖추어 가는 것이 필요한 현실이다.

2. 맺음말

　회계문화사(會計文化史)에 관한 연구 방법은 회계사가(會計史家)들의 독자적인 관점이나 입장에서 이루어지게 마련이다. 이것은 회계사의 연구에 아직 방법론적인 정석이 없음을 교시하는 것이다. 회계문화사의 연구는 연구자 자신이 어떠한 주제를 선택하고 어느 범위까지를 어떠한 방법으로 논술하는가에 따라 달라질 수 있게 된다. 회계사(會計史) 연구의 선구자들도, 회계사에 대한 연구 방법은 각양각색이었음을 볼 수 있다.

　그것은 회계 문화사 연구의 대상설정이 방법론을 다르게 나타내고 있기 때문이라고 생각된다. 위에서 언급한 것들은 문헌사적인 관점에서 연대기적으로 추구하려고 한 것이다. 그 방법론은 회계사의 인식에 즈음하여, 패러다임(paradigm) 이론에 의한 연구대상으로 하는 회계 사실을 연대순으로 기재하고 평가하려는 전개 방법이다.

　그러나, 여기서 주의해야 할 점은 어떠한 방법론에 근거하여 회계역사의 연구를 행하는 경우에서도, 연대순으로 발달 사실을 기재할 필요는 있다고 생각한다. 그렇다고 하더라도, 회계역사를 연구하는 자들이 연구대상에 대한 인식을 달리함에 따라, 연대기적(chronological)인 회계 사실의 서술은 서로 다른 양상을 띨 수밖에 없다는 점도 고려하지 않으면 안 될 것이다. 어떻든 회계사학자들 각자의 사상이나 철학을 배경으로 하는 역사관을 기초로 하여 그 대상이 되는 것과 서로 다른 인식을 하는 그것이야말로 바람직스러운 연구방법론이라고 할 수 있다.

　따라서, 여기에서는 회계역사의 연구 방법과 가장 기본적인 사고영역에 대하여 언급할 필요가 있다. 선학자들의 회계 역사론을 음미해 보면, 복식부기생성사론(複式簿記生成史論)과 회계발달사론(會計發達史論)으로 대별하고 있음을 볼 수 있다. 이것은 일반적으로 그 이론구조의 중추적인 것으로 중요한 위치를 점유하고 있음을 확인하게 된다.

　전자의 복식부기 생성사(生成史)에 논점의 중심을 두는 경우, 세계 각국에 파치오리의 저서가 전파되는 과정에서부터 문제의 발단이 이루어진다. 이 경우에, 복식부기 문헌사의 관점에서 관찰해야 할 것인가, 아니면 그 복식부기를 도입한 그 나라의 경제를 구성하는 기업체가 어떻게 그것을 수용 및 보급시켰는가에 관한 도입과정에 대한 관점에서 논술해야 할 것인가에 대한 판단을 정확히 해야 할 것이다. 물론, 그 나라의 경제구조가 복식부기의 기법을 도입하고 적용할 수 있는 상황조성이 필요하며, 그것이 제도화되고 보편화되기까지의 과정에 대한 환경론적인 고찰도 중요하다.

　한편, 후자인 회계발달사는 회계의 기술적 측면으로서의 복식부기를 포괄하여 더 광범위한 사실론(史實論)의 전개를 해야 할 것이다. 즉, 회계가 사회, 경제 및 문화면에 미치는 영향에 관한 연구가 그것이다. 어느 것에 의하던, 회계사의 연구 방법은 복잡한 양상을 띠고 있는 것이 사실이다.

따라서 회계사의 연구는 더 광범위한 시점, 즉 <그림 결-3>에서 보이는 바와 같이 경제적 측면을 중심으로 하여 인접 과학(경제사, 경영사, 법제사, 서양사, 동양사, 문화사, 사회사상사 및 회계사 등)의 지식과 사상을 받아들여, 학제적 연구방법론에 의한 연구야 말로 필요한 영역임을 인식하여야 한다.

<그림 결-3> 회계문화사의 학제적 관련성

<자료 : 회계문화사의 학제적 관계 추적 작성 저자>

한국 회계문화사는 블랙홀(시간의 역사)을 방불케 한다. 그만큼 접근하기가 쉽지 않은 분야라는 것이다. 고대사회의 회계문화는 다른 학문영역의 지식을 기초로 하여 접근하고, 더욱 정밀한 체계화가 이루어져야 함을 암시하는 의미이다. 종래의 역사적 학문연구는 서구적(西歐的) 사고방식, 즉 서양사관(西洋史觀)에 입각한 논리 전개가 주축이었다. 서양사 중심의 토대 위에서 모든 학문영역이 접근되었고, 그 종속적 위치에서 관찰이 이루어져 왔던 것도 사실이다. 동양사관(東洋史觀)에 근거한 접근시도가 필요하다는 것이다. 다시 말해서 역사를 수직적으로 고찰하는 것이 일반적이었던 데서 그것을 수평적·입체적으로 관찰할 필요가 있다고 본다. 왜냐하면, 그것은 4대강 유역의 문명 중에서 지리적으로 격리된 상태의 고대 문명사는 서양사관에서 보는 것과는 다른 논리 전개가 가능하다고 보기 때문이다. 이를 고려한 한국 회계문화사의 연구는 당연히 아시아권 회계문화사와 더불어 한국의 회계문화사가 어떠한 상황에서 이뤄졌는가의 문제를 제기할 수 있을 것이다. 비교문화론적 관점에서도 수직적·수평적 접근방법(cross approach)을 원용한 통문화적(cross cultural) 회계문화사의 정립이 필요한 단계이다. 따라서 우리나라의 회계문화에 대한 접근을 한국사적 관점에서 문제를 제기하여 접근하는 것도 회계문화사관의 확립을 위해 필요하다고 인식하게 되었다는 것이다.

참 고 문 헌

1. 古典史料 및 文獻資料

- 『경국대전(經國大典)』
- 『고려사(高麗史)』
- 『고려사절요(高麗史節要)』
- 『고사기(古史記)』
- 『구당서(舊唐書)』
- 『규원사화(揆圓史話)』
- 『당서(唐書)』
- 『당회요(唐會要)』
- 『대당육전(大唐六典)』
- 『대전회통(大典會通)』
- 『동국여지승람(東國輿地勝覽)』
- 『동문선(東文選)』
- 『동사강목(東史綱目)』
- 『북사(北史)』
- 『사기(史記)』
- 『삼국사기(三國史記)』
- 『삼국유사(三國遺事)』
- 『삼국지(三國志)』
- 『증보문헌비고(增補文獻備考)』
- 『발해고(渤海考)』
- 『여유당전서(與猶堂全書)』
- 『동사세가(東史世家)』
- 司馬遷, 『사기 율서史記律書』
- 『해동역사(海東繹史)』
- 『고려왕조실록(高麗王朝實錄)』
- 『조선왕조실록(朝鮮王朝實錄)』
- 『일성록(日省錄)』
- 桓檀古記・檀君世記 (卷二, 卷三, 卷四, 卷五)
- 『續大典』
- 世宗實錄
- 成宗實錄
- 權近(AD1352~1409), 『陽村集』
- 柳馨遠, 『磻溪隧錄』

- 李穀(AD1298~1351), 『稼亭集』・高麗名賢集』
- 李奎報(AD1168~1241), 『(東國李相國集)』
- 임승국 역주, 『桓檀古記』・「太白逸史」
- 白雲庵, 『日記帳』
- 송도지(松都誌)』
- 『송사(宋史)』
- 『수서(隨書)』
- 『신당서(新唐書)』
- 『신증동국여지승람(新增東國輿地勝覽)』
- 『오대회요(五代會要)』
- 『요사(遼史)』
- 『위서(魏書)』
- 『일본서기(日本書紀)』
- 『자치통감(資治通鑑)』
- 『제왕운기(帝王韻紀)』
- 『조선금석총람(朝鮮金石總覽)』
- 『조선왕조실록(朝鮮王朝實錄)』
- 『주례(周禮)』(天官大宰; 天官小宰.)
- 『주역(周易)』 계사(繫辭)
- 『한서(漢書)』(地理誌, 古朝鮮八條法禁.)
- 『환단고기(桓檀古記)』
- 『후한서(後漢書)』
- 『진서(晉書)』
- 『발해국지(渤海國志)』
- 『해동역사(海東繹史)』
- 『한서율력지(漢書律歷志)』
- 『『거란국지(契丹國志)』
- 『송회요(宋會要)』
- 『동사세가(東史世家)』
- 『승정원일기(承政院日記)』
- 『비변사등록(備邊司謄錄)』
- 世祖實錄
- 英祖實錄

- 金富軾,『三國史記』高句麗本記, 第)1卷,
- 『『太祖實錄)』
- 「渤海國志」(求恕齋叢書, 乙未閏七夕)
- 『太宗實錄』
- 李瀷(AD1681~1763),『星湖僿說』
- 鄭道傳(AD1337~1398),『三峰集・朝鮮徑國典)』
- 義天(AD1055~1101),『大覺國師文集』
- 徐榮輔・沈象奎 外,『萬機要覽』(1808)

- 金富軾 지음, 李丙燾 역주,『三國史記』(上・下), (을유문화사, 1983. 1989.).
- 一然 지음・이민수 옮김,『三國遺事』(서울, 을유문화사, 1994)
- 국립경주박물관,『慶州와 실크로드』, 1991.
- 국립부여문화재연구소,『미륵사유적발굴조사보고서』(서울, 1996)
- 문화공보부 문화재관리국,『천마총발굴조사보고서』, 1974.
- 문화공보부,『무령왕릉발굴조사보고서』(서울, 1974)
- 문화재관리국 문화재연구소,『황룡사발굴조사보고서Ⅰ』, 1984.
- 조선총독부,『朝鮮金石總覽』(京城, 日韓印刷所, 1919)
- 朴性鳳,「舊韓末珍島富豪帳簿」(『韓國經濟史文獻資料』,(경희대학교부설한국경제경영사연구소, 1974년 7월)
- 불국사석가탑유물보고서 간행위원회,『불국사 석가탑 유물2-중수문서』(서울, 국립중앙박물관 대한불교조계종, 2009)
- 京城府,『京城府史』第1卷・第2卷・第3卷(1934).
- 池載熙・李俊寧 解譯,『주례(周禮)』(서울, 자유문고, 2002)

2. 韓國語文獻資料
(1) 單行本
- 姜萬吉,『朝鮮後期 商業資本의 發達』(서울, 고려대학교 출판부, 1973)
- _____,『李朝의 商人』(서울, 春秋文庫15, 한국일보사, 1973)
- _____,『韓國商業의 歷史』(서울, 세종대왕기념사업회, 2001)
- _____,「大韓帝國時期의 商工業問題」(고려대학교 아세문제연구소』, 16-2, 1973).
- 강인애,『韓國近代租稅思想硏究』(서울, 조세통람사, (1997)
- 강봉룡,『張保皐』(서울, 한얼미디어, 2004)
- 경기상업고등학교,『경기상고60년사』(1983), p. 93
- 경제기획원,『개발년대의 경제정책』(1982),
- _____,『제7차 경제사회발전5개년계획서 : 1992-1996』, (1992)
- 경희대학교부설 한국경제경영연구소,『韓國經濟史文獻資料』제5집, 1974
- 고려대학교 아세아문제연구소,『舊韓國外交文書』제15권(1965), & 제29권, & 제32권(1965).
- 고려대학교,『高麗大學校 70年誌』(1975),
- 高承濟,『韓國經營史研究』(서울, 한국능률협회, 1975)
- _____,『韓國社會經濟史論』(서울, 일지사, 1988)

· 高承禧, 『現代簿記原理』(서울, 修書院, (1981)
· _____, 『會計原則의 理論』(서울, 修書院, 1983)
· _____, 『財務會計論』(서울, 修書院, 1984)
· _____, 『會計學槪論』(서울, 三英社, (1993)
· _____, 『현대회계입문』(서울, 三英社, 1997)
· _____, 『중급재무회계』(서울, 三英社, 1998)
· _____, 「우리나라 企業會計制度의 改善方向」(韓國稅務士會附設 韓國租稅研究所, 1999)
· _____, 『稅效果會計論研究』(서울, 韓國稅務士會附設 韓國租稅研究所, 2001)
· _____, 『企業年金의 會計와 稅務』(서울, 韓國稅務士會附設 韓國租稅研究所, 2002)
· _____, 『開城商人의 經營思想과 松都治簿法의 論理構造』<서울, 태평양장학문화재단, 2005)
· _____, 『會計史·會計思想史研究 序說』, (서울, 수서원, (2006)
· _____, 『韓國型 企業文化의 照明』(서울, 도서출판 수서원, 2006)
· _____, 『韓國會計基準 變遷史』(서울, 도서출판 수서원, 2007).
· 고승희 역, 『會計的 情報와 意思決定』<宮本匡章 原著>, (서울, 修書院, 1981)
· 고승희 외 공저, 『아산 정주영 연구』(서울, 도서출판 수서원, 1999)
· 고승희 외 공저, 『왜 삼성인가』(서울, 비즈니스 맵, 1912)
· 고유섭, 『松都의 古蹟』(서울, 열화당, 1977)
· 고정섭, 『聯結財務諸表論』(서울, 다산출판사, 1981),
· 공병호, 『대한민국 기업흥망사』(서운, 해냄, 2011)
· 공창석, 『대상인의 시대』(서울, 박영사, (2010)
· _____, 「위대한 한국상인」(서울, 박영사, 2015
· 郭道揚 著; 津谷原弘 訳), 『中國會計發展史綱』(上), (東京, 文眞堂, (1988
· _____, _____, 『中國會計發展史綱』(下), (東京, 文眞堂, 1990)
· 국립민속박물관, 『한국의 도량형』(서울, 신유문화사, (1997)
· 국립중앙박물관, 『불국사석가탑유물2중수문서』(서울, 시티파트너, (2009)
· 국사편찬위원회, 『韓國史料叢書』第六卷, 1958
· _____ , 『中國正史朝鮮傳譯註一』(서울, 1990 초판7, (2004)
· _____ , 『中國正史朝鮮傳譯註二』(서울, 1990 초판, (2004)
· 권덕영, 『재당 신라인사회연구』(서울, 일조각, 2005))
· 권병탁, 『韓國經濟史』(서울, 박영사, 1984)
· _____, 『藥令市研究』(서울, 한국연구원, 1986)
· 권순백, 『四介治簿法文書의 分析』(慶北大學校大學院博士學位論文, 1986)
· 權泰殷, 『韓國會計制度論』(東京, 同文館, 1989)
· 금융감독위원회(회계기준심의위원회), 『재무회계개념체계』(2000년 1월)
· 김경태, 『한국근대경제사연구』, (서울, 창작과 비평사, 1994)

- 기업회계준칙기초소위원회, 『기업회계원칙』(1958년 6월 22일, 중간보고)
- _____, 『재무제표준칙기초보고서』(1958년 6월 22일자)
- 김광석, 『新企業會計原則』(서울, 한국세정신보사, 1976),
- 김기섭 외, 『譯註 高麗史食貨誌』(서울, 한국정신문화연구원, (1996)
- 金基雄, 『歷史學槪論』(서울, 대학교육시보사, 1960)
- 金基浩, 『開城旧京』(서울, 대한공론사, 1972) <비매품>
- _____, 『松都治簿法四介文書의 槪要』(非賣品, 서울: 東光印刷所, 1986
- 김문경·김성훈·김호경, 『장보고』(서울, 이진출판사, 1996)
- 김경태·신형식·이배용, 『韓國文化史』(서울, 이화여자대학교 출판부, 1986)
- 김대훈, 「삼국유사, 동학에 함유된 고유사상의 탐구」(경상대학교 석사학위논문, 2010)
- _____, 『사십구재』 (구미래, 민족사, 2010)
- 金大熙, 『應用商業簿記學(全)附工業簿記學』(京城, 義進社, 1909)
- 김동철, 『조선후기 공인연구』, (서울, 한국연구원, 1993)
- 金柄夏, 『韓國經濟思想史』(서울, 일조각, 1997)
- _____, 『韓國經濟經營思想史』(대구, 계명대학교출판부, (1989)
- _____, 『財閥의 形成과 企業家活動』(서울, 한국능률협회, 1991)
- _____, 『韓國農業經營史研究』(서울, 한국정신문화연구원, (1993)
- _____, 『韓國經營理念史』(대구, 계명대학교출판부, 1994)
- 김봉희, 『한국개화기 서적문화 연구』(이화여대 출판부, 1999)
- 김삼수, 『韓國社會經濟史研究 -契의 研究-』(서울, 박영사, 1974)
- 김석웅 역, 『분식회계』(서울, 영화조세통함, 2003),
- _____, 유순미 공역, 『회계부정』(서울, 산문출판, 2011)
- 金聖壽, 『韓國經濟史論』(서울, 경진사, 1985)
- _____, 『韓國經濟의 發展』(서울, 학문사, 1996)
- _____, 『韓國經濟의 理解』(서울, 학문사, 1992),
- 김순기·이건영, 『한국의 원가관리』(서울, 弘文社, 1995).
- 金洵植, 『商業簿記要義』(東京, 巖松堂書店, 1939)
- _____, 『會計學』(서울, 장왕사, (1956)
- _____, 『簿記學』(서울, 장왕사, (1957)
- 金允植, 『陰晴史』(下卷, AD1,881~1,921)
- 김안국 외, 『동아시아연표』(청년사, (1992)
- 김옥근, 『韓國經濟史』(서울, 민족문화사, 1990)
- _____, 『高麗財政史』, (서울, 일조각, 1996).
- _____, 『朝鮮王朝財政史研究Ⅰ』(서울, 일조각, 1993)

- 김왕직, 『알기쉬운 건축용어사전』(서울, 동녘, 2007)
- 金龍洛, 『韓國契의 理論과 實際』(서울, 청자서원, 1967)
- 金容旭, 『韓國開港史』(서울, 서문당, 1976)
- 金容雲·金容國, 『(韓國數學史)』(서울, 과학과 인간사, 1977)
- 金容雲·金容國, 『數學史의 理解』(도서출판 우성, 1997)
- 김용운·이소라, 『청소년을 위한 한국수학사』(살림출판사, 2015)
- 김육불 지음, 발해사연구회 옮김, 「新編 渤海國志長篇」<上·中·下>, (신서원, 2008)
- 김운태(外), 『한국정치론』(서울, 박영사, 1982),
- 金元銖, 『體系經營學事典』(서울, 法文社, 1974)
- _____, 『經營學史』(서울, 經文社, 1985)
- 김인호, 『문명의 시원』(서울, 불램, 2019).
- 김정배, 『韓國古代의 國家起源과 形成』(서울, 고려대출판부, 1986)
- _____, 『한국고대사와 고고학』(서울, 신서원, 2000)
- 김종현, 『經濟史』(서울, 경문사, (1987)
- 김주영, 『27인의 개성상인』(서울, 도서출판 산과들, 2001)
- 김창석, 『삼국과 통일신라의 유통체제 연구』(서울, 일조각, 2004)
- 김철준, 『韓國文化史論』, (서울, 서울대학교출판부, 1990)
- 김호동 역주(마르코 폴로 원저), 『동방견문록』(서울, 사계절, 2002)
- 남상오, 『會計理論』(일신사, 1984),
- 노용필 외, 『한국문화사의 이해』(서울, 신구문화사, 2016)
- 대한상공회의소, 『한국경제20년의 회고와 반성』(1982), pp. 133-141.
- 대한상사법실무연구회, 『상법지식사전』(서울, 법문북스, 2021)
- 大韓帝國度支部 編, 『大韓帝國貨幣整理經過報告書』(光武11年~隆熙.년)
- 동북아역사재단 편, 『발해의 역사와 문화』(서울, 2007)
- 동아출판사, 『동아원색세계대백과사전』(서울, 1984)
- 림호성·김혁철, 『조선단대사-발해사 1-』(서울, 과학백과사전출판사, 2010)
- 림호성, 『조선단대사-발해사 2-』(서울, 과학백과사전출판사, (2011)
- 문안식, 『요하문명과 예맥』(서울, 혜안, (2008)
- 문창노, 『삼한시대의 읍락과 사회』(서울, 신서원, (2000)
- 文澤坤·朱仁基, 『新財務會計』(서울, 법문사, 1982),
- 민석홍, 『서양사 개론』, (서울, 삼영사, 1995)
- 민족문화추진회, 『국역해동 역사』, (1996)
- 閔天植, 『實用家計簿記』(京城, 徽文館, 1908)
- 박건주 「中國古代社會의 法律」(서울, 백산자료원, 2008),

- 박남수, 『신라수공업사』(서울, 신서원, 1996)
- _____, 『한국고대의 동아시아 교역사』(서울, 주류성출판사, (2011)
- 박병석, 『중국상인문화』(서울, 교문사, 2001)
- 박병호, 『한국법제사』(서울, 민속원, 1919),
- 박상만, 『한국교육사 (중권)』, (서울, 대한교육연합회)
- 박선미, 『고조선과 동북아의 고대화폐』(서울, 학연문화사, (2009)
- 朴仙姬, 『古朝鮮 服飾文化의 發見』(서울, 지식산업사, 2011),
- 朴誠圭 編, 『韓國固有의 複式簿記 -四介松都治簿法-』(대구, 영남대학교출판부, 1988)
- 박영규, 『고려왕조실록』(서울, 울진지식하우스, (1917)
- 朴元善, 『새商法』(서울, 수학사, (1962)
- 朴源澤, 『朝鮮朝의 官廳會計 -重記와 解由를 중심으로-』(慶北大學校大學院博士學位論文, 1987)
- 朴種文, 『簿記原論』(서울, 동국문화사, 1955)
- 박평식, 『조선전기 상업사 연구』(서울, 지식산업사, 1999)
- 朴烋祥, 『改正商法解說(』(서울, 法文社, 1984)
- 박흥수, 『한국의 도량형』,(서울, 국립민속박물관, 1997)
- 반선섭, 『기업회계기준서』(서울, 신영사, 2002)
- _____, 『최신 기업회계기준서(1)』)(서울, 명경사, 2004)
- 배대온, 『역대 이두사전』, (서울, 형성출판사), (2003)
- 白南雲, 『朝鮮社會經濟史』(京城, 改造社, 1933)
- 白相起, 『朝鮮朝監査制度硏究』, (대구, 영남대학교출판부, 1990)
- 釜山市史料編纂委員會, 『釜山略史』, 1965,
- 釜商百年史編纂委員會, 『釜商百年史』(부산상업교등학교동창회, 1995)
- 北崖子 著, 申學均 譯, 『揆園史話』(서울, 大東文化社, 1968)
- _____, 민영순 옮김, 『揆圓史話』(서울, 도서출판 다운샘, 2016)
- 사단법인 대한상업교육회 외, 『商業敎育100年史』(서울, 1999)
- 삼성미술문화재단, 『文化의 香氣 30年』(서울, 1995)
- 삼일회계법인, 『한국기업의 성공조건』(서울, 매일경제신문사, 1995)
- _____, 『이연법인세회계』(서울, 삼일세무정보주식회사, 1999)
- 徐兢 원저·조동원 외 역, 「高麗圖經」, (서울, 황소자리출판사, (2015)
- 서병국, 『발해사(발해의 정치)』(서울, 한국학술정보, 2006)
- _____, 『발해사(발해의 경제)』(한국학술정보, 2006)
- 徐秉琨·孫守道, 『中國地域文化大系』(上海遠東出版社, 1998),
- 서울대박물관, 『해동성국 발해』(서울대박물관 전시도록, 2003)
- 서울대 역사연구소, 『역사용어사전』(서울대학교출판문화원, 2016)

- 선린80년사편찬회, 『善隣八十年史』(선린동문회, 1978)
- 세계문자연구회 엮음·김승일 옮김, 『세계의 문자』(서울, 범우사, 2016)
- 소진덕,『會計學』(서울대학교출판부, 1974),
- 손인수,『한국교육사상사(IV)』(서울, 문음사, 1989), p.1542
- 孫珠瓚 외, 『改正商法解說』(삼영사, 1984),
- 송기철, 『經營史』(서울, 박영사, 1974)
- 송기호 역, 『발해의 역사』(한림대학아시아문화연구소, 1987)
- _____, 『발해정치사연구』(서울, 일조각, 1995)
- _____, 『발해 사회문화사 연구』(서울대학교 출판문화원, 2011)
- 송태영,『近代會計學』(서울, 東國文化社, 1961)
- 신서원 편집부 편, 윤국일 옮김, 『新編 經國大典』(서울, 도서출판 신서원, 2005)
- 신용하, 『한국민족의 기원과 형성 연구』(서울, 서울대학교 출판문화원, 2017)
- _____, 『고조선문명의 사회사』(서울, 지식산업사, 1918).
- 신형식, 『韓國古代史의 新硏究』(서울, 일조각, 1984)
- _____, 『한국의 고대사』, (소유르 삼영사, 1999),
- 신형식 외, 『신라인의 실크로드』(서울, 백산자료원, 2002)
- 신홍철, 『管理會計의 革新』(서울, 경문사, 1993).
- 아세아문화사 편, 『朝鮮金石總覽』, 1976.
- 安潤泰, 『四介松都治簿法硏究의 展開-田村·大森의 論文批判을 중심으로-』(嶺南大學校大學院 博士學位論文, 1978)
- 양지창 외, 『IMF시대의 탈출경영』(서울, 청양, 1998),
- 역사학회 편, 『韓國史資料選集』(古代篇), 일조각, 1973)
- 역사학회 편, 『韓國史資料選集』(高麗篇), 일조각, 1973)
- 연세대학교,『延世大學校史』(1969),
- 吳斗煥,『韓國近代貨幣史』(서울, 한국연구원, 1991),
- 吳星, 『朝鮮後期商人硏究』(서울, 일조각, 1989)
- 오명호, 『한국 현대정치사의 이해』(서울, 도서출판 오름, 1999),
- 우만형 편, 『開城』(서울, 예술춘추사, 1970),
- 우실하(2007), 『동북공정 넘어 요하문명론』(서울, 소나무)
- 우유찬, 『고조선·고구려·발해 위치연구』(서울, 대새, 2017)
- 유승국, 『東洋哲學硏究』(서울, 동방학술연구원, 1983)
- 元裕漢, 『朝鮮後期貨幣史硏究』(서울, 한국연구원, 1975)
- 유자후, 『朝鮮貨幣考』(서울, 이문당, 1974),
- _____ , 『韓國別錢考』(서울, 동화출판공사, 1975).

- 유원동, 『韓國近代經濟史研究』(서울, 일지사, 1997)
- 유휘 엮음; 김혜경·윤주영 옮김, 『구장산술』(한국과학문화재단, 서해문집, 1998)
- 윤국일 옮김, 『新編經國大典』(서울, 도서출판 신서원, 2005)
- 윤근호, 『四介松都治簿法研究』(서울, 단국대학교 출판부, 1975)
- _____, 『韓國會計史研究』(서울, 재단법인한국연구원, 1984)
- 윤내현, 『韓國列國史研究』(서울, 지식산업사, 1998).
- 윤덕중, 『現代社會學』(서울, 형설출판사, 1994).
- 윤병욱, 『會計學要論』(서울, 보문각, 1959)
- _____, 『歐美經營學의 發展과 理論』(서울, 고려대학교 부설 기업경영연구소, 1963)
- 윤순석·송인만·김효진, 『K-IFRS 재무회계』(서울, 신영사, 2020).
- 윤재운, 『한국고대무역사연구』(서울, 경인문화사, 2006)
- 尹柱漢·李柄鐵, 『新商法要論』(서울, 무역경영사, 1997).
- 이가원·권오돈·임창순, 『東亞漢韓大辭典』(서울, 동아출판사, 1985).
- 이기동, 『신라사회사연구』(서울, 일조각, 1997)
- 李基俊, 『韓末西歐經濟學導入史研究』(서울, 일조각, 1985)
- _____, 『韓國經濟學敎育史研究』(서울, 한국연구원, 1982),
- 이남구·송희영, 『국제무역론』(서울, 삼영사, 1998),
- 이동희, 『기업회계원칙축조해설』(서울, 홍문관, 1977),
- 이만규, 『조선교육사 (하권)』서울, 을유문화사, 1946).
- 이민수 譯, 『一然 三國遺事』(서울, 乙酉文化社, 1990),
- 이병기·백철, 『國文學前史』(서울, 1957)
- 이병희 지음, 『高麗時期 寺院經濟 研究』(서울, 경인문화사, 2009)
- 李輔虎 編, 『大韓天一銀行日史』(서울, 한국상업은행행우회, 1959)
- 李相國, 『開化期西洋簿記·會計導入史에 관한 研究』(嶺南大學校大學院博士學位論文, 1988)
- 이용범, 『중세동북아세아사』(아세아문화사, 1976)
- _____, 『중세 만주·몽고사의 연구』(동화출판공사, 1988)
- 이용택, 『會計學』(서울, 문화당, 1958)
- 이용호·심충진, 『기업회계기준』(서울, 한국금융연수원, 2006)
- 이우태, 『한국고대의 尺度』(서울, 태동고전연구, 1984)
- 이융조, 『충북의 선사문화』(충청북도 충북학연구소, 2006).
- 李瀷 원저·정해겸 번역, 『성호사설(中)』(서울, 현대실학사, 1998).
- 이인철, 『신라정치경제사연구』(서울, 일지사, 2003).
- 이장규 외5인, 『IFRS 회계국경이 사라진다.』(서울, 교보문고, 2008).
- 이장주, 『우리 역사 속의 수학이야기』(서울, 사람의 무늬출판, 2012)

- 이재하, 「한국의 정기시장변화 과정」(경북대학교 대학원 박사학위 논문, 1988),
- 이정호, 『現代會計理論』(서울, 經文社, 1984)
- _____. 편저,『회계사연구』(서울대회계학연구회, (주)영화조세통람, 2002)
- _____, 외4인,『韓國企業會計制度의 發達과 그 展望』(서울대학교회계학연구센터, 2003)
- 이종봉, 『한국도량형사』(서울, 소명출판, 2016)
- 이지린,『고조선연구』(서울, 과학출판사, 1964
- _____,『고조선연구』(서울, 백산자료원, 1997).
- 이태수,『한국·한민족의 역사』(서울, 신세림출판사, 2013),
- 이학종,『한국기업의 문화적 특성과 새 기업문화 개발』(서울, 박영사, 1997),
- 이헌창,『조선후기 재정과 시장·경제체제론의 접근』(서울대학교출판문화원, 2010)
- _____,『韓國經濟通史』 제5판 (서울, 해남, 2018).
- 이해동·이병언,『財務諸表規則解說』(서울, 일조각, 1961)
- _____,장양술, 『財務諸表規則解說』(서울, 일조각, 1966)
- _____,『企業會計基準解說』(서울, 일조각, 1981),
- _____,『改正企業會計基準詳解』(서울, 일조각, 1982)
- _____,『기업회계기준해설』(서울, 일조각, 1983)
- 이현혜,『한국고대의 생산과 교역』(서울, 일조각, 1998)
- 이혜옥,『高麗時代 稅制硏究』, (이화여자대학교 대학원, 1985)
- 이희승,『국어대사전』(서울, 문중서관, 1971)
- 이훈섭,『한국전통경영사론』(서울, 글로벌출판사, 1999)
- _____,『한국전통경영사연구』((서울, 보경문화사, 1992)
- 林起煥,「高句麗初期 官階組織의 成立과 運營」(『慶大史學』 1995),
- 林采柱,『稅務會計史』(서울, 삼일인포마인, 2005)
- 임홍근,『한국상법전50년사』(서울, 법문사, 1913)
- 張志淵,『萬事物記原 歷史貨幣條』
- _____, 외, 『吏讀辭典』(1976)
- 張頷 編,『古幣文編』(北京, 中華書局出版, 1996)
- 張炳淳,『韓國稅政史』(서울, 보성사, 1973)
- 장태평,『기업구조조정과 세제지원』(서울, 광교아카데미, 1998),
- 재무부,『재무제표규칙』(1958년 7월 2일 ; 재무부고시 제169호),
- 전성호,『조선시대 호남의 회계문화』(서울, 다홀미디어, 2007)
- 정상천, 실업교육의 연혁적 연구(1)-을사조약까지를 중심으로-」, (공주사범대학, 『논문집』, 제18집, 1980)
- 鄭東潤 외6인 공저, 『商法改正案解說』(1995)

- 朝鮮總督府 編, 『朝鮮金石總覽』(上), (1919).
- 趙璣濬, 『韓國資本主義成立史論』, (서울, 대왕사, 1983)
- _____, 『韓國企業家史』(서울, 박영사, 1973,)
- _____, 『韓國經濟史新講』, (서울, ;일신사, 1994.)
- 조병찬, 『한국시장경제사』(서울, 동국대학교 출판부, 1993)
- 趙星河『,會計情報의 理論』(서울, 貿易經營社, 1977)
- 趙益淳, 『新簿記學』(서울, 박영사, 1962)
- _____, 『會計理論』(고려대학교 부설 기업경영연구소, 1962),
- _____, 『現代會計學』(서울, 박영사, 1963)
- _____, 『政府企業의 豫算 및 會計制度에 관한 硏究』(박사학위논문, 고려대학교, 1965)
- _____, 『最新稅務會計』(서울, 박영사, 1970)
- _____, 『新會計理論』(서울, 박영사, 1982)
- _____, 『新會計監査論』(서울, 박영사, 1983)
- _____, 『四介松都治簿法에 관한 小考』(謄寫單行本, 1967)
- _____, 『韓·美·日 政府會計 및 監査制度의 文化的照明』(서울, 박영사, 1996)
- _____, 『四介松都治簿法前史』(서울, 도서출판 해남, 2000)
- _____, 『내가 만들어본 瑤池鏡』<米壽記念隨想集, 2011>
- 조익순·정석우, 『조선시대의 회계문서에 나타난 사개송도치부법의 발자취』(박영사, 2006)
- 曹廷煥, 『會計의 理解 -史的 接近-』(서울, 삼영사, 1995)
- 趙芝薰, 『韓國文化史序說』(서울, 탐구당, 1980)
- 주영헌, 『발해문화』(사회과학출판사, 1971).
- 주인기·반선섭, 『K-IFRS해설 중심의 재무회계』(서울, 신영사, 2016).
- 池載熙·李俊寧 解譯, 『주례(周禮)』-제국건설의 행정직제와 직무지침서- (서울, 자유문고, 2002)
- 崔基元, 『商法學新論(Ⅰ)』(서울, 博英社, 1984·2014),
- 최인호, 『문명의 시원』(서울, 북랩, 2018)
- 최남선 편, 『三國遺事』, 민중서관, 1975, 附錄>
- 최동수(조흥은행장), 『조흥금융박물관』(서울, 예맥출판사, 2005).
- 최몽룡, 「고조선의 문화와 사회경제」(『한국사』 4, 국사편찬위원회, 1997),
- _____, 『한국 선사시대 문화와 국가의 형성』(서울, 주류성출판사, 2016)
- 최준식, 『한국인에게 문화는 있는가』(사계절, 1999)
- 최진배, 『한국의 부가가치세』(서울, 도서출판 상문사, 1984),
- 崔俊璿, 『會社法』제7판 (서울, 삼영사, 2012),
- 최경천, 「松都四介治簿法에 관한 연구」(건국대학교, 학술지 제3집, (1960)

- 최호진, 『近代韓國 經濟史硏究』(서울, 동국문화사, 1960)
- 테너 Ⅰ·에드와드 S. 린 원저/ 심정근 번역, 『政府會計』(서울, 우성문화사, 1984)
- 편의상, 『기업과 나, 그리고 기업문화』(서울, 도서출판 옴마니, 1992).
- 하현강, 『韓國의 歷史』(서울, 신구문화사, 1983)
- 한국고대사회연구소 편, 『역주 한국고대금석문』 Ⅲ (1992)
- 한국고대사학회, 『한국고대사연구의 새 동향』(서울, 서경문화사, 2007)
- 한국공인회계사회, 『韓國 公認會計士會 35年史』(1992)
- _____, 『韓國公認會計士會 35年史』(자료편, 1992)
- _____, 『공인회계사 50년사』(1954~2004), 2004년 5월 31일)
- _____, 『企業會計基準』(증권관리위원회, 1990. 3. 29.), 도서출판 희선당, 1990,
- _____, 『企業會計基準』(증권관리위원회, 1994. 4. 30.),
- 한국교육사연구회, 『韓國敎育史』(서울, 교육출판사, 1985).
- 한국과학재단, 『우리의 과학문화재』(1997.
- 한국법제연구원 譯, 『經國大典』(서울, 한국법제연구원, 1993)
- 韓國史辭典編纂會 編, 『韓國古中世史辭典』(서울, 가람기획, 1995),
- 한국사연구회, 『한국사연구입문』(제2판, 1990)
- _____, 『고려의 황도 계경』(창작과 비평사, 2002)
- _____, 『고려시대 사람들은 어떻게 살았을까』(청년사, 2003)
- 韓國商事法學會 編, 『商法改正의 論點』(서울, 三英社, 1981)
- 한국상업은행, 『한국상업은행70년사』(1969)
- 한국산업은행조사부, 『産業總監』제1집(1954),
- 한국정신문화연구원(한국학중앙연구원의 전신), 『한국민족문화대백과사전』<총28권>(1991)
- 한국정치외교사학회, 『한국현대사의 재조명』(서울, 대왕사, 1993),
- 韓國證券去來所, 『韓國의 證券市場制度』(1982).
- 한국정신문화연구원, 『한국사연표』(서울, 동방미디어, 2004))
- _____, 『古文書集成二十一/二十二,』, (서울, 1995)
- 한국사상연구회, 『한국사상총서Ⅰ-고대인의 문화와 사상-』(서울, 태광문화사, 1975)
- 한국회계연구원 회계기준심의위원회, 『기업회계기준서 전문』(2005년 1월 11일),
- 한국회계학회, 『회계학연구』(창간호, 1977년 3월), pp. 123-125.
- 한규철, 「발해의 대외관계」(『한국사』 10, 국사편찬위원회, 1996),
- 한상복·이문웅·김광억, 『문화인류학』, (서울, 서울대학교출판문화원, 2014).
- 한창균, 『요하문명과 고조선』(지식산업사, 2015)
- 韓㳓劤, 『開港期 商業構造의 變遷』(서울, 서울대학교문리과대학부설 한국문화연구소, 1970)
- _____, 『韓國開港期의 商業硏究』(서울, 일조각, 1982)
- 허민, 『수학의 역사』, 2013

- 허성관, 『개성상인의 탄생』(서울, 도서출판 만권당, 2018)
- 許宗炫, 「東洋의 簿記組織에 관한 연구」(부산대학교상과대학, 『釜山商大學報』 제1권 제2호, 1955)
- _____, 『會計監査의 理論과 實際』(1962)
- 許興植 編著, 『韓國中世社會史資料集』, (서울, 아세아문화사, 1976)
- 현병주, 『實用自修 四介松都治簿法 全』(京城, 德興書林, 1916 & 1928))
- 현병주 지음·이원로 옮김, 『사개송도치부법정해』(서울, 다산북스, 2011)
- 洪承基, 『高麗社會經濟史研究』(서울, 일조각, 2001).
- 홍하상, 『개성상인』 (서울: 국일출판사, 2004)
- 황병준, 『韓國의 工業經濟』(고려대학교 부설 아세아문제연구소, 1966),
- 黃明水, 『企業家史研究』(서울, 단대출판부, (1976)
- _____, 『한국기업가사연구』(서울, 단국대학교출판부, (1999)
- _____, 『한국기업경영의 역사적 성격』(서울, 삼양사, (1994)
- _____, 외6인, 『韓國의 市場商業史』(서울, 신세계백화점출판부, (1992)
- 黃善民, 『負褓商의 經營活動研究』(서울, 保景文化社, 1989)
- 황윤식, 『회계이론과 개념체계』(서울, 한성문화, 2005),
- 황준원, 『한국사상의 새 길라잡이』(서울, 박영사, 2003)

(2) 韓國語 研究論文

- 강만길, 「조선후기 상업자본의 성장 -京市廛·松商들의 都賈商業을 중심으로-」 『韓國史研究』 第1號, 1968
- 康允浩, 「開化期의 敎科用圖書(Ⅰ)-光武·隆熙年間의 敎科用圖書編纂攷Ⅲ」 (이화여자대학교 부설 한국문화연구원, 『叢書』 제10집, 1968)
- _____, 「개성상인연구」(『韓國史研究』 第8號, 1972
- 고동환, 「개항후기 시전상업의 변화--면주전을 중심으로--」(『서울학연구』 제32호, 서울학연구소 , 2008)
- 高承禧, 「日本에 있어서 近代會計制度의 起源」(한일경상학회, 『韓日經商論集』 제20권). 2000.
- _____, 「우리나라 회계원칙 이전시대의 기업회계제도에 관한 연구」(한국경영사학회, 『경영사학』 제16집제3호, 2001)
- _____, 「美國 會計理論의 發達過程」, (『經營論集』 제6호, 濟州大附設企業經營研究所, 1976)
- _____, 「會計基準에 관한 史的 考察」, (『會計學研究』 創刊號, 韓國會計學會, 1977)
- _____, 「國際會計論 研究序說」, (『經營論集』 제 7 호, 濟州大附設企業經營研究所, 1977)
- _____, 「韓國 企業會計原則に關する一考察」, (『大阪大經濟學』 제 27권,제4호, 大阪大學經濟學會, 1978), pp. 100-115.

- _____, 「韓國 企業會計原則の背景研究」,(『京阪論叢』제3호, 在日關西地方韓國 留學生會, 1978), pp. 9-33
- _____, 「韓國 企業會計原則の損益計算書原則について」,(『大阪大學經濟學』제28권 제1호, 大阪大學經濟學會, 1979), pp. 45-61)
- _____, 「韓日企業會計原則の比較硏究」,(『京阪論叢』제4호, 在日關西地方韓國留學生會, 1979), pp. 181-208.
- _____, 「現代會計學의 理論的 動向」,(『論文集』제12호, 濟州大學), 1981), pp. 213-229.
- _____, 「會計原則의 本質的 屬性」,(『論文集』제16호, 檀國大學校, 1982), pp. 317-338.
- _____, 「韓國 企業會計原則의 體系와 特徵」,(『經院論叢』제2호 , 檀國大 經營大學院, 1982).
- _____, 「企業會計의 一般原則에 관한 比較硏究」,(『經營學硏究』제12권 제1호, 韓國經營學會, 1982), pp. 73-111.
- _____, 「日本 企業會計原則의 體系와 特徵」,(『産業硏究』제4호, 檀國大學校産業硏究所, 1982), pp. 243-267.
- _____, 「會計原則의 比較論的 硏究序說」,(『産業硏究』第5號, 檀國大學校 産業硏究所, 1983), pp. 175-191.
- _____, 「會計原則의 社會的 役割」,(『經院論叢』 第 3 號, 檀國大學校 經營大學院, 1983), pp. 169-184.
- _____, 「日本 會計制度의 近代化 過程」(『經營論叢』제 26 집, 고려대학교 경영대학, 1984), PP. 221-245.
- _____, 「初期의 우리나라 企業會計原則에 관한 分析的 考察」(『經院論叢』제 7 호 , 단국대학교 경영대학원, 1987, pp. 3-39.
- _____, 「우리나라 會計原則의 發展史的 管見」(『生産性論集』제2권, 韓國生産性學會, 1988, pp.171-200
- _____, 제2호, 韓國經營學會, 1988), pp. 21-62
- _____, 「會計史의 硏究에 관한 序說的 管見」(『經院論叢』제8호,檀國大經營大學院, 1988), pp. 5-21
- _____, 「會計發達史攷」(『經營史學』제3집, 經營史學會, 1988), PP. 113 - 135
- _____, 「有用性槪念의 會計學的 考察」(『高廷燮 敎授 追慕論文集』, 高廷燮敎授追慕事業會, 1989), pp. 13-39
- _____, 「이탈리아 複式簿記의 會計史的 考察」(『經營史學』 제10집, 韓國經營史學會, 1995), PP. 165 - 195
- _____, 「經濟學과 會計學의 學際的 接近論理」(『企業經營硏究』제3집, 경희대학교 부설 기업경영연구소, 1997), PP. 101 - 125
- _____, 「資金흐름計算書의 生成發展史 硏究」(서울대학교經營大學會計學硏究센터, 『會計論叢』창간호, -辰岩 李正浩敎授 華甲記念-, 1997)
- _____, 「適正性槪念의 會計學的 考察」(『商經論叢』제2집, 이화여자대학교상경대학, _1997)
- _____, 「우리나라의 전통적 회계기법에 관한 고찰 -사개치부법의 구조적 특징을 중심으로-」(筆山黃明水敎授華甲記念論叢發刊委員會, 『韓國企業經營의 歷史的 性格』, 1998)

- _____, 「複式簿記와 資本主義發達에 관한 文獻史的 硏究」(韓國經營史學會, 『經營史學』 제17집, 1998)
- _____, 「中世時代의 英國會計史硏究」(『産業硏究』 제21집, 단국대학교 부설 산업경제연구원, 1998), PP. 173-191
- _____, 「日本의 近代化 初期에 있어서 財務諸表의 展開」(『經營史學』 제18집, 한국경영사학회, 1999), PP. 235-264)
- _____, 「移延法人稅의 貸借對照表能力」(『季刊 稅務士』 제17권제3호, 한국세무사회, 1999), PP. 6-18
- _____, 『우리나라 기업회계제도의 개선방향』(서울, 한국세무사회 부설 한국조세연구소, 1999)
- _____, 「日本에 있어서 세효과회계의 전개과정」(『경영경제연구』 제2권, 제주대학교 경상대학 부설경영경제연구소, 2000), PP. 152-182
- _____, 「日本에 있어서 근대회계제도의 기원」(『韓日經商論集』 제20권, 한일경상학회, 2001), PP. 1-22.
- _____, 「미국 세효과회계제도의 생성과 발전」(『韓日經商論集』 제21권, 한일경상학회, 2001),
- _____, 「法人稅의 費用性 硏究」(『韓日經商論集』 제21권 한일경상학회, 2001), PP. 241-266
- _____, 「우리나라 세효과회계제도의 전개과정」(『경영사학』 제16집 제2호(통권 26호, 한국경영사학회 2001), PP.171-195
- _____, 「일본 세효과 회계제도의 형성과 발전」(『한일경상논집』 제22권, 한일경상학회, 2001), PP. 1-27
- _____, 「우리나라 회계원칙 이전시대의 기업회계제도에 관한 연구」(『경영사학』 제16집 제3호(통권 27호, 한국경영사학회, 2001), PP. 77-115
- _____, 「미국 재무회계이론의 형성에 관한 연구-H.R. 햇드필드의 학설을 중심으로-」 (『경영사학』 제18집제1호 한국경영사학회, 2003), PP.97-122
- _____, 「리틀톤 회계사상의 문헌사적 연구(Ⅰ)-그의 초기(1918-1933)연구활동을 중심으로-」 (『재무와 회계정보저널』 제3권제2호, 한국회계정보학회, 2003), PP. 1-26
- _____, 「영국의 근대 회계사 연구」(『기업경영연구』 제10권제2호(통권18집), 한국기업경영 학회, 2003), PP. 191-217
- _____, 「리틀톤 회계사상의 문헌사적 연구(Ⅱ)-그의 제2기(1934-1953)연구활동을 중심으로-」 (『경영사학』 제19집제3호, 한국경영사학회, 2004)
- _____, 「일본 근대화 초기의 회계발달사 연구 -메이지 시대의 은행부기 형성사를 중심으로-」 (『한일경상논집』 제30권, 한일경상학회, 2005)
- _____, 「개성상인의 경영사상과 송도치부법의 논리구조」(한국경영사학회『經營史學』 제20집 제1호<통권36호>, 2005)
- _____, 「송도치부법에 투영된 개성상인의 경영사상」(『기업경영연구』 제12권제2호 <통권21호>, 2005), PP. 31-54
- _____, 「일본상법회계제도의 형성과정 연구」(『한일경상논집』 제33권, 한일경상학회, 2006)
- _____, 「리틀톤 회계사상의 문헌사적 연구(Ⅲ)-그의 만년(1954-1974)의 연구활동을 중심으로-」 (『經營史學』 제21집제1호,한국경영사학회, 2006)
- _____, 「先史時代 人類會計行爲의 胎動」(한국고서연구회, 『古書硏究』 제36호, 2018), PP. 60~137.
- _____, 「韓國固有의 松都四介治簿文化에 투영된 會計思想」(『古書硏究』 제37호, 2019), PP. 7

- _____, 「經濟國際化時代의 會計的 對應」(한국세무사회, 『계간 세무사』 제16권제1호, 1998),
- 고동환, 「조선시대 개성과 개성상인」(역사문제연구소, 『역사비평』 봄호, 2001)
- 고정섭, 「韓末 西歐會計學의 導入史에 관한 연구 -회계학 저서와 논문을 중심으로-(서강대학교 경제경영연구소, 『經商論叢』 제11집, 1986).
- _____, 「재무회계기준설정을 위한 방법론 및 기준체계에 관한 고찰」(한국경영학회, 『經營學研究』 제4집, 1975), pp. 73-80.
- 구종태, 『複式簿記의 生成史에 관한 연구』(단국대학교 대학원, 박사학위논문, 1997)
- 權相洙, 『西洋簿記 導入史에 관한 研究(Ⅱ)-郭漢倬 著, 簡易八種簿記 第 1編 商業을 중심으로-』 (韓國古書研究會, 『古書研究』 第)10號, 1994),
- 권순백, 「四介治簿法의 회계구조와 현대적 표현」(효성여자대학교 산업경영연구소, 經營經濟』 제4집, 1986).
- _____, 「四介治簿法의 회계이론적 분석」(효성여자대학교 산업경영연구소, 『經營經濟』 제5집. 1988)
- _____, 「四介治簿法構造의 未解決點 檢討」(효성여자대학교 산업경영연구소, 『經營經濟』 제7집. 1990)
- _____, 「四介治簿法의 現代化 改良模型 -코리아簿記法」(韓國會計學會, 『會計學研究』 제19호, (1994)
- _____, 「四介式簿記模型의 開發」(『經營經濟』 제11집, 효성여자대학교산업경영연구소, 1994.
- 권찬태, 「연결재무제표제도의 도입에 관한 고찰」(『會計와 實務』, 1979년 6월호),
- 김대환, 「1950년대 韓國經濟研究」(진덕규 편, 『1950년대의 認識』, 한길사, 1981),
- 金柄夏, 「褓負商에 관한 考察」(중앙대학교, 『경제학논집』 제3권 제1호.
- 金庠基, 「韓·濊·貊 移動考」(『東方史論叢』, 서울대출판부, 1974)
- 김상운, 『'99기업회계기준해설』(서울, 회경사, 1999)..
- 金聖壽, 「日帝下 民族系 企業集團形成과 性格에 관한 연구」(韓國經營史學會, 『經營史學』 제17집,1998)
- _____, 「개성상인정신 발달사 연구」(한국경영사학회, 『經營史學』 제17집 제2호, (2002)).
- 金英卿, 『韓國古代의 市와 井에 관한 研究-市場의 起源과 관련하여-』(숙명여자대학교 원우회, 『院友論叢』 제2집, 1984).
- 金容雲, 「韓國數學史」(『韓國現代文化史大系』 Ⅲ, (科學技術史), 高麗大民族文化研究所, 1977), PP. 299~304.
- 김일섭 등, 「회계라운드협상과 우리의 대응자세」(『공인회계사』, 한국공인회계사회, 1996년 12월),
- 김정태, 「松都四介治簿法」(상), (『監査月報』 제6권제7호, 1968). PP. 11~16;
- _____, 「松都四介治簿法」(하), (『監査月報』 제6권 제8호, 1968, PP. 13~21.
- 金貞欽, 「韓國科學教育史」(『韓國現代文化史大系』 Ⅲ, 科學技術史, 高麗大民族文化研究所,

1977), P.32.
- 김종만, 「회계서비스산업 국제화 추진방안」(대외경제연구원, 1992).
- 金鎭英, 「松都四介治簿法實務例」(金基浩 編, 『開城舊京』(비매품, 1972), PP. 161~163
- 남상오, 「회계원칙개정의 논쟁점과 과제」(『經營論集』제15권제3호, 서울대학교경영대학부설 한국경영연구소, 1981),
- 박경룡, 「개화기의 한성부 상업연구」, (『향토서울』 52, 서울특별시사편찬위원회, 1992년 12월), pp.39-101.
- 朴吉俊, 「監事의 法的 地位에 관한 小考」(『商事法硏究』第4輯, 1986)
- 朴南守, 「寺院成典과 佛事의 造營體系」(『新羅手工業史』, 신서원, 1996), PP. 192~196.
- _____, 「金大城의 佛國寺造營과 그 經濟的 背景」(『新羅學術發表會論文集』第18號, 1997), PP. 66~68
- 박평식, 「조선전기의 개성상업과 개성상인」(한국사연구회, 『한국사연구』제102호, 1998)
- 朴種文, 「松都四介治簿法 -사개다리文書」(동국대학교, 『商經論叢』창간호, 1962), PP. 19~45.
- 朴鍾郁, 「四介松都治簿法의 體系硏究 - 사개송도치부법과 中世이탈리아簿記를 중심으로」 (『永進專門大學論文集』제8집, 1986), PP. 51~62.
- 박태식·이융조, 「소로리 볍씨 발굴로 살펴본 한국벼의 기원」(『농업사연구』제3권 제2호, 2004.
- 박청부, 「회계산업의 국제경쟁력과 공인회계사의 역할」(『공인회계사』, 한국공인회계사회, 1996년 12월),
- 大韓商工會議所, 『韓國經濟20年의 回顧와 反省』(1982),
- 서정우, 「한국회계제도의 세계화」(『회계저널』제6권 제2호, 한국회계학회, 1997). P. 172.
- 宣炳完, 「日帝下企業會計制度의 硏究-사개송도치부법의 특성과 상법회계제도의 도입을 중심으로」 (全北大부설 산업개발연구소, 『論文集』제7집, 1977), PP. 183~210.
- _____, 「韓國近代會計史의硏究-근대기업회계제도의 형성과정을 中心으로-」(『전북대학교논문집』 제20집, 1978),
- 孫德榮, 「四介松都治簿法硏究의 類型的考察」(延世大商經大學産業經營硏究所, 『産業과 經營』 제7집, 1986), PP. 173~192.
- _____, 「開城簿記의 記錄計算體系」(韓國會計學會, 『會計學硏究』제12호, 1991), PP. 111~133.
- 손정목, 「會社令硏究」(『韓國史硏究』 45호, 1984)
- 송기철, 「경영학과 고려대학교-高大經營學開拓期의 諸學者를 중심으로-」(고려대학교 경영대학, 『經營論叢』제30집, 1987),
- 송인만·배원선, 「기업회계기준의 국제화 전략」(『회계저널』제7권 제2호, 한국공인회계사회, 1998),
- 최몽룡, 「고조선의 문화와 사회경제」(『한국사』 4, 국사편찬위원회, 1997).

- 안병직, 「朝鮮後期 資本主義萌芽의 發生」, 『한국학연구입문』 (지식산업사, 1981).
- 安潤泰, 「四介松都治簿法의 形成과 內容에 대한 批判」(영남대학교, 『論文集』 제12집, 1978), PP. 331~351.
- 오 성, 「資本主義萌芽論의 硏究史的 檢討 -초기의 연구를 중심으로-」, 『한국사시민강좌』 9 (일조각, 1991).
- _____, 「朝鮮後期 私商에 관한 考察 -私商의 擡頭와 관련하여-」(『韓國學報』제17집, 1979), PP. 60~87.
- 왕현종, 「갑오개혁기 개혁관료의 상업육성론과 경제정책」, (한국학보 제27권 제4호 통권105호 일지사, 2001),
- 유원동(1964), 「李朝貢人資本의 硏究」『아세아연구』 16
- 尹根鎬, 「四介松都治簿法研究 -玄丙周著書를 중심으로-」(『商經論叢』제7집, 단국대학교상경대학, 1968), PP. 14~82.
- _____, 『四介松都治簿法研究』(단국학교박사학위논문, 1977),
- _____, 「開城簿記에 관한 研究 -大韓天一銀行의 帳簿를 중심으로-」(단국대학교, 『論文集』 제3집, 1969), PP. 111~167
- _____, 「複式簿記의 高麗潮源論試攷」(『李海東博士華甲記念史學論叢』, 일조각, 1979), PP. 23~82.
- _____, 「四介治簿法」(『新東亞』1972년 5월호), PP. 131~133.
- _____, 「西洋簿記의 韓國에의 導入 -任璟宰와 그 簿記書-」(단국대학교, 『論文集』제6집, 1972), PP. 193~221.
- _____, 「朝鮮王朝會計制度研究」(영남대학교산업경제연구소, 『産業經濟』제10집, 1976), PP. 125~151.
- _____, 「東西洋簿記法의 比較硏究 -四介治簿法의 東洋思想-」(단국대학교, 『論文集』제11집, 1977),PP. 489~500.
- _____, 「複式簿記의 先驅者 -韓國의 四介松都治簿法-」(경북대학교경상대, 『經商大學論集』 제6호, 1978), PP. 99~109.
- _____, 「松都四介治簿法의 人蔘과의 關係」(경북대학교경상대, 『經商大學論集』제7호, 1979), PP. 13~27.
- _____, 「舊韓末의 西洋簿記書 -金大熙의 應用商業簿記學-(경북대학교경상대, 『經商大學論集』 제11호, 1983), PP. 235~258.
- 尹炳旭, 「開城簿記小考 -松都四掛文書」(고려대학교, 『經商論叢』제2집, 1955), PP. 101~157.
- _____, 「李朝市場制度研究」(고려대학교상과대학, 『經營論叢』제9집, 1963), PP. 1~37.
- _____, 「李朝商人制度研究」(고려대학교상과대학, 『經營論叢』제10집, 1964), PP. 1~21.
- _____, 「李朝時代의 會計制度研究」(고려대학교, 『高麗大學校60周年記念論文集 -社會科學篇-』 1965), PP. 207~247.
- 尹定夏, 『留學實記』중의 「留學顚末」 참고.
- _____, 「商業簿記」(大韓學會, 『大韓學會月報』제3호, 제4호, 제5호, 1908 4월, 5월, 6월).
- 尹柱漢・李炳鐵 共著, 『新商法要論』(서울, 貿易經營社, 1997)
- 李建憙, 「韓國會計學發展史의 定立에 관한 研究」(이화여자대학교한국문화연구소, 『經營論叢』 제34집, 1979), PP. 407~427
- 이계형, 『한국 상업교육의 변천과정 연구』(고려대학교 교육대학원 석사학위 논문, 1984)
- 이광린, 「育英公院의 設置와 그 變遷」, 『韓國開化史研究』, (서울, 일조각, 1974),
- 李基東, 「張保皐와 그의 海上王國」(『張保皐의 新研究』, 1997)
- 이기성, 「단군조선시대의 古漢字와 古한글」(『동국대학교 대학원신문』, 제177호, 2013년 4월 15일자),

- 李丙燾, 「檀君說話의 解釋과 阿斯達 問題」(『韓國古代史硏究』, 박영사, 1976).
- 이대선·장지인·나인철·이창우, 「우리나라 기업회계기준 설정과정의 발전방향」(『회계학연구』 제18호, 한국회계학회, 1994), PP. 337-412.
- 이상훈, 「개성부기의 양식과 기장법에 대하여」(서울대학교부설한국경제연구소, 『經濟論集』 제3권 제3호, 1964)
- _____, 張秉志, 「褓負商의 經營活動에 관한 硏究」(경기대학교, 『論文集』 제20집, 1987), PP. 193~238.,
- 李永澤, 「張保皐海上勢力에 관한 考察」(『韓國海洋大學論文集』 第14號, 1979), P.14.
- 이영훈, 「韓國資本主義의 萌芽問題에 대하여」, 『한국의 사회경제사』 한길역사강좌 5 (1987).
- 이용준, 「기업회계원칙 및 재무제표규칙의 개정방향에 관한 연구」(서울대학교 상과대학 부설 한국경영연구소, 『經營論集』 제7권 제2호, 1973),
- 이융조·우종윤, 「世界最古의 소로리 볍씨의 발굴과 의미」(충북대발물관 제1회 국제학술회의, 『아시아 선사농경과 소로리 볍씨』, 충북대박물관·청원군, 2003), PP. 27~46.
- 이정호, 「회계원칙심의회 제4보고서에 관한 분석적 고찰」, 『經營學論文集』 제2권 제1호, 서울대학교 경영대학원, 1972), pp. 155-174.
- _____, 「회계정보로서의 회계기준-미국학계의 회계이론구조를 중심으로-」,(서울대학교 상과대학 부설 한국경영연구소, 『經營論集』 제3권 제1호, 1972), pp. 89-111.
- _____, 「우리나라 기업회계원칙에 대한 反省」(『經營論叢』 제9권 제2호, 서울대학교 경영대학부설 한국경영연구소, 1973년 3월),
- 이종봉, 「일제강점기 도량형제도의 운용양상」(『한국민족문화』 57, 부산대한국민족문화연구소, 2015.
- 이한구, 「日帝下 土着綿工業資本의 性格에 관한 연구」(韓國經營史學會, 『經營史學』 제17집, 1998)
- 이헌창, 「조선후기 資本主義 萌芽論과 그 代案」, 『한국사학사학보』 17(2008).
- _____, 「근대경제성장의 기반형성기로서 18세기 조선의 성취와 그 한계」, 『역사학보』 213 (2012)
- 이훈섭, 「개성상인의 상업기반 및 기질에 관한 연구」(한국전통상학회, 『한국전통상학연구』 제16집 제1호, 2002).
- 林香淳, 企業會計와 稅務會計 間의 바람직한 關係設定에 관한 연구, 서울대학교 행정대학원, 1997.
- 유성재, 「A New Accounting Horizon in Information Age」(『회계저널』 제4권 제1호, 한국회계학회, 1995), PP. 1-10.
- _____, 「세계화에 부응하는 기업회계기준의 발전방향」(『상장협』 제31호, 1995), PP. 11-24.
- 張敬煥, 「改正保險契約法의 槪觀」(『考試界』, 1992년 2월호), P. 77
- 장지인, 「회계기준의 국제적 조화와 한국의 대응」(『경영학연구』 1993년 2월), PP. 179-194
- 장홍식, 「財政整理의 混亂은 簿記法의 無함을 證明흠이라」(『太極學報』 제4호, 1906), PP. 27~28.
- 정경희, 「先三國時代社會와 經濟-정치권력의 성격과 유통경제의 발전을 중심으로」 (『동방학회지』 제41호, 연세대학교 국학연구원), (1984)
- 정기숙, 「사개송도치부법의 기장원리와 장부조직에 관한 연구」(민속원, 『한국 전통회계와

내부통제 시스템』, 2011
- 정용범(2014), 「고려 전·중기유통경제연구」(부산대박사학위논문), PP. 23~33.
- 정재정(2008), 「한국근대와 식민지근대성론」(『새로운 한국사의 길잡이』下, 지식산업사.
- 조기준, 「開化期의 書籍商들, 한국기업인평전(7)」(『月刊中央』1970년 9월호),
- 조익순(1968), 「四介松都治簿法에 관한 小考 －大韓天一銀行의 記錄과 公開文獻을 중심으로－」 (고려대학교부설 기업경영연구소,『經營研究』, 1968), PP. 20~41.
- _____,「회계의 기초이론에 관한 미국회계학회의 최근발표를 보고」(고려대학교기업경영연구소,『經營研究』제5권 제1호, 제2호 및 제3호, 1967).
- ____,___, 「우리나라 會計學 敎育의 反省」(한국회계학회,『회계저널』제1호, 1993년 12월),
- 조익순·정석우. 「조선시대의 산원(산사·계사·회사)제도에 관한 연구」(한국회계학회, 『회계저널』제 9권 제4호, 2000), PP. 95-128.
- ____,____, 「복식부기로서의 사개송도치부법 성립시기에 관한 탐색-북한으로부터 입수한 옛 회계문서를 중심으로－」(한국회계학회,『회계저널』제16권 제4호, 2007년 5월)
- 조장연,, 「기업회계기준 체계 개선 방안」(『月刊 公認會計士』, 한국공인회계사회, 2000년 2월호).
- 주인기, 「국제기준 맞춰 투명성 강화」(매일경제, 1998년 12월 12.)
- _____, 「증권시장의 국제화 정착을 위한 회계제도」(한국회계학회, 「회계학국제학술심포지엄 발표논문집」, 1991), PP. 72-93
- _____, 「기업회계의 국제화를 위한 과제」(『공인회계사』, 한국공인회계사회, 1995), PP. 26-32.
- 증권감독원,『증권조사월보』(1979년 4월호), p. 110.
- 崔慶天, 「松都四介治簿法에 관한 考察」(건국대학교학술원,『學術誌』제13집,1961), PP. 163~205.
- 한국일보, 「史料로 본 解放 10年史」(1955년 9월 2일-3일)
- 한국회계학회,『회계원칙에 관한 의견서』(1973)
- 漢城旬報, 「會社說」, 高宗20년(AD1883) 癸未10月21日字, .第3.號
- 韓榮國,「商工業發達의 時代的背景」(『韓國史市民講座』제9집, 1991), PP. 1~13.
- 韓佑劤,「이조후기 貢人의 身分-대동법실시이후 공물청부업자의 기본성격-」(『학술원논문집』 -인문사회과학편 5, 1965).
- _____, 이조후기의 기인-시탄공물주인의 실태-」(『아세아학보』 1, 1965).
- 한국상업은행(1968), 『韓國商業銀行七十年史』(서울)
- 허성관, 「박영진家(가)의 19세기 사개송도치부 장부 회계순환 구조」(한국회계학회, 『회계저널』제24권 제2호, 2015).
- _____, 「박영진가의 19세기 복식부기장부 회계처리 방법의 진화」(한국경영학회, 『경영학연구』제45권제3호, 2016)

- _____, 「박영진가 복식부기장부의 20세기 전후 삼포(蔘圃)회계와 현대적 경영사고」 (한국경영학회, 『경영학연구』제46권제4호, 2017).
- _____, 「조선왕조말 개성상인 농업회계」(바른역사학술원, 『역사와 융합』제2호, 2018), PP. 157~193.
- 許宗炫, 「東洋의 簿記組織에 관한 一研究」(부산대학교상대, 『釜山商大學報』제1권제2호, 1955) PP. 1~67.
- 洪淳權. 「韓末時期開城地方蔘圃農業의 展開樣相(上) -1896년<蔘圃摘奸成冊>의 分析을 中心으로-」 (『韓國學報』제49집, 1987, PP. 33~67.
- _____, 「韓末時期開城地方蔘圃農業의 展開樣相(上) -1896년<蔘圃摘奸成冊>리 分析을 中心으로-」 (『韓國學報』제50집, 1987, PP. 155~199.
- 洪熹裕, 「松都四介文書에 반영된 松商들의 都賈活動」(『歷史科學』제6호, 1962), PP. 50~63.
- _____, 「17세기이후 人蔘栽培의 發展과 資本主義的 蔘圃經營」(『歷史科學』, 1986), PP. 31~35.

3. 日本語文獻資料

(1) 日本語 單行本

- 青木茂男、『日本会計発達史』(東京, 1976)
- _____, 『現代の內部監查』(東京, 中央經濟社, 1986)
- _____, 監譯・鳥羽至英 譯, 『基礎的監查概念』(東京, 國元書房, 1982)
- 青山監查法人, 『アメリカ会計原則』(東京, 東洋經濟新報社, 1993)
- 赤羽目匡由, 『渤海の政治と社会』(吉川弘文館, 2011)
- 秋山純一・山田進, 『システム監查概論 －內部統制に基づくアプローチ』(東京、オーム社、1986)
- 淺羽二郎, 『會計測定構造の基礎』(東京, 中央經濟社, 1983)
- 新井清光, 『会計公準論』(東京, 中央經濟社, 1978)
- _____, 『会計基準の設定主体』(東京, 中央經濟社, 1993)
- _____, 『企業會計原則論』(東京, 森山書店, 1985)
- 新井益太郎,「企業理論と税法規定との交渉序說」(『企業会計』第32卷 第2號, 1989), PP. 11~13.
- 安藤英義, 『商法會計制度論』(東京, 國元書房, 1985)
- _____, 古賀智敏・田中建二 責任編輯, 『企業會計と法制度』(東京, 中央經濟社, 2011)
- アーントン、G., 『紐の国家 『キープによるインカ帝国の行政』, 島田泉・篠原謙 編著, 『インカ帝国：研究のフロンティア』(東海大学出版会, 2012),
- 井尻雄士, 『会計測定의 理論』(東京, 東洋經濟新報社, 1945).
- 泉谷勝美、『中世イタリア簿記史論』(東京, 1964)
- _____, 『複式簿記生成史論』(東京, 森山書店, 1980)

- 井上清、『ヨロッパ会計史』（東京，森山書店，1968）
- 上田 雄，『渤海史の研究』（ 明石書店，2002）
- 上野清貴、『会計測定の思想史と論理』（東京，中央経済社，2014）
- ＿＿＿，『会計学説の系譜と理論構築』（東京、中央経済社，2015）
- ＿＿＿、『簿記の理論学説と計算構造』（東京，中央経済社， 2019））
- ＿＿＿，『会計理論研究の方法と基本思考』（東京，中央経済社，2017）
- 上原孝吉、『簿記の歴史』（東京、一橋出版，1988）
- 海野力太郎 纂譯，『簿記學起源考』（東京，1885）
- 浦野晴夫、『会計原則と確定決算基準主義』（東京，森山書店，1996）
- 江頭恒治，『近江商人中井家の研究』（雄山閣，1992）
- 江村捻，『複式簿記生成發達史論』，（東京，中央經濟社，1960）
- ＿＿＿,『變動期の現代會計』（東京，中央経済社，1969）
- 遠藤一久，『正規の簿記の諸原則』（東京，森山書店，1984）
- 吳鍾錫,『韓國企業の經營的特質』（東京，千倉書房，1983），
- 小川洌 編，『現代的資金會計の動向』（東京，國元書房，1983），
- 小栗崇資,,『アメリカ連結會計生成史論』（東京，日本經濟評論社，2002）
- 遠藤博志 外 4人、『戦後企業会計史』（東京、中央経済社，2015）
- 大雄令純，『比較會計論』（東京，白桃書房，1985）
- 大冢久雄，『株式會社發生史論(上卷)―近代個別資本の歷史的研究』（東京，中央公論社，1947）
- 岡下 敏，『シュバルツ簿記論』（東京，森山書店，1995）
- 岡野 浩，『日本的管理会計の展開』（東京、中央経済社，1995）
- 岡本愛次、『ドイツ会計学史』（東京，1961）
- 小倉榮一郎，『江州中井家帖合の法』（東京、ミネルヴァ書房，1962）
- ＿＿＿，『近江商人の系譜―活躍の舞臺と經營の實像』（東京，社會思想社，1990）
- 小管敏朗、「開城簿記の機構」（『研究と資料』第11号、神戸高等商業学校，1941）．
- 梶村秀樹，『朝鮮における資本主義の形成と展開』（龍溪書舍，1977）．
- 小島男佐夫,『複式簿記發生史の研究』，（東京，森山書店，1965）
- ＿＿＿、『英国簿記発達史』（東京 1971）
- ＿＿＿，『簿記史』，（東京，森山書店，1973）
- ＿＿＿，『簿記史論考』（東京，1964）
- 小堀好夫，『英国会計基準の系譜と展開』 （東京，千倉書房，1993）
- 大矢知浩司・佐々木秀一、『イギリス会計制度の展開』 （東京，同文舘，1983）
- 片岡泰彦，『イタリア簿記史論』（東京，森山書店，1988）
- ＿＿＿，『ドイツ簿記史論』（東京，森山書店，1996）

- 片岡義雄, 『パチョリ-「簿記論」の硏究』(東京, 森山書店, 1974).
- 片野一郎, 『日本・銀行會計制度史』(全國地方銀行協會, 1976)
- 金子 宏, 『租税法』(東京, 弘文堂, 2009)
- 川口順一 譯『アメリカ公認會計士協會 企業會計原則』(東京, 同文館, 1975
- _____ 譯, 『アメリカ公認會計士協會 財務諸表の目的』(東京, 同文館, 1976))
- _____, 『財務会計の論理と構造』(東京, 国元書房, 1984)
- 川口八州雄_, 『会計と取引の形成過程』(東京、森山書店, 1996)
- 河野一英, 『會計方法論の基礎構造』(東京, 森山書店, 1984),
- 河原一夫, 『江戸時代の帳合法』(ぎょうせい, 1977)
- 菊谷正人, 『英国会計基準の研究』(東京, 同文館、1990)
- 岸悦三, 『会計生成史-フランス商事王令會計規定研究-』(東京,同文館, 1975)
- _____, 『會計前史』(東京, 同文館, 1983)
- _____, 『近代会計の思潮』(東京, 同文館出版, 2012)
- 岸本勝次, 『日本會計史』(東京, 創成社, 1984)
- 北川道男, 『英国会計制度の国際化』(東京、高文堂出版社, 1992)
- 木下照嶽・中島照雄・柳田仁 編, 『文化会計学』(東京、税務経理協会、1902)
- 木村和三郎, 『日本における簿記會計學の發展』(東京, 潮流社, 1950)
- 金日坤 著・沈晩燮 譯, 『韓國經濟入門』(東京, 東洋經濟新聞社, 1979)
- 近代會計制度百周年記念事業委員會, 『近代會計百年』(東京, 日本會計研究學會, 1978)
- 久野光朗, 『アメリカ簿記史-アメリカ会計史序説』(東京, 同文館, 1985).
- 久保田音二郎, 『現代内部監査』(東京, 千倉書房, 1976)
- 權泰殷, 『韓國会計制度論』(東京, 同文館, 1989)
- 栗田文子, 『藁算 : 琉球王朝時代の数の記録法』(東京, 慶友社, 2005)
- 黒沢清 総編集、『体系近代会計学』Ⅰ~Ⅵ (東京, 1979)
- _____, 『体系近代会計学Ⅹ-国際会計基準』(東京、中央経済社, 1981)
- _____, 『日本會計發達史序説』(東京, 雄松堂,, 1982)
- _____, 『日本會計制度發展史』(東京, 財經詳報社, 1990)
- _____ 編, 『會計史および會計學史』(東京, 中央經濟社), 1979)
- _____ 編, 『わが国財務諸表制度の歩み』(東京, 雄松堂, 1987).
- _____, 『近代會計學』(東京, 春秋社, 1966),
- 桑原正行, 『アメリカ会計理論発達史』(東京, 中央經濟社, 2008)
- 故大森研造教授記念事業會 編, 『大森研造教授遺稿』(故大森研造教授記念事業會 刊行, 1937)
- 小西一正, 『内部統制の展開』(東京, 税務経理協會, 1980)
- 京城帝国大学法文学會 編, 『朝鮮社会経済史研究』(京城, 刀江書院, 1933)
- 神戸大學經營學研究室 編, 『平井泰太郎經營學論集』(東京, 千倉書房, 1972).

- _____会計学硏究室　編、『会計学辞典』第4版（東京，同文館，1976）
- _____ 編、『第四版 会計学辞典』第4版（東京、同文館，1984），
- _____，編，『原價計算ハンドブック』（東京，税務經理協會，1977），
- 神戶大學經濟經營學會，『國民經濟雜誌』第102卷第4號（平井泰太郎博士記念號，1960）
- 古賀智敏，『財務会計イノベーション』（東京、中央經濟社，2009）
- _____，五十嵐則夫，『会計基準のグローバル化戰略』（東京，森山書店，2000）
- 高承禧，『韓国会計原則の展開』（ソウル、檀大出版部，1986）．
- 児玉明人　編、『十五世紀の朝鮮刊　銅活字版数学書』（東京、無有奇奄双私刊，1966）．
- 小島男佐夫，『英國簿記發達史』（東京，森山書店，1971）
- _____，『簿記史』（東京，森山書店，1973）
- 小島男佐夫 編，『會計史および會計學史』（東京，中央經濟社，1979）
- 斎野純子，　『イギリス会計基準設定の研究』（東京、同文舘出版、2006）
- 阪本安一，編『,SHM會計原則解説』（東京，税務經理協會，1987）
- 櫻井通晴，『企業環境の変化と管理会計』（東京、同文舘，1991），
- 酒寄雅志(2001)，『渤海と古代の日本』（校倉書房）
- 佐々木光彦，『企業と文化の対話』（東京、東海大学發出版会，1991）
- 佐藤 信 編，『日本と渤海の古代史』（山川出版社，2003）
- 佐藤孝一，『會計年表』（東京，中央經濟社，1969）
- 佐藤博明，『ドイツ会計の新展開 －國際化への戰略的アプローチ』（東京，森山書店，1999）
- 佐橋義金，『税務會計の歷史的展開』（東京，法律文化社，1972）
- 茂木虎雄、『近代会計成立論』（東京，1969）
- 品田誠平，『近代傳票會計入門』（東京，税務經理協會，1973）
- 紫 健次，『異文化對應の会計課題』（東京，同文舘出版，2019）
- 柴田英樹，『粉飾の監査風土』（東京，フロ具レスグレス，2007）
- 渋谷道夫・飯田信夫　共著、（昭和監査法人　監修）『アメリカの会計実務詳解』（東京、中央經濟社、1986）
- 清水宗一,『資産原價配分論』（東京，森山書店，1978）
- 嶋村剛雄，『新體系會計諸則精説』（東京，中央經濟社,，1975）
- 杉本德栄，『開城簿記法の論理』（東京，森山書店，1998）
- 鈴木正文,『朝鮮経済の現段階』（京城，帝國地方行政學會朝鮮本部，1938）
- 鈴木靖民,『古代對外關係史の研究』（吉川 弘文館，1985）
- 鈴木義夫,『ドイツ会計制度改革論』（東京，森山書店，2000）
- 嶋村剛雄,『新體系會計諸則精説』（東京，中央經濟社，1975），
- 伯井佐敏,『複式簿記の史的考察』（東京，1951）
- 善生永助,『朝鮮人の商業』（朝鮮總督府調査資料 第11輯，1924），
- 徐龍 達,『貸借對照表論の生成發展に関する研究』（大阪，桃山学院大学総合研究所，2003）
- 染谷恭次郎，『國際会計』（東京，中央經濟社，1978），
- _____，『經濟國際化と現代會計』（東京，中央經濟社，1970）
- _____，『財務諸表三本化理論』（東京，國元書房，1983）
- 高松和男，『アメリカ会計原則の展開』（東京，同文舘，1982）

- 高田正淳, 『最新監査論』(東京, 中央經濟社, 1979),
- _____責任編輯, 『財務諸表の監査』(東京, 中央經濟社, 1980)
- 高松正昭, 『現代財務會計の思想基盤』(東京, 森山書店, 2000)
- 瀧田輝己, 『会計倫理』(東京, 同文館出版, 2005)
- 田中茂次, 『会計と構造』(東京, 稅務經理協會, 1986)
- _____, 『現代会計学』(東京、中央大学出版部、1975)
- 田中勝一郎, 『複式簿記発生史論』(東京, 1961)
- 武田隆二, 『連結財務諸表』(東京、国元書房, 1977)、
- _____, 『制度会計論』(東京, 中央經濟社, 1982),
- _____, 『最新財務諸表論』(東京, 中央經濟社, 1984),
- 建部宏明, 『日本原價計算制度形成史』(東京, 同文館出版, 2019)
- 東野治之, 『正倉院文書と木簡の研究』(橋書房, 1977),
- 朝鮮總督府, 『市街地の商圈』(調査資料第十四輯, 京城, 朝鮮印刷株式會社, 1926)
- _____, 『朝鮮會計例規』(京城, 朝鮮總督府財務局司計課編, 1930)
- _____, 『京畿道會計規則・京畿道會計規程』(京城, 朝鮮總督府財務局司計課編 , 1930)
- _____, 『朝鮮事情』, (朝鮮印刷株式會社, 1911)
- _____, 『朝鮮事情』, (朝鮮印刷株式會社, 1913)
- _____, 『朝鮮圖書解題』第一冊(1932)
- 朝鮮殖産銀行調査課, 『開城ノ時邊ニ就テ』(朝鮮殖産銀行, 1929)
- 朝鮮總督府財務局司計課 編, 『朝鮮 會計例規 -昭和五年十二月-』(京城, 1930)
- 千代田邦夫, 『アメリカ監査制度發達史』(東京, 中央經濟社, 1984),
- _____,鳥羽至英 編, 『會計監査と企業統治』(東京, 中央經濟社, 2011)
- 辻 厚生、『管理会計発達史論』(東京、有斐閣, 1971)
- 津田正晃・加藤順介 訳, 『チャトフィルド会計思想史』(東京, 文眞堂, 1978)
- 津守常弘,, 『会計基準形成の論理』(東京, 森山書店, 2002)
- 鳥山喜一、『渤海史考』(東京, 奉公會, 1915)
- 富岡幸雄, 『税務会計学』(東京, 森山書店, 1985)
- 成瀬継男, 『会計基準の生成と形成』(東京, 稅務經理協會, 1999)
- 成田修身, 『減價償却の史的展開』(東京, 白桃書房, 1985)
- 中川美佐子, 『イギリスの会計制度』(東京, 千倉書房, 1982)
- 中里実, 「企業課税における課税所得算定の法的構造」(法学協会雑誌)第100卷第9号、1983).
- 中島省吾, 『對境關係와 現代會計』(東京, 中央經濟社,1969)
- _____, 『新版会計基準の理論』(東京, 森山書店, 1970)
- 中野常男・清水泰洋, 『近代會計史入門』(東京, 同文館出版, 2019)
- 西川孝治郎, 『日本簿記史談』(東京, 同文館, 1974)
- _____ , 『日本簿記學生成史』(東京, 雄松堂書店, 1982)
- 新妻利久, 『渤海國史及び日本との國交史の研究』(東京, 電氣大學出版局, 1969)
- 日本會計研究學會, 『近代会計百年』(1978),
- 日本公認會計士協會 國際委員會, 譯, 『AICPA會計原則審議會意見書』(東京, 大藏財務協會, 1978)
- 日本·經濟安定本部·企業會計制度對策調査會, 『企業會計原則』(1949年7月9日つきの中間報告),
- 日本中小企業庁, 『中小企業の会計に関する研究報告書』(東京, 經濟産業省, 2002)
- 日本プラントメンテナンス協会 編, 『TQCとTPM』(1987)

- 任 章, 『監査と哲學』(東京, 同文館出版, 2017)
- 沼田嘉穂, 『帳簿組織』(東京, 中央經濟社, 1972)
- _____, 『企業会計原則を裁く』 (東京、同文館、1979)
- 三上次男, 『高句麗と渤海』(吉川弘文館, 1990)
- 宮宮上一男 編, 『近代會計学の發展』(Ⅰ)・(Ⅱ)、(東京、世界書院、1974)
- 文定昌, 『朝鮮の市場』(東京、日本評論社、1941)
- 百瀬房徳, 『貸借対照表法の生成史』 (東京、森山書店、1998)
- 鼻中福一, 『勘定学說研究』, (東京, 森山書店, 1932).
- 橋本武久, 『ネーデルランド簿記史論』(東京、同文館出版、2008)
- 長谷川千代松 編, 『第一銀行五十年小史』(東京, 1926)
- 浜田耕策, 『渤海國興亡史』(吉川弘文館, 2000)
- 濱田弘作, 『會計史研究序說』(東京, 多賀出版, 1986)
- _____, 『アメリカ会計理論の研究』(東京、同文館、1988)
- _____, 『米國會計發達史論』(東京, 創成社), 2002,
- 原征士, 『わが國職業的監査人制度発達史』(東京, 白桃書房, 1989)
- 林良治, 『ドイツ会計思想史研究』(東京, 同文館, 1997)
- 番場嘉一郞, 『詳說企業會計原則』(東京、森山書店, 1976)
- _____, 『企業會計の變化と擴大』(東京、中央經濟社、1979),
- 日野開三郎, 『小高句麗國の研究』(東京、三一書房、1984)
- 久野光郎、『アメリカ会計史序說』(東京、同文館出版、2009)
- 平井泰太郞, 『企業会計原則批判』 (東京、国元書房、1950)
- 平林喜博、『近代会計成立史』(東京、同文館出版、2013).
- 平松一夫・辻山, 『会計基準コンバージエンス』(東京、中央經濟社、2014)
- 平林喜博、『近代會計成立史』(東京、同文館出版、2013)
- 広瀬義州, 『会計基準論』(東京、中央經濟社、2004)
- 藤井保紀, 『IFRSの衝擊 -国際会計基準が企業を変える-』(東京、日經BP社、2009),
- 藤田昌也, 「開城簿記の考察」(『会計利潤の認識』, PP. 53~93, (東京、同文館、1997)
- 藤原松三郞, 『日本數學史槪說』(寶文館, 1956)
- 船木勝馬 編, 鳥山喜一, 『渤海史上の諸問題』(東京、風間書房、1968)
- 峰村信吉, 『會計學說史』(東京, 同文館, 1972)
- 向伊知郞, 『連結財務諸表の比較可能性 ー会計基準の國際的統一に向けて』(東京、中央經濟社、2006)
- 百瀬房徳、貸借対照法の生成史』 (東京、森山書店、1998)
- 森 實, 『監査論研究』(東京, 白桃書房, 1976),

- 森川八洲男, 『比較會計制度論』 (東京, 同文館, 1985)
- _____, 『會計基準の國際的調和化』 (東京, 白桃書房, 1998)
- 森川八洲男, 『フランス会計發達史論』 (東京, 白桃書房, 1978)
- 三光寺由實子, 『中世フランス会計史』 (東京, 同文館出版, 2011)
- 柳裕治, 『税法会計制度の研究 - 税務財務諸表独立性の論理-』 (東京, 森山書店, 2001)
- 山下勝治, 『貸借對照表論』 (東京, 中央經濟社, 1975).
- _____, 『企業會計原則の理論』 (東京, 森山書店, 1961),
- 山田昭広値, 『アメリカ会計基準』 (東京, 中央経済社,, 1986)
- 山地秀俊, 鈴木一水・梶原晃・松本祥尚共著, 『日本的企業會計の形成過程』 (東京, 中央經濟社, 1995)
- 山桝忠恕, 『現代會計と測定構造』 (東京, 中央經濟社, 1969)
- 山桝忠恕・嶋村剛雄, 『體系財務諸表論』 (東京, 税務經理協會, 1976)
- 山本繁, 『会計原則發達史』 (東京, 森山書店, 1990)
- _____・騰山進・小關男 共訳, 『SHM會計原則』 (東京, 同文舘, 1979),
- _____・勝山進・小關勇 共譯, 『SHM會計原則』 (東京, 同文舘, 1979)
- 吉岡正道, 『フランス会計原則の史的展開』 (東京, 森山書店, 2005)
- 吉田寛, 『會計理論の基礎』 (東京, 森山書店, 1976)
- 米倉誠一郎, 『企業家の條件』 (東京, タイヤモンド社, 2003).
- 米山正樹, 『会計基準の整合性分析』 (東京, 中央經濟社, 2008)
- 渡辺泉、『会計の歴史探訪』 (東京、同文館出版, 2014).
- _____ ,『帳簿が語る歴史の真実』 (東京, 同文館出版, 2016)
- 渡辺和夫, 『財務会計變遷論』 (東京, 同文館出版, 2017)
- 梶村秀樹, 『朝鮮における資本主義の形成と展開』 (龍溪書舎, 1977)
- 若杉 明、『企業会計基準の構造』 (東京、財経詳報社、1969)
- 脇浦則行,『現代會計理論の基礎』 (東京, 森山書店, 1990)

(2) 日本語研究論文
- 新井益太郎, 「企業理論と税法規定との交渉序説」 (『企業会計』第)32巻 第2號, 1989), PP. 11~13.
- 飯野利夫 譯, 『アメリカ會計學會·基礎的 會計理論』 (東京, 國元書房, 1969),
- アーントン、G., 『紐の国家: 『キープによるインカ帝国の行政』, 島田泉・篠原謙 編著, 『インカ帝国 : 研究の　　　　　フロンティア』 (東海大学出版会, 2012), PP. 189~207.
- 尹根鎬, 「韓国個有簿記の理論と構造」 (日本会計学会 編, 『會計』第101巻 第4号, 1972), PP. 115~131.
- _____, 「韓国個有簿記の起源--四介松都治簿法研究, その二」 (『會計』第101巻第5号, 1972), PP. 129~144.
- _____, 「四介松都治簿法の東洋思想的根源」 (日本会計学会, 『會計』第111巻 第1号, 1977),

PP. 120~134.
- 石田秀樹 「企業財務の実務現場から考える会計基準の国際的調和」（『企業会計』第45巻第1号, 1994) P. 74
- 大雄令純, 「会計基準の継受－日韓比較」（国際会計研究学会年報、1984）
- _____、「台湾の企業会計制度（Ⅰ）―日本との比較」（アカデミア経済経営編、第47号、1975年6月）
- _____, 權泰殷,『會計原則の繼受-韓國の場合』(『企業會計』第34卷 第4号, 中央經濟社, 1982)
- 小田忠夫, 「合併初期における朝鮮總督府財政の發達」(『朝鮮經濟の研究』第3號)
- 大谷顕太郎、開城簿記法に就いて」(日本會計學會 編,『會計』第19卷第4号, 1926).
- 大森研造,「開城簿記の起源について」(『経済論集』第1卷 第1号, 1922).
- _____,「開城簿記の形成と内容」(日本会計学会,『會計』第13卷 第1号, 1923)
- 小倉榮一郎, 「江州中井家帳合の法について」(『會計』第 77卷.第2號, 1960), PP. 82~108.
- _____, 「わが國固有の會計報告の類型」(『會計』第91卷第5號, 1967), PP. 32~51,
- _____, 「わが國固有の會計法の發達と西洋式簿記法」(『會計』第.105卷第3號, 1974), PP. 1~16.
- _____, 「和式帳合法發達の段階的考察」(『彦根論叢』第185號・第186號, 1977), PP. 67~86.
- _____,「和式帳合法發達段階の實證」(滋賀大學經濟學部附屬資料館,『研究紀要』第11號, 1978), PP. 1~26.
- _____,「簿記法の成立と資本概念--小島家帳簿--」(滋賀大學經濟學部附屬資料館,『研究紀要』第16號, PP. 1~33.
- 川口順一 譯,『アメリカ公認會計士會·企業會計原則』(東京, 同文舘, 1975),
- 河崎照行, 「わが国の中小会社会計指針の特徴」(武田隆二編,『中小会社の会計指針』中央経済社 2006)
- 笠井昭次, 「二面性概念を巡って（Ⅰ）」,(『三田商學研究』第 36卷第2號, 1993). PP. 63~75.
- _____, 「二面性概念を巡って（Ⅱ))」, ,(『三田商學研究』第 36卷第3號, 1993). PP. 25~38.
- 梶村秀樹, 「資本主義萌芽の問題と封建末期の農民鬪爭」, (『朝鮮史入門』, 1970)
- _____, 「朝鮮近代史研究における内在的發展論の視覺」,(『東アジア世界史研究』, 東京, 汲古書院, 1986).
- 栗田文子,『藁算 : 琉球王朝時代の数の記錄法』(東京, 慶友社, 2005), PP. 5~13 (所收) 萩尾俊章,「結びとワラサン（藁算）」(2005).
- 小菅敏郎, 「開城簿記の機構」, (兵庫縣立神戸高等商業學校,『研究と資料』第11號, PP. 15~42.
- 金洸鎭, 「高句麗社會の生産様式－國家の形成過程を中心として－」(普成專門學校普專學會,『論集』第三卷, 1937)
- 高承禧,「韓國會計原則の展開過程に關する研究」(博士學位論文, 日本大阪大學大學院, 1987)
- _____,「韓國における會計原則の生成に關する環境論的 考察」(『韓日經商論集』第4卷, 韓日經商學會, 1988), pp. 55-83
- _____, 「韓國における會計思考の展開」(『韓日經商論集』제6권, 韓日經商學會, 1990)

- _____, 「戰後日本における企業會計制度の發展史攷」(『經營史學』第7집, 經營史學會, 1992), PP. 227 - 255
- _____, 「韓國の近代化初期における西洋簿記の導入について」(『アジア市民と韓朝鮮人』, 權菴 徐龍達先生還暦記念論文集, 東京, 日本評論社, 1993), PP.152-166.
- _____, 「韓國における會計原則の理論的基礎構造」(『韓日經商論集』第9輯, 韓日經商學會, 1993), PP. 207-236.
- _____, 「韓國の企業會計基準の理論的背景」(『會計』第146卷第1號, 日本會計學會 編, 東京, 森山書店, 1994), PP. 113 - 130.
- _____, 「日本 統治時代における韓國の會計制度」(『韓日經商論集』 第18권, 韓日經商學會. 1999), PP. 165-185.
- _____, 「韓国における会計的倫理経営の現状と課題」(『企業倫理研究』제6집, 韓國企業倫理學會, 2003), PP. 153-182.
- _____, 「韓国の光復期における会計環境の管見」(『韓日經商論集』第27卷, 韓日經商學會, 2003), PP. 1-27.
- 斎藤 明, 『シュトイエルビランツの研究』(東京、税務経理協会, 1983), PP. 43~44.
- 作道洋太郎, 「鴻池兩替店の帳合法」, (『社會經濟史學』第32卷第2號, 1966), PP. 26~53.
- 四方博, 「朝鮮における近代資本主義の成立過程」(京城帝国大学法文学部編, 『朝鮮社会経済史』, 1937)
- _____, 「開城簿記」(富山房國史辭典編輯部,『國史辭典(二)』, 富山房, 1940), P. 362.
- 紫川林也, 「經營の國際化と海外資金調達」(『企業會計』第43卷第1号, 中央經濟社, 1991),.
- 須川英德, 「朝鮮十九世紀後半における商業政策—國家權力と商業—」(朝鮮史研究會, 『論文集』第27號, 1990
- _____, 「李朝後期における商業課税の性格」, (『歷史學研究』第628號, 1++2), PP. 1~17.
- 杉本德榮, 「松都治簿法四介文書の概要における開城簿記法の記錄・計算構造」, (『研究年報經濟學』第58卷第4號, 1997), PP. 113~128.
- _____, 「朝鮮後期における馬車会社の開業と会計帳簿」(『会計』第160卷第3号、東京、森山書店, 2001).
- 杉本典之, 「企業會計の基本的構造への記號論的接近—意味論的考察の繁要性」(『會計』第126卷第5號, 森山書店, 1984), PP. 21~33.
- _____, 「測定構造から見た利益概念」(『企業會計』第 39卷第8號, 中央經濟社, 1987), PP. 87~90.
- 須藤生, 「高麗之誇ニ世界最高開城簿記」, (神戸高等商業學校學友會, 『學友會報』第108號, 1917), PP. 4~6.
- 善生永助, 「開城の商人と商業慣習」(朝鮮学会, 『朝鮮学報』第146輯, 1918), PP. 105~124
- _____, 「朝鮮における市場經濟生活」, (朝鮮学会, 『朝鮮學報』第4輯, 1953), PP. 57~77.

- _____,「朝鮮在來の商業慣習」,（朝鮮学会,『朝鮮學報』第9輯, 1956）, PP. 185~216.
- 徐龍達,「韓國固有簿記研究の曙光」（日本會計學會 編,『會計』第100卷第6号, 1971）, PP.137~153.
- _____,「韓國・朝鮮簿記の研究序說--世界印刷技術史からみた高麗時代の複式簿記--」,（木内佳市先生還暦記念事業會,『會計および會計管理の研究』, 同文館, 1982）, PP. 27~34.
- _____,「韓國・朝鮮會計史の研究について-松都四介治簿法研究序說-」（『經濟經營論集』第25卷第4號, 1984.）.
- 孫德榮,「韓國・朝鮮固有簿記による帳簿の存在性」（『鹿兒島經大論集』第31卷第1號, 1990）, PP. 129~175.
- _____,「アメリカ國會圖書館アジア課韓國・朝鮮部門と善生永助氏所藏の開城簿記帳簿」（『鹿兒島經大論集』第32卷第3號, 1991）, PP. 145~166.
- _____,「東洋諸國固有の簿記の特徵と複式簿記(1)--開城簿記の特徵--」（『日本會計研究學會 特別委員會報告』<委員長: 平安昭二>, 1992）, PP. 28~33.
- _____,「東洋諸國固有の簿記の特徵と複式簿記(Ⅱ)--出雲帳簿の特徵--」（『日本會計研究學會 特別委員會報告』<委員長: 平安昭二>, 1992）, PP. 34~38.
- _____,「開城簿記の特徵」（『日本簿記學會 簿記理論研究部會報告』（委員長: 戶田博之,, 1992）, PP. 32~34.
- _____,「朝鮮後期における商會社の會計帳簿」（産業經理協會,『産業經理』第52卷第3號, 1992）, PP. 100~108
- _____,「殘存書翰からみた平井泰太郎敎授の開城簿記研究の足跡」（日本會計學會 編一『會計』第143卷第5湖一　　　　1993）, PP. 125~138.
- _____,「平井泰太郎敎授の開城簿記損益計算觀」（日本會計學會編,『會計』第143卷第6號, 1993）, PP. 88~104.
- _____,「開城商人による『松都四介治簿法實務例』の記錄計算構造--いわゆる開城簿記の解說書と神戶大學附屬圖書館所藏『開城簿記帳簿』との比較考察」（鹿兒島經濟大學,『鹿兒島經大論集』第34卷第3號, 1993）, PP. 15~38.
- 宋準東,『開城之市邊ニツイテ-(附 差人制度及び四介簿記-』（朝鮮殖産銀行,『殖銀調査月報』第14號, 1939）.
- 高寺貞男,「アジア會計史上の共通慣行としての收支簿記法の文化負荷性」（『大阪經大論集』第44卷第3號, 1993）, PP. 1~15.
- 高橋濱吉,「朝鮮敎育史考」（京城, 帝國地方行政學會, 朝鮮支部, 1927）,
- 武田昌輔,「税務が企業會計に与えた影響の歴史的經緯」（『会計ジャーナル』、1986）, P. 20.
- _____,「税務会計の史的發展とその現代的意義」（『税務会計研究』創刊号, 1990, PP. 32~33.
- 田村流水、「高麗時代に複式簿記あり」（『東京經濟雜誌』第76卷第1911号, 1917）, PP. 17~20.
- _____、「朝鮮商人と其簿記法--附、複式簿記奬勵の効果如何」（『東京經濟雜誌』第76卷第1914号,

1917), PP. 14~16.
- 忠佐市、『プレ税務会計史』(『商学集志』第44卷第1号、1974), PP. 2~8.
- 戸田義郎,「中國簿記における計算目的」(『國民經濟雜誌』第83卷第1號, 1951), PP. 31~49.
- ＿＿＿,「中國簿記における帳簿組織」(『國民經濟雜誌』第85卷第3號, 1952), PP. 12~28.
- ＿＿＿,「複式簿記生成課程における商品勘定の意義」(神戸大學經營學部,『研究年報(1)』,1956), PP. 173~201.
- ＿＿＿,「開城簿記」(黑澤淸 編,『會計學辭典』,東洋經濟新報社, 1982), P. 140.
- 東野治之,「鳥毛立女屛風下帖文書の研究－買新羅物解の基礎的考察」(『史林』,1974), PP. 57~61.
- 中島省吾,『會社會計基準序說硏究』(東京, 森山書店, 1979)
- 西川孝治郎,「日本簿記史上の明治六年の意義」(日本會計學會 編,『會計』第105卷第3号, 1974), PP. 60~73.
- ＿＿＿,「造幣簿記之法發見」(日本會計學會 編),『會計』第101卷 第4號, 1972), PP. 128~140.
- ＿＿＿,「橫須賀製鐵所のフランス簿記」(日本大學會計學硏究所,『會計原則論』, 1971)
- ＿＿＿,「日本會計士, 歐美簿記書の影響」(中央經濟社,『企業會計』第24卷第10號, 1972)
- 西川登,「和式複式決算簿記について」(『商經論叢』第25卷第2号, 1989), PP. 59~88.
- 西部忠,「進化經濟學の現在」(好転雅明 編,『經濟學の現在2』, 經濟思想第2卷, 日本經濟評論社, 2005),
- 日本会計研究学会,税務会計特別委員会,「税務会計の基本問題に関する研究－税法における所得計算原理の解明と批判」(『会計』第92卷 第1号・昭和42年7月号, 1967), P. 132.
- 日本貿易協會,「裸負商の沿革」(『貿易』第7卷第9號, 1906), PP. 37~38.
- 久野光郎,『アメリカ會計史序說』(東京, 同文館出版, 2009)
- 平井泰太郎,「開城簿記(四介松都治簿)」(神戸大學會計學硏究室 編,『會計學辭典』, 同文館, 1966), PP. 84~85.
- 廣本敏郎・加登豊・岡野浩 共編,『日本企業の管理会計システム』(東京、中央經濟社, 2012), PP. 264~265
- 許宗炫,「中世紀における東洋の在来簿記組織に関する一研究」(鹿児島經濟大學,『創立50周年記念論文集』,1984, PP. 1~29.
- 藤田昌也,「損益勘定の生成に関する構造論的考察」(『經濟學硏究』第61卷第3・4合倂號, 1995), PP. 99~109.
- ＿＿＿,「開城簿記の一考察」(『經濟學硏究』第63卷第2号, 1996), PP. 1~24.
- 宮島洋「企業会計と税務会計－租税論からの検討」(『金融硏究』第12卷第3号, 1993), P. 60.
- 宮本又次,「江戸時代の帳簿と帳合」(『大阪大學經濟學』제6卷第3・4號, 1957), PP. 87~112.
- 森山弘和,「証券アナリストの立場から見た会計基準の国際的調和と税理士の諸問題」(『企業会計』第45卷第1号、中央經濟社、1994),

- 村田全, 「和算の傳統と性格―西歐數學との思想史的對比―」(『思想』, 第1604號 1974), PP. 45~63.
- 吉田光男, 「;開城簿記研究の再檢討」(朝鮮史研究會, 『論文集』第25號, 1988), PP. 133~156.
- 李成市, 「新羅の毛氈生産とその社會的背景」(『東アジア王權と交易』, 東京, 靑木書店, 1997), PP. 79~80 ; PP. 112~113. 西

4. 歐美文獻資料

(1) 單行本

- AAA, "Accountimg Concepts and Standards Underlying Corporate Financial Statements (revision 1948) 中島省吾 譯編, 『AAA會計原則』(東京, 中央經濟社, 1975),
- _____, "A Statement of Basic Accounting Theory," (Evanston, Illinois, 1966)
- _____, "Accounting and Reporting Standards for Corporate Financial Statements and Preceding Statement and Supplement (Iowa city, Iowa, 1957)
- AIA, "Accounting Terminology Bulletin No. 1 (1941).
- AICPA, "Restatement and Revision of Accounting Research Bulletin," (APB No. 43), Chapter 2.
- _____, "Reporting Changes in Financial Position," (APB Opinion No. 19, 1971). <日本公認會計士協會 國際委員會 譯, AICPA會計原則審議會 意見書』(東京, 大藏財經協會, 1978)>.
- _____, "Basic Concepts and Accounting principles Underlying Financial Statement of Business Enterprises",(APB Statement No. 4, 1970).
- _____, "Reporting the Results of Opinions", (APB Opinion No. 9, 1966).
- Apt, C.C. "The Social Audit for Management," (New York, 1977) .
- Arthur Andersen and Co. "Accounting Standards for Business Enterprises Throughout the World," (1974),
- _____, "The Postulates of Accounting—What It Is, How It Is Determined, How It Should Be Used " (1960),
- Arthur H. Woolf, "A Short History of Accountants and Accountancy," (London, 1912; reprinted in New York, 1974); <片岡良義雄・片岡泰彦 訳, 『ウルフ会計史』(法政大学出版局, 1982).
- P. M. Atkins, "Industrial Cost Accounting for Executives," (New York, 1923),
- C. Babbage, 'On the Economy of Machinery and Manufacture', 1832.
- Bertil Nystromer, "Four Thousand Years," in the Office, National Office Management Association, (Stockholm, Sweden, 1940, Reprinted in the World of Business, vol. 1, Harvard Business School, New York; Simon & Schuter, 1962).
- Brown, R. "A History of Accounting and Accountants," (Edinburgh and London, 1905; reprinted Frank Class and Co. Ltd., London, 1968).
- Brumson and Jacobsson, "A World of Standards," (Oxford University Press, 2000),
- Caroline Hodges Persell, "Understanding Society" ;An Introduction to Sociology,New York, Harper & Row, 1984)
- Chatfield, M., "A History of Accounting Thought,"(Illinois, 1974).<(李正浩 譯, 『會計思想史』, 經文社, 1985).

- Childe, V. Gordon, "Man Makes Himself," (London, Watts & Co., 1936); <ねず・まさし 訳、『文明の起源』(東京、岩波新書); 강기철 역, 『人類史의 展開』(서울, 정음사, 1959)>
- Christopher Nobes, ed., "The Development of Double Entry," (New York, Grand Publishing, Inc., 1984).
- David M. Burton, "The History of Mathematics: An Introduction, 7th Edition," (2013). (허민 옮김, 수학의 역사: 입문<상·하>, 교우사)
- Dr. O. ten Have, Translated by A. van Seventer, "The History of Accountancy,"(Bay Books, Palo Alto, Calif., 1976)
- DR Scott, "The Basis for Accounting Principles," (The Accounting Review, Vol. 16, Dec. 1941),
- Dirk Huylebroudk, Mathematics in (central) Africa before colonization, 2006).
- Edward H. Carr, "What is History:" (University of Cambridge, 1961 & 1967). <清水幾太 訳、歷史とは何か』(東京、岩波書店、1962) : 김승일 역, 『역사란 무엇인가?』(서울, 범우사; 1996.>
- Edward Taylor, "Primitive Culture," 7th ed., (New York, Brentanos, 1924).
- Eldon S. Hendriksen, "Accounting Theory," (Homewood, Illinois, Richard D. Irwin, Inc., 1977).
- Emerson, H., "Efficiency as a Basis for Operation and Wages," New York, 1911.
- Eric L. Kohler, "A Dictionary for Accountants, (Englewood Cliffs, N. J. Prentice-Hall, Inc., 1970),
- Estes, R., "Corporate Social Accounting," (John Wiley and Sons, Inc., 1976). 柳 清 訳、『企業の社会会計』, (東京、中央経済社, 1979)
- FASB, "Financial Accounting Standers", (original pronouncements as of July 1,977), (Accounting Research Bulletin No. 43, chap. 2 : Continued of Income and Earned Surplus & chap. 8 : Income and Earned Surplus)
- Florence Kluckhone, "Variations in Value Orientation," (Westport, Conn. Greenwood Press, 1961)
- Freericks, W., "Moderne Buchführungsverfahren und Grundsätze ordnungsmäßiger Buchführung," Diss. Würzburg, 1966), S. 141-143.
- _____, "Bilanzierungsfähigkeit und Bilanzierungspflicht in Handels-und Steuerbilanz," (Berlin, 1976)
- Gantt, H. L., "Work, Wages and Profit,"(2nd ed., New York, 1913).
- G. A. Welsh, C. T. Zlatkovich and J. A. White, "Review the Balance Sheet and Statement of Changes in Financial Position, in International Accounting," (Homewood, Illinois, 1976), P. 108.
- G. J. Previts and B. D. Merino, "A History of Accounting in America," A Ronald Press Publication, New York, 1979. <大野功→ 外3人 共譯, 『アメリカ会計史 －会計の文化的意義に関する史的解釈－』(東京、同文舘, 1986)
- H. L. Ganst, "Work, Wages and Profit," New York, 1913, and "Organizing for Work," 1919.
- Gejisbeek, J. B., "Ancient Double-Entry Bookkeeping : Lucas Pacioli's Treatise," (Houston, Scholars Book Co;, 1914)
- G. O. May, "Financial Accounting", (1943),
- P. Garner, "Evolution of Cost Accounting to 1925", (University of Alabama, 1954),
- Green, W. L. "History and Survey of Accountancy," (New York, 1930).
- Geoffrey Allan Lee, "The Coming of Age of Double Entry: The Giovanni Farolfi Ledger of

1,299~1,300," (The Accounting Historians Journal Vol. 4, 1976)
- Griner, J. R. and Russell, A., "National Impediments to International Harmonization : Evidence of Lobbying in the U. K., (Journal of International Accounting, Auditing and Taxation, 1992).
- Harvey Mann, "Teh Evolution of Accounting in Canada," (Quebec, Romo offset Lte., 1976)
- Hans Ruchit, "Die Abschreibung," C. E. Poeschel Verlag, Stutgrt, 1953)
- G. C. Harrison, "Standard Costs" (Ronald, 1930).
- ＿＿＿＿, "Eie Bedeutung der Abschreibung für den Betrieb," Junker und Bünhaupt, Berlin, 1942).
- M. V. Hayes, "Accounting for Executive Control," (New York, 1949).
- Henahan, Seanm, "Art Prehistory". Science Updates. The National Health Museum, 2002).
- Herbert Spencer, "The Principle of Sociology," (London, Williams and Norgate, 1893)
- Horngren, C.T, and G. Foster, "Cost Accounting : A Managerial Emphasis." (Englewood Clffs, N. J. : Prentice Hall, 1991).
- Hofstede, G., "Cultures and Organizations : Software of the Mind,"McGraw-Hill, (1991), （岩井紀子・岩井八郎 訳, 『多文化世界 : 違いを学び共存への道を探る』, 有斐閣, 1995）.
- ＿＿＿＿, "Culture's Consequences : International Differences in Work-related Values," SAGE Publictions, 1980. (万成博・安藤文四郎ほか訳, 『経営文化の国際比較 : 多国籍企業の中の国民性』産業能率大学出版部, 1984)
- H. J. Snavely, "Accounting Information Criteria", (*The Accounting Review*, Vol. 42, No. 2, April 1967)
- IASB, "Handbook of International Auditing, Assurance, and Ethics Pronouncement 2007," (Edition Feb. 2007.)
- IASB, "International Standard on Audinng, 260," (The Auditor's Responsibilities Relating to Fraud in an Audit of Financial Statements, April 2009.)
- IASC, "Statement of Changes in Financial Position," (IAS No. 7, 1977).
- ＿＿＿, "Disclosure of Accounting Policies", (IAS No.1, 1973),
- Ijiri yuji, "Theory of Accounting Measurement," (American Accounting Association, 1975).
- James W. Pattillo, "The Foundation of Financial Accounting," (Baton Rouge, Louisiana State University Press, 1965) ; 飯岡透・中原章吉 訳, 『パッチロ・財務會計基礎』(東京, 同文舘, 1970)
- Joel Mokyr, "The British Industrial Revolution," Westview Press, 1993).
- ＿＿＿＿, "The Oxford Encyclopedia of Economic History," Oxford Press, 2003).
- J. F. Jordan and G. L. Harris, "Cost Accounting, : Principles and Practice," (Ronald, 1925).
- kearsey, H. E., "Standard Costs," London, 1933,
- Knoeppel, C. E. and Seybold, E. G., "Managing for Profit," New York & London, 1937.
- E. Kosiol, "Pagatorische Bilanz(Erfolgsrechnung), " in Lexikon des Kaumännischen Rechnungswesen, hrsg. v. K. Bott, Stuttgart, 1954, <高田正淳 譯, 『財務會計論』(東京, 森山書店, 1965)>
- K. F. H. Rösler, "Entwurf eines Handels-Gesetzbuchs für Japan mit Commentar," Tokio, 1883.
- Kuno Barth, "Die Entwicklung des Deutschen Bilanzrechts," (Bd. 1, Stuttgart, 1953)
- W, B. Lawrence, "Cost Accounting," (prentice Hall, 1925).
- Lee, T. A., Bishop, A. and Parker, R. H., "Accounting History from the Renaissance to the Present: A Remembrance of Lucas Pacioli," (New York; Garland Publishing, Inc.,

1996.)
- L'eon Gomberg, "Histoire Critique de la Th'eorie des Comptes", Geonova, 1929, :<岡田誠一 譯, 『批判的勘定學說史』(東京, 東洋出版社, 1932).>
- Leonard Spacek, "The Postulates of Accounting-what It is, How It Is Determined, How It Should Be Used", (Chicago, Arthur Anderson & Co., 1960),
- _____, "Comment of Leonard Spacek, in the Basic Postulates of Accounting by Maurice Moonitz", (AICPA, ARS No.1, 1961),
- Linowes, D.F., "Socio-Economic Accounting,"(The Journal of Accountancy, November, 1968)
- Littleton, A. C., "Strucrure of Accounting Theory," (AAA., 1953) <尹根鎬·李燦雨 共譯, 『會計學의 理論的 構造』(서울, 文星堂), 1959>
- _____, "Accounting Evolution to 1900," (Russell & Russell, New York, (1933), Revised, 1966) ; <片野一郎 訳, 『リトルトン会計発達史』(東京、同文舘、1973)>
- _____ and V. K. Zimmerman, "Accounting Theory: Continuity and Change," Prentice Hall, 1962.(上田雅通 訳、『会計理論—連続と変化—』、税務経理協会、1976).
- _____ and Yamey Basil S., "Studies in the History of Accounting," (New York, Arno Press Co.,1978.)
- Lucas Pacioli, "Summa de Arithmetica, Geometria, Proportioni et Proportionalita," Venecia, 1494. <片岡義雄、訳, 『パチョーリ「簿記論」の研究』(東京、森山書店、1956.)>
- Max Weber, "Die protestantische Ethik und der Geisst des Kapitalismus." (1920)
- Talcott Parsons(1930), *The Protestant Ethic and the Spirit of Capitalism,* <김상희 풀어씀, 『프로테스탄트 윤리와 자본주의정신』(서울, 도서출판풀빛, 2006)>
- Meryl Reis Louis, "Sourcing Workplace Culture : Why, When and How", (Kilmannetal, Ceds Gaining ; Control of the Corporate Culture Sanfrancisco' ; Jossey-Bass, 1985), p. 127.
- Morse, P. M., and Kimball, G. E., "Methods of Operations Research," (1951).
- Nobes Christopher, "The Development of Double Entry ; Selected Essays." (New York, Garland Publishing., 1984)
- G. P. Norton, "Textile Manufactures Bookkeeping", 1889. .
- M. Taylor, "The Formulation of Accounting Standards—A Corporation of Six Countries," (Dissertation, University of Texas of Austin, 1974.)
- O. Ten Have, "The History of Accountancy," (Bay Books ; Parlo Alto, CA ; The English Translation by van Seventer, A., 1976.) ; <三代川正秀 譯, 『會計史』, (東京, 税務經理協會, 1987.)>
- Paton, W. A., "Advanced Accounting," (New York, The Macmillan Company, 1953); <조익순 옮김, 『고등회계학』, (서울, 문교부, 1958)>
- _____ and A. C. Littleton, "An Introduction to Corporate Accounting Standards, (AAA, Monograph No.3, 1940), ; 中島省吾 譯, 『會社會計基準序説』(東京, 森山書店,, 1967), & <소진덕 역, 『회사회계기준서설』(문교부, 1957), p. 13.>
- Parker, R. H., "Papers on Accounting History," (New York, Garland Publishing, Inc., 1976.)
- _____ and Yamey basil, S., ed., "Accounting History ; Some British Contributions," (Osford, Clarendon Press Co.)
- Paul Grady, "Inventory of Generally Accepted Accounting Principles for Businesss Enterprises", (AICPA, ARS No. 7, 1965),
- _____,__, ed., "Memoirs and Accounting Thought of G. O. May," (Ronald Press, 1962),
- Peragallo, Edward, "Origin and Evolution of Double-Entry Bookkeeping - A study of Italian Practice from the Fourteen Century," (New York, American Institute Publishing Co., 1938.)

- Pietro Crivelli, "An Original Translation of the Treatise on Double Entry Bookkeeping by Frater Lucas Paciol for the Institute of Book-keepers," (New York, Harper & Raw, 1924).>: <R. Gene Brown and Kenneth S. Johnston, "Paciolo on Accounting," 1963, New York.>
- Penndorf, B., "Geschichte der Buchhaltung in Deutschland," Derlag von G. A. Gloeckner Leipzig, 1913, (Reprinted by Nihon Shoseki, Ltd., Osaka, Japan, 1972.)
- _____, "Die Anfäge der Betriebsbuchhaltung", ZfHF., Heft 12, 24. Jg. Dez, 1930.
- Plinio Bariola, "Storia Della Ragioneria Italiana," Milano, 1,897.
- Ralph Linton, "The Study of Man", New York Appleton Century, 1936.
- Raymond de Roover, "Characteristics of Bookkeeping before paciolo", (AAA, the Accounting Review, June, 1938)
- Richard Brown, "A History of Accounting and Accountants," (London, Frank Cass and Co. LTD., 1968).
- Richard Mattessich, "Accounting and Analytical Method," (Copyright, 1964 by Richard D. Irwin, Inc.) <越村信三郎 監譯, 『會計と分析的方法』(上・下卷)(東京, 同文館, 1974)>
- Robert Chatov, "Corporate Financial Reporting," (The Free Press, 1975),
- T. H. Sanders, H. R. Hatfield, and U. Moore, "A Statement of Accounting Principles", (AAA,. 1938)
- Schmandt Besserat, Denise, "Before Writing," Vol. I, From Counting to Cuneiform, 1992.
- Schmalenbach, E., "Dynamische Bilanz,"(4.Aufl. Leipzig, (1926); <尹炳旭 譯, 『動的貸借對照表論』(서울, 경기문화사, 1957)> 土岐政藏 譯, 『動的貸借對照表論』(東京, 森山書店, 1956)
- Sombart, W., "Der Moderne Kapitalismus", (Zweite Band, Unverändere Aufl. München, 1919).
- Someya, Kyoziro, ed., "Accounting Education and Research to Promete International Understanding :The Proceeding of the Sixth International Conference on Accounting Education," (New York, Quorum Books Co. 1988.)
- D. Solomons. "Studies in Costing", (Sweet and Maxwell, 1952)
- Stanley, C. H., "Objectivity of Accounting,"(1965),
- Stephen Gilman, "Accounting Concept of Profit", (New York, The Ronald Press Company, 1939),
- Talcott Parsons, "Culture and Social System, revised in L. Schneider(ed.)" , The Idea of Culture in the Social Science(London, Cambridge University Press, 1973).
- Terrence E. Deal and Allan A. Kennedy, "Corporate Culture : The Rite and Rituals of corporate life," (Feading, Mass : Addison-Wesley publishing Co., 1982).
- Thomas R. Prince, "Extension of the Boundaries of Accounting Theory , (Cincinati : South-western publishing Co., 1963)
- Warren Bennis, D. Goleman, and J. O'Tolle, "Transparency" <배인섭 옮김, 『투명성의 시대 - 미래기업의 절대 조건』(서울, 엘도라도, 2008)>
- Woolf, A. H., "A Short History of Accountants and Accountancy," (London, Gee and Compay, 1912) ; <片岡義雄 訳,『ウルフ古代会計史』(東京, 中央経済社, 1954) 片岡義雄・片岡泰彦 譯, 『ウルフ会計史』, (東京, 法政大學出版部, 1977.)>
- Yuji Ijiri, "The Nature of Accounting Research", Research Methodology, edited by R. R. Sterling (Lawrence, Kansas : Scholars Book Co. , 1972).
- Yukio Fujita, "An Analysis of the Development and Nature of Accounting Principles in Japan," (Dissertation, University of Illinois, 1968),
- Zabihollar Rezaeee, "Financial Statement Fraud—prevention and detection—," (Joun Wiley and wohs, inc., 2002)

(2) 研究論文

- AAA, "Report of Commitee on Managerial Accounting", Accounting Review, April 1959, P. 207.
- Alan A. Tait, "A Report on the Possible Korean Value Added Tax," 1975.
- Alvin R. Jennings, "Present-Day Challenge in Financial Reporting",(Journal of Accountancy, January 1958), pp. 28-34.
- A Study Group of the University of Illinois, "A Statement of Basic Accounting postulates and principles", (1964),
- Baxter, W. T., "Early Accounting : The Daily and the checker Board," (Accounting Historians Journal, December 1989), PP. 43~83.; (reprinted in Parker R. H., & Basil S. Yamey, ed., 1994), PP. 197~235.
- Baydoun N. and R. Willet, "Cultural Relevance of Western Accounting Sistem to Developing Countries," (ABACUS, Vol. 31, No. 1, 1995), PP. 67~92.
- N. M. Bedford Baladouni, "A Communication Theory Approach to Accountancy",(The Accounting Review, Vol. 37 No. 4, oct. 1962), pp. 650-539.
- Belkaoui, A. "The Inter-professional Linguistic Communication of Accounting Concepts : An Experiment in Socio-linguistics", (Journal of Accounting Research, Vol. 18, No. 2, 1980), PP. 362~374.
- Bloom, R. and Naciri, M. A., "Accounting Standard Setting ans Culture : A Comparative Analysis of United States, Canada, England, West Germany, Australia, New Zealand, Sweden, Japan and Switzerland," (International Journal of Accounting Education and Research, Vol. 6, No. 1 1989), PP. 70~97.
- Choundhery, N., "Aspects of Accounting and Internal Control--India 4th Century BC," (Accounting and Business Research, Spring 1982), PP. 105~110.
- Conmeetee Charged from American Accounting Association, "The Reports of Standards for Accounting Information by AAA" <法政大學會計學研究室 譯,『アメリカ會計學會, 基礎的會計理論の展開』同文館, 1973>
- A. H. Church, "The Proper Distribution of Establishment Charges", (The Engineering Magazine July~ Dec., 1901).
- C. T. Devine, "Research Methodology and Accounting Theory Formation",(The Accountimg Review, Vol.35, July 1960).
- David M. Maloney and Rovert H. Sanborn, "Interactions between Financial and Tax Accounting Caued by the Tax Reform of 1986," (Accounting Horizon, 1988), P. 21.
- De Ste, Corix, G. E. M., "Greek and Roman Acconting," (A. C. Littleton and B. S. Yamey, op. cit.1978), PP. 14~ 74.
- Deegan, C. "Introduction : The Ligitimizing Effect of Social and Environmental Disclosures - A Theoretical Foundation," (Accounting Auditing and Accountability Journal, Vol.15, No. 3, 2002), PP. 282~311.
- N. Dopuch and N. M. Bedford , "Research Methodology and Accounting Theory-Another Perspective", (The Accounting Review, Vol. 36 No. 3, July 1961), pp. 351-361.
- Dowling, J., and Preffer, "Organizational Legitmacy : Social Values and Organizational Behaviour," (Pacific Sociological Review, Vol. 18, No. 1. 1975)
- Durham, John W., "The Introduction on 'Arabic' Numberals in European Accounting," (The Accounting Historians Journal, December 1992), PP. 25~55.

- R. S. Edwards, "Some Notes on the Early Literatures and Development of Cost Accounting in Great Britain", (The Accountant, Aug. -Sep. 1937.)
- H. Emerson, "Efficiency as a Basis for Operation and Wages," (The Engineering Magazine, July, 1908 ~March, 1909.)
- Fechner H>H. E. and A. Kilgore, "The Influence of Cultrural Factors on Accounting Practice," (International Journal of Accounting, Vol. 29, No. 3, 1994), PP. 265~277.
- Gray, Sidney, "Toward a Theory of Cultural Influence on the Development of Accounting Systems Internationally," ABACUS, Vol. 24, No. 1, (1988), PP. 1~15.
- Hatfield, H. R, "An Historical Defence of Bookkeeping," (The Journal of Accountancy, April 1924), PP. 241~253.
- Hermann, Herskowitz, "The Roman Literal Contract and Double-entry Bookkeeping," (The Journal of Accountancy, May 1930), PP. 350~353
- G. C. Harrison, "Cost Accounting to Aid Production," (Industrial Management, Oct. 1918~ Jun. 1919); "Scientific Basis for Cost Accounting," (Industrial Management, Dec. 1918)
- Hirai, Yasutaro, "Organische 'Vierfache' Buchhaltung in Kaizo, Chosen (Korea) oder Chike-Songdo -Chibu. Ein Beitrag zur Ehtstehungs-Geschichte des Buchungswesens sowie des Dualistischen Gedankens der Buchhaltungstheorie, (Zeitschrift Für Betriebswirtschaft, Jg. III. Heft 6, 7, 8, Berlin, 1926), SS. 409~420, 532~546, 623~624 : <神戶大學經營學硏究室 編,『平井泰太郞經營學論集』, 東京, 千倉書房, 1972, PP. 412~452(收錄)>
- H. J. Snaverly, "Accounting Information Criteria",(The Accounting Review, vol. 42 no. 2, April 1967), pp. 223-232.
- Hofstede, G., "Culture's Consequences : International Differences in Work-related Values," SAGE Publications, 1980. (万成博・安藤文四郎ほか訳,『経営文化の国際比較：多国籍企業の中の 国民性』産業能率大学出版部, 1984)
- IASC, "Information to be Disclosed in Financial Statement," (IAS No. 5, 1976), par. 9.
- Ijiri, Yuji, "A Framework for Triple-entry Bookkeeping," (The Accounting Review, October 1986), PP. 745~759
- James C. Duignon, "Report on the Feasibility of Introduction of United Income Tax snf Value Added Tax in Korea," 1970
- Johnson H. T. and R. Kaplan, "Activity based Information : A Blueprint for World - Class Management Accounting," (Management Accounting, June, 1988), PP. 23~30.
- Kats, P., "Surmise regarding the Origins of Bookkeeping by Double Entry," (The Accounting Review, December 1930), PP. 311~316.
- Lall Nigam, "Bahii Khata : The Pri-Pacioli Indian Double-entry System of Bookkeeping," (Abacus September 1986.), PP. 148~161.
- Lee, Geoffrey, "The Development of Italian Bookkeeping: 1211-1300," (Abacas December 1973), PP. 137~155.
- _____, "The Coming of Age of Double Entry : The Giovanni Farolfi Ledger of 1299-1300," (The Accounting Historians Journal Fall 1977), PP. 79~95.
- Lin Z. Jun, "Chinese Double Entry Bookkeeping before the Nineteenth Centry," (The Accounting Historians Journal December 1992), PP. 103~122.
- Linowes, D.F., "Socio-Economic Accounting,"(The Journal of Accountancy, November, 1968)
- Nobes Christopher W., "The Pre-Pacioli Indian Double-entry System of Bookkeeping : A Comment," (Abacus September 1987), PP. 182~184.
- Perera, M. H. B., "Toward a Framework to Analyze the Impact of Culture on Accounting,"

- (International Journal of Accounting Education and Research, Vol. 24, No. 1, 1989), PP. 42~56.
- Phillip L. Defllese·Kenneth P. ·Roderick K. Macleod, coauthor, "Montgomery's Auditing," (nineth edition, John Willy & Sons, Icn., 1975); <三逸會計法人 역>, 『會計監査論』 (서울, 법문사, 1983)>
- Rathbone D., "Accounting on a Large Estate in Roma Egypt," (in Parker, R. H. and Yamey, B. S., ed.,1994), PP. 13~56.
- Raymond de Roover, "Characteristics of Bookkeeping before Paciolo", (The Accounting Review, June, 1938), PP. 144~148
- _____.,, "Limbering Influence of Medieval Practices,"(The Accounting Review, April 1943), PP. 148~151.
- _____, "New Perspectives on the History of Accounting," (The Accounting Review, July 1955), PP. 405~420.
- _____, "Partnership Accounts in Twelfth Century Genoa," (Bulletin of the Business Historical Society, Decmber 1941), PP. 87~92. (reprinted in A. C. Littleton and Basil S. Yamey, Op. cit.,1978), PP. 86~90.
- _____,"The Development of Accounting Prior to Lucas Pacioli according to the Accounts-Books of Medieval Merchants," Studies in the History of Accounting, edited by A. C. Littleton and B.C. Yamey, (Homewood, Illinois, Richard D. Irwin, 1978), PP. 114~174.
- Richard Brown, "A History of Accounting and Accountants," (London, Frank Cass and Co. LTD. 1968)
- Scorgie Michael, "Indian Imitation or Invention of Cash-Book and Algebraic Double-Entry," (Abacus, March 1990), PP. 63~70.
- Shimme, Shinshichro, "Introduction of Double-Entry Bookkeeping into Japan," (The Accounting Review, September 1937), PP. 290~295.
- Someya, Kyojiro, "Accounting 'Revolution' in Japan," (The Accounting Historians Journal, June 1989), PP. 75~86,
- Steward Julian, "Comments on the Statement of Human Rights,"(American Anthropology, Vol. 50, No. 2, 1948), PP. 351~352.
- The Federal Accountant, "N. S. W. Diisionao Notes," (The Federal Accountant, July 1918), PP. 127~128.
- T oda, Yoshiro, "The Native Chinese Bookkeeping," (The Annuals of the School of Business Administration No. 2, Kobe University), PP. 33~44.
- Jacob G. Birsberg and Raghu Nath, "Implication Behavioral Science for Managerial Accounting", (The Accounting Review Vol. 42 No. 3, July 1967), pp. 468-479.
- Violet, Willian J., "The Development of International Accounting Standards, An Anthropological Perspective," (International Journal of Accounting vol. 18, NO. 1, 1983), P. 2.
- Willard J. Graham, "Choice between Alternative Accepted principles of Accounting", (The Ohio Certified public Accountant, Winter 1959), pp. 21-22
- Williamm, J. J., "A New Perspective on the Evolution of Double-Entry Bookkeeping," (The Accounting Historians Journal, Spring 1978), PP. 33~44.
- Williiam, James O., "Accounting and the Rise of Capitalism : An Accountant's View," (Journal of Accounting Research, Autumn 1971), PP. 333~350.
- Yamey, Basil S., "The Functional Development of Double-Entry Bookkeeping,"

(The Accountant, November 1940), PP. 333~342.
- _____, "Note on the Origin of Double-Entry Bookkeeping," (The Accounting Review, July 1947), PP. 263~272.
- _____, "Scientific Bookkeeping and the Capitalism," (The Economic History Review, Second Series, Vol.1. Nos. 2 & 3), PP. 99~113.
- _____, "Some Seventeenth and Eighteenth Century Double-Entry Ledgers," (The Accounting Review, October 1959), PP. 534~546.
- _____, "A Seventeeth Century Double-Entry Journal," (Accountancy, November 1960), PP. 639~341.
- _____, "Accounting and the Rise of Capitalsm : Further Notes on a Theme by Sombart," (Journal of Accounting Research, Autumn 1964), PP. 117~136.
- _____, "Fifteenth and Sixteenth Manuscripts on the Arts of Bookkeeping," (Journal of Accounting Research, Spring 1967), PP. 51~76.
- _____, "Two Seventeenth Century Accouhting Statments," (Accounting and Business Research, Spring 1982), PP. 111~114.
- _____, "Balancing and Closing the Ledger : Italian Practice ; 1300~1600," ((in R. H. Parker & B. S. Yamey, ed., 1994), PP. 250~267.

5. 인터넷 정보자료

- http://www.hangeulmuseum.org/sub/historial/cHistory/world01.jsp
- http://blog.daum.net/promise044/3
- http://blog.naver.com/PostView.nhn?blogId=tkhr4748&logNo=220957648049
- www.hwandangogi.or.kr/hwan/*hwandangogi.php?mid=73*
- http://100.daum.net/encyclopedia/view/14XXE0031774#none:(다음넷: 한국민족문화대백과사전)
- http://ko.wikipedia.org/wiki/%EA%B5%AC%EC%9E%A5%EC%82%B0%EC%88%A0>
- http://ko.wikipedia.org/wiki/%EC%9D%B4%EB%91%90>
- http://blog.naver.com/pilest/100008317159
- http://cafe.daum.net/suhooffire/FKCU/592?q=%C1%BE%C0%CC%C0%C7%20%B9%DF%B8%ED
- http://dic.daum.net/word/view.do?wordid=kkw000179843&supid=kku000225716
- (http://100.daum.net/encyclopedia/view/b02g0620a)
- http://blog.daum.net/orienteering/23
- http://100.daum.net/encyclopedia/view/177XX61300955#38259524
- https://ko.wikipedia.org/wiki/%EC%A1%B0%EC%84%A0_%EC
- https://www.happycampus.com/doc/13313890/
- https://blog.naver.com/skyntel/220519200412
- http://blog.daum.net/hanyangcho/15716154
- http://100.daum.net/encyclopedia/view/14XXE0078175
- http://100.daum.net/encyclopedia/view/14XXE0043050
- http://dic.daum.net/word/view.do?wordid=kkw000202196&supid=kku000256825
- (http://100.daum.net/encyclopedia/view/14XXE007192
- http://100.daum.net/encyclopedia/view/49XX15501132
- https://terms.naver.com/entry.nhn?docId=2836195&cid=55761&categoryId=55761

- https://dic.daum.net/word/view.do?wordid=kkw000219504&supid=kku000276619
- http://100.daum.net/encyclopedia/view/b22t2145a
- http://100.daum.net/encyclopedia/view/177XX61300956#none
- http://systemclub.co.kr/bbs/board.php?bo_table=12&wr_id=18232&page=1
- https://blog.naver.com/lavasca/221608099384(이두사전 네이버)
- 한국회계기준원 홈페이지(http://www.kasb.or.kr)
- 한국회계기준원 홈페이지(http://www.kasb.or.kr/fe/org/NR_index.do?).
- https://100.daum.net/encyclopedia/view/b24h3194a(인터넷 백과사전).
- https://communityjournalism.tistory.com/447
- https://100.daum.net/encyclopedia/view/b01g1218a
- https://www.bai.go.kr/bai/index.do#none
- https://www.bai.go.kr/bai/html/intro/organ/organizationchart.do?mdex=bai83
- https://100.daum.net/encyclopedia/view/14XXE002709
- https://ko.wikipedia.org/wiki/%EC%A1%B0%EC%9A%A9%EC%A1%B0